中藝
大典

中華大典

工業典

上海古籍出版社

中華人民共和國國務院批准的重大文化出版工程

國家文化發展綱要的重點出版工程項目

新聞出版總署列爲「十一五」國家重大工程出版規劃之首

國家出版基金重點支持項目

《中華大典》工作委員會

《中華大典》編纂委員會

總主編：任繼愈

副主編：席澤宗　程千帆　戴　逸　吳文俊　柯　俊

傅熹年

編　委：卞孝萱　任繼愈　李明富　余瀛鰲　林仲湘

郁賢皓　馬繼興　袁世碩　席澤宗　陳美東

黄永年　章培恒　張永言　張晉藩　葛劍雄

董治安　程千帆　傅世垣　曾棗莊　龐　樸

趙振鐸　劉家和　潘吉星　錢伯城　戴　逸

楊寄林　穆祥桐　吳文俊　金正耀　戴念祖

柯　俊　金維諾　白化文　汪子春　周少川

孫培青　朱祖延　傅熹年　李　申　郭書春

熊月之　柴劍虹　吳子勇　寧　可　江曉原

鄭國光　吳征鎰　尹偉倫　魏明孔

《中華大典》前言

《中華大典》是運用我國歷代漢文古籍編纂的一部大型工具書。其目的是爲學術界及願意瞭解中國古代珍貴文化典籍的人士提供準確詳實、便於檢索的漢文古籍分類資料。

中國是世界文明古國之一，幾千年來纂寫和聚集的文化典籍浩如烟海。我國歷代都有編纂類書的優良傳統，具有代表性的《永樂大典》等大多已佚失，現存《古今圖書集成》編就距今也已數百年。爲了適應今天和以後研究和檢索的需要，一九八八年海内外三百多位專家學者和各古籍出版社同仁倡議，在已有類書的基礎上，用現代科學方法編纂一部新的類書《中華大典》。

國務院在關於編纂《中華大典》問題的批覆中指出，編纂《中華大典》「是我國建國以來最大的一項文化出版工程」。本書所收漢文古籍上起先秦，下迄清末，約三萬種，達七億多字，分爲二十四個典，近百個分典，内容廣博，規模宏大，前所未有。

《中華大典》的編纂工作堅持科學態度和百花齊放、百家爭鳴方針。儘量採用古精校精刻本，優先採用我國建國後文獻學和考古學的優秀成果。對傳統文化中重要的不同學派的資料，兼收并蓄。運用現代圖書分類的方法，對收集到的資料，精選、精編，力求便於檢索、準確可信。

這項工作從開始起就受到中共中央、國務院和有關部門的重視和支持。國家主席江澤民、國務院總理李鵬分別爲《中華大典》題詞。江澤民的題詞是：「同心同德群策群力認真編好中華大典爲建設有中國特色的社會主義服務」。李鵬的題詞是：「繼承和弘揚民族優秀傳統文化」。全國政協主席李瑞環、國務委員李鐵映也作了重要指示，要求抓緊辦理。一九九零年五月，國務院批准《中華大典》爲國家重點古籍整理項目。一九九二年九月，正式成立了《中華大典》工作委員會和《中華大典》編纂委員會，召開了《中華大典》工作、編纂會議。自此，《中華大典》的編纂工作由試點轉入正式啓動，逐步鋪開。

編纂《中華大典》，學術性很强，工作量很大，工程十分艱巨，全賴廣大專家學者和全國各有關高等院校、科研院所、圖書館、出版單位的鼎力支持與積極參與。大家本着弘揚中華民族優秀文化的心願，發揚奉獻精神，克服各種困難，團結協作，給這部巨大類書的出版提供了根本保證。在此謹表示誠摯的謝意。

對本書的批評與建議，我們將十分歡迎。

《中華大典》編纂委員會

一九九七年四月

二〇〇六年十一月修訂

《中華大典》編纂通則

一、性質：《中華大典》（以下簡稱《大典》）是對漢文古籍（含已翻譯成漢文的少數民族古籍）進行全面的、系統的、科學的分類整理和匯編總結的新型類書，是在繼承歷代類書優良傳統、考慮漢文古籍固有特點的基礎上，借鑒和參照近代編纂百科全書的經驗和方法編纂而成。編纂《大典》的目的，是爲學術界及願意瞭解中國古代珍貴文化典籍的人士提供各種分門別類的，準確詳細的古代漢文專題資料。

二、規模和體例：《大典》所收古籍的時限，上自先秦，下迄辛亥革命。全書共收各類漢文古籍三萬餘種，七億多字。全書體例，着重汲取清代《古今圖書集成》所採用的經目和緯目相交織這一統一框架結構的模式，同時參照現代科學的學科、目録分類方法，并根據各類學科內容的實際情況，一般將每一大類學科輯爲一典，也有將幾個相關學科共輯爲一典的。對各典名稱，均以現代學科命名，對於所收入的各種古籍資料，亦儘可能納入現代科學分類體系之中。

三、經目：大典共分二十四個典，即哲學典、宗教典、政治典、軍事典、經濟典、法律典、教育典、語言文字典、文學典、藝術典、歷史典、歷史地理典、民俗典、數學典、物理化學典、天文典、地學典、生物學典、醫藥衛生典、農業典、林業典、工業典、交通運輸典、文獻目録典。典以下以分典、總部、部、分部分級，分部之下的標目根據各學科特點由各典自行擬定。

四、緯目：共設置九項緯目，用以包容各級經目的具體內容：

①題解：對有關學科的名稱、概念、涵義、特點等作總體介紹的資料。

②論説：有關理論部份的資料。

③綜述：有關學科或事物的系統性資料，凡有關學科或事物的性狀、制度、範疇、特點及學科地位、發展情況等具體內容均編入此緯目中。

④傳記：有關人物的傳記資料。

⑤紀事：有關學科或事物的具體活動或事例的資料。

⑥ 著録：重要人物或文獻的有關著作資料，如專集介紹、序跋、藏書題記，以及有關著作的成書經過、版本源流等。

⑦ 藝文：有關屬於文學欣賞性的散文或韻文。

⑧ 雜録：凡未收入以上各緯目，而又有較高參考價值的資料，均入雜録。

⑨ 圖表：根據有關經目的内容需要，圖與表附於相關專題之下，或集中匯總於某級經目之後。

《大典》以内容分類安排各級緯目，各級緯目的正文，一般以原書爲單位，按時代順序排列。每一條資料前標明出處，包括書名或作者名、篇名或卷次，以利讀者核對原書。

五、書目：每分典後附有該分典所收書之書目，書目包括書名、作者、時(年)代、版本等内容。時代以成書時代爲準，成書時代不詳者，以作者主要活動時代爲準，并遵從歷史習慣。

六、版本：《大典》在選用版本時儘量採用古人的精校精刻本，亦採用學術界通用的近、現代整理圈點本及現代學者校點整理本。

七、校點：爲儘可能保存古籍原貌，《大典》衹對底本中明顯的脱、訛、衍、倒進行勘正。古本中的避諱字一般不作改動，衹對缺筆字補足筆畫。後人刻書時避當朝人諱而改動的字，據古本改回。《大典》採用新式標點法。

一九九六年八月

二〇〇六年十一月修訂

《中華大典·工業典》編纂委員會

《中華大典·工業典》序

《工業典》是《中華大典》的一個組成部分，系統地分類彙集上起先秦下迄清末有關中國工業的文獻資料。

中國傳統工業的歷史，可以説就是一部手工業的歷史。現代人類學研究中的一個主流觀點是，人類揖别猿類是從打製第一塊石質工具所體現的勞動開始的，而被打製出來的这第一塊石質工具就是人類的第一件手工業產品，手工業由此濫觴。因而，我們可以認爲，人類是與手工業同時步入歷史舞臺的，而且直到工業革命前，手工業一直是科技乃至生產力進步的主要推動者、承載者和傳播者，而科技和生產力進步對人類文明的綿延和提升的意義則是不言而喻的：農業生產的進步、商業活動半徑的擴大、交通運輸能力的提高、軍事實力的增强、文化内容的豐富、生活水平的提高、劳动强度的降低、居住环境的改善，等等，皆離不開手工業的發展。工業革命濫觴於英倫三島之前，中國之所以能成爲人類文明的主要輸出地之一，很大程度上與中國傳統手工業的領先地位密切相關。當然，當人類基本生產形態因工業革命而徹底换軌之後，雖然中國的手工業並未裹步不前，但是已經無力繼續承擔起助中華文明領先於世界文明之重任。

我國傳統社會的一個重要特點是耕織經濟發達，個體小生產農業及家庭副業手工業經濟構成了當時社會財富的基本來源，「男耕女織」或「晴耕雨織」是廣大農民的基本生產方式。另外一個特點是，官營手工業經濟一直比較活躍。上述特點，對中國傳統工業水準的提升、科學技術的進步乃至社會經濟的發展所造成的影響無疑是多方面的，但是，越到晚近，它的負面影響就越凸顯出來。這無疑決定了我國的國情，且影響深遠。

我國歷史上的手工業技術對於人類的影響是深刻的，「四大發明」對推動人類文明進步的作用是人人皆知的例子，而通過「絲綢之路」向中亞、西亞、歐洲乃至非洲輸送的由中國製造的絲綢、紙張等精美手工業品，更成爲中外文化交流的重要媒介。隨着海上絲綢之路的開通與延伸，我國輸出的手工業品的數量及品種在不斷增加，其中最重要的商品是瓷器，其對世界的影響巨大，以至於英語中「中國」(China)與「瓷器」是同一詞。當然，當時的手工業品的交流是雙向的，並非只是單一的輸出。

除此之外，我國歷史上的彩陶、採礦、冶金、鑄造、造船、漆器、紡織、印染等工藝，亦處於當時世界的領先水準，社會影響亦是具有國際性的。被譽爲古代建築「活化石」的唐代建築山西五臺山南禪寺、佛光寺、芮城廣仁王廟、平順天台庵等榫卯結構建築，經過千餘年的風雨滄桑，依然在向世人展示着中國古代工匠獨特的藝術神韻。《工業典》就是對包括上述內容在內的資料進行搜集和整理。

我國流傳至今的古籍可謂汗牛充棟，而在傳統的農本主義經濟形態下，在國家制度設計中，手工業作爲「末」而没有得到應有的重視，受此影響，史家對工業的記載或是只言片語，或是在記載其他內容時附帶提及。早在《史記·商君列傳》中就明確提出重本輕末的思想，唐代人司馬貞在《史記索隱》中指出，這里「『末』謂工商也」。一些時期甚至將手工業技術發明視作奇技淫巧而備受限制。正因爲如此，古籍中有關工業的記載非常零散，系統記載者可謂鳳毛麟角。受此影響，手工業方面的資料在後世缺乏必要的整理，即使今天，這種情況也並没有得到多大改觀。這無疑使《工業典》資料的搜集難度非常大，遠遠超過了我們的估計。當然，各種官修典籍和文獻對手工業的輕視，並不意味着手工業不重要。事實上，手工業生産從某種程度上早已成爲中國人文化因子的一部分。例如，中國古代的製陶和冶煉工藝曾被視爲最尖端的工藝，故而人們常用「陶冶情操」來形容提升思想、道德和情趣的艱難過程。另外，刻範是我國古代手工業生産活動中出現較早的工具，而且精準度和標準化應該達到了很高的水準，故而人們用「模範」一詞來指被大家廣泛認同的樣板。凡此種種，不勝枚舉。《工業典》在編纂過程中，除了不遺餘力地利用傳世文獻外，對於新發現和整理的資料，也儘量給予關注，特別對最近發現和整理的資料費力較多，以體現編纂的時代特點。

《工業典》共計九個分典。根據現代工業主要行業且結合我國傳統手工業自身的特點，《工業典》設置了《陶瓷與其他燒製品工業分典》、《金屬礦藏與冶煉工業分典》、《製造工業分典》、《造紙與印刷工業分典》、《建築工業分典》、《紡織與服裝工業分典》、《食品工業分典》以及《綜合分典》。因爲傳統手工業發展到近代，在內外條件的變化下，出現了近代工業，這具有劃時代的意義。因此，在《中華大典》編委會領導的支持和上海古籍出版社專家的贊許下，《工業典》下設了《近代工業分典》。《近代工業分典》搜集材料時主要遵循兩個方面的原則：一是具有近代工業的生産形式，二是具有近代工業的管理與組織功能。這雖然與其他分典體例不盡一致，卻不失爲一種創新。這是需要說明的。

《工業典》的編纂，對瞭解中國傳統社會的工業佈局和經濟狀況，對發揚壯大手工業技術，對傳承和弘揚傳統文化，具有重要的意義。特別在將實現工業化和推進城鎮化作爲國家戰略的今天，挖掘整理這份文化遺產，無疑具有不可替代的歷史鏡鑒價值。

參加《工業典》編纂的學者分别來自重慶、廣州、蘭州、曲阜和北京以及澳門等地，均是手工業經濟史方面的專家。《工業典》自二〇〇六年啓動以來，已逾九載。《工業典》的編纂工作，自始至終得到了《中華大典》工作委員會和編纂委員會的指導，特别是《中華大典》辦公室的領導和工作人員付出心血頗多，各編纂者所在單位給予諸多方便，上海古籍出版社領導及編輯先生費心良多，在此一併深表謝忱。

我們從事《工業典》的編纂工作，限於水準和時間，難免存在掛一漏萬的問題，特别是在選材、整理方面的錯誤，需要方家和廣大讀者的批評指正。

魏明孔

二〇一五年十月

中華大典·工業典

陶瓷與其他燒製品工業分典

主　編：李紹强

《中華大典·工業典·陶瓷與其他燒製品工業分典》編纂説明

《中華大典·工業典·陶瓷與其他燒製品工業分典》(以下稱「本分典」),是《中華大典·工業典》的分典之一。本分典依據《中華大典》編纂宗旨,彙編先秦至清末有關陶瓷及其他燒製品工業的文獻。

本分典依據《中華大典》總體規劃的原則,分爲《陶器總部》、《瓷器總部》和《其他燒製品總部》,根據具體情況下設部和分部,視資料需要設題解、綜述、傳記、紀事、著録、藝文、雜録等緯目。

所謂陶瓷即陶器和瓷器的總稱。陶器是一萬多年前先民在生活中發明並開始製作的,其生産經歷了紅陶、灰陶、黑陶、三彩陶、紫砂陶等發展階段,其用途也由生活用具、建築材料向文化用具發展,並對文化的傳承産生了很大影響。瓷器從商代開始萌發,到東漢出現真正的瓷器,經歷了漢晉、隋唐、宋元、明清各個歷史階段,瓷質和釉色也由粗糙、暗淡到細緻、晶瑩,産品則由南北各色爭豔,到以景德鎮爲燒製中心,以青花瓷器爲主流。由於琉璃、玻璃、石灰等也經燒製而成,故本分典將這些内容亦列入其中。關於陶瓷等資料的經緯目編排,最初設想按器式和工藝分類,但收集的資料卻難以按此處理,因爲除一些陶瓷專書如《景德鎮陶録》、《飲流齋説瓷》等外,大多僅是在生活、建築、文化中涉及到而已。因此經過仔細斟酌和考慮,並經過《工業典》主編魏明孔先生的審定和同意,將《陶器總部》下設生活用陶、建築用陶、文化用陶、一般陶器四部,《瓷器總部》下設瓷器製造、瓷器鑒賞、一般瓷器三部,《其他燒製品總部》下設琉璃、玻璃、石灰等七部。

本分典所選文獻,原則上按歷史朝代排列,注文一般不予録入。由於陶瓷資料分散,本分典所選文獻包含經、史、子、集各個方面,較爲龐雜,因此一般不作校勘,遇有明顯錯訛,則以(　)括出,將正確之字以〔　〕補入。

本分典所收録者,僅限於與陶瓷及其他燒製品工業有關的歷代文獻資料,因篇幅有限,編纂時有所選擇,有的全録,有的節録,但總體上注意文獻資料文意的完整性。本分典所録文獻若有節録,其節録部分以【略】標明。

本分典由李紹強教授與其諸多同事及研究生共同合作完成。

李紹強教授自二〇〇六年八月接受任務後，即開始進行資料搜集工作。在整理好框架目録與資料索引後，二〇〇六年十二月、二〇〇七年五月，李紹強教授帶領二〇〇五級碩士研究生尤洪輝、孫同霞、趙士文、張泗州查找複印。二〇〇七年七月二〇〇四級碩士研究生朱年志在《中國基本古籍庫》電子版中查找了有關窑的部分資料索引。李紹強教授二〇〇七年九月至十一月中旬又帶領二〇〇六級碩士研究生吴霞成、張宗鑫、孔祥梅查找複印，二〇〇八年十一月帶領二〇〇七級碩士研究生黄廷坤、王江華、閻娜軻、張吉春查找複印，二〇〇九年九月帶領二〇〇八級碩士研究生譚芳芳、王婷、李鳳清、趙志純、張衡查找複印。

資料搜集基本完成后，李紹強教授請他的中國古代史教研室同事點校了部分古籍文獻。劉偉副教授點校了《飲流齋説瓷》等部分陶瓷資料，約七萬字。孫峰講師點校了《陶雅》等陶瓷資料及石灰、白礬資料，約十二萬字。孟繁港講師點校了《千甓亭磚録》及《續録》等陶瓷資料及玻璃、琉璃資料，約十二萬字。江海云講師點校了《居易録》等陶瓷資料及硝石、砒石資料，約七萬字。姜修憲講師點校了《南江文鈔》等陶瓷資料及部分石灰資料，約七萬字。王紅霞副教授點校了近十篇陶瓷資料，約數千字。其餘大部分資料由李紹強教授點校整理。此外，曲阜師範大學圖書館喬敏副研究館員在查找資料中提供了很大幫助，曲阜師範大學孔子研究所和歷史文化學院資料室諸位老師也爲資料查找提供了很大幫助，張松梅、王宏兵博士在南開大學讀書期間幫助查找了很多資料，在此一併表示感謝！

李紹強教授在剛接受任務時，曾設計了各總部框架，但收集整理資料後，如前述原因，感到不太合適，遂於二〇〇九年十月至十二月重新分類，二〇一〇年一月至三月將引用書目進行了整理，二〇一〇年四月至七月又對資料進行了最後審核並寫出各總部提要，當年八月初交稿。出版社排出校樣後，李紹強教授又於二〇一〇年十一月至二〇一一年三月、十月校對書稿。二〇一二年四月《大典》辦領導和部分專家對本分典進行終審，根據他們的意見，又進行了多次修改和補充，至此本分典基本完成。在此對《大典》辦領導的關懷、評審專家和上海古籍出版社諸編輯的辛勤勞動，表示衷心的感謝！本分典歷經數年寒暑，集衆人之力，備嘗艱辛，始告功成；回顧歷程，感慨良多。

李紹強

二〇一四年五月

總目

陶器總部

《陶器總部》提要

自一萬多年前的新石器時代開始，我國的先民即從火燒後泥土變硬定型中發明了陶器，其燒製方法經歷了堆燒、穴燒、窑燒，其工藝和產品經歷了紅陶、灰陶、黑陶、三彩陶、紫砂陶等的變化，其用途也從最初的生活器具如飲食器具、建築磚瓦等向更高的層面發展，表現在文化上則是磚銘瓦硯和陶俑雕塑的出現，還有以俎豆、籩豆等陶器作爲祭祀用具，也有以缶、盆等作爲樂器使用，更有以陶比喻的大量詞彙，如陶冶、陶化、陶育、陶鈞等。陶器已經從物質走向精神文化層面，因此僅局限於陶器本身進行分類已不能反映這種情況，故本總部之下分爲四個部：《生活用陶部》，主要收録有關飲食器具的製造使用的資料；《建築用陶部》，主要收録與此有關的磚瓦資料；《文化用陶部》，主要收録有關磚銘瓦硯、祭祀陶具和以陶比喻的資料；《一般陶器部》，主要收録有關一般陶器和瓦解瓦合的資料。後三個部下分别設有分部。每個部或分部下視資料情況設題解、綜述、傳記、紀事、著録、藝文、雜録等緯目，對古籍文獻資料進行分類，以便讀者檢索。

目録

瓦解瓦合分部

生活用陶部

題解

釋慧琳《一切經音義》卷六 瓦礫上，五寡反。《説文》云：瓦，土器也，象形，用以蓋屋，牝〔毗胤反〕曰㼜〔音板〕，牡〔音母〕曰瓴，音同。下，力的反，《説文》云：礫，小石也，亦碎石也，麁砂也。今經云：瓦礫者喻破瓦碎石，弃擲之者。

釋慧琳《一切經音義》卷九 寶罌於耕、於成二反。《方言》：瓺甀，㼰罌也，自關而東趙魏之間或謂之罌，亦通語也。瓺音部，甀勒口反，㼰音剛也。

釋慧琳《一切經音義》卷一一 缺減上，犬悦反，《聲類》從垂作缺。《説文》：缶，瓦器也，小口罌也，厄耕反。《説文》：缺字正體，從缶，甫苟反，作缺。郭璞注《爾雅》云：缶，盆也。《蒼頡篇》云：缺，虧也，屈追反。顧野王曰：缺，玷也。《説文》云：器破也，從缶從夬，省聲也，下減字有兩音，並是上聲，從水從咸，字體一種音訓，所用意義各別本音。

釋慧琳《一切經音義》卷三〇 瓦礫下，零的反，前《大〔樹〕緊那羅王經》第三卷已具釋訖也。持㼦下，項江反，《考聲》云：瓶類也，大者受一斗。今無大小之制也。《説文》：似罃，長頸也，从瓦工聲。或作缸罃音，厄耕反。

釋慧琳《一切經音義》卷三二 瓶罐上，並冥反；下，官亂反。《説文》：瓶，汲水器也，从瓦并聲，或作缾。《文字集略》云：罐，亦汲水器也。或作㩴，通用也。

釋慧琳《一切經音義》卷三五 瓷甓上，音慈，經從石，作磁石，藥名，非此用也。瓷，瓦器也。

釋慧琳《一切經音義》卷三九 瓷器上，自咨反。張戩《考聲》云：瓦類也，加以藥石而色光澤也。《古今正字》並从瓦，次聲，亦作瓷。今經作磁，是石名，堪爲藥，非瓷器。

釋慧琳《一切經音義》卷五一 瓶甌下，歐侯反。《考聲》云：甌，小瓦盆也。案：瓦椀、瓷椀皆謂之甌也。鄭注《周禮》云：甌，小罌也。《方言》云：盆之小者爲之甌。《説文》：小盆也，從瓦，區省聲也。

范處義《詩補傳》卷二二 緜緜瓜瓞，田節。民之初生，自土沮七余。漆。古公亶都但。父，甫。陶桃。復福。陶穴，未有家室。緜緜，不絶貌。大曰瓜，小曰瓞。生近本者，其大紹先歲之瓜，故瓜亦曰紹也。生於蔓者必小於先歲之瓜，故瓞，亦曰瓝也。周帝嚳之胄中嘗衰小，至大王、文王始大，故以瓜瓞況之。民之初生謂周家之始得民，在沮水漆水之地也，二水在豳地，亦東流過岐周，故《傳》云周原漆沮之間也。古公即大王也，古言久，猶言先公也。亶父字，或曰商尚質以名言也。陶，瓦器竈也，陶去土而爲之，故謂之陶。復，重窟也；穴，土室也。《説文》引是詩，陶復字作㨓，則復亦穴也。意周之微時，穴土而居，未有家室。在外者謂之穴，重穴謂之復也，亦見尚質之意。此章言周居豳之時，其儉陋如此。

許謙《詩集傳名物鈔》卷七 窑，餘招反；重，直容反。疏：陶，瓦器竈也，復者地上爲之，取土於地，復築而堅之；穴者鑿地爲之，土無所用，直去其息土而已。

王世貞《彙苑詳注》卷二五《甕》 敝漏井谷射鮒，甕敝漏。（《易》）甕牖蓬户甕牖。（《禮》）瑶甕齊伐北燕，燕人賂以瑶甕。（《左傳》）抱甕子貢過漢陰，見一丈夫方爲圃畦，鑿隧而入，抱甕而出。（《莊子》）眠甕畢卓爲吏部，嗜酒，鄰舍有酒，卓因行往飲之，醉眠甕間。（《通鑑》）銅甕《淮南萬畢術》曰：取沸湯著銅甕中，堅塞之納於井中，竹雷鳴，聞數十里。風雷曹著爲建康小吏，忽有廬少府君見府門前有大甕，可受五百石，風雲出於其中。（《幽推志》）藏賊王涣與洛陽令方略捕賊，賊乃藏大甕中，悉爲擒獲。（《東觀漢記》）甑紀甗齊侯使賔媚人賂晉師以紀甗。註：有底曰甗，無底曰甑。生塵之甑范丹清貧，人語之曰：甑中生塵范史雲。破甑孟敏荷甑墜地，不顧而去。郭林宗問之。敏曰：甑已破，視之何益？林宗異之，令勤學，果著其名。

王圻《三才圖會》卷一二《碗》 黄帝時有甯封人爲陶正，此陶之始也。或言

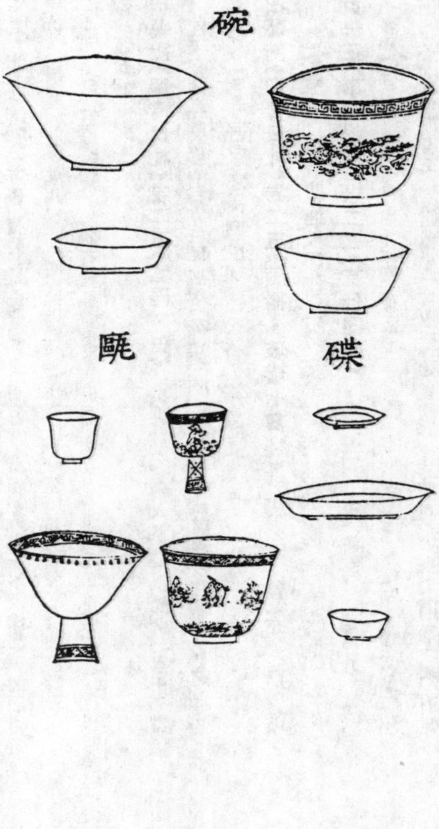

桀臣昆吾所作，非。今之曰碗、曰盆、曰碟，制雖不同，皆屬陶耳。

王圻《三才圖會》卷一二《甌》 許慎《說文》曰：瓫音賄。小甌。楊雄《方言》曰：甌，甂。音遼。雄、慎皆漢人，凡所記非戰國即秦制度，蓋三代飯燕之具，俱俎豆之類故也。

馮復京《六家詩名物疏》卷四六《陶復》 疏云：陶，瓦器竈也。復，地室也。覆者地上爲之，穴者鑿地爲之。朱傳云：陶，窑竈。復，重窑穴，上室也。《考工記》云：摶埴之工陶旊，有虞氏尚陶。《尸子》曰：昆吾作陶。《周書》曰：神農耕而作陶。賈公彦云：古者窟居，隨地而造，若平地則不鑿，但累土爲之，謂之爲複，言于地上重複爲之也。若高地則鑿爲坎，謂之爲穴，其形皆如陶竈複穴，皆開其上取明。

吴楚材《彊識略》卷三五《器用部·釜甑》 神農作，見《周書》。黄帝作，見《古史》。有底曰甗，無底曰甑，見《左傳》注。《周禮》：陶人爲甑，實二鬴，厚半寸，底九孔。故許子釜甑從陶。後世始以木，郭文以竹筒。又箄蔽也，所以蔽甑底也。又淅籅，即淅箕也。陳留以飯帚爲籍，見《說文》。今人亦呼飯箕爲籍箕。匙，匕也。喪匕，見《易》。棘匕，見《詩》。《說文》云：匕，所以取飯也。飯黍無以箸，見《禮記》。象箸自商紂始。又炙函、飯函，又簇，飯筥也，一謂之籍，與籍箕皆秦漢時物也。篳，飯器也。瓢從瓜。又甑帶，見《御覽·夢書》云：夢見甑，欲娶妻。夢見甑帶，媒妁來。

吴楚材《彊識略》卷三五《器用部·甕》 《說文》：罌，甀也，甀小口。瓨長頸，十甕罌也。甕罌下孔曰甂。又甕敝，見《易》。甕牖，見《禮》。瓶罄，見《詩》。《方言》云：靈桂謂之瓬，小者謂之瓶，周魏謂之甒，秦謂之甀，江淮謂之缶，江湘謂之甇，關西謂之甀，其中者謂之甊，關東謂之甕，或謂之甖，東齊謂之甕甖。《爾雅》：甌瓿謂之瓵，又罄長頸缾也。宋楚謂之甒，海岱謂之儋，所謂儋石之儲。又大坩爲坑，陶侃餉母坩鮓。

吴楚材《彊識略》卷三五《器用部·簠簋》 堯飯土簋，有虞兩敦，夏四璉，商六瑚，周八簋，皆宗廟盛黍稷之器也。按《三禮圖》：簠，中方外圓；簋，中圓外方，俱受一升，下足高一寸，漆丹。中蓋，龜形。瑚璉，制如之而平，下飾口以白金。敦牟亦如之而有足。又畢似天畢，以載牲體者。見《三禮圖》。

吴楚材《彊識略》卷三五《器用部·俎豆》 《說文》：豆，古食肉器也。虞俎斷木爲四足，不文飾，夏乃雕文。又夏后以褐豆。注：褐，無異物之飾也，殷王豆，周獻豆。又竹豆曰籩，瓦豆曰登。又木曰豆，又《詩》大房。又鉶，羹器也，士以鐵，大夫銅，諸侯白金，天子黄金，飾之，堯啜土鉶。

吴楚材《彊識略》卷三五《器用部·壺》 《三禮圖》：洗壺，口徑一尺，高五寸，赤漆中加青雲氣。方壺，腹圜，足口方，圓壺，腹方，足口圓，各受一斛。《詩》：清酒百壺。《周禮》：挈壺氏以令軍井，注以盛飲也。又洗高三尺，口徑尺五，足徑三尺。《儀禮》：設洗于阼階東南。《侯鯖録》：陶器有酒經，晉安人盛酒，似瓦壺，小頸環口脩腹，受一斗，以饋人，云一經五經。

田藝衡《留青日札》卷二五《酒器·缶》 小瓦盆，秦人擊之以節歌，盎也，實二鬴。杜子美：「莫笑田家老瓦盆，自從盛酒長兒孫。」田子酒所笑而撫之曰：此吾家之故物，亦吾家之長物也。

田藝衡《留青日札》卷二五《酒器·玻瓈七寶杯》 唐玄宗以酌李太白。玻瓈盌，韓退之詩：「靈液屢進玻瓈盌。」

黄一正《事物紺珠》卷二二《瓦什器類》 甕，瓮同。瓶，缾同。二神農制。甑，音净，一名鬵（音尋）。盤，盂，碗，椀同，似盂而深。碟，楪同。五者，軒轅制。甓，音匹，小瓶。瓴，音苓，甕似瓶有耳。杯，湯制。湯礶，始皇制。缸，堈同，大甕。頂礶，案，有足盤。甌，小盆缶，如盆而深。㿿，於浪切，大腹小口缶。盆，缶斂底寬。上周制。盔，音魁，盛物器。甇，音嬰，長頸瓶。瓴甋，甓罌，音英，大腹小口瓶。瓿甊，音部簍，小罌。甄，音垂，小罌。傳碗，俗謂案酒。罍洗，棄水器。瓨，音缸，長頸罌。盥，音管，洗器。甂甌，甂音邉，大口卑下盂。甗，音現，大瓮。罈，罎坛同，小口大腹。缿，音項，如瓶，爲小孔可入，不可出。撲滿，蓄錢於內，滿則撲出。擩鉢，又云汝鉢。膽瓶，形如膽。水礶，晉惠帝制。甂瓠，瓦盆底，又謂甈（音氣）。甔，音儋，大罄。甗，音掩，無底甑。唾盂，青案，盤。楞伽瓶，土銼，瓦鍋。匜，盥器，柄中有道注水。盌，音宛，小盂。儋石，小甕。净瓶（一異名）古甀，甕。曾元，甕自稱。單持，又捃稚迦，梵云净瓶。羊訛，蒙古云瓶。味苦居士，茶群。和部合，蒙古云□。塔里八兒。蒙古云盤。愛也答，蒙古云椀。

俞正燮《癸巳存稿》卷三《窑亹》 《說文·穴部·窑》云：「羔聲，燒瓦竈也，字或作窑，於六書皆有聲有義。《詩》陶復陶穴。」今西人依山居曰窑，又河北言姦盜所居亦曰窑，實則經史止作陶。《說文·缶部·匋》云：「瓦器也。」加自者如階陛，阼陔之義，可爲燒瓦竈。今「陶器」存其文，「臯陶」存其音。瓷言窑亹者，亹音問，亦音娓，亦音門，蓋即釁字。《左傳》鬬伯比曰：「鏈有釁。」又曰：「天去其疾。」今窑亹實非病也。釁從分得聲，俗亦作亹，文聲，楷上下省作亹。其音娓者，亹亹，勉塗其隙，如釁屋、釁器之意。音門者，「鳧鷖在亹」，「金城浩亹」，「潮水三亹」，言水中之隙而浩亹。河，今呼浩尾河，亦呼閔門河，是娓門二音古同也，總言釁耳。

方苞《周官集注》卷七 季春出火，民咸從之。季秋内火，民亦如之。

《戴記》：季春出火爲田也。《左傳》：火未出而作火，以鑄刑器。先儒据此遂謂季春出火以陶冶，季秋内之，其實不然。夏月土潤溽暑，以燒石則粉解，以陶器則燥裂。伐薪爲炭，陶成百物，皆宜于冬春，且冰以火出而畢賦，所以解鬱，蒸救時疾也。而又布火以助盛陽，于天時人事俱不相應，蓋季春始燠野，則出火于窑家，則出火于室，而不用季秋始肅，然後内而用之耳。雍并幽冀之地，民俗臥必以火，始季秋，春盡乃止，此經曰民咸從之，民亦如之，豈謂此與。

郝懿行《爾雅郭注義疏》中之二《釋器第六》 木豆謂之豆，豆，禮器也。竹豆謂之籩，籩，亦禮器。瓦豆謂之登，即膏登也。

豆者《説文》云：古食肉器也。梓人云：食一豆肉，中人之食也。是豆爲肉器，此文豆當作梪。《説文》云：木豆謂之梪。《釋文》：豆本又作梪是也，其形則《三禮圖》云：口圜徑尺，墨漆飾朱，中大夫以上畫以雲氣，諸侯以象，天子以玉，皆謂飾其口也。其質則皆用木。其高通蓋一尺。其受實，則《旊人》注云：「豆實四升」是也。其中柄謂之校，其足跗謂之鐙。《祭統》云：夫人薦豆執校，執醴授之執鐙。鄭注：校豆中央直者也，鐙豆下跗也。其飾，則《明堂位》云：夏后氏以楬豆，殷玉豆，周獻豆。鄭注：楬無異物之飾也，獻疏刻之。按《周禮・外宗》云：佐王后薦玉豆。是則周亦玉豆也。籩者，《説文》云：竹豆也。《籩人》注云：籩竹器如豆者，其容實皆四升。按籩口有緣，故《士喪禮》云：毼豆兩，兩籩無縢。鄭注：縢緣也。《士虞禮記》注：豆不楬，籩有縢。是則豆籩之用，吉凶異施也。籩豆同類，用不單行，故單言豆者即可統籩。《詩・楚茨》云：爲豆孔庶是也，其單言籩者，亦可概豆。《周語》云：品其百籩是也。登者段借字也，俗作登，《説文》作豋，或云無是字。經典俱作登，通作鐙。故《釋文》云：登本又作鐙，《公食大夫禮》云：大羹湆不和，實于鐙。鄭注：瓦豆謂之鐙。是即《爾雅》作鐙之本也。《詩・生民》傳：木曰豆，瓦曰登。豆薦沮醢也，登大羹也。《正義》曰：太古之羹以質，故以瓦器盛之。郭云：即膏登也者，蓋特舉類以曉人，非禮器之登，即然膏之登也。今北方瓦登猶存禮器遺象。登之容實亦與豆同。豆是大名，分别言之，爲木竹瓦，總統言之，俱曰豆。

盎謂之缶，盆也。甌瓿謂之瓵，瓿甊，小甖。長沙謂之瓵。康瓠謂之甈。瓠，壺也。賈誼曰：寶康，瓠是也。

缶者，《詩・宛丘》《正義》引孫炎曰：缶，瓦器。《説文》云：瓦器所以盛酒漿，秦人鼓之以節謌，象形。按：缶盛酒者。《易》：樽酒簋貳用缶是也，以節謌者。《易》：不鼓缶而歌。《詩》：坎其擊缶是也。《左氏》：襄九年，宋災。《傳》云：具綆缶，備水器。是缶又汲水之器也。其受實，則《禮器》云：五獻之尊，門外缶。鄭注：缶，大小未聞。韋昭《魯語》注云：缶，庾也。按：《陶人》云：庾實二觳（觳即斛）。是缶爲二斛。賈疏引《聘禮記》云：十六斗曰籔。注云：今文籔爲逾，逾即庾也，是缶，又爲十六斗。《小爾雅》云：籔二有半謂之缶。宋咸注：缶四斛也，是又爲四十斗。然則缶之大小迄無定論，故鄭云未聞矣。盎者，《説文》云盆也，盆，盎也。《急就篇》以缶、盆、盎竝稱，實一物。其形，則《急就篇》注：大腹而斂口。按：缶象篆文，缶之形口微斂而腹大，正如今之汲水罐也。《左氏・襄九年》《正義》引《爾雅》作甖謂之缶。《説文》甖，缶也。是《爾雅》盎，一作甖，疑許君所見，即作甖矣。甌瓿者，《説文》云：甌，小盆也。瓿，甂也。甂，似小瓿，大口而卑，用食。然則甌瓿蓋盆盎之小者，其形微庳，其口甚大，其名亦謂之缶，故《方言》云：缶謂之瓿、甌（音偶）、罃、甀，謂之盎，其小者謂之升、甌。《説文》云：罃，小缶也。《玉篇》：罃亦作瓿。是瓿、罃同。甌、瓿、盆、盎聲俱相轉，故古通名矣。瓵者，《説文》云：甌、瓿謂之瓵。本《爾雅》。《玉篇》云：瓵，小甖也。本郭注。其瓵之大小，則《史記・貨殖傳》《集解》引孫叔然云：瓵，瓦器，受斗六升。甈者，《説文》云：康瓠，破甖。許知爲破甖者，《廣雅》云：甈，裂也。《法言・先知篇》云：甄陶天下者，其在和乎，剛則甈，柔則坏。是甈爲破裂之名。《周禮・牧人》注：故書毁爲甈。杜子春云：甈當爲毁。皆《説文》所本也。《釋文》云：康，《埤蒼》作㼜，《字林》作𤮏，口兊反。李本作兊。按：兊猶廣也，大也。李巡蓋以兊瓠爲大瓠，故《史記索隱》引李巡云：康謂大瓠也。《文選・弔屈原文》注引李巡曰：大瓠瓢也。郭云：瓠，壺。與李義異，故注。《方言》遂云：《爾雅》甈，康壺。而《方言》以爲盆，未詳也。《爾雅》此文皆言瓦器，李巡以康瓠謂大瓢，失之，當以郭義爲長。

郝懿行《爾雅郭注義疏》中之六《釋丘第十》 丘，一成爲敦丘，成猶重也。《周禮》曰：爲壇三成。再成爲陶丘，今濟陰定陶城中有陶丘。再成鋭上爲融丘，纖頂者。三成爲崐崘丘。崐崘山三重，故以爲名。

《覲禮》注：成猶重也。《司儀》云：爲壇三成。皆郭所本。敦之爲言堆也。敦訓爲厚，厚、重義近，故一重之丘，因以爲名。下文「如覆敦者敦丘」，彼舉其形，此言其義，其實一耳。敦與頓通，故《詩・氓》傳作頓丘。《正義》引孫炎曰：形如覆敦，敦器似盂。下文注曰：丘，一成之形象也。是敦、頓字異，音義同。《釋名》云：丘，一成曰頓丘，一頓而成，無上下大小之殺也。蓋望文生訓耳。《漢志》：頓丘屬東郡，今爲大名府清豐縣。陶者，《説文》云：再成丘也。引《書》：東至于陶丘。《禹貢》正義引李巡曰：再成其形，再重也。按：陶从匋，匋是瓦器，丘形重累似之，故《後漢書・明帝紀》注引孫炎云：形如累兩盂也。《釋名》亦云：陶丘於高山上，一重作之，如陶竈然也。是皆以匋爲義，但丘非人所爲。《釋名》假言作之，其實自然生成也。《漢志》：濟陰郡定陶。《禹貢》：陶丘在西南陶丘亭，今在曹州府定陶縣南七里。《水經》濟水注引《墨子》，以爲釜丘，蓋丘象陶竈，亦兼得釜名矣。

段玉裁《説文解字注》第五篇上 豆〔豆〕，古食肉器也。《考工記》曰：食一豆肉，中人之食也。《左傳》曰：四升爲豆。《周禮》：醢人掌四豆之食

段玉裁《説文解字注》第五篇上 皿〔皿〕，飯食之用器也。飯，汲古閣作飲，誤。《孟子》：牲殺器皿。趙注：皿所以覆器者，此謂皿，爲幎之假借，似非孟意。象形，與豆同意。上象其能容，中象其體，下象其底也，與豆略同而少異。凡皿之屬皆从皿。讀若猛。按古孟猛皆讀如芒，皿在十部，今音武永切。

段玉裁《説文解字注》第五篇下 缶〔缶〕，瓦器，所以盛酒漿。《釋器》《陳風》傳皆云：盎謂之缶。許云：盎，盆也。罌，缶也。似許與《爾雅》説異。缶有小有大，如汲水之缶，蓋小者也。如五獻之尊，門外缶大於一石之壺，五斗之瓦甒，其大者也。皆可以盛酒漿。秦人鼓之以節謌。鼓，之録切，擊也，《韵會》鼓作擊。《李斯傳》、《廉藺傳》、《漢・楊惲傳》皆可證。象形，字象器形，方九切。三部，俗作缻。凡缶之屬皆从缶。【略】匋〔匋〕，作瓦器也。「作」字，各本無，今依《玉篇》補。《大雅》：陶復陶穴。箋云：復穴皆如陶然。《正義》引《説文》：匋，瓦器竈也。按：穴部云：窑，燒瓦竈也。瓦部云：甄，匋也。然則依《玉篇》爲長，作瓦器者，㱿之燒之，皆是其事，故匋之字次於㱿。今字作陶，陶行而匋廢矣。陶見自部，再成丘也。从缶，包省聲。疑作勹聲，亦是，皆形聲包會意也。徒刀切，古音在三部。古者昆吾作匋。裴駰曰：出《世本》，《吕覽》：昆吾作陶。高云：昆吾，顓頊之後，吴回，黎之孫，陸終之子，己姓也，爲夏伯，制作陶冶，埏埴爲器。按：顓頊産老童，老童産黎。《左傳》云顓頊氏有子曰黎，爲祝融是也。帝嚳誅黎，而以其弟吴回爲黎後，奉黎之祀，故高云吴回黎之孫，實則吴回之孫也。《國語》：昆吾爲夏伯。韋云：昆吾，祝融之孫，陸終第二子，名樊，爲己姓，封於昆吾衛是也。其後夏衰，昆吾爲夏伯，遷於舊許。按：《帝繫》、《世本》皆言昆吾者衛是也，昆吾始封在衛，故哀十七年《左傳》衛侯夢見人登昆吾之觀也，其後遷於舊許，故昭十二年《傳》楚靈王曰：昔我皇祖伯父昆吾，舊許是宅也，其後滅於湯。《商頌》云：韋顧既伐，昆吾夏桀。《楚世家》曰：昆吾氏，夏之時嘗爲侯伯，桀之時湯滅之是也。據高説，是始封之昆吾作匋。據《古史考》云：夏時昆吾氏作瓦。張華《博物志》云：桀作瓦。《尸子》云：夏桀臣昆吾作陶，是謂湯所滅之昆吾，與桀作匋。以舜匋河濱而有虞氏上匋斷之，則高説是，而他説失之也。案：《史篇》讀與缶同。許書言案者二條，疑後人所羼入。《史篇》者，史籀所作大篆十五篇也，詳㒳部。讀與缶同者，謂《史篇》以匋爲缶，古文假借也。匋與缶古音同在三部，故得相假借。據此，可知《史篇》四言成文，如後世《倉頡》、《爰歷》之體。罌〔罌〕，缶也。缶，《太平御覽》作𦈢，今按：作缶爲是。許意缶、罌、𦈢，一物也。《方言》：瓬、㼚、甒、䍃、甄、㼨、甀、瓮、瓿、甊、㽉，甖也，自關而西，晉之舊都，河汾之間，其大者謂之甄。自關而東，趙魏之郊謂之瓮，或謂之甖，甖其通語也。甄即𦈢，甖即罌。瓦部曰：罌謂之瓶，瓮，罌也，康瓠，破罌也。《史〔記〕》、《漢〔書〕・淮陰侯傳》曰：信乃益爲疑兵，乘船欲渡臨晉，而伏兵從夏陽，以木罌缻渡軍襲安邑。木罌缶者，以木爲罌缶狀，實兵於其中，不欲人知，故不爲盆狀。韋昭云：以木爲器，如罌缻以渡軍，無船，且尚密也。韋説是也。罌，缶器之大者。从缶，賏聲。烏莖切，十一部。【略】𦈡〔𦈡〕，小缶也。按：《方言》曰：瓿甊，甖也，自關而西，晉之舊都，河汾之間，其大者謂之甄，其中者謂之瓿甊。又曰：缶謂之瓿甌。許意缶罌一物也，故云瓿小缶也，即楊之中者謂之瓿甊也。从缶，咅聲。蒲候切，《廣韵》薄侯切，四部。缾〔缾〕，罋也。《易・井》卦辭曰：羸其瓶。《左傳》：衛孫蒯飲馬於重丘，毁其瓶。按：瓶亦評缶，《左傳》具綆缶，此缶之小者。从缶，并聲。薄經切，十一部。瓶〔瓶〕，缾或从瓦。罋〔罋〕，汲缾也。井下曰：外象構韓形，其罋也。《井》爻辭曰：罋敝漏。按：缾罋之本義爲汲器，《經》、《傳》所載不獨汲水者，偁缾罋也。許云汲缾，分別言之，許固謂缾不專用汲矣。罋俗作甕。从缶，雝聲。烏貢切，九部。【略】罃〔罃〕，備火長頸缾也。《左傳》襄九年：宋災，具綆缶，備水器。杜曰：缶，汲器也，水器，盆甕之屬也，是謂汲水貯水之分。師古注《五行志》，則謂缶即盎也，水器者，罃瓮之屬。引許氏《説文解字》罃備火，今之長頸瓶也。按：各本無今之二字，備火長頸缾者，備火之汲罋，則長其頸，以多盛水，且免傾覆也。其説《左傳》者，杜爲長。从缶，熒省聲。烏莖切，十一部。按：近人謂罌罃一字，依許則劃然二物二字也。罌大罃小，用各不同。《方言》、《廣雅》説雖不與許同，而罌罃亦畫爲二。今本《廣雅》甂瓶之下，奪一也字。缸〔缸〕，瓨也。瓦部曰：瓨似罌，長頸，受十斗，缸與瓨，音義皆同也。《史》、《漢》貨殖傳皆曰醯醬千瓨。从缶，工聲。下江切，九部。【略】䍃〔䍃〕，瓦器也，从缶，肉聲。以周切，三部。𦉢〔𦉢〕，瓦器也。《篇》、《韵》皆云似瓶有耳。从缶，霝聲。郎丁切，十一部。𦈥〔𦈥〕，缺也，刀缺謂之𦈥，瓦器缺謂之𦈥。《詩》云：白圭之玷。引伸通用也。从缶，占聲。都念切，七部。缺〔缺〕，器破也。俗誤作鈌，又通用闕。从缶，決省聲。各本作決省聲，今正。傾雪切，十五部。罅〔罅〕，裂也。《考工記》：旊人所謂薜也。引伸爲凡裂之偁。从缶，虖聲。呼迓切，古音在五部。缶燒善裂也。説从缶之意。罄〔罄〕，器中空也。《釋詁》、《毛傳》皆曰：罄，盡也，引伸爲凡盡之偁。如《韓詩》磬天之妹，《毛詩》俔磬也。郭注《爾雅》云：今人呼厭極爲罄皆是，古書罄磬多互相假借。从缶，殸聲。苦定切，十一部。殸，古文磬字。依石部、耳部、香部，古當作籀。《詩》曰：缾之罄矣。《小雅》文。不偁罄無不宜，而偁此者，於从缶之意切也。罊〔罊〕，器中盡也。《釋詁》曰：罊，盡也。皿部曰：盡，器中空也。从缶，㱿聲。苦計切，十六部。《爾雅》音義引《説文》口地反。缿〔缿〕，受錢器也。蘇林曰：缿如易入難出器也，《史記・酷吏列傳》：惡少年投缿。《漢書》趙廣漢教吏爲缿筩。

瓨，可受投書。師古曰：缿，若今盛錢藏瓶，爲小孔，可入而不可出。从缶，后聲。大口切，又胡講切。按：胡講，音之轉也，古音在四部，大當作火。古㠯瓦，今㠯竹。説从缶之意也，趙傳缿筩，缿即以瓦者，筩即以竹者。許云今以竹，則許時用竹者多也，今市中錢筩皆用竹。

段玉裁《説文解字注》第九篇下 〔硯〕，石滑也。謂石性滑利也。《江賦》曰：緑苔鬖髿乎研上。李注：研與硯同。按：字之本義，謂石滑不澁，今人研墨者曰硯，其引伸之義也。

段玉裁《説文解字注》第一〇篇下 〔壺〕，昆吾圜器也。缶部曰：古者昆吾作匋，壺者，昆吾始爲之。《聘禮》注曰：壺，酒尊也。《公羊傳》注曰：壺，禮器，腹方口圓曰壺，反之曰方壺，有爵飾。又《喪大記》狄人出壺、大小《戴記》投壺，皆壺之屬也。象形，謂盅。从大，象其蓋也。奄下曰：蓋也，大有餘也，户姑切，五部。凡壺之屬皆从壺。，壹壺也，从凶，从壺，壺不得渫也。虞翻以否之閉塞釋絪緼，趙岐亦以閉塞釋志壹、氣壹，於云切，十三部。

段玉裁《説文解字注》第一二篇下 〔瓦〕，土器已燒之總名。土部「壞」下曰：一曰瓦未燒，瓦謂已燒者也。凡土器未燒之素皆謂之壞，已燒皆謂之瓦。《毛詩·斯干傳》曰：瓦，紡專也，此瓦中之一也。《古史攷》曰：夏時昆吾氏作瓦，按：有虞氏上陶，瓦之不起於夏時可知也。許書《缶部》曰：古者昆吾作匋，壺系之昆吾圜器。韋昭云：昆吾祝融之孫，陸終第二子，名黎，爲己姓，封於昆吾衛是也。然則昆吾作匋，謂始封之昆吾，非夏桀之昆吾也。《廣韵》引《周書》神農作瓦器，當得其實。説詳《缶部》。凡燒瓦器之竈曰窑。象形也。象卷曲之狀，五寡切。古音在十七部，讀如阿。凡瓦之屬皆从瓦。〔瓬〕，周家摶埴之工也。摶作搏者誤，今正。《考工記》曰：摶埴之工陶瓬。鄭曰：摶之言拍也，埴，黏土也。按《手部》：摶，索持也，拍，拊也，是摶之本義不訓拍，故鄭以之言通之。从瓦，方聲，分兩切，十部。讀若抵破之抵。抵不成字，轉寫譌舛。《考工記》注：大鄭讀爲甫始之甫，後鄭讀如「放於此乎」之「放」。許云方聲，則讀同後鄭放於此乎，今公羊放作昉。〔甄〕，匋也。匋者，作瓦器也。董仲舒曰：如泥之在鈞，惟甄者之所爲。陳留《風俗傳》曰：舜陶甄河濱，其引申之義爲察也、勉也。《考工記》：段借爲震掉字。从瓦，垔聲。居延切，按：本音側鄰切，十二、十三部，音轉乃入仙韵，非二韵有異義。【略】〔甑〕，甗也。《考工記》：陶人爲甑，實二鬴，厚半寸，脣寸，七穿。按：甑所以炊烝米爲飯者，其底七穿，故必以箄蔽甑底，而加米於上，而餴之，而餾之。从瓦，曾聲。子孕切，六部。〔鬵〕，籀文甑，从鬲。〔甗〕，甑也，一穿。各本作「一曰穿」也，小徐本在鬳聲之下，今正。按：甑空名窐，見穴部，不得云又名甗也。陶人爲甗，實二鬴，厚半寸，脣寸。鄭司農云：甗，無底甑，無底，即所謂一穿。蓋甑七穿而小，甗一穿而大。一穿而大，則無底矣。甑下曰甗也，渾言之。此曰甑也一穿，析言之。渾言見甗亦評甑，析言見甑非止一穿，參差互見，使文義相足，此許訓詁之一例也。或曰，當依小徐，鬳聲之下，作「一曰甑一穿也」六字，山之似甗者曰甗。《詩》「陟則在甗」，《傳》曰：甗，小山別於大山也。《釋名》曰：甗，甑也，甑一孔者，甗形孤出處似之也。按：此謂似甑體而已。鬲部曰：鼎大上小下若甑曰鬵，然則甑形大上小下，山名甗者亦爾，俗作巘，非。《爾雅》：小山別，大山曰鮮，《詩·皇矣》同。字作鮮者，甗之段借。《文選·吴都賦》作嶰，李注古買反，此因《爾雅》鮮或作巘，又譌作嶰也。从瓦，鬳聲，讀若言。魚蹇切，十四部。〔瓵〕，甌瓿謂之瓵。《爾雅·釋器》文。《史記·貨殖傳》：蘖麴鹽豉千合。徐廣曰：或作台，器名有瓵。孫叔然云：瓵，瓦器，受斗六升，台當爲瓵，音貽。按：今《史記》譌舛，爲正之如此，所引孫叔然者，《爾雅》注也。从瓦，台聲，與之切，一部。〔瓽〕，大盆也盆者盎也，瓽其大者也。《漢書》楊雄《酒箴》曰：爲瓽所轠。从瓦，尚聲。丁浪切，十部。〔甌〕，小盆也。《方言》：罃甈謂之盎，自關而西或謂之盆，或謂之盎，其小者謂之升甌。又曰：甂，陳魏宋楚之間謂之題，自關而西謂之甂，其大者謂之甌。按：許亦同。《方言》謂甌爲盆，而郭景純疑《方言》與《爾雅》説甈不合。从瓦，區聲。烏侯切，四部。〔瓮〕，罌也。罌者，𦈢者，小口罌也，然則瓮者，罌之大口者也。《方言》曰：甀，瓮，瓿甊，甖也，自關而西晉之舊都河汾之閒，其大者謂之甀，其中者謂之瓿甊。自關而東趙魏之郊謂之瓮，或謂之甖，甖即罌字。从瓦，公聲。烏貢切，九部。按小徐瓨下讀若翁三字當在此。〔瓨〕，佀罌，長頸，受十升。《史〔記〕》、《漢〔書〕貨殖傳》皆曰：醯醬千瓨。按醯醬者，今之醋也，别於下文之醬，升當作斗。《漢書》注：古本有作斗者。从瓦，工聲，讀若洪。洪小徐作翁，古雙切，九部。按《篇》、《韵》皆户江切，字亦作缸。〔㼝〕，小盂也。盂者，飲器也。《方言》曰：盂，宋楚魏之閒或謂之盌。从瓦，夗聲。烏管切，十四部。《方言》作盌，俗作椀。〔瓴〕甕也，佀缾者。甕，大徐作瓮，蓋非。《高祖本紀》曰：譬猶居高屋建瓴水。如淳曰：瓴，盛水瓶也，居高屋之上而幡瓴水，言其向之勢易也。建音蹇，晉灼曰：許慎云，瓴甕似瓶者也。按：缶部云：甕，汲缾也，瓴同物而非罌瓮。从瓦，令聲。郎丁切，十一部。【略】〔甂〕，佀小瓿，大口而卑，用食。《方言》：甂，陳魏宋楚之閒謂之題，自關而西謂之甂。《淮南書》曰：狗彘不擇甂甌而食。《玉篇》曰：小盆大口而卑下。从瓦，扁聲。芳連切，古音在十二部。〔瓿〕，甂也。《玉篇》：瓿甊，小罌也。《廣韵》同。从瓦，音聲。蒲口切，四部。〔㼦〕，器也，《廣韵》罌也。从瓦，容聲。與封切，九部。〔甓〕，令適也。大徐適作甓，《陳風》：中唐有甓。《傳》曰：甓，令適也。《釋宫》同，郎丁都歷二反。《爾雅》作瓴甋，俗字也，土部墼字解亦云令適。《考工記》注作令甓，實一物也，詳墼字注。从瓦，辟聲。扶歷切，十六部。《詩》曰：中唐有甓，《陳風·防有鵲巢》文。讀若檗。〔甃〕，井壁也。井壁者，謂用塼爲井垣也。《周易·井》九四曰：井甃無咎。又上六：井收。荀作井甃，莊子曰：缺甃之涯。从瓦，秌聲。側救切，三部。〔甈〕，康瓠，按：當有謂之甈三字。破罌也。康之言空也，瓠之言壺也，空壺謂破罌也，罌已破矣，無所用之，空之而已。《釋器》曰：康瓠謂之甈，甈之言滯而無用也。《法言》曰：甄陶天下者，其在和乎。剛則甈，柔則坏。此引申之義也。从瓦，臬聲。魚列切，十五部，《廣韵》五計切，《玉篇》邱滯切。【略】〔⿰卒瓦〕，破也。破上當有瓦字，破下曰石瓴也，此曰瓦破也。是二篆爲轉注，而形各有所从。瓴與碎音同義異，碎者糠也，瓴則破而已，不必糠也，今則碎行而瓴廢矣。从瓦，卒聲。穌對切，十五部。〔瓪〕，敗瓦也。依小徐有瓦字，今俗所謂瓦瓪，是此字也，今人語如辦之平聲耳。《玉篇》、《廣韵》皆曰：瓪，牝瓦也，此今義，非許義。广部曰。庌，屋牝瓦也，牡瓦牝瓦，見《九章算經》及《漢書》，説詳庌下。从瓦，反聲。布綰切，十四部。

錢繹《方言箋疏》卷五 甑，自關而東謂之甗，或謂之鬵。**注**涼州呼鉹，或謂之酢餾。**音義**甗音言，鬵音岑，餾，屋霤。**箋疏**《説文》：甑，甗也，籀文从𩰲，作䰝。䰝，鬵屬。《釋名》曰：甗，甑也，甑一孔者。按：甑之言蒸也，蒸飯之器也，底有穿，必以竹席蔽之，米乃不漏。《説文》：箅，蔽也，作以蔽甑底。又雷公《炮炙論》云：常用之甑中箅能淡鹽味，煮昆布用弊箅。《哀江南賦》：敝箅不能救鹽池之鹹。皆是也。《説文》：甗，甑也，一曰穿也，讀若言。按：曰也二字疑衍。又鬳，鬲屬。䰝與甑、鬳與甗聲義並同。《衆經音義》卷一云：甗音言，甑也，又卷十引《字林》云：甑，炊器也。《玉篇》：甗，無底甑也。《考工記》：陶人爲甗，實二鬴，厚半寸，脣寸，七穿。鄭(衆)注：甗，無底甑，《少牢·饋食禮》：廩人概甑甗。鄭注：甗如甑，一孔。成二年《公羊傳》：與我紀侯之甗。何休注云：或説甗，玉甑。重甗隒，郭注：甗，甑也，山形狀似之，因以名云。《釋畜》云：騉蹄趼，善陞甗。郭注云：甗，山形似甑，上大下小。是甗與甑同也。《説文》：鬵，大釜也，一曰鼎大上小下若甑曰鬵，讀若岑，籀文作䰝。《釋器》云：䰝謂之鬵。鬵，鉹也。《説文》：鬵，鉹也。又云：鉹，鬵鼎，讀若擠。郭注《爾雅》云：涼州呼鉹。《通鑑音注》卷五十五引孫炎注云：關東謂䰝爲鬵，涼州謂䰝爲鉹，是郭所本也。《墨子·備城門篇》云：竈有鐵鐕，容石以上者一。鐕，與鬵同。《説文》鉹，曲鉹也，一曰鬵鼎。《廣雅·鉹》引《方言》曰：涼州呼甑，戈支切。又音侈。注：涼州俗本作梁州，今據《廣韻》及《爾雅》注訂正。酢餾者，按：酢之言飵也。前卷一云：䬾、飵，食也，陳楚之内相謁而食麥饘謂之䬾。楚曰飵，凡陳楚之郊南楚之外相謁而飧曰飵。《説文》云：楚人相謁食麥曰飵，飵與酢通。《説文》：餾，飯氣蒸也。《釋言》：饙、餾，稔也。《大雅》洞酌疏引孫炎注云：蒸之曰饙，均之曰餾。郭注云：今呼餈飯爲饙，饙均熟爲餾。《釋文》云：稔字亦作飪。《説文》：飪，大熟也。《廣雅》：餾、飵，䰞也。《説文》：䰞，暴乾火也。是飵餾熟物之名，熟食謂之飵，亦謂之餾，所以熟物之器亦謂之飵餾，義相因也。《墨子·節用中篇》云：不重，飲於土塯。《史記·秦始皇紀》云：飯土簋，啜土刑。《索隱》簋作塯。《玉篇》、《廣韻》並云：塯，瓦飯器也。與餾同音，是塯即鎦之異文，言以土爲甑也。司馬貞云：塯如字，一音鏤。上文云：鍑，江淮陳楚之間或謂之鏤。塯鏤聲並與餾同，義亦相近也，今人以火乾煮物曰炸，音與飵相近。又吴人以物入釜微煮之曰溜，聲如鏤，蓋飵餾或用釜或用甑，因名甑爲酢餾矣。

盂，宋楚魏之間或謂之盌，盌謂之盂，或謂之銚、鋭，盌謂之櫂，盂謂之柯。**注**轉相釋者，廣異語也。海岱東齊北燕之間或謂之盎。**音義**盂音于，盌烏管反，銚，謡音，盎，書卷。**箋疏**《説文》：盂，飲器也。又《木部》云：樟，木也，可屈爲杅者。杅與盂同。《史記·滑稽列傳》：操一豚蹄，酒一盂。《漢書·東方朔傳》：置守宫盂下。顔師古注：盂，食器也，若盋而大，今所謂盋盂也。《吴志·孫登傳》云：失盛水金馬盂，覺得其主。《急就篇》云：橢杅槃案桮問盌。顔師古注云：杅，盛飯之器也。一曰齊人謂盤爲杅。《士喪禮·下篇》：兩敦兩杅。鄭注云：杅以盛湯漿。《後漢書·明帝紀》云：杅水脯糒而已。郭氏《西山經注》引或説云：嬰即古罌字，謂盂也，是盂亦得名罌，罌與甖同，然下文别釋甖名，則甖與盂異物同名耳。盌之言宛也。《小雅·小宛篇》：宛彼鳴鳩。《毛傳》云：宛，小貌。《説文》：盌、䀂並小盂也。《廣雅》：椀，盂也。《急就篇》注云：盌似盂而深長。盌、䀂、椀聲義並同。《玉篇》引《周禮注》云：惌，小孔貌。《莊子·天地篇》云：適遇苑風於東海之濱。李頤注：苑風，小貌。小鳩謂之宛，小孔謂之惌，小風謂之苑，小盂謂之盌，亦謂之䀂，其義一也。《廣雅》：銚鋭，盂也。曹憲：銚音遥。鋭，郭與曹並無音。案《五音集韻》：鋭，又弋雪切，音悦。卷十三：姚娧，好也，注：謂姘娧也。姚音遥，娧亦無音。《廣雅》姚娧好也。曹憲：娧通外反。《廣韻》娧他外切，又音悦，云：姚娧，美好也。宋玉《九辯》云：心摇悦而日幸兮。王逸注云：意中私喜。蓋銚鋭之鋭讀當如悦，銚鋭、梢栚並雙聲字，皆形容之詞，姚娧、摇悦並與銚鋭同。摇悦爲喜貌，故人之美好可喜者謂之姚娧。盌之美好可愛者，亦謂之銚鋭，因是立名也。張載《七命》云：摇刖峻挺。李善注云：摇刖，危貌也。危貌謂之摇刖，猶好貌謂之姚娧也，轉言之則爲幽悦。卷十一云：蠭，其小者或謂之蚴蜕。注：幽悦二音。小與好義相近，故孟喜《易中孚》注云：好，小也。又案《説文》：銚，温器也。《集韻》：音徒弔切，云燒器，又作鑃。銚，與鑃古同聲。《小雅·大東篇》：佻佻公子。《釋文》引韓詩作嬥，是其例也。鑃與櫂聲亦相近。《荀子·正論篇》云：故魯人以榶，衛人用柯。楊倞注云：未詳。或曰《方言》云：盌謂之榶，盂謂之柯。謝氏墉校本云：宋本《荀子》注榶作棿，盂作或是作榶者，淺人未檢《方言》之文，依正文妄改耳。《廣雅》：柯、櫂，盂也。卷九云：楫謂之櫂。又云凡船大者謂之舸。盌謂之櫂，盂謂之柯，猶楫謂之櫂，船謂之舸也。柯者寬大之名，故木大枝謂之柯。下文云問桮也，其大者謂之問。《説文》：問，大開也，大桮亦爲問。訶，大言而怒也。阿，大陵也。《玉篇》：嗬，大笑也。聲並與柯相近，義亦同也。《廣雅》：盎，盂也。《玉篇》：盎，盂也。《告子篇》以杞柳爲桮棬。孫奭《音義》引張鎰云：卷屈木爲之。又丁公著音及《太平御覽》引此文，盎並作棬。《玉藻篇》：母没而杯圈，不能飲焉。鄭注云：圈，屈木所爲，謂巵匜之類。盎、棬、圈並與盎通，是盎以卷屈得名也。

㼚、瓭、甒、䍃、甄、甇、甀、瓮、瓿甊、甓，甖也。靈桂之郊謂之㼚，**注**今江東通名大瓮爲㼚。其小者謂之瓭。周魏之間謂之甒，**注**今江東亦呼甖爲甒子。秦之舊都謂之甄，淮汝之間謂之䍃，江湘之間謂之甇。自關而西晉之舊都河汾之間，**注**汾水出太原，經絳北西南入河。其大者謂之甀，其中者謂之瓿甊，自關而東趙魏之郊謂之瓮，或謂之甖，東齊海岱之間謂之甓。甖，其通語也。**音義**㼚，音岡。瓭，都感反，亦音沈。甒，音舞。䍃，音由。甄，音鄭。甇，仕江反。甀，度睡反，瓿，音部。甊，落日反。甓，牛志反。甖，於庚反。**箋疏**甖，《衆經音義》卷三引作罌，舊本甖下脱也字，今据補。《説文》：罌，缶也。《廣雅》：罌，瓶也。《玉篇》：罌，瓦器也。甖，坻也。罌與甖同。《廣雅》：㼚，瓶也。《玉篇》：㼚，大瓮也。《漢書·陳餘傳》：迺仰絶亢而死。蘇林曰：亢，頸大脈也，俗所謂胡脈也。《史記索隱》作肮，肮與亢通。揚子《羽獵賦》：跇巒阬。李善注引《音義》：阬，大坂也。《説文》：沆，大澤貌。《釋魚》：貝大者魧。《釋文》引《字林》作蚢。蚢與魧通，大瓮謂之㼚，猶頸大脈，謂之亢。大坂謂之阬，大澤謂之沆，大貝謂之魧也。《漢書·地理志》：蒼梧郡富川，《晉志》屬臨賀郡。酈道元《水經·灕水注》云：靈谿水出臨賀富川縣北符靈岡，南流逕其縣東，又南注於灕水。今廣西平樂府富川縣，是縣東南一百二十里有桂嶺與湖廣江華、廣東連山二縣接界，即古臨賀嶺也，一名萌渚嶠。《南康記》：五嶺，第四嶺曰臨賀。《廣雅》：瓭，瓶也，曹憲音：多感反。《玉篇》、《廣韻》並云瓦屬。《廣雅》：甒，瓶也。《玉篇》：甒，無甫切，盛五升，小甖也。《士喪禮·下篇》：甒二。鄭注：甒，瓦器，古文甒皆作廡。《禮器》云：君尊瓦甒。鄭注云：瓦甒，大五斗。疏云：此瓦甒即《燕禮》公尊瓦大也。《三禮圖》：瓦大受五斗，口徑尺，頸高二寸，大中，身鋭，下平，瓦甒與瓦大同。《喪大記》云：士容甒。《正義》云：甒者盛酒之器。潘岳《馬汧督誄》：寘壺鐳瓶甒以偵之。李善注引《方言》作甒罌也，甒廡並與甒通。又高誘注《淮南氾論訓》云：甀，武也，今兖州謂小武爲甀，幽州曰瓦，是甒有大小二種也，武、甒古同聲。章懷注《後漢書·馬援傳》引《水經注》：武陵五溪無溪蠻，土俗甒作武，是其證。《説文》：䍃，瓦器也。《玉篇》同。《廣雅》：甇、甄、䍃，瓶也。《玉篇》：甄，甖也。《廣韻》同。甇，曹憲音士江反。《玉篇》：甇，仕江切，甖也。邢昺《爾雅疏》同。舊本作胙江，誤，今據以訂正。《説文》：甀，小口罌也。《周官·凌人》：春始治鑑。鄭注：鑑如甀，大口以盛冰。疏云：漢時名爲甀，即今之甕是也。是甀爲小口也，字亦作垂。《墨子·備城門篇》云：救門火者各一垂水，容三石以上。《列子·湯問篇》云：山名壺嶺，狀若甔甀。《東周策》云：夫鼎者，非效醯壺醬甀，可懷挾提挈以至齊者。《淮南氾論訓》云：抱甀而汲。《説文》：汾水出太原晉陽山，西南入海，或曰出汾陽北山。《水經》云：汾水出太原汾陽縣北。《山經》云：管涔之山，汾水出焉，而西流注于河。郭注云：管涔山，今太原郡故汾陽縣北秀容山，汾水至汾陽縣北西入河。陽，蓋陰之訛。又《海内東經》云：汾水出上窳北，而西南，注河入皮氏南。郭注云：今汾水出太原晉陽故汾陽縣，東南經晉陽，西南經河西平陽，至河東汾陰入河。《漢書·地理志》：太原郡汾陽，北山，汾水所出，西南至汾陰入河，過郡二，行千三百四十里。又絳縣屬河東郡，《晉志》平陽郡絳邑，今山西太原府及絳州是。《説文》：瓮，罌也。甕，汲瓶也，並烏貢切。《廣雅》：瓮，瓶也。《玉篇》：瓮，大甖也。《淮南原道訓》云：蓬户瓮牖，又作甕，同罋、甕，並與瓮通。《墨子·備城門篇》云：喪以弟瓮。案：喪，藏也。弟瓮，小瓮，猶伯雅、季雅也。《士喪禮下篇》注：甕，瓦器，其容蓋一㲉。又通作雍。《井》九二：井谷射鮒，甕敝漏。虞翻注：羸其瓶凶，故甕敝漏也。《釋文》：鄭作雍，云停水器也。《廣雅》：瓿甊，瓶也。郭氏《釋器》注云：瓿甊，小甖也。顏師古《急就篇》注同。《晉書·五行志》云：建興中，江南謡歌曰：訇如白坑破，合集持作甒。揚州破換敗，吴興覆瓿甊。案：白者，晉行，坑器，有口，瓮屬。瓿甊，瓦器。又小於甒也。小罌謂之瓿甊，猶小阜謂之部婁也。《説文》：附婁，小土山也。《春秋傳》曰：附婁，無松柏。今襄二十四年《左氏傳》作部婁。杜預注：部婁，小阜。《風俗通義》引《左傳》釋之曰：言其卑小，部者阜之類。高誘注《淮南原道訓》作㟆嶁。《玉篇》作培塿，云小阜也。《藝文類聚》、《北堂書鈔》、《太平御覽》並引《墨子》云：培塿之側，則生松柏。部婁、㟆嶁、培塿並與瓿甊通，單言之則曰瓿、曰甊。《漢書·揚子雲傳》云：吾恐後人用覆醬瓿也。顏師古注：瓿，小甖也，小甖謂之瓿，猶小缶謂之錇，小席謂之蔀，小將謂之部將也。《説文》：錇，小缶也，《豐》六二：豐其蔀。鄭本作菩，云小席。李賢《後漢書·寇恂傳》注：部將，小將也。小甖謂之甊，猶小篆謂之簍，小冢謂之塿也。卷十三云：篆小者，南楚謂之簍。又云：冢小者謂之塿，是也。《衆經音義》卷三引《方言》云：瓿甊、瓨，罌也。《説文》：瓨，似罌，長頸，受十升，讀若洪，古雙切。又：缸，瓨也。《廣雅》：瓨，瓶也。曹憲音：下江反。《玉篇》：瓨，長頸瓶。《史記·貨殖傳》：醯醬千瓨。徐廣《音義》云：瓨，長頸甖。《索隱》音閑江切，是古本瓿甊下有瓨字，或云即上㼚字之訛，然《廣雅》㼚、瓨二字並訓爲瓶。《玉篇》亦不以㼚爲瓨之別體，且正文分釋亦不及瓨，知㼚與瓨同音異字，今姑存其文，未敢遽補。《廣雅》：甓，瓶也。《玉篇》：甓，大罌也。《廣韻》同。舊各本甖下並脱「也」字今從盧校補。

罃，陳魏宋楚之間曰㼤，或曰𤭛。燕之東北朝鮮洌水之間謂之瓺，齊之東北海岱之間謂之儋。**注**所謂家無儋石之儲也。周洛韓鄭之間謂之甀，或謂之罃。**音義**㼤音臾，𤭛音殊，瓺音暢，亦腸。儋音儋荷，字或作甔。**箋疏**《説文》：罃，備火長脛缾也，罌缶也。又云：瓨似罌，長頸，受十升，罌與罃同。《廣雅》：㼤，瓶也。《玉篇》同。《荀子·大略篇》云：流九止于甌臾，流言止於智者。楊倞注云：甌臾皆瓦器，言地之坳坎如甌臾者也。引《方言》：陳魏宋楚之間謂罃爲臾臾，與㼤通。《廣雅》：𤭛，瓶也。《玉篇》：𤭛，小甖也。《廣雅》：瓺，瓶也。《玉篇》《集韻》並同，云：朝鮮謂罃曰瓺。《廣雅》：甔，瓶也。《玉篇》：甔，小甖也。《列子·湯問篇》云：山名壺領，狀若甔甀。張湛注云：甔謂瓦瓶也。《史記·貨殖傳》：漿千甔。《集解》引徐廣曰：甔，大甖也。《索隱》云：甔，《漢書》作儋。孟康曰：儋，甖也，甖受一石，故云儋石。《漢書·揚子傳》云：乏無儋石之儲。又《蒯通傳》云：守儋石之禄。應劭云：齊人名小甖爲儋，受二斛。《後漢書·明帝紀》：生者無擔石之儲。李賢注引《埤蒼》：甔，大甖也。甔擔並與儋通，是儋兼大小二種也。此儋字及音儋荷，並作儋，其字或作甔、儋，舊本並同。《爾雅疏》及《史記·淮陰侯傳集解》晉灼注引此文並同。《後漢書·明帝紀》李賢注引作甔，戴本同，今仍舊本。甀，説詳上條。

罃謂之⿰卑瓦。**音義**⿰卑瓦，鼓鼙。**箋疏**罃，《説文》作罌，云罌謂之⿰卑瓦。《廣雅》：罌、⿰卑瓦、罃，瓶也。罌與罃通。《廣韻》：⿰卑瓦，瓦器。《史記·李斯列傳》云：夫擊甕叩缻、彈箏搏髀而歌呼嗚嗚。髀與⿰卑瓦通。

⿱廱瓦，謂之⿱斯瓦。**箋疏**⿱廱瓦，《説文》作罋，云汲缾也，通作甕。《井》九二：甕敝漏。虞翻注云：羸其瓶凶，故甕敝漏也。《士喪禮下篇》云：甕三。鄭注：甕，瓦器，其容蓋一觳。又通作雍。《井》九二釋文云：甕，鄭作雍，云停水器也。《三禮圖》引《舊圖》：甕以盛醯醢。案：《周官·醢人》：醢人，王舉則供醢六十甕，供醢六十甕，是用以盛醯醢，亦可以汲水，停水之器也。《廣雅》：⿱廱瓦甀，瓶也。甀與⿱斯瓦同。《集韻》引《字林》云：⿱斯瓦甕，破也。《釋言》：斯，離也。《廣雅》：斯分也。卷六云：㾷，散也。東齊聲散曰㾷，秦晉聲變曰㾷器，破而不殊其音，亦謂之㾷。《漢書·王莽傳》：莽爲人聲大而嘶。顔師古注：嘶，聲破也，是凡言斯者皆破散之義，事雖不同，義則一也。⿱廱瓦謂之⿱斯瓦，蓋所謂器破而不殊其音，猶下文「罃甈謂之盎」，皆以破得名也。舊本以上條「罃謂之⿰卑瓦」句及此條並不提行，皆接前罃陳魏宋楚條末，今從盧校本。

缶謂之瓿甌，**注**即盆也。其小者謂之瓶。**音義**甌音偶。**箋疏**《釋器》云：盎謂之缶。郭注云：盆也。疏引孫炎云：缶，瓦器。《説文》：缶，瓦器，所以盛酒漿，秦人鼓之以節謌，象形。《坎》六四：尊酒簋，貳用缶。鄭注云：天子大臣以王命出會諸侯，主國尊于簋，副設玄酒以缶，又《比》初六：有孚盈缶。鄭注云：井水人所汲，用缶，是缶所以汲水，亦所以盛酒漿也。又《離》九三云：不鼓缶而歌。《史記·藺相如傳》云：使秦王鼓缶。又《李斯傳》云：擊甕叩缻，真秦之聲也。缻與缶同。《淮南説林訓》云：君子有酒，鄙人鼓缶，雖不見好，亦不見醜，是擊缶以節歌，亦不獨秦人也。缶之製蓋有小有大，上所云皆其小者，又有極大者。《禮器》云：五獻之尊，門外缶，門内壺，君尊瓦甒。鄭注云：壺大一石，瓦甒五斗，缶大小未聞。《正義》曰：以小爲貴，則近者小，遠者大，缶在門外，則大於壺矣。顔師古《急就篇》注云：缶即盎也，大腹而斂口，盆則斂底而寬上。是缶之形製矣。上文：瓿甊，罌也。《説文》：錇，小缶也，是許以缶罌爲一物也。《廣雅》：瓿甌，缶也。曹憲部、偶二音。《玉篇》：瓿，瓿甊，小罌也。甌，盎也。案：瓿甌，急言之即爲缶矣。《説文》：缾，罋也，或从瓦作瓶。《井卦》云：羸其瓶。是瓶亦爲汲水之器。鄭注云：盆以盛水，瓶以汲水是也。又《禮器》注云：盆、瓶，炊器也，是又不獨以之汲水矣。《小雅·蓼莪篇》：瓶之罄矣，惟罍之恥。《毛傳》云：瓶小器，故云小者謂之瓶也。舊本並從謂之瓶，止爲一條。盧校本據唐韓愈詩有「瓨大缾罌小，所任各有宜」之句，移下條首罃甈之罃字連屬，此條以罃缾字爲句，且云瓶罌即瓶罃，謬甚，説詳下條，今從舊本。

罃、甈，謂之盎。**注**案：《爾雅》：甈，康瓠。而《方言》以爲盆，未詳也。 自關而西或謂之盆，或謂之盎，其小者謂之升甌。甂，陳魏宋楚之間謂之題。**注**今河北人呼小盆爲題子。自關而西謂之甂，其大者謂之甌。**音義**甈，郄闑反，盎烏浪反，甌惡牟反，亦音憂。甂音邊，題杜啟反。**箋疏**《説文》：罃，備火長頸瓶也。缾，罌也。甈，康瓠，破罌也，或从埶作⿱埶瓦。許君本《爾雅》以康瓠釋甈，又以破罌釋康瓠也。徐鍇《傳》云：康之言悾也，破則空也，魚滅反。案：《廣雅》：甈，裂也。《周官·牧人》：凡外祭毀事。鄭注云：故書毀爲甈。杜子春云：甈，當爲毀，毀與甈義同，古通字。《法言·先知篇》云：甄陶天下者，其在和乎，剛則甈，柔則坏。宋咸注云：甈，破也，言陶法太剛則破裂也。《説文》：劓，刑鼻也，劓與甈義相近，甈或从埶。《釋木》云：木相磨槸。《説文》同，或从艸作⿱艹槸，槸與甈同聲。案：《爾雅》：槸，承上「木自斃立死」言之。《説文》：槸，亦列在梟與枯、槁諸文之中，蓋亦謂木之破裂者也。刑鼻謂之劓，木斃謂之槸，罃破謂之甈，其義一也，是甈爲破裂之名也。段氏若膺以爲甈之言，滯而無周也，失之。又案：甈之言臬也。《説文》：臬，射準的也。《玉藻》云：公事自闑西，私事自闑東。《正義》云：闑，謂門之中央所樹短木也。《考工記·匠人》：置槷以縣，眂其景。鄭注云：槷，古文臬，假借字，於所半之地中央樹八尺之臬，以縣正之眂之以其景，將以正四方也。甈、臬、闑、槷，字異聲義並同，臬又通作藝。《大雅·行葦傳》：已均中藝。鄭箋云：藝，質也。文六年《左氏傳》云：陳之藝極。杜預注：藝，準也。是甈訓爲破，復有中正之義也。《急就篇》云：甀、缶、盆、盎、甕、罃、壺。顔師古注云：缶、盆、盎一類耳，缶即盆也，大腹而斂口，盆則斂底而寬上，盎與盆對文則異，散文則通，故《説文》云：盎，盆也，盆，盎也，盆盎字皆从皿，篆書作皿，象形。蓋罃之破而中正，則無論或直或横，以其半覆之形，如盎仰之形如盆，此罃甈之所以或謂之盎，或謂之盆也。《爾雅》：康瓠謂之甈。郭注云：瓠，壺也。賈誼曰：寶康瓠，是也。《史記·屈賈列傳》賈誼《弔屈原賦》云：斡棄周鼎而寶康瓠。按：周鼎猶言完鼎，康瓠猶言破瓠。《集解》引如淳曰：康瓠，大瓠也。應劭云：康，容也，康，空也。《索隱》引李巡云：康謂大瓠瓢也。《漢書》顔師古注引鄭氏曰：康瓠，瓦盆底也。説者紛紛，皆不得其解，惟鄭氏之説近之。蓋瓦盆底形如已剖之瓢，故謂之瓠，以其非全盆，故謂之甈，瓦盆底謂之甈，猶破罃謂之甈，皆以破得名也。郭氏景純注《爾雅》，不解康瓠，所以名甈之義已屬含糊。注此又不能究罃甈所以爲盆盎之由，惟舉《爾雅》康瓠之文以釋甈字，則於上文之罃亦爲未了，以致邢昺《釋器》疏引《方言》亦截去罃字，云甈謂之盎。而盧氏斷然不疑，以罃字移入上條瓶字下，以瓶、罃連文爲句，并引韓愈詩「瓨大瓶罌小」以證之，其悖謬爲尤甚焉。《盡心篇》盎於背，孫奭引陸善經《音義》云：盎於背，如負之於背。注内盆上疑脱盎字。《士喪禮》：新盆盤瓶。鄭注云：盆以盛水。《禮器》云：盛於盆，尊於瓶。鄭注云：盆、瓶，炊器，是一物而用不同也。又《考工記》：陶人爲盆，實二鬴，厚半寸，脣寸。是盆又爲量屬。《墨子·貴義篇》云：(子)墨子仕人於衛，所仕者，至而反，(子)墨子曰：何故反，曰：與我言而不審。曰：待汝以千盆，授我以五百盆，故去之也。《荀子·富國篇》云：今是土之生五穀也，人善治之則畝數盆。楊倞注曰：蓋當以盆爲量。《漢書・歷律志》云：量者，龠合升斗斛也，所以量多少也，本起於黄鍾之龠，用度數審其容，以子穀秬黍之中者千二百實其龠，以井水準其概，合龠爲合，十合爲升，十升爲斗，十斗爲斛，而五量嘉矣。《廣雅》：龠二爲合，合十曰升，升四曰梪，梪四曰區，區四曰釜。即以量之多少言之，升亦其小者矣。量之少者謂之升，盆之小者亦謂之升，其義一也。舊本升下甌字及音惡牟反云云，至行末止空一格，下甂陳魏宋楚之間云云提行别爲一條。戴本仍舊。盧氏據《廣雅》題、甌，甂也，移甌字與甂連文，亦提行别爲一條。考升甌之名，他書未見，而甂甌連文者往往有之，且玩陳楚宋魏之間以下文義，自當以甌字下屬爲得。然李賢注《後漢書・隗囂傳》引《方言》曰：宋楚之間謂盎爲題。洪興祖補注《楚辭・七諫》又引《方言》云：自關而西盆盎小者曰甂。是古本本合二條爲一，其甂陳魏宋楚之間云云並不别爲一條也。竊疑甌字本屬下讀，甌字下脱一題字，其行末空一格，即其脱處耳。後人不深考，以甌字爲上條之末，遂以升甌爲文，以甂字提行，别爲一條。若空處補一題字，兩條遂相連屬，則與李、洪兩家所引正合。至條中别出甌甂諸文，與下所以注斛條中别出箕字文同一例，今據以訂正，惟邢昺《釋器》疏合引此文，甌下已無題字，則其來已久，未敢擅補。《急就篇》云：甑、甇、甂、甌、瓨、罌、盧。顔師古注云：甂甌，盆杅也，其形大口而庳。一曰甌小盆也，甌之言區也。《廣雅》：區，小也。《説文》：甌，小盆也。《釋器》云：甌瓿謂之瓵。郭注云：瓿甊，小甖。謂之甌瓿，猶小盆謂之甌也。甌與甂題皆小盆，而甂題又小於甌，故又云其大者謂之甌也。《説文》：甂似小瓿，大口而卑。《淮南説林訓》云：狗彘不擇甂甌而食。《楚辭・七諫》云：甂甌登於明堂兮，周鼎潛於深淵。《説苑・反質篇》云：瓦甂，陋器也。《太平御覽》引《通俗文》云：小甌曰題。《廣雅》：題、甌，甂也。《玉篇》：題，徒啟切，小盆也。《五音集韻》：題或作瓶，連言之則曰甂題。王氏懷祖云：甂題猶匾匾也。《衆經音義》卷六云：《韻集》：匾，方殄反，匾，他奚反。《纂文》云：匾匾，薄也，今俗呼廣薄爲匾匾，關中呼𥈿匾。器之大而卑者與廣薄同義，故亦有甂題之名。又匾匾與𥈿匾一聲之轉，匾匾亦猶椑榹也。《急就篇》：榑、榼、椑、榹、七、箸、籫。今人亦呼小盆爲題子，聲如堞，故《宋史・吕蒙正傳》作楪子，楪即題聲之轉。

錢繹《方言箋疏》卷一三

盂謂之㯳，河濟之間謂之盌𥂰，椀謂之盦，盂謂之銚鋭，椀謂之梋抉。**注**椀亦盂屬，江東名盂爲凱，亦曰甌也。**音義**㯳子殄反，銚謡音，梋抉，蠲決兩音。**箋疏**《説文》：盂，飯器也。《士喪禮下篇》：兩敦兩杅。鄭注：杅以盛湯漿。《急就篇》：橢杅槃桮問盌。顔師古注云：盌似盂而深長。前卷五云：盂，宋楚魏之間或謂之盌，盌謂之盂。杅與盂、盌與椀竝同。《廣雅》：㯳、盌𥂰、銚鋭、梋抉、盦、椀，盂也。《廣韻》引《埤蒼》云：㯳，盂也。《玉篇》云：盌𥂰，大盂也。《太平御覽》引李尤《安殘銘》云：安殘令名，甘旨是盛。埏埴之巧，甄陶所成。安殘與盌𥂰同。《玉篇》：盦，椀也。盌𥂰爲疊韻，銚鋭、梋抉爲雙聲，銚鋭説詳上文姚娧好也條下。梋抉，以圓好得名也。《衆經音義》卷二十引《通俗文》：圓曰規，規模曰梋。韋曜《晉語》注云：玦，如環而缺。玦與抉通。梋抉猶孑孓也。《廣雅》云：孑孓，蜎也。《爾雅》：蜎，蠉。郭注云：井中小蛣蟩，赤蟲，一名孑孓。孑孓、蛣蟩，聲之轉也，又轉言之則爲梋抉。《玉篇》云：椀謂之梋，盂屬也。又云抉，椀也。一名而分爲二，非也。舊本椀謂之梋抉句，椀誤作木，今從宋本作椀。梋抉誤作涓抉，今據《廣雅》及《玉篇》訂正。注云：江東名盂爲凱，他無所見。亦曰甌者，《急就篇》云：甑、甇、甂、甌、瓨、罌、盧。顔師古注：甂甌，盆杅也，是盂亦名甌也。

王念孫《廣雅疏證》卷七上《釋宫》

甄、匋，窑也。《衆經音義》卷十四引《倉頡篇》云：窑，燒瓦竈也。《管子七臣七主篇》云：文采纂組者，燔功之窑也，窑與窯同。《説文》：甄，匋也。《漢書・董仲舒傳》：猶泥之在鈞，唯甄者之所爲。《文選・魏都賦》注引如淳注云：陶人作瓦器謂之甄，匋，通作陶。《衆經音義》卷二引《倉頡篇》云：陶，作瓦家也，陶與窑聲相近。《大雅・緜篇》：陶復陶穴。《鄭箋》云：復者，復於土上，鑿地曰穴，皆如陶然，是陶即窑也。

甋瓳、瓨、治、甄、𤮊、瓯、瓴、甗、甓、甈，甎也。《衆經音義》卷十三引《埤倉》云：甋瓳，大甎也。卷四引《通俗文》云：甎方大謂之甋瓳。漢孟郁脩《堯廟碑》云：脩治　修治□壁，地致播堝。播堝，與甋瓳同。治與甎義不相近。古者謂州郡所駐曰治，若《漢書・地理志》：左馮翊高陵，左輔都尉治，右扶風郿，右輔都尉治，是也。《衆經音義》卷六、卷十四竝引《廣雅》：寺，治也，則治字當在上條，後人傳寫誤入此條耳。《説文》：垒，壘墼也。墼，瓴適也。《急就篇》云：墼壘廥廄庫東箱。垒、壘，竝與𤮊通。瓯，《廣韻》音頤，云：甋瓯，甎也，各本瓯譌作瓵。《集韻・類篇》：瓯字注引《廣雅》：𤮊、瓯，甎也。又有瓵字，注亦云：𤮊瓵，甎也。蓋俗書瓯字作瓵，故譌而爲瓵。《釋器篇》：㪷斗謂之柜，今本譌作相，正與此同。考《玉篇》、《廣韻》俱無瓵字，今本作瓵。又瓵字之譌，今訂正。《爾雅》：瓴甋謂之甓。郭注云：甋甎也，今江東呼瓴甓。《毛傳》云：甓，令適也，令適，與瓴甋同，江東呼瓴甓，語之轉也。陳風防有《鵲巢篇》：中唐有甓。司馬相如《長門賦》：緻錯石之瓴甓兮。《漢書・尹賞傳》：穿地，方深各數丈，致令辟爲郭。令辟，與瓴甓同。《衆經音義》卷十四引《通俗文》云：狹長者謂之甋甎。《魏志・胡昭傳》注引《魏略》云：扈累獨居道側，以甋甎爲障。

甑、瓳，甃也。《説文》：甃，井甓也，甃之言聚也，脩也。《井・象傳》：井甃无咎，脩井也。馬融注云：甃，爲瓦裹下達上也。《太平御覽》引《風俗通義》云：甃，聚塼脩井也。《莊子・秋水篇》：吾樂與吾跳梁乎井幹之上，入休乎缺甃之崖。李頤注云：甃，著井底闌也。《廣韻》：甑，井甓也。《玉篇》：瓳，牡瓦也。甑、瓳竝徒紅反，義亦相近。瓳，《廣韻》作瓬。

王念孫《廣雅疏證》卷七下《釋器》

盎，謂之盆。《爾雅》：盎謂之缶。郭璞注云：盆也。《方言》：甈謂之盎，自關而西或謂之盆，或謂之盎。《急就篇》：甀缶盆盎甕甇壺，顔師古注云：缶盆盎，一類耳。缶，即盎也，大腹而斂口，盆則斂底而寬上。《考工記》：陶人爲盆，實二鬴，厚半寸，脣寸。

瓿甊、罏，缶也。《説文》：缶，瓦器，所以盛酒漿，秦人鼓之以節歌。《陳風・宛邱篇》：坎其擊缶。《正義》云：《易·離卦》九三：不鼓缶而歌。是樂器爲缶也。《坎卦》六四：尊酒簋貳，用缶，則缶是酒器。襄九年宋災，《左傳》曰：具綆缶，備水器。則缶是汲水之器，然則缶是瓦器，可以節樂，又可以盛水盛酒，即今之瓦盆也。《禮器》：五獻之尊，門外缶，門内壺，君尊瓦甒。鄭注云：壺大一石，瓦甒五斗，缶大小未聞也。《正義》云：以小爲貴，近者小，則遠者大，缶在門外，則大於壺矣。《方言》：缶謂之瓿甌。郭璞注云：即盆也。《説文》：盧，秠也，籀文作罏，篆文作[illegible]。《急就篇》：甑、瓽、甂、甌、瓨、甖、盧。注云：盧，小甕，竝字異而義同。

題、甌，甂也。《方言》：甂，陳魏宋楚之閒謂之題，自關而西謂之甂，其大者謂之甌。《説文》：甂(佀)〔似〕小瓿，大口而卑。《淮南子·説林訓》云：狗彘不擇甂甌而食。《楚辭·七諫》云：甂甌登於明堂兮，周鼎潛乎深淵。《説苑·反質篇》云：瓦甂，陋器也。《方言》注云：今河北人呼小盆爲題子，杜啟反。《太平御覽》引《通俗文》云：小甌曰題，甂題，猶匾匲也。《衆經音義》卷六云：《韻集》：匾，方殄反。匲，他奚反。《纂文》云：匾匲，薄也，今俗呼廣薄爲匾匲，關中呼牌匲，器之大口而卑者，與廣薄同義，故亦有甂題之名。又匾匲與牌匲，一聲之轉，大口而卑者謂之甂，猶下文匾榼謂之椑矣。甌之言區也，卷二云：區，小也。《説文》：甌，小盆也。《爾雅》：甌瓿謂之缻。郭注云：瓿甊，小甖，小甖謂之甌。瓿，猶小盆謂之甌也，甌與甂題皆小盆，而甂題又小於甌，故《方言》云：其大者謂之甌。

甎、甈，甗也。《廣韻》：剸，甖屬。《玉篇》：甎，甎甗也。《爾雅》：康瓠謂之甈。《説文》：甈，康瓠，破罌也，或作㽁。《方言》：甈謂之盎。

瓽、㼜，甖也。《説文》：鑑，大盆也。《周官·凌人》：春始治鑑。鄭注云：鑑如甀大口，以盛冰，置食物於中以禦温氣。《釋文》：鑑，胡暫反，本或作監。《莊子·則陽篇》云：衛靈公有妻三人，同濫而浴。襄九年《左傳》注云：水器，盆罌之屬，竝字異而義同。《墨子·節葬篇》云：多爲屋幕鼎鼓，几梴壺濫，戈劍羽旄齒革。《呂氏春秋·節喪篇》云：玩好貨寶、鍾鼎壺濫、轝馬衣被戈劍，不可勝數。濫與壺竝稱，蓋亦盆盎之屬。《愼勢篇》云：功名著乎槃盂，銘篆著乎壺鑑，是也。高誘注云：以冰置水漿於其中爲濫。失之。《説文》：瓽，大盆也。《急就篇》云：甑瓽甂甌瓨甖盧。《玉篇》：㼜，瓶也。

甇、甓、甄、𤭛、瓬、𤬪、瓿、甄、甾、甀、甒、瓮、罌、甗、瓶、甑、瓴、𤭢、甎、瓬、㼣、𤮐、𤭛、甀、罃、瓨、鑐、㼽，瓶也。《説文》：鉼，甖也，或作瓶。《方言》：瓬、𤬪、甒、甾、甄、甇、甀、瓮、瓿、甄、甓，甖也。靈桂之郊謂之瓬，其小者謂之𤬪。周魏之閒謂之甒，秦之舊都謂之甄，淮汝之閒謂之甾，江湘之閒謂之甇。自關而西、晉之舊都河汾之閒，其大者謂之甀，其中者謂之瓿甊，自關而東趙魏之郊謂之瓮，或謂之甖，東齊海岱之閒謂之甓。甖，其通語也，甖，與罌同。甇，各本譌作䉛，今訂正。《玉篇》：甓，大甖也。《説文》：甒，器也。《方言》注云：今江東通呼大瓮爲瓬。《爾雅》：甌瓿謂之缻。郭注云：瓿甊，小甖。襄二十四年《左傳》：部婁無松柏。杜預注云：部婁，小阜，小阜謂之部婁，猶小罌謂之瓿甊也。單言之則曰瓿，字亦作錇。《説文》：錇，小缶也。《漢書·揚雄傳》：吾恐後人用覆醬瓿也。顏師古注云：瓿，小甖也。《説文》：甾，瓦器也。又云：甾，小口罌也。徐鍇《傳》云：《周禮》注：鑑如甾大口，是甾小口也。甾，與甀同，字亦作垂。《墨子·備城門篇》云：救門火者，各一垂，水容三石以上。《列子·湯問篇》云：山名壺領，狀若甔甀。《東周策》云：夫鼎者，非效醯壺醬甀，可懷挾提挈以至齊者。《淮南子·氾論訓》：抱甀而汲。高誘注云：甀，武也，今兖州謂小武爲甀。《方言》注云：今江東呼甖爲甀子。《士喪禮·下篇》：甒二。鄭注云：甒，瓦器，古文甒皆作廡。甒、𤮊、廡、武竝通。《禮器》：君尊瓦甒。鄭注云：瓦甒大五斗。《正義》云：此瓦甒，即《燕禮》公尊瓦大也。《禮圖》：瓦大受五斗，口徑尺，頸高二寸，大中，身鋭，下平。瓦甒與瓦大同。《説文》：瓮，罌也，通作罋、甕。《士喪禮·下篇》注云：罋，瓦器，其容蓋一觳。《説文》：罌，甾也。《墨子·備城門篇》云：用瓦木罌容十升以上者盛水。《方言》：罃，陳魏宋楚之閒曰甂，或曰瓶。燕之東北朝鮮洌水之閒謂之瓺，齊之東北海岱之閒謂之甔，周洛韓鄭之閒謂之甀，或謂之罃。甔，字通作儋，又作擔。《史記·貨殖傳》：漿千甔。《集解》徐廣曰：甔，大罌也。《索隱》云：甔，《漢書》作儋。孟康曰：儋，甖也，甖受一石，故云儋石。《漢書·蒯通傳》：守儋石之祿。應劭注云：齊人名小甖爲儋，受二斛。《後漢書·明帝紀》：生者無擔石之儲。李賢注引《埤倉》云：甔，大罌也。案：諸説或訓甔爲罌，或以爲大罌，或以爲小罌，古無定訓，疑莫能明也。《玉篇》：瓶，小甖也。又云：𤮐，鉼有耳也。瓬訓爲瓶，未見所出。瓬，曹憲音方往反，各本瓬譌作旊，方往譌作方住。《玉篇》：瓬，方往反，今據以訂正。《説文》：㼣，下平缶也，讀若弱。《方言》：𤮐謂之甄，字亦作甀，通作甕。《説文》：罋，汲缾也。《井》九二：井谷射鮒，甕敝漏。虞翻注云：羸其瓶凶，故甕敝漏也，甄與瓶同。《方言》：罃謂之甄。《説文》：罃，備火長頸缾也。《急就篇》云：甀、缶、盆、盎、甕、罃、壺。瓨，亦作缸。《説文》：瓨，佀罌長頸，受十升。又云：缸，瓨也。《急就篇》云：甑、瓽、甂、甌、瓨、甖、盧。《史記·貨殖傳》：醯醬千瓨。徐廣《音義》云：瓨，長頸罌也。瓨，曹憲音下江反，各本瓨譌作瓬，惟影宋本、皇甫本不譌。《説文》：鑐，瓦器也。又云：瓴，瓮佀缾者，瓴與鑐同。《漢書·高祖紀》：譬猶居高屋之上建瓴水也。如淳注云：瓴，盛水瓶也。《淮南子·脩務訓》云：今夫救火者，汲水而趨之，或以甕瓴，或以盆盂，其方員鋭橢不同，盛水各異，其於滅火鈞也。瓴、甕皆可以盛水，又可以節歌。《墨子·三辯篇》云：農夫春耕夏耘，秋斂冬藏，息於瓴缶之樂。李斯《上始皇帝書》云：擊甕叩瓴、彈箏搏髀而歌。皆是也。鑐，各本譌作鐳，影宋本、皇甫本不譌。《玉篇》：㼽，瓶受一斗者。《集韻》云：北燕謂瓶爲㼽。

榼、匵、𢊁、椷、盃、閜、盞、温，杯也。《方言》：盃、椷、盞、温、閜、榼、𢊁，桮也。秦晉之郊謂之盃，自關而東趙魏之閒曰椷，或曰盞，或曰温，其大者謂之閜。吳越之閒曰榼，齊右平原以東或謂之𢊁。桮，其通語也。桮，與杯同。《説文》：桮，匵也。匵，小桮也，或作櫝。匵，與椷古同聲。《方言》作椷，蓋即匵之假借字也。《廣韻》：𥳑，箱屬。或作簀，是其例矣。《方言》注云：盃，所謂伯盃者也。《太平御覽》引《典論》云：劉表諸子好酒，造三爵，大曰伯雅，中曰仲雅，小曰季雅。雅，與盃通。《説文》：閜，大開也，大桮亦爲閜。《急就篇》云：橢杅槃案棓閜盌。《藝文類聚》引李尤《杯銘》云：小之爲杯，大之爲閜，凡言閜者，皆大開之貌。司馬相如《上林賦》：谽呀豁閜。司馬彪注云：谽呀，大貌，豁閜，空虛也。郭璞注云：皆澗谷之形容也。《廣韻》：閜，大笑。義竝同也。盞，與琖通。說見下條。《太平御覽》引《通俗文》云：槃杯曰盞，或謂之盌。

綜述

賈思勰《齊民要術》卷七《塗甕第六三》 凡甕，七月坯爲上，八月爲次，餘月爲下。凡甕，無問大小皆須塗治，甕津則造百物皆惡，悉不成，所以時宜留意新出窑及熱脂塗者。大良若市買者，先宜塗治，勿使盛水。未塗遇雨亦惡。塗法，掘地爲小圓坑，傍開兩道，以引風火。生炭火於坑中，合甕口於坑上而熏之。火盛喜破，微則難熱，務令調適乃佳。數以手摸之，熱灼人手便下寫熱脂於甕中，迴轉濁流，極令周匝脂不復滲所蔭切乃止。牛羊脂爲第一，好豬脂亦得。俗人用麻子脂者，誤人耳，若脂不獨流直一，偏拭之，亦不免津。俗人釜上蒸甕者，水氣亦不佳。以熱湯數斗著甕中滌盪疏洗之，瀉卻滿盛冷水，數日便中用。用時更洗淨，日曝令乾。

賈思勰《齊民要術》卷七《造神麴餅酒第六四》 凡作三斛麥麴法，蒸炒生各一斛，炒麥黃莫令焦，生麥擇治，甚令精好種各別磨，磨欲細，磨乾合和之。七月取甲寅日使童子著青衣，日未出時面向殺地汲水二十斛，勿令人潑水，水多亦可瀉却，莫令人用。其和麴之時面向殺地和之，令使絕強。團麴之人皆是童子小兒，亦面向殺地，有行穢者不使，不得令入室近團麴。當日使訖不得隔宿，屋用草屋勿使用瓦屋，地須浄掃不得穢惡，勿令濕。畫地爲阡陌，周成四巷作麴，人各置巷中假置麴王，王者五人麴餅，隨阡陌比肩相布，訖使主人家一人爲主，莫令奴客爲主。與王酒脯之法，濕麴王手中爲椀，中盛酒脯湯餅，主人三徧讀文，各再拜其房。欲得板户，密泥塗之，勿令風入，至七日開當處翻之還，令泥户至二七日聚麴還，令塗户莫使風入，至三七日出之，盛著甕中。塗頭至四七日穿孔繩貫日曝，欲得使乾，然後內之，其餅麴手團二寸半，厚九分。

《隋書》卷八《禮儀志三》 自秦兼天下，朝覲之禮遂廢。及周封蕭詧爲梁王，訖於隋，恒稱藩國，始有朝見之儀。梁王之朝周，入畿，大冢宰命有司致積。其餼五牢，米九十筥，醯醢各三十五甕，酒十八壺，米禾各五十車，薪芻各百車。既至，大司空設九儐以致館。梁王束帛乘馬，設九介以待之。禮成而出。明日，王朝，受享於廟。既致享，大冢宰又命公一人，玄冕乘車，陳九儐，以束帛乘馬，致食于賓及賓之從各有差。致食訖，又命公一人，弁服乘車，執贄，設九儐以勞賓。王設九介，迎於門外。明日，朝服乘車，還贄于公。公皮弁迎於大門，授贄受贄，並於堂之中楹。又明日，王朝服，設九介，乘車，備儀衛，以見于公。事畢，公致享。明日，三孤一人，又執贄勞于梁王。明日，王還贄。又明日，王見三孤，如見三公。明日，卿一人，又執贄勞王。王見卿，又如三孤。於是三公、三孤、六卿，又各餼賓，並屬官之長爲使。牢米束帛同三公。

開皇四年正月，梁主蕭巋朝于京師，次於郊外。詔廣平王楊雄、吏部尚書韋世康，持節以迎。衛尉設次於驛館。雄等降就便幕。巋服通天冠、絳紗袍，端珽，立於東階下，西面。文武陪侍，如其國。雄等立於門右，東面。巋攝內史令柳顧言出門請事。世康曰：「奉詔勞于梁帝。」顧言入告。巋出，迎於館門之外，西面再拜。持節者導雄與巋俱入，至于庭下。巋北面再拜受詔訖。雄等乃出，立於館門外道右東向。巋送於門外，西面再拜。及奉見，高祖冠通天冠，服絳紗袍，御大興殿，如朝儀。巋服遠遊冠，朝服以入，君臣並拜，禮畢而出。

古者天子征伐，則宜于社，造于祖，類于上帝。還亦以牲徧告。梁天監初，陸璉議定軍禮，遵其制。帝曰：「宜者請征討之宜，造者稟謀於廟，類者奉天時以明伐，並明不敢自專。陳幣承命可也。」璉不能對。嚴植之又争之，於是告用牲幣，反亦如之。

後齊天子親征纂嚴，則服通天冠，文物充庭。有司奏更衣，乃入，冠武弁，弁左貂附蟬以出。誓訖，擇日備法駕，乘木輅，以造于廟。載遷廟主於齋車，以俟行。次宜于社，有司以毛血釁軍鼓，載帝社石主於車，以俟行。次擇日陳六軍，備大駕，類于上帝。次擇日祈后土、神州、岳鎮、海瀆、源川等。乃爲坎盟，督將列牲於坎南，北首。有司坎前讀盟文，割牲耳，承血。皇帝受牲耳，徧授大將，乃置于坎。又歃血，歃徧，又以置坎。禮畢，埋牲及盟書。又卜日，建牙旗於墠，祭以太牢，及所過名山大川，使有司致祭。將屆戰所，卜剛日，備玄牲，列軍容，設柴於辰地，爲墠而禡祭。大司馬奠矢，有司奠毛血，樂奏《大護》之音。禮畢，徹牲，柴燎。戰前一日，皇帝禱祖，司空禱社。戰勝則各報以太牢。又以太牢賞用命戰士于祖，引功臣入旌門，即神庭而授版焉。又罰不用命于社，即神庭行戮訖，振旅而還。格廟酯社訖，擇日行飲至禮，文物充庭。有司執簡，紀年號月朔，陳六師凱入格廟之事，飲至策勳之美，因述其功，不替賞典焉。

隋制，行幸所過名山大川，則有司致祭。岳瀆以太牢，山川以少牢。親征及巡狩，則類上帝、宜社、造廟，還禮亦如之。將發軔，則軷祭。其禮，有司於國門外，委土爲山象，設埋坎。有司刳羊，陳俎豆。駕將至，委奠幣，薦脯醢，加羊於軷，西首。又奠酒解羊，并饌埋於坎。駕至，太僕祭兩軹及軓前，乃飲，授爵，遂轢軷上而行。

《全唐文》卷五九八歐陽詹《陶器銘并序》 嘗侍論於長者，僞有之曰：「近代之作玉杯，麗則麗矣，愚以謂不如古人之爲陶。」長者韙之，以爲知言。退而思其所自多，亦不忝伊人之譽。器以利用，道從易簡。利用者貴無往而不適，易簡者取立功而匪勤。今天下之至富者，土也。不勞而成者，火也。夫陶，掬壤以製，焚蒸以凝。就其不勞，因其至富。不瑩而冰清珠皖，不鍛而金固石堅。一工致功，千室以給。斛鬲罍甗，缾缶杯盂，大窮儋石，小極圭撮，經鼎鑊而自若，在燀爇而莫渝。滿堂絶侈靡之譏，提挈無剽殺之患。其功則易簡也，其實則利用也，其藏又保安也。易簡二儀之理，利用五行之本。保安立身之方，執人之方，履物之本，從天地之理，此三皇五帝所以内户不扃，外户不閉，無爲之德所由生也。豈夫玉杯之獨劣，其餘孰得而儔焉。則刓材搜璞，窮山越壑，礱磨雕琢，鑄鍊丹臒。力盡終年之功，財殫不訾之産。量纔升合，質忌湯火。寘家得奢盈之議，中懷生賊害之累。其功則非易簡也，其實則非利用也，其藏又非保安也。悖二儀之理，違五行之本，乖立身之方。此夏桀商紂所以人人頗邪，比屋可戮，亡身之禍所由生也。省費鮮勞，皆備於物，德且如彼，而人賤之。煩人蠹財，不周於用，禍又如此，而人貴之。久矣哉，世之迷也。物有賤而可貴，亦有貴而可賤，惟賢者能審之。小子不幸，億而有中，誠背常人之見，敬爲銘以廣之。銘曰：

黜汙易抔，聖人製器。易簡作程，利用爲貴。稽諸往載，陶實攸興。裁因掬壤，成假焚蒸。不臒不丹，不雕不刻。自結金堅，天然冰色。財無害産，功匪殫力。量盡洪纖，用窮幽仄。物有千金相異，我取不費爲利。物有積功相崇，我取不勞爲工。物有患湯忌火，我取往無不可。物有剽殺焚軀，我取懷藏不虞。心存目視，奢尋彼至。室滿堂盈，侈莫我生，省庸周用，所賤謂何。賈害勤人，所貴者那。可貴不貴，物失其類。失類曰昏，雖隆必墜。可賤不賤，物得其選。得選曰明，雖幽必見。上惟五帝，下洎三王。實有以興，亦有以亡。蚩蚩百工，孰若我陶。敬銘有器，永告滔滔。

《全唐文》卷七二一張又新《煎茶水記》 故刑部侍郎劉公諱伯芻，於又新丈人行也。爲學精博，頗有風鑑，稱較水之與茶宜者，凡七等：揚子江南零水第一、無錫惠山寺石水第二、蘇州虎邱寺石水第三、丹陽縣觀音寺水第四、揚州大明寺水第五、吴松江水第六、淮水最下，第七。斯七水，余嘗俱瓶於舟中，親挹而比之，誠如其説也。客有熟於兩浙者，言搜訪未盡，余嘗志之。及刺永嘉，過桐廬江，至嚴子瀨，溪色至清，水味甚冷，家人輩用陳黑壞茶潑之，皆至芳香。又以煎佳茶，不可名其鮮馥也，又愈於揚子南零殊遠。及至永嘉，取仙巖瀑布用之，亦不下南零，以是知客之説誠哉信矣。夫顯理鑒物，今之人信不迨於古人，蓋亦有古人所未知，而今人能知之者。元和九年春，予初成名，與同年生期於薦福寺。余與李德垂先至，憩西廂元鑒室，會適有楚僧至，置囊有數編書。余偶抽一通覽焉，文細密，皆雜記。卷末又一題云《煮茶記》，云代宗朝李季卿刺湖州，至維揚，逢陸處士鴻漸。李素熟陸名，有傾蓋之歡，因之赴郡。抵揚子驛，將食，李曰：「陸君善於茶，蓋天下聞名矣。況揚子南零水又殊絶。今者二妙千載一遇，何曠之乎。」命軍士謹信者，挈瓶操舟，深詣南零，陸利器以俟之。俄水至，陸以杓揚其水曰：「江則江矣，非南零者，似臨岸之水。」使曰：「某擢舟深入，見者累百，敢虚紿乎。」陸不言，既而傾諸盆，至半，陸遽止之，又以杓揚之曰：「自此南零者矣。」使蹶然大駭，伏罪曰：「某自南零齎至岸，舟蕩覆半，懼其尠，挹岸水增之。處士之鑒，神鑒也，其敢隱焉。」李與賓從數十人皆大駭愕。李因問陸：「既如是，所經歷處之水，優劣精可判矣。」陸曰：「楚水第一，晉水最下。」李因命筆口授而次第之：廬山康王谷水簾水第一；無錫縣惠山寺石泉水第二；蘄州蘭溪石下水第三；峽州扇子山下，有石突然，洩水獨清冷，狀如龜形，俗云蝦蟇口，水第四；蘇州虎邱寺石泉水第五；廬山招賢寺下方橋潭水第六；揚子江南零水第七；洪州西山西東瀑布水第八；唐州柏巖縣淮水源第九；淮水亦佳。廬州龍池山頭水第十；丹陽縣觀音寺水第十一；揚州大明寺水第十二；漢江金州上游中零水第十三；水苦。歸州玉虚洞下香溪水第十四；商州武關西洛水第十五；未嘗泥。吴松江水第十六；天台山西南峯千丈瀑布水第十七；郴州圓泉水第十八；桐廬嚴陵灘水第十九；雪水第二十。用雪不可太冷。此二十水，余嘗試之，非繫茶之精粗，過此不之知也。夫茶烹於所産處，無不佳也，蓋水土之宜。離其處水功其半，然善烹潔器，全其功也。李寘諸笥焉，遇有言茶者，即示之。

又新刺九江，有客李滂、門生劉魯封言嘗見説。余醒然思往歲僧室獲是書，因盡篋，書在焉。古人云：「瀉水置瓶中，焉能辨淄澠。」此言必不可判也，萬古以爲信然，蓋不疑矣。豈知天下之理，未可言至。古人研精，固有未盡，强學君子，孜孜不懈，豈止思齊而已哉。此言亦有裨於勸勉，故記之。

《舊唐書》卷二八《音樂志一》

樂者，太古聖人治情之具也。人有血氣生知之性，喜怒哀樂之情。情感物而動於中，聲成文而應於外。聖王乃調之以律度，文之以歌頌，蕩之以鐘石，播之以絃管，然後可以滌精靈，可以祛怨思。施之於邦國，則朝廷序；施之於天下，則神祇格；施之於賓宴，則君臣和；施之於戰陣，則士民勇。

三五之代，世有厥官，故虞廷振干羽之容，周人立絃誦之教。洎蒼精道喪，戰國塵飛，禮樂出於諸侯，《雅》、《頌》淪於衰俗。齊竽燕築，俱非皦繹之音；東缶西琴，各寫哇淫之狀。乃至播鼗入漢，師摯寢絃，延陵有自鄶之譏，孔子起聞《韶》之歎。及始皇一統，傲視百王。鐘鼓滿於秦宮，無非鄭、衛；歌舞陳於漢廟，並匪《咸》、《韶》。而九成、六變之容，八佾、四懸之制，但存其數，罕達其情。而制氏所傳，形容而已。武、宣之世，天子弘儒，采夜誦之詩，考從臣之賦，朝吟蘭殿，暮奏竹宮，乃命協律之官，始制禮神之曲。屬河間好古，遺籍充庭，乃約《詩》、《頌》而制樂章，體《周官》而爲舞節。自兹相襲，代易其辭，雖流管磬之音，恐異《莖》、《英》之旨。其後卧聽桑、濮，雜以《兜離》，孤竹、空桑，無復旋宮之義；崇牙樹羽，惟陳備物之儀。煩手即多，知音蓋寡。

徐兢《宣和奉使高麗圖經》卷三二《器皿三》

茶俎

土産茶味苦澁不可入口，惟貴中國臘茶并龍鳳賜團，自錫賚之外商賈亦通販，故邇來頗喜飲茶，益治茶具，金花烏盞，翡色小甌，銀爐湯鼎，皆竊效中國制度。凡宴則烹於廷中，覆以銀荷，徐步而進，候贊者云茶遍乃得飲，未嘗不飲冷茶矣。館中以紅俎布列茶具於其中，而以紅紗巾冪之，日嘗三供茶而繼之以湯，麗人謂湯爲藥，每見使人飲盡必喜，或不能盡以爲慢已，必怏怏而去，故常勉强爲之啜也。

瓦尊

國無粳米而以秫合麴而成酒，色重味烈，易醉而速醒。王之所飲曰良醖，左庫清法酒亦有二品，貯以瓦尊而以黄絹封之。大抵麗人嗜酒而難得佳釀，民庶之家所飲味薄而色濃，飲歠自如，咸以爲美也。

藤尊

藤尊乃山島州郡所饋也，中亦瓦尊，外以藤周纏之，舟中嵲屼相擊不損，上有封緘，各以州郡印文記之。

陶尊

陶器色之青者，麗人謂之翡色，近年以來製作工巧，色澤尤佳。酒尊之狀如瓜，上有小蓋而爲荷花鬬鴨之形，復能作盌楪栢甌花瓶湯琖，皆竊倣定器制度，故畧而不圖，以酒尊異於他器，特著之。

陶爐

狻猊出香亦翡色也，上有蹲獸，下有仰蓮以承之，諸器惟此物最精絶，其餘則越州古秘色、汝州新窑器大槩相類。

水瓮

水瓮陶器也，廣腹斂頸，其口差敞，高六尺，濶四尺五寸，容三石二升。館中用銅瓮，惟山島海道以舟載水相遺則用之。

鄭樵《通志》卷五〇《樂二・土三》

塤，《世本》云：暴辛公所造，亦不知何代人。周畿内有暴國，豈其時人乎？《爾雅》曰：燒土爲之，大如鵝子，鋭上平底，形似稱錘，六孔，小者如雞子，大曰嘂。音叫缶，《説文》曰：瓦器也，所以盛酒漿，秦人鼓之以節歌也。《爾雅》曰：盎謂之缶。注云：盆也，坎其擊缶。《史記》：趙主與秦王會于澠池，秦王爲趙王擊缶，是也。李斯上秦王《逐客論》云：擊甕扣缶，真秦之聲也。

《宋史》卷一一四《禮志一七・巡幸》

巡幸之制，唐《開元禮》有告至、肆覲、考制度之儀，《開寶通禮》因之。

太祖幸西京，所過賜夏、秋田租之半。真宗朝諸陵及舉大禮，塗中皆服折上巾、窄袍，出京、過京城，服鞾袍、具鸞駕。羣臣公服繫鞵，供奉班及内朝官僚前導。凡從官並日赴行宫，合班起居，晚朝視事，羣臣不赴。中頓侍食，百官就宿頓迎駕訖，先發，或道塗隘遠，則免迎駕。將進發，近臣、諸軍賜裝錢。出京，留司馬、步諸軍夾道左右，至新城門外奉辭，留守辭於門内，百官、父老辭於苑前，召留守等賜飲苑中。州縣長吏、留司官待于境。所過賜巡警兵、守津梁行郵治道卒時服錢履，父老綾袍、茶帛，塗中賜衛士緡錢。所幸寺、觀，賜道、釋茶帛，或加紫衣、師號。吏民有以饔餼、酒果、方物獻者，計直答之。命官籍所過繫囚、逋負者，日引對，多原釋。仍採訪民間疾苦，振恤鰥、寡、孤、獨。車服、度量、權衡有不如法，則舉儀制禁之。有奇材、異德及政事尤異者，孝子、順孫、義夫、節婦爲鄉里所稱者，其不守廉隅、昧於正理者，並條析以聞。官吏知民間疾苦者，亦許録奏。所過州、府，結綵爲樓，陳音樂百戲。道、釋以威儀奉迎者，悉有賜。東京留守遣官表請還京，優詔答之。駕還京，大陳兵衛以入。

凡行幸，太祖、太宗不常其數。自咸平中，車駕每出，金吾將軍帥士二百人，執檛周遶，謂之禁圍，春、夏緋衣，秋、冬紫衣。郊祀、省方並增二百，服錦襖，出京師則加執劍。親王、中書、樞密、宣徽行圍内，餘官圍外。大禮備儀衛，則有司先布土爲黄道，自宫至祀所，左右設香臺、畫瓮、青繩闌干。巡省在塗則不設。凡巡省，翰林進號傳詩付樞密院，每夕摘字，令衛士相應爲識。東京舊城城門、西京皇城司並契勘，内外城、宫廟門並勘箭，出入皆然。入藩鎮外城、子城門亦勘箭。朝陵定扈從官人數，入栢城者，僕射以上三人，丞、郎以上二人，餘各一人。東封，定仗内導駕官從人數，親王、中書、樞密、宣徽、三司使四人，學士、尚書丞郎、節度使三人，大兩省、大卿監、三司副使、樞密承旨、客省閤門使副、金吾大將軍押仗鳴珂、内殿崇班以上二人，餘各一人。命諸司巡察之。自後舉大禮，皆循此制。

建炎元年七月，詔曰：「祖宗都汴，垂二百年。比年以來，圖慮弗臧，禍生所忽。肆朕纂承，顧瞻宫室，何以爲懷？是用權時之宜，法古巡狩，駐蹕近甸，號召軍馬。朕將親督六師，以援京城及河北、河東諸路，與之決戰，歸宅故都，迎還二聖，以稱朕夙夜憂勤之意。」十月一日，車駕登舟，巡幸淮甸，宰執、侍從、百司、三衛、禁旅五軍將佐扈衛以行，駐蹕揚州。

三年，幸杭州，自杭州幸江寧府，尋幸浙西，自浙西幸浙東。乃下詔曰：「國家遭金人侵逼，無歲無兵。朕纂承以來，深軫念慮，謂父兄在難，而吾民未撫，不欲使之陷於鋒鏑。故包羞忍恥，爲退避之謀，冀其逞志而歸，稍得休息。自南京移淮甸，自淮甸移建康而會稽，播遷之遠，極于海隅。卑詞厚禮，使介相望。以至願去尊稱，甘心貶屈，請用正朔，比於藩臣，遣使哀祈，無不曲盡。假使金石無情，亦當少動。累年卑屈，卒未見從。生民嗷嗷，何時寧息？今諸路之兵聚於江、浙之間，朕不憚親行，據其要害。如金人尚容朕爲汝兵民之主，則朕於事大之禮，敢有不恭！或必用兵窺我行在，傾我宗社，塗炭生靈，竭取東西金帛、子女，則朕亦何愛一身，不臨行陣，以踐前言，以保羣生。朕已取十一月二十五日移蹕，前去浙西，爲迎敵計。惟我將士、人民，念國家涵養之恩，二聖拘縻之辱，悼殺戮焚殘之禍，與其束手待斃，曷若并計合謀，同心戮力，奮勵而前，以存家國。」乃詔御前應奉官司自合扈從外，内太常寺據實用人數扈從，餘接續起發。四年正月，次台州。二月，次温州。三月，幸浙西。

紹興元年，詔移蹕臨安府。六年，詔周視軍師，車駕進發，遣官奏告天地、社稷、宗廟。自臨安幸平江，尋幸建康。八年二月，還臨安。三十一年九月，詔：「金人背盟失信，今率精兵百萬，躬行天討，用十二月十日車駕進發，應行宮臨安府文武百僚城北奉辭。」其日，應文武百僚先詣城北幕次，俟車駕御舟將至，御史臺、閤門、太常寺分引文武百僚立班定，兩拜訖，俟御舟過，班退。三十二年正月，詔：「視師江上，北騎遁去，兩淮無警，已委重臣統護諸將經畫進討。今暫還臨安，畢恭文祔廟之禮。宜令有司增修建康百官吏舍、諸軍營砦，以備往來巡幸，可擇日進發。」車駕還宮。

《明經世文編》卷四一五呂坤《呂新吾先生文集》卷一《停止砂鍋潞紬疏》

臣聞慎乃儉德者，英君誼辟之芳名、監於成憲者，聖子神孫之大孝。自二祖創業垂統以來，經制立法，纖悉且備，宮闈用度，歲額常豐。其在當時，織造燒造，各有地方，歲解歲停，各有疋件。載在會典，可考而知。已查得陶器燒造地方，止有儀真、瓜洲、河南、真定、江西五處，其器物止有瓶罈、瓷甕等件，並無所謂山西砂器者。卷查嘉靖三十九年，坐派潞安府砂器五千個，四十年，坐派一萬五千個，萬曆十八年，坐派一萬五千個。夫砂器一萬五千，並備餘共一萬九千五百個，價值纔一百一十餘兩耳。始也荆筐擔運，用夫二百餘名，共費銀五百三兩一錢。至嘉靖四十年，部文用紅櫃裝封，銅鎖鑰，黃繩扛，費銀二百餘兩。用夫一千三百名，費銀一千八百餘兩。打點使用，費銀二百五十餘兩，共用銀二千三百六十七兩九錢。至萬曆十八年，部文用浄綿塞墊，潞安不出綿花，旋於河南差買，費銀近二百兩，打點使用三百五十餘兩，共用銀二千八百三十三兩六錢。夫至賤者砂器也，而運載諸費，至費銀二十八倍，不知此等器物，近京地方，亦能燒造否？如謂土料不堪，不知京師百萬官民亦用砂器否？皇上之所用者砂器耳，砂器但收其不破損者耳，何取於紅箱銅鎖浄綿，致使無益之費，勞民傷財。況砂器不載於經額，山西不派之燒造，苟便於近取而可足，似不必遠辦以病民。又查得織造地方，有浙江等九省，織造物料，有紗羅絹紵，而山西歲派，止有綾絹各五百疋，閏月共加八十六疋耳，並無所謂山西潞紬者。卷查萬曆三年，坐派山西黃紬二千八百四十疋，用銀一萬九千三百三十四兩。十年坐派黃紬四千七百三十疋，用銀二萬四千六百七十餘兩。十五年坐派黃紬二千四百三十疋，用銀一萬二千餘兩。十八年坐派黃紬五千疋，用銀二萬八千六十兩。夫潞州之有紬也，非一年矣。祖宗時未嘗坐派，　陛下即位以來，坐派四次，計工費銀八萬三千有奇矣。是紬也，士庶皆得爲衣，而　皇上不以進御，臣心亦有所不安者。獨謂　上用內用，未必如此之多，而匪頒特頒，自有經常之物。且山西銀糧，非王祿則軍餉。王祿如靈丘等王，有缺五十季不支者。宗儀睊睊，興枵腹之嗟，軍餉有每月四錢，尚扣五分者。士卒嗷嗷，動瞋目之怒。加以連年饑饉，庫藏空虛，臣於去年紬價，已經殫力湊處，僅充此番織造矣。伏乞勅下該部從長議處，砂器在在可燒，應否取辦於二千里，隔山踰嶺之外。即萬不可已，但求砂器全美，又何必鎖釘紅箱，浄綿塞墊，困擾生民。黃紬雖非歲織，但山西困憊已極，倘再行坐派，或改江南別項織造之價，或工部另議別項錢糧，發給潞安，無使貧省難於取辦，小民困於誅求，地方幸甚。

徐光啓《農政全書》卷一八《水利・缶》　汲水器。《左傳》：「宋災，樂喜爲政，具綆缶。」《爾雅疏》云：「比卦初爻，有孚盈缶。」注云：「辰在爻木上植東井。井之水，人所汲，用缶。」《楊惲傳》曰：「田家作苦，歲時伏臘，烹羊炰羔，斗酒自勞。酒後耳熱，仰天擊缶，而呼『烏烏』。」應劭曰：「缶，瓦器也。」今汲器用瓦，亦缶之遺制也。

缶

來斯行《槎菴小乘》卷三一二《杯》　古人飲酒無言杯者，《禮記》、《孟子》桮棬注：桮樸素也。疏：桮匵也，棬屈木盂也，匵音貢，桮棬飲器，所以盛羹，字亦作杯。《項羽傳》分我一杯羹，字義同。張良曰：沛公不勝桮杓。桮杓《禮記》注作杯勺，蓋言所用之少，桮杓皆非酒器也。古人飲酒之器名凡有五，一升曰爵，爵盡也足也。二升曰觚，觚寡也，飲當寡少也。三升曰觶，觶適也，飲當自適也。四升曰角，角觸也，飲不自適觸罪過也。五升曰散，散訕也，飲不自節爲人謗訕也。《禮記》：夏曰琖，商曰斝，周曰爵，爵蓋五器之總名。其實曰觴，觴餉也，其以爲罰者則名觥，兕觥是也，觥亦五升所以罰不敬。觥廓也，所以著明之貌，君子有過廓然著明，所以餉不得名觴。一云觥大七升，蓋觚觶角散之外別有此器，以兕角爲之。一云刻木爲之，形似兕角，知觵必以罰者。《地官》：閭胥當其比觵，撻罰之事。《春官》：小胥職亦云觵，其不敬是觵以罰爲義也。《卷耳》：我姑酌彼兕觵。《七月》：朋酒斯饗，稱彼兕觵。注：兕觵，角爵也，蓋禮法享燕須設之耳，不謂即以罰人也。《前漢高紀》：奉玉卮爲太上皇壽。應劭云：古作觗，飲酒器，以角作，受四升，即前所謂角者耳。《禮》：玉爵弗揮。疏：玉爵、玉杯蓋自漢以後竟呼酒器爲杯矣。《張釋之傳》：取長陵一抔土。抔音步侯反，謂以手掬之也，讀爲杯誤。

宋應星《天工開物》卷中《陶埏第七・罌、甕》 凡陶家爲缶屬，共類百千。大者缸甕，中者鉢盂，小者瓶罐，款制各從方土，悉數之不能。造此者必爲圓而不方之器。試土尋泥之後，仍制陶車旋盤。工夫精熟者視器大小掐泥，不甚增多少。兩人扶泥旋轉，一捏而就。其朝廷所用龍鳳缸窑在真定曲陽與(楊)〔揚〕州儀真。與南直花缸，則厚積其泥，以俟雕鏤，作法全不相同。故其直或百倍，或伍十倍也。凡罌缶有耳嘴者皆另爲合上，以(銹)〔釉〕水塗粘。陶器皆有底，無底者則陝(以)西炊甑用瓦不用木也。凡諸陶器精者中外皆過(銹)〔釉〕，粗者或(銹)〔釉〕其半體。惟沙盆、齒鉢之類，其中不(銹)〔釉〕，存其粗澁以受研擂之功。沙鍋、沙礶不(銹)〔釉〕，利于透火性以熟烹也。凡(銹)〔釉〕質料隨地而生，江淛、閩、廣用者蕨藍草一味。其名數十，各地不同。其草乃居民供竈之薪，長不過三尺，枝葉似杉木，勒而不棘人。陶家取來燃灰，布袋灌水澄濾，去其粗者，取其絶細。每灰二碗參以紅土泥水一碗，攪令極勻，蘸塗坯上，燒出自成光色。北方未詳用何物。蘇州黄礶(銹)〔釉〕亦别有料。惟上用龍鳳器則仍用松香與無名異也。凡瓶窑燒小器，缸窑燒大器。山西、淛江各分缸窑、瓶窑，餘省則合一處爲之。凡造敞口缸，旋成兩截，接合處以木椎内外打緊。匝口壜、甕亦兩截，接内不便用椎，預于别窑燒成瓦圈，如金剛圈形，托印其内，外以木椎打緊，土性自合。凡缸瓶窑不于平地，必于斜阜山岡之上，延長者或二、三十丈，短者亦十餘丈，連接爲數十窑，皆一窑高一級。蓋依傍山勢，所以驅流水濕滋之患，而火氣又循級透上。其數十方成陶者，其中苦無重值物，合併衆力、衆資而爲之也。其窑鞠成之後，上鋪覆以絶細土，厚三寸許。窑隔五尺許，則透烟窗，窑門兩邊相向而開。裝物以至小器，裝載頭一低窑，絶大缸甕裝在最末尾高窑。發火先從頭一低窑起，兩人對面交看火色。大抵陶器一百三十斤費薪百斤。火候足時，掩閉其門，然後次發第二火，以次結竟至尾云。

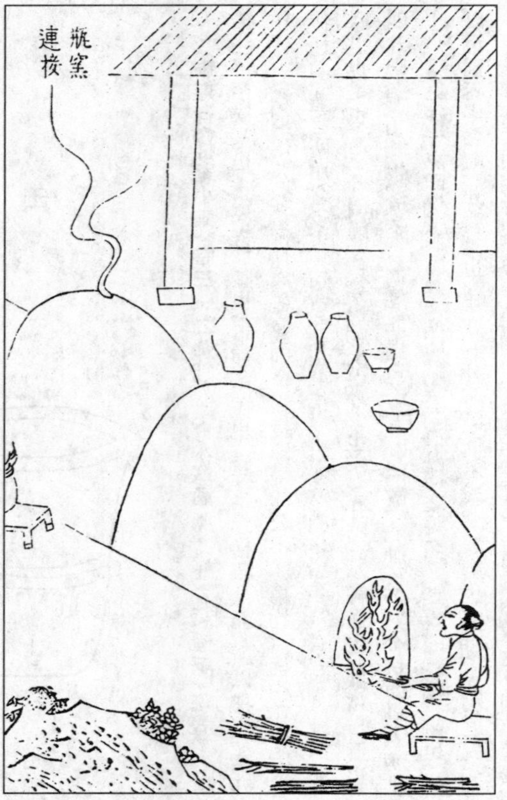

周高起《陽羨茗壺系》 壺於茶具，用處一耳，而瑞草名泉，性情攸寄，實仙子之洞天福地。梵王之香海蓮邦，審厥尚焉，非曰好事已也，故茶至明代不復碾屑和香藥製團餅，此已遠過古人。近百年中壺黜銀錫及閩豫瓷，而尚宜興陶，又近人遠過前人處也。陶曷取諸？取諸其製，以本山土砂能發真茶之色香味。不但杜工部云：「傾金注玉驚人眼，高流務以免俗也。」至名手所作一壺，重不數兩，價重每一二十金，能使土與黃金爭價，世日趨華，抑足感矣，因考陶工陶土而爲之系。

創始

金沙寺僧久而逸其名矣，聞之陶家云僧閒靜，有致習與陶缸甕者，處摶其細土，加以澂練，捏築爲胎，規而圓之，刳使中空，踵傳口柄蓋的，附陶穴燒成，人遂傳用。

正始

供春學使吳頤山家，青衣也。頤山讀書金沙寺中，供春於給役之，暇竊仿老僧心匠，亦淘細土摶胚，茶匙穴中指掠內外，指螺文隱，起可按胎，必累按，故腹半尚見節腠，視以辨真。今傳世者栗色闇闇，如古金鐵，敦龐周正，允稱神明，垂則矣。世以其孫龔姓，亦書爲龔春。人皆謂爲龔子，於吳冏卿家見時大彬所仿，則刻供春二字，足折聚訟云。

董翰號後谿，始造菱花式，已殫工巧。

趙梁多提梁式，亦有傳爲名良者。

袁錫按：袁姓據《秋園雜佩》更正。

時朋即大彬父，是爲四名家，萬曆間人，皆供春之後勁也，董文巧而三家多古拙。

李茂林行四，名養心，製小圓式，妍在樸緻中允，屬名玩。

自此以往，壺乃另作瓦囊，閉入陶穴，故前此名壺不免沾缸罈油淚。

大家

時大彬號少山，或淘土或雜硇砂土，諸款具足，諸土色亦具足，不務妍媚而樸雅堅栗，妙不可思。初自仿供春得手，喜作大壺，後游婁東聞眉公與琅琊太原諸公品茶、施茶之論，乃作小壺，几案有一具，生人閒遠之，思前後諸名家並不能及，遂於陶人標大雅之遺，擅空羣之目矣。

名家

李仲芳行大，茂林子，及時大彬門爲高足第一，製度漸趨文巧。其父督以敦古，仲芳嘗手一壺視其父曰：老兄這箇如何。俗因呼其所作爲老兄壺。後入金壇，卒以文巧相競，今世所傳大彬壺，亦有仲芳作之，大彬見賞而自署款識者，時人語曰李大鉼時大名。徐友泉名士衡，故非陶人也，其父好大彬壺，延致家塾。一日強大彬作泥牛爲戲，不即從，友泉奪其壺土出門去，適見樹下眠牛將起，尚屈一足，注視捏槼曲盡厥狀，攜以視大彬，一見驚歎曰：「如子智能，異日必出吾上。」因學爲壺變化，其式仿古尊罍諸器，配合土色，所宜畢智窮工，移人心目。予嘗博考厥製，有漢方扁觶、小雲雷、提梁卣、蕉葉蓮、方菱、花鵝蛋、分襠索耳、美人垂蓮、大頂蓮、一回角、六子諸款，泥色有海棠紅、硃砂紫、定窑白、冷金黃、淡墨沈香、水石榴皮、葵黃、閃色梨皮諸名，種種變異，妙出心裁，然晚年恒自歎曰：「吾之精終不及時之麤。」

雅流

歐正春多規花卉果物，式度精妍。

邵文金仿時大彬，漢方獨絕，今尚壽。

邵文銀

蔣伯荂，名時英，四人並大彬弟子，蔣後客于吳陳眉公，爲改其字，之敷爲荂，因附高流，諱言本業，然其所作堅緻不俗也。

陳用卿與時同工而年技俱後，負力尚氣，嘗挂吏議在縲絏中，俗名陳三獃子，式尚工緻如蓮子湯婆、缽盂圓珠諸製不規而圓已，極妍飭款，仿鍾太傅帖意。

陳信卿仿時李諸傳器，具有優孟叔敖處，故非用卿族品，其所作雖豐美遜之而堅瘦工整，雅自不羣，貌寢意率自誇，洪飲逐貴游閒，不復壹志盡技閒，多伺弟子造成，修削署款而已，所謂心計轉麤，不復唱渭城時也。

閔魯生名賢，製仿諸家，漸入佳境，人頗醇謹，見傳器則虛心企擬，不憚改爲技也，進乎道矣。

陳光甫仿供春、時大爲入室，天奪其能，早眚一目，相視口的不極端緻，然經其手摹，亦具體而微矣。

神品

陳仲美婺源人，初造瓷於景德鎮，以業之者多不足成其名，棄之而來，好配壺土，意造諸玩如香盒、花杯、狻猊鑪、辟邪、鎮紙，重鏤□刻，細極鬼工。壺象花果，綴以草蟲，或龍戲海濤，伸爪出目。至塑大士像，莊嚴慈憫，神采欲生，瓔珞花鬘，不可思議。智兼龍眠道子，心思殫竭，以夭天年。

沈君用名士良，踵仲美之智而妍巧悉敵，壺式上接歐正春一派，至尚象諸物，製爲器用，不尚正方，圓而筍縫，不苟絲髮，配土之妙，色象天錯，金石同堅。自幼知名，人呼之曰沈多梳。宜興垂髫之稱。巧殫厥心，以甲申四月夭。

別派

諸人見汪大心葉語附記中。休寗人，字體兹，號古靈。

邵蓋、周後谿、邵二孫，並萬曆閒人。

陳俊卿，亦時大彬弟子。

周季山、陳和之、陳挺生、承雲從、沈君盛善仿友泉君用，並天啟崇禎閒人。

沈子澈崇禎時人，所製壺古雅渾樸，嘗爲人製菱花壺，銘之曰：石根泉，蒙頂葉，漱齒鮮，滌塵熱。

陳辰字共之，工鐫壺款，近人多假手焉，亦陶家之中書君也。

鐫壺款識即時大彬，初倩能書者落墨用竹刀畫之或以印記，後竟運刀成字，書法閒雅，在《黃庭》、《樂毅》帖閒，人不能仿，賞鑒家用以爲別。次則李仲芳，亦合書法，若李茂林硃書號記而已，仲芳亦時代大彬刻款，手法自遜。

規仿名壺曰：臨比於書畫家入門時。

陶肆謠曰：壺家妙手稱三大，謂時大彬、李大仲芳、徐大友泉也。

子爲轉一語曰：明代良陶讓一時，獨尊大彬固自匪(佞)。

相傳壺土初出時，先有異僧經行村落，日呼曰賣富貴，人羣嗤之。僧曰：貴不要買，買富何如。因引村叟指山中產土之穴，去及發之，果備五色，爛若披錦。

嫩泥出趙莊山，以和一切色土，乃黏脂可築，蓋陶壺之丞弼也。

石黃泥出趙莊山，即未觸風日之石骨也，陶之乃變硃砂色。

天青泥出蠡墅，陶之變黯肝色，又其夾支有梨皮泥，陶見凍梨色。淡紅泥，陶見松花色。淺黃泥，陶見豆碧色。蜜□泥，陶見輕赭色。梨皮和白沙，陶見淡墨色。山靈腠絡，陶冶變化，尚露種種光怪云。

老泥出團山，陶則白沙星星，宛若珠琲，以天青石黃和之，成淺深古色。

白泥出大潮山，陶鉼盎缸缶用之，此山未經發用，載自吾鄉白石山。江陰秦望之東北支峰。

出土諸山，其穴往往善徙，有素産於此，忽又他穴得之者，實山靈有以司之，然皆深入數十丈乃得。

造壺之家各穴門外一方地，取色土篩擣部署訖，弇窖其中，名曰養土。取用配合，各有心法，祕不相授，壺成幽之，以候極燥，乃以陶甕皮五六器，封閉不隙，始鮮欠裂射油之患。過火則老老不美觀，欠火則稺稺沙土氣，若窑有變相，匪夷所思，傾湯貯茶，雲霞綺閃，直是神之所爲，億千或一見耳。

陶穴環蜀山，山原名獨，東坡先生乞居陽羨時，以似蜀中風景改名此山也。祠祀先生於山椒，陶煙飛染，祠宇盡墨。按《爾雅》釋山云獨者，蜀則先生之鋭改，厥名不徒桑梓，殷懷抑亦考古，自喜云爾。壺供真茶，正在新泉活火，旋瀹旋啜，以盡色聲香味之蘊，故壺宜小不宜大，宜淺不宜深，壺蓋宜盎不宜砥。湯力茗香，俾得團結氤氳，宜傾渴即滌去，厥渟滓乃俗。夫强作解事，謂時壺質地堅潔，注茶越宿，暑月不醙，不知越數刻而茶敗矣，安俟越宿哉。況真茶如蓴脂，采即宜羹，如筍味觸風隨劣，悠悠之論，俗不可醫。

壺經用久，滌拭日加，自發闇然之光，入手可鑒，此爲文房雅供。若膩滓爛斑，油光爍爍，是曰和尚光，最爲賤相。每見好事家藏列頗多名製而愛護垢染，舒袖摩挲，惟恐拭去，曰吾以寶其舊色爾，不知西子蒙不潔，堪充下陳否耶。以注真茶是藐姑射山之神人，安置煙瘴地面矣，豈不舛哉。

壺之土色自供春而下及時大初年，皆細土淡墨色，上有銀沙閃點，迨硐砂和製，穀縐，周身珠粒，隱隱更自奪目。

或問予以聲論茶，是有説乎，予曰竹鑪幽討，松火怒飛，蟹眼徐窺，鯨波乍起，耳根圓通，爲不遠矣。然鑪頭風雨聲，銅缾易作，不免湯腥砂銚，亦嫌土氣，惟純錫爲五金之母，以製茶銚，能益水德，沸亦聲清，白金尤妙，第非山林所辦爾。

壺宿雜氣滿貯，沸湯傾即没冷水中，亦急出水寫之，元氣復矣。

品茶用甌白瓷爲良，所謂「素瓷傳静夜，芳氣滿閒軒」也，製宜弇口邃，腸色浮浮而香味不散。

茶洗式如扁壺，中加一盎鬲而細竅，其底便過水漉沙，茶藏以閉洗，過茶者仲美君用，各有奇製，皆壺史之從事也。水杓湯銚亦有製之盡美者，要以椰匏錫器爲用之恒。

陳元龍《格致鏡原》卷二一《茶具》 《雲溪友議》：陸羽造茶具，一風爐，以銅鐵鑄如古鼎形。二筥，以竹絲織成。三炭，檛以鐵或斧或鎚。四火筴，一名筯。五鍑，音輔，或作釜或作鬴。六交牀，支鍑者。七夾，以小青竹爲之，以炙茶。八紙囊，以白厚紙夾縫之，以貯所炙茶，使香不泄。九碾，用橘木。十羅合，今所謂羅池也。十一則，以準茶者。十二水，方受一斗。十三漉，水囊。十四瓢，以酌水。十五竹夾。十六鹺簋，或瓶或罍，貯鹽花也。十七熟盂，以貯熟水。十八盌，瓷青者益茶，茶作白紅色，白則茶色黄，則紫褐則黑，悉不宜茶。十九畚，以白蒲編之，所以貯盌。二十札，截竹緝栟櫚皮于四周，若巨筆形。廿一滌方，以貯滌洗之器。廿二滓方，以集諸滓穢。廿三巾，以潔諸器。廿四具列，以木或竹爲之，以悉斂諸器。

吴騫《陽羨名陶録》卷上

原始

相傳壺土所出，有異僧經行村落，日呼曰賣富貴，土人羣嗤之。僧曰貴不欲買，買富何如，因引村叟指山中産土之穴。及去發之，果備五色，爛若披錦。

陶穴環蜀山，山原名獨，東坡先生乞居陽羨時，以似蜀中風景，改名此山也。祠祀先生于山椒陶，烟飛染祠宇盡墨。按爾雅釋山云獨者，蜀則先生之鋭改厥名，不徒桑梓殷懷，抑亦攷古自喜云爾。

吴騫曰：明王升宜興縣志引陸希聲頤山録云：頤山東連洞靈諸峯，屬于蜀山。蜀山之麓有東坡書院，然則蜀山蓋頤山之支脉也。今東坡書院前有石坊，宋牧仲中丞題曰，東坡先生買田處。

選材

嫩黄泥出趙莊山，以和一切色。土乃黏脂可築，蓋陶壺之丞弼也。

石黄泥出趙莊山，即未觸風日之石骨也，陶之乃變硃砂色。

天青泥出蠡墅，陶之變黯肝色。又其夾支有梨皮泥，陶現凍梨色。淡紅泥，陶現松花色。淺黄泥，陶現豆碧色。密口泥，陶現輕赭色。梨皮和白砂，陶現淡墨色。山靈腠絡，陶冶變化，尚露種種光怪云。

老泥出團山，陶則白砂星星，宛若珠琲，以天青石黄和之，成淺深古色。

白泥出大潮山，陶瓶盎缸缶用之。此山未經發用，載自江陰白石山。即江陰秦望山東北支峯。

吴騫曰：按大潮山一名南山，在宜興縣南，距丁蜀二山甚近，故陶家取土便之。山有洞，可容數十人。又張公善權二洞石乳下垂五色，陸離陶家作釉，悉于是采之。

出土諸山，其穴往往善徙。有素産于此，忽又他穴得之者，實山靈有以司之，然皆深入數十丈乃得。

本藝

造壺之家，各穴門外一方地，取色土篩擣，部署訖弇，窖其中名曰養土。取用配合各有心法，秘不相授。壺成幽之，以候極燥，乃以陶甕俗謂之缸掇。庋五六器封閉不隙，始鮮欠裂射油之患。過火則老老不美觀，欠火則稺稺沙土氣。若窑有變相匪夸所思，傾湯貯茶雲霞綺閃，直是神之所爲，億千或一見耳。規仿名壺曰臨比，于書畫家入門時。

壺供真茶，正在新泉活火，旋瀹旋啜，以盡色聲香味之蘊。故壺宜小不宜大，宜淺不宜深，壺蓋宜盎不宜砥。湯力茗香，俾得團結，氤氳宜傾竭，即滌去渟滓。乃俗夫強作解事，謂時壺質地堅結，注茶越宿暑月不餿。不知越數刻而茶敗矣，安俟越宿哉。況真茶如蓴脂，采即宜羹，如筍味觸風隨劣。悠悠之論，俗不可醫。

壺宿雜氣，滿貯沸湯，傾即没冷水中。亦急出冷水寫之，元氣復矣。

品茶用甌白瓷爲良。所謂素瓷傳静夜，芳氣滿閒軒也。製宜弇口邃腹，色澤浮浮而香味不散。

茶洗式如扁壺，中加一項鬲，而細竅其底，便過水漉沙。茶藏以閉洗，過茶者仲美君用，各有奇製，皆壺使之從事也。水杓湯銚，亦有製之盡美者，要以椰匏錫器，爲用之恒。

壺之土色，自供春而下，及時大初年，皆細土淡墨色。上有銀沙閃點，迨硇砂和製縠縐，周身珠粒隱隱更自奪目。

壺入用久，滌拭日加，自發闇然之光，入手可鑒，此爲文房雅供。若膩滓爛斑油光，爍爍是曰和尚光，最爲賤相。每見好事家藏列頗多名製，而愛護垢染，舒袖摩娑，惟恐拭去，曰吾以寶其舊色。爾不知西子蒙不潔，堪充下陳否耶。以注真茶，是藐姑射山之神人，安置烟瘴地面矣，豈不舛哉。

周高起曰：或問以聲論茶，是有説乎。答曰：竹罏幽討松火，怒飛蟹眼徐窺，鯨波乍起，耳根圓通，爲不遠矣。然爐頭風雨聲，銅鉼易作，不免湯腥。砂銚能益水，德沸亦聲清，白金尤妙第，非山林所辦爾。

家溯

金沙寺僧，久而逸其名矣。聞之陶家云：僧閑静有致，習與陶缸甕者。處摶其細土，加以澂練，捏築爲胎，規而圓之。刳使中空，踵傳口柄蓋，的附陶穴燒成，人遂傳用。

吴騫曰：金沙寺在宜興縣東南四十里，唐相陸希聲之山房也。宋孫覿詩云：説是鴻磐讀書處，試尋幽伴拄孤藤。建炎間，岳武穆曾提兵過此留題。

供春學憲，吴頤山家僮也。頤山讀書金沙寺中，春給使之。暇竊仿老僧心匠，亦淘細土摶坯茶匙穴中指掠内外指螺文隱起可按胎必累按故腹半尚現節腠視以辨真。今傳世者栗色，闇闇如古，金鐵敦龐，周正允稱，神明垂則矣。世以其係龔姓，亦書爲龔春。

周高起曰：供春人皆證爲龔春。予于吴冏卿家見大彬所仿，則刻供春二字，足折聚訟云。吴騫曰：頤山名仕字克學，宜興人。正德甲戌進士，以提學副使擢四川參政。供春實頤山家僮，而周系曰青衣，或以爲婢，並誤，今不從之。

董翰號後谿，始造菱花式，已殫工巧。

趙梁多提梁式梁亦作良。

元暢《茗壺系》作元錫，《秋園雜佩》作袁錫，《茗壺譜》作元暢。

時朋一作鵬，亦作朋。朋大彬之父，與董趙元是爲四名家，並萬歷間人，乃供春之後勁也。董文巧而三家多古拙。

李茂林行四，名養心。製小圓式，妍在樸緻中允，屬名玩。案：春至茂林，《茗壺系》作正始。

周高起曰：自此以往，壺乃另作瓦缶囊，閉入陶穴。故前此名壺，不免沾缸罈油淚。

時大彬號少山，或陶土或雜砂硇土，諸款具足，諸土色亦具足。不務妍媚而樸雅堅栗，妙不可思。初自仿供春得手，喜作大壺。後游婁東，聞陳眉公與瑯琊太原諸公品茶試茶之論，乃作小壺几案。有一具生人閒遠之思，前後諸名家並不能及，遂于陶人標大雅之遺，擅空羣之目矣。案：大彬，《茗壺系》作大家。

周高起曰：陶肆謡云「壺家妙手稱三大」，蓋謂時大彬及李大仲芳、徐大友泉也。予爲轉一語曰：明代良陶讓一時，獨尊少山，故自匪佞。

李仲芳茂林子，及大彬之門，爲高足第一。制漸趨文巧，其父督以敦古。芳嘗手一壺，眎其父曰：老兄者個何如，俗因呼其所作爲老兄壺。亦入金壇，卒以文巧相競。今世所傳大彬壺，亦有仲芳作之，大彬見賞而自署款識者，時人語曰李大瓶，時大名。

徐友泉名士衡，故非陶人也。其父好時大彬壺，延致家塾。一日强大彬作泥牛爲戲，不即從友泉奪其壺土，出門而去。適見樹下眠牛將起，尚屈一足。注視捏塑，曲盡厥形狀，攜以眎大彬。一見驚嘆曰：如子智能，異日必出吾上。因學爲壺變化，式土仿古尊罍諸器，配合土色所宜，畢智窮工，移人心目。厥製有漢方扁觶、小雲雷提梁卣、蕉葉蓮芳菱花、鵞蛋分襠索耳、美人垂蓮、大頂蓮、一回角、六子諸款。泥色有海棠紅、硃砂紫、定窑白、冷金黄、淡墨、沉香、水碧、榴皮、葵黄、閃色、梨皮諸名。種種變異，妙出心裁。然晚年恒自歎曰：吾之精，終不及時之粗。友泉有子，亦工是技。人至今有大徐小徐之目，未詳其名。案仲芳友泉二人，《茗壺系》作名家。

歐正春，多規花卉果物，式度精妍。

邵文金，仿時大漢方，獨絶。

邵文銀。

蔣伯荂名時英，此四人並大彬弟子。蔣後客于吴，陳眉公爲改其字，之敷爲荂。因附高流，諱言本業，然其所作，堅緻不俗也。

陳用卿與時英同工，而年技俱後。負力尚氣，嘗以事在縲絏中，俗名陳三騃子。式尚工緻，如蓮子湯婆鉢盂圓珠，諸製不規而圓，已極妍飾。款仿鍾太傅筆意，落墨拙用刀工。

陳信卿仿時李諸傳器具，有優孟叔敖處，故非用卿族品。其所難作，雖豐美遜之，而堅瘦工整雅自不羣。貌寢意率，自誇洪飲，逐貴游間，不復壹志盡技。間多伺弟子造成，脩削署款而已。所謂心計轉粗，不復唱渭城時也。

閔魯生名賢，規仿諸家，漸入佳境。人頗醇謹，見傳器則虚心企擬，不憚改爲技也。進乎道矣。

陳光甫，仿供春時大爲入室。天奪其能，蚤眚一目，相視口的不極端緻。然經其手摹，亦具體而微矣。案正春至光甫，《茗壺系》作雅流。

陳仲美，婺源人也。造瓷于景德鎮，以業之者多，不足成其名，棄之而來。好配壺土，意造諸玩。如香盒花杯、狻猊鑪、辟邪鎮紙，重鏤疊刻，細極鬼工。壺象花果，綴以草蟲。或龍戲海濤，伸爪出目。至塑大士象，莊嚴慈憫，神采欲生。瓔珞花鬘，不可思議。智兼龍眠，道子心思，殫竭以夭天年。

沈君用，名士良踵，仲美之智，而妍巧悉敵。壺式上接歐正春一派，至尚象諸物，製爲器用。不尚正方圓而準縫不苟，絲髮配土之妙。色象天錯，金石同堅。自幼知名人呼之曰沈多梳。宜興垂髫之稱。巧殫厥心，亦以甲申四月夭。案仲美君用，茗壺系作神品。

邵蓋、

周後谿、

邵二孫並萬歷間人。

吴騫曰：按周嘉胄陽羡茗壺譜，以董翰、趙梁、元暢、時朋、時大彬、李茂林、李仲芳、徐友泉、歐正(邵)春[邵]、文金、蔣伯荂，皆萬歷時人。

陳俊卿亦時大彬弟子。

周季山、

陳和之、

陳挺生、

承雲從、

沈君盛善仿友泉君用，以上並天啓崇正間人。

陳辰字共之，工鐫壺款。近人多假手焉，亦陶之中書君也。

周高起曰：自趙蓋至陳辰，俱見汪大心葉語附記中。大心字體兹，號古靈，休寧人。鐫壺款識，即時大彬初倩能書者。落墨用竹刀畫之，或以印記後竟運刀成字。書法閒雅，在黄庭樂毅帖間，人不能仿，賞鑒家用以爲别。次則李仲芳，亦合書法。若李茂林，硃書號記而已。仲芳亦時代大彬刻款，手法自遜。案：趙蓋至陳辰，《茗壺系》入别派。

徐令音，未詳其字，見宜興縣志，豈即世所稱小徐者耶。

項不損，名真檇，李人襄毅公之裔也，以諸生貢入國子監。

吴騫曰：不損故非陶人也。嘗見吾友陳君仲魚藏茗壺一，底有硯北齋三字，旁署項不損款，此殆文人偶爾寄興所在。然壺製朴而雅，字法晋唐，雖時李諸家，何多讓焉。不損詩文，深爲李檀園聞。子將所賞，頗以門才自豪，人目爲狂。後入脩門，坐事死于獄。静志居詩話載其題閨人梳奩銘云：人之有髮旦旦，思理有身有心，奚不如是。此銘雖出于前人，然不損亦非一于狂者。或云人之有髮云云，乃唐盧仝鏡奩銘。

沈子澈，崇正朝人。

吴騫曰：仁和魏叔子禹新，爲余購得菱花壺一，底有銘云云，後署子澈，爲密先兄製。又桐鄉金雲莊比部舊藏一壺，摹其式寄余，底有銘云崇正癸未。沈子澈製二壺，款制極古雅渾朴，蓋子澈實明季一名手也。

陳子畦，仿徐最佳，爲時所珍，或云即鳴遠父。

陳鳴遠，名遠，號鶴峯，亦號壺隱，詳見宜興縣志。

吴騫曰：鳴遠一技之能，間世特出。自百餘年來，諸家傳器日少，故其名尤噪。足跡所至，文人學士爭相延攬。常至海鹽，館張氏之涉園。桐鄉則汪柯亭家，海寧則陳氏曹氏馬氏，多有其手作。而與楊中允晚研交尤厚。予嘗得鳴遠天雞壺一，細砂作，紫棠色，上鋟庾子山詩，爲曹廉讓先生手書製作，精雅真可與三代古器並列。竊謂就使與大彬諸子周旋，恐未甘退就邾莒之列耳。

徐次京、

孟臣、

葭軒、

鄭寧侯皆不詳何時人，並善摹仿古器，書法亦工。

張燕昌曰：王汋山長子翼之燕書齋一壺，底有八分書雪菴珍賞四字，又楷書徐氏次京四字在蓋之外口，啓蓋方見。筆法古雅，惟蓋之合口處，揔不若大彬之元妙也。余不及見供春手製，見大彬壺歎觀止矣。宜周伯起有明代良陶，讓一時之論耳。又余少年得一壺，底有真書文杏館孟臣製六字。筆法亦不俗，而製作遠不逮大彬，等之自檜以下可也。吴騫曰：海寧安國寺每歲六月廿九日香市最盛，俗稱齊豐宿山。于時百貨駢集。余得一壺，底有唐詩「雲入西津一片明」句，旁署孟臣製十字。皆行書制，渾朴而筆法絶類褚河南。知孟臣亦大彬後一名手也，葭軒工作，瓷章詳談藪。又聞湖汶質庫中有一壺，款署鄭寧侯製，式極精雅，惜未寓目。

吴騫《陽羨名陶録》卷下

談藪

蜀山黄黑二土，皆可陶。陶者穴火負山而居，纍纍如兔窟。以黄土爲胚，黑土傅之，作沽瓴藥罏釜鬲盤盂敦缶之屬。粥于四方，利最博。近復出一種似均州者，獲直稍高，故土價踴貴，畮踰三十千。高原峻坂，半鑿爲陂，可種魚，山木皆童然矣。陶者甬東人，非土著也。王穉登《荆溪疏》。

往時龔春茶壺，近日時大彬所製，大爲時人寶惜。蓋皆以粗砂製之，正取砂無土氣耳。許次紓《茶疏》。

茶壺陶器爲上，錫次之。馮可賓《茶牋》。

茶壺以小爲貴，每一客壺一把，任其自斟自飲，方爲得趣。何也，壺小則香不渙散，味不躭閣。同上。

茶壺以砂者爲上，蓋既不奪香，又無熟湯氣。供春最貴，第形不雅，亦無差小者。時大彬所製又太小，若得受水半升。而形製古潔者，取以注茶更爲適用。其提梁卧瓜、雙桃扇面、八稜細花、夾錫茶替、青花白地諸俗式者，俱不可用。文震亨《長物志》。

宜興罐以龔春爲上，時大彬次之，陳用卿又次之。錫注以黄元吉爲上，歸懋德次之。夫砂罐砂也，錫注錫也。器方脱手，而一罐一注價五六金，則是砂與錫之價，其輕重正相等焉，豈非怪事。然一砂罐一錫注，直躋之商彝周鼎之列而毫無慚色，則是其品地也。張岱《夢憶》。

茗注莫妙于砂壺之精者，又莫過于陽羨，是人而知之矣。然寶之過情使與金玉比值，毋乃仲尼不爲已甚乎。置物但取其適，何必幽渺其説，必至殫精竭慮而後止哉。凡製砂壺，其嘴務直，購者亦然。一曲便可憂，再曲則稱棄物矣。蓋貯茶之物與貯酒不同，酒無渣滓，一斟即出，其嘴之曲直可以不論。茶則有體之物也，星星之葉入水即成大片，斟瀉時纖毫入嘴，則塞而不流。啜茗快事，斟之不出，大覺悶人，直則保無是患矣。李漁《雜説》。

時壺名遠甚，即遐陬絶域猶知之。其製始于供春壺式，古朴風雅，茗具中得幽野之趣者。後則如陳壺徐壺，皆不能髣髴大彬萬一矣。一云供春之後四家，董翰、趙良、袁錫，疑即元暢。其一即大彬父時鵬也。彬弟子李仲芳，芳父小圓壺李四，老官 號養心，在大彬之上，爲供春勁敵。今罕有見者，或淪鼠菌或重雞彝壺，亦有幸不幸哉。陳貞慧《秋園雜佩》。

宜興時大彬，製砂壺名手也。嘗挾其術以游公卿之門，其子後補諸生。或爲四書文以獻嘲破題云：時子之入學，以一貫得之。蓋俗稱壺爲罐也。先進録

均州窑器，凡猪肝色、火裏紅、青緑錯雜若垂涎，皆上三色之燒，不足者非别有此樣。此窑惟種菖蒲盆底佳，其他坐墩墩罏合方餅罐子，俱黄砂泥坯，故器質不足。近年新燒皆宜興砂土，爲骨釉水微似製，有佳者但不耐用。《博物要覽》。

宜興砂壺刱于吴氏之僕曰：供春及久而有名，人稱龔春。其弟子所製更

工，聲聞益廣。京口談長益爲之作傳。《五石瓠》。

近日一技之長，如雕竹則濮仲謙，螺甸則姜千里，嘉興銅器則張鳴岐，宜興茶壺則時大彬，浮梁流霞琖則昊十九，皆知名海内。王士正《池北偶談》。

供春製茶壺，款式不一，雖屬瓷器，海内珍之。用以盛茶，不失元味，故名公巨卿、高人墨士，恒不惜重價購之。繼如時大彬，益加精巧，價愈騰。若徐友泉、陳用卿、沈君用、徐令音，皆製壺之名手也。徐喈鳳《宜興縣志》。

陳遠工製壺杯瓶盒，手法在徐沈之間，而所製款識書法，雅健勝于徐沈。故其年雖未老，而特爲表之。同上。

毘陵器用之屬，如筆箋扇箸梳枕及竹木器皿之類，皆與他郡無異。惟燈則武進有料絲燈，壺則宜興有茶壺，澄泥爲之，始于供春。而時大彬、陳仲美、陳用卿、徐友泉輩，踵事增華，并製爲花罇菊、合香盤、十錦杯之等物。精美絶倫，四方皆争購之。于琨《重脩常州府志》。

明時宜興有歐姓者，造瓷器曰歐窑。有仿哥窑紋片者，有仿官均窑色者。采色甚多，皆花盆奩架諸器者，頗佳。朱琰《陶説》。

供春壺式，茗具中逸品。其後復有四家，董翰、趙良、袁錫，其一則時鵬，大彬父也。大彬益擅長，其後有彭君，實龔春、陳用卿、徐氏壺皆不及大彬。彬弟子李仲芳，小圓壺製精絶，又在大彬之右，今不可得。近時宜興沙壺復加饒州之鎏，光彩射人，却失本來面目。陳其年詩云：宜興作者稱供春，同時高手時大彬。碧山銀槎濮謙竹，世間一藝皆通神。高江村詩云：規製古朴復細膩，輕便可入筠籠攜。山家雅供稱第一，清泉好瀹三春荑。昔杜茶村稱澄江，周伯高著茶茗二，系表淵源支派甚悉。阮葵生《茶餘客話》。

臺灣郡人，茗皆自煮。必先以手嗅其香，最重供春小壺。供春者，吴頤山婢名，製宜興茶壺者，或作龔春者誤。一具用之數十年，則值金一笏。周澍《臺陽百咏注》。

昔在松陵王汮山楠話雨樓，出示宜興蔣伯荂手製壺。相傳項墨林所定式，呼爲天籟閣壺。墨林以貴介公子不樂仕進，肆其力于法書名畫及一切文房雅玩，所見流傳器具無不精美。如張鳴岐之交梅手爐，閻望雲之香几及小盒等制，皆有墨林字。則一名物之賴天籟以傳，莫非子京精意所萃也。張燕昌《陽羡陶説》。

先府君性嗜茶，所購茶具皆極精。嘗得時大彬小壺，如菱花八角側有款字。府君云：壺製之妙，即一蓋可驗試。隨手合上舉之，能吸起全壺。所見黄元吉、沈鷺雝錫壺亦如是。陳鳴遠便不能到此，既以贈一方外事。在小子未生以前，迄今五十餘年，猶珍藏無恙也。余以先人手澤所存，每欲繪圖勒石紀其事，未果也。同上。

往梧桐鄉汪次遷安曾贈余陳鳴遠所製研屏一，高六寸，弱闊四寸一分強。一面臨米元章垂虹亭詩，一面柯庭雙鈎蘭，惜乎久作碎玉聲矣。柯庭名文柏，次遷之，曾大父鳴遠曾主其家。同上。

汪小海淮藏宜興瓷花尊一，若蓮子而平底。上作數孔，周束以銅，如提梁卣。質樸渾氣，尤静雅。余每見必詢及無款，不知爲誰氏作，然非供春少山後作者所能措手也。同上。

余于禾中骨董肆得一瓷印，盤螭鈕文曰：太平之世多長壽，人白文切玉法側。有款曰葭軒製。葭軒不知何許人，此必百年來精于刻印〔者〕。昔時少山陳共之工鐫款，字特真書耳。若刻印則有篆法刀法摹印之學，非有數十年功者不能到也。吴兔牀著陽羨名陶録，鑒别精審，遂以爲贈。時丙午夏日。同上。

陳鳴遠手製茶具雅玩，余所見不下數十種。如梅根筆架之類，亦不免纖巧。然余獨賞其款字，有晉唐風格，蓋鳴遠游踪所至，多主名公巨族。在吾鄉與楊晚研太史最契。嘗于吾師樊桐山房見一壺，款題丁卯上元，爲嵩木先生製，書法似晚研，殆太史爲之捉刀耳。又于王芍山家見一壺，底有銘曰：汲甘泉瀹芳茗，孔顔之樂在瓢飲。閲此則鳴遠吐屬亦不俗，豈隱于壺者與。同上。

吾友沙上九人龍藏時大彬一壺，款題甲辰秋八月時大彬手製。近于王芍山季子齋頭見一壺，冷金紫製，朴而小，所謂游婁東見弇州諸公後作也。底有楷書款云時大彬製，内有紋一綫，殆未曾陶鑄以前所裂，然不足爲此壺病。同上。

余少年得一壺，失其蓋。色紫而形扁，底有真書友泉二字，殆徐友泉也。筆法類大彬，雖小道，洵有師承矣。同上。

客耕武原見茗壺一，于倪氏六十四研齋。底有銘曰：一杯清茗可沁(詩)脾，大彬。凡十字。其製朴而雅，砂質温潤，色如猪肝。其蓋雖不能吸起全壺，然以手撥之則不能動，始知名下無虚士也。既手摹其圖，復系以詩云。陳鱣《松研龕隨筆》。

吴騫《陽羡名陶續録》

家溯

明時，江南常州府宜興縣歐姓者，造瓷器曰歐窑。有仿哥窑紋片者，有仿官均窑色者。采色甚多，皆花盤匜架諸器，舊者頗佳。朱琰《陶説》。

吴騫曰：歐窑疑即歐正春。今丁蜀二山尚多規之者，器作淡緑色，如蘋婆果，然精巧遠不逮矣。

槜李文後山，鼎工詩善畫，收藏名蹟古器甚多。有宜瓷茗壺三具，皆極精雅。其署款曰壬戌秋日陳正明製。曰龍文。曰山中一杯水，可清天地心。亮彩三人名，皆未見於前載，亦未詳何地人。陳敬璋《餐霞軒雜録》。

本藝

香雪居在十三房，所粥皆宜興土産。砂壺茶壺始於碧山冶金吕愛治銀，泉駛茗膩，非扁以金銀，必破器染味。砂壺創於金砂寺僧，團紫砂泥作壺具，以指羅紋爲標識。有吴學使者讀書寺中，侍童供春見之，遂習其技成名，工以無指羅紋爲標識。宋尚書時彦裔孫名大彬，得供春之傳，毁甓以杵舂之，使還爲土范。爲壺燀以熠火，審候以出。雅自矜重，遇不惬意碎之。至碎十留一，皆不惬意即一弗留。彬技指以柄上拇痕爲標識。大彬之後，則陳仲美、李仲芳、徐友泉、沈君用、陳用卿、蔣志雯諸人。友泉有雲罍蟬觶、漢瓶僧帽、提梁卣、苦節君、扇面美人肩、西施乳束腰、菱花平肩、蓮子合菊、荷花竹節、橄欖六方、冬瓜段分、蕉蟬翼柄、雲素耳番、象鼻沙魚皮、天雞篆耳諸式。仲美另製鸚鵡杯。吴天篆瓷壺賦云：翎毛璀璨，鏤爲嬰武之杯。謂此後吴人趙璧變彬之所爲，而易以錫。近時則歸復，所製錫壺爲貴。李斗《揚州畫舫録》。

吴騫曰：長洲陸貫夫，紹曾博古士也。嘗爲予言大彬壺有分四旁，底蓋爲一，壺者合之，注茶滲屑無漏，名六合一家壺。離之仍爲六，其藝之神妙如是。然此壺予實未見，姑識於此以廣異聞。

談叢

前卷言一藝之工，足以成名，而歎士人有不能及。偶觀袁中郎集《時尚》一篇，與予説略同。并録之云：古來薄技小器，皆可成名。鑄銅如王吉、姜娘子，琢琴如雷文、張越，瓷器如哥窑、董窑，漆器如張成、楊茂、彭君寶。士大夫寶玩欣賞，與詩疑作書。畫竝重。當時文人墨士、名公鉅卿，不知湮没多少，而諸匠之名顧得不朽。所謂五穀不熟，不如稊稗者也。近日小技著名者尤多，皆吴人。瓦壺如龔春時大彬，價至二三千錢。銅爐稱胡四，扇面稱何得之，錫器稱趙良璧，好事家争購之。然其器實精良，非他工所及，其得名不虚也。云云。予又曾見顧東江集，宏正閒舊京製扇骨最貴。李昭《七脩類稿》稱：天順閒有楊塤妙於倭漆，其漂霞山水人物，神氣飛動，圖畫不如。嘗上疏明李賢袁彬者也。王士正《居易録》。

韓奕字仙李，揚州人。買園湖上名曰韓園，工詩善鼓板，蓄砂壺爲徐氏客。《揚州畫舫録》。

閒得板橋道人小幀梅花一枝，傍列時壺一器，題云峒山秋片茶，烹以惠泉，貯沙壺中，色香乃勝光福，梅花盛開，折得一枝，歸啜數杯，便覺眼耳鼻舌身意，直入清涼世界，非烟火人所能夢見也。係一絶云：因尋陸羽幽棲處，傾倒山中烟雨春。幸有梅花同點綴，一枝和露帶清芬。此幀詩畫皆有清致要，不在元章文長之亞。魏銊《蝸寄生隨筆》。

吴騫《陽羡名陶續録補遺》

家溯

劉基字伯温，青田人。元時往來宜興張渚山中，追金陵王氣所在。一日至川埠，見輿人徐某足白屨，知父喪未葬。詢何不謀安土，曰我葬親極難，須得千年不朽者基。笑曰：前山便吉也，遂爲定穴。後生友泉父子，工製茗壺，號大徐小徐，今趙莊徐氏是也。事載徐氏墓碑。任安上潘兆熊《宜興縣志補遺》。

談叢

曾見金陵吴氏有一小缸，高八九寸，徑一尺二三寸，質與宜興所出民閒通用者相似。色微帶青，中貯清水，以兩手掔溼，于缸口上擦之，初有聲甚微，缸中之水亦微有紋。擦之漸久，其聲響如笙簧，其水漸如波涌，珠跳噴沫高至一二尺。缸口擦處分四面，初擦處如無聲，旋即移手略過，至有聲處爲准，乃聞見所未及。族兄其清素稱博物，亦不能辨，記之以俟知者。陸廷燦《南村隨筆》。

焦循《孟子正義》卷一一

曰：「許子以釜甑爨，以鐵耕乎？」【注】爨，炊也。孟子曰：許子寧以釜甑炊食，以鐵爲犂用之耕否邪。【疏】注：「爨炊也。」正義曰：《説文》火部云：「炊，爨也。」又爨部云：「爨，齊謂炊爨。」段氏玉裁《説文解字注》云：「齊謂炊爨者，齊人謂炊曰爨。古言謂則不言曰，如毛傳『婦人謂嫁婦』是也。《特牲》、《少牢禮》注皆曰：『爨，竈也。』此因爨必於竈，故謂竈爲爨。《楚茨》傳云：『爨，雍爨、廩爨也。』此謂竈。又曰：『踖踖，爨竈有容也。』此謂炊。」按此言以釜甑爨，釜甑作竈，則爨不得又爲竈，故是炊矣。《説文》牛部云：「犂，耕也。」段氏玉裁《説文解字注》云：「犂、耕二字互訓。」皆謂田器，故云以鐵爲犂。爨本竈名，用以炊，即以炊爲爨；猶犂本田器，用以耕，即以耕爲犂也。

曰：「然。」【注】相曰用之。

「自爲之與？」【注】孟子曰許子自冶鐵陶瓦器邪？【疏】注：「冶鐵陶瓦器。」正義曰：《攷工記》：「㮚氏爲量，改煎金錫則不耗，量之以爲鬴，深尺，内方尺而圜其外，其實一鬴。」《説文》鬲部云：「鬴，鍑屬也。」重文：「釜，或從父，金聲。」是釜屬金冶爲之也，故云冶鐵。《攷工記》：「陶人爲甗，實二鬴，厚半寸，脣寸。甑實二鬴，厚半寸，脣寸，七穿。」鄭司農云：「甗，無底甑。」《説文》瓦部云：「甑，甗也。」「甗，甑也。一穿。」段氏玉裁《説文解字注》云：「無底，即所謂一穿。蓋甑七穿而小，甗一穿而大。一穿而大，則無底矣。」「其底七穿，故必以箅蔽甑底，而加米其上而餴之，而餾之。」甑屬瓦陶爲之也，故云陶瓦器。按古釜有足如鼎，今釜無足，别以土爲罏承其下，《説文》言「秦名土鬴曰鬴」是也。鬴讀若過，今俗作「鍋」。然土其下仍鐵其上，俗猶呼其上之鐵爲鍋，其下土爲鍋臺耳。甑今以木爲之，其下亦以木爲槅，則七穿之遺制矣。或以竹爲之，俗呼蒸籠，亦甑之類也。

曰：「否，以粟易之。」【注】相曰，不自作鐵瓦，以粟易之也。

「以粟易械器者，不爲厲陶冶；陶冶亦以其械器易粟者，豈爲厲農夫哉？且許子何不爲陶冶，舍皆取諸其宫中而用之，何爲紛紛然與百工交易，何許子之不憚煩？」【注】械，器之總名也。厲，病也。以粟易器，不病陶冶；陶冶亦何以爲病農夫乎。且許子何爲不自陶冶。舍者，止也。止不肯皆自取之其宫宅中而用之，何爲反與百工交易，紛紛爲煩也。【疏】注：「械器之總名也。」正義曰：《説文》木部云：「械，桎梏也。一曰器之總名。」桎梏爲刑罰之器。莊三十二年《公羊傳》，以攻守之器爲械，而實非桎梏兵甲之專名，故《荀子・王制篇》言「喪祭械用」，《禮記・王制》云「器械異制」，注云：「謂作務之用。」《孟子》此文，又指釜甑耕犂而言，是凡器皆得稱械，故云器之總名也。注：「舍止也。」至「用之」正義曰：舍爲居止之止，此爲禁止之止，故又申解止爲不肯。《爾雅・釋宫》云：「宫謂之室，室謂之宫。」邵氏晉涵正義云：「《春秋》隱五年：『考仲子之宫。』《穀梁》文十三年《傳》云：『伯禽曰大(一)室，羣公曰宫。』是宫廟通稱宫室也。《左氏》莊二十一年《傳》云：『虢公爲王宫於玤。』《鄘詩》：『定之方中，作于楚宫。』又云：『作于楚室。』是天子諸侯所居通稱宫室也。《左氏》僖二十八年《傳》云：『令無入僖負羈之宫。』《檀弓》云：『季武子成寢，杜氏之喪在西階之下，請合葬焉。許之，入宫而不敢哭。』是大夫通稱宫室也。《士昏禮》云：『請吾子之就宫。』《喪服傳》云：『所適者，以其貨財爲之築宫廟。』《大戴禮・千乘篇》云：『百姓不安其居，不樂其宫。』是士庶人通稱宫室也。《釋文》云：『古者貴賤同稱宫，秦漢以來，惟王者所居稱宫焉。』」按宫是貴賤通稱，此許行所居即廛宅，故以宅解宫也。毛氏奇齡《四書賸言》云：「舍皆取諸其宫中而用之，舍，止也。言止取宫中，不須外求也。趙注舍止，又以不肯爲止，謂不肯皆自取宫室之中，則猶是止字而解又不同。」

何寧《淮南子集釋》卷二〇《泰族訓》 天致其高，地致其厚，月照其夜，日照其晝，陰陽化，列星朗，非其道而物自然。【略】故陰陽四時，非生萬物也；雨露時降，非養草木也；神明接，陰陽和，而萬物生矣。故高山深林，非爲虎豹也；大木茂枝，非爲飛鳥也；流源千里，淵深百仞，非爲蛟龍也；【略】致其高崇，成其廣大，山居木棲，巢枝穴藏，水潛陸行，各得其所寧焉。夫大生小，多生少，天之道也。故邱阜不能生雲雨，涔水不能生魚鼈者，小也。【略】牛馬之氣蒸生蟣蝨，蟣蝨之氣蒸不能生牛馬。【略】故化生於外，非生於内也。夫蛟龍伏寢於淵，而卵割於陵；【略】螣蛇雄鳴於上風，雌鳴於下風，而化成形，精之至也。故聖人養心莫善於誠，至誠而能動化矣。今夫道者，藏精於内，棲神於心，静莫恬淡，訟繆胸中，【略】邪氣無所留滯，四枝節族，毛蒸理泄，【略】則機樞調利，百脉九竅，莫不順比，其所居神者得其位也，豈節拊而毛修之哉！聖主在上，廓然無形，寂然無聲，官府若無事，朝廷若無人，無隱士，無軼民，【略】無勞役，無冤刑，四海之内，莫不仰上之德，象主之指，夷狄之國，重譯而至，非户辯而家説之也，推其誠心，施之天下而已矣。《詩》曰：「惠此中國，以綏四方。」内順而外寧矣。太王亶父處邠，狄人攻之，杖策而去，百姓攜幼扶老，負釜甑，踰梁山，而國乎岐周，非令之所能召也。秦穆公爲野人食駿馬肉之傷也，飲之美酒，韓之戰，以其死力報，非券之所責也。【略】密子治亶父，巫馬期往觀化焉，見夜漁者得小即釋之，非刑之所能禁也。孔子爲魯司寇，道不拾遺，市買不豫賈，【略】田漁皆讓長，【略】而辯白不戴負，【略】非法之所能致也。夫矢之所以射遠貫牢者，弩力也；其所以中的剖微者，正心也。【略】賞善罰暴者，政令也；其所以能行者，精誠也。故弩雖强不能獨中，令雖明不能獨行，必自精氣所以與之施道。【略】故攄道以被民而民弗從者，誠心弗施也。

治大者道不可以小，地廣者制不可以狹，位高者事不可以煩，民衆者教不可以苛。夫事碎難治也，法煩難行也，求多難澹也。寸而度之，至丈必差；銖而稱之，至石必過。石秤丈量，徑而寡失；簡絲數米，煩而不察。言事當因大法，如簡閲絲數米，則煩而無功也。故大較易爲智，曲辯難爲慧。故無益於治而有益於煩者，聖人不爲；無益於用而有益於費者，智者弗行也。故功不厭約，事不厭省，求不厭寡。功約易成也，事省易治也，求寡易澹也。衆易之，於以任人易矣。孔子曰：「小辯破言，小利破義，小藝破道，小見不達，必簡。」【略】河以逶蛇故能遠，山以陵遲故能高，陰陽無爲故能和，道以優游故能化。【略】夫徹於一事，察於一辭，審於一技，可以曲説，而未可廣應也。蓼菜成行，甂甌有堤，〇馬宗霍云：《説文・瓦部》云：「甂，佀小瓿，大口而卑。用食。」「甌，小盆也。」《艸部》云：「茥，艸也。」《廣韻・五支》云：「茥，茥母，即知母草，出《字林》。」此文「甂甌有茥」，若依文釋之，甂甌皆陶器。是謂兩器之中有茥母草也。於義甚無取。尋本書《詮言篇》云：「蓼菜成行，瓶甌有堤。」與此文正同。彼作「瓶甌」，此作「甂甌」者，瓶亦甂之類也。然則此之堇字，蓋「堤」字同聲之借。許君彼注云：「堤，瓶甌下安也。」謂堤爲瓶甌下之安。「下」字不連「安」爲義。案《說文·土部》堤訓「滯也」，與「止」義畧同。許於彼注以安釋之者，安猶坐也。凡器物得坐則安，故曰安。坐亦止也，乃堤本義之引申。《周禮·春官·巾車》「安車」，鄭玄注云：「安車，坐乘車。」即安得訓坐之證。《說文·人部》云：「侳，安也。从人，坐聲。」又其旁證也。是知「甂甌有堇，猶言甂甌有坐也。今人放置器物，欲其安穩，亦多爲坐以承之。俗或作「座」。在漢則謂之「堤」耳。又案「安」字古與「案」通。《史記·秦始皇本紀》「安土息民」，司馬貞《索隱》曰：「賈誼書安作案。」《荀子·勸學篇》「安特將學雜識志順詩書而已耳」，楊倞注云：「安或作案。」皆其例。許注「瓶甌下安」者，即瓶甌下之案也。《說文·木部》云：「案，几屬。」几案亦可以承器物，以此義釋「堤」亦通。于省吾云：按「堇」「堤」字通。《詮言》「瓶甌有堤」，注：「堤，瓶甌下安也。」陳直云：「堇」當讀爲「提」。稱薪而爨，數米而炊，可以治小，而未可以治大也。員中規，方中矩，動成獸，止成文，可以愉舞，而不可以陳軍。【略】滌杯而食，洗爵而飲，盥而後饋，可以養少，而不可以饗衆。今夫祭者，屠割烹殺，剥狗燒豕，調平五味者，庖也；陳簠簋，器方中者爲簠，圓中者爲簋也。列樽俎，設籩豆者，祝也；齊明盛服，淵默而不言，神之所依者，尸也。宰、祝雖不能，尸不越樽俎而代之。故張瑟者，小絃急而大絃緩；立事者，賤者勞而貴者逸。舜爲天子，彈五絃之琴，謌《南風》之詩，而天下治。周公肴臑不收於前，鐘鼓不解於懸，而四夷服。趙政晝決獄而夜理書，趙政，秦始皇帝。御史冠蓋接於郡縣，覆稽趨留，戍五嶺以備越，築脩城以守胡，然姦邪萌生，盜賊羣居，事愈煩而亂愈生。故法者，治之具也，而非所以爲治也。而猶弓矢中之具，而非所以中也，【略】黃帝曰：「芒芒昧昧，因天之威，與元同氣。」故同氣者帝，同義者王，同力者霸，無一焉者亡。

楊萬樹《六必酒經》卷一《陶器必良説》 陶器，瓮、缸、罈、瓶之屬，必良者，擇其無罅漏也。《考工記》：有虞氏尚陶。註：若甒泰是，大舜以甒泰瓦器貯酒，而後人遵用之也。瓦器甄土爲之，土有沙土、息土不同。沙土器成而粗疎，息土器成而滑澤，地產各異，燒工尤難。《說文》：缶燒善裂，旅人髻墾薜暴不入市，器不任用也，酒人尤宜擇之。諺云：缸罅猶且可，罈漏酒全走。酒罈封閉宜固，漏則内氣洩而外生蟲蠅，酒味全失。朱翼中云：東南多瓷瓮，西北用瓦瓮，瓦瓮固不及瓷瓮之良也。凡瓮缸榨酒後，宜即用水洗净，再入石灰滌其餘毒，方可再醖。《本草》載：石灰，解酒酸，除酒毒，今人用以度酒，殊爲不美，用以滌器，極爲精良。凡酒罈盛酒，於煮酒前三日，預先洗净，俟乾候用。鑞壺煮酒，臨時將罈蒸熱，或向火烘煖，免致驚損。至若作竈不巧，則火力不齊。蒸桶不圓，則生熟不匀。榨箱不靈，則壓酒不乾。其餘工器，皆當擇其良者，又不獨埏埴之器宜然也。

楊萬樹《六必酒經》卷一《火齊必得説》 《周禮·烹人》：以給水火之齊。鄭註：齊，量也，劑之使無過不及也。此火齊似指煮酒而言。鄭註：適生熟之調，言火候當視酒之生熟，而調劑之必適其宜，斯謂之得也。《醉鄉小畧》：煮酒法，連罈謂大煮法，在探香，香噴熟之候也。鑞壺謂小煮法，在探氣，氣聚熟之候也。凡酒一滾即熟矣。封後色渾味酸者，失於火齊之不及也。封後色清白花者，失於火齊之太過也。蓋不及者，未滾則火力不透，氣鬱而沸，未泛清，故酸而渾也。太過者，已滾而火熾不滅，沸久則酒之元氣洩傷，故清而生白花也。皆不善齊量，所以不得也。然薄酒亦生白花，好酒日影照之亦生白花，陳於熱處濕處，亦損酒味。夫醖酒至煮，六事已畢，心力已費，乃酒人告成之時也。當如白樂天論酒詩曰：「甕揭開時香酷烈，缾封貯後味甘辛。」則釀之得法者矣。

楊萬樹《六必酒經》卷二《醞釀三白用水淋飯法》 淋飯，古謂脚飯，即今漿板酵水之法也。飯炊熟，用大桶二口，連蒸舁於架上，取新汲水，將飯淋冷，蒸底淋出之水，以冷爲度。倘飯未淋冷，則酒漿即酸。夏月淋宜極冷，淋下之水，不必回淋。春月秋月，淋水十分，回淋三分。冬月淋水十分，回淋五分。天氣嚴寒，淋水九分，回淋六分。漉乾拌藥必須將飯拏實，如遇天氣嚴寒，先將甕底用湯湯熱，除其寒氣，對週即發的限十二時辰爲度。凡淋飯吃緊之法，專在度量天時，留心淋水回湯之功，得法則漿美，失法則漿惡。天和而回淋太煖則漿酸，天寒回淋而飯未煖則漿遲，天寒回淋而飯過熱，則麴死而漿絶。近今又誤添湯回、破水回、淘飯做，不若酌用原淋之水爲穩。至酒甕裹蓋之法，譬如人之穿衣，天寒穿厚衣，天涼穿薄衣，天熱則赤身。天寒甕邊裹以草薦，覆以草蓋，嚴寒再加草薦，再加草蓋，以助其煖。天涼裹以草薦，覆以草蓋，漿來沸急，去其草蓋，換以篾蓋，以洩其熱。天熱酒甕不必裹蓋。朱翼中釀法：脚飯不用水淋，以冷湯搓飯令飯鬆散，不致成塊，拌麴入甕，亦妙法也。

楊萬樹《六必酒經》卷二《造三白老酒法》 司斗精糯一石八斗，先將糯一石四斗，水浸炊飯，照依前法，按時淋回。用白藥二十八兩，研細拌飯，實置甕中。中間挖一井子，直見甕底，甕邊四圍及甕面亦照前法裹蓋，對週即發，有春蠶食葉之聲。俟井中漿滿，每日酌澆四圍一二次，至第五日，再用糯米四斗，按時投飯。加麥麴三十斤，水三百斤，和入前漿攪勻，發急開爬，至七日緹齊，盛於罈內，封貯兩月，可榨酒五百斤左右。

楊萬樹《六必酒經》卷二《造三白新酒法》 問：氣運否泰，與酒合符，其果然乎？諺曰：窮三缸，富三缸，酒與醬靛是也，語雖不經，亦俗諺之可證也。然則酒隨氣數，信有之矣。且余微諳星學，吉凶屢合，尤爲可憑。素稱南董者，遇否當節其米麴，遵法求精，初習酒業者，處逆當停其經營，守時而動，否則心向數背，法與酒違。

問：麥麴美惡，何以知之？曰：麥麴出包時，看其色衣，嘗其氣味，即知其麴之美惡矣。恐閱歷未深者，驟難區別，可將出草之麴，每篷收曬另貯，先行試釀一瓮。初澄酒味如何，久釀酒味如何，麴之美惡判然矣。倘麴惡而仍用之，是一分之患，釀成十分之禍。

問：白藥釀酒何如？曰：白藥以體輕質堅爲良，紅斑黑色不堪用。罨出收曬後，亦應試釀一瓮，視其發法之緩急。得法白藥，一日對週而漿來，對週未至而漿來，對週已至而漿不來，皆爲次麴。傷熱則漿早，傷冷則漿緩，酒人淋飯回湯，法已精耑，而酒味反劣，非釀工之拙，實藥之病也。

問：何爲合酵？余聞朱翼中曰：春秋温和，釀酒自能起發，不必用酵。冬月寒冷，酒發頗難，所以用酵。其法取酒甕正發酒醅，撆取漉乾，用麴粉對拌微濕，懸掛陰乾，謂之乾酵。釀酒前一日，每甕用乾酵三升，以温水浸之，和入麴飯同投，釀酒易發。或於投飯時，每甕用正發酒醅三四杓，拌和尤捷。或於釀酒前七日，預造三白酒娘，俗名漿板。每甕用正發酒醅十斤，和飯同投，酒人謂之傳醅，又謂借醅，勝於用酵也。

問：酒飯入甕，何時應熱？何時應冷？余聞朱翼中曰：寒時如人體，温凉時令微冷，熱時令極冷。俗云寒天投熱飯，熱天投冷飯，本此意也。夫酒之香者在飯，酒之甜者在飯，酒之酸者亦在飯。臘月嚴寒，應投熱飯，熱則發急而酒香。《語林》云：抱瓮冬醪，言冬月釀酒，令人抱瓮速成而味香，故言酒之香在飯也。倘天寒而投冷飯則酒不發，不發則甜，故言酒之甜在飯也。深秋早冬，飯宜微冷，似冷而尚未冷透也。但十月天氣，寒熱難定，投飯之法，最難安置。應冷莫熱，飯冷而天煖，酒自能發。飯冷而天寒，用醅即發。夫造桑落酒之得其法，與不得其法者，皆在投飯之妙爾。早秋春仲，飯宜極冷，已冷而再行遲緩也。和暖之時，冷飯入瓮，對週無有不發。愚拙酒人，膽小才疎，不量天時，恐飯冷而酒不發，急投熱飯，是酒入害酒之酸，故言酒之酸在飯也。

問：冬令大寒，已投熱飯，忽行夏令，未悉不致受酸否？曰：天時寒熱，人所難測，運有定之法。遇難定之天，是天有時而變，法亦當因天而變。蓋熱飯既投，釀法已定，惟在開爬宜早，二爬三爬宜速，洩其熱氣。倘酒漿過熱，一甕可分作二甕，或用冷水灌入罈中，窖包放入甕底，以除其熱，自不致於酸矣。

問：冬行夏令，投飯宜冷，驟遇嚴寒，如何可以免甜乎？曰：酒傷熱則酸，傷冷則甜，傷熱固圖其所難，傷冷恐忽其所易。投飯後，遇極寒，甕宜密蓋，甕外再加草穰遮護，助其煖氣。至開爬宜遲，俟對週，對週不動，至二日，二日不動，盡三日。頭爬開後，發不甚急，速增麴蘖，催其盛發，自可免於甜矣。

問：三白脚飯不發，奈何？曰：飯未熟不發，白藥無力不發，嚴寒傷冷亦不發，回淋太熱湯死白藥亦不發，均莫治也。至於第三日，不必再望漿來，急嘗甕中脚飯，有無變酸。照依攤飯法，加清水，用麥麴，和酒醅，催其即發，毋庸投飯。或作喂飯，分投各甕。

問：火酒起於何時？曰：自古論酒諸書，並無火酒之名，黄酒始於黄帝，火酒至元時始創其法，及明李時珍先生，增註其法，發明其旨，而火酒之新義出矣。南人暑月飲之，北人四時飲之。我浙燒酒將榨乾糟粕，實置甕中，用甕覆蓋，俟糟再發。寒則月餘蒸燒，熱則隨榨隨蒸。爬鬆入蒸，以鑞器盛水覆於蒸上，蒸外用器承取滴露，初露味烈謂鏡面，中露味醇謂細花，三露味薄謂粗花，露流無味則撤之，斟酌棄取，入甕和勻，以色清濃烈爲佳，以滿杯堆花爲真，謂之糟燒。糯釀三白醲酒，和糟入蒸，謂糯燒。諸麥和白藥釀蒸，謂麥燒。凡五穀菓食及酸壞之酒，均可燒酒，醫家治疾，以糟燒爲良。北人以黍稷藥麴釀蒸，謂高粱燒，香清味烈，勝於南方糟燒。近日山東、江南、兩湖、山陝等處，製釀極善，而山東之濟南、湖北之漢陽，稱爲第一。《本草》載暹羅燒，以燒酒復燒二次，入珍寶異香。其罈用檀香數十斤，薰如黑漆，然後入酒，封埋土中，三年取用，除積病，殺蠱毒。

紀事

《左傳・襄公十七年》 春，宋莊朝伐陳，獲司徒卬，卑宋也。

衛孫蒯田于曹隧,飲馬于重丘,毀其瓶。重丘人閉門而詢之,曰:「親逐而君,爾父爲厲。是之不憂,而何以田爲?」

《左傳·昭公三年》 既成昏,晏子受禮,叔向從之宴,相與語。叔向曰:「齊其何如?」晏子曰:「此季世也,吾弗知齊其爲陳氏矣。公棄其民,而歸於陳氏。齊舊四量,豆、區、釜、鍾。四升爲豆,各自其四,以登於釜。釜十則鍾。陳氏三量皆登一焉,鍾乃大矣。以家量貸,而以公量收之。山木如市,弗加於山;魚、鹽、蜃、蛤,弗加於海。民參其力,二入於公,而衣食其一。公聚朽蠹,而三老凍餒,國之諸市,屨賤踊貴。民人痛疾,而或燠休之。其愛之如父母,而歸之如流水。欲無獲民,將焉辟之?箕伯、直柄、虞遂、伯戲,其相胡公、大姬已在齊矣。」叔向曰:「然。雖吾公室,今亦季世也。戎馬不駕,卿無軍行,公乘無人,卒列無長。庶民罷敝,而宮室滋侈。道殣相望,而女富溢尤。民聞公命,如逃寇讎。欒、郤、胥、原、狐、續、慶、伯降在皂隸,政在家門,民無所依。君日不悛,以樂慆憂。公室之卑,其何日之有?《讒鼎之銘》曰:『昧旦丕顯,後世猶怠』,況日不悛,其能久乎?」晏子曰:「子將若何?」叔向曰:「晉之公族盡矣。肸聞之,公室將卑,其宗族枝葉先落,則公室從之。肸之宗十一族,唯羊舌氏在而已。公室無度,幸而得死,豈其獲祀?」

《左傳·昭公二十六年》 齊侯與晏子坐于路寢。公歎曰:「美哉室!其誰有此乎?」杜《注》:「景公自知德不能久有國,故歎也。」晏子曰:「敢問,何謂也?」公曰:「吾以爲在德。」對曰:「如君之言,其陳氏乎!陳氏雖無大德,而有施於民。豆、區、釜、鍾之數,其取之公也薄,杜預《注》:「謂以公量收。」其施之民也厚。杜預《注》:「謂以私量貸。」公厚斂焉,陳氏厚施焉,民歸之矣。《詩》曰:『雖無德與女,式歌且舞。』《詩·小雅·車舝》。陳氏之施,民歌舞之矣。後世若少惰,陳氏而不亡,而猶如也,假設之詞。則國其國也已。」公曰:「善哉!是可若何?」對曰:「唯禮可以已之。在禮,家施不及國,民不遷,農不移,工賈不變,杜預《注》:「守常業。」士不濫,杜預《注》:「不失職。」官不滔,杜《注》:「滔,慢也。」大夫不收公利。」杜《注》:「不作福。」公曰:「善哉!我不能矣。吾今而後知禮之可以爲國也。」對曰:「禮之可以爲國也久矣,與天地並。杜預《注》:「有天地則禮義興。」君令、臣共,父慈、子孝,兄愛、弟敬,夫和、妻柔,姑慈、婦聽,禮也。君令而不違,臣共而不貳;父慈而教,子孝而箴;兄愛而友,弟敬而順;夫和而義,妻柔而正;姑慈而從,婦聽而婉:禮之善物也。」公曰:「善哉,寡人今而後聞此禮之上也!」對曰:「先王所稟於天地以爲其民也,是以先王上之。」杜預《注》:「稟,受也。」

《史記》卷一《五帝本紀》 舜父瞽叟盲,而舜母死,瞽叟更娶妻而生象,象傲。瞽叟愛後妻子,常欲殺舜,舜避逃;及有小過,則受罪。順事父及後母與弟,日以篤謹,匪有解。

舜,冀州之人也。舜耕歷山,漁雷澤,陶河濱,作什器於壽丘,就時於負夏。舜父瞽叟頑,母嚚,弟象傲,皆欲殺舜。舜順適不失子道,兄弟孝慈。欲殺,不可得;即求,嘗在側。

舜年二十以孝聞。三十而帝堯問可用者,四嶽咸薦虞舜,曰可。於是堯乃以二女妻舜以觀其內,使九男與處以觀其外。舜居嬀汭,內行彌謹。堯二女不敢以貴驕事舜親戚,甚有婦道。堯九男皆益篤。舜耕歷山,歷山之人皆讓畔;漁雷澤,雷澤上人皆讓居;陶河濱,河濱器皆不苦窳。一年而所居成聚,二年成邑,三年成都。堯乃賜舜絺衣,與琴,爲築倉廩,予牛羊。瞽叟尚復欲殺之,使舜上塗廩,瞽叟從下縱火焚廩。舜乃以兩笠自扞而下,去,得不死。後瞽叟又使舜穿井,舜穿井爲匿空旁出。舜既入深,瞽叟與象共下土實井,舜從匿空出,去。瞽叟、象喜,以舜爲已死。象曰:「本謀者象。」象與其父母分,於是曰:「舜妻堯二女,與琴,象取之。牛羊倉廩予父母。」象乃止舜宮居,鼓其琴。舜往見之。象鄂不懌,曰:「我思舜正鬱陶!」舜曰:「然,爾其庶矣!」舜復事瞽叟愛弟彌謹。於是堯乃試舜五典百官,皆治。

《史記》卷四三《趙世家》 襄子立四年,知伯與趙、韓、魏盡分其范、中行故地。晉出公怒,告齊、魯,欲以伐四卿。四卿恐,遂共攻出公。出公奔齊,道死。知伯乃立昭公曾孫驕,是爲晉懿公。知伯益驕。請地韓、魏,韓、魏與之。請地趙,趙不與,以其圍鄭之辱。知伯怒,遂率韓、魏攻趙。趙襄子懼,乃奔保晉陽。

【略】

三國攻晉陽,歲餘,引汾水灌其城,城不浸者三版。城中懸釜而炊,易子而食。羣臣皆有外心,禮益慢,唯高共不敢失禮。襄子懼,乃夜使相張孟同私於韓、魏。韓、魏與合謀,以三月丙戌,三國反滅知氏,共分其地。於是襄子行賞,高共爲上。張孟同曰:「晉陽之難,唯共無功。」襄子曰:「方晉陽急,羣臣皆懈,惟共不敢失人臣禮,是以先之。」於是趙北有代,南并知氏,彊於韓、魏。遂祠三神於百邑,使原過主霍泰山祠祀。

《史記》卷四七《孔子世家》 孔子年四十二，魯昭公卒於乾侯，定公立。定公立五年，夏，季平子卒，桓子嗣立。季桓子穿井得土缶，中若羊，問仲尼云「得狗」。仲尼曰：「以丘所聞，羊也。丘聞之，木石之怪夔、罔閬，水之怪龍、罔象，土之怪墳羊。」

《史記》卷五〇《楚元王世家》 楚元王劉交者，高祖之同母少弟也，字游。高祖兄弟四人，長兄伯，伯蚤卒。始高祖微時，嘗辟事，時時與賓客過巨嫂食。嫂厭叔，叔與客來，嫂詳爲羹盡，櫟釜，賓客以故去。已而視釜中尚有羹，高祖由此怨其嫂。及高祖爲帝，封昆弟，而伯子獨不得封。太上皇以爲言，高祖曰：「某非忘封之也，爲其母不長者耳。」於是乃封其子信爲羹頡侯。而王次兄仲於代。

《史記》卷五八《梁孝王世家》 梁平王襄十四年，母曰陳太后。共王母曰李太后。李太后，親平王之大母也。而平王之后姓任，曰任王后。任王后甚有寵於平王襄。初，孝王在時，有罍樽，直千金。孝王誡後世，善保罍樽，無得以與人。任王后聞而欲得罍樽。平王大母李太后曰：「先王有命，無得以罍樽與人。他物雖百巨萬，猶自恣也。」任王后絶欲得之。平王襄直使人開府取罍樽，賜任王后。李太后大怒，漢使者來，欲自言，平王襄及任王后遮止，閉門，李太后與爭門，措指，遂不得見漢使者。李太后亦私與食官長及郎中尹霸等士通亂，而王與任王后以此使人風止李太后，李太后内有淫行，亦已。後病薨。病時，任后未嘗請病；薨，又不持喪。

《史記》卷六七《仲尼弟子列傳》 公西赤字子華。少孔子四十二歲。子華使於齊，冉有爲其母請粟。孔子曰：「與之釜。」請益，曰：「與之庾。」冉子與之粟五秉。孔子曰：「赤之適齊也，乘肥馬，衣輕裘。吾聞君子周急不繼富。」

《史記》卷八一《廉頗藺相如列傳》 秦王使使者告趙王，欲與王爲好會於西河外澠池。趙王畏秦，欲毋行。廉頗、藺相如計曰：「王不行，示趙弱且怯也。」趙王遂行，相如從。廉頗送至境，與王訣曰：「王行，度道里會遇之禮畢，還，不過三十日。三十日不還，則請立太子爲王，以絶秦望。」王許之，遂與秦王會澠池。秦王飲酒酣，曰：「寡人竊聞趙王好音，請奏瑟。」趙王鼓瑟。秦御史前書曰：「某年月日，秦王與趙王會飲，令趙王鼓瑟。」藺相如前曰：「趙王竊聞秦王善爲秦聲，請奏盆缻秦王，以相娛樂。」秦王怒，不許。於是相如前進缻，因跪請秦王。秦王不肯擊缻。相如曰：「五步之内，相如請得以頸血濺大王矣！」左右欲刃相如，相如張目叱之，左右皆靡。於是秦王不懌，爲一擊缻。相如顧召趙御史書曰：「某年月日，秦王爲趙王擊缻。」秦之羣臣曰：「請以趙十五城爲秦王壽。」藺相如亦曰：「請以秦之咸陽爲趙王壽。」秦王竟酒，終不能加勝於趙。趙亦盛設兵以待秦，秦不敢動。

《史記》卷九二《淮陰侯列傳》 漢之敗卻彭城，塞王欣、翟王翳亡漢降楚，齊、趙亦反漢與楚和。六月，魏王豹謁歸視親疾，至國，即絶河關反漢，與楚約和。漢王使酈生説豹，不下。其八月，以信爲左丞相，擊魏。魏王盛兵蒲坂，塞臨晉，信乃益爲疑兵，陳船欲度臨晉，而伏兵從夏陽以木罌缻渡軍，襲安邑。魏王豹驚，引兵迎信，信遂虜豹，定魏爲河東郡。漢王遣張耳與信俱，引兵東，北擊趙、代。後九月，破代兵，禽夏説閼與。信之下魏破代，漢輒使人收其精兵，詣滎陽以距楚。

《史記》卷一二九《貨殖列傳》 凡編户之民，富相什則卑下之，伯則畏憚之，千則役，萬則僕，物之理也。夫用貧求富，農不如工，工不如商，刺繡文不如倚市門，此言末業，貧者之資也。通邑大都，酤一歲千釀，醯醬千瓨，漿千甔，屠牛羊彘千皮，販穀糶千鍾，薪稾千車，船長千丈，木千章，竹竿萬个，其軺車百乘，牛車千兩，木器髤者千枚，銅器千鈞，素木鐵器若卮茜千石，馬蹄躈千，牛千足，羊彘千雙，僮手指千，筋角丹沙千斤，其帛絮細布千鈞，文采千匹，榻布皮革千石，漆千斗，糵麴鹽豉千荅，鮐鮆千斤，鯫千石，鮑千鈞，棗栗千石者三之，狐貂裘千皮，羔羊裘千石，旃席千具，佗果菜千鍾，子貸金錢千貫，節駔會，貪賈三之，廉賈五之，此亦比千乘之家，其大率也。佗雜業不中什二，則非吾財也。

《漢書》卷二七中之下《五行志第七中之下》 史記魯定公時，季桓子穿井，得土缶，中得蟲若羊，近羊禍也。羊者，地上之物，幽於土中，象定公不用孔子而聽季氏，暗昧不明之應也。一曰，羊去野外而拘土缶者，象魯君失其所而拘於季氏，季氏亦將拘於家臣也。是歲季氏家臣陽虎囚季桓子。後三年，陽虎劫公伐孟氏，兵敗，竊寶玉大弓而出亡。

《後漢書》卷二五《魯恭傳》 今邊境無事，宜當脩仁行義，尚於無爲，令家給人足，安業樂産。夫人道乂於下，則陰陽和於上，祥風時雨，覆被遠方，夷狄重譯而至矣。《易》曰：「有孚盈缶，終來有它吉。」言甘雨滿我之缶，誠來有我而吉已。夫以德勝人者昌，以力勝人者亡。今匈奴爲鮮卑所殺，遠臧於史侯河西，去塞數千里，而欲乘其虛耗，利其微弱，是非義之所出也。前太僕祭肜遠出塞外，卒不見一胡而兵已困矣。白山之難，不絶如綖，都護陷没，士卒死者如積，迄今被其辜毒。孤寡哀思之心未弭，仁者念之，以爲累息，柰何復欲襲其迹，不顧患難乎？今始徵發，而大司農調度不足，使者在道，分部督趣，上下相迫，民間之急亦已甚矣。三輔、并、涼少雨，麥根枯焦，牛死日甚，此其不合天心之效也。羣僚百姓，咸曰不可，陛下獨柰何以一人之計，弃萬人之命，不卹其言乎？上觀天心，下察人志，足以知事之得失。臣恐中國不爲中國，豈徒匈奴而已哉！惟陛下留聖恩，休罷士卒，以順天心。

《後漢書》卷四一《第五倫傳》 倫在職四年，遷蜀郡太守。【略】視事七歲，肅宗初立，擢自遠郡，代牟融爲司空。帝以明德太后故，尊崇舅氏馬廖，兄弟並居職任。廖等傾身交結，冠蓋之士爭赴趣之。倫以后族過盛，欲令朝廷抑損其權，上疏曰：「臣聞忠不隱諱，直不避害。不勝愚狷，昧死自表。《書》曰：『臣無作威作福，其害于而家，凶于而國。』傳曰：『大夫無境外之交，束脩之饋。』近代光烈皇后，雖友愛天至，而卒使陰就歸國，徙廢陰興賓客；其後梁、竇之家，互有非法，明帝即位，竟多誅之。自是洛中無復權戚，書記請託一皆斷絶。又譬諸外戚曰：『苦身待士，不如爲國，戴盆望天，事不兩施。』臣常刻著五臧，書諸紳帶。而今之議者，復以馬氏爲言。竊聞衛尉廖以布三千匹，城門校尉防以錢三百萬，私贍三輔衣冠，知與不知，莫不畢給。又聞臘日亦遺其在洛中者錢各五千，越騎校尉光，臘用羊三百頭，米四百斛，肉五千斤。臣愚以爲不應經義，惶恐不敢不以聞。陛下情欲厚之，亦宜所以安之。臣今言此，誠欲上忠陛下，下全后家，裁蒙省察。」及馬防爲車騎將軍，當出征西羌，倫又上疏曰：「臣愚以爲貴戚可封侯以富之，不當職事以任之。何者？繩以法則傷恩，私以親則違憲。伏聞馬防今當西征，臣以太后恩仁，陛下至孝，恐卒有纖介，難爲意愛。聞防請杜篤爲從事中郎，多賜財帛。篤爲鄉里所廢，客居美陽，女弟爲馬氏妻，恃此交通，在所縣令苦其不法，收繫論之。今來防所，議者咸致疑怪，況乃以爲從事，將恐議及朝廷。今宜爲選賢能以輔助之，不可復令防自請人，有損事望。苟有所懷，敢不自聞。」並不見省用。

《後漢書》卷五一《李恂等傳論》 論曰：任棠、姜岐，世著其清。結甕牖而辭三命，殆漢陽之幽人乎？龐參躬求賢之禮，故民悦其政；橋玄厲邦君之威，而衆失其情。夫豈力不足歟？將有道在焉。如令其道可忘，則彊梁勝矣。語曰：「三軍可奪帥，匹夫不可奪志。」子貢曰：「寧喪千金，不失士心。」昔段干木踰牆而避文侯之命，泄柳閉門不納穆公之請。貴必有所屈，賤亦有所申矣。

《後漢書》卷八四《列女傳·班昭》 作《女誡》七篇，有助内訓。其辭曰：

鄙人愚暗，受性不敏，蒙先君之餘寵，賴母師之典訓。年十有四，執箕箒於曹氏，于今四十餘載矣。戰戰兢兢，常懼黜辱，以增父母之羞，以益中外之累。夙夜劬心，勤不告勞，而今而後，乃知免耳。吾性疏頑，教道無素，恆恐子穀負辱清朝。聖恩橫加，猥賜金紫，實非鄙人庶幾所望也。男能自謀矣，吾不復以爲憂也。但傷諸女方當適人，而不漸訓誨，不聞婦禮，懼失容它門，取恥宗族。吾今疾在沈滯，性命無常，念汝曹如此，每用惆悵。閒作《女誡》七章，願諸女各寫一通，庶有補益，裨助汝身。去矣，其勗勉之！

卑弱第一：古者生女三日，臥之牀下，弄之瓦塼，而齋告焉。臥之牀下，明其卑弱，主下人也。弄之瓦塼，明其習勞，主執勤也。齋告先君，明當主繼祭祀也。三者蓋女人之常道，禮法之典教矣。謙讓恭敬，先人後己，有善莫名，有惡莫辭，忍辱含垢，常若畏懼，是謂卑弱下人也。晚寢早作，勿憚夙夜，執務私事，不辭劇易，所作必成，手迹整理，是謂執勤也。正色端操，以事夫主，清靜自守，無好戲笑，絜齊酒食，以供祖宗，是謂繼祭祀也。三者苟備，而患名稱之不聞，黜辱之在身，未之見也。三者苟失之，何名稱之可聞，黜辱之可遠哉！

《三國志》卷一三《魏志·鍾繇傳》 魏國初建，爲大理，遷相國。文帝在東宮，賜繇五熟釜，爲之銘曰：「於赫有魏，作漢藩輔。厥相惟鍾，實幹心膂。靖恭夙夜，匪遑安處。百寮師師，楷兹度矩。」數年，坐西曹掾魏諷謀反，策罷就第。文帝即王位，復爲大理。及踐阼，改爲廷尉，進封崇高鄉侯。遷太尉，轉封平陽鄉侯。時司徒華歆、司空王朗，並先世名臣。文帝罷朝，謂左右曰：「此三公者，乃一代之偉人也，後世殆難繼矣！」明帝即位，進封定陵侯，增邑五百，并前千八百户，遷太傅。繇有膝疾，拜起不便。時華歆亦以高年疾病，朝見皆使載輿車，虎賁舁上殿就坐。是後三公有疾，遂以爲故事。

《三國志》卷五一《吳志·孫靜傳》 〔孫〕堅始舉事，靜糾合鄉曲及宗室五六百人以爲保障，衆咸附焉。策破劉繇，定諸縣，進攻會稽，遣人請靜，靜將家屬與策會于錢唐。是時太守王朗拒策於固陵，策數度水戰，不能克。靜説策曰：「朗負阻城守，難可卒拔。查瀆南去此數十里，而道之要徑也，宜從彼據其內，所謂攻其無備、出其不意者也。吾當自帥衆爲軍前隊，破之必矣。」策曰：

「善。」乃詐令軍中曰：「頃連雨水濁，兵飲之多腹痛，令促具甖缶數百口澄水。」至昏暮，羅以然火誑朗，便分軍夜投查瀆道，襲高遷屯。朗大驚，遣故丹楊太守周昕等帥兵前戰。策破昕等，斬之，遂定會稽。表拜静爲奮武校尉，欲授之重任，静戀墳墓宗族，不樂出仕，求留鎮守。

《晉書》卷四《惠帝紀》〔永興元年〕八月戊辰，穎殺東安王繇。張方復入洛陽，廢皇后羊氏及皇太子覃。匈奴左賢王劉元海反於離石，自號大單于。安北將軍王浚遣烏丸騎攻成都王穎于鄴，大敗之。穎與帝單車走洛陽，服御分散，倉卒上下無齎，侍中黄門被囊中齎私錢三千，詔貸用。所在買飯以供，宫人止食于道中客舍。宫人有持升餘秔米飯及燥蒜鹽豉以進帝，帝噉之，御中黄門布被。次獲嘉，市粗米飯，盛以瓦盆，帝噉兩盂。有老父獻蒸鷄，帝受之。至温，將謁陵，帝喪履，納從者之履，下拜流涕，左右皆歔欷。及濟河，張方帥騎三千，以陽燧青蓋車奉迎。方拜謁，帝躬止之。辛巳，大赦，賞從者各有差。

《晉書》卷二八《五行志中》 建興中，江南謡歌曰：「訇如白坑破，合集持作甒。揚州破换敗，吴興覆瓿甊。」案白者，晉行。坑器有口屬甕，瓦甕質剛，亦金之類也。「訇如白坑破」者，言二都傾覆，王室大壞也。「合集持作甒」者，元帝鳩集遺餘，以主社稷，未能克復中原，但偏王江南，故其喻也。及石頭之事，六軍大潰，兵人抄掠京邑，爰及二宫。其後三年，錢鳳復攻京邑，阻水而守，相持月餘日，焚燒城邑，井堙木刊矣。鳳等敗退，沈充將其黨還吴興，官軍踵之，蹈藉郡縣，充父子授首，黨與誅者以百數。所謂「揚州破换敗，吴興覆瓿甊」。瓿甊瓦器，又小於甒也。

《晉書》卷三三《石崇傳》 財産豐積，室宇宏麗。後房百數，皆曳紈繡，珥金翠。絲竹盡當時之選，庖膳窮水陸之珍。與貴戚王愷、羊琇之徒以奢靡相尚。愷以粭澳釜，崇以蠟代薪。愷作紫絲布步障四十里，崇作錦步障五十里以敵之。崇塗屋以椒，愷用赤石脂。崇、愷争豪如此。武帝每助愷，嘗以珊瑚樹賜之，高二尺許，枝柯扶疏，世所罕比。愷以示崇，崇便以鐵如意擊之，應手而碎。愷既惋惜，又以爲嫉己之寶，聲色方厲。崇曰：「不足多恨，今還卿。」乃命左右悉取珊瑚樹，有高三四尺者六七株，條幹絶俗，光彩曜日，如愷比者甚衆。愷怳然自失矣。

崇爲客作豆粥，咄嗟便辦。每冬，得韮蓱虀。嘗與愷出游，争入洛城，崇牛迅若飛禽，愷絶不能及。愷每以此三事爲恨，乃密貨崇帳下問其所以。答云：「豆至難煮，豫作熟末，客來，但作白粥以投之耳。韮蓱虀是擣韮根雜以麥苗耳。牛奔不遲，良由馭者逐不及反制之，可聽蹁轅則駛矣。」於是悉從之，遂争長焉。崇後知之，因殺所告者。

嘗與王敦入太學，見顔回、原憲之象，顧而歎曰：「若與之同升孔堂，去人何必有間。」敦曰：「不知餘人云何，子貢去卿差近。」崇正色曰：「士當身名俱泰，何至甕牖哉！」其立意類此。

《晉書》卷四九《畢卓傳》 卓少希放達，爲胡毋輔之所知。太興末，爲吏部郎，常飲酒廢職。比舍郎釀熟，卓因醉夜至其甕間盗飲之，爲掌酒者所縛，明旦視之，乃畢吏部也，遽釋其縛。卓遂引主人宴於甕側，致醉而去。

卓嘗謂人曰：「得酒滿數百斛船，四時甘味置兩頭，右手持酒杯，左手持蟹螯，拍浮酒船中，便足了一生矣。」及過江，爲温嶠平南長史，卒官。

《晉書》卷六九《周顗傳》 及王敦構逆，温嶠謂顗曰：「大將軍此舉似有所在，當無濫邪？」顗曰：「君少年未更事。人主自非堯舜，何能無失，人臣豈可得舉兵以脅主！共相推戴，未能數年，一旦如此，豈云非亂乎！處仲剛愎强忍，狼抗無上，其意寧有限邪！」既而王師敗績，顗奉詔詣敦，敦曰：「伯仁，卿負我！」顗曰：「公戎車犯順，下官親率六軍，不能其事，使王旅奔敗，以此負公。」敦憚其辭正，不知所答。帝召顗於廣室，謂之曰：「近日大事，二宫無恙，諸人平安，大將軍故副所望邪？」顗曰：「二宫自如明詔，於臣等故未可知。」護軍長史郝嘏等勸顗避敦，顗曰：「吾備位大臣，朝廷喪敗，寧可復草間求活，外投胡越邪！」俄而與戴若思俱被收，路經太廟，顗大言曰：「天地先帝之靈：賊臣王敦傾覆社稷，枉殺忠臣，陵虐天下，神祇有靈，當速殺敦，無令縱毒，以傾王室。」語未終，收人以戟傷其口，血流至踵，顔色不變，容止自若，觀者皆爲流涕。遂於石頭南門外石上害之，時年五十四。

顗之死也，敦坐有一參軍摴蒱，馬於博頭被殺，因謂敦曰：「周家奕世令望，而位不至公，及伯仁將登而墜，有似下官此馬。」敦曰：「伯仁總角於東宫相遇，一面披襟，便許之三事，何圖不幸自貽王法。」敦素憚顗，每見顗輒面熱，雖復冬月，扇面手不得休。敦使繆坦籍顗家，收得素簏數枚，盛故絮而已，酒五甕，米數石，在位者服其清約。

《晉書》卷八三《袁喬傳》 時桓温謀伐蜀，衆以爲不可，喬勸温曰：「夫經略大事，故非常情所具，智者了於胸心，然後舉無遺算耳。今天下之難，二寇而已。蜀雖險固，方胡爲弱，將欲除之，先從易者。今泝流萬里，經歷天險，彼或有備，不必可克。然蜀人自以斗絶一方，恃其完固，不修攻戰之具，若以精卒一萬，輕軍速進，比彼聞之，我已入其險要，李勢君臣不過自力一戰，擒之必矣。論者恐大軍既西，胡必闚覦，此又似是而非。何者？胡聞萬里征伐，以爲内有重備，必不敢動。縱復越逸江渚，諸軍足以守境，此無憂矣。蜀土富實，號稱天府，昔諸葛武侯欲以抗衡中國。今誠不能爲害，然勢據上流，易爲寇盜。若襲而取之，有其人衆，此國之大利也。」温從之，使喬以江夏相領二千人爲軍鋒。師次彭模，去賊已近，議者欲兩道並進，以分賊勢。喬曰：「今深入萬里，置之死地，士無反顧之心，所謂人自爲戰者也。今分爲兩軍，軍力不一，萬一偏敗，則大事去矣。不如全軍而進，棄去釜甑，齎三日糧，勝可必矣。」温以爲然，即一時俱進。

《晉書》卷九四《隱逸傳・翟湯》 翟湯字道深，尋陽人。篤行純素，仁讓廉潔，不屑世事，耕而後食，人有饋贈，雖釜庾一無所受。永嘉末，寇害相繼，聞湯名德，皆不敢犯，鄉人賴之。

司徒王導辟，不就，隱於縣界南山。始安太守干寶與湯通家，遣船餉之，敕吏云：「翟公廉讓，卿致書訖，便委船還。」湯無人反致，乃貨易絹物，因寄還寶。寶本以爲惠，而更煩之，益愧歎焉。咸康中，征西大將軍庾亮上疏薦之，成帝徵爲國子博士，湯不起。建元初，安西將軍庾翼北征石季龍，大發僮客以充戎役，敕有司特蠲湯所調。湯悉推僕使委之鄉吏，吏奉旨一無所受，湯依所調限，放免其僕，使令編户爲百姓。康帝復以散騎常侍徵湯，固辭老疾，不至。

《晉書》卷九五《藝術傳・隗炤》 善於《易》。臨終，書版授其妻曰：「吾亡後當大荒窮，雖爾，慎莫賣宅也。卻後五年春，當有詔使來頓此亭，姓龔，此人負吾金，即以此版往責之，勿違言也。」炤亡後，其家大困乏，欲賣宅，憶夫言輒止。期日，有龔使者止亭中，妻遂齎版往責之。使者執版惘然，不知所以。妻曰：「夫臨亡，手書版見命如此，不敢妄也。」使者沈吟良久而悟，謂曰：「賢夫何善？」妻曰：「夫善於《易》，而未曾爲人卜也。」使者曰：「噫，可知矣！」乃命取蓍筮之，卦成，撫掌而歎曰：「妙哉隗生！含明隱迹，可謂鏡窮達而洞吉凶者也。」於是告炤妻曰：「吾不相負金也，賢夫自有金耳，知亡後當暫窮，故藏金以待太平，所以不告兒婦者，恐金盡而困無已也。知吾善《易》，故書版以寄意耳。金有五百斤，盛以青甖，覆以銅柈，埋在堂屋東頭，去壁一丈，入地九尺。」妻還掘之，皆如卜焉。

《晉書》卷九七《四夷傳・肅慎氏》 肅慎氏一名挹婁，在不咸山北，去夫餘可六十日行。東濱大海，西接寇漫汗國，北極弱水。其土界廣袤數千里，居深山窮谷，其路險阻，車馬不通。夏則巢居，冬則穴處。父子世爲君長。無文墨，以言語爲約。有馬不乘，但以爲財產而已。無牛羊，多畜猪，食其肉，衣其皮，績毛以爲布。有樹名雒常，若中國有聖帝代立，則其木生皮可衣。無井竈，作瓦鬲，受四五升以食。坐則箕踞，以足挾肉而啖之，得凍肉，坐其上令暖。土無鹽鐵，燒木作灰，灌取汁而食之。俗皆編髮，以布作襜，徑尺餘，以蔽前後。將嫁娶，男以毛羽插女頭，女和則持歸，然後致禮娉之。婦貞而女淫，貴壯而賤老，死者其日即葬之於野，交木作小椁，殺猪積其上，以爲死者之糧。性凶悍，以無憂哀相尚。父母死，男子不哭泣，哭者謂之不壯。相盜竊，無多少皆殺之，故雖野處而不相犯。有石砮，皮骨之甲，檀弓三尺五寸，楛矢長尺有咫。其國東北有山出石，其利入鐵，將取之，必先祈神。

周武王時，獻其楛矢、石砮。逮於周公輔成王，復遣使入賀。爾後千餘年，雖秦漢之盛，莫之致也。及文帝作相，魏景元末，來貢楛矢、石砮、弓甲、貂皮之屬。魏帝詔歸於相府，賜其王傉雞、錦罽、緜帛。至武帝元康初，復來貢獻。元帝中興，又詣江左貢其石砮。至成帝時，通貢於石季龍，四年方達。季龍問之，答曰「每候牛馬向西南眠者三年矣，是知有大國所在，故來」云。

《晉書》卷一一三《載記第一三・苻堅上》 太和五年，又遣猛率楊安、張蚝、鄧羌等十將率步騎六萬伐暐。堅親送猛於霸東，謂曰：「今授卿精兵，委以重任，便可從壺關、上黨出潞川，此捷濟之機，所謂捷雷不及掩耳。吾當躬自率衆以繼卿後，於鄴相見。已敕運漕相繼，但憂賊，不煩後慮也。」猛曰：「臣庸劣孤生，操無豪介，蒙陛下恩榮，内侍帷幄，出總戎旅，藉宗廟之靈，稟陛下神算，殘胡不足平也。願不煩鑾輅，冒犯霜露。臣雖不武，望克不淹時。但願速敕有司，部置鮮卑之所。」堅大悦。於是進師。楊安攻晉陽。猛攻壺關，執暐上黨太守慕容越，所經郡縣皆降於猛，猛留屯騎校尉苟萇戍壺關。會楊安攻晉陽，爲地道，遣張蚝率壯士數百人入其城中，大呼斬關，猛、安遂入晉陽，執暐并州刺史慕容莊。暐遣其太傅慕容評率衆四十餘萬以救二城，評憚猛不敢進，屯於潞川。猛留將軍毛當戍晉陽，進師與評相持。遣游擊郭慶以鋭卒五千，夜從間道出評營後，傍山起火，燒其輜重，火見鄴中。暐懼，遣使讓評，催之速戰。猛知評賣水鸞薪，有可乘之會，評又求戰，乃陣於渭原而誓衆曰：「王景略受國厚恩，任兼内外，今與諸君深入賊地，宜各勉進，不可退也。願勠力行間，以報恩顧，受爵明君之朝，慶觴父母之室，不亦美乎！」衆皆勇奮，破釜棄糧，大呼競進。

《宋書》卷一九《樂志一》 角，書記所不載。或云出羌胡，以驚中國馬。或云出吴越。舊志云：「古樂有籟、缶。」今並無。史臣按：《爾雅》，籟自是簫之一名耳。《詩》云：「坎其擊缶。」毛傳曰：「盎謂之缶。」

《宋書》卷三一《五行志二》 晉元帝永昌元年，寧州刺史王遜遣子澄入質，將渝、濮雜夷數百人。京邑民忽訛言寧州人大食人家小兒，親有見其蒸煮滿釜甑中者。又云失兒皆有主名，婦人尋道，拊心而哭。於是百姓各禁録小兒，不得出門。尋又言已得食人之主，官當大航頭大杖考竟。而日有四五百人晨聚航頭，以待觀行刑。朝廷之士相問者，皆曰信然，或言郡縣文書已上。王澄大懼，檢測之，事了無形，民家亦未嘗有失小兒者，然後知其訛言也。此二事，干寶云「未之能論」。

《南齊書》卷二〇《皇后傳·宣帝陳皇后》 后少家貧，勤織作，家人矜其勞，或止之，后終不改。嫁于宣帝，庶生衡陽元王道度、始安貞王道生，后生太祖。太祖年二歲，乳人乏乳，后夢人以兩甌麻粥與之，覺而乳大出，異而説之。宣帝從任在外，后常留家治事教子孫。有相者謂后曰：「夫人有貴子而不見也。」后歎曰：「我三兒誰當應之。」呼太祖小字曰：「正應是汝耳。」宣帝殂後，后親自執勤，婢使有過誤，恕不問也。太祖雖從官，而家業本貧，爲建康令時，高宗等冬月猶無縑纊，而奉膳甚厚，后每撤去兼肉，曰：「於我過足矣。」

《南齊書》卷三六《謝超宗傳》 泰始初，爲建安王司徒參軍事，尚書殿中郎。三年，都令史駱宰議策秀才考格，五問並得爲上，四、三爲中，二爲下，一不合與第。超宗議以爲「片辭折獄，寸言挫衆，魯史褒貶，孔《論》興替，皆無俟繁而後秉裁。夫表事之淵，析理之會，豈必委牘方切治道。非患對不盡問，患以恒文弗奇。必使一通峻正，寧劣五通而常；與其俱奇，必使一亦宜採。」詔從宰議。

遷司徒主簿，丹陽丞。建安王休仁引爲司徒記室，正員郎，兼尚書左丞中郎。以直言忤僕射劉康，左遷通直常侍。太祖爲領軍，數與超宗共屬文，愛其才翰。衛將軍袁粲聞之，謂太祖曰：「超宗開亮迥悟，善可與語。」取爲長史、臨淮太守。粲既誅，太祖以超宗爲義興太守。昇明二年，坐公事免。詣東府門自通，其日風寒慘厲，太祖謂四座曰：「此客至，使人不衣自暖矣。」超宗既坐，飲酒數甌，辭氣横出，太祖對之甚歡。板爲驃騎諮議。及即位，轉黄門郎。

《南齊書》卷四四《沈昭略傳》 兄子昭略，有剛氣。昇明末，爲相國西曹〔掾〕，太祖賞之，及即位，謂王儉曰：「南士中有沈昭略，何職處之？」儉曰：「臣已有擬。」奏轉前軍將軍，上不欲違，可其奏。尋還爲中書郎。永明初，歷太尉大司馬從事中郎，驃騎司馬，黄門郎。南郡王友、學華選，以昭略爲友，尋兼左丞。元年，出爲臨海太守，御史中丞。昭略建武世甞(酒)酣〔酒以自晦〕，與謝瀹善。累遷侍中，冠軍將軍，撫軍長史。永元元年，始安王遥光起兵東府，執昭略於城内。昭略〔潛自南出，濟淮還臺。至是與〕文季俱被召入華林省。茹法珍等進藥酒，昭略怒罵徐孝嗣曰：「廢昏立明，古今令典。宰相無才，致有今日。」以甌擲面破，曰「作破面鬼」。

《梁書》卷四〇《劉之遴傳》 之遴好古愛奇，在荆州聚古器數十百種。有一器似甌，可容一斛，上有金錯字，時人無能知者。又獻古器四種於東宫。其第一種，鏤銅鴟夷榼二枚，兩耳有銀鏤，銘云「建平二年造」。其第二種，金銀錯鏤古樽二枚，有篆銘云「秦容成侯適楚之歲造」。其第三種，外國澡灌一口，銘云「元封二年，龜兹國獻」。其第四種，古製澡盤一枚，銘云「初平二年造」。

《梁書》卷五四《諸夷傳·扶南國》 扶南國，在日南郡之南，海西大灣中，去日南可七千里，在林邑西南三千餘里。城去海五百里。有大江廣十里，西北流，東入於海。其國輪廣三千餘里，土地洿下而平博，氣候風俗大較與林邑同。出金、銀、銅、錫、沉木香、象牙、孔翠、五色鸚鵡。

其南界三千餘里有頓遜國，在海崎上，地方千里，城去海十里。有五王，並羈屬扶南。頓遜之東界通交州，其西界接天竺、安息徼外諸國，往還交市。所以然者，頓遜迴入海中千餘里，漲海無崖岸，船舶未曾得逕過也。其市，東西交會，日有萬餘人。珍物寶貨，無所不有。又有酒樹，似安石榴，采其花汁停甕中，數日成酒。

頓遜之外，大海洲中，又有毗騫國，去扶南八千里。傳其王身長丈二，頸長三尺，自古來不死，莫知其年。王神聖，國中人善惡及將來事，王皆知之，是以無敢欺者。南方號曰長頸王。國俗，有室屋、衣服，噉粳米。其人言語，小異扶南。有山出金，金露生石上，無所限也。國法刑罪人，並於王前噉其肉。國内不受估客，有往者亦殺而噉之，是以商旅不敢至。王常樓居，不血食，不事鬼神。其子孫生死如常人，唯王不死。扶南王數遣使與書相報答，常遺扶南王純金五十人食器，形如圓盤，又如瓦塸，名爲多羅，受五升，又如椀者，受一升。王亦能作天竺書，書可三千言，説其宿命所由，與佛經相似，並論善事。

《魏書》卷七五《尒朱世隆傳》 初，世隆曾與吏部尚書元世儁握槊，忽聞局上歘然有聲，一局之子盡皆倒立，世隆甚惡之。世隆又曾晝寢，其妻奚氏忽見有一人持世隆首去，奚氏驚怖就視，而世隆寢如故也。既覺，謂妻曰：「向夢人斷我頭去，意殊不適。」又此年正月晦日，令、僕並不上省，西門不開。忽有河内太守田怗家奴告省門亭長云：「今旦爲令王借車牛一乘，終日於洛濱遊觀。至晚，王還省，將車出東掖門，始覺車上無褥，請爲記識。」時世隆封王，故呼爲令王。亭長以令、僕不上，西門不開，無車入省，兼無車跡。此奴固陳不已，公文列訴。尚書都令史謝遠疑謂妄有假借，白世隆付曹推檢。時都官郎穆子容窮究之，奴言：「初來時至司空府西，欲向省，令王嫌遲，遣二防閤捉儀刀催車。車入，到省西門，王嫌牛小，繫於闕下槐樹，更將一青牛駕車。令王著白紗高頂帽，短小黑色，儐從皆裙襦袴褶，握板，不似常時服章。遂遣一吏將奴送入省中廳事東閤内東廂第一屋中。」其屋先常閉鑰。子容以西門不開，忽言從入；此屋常閉，奴言在中。詰其虚罔。奴云：「此屋若閉，求得開看，屋中有一板牀，牀上無席，大有塵土，兼有一甕米。奴拂牀而坐，兼畫地戲弄，甕中之米亦握看之。定其閉者，應無事驗。」子容與謝遠自入看之，户閉極久，全無開跡。及入，拂牀畫地，蹤緒歷然，米亦符同，方知不謬。具以此對。世隆悵然，意以爲惡。未幾見誅。

《魏書》卷九〇《逸士傳·李謐》 〔著《明堂制度論》曰〕余恐爲鄭學者，苟求必勝，競生異端以相訾抑。云二筵者，乃室之東西耳，南北則狹焉。余故備論之曰：若東西二筵，則室户之外爲丈三尺五寸矣。南北户外復如此，則三室之中南北裁各丈二尺耳。《記》云：「四旁兩夾窗。」若爲三尺之户，二尺之窗，窗户之間，裁盈一尺。繩樞甕牖之室，蓽門圭竇之堂，尚不然矣。假令復欲小廣之，則四面之外闊狹不齊，東西既深，南北更淺，屋宇之制，不爲通矣。驗之衆塗，略無算焉。且凡室二筵，丈八地耳，然則户牖之間不踰二尺也。《禮記·明堂》：「天子負斧扆南向而立。」鄭玄注曰：「設斧於户牖之間。」而鄭氏《禮圖》説扆制曰：「縱廣八尺，畫斧文於其上，今之屏風也。」以八尺扆置二尺之間，此之叵通，不待智者，較然可見矣。且若二筵之室爲四尺之户，則户之兩頰裁各七尺耳，全以置之，猶自不容，矧復户牖之間哉？其不然二也。

《魏書》卷一〇二《西域傳·于闐國》 于闐國，在且末西北，葱嶺之北二百餘里。東去鄯善千五百里，南去女國二千里，西去朱俱波千里，北去龜茲千四百里，去代九千八百里。其地方亘千里，連山相次。所都城方八九里，部内有大城五，小城數十。于闐城東三十里有首拔河，中出玉石。土宜五穀并桑麻，山多美玉，有好馬、駝、騾。其刑法，殺人者死，餘罪各隨輕重懲罰之。自外風俗物産與龜茲略同。俗重佛法，寺塔僧尼甚衆，王尤信尚，每設齋日，必親自灑掃饋食焉。城南五十里有贊摩寺，即昔羅漢比丘盧旃爲其王造覆盆浮圖之所，石上有辟支佛跣處，雙跡猶存。于闐西五百里有比摩寺，云是老子化胡成佛之所。俗無禮義，多盜賊，淫縱。自高昌以西，諸國人等深目高鼻，唯此一國，貌不甚胡，頗類華夏。城東二十里有大水北流，號樹枝水，即黄河也，一名計式水。城西五十五里亦有大水，名達利水，與樹枝水會，俱北流。

《北齊書》卷一《神武帝高歡紀上》 神武既累世北邊，故習其俗，遂同鮮卑。長而深沉有大度，輕財重士，爲豪俠所宗。目有精光，長頭高觀，齒白如玉，少有人傑表。家貧，及聘武明皇后，始有馬，得給鎮爲隊主。鎮將遼西段長常奇神武貌，謂曰：「君有康濟才，終不徒然。」便以子孫爲託。及貴，追贈長司空，擢其子寧用之。神武自隊主轉爲函使。嘗乘驛過建興，雲霧晝晦，雷聲隨之，半日乃絶，若有神應者。每行道路，往來無風塵之色。又嘗夢履衆星而行，覺而内喜。爲函使六年，每至洛陽，給令史麻祥使。祥嘗以肉啗神武，神武性不立食，坐而進之。祥以爲慢己，笞神武四十。及自洛陽還，傾産以結客，親故怪問之。答曰：「吾至洛陽，宿衛羽林相率焚領軍張彝宅，朝廷懼其亂而不問，爲政若此，事可知也。財物豈可常守邪？」自是乃有澄清天下之志。與懷朔省事雲中司馬子如及秀容人劉貴、中山人賈顯智爲奔走之友，懷朔户曹史孫騰、外兵史侯景亦相友結。劉貴嘗得一白鷹，與神武及尉景、蔡儁、子如、賈顯智等獵於沃野。見一赤兔，每搏輒逸，遂至迴澤。澤中有茅屋，將奔入，有狗自屋中出，嚙之，鷹兔俱死。神武怒，以鳴鏑射之，狗斃。屋中有二人出，持神武襟甚急。其母兩目盲，曳杖呵其二子曰：「何故觸大家！」出甕中酒，烹羊以飯客。因自言善暗相，遍捫諸人皆貴，而指麾俱由神武。又曰：「子如歷位顯，智不善終。」飯竟出，行數里還，更訪之，則本無人居，乃向非人也。由是諸人益加敬異。

《北齊書》卷一二《樂陵王高百年傳》 樂陵王百年，孝昭第二子也。孝昭初即位，在晉陽，羣臣請建中宫及太子，帝謙未許，都下百僚又請，乃稱太后令立爲皇太子。帝臨崩，遺詔傳位於武成，並有手書，其末曰：「百年無罪，汝可以樂處置之，勿學前人。」大寧中，封樂陵王。河清三年五月，白虹圍日再重，又横貫而不達。赤星見，帝以盆水承星影而蓋之，一夜盆自破。欲以百年厭之。會博陵人賈德胄教百年書，百年嘗作數「勑」字，德胄封以奏。帝乃發怒，使召百年。百年被召，自知不免，割帶玦留與妃斛律氏。見帝於玄都苑涼風堂，使百年書「勑」字，驗與德胄所奏相似，遣左右亂捶擊之，又令人曳百年遶堂且走且打，所過處血皆遍地。氣息將盡，曰：「乞命，願與阿叔作奴。」遂斬之，棄諸池，池水盡赤，於後園親看埋之。妃把玦哀號，不肯食，月餘亦死，玦猶在手，拳不可開，時年十四，其父光自擘之，乃開。後主時，改九院爲二十七院，掘得一小屍，緋袍金帶，一髻一解，一足有靴。諸内參竊言，百年太子也，或言太原王紹德。詔以襄成王子白澤襲爵樂陵王。齊亡，入關，徙蜀死。

《周書》卷一八《王思政傳》 東魏太尉高嶽、行臺慕容紹宗、儀同劉豐生等，率步騎十萬來攻潁川。城内臥鼓偃旗，若無人者。嶽恃其衆，謂一戰可屠，乃四面鼓噪而上。思政選城中驍勇，開門出突。嶽衆不敢當，引軍亂退。嶽知不可卒攻，乃多修營壘。又隨地勢高處，築土山以臨城中。飛梯火車，晝夜攻之。思政亦作火攢，因迅風便投之土山。又以火箭射之，燒其攻具。仍募勇士，縋而出戰。嶽衆披靡，其守土山人亦棄山而走。齊文襄更益嶽兵，堰洧水以灌城。城中水泉涌溢，不可防止。懸釜而炊，糧力俱竭。慕容紹宗、劉豐生及其將慕容永珍共乘樓船以望城内，令善射者俯射城中。俄而大風暴起，船乃飄至城下。城上人以長鈎牽船，弓弩亂發。紹宗窮急，投水而死。豐生浮向土山，復中矢而斃。生擒永珍。思政謂之曰：「僕之破亡，在於晷漏。誠知殺卿無益，然人臣之節，守之以死。」乃流涕斬之。并收紹宗等尸，以禮埋瘞。

《隋書》卷二二《五行志上》 武平元年，童謡曰：「狐截尾，你欲除我我除你。」其年四月，隴東王胡長仁謀遣刺客殺和士開，事露，返爲士開所譖死。

二年，童謡曰：「和士開，七月三十日，將你向南臺。」小兒唱訖，一時拍手云：「殺却。」至七月二十五日，御史中丞、琅邪王儼執士開，送於南臺而斬之。是歲，又有童謡曰：「七月刈禾傷早，九月噢餻正好。十月洗蕩飯甕，十一月出却趙老。」七月士開被誅，九月琅邪王遇害，十一月趙彦深出爲西兗州刺史。

《隋書》卷八一《東夷傳・倭國》 其俗殺人强盜及姦皆死，盜者計贓酬物，無財者没身爲奴。自餘輕重，或流或杖。每訊究獄訟，不承引者，以木壓膝，或張强弓，以弦鋸其項。或置小石於沸湯中，令所競者探之，云理曲者即手爛。或置蛇甕中，令取之，云曲者即螫手矣。人頗恬静，罕争訟，少盜賊。樂有五弦、琴、笛。男女多黥臂點面文身，没水捕魚。無文字，唯刻木結繩。敬佛法，於百濟求得佛經，始有文字。知卜筮，尤信巫覡。每至正月一日，必射戲飲酒，其餘節略與華同。好棊博、握槊、樗蒲之戲。氣候温暖，草木冬青，土地膏腴，水多陸少。以小環挂鸕鷀項，令入水捕魚，日得百餘頭。俗無盤俎，藉以槲葉，食用手餔之。性質直，有雅風。女多男少，婚嫁不取同姓，男女相悦者即爲婚。婦入夫家，必先跨犬，乃與夫相見。婦人不淫妒。死者斂以棺槨，親賓就屍歌舞，妻子兄弟以白布製服。貴人三年殯於外，庶人卜日而瘞。及葬，置屍船上，陸地牽之，或以小輿。有阿蘇山，其石無故火起接天者，俗以爲異，因行禱祭。有如意寶珠，其色青，大如雞卵，夜則有光，云魚眼精也。新羅、百濟皆以倭爲大國，多珍物，並敬仰之，恒通使往來。

《隋書》卷八三《西域傳・党項》 党項羌者，三苗之後也。其種有宕昌、白狼，皆自稱獼猴種。東接臨洮、西平，西拒葉護，南北數千里，處山谷間。每姓别爲部落，大者五千餘騎，小者千餘騎。織犛牛尾及羖䍽毛以爲屋。服裘褐披氊以爲上飾。俗尚武力，無法令，各爲生業，有戰陣則相屯聚。無徭賦，不相往來。牧養犛牛、羊、猪以供食，不知稼穡。其俗淫穢蒸報，於諸夷中最爲甚。無文字，但候草木以記歲時。三年一聚會，殺牛羊以祭天。人年八十以上死者，以爲令終，親戚不哭。少而死者，則云大枉，共悲哭之。有琵琶、横吹，擊缶爲節。

《隋書》卷八三《西域傳・女國》 女國，在葱嶺之南，其國代以女爲王。王姓蘇毗，字末羯，在位二十年。女王之夫，號曰金聚，不知政事。國内丈夫唯以征伐爲務。山上爲城，方五六里，人有萬家。王居九層之樓，侍女數百人，五日一聽朝。復有小女王，共知國政。

其俗貴婦人，輕丈夫，而性不妬忌。男女皆以彩色塗面，一日之中，或數度變改之。人皆被髮，以皮爲鞋，課税無常。氣候多寒，以射獵爲業。出鍮石、朱砂、麝香、犛牛、駿馬、蜀馬。尤多鹽，恒將鹽向天竺興販，其利數倍。亦數與天竺及党項戰争。其女王死，國中則厚斂金錢，求死者族中之賢女二人，一爲女王，次爲小王。貴人死，剥取皮，以金屑和骨肉置於瓶内而埋之。經一年，又以其皮内於鐵器埋之。俗事阿修羅神，又有樹神，歲初以人祭，或用獮猴。祭畢，入山祝之，有一鳥如雌雉，來集掌上，破其腹而視之，有粟則年豐，沙石則有災，謂之鳥卜。

開皇六年，遣使朝貢，其後遂絶。

《南史》卷三《張盾傳》　盾字士宣，以謹重稱。爲無錫令，遇劫，問劫何須，劫以刀斫其頰，盾曰：「咄，咄，不易。」餘無所言。於是生資皆盡，不以介懷。爲湘東王記室，出監富陽令。廓然獨處，無所用心。身死之日，家無遺財，唯有文集并書千餘卷，酒米數甕而已。

杜佑《通典》卷一八八《邊防四・頓遜》　頓遜國，梁時聞焉，一曰典遜。在海崎上，地方千里。有五王，並羈屬扶南，北去扶南可三千餘里。其國之東界通交州，其西界接天竺、安息徼外諸國，賈人多至其國市焉。所以然者，頓遜迴入海中千餘里，張海無涯岸，船舶未曾得逕過也。其市東西交會，日有萬餘人，珍物寶貨無種不有。又有酒樹，似安石榴，採其花汁，停酒甕中，數日成酒。出藿香，插枝便生，葉如都梁，以裛衣。國有區撥等花十餘種，冬夏不衰，日載數十車貨之。其花，燥更芬馥，亦末爲粉，以傅身焉。

其俗又多鳥葬。將死，親賓歌舞於郭外，有鳥如鵞，口似鸚鵡而紅色，飛來萬計，家人避之，鳥食肉盡乃去，燒其骨沈海中，以爲上行人也，必生天。鳥若迴翔不食，其人乃自悲，復以爲己有穢，更就火葬，以爲次行也。若不能生入火，又不被鳥食，以爲下行也。

杜佑《通典》卷一九七《邊防一三・突厥上》　後魏末，其酋帥土門，部落稍盛，始至塞上通中國。至西魏大統十二年，乃求婚於蠕蠕，蠕蠕主阿那瓌大怒，使人罵辱之曰：「爾是我鍛奴，何敢發是言也！」土門發兵擊蠕蠕，大破之於懷荒北，阿那瓌自殺。土門遂自號伊利可汗，後魏太武帝時，蠕蠕主社崙已自號可汗，突厥又因之。猶古之單于也，號其妻爲可賀敦，亦猶古之閼氏也。其子弟謂之特勤，別部領兵者謂之設，其大官屈律啜，次阿波，次頡利發，次吐屯，次俟斤。其初，國貴賤官號凡有十等，或以形體，或以老少，或以顔色、鬚髮，或以酒肉，或以獸名。其勇健者謂之始波羅，亦呼爲英賀弗。肥麤者謂之大羅便。大羅便，酒器也，似角而麤短，體貌似之，故以爲號。此官特貴，惟其子弟爲之。又謂老爲哥利，故有哥利達官。謂馬爲賀蘭，故有賀蘭蘇尼闕，蘇尼，掌兵之官也。謂黑色者爲珂羅便，故有珂羅啜，官甚高，耆年者爲之。謂髮爲索葛，故有索葛吐屯，此如州郡官也。謂酒爲匐你熱汗，熱汗掌監察非違，釐整班次。謂肉爲安禪，故有安禪具泥，掌家事如國官也。有時置附鄰可汗，附鄰，狼名也，取其貪殺爲稱。亦有可汗位在葉護下者。或有居家大姓相呼爲遺可汗者，突厥呼屋爲遺，言屋可汗也。

《舊唐書》卷二九《音樂志二・缶》　缶，如足盆，古西戎之樂，秦俗應而用之。其形似覆盆，以四杖擊之。秦、趙會於澠池，秦王擊缶而歌。八缶，唐永泰初司馬縚進《廣平樂》，蓋八缶具黄鐘一均聲。

鐘，黄帝之工垂所造。鐘，種也，立秋之音，萬物種成也。大曰鎛，鎛亦大鐘也，《爾雅》謂之鏞。小而編之曰編鐘，中曰剽，小曰棧。

《舊唐書》卷五〇《刑法志》　時周興、來俊臣等，相次受制，推究大獄。乃於都城麗景門内，別置推事使院，時人謂之「新開獄」。俊臣又與侍御史侯思止王弘義郭霸李敬仁、評事康暐衛遂忠等，招集告事數百人，共爲羅織，以陷良善。前後枉遭殺害者，不可勝數。又造《告密羅織經》一卷，其意旨皆網羅前人，織成反狀。俊臣每鞫囚，無問輕重，多以醋灌鼻。禁地牢中，或盛之于瓮，以火圜遶炙之。兼絶其糧餉，至有抽衣絮以噉之者。其所作大枷，凡有十號：一曰定百脉，二曰喘不得，三曰突地吼，四曰著即承，五曰失魂膽，六曰實同反，七曰反是實，八曰死猪愁，九曰求即死，十曰求破家。又令寢處糞穢，備諸苦毒。每有制書寬有囚徒，俊臣必先遣獄卒，盡殺重罪，然後宣示。是時海内慴懼，道路以目。

《舊唐書》卷五一《后妃傳上・高宗廢后王氏》　初，武皇后貞觀末隨太宗嬪御居於感業寺，后及左右數爲之言，高宗由是復召入宫，立爲昭儀。俄而漸承恩寵，遂與后及良娣蕭氏遞相譖毁。帝終不納后言，而昭儀寵遇日厚。后懼不自安，密與母柳氏求巫祝厭勝。事發，帝大怒，斷柳氏不許入宫中，后舅中書令柳奭罷知政事，并將廢后，長孫無忌、褚遂良等固諫，乃止。俄又納李義府之策，永徽六年十月，廢后及蕭良娣皆爲庶人，囚之別院。武昭儀令人皆縊殺之。后母柳氏、兄尚衣奉御全信及蕭氏兄弟，並配流嶺外。遂立昭儀爲皇后。尋又追改后姓爲蟒氏，蕭良娣爲梟氏。

庶人良娣初囚，大罵曰：「願阿武爲老鼠，吾作貓兒，生生扼其喉！」武后怒，自是宮中不畜貓。初囚，高宗念之，間行至其所，見其室封閉極密，惟開一竅通食器出入。高宗惻然，呼曰：「皇后、淑妃安在？」庶人泣而對曰：「妾等得罪，廢棄爲宮婢，何得更有尊稱，名爲皇后？」言訖悲咽，又曰：「今至尊思及疇昔，使妾等再見日月，出入院中，望改此院名爲『迴心院』，妾等再生之幸。」高宗曰：「朕即有處置。」武后知之，令人杖庶人及蕭氏各一百，截去手足，投於酒甕中，曰：「令此二嫗骨醉！」數日而卒。後則天頻見王、蕭二庶人披髮瀝血，如死時狀。武后惡之，禱以巫祝，又移居蓬萊宮，復見，故多在東都。中宗即位，復后姓爲王氏，梟氏還爲蕭氏。

《舊唐書》卷五四《王世充傳》（武德）三年二月，世充殿中監豆盧達來降。世充見衆心日離，乃嚴刑峻制，家一人逃者，無少長皆坐爲戮，父子、兄弟、夫妻許其相告而免之。又令五家相保，有全家叛去而隣人不覺者，誅及四隣。殺人相繼，其逃亡益甚。至於樵採之人，出入皆有限數，公私窘急，皆不聊生。又以宮城爲大獄，意有所忌，即收繫其人及家屬於宮中。又每使諸將出外，亦收其親屬質於宮内。囚者相次，不減萬口，既艱食，餒死者日數十人。世充屯兵不散，倉粟日盡，城中人相食。或握土置瓮中，用水淘汰，沙石沉下，取其上浮泥，投以米屑，作餅餌而食之，人皆體腫而脚弱，枕倚於道路。其尚書郎盧君業、郭子高等皆死於溝壑。

《新唐書》卷三六《五行志三・豕禍》貞觀十七年六月，司農寺豕生子，一首八足，自頸分爲二。

貞元四年二月，京師民家有豕生子，兩首四足。首多者，上不一也。是歲，宣州大雨震雹，有物墮地如猪，手足各兩指，執赤班蛇食之。頃之，雲合不復見。近豕禍也。

元和八年四月，長安西市有豕生子，三耳八足，自尾分爲二。足多者，下不一也。

咸通七年，徐州蕭縣民家豕出圂舞，又牡豕多將隣里羣豕而行，復自相噬齧。

乾符六年，越州山陰民家有豕入室内，壞器用，銜椸缶置於水次。

廣明元年，絳州稷山縣民家豕生如人狀，無眉目耳髮。占爲邑有亂。

《新唐書》卷三六《五行志三・雷電》貞觀十一年四月甲子，震乾元殿前槐樹。震耀，天之威怒，以象殺戮；槐，古者三公所樹也。

證聖元年正月丁酉，雷。雷者陽聲，出非其時，臣竊君柄之象。

長安四年五月丁亥，震雷，大風拔木，人有震死者。

延和元年六月，河南偃師縣李材村有震雹入民家，地震裂，闊丈餘，長十五里，深不可測，所裂處井廁相通，或衝冢墓，柩出平地無損。李，國姓也；震雹，威刑之象；地，陰類也。

永泰元年二月甲子夜，震霆。自是無雷，至六月甲申乃雷。

大曆十年四月甲申，雷電，暴風拔木飄瓦，人有震死者，京畿害稼者七縣。

《新唐書》卷三八《地理志二・河南道》河南道，蓋古豫、兗、青、徐之域，漢河南、弘農、潁川、汝南、陳留、沛、泰山、濟陰、濟南、東萊、齊、山陽、東海、琅邪、北海、千乘、東郡，及梁、楚、魯、東平、城陽、淮陽、菑川、高密、泗水等國，暨平原、渤海、九江之境。洛、陝負河而北，爲實沈分；負河而南，號、汝、許及新鄭之地，爲鶉火分；鄭、汴、陳、蔡、潁爲壽星分；宋、亳、徐、宿、鄆、曹、濮爲大火分；兗、海、沂、泗爲降婁分；青、淄、密、登、萊、齊、棣爲玄枵分；滑爲娵訾分；濠爲星紀分。爲府一，州二十九，縣百九十六。其名山：三崤、少室、砥柱、蒙、嶧、嵩高、泰岳。其大川：伊、洛、汝、潁、沂、泗、淮、濟。厥賦：絹、絁、綿、布。厥貢：絲布、葛、席、埏埴盎缶。

《新唐書》卷三八《地理志二・河南府河南郡》本洛州，開元元年爲府。土貢：文綾、繒、穀、絲葛、埏埴盎缶、苟杞、黄精、美果華、酸棗。户十九萬四千七百四十六，口百一十八萬三千九十二。縣二十。有府三十九，曰武定、復梁、康城、柏林、巖邑、陽樊、王陽、永嘉、邵南、慕善、政教、鞏洛、伊陽、懷音、軹城、洛汭、郟鄏、伊川、洛泉、通谷、潁源、宜陽、金谷、王屋、成皋、夏邑、原邑、原城、鶴臺、函谷、千秋、同軌、餞濟、温城、具茨、寶圖、鈞臺、承雲、軒轅。

《新唐書》卷三八《地理志二・虢州弘農郡》雄。本虢郡，治盧氏。義寧元年，析隋弘農郡三縣置。貞觀八年徙治弘農。天寶元年更郡名。土貢：絁、瓦硯、麝、地骨皮、梨。户二萬八千二百四十九，口八萬八千八百四十五。縣六。有府四，曰鼎湖、全節、金明、開方。弘農，緊。本隋弘農郡，義寧元年曰鳳林，領弘農、閿鄉、湖城。武德元年曰鼎州，因鼎湖爲名。貞觀八年州廢，縣皆來屬。神龍初避孝敬皇帝諱，曰恆農，開元十六年復故名。南七里有渠，貞觀元年，令元伯武引水北流入城。閿鄉，望。貞觀元年來屬。有潼關，大谷關，武德二年廢。有鳳陵關，貞觀元年廢。有軒遊宮，故隋別院宮，咸亨五年更名。湖城，望。義寧元年置。乾元三年更名天平，大曆四年復舊。有故隋上陽宮，貞觀初置，咸亨元年廢。縣東故道濱河，不井汲，馬多渴死，天寶八載，館驛使、御史中丞宋渾開新路，自稠桑西由晉王斜。有熊耳山，覆釜山，一名荊山。朱陽，上。龍朔元年隸商州，萬歲通天二年隸洛州，後來屬。有鐵。玉城，上。義寧元年置。盧氏。上。武德元年置。南有朱陽關，武德八年廢。

《新唐書》卷一五三《段秀實傳》 時郭子儀以副元帥居蒲，子晞以檢校尚書領行營節度使，屯邠州，士放縱不法，邠人之嗜惡者，納賄竄名伍中，因肆志，吏不得問。白晝羣行丐頡於市，有不嗛，輒擊傷市人，椎釜鬲甕盎盈道，至撞害孕婦。孝德不敢劾，秀實自州以狀白府，願計事，至則曰：「天子以生人付公治，公見人被暴害，恬然，且大亂，若何？」孝德曰：「願奉教。」因請曰：「秀實不忍人無寇暴死，亂天子邊事。公誠以爲都虞候，能爲公已亂。」孝德即檄署付軍。俄而晞士十七人入市取酒，刺酒翁，壞釀器，秀實列卒取之，斷首置槊上，植市門外。一營大譟，盡甲，孝德恐，召秀實曰：「奈何？」秀實曰：「請辭於軍。」乃解佩刀，選老躄一人持馬，至晞門下。甲者出，秀實笑且入，曰：「殺一老卒，何甲也！吾戴頭來矣。」甲爲愕眙。因曉之曰：「尚書固負若屬邪，副元帥固負若屬邪？奈何欲以亂敗郭氏！」晞出，秀實曰：「副元帥功塞天地，當務始終。今尚書恣卒爲暴，使亂天子邊，欲誰歸罪？罪且及副元帥。今邠惡子弟以貨竄名軍籍中，殺害人，藉藉如是，幾日不大亂？亂由尚書出。人皆曰尚書以副元帥故不戢士，然則郭氏功名，其與存者有幾！」晞再拜曰：「公幸教晞，願奉軍以從。」即叱左右皆解甲，令曰：「敢讙者死！」秀實曰：「吾未晡食，請設具。」已食，曰：「吾疾作，願宿門下。」遂臥軍中。晞大駭，戒候卒擊柝衛之。旦，與俱至孝德所，謝不能。邠由是安。

《新唐書》卷二一九《北狄傳・奚》 奚亦東胡種，爲匈奴所破，保烏丸山。漢曹操斬其帥蹋頓，蓋其後也。元魏時自號庫真奚，居鮮卑故地，直京師東北四千里。其地東北接契丹，西突厥，南白狼河，北霫。與突厥同俗，逐水草畜牧，居氈廬，環車爲營。其君長常以五百人持兵衛牙中，餘部散山谷間，無賦入，以射獵爲貲。稼多穄，已穫，窖山下。斷木爲臼，瓦鼎爲飦，雜寒水而食。喜戰鬭，兵有五部，部一俟斤主之。其國西抵大洛泊，距回紇牙三千里，多依土護真水。其馬善登，其羊黑。盛夏必徙保冷陘山，山直嬀州西北。至隋始去「庫真」，但曰奚。

《新唐書》卷二二一上《西域傳上・泥婆羅》 泥婆羅直吐蕃之西樂陵川。土多赤銅、犛牛。俗翦髮逮眉，穿耳，楦以箭若角，緩至肩者爲姣好。無匕筯，攫而食。其器皆用銅，其居版屋畫壁。俗不知牛耕，故少田作，習商賈。一幅布蔽身，日數盥浴。重博戲，通推步曆術。祀天神，鐫石爲象，日浴之，烹羊以祭。鑄銅爲錢，面文人形，背牛馬形。其君服珠、頗黎、車渠、珊瑚、虎魄垂纓，耳金鉤玉璫，佩寶伏突，御師子大牀，燎香布花於堂，而大臣坐地不藉，左右持兵，數百列侍。宮中有七重樓，覆銅瓦，楹極皆大琲雜寶，四隅置銅槽，下有金龍，口激水仰注槽中。

初，王那陵提婆之父爲其叔所殺，提婆出奔，吐蕃納之，遂臣吐蕃。貞觀中，遣使者李義表到天竺，道其國，提婆大喜，延使者同觀阿耆婆涨池。池廣數十丈，水常溢沸，共傳旱潦未始耗溢，或抵以物則生煙，釜其上，少選可熟。二十一年，遣使入獻波稜、酢菜、渾提葱。永徽時，其王尸利那連陀羅又遣使入貢。

《舊五代史》卷二九《唐書・莊宗紀第三》 天祐十六年春正月，李存審城德勝，夾河爲栅。帝還魏州，命昭義軍節度使李嗣昭權知幽州軍府事。

三月，帝兼領幽州，遣近臣李紹宏提舉府事。

夏四月，梁將賀瓌圍德勝南城，百道攻擊，復以艨艟扼斷津渡。帝馳而往，陣於北岸。南城守將氏延賞告急，氏延賞，原本作「民廷賞」，今據《歐陽史》改正。（影庫本粘籤）且言矢石將盡。帝以重賄召募能破賊艦者，於是獻技者數十，或言能吐火焚舟，或言能禁呪兵刃，悉命試之，無驗。帝憂形於色，親從都將王建及進曰：「臣請效命。」乃以臣索連舟十艘，選效節勇士三百人，持斧被鎧，鼓枻而進，至中流。梁樓船三層，蒙以牛革，懸板爲楯。建及率持斧者入艨艟間，斬其竹笮，破其懸楯。又於上流取甕數百，用竹笮維之，積薪於上，灌以脂膏，火發亙空。又以巨艦載甲士，令乘煙鼓譟。梁之樓船斷紲而下，沈溺者殆半。軍既得渡，梁軍乃退，命騎軍追襲至濮陽，俘斬千計。賀瓌由此飲氣遘疾而卒。

《舊五代史》卷七一《蕭希甫傳》 天成初，欲召爲諫議，豆盧革、韋説沮之。明宗卒以希甫爲諫議大夫，復爲匭函使。其後革、説爲安重誨所惡，希甫希旨，誣奏革縱田客殺人，而説與隣人争井，井有寶貨。有司推勘，井中惟破釜而已，革、説卒皆貶死。希甫拜左散騎常侍，躁進尤甚，引告變人李筠夜扣内門，通變書云：「修堤兵士，欲取郊天日舉火爲叛。」安重誨不信之，斬告變者，軍人訴屈，請希甫啖之。既而詔曰：「左散騎常侍、集賢殿學士判院事蕭希甫，身處班行，職非警察，輒引凶狂之輩，上陳誣骩之詞，逼近郊禋，扇摇軍衆。李筠既當誅戮，希甫寧免謫遷，可貶嵐州司户參軍，仍馳驛發遣。」長興中，卒於貶所。

《新五代史》卷七四《四夷附録第三・奚》 奚，本匈奴之别種。當唐之末，居陰涼川，在營府之西，幽州之西南，皆數百里。有人馬二萬騎。分爲五部：一曰阿薈部，二曰啜米部，三曰粤質部，四曰奴皆部，五曰黑訖支部。後徙居琵琶川，在幽州東北數百里。地多黑羊，馬逾前蹄堅善走，其登山逐獸，下上如飛。

契丹阿保機彊盛，室韋、奚、霫皆服屬之。奚人常爲契丹守界上，而苦其苛虐，奚王去諸怨叛，以别部西徙嬀州，依北山射獵，常採北山麝香、仁參賂劉守光以自託。其族至數千帳，始分爲東、西奚。去諸之族，頗知耕種，歲借邊民荒地種穄，秋熟則來穫，窖之山下，人莫知其處。爨以平底瓦鼎，煮穄爲粥，以寒水解之而飲。

司馬光《資治通鑑》卷五《周紀五・赧王五十五年》 秦王聞括已爲趙將，乃陰使武安君爲上將軍而王齕爲裨將，令軍中：「有敢泄武安君將者斬！」趙括至軍，悉更約束，齕，恨勿翻。更，工衡翻。易置軍吏，出兵擊秦師。武安君佯敗而走，佯，音羊，詐也。張二奇兵以劫之。劫，勢脅也。《説文》：人欲去，以力脅止曰劫。趙括乘勝追造秦壁，造，七到翻，詣也。壁堅拒不得入；奇兵二萬五千人絶趙軍之後，又五千騎絶趙壁間。騎，奇寄翻。趙軍分而爲二，糧道絶。武安君出輕兵擊之，趙戰不利，因築壁堅守以待救至。秦王聞趙食道絶，自如河内發民年十五以上悉詣長平，遮絶趙救兵及糧食。如，往也。上，時掌翻。遮者，遮斷其路。齊人、楚人救趙。趙人乏食，請粟于齊，王【章：十二行本「王」上有「齊」字；乙十一行本同；孔本同；張校同；退齋校同。】弗許。周子曰：「夫趙之於齊、楚，扞蔽也，夫，音扶。猶齒之有脣也，脣亡則齒寒；今日亡趙，明日患及齊、楚矣。救趙之務，宜若奉漏甕沃焦釜然。奉，讀曰捧；言惟恐不及也。且救趙，高義也；卻秦師，顯名也；義救亡國，威卻強秦。不務爲此而愛粟，爲國計者過矣！」齊王弗聽。九月，趙軍食絶四十六日，皆内陰相殺食。急來攻【章：十二行本「攻」下有「秦」字；乙十一行本同；孔本同；張校同；退齋校同。】壘，史言急來攻壘，趙括爲計如此耳。下言欲出而不能出，趙括自出而死，其勢可見。欲出爲四隊，四，五復之，不能出。言括欲分其卒爲四隊，更攻秦壘，自一隊至四隊，至五則復之，而不能出也。趙括自出鋭卒搏戰，秦人射殺之。射，而亦翻。趙師大敗，卒四十萬人皆降。降，户江翻。武安君曰：「秦已拔上黨，上黨民不樂爲秦而歸趙。趙卒反覆，非盡殺之，恐爲亂。」乃挾詐而盡坑殺之，遺其小者二百四十人歸趙，樂爲，上音洛；下于僞翻，又音如字。四十餘萬人皆死，而獨遺小者二百四十人得歸趙，此非得脱也，白起之譎也。強壯盡死，則小弱得歸者必言秦之兵威，所以破趙人之膽，將以乘勝取邯鄲也；爲應侯所沮，故白起之計不得行耳。譎，古穴翻。邯鄲，音寒丹。應，於陵翻。沮，在吕翻。卒，子恤翻。前後斬首虜四十五萬人；趙人大震。此言秦兵自挫廉頗至大破趙括前後所斬首虜之數耳。兵非大敗，四十萬人安肯束手而死邪！

司馬光《資治通鑑》卷九七《晉紀一九・穆帝永和三年》 三月，温至彭模；彭模，即漢犍爲郡武陽縣之彭亡聚也，岑彭死處。《水經註》：江水自武陽東至彭亡聚，謂之平模水，亦曰外水。平模去成都二百里，在今眉州彭山縣。議者欲分爲兩軍，異道俱進，以分漢兵之勢。袁喬曰：「今懸軍深入萬里之外，勝則大功可立，不勝則噍類無遺，噍，才肖翻。當合勢齊力，以取一戰之捷。若分兩軍，則衆心不一，萬一偏敗，偏敗，謂兩道並進，或一軍爲蜀所敗。大事去矣。不如全軍而進，棄去釜甑，齎三日糧，以示無還心，勝可必也。」温從之。留參軍孫盛、周楚將羸兵守輜重，將，即亮翻；下同。重，直用翻。温自將步卒直指成都。楚，撫之子也。

李福進攻彭模，孫盛等奮擊，走之。温進，遇李權，三戰三捷，漢兵散走歸成都，鎮軍【章：十二行本「軍」作「東」；乙十一行本同；孔本同。】將軍李位都迎詣温降。降，户江翻；下同。昝堅至犍爲，犍，居言翻。乃知與温異道，還，自沙頭津濟，比至，比，必寐翻。温已軍於成都之十里陌，堅衆自潰。

李燾《續資治通鑑長編》卷六一 〔景德二年十月〕丙戌，遣度支判官、太常博士周漸爲契丹國主生辰使，侍禁、閤門祇候郭盛副之。職方郎中、直昭文館韓國華爲契丹國母正旦使，衣庫副使、兼通事舍人焦守節副之。尹洙誌國華墓云：上令周漸、張若谷，凡事當問國華。恐飾説，今不取。鹽鐵判官、祕書丞張若谷爲國主正旦使，内殿崇班、閤門祇候郭允恭副之。漸，實兄，允恭從孫也。自是歲以爲常。凡契丹主生日，朝廷所遺金酒食茶器三十七件，衣五襲，金玉帶二條，烏皮、白皮鞾二量，紅牙笙笛，觱栗拍板，鞍勒馬二匹，纓複鞭副之，金花銀器三十件，銀器二十件，錦綺透背、雜色羅紗綾縠絹二千疋，雜綵二千疋，法酒三十壺，的乳茶十斤，岳麓茶五斤，鹽密果三十罐，乾果三十籠。其母生日，約此數焉。正旦，則遺以金花銀器、白銀器各二十件，雜色羅紗綾縠絹二千疋，雜綵二千疋。

李燾《續資治通鑑長編》卷六六 〔景德四年九月〕己卯，詔羣臣家有藏太祖舊實録者，悉上史館，無得隱匿。

宰相班位與樞密使、參知政事重行，上每見王旦班與王欽若等立位太迫，謂左右曰：「殿庭儀石以南頗爲隘狹，故朝集僅若同行。」即詔閤門移宰相班位於儀石之北，餘立其南。

上聞京城居民多棄擲米麥食物，詔開封府嚴行禁止，重寘其罪。

初，工部員外郎、兼侍御史知雜事王濟受詔較新舊茶法，持論與丁謂、林特、劉承珪等多忤，承珪等因與王欽若迭詆訾之，辛巳，改工部郎中，出知杭州，上面加慰諭，仍戒以朝廷闕失，許密疏上言。吳越俗尚華靡，濟矯以質素，用瓦缶、木杓爲犒設之具，吏民竊哂之，濟不爲變。

李燾《續資治通鑑長編》卷一五五 慶曆五年三月戊午，邇英閣講《詩》《匪風篇》曰「誰能亨魚，溉之釜鬵」。帝曰：「《老子》謂『治大國若亨小鮮』，義與此同否？」丁度對曰：「亨魚煩則碎，治民煩則散，非聖學深遠，何以見古人求治之意乎。」

詔賜曲江進士李訪粟十石、帛十匹，仍令州縣常存問之。初，訪父母卒，廬於墓側，有虎暴傷旁人而不近訪廬。又有白烏數百，集墓上。詔州表其事，故賜之。

李燾《續資治通鑑長編》卷一七六 〔至和元年五月丙子〕黎峒，唐故瓊管之地，在大海南，距雷州泛海一日而至。其地有黎母山，黎人居焉。舊説五嶺之南，人雜蠻獠，朱崖環海，豪富并兼，役屬貧弱；婦人服緦緶，績木皮爲布，陶土爲釜，器用瓠瓢；人飲石汁，又有椒酒，以安石榴着甕中即成酒。俗呼山嶺爲「黎」，居其間者號黎人，弓刀未嘗去手。弓以竹爲絃。今儋、崖、萬安皆與黎爲境，其服屬州縣者爲熟黎，其居山峒無征徭者爲生黎，時出與郡人互市。

李燾《續資治通鑑長編》卷三一四 〔元豐四年七月〕甲午，鄜延、涇原、環慶、熙河、麟府路各賜金帶一十五條，銀帶、錦襖七百，銀器萬兩，交椅、水罐、手巾筒，水叉五十副，鞍轡纓三十副，象笏三十面，仍計置輕疾步乘付逐路經略司，內麟府路付王中正。

《宋史》卷五〇《天文志三》 糠一星，在箕舌前，杵西北。明，則豐熟；暗，則民饑，流亡。杵三星在箕南，主給庖舂。動，則人失釜甑；縱，則豐；横，則大饑；亡，則歲荒；移徙，則人失業。熒惑守，民流。客星犯守，歲饑。彗、孛犯，天下有急兵。

《宋史》卷五〇《天文志三》 敗臼四星，在虛、危南，兩兩相對，主敗亡、災害。石申曰：「一星不具，民賣甑釜；不見，民去其鄉。」五星入，除舊布新。客星、彗星犯之，民饑，流亡。黑氣入，主憂。

《宋史》卷一〇二《禮志五》 熙寧元年正月，帝親幸寺觀祈雨，仍令在京差官分禱，各就本司先致齋三日，然後行事。諸路擇端誠修潔之士，分禱海鎮、嶽瀆、名山、大川，潔齋行事，毋得出謁宴飲、賈販及諸煩擾，令監司察訪以聞。諸路神祠、靈跡、寺觀，雖不係祀典，祈求有應者，並委州縣差官潔齋致禱。已而雨足，復幸西太一宫報謝。九年十一月，以安南行營將士疾病者衆，遣同知太常禮儀院王存詣南嶽虔潔致禱，仍建祈福道場一月。又以西江運糧獲應，命本州長吏往祭龍祠。十年四月，以夏旱，內出《蜥蜴祈雨法》：捕蜥蜴數十納甕中，漬之以雜木葉，擇童男十三歲下、十歲上者二十八人，分兩番，衣青衣，以青飾面及手足，人持柳枝霑水散灑，晝夜環繞，誦呪曰：「蜥蜴蜥蜴，興雲吐霧，雨令滂沱，令汝歸去！」雨足。

《宋史》卷一五三《輿服志五》 真宗咸平四年，禁民間造銀鞍瓦、金線、盤蹙金線。大中祥符元年，三司言：「竊惟山澤之寶，所得至難，儻縱銷釋，實爲虛費。今約天下所用，歲不下十萬兩，俾上幣棄於下民。自今金銀箔線，貼金、銷金、泥金、蹙金線裝貼什器土木玩用之物，並請禁斷，非命婦不得以爲首飾。冶工所用器，悉送官。諸州寺觀有以金箔飾尊像者，據申三司，聽自齎金銀工價，就文思院換給。」從之。二年，詔申禁鎔金以飾器服。又太常博士知温州李邈言：「兩浙僧求丐金銀、珠玉，錯末和泥以爲塔像，有高袤丈者。毀碎珠寶，寖以成俗，望嚴行禁絶，違者重論。」從之。

《宋史》卷一五三《輿服志五》 景祐元年，詔禁錦背，繡背，遍地密花透背采段，其稀花團窠、斜窠雜花不相連者非。二年，詔：市肆造作縷金爲婦人首飾等物者禁。三年，「臣庶之家，毋得採捕鹿胎製造冠子。又屋宇非邸店、樓閣臨街市之處，毋得爲四鋪作鬧鬬八；非品官毋得起門屋；非宫室、寺觀毋得彩繪棟宇及朱黝漆梁柱窗牖、雕鏤柱礎。凡器用毋得表裏朱漆、金漆，下毋得襯朱。非三品以上官及宗室、戚里之家，毋得用金棱器，其用銀者毋得塗金。玳瑁酒食器，非宫禁毋得用。純金器若經賜者，聽用之。凡命婦許以金爲首飾，及爲小兒鈴鋜、釵篸、釧纏、珥環之屬；仍毋得爲牙魚、飛魚、奇巧飛動若龍形者。非命婦之家，毋得以真珠裝綴首飾、衣服，及項珠、纓絡、耳墜、頭帶、抹子之類。凡帳幔、繳壁、承塵、柱衣、額道、項帕、覆旌、牀裙，毋得用純錦徧繡。宗室戚里茶檐、食合，毋得以緋紅蓋覆。豪貴之族所乘坐車，毋得用朱漆及五彩裝繪，若用黝而間以五彩者聽。民間毋得乘檐子，及以銀骨朵、水罐引喝隨行。」

《宋史》卷二四七《宗室傳四·趙子潚》 孝宗嗣位，志圖恢復，子潚練兵，習爲「鵝鸛魚麗陣」，上觀於便殿，嘉之，賜金帶。擢敷文閣直學士，移知明州、沿海制置使。臺諫王十朋、王大寶抗疏留之，帝曰：「朕委以防海，行召還矣。」初，海寇以賂通郡胥吏，吏反爲之用，匿其蹤迹，賊遂大熾，商舶不通。子潚以禮延土豪，俾率郡胥分道入海，告之曰：「用命者有厚賞，不則殺無貸。」胥衆震恐，争指賊處，悉禽獲。凡豪猾爲賊囊橐者，窮治之，海道遂平。

陞龍圖閣直學士、知福州。歲饑，告糴旁郡，米價頓平，民賴以濟。進龍圖閣學士，移知泉州。吏有掠民女爲妾者，其妻妬悍，殺而礫之，貯以缶，抵其兄與化掾，安廨中。妾父詣郡訴，吏不決。子潚訪知狀，亟遣人往興化，果得缶以歸，獄遂決。其發擿概類此。乾道二年卒于官，年六十六。

《宋史》卷三三六《司馬光傳》　司馬光字君實，陝州夏縣人也。父池，天章閣待制。光生七歲，凛然如成人，聞講《左氏春秋》，愛之，退爲家人講，即了其大指。自是手不釋書，至不知饑渴寒暑。羣兒戲於庭，一兒登甕，足跌没水中，衆皆棄去，光持石擊甕破之，水迸，兒得活。其後京、洛間畫以爲圖。仁宗寶元初，中進士甲科。年甫冠，性不喜華靡，聞喜宴獨不戴花，同列語之曰：「君賜不可違。」乃簪一枝。

《宋史》卷四〇三《孟宗政傳》　〔嘉定〕十二年，金帥完顔訛可擁步騎傅城，宗政囊糠盛沙以覆樓棚，列甕瀦水以隄火，募砲手擊之，一砲輒殺數人。金人選精騎二千，號弩子手，擁雲梯、天橋先登，又募鑿銀礦石工晝夜掏城，運茅葦直抵圜樓下，欲焚樓。宗政先燬樓，掘深坑，防地道；創戰棚，防城損；穿穽才透，即施毒煙烈火，鼓鞴以熏之。金人窒以濕氈，析路以刳土，城頹樓陷。宗政撤樓益薪，架火山以絶其路，列勇士，以長槍勁弩備其衝。距樓陷所數丈築偃月城，袤百餘尺，翼傅正城，深坑倍仞，躬督役，五日成。金人摘彊兵披厚鎧、氈衫、鐵面而前，又濕氈濡革蒙火山，覆以冰雪，擁雲梯徑抵西北圜樓登城。城中軍以長戈舂其喉，殺之；敢勇軍自下夾擊金兵，兵墜死燎焰。金將於後截其軍，拒馬揮刀迫前，自昕至昃，死傷踵接，梯橋盡燬。金人連不得志，俄乘順風渡濠，飛脂革燒戰棚，宗政激將士血戰，凡十五陣，矢石交，金兵死者千餘，弩子手十七八，射其都統殪。天反風，金人愈忿，砲愈急。會王大任領鋭卒一千冒重圍轉門入城，内外合勢，士氣大振，賈勇入金營，自晡至三更，金人横屍徧地，奪其銅印十有六，訛可棄帳走，獲輜重牛馬萬計。捷至，朝廷方録前戰守功，升武功大夫兼閤門宣贊舍人，重賜金帶。

《宋史》卷四一九《許應龍傳》　招捕司遣統領官齊敏率師由漳趨潮，截贛寇餘黨。應龍諭敏曰：「兵法攻瑕，今鍾寇將窮，陳寇猖獗，若先破鍾，則陳不戰禽矣。」敏惟命，於是諸寇皆平。方未解嚴時，有行旅數人，隅總搜其槖中金銀，指爲賊黨。應龍辨其非盗，釋之，皆羅拜感泣。始，人疑應龍儒者不閑戎事，及見其區畫事宜，分別齊民，静練雍容，莫不歎服。僚屬請上功，應龍曰：「守職扞城保民，何功之云？」距州六七十里曰山斜，峒獠所聚，丐耕土田不輸賦。禁兵與鬨，應龍平決之，其首感悦，率父老鳴缶擊筒，踴躍詣郡謝。去之日，闔郡遮道攀送。

《宋史》卷四三一《儒林傳一·聶崇義》　臣等竊以劉向之論《洪範》，王通之作《元經》，非必挺聖人之姿，而居上公之位，有益於教，不爲斐然。臣等以靈恩所撰之書，聿稽古訓，祭玉以十二爲數者，蓋天有十二次，地有十二辰，日有十二時，封山之玉牒十二寸，圜丘之籩豆十二列，天子以鎮圭外守，宗后以大琮内守，皆長尺有二寸。又祼圭尺二寸，王者以祀宗廟。若人君親行之郊祭，登壇酌獻，服大裘，搢大圭，行稽奠，而手秉尺二之圭，神獻九寸之璧，不及禮宗廟祼圭之數，父天母地，情亦奚安？則靈恩議論，理未爲失，所以自《義宗》之出，歷梁、陳、隋、唐垂四百年，言禮者引爲師法，今《五禮精義》、《開元禮》、《郊祀録》皆引《義宗》爲標準。近代晉、漢兩朝，仍依舊制。周顯德中田敏等妄作穿鑿，輒有更改。自唐貞觀之後凡三次大修五禮，並因隋朝典故，或節奏繁簡之間稍有釐革，亦無改祭玉之説。伏望依《白虎通》、《義宗》、唐禮之制，以爲定式。

又尹拙依舊圖畫釜，聶崇義去釜畫鑊。臣等參詳舊圖，皆有釜無鑊。的按《易·説卦》云「坤爲釜」，《詩》云「惟錡及釜」，又云「溉之釜鬵」，《春秋傳》云「錡釜之器」，《禮記》云「燔黍捭豚」，解云「古未有甑釜，所以燔捭而祭」。即釜之爲用，其來尚矣，故入於《禮圖》。今崇義以《周官》祭祀有省鼎鑊，供鼎鑊，又以《儀禮》有羊鑊、豕鑊之文，乃云畫釜不如畫鑊。今諸經皆載釜之用，誠不可去，又《周》、《儀禮》皆有鑊之文，請兩圖之。又若觀諸家祭祀之畫，今代見行之禮，於大祀前一日，光禄卿省視鼎鑊。伏請圖鑊於鼎下。

《宋史》卷四五一《忠義傳六·張珏》　大兵會重慶，駐佛圖關，以一軍駐南城，一軍駐朱村坪，一軍駐江上。遣瀘州降將李從招降，珏不從。十二月，達州降將鮮汝忠破咸淳皇華城，執守將馬堃，軍使包申巷戰死。至元十五年春，珏遣總管李義將兵由廣陽，一軍皆没。二月，大兵破紹慶府，執守將鮮龍，湖北提刑趙立與制司幕官趙西泰皆自殺。珏率兵出薰風門，與大將也速斛兒戰扶桑壩，諸將從其後合擊之，珏兵大潰。城中糧盡，趙安以書説珏降，不聽。安乃與帳下韓忠顯夜開鎮西門降。珏率兵巷戰不支，歸索鴆飲，左右匿鴆，乃以小舟載妻子東走涪，中道大慽，斧其舟欲自沉，舟人奪斧擲江中，珏踴躍欲赴水，家人挽持不得死。明日，萬户鐵木兒追及於涪，執之送京師。重慶降，制機曹琦自經死，張萬、張起巖出降。進攻合州，破外城。三月，王立亦降。

珏至安西趙老庵，其友謂之曰：「公盡忠一世，以報所事，今至此，縱得不死，亦何以哉？」珏乃解弓弦自經廁中，從者焚其骨，以瓦缶葬之死所。

《宋史》卷四五八《隱逸傳中・南安翁》 南安翁者。漳州陳元忠客居南海日，嘗赴省試過南安，會日暮，投宿野人家，茅茨數椽，竹樹茂密可愛。主翁雖麻衣草屨，而舉止談對宛若士人。几案間有文籍散亂，視之皆經、子也。陳叩之曰：「翁訓子讀書乎？」曰：「種園爲生耳。」「亦入城市乎？」曰：「十五年不出矣。」問：「藏書何用？」曰：「偶有之耳。」因雜以他語。少焉，風雨暴作，其二子歸，捨鉏揖客，人物不類農家子。翁進豆羹享客，不復共談，遲明別去。

陳以事留城中，翌日，見翁倉遑而行，陳追詰之曰：「翁云十五年不出城，何爲到此？」曰：「吾以急事不容不出。」問之，乃大兒於關外鬻果失税，爲關吏所拘。陳爲謁監征，至則已捕送郡。翁與小兒偕詣庭下，長子當杖，翁懇白郡守曰：「某老鈍無能，全藉此子贍給。若渠不勝杖，則翌日乏食矣。願以身代之。」小兒曰：「大人豈可受杖，某願代兄。」大兒又以罪在己，甘以焉，三人争不決。小兒來父耳旁語，若將有所請，翁叱之，兒必欲前。郡守疑之，呼問所以，對曰：「大人元係帶職正郎，宣和間累典州郡。」翁急拽其衣使退，曰：「兒狂，妄言。」守詢誥敕在否，兒曰：「見作一束寘甕中，埋於山下。」守立遣吏隨兒發取，果得之，即延翁上坐，謝而釋其子。次日，枉駕訪之，室已虚矣。

《宋史》卷四九五《蠻夷傳三・黎洞》 黎洞，唐故瓊管之地，在大海南，距雷州泛海一日而至。其地有黎母山，黎人居焉。舊説五嶺之南，人雜夷獠，朱崖環海，豪富兼并，役屬貧弱；婦人服緦緶，績木皮爲布，陶土爲釜，器用瓠瓢；人飲石汁，又有椒酒，以安石榴花著甕中即成酒。俗呼山嶺爲「黎」，居其間者號曰黎人，弓刀未嘗去手。弓以竹爲弦。今儋崖、萬安皆與黎爲境，其服屬州縣者爲熟黎，其居山洞無征徭者爲生黎，時出與郡人互市。

《金史》卷二《太祖紀二》 撒改以都統伐留可，謾都訶合石土門伐敵庫德。撒改與將佐議，或欲先平邊地部落城堡，或欲徑攻留可城，議不能決，願得太祖至軍中。穆宗使太祖往，曰：「事必有可疑。軍之未發者止有甲士七十，盡以畀汝。」謾都訶在米里迷石罕城下，石土門未到，土人欲執謾都訶以與敵，使來告急，遇太祖於斜堆甸。太祖曰：「國兵盡在此矣。使敵先得志於謾都訶，後雖種誅之，何益也。」乃分甲士四十與之。太祖以三十人詣撒改軍。道遇人曰：「敵已據盆搦嶺南路矣。」衆欲由沙偏嶺往，太祖曰：「汝等畏敵邪？」既度盆搦嶺，不見敵，已而聞敵乃守沙偏嶺以拒我。及至撒改軍，夜急功之，遲明破其衆。是時留可、塢塔皆在遼。既破留可，還攻塢塔城，城中人以城降。初，太祖過盆搦嶺，經塢塔城下，從騎有後者，塢塔城人攻而奪之釜。太祖駐馬呼謂之曰：「毋取我炊食器。」其人謾言曰：「公能來此，何尤不得食。」太祖以鞭指之曰：「吾破留可，即於汝乎取之。」至是，其人持釜而前曰：「奴輩誰敢毁詳穩之器也。」遣蒲家奴招詐都，詐都乃降，釋之。

《元史》卷三二《文宗紀一》 〔天曆元年〕冬十月己丑朔，命西僧作佛事。燕鐵木兒引兵至通州，擊遼東軍敗之，皆渡潞水走。遣脱脱木兒等將兵四千，西援紫荆關。調江浙兵萬人，西禦潼關。紫荆關潰卒南走保定，因肆剽掠，同知路事阿里沙及故平章張珪子武昌萬户景武等率民持挺擊死數百人。河南行省調兵守虎牢關。庚寅，我師與遼東軍夾潞水而陣，遼東軍宵遁，我師渡而襲之。辛卯，禮官言：「即位之始，當告祭郊廟、社稷，時享之禮，請改用仲月。」從之。紫荆關兵進逼涿州，同知州事教化的調丁壯禦之。壬辰，也先捏以軍至保定，殺阿里沙等及張景武兄弟五人，并取其家貲。倒剌沙貸其姻家長蘆鹽運司判官亦剌馬丹鈔四萬錠，買鹽營利於京師，詔追理之。癸巳，立壽福、會福、隆禧、崇祥四總管府，分奉祖宗神御殿，秩正三品，並隸太禧院。忽剌台游兵進逼南城，令京城居民户出壯丁一人，持兵仗從軍士乘城，仍於諸門列甕貯水以防火。燕鐵木兒及陽翟王太平、國王朵羅台等戰于檀子山之棗林，唐其勢陷陣，殺太平，死者蔽野，餘皆宵遁，遣撒敦追之，弗及。甲午，命有司市馬千匹，賜軍士出征者。脱脱木兒、章吉與也先捏合擊敵軍於良鄉南，轉戰至瀘溝橋，忽剌台被創，據橋而宿。

《元史》卷七五《祭祀志四・神御殿》 神御殿，舊稱影堂。所奉祖宗御容，皆紋綺局織錦爲之。影堂所在：世祖帝后大聖壽萬安寺，裕宗帝后亦在焉；順宗帝后大普慶寺，仁宗帝后亦在焉；成宗帝后大天壽萬寧寺；武宗及二后大崇恩福元寺，爲東西二殿；明宗帝后大天源延聖寺；英宗帝后大永福寺；也可皇后大護國仁王寺。世祖、武宗影堂，皆藏玉册十有二牒，玉寶一鈕。仁宗影堂，藏皇太子玉册十有二牒，皇后玉册十有二牒，玉寶一鈕。英宗影堂，藏皇帝玉册十有二牒，玉寶一鈕，皇太子玉册十有二牒。凡帝后册寶，以匣匱金鎖鑰藏於太廟，此其分置者。

其祭器，則黄金缾斝盤盂之屬以十數，黄金塗銀香合椀楪之屬以百數，銀壺釜杯匜之屬稱是。玉器、水晶、瑪瑙之器爲數不同，有玻瓈瓶、琥珀勺。世祖影堂有真珠簾，又皆有珊瑚樹、碧甸子山之屬。

《元史》卷七九《輿服志二》 虚宿旗，青質，赤火焰脚，畫神人，被髮裸形，坐于甕中，右手持一珠。外仗繪二星，下繪鼠。

《元史》卷八五《百官志一》 提舉右八作司，秩正六品。提舉二員，同提舉一員，副提舉一員，吏目一人，司吏九人，司庫十三人，譯史一人，秤子一人。掌出納内府漆器、紅甕、捎隻等，并在都局院造作鑌鐵、銅、鋼、鍮石，東南簡鐵，兩都支持皮毛、雜色羊毛、生熟斜皮、馬牛等皮、鬃尾、雜行沙里陀等物。中統三年，始置提領八作司，秩正九品。至元二十五年，改陞提舉八作司，秩正六品。二十九年，以出納委積，分爲左右兩司。

《元史》卷一四〇《别兒怯不花傳》 泰定三年，特授同知太常禮儀院事，益從者老文學之士雍容議論。尋拜監察御史。明年，遷中書右司郎中。又明年，陞參議中書省事。居二年，除吏部尚書。至順元年，其兄治書侍御史自當諫止明里董阿子闊闊不當爲監察御史，并出别兒怯不花爲廣西兩江道宣慰使司都元帥。未幾，丁内艱還京。起復爲江浙行省參知政事。江浙歲漕米由海道達京師，别兒怯不花董其事。尋除禮部尚書，遷徽政院副使，擢侍御史，特命領宿衛，陞榮禄大夫、宣徽使，加開府儀同三司。凡宿衛士有從掌領官薦用者，往往所舉多其親暱。至别兒怯不花獨推擇歲久者舉之，衆論翕服。宣徽所造酒，横索者衆，歲費陶瓶甚多。别兒怯不花奏製銀瓶以貯，而索者遂止。至元四年，拜御史大夫、知經筵事，尋遷中書平章。

《元史》卷一四三《自當傳》 自當，蒙古人也。英宗時，由速古兒赤擢監察御史。録囚大興縣，有以冤事繫獄者，其人嘗見有橐駝死道傍，因舁至其家醢之，置數甕中，會官橐駝被盗，捕索甚亟，乃執而勘之，其人自誣服。自當審其獄辭，疑爲冤，即以上御史臺。臺臣以爲贓既具是，特御史畏殺人耳，不聽，改委他御史讞之，竟處死。後數日，遼陽行省以獲盗聞，冤始白，人以是服其明。

《元史》卷一七四《姚燧傳》 燧之學，有得於許衡，由窮理致知，反躬實踐，爲世名儒。爲文閎肆該洽，豪而不宕，剛而不厲，春容盛大，有西漢風，宋末弊習，爲之一變。蓋自延祐以前，文章大匠，莫能先之。或謂世無知燧者，曰：「豈惟知之，讀而能句，句而得其意者，猶寡。」燧曰：「世固有厭空桑而思聞鼓缶者乎，然文章以道輕重，道以文章輕重。彼復有班孟堅者出，表古今人物，九品中必以一等置歐陽子，則爲去聖賢也有級而不遠，其文雖無謝、尹之知，不害於行後。豈有一言幾乎古，而不聞之將來乎！」當時孝子順孫，欲發揮其先德，必得燧文，始可傳信；其不得者，每爲愧恥。故三十年間，國朝名臣世勳、顯行盛德，皆燧所書。每來謁文，必其行業可嘉，然後許可，辭無溢美。又稍廣置燕樂，燧則爲之喜而援筆大書，否則弗易得也。

《元史》卷二一〇《外夷傳三・占城》 〔至元〕二十年正月，行省傳令軍中，以十五日夜半發船攻城。【略】自卯至午，賊敗北，官軍入木城，復與東北二軍合擊之，殺溺死者數千人。守城供餉餽者數萬人悉潰散。國主棄行宫，燒倉廩，殺永賢、亞闌等，與其臣逃入山。十七日，整兵攻大州。十九日，國主使報答者來求降。二十日，兵至大州東南，遣報答者回，許其降，免罪。二十一日，入大州。又遣博思兀魯班者來言：「奉王命，國主、太子後當自來。」行省傳檄召之，官軍復駐城外。二十三日，遣其舅寶脱秃花等三十餘人，奉國王信物雜布二百匹、大銀三錠、小銀五十七錠、碎銀一甕爲質，來歸款。又獻金葉九節標槍曰：「國主欲來，病未能進，先使持其槍來，以見誠意。長子補的期三日請見。」省官却其物。寶脱秃花曰：「不受，是薄之也。」行省度不可却，姑令收置，乃以上聞。

《明史》卷一二四《陳友定傳》 太祖既定婺州，與友定接境。友定侵處州，參政胡深擊走之，遂下浦城，克松溪，獲友定將張子玉，與朱亮祖進攻建寧，破其二栅。友定遣阮德柔以兵四萬屯錦江，繞出深後，斷其歸路，而自帥牙將賴政等以鋭師搏戰，德柔自後夾擊。深兵敗，被執死。太祖既平方國珍，即發兵伐友定。將軍胡廷美、何文輝由江西趨杉關，湯和、廖永忠由明州海道取福州，李文忠由浦城取建寧，而别遣使至延平，招諭友定。友定置酒大會諸將及賓客，殺明使者，瀝其血酒甕中，與衆酌飲之。酒酣，誓於衆曰：「吾曹並受元厚恩，有不以死拒者，身磔，妻子戮。」遂往視福州，環城作壘。距壘五十步，輒築一臺，嚴兵爲拒守計。已而聞杉關破，急分軍爲二，以一軍守福，而自帥一軍守延平，以相掎角。及湯和等舟師抵福之五虎門，平章曲出引兵逆戰敗，明兵緣南臺蟻附登城。

守將遁去，參政尹克仁、宣政使朵耳麻不屈死，僉院柏帖木兒積薪樓下，殺妻妾及二女，縱火自焚死。

《明史》卷二〇一《李充嗣傳》　正德九年舉治行卓異，累遷右副都御史，巡撫河南。歲大祲。請發帑金移粟振之，不足則勸貸富室。時流民多聚開封，煮糜哺之。踰月，資遣還鄉。初，鎮守中官廖堂黨於劉瑾，假進貢名，要求百端，繼者以爲常。充嗣言：「近中官進貢，有古銅器、窑變盆、黄鷹、角鷹、錦雞、走狗諸物，皆借名科斂。外又有拜見銀、須知銀及侵扣驛傳快手月錢、河夫歇役之屬，無慮十餘事，苛派動數十萬。其左右用事者，又私於境内抑買雜物，擅榷商賈貨利。乞嚴行禁絶。」詔但禁下人科取而已。

《明史》卷二九一《忠義傳三・武起潛》　起潛，字用潛，進賢人。天啓五年進士。初爲武清知縣，有諸生爲人所訐，納金酒甕以獻。起潛召學官及諸生貧者數人，置甕庭中，謂之曰：「美酒不可獨享，與諸生共之。」酒盡，金見，其人惶恐請罪，即以金分界貧者。治縣一年，有聲，調繁遵化。坐事被劾，解官候代，遂及於難。

《明史》卷三〇二《列女傳二・劉氏》　又劉氏，潁州劉梅女，許聘李之本。之本歿，女泣血不食，語父曰：「兒爲李郎服三年，需弟稍長，然後殉。寄語翁，且勿爲郎置槨。」遂盡去鉛華，教弟讀書，親正句讀。越一年，梅潛許田家。女聞，中夜開篋，取李幣，挑燈製衣，衣之，縊死。知府謝詔臨其喪，鄰里弔者如市。田家亦具奠賻，舉酒方酹，柩前承灌瓦盆劃然而碎，起高丈餘，遶檐如蝶墜。觀者震色。

《明史》卷三〇三《列女傳三・石氏》　鄭完我母石氏，甘州衛人。完我，南陽府同知，既之官，妻王氏奉石家居。崇禎十六年，賊圍甘州，石預戒家人積薪室中。及城陷，携王及一孫女縱火自焚。寇退，出屍灰燼間，姑媳牽挽不釋手。女距三尺許，覆以甕，啓視色如生。

《明史》卷三一八《廣西土司傳二・思明府》　景泰三年，〔黄〕𤧞致仕，以子鈞襲。𤧞庶兄都指揮玹欲殺鈞，代以己子。玹守備潯州，託言徵兵思明府，令其子糾衆結營於府三十里外，馳至府，襲殺𤧞一家，支解𤧞及鈞，甕葬後圃，仍歸原寨。明日，乃入城，詐發哀，遣人報玹捕賊，以掩其迹。方殺𤧞時，𤧞僕福童得免，走憲司訴其事，且以徵兵檄爲證。郡人亦言殺𤧞一家者，玹父子也。副總兵武毅以聞，將逮治之。玹自度禍及，乃謀迎合朝廷意，遣千户袁洪奏永固國本事，請易儲。奏入，帝曰：「此天下國家重事，多官其會議以聞。」玹爲此舉，衆皆驚愕，謂必有受其賂而教之者，或疑侍郎江淵云。事成，玹得釋罪，且進秩。英宗復辟，玹聞自殺。帝命發棺戮其屍，其子震亦爲都督韓雍捕誅。

著録

吴騫《陽羡名陶録序》　上古器用陶匏，尚其質也。史稱虞舜陶于河濵，器皆不苦窳。苦讀如監，苦窳者何，蓋髻墾薜暴之等也。然則苦窳之陶，宜爲重瞳所弗顧已。厥後閼父作周陶正，武王賴其利器用也，以大姬妻其子而封之陳，春秋述之。三代以降，官失其職，象犀珠玉，金碧焜燿，而陶之道益散。今窴穴所在皆有，不過以爲瓴甋罌缶之，須其去苦窳者幾何。惟義興之陶，製度精而取法古，迄乎勝國諸名流。出凡一壺一卣，幾與商□周鼎竝，爲賞鑒家所珍，斯尤善于復古者。與予揭來荆南雅慕諸人之名，欲訪求數器，破數十年之功，而所得蓋寥寥焉。慮歲月滋久，并作者姓氏且弗章，擬綴輯所聞以傳。好事曁陽周伯高氏，嘗著《茗壺系》述之，間多漏略。兹復稍加增潤，釐爲二卷，曰《陽羡名陶録》。超覽君子更有以匡予不逮，實厚願焉。

乾隆丙午春仲月，吉免牀吴騫，書于桃溪墨陽樓。

周容《宜興瓷壺記》　今吴中較茶者，壺必言宜興瓷。云始萬歷間大朝山寺僧當作金沙寺僧。傳供春。供春者，吴氏小史也。至時大彬以寺僧始止，削竹如刃，刳山土爲之。供春更斲木爲模，時悟其法，則又棄模，而所謂削竹如刃者。器類增至今日，不啻數十事。用木重首作椎，椎唯鍊土作掌，厚一薄一，分聽土力。土稺不耐指，用木作月𣅀，其背虚緣，易運代土，左右是意，與終始用𨱏，長視筆，潤視薤，次減者二廉。首齊尾廉，用割，用薤，用剔，齊用抑，用趁，用撫，用推。凡接文深淺，位置高下，齊廉並用。壺事，此獨勤用，角潤寸長，倍五。或圭，或笏，俱前薄後勁，可以服我屈伸，爲輕重。用竹木如貝，竅其中納柄，凡轉而藏暗者，藉是。至于中豐兩殺者，則有木，如腎，補規萬所困。外用竹，若釵之，股用石，如碓，爲荔核形。用金作蝎尾，意至器生，因窮得變，不能爲名。土色五，膩密不招。客土招，則火，知之時，乃故八以砂鍊土克諧。審其燥濕，展之名曰土氈。割而登諸月有序，先腹兩端相見。廉用媒土，土濕曰媒。次面與足，足面先後以制之。豐約定，足約則先面。足豐則先足。初渾然。虛含爲壺，先天，次開頸，次冒，次耳，次觜。觜後著，戒也。體成于是。侵者薙之，驕者抑之，順者撫之，限者趁之，避者剔之，闇者推之，肥者割之，內外等時。後起數家，有徐友泉、李茂林，有沈君用。甲午春，余寓陽羨主人致工于園見，且悉工，曰：僧草創，供春得華。于土發聲，光尚已時，爲人敦雅古穆，壺如之波瀾，安閑令人喜敬，其下俱因瑕就瑜矣。

今器用日煩巧，不自恥，嗟乎！似亦感運升降焉。二句成壺，凡十聚，就窑火予搆文祝窑文，畧曰：「器爲水而成，火先明德，功繇土以立，木亦見材。」又曰：「氣必足，夫陰陽候乃持夫晝夜，欲全體以致用，庶含光以守時。」云云。是日，主人出時壺二，一提梁卣，一漢觶，俱不失工所言。衛懶仙云：「良工雖巧，不能徒手而就，必先器具脩，而後制度精。瓷壺以大彬傳，幾使旅人攦指。」此則詳言本末，曲盡物情，文更峭健，可補《考工》之逸篇。

藝文

元稹《元氏長慶集》卷一一《痁臥聞幕中諸公徵樂會飲因有戲呈三十韻》

蕸落因寒甚，沉陰與病偕。藥囊堆小案，書卷上聲塞空齋。脹腹看成鼓，羸形漸比柴。道情憂易適，温瘴氣難排。治尰時甬切，脛腫也。扶輕杖，開門立静街。耳鳴疑暮角，眼暗助昏霾。謨皆切野竹連荒草，平陂接斷崖。坐隅甘對鵩，當路恐遭豺。蛇蠱迷弓影，鵰翎落箭靫。音釵晚籬喧鬬雀，殘菊半枯荄。音皆悵望悲回雁，依遲傍古槐。一生長苦節，三省詎行怪。平聲奔北翻成勇，司南却是咼。苦乖切穹蒼真漠漠，風雨漫喈喈。彼美猶谿女，其誰占館娃。音哇誠知通有日，太極浩無涯。布卦求無妄，祈天願孔皆。藏去聲哀謀計拙，地僻往還乖。況羨蓮花侶，方欣綺席諧。鈿車迎妓樂，銀翰屈朋儕。白紵翻歌黛，同蹄墜舞釵。白紵、同蹄皆樂人姓名。纖身霞出海，艷臉月臨淮。籌箭隨宜放，投盤止罰啀。宣皆切，大鬬聲，又笑貌。紅娘留醉打，觥使及醒差。舞引紅娘抛打，曲名，酒中觥使席上右職。顧我潛孤憤，何人想獨懷。夜燈然檞葉，凍雪隋塼堦。壞壁虛缸倚，深爐小火埋。鼠驕銜筆硯，被冷束筋骸。畢竟圖斟酌，先須遣癘痎。音皆，瘴瘧之徒。槍旗如在手，籌筯色目。那復敢崴烏乖切⿱山褱。音懷不平也。

錢穀《吳都文粹續集》卷二〇《虎丘山賦》

繇金閶以北返兮，越山塘之七里。盼浩袠于平疇兮，倐㚖屭之崛起。儼員嶠而可即兮，僅隔乎一水。維南迤以入門兮，躡仄磴而逡巡。冒蘙鬱之玄蔭兮，莓蒳薘而積茵。度嶺抵廣硎兮，綽可坐夫千人。指崛屼之堂封兮，於馬弔古。曰闔閭之靈竁兮，乃在其下。粤瘞之三日兮，何來乎踞虎。由王之好劍兮，繫乎衷情。殉三千之夥兮，扁諸魚腸之異名。鏤銀鳧以泛汞海兮，遂上發乎金精。故結於菟而皎白兮，猶帶西方之色。訝靈物之迸騰兮，劃兩厓而壁立。作延平之龍兮，躍蚴蟉之千尺。通海眼之津兮，渟以爲池。浸寒碧而瑩徹兮，滉而漣漪。可潤渴吻兮，濯化衣之緇。西有陸羽泉兮，乃甓甃之方井。嘗品爲第三兮，味曾莫之並時。汲以試茗兮，牽轆轤之修綆。東有石池兮，號生公之講臺。澄淵濴以周帀兮，中擁乎崔嵬。謂礫砢皆點頭兮，殆妄傳其誕哉。前有揮巨闕者，劈盤陀之齊裂。湛憨憨之清冷兮，恒不漲而不竭。祠以祀短簿兮，由其舊營之別業。厥後有磵兮，遁仙曩占以養鶴。登軒則小吳兮，示姑蘇于掌握。憑樓以望海兮，渺蓬瀛于遼廓。得勝景之過半兮，在可中之孤亭。所謂接應之不暇兮，置物象于丹青。欲實三絕之譽兮，須崇巔之一登。陟五臺以環眺兮，萃羣山之滿目。遠浮蛾眉之淡掃兮，近滴螺黛之可掬。肆舒嘯于千頃雲兮，湖蕩極瀰漫而漾緑。構梵宮殿閣之雄傑兮，梯巖架壑之峥嶸。聳浮圖于璇霄兮，響機簷馬之錚錚。奞音迅，又音雖。翬飛之鸞鵠兮，金碧綵繢之晶熒。旁花木之深幽兮，曲徑通而寥闃。颺禪榻之鬢絲兮，香烟裊乎經室。囂坌因而斂蹤兮，奚庸袪乎塵拂。若此之静閒兮，漠不知其幾處。挾耄以夷猶兮，洗煩慮。聞所聞而來兮，得見所見而去。羌遊者之衆兮，交冗襟而纚連。拉儕伴之什伍兮，紛魚貫而蟬聯。寡約挐夫沙棠兮，奢侈駕乎樓船。摐鉦鼓以鏑闐兮，奏絃管之淒切。絢綺羅之璀粲兮，列珍饌之整潔。瀉鴟榼之彤霞兮，氣氤氳而凜冽。兼夫柔淑而娗娟兮，騁刻飾而靚妝。嫚豔冶而閒都兮，耀珠翠于釵梁。式徘徊而容與兮，飄褕絏之蘭香。宜春陽之趁競兮，閒有取乎秋清。當炎寒而逮至兮，亦靡阻乎陰冥。曾弗少感于懷兮，率蚩蚩而醉醒。嗟古之人不可得而見、奈世遠莫值兮，激光隙于流電。賴紀載之猶存兮，豈弗可徵于傳。漢清遠之詩兮，迥簡古而拔俗。梁野王之敘兮，良膾炙乎口讀。王內史之銘固瞻兮，謝太守之賦則獨歴。唐白傅之屢遊兮，劉禹錫題之不同酬。陸乃尚權輿兮，詞翰傑出乎魯公。佳致誇用誨洎德裕兮，唱和由襲美而龜蒙。其他靡可悉數兮，逮趙宋爲尤盛。禹偁堯佐之律絕兮，近體特重夫文正。舜欽伯玉之長篇兮，東坡吐摩尼之照乘。其他長文寔備諸詠兮，與子厚之律咸嘉。王紳孫覿而何麒兮，摛詞各爛乎天葩。程俱方深共擬選兮，抵元匪啻數十之鳴家。我朝文獻之踔厲兮，讓太史高之開先。吉安楊少傅之撰記兮，擅史筆之如椽。累集幾數百首兮，四韻迭推夫大年。爰勒諸珉兮，或昭之于册。輝奪貝錦兮，聲諧匏石。揆後來繼作兮，猶未艾而暫息。怪幽獨之慌惑兮，曷鬼神而吟之。傷悲愉悦踰廿稔之遐兮，始足一句之奇。皆山中之故事兮，宜後人之所知。後人之可知兮，盍亦鑑夫前修。昔有居而志隱兮，則廬江之何求。洎其弟點肩兮，立心操行之皆優。及寓此而淑郵兮，爲伊洛和靖先生。道學出乎程門兮，表吾儒之儀形。闢書院以授受兮，講述闡乎聖經。羡流風之未泯兮，高山于焉而仰止。法休德以服膺兮，侑途蹈夫遺軌。豈尋常之事幾要，始終究竟乎至理。乃作歌曰：邱山之殷殷，上抗浮雲兮。邱山之亹亹，音門，山繼斷水處。弗見哲人兮。信賢哲之可見，由此心之不殊兮。心苟求之彌篤，即與伊人俱兮。脱恣夫賞適而罔覺其故兮，若棄商鼎而寶康瓠兮，昧識孔履而閟武庫兮，告樂遊于吾子兮，覬內走之狂鄙兮，毋般誚以爲詡兮！

彭大翼《山堂肆考》卷一六五《破甕得婦》 《六帖》：有人失妻，管輅卜之，令明日于東陽城門候擔豚人，牽與共鬭其豚，逸走即共追之。其人如言，豚入舍突破主人甕，其婦從甕中出。

彭大翼《山堂肆考》卷一八三《老瓦盆》 杜詩：「莫笑田家老瓦盆，自從盛酒長兒孫。傾銀注玉驚人眼，共醉還同臥竹根。」

沈子澈《茗壺銘》 石根泉蒙頂葉，漱齒鮮滌塵熱。

朱彝尊《陶硯銘》 陶之始，渾渾爾。

汪森《茶壺銘》 茶山之英，含土之精。飲其德者，心恬神寧。酌中冷，汲蒙頂，誰其貯之古彝鼎，資之汲古得脩綆。

吳梅鼎《陽羡茗壺賦并序》 六尊有壺，或方或圓，或大或小。方者腹圓，圓者腹方，堇金琢玉，彌甚其侈。獨陽羡以陶爲之，有虞之遺意也。然粗而不精，與窳等。余從祖拳石公讀書南山，攜一童子名供春。見土人以泥爲缶，即澄其泥以爲壺，極古秀可愛，世所稱供春壺是也。嗣是時子大彬師之，曲盡厥妙。數十年中，仲美仲芳之倫，用卿君用之屬，接踵騁伎，而友泉徐子集大成焉。一瓷瞿耳價垺金玉，不幾異乎。顧其壺爲四方好事者收藏殆盡，先子以蕃公嗜之，所藏頗夥。乃以甲乙兵燹，盡歸瓦礫，精者不堅，良足歎也。有客過陽羡詢壺之所自來，因溯其源流，狀其體製，臚其名目。并使後之爲之者，考而師之。是爲賦。

惟宏陶之肇造，實運巧于姚虞。爰前民以利用，能製器而無窳。在漢秦而爲甒，寶厥美曰康瓠。類瓦缶之太朴，肖鼎鼐以成區。雜瓷瓴與瓿甋，同鍛鍊以無殊。然而藝匪匠心，制不師古，聊抱甕以團砂，欲挈缾而莖土。形每儕乎欹器，用豈侔夫周簠。名山未鑿，陶甈無五采之文，巧匠不生，鏤畫昧百工之譜。爰有供春，侍我從祖。在髫齡而穎異，寓目成能，借小伎以娱閒，因心挈矩。過土人之陶穴，變瓦甋以爲壺。信異僧而琢山，斸陰凝以求土。時有異僧繞白碭青龍黃龍諸山，指示土人曰賣富貴。土人異之，鑿山得五色土，因以爲壺。於是砠白碭，鑿黃龍，宛掘井兮千尋，攻巖有骨，若入淵兮百仞。采玉成峯。春風花浪之濵，地有畫溪花浪之勝。分畦茹濾，秋月玉潭之上，地近玉女潭並杵椎春。合以丹青之色，圖尊規矩之宗。停椅梓之槌，酌剪裁于成片，握文犀之刮，施刓掠以爲容，稽三代以博古，考秦漢以程功。圓者如丸，體稍縱爲龍蛋。壺名龍蛋。方兮若印，壺名印方，皆供春式。角偶刻以秦琮。又有刻角印方。脱手則光能照面，出冶則資比凝銅。彼新奇兮萬變，師造化兮元功。信陶壺之鼻祖，亦天下之良工。過此則有大彬之典重，時大彬。價擬璆琳，仲美之琱瑰，陳仲美。巧窮毫髮。仲芳骨勝而秀出刀鐫，李仲芳。正春肉好而工疑刻畫。歐正春。求其美麗，爭稱君用離奇。沈君用。尚彼渾成，僉曰用卿醇飭。陳用卿。若夫綜古今而合度，極變化以從心，技而進乎道者，其友泉徐子乎。緬稽先子，與彼同時，爰開尊而設館，令効技以呈奇。每窮年而累月，期竭智以殫思。潤果符乎球璧，巧實媲乎班倕。盈什百以韞櫝，時閲玩以遐思。若夫燃彼竹罏，汲夫春潮，浥此茗盌，爛于瓊瑤。對煒煌而意駴，瞻詭厲以魂銷。方匪一名，圜不一相，文豈傳形，賦難爲狀。爾其爲制也，象雲罍兮作鼎，壺名雲罍。陳螭觶兮揚杯。螭觶名。仿漢室之瓶，漢瓶則丹砂沁采。刻桑門之帽，僧帽。則蓮葉擎臺。卣號提梁，提梁卣。膩于雕漆。君名苦節，苦節君蓋已霞堆。裁扇面之形，扇面方。觚稜峭厲。卷蓆方之角，蘆蓆方。宛轉瀠洄。誥寶臨函。誥寶。恍紫庭之寶現。圓珠在掌，圓珠。如合浦之珠回。至于摹形象體，殫精畢異。韻敵美人，美人肩。格高西子。西施乳。腰洵約素，照青鏡之菱花。束腰菱花。肩果削成，采金塘之蓮蒂。平肩蓮子。菊入手而疑芳，合菊。荷無心而出水。荷花。芝蘭之秀，芝蘭。秀色可餐。竹節之清，竹節。清貞莫比。銳欖核兮幽芳，橄欖六方。實瓜瓠兮渾麗。冬瓜麗。或盈尺兮豐隆，或徑寸而平砥。或分蕉而蟬翼，或柄雲而索耳。或番象與鯊皮，或天雞與篆珥。分蕉蟬翼、柄雲索耳、番象鼻鯊魚皮、天雞篆珥皆壺款式。匪先朝之法物，皆刀尺所不擬。若夫泥色之變，乍陰乍陽，忽葡萄而紺紫，倏橘柚而蒼黃。摇嫩緑于新桐，曉滴琅玕之翠，積流黄于葵露，暗飄金粟之香。或黄白堆沙，結哀梨兮可啖。或青堅在骨，塗髹汁兮生光。彼瑰琦之窑變，匪一色之可名。如鐵如石，胡玉胡金，備五文于一器，具百美于三停。遠而望之，黝若鐘鼎陳明廷。追而察之，燦若琬琰浮精英。豈隨珠之與趙璧可比異而稱珍者哉。乃有廣厥器類，出乎新裁。花蕊婀娜，雕作海棠之盒。沈君用海棠香盒。翎毛璀璨，鏤爲鸜鵒之杯。陳仲美製鸜鵒杯。捧香奩而刻鳳，沈君用香奩。翻茶洗以傾葵。徐友泉葵花茶洗。瓶織回文之錦，陳六如仿古花尊。爐横古幹之梅。沈君用梅花爐。巵分十錦，陳六如十錦杯。菊合三臺。沈君用菊合。凡皆用寫生之筆墨，工切琢于刀圭。倘季倫見之，必且珊瑚粉碎，使棠谿觀此，定教白玉塵灰。用濡毫而染翰，誌所見而徘徊。

熊飛《坐懷蘇亭焚北鑄鑪以陳壺徐壺烹洞山岕片歌》 顯皇垂拱昇平季，文盛兵銷遍恬喜。是時朝士多韻人，競仿吴儂作清事。書齋蘊藉快沈燎，湯社精微重茶器。景陵銅鼎半百沽，荆溪瓦注十千餘。宣工衣鉢有施叟，時大後勁橅陳徐。凝神昵古得古意，寧與秦漢官哥殊。余生有癖嘗涎覬，竊恐尤物難兼圖。昔年挾策上公車，長安米價貴如珠。輟食典衣酬夙好，鑄得大小兩施爐。今年陽羡理蓿架，懷蘇亭畔樂名壺。蘇公癖王予梓里，此地買田貽手書。焉知我癖非公癖，臭味豈必分賢愚。閒煮惠泉燒柏子，梧風習習引輕裾。吁嗟，洞山岕片不多得，任教茗戰難相克。亭中長日三摩挲，猶如瓣香茶話隨公側。顧智跋偶檢殘編，得熊公褒蘇亭歌詞，想見往時風流暇逸。今亭既湮没，故附梓于誌，以志學官。昔有此亭，亦見陽羡茗壺固甲天下也○騫按：飛又作漲，四川人，崇正中官宜興教諭。

林古度《陶寶肖像歌爲馮本卿金吾作》 昔賢製器巧含樸，規仿尊壺從古博。我明供春時大彬，量齊水火摶埴作。作者已往嗟濫觴，不循月令仲冬良。荆溪陶正司陶復，泥砂貴重如珩璜。世間茶具稱爲首，玩賞楷模在人手。粉錫型模莫與争，素瓷斟酌長相偶。義取炎凉無變更，能使茶湯氣永清。動則禁持慎捧執，久且色澤生光明。近聞復有友泉子，雅式精工仍繼美。常教春茗注山泉，不比瓶罍罄時恥。以兹珍賞向東吴，勝却方平衆玉壺。癖好收藏阮光禄，割愛舉贈馮金吾。金吾得之喜絶倒，寫圖錫名曰陶寶。一時咏贊如勒銘，直似千年鼎彝好。

俞彦《贈馮本卿都護陶寶肖像歌》 何人霾向陶家側，千年化作土赭色。抹來擣冶水火齊，去聲。義興好手誇埏埴。春濤沸後春旗濡，彭亨豕腹正所須。吴兒寶若金服匿，夤緣先八步兵厨。于今東海小馮君，清賞風流天下聞。主人會意却投贈，媵以長句縹緗文。陳君雅欲酣茗戰，得此摩挲日千遍。尺幅鵝溪綴剡藤，更教摩詰開生面。圖爲王宏卿所寫。一時佳話傾璠璵，堪備他年班管書。月笋馮園名。即今書畫舫，研山同伴玉蟾蜍。

周高起《過吴迪美朱萼堂看壺歌兼呈貳公》 新夏新晴新緑焕，茶室初開花信亂。羇愁共語賴吴郎，曲巷通人每相唤。伊余真氣合寄褒，閒中今古資評斷。荆南土俗雅尚陶，茗壺奔走天下半。吴郎鑒器有淵心，曾聽壺工能事判。源流裁别字字矜，收貯將同彝鼎玩。再三請出豁雙眸，今朝乃許花前看。高槃捧列朱萼堂，匣未開時先置贊。捲袖摩挲笑向人，次第標題陳几桉。每壺署以古茶星，科使前賢參静觀。指摇蓋作金石聲，款識稱堪法書按。某爲壺祖某雲礽，形製敦龐古光燦。長橋陶肆紛新奇，心眼欷歔多暗换。寂寞無言意共深，人知俗手真風散。始信黄金瓦價高，作者展也天工竄。技道曾何彼此分，空堂日晚滋三歎。

供春大彬諸名壺，價高不易辨，予但别其真而旁蒐殘缺于好事，家用自怡，悦詩以解嘲。

陽羡名壺集，周郎不棄瑕。尚陶延古意，排悶仰真茶。燕市曾酬駿，齊師亦載車。也知無用用，携對欲殘花。吴迪美曰：用涓人買駿骨，孫臏刖足，事以喻殘壺之好。伯高乃真賞鑒家，風雅又不必言矣。

陳維崧《贈高侍讀澹人以宜壺二器并系以詩》 宜壺作者推龔春，同時高手時大彬。碧山銀槎濮謙竹，世間一藝俱通神。彬也沉鬱并老健，沙麤質古肌理匀。有如香盦乍脱蘚，其上刻畫蜼皃蹲。又如北宋没骨畫，幅幅硬作麻皮皴。百餘年來迭兵燹，萬寶告竭珠犀貧。皇天刼運有波及，此物亦復遭荆榛。清狂録事偶弆得，一具尚值三千緡。後來往者或間出，巉削怪巧徒紛綸。膩茶褐色好規製，軟媚詎入山齋珍。我家舊住國山下，穀雨已過芽茶新。一壺滿貯碧山岕，摩挲便覺勝飲醇。邇來都下鮮好事，椀嵌瑪瑙車渠銀。時壺市縱有人賣，往往贋物非其真。高家供奉最淡宕，羊腔詎屑膏吾脣。每年官焙打急遞，第一分賜書堂臣。頭綱八餅那足道，葵花玉銙寧等倫。定煩雅器瀹精茗，忍使茅屋埋佳人。家山此種不難致，卓犖只怕車轔轔。未經處仲口已缺，豈亦龍性愁難馴。昨搜敗簏賸二器，函走長鬣踰城闉。是其姿首僅中駟，敢冀拂拭充綦巾。家書已發定續致，會見荔子銜埃塵。

陳維崧《雙溪竹枝詞》　蜀山舊有東坡院，一帶居民淺瀨邊。白甎家家哀玉響，青窑處處畫溪煙。

高士奇《宜壺歌答陳其年檢討》　荆南山下罨畫溪，溪光瀲灩澄沙泥。土人取沙作茶器，大彬名與龔春齊。規製古樸復細膩，輕便堪入筠籠攜。山家雅供第一稱，清泉好淪三春荑。未經穀雨焙嫩綠，養花天氣黄鶯啼。旗鎗初試瀉蟹眼，年年韵事宜幽棲。柴瓷漢玉價高貴，商彝周鼎難攷稽。長安人家尚奢靡，鏤鎪工巧矜象犀。詞曹官冷性淡泊，叨恩賜住蓬池西。朝朝儤直趨殿陛，夜衝街鼓晨聽雞。日間幼子面不見，糟妻守分甘鹹虀。縱有小軒列圖史，那能退食閒品題。近向漁陽歷邊徼，春夏時扈八駿蹄。秋來獨坐北窗下，玉川興發思山谿。致札元龍乞佳器，遂煩持贈走小奚。兩壺圓方各異狀，隔城鄭重褁錦綈。長篇更題數百字，敘述歷落同遠賫。拂拭經時不釋手，童心愛玩仍孩提。湘簾夜捲銀漢直，竹牀醉臥寒蟾低。紙窗木几本精粲，翻憎瑪瑙兼玻璃。瓦瓶插花香爇缶，小物自可同珓圭。龍井新茶虎跑水，惠泉廟岕争鼓鼙。他年揚帆得恩請，我將攜之歸故畦。

以陳鳴遠舊製蓮蕊水盛梅根筆格爲借山和

查慎行《尚七十壽口占二絶句》　梅根已老發孤芳，蓮蕊中含滴水香。合作案頭清供具，不歸田舍歸禪房。

偶然小技亦成名，何物非從假合成。道是摶沙沙不散，與翻新句祝長生。

馬思贊《希文以時少山砂壺易吾方氏核桃墨》　漢武袖中核，去今三千年。其半爲酒池，半化爲墨船。磨休斮骨髓，流出成元鉛。曾落盆池中，數歲膏愈堅。質勝大還丹，舐者能昇天。贈我良友生，如與我周旋。豈敢計施報，報亦非戔戔。譬彼十五城，難易趙璧然。有明時山人，搦砂成方圓。彼視祖李輩，意欲相後先。我謂韓齊王，羞與噲等肩。青娥易贏馬，文枕換玉鞭。投贈古有之，何必論媸妍。以多量取寡，差覺勝前賢。

汪文柏《陶器行贈陳鳴遠》　荆溪陶器古所無，問誰作者時與徐。時大彬、徐友泉。泥沙入手經摶埴，光色便與尋常殊。後來多衆工摹倣皆雷同。陳生一出發巧思，遠與二子相争雄。茶具方圓新製（作），石泉槐火爨松風。我初不識生，阿髯尺素來相通。謂陳君其年也。贈我雙卮頗殊狀，宛似紅梅嶺頭放。平生嗜酒兼好奇，以此飲之神益王。傾銀注玉徒紛紛，斷木豈意青黄文。䴡盒宣爐留款識，香奩藥盌生氤氲。數物悉見工巧。吁嗟乎人間珠玉安足取，豈如陽羨溪頭一丸土。君不見輪扁當年老斲輪，又不見梓慶削鐻如有神。古來技巧能幾人，陳生陳生今絶倫。

胡天游《蜀岡瓦暖硯歌》　蒼青截鐵堅不阿，琭珞敲玉鏗而瑳。太一之船却斤斧，帝鴻之紐掀穴窠。貝堂伏卵抱沂鄂，瓠肉削澤無瘢瘥。露清紺淺葉幽漉，日冷赭淡岡兕蛇。琅琅一片抗歷落，仡仡四面平傾頗。瑩陳天智比珍瑴，巧斲山骨殊砮碆。祝融相土刑德合，方軫員蓋經營多。炎烹爐化出摶造，域分宇立開婆娑。東有日山西有月，包之郛郭環之涯。水輪無風自然舉，氣母襲地歸于和。乾坤大腹吞樂浪，荆吳懸胃藏蠡鄱。陂謡鴻隙兩黄鵠，敵樹角國雙亢蝸。静如辰樞執魁柄，動如牡鑰張機牙。綫連羅浮走複折，氣通艮兑無壅譌。嚴冬牛目畏積雪，終旬狸骨僵偃波。封翰蒐毳失麑鹿，凍蜯作噩銜刀戈。一丸未脱手旋磨，寸裂快逐紋生韡。似同天池敗蚩霧，比困秦法遭斯苛。分明落紙困倚馬，絆拘行步偕孱羸。爾看利器喜入用，初如得寶良可歌。火山有軍寵圍燎，熱坂近我勝噓呵。涫湯初顧五熟釜，灌壘等拔千囊沙。劍門一道塞井絡，春候三月暄江沱。共工雖怒霸無所，温洛自潤揚其華。東宮香膠銘絳客，湘妾紫鯉浮晴渦。沉沉鵶色暈餘渲，靄靄雨族披圓羅。咸池勃張浴黑帝，神鼈研掣隨皇媧。山馳岳走事俄頃，霆翻電薄酣滂沱。虹窗焰流玉抱肚，月骴水轉金蝦蟇。時時正見黝鏡底，北斗熛燿垂天河。蜀岡工良近莫過，搗泥濾水相挓挼。爲罌爲皿爲飲榼，壺如嬰武杯如嬴。千窑萬埴列門户，堆器不盡十馬馱。智搜技徹更復爾，誰與作者黠則那。温姿勁骨奪端歙，輕膚細理欺杪欏。馬肝或謗瓜削面，鳳咮兼狀鷺食荷。燔燒顔色出美好，端正不待切與磋。華元皤然抱坦拓，周顗空洞非媕娿。早從仲將試點漆，峡檣懸溜駿注坡。我初見此貪不覺，衆中奇畜擬槖駝。詩篇送似因赚得，若彼取烏致以囮。温泉火井佐沐邑，華陽黑水環梁嶓。豹囊乾煤吐柏麝，古玉笏笏徐研摩。青霜倒開漾海色，烏蚪尾掉重雲拖。端州太守輕萬石，宫淩秦羽磯羞鼉。比于中國豈無士，今者衹悦哀臺佗。時煩拭濯安且固，捧盈恆恐遭跌蹉。裝書未取押玳瑁，格筆遲斫珊瑚柯。晝螭蟠鳳圍一尺，錦官爲汝城初蓑。啓之刀劍快出匣，止爲熊虎嚴蟄窩。蕭行孔草雖嬾擅，須記甲乙親吟哦。國風好色陳姣嫽，離騷荒忽追沅灑。凝鋪潭影滑幽璞，秋生龍尾涼侵霞。夜遥燈語風撼碧，縈者爲蚓簇者蛾。行斜次雜共綣蜿，手無停度劇弄梭。宏農客卿座上客，雄鳴藉掃幺與麽。欲銘功德向四壁，顧此堅凜誰能劘。

硯乎與汝好相結，分等石友亦已加。闌干垂手鮮琢玉，捧侍未許宮釵娥。他年塗竄堯典字，伴我作籀書歸禾。

周澍《臺陽百詠》 寒榕垂蔭日初晴，自瀉供春蟹眼生。疑是閉門風雨候，竹梢露重瓦溝鳴。

吴省欽《論瓷絶句》 宜興妙手數龔春，後輩還推時大彬。一種麤砂無土氣，竹爐讒煞鬬茶人。

周梅圃《送宜壺》 春彬好手嗟難見，質古砂麤法尚傳。攜個竹爐蕭寺底，紅囊須瀹惠山泉。

陳鱣《觀六十四研齋所藏時壺率成一絶》 陶家雖欲數供春，能事終推時大彬。安得攜來偕硯北，注將勺水活波臣。予嘗自號東海波臣。

馮念祖《無錫買宜興茶具》 陶出瑶瓏盌，供春舊擅長。團圓雙日月，刻劃五文章。直並摶砂妙，還誇肖物良。清閑供茗事，珍重比流黄。敢云一器小，利用仰前賢。陶正由三古，茶經第二泉。却聽魚眼沸，移就竹爐邊。妙製思良手，官哥應並傳。

周春《陽羡名陶録題辭》 博物胸儲七録豪，閑窗餘事付名陶。開函紙墨生香處，篆入熏爐波律膏。

瓷壺小様最宜茶，甘歎濃浮碧乳花。三大一時傳舊系，長教管領小心芽。

聞説陶形祀季疵，玉川風腋手煎時。何當唤取松陵客，補賦荆南茶具詩。

陽羡新鐫地志譌，延陵詩老費搜羅。他年采入圖經内，須識桃溪客語多。

吴騫《陳遠天雞酒壺贊》 媧兮煉色，春也審攺。宛爾和風，弄是天雞。月明花開，左挈右提。浮生杯酒，函谷丸泥。

吴騫《陶山明府仿古製茗壺以詒好事》 洞靈巖口庀精材，百遍臨橅倚釣臺。傳出河濵千古意，大家低首莫驚猜。金沙泉畔金沙寺，白足禪僧去不還。此日蜀岡千萬穴，别傳薪火祀眉山。

百和丹砂百錬陶，印牀深鎖篆煙消。奇觚不數宣和譜，石鼎聯吟任尉繚。明府嘗夢見尉繚了事四字，因以自號茗壺竝署之。

翛翛琴鶴志清虚，金注何能瓦注如。玉鑑亭前人吏散，一甌春露一牀書。

陶泓已拜竹鴻臚，玉女釵頭日未晡。多謝東坡老居士，如今調水要新符。東坡調水符，事在鳳翔玉女洞。舊《宜興縣志》移于玉女潭，辨詳《桃溪客語》。

芑堂明經以尊甫，瓜圃翁舊藏時少山茗壺，見眎製作醇雅，形類僧帽，爲賦詩而返之。

蜀岡陶竈蘇祠鄰，天生時大神通神。千奇萬狀信手出，巧奪坡詩百態新。清河眎我千金寶，云有當年手澤好。想見硇砂百錬精，傳衣夜半金沙老。一行銘字昆吾刻，歲紀丙申明萬麻。彈指流光二百秋，真人久化蓮臺錫。吴梅鼎《茗壺賦》云：刻桑門之帽，則蓮葉擎臺。昨暫留之三歸亭，篋中常作笙磬聲。跋然起視了無覩，惟見竹爐湯沸海。月松風清乃知神，物多靈閃不獨君。家雙寶劒願今且作合浦歸，免使龍光斗牛占。噫嗟公子慎勿嗟，世間萬事猶摶沙。他日來尋丙舍帖，春風還啜趙州茶。

吴騫《張季勤藏石林中人茗壺屬銘以鋟之匣》 渾渾者，陶之始。舍則藏，吾與爾。石林人傳季勤得，子孫寶之永無忒。

吴騫《叔未解元得時大彬漢方壺詩來屬和》 春雷蜀山尖，飛棟煤烟緑。燭龍繞蜂穴，日夜鏖百谷。開荒藉瞿曇，煉石補天角。中流抱千金，孰若一壺逐。繼美邦美孫，李斗謂大彬乃宋尚書時彦之裔。智燈遞相續。兩儀始胚胎，萬象供摶掬。視以火齊良，寧棄薜與暴。名貴走公卿，價重埒金玉。商周寶尊彝，秦漢古卮盉。丹碧固焜燿，好尚殊華朴。迄今二百禩，瞥若鳥過目。遺器君有之，喜甚獲郢璞。折柬招朋儕，剖符規玉局。松風一以瀉，素濤翻雪瀑。恍疑大寧堂，移置八甎屋。摹形更流咏，牋册裝金粟。顧謂牛馬走，名陶盍補録。嗟君負奇嗜，探索窮崖隩。求壺不求官，干水甚干禄。三時我未饜，一夔君已足。予藏大彬壺三，皆不刻銘。君雖一壺，底有歐公詩二句，爲尤勝。譬如壺九華，氣可吞五岳。何當載烏篷，共泛罨溪渌。廟前之廟後，遍聽茶娘曲。勇唤邵文金，渠師在吾握。大彬漢方惟邵文金能仿之，見《茗壺系》。

樂府

任安上《少山壺》 洞山茶，少山壺。玉骨冰膚，雖欲不傳，其可得乎？壺一把，千金價。我筆我墨空有神，誰來投我以一緡。袁枚曰：可嘅亦復可恨，然自古如斯，何見之晚也。

王叔承《荆溪雜曲》 蜀山山下火開窑，青竹生煙翠石銷。笑問山娃燒酒杓，沙坏可得似椰瓢。詩見《明詩綜》。

汪士慎《葦村以時大彬所製梅花沙壺見贈漫賦兹篇誌謝雅貺》 陽羡茶壺紫雲色，渾然製作梅花式。寒沙出冶百年餘，妙手時郎誰得如。感君持贈白頭客，知我平生清苦癖。清愛梅花苦愛茶，好逢花候貯靈芽。他年倘得南帆便，隨我名山佐茶讌。

陳夢星《味諫壺》

天門唐南軒館丈齋中多砂壺，有形如橄欖者，或憎其拙，予獨謂拙，乃近古遂枉贈焉，名曰味諫。

義興詩名手巧製，妙圓整兹。壺獨臃腫，贅若木之瘿。吕甫公有《木瘿壺詩》。一琖回餘甘清，味託山茗。

張廷濟《得時少山方壺於隱泉王氏乃國初進士幼扶先生舊物率賦四律》

添得蕭齋一茗壺，少山佳製果精殊。從來器樸原團土，且喜形方未破觚。生面別開宜入畫，兄子又超爲繪圖。詩腸借潤漫愁枯。金沙僧寂供春杳，此是荆南舊範模。

削竹鐫留廿字銘，居然楷法本黄庭。周高起曰：大彬款用竹刀書法，逼真换鵞經。雲痕斷處筆三折，雪點披來砂幾星。便道千金輪瓦注，從教七椀補《茶經》。延陵著録徵君説，好寄郵筒問大寧。海寧吴丈兔牀著《陽羡名陶録》，海鹽家文漁兄撰《陽羡陶説》，二君皆博稽此壺，大寧堂款必有攷也。

瑯琊世族溯蟬聯，老物傳來二百年。過眼風燈增舊感，丁巳歲孟中觀携是壺留余齋，旬日未久孟化去。知心膠桼話新緣。王心耕爲予作緣，得此壺。未妨會飲過詩屋，西隣葛見嵒《闢溪陽》詩：「屋藏有陳用卿壺。」大好重携品隱泉。隱泉在北市劉家浜，李元龍先生御舊居于此。聞説休文曾有句，可能載筆賦新篇。姊壻沈竹岑廣文嘗賦此壺貽王君安期。

活火新泉逸興賖，年年愛鬥雨前茶。從欽法物齊三代，張岱謂龔時瓦罐直躋商彝周鼎之列而無愧，予家藏三代彝鼎十數種，殿以此壺，彌增古澤。便載都籃總一家。吾弟季勤藏石林中人壺，兄子又超藏陳隺峯壺。竹里水清雲起液，祇園軒古雪飛花。居東太平禪院舊有沸雪軒，詳舊《嘉興縣志》。與君到處堪煎啜，珍重寒窗伴歲華。

時大彬方壺，岑母家藏氏，藏之百數十年矣，辛酉秋日過隱泉，訪安期表弟，出此瀹茗并示沈竹岑詩，即席次韻。

隱泉故事話高人，況有名陶舊絶倫。酒渴肯辭甘草癖，詩清底買玉壺春。賓朋聚散空多感，書卷飄零此重珍。王氏舊富藏書。記取年年來一呷，未妨桑苧目茶神。

叔未解元得時大彬方壺於隱泉王氏，賦四詩見示，即疊辛酉舊作韻。

移向墻東舊主人，竹田位置更超倫。瓦全果勝千金注，時好平分滿座春。石乳石牀真繼美，石乳石牀叔未弟，季勤所藏二壺銘。寶尊寶敦合同珍。叔未藏商尊周敦，皆精品。從今聲價應逾重，試誦新詩句有神。

張廷濟《桂馨堂集》卷五《時少山砂壺爲蔡少峯賦》

離墨山城呼賣土，摶沙握破蛟龍府。方壺員嶠盡鑪錘，翻出茶神新樣譜。供春無字留人間，鼻祖今傳時少山。黄庭楷則遒且媚，險怪一例從鑱删。我有漢方壺一柄，吴兔牀山人、陳仲魚徵君。徐雪廬孝廉。沈竹岑廣文。留清詠。語兒城中喜再逢，一十二字筆同勁。慮俿尺量二寸崇，腹圍九寸中豐隆。年紀辛丑年正老，款云辛丑秋日，是順治十八年，時年已老。麤沙斑斑誰磨礱。君家品茶世著録，塼爐石銚煎初熟。一甌香味非尋常，不用花瓷琢紅玉。我亦思買陽羡田，再尋時子壺中天。只愁妙蹟久斷絶，零砂賸塊飛雲煙。何如醉經閣主得佳供，松風石乳清香送。大寧堂與寶儉堂，敝藏者是大寧堂款，此云爲寶儉主人製，蓋亦堂名也。兩地茶餘聯。

徐熊飛《觀叔未時大彬壺》

少山方茗壺，其實強半升。名陶出天秀，止水涵春冰。良工舉手見，圭角那能便。學蘇摸稜凛，然若對端正。土性情温克，神堅凝風塵。瀹落復見此，真書廿字銘。厥底削竹栔，刻妙入神不。信蘆刀能刻，髓王濛故物。藤篋封歲久，竟歸張長公。八甎精舍水雲静，我來正值梅花風。幾經携壺對客不釋手，形模大似提梁卣。春雷行空蜀岡破，亂點磠砂燦星斗。吾聞美壺兵火完不缺，臨危應有神靈守。薄技真堪一代師，姓名獨冠陶人首。吾聞美壺如美人，氣韵幽潔肌理勻。珍珠結網得西子，便應掃却蛾眉羣。又聞相壺如相馬，風骨權奇勢矜雅。孫揚一顧獲龍媒，十萬驪黄皆在下。多君好古鑒別精，搜羅彝器陳縱横。紙窗啜茗志金石，烟篁繞舍泉清泠。東南風急片帆直，我今遥指防風國。他日重携顧渚茶，提壺相對同煎喫。

張上林《叔未叔出示時壺命作圖并賦》

曾閲滄桑二百年，一時千載姓名鐫。從今位置清儀閣，活火新泉話夙緣。吴兔牀作隸題圖，册首曰千載一時。

沈銘彝《時壺謌爲叔未解元賦》

少山作器器不窳，罨畫溪邊劚輕土。後來作者十數輩，遜此形模更奇古。此壺本自瑯琊藏，鬱林之石青浦裝。情親童稚摩抄慣，賦詩共酌春茗香。蓺林勝事洵非偶，一朝恰落茂先手。清儀閣下檇李亭，羃壢茶烟浮竹牖。廬陵妙句清通神，壺底鋟「黄金碾畔緑雪飛，碧玉甌中素濤起」二句，歐公詩也。細書深刻藏顔筋。我今對之感舊雨，君方得以張新軍。商周吉金案頭列，殿以瓦注光璘彬。壺兮壺兮爲君賀，曲終正要雅樂佐。

周以珍《和叔未時壺原韻》 入室芝蘭臭味聯，松風竹火自年年。尋盟研北虛前諾，得寶墻東憶昔賢。門處元知茗是玉，傾來不數酒如泉。徐陵雪廬孝廉沈約竹岑學博俱名士，寫徧張爲主客篇。

陳正璆《五峰集》七古一《古匋歌》 上古樸質延洪荒，食飲陶器無精良。土簋土鉶久且變，越窑祕色開李唐。陸魯望詩：「九秋風露越窑開，奪得千峯祕色來。」雨過天青世寶貴，零瓷碎片尊柴皇。柴窑色如天聲如磬，今人得碎片皆以裝飾玩具。趙宋錦邊醜白定，汝州勅建瑪瑙光。宋以白定有芒，命汝州建青窑，器用瑪瑙，末爲油。後苑邵局始南渡，官窑臣庶不敢藏。南渡後，邵成章提舉後苑，號邵局。法政和京師舊製，名官窑。進奉之物，臣庶有禁。處州龍泉百圾破，生一生二推一章。南宋處州章生一、生二各主一窑。兄陶爲哥，弟陶爲龍泉，足皆鐵色。哥窑多斷紋，名百圾破。均州窑煅不復作，按之圖譜頗散亡。宋有均窑。舒嬌女手遷宋末，畫水空翠摇横塘。窑嶺六七處。宋末窑變，遷饒州瓷曰舒嬌，乃永和舒翁女所畫。畫水塘猶□。宣成纖美麗彩照，丹砂積音祭，一作際。紅燒雞缸。成窑雞缸最著。珍奇詭異流脃薄，不窮其極難叵張。爾來規製重彷古，澄泥笵土崇堅剛。天道好還故如此，毋謂物用非其常。

朱仕玠《谿音》卷一《孤鸞行》

康熙末，邑北鄙鄧某婦李氏未婚而某死，李不屈于父兄之暴，率婦鄧以節老焉。姒妯皆化其行，鄉人稱之，爲作歌以序其事。

孤鸞對明鏡，宛轉不能已。一顧肝欲摧，再顧魄已褫。妾身年二八，未嫁夫遽死。父兄性行暴，怒妾回家裏。交揮恣鞭朴，長跪不敢起。詭言謂父兄，容妾一回視。乘車入家門，長慟感閭里。除我金玉釵，換我羅裳襦。爲我頭上髽，服我斬麻裾。再拜謁尊嫜，珍重衰耄軀。妾屬翁子婦，代子相持扶。私覿姒與妯，式好兩無虞。回家未三日，父兄已來迎。迎妾意何爲，憐妾饒苦辛。豈惟良人徂，況復家窶貧。門樞腐欹側，墻毁施蒸薪。鼠雀饑鳴唤，甑中楊埃塵。不如依父母，爲爾締好姻。東隣富巨萬，獸炭燒麒麟。西舍貴無匹，霞帔光耀春。妾謂父兄言，胡爲入我耳。釜中炊飱熟，飱熟難成米。既爲鄧氏婦，寧復李家女。女能任摻作，無遺父母累。入居破室中，瑟瑟風憾帷。皓月照妾嘆，秋蟲伴妾悲。期年復三年，大小祥已逾。爲更頭上絰，爲換麻衣裾。永乖拔金玉釵，長疊紅羅襦。妾身未面夫，屬纊猶見之。妾夫固無子，兄子可爲兒。犖確南山田，可以扶犁治。環舍桌百株，穠葉青猗猗。夏繅蠶千簇，秋漚麻滿池。朝織常至晏，暮織不知疲。都忘歲月疾，鬖髿拖鬢絲。何意姒與妯，相繼成孤嫠。念婦未共牢，磐石猶不移。矧我洽言笑，何忍遽乘離。大節不獨完，兼以教人爲。室家日漸給，産祥無休期。撲朔白兔脚，趨走來堦墀。里正相奔告，搢紳咸吁咨。有子願爲母，有父願爲兒。丈夫願得婦，閨婦願得師。越鷄能伏鵠，魯鷄何所需。靈芝耀林中，安用根與株。不見鄧氏婦，生女合哺脯。生女合哺脯，彼哉兹丈夫。

陳昌圖《南屏山房集》卷九《砂甌》 宜窑甌製巧，六角細搏沙。淺蒂蟠仙顆，微稜界紫霞。貯將圓蠟餅，仿得小匏瓜。客路憐清況，聊嘗苦味茶。

杜文瀾《古謡諺》卷六《梁沛間爲范冉歌》 《後漢書·范冉傳》：冉字史雲，陳留外黄人也。桓帝時，以冉爲萊蕪長，遭母憂，不到官。後辟太尉府，以狷急不能從俗，常佩韋於朝。議者欲以爲侍御史，因遁身逃命於梁沛之間，徒行敝服，賣卜於市。遭黨人禁錮，遂推鹿車，載妻子，捃拾自資。或寓息客廬，或依宿樹蔭，如此十餘年，乃結草室而居焉。所止單陋，有時絶粒，窮居自若，言貌無改，閭里歌之曰：「甑中生塵、范史雲，釜中生魚、范萊蕪。」

杜文瀾《古謡諺》卷八《太康中晉世寧舞歌》 《晉書·五行志上》：太康中，天下爲晉世寧之舞。手接杯盤而反覆之，歌曰云云。識者曰：夫樂生人心，所以觀事也，今接杯盤於手上而反覆之，至危之事也。杯盤者，酒食之器，而名曰晉世寧，言晉世之士，苟偷於酒食之間，而知不及遠。晉世之寧，猶杯盤之在手也。

「晉世寧，舞杯盤」。

杜文瀾《古謡諺》卷一〇《後主時童謡》 《北齊書·後主穆后傳》小字黄花，有幸於後主，故遂立爲皇后。先是童謡曰云云，言黄花不久也，後主自立穆后以後，昏飲無度，故云清觴滿杯酌。

「黄花勢欲落。清觴滿杯酌」。

杜文瀾《古謡諺》卷五一《又引諺論酒》 《留青日札》：酒曰水縣褉，北人名曰裏牽綿。貧兒諺云云，言醒則依舊冷也。

「一尺布，不遮風，一碗酒，煖烘烘，半夜裏做號寒蟲」。

雜録

《莊子·外篇·至樂》 莊子妻死，惠子弔之，莊子則方箕踞鼓盆而歌。惠子曰：「與人居，長子老身，死不哭亦足矣，又鼓盆而歌，不亦甚乎！」

莊子曰：「不然。是其始死也，我獨何能无概然！察其始而本无生，非徒无生也而本无形，非徒无形也而本无氣。雜乎芒芴之間，變而有氣，氣變而有形，形變而有生，今又變而之死，是相與爲春秋冬夏四時行也。人且偃然寢於巨室，而我噭噭然隨而哭之，自以爲不通乎命，故止也。」

葛洪《抱朴子内篇》卷四《金丹》 抱朴子曰：金液太乙所服而仙者也，不減九丹矣，合之用古秤黄金一斤，并用玄明龍膏、太乙旬首中石、冰石、紫遊女、玄水液、金化石、丹砂，封之成水，其經云，金液入口，則其身皆金色。老子受之於元君，元君曰，此道至重，百世一出，藏之石室，合之，皆齋戒百日，不得與俗人相往來，於名山之側，東流水上，別立精舍，百日成，服一兩便仙。若未欲去世，且作地水仙之士者，但齋戒百日矣。若求昇天，皆先斷穀一年，乃服之也。若服半兩，則長生不死，萬害百毒，不能傷之，可以畜妻子，居官秩，任意所欲，無所禁也。若復欲昇天者，乃可齋戒，更服一兩，便飛仙矣。

以《金液爲威喜巨勝之法》，取金液及水銀一味合煮之，三十日，出，以黄土甌盛，以六一泥封，置猛火炊之，六十時，皆化爲丹，服如小豆大便仙，以此丹一刀圭粉，水銀一斤，即成銀。又取此丹一斤置火上扇之，化爲赤金而流，名曰丹金。以塗刀劍，辟兵萬里。以此丹金爲盤椀，飲食其中，令人長生。以承日月得液，如方諸之得水也，飲之不死。以金液和黄土，内六一泥甌中，猛火炊之，盡成黄金，中用也，復以火炊之，皆化爲丹，服之如小豆，可以入名山大川爲地仙。以此丹一刀圭粉水銀立成銀，以銀一兩和鉛一斤，皆成銀。《金液經》云，投金人八兩於東流水中，飲血爲誓，乃告口訣，不如本法，盗其方而作之，終不成也。凡人有至信者，可以藥與之，不可輕傳其書，必兩受其殃，天神鑒人甚近，人不如耳。

王嘉《拾遺記》卷一《高辛》 有丹丘之國，獻碼磂甕，以盛甘露。帝德所洽，被於殊方，以露充於厨也。碼磂，石類也，南方者爲之勝。今善別馬者，死則破其腦視之，其色如血者，則日行萬里，能騰空飛；腦色黄者，日行千里；腦色青者，嘶聞數百里；腦色黑者，入水毛鬣不濡，日行五百里；腦色白者，多力而怒。今爲器多用赤色，若是人工所製者，多不成器，亦殊朴拙。其國人聽馬鳴則別其腦色。丹丘之地，有夜叉駒跋之鬼，能以赤馬腦爲瓶、盂及樂器，皆精妙輕麗。中國人有用者，則魑魅不能逢之。一説云，馬腦者，言是惡鬼之血，凝成此物。昔黄帝除蚩尤及四方羣凶，并諸妖魅，填川滿谷，積血成淵，聚骨如岳。數年中，血凝如石，骨白如灰，膏流成泉。故南方有肥泉之水，有白堊之山，望之峩峩，如霜雪矣。又有丹丘，千年一燒，黄河千年一清，至聖之君，以爲大瑞。丹丘之野多鬼血，化爲丹石，則碼磂也。不可斫削彫琢，乃可鑄以爲器也。當黄帝時，碼磂甕至，堯時猶存，甘露在其中，盈而不竭，謂之寶露，以班賜羣臣，至舜時，露已漸減。隨帝世之汙隆，時淳則露滿，時澆則露竭，及乎三代，減於陶唐之庭。舜遷寶甕於衡山之上，故衡山之岳有寶露壇。舜於壇下起月館，以望夕月。舜南巡至衡山，百辟羣后皆得露泉之賜。時有雲氣生於露壇，又遷寶甕於零陵之上。舜崩，甕淪於地下。至秦始皇通汨羅之流爲小溪，逕從長沙至零陵，掘地得赤玉甕，可容八斗，以應八方之數，在舜廟之堂前。後人得之，不知年月。至後漢東方朔識之，朔乃作《寶甕銘》曰：「寶雲生於露壇，祥風起於月館，望三壺如盈尺，視八鴻如縈帶。」三壺，則海中三山也。一曰方壺，則方丈也；二曰蓬壺，則蓬萊也；三曰瀛壺，則瀛洲也。形如壺器。此三山上廣、中狹、下方，皆如工製，猶華山之似削成。八鴻者，八方之名；鴻，大也。登月館以望四海三山，皆如聚米縈帶者矣。

楊衒之《洛陽伽藍記校注》卷四《城西》 自退酤以西，張方溝以東，南臨洛水，北達芒山，其間東西二里，南北十五里，並名爲壽丘里，皇宗所居也，民間號爲王子坊。當時四海晏清，八荒率職，縹囊紀慶，玉燭調辰，百姓殷阜，年登俗樂。鰥寡不聞犬豖之食，煢獨不見牛馬之衣。於是帝族王侯、外戚公主，擅山海之富，居川林之饒，争修園宅，互相誇競。崇門豐室，洞户連房，飛館生風，重樓起霧，高臺芳樹〔榭〕，家家而築；花林曲池，園園而有。莫不桃李夏緑，竹柏冬青。而河間王琛最爲豪首，常與高陽争衡，造文柏堂，形如徽音殿。置玉井金罐，以金五色績爲繩。妓女三百人，盡皆國色。有婢朝雲，善吹篪，能爲《團扇歌》、《壟〔隴〕上聲》。琛爲秦州刺史，諸羌外叛，屢討之不降，琛令朝雲假爲貧嫗吹篪而乞。諸羌聞之，悉皆流涕，迭相謂曰：「何爲棄墳井，在山谷爲寇也？」即相率歸降。秦民語曰：「快馬健兒，不如老嫗吹篪。」琛在秦州，多無政績，遣使向西域求名馬，遠至波斯國，得千里馬，號曰「追風赤驥」。次有七百里者十餘匹，皆有名字。以銀爲槽，金爲鎖環，諸王服其豪富。琛〔常〕語人云：「晉室石崇乃是庶姓，猶能雉頭狐掖，畫卯〔卵〕雕薪；况我大魏天王，不爲華侈？」造迎風館於後園，牕户之上，列錢青瑣，玉鳳銜鈴，金龍吐佩，素柰朱李，枝條入簷，伎女樓上，坐而摘食。琛常會宗室，陳諸寶器，金瓶銀瓮百餘口，甌檠盤盒稱是。自餘酒器，有水晶鉢、瑪瑙〈杯〉、琉璃碗、赤玉巵數十枚，作工奇妙，中土所無，皆從西域而來。又陳女樂及諸名馬，復引諸王按行府庫，〔罽〕珠璣，冰羅霧縠，充積其内。

李昉《太平廣記》卷八四《俞叟》　江陵尹王潛有吏才，所在致理，但薄於義。在江陵日，有京兆吕氏子，以飢寒遠謁潛，潛不爲禮，月餘在逆旅，未果還。有市門監俞叟者，見吕生往來有不足色，召而問之，吕曰：「我居渭北，貧苦未達，無以奉親。府帥王公，中表丈也，以親舊自遠而來，雖入謁，未嘗一問，亦命之所致耶。」叟曰：「我亦困者，無以賙吾子之急。今夕可泊我宇下，展宿食之敬。」吕諾之。既延入，摧簷破牖，破席於地，坐語且久，所食陶器脱粟而已。叟曰：「吾嘗學道於四明山，偶晦於此，適聞王公忘舊，甚訝之。」因覆一缶於地，俄頃，乃舉以視之。有一紫衣人，長五寸許，叟指之謂吕曰：「此王公也。」吕熟視，酷類焉。叟因戒曰：「吕生爾之中表姪也，以旨甘無朝夕之給，自輦下千里而至，爾宜厚其館穀，當金帛爲贈，何恃貴忘故之如是耶？」紫衣者卑揖，若受教之狀，遂不復見。及旦，叟促吕歸其逆旅，潛召吕館之，宴語累日，將戒途，助以僕馬囊裝甚厚。出《補録記傳》。

沈括《夢溪筆談》卷一九《器用》　禮書所載黄彝，乃畫人目爲飾，謂之「黄目」。予遊關中，得古銅黄彝，殊不然。其刻畫甚繁，大體似「繆篆」，又如欄盾間所畫回波曲水之文，中間有二目，如大彈丸，突起煌煌然，所謂黄目也。視其文，髣髴有牙角口吻之象。或謂黄目乃自是一物。又予昔年在姑熟王敦城下土中得一銅鉦，刻其底曰：「諸葛士全茖鳴鉦。」「茖」即古「落」字也，此「部落」之「落」。士全，部將名。其鉦中間鑄一物，有角，羊頭，其身亦如篆文，如今時術士所畫符。傍有兩字，乃大篆「飛廉」字。篆文亦古怪。則鉦間所圖，蓋「飛廉」也，飛廉，神獸之名。淮南轉運使韓持正亦有一鉦，所圖飛廉及篆字，與此亦同。以此驗之，則黄目疑亦是一物。「飛廉」之類，其形狀如字非字，如畫非畫，恐古人別有深理。大抵先王之器，皆不苟爲。昔夏后鑄鼎，以知神姦，殆亦此類，恨未能深究其理，必有所謂。或曰：「禮圖罇彝皆以木爲之，未聞用銅者。」此亦未可質，如今人得古銅罇者極多，安得言無？如《禮圖》甕以瓦爲之，《左傳》卻有「瑶甕」，律以竹爲之，晉時舜祠下乃發得「玉律」，此亦無常法。如「蒲穀璧」，《禮圖》悉作草稼之象，今世人發古冢，得蒲璧，乃刻文蓬蓬如蒲花敷時，穀璧如粟粒耳。則《禮圖》亦未可爲據。

沈括《夢溪筆談》卷二六《藥議》　太陰玄精，生解州鹽澤大滷中，溝渠土內得之。大者如杏葉，小者如魚鱗，悉皆六角，端正似刻，正如龜甲，其裙襴小撱，其前則下剡，其後則上剡，正如穿山甲相掩之處，全是龜甲，更無異也，色綠而瑩徹；叩之則直理而折，瑩明如鑑；折處亦六角，如柳葉，火燒過則悉解折，薄如柳葉，片片相離，白如霜雪，平潔可愛。此乃稟積陰之氣凝結，故皆六角。今天下所用玄精，乃絳州山中所出絳石耳，非玄精也。楚州鹽城古鹽倉下土中又有一物，六稜，如馬牙硝，清瑩如水晶，潤澤可愛，彼方亦名「太陰玄精」，然喜暴潤，如鹽鹼之類。唯解州所出者爲正。

宋蘇頌《本草圖經》：　太陰玄精，出解縣。今解池及通、泰州積鹽倉中亦有之。其色青白、龜背者佳。採無時地。解池入有鹽精，味更鹹苦，青黑色，大者三二寸，形似鐵鏵觜，三月四月採。亦主除風冷，無毒。又名「泥精」、「益玄精」之類也。古方不見用者。近世補藥及治傷寒多用之，其著者治傷寒、三日頭痛、壯熱、四肢不利。正陽丹：太陰玄精、消石、硫黄，各二兩；磁砂一兩；四物都細研入瓷瓶，于中固濟以火半斤，於瓶子周一鑄翅羽形飛廉獸，有羽善走，鑄鼎多肖其形。此草有輭羽，刻缺齟齬，似飛廉，故名。梢端葉際開花。正如小薊，色深紫而柔刺不甚放展。按之陶、韓諸說，無不畢肖。即《圖經》謂「秦州漏蘆花似單葉寒菊，紫色，五七枝同一榦」，亦仿佛似之。其蘇恭云：「生山岡者葉相似而無缺，多毛，莖赤無羽，」自又一種。若《圖經》「海州漏蘆如單葉蓮花，紫碧色，」殆即《救荒本草》所圖漏蘆。《滇本草》雖別名臭靈丹，而主治與《本草》、《別録》同而加詳；又別出漏蘆一物，大理、昆明皆產，主治與《本草》亦相表裏，而形狀與《圖經》各種微異，亦別圖之。余既喜見諸醫所未見，又以此草本生河內，乃中原棄而不用，邊陲種人，藉手祛患，物固有屈於彼而伸於此者，與士之知己、不知己何異？特著其本名，而附《滇本草》於注，以資採訂。他時持以還吾里，按圖索之，必有得焉。嗚呼，嘗草之功，聖愚同性，夫婦所知，聖人有所不知，道大無遺，無謂言小。」

沈括《夢溪筆談》卷二六《藥議》　大麻，《本經》上品。救《荒》本草謂之「山絲」。苗葉可食。一名「火麻」。雄者爲「枲」，又曰「牡麻」；雌者爲「苴麻」。花曰「麻蕡」，又曰「麻勃」。麻仁爲服食藥，葉根油皆入用。滇、黔大麻，經冬不摧，皆盈拱把。

雩婁農曰：「麻爲穀屬。舊説皆以爲大麻，陶隱居翃爲胡麻，而宋應星遂謂：《詩》、書之麻，或其種已滅。火麻子粒，壓油無多，皮爲粗惡布，無當於穀。斯言過矣。《月令》：以麻嘗犬。《周禮》：朝事之籩，其實麷蕡。蕡爲枲實，亦曰苴。《豳風》：九月叔苴，以食農夫。《説文》作萉，或作黂。其無子者爲「牡麻」。大抵古人食貴滑，麻子甘潤。《南齊書》紀陳皇后生高帝，乏乳，夢人以兩甌麻粥與之，覺而乳足。則齊時尚以爲飯。《食醫心鏡》亦云：麻子仁粥，治風水腰重等疾。研汁，入粳米煮粥，下葱椒鹽豉食之。

蓋麻子不以入食，始於近代。若其衣被之功，則與苧並行。《周官》專設典枲，以隸冢宰。績麻漚麻，婦子所事。三代以前，卉服未盛，蠶織外，舍麻固無以爲布。聖人以純爲儉，蓋紉絲之功，省於緝縷。後世棉利興，不復致精於麻，豈古之布必粗惡哉。今之治苧葛者，纖細乃能納之筒中，紡麻者何獨不能？夫一物之微，而衣人食人如此何乃屏之粒食之外？詩云：雖有絲麻，無棄菅蒯。昔與絲伍，今乃芥視。又，苘麻利重，競植於田，而斯麻播植益稀。物理盛衰，良可增慨。古之觕不如今之細，古之拙不如今之巧，而天地之生物亦日出不窮，移人情而省人功者，凡物皆然執令人之所嗜，以訂古人之所食是猶以不火食之蠻貊，而較中國鼎火烹飪之劑也，豈有合歟！」

周煇《清波雜志》卷四《拆洗惠山泉》 煇家惠山，泉石皆爲几案物。親舊東來，數聞松竹平安信，且時致陸子泉，茗盌殊不落莫。然頃歲亦可致于汴都，但未免瓶盎氣，用細沙淋過，則如新汲時，號「拆洗惠山泉」。天台山竹瀝水，斷竹梢屈而取之盈瓮，若雜以他水則亟敗。蘇才翁與蔡君謨鬬茶，蔡茶精，用惠山泉；蘇茶少劣，用竹瀝水煎，遂能取勝。此説見江鄰幾所著《嘉祐雜志》。果爾，今喜擊拂者，曾無一語及之，何也？「雙井」因山谷而重，蘇魏公嘗云：「平生薦舉不知幾何人，唯孟安序朝奉，分寧人，歲以雙井一斤爲餉。」蓋公不納苞苴，顧獨受此，其亦珍之耶？

周煇《清波雜志》卷四《茶器》 長沙匠者造茶器極精緻，工直之厚，等所用白金之數。士夫家多有之，寘几案間，但知以侈靡相夸，初不常用也。司馬温公偕范蜀公游嵩山，各攜茶往。温公以紙爲貼，蜀公盛以小黑合。温公見之，驚曰：「景仁乃有茶器！」蜀公聞其言，遂留合與寺僧。茶宜錫，竊意若以錫爲合，適用而不侈；貼以紙，則茶味易損。豈亦出雜以消風散意，欲矯時弊耶？《邵氏聞見録》云：温公嘗同范景仁登嵩頂，由轘轅道至龍門，涉伊水，至香山，憩石樓，臨八節灘，凡所經從，多有詩什，自作序曰《遊山録》。攜茶遊山，當是此時。

周煇《清波雜志》卷五《唾硯》 曾祖殿撰，與元章交契無間，凡有書畫，隨其好即與之。一日，元章言：「得一硯，非世間物，殆天地祕藏，待我而識之。」答曰：「公雖名博識，所得之物真贋居半，特善詩耳。得見乎？」元章起，取於笥。曾祖亦隨起，索巾滌手者再，若欲敬觀狀，元章顧而喜。硯出，曾祖稱賞不已，且云：「誠爲尤物，未知發墨如何？」命取水，水未至，亟以唾點磨研。元章變色而言曰：「公何先恭而後倨？硯汙矣，不可用，爲公贈。」初但以其好潔，欲資戲笑，繼歸之，竟不納。陳通亂後，偕古大悲，雷琴莫知所在。米老嘗有題跋云：「侍講仁熟攜顧陸真蹟、保大琴會於米老庵。即此畫，并《女孝經》是也。」曾祖字仁熟，時守京口。唾硯事，吴虎臣《漫録》誤書爲東坡。

羅大經《鶴林玉露》卷二《老瓦盆》 杜少陵詩云：「莫笑田家老瓦盆，自從盛酒長兒孫。傾銀注玉驚人眼，共醉終同卧竹根。」蓋言以瓦盆盛酒，與傾銀壺而注玉杯者同一醉也，尚何分别之有。由是推之，蹇驢布韉，與金鞍駿馬同一遊也；松牀莞席，與繡帷玉枕同一寢也。知此，則貧富貴賤，可以一視矣。昔有僕嫌其妻之陋者，主翁聞之，召僕至。以銀杯瓦碗各一，酌酒飲之。問曰：「酒佳乎？」對曰：「佳。」「銀杯者佳乎？瓦碗者佳乎？」對曰：「皆佳。」主翁曰：「杯有精粗，酒無分别，汝既知此，則無嫌於汝妻之陋矣！」僕悟，遂安其室。少陵詩意正如此。而一本迺以「玉」字作「瓦」字，失之矣。

羅大經《鶴林玉露》卷三《茶瓶湯候》 余同年李南金云：「《茶經》以魚目湧泉連珠爲煮水之節。然近世瀹茶，鮮以鼎鑊，用瓶煮水，難以候視，則當以聲辨一沸二沸三沸之節。又陸氏之法，以未就茶鑊，故以第二沸爲合量而下，未若今以湯就茶甌瀹之，則當用背二涉三之際爲合量。乃爲聲辨之詩云：砌蟲唧唧萬蟬催，忽有千車稛載來。聽得松風并澗水，急呼縹色緑瓷杯。」其論固已精矣。然瀹茶之法，湯欲嫩而不欲老，蓋湯嫩則茶味甘，老則過苦矣。若聲如松風澗水而遽瀹之，豈不過於老而苦哉！惟移瓶去火，少待其沸止而瀹之，然後湯適中而茶味甘。此南金之所未講者也。因補以一詩云：「松風檜雨到來初，急引銅瓶離竹爐。待得聲聞俱寂後，一甌春雪勝醍醐。」

洪邁《夷堅志》甲卷第二《九龍廟》 潼州白龍谷陶人梁氏，世世以陶冶爲業，其家極豐腴。乃立十窑，皆燒瓦器，唯一窑所成最善，餘九所每斷火取器，率窊邪不正，及粥於市，則人争售之。凡出盡然，固莫知其所以也。谷中故有祠曰白龍廟，蓋因谷得名，靈響寂寂，不爲鄉社所敬。梁夢龍翁化爲人來見曰：「吾有九子，今皆長立，未有攸處，分寄身於汝家窑下。前此陶甄時，往往致力，陰助與汝。」梁曰：「九窑之建，初未嘗得一好器物，常以爲念，何助之云！」龍曰：「汝一何不悟，器劣而獲厚利，豈非吾兒所致耶？」梁方竦然起拜謝。龍曰：「汝苟能與之創廟，異時又將大獲福矣。」許之而覺。即日呼匠治材，立新祠於舊址，設老龍像正中坐，東西列九位以奉其子。迨畢功，居民遠近和會，瞻禮歡悦。其後以亢陽禱祈雨，不移日而降。梁之生理益富於昔云。

洪邁《夷堅志》甲卷第二《衛師回》 衛淵，字師回，鄆府東阿人。嗜酒成疾，敏慧過人，而懶讀書，年餘四十未仕。當盛夏，偕朋輩投壺聚飲，醉卧牖下，夢身游他所，或報沉湎國入寇，居民挈老稚散走，淵蒼忙伏竄。既還家，盡室皆已遭俘掠。獨行山間，徬徨累歲，無地駐足。忽遇故人閻中孚、李亨嘉、王勉夫三人，相問存没，告以其（妻）。孥無恙。淵大喜，語之曰：「吾厄困三年，饑寒漂蕩，朝不謀夕，每念平生歡會，一吸數斗，今願一杯救渴，亦無由致。諸君寧有意乎？」中孚曰：「過此數里，有青帘酒肆，二姝當壚，絶妍麗，盍共訪之？」淵益喜。到市，上二字葉本作「遂往」。果如所言。淵先釂一巵，又令添酒。別一鬟執器愁慘，淵誚之曰：「酒家人見客當融怡笑樂，何乃如是！」鬟泣曰：「先輩不知也，適所飲者非麯糵醖成，皆人之精血爾。世人居陽間，拋踐餘瀝，崇積殃咎，死則漬其骨髓而爲之。」淵昧昧不信，姝乃引入後室巡視，見大屋中羅列醉槽，傍有百餘人。裸坐，男女淆雜，兩大鬼持戟，以次叉置槽内，大石壓醉之，血自口流溢，俄而成酒。淵怖慄而覺，小童在側，賓客踞坐，壺矢之聲方鏗然。遽話所夢，元不移一時，憶其經歷，殆數歲矣。唐人記南柯太守、櫻桃青衣、邯鄲黄粱，事皆相似也。

洪邁《夷堅志》乙卷第三《安國寺僧》 饒州安國寺據莊園田池之入，資用饒洽，勝於他刹，名爲禪林，而所畜僧行皆土人相承，以牟利自潤。僧妙辨者，尤習爲不善，于持戒參學，略無分毫可稱，衣鉢差厚，寶護之如頭目。紹熙甲寅五月，以病死。臨命之際，喉中介介，若貪戀不忍捨之狀。寺衆在傍觀之，知其昏於篋櫝精神混亂所致。既絶就殮，行者法珍守其柩。未及舉焚，六月旦日將黄昏，法珍方爇燭炷香，覺左右前後履聲窸窣，四顧無所睹，頗疑懼焉。且二鼓，寐未熟，見妙辨從壁畔徐徐而來，貌如生時，手拍供案，彈指長吁，又往發遺篋，周視所貯，復闔之，繼撤關啓户，旋亦闔之，作怒推壁，兩堵砉然而摧。珍大駭呼救，乃滅。由是感疾，幾死。主僧命厥侣奉柩出城焚之，而悉斥賣其物，爲修薦畢，怪變始息。

洪邁《夷堅志》乙卷第三《景德鎮鬼鬬》 淳熙元年初夏，浮梁景德鎮漁者設網於鄱江，天色亭午，景物清和，水波不興。正往來投餌，俄頃迅風大作，冷氣葉本無「氣」字。如深秋。漁急挐舟趨伏岸滸，忽見偉男子百餘輩，皆文身椎髻，容貌魁昂，盤旋於沙渚。一巨人青巾緑袍，褐韡玉帶，持金瓜，坐繩床，指呼羣衆分爲東西兩朋，各執矛戟刀仗，互前鬬擊，其勇如虎，格格有聲。久之，東朋獲勝，退立少息。西朋負敗而走，悉化爲牛，浮鼻渡水。東隊鼓譟追襲，振摇太空。牛既得渡，縱横散佚，不知其所如。是歲近境疫癘，從縣鎮以西比屋抱疾，而東村帖然，始悟漁者所見向日争鬬而勝者，里社之神，其奔敗化牛者，瘟鬼也。

洪邁《容齋五筆》卷八《醉翁亭記酒經》 歐陽公《醉翁亭記》、東坡公《酒經》，皆以也字爲絶句。歐陽二十一也字，坡用十六也字，歐記人人能讀，至於《酒經》，知之者蓋無幾。坡公嘗云：「歐陽作此記，其詞玩易，蓋戲云耳，不自以爲奇特也。而妄庸者作歐語云：平生爲此文最得意。又云：吾不能爲退之畫記，退之不能爲吾《醉翁亭記》。此又大妄也。」坡《酒經》每一也字上必押韻，暗寓於賦，而讀之者不覺，其激昂淵妙，殊非世間筆墨所能形容，今盡載於此，以示後生輩。其詞云：「南方之氓，以糯與粳，雜以卉藥而爲餅，嗅之香，嚼之辣，揣之枵然而輕，此餅之良者也。吾始取麪而起肥之，和之以薑液，烝之使十裂，繩穿而風戾之，愈久而益悍，此麯之精者也。米五斗爲率，而五分之，爲三斗者一，爲五升者四，三斗者以釀，五升者以投，三投而止，尚有五升之贏也。始釀，以四兩之餅，而每投以二兩之麯，皆澤以少水，足以散解而匀停也。釀者必甕按而井泓之，三日而井溢，此吾酒之萌也。酒之始萌也，甚烈而微苦，蓋三投而後平也。凡餅烈而麯和，投者必屢嘗而增損之，以舌爲權衡也。既溢之三日乃投，九日三投，通十有五日而後定也。既定乃注以斗水，凡水必熟而冷者也。凡釀與投，必寒之而後下，此炎州之令也。既水五日乃篘，得二斗有半，此吾酒之正也。先篘半日，取所謂贏者爲粥，米一而水三之，揉以餅麯，凡四兩，二物并也。投之糟中，熟撋而再釀之，五日壓得斗有半，此吾酒之少勁者也。勁、正合爲四斗，又五日而飲，則和而力、嚴而不猛也。篘絶不旋踵而粥投之，少留則糟枯中風而酒病也。釀久者酒醇而豐，速者反是，故吾酒三十日而成也。」此文如太牢八珍，咀嚼不嫌於致力，則真味愈雋永，然未易爲俊快者言也。

洪邁《容齋續筆》卷一六《酒肆旗望》 今都城與郡縣酒務，及凡鬻酒之肆，皆揭大帘於外，以青白布數幅爲之，微者隨其高卑小大，村店或挂瓶瓢，標箒稈，唐人多詠於詩。然其制蓋自古以然矣，《韓非子》云：「宋人有酤酒者，斗槩甚平，遇客甚謹，爲酒甚美，懸幟甚高，而酒不售，遂至於酸。」所謂懸幟者此也。

江少虞《事物類苑》卷一《太祖皇帝》 太祖時趙普爲相，車駕偶出，因忽幸其第，時兩浙錢王俶方遣使致書及海物十瓶，普方置在廡下，會車駕至，倉卒迎不及屏也。上顧見問何物，普以實對，上曰此海物必佳，即令啟之，皆滿貯瓜子金也。普惶恐頓首謝，曰臣未嘗發書，實不知，若知之當奏聞而却之。上笑曰：但受之無妨，彼謂國家事，皆由汝書生耳。

江少虞《事物類苑》卷九《魏咸熙》 魏咸熙，仁浦之子，性寬厚，任太僕少卿，累典藩郡。知杭州，日晨起視事，掌舍卒掛油缸於簾鈎上，平中其額，翻汙冠綬，咸熙戒左右勿得輒言，使老卒驚懼，亟還卧内易衣甲而出，歸朝大治酒具，賓友集饌，陳越中銀缸陶器，僮僕數人，共舉食案而前相嘲誚，蹉跌盡碎之，坐客皆失色，咸熙殊不變容，但令易他器，別具蔬菓，亦不加笞責，人以爲劉寬之比。

江少虞《事物類苑》卷二二《許仲宣》 許仲宣，清社人，三爲隨軍轉運使，心計精敏，無絲髮遺曠。征江南軍中之需，當不備之際，曹武惠王故欲試之，凡所索則隨應。王師將夜攻城，仲宣陰記乞曰：永夕運兵，寧不食耶，既食無器可乎，預料陶器數十萬，夜半爨成食兵，將就食，果束其器，如數給之，他率類此。征交州爲廣西，冑士死於瘴者十七八，大將孫全興失律，仲宣乞奏罷兵，不待報，以兵屯湖南諸州，開倉賞給，縱其取餌，謂人曰：吾奪瘴嶺，客死數萬，生還中國，已恨後時，若更俟報已，積屍於廣野矣。誅一族活萬夫，吾何恨哉。又飛檄諭交人以禍福，交人果送款，乞内附，遣使修貢。仲宣上表待罪，太宗褒詔，大嘉之。《玉壺清話》

曾慥《類説》卷一《赤鳳自爲姊來》 后所通宫奴燕赤鳳者，雄捷能超樓閣，兼通昭儀。十月五日宫中故事，上靈安廟，吹塤擊鼓，連臂踏歌，歌《赤鳳皇來曲》後曰：「赤鳳皇爲誰來？」昭儀曰：「赤鳳自爲姊來，寧爲他人來乎？」后怒以杯抵昭儀裙曰：「鼠子能噬人乎？」昭儀曰：「穿其衣見其私足矣，安在噬人乎？」昭儀素卑事后，不虞見答之。暴樊嫕扶昭儀拜泣曰：「姊寧忘共被，夜長苦寒不成寐，使合德擁姊背耶？今幸得貴，且無外搏，其忍内相搏乎？」后抽紫玉九鶵釵爲昭儀簪髻，乃罷。帝微聞其事，以問昭儀，昭儀曰：「后妒我耳，以漢家火德故，以帝爲赤鳳。」帝信之，大悅。

曾慥《類説》卷一《楊妃外傳・霓裳羽衣曲》 天寶四載，册太真宫女道士楊氏爲貴妃，半后服，進見之日奏《霓裳羽衣曲》。注：劉禹錫詩云：「開元天子萬事足，惟惜當時光景促。三鄉陌上望仙山，歸作霓裳羽衣曲。仙心從此在瑶池，三清八景相追隨。天上忽乘白雲去，世間空有秋風詞。」按《逸史》云：天寶初中秋，羅公遠曰：「陛下能從臣月中游乎？」取桂枝擲空爲大橋，色如白金，上行至月宫，女仙數百，素衣飄然，舞於廣廷。上問何曲，曰《霓裳羽衣》也。是夕授金釵鈿、合却暑、犀如意、辟香塵、雲母、起花屏風、舞鳳交烟香爐、潤玉合歡條脱、紫瓊杯、玉竹、水紋簟並白花文石硯。上又持紫金雙步摇親與插鬢，上喜曰：朕得楊氏女如得至寶，製曲曰《得寶子》。

曾慥《類説》卷六《甕肚峯》 華岳雲臺觀中方之上有山崛起，半甕之狀，名甕肚峯。上欲於峯腹大鑿「開元」二字，填以白石，諫官上言乃止。

曾慥《類説》卷一三《瓶隱》 申屠有崖放曠雲泉，嘗攜一瓶，一日躍身入瓶時，號瓶隱。

曾慥《類説》卷一四《察院廳名》 察院諸廳，各有他名。禮察曰松廳，南有古松也。刑察曰魘廳，寢此多魘。兵察主院中茶，茶必是蜀之佳者，貯於陶器，謂之茶瓶廳。吏察主入朝人名籍，謂之朝簿。吏察之上則館驛使，又其上監察使，謂之察長。

曾慥《類説》卷一五《白傅泛舟往香山》 盧簡辭遊伊川别墅，忽有二童子操篷艇，中有白衣人與僧偶坐船後，以桐甑而炊，吟笑宛若神仙，問之乃白傅泛舟往香山也。

曾慥《類説》卷二五《龜寶》 徐太尉彦若赴廣南渡小海，於淺水中得一琉璃瓶，中有一龜及寸旋轉不停，而瓶口極細，不知何自而入。夜半覺船偏重，視之則羣龜重疊登舟，遶其瓶，徐懼而棄之，後問舶主，云此名龜寶。

曾慥《類説》卷二六《蛇酒治風》 李丹之弟患風，或云蛇酒治風，乃求黑蛇生置甕中，醞以麴蘗，數日蛇聲不絕。及熟，香氣酷烈，引滿而飲，斯須化爲水，惟毛髮存焉。

陶宗儀《説郛》卷一八顧文薦《負暄雜録》 金石毒 金石有性之藥多僭燥，前輩已嘗論之矣。往往不悟，致多喪身，是猶晉人之好服寒食散，唐人之好服丹砂，雖韓文公亦不免焉。武宗好神仙方士之術，用趙歸真等取銀液，鍊神丹而服之，遂以丹發而崩。王仲言《揮麈録》載：「宣和間，王稱定觀好學能詩，少年爲殿中監，眷注甚渥。一日召入禁中，上曰：朕近得異人，製丹砂服之，可以長生，煉治經歲，色如紫金，卿爲試之。定觀忻躍拜命，取而服之，纔下咽覺胸中煩燥之甚。俄頃，烟從口出，急扶歸，已不救。既殮，聞柩中剥啄聲，莫測所以。已而，火出柩内，頃刻遂成烈焰，屋廬盡焚，延燒十數家方息。」予景定庚申訪陳德公于三衢，偶及丹。竃事云：「向聞天台金鵝洞前有巨松，夜静遠望，則火毬飛走，積有年矣。」暇日，與尤松泉爚至其處，見松根脂膏融液于外，意爲有異。命剖鑿之，有物如琥珀，色光瑩朗徹，始知其爲松丹也。挈之歸，約日分服，尤服刀圭，即覺狂躁不可禁，急以水沃胸前，熱益甚。遂置身水缶中，凡數易水，皆如湯。亟飲豆汁，稍定。至冬，疽發幾死。陳亦服寸七，雖不至甚，而兩目赤腫如桃，兩月方愈。昔米巨容以松丹進，史衛王服，發其狂陽而死。方仁聲《泊宅編》載。吴景淵刑部平生服硫黄，人罕知之。其後二十年，長子橐爲華亭市易官，疽發于背而死，乃知流毒傳氣尚及其子，可不戒哉。

陶宗儀《説郛》卷六二范成大《桂海器志》 南州風俗猱雜蠻猺，故凡什器多詭異，而外蠻兵甲之製，亦邊備之所宜知者。

竹弓以熏竹爲之，觔膠之制一如角弓，惟揭箭不甚力。

黎弓海南黎人所用，長弰木弓也，以藤爲弦，箭長三尺，無羽鏃長五寸，如茨菰葉以無羽，故射不遠三四丈，然中者必死。

蠻弩，諸峒猺及西南諸蕃，其造作罟同，以硬木爲弓，椿甚短，似中國獵人射生弩，但差大耳。

猺人弩，又名編架弩，無箭槽編架而射也。

藥箭，化外諸蠻所用弩，雖小弱而以毒藥濡箭鋒，中者立死，藥以蛇毒草爲之。

蠻甲惟大理國最工，甲冑皆用象皮，胸背各一大片，如龜殼堅厚，與鐵等。又聯綴小皮片爲披膊護項之屬，製如中國鐵甲葉，皆朱之兜鍪及甲身，内外悉朱，地間黄黑漆，作百花蟲獸之文，如世所用犀毗器，極工妙。又以小白貝纍纍駱甲縫，及裝兜鍪，疑猶傳古貝冑朱綅遺製云。

黎兜鍪，海南黎人所用，以藤織爲之。

雲南刀即大理所作，鐵青黑沉，沉不錔，南人最貴之。以象皮爲鞘，朱之上亦畫犀毗花文，一鞘兩室，各函一刀，靶以皮條纏束，貴人以金銀絲。

峒刀，兩江州峒及諸外蠻無不帶刀者，一鞘二刀，與雲南同，但以黑漆雜皮爲鞘。

黎刀，海南黎人所作，刀長不過一二尺，靶乃三四寸。織細藤纏束之，靶端插白角片尺許，如鴟鶚尾，以爲飾。

蠻鞍，西南諸蕃所作，不用韉但空垂兩木鐙鐙之，狀刻如小龕，藏足指其中，恐人榛棘傷足也。后鞦鏇木爲大錢纍，纍貫數百，狀如中國騾驢鞦。

蠻鞭，刻木節節如竹根，朱墨間漆之，長纔四五寸，其首有鐵環，貫二皮條以策馬。

花腔腰鼓，出臨桂職田鄉，其土特宜鼓腔，村人專作窰燒之，油畫紅花紋以爲飾。

銅鼓，古蠻人所用，南邊土中時有掘得者，相傳爲馬伏波所遺。其製如坐墩而空其下溝，鼓皆細花紋，極工緻，四角有小蟾蜍。兩人并行，以手拊之，聲全似鞞鼓。

銃鼓，猺人樂，狀如腰鼓，腔長倍之，上鋭下侈，亦以皮鞔，植于地，坐拊之。

盧沙，猺人樂，狀類簫，縱八管横一管貫之。

胡盧笙，兩江峒中樂。

藤合，屈藤盤繞成柈合狀，漆固護之，出藤梧等郡。

雞毛筆，嶺外亦有兔，然極少，俗不能爲免毫筆，率用雞毛，其鋒踉蹡，不聽使。

練子出兩江州峒，大畧似苧布，有花紋者謂之花練，土人亦自貴重。

緂亦出兩江州峒，如中國線羅，上有徧地小方勝紋。蠻氊出西南諸蕃，以大理者爲最，蠻人晝披夜卧，無貴賤人有一蕃。

黎幕出海南黎峒，人得中國錦綵，折取色絲，間木綿挑織而成，每以四幅聯成一幕。

黎單亦黎人所織，青紅間道，木綿布也，桂林人悉買以爲卧具。

檳榔合，南人既喜食檳榔，其法用石灰或蜆灰并扶留藤，同咀則不澀。士人家至以銀錫作小合如銀鋌樣，中爲三室，一貯灰，一貯藤，一貯檳榔。

鼻飲杯，南人習鼻飲，有陶器如杯椀，旁植一小管若瓶嘴，以鼻就管吸酒漿。暑月以飲水，云水自鼻入咽，快不可言。邕州人已如此記之，以發覽者一胡盧也。

牛角杯，海旁人截牛角令平以飲酒，亦占兕觥遺意。

蠻椀，以木刻朱黑間漆之，侈腹而有足，如敦瓿之形。竹釜，猺人所用，截大竹筒以當鐺鼎，食物熟而竹不燔，蓋物理自爾非異也。

戲面，桂林人以木刻人面，窮極工巧，一枚或值萬錢。

陶宗儀《説郛》卷六二《真臘風土記》 器用

尋常人家房舍之外，別無卓凳盂桶之類，但作飯則用一瓦釜，作羹又用一瓦銚，地埋三石爲竈，以椰子殼爲杓，盛飯用中國瓦盤或銅盤，羹則用樹葉造一小碗，雖盛汁亦不漏。又以茭葉製一小杓，用兜汁入口，用畢則棄之，雖祭祀神佛亦然。又以一錫器或瓦器盛水于傍用以蘸手，蓋飯只用手拿，其粘于手，非此水不能去也。飲酒則用鑞注子，貧人則用瓦鉢子，若府第富室則一一用銀，至有用金者。國之慶賀多用金爲器皿，制度形狀又別。地下所鋪者明州之草席，或有鋪虎豹麂鹿等皮及藤簟者。近新置矮卓高尺許，睡只竹席，臥於板。近又用矮床者，往往皆唐人制作也。食品用布罩，國主内中以銷金縑帛爲之，皆舶商所饋也。稻不用礱，止用杵舂碓耳。

舟楫

巨舟以硬樹破版爲之，匠者無鋸但以斧鑿之，開成版既費木且費工也。凡要木成段亦只以鑿，鑿斷起屋亦然。船亦用鐵釘，上以茭葉蓋覆，卻以檳榔木破片壓之，此船名爲新拏，用櫂所粘之油魚油也，所和之灰石灰也。小舟卻以一巨木鑿成，槽以火熏軟，用木撑開，腹大兩頭尖，無蓬可載數人，止以櫂剗之，名爲皮闌。

取膽

前此於八月内取膽，蓋占城王每年索人膽一甕，萬千餘枚。遇夜則多方令人於城中及村落去處，遇有夜行者以繩兜往其頭，用小刀於右脇下取去其膽，俟數足以饋占城王，獨不取唐人之膽，蓋因一年取唐人一膽雜于其中，遂致甕中之膽俱臭腐而不可用故也。近年已除取膽之事，另置取膽官屬，居北門之裏。

陶宗儀《説郛》卷九四鄭獬《觥記注》 黄帝時有瑪瑙，甕中有實露，堯時猶存，時淳則露滿，時澆則露竭。

紂爲瓊杯，南昌國獻敬宗玳瑁盆，周穆王時西域獻常滿杯，秦始皇赤玉甕，漢文帝時方士新垣衍獻玉杯，唐時高麗國獻紫霞杯，渤海榛柃瘦盂，罽賓國獻水晶杯，波祇國文螺巵，唐武德二年西域獻玻瓈杯。

内庫一杯青色，紋如亂絲，其薄如葉，杯足有鏤金字，曰自煖杯，上命以酒置之，温温然有氣相吹如沸。

魏后有瑪瑙榼，容三升，玉縫之人稱爲西域鬼作。

撒馬罕兒國即漢時之罽賓國也，進一杯名照世杯，光明洞徹，照之可知世事。

爵者，容一升周曰爵。

觚者，鄉飲酒之爵也，受二升。

角者，以角爲之，受四升。

罍者下尊也，受六斗。

甒者，紂臣昆吾作瓦器也，受五斗。

罍者，象雲雷施不窮也，受一石，金罍容一斛，山罍夏尊也。

壺者圜器也，受十斗，乃一石也。重一百二十斤，或曰劉伯倫，一飲一石五斗。古時斗窄，以今量較之，古一石得三斗，其五斗當一斗五升也。

琖者夏曰琖，與盞同。

鍾者二缶謂之鍾。

杯桮否䑼缹匜六字通同，匜者亦杯也。

鐏本作尊，周禮鐏䍌甑墫樽通同。

大貝出日南可爲酒杯，見《爾雅翼》。

觴者巵之總名也，謂之羽觴者如生爵之形，有頸尾羽翼。

瓶甌缾甀通，用似鍾而頸長。

盌者小盂也，椀瓮同。

缶者小瓦盆也，秦人擊之以節歌，杜子美詩：「莫笑田家老瓦盆，自從盛酒長兒孫。」

坎者小罍也，見《爾雅》。

鄭若庸《類雋》卷二《鏡・甕匣》 《酉陽雜俎》云：元和初，海陵夏侯一庭前生百合花，大倍常品，因發其下得甕匣十三重，各匣一鏡，第七者尤不蝕，照日花環一丈，其餘規銅而已。

王世貞《弇山堂別集》卷六《親王功賞之厚》 宗王以賢德維藩，不當有戰功，而高帝則獨重之。洪武中，秦、晉、燕數北征有功，賞最重，楚、湘次之。其可考者，晉、燕二府賜鈔各一百萬錠；楚王征雲南阿魯禿等處，賜奏馬三千匹，黄牛二千頭，氂牛一千頭，羊九千隻。

永樂賞谷王橞金川門功，樂七奏，衛士三百，金銀大劍，金三百兩，銀三千兩，鈔三萬綻，綵幣三百匹，良馬四匹，金籠鞍轡二副；又馬二十四匹，金鞍二副，銀五百兩，鈔四萬六千錠，錦十匹，紵絲綾羅各六十匹，絹百九十匹；又銀千兩，鈔三萬錠，袍衣三襲，絹五百匹，白兜羅綿一條，西洋布三十匹，檀香三百斤，降真香五百斤，胡椒、蘇木各千斤，良馬十匹，羊百腔，酒五百瓶，椰子三百，火者百人。賞蜀王椿發谷府反謀功，黄金二百兩，銀千兩，鈔四萬錠，玉帶一，金織衮龍紵絲紗羅衣九襲，紵絲紗羅各五十匹，絨錦十匹，綵絹千匹，兜羅綿十條，高麗布一百匹，白米千石，胡椒千斤，良馬十匹，金鞍二副；又銀四千五百兩，鈔十萬錠，米萬石，紵絲五百匹，紗羅各二百五十匹，絹一千匹，兜羅綿六十條，蘇木五千斤，胡椒三千斤，珍珠一百九十二兩，馬一百五匹，金鞍二副，火者百人。洪熙賞趙王高燧山陵功，白金三千兩，鈔三萬貫，綵幣二百表裏，馬十匹。

王世貞《弇山堂别集》卷一一《賜尚師儀仗》 今公侯前導，止藤杖一對、鞍籠馬杌一對而已。攷之國初，有公侯儀仗户當不止此。永樂中，賜尚師法王哈立麻牙杖二、金瓜二、骨朵二、幡幢二十四對、銀香爐盒二、拂子二、銀手爐三、對紅紗燈籠一對、鮀燈二對、傘二、銀交椅一、銀脚踏一、銀水罐銀盆一、誕馬四、鞍籠二、銀杌一、青圓扇一、紅圓扇一、帳房一、紅紵絲拜褥一、玉印誥命、織金珠架裟、金銀器皿。成化中，法王劄巴堅參賜儀仗亦如之，特許用椶轎，前後皆以錦衣校卒供應，見者皆以爲親王。

王世貞《弇山堂别集》卷一四《戎王來朝之賞》 永樂破安南之後，西南夷王來朝者凡四五見，國家亦以其近世希曠，禮賜優渥，蓋有令甲所不載者。按永樂六年，浡泥國王麻邪惹加那乃來朝，賜王儀仗、交椅、水罐、水盆，俱用銀，傘扇俱銷金白羅，金裝鞍馬二匹，織金文綺紗羅綾絹衣十襲。王妃弟妹陪臣各有差。王尋病卒，棺殮皆資尚方，葬安德門外，親爲樹碑。賜其子嗣王遐旺金鑲玉帶一，金百兩，銀三千兩及錢鈔、錦綺、紗羅、衾褥、帳幔、器皿。王母以下有差。十一年遐旺來朝，賜黄金百兩，白金五百兩，鈔三千錠，錢百五十萬，文錦四，段綺帛紗羅八十匹，金織錦繡文綺衣各一襲，并器皿衾褥帷幔等物。王母及叔以下有差。又九年，滿剌加國王拜里迷蘇剌來朝，賜金龍衣二襲，麒麟衣一襲，及金銀器皿、帷幔、裀褥。朝辭，賜金鑲玉帶一，儀仗一副，鞍馬二匹，黄金百兩，白金五百兩，鈔四十萬貫，銅錢二百六十萬，錦繡紗羅三百匹，絹千匹，渾金文綺二，織金通袖膝襴二，王妃冠服一副，白金二百兩，鈔五千貫，錦綺紗羅絹六十匹，織金文綺紗羅衣四襲。王子姪陪臣賜各有差。十五年，蘇禄國東王巴都葛叭答剌、西王麻哈剌吒葛剌麻、丁嵓王叭都葛巴剌卜來朝，各賜金鑲玉帶一，黄金百兩，白金三千兩，羅錦文綺二百匹，絹三百匹，鈔一萬錠，錢三百萬，文金繡蟒龍文綺麒麟衣各一襲。隨從頭目賜各有差。東王卒德州，賜葬立碑，留其妃及弟守墓，三年乃歸。十九年，古麻剌朗國王斡剌義亦奔敦來朝，賜如蘇禄東王，其年還，至福州卒，賜葬亦如東王。

王士禛《池北偶談》卷二三《談異四・捉卧甕人》 昔見朱竹垞簡討彝尊詩云：「捉卧甕人選新格。」初不解，及觀《通志》有趙昌言捉卧甕人格及採珠局格、旋棊格、金龍戲格等名，始悟所謂。

高濂《遵生八牋》卷四《瘟扇》 《文昌雜録》曰：端午日走馬謂之躡柳。《保生餘録》曰：五月取螢火二七枚撚，白髮能黑。《千金方》曰：多採蒼耳陰乾，置大甕中，能辟惡炁，若有時疫生發，即取爲末，舉家服之，不染若病。脹滿心悶發熱即服此，又能殺三尸九蟲。

高濂《遵生八牋》卷五《七月事宜》 《法天生意》云：七日取百合根熟擣，新瓦器盛之，掛於屋内陰乾百日，拔白以此摻之，可生黑髮。又云是日取蜂窠中蜂蛹子一，窠陰乾爲末，用蜜調塗，可除面黖。又云七日取螢火十四枚，撚白髮自黑。

高濂《遵生八牋》卷六《十月事宜》 《四時纂要逐瘟方》：地黄八兩，巨勝子一升，二物熬爛，牛膝五加皮地、骨皮各四兩，官桂、防風各二兩，仙靈皮三兩，用牛乳五兩同甘草湯浸三日，以半升同乳拌仙靈皮，瓷瓶盛入，炊食上蒸之，待其牛乳盡出，方以暖水净淘，碎如麻豆，同前藥細剉入布袋盛之，浸於二斗酒中五日後取。看味重取去藥楂，十月朔飲至冬至日止，忌葱蒜臭物。

決明子主青盲目、淫膚赤白膜、痛淚，又療唇口青色。十月十日採陰乾，百日可服。

又云：是月取枸杞子，清水洗净，瀝乾研爛，以細布袋盛，榨出汁水，去渣慢火熬膏，勿令粘底，候少稠即以瓦器盛之，蠟紙密封，勿令透氣。每朝酒調一二匙服之，夜臨再服，百日輕身壯氣，耳目聰明，鬚髮烏黑。

高濂《遵生八牋》卷七《序古名論》 神隱曰：草堂之中，竹牕之下，必置一榻，時或困倦，偃仰自如，日間牕下一眠，甚是清爽。時夢乘白鶴遊于太空，俯視塵壤，有如蟻壘，自爲莊子夢爲蝴蝶，入於桃溪，當與子休相類。又曰：草堂之中或草亭僻室，製爲琴室，地下埋一大缸，缸中懸一銅鐘，上以石墁或用板鋪，上置琴磚或木几彈琴，其聲空朗清亮，自有物外氣度。

高濂《遵生八牋》卷七《高子盆景説》 高子曰：盆景之尚，天下有五地最盛，南都蘇、松二郡，浙之杭州，福之浦城，人多愛之，論植以錢萬計，則其好可知。但盆景以几卓可置者爲佳，其大者列之庭榭中物，姑置勿論。如最古雅者，品以天目松爲第一，惟杭城有之，高可盈尺，其本如臂，針毛短簇，結爲馬遠之欹斜，結曲郭熙之露頂，攫拿劉松年之偃亞，層疊盛子昭之拖拽。軒翥等狀，載以佳器，槎牙可觀。他樹蟠結無出此製。更有松本一根二梗三梗者，或栽三五，窠結爲山林排匝，高下參差，更多幽趣。林下安置透漏，窈窕崑石、應石、燕石、臘石，將樂石、靈璧石、石筍安放得體，可對獨本者，若坐岡陵之巔，與孤松盤桓。其雙本者，似入松林深處，令人六月忘暑。

除此五地所産多同，惟福之種類更夥，若石梅一種乃天生，形質如石燕、石蟹之類。石本發枝，含花吐葉，歷世不敗。中有美者，奇怪莫狀，此可與杭之天目松爲匹。更以福之水竹副之，可充几上。三友水竹高五六寸許，極則盈尺，細葉老幹，瀟疎可人，盈盈數竿，便生渭川之想，亦盆景中之高品也。次則枸杞之態，多古雪中紅子扶疎，時有雪壓珊瑚之號，本大如拳，不露做手。又如檜栢耐苦，且易蟠結，亦有老本蒼柯，針葉青鬱，束縛盡解，若天生然，不讓他本，自多山林風致。他如虎茨，余見一友人家有二盆，本狀笛管，其葉十數重疊，每盆約有一二十株爲林，此真元人物也，後爲俗人所敗。又見僧家元盆，奇古作狀寶玩，令人忘餐，竟敗豪右。美人蕉盈尺，上盆蕉傍立石，非他樹可比，此須擇異常之石方愜心賞。

他如榆椿、山東青山黄楊、雀梅楊、婆奶六月霜、鐵梗海棠、櫻桃、西河柳、寸金羅漢松、娑羅松、剔牙松、細葉黄楊、玉蝶梅、紅梅、緑萼梅、瑞香桃、絳桃、紫薇、結香、川鵑、李杏、銀杏、江西細竹、素馨、小金橘、牛奶橘，冬時纍纍朱實，至春不凋。小茶梅、海桐、纓絡、栢樹、海棠、老本黄楊，已上皆可上盆，但木本奇古，出自生成，爲難得耳。又如深山之中天生怪樹，種落巖竇，年深木本，雖大樹則婆娑，雖見數本，名不可識，似更難得。又如菖蒲之種，有六金錢、牛頂、臺蒲、劔脊、虎鬚、香苗，看蒲之法，妙在勿令見泥與肥爲上，勿澆井水，使葉上有白星壞苗，不令日曝，勿冒霜雪，勿見醉人油手，數事爲最。種之崑石、水浮石中，欲其苗之蒼翠蕃衍，非歲月不可徃見。

友人家有蒲石一圓，盛以水底，其大盈尺，儼若青壁，其背乃先時拳石種蒲日就生意根窠蟠結，密若羅織，石竟不露。又無延蔓，真國初物也。後爲腥手摩弄，缺其一面，令人悵然。大率蒲草易看，盆古爲難，若定之五色，劃花、白定，綉花。劃花方圓盆以雲板脚爲美。更有八角圓盆、六角環盆，定樣最多，奈無長盆。官窑、哥窑圓者居多，絛環者亦有，方則不多見矣。如青東瓷、均州窑圓者居多，長盆亦少，方盆、菱花、葵花製佳，惟可種蒲。先年蔣石匠鑿青紫石盆，有匾長者，有四方者，有長方四入角者，其鑿法精妙，允爲一代高手，傳流亦少，人多不知。又若廣中白石、紫石方盆，其製不一，雅稱養石。種蒲單以應石置之，殊少風致，亦有可種樹者。又如舊龍泉官窑，盈三二尺大，盆有底冲全者，種蒲可愛。若我朝景陵、茂陵所製青花白地官窑方圓盆底，質細青翠，又爲殿中名筆圖畫，非窑匠描寫。曾見二盆上蘆鴈不下絹素，但盆惟種蒲者多，種樹者少也。惟定有盈尺方盆，青東瓷間或有之，均州龍泉有之，皆方而高深，可以種樹，若求長樣，可列樹石，雙行者絶少。曾見宣窑粉色裂紋長盆中分樹水二漕，製甚可愛。近日燒有白色方圓長盆甚多，無俟他求矣。其北路青緑泥窑，俗惡不堪，經眼更有燒成兔子、蟾蜍、劉海、荔枝、党仙，中間二孔種蒲，此皆兒女子戲物，豈容污我仙靈，見之當擊碎撞破，爲菖蒲脱災。山齋有崑石蒲草一具，載以白定劃花水底，大盈一尺三四寸，製川石數十子，紅白交錯，青緑相間，日汲清泉養之，自謂齋中一寶。

高濂《遵生八牋》卷七《擬花榮辱評》 高子曰：花之遭遇榮辱，即一春之間，同其天時而所遇迥别，故余述花雅，稱爲榮凡二十有二。其一輕陰蔽日，二淡日蒸香，三薄寒護蕋，四細雨逞嬌，五淡烟籠罩，六皎月篩陰，七夕陽弄影，八開值晴明，九傍水弄妍，十朱闌遮護，十一名園閒静，十二高齋清供，十三插以古瓶，十四矯歌艷賞，十五把酒傾歡，十六晚霞映彩，十七翠竹爲隣，十八佳客品題，十九主人賞愛，二十奴僕衛護，二十一美人助粧，二十二門無剥啄。此皆花之得意春風，及第逞艷，不惟花得主榮，主亦對花無愧，可謂人與花同春矣。其疾憎爲辱，亦二十有二。一狂風摧慘，二淫雨無度，三烈日銷爍，四嚴寒閉塞，五種落俗家，六惡鳥翻啣，七驀遭春雪，八惡詩題詠，九俗客狂歌，十兒童扳折，十一主人多事，十二奴僕懶澆，十三藤草纏攪，十四本瘦不榮，十五搓捻憔悴，十六臺樹荒凉，十七醉客嘔穢，十八築瓦作瓶，十九分枝剖根，二十蟲食不治，二十一蛛網聯絡，二十二麝臍薰觸。此皆花之空度青陽，芳華憔悴，不惟花之寥落主庭，主亦對花增愧矣。花之遭遇，一春是非，人之所生，一世同邪。

高濂《遵生八牋》卷一〇《飲食當知所損論》 高子曰：飲食所以養生，而貪嚼無忌則生我亦能害我，況無補於生，而欲貪異味以悦吾口者，往往隱禍不小。意謂一菜、一魚、一肉、一飯，在士人則爲豐具矣，然不足以充清歌舉觴、金匏盈席之燕，但豐五鼎而羅八珍，天厨之供亦隆矣，又何俟搜奇致遠，爲口腹快哉。吾意玉瓚瓊酥，與壺漿瓦缶同一醉也。雞跖熊蹯，與糲飯藜蒸同一飽也。醉飽既同，何以侈儉各别。人可不知福所，當惜況物理。論曰：穀氣勝元氣，其人肥而不壽，養性之術，嘗使穀氣少則病不生矣。穀氣且然，矧五味饜飫，爲五内害哉。吾考禽獸穀食者宜人，此世之嘗品是也。若達方珍品，絶壑野味，恐其所食多毒。一時尚珍，其於人之臟腑宜忌，又未可曉。悦口充腸，何貴於此。故西方聖人使我戒殺茹素，豈果異道者哉。人能不殺，則性慈而善念，舉茹素則心清而腸胃厚，無嗔無貪，罔不由此。即宣尼惡衣惡食之戒，食無求飽之言，謂非同一道耶。余録諸經法言，覺彼飲食知忌俾，得人元之壽。

高濂《遵生八牋》卷一一《熟水類》 稻葉熟水 採禾苗曬乾，每用滚湯入壺中，燒稻葉帶焰投入，蓋密少頃，瀉服香甚。

橘葉熟水 採取曬乾，如上法泡用。

紫蘇熟水 取葉火上，隔紙烘焙，不可翻動，候香收起，每用以滚湯洗泡，一次傾去。將泡過紫蘇入壺，傾入滚水，服之能寬胸導滯。

沉香熟水 用上好沉香一二小塊，爐燒烟，以壺口覆爐，不令烟氣旁出，烟盡急以滚水投入壺内，蓋密瀉服。

丁香熟水 用丁香一二粒搥碎入壺，傾上滚水，其香鬱然，但少熱耳。

砂仁熟水 用砂仁三五顆，甘草一二錢碾碎入壺中，加滚湯泡上，其香可食，甚消壅隔，去胷膈鬱滯。

花香熟水 採茉莉、玫瑰摘半開蕋頭，用滚湯一碗停冷，將花蕋浸水中，蓋碗密封。次早用時，去花先裝滚湯一壺，入浸花水一二小盞，則壺湯皆香藹可服。

檀香熟水 如沉香熟水方法。

荳蔻熟水 用荳蔻一錢、甘草三錢、石菖蒲五分，爲細片入净瓦壺，瓶以滚水，食之如味濃，再加熱水。可用桂漿、官桂，一兩爲末。白蜜，二碗。先將水二斗煮作一斗多，入瓷罈中，候冷入桂蜜二物，攪二百餘遍。初用油紙一層，外加綿紙數層，蜜封罈口，五七日其水可服。或以木栟罈口，蜜封置井中三五日，冰涼可口，每服一二杯，祛暑解煩，去熱生凉，百病不作。

香橼湯 用大香橼，不拘多少，以二十個爲規，切開將内瓤以竹刀刮出，去囊袋并筋收起，將皮刮去白，細細切碎，笊籬熱滚湯中焯一二次，榨乾收起，入前瓤内，加炒鹽四兩，甘草末一兩，檀香末三錢，沉香末一錢，不用亦可。白豆仁末二錢和匀，用瓶密封，可久藏。用每以筯挑一二匙，沖白滚湯服，胷隔脹滿膨氣，醒酒化食導痰開鬱，妙不可言。不可多服，恐傷元氣。

粥糜類三十八種

芡實粥 用芡實去殼三合，新者研成膏，陳者作粉，和粳米三合，煮粥食之，益精氣，强智力，聰耳目。

蓮子粥 用蓮肉一兩，去皮煮爛細搗，入糯米三合，煮粥食之，治同上。

竹葉粥 用竹葉五十片，石膏二兩，水三碗，煎至二碗，澄清去楂，入米三合煮粥，入白糖一二匙，食之治膈上風，熱頭，目赤。

蔓菁粥 用蔓菁子二合，研碎入水二大碗，絞出清汁，入米三合煮粥，治小便不利。

高濂《遵生八牋》卷一一《炙魚》 鱭魚新出水者治净，炭上十分，炙乾收藏。一法以鱭魚去頭尾，切作段，用油炙熟，每段用箬間，盛瓦罐内泥封。

高濂《遵生八牋》卷一一《水醃魚》 臘中鯉魚，切大塊，拭乾一斤，用炒鹽四兩擦過，淹一宿，洗净晾乾，再用鹽二兩、糟一斤拌匀入瓮，紙箬泥封塗。

高濂《遵生八牋》卷一一《魚鮓》 鯉魚、青魚、鱸魚、鱘魚皆可造治，去鱗腸，舊筅箒緩刷去脂膩腥血，十分令净，掛當風一二日，切作小方塊，每十斤用生鹽一斤，夏月一斤四兩，拌匀醃器内，冬二十日，春秋減之。布裹石壓，令水十分乾，不滑不韌，用川椒皮二兩，蒔蘿、茴香、砂仁、紅豆各半兩，甘草少許，皆爲麤末。淘净白粳米七八合炊飯，生麻油一斤半，純白葱絲一斤，紅麴一合半，搥碎。已上俱拌匀，瓷器或水桶按十分實，荷葉蓋，竹片扎定，更以小石壓在上，候其日熟。春秋最宜造，冬天預醃下，作坯可留，臨用時旋將料物扛拌，此都中造法也。鱭魚同法，但要乾方好。

高濂《遵生八牋》卷一一《大熝肉》 留宿汁法：宿汁每日煎一滚，停貯少時，定清方好，如不用入錫器内或瓦礶内，蓋好掛井中。

用紅麯法：每麯一酒盞許，隔宿酒浸令酥，研如泥，以肉汁解薄下。麄熝料方：用官桂、白芷、良薑等分，不切完用。細熝料方：甘草多用官桂、白芷、良薑、桂花、檀香、霍香、細辛、甘松、花椒、宿砂、紅豆、杏仁等分爲細末，用凡肉汁要十分清，不見浮油方妙，肉却不要乾枯。

高濂《遵生八牋》卷一二《淡茄乾方》　用大茄洗浄，鍋内煮過，不要見水擘開，用石壓乾。趁日色晴，先把瓦曬熱，攤茄子於瓦上，以乾爲度，藏至正二月内，和物匀食，其味如新茄之味。

高濂《遵生八牋》卷一二《十香鹹豉方》　生瓜并茄子相半，每十斤爲率，用鹽十二兩。先將内四兩醃一宿，瀝乾生薑絲半斤，活紫蘇連梗切斷半斤，甘草末半兩，花椒揀去梗核碾碎二兩，茴香一兩，蒔蘿一兩，砂仁二兩，藿葉半兩，如無亦罷。先五日將大黄豆一升煮爛，用炒麩皮一升拌罨做黄子，待熱過篩去麩皮，止用豆豉，用酒一瓶，醋糟大半碗，與前物共和，打拌泡乾，浄瓮入之捺實，用箬四五重蓋之，竹片廿字扦定，再將紙箬扎瓮口，泥封，曬日中至四十日，取出略晾乾，入瓮收之。如曬可二十日，轉過瓮使日色週遍。

高濂《遵生八牋》卷一二《又造芥辣法》　用芥菜子一合，入擂盆研細，用醋一小盞，以水和之，再用細絹擠出汁，置水缸凉處。臨用時再加醬油醋調匀，其辣無比，其味極妙。

高濂《遵生八牋》卷一二《芝麻醬方》　熟芝麻一斗搗爛，用六月六日水煎滚晾冷，用罈調匀，水淹一手指，封口曬五七日後開罈。將黑皮去後，加好酒釀糟三碗，好醬油三碗，好酒二碗，紅麯末一升，炒菉荳一升，炒米一升，小茴香末一兩，和匀過二七日後用。

高濂《遵生八牋》卷一二《盤醬瓜茄法》　黄子一斤，瓜一斤，鹽四兩，將瓜擦，原醃瓜水拌匀醬黄，每日盤二次，七七四十九日入罈。

高濂《遵生八牋》卷一二《乾閉瓮菜》　菜十斤，炒鹽四十兩，用缸醃，菜一皮菜一皮鹽醃三日，取起菜入盆内揉一次，將另過一缸鹽滷收起聽用。又過三日又將菜取起，又揉一次，將菜另過一缸，留鹽汁聽用。如此九遍，完入瓮内。一層菜上灑花椒小茴香，一層又裝菜，如此緊緊實實裝好，將前留起菜滷每罈洨三碗，泥起，過年可吃。

高濂《遵生八牋》卷一二《撤拌和菜》　將麻油入花椒，先時熬一二滚收起，臨用時將油倒一碗，入醬油醋白糖些少，調和得法安起。凡物用油拌的，即倒上些少，拌吃絶妙。如拌白菜、荳芽、水芹，須將菜入滚水焯熟，入清水漂着，臨用時榨乾拌油方吃，菜色青翠不黑，又脆可口。

高濂《遵生八牋》卷一二《水豆豉法》　將黄子十斤、好鹽四十兩、金華甜酒十碗，先日用滚湯二十碗充調，鹽作滷，留冷淀清聽用。將黄子下缸入酒入鹽水，曬四十九日完，方下大小茴香、各三兩。草果、官桂、五錢。木香、三錢。陳皮絲、一兩。花椒、一兩。乾薑絲、半斤。杏仁、一斤。各料和入缸内，又曬又打三日，將罈裝起，隔年吃方好，蘸肉吃更妙。

高濂《遵生八牋》卷一二《倒纛菜》　每菜一百斤，用鹽五十兩，醃了入罈裝實，用鹽滷調毛灰如乾麵糊口，上攤過封好，不必草塞。

高濂《遵生八牋》卷一二《辣芥菜清燒》　用芥菜不要落水，晾乾軟了，用滚湯一焯就起，笊籬撈在篩子内晾冷，將焯菜湯晾冷，將篩子内菜用鬆鹽些少撒拌入瓶後，加晾冷菜滷洨上包好，安頓冷地上。

高濂《遵生八牋》卷一二《蒸乾菜》　將大窠好菜擇洗浄，乾入沸湯内，焯五六分熟曬乾，用鹽醬、蒔蘿、花椒、砂糖、橘皮同煮極熟，又曬乾并蒸片時，以瓷器收貯，用時着香油揉，微用醋，飯上蒸食。

高濂《遵生八牋》卷一三《松子餅方》　松子餅計一料：酥油六兩，白糖滷六兩，白麪一觔，先將酥化開温入瓦合内，傾入糖滷擦匀，次將白麪和之揉擦匀浄，置卓上捍平，用銅圈印成餅子，上栽松仁，入拖盤熯燥用。

高濂《遵生八牋》卷一三《羊髓方》　用羊乳子或牛乳子半瓶，攙水半鍾，入白麪三撮，濾過下鍋，微微火熬之，待滚隨手下白沙糖，或糖霜亦可。然後用緊火將木爬打一會，看得熟了再濾過入壺，傾在碗内入供。

高濂《遵生八牋》卷一三《法製榧子》　將榧子用瓷瓦刮黑皮，每斤浄用薄荷霜白糖熬汁，拌炒香燥入供。

高濂《遵生八牋》卷一三《煎甘草膏子法》　粉草一斤剉碎，沸湯浸一宿，盡入鍋内滿，用水煎至半，濾去渣，紐乾取汁。再入鍋慢火熬至二碗，换大砂鍋炭火慢熬至大碗，以成膏子爲度。其渣減水煎三兩，次取入頭汁肉併煎。

高濂《遵生八牋》卷一三《升煉玉露霜方》　用真豆粉半斤入鍋火焙，無豆腥。先用乾浄龍腦薄荷一斤入甑中，用細絹隔住，上置豆粉，將甑封蓋上鍋，蒸至頂熱甚，霜以成矣。收起粉霜，每八兩配白糖四兩、煉蜜四兩，拌匀搗膩，印餅或丸，啥之消痰降火，更可當茶，兼治火症。

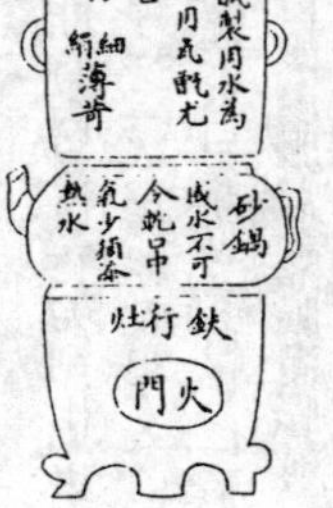

升霜圖 蓋上火熱，手不可按，急急收粉，隨以合子密封。子口勿令出氣，遲則氣走。成餅莫曬，陰乾爲妙，梅月勿製多黴。

高濂《遵生八牋》卷一三《又一蒸法》 上白松脂二十觔爲一劑，以大釜中著水，釜上加甑，甑中先用白茅鋪密，上加黄山土一寸厚，築實以脂放上，以物密蓋，勿令通氣。竈用桑柴燃之，釜中湯乾，以熱水旋添蒸一炊，久乃接取脂入冷水中候凝，又如蒸如此三遍，脂色如玉乃止。每用白脂十觔，松仁三斤，栢子仁三斤，甘菊五升，共爲細末，煉蜜爲丸桐子大，每服十丸，粥湯下，日三服，或一服，百日已上不饑，延年不老，顔色瑩潤。

高濂《遵生八牋》卷一三《服雄黄法》 透明雄黄，三兩，聞之不臭，如雞冠者佳。 次用甘草、紫背天葵、地膽、碧稜花，各五兩。四味爲末，入東流水，同雄煮砂礶内三日，漉出搗如麁粉，入猪脂内蒸一伏時，洗出又同豆腐内蒸如上二次。蒸時甑上先鋪山黄泥一寸，次鋪脂蒸黄，其毒去盡，收起成細粉，每黄末一兩和上松脂二兩，爲丸如桐子大，每服三五丸酒下，能令人久活延位。松乃蒼龍之精，砂乃赤龍之原，得天地自然升降水火之氣而成丹，非人間作用，其靈如何。

高濂《遵生八牋》卷一三《神仙上乘黄龍丹方》 右六味：將赤石脂爲末，以生絹夾袋子盛貯於泔水盆内浸半日，以手揉搓藥袋，擺在水中澄底石末，刮下紙上控乾，取浄細末五兩入銀盒内盛之，無銀用青白瓷圓盆亦可。第一次須初七八日淘米七升，上甑以藥盒，安米中炊之，以飦熟爲度，收去盒蓋，星辰下露一宿。第二次以月望前後，如上炊飦七升蒸盒，夜露月明中一宿。第三次以二十四日前後早辰，依前法炊米七升，將盒安内蒸之，去蓋曬於日中，取足日月星三光之氣。第四次先將牛乳汁三升入砂鍋，炭火逼令如魚眼沸，下乳香末候化入。前二次蒸過赤石脂傾入牛汁内，用柳條攪匀傾在乳鉢内，細研復入原蒸盒内，又用七升米炊之，將盒安置米中，米熟取起。第五次以蜜二斤入砂鍋内，慢火逼之如魚眼滚起，將蒸過盒内，藥物傾入蜜内，用柳木不住手攪匀，入甘草末三兩同熬，帶濕便住。再用米七升入甑安盒，入米中蒸之，飯熟取起，以盒入水盆内浸盒底半日，不令水入盒内，取起以浄器收貯。初服選天月德黄道吉日，清晨空心焚香，面東七拜，好酒調下一匙，此乃稀世延年仙丹，無金石之毒，亦無悮生之理。服食之後，乃得四氣調和，百骸舒暢，功妙無窮，但許度人，不得索利，則效乃神速。此丹服之旬餘，自覺藏府通快，精神清爽，凡風勞冷氣一切難病，悉皆除去，若服兩料，則壽延百歲。凡人須養脾，脾養則肝榮，肝榮則心壯，心壯則肺盛，肺盛則元藏實，元藏實則根本固，是爲深根固蒂，長生久視，妙道在此，藥中得矣，豈尋嘗之藥物也哉。合藥器用如左：

大小銀盒鍋二具，小容五六兩，藥盒子有蓋者，大容五斗。瓷鍋有銀絶妙。 新瓦盆三箇，盛一斗豆者。 木甑一箇，容斗飦者。 蓋甑盆一隻，匙新鍋竈一副，乳鉢一箇，竹木大小二箇，柳木鍬三五把，小笊籬一把，柴用一百斤。

高濂《遵生八牋》卷一三《鐵甕先生瓊玉膏》 右件：人參茯苓爲細末，用蜜生絹濾過，地黄取自然汁，搗時不用銅鐵器，取汁盡去滓，用藥一處，拌和匀入銀石器或好瓷器内。封用浄紙二三十重，封開入湯内，以桑柴火煮三晝夜，取出用蠟紙數重包瓶口，入井中去火毒一伏時，取出再入舊湯内煮一日出水氣，取出開封，取三匙作三盞，祭天地百神，焚香設拜，至誠端心。每日空心酒調一匙頭服，原方如此，但癆嗽氣盛，血虚肺熱者不可用人參。

高濂《遵生八牋》卷一三《地仙煎》 治腰膝疼痛，一切腹内冷病，令人顔色悦澤，骨髓堅固，行及奔馬。

山藥，一斤。 杏仁，一斤，湯泡去皮尖。 生牛乳。二斤。

右件：將杏仁研細入牛乳，和山藥拌絞取汁，用新瓷瓶密封，湯煮一日，每日空心酒調服一匙頭。

高濂《遵生八牋》卷一三《枸杞子》不以多少，採紅熟者。 右用無灰酒浸之，冬六日，夏三日。於砂盆内研，令極細，然後以布袋絞取汁，與前浸酒一同慢火熬成膏，于浄瓷器内封貯，重湯煮之，每服一匙入酥油少許，温酒調下。

高濂《遵生八牋》卷一三《天門冬》 右件：搗碎布絞取汁，澄清濾過，用瓷器沙鍋或錫器慢火熬膏，每服一匙，空心温酒調下。

高濂《遵生八牋》卷一三《服食茯苓法》 茯苓削去黑皮擣末，以醇酒於瓦器中漬令淹足，又瓦器覆上密封泥塗，十五日發，當如餌食，造餅日三，亦可屑服方寸，七不饑渴，除病延年。

高濂《遵生八牋》卷一四《楊貴妃製緑玉磬》 佛樓國有青玉鉢盂，受三斗許，厚可二分。 咸陽宫有青玉燈，檠高七尺。 孫丈臺有青玉鞍，魏王得一石，胡人識爲寶母。 真臘國獻萬年蛤，夜光如月，積雪不化，偶得金牛。 祥符中，鑄金龜賜近臣。 穆王至崑崙，有銀燭。 嵇昌蓄採星盆，夏月漬果，倍冷。 蒲澤國獻蔽日簾，可以却暑。 寶玩中有硫磺瓶、珊瑚玦女、珊瑚青螺巵、五色丈玉環、金博山爐、琥珀枕、瑪瑙彄、雲母屏、九龍臺燈、百枝燈、藍田磬、炤夜璣瑣子帳、紫玉笛，皆漢唐奇貨。

高濂《遵生八牋》卷一四《西湖志》 高宗幸張俊其所，進御物有獅蠻、樂仙帶、池面玉帶、玉鶻兔帶、玉璧、環花素玉、高脚鍾子、玉枝梗爪、玉爪杯、玉東西杯、玉香鼎、玉盆、玉古劍璏二十七件，玉犀牛、合白玻璃元盤、玻璃花瓶、玻璃枕、瑪瑙物二十件，龍文鼎、商彝、高足彝、商文彝、周盤、周敦、周舉罍、獸耳周罍、汝窑酒瓶二對，有御寶畫、曹霸《五花驄》、馮瑾《霽烟長景》、易元吉《寫生花黄居寶竹雀》、吴道子《天王》、張萱《叢竹邊鸞萱草山鷓》、黄荃《鵪鴣萱草宗婦曹氏蓼岸》、杜庭珪《明皇斫膾圖》，有趙器《躑躅鵪鶉》、杜竹思《躑躅母鷄》、杜霄《撲蝶》、巨然《嵐鎖翠峰》、徐熙《牡丹》、易元吉《寫生枇杷》、董源《夏山早行》、李煜《林泉渡水人物》、荆浩《山水》、吴元俞《紫氣星》，皆珍品也。

高濂《遵生八牋》卷一四《論漢唐銅章》 古之銅章後先出土者何止千萬，即顧氏印藪猶云未備。余先三入燕市，收有千方，十年之值，高下迥異，向無官私之別，今則分王侯伯長爲官印，而價倍於往時。以姓氏爲私印，價則較常亦倍矣。官私之内，又多珍尚，有玉，有金，有銀，有瑪瑙、琥珀、寶石，有瓷燒，官、哥、青東三窑爲多。凡此印章，面用斗鈕，間有以鹿爲鈕、以瓦爲鈕者，其銅章之鈕，以龜、以螭、以辟邪、以駝、以梟、以虎、以壇、以兎、以瓦、以魚、以錢、以覆斗、以環、以四連環、以亭、以鼻、以異獸、以鹿、以羊、以馬、以狻猊、以豸，鈕用鎏金、塗金、細錯金、銀商金，而製度之妙，有如一方六面，皆文子母一套，母則鈕鑄母獸，子則子獸，套成如母抱子，内中或三方有文。余得一印子母二套，三印俱文，此又官私之中值之最上者也，亦不多得，其鐫玉之法，用力精到，篆文筆意，不爽絲髮，此必昆吾刀刻也，即漢人雙鈎碾玉之法，亦非後人可擬，故玉章寶章，更爲鑒家珍重。古人印文姓氏之外，字及小字，即乳諱也。別無閒散道號、家世名位，引用成語，惟臣某印。漢之君臣關防奏啟，扣以小印，又如封之一字，古亦無之，後人創始。古之白記，即封字意也。曾見一印文曰：「某氏私記，宜身致前，廹事無閒，願君自發，封完印信。」此唐宋印也。漢人無此等語，即單字象形禽鳥、龍虎、雙螭、芝草圓印有之，「子孫永寶」、「宜爾子孫」、「子孫世昌」等印，爲閒文矣。漢之官印似有印箱佩帶，余得一銅箱，高下八分，方寸五分，製若今之官印，匣同前後鑄有合扇鎖鈕，事件傍有鼻耳，可貫繩索攜佩。箱外青緑瑩然，内藏子母印章一套，此亦小銅器中一奇物也。近日關中洛下利徒翻鑄假印，夥入真正，以愚收藏，若「軍司馬」、「王任日利」，不一而足，且不易辨。今之刻擬漢章者，以漢篆刀筆自負，至有好奇刻損邊傍，殘缺字畫，謂有古意，可發大噱，即印藪六帙内無十數傷損。印文即有傷痕，乃入土久遠，水銹剥蝕，或貫泥沙，剔洗損傷，非古文有此欲求古意，何不法古篆法刀法，而乃法其後人損傷形似，此又近日所當辨正，若諸名家自無此等。又如青田石中有燈光石，瑩潔如玉，炤之真若燈輝，近更難得，價亦踊貴，内有點污者不佳。此外有白石，有紅、黄、青、黑等石，又有黑白間色，紅黄間色，温潤堅細，可作圖書。舊人喜刻此石爲鈕，若鬼功毬鈕。余曾見有自外及内大小以漸滚動，總十二層，至中小毬，如菉豆止，不知何法刻成，真鬼功也。吾杭舊有刻銀稱最者，惟岑東雲、沈葑湖二人，極工雕模，岑更善於連環三五層，疊併奇異、錦紋套挽等鈕，其刻文亦高於沈，而沈之刻文不足取也。後有効者，甚乏古雅意趣，此亦印章中一善技也，故并録之。若閩中牙刻人馬爲鈕者，是爲印章疽毒，雖工何爲。

高濂《遵生八牋》卷一六《山梔子》 大葉梔子花至秋結子，儼狀薔薇花，蓏經霜由黄而紅，盆種插瓶，可助十一月中無花之趣。

高濂《遵生八牋》卷一六《盆種小葫蘆》 以葫蘆秧種小盆，得土甚淺，至秋結子，形僅寸許。擇其周正者止留一枚，垂挂可觀。霜後收乾佩帶，用爲披風鈕子，有物外風致，但難於成功，亦難美好，爲可恨也。

高濂《遵生八牋》卷一六《種牡丹子法》 六月時候，看花上結子微黑，將皺開口者取置向風處晾一日，以瓦盆拌濕土盛起。至八月取出以水浸試，沉者開畦種之，約三寸一子，待來春當自得花。

高濂《遵生八牋》卷一六《接花法》 芍藥肥大根如蘿蔔者，擇好牡丹枝芽，取三四寸長，削尖匾如鑿子形，將芍藥根上開口插下，以肥泥築緊，培過一二寸，即活。又以單瓣牡丹種活根上，去土二寸許，用礪刀斜去一半，擇千葉好花嫩枝頭有三五眼者，一枝亦削去一半，兩合如一，用麻縛定，以泥水調塗麻外，仍以瓦二塊合圍壅泥，待來春花發去瓦，以草薦護之，茂即有花，此接花法也。

高濂《遵生八牋》卷一六《和土法》 土宜畦高，以遠水患，寬溝以便水流。取黑泥去瓦礫，用鷄鵞糞和土，在地鋪五七寸厚，插苗上盆，則去舊土，易以新土，每年須換一番，則根株長大，花朵豐厚，否則必瘦削矣。

高濂《遵生八牋》卷一八《忍冬丸》 忍冬即金銀花，一名老翁鬚，一名左轉籐。開時摘取花數斤，晒乾聽用。臨時將晒乾花一斤，同粉草二兩共爲細末，無灰酒打麪糊爲丸，酒下八十丸，不拘時服，每日服三次。如閑常無事，摘取金銀花四斤，趂濕水洗净入石臼中，杵爛置大尾礶内，入井花水三碗，無灰酒三碗，調稀煎十餘沸，藥性出。取下生布濾去渣汁，入礶再煎成膏，滴水不散。又將一斤焙乾，同粉草二兩共爲細末，取膏糝入末内，以酒打麪糊和入石臼中，杵一二百下，丸如菉豆大，食遠酒下八九十丸。此藥得酒，良不飲酒者百沸湯下。

郭子章《黔類》卷九《麴精潭》 玄宗置麴精潭，砌以銀塼，泥以石粉，貯三辰酒一萬車，時酌以賜當制學士。《史諱録》。

郭子章《黔類》卷九《防風粥》 白居易在翰林，賜防風粥一甌，剔取防風，得五合餘，食之口香七日。《金鑾密記》。

郭子章《黔類》卷九《透花餻》 吴興米炊之甑，香曰馬豆，食之齒醉。虢國夫人厨吏鄧連以此米擣爲餻，以豆洗去皮，作靈沙臛，供翠鴛堂。《品物類聚》

郭子章《黔類》卷九《酒窟》 蘇晉作曲室爲飲所名，酒窟及地上每一磚鋪一甌酒，計磚約五萬枚，晉日約友朋次第飲盡。《醉仙圖記》。

郭子章《黔類》卷一〇《礌黄碗》 元載凡飯食冷物用礌黄碗，熱物用泛瓷器，器有三千事。《樞要録》。

郭子章《黔類》卷一〇《蓬萊盞・瓠子巵》 李適之有酒器九品：蓬萊盞、海川螺、舞仙盞、瓠子巵、幔卷荷、金蕉葉、玉蟾兒、醉劉伶、東谿樣蓬萊盞。上有山象三島，注酒以山没爲限。舞仙盞有關，捩酒滿則仙人出舞。《逢原記》。

郭子章《黔類》卷一一《丹甑・玉甕》 丹甑，五穀豐熟則出，不炊而沸，五味自出。玉甕，王者盛德則出，不及而滿。

羅曰褧《雅餘・酒部・甕》 酒初熟時甕上澄清，恒隨日轉，在旦則清者，在東午時在南，日落在西，夜半在北。又春夏間在地，窨下停春酒者甕上，泛者皆逐風而移，雖深窖亦然，故《淮南子》云：東風至而酒湛溢。

彭大翼《山堂肆考》卷一四七《打破醬甕》 百丈禪師因馬大師致醬甕，師集衆以拄杖指甕云：「大衆道得，即不打破。道不得，即打破。」衆無對。師乃打破歸方丈。

彭大翼《山堂肆考》卷一四七《踢倒軍持》 宋王半山和俞秀老禪師詞云：「何如直截，踢倒軍持，贏取溈山。」按：「軍持」，取水瓶，常貯水隨身以净手。梵云「軍持」，此云净瓶。「踢倒軍持」，勸其勿事行脚也。《寄歸傳》云：「軍持有二，若瓷瓦者是净用，若銅鐵者是濁用。」「贏取溈山」者，言溈山和尚嘗欲謀住山，曰：「此山名骨山，和尚是肉，人之骨肉不相離。」言僧人不當離山也。

孫鐸《〔嘉靖〕魯山縣誌》卷八《陶冶》 爐溝。在縣青條嶺東南山，出鐵礦，時有山西善冶者郎龍等立爐百十餘座，鑄各色器皿，民大利焉。缸窑。在縣東北桃花店迤西，因土宜陶，故立窑數座，燒石冶甕罌瓶缶等器，以利民用。

何雲等《〔嘉靖〕汀州府志》卷三《窑冶》 〔長汀縣窑八座〕土瓦窑，三座在青泰里。碗碟窑，三座在宣河里。瓦缸甕器窑。二座在青泰里。

〔寧化縣〕窑三座，瓦缸甕器窑，一座在在城里。瓷碗碟器窑。二座在永豐里。

〔上杭縣〕窑一座。舊額磚瓦窑在，在城里。

鐵冶一十二座。成化十年分溪南七座屬永定，見存五座：二座在白沙里，一座在勝運里；一座在來蘇里；一座在姑田里。

〔清流縣〕鐵冶一座，在夢溪里，南山場，今廢，鐵課均徭户辦。瓦窑四座。在防郭里。

〔連城縣〕窑四座，瓦缸甕器窑二座。在本縣南順里。瓦碗碟窑二座。在本縣姑田里。

徐光啓《農政全書》卷一七《水利・桔槔》 挈水械也。《通俗文》曰：桔槔，機汲水也。《説文》曰：桔，結也，所以固屬。槔，皋也，所以利轉。又曰：皋，緩也。一俯一仰，有數存焉，不可速也。然則桔其植者，而槔其俯仰者與？《莊子》曰：子貢過漢陰，見一丈人，方將爲圃畦，鑿隧而入井，抱甕而出灌，搰搰然用力甚多，而見功寡。子貢曰：有械於此，一日浸百畦。鑿木爲機，重前輕，挈水若抽，數如沃湯，其名爲槔。又曰：獨不見夫桔槔者乎？引之則俯，舍之則仰。彼人之所引，非引人者也。故俯仰不得罪於人。今瀕水灌園之家多置之。實古今通用之器，用力少而見功多者。

徐光啓《農政全書》卷一七《水利・瓦竇》 泄水器也。又名函管。以瓦筒兩端，牙鍔相接，置於塘堰之中，時放田水。須預於塘前堰内，疊作石檻，以護筒口，令易啓閉。不然，則水湊其處，非惟難於窒塞，抑亦衝渲滲漏，不能久穩。必立此檻，其竇乃成。唐韋丹爲江南西道觀察使，築堤扞江，竇以疏漲。此雖竇之大者，亦其類也。

桔槔

瓦竇

徐光啓《農政全書》卷一九《水利·龍尾圖》 六曰架架者，一上一下，皆爲砥柱，或木焉，或石焉，或瓴甋焉。柱之植，欲堅以固也。下柱居水中，以鐵爲管，施之柱首，迤而上向，以受下樞之末。制管高下，量水之勢，令得入于螺溝之下孔而止也。上者居岸，以鐵爲管，施之柱首，迤而下向，以受上樞之末。若輪與衡在上樞之末者，則中樞而設之頸，以鐵爲山口，而架樞其上，出其樞之末，以受輪與衡也。制高下之數，以勾股爲法，而軸心爲之弦。弦五焉，則勾四焉，股三焉。過偃則不高，過高則不升。

注曰：瓴甋，磚也。堅者，其本體堅。固者，其立基固也。上柱者，本篇五圖之甲乙是也。下柱者，丙丁是也。上管以受上樞，戊也。下管以受下樞，己也。勾股法者，一高一下，如四圖之亢房線而置之，令上樞之末在亢，下樞之末在房也。三四五者，如上樞之末爲亢，至下樞之末爲房，長一丈，如法置之，則自下樞之末〔房〕，依地平作平行線，自上樞之末〔亢〕，作垂線，而兩線相遇于氐。其亢氐線必長六尺，氐房線必長八尺也。若迤建于岸之側，謂無從作垂線者，則以勾股法反用之。以圍板爲倒弦，別作一尾箕垂線爲股，尾爲直角，作尾心橫線爲倒勾。若尾箕長一尺五寸，偃仰移就之，令尾心長二尺，即心箕必二尺五寸，而亢房線必合三四五之勾股法也。凡圍板長一丈，水高必六尺，求多焉不可得。相水度地制器者，以此計之。若水過深，岸過高，器不得過長，則累接而上之。累接之法，亦以接輪交而相發也。

徐光啓《農政全書》卷二三《農器·堈碓》 以堈作碓臼也。《集韻》云：堈，甕也。又作甈。其制：先掘埋堈坑，深逾二尺。次下木地釘三莖，置石於上。後將大瓷堈，穴透其底，向外側嵌坑内埋之。復取碎瓷與灰泥和之，以窒底孔，令圓滑如一。候乾透，乃用半竹篘，長七寸許，徑四寸，如合脊瓦樣，但其下稍闊，以熟皮周圍護之，取其滑也。倚於堈之下唇。篘下兩邊以石壓之，或兩竹竿刺定，然後注糙於堈内，用碓木杵，杵頭鐵圍束之。囤内置四犬牙釘，稍臥之。擣于篘内。堈既圓滑，米自翻倒，簌於篘内。一擣一簌，既省人攪，米自匀細。然木杵既輕，動防狂迸，須於踏碓時，已起而落，隨以左足躡其碓腰，方得穩順。一堈可舂米三石，功折常碓累倍。始於浙人，故又名浙碓。今多於要津商旅輳集處所，可作連屋，置百餘具者，以供往來稻船，貨糶粳糯。及所在上農之家，用米既多，尤宜置之。

碓堈

徐光啓《農政全書》卷二七《樹藝》 《齊民要術》曰：收瓜子法，常歲歲先取本母子瓜，截去兩頭，止取中央子。【略】又法：冬天以瓜子數枚，内熱牛糞中。凍即拾聚，置之陰地。量地多少，以足爲限。正月地釋即耕，逐場布之。率方一步，下一斗糞，耕土覆之。肥茂早熟，雖不及區種，亦勝凡瓜遠矣。凡生糞糞地無勢，多于熟糞，令地小荒矣。有蟻者，以牛羊骨帶髓者，置瓜科左右，待蟻附，將棄之。棄二三次，則無蟻矣。氾勝之曰：區種瓜，一畝爲二十四科，區方圓三尺，深五寸。一科用一石糞。糞與土合和，令相半。以三斗瓦甕，埋著科中央，令甕口上與地平，盛水甕中，令滿。種瓜，甕四面，各一子。以瓦蓋甕口。水或減輒增，常令水滿。種常以冬至後九十日百日種之。又種薤十根，令週廻甕，居瓜子外。至五月，瓜熟，薤可拔賣之，與瓜相避。又可種小豆于瓜中，畝四五升，其藿可賣。此法宜平地，瓜收畝萬錢。

徐光啓《農政全書》卷三五《蠶桑廣類》 孟祺《農桑輯要》曰：栽木棉法：擇兩和不下濕肥地。於正月地氣透時，深耕三遍，櫌蓋調熟，然後作成畦畛。每畦，長八步，闊一步。内半步作畦面，半步作畦背。不劚二遍，用杷耬平，起出覆土，於畦背上堆積。至穀雨前後，揀好天氣日下種。先一日，將已成畦畛，連澆三次。用水淘過子粒，堆於濕地上，瓦盆覆一夜。次日取出，用小灰搓得伶利；看稀稠，撒於澆過畦内。將元起出覆土，覆厚一指。更勿澆。待六七日，苗出齊時，旱則澆溉。鋤治常要潔浄。穊則移栽，稀則不須。每步只留兩苗，稠則不結實。苗長高二尺之上，打去衝天心，旁條長尺半，亦打去心。葉葉不空，開花結實，直待綿欲落時爲熟。旋熟旋摘，隨即攤於箔上，日曝夜露。待子粒乾，取下。用鐵杖一條，長二尺，麤如指，兩端漸細，如趕餅杖樣。用梨木板，長三尺，闊五寸，厚二寸，做成床子。逐旋取綿子，置於板上；用鐵杖回旋，趕出子粒，即爲浄綿。撚織毛絲，或綿裝衣服，特爲輕暖。

陳仁錫《潛確居類書》卷九《服御部四・盆》 水盆：水盆，古之洗也。《儀禮》設洗于阼階東南。《三禮圖》「洗」高三尺，口徑尺五寸，天子黄金飾。

盛酒盆：《周禮》：盆實二鬴，厚半寸，唇一寸。甄土爲之，所以盛物。《世説》：阮仲容至宗人聞其集以大盆盛酒。潘岳賦云：傾縹盆以酌酒，蓋盆亦古人盛酒器也。

銅澡盆：《稽神異苑》：中朝有人畜銅澡盆，朝夕恒如人扣，乃問張華，華曰：「此盆與洛鐘宫商相應，朝夕撞鐘，故聲相應，可錯令輕，自止。」如其言，後不復聞其聲。《述征記》：長安逍遥宫門有澡盆，面徑一丈二尺，沃與器也。

紫瓷盆：《杜陽雜編》：會昌元年，渤海貢紫瓷盆，容半斛，内外通瑩，其色純紫，厚可寸許，舉之則若鴻毛。採星盆：《敘聞録》：嵇昌蓄採星盆，夏月漬果則倍冷。

瑠黄碗：《樞要録》：元載飲食，冷物用瑠黄碗，熱物用泛水瓷器，器有三千事。

董斯張《廣博物志》卷三九 上設紫琉璃帳、火齊屏風，列靈麻之燭，以紫玉爲盤。《拾遺記》

董斯張《廣博物志》卷三九 伏羲氏作網，黄帝作釜甑，舜作瓦棺、土塈，夏昆吾氏作瓦，公輸般作石磑，倕作銚。《古史考》。

董斯張《廣博物志》卷三九 神農作瓶甕，軒轅作釜甑、鼎尊、盤盂、椀楪、匙筯，祝融作鏉，舜作俎豆敦勺，禹作籩豆盞，湯作杯，周公作臺盞，田恒作唾壺，秦始皇製湯礶。

軒轅始造記里鼓、指南車。周公作欹器。

遂人作火，神農因制陶冶，軒轅作針剪，少昊制灰汁米糊，顓頊作衣桁，后稷制砧杵，后夔作衣架，紂作熨斗。

董斯張《廣博物志》卷三九 軒轅作膠，舜作漆，公劉作黄蠟，桀臣昆吾作石灰，紂作脂粉，周公作礪火，秦穆公作輕粉，劉安作焰硝白蠟。軒轅始作浴盆溺器，高辛氏造爲偪厠。

董斯張《廣博物志》卷三九 劉之遴好古愛奇，在荆州聚古器數十百種，有一器似甌，可容一斛，上有金錯字，時人無能知者。又獻古器四種於東宫，其第一種鏤銅鴟夷榼二枚，兩耳有銀鏤銘，云建平二年造。其第二種金銀錯鏤古罇二枚，有篆銘云秦容成侯適楚之歲造。其第三種外國澡罐一口，有銘云元封二年龜兹國獻。其第四種古製澡盤一枚，銘云初平二年造。《南史》。

竟陵王得古窑，小口方腹而底平，可容七八升，以問陸澄，澄曰：此名服匿，單于以與蘓武，詳視器底，彷佛可識如澄言。《南史》。

馮可賓《岕茶牋·論藏茶》 新净瓷罈周迴用乾箬葉密砌，將茶漸漸裝進搖實，不可用手指。上覆乾箬數層，又以火炙乾，炭鋪罈口紮固，又以火煉，候冷新方瓶壓罈口上。如潮溼宜藏高樓，炎熱則置涼處，陰雨不宜開罈。近有以夾口錫器貯茶者，更燥更密，蓋瓷罈猶有微罅透風，不如錫者堅固也。

馮可賓《岕茶牋·辨真贋》 茶雖均出於岕，有如蘭花香而味甘，過霉歷秋開罈，烹之其香愈烈，味若新，沃以湯，色尚白者，真洞山也。若他嶰初時，亦有香味，至秋香氣索然，便覺與真品相去天壤。又一種有香而味澀者，又一種色淡黄而微香者，又一種色青而毫無香味者，又一種極細嫩而香濁味苦者，皆非道地品茶者，辨色問香，更時察味，百不失一。

馮可賓《岕茶牋·論茶具》 茶壺窑器爲上，錫次之。茶杯，汝官哥定如未可多得，則適意者爲佳耳。

馮可賓《岕茶牋·或問茶壺畢竟宜大宜小》 茶壺以小爲貴，每一客壺一把，任其自斟自飲，方爲得趣。何也，壺小則香不渙散，味不耽閣，況茶中香味不先不後，只有一時，太早則未足，太遲則已過，的見得恰好一瀉而盡，化而裁之，存乎其人，施於他茶，亦無不可。

周亮工《閩小記》 閩德化瓷茶甌式亦精好，類宣之填白，余初以瀉茗，黯然無色，責童子不任茗事，更易他手，色如故。謝君語子曰：以注景德甌，則嫩緑有加矣。試之良然，乃知德化窑器不重於時者，不獨嫌其太重粉色，亦足賤也。相傳景鎮窑取土於徽之祁門，而濟以浮梁之水始可成，乃知德化之陋劣，水土制之，不關人力也。

文震亨《長物志》 茶壺以砂者爲上，蓋既不奪香，又無熟湯氣，供春最貴，第形不雅，亦無差小者。時大彬所製又太小，若得受水半升而形製古潔者，取以注茶更爲適用。其提梁卧瓜、雙桃扇面、八棱細花、夾錫茶替、青花白地諸俗式者，俱不可用。錫壺有趙良璧者亦佳，然宜冬月間用。近時吴中歸錫、嘉禾黄錫價皆最高，然製小而俗，金銀俱不入品。宣窑有尖足茶盞，料精式雅，質厚難冷，潔白如玉，可試茶色，盞中第一。嘉窑有壇盞，中有茶湯果酒，後有金籙大醮壇用等字者亦佳，他如白定等窑藏爲玩器，不宜日用。蓋點茶須熁盞令熱，則茶面聚乳，舊窑器熁熱則易損，不可不知。又有一種名崔公窑，差大可置果實，果亦僅可用榛松、雞頭、蓮實，不奪香味者，他如柑橙、茉莉、木樨之類斷不可用。

文震亨《長物志》卷一《堂》 堂之製宜宏敞精麗，前後須層軒廣庭，廊廡俱可容一席，四壁用細磚砌者佳，不則竟用粉。壁梁用毬門，高廣相稱，層堦俱以文石爲之，小堂可不設窻檻。

文震亨《長物志》卷一《山齋》 宜明净不可太敞，明净可爽心神，太敞則費目力。或傍簷置窻檻，或由廊以入，俱隨地所宜。中庭亦須稍廣，可種花木，列盆景，夏日去。北扉前後洞空，庭際沃以飯瀋，雨漬苔生，緑褥可愛，遶砌可種翠芸草，令遍茂，則青葱欲浮，前垣宜矮。有取薜荔根瘞牆下，灑魚腥水於牆上以引蔓者，雖有幽致，然不如粉壁爲佳。

文震亨《長物志》卷一《琴室》 古人有於平屋中埋一缸，缸懸銅鐘以發琴聲者，然不如層樓之下蓋上有板，則聲不散，下空曠則聲透徹。或於喬松修竹岩洞石室之下，地清境絶，更爲雅稱耳。

文震亨《長物志》卷一《街徑庭除》 馳道廣庭以武康石皮砌者最華，整花間坼側以石子砌成，或以碎瓦片斜砌者，雨久生苔，自然古色，寧必金錢作埒，乃稱勝地哉。

文震亨《長物志》卷一《樓閣》 樓閣作房闥者，須回環窈窕。供登眺者，須軒敞弘麗。藏書畫者，須爽塏高深，此其大畧也。樓作四面窻者，前楹用窻，後及兩傍。用板閣作方樣者，四面一式，樓前忌有露臺。捲蓬樓板忌用磚鋪蓋，既名樓閣，必有定式，若復鋪磚，與平屋何異。高閣作三層者，最俗樓下柱稍高，上可設平頂。

文震亨《長物志》卷二《竹》 種竹宜築土爲壠，環水爲谿，小橋斜渡，陟級而登。上凿平臺以供坐卧，科頭散髮儼如萬竹林中人也。否則闢地數畂，盡去雜樹，四週石壘，令稍高以石柱朱欄圍之，竹下不凿纖塵片葉，可席地而坐。或留石臺石欖之屬，竹取長枝巨榦，以毛竹爲第一，然宜山不宜城。城中則護基笋最佳，竹不甚雅，粉筋斑紫四種俱可，燕竹最下，慈姥竹即桃枝竹不入品，又有木竹、黄菰竹、箬竹、方竹、黄金間、碧玉觀音、鳳尾、金銀諸竹。忌種花欄之上及庭中平植一帶，牆頭直立數竿，至如小竹叢生，曰瀟湘竹。宜於石巖小池之畔，留植數枝，亦有幽致。種竹有踈種、密種、淺種、深種之法，踈種謂三四尺地方種一窠，欲其土虚行鞭。密種謂竹種雖踈，然每窠却種四五竿，欲其根密。淺種謂種時，入土不深。深種爲入土雖不深，上以田泥壅之，如法無不茂盛。又棕竹三等曰筋頭、曰短柄，二種枝短葉垂，堪植盆盎，曰樸竹，節稀葉硬，全欠温雅，但可作扇骨料及畫义柄耳。

文震亨《長物志》卷二《菊》 吴中菊盛時，好事家必取數百本，五色相間，高下次列，以供賞玩，此以誇富，貴容則可。若真能賞花者，必覓異種，用古盆盎植一枝兩枝，莖挺而秀，葉密而肥，至花發時，置几榻間坐卧把玩，乃爲得花之性情。甘菊惟蕩口，有一種枝曲如偃蓋、花密如鋪錦者最奇，餘僅可收花，以供服食。野菊宜着籬落間，菊有六要二防之法，謂胎養土宜扶植，雨暘修葺灌溉，防蟲及雀作窠時必來摘葉，此皆園丁所宜知，又非吾輩事也。至如瓦料盆及合兩瓦爲盆者，不如無花爲愈矣。

文震亨《長物志》卷二《蘭》 蘭出自閩中者爲上，葉如劒芒，花高於葉，《離騷》所謂「秋蘭兮青青，緑葉兮紫莖」者是也。次則贑州者亦佳。此俱山齋所不可少，然每處僅可置一盆，多則類虎丘花市。盆盎須覓舊龍泉、均州，内府供春絶大者忌用花缸、牛腿諸俗製。四時培植，春日葉芽已𦮼，盆土已肥，不可沃肥。水常以塵帚拂拭其葉，勿令塵垢，夏日花開葉嫩，勿以手摇動，待其長茂然後拂拭。秋則微撥開根土，以米泔水少許注根下，勿漬污葉上。冬則安頓向陽暖室，天晴無風舁出，時時以盆轉動，四面令匀，午後即收入，勿令霜雪侵之，若葉黑無花，則陰多故也。治蟻虱惟以大盆或缸盛水浸逼花盆，則蟻自去。又治葉虱如白點，以水一盆滴香油少許於内，用綿蘸水拂拭，亦自去矣，此秇蘭簡便法也。又有一種出杭州者曰杭蘭，出陽羡山中者名興蘭，一榦數花者曰蕙，此皆可移植。石巖之下須得彼中原本，則歲歲發花。珍珠風蘭俱不入品，箬蘭其葉如箬，似蘭無馨，艸花奇種。金粟蘭名賽蘭，香特甚。

文震亨《長物志》卷二《瓶花》 堂供必高瓶大枝，方快人意，忌繁雜如縛，忌花瘦於瓶，忌香煙燈煤燻觸，忌油手拈弄，忌井水貯瓶，味鹹不宜於花，忌以插花水入口，梅花、秋海棠二種其毒尤甚。冬月入硫黄於瓶中，則不凍。

文震亨《長物志》卷五《法糊》 用瓦盆盛水，以麵一斤滲水上，任其浮沉，夏五日冬十日，以臭爲度。後用清水蘸白芨半兩、白礬三分，去滓和元浸麪打成，就鍋内打成團，另换水煮熟，去水傾置一器，候冷日换水浸。臨用以湯調開，忌用濃糊及敝帚。

文震亨《長物志》卷八《懸畫》 懸畫宜高齋中，僅可置一軸於上，若懸兩壁及左右對列最俗。長畫可挂高壁，不可用挨畫竹曲。挂畫卓可置奇石或時花盆景之屬，忌置朱紅漆等架。堂中宜挂大幅横披，齋中宜小景花鳥。若單條扇面斗方挂屏之類，俱不雅觀。畫不對景，其言亦謬。

文震亨《長物志》卷八《置罏》 于日坐几上，置倭臺几方大者一，上置罏一。香盒大者一，置生熟香小者二，置沉香香餅之類。筯瓶一，齋中不可用二。罏不可置於挨畫卓上，及瓶盒對列，夏月宜用瓷罏，冬月用銅罏。

文震亨《長物志》卷八《置缾》 隨瓶製置大小倭几之上，春冬用銅，秋夏用瓷。堂屋宜大，書屋宜小，貴銅瓦賤金銀，忌有環，忌成對，花宜瘦巧，不宜煩雜。若插一枝，須擇枝柯奇古，二枝須高下合插，亦止可一二種，過多便如酒肆。惟秋花插小瓶中，不論供花，不可閉牕户焚香，煙觸即萎，水仙尤甚，亦不可供於畫卓上。

文震亨《長物志》卷八《小室》 几榻俱不宜多置，但取古製狹邊書几一置於中，上設筆硯、香合、薰罏之屬，俱小而雅。别設石小几一，以置茗甌茶具，小榻一，以供偃卧趺坐。不必挂畫，或置古奇石，或以小佛橱供鎏金小佛於上，亦可。

文震亨《長物志》卷八《亭榭》 亭榭不蔽風雨，故不可用佳器，俗者又不耐，須得舊漆方面粗足古朴自然者，置之露坐。宜湖石平矮者散置四傍，其石墩、瓦墩之屬，俱置不用，尤不可用朱架架官磚于上。

周憲章《〔萬歷〕歸化縣志》輿地一《窑冶》 土瓦窑二座，一在广坑，離縣五里，一在營盤，離縣六里。

缸甕窑二座，一在城東十五里大焦，一在城西五十里李曲。

陸鏊《〔崇禎〕肇慶府志》卷一〇《地理志三・土産》 穀品有稷，有黍，有麥，多黏，多稻，多秫，多秔，多麻。多菽，多草薦，多硯，多石器，多陶器，多竹器。

陶器：白土窑多爲缸、瓮、缶、罍之屬，遍給百越，其瓷窑出陽春新興，皆閩人効龍泉窑爲之，然不能精也。

徐光啓《農政全書》卷三四《蠶桑・絮車》 構木作架，上控鉤繩滑車，下置煮繭湯甕。絮者掣繩上轉滑車，下徹甕内鉤繭，出没灰湯，漸成絮段。《莊子》所謂洴澼絖者。疏云：「洴，浮也。澼，漂也。絖，絮也。」古者纊、絮、綿一也，今以精者爲綿，粗者爲絮。因蠶家退繭造絮，故有此車煮之法。常民藉以禦寒，次於綿也。彼有擣繭爲胎，謂之牽縭者，較之車煮，工拙懸絶矣。

綿矩

《明史》卷六〇《禮志一四・喪葬之制》 初，洪武二年敕葬開平王常遇春於鍾山之陰，給明器九十事，納之墓中。鉦二，鼓四，紅旗、拂子各二，紅羅蓋、鞍、籠各一，弓二，箭三，竈、釜、火爐各一，俱以木爲之。水罐、甲、頭盔、臺盞、杓、壺、瓶、酒甕、唾壺、水盆、香爐各一，燭臺二，香盒、香匙各一，香筯二，香匙筯瓶、茶鍾、茶盞各一，筯二，匙二，匙筯瓶一，椀二，楪十二，橐二，俱以錫造，金裹之。班劍、牙仗各一，金裹立瓜、骨朵戟、響節各二，交椅、脚踏、馬杌各一，誕馬六，槍、劍、斧、弩、食桌、牀、屏風、拄杖、箱、交牀、香桌各一，櫈二，俱以木爲之。樂工十六，執儀仗二十四，控士六，女使十，青龍、白虎、朱雀、玄武神四，門神二，武士十，并以木造，各高一尺。雜物，翣六，璧一，筐、笥、楎、椸、衿、鞶各一，笣二，筲二，糧漿瓶二，油瓶一，紗廚、煖帳各一。束帛青三段，纁二段，每段長一丈八尺。後定制，公、侯九十事者准此行之。餘以次減殺。

孫承澤《春明夢餘録》卷四三《兵部二》 諸省惟雲南諸夷雜聚之地，其爲中華人惟各衛所戍夫耳。百夷種曰僰人、爨人，各有二種，即黑羅羅、白羅羅，麽些、秃老、岁門、蒲人、和泥蠻、土獠、羅舞、羅落、撒摩、都摩、窣儂人、沙人、山後人、哀牢人、哦昌蠻、檞蠻、魁羅蠻、傅尋蠻、色目、瀰河、尋丁蠻、栗蓼岁。廣西及高、廉等府，山嵐蔚薈，蒸氣成瘴，如坐甑中。頃間，裘、扇兩用，晴、雨疊更。春爲青草瘴，夏爲黄梅瘴，夏秋之間爲新水瘴，中秋爲黄茅瘴，霜降後始無恙。炎方陰閉陽洩，故治者不宜發表，麻黄金沸散、青龍白虎湯不可用，只宜温中正氣，亦或投以薑，附沈存中七棗湯，用烏頭七移七泡，亦此意。平時調攝平胃散、正氣散，節食寡欲，戒多七情。

南方蠱毒有數種，蛇毒、蜥蜴毒、蜣蜋毒。草毒，食之變亂元氣，心腸絞痛，或吐逆不定，面目青黄，十指俱黑。驗蠱法：吐於水，沉而不浮；含黑豆，豆脹爛脱皮，嚼之不腥；嚼白礬，味甘，皆是。治蠱法：飲白水牛血爲效，王氏博濟方、歸魂散、必用方、雄硃丸皆可。

斷藤峽，即大藤峽。韓都憲雍平賊，改今名。甲藤絶流蔓生，韓斷之，周六百餘里。下口潯州府西北境，上口接柳州府勒馬峽，兩崖壁立，叢樾蔽天，中流奔匯，瑶壯哨聚，行者患之。近設有上隆州，以控上口；五屯所以控下口。風氣天成，舉動猶昨。陳都憲金處行旅，魚塩瓦器以給之，數年盗息。復改永通峽，然恐非事體，今復不能守於其終。議者謂摘其酋，而授之職以居之，税商以充厩廩，或爲可久處。興安六峒，賓州八寨，亦須此意。

孫承澤《春明夢餘録》卷六五《名蹟二》 月河梵苑 僧道深别院，池亭幽雅，甲於都邑。

學士程敏政記：月河梵苑，在朝陽關南苜蓿園之西，苑之池亭景爲都城最。苑後爲一粟軒，軒名曾西墅學士題。軒前峙以巨石，西闢小門，門隱花石屏，北爲聚星亭。亭四面爲欄檻，以息遊者。亭東石盆池，高三尺許，玄質白章，中凸而坎其旁，云夏用以沉李浮瓜者。亭之前後皆盆石，石多崑山、太湖、靈璧、錦川之屬。亭少西爲石橋，橋西爲雨花臺，上建石鼓三。臺北爲草舍一楹，曰希古，桑樞甕牖，中設籐床、石枕及古瓦、塤篪之類。草舍東，聚石爲假山，西峰曰雲根、曰蒼雪，東峰曰小金山、曰壁峰。下爲石池，接竹以溜泉。泉水涓涓自峰頂下，竟日不竭，僧指爲水戲。臺南爲石方池，貯水養蓮。池南入小牖爲槐室，古樗一株，枝柯四布，蔭於階除，俗呼龍爪槐。中列蠻墩四。槐屋南爲小亭，中庋鸜鵒石，其重二百斤，色净録，蓋石之似玉者。凡亭屋臺池，四圍皆編竹爲藩，詰曲相通。花樹多碧梧、萬年松及海棠、榴之類。自一粟折南以東，爲老圃。圃之門曰曦先。曦先北爲窖春，冬以藏花卉。窖春東爲春意亭。亭四周皆榆、杜、桑、柳，叢列密布，遊者穿小逕，傴仄以行。亭東爲板凳橋。橋東爲彈琴處，中置石琴，上刻曰：

蒼雪山人作。西爲下棋處，少北爲獨木橋。折而西曰蒼雪亭。亭爲擊壤處，有坐石三。踰下碁處，爲小石浮圖。浮圖東，循坡陀而上，凡十餘弓，爲灰堆山。山上有聚景亭，上望北山及宮闕，歷歷可指。亭東隙地植竹數挺，曰竹塢。下山少南，門曰看清。入看清，結松爲亭。踰松亭爲觀瀾處。自聚景而南，地勢轉斗，如大堤。遠望月河之水，自城北逶迤而來，下觸斷岸，有聲潺潺。別爲短牆，以障風雨，曰考槃榭。出看清，西渡小石橋，行叢薄中，回望二茅亭，環以葦樊，隱映如畫。盤旋而北，未至曦先，結老木爲門，曰野芳。出曦先少南，爲蝸居。東爲北山晚翠樓，樓上望北山，視聚景尤勝。出樓後爲石級，乃至樓下。蓋樓處高阜爲之，故下視若洞然。樓下爲北窗，窗懸籐籃，僧每坐其中以嬉，蓋番物也。樓閣出小牖爲梅屋，盆梅一株，花時，聚觀者甚盛。梅屋東爲蘭室，室中蒔蘭。前有千葉碧桃，尤北方所未有者。苑主道深，性疏秀，通儒書。宣德中，住西山蒼雪庵，賜號圓融顯密宗師，而自稱蒼雪山人。後歸老，乃營此自娱。諳者頗寡，而獨與予善，故輙記之，以示夫未遊者。

梁紹任《兩般秋雨盦隨筆》卷七《酒盧》 前漢《食貨志》：作酒一均，開盧以賣。臣瓚注：「盧」，酒甕。非也，盧者賣酒之處，累土所築，形如鍛盧，所以温酒者文君當盧，黄公酒盧是也。且開盧以賣，其文甚明，即今店家熱拆零沽酒耳。

梁紹任《兩般秋雨盦隨筆》卷七《酒價酒味》 唐人白樂天詩：「其把十千沽斗酒。」李白詩：「金尊斗酒沽十千。」王維詩：「新豐美酒斗十千。」許渾詩：「十千沽酒留君醉，一斗酒賣十千錢。價乃昂貴若是惟，少陵詩速令相就。」飲一斗恰有三百青銅錢，此則近理。按唐《食貨志》云：「德宗建中三年禁民酤，以佐軍費，置肆釀酒，斛收值三千。」又楊松玠《談藪》載北齊慮師道常云：「長安酒賤，斗價三百。」此皆可證也。漢酒價每斗一千，《典論》曰：孝靈帝末年，有司湎酒一斗，直千文，較之唐且三倍有奇矣。或曰唐人好飲甜酒。引子美詩曰：「人生幾何春與夏，不放醇酒如蜜甜。」退之詩曰：「一尊春酒甘若飴，丈人此樂無人知。」爲證不知以酒比飴蜜者，謂其醇耳，非謂甜也。白公詩曰：「甘露太甜非正味，醴泉雖潔不芳馨。」又曰：「户大嫌甜酒，才高笑小詩。」又曰：「甕揭開時香酷烈，鉼封貯後味甘辛。」然則不好甜酒之證明矣。借曰好之，亦非大户可知，古今口味豈有異嗜哉。

建築用陶部

建築用磚分部

題解

林希逸《考工記解》卷下 《爾雅》曰：「堂涂謂之陳。」注曰：若今令甓裓也，令甓甂甎也。裓音階，爲堂之階，以甂甎甃之，十分之中必欲二分，稍高則水瀉兩邊下也。漢人名堂涂爲令甓裓，故鄭氏舉以爲證，今人堂前鋪砌爲龜背狀者，亦此意也。

胡三省《通鑑釋文辨誤》卷一二 〔乾符〕三年，高駢築成都羅城，蜀土疏惡，以甓甃之。

史炤釋文曰：甓、瓴、甓甃井甃，余謂瓴甓今之甎，高駢以蜀土疏惡，陶甎以甃成都之城，甃砌也。南人率謂以甎甃地曰甃砌。《易》曰：井甃無咎。馬注云：爲瓦裏下連上也。《子夏傳》云：修治也，于云以甎壘井曰甃，是皆以甃砌爲義。炤以甃城爲井甃，則又不通矣。

朱權《原始祕書》卷九《農業陶漁門·塼》 《古史考》曰：夏世烏曹氏始作塼。

王三聘《事物考》卷七《宮室·瓦塼》 《周書》曰：「神農作瓦器。」《博物志》曰：「桀作瓦室，今以覆屋者也。」《古史考》曰：「夏世烏曹氏始作塼。」

器用

什器 《史記》曰：舜作什器于壽丘，蓋世所常用之器也。

王三聘《事物考》卷七《宮室·陶冶》 《周書》曰：「神農作陶，高誘云：埏埴爲器也。」《古史考》曰：「燧人氏鑄金作刀，金即冶也。」《禮》曰：「昔先王未有火化，後聖修火之利，範金合土，蓋始于鑽木造火之後。」

王三聘《事物考》卷七《宮室·金甑》 《古史考》曰：「黄帝始造釜甑，火食之，道成矣。」《詩疏》引禮運注云：「中古未有釜甑，而中古謂神農時也。」

王三聘《事物考》卷七《宮室·甌》 許慎《說文》曰：「盌，小甌。」楊雄《方言》曰：甌，甂蓋，三代飲燕之具，俱俎豆之類是也。

王三聘《事物考》卷七《宮室·杯》 《禮玉藻》曰：母没則杯圈不能飲。《十州記》曰：周穆王時西胡獻常滿杯，蓋三代之制也，紂爲瓊杯是矣。

王三聘《事物考》卷七《宮室·盤盞》 周官司尊彝之職曰六彝，皆有舟。鄭司農云：舟樽下臺若今承盤，蓋今世所用盤盞之，象其事巳，畧見于漢世，則盤盞之起亦法周人舟彝之制，而爲漢世承盤之遺事也。《格古要論》曰：古人用湯瓶，酒注不用壺瓶及有嘴折盂茶鍾臺盤，此皆胡人所用者，中國人用始于元朝。

西湖散人《新鐫雅俗通用珠璣藪》卷七 文磚，花磚也，自夏后氏之世，烏曹氏始作磚也。土墼，泥磚。瓴甓，磚也。瓪瓦，版瓦，夏昆吾氏始作陶瓦，又云桀所作也。柱磉，承柱之石也。石板，硋石，碇石，甂甎，礎礩，並柱磉也。陶器。燒瓦器也。

磚瓦石磉，器不苦窳。《通鑑》云：舜陶于河濱，器不苦窳。苦，粗也。窳，缺壞也。

吴士玉《駢字類編》卷六四《塼》 塼石，邢邵請置學及脩立明堂表：城隍嚴固之重，闕塼石之功，墉構顯望之要，少樓榭之飾。

塼瓦，《魏志·董卓傳》注：崤函險固，國之重防，又隴右取材，功夫不難。杜陵南山下有孝武故陶處，作塼瓦，一朝可辦，宫室官府，蓋何足言，百姓小民，何足與議。《宋史·食貨志》：凡殘破州縣免竹木塼瓦稅，北來歸正人及兩淮復業者亦免路稅。又《職官志》：窑務掌陶爲塼瓦以給繕營及缾缶之器。李咸用《和友人喜相遇》詩：命達天殤同白首，價高磚瓦即黄金。

塼城，《耳目記》：唐柴駙馬紹之弟有材力，輕趫迅捷，踊身以上，挺然若飛，十數步乃止，嘗著吉莫靴上塼城，直至女牆，手無扳引。

塼堦，元稹《雜憶詩》：山榴似火葉相兼，亞拂塼堦半拂檐。

塼隄，同文算指問塼板隄共四千九百九十五方，每日匠九名，包板隄十一方，匠七名，包塼隄四方，磚板隄匠各若干，以母子左右對列，互乘得數，減餘四十一爲法，另列總匠總隄於下。

塼澤，《說苑》：趙簡子使成何涉他，與衛靈公盟于塼澤。

塼塔，王建《題柏巖禪師影堂詩》：山中塼塔閉，松下影堂新。

塼竈，《南史·王彭傳》：少喪母，元嘉初父又喪亡，家貧力弱，無以營葬。兄弟二人晝則傭力，夜則號，感鄉里並哀之，乃各出夫力助作磚，磚須水而天旱，穿井數十丈泉不出，彭號天自訴，如此積日，一旦天大霧，霧歇，塼竈前忽生泉水。

塼榻，《宋史·甄棲真傳》：乾興元年秋謂其徒曰：此歲之暮吾將逝矣，即宫西北隅，自甃殯室，室成不食一月，與平居所知叙别。十二月二日衣紙衣臥塼榻卒，人未之奇也。及歲久形如生，衆始驚傳，以爲尸解。

塼位，《宋史·職官志》：參知政事掌副宰相，毗大政，參庶務，乾德二年置。先是已命趙普爲相，欲置之副而難其名稱，以問翰林學士陶穀曰：下宰相一等有何官，對曰：唐有參知機務，參知政事，故以命之，仍令不押班，不知印，不升政事堂，殿廷別設塼位，敕尾署銜降宰相，月俸雜給半之，未欲與普齊也。

塼道，《唐書·儀衛志》：朝日殿上設黼扆、躡席、熏爐、香案，御史大夫領屬官至殿西廡，從官朱衣傳呼促百官就班，文武列于兩觀，監察御史二人立于東西朝堂塼道，以涖之。

塼鏡，《金丹諸真集》：成師一日將甎一片於菴前磨，祖云：磨此何爲。師云：要作鏡。祖云：磨塼豈得成鏡。師云：坐禪豈能成佛。

塼銘。《唐書·刑法志》：凡囚已刑無親屬者，將作給棺瘞于京城七里外壙，有磚銘上，揭以榜，家人得取以葬。

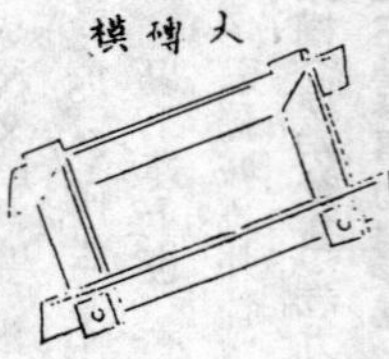

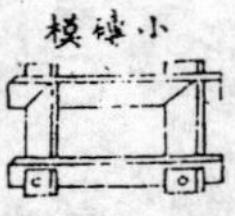

麟慶《河工器具圖説》卷四《儲備》 甎即瓴甓，《古史考》：烏曹作甎。《廣韻》：模形也。左思《魏都賦》：受全模於梓匠。《類篇》：盪動也。《説文》：盪滌器，又鍬臿屬。《唐韻》：拐物枝也。治甎之具有模，大小均用堅木合成。盪刀以竹爲之，拐鍬剡木爲首，以鐵片包鑲四邊。中列釘頭，受以丁字長柄，用之拌和熟泥，貯模成墼，俗謂之坯。再用竹刀盪平，脱下曬乾，積有成數，然後入窑燒煉，計日成甎。

綜述

李誡《營造法式》卷一五《塼作制度》

用塼

用塼之制：

殿閣等十一間以上用塼方二尺，厚三寸。

殿閣等七間以上用塼方一尺七寸，厚二寸八分。

殿閣等五間以上用塼方一尺五寸，厚二寸七分。

殿閣廳堂亭榭等用塼方一尺三寸，厚二寸五分。以上用條塼並長一尺三寸，廣六寸五分，厚二寸五分。如階脣用壓闌塼長二尺一寸，廣一尺一寸，厚二寸五分。

行廊小亭榭散屋等用塼方一尺二寸，厚二寸。用條塼長一尺二寸，廣六寸，厚二寸。

城壁所用走趄塼長一尺二寸，面廣五寸五分，底廣六寸，厚二分。趄條塼面長一尺一寸五分，底長一尺二寸，廣六寸，厚二寸。牛頭塼長一尺三寸，廣六寸五分。一壁厚二寸五分，一壁厚二寸二分。

壘階基其名有四，一曰階，二曰陛，三曰陔，四曰墒。

壘砌階基之制用條塼，殿堂亭榭階高四尺以下者用二塼，相並高五尺以上至一丈者用三塼，相並樓臺基高一丈以上至二丈者用四塼，相並高二丈至三丈以上者用五塼，相並高四丈以上者用六塼，相並普拍方外階頭，自柱心出三尺至三尺五寸。每階外細塼高十層，其内相並塼高八層。其殿堂等階若平砌，每階高一尺，上收一分五氂。如露齦砌，每塼一層上收一分。麤壘二分。樓臺亭榭每塼一層上收二分。麤壘五分。

鋪地面

鋪地殿堂等地面塼之制用方塼，先以兩塼面相合磨令平，次斫四邊以曲尺較令方正，其四側斫令下棱收入一分。殿堂等地面每柱心内方一丈者令當心高二分，方三丈者高三分。如廳堂廊舍等亦可以兩椽爲計。柱外階廣五尺以下，每一尺令自柱心起至階齦垂二分，廣六尺以上者垂三分。其階齦壓闌用石或亦用塼，其階外散水量檐上滴水遠近鋪砌向外側塼，砌線道二周。

牆下隔減

壘砌牆隔減之制，殿閣外有副階者其内牆下隔減，長隨牆廣，下同。其廣六尺至四尺五寸，自六尺以減五寸爲法，減至四尺五寸止。高五尺至三尺四寸。自五尺以減六寸爲法，至三尺四寸止。如外無副階者廳堂同。廣四尺至三尺五寸，高三尺至二尺四寸。若廊屋之類廣三尺至二尺五寸，高二尺至一尺六寸，其上收同階基制度。

踏道

造踏道之制，廣隨間廣，每階基高一尺，底長二尺五寸。每一踏高四寸，廣一尺，兩頰各廣一尺二寸，兩頰内線道各厚二寸。若階基高八塼，其兩頰内地栿柱子等平雙轉一周，以次單轉一周，退入一寸，又以次單轉一周。當心爲象眼，每階基加三塼，兩頰内單轉加一周。若階基高二十塼以上者，兩頰内平雙轉加一周，踏道下線道亦如之。

慢道

壘砌慢道之制，城門慢道每露臺塼基高一尺，拽脚斜長五尺。其廣減露臺一尺。廳堂等慢道每階基高一尺，拽脚斜長四尺，作三瓣蟬翅，當中隨間之廣。取宜約度兩額及線道，並同踏道之制。每斜長一尺加四寸，爲兩側翅瓣下之廣，若作五瓣蟬翅，其兩側翅瓣下取斜長四分之三，凡慢道面塼露齦皆深三分。如華塼即不露齦。

須彌坐

壘砌須彌坐之制，共高一十三磚，以二磚相並，以此爲率，自下一層與地平，上施單混肚塼一層，次上牙脚塼一層，比混肚塼下齦收入一寸。次上罨牙塼一層，比牙脚出三分。次上合蓮塼一層，比罨牙收入一寸五分。次上束腰塼一層，比合蓮下齦收入一寸。次上仰蓮塼一層，比束腰出七分。次上壺門柱子塼三層，柱子比仰蓮收入一寸五分，壺門比柱子收入五分。次上罨澁塼一層，比柱子出五分。次上方澁平塼兩層。比罨澁出五分。如高下不同，約此率隨宜加減之。如殿階作須彌坐砌壘者，其出入並依角石柱制度，或約此法加減。

塼牆

壘塼牆之制，每高一尺，底廣五寸，每面斜收一寸，若麤砌斜收一寸三分，以此爲率。

露道

砌露道之制，長廣量地取宜，兩邊各側砌雙線道，其内平鋪砌，或側塼虹面，壘砌兩邊，各側砌四塼爲線。

城壁水道

壘城壁水道之制，隨城之高匀分䩫踏，每踏高二尺，廣六寸，以三塼相並，用趄模塼。面與城平，廣四尺七寸。水道廣一尺一寸，深六寸，兩邊各廣一尺八寸，地下砌側塼散水，方六尺。

卷輂河渠口

壘砌卷輂河渠塼口之制，長廣隨所用單眼卷輂者，先於渠底鋪地面塼一重，每河渠深一尺以二塼相並，壘兩壁塼高五寸。如深廣五尺以上者，心内以三磚相並，其卷輂隨圜分側用塼，覆背塼同。其上繳背順鋪條塼。如雙眼卷輂者，兩壁塼以三塼相並，心内以六塼相並，餘並同單眼卷輂之制。

接甑口

壘接甑口之制，口徑隨釜或鍋，先依口徑圜樣，取逐層塼定樣。所磨口徑，内以二塼相並，上鋪方塼一重爲面，或只用條塼覆面。其高隨所用。塼並倍用純灰下。

馬臺

壘馬臺之制，高一尺六寸，分作兩踏，上踏方二尺四寸，下踏廣一尺，以此爲率。

馬槽

壘馬槽之制，高二尺六寸，廣三尺，長隨間廣。或隨所用之長。其下以五塼相並，壘高六塼，其上四邊壘塼一周，高三塼，次於槽内四壁，側倚方塼一周。其方塼後隨斜分斫貼壘三重。方塼之上鋪條塼覆面一重，次於槽底鋪方塼一重，爲槽底面。塼並用純灰下。

井

甃井之制，以水面徑四尺爲法。

用塼若長一尺二寸，廣六寸，厚二寸，條塼除抹角就圜，實收長一尺。視高計之，每深一丈以六百口壘五十層，若深廣尺寸不定，皆積而計之。

底盤版隨水面徑料，每斤廣八寸，牙縫搭掌在外，其厚二寸爲定法。

凡甃造井於所留水面徑外四周各廣二尺開掘，其塼甋用竹并蘆蕟編夾，壘及一丈閃下甃砌，若舊井損缺艱於修補者，即於徑外各展掘一尺，櫳套接壘下甃。

窑作制度

瓦其名有二，一曰瓦，二曰㼧。

造瓦坯用細膠土不夾砂者，前一日和泥造坯，鴟獸事件同。先於輪上安定札圈，次套布筒以水搭泥撥圈打搭，收光取札并布筒㬠曝，鴟獸事件揑造火珠之類用輪牀收托。其等第依下項。

瓪瓦：

長一尺四寸，口徑六寸，厚六分。仍留曝乾并燒變所縮分數，下準此。

長一尺二寸，口徑五寸，厚五分。
長一尺，口徑四寸，厚四分。
長八寸，口徑三寸五分，厚三分五釐。
長六寸，口徑三寸，厚三分。
長四寸，口徑二寸五分，厚二分五釐。

瓪瓦：

長一尺六寸，大頭廣九寸五分，厚一寸。小頭廣八寸五分，厚八分。
長一尺四寸，大頭廣七寸，厚七分。小頭廣六寸，厚六分。
長一尺三寸，大頭廣六寸五分，厚六分。小頭廣五寸五分，厚五分五釐。
長一尺二寸，大頭廣六寸，厚六分。小頭廣五寸，厚五分。
長一尺，大頭廣五寸，厚五分。小頭廣四寸，厚四分。
長八寸，大頭廣四寸五分，厚四分。小頭廣四寸，厚三分五釐。
長六寸，大頭廣四寸，厚同上。小頭廣三寸五分，厚三分。

凡造瓦坯之類，候曝微乾，用刀剺畫，每桶作四片。甋瓦作二片，線道瓦於每片中心畫一道條子，十字剺畫。線道條子瓦仍以水飾，露明處一邊。

塼其名有四，一曰甓，二曰瓴甋，三曰瑴，四曰甗甎。

造塼坯前一日和泥打造，其等第依下項。

方塼：

二尺，厚三寸。
一尺七寸，厚二寸八分。
一尺五寸，厚二寸七分。
一尺三寸，厚二寸五分。
一尺二寸，厚二寸。

條塼：

長一尺三寸，廣六寸五分，厚二寸五分。
長一尺二寸，廣六寸，厚二寸。

壓闌塼長二尺一寸，廣一尺一寸，厚二寸五分。
塼碇方一尺一寸五分，厚四寸三分。
牛頭塼長一尺三寸，廣六寸五分，一壁厚二寸五分，一壁厚二寸二分。
走趄塼長一尺二寸，面廣五寸五分，底廣六寸，厚二寸。
趄條塼面長一尺一寸五分，底長一尺二寸，廣六寸，厚二寸。
鎮子塼方六寸五分，厚二寸。

凡造塼坯之制，皆先用灰襯隔模匣，次入泥，以杖刮脫，曝令乾。

琉璃瓦等炒造黃丹附

凡造琉璃瓦等之制，藥以黃丹洛河石銅末，用水調勻。冬月以湯。甋瓦於背面，鴟獸之類於安卓，露明處青棍同。並遍澆刷，瓪瓦於仰面內中心。重脣瓪瓦仍於背上澆大頭，其線道條子瓦澆脣一壁。

凡合琉璃藥所用黃丹闕炒造之制，以黑錫盆硝等入鑊煎一日爲麤渣，出候冷，擣羅作末，次日再炒煿蓋罨，第三日炒成。

青棍瓦滑石棍茶土棍

青棍瓦等之制，以乾坯用瓦石磨擦，甋瓦於背，瓪瓦於仰面，磨去布文。次用水濕布揩拭候乾，次以洛河石棍研，次摻滑石末，令勻。用茶土棍者准先摻茶土，次以石棍研。

燒變次序

凡燒變塼瓦等之制，素白窯前一日裝窯，次日下火燒變，又次日土水窨，更三日開候冷，通及七日出窯。青棍窯裝窯燒變，出窯日分準上法。先燒芟草，茶土棍者止於曝窯內搭帶燒變，不用紫草羊糞油籸。次蒿草，次松栢柴、羊糞、麻籸、濃油，蓋罨不令透煙。琉璃窯前一日裝窯，次日下火燒變一日，開窯天候冷，至第五日出窯。

壘造窯

壘窯之制，大窯高二丈二尺四寸，徑一丈八尺。外圍地在外曝窯同。門高五尺六寸，廣二尺六寸。曝窯高一丈五尺四寸，徑一丈二尺八寸，門高同大窯，廣二尺四寸。

平坐高五尺六寸，徑一丈八尺，曝窯一丈二尺八寸。壘二十八層。曝窯同。其上壘五币高七尺，曝窯壘三币，高四尺二寸。壘七層。曝窯同。收頂七币，高九尺八寸，壘四十九層。曝窯四币，高五尺六寸，壘二十八層，逐層各收入五寸，遞減半塼。

龜殼窯眼暗突，底脚長一丈五尺，上留空分方四尺二寸，蓋暗突收長二尺四寸，曝窯同。廣五寸，壘二十層。曝窯長一丈八寸，廣同大窯，壘一十五層。

牀長一丈五尺，高一尺四寸，壘七層。曝窯長一丈八尺，高一尺六寸，壘八層。

壁長一丈五尺，高一丈一尺四寸，壘五十七層。下作出煙口子承重托柱，其曝窯長一丈八寸，高一丈，壘五十層。

門兩壁各廣五尺四寸，高五尺六寸，壘二十八層，仍壘脊。子門同曝窑，廣四尺八寸，高同大窑。

子門兩壁各廣五尺二寸，高八尺，壘四十層。

外圍徑二丈九尺，高二丈，壘一百層。曝窑徑二丈二寸，高一丈八寸，壘五十四層。

池徑一丈，高二尺，壘一十層。曝窑徑八尺，高一尺，壘五層。

踏道長三丈八尺四寸。曝窑長二丈。

凡壘窑用長一尺二寸，廣六寸，厚二寸，條塼平坐并窑門子門窑牀外圍踏道皆並二砌，其窑池下面作蛾眉壘砌，承重上側，使暗突出煙。

李誡《營造法式》卷二五《諸作功限二》

瓦作：

斫事甋瓦口。以一尺二寸甋瓦、一尺四寸瓪瓦爲率，打造同。

瑠璃：

㩟窠每九十口，每增減一等各加減二十口，至一尺以下每減一等各加三十口。

解撟，打造大當溝同。每一百四十口。每增減一等各加減三十口，至一尺以下每減一等各加四十口。

青掍素白：

㩟窠每一百口，每增減一等各加減二十口，至一尺以下每減一等各加三十口。

解撟每一百七十口，每增減一等各加減三十五口，至一尺以下每減一等各加四十五口。

右各一功。

打造甋瓪瓦口

瑠璃瓪瓦：

線道每一百二十口，每增減一等各加減二十五口，加至一尺四寸止，至一尺以下每減一等各加三十五口。務畫者加三分之一，青掍素白瓦同。

條子瓦比線道加一倍。務畫者加四分之一，青掍素白瓦同。

青掍素白：

甋瓦大當溝每一百八十口。每增減一等各加減三十口，至一尺以下每減一等各加三十五口。

瓪瓦：

線道每一百八十口，每增減一等各加減三十口，加至一尺四寸止。

條子瓦每三百口，每增減一等各加減六分之一，加至一尺四寸止。

小當溝每四百三十枚，每增減一等各加減三十枚。

右各一功。

結宽每方一丈。如央斜高峻比直行，每功加五分功。

甋瓪瓦：

瑠璃以一尺二寸爲率。二功二分，每增減一等各加減一分功。

青掍素白比瑠璃，其功減三分之一。

散瓪大當溝四分功。小當溝減三分之一功。

壘脊每長一丈，曲脊加長一倍。

瑠璃六層，

青掍素白用大當溝一十層，用小當溝者加二層。

右各一功。

安卓：

火珠每坐以徑二尺爲率。二功五分，每增減一等各加減五分功。

第一隻

瑠璃：

龍尾每高一尺八分功，青掍素白者減二分功。

鴟尾每高一尺五分功，青掍素白者減一分功。

獸頭以高二尺五寸爲率。七分五釐功，每增減一等各加減五釐功，減至一分止。

套獸以口徑一尺爲率。二分五釐功，每增減二寸各加減六釐功。

嬪伽以高一尺二寸爲率。一分五釐功，每增減二寸各加減三釐功。

閥閱高五尺一功。每增減一尺各加減二分功。

蹲獸以高六寸爲率。每一十五枚，每增減二寸各加減三枚。

滴當子以高八寸爲率。每三十五枚，每增減二寸各加減五枚。

右各一功。

繫大箔每三百領，鋪箔減三分之一。

抹棧及笆箔每三百尺，

開鷰頷版每九十尺，安釘在內。

織泥籃子每一十枚，

右各一功。

泥作：

每方一丈，殿宇樓閣之類有轉角合用托匙處，於本作每功上加五分功，高二丈以上每丈每功各加一分二釐功，加至四丈止。供作並不加，即高不滿七尺不須棚閣者，每功減三分功，貼補同。

紅石灰，黃青白石灰同。五分五釐功。收光五遍合和斫事麻擣在內，如仰泥縛棚閣者，每兩椽加七釐五毫功，加至一十椽，上下並同。

破灰，

細泥，

右各三分功。收光在内如仰泥縛棚閣者，每兩椽各加一釐功，其細泥作畫壁并灰襯二分五釐功。

麤泥二分五釐功。如仰泥縛棚閣者，每兩椽加二釐功，其畫壁披蓋麻蔑并搭乍中泥，若麻灰細泥下作襯一分五釐功，如仰泥縛棚閣每兩椽各加五毫功。

沙泥畫壁：

劈蔑被蔑共二分功，

披麻一分功，

下沙收壓一十遍共一功七分。栱眼壁同。

壘石山泥假山同五功，

壁隱假山一功，

盆山每方五尺三功。每增減一尺，各加減六分功。

用坯：

殿宇牆廳堂門樓牆并補壘柱窠同。每七百口，廊屋散舍牆加一百口。

貼壘兑落牆壁每四百五十口，剏接壘牆頭射垜加五十口。

壘燒錢鑪每四百口，

側劄照壁牕坐門頰之類同。每三百五十口，

壘砌竈茶鑪同每一百五十口，用塼同其泥飾各紐計積尺別計功。

右各一功，

織泥籃子每一十枚一功。

彩畫作

五彩間金：

描畫裝染四尺四寸，平棊華子之類係彫造者，即各減數之半。

上顏色彫華版一尺八寸。

五彩遍裝亭子廊屋散舍之類，五尺五寸。殿宇樓閣各減數五分之一，如裝畫暈錦即各減數十分之一，若描白地枝條華即各加數十分之一，或裝四出六出錦者同。

右各一功。

上粉貼金出褫每一尺一功五分，

青綠碾玉紅或搶金碾玉同。亭子廊屋散舍之類一十二尺，殿宇樓閣各減數六分之一。

青綠間紅三暈棱間亭子廊屋散舍之類二十尺，殿宇樓閣減數四分之一。

青綠二暈棱間亭子廊屋散舍之類二十五尺，殿宇樓閣各減數五分之一。

解綠畫松青綠緣道廳堂亭子廊屋散舍之類四十五尺，若殿宇樓閣減數九分之一，如間紅三暈即各減十分之二。

解綠赤白廊屋散舍華架之類一百四十尺，殿宇即減數七分之二，若樓閣亭子廳堂門樓及內中屋各減廊屋數七分之一，若間結華或卓柏各減十分之二。

丹粉赤白廊屋散舍諸營廳堂及鼓樓華架之類一百六十尺，殿宇樓閣減數四分之一，即亭子廳堂門樓及皇城內屋減八分之一。

刷土黃白緣道廊屋散舍之類一百八十尺，廳堂門樓涼棚減數六分之一，若墨緣道即減十分之一。

土朱刷間黃丹或土黃刷帶護縫牙子抹綠同。版壁平闇門牕叉子鉤闌棵籠之類一百八十尺，若護縫牙子解染青綠者減數三分之一。

合朱刷，

格子九十尺，抹合綠方眼同，如合綠刷毬文即減數六分之一，若合朱畫松難子壺門解壓青綠即減數之半，如抹合綠于障水版上刷青地描染戲獸雲子之類，即減數九分之一，若朱紅染難子壺門牙子解染青綠即減數三分之一，如土朱刷間黃丹即加數六分之一。

平闇軟門版壁之類難子壺門牙頭護縫解染青綠。一百二十尺，通刷素綠同，若抹綠牙頭護縫解染青華即減數四分之一，如朱紅染牙頭護縫等解染青綠即減數之半。

檻面鉤闌抹綠同。一百八尺，萬字鉤片版難子上解染青綠或障水版上描染戲獸雲子之類，即減數三分之一，朱紅染同。

叉子雲頭望柱頭五彩或碾玉裝造。五十五尺，抹綠者加數五分之一，若朱紅染者即減數五分之一。

棵籠子間刷素綠牙子難子等解壓青綠。六十五尺，

烏頭綽楔門牙頭護縫難子壓染青綠櫺子抹綠。一百尺，若高廣一丈以上即減數四

分之一，若土朱刷間黄丹者加數二分之一。

抹合緑牕難子刷黄丹頰串地栿刷土朱。一百尺，

華表柱并裝染柱頭鶴子日月版，須縛棚閣者減數五分之一。

刷土朱通造一百二十五尺，

緑筍通造一百尺，

用桐油每一斤，煎合在内。

右各一功。

塼作：

斫事

方塼：

二尺一十三口，每減一寸加二口。

一尺七寸二十口，每減一寸加五口。

一尺二寸五十口。

壓闌塼二十口，

右各一功，鋪砌功並以斫事塼數加之，二尺以下加五分，一尺七寸加六分，一尺五寸以下各倍加，一尺二寸加八分。壓闌塼加六分，其添補功即以鋪砌之數減半。

條塼長一尺三寸四十口，趄面塼加一分。一功。壘砌功以斫事塼數加一倍，趄面塼同，其添補者即減壘砌塼八分之五，若砌高四尺以上者減塼四分之一，如補换華頭以斫事之數減半。

麤壘條塼謂不斫事者。長一尺三寸二百口，每減一寸加一倍。一功。其添補者即減壘塼數，長一尺三寸者減四分之一，長一尺二寸各減半，若壘高四尺以上各減塼五分之一，長一尺二寸者減四分之一。

事造剜鑿，並用一尺三寸塼。

地面鬬八階基城門坐塼側頭須彌臺坐之類同。龍鳳華樣人物壼門寶缾之類，

方塼一口，間窠毬文加一口半。

條塼五口，

右各一功。

透空氣眼，

方塼每一口，

神子一功七分，

龍鳳華盆一功三分。

條塼壼門三枚半每一枚用塼百口。一功。

刷染塼甋基階之類，每二百五十尺須縛棚閣者減五分之一。一功。

甃壘井每用塼二百口一功。

淘井每一眼，徑四尺至五尺二功。每增一尺加一功，至九尺以上每增一尺加二功。

窑作

造坯

方塼：

二尺一十口，每減一寸加二口。

一尺五寸二十七口，每減一寸加六口，塼碇與一尺三寸方塼同。

一尺二寸七十六口。盤龍鳳雜華同。

條塼：

長一尺三寸八十二口，牛頭塼同，其趄面塼加十分之一。

長一尺二寸一百八十七口。趄條并走趄塼同。

壓闌塼二十七口，

右各一功。般取土末和泥事褫曬曝排垛在内。

甋瓦長一尺四寸九十五口，每減二寸加三十口，其長一尺以下者減一十口。

瓪瓦：

長一尺六寸九十口，每減二寸加六十口，其長一尺四寸展樣比長一尺四寸瓦減二十口。

長一尺一百三十六口，每減二寸加一十二口。

右各一功。其瓦坯并華頭所用膠土即别計。

黏甋瓦華頭長一尺四寸四十五口，每減二寸加五口，其一尺以下者即倍加。

撥瓪瓦重脣長一尺六寸八十口，每減二寸加八口，其一尺二寸以下者即倍加。

黏鎮子塼系五十八口，

右各一功。

造鴟獸等每一隻，

鴟尾每高一尺二功。龍尾功加三分之一。

獸頭：

高三尺五寸二功八分，每減一寸減八釐功。

高二尺八分功，每減一寸減一分功。

高一尺二寸一分六釐八毫功，每減一寸減四毫功。

套獸口徑一尺二寸七分二釐功，每減二寸減一分三釐功。

蹲獸高一尺四寸二分五釐功，每減二寸減二釐功。

嬪伽高一尺四寸四分六釐功，每減二寸減六釐功。

角珠每高一尺八分功，

火珠徑八寸二功，每增一寸加八分功，至一尺以上更於所加八分功外遞加一分功，謂如徑一尺加九分功，一尺一寸加一功之類。

閥閲每高一尺八分功，

行龍飛鳳走獸之類長一尺四寸五分功。

用茶土掍甋瓦長一尺四寸八十口一功。長一尺六寸瓪瓦同，華頭重脣在内，餘準此，每減二寸加四十口。

裝素白塼瓦坯，青掍瓦同，如滑石掍 其功在内。大窑計燒變所用芟草數每七百八十束曝窑三分之一。爲一窑，以坯十分爲率，須於往來一里外至二里，般六分共三十六功。遞轉在内曝窑三分之一。若般取六分以上，每一分加三功至四十二功止。曝窑每一分加一功至一十五功止。至四分之外及不滿一里者，每一分減三功，減至二十四功止。曝窑每一分減一功，減至七功止。

燒變大窑每一窑，

燒變一十八功，曝窑三分之一出窑功同。

出窑一十五功。

燒變瑠璃瓦等每一窑七功，合和用藥般裝出窑在内。

擣羅洛河石末每六斤一十兩一功，

炒黑錫每一料一十五功，

壘窑每一坐

大窑三十二功，

曝窑一十五功三分。

李誡《營造法式》卷二七《諸作功限四》

塼作

應鋪壘安砌皆隨高廣，指定合用塼等第以積尺計之，若階基慢道之類並二或並三砌，應用尺三條塼，細壘者外壁斫磨塼每一十行裏壁，麤塼八行填後。其隔減塼甋及樓閣高寫或行數不及者，並依此增減計定。

應卷輂河渠並隨圜用塼，每廣二寸計一口，覆背卷準此，其繞背每廣六寸用一口。

應安砌所須礦灰，以方一尺五寸塼用一十三兩。每增減一寸各加減三兩，其條塼減方塼之半，壓闌於二尺方塼之數減十分之四。

應以墨煤刷塼甋基階之類，每方一百尺用八兩。

應以灰刷塼牆之類，每方一百尺用一十五斤。

應墨煤刷塼甋基階之類，每方一百尺并灰刷塼牆之類，計灰一百五十斤，各用苕帚一枚。

應甃壘并所用盤版長隨徑，每片廣八寸厚二寸。每一片

常使麻皮一斤，

蘆蓆一領，

徑一寸五分竹二條。

窑作

燒造用芟草，

塼每一十口，

方塼：

方二尺八束，每束重二十斤，餘芟草稱束者並同，每減一寸減六分。

方一尺二寸二束六分。盤龍鳳華并塼碇同。

條塼：

長一尺三寸一束九分，牛頭塼同，其趄面即減十分之一。

長一尺二寸九分，走趄并趄條塼同。

壓闌長二尺一寸八束。

瓦

素白每一百口，

甋瓦：

長一尺四寸六束七分，每減二寸減一束四分。

長六寸一束八分。每減二寸減七分。

瓪瓦：

長一尺六寸八束，每減二寸減二束。

長一尺三束。每減二寸減五分。

青掍瓦以素白所用數加一倍。

諸事件謂鴟獸嬪伽火珠之類，本作內餘稱事件者準此。每一功一束。其龍尾所用茭草同鴟尾。

瑠璃瓦并事件並隨藥料每窑計之，謂曝窑。大料分三窑折大料同。一百束折大料八十五束，中料分二窑小料同。一百一十束小料一百束。

掍造鴟尾龍尾同每一隻以高一尺爲率，用麻擣二斤八兩。

青掍瓦

混石掍

坯數：

大料以長一尺四寸，瓪瓦一尺六寸，瓪瓦各六百口。華頭重脣在內下同。

中料以長一尺二寸，瓪瓦一尺四寸，瓪瓦各八百口。

小料以瓪瓦一千四百口，長一尺一千三百口，六寸并四寸各五十口。瓪瓦一千三百口。長一尺二寸一千二百口，八寸并六寸各五十口。

柴藥數：

大料滑石末三百兩，羊糞三筀，中料減三分之一，小料減半。濃油一十二斤，栢柴一百二十斤，松柴麻籸各四十斤。中料減四分之一，小料減半。

茶土掍長一尺四寸，瓪瓦一尺六寸，瓪瓦每一口一兩。每減二寸減五分。

造瑠璃瓦并事件

藥料每一大料用黄丹二百四十三斤，折大料二百二十五斤，中料二百二十二斤，小料二百九斤四兩。每黄丹三斤用桐末三兩，洛河石末一斤。

用藥每一口，鴟獸事件及條子綠道之類，以用藥處通計尺寸折大料。

大料長一尺四寸，瓪瓦七兩二錢三分六釐。長一尺六寸瓪瓦減五分。

中料長一尺二寸，瓪瓦六兩六錢一分六毫六絲六忽。長一尺四寸瓪瓦減五分。

小料長一尺，瓪瓦六兩一錢二分四釐三毫三絲二忽。長一尺二寸瓪瓦減五分。

藥料所用黄丹闕用黑錫炒造，其錫以黄丹十分加一分，即所加之數斤以下不計。每黑錫一斤用密駝僧二分九釐，硫黄八分八釐，盆硝二錢五分八釐，柴二斤一十一兩，炒成收黄丹十分之數。

俞琰《周易集説》卷八　六四井甃无咎

甃者壘磚以爲井壁也，三既渫而爲新井矣，四不甃則崩潰不已，必至于湮塞，能无咎乎。才雖不足以濟物，然能自脩治，故亦无咎。

俞琰《周易集説》卷一三　木上有水井，君子以勞民勸相。

井卦下巽木上坎水而曰木，上有水井何以見其爲井之象也，先儒皆因彖辭言瓶，遂以象辭之木爲轆轤，爲桔槹，爲汲水桶，然彖辭取象自是一義，象辭取象又自是一義，豈可以彖辭之瓶爲象辭之木哉。準齋吴氏曰：象辭不言木上於冰而明言木上有水，是謂水之下有木明矣。蓋井之爲井水，下無木爲底則泥隨汲水而動，其水必濁，故周回甃砌，雖磚累而底則用木而不用磚。底若用磚則泥實而泉眼不通，唯用木則泥有所護，汲不至濁而水木之性相宜，泉眼且無窒塞之患。此木上有水，所以爲井之象也，或謂六十四卦之取象，皆據自然，無用人爲者。木上有水乃自然之理，如木根入地而津液上行達於木杪，有井水自下而上之象，古人鑿井蓋取諸此。今欲知木上有水之説，當求之未有井之先，若謂木爲轆轤、爲桔槹、爲汲水桶、爲井底幹，此皆有井以後之説，出於人爲，非理之自然也。愚謂井卦之名命於文王，非伏羲也，伏羲畫卦之時蓋未有井，而文王名卦之時則有井矣。文王以伏羲所畫坎上巽下之卦，有井象而名之曰井，是故象辭因以爲木上有水井，實取象于有井之後，如鼎卦之象亦若是而已矣。然鼎用烹飪，井用汲，亦皆自然之道也。君子觀此井象而以爲井田之法，於是方里而井井九百畝，其中爲公田，八家皆私百畝，同養公田，使民服田力穡，勤勞於下，以奉養其上，又勸其相助而不敢惰農自安，亦猶井中之水養人濟物而以上出爲功也。坎勞卦也，故言勞民互兑爲口，故言勸巽順，故言相。相，悉亮反。秀巖李氏曰：此言亦爲井地設勸相，即相友相助相扶持之意。亨仲鄭氏曰：先儒勞作力報反非也。準齋吴氏曰：以卦義詳之，勞字當爲勤勞之勞。

陳元龍《格致鏡原》卷二〇《磚》　《古史考》：夏后氏時烏曹作磚。同甎。《爾雅》：瓴甋謂之甓。郭注：甋甎也，今江東呼瓴甓。《漢尹賞傳》：致令辟爲郭。師古注：令辟甋甎也，令音零，辟避歷反。《名義考》：陶侃運甓，甓甎也。詩中唐有甓謂廟中路甎也，今繪圖者作抱甕之狀，誤矣。《貧士傳》：扈累字伯重，嘉平中獨居道側，以甋甎爲障施一廚床，食宿其中。《南史》：狼牙修國，累塼爲城，重門樓閣。李肇《翰林志》：内朝北廳前堦有花塼道，冬中日及五塼，爲入直之候，李程性懶，好晚入，恒過八塼乃至，衆呼爲八塼學士。《後山談叢》：光禄李卿先築宅於廬，甃皆用塼，歲夏大雨，閘門及竇皆積水數尺，内外一洗而發去之。《永新志譚》：節婦趙氏被元兵併其子殺之，血漬禮殿間八磚上，宛然一婦人抱嬰兒狀，或磨以沙石，不滅，又煅以火，益顯。《括異志》：庚子歲夏旱湖間可以通軌，有魚舟夜艤水滸，遥見有光燭，人意謂必窖藏，遂於中夜掘之，得一井磚片長六七寸，兩首各有方竅相入，兩面皆有手掌紋極細，宛然可見，不知此磚始於何時，竊意當時陶人手法爲之耳。兒童爭鬻於市，或取以爲硯，清潤細膩可愛，余嘗得片磚，爲好事取去。《格古要論》：琴卓面用郭公磚最佳，嘗見郭公磚灰白色中空，面上有象眼花紋，相傳云出河南鄭州，泥水中者絶佳。磚長五尺，闊一尺有餘，此磚駕琴撫之，有清聲泠泠可愛。《太平清話》：宋開封張堯夫墓銘，以其葬之速也，不能刻石，乃得金谷古甎，以丹爲隸書，納於壙中。《語録》：南嶽懷讓禪師一日在馬祖菴前磨磚，祖問要作甚麼，讓曰：欲得成鏡。祖云：磨磚豈得成鏡。讓曰：磨磚既不成鏡，坐禪豈得作佛耶。

紀事

《史記》卷二四《樂書》　而衛靈公之時，將之晉，至於濮水之上舍。夜半時聞鼓琴聲，問左右，皆對曰「不聞」。乃召師涓曰：「吾聞鼓琴音，問左右，皆不聞。其狀似鬼神，爲我聽而寫之。」師涓曰：「諾。」因端坐援琴，聽而寫之。明日，曰：「臣得之矣，然未習也，請宿習之。」靈公曰：「可。」因復宿。明日，報曰：「習矣。」即去之晉，見晉平公。平公置酒於施惠之臺。酒酣，靈公曰：「今者來，聞新聲，請奏之。」平公曰：「可。」即令師涓坐師曠旁，援琴鼓之。未終，師曠撫而止之曰：「此亡國之聲也，不可遂。」平公曰：「何道出？」師曠曰：「師延所作也。與紂爲靡靡之樂，武王伐紂，師延東走，自投濮水之中，故聞此聲必於濮水之上，先聞此聲者國削。」平公曰：「寡人所好者音也，願遂聞之。」師涓鼓而終之。

平公曰：「音無此最悲乎？」師曠曰：「有。」平公曰：「可得聞乎？」師曠曰：「君德義薄，不可以聽之。」平公曰：「寡人所好者音也，願聞之。」師曠不得已，援琴而鼓之。一奏之，有玄鶴二八集乎廊門；再奏之，延頸而鳴，舒翼而舞。

平公大喜，起而爲師曠壽。反坐，問曰：「音無此最悲乎？」師曠曰：「有。昔者黄帝以大合鬼神，今君德義薄，不足以聽之，聽之將敗。」平公曰：「寡人老矣，所好者音也，願遂聞之。」師曠不得已，援琴而鼓之。一奏之，有白雲從西北起；再奏之，大風至而雨隨之，飛廊瓦，左右皆奔走。平公恐懼，伏於廊屋之閒。晉國大旱，赤地三年。聽者或吉或凶。夫樂不可妄興也。

《史記》卷一二八《龜策列傳》　衛平對曰：「不然。河雖神賢，不如崑崙之山；江之源理，不如四海，而人尚奪取其寶，諸侯爭之，兵革爲起。小國見亡，大國危殆，殺人父兄，虜人妻子，殘國滅廟，以爭此寶。戰攻分爭，是暴彊也。故云取之以暴彊而治以文理，無逆四時，必親賢士；與陰陽化，鬼神爲使；通於天地，與之爲友。諸侯賓服，民衆殷喜。邦家安寧，與世更始。湯武行之，乃取天子；《春秋》著之，以爲經紀。王不自稱湯武，而自比桀紂。桀紂爲暴彊也，固以爲常。桀爲瓦室，紂爲象郎。徵絲灼之，務以費（民）〔氓〕。賦斂無度，殺戮無方。殺人六畜，以韋爲囊。囊盛其血，與人縣而射之，與天帝爭彊。逆亂四時，先百鬼嘗。諫者輒死，諛者在傍。聖人伏匿，百姓莫行。天數枯旱，國多妖祥。螟蟲歲生，五穀不成。民不安其處，鬼神不享。飄風日起，正晝晦冥。日月並蝕，滅息無光。列星奔亂，皆絶紀綱。以是觀之，安得久長！雖無湯武，時固當亡。故湯伐桀，武王剋紂，其時使然。乃爲天子，子孫續世；終身無咎，後世稱之，至今不已。是皆當時而行，見事而彊，乃能成其帝王。今龜，大寶也，爲聖人使，傳之賢（士）〔王〕。不用手足，雷電將之；風雨送之，流水行之。侯王有德，乃得當之。今王有德而當此寶，恐不敢受；王若遺之，宋必有咎。後雖悔之，亦無及已。」

《晉書》卷六六《陶侃傳》　先是，廣州人背刺史郭訥，迎長沙人王機爲刺史。機復遣使詣王敦，乞爲交州。敦從之，而機未發。會杜弘據臨賀，因機乞降，勸弘取廣州，弘遂與温邵及交州秀才劉沈俱謀反。或勸侃且住始興，觀察形勢。侃不聽，直至廣州。弘遣使僞降。侃知其詐，先於封口起發石車。俄而弘率輕兵而至，知侃有備，乃退。侃追擊破之，執劉沈於小桂。又遣部將許高討機，斬之，傳首京都。諸將皆請乘勝擊温邵，侃笑曰：「吾威名已著，何事遣兵，但一函紙自足耳。」於是下書諭之。邵懼而走，追獲於始興。以功封柴桑侯，食邑四千户。

侃在州無事，輒朝運百甓於齋外，暮運於齋內。人問其故，答曰：「吾方致力中原，過爾優逸，恐不堪事。」其勵志勤力，皆此類也。

《晉書》卷八八《孝友傳·吴逵》　吴逵，吴興人也。經荒饑疾病，合門死者十有三人，逵時亦病篤，其喪皆鄰里以葦席裹而埋之。逵夫妻既存，家極貧窘，冬無衣被，晝則傭賃，夜燒磚甓，晝夜在山，未嘗休止，遇毒蟲猛獸，輒爲之下道。朞年，成七墓、十三棺。時有賻贈，一無所受。太守張崇義之，以羔雁之禮禮焉。

卒於家。

《晉書》卷九一《儒林傳・徐苗》　苗少家貧，晝執鉏耒，夜則吟誦。弱冠，與弟賈就博士濟南宋鈞受業，遂爲儒宗。作《五經同異評》，又依道家著《玄微論》，前後所造數萬言，皆有義味。

性抗烈，輕財貴義，兼有知人之鑒。弟患口癰，膿潰，苗爲吮之。其兄弟皆早亡，撫養孤遺，慈愛聞于州里，田宅奴婢盡推與之。鄉鄰有死者，便輟耕助營棺槨，門生亡於家，即斂於講堂。其行己純至，類皆如此。遠近咸歸其義，師其行焉。

郡察孝廉，州辟從事、治中、別駕，舉異行，公府五辟博士，再徵，並不就。武惠時計吏至臺，帝輒訪其安不。永寧二年卒，遺命濯巾澣衣，榆棺雜塼，露車載尸，葦席瓦器而已。

《宋書》卷一六《禮志三》　孝武皇帝太元十六年，改作太廟，殿正室十六間，東西儲各一間，合十八間。棟高八丈四尺，堂基長三十九丈一尺，廣十丈一尺。堂集方石，庭以塼。尊備法駕，遷神主于行廟。征西至京兆四主，及太子太孫，各用其位之儀服。四主不從帝者之儀，是與太康異也。諸主既入廟，設脯醢之奠。及新廟成，帝王還室，又設脯醢之奠。十九年二月，追尊簡文母會稽太妃鄭氏爲簡文皇帝宣太后，立廟太廟道西。及孝武崩，京兆又遷，如穆帝之世四祧故事。安帝隆安四年，以孝武母簡文李太后、帝母宣德陳太后祔于宣鄭太后之廟。

《宋書》卷九一《孝義傳・王彭》　王彭，盱眙直瀆人也。少喪母。元嘉初，父又喪亡，家貧力弱，無以營葬，兄弟二人，晝則傭力，夜則號感。鄉里並哀之，乃各出夫力助作塼。塼須水而天旱，穿井數十丈，泉不出，墓處去淮五里，荷檐遠汲，困而不周。彭號天自訴，如此積日，一旦大霧，霧歇，塼竈前忽生泉水，鄉隣助之者，並嗟歎神異，縣邑近遠，悉往觀之。葬事既竟，水便自竭。元嘉九年，太守劉伯龍依事表言，改其里爲通靈里，蠲租布三世。

《南齊書》卷五二《文學傳・崔慰祖》　少與侍中江祀款，及祀貴，常來候之，而慰祖不往也。與丹陽丞劉渢素善，遥光據東府反，慰祖在城內。城未潰一日，渢謂之曰：「卿有老母，宜其出矣。」命門者出之。慰祖詣闕自首，繫尚方，病卒。

慰祖著《海岱志》，起太公迄西晉人物，爲四十卷，半未成。臨卒，與從弟緯書云：「常欲更注遷、固二史，採《史》、《漢》所（泥）〔漏〕二百餘事，在廚簏，可檢寫之，以存大意。《海岱志》良未周悉，可寫數本，付護軍諸從事人一通，及友人任昉、徐夤、劉洋、裴揆。」又令「以棺親土，不須塼，勿設靈座」。時年三十五。

《梁書》卷五四《諸夷傳・狼牙脩國》　在南海中，其界東西三十日行，南北二十日行，去廣州二萬四千里。土氣物産，與扶南略同，偏多箋沉婆律香等。其俗男女皆袒而被髮，以古貝爲干縵。其王及貴臣乃加雲霞布覆胛，以金繩爲絡帶，金鐶貫耳。女子則被布，以瓔珞繞身。其國累塼爲城，重門樓閣。王出乘象，有幡毦旗鼓，罩白蓋，兵衛甚設。國人說，立國以來四百餘年，後嗣衰弱，王族有賢者，國人歸之。王聞知，乃加囚執，其鏁無故自斷，王以爲神，因不敢害，乃斥逐出境，遂奔天竺，天竺妻以長女。俄而狼牙王死，大臣迎還爲王。二十餘年死，子婆伽達多立。天監十四年，遣使阿撒多奉表曰：「大吉天子足下：離淫怒癡，哀愍衆生，慈心無量。端嚴相好，身光明朗，如水中月，普照十方。眉間白毫，其白如雪，其色照曜，亦如月光。諸天善神之所供養，以垂正法寶，梵行衆增，莊嚴都邑。城閣高峻，如乾陁山。樓觀羅列，道途平正。人民熾盛，快樂安穩。著種種衣，猶如天服。於一切國，爲極尊勝。天王愍念羣生，民人安樂，慈心深廣，律儀清淨，正法化治，供養三寶，名稱宣揚，布滿世界，百姓樂見，如月初生。譬如梵王，世界之主，人天一切，莫不歸依。敬禮大吉天子足下，猶如現前，忝承先業，慶嘉無量。今遣使問訊大意。欲自往，復畏大海風波不達。今奉薄獻，願大家曲垂領納。」

《梁書》卷五四《諸夷傳・婆利國》　天監十六年，遣使奉表曰：「伏承聖王信重三寶，興立塔寺，校飾莊嚴，周徧國土。四衢平坦，清净無穢。臺殿羅列，狀若天宮，壯麗微妙，世無與等。聖主出時，四兵具足，羽儀導從，布滿左右。都人士女，麗服光飾。市廛豐富，充積珍寶。王法清整，無相侵奪。學徒皆至，三乘競集，敷說正法，雲布雨潤。四海流通，交會萬國。長江眇漫，清泠深廣，有生咸資，莫能消穢。陰陽和暢，災厲不作。大梁揚都聖王無等，臨覆上國，有大慈悲，子育萬民。平等忍辱，怨親無二。加以周窮，無所藏積。靡不照燭，如日之明；無不受樂，猶如净月。宰輔賢良，羣臣貞信，盡忠奉上，心無異想。伏惟皇帝是我真佛，臣是婆利國主，今敬稽首禮聖王足下，惟願大王知我此心。此心久矣，非適今也。山海阻遠，無緣自達，今故遣使獻金席等，表此丹誠。」普通三年，其王頻伽復遣使珠貝智貢白鸚鵡、青蟲、兜鍪、瑠璃器、古貝、螺杯、雜香、藥等數十種。

《梁書》卷五四《諸夷傳·中天竺國》　天監初，其王屈多遣長史竺羅達奉表曰：「伏聞彼國據江傍海，山川周固，衆妙悉備，莊嚴國土，猶如化城。宮殿莊飾，街巷平坦，人民充滿，歡娛安樂。大王出遊，四兵隨從，聖明仁愛，不害衆生。國中臣民，循行正法，大王仁聖，化之以道，慈悲羣生，無所遺棄。常修淨戒，式導不及，無上法船，沉溺以濟。百官氓庶，受樂無恐。諸天護持，萬神侍從，天魔降服，莫不歸仰。王身端嚴，如日初出，仁澤普潤，猶如大雲，於彼震旦，最爲殊勝。臣之所住國土，首羅天守護，令國安樂。王王相承，未曾斷絶。國中皆七寶形像，衆妙莊嚴，臣自脩檢，如化王法。臣名屈多，奕世王種。惟願大王聖體和平。今以此國羣臣民庶，山川珍重，一切歸屬，五體投地，歸誠大王。使人竺達多由來忠信，是故今遣。大王若有所須珍奇異物，悉當奉送。此之境土，便是大王之國，王之法令善道，悉當承用。願二國信使往來不絶。此信返還，願賜一使，具宣聖命，備勑所宜。款至之誠，望不空返，所白如允，願加採納。今奉獻琉璃唾壺、雜香、古貝等物。」

《魏書》卷一九中《元澄傳》　澄以北邊鎮將選舉彌輕，恐賊虜闚邊，山陵危迫，奏求重鎮將之選，修警備之嚴，詔不從。賊虜入寇，至於舊都，鎮將多非其人，所在叛亂，犯逼山陵，如澄所慮。澄奏都城府寺猶未周悉，今軍旅初寧，無宜發衆，請取諸職人及司州郡縣犯十杖已上百鞭已下收贖之物，絹一匹，輸磚二百，以漸修造。詔從之。太傅、清河王懌表奏其事，遂寢不行。

《魏書》卷六六《李崇傳》　〔上表曰〕仰惟高祖孝文皇帝稟聖自天，道鏡今古，徙馭嵩河，光宅函洛，模唐虞以革軌儀，規周漢以新品制，列教序於鄉黨，敦詩書於郡國。使揖讓之禮，横被於崎嶇；歌詠之音，聲溢於仄陋。但經始事殷，戎軒屢駕，未遑多就，弓劍弗追。世宗統曆，聿遵先緒，永平之中，大興板築，續以水旱，戎馬生郊，雖逮爲山，還停一簣。

竊惟皇遷中縣，垂二十祀。而明堂禮樂之本，乃鬱荆棘之林；膠序德義之基，空盈牧豎之跡。城隍嚴固之重，闕塼石之工；墉堞顯望之要，少樓榭之飾。加以風雨稍侵，漸致虧墜。又府寺初營，頗亦壯美，然一造至今，更不修繕，廳宇凋朽，牆垣頹壞，皆非所謂追隆堂構，儀形萬國者也。伏聞朝議，以高祖大造區夏，道侔姬文，擬祀明堂，式配上帝。今若基宇不修，仍同丘畎，即使高皇神享，闕於國陽，宗事之典，有聲無實。此臣子所以匪寧，億兆所以失望也。

《北齊書》卷一一《安德王高延宗傳》　及平陽之役，後主自禦之，命延宗率右軍先戰，城下擒周開府宗挺。及大戰，延宗以麾下再入周軍，莫不披靡。諸軍敗，延宗獨全軍。後主將奔晉陽，延宗言：「大家但在營莫動，以兵馬付臣，臣能破之。」帝不納。及至并州，又聞周軍已入雀鼠谷，乃以延宗爲相國、并州刺史，總山西兵事。謂曰：「并州，阿兄自取，兒今去也。」延宗曰：「陛下爲社稷莫動，臣爲陛下出死力戰。」駱提婆曰：「至尊計已成，王不得輒沮。」後主竟奔鄴。在并將率咸請曰：「王若不作天子，諸人實不能出死力。」延宗不得已，即皇帝位，下詔曰：「武平孱弱，政由宦豎，釁結蕭牆，盜起疆埸。斬關夜遁，莫知所之，則我高祖之業將墜於地。王公卿士，猥見推逼，今便祇承寶位。可大赦天下，改武平七年爲德昌元年。」以晉昌王唐邕爲宰輔，齊昌王莫多婁敬顯、沭陽王和阿于子、右衛大將軍段暢、武衛將軍相里僧伽、開府韓骨胡、侯莫陳洛州爲爪牙。衆聞之，不召而至者，前後相屬。延宗容貌充壯，坐則仰，偃則伏，人笑之，乃赫然奮發。氣力絶異，馳騁行陣，勁捷若飛。傾覆府藏及後宮美女，以賜將士，籍没内參千餘家。後主謂近臣曰：「我寧使周得并州，不欲安德得之。」左右曰：「理然。」延宗見士卒，皆親執手，陳辭自稱名，流涕嗚咽。衆皆争爲死，童兒女子亦乘屋攘袂，投甎石以禦周軍。特進、開府那盧安生守太谷，以萬兵叛。周軍圍晉陽，望之如黑雲四合。延宗命莫多婁敬顯、韓骨胡拒城南，和阿于子、段暢拒城東。延宗親當周齊王於城北，奮大矟，往來督戰，所向無前。尚書令史沮山亦肥大多力，捉長刀步從，殺傷甚多。武衛蘭芙蓉、綦連延長皆死於陣。

《南史》卷五四《梁元帝長子蕭方等傳》　武烈世子方等字實相，元帝長子也。少聰敏，有俊才，善騎射，尤長巧思。性愛林泉，特好散逸。嘗著論曰：「人生處世，如白駒過隙耳。一壺之酒，足以養性，一簞之食，足以怡形。生在蒿蓬，死葬溝壑，瓦棺石椁，何以異兹。吾嘗夢爲魚，因化爲鳥。方其夢也，何樂如之，及其覺也，何憂斯類，良由吾之不及魚鳥者遠矣。故魚鳥飛浮，任其志性，吾之進退，恒在掌握。舉首懼觸，摇足恐墮。若使吾終得與魚鳥同遊，則去人間如脱屣耳。」初，徐妃以嫉妬失寵，方諸母王氏以冶容倖嬖。及王夫人終，元帝歸咎徐妃，方等意不自安。元帝聞之，又惡方等，方等益懼，故述此論以申其志。

《隋書》卷四八《楊文思傳》　文思在周，年十一，拜車騎大將軍、儀同三司、散騎常侍。尋以父功，封新豐縣子，邑五百户。天和初，治武都太守。十姓獠反，文思討平之，復治翼州事。党項羌叛，文思率州兵討平之。進擊資中、武康、隆山生獠及東山獠，並破之。後從陳王攻齊河陰城，又從武帝攻拔晉州，以勳進授上儀同三司，改封永寧縣公，增邑至千户。壽陽劉叔仁作亂，從清河公宇文神舉討之，戰於塼井，在陣生擒叔仁。又别從王誼破賊於鯉魚栅。其後累以軍功，遷果毅右旅下大夫。

釋道世《法苑珠林》卷五一　隋鄭州超化寺塔者，在州西南百餘里密縣界，在縣東南十五里，塔在寺東南角，其北連寺，方十五步許。其寺塔基在淖泥之上，西面有五六泉，南面亦有，皆孔方三尺，騰涌沸出，流溢成川。泉上皆下安栢柱，鋪在泥水上，以炭沙石灰次而重填寘，上以大方石，可如八尺牀編次鋪之，四面細腰長一尺五寸，湥五寸，生鐵固之。近有人試發一石下有石灰乃至百團，便抽一團，長三丈，徑四尺，現在自非輪王表塔神功所爲何能，辦此基搆，終古不見其儔也。今於上架塔二重，塔南大泉涌沸鼓怒，絶無水聲，豈非神化所致也。有幽州僧道嚴者姓李氏，形極奇偉，本入隋煬四道場，後從俗服，今年一百五歲，獨住湥山，每年七日來此塔上盡力供養，嚴怪其泉流涌注無聲，乃遣善水崑崙入泉尋討，但見石柱羅列不測，其際中有寶塔可高三尺，獨立空中，四面水圍，凝然而住，竟不至塔，所考其原始，莫測其由，時俗所傳育王所立，隋祖已來寺塔現在。【略】

齊州臨濟縣東有甎塔，云是誌公所營，四面石獸擁從驚人，周滅法時令人百千用力挽出，終不可脱，亦無有損，今現在。益州城南空慧寺内金藏有穴，在寺近有道士素知有藏，來就守寺神，乞神令入穴取得二斗金粟，依言即入，唯見地下金甕行行相對，莫測其邊，寺僧通知無敢侵者。坊州玉華宮寺南二十里許大高嶺俗號檀臺山，上有古塔基甚宏壯，面方四十三尺，上有一層甎身，四面開户，石門高七尺餘，廣五尺餘，傍有破甎無數。古老傳云昝周文王於此遊獵，見有沙門執錫持鉢山頭立住，唤下不來，王遣往捉，將至不見，遠看仍在，乃勑掘所立處湥三丈，獲得鉢杖而已。王重之爲聖，故爲起甎塔一十三級，左側村墟常聞鐘聲。至龍朔元年京師大慈恩寺沙門慧貴法師聞之便往，又聞鐘聲慷慨，古迹將事修理，恨無泉水懷惑猶豫。貴又感祥雲護塔善神曰：可即經始，不勞疑慮。又感異僧曰：我是南方浄土菩薩，行化至此，云是塔自古至今已經四造，勿辭勞倦，功用必成，唯須牢作，不事華侈，三層便止。貴聞此告親事經營，塔側古窑三十餘所猶有熟甎填滿，更尋塔南川中乃是古寺，背山面水，一期幽栖之勝地也。自未修前鐘聲，時至恰今營搆依時發聲三下長打，如今集僧上堂方法。龍朔三年掘得古銘云：周保定年塔崩，塔初成時南望見渭。又云：置塔經四百餘年崩，計周保定至開皇元年得二十年，開皇至龍朔初得八十一年，又計銘記四百年後始崩，則塔是後漢時所造。後周無謚文者，前周大遥未知古老，所傳周文是何帝代，但知塔甎巨萬，終非下俗所立耳。江州廬山有三石梁，長數十丈，廣不及尺，下望無底。晉咸康年中庾亮爲江州，登山過梁，見老公殊偉，夏屋崇峻，玉堂眩目，奇塔崇竦，莫測是何，循遶久之，終非人宅，乃拜謝而返。唐貞觀二十一年荆州大興國寺塔西南柱無故有聲，人往看之，乃見有金銅佛頭出，如是日日漸出，經三夕方盡，長六寸許，是立佛道，俗咸異之。

《舊唐書》卷二二《禮儀志二》　則天臨朝，儒者屢上言請創明堂。則天以高宗遺意，乃與北門學士議其制，不聽羣言。垂拱三年春，毁東都之乾元殿，就其地創之。四年正月五日，明堂成。凡高二百九十四尺，東西南北各三百尺。有三層：下層象四時，各隨方色；中層法十二辰，圓蓋，蓋上盤九龍捧之；上層法二十四氣，亦圓蓋。亭中有巨木十圍，上下通貫，栭、櫨、樘、棍，藉以爲本，互之以鐵索。蓋爲鸑鷟，黄金飾之，勢若飛翥。刻木爲瓦，夾紵漆之。明堂之下施鐵渠，以爲辟雍之象。號萬象神宫。因改河南縣爲合宫縣。

《舊唐書》卷三七《五行志》　先天二年六月，西京朝堂磚堦，無故自壞。磚下有大蛇長丈餘，蝦蟆大如盤，面目赤如火，相向鬬。俄而蛇入大樹，蝦蟆入于草。其年七月三日，玄宗誅竇懷貞、岑羲等十七家。

《舊唐書》卷四四《職官志三·司農寺》　太倉署：令三人，從七品下。丞二人，從八品下。府十人，史二十人，監事十人。從九品下。令掌九穀廪藏。丞爲之貳。凡鑿窖置屋，皆銘甎爲庾斛之數，與其年月日，受領粟官吏姓名。又立牌如其銘。

《舊唐書》卷四四《職官志三·將作監》　甄官署：令一人，從八品下。丞二人，正九品下。府五人，史十人，監作四人，從九品下。典事十八人。甄官令掌供琢石陶土之事。凡石磬碑碣、石人獸馬、碾磑塼瓦、瓶缶之器、喪葬明器，皆供之。

《舊唐書》卷一三八《姜公輔傳》　從幸山南，車駕至城固縣，唐安公主薨。上之長女，昭德皇后所生，性聰敏仁孝，上所鍾愛。初，詔尚韋宥，未克禮會而遇播遷；及薨，上悲悼尤甚，詔所司厚其葬禮。公輔諫曰：「非久克復京城，公主必須歸葬，今於行路，且宜儉薄，以濟軍士。」德宗怒，謂翰林學士陸贄曰：「唐安夭亡，不欲於此爲塋壠，宜令造一磚塔安置，功費甚微，不合關宰相論列。姜公輔忽進表章，都無道理，但欲指朕過失，擬自取名。朕比擢拔爲腹心，乃負朕如此！」贄對曰：「公輔官是諫議，職居宰衡，獻替固其職分。本立輔臣，置之左右，朝夕納誨，意在防微，微而弼之，乃其所也。陛下以造塔役費微小，非宰相所論之事。但問理之是非，豈論事之大小？若造塔爲是，役雖大而作之何傷；若造塔爲非，費雖小而言者何罪。」帝又曰：「卿未會朕意。朕以公輔才行，共宰相都不相當，在奉天時已欲罷免，後因公輔辭退，朕已面許。尋屬懷光背叛，遂且因循，容至山南。公輔知朕擬改官，所以固論造塔，賣直取名。據此用心，豈是良善！朕所惆悵者，只緣如此。」贄再三救護，帝怒不已，乃罷爲左庶子。尋丁母憂，服闋，授右庶子，久之不遷。

《舊唐書》卷一五〇《肅王李詳傳》 肅王詳，德宗第五子。大曆十四年六月封。建中三年十月薨，時年四歲，廢朝三日，贈揚州大都督。性聰惠，上尤憐之，追念無已，不令起墳墓，詔如西域法，議層甎造塔。禮儀使判官、司門郎中李岩上言曰：「墳墓之義，經典有常，自古至今，無聞異制。層甎起塔，始於天竺，名曰『浮圖』，行之中華，竊恐非禮。況肅王天屬，名位尊崇，喪葬之儀，存乎簡册，舉而不法，垂訓非輕。伏請準今造墳，庶遵典禮。」詔從之。

《舊唐書》卷一八二《高駢傳》 先是李琢爲安南都護，貪於貨賄，虐賦夷獠，人多怨叛，遂結蠻軍合勢攻安南，陷之。自是累年亟命將帥，未能收復。五年，移駢爲安南都護。至則匡合五管之兵，期年之内，招懷溪洞，誅其首惡，一戰而蠻卒遁去，收復交州郡邑。又以廣州饋運艱澀，駢視其水路，自交至廣，多有巨石梗途，乃購募工徒，作法去之。由是舟楫無滯，安南儲備不乏，至今賴之。天子嘉其才，遷檢校工部尚書、鄆州刺史、天平軍節度觀察等使。治鄆之政，民吏歌之。

南詔蠻寇巂州，渡瀘肆掠。乃以駢爲成都尹、劍南西川節度觀察等使。蜀土散惡，成都比無垣墉，駢乃計每歲完葺之費，甃之以塼甓，雉堞由是完堅。傳檄雲南，以兵壓境，講信修好，不敢入寇，進位檢校尚書右僕射、江陵尹、荆南節度觀察等使。乾符四年，進位檢校司空、潤州刺史、鎮海軍節度、浙江西道觀察等使，進封燕國公。

《舊唐書》卷一九三《列女傳・衛氏》 絳州孝女衛氏，字無忌，夏縣人也。初，其父爲鄉人衛長則所殺，無忌年六歲，母又改嫁，無兄弟。及長，常思復讎。無忌從伯常設宴爲樂，長則時亦預坐，無忌以磚擊殺之。既而詣吏，稱父讎既報，請就刑戮。巡察大使、黄門侍郎褚遂良以聞，太宗嘉其孝烈，特令免罪，給傳乘徙於雍州，并給田宅，仍令州縣以禮嫁之。

《舊唐書》卷一九七《西南蠻傳・驃國》 驃國，在永昌故郡南二千餘里，去上都一萬四千里。其國境，東西三千里，南北三千五百里。東隣真臘國，西接東天竺國，南盡溟海，北通南詔些樂城界，東北拒陽苴咩城六千八百里。往來通聘迦羅婆提等二十國，役屬者道林王等九城，食境土者羅君潛等二百九十部落。其王姓困没長，名摩羅惹。其國相名摩訶思那。其王近適則舁以金繩牀，遠適則乘象。嬪姝甚衆，常數百人。其羅城構以塼甓，周一百六十里，濠岸亦構塼，相傳本是舍利佛城。城内有居人數萬家，佛寺百餘區。其堂宇皆錯以金銀，塗以丹彩，地以紫鑛，覆以錦罽。其俗好生惡殺。其土宜菽粟稻粱，無麻麥。其理無刑名桎梏之具，犯罪者以竹五十本束之，復犯者撻其背，數止五，輕者止三，殺人者戮之。男女七歲則落髮，止寺舍，依桑門，至二十不悟佛理，乃復長髮爲居人。其衣服悉以白氎爲朝霞，繞腰而已。不衣繒帛，云出於蠶，爲其傷生故也。君臣父子長幼有序。華言謂之驃，自謂突羅成，闍婆人謂之徒里掘。

《新唐書》卷二三上《儀衛志上・衙》 朝日，殿上設黼扆、躡席、熏爐、香案。御史大夫領屬官至殿西廡，從官朱衣傳呼，促百官就班，文武列於兩觀。監察御史二人立於東西朝堂甎道以涖之。平明，傳點畢，内門開。監察御史領百官入，夾階，監門校尉二人執門籍，曰：「唱籍。」既視籍，曰：「在。」入畢而止。次門亦如之。序班於通乾、觀象門南，武班居文班之次。入宣政門，文班自東門而入，武班自西門而入，至閤門亦如之。夾階校尉十人同唱，入畢而止。宰相、兩省官對班於香案前，百官班於殿庭左右，巡使二人分涖於鐘鼓樓下，先一品班，次二品班，次三品班，次四品班，次五品班。每班，尚書省官爲首。武班供奉者立於横街之北，次千牛中郎將，次千牛將軍，次過狀中郎將一人，次接狀中郎將一人，次押柱中郎將一人，次押柱中郎一人，次排階中郎將一人，次押散手仗中郎將一人，次左右金吾衛大將軍。凡殿中省監、少監，尚衣、尚舍、尚輦奉御，分左右隨繖、扇而立。東宫官居上臺官之次，王府官又次之，唯三太、三少、賓客、庶子、王傅隨本品。侍中奏「外辦」，皇帝步出西序門，索扇，扇合。皇帝升御座，扇開。左右留扇各三。左右金吾將軍一人奏「左右廂内外平安」。通事舍人贊宰相兩省官再拜，升殿。内謁者承旨喚仗，左右羽林軍勘以木契，自東西閤而入。内侍省五品以上一人引之，左右衛大將軍、將軍各一人押之。二十人以下入，則不帶仗。三十人入，則左右廂監門各二人，千牛備身各四人，三衛各八人，金吾一人。百人入，則左右廂監門各六人，千牛備身各四人，三衛三十三人，金吾七人。二百人，則增以左右武衛、威衛、領軍衛、金吾衛、翊衛等。凡仗入，則左右廂加一人監捉永巷，御刀、弓箭。及三衛帶刀入，則曰「仗入」；三衛不帶刀而入，則曰「監引入」。朝罷，皇帝步入東序門，然後放仗。內外仗隊，七刻乃下。常參、輟朝日，六刻即下。宴蕃客日，隊下，復立半仗於兩廊。朔望受朝及蕃客辭見，加纛、矟隊，儀仗減半。凡千牛仗立，則全仗立。太陽虧，昏塵大霧，則內外諸門皆立仗。泥雨，則延三刻傳點。

《新唐書》卷五六《刑法志》 凡州縣皆有獄，而京兆、河南獄治京師，其諸司有罪及金吾捕者又有大理獄。京師之囚，刑部月一奏，御史巡行之。每歲立春至秋及大祭祀、致齊，朔望、上下弦、二十四氣、雨及夜未明，假日、斷屠月，皆停死刑。

京師決死，涖以御史、金吾，在外則上佐，餘皆判官涖之。五品以上罪論死，乘車就刑，大理正涖之，或賜死于家。凡囚已刑，無視屬者，將作給棺，瘞于京城七里外，壙有甎銘，上揭以榜，家人得取以葬。

諸獄之長官，五日一慮囚。夏置漿飲，月一沐之；疾病給醫藥，重者釋械，其家一人入侍，職事散官三品以上，婦女子孫二人入侍。

《新唐書》卷一九二《忠義傳中・張巡》 御史大夫賀蘭進明代巨節度，屯臨淮，許叔冀、尚衡次彭城，皆觀望莫肯救。巡使霽雲如叔冀請師，不應，遺布數千端。霽雲嫚罵馬上，請決死鬬，叔冀不敢應。巡復遣如臨淮告急，引精騎三十冒圍出，賊萬衆遮之，霽雲左右射，皆披靡。既見進明，進明曰：「睢陽存亡已決，兵出何益？」霽雲曰：「城或未下。如已亡，請以死謝大夫。」叔冀者，進明麾下也，房琯本以牽制進明，亦兼御史大夫，勢相埒而兵精。進明懼師出且見襲，又忌巡聲威，恐成功，初無出師意。又愛霽雲壯士，欲留之。爲大饗，樂作，霽雲泣曰：「昨出睢陽時，將士不粒食已彌月。今大夫兵不出，而廣設聲樂，義不忍獨享，雖食，弗下咽。今主將之命不達，霽雲請置一指以示信，歸報中丞也。」因拔佩刀斷指，一座大驚，爲出涕。卒不食去。抽矢回射佛寺浮圖，矢著甎，曰：「吾破賊還，必滅賀蘭，此矢所以志也！」至真源，李賁遺馬百匹；次寧陵，得城使廉坦兵三千，夜冒圍入。賊覺，拒之，且戰且引，兵多死，所至才千人。方大霧，巡聞戰聲，曰：「此霽雲等聲也。」乃啓門，驅賊牛數百入，將士相持泣。

《舊五代史》卷八〇《晉書・高祖紀第六》 〔天福七年〕閏三月丙戌，以兵部郎中司徒詡爲右諫議大夫。戊子，兗州節度使桑維翰加特進，封開國公。庚寅，以延州留後何建爲延州節度使，以引進使兼殿中監劉政恩爲太子詹事。壬辰，宋州節度使安彥威奏，修滑州黃河功畢，詔於河決之地建碑立廟。丙申，以鄜州節度使周密爲晉州節度使，以左羽林統軍符彥卿爲鄜州節度使。壬寅，詔百官五日一度起居，日輪定兩員，具所見以封事奏聞。詔改鄴都宣明門爲朱鳳門，武德殿爲視政殿，文思殿爲崇德殿，畫堂爲天清殿，寢殿爲乾福殿，其門悉從殿名。皇城南門爲乾明門，北門爲玄德門，東門爲萬春門，西門爲千秋門。羅城南塼門爲廣運門，觀音門爲金明門，橙槽門爲清景門，寇氏門爲永芳門，朝臣門爲景風門。大城南門爲昭明門，觀音門爲廣義門，北河門爲靜安門，魏縣門爲應福門，寇氏門爲迎春門，朝城門爲興仁門，上斗門爲延清門，下斗門爲通遠門。戊申，宋州節度使安彥威封邠國公，賞修河之勞也。癸丑，涇州節度使王周奏，前節度使張彥澤在任日不法事二十六條，已改正停廢，詔褒之。是春，鄴都、鳳翔、兗、陝、汝、恆、陳等州旱，鄆、曹、澶、博、相、洺諸州蝗。

《舊五代史》卷一一三《周書・太祖紀第四》 〔顯德元年正月〕帝自郊禋後，其疾乍瘳乍劇，晉王省侍，不離左右。累諭晉王曰：「我若不起此疾，汝即速治山陵，不得久留殿內。陵所務從儉素，應緣山陵役力人匠，並須和雇，不計近遠，不得差配百姓。陵寢不須用石柱，費人功，只以磚代之。用瓦棺紙衣。臨入陵之時，召近稅户三十家爲陵户，下事前揭開瓦棺，遍視過陵內，切不得傷他人命。勿脩下宮，不要守陵宮人，亦不得用石人石獸，只立一石記子，鐫字云：『大周天子臨晏駕，與嗣帝約，緣平生好儉素，只令著瓦棺紙衣葬。』若違此言，陰靈不相助。」又言：「朕攻收河府時，見李家十八帝陵園，廣費錢物人力，並遭開發。汝不聞漢文帝儉素，葬在霸陵原，至今見在。如每年寒食無事時，即仰量事差人灑掃，如無人去，只遙祭。兼仰於河府、魏府各葬一副劍甲，澶州葬通天冠、絳紗袍，東京葬一副平天冠、衮龍服。千萬千萬，莫忘朕言。」

李燾《續資治通鑑長編》卷七一 〔大中祥符二年六月〕丁酉，詔：「修昭應宮役夫，三伏日執土作者，悉罷之。自餘工徒，如天氣稍涼，不須停作。」時修宮使丁謂欲宮速成，請三伏不賜休假，王旦言當順時令，上曰：「理固然。」乃降是詔。

西染院使謝德權初預修宮，德權患其勞役過甚，日與同職忿爭不能制，遂求罷。

知制誥王曾上疏曰：

臣伏聞朝廷設諫諍之官，防政治之闕，非其官而言者蓋表其忠，况當不諱之朝，復忝非常之遇，苟進思之無補，懼竊禄以貽譏。

臣伏覩國家誕受殊祥，薦膺祕籙，祚洪圖於萬葉，超盛烈於百王。陛下寅畏寶符，陟封名嶽，功垂不朽，澤浸無垠，奉若之心，斯爲至矣。而清衷濬發，成命亟行，就嚴城之北隅，啓列真之祕宇，式昭丕應，特建嘉名。自經始已來，庀徒斯廣，輦他山之石，相屬於道途，伐豫章之材，遠周於林麓。累土陶甓，揮鍤運斤，功極彌年，費將鉅萬。掩祈年之舊制，踰檗日之前聞，命貴近以董臨，假使權而領護。如此，則國家尊奉靈文之意，不爲不厚矣，崇飭臺觀之規，不爲不壯矣。然而臣之愚懇，或異於斯，既有見聞，安敢緘默！

臣以爲今之興作，有不便之事五焉。雖鳩僝已行，未能悉罷，苟或萬一采芻蕘之説，省其工用，抑其制度，亦及民之大惠而憂國之遠圖也。所謂五者之目，請爲陛下陳之。

且今來所創立宫，規模宏大，凡用材木，莫非楩楠。竊聞天下出産之處，收市至多，般運赴宫，尤傷人力，雖云只役軍匠，寧免煩擾平民！况復軍人亦是黎庶，此未便之事一也。邇者方畢封崇，頗煩經費，今兹興造，尤耗資財。雖府庫之中，貨寶山積，畚築之下，工徒子來，然而内帑則積代之蓄藏，百物盡生民之膏血，散之孔易，斂之惟艱，雖極豐盈，猶宜重惜，此未便之事二也。夫聖人貴於謀始，智者察於未形，禍起隱微，危生安逸。今雙闕之下，萬衆畢臻，暑氣方隆，作勢斯甚，所役諸雜兵士，多是不逞小民，其或鼠竄郊鄽，狗偷都市，有一於此，足貽聖憂，此未便之事三也。王者撫御寰區，順承天地，舉動必遵於時令，裁成不失於物宜，靡崇奢侈之風，罔悖陰陽之序。臣謹按孟夏無發大衆，無起土工，無伐大樹。今肇基卜築，衝冒鬱蒸，俶擾厚坤，乖違前訓。矧復旱暵卒痒，雷電迅風，拔木飄瓦，温沴之氣，比屋羅災，得非失承天地之明效歟？此未便之事四也。臣竊聆中間符命之文，有清浄育民之誡。今所修宫閣，蓋本靈篇，而乃過興剖撅之功，廣務雕鎪之巧，雖屢殫於物力，恐未協於天心，此未便之事五也。

程卓《使金録》〔嘉定四年十二月〕七日乙酉，晴，早頓雍(丠)〔丘〕縣，今改爲杞縣。六十里至陳留縣，宿，過空桑及伊尹村。人多伊姓，墓在空桑北一里許，有碑堠刻云「湯相伊公之墓」。相傳墓左右生棘皆直如矢縣驛甚壯，云是張邦昌所居。有留侯廟，茀王原爲諸家。考子房所封乃彭城留城，非陳留也。自宋武下教修復時，其先久矣。夜行四十五里。

程卓《使金録》〔嘉定五年一月〕十九日丁卯，四更，微雨，至郭橋鎮，未明。午後過牟陀岡。瓦窑千餘，昔燒龍鳳磚者，今半隳毁。至城外更衣亭，卓等率三節官屬朝服乘馬，與李希道等並馬入順義門，即俗名固子門也。循龍德宫墻入五虎門，經建隆觀鵁鶄橋望見丹鳳門，過蔡河橋，太學、武學在舘驛行路左右，入會通舘。

劉時舉《續宋編年資治通鑑》卷一〔建炎二年二月〕翁彦國爲經制使，籍民輸建康修城磚數百萬，其人踰虔吉南安諸郡，陸負水運，率千錢致兩磚。江西提刑留侑勸民出私財助國，乃督責州縣以等第厚賦於民，欲以求進，民苦于此役，知洪州胡直强奏罷之。

《宋史》卷一六五《職官志五・將作監》 舊制，判監事一人，以朝官以上充。凡土木工匠之政、京都繕修隸三司修造案；本監但掌祠祀供省牲牌、鎮石、炷香、盥手、焚版幣之事。

元豐官制行，始正職掌。置監、少監各一人，丞、主簿各二人。監掌宫室、城郭、橋梁、舟車營繕之事，少監爲之貳，丞參領之。凡土木工匠板築造作之政令總焉。辨其才幹器物之所須，乘時儲積以待給用，庀其工徒而授以法式；寒暑蚤暮，均其勞逸作止之節。凡營造有計帳，則委官覆視，定其名數，驗實以給之。歲以二月治溝渠，通壅塞。乘輿行幸，則預戒有司潔除，均布黄道。凡出納籍帳，歲受而會之，上于工部。熙寧初，以嘉慶院爲監，其官屬職事，稽用舊典，已而盡追復之。元祐七年，詔頒《將作監修成營造法式》。八年，又詔本監營造檢計畢，長貳隨事給限，丞、簿覆檢。元符元年，三省言：「將作監主簿二員，乞將先到任一員改充幹當公事，候成資替罷。」從之。崇寧五年，詔將作監，應承受前後特旨應副外，路并府、監修造差撥人工物料，遵執元豐條格，不得應副。宣和五年，詔罷營繕所歸將作監。

分案五，置吏二十有七。所隸官屬十：修内司，掌宫城、太廟繕修之事。東西八作司，掌京城内外繕修之事。竹木務，掌修諸路水運材植及抽算諸河商販竹木，以給内外營造之用。事材場，掌計度材物，前期樸斲，以給内外營造之用。麥麴場，掌受京畿諸縣夏租麴麩，以給圬墁之用。窑務，掌陶爲塼瓦，以給繕營及缾缶之器。丹紛所，掌燒變丹粉，以供繪飾。作坊物料庫第三界，掌儲積材物，以備給用。退材場，掌受京城内外退棄材木，掄其長短有差，其曲直中度者以給營造，餘備薪爨。簾箔場，掌抽算竹木、蒲葦，以供簾箔内外之用。

建炎三年，詔將作監併歸工部。紹興三年，復置丞，仍兼總少府之事。十年，置主簿一員。十一年，詔依司農、太府寺，置長貳一員。隆興初，宫室無所營繕，職務簡省，百工器用屬之文思院，以隸工部，本監惟置丞一員，餘官虚而不除。乾道以後，人材甚多，監、少、丞、簿無闕，凡臺省之久次與郡邑之有聲者，悉寄徑于此，自是號爲儲才之地，而營繕之事，多俾府尹、畿漕分任其責焉。

《宋史》卷一六八《職官志八》　天禧三年十一月，令節度使班中書侍郎之下。其序班及視品之制：樞密使、副使、參知政事、宣徽使並班宰相後。資政殿大學士立文明殿學士之上。資政殿學士、翰林侍讀學士在翰林學士下。龍圖閣學士在樞密直學士上，龍圖直學士在其下，仍少退。待制在知制誥之下。權三司使立知制誥上。三司副使立少卿、監上。宫觀副使立學士班。判官立三司副使之下。給、諫權御史中丞者，令正衙立中丞塼位。餘就本班。凡起復，皆如初授，在本官之末，亦有特旨令叙舊班者。内客省使視七寺大卿，景福殿使、客省使視將作監，引進使視庶子。宣慶使、四方館使視少卿，宣政、昭宣、閤門使視少監。客省等副使視員外郎。皇城使以下諸司使視郎中，副使視太常博士。内殿承制視殿中丞，崇班及閤門祇候視贊善大夫。供奉官視諸衛率，侍禁視副率。殿直視著作佐郎，奉職、借職在諸州幕官上。樞密都承旨在閤門使下，副承旨、諸房副承旨在諸司使下，逐房副承旨在洗馬下。金吾衛、左右衛上將軍並在節度使上，六統軍、諸衛上將軍在常侍下，大將軍在大監下，將軍在少監下。金吾立本班上。諸衛率、副率在洗馬下。凡内職，視朝官者在其下，視京官者在其上。

《宋史》卷一八六《食貨志下八》　高宗建炎元年詔，販貨上京者免税。明年又詔，販糧草入京抑税者罪之；凡殘破州縣免竹木、磚瓦税，北來歸正人及兩淮復業者亦免路税。紹興三年，臨安火，免竹木税。然當時都邑未奠，兵革未息，四方之税，間有增置，及於江灣浦口量收海船税，凡官司回易亦並收税；而寬弛之令亦錯見焉，如諸路增置之税場，山間迂僻之縣鎮，經理未定之州郡，悉罷而免之。又以税網太密，減併者一百三十四，罷者九，免過税者五，至於牛、米、薪、麪民間日用者並罷。

《宋史》卷二九四《聶冠卿傳》　冠卿每進讀《左氏春秋》，必引尊王黜霸之義以諷。一日，墜笏上前，帝憫冠卿喪毁羸瘠，既退，賜禁中湯劑。未幾，告歸葬親，至揚州卒。詔以其弟太常博士世卿通判宣州。初，世卿監延豐倉，掘地得古磚，有隸書字，半漫滅。其可辨者云：「公先世餌霞棲雲，高尚不仕，累石於江濱。」又云：「昭王大丞相聶。」又云：「水龍夜號，夕雞駭飛。」其年九月十二日卒，年五十有五。」冠卿始見而惡之，至是，校所卒歲月及其享年，無少異者。

冠卿嗜學好古，手未嘗釋卷，尤工詩，有《蘄春集》十卷。

《宋史》卷三一四《范純禮傳》　純禮字彝叟，以父仲淹蔭，爲祕書省正字，簽書河南府判官，知陵臺令兼永安縣。永昭陵建，京西轉運使配木石塼甓及工徒於一路，獨永安不受令。使者以白陵使韓琦，琦曰：「范純禮豈不知此？將必有説。」他日，衆質之，純禮曰：「陵寢皆在邑境，歲時繕治無虚日，今乃與百縣均賦，曷若置此，使之奉常時用乎。」琦是其對。還朝，用爲三司鹽鐵判官，以比部員外郎出知遂州。

《宋史》卷四六二《方技傳下・甄棲真》　甄棲真字道淵，單州單父人。博涉經傳，長於詩賦。一應進士舉，不中第，歎曰：「勞神敝精，以追虚名，無益也。」遂棄其業，讀道家書以自樂。初訪道於牢山華蓋先生，久之出遊京師，因入建隆觀爲道士。周歷四方，以藥術濟人，不取其報。祥符中，寓居晉州，性和静無所好惡，晉人愛之，以爲紫極宫主。

年七十有五，遇人，或以爲許元陽，語之曰：「汝風神秀異，有如李筌。雖老矣，尚可仙也。」因授鍊形養元之訣，且曰：「得道如反掌，第行之惟艱，汝勉之。」棲真行之二三年，漸反童顔，攀高躡危，輕若飛舉。乾興元年秋，謂其徒曰：「此歲之暮，吾當逝矣。」即宫西北隅自甃殯室。室成，不食一月，與平居所知敍別，以十二月二日衣紙衣卧磚榻卒。人未之奇也。及歲久，形如生，衆始驚，傳以爲尸解。

《宋史》卷四八九《外國傳五・注輦國》　東距海五里，西至天竺千五百里，南至羅蘭二千五百里，北至頓田三千里，自古不通中國，水行至廣州約四十一萬一千四百里。

其國有城七重，高七尺，南北十二里，東西七里。每城相去百步，凡四城用塼，二城用土，最中城以木爲之，皆植花果雜木。其第一至第三皆民居，環以小

河；第四城四侍郎居之；第五城主之四子居之；第六城爲佛寺，百僧居之；第七城即主之所居，室四百餘區。【略】

熙寧十年，國王地華加羅遣使奇囉囉、副使南卑琶打、判官麻圖華羅等二十七人來獻豌豆珠、麻珠、瑠璃大洗盤，白梅花腦、錦花、犀牙、乳香、瓶香、薔薇水、金蓮花、木香、阿魏、鵬砂、丁香。使副以真珠、龍腦登陛，跪而散之，謂之撒殿。既降，詔遣御藥宣勞之，以爲懷化將軍，保順郎將，各賜衣服器幣有差；答賜其王錢八萬一千八百緡，銀五萬二千兩。

《宋史》卷四九〇《外國傳六・大食國》　至道元年，其國舶主蒲押陁黎齎蒲希密表來獻白龍腦一百兩，腽肭臍五十對，龍鹽一銀合，眼藥二十小琉璃瓶，白沙糖三琉璃甕，千年棗、舶上五味子各六琉璃瓶，舶上褊桃一琉璃瓶，薔薇水二十琉璃瓶，乳香山子一坐，蕃錦二段，駝毛褥面三段，白越諾三段。引對於崇政殿，譯者代奏云：「父蒲希密因緣射利，泛舶至廣州，迨今五稔未歸。母令臣遠來尋訪，昉至廣州見之。具言前歲蒙皇帝聖恩降敕書，賜以法錦袍、紫綾纏頭、間塗金銀鳳瓶一對，綾絹二十疋。今令臣奉章來謝，以方物致貢。」【略】

大中祥符元年十月，車駕東封，舶主陁婆離上言願執方物赴泰山，從之。又舶主李亞勿遣使麻勿來獻玉圭。並優賜器幣、袍帶，并賜國主銀飾繩床、水罐、器械、旗幟、鞍勒馬等。四年祀汾陰，又遣歸德將軍陁羅離進缻香、象牙、琥珀、無名異、繡絲、紅絲、碧黄綿、細越諾、紅駝毛、間金線壁衣、碧白琉璃酒器、薔薇水、千年棗等。詔令陪位，禮成，並賜冠帶服物。五年，廣州言大食國人無西忽盧華百三十歲，耳有重輪，貌甚偉異。自言遠慕皇化，附古邏國舶船而來。詔就賜錦袍、銀帶加束帛。

其國在泉州西北，舟行四十餘日至藍里，次年乘風颿，又六十餘日始達其國。地雄壯廣袤，民俗侈麗，甲於諸蕃。天氣多寒。其王錦衣玉帶，躡金履，朔望冠百寶純金冠。其居以碼碯爲柱，緑甘爲壁，水晶爲瓦，碌石爲磚，活石爲灰，帷幕用百花錦。官有丞相、太尉，各領兵馬二萬餘人。馬高七尺，士卒驍勇。民居屋宇略與中國同。市肆多金銀綾錦。工匠技術，咸精其能。

《宋史》卷四九〇《外國傳六・層檀國》　在南海傍，城距海二十里。熙寧四年始入貢。海道便風行百六十日，經勿巡、古林、三佛齊國乃至廣州。其王名亞美羅亞眉蘭，傳國五百年，十世矣。人語音如大食。地春冬暖。貴人以越布纏頭，服花錦白氎布，出入乘象、馬。有奉禄。其法輕罪杖，重罪死。穀有稻、粟、麥，食有魚，畜有綿羊、山羊、沙牛、水牛、橐駝、馬、犀、象，藥有木香、血竭、没藥、鵬砂、阿魏、薰陸。産真珠、玻璃、密沙華三酒。交易用錢，官自鑄，三分其齊，金銅相半，而銀居一分，禁民私鑄。元豐六年，使保順郎將層伽尼再至，神宗念其絶遠，詔頒賚如故事，仍加賜白金二千兩。

《宋史全文》卷三二　〔紹定五年〕三月壬子朔，御筆賜陳貴誼以下曰：「科舉取人先器識，後詞藻，務忠實，斥浮僞。」癸丑，羣臣三上表，請御正殿，從之。車駕詣太廟，行款，謁禮。巳酉，蠲磚瓦竹木蘆箔之征三月。

《金史》卷三三《禮志六・宣孝太子廟》　大定二十五年七月，有司奏：「依唐典，故太子置廟，設官屬奉祀。擬於法物庫東建殿三間，南垣及外垣皆一屋三門，東西垣各一屋一門，門設九戟。齋房、神厨，度地之宜。」又奉旨，太子廟既安神主，宜别建影殿。有司定擬制度，於見建廟稍西中間，限以塼墉，内建影殿三間。南面一屋三門，垣周以甓，無闕角及東西門。外垣正南建三門一，左右翼廊二十間，神厨、齋室各二屋三間。是歲十月，廟成，十一日奉安神主，十四日奉遷畫像。

《金史》卷三六《禮志九・受尊號儀》　通事舍人引攝侍中版奏「中嚴」，訖，典儀、贊者各就位。閤門官引文武百僚分左右入，於殿階下塼道之東西，相向立。符寶郎奉八寶由西偏門分入，升置殿上東西間相向訖，分左右立於寶後。通事舍人引攝侍中版奏「外辦」，扇合，服衮冕以出，曲直華蓋、侍衛警蹕如常儀。殿上鳴鞭，訖，殿下亦鳴鞭。初索扇，協律郎跪，俛伏，興，舉麾。工鼓柷，奏《乾寧之曲》。出自東房，即座，儀鸞使副添香，爐煙升，扇開，簾捲。協律郎偃麾，戛敔，樂止。

《金史》卷三七《禮志一〇・册皇后儀》　侍中版奏「外辦」。殿上索扇。協律郎舉麾，宮縣作。皇帝服通天冠、絳紗袍，出自東房，曲直華蓋、警蹕侍衛如常儀。即座，南向坐，簾捲，樂止。通事舍人引册使副入，宮縣作。使副就受命位，侍中、中書令、門下侍郎、中書侍郎、舉捧官依舊西面立，羣臣合班，横行北面，如常朝之儀，立定。典儀曰「再拜」，贊者承傳，班首已下羣官在位者皆再拜。班首問起居，又再拜。閤門官引攝侍中出班承制，降詣使副東北，西向稱「有制」。使副稍前，鞠躬再拜，攝侍中宣制曰：「命公等持節授后册寶。」宣制訖，又俱再拜，侍中還班。門下侍郎引主節詣册使所，主節以節授門下侍郎，門下侍郎執節西向授太尉，太尉受付主節，主節立於使副之左右。門下侍郎退還班位。中書侍郎引册床，門下侍郎引寶床，立於册使東北，西向，以次授與太尉，太尉皆捧受，册床置於北，寶床置於南。侍中、中書令、禮儀使、舉捧册寶官及舁床者，退於東西塼道之左右，相向立。門下侍郎、中書侍郎退還班位。典儀曰「再拜」，贊者承傳，羣官在位者皆再拜，訖，分班東西相向立。舉捧舁册寶床者進，册床先行，讀册官次之，寶床次行，讀寶官次之。舉舁官各分左右，通事舍人引册使隨之以行，持節者前導。太尉初行，宫縣樂作，出殿門，樂止。攝侍中出班升殿，奏「侍中臣言禮畢」。殿上索扇，簾降，宫縣作。降座，入自東房，樂止。通事舍人引羣官在位者以次出。俟太尉、司徒復命，禮畢，還内。

《元史》卷四八《天文志一・仰儀》　仰儀之制，以銅爲之，形若釜，置於甎臺。内畫周天度，脣列十二辰位。蓋俯視驗天者也。其《銘》辭云：「不可體形，莫天大也。無競維人，仰釜載也。六尺爲深，廣自倍也。兼深廣倍，絜釜兑也。環鑿爲沼，準以溉也。辨方正位，曰子卦也。衡縮度中，平斜再也。斜起南極，平釜鐓也。小大必周，入地畫也。始周浸斷，浸極外也。極入地深，四十太也。北九十一，赤道齡也。列刻五十，六時配也。衡竿加卦，巽神内也。以負縮竿，（本）〔子〕午對也。首旋璣板，竅納芥也。上下懸直，與鐓會也。視日透光，何度在也。暘谷朝賓，夕餞昧也。寒暑發斂，驗進退也。薄蝕起自，鑒生殺也。以避赫曦，奪目害也。南北之偏，亦可概也。極淺十五，林邑界也。黄道夏高，人所載也。夏永冬短，猶少差也。深五十奇，鐵勒塞也。黄道浸平，冬晝晦也。夏則不没，永短最也。安渾宣夜，昕穹蓋也。六天之書，言殊話也。一儀一揆，孰善悖也。以指爲告，無煩喙也。闇資以明，疑者沛也。智者是之，膠者怪也。古今巧曆，不億輩也。非讓不爲，思不逮也。將窺天眹，造化愛也。其有俊明，昭聖代也。泰山礪乎，河如帶也。黄金不磨，悠久賴也。鬼神禁訶，勿銘壞也。」

《元史》卷六四《河渠志一・通惠河》　通惠河，其源出於白浮、甕山諸泉水也。

世祖至元二十八年，都水監郭守敬奉詔興舉水利，因建言：「疏鑿通州至〔大〕都河，改引渾水溉田，於舊牐河蹤跡導清水，上自昌平縣白浮村引神山泉，西折南轉，過雙塔、榆河、一畝、玉泉諸水，至西〔水〕門入都城，南匯爲積水潭，東南出文明門，東至通州高麗莊入白河。總長一百六十四里一百四步。塞清水口一十二處，共長三百一十步。壩牐一十處，共二十座，節水以通漕運，誠爲便益。」從之。首事於至元二十九年之春，告成於三十年之秋，賜名曰通惠。凡役軍一萬九千一百二十九，工匠五百四十二，水手三百一十九，没官囚隸百七十二，計二百八十五萬工，用楮幣百五十二萬錠，糧三萬八千七百石，木石等物稱是。役興之日，命丞相以下皆親操畚鍤爲之倡。置牐之處，往往於地中得舊時磚木，時人爲之感服。船既通行，公私兩便。先時通州至大都五十里，陸輓官糧，歲若干萬，民不勝其悴，至是皆罷之。

《元史》卷六五《河渠志二》　郝承務又言：「魏家道口塼堈等村，缺破隄堰，累下樁土，衝洗不存，若復閉築，緣缺隄周回皆泥淖，人不可居，兼無取土之處。又沛郡安樂等保，去歲旱災，今復水澇，漂禾稼，壞室廬，民皆缺食，難於差倩。其不經水害村保民人，先已遍差補築黄家橋、磨子口諸處隄堰，似難重役。如候秋涼水退，倩夫修理，庶蘇民力。今衝破新舊隄七處，共長一萬二千一百二十八步，下廣十二步，上廣四步，高一丈二尺，計用夫六千三百四人，樁九百九十，葦箔一千三百二十，草一萬六千五束。六十尺爲一工，無風雨妨工，度五十日可畢。」本縣準言，至八月三十日差夫二千四百二十，闕請郝承務督役。

《元史》卷一〇五《刑法志四・殺傷》　諸瞽者毆人，因傷致死，杖一百七，徵燒埋銀給苦主。諸病風狂，毆傷人致死，免罪，徵燒埋銀。諸庸醫以鍼藥殺人者，杖一百七，徵燒埋銀。諸颺磚石剥鄰之果，誤傷人致死者，杖八十七，徵燒埋銀。諸軍士習射，招箭者不謹，致被傷而死，射者不坐，仍徵燒埋銀。諸過誤踏死小兒，杖七十七，徵燒埋銀給苦主。諸昏夜馳馬，誤觸人死，杖七十七，徵燒埋銀。

《元史》卷一〇五《刑法志四・禁令》　諸爲子行孝，輒以割肝、刲股、埋兒之屬爲孝者，並禁止之。諸民間喪葬，以紙爲屋室，金銀爲馬，雜綵衣服帷帳者，悉禁之。諸墳墓以甎瓦爲屋其上者，禁之。諸家廟春秋祭祀，輒用公服行禮者，禁之。諸民間祖宗神主，稱皇字者，禁之。諸小民房屋，安置鵝項銜脊，有鱗爪瓦獸者，笞三十七，陶人二十七。諸職官居見任，雖有善政，不許立碑，已立而犯贓污者毀之，無治狀以虛譽立碑者毀之。【略】

諸城郭人民，隣甲相保，門置水甕，積水常盈，家設火具，每物須備，大風時作，則傳呼以徇于路。有司不時點視，凡救火之具不備者，罪之。諸遺火延燒係官房舍，杖七十七；延燒民房舍，笞五十七；因致傷人命者，杖八十七；所毀房舍財畜，公私俱免徵償。燒自己房舍者，笞二十七，止坐失火之人。諸煎鹽草地，輒縱野火延燒者，杖八十七；因致闕用者，奏取聖裁。隣接管民官，專一關防禁治。

《元史》卷一九八《孝友傳二・黄贇》 黄贇字止敬，臨江人。父君道，延祐間求官京師，留贇江南。時贇年幼，及既長，聞其父娶後妻居永平，乃往省之，則父殁已三年矣。庶母聞贇來，盡挾其貲去，更嫁，拒不見贇。贇號哭語人曰：「吾之來，爲省吾父也。今不幸吾父已殁，思奉其柩歸而窆之，莫知其墓。苟得見庶母示以葬所，死不恨矣，尚忍利遺財邪！」久之，聞庶母居海濱，亟裹糧往，庶母復拒之，三日不納。庶母之弟憐之，與偕至永平屬縣欒亭求父墓，又弗得。贇哭禱于神，一夕夢老父以杖指葬處曰：「見片磚即可得。」明日就其地求之，庶母之弟曰：「真是已，斂時有某物可驗。」啓朽棺，得父骨以歸。

《明憲宗實録》卷二一四 〔成化十七年四月戊申〕十三道監察御史黄傑等以災異陳時政十事：一京師各處修理動調各營官軍，不分隆寒盛暑併工服役，人力不堪，又因磚料少將永樂間窑座重立燒造，饑窘之餘民不聊生，乞將見興工役及造甎暫行停止。一近因出師調取附京州縣寄養馬，其間倒死者多百姓買補，已甚疲敝，而又令買補四户馬，督併甚急，遠近騷動，乞將四户馬暫免買補。一近年各色工匠及各營跟隨書辦人役，往往夤緣，輒得帶俸官職，積歷日久，又與正額官員一體循次陞用，冗員日多，此等官員俸禄宜量減其半，後雖陞用亦照例減支，仍乞自今有妄求恩典者，查有微勞，止與冠帶，其書辦人役仍依資格聽用。一兩京及都會之處官員軍民之家，衣服飲食器用窮極奢靡，以至婚姻喪葬越禮僭分，乞申明　累朝榜例，奏行禁約，犯者置諸重法。一北直、山東、河南等處連遭水旱，而差役僉解買辦催徵無異常時，乞命該部遇有奏報災傷，即行巡撫巡按等官從實踏勘回奏減免，毋似先年往返行勘，失誤事機，民不沾惠。一致仕尚書李秉立心正大，都御史高明操履端方，皆人望所屬，今退休林下，精力未衰，宜復起用，國家政務必有裨補。又近年朝官多有因事謫降，一遇擯斥不復起用，使才能之士雖欲自新，其道無由，乞查無贓私者，或復其舊官或量陞別任，以責後效。一今各處災傷，盜賊竊發，皆官失撫字，民不安生所致也。福建、江西、浙江并直隸河間等府往年舊有都御史巡撫地方，仍乞添設撫民捕盜。一前代遇災必策免大臣，修舉庶職，今兩京堂上官多有曠職者，宜聽其自陳，各衙門官宜命兩京吏部各會同都察院考察，如有不公，聽科道官糾舉。在外有司雖經朝覲考察，不能無遺，如布政馬馴年力衰憊，參政王常、余洵、府尹魯崇志罷軟無爲，參政周正、參議黄澄，按察使陳相、知府王範、劉本山、西行太僕寺少卿李温素行不謹，皆宜罷黜，别選賢能，以充其任。一兩京衙門指以公用爲由，濫罰紙筆硃墨燭木柴炭之類，甚至假稱修理折罰銀兩，京師且然，何以責備天下，乞行禁約，違者事覺，依在外科罰民財事例□以贓罪。一乞詔在廷文武大臣各將本衙門及天下政務得失從公計議，某事可行，某事可止，何利可興，何弊可革，凡有益於治體，有利於軍民者，一一條上，斷自聖衷而行之六科。

《明世宗實録》卷一四九 〔嘉靖十二年四月壬辰〕工部都水司管河署郎中劉守良參奏臨清兵備副使王舜漁，故執窑户王匠縶獄，歎悮郊磚燒造，又不時捕逮本署人役，肆行挫辱，且訐其殘賊民命、科罰民財、狥私納賄諸不法事，法司議覆下撫按官從公勘奏，令守良、舜漁各還籍聽勘。

《明神宗實録》卷二 〔隆慶六年六月癸亥〕今自嘉靖四十三年、四十四年、四十五年并隆慶元年錢糧，除金花銀不免外，其餘拖欠夏秋税糧，馬草、農桑、人丁、絲絹、布疋、棉花絨、户口鹽糧、塩鈔、皇庄子粒、各色料價、屯田牧馬草塲子粒、租銀、甎價、匠價、砍柴、柴炭等項悉從蠲免，其二年、三年、四年各量免十分之三。

《明神宗實録》卷三四 〔萬曆三年正月〕乙丑查覈各省撫按官員名下未完事件，撫按諸臣五十四人未完，共二百七十三事。鳳陽巡撫王宗沐、巡按張更化、廣東巡撫張守約、浙江巡按蕭廩俱以未完數多，鐫俸三月。工科給事胡汝欽建議修倉四事，一定規制，凡修理厫座必以厫様爲式，委官匠作姓名刻扁懸掛，十年内損壞者責令賠修。一華折收，窑户燒造磚瓦如式方許驗收，其缺破不堪不得折收，以滋冒費。一華包工，各倉工程司官親莅督率，務求堅緻，不得包工，以滋苟簡。一收舊料，查勘通倉廢廒梁柱等項盡行拆卸揀選，以備新修，不堪者方行召買。奉旨如議。

《明神宗實録》卷三七 〔萬曆三年四月壬戌〕巡撫甘肅右都御史侯東萊、巡撫延綏右僉都御史張守中各奏報造完所屬衛所城堡，及萬曆二年歲額舊管新牧開除實在錢糧之數。臨清磚廠舊燒造城磚兵一百二十萬，至是議分泒三十萬於武清縣燒造，其應給磚價分泒南北直隸、河南、山東地方出辦各有差。

《明神宗實録》卷一八八 〔萬曆十五年七月癸巳〕浙江巡撫温純巡按傅好禮會題：「嘉湖二府白糧船一百二十五隻，各關徵收鈔税及臨清帶磚費銀約一千八百餘兩，議照漕糧事例免徵。」户部覆奏：「自萬曆十六年爲始，嘉湖白糧船到關，躬親查驗，米所帶土宜止四十石，照原題免税放行。如數外夾帶私貨，照漕船私貨事例，以一半入官，仍治其罪。其過稅銀，嘉興府於夫車官銀減徵，湖州府於糧户各免出辦。至於帶磚一節，壽宮用磚方急，相應照舊。待落成之日，每船量減四十塊，以二百塊著爲定例。蘇、松、常三府各有白糧，其免稅帶磚及減派船價，悉照今議。」報可。

《明神宗實録》卷三七四 （萬曆三十年七月庚午）工部尚書姚可繼言：乾德殿工程重大，財用浩繁，項棲内監陳永壽所奏，止用銀五萬兩僱募夫匠。設處木植顔料等項，再不干臣部，錢糧包工刻限報完，誠爲省速。臣部雖至窘迫，亦應勉從所請，第請解銀赴監買辦，似不必本部出給實收，但取城磚一百萬破磚量工取用，及灰三千萬斤乃係自外運送，必須科道與本部司官同爲驗收。又恐事不歸一，宜將灰三千萬斤折價銀三萬兩，搬運城磚脚價銀六千兩，并前銀五萬兩，共銀八萬六千兩。庫内見無積貯，俱容陸續設處解赴，該監聽其自募買辦，完工及量工應用破甎，亦聽該監或軍或夫自行運用，既□不復干預臣部。其原請司官二員似亦不必差委，庶内監得以自便，工役可遠報竣，臣部又得專心經理各工，而庶務不悮矣。

申時行《（萬曆）明會典》卷一八八《工匠一》 國初造作工役，以囚人罰充，役滿，工部咨送刑部、都察院，引赴御橋叩頭發落，至今猶然。若供役土匠，則有輪班住坐之分，輪班者隸工部，住坐者隸内府内官監。

凡工役囚人，洪武二十六年定，在京犯法囚徒，或免死，工役終身。或免徒，流笞杖，罰役准折。如遇造作去處，量度所用多寡，或重務者用重罪囚徒，細務者用笞杖之數，臨期奏聞，移咨法司差撥，差人監管督工。其當該法司，造勘合文册，一本發工部收掌，一本發内府收貯。如遇囚徒工完，委官查理工程無欠，行移原問衙門，再查犯由明白，於内府銷號。合踈放者，發應天府給引寧家。合充軍者，咨呈都府，照地方編發。若在工有逃竄之數，即便差人勾提。果有病故等項，相視明白埋瘗，移咨原問衙門銷號。如是缺工未完，移文撥補。

准工則例

每徒一年，蓋房一間，餘罪三百六十日，准徒一年，共蓋房一間。杖罪不拘杖數，每三名，共蓋房一間。

每正工一日

鈔買物料等項，八百文爲准。

雜工，三日爲准。

挑土并甎瓦，附近三百擔，每擔重六十斤爲准。半里二百擔，一里一百擔，二里五十擔，三里三十五擔，四里二十五擔，五里二十擔，六里一十七擔，七里一十五擔，八里一十三擔，九里一十一擔，十里一十擔。

打墻，每墻高一尺，厚三尺，闊一尺，就本處取土爲准。【略】

凡囚人搬運，永樂十七年，令做工罪囚并雜犯死罪囚，准併工運甎。天順五年，令官員與有力之合，照例運甎灰炭等物。詳見刑部正德十六年題准，囚犯該運灰炭者，止令赴部秤收。每灰炭一百斤，各加耗五斤，付各該衙門催事人役，領回應用。如願收價，照原定數目，每灰一百斤折與銀一錢二分，炭一百斤折與銀二錢五分，俱免犯人親納。違者科道官參究。嘉靖二十三年奏准，凡法司送部做工運灰炭囚犯，置簿印鈐，給各該委官收掌，登記領過囚數花名，及做過工程，辦過物料。其囚犯不願做工運灰炭者，折納工價。每季終，主事親詣繕工司查驗，價送節慎庫，爲雇募用。甎炭等項運赴各工。如有侵收工價、虚報物料者，呈部參問。

凡内府年例，嘉靖四十三年題准，但撥本色。如或折價，除水和炭，每百斤照舊折銀二錢外，其甎灰價銀，每灰一百斤，折銀一錢五釐，每甎一箇，折銀一分三釐。不拘本色折色，俱照數折算，即於繕工司納完。隨將犯人，轉送法司覆繳。工部另給勘合，發令車户運納内府，納完即出實收，繳回勘合，毋得留難。各監局年例，止照法司原來人犯多寡，不得執定舊數，一槩催取。其本色，仍以三分爲率，二分充内府年例，一分備各衙門修理。

計内府年例灰炭：

御用監，水和炭三十萬斤。隆慶三年題准，召商買辦。

兵仗局，水和炭五十萬斤。

内官監，水和炭二十五萬斤。

織染局，石灰七萬斤。

寶鈔司，石灰一十二萬二千五百斤。

供用庫，石灰一萬三千三百三十三斤。

以上，俱刑部撥囚搬運。近年運炭，多係折色，送屯田司，帖收節慎庫。遇額數不多，動支買辦上納。

申時行《（萬曆）明會典》卷一九〇《物料》 舊制，甎瓦石灰，俱隸虞衡司掌行，永樂後謂爲營繕所需，故歸本司。葦課舊隸屯田司，今併歸本司。按營繕所需木植甎瓦有大五廠，曰神木廠，曰大木廠。即獐鹿房廠。堆放木植兼牧葦席，曰黑窑廠，曰琉璃廠。燒造甎瓦及內府器用，曰臺基廠。堆放柴薪及蘆葦，又有小五廠，曰營繕所，木工。曰寶源局，金工。曰文思院，曰王恭廠，俱絲工。曰皮作局，革工，並隸管廠官。外修倉別設三廠，曰北窑廠，曰南窑廠，曰鐵廠，主範金合土之事，後廢。止計地徵租，每年共該銀四十五兩九錢二分，貯節慎庫，與料價同用。

甎瓦

洪武二十六年定：凡在京營造，合用甎瓦，每歲於聚寶山，置窑燒造。所用蘆柴，官爲支給，其大小厚薄樣制，及人工蘆柴數目，俱有定例。如遇各處支用，明白行下各該管官員放支，管事作頭，每季交替，仍將所燒過物件支銷，其見在之數，明白交割。若修砌城垣，起蓋倉庫營房，所用甎瓦數目，須要具奏，著落各處人民共造。如燒造琉璃甎瓦，所用白土，例於太平府採取。

琉璃窑

每一窑，裝二樣板瓦坯二百八十箇，計匠七工，用五尺圍蘆柴四十束。

每一窑，妝色二百八十箇，計匠六工，用五尺圍蘆柴三十束四分。用色三十二斤八兩九錢三分二釐。

黑窑

每中窑一座，裝到大小不等甎瓦二千二百箇，計匠八十八工，用五尺圍蘆柴八十八束。

永樂以後各處窑座

臨清窑，燒造城甎、副甎、券甎、斧刃甎、線甎、平身甎、望板甎、方甎，二尺、尺七、尺五、尺二，四樣，凡八號。近年止派造黑白城甎、斧刃甎。

蘇州窑，燒造二尺、尺七細料方甎，凡遇營建宮殿，內官監開數，工部題行，應天蘇松撫按官均派，應天、池、太、蘇、松、常鎮各委佐貳官，于蘇州府地方立窑募夫，選撥長洲縣諳練匠作團造，完日即委管造官解部。嘉靖三十七年題准，將先年備選副甎，窑户家藏者首，驗合式，照例給價取用。

蔡村窑。宣德二年差指揮一員，管領夫匠採柴造坯，後停止。正統九年復行燒造，後又停止。

武清縣窑。萬曆二年奏准，自立窑座，分造城甎，每年三十萬箇。暫行通州管河郎中督造，每箇給價銀二分二釐，于臨清料價內扣給。

凡差官燒造，永樂間差工部侍郎一員，于臨清管理燒造，提督收放。自直隸至山東，河南軍衛州縣，有窑座者俱屬統轄。宣德二年，令河南、山東二都司并直隸衛所，撥軍夫五千名，于沿河一帶燒甎，以添設官十五員，分行提督。成化十七年，添設郎中二員，于山東、河南及南北直隸原有窑處，減半燒造。弘治八年奏准，停止燒造官員。

勅河南、山東、南北直隸巡撫官，委布按二司，分巡、分守及府州縣官，提督管理燒造。嘉靖五年題准，差部屬二員，一往南直隸各府，于蘇州有窑處所，燒造方甎。一往山東、河南、北直隸各府，于臨清有窑處所，督造方城斧券等甎，俱領勅行事。

凡甎廠委官，張家灣、臨清二處，工部各委差主事一員，提督收放甎料。儀真、瓜洲二處，從南京工部定委。

凡甎料價銀，嘉靖九年，以大工緊急奏准，甎料除南直隸等府，照舊燒造。其河南、山東、北直隸等司府，俱折價，解臨清有窑處所，召商燒造。二十二年議准，臨清燒造白城甎。舊例，每年一百萬箇，今減爲八十萬箇，每箇價銀二分四釐。斧刃甎四十萬箇，每箇價銀一分二釐。二項價銀，各年題派差官，解赴臨清給發。後復令本廠差官，赴部領給。

各省府年例甎料價銀共二萬四千兩。

河南、山東二省，每省各三千二百四十兩。

河間、真、保、廣、大五府，每府各六百兩。

應天、蘇、松、常鎮五府，每府各九百兩。

徽、寧、池、太、安慶五府，每府各七百八兩。

廬、鳳、淮、揚四府，每府各一千四百四十兩。

廣德、滁和、徐四州，每州各一百八十兩。

凡順帶甎料，洪武間令各處客船，量帶沿江燒造官甎，於工部交納。永樂三年定，每百料船帶甎二十箇，沙甎三十箇。天順間，令糧船每隻帶城甎四十箇，民船照依梁頭，每尺六箇。弘治八年題准，帶甎船隻，除薦新進鮮黃船外，其餘一應官民馬快糧運等船，俱照例給票著令，順帶交割，按季將收運過數目報部查勘。仍行沿河郎中等官，但遇船隻逐一盤驗，如有倚託勢豪及姦詐之徒，不行順帶者，拏送究問。回船查無甎票者，拘留送問。嘉靖三年定，糧船每隻帶甎九十六箇，民船每尺十箇。十四年，糧船每隻加至一百九十二箇，民船每尺加至十二箇。二十年，糧船仍減爲九十六箇。二十一年，令經過臨清糧船、官民船，順帶本廠官甎，至張家灣交卸，損失追陪。四十二年，查照舊例，糧船每隻止帶甎六十箇，餘甎於官民商販船，通融派帶。

凡雇運甎料，永樂初令河南、山東、直隸各巡撫督令，所屬查照原運軍衛有司并遞運所，量起人夫，措置車船，至窑運赴該廠交割。每城甎一箇，脚價銀一分八釐，斧刃甎一分四釐，進廠脚價不在此數。嘉靖四年，令臨清甎料順帶未盡者，雇船運解。合用脚價，各司府州縣，量多少攤出，經過地方，一體應付夫廩。五年，令沿河遞運所，撥大紅船及臨清廠雇倩民船，裝運由城斧甎。又令蘇州細料方甎，若是雇船，差官押運到工，雇費于本府詣解年例、軍器、魚課銀内支用。九年題准，儀真黑城甎行揚州府查勘在庫官銀，雇船載運。又題准，臨清甎廠搭運雇運甎料，置循環簿二扇，每月差人送張家灣甎廠主事，填註到否，循去環來，以便稽考。

石灰

洪武二十六年定，凡在京營造，合用石灰，每歲於石灰山置窑燒煉。所用人工窑柴數目，俱有定例，如遇各處支用，明白行下各該管人員放支。其管事作頭，每季交替，仍將所燒過物料支銷，見在之數，明白交割。

每窑一座，該正附石灰一萬六千斤，合燒五尺圍蘆柴一百七十八束，計七十五工。永樂以後，馬鞍山、瓷家務、周口、懷柔等處，各置灰廠，俱以武功三衛軍夫採燒，搬運赴京，修理内外公廨等項應用。天順間奏准，差指揮千百户等官，分管提督，五年一换。後止撥工役囚人，罷各衛軍夫，其提督指揮如舊。

申時行《（萬曆）明會典》卷二〇三《職官墳塋》 造槨并宾器甎灰：

公、侯、伯

造槨無宾器。

都督同知僉事、　指揮使

紅漆槨　誌石

甎四千五百箇，　石灰四千五百斤，

囚五十名。

指揮同知僉事

黑漆槨　誌石

甎三千四百五十箇，　石灰三千四百五十斤，

囚二十名。

正副致仕千户衛鎮撫

甎一千五百箇，　石灰一千五百斤，

囚一十二名。

百户所鎮撫

甎二百四十箇，　石灰二百四十斤，

囚六名。

千百户所鎮撫骨殖安葬甎灰囚減半。

申時行《（萬曆）明會典》卷二〇八《南京工部·營繕清吏司》 凡内府衙門及皇城門鋪等處損壞，南京内守備并内官監等衙門，或奏行，或揭帖到部。工程大者，委官會同相計修理。物料，於各局窑丁字庫支用，不敷，於屯田司支蘆課抽分等銀，令上元、江寧二縣鋪行辦納。工食，於貯庫班匠銀内動支。幫工軍士，外守備差撥，隨操起住，若工程不多本部自行修理。

凡門禁城垣損壞，留守等五衛，把守官軍，預於本衛立窑燒造甎瓦，及砍收江北新生爛泥官洲蘆柴，兵部撥給馬船，運至瓦屑壩窑堆垛，預備燒灰，自行修理。其外羅城損壞，滄波門北至上元門，并江東門城樓，隸本部。滄波門南至鳳臺門分隸鎮江、寧國、太平、廣德等府州。鳳臺門西至馴象門，隸應天府。各出備工料修理。

申時行《（萬曆）明會典》卷二〇八《南京工部·營繕清吏司》 凡直隸寧國府，解到歲造酒瓶一十萬箇，送南京光禄寺交納。嘉靖七年奏准，止解一萬五千箇。

凡南京尚膳監等衙門，裝進薦新品物瓦罈、瓦罐，二千九百二箇，本部三年一燒造。

凡各衙門供應缸隻并染練琉璃缸，嘉靖十一年題准，俱免派料燒造。動支官銀，召商買辦瓷缸送用。

凡南京琉璃窑甎瓦，萬曆元年奏准，行南京内官監，將黑沙洲租銀二百兩，盡數採柴發該窑燒造，以備修理宫殿等用。年終開報本部稽考，黑窑合用蘆柴，於蘆課銀内折支。

凡南京内官監支用石灰、瓦屑等，四窑燒造，本監督人匠採石，本部撥囚犯

幫工。瓦屑壩窑，歲燒五十萬斤。東上東下二窑，各三十萬斤。西民窑，二十萬斤。

《明史》卷八二《食貨志六》 燒造之事，在外臨清甎廠，京師琉璃、黑窑廠，皆造甎瓦，以供營繕。宣宗始遣中官張善之饒州，造奉先殿几筵龍鳳文白瓷祭器，瓷州造趙府祭器。踰年，善以罪誅，罷其役。正統元年，浮梁民進瓷器五萬餘，償以鈔。禁私造黃、紫、紅、緑、青、藍、白地青花諸瓷器，違者罪死。宮殿告成，命造九龍九鳳膳案諸器，既又造青龍白地花缸。王振以爲有璺，遣錦衣指揮杖提督官，敕中官往督更造。成化間，遣中官之浮梁景德鎮，燒造御用瓷器，最多且久，費不貲。孝宗初，撤回中官，尋復遣。弘治十五年復撤。正德末復遣。

自弘治以來，燒造未完者三十餘萬器。嘉靖初，遣中官督之。給事中陳皐謨言其大爲民害，請罷之。帝不聽。十六年新作七陵祭器。三十七年遣官之江西，造内殿醮壇瓷器三萬，後添設饒州通判，專管御器廠燒造。是時營建最繁，近京及蘇州皆有甎廠。隆慶時，詔江西燒造瓷器十餘萬。萬曆十九年命造十五萬九千，既而復增八萬，至三十八年未畢工。自後役亦漸寢。

《明史》卷八三《河渠志一》 天順元年修祥符護城大堤。五年七月，河決汴梁土城，又決磚城，城中水丈餘，壞官民舍過半。周王府宫人及諸守土官皆乘舟筏以避，軍民溺死無算。襄城亦決縣城。命工部侍郎薛遠往視，恤災户，蠲田租，公廨民居以次修理。明年二月，開祥符曹家溜，河勢稍平。

七年春，河南布政司照磨金景輝考滿至京，上言：「國初，黄河在封丘，後徙康王馬頭，去城北三十里，復有二支河：一由沙門注運河，一由金龍口達徐、吕入海。正統戊辰，決滎澤，轉趨城南，并流入淮，舊河、支河俱堙，漕河因而淺澀。景泰癸酉，因水迫城，築堤四十里，勞費過甚，而水發輒潰，然尚未至決城壕爲人害也。至天順辛巳，水暴至，土城磚城並圮，七郡財力所築之堤，俱委諸無用，人心惶惶，未知所底。夫河不循故道，併流入淮，是爲妄行。今急宜疏導以殺其勢。若止委之一淮，而以堤防爲長策，恐開封終爲魚鼈之區。乙敕部檄所司，先疏金龍口寬闊以接漕河，然後相度舊河或別求泄水之地，挑濬以平水患，爲經久計。」命如其説行之。

《明史》卷九三《刑法志一》 是時重修條例，奏定贖例。在京則做工，每笞一十，做工一月，折銀三錢。至徒五年，折銀十八兩。運囚糧，每笞一十，米五斗，折銀二錢五分。至徒五年，五十石，折銀二十五兩。運灰，每笞一十，一千二百斤，折銀一兩二錢六分。至徒五年，六萬斤，折銀六十三兩。運甎，每笞一十，七十箇，折銀九錢一分。至徒五年，三千箇，折銀三十九兩。運水和炭五等。每笞一十，二百斤，折銀四錢。至徒五年，八千五百斤，折銀十七兩。運灰最重，運炭最輕。在外則有力、稍有力二等。初有頗有力、次有力等，因御史言而革。其有力，視在京運囚糧，每米五斗，納穀一石。初折銀上庫，後折穀上倉。稍有力，視在京做工年月爲折贖。婦人審有力，與命婦、軍職正妻，及例難的決之人，贖罪應錢鈔兼收者，笞、杖每一十，折收銀一錢。其老幼廢疾婦人及天文生餘罪收贖者，每笞一十應鈔六百文，折收銀七釐五毫。於是輕重適均，天下便之。至萬曆十三年，復申明焉，遂爲定制。【略】

例鈔自嘉靖二十九年定例。凡軍民諸色人役及舍餘審有力者，與文武官吏、監生、生員、冠帶官、知印、承差、陰陽生、醫生、老人、舍人，不分笞、杖、徒、流、雜犯死罪，俱令運灰、運炭、運甎、納米、納料等項贖罪。此上係不虧行止者。若官吏人等例應革去職役，此係行止有虧者。與軍民人等審無力者，笞、杖罪的決，徒、流、雜犯死罪各做工，擺站，哨瞭，發充儀從，情重者煎鹽炒鐵。死罪五年，流罪四年，徒按年限。其在京軍丁人等，無差占者與例難的決之人，笞杖亦令做工。時新例，犯姦盜受贓，爲行止有虧之人，概不許贖罪。唯軍官革職者，俱運炭納米等項發落，不用五刑條例的決實配之文，所以寬武夫，重責文吏也。於是在京惟行做工、運囚糧等五項，在外惟行有力、稍有力二項，法令益徑省矣。

【略】

大抵贖例有二：一罰役，一納鈔，而例復三變。罰役者，後多折工值納鈔，鈔法既壞，變爲納銀、納米。然運灰、運炭、運石、運甎、運碎甎之名尚存也。至萬曆中年，中外通行有力，稍有力二科，在京諸例，并不見施行，而法益歸一矣。所謂通變而無失於古之意者此也。初，令罪人得以力役贖罪：死罪拘役終身，徒流按年限，笞杖計日月。或修造，或屯種，或煎鹽炒鐵，滿日疏放。疏放者，引赴御橋，叩頭畢，送應天府，給引寧家。合充軍者，發付陝西司，按籍編發。後皆折納工價，惟赴橋如舊。宣德二年，御史鄭道寧言：「納米贖罪，朝廷寬典，乃軍儲倉拘係罪囚，無米輸納，自去年二月至今，死者九十六人。」刑部郎俞士吉嘗奏：「囚無米者，請追納於原籍，匠仍輸作，軍仍備操，若非軍匠，則遣還所隸州縣追之。」詔從其奏。

《明史》卷一六二《劉球傳》〔上言曰〕古之擇大臣者，必詢諸左右、大夫、國人。及其有犯，雖至大辟亦不加刑，第賜之死。今用大臣未嘗皆出公論，及有小失，輒桎梏箠楚之。然未幾時，又復其職，甚非所以待大臣也。自今擇任大臣，宜允愜衆論。小犯則置之。果不可容，下法司定罪，使自爲計。勿輒繫，庶不乖共天職之意。

今之太常，即古之秩宗，必得清慎習禮之臣，然後可交神明。今卿貳皆缺，宜選擇儒臣，使領其職。

古者省方巡狩，所以察吏得失，問民疾苦。兩漢、唐、宋盛時，數遣使巡行郡縣，洪、永間亦嘗行之。今久不舉，故吏多貪虐，民不聊生，而軍衛尤甚。宜擇公明廉幹之臣，分行天下。

古人君不親刑獄，必付理官，蓋恐徇喜怒而有所輕重也。邇法司所上獄，多奉敕增減輕重，法司不能執奏，及訊他囚，又觀望以爲輕重，民用多冤，宜使各舉其職。至運磚輸米諸例，均非古法，尤宜罷之。

《明史》卷一六六《山雲傳》 宣德元年改北京行都督府，命偕都御史王彰自山海抵居庸，巡視關隘，以便宜行事。帝征樂安，召輔鄭王、襄王居守。

明年，柳、慶蠻韋朝烈等掠臨桂諸縣。時鎮遠侯顧興祖以不救丘溫被逮，公侯大臣舉雲。帝亦自知之。三年正月命佩征蠻將軍印，充總兵官往鎮。雲至，討朝烈，破之。賊保山巔。山峻險，掛木於藤，壘石其上。官軍至，輒斷藤下木石，無敢近者。雲夜半束火牛羊角，以金鼓隨其後，驅向賊。賊謂官軍至，亟斷藤。比明，木石且盡，衆譟而登，遂盡破之。南安、廣源諸蠻悉下。是夏，忻城蠻譚團作亂，雲討擒之。四年春，討平柳、潯諸蠻。其秋，雒容蠻出掠，遣指揮王綸破之。雲上綸功，並劾其殺良民罪。帝宥綸而心重雲。廣西自韓觀卒後，諸蠻漸横。雲以廣西兵少，留貴州兵爲用，先後討平潯、柳、平樂、桂林、宜山、思恩諸蠻。九年又以慶遠、鬱林苗、瑶非大創不服，請濟師。詔發廣東兵千五百人益雲。雲分道剿捕，擒斬甚衆。復遣指揮田真攻大藤峽賊，破之。

雲在鎮，先後大戰十餘，斬首萬二千二百六十，降賊酋三百七十，奪還男女二千五百八十，築城堡十三，舖舍五百，陶磚甃石，增高益厚。自是瑶、僮屏跡，居民安堵。論功，進都督同知，璽書褒勞。

《明史》卷一七七《王翺傳》 王翺，字九臯，鹽山人。永樂十三年，初會試貢士於行在。帝時欲定都北京，思得北士用之。翺兩試皆上第，大喜。特召賜食，改庶吉士，授大理寺左寺正，左遷行人。

宣德元年以楊士奇薦，擢御史。時官吏有罪，不問重輕，許運磚還職。翺請犯贓吏但許贖罪，不得復官，以懲貪黷。帝從之。五年巡按四川。松潘蠻竊發，都督陳懷駐成都，相去八百餘里，不能制。翺上便宜五事：請移懷松潘；而松茂軍糧於農隙齊力起運，護以官軍，毋專累百姓，致被劫掠；吏不給由爲民蠹，令自首毋隱；州縣土司徧設社學；會川銀場歲運米八千餘石給軍，往返勞費，請令有罪者納粟自贖。詔所司議詳運糧事，而遷蠹吏北京，餘悉允行。

《明史》卷一八五《張悦傳》 張悦，字時敏，松江華亭人。【略】孝宗立，遷工部右侍郎，轉吏部左侍郎。王恕爲尚書，悦左右之，嘗兩攝選事。弘治六年夏，大旱，求言。陳遵舊章、卹小民、崇儉素、裁冗食、禁濫罰數事，又上修德、圖治二疏，並嘉納。俄遷南京右都御史，就改吏部尚書。九年復改兵部，參贊機務。【略】

時與悦同里而先爲南京兵部尚書者張鎣，字廷器，正統十三年進士。景泰初，擢御史。歷江西副使按察使、陝西左布政使。成化三年以右副都御史巡撫寧夏。寧夏城，土築，鎣始甃以甎。道河流，溉靈州屯田七百餘頃。

《明史》卷一九四《趙璜傳》 趙璜，字廷實，安福人。【略】出爲濟南知府。漢猾吏舞文，積歲爲蠹。璜擇愿民教之律令，得通習者二十餘人，逐吏而代之。漢庶人牧場久籍於官，募民佃。德王府奏乞之，璜勘還之民。閱七年，政績大著。

正德初，擢順天府丞，未上，劉瑾惡璜，坐巡撫朱欽事，逮下詔獄，除名。瑾誅，復職。遷右僉都御史，巡撫宣府。尋調山東。河灘地數百里，賦流民墾而除其租。番僧乞徵以充齋糧，帝許之，璜力爭得免。曲阜爲賊破，闕里林廟在曠野，璜請移縣就闕里，從之。擢工部右侍郎，總理河道。以邊警改理畿輔戎備。事定，命振順天諸府饑，還佐部事。

世宗即位，進左侍郎，掌部事。裁宦官賜葬費及御用監料價，革內府酒醋麵局歲徵鐵甎價銀歲鉅萬。

《明史》卷二〇七《郭弘化傳》 郭弘化，字子弼，安福人。嘉靖二年進士。除江陵知縣，徵授御史。十一年冬，彗星見。弘化言：「按《天文志》井居東方，其宿爲木。今者彗出於井，則土木繁興所致也。臣聞四川、湖廣、貴州、江西、浙江、山西及真定諸府之採木者，勞苦萬狀。應天、蘇、松、常、鎮五府，方有造甎之役，民間耗費不貲，窑户逃亡過半。而廣東以採珠之故，激民爲盜，至攻劫會城。皆足戾天和，干星變。請悉停罷，則彗滅而前星耀矣。」户部尚書許讚等請聽弘化言。帝怒曰：「採珠，故事也，朕未有嗣，以是故耶？」責讚等附和，黜弘化爲民。

《明史》卷二〇八《周思兼傳》 周思兼，字叔夜，華亭人。少有文名。嘉靖二十六年進士。除平度知州。躬巡郊野，坐籃輿中，攜飯一盂，令鄉民以次舁行。因盡得閭閻疾苦狀，悉蠲除之。王府奄人縱莊奴奪民産，監司杖奴斃，奄迫王奏聞，巡撫彭黯令思兼讞之。王置酒欲有所囑，竟席不敢言。思兼閱獄詞曰：「此決杖不如法。罪當杖，以王故，加一等。奄誣告，罪當戍，以王故，末減。」監司竟得復故秩。旁郡饑民掠食，所司持之急，且爲亂，上官檄思兼治之，作小木牌數千散四郊，令執牌就撫，悉振以錢穀，事遂定。入覲，舉治行第一，當遷。州人走闕下以請，乃復留一年。

擢工部員外郎，督臨清磚廠，士民遮道泣送。同年生貌類思兼，使經平度，民競走謁。見非是，各歎息去。河將決，思兼募民築隄，身立赤日中。隄成三日而秋漲大發，民免於災。進郎中，出爲湖廣僉事。岷府宗室五人封爵皆將軍，殺人掠貲財，監司避不入武岡者二十年。思兼廉得奸狀，縛其黨，悉繫之獄。五人藏利刃入，思兼與揖，而捫其臂曰：「吾爲將軍百口計，將軍乃爲此曹死耶？」皆沮退。乃列其罪奏聞，悉錮之高牆，還田宅子女於民。遭内艱去官，不復出。居久之，起廣西提學副使，未聞命而卒。

《明史》卷二二二《王崇古傳》 崇古上疏曰：「先帝既誅仇鸞，制復言開市者斬，邊臣何敢故違禁旨，自陷重辟。但敵勢既異昔強，我兵亦非昔怯，不當援以爲例。夫先帝禁開馬市，未禁北敵之納款。今敵求貢市，不過如遼東、開原、廣寧之規，商人自以有無貿易，非請復開馬市也。俺答父子兄弟横行四五十年，震驚宸嚴，流毒畿輔，莫收遏劉功者，緣議論太多，文網牽制，使邊臣無所措手足耳。昨秋，俺答東行，京師戒嚴，至倡運甎聚灰塞門乘城之計。今納款求貢，又必責以久要，欲保百年無事，否則治首事之罪。豈惟臣等不能逆料，他時雖俺答亦恐能保其身，不能制諸部於身後也。夫拒敵甚易，執先帝禁旨，一言可決。但敵既不得請，懷憤而去，縱以把漢之故，不擾宣、大，而土蠻三衛歲窺薊、遼，吉能、賓兔侵擾西鄙，息警無時，財力殫絀，雖智者無以善其後矣。昔也先以剋減馬價而稱兵，忠順王以元裔而封哈密，小王子由大同二年三貢，此皆前代封貢故事。夫揆之時勢，既當俯從，考之典故，非今創始。堂堂天朝，容荒服之來王，昭聖圖之廣大，以示東西諸部，傳天下萬世，諸臣何疑憚而不爲耶？」因條封貢八事以上。

《明史》卷二八二《儒林傳一・曹端》 曹端，字正夫，澠池人。永樂六年舉人。五歲見《河圖》、《洛書》，即畫地以質之父。及長，專心性理。其學務躬行實踐，而以静存爲要。讀宋儒《太極圖》、《通書》、《西銘》，歎曰：「道在是矣。」篤志研究，坐下著足處，兩甎皆穿。事父母至孝，父初好釋氏，端爲《夜行燭》一書進之，謂：「佛氏以空爲性，非天命之性。老氏以虚爲道，非率性之道。」父欣然從之。繼遭二親喪，五味不入口。既葬，廬墓六年。

端初讀謝應芳《辨惑編》，篤好之，一切浮屠、巫覡、風水、時日之説屏不用。上書邑宰，毁淫祠百餘，爲設里社、里穀壇，使民祈報。年荒勸振，存活甚衆。爲霍州學正，修明聖學。諸生服從其教，郡人皆化之，恥争訟。知府郭晟問爲政，端曰：「其公廉乎。公則民不敢謾，廉則吏不敢欺。」晟拜受。遭艱歸，澠池、霍諸生多就墓次受學。服闋，改蒲州學正。霍、蒲兩邑各上章争之，霍奏先得請。先後在霍十六載，宣德九年卒官，年五十九。諸生服心喪三年，霍人罷市巷哭，童子皆流涕。貧不能歸葬，遂留葬霍。

《明史》卷三〇四《宦官傳一・曹吉祥》 是時甘、涼告警，帝命懷寧侯孫鏜西征，未發。吉祥使其黨掌欽天監太常少卿湯序擇是月庚子昧爽，欽擁兵入，而己以禁軍應之。謀定，欽召諸達官夜飲。是夜，鏜及恭順侯吴瑾俱宿朝房。達官馬亮恐事敗，逸出，走告瑾。瑾趣鏜由長安右門隙投疏入。帝急縶吉祥於内，而敕皇城及京城九門閉弗啓。欽知亮逸，中夜馳往逯杲家，殺杲，斫傷李賢於東朝房。以杲頭示賢曰：「杲激我也。」又殺都御史寇深於西朝房。攻東、西長安門不得入，縱火。守衛者拆河壖甎石塞諸門。賊往來叫呼門外。鏜遣二子急召西征軍擊欽於東長安門。欽走攻東安門，道殺瑾。復縱火，門燬。門内聚薪益之，火熾，賊不得入。天漸曙，欽黨稍稍散去。鏜勒兵逐欽，斬鉉、鍺，鏜子軏斫欽中膊。欽走突安定諸門，門盡閉。奔歸家，拒戰。會大雨如注，鏜督諸軍大呼入，欽投井死。遂殺鐸，盡屠其家。越三日，磔吉祥於市。湯序、馮益及吉祥姻黨皆伏誅。馬亮以告反者，授都督。

《明史》卷三〇七《佞幸傳・門達》 都指揮袁彬恃帝舊恩，不爲達下。達深銜之，廉知彬妾父千户王欽誆人財，奏請下彬獄，論贖徒還職。有趙安者，初爲錦衣力士役於彬，後謫戍鐵嶺衛，赦還，改府軍前衛，有罪，下詔獄。達坐安改補府軍由彬請託故，乃復捕彬，搒掠，誣彬受石亨、曹欽賄，用官木爲私第，索内官督工者甎瓦，奪人子女爲妾諸罪名。軍匠楊塤不平，擊登聞鼓爲彬訟冤，語侵達，詔并下達治。當是時，達害大學士李賢寵，又數規己，嘗譖於帝，言賢受陸瑜金，酬以尚書。帝疑之，不下詔者半載。至是，拷掠塤，教以引賢，塤即謬曰：「此李學士導我也。」達大喜，立奏聞，請法司會鞫塤午門外。帝遣中官裴當監視。達欲執賢并訊，當曰：「大臣不可辱。」乃止。及訊，塤曰：「吾小人，何由見李學士，此門錦衣教我。」達色沮不能言，彬亦歷數達納賄狀，法司畏達不敢聞，坐彬絞輸贖，塤斬。帝命彬贖畢調南京錦衣，而禁錮塤。

明年，帝疾篤，達知東宫局丞王綸必柄用，預爲結納。無何，憲宗嗣位，綸敗，達坐調貴州都勻衛帶俸差操。甫行，言官交章論其罪。命逮治，論斬繫獄，没其貲鉅萬。指揮張山同謀殺人，罪如之。子序班升、從子千户清、壻指揮楊觀及其黨都指揮牛循等九人，謫戍、降調有差。後當審録，命貸達，發廣西南丹衛充軍。死。

《明史》卷三〇九《流賊傳·李自成》 自成初爲迎祥裨將，至是勢大盛。帝以故尚書傅宗龍爲陝西總督，使專辦自成，别敕保定總督楊文岳會師。宗龍馳入關，與巡撫汪喬年調兵，兵已發盡，乃檄河南大將李國奇、賀人龍兵隸部下，亟出關。文岳率虎大威軍俱至新蔡，與自成遇。人龍卒先奔，國奇、大威繼之，宗龍、文岳以親軍築壘自固。夜，文岳兵潰奔陳州，宗龍與賊持數日，食盡，突圍走，被執死。自成陷葉縣，殺副將劉國能，遂圍左良玉於郾城。喬年代宗龍總督，出關，次襄城，自成盡鋭攻之，喬年與副將李萬慶皆死。自成劓刖諸生百九十人。遂乘勝陷南陽、鄧州十四城，再圍開封。巡撫名衡、總兵陳永福力拒之，射中自成目，殪上天龍等，自成益怒。

自成每攻城，不用古梯衝法，專取瓴甋，得一甎即歸營臥，後者必斬。取甎已，即穿穴穴城。初僅容一人，漸至百十，次第傳土以出。過三五步，留一土柱，繫以巨絙。穿畢，萬人曳絙一呼，而柱折城崩矣。名衡於城上鑿横道，聽其下有聲，用毒穢灌之，多死。賊乃即城壞處用火攻法，實藥甕中，火燃藥發，當者輒糜碎，名曰放迸。

《清宫金磚檔案·清世宗起居注·辦解萬年吉地木料金磚運價於内庫銀兩支銷雍正六年九月十八日》 十八日乙丑，内閣奉諭旨：「工部侍郎塞楞額着兼内閣學士行走。侍讀、學士係大員，並無與朕見面之事，嗣後御門之日，各部院所奏本章，着於滿洲、蒙古、漢軍侍讀學士内，輪班派出二員接本，接本後即出，不必再入」。又兵部奉諭旨：「大沽營遊擊員缺，着李椅補授」。又奉諭旨：「貴州提標右營遊擊員缺，着夏成賢補授。選議協右營遊擊員缺，着行文総督鄂爾泰題補」。又兵部議廣州將軍石禮哈奏：「廣州五旗應補防禦之員，俱經補完，現在有缺無人，請將候補防禦王士儀等借補」。查本旗如不得人，應令該將軍查缺報部，將在京各該旗人員揀選引見命往一疏。大學士馬爾賽、張廷玉、蔣廷錫奉諭旨：「將軍石禮哈請將候補防禦王士儀等借補别旗之處，該部所駁甚是，但該將軍既稱本旗有缺無人，而部議又稱如本旗不得其人，該將軍查缺報部則是徒勞往返，甚屬不合。着將在京各該旗揀選引見命往」。又工部奏本部郎中喀爾吉善採辦萬年吉地應用物料，其運價銀兩應咨行户部，陸續支取，至各省辦觧楠杉等木、金磚等項，俟運到之日，將運價另行核算具題一疏。奉諭旨：「户部錢糧俱係國家經費，工部所奏應發銀兩，不必動用户部錢糧，着將内庫銀兩給發應用，其各省採辦物料運價亦着於内庫支算」。又湖廣総督邁柱奏郴州知州□□□□州知州華文振調補，其應否引見聽候部議一疏。奉諭旨：「華文振着照該督所請，調補郴州知州，餘着議奏」。又河東総督田文鏡奏新野縣知縣員缺，請以試用知縣王近顒補授一疏。奉諭旨：「王近顒着照該督所請，補授新野縣知縣」。是日正藍旗漢軍都統奏請補授杭州府協領員缺，帶領擬正擬陪人員引見。奉諭旨：「李□着補授杭州府協領」。又鑲藍旗滿洲都統奏請補授副佐領三缺，帶領揀選人員引見。奉諭旨：「朱張、阿法喀鄂爾蘸俱着補授鑲藍旗滿洲副佐領」。又鑲藍旗蒙古都統奏請補授副佐領三缺，帶領揀選人員引見。奉諭旨：「花色、書勒根、花塞俱着補授鑲藍旗蒙古副佐領」。又鑲藍旗漢軍都統奏請補授副佐領員缺，帶領揀選人員引見。奉諭旨：「楊奇着補授鑲藍旗漢軍副佐領」。是日起居注官素柱、凌如焕。

《清高宗實録》卷二一七 （乾隆九年五月下乙巳）大學士鄂爾泰等議奏，左副都御史勵宗萬條奏：直省災民到境，或棲寺廟，或設席棚，或勸諭殷實之家隨力周給，或該地方有曠土可耕，工程可作，隨宜處置，務遂其生，所奏悉屬安頓良法，應令奉天、山東、山西、河南各督撫遵照辦理。又奏：近來資送流民之例，原以保聚流離，但果有業可歸，自能回籍，若無可歸，姑就資送，是途中暫有餬口之資，而歸後轉無可生之路。倘故土豐登，情願復業，官與路引，聽其自歸。毋庸差役押送，查舊例流民入境，即加意賑撫，春融時有願回籍者始行給資護送，並非災黎甫集即行押回，不容逗遛也。若聞本地得雨，情願復業，聽其自歸，則沿途資斧無出。且押送無人，或致聚衆生事，自應仍照例辦理。至稱興工代賑，甎工利歸窑商，不若興修土城，得以挑築傭工爲有益。應令直督將河間等處城垣，現在興修者速飭辦理外，其餘應修者再行估題代賑。又稱將來普賑興工，所費不貲，請於江南限滿停捐之後，改於直省收捐。現在樂善好施之例，雖經減四，終覺太多，其途亦尚可增益，請照雍正五年怡親王等題定營田事例，分班銓選，查從前直屬被水、興舉營田事例。至乾隆七年兩淮水患，上下兩江，又議開樂善好施事例。今直屬疊被災傷賑卹工作，需帑浩繁，該副都御史請照例開捐，彌補工賑之費，實權宜應行之舉，惟是捐納人員急公効力，藉爲進身之階，必須力所能爲，庶免逡巡觀望。江賑例款，自減四收捐，較原定銀數已屬從減，該副都御史以爲數尚多，其途尚可增益，請照營田舊例收捐。查營田事例與户部糧運事例，輕重髣髴，應將江賑例内除與營田糧運事例相同，并多寡不甚懸殊者，毋庸更正外，其有較二例過輕過重之條，悉照二例酌爲增減，并將舊例所有江賑所無者，酌量添入，另定條款，照營田糧運之例，在户部收捐。至於郎中、員外、主事、知府、知州、知縣，若准一概捐陞，恐礙正途，今各款既議加增，其途已廣，應酌定京官自中行評博以下，外官自同知以下准捐。仍令吏兵二部將各項滿漢文武應增應減之項，作何分班銓選之法，詳加參酌，具奏遵行。再兩江捐例已展限一年，應至乙丑年十月停止，若俟限滿，部捐始開，未免緩不濟急，所有江南捐例仍於限滿停止外，户部即奉旨之日開捐。從之。

《清宣宗實録》卷一七一〔道光十年七月癸未〕諭内閣：烏爾恭阿等奏《查驗運到臨清甎難以選用一摺》。昌陵

聖德神功碑樓工程，需用蓋面海墁大甎，據烏爾恭阿等，將山東委員運到者，詳加查驗。甎質粗鬆，砂眼太多，難以選用，著照所請，即由京燒造澄漿城甎四萬六千塊，乘時備辦，於今冬運送到工，明春鋪墁，所需甎價運脚銀一萬三千七百十五兩零，著於户部領用，工竣覈實奏銷。此項臨清甎，若不砍去外皮，尚堪留作歲修牆垣之用，著工部即令該省委員，將已運到工及未運到工之甎，全數運交易州工部，存貯備用。其該省燒造甎價，著在承辦之員名下照數罰賠，不准開銷，該部知道。【略】

諭軍機大臣等：本日烏爾恭阿等奏，查驗山東委員運到臨清甎難以選用，已降旨飭令由京燒造，所有該省甎價，著在承辦之員名下罰賠矣。臨清甎爲要工所需，該省接奉行知，自應如式妥爲辦理，何得以質性浮鬆、砂眼太多者，草率運送。本年夏間，曾降旨令將辦理萬年吉地工程所需臨清甎，如式燒造。該撫務督飭承辦之員，加工妥辦，總須質地堅實，按照定例尺寸做法，燒造六十萬塊，自明年爲始陸續搭運。儻仍前草率，不但將價值責令賠償，並將承辦之員，嚴懲不貸。將此諭令知之。

《清宣宗實録》卷二九九〔道光十七年七月辛卯〕諭内閣：「前據御史李蒓奏，請將東河甎工暫停燒造。當有旨派敬徵馳往查辦，並命李蒓隨同前往，茲據該尚書查明具奏，所議甚是。據稱道光十五年，該河督栗毓美因原陽一帶隄工喫重，本係無工處所，物料不備即時收買民甎，拋築攩護，試有成效，因欲多辦甎工以期減埽節費。該尚書周歷履勘下北祥河等廳，拋成蟄定之工，壓蓋碎石，跟澆土戧，現在尚屬整齊。並據各道廳密禀，水淺溜緩之處，拋甎壓石，以及保灘護厓，均堪得力。其水深溜急之處，有甎石並用，放手加拋，始經站定者。有屢拋屢塌，改用埽工，方能穩固者。用甎搶辦險工，未可深恃等語。治河之法，不外以土制水，取其柔能抵剛。碎石質重體堅，用以防風護埽，亦得剛以濟柔之義。甎本土成，原可濟料石之不足，於河工亦不無裨益。該河督前請沿隄立窰，燒造新甎，本爲搶辦要工起見，惟土性沙城，坯難堅實。且近隄例有取土之禁，近料宜防意外之虞，行之日久，流弊滋多，是燒甎不如採石之無弊，用甎不如用石之一勞永逸也。著栗毓美即將已拋甎工，酌量壓石澆土，以期穩固。所有未拋之甎，並嚴飭道廳員弁確切報明，存貯河干，以備應用，毋庸再行燒造，以符舊制而杜弊端。」又諭：「敬徵、栗毓美奏酌議改辦碎石章程一摺，東河試辦甎工，現據敬徵查勘明確，議請分別存貯，暫停燒造，自應以豫辦碎石爲急務。著照所請，所有本年五月間奏准豫提戊戌年例撥防險銀十萬兩，准其儘數改辦碎石，其置窰燒甎，即行停止。並著酌定各廳用石多寡，分派及時開採，限於明年桃汛前先完一半，伏汛前全數運工。由該河督覈實驗收，指示拋辦，儻有藉詞延緩，限内運不足數者，即行參處。其例辦六成碎石，仍照常於霜降後扣明添料存數，再行發辦，此後每年查勘情形，酌覈增減，於七月内奏明豫提銀數，發廳備辦，以期源源接濟，工用不匱。」

《清宣宗實録》卷二九九〔道光十七年七月癸巳〕諭軍機大臣等：「有人奏廣東省城包攬私販鴉片煙泥之處，名曰窰口，皆係積匪亡命之徒。有赤沙廣一名姓徐，番禺縣沙灣司人，年五十左右。高顴無鬚，先曾私鑄小錢犯案，現住省城韭菜欄興隆街尾，暗開窰口。又王振高一名，亦係沙灣司人，走私起家，曾捐都司職銜，投香山營效力，緣事告退，道光十五年冬間與久慣走私之蘇魁大等夥

開窑口一座，在省城永清門外向北店名寶記。又闗清即信良一名，係南海縣九江人，曾犯盜案自首，後掛名廣州府差役，與莫姓夥開窑口一座，在靖海門外城根利順行後樓，店名仁記。又梁忠一名，廣州府佛山人，曾充南海縣差役告退，現住海珠礮臺左側紫洞艇，專管窑口走私帳目。以上四名，皆係多年走私起家鉅萬，因恃兵差，通同一氣，久未破案等語。此等匪徒，蹤跡詭祕，不惜重賄，勾結兵差，最爲可惡。著鄧廷楨、祁墳即密派明幹大員嚴緝究辦，以靖奸宄，而塞弊源，至查拏匪徒。嚴禁紋銀出洋，文職不能不假手胥役，武職不能不假手兵丁，若輩罔知顧忌，惟利是圖，往往擾累混拏，乘機嚇詐，種種弊端，在所不免。著鄧廷楨等嚴飭所屬，認真查拏，仍當嚴明約束，儻兵役藉端滋擾，即著從重治罪。其實在裝載紋銀偷漏出洋者，務即設法截拏，毋稍輕縱，庶匪徒斂跡，而良民亦不致拖累矣。將此各諭令知之。」

徐本等《清律例》卷三八《虛費工力採取不堪用》 凡官司役使人工採取木石材料及燒造磚瓦之類，虛費工力而不堪用者，其役使之官司及工匠人役並計所費雇工錢坐贓論，罪止杖一百徒三年。若有所造作及有所毁壞，如拆屋壞牆之類，備慮不謹而誤殺人者，官司人役並以過失殺人論。採取不堪造毁不備工匠提調官各以所由經手管掌之人爲罪。不得濫及也，若誤傷不坐。

于敏中等《日下舊聞考》卷六一《城市》 補京師三黑龍潭，一在城西畫眉山，一在房山縣，一在南城黑窑廠，皆禱雨之地也。黑窑廠潭一方池爾水涸，時中有一井，以石甃之。《愚山集》。

于敏中等《日下舊聞考》卷六一《城市》 增黑窑，每中窑一座，磚瓦之屬二千二百，計匠八十八工，五尺圍蘆柴八十八束。《明諸司職掌》。

臣等謹案：黑窑廠爲明代製造甎瓦之地，曰黑窑，别於琉璃、亮瓦二窑也。本朝之制，琉璃亮瓦窑皆仍明舊，至各工程甎瓦於康熙三十三年奉旨，均交窑户備辦，俾歸簡易而黑窑遂廢，其地坡隴高下蒲渚參差，都人士登眺者徃徃而集焉。

增慈悲菴在黑窑廠菴西，偏爲陶然亭。《五城寺院册》。

于敏中等《日下舊聞考》卷六一《城市》 增龍泉寺在黑窑廠西。《五城寺院册》。

臣等謹案：龍泉寺東距黑窑廠半里許，碑載明成化間僧智林修復。本朝康熙間僧海鬘重修，其爲緇流掛錫之地舊矣，此外附近窑廠者如毘盧菴、清慈菴、太清宫、三清廟，遺址已圮廢，又率皆明代監廠内官所建，其人其事無可採録，則屏而弗録焉。

阿桂等《皇清開國方略》卷二四 〔崇德二年三月〕戊午，停蓋州城工。

蓋州守將李思忠奏言：臣奉命管理蓋州，其城垣俱係舊築，現在土牆不堅者八十三丈，破裂者三十丈，未破裂而不堅者五十三丈。前據工部咨稱已盡調丁夫赴遼陽各城，脩築蓋州城工可令滿漢蒙古餘丁，自燒灰甎脩砌。查蓋州地處邊陲，軍士偵緝逃亡，脩浚牆濠，巡守魚塩二塲，夜復登城巡視防守，靡寧餘丁僅堪耕種，若令燒甎供役，恐失農業。臣等仰懇皇上恩准，先將破裂處拆毁，暫用土築，並請寬限三年，俟各城蒇工再集丁夫造甎脩砌，庶城垣可以永固而耕種不致失時。得旨：「暫停今年工作，餘照議脩築。」

光緒《清會典》卷五八《工部》 凡建置曰省、布政使所治，爲省城。曰府、除省城知府外，其餘知府所治爲府城。曰廳、直隸同知及府屬分管地方之同知通判所治，皆爲廳城。曰州、直隸州知州及知州所治，皆爲州城。曰縣，除省城府城知縣外，其餘知縣所治爲縣城。皆衛以城。城制方圓隨其地勢，城牆中築堅土爲土牛，外鑲砌以甎，上爲雉堞，城門外圈以月城，雌僻壤之廳州縣城，直土堅處所，間或築土爲城。又倚山之城，亦有削壁令陡以作城者。【略】

凡屋入官者定其直。估變入官房屋，有瓦房，有灰房，有樓房，有游廊，各分五等，垂花門分三等。房屋糙舊、尚屬全整者爲一等，需黏補者爲二等，頭停斲朽山檐牆檻坍塌需拆修者爲三等，門窗缺少椽檁枋柱應換者爲四等，房屋傾斜者爲五等。每等計以檁，瓦房九檁，一等每間銀四十七兩，以次遞減至三檁五等每間銀三兩而止。灰房九檁，一等每間銀四十兩，以次遞減至四檁五等每間銀二兩而止。樓房九檁一等每間銀七十兩，以次遞減至三檁五等每間銀七兩而止。游廊四檁，一等每間銀十三兩，以次遞減至三檁五等每間銀三兩而止。垂花門七檁，一等每座銀三十三兩，以次遞減至三檁三等每座銀五兩而止。其池沼亭臺，臨時估計無定價。【略】

凡致物材，曰陶、琉璃窑設於正陽門之西，以造琉璃器具。臨清窑設於山東臨清州，製造城甎。蘇州窑設於江蘇蘇州府，製造金甎。曰木、皇木廠設於通州，木倉設於大清門内，各省解到木植由部委員會皇木廠監督驗收，交倉存儲。曰石、石料視近畿州縣諸山産石，最良者委員開採。皆辨其等而定直。燒造琉璃器具有十樣，除第一樣與第十樣，向無需用處，無庸製造外，自第二樣至第九樣各照定式，以琉璃料及鉛斤之輕重，分别定價。其無定式者，除瓦料仍照各樣甋版瓦料給價，其餘物件，以二樣板瓦之長闊較對相同者，照樣給價，短小者以次遞減。有較二樣版瓦長闊至見方二尺者，照七樣博縫例折算價直，雕刻花卉者，照例價外加十分之三，有模式印作者不加。臨清城甎，每塊長一尺五寸，寬七寸五分，厚五寸，以聲音響亮者爲上，啞聲者次之，破碎者又次之。需用，行令山東巡撫如式燒造。蘇州金甎，每正甎十，備副甎三，方二尺二寸者爲上，方二尺者次之，方一尺七寸者又次之。需用，行令江蘇巡撫如式燒造。凡甎料，各分三等定價，如長寬尺寸有不同者，各折實見方尺寸覈算。【略】

凡轉運，量其所需而給之。在京運送瓦料及臨清城甎，由漕船帶運者，俱不給價。金甎及城甎之由民船運送者，運價以塊計。如甎料長寬尺寸不同者，折方覈算。瓦料脊料運至城外者，每四十件用小車一，運價以里計。

著録

《柳宗元集》卷二〇《井銘并序》　始州之人。各以罌瓶負江水，瓶，破罌也。罌，音鶯。瓶，五計切。莫克井飲。崖岸峻厚，旱則水益遠，人陟降大艱。雨多，塗則滑而顛。恒爲咨嗟，怨惑訛言，終不能就。元和十一年三月朔，命爲井城北隍上。未晦，果。寒食洌而多泉，邑人以灌。其土堅垍，《説文》云：垍，堅土也。臣至切。一本作「堅壯」。其利悠久。其相者，浮圖談康、諸軍事牙將米景。鑿者蔣晏。凡用罰布六千三百，役庸三十六，大甎千七百。其深八尋有二尺。銘曰：

盈以其神，其來不窮，惠我後之人。噫！疇肯似于政，其來日新。

永瑢等《四庫全書總目》卷八二　《營造法式》三十四卷。浙江范懋柱家天一閣藏本。宋通直郎試將作少監李誡奉敕撰。初，熙寧中敕將作監官編修《營造法式》，至元祐六年成書。紹聖四年以所修之本祇是料狀，别無變造制度，難以行用，命誡别加撰輯。誡乃考究羣書，并與人匠講説，分列類例，以元符三年奏上之。崇寧二年復請用小字鏤版頒行。誡所作總看詳中稱，今編修《海行法式》，總釋總例共二卷，制度十五卷，功限十卷，料例并工作等共三卷，圖樣六卷，目録一卷，總三十六卷，計三百五十七篇。内四十九篇係於經史等羣書中檢尋考究，其三百八篇係自來工作相傳，經久可用之法，與諸作諳會工匠詳悉講究。蓋其書所言雖止藝事，而能考證《經》、《傳》參會衆説，以合於古者飭材庀事之義。故陳振孫《書録・解題》以爲遠出喻皓《木經》之上。考陸友仁《硯北雜志》，載誡所著尚有《續山海經》十卷，《古篆説文》十卷，《續同姓名録》二卷，《琵琶録》三卷，《馬經》三卷、《六博經》三卷。則誡本博洽之士，故所撰述，具有條理。惟友仁稱誡字明仲，而書其名作誠字。然范氏天一閣影鈔宋本及《宋史・藝文志》、《文獻通考》俱作誡字，疑友仁誤也。此本前有誡所奏劄子及進書序各一篇。其第三十一卷當爲《木作制度・圖樣》上篇，原本已闕，而以《看詳》一卷錯入其中。檢《永樂大典》内亦載有此書，其所闕二十餘圖竝在。今據以補足，而仍移《看詳》於卷首。又《看詳》内稱書總三十六卷，而今本《制度》一門，較原目少二卷，僅三十四卷。《永樂大典》所載不分卷數，無可參校。而核其前後篇目，又别無脱漏。疑爲後人所併省，今亦姑仍其舊云。

藝文

《文選》卷五六張茂先《女史箴》　茫茫造化，二儀既分。李善注：《淮南子》曰：大丈夫恬然無爲，與造化逍遥。高誘曰：造化，天地。《周易》曰：易有太極，是生兩儀。散氣流形，既陶既甄。《家語》孔子曰：地載神氣，流形庶物，無非教也。《漢書》董仲舒曰：泥之在鈞，唯甄者之所爲。如淳曰：陶人作瓦器謂之甄。在帝庖羲，肇經天人。李善注：《周易》曰：庖犧氏之王天下也，始作八卦，以通神明之德，以類萬物之情也。爰始夫婦，以及君臣。《周易》曰：有天地，然後有萬物。有萬物，然後有男女。有男女，然後有夫婦。有夫婦，然後有父子。有父子，然後有君臣。家道以正，王猷有倫。《周易》曰：家道正而天下定。《毛詩》曰：王猷允塞。猷與猶古字通。婦德尚柔，含章貞吉。《周易》曰：坤至柔而動也剛，妻道也。又曰：含章貞吉，以時發也。婉嫕淑慎，正位居室。《漢書》曰：孝平王皇后，爲人婉嫕，有節操。服虔曰：嫕音翳桑之翳。曹大家《列女傳》注：婉，柔和。嫕，深邃也。《毛詩》曰：淑慎爾止，《周易》曰：女正位乎内。施衿結褵，虔恭中饋。《儀禮》曰：女嫁，母施衿結帨曰：勉之敬之，夙夜無違父母之誡。《毛詩》曰：親結其褵，九十其儀。毛萇曰：褵，婦人之幃也，褵與離古字通也。《周易》曰：在中饋，無攸遂。肅慎爾儀，式瞻清懿。《毛詩》曰：敬慎威儀，又曰：各敬爾儀。樊姬感莊，不食鮮禽。衛女矯桓，耳忘和音。志厲義高，而二主易心。李善注：《列女傳》曰：楚莊樊姬者，楚莊王之夫人，莊王初即位，好狩獵畢弋，樊姬諫不止，乃不食禽獸之肉。三年，王改。又曰齊侯衛姬者，衛侯之女，齊桓公之夫人。桓公好淫樂，衛姬爲不聽鄭衛之聲。曹大家曰：衛國作淫泆之音，衛姬疾桓公之好，是故不聽，以厲桓公也。玄熊攀檻，馮媛趍進。夫豈無畏，知死不恡。李善注：《漢書》曰：孝元馮昭儀，上幸虎圈鬭獸，熊佚出圈，攀檻欲上殿，左右貴人傳昭儀皆走，馮婕妤直前當熊而立，左右格殺熊。上問何故當熊，婕妤曰：猛獸得人而止，妾恐至御座，故身當之。帝嗟嘆，以此倍敬重焉。班妾有辭，割驩同輦。夫豈不懷，防微慮遠。李善注：《漢書》曰：成帝遊於後庭，欲與班婕妤同輦，載婕妤辭曰：妾觀古圖畫，賢聖之君，皆有名臣在側。三代末主，乃有嬖女，今欲同輦，得無近似乎。道罔隆而不殺，物無盛而不衰。李善注：長楊賦曰：事罔隆而不殺，物靡盛而不虧。日中則昃，月滿則微。李善注：《周易》曰：日中則昃，月盈則蝕。《毛詩》曰：彼月而微，此日而微。鄭玄曰：謂不明也。崇猶塵積，替若駭機。人咸知飾其容，而莫知飾其性。李善注：蔡邕《女誡》曰：夫心猶首面，一旦不脩飾，則塵垢穢之。人心不修善，則邪惡入之。人盛飾其面，而莫脩其心，惑矣。《家語》孔子曰：容不可不飾也。性之不飾，或愆禮正。斧之藻之，克念作聖。李善注：《法言》曰：吾未見斧藻其德，若斧藻其楶者。《尚書》曰：惟狂克念作聖。出其言善，千里應之。李善注：《周易》子曰：君子居其室，出其言善，則千里之外應之，况其邇者乎。居其室，出其言不善，則千里之外違之，况其邇者乎。苟違斯義，則同衾以疑。李善注：徐幹《中論》曰：苟失其心，同衾爲遠。夫出言如微，而榮辱由兹。《周易》曰：言行，君子之樞機，樞機之發，榮辱之主。勿謂幽昧，靈監無象。勿謂玄漠，神聽無響。無矜爾榮，天道惡盈。李善注：《周易》曰：鬼神害盈而福謙。無恃爾貴，隆隆者墜。楊雄解嘲曰：炎炎者滅，隆隆者絶。鑒于小星，戒彼攸遂。李善注：《毛詩》序曰：小星，惠及下也。《詩》曰：嘒彼小星，三五在東。《周易》曰：無攸遂。王弼曰：盡婦人之正義，無所必遂也。比心螽斯，則繁爾類。李善注：《毛詩》曰：螽斯羽，詵詵兮，宜爾子孫，振振兮。驩不可以黷，寵不可以專。李善注：《國語》，司空季子謂文公曰：男女不相及，畏黷敬也。黷則生怨，怨亂毓災，災毓滅性。韋昭曰：畏褻黷其類也。《漢書》曰：孝成趙皇后入宫，寵少衰，而女弟絶幸，姊弟專寵十餘年，卒皆無子也。專實生慢，愛極則遷。致盈必損，理有固然。李善注：《文子》，老子曰：天道極即反，盈即損，日月是也。《魯連子》譚子曰：物之必至，理固然也。美者自美，翩以取尤。李善注：《列子》曰：楊朱過宋東，之於逆旅，逆旅人有妾二人，其一美，其一惡。惡者貴而美者賤，楊子問其故，逆旅小子對曰：其美者自美，吾不知其美也，其惡者自惡，吾不知其惡也。冶容求好，君子所讎。李善注：《周易》曰：慢藏誨盗，冶容誨淫。結恩而絶，職此之由。李善注：《漢書》曰：王立與諸劉結恩。《左氏傳》：范宣子數諸戎曰：言語漏洩，職汝之由。故曰翼翼矜矜，福所以興。李善注：《太公金匱》，師尚父謂武王曰：舜之居人上，矜矜乎如履薄冰。湯之居人上，翼翼乎懼不敢息。靖恭自思，榮顯所期。李善注：《毛詩》曰：靖恭爾位，好是正直。女史司箴，敢告庶姬。毛萇《詩傳》曰：古者后夫人必有女史彤管之法，女史不記其過，其罪殺。

《文選》卷六〇謝惠連《祭古冢文》

東府掘城北壍，入丈餘，李善注：《丹陽記》曰：東府城，西則簡文會稽王時第，東則孝文王道子府，道子領揚州，仍住先舍，故俗稱東府。得古冢，上無封域，不用塼甓，李善注：毛萇《詩傳》曰：甓瓴甋也，今謂之塼。以木爲槨，中有二棺，正方，兩頭無和。李善注：《吕氏春秋》：惠公説魏太子曰：昔王季歷葬渦山之尾，欒水齧其墓，見棺之前和。高誘曰：棺題曰和。明器之屬，材瓦銅漆，有數十種，李善注：《禮記》曰：孔子曰：明器者，神明之器也。多異形，不可盡識。刻木爲人，長三尺，可有二十餘頭，初開見，悉是人形，以物棖撥之，應手灰滅。李善注：《説文》曰：棖，杖也，宅庚切，然南人以物觸物爲棖也。《廣雅》曰：撥，除也，補達切。棺上有五銖錢百餘枚，李善注：《漢書》曰：武帝罷半兩錢，行五銖錢也。水中有甘蔗節，及梅李核瓜瓣，皆浮出，不甚爛壞，李善注：《爾雅》曰：瓠犀，瓣。《説文》曰：瓣，瓜中實也，白莧切，一作辯字，音練，瓣與練字通。銘誌不存，世代不可得而知也。公命城者改埋於東岡，祭之以豚酒，既不知其名字遠近，故假爲之號曰冥漠君云爾。

元嘉七年九月十四日，司徒御屬領直兵令史統作城録事臨漳令亭侯朱林，具豚醪之祭，敬薦冥漠君之靈。忝揔徒旅，板築是司，窮泉爲壍，聚壤成基。一槨既啓，雙棺在兹，捨畚悽愴，縱鍤漣而。李善注：《左氏傳》曰：宋災，陳畚挶。杜預曰：畚，簣籠也，畚音本，挶，居局切。《爾雅》曰：鍬謂之鍤。《周易》曰：泣血漣如。杜預《左傳注》曰：而，助語也。芻靈已毁，塗車既摧。李善注：《禮記》曰：塗車芻靈，自古有之也。几筵糜腐，俎豆傾低。盤或梅李，盎或醢醯。李善注：《爾雅》曰：盎謂之缶，又曰：肉謂之醢。郭璞曰：肉醬也，音海。《説文》曰：醯酸也，醯呼蹄切。蔗傳餘節，瓜表遺犀，李善注：犀已見上文。追惟夫子，生自何代。曜質幾年，潛靈幾載，李善注：《寡婦賦》曰：潛靈邈其不反。爲壽爲夭，寧顯寧晦。銘誌湮滅，姓字不傳，今誰子後，曩誰子先。功名美惡，如何蔑然，百堵皆作，十仞斯齊。李善注：毛詩曰：百堵皆興墉不可轉，壍不可迴，黄腸既毁，便房已頽。循題興念，撫俑增哀。《漢書》曰：霍光薨，賜便房黄腸題湊各一具。蘇林曰：以柏木黄心致累棺外，故曰黄腸，木頭皆內向，故曰題湊。如淳曰：便房，冢壙中室也。埤蒼曰：俑，木送人葬也，餘腫切，俑或爲偶，刻木以像人形，五苟切。射聲垂仁，廣漢流渥。李善注：范曄《後漢書》曰：曹褒遷射聲校尉，射聲營舍有停棺不葬百餘所，褒親履行，問其意，故吏對曰：此等多是建武以來，絶無後者，故不得埋掩。褒爲買空地，悉葬其無主者，設祭以祀之。《東觀漢記》曰：陳寵，字昭公，沛國人也，轉廣漢太守。先是雒陽城南，每陰，常有器聲，聞於府中，寵使案行，昔歲倉卒時，骸骨不葬者多，寵乃勑縣葬埋，由是即絶也。祠骸府阿，掩骼格城曲。李善注：《禮記》曰：孟春之月，掩骼埋胔。鄭玄曰：骨枯曰骼。仰羡古風，爲君改卜。《孝經》曰：卜其宅兆，而安厝之。輪移北隍，窀穸東麓。李善注：《説文》曰：城池無水曰隍。音皇。《左氏傳》：楚子曰：窀穸之事。杜預曰：窀厚也，穸，夜也，厚夜，長夜，葬爲埋也。《説文》曰：穸，葬下棺也。《穀梁傳》曰：林屬於山爲麓。壙即新營，棺仍舊木。鄭玄《周禮注》曰：壙謂冢中也棺或爲墜非也。合葬非古，周公所存。李善注：《禮記》武子曰：合葬非古，自周公已來，未之有也。敬遵昔義，還祔雙魂。《禮記》孔子曰：魯人之祔也合之。鄭玄曰：祔謂合葬也。酒以兩壺，牲以特豚。幽靈髣髴，歆我犧樽。嗚呼哀哉。李善注：魏太祖《祭橋玄文》曰：幽靈潛翳。李康《髑髏賦》曰：幽魂髣髴，忽有人形。《禮記》曰：祀周公於太廟，牲用白牲，尊用犧象也，許宜切。

《宋書》卷二一《樂志三·〈鷄鳴高樹顛〉》 鷄鳴高樹顛，狗吠深宮中。蕩子何所之，天下方太平。刑法非有貸，柔協正亂名。黄金爲君門，璧玉爲軒闌堂。上有雙尊酒，作使邯鄲倡。劉玉碧青甓，後出郭門王。舍後有方池，池中雙鴛鴦。鴛鴦七十二，羅列自成行。鳴聲何啾啾，聞我殿東箱。兄弟四五人，皆爲侍中郎。五日一時來，觀者滿道傍。黄金絡馬頭，熲熲何煌煌。桃生露井上，李樹生桃傍，蟲來齧桃根，李樹代桃僵。樹木身相代，兄弟還相忘！

《隋書》卷一五《音樂志下·〈龜兹〉》 《龜兹》者，起自吕光滅龜兹，因得其聲。吕氏亡，其樂分散，後魏平中原，復獲之。其聲後多變易。至隋有《西國龜兹》、《齊朝龜兹》、《土龜兹》等，凡三部。開皇中，其器大盛於閭閈。時有曹妙達、王長通、李士衡、郭金樂、安進貴等，皆妙絶弦管，新聲奇變，朝改暮易，持其音技，估衒公王之間，舉時争相慕尚。高祖病之，謂羣臣曰：「聞公等皆好新變，所奏無復正聲，此不祥之大也。自家形國，化成人風，勿謂天下方然，公家家自有風俗矣。存亡善惡，莫不繫之。樂感人深，事資和雅，公等對親賓宴飲，宜奏正聲；聲不正，何可使兒女聞也！」帝雖有此勑，而竟不能救焉。煬帝不解音律，略不關懷。後大製豔篇，辭極淫綺。令樂正白明達造新聲，創《萬歲樂》、《藏鈎樂》、《七夕相逢樂》、《投壺樂》、《舞席同心髻》、《玉女行觴》、《神仙留客》、《擲磚續命》、《鬭雞子》、《鬭百草》、《汎龍舟》、《還舊宮》、《長樂花》及《十二時》等曲，掩抑摧藏，哀音斷絶。帝悦之無已，謂幸臣曰：「多彈曲者，如人多讀書。讀書多則能撰書，彈曲多即能造曲。此理之然也。」因語明達云：「齊氏偏隅，曹妙達猶自封王。我今天下大同，欲貴汝，宜自修謹。」六年，高昌獻《聖明樂》曲，帝令知音者，於館所聽之，歸而肄習。及客方獻，先於前奏之，胡夷皆驚焉。其歌曲有《善善摩尼》，解曲有《婆伽兒》，舞曲有《小天》，又有《疎勒鹽》。其樂器有豎箜篌、琵琶、五弦、笙、笛、簫、篳篥、毛員鼓、都曇鼓、答臘鼓、腰鼓、羯鼓、雞婁鼓、銅拔、貝等十五種，爲一部。工二十人。

《明史》卷六三《樂志三·〈天命有德舞曲〉》 其一，《慶宣和》：雨順風調萬物熙，一統華夷。四野嘉禾感和氣，一幹百穗，一幹百穗。其二，《窄甎兒》：梯航萬國來丹陛，太平年，永固洪基。正東西南北來朝會，洽寰宇，布春暉，四夷咸賓聲教美。自古明王在慎德，不須威武服戎狄。祥瑞集，鳳來儀。佳期萬萬歲，聖明君，主華夷。

雜録

楊衒之《洛陽伽藍記》卷四《城西》 大覺寺，廣平王懷捨宅也，在融覺寺西一里許。北瞻芒嶺，南眺洛汭，東望宮闕，西顧旗亭，禪〔神〕皋顯敞，實爲勝地。是以温子升。碑云：「面水背山，左朝右市」是也。環所居之堂，上置七佛。林池飛閣，比之景明。至於春風動樹，則蘭開紫葉，秋霜降草，則菊吐黄花；名德大僧，寂以遣煩。永熙年中，平陽王即位，造磚浮圖一所，是土石之工，窮精極麗。詔中書舍人温子升以爲文也。

《柳宗元集》卷一三《下殤女子墓塼記》 下殤女子生長安善和里，其始名和娘。既得病，乃曰：「佛，我依也，願以爲役。」更名佛婢。既病，求去髮爲尼，號之爲初心。元和五年四月三日死永州，凡十歲。其母微也，故爲父子晚。性柔惠，類可以爲成人者，然卒夭。斂用緇褐，銘用塼甓，甓，瓦也。甓，蒲歷切。葬零陵東郭門外第二崗之西隅。銘曰：

孰致也而生？孰召也而死？焉從而來？焉往而止？魂氣無不之也，骨肉歸復於此。

《柳宗元集》卷一三《小姪女子墓塼記》 字爲雅，氏爲柳。生甲申，〔孫曰〕貞元二十年。死己丑。〔孫曰〕元和四年。日十二，月在九。是日葬，東崗首。生而惠，今則夭。始也無，今何有？質之微，當速朽。銘茲瓦，期永久。

《柳宗元集》卷二八《永州龍興寺息壤記》 永州龍興寺東北陬有堂，堂之地隆然負塼甓而起者，廣四步，高一尺五寸。始之爲堂也，夷之而又高，凡持鍤者盡死。永州居楚越間，其人鬼且禨。由是寺之人皆神之，人莫敢夷。

《史記・天官書》及《漢志》有地長之占，而亡其說。甘茂盟息壤，蓋其地有是類也。昔之異書，有記洪水滔天，鯀竊帝之息壤以湮洪水，帝乃令祝融殺鯀于羽郊，其言不經見。今是土也，夷之者不幸而死，豈帝之所愛耶？南方多疫，勞者先死，則彼持鍤者，其死於勞且疫也，土烏能神？

余恐學者之至於斯，徵是言，而唯異書之信，故記于堂上。

廖剛《高峯文集》卷五《漳州到任條具民間利病五事奏狀》 檢准紹興三年二月空日尚書省黄牒，二月二十八日三省樞密院同奉手詔節文，應諸守臣到任及半年以上，實具民間利病或邊防五事以聞。臣今到任及半年以上，恭依所降詔旨指揮，條具民間利病五事，須至奏聞下項：

一臣昨陛辭日嘗面奏本州自來無城，欲到任修築，蒙聖訓修城，自是守臣職事。福建諸州軍往往無城，然難速就，須是前後守臣相繼留意方得。臣仰悉陛下愛惜民力，重興工役，雖有不可已者亦必要之，以歲月而徐爲之也。臣自到郡首行相視民居市井，雖云凋疎亦頗濶遠，若外城誠未可輕議，舊來自有子城官舍、倉庫、刑獄皆在其中，惟是修築滅裂，初無磚石甃砌，所以經雨輒壞，今僅存基址而已。臣欲乞隨宜且修子城，然嘗計度周圍凡八百六十餘丈，工力亦自浩大，必須先備磚石然後乃可興工。近城沿流元有官窑須破年歲工夫燒磚，州之南邊溪水泛即到城門，當用石作城脚，沿流有採石去處。臣愚欲望朝廷許本州招置壯城兵一百人，稍視土軍衣糧，不得他役，逐漸招到便令燒磚運石。磚石既備日用百工修築外，更別作措置，五七年間庶幾可得就緒也。臣非不知招軍增費重，惟州郡蕩然全無城壁，理宜措置，疲民既不堪重役，如乞降度牒之類，臣亦未敢，而本州所管廂軍不多，守城兵士常是通融差出，尚猶不足，却是軍糧頗常寬剩，可以那融。臣是以欲乞權置壯城兵士，俟將來修了即減其數，別填闕額軍分，如得允當，伏望聖慈特賜指揮施行。

一臣伏見閩中差雇海船一事，尤須措置。蓋比年綱運皆由海道，又有防托等差使，且如本州今年來已差過一百二十餘隻，以所詣州軍通融，槩計每隻不下賠費二百緡，是以一歲之間科率百餘船户凡二萬緡餘，彼亦何所從出。臣自到官，盡籍管内所有船隻，立賞以絶欺隱之弊，非徒譏察盜賊，亦欲差使之，均覬稍息之也。續承准本路安撫司備坐樞密院指揮海船並結爲保伍，毋得擅出，必關州縣，今則一一遵依施行，所以防其爲盜詳矣。然臣竊以謂此徒制其末耳，況今所謂船户初非前日爲盜之人，彼方重困於差使，則當有以賑卹之，是謂急務，臣請備言之。大抵海船之家少上中户，輕生射利，僅活妻孥者皆是。今以其船盡載官物但量與之雇直，一有風生疎失勒令賠備，監錮禁繫，動經歲時，往往破家竭産，終不能償其一二，此一不便也。平時海舟欲有所鄉，心先計物貨、選擇水手、修葺器具，經時閲月，畧無不備，然後敢動，則又必趁風信時候，冬南夏北未嘗逆施，是以舟行平穩，少有疎虞，風色既順，一日千里，曾不爲難。今從官中差雇則不然，大率綱運多經期，所需期限嚴迫，州縣不得以時月爲詞而遽遣之，追呼監逐若驅盜然，故每事不得如法而滯留褁費，失陷賠償，此二不便也。臣愚欲乞參酌事宜，每歲發納上供錢頗循舊例計置，輕齎陸行必慮虧折，姑請以其半附舟，並軍器若物料等麤重地由海道，庶幾差使不至頻併，船户得以休息，此救弊一也。差雇必優其直，仍以船力所勝，官載六分，四分聽其販賣，賠費既少，優獲利息，則足以得其心力矣，此雖在州縣，緣財用闕乏，又難得船官吏以此不暇存卹，要須明降指揮，務令公私兩便，毋得盡妨其衣食，此救弊二也。應上供綱運並候夏季風信，順便盡數起發，仍前一年差雇船，使之預備交納，官司申嚴約束，毋得邀阻，使免守候滯留之費，此救弊三也。臣謂海運省便誠未可已，則如前所陳，不可以不察，若重擾之而不加恤，使之艱苦不聊其生則是驅之爲盜賊也，又何禁乎。臣叨爲民牧，目所備見，不敢隱默，伏望聖慈矜察，早賜處分，措置施行。

一本州有習俗之弊，婚嫁喪祭民務浮侈，殊不依倣。禮制娶婦之家必大集里鄰親戚多至數百人，椎牛行酒，仍分綵帛錢銀，然後以爲成禮。女之嫁也，以粧奩厚薄外人不得見，必有隨車，錢大率多者千緡，少者不下數百貫，倘不如此則鄉鄰訕笑，而男女皆懷不滿。喪葬之家必廣爲齋設以待賓客，繼用葷酒而散物帛，倘不如此則人指以爲不孝。富者以豪侈相高，貧者恥其不逮，往往貿易舉貸以辦，若力有不及，寧姑置而不爲，故男女有過時而不得嫁娶，親喪有終制而不得葬埋者，皆是深可駭也。訪聞泉福興化亦有此風，而此郡特甚，臣嘗詢之，雖愚民亦或自知其非而怵於流俗，莫能自革。臣職在宣化，敢不諄諭，覬其悔悟，所愧無德格之誠，難欲聖慈特降睿旨於福建路雜格，令內增立約束，爲之節制而禁止之，庶以厚風俗，且使不困於浮費，非小惠也。

一契勘本州，即日見管屯駐外州軍兵士一百四十二人，數內二十一人在州執役，一百二十一人各係監司及屬官等處白直，並只於逐處陳狀，乞作本州屯駐之名，移文前來勘請添支錢米，是雖有屯駐之名，實不曾親到。役計前項見管人數除身分月糧外，一年添支米九百餘石，錢五百餘貫，此外又於監司州軍添支口券，是一卒有三色請受也。當此公私匱乏時豈容無功之人侵耗，如此臣誠不知廂軍屯駐立法本意，徒見福建廣南諸軍州目，今皆有此弊交互紛然，甚無謂耳。臣愚欲乞並罷廂軍屯駐監司，聽於所部州軍均差，白直必不可罷，即須身在屯駐州軍執役，方許添支錢米，亦省費寬民力之一事也。

一州縣有時估實直，所從來遠矣，省司買物用時估，見任官用實直，物增減則有旬申月申，令市司主之，法非不詳密也。近年指揮罷去實直，見任官聽於私下買物，意欲寬郵市行，抑貪吏耳，然吏或姦貪何所忌憚，況官無實直明文，尤得以賤價取於百姓，誠難檢察，惟廉謹畏法者遂爲小人所欺，往往飲食之物倍直然後能致，而心猶不能自安，以不知實直故也。臣竊以爲非便，禁止姦貪初不在此，徒反爲之地耳，願復舊法，庶有關防。但見任官應買物合爲之限制，仍委市長吏謹察物價，常令實直，稍增於市行，則亦無不便者。區區愚見如或可採，乞降付有司詳酌施行。

廖剛《高峯文集》卷六《八月初三日進故事》 三朝寶訓。淳化四年東窑務請以退材供薪，詔使臣閱視，擇可爲什物者作長牀數百分賜宰相、樞密、三使司，因謂李昉曰：山林之木取之甚費民力，乃以供爨亦可惜也。昉曰：陛下聖智高遠，勤儉求理，事無大小，動出意表，雖在微細，無有遺棄。古人以竹頭木屑皆可充用，正在於此，唯慙臣下不克盡副天心。

臣聞謹乃儉德，惟懷永圖，自古帝王之盛德，未有不以勤儉爲先是，以必仁民而愛物，仁民則不忍其勞，愛物則不侈其用，所謂暴殄天物以奉一已之私者，無有也。夫惟以不忍人之心行不忍人之政，下逮鳥獸草木蟲魚，必使之各由其道，各得其宜，則帝王之治舉矣。太宗皇帝仁民愛物之至，史册所書不可殫舉，如以木爲牀分賜近臣，所費幾何，而必以退材之可薪者擇而用之，其儉德可見矣。又若官造弓弩屠牛至多，乃令惟縱理用牛筋，餘悉以羊馬代之，歲省牛筋可千萬計之。窑務深院每歲賦民蒿數十萬，乃令以木柹代之，遂減折科之半。嘗有油衣帟幕已敗壞者，有司悉欲毀棄，因令染院染練改製，得旗幟數千。凡此皆有司之事耳，而仁民愛物之意，無所不及，而況大於此者乎，是皆可爲後世法也。

李綱《宋丞相李忠定公奏議》卷五五《乞用瓦木蓋置營房劄子》 臣伏見朝廷以沿江州郡近多火災，慮有姦細作過，累降指揮，嚴行禁戢，事理固當如此，然臣竊謂軍馬屯聚去處往往取辦一時，秪以茆竹蓆蔴之屬蓋搭房舍，以省功力，一有遺漏，不可救止，火力所及官司屋宇亦遭焚爇，至及萬家，或靡有子遺者，如前日臨安、鎮江、太平州之類是也。今車駕巡幸建康，千乘萬騎，理當建置營房屯駐將士，謂宜寬商賈以招徠材植，置官窑以燒變塼瓦，下傍近州縣以摘那工匠，選有材者專董其事，不數月久即見就緒。仍禁止民間自今不得以茆竹蓋屋，已蓋造者漸行修換，嚴保伍巡邏之法，謹防虞器具之備，以絶回禄之患。其餘州郡有軍馬屯聚去處，亦可依此施行，庶幾火不能作，人得安堵。區區愚慮，干冒天聰，取進止。

李綱《宋丞相李忠定公奏議》卷六三《乞施行脩城官吏奏狀》 會勘先奉聖旨指揮，令逐路帥司督責所屬州軍專委守貳各行點檢城壁，若城大難以因舊修築，仰隨宜減蹙，務要省便。臣尋契勘洪州城池，自建炎三年十月內經金人殘破之後不曾修治，城壁摧毀，壕塹堙塞，並無樓櫓器具，兼城北一帶皆無居民，盡是荒閑田土，地步闊遠，又城外積沙高與城齊，可以下瞰城中，緩急難以防守。恭依前項聖旨指揮，相度到合行裁減，自洪喬門至崇和門取直修築新城，開撅壕塹，郤將舊城裁減，充防捍江水堤岸。臣一面兑那本司錢物，計置木植塼灰等物料於諸州，刷壯城兵士量行差撥，及本州壯城廂軍并於洪州管下縣分，應千僧寺道觀有常住物業者，紐計税錢，量差夫力，各自支破口食，糧米相兼，工役已節次具，因依奏聞，去後續准朝廷支降空名，承信告一十道，助教勅二十二道，應副變轉支用。自紹興七年正月初五日起工創新截，築城身長七百一十二丈五尺，基根闊二丈五尺，面收闊一丈八尺，并護膝墻女頭通高二丈二尺，表裏並用塼裹砌及墁砌城面，砲臺墁道甃城亦係用磚裹砌，計用過新塼一百餘萬口，並係置窑燒變，并令窑户斷樸供應。及於城外開撅週迴壕河計長七百一十二丈五尺，面闊六丈，深一丈六尺，并造到馬面敵樓大小共一百座，計六百六十餘間，及計備城上要用防城器具笓籬牌、狗脚木、砲座、檑木等，脩蓋諸城門樓一十一座，甃城兩所，釣橋肆座，防城器具庫屋兩處，計四十間，並皆齊備。據都壕寨官申十一月十五日修城畢工，已將寺觀人夫等犒設放散外，其有所用錢糧收買塼灰木植等盡係本司稽置應副，並無一件取於民間。所有首尾宣力官吏欲望朝廷譯詳酌施行，謹具如後，須至奏聞者。

提舉官：

武功大夫特差權發遣江南西路兵馬鈐轄洪州駐劄武登，

左朝奉大夫通判洪州軍州事崔耀卿，

左朝奉郎權通判洪州軍州事李利用，

都壕寨官武節郎杜觀。

製造樓櫓防城器具及受給錢糧官：

武功大夫中州防禦使前洪州兵馬都監時光祖，

武功郎江南西路安撫制置大使司准備將領張復。

受給磚木器具官：

下班祗應簫安，　張道。

部役官：

從義郎白惇智，

忠翊郎孫阜，

成忠郎周端，

保義郎藺浩，

進義校尉張福，

下班祗應張虎，

進武副尉郝敏。

本司點檢文字：

進武副尉楊安中，

保義郎雷德成。

主行人吏四名

張京，　何林，　陳光祖，　湯頔。

右謹件狀如前謹録奏聞。

李綱《宋丞相李忠定公奏議》卷六七《申省具截城利便無擾民户狀》　契勘洪州城池。自建炎三年十月内經金人殘破之後，不曾脩治城壁，摧毁壕塹堙塞，並無樓櫓器具，兼城北一帶皆無居民，盡是荒閑田土，地步闊遠，緩急難以防守。今委武功大夫權本路兵馬，鈐轄武登，相度合行裁減，自洪喬門至崇和門取直修築新城，開撅壕塹，卻將舊城裁減，充防捍江水隄岸。又舊城向北一帶自來上有漲沙爲患，幾與城齊，難以措置，今來存留舊城爲堤，亦可以捍隔漲沙，爲永久之利。撿計到合用工料木植磚灰等，本司已一面那融兑支錢物，計置收買材植物料等，刱造窑務燒變成磚。又用磚數多勾到南昌新建兩縣窑户高與價直，每一口磚計價錢二十文，促令結攬燒變，應副使用。及於諸州刷壯城兵士量行差撥，及本州壯城牢城廂軍等相兼脩築。又緣工料浩大，竊慮遲延，已將洪州管下縣分應千僧寺道觀有常住物業者，紐計税錢，量差夫力，本司支破錢米，貼助修築，並不調發逐縣人夫，亦無一事一件取於民間。竊慮寄居及過往士大夫不知，上項因依，但見本州修築城壁，便謂調發人夫，料買物色，亂有傳播，以爲搔擾，達於朝廷，難以辦白。今畫到修城圖子貼説，次第須至，繳申所有本司，累具狀申朝廷，乞支降新法度牒二百道，充修城使用。伏乞早賜指揮降下撥還兑支錢物，接續支用，如不合以新法度牒應問，即乞將官告并助教勅牒準折支降施行。

黄幹《勉齋集》卷三三《窑户楊三十四等論謝知府宅彊買甎瓦》　窑户十七人經縣陳詞，論謝知府宅非理弔縛，抑勒白要甎瓦事，本縣追到幹人鄒彦、王明供對兩詞，各不從實供招，遂各散禁今以兩詞供荅參詳。據幹人賫到文約，並稱所買甎瓦皆是大甎大瓦，則所供價例乃窑户之説爲是，幹人初供以爲小甎小瓦，則與元立文約不同，此乃是低價抑勒之驗。窑户所以不得已而哀號於縣庭也，小民以燒甎瓦爲業，不過日求升合以活其妻孥，惟恐人之不售也，所售愈多則得利愈厚，豈有甘心饑餓而不求售者哉。寄居之家所還價直與民户等，彼亦何苦而不求售，今至於合爲朋曹，經官論訴，必是有甚不能平而後至此也。今觀其所議，收買甎瓦窑户不肯賣便，至於經官陳詞，差弓手鄒全、保正温彦追出寄居，之與民户初無統屬，交關市易當取其情願，豈有挾官司之號令，逼勒而使之賤賣之理。至於立約又不與之較物之厚薄小大與價之多寡，則異日結算以何爲據，是不復照平常人户交易之例而自有一種，門庭庶幾支還多寡，惟吾之命是聽也。又先支每人錢米共約八貫，而欲使之入納甎瓦萬三千片，所納未足更不支錢，一萬三千甎瓦所直十七千，今乃只得錢八貫而欲其納足，窑户安得餘錢可以先爲燒造甎瓦，納足而後請錢耶。小民之貧朝不謀夕，今其立約乃如此，是但知吾之形勢可以抑勒而不知理有不可，則必不能免人户之論訴也。今又以爲元約一萬三千，今只入五六千便作了足，即是現買現賣，本宅何不前期將錢借與各人，世間交易未有不前期借錢以爲定者。況所燒甎瓦非一人之力所能辨，非一日之期所能成，必須作泥造坏，必須候乾燥，必須入窰燒變，必經隔旬月而後成。今六月半得錢，七月半之後逐旋交納，所入之價反多於所借之錢，豈得尚歸罪於窰户耶。幹人之詞尚欲懲治窰户之背約，所謂文約豈窰户之所情願，廹之以弓手、保正抑勒而使之著押耳。官司二稅朝廷立爲省限，形勢之家尚有出違省限不肯輸納者，况於私家非理之文約而可以責人之必不背約耶。寄居百姓貴賤不同，張官置吏難以偏徇，鄒彦、王明且免斷，安廣監鄒彦出外備，已入甎瓦未還價錢還窰户，所有窰户三名已搬到甎瓦未曾交入，亦仰監鄒彦照入，具價錢呈王明一名且寄收，候還錢足日呈放，兩詞各給斷由。

謝知府宅幹人賫到文約四紙，並稱大甎大瓦，今狀中却稱是小樣，顯是誣賴。六月十三日交去定錢，七月半逐旋入去甎瓦，今郤稱是經隔三月。形勢之家欺淩鄉民，率皆類此，難以施行。照已判再監，文約四紙巳粘入案，難以給還，簿一扇元是幹人收掌，不應又行取索，甎人甎瓦欠人錢物，豈得以爲無罪，不應收禁。私家却得將人打縛官司，不得禁抑，豪强之狀即此可見。

朱熹《朱子語類》卷八九《禮六·冠昏喪》 問：「今弔者用横烏，如何？」曰：「此正與『羔裘玄冠不以弔』相反，亦不知起於何時。想見當官者既不欲易服去弔人，故杜撰成箇禮數。若閒居時，只當易服用凉衫。」

「本朝於大臣之喪，待之甚哀。」賀孫舉哲宗哀臨温公事。曰：「温公固是如此，至於嘗爲執政，已告老而死，祖宗亦必爲之親臨罷樂。看古禮，君於大夫，小斂往焉，大斂往焉；於士，既殯往焉；何其誠愛之至！今乃恝然。這也只是自渡江後，君臣之勢方一向懸絕，無相親之意，故如此。古之君臣所以事事做得成，緣是親愛一體。因説虜人初起時，其酋長與部落都無分别，同坐同飲，相爲戲舞，所以做得事。如後來兀术犯中國，虜掠得中國士類，因有教之以分等陛立制度者，於是上下位勢漸隔，做事漸難。」

某舊爲先人飾棺，考制度作帷幌，李先生以爲不切。而今禮文覺繁多，使人難行。後聖有作，必是裁減了，方始行得。

先生殯其長子，諸生具香燭之奠。先生留寒泉殯所受弔，望見客至，必涕泣遠接之；客去，必遠送之。就寒泉菴西向殯。掘地深二尺，闊三四尺，内以火磚鋪砌，用石灰重重偏塗之，棺木及外用土磚夾砌。將下棺，以食五味奠亡人，次子以下皆哭拜。諸客拜奠，次子代亡人答拜。蓋兄死子幼，禮然也。

伯量問：「殯禮可行否？」曰：「此不用問人，當自觀其宜。今以不漆不灰之棺，而欲以甎土圍之，此可不可耶？必不可矣。數日見公説喪禮太繁絮，禮不如此看，説得人都心悶。須討箇活物事弄，如弄活蛇相似，方好。公今只是弄得一條死蛇，不濟事。某嘗説，古者之禮，今只是存他一箇大概，令勿散失，使人知其意義，要之必不可盡行。如始喪一段，必若欲盡行，則必無哀戚哭泣之情。何者？方哀苦荒迷之際，有何心情一一如古禮之繁細委曲？古者有相禮者，所以導孝子爲之。若欲孝子一一盡依古禮，必躬必親，則必無哀戚之情矣。况只依今世俗之禮，亦未爲失，但使哀戚之情盡耳。有虞氏瓦棺而葬，夏后氏堲周，必無周人之繁文委曲也。又禮，壙中用生體之屬，久之必潰爛，却引蟲蟻，非所以爲亡者慮久遠也。古人壙中置物甚多。以某觀之，禮文之意太備，則防患之意反不足。要之，只當防慮久遠，『毋使土親膚』而已，其他禮文皆可略也。又如古者棺不釘，不用漆粘。而今灰漆如此堅密，猶有蟻子入去，何况不使釘漆！此皆不可行。孔子曰：『如用之，則吾從先進。』已是厭周之文了。又曰：『行夏之時，乘殷之輅。』此意皆可見。使聖賢者作，必不盡如古禮，必裁酌從今之宜而爲之也。又如士相見禮、鄉飲酒禮、射禮之屬，而今去那裏行？只是當存他大概，使人不可不知。方周之盛時，禮又全體皆備，所以不可有纖毫之差。今世盡不見，徒掇拾編緝於殘編斷簡之餘，如何必欲盡倣古之禮得！」或曰：「『郁郁乎文哉？吾從周。』聖人又欲從周之文，何也？」曰：「聖人之言，固非一端。蓋聖人生於周之世。周之一代，禮文皆備，誠是整齊，聖人如何不從得！只是『如用之則吾從先進』，謂自爲邦則從先進耳。」

朱熹《朱子語類》卷八九《禮六·冠昏禮》 問改葬。曰：「須告廟而後告墓，方啟墓以葬；葬畢，奠而歸，又告廟，哭，而後畢事，方穩。行葬更不必出主，祭告時却出主於寢。」

「人家墓壙棺槨，切不可太大，當使壙僅能容槨，槨僅能容棺，乃善。去年此間陳家墳墓遭發掘者，皆緣壙中太闊，其不能發者，皆是壙中狹小無著脚手處，此不可不知也。又，此間墳墓山脚低卸，故盗易入。」問：「墳與墓何别？」曰：「墓想是塋域，墳即土封隆起者。《光武紀》云，爲墳但取其稍高，四邊能走水足矣。古人墳極高大，壙中容得人行，也没意思。法令，一品以上墳得一丈二尺，亦自儘高矣。」守約云：「墳墓所以遭發掘者，亦陰陽家之説有以啟之。蓋凡發掘者，皆以葬淺之故。若深一二丈，自無此患。古禮葬亦許深。」曰：「不然，深葬有水。嘗見興化漳泉間墳墓甚高。問之，則曰，棺只浮在土上，深者僅有一半入地，半在地上，所以不得不高其封。後來見福州人舉移舊墳稍深者，無不有水，方知興化漳泉淺葬者，蓋防水爾。北方地土深厚，深葬不妨。豈可同也？」問：「槨外可用炭灰雜沙土否？」曰：「只純用炭末置之槨外，槨内實以和沙石灰。」或曰：「可純用灰否？」曰：「純灰恐不實，須雜以篩過沙，久之沙灰相乳入，其堅如石。槨外四圍上下，一切實以炭末，約厚七八寸許；既辟濕氣，免水患，又截樹根不入。樹根遇炭，皆生轉去，以此見炭灰之妙。蓋炭是死物，無情，故樹根不入也。《抱朴子》曰：『炭入地，千年不變。』」問：「范家用黄泥拌石炭實槨外，如何？」曰：「不可。黄泥久之亦能引樹根。」又問：「古人用瀝青，恐地氣蒸熱，瀝青溶化，棺有偏陷，却不便。」曰：「不曾親見用瀝青利害。但書傳間多言用者，不知如何。」

「風之爲物，無物不入。因解「《巽》爲風」。今人棺木葬在地中，少間都吹喎了，或吹翻了。」問：「今地上安一物，雖烈風，未必能吹動。何故地如此堅厚，却吹得動？」曰：「想得在地中蘊蓄欲發，其力盛猛；及出平地，則其氣涣散矣。」或云：「恐無此理。」曰：「政和縣有一人家，葬其親於某位。葬了，但時聞壙中響聲。其家以爲地之善，故有此響。久之家業漸替，子孫貧窮，以爲地之不利，遂發視之。見棺木一邊擊觸皆損壞，其所擊觸處正當壙前之籠壙，今捲塼爲之，棺木所入之處也。」或云：「恐是水浸致然。」曰：「非也。若水浸，則安能擊觸有聲？不知此理如何。」

古人惟家廟有碑，廟中者以繫牲。塚上四角四箇，以繫索下棺；棺既下，則埋於四角，所謂「豐碑」是也。或因而刻字於其上。後人凡碑刻無不用之，且於中間穴孔，不知欲何用也。今會稽大禹廟有一碑，下廣鋭而上小薄，形製不方不圓，尚用以繫牲，云是當時葬禹之物。上有隸字，蓋後人刻之也。

朱熹《朱子語類》卷一〇六《朱子三・外任》 或問修城事。云：「修城一事，費亦浩瀚。恐事大力小，兼不得人，亦難做。如今只靠兩寨兵，固是費力，又無馭衆之將可用。」張倅云：「向來靖康之變，虜至長沙，城不可守。雖守臣之罪，亦是濶遠難守。」曰：「向見某州修城，亦以濶遠之故，稍縮令狹，却易修。」周伯壽云：「前此陳君舉説，長沙米倉酒庫自在城外。萬一修得城完，財物盡在城外，不便。只當移倉庫，不當修城。」曰：「此是秀才家應科舉議論。倉庫自當移，城自當修。」先生又云：「向見張安國帥長沙，壁間掛一修城圖，計料甚子細。有人云：『如何料得如此？恐可觀不可用。』張帥自後便卷了圖子，更不説著。周益公自是怕事底人，不知誰便説得他動。初，益公任内，只料用錢七萬。今甎瓦之費已使了六萬，所餘止一萬，初料得少，如今朝廷亦不肯添了。」謙。

而今官員不論大小，盡不見客。敢立定某日見客，某日不見客。甚至月十日不出，不知甚麽條貫如此。是禮乎？法乎？可怪！不知出來與人相應接少頃，有甚辛苦處？使人之欲見者等候不能得見，或有急幹欲去，有甚心情等待？欲吞不可，欲吐不得，其苦不可言！此等人，所謂不仁之人，心都頑然無知，抓著不痒，搯著不痛矣！小官嘗被上位如此而非之矣，至他榮顯，又不自知矣。因言夏漕每日先見過往人客了，然後請職事官相見。蓋恐幙職官禀事多時，過客不能久候故也。潭州初一十五例不見客，諸司皆然，某遂破例令皆相見。

朱熹《朱子語類》卷一三二《本朝六・中興至今日人物下》 某人作縣，臨行請教於某人。先生言，其姓名今忘記。某人曰：「張直柔在彼，每事可詢訪之。」某人到官，忽有旨，令諸縣造戰舡。召匠計之，所費甚鉅。因意臨行請教之語，亟訪策於張。張曰：「此事甚易，可作一小者，計其丈尺廣狹長短，即是推之，則大者可見矣。」遂如其語爲之，比成推算，比前所計之費減十之三四。其後諸縣皆重有科斂，獨是邑不擾而辨。後其人知紹興府，太后山陵，被旨令應副錢數萬給磚爲墻。其大小厚薄，呼磚匠於後圃依様造之。會其直，比抛降之數減數倍。遂申朝廷，乞紹興自認磚墻。正中宦者欺弊，遂急沮其請，只令紹興府應副錢，不得干預磚墻事。儒用。成録云：「其人曰：『如何費許多錢！』遂呼磚匠於園後結墻一堵，驗之。先問其磚之大小厚薄，依様燒磚而結之，費比朝廷所抛降之數減數倍云云。」

朱熹《朱子語類》卷一三三《本朝七・夷狄》 「虜至紹興，守臣李鄴降虜。及駕至明州，張俊大殺一番。駕泛海，虜人走。明州人今尚怨張俊不乘時殺去，可大勝，遂休了。辛巳，逆亮來時，一隊自海中來，李寶自膠西殺敗。李鄴既降，與虜酋並馬出。有一衛士赴駕不及，尚留紹興見之。以一大方磚逐打其酋，幾中，因被害，死之。今立一廟在其所，賜旌忠額。後人皆於其廟賣酒，某至，一切逐去之，説與王書，令崇奉之。」先生又云：「某在時，更爲大其廟。其衛士姓唐。」

劉豫來寇，朝廷只管謀避計。李伯紀云：「自南京退維揚，遂失河東北；自維揚退金陵，遂失京東西。一番退，一番失。設若是金人來，柰熱不得，亦著去，不能久留。今又只是劉豫，只是這邊人。渠得一邑，守一邑；得一郡，守一郡。如何只管遠避！」

逆亮入寇時，劉信叔在揚州。亮欲至，劉盡焚城外居屋，盡用石灰白了城，多寫「完顔亮死於此」字。亮多忌，見而惡之，遂居龜山。人多不可容，必致變，果死滅。

《諸司職掌・工營部・城垣》 凡皇城、京城墻垣遇有損壞，即便丈量明白，見數計料所用磚灰，行下聚寶山黑窑等處關支。其合用人工咨呈都府，行移留守五衛差撥軍士修理。若在外藩鎮府州城隍但有損壞，係干緊要去處者，隨即度量彼處軍民工料多少，入奏修理。如係腹裏去處，於農隙之時興工。

壇場：

凡天地壇場若有損壞去處合修理者，督工計料修整，合漆飾者行下營繕所差工漆飾，所用木石磚灰顔料等項，行下抽分竹木局等衙門，照數關支。

廟宇：

凡歷代聖帝、明王、忠臣、烈士及名山嶽鎮應合祭祀神祇廟宇，務要時常整理，如遇新創及奉旨起造功臣享堂，須要委官督工計料，依制建造。

公廨：

凡在京文武衙門公廨，如遇起蓋及修理者，所用竹木、磚瓦、灰石、人匠等項，或官爲出辦，或移咨刑部都察院差撥。囚徒着令自辦物料，人工修造，果有係干動衆，奏聞施行。

倉庫：

凡在京各衙門倉庫，如有損壞應合脩理者，即便移文取索人匠物料修整，如本處倉庫不敷應合添蓋者，須要相擇地基，計料如式營造，所用竹木、磚石、灰瓦、丁線等項，行下抽分竹木局等衙門關支，如是工匠物料不敷，預爲措辦足備，以俟應用。

營房：

凡在京各衛軍人營房及駝馬象房，如有起蓋修理，所用物料官爲支給，若合用人工隸各衛者，各衛自行定奪，差軍隸有司者定奪，差撥囚徒或用人夫修造，果有係干動衆，奏聞施行。

土墻營房每間合用

桁條五根，椽木五十根，

蘆柴一束半，釘二十五枚，

瓦一千五百片，石灰五斤。

獄具：

凡在京各衙門合用刑具，皆須較勘如法，應合應付者方許應付。

應天府採辦

笞，　杖，　杻。

龍江提舉司成造

枷，　杻，

寶源局打造

鐵索，　鐵鐐。

《諸司職掌・工營部・工匠》 工役囚人：

凡在京犯法囚徒，或免死工役終身，或免徒流笞杖罰役，准折。如遇造作去處，度量所用多寡，若重務者用重罪，囚徒細務者用笞杖之數，臨期奏聞，移咨法司差撥，差人監管督工，其當該法司造勘，合文册，一本發本部收掌，一本發內府收貯。如遇囚徒工完，委官查理，工程無欠，行移原問衙門再查犯由明白，於內府銷號，合踈放者發應天府給引寧家，合充軍者咨呈都府，照地方編發。若在工有逃竄之數，即便差人勾提。果有病故等項，相視明白埋瘞，移咨原問衙門銷號，如是缺工未完，移文撥補。

則例：

每徒一年蓋房一間，餘罪三百六十日准徒一年，共蓋房一間。杖罪不拘杖數，每三名共蓋房一間。

每正工一日，

鈔買物料等項，八百文爲准。

雜工，三日爲准。

挑土并磚瓦，附近三百擔，每擔重六十斤爲准。

半里二百擔，　一里一百擔，

二里五十擔，　三里三十五擔，

四里二十五擔，五里二十擔，

六里一十七擔，七里一十五擔，

八里一十三擔，九里一十一擔，

十里一十擔。

打墻，每墻高一丈，厚三尺，闊一尺，就本處取土爲准。

輪班人匠：

凡天下各色人匠，編成班次，輪流將賫，原編勘合爲照上工，以一季爲滿，完日随即查原勘合及工程，明白就便放回，週而復始，如是造作數多，輪班之數不敷定奪，奏聞起取。撮工本户差役定例與免二丁，餘丁一體當差，設若單丁重役及一年一輪者，開除一名年老殘疾户，無丁者相視揭籍，明白踈放。其在京各色人匠例應一月上工一十日，歇二十日，若工少人多，量加歇役。如是輪班各匠無工可造，聽令自行趁作。

計各色人匠一十二萬九千九百七十七名。

五年一班：

木匠三萬三千九百二十八名，

裁縫匠四千六百五十二名。

四年一班：

鋸匠九千六百七十九名，

瓦匠七千五百九十名，

油漆匠五千一百三十七名，

竹匠一萬二千七百八名，

五墨匠二千七百五十三名，

粧鑾匠五百七十三名，

雕鑾匠五百二名，

鐵匠四千五百四十一名，

雙線匠一千八百九十九名。

三年一班：

土工匠一千三百七十六名，

熟銅匠一千二百四名，

穿甲匠二千五十七名，

搭材匠一千一百一十二名，

筆匠一百二十名，

織匠一千四十三名，

絡絲匠二百四十名，

挽花匠二百九十一名，

染匠六百名。

二年一班：

石匠六千一十七名，

艌匠九千三百六十名，

船木匠一萬五百六名，

箬篷匠四百七十七名，

櫓匠三十九名，

蘆篷匠二十二名，

戧金匠五十四名，

條匠一百四十九名

刊字匠一百五十名，

熟皮匠九百九十二名，

扇匠六十六名，

魫燈匠七十五名，

氊匠二百九十九名，

毯匠一百五十八名，

捲胎匠一百九名，

鼓匠一百二名，

削藤匠四十八名，

木桶匠九十四名，

鞍匠一十三名，

銀匠九百一十四名，

銷金匠五十九名，

索匠二百五十五名，

穿珠匠一百四名。

一年一班：

表褙匠三百一十二名，

黑窰匠二千三百七十三名，

鑄匠一千六十名，

綉匠一百五十名，

蒸籠匠二十三名，
箭匠四百二十一名，
銀硃匠八十四名，
刀匠一十二名，
琉璃匠一千七百一十四名，
剉磨匠一千一百二十五名，
弩匠一百一十二名，
黄丹匠二十二名，
藤枕匠三十四名，
刷印匠五十八名，
弓匠一百六十二名，
旋匠四十六名，
缸窑匠一百九名，
洗白匠三十名，
羅帛花匠六十九名。

《諸司職掌・工虞部・窑冶》 磚瓦：

凡在京營造合用磚瓦，每歲於聚寶山置窑燒造，所用蘆柴官爲支給，其大小屏薄樣制及人工蘆柴數目，俱有定例，如遇各處支用，明白行下各該管官員放支，管事作頭每季交替，仍將所燒過物件支銷，其見在之數明白交割，若修砌城垣起蓋倉庫營房所用磚瓦數多，須要具奏，着落各處人民共造，如燒過琉璃磚瓦所用白土，例於太平府採取。

琉璃窑：

每一窑裝二樣板瓦坯二百八十箇，計匠七工，用五尺圍蘆柴四十束。

每一窑粧色二百八十箇，計匠六工，用五尺圍蘆柴三十束，四分用色三十二斤八兩九錢三分二厘。

黑窑：

每中窑一座裝到大小不等磚瓦二千二百箇，計匠八十八工，用五尺圍蘆柴八十八束。

陶器：

凡燒造供用器皿等物，須要定奪樣制，計筭人工物料，如果數多，起取人匠赴京置窑興工，設或數少，行移燒處等府燒造。

《諸司職掌・工虞部・石灰》 凡在京營造合用石灰，每歲於石灰山置窑燒煉，所用人工窑柴數目俱有定例，如遇各處支用，明白行下各該管人員放支，其管事作頭每季交替，仍將所燒過物料支銷，見在之數明白交割。

每窑一座，該正附石灰一萬六千斤，合燒五尺圍蘆柴一百七十八束，計七十五工。

《諸司職掌・工虞部・橋道》 凡各處河津合置橋梁者，所在官司起造，若當用渡船去處，須要置造船隻，僉點水手，其通行驛道或有損壞，須於農隙之時修理，所用樁木、灰石等項於本處丁多户内起夫，附近山場採辦，若在京橋梁道路，本部自行隨時計工成造脩理，果有係干動衆，具奏施行。

船隻：

凡在京并沿海去處，每歲海運遼東糧儲船隻，每年一次修理，其各衛征戰風快船隻等項，若有缺少損壞及當修理者，務要會計木釘、灰油、麻藤及所用貢具，依數撥用。如有不敷亦當預爲規畫，或令軍民採辦，或就客商收買，或外處撥支審度便利，定擬奏聞，行下龍江提舉司，計料明白，行移各庫放支物料，其工程物件照依料例文册，然後興工。如或新造海運船隻，須要度量産木，水便地方差人打造，其風快小船就京打造者，亦須依例計造，木料等項就於各場庫支撥。若内外有船隻，務要周知其數，設或需索運用，酌量勞逸多寡，撥與其各湖河泊所帶辦，魚油鰾每歲催督，進納備用。

一千料海船，一隻合用：

杉木三百二根，雜木一百四十九根，
株木二十根，榆木舵桿二根，
栗木二根，櫓坯三十八枝，
丁線三萬五千七百四十二箇，
雜作一百六十一條箇，
桐油三千一十二斤八兩，
石灰九千三十七斤八兩，
艌麻一千二百五十三斤三兩二錢。

船上什物：

絡麻一千二百九十四斤，

黃藤八百八十五斤　　白麻二十斤，
棕毛二千二百八十三斤一十二兩。
四百料鑽風海船，一隻合用：
杉木二百二十八根，桅心木二根，
雜木六十七根，鐵力木舵桿二根，
櫓坯二十枝，　松木五根，
丁線一萬八千五百八十箇，
雜作九十四條箇，
桐魚油一千一斤一十五兩，
石灰三千五斤一十三兩，
艌麻七百二十九斤八兩八錢。
船上什物：
絡麻五百七十四斤一十四兩四錢，
黃藤三百八十三斤八兩，
棕毛七百三斤，白麻一十斤。

《諸司職掌·工水部·織造》段疋：

凡供用袍服段疋及祭祀制帛等項，須於內府置局如法織造，依時進送。每歲公用段疋務要會計歲用數目，並行外局織造，所用物料除蘇木、明礬官庫足用，蠶絲、紅花、藍靛於所產去處税糧內折收，槐花、梔子、烏梅於所產令民採取，按歲差人進納該庫支用。

丹礬紅，每斤染經用：
蘇木一斤，　黃丹四兩，
明礬四兩，　梔子二兩。
黑緑每斤用：
靛青二斤八兩，槐花四兩，
明礬三兩。
深青，每斤用靛青四斤。
蠶絲，湖州府六萬斤。
紅花：
山東七千斤，　河南八千斤。
藍靛：
應天府二萬斤，鎮江府二萬斤，
揚州府二萬斤，淮安府三萬斤，
太平府二萬斤。
槐花：
衢州府六百斤，金華府八百斤，
嚴州府六百斤，徽州府一千斤，
寧國府八百斤，廣德州二百斤。
烏梅：
衢州府一千五百斤，金華府二千斤，
嚴州府一千四百斤，徽州府一千五百斤，
寧國府一千五百斤，廣德州五百斤。
梔子：
衢州府五百斤，金華府五百斤，
嚴州府二百斤，徽州府五百斤，
寧國府五百斤，廣德州二百斤。

誥勑：

凡文武官員誥勑，照依品級制度如式製造，所用五色紵絲誥身誥帶、黃蠟、花椒、白麪、紙劄等項，差人赴內府織染局等衙門關支，其公侯襲封鐵券行下寶源局依式打造，所用瓜鐵木炭須於丁字庫抽分竹木局關支，如遇完備，進赴內府鐫嵌。

鐵券尺寸：
公
一樣高一尺，闊一尺六寸五分。
二樣高九寸五分，闊一尺六寸。
侯
三樣高九寸，闊一尺五寸五分。
四樣高八寸五分，闊一尺五寸。
五樣高八寸，闊一尺四寸五分。
伯

六樣高七寸五分，闊一尺三寸五分。

七樣高六寸五分，闊一尺二寸五分。

冠服：

凡製造皇帝、皇太子、親王袞冕袍服，務要擇日興工，仍擇日以進，其餘婚禮粧奩并太常司祭服浄衣及給賜衣服冠帶、喪禮衫巾並行移針工、巾帽二局如法製造，其給賜衣服冠帶須要預先多辦，以備不時賞賜。

給賜衣服冠帶：

圓領，　貼裏，　紗帽，　角帶。

器用：

凡供用器物及祭祀器皿并在京各衙門合用一應什物，行下該局如法成造，若金銀銅鐵等器隸寶源局，皮革隸皮作局，竹木隸營繕所，疋帛隸文思院，皆須度量所料物色，委官覆實相同，不許多支妄費。

斛斗秤尺：

凡使用斛斗秤尺，着令木秤等匠計筭物料如法成造，所用鐵力木杉木板枋生鐵等項，行下龍江提舉司等衙門照數放支，其合用錘鈎行下寶源局督工鑄造，如是成造完備，移咨户部較勘收用。

王恕《王端毅奏議》卷五《乞暫停燒甎奏狀》 准工部咨，該本部題，據本部委官主事周宏等呈，查得臨清廠成化十五年冬季分實在項下完整缺角半段等甎三百三萬八千餘箇，大約計之止彀二三年帶運，而山東、河南并南北直隸各窑廠甎料即今俱已盡絶，若不具呈定奪，誠恐臨期卒難燒造等，因到部合無准其所呈，行移河南、山東南北直隸等處巡撫、巡按，督同各該都布按三司及府衛掌印官員，即便親詣原有窑廠去處，逐一查勘現在窑座數目，若是原窑數多人力不敷，斟酌可否量爲減半燒造，其合用做工軍民人夫柴薪并一應器具等項，務在今年以裏整點齊備，候成化十七年興工燒造，各委的當官員管理，不許擾害下人，所燒各樣甎數以十分爲率，城甎六分，斧刃券甎四分。及行管河管廠官員，但遇一應經過船隻，照舊帶運。吏部照例添設郎中二員，揀選能幹有爲之人，於今年十月内銓選，馳驛前去，分投各該有窑地方，專一提督往來燒造等。因奏准行移到臣，除欽遵外行據直隸太平等府申稱，查得永樂年間蕪湖縣立窑六十二座，係南京羽林、右羽林、前府軍左三衛官軍燒造。當塗縣采石河西岸立窑六十八座，係南京金吾、前金吾、後旗手等三衛官軍燒造。采石河東岸望夫山共立窑五十三座，俱係須知爲事官員燒造。繁昌縣立窑八十三座，係南京神策武德府軍、後府軍右虎賁、左虎賁、右六衛官軍燒造。貴池縣黄公山丁家港劉婆磯三處共立窑四百座，係南京留守、中龍、驤驍、騎右、豹韜、興武、鷹揚七衛官軍燒造。桐城縣樅陽新隘口立窑六十二座，係南京留守衛官軍燒造。廠房器具等項俱係南京工部分派應用，柴薪俱是奥龍等巡檢司蘆場砍斫，與府縣事無相干。今前項地方共止有完整窑一百九十六座，其餘窑座俱各倒塌，廠房止有基址，器具俱無。現在及查得景泰二年該南京工部奏准，要照永樂年間事例差撥，在京各衛官軍委官提督於太平等府沿江原立窑座去處，砍辦蘆柴燒造城甎五千萬箇，行移南京守備太監袁誠、總都機務靖遠伯王驥、守備豐城侯李賢等欽依燒造外，又查得儀真、瓜洲二廠每年運糧并官民船隻帶運整甎多則二十餘萬，少則止有十數萬，今二廠現有整甎一百六十二萬有餘，半段甎四百二十四萬，缺角段甎二十一萬有餘。江北窑廠尚有整甎百餘萬，江南窑廠尚有半段甎一百三十八萬有餘，二十餘年尚帶不盡。臣惟即今兩京城垣已包砌矣，天地等壇與夫太廟已完美矣，宫殿已壯麗矣，官署已蓋造矣，間有損壞不過脩葺而已，竊料前項現在甎料可彀二十餘年之用，况南直隸太平等府人民遞年買辦科差等項繁重，兼且近年措置船隻搬運甎料赴儀真、瓜洲二廠交割，已費船錢不貲，皆是軍民膏血。今年二麥已被災傷，秋禾又復薄收，軍民憂懼口食無措，凡百寬減尚恐不能存活，若再起倩人夫整理窑廠，措置柴薪燒造甎料，誠恐凋敝之人不堪此役，因而逃竄爲非，不無貽累地方。伏望陛下以宗社爲念，思患預防，乞勅該部暫罷燒造之役，以蘇軍民之困，少待數年再行燒造，亦未爲晚。若有緊要營造必不得已，乞照前例，預勅南京工部委官清理沿江一帶原舊燒甎蘆場，砍辦蘆柴整理器具，仍勅南京内外守備參贊等官，量撥南京各衛官軍燒造，如此則民不擾而事可成矣。緣係燒造城甎事理，未敢擅便具題。

王恕《王端毅奏議》卷五《乞照舊令南京各衛官軍燒甎并要清查沿江一帶蘆場奏狀》 據直隸池州府申據貴池縣東一等保圖老人江信等呈，切緣本府所屬貴池等六縣人民止有九十九里，人户不過一萬餘户，近年以來連遇水旱相繼，人民困苦。查得本府每歲節奉南北二京户禮工三部，勘合坐派各色羅段、杉株等木底皮、顔料、黄白蠟、芽茶、蜂蜜等項，及各衙門輪班皂隸齋膳夫該納柴錢，歲用銀一萬八千餘兩，俱係前項人户出辦。李陽池口大通驛遞紅馬站船共該水夫一千三百餘名，及各衙門弓兵皂隸禁子四百餘名，亦係前項人户内編派。本處地方邊臨大江，路當衝要，上下往來使客絡繹不絶，拽船人夫一二千名亦係前項人户起倩。今蒙明文行仰本縣，將原設窑座脩理一半，及合用做工人夫柴薪并一應器具等項作急整點齊備，聽候燒造。非敢不遵，切思本府六縣人民稀少，差徭繁重，實難存活，兼且亦無諳曉燒窑人匠，如蒙准呈，乞賜憐憫，與民轉達，合干上司。查得永樂年間事例，乞撥南京留守、前留守中龍、驤驍、騎右、豹韜、興武、鷹揚七衛旗軍匠作，或附近徽寧二府及廣德州新安、宣州二衛起撥軍民夫匠前來燒造，免致小民流移失所等因，到府備申到院，案照先准工部咨開行移河南、山東、南北直隸等處巡撫、巡按，督同各該官員查勘現在窑座合用做工軍民人夫柴薪并一應器具等項，候成化十七年興工燒造等因備咨行。據直隸太平池州安慶三府各申，查得永樂年間蕪湖等縣沿江一應窑座，俱係南京留守等衛官軍燒造，廠房器具等項俱係南京工部分派，應用柴薪係奧龍等巡檢司蘆場砍斫，與府縣無干，乞行南京兵工二部轉行各衛查照，庶得明白等因。及據建陽、安慶二衛各申本衛並無原設窑座，緣由到院，已經通行南京兵工二部轉行各衛查勘，去後未報，欲候查勘，至日定奪，誠恐有悮燒造。又經通行各府查照作急整點齊備，委官管理，聽候郎中等官到來提督燒造。去後隨據太平府申稱，比先年間燒造甎料柴薪在於鱭魚洲青村坊等處蘆場砍用，行查得奧龍巡檢司原額蘆場坐落鱭魚洲，先該天界、能仁、雞鳴三寺奏討，已撥與天界寺二十五頃，能仁寺一十七頃，雞鳴寺一十三頃。本司現存蘆場止有三百八十處，大信巡檢司原額蘆場一處在於鱭魚洲，解南京工部交納，一處陳喬沙，坍塌止有一塊，上生蒿草。繁昌縣三山巡檢司黑沙洲蘆場不係額辦柴鈔場分，其青沙坊與浮沙口巡檢司原額蘆場俱係直隸和州所轄，今照前項甎料係緊要之物，即今若不急爲整理，臨期惟恐有悮。所據合用柴薪先年俱係各處蘆場砍辦，合將天界、能仁、雞鳴三寺蘆場暫且那借，及將本府所屬采石、大信、山河、荻港四巡檢司歲辦本色蘆場暫借砍用，候燒造停止之日照舊退還等因。行間今據前因，訪安慶三府并附近徽寧二府及廣德州各照里分均派，出備建陽、安慶、宣州、新安四衛亦量撥餘丁，協同各衛官軍燒造，姑待清查蘆場積有柴薪，然後興工。仍乞定擬燒造各樣甎料數目，使之知有了期，樂於趨事，如此則事體停當，工程易爲。緣係民情及係查照舊例，燒甎事理，未敢擅便具題。

何孟春《何文簡奏議》卷八《處置地方疏》　題爲處置地方重務，開建所治立營屯以圖久安事。據雲南等處承宣布政使司呈爲積年草賊嘯聚山林，刦殺人財，攻燒村寨等事，奉臣案驗前事，准本司掌印左布政使方璘咨准本司咨備行去，後又准本司咨奉臣批，據布按二司督糧并守巡臨元等道右布政使等官彭杰等呈稟揭帖。奉批據呈欠開，今應開建所治形勢局面四至八到去處，并踏勘過水田旱地坐落地名及各隘巡司各路哨鋪，某應依某山險，應禦某處盜賊，以見設置之故，做工軍民夫役應用土軍若干，民夫若干，在某府衛州縣起取。本所既建，應當取調官軍，該官幾員，軍幾百名，巡司哨鋪兵夫某處各該若干，在某衛所州縣相湊取調摘撥共該若干，分置某處某地住種管食。本所并各應備衙門窑宇、營房司倉、堡哨鋪舍及築城垣石料、木植、磚瓦、釘線、灰觔、油刷彩畫，與凡一應什物，動用承委人員，顧覔人匠、役使夫丁工價工食等項用費錢糧數目，呈內俱欠一一聲説勘估計算。夫將欲舉事，必先立規，事不致詳，其始則不能盡善。於其終規不先定其大，則不能推類於其細。仰布政司行該道官務要親詣地方，委官踏勘，區畫處治，將各事由重爲檢括，分別建立脩設先後次第，畫圖造册，回報施行。奉此，又經備行去後續奉臣批。據右布政使彭杰等揭帖，奉批：據呈查與委官王鐈原造册内始末俱同，但田地一事，王鐈册除十八寨山外坐落諸村王敬等水田三百畝旱地四百畝秋糧一十五石不計外，實有水田八千九百五十四畝，旱地二萬五千九百二十畝，夏秋税糧一百二十三石三斗。今揭帖却連王敬等水田起科俱入前項糧數，不知何故差抅其地方，自參政晁必登呈立哨鋪之後，未審盜賊有無窺伺，田地自委官踏勘之後，未審人户有無告爭。仰布政司會都按二司再加查議，要以經久，詳其未備，呈奪施行。奉此查得王敬等田糧中間委有差抅及盜賊事情，係按察司有行，又經備行各該司道覆勘，去後又奉臣批，據布按二司守巡該道左參政鄧相、副使王忠呈奉批：仰布政司即會都按二司，查照本院節次案驗，批發事理，計議停當，呈奪繳，呈奉此行該按察司牒，呈内開自參政晁必登，呈立哨鋪之後。據委官澂江府通判王鐈等設策擒獲十八寨强賊窩主何志聰，守把補足哨驛丞李揖擒獲賊午喜其色者、俄沙陀沙的者，其賊婦聶則。建水州曲江驛驛丞王重擒獲賊王，一言老阿賽阿寧阿哀，賊婦阿亦阿屋，賊屬恰林阿賽，俱解司監問，已後並無盜賊窺伺。又該分守本道左參政鄧相咨稱：查得田地自委官踏勘之後，惟有民人史文廣、王仲英、楊志明招集佃田。夷民在（於）法果寨安稱復業，本職委官安插於山外村，分依傍親識住居，及該委官澂江府知府童璽通、海禦指揮儲祥同河西縣知縣張佐彌、勒州知州周在弔取本州實徵文册，親詣本寨，再行丈量踏勘，得十八寨地土水田實該九千二百五十四畝，旱地二萬五千九百二十畝，原額夏税三石五斗，秋糧一百三十四石八斗。所前水田三千五百畝内莫索甸，據火莫龍莊户何義占稱三百畝，言者龍一百五十畝，俱係沐總兵官莊田之數。寨外王敬等田一百五十畝，趙進等旱地四百畝，秋糧共一十五石未算外，實有水田八千六百五十四畝，旱地二萬五千五百二十畝。原額該州夏秋民糧共一百二十三石三斗，合無具奏分豁等，因行該本司左布政使方璘、右布政使彭杰會同都按二司掌印按察使陳洪謨、都指揮使劉宗仁并督糧右參政晁必登議照廣西府十八寨地方所擬，建立所治巡司哨鋪，設置官屬，撥給職田，起用夫役。估計物料支用錢糧等項俱經守巡該道官參政鄧相等及委官知府童壐等重覆查勘，俱各相應。其差拘田糧今已查明，及莊户何義妄占莫索甸、言者龍田共四百五十畝，稱係沐總兵官莊田。隨喚千户何經審執總兵莊田，查無莫索甸并言者龍地名，顯是何義妄占，謀爲已有。及照民人史文廣等非奉明文，招集夷民，擅到法果寨，妄稱復業，雖無爲惡之心，難免故違之罪。所據何義、史文廣等應合提問，前田合追，還官再照。十八寨僻在萬山之中，盗賊巢穴，人跡少到，田地多荒，比之腹裏地方大有不同。本寨雖徵税糧，原俱設有千百夫長，分管召集四野流民，散户多有不肯佃種，以致徵糧頗輕，相緣已久。今蒙平定，立所設官議撥屯軍，照例領田納糧，固爲舊制，但開闢之初雖經議處，添給各該屯軍旱地，恐不濟事，合將水田亦從寬綽，庶使屯軍無累。今本寨不敷夏秋民糧一百二十三石三斗，若派令該州山外部來等二十一村小民陪納，亦非安養夷民之道。且前項民糧止有一百二十三石三斗，今作屯田得米三千四百一十三石一斗六升，既可增軍糧三千四百餘石，雖減民糧一百餘石，所損者少，所獲者多，奏與分豁，誠非失策。再照各官所議，做工兵夫五千名，每歲支米一萬三千五百石，欲於正德十六年有司秋糧内派給。查得所屬有司秋糧歲入之數止勾官吏師生歲用，並無多餘，無從取辦，惟有曠夫口糧已經奏免，合無斟酌。價銀多寡，徵解布政司轉發做工處，所支給庶幾勾用等，因各呈到。臣案照先爲前事，該臣會案通行及節據雲南布按二司督糧并守巡臨元等，道右布政使等官彭杰等，呈稟揭帖，節經批發去後。正德十六年十月初一日准兵部咨爲捷音事，該本部題該臣等會題本部議擬，節該奉先皇帝聖旨是欽，此備咨到臣，又將前項議處地方事宜行令查議，作急回報去後。今據前因會同鎮守雲南總兵官征南將軍黔國公沐紹勛、巡按雲南監察御史羅玉議照各官，先今呈内開稱廣西府十八寨地方崇崗峻嶺，乃盗賊久恣憑陵之地，諸夷雜種實官府不可號令之人，積百年來爲一方害。邇者大軍克捷，醜類掃除，地既虚閒，法當填實，若非開建所治以控制其中，分設巡司以協守於外，無屯營以爲持久之道，即禍患必有復萌之虞。臣等原議事平之後，當爲善後之圖，意正如此，既該各委官踏勘，得村名召白，陸地週圍六百三十餘畝，川原廣衍，陵麓迴縈，北坐南朝，左環右抱，明堂映耀，活水周流，土脈肥饒，草木叢茂，用以築城立所，氣勢十分相當，則今議開建一守禦千户所，宜卜於此。委官自此起丈量踏勘地土，水田共有九千二百五十四畝，旱地二萬五千九百二十畝，原額夏税三石五斗，秋糧一百三十四石八斗。所前水田三千五百畝，所城應築地基約該六百丈，合開東西南三門，開東西南大路三道，東至彌勒州火莫龍烟白山并搆甸壩爲界，八十里。南至建水阿迷二州捏沼寨一帶，盤江爲界一百七十里。西至寧州婆兮，盤江爲界八十里。北至革泥寨底潞南州竹子山并鬼丈黑村爲界，一百七十里。本所應設文職吏目一員，武職正千户三員，副千户三員，所鎮撫二員，百户一十二員，屯種旗軍五百名，操備旗軍三百名。查得六涼衛後所官軍八百一十九員名，設在偏僻，相應全所調撥彼處守禦，原所印信繳部，另請鑄降守禦千户所并十百户所印共十一顆，及夜巡銅牌頒給掌管，定限安插。就將前項踏出水田照例給發各官准俸，正千户三員，每員七十八畝，該田二百三十四畝。副千户三員，每員六十八畝，該田二百四畝。所鎮撫二員，百户十二員，共一十四員，内除納粟一員不給外，仍有一十三員，每員撥給四十八畝，該田六百二十四畝。通共一千六十二畝，俱不起科納糧。屯種旗軍四百九十九名，每名給田一十五畝，該田七千四百八十五畝，每畝照例起科屯糧米四斗五升六合，該米三千四百一十三石一斗六升。每旗軍再給旱地二十畝，共地九千九百八十畝，仍候耕種，三年之後收獲見數，每畝量徵夏税麥糧納官。捏沼寨當者居盤江三渡等處，革泥寨當竹子箐大小尖山等處，俱舊日夷賊出没緊關隘口，相應各立一巡檢司一名，捏沼一名，革泥每司設官吏各一員名，請給印信各一顆，及僉弓兵各五十名。其官吏俸糧俱於附近彌勒路南二州支給，弓兵於附近巡檢司官地每名撥給二十畝，該地二千畝，編弓牌一人，召人領種充役。法果寨正係，彼地適中，處所可以四望，合立法果一哨所。西清水塘額白沖村，合立清水額白二哨，此正通寧州婆兮盤江等處要路。所東南言者龍寨、平鼓山二處，合立言者龍、平鼓山二哨，此正通阿迷州等處要路。所南山黑口、補足寨二處，合立山黑口、補足二哨，此正通建水等處要路。所北大寧山、拖白寨、擺頭目寨、拖果村，合立大寧、拖白、擺頭、拖果四哨，此正通路南彌勒州等處要路。共設十一哨，每哨設立哨兵五十名，共五百五十名。就於臣等原議設立守把，拖白等四哨，原撥路南阿迷彌勒等州民兵八百名内撥守，照舊於各該州分支給口糧，就於各哨附近旱地每名撥給二十畝，共一萬一千畝。各立哨頭督令常川防守，其地三年開墾，成熟後自種自食，革去口糧。其山黑口、補足、捏沼寨、大寧山、革泥寨、拖白寨、拖果村七處各設一鋪，共七鋪，就用本地立名，每鋪設司兵八名，共五十六名，遞送公文，亦於附近各鋪旱地每名各給二十畝，共一千一百二十畝。巡司哨鋪兵夫共七百六名，共給旱地一萬四千一百二十畝，俱令自種自食，不起税糧。其境外大黑舊、普龍二村合立一哨一鋪，大黑舊就名大黑哨，設兵五十名。普龍村設立一鋪，就名普龍鋪。俱彌勒州地方大者夷板橋二村合立二鋪，亦名者夷板橋鋪。俱路南州地方每處司兵八名，就於各村人民内僉報，不給田地。緣前項官軍兵役共該給撥水田八千五百四十七畝，旱地二萬四千一百畝，餘剩水田一百七畝，旱地一千四百二十畝。該臣孟春批允越州六涼二衛過户等項軍人毛帖驢戴(廣)等，調去新所查給領種，照畝起科辦納屯糧。查得十八寨原額夏税三石五斗，秋糧一百一十九石八斗，前項水田算該起科，屯田秋糧二千四百一十三石一斗六升。其該州夏秋原額民糧一百二十三石三斗，移少就多，委的相應分豁。其築城建所做工民夫，應於附近臨安、廣西六涼、師宗、路南江川、尋甸、嵩明、曲靖、彌勒阿迷、馬龍、寧州石屏、嶍峨、羅雄河陽、陽宗等府州縣斟酌起取，共一千三百名。漢土軍人於臣孟春近爲清理，土軍以釐積弊事，查出雲南左右中前四衛土軍，并後廣、臨安、曲靖、越州、宜良、通海、馬隆等衛所起撥三千七百名，通共五千名，分爲二班，每班二千五百名，每名日支口糧一升五合，日該米三十七石五斗，月該米共一千一百二十五石，以一年爲則歲該米一萬三千五百石，應照該司所議，於礦夫口糧銀支給。匠作四百名，查有舊規，亦於前項衛所取用，每名日給工食銀三分，共銀一十二兩，月支銀三百六十兩，歲該銀四千三百二十兩，定委指揮賀鏞、崔漢、趙昻、郭倫、陳棋、曹武，千户黄鋭、施雄、陳鼇、江輝、梁秀、龔勝、胡珊、陳恩、王斌，百户鄭璽、楊勝、陳世全、李翔鳳、劉昇、瞿鑑、任寬、蔡繼宗等督工脩理。其義民老人於彌勒阿迷、路南寧州僉取監造，廣南府通判謝文章、臨安府推官江魚、彌勒州知州周在收放錢糧，總理提調，通判、推官、知州、指揮日支米三升，千百户二升，義民老人一升五合。合用木植石料應該委官督夫於附近山場採取，磚瓦石灰起窑燒造，鐵器鍬钁先儘上年軍前置辦，什物查取易換備用，不足於馬龍或昆陽、石屏州鐵冶所取造。調灰糯米計該三十餘石，擔土竹箕、拖木、麻繩、調灰、紙觔、油刷、彩畫、烟煤、桐油、粉青、水膠、黄丹、紫土、官粉、青緑、水桶等項通共該價銀五千三百餘兩，俱應動支官錢，合於雲南都司并雲南澂江、曲靖、臨安等府庫内收貯。贓罰支剩軍餉銀兩給發委官買辦應用，候事完日造册繳報。已上各委官查勘計算，似已明備，俱合依擬。臣等除將建立所分巡司哨鋪、設置官屬、撥給職田、起用夫役、估計物料、支用錢糧等項案行都布按三司，俱依各官原議事理施行。何義、史文廣等備行該道分巡官從重追問，明白通行，具招開詳，仍將何義原占莫索甸、言者龍田四百五十畝追退，派給與該所屯軍四百九十九名，以爲寬綽之數。彌勒州原額十八寨夏秋民糧一百二十三石三斗免行徵派，聽候奏請明文，至日定奪。及行廣西府并彌勒州著落各該掌印官嚴督應捕人員，帶領兵夫常川前去十八寨地方巡邏，母致殘賊復聚，擾害地方，如違重治。外伏望皇上軫念，邊遐魑魅陰崖，始仰光於天日草茅，棄地行獲稔於桑麻。軍民瘴瘁於此，望以息肩，疆埜經營，於今幸粗就緒，特勅該部早加議處，將應開建所治定，賜所名水田旱地。已立營屯土地原有民糧，照例除豁，行令臣等遵照施行，地方生靈幸甚，臣等幸甚。緣係處置地方重務，開建所治，立營屯以圖久安，及該部題奉欽依，是事理未敢擅便，爲此具本差承差楊福親齎，謹題請旨，正德十六年八月十六日。

陳洪謨《〔正德〕常德府志》卷一四《窑廠》 有二，一在北門外，一在清平門外，五所共匠人五十名。輪撥千户一員，歲董其事，以備修城磚瓦。

胡汝礪《〔弘治〕寧夏新志》卷一《差役・燒窑》 官窑六處，四衛軍餘共三百名，燒窑造磚瓦。

王世貞《弇山堂别集》卷二四《史乘考誤五》 李獻吉作《清風店歌》，極言武清伯石亨力戰之功。而《雙槐歲鈔》謂亨以都督僉事係獄，赦出之。亨與姪彪持長斧突陣，所向摧陷。鄭端簡所載亨傳，尤鹵莽不實，請得事事析之。端簡謂十四年八月，王師敗績，亨與總兵官楊洪等並械繫錦衣獄。十月，虜酋也先犯京城，有言亨勇者，景帝出亨獄，令立功贖罪。按，虜也先等以正統十四年七月入寇，癸巳，大同總兵、西寧侯朱晟等與戰陽和後口，全軍覆没，惟右將軍都督石亨得免。甲午，上親征啟行，己酉，降亨爲事官，俾募兵自効。八月壬戌，上蒙塵。丁卯，召爲事官石亨爲右都督，掌後軍都督府，管大營操練。辛未，封宣府總兵楊洪爲昌平伯。九月，封亨爲武清伯。然則亨止充爲事官，洪在宣府，初未嘗下獄也。端簡云亨統兵出安定門即與虜遇，挺刃單馬進，左右馳突，獨殺數十人。

彪又持斧率親兵從之，諸軍懽呼踴躍，聲震天地，虜卻而西，亨等追戰城西，虜復卻而南。亨令彪率精兵千人施虜南至彰義門，虜見彪兵少，逼之，亨率衆乘之蹂虜，大潰南奔，亨日夜追虜，三日至清風店北。虜將出紫荊、倒馬關，懼我躡後。亨遣諜者紿虜，亨且未至陣中，將者假亨名耳。虜信之，來攻，亨率彪與精鋭數十騎奮擊，大呼直貫虜陣，刀斧齊下，殺虜數百人。虜始知亨在，躙亂相蹂踐，亨悉衆乘之，大捷。論功第一，封武清伯。按《于肅愍碑》，謂也先兵至城下，對我壘而陣，車駕亦在虜營，覘我軍嚴肅，不敢有加於我，我亦不敢向虜輕發一矢。喜寧嗾也先邀大臣出議和，且需金帛萬計，不應。對壘七日，是爲十月望，虜移躡漸遠，乃舉礮擊虜營，虜死礮下者萬計。也先大沮，宵遁。史稱武清伯石亨、尚書于謙敗虜於德勝門外，初虜以數騎來窺德勝門，謙等伏兵於兩旁空房，先遣數騎迎戰。虜衆萬餘來追，伏兵起，以神礮火器擊之，遂卻。都督孫鏜與虜戰於西直門外，斬其先鋒數人，虜稍卻。鏜逐之，虜益兵圍鏜，鏜力戰，毛福壽、高禮俱往援之，禮中流矢。亨復分兵往援，虜乃引卻。辛酉，太監王敬、都督武興與虜戰於彰義門外，興以神銃列於前，弓矢短兵次之，報効內官數百騎列於後。虜至，以神銃擊卻之，報効者争功，自後躍馬而出，陣亂，虜衆乘之，遂敗，逐至土城，興中流矢死。居民皆升屋，以磚瓦擲之。會王竑、毛福壽兵往援，虜遥見旗幟乃退。壬戌，虜衆由良鄉遁去。其日進封石亨武清侯，加于謙少保。二説雖未盡同，大抵武清大將持重，鏖戰突陣之説未可據也。且作史者果卻没武清功，何至没都門之捷？況亨自虜退即進封侯在京營，虜奉上皇由良鄉大掠而去，以甲子出紫荊，何嘗以一兵追之，而有此談也？

徐光啓《農政全書》卷七《農事》 《農桑通訣·糞壤篇》曰：田有良薄，土有肥磽。耕農之事，糞壤爲急。糞壤者，所以變薄田爲良田，化磽土爲肥土也。古者分田之制，上地，家百畝，歲一耕之；中地，家二百畝，間歲耕其半；下地，家三百畝，歲耕百畝，三歲一周。蓋以中下之地，瘠薄磽确，苟不息其地力，則禾稼不蕃。後世井田之法變，强弱多寡不均。所有之田，歲歲種之，土敝氣衰，生物不遂。爲農者必儲糞朽以糞之，則地力常新壯，而收穫不減。《孟子》所謂百畝之糞，上農夫食九人也。踏糞之法：凡人家于秋收場上，所有穰穢等，並須收貯一處。每日布牛之脚下三寸厚，經宿牛以蹂踐便溺成糞。平旦收聚，除置院內堆積之。每日亦如前法。至春，可得糞三十餘車。至夏月之間，即載糞糞地。畝用五車，計三十車，可糞六畝。匀攤耕蓋，即地肥沃，兼可堆糞行。又有苗糞、草糞、火糞、泥糞之類。苗糞者，緑豆爲上，小豆胡麻次之。悉皆五六月穊種，七八月犂掩殺之，爲春穀田，則畝收十石。其美與蠶矢熟糞同。此江淮迤北用爲常法。草糞者，于草木茂盛時，芟倒就地內掩罨腐爛也。《禮記》有曰：仲夏之月，利以殺草，可以糞田疇，可以美土疆。今農夫不知此，乃以其耘除之草，棄置他處，殊不知和泥渥漉，深埋禾苗根下，漚罨既久，則草腐而土肥美也。江南三月草長，則刈以踏稻田，歲歲如此，地力常盛。《農書》云：種穀必先治田。積腐藁敗葉，剗薙枯朽根荄，遍鋪而燒之，即土暖而爽。及初春再三耕耙，而以窖罨之，肥壤壅之。麻枲。穀殼，皆可與火糞窖罨。穀殼朽腐，最宜秧田。必先渥漉精熟，然後踏糞入泥，盪平田面，乃可撮種。其火糞積上，同草木堆疊燒之。土熱冷定，用碌軸碾細用之。江南水地多冷，故用火糞。種麥、種蔬尤佳。又凡退下一切禽獸毛羽親肌之物，最爲肥澤。積之爲糞，勝于草木。下田水冷，亦有用石灰爲糞治，則土煖而苗易發。然糞田之法，得其中則可。若驟用生糞，及布糞過多，糞力峻熱，即燒殺物，反爲害矣。火糞力壯，南方治田之家，常於田頭置塼檻，窖熟而後用之，其田甚美。北方農家，亦宜效此，利可十倍。又有泥糞，於溝港內，乘船以竹夾取青泥，杴撥岸上。凝定，裁成塊子，擔去同火糞和用，比常糞得力甚多。或用小便，亦可澆灌。但生者立見損壞。不可不知。土壤氣脈，其類不一，肥沃磽确，美惡不同。治之，各有宜也。夫黑壤之地信美矣，然肥沃之過，不有生土以解之，則苗茂而實不堅。磽确之土信惡矣，然糞壤滋培，則苗蕃秀而實堅栗。土壤雖異，治得其宜，皆可種植。今田家謂之糞藥，言用糞猶用藥也。凡農居之側，必置糞屋，低爲簷楹，以避風雨飄浸。屋中必鑿深池，甃以磚甓。凡掃除之草薉，燒燃之灰，簸揚之糠秕，斷藁落葉，積而焚之，沃以肥液，積久乃多。凡欲播種，篩去瓦石，取其細者，和匀種子，疎把撮之。待其苗長，又撒以壅之。何物不收？爲圃之家，于廚棧下，深闊鑿一池，細甃使不滲泄，每春米，則聚礱簸穀殼，及腐草敗葉，漚漬其中，以收滌器肥水，與滲漉泔淀。漚久，自然腐爛。一歲三四次，出以糞苧，因以肥桑。愈久愈茂，而無荒廢枯摧之患矣。又有一法，凡農圃之家，欲要計置糞壤，須用一人一牛，或驢駕雙輪小車一輛，諸處搬運積糞。月日既久，積少成多，施之種藝，稼穡倍收，桑果愈茂，歲有增羨，此肥稼之計也。夫掃除之隈，腐朽之物，人視之而輕忽，田得之爲膏潤。唯務本者知之，所謂惜糞如惜金也。故能變惡爲美，種少收多。諺云：「糞田勝如買田。」信斯言也。凡區宇之間，善於稼者，相其各各地理所宜而用之，庶得乎土化漸漬之法，沃壤滋生之效，俾業擅上農矣。

徐光啓《農政全書》卷一二《水利・西北水利》 守敬因陳水利十有一事：其大都運糧河，不用一畝泉舊原，別引北山白浮泉水，西折而南，經甕山泊，自西水門入城，環匯於積水潭。復東折而南，出南水門，合入舊運糧河。每十里置一牐。比至通州，凡爲牐七。距牐里許，上重置斗門，互爲提閼，以通舟止水。帝覽奏，喜曰：當速行之。於是復置都水監，俾守敬領之。帝命丞相以下，皆親操畚牐倡工，待守敬指授而後行事。置牐之處，往往於地中偶值舊時甎木，時人爲之感服。船既通行，公私省便。先是，通州至大都，陸運官糧，歲若干萬石。方秋霖雨，驢畜死者不可勝計，至是皆罷之。三十年，帝還自上都，過積水潭，見舳艫蔽水，大悦，名曰通惠河。守敬又言，於澄清牐稍東，引與北壩河接。且立牐麗正門西，令舟楫得環城往來，志不就而罷。大德二年，召守敬至上都，議開鐵幡竿渠。守敬奏：山水頻年暴下，非大爲渠堰，廣五七十步不可。執政吝於工費，以其言爲過，縮其廣三之一。明年大雨，山水注下，渠不能容，漂没人畜廬帳，幾犯行殿。成宗謂宰臣曰：「郭太史神人也。」守敬在西夏，常挽舟遡流而上，究所謂河源者。又嘗自孟門以東，循黄河故道，縱廣數百里間，各爲側量地平，或可以分殺河勢，或可以灌溉田土，具有圖誌。又嘗以海面較京師至汴梁地形高下之差，謂汴梁之水，去海甚遠，其流峻急，而京師之水，去海至近，其流且緩。其言信而有徵。此水利之學，其不可及者也。

徐光啓《農政全書》卷一六《水利》 一、作原作瀦以用水。作原者，井也。作瀦者，池塘水庫也。高山平原，與水違行，澤所不至，開濬無施其力，故以人力作之。鑿井及泉，猶夫泉也。爲池塘水庫，受雨雪之水而瀦焉，猶夫瀦也。高山平原，水利之所窮也，惟井可以救之。池塘水庫，皆井之屬。故《易》井之彖，稱「井養而不窮」也。作之之法有五：

其一，實地高，無水，掘深數尺而得水者，爲池塘以畜雨雪之水而車升之，此山原所通用。江南海壖，數十畝一環池。深丈以上，圩小而水多者，良田也。

其二，池塘無水脈而易乾者，築底椎泥以實之。

其三，掘土深丈以上而得水者，爲井以汲之。此法北土甚多，特以灌畦種菜。近河南及真定諸府，大作井以灌田，旱年甚獲其利，宜廣推行之也。井有石井磚井木井柳井葦井竹井土井，則視土脈之虚實縱横，及地産所有也。其起法，有桔槔，有轆轤，有龍骨木斗，有恆升筒，用人用畜。高山曠野，或用風輪也。

其四，井深數丈以上，難汲而易竭者，爲水庫以畜雨雪之水。他方之井，深不過一二丈。秦晉厥田上上，則有深數十丈者，亦有掘深而得鹹水者。其爲池塘，爲淺井，亦築土椎泥，而水留不久，不若水庫之涓滴不漏，千百年不漏也。

徐光啓《農政全書》卷二七《樹藝》 《山居要術》云：擇取白色根〔如白米粒成者〕，先收子。作三五所阬，長一丈，闊三尺，深五尺。下密布甎，四面亦側布甎，防別入傍土中，根即細也。作阬子訖，填糞土，排行，下子種之，填阬滿。待苗著架，經年已後，根甚麄；一阬可支一年食。種者，截長一寸下種。玄扈先生曰：山東種薯法：沙地，深耕之，起土。坑深二尺；用大糞〔乾者〕和土各半，填入坑，深一尺；次加浮土一尺，足踐實。正月中，畦種。薯苗上，又加土壅厚二寸。候苗長一尺，常用水灌，數日一次。苗長，架起。春夏長苗，秋深即長根。根下行遇堅土即大。若土太實，即不長，浮土太深，即長而細。又曰：今江南種薯法，亦用沙地。正月盡，耕深二尺。每一步，灌大糞一石。候乾，轉耕，杷細作垺。每垺相去一尺餘。其種須極大者，竹刀切作一二寸斷〔用鐵刀切易爛〕垺中布種，每相去五六寸，横臥之。入土只二寸，不宜太深。種後用水糞各半灌之；每畝用大糞四十石。苗長，用葦或細竹作架，三以爲簇，有草，數耕之。旱，數澆之。八九月，掘取根；向畦一頭，先掘一溝，深二尺，漸削去土取之。又曰：藏種法：于南簷下，向日避風處，掘土窖。深二尺，下用礱糠鋪二三寸。次下種，仍以礱糠蓋之。次下土蓋之。臨種時起用。又曰：或云，山藥下種時，勿用手，以鍬钁下之，則易大。每年易人而種之。

徐光啓《農政全書》卷三一《蠶桑》 《士農必用》曰：繰絲之訣，惟在細圓勻緊，使無褊慢節核，接頭爲節，疙疸爲核。麄惡不勻也。生繭繰爲上。如人手不及，殺過繭，慢慢繰。殺繭法有三：一、日曬；二、鹽浥；三、蒸。蒸最好；人多不會。日曬損繭，鹽浥者穩。熱釜，可繰粗絲單繳者，雙繳亦可。但不如冷盆所繰者，潔净光瑩也。釜要大，置於竈上。如蒸竈法。釜上，大盆甑接口，添水至甑中八分滿。甑中用一板欄斷，可容二人對繰也。繭少者，止可用一小甑。水須熱，宜旋旋下繭。多下，則繰絲不及，煮損。冷盆，可繰全繳細絲；中等繭，可繰雙繳。比熱釜者有精神，而又堅韌。雖曰冷盆，亦是大温也。盆要大，先泥其外。口徑二尺五寸之上者，預先翻過，用長粘泥泥底，并四圍；至唇，厚四指；將至唇，漸薄。日曬乾。名爲串盆。用時，添水八九分。水宜温煖常勻，無令乍寒乍熱。釜要小，口徑一尺以下者。小則下繭少，繭欲頻下，多下則煮過又不勻也。用突竈，半破磚坯，圓壘一遭，中空，直桶子樣。其高，比繰絲人身一半；其圓徑相盆之大小。當中壘一小臺；徑比盆底大。坐串盆於小臺上。其盆要比圓壘高一唇。靠元壘，安打絲頭小釜竈，比圓壘低一半，擤火透圓壘。竈子後，火烟過處，名擤火。與擤火相對，圓壘匝近上，開烟突口。做一臥突，長七八尺已上。先於安突一面，壘一臺，比突口微低。又相去七八尺外，安一臺，高五尺。或就用牆，或用木爲架子。用長一丈椽二條，斜磴在二臺上。二椽相去，闊一磚坯許，用磚坯泥成一臥突。二椽上，平鋪磚坯一層，兩邊側立，上覆平蓋泥了，便成一臥突也。須與竈口相背，謂如竈口向南，突口向北是也。繰盆居中，火衝盆底與盆下臺。烟焰遶盆過，烟出臥突中，故得盆水常温又匀也。又得烟火與繰盆相遠，其繰絲人，不爲烟火所逼，故得安詳也。

徐光啓《農政全書》卷三六《蠶桑廣類·葛》　《詩》「葛之覃兮」。按葛一名黄斤，一名鹿藿，一名鷄齊。有野生，有家種。春長苗引藤蔓，延治之可作布。根外紫内白大如臂；長者五六尺。葉有三尖，如楓葉。七月着花，纍纍成穗。莢如小黄豆，宜七八月採之。

採葛法：夏月葛成，嫩而短者留之；一丈上下者，連根取，謂之頭葛。如太長，看近根有白點者不堪用，無白點者，可截七八尺，謂之二葛。

練葛法：採後，即挽成網，緊火煮爛熟。指甲剥看，麻白不粘青，即剥下。長流水邊，捶洗浄，風乾。露一宿，尤白。安陰處，忌日色。紡之以織。

葛根：端陽日採。破之曬乾，敷蟲蛇傷。平時採之，亦可蒸，及作粉食。

葛花：採之，曬乾煠食。

洗葛衣法：清水揉梅葉洗，前夏不脆。或用梅樹葉搗碎，泡湯入瓷盆内洗之。忌用木器，則黑。

王禎《麻苧圖譜敍》曰：麻苧之有用具，南北不無異同，民俗豈能通變？如南人不解刈麻，北人不解治苧，及有漚浸，審生熟之節，車紡分大小之工。凡絺綌繩緶，皆其所出。今併所附類，一一條列，庶使南北互相爲法云。

玄扈先生曰：苧性畏寒，不宜北土；北方地氣所絶，無如之何。然紵衣漚紵，即又北方自古有之。宜試種爲得。

徐光啓《農政全書》卷三六《蠶桑廣類·漚池》　漚，浸漬也；池，猶泓也。凡藝麻之鄉，如無水處，則當掘地成池，或甃以磚石，蓄水於内，用作漚所。大凡北方治麻，刈倒即棄之，臥置池内。水要寒煖得宜，麻亦生熟有節；須人體測得法，則麻皮潔白柔韌，可績細布。南方但連根拔麻，遇用則旋浸旋剥。其麻片黄皮粗厚，不任細績。雖南北習尚不同，然北方隨刈即漚於池，可爲上法。又問之南方造苧者，謂苧性本難輭，與漚麻不同，必先績苧，已紡成纑；乃用乾石灰，拌和累日。夏天三日，冬天五日，春秋約中。既必，抖去，別用石灰煮熟。待冷，於清水中濯浄。然後用蘆簾平鋪水面，如水遠，則用大盆盛水，鋪簾或草，攤纑浸曝，每日換水亦可。攤纑於上，半浸半曬。遇夜收起瀝乾；次日如前。候纑極白，方可起布。此治苧池漚之法，須假水浴日曬而成；北人未之省也。今書之，冀南北通用。至有理。可推廣其意，別用之也。

漚池

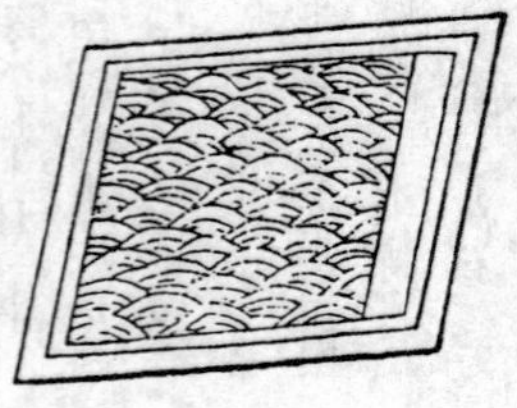

徐光啓《農政全書》卷四二《製造》　王禎《法製長生屋論》曰：天生五材，民並用之，而水火皆能爲災。火之爲災，尤其暴者也。《春秋左氏傳》曰：天火曰災，人火曰火。夫古之火正，或食于心，或食于味。味爲鶉火，心爲大火。天火之孽，雖曰氣運所感，亦必假於人火而後作焉。人之飲食，非火不成；人之寢處，非火不明。人火之孽，失於不慎，始於毫髮，終于延綿。且火得木而生，得水而熄，至土而盡。故木者，火之母。人之居室，皆資于木，易以生患。水者火之牡，而足以勝火，人皆知之。土者火之子，而足以禦火，而人未之知也。水者，救之于已然之後；土者，禦于未然之前。救于已然之後者難爲功，禦于未然之前者易爲力。此曲突徙薪之謀，所以愈于焦頭爛額之功也。吾嘗觀古人救火之術：宋災，樂喜爲政，使伯氏司里：火所未至，徹小屋，塗大屋，陳畚挶，具綆缶，備水器，蓄水潦，積土塗，表火道。此救療之法也。是皆救于已然之後。嘗見往年腹裏諸郡，所居瓦屋，則用磚裹杣簷，草屋則用泥圬上下。既防延燒，且易救護。又有別置府藏，外護磚泥，謂之土庫，火不能入。竊以此推之，凡農家居屋：廚屋、蠶屋、倉屋、牛屋，皆宜以法製泥土爲用。先宜選用壯大材木，締構既成，椽上鋪板，板上傅泥，泥上用法製油灰泥塗飾。待日曝乾，堅如瓷石，可以代瓦。凡屋中内外材木露者，與夫門窗壁堵，通用法製灰泥圬墁之，務要匀厚固密，勿有罅隙。可免焚焮之患，名曰「法製長生屋」。是乃禦於未然之前，誠爲長策。又豈特農家所宜哉？今之高堂大厦，危樓傑閣，所以居珍寶而奉身體者，誠爲不貲。一旦患生于不測，釁起于微渺，轉盼摇足，化爲煨燼之區，瓦礫之場，千金之軀，亦或不保。良可哀憫。平居暇日，誠能依此製造，不惟歷劫火而不壞，亦可防風雨而不朽。至若闤闠之市，居民輳集，雖不能盡依此法，其間或有一焉，亦可以間隔火道，不至延燒。安可惜一時之費，而不爲永久萬全之計哉？

法製灰泥法：用磚屑爲末、白善泥、桐油枯、如無桐油枯，以油代之。莩炭、石灰、糯米膠。以前五件，等分爲末，將糯米膠調和得所。地面爲磚，則用磚模脱出，趁濕于良平地面上，用泥墁成一片。半年，乾硬如石磚然。圬墁屋宇，則加

紙筋和匀，用之不致坼裂。塗飾材木上，用帶筋石灰。如材木光處，則用小竹釘，簪麻鬚惹泥，不致脱落。【略】

去油汙衣：用蛤粉厚摻汙處，以熱熨斗坐粉上，良久即去。或用蕎麥麪鋪，上下紙隔定，熨之，無迹。或用白沸湯泡紫蘇擺洗。若牛油汙者，用生粟米洗之；羊油汙者，用石灰湯洗之。皆浄。【略】

收皮物不蛀：用芫花末摻之，則不蛀。或以艾捲置甕口，泥封甕口，亦可。

補瓷碗：先將瓷碗烘熱，用雞子清調石灰補之，甚牢。又法：用白芨一錢，石灰一錢，水調補之。

補缸：缸有裂縫者，先用竹篾箍定，烈日中曬縫，令乾。用瀝青火鎔塗之。入縫内令滿，更用火略烘塗開。水不滲漏，勝於油灰。

穿井：凡開井，必用數大盆貯水，置各處。俟夜氣明朗，觀所照星，何處最大而明，則地必有甘泉。試之屢驗。

補磚縫草：官桂末，補磚縫中，則草不生。

徐光啓《農政全書》卷五六《荒政·槐樹芽》 本草有槐實，生河南平澤；今處處有之。其木有極高大者。《爾雅》云槐有數種：葉大而黑者名櫰槐；又有晝合夜開者，名守宫槐；葉細而青緑者，但謂之槐。其功用不言有別。開黄花，結實似豆角狀。味苦酸鹹，性寒，無毒。景天爲之使。

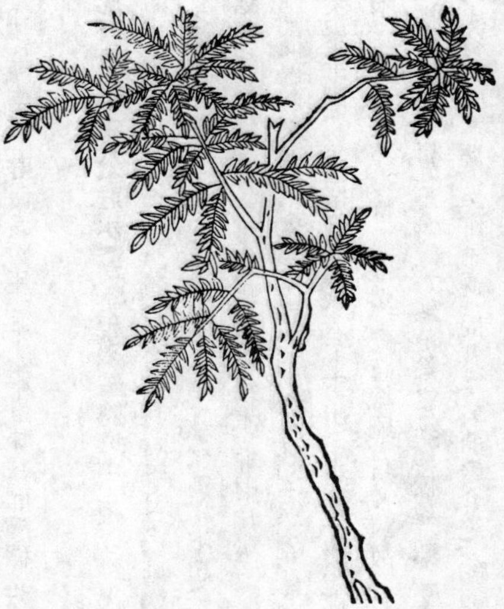
槐樹芽

救飢：採嫩芽煠熟，换水浸淘，洗去苦味，油鹽調食。或採槐花炒熟食之。

玄扈先生曰：嘗過。花性太冷，亦難食。

晉人多食槐葉。又槐葉枯落者，亦拾取和米煮飯食之。嘗見曹都諫真子，述其鄉先生某云：世間真味，獨有二種：謂槐葉煮飯，蔓菁煮飯也。

乙卯見趙六亨《民部》，言食槐芽法：煠熟置新磚瓦上，陰乾；更煠，如是三過，絶不苦。凡食樹芽葉，並宜用此法，去其苦味。

汪應蛟《撫畿奏疏》卷九《畿輔根本當培疏》 九日修理城垣。今紫馬等關扼要設險，頗爲周密，誠得良將勁卒，陳利兵而守之，宜可無憂矣。關内州邑各有城池，皆所以防不測，衛神京，其重寧在關隘後哉。臣查州邑城垣僅有一二處甎石包砌，餘皆單薄頽壞，三尺豎子可攀援而上，平居猶不足以禦穿窬之盗，矧有事而欲捍患保民，胡可得也。前撫臣因倭警震鄰，曾議行近海地方酌量修砌，祇以連歲災荒，時詘未可舉贏。且估計工料每城約二萬餘金，官無餘蓄，民鮮餘積，即值豐歲，亦安能爲無米之爨哉。臣反覆勤思，民窮不堪勞費，民愚難與慮始，惟費而不傷其財，勞而不傷其力，劑量以適其節，紓徐以俟其成，則庶幾可爲也。夫四里之城大約用甎三百餘萬，欲百姓出錢造甎誠難。今秋成薥豆黍稷稭草視往歲倍收，每畝或二十束或十五六束，非若米粟之可貴，與銀錢之不易致也。第每畝令出稭草一束，重十二斤，今秋不足以明年麥稭補完。每一束計可燒甎三片，大邑地萬餘頃，一年足包一城。中邑或二年或三年，無患甎不足矣。甎既足然後聚灰，大邑每畝令出錢二文，中小邑或三四文則可充灰價，雖出錢未見其甚費也。甎灰既足，然後總計槩邑人丁，無論憂免行差一體均派，每丁役不過十日而大工告完，雖稍勞未見其甚苦也。每甎長一尺二寸，闊六寸，厚二寸五分，每窑約燒五千，匠役工食約一兩五六錢，此當於官府設處或士民樂輸，於小民毫無干預。運草須用省祭義民，公平監收，先遠而後近，仍刻定日期，某日收某鄉，毋致久積，又隨到隨收，毋令久候。用夫役先分等第，其下下户之極貧者，每日仍給穀二升，毋致饑餒。以上俱豐稔則行，荒歉則止，時勢偶便則一令可以奏功，不然則今令造甎，後令聚灰，又後令包砌可也。豐稔相繼三四年可以底績，不然則需以五六年或七八年可也。苟創造之有端，不必已終其事。即樂成於他日，不必已有其名，如此不出十餘年畿以内大半多堅城深池，可以保障黎元，可以拱護神京牖户，綢繆莫先於此，伏乞聖裁。

沈長卿《沈氏日旦》卷八《蓋甌》 白者爲上，飲前飲後，俱用細麻布拭之，其他俱不相宜。如瓷甌，曾經貯飯者暫用貯茶，不惟味減而羶穢之，氣噴鼻，細意人自能體認。

沈長卿《沈氏日旦》卷八《貯水》 水甕須置陰庭中，覆以紗帛，使承星露之氣，則與源頭活水不異。假令壓以木石，封以紙箬，曝于日下，則機滯而氣閉，水則腐矣。啜茗之趣在茶鮮水靈。茶失其鮮，水失其靈，則趣不超矣。

郭尚友《繕部紀畧》叙 今天下鰓鰓，憂不給者，非財用哉。

內供扃鐍固而邊圉尾閭輸，會朝象魏之具，瞻時詘不舉者，幾閱二紀。上爲窮山澤，括榷羡，廣市鬻，冀以帑藏，而歲入不當出。水衡少錢，往往告匱瞻月。郭公郎繕部，晰耗竭之敝，凛凛懼府慨然，鋭意振刷，日夜討故，實酌時宜，慎出納，大都省浮，祛蠹裒益，後先不啻計。然范蠡之筴勾校盈縮，一布算而萬貨之情得。又若陶士行竹頭木屑，巨細不遺，而要本於清嚴介絶，約節自躬，行之三年，繕部積金錢逾百萬，斯亦持籌之明效已。

大司空劉翁，廉公才異，等亟移典銓盻列，公績宜殊擢示勸，特晋公副臬憲，備兵寧武，公將□負，乃彙輯諸條，晝以請曰，是□尚友所受成於翁者也。敢不志之以拜教不佞輩，因竊窺梗槩，嘆曰：前事不忘，後事之師也。非公罔與議非，堂翁罔與裁觀，於是而上下相成之誼可知也。它日署中欲循營繕清吏司郎中郭尚友呈，本司濫竽屬末，幾七年于兹，而視繕篆者幾三年。初庫貯六十餘萬，今除都屯二司借用去三十餘萬，見存銀錢一百二十餘萬，此皆台臺主持所留，本司仰仗台庇，獲免于戾，今且叨一轉矣。所有行過事蹟，差可備後來參考者，謹撮其切要，條爲二十款，懇乞鼎批存司，永著爲例，于衙門未必無補焉。蓋區區之心，不能以弛檐□已也，伏候台裁，堂批存照。

計開

各項工程往往透領預支，各役得銀到手，任意花費，及至興工，追比不前，竟成拖欠。本司隨做隨給，如某役領去銀若干，必監督截收到司，照逐日報單，查筭明白，果係用完，然後再給，直至工竣，不得多領分毫，則拖欠之弊杜矣。

冒破多緣預估，一經估定，遂借口曰有原估在，或一倍或兩倍或數倍，不至用盡不已如。曩者福王府第費至二十餘萬，瑞王府第費不過二萬，而工程更堅完可久，則題定不預估之明驗也。

舊欠預支遠者八九年，近者五六年，各役到手時已花費盡矣。當年發者失于斟酌，後即追比，各役有斃杖下耳，竟何益于事。本司遇有工作，每發銀一百兩，責令帶完舊欠二三十兩，各役利于得新，并樂于完舊，又于實收，到日視其可扣還者，即爲扣還。如洪仁大石窩舊欠，已于屯司木植項下扣還八千，見在移付水司絲銀項下，仍爲扣還是也。此法大工動時更可行，喫緊處只在不多發預支，多發不惟舊者不完，并新者復成拖欠矣。

郭尚友《繕部紀畧》 大工錢糧惟楠木之費最鉅，亦惟楠木之得最難，採伐于深山窮谷之中，則肙毒披霧不知傷多少民命，挽運于長江大河之內，則洪濤巨浪不知費多少艱辛。比到京師謂宜何如愛惜，乃各監局混取濫用，大木小斵，殊爲可念。本司向遇工所耴討楠木，未敢輕發，須斟酌應用與否，如屯田司皇貴妃墳工，勢必需此，乃與監督往覆核實用數給發，其他俱以別木抵折。如三忠祠橋、朝陽門橋往者，各用楠木二十根，邇以杶木代之。夫杶木一根價不過五兩，計四十根纔值二百金耳，此二百金之費不足當一小號楠木，其所省不既多乎。今三省楠木已到，本司于催請廵視疏内已呈堂題，定不許濫用矣，惟同志者共守之。

兩窑會估，簿止開匠數如，一號瓦若干片，用匠幾名，二號瓦若干片，用匠幾名，而夫數從來不載焉，但憑該監開報，實多虚浮。近于廵視廠庫，議定瑠璃，細密難成，每匠一名，派夫五名。黑窑每匠一名，派夫三名，堂劄該窑，永爲定例矣。一瑠璃瓦逐年燒造，冒破更多，本司見得門工需瓦當在椽望既釘之後，即奉有明旨，一面竪架，一面燒造，何至躭悮工作，乃亟亟預辦以滋縻費耶。呈堂移文停止，遇有工作需瓦，俟本司移文明開某工用某號瓦若干，該窑照數燒完即止，如無本司移文，該窑不許擅造，内官監亦不許擅取。

郭尚友《繕部紀畧》 臨清城磚既有年例矣，又有加派，自三十二年以來日積月累，廠無餘地，即門工奉旨，不虞乏用，烏用此加派爲也。况加派既多，糧民船順帶之外又顧窑户船以載之，計燒價運價歲費二萬餘金。本司停加派裁顧運，專用糧民船順帶，則燒運價俱省矣。福府實省一十八萬有奇，本部不勝忻慰，業於十月廿七日具疏報竣矣。緣係繕修親王府第，雖節省極多，例不便，特請叙陞，然賢勞如此，則不可不爲優異者也。除監督司官聶心湯、矯九高同心共濟，另行咨叙紀録外，及查郭郎中在司，其任勞任怨，克殫厥職。有不寧惟是者，如停止山臺兩廠傳造御覽物件，則歲省二萬餘金。議用三門中道舊石，免行採運，則省費十萬餘金。建竪角樓圍廊等處，則省費三萬餘金。

郭尚友《繕部紀略》 阻抑内監傳取修理壽皇殿，物料價值則省費五萬餘金。清楚兩窑工作則歲省一萬餘金，停止河路顧運磚料則歲省水脚一萬五千餘金，裁兩廠安裝内官鰲山燈架匠工則歲省一千五百餘金，修理都重城則省費二萬餘金，修理直房等工則省費一萬餘金，臨清磚不行加派則歲省一萬餘金。其他停一切不急之工，袪百務浮淫之蠹，隨事節裁，有難枚舉。總之本官才力氣魄既足以斥内監無厭之求而廉潔公正，又足以服内監不汜之心，故有一分支用，必有一分工程，積弊盡釐，漏卮盡塞，一時庫積銀兩多至百有餘萬，足備異日門殿之需，真從來絶無僅有之事也。

何士晉《工部廠庫須知》卷四　石料在於三山開採，大料運至西長安門外交卸，小料運至内西華門外河邊交卸，灰石作會收，令石匠成造，用夫運進，内工計工，灰石作出給實收。

琉璃瓦片并黑窑磚料在於瑠黑二窑燒造，運價聽本窑出給。

河路磚料在於臨清燒造，大通橋取用内工，運價自城磚，三十六年因霪雨爲災，每個准給八厘，三十七年會估，每個減三厘，止准五厘。其斧刃磚二個准城磚一個，運價灰石作出給。

青白灰料在於馬鞍山燒運，三十六年因霪雨爲災每百斤准給一錢四分五厘，三十七年十二月會估，止准一錢二分二厘。青灰每百斤准給七分，灰石作出給。

金磚在於蘇州等府燒造，花斑石在於徐淮開採，運赴本工，灰石作驗收，價出本解石方。

何士晉《工部廠庫須知》卷五　瑠璃黑窑廠

營繕司註選主事，三年有關防有公署，一差兼管二窑，每動工題請燒造，多寡不等，錢糧出本司本差，出給實收，見行事宜。

一瑠璃廠燒造瑠璃瓦料，合用物料工匠規則：

每瓦料一萬箇片用兩火燒出，每一火用柴十五萬斤，共用柴三十萬斤。可減一萬斤。

坩子土二十五萬斤，

做坯片匠照會估瓦料大小筭工，在後

淘澄匠一百七十名，

碾土供作夫每匠一工，用夫五名。

修窑瓦匠五十名，

裝燒窑匠五十名，

答應匠二十五名，

安砌匠十名，

黄土二百車，

開清塘口局夫三百五十名，

煤炸五千斤，

運瓦夫照會估斤秤定工。在後

黄色一料：

黄丹三百六斤，　馬牙石一百二斤，黛赭石八斤。

青色一料：

焇十斤，　馬牙石十斤，

鉛末七斤，　蘇嘛呢青八兩，

紫英石六兩。

緑色一料：

鉛末三百六斤，馬牙石一百二斤，

銅末十五斤八兩。

藍色一料：

紫英石六兩，　銅末十兩，

焇十斤，　馬牙石十兩，

鉛末一斤四兩。

黑色一料：

鉛末三百六斤，馬牙石十一斤

銅末二十二斤，無名異十一斤

白色一料：

黄丹五十斤，　馬牙石十三斤，

一料約澆瓦料一千箇片。

頭樣勾子，滴水各二箇一工。

同瓦，板瓦各四箇一工。

二樣勾子，滴水各四箇一工。

同瓦，板瓦各八箇一工。

三様勾子，滴水各六箇一工。
同瓦，板瓦各十四箇一工。
澁滑八箇一工。
四様勾子，滴水各八箇一工。
同瓦，板瓦各十七箇一工。
澁滑十一箇一工。
五様勾子，滴水各十箇一工。
同瓦，板瓦各十九個一工。
澁滑十五箇一工。
六様勾子，滴水各十二箇一工。
同瓦，板瓦各二十三箇一工。
澁滑十六箇一工，
盆簷瓦古老錢各十二箇一工。
七様勾子，滴水各十三箇一工。
同瓦，板瓦各二十七箇一工。
八様勾子，滴水各十五箇一工。
同瓦，板瓦各三十箇一工。
九様勾子，滴水各十七箇一工。
同瓦，板瓦各一百箇三工。
十様勾子，滴水各二十箇一工。
同瓦，板瓦各三十五箇一工。
如遇大享殿、皇穹宇、乾光殿各處一把傘，行子同板瓦，照依各様下筭。
二作并瓦作做造：
頭様通脊高一尺九寸五分，長二尺四寸，每塊七工。
垂脊高一尺一寸五分，長二尺，每塊二工。
相連裙色高五寸五分，長二尺四寸，每三塊十工。
黄道高五寸五分，長二尺四寸，每三塊十工。
花攛頭三塊十工。
花搯扒頭一塊二工。
束腰花蓮座一塊七工。
二様通脊高一尺七寸五分，長二尺四寸，每塊五工。
垂脊高九寸五分，長一尺九寸五分，每塊一工。
相連裙色高四寸，長二尺四寸，每塊二工。
黄道高四寸五分，長二尺四寸，每塊二工。
束角花連座三塊十工。
花攛頭花搯扒，各一塊一工。
博風吻匣當勾，各一塊一工。
吻座二塊一工。
承奉連磚三塊一工。
托泥當勾三塊一工。
花插角一塊五工。
博脊瓦六塊一工。
三様通脊高一尺五寸五分，長二尺五寸，每塊三工。
垂脊高七寸五分，長一尺八寸，每三塊二工。
相連裙色高三寸，長二尺四寸，每塊一工。
黄道高三寸五分，長二尺四寸，每塊一工。
連磚四塊一工。
花插角一塊三工。
四様通脊高一尺三寸五分，長二尺四寸，每塊二工。
垂脊高五寸五分，長一尺五寸，每二塊一工。
五様通脊高一尺一寸五分，長二尺二寸，每二塊三工。
六様通脊高一尺五分，長二尺二寸，每塊一工。
七様通脊高九寸五分，長二尺二寸，每三塊二工。
八様通脊高八寸五分，長二尺二寸，每三塊二工。
九様通脊高七寸五分，長二尺二寸，每三塊二工。
十様通脊高六寸五分，長二尺二寸，每二塊一工。
不隨様小通脊高五寸五分，長一尺五寸，每三塊一工。
小垂脊高四寸五分，長一尺四寸，每三塊一工。
小通脊高四寸五分，長一尺四寸，每四塊一工。
小通脊高三寸五分，長一尺三寸，每四塊一工。

不隨樣花龟角十塊三工。
花線磚轉頭三塊十工。
花線磚， 花結帶，
花裙板， 花鵲替，
平頭連座， 方眼格扇，
小花插角， 靠古，
柱子， 走龍束腰，各一塊二工。
花蓮伴， 花蓮伴頭，
花方， 花平板方，
花平板方頭， 花柱頭，
花桁條， 花梁，
花頭， 海禽吞口，
海石榴座， 斗科，
斜椽， 角梁，
小通脊， 小垂脊，
平頭獸座， 東角獸座，
□朽， 大額方白，
大耳頭， 草兒插角，
瑪瑙格柱， 斗底，
博脊， 通春，
龜文磚， 屋扇瓦，
地袱， 垂帶，
壇面磚， 江牙海水線磚，
江牙海水蓮伴，各每一塊一工。
花攏頭， 花搗扒頭，
板椽， 望板，
椽管， 起竅，
小獸座， 蓋梁瓦，
水溝， 博風，
噴水， 柁頭，
吻匣當勾， 春底各每二塊一工。
花裙色頭， 花桁條頭，
江牙海水柱頭，
古文錦龜文磚，各每一塊三工。
花連兒柱頭， 花裙色，花臺上用。
花梁斗底， 角斗，
大額花方， 門當花磚，
面堦各每二塊三工。
花蓮伴格柱， 海石榴，各每三塊二工。
花直工板， 磉科，
圓柱子， 方柱子，
方椽， 圓椽，
滿山紅， 荷葉，
小壇，
江牙海直工板，各每三塊一工。
三層倒砌蓮磚，
博脊連磚， 列角托盤，
托泥當勾， 三抹頭，各每四塊一工。
花氣眼， 方子白，
吻座， 小倒砌連磚，
寶珠座， □蓮色道，
三色磚， 滿□，
面方， 門坎，
□色方磚，各每六塊一工。
壇角磚， 門坎，
牙子磚，各每七塊一工。
大裙色， 行條白，
博脊瓦， 朹子磚，
牙子磚， 答墚磚每八塊一工。
小裙色， 押屑，各每九塊一工。

線磚，　半混，
冰盤色，　囂色，
蘆科，　機方，
耳子，　元混，
毒板白，　印葉，各每十塊一工。
尖色，　坎磚，
替庄各每十一塊一工。
圭角白，　隨山半混，
墊板，　土襯，各每十二塊一工。
□門，
江牙海水龍方子走龍通脊，各每一塊四工。
雲□插角，每一塊五工。
玲花槅扇，　華虫插角，各每一塊六工。
欄板每一塊七工。
江牙海水柱子，雲鶴扇面，各每一塊八工。
江牙海水龍插角，
華虫扇面，各每一塊十工。
花扇面，
江牙海水龍扇面，各每一塊十一工。
江牙靠古，每一塊十七工。
江牙海水欄板，每一塊二十一工。
盆花一板，每三塊六工。
四尺五寸江牙海水雲龍缸，每一口四十工。
各陵地宮大明門并東西長安門三座計六件，每一座十八工，計五十四工。
承天門、端門、午門并皇極門、三大殿七座，計二十一件，每座二十八工，計一百九十六工。
文武樓二座計八件，每一座三十六工，計七十二工。
□堂二座計四件，每一座十二工，計二十四工。
五作造：
頭樣正當勾，押帶，各每四箇一工。
斜當勾每二箇，走獸四箇十工。
真人一箇三工。
二樣正當勾，押帶，各每七箇一工。
斜當勾每四箇一工，走獸真人，各一箇二工。
三樣正當勾，押帶，各每十四箇一工。
斜當勾每六箇一工，走獸一箇一工，
真人二箇三工。
四樣正當勾，押帶，各每十七箇一工。
斜當勾每八箇一工，走獸三箇二工，
真人一箇一工。
五樣正當勾，押帶，各每十九箇一工。
斜當勾每十箇一工，走獸三箇一工，
真人三箇二工。
六樣正當勾，押帶，各每二十三箇一工。
斜當勾每十四箇一工。
走獸四箇一工，真人三箇一工。
七樣正當勾，押帶，各每二十七箇一工。
斜當勾每十七箇一工。
走獸五箇一工，真人四箇一工。
八樣正當勾，押帶，各每三十箇一工。
斜當勾每十九箇一工。
走獸、真人，各每六箇一工。
九樣正當勾，押帶，各每一百箇三工。
大瓦條二十箇一工。
不隨樣混磚，小瓦條各每四十五箇一工，香草磚每二十二箇一工。
吻一隻十三塊一百五十工，
吻一隻十一塊九十工，
吻一隻九塊七十工，
吻一隻七塊四十八工，
吻一隻六塊三十六工，

吻一隻五塊二十五工，

吻一隻四塊二十二工，

吻一隻三塊十八工。

吻一隻高二尺五寸六工，

吻一隻高二尺四工，

吻一隻高一尺五寸三工，

吻一隻高一尺二寸二工，

大獸頭五塊二十五工，

大獸頭三塊十二工。

三尺三寸獸頭一箇二塊八工，

二尺五寸五分獸頭一箇六工，

二尺二寸五分獸頭二箇三工，

一尺八寸獸頭一箇一工，

一尺五寸獸頭四箇三工，

一尺二寸獸頭三箇二工，

一尺獸頭五箇二工。

小獸頭五箇一工。

套獸高一尺三寸，脚長八寸伍分，一箇五工。

套獸高一尺一寸，脚長七寸五分，一箇四工。

套獸高九寸五分，脚長六寸五分，一箇三工。

套獸高八寸五分，脚長五寸五分，一箇二工。

套獸高六寸，脚長四寸，一箇一工。

背獸高一尺五分，脚長五寸五分，一箇二工。

背獸高一尺一寸，五分，脚長六寸，一箇三工。

背獸高一尺二寸，脚長六寸五分，一箇四工。

背獸高八寸，脚長四寸五分，一箇一工。

背獸高七寸，脚長三寸五分，二箇一工。

吻朝每一箇二塊，十二工。

吻朝高一尺七寸，一箇六工。

吻朝高一尺五寸，一箇四工。

吻朝高一尺四寸五分，一箇三工。

吻朝高一尺二寸，一箇二工。

吻朝高一尺五分，一箇一工。

不隨樣套獸、背獸、吻朝，各每五箇一工。

雲礶一箇十工，蓮臺獅子一箇三工。

各陵地宫上伏簷、下伏簷共九座，每一座吻五對，獸頭八箇，共吻四十五對，獸頭七十二箇，每座六工，計五十四工。

單簷三座，吻三對，獸頭二十四箇，每座三工計九工。

供器香爐四箇，每一箇三工，計十二工。

花瓶八隻，每一隻一工，計八工。

造通脊龍，每一條一工。

造通脊垂、脊寶兒，每三攢計一工。

架瓦作鑿過出青黃黑緑色。

頭樣、二樣、三樣同瓦，各每三十六箇一工。

四樣同瓦每六十箇一工，

五樣同瓦每七十五箇一工，

六樣同瓦每九十二箇一工，

七樣同瓦每一百十箇一工，

八樣同瓦每一百三十箇一工，

九樣同瓦每一百五十箇一工，

十樣同瓦每二百箇一工。

如遇行子同瓦隨各樣下筭。

頭樣二樣三樣正當勾、押帶，各每一百箇一工。

四樣正當勾、押帶，各每一百十箇一工。

五樣正當勾、押帶，各每一百二十五箇一工。

六樣正當勾、押帶，各每一百五十箇一工。

七樣正當勾、押帶，各每一百七十箇一工。

八樣正當勾、押帶，各每二百箇一工。

大瓦條一百二十五箇一工。

香草磚六十五箇一工。

混磚二百箇一工。
瓦條一百五十箇一工。
頭樣通脊、垂脊、相連裙色黄道，各每七塊一工。承奉連磚二十塊一工。
二樣通脊、垂脊、相連裙色黄道，各每十塊一工。
三樣通脊、垂脊、相連裙色黄道，各每十二塊一工。
四樣通脊、垂脊，各每十四塊一工。
五樣通脊，十六塊一工。
六樣通脊，各每十八塊一工。
七樣八樣通脊，各每二十塊一工。
九樣十樣通脊，各每二十二塊一工。
不隨樣小通脊、小垂脊，各每二十四塊一工。
滿面黄、博脊、連磚，各每三十塊一工。狎屑、替庄、坎磚、
圓方柱子、花方、行條、機方、
圭角、線磚、花平板方、
素板白、方子白、半混、囂色、
蘆科、博脊瓦、圓混、
米盤色栿子磚、花蓮伴、
□□座、相連色道，各二十五塊一工。
小通脊、面方，各每二十塊一工。
小裙色五十塊一工。
博脊、通脊、柱子、面堦各
每十四塊一工。
大裙色十塊一工，壇面磚八塊一工，
壇角磚二十七塊一工，
地栿十五塊一工，欄板七塊一工，
敲板瓦一千片一工。
皇極殿吻一隻十三塊，高一丈三尺五寸，計一百七十工。
吻朝一箇二塊，高四尺五寸，計十二工。
背獸一箇三工。
合角吻四隻二十塊，高五尺五寸，每隻五塊二十八工，共計一百十二工。
吻朝四箇，每箇二工計八工。
背獸四箇四工。
建極殿，
中極殿同前。
乾清宮吻二隻二十二塊，高一丈五寸，每隻十一塊九十八工，共計一百九十六工。
吻朝二箇四塊，每一箇二塊計八工，共十六工。
背獸二箇，每一箇二工，計四工。
合角吻八隻四十塊，每一隻五塊二十八工，計二百二十四工。
吻朝八箇，每一箇二工，共計十六工。
背獸八箇，計八工。
文武樓同前
皇極門吻一隻十一塊，九十八工。
吻朝二箇計八工，背獸一箇計二工。
合角吻四隻二十塊，每隻五塊二十八工，計一百十二工。
吻朝四箇計八工，背獸四箇計四工。
午門端門承天門同前
黄土車每日每車四運，銀六分。
晝夜煉青匠，長工七分，
短工六分。以上二項營繕司十一年新增。
運瓦料脚價：
瑠璃廠舊估瓦片，每五十片計三百七十五斤作一車，今議每車四百斤，每車每里運價四厘，如城内外工所離廠十里以外者用車裝運，十里以内者用夫擡運，照舊估准，夫一名每日擡四次，每扛重一百二十斤，内城工所每找各減十斤，俱准長工筭給。
一黑窑廠燒造各樣磚料合用柴土工匠規則：
二尺方磚每箇柴一百二十斤，應減十斤。
尺七方磚每箇柴九十斤，應減十斤。
尺五方磚每箇柴七十斤，
大平身磚每箇柴七十斤。二項應減六斤。

尺二方磚、城磚、

平身磚每箇各用柴五十斤，三項應減四斤。

板磚、斧刃、

券副磚每箇各用柴四十斤。三項應減三斤。

垂板磚每箇七十斤。

同板瓦等料，每萬箇柴二萬四千斤有奇。

做坯片匠照會估磚瓦大小，筭工開後。

二尺方磚每四箇一工，

尺七方磚每六箇一工，

尺五方磚每十箇一工，

尺二方磚每十三箇一工，

平身磚每十三箇一工，

斧刃磚每二十六箇一工，

券副磚每二十四箇一工，

混磚沙板磚各每一百箇一工，

垂板磚每六十箇一工，

同瓦每五十箇一工，

板瓦每一百片一工，

勾頭滴水花邊瓦各每四十四箇一工，

瓦條一百五十根一工，

二尺七寸吻一隻二工，屯田司十三年增。

尺七獸三隻二工，尺五獸二隻一工，

尺二獸五隻二工，一尺獸三隻一工，

八寸獸四隻一工，閣獸雙尾一隻二工，

獅子海馬七箇一工，

當溝七十箇一工。

城樓工所削邊瓦料：

五樣削邊同瓦每三十箇一工，

板瓦每六十片一工，

六樣削邊同瓦每三十五箇一工，

板瓦每七十片一工。

大平身磚長一尺六寸，濶一尺，每九箇一工。

城磚原無會估，今議長一尺五寸八分，濶七寸五分，厚四寸，每十箇一工。

新板磚長一尺四寸五分，濶七寸，厚三寸，每二十箇一工。

裝燒窑匠做模子，木匠隨工量用。內長工七分筭。

以上各項匠工給銀六分，每匠六工，用供作夫十九名，開運鶯房黑土運黄土夫共二十三名。

運磚料脚價：

舊估斧刃磚每十五箇計三百五十斤作一車，今議磚瓦每車四百斤，每車每里運價三厘五毫。如城內外工所離廠十里以外者用車裝運，十里以內者用夫擡運，照舊估准夫二名，每日擡四次，每扛重一百四十斤，內城工所每扛各減十斤，俱准長工筭給。

何士晉《工部廠庫須知》卷三

營繕司

掌工作之事，一切營造皆由掌印郎中酌議呈堂，或用題請而分屬於各差。今除各項制度規則載在《會典》，掌自內府，不必臚列，列經費之大端及有當權宜置議者，于左分司。爲三山大石窩，爲都重城，爲灣廠通惠河道兼管，爲琉璃黑窑廠，爲修理京倉廠，爲清匠司，爲繕工司兼管小修，爲神木廠兼磚廠，爲山西廠，爲臺基廠，爲見工灰石作所屬，爲營□□，所正一員，所副二員，所丞二員，武功三衛經歷等官。

年例錢糧

一年一次內官監成造修理皇極等殿、乾清等宮，一應上用什物家伙會有。

甲字庫：

紫英石一十斤，每斤銀三分，該銀三錢。

硼砂二斤，每斤銀五錢五分，該銀二兩一錢。

乙字庫：

高頭紙二十萬張，每百張銀一分九厘，該銀三十八兩。

欒榜紙一千張，每百張銀一錢二分，該銀一兩二錢。

紙觔紙二千斤，每斤銀六分，該銀一百二十兩。

黄白錫箔六千張，每百張銀一分八厘，該銀一兩八分。

奏本紙三千張，每百張銀五錢，該銀一十五兩。

丙子庫：

荒絲一百斤，每斤銀四錢，該銀四十兩。

串五細絲一百斤，每斤銀一兩四分，該銀一百四兩。

丁字庫：

川漆五千斤，每斤銀一錢六分，該銀八百兩。

生鉄二千斤，每斤銀六厘，該銀一十二兩。生黄牛皮一千五百五十張，每張銀三錢六分，該銀五百五十八兩。

白麻二萬五千斤，每斤銀三分，該銀七百五十兩。

白硝山羊皮八十張，每張銀三錢七分，該銀一十三兩六錢。

通州抽分竹木局：

筀竹二百五十根，每根銀八厘，該銀二兩。

長節竹木篾二十斤，每斤銀一分，該銀二錢。

猫竹二百根，各長二丈，圍一尺一寸，每根銀九分，該銀一十八兩。

輭竹篾三百斤，每斤銀一分五厘，該銀四兩五錢。

散木一十根，各長一丈二尺，圍三尺五寸，每根銀一兩一錢五分，該銀一十一兩五錢。

杉木六十根，每根折收桅木三根，共一百八十根，每根長一丈八尺，圍四尺八寸，

照估四號銀三兩一錢，該銀五百五十八兩。

杉木連二板枋四十塊，每塊折收桅木二根，共八十根。各長一丈八尺五寸，圍四尺八寸，照估五號，每根銀三兩，該銀二百四十兩。

以上二十一項共銀三千二百八十八兩四錢八分。

召買：

天大青十二斤，每斤銀二兩，該銀二十四兩。

天二青十二斤，每斤銀一兩四錢，該銀一十六兩八錢。

天三青十二斤，每斤銀七錢，該銀八兩四錢。

石大青五十斤，每斤銀七錢，該銀三十五兩。

石二青五十斤，每斤銀四錢五分，該銀二十二兩五錢。

石三青五十斤，每斤銀二錢八分，該銀一十四兩。

天大碌二十五斤，每斤銀一錢二分，該銀二兩五錢。

方以智《物理小識》卷六《茶》 茗載神農《食經》，古茶即茶。《漢志》：茶陵音茶，詳《通雅》。韓翃《謝茶啟》云：吴主置茗，晉人分茶。晏子：三茗自古以肰，惟桑苧以製顯耳。宓山約之曰：種以多子，稍長即遂，大即難遂。灌汁遠沁，山宜西南，以受露多也。采宜穀雨前後。羅岕立夏開園，中德曰：雨前芽嫩，摘以指甲，勿傷老節，夏不如春，或秋一摘，俗盡下其老葉，以明年再生也。樹老則燒之，其根自發，宜糠與焦土種，惡停水。製有三法：摘葉賫晴，候其發香，熱鍋擣青，使人旁扇，傾出煩挼，再焙至三而燥。一法：沸湯微煬眼乾，綿紙藉而焙之。一法：蒸葉眼乾，再以火焙，收賫錫餅或箬藉或沙甕，礬黏入炭箬封固，倒庋閣上，承以新瓶，以溼蒸，自上而下也。紙木香藥食檗諸气，近則受染，慎之哉。中通曰箬，能隔濕，下路方磚奠沙，沙下鋪箬，乃不上潮，故竹絲編箬盛茶，外黏封，不受烟，而近竈閣之不壞。甕坳亦生潤，故用沙甕以礬礜黏其外最妙。是處産茶，焙製斯異，名茶皆炒，岕以蒸焙。趙長白茶，史載事耳。龍團鳳餅，紫茸鷩芽，何爲乎松蘿，去尖與柄與筋，畏其先焦也。炒薪宜枝，不用幹葉，文火武催，急翻半熟爲度，生則黑矣，旁扇祛熱乃免黄褐。掀出瓷盤尤須急扇，乃重揉之，再以文炒或三乃乾，帶潤覆之則气罨鬱，更一焙焉。待冷上霜，優劣定於始鐺，清濁係乎末火確矣。馮可賓曰：白巖、烏瞻、青東、顧渚、篠浦皆岕，而羅氏居小。太熟失鮮，茶焙歲修，别茶熏乾，焙簾勿用新竹，烟炭剔去，上摇大扇，火气旋轉乃匀耳。中履曰：林确㘰梅川種茶亦製岕片，北源藏溪法六安貢尖，近亦能用諸法，大岕微煬後泡，今先洗葉炒之，香亦相似。山泉上，江水中，井〔水〕下，山足泉重於頂，砂洌於石。永叔曰：張又新載劉伯芻七等陸羽，語李季卿二十種，多反《茶經》，辨南零特怪，其又新附之耶？王禹偁賛谷簾湯中能稱三疊，《茶經》忌湍瀑，此非瀑邪？其收潭邪？甕置溪石，紗覆承露，梅雨投伏，龍肝變則火洗可也。《芷園日記》曰：天水都好，須器中久，俟其色變蟲去，色香味始妙，山泉留亦變也。湯最忌烟，紅炭瓦鐺，急扇勿停，小砂壺數具，時分三投，冬下投，春中投，夏上投。何計銀銚龔春邪。蘇廙十六湯，文瀾俊語也。李南金用背二涉三爲合量，羅鶴林欲於松風澗水後遂餅去火而淪之。羅廩曰：湯老矣，去火何救哉。愚者曰：上池水以淡爲甘，山泉重冽，宜多一沸，沸之與止，代

錯无窮，各取當機耳。色白香冲，味恬而滑，絶非草气，不較花芳，此最上乘。雲林香花收茶，《清閟集》曰：早取將開蕋，入茶封之烘乾，取茶入瓶。久夫綃紙，苴花納茶，潤藉紙裛，或瓶收花香，去花貯茶。皆第二義也。許次抒、葉清臣、邢士襄、聞龍、張源諸公，箋録各圖，快語洒濯玄味，須遇其人，自非眠雲漱石，何暇領此哉。姚士麟曰：闗中油酥點飲，永順烹以草果，番人膜拜迎茶，此茶馬御史所以設也。馬眼光照人全身，齒少毛附掌粘者无病，上馬給茶百二十斤，中七十，下五十。商每芽引三錢，葉引二錢，闌出者死。漢中野茶長籆曰篦，上馬給茶十五篦，常馬不過六篦。吴麟長曰：南楚熏曝成茶，且襍樹葉，出塞即香，蓋地寒則草香，發羶酪，賴此去病，故賚之。苦薹出廣蒙頂，乃苔也，普雨茶蒸之成團狗，西番市之，最能化物，與六安同。修江出欒茶，治頭風，乃石楠葉也。

王士禛《池北偶談》卷一四《談藝四・湖湘詩》 高念東侍郎珩，以康熙戊申奉命祭告南岳，在湖湘間有詩數百篇。予喜其絶句録之。如「行人到武昌，已作半途喜。那識武昌南，煙水五千里。」「未入衡州郭，先看衡州城。城門垂薜荔，大抵似巴陵。」「緑净不可唾，此語足千古。天水澹相涵，中有數聲櫓。」「花放不知名，稻秀猶能長。芳草隱清流，但聽清流響。」「兩岸層層嶂，孤城面面山。横襟憑一葉，睥睨洞庭間。」「幾月舟行久，今朝倦眼開。千峯翔舞處，一片大江來。」「南岳雲中盡，東流海上忙。他年圖畫裏，著我在瀟湘。」「芋火夜經聲，悲喜寒嚴寺。宰相世間人，何與山僧事。」「磨甎竟不成，磨銅何不可。寄語馬大師，努力菴前坐。」高又有送人詩云：「故園小圃又東風，杏子櫻桃次第紅。明日春明門外路，清明消遣馬蹄中。」

鄂爾泰等《雍正硃批諭旨》卷二四中 〔雍正三年七月一一日〕同日又奏：爲恭請敕選興工吉期以光盛典事。竊曲阜縣聖廟工程所需木植顔料等物，非山左出産者，臣接准部咨與兩司會商，委都司鈕國璽等齎銀前往江西、湖廣、江南採辦木植、顔料、桐油，又委濟南府經歷夏禮賢前往江南購買架木，並咨明工部在案。其琉璃瓦、石柱、甎灰等項委泗水縣知縣馬兆英等相度地勢，就曲阜近處建窑燒造開採。委登萊青道徐德俶、兖州府知府吴關杰監理。今先據夏禮賢買到架木一萬二千餘根，已抵宿遷地方，月杪可達濟寧，便可搭架興工，理合奏聞，伏祈皇上敕下欽天監選擇啓土興工吉期，以仰副聖主崇儒重道至意。臣謹奏。

鄂爾泰等《雍正硃批諭旨》卷五七 雍正八年五月二十八日巡察江南監察御史臣戴音保謹奏：爲敬陳管見仰祈睿鑒事。竊臣奉命巡察江南，遍歷上下兩江地方，謹據見聞所及，敬爲我皇上陳之。

一專選驛道以肅郵政也，竊照驛道一缺專理驛站馬匹。雍正七年奉文每年親自逐驛查閱一次，但查驗馬匹必須熟習鞍馬之人親臨點視，諭令如法，餧養方爲有益。臣見漢人行動必藉舟輿，多於鞍馬未諳，不若旗員自幼嫺習乘騎，必能熟悉檢閱。臣請嗣後驛道一缺，亦照理事同知必用滿洲之例，專選旗員補授，俾令輕騎遍視，分別去取，諭以如法餧養，庶每年查驗方有實效，而於郵政益加整頓矣。

一沿江之開窑採取土石宜禁也。竊照江寧府句容縣所屬之龍潭地方，至鎮江府丹徒縣所屬之銀山沿江南岸一帶，俱係石山土岡，屏障江邊，綿亘九十餘里，内包兩邑田畝，外截長江潮汐，設遇江水驟漲，藉有山岡爲之捍禦。臣巡察沿江，經行其地，查九十里中開燒磚灰窑户共有三十四處，石則開鑿燒灰，土則刨燒磚瓦，現在山石多有缺損，土岡多有斷續，將來積漸日久，民田必受衝激。以臣愚見，仰請勅下督撫，嗣後沿江一帶開鑿土石之處，永行嚴禁。其窑户人等令於内地無礙處所開燒，庶田畝得資防捍，而江岸永遠鞏固矣。

以上二條，臣愚昧管見，是否有當，伏乞皇上睿鑒施行，謹奏。

《明史》卷三〇《五行志三・詩妖》 太祖吴元年，張士誠弟僞丞相士信及黄敬夫、葉德新、蔡彦文用事。時有十七字謡曰：「丞相做事業，專靠黄、蔡、葉。一朝西風起，乾癟。」未幾，蘇州平，士信及三人者皆被誅，此其應也。建文初年，有道士歌於途曰：「莫逐燕，逐燕日高飛，高飛上帝畿。」已忽不見，是靖難之讖也。

正統二年，京師旱，街巷小兒爲土龍禱雨，拜而歌曰：「雨帝雨帝，城隍土地。雨若再來，還我土地。」説者謂「雨帝」者，與弟也，帝弟同音。「城隍」者，郕王。「再來」、「還土地」者，復辟也。

萬曆末年，有道士歌於市曰：「委鬼當頭坐，茄花遍地生。」北人讀客爲楷，茄又轉音，爲魏忠賢、客氏之兆。又成都東門外鎮江橋迴瀾塔，萬曆中布政余一龍所修也。張獻忠破蜀毁之，穿地取磚，得古碑。上有篆書云：「修塔余一龍，拆塔張獻忠。歲逢甲乙丙，此地血流紅。妖運終川北，毒氣播川東。吹簫不用竹，一箭貫當胸。漢元興元年，丞相諸葛孔明記。」本朝大兵西征，獻忠被射而死，時肅王爲將。又有謡曰：「鄴臺復鄴臺，曹操再出來。」賊羅汝才自號曹操，此其兆也。

《明史》卷六八《輿服志四》 親王府制。洪武四年定，城高二丈九尺，正殿基高六尺九寸，正門、前後殿、四門城樓，飾以青緑點金，廊房飾以青黛。四城正門，以丹漆，金塗銅釘。宮殿窠栱攢頂，中畫蟠螭，飾以金，邊畫八吉祥花。前後殿座，用紅漆金蟠螭，帳用紅銷金蟠螭。座後壁則畫蟠螭、彩雲，後改爲龍。立山川、社稷、宗廟於王城内。七年定親王所居殿，前曰承運，中曰圜殿，後曰存心；四城門，南曰端禮，北曰廣智，東曰體仁，西曰遵義。太祖曰：「使諸王覩名思義，以藩屏帝室。」九年定親王宮殿、門廡及城門樓，皆覆以青色琉璃瓦。又命中書省臣，惟親王宮得飾朱紅、大青緑，其他居室止飾丹碧。十二年，諸王府告成。其制，中曰承運殿十一間，後爲圜殿，次曰存心殿各九間。承運殿兩廡爲左右二殿，自存心、承運，周迴兩廡，至承運門，爲屋百三十八間。殿後爲前、中、後三宮，各九間。宮門兩廂等室九十九間。王城之外，周垣、四門、堂庫等室在其間，凡爲宮殿室屋八百間有奇。弘治八年更定王府之制，頗有所增損。

公主府第。洪武五年，禮部言：「唐、宋公主視正一品，府第並用正一品制度。今擬公主第，廳堂九間，十一架，施花樣獸脊，梁、棟、斗栱、簷桷彩色繪飾，惟不用金。正門五間，七架。大門，緑油，銅環。石礎、牆甎，鐫鑿玲瓏花樣。」從之。

百官第宅。明初，禁官民房屋，不許雕刻古帝后、聖賢人物及日月、龍鳳、狻猊、麒麟、犀象之形。凡官員任滿致仕，與見任同。其父祖有官，身歿，子孫許居父祖房舍。洪武二十六年定制，官員營造房屋，不許歇山轉角，重簷重栱，及繪藻井，惟樓居重簷不禁。公侯，前廳七間、兩厦，九架。中堂七間，九架。後堂七間，七架。門三間，五架，用金漆及獸面錫環。家廟三間，五架。覆以黑板瓦，脊用花樣瓦獸，梁、棟、斗栱、簷桷綵繪飾。門窗、枋柱金漆飾。廊、廡、庖、庫從屋，不得過五間，七架。一品、二品，廳堂五間，九架，屋脊用瓦獸，梁、棟、斗栱、簷桷青碧繪飾。門三間，五架，緑油，獸面錫環。三品至五品，廳堂五間，七架，屋脊用瓦獸，梁、棟、簷桷青碧繪飾。門三間，三架，黑油，錫環。六品至九品，廳堂三間，七架，梁、棟飾以土黃。門一間，三架，黑門，鐵環。品官房舍，門窗、户牖不得用丹漆。功臣宅舍之後，留空地十丈，左右皆五丈。不許那移軍民居止，更不許於宅前後左右多占地，構亭館，開池塘，以資遊眺。

欠禮等《工程做法》卷四三《歇山硬山各項瓦作做法開後》

計開

凡碼單磉墩以柱四石見方尺寸定見方，如柱徑捌寸肆分，得柱頭石見方壹尺陸寸捌分，肆圍各出金邊貳寸，得見方貳尺捌分，金柱頂下照簷柱頂加貳寸，高隨臺基除柱頂石之厚，外加地皮以下埋頭尺寸。

凡碼連貳磉墩以出廊并柱頂石定長，如出廊深肆尺伍寸，壹頭加金柱頂半個壹尺肆分，壹頭加簷柱頂半個捌寸肆分，兩頭再各加金邊貳寸，共長陸尺柒寸捌分。以柱頂石之寬定寬，如金柱頂寬貳尺捌分，兩邊各加金邊貳寸，得寬貳尺肆寸捌分。高隨臺基，除柱頂石之厚，外加埋頭尺寸。

凡攔土按進深面濶得長，如伍檩除山簷柱單磉墩分位定長短，如有金柱隨面濶之寬。除磉墩分位定招檔高隨臺基，除墁地磚分位，外加埋頭尺寸，如簷磉墩小，金磉墩大，寬隨金磉墩尺寸。

凡埋頭以檩數定高低，如肆伍檩應深陸寸陸分，檩應深捌寸，玖檩應深壹尺，長寬隨磉墩攔土。

凡包砌臺基長隨堦條石，高按臺基，除堦條石之厚，外加埋頭尺寸，以出簷除攔土定寬。如出簷貳尺捌寸捌分，以拾分之内除貳分回水得寬貳尺叁寸，再除攔土半分壹尺肆分，得淨寬壹尺貳寸陸分。兩山按進深之長再加前後出簷尺寸，内除前後簷包砌之寬得長，寬按山墻外出之厚除攔土之寬，露明或斗板石或細磚壹進，餘係背後糙磚，或俱糙砌，臨期酌定。兩山露明金邊寬貳寸，如後簷砌墻亦留金邊寬貳寸。

凡硬山羣肩以進深定長，如進深壹丈捌尺，即長壹丈捌尺。以簷柱定高，如簷柱高玖尺陸寸，叁分之壹，得高叁尺貳寸。以柱徑定厚，如柱徑捌寸肆分，柱皮往外即出捌寸肆分，裏進貳寸，得厚壹尺捌寸捌分。

凡山墻上身長隨羣肩以簷柱定高，如簷柱高玖尺陸寸，除羣肩高叁尺貳寸，外加平水壹分。如平水高柒寸肆分，檩徑壹分捌寸肆分，椽徑壹分貳寸伍分，望板厚伍分加之，得淨高捌尺貳寸捌分。以羣肩之厚定厚，如羣肩厚壹尺捌寸捌分，如抹飾收柒分，拘抿或細磚均收叁分，再收頂每高壹尺收分壹分。

凡山尖以山柱定高，如山柱通高壹丈伍尺陸寸肆分，除羣肩并上身共高壹丈壹尺肆寸捌分，外加檩徑壹分捌寸肆分，椽徑壹分貳寸伍分。望板厚伍分，得高伍尺叁寸，厚與墀頭之厚同。兩山折壹山，如不用博縫排山，再加披水磚壹層，長按進深加舉核算。

凡懸山山墻伍花成造，以步架定高，如簷柱高玖尺陸寸，壹步架即高玖尺陸寸。如金柱高壹丈壹尺捌寸伍分，壹步架即高壹丈壹尺捌寸伍分。除墻肩分位，即得浄高尺寸，以柱徑定厚，如柱徑捌寸肆分，以柱皮外出捌寸肆分，裏進貳寸，共厚壹尺捌寸捌分，收分與硬山同。

凡點砌懸山山花象眼以步架定寬，內除瓜柱徑寸分位，高隨瓜柱浄高尺寸，厚與瓜柱徑同，兩山折壹山。

凡前後簷墻以面濶定長，如面濶壹丈貳尺，即長壹丈貳尺，如遇山墻應除裏進分位。以簷柱定高，如柱高玖尺陸寸，下除羣肩之高叁尺貳寸，上除簷枋之高捌寸肆分，得高伍尺伍寸陸分，內除墻肩分位。以簷柱徑定厚，如柱徑捌寸肆分，外出叁分之貳得伍寸陸分，裏進貳寸，共得厚壹尺陸寸。

凡封護簷墻長厚與簷墻同，以簷柱定高，如簷柱高玖尺陸寸，外加平水壹分，檁徑壹分，椽徑壹分，望板之厚各尺寸，內除高壹寸爲順水之法。

凡扇面墻以面濶定長，如面濶壹丈貳尺，即長壹丈貳尺，如遇山墻應除裏進分位，以金柱定高，如柱高壹丈壹尺捌寸伍分，除金枋高捌寸肆分，得高壹丈壹尺壹分，內除墻肩分位，羣肩之高與山墻同，厚與簷墻同。

凡檻墻除簷枋壹分，榻板壹分，支窗壹分，或除横披風檻分位得高，以柱徑定寬。如柱徑捌寸肆分，裏外各出壹寸伍分，得寬壹尺壹寸肆分，長隨面濶，如遇山墻應除裏進分位。

凡隔斷墻高隨簷柱，長隨進深，內除兩頭柱徑各半分，再除前後簷墻裏進尺寸分位得長，厚以前後柱徑尺寸，兩邊再各出壹寸伍分得厚。

凡廊墻按出廊定長，如出廊深肆尺伍寸，即長肆尺伍寸。以簷柱定高，如柱高玖尺陸寸，內除穿插檔寬捌寸肆分，穿插枋高捌寸肆分，得浄高柒尺玖寸貳分，內羣肩之高厚與山墻同。上身或用棋盤心，或糙砌抹餙，臨期酌定。

凡墻肩長短隨面濶進深，寬隨墻頂，如墻頂寬壹尺陸寸，或除枋子之厚或柁之厚，以裏進外出各尺寸按伍舉加之，墻厚壹尺以外者，除高叁寸作墻肩分位。

凡墻垣襯脚取平隨墻之長短，以墻之厚定寬，如墻厚壹尺捌寸捌分，即厚壹尺捌寸捌分，高隨墁地磚分位。

凡砌墻垣如柱頂有古鏡者，按古鏡高加磚層數，長除古鏡尺寸，厚隨墻垣。

凡小叁才墀頭以出簷定長，如出簷貳尺捌寸捌分，內收線磚壹層壹寸伍分，混磚壹層貳寸，嚻磚壹層貳寸伍分，盤頭貳層共壹寸，戧簷壹寸，連簷貳寸，雀兒臺捌分，外浄長壹尺捌寸。以簷柱定高，如柱高玖尺陸寸，外加平水壹分，檁徑壹分，共高壹丈壹尺壹寸捌分。內除停泥滚子磚砍做線磚乾擺壹層壹寸陸分，混磚壹層壹寸陸分，嚻磚壹層壹寸陸分，盤頭貳層叁寸貳分，戧簷壹層肆寸，浄高玖尺玖寸捌分，外加連簷之厚壹分半，以做戧簷斜長入榫分位。或用尺肆尺貳方磚開做，以簷柱徑寸定厚，如柱徑捌寸肆分，柱中往外出隨山墻，往裏進隨柱徑拾分之壹，共得厚壹尺叁寸肆分，腿高與出墻羣肩同。

凡中叁才墀頭以出簷定長，如出簷貳尺捌寸捌分，內收線磚壹層貳寸混磚壹層貳寸伍分，□磚壹層叁寸，盤頭貳層共壹寸伍分，戧簷貳寸，連簷貳寸，雀兒臺壹寸，外浄長壹尺肆寸捌分。以簷柱定高，如柱高玖尺陸寸，外加平水壹分，檁徑壹分，共高壹丈壹尺壹寸捌分。內除停泥滚子磚砍做乾擺線磚壹層壹寸陸分，混磚壹層壹寸陸分，嚻磚壹層壹寸陸分，盤頭貳層叁寸貳分，尺貳料半方磚整做戧簷壹層壹尺壹寸，浄高玖尺貳寸捌分，外加連簷之厚壹分半，以做戧簷斜長入榫分位，或用尺肆方磚整做。以簷柱徑定厚，如柱徑捌寸肆分，柱中往外出隨山墻，往裏進隨柱徑拾分之壹，共得厚壹尺叁寸肆分，腿高與山墻羣肩同。

凡大叁才墀頭以出簷定長，如出簷貳尺捌寸捌分，內收線磚壹層貳寸貳分，混磚壹層貳寸柒分，嚻磚壹層叁寸叁分，盤頭貳層共壹寸伍分，戧簷叁寸，連簷貳寸伍分，雀兒臺壹寸，外浄長壹尺貳寸陸分。以簷柱定高，如柱高玖尺陸寸，外加平水壹分，檁徑壹分，共高丈壹尺壹寸捌分，內除停泥滚子磚砍做乾擺線磚壹層壹寸陸分，混磚壹層壹寸陸分，嚻磚壹層壹寸陸分，盤頭貳層叁寸貳分，尺柒方磚砍做□簷壹層壹尺陸寸，浄高捌尺柒寸捌分，外加連簷之厚壹分半，以做戧簷斜長入榫分位。以簷柱徑定厚，如柱徑捌寸肆分，柱中往外出隨山墻往裏進隨柱徑拾分之壹，共得厚壹尺叁寸肆分，腿高與山墻羣肩同。

凡博縫以進深并出簷加舉定長短，如□□壹丈捌尺，步架并出簷加舉得通長貳丈捌尺貳寸貳分，即長貳丈捌尺貳寸貳分，小叁□線混博縫磚俱停泥滚子磚砍做，或尺貳尺肆□磚□做，或停泥滚子磚陡砌中叁才博□□□尺貳方磚整做，大叁才博縫尺柒方磚砍□。

凡排山勾滴以進深加舉定長，如進深壹丈捌尺，步架并出簷，加舉得通長貳丈捌尺貳寸貳分，即長貳丈捌尺貳寸貳分。按瓦料之號分隴□個數。

凡調大脊以通面濶定長，除吻獸之寬尺寸各壹分，即得浄長尺寸，用板瓦取平苫背，沙滚子磚襯平，瓦條貳層，混磚壹層。又瓦條壹層或尺貳、尺肆、尺柒方磚開砍斗板壹層，背餡灌漿。又瓦條壹層，混磚壹層，又瓦條壹層，扣脊筒瓦壹層。吻座用圭角壹件，蘇葉頭壹件，天混壹件，天盤壹件，吻壹隻，劍靶壹件，背獸壹件。其混磚斗板兩頭中間如用花草磚，或統花磚龍鳳等項，臨期酌定。

凡調垂脊以每坡之長分爲叁分，上貳分即垂脊，用瓦條貳層，混磚壹層，停泥通脊板壹層背餡灌漿。又混磚壹層，扣脊筒瓦壹層，獸座用方磚鑿做，垂獸壹隻，獸角壹對。下壹分即岔脊，用瓦條壹層，混磚壹層，上安獅馬或伍件或柒件，圭角壹件，捎風頭壹件。

凡調清水脊長隨面濶，外加兩山墻外出之厚，用板瓦取平苫背，瓦條貳層混磚壹層，扣脊筒瓦壹層，每頭鼻子壹件，盤子壹件，擸頭貳件，勾頭貳個，兩頭并中間如用花磚，臨期酌定。

凡抹灰當勾以面濶得長，以所用瓦料定寬，如頭號板瓦中高貳寸，貳號板瓦中高壹寸柒分，叁號板瓦中高壹寸伍分，拾樣板瓦中高壹寸，得頭號板瓦灰當勾均寬肆寸，貳號均寬叁寸肆分，叁號均寬叁寸，拾樣均寬貳寸。如用筒瓦照中高尺寸加壹分半，貳面折壹面垂脊當勾長按垂脊，外高同前，裏高叁分之壹，頭號得壹寸叁分，貳號得壹寸壹分，叁號得壹寸，拾樣得陸分。

凡宼瓦以面濶得隴數，如面濶壹丈貳尺，頭號板瓦口寬捌寸，每丈拾壹隴壹分。貳號口寬柒寸，每丈拾貳隴伍分。叁號口寬陸寸，每丈拾肆隴貳分。拾樣口寬叁寸捌分，每丈貳拾貳隴。以進深并出簷加舉得長，每板瓦壹片，壓柒露滲。頭號長玖寸，得露明長貳寸柒分。貳號長捌寸，得露明長貳寸肆分。叁號長柒寸，得露明長貳寸壹分。拾樣長肆寸叁分，得露明長壹寸貳分玖釐。每坡每隴除滴水壹件，或花邊瓦壹件分位，每頭號筒瓦壹個長壹尺壹寸，貳號長玖寸伍分，叁號長柒寸伍分，拾樣長肆寸伍分。每坡每隴除勾頭壹件分位，即得數目。其懸山做法，隨挑山之長分隴，如轉角房及川堂有短隴之處折半核算，倉房除氣樓分位，如蓋板瓦用壓稍筒瓦壹隴，應除板瓦壹隴。

凡墁地按進深面濶折見方丈，除墻基柱頂檻墊等石料，外加前後出簷尺寸，除堦條石之寬分位，或方磚城磚滚子磚臨期酌定。

凡馬尾礓礤以明間面濶定寬，如面濶壹丈，即寬壹丈，內除垂帶石壹分。以臺基之高加貳倍定長，如臺基高壹尺，得長叁尺，如不按面濶做法，臨期酌定。

凡踏垜背後隨踏垜長寬丈尺以臺基之高折半，得高內除踏垜石之厚壹分。

【略】

凡苫背以面濶進深加舉折見方丈，鋪錠蓆箔同。

凡抹餙墻垣按墻之長高折見方丈。

凡拘抿與抹餙同。

凡刷漿與抹餙同。

凡倉墻以簷柱高尺寸減半定底寬，如簷柱高壹丈貳尺伍寸，得底寬陸尺貳寸伍分。以本身之高每尺收貳寸定頂寬，如墻高壹丈貳尺伍寸，共收貳尺伍寸，得頂寬叁尺柒寸伍分。係柱中裏外均出壹半，除磚叁層作墻肩分位，伍花懸山成造。

凡庫墻以簷柱高尺寸拾分之肆定寬，如柱高壹丈，得厚肆尺，裏進叁寸，餘俱外出前後封護簷硬山成造。

欠禮等《工程做法》卷四六《歇山硬山各式各項瓦作做法開後》

計開

凡碼單磉墩以柱頂石，尺寸定見方，如柱徑伍寸，得柱頂石見方捌寸，再肆圍各出金邊壹寸伍分。得單磉墩見方壹尺壹寸，金柱下單磉墩照簷柱，磉墩亦加金邊壹寸伍分，高隨臺基。除柱頂石之厚外，加地皮以下之埋頭尺寸。

凡埋頭以檁數定高低，如肆伍檁深肆寸，陸柒檁深陸寸。

凡攔土按進深面濶，除磉墩分位得週圍之長，如有金柱隨面濶丈尺除磉墩分位，得掐砌攔土之長，高隨臺基除墁地磚分位，外加埋頭尺寸，其寬帶包砌臺基尺寸，至磉墩空檔內掐砌壹進，兩山各出臺基金邊寬壹寸伍分。

凡硬山羣肩以進深定長，如進深壹丈貳尺，即長壹丈貳尺，以簷柱定高。如簷柱高柒尺，叁分之壹得高貳尺叁寸叁分，以柱徑定厚。如柱徑伍寸，自柱皮往外出柱徑壹分，往裏進壹寸伍分，得羣肩厚壹尺壹寸伍分。

凡山墻上身長隨羣肩以簷柱定高，如簷柱高柒尺除羣肩高貳尺叁寸叁分，得上身高肆尺陸寸柒分，外加平水高伍寸，檁徑陸寸，椽徑壹寸捌分，得墻上身淨高伍尺玖寸伍分。如有廊墻照金柱之長得長，以羣肩之厚定厚，如羣肩厚壹尺壹寸伍分，上身如裏外抹飾各收分柒分，如拘抿每皮收叁分。

凡硬山山尖以山柱定高，如山柱高壹丈陸寸，除墻上身并羣肩共高捌尺貳寸捌分，得高貳尺叁寸貳分，外加檁徑壹分陸寸，椽徑壹分壹寸捌分，得山尖淨高叁尺壹寸，厚與墀頭之厚同，如不用博縫排山，再加披水磚壹層，長按進深加舉核算，兩山折壹山。

凡懸山墻伍花成造以步架定高，如簷柱高柒尺，壹步架即高柒尺，如金柱高玖尺伍寸，壹步架即高玖尺伍寸。除墻肩分位，即得浄高尺寸，厚與硬山墻身同。

凡點砌懸山山花象眼以步架定寬內□□□□寸分位高隨瓜柱浄高尺寸厚與瓜柱之徑同兩山折壹山。

凡前後簷墻以面濶定長，如面濶壹丈，即長壹丈。如遇山墻應除裏進分位，以簷柱定高，如簷柱高柒尺，除簷枋壹分，如簷枋高伍寸除之，得簷淌連羣肩高陸尺伍寸。以簷柱徑定厚，如柱徑伍寸，外出叁分之貳得叁寸叁分，裏進壹寸伍分，共得厚玖寸捌分。

凡封護簷墻長厚與簷墻同，以簷柱定高，如簷柱高柒尺，外加平水之高壹分。檁徑壹分并之作拔簷分位，內收高壹寸爲順水之法。

凡扇面墻以面濶定長，如面濶壹丈，即長壹丈。如遇山墻應除裏進分位，以金柱定高，如金柱高玖尺伍寸，□□高伍寸，得扇面墻浄高玖尺伍寸，□肩分位羣肩之高與山墻同厚與簷墻□□。

凡□□之高除簷枋窓户槅板風檻橫披等件分位得高，厚與簷墻同，長隨面濶，如遇山墻應除裏進分位。

凡隔斷墻高隨簷柱，長隨進深，內除兩頭柱徑各半分，再除前後墻裏進分位得長，厚與簷墻同。

凡廊墻以出廊尺寸定長，如出廊深貳尺伍寸，廊墻即長貳尺伍寸。以簷柱之高除穿插枋并穿插檔定高，如簷柱高柒尺，穿插枋高伍寸，穿插檔寬伍寸除之，得廊墻連羣肩浄高陸尺。上身或用尺貳方磚或用沙滾子磚糙砌抅抿抹飾，厚與山墻同。

凡墻肩長短隨面濶進深，寬隨墻頂之厚，以裏進外出各尺寸按伍舉加之。如墻頂厚壹尺以外者，除高叁寸作墻肩分位。

凡山簷墻裏皮上身并隔斷墻上身或用土坯碎磚成砌，長高厚同前，至墻垣內有柱木石料等件，應扣除核算。

凡墻垣襯脚取平隨墻之長短，以墻之厚定寬，墻根之厚即襯脚之寬高隨墁地磚分位。

凡柱頂石有古鏡者，按古鏡之高加磚之層數，長除古鏡尺寸，厚按墻垣。

凡墀頭以簷柱之高外加平水檁徑柁頭尺寸得高，以臺堦之寬收分定長，如臺堦寬壹尺陸寸捌分，內收貳分，得墀頭腿長壹尺叁寸伍分。以簷柱徑定厚，如簷柱徑伍寸，自柱皮往外出柱徑壹分，往裏進柱中伍分，得墀頭厚捌寸。

凡博縫以進深并出簷加舉得長，用沙滾子磚散裝糙砌。

凡排山勾滴以進深并出簷加舉得長，按瓦料號數分隴得個數。

凡調清水脊長隨面濶，外加山墻外出之厚，用板瓦取平苫背，瓦條貳層，混磚壹層，扣脊筒瓦壹層，每頭鼻子壹件，盤子壹件，擸頭貳件，勾頭貳件。

凡抹灰當勾以面濶得長，以所用瓦料定寬，如頭號板瓦中高貳寸，貳號板瓦中高壹寸柒分，叁號板瓦中高壹寸伍分，拾樣板瓦中高壹寸。得頭號板瓦灰當勾均寬肆寸，貳號均寬叁寸肆分，叁號均寬叁寸，拾樣均寬貳寸。如用筒瓦，照中高尺寸加壹分半，貳面折壹面。

凡宼瓦以面濶得隴數，如面濶壹丈，頭號板瓦口寬捌寸，每丈拾壹隴壹分。貳號口寬柒寸，每丈拾貳隴伍分。叁號口寬陸寸，每丈拾肆隴貳分。拾樣口寬叁寸捌分，每丈貳拾貳隴，以進深并出簷加舉得長。每板瓦壹片壓陸露肆，頭號長玖寸，得露明長叁寸陸分。貳號長捌寸，得露明長叁寸貳分。叁號長柒寸，得露明長貳寸捌分。拾樣長肆寸叁分，得露明長壹寸柒分貳釐。每坡每隴除花邊瓦壹件分位，如蓋瓦宼筒瓦，每頭號筒瓦壹個長壹尺壹寸，貳號長玖寸伍分，叁號長柒寸伍分，拾樣長肆寸伍分。每坡每隴除勾頭壹件分位，即得數目，其懸山做法，隨挑山之長分隴，如蓋瓦用壓稍筒瓦壹隴，應除板瓦壹隴。

凡墁地按進深面濶折見方丈，除墻基柱頂檻墊等石料，外加前後出簷尺寸除堦條石之寬分位，或尺貳方磚沙滾子磚斧刃磚糙墁。

凡馬尾礓礤以面濶折半定寬，如面濶壹丈，得寬伍尺，內除垂帶石之寬壹分，中心斜砌沙滾子磚，以臺基之高定長，如臺基高壹尺，得馬尾礓礤長壹尺伍寸，高壹尺伍寸得叁尺，高貳尺得長肆尺伍寸。

凡踏跺背後隨踏跺長寬丈尺，以臺基之高折半得高，內除踏跺石之厚壹分。

凡墻垣用磚應除柱徑柁枋門窓檻框槅板木料，及角柱壓磚板挑簷石料等項分位用磚。

凡苫背以面濶進深出簷加舉折見方丈核算。

凡抹飾抅抿刷漿，俱按墻垣之長高折見方丈核算。

欠禮等《工程做法》卷四七《歇山硬山各項土作做法開後》

計開

凡夯築灰土，每步虛土柒寸，築實伍寸，素土每步虛土壹尺，築實柒寸，應用步數，臨期酌定。

凡夯築貳拾肆把小夯灰土，先用大碣排底壹遍，將灰土拌勻下槽，頭□充□海窩寬叁寸，每窩築打貳拾肆夯頭，貳夯築銀錠，每銀錠亦築貳拾肆夯頭，其餘皆隨充溝。每槽寬壹丈，充剁大梗小梗伍拾柒道，取平落水壓渣子，起平夯壹遍，高夯亂打壹遍，取平旋夯壹遍。滿築拐眼落水，起高夯叁遍，旋夯叁遍，如此築打拐眼叁遍後，文起高碣貳遍，至頂步平串碣壹遍。

凡夯築貳拾把小夯灰土，築法俱與貳拾肆把夯同，每築海窩銀錠溝梗俱貳拾夯頭，每槽寬壹丈，充剁大梗小梗肆拾玖道。

凡夯築拾陸把小夯灰土，築法俱與貳拾肆把夯同，每築海窩銀錠溝梗俱拾陸夯頭，每槽寬壹丈，充剁大梗小梗叁拾叁道。

凡夯築大夯灰土，先用大□排底□□將灰土撒勻下槽，每槽夯伍把頭□充□海窩寬陸寸，每窩築打捌夯頭，貳夯□銀錠亦築打捌夯頭，其餘皆隨充溝。每槽寬壹丈，充剁大梗小梗貳拾壹道。第貳遍築打陸夯頭，海窩銀錠充溝同前，第叁遍取平落水撒渣子。雁別翅築打肆夯頭，後起高碣貳遍，頂步平串碣壹遍。

木作用料做法開後

計開

凡各項柱子戧木徑伍寸起至貳尺，以浄徑尺寸之外加荒徑壹寸，再長壹丈以外每丈遞加小頭荒徑壹寸，徑貳尺至肆尺如無合式圓木，取徑寸最大木植做浄之外，其不足之徑另加木植分瓣刖攢，俱照不足之徑定瓣數寬厚，其所分瓣料以浄寬厚之外，仍行加荒，如八瓣刖攢每瓣加寬荒壹寸伍分，如拾貳瓣以外刖攢每瓣加寬荒壹寸，俱加厚荒壹寸。

凡各項柁樑採步金長壹丈以內高厚壹尺內外者，用檄木，以浄高厚之外各加荒壹寸。長壹丈以外高壹尺內外者，用圓木，以本身高厚尺寸湊高，將湊高尺寸均分壹半用柒伍歸除，即得用圓木徑寸之數，如大柁壹根高壹尺捌寸貳分，厚壹尺肆寸，得湊高叁尺貳寸貳分，均分之得壹尺陸寸壹分，即以壹尺陸寸壹分柒伍歸除，得用徑貳尺壹寸肆分圓木壹根再長壹丈。

欠禮等《工程做法》卷五三《各項磚瓦用料開後》

計開

新樣城磚：

砍細乾擺灌漿，每個用灰叁觔。

砍細斗板，每個用灰壹觔捌兩。

砍細車網，每個用灰貳觔。

舊樣城磚：

砍細假乾擺，每個用灰叁觔。

灰砌灌漿，每個用灰叁觔。

插灰泥砌，每個用灰壹觔。

斗板灰砌，每個用灰壹觔捌兩。

斗板插灰泥砌，每個用灰捌兩。

每插灰泥砌叁每個用實黄土見方尺壹尺。

停泥滾子磚：

砍細乾擺灌漿，每個用灰壹觔。

斗板每個用灰捌兩。

停泥斧刃磚用灰，俱與停泥滾子磚同。

沙滾子磚：

擣白砌及糙磚灰砌，每個俱用灰壹觔。

脊上斗板，每個用灰捌兩。

插灰泥砌每個用灰肆兩。

插灰泥砌斗板，每個用灰貳兩。

灰砌玲瓏晌墻，每個用灰捌兩。

每插灰泥砌，壹百叁拾個用實貴土見方尺壹尺。

沙斧刃磚，用灰俱與沙滾子磚同。

貳尺金磚：

砍細，每個用灰拾貳觔拾貳兩。

尺柒金磚：

砍細，每個用灰玖觔肆兩。

貳尺方磚：

砍細，每個用灰拾壹觔肆兩。

尺柒方磚：

砍細，每個用灰柒觔。

插灰泥糙砌，每個用灰叁觔捌兩，

每拾貳個用實黄土見方尺壹尺。

掛博縫，每個用灰貳觔。

尺肆方磚：

砍細，每個用灰叁觔捌兩。

插灰泥砌，每個用灰壹觔捌兩，

每磚拾柒個用實黄土見方尺壹尺。

掛博縫，每個用灰壹觔。

尺貳料半方磚：

砍細，每個用灰貳觔捌兩。

尺貳方磚：

插灰泥砌，每個用灰壹觔肆兩，

每貳拾叁個用實黄土見方尺壹尺。

掛博縫，每個用灰捌兩。

臨清城磚：

砍細，每個用灰叁觔。

貳尺金磚墁地，油麵擠縫，每個用桐油貳兩，白麵貳兩。

尺柒金磚，每個用桐油壹兩伍錢，白麵壹兩伍錢。

尺肆方磚，每個用桐油壹兩貳錢，灰捌兩。

插灰泥宼，每肆拾件用實黄土見方尺壹尺。

插灰瓦，每件用蔴刀壹錢。

貳號布筒瓦、羅鍋勾頭灰宼：每件用灰壹觔捌兩。

插灰泥宼，每件用灰拾貳兩。

插灰泥宼，每叁拾件用實黄土見方尺壹尺，

每件用蔴刀貳錢貳分。

貳號布板瓦、折腰花邊滴水灰宼，每件用灰拾肆兩。

插灰泥宼，每件用灰陸兩。

插灰泥宼，每陸拾件用實黄土見方尺壹尺。

如蓋瓦，每件用蔴刀柒分。

叁號布筒瓦、羅鍋勾頭灰宼，每件用灰壹觔。

插灰泥宼，每件用灰捌兩。

插灰泥宼，每肆拾件用實黄土見方尺壹尺，

每件用蔴刀壹錢壹分。

叁號布板瓦、折腰花邊滴水灰宼，每件用灰拾兩。

插灰泥宼，每件用灰肆兩。

插灰泥宼，每捌拾件用實黄土見方尺壹尺。

如蓋瓦，每件用蔴刀肆分。

拾樣布筒瓦、羅鍋勾頭灰宼，每件用灰陸兩。

插灰泥宼，每件用灰叁兩。

插灰泥宼，每捌拾件用實黄土見方尺壹尺，

每件用蔴刀肆分。

拾樣布板瓦、折腰花邊滴水灰宼，每件用灰肆兩。

插灰泥宼，每件用灰貳兩。

插灰泥宼，每壹百貳拾件用實黄土見方尺壹尺。

如蓋瓦，每件用蔴刀壹分。

筒板瓦、晌墻頂，俱不用灰觔。

頭號布通脊，每件用灰陸觔。

頭號布垂脊，每件用灰肆觔。

貳號布通脊，每件用灰伍觔。

貳號布垂脊，每件用灰叁觔。

叁號布通脊，每件用灰肆觔。

叁號布垂脊，每件用灰貳觔。

頭號布吻獸，每件用灰陸觔。

頭號布垂獸，每件用灰肆觔。

貳號布吻獸，每件用灰伍觔。

貳號布垂獸，每件用灰叁觔。

叁號布吻獸，每件用灰肆觔。

叁號布垂獸，每件用灰貳觔。

各號布獅馬用灰，俱隨各號布筒瓦算。

各號灰當勾，每隴用灰并蔴刀，俱隨各號筒板瓦，每件用灰之例核算。

布筒板瓦夾隴捉節，每折見方丈壹丈用灰叁拾觔，每灰壹百觔用蔴刀叁觔。

貳樣瑠璃脊瓦料，每件用瓦陸觔。

叁樣瑠璃脊瓦料，每件用灰伍觔。

肆樣瑠璃脊瓦料，每件用灰肆觔。

伍樣琉璃脊瓦料，每件用灰叁觔。

陸樣琉璃脊瓦料，每件用灰貳觔。

柒樣琉璃脊瓦料，每件用灰壹觔捌兩。

捌樣琉璃脊瓦料，每件用灰壹觔。

玖樣琉璃脊瓦料，每件用灰捌兩。

貳樣琉璃脊料并筒瓦勾頭夾隴，黃色每件用白灰壹觔，頭號紅土拾兩。

綠色每件用白灰壹觔，青灰拾兩。

黑色每件用白灰壹觔，青灰拾貳兩。

叁樣瑠璃脊料并筒瓦勾頭夾隴，

黃色，每件用白灰拾肆兩，頭號紅土捌兩伍錢。

綠色，每件用白灰拾肆兩，青灰捌兩伍錢。

黑色，每件用白灰拾肆兩，青灰拾兩。

肆樣瑠璃脊料并筒瓦勾頭夾隴，

黃色，每件用白灰拾貳兩，頭號紅土柒兩。

綠色，每件用白灰拾貳兩，青灰柒兩。

黑色，每件用白灰拾貳兩，青灰玖兩。

伍樣瑠璃脊料并筒瓦勾頭夾隴，

黃色，每件用白灰拾兩，頭號紅土伍兩伍錢。

綠色，每件用白灰拾兩，青灰伍兩伍錢。

黑色，每件用白灰拾兩，青灰捌兩。

陸樣瑠璃脊料并筒瓦勾頭夾隴，

黃色，每件用白灰捌兩。頭號紅土陸兩。

綠色，每件用白灰捌兩，青灰肆兩。

黑色，每件用白灰捌兩，青灰陸兩。

柒樣瑠璃脊料并筒瓦勾頭夾隴，

黃色，每件用白灰陸兩，頭號紅土叁兩伍錢。

綠色，每件用白灰陸兩，青灰叁兩伍錢。

黑色，每件用白灰陸兩，青灰伍兩。

捌樣瑠璃脊料并筒瓦勾頭夾隴，

黃色，每件用白灰肆兩，頭號紅土叁兩。

綠色，每件用白灰肆兩，青灰叁兩。

黑色，每件用白灰肆兩，青灰叁兩伍錢。

玖樣瑠璃脊料并筒瓦勾頭夾隴，

黃色，每件用白灰叁兩，頭號紅土貳兩伍錢。

綠色，每件用白灰叁兩，青灰貳兩伍錢。

黑色，每件用白灰叁兩，青灰貳兩伍錢。

以上瑠璃瓦料夾隴，每灰壹百觔用蔴刀叁觔。

瑠璃瓦料夾隴捉節，每折見方丈壹丈用白灰伍拾觔，貳號紅土貳拾觔，頭號紅土貳拾觔。

每灰土壹百觔用蔴刀叁觔。

頭停鋪望板縫，每長貳丈肆尺用貳號高麗紙壹張。

調油打滿，每折見方尺陸尺用貳號高麗紙壹張。

每高麗紙壹張用，桐油叁兩。

白灰苫背進深貳丈以內，每折見方丈壹丈用，白灰叁百觔。

進深貳丈以外，每折見方丈壹丈用，白灰肆百觔。

每灰壹百觔用，蔴刀叁觔。

插灰泥苫背，每折見方丈壹丈用，白灰壹百觔。

實黃土見方尺陸尺貳寸伍分，麥餘貳拾觔。

如小式房屋，不用苦背。

抹飾紅灰，每折見方丈壹丈、厚伍分用，白灰壹百貳拾觔，貳號紅土陸拾觔，掛蔴捌兩，蔴刀伍觔陸兩。

抹飾紅灰，每折見方丈壹丈、厚叁分用，白灰捌拾觔，貳號紅土肆拾觔，掛蔴捌兩，蔴刀叁觔玖兩。

抹飾黃灰，每折見方丈壹丈、厚伍分用，白灰壹百貳拾觔，包金土陸拾觔，掛蔴捌兩，蔴刀伍觔陸兩。

提刷紅漿，每折見方丈壹丈用，頭號紅土拾觔，江米肆合，白礬捌兩。
提刷黄漿，每折見方丈壹丈用，土黄拾觔，江米肆合，白礬捌兩。
抹飾透底青白灰，每折見方丈壹丈厚肆分用，白灰壹百陸拾觔，掛蔴捌兩，蔴刀肆觔拾貳兩。
抹飾泥底灰面，每折見方丈壹丈、灰厚貳分半用，白灰壹百觔，蔴刀叁觔。
打底，每見方壹丈用，實黄土見方尺貳尺，麥餘拾觔。
抹飾插灰泥，每折見方丈壹丈用，白灰伍拾觔，實黄土見方尺貳尺，麥餘拾觔。
提刷青漿，每折見方丈壹丈用，青灰叁觔，江米貳合，白礬肆兩。
拘振青白灰，每折見方丈壹丈用，青白灰叁拾觔。
每灰壹百觔用，蔴刀叁觔。
以上凡用黄土，遇該工實無處可以刨用，方准辨買。
頭停鋪錠蓆箔，每層每折見方丈壹丈用，
長壹丈、寬伍尺，葦蓆貳領貳分。
長壹丈、寬伍尺，葦箔貳塊。
頭號雨點釘拾陸個。如層數多者用貳寸釘。土墻秫稭屯頂照根寬之數，每坡出貳寸屯頂苫背，照根寬加舉核算。
京城城工做法仍照雍正捌年題定之例，其城墻身海墁舊磚加灰壹觔，樓身墩座舊磚加灰貳觔，新磚加灰壹觔，女墻垜墻照例核算。

欠禮等《工程做法》卷五三《瓦作尺寸并灰路做法開後》

計開
貳尺金磚，砍净見方壹尺玖寸。
尺柒金磚，砍净見方壹尺陸寸。
貳尺方磚，砍净見方壹尺玖寸。
尺柒方磚，砍净見方壹尺陸寸。
尺肆方磚，砍净見方壹尺叁寸。
尺貳方磚，砍净見方壹尺壹寸，尺貳料半方磚同。
臨清城磚，砍净長壹尺肆寸，寬柒寸，厚叁寸叁分。
澄漿城磚，長壹尺肆寸，寬柒寸，厚叁寸叁分。
新樣城磚，原製長壹尺伍寸，寬柒寸伍分，厚肆寸，砍净長壹尺肆寸，寬柒寸，厚叁寸叁分。如灰肆縫，厚叁寸陸分，如用舊樣城磚，砍净尺寸同。
新樣斗板城磚，砍净長壹尺肆寸，寬柒寸，厚叁寸伍分。如栽牙斗板，砍净厚叁寸叁分。如用舊樣城磚，砍净尺寸同。
舊樣城磚，原製長壹尺伍寸，寬柒寸伍分，厚肆寸，砍細□乾擺，净長壹尺肆寸，寬柒寸，厚叁寸伍分。
舊樣城磚糙砌，長壹尺伍寸，寬柒寸伍分，連灰泥合算厚肆寸肆分。
停泥滚子磚，原製長玖寸伍分，寬肆寸柒分，厚貳寸。砍净長捌寸伍分，寬肆寸，厚壹寸捌分，如灰肆縫，厚貳寸。
停泥斧刅磚，與停泥滚子磚尺寸同，厚壹寸捌分。
沙滚子磚，原製長玖寸伍分，寬肆寸柒分，厚貳寸。砍净長捌寸伍分，寬肆寸，厚壹寸捌分。如灰肆縫，厚貳寸。
沙滚子磚揣白，長玖寸，寬肆寸叁分，厚壹寸捌分。
沙滚子磚糙砌，長壹尺，寬伍寸，連灰泥合算，厚貳寸貳分。
沙斧刅磚，與沙滚子磚尺寸同，係連灰頭。
頭號布筒瓦，長壹尺壹寸，口寬肆寸伍分，每面濶壹丈，⿱宀瓦拾壹隴壹分。
貳號布筒瓦，原製長玖寸伍分，口寬叁寸捌分，每面濶壹丈，⿱宀瓦拾貳隴伍分。
叁號布筒瓦，原製長柒寸伍分，口寬叁寸貳分，每面濶壹丈，⿱宀瓦拾肆隴貳分。
拾號布筒瓦，原製長肆寸伍分，口寬貳寸伍分，每面濶壹丈，⿱宀瓦貳拾貳隴。
頭號布板瓦，長玖寸，寬捌寸，分隴與頭號筒瓦同。
貳號布板瓦，原製長捌寸，寬柒寸，分隴與貳號筒瓦同。
叁號布板瓦，原製長柒寸，寬陸寸，分隴與叁號筒瓦同。
肆號布板瓦，原製長肆寸叁分，寬叁寸捌分，分隴與拾號筒瓦同。
貳樣瑠璃筒瓦，寬壹尺壹寸伍分分隴。
叁樣瑠璃筒瓦，寬壹尺壹寸分隴。
肆樣瑠璃筒瓦，寬壹尺分隴。
伍樣瑠璃筒瓦，寬玖寸分隴。
陸樣瑠璃筒瓦，寬捌寸分隴。
柒樣瑠璃筒瓦，寬柒寸伍分分隴。
捌樣瑠璃筒瓦，寬柒寸分隴。
玖樣瑠璃筒瓦，寬陸寸伍分分隴。

以上磚瓦，如比原製薄小，仍照定例尺寸加算。

欠禮等《工程做法》卷六七《各項磚瓦用工開後》

計開

臨清城磚，每砍磨貳拾個用，砍磚匠壹工。
每砍磨城角轉頭拾伍個用，砍磚匠壹工。
每擺砌貳拾貳個用，瓦匠壹工，壯夫貳名。
新樣城磚，每砍磨貳拾伍個用，砍磚匠壹工。
每砍磨城角轉頭，貳拾個用砍磚匠壹工。
每擺砌貳拾捌個用，瓦匠壹工，壯夫貳名。
每砍車網，貳拾個用砍磚匠壹工。
每擺砌車網並券臉，俱貳拾陸個用，瓦匠壹工，壯夫貳名。
舊樣城磚，每砍磨貳拾捌個用，砍磚匠壹工。
每砍磨城角轉頭，貳拾叁個用，砍磚匠壹工。
每揣白陸拾個用，揣磚匠壹工。
每揣白城角轉頭，肆拾個用，揣磚匠壹工。
每擺砌叁拾貳個用，瓦匠壹工，壯夫貳名。
每擺砌券臉，貳拾捌個用，瓦匠壹工，壯夫貳名。
每揣白砌，玖拾個用瓦匠壹工，壯夫貳名。
每砍斗板，叁拾貳個用砍磚匠壹工。
每砌墁玖拾個用，瓦匠壹工，壯夫貳名。
每糙砌貳百個用，瓦匠壹工，壯夫貳名。
停泥滾子磚，每砍磨玖拾陸個用，砍磚匠壹工。
每砍磨城角轉頭捌拾個用，砍磚匠壹工。
每擺砌壹百個用，瓦匠壹工，壯夫貳名。
沙滾子磚，每砍磨壹百壹拾個用，砍磚匠壹工。
每砍磨城角轉頭，玖拾個用砍磚匠壹工。
每揣白貳百伍拾個用，揣磚匠壹工。
每揣白城角轉頭，壹百伍拾個用揣磚匠壹工。
每擺砌壹百貳拾個用，瓦匠壹工，壯夫貳名。
每揣白砌肆百個用，瓦匠壹工，壯夫貳名。
每糙砌柒百個用，瓦匠壹工，壯夫貳名。
停泥斧刃磚與停泥滾子磚，砍砌同。
沙斧刃磚與沙滾子磚，砍砌同。
貳尺金磚，每砍磨叁個用，砍磚匠壹工。
每墁伍個用，瓦匠壹工，壯夫壹名。
尺柒金磚，每砍磨肆個用，砍磚匠壹工。
每墁陸個用，瓦匠壹工，壯夫壹名。
貳尺方磚，每砍磨捌個用，砍磚匠壹工。
每墁拾貳個用，瓦匠壹工，壯夫壹名伍分。
尺柒方磚，每砍磨拾貳個用，砍磚匠壹工。
每墁拾捌個用，瓦匠壹工，壯夫貳名。
每糙墁伍拾個用，瓦匠壹工，壯夫貳名。
尺肆方磚，每砍磨貳拾肆個用，砍磚匠壹工。
每墁叁拾貳個用，瓦匠壹工，壯夫貳名。
每糙墁柒拾個用，瓦匠壹工，壯夫貳名。
尺貳料半方磚，每砍磨叁拾陸個用，砍磚匠壹工。
每墁肆拾肆個用，瓦匠壹工，壯夫貳名。
尺貳方磚，每揣白柒拾貳個用，揣磚匠壹工。
每砌墁捌拾個用，瓦匠壹工，壯夫貳名。
每糙砌墁壹百個用，瓦匠壹工，壯夫貳名。
頭號筒瓦勾頭獅馬，每宼壹百伍拾個用，瓦匠壹工，壯夫貳名。
頭號板瓦滴水，每宼玖百個用，瓦匠壹工，壯夫貳名。
脊上瓦條，每開肆百條用，砍磚匠壹工。
貳號筒瓦勾頭獅馬，每宼貳百個用，瓦匠壹工，壯夫貳名。板瓦滴水，每宼個用，瓦匠壹工，壯夫貳名。
脊上瓦條，每開肆百條用，砍磚匠壹工。
叁號筒瓦勾頭獅馬，每宼貳百伍拾個用，瓦匠壹工，壯夫貳名。
叁號板瓦滴水，每宼壹千貳百個用，瓦匠壹工，壯夫貳名。
脊上瓦條，開伍百條用，砍磚匠壹工。
拾號筒瓦勾頭獅馬，每宼叁百個用，瓦匠壹工，壯夫貳名。

拾號板瓦滴水，每宽壹千叁百個用，瓦匠壹工，壯夫貳名。
脊上瓦條，開伍百條用，砍磚匠壹工。
土坯，每砌壹千伍百個用，瓦匠壹工，壯夫貳名。
調頭號布通脊垂脊，每叁拾件用，瓦匠壹工，壯夫貳名。
調貳號布通脊垂脊，每肆拾件用，瓦匠壹工，壯夫貳名。
調叁號布通脊垂脊，每伍拾件用，瓦匠壹工，壯夫貳名。
大房調大脊，每丈用瓦匠壹工，壯夫貳名。
垂脊，每丈用瓦匠壹工，壯夫貳名。
小房調清水脊，每貳丈用瓦匠壹工，壯夫貳名。
鞍子脊，每叁丈用瓦匠壹工，壯夫貳名。
灰苫背砑抹光平，每見方丈壹丈用，瓦匠壹工，壯夫貳名。
灰抹飾苫背，每見方丈貳丈用，瓦匠壹工，壯夫貳名。
插灰□□□，每見方丈叁丈用，瓦匠壹工，壯夫貳名。
墻身拘抿，每見方丈叁丈用，瓦匠壹工，壯夫貳名。
抹飾墻垣，
每見方丈貳丈、厚伍分用，瓦匠壹工，壯夫貳名。
每見方丈叁丈、厚叁分用，瓦匠壹工，壯夫貳名。
刷漿，每見方丈伍丈用，瓦匠壹工，壯夫壹名。
貳樣瑠璃瓦料，每壹百件用，瓦匠壹工，壯夫貳名。
叁樣瑠璃瓦料，每壹百貳拾件用，瓦匠壹工，壯夫貳名。
肆樣瑠璃瓦料，每壹百肆拾件用，瓦匠壹工，壯夫貳名。
伍樣瑠璃瓦料，每壹百陸拾件用，瓦匠壹工，壯夫貳名。
陸樣瑠璃瓦料，每壹百柒拾件用，瓦匠壹工，壯夫貳名。
柒樣瑠璃瓦料，每壹百柒拾件用，瓦匠壹工，壯夫貳名。
捌樣瑠璃瓦料，每壹百捌拾件用，瓦匠壹工，壯夫貳名。
玖樣瑠璃瓦料，每壹百捌拾件用，瓦匠壹工，壯夫貳名。
貳樣瑠璃脊料，每叁拾伍件用，瓦匠壹工，壯夫貳名。
叁樣瑠璃脊料，每肆拾件用，瓦匠壹工，壯夫貳名。
肆樣瑠璃脊料，每伍拾件用，瓦匠壹工，壯夫貳名。
伍樣瑠璃脊料，每伍拾伍件用，瓦匠壹工，壯夫貳名。
陸樣瑠璃脊料，每陸拾件用，瓦匠壹工，壯夫貳名。
柒樣瑠璃脊料，每陸拾件用，瓦匠壹工，壯夫貳名。
捌樣瑠璃脊料，每陸拾伍件用，瓦匠壹工，壯夫貳名。
玖樣瑠璃脊料，每陸拾伍件用，瓦匠壹工，壯夫貳名。
每瑠璃瓦匠壹百工，加窑匠貳拾工。
正面分心龍貳龍戲珠、雙鳳朝陽、雉鷄分心，貳尺方磚鑿做，每塊用鑿花匠貳工。
尺柒方磚鑿做，每塊用鑿花匠壹工伍分。
雲龍岔角，每件用鑿花匠伍工。
肆瓣分心，每副用鑿花匠貳拾工。
雲子草入角雲，每個用鑿花匠拾工。
各樣花池，每個用鑿花匠叁工伍分。
尺肆方磚鑿做，每塊用鑿花匠壹工伍分。
墀頭異獸帶戧簷，尺柒方磚鑿做，每塊用鑿花匠貳工。
盤頭花磚荷茱墩，尺六方磚鑿做，每塊用鑿花匠壹工。
尺肆方磚鑿做，每塊用鑿花匠柒分伍釐工。
正脊花通脊斗板，尺肆方磚鑿做，每塊用鑿花匠壹工。
尺貳方磚鑿做，每塊用鑿花匠柒分伍釐工。
垂脊香草斗板、停泥滚子磚鑿做，每肆塊用鑿花匠壹工。
正脊挎龍鳳頭，每個用鑿花匠壹工。
挎花頭，每貳個用鑿花匠壹工。
吻座，每座用鑿花匠壹工伍分。
貳號吻、背獸劍把全，每隻用鑿花匠拾貳工。
垂獸，每隻用鑿花匠柒工。
獸座，每座用鑿花匠壹工。
戧獸，每隻用鑿花匠伍工。
戧人走獸每件用鑿花匠壹工伍分。
叁號吻座獸劍把全，每隻用鑿花匠拾工。
吻座，每座用鑿花匠壹工貳分伍釐。
垂獸，每隻用鑿花匠陸工。

獸座，每座用鑿花匠壹工。

戧獸，每隻用鑿花匠肆工。

仙人走獸，每件用鑿花匠壹工。

拾號吻，背獸劍把全，每隻用鑿花匠陸工。

吻座，每座用鑿花匠壹工。

垂獸，每隻用鑿花匠叁工。

獸座，每座用鑿花匠伍分工。

戧獸，每隻用鑿花匠壹工伍分。

仙人走獸，每件用鑿花匠伍分工。

捎扒頭、挎花照頭、松竹梅草、角雲花墊板雲拱板，以上每件用鑿花匠壹工。

獸座、花垂柱、花雀替、掛落、脊□往、枪墩、花券臉番草，以上每貳件用鑿花匠壹工。

圭角、馬蹄、磉鼻盤、天盤、叁岔頭、博縫頭、古老錢、垂花門立柱、須彌座、花柱桁條額枋、肆而柱頭、圓椽連望板、耳子、窓戶、素線磚、氣眼、水溝門、蘇葉頭、券草牙子，以上每肆件用鑿花匠壹工。

花寶頂，每座用鑿花匠拾貳工。

檻墻下花磚，每件用鑿花匠叁工。

墊板，每拾貳塊用，鑿花匠壹工。

飛簷椽連裏口，每貳拾件用鑿花匠壹工。

連簷，每貳拾件用鑿花匠壹工。

瓦口，每拾件用鑿花匠壹工。

雲龍岔角，每壹件用鑿花匠伍工。

線方花心轉頭箍頭枋，每貳拾件用鑿花匠壹工。

方椽連裏口，每貳拾件用鑿花匠壹工。

望板披水，博縫每貳拾件用鑿花匠壹工。

花草方圓窓，每個用鑿花匠拾貳工。

斗科尺柒方磚開鑿，每攢用鑿花匠拾工。

尺肆方磚開鑿，每攢用鑿花匠捌工。

菱花窓，每折見方壹尺用，鑿花匠貳工伍分。

棗花窓，每折見方壹尺用，鑿花匠壹工伍分。

每簷□壹丈伍尺至貳丈以內，加壯夫伍分。貳丈至貳丈伍尺以，內加壯夫壹名。貳丈伍尺以外，俱加壯夫壹名伍分。

凡零星物料，每百步之外加運夫，百步之內□□□運夫。每壹百伍拾步以內，每計重叁千觔，加壯夫壹名。貳百步以內，計重貳千伍百觔，加壯夫壹名。貳百伍拾步以外，計重貳千觔，加壯夫壹名。

各項磚瓦照准給砌完匠數，拾分之叁准給壯夫拆卸堆碼。

秫稭屯頂，每長伍丈用，壯夫壹名。

凡剔挖插補，按新工加倍算。

《清宮金磚檔案・江蘇巡撫張渠奏折燒造金磚維艱請開銷副磚價值　乾隆四年六月初九日》江蘇巡撫臣張渠謹奏：爲金塼成造維艱再懇聖恩俯准開銷副塼價值事。竊照承辦金塼關繫欽工物料，必須顔色純青，聲音響亮，端正完全，毫無斑駁者方可起解，惟是塼身重大，燒造甚難，做坯必大費人工，出窑更經歷歲月。灌水或有未到，火力或有未齊，即質脆色黄，不適於用。其間合式者往往十不得二，并有全窑無一塼可用者，以故窑户人等靡不視爲畏途。然猶賴每造正塼一塊，必另給副塼價值一塊，足以補苴，并可備臨時挑選之需。即歷年開銷，雖有遞減而不敷之項，地方官仍得派捐湊給，以足一正一副之數，窑户尚不致十分賠累，辦員亦從無貽悮限期也。近年奉文敬造欽工金塼，共計八千餘塊，内尚有二尺二寸金塼。塼身愈大，燒造愈難，且事屬創始，是以核定一正兩副。其一尺七寸及二尺金塼，仍照從前辦理之。案給以一正一副，正價動用地丁錢糧，副塼動支存公銀兩，歷經咨銷。工部以從前副塼無開銷公項之例，屢次駁飭。上年前署撫臣許容，又經分晰陳奏，部議復以正塼價值原有盈餘，自足抵補耗汰之項，行令每造正塼十塊，准動存公銀兩，燒造副塼一塊，一并解京。等因在部臣之意，原爲慎重，錢糧起見惟是，事勢實有難行，不得不縷晰再陳於聖主之前者。伏查正塼價值一尺七寸者，每塊四錢八釐。二尺者，每塊四錢九分零。二尺二寸者，每塊今准銷銀九錢一分。若以尋常塼塊相較，價值實爲倍多，但金塼一項，取土必先捶曬舂磨，澄泥又必淘晾揉踏，造坯則徐爲搠打，入窑則細火薰燒，故凡造塼一窑，必歷兩年之久。而每造正塼一塊，窑户又必多備五六副塼，始足挑選。其揀存零星不合定式之塼，因非民間應用之物，年復一年，多半毁棄。是雖照一正一副及一正二副給價，窑户尚多貼賠，安得再有盈餘可以通融抵補，此窑户燒造之難也。再承辦之時，窑户人等因見從前辦塼之户燒造不符，每致傾家蕩産，各生畏阻，規避不前，必待勸諭多方，始肯急公領價。且燒造副塼歷年，本月成案，欽工例限甚嚴，窑户萬難賠補，不得不照數給發，以期速竣，若云副塼無開銷公項之例，其説未爲非是。但從前給發副塼價值，俱係攤派公捐，是以並無報部之案。今耗羡歸公，派捐又干例禁，若非動支公項，必致坐誤考成，此地方官辦理情形，更不得不請銷公項也。今若遵照部文，概銷十正一副，無論承辦微員，固屬不堪賠補，即領銀窑户，亦難按户著追。且副塼價值原係應給之項，並非冒濫開銷。臣身任封疆，目擊情事，何敢瞻顧部駁之案而不爲據情奏請，轉致貽累小民。合再仰懇皇上天恩，俯照前署撫臣許容原奏，將原奏一尺七寸與二尺金塼准造一正一副，二尺二寸金塼准造一正二副，至嗣後所造副塼數内，除斑駁破損不全者仍行棄毁外，如有尚係純全之塼，應再加挑選，一體給發運脚解部收貯，如此則承辦無掣肘之虞，窑户免賠累之苦，永沐皇仁於浩蕩矣。兹據署布政司事按察使孔傳焕具詳前來，臣謹繕摺具奏，伏乞皇上睿鑒施行，爲此謹奏。該部密儀是奏。乾隆四年六月初九日

《清宮金磚檔案・海望奏折乾清宮鋪墁金磚需用錢糧物料　乾隆四年六月初九日》　臣海望謹奏：爲乾清宮鋪墁金磚需用錢糧物料事。臣派員詳細踏勘，得乾清宮殿内明三間鋪墁見方二尺二寸金磚六百七十六塊，估計得需用物料工價銀三百二兩一分九釐，行取黄蠟一百二十六斤十二兩，江米一石一升四合，黑炭二千二十八斤。此項銀兩請在廣儲司庫内支領，派員擇吉興修。但鋪墁金磚必須水磨鋪墁，方能平整，極其乾燥，始可燙蠟。今應先行水磨鋪墁，加工磨好，俟八九月間金磚乾燥時再行燙蠟。再乾清宮廟内所墁花班石共二百四十三塊，内糟懷者甚多，理應挑墁見新，但從前修理宮殿時因此項石塊京城所有，尺寸窄小，亦不能多得，是以未經挑墁修理。今聞得盤山有此石塊，臣已派人前去找覔，如得此石，應如何换墁。或不得此石，將京内所有石塊酌量挑墁之處，另行具奏。謹將欽天監選擇興工吉期及監修官員職名，另繕摺片以併恭呈御覽，爲此謹奏。奉旨：「知道了，欽此。」

《清宮金磚檔案・海望奏折養心殿鋪墁金磚需用錢糧物料　乾隆四年八月》　臣海望謹奏：爲養心殿鋪墁金磚需用錢糧物料事。臣派員踏勘得養心殿前後殿及穿堂共用金磚一千二十塊，詳細估計得需用物料工價銀四百三十二兩二分一釐，每塊磚用黄臘三兩，用黑炭一觔十四兩，共行取黄臘一百九十一觔四兩，黑炭一千九百十二觔，江米一石二斗七升，木柴一千二百觔。此項所需銀兩請在廣儲司庫内支領，派員興修。查鋪墁此金磚約至九月二十間方可告竣，及至彼時，天氣寒凉，金磚不能幹燥，難以燙蠟，今應先行鋪墁，加工磨平，俟明春金磚乾燥時再行燙蠟。謹將欽天監選擇興工吉期及監修官員職名，另繕摺片一併恭呈御覽，爲此謹奏。奉旨：「知道了，欽此。」

《清宮金磚檔案・兩江總督兼蘇州巡撫黄廷桂奏折動支辦解圓明園壽皇殿金磚脚價銀兩　乾隆十五年二月二十八日》　兩江總督兼署蘇州巡撫臣黄廷桂謹奏：爲奏明循例辦理仰祈睿鑒事。案查江蘇省辦解金磚運送京通等處，所需水陸運費例於上下兩江司庫存公銀内支給，前於章程案内列入，無定公費項下，造報户部，經部覆令，遇有動用隨時奏明，辦理在案。今據署蘇州布政司、安徽按察使和其衷詳，稱江省奉文辦解各案金磚内，上年委員丁士英起解寶源、寶泉貳局金磚壹千塊，副磚壹百塊，今又起解内庭工程、圓明園、壽皇殿等項金磚共有捌千肆百柒拾陸塊，又備帶副磚捌百肆拾柒塊，陸分合共正副金磚壹萬肆百貳拾叁塊。陸分俱從糧船搭運，直抵通津二處，起卸無須雇募民船，不給船脚外，所有每塊應照向例給發上岸雇夫賃房墊損銀壹錢壹分捌釐肆毫，押磚夫銀伍釐貳毫肆絲肆忽伍微貳，共該銀壹錢貳分叁釐陸毫肆絲肆忽伍微。又查前項磚内壽皇殿金磚貳千叁百肆拾塊，副磚貳百叁拾肆塊，奉文解部交收，每塊應照向例加給運京車脚銀壹錢玖分貳釐肆毫，通共該給銀壹千柒百捌拾肆兩伍分捌釐肆毫零。除經照例動支存公給發僣運外，理合詳請，循例奏明，等情前來。臣覆核無異，理合恭摺具奏，伏祈皇上睿鑒，謹奏。該部知道。乾隆拾伍年貳月貳拾捌日

《清宮金磚檔案・江蘇巡撫王師奏折請動支給發所雇民船裝送金磚運脚　乾隆十六年三月初二日》　江蘇巡撫臣王師謹奏：爲請旨事。竊照江蘇省辦解金磚運送進京所需水脚例，於上下兩江存公銀内支給，前於耗羡章程案内列入，無定公費項下，造報户部，覆令遇有動用，隨時奏明，辦理在案。今據蘇州布政使永寧詳稱，江省奉文成造兩郊壇宇工程需用金磚，因去冬江南糧艘開行比常年較早，金磚拘於火候，正月中始得出窑，敲選包捆限於時勢，難以克副。往例仍於糧船搭解，必須另僱民船裝送，所需運費船價照依從前。岳格莊金磚每塊僱船水脚等銀四錢九分三釐六毫，奉部準銷，成案給發辦理，共計正磚二千六百二十四塊，隨解加一副磚二百六十二塊，四分共該水脚銀一千四百二十四兩七錢零。除經照例動支存公給辦外，理合詳請，循例奏明，等情前來，臣覆核無異。所有另僱民船裝送金磚并給發運費動欵緣由，謹會同兩江督臣黄廷桂合詞恭摺具

奏，伏祈皇上睿鑒，謹奏。該部知道。乾隆十六年三月初二日

《清宮金磚檔案・江蘇巡撫王師奏折動支辦解祈谷壇大享殿金磚運脚　乾隆十六年四月二十四日》　江蘇巡撫臣王師謹奏：爲循例奏明辦理仰祈睿鑒事。竊照江蘇省燒造金磚例，脩三分副磚以供挑選，所需料工銀兩應於上下兩江司庫耗羨銀内支給，前於章程案内列入，無定公費項下，造報户部，遇有動用隨時奏明，辦理在案。今據蘇州布政使永寧詳稱，江省奉文燒造祈穀壇、大享殿三層室面，取用金磚二萬六百三塊，正磚料工廠具包索等銀一萬一千五百五十二兩七錢零，遵照向例動支上下兩江正項給辦外，所有脩選加三副磚六千一百八十塊九分，估需工價并解京十正一副金磚二千六十塊三分，應用包索等銀及正副金磚該支運脚等項共銀四千二十八兩九錢零，應於上下江司庫耗羨銀内動支辦理。除經轉造估册詳請咨部外，理合具詳，循例奏明，等情前來，臣覆核無異，謹會同總督臣黄廷桂合詞恭摺具奏，伏祈皇上睿鑒，謹奏。該部知道。乾隆十六年四月二十四日

《清宮金磚檔案・江蘇巡撫托恩多奏折起解夕月壇臺面金磚脚價動用耗羨銀兩　乾隆二十三年五月初九日》　調任廣東巡撫臣託恩多謹奏：爲循例奏明事。竊照江蘇省辦解金磚需用水脚例，於上下兩江耗羨存公銀内支給，前於耗羨章程案内列入，無定公費項下，造報户部，覆令遇有動用隨時奏明辦理在案。今據江蘇布政使吴嗣爵詳稱，江省奉文辦造夕月壇臺面，需用尺七金磚二千塊，并備帶副磚二百塊，共二千二百塊。每塊應給上岸雇夫、賃房墊扛押磚夫等銀一錢二分三厘六毫四絲四忽五微，計該銀二百七十二兩一分七厘九毫，查與歷届運磚奉部准給之數相符。除於耗羨銀内酌給，飭令委員盧師武起程解部外，合將動用耗羨銀兩緣由詳請，循例奏明，等情前來，臣覆核無異，理合恭摺具奏，伏祈皇上睿鑒，謹奏。該部知道。乾隆二十三年五月初九日

《清宮金磚檔案・工部咨文爲領取通州廠存夕月壇金磚致内務府　乾隆二十六年二月十四日》　工部爲咨取金磚等事，營繕清吏司案呈。據内務府清片，内開營造司修造緊急物件，需用尺七金磚陸百玖拾塊，行司送用，等因前來相應劄行通、永，道牌行通州知州。在於廠存夕月壇項下尺七響亮金磚内，給發陸百玖拾塊，將發過磚數呈報并咨内務府委員赴通領取，仍將取用過磚塊數目知照本部，并補行印文，撤回清片可也，須至咨者。右咨内務府。乾隆二十六年二月十四日

《清宮金磚檔案・乾隆帝諭旨奉旨九州清宴已用金磚著將官房地面方磚速運熱河　乾隆二十八年八月初一日》　大學士公傅字致内務府大臣三，乾隆二十八年八月初一日，奉旨：「煙波致爽地面磚應行更換，現在九洲清宴工程已另用金磚鋪漫所有取用吉慶官房地面方磚尚未用去，著傳諭三和，即速運至熱河，爲煙波致爽殿内鋪漫之用，於木蘭回鑾之前，務期完竣。再著傳諭倭赫，即赴熱河，有交辦事件，不必隨運送方磚同來。欽此。」

《清宮金磚檔案・總管内務府大臣三和等奏折敬勝齋静怡軒換墁金磚等項工程用過銀兩數目　乾隆二十九年十二月二十七日》　奴才三和、英廉、四格謹奏：爲奏聞銷算用過銀兩數目事。乾隆二十八年九月内，奴才等遵旨敬勝齋静怡軒換墁金磚地面。又瀛臺等處殿宇成錠竹席添安石座等十五項工程，除派郎中天保等承修兹據，該員等呈稱敬勝齋静怡軒換墁金磚，崇敬殿東西佛堂、潄芳齋挑墁地面找補糊餙，銷算銀四百八十一兩八錢四分二厘。又雨花閣添安石座二分，銷算銀三十七兩八錢三分二厘。又大西天大殿内八方塔添安石座一分，挪安塔座三分，五供下添安石座五分，銷算銀四百五十九兩六錢八厘。又瑠璃閣前添安鼎爐石座二分，銷算銀五十三兩七分一厘。又紫光閣前月臺上添安鼎爐石座四分，銷算銀九十三兩三錢六分六厘。又天慶宫大殿前添安石碣一座，銷算銀七十六兩一分三厘。又春雨林塘東配殿枕墻錠竹席，銷算銀十兩一錢二分。又道寧齋東邊穿堂改安粉，油板墻枕墻錠竹席，油餙糊裱，銷算銀五十九兩七錢一分四厘。又同豫軒鑑古堂香遠静柯枕墻錠竹席，銷算銀七十九兩九錢三厘。又静憩軒錠竹席，銷算銀十七兩六錢二分七厘。又涵元殿内地面挑墁剷磨，見新千尺雪，内裡添安栢木板墻，冰紋式方窗罩腿。豐澤園八方門口内外石匾對磨平，換刻字文，銷算銀五十四兩一錢一厘。又寶月樓純一齋澄懷堂糊餙窗心，銷算銀二兩四錢。又中海收餙冰道成做搅水壩，銷算銀三十六兩六錢六分。又鏡清齋土山春雨林塘鋪墁草皮，折見方丈八百七十二丈三尺九寸，及培土平墊等項銷算銀一千三百二十二兩七錢三分四厘。又社稷壇西北角大墻整齊修理，銷算銀六十三兩八錢六分四厘。以上十五項共銷算銀二千八百四十八兩八錢五分五厘，等因報銷前來。奴才等除派員外郎國柱、主事達蘭、泰司庫喜順詳細查核，斟算去核，今擴該員等呈稱，詳細查核，得前項工程報銷内有尺寸不符之處，應減銀三十九兩二錢五分九厘，准銷銀二千八百九兩五錢九分六厘，等因呈報前來。奴才等覆核無異。查前項工程准銷銀二千八百九兩五錢九分六厘，係借

用石工銀兩，給發完工，請向廣儲司支領還項，謹將准銷銀兩分晰細數，另繕黄册清單，一併恭呈御覽，爲此謹具奏聞。乾隆二十九年十二月二十七日等因於乾隆二十九年十二月二十七日具奏，本日奉旨：「敬勝齋地面不准開銷，其餘知道了，欽此。」

〔附件：敬勝齋静怡軒换墁金磚等項工程用過銀兩數目清單〕

敬勝齋静怡軒换墁金磚，崇敬殿東西佛堂、漱芳齋挑墁地面找補糊飾並拉運物料等項工程，所有銷算用過物料、匠夫工價銀兩，細數遂欵分晰，開列於後。

計開砍磚匠一百八十二工，瓦匠一百三十六工半，每工銀一錢五分四厘。計銀四十九兩四分九厘。壯夫四百六十七名半，每名銀八分。計銀三十七兩四錢。瓦作工價銀八十六兩四錢四分九厘，落地罩擦抹揎縫拆安實用銀九兩三錢九分四厘，地面鏟磨取平實用銀一百三十四兩一錢四分三厘，地面燙蠟實用銀二十六兩三錢八分六厘，墁地實用銅絲銀四兩九錢九分五厘，鑿打柱頂搯口實用銀八兩八厘，粘補糊飾實用銀十三兩一錢八分，拉運金磚實用銀九十一兩八分，拉運沙子實用銀十八兩，塔拆砍磚棚廠實用銀十兩，遮蓋地面實用銀二十兩九錢八分九厘，打掃地面實用銀五十九兩二錢一分八厘，通共銷算銀四百八十一兩八錢四分二厘。行取見方二尺金磚五百四十五個，木植銀六十七兩二分八厘，石料銀七十五兩六錢九分二厘，磚瓦銀四十兩二錢五分二厘，灰斤銀四十六兩七錢七分六厘，鐵料銀九兩八錢三分一厘，雜料銀二十八兩六錢二分五厘，南木作工價銀四十四兩三錢二分，石作工價銀四百三十兩六錢三分四厘，瓦作工價銀一百四十八兩八錢二分六厘，搭材作工價銀八十三兩三錢七分九厘，土作工價銀五兩二分六厘，油畫作工料銀四十三兩一錢七分九厘，裱糊工料銀九兩五錢二厘，銅作工料銀二十兩八錢三分一厘，出運渣土銀四兩七錢五分二厘，拉運物料車脚銀十三兩一錢，鋪貼草皮銀一千二百九十七兩二錢八分七厘，添安爐屜收餙土山拆隔斷插屏銀八兩五錢三厘，拆安落地罩擦攜線縫銀九兩三錢九分四厘鑿平柱頂石銀八兩八厘，鋪墁地面剷磨燙蠟銀二百十四兩五錢一分三厘，粘補糊餙銀十三兩一錢八分，拉運金磚銀九十一兩八分，打掃地面現夫銀五十九兩二錢一分八厘，收餙冰道銀三十六兩六錢六分，共銀二千八百九兩五錢九分六厘。

《清宫金磚檔案・江蘇巡撫明德奏折辦解壇廟宫殿及寶泉寶源二局金磚需用水脚動用耗羨銀兩　乾隆三十一年三月十三日》

江蘇巡撫臣明德謹奏：爲循例奏明事。竊照江蘇省辦解金磚需用水脚例，於上下兩江耗羨存公銀内支給，前於耗羨章程案内列入，無定公費項下，造報户部，覆令遇有動用隨時奏明，辦理在案。今據蘇州布政使蘇爾德詳稱，江蘇省奉文辦造壇廟宫殿及寶泉、寶源二局需用二尺金磚二千塊，并備帶副磚二百塊，共二千二百塊。每塊應給上岸雇夫、賃房墊扛押磚夫等銀一錢二分三厘六毫四絲四忽五微，計該銀二百七十二兩一分七厘九毫。查與歷届運磚奉部准給之數相符。除於耗羨銀内酌給，餙令委員饒樹領運解部外，合將動用耗羨銀兩緣由詳請，循例奏明，等情前來。臣覆核無異，理合恭摺具奏，伏祈皇上睿鑒，謹奏。該部知道。乾隆三十一年三月十三日

《清宫金磚檔案・署理江蘇巡撫薩載奏折辦解壇廟等工金磚需用水脚動用耗羨銀兩　乾隆三十五年四月二十五日》

署理江蘇巡撫臣薩載謹奏：爲循例奏明事。竊照江蘇省辦解金磚需用水脚例，於上下兩江耗羨存公銀内支給，前於耗羨章程案内列入，無定公費項下，造報户部，覆令遇有動用隨時奏明，辦理在案。今據署理蘇州布政司事、江蘇按察使吴壇詳稱，江蘇省奉文辦造内庭并壇廟等工需用二尺二寸金磚五百塊，又二尺金磚二千塊，一尺七寸金磚二千塊，共四千五百塊。又備帶堪用副磚四百五十塊，通共正副金磚四千九百五十塊。每塊應給上岸雇夫、賃房墊損押磚夫等銀一錢二分三厘零，共該運費銀六百一十二兩四分。查與歷届運磚奉部准給之數相符。除於耗羨銀内酌給，餙令委員饒樹領運解部外，合將動用耗羨銀兩緣由詳請，循例奏明，等情前來。臣覆核無異，除咨明户部外，理合恭摺具奏，伏乞皇上睿鑒，勅部查照施行，謹奏。該部知道。乾隆三十五年四月二十五日

《清宫金磚檔案・署理江蘇巡撫薩載奏折解京金磚所需工價動用耗羨銀兩　乾隆三十六年三月十五日》

署理江蘇巡撫臣薩載謹奏：爲循例奏明事。竊照動用存公耗羨銀兩不在常額之内者例，應隨時奏明。今據蘇州布政使吴壇詳稱，乾隆三十五年十一月内，江蘇省奉文成造壇廟等工，應用二尺金磚二千塊，所需工價并廠具包索等銀一千一百六十一兩六錢，例係動支上下兩江司庫正項銀兩給辦。又例應備造加三副磚六百塊，估需工價并解京十正一副金磚二百塊，需用包索等銀二百一十五兩一錢零，應于上下兩江司庫耗羨銀内動支辦理，造具估册，具詳前來，臣覆核無異。除咨明户、工二部外，合將動用耗羨銀欵給辦緣由，循例具奏，伏乞皇上睿鑒，勅部查照施行，謹奏。該部知道。乾隆三十六年三月

十五日

《清宮金磚檔案·署理江蘇巡撫薩載奏折解京金磚需用水脚動用耗羡銀兩　乾隆三十七年四月十九日》　署理江蘇巡撫臣薩載謹奏：爲循例奏明事。竊照江蘇省辦解金磚需用水脚例，於上下兩江耗羡存公銀内支給，前於耗羡章程案内列入，無定公費項下，造報户部，覆令遇有動用，隨時奏明，辦理在案。今據陞任蘇州布政使吴壇詳稱，江蘇省奉文辦造壇廟等工，需用二尺金磚二千塊，又備帶堪用副磚二百塊，通共正副金磚二千二百塊。每塊應給上岸雇夫、賃房墊揁押磚夫等銀一錢二分三厘零，共該運費銀二百七十二兩零，查與歷届運磚奉部准給之數相符。除於耗羡銀内酌給，飭令委員李際夔領運解部外，合將動用耗羡銀兩緣由詳請，循例奏明，等情前來，臣覆核無異。除咨明户部外，理合恭摺折具奏，伏祈皇上睿鑒，勅部查照施行，謹奏。　該部知道。　乾隆三十七年四月十九日

《清宮金磚檔案·署理江蘇巡撫薩載奏折成造寧壽宮金磚所需用工價動支耗羡銀兩　乾隆三十七年五月二十四日》　署理江蘇巡撫臣薩載謹奏：爲循例奏明事。竊照動用存公耗羡銀兩不在常額之内者例，應隨時奏明。今據蘇州布政使增福詳稱，乾隆三十七年三月内，江蘇省奉文成造寧壽宮，應用二尺金磚八千六百四十八塊，一尺七寸金磚一萬一千八十七塊，共一萬九千七百三十五塊，所需工價并廠具包索等銀一萬三百七十四兩四錢零，例應動支上下兩江司庫正項銀兩給辦。又例應偹造加三副磚五千九百二十塊五分，估需工價并解京十正一副金磚一千九百七十三塊五分，需用包索等銀一千九百二十兩二錢零，應於上下兩江司庫耗羡銀内動支辦理，造具估册，具詳前來，臣覆核無異。除咨明户工二部外，合將動用耗羡銀欵給辦緣由，循例具奏，伏乞皇上睿鑒，勅部查照施行，謹奏。　該部知道。　乾隆三十七年五月二十四日

《清宮金磚檔案·署理江蘇巡撫薩載奏折辦理寧壽宮金磚并分年搭解情形　乾隆三十七年七月初六日》　署理江蘇巡撫臣薩載謹奏：爲恭摺奏覆事。竊臣於乾隆三十七年七月初二日承准協辦大學士、尚書于敏中字寄，内開乾隆三十七年六月十二日奉上諭：「據薩載奏估辦寧壽宮金磚一摺，已批交該部矣。辦理金磚所給價值已不爲少，乃上次辦解淳化軒應用之磚，頗覺粗糙，著傳諭薩載，現在所辦金磚務須堅實細緻，毋得仍前草率。欽此。」欽遵寄信到臣，臣跪讀之下，伏查宮殿工程需用金磚，理宜敬謹，燒造不容稍有草率。本年三月内臣接准部咨，令辦寧壽宮金磚，分作二年搭解，等因臣查金磚一項，必先取土淘漿，踏練細膩，尤須乘三伏炎天加工趕辦成坯，庶燒造方能堅結，當即飭行藩司遴委妥員敬謹如式辦理，一面將估需工價銀兩繕摺奏聞。仰蒙聖慈，以上次辦解淳化軒應用之磚粗糙，傳旨訓示。臣檢查舊案，歷次辦解金磚俱係蘇州府督率委員辦理，今次所辦金磚正當踏練成坯之時，臣現在嚴飭蘇州府孔傳炣一體欽遵，不時往來窑所，督率委員并各窑户敬謹如式練坯燒造，務期堅實細緻。辦成之日臣當親身抽驗，遵照部文分年搭解供用，不敢仍前草率所有。臣欽奉諭旨，現在辦理緣由，理合先行恭摺奏覆，伏乞皇上睿鑒，謹奏。　乾隆三十七年七月初六日

《清宮金磚檔案·江蘇巡撫薩載奏折解運寧壽宮金磚動用耗羡銀兩　乾隆三十八年四月初八日》　江蘇巡撫臣薩載謹奏：爲循例奏明事。竊照江蘇省辦解金磚需用水脚例，於上下兩江耗羡存公銀内支給，前於耗羡章程案内列入，無定公費項下，造報户部，覆令遇有動用，隨時奏明辦理在案。今據蘇州布政使增福詳稱，江蘇省奉文辦造寧壽宮工程，需用二尺金磚八千六百四十八塊，一尺七寸金磚一萬一千八十七塊，自癸巳年爲始，分作兩年辦解抵通應用，并將應解副金磚一併解部。等因遵將乾隆三十七年應辦一半正金磚九千八百六十八塊，副金磚九百八十八塊，共一萬八百五十六塊，照數辦就所有。前項奉文分作兩年辦解，正金磚共一萬九千七百三十五塊，副金磚共一千九百七十三塊五分，通共正副金磚二萬一千七百八塊五分。每塊應給上岸僱夫、賃房墊扛押磚夫等銀一錢二分三厘零，共該運費銀二千六百八十四兩零，查與歷届運磚奉部准給之數相符，應於耗羡銀内分作二年給領運解。除先將辦就乾隆三十七年分一半正副金磚一萬八百五十六塊，核給運費銀一千三百四十二兩零，飭令委員樊廷詔領運解部外，合將動用耗羡銀兩緣由詳請循例奏明，等情前來，臣覆核無異。除咨明户部外，理合恭摺具奏，伏乞皇上睿鑒，勅部查照施行，謹奏。　該部知道。　乾隆三十八年四月初八日

《清宮金磚檔案·内務府來文查明東陵應行修理工程辦解金磚等項用過銀兩　乾隆三十八年十一月十五日》　謹奏：爲遵旨查明具奏事。本年九月初三日奉旨：「勝水峪工程已經告成，着福隆安、英廉即行查銷完結，嗣後每年應行粘修之處，着交東陵貝子公、内務府總管等修理。其原頒欽差大臣關防，亦即着交該處，欽此。」欽遵，臣等遵即詳查。從前承辦勝水峪工程，原續估奏請過户部銀一百八十一萬三千九百六十一兩，查從前修建殿宇門座、橋梁泊岸石像生及堆培砂案

並看守執事人員房屋、禮部衙署八旗官兵營房、暨妃園寢等項工程，除楠杉木楦金磚、臨清磚係工部行文，該省辦解桅木架木係由工部領取，顏料等項由户部領取，赤金雲紗由内務府領取應用外，所有採辦松檆木楦一應石料，燒造磚塊、灰斤、琉璃瓦料，辦買雜料以及匠夫工價、運價共實用過銀一百四十萬一千五百五十二兩一分。又修理續添工程，辦買石料、磚塊、灰斤、雜料並匠夫工價、運價共實用銀三十八萬四千四百六十八兩四錢二厘，二共實用過銀一百七十八萬六千二十兩四錢一分二厘，應存銀二萬七千九百四十兩五錢八分八厘。又應存東陵餘剩回乾樹株變價銀一千六百六十七兩七錢九厘，共銀二萬九千六百八兩二錢九分七厘，内東正峪吉地鐫刻經文佛像用過銀五千五百七十九兩九錢三分，業經御書處繕造黄册奏銷。妃園寢、奉安怡嬪、奎常在金棺開填隧道並拆砌月台等項用過工料銀五百五十二兩六分八厘。朱華山添建十三阿奇磚券，用過工料銀三千三百五十兩六錢五厘，共用銀九千四百八十二兩六錢三厘。以上通共用過銀一百七十九萬五千五百三兩一分五厘，净存剩銀二萬一百二十五兩六錢九分四厘。此内存貯户部未領銀二萬兩，於乾隆三十一年三月内經原任大學士忠勇公傳等奏明，因賠補琉璃瓦料暫行請領應用，俟催得各員應賠銀兩時陸續歸還。原項應由工部催完另奏外，現在實存銀一百二十五兩六錢九分四厘，臣等遂一詳查核算，前後用過物料工價銀兩數目，均屬相符，應將該工用過物料工價銀兩數目繕寫清單，並勝水峪工程總册一本，續添工程總册一本，一併恭呈御覽。俟命下之日將總册並黄册交與工部，敬謹收貯，其存工銀一百二十五兩六錢九分四厘，照數交回户部查收歸欵。臣等行文東陵承辦事務衙門，嗣後遇有應行粘修之處，即由該衙門奏明修理。再查從前勝水峪工程處由禮部原頒發欽差大臣關防一顆，今工程既經告竣，應遵旨仍繳回禮部可也。謹此奏聞。

《清宫金磚檔案·東陵内務府總管衙門咨文查明金井吉土金磚殘損致内務府　乾隆三十八年十一月》　東陵内務府總管衙門爲咨呈事。本月初九日内務府郎中六達子賫至欽差，查銷勝水峪工程事務大臣福、英咨文内開查得勝水峪工程錢糧，現今遵旨查銷完結，所有存貯地宫金井吉土、龍山石等項並盤山等處行宫奏銷册檔，相應一併交送東陵内務府總管衙門，敬謹收貯。等因前來，當經本衙門出派郎中復興、主事中秋等于本月初十日眼同内務府郎中六達子，將應交地宫鑰匙一件，拐子一件，金井吉土一分，妃衙門吉土九分，青白龍山石十二塊，内殘缺者四塊，完整者八塊；青白册寶座石二塊，内殘缺者一塊，完整者一塊；青白如意石五塊，青砂自來石四塊，二尺金磚一百十八塊，内殘缺者六十三塊，完整者五十五塊；尺七金磚二十塊，内殘缺者十六塊，完整者四塊。勝水峪燙樣一分，地宫券樣一分，戳燈九對，係紅土油餙盤山等處行宫並廟工黄册、清册一千一百七十六本，舊激筒二架破爛，逐欵點驗明白，敬謹收貯外，相應將所收金井吉土並龍山石等項逐欵查收緣由，咨呈内務府查照備案可也，須至咨呈者。右咨呈内務府。乾隆三十八年十一月

《清宫金磚檔案·江蘇巡撫閔鶚元奏折辦解壇廟宫殿工程金磚運費於耗羡銀兩内支給　乾隆五十年八月二十八日》　江蘇巡撫臣閔鶚元謹奏：爲循例奏明事。竊照江蘇省辦解金磚需用水脚例，於上下兩江耗羡存公銀内，無定公費項下支給，遇有動用，隨時奏明，辦理在案。今據陞任蘇州布政使李慶棻詳稱，江蘇省奉文辦造壇廟宫殿工程等處，需用二尺二寸金磚一千塊，二尺金磚二千塊，尺七金磚三千塊，并將副磚一并解送。等因飭據蘇州府督令窑户燒造完竣，通共正副金磚六千六百塊，每塊例給上岸雇夫、賃房墊扛押磚等銀一錢二分三釐零，共該運費銀八百一十六兩零，詳請奏明，等情前來。臣查辦解金磚所需運脚，例於耗羡銀内支給，今前項正副磚六千六百塊，應給運費銀八百一十六兩零，核與歷届准給之數相符。除經飭給并咨明户部外，理合將動用耗羡銀兩緣由，循例恭摺具奏，伏乞皇上睿鑒，勑部查照施行，謹奏。該部知道。乾隆五十年八月二十八日

《清宫金磚檔案·乾隆帝諭旨奇豐額奏成造金磚六千塊著金簡等查明用於何處速行回奏　乾隆五十九年六月十六日》　大學士伯和字寄工部堂官，乾隆五十九年六月十六日奉上諭：「據奇豐額奏動用耗羡銀兩一摺，内稱本年正月奉文成造尺寸大小不等金磚六千塊，副磚二千四百塊等語，現在宫殿各座並無新造工程需用金磚之處，朕之所知，又何須行文成造，並爲數如許之多，徒置無用，此必係工部以備用爲名，令其成造解送，圖得鋪墊，使費並可藉端開銷，又未奏聞，工部各堂官何以漫無查察，至金簡久任工部，於此等事尤應留心查核，乃率行咨令成造，徒滋糜費。著傳諭金簡及該堂官等，將此項金磚有何需用，何以率行咨送，如許之多情節，即行據實明白，速行廻奏，欽此。」遵旨寄信前來。

《清宫金磚檔案·工部奏片遵旨查明成造金磚并無宫殿工程需用俟金簡等查明復奏後一體交部議處　乾隆五十九年六月十六日》　遵查工部行文江蘇省成造金磚一事。臣福長安詢之隨來熱河司員，據稱此項金磚係營繕司承辦，職等均係虞衡

司派出，未經承辦，其因何行文咨取緣由，未能深悉等語，至臣福長安此次甫經帶管行在工部事務。從前在工部時，曾知此項金磚成造有需時日，向來每遇有工程金磚，將此次用竣時先期行文該省成造備用，但現在誠如聖諭：「宮殿各座並無新造工程需用金磚之處，何須行文成造，如許之多，又並未奏聞辦理，實屬錯誤，應聽金簡等查明據實迴奏」外，阿迪斯現在宮門，臣等就近詢問，所稱向來行文成造金磚之事，與臣福長安所言相同，至此次並無工程需用，何以行文成造金磚。據阿迪斯稱，實係拘泥糊塗，率照舊例辦理，其舊存金磚現在尚存若干，是否業經用竣之處，亦未能知悉。今蒙傳詢，不勝惶悚，應俟金簡等查明覆奏後，一體交部議處等語，謹奏。六月十六日

《清宮金磚檔案・乾隆帝諭旨浮冒開銷成造六千塊金磚一事著軍機大臣會同該部嚴查議奏　乾隆五十九年六月十九日》 乾隆五十九年六月十九日内閣奉上諭：「金間等覆奏行文江蘇省燒造金磚一摺，據稱舊存金磚止存二千餘塊，是以於上年十二月内奏明行令江蘇成造等語。近年以來並無宮殿工程，此項金磚四十九年該廠尚存二千餘塊，是年又經工部行令成造正磚六千塊，副磚六百塊，是新舊合算共計磚八千六百餘塊。十年以來有何處工程需用，又止剩二千餘塊，所稱見方二尺者均已用完，又係何處用去？即使壇、廟、宮殿等處間有粘補修理，究係何處用磚若干塊，係何年月，亦應確實指出，方爲有著。且粘補修理時換用新磚，後自必將舊磚繳回，所繳舊磚究係若干，又係存貯何處，何以並未明白聲敘。況行文成造自當查照工程需用數目，酌量燒造，豈有不問有無工程，每次拘泥成例，輒以六千餘塊爲率行令成造之理？又於年底事繁時朦混具奏，明係該部爲浮冒開銷起見，異得鋪墊使費，是以率行咨造。令經傳詢，又復藉詞支飾，希圖含混，殊屬非是。著軍機大臣會同該部嚴查議奏所有，金簡等原摺著發交福長安，將指出各情節面詢金簡等，令其據實登答，並令將四十九年存剩金磚及是年行文成造正副各磚，均係何處取用及何處用磚若干並換回舊磚，共計若干，現存何處，詳悉開繕清單，一併據實具奏。大端如是，福長安告以明白，即來不必待辦完，勿令再有支飾，致干咎□，欽此。」遵旨寄信前來。

《清宮金磚檔案・乾隆帝諭旨著即查明景運隆宗二門所用金磚　乾隆五十九年七月初三日》 大學士伯和字寄工部堂官、總管内務府大臣。乾隆五十九年七月初三日奉上諭：「據綿恩等覆奏，查核各處換下金磚，多與原數不符，所有短少之數請令該監督賠出，並交部分別議處一摺，已依議行矣。至摺内所稱景運門、隆宗門兩處地面，向係沙磚，今改換金磚，並無換下舊磚可繳等語，此何言耶？沙磚豈竟無可用之物耶？景運、隆宗二門係朕不時往來之處，曾憶門中係鋪墁金磚，兩旁似係沙磚，今據稱景運門、隆宗門地面向係沙磚，即欲更換，彼時何以並未奏明？著即查明具奏。嗣後如有領用回繳，務須據實查核，毋得再致仍前弊混干咎，將此諭令知之，欽此。」遵旨寄信前來。

《清宮金磚檔案・綿恩等奏折查明京城及陵寢各處節次領取金磚并現存損壞金磚數目　乾隆五十九年七月初三日》 臣綿恩等謹奏：爲遵旨查明覆奏事。本年六月二十六日接到大學士伯和字寄，二十四日奉上諭：「福長安奏詢問金簡因何率行咨造金磚緣由，工部堂官自請交部嚴加議處一摺，金簡等俱着交部嚴加議處，至金簡所稱各該處所換金磚，向例俱仍存各該處，不交工部查核等語，殊屬非是。向來各項料物皆係交舊換新，豈有金磚一項專領新磚而所換舊磚並不繳回，漫無稽查之理，恐難保無支飾含混情事。宜趁此查辦之時，將此事檢查確實。福長安於應辦事竣，即當前來熱河，不能在京久待，着派綿恩、胡季堂、金簡、伊齡阿將各該處節次領取新磚若干，何處需用及所換舊磚現存何處，爲數共有若干，與所領之數是否相符，有無浮冒侵用之處，會同詳悉查核，據實覆奏，欽此。」欽遵。臣等當即行查工部、内務府自四十九年起將領用金磚數目及換下舊磚現存何處，各該監督曾否報銷，逐一查報去後。今據各該處開單登覆，前來查工部原報各工用去金磚六千四百八十三塊，今按照所用數目逐一核對詳查，恭照四十九年間泰陵、泰東陵工程取用金磚一千二百五十六塊，於工竣時曾經奏明，將餘剩整破等磚共二百七十塊交存易州，工部以備歲修。又寶泉局、寶源局歷年共用金磚八百三十一塊，向係各爐作爲翻沙托模之用，每年俱已磨碎無存。五十三年至五十四年禁城中一路共領過金磚四千一百六十七塊，内除景運門、隆宗門地面共用過金磚二千三百七十九塊，此二處向係沙磚，今改換金磚，並無換下舊磚。以上五項並無舊磚可交，應毋庸議外，其餘一千七百八十八塊係乾清宮等處工程用去，其換下舊磚，剔鑿破壞者大半。又四十九等年東陵歲修工程及先農壇、文廟月臺、皇史宬地面等工共領用金磚六十五塊，現據呈報糟減無存。臣等查前項工程換下金磚，雖查明各該監督等有現存公所者，亦有無存者，即所存者皆破碎零星，間有成塊者，核之原數，亦不相符，此皆由該監督漫不經心，以致損壞過多。而該部堂官初未意及各工換下舊磚，令其回繳，實難辭咎。除該部堂官業經交部，嚴加議處候部辦理外，請將前項所短金磚按照原造價

值，着落各該監督賠出，仍交吏部查取職名，分別議處。其各工換下現存破壞者，雖不堪他用，足可以抵錢局翻沙托模之用，並請嗣後各處工程需用金磚，其換下舊料於工竣時，務須詳細查明，將磚塊數目殘缺大小情形逐一造册，於奏銷摺内聲明，知照工部查核。其京中壇廟各工報銷後，即將舊磚送交工部存貯，内庭各工換下舊磚，交營造司存貯。兩陵各處道路較遠，未便送京，徒滋運費，應即令每年派往兩陵查勘，歲修工程之工部侍郎查驗明確後，具摺奏明，一面造册送部存查，一面即交明石門工部、易州工部兩處存貯。抵作方條等磚，俱令其就近選用，如實無堪以選用之磚，再行聲明知照通、永道，于廠内發給，以節虛糜而杜冒濫。至現在廠存及江蘇省新造之磚到齊後，隨時取用，俟用竣時再行燒造，亦毋庸拘定年分，總須查明實在需用數目尺寸，奏明辦理，以歸核實。謹將遵旨會同查辦緣由，恭摺覆奏外，將節次領取金磚並現存破壞及無着金磚數目，分晰開單呈覽，爲此謹奏請旨。乾隆五十九年七月初三日奉旨：「依議，欽此。」

《清宫金磚檔案·金簡奏折查明各工換下短少舊磚請照新磚價銀照數賠交内務府　乾隆五十九年七月初三日》　奴才金簡跪奏：竊奴才前因率行咨造金磚，辦理錯謬，請旨交部嚴加議處，並恭繳尚書雙俸五年。仰蒙聖鑒在案，兹奉諭旨，令奴才等將各工換下舊磚，會同詳細檢查，除查明另摺連銜具奏外，伏思奴才金簡管理工部最久，現又總理工程事務，所有各工取用金磚，換下舊料，自應隨時查明，令其據實報明存貯，乃並未計及于此，實屬糊塗錯誤。今蒙皇上指示説明，如夢方醒，復蒙聖恩，仍派令會同綿恩等一同查辦，愧悚之下，益深感激。所有查出換下短少舊磚共一千八百五十三塊，照依新磚例價共該銀一千三百二十兩二錢四分八厘，除現已奏明飭令各該監督等分賠外，仰懇皇上恩准奴才仍照數再交一分，交内務府銀庫以爲辦事錯誤者戒。理合瀝忱，附片奏聞，伏乞皇上睿鑒，謹奏。同日奉旨：「知道了，欽此。」

《清宫金磚檔案·乾隆帝諭旨工部率行咨造金磚除責令分賠外并著切實議罪　乾隆五十九年七月十三日》　大學士伯和字寄工部侍郎伊。乾隆五十九年七月十三日奉上諭：「前因工部率行咨造金磚，辦理錯謬，而於換下舊磚又並不查明存貯，節經降旨飭詢。昨據金簡奏禁城中一路工程換下砂磚，業經抵用，未曾奏明，遽行換墁金磚，自請賠繳銀一千四百四十餘兩。此項金磚係工部辦理錯誤，金簡因在工部任内年分較久，是以奏請賠繳。伊齡阿在工部亦不爲不久，其辦理錯誤豈是金簡一人之過？何得置身事外，竟若罔聞？況伊齡阿前後兩任兩淮鹽政，坐擁豐厚，前據董椿面奏，鹽政衙門一切食用俱係商人備價供給，而辦理呈進物件又係商人出貲承辦，鹽政又可從中沾潤。現在巴寧阿到任未幾，即有交結婪索等事，況伊齡阿前後在任多年，種種情弊，更所不免，不過未經發覺，倖免敗露，朕亦未便深究。乃伊齡阿惟知坐擁厚貲，而于工部應管事件全不留心，經朕屢加飭詢，伊竟置若罔聞，若與彼全無干涉，殊屬昧良負恩。除金簡昨請賠交禁城中路換墁金磚例價一千四百餘兩，令與伊齡阿各半分賠外，仍著伊齡阿抒發天良，自行切實議罪，毋得再有支吾，致干重咎。將此諭令知之，欽此。」遵旨寄信前來。

《清宫金磚檔案·内務府來文辦理萬年吉地工程檔房爲吉地工程修理事致内務府咨文　嘉慶三年十月二十三日》　辦理萬年吉地工程檔房爲呈明事。本工咨前事一案，相應抄單，移咨查照可也，須至咨者。右咨計粘單壹紙。内務府。嘉慶三年十有二十三日辦理萬年吉地工程檔房爲呈明事。恭照太平峪敬達萬年吉地地宫、寶城、月牙城、方城、明樓、紅墻、羅圈墻、更道荷葉溝、龍鬚溝、堆培後寶山、東北大泊岸並妃衙門石券、磚券、磚池、琉璃花門、隨墻門、兩邊紅墻、羅圈墻、泊岸以及填築地面、成搭罩棚、堆貯物料棚、座浮橋等項活計，前蒙批發銀拾萬兩，業經在于廣儲司庫支領，分給承辦石料、灰斤、琉璃料，各該監督採辦在案第查。採辦物料運送到工，在在需銀，理合呈明，請仍向廣儲司銀庫借銀十萬兩遵照堂臺批定數目散給各監督銀九萬九千兩外，尚餘銀一千兩，即照新定章程，以備散給常川在工堂司各官應得廩餼之用。除將各該監督應領物料銀數分晰呈明，以便令承辦監督持領自行呈明赴庫支領外，其餘銀一千兩請暫存廣儲司銀庫，如有動支之項，再行呈明，赴庫支領，據實開銷。仍將此次借支銀兩同前次借銀拾萬兩統俟本工，奏估後請領錢糧時，即由户部如數扣撥還項並知照内務府可也。計開採辦石料監督長謙富，發銀二萬兩。辦運灰斤監督馮慶嵩，發銀二萬五千兩。辦造琉璃料監督恒，發銀四千兩。監視活計辦運土方襍料監督額福敷成，上次批發銀二千兩，存庫未領，發銀一萬兩。辦造糙磚瓦監督德阿，發銀三萬兩。運送桅杉架木臨清磚金磚監督恒陞，發銀一萬兩。

《清宫金磚檔案·莊親王綿課等奏折恭建裕陵聖德神功碑樓所用金磚等估需錢糧數目　嘉慶五年八月十九日》　莊親王緜、榮郡王緜、固山貝子弘、刑部尚書張、内務府大臣緼、東陵内務府大臣成謹奏：爲恭建裕陵聖德神功碑酌估錢糧數目恭摺奏聞仰祈聖鑒事。臣等欽遵諭旨：「裕陵聖德神功碑恭照景陵碑樓式樣建立。」伏查原建景陵碑樓工程之册檔，經年久遠，無從可稽。今臣等謹將施工用料逐一詳細酌擬，未敢稍圖簡便，凡一應工料，皆以工部現行。今核定例價，公同斟酌，悉心籌辦，務使工歸寔用，帑不虚縻，始昭敬慎。其所需青白石料由西山大石窩揀選，性質堅寔細潤之石塘開採運用，惟查鮎魯豆渣石一項，例載每丈採價銀二兩四錢三分，運價銀一兩七錢二厘，共銀四兩一錢三分二厘，殊覺寬裕。今臣等擬將運價減去，只須給予採價銀二兩四錢三分，已敷採運之用，尚不致辦理竭蹷。至於舊樣城磚，京城例價每塊燒運價銀二分一厘，今自遵化窑至裕陵工次計遠七十里，除例價京運十里不加外，照例加運六十里入估，以昭平允。其灰斤一項需用較多，且時價不一，雖經臣等行文直督，於蘇州境内採訪，曾據該州呈報，白灰窑價運脚每千斤核銀五六兩不等，緣值夏季柴薪昂貴，兼之道路泥濘，是以價值較增。若俟冬令灰價、運脚均應平減。臨時再行採訪，錢糧方得確數。今將灰斤一項未經入估，俟今冬備料時飭令該州按月呈報時價，陸續請領採買。至築打地脚所需黄土，今估擬用本槽之土，俟創槽後，如係黄土，即照估取用。倘間有砂石，應遵向例由磨盤山起創黄土應用，另行核計彙銷。其餘各項物料及匠夫工價並油飾彩畫以及成搭棚廠等項活計，除黄松木植係園場採辦運工，其安錠紅黄銅鍍金見廣識大釘帽、看葉簷綱、壽山福海等項銅活，請交造辦處自行估辦。琉璃脊瓦料請交工部辦造，應需金磚咨行工部領取。至臨清磚由工部轉咨該省，照數運送通州，徑交本工揀用。其所需架木除向石門工部揀選五千根就近運用外，其不足者，行文工部轉咨該省，並所需桅木一體解運到通州，徑交本工收用。其顔料葉鐵由户部領取，畫絹高麗紙由廣儲司行取外，按例净估需工料運價銀二十四萬五千九十九兩七錢九分七厘。謹將聖德神功碑樓及擎天柱丈尺做法並所需工料銀兩細數以及行取各項物料數目分繕清單，恭呈御覽，伏候命下。臣等欽遵，敬謹辦理。伏思陵寢要工一應事宜，均須遴員分别辦理，方於活計錢糧兩資裨益。今臣等公同揀派得内務府郎中那樣廣惠，令其經理錢糧銷算，稽查物料活計，辦理文移稿案。文揀派得内務府郎中常存、工部員外郎郭興阿、内務府員外郎達林、兵部主事丁樹本、内務府副參領廷標五員監視活計，採辦物料。常川在工，女協承修，諸員各有專司，以歸責成，臣等仍不時輪流前往查察，務令照依做法，妥固辦理，以昭敬慎。其所需工料銀兩，請於户部陸續支領，於本年備料，明春擇吉興工，惟青白石料必須乘時開採，照例行文直督，飭令該州縣沿途搭護橋梁，平墊道路，俾大車易於轉運，方無貽悮。至堆貯物料，圈搭棚廠，均於風水墻内不礙樹抹閒空地面安置。其拉運大件石料，擬將舊有運料門口開寬，俟運完時照舊成砌。所有興工動土立碑吉期並一應祭祀禮儀，臣等行文欽天監、禮部先期擇吉奏明，以便敬謹辦理，統俟告成，再行奏請欽派大臣，詳細查驗，據寔核銷，合併聲明。伏乞皇上睿鑒，謹奏。

《清宮金磚檔案・總理工程事務大臣等奏折辦理裕陵聖德神功碑樓所用金磚等項物料情形　嘉慶五年八月十九日》

總理工程事務大臣布、傅、蘇謹奏：爲遵旨核議覆奏仰祈聖鑒事。嘉慶五年八月十九日，據莊親王縣等具奏《恭建裕陵聖德神功碑樓勘估》一摺，奉旨：「着交總理工程處再行斟核，欽此。」奴才等遵即照依原奏，調取勘估細册，逐一詳細斟核，碑樓規模式樣係照景陵碑樓做法，其所用工料係照裕陵成案銷算，除所需園場木植並桅杉架木、金磚、臨清磚、銅鐵、紙絹、顔料、琉璃瓦料等項，向各該處行取應用及辦買灰斤尚無定價不計外，其採運石料及匠夫工價等項，共估需工料銀二十四萬五千九十九兩七錢九分七厘，係照工部現行例價核算，俱屬相符，尚無虚浮，惟估册内間有零星錯核之處，應行核減銀四十兩三錢六分七厘。又拉運石料大車需用大繩，該處照陵工之例核估。今查内庭工程拉運石料，向無加給繩斤之例，此項大繩自應核減，計應減銀二千一百六十八兩七錢七分。再查原估做法，尚有酌爲樽節者，内如頭停苫背原估五層，提漿五遍，今擬改苫背三層，提漿三遍，可減銀三百二兩四錢八分。又地脚所下栢木地丁，原估用長一丈木丁，查裕陵多係山地，儘可改用七尺木丁，可减銀三千七百四十八兩六錢二分九厘。其築打灰土十三步，原估係照依神道碑亭做法，謹查裕陵寶城，僅築打灰土十一步，此項碑樓請即照依寶城築打灰土之例，築打灰土十一步，可減銀一千五十兩四錢五分。以上共核減並擬改共節省銀七千三百十兩六錢九分六厘，净應估需工料銀二十三萬七千七百八十九兩一錢一厘。奴才等復加察核所需青白石料一項，原估除土襯用盤山石料，其餘俱由西山大石窩採辦，緣上年五月内曾經莊親王縣等奏明採用大石窩石料，是以照此估計所需運脚過多，奴才等詳查近年陵寢所有堦條、踏跺等件，亦皆採用盤山石料在案，今謹擬將龍蝠碑身擎天柱並四面須彌座欄扳雲簪等項所需青白石料係鐫字鑿花，必須性質堅寔細潤者方可成做，自應在西山大石窩開採選用，至台幫埋頭、陡板堦條、海墁拔簷等項小件石料，似應改用盤山青白石料，又可節省運價銀六千八兩五錢二分。第以陵寢要工奴才等未敢擅專，可否將小件青白石料改於盤山採辦之處，伏候聖訓，以便交該工遵照，敬謹辦理，爲此謹奏請旨。

《清宮金磚檔案・户部咨文爲陵寢歲修致内務府　嘉慶五年九月三十日》户部爲歲修等事。福建司案呈内閣抄出弘等奏前事一摺，相應抄單移咨内務府可也，須至咨者。計粘單一紙。右咨内務府。嘉慶五年九月三十日主事涂□

［附件：明樓月牙城金磚損壞等項清單］

内務府呈報：明樓傳縫板等處油飾均有綦裂。月牙城甬路，月台墁地金磚酥鹻十四塊。明樓下券北門下檻糟朽。皇貴妃園寢二層東邊第八座寶頂黄灰脱落。享殿西間天花板橫檔沉下一根。蟠龍溝等處紅木橋板八塊，頂椿托撐糟朽。神厨庫前後飛簷椽糟朽四根。劍靶獸角瓦片共脱落一百一十一件，釘帽一千九百四十三個，海墁磚酥鹻二百八十八塊。回乾儀樹共三十一株應補。自生松樹八十七株。工部呈報：堆貯稿案房四間頭停遍漏，蓆箔糟朽。泰寧鎮呈報：大紅門西角門檻柵欄二扇油飾披灰暴裂脱落，横竪樘邊框糟朽。端親王園寢門東山墻紅灰皮閃裂，西配房槅獸閃裂，瓦片脱落十五件，釘帽一百五個。各處汛房九間頭停滲漏，墻垣坍塌，木柱荆箔篆椽糟朽。木柵欄二十六扇，門八根，檻一根，紅椿三十一根槽朽。

《清宮金磚檔案・江蘇巡撫汪日章奏折辦造金磚動用銀兩　嘉慶十二年六月初十日》江蘇巡撫臣汪日章跪奏：爲辦造金磚動用銀欵詳請具奏事。竊照一切興作等項，動用耗羨銀兩例，應隨時奏明辦理。今據蘇州布政使胡克家詳稱，案奉行准工部咨取二尺二寸金磚一千塊，二尺金磚二千塊，尺七金磚二千塊，令由糧船搭運，等因當經轉行蘇州府委員敬謹燒造。今查前項二尺二寸正金磚一千塊，需用工料等銀一千六兩；二尺正金磚二千塊，需用工料等銀一千一百六十一兩六錢；尺七正金磚二千塊，需用工料等銀九百六十五兩四錢，通共該支安徽江寧蘇州司庫正項銀三千一百三十三兩。又二尺二寸三分副磚三百塊，需用工料銀一百九十一兩一錢，并隨正解京十正一副金磚一百塊，需用稻草包索銀八兩四錢。又二尺三分副磚六百塊，需用工料銀二百兩三錢二分八厘，并隨正解京十正一副金磚二百塊，需用稻草包索銀一十四兩八錢。又尺七三分副磚六百塊，需用工料銀一百六十六兩二錢，并隨正解京十正一副金磚二百塊，需用稻草包索銀一十二兩四錢，通共該支安徽江寧蘇州司庫耗羨銀五百九十三兩二錢二分八厘。核與定例相符。除經造具估册詳咨外，合將動用銀欵詳請具奏，等情前來，臣覆核無異。除咨明户、工二部外，理合循例具奏，伏乞皇上睿鑒，謹奏。該部知道。嘉慶十二年六月初十日

《清宮金磚檔案・江蘇巡撫朱理奏折辦造金磚動用正耗銀兩　嘉慶十七年十二月初九日》江蘇巡撫臣朱理跪奏：爲辦造金磚動用正耗銀欵恭摺具奏事。竊照江蘇省准部咨取二尺二寸金磚一千塊，二尺金磚二千塊，一尺七寸金磚二千塊，應需料工等項銀兩。先據蘇州藩司造具估册，咨准部覆，行令奏明，動用報部，等因即經轉行遵照去後。今據署蘇州布政使巴哈布詳稱，查得前項二尺二寸正金磚一千塊，需用工料等銀一千六兩；二尺正金磚二千塊，需用工料等銀一千一百六十一兩六錢；一尺七寸正金磚二千塊，需用工料等銀九百六十五兩四錢，通共該支安徽江寧蘇州司庫正項銀三千一百三十三兩。又二尺二寸三分副磚三百塊，需用工料銀一百九十一兩一錢，并隨正解京十正一副金磚一百塊，需用稻草包索銀八兩四錢。又二尺三分副磚六百塊，需用工料銀二百兩三錢二分八釐，并隨正解京十正一副金磚二百塊，需用稻草包索銀一十四兩八錢。又一尺七寸三分副磚六百塊，需用工料銀一百六十六兩二錢，并隨正解京十正一副金磚二百塊，需用稻草包索銀一十二兩四錢，通共該支安徽江寧蘇州司庫耗羨銀五百九十三兩二錢二分八釐，核與定例相符相應。遵照部行，查明詳請，具奏前來，臣覆核無異，理合恭摺奏明，伏乞皇上睿鑒，謹奏。該部知道。嘉慶十七年十二月初九日

《清宮金磚檔案・江蘇巡撫朱理奏折辦解金磚運費動用耗羨銀兩　嘉慶十八年六月二十六日》江蘇巡撫臣朱理跪奏：爲循例奏明事。竊照一切興作等項，動用耗羨銀兩數在五百兩以上者，專案奏明，等因遵照在案。今據蘇州布政使慶保詳稱，前奉行准工部咨取壇廟等工備用二尺二寸金磚一千塊，二尺金磚二千塊，尺七金磚二千塊，令由糧船搭運，併將副磚一并帶解。等因先據蘇州府委員燒造，并將所需正副磚價、廠具、稻草包索等項銀兩造册，詳奉奏咨，照例動給，儹辦在案。兹據蘇州府知府周有聲申稱，據委員蘇州府照磨熊祖源督同窑户照數燒造完竣，總共正副金磚五千五百塊，分交蘇、浙兩幫糧船搭運赴通，委員領賫文批，赴部交收。查金磚到通每塊例需上岸雇夫、賃房、墊扛、押磚等銀一錢二分三釐六毫零，核計運費銀六百八十兩四分五釐，呈請核給到司，查與歷届運磚蒙部准給銀數相符，應於司庫耗羨銀内動支所有。選剩二分副磚現在飭府勘變，另行報部核銷，並聲明運費係照向例先給九分，餘俟委員交收回任後核明找給。等情詳請，具奏前來，臣覆核無異。除咨明户、工二部外，合將動用耗羨銀

款給辦緣由，循例具奏，伏乞皇上睿鑒，敕部查照施行，謹奏。該部知道。嘉慶十八年六月二十六日

《清宮金磚檔案・工部咨文爲修繕陵寢致內務府　道光元年八月十七日》 工部爲咨行等事。營繕司案呈內務府咨前事一案，相應抄單移咨內務府可也，須至咨者。右咨計粘單一紙。內務府。道光元年捌月拾柒日

〔附件：承修昌陵工程所用金磚等項片〕

准內務府文開准欽派承修昌陵工程處咨稱，本工承修昌陵殿座油畫見新並添建守護陵寢大臣侍衛太監住房等項工程，銷算二料銀兩物料等因一摺。查前項工程原估應行領用杉木原截捌百捌拾陸根，前已收到陸百根，其餘貳百捌拾陸根尚未發給，今奏銷杉木見方尺貳萬玖百捌拾玖尺貳寸捌分肆厘，內除原估杉木原截捌百捌拾陸根外，尚應找領杉木原截肆拾陸根，仍向工部找領。至應交回易州工部舊尺七金磚拾陸塊，架木玖千根，業經運交易州工部存貯。其臨清磚本工共收到陸萬塊，內除原估用過伍萬肆千壹百玖拾塊，其餘伍千捌百拾塊背砌隧道，全數用訖，今照數奏銷，相應抄録原奏咨部備案。至應找領杉木原截肆拾陸根，希爲轉飭木倉，俟本工出具印領到日，照數發給。等因前來查前項工程，先經取用杉木原截捌百捌拾陸根，架木壹萬根，臨清城磚伍萬肆千壹百玖拾塊，先准工程處開單咨部，經本部查前項杉木除運交過陸百根外，應找給杉木貳百捌拾陸根，移付木倉，查照給發。其架木壹萬根，業經送交工程處收用，至臨清磚塊前經本部運送過陸萬塊，今單開取用臨清磚伍萬肆千壹百玖拾塊，其餘磚塊曾否用完，抑或存貯備用，移咨工程處查明咨覆各在案。今准工程處咨稱，原估應找領杉木貳百捌拾陸根，尚未發給，今奏銷除原估外，尚應找領杉木原截肆拾陸根，相應呈明，移付木倉，將原領找領杉木一併查照給發，仍咨內務府轉飭，俟收到之日即將收過木植根件數目、日期咨覆過部，以凴查核。至領用架木壹萬根，查原奏內稱除傷耗外，實存架木玖千根。又尺七舊金磚拾陸塊，俱經儘數運交易州工部存貯，以備別工領用等語，相應移咨西陵承辦事務衙門，轉行易州工部，將前項金磚架木謹貯備用。再臨清磚陸萬塊，據稱除原估用過伍萬肆千壹百玖拾塊，其餘伍千捌百拾塊背砌隧道，全數用訖，應毋庸議，相應移咨內務府，轉飭該工查照可也。

《清宮金磚檔案・户部咨文爲修繕陵寢致內務府　道光元年八月二十四日》 户部爲咨行事。福建司案呈所有前事一案，相應抄單移咨內務府可也，須至咨者。計單一紙。右咨內務府。道光元年捌月貳拾肆日

〔附件：勘估昌陵碑樓工程所用金磚等項估需錢糧清單〕

謹奏爲敬謹勘估昌陵碑樓工程核算錢糧恭摺奏聞事。竊臣等奉命勘估昌陵聖德神功碑樓座工程，前經恭照裕陵碑樓式樣規制尺寸燙樣呈覽，並□請查照。從前恭建泰陵時擬定則例，核計錢糧，奏請派王大臣辦理。奉旨：「昌陵聖德神功碑建置碑樓、竪立石碑工程，均着交烏爾恭阿、綿恩、穆彰阿、阿克當阿四人敬謹辦理，欽此。」欽遵在案，臣等遵例逐一詳加核算，將所需青白石料由西山大石窩採運，豆渣石由昌平州採辦發券，並露明細磚擬用澄漿城磚，並新樣城磚由京辦運，其舊樣城磚在附近地方燒造。築打地脚所需黄土現擬在本槽之工取用，俟刨槽後倘有砂石，應遵向例由青椿外取用。另行核計所有各項應用物料，除安錠黄銅、鍍金釘帽等項銅活交造辦處估辦，琉璃脊瓦料、金磚咨行工部取用，所需架木例由易州工部就近運用，其不足者行文工部咨領。顔料、銅鐵、紙絹均由户部取用外，按例净估需工料銀二十一萬八千六百三十一兩八錢三分五厘謹，將勘估做法需用物料、匠工銀兩，分晰敬繕青單，恭呈御覽，伏候命下。【略】又灰斤一項需用較多，向由時價購辦，臣等當即行文易州境內採訪呈報，以凴核辦去後。今據該州呈報採訪得韓溪白灰窑價運脚每千斤核銀六兩八錢，又壇山白灰窑價運脚每千斤核銀三兩二錢，今酌擬砌磚□瓦灌漿抹汁用韓溪白灰，地脚灰土酌用壇山白灰，按呈報寔價值銀二萬五千四百六十八兩八錢四分九厘。伏查現在所報灰價係值夏令柴薪昂貴，兼之道路泥濘，價值未免較昂，若俟冬令運辦，其價均應平減。此項灰價銀兩將來應用時，是否平減，應由該工自行確寔辦理。

《清宮金磚檔案・綿岫呈內關防衙門等清單所報歲修處所金磚酥鹼鼓起五十一處等項　道光元年十二月二十七日》 內關防衙門呈報：歲修處所琉璃吻獸獸角、龍鳳仙人、海馬獅子、劍靶釘帽瓦片脱落壹千柒伯貳拾肆件，琉璃磚酥鹼、走錯、張裂、破壞貳拾玖處，□磚酥鹼、臌起伍拾壹處，磋礫地面墻垣等磚酥鹼破壞坍倒柒拾玖處，踏垜堦、□垂帶、斗板等石閃裂、沉陷、走錯柒拾壹處，□飾添飾彩畫剥落、爆裂捌拾伍處，寶頂墻垣紅、黄、青、白等灰酥鹼脱落壹伯貳拾捌處，木植糟朽脱落貳伯伍拾叁處，磚瓦、木植脱節、閃裂、歪扭、沉陷、低垂、坍倒、損壞玖拾柒處，銅器、鐵器脱落、滲漏、損壞貳拾貳處，□紗蟲蛀破壞捌處，殿宇房間滲漏、坍塌陸拾捌處，碑上添飾爆裂壹處，□臺炕坍壞貳處，井幫坍壞壹座，禮部、工部總管衙門呈報歲修處所，磚瓦灰皮脱落鹼壞肆拾陸處，圍墻、山墻鹼壞、

劈裂、坍倒伍拾捌處，木植、篷箔糟朽損壞叁拾貳處，房間滲漏坍塌貳拾貳處，井坍壞淤塞貳座，馬蘭鎮總兵衙門呈報歲修處所，圍墻、水洞、散水等石冲壞拾捌處，撥房木植糟朽脱落貳拾壹處，磚瓦灰皮脱落貳拾處，撥房滲漏、邊墻、圍墻劈裂坍倒叁拾捌處，鐵器損壞冲少叁處，紅椿糟朽叁拾叁根，以上共計貳千玖伯拾貳處。奴才綿岫、永康、阿克當阿跪。道光元年十二月二十七日

《清宮金磚檔案・江蘇巡撫魏元煜奏折辦造金磚動支正耗銀兩　道光二年閏三月十三日》 江蘇巡撫臣魏元煜跪奏：爲辦造金甎動支正耗銀欵循例恭摺具奏仰祈聖鑒事。竊准工部咨文江蘇省應行造辦壇廟等工二尺金甎一千五百塊，照例由糧船搭運并將應造副甎一併解交，其用過銀兩造册報銷，等因即經轉行遵照去後。今據蘇州布政使廉敬詳稱，查得前項二尺正金甎一千五百塊，需用料工等銀八百七十一兩二錢，應於安徽及江蘇兩藩司庫正項銀欵内動支。又二尺副甎四百五十塊，需用料工銀一百五十兩二錢四分六釐，并隨正解京十正一副金甎一百五十塊，需用稻草包索銀一十一兩一錢，共銀一百六十一兩三錢四分六釐，應於安徽及江蘇兩藩司庫耗羨銀欵内動支，均核與定例相符。除造具估册詳咨外，合將動用正耗銀欵給辦緣由，詳候具奏，等情前來，臣覆核無異。除將估册咨送户、工二部外，理合恭摺具奏，伏乞皇上聖鑒，謹奏。該部知道。道光二年閏三月十三日

《清宮金磚檔案・欽派承修昌西陵工程處咨文爲修建昌陵工程用銀致内務府　道光三年六月初七日》 欽派承脩昌西陵工程處爲咨行事。本工於五月十二日具奏勘估錢糧一摺，奉旨：「依議，欽此。」本日兵部尚書柏面奉諭旨：「脩建昌西陵工程應用銀兩，着由廣儲司銀庫動用，欽此。」欽遵相應抄録原奏，咨行各該衙門查照原奏辦理，相應咨行貴府查照可也，須至咨者。右咨總管内務府。道光三年六月初七日

〔附件：勘估昌西陵各座工程需用金磚等項錢糧數目〕

奏爲遵旨勘估昌西陵各座工程錢糧數目恭摺奏折聖鑒事。竊臣等於三月初五日具奏修建昌西陵地宫及各座規制，燙樣呈覽，當經臣柏、魏、吉面奉諭旨：「饗殿月台前兩邊添安踏跺，宮門外月台前兩邊添安踏跺，饗殿配殿俱用楠木色，其餘硃紅，油彩畫所需錢糧著該大臣等自行勘估，餘依議，欽此。」臣等遵即遴委司員督飭書算人等，謹按奏准燙樣丈尺做法。查照慕陵奏銷黄册工料例價成□核實估計得昌西陵地宫□券一座，門洞券一座，罩門磚券一座，月台一座，上寶頂一座，隧道一座，龍鬚溝一道，册寶座一分，台右五供一座，琉璃花門一座。上中下疊落□岸三道，前河桶一道，隨河三孔。石平橋三座，牆下涵洞二座。饗殿一座三間，前月臺一座，東西配殿二座，各三間。焚帛爐二座，饗殿内裡明間寶龕一座，宮門一座三間，弓箭槍架四座，月台一座，東西朝房二座，各五間。值房二座，各三間。晾奶房二座，各一間。神厨一座五間，神庫二座，各三間。省牲亭一座，四面各顯三間，後接雨搭三間。大門一座，宮門前大月臺一座，南面一路三孔石券橋一座，河桶一道，隨河三孔便橋四座。下馬牌二座，井臺一座，三面紅墻湊長二百三十二丈六尺六寸，隨角門二座。宇牆湊長五十九丈九尺，更道湊長一百十六丈三尺八寸，磚海墁湊長一百七十六丈三尺一寸，灰土神路湊長三十六丈。更道外面培堆土坡湊長七十七丈，開空河桶二道，湊長二百三十五丈。兩邊大料石泊岸湊長二百六丈六尺，山石抱角以及各座地脚刨槽，除地宫金井分位不下椿杄，其餘地脚酌擬先下椿杄，上面築打灰土，以資鞏固，並順溜平墊地面。【略】謹將按照奏准燙樣勘估錢糧，分晰數目，及行取各項物料細數，另繕清單恭呈御覽，伏候命下。臣等乘時先行備辦一切物料，一面咨交欽天監擇吉，於明年二月開工，敬謹修理，爲此謹奏請旨。

《清宮金磚檔案・綿清等呈内務府清單所報泰陵甬路金磚損壞四塊情況　道光三年十二月十六日》 内務府呈報：泰陵月牙城内甬路金甎鹻壞四塊，墁地甎鹻壞三十五塊，東西馬尾礓礤甎鹻壞六十三塊。隆恩殿内墁地金甎鹻壞二塊，東邊木礓礤一座，間有糟朽。東邊木踏跺一座，活動間有糟朽。北紅橋一座，欄杆活動。金剛柱四根，托撑二根，間有糟朽。橋板糟朽二塊。南紅橋一座，欄杆間有糟朽脱落，橋板糟朽三塊。泰東陵東朝房北次間炕面大甎酥損八塊，内務府衙門北牆坍塌長三丈五尺。泰陵妃衙門寶頂十六座，每座週圍黄灰均有脱落。西朝房後鐵支房歪閃，錫片破壞，連簷望板俱糟朽。晾奶房前後坡望板糟朽，錫片裂縫。泰陵、泰東陵、隆恩門等處獸角、獸鬚瓦片共脱落五十二件，頂帽四百三十四個。海墁甎鹻壞二千六百四十七塊，回乾儀樹四十八株，自生小樹二十四株。泰寧鎮呈報：泰陵妃衙門東邊小紅橋南面欄杆俱已糟朽，正紅門等處頂帽共脱落一百五十一個，各處□房四間牆垣閃裂坍塌，頭停遍漏，荆笆苫草糟爛，木料門窗損壞。紅椿四十根水沖糟朽。綿清、祥端、果齊、斯歡，道光十二月十六日。

《清宮金磚檔案・承修裕陵隆恩殿工程處咨文爲裕陵工程繳回金磚等物料致内務府　道光四年十二月》 承修裕陵隆恩殿工程處爲咨行事。准工部咨稱本部題

銷恭修裕陵隆恩殿工程，用過銀兩數目一本，道光四年十一月二十二日題本月二十四日奉旨：「依議，欽此。」相應抄録原題並粘單移咨，前來查單開應繳物料，除琉璃脊瓦料、金磚、桅木、架木業經照數繳回石門工部查收外，至應繳各色高麗紙張共折價銀肆拾玖兩貳錢肆分陸厘，照數繳回内務府銀庫查收，相應抄録工部題銷原本並粘單咨行貴府，轉飭該庫，俟本工備辦銀兩交到之日，付給寔收，以便咨覆工部查核可也，須至咨者。右咨計粘原奏隨單各壹紙。内務府。

道光四年十二月日

〔附件：工部爲題銷裕陵工程用銀數目〕

工部謹題：爲題銷恭修裕陵隆恩殿工程用過錢糧數目事。查恭修裕陵隆恩殿工程，先經欽派勘估大臣英和穆彰阿，將應修處所造具丈尺做法估册送部，核估錢糧，當經臣部遵照原估文尺做法按例核算，除金磚、桅杉、架木、顔料等項行文各該處照數給發外，其辦買磚塊、灰斤、松檆、木植、裸料及匠夫工價運脚共估需銀五萬三百四十五兩七錢二厘，奏明移交該工，敬謹修理在案。今據工程處咨稱，前項工程恭修完竣，業經原估大臣查驗相符，應照例造具文尺做法並用過工料錢糧細册，送部題銷。

《清宫金磚檔案・江蘇巡撫陶澍奏折辦解金磚動支正耗銀兩　道光六年五月十四日》江蘇巡撫臣陶澍跪奏：爲辦造金磚動支正耗銀款循例具奏仰祈聖鑒事。接准工部咨文，江蘇省應行造辦萬年吉地工程一尺七寸金磚二千三百五十一塊，并隨帶副磚一併委員解交，將用過銀兩造册報銷，等因即經轉行，敬謹遵辦去後。今據蘇州布政使賀長齡詳稱，查得前項一尺七寸正金磚二千三百五十一塊，需用料工等銀一千一百三十四兩八錢二分八釐，應於安徽及江寧蘇州司庫正項銀款内動支。又照例應造三成副磚七百五塊，需用料工銀一百九十五兩二錢八分五釐，并隨正解京十正一副金磚二百三十五塊，需用稻草包索銀一十四兩五錢七分，共銀二百九兩八錢五分五釐，應於安徽及江寧、蘇州司庫耗羨銀款内動支，均核與定例相符。除造具估册詳咨外，合將動用正耗銀款給辦緣由，詳候具奏，等情前來，臣覆核無異。除將估册咨送户、工二部外，理合恭摺具奏，伏乞皇上聖鑒，謹奏。依儀行。道光六年五月十四日

《清宫金磚檔案・内務府清單呈泰陵泰東陵金磚等項損壞情况　道光六年九月二十六日》内務府呈報：泰陵月牙城内甬路全甎鱗壞七塊，東西馬尾礓礤甎鱗壞六十八塊，琉璃影壁上黄甎鱗壞十三塊，方城垛口甎脱落六塊。明樓匾額黪舊油餙間有爆裂，明樓下後券門檻框油餙爆裂，下檻歪閃。琉璃花門三座，油餙間有爆裂。北紅橋板糟朽二塊，金剛柱糟朽二根。西邊紅木平橋一座糟朽。泰東陵寶城西面垛口甎脱落一塊，琉璃花門中門油餙爆裂。隆恩門前簷柁檁併門下檻三座，油餙均有爆裂脱落之處。東蟠龍洧南邊紅木橋板糟朽三塊，欄杆柱全行糟朽。西蟠龍洧紅木橋板以及欄杆柱全行糟朽。昌陵神厨庫南庫西山花博縫板油餙脱落。泰陵妃衙門寶頂二層共三座，黄灰均有脱落。寶頂三層共七座，黄灰均有脱落。羅圈墻内東南角脱落紅灰三塊。東朝房後晾奶房前後坡望板糟朽，錫片縫裂。西朝房後鐵支房錫斤脱落，木植糟朽歪閃。省牲房北間前坡坍塌，椽折二根，葦笆糟朽。餑餑房正房一間後坡坍塌，前坡木植糟朽，瓦口脱落。下庫碾房三間，前後木植糟朽，瓦口脱落。昌陵妃衙門寶頂十三座，月台方磚鱗壞十塊，散水甎鱗壞九十五塊，内七座週圍黄灰均有脱落。享殿兩邊山花板油餙脱落。宫門東邊山花板油餙脱落。端親王園寢花門西北岔脊全行脱落。阿哥園寢亨堂西北岔脊全行脱落。公主園寢寶頂二座，週圍黄灰均有脱落。大門内週圍散水甎鱗塊八十三塊，邊甎鱗壞四十九塊，角門過木裏皮糟朽，連甎脱落二十五塊。泰陵、泰東陵、昌陵、隆恩門等處獸角、獸鬚瓦片共脱落二百零四件，頂帽一千七百零三個。海墁甎鱗壞二千五百三十塊。回乾儀樹六十五株，自生小樹二十六株。泰寧鎮呈報：泰陵内務府西門外祝版橋南面東泊岸坍塌一段，長二丈六尺，寬五尺。興隆莊石橋下壓邊石被水冲倒八塊。東口子門内石橋西北雁翅坍塌一段，長三丈寬七尺。正紅門等處瓦片共脱落二十五件，頂帽一百十八個。紅橋七十四根水冲糟朽。道光六年九月二十六日奉硃批：「工部知道，欽此。」

《清宫金磚檔案・内務府清單呈内務府所報泰陵泰東陵金磚等項損壞情况　道光六年》内務府呈報：泰陵月牙城内甬路金甎鱗壞七塊，東西馬尾礓礤甎鱗壞六十八塊，琉璃影壁上黄甎鱗壞十三塊，方城垛口甎脱落六塊。明樓匾額黪舊油飾間有爆裂。明樓下後券門檻框油飾爆裂，下檻歪閃。琉璃花門三座，油飾間有爆裂。北紅橋板糟朽二塊，金剛柱糟朽二根。西邊紅木平橋一座糟朽。泰東陵寶城西面垛口甎脱落一塊，琉璃花門中門油飾爆裂。隆恩門前簷柁檁併門下檻三座，油飾均有爆裂脱落之處。東蟠龍溝南邊紅木橋板糟朽三塊，欄杆柱全行糟朽。西蟠龍溝紅木橋板以及欄杆柱全行糟朽。昌陵神厨庫南庫西山花博縫板油飾脱落。泰陵妃衙門寶頂二層共三座，黄灰均有脱落。寶頂三層共七

座，黃灰均有脱落。羅圈牆内東南角脱落紅灰三塊。東朝房後晾奶房前後坡望板糟朽，錫片裂疑縫。西朝房後饊支房錫片脱落，木植糟朽歪閃。省牲房北間前坡坍塌，椽折二根，葦笆糟朽。餑餑房正房一間後坡坍塌，前坡木植糟朽，瓦口脱落。下庫碾房三間前後木植糟朽，瓦口脱落。昌陵妃衙門寶頂十三座，月臺方甎鹻壞十塊，散水甎鹻壞九十五塊，内七座週圍黃灰均有脱落。享殿兩邊山花板油飾脱落。宫門東邊山花板油飾脱落。端親王園寢花門西北岔脊全行脱落。阿哥園寢享堂西北岔脊全行脱落。公主園寢寶頂二座，週圍黃灰均有脱落。大門内週圍散水甎鹻壞八十三塊，邊甎鹻壞四十九塊。角門過木裏皮糟朽，連甎脱落二十五塊。泰陵、泰東陵、昌陵隆恩門等處獸角、獸鬚瓦片共脱落二百零四件，頂帽一千七百零三個。海墁甎鹻壞二千五百三十塊。回乾儀樹六十五株，自生小樹二十六株。泰寧鎮呈報：泰陵内務府西門外祝版橋南面東泊岸坍塌一段，長二丈六尺，寬五尺。興隆莊石橋下壓邊石被水冲倒八塊。東口子門内石橋西北雁翅坍塌一段，長三丈，寬七尺。正紅門等處瓦片共脱落二十五件，頂帽一百十八個。紅樁七十四根，水冲糟朽。工部知道。

《清宫金磚檔案·户部咨文爲修繕泰陵等處致内務府　道光七年九月二十四日》

户部爲具奏等事。福建司案呈内閣抄出前事一摺，相應抄單，移咨内務府可也，須至咨者。計單一紙。右咨務府。道光柒年玖月貳拾肆日

〔附件：泰陵甬路金磚損壞等項情況清單〕

内務府呈報：泰陵月牙城内甬路金甎鹻壞七塊，東西馬尾礓礤甎鹻壞六十八塊，琉璃影壁上黃甎鹻壞十三塊。明樓匾額虧舊油餙間有爆裂。西角門外馬道墻臌出四寸，長一丈四尺。晾奶房油餙爆裂，灰皮間有脱落。東邊木踏跺一座糟朽。南紅橋板糟朽七塊，金剛柱糟朽，欄杆活動。北紅橋板糟朽三塊，南邊欄杆歪閃。泰東陵甬路磚鹻碎五百塊。昌陵宫門外邊木踏跺一座糟朽。泰陵妃衙門琉璃花門内東南兩邊羅圈墻脱落紅灰三塊。寶頂頭層自西起第一座、第二座黃灰脱落。二層自西起第一座、第二座、第三座黃灰均有脱落。宫門外東西兩邊木踏跺二座糟朽。晾奶房前後坡望板連簷糟朽，錫片脱落，兩搭破壞。省牲房北間前坡椽折二根，葦笆糟朽，均有滲漏。端親王園寢宫門内正甬路磚鹻碎五塊。阿哥園寢宫門内正甬路磚鹻碎三塊。泰陵、泰東陵、昌陵隆恩門等處獸角、獸鬚瓦片共脱落一百五十六件，帽頂八百八十四個。海墁磚鹻壞一千九百八十塊。回乾儀樹三十一株，自生小樹二十三株。泰陵鎮呈報：正紅門汛瓦房三間，後簷瓦口脱落，連簷糟爛遍漏。河東汛瓦房二間，前檩傷折一根。正紅門等處劍靶、獸鬚脱落二件，頂帽一百一十八個。紅樁一百七十二根，水冲糟朽。道光七年九月十三日奉硃批：「工部知道，欽此。」内閣抄出奕等奏：陵寢内應修工程需用木植數目，開單具奏，並造册咨送工部，派員查辦，等因一摺于道光七年九月十三日奉硃批：「工部知道，欽此。」欽遵抄出到部，相應抄録清字原奏清單，移咨内務府，遵照可也。

《清宫金磚檔案·户部咨文爲修繕泰陵等處致内務府　道光九年十月二十九日》

户部爲奏請等事。福建司案呈内閣抄出前事摺，相應抄單移咨内務府可也，須至咨者。計單一紙。右咨内務府。道光玖年拾月貳拾玖日

〔附件：泰陵甬路金磚損壞等項情況清單〕

内務府呈報：泰陵月牙城内甬路金甎鹻壞七塊，墁地甎鹻四十六塊。琉璃影壁正脊臌閃，東頭脊獸閃裂，上面黃甎鹻壞十三塊。方城宇墻紅灰間有脱落。明樓匾額虧舊間有爆裂，二城西北岔脊閃裂。前面馬尾礓礤甎鹻壞二百三十塊，礓礤東面臌出甎六塊。後券門油餙有爆裂之處。東角門外馬道墻臌閃四寸有餘。二柱門正脊線條間有脱落之處。隆恩殿西北岔脊騎鳳仙人閃裂。月臺甎鹻壞五十四塊。神厨庫南庫西邊博縫油餙爆裂。火房三間望板糟朽脱落。南紅橋欄杆活動，東邊金剛柱二根糟朽。西邊平橋紅木板糟朽一塊。小碑亭二層，東南岔脊閃裂。泰東陵明樓礓礤甎鹻壞三十塊，甬路甎鹻壞五十塊。月臺甎鹻壞一百塊。晾奶房錫片爆裂，均有滲漏，博縫板、望板糟朽，間有脱落。槅扇轉身糟爛。昌陵馬尾礓礤甎鹻壞十二塊，月臺前甎鹻壞三十塊，琉璃花門内海墁陡板甎鹻壞二十五塊。二柱門額枋油餙爆裂。琉璃花門二座過□油餙爆裂。西門西山墻紅灰脱落。泰陵妃衙門宫門内外明柱併門扇上下檻框枹柱油餙，俱各爆裂脱落。宫門内西山簷柱拔縫油餙脱落。中間東邊托枋雲角脱落。琉璃花門東角門下檻糟朽。寶頂頭層自西起第一座、弟二座黃灰俱各脱落，二層自西起弟一層黃灰脱落，礓礤石坡壞二塊，三層自東起弟一座黃灰脱落。省牲房北間前坡坍塌，椽折二根，葦色糟朽。昌陵妃衙門寶頂二層自東起弟一座、弟四座黃灰均有脱落，三層自東起四座黃灰脱落，四層二座黃灰均有脱落。晾奶房錫背滲漏，望板糟朽，群板均有損壞。端親王園寢宫門内二層礓礤臺階石臌出一寸五分。阿哥園寢花門前坡望板糟朽，瓦片脱落。泰陵、泰東陵、昌陵、隆恩門等處獸角、獸鬚瓦片共脱落二百零一件，頂帽一千零八個。海墁甎鹻壞

九百一十五塊。回乾儀樹四十四株，自生小樹十九株。泰寧鎮呈報：正紅西邊紅墻北面東頭穩獸脱落一件，頂帽一百三十七個。紅椿五十八根，水冲糟朽。道光九年十月初四日奉硃批：「工部知道，欽此。」

《清宫金磚檔案・江蘇巡撫程祖洛奏折辦造金磚動支正耗銀兩　道光十一年五月初九日》　江蘇巡撫臣程祖洛跪奏：爲辦造金磚動支正耗銀款循例恭摺具奏仰祈聖鑒事。竊臣接准工部咨文江蘇省辦造二尺二寸金磚五百塊，二尺金磚三千五百塊，一尺七寸金磚二千塊，副磚六百塊，一併委員解交，以備萬年吉地工程應用，將用過銀兩造册報銷。等因即經轉行，敬謹遵辦去後。今據蘇州布政使梁章鉅詳稱查，得前項二尺二寸正金磚五百塊，需用料工等銀五百三兩；二尺正金磚三千五百塊，需用料工等銀二千三十二兩八錢；一尺七寸正金磚二千塊，需用料工等銀九百六十五兩四錢，通共正磚料工等銀三千五百一兩二錢，應於安徽及江寧、蘇州司庫正項銀款内動支。又照例應造二尺二寸三成副磚一百五十塊，需用料工銀九十五兩五錢五分，并隨正解京十正一副金磚五十塊，需用稻草包索銀四兩二錢。又二尺三成副磚一千五十塊，需用料工銀三百五十兩五錢七分四釐，并隨正解京十正一副金磚三百五十塊，需用稻草包索銀二十五兩九錢。又一尺七寸三成副磚六百塊，需用料工銀一百六十六兩二錢，并隨正解京十正一副金磚二百塊，需用稻草包索銀一十二兩四錢。通共副磚料工等銀六百五十四兩八錢二分四釐，應於安徽及江寧、蘇州司庫耗羡銀款内動支，均屬與例相符。除造具估册詳咨外，合將動用正耗銀款給辦緣由，詳候具奏，等情前來，臣覆核無異。除將估册咨送户、工二部外，理合恭摺具奏，伏乞皇上聖鑒，謹奏。該部知道。道光十一年五月初九日

《清宫金磚檔案・奎照奏折泰陵金柱金磚等建築損壞應請敕交查工大臣查勘再行興修　道光十四年五月二十二日》　再查去歲查工大臣吴椿片奏，内稱查奕綸等片奏上年歲修項内泰陵隆恩殿内金柱金甎，明樓後券門檻框，昌陵隆恩門前簷椽三項工程，原估黏修，嗣因情形較重，歸入歲修時，隨摺聲明，請交本年查勘歲修之大臣，一併查勘，等因奉硃批：「工部知道，欽此。」欽遵，臣敬謹履勘前項工程，均係南北方向，明歲不宜修理。恭查現在情形，泰陵隆恩殿内中間金柱、金甎尚可緩至方向，宜修年分再爲敬謹修理，惟明樓後券門月牙窗槅扇木植折損，檻框脱落，勢難暫緩，擬於今冬添换木植，趕緊成做，於立春前妥爲安裝，以昭慎重。又昌陵隆恩門前後簷油飾間有爆裂，簷椽内現有情形最重者一根，急應妥爲黏修保護，並請勅交該管大臣隨時查勘情形，奏明辦理。以上急須修補保護工程二項，約需工料銀四百餘兩，應請即交該管大臣敬謹辦理，等因具奏，奉旨：「依議，欽此。」欽遵行知前來。奴才等遵即將奏准二項工程派員敬謹修補保護，應請勅交本年查工大臣，照例查收。至泰陵隆恩殿内金柱、金甎、又本年續行查得紅油柱槅扇油飾均有爆裂之處，昌陵隆恩門本年續行查得前簷飛簷椽糟朽二十四根，内沉墜三根。兩山博縫寶帶四面連簷額枋門連楹油飾均有爆裂，前後坡夾隴灰脱落，筒瓦歪斜。應請一併勅交本年查工大臣詳細查看，可否興修之處，應由查估大臣奏明辦理，爲此附片謹奏。

《清宫金磚檔案・奎照清單年例歲修泰陵甬路金磚損壞等項工程　道光十四年五月二十四日》　内務府呈報年例歲修工程：泰陵月牙城甎有鹻壞之處，甬路金甎鹻壞七塊，墁地甎鹻壞二十二塊。寶頂圍牆搆縫紅灰有脱落之處，方城宇牆搆縫紅灰有脱落之處。明樓二層西北岔脊閃裂，樓内天花板北面有沉垂之處，樓外金甎鹻壞六塊。樓下券門内甎塊有酥鹻之處，前面馬尾礓礤甎鹻壞八十塊。東西兩邊界牆有酥鹻之處，東角門外馬道牆臌閃，西角門外兩邊牆下截甎臌出三寸。隆恩殿西南岔脊閃裂，西配殿夾隴灰均有脱落。殿内望板糟朽脱落，間有滲漏，較前尤重。神厨庫南庫望板油飾爆裂，間有糟朽。省牲亭内鍋臺圈門酥塌，情形過重。泰東陵明樓上南面槅扇檻框油飾均有爆裂，月臺金甎鹻壞二十五塊，礓礤甎鹻壞七十塊。正花門内外門扇檻框油飾均有爆裂，花門内甬路甎鹻壞五十塊，花門外月臺甎鹻壞四十塊。隆恩殿月臺甎鹻壞五十塊，甬路甎鹻壞六十塊。隆恩門檻框内外油飾均有爆裂，隆恩門外月臺甎鹻壞八十塊。晾奶房錫片爆裂脱節，均有滲漏，博縫望板槅扇轉身糟爛，均有脱落。東西紅木橋三座，橋板糟朽，欄杆糟爛。神厨庫南庫連簷木植糟爛。昌陵明樓兩山博縫板脱落銅釘九件，寶頂週圍散水陡板甎鹻壞二百四十塊。宇牆週圍夾隴紅灰均有脱落，宇牆外週圍城面海墁陡板甎鹻壞一百九十六塊。明樓前馬尾礓礤柳葉甎鹻壞二百一十塊。花門三座過木並下檻油飾均有爆裂，中門前面東邊馬蹄柱甎裂縫二道。月臺下西邊木踏跺一座糟朽。東馬槽溝南北木板橋二座，欄杆間有鬆散。神厨庫東庫後簷飛簷椽多有糟朽，脱落十六根。老簷椽多有糟朽，脱落二根，後簷檩間有糟朽。前後坡夾隴灰均有脱落，後簷沉墜。南庫前後簷連簷瓦口油飾均有脱落，夾隴灰多有脱落。北庫東邊博縫板油飾全行脱落。庫門門扇下檻油飾間有脱落。泰陵妃衙門琉璃花門中門並兩邊隨牆門檻、框、門扇油

飾脱落。饗堂内西間後坡間有滲漏。羅圈牆東北裂縫一道，西邊裂縫四道。東朝房内墁地甎鹻壞十二塊。晾奶房錫片裂縫均有滲漏，山花板糟朽，望板糟爛。東邊木橋一座，欄杆糟爛，木板糟朽。昌陵妃衙門饗殿兩邊東西角門油飾均有爆裂。寶頂頭層灰皮脱落，高一丈，寬一丈五尺。寶頂二層自西起第一座灰皮脱落，高三尺，寬二尺。阿哥園寢宫門内甬路甎鹻壞八塊。端親王園寢東角門門扇、檻、框油飾全行脱落。泰陵、泰東陵、昌陵、隆恩門等處獸角、獸鬚瓦片共脱落一千二百零四件，頭帽五百七十七個。海墁甎鹻壞三千六百十九塊。回乾儀樹八十五株，自生小樹三十二株。泰寧鎮呈報：正紅門東栅欄門糟爛。泰陵龍鳳門中門並東便門南北二面披灰俱行脱落，東西紅牆南北二面灰皮脱落。五公主園寢東朝房後山牆閃裂，西朝房瓦片脱落，四隴下馬樁一根糟爛。正紅門等處獸角、獸鬚瓦片共脱落一百件，頂帽五百十八個。各處汛房二十八間頭停瓦片、笆草脱落遍漏，牆垣閃裂坍塌，木料門窗損壞。紅樁九十八根，水冲糟朽。

《清宫金磚檔案・奕湘等奏折請泰陵金柱金磚等工程應比照嘉慶十八年之案辦理　道光十四年十二月初五日》　奴才奕湘有麟奎照跪奏：爲奏聞請旨事。竊奴才等接准工部咨稱本年查勘歲修大臣程恩澤原奏，内稱查得泰陵隆恩殿内金柱間有爆裂，金甎鹻壞二塊，均應趕緊修理整齊，以昭敬謹，約計錢糧三百餘兩，奏請交與該管大臣，敬謹修理，等因移咨前來。奴才等恭查泰陵隆恩殿内金柱工程，極爲緊要，必須敬謹修理。伏查嘉慶十八年泰東陵隆恩殿内金柱工程由查勘大臣奏交該管大臣修理，因本處並無辦過做法成案，曾經前任該管大臣永琦、永玉、穆克登額等據實聲明奏請，即交是年承修泰陵寶城欽工處一併辦理在案。奴才等再四商酌，此次金柱工程亦應比照嘉慶十八年奏准之案辦理，相應恭摺奏聞，請旨所有泰陵隆恩殿内金柱等工應，請即照前案交與明歲承修泰東陵寶城之大臣，一併敬謹修理，以昭慎重。是否有當，伏乞皇上聖鑒，訓示遵行，謹奏請旨。工部儀奏。道光十四年十二月初五日

《清宫金磚檔案・欽派承修端順固倫公主園寢工程處咨文爲查明領取修繕物料致内務府　道光十六年十月十九日》　欽派承修端順固倫公主園寢工程處爲咨行事。本工承修端順固倫公主園寢工程完竣，經總理工程處事務大臣查驗核銷，除行取各項物料抵除錢糧外，净按例銷算工料銀兩等因一摺，於道光十六年十月初五日具奏，奉旨：「依議，欽此。」欽遵行知前來，查奏銷清單内行取三綫布、高麗紙，除原估領過外，尚應找領寬一尺六寸三綫布、净長壹丈壹尺捌寸三號高麗紙肆張，仍向廣儲司衣、茶二庫領取，相應抄録原奏，咨行貴府查照可也，須至咨者。右咨計粘原奏一紙。總管内務府。道光拾陸年拾月拾玖日

〔附件：爲查驗所用金磚等物料按例核銷折〕

奏爲查驗工程按例核銷恭摺奏聞仰祈聖鑒事。准承修端順固倫公主園寢工程大臣咨稱，該工具奏修竣端順固倫公主園寢石池、月臺、享堂大門及甬路、海墁、泊岸、踏跺、角門各座油飾裱糊等工，俱已如式修竣，請交總理工程處據實查收，照例核銷等因一摺，於道光十六年八月二十七日具奏，奉旨：「依議，欽此」。欽遵移咨前來，奴才等隨經揀派司員帶領書算人等，前往該工逐一詳細查驗，得石池一座，裏口面寬五尺五寸，進深一丈五寸，深六尺三寸。上月臺一座，面寬一丈六尺，進深二丈一尺，露明高一尺五寸。寶頂一座，底徑九尺五寸，頂徑九尺，中高七尺，邊高六尺五寸。甬路一道，長二丈一尺二寸。前泊岸一道，長十一丈。宇墻二道，凑長十丈一尺四寸。亭式享堂一座，隨月臺一座，前甬路二道，凑長四丈三尺六寸。大門一間，前磚海墁一塊，灰土甬路一道，長八丈。連三礓𥗳踏跺一座，磚泊岸一道，長四丈三尺。山石泊岸二段，凑長二丈四尺。外口土泊岸二段，凑長三十三丈九尺。大門兩邊面寬墻二道，凑長九丈二尺。進深墻二道，凑長二十丈。隨角門二座，羅圈墻一道，圍長二十丈五尺五寸。看守房四座，計八間。下馬樁二根。以上工程均已修理完竣，查驗相符。除行取各項物料暨領用萬年廠架木及餘剩殘缺金磚，並總理工木廠舊料木植，易州工部所存臨清磚等項抵除銀兩外，共值工料銀二萬九千六百七十五兩一錢四分，查原估工料銀二萬八千八百七兩七錢三分三釐，今所做活計比估多值銀八百六十七兩四錢七釐，實係估外多做活計。該工於估内通融辦理，不請開銷，净應照估銷銀二萬八千八百七兩七錢三分三釐。謹將應銷銀兩分晰細數，並行取物料，另繕清單，恭呈御覽，爲此謹奏。

《清宫金磚檔案・載鈞等奏折請敕交工部勘估應行修理陵寢工程　道光二十年九月二十二日》　奴才載鈞、溥吉、鄂爾端跪奏：爲應行修理工程請旨勅交工部勘估恭摺奏聞仰祈聖鑒事。竊奴才等恭查陵寢每年歲修案内，遇有情形較重，應修理者。另案奏請交部查估，歷經遵循辦理在案。查上年另案奏報各項除已經估修外，尚有未修之項。兹據各衙門該管各官册報上年奏報，未修各項均係情形較重，應行修理之工。奴才等親往履看，皆與所報相符，理合遵照向例，另案

奏請，勅交本年查勘歲修大臣，詳細查估，是否應修之處應由查估大臣奏明辦理。謹將上年奏報未經修理各項工程情形並註明已未修過年分敬繕清單，恭呈御覽，俟命下之日，奴才等欽遵辦理，爲此謹奏請旨。工部知道。道光二十年九月二十二日

〔附件：內務府所報年例歲修泰陵甬路金磚損壞等項工程清單〕

內務府呈報年例歲修工程：泰陵寶頂圍牆搆縫紅灰均有脱落。月牙城內甬路金甎鹻壞十二塊，未經修過。墁地甎鹻壞六十七塊。方城宇牆搆縫紅灰均有脱落。明樓下前後券均有滲漏水漬，未經修過。樓下後券門月牙窗户框油飾微有爆裂，並有水漬。道光十三年修過一次。琉璃花門內甬路甎鹻壞一百七十四塊。未經修過。隆恩殿前月臺甎鹻壞一百零六塊。未經修過。隆恩門外月臺甎鹻壞四十二塊。未經修過。泰東陵東西配殿正脊均有滲漏。未經修過。東朝房炕面甎酥損八塊。晾奶房西北角明柱油飾脱落，槅扇轉身糟朽，後坡均有滲漏。道光十六年修過一次。昌陵明樓前馬尾礓礤柳葉甎鹻壞八十七塊。寶城後面城牆甎間有裂線，縫之處長六七尺至一丈一二尺不等。未經修過。寶頂週圍散水陡板甎鹻壞三十六塊，琉璃影壁前墁地陡板甎鹻壞二十六塊，東西馬道柳葉甎鹻壞二十三塊。羅圈牆西面牆身裂縫一道，長八尺寬八分。未經修過。琉璃花門內墁地陡板甎鹻壞七十三塊。隆恩殿後簷飛簷椽糟朽四根。道光七年修過一次。隆恩門前後簷檁北面飛簷椽油飾間有脱落，天花板燕尾油飾間有爆裂。道光十五年修過一次。西朝房後坡瓦隴灰脱節。泰陵妃衙門宮門中脊東邊獸劍靶脱落一件。寶頂頭層自東起第一座黄灰脱落，二層自東起第八座、第九座黄灰脱落，三層自東起第一座黄灰脱落。和裕皇貴妃園寢饗殿四面角梁沉垂坡身瓦隴廠起，未經修過。饗殿月臺前面壓面石沉陷拔縫。未經修過。西饊房北面木板間有裂縫，前後坡錫片開熯，間有滲漏。未經修過。公主園寢饗堂天溝通身滲漏，下面檁方通有雨漬，油飾均有爆裂。未經修過。大門前簷明柱油飾均有脱落。未經修過。圍牆東北角裂縫一道，長八尺寬一寸。未經修過。隨牆門上枕過木糟朽。未經修過。泰陵、泰東陵、昌陵隆恩門等處獸角、獸鬚瓦片共脱落一百九十八件，頂帽一千零五十一個。海墁甎鹻壞二千零九十六塊。以上各工有修過年分者俱已註明，其餘係零星活計，歷年黏修，勢難分年開註，合併聲明。回乾儀樹八十六株，自生小樹三十株。泰寧鎮呈報：泰陵聖德神功碑樓北面上層琉璃瓦被風刮落三隴，西南角騎鳳仙人脱落一件，北面二層琉璃瓦脱落四隴，西北角獸頭脱落一件。道光八年修過一次。龍鳳門等處獸角、獸鬚瓦片共脱落三十一件，頂帽一百一個。昌陵龍鳳門中門西扇托撑門轉身門一根俱糟爛。未經修過。正紅門西邊堆撥房三間遍漏，東西山牆閃裂，西北角塌壞。道光九年修過一次。紅樁一百六十一根，水冲糟朽。工部知道。

《清宮金磚檔案·內務府清單泰陵甬路金磚損壞等年例歲修工程　道光二十七年十二月十六日》　內務府呈報年例歲修工程：泰陵寶城牆身東南角甎塊間有酥鹻。未經修過。東西馬道礓礤甎鹻壞三十塊。月牙城內甬路金甎並墁地甎間有酥鹻。隆恩殿西山博縫油飾脱落。昌陵寶頂週圍散水陡板甎鹻壞一百六十二塊。方城前大月臺兩旁散水陡板甎鹻壞一百三十一塊。東配殿內前後坡望板油飾間有爆裂，木植間有糟朽。神厨庫東庫脱落垂脊獸一件，騎鳳仙人一件。省牲亭四面簷椽連簷望板油飾均有脱落，木植間有糟朽。後厦三間簷椽糟朽，間有脱落。井亭脱落騎鳳仙人一件。泰陵妃衙門琉璃花門底座壓邊抱角石走錯，礓礤石破壞，臺幫甎廠閃。未經修過。琉璃花門內東西荷葉溝甎鹻壞五百一十塊。琉璃花門外木踏跺二座糟朽。週圍羅圈牆散水甎破壞二百三十塊。寶頂頭層自東起第三座、第四座、第五座，二層第一座、第五座、第六座黄灰均有脱落。端親王園寢花門外正甬路甎鹻碎二十五塊。阿哥園寢東朝房北稍間正脊被風刮落，前坡北邊脊均有脱落。裂縫一道，間有滲漏。西朝房後坡邊脊脱落。和裕皇貴妃園寢宮門內外墁地陡板甎鹻壞三十塊。宇牆前面羣牆座甎間有鹻壞。寶頂頭層自東起第二座前面月臺幫均有閃裂，二層自東起第二座礓礤歪閃，月臺幫北面沉陷，週圍散水甎鹻壞。三層自東起第四座礓礤垂帶沉陷，散水甎裂縫，月臺壓邊石歪閃。第五座礓礤垂帶沉陷，第六座礓礤沉陷，月臺幫週圍壓邊石歪閃。東朝房前後坡均有滲漏，望板間有糟朽，前簷柱門扇枕框窗臺榻板油飾均有脱落，週圍散水甎鹻壞。西朝房前簷柱門扇枕框窗臺榻板油飾均有脱落，南北稍間坡身間有滲漏。泰陵、泰東陵、昌陵隆恩門等處獸角、劍靶瓦片共脱落五百五十一件，頂帽一千三百五十四件。以上各工有修過年分者俱已註明，其餘係零星活計，歷年黏修，勢難分年開註，合併聲明。回乾儀樹一百六十三株，自生小樹三十六株。泰寧鎮呈報：泰陵聖德神功碑樓西北角垂脊扣瓦脱落九塊，西面頭層滴水瓦脱落一塊，俱損壞。昌陵龍鳳門琉璃花牆脱落小獸頭三件，獸鬚十五件，頂帽二十五件，俱脱落損壞。阿哥園寢西邊堆撥房二間兩

山簷甎俱被風刮落損壞，東北口子門西扇門被風刮落摔折轉身一根，東扇糟朽損壞。紅椿一百九十三根，水冲糟朽。工部知道。

《清宮金磚檔案·户部咨文爲應行修理陵寢等工程致内務府　道光二十八年十月初九日》

户部爲奏聞事。福建司案呈所有前事一摺，相應抄單移咨内務府可也，須至咨者。右咨計單一紙。内務府。道光貳拾捌年拾月初玖日

〔附件：查驗泰東陵金磚損壞等各項工程清單〕

謹將上年另案奏報未修並本年現查應修各項工程處所開後：泰陵明樓二層東南岔脊、西南岔脊拔縫，西北岔脊閃裂，兩山博縫油飾均有脱落。未經修過。樓下前後券均有滲漏水漬。未經修過。樓下後券門木植糟朽，油飾爆裂。道光十三年修過。樓下前券門連楹木糟朽，難以啟閉。道光十二年油飾。樓下後券門月牙窻並抱框油飾全行爆裂，木植全行糟朽。道光十三年修過。琉璃花門外東西兩邊至東西配殿後漫地甎大半酥鹻，間有無甎之處。未經修過。東配殿油飾爆裂，望板糟朽，均有滲漏。磋礤石走錯，東北岔脊拔縫。道光二年夾隴油飾。神厨庫南庫油飾爆裂，望板博縫板糟朽，均有滲漏。道光二年揭瓦。泰東陵明樓正脊東邊穩獸向北歪閃，西邊穩獸向西歪閃。拔縫上層南面迤西，飛簷沉垂，匾額均向西歪閃。北面上層西北垂脊脱岔，脊露有沉垂形勢。北面下層椽簷間有糟朽，東西下層過簷間有糟朽，東北東南下層角樑油飾脱落，木植間有糟朽，南面槅扇枕框油飾均有爆裂。未經修過。方城甕券門油飾間有爆裂之處，東西券門油飾全行脱落。未經修過。明樓前月臺金甎鹻碎十七塊。未經修過。隆恩殿東次間天花板油飾間有脱落。未經修過。東稍間天花板脱落一塊，中間前簷内天花板一塊油飾脱落。未經修過。東稍間西次間天花板油飾間有脱落。未經修過。前面槅扇並裏面窻户枕框油飾均有爆裂脱落之處。道光三年油飾。西配殿正脊板縫間有滲漏，瓦片間有脱節，前面窻槅明柱油飾均有爆裂。道光三年油飾。隆恩門内漫地甎均有鹻碎。未經修過。門外月臺下甬路兩邊至東西螭龍溝内海墁磚大半鹻壞。未經修過。門外南邊甬路兩旁海墁磚均有鹻碎。未經修過。昌陵二柱門門扇並魚腮板抱框上下額枋木植間有糟朽，油飾均有爆裂脱落，石柱二根均有向北歪閃情形。未經修過。隆恩殿内中間明柱四根金漆均有爆裂之處。道光七年油飾。琉璃花門外東西兩邊至東西配殿後墁地陡板磚大半鹻壞。未經修過。小碑亭下層東面飛簷椽糟朽四根，兩山博縫板並四面槅扇枕框油飾均有爆裂脱落。未經修過。公主園寢饗堂天溝通身滲漏，下面檁枋通有兩漬，油飾間有爆裂。未經修過。堂内暖閣東邊明柱油飾間有脱落。未經修過。隨牆門過木上枕全行糟朽，不能啟閉。未經修過。泰陵奉祀禮部營房南門一座，椽望糟朽，瓦片脱落，兩山牆閪裂，磚塊酥鹻。未經修過。易州工部庫西北角汎房一間，全行坍塌，糟成灰燼。未經修過。庫東北角汎房一間，全行坍塌，糟成灰燼。未經修過。堆貯物料房五間，頭停坍塌，椽檁柁柱糟修。未經修過。科房二間頭停坍塌，椽檁柁柱糟朽。未經修過。以上係上年另案奏報未修並本年現查應修之項。道光二十八年九月二十五日奉硃批：「覽，欽此。」内閣抄出載鈞等奏：「應行修理工程，請旨勅交工部勘估。」又片奏另案，奏修各衙門員役住房各一摺。道光二十八年九月二十五日奉硃批：「工部知道片單併發，欽此。」欽遵抄出到部，相應抄録原奏附片，清單移咨内務府，遵照可也。

《清宮金磚檔案·户部咨文爲修繕陵寢工程致内務府　道光二十九年十月初十日》

户部爲奏聞事。福建司案呈内閣抄出載等奏前事一摺，相應抄單，移咨内務府可也，須至咨者。右咨計單一紙。内務府。道光貳拾玖年拾月初拾日

〔附件：應修陵寢金磚滲水等各項工程清單〕

謹將上年另案奏報未修並本年現查應修各項工程處所開後：泰陵寶城東南角墻身臌閃一段，寬二丈有餘，甎塊間有鹻落之處。未經修過。明樓二層東南岔脊、西南岔脊拔縫，西北岔脊閃裂，兩山博縫油餙均有脱落。未經修過。樓外四面墁地金甎拔縫滲水。未經修過。樓下前後券均有滲漏水漬。未經修過。樓下後券門木植糟朽，油餙爆裂，道光十三年修過。樓下前券門連楹木糟朽，難以啟閉，道光十二年油餙。樓下後券門月牙窻並抱框油飾全行爆裂，木植糟朽。道光十三年修過。方城四面墻身甎縫均有浸水痕迹，四角墻身甎塊酥鹻拔縫，須彌座石料拔縫。未經修過。二柱門石柱二根向北歪閃，正脊構縫，紅灰脱落，博縫板連簷瓦口糟朽，間有脱落之處，門框油飾爆裂。道光三年修過。琉璃花門外東西兩邊至東西配殿後墁地甎大半酥鹻，間有無甎之處。未經修過。東配殿油飾爆裂，望板糟朽，均有滲漏。磋礤石走錯，東北岔脊拔縫。道光二年夾隴油飾。泰東陵明樓正脊東邊穩獸向北歪閃，西邊穩獸向西歪閃拔縫，南面上層迤西，飛簷沉垂，連匾額均向西歪閃。北面上層西北垂脊間有脱節，岔脊露有沉垂形勢。北面下層簷椽間有糟朽，東西下層連簷間有糟朽，東北東南下層角梁油飾均有脱落，木植間有糟朽，南面槅扇枕框油飾均有爆裂之處。道光二十

四年專案奏報未修之項。樓前月臺金甎鹻碎十七塊。未經修過。方城甕券門油飾間有爆裂之處，東西券門油飾全行脱落。未經修過。隆恩殿東次間天花板油飾間有脱落。未經修過。東稍間、西次間天花板脱落加縫板一塊，中間前簷内天花板一塊，油飾脱落。未經修過。東稍間、西次間天花板油飾間有脱落。未經修過。前面槅扇並裏面窻户杴框油飾均有爆裂脱落之處。道光三年油飾西配殿正脊拔縫，間有滲漏，瓦片間有脱節，前面窻槅明柱油飾均有爆裂。道光三年油飾隆恩門内墁地甎均有鹻碎。未經修過。門外月臺下甬路兩邊至蟠龍溝内海墁甎大半鹻壞。未經修過。門外南邊甬路兩旁至三孔橋海墁甎均有鹻碎之處。未經修過。昌陵二柱門門扇並魚腮板抱框上下額枋木植間有糟朽，油飾均有爆裂脱落，石柱二根均有向北歪閃情形。未經修過。隆恩殿内中間明柱四根金漆均有爆裂之處，内一根脱落金漆二塊，一塊寬長二寸餘，一塊寬長一寸餘。道光七年油飾。琉璃花門外東西兩邊至東西配殿後墁地陡板甎大半鹻壞。未經修過。東朝房前後簷檁額枋油飾全行脱落，連簷瓦口望板間有糟朽，前簷飛簷椽糟朽沉垂五根。未經修過。西朝房前後簷檁額枋油飾全行脱落，飛簷椽連簷望板均有糟朽，後簷瓦口脱落一段，後坡滲漏，瓦隴脱節。未經修過。省牲亭東北角下層飛簷角梁沉垂，岔脊拔縫，北面簷瓦脱節，東西角飛簷椽糟朽一根，四面飛簷椽連簷瓦口油飾均有脱落，木植間有糟朽，兩山博縫板油飾脱落，南窻臺榻板糟朽，後厦三間簷椽望板全行糟朽，坍塌一段。未經修過。林亭氣眼四面木植糟朽，連琉璃方甎脱落損壞，前面明柱栅欄内油飾全行爆裂，木植間有糟朽，圍墻上扣瓦間有脱落。未經修過。聖德神功碑樓下層西南角、西北角、東北角三處轉角裂縫，上層正脊西頭前後垂脊脱節，西南角垂脊瓦脱落五件，東北角貼脊瓦脱落十二件，俱已損壞。未經修過。龍鳳門琉璃花墻並紅墻脱落頂帽四十一件，獸角十五件，小獸頭三件，活花二朵。門三合披灰俱有脱落，木料糟朽，架門石二塊損壞。未經修過。泰陵妃衙門西朝房間有滲漏，南北山墻俱閃裂，門窻油飾爆裂，墁地甎均有酥鹻。道光十四年油飾。和裕皇貴妃園寢饗殿前後甬路墁地陡板甎大半鹻壞内有無甎之處未經修過公主園寢饗堂天溝通身滲漏，下面檁枋通有雨漬，油飾間有爆裂。未經修過。堂内暖閣東邊明柱油飾間有脱落。未經修過。隨墻門過木上杴全行糟朽，不能啟閉。未經修過。正紅門正脊東頭脱落小背獸一件，劍靶一件，東西兩邊羅漢墻劍靶三件，小背獸一件，東西掛面甎二塊，西門掛面甎上銅頂帽三十一個，東西紅墻扣脊瓦三件，筒瓦五件，猫頭瓦十八件，滴水瓦七件，頂帽七百七十四件。東西墻頭五十隴以上俱脱落損壞，西墻脊塌壞一丈三尺，門垜墻身紅灰間有脱落。未經修過。泰陵内務府營房東門一座，椽望糟朽，瓦片破碎。未經修過。泰陵妃衙門内務府營房西門一座，簷椽糟朽，瓦片間有脱落。未經修過。和裕皇貴妃園寢内務府營房南門一座，瓦片破碎，前後簷坍塌，甎塊酥鹻。未經修過。易州工部科房二間，頭停坍塌，椽檁杴柱全行糟朽。未經修過。堆貯物料房五間，頭停坍塌，椽檁糟朽。未經修過。庫東北角汎房一間，全行坍塌，糟朽成灰。未經修過。庫西北角汎房一間，全行坍塌，糟朽成灰。未經修過。以上係上年另案奏報未修並本年現查應修之項。道光二十九年九月二十一日奉硃批：「覽，欽此。」

《清宫金磚檔案・户部咨文爲本年應修陵寢工程致内務府　道光三十年九月二十六日》　户部爲奏聞事。福建司案呈所有前事一摺，相應抄單移咨内務府可也，須至咨者。右咨計單一紙。内務府。道光叁拾年玖月貳拾陸日

〔附件：應修陵寢金磚滲水等各項工程清單〕

謹將上年另案奏報未修並本年現查應修各工處所開後：泰陵寶城東南角墻身臌閃一段，寬二丈有餘，甎塊間有鹻落之處。未經修過。明樓二層東南岔脊及西南岔脊拔縫，西北岔脊閃裂，兩山博縫油餙均有脱落，前後券均有滲漏水迹，外面墁地金甎均拔縫滲水。未經修過。前券門連楹木糟朽難以啟閉。道光十二年油飾。後券門木植糟朽，油餙爆裂，月牙窻並抱框油飾全行爆裂，木植糟朽。道光十三年修過。方城四面墻身甎縫均有浸水痕迹，四角墻身甎塊酥鹻拔縫，須彌座石料拔縫。未經修過。陵寢門内二柱門石柱二根向北歪閃，正脊構縫，紅灰脱落，博縫板連簷瓦口糟朽，間有脱落之處，門框油餙爆裂。道光三年修過。陵寢門外東西兩邊至東西配殿後墁地甎大半酥鹻，間有無甎之處。未經修過。隆恩門外大月台東西兩边壓邊石酥鹻走錯，墁地甎酥鹻，間有無甎之處。未經修過。神道碑亭琉璃爆釉，椽望間有糟朽，油飾爆裂，均有滲漏之處。道光三年油飾。泰東陵寶頂前面灰皮脱落，須彌座週圍甎均有鹻碎。未經修過。明樓正脊東邊穩獸向北歪閃，西邊穩獸向西歪閃拔縫。南面上層迤西，飛簷沉垂，連匾額均向西歪閃。北面上層西北垂脊間有脱節，岔脊露有沉垂形勢。北面下層簷椽間有糟朽，東面下層連簷間有糟朽，東北東南下層角梁油餙均有脱落，木植間有糟朽，南面槅扇杴框油飾均有爆裂之處。道光二十四年專案奏報未修之項明樓前月台金甎鹻碎十七塊。未經修過。方城甕券門油飾間有爆裂之處，東

西券門油飾全行脱落。未經修過。隆恩殿東次間天花板油飾脱落一塊。未經修過。東稍間天花板油飾脱落，加縫板脱落一塊，中間前簷内天花板并西次間天花板油飾間有脱落。未經修過。前面槅扇枕框並窗户枕框油餙均有爆裂脱落之處。道光三年油飾。西配殿正脊拔縫，間有滲漏，瓦片間有脱節，前面窗槅明柱油飾均有爆裂。道光三年油飾。隆恩門内墁地甎均有鹻碎，外面月台下甬路兩旁至三孔橋蟠龍溝内海墁甎均有鹻碎之處。未經修過。神厨庫南庫均有滲漏，前面簷椽三根脱落，西山墻並後墻灰皮全行脱落道。光十七年修過。昌陵陵寢門内二柱門門扇並魚腮板抱框上下額枋木植，間有糟朽，油飾均有爆裂脱落，石柱二根均有向北歪閃情形。未經修過。隆恩殿内中間明柱四根金漆爆裂，間有脱落。道光七年油飾。陵寢門外東西兩邊至東西配殿後墁地陡板甎大半鹻壞。未經修過。東朝房前後簷檁額枋油飾全行脱落，連簷瓦口望板間有糟朽，前簷飛簷椽糟朽，沉垂五根。未經修過。西朝房前後簷檁額枋油飾全行脱落，飛簷椽連簷望板均有糟朽，後簷瓦口脱落一段，後坡滲漏，瓦隴脱節。未經修過。辦供庫房三所計九間，瓦片脱落，葦笆糟爛，椽望連簷瓦口門窗俱糟朽，前後坡均有滲漏。未經修過。聖德神功碑樓下層西南角、西北角、東北角三處轉角裂縫，上層正脊西邊前後垂脊脱節，西南角垂脊瓦脱落五件，東北角貼脊瓦脱落十二件，俱損壞。未經修過。龍鳳門琉璃花墻併紅墻脱落頂帽四十一件，獸角十五件，小獸角三件，活花二朵。脱落門三合，木料糟爛，披灰脱落。架門石一塊，石角損壞。未經修過。泰陵妃衙門寳頂下月台五座，壓邊石酥鹻走錯，台幫甎臌閃酥鹻。未經修過。西朝房間有滲漏，南北山墻俱閃裂，門窗油飾爆裂，墁地甎、散水甎均有酥鹻。道光十四年油飾。和裕皇貴妃園寢饗殿前後甬路墁地陡板甎大半鹻壞，内有無甎之處。未經修過。公主園寢饗堂天溝通身滲漏，下面檁枋通有雨迹，油飾間有爆裂。未經修過。堂内暖閣東邊明柱油飾，間有脱落。嘉慶二十三年修過。隨墻門過木上枕全行糟朽。未經修過。正紅門正脊小背獸一件，劍靶一件；東紅墻門挂面甎二塊，小背獸一件；西紅墻門挂面甎上銅釘帽三十二個，扣脊瓦三件，筒瓦五件；東西紅墻瓦五十隴，劍把三件，貓頭瓦十八件，滴水瓦七件，頂帽七百七十四件，以上俱脱落損壞。未經修過。西墻脊塌壞一丈三尺。未經修過。泰陵内務府營房東門一座，椽望□糟朽，瓦片破碎。未經修過。和裕皇貴妃園寢内務府營房南門一座，瓦片破碎，前後簷坍塌，甎塊酥鹻。未經修過。易州工部科房二間，頭停坍塌，椽檁柁柱全行糟朽。未經修過。堆存物料房五間，頭停坍塌，椽檁糟朽。未經修過。庫東北角汛房一間，全行坍塌，糟朽成灰。未經修過。庫西北角汛房一間，全行坍塌，糟朽成灰。未經修過。以上係上年另案奏報未修並本年現查應修之項。道光三十年九月十二日奉硃批：「覽，欽此。」

《清宫金磚檔案・户部咨文爲修理工程致内務府　咸豐元年九月二十七日》

户部爲奏聞事。福建司案呈所有前事一摺，相應抄單移咨内務府可也，須至咨者。

右咨計單一紙。内務府。咸豐元年玖月貳拾柒日

〔附件：應修泰東陵金磚損壞各工清單〕

謹將上年另案奏報未修並本年現查應修各工處所開後：計開泰陵寳城東南角牆身臌閃二丈，餘甎塊間有鹻落。未經修過。明樓二層東南岔脊及西南岔脊拔縫，西北岔脊閃裂，兩山塼縫油餙均有脱落，東西角門内外磉礅臌閃裂縫，甎塊酥鹻，馬道牆閃裂，東界牆間有裂縫，西角門外下肩甎臌出。未經修過。陵寢門内二柱門石柱二根向北歪閃，正脊構縫，紅灰脱落，塼縫板連簷瓦口糟朽，間有脱落，門框油餙爆裂。道光三年修過。陵寢門外東西邊至東西配殿後墁地甎大半酥鹻，間有無甎之處。未經修過。隆恩門外大月臺東西兩邊壓邊石酥鹻走錯，墁地甎酥鹻，間有無甎之處。未經修過。神道碑亭琉璃瓦爆釉，椽望糟朽，油餙爆裂，有滲漏之處。道光三年油餙。泰東陵寳頂前面灰皮脱落，須彌座甎塊均有鹻碎未經修過明樓正脊東邊穩獸向北歪閃，西邊穩獸向西歪閃拔縫。上層南面迤西，飛簷况垂，連匾額均向西歪閃，北面西北垂脊脱節，岔脊形勢沉垂。下層北面簷椽、東面連簷間有糟朽，東北東南角樑油餙均有脱落，木植間有糟朽，南面槅扇枕框油餙均有爆裂。道光二十四年專案奏報未修之項。明樓前月臺金甎鹻碎十七塊。未經修過。方城甕券門油餙爆裂，間有脱落之處。未經修過。隆恩殿正間前簷並東次間、東稍間、西次間天花板油餙均有脱落之處，又東稍間天花板脱落加縫板一塊。未經修過。前面槅扇枕框並東西稍間窗槅枕框油餙均有爆裂脱落。道光三年油餙。西配殿正脊拔縫，後坡瓦片脱節，間有滲漏，前面窗槅明柱油餙均有爆裂。道光三年油餙。隆恩門内甬路兩旁海墁甎並外面月臺下甬路兩旁至三孔橋蟠龍溝内海墁甎均有鹻碎。未經修過。昌陵陵寢門内二柱門門扇並魚腮板抱框上下額枋木植間有糟朽，油餙均有爆裂脱落，石柱二根均有向北歪閃情形。未經修過。隆恩殿中間明柱四根金漆爆裂，間有脱落。道光七年油餙。隆寢門外東西兩邊至東西配殿後墁地甎大半鹻壞。

未經修過。東朝房前後簷檁額枋油餙脱落，連簷瓦口望板間有糟朽，前簷飛簷椽糟朽沉垂五根。未經修過。西朝房前後簷檁額枋油餙全行脱落，飛簷椽、連簷望板均有糟朽，後簷瓦口脱落一段，後坡滲漏，瓦瓏脱節。未經修過。辦供庫房三間瓦片脱落，葦笆糟爛，椽望連簷瓦口門窻俱糟朽，前後坡均有滲漏。未經修過。聖德神功碑樓上層西邊前後垂脊脱節，西南垂脊瓦脱落五件，東北貼脊瓦脱落十二件。下層西南、西北、東北三處轉角裂縫，俱損壞。未經修過。龍鳳門琉璃花墻並紅墻脱落釘帽四十一件，獸角十五件，小獸角三件，活花二朵。門三合木料糟爛，坡灰脱落，架門石二塊石角損壞。未經修過。泰陵妃衙門寶頂下月臺五座壓邊石酥鹼走錯，臺幫甎巖閃酥鹼。未經修過。東西朝房均有滲漏，南北山墻均有拔縫，閃有歪閃，門窻油餙均有爆裂，墁地甎、散水甎均有鹼壞。道光十四年見新。和裕皇貴妃園寢饗殿前後甬路甎鹼壞，內有無甎之處。未經修過。公主園寢饗堂天溝滲漏，檁枋油餙爆裂，暖閣東邊明柱油餙間有脱落，嘉慶二十三年修過，隨牆門過木上杴全行糟朽。未經修過。正紅門正脊小背獸一件，劍靶一件，東西紅牆門挂面甎二塊，銅釘帽三十二個。東西紅牆小背獸一件，扣脊瓦三件，筒瓦五件，瓦五十隴，劍靶三件，貓頭瓦十八件，滴水瓦七件，頂帽七百七十四件。以上俱脱落損壞。西紅牆脊塌壞一丈三尺。未經修過。和裕皇貴妃園寢內務府營房南門一座，瓦片脱落，前後簷坍塌，甎塊酥鹼，望板門扇木。植均有糟朽。未經修過。辦供房計三間，通身滲漏，瓦片、木植間有脱落糟朽。未經修過。廂房一間，瓦片、木植間有脱落糟朽。未經修過。易州工部科房二間，坍塌糟朽。未經修過。堆存物料房五間，坍塌糟朽。未經修過。庫東北西北汎房各一間，坍塌糟朽。未經修過。以上除上年另案奏報未修並本年現查應修之項。咸豐元年九月十二日奉硃批：「覽，欽此。」

《清宮金磚檔案・載鈖等奏折請應修工程交部勘估　咸豐三年十月初七》 奴才載鈖溥、吉德春跪奏：爲應行修理工程請旨飭交工部勘估恭摺奏聞仰祈聖鑒事。竊奴才等恭查陵寢每年歲修案內，遇有情形較重應行修理者，另案奏請，交部查估，歷經遵循辦理在案。查上年另案奏報各項，除已經估修外，尚有未修處所。兹據各衙門該管各官册報，上年奏報未修並本年現在應修處所，均係應行修理之工，奴才等親往履看，皆與所報相符，理合遵照向例，另案奏請，勅交本年查勘歲修大臣，詳細查估，是否應修之處，應由查估大臣奏明辦理。謹將上年奏報未經修理並本年現查應修各項工程情形，並開明己未修過年分，敬繕清單，恭呈御覽，恭候命下之日，奴才等欽遵辦理，爲此謹奏請旨。咸豐三年十月初七日奉硃批：「工部知道，單片併發，欽此。」謹將上年另案奏報未修並本年現查應修各工處開後：泰陵寶城東南角牆身巖閃二丈餘，甎塊間有鹼落，未經修過。明樓二層東南岔脊及西南岔脊拔縫，西北岔脊閃裂，兩山博縫油餙均有脱落，東西角門內外礓礤巖閃裂縫，甎塊酥鹼，馬道墻閃裂，東界墻間有裂縫，西角門外下肩甎巖出，未經修過。陵寢門內二柱門石柱二根向北歪閃，正脊構縫，紅灰脱落，博縫板連簷瓦口糟朽，間有脱落，門框油飾爆裂，道光三年修過。陵寢門外東西兩邊至東西配殿後面墁地甎均係大半酥鹼，間有無甎之處，咸豐二年拆墁一段。西配殿後坡滲漏二處，南山墻滲漏一處，門窻杴框簷柱油飾均有爆裂，道光十六年揭□油飾。隆恩門內甬路東邊墁地甎塊大半酥鹼，間有無甎之處，未經修過。隆恩門外大月臺東西兩邊壓邊石酥鹼走錯，墁地甎酥鹼，間有無甎之處，未經修過。泰東陵寶頂前面灰皮脱落，須彌座甎塊均有鹼碎，未經修過。明樓正脊東邊穩獸向北歪閃，西追穩獸向西歪閃拔縫，上層南面迤西飛簷沉垂，連匾額均向西歪閃，北面西北垂脊脱節，岔脊形勢沉垂。下層北面簷椽、東面連簷均有糟朽，東北東南角梁油飾脱落，木植間有糟朽，南面隔扇杴框油飾均有爆裂，道光二十四年專案奏報未修之項。明樓前月臺金甎鹼碎十七塊，未經修過。陵寢門內外東西兩方城甕券門油飾間有爆裂，東西券門油飾脱落，未經修過。隆恩殿正間前簷並東次間、東稍間、西次間天花板油飾均有脱落之處，又東稍間天花板脱落加縫板一塊，未經修過。前面隔扇杴框並東西稍間窻隔杴框油飾均有爆裂脱落，道光三年油飾。隆恩門內甬路東西兩邊海墁甎酥鹼，未經修過。隆恩門正間滲漏一處，正脊望板糟朽，油飾均有爆裂之處，道光十七年揭□油飾。隆恩門外月臺下甬路兩邊至東西蟠龍湑內海墁甎大半鹼碎，未經修過。隆恩門外南邊甬路兩旁至三孔橋海墁甎均大半鹼碎，未經修過。西朝房後至蟠龍湑海墁甎大半鹼碎，均有無甎之處，山墻北邊海墁甎大半鹼碎，未經修過。東西朝房間有滲漏，連簷椽望板均有糟朽，油飾均有爆裂，瓦片爆釉，道光三年油飾。神厨庫東庫間有滲漏，望板前後椽均有糟朽，後坡瓦片均有脱節，道光十八年揭瓦油飾。省牲停簷椽望板俱有糟朽脱落之處，均有滲漏，並火房簷椽脱落，望板糟朽，道光十八年揭□油飾。西陵陵寢門內二柱門門扇並魚腮板抱框油飾爆裂脱落，東西兩邊抱框下截木植糟朽，上下額枋西邊脱節，木植糟朽，油飾脱落，石柱二根均有向北歪閃情形，未經修過。隆恩殿內中間明柱四根金漆爆裂，間有脱落，道光七年油飾。陵寢門外東西兩邊至東西配殿後墁地甎大半鹻壞，未經修過。東配殿北面博縫板暨殿內前後坡望板油飾間有爆裂脱落，木植間有糟朽，後簷、連簷並南面連簷木植各糟朽一段，未經修過。東朝房前後簷檁額枋油飾全行脱落，連簷瓦口望板間有糟朽，前飛簷椽糟朽，沉垂五根，未經修過。西朝房前後簷檁額枋油飾全行脱落，前後飛簷椽連、簷望板均有糟朽，後簷瓦口脱落一段，後坡滲漏，瓦隴脱節，未經修過。慕陵寶城前東西兩邊海墁沉墜二處，初次查報。石橋北東邊沉墜一處，初次查報。隆恩殿後海墁地面沉墜一處，初次查報。西北角沉墜一處，初次查報。泰陵月牙河東頭水簸箕下西泊岸牆冲塌一段，未經修過。內務府西河外祝版橋東東南邊東泊岸牆冲塌一段，北邊東雁翅虎皮石連泊岸冲榻一段，未經修過。昌陵聖德神功碑樓上層西邊前後垂脊脱節，垂裂，西南垂脊瓦脱落五件，東北貼脊瓦脱落十二件，下層西南、西北、東北之處轉角俱裂縫，未經修過。泰陵妃衙門寶頂下月臺五座，壓邊石酥鹻走錯，臺幫甎臌閃酥鹻，未經修過。東西朝房均有滲漏，南北山牆均有拔縫，間有歪閃，門窻油飾均有爆裂，墁地磚、散水磚均有鹻壞，牆角甎間有壓裂，道光十四年□隴油飾。餑餑房、辦供庫房正脊下滲漏，坡身瓦隴拔節，後簷東北角沉垂，兩山板拔縫透明，門窻均有損壞，未經修過。和裕皇貴妃園寢饗殿前後甬路兩段墁地甎大半鹻壞，內有無甎之處，未經修過。慧愍固倫公主園寢饗堂天溝滲漏，檁枋油飾爆烈，暖閣東邊明柱油飾間有脱落，嘉慶二十三年修過。隨牆門過木上枚全行糟朽，不能啟閉，未經修過。端順固倫公主園寢寶頂灰皮全行脱落，初次查報。南大地五孔橋迤西水簸箕三合土被水冲去一段，南泊岸被水冲榻一段，北泊岸被水冲榻一段，未經修過。正紅門正春小背獸一件，劍靶一件。東紅牆小背獸一件，挂面甎二塊。西紅牆銅釘帽三十二個，扣脊瓦三件，筒瓦五件。東西紅牆瓦五十隴，劍靶三件，貓頭瓦十八件，滴水瓦七件，釘帽七百七十四件。以上俱脱落損壞。西紅牆脊塌壞一大三尺，未經修過。正紅門外神路南頭石橋東邊北橋翅被水冲倒一塊，未經修過。東口子門外迤北祝版橋南北雁翅右冲落三塊，橋南三合土被水冲陷二十里，舖石橋東頭北雁翅連分水石被水冲塌，南北雁翅虎皮石垛俱被冲壞，東泊岸牆冲去一段，橋孔舖底石間被水冲，橋頭三合土被水冲陷。以上橋二座土工經易州平墊，石工未經修過。懷親王園寢營門一座，正脊至裂閃，前後坡坍塌，瓦片脱落，椽望檁枚木植糟朽無存，山牆歪閃，甎塊鹻碎，過木門扇糟朽散卸，未經修過。易州工部科房二間，頭停坍塌，木植糟朽，院牆坍塌，未經修過。堆存物料房五間，坍塌糟朽無存，未經修過。東西內庫各五間，頭停滲漏，椽間有糟爛，前後簷牆間有坍塌，未經修過。東西外庫各五間，椽檁均有糟朽，後簷牆均有臌裂，前簷牆間有坍塌，未經修過。庫東北、西北汎房各一間，坍塌糟朽，未經修過。泰陵禮部營房東門一座，正脊倒壞，前後坡瓦片脱落，南山牆閃裂，甎塊酥鹻，木植糟朽，門扇損壞，未經修過。牛羊圈營房東門一座，椽笆糟朽，瓦片脱落，兩山牆甎塊酥鹻，階石破壞，木植糟朽，未經修過。以上係上年另案奏報未修並本年現查應修之項。咸豐三年十月初七日奉硃批：「覽，欽此。」

《清宮金磚檔案·江蘇巡撫張樹聲奏折造辦補辦商船沉失金磚動支正耗銀兩同治十二年九月初十日》 江蘇巡撫臣張樹聲跪奏：爲造辦金磚動支正耗銀款循例奏祈聖鑒事。竊於同治十年十一月間接准部文奏，令江蘇省造辦正副金磚六千六百塊，以備各工需用一摺，奉旨：「依議，欽此。」欽遵轉行趕辦。嗣據蘇州府詳因窑座缺少，認定分作兩年造辦，並選舉首甲取結趕辦，詳經咨部所有，上年第一次造辦各磚先經飭委候補同知朱鳳梯管解去後，旋據寶山縣詳報，聚成順商船在洋遭風，沈失二尺金磚一百五塊，會營勘明等情，由蘇藩司查核例載起運官物船行卒遇風浪，事出不測而有損失者，所在官司勘實免罪不賠等語。今商船聚成順搭運二尺金磚一百五塊，在洋遭風沈失，事出不測，已據該地方官會營查勘屬實，照例免罪不賠，惟金磚係奉文飭造，未便短缺，自應照數燒造，補解所需工料銀兩。應請免令解員賠繳，另由司庫籌款造解，即經詳咨户、工部查照各在案。兹查本年應辦第二次兩股之一及補辦沈失金磚，現據蘇州布政使恩錫詳據，蘇州府飭委署知事朱鑾督同燒造，計辦二尺正金磚二千一百五塊，需用料工等銀一千一百九十七兩零，一尺七寸正金磚一千塊，需用料工等銀四百七十兩零，通共正磚料工等銀一千六百六十八兩零，應於安徽、江寧、蘇州司庫正項款內動支。又照例應造二尺三成副磚六百塊，需用料工銀二百兩零，並隨正解京十正一副金磚二百塊，需用稻草包索銀一十四兩零。又一尺七寸三成副磚三百塊，需用料工銀八十三兩零，並隨正解京十正一副金磚一百塊，需用稻草包索銀六兩零。通共副磚料工等銀三百四十兩零，應於安徽江寧蘇州司庫耗羨款內動支，所領銀數均與例案相符合。將動用正耗銀款給辦緣由，造具估册，循例詳請，分別奏咨，等情前來，臣覆核無異。除俟送到動支款册咨送户、工二部外，理合恭摺具奏，伏乞皇上聖鑒，謹奏。該部知道。同治十二年九月初十日

《清宮金磚檔案·內務府清單歷年未經修理泰東陵金磚損壞等各工 同治十三年》 謹將歷年另案奏報未經修理各工處所敬繕清單恭呈御覽：泰陵寶城東南角墻身臌閃二丈餘，磚塊間有鹼落。明樓兩邊東西角門內外礓礤臌閃裂縫，磚塊酥鹼，東北馬造墻出水石折損。隆恩門外大月臺東西兩邊壓邊石酥鹼走錯，墁地磚□鹼，間有□磚之處。泰東陵寶頂須彌座週圍磚鹼碎，宇墻南邊石門歪閃，北面黃灰脱落。明樓正券門滲漏，磚塊酥鹼，前面東南角墻身閃裂，東西券門油飾全彩脱落，前面月臺金磚並礓礤上層磚均大半鹼碎。檁枋糟朽□存，兩山墻歪閃，磚塊鹼碎，過木門扇糟朽散卸。易州工部科房二間頭停坍塌，木植糟成灰燼，院墻坍塌。堆存物料房五間坍塌，木植糟爛□存。內東庫五間頭停滲漏，椽檁間有糟朽，簷墻坍塌，南稍間並及坡全行落架。內西庫五間頭停滲漏，椽檁糟朽，落架木植糟朽成灰燼東西外庫各五間頭停滲漏，門窻木植糟朽，前及簷墻臌裂坍塌，柁檁落架。庫東北、西北汎房各一間全行坍塌，糟成灰燼。泰陵禮部營房東門一座，正脊倒壞，前後破瓦片脱落，南山墻閃裂，磚塊酥鹼，木植糟朽，門扇損壞。

趙翼《廿二史劄記》卷一一 《蕭業傳》，增其父懿被害時，業與二弟藻、象俱逃匿王嚴秀家。東昏收嚴秀付獄，攷掠備至，以鉗拔手爪，至死不言，乃免禍。又增業以私米購甓，助修城工，武帝嘉之，出刺湘州。有二虎無故斃於道，有人謂刺史德政所致，言訖不見。

《任昉傳》，增昉在齊東昏時，紆意於梅蟲兒，得中旨，用爲中書令。往謝尚書令王亮，亮曰：「卿宜謝梅，那忽謝我。」又增時人稱任筆沈詩，昉以爲病。晚節更好作詩，欲以傾沈，而用事過多，屬詞不得流便。都下士子慕之，轉爲穿鑿，於是有才盡之歎矣。

《王僧孺傳》，增僧孺論《素問》中用砭石事，謂古人以石爲針，許慎《説文》所謂以石刺病也。又載晉、宋以來譜學散亂一事。又附同時文人虞羲、邱國賓、蕭文琰、邱令楷、江洪、劉孝孫、徐夤等，因敘文琰等擊鉢立韻，響滅而詩成等事。

《胡僧祐傳》，增僧祐嘗以所加鼓吹置齋中自娱，或言此是公羽儀，公名位已重，不宜若此。答曰：「我性愛之，恒須見耳。」出游亦以自隨。

《陰子春傳》，增青州有神廟，刺史王神念毁之，棟上一大蛇，長丈餘，遂入海。子春夜夢一人乞地安置，乃辦牲醴，請召安置一處。夜夢前人來謝曰：「當以一州相報。」後果因破魏兵，授南青州刺史。

《杜岸傳》，增岸爲蕭詧所擒，詧母數岸罪，岸斥之爲老婢。詧命拔其舌，臠其肉而烹之，盡滅諸杜，發其冢墓。及建業平，杜崱兄弟亦發安寧陵以報。

以上所增皆瑣言碎事，無甚關係者。李延壽修史，專以博採異聞，資人談助爲能事，故凡稍涉新奇者，必羅列不遺，即記載相同者，亦必稍異其詞，以駭觀聽。如《羊侃傳》謂武帝新造兩刀，稍長丈四尺，令侃試之，《南史》則謂長二丈四尺。《梁書》謂侃挽弓至十餘石，《南史》則云二十石。皆欲以奇動人也。然有時採掇過多，轉覺行文蕪雜者。如《豫章王綜傳》，正敘綜奔魏後，梁兵大潰而歸，爲魏兵抄掠，而因及任煥乘騅馬走，爲抄傷足，歇橋下，抄者又至，煥足傷不能上馬，馬跪其前蹄，煥遂得騎而逸。又如《王僧辯傳》，正敘其攻郢州入羅城，忽又敘有大星如車輪墜賊營，去地十餘丈，又有龍五色光耀，入鸚鵡洲水中等事。平郢州後，正敘其進兵潯陽，忽又敘軍中多夢周、何二廟神云，吾已助天子討賊，乘朱航而返，曰已殺景矣，同夢者數十百人等事。及師至鵲頭，風浪大作，僧辯仰天告誓，風遂止息，忽又敘羣魚躍水飛空，官軍上有五色雲，雙龍夾檻等事。既復京師，又奉命征陸納。方敘納據長沙拒守，忽又敘天日清明，俄而大雨，時人謂爲泣軍，咸知納必敗也。又有兩龍自城西江中騰躍升天，遥映江水，父老咸悲曰：「地龍已去，國其亡乎。」諸如此類，必一一裝入，毋怪行文轉多澁滯，不如《梁書》之爽勁也。

《梁》、《南》二史歧互處：

《長沙嗣王業傳》，《梁書》敘其父懿，當東昏無道，崔慧景奉江夏王寶元圍臺城，東昏徵懿赴援。懿在歷陽，即投箸而起，進兵擊敗慧景，乃加懿侍中尚書令。而倖臣茹法珍等忌懿功高位重，尋搆東昏賜死。《南史》懿傳則謂懿率兵入援時，武帝遣虞安福勸懿，誅賊後即勒兵入宫，行伊、霍故事，若放兵受其厚爵，必生後悔。懿不從，遂及於難云。案懿在歷陽，聞詔即赴，一二日已達京師敗慧景，時武帝方在襄陽，距京二千里，豈能逆知其事，而遣使在未平慧景之先，此必誤也。

永瑢等《四庫全書總目》卷八四《造甎圖説》 明張問之撰，問之，慶雲人，嘉靖癸未進士，官至工部郎中。自明永樂中，始造甎於蘇州，責其役於長洲窑户六十三家。甎長二尺二寸，徑一尺七寸，其土必取城東北陸墓所産乾黄作金銀色者，掘而運，運而晒，晒而椎，椎而舂，舂而磨，磨而篩，凡七轉而後得土。復澄以三級之池，濾以三重之羅，築地以晾之，布瓦以晞之，勒以鐵弦，踏以人足，凡六轉而後成泥。揉以手，承以托版，砑以石輪，椎以木掌，避風避日，置之陰室，而日日輕築之，閱八月而後成坯。其入窑也，防驟火激烈，先以糠草薰一月，乃以片柴燒一月，又以棵柴燒一月，又以松枝柴燒四十日，凡百三十日而後窨水出窑。或三五而選一，或數十而選一。必面背四旁，色盡純白，無燥紋，無墜角，叩之聲震而清者，乃爲入格，其費不貲。嘉靖中營建宫殿，問之往督其役，凡需甎五萬，而造至三年有餘乃成。窑户有不勝其累而自殺者，乃以採鍊燒造之艱，每事繪圖貼説，進之於朝，冀以感悟，亦鄭俠繪流民意也。其書成於嘉靖甲午，而明之弊政已至於此，蓋其法度陵夷，民生塗炭，不待至萬曆之末矣。

李光庭《鄉言解頤》卷四《物部上・壘牆》 鄉言云：「親戚遠來香，隔房高打牆。」與牆以蔽惡耳，屬于垣之義相證佐。所患者高而無基，壞於有隙。家鄉牆用整磚，三順一丁。京中用開條磚，整散間用尚可。竟有全用碎磚，以灰抹之，謂之「穿道袍」，危如壘卵。雖東窑磚好，奈不整何。作壁爲山似，堅城孰撼摇。層雲環底柱，佳境入中條。不畏匡衡鑿，何愁屏翳澆。旁觀嗟壘卵，猶自説東窑。

李光庭《鄉言解頤》卷四《物部上・飛瓦》 拆房下瓦，用無皮杉木二根，上依檐，下著土上，放之魚貫而下，謂之「流瓦」。上用瓦則以三四塊舉手擲上，在上者接之，謂之「飛瓦」。善飛善接者方無損，否則不能瓦全矣。預作翬飛象，輕輕片瓦移。甎嫌投處重，甓覺運來遲。鶯有遷喬勢，鴛將戢翼時。食功須戒毁，墮地惱工師。

文煜等《工部則例》〔第一册〕卷一《壇廟・修理壇廟工程》 壇廟房屋及禁城圍牆等處拔草拘抿添補瓦片各工，令各該處先期查明應補處所，分晰造報，由部派員估修，倘插補拘抿後瓦片仍有破壞，著落承辦之員賠修。

各壇廟修理，各項工程凡祭有常期必須修整者，應令太常寺先期兩月咨部查辦，以免遲誤。

文煜等《工部則例》〔第一册〕卷三《城垣・外磚内土城工》 各省修建外磚内土城垣，城頂須砌海墁城磚，使雨水不能下滲城身裏面，添設宇牆、安砌水溝束水，由溝順流而下，以免漫流沖刷。

文煜等《工部則例》〔第一册〕卷三《城垣・土城保固年限》 各省城垣除磚建城工并外磚内土及裏外皮包築灰土、上面磚砌海墁、各工仍照三十年保固之例辦理外，其有素土城垣並無灰皮海墁之工，改爲二十年保固。

文煜等《工部則例》〔第一册〕卷一二《公廨・採取土石》 修永陵，於東一里外取土，西南七里外燒磚，西南四百里外燒石灰，小石採於張家口，碑石龍趺石取於盛京香爐山。修福陵，於西五里外取土，西南二十里外燒磚，正南百里外燒石灰，大石採於易州南山，小石採於香爐山流泉湖屯，碑石龍趺石自順天府運送。修昭陵，於西四里外取土，南八里外燒磚，南百里外燒石灰，大石採於易州南山，小石採於黎花峪香爐山瓢杓屯、流泉湖屯，碑石龍趺石自順天府運送。

文煜等《工部則例》〔第一册〕卷一二《公廨・黑龍江草土房屋保固年限》 黑龍江修建茅草黄土房屋，照各省黏修瓦房之例保固三年，其些小黏補工程保固一年。

文煜等《工部則例》〔第一册〕卷二〇《物料・金磚》 燒造金磚運解到通由工部派員驗收，正磚務須選擇體質堅厚、稜角完好者解部應用，其副磚亦須選擇純全堪用者解部，如有缺邊缺角并驚璺金磚，令查驗之員於查收時詳細開明驚缺處所長寬分寸呈明核辦，如缺寬不及一寸、驚璺不至通長、無礙磨砍分位者，准其收用。將蒲包草索雇夫墊損等項銀兩在於該解員名下賠繳，如缺寬在一寸以外、驚璺至通長者，一切工料運費等項銀兩概不准其報銷，照破碎磚塊之例，一律著落該解員名下賠繳。

行取金磚毋庸拘定年分，於將次用竣時工部查明實在需用數目尺寸，奏明辦理。

内外各工取用金磚，將舊工原係何項磚塊、因何需用金磚實在情形詳細查核，於奏估摺内逐一聲明，再行取用。如舊工原係金磚工竣時，將换下舊磚詳查塊數殘缺情形，於奏銷摺内逐一聲明，知照工部查核。其在京壇廟各工换下舊金磚，於報銷後送交工部存貯。

内廷各工换下舊金磚，交營造司存貯。

兩陵各處换下舊金磚，令每年查勘歲修工程之工部侍郎查驗，明確具摺奏明，一面造册送部，一面即交石門工部、易州工部兩處存貯，俱令其就近選用、抵作方條等磚，如實無堪用之磚，再行聲明，於廠内發給。

文煜等《工部則例》〔第一册〕卷二一《物料・禁用琉璃瓦城磚》 官民房屋牆垣不許擅用琉璃瓦城磚，如違嚴行治罪，其該管官一并議處。

文煜等《工部則例》〔第一册〕卷二一《物料・燒造琉璃磚瓦》 琉璃磚瓦大小不等，共有十樣，除第一樣與第十樣向無需用處，毋庸置議，其餘磚瓦如各工需用，令管工官先將應用實數核算具呈，該監督照數請領錢糧黑鉛，預行備辦。除冬三月及正月嚴寒停止燒造餘月，均以文到日爲始，定限三月燒造，送往工所，管工官親身驗看，隨到隨收給發，實收完日將實用過數目及餘剩數目，同實收送部核銷。

文煜等《工部則例》〔第一册〕卷二一《物料・取用琉璃料件》 修造各工需用琉璃脊瓦料件，各該工程處將估定色様數目先行造册，備文咨部，營繕司照例核算錢糧，飭令管窑監督領項燒造解工應用，不得由本工徑行燒造，以致漫無稽核。

文煜等《工部則例》〔第一册〕卷二一《物料・各工琉璃》 壇廟、宫殿、園庭、府第、祠宇、城樓、碑亭内外一切工程需用琉璃瓦料，全歸營繕司按例核銷。

文煜等《工部則例》〔第一册〕卷一〇五《陵寢・陵寢琉璃》 東陵西陵另案工程及歲修需用琉璃，全由屯田司按例核銷。

文煜等《工部則例》〔第一册〕卷一〇六《陵寢・修换桌套等項》 寶花緞罩雨罩彩紬駕衣帶帽及各色雲緞片金桌套宂罩袱子並添土黄布靴荆筐扁擔，二十年以上酌量更换。 蓋飯桌餑餑桌羊槽紙牀等項油單及盛酒瓷瓶絡子，十年以上更换。 擡寶花木架二十年以上黏修，三十年以上更换。 祭祀桌張五年一次修理，十五年一次更换。 以上各項屆期驗明，實係不堪應用方准修换，如有年例已符而尚堪用者，仍令照舊備用，不必更製。 倘收藏不慎以致限内糟朽，該總管立即查參，仍著照式賠補。

文煜等《工部則例》〔第一册〕卷一〇六《陵寢・燒造備用城磚》 東陵、西陵、泰陵備用舊樣城磚，由承辦事務衙門將燒造數目咨明工部，每塊價銀二分一釐，由節慎庫發給，派出承領之員支領，自行辦造應用。

文煜等《工部則例》〔第一册〕卷一〇七《陵寢・充補窑户》 東陵西陵工程燒造磚塊之窑户，該地方官選募家道殷實土著民人，並無重役過犯情願充當舖户者，取具印甘各結送部，准其充當。

文煜等《工部續增則例》〔第二册〕卷七《臨清甎尺寸價直》 山東省造辦臨清甎，每塊長壹尺伍寸，寬柒寸伍分，厚伍寸。

聲音響亮甎，每塊核准甎價銀貳分柒釐。

啞聲甎，每塊核准甎價銀壹分柒釐。

破碎不堪用甎，每塊核准甎價銀壹釐柒毫。

原係糧船搭解並無運價，如遇工程緊急雇覔民船，每塊核准水脚銀貳分陸釐。

文煜等《工部續增則例》〔第二册〕卷七《金甎尺寸價直》 蘇省造辦見方貳尺貳寸金甎。

正甎每塊核准甎價銀玖錢壹分。 廠具稻草蒲包草索，銀玖分陸釐。

副甎每塊核准甎價銀陸錢叁分柒釐，廠具稻草蒲包草索銀捌分肆釐。

見方貳尺金甎：

正甎每塊核准甎價銀肆錢玖分肆釐捌毫，廠具稻草蒲包草索銀捌分陸釐。

副甎每塊核准甎價銀叁錢叁分叁釐捌毫捌絲，廠具稻草蒲包草索銀柒分肆釐。

見方壹尺柒寸金甎：

正甎每塊核准甎價銀肆錢捌釐柒毫，廠具稻草蒲包草索銀柒分肆釐。

副甎每塊核准甎價銀貳錢柒分柒釐，廠具稻草蒲包草索銀陸分貳釐。

造辦金甎，如長寬尺寸有不同之處，將所造甎塊折實見方尺寸，比照相倣各項金甎尺寸正副科則折算。

以上各項金甎，奏准每正甎拾塊備副甎叁塊。

金甎到通，每塊核給上岸雇夫賃房墊槓壓甎銀壹錢貳分叁釐陸毫肆絲肆忽伍微。

原係糧船搭解並無運價，

如遇工程緊急雇覔民船，自蘇省運至通州，見方貳尺金甎每塊運價銀叁錢柒分。

自通州運送至京，見方貳尺金甎每塊運價銀壹錢叁分玖釐伍毫叁絲肆忽。

如自通州運至圓明園，計程柒拾里，照通州運京例計程核給。 如遇甎塊長寬尺寸不同，將長寬折定見方尺寸，照各本條科則折算。

文煜等《工部續增則例》〔第二册〕卷八《玻璃花甎掛釉》 天青翡翠紫色白色花素甎，掛釉用琉璃料， 淺地西洋花甎，每折見方壹尺核用玻璃料貳拾貳兩貳錢玖分。

掏深疊落西洋花甎，每折見方壹尺核用玻璃料貳拾捌兩玖錢捌分。

卧砌素甎，每折見方壹尺核用玻璃料陸兩陸錢陸分。

立砌素甎，每折見方壹尺核用玻璃料叁兩捌錢。

文煜等《工部續增則例》〔第二册〕卷八《玻璃瓦料》 天青色五樣玻璃，

正吻，每隻用玻璃料壹百兩。

吻座，每套用玻璃料陸兩。
劍靶，每件用玻璃料陸兩。
背獸，每件用玻璃料貳兩肆錢。
合角吻，每件用玻璃料貳拾兩。
合角劍靶，每件用玻璃料陸兩。
垂獸，每件用玻璃料拾捌兩。
戧獸，每件用玻璃料拾捌兩。
連座，每件用玻璃料捌兩。
通脊，每件用玻璃料貳拾兩。
垂脊，每件用玻璃料拾貳兩。
博通脊，每件用玻璃料拾陸兩。
戧脊，每件用玻璃料拾貳兩。
三連甎，每件用玻璃料叁兩。
博脊連甎，每件用玻璃料叁兩。
掛尖，每件用玻璃料叁兩。
暈色條，每件用玻璃料貳兩。
平口條，每件用玻璃料柒錢。
壓帶條，每件用玻璃料柒錢。
攛頭，每件用玻璃料叁兩。
列角攛頭，每件用琉璃料叁兩。
攩頭，每件用玻璃料叁兩。
仙人，每件用玻璃料伍兩。
走獸，每件用玻璃料伍兩。
套獸，每件用玻璃料伍兩。
滿面黃，每件用玻璃料叁兩。
正當鉤，每件用玻璃料貳兩。
斜當鉤，每件用玻璃料貳兩肆錢。
托泥當鉤，每件用玻璃料貳兩肆錢。
筒瓦，每件用玻璃料貳兩肆錢。
鉤頭，每件用玻璃料叁兩。
滴水，每件用玻璃料叁兩。
板瓦，每件用玻璃料貳兩叁錢。
博脊瓦，每件用玻璃料叁兩。
紫色五樣玻璃筒瓦，每件用玻璃料貳兩肆錢。
天青色六樣玻璃正吻，每隻用玻璃料捌拾兩。
吻座，每套用玻璃料伍兩。
劍靶，每件用玻璃料伍兩。
背獸，每件用玻璃料貳兩。
垂獸，每件用玻璃料拾陸兩。
博通脊，每件用玻璃料拾陸兩。
博脊瓦，每件用玻璃料貳兩肆錢。
暈色條，每件用玻璃料貳兩。
紫色六樣玻璃正吻，每隻用玻璃料捌拾兩。
吻座，每套用玻璃料伍兩。
劍靶，每件用玻璃料伍兩。
背獸，每件用玻璃料貳兩。
垂獸，每件用玻璃料拾陸兩。
戧獸，每件用玻璃料拾陸兩。
連座，每件用玻璃料捌兩。
通脊，每件用玻璃料拾捌兩。
垂脊，每件用玻璃料拾兩。
戧脊，每件用玻璃料拾兩。
三連甎，每件用玻璃料貳兩捌錢。
博脊連甎，每件用玻璃料貳兩陸錢。
掛尖，每件用玻璃料貳兩陸錢。
暈色條，每件用玻璃料貳兩。
平口條，每件用玻璃料陸錢。
壓帶條，每件用玻璃料陸錢。
攛頭，每件用玻璃料貳兩捌錢。
攩頭，每件用玻璃料貳兩捌錢。

仙人，每件用玻璃料肆兩。
走獸，每件用玻璃料肆兩。
套獸，每件用玻璃料伍兩。
正當鉤，每件用玻璃料壹兩捌錢。
斜當鉤，每件用玻璃料貳兩。
托泥當鉤，每件用玻璃料貳兩。
筒瓦，每件用玻璃料貳兩。
鉤頭，每件用玻璃料貳兩肆錢。
滴水，每件用玻璃料貳兩肆錢。
板瓦，每件用玻璃料壹兩玖錢。
博脊瓦每件用玻璃料貳兩肆錢。
西洋魚鱗瓦，每件用玻璃料貳兩壹錢伍分。
翡翠色六様玻璃筒瓦，每件用玻璃料貳兩。
翡翠色七様玻璃正吻，每隻用玻璃料陸拾兩。
板瓦，每件用玻璃料壹兩玖錢。
吻座，每套用玻璃料肆兩。
劍靶，每件用玻璃料肆兩。
背獸，每件用玻璃料壹兩陸錢。
合角吻，每件用玻璃料玖兩貳錢伍分。
劍靶，每件用玻璃料肆兩。
垂獸，每件用玻璃料拾貳兩。
戧獸，每件用玻璃料拾貳兩。
獸座，每件用玻璃料伍兩。
通脊，每件用玻璃料拾陸兩。
博通脊，每件用玻璃料拾兩。
圓通脊，每件用玻璃料拾兩。
垂脊，每件用玻璃料捌兩。
戧脊，每件用玻璃料捌兩。
三連甎，每件用玻璃料貳兩柒錢。
博脊連甎，每件用玻璃料貳兩肆錢。
掛尖，每件用玻璃料貳兩肆錢。
圓黄道，每件用玻璃料貳兩肆錢伍分。
圓混甎，每件用玻璃料貳兩肆錢伍分。
羣色條，每件用玻璃料壹兩陸錢。
圓羣色條，每件用玻璃料壹兩陸錢。
平口條，每件用玻璃料伍錢。
圓平口條，每件用玻璃料伍錢。
壓帶條，每件用玻璃料伍錢。
圓壓帶條，每件用玻璃料伍錢。
攛頭，每件用玻璃料貳兩。
攩頭，每件用玻璃料貳兩。
列角攛頭，每件用玻璃料貳兩。
仙人，每件用玻璃料叁兩。
走獸，每件用玻璃料叁兩。
套獸，每件用玻璃料肆兩。
正當鉤，每件用玻璃料壹兩捌錢。
圓正當鉤，每件用玻璃料壹兩捌錢。
斜當鉤，每件用玻璃料壹兩捌錢。
托泥當鉤，每件用玻璃料壹兩捌錢。
筒瓦，每件用玻璃料壹兩捌錢。
羊蹄筒瓦，每件用玻璃料貳兩貳錢。
鉤頭，每件用玻璃料貳兩貳錢。
滴水，每件用玻璃料貳兩貳錢。
板瓦，每件用玻璃料壹兩柒錢。
羊蹄板瓦，每件用玻璃料貳兩貳錢。
博脊瓦，每件用玻璃料貳兩貳錢。
魚鱗瓦，每件用玻璃料貳兩肆錢。
護朽瓦，每件用玻璃料壹兩柒錢。
西洋魚鱗瓦，每件用玻璃料貳兩壹錢伍分。
翡翠色九様玻璃垂獸，每件用玻璃料拾兩。

獸座，每件用玻璃料叁兩。
垂脊，每件用玻璃料伍兩。
羅鍋垂脊，每件用玻璃料伍兩。
平口條，每件用玻璃料肆錢。
列角三色甎，每件用玻璃料壹兩捌錢。
壓帶條，每件用玻璃料肆錢。
正當鉤，每件用玻璃料壹兩陸錢。
仙人，每件用玻璃料貳兩捌錢。
走獸，每件用玻璃料貳兩捌錢。
筒瓦，每件用玻璃料壹兩陸錢。
羅鍋筒瓦，每件用玻璃料壹兩陸錢。
鉤頭，每件用玻璃料貳兩。
滴水，每件用玻璃料貳兩。
折腰，每件用玻璃料壹兩伍錢。
板瓦，每件用玻璃料壹兩伍錢。
西洋魚鱗瓦，每件用玻璃料貳兩壹錢伍分。
紫色九樣玻璃筒瓦，每件用玻璃料壹兩陸錢。
板瓦，每件用玻璃料壹兩伍錢。

文煜等《工部續增則例》（第二册）卷九《玻璃料價值》 天青色玻璃，每觔料價銀肆錢捌分。
翡翠色玻璃，每觔料價銀貳錢貳分。
紫色玻璃，每觔料價銀貳錢肆分。
白色玻璃，每觔料價貳錢玖分。
成造前項各色玻璃瓦料，每件減去例載鉛觔，外加木柴銀貳分。
成造素白瓦料，每件減去例載鉛觔，不加木柴，因係本色亦無料價。
用舊琉璃色釉脱落重新掛釉，照定例價直鉛觔俱柒折核給。
玻璃瓦料觔重：
二樣琉璃瓦料：
正吻高壹丈伍寸，計拾叁塊，計重柒千叁百觔。
劍靶高叁尺貳寸伍分，計重貳百觔。
背獸寬陸寸伍分，計重叁拾觔。
吻座寬壹尺伍寸伍分，計重壹百觔。
獸頭高貳尺貳寸，計重貳百貳拾觔。
連座長叁尺柒寸，計重壹百伍拾觔。
仙人高壹尺伍寸伍分，計重貳拾觔。
走獸高壹尺叁寸伍分，計重貳拾肆觔。
赤腳通脊長貳尺肆寸，高壹尺玖寸伍分，計重貳百觔。
黃道長貳尺肆寸，高陸寸伍分，計重壹百叁拾觔。
大羣色長貳尺肆寸，高伍寸伍分，計重壹百叁拾觔。
垂脊長貳尺，高壹尺陸寸伍分，計重壹百貳拾觔。
攛頭長壹尺伍寸伍分，寬捌寸伍分，計重貳拾觔。
攩扒頭長壹尺伍寸伍分，寬捌寸伍分，計重貳拾觔。
大連甎長壹尺叁寸，寬壹尺，計重貳拾觔。
套獸見方玖寸伍分，計重伍拾觔。
吻匣當鉤長壹尺伍寸，計重貳拾觔。
博通脊長貳尺貳寸，高捌寸伍分，計重陸拾柒觔。
滿面黃見方壹尺，厚壹寸伍分，計重拾叁觔。
合角吻高叁尺肆寸，計重壹百伍拾觔。
合角劍靶高玖寸伍分，計重玖觔。
羣色條長壹尺叁寸，計重玖觔。
鉤頭長壹尺叁寸伍分，口寬陸寸伍分，計重拾貳觔貳兩。
滴水長壹尺叁寸伍分，口寬壹尺壹寸，計重拾叁觔肆兩。
筒瓦長壹尺貳寸伍分，寬陸寸伍分，計重捌觔捌兩。
板瓦長壹尺叁寸伍分，口寬壹尺壹寸，計重拾貳觔。
正當鉤長壹尺壹寸，計重伍觔。
斜當鉤長壹尺柒寸伍分，計重拾觔。
壓帶條長壹尺壹寸，計重叁觔捌兩。
平口條長壹尺壹寸，計重叁觔拾貳兩。
三樣琉璃瓦料：
正吻高玖尺貳寸，計拾壹塊，計重伍千觔。

劍靶高貳尺柒寸，計重壹百陸拾觔。
背獸見方陸寸，計重貳拾觔。
吻座長壹尺肆寸伍分，計重玖拾觔。
獸頭高壹尺玖寸，計重貳百觔。
連座長貳尺捌寸，計重壹百叁拾伍觔。
仙人高壹尺叁寸伍分，計重拾捌觔。
走獸高壹尺伍分，計重貳拾貳觔。
赤腳通脊長貳尺肆寸，高壹尺柒寸伍分，計重壹百陸拾觔。
黄道長貳尺肆寸，高伍寸伍分，計重玖拾觔。
大羣色長貳尺肆寸，高肆寸伍分，計重壹百伍觔。
垂脊長壹尺捌寸，高壹尺伍寸，計重壹百伍觔。
攛頭長壹尺伍寸伍分，高肆寸伍分，計重貳拾觔。
攩扒頭長壹尺伍寸，高叁寸伍分，計重貳拾觔。
大連甎長壹尺叁寸，寬玖寸，計重貳拾觔。
套獸見方柒寸□分，計重伍拾觔。
吻匣當鉤長壹尺伍分，寬壹尺，計重貳拾觔。
博通脊長貳尺貳寸，高捌寸伍分，計重陸拾柒觔。
滿面黄見方壹尺，厚壹寸伍分，計重拾叁觔。
合角吻高貳尺捌寸，計重壹百叁拾觔。
羣色條長壹尺叁寸，計重玖觔。
合角劍靶高玖寸伍分，計重玖觔。
鉤頭長壹尺貳寸伍分，寬陸寸，計重拾壹觔。
滴水長壹尺叁寸，寬壹尺伍分，計重拾壹觔捌兩。
筒瓦長壹尺壹寸伍分，寬陸寸，計重柒觔拾貳兩。
板瓦長壹尺貳寸伍分，寬壹尺伍分，計重拾觔拾貳兩。
正當鉤長壹尺伍分，計重肆觔捌兩。
斜當鉤長壹尺陸寸，計重玖觔。
壓帶條長壹尺，計重叁觔肆兩。
平口條長壹尺，計重叁觔捌兩。

四樣琉璃瓦料：

正吻高捌尺，計玖塊，計重叁千伍百觔。
劍靶高貳尺肆寸，計重柒拾觔。
背獸見方伍寸伍分，計重拾伍觔。
吻座長壹尺貳寸，計重捌拾觔。
獸頭高壹尺捌寸，計重貳百觔。
連座長貳尺柒寸，計重壹百叁拾觔。
仙人高壹尺貳寸伍分，計重拾柒觔。
走獸高壹尺伍分，計重貳拾壹觔。
套獸見方柒寸，計重肆拾捌觔。
合角吻高貳尺捌寸，計重壹百叁拾觔。
合角劍靶高柒寸伍分，計重捌觔捌兩。
通脊高壹尺伍寸伍分，長貳尺貳寸，計重壹百貳拾觔。
羣色條長壹尺叁寸，計重玖觔。
垂脊長壹尺捌寸，高壹尺伍寸，計重捌拾觔。
攛頭長壹尺伍寸伍分，高肆寸伍分，計重貳拾觔。
攩扒頭長壹尺伍寸伍分，高叁寸伍分，計重貳拾觔。
大連甎長壹尺叁寸，計重貳拾觔。
博通脊長貳尺貳寸，高柒寸伍分，計重陸拾伍觔。
滿面黄見方壹尺，厚壹寸伍分，計重拾叁觔。
吻匣當鉤長壹尺伍分，寬壹尺，計重貳拾觔。
鉤頭長壹尺壹寸伍分，寬伍寸伍分，計重拾觔。
滴水長壹尺貳寸伍分，口寬玖寸伍分，計重拾壹觔。
筒瓦長壹尺壹寸，口寬伍寸伍分，計重柒觔肆兩。
板瓦長壹尺貳寸，口寬玖寸伍分，計重玖觔。
正當鉤長玖寸伍分，計重肆觔捌兩。
斜當鉤長壹尺伍寸，計重玖觔。
壓帶條長壹尺，計重叁觔肆兩。
平口條長壹尺，計重叁觔捌兩。

五樣琉璃瓦料：

正吻高陸尺貳寸，計柒塊，計重貳千伍百觔。

劍靶高壹尺伍寸，計重肆拾柒觔。
背獸見方伍寸，計重拾柒觔。
吻座長壹尺伍分，計重陸拾觔。
獸頭高壹尺伍寸，計重壹百伍拾觔。
連座長貳尺貳寸，計重玖拾伍觔。
仙人高壹尺伍分，計重拾伍觔。
走獸高玖寸，計重拾伍觔。
套獸見方陸寸伍分，計重肆拾伍觔。
通脊長貳尺貳寸，高壹尺伍寸伍分，計重壹百貳拾觔。
羣色條長壹尺叁寸，計重玖觔。
垂脊長壹尺陸寸，高柒寸伍分，計重柒拾觔。
攛頭長壹尺肆寸，高貳寸伍分，計重拾肆觔。
攛扒頭長壹尺肆寸，高貳寸伍分，計重拾肆觔。
三連甎長壹尺叁寸，計重拾肆觔。
合角吻高壹尺玖寸，計重伍拾觔。
合角劍靶高柒寸，計重捌觔。
博通脊長壹尺陸寸，高伍寸，計重肆拾觔。
滿面黄見方壹尺，厚壹寸伍分，計重拾叁觔。
博脊長壹尺叁寸，高肆寸伍分，計重貳拾貳觔。
博脊連甎長壹尺貳寸，高肆寸，計重貳拾伍觔。
博脊瓦長壹尺貳寸，寬柒寸伍分，計重拾貳觔捌兩。
掛尖長壹尺貳寸，高陸寸，計重拾觔捌兩。
托泥當鉤長壹尺壹寸，計重拾肆觔。
鉤頭長壹尺壹寸，寬伍寸，計重陸觔肆兩。
滴水長壹尺貳寸，寬捌寸伍分，計重柒觔。
筒瓦長壹尺伍分，口寬伍寸，計重伍觔。
板瓦長壹尺壹寸伍分，寬捌寸伍分，計重陸觔肆兩。
正當鉤長捌寸伍分，計重叁觔肆兩。
斜當鉤長壹尺叁寸伍分，計重伍觔肆兩。
壓帶條長玖寸，計重壹觔拾兩。
平口條長玖寸，計重貳觔貳兩。

六樣琉璃瓦料：

正吻高肆尺陸寸，計叁塊，計重壹千伍百觔。
劍靶高壹尺貳寸，計重叁拾伍觔。
背獸見方肆寸伍分，計重捌觔捌兩。
吻座長玖寸伍分，計重伍拾觔。
獸頭高壹尺貳寸，計重壹百貳拾觔。
獸座長貳尺壹寸，計重捌拾觔。
仙人高柒寸，計重玖觔捌兩。
走獸高陸寸，計重拾觔肆兩。
通脊長貳尺貳寸，高玖寸，計重壹百拾伍觔。
垂脊長壹尺伍寸，高陸寸伍分，計重肆拾壹觔。
羣色條長壹尺叁寸，計重玖觔。
三連甎長壹尺叁寸，計重拾貳觔拾兩。
攛頭長壹尺肆寸，高貳寸伍分，計重拾肆觔。
攛扒頭長壹尺肆寸，高貳寸伍分，計重拾肆觔。
博脊連甎長壹尺壹寸伍分，高肆寸，計重柒觔拾兩。
博脊瓦長壹尺壹寸，計重柒觔拾兩。
掛尖長壹尺貳寸，高陸寸，計重柒觔拾兩。
套獸見方陸寸，計重叁拾肆觔。
博縫高壹尺捌寸，寬壹尺肆寸，計重肆拾捌觔。
隨山半混甎長壹尺，寬陸寸，計重捌觔拾貳兩。
墀頭甎長壹尺貳寸，寬捌寸，計重貳拾叁觔。
戧簷甎高壹尺捌寸，寬壹尺伍寸，計重壹百拾觔。
披水長捌寸，寬肆寸，計重柒觔。
箍頭脊長壹尺伍寸，高陸寸伍分，計重拾伍觔。
筒瓦長玖寸伍分，口寬肆寸伍分，計重肆觔肆兩。
鉤頭長壹尺，口寬肆寸伍分，計重肆觔拾貳兩。
滴水長壹尺壹寸，口寬捌寸，計重陸觔。
板瓦長壹尺伍分，口寬捌寸，計重伍觔貳兩。

正當鉤長捌寸，計重貳觔肆兩。
斜當鉤長壹尺壹寸，計重伍觔拾兩。
托泥當鉤長壹尺壹寸，計重柒觔拾兩。
壓帶條長柒寸伍分，計重壹觔。
平口條長柒寸伍分，計重壹觔拾兩。

七樣琉璃瓦料：

正吻高叁尺肆寸，計重伍百捌拾觔。
劍靶高玖寸伍分，計重拾伍觔。
背獸見方肆寸，計重叁觔捌兩。
吻座長捌寸伍分，計重叁拾捌觔。
獸頭高壹尺，計重肆拾伍觔。
獸座長壹尺叁寸，計重貳拾觔。
仙人高陸寸，計重肆觔。
走獸高伍寸伍分，計重伍觔捌兩。
通脊高捌寸伍分，長壹尺玖寸伍分，計重柒拾伍觔。
垂脊高伍寸伍分，長壹尺肆寸，計重叁拾捌觔。
三連甎長壹尺叁寸，計重捌觔捌兩。
承奉連甎長壹尺叁寸，高肆寸伍分，計重貳拾貳觔。
羣色條長壹尺叁寸，計重玖觔。
攛頭長壹尺肆寸，高貳寸伍分，計重拾肆觔。
攩扒頭長壹尺肆寸，高貳寸伍分，計重拾肆觔。
裂角盤長壹尺貳寸，寬陸寸，厚貳寸肆分，計重拾貳觔。
博脊連甎長壹尺叁寸，計重貳拾貳觔。
博脊瓦長壹尺捌分，計重貳觔陸兩。
合角吻長壹尺壹寸，高壹尺，計重伍拾壹觔。
合角劍靶高柒寸，計重陸觔。
滿面黃見方壹尺，計重柒觔拾兩。
套獸見方伍寸伍分，計重柒觔拾兩。
博縫長壹尺陸寸，寬壹尺叁寸，計重肆拾伍觔。
隨山半混甎長壹尺，寬陸寸，計重捌觔拾貳兩。
線甎長壹尺貳寸，計重玖觔。
簷子甎長壹尺貳寸，寬捌寸，計重拾玖觔。
戧簷甎高壹尺捌寸，寬壹尺伍寸，計重貳拾叁觔。
披水長捌寸，寬肆寸，計重柒觔。
箍頭脊長壹尺肆寸，高伍寸伍分，計重捌觔拾貳兩。
連腳板長壹尺壹寸，計重貳觔肆兩。
筒瓦長玖寸，寬肆寸，計重貳觔肆兩。
鉤頭長玖寸伍分，寬肆寸，計重肆觔。
滴水長壹尺，寬柒寸，計重肆觔拾貳兩。
板瓦長壹尺，寬柒寸，計重肆觔捌兩。
正當鉤長柒寸，計重貳觔貳兩。
斜當鉤長壹尺，計重伍觔貳兩。
托泥當鉤長柒寸柒分，計重柒觔。
壓帶條長柒寸，計重壹觔。
平口條長柒寸，計重壹觔捌兩。

八樣琉璃瓦料：

正吻高貳尺貳寸，計重壹百貳拾觔。
劍靶高陸寸伍分，計重壹觔捌兩。
背獸見方貳寸伍分，計重壹觔。
吻座長陸寸，計重拾叁觔捌兩。
獸頭長陸寸，計重拾觔。
獸座長玖寸，計重柒觔捌兩。
仙人高肆寸，計重貳觔。
走獸高叁寸伍分，計重貳觔捌兩。
通脊長壹尺伍寸，高伍寸伍分，計重貳拾壹觔捌兩。
承奉連甎長壹尺叁寸，高肆寸伍分，計重貳拾貳觔。
連甎長壹尺叁寸，計重捌觔捌兩。
三連甎長壹尺叁寸，計重拾貳觔拾兩。
簷子甎長壹尺貳寸，寬捌寸，計重拾玖觔。
滿山紅寬壹尺捌寸，計重貳拾貳觔。

博縫甎長壹尺肆寸，寬壹尺貳寸，計重貳拾柒觔。
隨山半混甎長壹尺貳寸，寬陸寸，計重貳觔拾貳兩。
戧簷甎見方壹尺貳寸，計重捌觔拾貳兩。
線甎長壹尺貳寸，計重柒觔。
箍頭脊長壹尺叁寸，計重叁觔肆兩。
赤腳板長壹尺貳寸，計重貳觔貳兩。
筒瓦長捌寸伍分，寬叁寸伍分，計重貳觔肆兩。
鉤頭長玖寸，口寬叁寸伍分，計重貳觔拾兩。
滴水長玖寸伍分，口寬陸寸伍分，計重叁觔陸兩。
板瓦長玖寸伍分，寬陸寸伍分，計重叁觔。
正當鉤長陸寸伍分，計重壹觔陸兩。
斜當鉤長玖寸，計重肆觔。
托泥當鉤長柒寸，計重壹觔陸兩。
壓帶條長陸寸伍分，計重拾伍兩。
平口條長陸寸伍分，計重壹觔壹兩。
水溝見方捌寸，計重貳觔肆兩。

九樣琉璃瓦料：

正吻高貳尺，計重陸拾伍觔。
劍靶高陸寸伍分，計重壹觔。
背獸見方貳寸伍分，計重拾壹兩。
吻座長陸寸，計重拾觔捌兩。
獸頭高陸寸，計重玖觔捌兩。
獸座長玖寸，計重柒觔肆兩。
仙人高肆寸，口寬叁寸伍分，計重貳觔。
走獸高叁寸伍分，計重貳觔捌兩。
通脊長壹尺伍寸，寬肆寸伍分，計重貳拾壹觔。
連甎長壹尺叁寸，計重捌觔肆兩。
三連甎長壹尺叁寸，計重拾貳觔拾兩。
攛頭長壹尺貳寸，厚貳寸貳分，計重柒觔。
撠扒頭長壹尺貳寸，厚貳寸貳分，計重柒觔。
博脊連甎長壹尺叁寸，計重叁觔捌兩。
博脊瓦長捌寸，計重壹觔拾肆兩。
套獸見方肆寸，計重肆觔。
滿山紅寬壹尺捌寸，計重貳拾貳觔。
圓混條長捌寸伍分，計重壹觔捌兩。
披水長陸寸，計重壹觔陸兩。
蒙頭脊長壹尺叁寸，計重壹觔陸兩。
隨脊長壹尺叁寸，計重壹觔。
筒瓦長捌寸，口寬叁寸，計重壹觔拾貳兩。
鉤頭長捌寸伍分，口寬叁寸，計重壹觔拾肆兩。
滴水長玖寸，口寬陸寸，計重叁觔。
板瓦長玖寸，寬陸寸，計重貳觔拾兩。
正當鉤長陸寸，計重壹觔肆兩。
斜當鉤長捌寸伍分，計重貳觔捌兩。
壓帶條長陸寸，計重拾叁兩。
平口條長陸寸，計重拾肆兩。
水溝見方陸寸，計重壹觔。

文煜等《工部續增則例》（第二册）卷一二《圓明園八旗包衣三旗改砌院牆》

鑲黃旗院界牆湊長壹千玖百參拾貳丈玖尺，正黃旗院界牆湊長壹千肆百陸拾柒丈捌尺，正白旗院界牆湊長陸百肆拾捌丈陸尺，鑲白旗院界牆湊長貳千壹百陸拾伍丈柒尺，正紅旗院界牆湊長貳千伍拾柒丈柒尺，鑲紅旗院界牆湊長貳千肆百伍拾伍丈柒尺捌寸，正藍旗院界牆湊長壹千柒百柒拾玖丈陸尺叁寸，鑲藍旗院界牆湊長壹千捌百捌拾壹丈，包衣三旗院界牆湊長捌百叁拾伍丈柒尺伍寸。

查前項營房院界牆俱係土築，高陸尺，底厚貳尺，頂厚壹尺，均厚壹尺伍寸。築打大夯碣灰土拾貳步，貳面抹飾攙灰泥，上拔簷灰砌沙滚甎，貳號板瓦貳面各壹層，屯頂尖高柒寸土坯，成砌抹飾青灰，折寬貳尺，地腳寬叁尺，刨深伍寸，築打大夯碣灰土壹步。

今擬改砌下肩沙滚甎，上身土坯，抹飾白灰，牆身至拔簷，高陸尺，厚壹尺伍寸，內下肩高貳尺伍寸。沙滚甎灰砌貳面，各壹進拘抿青灰背餡碎甎，攙灰泥砌上身，高叁尺伍寸。土坯泥砌貳面，抹飾白灰，下埋頭深伍寸，寬貳尺，碎甎攙灰泥砌上拔簷，灰砌沙滚甎。貳號板瓦貳面，各壹層屯頂尖，高柒寸，碎甎攙灰泥砌，抹飾青灰，折寬貳尺，地脚刨槽，寬肆尺柒。壹尺柒寸築打灰土，壹步素土，壹步散水，折寬貳尺，築打灰土壹步。

以上改砌牆垣應用工料，照依尺寸按例核給。

前件改砌牆垣，於嘉慶十六年議准土築牆身，一遇夏秋雨水，淋漓隨即坍卸，照依在京各旗營房做法，下肩整甎，上身土坯，貳面抹灰，牆頂甎瓦，成砌以期經久。

文煜等《工部續增則例》（第二册）卷一三《瓦土作計》 臺基面闊陸尺陸寸，進深壹尺伍寸，壓面灰砌。舊裱城甎頂墁壹層，背底高伍寸，泥砌碎甎。門□貳窗各高陸尺柒寸，長壹尺伍寸，厚壹尺伍寸，灰砌沙滚，甎叁面拘抿過木，兩頭找砌。沙□甎湊長壹尺，厚壹尺伍寸，高貳寸，上拔簷灰砌甎瓦各壹層，屯頂尖高柒寸，碎甎抹飾青灰，折寬貳尺肆寸。地脚刨槽長陸尺陸寸，寬貳尺，深壹尺柒寸，築打灰土壹步，素土壹步。

以上改砌門樓應用工料照依尺寸，按例核給。

前件改砌門樓於嘉慶十四年議准辦理，此後各營房甎瓦門樓如遇坍壞應行重修者，俱改隨牆門樓，以歸節省。儻舊甎瓦門樓尚屬整齊，微有損壞，應行黏修者，仍照舊修理。

文煜等《工部續增則例》（第二册）卷一四《筵宴棚座爐竈》 白灰，肆拾捌觔拾貳兩。

成搭土坯竈壹座，核用土坯肆百塊。

用工：

每搭席棚壹座，核用搭材匠肆工壹分貳釐，壯夫捌分貳釐。

成砌甎竈壹座，核用瓦匠貳分捌釐，壯夫伍分陸釐。

成搭土坯竈壹座，核用瓦匠叁分，壯夫陸分壹釐。

文煜等《工部續增則例》（第二册）卷一四《頭停望甎》

用料：

頭停鋪尺貳望甎，每塊用石灰捌兩。

鋪沙滚子望甎，每塊用石灰貳兩。

用工：

每鋪墁尺貳方甎壹百塊，用瓦匠壹工，壯夫貳名。

每鋪墁沙滚子望甎柒百塊，用瓦匠壹工，壯夫貳名。

文煜等《工部續增則例》（第二册）卷一四《成砌碎甎》

用工：

成砌碎甎，每折見方壹丈，厚壹尺，用瓦匠壹工叁分，壯夫貳名陸分。

文煜等《工部則例》（第四册）卷二《三陵・採取土石》 修永陵，於東壹里外取土，西南柒里外燒甎，西南肆百里外燒石灰。小石採於張家口，碑石、龍趺石取於盛京香爐山。

修福陵，於西伍里外取土，西南貳拾里外燒甎，正南百里外燒石灰。大石採於易州南山，小石採於香爐山流泉湖屯，碑石、龍趺石自順天府運送。

修昭陵，於西肆里外取土，南捌里外燒甎，南百里外燒石灰。大石採於易州南山，小石採於棃花峪香爐山瓢杓屯流泉湖屯，碑石、龍趺石自順天府運送。

文煜等《工部則例》（第四册）卷三《宫殿・恭備物材》 凡修建宫殿，所需物材攻石煉灰皆在京西山麓，楠木採自湖南、福建、四川、廣東，杉木採自江南、江西、浙江、湖北，金甎行取江蘇，城甎行取山東臨清州，琉璃甎甓行取京窑，工竣均由部覈實題銷。

文煜等《工部則例》（第四册）卷三《宫殿・皇城禁城添補瓦片》 皇城、禁城瓦片間有脱落，派員覈實補添，如補添後隨有情形，著落承辦司員賠修。

文煜等《工部則例》（第四册）卷四《城垣・禁止盜賣城甎》 内外城垣凡有竊甎盜賣者，送刑部依律治罪。

文煜等《工部則例》（第四册）卷五《城垣二・城工用縮蹬做法》 修建城工自底至頂用縮蹬做法，使甎土相銜，牆無直縫，俾雨水不能直注城心。縮蹬做法見續增則例。

文煜等《工部則例》（第四册）卷五《城垣二・外甎内土城工》 各省修建外甎内土城垣城頂，須砌海墁城甎，使雨水不能下滲，城身裏面添設宇牆，安砌水溝束水，由溝順流而下，以免漫流衝刷。

文煜等《工部則例》（第四册）卷一四《物料一・京工琉璃瓦料》

壇廟宫殿

閭庭：親郡王等閭寢、府第、祠宇、城樓、碑亭内外一切工程需用琉璃瓦料，均由營繕司按例覈辦，錢糧在千兩以外者行文户部給發，千兩以内者由節慎庫給發，均交該監督支領燒造。運送琉璃瓦料車輛，京城内外各工，均按程里數計算運價。又鋪墊拴車用麻辮稻草斤價均由營繕司按各工册報，照例覈算。

文煜等《工部則例》〔第四册〕卷一四《物料一·燒造琉璃甎瓦》　琉璃甎瓦大小不等，共有拾樣，除第壹樣與第拾樣向無需用處毋庸置議外，其餘甎瓦如各工需用，由該工程處先將瓦件實數造册咨部，由承辦司照例覈算錢糧黑鉛，付監督領款燒造。除冬三月及正月嚴寒停止燒造外，餘月均以文到日爲始，定限叁箇月内燒造，送往工所。該工程處親身驗看，隨到隨收，給發實收，完日將實用過數目及餘賸數目，同實收送部覈銷。

文煜等《工部則例》〔第四册〕卷一四《物料一·取用琉璃料件》　修造各工需用琉璃脊瓦料件，各該工程處將估定色樣數目先行造册備文咨部，承辦司照例覈算錢糧，飭令管窑監督領款燒造解工應用，不得由本工徑行燒造，以致漫無稽覈。

文煜等《工部則例》〔第四册〕卷一四《物料一·禁用琉璃瓦城甎》　官民房屋牆垣不許擅用琉璃瓦城甎，如違嚴行治罪，其該管官一併議處。

文煜等《工部則例》〔第四册〕卷一四《物料一·領用續估瓦料工段限制》　内廷尋常工程如於原估外續添瓦料，工段須照例知照原估大臣覆勘，由該工造具續估色樣件數、做法、尺寸單册知照工部辦理，儻有欽奉諭旨於原估外添改工程，因工需緊急興工前覆勘不及，亦須於奉旨之日知照工部，聲明續估添改緣由，造具、色樣、件數、做法、尺寸單册由工部付窑燒造，隨後補送印文備案，方准覈銷，其工段亦由部查覈奏銷後方准領給。如不將續添原由先行聲明，迨奏銷後始行咨部者，概不准其請。領覈銷至在京各項工程，總以原估爲憑，如於原估外續添工段料物，均應奏明辦理，不得援照　内廷欽奉諭旨之案，率於原估外咨部備案，續行請領。

文煜等《工部則例》〔第四册〕卷一四《物料一·金甎》　燒造金甎運到通州，由工部派員驗收，正甎務須選擇體質堅厚、稜角完好者解部應用，其副甎亦須選擇純全堪用者解部，如有缺邊缺角驚璺，令查驗之員於查收時詳細開明驚缺處所長寬尺寸呈明覈辦，如缺寬不及壹寸、驚璺不至通長，無礙磨砍分位者，准其收用。將蒲包草索雇夫墊損等項銀兩，在於該解員名下□墩方缺寬在壹寸以外、驚璺至通長者，一切工料運費等項銀兩概不准其報銷，照破碎甎塊例，一律著落該解員名下賠繳。

行取金甎毋庸拘定年分，於將次用竣時，工部查明實在需用數目尺寸，奏明辦理。

内外各工取用金甎，將舊工原係何項甎塊，因何需用金甎實在情形，詳細查覈，於奏估摺内逐一聲明，再行取用。如舊工原係金甎工竣時，將換下舊甎詳查塊數，殘缺情形於奏銷摺内逐一聲明，知照工部查覈，其在京壇廟各工換下舊金甎，於報銷後送交工部收存，内廷各工換下舊金甎交營造司收存，兩陵各處換下舊金甎，令每年查勘歲修工程之工部侍郎查驗，明確具摺奏明，一面造册送部，一面即交石門工部、易州工部兩處收存，俱令其就近選用，抵作方條等甎，如實無堪用之甎，再行聲明，於廠内發給。

文煜等《工部則例》〔第四册〕卷一四《物料一·官員解送金甎杉木折損遲延》　官員解送金甎、杉木或折損不堪或遲延日期，俱查取解官，職名移咨吏部議處。

文煜等《工部則例》〔第四册〕卷一四《物料一·臨清甎》　遇有工程需用臨清甎塊，由工部先期行令山東巡撫轉飭臨清州知州如式燒造，交糧艘帶運，抵通州後報部委員驗收。

文煜等《工部則例》〔第四册〕卷一八《保固·素土城垣》　各省城垣除甎建城工并外甎内土及裏外皮包築灰土，上面甎砌海墁各工仍照叁拾年保固之例辦理外，其有素土城垣並無灰皮海墁之工，改爲貳拾年保固。

文煜等《工部則例》〔第四册〕卷一八《保固·城樓工程》　城樓工程全行拆蓋者，保固拾伍年，抽換大木撥正者，保固拾年，揭宼者，保固捌年。

文煜等《工部則例》〔第四册〕卷一九《保固·各處甎圍牆》　各處甎圍牆，凡灰砌城甎、夯築灰土地腳者，保固拾年。其灰砌沙滾甎及下肩沙滾甎，上身土坯兩面抹飾夯築地腳者，保固捌年。不動地腳者，保固肆年。灰砌碎甎及土坯抹飾夯築地腳者，保固肆年。找砌長寬壹丈以外者，概令保固叁年。剔補抹飾者，保固貳年。

文煜等《工部則例》〔第四册〕卷一九《保固·各處灰土圍牆》　各處灰土圍牆，凡新建另修築打地腳上有甎護者，保固陸年。補砌段落者，保固叁年。其僅築打灰土上無護頂者，保固叁年。補砌段落者，保固貳年。

文煜等《工部則例》〔第四册〕卷二〇《保固·灰土甎石泊岸》　灰土泊岸，凡臨水處所保固貳年，在高處者保固叁年。甎泊岸，凡臨水處所連地腳拆修者，保固陸年。不動地脚拆砌甎塊者，保固肆年。在高處者，概令保固捌年。找補抅抿者，無論高低處所概令保固貳年。石泊岸，新修拆砌夯硪地丁者，保固拾年。黏修者，保固叁年。松樁謂之地丁

文煜等《工部則例》〔第四册〕卷三六《河工・採辦甎石》 道光九年欽奉上諭：嚴烺奏請添辦中河廳備防碎石並曹考廳估抛碎石一摺，豫省黄河南岸中河廳土性純沙，見溜即塌，本年搶辦埽工賴有貯防碎石，工費較省，現在存貯無多。據該河督奏稱來年大汛防險，應添辦碎石五千方，按奏定方價銀八兩一分六釐，共需銀四萬八千兩。又北岸曹考廳應於頭道挑壩第四埽抛護碎石，一段估需石二千八百二十餘方，該工水程較□，照例加增運脚，每方合銀十兩二錢六分六釐，共需銀二萬九千七兩。以上共需銀六萬九千八十七兩零，著照所請，准其於豫省藩庫照數撥發，各該道飭廳具領，趕緊採運，勒限來年大汛以前如數辦足，報候驗收。其貯防碎石著俟大汛内察看，著重處所抛護，隨時奏明覈銷，餘存石方留爲下年之用，不許稍有短少。至估定抛石非經驗收，亦不准動用，如有□混□銷情弊，著即據實嚴參，欽此。

道光十二年欽奉上諭：吴邦慶奏籌議估抛碎石並酌改舊章一摺，前因東河河工辦抛碎石工程，遞年加增，降旨交吴邦慶體察情形，詳查覈減。兹據該河督查明豫東兩省濱黄各廳，除歲料購料無從增減外，所有本年添辦防料共需銀十三萬六十兩，著照所請，改爲四成辦料，六成辦石，其無須貯石之廳，所有六成銀兩歸併他廳辦石，並著俟各廳存石二三千方，即將每年專案請石逐漸覈減，以歸覈實。該河督務嚴飭各廳，此後凡有發辦碎石，無論爲專案爲六成，統限伏汛以前全數碼貯，由該河督親往查驗，遇有應抛工段均由該河督暨該管各道勘定後方准動用。儻有遲延偷減並擅用石方者，即行據實參處，毋稍姑容，自干咎戾，欽此。

道光十三年欽奉上諭：吴邦慶奏酌定估抛碎石章程一摺，碎石防護險工，經該河督奏准四成辦料六成辦石，兹請於每年霜降後查明兩岸各廳應存碎石若干方、抛用若干方，開列工名段落分别已成未成，造册咨部，查覈其已抛未成工段。如往後仍須加抛，准俟抛成後隨案聲敘，著即自本年爲始，通飭各工實力遵行。至本年專案辦石，據該河督奏僅有三廳，而現在抛石則係七廳，除已用六千餘方外，尚存九千餘方，以石覈價，計已節省銀十萬餘兩，可見碎石一項如果覈實辦理，歲料自可歸節省。□此項工程既可濟急，更不宜輕費妄抛，儻非溜務實在險急，總以保隄守埽爲正辦。該河督務當嚴密稽查，遞年酌減，以期用所當用，儲備日寬，緩急有恃，以慎帑項而濟要工，欽此。

道光十七年欽奉上諭：敬徵、栗毓美奏酌議改辦碎石章程一摺。□河□辦甎工，現據敬徵查勘，明確議請，分别存貯，暫停燒造，自應以豫辦碎石爲急務。著照所請，所有本年五月間奏准豫提戊戌年例，撥防險銀十萬兩，准其儘數改辦碎石，其置窑燒甎即行停止，並著酌定各廳用石多寡分派，即時開採，限於明年桃汛前先完一半，伏汛前全數運工，由該河督覈實驗收指示抛辦，儻有藉詞延緩，限内運不足數者，即行參處。其例辦六成碎石，仍照常於霜降後扣明添料存數，再行發辦，此後每年查勘情形酌覈增減，於七月内奏明豫提銀數發廳備辦，以期源源接濟工用不匱，欽此。

道光十九年欽奉上諭：栗毓美奏豫籌儲備工需以防串溝隱患一摺，又另月奏甎工得力省費情形等語，著照所請，准其於北岸黄沁廳屬之馬營榮，原兩隄南岸下南廳屬之祥符下汛陳留汛，每廳各購甎五千方，於情形險要之處酌量多寡分段堆貯備用。凡所築土壩飭令工員用甎擇要包砌，此項甎價先由道庫墊發，俟於秋間奏請購石項下撥還歸款。此外祥河曹考曹河糧河上南商虞各廳應先事豫防者，仍著該河督隨時督率道廳妥商辦理，並於查驗工料時認真稽查，如工員購甎不實，即行嚴參，著賠以重工需。至用甎搶辦險工較鑲埽更爲便捷，且較石價多寡懸殊，錢糧節省，又所占河面無幾，不至有與水争地之虞。該河督既確有把握，朕即責成辦理總期，行之無弊方爲不負委任。其應貯甎塊仍令向民間收買，不必廳員設窑，燒造之處亦著照所議辦理，欽此。

文煜等《工部則例》〔第五册〕卷七六《器用・盛京咨取瓷器》 盛京陵寢備用大小瓷器，由盛京工部繪圖，移知工部，行文江西巡撫轉飭饒州府浮梁縣，照式燒造，委員赴部交納，工部驗收後咨行盛京工部，出具印領，委員赴部領取。

文煜等《工部則例》〔第五册〕卷八五《陵寢・陵寢琉璃瓦料》 陵寢歲修另案專案各項工程需用各㨾琉璃瓦料，由屯田司按照查估大臣做法册覈算，應用琉璃瓦料數目付交琉璃窑燒造，所有錢糧由屯田司按例覈算，千兩以外者行文户部給發，千兩以内者由節慎庫給發，均交該監督支領。

運送琉璃瓦料車輛，京城拾里以外者按照里數計算運價，又鋪墊拴車用麻辮稻草斤價，均由屯田司按各工册報照例覈算。

文煜等《工部則例》〔第五册〕卷八五《陵寢・燒造備用城甎》 東陵、西陵備

用舊搛城甎，由承辦事務衙門將燒造數目咨明工部，每塊價銀貳分壹釐，由節慎庫發給，派出承領之員支領，自行辦造應用。

文煜等《工部則例》〔第五册〕卷八五《陵寢・充補窑户》 東陵、西陵工程燒造甎塊之窑户，該地方官選募家道殷實土著民人並無重役過犯情願充當者，取具印甘各結送部，准其充當。

文煜等《工部則例》〔第五册〕卷九一《恭理事宜》 陵寢後周年内每日三祭，周年後每日一祭，朔望日三祭，每次焚紙伍百張，由陵寢工部備辦，咨行京工部覈給物價。

各次致祭准禮部咨取鐵鍋、鐵杓、甎砌竈、盛肉槽、大小蓋袱、油單、桌張等項，除應付各司外，均由總辦處承辦，應繳回者事畢繳回。

准光禄寺咨取造辦桌張，應用柴炭、爐竈、布袱、油單、棚座一切器皿，除應付各司取用外，均由總辦處承辦，應繳回者事畢繳回。

各次致祭應用牀桌、黄雲緞、牀褥、牀刷、桌刷、宼單、黄綾、黄紡絲、宼單白布、宼單夾棉、墊畫緞、素緞等項，除粧緞由内務府取用，雲緞紡絲綾布紙張等由户部取用外，餘均由總辦處承辦。

每次致祭需用黄涼棚壹分由總辦處移付，製造庫先期送往。

應用搭材匠由總辦處移付，營繕司飭傳前往伺候。

每次致祭需用網片肆塊由總辦處移付，虞衡司先期送往。

文煜等《工部則例》〔第五册〕卷一〇七《通例一〇・司屬職掌》 營繕清吏司掌估修八旗衙署、官學礮局，光禄寺做酒器具并各項桶隻、順天貢院倉庫營房、刑部監獄工程虎頭門以内工程由提牢廳呈報者。以及各門監苫蓋荆茨，京城一切棚座。覈銷京工琉璃瓦料，凡在京之壇、廟、宮殿、園庭府第、祠宇、城樓、碑亭等工需用者。京城各館支搭涼棚，東三省及各省壇廟城垣衙署碑亭，營房倉庫監獄礮臺貢院考棚，一切大小工程估變，各省入官房屋行取各省木植甎塊覈給，京工及東陵、西陵取用各項木植考覈，山海關内外支搭綵棚，盛京一切土木工程惟太廟内工程歸盛京内務府及各工燒造琉璃瓦料，山場木植葦塘葦税，潘桃口、六小口、古北口、殺虎口、辰關、渝關、臨清關、武元城故交村各關口，木税印發工程則例，八旗新滿洲支領房價更换木倉皇木廠琉璃窑，各滿漢監督查估在京壇廟内之祭器工程，徵收通州南門外北門外西倉後三處地基租銀，覈辦各處咨取梨木板片、各城咨取號杆繩，覈辦各陵果品所用筐擔，一切木植運倉脚價，皇城内潑水器具三大殿等處年例拔草拘挀及宮殿一切要差，傳用匠役隨圍支搭布城匠役工食，俄羅斯館水夫飯錢，帶領各省辦解木植委員引見。

皇木廠會同木倉收發各省辦解到廠之桅杉架槁木植。

木倉收發進倉之桅杉架槁檀木毛竹椶毛筐繩。

收掌所收發楸棍繩斤麻刀及回殘物件。

琉璃窑掌燒造各工取用琉璃瓦料。

營繕司庫掌收發黄藍布城等件。

虞衡清吏司掌稽一切軍裝器械、鳥鎗礮位、火藥鉛丸、新疆農具，驗看東珠、鼓鑄錢文，採辦銅鉛硝磺，備辦網城樁橛、氈草駝屜帳房旗纛、火藥火繩鉛子木牌并京城各衙門領用銅鐵器皿鍋缸盆杓鐵斛鐵尺戥秤，各省請領砝馬斗斛戥秤，更替寶源局監督筆帖式並軍需硝磺鉛子礮子等庫，暨官車處惜薪廠監督各事宜。

虞衡司司庫掌收發氈草駝屜樁橛等物。

軍需庫掌收發帳房旗纛等物。

硝磺庫掌收發各省解到硝磺。

火藥局掌監造火藥備儲操演取用。

鉛子庫掌收發大小鎗礮鉛子。

礮子庫掌收存殘壞廢鐵礮子等物。

官車處掌稽額設官車備本部一切工程運送什物。

惜薪廠掌收發各處回殘席片竹竿等項。

都水清吏司掌稽估銷海塘、河道、溝渠一切隄岸、閘壩、橋梁、道路、井座各項工程，暨河營官兵俸餉曠盡裁夫銀兩修造外海内河各項戰船、各省渡船差船橋船米船、各省刊刷書籍、修製祭器樂器什物，恭辦紙絹各册寶及玉牒實録等櫃、詔書勅書功牌印軸壇廟糊飾、各工考覈龍江關由閘關、宿遷關、蕪湖關、南新關、荆關、新關等處税務，并盛京等處木税銀兩、奏派溝渠河道大臣、引見街道廳員各事宜。皇差處掌稽恭辦皇上巡幸各處，修墊經由橋道等工，冰窖監督掌收發各處需用冰塊，綵紬庫掌收發制帛誥命、綵紬駕衣、椶絲、藤竹、寶砂等物，屯田清吏司掌稽山陵園寢及古昔陵寢、先賢祠墓等工，文武大臣墳院碑價祭葬銀兩，各祭祀需用柴炭開採煤窑，漢堂司廳各官支領俸薪題升調轉覈銷，陵寢一切工程需用琉璃瓦料奏請更换，節慎庫監督及各匠役月支口糧、年終題銷，製造庫、節慎庫並四司等處一年領用過金銀錢文、緞疋顔料等項題銷，通永道船窑木稅、盛京工部紬緞布匹秫稭成造、採買器皿銀兩及各色顔料各事宜。

製造庫恭辦鹵簿大駕、壇廟幄次，經筵桌案各項轎乘並儀駕儀仗、綵仗、金絹册、宫殿門神門對、氈簾竹簾、雨搭椶毯，并各處行取纛頂鎖鑰、金銀什件、祭祀需用包韈果筐及火藥油簍，製辦狀元衣帽撒袋、貢使緞袍鞍鞊、各學教習衣帽靴韈、各處咨取端罩皮褂等項，兼管門神簾子二庫各事宜。

節慎庫掌收存支領户部銀兩、山東鹽務生息銀兩、殺虎口等處木稅銀兩、山東等省裁夫嚝盡銀兩，寶源局額鑄卯錢發給各項工程工料錢糧，按月繕摺具奏，歲底彙銷各事宜。

清檔房掌稽本部滿司員題升調補、差委保送並滿漢各員考查功過、三年京察、呈遞一切奏章咨行、祭祀齋戒、常朝取堂銜各事宜。

漢檔房掌辦四司等處清漢本章隨本、黄册註銷、題本限期各事宜。

司務廳掌挂驗外文呈詞、本部吏役承充退差，按月點驗及本匣緑頭籤紙張并徵收官地民房租銀各事宜。

料估所掌稽估銷京城各壇廟大修工作並宫殿皇城以及兩翼宗學覺羅學內外大城、各部院衙署碑亭一切大小工程，刑部監獄以外牆屋虎頭門以外工程由司務廳呈報者。工程各事宜。

黄檔房掌稽四司庫所用過雜項錢糧并內務府取用庫存物料奏銷各事宜。

飯銀處掌稽本部飯銀出入。

督催所掌稽本部文移註銷，查催各項工作各處收發銀錢物料及工程保固年限。

本部筆帖式分派各司專掌繙譯清文稿件、齎投內廷文移、取送堂印鑰匙，行走勤惰由該司註考呈堂，內外各工不准引用舊例。

一內外修造各項工程由工部銷算者一律遵用現行做法則例，概不得引用舊例，以免紛歧。

光緒《清會典事例》卷八六四《工部三・大祀壇廟規制・天壇》 原定圜丘在正陽門外，制圓，南嚮三成，上成。面徑五丈九尺，高九尺，二成。面徑九丈，高八尺一寸，三成。面徑十有二丈，高八尺一寸。每成面甎用一九七五陽數，周圍欄板及柱皆青色琉璃，四出陛各九級，白石爲之。內壝，周九十七丈七尺五寸，高八尺一寸，厚二尺七寸五分。四面各三門，楔閾皆制以石，朱扉有櫺，門外各石柱二，緑色琉璃燔柴鑪一，瘞坎一。外壝，方二百四丈八尺五寸，高九尺一寸，厚二尺七寸，門制如前。高用周尺，餘用今尺，下周。

皇穹宇在圜丘後，制圓，八柱旋轉，重檐，上安金頂。基周十有三丈七寸，高九尺，欄板高三尺六寸。東西南三出陛，各十有四級，左右廡各五間，一出陛皆七級。殿廡欄檻均青色琉璃，圍垣周五十六丈六尺八寸，高丈有八寸。門三，南嚮，壇外壝門外東北爲神庫五間，南嚮。

神廚五間，井亭一，六角，閑以朱櫺，均西嚮，垣一重，門一，南嚮。祭器庫、樂器庫、椶薦庫，各三間，西嚮，垣一重，門一，南嚮。宰牲亭三間，南嚮，井亭一，六角，閑以朱櫺，西嚮，垣一重，門一，南嚮。壇內垣東西南皆方，正北爲圓形，設四門。東曰泰元門，南曰昭亨門，西曰廣利門，北曰成貞門，皆三間。廣利門南角門一。昭亨門外，東西石牌坊各一。成貞門西大門一，左右門各一，爲聖駕詣齋宫出入之門。

大享殿在圜丘北，制圓南嚮，外柱十二，內柱十二，中龍井柱四。圓頂三層，上覆青色、中黄色，下緑色琉璃，上安金頂。殿基三成，衛以石欄，南北各三出陛，東西各一出陛，上二成各九級，三成各十級。東西兩廡二重，前各九間，後各七間，均履緑琉璃。前爲大享門五間，亦覆緑琉璃，崇基石欄，前後三出陛，各十有一級。門東南，緑色琉璃燔柴鑪一，瘞坎一，南嚮，內壝，方一百九十丈七尺二寸。東西南甎門三，各三間，北琉璃門三座。後爲皇乾殿，南嚮五間，上覆青琉璃，下衛石欄，五出陛各九級。東甎門外廊房七十二間，聯檐通脊。北爲神庫五間，南嚮，左右神廚各五間，東西嚮。井亭一，六角，閑以朱櫺，西嚮。垣一重，門一，東爲宰牲亭五間，南嚮。井亭一，六角，閑以朱櫺，西嚮。垣一重，門一，均南嚮。【略】

〔乾隆〕十二年奏准，天壇內垣，長一千二百八十六丈一尺五寸，高丈一尺，趾厚九尺，頂厚七尺。外垣，長一千九百八十七丈五尺，高丈一尺五寸，趾厚八尺，頂厚六尺。四圍牆頂牆身，皆年久損壞，完固整齊者甚少。應將牆頂坍塌、椽題望板朽爛者更新，牆身劈裂者，用甎包砌。其微覺完整者，量加插補抅抿。但如此修理，未能周徧，間有剥落損壞，仍須隨時黏補，且損壞之處包砌城甎。現在完整處依舊土牆，觀瞻不一，應請一律拆修。外垣兩掖出檐，各四尺四寸，酌收一尺二寸。牆身內外均鏟去浮土，上包城甎二進，下包城甎三進。舊有泊岸坍塌處，用灰土築打，內垣裏外出廊，外闊六尺八寸。舊有檐柱，因出檐較闊不能負重，以致頭頂沈垂，雨水淋滲，檐柱朽爛，酌將裏外檐均改進四尺八寸，不用檐柱。牆身内外鏟去浮土，上包城甎二進，下包城甎三進，共需物料工價銀十萬兩有奇。【略】

（乾隆）十四年諭：「圜丘壇上張幄次及陳祭品處過窄，可將圜丘三層壇面，仍九五之數，量加展寬，則執事者得以從容進退，益昭誠敬，欽此。」遵旨議定展寬壇面，請依聖祖仁皇帝御製律吕正義所載古尺，上成徑九丈，取九數。二成徑十有五丈，取五數。三成徑二十一丈，取三七之數。上成爲一九，二成爲三五，三成爲三七，以全一三五七九天數。且合九丈、十五丈、二十一丈，共成四十五丈，以符九五之義。至壇面甎數，原制上成九重，二成七重，三成五重。上成甎取陽數之極，自一九起，遞加環砌，以至九九。二成三成圍甎不拘，未免參差，今壇面既加展寬，二成三成，亦應用九重遞加環砌。二成，自九十至百六十二，三成，自百七十一至二百四十三。四周欄板，原制上成每面用九，二成每面十有七，取除十用七之義。三成每面積五，用二十五。雖各成均屬陽數，而各計三成數目，並無所取義。今壇面丈尺既加展寬，請將三成欄板之數，共用三百六十，以應周天三百六十度。上成每面十有八，四面計七十二，各長二尺三寸有奇。二成每面二十七，四面計百有八，各長二尺六寸有奇。三成每面四十五，四面計百八十，各長二尺二寸有奇。每成每面，亦皆與九數相合，總計三百六十。取義尤明，再三成徑數均係古尺，而所定中心圓面，周圍壓面及九重之長，則皆係今尺。至三成臺高，現今上成高五尺七寸，二成高五尺二寸，三成高五尺，並欄柱長闊高厚，以及階級寬深，亦皆係今尺。再壇面甃砌及欄板欄柱，舊皆青色琉璃，今改用艾葉青石，樸素渾堅，堪垂永久，飭令管工官於直隸房山縣開採選用。

十五年奏准：

皇穹宇舊制，臺面前檐，鑲砌青白石，周圍接墁天青色琉璃甎一路，每甎長二尺闊一尺二寸五分。今圜丘業經議改青石，此處似宜一例改用青白石鋪墁。

再祈穀壇大享殿外三層壇面，從前屢經修補，甎色不一，請改用金甎墁砌。

【略】

又奏准：天壇、皇穹宇、祈穀壇、皇乾殿、門樓圍垣，向皆緑瓦，並請改爲青琉璃，以符體制。至皇穹宇扇面牆，上身抹飾青灰，今請改天青色琉璃甎成砌。

又奏准：

兩郊大祀，陪祀官行禮處，嵌設品級拜石，百官届時按班就次行禮。【略】

（乾隆）十七年奏准：

祈年殿舊制，三覆檐成造，上層青瓦，中層黄瓦，下層緑瓦。考明初合祀天神地祇，前代帝王，是以瓦片分爲三色。

國朝改爲祈穀於上帝之所，瓦片仍用三色，今改爲祈年殿，所有殿及大門兩廡，均請改用青色琉璃。再圜丘壇内外壝垣，舊制皆覆緑瓦，應均換青色琉璃。其東西南北壇門四座，以及祈穀壇門三座，及隨門圍垣，離壇稍遠，仍照舊制，蓋覆緑瓦。又奉旨：

圜丘壇青白石，仰覆蓮座安螭頭成造，皇穹宇單檐式成造，地面用青石鋪墁，牆身檻牆用臨清城甎，金柱准照轉枝蓮油飾。【略】

（光緒十五年）諭：

天壇祈年殿祀典攸關，著工部奏明派員敬謹勘估，請旨辦理。

地壇，原定，方澤在安定門外，制方，澤周四十九丈四尺四寸，深八尺六寸，闊六尺。祭日儲水，水深以過龍口爲度。澤中方壇，北嚮二成，上成方六丈，高六尺。二成方十丈六尺，高六尺。二成壇面，均用黄色琉璃，合六八陰數，外環砌白石，每成四出陛各八級。二成南，左右設五嶽五鎮五山，北左右設四海四瀆各石座，分刻山形水形，均東西嚮。水形座周圍鑿池，儲水以祭。内壝方二十七丈二尺，高六尺，厚二尺。壝正北三門，石柱六，東西南各一門，石柱二。楔闑皆制以石，朱扉有櫺。壝北門外西北隅，瘞坎一，東西門外，南北瘞坎各二。外壝方四十二丈，高八尺，厚二尺四寸，門制如前。

皇祇室在方澤後，五間北嚮，脊瓦均緑色琉璃。圍垣正方周四十四丈八尺，高丈一尺。正門一間，神庫樂器庫各五間，均北嚮。【略】

乾隆十四年諭：「稽古明禋，肇祀郊壇，各以其色。地壇方色尚黄，今皇祇室乃用緑瓦，蓋仍前明舊制，未及致詳。兩郊大享殿，在勝國時合祀天地山川，故其上覆以青陽玉葉，次黄次緑，具有深意。且南郊用青而地壇用緑，於義無取，其議更之，欽此。」遵旨議定，制禮從類，辨色從方，原屬不易之道。況棟宇榱桷，乃以安神祇而昭妥侑，其義尤謹。明代南北兩郊分祀，而皇祇室舊用緑瓦，詳考禮經，並無證據。按緑乃青黄閒色，誠如聖諭於義無取。《坤卦》：「天元地黄。」《考工記》：「天謂之元，地謂之黄。」二者實乾坤正色。今北郊壇甎壝瓦及牲幣帷幄，色皆用黄。乾隆十三年遵旨議定籩豆成式：

地壇祭器，色亦用黄，契合古制，寧神與歆神，不當有異。皇祇室舊用緑瓦，

應遵旨易蓋黃琉璃瓦。【略】

〔乾隆〕一十五年奏准：

方澤壇二成壇面甎，舊用黃琉璃，惟中含六六陰數，其外悉係小甎湊合，並無成法。今遵旨照依圜丘壇改墁石塊，仍就壇面鑿成榫眼，安設幄次。請將石塊數目，上成正中，仍照原制六六三十六。外八方，均以八八積成，縱橫各二十四路，二成倍上成八方八八之數，半徑各八路，以符地偶之義。至方澤壇正位幄次，舊制進深一丈六尺五寸，面闊一丈二尺。配位幄次，舊制進深一丈五尺，面闊一丈一尺，較之天壇幄次過大。而方澤壇正位牲匣，設於幄內，配位牲匣，又係半在幄內，半在幄外，體制未免參差。執事官員，趨蹌未便，請將正幄配幄，面闊尺寸照舊，毋庸酌議。其進深尺寸，均改爲一丈二尺，照圜丘之制，均於幄次之中，安設牲匣。再皇祇室正殿覆瓦，已奉旨改用黃琉璃，其門樓圍垣，亦應請改黃色琉璃。以昭畫一。【略】

社稷壇，原定社稷壇在闕右，北嚮，壇制方二成，高四尺，上成方五丈，二成方五丈三尺。四出陛，皆白石，各四級，上成築五色土，中黃東青南赤西白北黑，土由涿霸二州，房山東安二縣豫辦解部，同太常寺驗用。內壝四面各一門，楔闑皆制以石，朱扉有櫺。門外各石柱二，壝色亦各如其方，壝北門內西北瘞坎二。北爲拜殿，又北爲戟門，各五間，均覆黃琉璃，崇基三出陛，門外列戟七十有二。壝外西南神庫五間，

神廚五間，井一，均東嚮。壇垣，周百五十三丈四尺，內外丹艧，覆黃琉璃。北門三間，東西南門各一間。循垣東北隅東嚮正門一，左右門各一，相對闕右門，爲乘輿躬祭出入之門。壇西門外宰牲亭三間，東嚮，井一，垣一重，門一，北嚮。西南奉祀署東西各三間，垣一重，門一，東嚮。東遣官房一間，南嚮。東南爲社稷街門五間，東北爲社稷左門三間，均東嚮。乾隆二十一年奏准：

社稷壇年久應行重飾見新，並於南門外左右，增蓋看守房各三間，街門內左右，增蓋看守房各三間，瘞坎舊在壇壝內，今移建於壇壝外西北隅。又社稷壇四面壝垣，向以五色土隨方堊色，請改爲四色琉璃甎瓦成砌。

光緒《清會典事例》卷八六五《工部四・中祀壇廟規制・日壇》 原定日壇在朝陽門外，制方，西嚮，一成。方五丈，高五尺九寸。壇面用紅色琉璃，今改金甎四出陛，皆白石，各九級。圓壝，周七十六丈五尺，高八尺一寸，厚二尺三寸。壝正西三門，石柱六，東南北各一門。石柱二，楔闑皆制以石。朱扉有櫺，燎鑪一，西南瘞坎一。壝北門外東，神庫三間，西嚮。神廚三間，井亭一，四面閑以朱櫺，均南嚮。垣一重，門一，西嚮。宰牲亭三間，垣一重，門一，西嚮。北祭器庫、樂器庫、椶薦庫，各三間，聯檐通脊，均南嚮。

具服殿正殿三間，左右配殿各三間，周圍宮牆。宮門三間，南嚮。西北鐘樓一座，祠祭署三間，東嚮，左右各三間。壇西門北門各三間，北門西角門一。壇垣前方後圓，周二百九十丈五尺，外圍牆，西自坊西抵壇垣西南角，長三百八十二丈四尺，東自坊東抵壇垣東北角，長三百十有二丈四尺。直北爲禮神街牌坊，坊前界以朱柵，長十有五丈。【略】

天壇之式，用甎兩面鑲砌，以資鞏固。外垣原高十尺六寸，今應增高三尺，並增砌大甬路二道。【略】

月壇，原定月壇在阜成門外，制方，東嚮，一成。方四丈，高四尺六寸，面用白色琉璃。今改金甎四出陛，皆白石，各六級。方壝，周九十四丈七尺，高八尺，厚二尺二寸八分。壝正東三門，石柱六，西南北各一門，石柱二。楔闑皆制以石，朱扉有櫺，燎鑪二，東北瘞坎一。壝南門外西，神庫三間，東嚮。神廚三間，井亭一，四面閑以朱櫺，均北嚮。垣一重，門一，東嚮。宰牲亭三間，垣一重，門一，東嚮。南祭器庫、樂器庫，各三間，聯檐通脊，均北嚮。

具服殿正殿三間，左右配殿各三間，周衛宮牆。宮門三間，南祠祭署三間，北嚮。左右各三間，東北鐘樓一座，壇東門北門各三間，北門東角門一。壇垣，方二百三十五丈九尺五寸，外圍牆東自坊東抵壇垣東南角，長二百六十丈。西自坊西抵壇垣西北角，長二百四十丈四尺。直北爲禮神街牌坊，坊前界以朱柵長十有二丈八尺。【略】

乾隆二十年奏准：

歷代帝王廟正殿覆瓦，向用青綠色，請改蓋黃瓦，兩廡仍循舊制。奉旨所奏是，著改蓋黃瓦。以崇典禮。三十年奏准：重修歷代帝王廟，景德崇聖大殿，東西兩廡房間，碑亭，景德門，祭器庫，神廚，神庫，省牲亭，井亭，鐘樓，門樓，燎鑪齋房，看守房，共計九十三間。並石梁三座，下馬牌二座，牌樓二座，琉璃影壁一座。【略】

〔乾隆二年〕諭：「至聖先師孔子，天縱聖神，師表萬世，尊崇之典，至我朝而極盛。皇考世宗憲皇帝尊師重道，禮敬尤隆，闕里聖廟，特命易以黃瓦，鴻儀炳煥，超越前模。朕祗紹先猷，羹牆念切，思國子監爲首善觀瞻之地，辟廱規制，宜

加崇飾。大成殿大成門著用黃瓦，崇聖祠著用緑瓦，以昭展敬至意，欽此。」遵旨議定，太學大成門前之街門外照牆，均改用黃瓦。崇聖祠前之中門，均改爲緑瓦。其工程事宜，照例交與太常寺衙門，委官料估監修，工竣報部覈銷。

（乾隆）三年奏准：

先師廟大成殿大成門，更用黃瓦，崇聖祠更用緑瓦。應建立石碑於大成殿甬道之東，交太常寺料估監造，工竣報部覈銷。【略】

（乾隆）三十二年諭：「太學文廟，前經改用黃瓦，楹桷鼎新，迄今閱年已久，宜重加丹雘，式焕宫牆。著交現在派修宫殿工程處，諏日鳩工，敬謹繕葺，用副朕重道右文至意。」又奏准：

先師廟所有大成殿兩旁碑亭九座，並經改覆黃瓦。惟康熙二十五年，聖祖仁皇帝御製孔子贊碑亭一座，又二十八年，御製四賢贊碑亭一座，雍正六年，世宗憲皇帝御製丁祭詩碑亭一座，均沿用緑瓦，應改用黃瓦，以符體制。【略】

（乾隆）四十八年議准：

先師廟燎鑪逼近碑亭，改造燎屋一座，廣七尺五寸，縱五尺三寸。檐高六尺二寸，址砌青砂石，柱棟題椽甎瓦，均用緑色琉璃。【略】

乾隆三十五年，重修山門一座，大殿三間，抱廈三間，頭停均用黃色琉璃。又改建碑亭一座，添青白石碑一道，並修理東西配殿等房。【略】

（乾隆）十九年奉旨：「觀耕臺著改用甎石製造，欽此。」遵旨議定，臺座用琉璃，仰覆蓮式成造，前左右三出陛，砌青白石，闌板用白石，臺面鋪墁金甎。【略】

嘉慶八年奏准：

天壇先農壇，外圍牆垣並泊岸，間段坍壞，查泊岸係甎土相間，不能膠黏，一經雨水衝汕，隨勢坍塌，請將泊岸甎塊，拆抵牆身，將泊岸一律改築灰土，以資鞏固。【略】

又定：

東嶽廟在朝陽門外，南嚮，廟門三間，左右石獅二，門内東西鐘鼓樓各一，進爲光聯日觀牌坊門三間，左右門各一，後爲瞻岱門五間，左右門各一，中爲甬道。東西御書碑亭各一，燎鑪各一，正殿七間，兩廡各三間，東西迴廊各三十六間。後殿五間，兩廡各三間，殿東西迴廊各三間。後閣羣樓三十三間，廟門南秋祀岱宗琉璃牌坊一，東宏仁錫福牌坊一，西靈嶽崇祠牌坊一。【略】

康熙十一年，建武壯王祠於廣寧門外，圍牆一重，大門三間，正屋三間，兩廡各三間，均覆黑琉璃。前立石碑一，門外列柵塗丹。【略】

（乾隆）三十三年，建將軍公明瑞祠於地安門外，曰旌忠祠。南嚮，大門三間，左右門各一。正中碑亭一，東遣官房五間，西庫房五間，二門一間，正屋三間，東西廡各三間。燎鑪一，覆以黑琉璃瓦，繞以甎垣，闌以朱柵。四十四年，建睿忠親王祠於朝陽門外，南嚮，大門三間。正中碑亭一，正屋五間，東西廡各三間，覆以緑琉璃瓦。前柵門三，後甎門一，石梁一，周繞朱垣。嘉慶二年，建贈郡王福康安祠於東安門内，曰奬忠祠。南嚮，大門三間，正中碑亭一。正屋三間，東西廡各三間，燎鑪一，覆以緑琉璃瓦。大門外石獅二，柵門二，門楹朱飾，梁棟五采。十年，建御前大臣領侍衛内大臣都統三等公額勒登保祠於地安門外，曰褒忠祠。南嚮，大門三間，正中碑亭一，正屋五間，東西廡各三間，燎鑪一，覆以黑琉璃瓦，並賜揚武抒忠扁額。光緒十五年，建科爾沁博多噶台親王僧格林沁祠於安定門内寬街，曰顯忠祠。南嚮大門一間，兩旁小門各一間，正中碑亭一座，正屋三間，甎門一座，東西廡各三間，燎鑪一，覆以緑琉璃瓦。御賜扁額曰氣壯山河。

光緒《清會典事例》卷八六六《工部五·壇廟規制·修理》（康熙）十四年諭：「兩郊壇宇，雖歲加塗塈，而經閱久遠，應敕所司省視所當修理者，敬謹從事，欽此。」遵旨詳勘圜丘壇，天青色琉璃欄板，間柱甎塊，方澤壇黃色琉璃瓦料，均有脱釉。門柱椽題望板，間有應換，金碧采章，殘舊不鮮，階級甎甃，間有損闕，塈赤亦多漫漶。月臺甬路海墁泊岸水溝等處。【略】

康熙五年議准，各廟遇有損壞，該管官即行具報，如遲延不報，以致盜失甎石木植等物，將該管官題參議處。【略】

雍正元年，重修醫巫閭山北鎮廟。二年，重建闕里先師大成殿。令山東巡撫動用藩庫銀，庀材鳩工，擇日興修，務期規制復舊，廟貌重新，凡殿廡門垣，特命易以黃色琉璃瓦。

光緒《清會典事例》卷八六七《工部六·城垣》京師城垣規制：内城周四十里，南面廣二千二百九十五丈九尺三寸，北二千二百三十二丈四尺五寸，東長一千七百八十六丈九尺三寸，西一千五百六十四丈五尺二寸。下石上甎，共高三丈五尺五寸，堞高五尺八寸，址厚六尺二尺，頂闊五丈。設門九，門樓如之，角樓四，城垛一百七十二。旗礮房九所，堆撥房一百三十五所，儲火藥房九十六所，雉堞一萬一千三十八，礮窗二千一百有八。凡門樓均朱楹丹壁，檐三層，封檐列脊，均緑琉璃。城闉九，惟正陽門城闉闢三門，譙樓一，閿樓三，餘八門城闉各一門，譙樓閿樓各一。凡譙樓、閿樓，均四面甎垣，設礮窗雉堞，均留槍竇。正陽門東西、崇文門東、宣武門西、朝陽門南、東直門南、德勝門西，各設水關一，均內外三層，每層皆護以鐵柵。外城環內城南一面，計二十八里。南面廣二千四百五十四丈四尺七寸，東長一千八十五丈一尺，西一千九十三丈二尺，下石上甎，共高二丈。堞高四尺，址厚二丈，頂闊一丈四尺。設七門，門各有樓，內永定、廣寧二門，乾隆三十二年。門樓改檐三層，布筩瓦脊獸。城闉七，角樓六，城垛六十三，堆撥房四十三所，雉堞九千四百八十七，礮窗八十八。東西便門樓及角樓，制如內城譙樓，設礮窗雉堞，均留槍竇。東便門西、水關一，內外三層鐵柵如之。內城濠河，發源玉泉山，經高梁橋至城西北分二支，一循城北轉東，折而南，一循城西轉南，折而東，環繞九門，經九牐，匯流至大通橋而東，悉砌甎石於兩岸。地形高下不同，濠之淺深因之。正陽門外石梁三，餘八門各跨一梁。外城濠河，亦自玉泉山分流至西角樓，繞城南流，折而東，至東角樓，環繞七門，東達運河，門外各跨一梁。鼓樓在皇城地安門外，址高一丈二尺，廣十六丈七尺有奇，縱減三之一。四面有階，上建樓五間，重檐，前後券門六，左右券門二，磴道門一，繞以圍廊，周建甎垣。鐘樓在鼓樓北，制相埒，建樓三間，柱棁榱題，悉制以石。【略】

又題准，凡城上遇有窪漏之處，步軍統領即會同工部委官查驗，修補堆築堅緻，俾水道流通，毋致浸齧。〔康熙〕二十八年題准，外城東便門起至西便門止，水關倒壞之處，由部會同府尹監修。三十九年議准，嗣後八旗城上火藥房遇有傾圮，由部會同步軍統領查驗，覈算具奏，令步軍營官兵修理，其餘由部修理。雍正八年覆准，內外城牆，除土心之外，舊址闊五六尺，頂闊三四五尺不等。今議以址闊六尺，頂闊四尺，著爲定例。城頂海墁堅築灰土，鋪墊平坦，毋使積水。向來城垣俟有坍塌始行修葺，不惟城甎破損，而牽連坍塌者必多。嗣後步軍統領會同工部，各委官一人，不時巡視，於雨水之前修葺堅固，一年期滿，委官更代。乾隆十年，改建鐘樓，凡柱棁榱題舊制用木，皆易以石，至十二年工竣。二十八年，內外大城間段坍壞，奏請分年修理。三十二年，修葺永定、廣寧二門門樓。三十六年議准，京都城垣，最關緊要，所以保護城牆者，上憑海墁，下藉根腳。今議以海墁砌城甎一層，堅築灰土三步，每步用灰五百斤，地腳灰土五步，每步用灰六百斤。護城根腳散水灰土三步，每步用灰三百五十斤。內城裏外皮城身砌甎，址計九進，頂計五進。外城裏外皮城身砌甎，址計八進，頂計四進，均用長一尺五寸，寬七寸五分，厚四寸，停泥城甎成砌。每塊給甎價銀三分六釐三毫，每年由部奏派大臣，於二八月周歷查勘。遇有應修工段，估計錢糧，奏派修理。所需工料銀兩，在户部動撥，例限保固三十年，俟工完造册報部覈銷，按段勒石，以備稽考。又於二八月查勘城工案內，奏明將大城間段修葺。四十一年，內外大城間段坍損，奏明修葺。又奏准，修葺鼓樓，第三層檐較高，所用上高夫，按重檐例，再加一名五分，次年工竣。四十五年，內外大城間段坍損，奏明修葺。四十六年，重修正陽門箭樓城臺。四十七年，重修內城西北角樓。四十八年，修葺內外大城，並西便門內三孔進水牐。五十年，內外大城間段坍損，奏明修葺。五十二年，修葺崇文、安定二門門樓。五十三年，修葺內外大城，並宣武門西邊象房橋城下水津門。五十四年，修葺西直門門樓。五十六年，內外大城間段坍損，奏明修葺。五十七年覆准，停止二八月查勘城工之例，遇有應修工程，徑由步軍統領隨時咨部，奏明估修。嘉慶元年，內外大城間段坍塌，奏請修葺。三年，內外大城，並正陽門西邊化石橋城下水津門坍壞，奏明修葺。又重修東直門門樓城臺。五年，重修鼓樓，將正樓內裏鑽金柱加添頂椿抱柱跨空枋，使大木相爲連絡，次年工竣。六年，內外大城被雨坍壞，奏明分年間段修理。【略】

〔乾隆〕三十三年奏准：各省修建外甎內土城垣，城頂須砌海墁城甎，使雨水不能下滲城身，裏面添設宇牆，安砌水溝，束水由溝順流而下，以免漫流衝刷。

又雲南省緬寧土城，改建甎城。

光緒《清會典事例》卷八六八《工部七·城垣》 乾隆三十九年議准：城垣修竣後，藩司道府各予限一月，勘驗報銷。如所修工程，間有增改之處，即照增改之工，酌量展限，於報銷案內，分析聲敘，不得牽扯通工，另爲展限。四十一年議准：修建城工，自底至頂，用縮蹬做法，使甎土相銜，牆無直縫，雖有雨水，不能直注城心，則城垣必得堅固。再外省城垣，多係外甎內土，其內層土皮，雖亦包以灰土，較之甎塊終覺懸殊。若於裏皮亦砌甎塊，則三面皆甎，較一面成砌甎塊者，所增銀兩，不過十之二三，其堅固較土城不啻什伯。奉旨：「所議修築城垣，用縮蹬做法，並於裏皮亦砌甎塊，自屬妥善。即或目下需費稍多，而工程堅實，歷年足經久遠，將來可不致屢事續修。現在直隸請修城垣，似應即照此估辦，欽此。」遵旨議定，直隸省城，內外俱砌甎塊，自底至頂用縮蹬做法，至各處城垣。嗣後如遇應行修理，並已經奏修尚未估計之工，即照此次酌定做法，畫一辦

理。【略】

〔嘉慶〕十年奏准：各直省素土城垣無灰皮海墁之工，改爲二十年保固。十三年諭：城垣保障居民，省城更爲觀瞻所繫，既有坍塌等事，自應修理整齊。但向來辦理城工，均有一定年限，如在限内坍塌，自應著落賠修。如在限外興修，即應動支公項。其賠修者並當查明承修，查驗各員照例分别辦理。今金光悌摺内但云此項城工從前失於培護，應行分别著賠，並未將限内限外切實聲明，殊屬含混，至捐廉辦公久經飭禁。此項城工如果查明係在限内坍塌，即應查明從前經手各員，並近在同城不行查察之巡撫司道知府等員，分别賠出，即本員身故亦有代賠分賠各定例。如金光悌到任未久之員，即可不必攤賠，其餘不同城之道府更無關涉，又何得派令一體捐廉，有乖政體。所有此項城工應需工料、銀兩，著先於司庫減半，平餘項下動支，交該撫遴委妥員一面興辦，仍著該撫一面確實查明，究係限内限外及應否著落賠修之處，詳細奏明，分别覈辦。十六年陝西省寧羌州屬之陽平關修築甎城。一座

〔嘉慶〕十八年奏准：嗣後各省外甎内土城垣，仍照舊式估修，如該處今昔情形不同，必須裏外皮俱砌甎者，由該督撫將實在情形專摺奏明辦理。【略】

又奏准：吉林本無城池，僅有土圍牆舊址，今改爲甎砌女牆，德勝街大西關，另築套圍一道，長一千一百餘丈。【略】

〔順治〕十七年題准：内外城垣，凡有頑民竊甎盜賣者，送刑部依律治罪。

光緒《清會典事例》卷八六九《工部八・第宅》 府第房屋規制。崇德年間定：親王府制，正屋一座，廂房二座，臺基高十尺，内門一重。在臺基之外，均緑瓦，門柱朱髹，大門一重，兩層樓一座。及其餘房屋，均於平地建造。樓大門用筒瓦，餘屋用板瓦。郡王府制：大門一重，正屋一座，廂房二座，臺基高八尺。内門一重，在臺基之上。正屋内門均緑瓦，門柱朱髹，廂房用筒瓦，餘與親王府同。貝勒府制：大門一重，正屋一座，廂房二座，臺基高六尺，内門一重，在臺基之上。均筒瓦，門柱朱髹，餘與郡王府同。貝子府制：大門一重，正屋一座，廂房二座，均於平地建造。用板瓦，門柱朱髹。順治九年定：親王府，基高十尺，外周圍牆，正門廣五間，啟門三。正殿廣七間，前墀周圍石欄，左右翼樓各廣九間。後殿廣五間，寢室二重，各廣五間。後樓一重，上下各廣七間，自後殿至樓左右均列廣廡。正門殿寢，均緑色琉璃瓦，後樓翼樓旁廡，均本色筒瓦。正殿上安螭吻，壓脊仙人以次凡七種，餘屋用五種。凡有正屋正樓門柱，均紅青油飾，每門金釘六十有三，梁棟貼金，繪畫五爪雲龍及各色花草。正殿中設座，高八尺，廣十有一尺，修九尺，座基高尺有五寸，朱髹彩繪五色雲龍。座後屏三開，上繪金雲龍均五爪，雕刻龍首有禁。凡旁廡樓屋，均丹楹朱户，其府庫倉廩廚廄及祇候各執事房屋，隨宜建置於左右。門柱黑油，屋均板瓦。世子府制：基高八尺，正門一重，正屋四重，正樓一重，其間數修廣及正門金釘，正屋壓脊，均減親王七分之二。梁棟貼金，繪畫四爪雲蟒各色花卉。正屋不設座，餘與親王府同。郡王府制：與世子府同。貝勒府制：基高六尺，正門三間，啟門一，堂屋五重，各廣五間，均用筒瓦。壓脊二，獅子海馬，門柱紅青油飾，梁棟貼金，彩畫花草，餘與郡王府同。貝子府制：基高二尺，正房三間，啟門一，堂屋四重，各廣五間。脊安望獸，餘與貝勒府同。鎮國公輔國公府制：均與貝子府同。

光緒《清會典事例》卷八七〇《工部九・公廨》 〔康熙〕四十一年題准：貢院號舍不敷，向例復取轎號，今加增號舍七十五間，以免鋪户擾累。五十四年覆准重建明遠樓四角樓，修蓋號房千五百間，及都統監察謄録供給等處房屋，外圍牆垣，概砌以甎。

光緒《清會典事例》卷八七一《工部・倉廒》 營建：順治初年定，京城八倉，通州三倉，每倉以五間爲一廒，每間七檁六椽，闊一丈四尺，深五丈三尺，山柱高二丈二尺五寸，檐柱高一丈五尺五寸。每廒頂各開氣樓一座，廒底甎砌，上鋪木板，廒門及牆下均開竇穴以洩地氣，禄米倉共二十五廒，官廳三間，官舍七間，科房三間，井一。南新倉共三十廒，官廳三間。

光緒《清會典事例》卷八七二《工部一一・營房》 嘉慶八年諭：各旗營房，原係賞給窮兵居住，理宜照例均分，今鑲白旗蒙古舊營房，該管章京等並不遵例均分，竟有以一分錢糧，越分住居四間者，又將未住營房之人，捏名註册，殊屬非是，著飭交各旗管理營房之大臣等，務須照例均匀分給兵丁居住，毋任該章京等草率辦理。十四年奏准：各旗營房門樓，向係甎瓦成砌羅鍋頂，需費較多，嗣後改做隨牆灰頂，以歸節省。十六年奏准：圓明園八旗營房工程，將所修牆垣，照在京各旗營房做法，下肩整甎，上身土坯，二面抹灰，牆頂甎瓦成砌，庶工程可期經久，錢糧亦不致過費。

光緒《清會典事例》卷八七五《工部・物材》 琉璃窑燒造琉璃甎瓦。順治初年定：專差漢司官，一年更代。康熙元年，差滿漢官各一人，筆帖式二人，滿官掣籤，漢官論俸。十五年，改爲三年更代。十八年，仍照舊例一年更代。二十

年議准：琉璃甎瓦大小不等，共有十樣，除第一樣與第十樣向無需用處，毋庸置議，其餘甎瓦，如各工需用，令管工官先將應用實數覈算具呈，該監督照數請領錢糧黑鉛，豫行備辦。除冬三月及正月嚴寒，停止燒造，餘月均以文到日爲始，定限三月燒造，送往工所。管工官親身驗看，隨到隨收，給發實收，完日將實用過數目及餘賸數目，同實收送部覈銷。二十五年題准：各處工程需用甎瓦，同時並造，應用物料恐不能齊，其奇零工程所用甎瓦，交與本工買辦。三十三年覆准：大小工程需用甎瓦，仍交與窑户等備辦。又覆准：凡窑户均令該監督擇身家殷實之人承充，仍取具地方官保結著役。四十年議准：琉璃廠亮瓦廠房屋，向例徵收地租，今改爲按間徵租，交與大興縣徵解户部，免其徵收地租。又覆准：琉璃廠房租，官員有力之家徵銀，貧窮小民，即按季徵錢。四十一年覆准：琉璃亮瓦二廠官地房租，官員富户，照常起租，其徵錢房屋，量免一半。隻身貧寒之人，免徵房租，仍以官地起租。雍正三年諭：「琉璃亮瓦廠官地，每月按間計檁徵租，相沿已久，朕念兩廠多係流寓賃住，經營小民，情可憫惻。嗣後止徵地租，免其按間計檁，逐月輸納。」八年議准：燒造琉璃物件，第二樣至第九樣，件數繁多，定例内未曾備細開載尺寸式樣，燒造之法，未免參差。嗣後每樣燒造一件，上鎸年月日期並式樣名色，永存窑廠，飭令窑户照依定式造辦，其各工取用物料，於初造泥坯之時，即將某年月日某工取用字樣印記在旁，再行燒造，俟辦齊呈明查驗，始運往工所。該衙門出具印文實收，知會過部，本部管工官亦照例出具實收，以備稽查。至正數應用之外，所餘物料，必開明數目報部，儻有奇零黏補處，即可給發應用，其運價仍照例准給。再各處咨取瓦料印文到部，營繕司於十日内覈算呈堂，給發印領，該監督親領錢糧對存公所，設一堂印號簿，令該監督將每日所用若干，逐一填明細數，完日將印簿呈繳待覈。再吻獸一項，向例隨所用瓦片樣數覈給錢糧，但殿宇丈尺，各有高低廣狹之分，所用吻獸大小不一，不必隨瓦片覈算。嗣後按其應用尺寸，分析價值，給發燒造。十年題准：琉璃窑滿漢監督一年差滿，如一同更代，新委之人，恐一時未能諳練，嗣後將滿漢監督留任一年，仍增委滿監督一人協同辦理。俟一年期滿，舊滿漢監督令其回任，再選漢監督一人同辦，嗣後每年新舊監督，互相更代。乾隆三年奏准：琉璃瓦料，若造坯時即用某工印記，則此工之料，不得用之於彼工。未用者存儲在廠，需用者燒造不及，轉致遲誤，即所餘物料欲給奇零之用，又因有印記不便給發，嗣後瓦料均免用印記。又奏准：某工所領錢糧，拘定給發，則彼工之銀，尚未用完，此工之銀，又未領到，難以支應。嗣後給發錢糧，令該監督封存公所，每月各工所用銀數，以次登填於堂印簿内，彙總稽查，不必泥於某工之銀，定爲某工之用。十九年奉旨：琉璃窑滿漢監督，均著一年更代。嘉慶十六年奏准：各工取用琉璃料件，查照估定色樣數目，造具細册，備文咨部。由營繕司覈算錢糧，飭令監督領帑，如式燒造，依限解工應用。近來各工程處，有照例造册備文咨取者，亦有並不咨取，由本工自行燒造者，辦理既未畫一，殊非慎重工程之道。嗣後凡有修造各工，需用琉璃脊瓦料件，仍遵定例，各該工程處先行造册備文咨部，照例覈算錢糧，飭窑户領項燒造，解工應用，以歸畫一。二十年議准：嗣後内廷照常活計需用瓦料，務須照例先行備文造册送部，付窑燒造送工。如原估外續添工段，即由原估覆勘，造具續估樣式件數單册，知照工部備案，方准覈給錢糧。儻有欽奉諭旨，於原估外添改工程，因需用緊急，覆勘不及，亦須於奉旨之日，先行知照工部，聲明添改緣由，造具色樣件數，由工部付窑燒造後，補具印文備案，方准覈銷。道光五年奏准：在城廠窑久廢，嗣後琉璃料件，均改歸西山窑燒造。監清窑燒造細甎。順治二年定，部委司官一人，提督臨清甎廠，兼理牐務，歲支額設甎料銀二萬四千兩，燒造城甎六十萬，斧刃甎四十萬。七年題准：額設甎料銀，自本年起，歲發銀萬兩，照銀數豫辦，以備帶運。八年奉旨：臨清廠燒甎，費帑累民，應行停止，原委官撤回，其造過坯片，所費工本並民船長短帶載納價，概行豁免。十四年，復差本部司官前往臨清，會同該道燒造水澄細甎，應用工料，於本省司庫支用，工完造册報部覈銷。十八年題准：停止臨清甎差。康熙十八年，復差本部司官，會同山東巡撫，動正項銀糧二萬兩，燒造滾子甎，運價即於本項錢糧内銷算。二十八年覆准：陵寢需用臨清甎，行令山東巡撫，豫行燒造二萬塊，交糧船帶運。五十八年題准：山東省臨清甎停其燒運，於温泉池方，令鋪户照臨清甎式樣燒造，如遇有必需之處，報部定數咨取。乾隆四十一年奏准：重修紫禁城牆，需用臨清甎三十萬塊，令山東巡撫燒造，搭解運送通州。四十七年奏准：通州廠臨清甎所存無幾，令山東巡撫燒造五萬塊，搭解運送通州。五十一年奏准：山東省臨清甎窑，原建二十四座，因近窑地段，積年取土造坯，已成水窪，嗣後移建十二座。嘉慶二年題准：山東省臨清甎窑，原建二十四座，除乾隆五十一年擇地移建十二座外，其餘十二座，近窑地段，積年取土造坯，俱成水窪，照例擇地移建。七年奏准：辦解臨清甎，令臨清州眼同解員逐塊敲驗，由糧船裝載齊全，飭令解員隨船押運赴部驗收，如有缺角破碎，將甎價著落解員賠繳。道光四年奏准：臨清州承造臨甎，自嘉慶二年，修建甎窑十二座後，六年又改建甎窑十二座，内有八窑，略加修理，尚堪燒造，其餘四座，與六年改建之十二座，俱經坍塌，必須另行移建，且地畝歷年取土，俱成灣坑，亦須另擇地基，以備燒造。今又購買窰廠四處，每處建蓋窰戶土房六間，每窰挑井二孔。十年諭：烏爾恭阿等奏查驗運到臨清甎塊難以選用一摺，昌陵聖德神功碑樓工程，需用蓋面海墁大甎，據烏爾恭阿等，將山東委員運到者，詳加察驗。甎質粗鬆，沙眼太多，難以選用，著照所請，即由京燒造澄漿甎四萬六千塊，乘時備辦，於今冬運送到工，明春鋪墁。所需甎價銀一萬三千七百十五兩零，著於户部領用，工竣覈實奏銷。至此項臨清甎，若不砍去外皮，尚堪留作歲終黏砌牆垣之用，著工部即令該委員，將已運到工及未運到工之甎，全數交易州工部存儲備用。其該省燒造甎價，著在承辦之員名下照數罰賠，不准開銷。

蘇州窑燒造金甎。順治十二年，修造乾清宫等宫，需用二尺一尺七寸鋪地金甎，部委官至蘇州會同巡撫估計，交地方官動支本省解部正雜改折等銀造辦。又題准：舊例二尺金甎，燒造一正一副。一尺七寸金甎，燒造一正一副，料價繁費。嗣後每副甎十塊内減去七塊，止造三塊。十五年覆准：金甎各按一正一副開銷。康熙十八年題准：令江寧巡撫動支正項，燒造二尺、一尺七寸金甎，萬五十四塊。每正甎十，燒造副甎三。二十七年題准：令江寧巡撫動支正項，燒造二尺金甎千四百九十塊，一尺七寸金甎千一百五十九塊。每正甎十，燒造副甎一。雍正三年題准：令江寧巡撫動支正項，燒造一尺七寸金甎萬塊。乾隆四年覆准：一尺七寸、二尺及二尺二寸金甎，均照順治十二年、康熙十八年正十副三例燒造。三十七年，修建寧壽宫殿宇，取用二尺金甎八千六百四十塊有奇，一尺七寸金甎萬一千八十塊有奇，令江蘇巡撫敬謹燒造，搭解運抵通州。四十八年，建造辟雍殿座，取用二尺金甎千三百塊，令江蘇巡撫敬謹燒造，搭解運抵通州。五十九年奏准：各處工程需用金甎，換下舊金甎，工竣詳查甎塊數目，殘缺情形，逐一造册，於奏銷摺内聲明，知照工部查覈。其京中壇廟各工，交工部存儲，内廷各工，交營造司存儲。

陵寢工程，令每年查勘歲修工程之工部侍郎，查驗明確，具摺奏明。一面造册送部存查，一面即交石門易州兩工部存儲。抵作方條等甎，令其就近選用，如實無堪用之甎，再行聲明於廠内給發。至行取燒造，毋庸拘定年分，查明實在需用數目尺寸，奏明辦理。又奏准：各處工程取用金甎，將舊工係何項甎塊，因何需用金甎實在情形，詳細查覈，於奏估摺内聲明，再行取用。嘉慶七年奏准：各工需用金甎，原有磨砍分位，應令驗收之員，於查收時詳細查明，缺角缺邊，僅寬一二分以至八九分，驚紋不至通長者，尚屬無礙磨砍分位，仍准其收用。至開銷工料銀兩，其蒲包草索並到通州雇夫墊損等項運費，均在解員名下賠繳。如邊角缺寬在一寸以外，驚紋至通長者，即照破碎甎塊之例，將一切工料運費等項銀兩，一律著落解員賠繳。【略】

灰石。順治初年定：大工需用石灰，委本部官開採燒造。於大石窩採白玉石、青白石，馬鞌山採青砂石、紫石，白虎澗採豆渣石，牛欄山採青砂石，石景山採青砂石、青砂柱頂階條等石。其青白石灰，於馬鞌山、瓷家務周口、懷柔等處置廠燒造，運京應用。十六年覆准：灰石二差併爲一差。康熙三十五年奉旨，辦買石灰，著照户部專設監督一人管理。四十五年題准：大工需用石灰，選工部司官，請領工運價值，開採燒造，册報覈銷，事竣撤回。

光緒《清會典事例》卷八七六《工部·物材》 琉璃物件價值。順治初年定：每件給銀一錢。九年增定：每件給銀二錢二分五釐八毫。十年題准：每件減定爲二錢一分。十五年題准：每件減定爲一錢八分。康熙二年增定：每件銀一錢九分五釐。六年定：每件給銀一錢九分。二十年議准：琉璃甎瓦，大小不等，共有十樣，内除第一樣與第十樣，原無需用之處，不議價值外，今將燒造所需工料，令窑户各分別大小，詳確估算，公同酌減，照例給發。二樣甎瓦，並照牆等處需用琉璃花樣，每件各給銀一錢九分。三樣一錢七分五釐，四樣一錢六分九釐，五樣一錢四分七釐，六樣一錢三分三釐，七樣一錢一分九釐，八樣一錢五釐，九樣每件銀九分。雍正元年議准：琉璃甎瓦，照時確估。吻，二樣銀一百八十一兩三錢三分三釐。鉛六百五十兩。自三樣銀一百十五兩二錢七分二釐，鉛六百二十兩，遞減至九樣銀八兩五錢八分六釐，鉛六十五兩。劍靶，二樣銀二兩三錢，鉛十五兩。自三樣銀一兩七錢五分，鉛十四兩，遞減至九樣銀一錢七分，鉛一兩五錢。背獸，二樣銀六錢四分，鉛五兩。自三樣銀五錢，鉛四兩，遞減至九樣銀一錢六分，鉛七錢。吻座，二樣銀一兩四錢五分，鉛十七兩。自三樣銀一兩一錢，鉛十五兩，遞減至九樣銀三錢，鉛一兩五錢。獸頭，二樣銀四兩，鉛二十一兩。自三樣銀三兩三錢，鉛二十兩，遞減至九樣銀一兩二錢，鉛六兩。蓮座，二樣銀一兩五錢，鉛二十一兩。自三樣銀一兩四錢，鉛二十兩，遞減至九樣銀二錢五分，鉛二兩五錢。仙人，二樣銀一兩一錢，鉛七兩五錢。自三樣銀七錢五分，鉛七兩二錢二分，遞減至九樣銀二錢，鉛二兩五錢。走獸，二樣銀五錢五分，鉛七兩五錢。自三樣銀三錢五分，鉛七兩二錢五分，遞減至九樣銀一錢六分，鉛二兩五錢。通脊，每塊節二樣銀二兩九錢五分，鉛二十六兩六錢。自三樣銀二兩二錢，鉛二十五兩五錢，遞減至九樣銀七錢，鉛八兩。黄道，每件二樣銀一兩七錢，鉛十三兩，三樣銀一兩五錢，鉛十二兩五錢。大羣色條，二樣銀一兩四錢五分，鉛十三兩，三樣銀一兩四錢，鉛十二兩五錢。垂脊，二樣銀一兩五錢，鉛十四兩六錢。自三樣銀一兩二錢五分，鉛十四兩，遞減至七樣銀四錢七分，鉛八兩。攛頭，二樣銀六錢，鉛三兩二錢。自三樣銀四錢五分，鉛三兩一錢，遞減至九樣銀一錢六分，鉛二兩二錢三分。撁頭，二樣銀六錢，鉛三兩二錢。自三樣銀四錢五分，鉛三兩一錢，遞減至九樣銀一錢六分，鉛二兩二錢三分。大連甎，二樣銀七錢，鉛三兩二錢，三樣銀五錢，鉛三兩一錢，四樣銀四錢六分，鉛三兩。套獸，二樣銀九錢九分，鉛十兩。自三樣銀七錢五分，鉛八兩，遞減至九樣銀一錢六分，鉛二兩二錢三分。吻下當鉤，二樣銀六錢，鉛三兩二錢，三樣銀五錢，鉛三兩一錢，四樣銀三錢八分，鉛三兩。博通脊，二樣銀一兩七錢，鉛十三兩，三樣銀一兩四錢五釐，鉛十二兩，四樣銀七錢五分，鉛十一兩。滿面黄甎，二樣銀三錢二分，鉛三兩。自三樣銀二錢六分，鉛三兩，遞減至九樣銀一錢六分，鉛二兩二錢三分。合角吻，二樣銀五兩五錢，鉛二十八兩，三樣銀五兩三錢，鉛二十四兩，四樣銀三兩五錢，鉛二十兩。合角劍靶，二樣銀一錢九分，鉛八兩，三樣銀一錢九分，鉛七兩，四樣銀一錢九分，鉛六兩。羣色條，二樣銀三錢五分，鉛二兩，三樣四樣五樣銀均一錢九分，鉛二兩。六樣七樣銀均一錢六分，鉛二兩。鉤頭，二樣鉛三兩八錢五分，三樣鉛三兩七錢七分，遞減至五樣鉛三兩五錢一分，銀均一錢九分，自六樣鉛三兩三錢三分，遞減至九樣鉛二兩九錢四分，銀均一錢六分。滴水二樣至九樣銀鉛與鉤頭同。筒瓦，二樣鉛三兩二錢七分，自三樣鉛三兩二錢，遞減至五樣鉛三兩，銀均一錢九分。自六樣鉛二兩八錢五分，遞減至九樣鉛二兩五錢五分，銀均一錢六分。版瓦，二樣鉛二兩七錢三分，自三樣鉛二兩七錢，遞減至五樣鉛二兩四錢九分，銀均一錢九分。自六樣鉛二兩三錢五分，遞減至九樣鉛二兩五分，銀均一錢六分。正當鉤，二三四樣銀鉛同版瓦，五樣銀一錢九分，鉛二兩五錢，七樣至九樣鉛銀同版瓦。斜當鉤，二樣銀一錢九分，鉛三兩二錢四分，三樣至九樣銀鉛與筒瓦同。壓帶條，二樣鉛九錢七分，自三樣鉛九錢二分，遞減至九樣鉛四錢，銀均一錢六分。平口條，二樣至九樣銀鉛與壓帶條同。攛撁頭，四樣銀三錢八分，鉛三兩，五樣銀二錢四分，鉛二兩九錢。博脊甎，五樣銀三錢，鉛三兩。博脊瓦，五樣銀三錢，鉛三兩，六樣鉛二兩五錢六分五釐，七樣鉛二兩四錢四分一釐，銀均一錢六分。三連甎，五樣銀三錢，鉛二兩九錢，六樣銀二錢五分，鉛二兩八錢。博縫，六樣銀九錢，鉛十二兩，七樣銀八錢，鉛十一兩。承縫甎，六樣銀三錢二分，鉛三兩，七樣銀二錢五分，鉛二兩四錢四分一釐。隨山半洹，六樣銀一錢七分，鉛二兩，七樣銀一錢六分，鉛二兩。墀頭甎，六樣銀四錢五分，鉛三兩。戧檐，六樣銀一兩七錢，鉛八兩。披水，六樣鉛二兩，七樣鉛二兩四錢四分一釐，九樣鉛二兩二錢三分，銀均一錢六分。托泥當鉤，六樣鉛二兩五錢六分六釐，七樣鉛二兩四錢四分一釐，銀均一錢六分。箍頭脊，六樣銀一錢八分，鉛二兩五錢六分六釐，七樣鉛二兩四錢四分一釐，八樣鉛二兩四錢一分六釐，銀均一錢六分。由戧，六樣銀一錢六分，鉛二兩五錢六分六釐。博脊連甎，六樣鉛二兩六錢六分六釐，七樣鉛二兩四錢四分一釐，九樣鉛二兩二錢三分，銀均一錢六分。檐子甎，七樣銀二錢六分，鉛二兩，八樣銀二錢二分，鉛二兩。連腳版，七樣鉛二兩四錢四分一釐，八樣鉛二兩四錢一分六釐，九樣鉛二兩二錢三分，銀均一錢六分。綫甎，七樣鉛二兩四錢四分一釐，八樣鉛二兩四錢一分六釐，銀均一錢六分。承縫連甎，七樣銀三錢，鉛三兩，八樣銀四錢，鉛三兩。戧檐甎，七樣銀四錢四分，鉛二兩四錢四分一釐，八樣銀一錢六分，鉛二兩四錢一分六釐。水溝，七樣鉛二兩四錢四分一釐，八樣鉛二兩四錢一分六釐，九樣鉛二兩二錢三分，銀均一錢六分。蒙頭脊，七樣九樣銀鉛與水溝同。三色甎，八樣鉛二兩八錢，九樣鉛二兩五錢，銀均一錢六分。滿山紅，八樣銀二錢五分，鉛四兩，九樣銀二錢一分，鉛三兩五錢。花方，八樣銀五錢，鉛三兩。圓渾甎，八樣鉛一兩一錢，九樣鉛一兩，銀均一錢六分。博縫甎，八樣銀一錢六分，鉛二兩四錢一分六釐。半渾甎，八樣銀鉛與博縫甎同。隨脊，八樣銀鉛與半渾甎同，九樣銀同，鉛二兩二錢二分。連甎，九樣銀一錢六分，鉛二兩五錢。版椽，九樣銀一兩，鉛四兩。斗科，九樣銀四錢，鉛二兩五錢。角科，九樣銀六錢，鉛二兩五錢。隔扇，九樣銀三兩，鉛五兩。扇面甎，九樣銀二兩七錢，鉛八兩。岔角甎，九樣銀一兩九錢，鉛六兩。箍頭連甎，九樣銀一錢六分，鉛二兩二錢三分。寶頂，九樣銀一兩，鉛二兩二錢三分。頂座，銀四錢，鉛二兩二錢三分。奇零物件，二樣鉛三兩，自三樣鉛二兩九錢五分五釐，遞減至五樣鉛二兩七錢三分四釐，銀均一錢九分。自六樣鉛二兩五錢六分六釐，遞減至九樣鉛二兩二錢三分，銀均一錢六分。

花樣琉璃門檔花扇面，每件銀一兩，鉛十八兩。穿花龍扇面，銀一兩一錢，鉛十六兩。穿花龍岔角，銀四錢五分，鉛八兩。花隔扇，銀二錢二分，鉛三兩。花歡門，銀五錢九分，鉛十五兩。花角梁，銀二錢二分，鉛六兩。奇零物件，銀一錢九分，鉛三兩。乾隆元年題准：琉璃瓦料，照雍正元年例，價在一錢九分以上者，自二樣至四樣，銀減一成，鉛減二成。五樣至七樣，銀減一成半，鉛減二成。八樣九樣，銀鉛均減二成。價在一錢九分以下者，二樣至四樣，銀鉛均減一成，五樣至七樣，銀減一成半，鉛以二(咸)[成]減定。至無定例物件，山子上小景人物，博連甎、博脊、挂尖、博通脊、吻下當鉤、托泥當鉤、列角攛頭、扣脊高背筒瓦、博連帶瓦、三色甎、扣脊筒瓦帶垂脊、垂脊連甎、列角盤羅鍋、垂脊羅鍋、承縫垂脊羅鍋、三連垂脊羅鍋、披水羅鍋、半渾、博縫、扇面、岔角、門檔花、門檔草、草岔角、花頭方圓柱子、方圓磉科、坎甎、方圓柱頭、長耳子、方耳子、替莊、花方、綫方、墊版、素方平版、方頭平版、方斗科角壓屑機、方機、方頭至公版、花素桁條、花素桁條頭、素方圓柱頭、版椽、斜椽角梁、起翹虛錯角、大花素杌方、滿山紅、羣版隔扇、方圓歡門、土襯、花素圭角、花素圭角頭、花綫甎、方圓花吞口、花綫甎頭、花蓮瓣、花蓮瓣頭、花素束腰、花結帶、方圓盆花、花閒柱、花脊瓜柱、花柁梁、花柁梁頭、花瓜柱、花斗金柱、一斗二升荷葉墩、花檁頭、一斗帶升花柁方、花檁題、三面護朽、平面挂落護朽、四面起綫套護朽、雷公柱、連檐倒砌石甎、倒砌石磉科、大方圓獨根椽、大散莊斗科、牐檔甎、緊角角科、漫角角科、大面階、大地伏闌版、斜闌版、踏蹈甎、踏蹈牆甎、壇角甎、梏枯、壇面中甎、大壇面甎、壇面條甎、鼓面黽紋錦、圓印葉甎、圓印葉臥立八字黽紋甎、龍綫甎、龍綫甎頭、龍綫甎柱子、龍綫臥立八字、黽紋錦花綫臥立八字、垂柱花托、圓花圭角、方圓花綫甎、方圓花蓮瓣、圓花束腰、圓當鉤、圓素圭角、圓素壓帶、圓素綫甎、圓素蓮瓣、圓素束腰、圓素花雞子渾、圓素花、圓渾花、素戧檐、番經字甎、杌子甎、出入角杌子甎、鐙籠甎、鐙籠甎頭、塔門番草甎、塔門腰帶連珠甎、塔門番經字寶塔、塔門雲草甎、隨塔花圓蓮瓣、塔券綫甎、鐙籠出入角甎、龜紋錦隔方甎、圓通脊、蒙頭脊、寶兒通脊、寶兒垂脊、花牆甎、走龍通脊、花牆扒頭甎、花牆甎頭、花牆出入角甎、廡扇瓦頭、廡扇瓦中、廡扇瓦尾、圓綫甎、花圭角、中方圓壓面甎、臺階綫甎、臺階角甎、毗盧帽甎、毗盧帽甎頭、花素冰盤色蓋梁瓦、蓋梁瓦攛頭、金甎扒頭、扒頭合角花、寶瓶鑪科、鑪科頭、囂兒、囂兒頭、半渾、半渾頭、墀頭甎、披水頭、隨山半渾、隨散裝斗科、大小斗兒、承縫連甎、大連甎、小連甎、三連甎、滿面緑、三博連甎、承縫博連甎、三空四柱牌樓、龍供器、如意獨版甎、墜山隨闌版柱子、花素頂座、水溝頭、檐子甎、三雲甎、雀替斗科、柱頭斗科、窑頂甎、地面甎周圍凸面番經字綫甎隔梃甎、花版甎、八角柱子尖色、龍鳳、獅子、天馬、海馬、狻猊、押魚、獬廌、斗牛、行什抱頭獅子、合角吻、叉子獸、象鼻套獸、雲礶荷葉、蓮座香草甎、頂子、火焰頂、朝天吼、象鼻吻、龍扇面、龍岔角、垂脊倒吞獸面、羅鍋筒瓦、折腰版瓦、扣脊登角筒瓦、螳螂鉤、吻下鏡頭、扭頭勾、半正半斜蕎麥棱、合角十字水鉤、吻下鏡面攢角、半正半斜滴水、正斜飛檐版瓦、花色版瓦、羊蹶瓦、旗杆頂、琵琶過水羅鍋、水當鉤羅鍋、平口羅鍋、壓帶油瓶觜、行子瓦，以上除瓦料，仍隨各樣筒版瓦料價值准給。其餘物件，尺寸大小輕重不一，應以二樣版瓦之長闊較對，相同者照二樣版瓦價給發，短小者隨各樣筒版瓦價遞減。有比二樣版瓦，長闊至見方二尺内外者，均照七樣博縫例折算價值。雕刻花卉等項，照應給價銀外，加十分之三，有模式即作者不加。二十四年議准：天青色五樣玻瓈正吻，每隻用玻瓈料一百兩。吻座，每套用玻瓈料六兩。劍靶，每件用玻瓈料六兩。背獸，每件用玻瓈料二兩四錢。合角吻，每件用玻瓈料二十兩。合角劍靶，每件用玻瓈料六兩。垂獸，每件用玻瓈料十八兩。戧獸，每件用玻瓈料十八兩。平口條，每件用玻瓈料七錢。壓帶條，每件用玻瓈料七錢。攛頭，每件用玻瓈料三兩。列角攛頭，每件用玻瓈料三兩。攩頭，每件用玻瓈料三兩。仙人，每件用玻瓈料五兩。走獸，每件用玻瓈料五兩。套獸，每件用玻瓈料五兩。滿面黄，每件用玻瓈料三兩。正當鉤，每件用玻瓈料二兩。斜當鉤，每件用玻瓈料二兩四錢。托泥當鉤，每件用玻瓈料二兩四錢。筒瓦，每件用玻瓈料二兩四錢。鉤頭，每件用玻瓈料三兩。滴水，每件用玻瓈料三兩。版瓦，每件用玻瓈料二兩三錢。博脊瓦，每件用玻瓈料三兩。紫色五樣玻璃筒瓦，每件用玻瓈料二兩四錢。天青色六樣玻瓈正吻，每隻用玻瓈料八十兩。吻座，每套用玻瓈料五兩。劍靶，每件用玻瓈料五兩。背獸，每件用玻瓈料二兩。垂獸，每件用玻瓈料十六兩。博通脊，每件用玻瓈料十六兩。博脊瓦，每件用玻瓈料二兩四錢。羣色條，每件用玻瓈料二兩。紫色六樣玻瓈正吻，每隻用玻瓈料八十兩。吻座，每套用玻瓈料五兩。劍靶，每件用玻瓈料五兩。背獸，每件用玻瓈料二兩。垂獸，每件用玻瓈料十六兩。戧獸，每件用玻瓈料十六兩。蓮座，每件用玻瓈料八兩。通脊，每件用玻瓈料十八兩。垂脊，每件用玻瓈料十兩。戧脊，每件用玻瓈料十兩。三連甎，每件用玻瓈料二兩八錢。博脊連甎，每件用玻瓈料二兩六錢。挂尖，每件用玻瓈料二兩六錢。羣色條，每件用玻瓈料二兩。平口條，每件用玻瓈料六錢。壓帶條，每件用玻瓈料六錢。攛頭，每件用玻瓈料二兩八錢。攩頭，每件用玻瓈料二兩八錢。仙人，每件用玻瓈料四兩。走獸，每件用玻瓈料四兩。套獸，每件用玻瓈料五兩。正當鉤，每件用玻瓈料一兩八錢。斜當鉤，每件用玻瓈料二兩。托泥當鉤，每件用玻瓈料二兩。筒瓦，每件用玻瓈料二兩。鉤頭，每件用玻瓈料二兩四錢。滴水，每件用玻瓈料二兩四錢。版瓦，每件用玻瓈料一兩九錢。博脊，每件用玻瓈料二兩四錢。西洋魚鱗瓦，每件用玻瓈料二兩一錢五分。翡翠色六樣玻瓈筒瓦，每件用玻瓈料二兩。版瓦，每件用玻瓈料一兩九錢。翡翠色七樣玻瓈正吻，每隻用玻瓈料六十兩。吻座，每套用玻瓈料四兩。劍靶，每件用玻瓈料四兩。背獸，每件用玻瓈料一兩六錢。合角吻，每件用玻瓈料九兩二錢五分。劍靶，每件用玻瓈料四兩。垂獸，每件用玻瓈料十二兩。戧獸，每件用玻瓈料十二兩。獸座，每件用玻瓈料五兩。通脊，每件用玻瓈料十六兩。博通脊，每件用玻瓈料十兩。圓通脊，每件用玻瓈料十兩。垂脊，每件用玻瓈料八兩。戧脊，每件用玻瓈料八兩。三連甎，每件用玻瓈料二兩七錢。博通連甎，每件用玻瓈料二兩四錢。挂尖，每件用玻瓈料二兩四錢。圓黄道，每件用玻瓈料二兩四錢五分。圓渾甎，每件用玻瓈料二兩四錢五分。羣色條，每件用玻瓈料一兩六錢。圓羣色條，每件用玻瓈料一兩六錢。平口條，每件用玻瓈料五錢。圓平口條，每件用玻瓈料五錢。壓帶條，每件用玻瓈料五錢。圓壓帶條，每件用玻瓈料五錢。攛頭，每件用玻瓈料二兩。攩頭，每件用玻瓈料二兩。列角攛頭，每件用玻瓈料二兩。仙人，每件用玻瓈料三兩。走獸，每件用玻瓈料三兩。套獸，每件用玻瓈料四兩。正當鉤，每件用玻瓈料一兩八錢。圓正當鉤，每件用玻瓈料一兩八錢。斜當鉤，每件用玻瓈料一兩八錢。托泥當鉤，每件用玻瓈料一兩八錢。筒瓦，每件用玻瓈料一兩八錢。羊蹏筒瓦，每件用玻瓈料二兩二錢。鉤頭，每件用玻瓈料二兩二錢。滴水，每件用玻瓈料二兩二錢。版瓦，每件用玻瓈料一兩七錢。羊蹏版瓦，每件用玻瓈料二兩二錢。博脊瓦，每件用玻瓈料二兩二錢。魚鱗瓦，每件用玻瓈料二兩四錢。護朽瓦，每件用玻瓈料一兩七錢。西洋魚鱗瓦，每件用玻瓈料二兩一錢五分。翡翠色九樣玻瓈垂獸，每件用玻瓈料十兩。獸座，每件用玻瓈料三兩。垂脊，每件用玻瓈料五兩。羅鍋垂脊，每件用玻瓈料五兩。平口條，每件用玻瓈料四錢。列角三色甎，每件用玻瓈料一兩八錢。壓帶條，每件用玻瓈料四錢。正當鉤，每件用玻瓈料一兩六錢。仙人，每件用玻瓈料二兩八錢。走獸，每件用玻瓈料二兩八錢。筒瓦，每件用玻瓈料一兩六錢。羅鍋筒瓦，每件用玻瓈料一兩六錢。鉤頭，每件用玻瓈料二兩。滴水，每件用玻瓈料二兩。折腰，每件用玻瓈料一兩五錢。版瓦，每件用玻瓈料一兩五錢。西洋魚鱗瓦，每件用玻瓈料二兩一錢五分。紫色九樣玻瓈筒瓦，每件用玻瓈料一兩六錢。版瓦，每件用玻瓈料一兩五錢。天青色玻瓈，每斤料價銀四錢八分。翡翠色玻瓈，每斤料價銀二錢二分。紫色玻瓈，每斤料價銀二錢四分。成造前項三色玻瓈瓦料，每件減去例載鉛斤外，加木柴銀二分。成造素白瓦料，每件減去例載鉛斤，不加木柴，因係本色，亦無料價。用舊琉璃色釉脱落重新挂釉，照前定例價值鉛斤，俱七折覈給。嘉慶二十一年議准：修理暢春園閬武樓工程，需用琉璃瓦，向例覈給無色樣琉璃料件。如長寬折見方二尺内外厚二寸以内者，俱按照七樣博縫例，折見方尺，每尺銀三錢二分六釐九毫折給。惟七樣博縫，厚僅一寸五分。今暢春園工程，取用挂落需頭挂落階條押面，俱厚三寸至六寸不等。若仍照向例，以七樣博縫平面折給，未免工價不敷。現按照七樣博縫每尺折算例價，酌加五成，其鉛斤仍照定例折給。甎瓦價值。順治初年定：城甎每塊給銀四分三釐，二尺方甎每塊銀一錢四分，尺七寸方甎銀九分，尺二寸方甎銀四分。減角甎銀五釐，頭號版瓦，每片銀五釐。康熙五年題准：城甎每塊銀四分一釐，二尺方甎一錢二分五釐，尺七寸方甎八分五釐，尺二寸方甎三分七釐。減角甎四釐，頭號版瓦，每片銀四釐。官窑民窑一例減給。十三年題准：新樣城甎，每塊銀六分五釐。舊樣城甎，銀四分，二尺方甎銀一錢二分，尺七寸方甎銀一錢，尺二寸料半方甎銀三分三釐，尺二寸方甎銀二分一釐，滚子甎銀一分，減角甎銀三釐五毫，斧刃甎銀四釐，頭號筒瓦、鉤滴獅獸花邊瓦、香草甎，每件給銀四釐。二號同三號，每件給銀三釐。二毫頭號版瓦，每片銀三釐，二號銀二釐，三號銀一釐六毫。二十二年題准：新樣城甎每塊銀六分，舊樣城甎銀三分六釐，停泥滚子甎銀九釐，沙滚子甎銀六釐，斧刃甎銀三釐五毫，減角甎銀二釐二毫，餘照十三年定價。三十三年覆准：新樣城甎每塊銀五分五釐，二尺方甎銀一錢一分，一尺七寸方甎銀九分五釐，頭號版瓦銀二釐五毫。雍正元年議准：新樣城甎每塊銀五分，舊樣銀三分，一尺四寸方甎銀五分，一尺七寸銀九分，二尺銀一錢四分，二尺二寸銀一錢五分四釐，二尺四寸銀一錢八分四釐。沙滚子甎銀三釐五毫，頭號獅每件銀八分五釐，二號至四號，每件遞減銀一分。頭號獸每件銀八錢，二號至四號，每件遞減銀二錢。頭號鉤頭，每件銀六釐，三號四釐。二號筒瓦，每片銀三釐三毫。乾隆元年題准：長一尺五寸、闊七寸五分、厚四寸新樣細泥城甎，每塊銀三分五釐，舊樣二分一釐。一尺二寸方甎，厚一寸八分，每塊銀一分七釐一毫。一尺二寸料半方甎，銀二分九釐七毫。一尺四寸方甎，厚二寸，銀三分三釐。一尺七寸方甎，厚二寸五分，銀七分八釐。二尺銀一錢二分，二尺二寸銀一錢三分八釐，二尺四寸銀一錢六分六釐。長九寸五分、闊四寸七分、厚二寸停泥滾子甎，每塊銀七釐。沙滾子甎，銀三釐三毫。沙斧刃甎，長九寸、闊四寸五分、厚一寸八分，銀二釐。減角甎，銀一釐八毫。頭號筒瓦，長一尺一寸、闊四寸五分，每片銀四釐。二號長九寸五分，闊三寸八分，銀三釐。三號長七寸五分，闊三寸二分，銀二釐。頭號版瓦，長九寸，闊八寸，銀一釐六毫。二號長八寸，闊七寸，銀一釐三毫。三號長七寸，闊六寸，銀一釐一毫。頭號鉤滴，每片銀五釐。二號銀三釐七毫，三號銀三釐。二號羅鍋瓦，銀三釐七毫，三號銀三釐。二號折腰瓦，銀一釐六毫。頭號獸頭，一尺八寸至三尺五寸，每箇銀七錢。二號，一尺四寸至一尺六寸，銀五錢。三號，一尺二寸，銀三錢五分。四號，六寸至八寸，銀一錢五分。頭號獅子，每件銀七分。二號六分五釐，三號五分五釐，四號四分九釐五毫。土坯，每塊舊例銀八毫，今加二毫。煤土，每車重二百斤，舊例銀一錢，今減一分。黃土見方一丈高二尺五寸，每方舊例銀一兩三錢，今減銀一錢三分。無舊例甎瓦□通脊長一尺七寸，高九寸，銀一錢一分。長一尺五寸，高八寸，銀一錢。花通脊，長一尺六寸五分，高八寸，銀一錢二分。花垂脊，長一尺二寸，高六寸，銀九分。垂獸，長一尺至八寸，銀一錢五分。素垂脊，長一尺一寸五分至一尺二寸，高六寸，每件銀八分。頭號花邊瓦，銀四釐，二號銀三釐。頭號折腰瓦，銀一釐九毫。劍靶、脊獸，每件銀六分。十號筒瓦，長四寸五分，口闊二寸五分，每片銀一釐五毫。鉤滴，銀二釐。十號版瓦，長四寸三分，闊三寸八分，每片銀一釐。十號羅鍋瓦，銀二釐。十號折腰瓦，銀一釐二毫。獅子海馬，每件銀四分。

臨清甎價值。順治四年題准：臨清城甎，每塊給銀二分七釐。斧刃甎，每二塊折城甎一塊。十五年題准，水澄細甎，每塊給銀六分八釐。十七年覆准：臨清瓦料騰貴，窑户苦累，每塊量增銀五釐。康熙十九年覆准：滾子甎，每塊價銀二分二釐。備用城甎，每塊銀二分七釐。水澄斧刃滾子等甎，今皆不取用。乾隆元年議准：溫泉燒造臨清式樣甎，每塊舊例銀一錢八分，今覈定一錢四分四釐。六年覆准，修理太廟奉先殿所用城甎，每塊銷銀二分七釐。其選用啞聲之甎，每塊減銀一分。二十四年議准：聲音響亮臨清甎，每塊銀二分七釐。啞聲甎每塊銀一分七釐。破碎不堪用甎，每塊銀一釐七毫。

金甎價值：順治十四年覆准：江蘇等七府一尺金甎，每塊工料銀五錢八分八毫，一尺七寸金甎，四錢八分二釐七毫。蘇州府二尺副金甎，每塊工料銀三錢三分三釐八毫八絲。一尺七寸副金甎，二錢七分七釐。江寧池太常鎮等六府二尺副金甎，每塊工料銀四錢三分七釐三毫二絲。一尺七寸副金甎，三錢一分六釐。乾隆三年覆准：燒造二尺二寸金甎，正甎每塊銷銀九錢一分，副甎銷六錢三分七釐。二尺正甎，每塊銀四錢九分四釐八毫，副甎三錢三分三釐八毫八絲。一尺七寸正甎，每塊銀四錢八釐三毫，副甎二錢七分七釐。其副甎價值，照十正三副定例，於存公項內動給。六年覆准：懷親王園寢二尺金甎，每塊銷廠具稻草包索等項銀八分六釐。二十四年議准，正副金甎需用廠具稻草蒲包草索，計見方二尺二寸正金甎，每塊銷銀九分六釐，副甎每塊銷銀八分四釐。見方二尺正金甎，每塊銷銀八分六釐，副甎每塊銷銀七分四釐。見方一尺七寸正金甎，每塊銷銀七分四釐，副甎每塊銷銀六分二釐。如造辦金甎，有長寬尺寸不同之處，其所需甎價，以及廠具稻草蒲包草索銀兩，將所造甎塊，折實見方尺寸，比照相仿各項金甎尺寸正副科則，折實覈算。二十六年議准，金甎十正三副內，挑選一分解京備用。其選賸二分副甎，查明實係灰爛殘破，不堪應用，即估變抵款。原用工料價值，照數覈銷。

光緒《清會典事例》卷八七八《工部・物材》

運價。順治四年題准：臨清甎，用漕船帶運抵通，例無腳價。自通州五牐轉運至大通橋廠，每塊於輕齎銀內支給一分，又自廠車運至各工所，每塊給腳價銀一分一釐五毫。又覆准：凡經過臨清牐糧船，令每船帶甎四十五塊。官民船每梁頭一尺，帶甎十二塊，均給批運交通惠河監督照數驗收。其官民船抵天津務關張家灣通州者，名爲長載，例應給批帶運。不到天津等處者，名爲短載，免其帶運。每梁頭一尺，納價銀一錢七分。又監貨船每船納紙價銀六錢，均收存解部。若船到通無甎，即係拋棄該監督報部究處。回船過臨清，不繳甎批者治罪。如地方官縱容不行申報，一併題參。十四年覆准：蘇州金甎水陸運價及摃墊等費，每塊給銀六錢七分四釐八毫。康熙十九年覆准：滾子甎，每塊陸路腳價銀一分四釐，水路銀一分三釐。備用城甎，每塊陸路腳價銀二分八釐，水路銀二分六釐。又奏准：城甎滾子甎，需用緊急，令山東巡撫雇船委官運送。三十八年題准：山東糧船，運送臨清甎，自五月起至九月，暫給水腳銀。雍正元年議准：運送灰石，該管官動支錢糧，照時價雇車裝運，閒遇工程緊急，雇覓艱難，暫於近京地方酌量撥取，仍照時價給發。十一年題准：蘇州金甎，由糧船搭解抵通，每塊運價銀一分六釐。乾隆元年議准：一應瓦料運送各工，如在京城内，不准運價。離京城十里以外者，無論脊料瓦料，均四十件用小車一，每十里給腳價銀六分，按里增減。裹吻獸等類及鋪墊拴車舊例，每千件用裹麻繩二十斤，稻草七百二十斤。今覈定每千件用裹麻繩二十斤，稻草三百斤。如監修宫殿等工應用，照例覈給，尋常廟宇及王府城樓各工，照現定例減半成准給。木料每一千三百斤一車，自通州運至京城，計四十里，每車春冬銀八錢，夏秋銀一兩八釐。自張家灣運至京城計五十里，每車春冬銀一兩一錢，夏秋銀一兩三錢八釐。大石窩青白石，每折長二丈七尺一車，用贏一，限定運京行十八日，每日給銀二兩一錢。四丈六尺以外，用贏二，五丈二尺以外，用贏三，六丈及七丈一尺以外，用贏四。不及四丈六尺、五丈二尺、六丈及七丈一尺以外者，均照應加贏數得半覈給。限定運京行十八日。七丈五尺及八丈二尺以外，用贏五八，丈八尺以外，用贏六，九丈四尺以外，用贏七，十丈以外，用贏八，十丈五尺以外，用贏九，十一丈以外，用贏十，限定運京行十九日。十二丈三尺以外，用贏十，限定運京行二十日。十三丈三尺以外，用贏十，十四丈以外，用贏十一，限定運京行二十三日。西山旱白玉石，每二丈四尺三寸一車，限定運京行十八日。馬鞌山青砂石，每二丈七尺一車，限定運京行十五日。盤山青白石，每二丈七尺一車，限定運京行六日半。鮎魚口豆渣石，每三丈七尺一車，車各用贏一，限定運京行三日。各項物料，鮎魚頭架木以十二根，通梢架木以二十根，桐皮槁以四十根。長短架木，頭號長二丈至三丈以四十根，二號長一丈五尺至一丈九尺以五十根，三號長一丈至一丈三尺以六十根，四號長五尺至八九尺以七十根，柏木椿釘松椽以七十根，各裝一車。臨清甎新樣城甎，均三十三塊一車。大方碎甎一方，折整城甎五百五十五塊，每塊運價錢三文。以上各物，如按件裝載，仍照數覈給，或計斤兩給價，每一千三百斤一車。京城内不論里數，每車制錢二百文。出城十里之内，錢三百文。十里外，均每里銀二分，計算給價。四年覆准：燒造金甎，令該撫將副甎選擇尚係完好者，一併解部，委官驗收。除正甎務須體質堅膩，棱角周備，慎重揀選。其副甎亦擇完好堪用者，准其開銷運價。如係窳裂難以應用，即將運價扣除。六年覆准：太廟奉先殿取用臨清甎四十九萬四千一百六十二塊，又選用啞聲者三萬八千塊，由糧船帶運者不給運價。其五次雇覓民船載運，每塊銷水腳銀二分六釐。十一年覆准：太廟奉先殿取用金甎，由糧船搭運抵通，照雍正十一年辦解一尺七寸金甎，每塊給運銀一分六釐例折算。二尺金甎，銷銀二分二釐一毫四絲四忽。二尺二寸金甎，銷銀二分六釐八毫。二十四年議准：山東省造辦臨清甎，每塊長一尺五寸，寬七寸五分，厚四寸，係糧船搭解，並無運價。如遇工程緊急，雇覓民船，每塊給水腳銀二分六釐。又議准：江蘇省造辦金甎到通，每塊覈給上岸雇夫賃房墊損壓甎銀一錢二分三釐六毫四絲四忽五微，如遇工程緊急，雇覓民船，自蘇省運至通州，見方二尺金甎，每塊運價銀三錢七分。自通州運送至京，見方二尺金甎，每塊運價銀一錢三分九釐五毫三絲四忽。如自通州運至圓明園，計程七十里，照通州運京例，計程覈給。如遇甎塊長寬尺寸不同，將長寬折定見方尺寸，照各本條科則，折實覈算。嘉慶三年議准：各省辦解木植，至張家灣木廠交卸，自張家灣運至京城木倉，其桅木杉木，將長徑文尺折見方。每尺重二十斤，以每一千五百斤裝一車，架木每二十根裝一車，桐皮槁每四十根裝一車。春冬每輛給運價銀一兩一錢，夏秋每輛給運價銀一兩三錢八釐，於節慎庫支領。五年奏准：水運甎木，以一千五百斤爲一載，每載每里給運價銀五釐。十五年覆准：盛京選留京工備用，並橋梁木植運價，比照水運甎木每里銀五釐之例准銷。十七年奏准：嗣後盛京凡有水運木植等項，俱照嘉慶五年奏准成案辦理。道光五年奏准：舊例在城廠窑，燒造琉璃脊瓦料，運送各工，俱按四十件裝一車，每車每十里給銀六分。現在琉璃料件，改由西山窑燒造，即按照西窑距工里數，覈給運腳。禁令。順治四年題准：禁止馬鞌等山樵收，以山内柴草供燒石灰之用。十五年覆准：京城北面一帶地方，不許燒窑掘坑，勒石永禁，違者指名參處。康熙二年覆准：凡築甎瓦窑，均令於離城五里不近大路之處燒造，違者治罪。十二年題准：内廷公所，如在工匠役偷盜物料，監工官罰俸六月，外人偷盜者，罰俸一月。不應内廷行走之人偷盜者，守門官罰俸六月。應行走之人偷盜者，罰俸一月。二十一年覆准：工程所需大木，如樹在寺廟中及墳塋内者，不許混報封採，其近於寺廟墳塋者，亦不得藉口隱匿，違者治罪。二十二年題准：交送物料，若不精好，將鋪户匠役懲處換送。如堪用物料，管工官役抑勒不收，係内務府者，部會内務府總管覈參。係在外者，由部題參，書役皆交該部治罪。又題准：驗收物料，不必等候全完，隨到隨收，給發實收。若逾限不給，事發交部議處。又題准：看管物料，被人盗去者，該管官罰俸一年。二十七年議准：官民房屋牆垣，不許擅用琉璃瓦城甎，如違嚴行治罪，該管官一併議處。又覆准：採買解送竹木等項經收人員，若藉端抑勒，令解送官役指告，由部確查題參，嚴加治罪。三十三年覆准：管窑監督，新舊交代，將庫銀及燒造物料，驗明註册，不許外賣。三十九年覆准：建造備辦木植，酌定工程大小，定限催完。如有遲延，即照定例處分。又題准：各處工程，鋪户所送物料，在工官員勒索不收，被鋪户出首，即題參治罪。四十年奉

光緒《清會典事例》卷八七九《工部・工程做法》 建造城垣。凡城牆一段，計長十丈，身高二丈四尺，底寬三丈四尺，頂寬二丈四尺。礅臺一座，面寬四丈八尺，進深二丈。門樓臺一座，高二丈八尺，面闊八丈。外券中高一丈五尺六寸，口寬一丈四尺，進深一丈四尺。裏券中高二丈二尺三寸，口寬一丈七尺。連樓墩臺共進深五丈三尺三寸，城牆礅臺門墩埋頭深一尺。水關一座，券口中高八尺八寸，寬九尺七寸，進深三丈四尺。馬道一座，長十丈，寬一丈五尺，頂高二丈四尺。外皮上砌堞牆垛口，裏皮上砌女牆，券内安裝城門一合。馬道柵欄兩扇，城門用壽山福海五面包錠鐵葉，安錠泡釘，連楹兩頭，横拴中間兩頭，包錠鐵葉，釘鉡曲須鼻頭全。馬道柵欄，按檔包用鐵葉，水洞安放鐵楞鐵檻。城身礅臺門臺下腳並埋頭，俱安砌豆渣石四層，寬二尺，背砌城甎，下滿用鋪底城甎一層。城身礅臺石上接砌城甎，均計五進，門洞地面鋪砌道板石，安立將軍等石，鋪底城甎一層。門洞兩邊平水牆，外券砌甎十一進。兩邊撞券砌甎十三進，裏券平水牆砌甎九進，撞券砌甎十一進，裏外券俱用砍細城甎，發五伏五券。臺身四面均砌城甎六進，城頂海墁城甎二層，外面成砌堞牆，上安垛口，俱砌城甎二進。兀頂一層，裏面女牆砌沙滚子甎四進，牆頂披水一層，扣筒瓦一路。馬道象眼牆均砌城甎四進，扶手斜牆砌沙滚子甎四進，上頂鶯不落筒瓦一路。城頂海墁灰土二步，根腳並散水灰土八步，土牛下灰土五步，券内灰土三步。牆身拘抿，券洞擺砌券臉，札縛券洞架子。上苫插灰泥背一層，青白灰扨抹光平一層。再如建造城垣，應將裏外皮頂底周圍各長若干，並高若干，及底寬頂寬若干丈尺。暨門臺座數，礅臺角臺箇數，並每箇頂底面寬進深各丈尺做法。分析開明，並按依縮蹬做法，分上中下三截成砌，其三截分砌甎塊，或五進七進九進，或四六八，或三五七。砌法進數臨時酌定，如或砌甎砌石，應開明砌甎砌石各高寬若干尺寸。其餘築土之處，寬若干丈尺，並將夯築灰土素土之處開明，其成砌裏面女牆，外面垛座垛口，亦應開明各長高厚丈尺，並垛口箇數。馬道應開明高寬及斜長丈尺，並砌甎砌石築土各丈尺，或裏外皮包築灰土，或築土城，均應照前聲明各長高厚丈尺。凡門洞發券下腳，即係平水牆，或砌甎砌石，並發幾伏幾券，俱應開明券伏數目及長高厚各丈尺。至平水牆以上，即係發券分位，應將券洞之面寬進深中高丈尺開報，其用甎扁砌者爲伏甎，立砌者為券甎。其發券兩邊爲撞券，上為過河牆，其前後面並兩肋為金剛牆。城頂上鋪墁甎塊爲海墁，再平水牆以券口面闊並中高定高。如面闊一丈五尺，中高二丈，將面闊丈尺折半，得七尺五寸，又加十分之一，得七寸五分，併之得八尺二寸五分。將中高二丈内除八尺二寸五分，得平水牆高一丈一尺七寸五分，平水牆以上，係發券分位，又發券以平水牆券口面闊加三三折半定圍長。如平水券口面闊一丈五尺，以三三加之，得圍圓長四丈九尺五寸，折半分之，得頭券圍長二丈四尺七寸五分，以所用甎塊厚尺寸歸除之，即得頭券甎塊之數。又頭伏以面闊加頭券甎二分之寬定圍長，如面闊一丈五尺，甎寬六寸，厚三寸，加頭券甎二分，共寬一尺二寸。併之得寬一丈六尺二寸，以三三加之，得圍圓長五丈三尺四寸六分，折半分之，得頭伏圍長二丈六尺七寸三分，以所用甎塊寬尺寸歸除之，即得頭伏甎塊之數。至二三四五伏券，即照此加算，定券伏之圍長。又折算平面見方尺寸，以券口並中高及圍長三分尺寸，即弧矢弦併之折半，以折半尺寸，再用矢長乘之，即得平面積數。三蔴二布七灰糙油墊光油硃紅油飾式，第一偏捉灰一道，第二偏捉蔴一道，第三偏通灰一道，第四偏通蔴一道，第五偏苧布一道，第六偏通灰一道，第七偏通蔴一道，第八偏苧布一道，第九偏通灰一道，第十偏中灰一道，第十一偏細灰一道，第十二偏拔漿灰一道，第十三偏糙油，第十四偏墊光油，第十五偏光油。凡使三蔴二布七灰糙油墊光油硃紅油飾，每尺用桐油三兩，線蔴七錢五分，寬一尺四寸苧布一尺四寸四分，紅土二分，南片紅土三錢。

光緒《清會典事例》卷八八四《工部二三・工程做法》 瓦口，長短隨連檐，以所用瓦料三分均開，二分作底臺，一分作山子，又加板瓦本身高得瓦口淨高分寸，其厚按高四分之一得厚。如用筒瓦，即隨板瓦之瓦口，除山子一分，厚與板瓦瓦口同。

柱頂半分得寬，以本身淨寬十分之四定厚。懸山成造梢間階條石按面闊加，挑山除囘水定長，内有好頭寬厚與硬山階條石同。硬山兩山條石以進深加出檐，除囘水好頭石得長，以階條石折半定寬，厚與階條石同。斗板石周圍按露明處，丈尺得長。以臺基之高除階條石之厚定寬，厚與階條石同。土襯石周圍

按露明處丈尺得長，以斗板石之厚外加金邊二寸得寬，以本身之寬折半定厚。踏垛石以面闊除垂帶石一分之寬定長，寬一尺至一尺五寸，厚以三寸至四寸，須臨期按臺基之高分級數酌定。硯窩石以面闊加垂帶石一分並金邊各二寸定長，寬厚同。踏垛石平頭土襯石以斗板土襯石之金邊外皮至硯窩石之裏皮得長，寬厚與踏垛石同。象眼石以斗板之外皮至硯窩石之裏皮得長，寬厚與斗板石同，每塊折半覈算，以垂帶石之寬十分之三定厚。垂帶石以踏垛級數每級加舉一寸得長，寬厚同。階條石、如意石長寬厚俱與硯窩石同。墀頭角柱石以檐柱高三分之一再除押甎板之厚定長，以墀頭之厚定寬。

光緒《清會典事例》卷八八六《工部二五·工程做法》 瓦作。歇山硬山各項瓦作式：凡碼單磉墩，以柱頂石見方四圍各出金邊二寸得見方，金柱頂下照檐柱頂加二寸，高隨臺基，除柱頂石之厚，外加地皮以下埋頭尺寸。碼連二磉墩，以出廊尺寸，一頭加金柱頂半箇，一頭加檐柱頂半箇，兩頭再各加金邊二寸定長，以柱頂石之厚，兩邊各加金邊二寸得寬。攔土，按進深面闊除磉墩分位得長，高隨臺基，除墁地甎分位，外加埋頭尺寸。如檐磉墩小，金磉墩大，寬隨金磉墩尺寸。埋頭，以檩數定高低，如四五檩應深六寸，六七檩應深八寸，九檩應深一尺。長寬隨磉墩攔土，包砌臺基長隨階條石，高隨臺基，除階條石之厚，外加埋頭尺寸，以出檐除攔土半分，囘水二分得寬。兩山，按進深加前後出檐，內除前後檐包砌之寬得長，寬按山牆外出之厚，除攔土之寬，露明或斗板石，或細甎一進，或俱糙砌，臨期酌定。兩山露明金邊寬二寸，如後檐砌牆，亦留金邊寬二寸。硬山羣肩，以進深定長，以檐柱三分之一定高，以檐柱徑二分再加裏進二寸得厚。山牆上身，長隨羣肩，以檐柱明高除羣肩外加平水檩椽望板各一分得高，以羣肩之厚收抹飾七分，再收拘抿，或細甎均三分，再收頂每高一尺，收分一分。山尖，以山柱明高除羣肩並上身，外加檩椽望板各一分得高。厚與墀頭之厚同，係尖高折半覈算，如不用博縫排山，再加披水甎一層，長按進深加舉覈算。懸山山牆，五花成造，以檐金山各步架除牆肩分位得高，以檐柱徑二分再加裏進二寸定厚，收分與硬山同。點砌懸山山花象眼，以步架除瓜柱徑寸定寬，高隨瓜柱淨高尺寸，厚與瓜柱徑同，兩山折一山。前後檐牆，以面闊定長，如遇山牆，應除裏進分位，以檐柱明高下除羣肩上除檐枋得高，以檐柱徑外出三分之二裏進二寸得厚。封護檐牆，長厚與檐牆同，以檐柱高外加平水檩椽望板之厚，內除高一寸爲順水之法。扇面牆，以面闊定長，如遇山牆，應除裏進分位，以金柱除金枋得高，內除牆肩分位，羣肩之高與山牆同，厚與檐牆同。檻牆，除檐枋榻板支窗或除橫披風檻分位得高，以柱徑裏外各出一寸五分得寬，長隨面闊。如遇山牆，應除裏進分位，隔斷牆高隨檐柱，長隨進深，內除兩頭柱徑各半分，再除前後檐牆裏進分位得長，厚以柱徑兩邊再各出一寸五分得厚。廊牆，按出廊定長，以檐柱內除穿插檔穿插枋得高，羣肩之高厚與山牆同。上身或用棋盤心，或糙砌抹飾，臨期酌定，牆肩長短，隨面闊進深，寬隨牆頂，除枋子之厚，以裏進外出各按五舉加之。牆厚一尺以外者，除高三分作牆肩分位，牆垣襯腳取平，隨牆之長短，以牆之厚定寬，高隨墁地甎分位。砌牆垣如柱頂有古鏡者，按古鏡高加甎層數，長除古鏡尺寸，厚隨牆垣。三才墀頭，以出檐內收綫混甖盤頭戧檐連檐雀兒臺各分位定長，以檐柱之高外加平水檩徑，內除綫混甖盤頭戧檐各甎層數，外加連檐之厚一分半，以做戧檐斜長入榫定高，以檐柱中往外出隨山牆，往裏進隨柱徑十分之一得厚，腳高與山牆羣肩同。博縫，以進深並出檐加舉定長，綫混博縫甎砍做，或尺二尺四尺七方甎開做，或整做，或停泥滾子甎陡砌，臨期酌定。排山句滴，以進深並出檐加舉得長，按瓦料之號分隴得箇數。調大脊，以通面闊除吻獸之寬各一分得長，用板瓦取平苫背沙滾子甎襯平，瓦條二層，混甎一層。又瓦條一層，或尺二尺四尺七方甎開砍斗板一層，背餡灌漿，又瓦條一層，混甎一層，又瓦條一層，背脊筒瓦一層。吻座用圭角一件，蘇葉頭一件，天混一件，天盤一件，吻一隻，劍靶一件，背獸一件。其混甎斗板兩頭中間，如用花草甎，或統花草甎龍鳳等項，臨期酌定。調垂脊，以每坡之長，分爲三分，上二分即垂脊，用瓦條二層，混甎一層，停泥通脊斗板一層。背餡灌漿，又混甎一層，扣脊筒瓦一層。獸座用方甎鑿做，垂獸一隻，獸角一對，下一分即岔脊，用瓦條一層，混甎一層。上安獅馬五件，或七件，圭角一件，擋風頭一件。清水脊，長隨面闊，外加兩山牆外出之厚，用板瓦取平苫背，瓦條二層，混甎一層，扣脊筒瓦一層。每頭鼻子一件，盤子一件，攛頭二件，句頭二箇，兩頭並中間如用花甎，臨期酌定。抹灰當句，以面闊得長，以所用瓦料定高寬，二面折一面。宼瓦，以面闊得隴數，如頭號板瓦，每丈十一隴一分，二號十二隴五分，三號十四隴二分，十搡二十二隴，以進深並出檐加舉得長，以所用瓦料壓七露三定片數，內每披每隴除滴水一件，或花邊瓦一片。其懸山做法，隨挑山之長分隴，如轉角房及川堂有短隴之處，折半覈算，倉房除氣樓分位，如蓋板瓦，用壓梢筒瓦一隴，應除板瓦一隴。琉璃瓦料，如二搡琉璃筒瓦，寬一尺一寸五分分隴，長一尺二寸五分，寬六寸五分。琉璃板瓦，長一尺三寸五分，大口寬一尺一寸，小口寬一尺五分。三樣琉璃筒瓦，寬一尺一寸分隴，長一尺一寸五分，寬六寸。琉璃板瓦，長一尺二寸五分，大口寬一尺五分，小口寬一尺。四樣琉璃筒瓦，寬一尺分隴，長一尺一寸，寬五寸五分。琉璃板瓦，長一尺二寸，大口寬九寸五分，小口寬九寸。五樣琉璃筒瓦，寬九寸分隴，長一尺五分，寬五寸。琉璃板瓦，長一尺一寸五分，大口寬八寸五分，小口寬八寸。六樣琉璃筒瓦，寬八寸分隴，長九寸五分，寬四寸五分。琉璃板瓦，長一尺五分，大口寬七寸五分，小口寬七寸。七樣琉璃筒瓦，寬七寸五分分隴，長九寸，寬四寸。琉璃板瓦，長一尺，大口寬七寸，小口寬六寸五分。八樣琉璃筒瓦，寬七寸分隴，長八寸五分，寬三寸五分。琉璃板瓦，長九寸五分，大口寬六寸五分，小口寬六寸。九樣琉璃筒瓦，寬六寸五分分隴，長八寸，寬三寸。琉璃板瓦，長八寸五分，大口寬六寸，小口寬五寸五分，墁地按進深面闊折見方丈。除牆基柱頂檻墊等石料，外加前後出檐尺寸，除階石之寬，或方甎城甎滾子甎，臨期酌定。馬尾礓䃰，以明間面闊內除垂帶石一分定高，以臺基之高加二倍定長，踏垛背後隨踏垛長寬丈尺，以臺基之高折半得高，內除踏垛石之厚一分。牆垣用甎，應除柱徑柁枋門窗檻框槅板木料，以及角柱壓甎板挑檐石料等項分位，或有裝修，亦應除甎覈算。抹飾牆垣，按垣之長高折見方丈，抅抿並刷漿俱與抹飾同。倉牆，以檐柱高減半定底寬，以本身之高每尺收二寸定頂寬，係柱中裏外均出一半，除甎三層作牆肩分位，五花懸山成造。庫牆，以檐柱高十分之四定寬，裏進三寸，餘俱外出，前後封護檐硬山成造。

光緒《清會典事例》卷九〇〇《工部三九・雜料》 陶器。順治初年定：直隸省曲陽縣歲徵瓷罈折價並水腳銀，一千一百四十兩六錢五分八釐，解部移送光禄寺。三年定：河南省歲解本色瓷罈六百，石磨一副，交部備用。八年題准：外解瓷罈，改折採買。康熙三年定：錢糧歸併户部，如遇需用瓷罈等項，由部辦給。又定：白口缸、鰍沿缸及地缸、大小瓷盆，如遇各處取用，皆按口徑身高大小尺寸，覈價買給。嘉慶十九年定：鉛子庫向設大缸十口，不敷盛用，添置十口。道光三年定：東陵、西陵行取大缸、地缸，照例價發給，令自行採辦，以省運費。

光緒《清會典事例》卷九四五《工部八四・陵寢》 陵工興建：東陵取土於磨盤山，燒甎於遵化州温泉，燒灰於薊州井兒峪禪房峪，採青白石於房山縣盧家莊大石窩，採青砂石於宛平縣馬鞌山，採豆渣石於遵化州鮎魚關。西陵取土燒甎於易州管頭邨、北河頭邨，燒灰於房山縣韓奇邨、淶水縣檀山邨、易州琅山邨，採石於房山縣盧家莊大石窩砂峪、易州鴨子溝。康熙二年，差禮部滿漢尚書各一人，欽天監二人。恭擬陵工方位，工部滿漢尚書各一人，輪班督理，八旗各咨取才能官一人，同工部司官協理工程。五十八年題准：臨清甎停其燒解，交陵工甎鋪户，照臨清甎式樣，在遵化州温泉燒造。乾隆元年奏准：温泉窑移於四十里外遵化州之十里鋪燒造。十七年奏准：東陵甎窑仍於温泉燒造。

陵寢禁令：原定，陵寢外圍牆外、周環每里立紅樁三爲界，禁止樵採耕種。距紅樁四十步設白樁，又於白樁十里外設青樁，上懸禁牌，令軍民人等不得於青樁內取土取石設窑燒炭，違禁者論罪。乾隆三十九年奏准：陵寢後龍重地，例禁設窑燒炭，節經奏准於紅樁四十步外另立白樁，又於白樁十里外另立青樁爲限，遵化、薊州、密雲、熱河等處，俱遵立定禁。惟易州泰陵後龍地方，未經一體照辦，巡查員弁，並無限定里數可遵，應勘明所屬州縣，照立新樁，懸牌示禁，仍責令文武各員會同巡防。嘉慶九年奏准：嗣後凡在紅樁以內，盜砍樹株，取土取石，開窑燒造，放火燒山者，仍照舊例辦理。其在紅樁以外，白樁以內，所有民間取土取石，不及一丈，自種私樹，概不禁止外，其開山採石，掘地成濠，開窑燒造，放火燒山者，即照紅樁以內減一等。爲首發近邊充軍，從犯杖一百徒三年。白樁以外青樁以內，再減一等辦理。十年諭：「陵寢重地，風水攸關，從前設立紅樁，禁止樵採耕種。其白樁青樁，本屬後來添設，彼時白樁以內居民田廬塋地，並未遷易，各循其舊。至青樁去白樁遠在十里之外，向止禁設窑燒炭，而定例白樁以外，青樁以內，取石取土，罪名綦重。是此例與原辦章程，本係兩岐，夫既有田畝，即不能無耕種，既有廬舍，即不能無修築。此時該處居民相安日久，若將田廬撤出，概行撥换，事涉紛擾，且尚有墳塋在內，勢難並令遷移，至於營汛房間，尤爲守護官兵巡邏棲息之所，亦不便遠移界外。所有紅樁以內應行禁止章程，仍照定例辦理，其白樁以內及青樁地方，應如何酌量示禁，有犯應如何分別罪名準情定擬之處，悉心參覈妥議具奏，候朕定奪，永遠遵行。」

光緒《清會典事例》卷九五二《工部・匠役》 食糧。順治元年定：各監局內監匠役均隸工部，十一年交內監局管理，十八年裁內監局，除各項內監匠役內務府存留外，其餘工匠仍隸工部。雍正元年題准：實在存留各項食糧匠役定額：營繕司木匠、鋸匠、石匠、瓦匠、土作匠、五墨匠、油匠、釘鉸匠、雕鑾匠、菱花匠、銅絲網匠、桶匠各二名，搭材匠四十二名，琉璃匠十有五名，裱匠鑄匠各一名，每名月支米七斗五升。鐵匠一名，月支米三斗。今懸缺。木倉夫、馬圈夫各二名，馬圈夫今懸缺。馬館夫一名，今懸缺。張灣木廠夫八名，每名月支米三斗，每斗折銀一錢三分。今增黄布城庫丁四名。虞衡司軍器火藥局首領二名，每名月支米一石，折銀一兩三錢。安民廠庫丁四名，濯靈廠庫丁十名，盔甲廠庫丁一名，每名月支米三斗，每斗折銀一錢三分。安定門左翼礮局庫丁六名，德勝門右翼礮局庫丁六名，戊、丁二庫庫丁各二名，軍需庫庫丁八名，每名月支銀五錢。網匠六名，木匠三名，今存二名。東珠匠二名，裁縫匠一名，每名月支米七斗五升。養馬人役九名，每名月支銀四錢五分，米九斗，每斗折銀一錢三分。都水司裱匠、絲網匠各三名，刻字匠、刷印匠、車子匠各二名，刻石匠、枏木匠、鐙匠、染紙界畫匠各一名，采子匠八名，今懸缺。裁縫匠六名每名月支米七斗五升。窨役四十名，每名月支米五斗。今存十九名。庫役一名，渡船夫十有六名，每名月支米三斗。橋夫二十名，每名月支米七斗五升，均每米一斗折銀一錢三分。屯田司作管八名，今存六名。每名月支米五斗銀一兩。西廠巡役二名，今存一名。南廠巡役六名，今存三名。每名月支米三斗，每斗折銀一錢三分。寶源局皁隸三名，餘丁二十名，堂司門廳共皁隸五十五名。每名月支米三斗，每斗折銀一錢三分。節慎庫庫丁二十名，月支銀五錢。以上工匠夫役銀米，皆咨户部按册給發。虞衡司司庫硝磺庫濯靈廠共庫丁二十四名，每名三年一次賞給羊皮袍一件。乾隆三十年奏准：營繕司裁木匠、裱匠、鑄匠、釘鉸匠各一名，石匠、瓦匠、土作匠、五墨匠、油匠、雕鑾匠、菱花匠、銅絲網匠、桶匠各二名，搭材匠七名，琉璃匠五名，張灣木廠夫四名，都水司裁絲網匠、刻字匠、刷印匠、車子匠、裁縫匠各二名，刻石匠、鐙匠、染紙匠各一名，采子匠四名，窨役二十名，其渡船夫、橋夫每月米折銀改歸通州三河縣在正項銀内動支。三十五年奏准：虞衡司火藥局首領，安民廠、盔甲廠、安定門左翼礮局、德勝門右翼礮局各庫丁悉裁。五十年，營繕司裁搭材匠五名，琉璃匠四名，雇覓順治元年定内工取用匠夫。行文到部，移咨都察院轉行五城取用。如工程緊急，行該坊官取送。二年重建太和殿，令順天府所屬州縣各解匠役百名赴工應役。十二年題准：興建大工匠役缺少，工程稽遲，令順天等八府解送匠役，及行山東山西二省督撫示該地方各匠有願應役者速行解部，照時給價赴工。康熙九年題准：官員解送匠役，或名數短少，或不擇良工，以老病不諳之人塞責者，罰俸六月。十年題准紫禁城皇城内工程應用匠役，轉行五城確查土著具結解送充役。又議准：嗣後各衙門應用工匠，均行都察院轉行五城取用，永以爲例。乾隆元年覆准：内工重地，理宜肅清，管工官分飭各屬擇樸實有身家者點爲夫頭，各將召募之夫取具甘結存案，其夫役每人各給火烙腰牌一面，稽查出入，如有酗酒賭博等事，即嚴懲驅逐。至五城内外如有竊匪逃入内工重地，該地方官將案内情由及該犯姓名移咨管工大員，即著該管夫頭按名交出，若風聞免脱及知情賣放，即將該管夫頭交該地方官勒限嚴比，俟拏獲本犯，分別治罪。

工價。順治十六年題准：内工每匠給銀二錢四分，每夫給銀一錢二分。冬月每匠給銀一錢九分，每夫給銀一錢外，工匠夫比内工各減銀二分。康熙四年題准：内工每匠給銀二錢四分，每夫給銀一錢二分，外工每匠給銀二錢二分，每夫給銀八分。冬月不論内工外工，每匠給銀一錢四分，每夫給銀七分。五年題准：嗣後凡有工程，工匠夫役均照時價給發。

光緒《清會典事例》卷九五九《盛京工部二・營造》 太宗文皇帝之陵，在奉天府城西十里，孝端文皇后祔焉。順治元年，尊稱爲昭陵，八年，封陵山曰隆業山。寶城高二丈三尺八寸，周長六十一丈。寶頂高二丈，周長三十三丈，月牙城高二丈二尺七寸，周長二十七丈七尺，正中琉璃影壁一座。方城高二丈三尺三寸，周長七十九丈，上有角樓四座。北正中爲明樓，制重檐，内碑一通。樓下爲洞門，門外石五供一案，前爲石柱門二。其前爲隆恩殿，覆以黄琉璃瓦，門四窗八，臺高六尺，周長三十六丈四尺二寸，環以雕花石欄。【略】

陵寢修建：國初定，恭修永陵。於東一里外取土，西南七里外燒甎，西南四百里外燒石灰。小石採於張家口，碑石龍趺石取於盛京香鑪山。順治八年定，恭修福陵。於西五里外取土，西南二十里外燒甎，正南百里外燒石灰。大石採於易州南山，小石採於香鑪山流泉湖屯，碑石龍趺石自順天府運送。又定，恭修昭陵。於西四里外取土，南八里外燒甎，南百里外燒石灰，大石採於易州南山，小石採於梨花峪、香鑪山、瓢杓屯、流泉湖屯，碑石龍趺石自順天府運送。【略】

十六年，重修永陵啟運殿，改用黄瓦。【略】

四十二年覆准：福陵應用甎瓦，令欽天監委員前往指示無關風水處，取土燒造。【略】

五十六年覆准：永陵應用甎瓦，令欽天監官前往，同盛京工部侍郎驗看無關風水有好土之處，建窑燒造。【略】

二十四年議准：陵工需用灰斤，擇於北溪湖東北窑子峪山場建窑燒灰，以

供陵寢工程之用。【略】

三十一年議准：陵工需用白灰共六十萬三千斤，向由工部壯丁燒運，例不動用錢糧。現在窑子峪地方石塊多沙，灰性不甚膠黏，另擇遼陽界内離窑子峪西南二十里大礮子山場，東北距永陵二百七十里，中隔蘇子河，西北距福陵一百二十里，距昭陵一百四十里，中均隔渾河，實係無關風水，此山場石塊堅細，煤炸俱全，即設立窑座燒灰供用。

光緒《清會典事例》卷九六二《盛京工部五・營造》 〔康熙〕三十九年定：燒造黄瓦等項應用黑鉛，著於錦州府渣子嶺等處刨取。五十五年定：黑鉛停其刨取，將遼陽刨鉛千丁往返工費，折交盛京工部照數採買，以供燒造。乾隆十七年定：千丁每年應交甎瓦土坯六十萬有奇，如存貯過多，未免漸至損壞，且多看守之煩，嗣後每方甎折銀一分，條甎折一釐六毫，瓦折七毫，勾頭滴水折六釐，土坯折五毫，合計一年折銀五百八十四兩。令各丁於八月内交納，如逾限不完，將該管四品官參處，千丁等照例懲責。【略】

四十八年議准：供應三陵宫殿等處黄瓦廠灰廠席廠各匠役，向無口糧，查黄瓦廠壯丁三百五十名，席廠壯丁一百二十二名，灰廠壯丁一百六十三名，均係給地當差。所有黄瓦等廠匠役，共四十三名，亦准給口糧。【略】

永陵四品官管下，現有一千三百五十丁，内豫備甎瓦丁二百五十名，甎瓦折交銀兩丁一百六十名，運送灰斤丁二百名，砍伐木植丁二百二十名，備應歲修差務丁二百名，共一千三十名。其餘三百二十名，辦理領催貼寫樓軍聽事及拔草埽雪等差。

福陵四品官管下，現有一千二百六十二丁，内豫備甎瓦丁二百五十六名，催辦甎瓦丁三十二名，豫備木植丁九十六名，運料丁六十四名，搭材匠八名，共四百五十六名。其餘八百有六名，承辦外郎領催貼寫樓軍聽事及守堡冰窖打埽等差。

昭陵四品官管下，現有一千六十三丁，内豫備甎瓦丁二百五十六名，催辦甎瓦丁四十名，砍伐木植丁八十名，運料丁六十四名，運灰丁三十二名，瓦匠搭材匠鋸匠八十名，共五百五十二名。其餘六百十一名，承辦外郎領催貼寫樓軍聽事及守屯打埽等差。

《清宫金磚檔案・奕誴等奏折普祥峪萬年吉地工程第四次變通做法　光緒元年十月二十九日》 臣奕誴等謹奏：爲續行恭擬普祥峪萬年吉地工程第四次變通做法緣由恭摺奏聞仰祈聖鑒事。恭查萬年吉地各座工程自開工後，臣等督率監督監修，逐日在工，悉心講求，凡有應行更改做法之處，均經隨時恭修，稟總奏明，辦理在案。嗣經臣等於住工時詳細查看，現修各座工程内尚有未盡妥協之處，隨時斟酌。或因原估券座前月光石另安石片，年久恐致走錯閃裂；或因各項工程内背底、背後粗甎年久，亦恐酥鹼，以及地勢跨空添築灰土，均經臣等公同詳細商酌，變通做法，以期鞏固，而昭慎重。謹將變通改做各項工程敬繕清單，恭呈御覽，俟命下之日，臣等造册移咨勘估大臣覈算，嗣後如有應行隨時添改變通之處，再由臣等稟總奏明辦理。所有續行添改變通做法緣由，謹恭摺奏聞，伏乞皇太后、皇上聖鑒。謹奏。於光緒元年十月二十九日具奏，本日奉旨：「依議，欽此。」光緒元年十月二十九日臣奕誴臣春佑假臣榮禄臣宜振感冒

〔附件：呈普祥峪萬年吉地變通改做各項工程清單〕

謹將酌擬普祥峪萬年吉地變通改做各項工程，謹繕清單，恭呈御覽：金券過梁上原估券石南面另安青白石月光石高三層，另安石片恐致走錯。今擬金券過梁上改安青白券石帶月光石一件，通長一丈四尺，寬二尺六寸，厚二尺，迎面做月光，背面打瓦隴。門洞券原估正脊一道，計青白石三塊，並上面及兩邊另安青白石月光牆正脊三塊，恐年久閃裂不齊。今擬門洞券前口改安青白石正脊帶月光石一件，通長一丈八尺，寬二尺，高一尺五寸，外下面做陽榫，上面落繡絆，迎面採做正吻壓帶條當溝並改安正脊上及瓦片兩邊月光牆。門洞券内瓦片原估係冰盤沿成做，今擬瓦片前三面添改細鑿檐椽、飛檐椽並斗科。門洞券北頭月光牆原估係净面月光牆，今擬月光牆添改鏨做山水起雲左龍右鳳細花活。閃當券，隧道券前口隨青白石下肩，各添安角柱二根。隧道券原估平水牆下襯脚埋深糙砌新様城甎，隧道背底糙砌隨式城甎，上面立墁砍細澄漿城甎，埋深粗甎，恐不喫重。今擬隧道券平水牆下襯脚埋深改安豆渣石，北口添安青白石角柱二根，上面安鐵錠，熟鐵拉扯。隧道背底改安豆渣級石，俟工竣級石空當用糙砌隨式城甎，背平上面仍立墁砍細澄漿城甎一層。寶城原估垛口與城身細甎相連成砌，下泊岸青白石壓面二路，背後豆渣石一路。今擬寶城垛口下添安青白石壓面一層，寬三尺，厚八寸，鋪至垛口裏面，採做荷葉溝。下泊岸仍安青白石壓面二路，往裏隨城根下添安青白石土襯一層，厚一尺三寸，内採做金邊，寬三寸，明高三寸。地宫方城以外龍鬚溝原估溝蓋上過河灰土，恐不堅固，今擬地宫方城以外龍鬚溝溝蓋上添安豆渣石過梁一層，並露明地脚，因下地杓續落槽深

一尺，加築大夯灰土二步。方城根下並前月臺根下原估豆渣石埋深八尺，僅祗外面壘石一進，恐不堅固。今擬將城根下埋深石加寬加厚，月臺下並礓礤下埋深石一併加寬，鋪至城下，以期穩固。方城券洞内根脚下原估用粗甎壘至地平以上，接砌細甎，今擬將方城券根下粗甎均改用豆渣石壘砌。方城券洞内兩旁券牆下原估用細甎，往上壘牆，恐致受潮，甎質酥鹻，今擬將券牆下脚與平地接連處安青白石土襯一層，下脚白石一層，牆中腰安青白石腰線石一層，拐角處各安角柱石，並接砌隧道兩邊露明改安青白石，象眼接砌隧道背底改安豆渣級石，俟工竣級石空當用糙砌隨式城甎，背平上面仍立墁細澄漿城甎一層。方城前礓礤原估用細甎立墁，恐致行走躧傷甎牙不齊。今擬將方城前礓礤暫不墁甎，用豆渣石鋪做層叠臺階，俟將來再行立墁細甎。扒道券階級之下原估用粗甎壘砌，今擬將階級之下改用豆渣石壘砌。明樓底座並四面柱頂分位原估均自城面粗甎，上安做恐粗甎不能喫重，今擬將明樓底座之下不用粗甎，改爲自灰土以上用豆渣石壘砌，到上再安青白石，底座並柱頂石。明樓四面臺幫以外方城上頂地面原估用金甎鋪墁，恐經雨水浸灌，或致下面券洞城牆受溼。今擬將明樓臺幫下添安青白石土襯一層，並週圍添安青白石滴水板，其墁地金甎下鋪做錫背一層。明樓内原估青白石底墊一塊，長一丈三尺六寸，丈尺較短，不甚喫重。今擬明樓内碑座下底墊石一塊，改長一丈九尺。羅圈牆東面更道外南頭地勢跨空一段，長十四丈，寬四尺，連埋深高六尺三寸，切近於中馬槽溝溝幫，恐經雨水浸刷，不甚堅固。今擬添安豆渣石泊岸一段。琉璃花門前踏跺埋深，原估糙砌新樣城甎，恐不喫重，今擬琉璃花門前踏跺埋深改安豆渣石，級石背後添安豆渣石一進。琉璃花門前月臺三座，原估後口無角柱，今擬添安青白石角柱十件，内中座計二件，二次座計二件，兩邊計二件，掐當泊岸分位計四件。琉璃花門東邊泊岸東頭埋深一段，長一丈五尺，原估背後糙甎，外皮豆渣石，恐甎沉蟄，今擬撤去背後粗甎，俱改安豆渣石。大殿内原估用大柱三十四根，插金花進深九尺，今擬兩山明間南縫撤去貼落金柱頭二箇，添安通金柱兩根，共三十六根，内裏鑽金，廊進深改做一丈一尺。大殿鑽金柱分位之下，原估攔土甎，恐不堅固，今擬改築大夯灰土。大殿暖閣内寶龕下，原估須彌石座，今擬須彌石座三面，續添鏨做細花活，石座下添安青白石三面土襯。大殿前後廊内裝箱，原估係大夯灰土，上年已築五步，今擬已築五步灰土之上，改砌城甎灌漿。大殿週圍臺幫外口寬四尺二寸五分，月臺三面外口寬三尺五寸分位，原擬大夯灰土二步，今擬改築小夯灰土二步，添築小夯灰土二步。大殿月臺前至宮門後臺基海墁分位，原有掩埋甎渣，恐不落實，今擬將甎渣起刨出運，續添大夯灰土二步。東西配殿二座週圍臺幫外口寬二尺分位，原估並無灰土，今擬添築小夯灰土二步。宮門院内面闊牆進深牆裏面下脚，原估細甎成砌，並無土襯石，今擬添安青白石土襯一層。宮門前月臺三面臺幫外口均寬一尺分位，今擬改築小夯灰土四步。宮門週圍臺幫外口寬三尺分位，三面原擬大夯灰土二步，今擬改築小夯灰土二步，添築小夯灰土二步。宮門兩邊面闊紅牆並進深紅牆裏皮埋深甎外口面闊牆寬二尺五寸，進深牆寬二尺分位，今擬添築小夯灰土四步。宮門東西面闊牆角分位，各長二丈，埋深粗甎，恐不堅實，今擬撤去牆脚埋深糙甎高二尺，改安豆渣石。宮門東西進深叠落牆分位埋深，各長三丈，寬五尺，高九尺，糙甎壘砌恐不堅實，今擬撤去埋深糙甎，改用豆渣石壘砌。宮門東西進深紅牆更道北頭露明細甎分位裏皮糙甎，各長三丈七尺四寸，寬四尺，高一丈，外下埋深三尺，恐不堅固，今擬撤去糙甎，改用豆渣石壘砌，並將青白石踏跺改爲上下二座。宮門西進深紅牆更道外至西馬槽溝，原估灰土海墁，今擬添墁背底舊樣城甎，上面平墁細澄漿城甎各一層。中馬槽溝内後段西面溝幫一段，長三丈，原擬背後粗甎，恐不堅固，今擬撤去背後甎，改安豆渣石一進，寬二尺五寸，厚一尺五寸。中馬槽溝内中段西面溝幫一段，長二十八丈一尺，原擬背後粗甎，恐不堅固。今擬撤去背後甎，改安豆渣石一進，寬二尺五寸，高六尺。中馬槽溝内前段西面溝幫一段，長二丈，原擬背後粗甎，恐不堅固。今擬撤去背後甎，改安豆渣石一進，寬二尺五寸，厚一尺五寸。三孔石券橋一座，金剛牆背後雁翅撞券、橋兩頭背後並橋面背底等處，原估均用粗甎，恐甎沉蟄，今擬撤去各處背後甎，俱改用背後豆渣石。三孔石券橋一座，因上年曾擬雁翅較長，今擬橋兩頭添安青白石攔板四堂。東西石平橋二座，兩頭背後甎，今擬撤去背後甎，改用背後豆渣石。碑亭一座，原估無券臉石，今擬四面券洞添安青白石，券臉添搭罩棚一座。碑亭分位原估埋深三尺五寸，地勢較矮，今擬地面增高一尺二寸，改埋深四尺七寸。碑座下添安豆渣石底墊一層豆渣石，磉墊一層，俱厚一尺二寸。水盤原擬露明高三寸，今擬改露明高八寸，週圍鏨做花活。碑亭南北御路二段，地面較矮，今擬地面二段，各增高一尺二寸。神厨一座，原估後簷臺幫無柏木樁，今擬柱頂分位，每箇添下柏木樁五根，並後簷臺幫兩頭抱角分位，添下柏木樁一路。神庫二座，地勢跨下，原估小夯灰土五步，今擬添築小夯灰土六步。省牲亭一座，原估地勢跨下太甚，並無柏木椿，今擬添築襯平大夯灰土六步，柱頂分位每箇加添柏木椿五根，週圍臺幫滿添柏木椿一路。神厨庫院牆分位，原估地勢跨下太甚，後面院牆又係旱河，恐被雨水沖刷，不甚穩固，今擬院牆前面並兩邊進深西一半，添築大夯灰土九步，後面並兩邊進深東一半添築大夯灰土二十三步。神厨庫海墁地勢跨下，今擬添築大夯灰土六步。神厨庫護脚泊岸，原估露明高八尺，後面又係旱河，今擬露明泊岸加高八尺，地脚續築大夯灰土三步。神厨庫後原擬護脚泊岸以外，恐經雨水浸刷，不甚堅固，今擬續添豆渣石外護脚泊岸一段，連南拐角通長二十四丈九尺六寸，底寬六尺，頂寬四尺，南頭明高八尺，北頭明高三尺，埋深三尺，每層打繇絆槽，內下柏木椿三路，其餘滿下柏木杆築，打大夯灰土六步。神厨庫外西南二面，上年曾擬添修細甎泊岸一道，今擬將泊岸上口用白石壓面一層，背後安豆渣石一進，泊岸下脚安白石土襯一層，埋深豆渣石二層，正對庫門安下行臺階一座。井亭分位因地勢較矮，今擬添修甎泊岸一道，通面闊二十丈四尺八寸，南北進深五丈三尺，西面進深一丈，週圍安青白石壓面，前面安青白石角柱二根。井亭內井筩原估灰砌城甎，背後下截掐砌山石，中間築打黄土四十一步，往上築打大夯灰土十一步。又因井筩落深，今擬井筩下截添安豆渣石高十五層，每層厚一尺，往上仍用甎接砌，撤去原估背後灰土，黄土改築大夯灰土六十三步，往上接築小夯灰土十一步。下馬牌二座原估滿下椿杆，築打大夯灰土五步，因刨槽內有碎石，椿杆不能深下，今擬撤去椿杆並大夯灰土，改築小夯灰土五步，槽底再落深五尺五寸，四面開寬各二尺，添築小夯灰土十一步，其露明高一尺八寸，週圍用青白石土襯一層，臺幫計一進，壓面一層，內裏豆渣石裝箱，上面滿鋪青白石臺面一層。西馬槽溝西面分水石壩南頭分位較窄，如遇大雨水溜過，急沖刷河幫，今擬西面溝幫南頭一段長十五丈，均開寬三尺，高九尺。分水石壩東面溝幫外口分位，地勢跨下，一段長七丈五尺，均寬三丈一尺，高九尺，今擬添築大夯灰土。

《清宫金磚檔案・奕誴等奏折查勘普祥峪金磚等項工程將次完竣　光緒五年六月十三日》　臣奕誴跪奏：爲查勘建修工程將次報竣恭摺奏聞事。竊臣奕誴自跪請聖訓後束裝起程，於初十日叩謁各陵，隨赴普祥峪萬年吉地，週歷察看已做工程，均屬穩固，其牆垣抹飾瓦片等工建齊，現在接做漆飾油飾及彩畫各工，均已建齊，惟配殿大木油飾及金甎盪蠟、寶龕殿座槅扇窗槅糊飾雲紗紙背均於本月十六日方可一律報齊，至看葉、面葉等項銅活，因造辦處尚未運送到工，俟到齊釘安後由該商人報明撤匠，大工即可告竣所有，臣赴工查看一切工作已齊未齊情形，謹恭摺覆奏，伏乞皇太后、皇上聖鑒，爲此謹奏。於光緒五年六月十三日具奏，本日奉旨：「知道了，欽此。」光緒五年六月十三日

《清宫金磚檔案・江蘇巡撫衛榮光奏折造辦金磚動支正耗銀數　光緒十三年六月初六日》　頭品頂戴調補浙江巡撫江蘇巡撫臣衛榮光跪奏：爲造□金甎動支正耗銀款循例奏摺聖鑒事。竊於光緒十年十二月間標准部文奏令江蘇省造□正副金甎六千六百塊，全數解部交納應用一摺，事成選正副金磚六千六百塊，內核除實解三號正副金磚五千五百塊，事情前來，奴才復核□□。除物送到動支款用咨送户、工二部查核□，□否恭摺具奏，伏乞皇太后、皇上聖鑒，謹奏。光緒十三年七月十一日奉硃批：「該部知道，欽此。」

《清宫金磚檔案・江蘇巡撫奎俊奏折造辦金磚動支正耗銀數　光緒十八年閏六月二十五日》　頭品頂戴江蘇巡撫奴才奎俊跪奏：爲造辦金磚動支正耗銀款循例奏祈聖鑒事。竊於光緒十七年六月間接准工部咨本部具奏，要工需用金磚，請飭江蘇省趕緊辦造二尺二寸金磚四千塊，二尺金磚一千塊，一尺七寸金磚一千塊，限於十八年春間提前運解一摺。奉旨：「依議，欽此。」欽遵當經轉行趕辦，去後嗣據蘇州府飭據首甲王元樑等稟稱，燒造金磚向係春間取土，夏令成坯，俟其乾透，入窑煨燒，已屆冬令，若稍不按時，必多破碎，難以選解。現在窑座缺少，奉飭十八年春間提前運解，委實趕辦不及。除飭督令各窑户趕緊取土造辦，勒限光緒十九年四月內一律選解起運，等情由司詳經咨部查照在案。兹據蘇州布政使鄧華熙詳據蘇州府飭委照磨揚錫麐，查照舊章，督同燒造，核計現辦二尺二寸正金磚四千塊，需用料工等銀四千二十四兩，二尺正金磚一千塊，需用料工等銀五百八十兩零，一尺七寸正金磚一千塊，需用料工等銀四百八十二兩零，共計應需正磚料工等銀五千八十七兩零，應於安徽、江寧、蘇州司庫正項庫款內動支。又照例應造二尺二寸三成副磚一千二百塊，需用料工銀七百六十四兩零，並隨正解京十正一副金磚四百塊，需用稻草包索銀三十三兩零。又二尺三成副磚三百塊，需用料工銀一百兩零，並隨正解京十正一副金磚一百塊，需用稻草包索銀七兩零。又一尺七寸三成副磚三百塊，需用料工銀八十三兩零，並隨正解京十正一副金磚一百塊，需用稻草包索銀六兩零。共計應需副磚料工並稻草包索等銀九百九十四兩零，應於安徽、江寧、蘇州司庫耗羨款內動支，均與例案相符合。將動用正耗銀款給辦緣由造具估册，循例詳請，分別奏咨，等情前來，奴才覆核無異。除將送到動支款册咨送户、工二部查核外，理合恭摺具

奏，伏乞皇上聖鑒，謹奏。該部知道。光緒十八年閏六月二十五日

《清宮金磚檔案・工部咨文爲翻印錢模金磚損壞不敷應用應增添致工部錢法堂　光緒十九年七月二十九日》工部爲咨行事。營繕司案呈先准工部錢法堂咨稱，查寶源局鼓鑄錢文向由工部咨取金磚托沙翻印錢模，現經日久損壞，不堪應用，咨部給發週方二尺有餘金磚壹百捌拾□□，以資鼓鑄，等因當以前項咨取金磚□□□□取用玖拾叁塊，此次因何多至一倍之處，片行工部錢法堂查明聲覆去後。茲據覆稱因前次咨取金磚傷損過甚，不敷應用，是以此案多加一倍，等因片覆前來，查寶源局鼓鑄錢文需用金磚，向係取用玖拾叁塊，今既稱前次咨取金磚傷損，不敷應用，此次取用金磚自應量爲增添，酌加肆拾塊，共應□□壹百叁拾叁塊，相應劄行通、□道轉州，即將前項應領金磚仍在於廠存酥鱗□角項下，一面照數給發，一面將發過日期迅速呈報，以憑查核，毋得稽延，並知照工部錢法堂出具印領，前赴通廠領取可也，須至咨者。右咨工部錢法堂。光緒拾玖年柒月貳拾玖日

《清宮金磚檔案・奉宸苑工程處片復爲咨行江蘇巡撫趕辦儀鸞殿及菩陀峪工程所用金磚致工部　光緒二十八年》奉宸苑工程處爲片覆事。准工部文稱據奉宸苑咨稱，恭修儀鸞殿並福昌殿等座工程，所有各殿內地面共需用二尺見方金磚三千三百八十五塊，咨部轉飭金磚廠照依尺寸辦理，以便領取而重要工，等因查本部金磚廠現存二尺金磚三千九百餘塊，前准菩陀峪萬年吉地工程處片稱，所有本工原續估各工應需金磚各數目前已知照在案，因案卷無存，當經片行該處，希將原續估應用各數目鈔録送部，以便劄發去後。迄今未據聲覆，若將廠存二尺金磚按數發給儀鸞殿等工，本部廠存已屬無幾，將來菩陀峪萬年吉地工程處聲覆到部，無項劄發，誠恐有誤要工。今擬先將廠存發給一半，計二尺金磚一千六百九十二塊，先行劄廠發給，以濟急需，片行貴苑希即聲覆過部，以便奏明咨行江蘇巡撫趕緊造辦，俟該省批解到部，再行補發，勿得遲誤。等因片行前來，查儀鸞殿菩陀峪兩處俱係要工，現據文稱暫放金磚數目一半本工程處，飭令各該商等暫行運工，俟有開放之日知照本苑，傳知該商赴廠承領，其下欠之數，即由貴部奏明咨行江蘇巡撫趕緊造辦，迅速批解，一俟解到，速爲行知本苑，以便飭知該商，再爲補領，以重要工可也，須至片覆者。右片覆工部。

《清宮金磚檔案・惠陵工程承修大臣咨文爲惠陵明樓工程領取金磚致民政部　光緒三十三年二月二十七日》惠陵專案工程承修大臣度支部左堂紹爲咨行事。本大臣恭修惠陵明樓方城龍溝水口工程，業經抄録原奏清單，恭録諭旨，知照在案。查此次工程按照新章核實估計，所需各項工料均歸廠商包辦，惟金磚一項向歸官辦，市面無從購買，前經奏明由本工照例行取在案。茲據廠商稟稱，開工在即，需用貳尺貳寸金磚拾塊，懇請早日給發，等因相應出具印領，咨請貴部查照轉飭金磚廠，照數給發，俟有開放日期，務希預行知照到工，以便派員前往承領可也，須至咨者。右咨計印領壹張。民政部光緒叁拾叁年貳月二十七日惠陵專案工程承修大臣度支部左堂紹爲出具印領事。本工領得惠陵專案工程應用貳尺貳寸金磚壹拾塊，所具印領是實。光緒叁拾叁年二月二十七日

《清宮金磚檔案・民政部咨復爲惠陵明樓工程照數給發金磚致惠陵承修大臣　光緒三十三年三月》爲咨覆事。准貴大臣咨據廠商稟稱，恭修惠陵明樓方城龍溝水口工程需用貳尺貳寸金磚拾塊，開工在即，務請早日發給。等因並出具印領，咨行前來，除由本部札行通、永道轉飭金磚廠照數發給外，相應出具本部印領，咨送貴大臣查照，轉交該商持赴金磚廠領取可也，須至咨覆者。右咨覆惠陵專案承修大臣。

《清宮金磚檔案・民政部札稿驗明領發廠存金磚足數　光緒三十三年十二月》爲札行事。准惠陵專案承修大臣咨稱，恭修惠陵明樓方城龍溝水口工程所用金磚，照例行取，前經奏明在案。茲據廠商稟稱開工在即，需用貳尺貳寸金磚拾塊，務請早日發給。等因咨行前來查本部接管工部卷內廠存貳尺貳寸金磚足敷該工應用，除由本部出具印領咨送承修大臣，轉交該商持往領取外，合行札飭該道轉飭金磚廠，於該商領取時，驗明本部印領，即行發給，以重要工，仍將發給磚數日期並廠存各項磚塊造册報部，以備查核，仰即遵照辦理此札。右札通永道准此。

《清宮金磚檔案・景陵隆恩殿工程承修大臣咨文爲景陵隆恩殿工程加增領取二尺金磚致民政部　光緒三十四年四月十八日》景陵隆恩殿工程承修大臣協辦大學士軍機大臣尚書鹿、郵傳部正堂陳爲咨行事。本大臣承修景陵隆恩殿工程需用二尺二寸金磚一千零十二塊，奏明應歸行取。前經咨行查照，預備在案，茲准咨稱廠存應備各處要工只有二尺金磚，爲數尚多，其二尺二寸金磚存數較少，擬在廠存二尺金磚項下按行取二尺二寸金磚一千零十二塊，增加磚數以資取用。等因前來，查原奏勘估册內應需見方二尺二寸金磚一千十二塊，現按册詳細核算，若用見方二尺金磚，應共需一千二百五十四塊，相應咨行貴部查照，飭廠如

數預備可也，須至咨者。右咨民政部。光緒叁拾肆年肆月拾捌日

《清宮金磚檔案・民政部咨文爲景陵隆恩殿工程預備二尺金磚致景陵隆恩殿工程承修大臣　光緒三十四年四月》爲咨行事。准景陵隆恩殿工程承修大臣咨查，原奏勘估册内應需見方二尺二寸金磚一千八百十二塊，現按册詳細核算，若用見方二尺金磚應共需一千二百五十四塊，咨行飭廠預備，等因前來，除由本部劄行通、永道轉飭金磚廠照數預備外，相應咨行貴大臣查照，届時出具印領，咨送本部，換取本部印領，再行轉交該商持赴金磚廠領取可也，須至咨者。右咨景陵隆恩殿工程承修大臣陳、鹿。光緒三十四年四月　日

《清宮金磚檔案・民政部咨文爲查核景陵隆恩殿工程所用二尺金磚致景陵隆恩殿工程大臣　光緒三十四年四月》爲咨覆事。准景陵隆恩殿工程承修大臣咨行，於光緒三十二年十一月二十三日具奏估修景陵隆恩殿等處工程做法一摺，聲明二尺二寸金甎一千零十二塊，應歸行取，奉旨：「依議，欽此。」鈔録咨行農、工商部欽遵辦理在案。此項金甎本工於本年十一月即須行取應用，現查行取金甎事宜改歸貴部辦理，相應咨行查照，預備並希見復，届時再行咨取。等因前來，查前經菩陀峪萬年吉地工程處行取金甎，案内知照前工部，以奏准行取二尺四寸金甎七百三十三塊。嗣據工部片覆，並無辦過二尺四寸金甎成案，擬在廠存二尺二寸金甎。按照行取前項金甎加增甎數，撥給當由工程處轉行勘估處。按照廠存金甎增數核算，需用二尺二寸金甎九百十二塊，變通行取在案，現查本部廠存應備各處要工金甎，只有二尺金甎爲數尚多，其二尺二寸金甎存數較少，兹擬援照前案在廠存二尺金甎項下，按行取二尺二寸金甎一千零十二塊，增加甎數，以資取用，相應咨覆貴大臣查照，飭核聲覆過部，以憑飭廠預備可也。右咨覆景陵隆恩殿工程承修大臣陳、鹿。

《清宮金磚檔案・民政部札稿赴廠領取二尺金磚　光緒三十四年四月》爲劄行事。准景陵隆恩殿工程承修大臣咨稱，本大臣承修景陵隆恩殿工程需用二尺二寸金甎一千零十二塊，奏明應歸行取，前經咨行查照，預備在案。兹准咨稱廠存應備各處要工，只有二尺金甎，爲數尚多，其二尺二寸金甎存數較少，擬在廠存二尺金甎項下，按行取二尺二寸金甎一千零十二塊，增加甎數，以資取用。等因查原奏勘估册内，應需見方二尺二寸金甎一千十二塊，現按册詳細核算，若用見方二尺金甎，應共需一千二百五十四塊，等因到部。除咨行該大臣届時出具印領換取本部印領，再行赴廠領取外，合行札仰該道轉飭金甎廠，照數預備，專候行取，此札。右札通永道准此。光緒三十四年四月

《清宮金磚檔案・民政部咨文爲景陵隆恩殿工程所用金磚年内發運到工致景陵隆恩殿工程大臣　光緒三十四年十一月》爲咨覆事。前准貴大臣咨據廠商禀稱，恭修景陵隆恩殿工程需用見方二尺全磚一千二百五十四塊，現在節交。冬令道路暢行，此項全磚必須年内發運到工，以資應用，等因並出具印領，咨行前來。除由本部札行通、永道轉飭金磚廠照數預備發給外，相應出具本部印領，咨送貴大臣查照，轉交該商持赴金磚廠領取可也，須至咨者。右咨景陵隆恩殿工程承修大臣。光緒三十四年十一月　日

《清宮金磚檔案・郵傳部咨文爲辦理攝政王府第工程金磚架木致民政部　光緒三十四年十二月二十三日》郵傳部爲咨行事。庶務司案呈，案照本部承修攝政王府第工程，前經咨照在案。兹據廠商具呈，請領此項工程應用二尺二寸金磚三千四百六十二塊，通梢架木一萬五千根，長短架木一萬根，前來本部，核數相符。查金磚無從採辦，須由官窑咨取，通梢架木採辦，亦恐遲延，惟有一併資取。其架木俟工竣時折成繳還，相應咨請貴部查照辦理，即希見覆，以憑具領可也，須至咨者。右咨民政部。

《清宮金磚檔案・郵傳部咨文爲攝政王府第工程所用金磚廠存不足如有别項金磚請查復撥歸致民政部　宣統元年正月十四日》郵傳部爲咨覆事。庶務司案呈准咨稱攝政王府第工程應用金磚架木等項，本部所轄金磚，廠内二尺二寸響亮金磚祇存一千有零，木廠、木倉兩處所存架木及回殘架木二項，亦僅及一萬之數。現在甫經奏請造解金磚並催解各省木植轉運，恐需時日，應如何酌定辦理，咨照見覆。等因查此項工程所用金磚，本部無從採辦，其架木係因一時採辦不及，是以暫行借用，工竣仍行繳還。相應咨行貴部，希將現存二尺二寸金磚一千餘塊及架木一萬餘根先行儘數撥歸攝政王府第工程應用，此外如有别項尺寸金磚，希即開明尺寸，並將奏請造解金磚何時可以解京，即請一併查覆，以憑酌辦可也，須至咨者。右咨民政部。宣統元年正月拾肆日

《清宮金磚檔案・民政部咨文爲攝政王府第要工所用金磚數目及運解金磚到京日期致郵傳部　宣統元年正月》爲咨覆事。營繕司案呈准郵傳部咨稱，本部承修監國攝政王府第工程，兹據廠商請領，此項工程應用二尺二寸金甎三千四百六十二塊，通稍架木一萬五千根，長短架木一萬根。查金甎一項，無從採辦，須向官廠咨取，通梢架木採辦，亦恐不易，惟有一併咨取，其架木俟工竣時折成繳還。

等因前來，查本部所轄金甎，廠内二尺二寸響亮金甎祇存一千有零，木廠、木倉兩處所存堪用架木及回殘長短架木二項，亦僅及一萬之數。現在甫經奏請造解金甎並催解各省木植，輾轉運京，恐亦有需時日。兹准前因，所有咨取架木、金磚等項關係要工，應如何酌定辦理之處，相應咨覆貴部查照，希即見覆，以憑辦理可也。右咨郵傳部。宣統元年正月　日

《清宫金磚檔案·欽派估修攝政王府第大臣咨文爲查明現存金磚數目及解運到京日期致民政部　宣統元年閏二月十一日**》**　欽派估修監國攝政王府第大臣奎爲咨行事。本大臣奉派估修攝政王府第工程，前經郵傳部咨行貴部，領取金磚叁千肆百陸拾貳塊，旋准覆稱，所轄金磚廠内貳尺貳寸響亮金磚，祇存壹千有零，現在甫經奏請，造解運京，恐亦有需時日，應如何酌辦，希即見覆。曾經郵傳部咨覆辦理各在案，惟查金磚一項係工程内必需之件，似宜早爲預備，相應咨行貴部查照，希將現存金磚數目實有若干，並將奏請造解貳尺貳寸金磚，約於何時方可運解若干塊到京，一併從速咨覆，以憑酌覈辦理可也，須至咨者。右咨民政部。宣統元年閏貳月拾壹日

《清宫金磚檔案·民政部咨文爲估修攝政王府第金磚不敷咨催江省速解致欽派估修攝政王府大臣　宣統元年閏二月**》**　爲咨覆事。營繕司案呈准欽派估修監國攝政王府第大臣奎咨稱，前經郵傳部咨行取金磚三千四百六十二塊，旋准民政部覆稱所轄金磚，廠内二尺二寸響亮金磚祇存壹千有零，現在奏請造解運京，恐需時日，應如何酌辦，希即見覆。曾經郵傳部咨覆辦理各在案，惟金磚一項係工程内必需之件，似宜早爲預備。咨查現存金磚數目實有若干，並將奏請造解金磚約于何時到京，各等因前來。本部查所轄金磚，廠内二尺二寸響亮金磚實存壹千零八十九塊，前因所存此項金磚不敷取用，業經本部奏明請飭江蘇巡撫造解在案，至何時方能運解到京，未據該撫咨報，殊難懸揣。除照此次來咨，由本部咨催該撫迅速造解，以備要需，一俟將運京日期報部，再行知照外，相應咨覆貴大臣查照可也。右咨欽派估修監國攝政王府工程大臣奎。宣統元年閏貳月　日

《清宫金磚檔案·民政部咨文爲承辦造解金磚刻期運京致江蘇巡撫　宣統元年閏二月**》**　爲咨行事。營繕司案呈准欽派估修監國攝政王府第工程大臣奎咨稱，前經咨取金甎三千四百六十二塊，旋准覆稱所轄金甎，廠内二尺二寸響亮金甎祇存一千有零在案，惟金甎一項係工程内必需之件，似宜早爲預備，希將現存金甎數目實存若干，並將奏請造解二尺二寸金甎約於何時運京，等因咨行到部。本部查前因崇陵興工在邇，金甎不敷取用，當經本部奏請飭知江蘇巡撫，趕緊造解，並咨行原奏遵照在案，惟此項監國攝政王府第工程緊要，相應咨行貴撫轉飭承辦之員，迅速造解，刻期運京，以應要需，仍希先期報部可也，須至咨者。右咨江蘇巡撫。宣統元年閏二月

《清宫金磚檔案·欽派估修攝政王府第大臣片行爲蘇撫辦解金磚務於宣統二年十月内解齊致民政部　宣統元年四月初二日**》**　欽派估修監國攝政王府第大臣奎爲片行事。前准民政部文稱本部所轄金甎，廠内二尺二寸響亮金甎實存壹千零捌拾玖塊，前因所存此項不敷取用，業經本部奏明，請飭江蘇巡撫造解在案，至何時方能運解到京，未據該撫咨報，殊難懸揣。等因前來，查本工所需二尺二寸金甎叁千肆百陸拾貳塊，現在府第工程業已開工興修，相應片行貴部，希將現存金甎壹千零捌拾玖塊，先行儘數撥給，其所欠金甎貳千叁百柒拾叁塊，請煩查照轉咨蘇撫，務於宣統貳年拾月内全數解齊，以資應用，至現存金甎，俟有領取日期再行知照可也，須至片者。右片行民政部。宣統元年肆月初貳日

《清宫金磚檔案·江蘇巡撫電請爲造辦攝政王府第金磚尺寸數目指明致民政部附電文　宣統元年四月初四日**》**　民政部鈞鑒：洪豔電敬悉，回飭趕辦二尺二寸金甎一千塊，提前運解，餘分兩年交齊，惟另准大咨，以攝政王府第工程緊要催解金甎，而尺寸數目並未指明，諒即在前傳數目之内，如須另造，則尺寸數目應請明示，且格座減少趕辦不及，亦必俟前傳造齊之後，方能據辦。伏乞電復，飭遵啓泰江。

《清宫金磚檔案·欽派估修攝政王府第大臣咨文爲本工所需金磚蘇撫能否明年十月内全數解齊政民政部　宣統元年五月初四日**》**　欽派估修監國攝政王府第大臣奎爲咨行事。本大臣估修監國攝政王府第殿宇樓房工程所需金甎一項，由民政部咨取，其應用琉璃、顏料、架木均隨工採辦，不另行取，等因奏明在案。查本工所需金甎數目，前經本大臣咨行貴部轉咨蘇撫燒造，其能否於明年十月内全數解齊之處，相應咨行貴部查照咨覆可也，須至咨者。右咨民政部。宣統元年伍月初肆日

《清宫金磚檔案·民政部咨文爲欽工所用金磚可援案折合發放致攝政王府第工程大臣　宣統元年五月**》**　爲咨覆事。營繕司案呈准欽派估修監國攝政王府第大臣咨，本大臣估修監國攝政王府第殿宇樓房工程所需金甎數目，前經咨行民政部轉咨蘇撫燒造，其能否於明年十月内全數解齊之處，查照咨覆，等因前來。本部查前准貴大臣咨取前項工程，應需二尺二寸金甎三千四百六十二塊，當以本部

現在廠存二尺二寸金甎僅有一千八十九塊，先行儘數撥給，其所欠金甎二千三百餘塊，業經咨行蘇撫，並迭次電商趕即造解。兹准該撫覆稱，造製金甎向係春間取上，交夏成造，入冬始可裝窑，且向章造三選一，今復甎多窑少，斷非剋期所能蕆事，咨請分年造解。各等因該撫咨稱，各節自係實在情形，而現在緊要，勢難延緩，因卷查前工部歷届恭備咨取金甎案内，其二尺二寸金甎間有不敷發放，則以二尺暨一尺七寸等金甎折合發放，今本部廠存金甎除二尺二寸一千八十九塊應儘數備放外，另存有二尺金甎一千餘塊，一尺七寸二千餘塊，若折合發放，尚堪敷用，相應咨覆貴大臣可否援案折合之處，希即查照見覆，以備要工而免貽誤可也。右咨覆監國攝政王府第工程大臣。宣統元年五月

《清宫金磚檔案・欽派估修攝政王府第大臣片復爲各式金磚折合應用數目致民政部　宣統元年六月二十二日》　欽派估修監國攝政王府第大臣奎爲片覆事。前准民政部咨稱監國攝政王府第工程，應需二尺二寸金磚，間有不敷發放，則以二尺暨一尺七寸等金磚折放，除二尺二寸壹千捌拾玖塊應儘數備放外，另存有二尺金磚壹千餘塊，一尺七寸貳千餘塊，若折合發放尚堪敷用，可否之處希即見覆。等因前來，查本工程處需用金磚，按照來咨，希將二尺二寸金磚壹千捌拾玖塊儘數撥用外，其餘不敷之數通盤折合，計應用二尺金磚壹千塊，一尺七寸金磚貳千伍百拾陸塊，相應片覆貴部查照，即將此項金磚照數備齊，一俟本工程處定期領取，再行知照可也，須至片者。右片覆民政部。宣統元年六月二十二日

《清宫金磚檔案・民政部咨文爲本部廠存一尺七金磚數目與工程所需微有不敷致欽派估修攝政王府第大臣　宣統元年七月》　爲咨覆事。營繕司案呈准貴大臣片稱前准民政部咨稱，監國攝政王府第工程應需二尺二寸金甎，間有不敷發放，則以二尺暨一尺七寸等金甎折放，除二尺二寸壹千捌拾玖塊應儘數備放外，另存有二尺金甎壹千餘塊，一尺七寸貳千餘塊，若折合發放尚堪敷用，可否之處希即見覆。等因前來，查本工程處需用金磚，按照來咨，希將二尺二寸金磚壹千捌拾玖塊儘數撥用外，其餘不敷之數通盤折合，計應用二尺金磚壹千塊，一尺七寸金磚貳千伍百拾陸塊，相應片覆貴部查照，即將此項金磚照數備齊，一俟本工程處定期領取，再行知照。等因前來，查本部現在金磚廠存儲各項金磚數目，除二尺二寸及二尺之金磚足敷取用外，其一尺七寸金磚儘存二千一百三十餘塊，與原數微有不敷，相應咨覆貴大臣查照可也。右咨欽派估修監國攝政王府第大臣奎。

宣統元年七月　日

《清宫金磚檔案・欽派估修攝政王府第大臣咨文請轉咨蘇撫何種尺寸金磚可從速燒造趕辦解京致民政部　宣統元年九月初一日》　欽派估修監國攝政王府第大臣奎爲咨行事。准民政部文稱本部復查所存二尺金甎，除敷此次撥用壹千塊外，其餘二尺金甎連啞聲實存壹百捌拾叁塊。等因前來，查新建府第應用二尺二寸金甎共叁千肆百陸拾貳塊，已將貴部所存二尺二寸金甎壹千捌拾玖塊，又以二尺折合金甎壹千塊儘數撥用，所欠之數今准來咨，所存二尺啞聲金甎壹百捌拾叁塊，實不堪用本工程處，現擬將貴部所存一尺七寸金甎撥用貳千塊，其不敷之數尚需二尺二寸金甎叁百柒塊，若以一尺七寸金甎折合，應需伍百拾陸塊。仍希貴部酌覈轉咨蘇撫，究竟何項尺寸金甎可以從速解京，即希趕緊燒造，總期不悮工作，是爲至要。相應咨行貴部查照辦理可也，須至咨者。右咨民政部。宣統元年玖月初壹日

《清宫金磚檔案・民政部咨文爲先將印領送部以便札飭金磚廠照數開放致攝政王府第估修大臣　宣統二年四月》　爲咨覆事。准欽派估修監國攝政王府第大臣奎咨，前經撥歸本工應用二尺二寸金甎一千八十九塊，二尺金甎一千塊，一尺七寸金甎二千塊，業經咨行准撥在案。查此項金甎本工尚須鏇磨，自應先行領取，以備工作，相應咨行民政部，將前項金甎定期發放，以資飭商持具印領領取，俟有開放日期先期知照，其不敷金甎應俟蘇撫燒造解京，再爲知照，以便續領。等因前來，本部查向例行取金甎先由各工程處將印領咨送到部，再由本部换具印領札行通、永道，金甎廠照數發放，歷經照辦在案，相應咨行貴大臣應預將印領咨部，以便换領定期開放，至不敷金甎，俟蘇撫造解到部，再行知照可也。右咨監國攝政王府第估修大臣。宣統二年四月

《清宫金磚檔案・民政部札稿欽工需用發放金磚　宣統二年五月》　爲札行事。准欽派估修監國攝政王府第大臣咨稱，恭修監國攝政王府工程所用金甎，照例行取，前經奏明在案。兹據廠商稟稱，開工在即，需用二尺二寸金甎一千八十九塊，二尺金甎一千塊，一尺七寸金甎二千塊，務請早日發給。等因咨行前來，本部定六月初一日發放，除咨行欽派估修監國攝政王府第大臣轉飭該商持具本部印領領取外，合行札飭該道轉飭金甎廠，於該商領取時騐明本部印領，即行發給，以重要工，仍將發給甎數日期並廠存各項甎塊造册報部，以備查核，仰即遵照此札。右札直隸通、永道准此。

《清宮金磚檔案·內務府片行爲太極殿等工需用金磚致民政部　宣統二年七月二十六日》　總管內務府爲片行事。准營造司案呈宣統貳年陸月貳拾貳日總管春恒奉皇太后懿旨，著敬事房傳太極殿大殿、體元殿大殿、長春宮大殿各等處殿宇頭停滲漏工程活計，著營造司進匠拆修揭□，各殿內原有地面金磚因年久未修，多被地炕薰蒸磞裂酥鱍，自應一律更換，本府查得每遇內庭各殿應用金磚，向由前工部咨領。又於陸月貳拾柒日據總管恒泰傳出奉皇太后懿旨：「太極殿各等處工程，著於柒月初捌日未時開工興修，欽此。」欽遵，本府隨即飭該司詳細查覈，應修各殿工程需用貳尺貳寸見方金磚玖百玖拾捌塊，貳尺見方金磚壹千玖百捌拾塊，所需金磚立等工用，相應片行貴部，速將應需金磚全數發給，以濟急需，而重要工。俟有開放日期先行知照本府，以便派員赴部領取可也，須至片行者。　右片行民政部。　宣統貳年七月二十六日

《清宮金磚檔案·內務府片行爲太極殿等工需用金磚應全數發給致民政部　宣統二年八月十八日》　總管內務府爲再片行事。據營造司案呈宣統貳年陸月貳拾貳日總管春恒奉皇太后懿旨，著敬事房傳太極殿大殿、體元殿大殿、長春宮大殿各等處殿宇頭停滲漏工程活計，著營造司進匠拆修揭□，各殿內原有地面金磚因年久未修，多被地炕薰蒸磞裂酥鱍，自應一律更換，本府查得每遇內庭各殿應用金磚，向由前工部咨領。又於陸月貳拾柒日據總管恒泰傳出奉皇太后懿旨：「太極殿各等處工程，著於柒月初捌日未時開工興修，欽此。」欽遵，本府隨即飭該司註查覈，應修各殿工程需用頭號見方金磚壹千貳百拾陸塊，貳號見方金磚壹千壹百拾捌塊，壹尺柒寸見方金磚壹千叁百貳拾陸塊，所需金磚立等工用，相應片行貴部速將應需金磚全數發給，以濟急需，而重要工。俟有開放日其先行知照本府，以便派員赴部領取可也，須至片行者。　右片行民政部。　宣統二年八月十八日

《清宮金磚檔案·民政部片行爲太極殿等工應用金磚請出具印領赴廠領取致內務府　宣統二年八月》　爲片覆事。准內務府片稱據營造司案呈，宣統二年六月二十二日總管春恒奉皇太后懿旨，著敬事房傳太極殿大殿、體元殿大殿、長春宮大殿各等處殿宇頭停滲漏工程活計，著營造司進匠拆修揭□，各殿內原有地面金磚因年久未修，多被面炕薰蒸磞裂酥鱍，自應一律更換，本府查得每遇內庭各殿應用金甎向由前工部咨領。又於六月二十七日據總管恒泰傳出奉皇太后懿旨：「太極殿各等處工程着於七月初八日未時開工興修，欽此。」欽遵，本府隨即飭該司詳細查覈，應修各殿工程需用頭號見方金甎一千二百十六塊，二號見方金甎一千一百十八塊，一尺七寸見方金甎一千三百二十六塊，所需金甎立等工用，相應片行民政部，速將應需金甎全數發給，以濟急需，而重要工，俟有開放日期，先行知照本府，以便派員赴部領取。等因前來，查本部接收前工部金甎一項，歷經各項欽工行取，將次用盡，當於光緒三十四年十一月遵例奏准，飭令江蘇巡撫轉飭燒造二尺二寸金甎一千塊，二尺金甎三千塊，一尺七寸金甎四千塊，迅速解京。等因嗣准咨覆，以近年窑少磚多，一時斷難成造，往返電商定爲分年認解。今於宣統二年六月解到頭批二尺二寸正副金甎一千一百塊，二尺金甎一千六百五十塊，一尺七寸金甎二千二百塊到部，茲准前因自應欽遵辦理，惟查本部金甎廠二尺二寸金磚除補放要工外，現僅存新解一千一百塊與咨取之數尚有未敷，至行取二尺金磚一千一百十八塊，一尺七寸金甎一千三百二十六塊，尚屬有盈無絀，可否以二尺二寸及一尺七寸等金甎再行折合，搭放之處，希即酌核見覆，並照例先由貴府出具印領過部，以便由本部換領札行通、永道，照數發放，除俟印領到日再行定期發放外，相應咨覆貴府查照辦理可也。右片覆內務府。　計開現存二尺二寸金甎，一千一百塊。二尺金磚，一千六百五十塊。一尺七寸金磚，二千二百塊。行取二尺二寸金甎，一千二百十六塊，欠一百一十六塊。二尺金甎，一千一百一十八塊，餘五百三十二塊。一尺七寸金甎，一千三百二十六塊。餘八百七十四塊。宣統貳年捌月　日

《清宮金磚檔案·民政部片行爲太極殿等工應用金磚希查照本部前咨按數折合發給致內務府　宣統二年九月》　爲片覆事。營繕司案呈前准內務府片稱，興修太極殿等處各工程領取金磚一案，本部當以二尺二寸金磚一項，現在廠存僅一千一百塊，與咨取之數實有未敷，擬請以二尺及一尺七寸等金磚折合搭放，並先行具領過部，以便定期發放。等因各在案，茲准內務府送到印領，內開二尺二寸金磚一千二百十六塊，仍係原行咨取之數，礙難辦理，希即查照本部前咨，按以二尺及一尺七寸等金磚，另行折合數目，出具印領，以便由本部換領，札行通、永道照發。除俟印領到日再行定期發放並將原領送還外，相應片覆貴府查照辦理可也。右片行內務府宣統二年九月　日

《清宮金磚檔案·民政部咨文爲太極殿等處工程發放金磚日期致內務府　宣統二年十月二十五日》　爲咨覆事。營繕司案呈准內務府咨取太極殿大殿各等處工程，應用二尺二寸金甎壹千壹百塊，二尺金甎壹千貳百肆拾捌塊，一尺七寸金甎壹千叁百貳拾陸塊，定期發放並將印領咨送到部。等因前來，本部定於十一月

初十日發放，除札飭通、永道轉飭金甎廠照數發給外，相應出具本部印領，咨□貴府查照，轉赴金甎廠領取可也。右咨内務府。

《清宮金磚檔案·民政部札稿太極殿等工發放金磚日期 宣統二年十月二十五日》爲札行事。准内務府片開宣統二年六月二十二日總管春恒奉皇太后懿旨，著敬事房傳太極殿大殿、體元殿大殿、長春宮大殿各等處工程，所需二尺二寸金甎一千一百塊，二尺金甎一千二百四十八塊，一尺七寸金甎一千三百二十六塊，兹據廠商稟稱，開工在即，務請早日發給。等因咨行前來，本部定於十一月初十日發放，除咨行内務府轉飭該商持具本部印領領取外，合行札飭該道轉飭金甎廠於該商領取時，驗明本部印領，即行發給，以重要工，仍將發給甎數日期並廠存各項甎塊造册報部，以備查核，仰即遵照，切切，此札。右札直隸通永道准此。宣統二年十月二十五日

周家楣等《(光緒)順天府志》卷五三 懷柔縣旗租地凡七，一存退地二十六頃九十三畝五分七釐一毫，房三有半征銀一百七十七兩一錢七分三釐。一另案地三十八頃七十四畝九分二釐，房五征銀四百一兩二錢二分，又房一百五十有半，松三百二十一，無租。一莊頭地三十畝，征銀六錢九分四釐。一三次贖典地五頃三十一畝五分一釐，征銀六十二兩一錢三分八釐。一四次贖典地三十八頃五十六畝七分六釐，房五十四，磚窑一，征銀五百十四兩一錢八分八釐，又井一，無租。一奴典地二十九頃四十二畝二分二釐，房十，征銀四百二十六兩九錢三分三釐。一公産地三十六頃七十四畝三釐，房三，征銀二百六十七兩六分三釐，又房十六，無租。已上無租而外，凡地一百七十六頃二畝九分六釐一毫，房七十五有半，磚窑一，額征銀一千八百五十兩四錢九釐，解府轉解户部庫。按：采訪册云：額征銀一千八百四十四兩七錢九分九釐五毫，今據布政使咨府册。

何寧《淮南子集釋》卷一三《氾論訓》 古者，有鍪而綣領以王天下者矣。古者，蓋三皇以前也。鍪，頭著兜鍪帽，言未知制冠也。綣領，皮衣屈而紩之，如今胡家韋襲反褶以爲領也。一説鍪，放髮也，綣，繞頸而已，皆無飾。于鬯云：《文子·上禮篇》作「古者，被髮而無卷領」，此「卷領」上蓋亦當有「無」字，而高注本已脱。楊樹達云：《荀子·哀公篇》云：「古之王者，有務而拘領者矣。」《尚書大傳·畧説》云：「古之人有冒皮而句領者。」鄭注云：「古之人，三皇時也。冒，覆項也。句領，繞頸也，禮正服方領也。」尋「鍪」「務」「冒」古音並同。「句」「拘」字同，皆謂曲。然則，「綣」似當讀爲「卷」，訓爲曲。《説文》云：「卷，厀曲也。」高一説訓綣爲繞頸，與鄭説同。其德生而不辱，刑措不用也。予而不奪，予，予民財也。不奪，無所徵求於民也。王念孫云：「不辱」本作「不殺」，故高注云：「刑措不用。」今作辱者，後人妄改之也。殺與生相對，奪與予相對，若改「殺」爲「辱」，則非其指矣。且殺與奪爲韻，若作「辱」則失其韻矣。《太平御覽·皇王部》二引此已誤作「辱」。張載《魏都賦》注及舊本《北堂書鈔·衣冠部》三引此竝作「殺」。《文子·上禮篇》同。《晏子春秋·諫篇》「古者嘗有紩衣攣領而王天下者矣，其義好生而惡殺」，《荀子·哀公篇》「古之王者，有務而拘領者矣，其政好生而惡殺」，此皆《淮南》所本。天下不非其服，同懷其德。非猶譏呵也。懷，歸也。當此之時，陰陽和平，風雨時節，萬物蕃息，政不虐生，無夭折也。烏鵲之巢可俯而探也，禽獸可羈而從也，從猶牽也。豈必褒衣博帶句襟委章甫哉！褒衣謂方與之衣，如今吏人之左衣也。博帶，大帶。《詩》云：「垂帶若萬。」句襟，今之曲領褒衣也。委，委貌冠。章甫，亦冠之名也。劉文典云：《御覽》七十七引「委」下有「貌」字。古者民澤處復穴，處，居也。復穴，重窟也。一説：穴，毁隄防崖岸之中以爲窟室。莊逵吉云：「復穴」之「復」應作「寝。」冬日則不勝霜雪霧露，莊逵吉云：「《太平御覽》作「寒露，」似非。夏日則不勝暑蟄蟁䖟。䖟讀《詩》云「言采其莔」之「莔」也。于省吾云：按今《詩·載馳》作「言采其蝱」。高習《魯詩》，知《魯詩》作「莔」也。聖人乃作爲之作，起也。盧文弨云：「爲之」連下句，注當在上。孫志祖云：下文亦有「作爲之」三字連文。楊樹達云：《詩·駉》毛傳云：「作，始也。」築土構木，以爲宫室，構，架也，謂材木相乘架也。王念孫云：高説非也。「作爲之」三字連讀。下文曰「而作爲之揉輪建輿，駕馬服牛」，又曰「而作爲之鑄金鍛鐵，以爲兵刃」，皆其證也。又案：「以爲宫室」本作「以爲室屋」，淺學人多聞宫室，寡聞室屋，故以意改之也。案：《月令》曰「毋發室屋」，《管子·八觀篇》曰「宫營大而室屋寡」，《荀子·禮論篇》曰「壙壠，其貌象室屋也」，《吕氏春秋·懷寵篇》曰「不焚室屋」，《史記·周本紀》曰「營築城郭室屋」，《天官書》曰「城郭室屋門户之潤澤」，則室屋固古人常語。且此二句以木、屋爲韻，下三句以宇、雨、暑爲韻，若作「宫室」則失其韻矣。《太平御覽·居處部》二引此正作「室屋」。上棟下宇，棟，屋檼也。宇，屋之垂。以蔽風雨，以避寒暑，而百姓安之。安，樂也。伯余之初作衣也，伯余，黄帝臣。《世本》曰：「伯余制衣裳。」一曰：伯余，黄帝。緂麻索縷，手經指挂，其成猶網羅；緂，鋭。索，功也。緂讀恬然不動之「恬」。王念孫云：高訓「緂」爲「鋭」，則與「麻」字義不相屬。今案：緂者續也，緝而續之也《方言》：「繝，續也。秦、晉續折木謂之繝。」郭璞音剡。《人閒篇》曰：「婦人不得剡麻考縷。」「繝」、「剡」並與「緂」通。索，如「宵爾索綯」之「索」，謂切撚之也。高云「索，功也」，「功」即「切」字之誤。顔師古注《急就篇》曰：「索，謂切撚之令緊者也。」《廣雅》曰：「紉，索也。」「紉」與「切」通。後世爲之機杼勝複，以便其用，而民得以揜形御寒。揜，蔽。御，止。〇盧文弨云：「勝」與「升」同。梁玉繩云：《文選·演連珠》注：「勝或爲稱」云云。古通用，即《禮·喪大記》所謂「衣一稱」也。衣單複具曰稱也，而云「勝」與「升」同，未塙。顧廣圻云：勝複皆指織具，「勝」疑「縢」。

向宗魯云：顧説是也。《説文》：「縢，機持經者，複，機持會者。」「勝複」即「縢複」之借字。段氏《説文》注亦云。于省吾云：「勝」應讀作「乘」，勝、乘古互爲音訓，故得相借。《詩·正月》：「靡人弗勝」，《傳》：「勝，乘也。」《書·西伯戡黎》序：「周人乘黎」，《傳》：「乘，勝也。」《吕氏春秋·權勳》：「天下兵乘之」，注：「乘猶勝也。」均其例證。下云「彊弱相乘」，注：「乘，加也。」《漢書·王莽傳》：「前後相乘」，注：「乘，積也。」算術乘法亦即加積之義，加積與複義相因。上云「緂麻索縷，手經指挂，其成猶網羅」，言其疏也。此言「後世爲之機杼乘複，以便其用，而民得以揜形御寒」，言其麻縷用機杼織之，乘複密緻，故曰「揜形御寒」也。古者剡耜而耕，摩蜃而耨，剡，利也。耜，臿屬。蜃，大蛤，摩，令利，用之耨。耨，除苗穢也。劉台拱云：《説文》：「相，臿也。」或作「梩」。即此「剡耜而耕」，高解爲臿屬者是也。又曰：「枱，耒耑也。」或作「鈶」。鈶，籀文作「辝」，即下文「爲之耒耜」是也。本是二字，後人竝轉寫爲「耜」，二物混同無别矣。「剡相」之「相」當從木，與「耒耜」字不同，今本作「剡耜」，誤也。此二字顧野王已不能分别，至徐鉉、丁度等，益淆亂，當以《淮南》正之。《説文》耒字解「垂作耒耜」，當是「枱」字之譌。木鉤而樵，抱甀而汲，鉤，鎌也。鉤讀濟陰句陽之「句」。樵，薪蒸。甀，武，今兗州曰小武爲甀，幽州曰瓦。梁玉繩云：《集韻》「甀」亦作「甒」，此「武」或省文。《禮器》曰：「君尊瓦甒」，故幽州曰瓦也。李哲明云：《説文》：「䍃，小口罌也。」與「甀」同字。《廣雅·釋器》：「甀：甂，瓶也。」「武」即「甂」字。《方言》注：「今江東呼甖爲甂子。」字亦作「甒」。《士喪禮》「甒二」，鄭注：甒，瓦器，古文『甂』『甒』皆作『廡』。」然則「甂」、「甒」正字，「廡」省文，「武」聲假字也。吕傳元云：「木鉤」當作「鉤木」。此與剡相、摩蜃、抱甀對言，寫者誤倒，文不一例矣。于省吾云：按「武」即「甒」，亦作「甒」、作「甂」、作「廡」。《集韻·九噳》：甒、甂、甒同。《廣雅·釋器》：「甂，瓶也。」《儀禮·既夕禮》「甒二」，注：「甒亦瓦器也。」《士冠禮》「一甒醴」，注：「古文甒作廡。」均其證也。民勞而利薄；後世爲之耒耜耰鉏，斧柯而樵，桔皋而汲，耰讀曰優，椓塊椎也。三輔謂之儓，所以覆種也。桂馥云：《方言》：「南楚凡罵庸賤謂之田儓。」《集韻》：「儓」與「嬯」同。《説文》：「嬯，遲鈍也，闒嬯亦如之。」馥謂椓塊椎，鈍器也，故謂之田儓。民逸而利多焉。古者大川名谷，衝絶道路，不通往來也，于省吾云：按「衝絶」不詞，「衝」乃「衡」字之誤。衡、横古字通，載籍習見。《山海經·大荒西經》：「横道而處」，注：「言斷道也。」按：「横道」，猶此言「横絶道路」也。《史記·留侯世家》：「羽翮已就，横絶四海，横絶四海，當可奈何！」是「横絶」乃漢人成語。乃爲窬木方版以爲舟航，窬，空也。方，並也。舟相連爲航也。故地勢有無，得相委輸。運所有，輸所無。乃爲䩛蹻而超千里，肩荷負儋之勤也，䩛蹻，䩛鞁也。勤，勞也。王念孫云：「䩛」皆當爲「䩛」，字從旦不從且。《説文》：「䩛，柔革也。」「屩，履也。」「鞁，小兒履也。」《釋名》云：「鞁，韋履深頭者之名也。」今正文言䩛蹻，注文言䩛鞁，皆是韋履之名，則字當從旦。《廣韻》：「䩛，則古切。䩛，勒名。」字從且，兩字聲義判然。茅一桂不知「䩛」爲「䩛」之誤，輒加「音祖」二字，其失甚矣。下文「蘇秦䩛蹻嬴蓋」，「䩛」亦「䩛」字之誤。又案「爲䩛蹻」之「爲」，音于僞反。「爲䩛蹻而超千里，肩負儋之勤也」，乃起下之詞，非承上之詞，「爲」上不當有「乃」字。此因上文「乃爲窬木方版」而誤衍也。下文云：「爲鷙禽猛獸之害傷人而無以禁御也，而作爲之鑄金鍛鐵，以爲兵刃」，「爲」上無「乃」字，是其證。「肩負儋之勤」，《道藏》本、劉本及諸本竝同，《漢魏叢書》本於「負儋」上加「荷」字而莊本從之，斯爲謬矣。而作爲之楺輪建輿，駕馬服牛，民以致遠而不勞。代負儋，故不勞也。爲鷙禽猛獸之害傷人而無以禁御也，而作爲之鑄金鍛鐵，以爲兵刃，猛獸不能爲害。以兵刃備之，故不得爲人害也。故民迫其難則求其便，困其患則造其備，人各以其所知，去其所害，就其所利。王念孫云：「人各以其所知」當作「人各以其知」，「知」與「智」同，言各用其智，以去害而就利也。今本「知」上有「所」字者，涉下兩「所」字而衍。《文子·上禮篇》正作「各以其智，去其所害，就其所利」。常故不可循，器械不可因也，循，隨也，當時之可改則改之，故曰「不可」也。盧文弨云：注「不可」下當有「因」字。向宗魯云：盧説誤。此「不可」二字總上「不可」而言，加一「因」字，則僅承下句矣。則先王之法度有移易者矣。

建築用瓦分部

題解

孔穎達《毛詩注疏》卷一八　乃生女子，載寢之地，載衣之裼，載弄之瓦。《傳》：裼，褓也。瓦，紡塼也。《箋》云：臥於地卑之也，褓夜衣也，明當主於內事，紡塼習其所有事也。無非無儀，唯酒食是議，無父母詒罹。《傳》：婦人質無威儀也，罹憂也。《箋》云：儀善也，婦人無所專於家事，有非非婦人也，有善亦非婦人也。婦人之事，惟議酒食爾，無遺父母之憂。音義：裼他計反，韓詩作禘音，同褓音。保齊人名，小兒被爲褓。紡，芳罔反。塼音專，本又作專。詒，本又作貽，以之反遺也。罹本又作離，力馳反。遺唯季反。疏：《正義》曰：毛以爲前夢虺蛇，今乃生女子矣。生訖則寢卧之，於地以卑之，則又衣著之，以褓衣則玩弄之，以紡塼習其所有事也。此女子至其長大，爲行謹慎，無所非法，質少文飾，又無威儀，唯酒食於是，乃謀議之無於父母，而遺之以憂也。若婦禮不謹，爲夫所出，是遺父母以憂，言能恭謹，不遺父母憂也。鄭唯以儀爲善爲異餘同傳。《正義》曰：書傳説成王之幼，云在襁褓，襁縛兒被也，故《箋》以爲夜衣，以璋是全器則瓦非瓦礫而已，故云瓦紡塼婦人所用，瓦唯紡塼而已，故知也。毛以裳爲下飾，則褓不必主內事。侯苞云：「示之方也，明褓制方，令女子方正事人之義。婦人質無威儀也者，以婦人少所交接，故云質無威儀，謂無如丈夫，折旋揖讓，棣棣之多，其婦容之儀則有之矣。」故東山曰：「九十其儀，言多儀也。」箋正義曰：「儀善，《釋詁》文。也言有非有善皆非婦人之事者，婦人從人者也，家事統於尊，善惡非婦人之所有耳，不謂婦人之行，無善惡也。」

白居易、孔傳《白孔六貼》卷八四《陶》　白埏埴以爲器，陶器必良，凝土以爲器。《周禮》。摶埴之工二，摶拍也，埴粘土也。凡陶旊之事，髻墾薜暴，不入市。髻音刮，墾損傷也，薜音破，裂也。暴不堅也，四者爲其不任用，不入於市也。陶人爲甗甑鬲庾瑴冬官《考工記》云。合土《禮》：範金合土，謂陶器也。案度程。程大小也。有虞氏尚陶，貴質也。舜陶於河濱，器不苦窳。《史記》：窳，濫也。土化，鏨坏孔甄官。《百官志》：甄官署令掌琢石陶土之事。土乎質，陶乎成器。韓愈《瘞硯文》。藝精埏埴，制合規模。禀至德之陶蒸，自無苦窳，合大和以融結，克保堅貞，且無瓦釜之鳴，是猶土鉶之德。柳宗元《進瓷器狀》。陶埴于水涯，《湘妃廟碑》。陶土以埴，亦在署側，人無勞力。《雲陵亭記》。土宜陶旊，故侯若以壯。劉禹錫《連州刺史廳記》。不則毁。《文粹》：陳黯禹諸陶者，土之器也，持之得其人則完，不則毁。埏泥範塼，李珏：《牛僧孺碑》：埏泥範塼。始民不知爲瓦屋，草茨竹椽，久燥則戞而焚。韋丹爲江南觀察使，始民不知爲瓦屋，草茨竹椽，久燥則戞而焚，丹召工教爲陶，聚材於場，度其費爲估，不取赢利，人能爲屋者受材瓦于官，免半賦。陶固收盆甖，韓愈聯句。陶甄梓匠之工。柳宗元《與吕恭書》：陶甄梓匠之工，備孽火不得作，化墮窳之俗。知舜之陶器不苦窳，爲信。然而舜之德可以及土泥而不化，其子何哉，是又不可信也。同上《與楊誨之》。

白居易、孔傳《白孔六貼》卷八四《陶瓦》　白弄瓦，《詩》：乃生女子，載弄之瓦。運甓，晉陶侃爲廣州，每於齋中運甓，婢力反，侃字士衡。毁方瓦合，鴛鴦甑瓦。瓦合之衆，有虞氏瓦棺，瓴甓，建瓴，挈瓶，瓶之罄矣。維罍之耻。甕，《易》曰：井谷射鮒，甕敝漏。又《禮》曰：甕，牖。又漢陰丈人抱甕出，汲灌園。又晉畢卓入比舍郎甕間，盜飲。又羊雅冬釀酒，令人抱甕取煖。甑，《周禮》：陶人爲甑，實二鬴，厚半寸，唇寸底七，孔穿之。墜地不顧，後漢孟敏字叔逵，負甑行墜地，敏不顧，郭林宗見而問之，對曰：甑已破，視之何益。林宗奇其言，勸學問，三府辟不就。紀甗，《傳》：齊賔媚人賂晉師，以紀甗。甗無底，甑也。賔媚人，國佐也。盆，《記》曰：及良日，夫人繅三盆。又司馬遷《書》曰：戴盆何以望天。又《莊子》：喪妻，箕踞，鼓盆而歌。鼓缶，叩缶。髻墾薜暴不入市，見陶門注。孔教作，宗室復轉嶺南節度使，教民作陶瓦。變屋瓦，王仲舒徒蘇州，隄松江爲路，變屋瓦。教民陶瓦楊於陵出爲嶺南節度使，教民陶瓦，易蒲屋以絶火患。無陶瓦，西域拂菻無陶瓦，屑白石墍屋，堅潤如玉。聚瓦材於場，韓文聖德詩陶埴于水涯，廼桴廼載。柳宗元《二妃廟》。桴木負埴，載流於江。同上。陶瓴甓。終南山祠堂碑。聚瓦材於場，始教民爲瓦屋，取材於山，召陶工教人陶，聚瓦材於場。韓愈《韋丹墓誌》。盌濯陶瓦，

司馬光《類篇》卷三六《文一七·重音五》　瓦，土器，已燒之總名。象形，凡瓦之類皆从瓦。五寡切，又五委切，屋甃也。《莊子》：累瓦結繩。又吾化切，施瓦於屋也。文一重音二。甑徒東切，《博雅》：「甑瓨甃也」。又朱用切，甖屬文一重音一。甂甌徒東切，甂甌小牡瓦也，或從同文二。甕盧東切，築土以磨瑴。一曰瓦礱，物文一。瓨胡公切，陶器。又乎攻切，又古雙切。《説文》：「似甖長頸，受十升。」又胡江切，又寒剛切，《博雅》：「瓶也。」文一重音四。甇徂宗切，甖屬方言，江湘之間謂之甇。又鉏江切，《博雅》：「瓶也。」長沙謂甖曰甇，文一重音一。瓵甗餘封切，《博雅》：「瓶也」，或作甗瓵。又常容切。《説文》：「器也」，一曰瓶也。文二重音一。甀是爲切，《廣雅》：「瓶也。」又重垂切，方言甖其大者，晉之舊

都，謂之甀。又傳追切，又馳僞切，《説文》：「小口罌。」文一重音三。甈斯相支切，《字林》：「甐破也。」一曰瓶也，或省亦書作甁。又並先齊切，瓦破聲，文二重音一。甁頻彌切，方言罃謂之甁。又駢迷切，又部鄙切，文一重音二。瓷才資切，陶器之緻堅者，文一。瓻抽遲切，畜瓻瓶也。一曰盛酒器，古以借書，文一。甀倫追切，《博雅》：「甀瓯甎也」，文一。甅人之切，瓦也，文一。瓵盈之切，《説文》：「甌瓿謂之瓵」，文一。瓯盈之切，《博雅》：「甄瓯甎也」，文一。瓿馮無切，罌也。又蒲侯切，小缶也。又薄口切，《説文》：「甂也。」文一重音二。瓶慵朱切，《方言》：「罃，陳魏宋楚之間曰瓶」，文一。甒□朱切，《方言》：「罃，陳宋楚之間曰甒」，文一。甗龍都切，甀也，文一。瓳洪孤切，《博雅》：「甗瓳甗甎也」，文一。瓳訛胡切，甌也，文一。題瓶田黎切，《博雅》：「題瓯，甗也，或从弟題」。又待禮切，文二重音一。甈憐題切，小瓶，文二。甗瓵涓畦切，甗空也，或作瓵。又並玄圭切，甗又淵畦切，甗空也。文二重音二。甀初佳切，《博雅》：「甀甀，磨也。」一曰屑瓦，滌器。又謨皆切，又初加切。文一重音二。甗居諧切，牡瓦謂之甗，文一。甗盧回切，屋檼瓦也，文一。砙鋪枚切，瓦未燒者，文一。甗符表切，《博雅》：「甗瓳甎也。」又鋪官切，文一重音一。瓫蒲奔切，《説文》：「盎也」，又姓文一。甗祖昆切，酒器也，文一。甗都昆切，陶器似甌者，文一。甂卑眠切，《方言》：「自關而西盆盎，小者曰甂。」又紕延切，《説文》：「似小瓿，大口而卑用食。」文一重音一。瓺圭玄切，陶器。又扁縣切，盎下竅，文一重音一。甄諸延切，察也，勉也。又稽延切。《説文》：「匋也，亦姓。」又之人切。《博雅》：「甄匋窑也。」又之刃切，掉也，鍾病聲。又規戀切，衛地鄄或作甄。文一重音四。甎甎朱遄切、燒□也，或从耑甎。又並淳沿切，江東呼盆曰甎。文二重音一。甗居何切，結謂之合甗，文一。瓲唐何切，缶也，文一。甗瓬徒禾切，飛甎戲也，或作瓬。又杜果切，甌也。文二重音一。瓺仲良切，方言朝鮮洌水之間，謂罃爲瓺。又丑亮切，《博雅》：「鉼也。」又直亮切，文一重音二。甗徒郎切，小鉼有耳者，曰甗甗，文一。甗都郎切，甌屬。一曰題瓦，謂之甗溝。文一。瓺盧當切，器名，文一。甗甗丘岡切，甗瓠陶器，或从荒。又並枯江切，甗也。甗又胡光切，器也。又枯光切，甗瓠破罃，文二重音三。甗甗居郎切，《博雅》：「鉼也」，一曰大瓮，爲甗或作甗。文二。甗呼光切，器也，文一。甗胡盲切，小瓦謂之甗，文一。甖甇於莖切，缶也，亦作甇甖。又於正切，《博雅》：「鉼也。」文二重音一。瓶甑何耕切，器似鍾，頸長或作甑。又並乎經切，一曰酒器。文二重音一。甍甍謨耕切，《説文》：「屋棟也。」亦作甍甍。又忙成切，屋棟。又母亘切，文二重音二。甗時征切，甗也。又時正切，器也。文一重音一。瓶旁經切，甖也，文一。瓵唐丁切，甎也，文一。瓴甗甗郎丁切，《説文》：「甖似瓶或作甗甗。」文三。瓵都騰切，禮器也，文一。甌烏侯切，《説文》：「小盆也。」又於口切，西甌駱越別種，文一重音一。甗持林切，《方言》：「甖，其小者謂之瓨。」又都舍切，罌容一石。又都感切，《博雅》：「鉼也。」文一重音二。甔徒南切，甒屬，文一。甔都含切，罌也，容一石。又都甘切，又都感切，又都濫切，又都濫切。文一重音四。坻枯含切，瓦器。又動五切，《博雅》：「甍坻甗也。」又徒故切，土鉼。文一重音二。甔姑南切，器斂口者。又胡南切，甔甗小鉼。文一重音一。瓨胡南切，治槖榦，一曰似鉼有耳，文一。甗枯甘切，土器也，文一。甗乎監切，瓦施屋也。又下斬切，又莊陷切，又叉鑑切。文一重音三。瓨古勇切，瓶也，文一。瓾象齒切，甀瓯甎也，文一。甒甒罔甫切，《方言》：「甖，周魏之間謂之甒，或从廡。」文二。甗烏管切，小盂也，文一。瓪補滿切，牝瓦。又補綰切，《説文》：「敗也。」又甫遠切，文一重音二。甗語蹇切，甑也。又語偃切，又魚軒切，無底甑。又牛偃切，又魚戰切。文一重音四。甗苦浩切，器名，文一。甗瓶户瓦切，甖大口曰甗，或省瓶。又户管切，文二重音一。瓷倚兩切，盆也。又倚朗切，又於浪切，文一重音二。甗甗楚兩切，《説文》：「瑳垢瓦石或从相。」又所兩切，半瓦也，或作甗，文二重音一。瓬甫兩切，《説文》：「周家搏埴之工也。」文一。瓬舉朗切，罌屬，文一。甗所景切，《博雅》「甗甗瓶也」，文一。甗下耿切，《博雅》：「甗甗瓶也。」又下頂切，文一重音一。瓿扶缶切，瓦器，文一。甗語口切，《博雅》：「缶也」，文一。甗朗口切，《博雅》：「瓿甗也」，文一。甗多貢切，《博雅》：「甗甗□也」，文一。瓮甕烏貢切，《説文》：「罌也，亦从雍甕。」又委勇切，罌類。又於用切，又於容切，文二重音三。瓶余頌切，大罌，文一。甗力僞切，《廣雅》：「甎也」，文一。甗魚記切，《博雅》：「瓶也」，文一。甗丁計切，甗甍大瓮，文一。甗甗甗去例切，《爾雅》：「康瓠謂之甗」，或作甗，亦省甗甗。又九芮切，又並牛例切，甗又丘傑切，又魚列切，文三重音四。甗都内切，器名，《周禮》：「珠槃玉敦。」一曰似瓿無緣，盟以歃血者。或作甗。文一。甗蘇對切，《説文》：「破也」，文一。甐良刃切，器也，文一。甗尺戰切，瓦器緣也。又時戰切，文一重音一。瓦吾化切，施瓦於屋，一文一。瓽丁浪切，《説文》：「大盆也」，一曰井以甎爲甃者。顔師古説：「亦姓。」又底朗切，《博雅》：「瓽坻甗也」，文一重音一。瓶蒲孟切，瓶屬又普孟切，罌屬。文一重音一。甗直正切，瓶屬文一。甑子孕切，《説文》：「甗也，」又慈陵切，炊器。文一重音一。甃側救切，《説文》：「井壁也」，文一。甗力救切，《博雅》：「甍謂之甗」，文一。甗呼濫切，大盎。又胡暫切，陶器如甀，大口以盛冰。又胡懺切，《博雅》：「瓽坻甗也。」又居銜切，文一重音三。甗徒念切，楮也，通作磹，文一。甗去劍切，陶器，小瓶有耳者。又巨欠切，文一重音一。甗義鑑切，罌也。又仕懺切，大盎，以盛潘者。又藏濫切，文一重音二。甗扶泛切，瓦也，文一。甗胡谷切，瓦器，一曰坯也，文一。甗盧谷切，《博雅》：「瓴甗甗甎也」，文一。甗女刮切，甗也，或作甗，亦書作□。文二。甗詰結切，器受一斗。北燕謂瓶，爲甗。又詰計切，文一重音一。甗博陌切，甗瓯甃也。文一。甗薄陌切，瓦屋不泥也。文一。甗博厄切，《爾雅》：「瓴甋謂之甓。」又蒲歷切，《說文》：「瓴甓也。」引詩中唐有甓文。一重音一。瓾瓿丑亦切，盛酒器，或作瓿。文二。甋丁歷切，瓴甋謂之甓，文一。甓狼狄切，鼎屬也，文一。瓷逸職切，瓦坯也，文一。瓻悉合切，器破，文一。瓬即涉切，瓦相掩，一曰半瓦。又即協切，文一重音一。䰛質涉切，盎屬，文一。甄瓴力協切，《說文》：「蹈瓦聲。」一曰瓦薄也，或省，文二。甐悉協切，瓦破聲，文一。

朱權《原始祕書》卷九《農業陶漁門·瓦》 《說文》曰：瓦，土器也，燒者之總名也。《礼記》曰：後聖脩火之利範金合土。此瓦之始也。《周書》曰：神農作瓦器。《博物志》曰：桀作瓦。今以覆屋者也。《古史考》曰：夏后氏昆吾氏作瓦。《史記·龜策傳》載宋元君之臣衛平曰：桀作瓦室。注云：昆吾氏作陶，蓋爲桀作也，今屋之覆以瓦自桀始。

馮復京《六家詩名物疏》卷三七《瓦》 《傳》云：瓦，紡塼也，《箋》云：習所有事。《古史考》云：夏世昆吾氏作屋瓦，烏曹氏作甎。《物原》云：伏羲始以茨覆屋，禹作土墼石甃，桀臣昆吾作甎瓦，舜作牆，周公作壁。朱子云：瓦紡時所用之物，舊見人畫《列女傳》漆室女，如今銀子樣者，意其爲紡甎也。

吴楚材《彊識略》卷三五《器用部·瓦棺》 舜作。見《古史》，又土塈。

吴楚材《彊識略》卷三五《器用部·瓦》 夏昆吾氏作。見《古史》。　甎：烏曹氏作。見《古史》。

吴士玉等《駢字類編》卷六四《瓦》 瓦石，《詩》：爲鬼爲蜮。《傳》：蜮，短狐。《疏》陸璣云：一名射影，江淮水皆有之，人在岸上影在水中，投人影則殺之，故曰射影。人將入水，先以瓦石投水中令水濁，然後入。《春秋》：文公十有一年冬十月甲午，叔孫得臣敗狄于鹹。《穀梁傳》：長狄也，弟兄三人佚宕中國瓦石，不能害，叔孫得臣最善射者也，射其目身横九畝，斷其首而載之眉，見於軾。《後漢書·劉陶傳》：臣竊見比年以來良苗盡於蝗螟之口，杼柚空於公私之求，所急朝夕之餐，所患靡鹽之事，豈謂錢貨之厚薄，銖兩之輕重哉。就使當今沙礫變爲南金，瓦石化爲和玉，使百姓渴無所飲，飢無所食，雖皇羲之純德，唐虞之文明，猶不能以保蕭牆之内也。《晋書·卞壼傳》：壼幹實當官以褒貶爲己任，勤於吏事，欲軌正督世，不肯苟同。時好阮孚每謂之曰：卿恒無閑泰，常如含瓦石，不亦勞乎。壼曰：諸君以道德恢弘，風流相尚，執鄙吝者，非壼而誰。《唐書·柳子華傳》：爲昭應令、檢校金部郎中修宫使，設棘圍於市，徇邑中曰：民有得華清宫瓦石材用投圍中，踰三日不還者死，不終日已山積矣。《宋史·劉熙古傳》：善騎射，一日有鴉集戟門槐樹，高八(尺)〔丈〕，鐸惡之，投以瓦石不去，熙古引弓一發，貫鴉於樹，鐸喜，令勿拔矢以旌其能。又《楊偕傳》：再調漢州軍事判官，道遇術士曰：君知世有化瓦石爲黄金者乎，就偕試之，既驗欲授以方，偕曰：吾從吏禄，安事化金哉。術士曰：子志若此，非吾所及也，出户失所之。裴啓《語林》：管寧嘗與華子魚少相親友，共園中鉏菜，見地有片金，揮鉏如故，與瓦石無異，華提而擲去。《八王故事》：王敦稱太尉處衆人中，似珠玉在瓦石間。《法書要録》：吴興郡作青石圓硯，質滑而停墨，殊勝南方瓦石之器，縑素之工殆强於昔。《歸田録》：曹武惠王彬國朝名將勳業之盛，無與爲比，其所居堂室弊壞，子弟請加脩葺。公曰：時方大冬，牆壁瓦石之間百蟲所蟄，不可傷其生。韓愈《故貝州司法參軍李君墓誌銘》：其在貝州某刺史不悦於民，將去官，民相率譙譁，手瓦石胥其出擊之，刺史匿不敢出，君奮曰：是何敢爾，屬小吏百餘人持兵伏以出，立木而署之曰：刺史出，民有敢譁者，殺之木下。民聞皆驚，相告散去。

瓦磚，《後漢書·曹世叔妻傳》：古者生女，三日臥之牀下，弄之瓦磚而齋告焉。臥之牀下，明其卑弱，主下人也。弄之瓦磚明其習勞，主執勤也。齋告先君，明當主繼祭祀也。《說苑》：子獨不聞和氏之璧乎，價重千金，然以之間紡，曾不如瓦磚。隨僕之珠，國之寶也，然用之彈，曾不如泥丸。

瓦礫，《齊書·周顒傳》：車螯蚶蠣眉目内闕慙渾沌之奇礦殼外緘非金人之慎不榮曾草木之不若無馨無臭與瓦礫其何算《唐書·王涯傳》：初，民怨茶禁苛急，涯就誅，皆羣詬詈，抵以瓦礫。《宋史·陳堯佐傳》：初，太后遣宦者起浮圖京兆城中，前守姜遵盡毀古碑碣充磚甓用，堯佐奏曰：唐賢人墓石令十亡七八矣，子孫深刻大書，欲傳之千載，乃一旦與瓦礫等，誠可惜也，其未毁者願勅州縣完護之。《吕覽》：禹之決江水也，民聚瓦礫，事已成功，已立爲萬世利，禹之所見者遠也，而民莫之知，故民不可與慮，化舉始而可以樂成功。《新論》：買臣忍飢而行歌，王章苦寒而坐泣，蘇秦握錐而憤懣，班超執筆而慷慨，當彼四子勢屈之時，容色黧黑，神情沮忸，言爲瓦礫，行成狂狷，髮落心憂，影銷貌悴，引歎而雷轉，噴氣則雲湧。又假使天下瓦礫悉化爲和璞，砂石皆變爲隋珠，如值水旱之歲，瓊粒之年，則璧不可以禦寒，珠未可以充飢也。雖有奪日之鑑，代月之光，歸於無用也。《尚書故實》：盧元公好道重方士，有王谷者得黄白術，變瓦礫泥土立成黄金。《法書要録》：或價賤同於瓦礫，或價貴重於連城。《歷代名畫記》：好之則貴於金玉，不好則賤於瓦礫。《四十二章經》：佛言吾視金玉之寶如瓦礫，視紈素之服如弊帛。《中黄真經》：握固潛通開百竅，注：若不得此術，雖復休糧，長生有同瓦礫，草木無精光也。《大方便佛報恩經》：若我得成佛時，當於穢惡國土山陵堆阜瓦礫荆棘，其中衆生具足，煩惱五逆十惡，於中成佛而利益之。《宗欽與高允書》：若夫泉江相忘之談，遺言存意之美，雖莊生之所尚，非淺識所宜循，愛敬既深情，期往返思遲德意，以袪鄙吝，若能紓鳳彩以燿榛，薈迴連城以映瓦礫者，是所望也。《徐陵諫仁山深法師罷道書》：弟子今日横諂，必爲法師所哂，世上白衣何訾何限且一人退道而不安危推此而言實成難解，譬如瓦礫盈路，人所不驚，片子黄金，萬夫息步。韓愈《瘞硯銘》：土乎，質陶乎，成器復其質，非生死類全，斯用毁不忍棄，埋而識之，仁之義。硯乎，硯乎，與瓦礫異。傅玄《答潘尼詩》：授此瓦礫，厠彼瑶瓊。姚合《和座主相公雨中詩》：緩灑雷霆細，微沾瓦礫新。皮日休《南陽詩》：廢路塌平殘瓦礫，破墳耕出爛圖書。貫休《硯瓦詩》：應念研磨苦，無爲瓦礫看。又《别馮使君詩》：瓦礫文章豈有媒，兩三年祗在金臺。

瓦雪，鄭巢《送琇上人詩》：茶煙開瓦雪，鶴跡上潭冰。

瓦煙，章孝標《古行宫詩》：瓦煙疎冷古行宫，寂寞朱門反鏁空。

瓦峪，《明一統志》：瓦峪堡在遼三萬衛東三十里。

瓦亭，《後漢書·隗囂傳》：來歙從山道襲得略陽城，囂出不意，懼更有大兵，乃使王元拒隴坻，行巡守番須口，王孟塞、雞頭道、牛邯軍瓦亭，囂自悉其大衆圍來歙。《宋史·陳興傳》：鎮戎軍去渭州瓦亭砦七十餘里，中有二堡，請留兵三百人戍之。《前秦苻登録》：太初二年，登次於瓦亭，九月進據胡空堡，戎歸之者十有餘萬。《水經注》：酸瀆水，又東南，逕瓦亭南。又渭水，又東與新陽崖水合，即隴水也。東北出隴山，其水西流隴右，逕瓦亭南。《明一統志》：瓦亭山在鞏昌府秦州東，即漢時隗囂使將軍牛邯所守處。又瓦亭川源出山西南流歷僵人峽。又《清異録》：鸖多在殿閣鴟尾及人家屋獸結窠，故或有呼瓦亭仙者。

瓦口，《蜀志·先主傳》：曹公使夏侯淵、張郃屯漢中，數犯暴巴界，先主令張飛進兵宕渠，與郃等戰於瓦口，破郃等，收兵還南鄭。

瓦官，《水經注》：湘水又北左會瓦官水口，湘浦也。又《宋書·柳元景傳》：元景營壘未立，爲龍驤將軍詹叔兒覘知之，勸劭出戰，不許，經日乃水陸出軍。劭自登朱雀門督戰，軍至瓦官寺與義軍遊邏相逢，遊邏退走，賊遂薄壘，劭以元景壘壍未立，可得平地決戰，既至砦栅已堅，倉卒無攻具，便使肉薄攻之。《公私畫史》：晋瓦官寺有顧愷之、張僧繇畫，壁在江寧。筍譜《釋志徹》：會昌年中於上元縣瓦官閣，南有雙籠閉之，忘記歲月，及詔拆浮圖開之，徹得筍筆千餘頭，中藏者則大業拾遺藁也。

瓦城，《明一統志》：瓦城山在梁山縣西，亦名石瓦山，山頂坦平，耕者往往得古銅片。

瓦溝，《友會談叢》：瀛州團練使李廷渥蒞邊郡日，虞人獲子母猢猻，其子甚小。繫在馬院，其子跳出院爲鴟所搏，母號呼奮擲，晝夜不絶，一旦嚙韋繩而逸之，捕莫見，忽之庖竊小脯置瓦溝上，潛身屋橑間，俟鴟下攫跳而擒之。馮著《燕銜泥詩》：爾不見東家黄鸞鳴嘖嘖，虵盤瓦溝鼠穿壁。陳羽《喜雪上竇相公詩》：千門萬户雪花浮，點點無聲落瓦溝。白居易《宿東亭曉興詩》：雪依瓦溝白，草遶牆根緑。王涯《宫詞》：時向春簷瓦溝上，散開雙翅占朝光。

瓦梁，《地理通釋》：滁和州六合間，有涂塘瓦梁堰。秦觀《寄老菴賦》：北則瓦梁之河陰，陵之澤。

瓦嶼，明葉良佩《太平縣山川記》：布於平野則爲瓦嶼闗嶼、鶩嶼、夾嶼，木杓秃截茶葉諸嶼，厥有邃而隈則爲奥，爲島高而秀則爲峰，厓險則爲巖，甃石則爲嶺，穴則爲洞，迸則爲泉，洌則爲井，流則爲溪爲澗，匯則爲漩爲窪，漫則爲湖，渟則爲潭，通則爲河，支則爲涇，堰則爲塘爲埭，泄則爲浦，率緑山之勢以行。

瓦池，《唐書·食貨志》：鹽州五原有烏池、白池、瓦池、細項池。

瓦殿，《齊書·禮志》：驍騎將軍虞炎議以爲誠慤所施，止在一壇，漢之郊祀饗帝甘泉，天子自竹宫望拜，息殿去壇場，既遠郊奉禮畢，旋幸於此，瓦殿之與帷宫謂無簡格。

瓦屋，《考工記》：匠人葺屋三分，瓦屋四分。注：各分其修，以其一爲峻。《宋書·明帝貴妃傳》：太妃家在建康縣界，家貧有草屋兩三間，上出行問尉曰：御道邊那得此草屋，當由家貧，賜錢三萬，令起瓦屋。尉自送錢與之，家人並不在，唯太妃在家，時年十二三，尉見其容質甚美，即以白世祖，於是迎入宫。《齊書·禮志》：建武二年通直散騎常侍庾曇隆啓：伏見南郊壇員兆外内永明中起瓦屋，形製宏壯，檢案經史，無所准據。《南史·劉瓛傳》：住在檀橋，瓦屋數間，上皆穿漏，學徒敬慕，不敢指斥，呼爲清溪焉。《宋史·輿服志》：又有望祭殿，遇雨則行事於中東都，時爲瓦屋五間，周圍重廊，中興後惟設葺屋，蓋倣清廟茅屋之制也。《急就篇》：□椽構櫨，瓦屋梁，注：瓦屋以瓦覆屋也。韓愈《唐故江西觀察使韋公墓誌銘》：拜洪州刺史始教人爲瓦屋，取材於山召，陶工教人陶聚材瓦於塲，度其費以爲估，不取贏利。凡取材瓦於官業，定而受其償，從令者免其賦之半，逃未復者官與爲之，貧不能者畀之財，載食與漿親往勸之。爲瓦屋萬三千七百，爲重屋四千七百，民無火憂，暑溼則乘其高。歐陽脩《夷陵縣至喜堂記》：民之列處，竈廩匽井無異位，一室之間，上父子而下畜豕，其覆皆用茅竹，故歲常火災。而俗信鬼神，其相傳曰作瓦屋者不利。又《春秋》：隱公八年七月庚午，宋公、齊侯、衛侯盟于瓦屋。杜注：瓦屋，周地。《左傳》：齊人卒平宋衛于鄭，秋會于温，盟于瓦屋，以釋東門之役禮也。又《嶺表録異記》：瓦屋子蓋蚌蛤之類也，南中舊呼爲空慈子，頃因盧鈞尚書作鎮，遂改呼爲瓦屋子，以其殼上有稜如瓦，故以名焉。

瓦竈，《後漢書·禮儀志》：瓦竈二、瓦釜二、瓦甑一、瓦鼎十二容五升。匏勺一容一升，瓦案九、瓦大杯十六容三升，瓦小杯二十容二升，瓦飯槃十、瓦酒樽二容五斗，匏勺二容一升。

瓦案，《後漢書·禮儀志》：見上。

瓦甓，《宋史·李允則傳》：始州民多以草覆屋，允則取材木西山，大爲倉廪營舍，始教民陶瓦甓，標里閈置廊市、邸舍水磑，城上悉累甓，下環以溝壍，蒔麻植榆柳。又《李遵勗傳》：主下嫁而所居堂甃，或瓦甓多爲鸞鳳狀，遵勗令鑱去。主服有龍飾，悉屏藏之，帝歎喜。《莊子》：東郭子問於莊子曰：所謂道惡乎在，莊子曰：無所不在。東郭子曰：期而後可，莊子曰：在螻蟻。曰：何其下耶，曰在稊稗。曰：何其愈下耶，曰在瓦甓。曰何其愈甚耶，曰在尿溺。東郭子不應。歐陽修《李秀才東園亭記》：予方仕宦奔走，不知再至城南，登此亭復幾閏，幸而再至，則東園之物又幾變也。計亭之梁木，其蠹瓦甓，其溜石物，其泐乎。

瓦窑，《魏志·董卓傳》：注：卓欲遷都長安，召公卿以下大議，司徒楊彪曰：長安宫室壞敗，不可卒復。卓曰：武帝時居杜陵，南山下有成瓦窑數千處，引涼川材木東下以作宫室，爲功不難。又《明一統志》：瓦窑山在宣府萬全左衛城東南五里，以陶甓所在。

瓦市，《燕翼貽謀録》：東京相國寺乃瓦市也，僧房散處而中庭兩廡可容萬人，凡商旅交易皆萃其中，四方趨京師以貨物求售、轉售他物者，必由於此。

瓦鼓，《周禮》：壺，涿氏下士一人。注：壺謂瓦鼓，涿擊之也。李建勳《田家詩》：木槃擎社酒，瓦鼓送神錢。孔武仲《堤下詩》：堤下人家喧笑語，高揭青帘椎瓦鼓。

瓦枕，蘇軾《歸宜興留題竹西寺詩》：暫借藤牀與瓦枕，莫教辜負竹風涼。

瓦硯，《唐書・地理志》：虢州弘農郡土貢絁、瓦硯、麝、地骨、皮梨。《文房四譜》：古瓦硯出相州魏銅雀臺，里人掘土往往得之，貯水數日不滲。蘇轍《銅雀硯銘》：引客有游河朔，登銅雀廢臺，得其遺瓦以爲硯，甚堅而澤，歸以遺予，爲之銘云。

瓦金，《宋書・周朗傳》：逮至婢豎皆無定科，一婢之身重婢，以使一豎之家列豎以役，瓦金、皮繡、漿酒、藿肉者，故不可稱紀。

瓦鉛，《道德指歸論》：夫德之在人，猶父母之於身也，其於萬物，猶珠玉之與瓦鉛也。

瓦鐵，《述異記》：澄水泉在滄州九視山，山出泉，闊百餘步，亦名流水渠，雖泛金石，終不沉，故州人欲渡此泉，以瓦鐵爲船舫。

瓦絲，《周語》：夫宫音之主也，第以及羽，聖人保樂而愛財，財以備器，樂以殖財，故樂器重者從細，輕者從大，是以金尚羽，石尚角，瓦絲尚宫，匏竹尚議，革木一聲。

瓦鏖，《魏志・東沃沮傳》：其葬作大木槨，長十餘丈，開一頭作户，新死者皆假埋之，才使覆形，皮肉盡乃取骨置槨中，舉家皆共一槨，刻木如生形，隨死者爲數。又有瓦鏖置米，其中偏，縣之於槨户邊。

瓦鼎，《後漢書・禮儀志》：見瓦竈下。

瓦豆，《詩于豆于登傳》：木曰豆，瓦曰登，籩祀天用瓦豆陶器質也。《爾雅》：木豆謂之豆，竹豆謂之籩，瓦豆謂之登。

瓦杯，《後漢書・禮儀志》：見瓦竈下。

瓦罍，《周禮》：凶人凡祭祀社壝，用大罍。注：大罍，瓦罍。

瓦尊，《禮記・禮器》：犧尊，疏布鼏，疏祭天，既周用陶匏，蓋以瓦爲尊，畫犧羽於上，或可用犧爲尊，是夏殷禮也，用陶也。《唐書・禮樂志》：天子詔曰：古今之制，文質不同，今封禪以玉牒，金繩而瓦尊，匏爵秸席宜改。

瓦罌，范梈《五月二十日發雷州過徐文次驛候役者不至留二日詩》：粉壁舊題分蘚讀，瓦罌新酒接花篘。

瓦甒，《禮記・曲禮》：御食於君，君賜餘器之溉者不寫，其餘皆寫。注：溉謂陶梓之器疏，陶是瓦甒之屬。又禮器五獻之尊，門外缶門内壺，君尊瓦甒。注壺大一石，瓦甒五斗。疏：君尊子男尊也，子男用瓦甒爲尊，故云君尊。

瓦甂，《家語》：魯有儉嗇者，瓦鬲煮食，食之自謂其美，盛之土型之器以進孔子，孔子受之歡然而悦，如受太牢之饋。子路曰：瓦甂陋器也，煮食薄膳也，夫子何當之如此乎。子曰：夫好諫者思其君，食美者思其親，吾非以饌具之爲厚，以其食美而我思焉。

瓦鬲，《家語》見上。

瓦敦，《儀禮・士喪禮》：無籩有黍稷用瓦敦有蓋當籩位。

瓦盞，梅堯臣詩：呼兒欲自酌，瓦盞無完全。

瓦玗，《宋書・禮志》：郊之日未明八刻，太祝令進饌，郎施饌，牲用□栗二頭，羣神用牛一頭，醴用秬鬯，藉用白茅，元酒一器，器用陶匏，以瓦樽盛酒，瓦玗斟酒。璧用蒼玉蒯席各二，不設茵蓐。古者席藁，晋江左用蒯。

瓦釜，《後漢書・禮儀志》：見瓦竈下。屈原：卜居黄鐘毁棄，瓦釜雷鳴。注：黄鐘喻禮樂之士，瓦釜喻庸下之人。柳宗元：代人進瓷器狀，且無瓦釜之鳴，是稱土硎之德。張耒《答天啟詩》：黄鐘無聲登瓦釜，蔡子青衫在塵土。戴復古《譚俊明雪中見訪從而乞米詩》地爐燒榾柮，瓦釜煮犂祈。

瓦甑，《後漢書・禮儀志》：見瓦竈下。《鼎録》：漢孝景帝鑄一鼎名食鼎，高二尺，銅金銀雜爲之，形若瓦甑，無足，中元二年造，其文曰：五熟是滋，君王膳之。《録異記》：廬山九天使者真君廟門外有石如瓦甑，光滑瑩潔，人嘗翫之，頗有靈異。蘇轍《牛尾狸詩》：蓄租分散身爲羞，松薪瓦甑烝浮浮。陸游詩：土鐺茶七椀，瓦甑稷三升。

瓦槃，《後漢書・禮儀志》見瓦竈下。

瓦盆，《嬾真子録》：温公先隴在鳴條山，墳所有餘慶寺，公一日省墳止寺中，有父老五六輩上謁，云欲獻薄禮，乃用瓦盆盛粟米飯，瓦罐盛菜羹真飯，土簋啜土鉶也，公享之如太牢。楊萬里《壓波堂賦》：筆牀茶竈，瓦盆藤尊。杜甫《少年行》：莫笑田家老瓦盆，自從盛酒長兒孫。

瓦罐，《嬾真子録》見上。

瓦甌，杜荀《鶴溪興詩》：山雨溪風卷釣絲，瓦甌篷底獨斟時。

瓦瓶，賈島《題皇甫荀藍田廳詩》：竹籠拾山果，瓦瓶擔石泉。杜荀《鶴登靈山水閣貽釣者詩》：瓦瓶盛酒瓷甌酌，荻浦蘆灣是要津。

瓦盤，《禮記・喪大記》：君設大盤造冰焉，大夫設夷盤造冰焉，士併瓦盤無冰。疏：士併瓦盤無冰者，瓦盤既小故併盤，士卑故無冰。

瓦甕，《國史補》：澠池道中有車載瓦甕塞於隘路，屬天寒冰雪峻滑，進退不得，日向暮，官私客旅羅擁在後。有劉頗者揚鞭而至，問曰：車中甕直幾錢，答曰：七八千，頗開囊取縑償之，命僮僕登車斷其結絡，悉推甕於崖下，須臾車輕得進，羣噪而前。

瓦缶，《易》：坎六四，樽酒簋貳用缶納，約自牖，終無咎。注：處重險而履正，以柔居柔，履得其位，以承於五，五亦得位，剛柔各得其所，不相犯位，皆無餘應，以相承比，明信顯著，不存外飾。處坎以斯，雖一樽之酒、二簋之食，瓦缶之器納此，至約自進於牖，乃可羞之於王公，薦之於宗廟，故終無咎也。《宋史·趙淮妾傳》：聚薪焚淮骨置瓦缶中，自抱持操小舟至急流，仰天慟哭，躍水而死。《元史·胡長孺傳》：所著書有《瓦缶編》、《南昌集》、《寧海漫鈔》、《顔樂齋藁》行於世。李商隱《行次西郊詩》濁酒盈瓦缶，爛穀堆荆園。

瓦棺，《禮記·檀弓》：有虞氏瓦棺。注：始不用薪也，有虞氏上陶。《南史·梁世子方等傳》：人生處世，如白駒過隙，耳一壺之酒，足以養性，一簞之食，足以怡形，生於蒿蓬，死葬溝壑，瓦棺石槨何以異茲。《元史·塔拜傳》癸卯之春日，宴羣僚歸而疾作，遂卒。是夕星隕，隱隱有聲，遺命葬以紙衣瓦棺。《鹽鐵論》：古者瓦棺容尸，木板堲周，足以收形骸藏髮齒而已。及其後桐棺不衣，采棺不斲斲。《白虎通》：有虞氏瓦棺令以木，何虞尚質，故用瓦。夏后氏益文故易之以堲，周謂堲木相周，無膠漆之用也。又《雁門野説》：建康瓦棺寺閣晉哀帝時造，逶迤精巧，甲於江左，年代寖遠而南角久已欹側。唐明皇開元九年七月十一日，江淮大風拔木，是夜因風雨自正。

瓦器，《禮記·儒行》疏：見瓦合下。《漢書·文帝紀》：贊治霸陵皆瓦器，不得㠯金銀銅錫爲飾，因其山不起墳。又《鮑宣傳》：唐尊衣敝履，空㠯瓦器飲食。《後漢書·光武帝紀》：建武二十五年初作壽陵，將作大匠竇融上言：園陵廣袤，無慮所用。帝曰：古者帝王之葬，皆陶人瓦器，木車茅馬，使後世之人不知其處。太宗識終始之義，景帝能述遵孝道，遭天下反復而霸陵獨完，受其福，豈不美哉。令所制地不過二三頃，無爲山陵陂池，裁令流水而已。又《東海王彊傳》：帝追惟彊深執謙儉，不欲厚葬，以違其意，於是特詔中常侍杜岑及東海傅相曰：王恭謙好禮，以德自終，遣送之物務從約省，衣足斂形，茅車瓦器，物減於制，以彰王卓爾獨行之志。又《宣秉傳》：秉性節約，常服布被，蔬食瓦器。帝嘗幸其府舍，見而歎曰：楚國二龔不如雲陽宣巨公，即賜布帛帳帷什物。《魏志·裴潛傳》：遺令儉葬，墓中惟置一坐，瓦器數枚，其餘一無所設。《晉書·單道開傳》：年百餘歲，卒於山舍，勅弟子以尸置石穴中，弟子乃移入石室。袁宏爲南海太守，登羅浮山至石室，見道開形骸如生，瓦器猶存，宏曰：法師業行殊羣，正當如蟬脱耳。《宋書·五行志》：錢鳳復攻京，阻水而守，相持月餘，日焚燒城邑井堙木刊矣。鳳等敗退，沈充將其黨還吴興，官軍踵之蹈籍郡縣，充父子授首，黨與誅者以百數。所謂揚州破換敗吴興，覆瓿甄瓿甄瓦器。《南史·沈瑀傳》：爲餘姚令，初至富吏皆鮮衣美服以自彰別，瑀怒曰：汝等下縣吏，何得自擬貴人，悉使著芒履粗布，侍立終日，足有蹉跌輒加榜箠。瑀微時嘗至此鬻瓦器，爲富人所辱，故因以報焉。《宋史·食貨志》：賈物自泉福兩浙湖廣至者，皆金銀物帛，直或至萬餘緡。自高化至者，惟米包、瓦器、牛畜之類，直纔百一而槩牧以丈尺，故高化商人不至，海内遂乏牛米。《白虎通》：竹器不成用，木器不成斲，瓦器不成沫，琴瑟張而不平，竽笙備而不和，有鐘磬而無簨簴，縣示備物而不可用也。《觥記注》：甁者，紂臣昆吾作瓦器也，受五斗。

瓦粉，《本草》粉錫釋名：解粉、鉛粉、鉛華、胡粉、定粉、瓦粉、光粉、白粉、水粉、官粉。

瓦獸，《唐書·車服志》：常參官施縣魚，對鳳瓦獸，通栿乳梁。《宋史·輿服志》：凡宮宇棟施瓦獸，門設梐枑，諸州正衙門及城門並施鴟尾，不得施拒鵲。六品以上宅舍許作鳥頭門，父祖宅舍有者，子孫許仍之。李賀《潞州張大宅病酒遇江使寄上十四兄詩》：莎老沙雞泣，松乾瓦獸殘。

瓦狗，《潛夫論》：或作泥車瓦狗諸戲弄之具以巧詐小兒，此皆無益也。

瓦木，《唐書·太宗皇后長孫氏傳》：器以瓦木，約費送終。又《張元素傳》：臣聞東都始平太，上皇詔宮室過度者焚之，陛下謂瓦木可用，請賜貧人事雖不從，天下稱爲盛德，今復度而宮之，是隋役又興，不五六年間一捨一取，天下謂何。《宋史·食貨志》：淮南三轉般倉不可不復，乞自泗州爲始，次及真楚。既有瓦木順流而下，不甚勞費俟，歲豐計置儲蓄，立法轉般。又《石守信傳》：累任節鎮，專務聚斂，積財鉅萬，尤信奉釋氏，在西京建崇德寺，募民瓦木，驅迫甚急，而傭值不給，人多苦之。

瓦松，李華《尚書都堂瓦松詩》：華省秘仙蹤，高堂露瓦松。

瓦竹，蘇轍詩：道人遇物心有得，瓦竹相敲緣自掃。

瓦花，皮日休《夏景沖澹詩》：茗爐盡日燒松子，書案經時剥瓦花。又《和魯望秋賦有期詩》：應帶瓦花經汴水，更攜雲實出包山。

瓦蘚，《本草》：屋遊，一名瓦蘚。

瓦卜，杜甫《遣悶詩》：瓦卜傳神語，畬田費火聲。

瓦兆，《周禮》：大卜掌三兆之法，一曰玉兆，二曰瓦兆，三曰原兆。注：兆者灼龜發於火，其形可占者，其象似玉瓦原之□罅，是以名之焉。

瓦間，《齊書·祥瑞志》：永明九年十一月，寧蜀廣漢縣田所墾地八尺四寸，獲古鐘一枚，更於陶所瓦間見有白光，窺尋無物，自後夜夜輒復有光。既經旬日，村民張慶宣瓦作屋又於屋間見光，照内外發視，獲玉璽一鈕，璧方八分，上有鼻文曰帝真。

瓦縫，杜牧《阿房宮賦》：瓦縫參差，多於周身之帛縷。

瓦凹，《畫史》：古書畫皆圜，蓋有助於器。晉唐皆鳳池，研中心如瓦凹，故曰研瓦。

瓦覆，《宋史·夏國傳》：俗皆土屋，惟有命者得以瓦覆之。王泠然《汝州薛家竹亭賦》：泥含椒氣，瓦覆苔青。

瓦疊，徐鉉《雪詩》：長廊瓦疊行行密，晚院風高寸寸增。

瓦影，朱松寄《題叔父池亭詩》：方塘蔭瓦影，净見魴鯉行。

瓦面，劉子翬《銅爵詩》：金碧銷磨瓦面星，亂山依舊遶宮城。張憲《夜坐吟》：蜻蜓頭落燈花黑，瓦面寒蟾弄山色。

瓦片，《物類相感志》：脚跟生厚皮者，用有布紋瓦片磨之。

瓦合，《禮記·儒行》：毀方而瓦合。疏：方謂物之方正，有圭角鋒鋩也。瓦合謂瓦器破而相合也，言儒者身雖方正，毀屈已之。方正下同。凡衆如破圭角，與瓦器相合也。《史記·儒林傳序》：陳涉起匹夫，驅瓦合，適戍，旬月以王楚，不滿半歲竟滅亡，其事至微淺，然而縉紳先生之徒負孔子禮器往委質爲臣者，何也，以秦焚其業，積怨而發憤於陳王也。《漢書·酈食其傳》：沛公至高陽，傳舍使人召食其，食其至，入謁沛公，因言六國從横時，沛公喜，賜食其食。問曰：計安出，食其曰：足下起瓦合之卒，收散亂之兵，不滿萬人，欲以徑入彊秦，此所謂探虎口者也。夫陳留天下之衝，四通五達之郊也，今其城中人多積粟，臣知其令，今使令下足下，即不聽，足下舉兵攻之，臣爲内應。又《陳湯傳》：西域都護段會宗爲烏孫兵所圍，驛騎上書，願發城郭、敦煌兵㠯自救，上召湯示㠯會宗奏。湯曰：兵法曰：客倍而主人半，然後敵。今圍會宗者人衆不足㠯勝會宗，惟陛下勿憂。上曰：柰何其解可必乎，度何時解，湯知烏孫瓦合，不能久攻，故事不過數日，因對曰：已解矣，詘指計其日曰不出五日，當有吉語聞，居四日軍書到，言已解。

瓦解，《史記·貨殖傳》：富無經業則貨無常主，能者輻湊，不肖者瓦解。《漢書·徐樂傳》：臣聞天下之患在於土崩，不在瓦解，古今一也。又《匈奴傳》：其攻戰，斬首虜賜一巵酒，而所得鹵獲因以予之，得人以爲奴婢，故其戰人人自爲趨利，善爲誘兵以包敵，故其逐利如鳥之集，其困敗瓦解雲散矣。《晉書·宣帝紀》：尋轉主簿，從討張魯，言於魏武曰：劉備以詐力虜劉璋，蜀人未附而遠争江陵，此機不可失也。今若曜威漢中，益州震動，進兵臨之，勢必瓦解，因此之勢易爲功力，聖人不能違時，亦不失時矣。《南史·虞寄傳》：夫以王琳之强，侯瑱之力，進足以摇蕩中原、争衡天下，退足以屈彊江外、雄張偏隅，然或命一旅之師，或資一士之説，琳即瓦解冰泮，投身異域。瑱則厥角稽顙，委命闕庭。《鹽鐵論》：初貳師不克宛而還也，議者故使人主不遂忿，則西域皆瓦解而附於胡，胡得衆國而益强。先帝絶奇聽，行武威，還襲宛，宛舉國以降，效其器物，致其寶馬，烏孫之屬駭膽，請爲臣妾。《新論》：秦之季葉土崩瓦解，漢祖躬提三尺之劍，爲黔首請命，當斯之時，冠章甫衣縫掖，未若戴金胄而擐犀甲也。潘尼《安身論》：握權則赴者鱗集，失寵則散者瓦解。庾信《哀江南賦》瓦解冰泮，風飛雹散。

瓦裂，《宋史·賈昌朝傳》：宜度西方諸國如沙州唃厮、明珠滅臧之族，迎近北如黑水女貞、高麗、新羅之屬，舊通國中募人往使，誘之使歸我，則勢分而釁生，體解而瓦裂矣。任昉：宣德太后再敦勸梁王，令白羽一麾，黄鳥底定，甲既鱗下，車亦瓦裂。又《枯樹賦》：文斜者百圍冰碎，理正者千尋瓦裂。庾信《小園賦》：山崩川竭，冰碎瓦裂。

瓦散，《魏書·楊昱傳》：長安關中基本，今大軍頓在涇豳，與賊相對，若使長安不守，大軍自然瓦散，此軍雖往有何益也。

瓦振，《史記·趙奢傳》：秦軍軍武安西，秦軍鼓譟，勒兵武安，屋瓦盡振。又作震，《周書·宇文護傳》：若令迭争尺寸，兩競錐刀，瓦振長平則趙分爲二，兵出函谷則韓裂爲三，安得猶全，謂無損益。

瓦注，《莊子》：以瓦注者，巧以鉤注者，憚以黄金注者。殙一作投。《吕覽》莊子曰：以瓦注者翔以鉤投者，戰以黄金投者殆其祥一也，而有所殆者必外有所重者也。又作鉒。《淮南子》以瓦注者全以金鉒者，跋以玉鉒者發。

瓦埴，《荀子》：陶人埏埴而生瓦，然則瓦埴豈陶人之性也哉。

綜述

《墨子》卷一四《備突第六一》 城百步一突門，突門各爲窑竈，竇入門四五尺爲亦，門上瓦屋毋令水潦，能入門中，吏主塞突門，用車兩輪，以木束之，塗亦上維，置突門内使度門廣狹，令之入門中四五尺，置窑竈門旁爲槖，充竈狀柴艾，寇即入下輪而塞之，鼓槖而熏之。

宋應星《天工開物》卷中《陶埏第七瓦·磚》 宋子曰，水火既濟而土合。萬室之國，日勤(千)〔一〕人而不足，民用亦繁矣哉。上棟下室以避風雨，而瓬建焉。王公設險以守其國，而城垣、雉堞，寇來不可上矣。泥甕堅而醴酒欲清，瓦登潔而醯醢以薦。商周之際，俎豆以木爲之，毋亦質重之思耶。後世方土效靈，人工表異，陶成雅器，有素肌、玉骨之象焉。掩映幾筵，文明可掬。豈終固哉！

瓦

凡埏泥造瓦，堀地二尺餘，擇取無沙粘土而爲之。百里之内必産合用土色，供人居室之用。凡民居瓦形皆四合分片。先以圓桶爲模骨，外畫四條界。調踐熟泥，叠成高長方條。然後用鐵線弦弓，線上空三分，以尺限定，向泥不平戛一片，似揭紙而起，周包圓桶之上。待其稍乾，脱模而出，自然裂爲四片。凡瓦大小若無定式，大者縱横八、九寸，小者縮十之三。室宇合溝中，則必需其最大者，名曰溝瓦，能承受淫雨不溢漏也。凡坯既成，乾燥之後則堆積窑中，燃薪舉火。或一晝夜或二晝夜，視(陶)〔窑〕中多少爲熄火久暫。澆水轉(銹)〔釉〕音右與造磚同法。其垂于簷端者有滴水，下于脊沿者有雲瓦，瓦掩覆脊者有抱同，鎮脊兩頭者有鳥獸諸形象。皆人工逐一做成，載于窑内，受水火而成器則一也。若皇家宫殿所用，大異于是。其制爲琉璃瓦者，或爲板片，或爲宛筒，以圓竹與斲木爲模，逐片成造。其土必取于太平府，舟運三千里方達京師。參沙之僞，雇役、擄舡之擾，害不可極。即承天皇陵，亦取于此，無人議正。造成，先裝入琉璃窑内，每柴五千斤燒瓦百片。取出成色，以無名異、椶櫚毛等煎汁塗染成緑，黛赭石、松香、蒲草等塗染成黄，再入别窑，減殺薪火，逼成琉璃寳色。外省親王殿與仙佛宫觀間亦爲之，但色料各有譬（配）合，採取不必盡同。民居則有禁也。

碑

凡埏泥造碑，亦堀地驗辨土色，或藍或白，或紅或黄，閩廣多紅泥，藍者名善泥，江浙居多。皆以粘而不散，粉而不沙者爲上。汲水滋土，人逐數牛錯趾，踏成稠泥。然後填滿木匡之中，鐵線弓戛平其面，而成坯形。凡郡邑城雉、民居垣墻所用者，有眠碑、側碑兩色。眠碑方長條，砌城郭與民人饒富家，不惜工費，直叠而上。民居筭計者，則一眠之上施側碑一路，填土礫其中以實之，蓋省嗇之義也。凡墻碑而外，甃地者名曰方墁碑。榱（桷）（桷）上用以承瓦者曰楻板碑。圓鞠小橋梁與圭門與窀穸墓穴者曰刀碑，又曰鞠碑。凡刀碑削狹一偏面，相靠擠緊，上砌成圓。車馬踐壓不能損陷。造方墁碑，泥入方匡中，平板蓋面，兩人足立其上，研轉而堅固之，燒成效用。石工磨斵四沿，然後甃地。刀碑之直視墻碑稍溢一分，楻板碑則積十以當墻碑之一，方墁碑則一以敵墻碑之十也。凡碑成坯之後，裝入窑中。所裝百鈞則火力一晝夜，二百鈞則倍時而足。凡燒碑有柴薪窑，有煤炭窑。用薪者出火成青黑色，用煤者出火成白色。凡柴薪窑巔上偏側鑿三孔以出烟。火足止薪之候，泥固塞其孔，然後使水轉（銹）（釉）。凡火候少一兩，則銹色不光。少三兩則名嫩火碑，本色雜現，他日經霜冒雪則立成解散，仍還土質。火候多一兩則碑面有裂紋。多三兩則碑形縮小拆裂，屈曲不伸，擊之如碎鐵然，不適于用。巧用者以之埋藏土内爲墻脚則亦有碑之用也。凡觀火候，從窑門透視内壁，土受火精，形神摇蕩，若金銀鎔化之極然，陶長辨之。凡轉（銹）（釉）之法，窑巔作一平田樣，四圍稍弦起，灌水其（土）（上）。碑瓦百鈞用水四十石。水神透入土膜之下，與火意相感而成。水火既濟，其質千秋矣。若煤炭窑視柴窑深欲倍之，其上圓鞠漸小，併不封頂。其内以煤造成尺五徑濶餅，每煤一層，隔碑一層，葦薪墊地發火。若皇居所用碑，其大者廠在臨清，工部分司主之。初名色有副碑、券碑、平身碑、望板碑、斧刃碑、方碑之類，後革去半。運至京師，每漕舫搭四十塊，民舟半之。又細料方碑以甃正殿者，則由蘇州造解。其琉璃甎色料已載瓦款。取薪臺基廠，燒由黑窑云。

陳元龍《格致鏡原》卷二〇《瓦》《古史考》：夏后時昆吾氏作瓦，以代茅茨之始。《洞冥記》：商王無道，使兆人入地千丈求青堅之土以作瓦。《七修類藁》：淘瓦之泥曰坏，細泥也。《禮・儒行》：毁方而瓦合。注吕氏曰：陶者爲瓦必圓而割，分之則瓦，合之則圓，而不失其瓦之質。《事物紺珠》：瓦獸，屋上

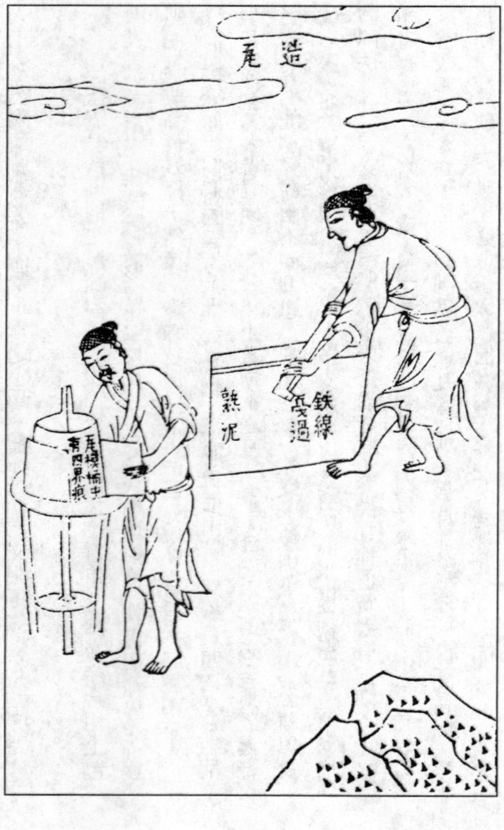

獸頭。《六書故》瓬牝瓦，仰葢者，仰瓦受覆瓦之流，所謂瓦溝也。《漢書·武五子傳》：以屋版瓦覆，注版瓦大瓦也。《漢武故事》：起神屋以銅爲瓦，漆其外。《道山清話》：世傳銅爵瓦，驗之有三，錫花、雷斧、鮮疵三者是也，然皆風雨彫鐫，不可得而僞。五色線鴛鴦瓦，見《魏志》魏文帝夢兩瓦落地爲鴛鴦。《穀山筆麈》：唐時明堂制度，其宇上圜，覆以清陽玉葉，清陽色也，玉葉亦瓦之類，今大享殿及圜丘闌干皆用回青瓦，亦清陽玉葉之類。《明皇雜録》：虢國夫人恩傾一時，奪韋嗣立宅以廣其居，後復歸韋氏，因大風折木墜堂上不損，視之瓦皆堅木也。孟熙《霏雪録》：宋朝以文德殿爲正衙，元以大明殿爲正衙，有延春閣俱有琉璃瓦飾簷脊。王禹偁《竹樓記》：黄岡之地多竹，竹工破之，刳去其節，用代陶瓦。王世懋《閩部疏》：泉漳間燒山土爲瓦，皆黄色，郡人以海風能飛瓦，奏請用筒瓦，民居皆儼似黄屋。《吴外國傳》：大秦國王宫殿，水晶爲瓦。《王縉傳》：五臺山祠鑄銅爲瓦，金塗之。《孔六帖》：南蠻婆賄伽盧國廚覆銀瓦。《夷事署》：三佛齊以椰葉爲瓦，扶南以大箬葉爲瓦，拔悉彌以樺皮爲瓦，暹羅以茭草爲瓦。《孔六帖》：楊於陵出爲嶺南節度使，教民陶瓦易蒲屋以絶火患。王曾《筆録》：竇侍郎儼善聽聲音，世宗常令陶人應二十四氣燒瓦二十四片，各題識其節氣，遂隔簾敲響，令辨之，一無差謬。《春明退朝録》：王侍郎子融言天聖中青州盛冬濃霜，屋瓦皆成百花之狀，以紙摹之，其家尚餘數幅。《夢溪筆談》：宋元豐末，秀州人家瓦上冰成花，每瓦一枝如折枝，有大花似牡丹芍藥者，細花如海棠萱草者，皆有枝葉，以紙搨之，無異石刻。《酉陽雜俎》：術士王瓊取一瓦片畫作龜甲，懷之少頃，出置地成真龜，經數日成瓦。《南部新書》：西京壽安縣有墨石山神祠，頗靈，祠前有兩瓦子，過客投之以卜。《丹鉛總録》：宋世寒食有抛堶之戲，兒童飛瓦石爲戲，若今之打瓦也。梅都官禁烟詩：「窈窕踏歌相把袂，輕浮賭勝各飛堶。」堶，七和切。或云起於堯民之擊壤。

紀事

《漢書》卷四《文帝紀贊》 孝文皇帝即位二十三年，宫室苑囿車騎服御無所增益。有不便，輒弛以利民。嘗欲作露臺，召匠計之，直百金。上曰：「百金，中人十家之産也。吾奉先帝宫室，常恐羞之，何以臺爲！」身衣弋綈，所幸慎夫人衣不曳地，帷帳無文繡，以示敦朴，爲天下先。治霸陵，皆瓦器，不得以金銀銅錫爲飾，因其山，不起墳。南越尉佗自立爲帝，召貴佗兄弟，以德懷之，佗遂稱臣。與匈奴結和親，後而背約入盜，令邊備守，不發兵深入，恐煩百姓。吴王詐病不朝，賜以几杖。羣臣袁盎等諫説雖切，常假借納用焉。張武等受賂金錢，覺，更加賞賜，以媿其心。專務以德化民，是以海内殷富，興於禮義，斷獄數百，幾致刑措。嗚呼，仁哉！

《漢書》卷一二《平帝紀一二》 〔元始〕四年春正月，郊祀高祖以配天，宗祀孝文以配上帝。

改殷紹嘉公曰宋公，周承休公曰鄭公。

詔曰：「蓋夫婦正則父子親，人倫定矣。前詔有司復貞婦，歸女徒，誠欲以防邪辟，全貞信。及眊悼之人刑罰所不加，聖王之所制也。惟苛暴吏多拘繫犯法者親屬，婦女老弱，搆怨傷化，百姓苦之。其明敕百寮，婦女非身犯法，及男子年八十以上七歲以下，家非坐不道，詔所名捕，它皆無得繫。其當驗者，即驗問。定著令。」

二月丁未，立皇后王氏，大赦天下。

遣太僕王惲等八人置副，假節，分行天下，覽觀風俗。

賜九卿已下至六百石、宗室有屬籍者爵，自五大夫以上各有差。賜天下民爵一級，鰥寡孤獨高年帛。

夏，皇后見于高廟。加安漢公號曰「宰衡」。賜公太夫人號曰功顯君。封公子安、臨皆爲列侯。

安漢公奏立明堂、辟廱。尊孝宣廟爲中宗，孝元廟爲高宗，天子世世獻祭。置西海郡，徙天下犯禁者處之。

梁王立有罪，自殺。

分京師置前煇光、後丞烈二郡。更公卿、大夫、八十一元士官名位次及十二州名。分界郡國所屬，罷置改易，天下多事，吏不能紀。

冬，大風吹長安城東門屋瓦且盡。

《漢書》卷二七下之上《五行志第七下之上》 文公九年「九月癸酉，地震」。劉向以爲先是時，齊桓、晉文、魯釐二伯賢君新没，周襄王失道，楚穆王殺父，諸侯皆不肖，權傾於下，天戒若曰，臣下彊盛者將動爲害。後宋、魯、晉、莒、鄭、陳、齊皆殺君。諸震，略皆從董仲舒説也。京房《易傳》曰：「臣事雖正，專必震，其震，於水則波，於木則搖，於屋則瓦落。大經在辟而易臣，兹謂陰動，厥震搖政宮。大經搖政，兹謂不陰，厥震搖山，山出涌水。嗣子無德專禄，兹謂不順，厥震動丘陵，涌水出。」

《漢書》卷六三《武五子傳》 初賀在國時，數有怪。嘗見白犬，高三尺，無頭，其頸以下似人，而冠方山冠。後見熊，左右皆莫見。又大鳥飛集宮中。王知，惡之，輒以問郎中令遂。遂爲言其故，語在《五行志》。王卬天歎曰：「不祥何爲數來！」遂叩頭曰：「臣不敢隱忠，數言危亡之戒，大王不説。夫國之存亡，豈在臣言哉？願王内自揆度。大王誦《詩》三百五篇，人事浹，王道備，王之所行中《詩》一篇何等也？大王位爲諸侯王，行汙於庶人，以存難，以亡易，宜深察之。」後又血汙王坐席，王問遂，遂叫然號曰：「宮空不久，祆祥數至。血者，陰憂象也。宜畏慎自省。」賀終不改節。居無何，徵。既即位，後王夢青蠅之矢積西階東，可五六石，以屋版瓦覆，發視之，青蠅矢也。以問遂，遂曰：「陛下之《詩》不云乎？『營營青蠅，至于藩；愷悌君子，毋信讒言。』陛下左側讒人衆多，如是青蠅惡矣。宜進先帝大臣子孫親近以爲左右。如不忍昌邑故人，信用讒諛，必有凶咎。願詭禍爲福，皆放逐之。臣當先逐矣。」賀不用其言，卒至於廢。

《漢書》卷六八《霍光傳》 初，趙平客石夏善爲天官，語平曰：「熒惑守御星，御星，太僕奉車都尉也，不黜則死。」平内憂山等。雲舅李竟所善張赦見雲家卒卒，謂竟曰：「今丞相與平恩侯用事，可令太夫人言太后，先誅此兩人。移徙陛下，在太后耳。」長安男子張章告之，事下廷尉。執金吾捕張赦、石夏等，後有詔止勿捕。山等愈恐，相謂曰：「此縣官重太后，故不竟也。然惡端已見，又有弑許后事，陛下雖寬仁，恐左右不聽，久之猶發，發即族矣，不如先也。」遂令諸女各歸報其夫，皆曰：「安所相避？」

會李竟坐與諸侯王交通，辭語及霍氏，有詔雲、山不宜宿衛，免就第。光諸女遇太后無禮，馮子都數犯法，上并以爲讓，山、禹等甚恐。顯夢第中井水溢流庭下，竈居樹上，又夢大將軍謂顯曰：「知捕兒不？亟下捕之。」第中鼠暴多，與人相觸，以尾畫地。鴞數鳴殿前樹上。第門自壞。雲尚冠里宅中門亦壞。巷端人共見有人居雲屋上，徹瓦投地，就視，亡有，大怪之。禹夢車騎聲正讙來捕禹，舉家憂愁。山曰：「丞相擅減宗廟羔、菟、蛙，可以此罪也。」謀令太后爲博平君置酒，召丞相、平恩侯以下，使范明友、鄧廣漢承太后制引斬之，因廢天子而立禹。約定未發，雲拜爲玄菟太守，太中大夫任宣爲代郡太守。山又坐寫祕書，顯爲上書獻城西第，入馬千匹，以贖山罪。書報聞。會事發覺，雲、山、明友自殺，顯、禹、廣漢等捕得。禹要斬，顯及諸女昆弟皆棄市。唯獨霍后廢處昭臺宮。與霍氏相連坐誅滅者數千家。

《漢書》卷九九上《王莽傳第六九上》 是歲，莽奏起明堂、辟雍、靈臺，爲學者築舍萬區，作市、常滿倉，制度甚盛。立《樂經》，益博士員，經各五人。徵天下通一藝教授十一人以上，及有逸《禮》、古《書》、《毛詩》、《周官》、《爾雅》、天文、圖讖、鍾律、月令、兵法、《史篇》文字，通知其意者，皆詣公車。網羅天下異能之士，至者前後千數，皆令記説廷中，將令正乖繆，壹異説云。羣臣奏言：「昔周公奉繼體之嗣，據上公之尊，然猶七年制度乃定。夫明堂、辟雍，墮廢千載莫能興，今安漢公起于第家，輔翼陛下，四年于兹，功德爛然。公以八月載生魄庚子奉使，朝用書臨賦營築，越若翊辛丑，諸生、庶民大和會，十萬衆並集，平作二旬，大功畢成。唐虞發舉，成周造業，誠亡以加。宰衡位宜在諸侯王上，賜以束帛加璧，大國乘車、安車各一，驪馬二駟。」詔曰：「可。其議九錫之法。」

冬，大風吹長安城東門屋瓦且盡。

《漢書》卷九九中《王莽傳第六九中》 〔天鳳元年〕三月壬申晦，日有食之。大赦天下。策大司馬逯並曰：「日食無光，干戈不戢，其上大司馬印韍，就侯氏朝位。太傅平晏勿領尚書事，省侍中諸曹兼官者。以利苗男訢爲大司馬。」

莽即真，尤備大臣，抑奪下權，朝臣有言其過失者，輒拔擢。孔仁、趙博、費興等以敢擊大臣，故見信任，擇名官而居之。公卿入宮，吏有常數，太傅平晏從吏過例，掖門僕射苛問不遜，戊曹士收繫僕射。莽大怒，使執法發車騎數百圍太傅府，捕士，即時死。大司空士夜過奉常亭，亭長苛之，告以官名，亭長醉曰：「寧有符傳邪？」士以馬箠擊亭長，亭長斬士，亡，郡縣逐之。家上書，莽曰：「亭長奉公，勿逐。」大司空邑斥士以謝。國將哀章頗不清，莽爲選置和叔，敕曰：「非但保國將閨門，當保親屬在西州者。」諸公皆輕賤，而章尤甚。

四月，隕霜，殺屮木，海瀕尤甚。六月，黄霧四塞。七月，大風拔樹，飛北闕直城門屋瓦。雨雹，殺牛羊。

《漢書》卷九九下《王莽傳第六九下》〔地皇元年〕七月，大風毁王路堂。復下書曰：「乃壬午餔時，有列風雷雨發屋折木之變，予甚弁焉，予甚栗焉，予甚恐焉。伏念一旬，迷乃解矣。昔符命文立安爲新遷王，臨國雒陽，爲統義陽王。是時予在攝假，謙不敢當，而以爲公。其後金匱文至，議者皆曰：『臨國雒陽爲統，謂據土中爲新室統也，宜爲皇太子。』自此後，臨久病，雖瘳不平，朝見挈茵輿行。見王路堂者，張於西廂及後閤更衣中，又以皇后被疾，臨且去本就舍，妃妾在東永巷。壬午，列風毁王路西廂及後閤更衣中室。昭寧堂池東南榆樹大十圍，東僵，擊東閣，閣即東永巷之西垣也。皆破折瓦壞，發屋拔木，予甚驚焉。又候官奏月犯心前星，厥有占，予甚憂之。伏念《紫閣圖》文，太一、黄帝皆得瑞以僊，後世褎主當登終南山。所謂新遷王者，乃太一新遷之後也。統義陽王乃用五統以禮義登陽上遷之後也。臨有兄而稱太子，名不正。宣尼公曰：『名不正，則言不順，至於刑罰不中，民無錯手足。』惟即位以來，陰陽未和，風雨不時，數遇枯旱蝗螟爲災，穀稼鮮耗，百姓苦飢，蠻夷猾夏，寇賊姦宄，人民正營，無所錯手足。深惟厥咎，在名不正焉。其立安爲新遷王，臨爲統義陽王，幾以保全二子，子孫千億，外攘四夷，内安中國焉。」

《漢書》卷九九下《王莽傳》第六九下〔地皇四年〕六月，邑與司徒尋發雒陽，欲至宛，道出潁川，過昆陽。昆陽時已降漢，漢兵守之。嚴尤、陳茂與二公會，二公縱兵圍昆陽。嚴尤曰：「稱尊號者在宛下，宜亟進。彼破，諸城自定矣。」邑曰：「百萬之師，所過當滅，今屠此城，喋血而進，前歌後舞，顧不快邪！」遂圍城數十重。城中請降，不許。嚴尤又曰：「『歸師勿遏，圍城爲之闕』，可如兵法，使得逸出，以怖宛下。」邑又不聽。會世祖悉發郾、定陵兵數千人來救昆陽，尋、邑易之，自將萬餘人行陳，敕諸營皆按部毋得動，獨迎，與漢兵戰，不利。大軍不敢擅相救，漢兵乘勝殺尋。昆陽中兵出並戰，邑走，軍亂。（天）〔大〕風蜚瓦，雨如注水，大衆崩壞號謼，虎豹股栗，士卒犇走，各還歸其郡。邑獨與所將長安勇敢數千人還雒陽。關中聞之震恐，盜賊並起。

《後漢書》卷一三《五行志一》永康元年十月壬戌，南宫平城門内屋自壞。金沴木，木動也。其十二月，宫車晏駕。

靈帝光和元年，南宫平城門内屋、武庫屋及外東垣屋前後頓壞。蔡邕對曰：「平城門，正陽之門，與宫連，郊祀法駕所由從出，門之最尊者也。武庫，禁兵所藏。東垣，庫之外障。《易傳》曰『小人在位，上下咸悖，厥妖城門内崩。』《潛潭巴》曰：『宮瓦自墮，諸侯強陵主。』此皆小人顯位亂法之咎也。」其後黄巾賊先起東方，庫兵大動。皇后同父兄何進爲大將軍，同母弟苗爲車騎將軍，兄弟並貴盛，皆統兵在京都。其後進欲誅廢中官，爲中常侍張讓、段珪等所殺，兵戰宫中闕下，更相誅滅，天下兵大起。

《三國志》卷二《魏志・文帝紀第二》〔黄初三年〕冬十月甲子，表首陽山東爲壽陵，作終制曰：「禮，國君即位爲椑，椑音扶歷反。存不忘亡也。昔堯葬穀林，通樹之，禹葬會稽，農不易畝，故葬於山林，則合乎山林。封樹之制，非上古也，吾無取焉。壽陵因山爲體，無爲封樹，無立寢殿，造園邑，通神道。夫葬也者，藏也，欲人之不得見也。骨無痛癢之知，冢非棲神之宅，禮不墓祭，欲存亡之不黷也，爲棺槨足以朽骨，衣衾足以朽肉而已。故吾營此丘墟不食之地，欲使易代之後不知其處。無施葦炭，無藏金銀銅鐵，一以瓦器，合古塗車、芻靈之義。棺但漆際會三過，飯含無以珠玉，無施珠襦玉匣，諸愚俗所爲也。季孫以璵璠斂，孔子歷級而救之，譬之暴骸中原。宋公厚葬，君子謂華元、樂莒不臣，以爲棄君於惡。漢文帝之不發，霸陵無求也，光武之掘，原陵封樹也。霸陵之完，功在釋之；原陵之掘，罪在明帝。是釋之忠以利君，明帝愛以害親也。忠臣孝子，宜思仲尼、丘明、釋之之言，鑒華元、樂莒、明帝之戒，存於所以安君定親，使魂靈萬載無危，斯則賢聖之忠孝矣。自古及今，未有不亡之國，亦無不掘之墓也。喪亂以來，漢氏諸陵無不發掘，至乃燒取玉匣金縷，骸骨并盡，是焚如之刑，豈不重痛哉！禍由乎厚葬封樹。『桑、霍爲我戒』，不亦明乎？其皇后及貴人以下，不隨王之國者，有終没皆葬澗西，前又以表其處矣。蓋舜葬蒼梧，二妃不從，延陵葬子，遠在嬴、博，魂而有靈，無不之也，一澗之間，不足爲遠。若違今詔，妄有所變改造施，吾爲戮尸地下，戮而重戮，死而重死。臣子爲蔑死君父，不忠不孝，使死者有知，將不福汝。其以此詔藏之宗廟，副在尚書、祕書、三府。」

《三國志》卷三《魏志・明帝紀第三》〔青龍二年〕五月，太白晝見。孫權入居巢湖口，向合肥新城，又遣將陸議、孫韶各將萬餘人入淮、沔。六月，征東將軍滿寵進軍拒之。寵欲拔新城守，致賊壽春，帝不聽，曰：「昔漢光武遣兵縣據略陽，終以破隗囂，先帝東置合肥，南守襄陽，西固祁山，賊來輒破於三城之下者，地有所必争也。縱權攻新城，必不能拔。敕諸將堅守，吾將自往征之，比至，恐權走也。」秋七月壬寅，帝親御龍舟東征，權攻新城，將軍張穎等拒守力戰，帝軍未至數百里，權遁走，議、韶等亦退。羣臣以爲大將軍方與諸葛亮相持未解，車駕可西幸長安。帝曰：「權走，亮膽破，大將軍以制之，吾無憂矣。」遂進軍幸壽春，録諸將功，封賞各有差。八月己未，大曜兵，饗六軍，遣使者持節犒勞合肥、壽春諸軍。辛巳，行還許昌宮。

司馬宣王與亮相持，連圍積日，亮數挑戰，宣王堅壘不應。會亮卒，其軍退還。

冬十月乙丑，月犯鎮星及軒轅。戊寅，月犯太白。十一月，京都地震，從東南來，隱隱有聲，摇動屋瓦。十二月，詔有司删定大辟，減死罪。

《三國志》卷二九《魏志・周宣傳》 周宣字孔和，樂安人也。爲郡吏。太守楊沛夢人曰：「八月一日曹公當至，必與君杖，飲以藥酒。」使宣占之。是時黄巾賊起，宣對曰：「夫杖起弱者，藥治人病，八月一日，賊必除滅。」至期，賊果破。

後東平劉楨夢蛇生四足，穴居門中，使宣占之，宣曰：「此爲國夢，非君家之事也。當殺女子而作賊者。」頃之，女賊鄭、姜遂俱夷討，以蛇女子之祥，足非蛇之所宜故也。

文帝問宣曰：「吾夢殿屋兩瓦墮地，化爲雙鴛鴦，此何謂也？」宣對曰：「後宮當有暴死者。」帝曰：「吾詐聊耳！」宣對曰：「夫夢者意耳，苟以形言，便占吉凶。」言未畢，而黄門令奏宮人相殺。無幾，帝復問曰：「我昨夜夢青氣自地屬天。」宣對曰：「天下當有貴女子寃死。」是時，帝已遣使賜甄后璽書，聞宣言而悔之，遣人追使者不及。帝復問曰：「吾夢摩錢文，欲令滅而更愈明，此何謂邪？」宣悵然不對。帝重問之，宣對曰：「此自陛下家事，雖意欲爾而太后不聽，是以文欲滅而明耳。」時帝欲治弟植之罪，偪於太后，但加貶爵。以宣爲中郎，屬太史。

《三國志》卷三〇《魏志・烏丸鮮卑東夷傳第三〇・東沃沮》 東沃沮在高句麗蓋馬大山之東，濱大海而居。其地形東北狹，西南長，可千里，北與挹婁、夫餘，南與濊貊接。户五千，無大君王，世世邑落，各有長帥。其言語與句麗大同，時時小異。漢初，燕亡人衛滿王朝鮮，時沃沮皆屬焉。漢武帝元封二年，伐朝鮮，殺滿孫右渠，分其地爲四郡，以沃沮城爲玄菟郡。後爲夷貊所侵，徙郡句麗西北，今所謂玄菟故府是也。沃沮還屬樂浪。漢以土地廣遠，在單單大領之東，分置東部都尉，治不耐城，別主領東七縣，時沃沮亦皆爲縣。漢（光）〔建〕武六年，省邊郡，都尉由此罷。其後皆以其縣中渠帥爲縣侯，不耐、華麗、沃沮諸縣皆爲侯國。夷狄更相攻伐，唯不耐濊侯至今猶置功曹、主簿諸曹，皆濊民作之。沃沮諸邑落渠帥，皆自稱三老，則故縣國之制也。國小，迫于大國之間，遂臣屬句麗。句麗復置其中大人爲使者，使相主領，又使大加統責其租税，貊布、魚、鹽、海中食物，千里擔負致之，又送其美女以爲婢妾，遇之如奴僕。

其土地肥美，背山向海，宜五穀，善田種。人性質直彊勇，少牛馬，便持矛步戰。食飲居處，衣服禮節，有似句麗。其葬作大木槨，長十餘丈，開一頭作户。新死者皆假埋之，才使覆形，皮肉盡，乃取骨置槨中。舉家皆共一槨，刻木如生形，隨死者爲數。又有瓦鑑，置米其中，編縣之於槨户邊。

毌丘儉討句麗，句麗王宮奔沃沮，遂進師擊之。沃沮邑落皆破之，斬獲首虜三千餘級，宮奔北沃沮。北沃沮一名置溝婁，去南沃沮八百餘里，其俗南北皆同，與挹婁接。挹婁喜乘船寇鈔，北沃沮畏之，夏月恆在山巖深穴中爲守備，冬月冰凍，船道不通，乃下居村落。王頎別遣追討宮，盡其東界。問其耆老「海東復有人不」？耆老言國人嘗乘船捕魚，遭風見吹數十日，東得一島，上有人，言語不相曉，其俗常以七月取童女沈海。又言有一國亦在海中，純女無男。又説得一布衣，從海中浮出，其身如中（國）人衣，其兩袖長三丈。又得一破船，隨波出在海岸邊，有一人項中復有面，生得之，與語不相通，不食而死。其域皆在沃沮東大海中。

《晉書》卷二〇《禮志中》 古者天子諸侯葬禮粗備，漢世又多變革。魏晉以下世有改變，大體同漢之制。而魏武以禮送終之制，襲稱之數，繁而無益，俗又過之，豫自制送終衣服四篋，題識其上，春秋冬夏，日有不諱，隨時以斂，金珥珠玉銅鐵之物，一不得送。文帝遵奉，無所增加。及受禪，刻金璽，追加尊號，不敢開埏，乃爲石室，藏璽埏首，以示陵中無金銀諸物也。漢禮明器甚多，自是皆省矣。魏文帝黄初三年，又自作終制曰：「禮，國君即位爲椑，存不忘亡也。壽陵因山爲體，無封樹，無立寢殿，造園邑，通神道。夫葬者藏也，欲人之不得見也。禮不墓祭，欲存亡不黷也。皇后及貴人以下不隨王之國者，有終没，皆葬澗西，前又已表其處矣。」此詔藏之宗廟，副在尚書、祕書、三府。明帝亦遵奉之。明帝性雖崇奢，然未遽營陵墓之制也。

宣帝豫自於首陽山爲土藏，不墳不樹，作《顧命終制》，斂以時服，不設明器。景、文皆謹奉成命，無所加焉。景帝崩，喪事制度又依宣帝故事。武帝泰始四年，文明王皇后崩，將合葬，開崇陽陵，使太尉司馬望奉祭，進皇帝密璽綬於便房神坐。魏氏金璽，此又儉矣。江左初，元、明崇儉，且百度草創，山陵奉終，省約備矣。成帝咸康七年，皇后杜氏崩。詔外官五日一入臨，内官旦一入而已，過葬虞祭禮畢止。有司奏，大行皇后陵所作凶門柏歷門，號顯陽端門。詔曰：「門如所處。凶門柏歷，大爲煩費，停之。」案蔡謨説，以二瓦器盛始死之祭，繫於木，裹以葦席，置庭中，近南，名爲重，今之凶門是其象也。禮，既虞而作主，今未葬，未有主，故以重當之。禮稱爲主道，此其義也。范堅又曰：「凶門非禮，禮有懸重，形似凶門。後人出之門外以表喪，俗遂行之。薄帳，即古弔幕之類也。」是時，又詔曰：「重壤之下，豈宜崇飾無用，陵中唯潔掃而已。」有司又奏，依舊選公卿以下六品子弟六十人爲挽郎，詔又停之。孝武帝太元四年九月，皇后王氏崩。詔曰：「終事唯從儉速。」又詔：「遠近不得遣山陵使。」有司奏選挽郎二十四人，詔停之。

《晉書》卷二九《五行志下》　元帝永昌元年七月丙寅，大風拔木，屋瓦皆飛。八月，暴風壞屋，拔御道柳樹百餘株。其風縱横無常，若風自八方來者。是時，王敦專權，害尚書令刁協、僕射周顗等，故風縱横若非一處也。此臣易上政，諸侯不朝之罰也。十一月，宫車晏駕。

《晉書》卷二九《五行志下》　安帝元興二年二月甲辰夜，大風雨，大航門屋瓦飛落。明年，桓玄篡位，由此門入。三年正月，桓玄出遊大航南，飄風飛其輫輗蓋，經三月而玄敗歸江陵。五月，江陵又大風折木。是月，桓玄敗於峥嶸洲，身亦屠裂。十一月丁酉，大風，江陵多死者。

《晉書》卷二九《五行志下・地震》　劉向曰：「地震，金木水火沴土者也。」伯陽甫曰：「天地之氣，不過其序；若過其序，人之亂也。陽伏而不能出，陰迫而不能升，於是有地震。」

吴孫權黄武四年，江東地連震。是時，權受魏爵命爲大將軍、吴王，改元專制，不修臣跡。京房《易傳》曰：「臣事雖正，專必震。其震，於水則波，於木則摇，於屋則瓦落。大經在辟而易臣茲謂陰動，厥震摇政宫。大經摇政茲謂不陰，厥震摇山，出涌水。嗣子無德專禄茲謂不順，厥震動丘陵，涌水出。」劉向並云：「臣下强盛，將動而爲害之應也。」

魏明帝青龍二年十一月，京都地震，從東來，隱隱有聲，摇屋瓦。

《晉書》卷五五《潘岳傳》　初，芘爲琅邪内史，孫秀爲小史給岳，而狡黠自喜。岳惡其爲人，數撻辱之，秀常銜忿。及趙王倫輔政，秀爲中書令。岳於省内謂秀曰：「孫令猶憶疇昔周旋不？」答曰：「中心藏之，何日忘之。」岳於是自知不免。俄而秀遂誣岳及石崇、歐陽建謀奉淮南王允、齊王冏爲亂，誅之，夷三族。岳將詣市，與母别曰：「負阿母！」初被收，俱不相知，石崇已送在市，岳後至，崇謂之曰：「安仁，卿亦復爾邪！」岳曰：「可謂白首同所歸。」岳《金谷詩》云：「投分寄石友，白首同所歸。」乃成其讖。岳母及兄侍御史釋、弟燕令豹、司徒掾據、據弟詵，兄弟之子，已出之女，無長幼一時被害，唯釋子伯武逃難得免。而豹女與其母相抱號呼不可解，會詔原之。

岳美姿儀，辭藻絶麗，尤善爲哀誄之文。少時常挾彈出洛陽道，婦人遇之者，皆連手縈繞，投之以果，遂滿車而歸。時張載甚醜，每行，小兒以瓦石擲之，委頓而反。

《晉書》卷九四《隱逸傳・戴逵》　戴逵字安道，譙國人也。少博學，好談論，善屬文，能鼓琴，工書畫，其餘巧藝靡不畢綜。總角時，以鷄卵汁溲白瓦屑作《鄭玄碑》，又爲文而自鐫之，詞麗器妙，時人莫不驚歎。性不樂當世，常以琴書自娱。師事術士范宣於豫章，宣異之，以兄女妻焉。太宰、武陵王晞聞其善鼓琴，使人召之，逵對使者破琴曰：「戴安道不爲王門伶人！」晞怒，乃更引其兄述。述聞命欣然，擁琴而往。

孝武帝時，以散騎常侍、國子博士累徵，辭父疾不就。郡縣敦逼不已，乃逃於吴。吴國内史王珣有别館在武丘山，逵潛詣之，與珣游處積旬。會稽内史謝玄慮逵遠遁不反，乃上疏曰：「伏見譙國戴逵希心俗表，不嬰世務，棲遲衡門，與琴書爲友。雖策命屢加，幽操不回，超然絶跡，自求其志。且年垂耳順，常抱羸疾，時或失適，轉至委篤。今王命未回，將離風霜之患。陛下既已愛而器之，亦宜使其身名並存，請絶其召命。」疏奏，帝許之，逵復還剡。

後王珣爲尚書僕射，上疏復請徵爲國子祭酒，加散騎常侍，徵之，復不至。太元二十年，皇太子始出東宫，太子太傅會稽王道子、少傅王雅、詹事王珣又上疏曰：「逵執操貞厲，含味獨游，年在耆老，清風彌劭。東宫虚德，式延事外，宜加旌命，以參僚侍。逵既重幽居之操，必以難進爲美，宜下所在備禮發遣。」會病卒。

《晉書》卷一〇二《載記第二・劉聰》　聰以粲爲相國，總百揆，省丞相以并相國。平陽地震，烈風拔樹發屋。光義人羊充妻産子二頭，其兄竊而食之，三日而死。聰以其太廟新成，大赦境内，改年建元。雨血於其東宫延明殿，徹瓦在地者深五寸。劉乂惡之，以訪其太師盧志、太傅崔瑋、太保許遐。志等曰：「主上往以殿下爲太弟者，蓋以安衆望也，志在晉王久矣，王公已下莫不希旨歸之。相國之位，自魏武已來，非復人臣之官，主上本發明詔，置之爲贈官，今忽以晉王居之，羽儀威尊踰於東宫，萬機之事無不由之，置太宰、大將軍及諸王之營以爲羽翼，此事勢去矣，殿下不得立明也。然非止不得立而已，不測之危厄在於旦夕，宜早爲之所。四衛精兵不減五千，餘營諸王皆年齒尚幼，可奪而取之。相國輕佻，正可煩一刺客耳。大將軍無日不出，其營可襲而得也。殿下但當有意，二萬精兵立便可得，鼓行向雲龍門，宿衛之士孰不倒戈奉迎，大司馬不慮爲異也。」乂弗從，乃止。

《晉書》卷一〇六《載記第六・石季龍上》　時衆役煩興，軍旅不息，加以久旱穀貴，金一斤直米二斗，百姓嗷然無生賴矣。又納解飛之説，於鄴正南投石于河，以起飛橋，功費數千億萬，橋竟不成，役夫饑甚，乃止。使令長率丁壯隨山澤采橡捕魚以濟老弱，而復爲權豪所奪，人無所得焉。又料殷富之家，配饑人以食之，公卿已下出穀以助振給，姦吏因之侵割無已，雖有貸贍之名而無其實。

改直盪爲龍騰，冠以絳幘。

於襄國起太武殿，於鄴造東西宫，至是皆就。太武殿基高二丈八尺，以文石綷之，下穿伏室，置衛士五百人於其中。東西七十五步，南北六十五步。皆漆瓦、金鐺、銀楹、金柱、珠簾、玉壁，窮極伎巧。又起靈風臺九殿于顯陽殿後，選士庶之女以充之。後庭服綺縠，玩珍奇者萬餘人，内置女官十有八等，教宫人星占及馬步射。置女太史于靈臺，仰觀災祥，以考外太史之虚實。又置女鼓吹羽儀，雜伎工巧，皆與外侔。禁郡國不得私學星讖，敢有犯者誅。

《宋書》卷一五《禮志二》　成帝咸康七年，杜后崩。詔外官五日一入臨，内官旦一入而已。過葬虞祭禮畢止。有司奏：「大行皇后陵所作凶門栢歷，門號顯陽端門。」詔曰：「門如所處，凶門栢歷，大爲煩費，停之。」案蔡謨説，以二瓦器盛死者之祭，繫於木表，裹以葦席，置於庭中近南，名爲重。今之凶門，是其遺象也。《禮》，既虞而作主。今未葬，未有主，故以重當之。《禮》稱爲主道，此其義也。范堅又曰：「凶門非古。古有懸重，形似凶門。後人出之門外以表喪，俗遂行之。薄帳，即古弔幕之類也。」是時又詔曰：「重壤之下，豈宜崇飾無用。陵中唯潔掃而已。」有司又奏依舊選公卿以下六品子弟六十人爲挽郎。詔又停之。

《宋書》卷三四《五行志五》　太康二年六月，高平大風折木，發壞邸閣四十餘區。

太康八年六月，郡國八大風。

太康九年正月，京都風雹，發屋拔木。後二年，宫車晏駕。

晉惠帝元康四年六月，大風雨拔樹。

元康五年四月庚寅夜，暴風，城東渠波浪；七月，下邳大風，壞廬舍；九月，雁門、新興、太原、上黨災風傷稼。明年，氐、羌反叛，大兵西討。

元康九年六月，飈風吹賈謐朝服飛數百丈。明年，謐誅。

元康九年十一月甲子朔，京都連大風，發屋折木。十二月，太子廢。

晉惠帝永康元年二月，大風拔木。三月，愍懷被害。己卯，喪柩發許還洛，是日，大風雷電，幃蓋飛裂。

永康元年四月，張華第舍飈風折木，飛繒軸六七。是月，華遇害。

永康元年十一月戊午朔，大風從西北來，折木飛石。明年正月，趙王倫篡位。

晉惠帝永興元年正月癸酉，趙王倫祠太廟，災風暴起，塵沙四合。其年四月，倫伏辜。

晉元帝永昌元年七月丙寅，大風拔木，屋瓦皆飛。

《宋書》卷三四《五行志五》　晉安帝元興二年二月甲辰，大風雨，大航門屋瓦飛落。明年，桓玄篡位，由此門入。

元興三年正月，桓玄遊大航南，飄風飛其轉輗蓋。三月，玄敗。

元興三年五月，江陵大風折木。是月，桓玄敗於峥嶸洲，身亦屠裂。

元興三年十一月丁酉，大風，江陵多死者。

晋安帝義熙四年十一月辛卯朔，西北疾風起。

義熙五年閏十月丁亥，大風發屋。明年，盧循至蔡洲。

義熙六年五月壬申，大風拔北郊樹，樹幾百年也。琅邪、揚州二射堂倒壞。是日，盧循大艦漂没。甲戌，又風，發屋折木。是冬，王師南討。

義熙十年四月己丑朔，大風拔木。

義熙十年六月辛亥，大風拔木。明年，西討司馬休之。

宋少帝景平二年正月癸亥朔旦，暴風發殿庭，會席翻揚數十丈。五月，帝廢。

文帝元嘉二十六年二月庚申，壽陽驟雨，有回風雲霧，廣三十許步，從南來，至城西回散滅。當其衝者，室屋樹木摧倒。

元嘉二十九年三月，大風，拔木飛瓦。

《宋書》卷三四《五行志五·地震》 吴孫權黄武四年，江東地連震。是時權受魏爵命，爲大將軍、吴王，改元專制，不修臣迹。京房《易傳》曰：「臣事雖正，專必震。」董仲舒、劉向並云「臣下强盛，將動而爲害」之應也。

魏明帝青龍二年十一月，京城地震，從東來，隱隱有聲，屋瓦摇。

魏明帝景初元年六月戊申，京都地震。是秋，吴將朱然圍江夏，荆州刺史胡質擊退之。又公孫淵自立爲燕王，改年，置百官。明年，討平之。

吴孫權嘉禾六年五月，江東地震。

《宋書》卷四一《后妃傳·明帝陳貴妃》 明帝陳貴妃諱妙登，丹陽建康人，屠家女也。世祖常使尉司採訪民間子女有姿色者。太妃家在建康縣界，家貧，有草屋兩三間。上出行，問尉曰：「御道邊那得此草屋，當由家貧。」賜錢三萬，令起瓦屋。尉自送錢與之，家人並不在，唯太妃在家，時年十二三。尉見其容質甚美，即以白世祖，於是迎入宫。在路太后房内，經二三年，再呼，不見幸。太后因言於上，以賜太宗。始有寵，一年許衰歇，以乞李道兒。尋又迎還，生廢帝，故民中皆呼廢帝爲李氏子。廢帝後每自稱李將軍，或自謂李統。

太宗即位，拜貴妃，禮秩同皇太子妃。廢帝踐阼，有司奏曰：「臣聞河龍啓聖，理浹民神；郊雹基皇，慶爍天地。故資敬之道，粹古銘風；沿貴之誼，眇代凝則。伏惟貴妃含和日晷，表淑星樞，徽音峻古，柔光照世，聲華帝掖，軌秀天嬪，景發皇明，祚昌睿命。而備物之章，未焕彝策。遠酌前王，允陟鴻典。臣等參議，謹上尊號曰皇太妃。輿服一如晋孝武帝太后故事。置家令一人。改諸國太妃曰太妃。妃音怡。宫曰弘化。」追贈太妃父金寶散騎常侍，金寶妻王氏永世縣成樂鄉君。昇明初，降爲蒼梧王太妃。

《宋書》卷七九《竟陵王劉誕傳》 誕爲南徐州刺史，在京夜，大風飛落屋瓦，城門鹿牀倒覆，誕心惡之。及遷鎮廣陵，入城，衝風暴起揚塵，晝晦。又中夜閑坐，有赤光照室，見者莫不怪愕。左右侍直，眠中夢人告之曰：「官須髮爲稍毦。」既覺，已失髻矣，如此者數十人，誕甚怪懼。大明二年，發民築治廣陵城，誕循行，有人干輿揚聲大罵曰：「大兵尋至，何以辛苦百姓！」誕執之，問其本末，答曰：「姓夷名孫，家在海陵。天公去年與道佛共議，欲除此間民人，道佛苦諫得止。大禍將至，何不立六慎門。」誕問：「六慎門云何？」答曰：「古時有言，禍不入六慎門。」誕以其言狂悖，殺之。又五音士忽狂易見鬼，驚怖啼哭曰：「外軍圍城，城上張白布帆。」誕執録二十餘日，乃赦之。城陷之日，雲霧晦暝，白虹臨北門，亘屬城内。

《南齊書》卷九《禮志上》 建武二年，通直散騎常侍庾曇隆啓：「伏見南郊壇員兆外内，永明中起瓦屋，形製宏壯。檢案經史，無所准據。尋《周禮》，祭天於圜丘，取其因高之義，兆於南郊，就陽位也。故以高敞，貴在上昭天明，旁流氣物。自秦、漢以來，雖郊祀參差，而壇域中閒，並無更立宫室。其意何也？政是質誠尊天，不自崇樹，兼事通曠，必務開遠。宋元嘉南郊，至時權作小陳帳以爲退息，泰始薄加脩廣，永明初彌漸高麗，往年工匠遂啓立瓦屋。前代帝皇，豈於上天之祀而昧營構，所不爲者，深有情意。《記》稱『掃地而祭，於其質也，器用陶匏，天地之性也』。故『至敬無文』，『以素爲貴』。竊謂郊事宜擬休偃，不俟高大，以明謙恭肅敬之旨。庶或仰允太靈，俯愜羣望。」詔「付外詳」。

國子助教徐景嵩議：「伏尋《三禮》，天地兩祀，南北二郊，但明祭取犧牲，器用陶匏，不載人君偃處之儀。今（棟）〔帳〕瓦之構雖殊，俱非千載成例，宜務因循。」太學博士賀瑒議：「《周禮》『王旅上帝，張氈案，設皇邸』。國有故而祭，亦曰旅。氈案，以氈爲牀於幄中，不聞郊所置宫宇。」兼左丞王摛議，掃地而祭於郊，謂無築室之議。並同曇隆。

驍騎將軍虞炎議，以爲「誠慤所施，止在一壇，漢之郊祀，饗帝甘泉，天子自竹宫望拜，息殿去壇場既遠，郊奉禮畢，旋幸於此。瓦殿之與帷宫，謂無簡格」。祠部郎李撝議：「《周禮》『凡祭祀張其旅幕，張尸次』。尸則有幄。仲師云『尸次，祭祀之尸所居更衣帳也』。凡祭之文，既不止於郊祀，立尸之言，理應關於宗廟。古則張幕，今也房省。宗廟旅幕，可變爲棟宇；郊祀氈案，何爲不轉製檐甍？」晏隆議不行。

《南齊書》卷一八《祥瑞》〔永明〕九年十一月，寧蜀廣漢縣田所墾地入尺四寸，獲古鍾一枚，形高三尺八寸，圍四尺七寸，縣柄長一尺二寸，合高五尺，四面各九孔。更於陶所瓦閒見有白光，窺尋無物，自後夜夜輒復有光，既經旬日，村民張慶宣瓦作屋，又於屋閒見光照内外，慶宣疑之，以告孔休先，乃共發視，獲玉璽一鈕，璧方八分，上有鼻，文曰「帝真」。

《南齊書》卷三九《劉瓛傳》瓛姿狀纖小，儒學冠於當時，京師士子貴遊莫不下席受業。性謙率通美，不以高名自居。遊詣故人，唯一門生持胡床隨後，主人未通，便坐問答。住在檀橋，瓦屋數閒，上皆穿漏。學徒敬慕，不敢指斥，呼爲青溪焉。竟陵王子良親往脩謁。七年，表世祖爲瓛立館，以揚烈橋故主第給之，生徒皆賀。瓛曰：「室美爲人災，此華宇豈吾宅邪？幸可詔作講堂，猶恐見害也。」未及徙居，遇病，子良遣從瓛學者彭城劉繪、從陽范縝將廚於瓛宅營齋。及卒，門人受學〔者〕並弔服臨送。時年五十六。

瓛有至性，祖母病疽經年，手持膏藥，漬指爲爛。母孔氏甚嚴明，謂親戚曰：「阿稱便是今世曾子。」阿稱，瓛小名也。年四十餘，未有婚對。建元中，太祖與司徒褚淵爲瓛娶王氏女。王氏椓壁掛履，土落孔氏牀上，孔氏不悦，瓛即出其妻。及居父喪，不出廬，足爲之屈，杖不能起。今上天監元年，下詔爲瓛立碑，謚曰貞簡先生。所著文集，皆是《禮》義，行於世。

初，瓛講《月令》畢，謂學生嚴植曰：「江左以來，陰陽律數之學廢矣。吾今講此，曾不得其髣髴。」時濟陽蔡仲熊禮學博聞，謂人曰：「凡鍾律在南，不容復得調平。昔五音金石，本在中土；今既來南，土氣偏陂，音律乖爽。」〔瓛亦以爲然〕仲熊歷安西記室，尚書左丞。

《南齊書》卷四〇《竟陵郡王蕭子良傳》〔子良啓曰〕臣一月入朝，六登玫陛，廣殿稠人，裁奉顔色，縱有所懷，豈敢自達。比天眚亟見，地孽亟臻，民下妖訛，好生噂嗒。穀價雖和，比室飢嗛；縑纊雖賤，駢門躶質。臣一念此，每入心骨。三吴奥區，地惟河、輔，百度所資，罕不自出，宜在蠲優，使其全富。而守宰相繼，務在裒剋，圍桑品屋，以准貲課。致令斬樹發瓦，以充重賦，破民財産，要利一時。東郡使民，年無常限，在所相承，准令上直。每至州臺使命，切求懸急，應充猥役，必由窮困。乃有畏失嚴期，自殘軀命，亦有斬絶手足，以避傜役。生育弗起，殆爲恒事。守長不務先富民，而唯言益國，豈有民貧於下，而國富於上邪？

又泉鑄歲遠，類多翦鑿，江東大錢，十不一在。公家所受，必須輪郭〔完全〕，遂買本一千，加子七百，猶求請無地，棰革相繼。尋完者爲用，既不兼兩，回復遷貿，會非委積，〔縱〕〔徒〕令小民每嬰困苦。且錢帛相半，爲制永久，或聞長宰須令輸直，進違舊科，退容姦利。

《南齊書》卷五七《魏虜傳》什翼珪始都平城，猶逐水草，無城郭，木末始土著居處。佛狸破梁州、黄龍，徙其居民，大築郭邑。截平城西爲宫城，四角起樓，女墻，門不施屋，城又無塹。南門外立二土門，内立廟，開四門，各隨方色，凡五廟，一世一閒，瓦屋。其西立太社。佛狸所居雲母等三殿，又立重屋，居其上。飲食厨名「阿真厨」，在西，皇后可孫恒出此厨求食。初，姚興以塞外虜赫連勃勃爲安北將軍，領五部胡，屯大城，姚泓敗後，入長安。佛狸攻破勃勃子昌，娶勃勃女爲皇后。義熙中，仇池公楊盛表云「索虜勃勃，匈奴正胤」是也。可孫昔妾媵之。殿西鎧仗庫屋四十餘閒，殿北絲綿布絹庫土屋一十餘閒。僞太子宫在城東，亦開四門，瓦屋，四角起樓。妃妾住皆土屋。婢使千餘人，織綾錦販賣，酤酒，養猪羊，牧牛馬，種菜逐利。太官八十餘窖，窖四千斛，半穀半米。又有懸食瓦屋數十閒，置尚方作鐵及木。其袍衣，使宫内婢爲〔之〕。僞太子別有倉庫。**【略】**

其車服，有大小輦，皆五層，下施四輪，三二百人牽之，四施絙索，備傾倒。軺車建龍旂，尚黑。妃后則施雜綵幰，無幢絡。太后出，則婦女著鎧騎馬近輦左右。虜主及后妃常行，乘銀鏤羊車，不施帷幔，皆偏坐垂脚轅中；在殿上，亦跂據。正殿施流蘇帳，金博山，龍鳳朱漆畫屏風，織成幌。坐施氍毹褥。前施金香鑪，琉璃鉢，金椀，盛雜食器。設客長盤一尺，御饌圓盤廣一丈。爲四輪車，元會日，六七十人牽上殿。蜡日逐除，歲盡，城門磔雄雞，葦索桃梗，如漢儀。

自佛狸至萬民，世增雕飾。正殿西築土臺，謂之白樓。萬民禪位後，常遊觀其上。臺南又有伺星樓。正殿西又有祠屋，琉璃爲瓦。宫門稍覆以屋，猶不知爲重樓。竝設削泥采，畫金剛力士。胡俗尚水，又規畫黑龍相盤繞，以爲厭勝。

《陳書》卷二《高祖紀下》高祖智以綏物，武以寧亂，英謀獨運，人皆莫及，故能征伐四克，靜難夷凶。至升大麓之日，居阿衡之任，恒崇寬政，愛育爲本。有須發調軍儲，皆出於事不可息。加以儉素自率，常膳不過數品，私饗曲宴，皆瓦器蚌盤，肴核庶羞，裁令充足而已，不爲虛費。初平侯景，及立紹泰，子女玉帛，皆班將士。其充閨房者，衣不重綵，飾無金翠，哥鍾女樂，不列於前。及乎踐祚，彌厲恭儉。故隆功茂德，光有天下焉。

《陳書》卷五《宣帝紀》〔太建〕十四年春正月己酉，高宗弗豫。甲寅，崩于宣福殿，時年五十三。遺詔曰：「朕爰自遘疾，曾未浹旬，醫藥不瘳，便屬大漸，終始定分，夫復奚言。但君臨寰宇，十有四載，誠則雖休勿休，日慎一日，知宗廟之負重，識王業之艱難。而邊鄙多虞，生民未乂，方欲蕩清四海，包吞八荒，有志莫從，遺恨幽壤。皇太子叔寶繼體正嫡，年業韶茂，纂統洪基，社稷有主。羣公卿士、文武內外，俱罄心力，同竭股肱，送往事居，盡忠誠之節，當官奉職，引翼亮之功。務在叶和，無違朕意。凡厥終制，事從省約。金銀之飾，不須入壙，明器之具，皆令用瓦。唯使儉而合禮，勿得奢而乖度。以日易月，既有通規，公除之制，悉依舊准。在位百司，三日一臨，四方州鎮，五等諸侯，各守所職，並停奔赴。」

《魏書》卷二一下《彭城王元勰傳》 時咸陽王禧漸以驕矜，頗有不法，北海王詳陰言於世宗，世宗深忌之。又言勰大得人情，不宜久在宰輔，勸世宗遵高祖遺敕。禧等又出領軍于烈爲恒州，非烈情願，固强之，烈深以爲忿。烈子忠嘗在左右，密令忠言於世宗云：「諸王等意不可測，宜廢之，早自覽政。」時將礿祭，王公並齋於廟東坊。世宗遣于烈將宿衛壯士六十餘人召禧、勰、詳等，引入，見之於光極殿。世宗謂勰曰：「頃來南北務殷，不容仰遂沖操。恪是何人，而敢久違先敕，今遂叔父高蹈之意。」勰謝曰：「先帝不以臣虛薄，曲垂罔己之澤，出入綢繆，公私無捨。自陛下龍飛九五，屢求解落，既爲宰輔所抑，亦不爲陛下所許。先歲夏中，重塵天聽，時蒙優借，出爲定州。往年還洛陽，敕總戎淮肥，雖無功效，幸免罪戾。云歸未幾，復委臣以非據之任。臣頻煩干請，具簡聖聽。陛下孝深無改，仰遵先詔，上成睿明之美，下遂微臣之志，感惟今往，悲喜交深。」乃詔曰：「王宿尚閑靜，志捐世務，先帝愛亮之至，弗奪此情，遺敕炳然，許遂沖退。雅操不移，朕亦未敢違奪。今乃釋位歸第，丘園是營，高尚之節，確爾貞固，《賁》、《履》之操，邈焉難追。而王宅初構，財力多闕，成立之期，歲月莫就。可量遣工役，分給材瓦，稟王所好，速令制辦，務從簡素，以稱王心。」勰因是作《蠅賦》以諭懷，惡讒構也。

《魏書》卷四五《杜銓附子杜遇傳》〔杜銓〕子遇，字慶期。起家奉朝請。轉員外散騎侍郎、尚書起部郎中。竊官材瓦起立私宅，清論鄙之。遷龍驤將軍、中散大夫。出爲河東太守。卒，贈中軍將軍、都官尚書、豫州刺史，謚曰惠。

《魏書》卷六四《張彝傳》 第二子仲瑀上封事，求銓別選格，排抑武人，不使預在清品。由是衆口喧喧，謗讟盈路，立榜大巷，剋期會集，屠害其家。彝殊無畏避之意，父子安然。神龜二年二月，羽林虎賁幾將千人，相率至尚書省詬罵，求其長子尚書郎始均，不獲，以瓦石擊打公門。上下畏懼，莫敢討抑。遂便持火，虜掠道中薪蒿，以杖石爲兵器，直造其第，曳彝堂下，捶辱極意，唱呼嗷嗷，焚其屋宇。始均、仲瑀當時踰北垣而走。始均回救其父，拜伏羣小，以請父命。羽林等就加毆擊，生投之於烟火之中。及得尸骸，不復可識，唯以髻中小釵爲驗。仲瑀傷重走免。彝僅有餘命，沙門寺與其比隣，輿致於寺。遠近聞見，莫不惋駭。

《魏書》卷七三《奚康生傳》 又蕭衍遣將宋黑率衆寇擾彭城，時康生遭母憂，詔起爲別將、持節、假平南將軍，領南青州諸軍擊走之。後衍復遣都督、臨川王蕭宏，副將張惠紹勒甲十萬規寇徐州，又假宋黑徐州刺史，領衆二萬，水陸俱進，徑圍高塚戍。詔授康生武衛將軍、持節、假平南將軍，爲別將，領羽林三千人，騎、步甲士隨便割配。康生一戰敗之。還京，召見宴會，賞帛千匹，賜驊騮御胡馬一匹。

出爲平西將軍、華州刺史，頗有聲績。轉涇州刺史，仍本將軍。以輒用官炭瓦爲御史所劾，削除官爵。尋旨復之。蕭衍直閤將軍徐玄明戍於郁洲，殺其刺史張稷，以城內附。詔遣康生迎接，賜細御銀纏槊一張并棗柰果。面敕曰：「果者，果如朕心；棗者，早遂朕意。」未發之間，郁洲復叛。時揚州別駕裴絢謀反，除康生平東將軍，爲別將，領羽林四千討之，會事平不行。

《魏書》卷八九《酷吏傳·崔暹》 崔暹，字元欽，本云清河東武城人也。世家于滎陽、潁川之間。性猛酷，少仁恕，姦猾好利，能事勢家。初以秀才累遷南兗州刺史，盜用官瓦，贓污狼藉，爲御史中尉李平所糾，免官。後行豫州事，尋即真。坐遣子析户，分隸三縣，廣占田宅，藏匿官奴，障吝陂葦，侵盜公私，爲御史中尉王顯所彈，免官。後累遷平北將軍、瀛州刺史。貪暴安忍，民庶患之。嘗出獵州北，單騎至於民村。井有汲水婦人，暹令飲馬，因問曰：「崔瀛州何如？」婦人不知其暹也，答曰：「百姓何罪，得如此癩兒刺史！」暹默然而去。以不稱職被解還京。武川鎮反，詔暹爲都督，隸大都督李崇討之。違崇節度，爲賊所敗，單騎潛還。禁於廷尉。以女妓園田貨元乂，獲免。

《周書》卷四《明帝紀》　〔詔曰〕今大位虛曠，社稷無主。朕兒幼稚，未堪當國。魯國公邕，朕之介弟，寬仁大度，海內共聞，能弘我周家，必此子也。夫人貴有始終，公等事太祖，輔朕躬，可謂有始矣，若克念世道艱難，輔邕以主天下者，可謂有終矣。哀死事生，人臣大節，公等思念此言，令萬代稱歎。

朕稟生儉素，非能力行菲薄，每寢大布之被，服大帛之衣，凡是器用，皆無雕刻。身終之日，豈容違棄此好。喪事所須，務從儉約，斂以時服，勿使有金玉之飾。若以禮不可闕，皆令用瓦。小斂訖，七日哭。文武百官各權辟衰麻，且以素服從事。葬日，選擇不毛之地，因地勢爲墳，勿封勿樹。且厚葬傷生，聖人所誡，朕既服膺聖人之教，安敢違之。凡百官司，勿異朕此意。四方州鎮使到，各令三日哭，哭訖，悉權辟凶服，還以素服從事，待大例除。非有呼召，各按部自守，不得輒奔赴闕庭。禮有通塞隨時之義，葬訖，內外悉除服從吉。三年之內，勿禁婚娶，飲食一令如平常也。

《周書》卷六《武帝紀下》〔建德六年正月〕辛丑，詔曰：「僞齊叛渙，竊有漳濱，世縱淫風，事窮彫飾。或穿池運石，爲山學海；或層臺累構，槩日淩雲。以暴亂之心，極奢侈之事，有一於此，未或弗亡。朕菲食薄衣，以弘風教，追念生民之費，尚想力役之勞。方當易兹弊俗，率歸節儉。其東山、南園及三臺可並毀撤。瓦木諸物，凡入用者，盡賜下民。山園之田，各還本主。」

《隋書》卷二二《五行志上・服妖》　後周大象元年，服冕二十有四旒，車服旗鼓，皆以二十四爲節。侍衛之官，服五色，雜以紅紫。令天下車以大木爲輪，不施輻。朝士不得佩綬，婦人墨粧黃眉。又造下帳，如送終之具，令五皇后各居其一，實宗廟祭器於前，帝親讀版而祭之。又將五輅載婦人，身率左右步從。又倒懸雞及碎瓦於車上，觀其作聲，以爲笑樂。皆服妖也。帝尋暴崩，而政由於隋，周之法度，皆悉改易。

《隋書》卷三九《陰壽附子陰世師傳》　世師少有節概，性忠厚，多武藝。弱冠，以功臣子拜儀同，累遷驃騎將軍。煬帝嗣位，領東都瓦工監。後三歲，拜張掖太守。先是，吐谷渾及党項羌屢爲侵掠，世師至郡，有來寇者，親自捕擊，輒擒斬之，深爲戎狄所憚。入爲武賁郎將。遼東之役，出襄平道。明年，帝復擊高麗，以本官爲涿郡留守。于時盜賊蜂起，世師逐捕之，往往剋捷。及帝還，大加賞勞，拜樓煩太守。時帝在汾陽宮，世師聞始畢可汗將爲寇，勸帝幸太原。帝不從，遂有雁門之難。尋遷左翊衛將軍，與代王留守京師。及義軍至，世師自以世荷隋恩，又藩邸之舊，遂勒兵拒守。月餘，城陷，與京兆郡丞骨儀等見誅，時年五十三。

《南史》卷一四《竟陵王劉誕傳》　初，誕爲南徐州刺史，在京口，夜大風飛落屋瓦，城門鹿牀倒覆，誕心惡之。及遷鎮廣陵，將入城，衝風暴起，揚塵，晝晦。又嘗中夜閑坐，有赤光照室，見者莫不駭愕。誕左右侍直，眠中夢人告之曰：「官須髮爲稍旄。」既覺已失髻矣，如此者數十人。誕甚怪懼。大明二年，發人築廣陵城，誕循行，有人干輿，揚聲大罵曰：「大兵尋至，何以辛苦百姓。」誕使執之，問其本末。答曰：「姓夷名孫，家在海陵。天公與道佛先議，欲燒除此間人。道佛苦諫，强得至今。大禍將至，何不立六慎門。」誕問「六慎門云何」？答曰：「古有言，禍不過六慎門。」誕以其言狂悖，殺之。又五音士忽狂易見鬼，驚怖啼哭曰：「外軍圍城，城上張白布帆。」誕執録二十餘日乃殺。城陷之日，雲霧晦冥，白虹臨北門，亘屬城內。

《南史》卷二五《張欣泰傳》　欣泰字義亨，不以武業自居，好隸書，讀子史。年十餘，詣吏部尚書褚彦回，彦回問：「張郎弓馬多少？」答曰：「性怯畏馬，無力牽弓。」彦回甚異之。歷諸王府佐。【略】

欣泰通涉雅俗，交結多是名素，下直輒著鹿皮冠，衲衣錫杖，挾素琴。有以啓武帝，帝曰：「將家兒，何敢作此舉止。」後從駕出新林，敕欣泰廉察，欣泰停仗，於松樹下飲酒賦詩。制局監吕文度以啓武帝，帝大怒，遣出。數日意釋，召謂曰：「卿不樂武職，當處卿清貴。」除正員郎。出爲鎮軍中兵參軍、南平內史。【略】

欣泰少時，有人相其當得三公，而年裁三十。後屋瓦墜傷額，又問相者，云：「無復公相，年壽更增，亦可得方伯耳。」死時年三十六。

《南史》卷七八《夷貊傳上・毗騫國》　頓遜之外大海洲中，又有毗騫國，去扶南八千里。傳其王身長丈二，頸長三尺，自古不死，莫知其年。王神聖，國中人善惡及將來事，王皆知之，是以無敢欺者。南方號曰長頸王。國俗，有室屋衣服，噉粳米。其人言語小異扶南。有山出金，金露生石上，無央限也。國法，刑人並於王前噉其肉。國內不受估客，有往者亦殺而噉之，是以商旅不敢至。王常樓居，不血食，不事鬼神。其子孫生死如常人，唯王不死。扶南王數使與書相報答。常遣扶南王純金五十人食器，形如圓盤，又如瓦塸，名爲多羅，受五升，又如椀者受一升。王亦能作天竺書，書可三千言，説其宿命所由，與佛經相似，並論善事。

《南史》卷七八《夷貊傳上·扶南國》 其後，有西河離石縣胡人劉薩何遇疾暴亡，而心猶暖，其家未敢便殯，經七日更蘇。説云：「有兩吏見録，向西北行，不測遠近。至十八地獄，隨報重輕，受諸楚毒。觀世音語云：『汝緣未盡，若得活可作沙門。洛下、齊城、丹陽、會稽並有阿育王塔，可往禮拜。若壽終則不墮地獄。』」語竟如墜高巖，忽然醒寤。因此出家名慧達。遊行禮塔，次至丹陽，未知塔處，乃登越城四望，見長干里有異氣，因就禮拜，果是先阿育王塔所，屢放光明，由是定知必有舍利。乃集衆就掘入一丈，得三石碑，並長六尺。中一碑有鐵函，函中有銀函，函中又有金函，盛三舍利及髪爪各一枚，髪長數尺。即遷舍利近北對簡文所造塔西造一層塔。十六年，又使沙門僧尚加爲三層。即是武帝所開者也。初穿土四尺，得龍窟及昔人所捨金銀環釧釵鑷等諸雜寶物。可深九尺許至石磉，磉下有石函，函内有鐵壺以盛銀坩，坩内有金鏤罌盛三舍利如粟粒大，圓正光潔。函内有瑠璃椀，椀内得四舍利及髪爪。爪有四枚，並爲沈香色。至其月二十七日，帝又到寺禮拜，設無礙大會，大赦。是日以金鉢盛水泛舍利，其最小者隱不出，帝禮數十拜，舍利乃於鉢内放光，旋回久之，乃當中而止。帝問大僧正慧念曰：「見不可思議事不？」慧念答曰：「法身常住，湛然不動。」帝曰：「弟子欲請一舍利還臺供養。」至九月五日，又於寺設無礙大會，遣皇太子王侯朝貴等奉迎。是日風景明浄，傾都觀屬。所設金銀供具等物，並留寺供養，并施錢一千萬爲寺基業。至四年九月十五日，帝又至寺設無礙大會，豎二刹，各以金罌，次玉罌，重盛舍利及爪髪内七寶塔内。又以石函盛寶塔，分入兩刹刹下，及王侯妃主百姓富室所捨金銀環釧等珍寶充積。十一年十一月二日，寺僧又請帝於寺發《般若經》題。爾夕二塔俱放光明，敕鎮東邵陵王綸製寺《大功德碑》文。先是，二年改造會稽鄮縣塔，開舊塔中出舍利，遣光宅寺釋敬脱等四僧及舍人孫照暫迎還臺。帝禮拜竟，即送還縣，入新塔下，此縣塔亦是劉薩何所得也。

杜佑《通典》卷一八八《邊防四·多蔑》 多蔑國，大唐貞觀中通焉，在南海邊，國界周迴可一月行。南阻大海，西俱游國，北波剌國，東真陁桓國。戶口極多。置三十州，不役屬他國。有城郭、宫殿、樓櫓，並用瓦木。以十二月爲歲首。其物産有金、銀、銅、鐵、象牙、犀角、朝霞、朝雲等布。其俗交易用金、銀、朝霞等衣服。百姓二十而税一。五穀、蔬菜與中國不殊。

《舊唐書》卷一一《代宗紀》 〔大曆十年〕四月，太常寺奏：諸州府所用斗秤，當寺給銅斗秤，州府依様製造而行。從之。乙丑，制：魏博節度使、開府儀同三司、太尉、檢校尚書左僕射、同中書門下平章事、魏州大都督府長史、上柱國、鴈門郡王田承嗣可貶永州刺史。仍詔河東、鎮冀、幽州、淄青、淮西、滑亳、汴宋、澤潞、河陽道出師進討。甲申，大雨雹，暴風拔樹，飄屋瓦，落鴟吻，人震死者十之二，京畿損稼者七縣。

《舊唐書》卷一五《憲宗紀下》 〔元和八年〕六月辛巳朔。時積雨，延英不開十五日。是日，上謂宰臣曰：「今後每三日，雨亦對來。」乙酉，工部尚書致仕裴佶卒。丙戌，以東都留守韓臯檢校吏部尚書，兼許州刺史，充忠武軍節度使。庚寅，京師大風雨，毁屋飄瓦，人多壓死。所在川瀆暴漲，行人不通。辛丑，出宫人二百車，任從所適，以水災故也。壬寅，宰臣武元衡李吉甫李絳、舊相鄭餘慶權德輿，各奉詔令進舊詩。

《舊唐書》卷一七下《文宗紀下》 開成元年正月辛丑朔，帝常服御宣政殿受賀，遂宣詔大赦天下，改元開成。乙巳，御紫宸殿，宰臣李石奏曰：「陛下改元御殿，人情大悦，全放京兆一年租賦，又停四節進奉，恩澤所該，實當要切。」帝曰：「朕務行其實，不欲崇長空文。」石曰：「赦書須内留一本，陛下時看之。又十道黜陟使發日，更付與公事根本，令向外與長吏詳擇施行，方盡利害之要。」丁未，以秘書監韋績爲工部尚書。敕：「楊承和、韋元素、王踐言、崔潭峻頃遭誣陷，每用追傷，宜復官爵，聽其歸葬。」以銀州刺史劉源爲夏綏銀宥節度使。丙辰望，日有蝕之。

二月辛未朔，以左散騎常侍羅讓爲江西觀察使。乙亥夜四更，京師地震，屋瓦皆墮。丙申，左武衛大將軍朱叔夜賜死於藍田關。天德奏生退渾部落三千帳來投豐州。

《舊唐書》卷一九下《僖宗紀》 〔上章曰〕頃者妖興霧市，嘯聚叢祠，而岳牧藩侯，備盗不謹。謂大同之運，常可容姦；謂無事之秋，縱其長惡。賊首黄巢，因得充盈窟穴，蔓延萑蒲，驅我蒸黎，徇其凶逆。展鉏鶴以成鋒刃，殺耕牛以恣燔炮，魑魅晝行，虺蜴夜噬。自南海失守，湖外喪師，養虎災深，馴梟逆大。物無不害，惡靡不爲，豺狼貽朝市之憂，瘡痏及腹心之痛。遂至毒流萬姓，盗污兩京，衣冠銜塗炭之悲，郡邑起丘墟之歎。萬方共怒，十道齊攻，仗九廟之威靈，殄積年之凶醜。河中節度使王重榮神資壯烈，天賦機謀，誓立功名，志安家國。至於屯田待敵，率士當衝，收百姓十萬餘家，降賊黨三萬餘衆。法能持重，功遂晚成，久稽原野之刑，未決雷霆之怒。自收同、華，進逼京師，夕烽高照於國門，遊騎頻臨於灞岸。既知四隅斷絶，百計奔衝，如窮鳥觸籠，似飛蛾赴焰。鴈門節度使李克用神傳將略，天付忠貞，機謀與武藝皆優，臣節共本心相稱。殺賊無非手刃，入陣率以身先，可謂雄才，得名飛將。統領本軍南下，與臣同力前驅，雖在寢興，不忘寇孽。今月八日，遣衙隊將前鋒楊守宗、河中騎將白志遷、横野軍使滿存、躡雲都將丁行存、朝邑鎮將康師貞、忠武黄頭軍使龐從等三十二都，隨李克用自光泰門先入京師，力摧兇逆。又遣河中將劉讓王瓌冀君武孫珙、忠武大將喬從遇、鄭滑將韓從威、荆南大將申屠悰、滄州大將賈滔、易定大將張仲慶、壽州大將張行方、天德大將顧彦朗、左神策弩手甄君楚公孫佐、横衝軍使楊守亮、躡雲都將高周彝、忠順都將胡貞、絳州監軍毛宣伯聶弘裕等七十都繼進。賊尚爲堅陣，來抗官軍。李克用率勵驍雄，整齊金革，叫譟而聲將動瓦，暗嗚而氣欲吞沙。寬列戈矛，麾軍夾擊，自卯至申，凶徒大敗。自望春宫蹙殺，至昇陽殿合圍，戈不濫揮，矢無虚發。其賊即時奔遁，散入商山，徒延漏刃之生，佇作飲頭之器。伏自收平京國，三面皆立大功，若破敵摧鋒，鴈門實居其首。其餘將佐，同効驅馳，兼臣所部二萬餘人，數歲櫛風沐雨，既兹盪定，並録以聞。

報至，從官稱賀。

《舊唐書》卷二二《禮儀志二》 則天臨朝，儒者屢上言請創明堂。則天以高宗遺意，乃與北門學士議其制，不聽羣言。垂拱三年春，毁東都之乾元殿，就其地創之。四年正月五日，明堂成。凡高二百九十四尺，東西南北各三百尺。有三層：下層象四時，各隨方色；中層法十二辰，圓蓋，蓋上盤九龍捧之；上層法二十四氣，亦圓蓋。亭中有巨木十圍，上下通貫，栭、櫨、橕、梍，藉以爲本，亙之以鐵索。蓋爲鸑鷟，黄金飾之，勢若飛翥。刻木爲瓦，夾紵漆之。明堂之下施鐵渠，以爲辟雍之象。號萬象神宫。因改河南縣爲合宫縣。

《舊唐書》卷二二《禮儀志二》 （開元）十年，復題乾元殿爲明堂，而不行享祀之禮。二十五年，駕在西京，詔將作大匠康䛒素往東都毁之。䛒素以毁拆勞人，乃奏請且拆上層，卑於舊制九十五尺。又去柱心木，平座上置八角樓，樓上有八龍，騰身捧火珠。又小於舊制，周圍五尺，覆以真瓦，取其永逸。依舊爲乾元殿。

《舊唐書》卷二四《禮儀志四》 自至德後，兵革未息，國學生不能稟食，生徒盡散，堂墉頽壞，常借兵健居止。至永泰二年正月，國子祭酒蕭昕上言：「崇儒尚學，以正風教，乃王化之本也。」其月二十九日，敕曰：

理道同歸，師氏爲上，化人成俗，必務於學。俊造之士，皆從此途，國之貴遊，罔不受業。修文行忠信之教，崇祗庸孝友之德，盡其師道，乃謂成人。兼復揚於王廷，考以政事，徵之以禮，任之以官。寘於周行，莫匪邦彦，樂得賢也，其在兹乎！

朕志求理體，尤重儒術，先王大教，敢不底行。頃以戎狄多難，急於經略，太學空設，諸生蓋寡。絃誦之地，寂寥無聲，函丈之間，殆將不掃。上庠及此，甚用憫焉。今宇縣攸寧，文武兼備，方投戈而講藝，俾釋菜而行禮。四科咸進，六藝復興，神人以和，風化寖美。日用此道，將無間然。

其諸道節度、觀察、都防禦使等，朕之腹心，久鎮方面。眷其子弟，各奉義方，修德立身，事資括羽。恐干戈之後，學校尚微，僻居遠方，無所諮稟。

山東募學，質疑必就於馬融，關西盛名，尊儒乃稱於楊震。負經來學，當集京師。并宰相、朝官及神策六軍軍將子弟欲習業者，自今已後，並令補國子生。欲其業重籯金，器成琢玉，日新厥德，代不乏賢。其中身雖有官，欲附學讀書者，亦聽。其學官，委中書、門下即簡擇行業堪爲師範者充。學生員數多少，所習經業，考試等第，并所供糧料，及學館破壞，要量事修理，各委本司作條件聞奏。務須詳悉，稱朕意焉。

及二月朔上丁釋奠，蕭昕又奏：諸宰相元載、杜鴻漸、李抱玉及常參官、六軍軍將就國子學聽講論，賜錢五百貫。令京兆尹黎幹造食。集諸儒、道、僧，質問竟日。此禮久廢，一朝能舉。八月，國子學成祠堂、論堂、六館院及官吏所居廳宇，用錢四萬貫，拆曲江亭子瓦木助之。四日，釋奠，宰相、常參官、軍將盡會於講堂，京兆府置食，講論。軍容使魚朝恩説《易》，又於論堂畫《周易》鏡圖。自至德二載收兩京，唯元正含元殿受朝賀，設宫懸之樂，雖郊廟大祭，祇有登歌樂，亦無文、武二舞。其時軍容使魚朝恩知監事，廟庭乃具宫懸之樂於講堂前，又有教坊樂府雜伎，竟日而罷。

《舊唐書》卷三七《五行志》 京房《易傳》曰：「臣事雖正，專必地震。其震，於水則波，於木則摇，於屋則瓦落，大經在辟而易臣，兹謂陰動。」又曰：「小人剥廬，厥妖山崩，兹謂陰乘陽，弱勝强。」劉向曰：「金木水沴土，地所以震。」《春秋》災異，先書地震、日蝕，惡陰盈也。

《舊唐書》卷五六《朱粲傳》 朱粲者，亳州城父人也。初爲縣佐史。大業末，從軍討長白山賊，遂聚結爲羣盜，號「可達寒賊」，自稱迦樓羅王，衆至十餘萬。引軍渡淮，屠竟陵、沔陽，後轉掠山南，郡縣不能守，所至殺戮，唯類無遺。義寧中，招慰使馬元規擊破之。俄而收輯餘衆，兵又大盛，僭稱楚帝於冠軍，建元爲昌達，攻陷鄧州，有衆二十萬。【略】

顯州首領楊士林、田瓚率兵以背粲，諸州響應，相聚而攻之，大戰于淮源，粲敗，以數千兵奔于菊潭縣，遣使請降。高祖令假散騎常侍段確迎勞之，確因醉侮粲曰：「聞卿噉人，作何滋味？」粲曰：「若噉嗜酒之人，正似糟藏猪肉。」確怒，慢罵曰：「狂賊，入朝後一頭奴耳，更得噉人乎！」粲懼，於坐收確及從者數十人，奔于王世充，拜爲龍驤大將軍。東都平，獲之，斬于洛水之上。士庶嫉其殘忍，競投瓦礫以擊其屍，須臾封之若冢。

《舊唐書》卷七五《蘇世長傳》 從幸涇陽校獵，大獲禽獸於旌門。高祖入御營，顧謂朝臣曰：「今日畋樂乎？」世長進曰：「陛下遊獵，薄廢萬機，不滿十旬，未爲大樂。」高祖色變，既而笑曰：「狂態發耶？」世長曰：「爲臣私計則狂，爲陛下國計則忠矣。」及突厥入寇武功，郡縣多失户口，是後下詔將幸武功校獵。世長又諫曰：「突厥初入，大爲民害，陛下救恤之道猶未發言，乃於其地又縱畋獵，非但仁育之心有所不足，百姓供頓，將何以堪？」高祖不納。

又嘗引之於披香殿，世長酒酣，奏曰：「此殿隋煬帝所作耶，是何雕麗之若此也？」高祖曰：「卿好諫似直，其心實詐。豈不知此殿是吾所造，何須設詭疑而言煬帝乎？」對曰：「臣實不知。但見傾宫、鹿臺琉璃之瓦，並非受命帝王愛民節用之所爲也。若是陛下作此，誠非所宜。臣昔在武功，幸常陪侍，見陛下宅宇，纔蔽風霜，當此之時，亦以爲足。今因隋之侈，民不堪命，數歸有道，而陛下得之，實謂懲其奢淫，不忘儉約。今初有天下，而於隋宫之內，又加雕飾，欲撥其亂，寧可得乎？」高祖深然之。

《舊唐書》卷七五《張玄素傳》 太宗曰：「卿謂我不如煬帝，何如桀、紂？」對曰：「若此殿卒興，所謂同歸於亂。且陛下初平東都，太上皇敕大殿高門並宜焚毁，陛下以瓦木可用，不宜焚灼，請賜與貧人。事雖不行，然天下翕然，謳歌至德。今若遵舊制，即是隋役復興。五六年間，趨捨頓異，何以昭示子孫，光敷四海。」太宗歎曰：「我不思量，遂至於此。」顧謂房玄齡曰：「洛陽土中，朝貢道均，朕故修營，意在便於百姓。今玄素上表，實亦可依，後必事理須行，露坐亦復何苦，所有作役，宜即停之。然以卑干尊，古來不易，非其忠直，安能若此。可賜綵二百匹。」侍中魏徵歎曰：「張公論事，遂有迴天之力，可謂仁人之言，其利博哉！」

《舊唐書》卷一〇一《辛替否傳》 〔上疏曰〕依太宗之理國，則百官以理，百姓無憂，故太山之安立可致矣；依中宗之理國，則萬人以怨，百事不寧，故累卵之危立可致矣。頃自夏已來，霪雨不解，穀荒於壟，麥爛於場。入秋已來，亢旱成災，苗而不實，霜損蟲暴，草菜枯黄。下人咨嗟，未知賙賑；而營寺造觀，日繼於時，檢校試官，充臺溢署。伏惟陛下愛兩女，爲造兩觀，燒瓦運木，載土填坑，道路流言，皆云計用錢百餘萬貫。惟陛下，聖人也，無所不知；陛下，明君也，無所不見。既知且見，知倉有幾年之儲，庫有幾年之帛？知百姓之間可存活乎？三邊之上可轉輸乎？當今發一卒以禦邊陲，遣一兵以衛社稷，多無衣食，皆帶飢寒。賞賜之間，迥無所出，軍旅驟敗，莫不由斯。而乃以百萬貫錢造無用之觀，以受六合之怨乎！以違萬人之心乎！伏惟陛下續阿韋之醜跡，而不改阿韋之亂政。忍棄太宗之理本，不忍棄中宗之亂階；忍棄太宗久長之謀，不忍棄中宗短促之計。陛下又何以繼祖宗、觀萬國？

《舊唐書》卷一一二《李暠附侄李復傳》 復，字初陽，以父蔭累官至江陵府司録。精曉吏道，衛伯玉厚遇之，府中之事，多以咨委。性苛刻，爲伯玉所信，奏爲江陵縣令，遷少尹，歷饒州、蘇州刺史，皆著政聲。李希烈背叛，荆南節度張伯儀數出兵，爲希烈所敗，朝廷憂之。以復久在江陵，得軍民心，復方在母喪，起爲江陵少尹、兼御史中丞，充節度行軍司馬。伯儀既受代，以復爲容州刺史、兼御史中丞，充本管招討使，加檢校常侍。先時西原叛亂，前後經略使征討反者，獲其人皆没爲官奴婢，配作坊重役，復乃令訪其親屬，悉歸還之。在容州三歲，南人安悦。遷廣州刺史、兼御史大夫、嶺南節度觀察使。會安南經略使高正平、張應相次卒官，其下參佐偏裨李元度、胡懷義等阻兵，黷亂州縣，姦贓狼藉。復誘懷義杖殺之，奏元度流於荒裔。又勸導百姓，令變茅屋爲瓦舍。瓊州久陷於蠻獠中，復累遣使喻之，因奏置瓊州都督府以綏撫之。復曉於政道，所在稱理，徵拜宗正卿，加檢校工部尚書。

《舊唐書》卷一三五《李實傳》 貞元十九年，爲京兆尹，卿及兼官如故。尋封嗣道王。自爲京尹，恃寵強愎，不顧文法，人皆側目。二十年春夏旱，關中大歉，實爲政猛暴，方務聚斂進奉，以固恩顧，百姓所訴，一不介意。因入對，德宗問人疾苦，實奏曰：「今年雖旱，穀田甚好。」由是租稅皆不免，人窮無告，乃徹屋瓦木，賣麥苗以供賦斂。優人成輔端因戲作語，爲秦民艱苦之狀云：「秦地城池二百年，何期如此賤田園，一頃麥苗伍石米，三間堂屋二千錢。」凡如此語有數十篇。實聞之怒，言輔端誹謗國政，德宗遽令決殺。當時言者曰：「瞽誦箴諫，取其詼諧以託諷諫，優伶舊事也。設謗木，採芻蕘，本欲達下情，存諷議，輔端不可加罪。」德宗亦深悔，京師無不切齒以怨實。

《舊唐書》卷一五三《薛存誠附子薛廷老傳》 廷老謹正有父風，而性通銳。寶曆中爲右拾遺。敬宗荒恣，宮中造清思院新殿，用銅鏡三千片，黄白金薄十萬番。廷老與同僚入閣奏事曰：「臣伏見近日除拜，往往不由中書進擬，或是宣出。伏恐綱紀漸壞，姦邪恣行。」敬宗厲聲曰：「更諫何事？」舒元褒對曰：「近日宮中修造太多。」上色變曰：「何處修造？」元褒不能對。廷老進曰：「臣等職是諫官，凡有所聞，即合論奏。莫知修造之所，但見運瓦木絶多，即知有用。乞陛下勿罪臣言。」帝曰：「所奏已知。」尋加史館修撰。

《舊唐書》卷一六七《李程傳》 敬宗沖幼，好治宮室，畋遊無度，欲於宮中營新殿，程諫曰：「自古聖帝明王，以恭儉化天下。陛下在諒闇之中，不宜興作，願以瓦木迴奉園陵。」上欣然從之。程又奏請置侍講學士，數陳經義。程辯給多智算，能移人主之意，尋加中書侍郎，進封彭原郡公。寶曆二年，罷相，檢校兵部尚書，同平章事、太原尹、北京留守、河東節度使。大和四年三月，檢校尚書左僕射、平章事、河中尹、河中晉絳節度使。

《舊唐書》卷一六九《王涯傳》 〔長慶九年〕十一月二十一日，李訓事敗，文宗入內，涯與同列歸中書會食，未下筯，吏報有兵自閤門出，逢人即殺。涯等蒼惶步出，至永昌里茶肆，爲禁兵所擒，并其家屬奴婢，皆繫於獄。仇士良鞫涯反狀，涯實不知其故，械縛既急，榜笞不勝其酷，乃令手書反狀，自誣與訓同謀。獄具，左軍兵馬三百人領涯與王璠、羅立言，右軍兵馬三百人領賈餗、舒元輿、李孝本，先赴郊廟，徇兩市，乃腰斬於子城西南隅獨柳樹下。涯以榷茶事，百姓怨恨，詬罵之，投瓦礫以擊之。中書房吏焦寓焦璿、臺吏李楚等十餘人，吏卒爭取殺之，籍没其家。涯子工部郎中、集賢殿學士孟堅，太常博士仲翔，其餘稚小妻女，連襟係頸，送入兩軍，無少長盡誅之。自涯已下十一家，資貨悉爲軍卒所分。涯積家財鉅萬計，兩軍士卒及市人亂取之，竟日不盡。

《舊唐書》卷一七八《李蔚傳》 懿宗奉佛太過，常於禁中飯僧，親爲贊唄。以旃檀爲二高座，賜安國寺僧徹，逢八飯萬僧。蔚上疏諫曰：

臣聞孔丘聖者也，言則引周任之言；荀融賢者也，諫必稱王猛之議。誠以事求師古，詞貴達情。陛下自纘帝圖，克崇佛事，止當修外，未甚得中。臣略採本朝名臣啓奏之言，以證奉佛初終之要。【略】

睿宗爲金仙、玉真二公主造二道宮，辛替否諫曰：「自夏已來，淫雨不解，穀荒于壠，麥爛于場。入秋已來，亢旱爲災，苗而不實，霜損蟲暴，草菜枯黄，下人咨嗟，未加賑貸。陛下愛兩女而造兩觀，燒瓦運木，載土填沙。道路流言，皆云用錢百萬。陛下聖人也，遠無不知；陛下明君也，細無不見。既知且見，知倉有幾年之儲？庫有幾年之帛？知百姓之間可存活乎？三邊之士可轉輸乎？今發一卒以扞邊陲，追一兵以衛社稷，多無衣食，皆帶饑寒，賞賜之間，迴無所出。軍旅驟敗，莫不由斯。而陛下破百萬貫錢，造不急之觀，以賈六合之怨，以違萬人之心。」此切當之言三也。

《舊唐書》卷一八三《外戚傳・竇德明附侄竇懷貞》 韋庶人敗，左遷濠州司馬。尋擢授益州大都督府長史。以附會太平公主，累拜侍中、兼御史大夫，代韋安石爲尚書左僕射，監脩國史，賜爵魏國公。睿宗爲金仙、玉真二公主創立兩觀，料功甚多，時議皆以爲不可，唯懷貞贊成其事，躬自監役。懷貞族弟詹事司直維鎣謂懷貞曰：「兄位極台衮，當思獻可替否，以輔明主。奈何校量瓦木，廁跡工匠之間，欲令海內何所瞻仰也？」懷貞不能對，而監作如故。時人爲之語曰：「竇僕射前爲韋氏國奢，後作公主邑丞。」言懷貞伏事公主，同於邑官也。先天二年，太平公主逆謀事洩，懷貞懼罪，投水而死，追戮其屍，改姓毒氏。

《舊唐書》卷一八九上《儒學傳上・谷那律》 谷那律，魏州昌樂人也。貞觀中，累補國子博士。黄門侍郎褚遂良稱爲「九經庫」。尋遷諫議大夫，兼弘文館學士。嘗從太宗出獵，在途遇雨，因問：「油衣若爲得不漏？」那律曰：「能以瓦爲之，必不漏矣。」意欲太宗不爲畋獵。太宗悦，賜帛二百段。永徽初卒官。

《舊唐書》卷一九五《迴紇傳論》 史臣曰：自三代以前，兩漢之後，西羌、北狄，互興部族，其名不同，爲患一也。蔡邕云：「邊陲之患，爲手足之疥；中國之困，爲胸背之疽。」突厥爲煬帝之患深矣，隋竟滅，中國之困，其理昭然。自太宗平突厥，破延陀，而迴紇興焉。太宗幸靈武以降之，置州府以安之，以名爵玉帛以恩之。其義何哉？蓋以狄不可盡，而以威惠羈縻之。開元中，三綱正，百姓足，四夷八蠻，翕然向化，要荒之外，畏威懷惠，不其盛矣！天寶末，奸臣弄權於內，逆臣跋扈於外，內外結釁而車駕遽遷，華夷生心而神器將墜。肅宗誘迴紇以復京畿，代宗誘迴紇以平河朔，戡難中興之功，大即大矣！然生靈之膏血已乾，不能供其求取；朝廷之法令並弛，無以抑其憑陵。忍恥和親，姑息不暇。僕固懷恩爲叛，尤甚阽危；郭子儀之能軍，終免侵軼。比昔諸戎，於國之功最大，爲民之害亦深。及勢利日隆，盛衰時變，冰消瓦解，如存若亡，竟爲手足之疥焉。僖、昭之世，黄、朱迭興，竟爲胸背之疽焉。手疥背疽，誠爲確論。

《舊唐書》卷一九八《西戎傳·泥婆羅國》 泥婆羅國，在吐蕃西。其俗翦髮與眉齊，穿耳，揎以竹筩牛角，綴至肩者以爲姣麗。食用手，無匕箸。其器皆銅。多商賈，少田作。以銅爲錢，面文爲人，背文爲馬牛，不穿孔。衣服以一幅布蔽身，日數盥浴。以板爲屋，壁皆雕畫。俗重博戲，好吹蠡擊鼓。頗解推測盈虛，兼通曆術。事五天神，鐫石爲像，每日清水浴神，烹羊而祭。其王那陵提婆，身著真珠、玻瓈、車渠、珊瑚、琥珀、瓔珞，耳垂金鉤玉璫，佩寶裝伏突，坐獅子牀，其堂内散花燃香。大臣及諸左右並坐於地，持兵數百列侍其側。宫中有七層之樓，覆以銅瓦，欄檻楹桷皆飾珠寶。樓之四角，各懸銅槽，下有金龍，激水上樓，注於槽中，從龍口而出，狀若飛泉。那陵提婆之父，爲其叔父所篡，那陵提婆逃難於外，吐蕃因而納焉，克復其位，遂羈屬吐蕃。

《舊唐書》卷一九八《西戎傳·拂菻國》 拂菻國，一名大秦，在西海之上，東南與波斯接，地方萬餘里，列城四百，邑居連屬。其宫宇柱櫳，多以水精瑠璃爲之。有貴臣十二人共治國政，常使一人將囊隨王車，百姓有事者，即以書投囊中，王還宫省發，理其枉直。其王無常人，簡賢者而立之。國中災異及風雨不時，輒廢而更立。其王冠形如鳥舉翼，冠及瓔珞，皆綴以珠寶，著錦繡衣，前不開襟，坐金花牀。有一鳥似鵝，其毛緑色，常在王邊倚枕上坐，每進食有毒，其鳥輒鳴。其都城疊石爲之，尤絶高峻，凡有十萬餘户，南臨大海。城東面有大門，其高二十餘丈，自上及下，飾以黄金，光輝燦爛，連曜數里。自外至王室，凡有大門三重，列異寶雕飾。第二門之樓中，懸一大金秤，以金丸十二枚屬於衡端，以候日之十二時焉，爲一金人，其大如人，立於側，每至一時，其金丸輒落，鏗然發聲，引唱以紀日時，毫釐無失。其殿以瑟瑟爲柱，黄金爲地，象牙爲門扇，香木爲棟梁。其俗無瓦，擣白石爲末，羅之塗屋上，其堅密光潤，還如玉石。至於盛暑之節，人厭囂熱，乃引水潛流，上徧於屋宇，機制巧密，人莫之知。觀者惟聞屋上泉鳴，俄見四簷飛溜，懸波如瀑，激氣成涼風，其巧妙如此。

《舊唐書》卷一九九上《東夷傳·高麗》 高麗者，出自扶餘之别種也。其國都於平壤城，即漢樂浪郡之故地，在京師東五千一百里。東渡海至於新羅，西北渡遼水至於營州，南渡海至於百濟，北至靺鞨。東西三千一百里，南北二千里。其官大者號大對盧，比一品，總知國事，三年一代，若稱職者，不拘年限。交替之日，或不相祗服，皆勒兵相攻，勝者爲之。其王但閉宫自守，不能制禦。次日太大兄，比正二品。對盧以下官，總十二級。外置州縣六十餘城。大城置傉薩一，比都督。諸城置道使，比刺史。其下各有僚佐，分掌曹事。衣裳服飾，唯王五綵，以白羅爲冠，白皮小帶，其冠及帶，咸以金飾。官之貴者，則青羅爲冠，次以緋羅，插二鳥羽，及金銀爲飾，衫筩袖，袴大口，白韋帶，黄韋履。國人衣褐戴弁，婦人首加巾幗。好圍棊投壺之戲，人能蹴鞠。食用籩豆、簠簋、罇俎、罍洗，頗有箕子之遺風。

其所居必依山谷，皆以茅草葺舍，唯佛寺、神廟及王宫、官府乃用瓦。其俗貧窶者多，冬月皆作長坑，下燃煴火以取暖。種田養蠶，略同中國。其法：有謀反叛者，則集衆持火炬競燒灼之，燋爛備體，然後斬首，家悉籍没；守城降敵，臨陣敗北，殺人行劫者斬；盜物者，十二倍酬贓；殺牛馬者，没身爲奴婢。大體用法嚴峻，少有犯者，乃至路不拾遺。其俗多淫祀，事靈星神、日神、可汗神、箕子神。國城東有大穴，名神隧，皆以十月，王自祭之。俗愛書籍，至於衡門廝養之家，各於街衢造大屋，謂之扃堂，子弟未婚之前，晝夜於此讀書習射。其書有《五經》及《史記》、《漢書》、范曄《後漢書》、《三國志》、孫盛《晉春秋》、《玉篇》、《字統》、《字林》；又有《文選》，尤愛重之。

《舊唐書》卷一九九上《東夷傳·新羅國》 新羅國，本弁韓之苗裔也。其國在漢時樂浪之地，東及南方俱限大海，西接百濟，北鄰高麗。東西千里，南北二千里。有城邑村落。王之所居曰金城，周七八里。衛兵三千人，設獅子隊。文武官凡有十七等。其王金真平，隋文帝時授上開府、樂浪郡公、新羅王。武德四年，遣使朝貢。高祖親勞問之，遣通直散騎侍郎庾文素往使焉，賜以璽書及畫屏風、錦綵三百段，自此朝貢不絶。其風俗、刑法、衣服，與高麗、百濟略同，而朝服尚白。好祭山神。其食器用柳桮，亦以銅及瓦。國人多金、朴兩姓，異姓不爲婚。重元日，相慶賀燕饗，每以其日拜日月神。又重八月十五日，設樂飲宴，賚羣臣，射其庭。婦人髮繞頭，以綵及珠爲飾，髮甚長美。

《舊唐書》卷二〇〇下《黄巢傳》〔陳破賊事狀曰〕今月八日，遣衙隊前鋒楊守宗、河中騎將白志遷、橫野軍使滿存、蹋雲都將丁行存、朝邑鎮將康師貞、忠武黃頭軍使龐從等三十都，隨李克用自光泰門先入京師，力摧兇寇。又遣河中將劉讓、王瓌、冀君武、孫珙，忠武將喬從遇，鄭滑將韓從威，荆南將申屠悰，滄州將賈滔，易定將張仲慶，壽州將張行方，天德將顧彦朗，左神策弩手甄君楚、公孫佐，橫衝軍使楊守亮，蹋雲都將高周彝，忠順都將胡真，絳州監軍毛宣伯、聶弘裕等七十都繼進。賊尚爲堅陣，來抗官軍。鴈門李克用率勵驍雄，整齊金革，叫譟而聲將動瓦，喑嗚而氣欲吞沙，寬列戈矛，密張羅網。於是麾軍背擊，分騎橫衝，日明而劍躍飛輪，風急而旗開走電。使賊如浪，便可塞流；使賊如山，亦須折角。蹂踐則橫尸入地，騰凌則積血成塵，不煩即墨之牛，若駕昆陽之象。楊守宗等齊驅直入，合勢夾攻，從卯至申，羣兇大潰。自望春宫前蹙殺，至昇陽殿下攻圍，戈不濫揮，矢無虚發。其賊一時奔走，南入商山，徒延漏刃之生，佇作飲頭之器。

《新唐書》卷七《德宗紀》 〔貞元〕八年二月庚子，雨土。

三八甲申，宣武軍節度使劉玄佐卒，其子士寧自稱留後。

四月，吐蕃寇靈州。丁亥，殺左諫議大夫知制誥吴通玄。乙未，貶竇參爲郴州别駕。尚書左丞趙憬、兵部侍郎陸贄爲中書侍郎、同中書門下平章事。

五月己未，大風發太廟屋瓦。癸酉，平盧軍節度使李納卒，其子師古自稱留後。

六月，淮水溢。吐蕃寇連雲堡，大將王進用死之。

九月丁巳，韋臯及吐蕃戰於維州，敗之。

十一月壬子朔，日有食之。庚午，山南西道節度使嚴震及吐蕃戰於黑水堡，敗之。是月，幽州盧龍軍節度使劉濟及其弟瀛州刺史澭戰於瀛州，澭敗，奔於京師。

十二月甲辰，獮於城東。

《新唐書》卷一三《禮樂志三》 高宗時改元總章，分萬年置明堂縣，示欲必立之。而議者益紛然，或以爲五室，或以爲九室，而高宗依兩議，以帟幕爲之，與公卿臨觀，而議益不一。乃下詔率意班其制度。至取象黄琮，上設鴟尾，其言益不經，而明堂亦不能立。

至則天始毁東都乾元殿，以其地立明堂，其制淫侈，無復可觀，皆不足記。其後火焚之，既而又復立；開元五年，復以爲乾元殿而不毁。初，則天以木爲瓦，夾紵漆之。二十五年，玄宗遣將作大匠康晉素毁之。晉素以爲勞人，乃去其上層，易以真瓦。而迄唐之世，季秋大享，皆寓圜丘。

《新唐書》卷一四《禮樂志四》 高宗乾封元年，封泰山，爲圓壇山南四里，如圓丘，三壝，壇上飾以青，四方如其色，號封祀壇。玉策三，以玉爲簡，長一尺二寸，廣一寸二分，厚三分，刻而金文。玉匱一，長一尺三寸，以藏上帝之册；金匱二，以藏配帝之册。纏以金繩五周，金泥、玉璽，璽方一寸二分，文如受命璽。石䃭以方石再累，皆方五尺，厚一尺，刻方其中以容玉匱。䃭旁施檢，刻深三寸三分，闊一尺，當繩刻深三分，闊一寸五分。石檢十枚，以檢石䃭，皆長三尺，闊一尺，厚七分；印齒三道，皆深四寸，當璽方五寸，當繩闊一寸五分。檢立於䃭旁，南方、北方皆三，東方、西方皆二，去䃭隅皆一尺。䃭纏以金繩五周，封以石泥。距石十二，分距䃭隅，皆再累，皆闊二尺，長一丈，斜刻其首，令與䃭隅相應。又爲壇於山上，廣五丈，高九尺，四出陛，一壝，號登封壇。玉牒、玉檢、石䃭、石距、玉匱、石檢皆如之。爲降禪壇於社首山上，八隅，一成，八陛如方丘，三壝。上飾以黄，四方如其色，其餘皆如登封。其議略定，而天子詔曰：「古今之制，文質不同。今封禪以玉牒、金繩，而瓦尊、匏爵、秸席，宜改從文。」於是昊天上帝褥以蒼，地祇褥以黄，配褥皆以紫，而尊爵亦更焉。

《新唐書》卷二四《車服志》 文宗即位，以四方車服僭奢，下詔準儀制令，品秩勳勞爲等級。職事官服緑、青、碧，勳官諸司則佩刀、礪、紛、帨。諸親朝賀宴會之服：一品、二品服玉及通犀，三品服花犀、班犀。車馬無飾金銀。衣曳地不過二寸，袖不過一尺三寸。婦人裙不過五幅，曳地不過三寸，襦袖不過一尺五寸。袍襖之制：三品以上服綾，以鶻銜瑞草，鴈銜綬帶及雙孔雀；四品、五品服綾，以地黄交枝；六品以下服綾，小窠無文及隔織、獨織。一品導從以七騎，二品、三品以五騎，四品以三騎，五品以二騎，六品以一騎。五品以上及節度使册拜、婚會，則車有幰。外命婦一品、二品、三品乘金銅飾犢車，檐舁以八人，三品舁以六人；四品、五品乘白銅飾犢車，檐舁以四人；胥吏、商賈之妻老者乘葦軬車，兜籠舁以二人。度支、户部、鹽鐵門官等服細葛布，無紋綾，緑闇銀藍鐵帶，鞍、轡、銜、鐙以鍮石。未有官者，服粗葛布、官絁，緑銅鐵帶，乘蜀馬、鐵鐙。行官服紫粗布，絁，藍鐵帶。中官不衣紗縠綾羅，諸司小兒不服大巾，商賈、庶人、僧、道士不乘馬。婦人衣青碧纈，平頭小花草履，彩帛縵成履，而禁高髻、險妝去眉、開額及吴越高頭草履。王公之居，不施重栱、藻井。三品堂五間九架，門三間五架，五品堂五間七架，門三間兩架；六品、七品堂三間五架，庶人四架，而門皆一間兩架。常參官施懸魚、對鳳、瓦獸、通栿乳梁。詔下，人多怨者。京兆尹杜悰條易行者爲寛限，而事遂不行。唯淮南觀察使李德裕令管内婦人衣袖四尺者闊一尺五寸，裙曳地四五寸者減三寸。

《新唐書》卷三五《五行志二·常風》 貞元元年七月庚子，大風拔木。六年四月甲申，大風雨。八年五月己未，暴風發太廟屋瓦，毁門闕、官署、廬舍不可勝紀。十年六月辛未，大風拔木。十四年八月癸未，廣州大風，壞屋覆舟。

元和元年六月丙申，大風拔木。三年四月壬申，大風毁含元殿欄檻二十七間。占爲兵起。四年十月壬午，天有氣如煙，臭如燔皮，日昳大風而止。五年三月丙子，大風毁崇陵上宫衙殿鴟尾及神門戟竿六，壞行垣四十間。八年六月庚寅，京師大風雨，毁屋飄瓦，人多壓死者。丙申，富平大風，拔棗木千餘株。十二年春，青州一夕暴風自西北，天地晦冥，空中有若旌旗狀，屋瓦上如蹂躒聲。有日者占之曰：「不及五年，兹地當大殺戮。」【略】

會昌元年三月，黔南大風飄瓦。

《新唐書》卷七八《宗室傳·李復》 復字初陽，以蔭仕，累爲江陵司録參軍。衛伯玉才之，表江陵令。遷少尹，歷饒、蘇二州刺史。李希烈叛，荆南節度使張伯儀數爲賊窘，朝廷以復在江陵得士心，即母喪奪爲少尹，充行軍司馬，佐伯儀。會伯儀罷，改容州刺史，兼本管招討使。先是，西原亂，吏獲反者没爲奴婢，長役之。復至，使訪親戚，一皆原縱。在容三年，人以賴安。轉嶺南節度使，時安南經略使高正平、張應繼卒，其佐李元度、胡懷義等因阻兵脅州縣，肆爲姦贓。復至，誘懷義杖死，流元度，南裔肅然。教民作陶瓦，鐫諭蠻獠，收瓊州，置都督府，以綏定其人。召拜宗正卿。歷華州刺史。貞元十年鄭滑節度使李融卒，軍亂，以復檢校兵部尚書代融節度。復下令墾營田以稟其軍，而賦不及民，衆悦。

《新唐書》卷一二四《宋璟傳》 睿宗立，以吏部尚書、同中書門下三品。玄宗在東宫，兼右庶子。先是崔湜、鄭愔典選，爲戚近干奪，至迎用二歲闕，猶不能給，更置比冬選，流品淆并，璟與侍郎李乂、盧從愿澄革之，銓總平允。

太平公主不利東宫，嘗駐輦光範門，伺執政以諷。璟曰：「太子有大功，宗廟社稷主也，安得異議？」乃與姚崇白奏出公主，諸王於外，帝不能用。貶楚州刺史，歷兖冀魏三州、河北按察使，進幽州都督，以國子祭酒留守東都，遷雍州長史。

玄宗開元初，以雍州爲京兆府，復爲尹。進御史大夫，坐小累爲睦州刺史，徙廣州都督。廣人以竹茅茨屋，多火。璟教之陶瓦築堵，列邸肆，越俗始知棟宇利而無患災。

《新唐書》卷一三八《路嗣恭傳》 路嗣恭字懿範，京兆三原人，始名劍客，以世蔭爲鄰尉。席豫黜陟河朔，表爲蕭關令，連徙神烏、姑臧二縣，考績爲天下最。玄宗以爲可嗣漢魯恭，因賜名。轉渭南令，主杜化、東陽二驛。時關畿用兵，使人係道，嗣恭儲具有素，而民不擾。後爲郭子儀朔方節度留後，大將孫守亮擁重兵，驕蹇不受制，嗣恭因稱疾，守亮至，即殺之，一軍皆震。永泰三年，檢校刑部尚書，知省事。出爲江西觀察使，以善治財賦稱。有賈明觀者，素事魚朝恩，朝恩誅，當坐死，宰相元載納兵賂，遣效力江西，將行，居民數萬懷瓦石候擊，載諭市吏禁止，乃得去。魏少游畏載，常回容之，及嗣恭代少游，即日杖死。

《新唐書》卷一六一《王仲舒傳》 元和初，召爲吏部員外郎，未幾，知制誥。楊憑得罪斥去，無敢過其家，仲舒屢存之。將直憑冤，貶峽州刺史，母喪解。服除，爲婺州刺史。州疫旱，人徙死幾空，居五年，里閭增完，就加金紫服。徙蘇州。隄松江爲路，變屋瓦，絶火災，賦調嘗與民爲期，不擾自辦。

穆宗立，每言仲舒之文可思，最宜爲誥，有古風。召爲中書舍人。既至，視同列率新進少年，居不樂，曰：「豈可復治筆研於其間哉！吾久棄外，周知俗病利，得治之，不自愧。」宰相聞之，除江西觀察使。初，江西榷酒利多佗州十八，民私釀，歲抵死不絶，穀數斛易斗酒。仲舒罷酤錢九十萬。吏坐失官息錢三十萬，悉産不能償，仲舒焚簿書，脱械不問。水旱，民賦不入，歎曰：「我當減燕樂他用可乎！」爲出錢二千萬代之。有爲佛老法、興浮屠祠屋者，皆驅出境。

《新唐書》卷一九七《循吏傳·韋丹》 徙爲江南西道觀察使。丹計口受俸，委餘於官，罷八州冗食者，收其財。始，民不知爲瓦屋，草茨竹椽，久燥則戛而焚。丹召工教爲陶，聚材於場，度其費爲估，不取贏利。人能爲屋者，受材瓦于官，免半賦，徐取其償；逃未復者，官爲爲之；貧不能者，畀以財。身往勸督。置南北市，爲營以舍軍，歲中旱，募人就功，厚與直，給其食。爲衢南北夾兩營，東西七里。以廢倉爲新廏，馬息不死。築堤扞江，長十二里，竇以疏漲。凡爲陂塘五百九十八所，灌田萬二千頃。有吏主倉十年，丹覆其糧，亡三千斛，丹曰：「吏豈自費邪？」籍其家，盡得文記，乃權吏所奪，召諸吏曰：「若恃權取於倉，罪也，與若期一月還之。」皆頓首謝，及期無敢違。有卒違令當死，釋不誅，去，上書告丹不法，詔丹解官待辨。會卒，年五十八。驗卒所告，皆不實，丹治狀愈明。

《新唐書》卷二二二《南蠻傳下・驃國》　繇彌臣至坤朗，又有小崑崙部，王名茫悉越，俗與彌臣同。繇坤朗至祿羽，有大崑崙王國，王名思利泊婆難多珊那。川原大於彌臣。繇崑崙小王所居，半日行至磨地勃柵，海行五月至佛代國。有江，支流三百六十。其王名思利些彌他。有川名思利毗離芮。土多異香。北有市，諸國估舶所湊，越海即闍婆也。十五日行，踰二大山，一曰正迷，一曰射鞮，有國，其王名思利摩訶羅闍，俗與佛代同。經多茸補邏川至闍婆，八日行至婆賄伽盧，國土熱，衢路植椰子、檳榔，仰不見日。王居以金爲甓，廚覆銀瓦，爨香木，堂飾明珠。有二池，以金爲隄，舟檝皆飾金寶。

驃王姓困没長，名摩羅惹，其相名曰摩訶思那。王出，輿以金繩牀，遠則乘象。嬪史數百人。青甓爲圓城，周百六十里，有十二門，四隅作浮圖，民皆居中，鉛錫爲瓦，荔支爲材。俗惡殺。拜以手抱臂稽顙爲恭。明天文，喜佛法。有百寺，琉璃爲甓，錯以金銀，丹彩紫鑛塗地，覆以錦罽，王居亦如之。民七歲祝髮止寺，至二十有不達其法，復爲民。衣用白氎、朝霞，以蠶帛傷生不敢衣。戴金花冠、翠冒，絡以雜珠。王宮設金銀二鍾，寇至，焚香擊之，以占吉凶。有巨白象，高百尺，訟者焚香跽象前，自思是非而退。有災疫，王亦焚香對象跽，自咎。無桎梏，有罪者束五竹捶背，重者五、輕者三，殺人則死。土宜菽、粟、稻、粱，蔗大若脛，無麻、麥。以金銀爲錢，形如半月，號登伽佗，亦曰足彈陀。無膏油，以蠟雜香代炷。與諸蠻市，以江猪、白氎、琉璃罌缶相易。婦人當頂作高髻，飾銀珠琲，衣青娑裙，披羅段；行持扇，貴家者傍至五六。近城有沙山不毛，地亦與波斯、婆羅門接，距西舍利城二十日行。西舍利者，中天竺也。南詔以兵彊地接，常羈制之。

《舊五代史》卷五四《唐書・王鎔傳》　景福二年春，匡威帥精騎數萬，再來赴援，會匡威弟匡儔奪據兄位，匡威退無歸路，鎔乃延入府第，館於寶壽佛寺。案：歐陽史作館于梅子園。（《舊五代史考異》）鎔以匡威因己而失國，又感其援助之力，事之如父。五月，鎔謁匡威於其館，匡威陰遣部下伏甲劫鎔，抱持之。鎔曰：「公戒部人勿造次。吾國爲晉人所侵，垂將覆滅，賴公濟援之力，幸而獲存。今日之事，本所甘心。」即並轡歸府舍，鎔軍拒之，竟殺匡威。鎔本疏瘦，時年始十七，當與匡威並轡之時，電雨驟作，屋瓦皆飛。有一人於缺垣中望見鎔，鎔就之，遽挾於馬上，肩之而去。翌日，鎔但覺項痛頭偏，蓋因爲有力者所挾，不勝其苦故也。既而訪之，則曰墨君和，乃鼓刀之士也，遂厚賞之。

《舊五代史》卷一一七《周書・世宗紀第四》〔顯德三年〕夏四月己巳，車駕至自下蔡。辛未，以江南僞命西北面行營應援使、前永安軍節度使、檢校太尉許文縝爲左監門衛上將軍、檢校太尉，以僞命西北面行營應援都軍使、前武安軍節度使邊鎬爲左千牛衛上將軍、檢校太傅。丙子，宰臣李穀以風痹經年，上章請退，凡三上章，不允。丁丑，斬内供奉官孫延希於都市，御廚使董延勛、副使張皓、武德副使盧繼昇並停職。時重脩永福殿，命延希督役，上見役夫有就瓦中噉飯，以柿爲匕者，大怒，斬延希而罷延勛等。壬午，故彭城郡夫人劉氏追册爲皇后。癸未，故皇子贈左驍衛大將軍誼再贈太尉，追封越王；故皇子贈左武衛大將軍誠再贈太傅，追封吴王；故皇子贈左屯衛大將軍諴再贈太保，追封韓王。故皇弟贈太保侗再贈太傅，追封郯王；故皇弟贈司空信再贈司徒，追封杞王。故皇第三妹樂安公主追册莒國長公主，故皇第五妹永寧公主追册梁國長公主。故皇從弟贈左領軍大將軍守愿再贈左衛大將軍，故皇從弟贈左監門將軍奉超再贈右衛大將軍，故皇從弟贈左千牛衛將軍遜再贈右武衛大將軍。甲申，以先降到江南兵士，團結爲三十指揮，號懷德軍。

司馬光《資治通鑑》卷一五　〔文帝後七年〕帝即位二十三年，宫室、苑囿、車騎、服御，無所增益；有不便，輒弛以利民。嘗欲作露臺，召匠計之，直百金。上曰：「百金，中人十家之産也。吾奉先帝宫室，嘗恐羞之，何以臺爲！」師古曰：中，謂不富不貧。今新豐縣南驪山之頂有露臺鄉，極爲高顯，猶有文帝所欲作臺之處。身衣弋綈；如淳曰：弋，皁也。師古曰：弋，黑色。衣，於既翻。所幸慎夫人，衣不曳地；帷帳無文繡；以示敦樸，爲天下先。治霸陵，皆瓦器，不得以金、銀、銅、錫爲飾；因其山，不起墳。古者墓而不墳。墳者，聚土使之高大也。治，直之翻。皇甫謐曰：漢長陵高十三丈，陽陵高十四丈；安陵三十餘丈，則不度甚矣。吴王詐病不朝，賜以几杖。羣臣袁盎等諫説雖切，常假借納用焉。張武等受賂金錢，覺，更加賞賜以媿其心；專務以德化民。是以海内安寧，家給人足，後世鮮能及之。鮮，息淺翻。

司馬光《資治通鑑》卷四四　〔光武帝建武二十六年〕初作壽陵。賢曰：初作陵，未有名，故號壽陵，蓋取久長之義也。帝曰：「古者帝王之葬，皆陶人、瓦器、木車、茅馬，使後世之人不知其處。太宗識終始之義，景帝能述遵孝道，遭天下反覆，而霸陵獨完受其福，豈不美哉！謂赤眉入長安，惟霸陵不掘。今所制地不過二三頃，無山陵陂池，裁令流水而已。賢曰：言不起山陵，裁令封土陂池不停水而已。陂，音普何翻。池，音徒河翻。使迭興之後，與丘隴同體。」迭興，謂易姓而王者。

司馬光《資治通鑑》卷四四 〔明帝永平元年五月〕東海恭王彊病，上遣使者太醫乘驛視疾，駱驛不絶。驛，傳遽馬也。《左傳》謂之乘馹者，乘驛馬也，西漢謂之置傳、馳傳。駱驛，往來不絶也。詔沛王輔、濟南王康、淮陽王延詣魯省疾。省，悉景翻。戊寅，彊薨，臨終，上書謝恩，言：「身既夭命，孤弱復爲皇太后、陛下憂慮，言身既夭死，而子孫又貽上之人憂慮也。夭，於紹翻。復，扶又翻；下同。誠悲誠慙！息政，小人也，息，子也；政其名。猥當襲臣後，必非所以全利之也，願還東海郡。今天下新罹大憂，謂光武崩也。惟陛下加供養皇太后，數進御餐。供，居用翻。養，羊亮翻。數，所角翻。臣彊困劣，言不能盡意，願並謝諸王，不意永不復相見也！」帝覽書悲慟，從太后出幸津門亭發哀，賢曰：津門，雒陽城南面西頭門也，一名津陽門。每門皆有亭。李尤《銘》，津門位未。使大司空持節護喪事，《百官志》：司空掌水土事；大喪，掌將校復土。今使護藩王喪，殊禮也。贈送以殊禮，詔楚王英、趙王栩、北海王興及京師親戚皆會葬。栩，況羽翻。帝追惟彊深執謙儉，惟，思也。不欲厚葬以違其意，於是特詔：「遣送之物，務從約省，衣足斂形，斂，力贍翻。茅車瓦器，物減於制，以彰王卓爾獨行之志。」將作大匠留起陵廟。秦曰將作少府，景帝改爲將作大匠；掌修作宗廟、路寢、宮室、陵園土木之工，并樹桐梓之類，裂於道側。

司馬光《資治通鑑》卷六〇 〔獻帝初平二年〕公孫度威行海外，中國人士避亂者多歸之，北海管寧、邴原、王烈皆往依焉。寧少時與華歆爲友，少，詩照翻。華，户化翻。嘗與歆共鋤菜，見地有金，寧揮鋤不顧，與瓦石無異，歆捉而擲之，人以是知其優劣。邴原遠行遊學，八九年而歸，師友以原不飲酒，會米肉送之；原曰：「本能飲酒，但以荒思廢業，故斷之耳。思，相吏翻。斷，音短。今當遠別，可一飲燕。」於是共坐飲酒，終日不醉。寧、原俱以操尚稱，度虛館以候之。操，七到翻。寧既見度，乃廬於山谷，時避難者多居郡南，難，乃旦翻。而寧獨居北，示無還志，後漸來從之，旬月而成邑。寧每見度，語唯經典，不及世事；還山，專講《詩》、《書》，習俎豆，非學者無見也。由是度安其賢，民化其德。邴原性剛直，清議以格物，格，正也。度以下心不安之。寧謂原曰：「潛龍以不見成德。《乾》：初九，潛龍勿用。孔子曰：君子以成德爲行，潛之爲言也，隱而未見，行而未成，是以君子弗用。見，賢遍翻。言非其時，皆招禍之道也。」密遣原逃歸，度聞之，亦不復追也。復，扶又翻。王烈器業過人，少時名聞在原、寧之右。少，詩照翻。聞，文運翻；善於教誘，鄉里有盜牛者，主得之，盜請罪，曰：「刑戮是甘，乞不使王彥方知也！」王烈，字彥方。烈聞而使人謝之，遺布一端。布帛六丈曰端，一曰八丈曰端。按古以二丈爲端。遺，于貴翻。或問其故，烈曰：「盜懼吾聞其過，是有恥惡之心，既知恥惡，則善心將生，故與布以勸爲善也。」後有老父遺劍於路，行道一人見而守之，至暮，老父還，尋得劍，怪之，以事告烈，烈使推求，推，尋也。乃先盜牛者也。諸有爭訟曲直將質之於烈，質，正也。或至塗而反，或望廬而還，還，旬緣翻。皆相推以直，推，移也。《前書·韓延壽傳》「以田相移」，即此義也。不敢使烈聞之。度欲以爲長史，烈辭之，爲商賈以自穢，乃免。賈，音古。

《宋史》卷七《真宗紀二》 〔咸平六年〕六月丁卯，詔命官流竄没嶺南者，給緡錢歸葬。豐州瓦窑没劑、如羅、昧克等族以兵濟河擊李繼遷，敗之。丁丑，隴山西首領禿逋等貢馬，願附大兵擊賊。丁亥，寇準爲三司使。復鹽鐵、度支、户部副使。

《宋史》卷九七《河渠志七》 淳熙二年，兩浙漕臣趙磻老言：「臨安府長安牐至許村巡檢司一帶，漕河淺澀，請出錢米，發兩岸人户出力開濬。」又言：「欲於通江橋置板牐，遇城中河水淺涸，啓板納潮，繼即下板，固護水勢，不得通舟；若河水不乏，即收牐板，聽舟楫往還爲便。」

七年，守臣吴淵言：「萬松嶺兩旁古渠，多被權勢及百司公吏之家造屋侵占，及内砦前石橋、都亭驛橋南北河道，居民多抛糞土瓦礫，以致填塞，流水不通。今欲分委兩通判監督，地分廂巡，逐時點檢，勿令侵占并抛颺糞土。秩滿，若不淤塞，各減一年磨勘；違，展一年：以示勸懲。」

十四年七月，不雨，臣僚言：「竊見奉口至北新橋三十六里，斷港絶潢，莫此爲甚。今宜開濬，使通客船，以平穀直。」從之。

《宋史》卷一〇一《禮志四》 蔡攸言：「明堂五門，諸廊結瓦，古無制度，漢、唐或蓋以茅，或蓋以瓦，或以木爲瓦，以夾紵漆之。今酌古之制，適今之宜，蓋以素瓦，而用瑠璃緣裏及頂蓋鴟尾綴飾，上施銅雲龍。其地則隨所向甃以五色之石。欄楯柱端以銅爲文鹿或辟邪象。明堂設飾，雜以五色，而各以其方所尚之色。八窗、八柱則以青、黄、緑相間。堂室柱門欄楯，並塗以朱。堂階爲三級，級崇三尺，共爲一筵。庭樹松、梓、檜，門不設戟，殿角皆垂鈴。」詔以「玄堂」犯祖諱，取「平在朔易」之義，改爲平朔，門亦如之。仍改敷祐門曰左敷佑，右承天門曰平秩，更衣大次曰齋明殿。七年四月，明堂成，有司請頒常視朔聽朝。詔：「明堂專以配帝嚴父，餘悉移於大慶、文德殿。」羣臣五表陳請，乃從之。

《宋史》卷一五四《輿服志六》　幕殿，即《周官》大、小次也。東都時，郊壇大次謂之青城，祀前一日宿齋詣焉。其制，中有二殿，外有六門：前曰泰禋，後曰拱極，東曰祥曦，西曰景曜，東偏曰承和，西偏曰迎禧。大殿曰端誠，便殿曰熙成。中興後，以事天尚質，屢詔郊壇不得建齋宮，惟設幕屋而已。其制，架木而以葦爲障，上下四旁周以幄帟，以象宮室，謂之幕殿。及行事，又於壇所設小次。大、小次之外，又有望祭殿，遇雨則行事於中。東都時爲瓦屋五間，周圍重廊。中興後，惟設葦屋，蓋倣清廟茅屋之制也。

臣庶室屋制度。宰相以下治事之所曰省，曰臺，曰部，曰寺，曰監，曰院，在外監司、州郡曰衙。在外稱衙而在内之公卿、大夫、士不稱者，按唐制，天子所居曰衙，故臣下不得稱。後在外藩鎮亦僭曰衙，遂爲臣下通稱。今帝居雖不曰衙，而在内省部、寺監之名，則仍唐舊也。然亦在内者爲尊者避，在外者遠君無嫌歟？私居，執政、親王曰府，餘官曰宅，庶民曰家。

諸道府公門得施戟，若私門則爵位穹顯經恩賜者，許之。在内官不設，亦避君也。

凡公宇，棟施瓦獸，門設梐枑。諸州正牙門及城門，並施鴟尾，不得施拒鵲。六品以上宅舍，許作烏頭門。父祖舍宅有者，子孫許仍之。凡民庶家，不得施重栱、藻井及五色文采爲飾，仍不得四鋪飛簷。庶人舍屋，許五架，門一間兩廈而已。

《宋史》卷一八一《食貨志下三》　自元昊反，聚兵西鄙，並邊入中芻粟者寡。縣官急於兵食，調發不足，因聽入中芻粟，予券趨京師榷貨務受錢若金銀；入中它貨，予券償以池鹽。繇是羽毛、筋角、膠漆、鐵炭、瓦木之類，一切以鹽易之。猾商貪吏，表裏爲姦，至入椽木二，估錢千，給鹽一大席，爲鹽二百二十斤。虚費池鹽，不可勝計，鹽直益賤，販者不行，公私無利。慶曆二年，復京師榷法，凡商人虚估受券及已受鹽未鬻者，皆計直輸虧官錢。内地州軍民間鹽，悉收市入官，官爲置場增價出之。復禁永興、同、華、耀、河中、陝、虢、解、晉、絳、慶成十一州軍商鹽，官自輦運，以衙前主之。又禁商鹽私入蜀，置折博務於永興、鳳翔，聽人入錢若蜀貨，易鹽趨蜀中以售。久之，東、南鹽地悉復禁榷，兵民輦運，不勝其苦，州郡騷然。所得鹽利，不足以佐縣官之急。並邊務誘人入中芻粟，皆爲虚估，騰踊至數倍，大耗京師錢幣，帑藏益虚。

太常博士范祥，關中人也，熟其利害，嘗謂兩池之利甚博，而不能少助邊計者，公私侵漁之害也；儻一變法，歲可省度支緡錢數十百萬。乃畫策以獻。是時韓琦爲樞密副使，與知制誥田況皆請用祥策。四年，詔祥馳傳與陝西都轉運使程戡議之，而戡議與祥不合，祥尋亦遭喪去。八年，祥復申其説，乃以爲陝西提點刑獄兼制置解鹽事，使推行之。其法：舊禁鹽地一切通商，聽鹽入蜀；罷九州軍入中芻粟，令入實錢，償以鹽，視入錢州軍遠近及所指東、西、南鹽，第優其直；東、南鹽又聽入錢永興、鳳翔、河中；歲課入錢總爲鹽三十七萬五千大席，授以要券，即池驗券，按數而出，盡弛兵民輦運之役。又以延、慶、環、渭、原、保安、鎮戎、德順地近烏、白池，姦人私以青白鹽入塞，侵利亂法。乃募人入中池鹽，予券優其估，還，以池鹽償之；以所入鹽官自出鬻，禁人私售，峻青白鹽之禁。並邊舊令入中鐵、炭、瓦、木之類，皆重爲法以絶之。其先以虚估受券及已受鹽未鬻者，悉計直使輸虧官錢。又令三京及河中、河陽、陝、虢、解、晉、絳、濮、慶成、廣濟官仍鬻鹽，須商賈流通乃止。以所入緡錢市並邊九州軍芻粟，悉留榷貨務錢幣以實中都。行之數年，黠商貪賈，無所僥倖，關内之民，得安其業，公私便之。

《宋史》卷一八六《食貨志下八》　元豐元年，濱、棣、滄州竹木、魚果、炭箔税不及百錢者蠲之。二年，熙河路制置邊防財用李憲擅榷本路商貨，令漕臣蔣之奇劾其罪。導洛通汴司請置堆垛場於泗州，賈物至者，先入官場，官以船運至京，稍輸船算。明年，詔：近京以通津水門外順成倉爲場。非導洛司船而載商人税物入汴者，許糾告，雖自請税，猶如私載法。惟日用物非販易，若廢箔、柴草、竹木之類勿禁。瓊管奏：「海南收税，較船之丈尺，謂之『格納』。其法分三等，有所較無幾，而輸錢多寡十倍。賈物自泉、福、兩浙、湖、廣至者，皆金銀物帛，直或至萬餘緡；自高、化至者，唯米包、瓦器、牛畜之類，直纔百一，而概收以丈尺。故高、化商人不至，海南遂乏牛米。請自今用物貴賤多寡計税，官給文憑，聽鬻於部内，否則許糾告，以船貨給賞。」詔如所奏。六年，京東漕臣吴居厚言：「商人負正税七萬六千餘緡，倍税十五萬二千餘緡。」詔蠲其倍税，納正税，百千以下期以三年，百千以上五年。

《宋史》卷二五〇《石守信傳》　乾德初，帝因晚朝與守信等飲酒，酒酣，帝曰：「我非爾曹不及此，然吾爲天子，殊不若爲節度使之樂，吾終夕未嘗安枕而卧。」守信等頓首曰：「今天命已定，誰復敢有異心，陛下何爲出此言耶？」帝曰：「人孰不欲富貴，一旦有以黄袍加汝之身，雖欲不爲，其可得乎。」守信等謝曰：「臣愚不及此，惟陛下哀矜之。」帝曰：「人生駒過隙爾，不如多積金、市田宅以遺子孫，歌兒舞女以終天年。君臣之間無所猜嫌，不亦善乎。」守信謝曰：「陛下念及此，所謂生死而肉骨也。」明日，皆稱病，乞解兵權，帝從之，皆以散官就第，賞賚甚厚。【略】

守信累任節鎮，專務聚斂，積財鉅萬。尤信奉釋氏，在西京建崇德寺，募民輦瓦木，驅迫甚急，而傭直不給，人多苦之。

《宋史》卷二五四《趙贊傳》 贊幼聰慧，明宗甚愛之，與諸孫、外孫石氏並育於六宅。暇日，因遍閲諸孫數十人，目贊曰：「是兒令器也。」贊七歲誦書二十七卷，應神童舉。明宗詔曰：「都尉之子，太尉之孫，幼能誦書，弱不好弄，克彰庭訓，宜錫科名，可特賜童子及第。仍附長興三年禮部春榜。」久之，延壽出鎮宣武軍，因奏署牙内都校。【略】

贊仕周，歷左右羽林、左龍武三統軍。世宗南征，初遣贊率師巡警壽州城外，俄命爲淮南道行營左廂排陣使。世宗歸京，留贊與諸將分兵圍壽春，贊獨當東面。諸將戰多不利，贊獨持重，自秋涉冬，未嘗挫衄。及受詔移軍，尺椽片瓦，悉輦而行，城中人無敢睥睨者。會吴遣驍將魯公綰帥十餘萬衆泝淮奄至，跨山爲柵，阻肥水，俯瞰城中。時大軍已解圍，贊與大將楊承信將輕騎斷吴人饟路，又獨以所部襲破公綰軍，爲流矢所中。

《宋史》卷二七二《曹克明傳》 景德中，蠻寇邕州，改供備庫副使、知邕州。左、右江蠻洞三十六，克明召其酋長，諭以恩信，是歲承天節，相率來集。克明慰拊，出衣服遺之，感泣而去。獨如洪峒恃險不至，克明諭兩江防遏使黄衆盈引兵攻之，斬其首領陸木前，梟于市。【略】

未幾，知桂州兼管勾溪峒公事，始置溪峒司。又奏閲廣南兩路土軍爲忠敢軍。州人覆茅爲屋，歲多火，克明選北軍教以陶瓦，又激江水入城，以防火災。代還，知滁州，徙鼎州。會交阯李公蘊寇邕州，以文思使復知邕州。既至，遣人入交阯諭以利害，公蘊拜表謝罪。

《宋史》卷三二四《李允則傳》 契丹通好，徙知瀛州，上言：「朝廷已許契丹和議，但擇邊將，謹誓約，有言和好非利者，請一切斥去。」真宗曰：「茲朕意也。」遷西上閤門副使。何承矩爲河北緣邊安撫、提點榷場，及承矩疾，詔自擇代，乃請允則知雄州。初，禁榷場通異物，而邏者得所易珉玉帶。允則曰：「此以我無用易彼有用也，縱不治。」遷東上閤門使、獎州刺史。河北既罷兵，允則治城壘不輟，契丹主曰：「南朝尚修城備，得無違誓約乎？」其相張儉曰：「李雄州爲安撫使，其人長者，不足疑。」既而有詔詰之，允則奏曰：「初通好不即完治，恐他日頽圮因此廢守，邊患不可測也。」帝以爲然。

城北舊有甕城，允則欲合大城爲一。先建東嶽祠，出黄金百兩爲供器，道以鼓吹，居人争獻金銀。久之，密自徹去，聲言盜自北至，遂下令捕盜，三移文北界，乃興版築，揚言以護祠。而卒就關城浚壕，起月隄，自此甕城之人，悉内城中。始，州民多以草覆屋，允則取材木西山，大爲倉廪營舍。始教民陶瓦甓，標里閈，置廊市、邸舍、水磑。城上悉累甓，下環以溝塹，蒔麻植榆柳。廣閻承翰所修屯田，架石橋，構亭榭，列隄道，以通安肅、廣信、順安軍。

歲修禊事，召界河戰棹爲競渡，縱北人遊觀，潛寓水戰。州北舊多設陷馬阬，城上起樓爲斥堠，望十里；自罷兵，人莫敢登。允則曰：「南北既講和矣，安用此爲？」命徹樓夷阬，爲諸軍蔬圃，浚井疏洫，列畦隴，築短垣，縱横其中，植以荆棘，而其地益阻隘。因治坊巷，徙浮圖北原上，州民旦夕登望三十里。下令安撫司，所治境有隙地悉種榆，久之榆滿塞下。顧謂僚佐曰：「此步兵之地，不利騎戰，豈獨資屋材耶？」

《宋史》卷四〇一《辛棄疾傳》 詔委以規畫，乃度馬殷營壘故基，起蓋砦柵，招步軍二千人，馬軍五百人，傔人在外，戰馬鐵甲皆備。先以緡錢五萬於廣西買馬五百匹，詔廣西安撫司歲帶買三十匹。時樞府有不樂之者，數沮撓之，棄疾行愈力，卒不能奪。經度費鉅萬計，棄疾善斡旋，事皆立辦。議者以聚斂聞，降御前金字牌，俾日下住罷。棄疾受而藏之，出責監辦者，期一月飛虎營柵成，違坐軍制。如期落成，開陳本末，繪圖繳進，上遂釋然。時秋霖幾月，所司言造瓦不易，問：「須瓦幾何？」曰：「二十萬。」棄疾曰：「勿憂。」令廂官自官舍、神祠外，應居民家取溝匽瓦二，不二日皆具，僚屬歎伏。軍成，雄鎮一方，爲江上諸軍之冠。【略】

棄疾豪爽尚氣節，識拔英俊，所交多海内知名士。嘗跋紹興間詔書曰：「使此詔出於紹興之前，可以無事讎之大耻；使此詔行於隆興之後，可以卒不世之大功。今此詔與讎敵俱存也，悲夫！」人服其警切。【略】

棄疾嘗同朱熹遊武夷山，賦《九曲櫂歌》，熹書「克己復禮」、「夙興夜寐」，題其二齋室。熹殁，僞學禁方嚴，門生故舊至無送葬者。棄疾爲文往哭之曰：「所不朽者，垂萬世名。孰謂公死，凛凛猶生！」棄疾雅善長短句，悲壯激烈，有《稼軒集》行世。

《宋史》卷四〇六《崔與之傳》 授潯州司法參軍。常平倉久弗葺，慮雨壞米，撤居廨瓦覆之。郡守欲移兑常平之積，堅不可，守敬服，更薦之。調淮西提刑司檢法官。民有窘於豪民逋負，毆死其子誣之者，其長欲流之，與之曰：「小民計出倉猝，忍使一家轉徙乎？況故殺子孫，罪止徒。」卒從之。知建昌之新城，歲適大歉，有彊發民廩者，執其首，折手足以徇，盜爲止，勸分有法，貧富安之。開禧用兵，軍旅所需，天下騷然，與之獨以係省錢。吏告月解不登，曰：「寧罷去。」和糴令下，與之獨以時買糴，令民自槩。通判邕州，守武人，苛刻，衣賜不時給，諸卒大閧。漕司檄與之攝守，叛者帖然，乃密訪其首事一人斬之，闔郡以寧。擢發遣賓州軍事，郡政清簡。

《宋史》卷四二六《葉康直傳》 葉康直字景温，建州人。擢進士第，知光化縣。縣多竹，民皆編爲屋，康直教用陶瓦，以寧火患。凡政皆務以利民。時豐稷爲穀城令，亦以治績顯，人歌之曰：「葉光化，豐穀城，清如水，平如衡。」

曾布行新法，以爲司農屬。歷永興、秦鳳轉運判官，徙陝西，進提點刑獄、轉運副使。五路兵西征，康直領涇原糧道，承受内侍梁同以餉惡妄奏，神宗怒，械康直，將誅之，王安禮力救，得歸故官。

元祐初，加直龍圖閣，知秦州。中書舍人曾肇、蘇轍劾康直諂事李憲，免官，究實無狀，改知河中府，復爲秦州。夏人侵甘谷，康直戒諸將設伏以待，殲其二酋，自是不敢犯境。進寶文閣待制、陝西都運使。以疾請知亳州，通濬積潦，民獲田數十萬畝。

《宋史》卷四六〇《列女傳・張氏》 張氏，羅江士人女。其母楊氏寡居。一日，親黨有婚會，母女偕往，其典庫雍乙者從行。既就坐，乙先歸。會罷，楊氏歸，則乙死于庫，莫知殺者主名。提點成都府路刑獄張文鐃疑楊有私，懼爲人知，殺乙以滅口，遂命石泉軍劾治。楊言與女同榻，實無他。遂逮其女，考掠無實。吏乃掘地爲坑，縛母于其内，旁列熾火，間以水沃之，絶而復蘇者屢，辭終不服。一日，女謂獄吏曰：「我不勝苦毒，將死矣，願一見母而絶。」吏憐而許之。既見，謂母曰：「母以清潔聞，奈何受此汚辱。寧死箠楚，不可自誣。女今死，死將訟冤于天。」言終而絶。於是石泉連三日地大震，有聲如雷，天雨雪，屋瓦皆落，邦人震恐。

勘官李志寧疑其獄，夕具衣冠禱于天。俄假寐坐廳事，恍有猿墜前，驚寤，呼吏卒索之，不見。志寧自念夢兆：「非殺人者袁姓乎？」有門卒忽言張氏饋食之夫曰袁大，明日袁至，使吏執之，曰：「殺人者汝也。」袁色動，遽曰：「吾憐之久矣，願就死。」問之，云：「適盜庫金，會雍歸，遂殺之。」楊乃得免。時女死才數日也。獄上，郡牓其所居曰孝感坊。

《宋史》卷四六四《外戚傳中・李遵勗》 及長，好爲文詞，舉進士。大中祥符間，召對便殿，尚萬壽長公主。初名勗，帝益「遵」字，升其行爲崇矩子。授左龍武將軍、駙馬都尉，賜第永寧里。主下嫁，而所居堂甃或瓦甓多爲鸞鳳狀，遵勗令鑱去；主服有龍飾，悉屏藏之；帝歡喜。【略】

初，天聖間，章獻太后屏左右問曰：「人有何言？」遵勗不答。太后固問之，遵勗曰：「臣無他聞，但人言天子既冠，太后宜以時還政。」太后曰：「我非戀此，但帝少，内侍多，恐未能制之也。」嘗上三説五事以論時政。晉國夫人林氏，以太后乳母多干預國事，太后崩，遵勗密請置之别院，出入伺察之，以厭服衆論。其補助居多類此。

《宋史》卷四六五《外戚傳下・鄭興裔》 時傳聞金欲敗盟，召興裔爲賀生辰副使以覘之，使還，言無他，卒如所料。累差浙東、浙西、江東提刑，請祠以歸。尋詔知閤門事兼幹辦皇城司，又兼樞密副都承旨。軍婦楊殺鄰舍兒，取其臂釧而棄其屍，獄成，刑部以無證左，出之。命興裔覆治得實，帝喜，賜居第。丁母憂去官，服闋，復故職，除均州防禦使。

再使金，還，遷潭州觀察使。復請祠，起知廬州，移知揚州。揚與廬爲鄰。初，興裔在廬嘗卻鄰道互送禮，至是按郡籍，見前所卻者有出無歸，遂奏嚴其禁。揚有重屯，糧乏，例糴他境，興裔搜括滲漏以補之，食遂足。民舊皆茅舍，易焚，興裔貸之錢，命易以瓦，自是火患乃息。又奏免其償，民甚德之。修學宫，立義塚，定部轄民兵升差法，郡以大治。楚州議改築城，有謂韓世忠遺基不可易者，命興裔往視，既至，闕地丈餘增築之。帝閲奏，喜曰：「興裔不吾欺也。」

《遼史》卷四九《禮志一》 理自天設，情由人生。以理制情，而禮樂之用行焉。林豺梁獺，是生郊禘；窪尊燔黍，是生燕饗；虆梩瓦棺，是生喪葬；儷皮緇布，是生婚冠。皇造帝秩，三王彌文。一文一質，蓋本于忠。變通革弊，與時宜之。唯聖人爲能通其意。執理者膠瑟聚訟，不適人情；徇情者稊稗綿蕝，不中天理。秦、漢而降，君子無取焉。

遼本朝鮮故壤，箕子八條之教，流風遺俗，蓋有存者。自其上世，緣情制宜，隱然有尚質之風。遥輦胡剌可汗制祭山儀，蘇可汗制瑟瑟儀，阻午可汗制柴册、再生儀。其情朴，其用儉。敬天恤災，施惠本孝，出於悃忱，殆有得於膠瑟聚訟之表者。太古之上，椎輪五禮，何以異兹。太宗克晉，稍用漢禮。

《金史》卷一《肅宗紀》 肅宗自幼機敏善辯。當其兄時，身居國相，盡心匡輔。是時，叔父跋黑有異志，及桓赧、散達、烏春、窩謀罕、石顯父子、臘醅、麻産作難，用兵之際，肅宗屢當一面。尤能知遼人國政人情。凡有遼事，一切委之肅宗專心焉。凡白事於遼官，皆令遠跪陳辭，譯者傳致之，往往爲譯者錯亂。肅宗欲得自前委曲言之，故先不以實告譯者。譯者惑之，不得已，引之前，使自言。乃以草木瓦石爲籌，枚數其事而陳之。官吏聽者皆愕然，問其故，則爲卑辭以對曰：「鄙陋無文，故如此。」官吏以爲實然，不復疑之，是以所訴無不如意。

《金史》卷四《熙宗紀》 〔皇統九年〕四月壬申夜，大風雨，雷電震壞寢殿鴟尾，有火入上寢，燒幃幔，帝趨别殿避之。丁丑，有龍鬬於利州榆林河水上。大風壞民居、官舍，瓦木人畜皆飄颺十數里，死傷者數百人。

《金史》卷一四《宣宗紀上》 〔貞祐四年〕二月甲申朔，日有食之。上不視朝，詔皇太子控制樞密院事。大元兵圍太原。乙酉，以信武將軍、宣撫副使永錫簽樞密院事，權尚書右丞。皇太子既總樞務，詔有司議典禮，以金鑄「撫軍之寶」授太子，啓稟之際用之。平章政事高琪表乞致仕，不允。召樞密院官問所以備禦之策。丁亥，以河東南路宣撫使胥鼎爲樞密副使，權尚書左丞，行省于平陽。鼎方抗表求退，詔勉諭就職，因有是命。行省左丞相僕散端先亦告老，遣太醫往鎮護視其疾。戊子，宰臣以皇太子既立，服御儀物悉與已受册同，今邊事未寧，請少緩册寶之禮，從之。戊戌，免親王、公主長春節入賀致禮。己亥，大元兵攻下霍山諸隘。甲辰，命參知政事李革爲修奉太廟使，禮部尚書張行信提控修奉社稷。權祔肅宗神主于世祖室，奉始祖以下神主于隨室，祭器以瓦代銅，獻官以公服行事，供張等物並從簡約。庚戌，詔凡死節之臣籍其數，立廟致祭。壬子，任國公瑋薨，輟朝。是月，同知觀州軍州事張開復河間府滄、獻等州并屬縣十有三，表請赦旁郡脅從之臣。又請以宣撫司空名宣勅二百道付之，從權署補，仍以糧繼其軍食。詔樞密措畫。

《金史》卷一七《哀宗紀上》 正大元年春正月戊戌朔，詔改元正大。庚子，上居廬，百官始奏事。祕書監、權吏部侍郎蒲察合住改恒州刺史，左司員外郎泥厖古華山同知楨州軍州事，逐二姦臣，大夫士相賀。邠州節度使移剌朮納阿卜貢白兔，詔曰：「得賢臣輔佐，年穀豐登，此上瑞也，焉事此爲。令有司給道里費，縱之本土。禮部其徧諭四方，使知朕意。」丁巳，詔朝臣議修復河中府。禮部尚書趙秉文、太常卿楊雲翼等言，陝西民方疲敝，未堪力役。遂止。戊午，上始視朝。大司農、守汝州防禦使李蹊爲太常卿，權參知政事。平章政事荊王守純罷，判睦親府。參知政事僕散五斤罷，充大行山陵使。尊皇后温敦氏、元妃温敦氏皆爲皇太后，號其宫一曰仁聖，一曰慈聖。百官入賀于隆德殿。是日，大風飄端門瓦。赤盞合喜權樞密副使。有男子服麻衣，望承天門且笑且哭。詰之，則曰：「吾笑，笑將相無人。吾哭，哭金國將亡。」羣臣請置重典，上持不可，曰：「近詔草澤諸人直言，雖涉譏訕不坐。」法司唯以君門非笑哭之所，重杖而遣之。

南陽民布陳謀反，伏誅。

《金史》卷二三《五行志》 皇統元年秋，蝗。十一月己酉，稽古殿火。二年二月，熙河路飢。三月辛丑，大雪。秋，燕、西東二京、河東、河北、山東、汴、平州大熟。三年，陝西旱。五月丁巳，京兆府貢瑞麥。七月丙寅，太原進獬豸及瑞麥。四年正月乙丑，陝西進嘉禾，十有二莖，一本七穎。十月甲辰，地震。五年閏月戊寅，大名府進牛生麟。壬辰，懷州進嘉禾。七年十一月，完顔秉德進三角牛。九年四月壬申夜，大風雨，雷電震寢殿鴟尾壞。有火入帝寢，燒帷幔，上懼，徙别殿。丁丑，有龍鬬于利州榆林河上。大風壞民居官舍十六七，木瓦人畜皆飄揚十餘里，死傷者數百，同知州事石抹里壓死。

《金史》卷一一六《徒單兀典傳》 或謂偉軍餉不繼，以刼掠自資，一日詣李獻能，獻能靳之曰：「從宜破敵不易。」由是憾之。乃乘奴十剌宴飲不設備，選死士二十八人，夜由後河灘踰城而上，取餅爐碎石擲屋瓦門扇爲箭鏃聲。州人疑叛軍多，不敢動，遂開門納軍。殺行省以下官屬二十一人，獻能最爲所恨，故被害尤酷。

偉之變，絳州録事張升字進之，大同人，户工部令史出身，曾爲漁陽簿，遷絳州録事，謂知識者曰：「我本小人，受國家官禄，今日國家遭不幸，我不能從反賊。」言訖赴水死，岸上數百人皆嗟惜之。

及徒單百家鄭西之敗，單騎間道數百里入京，爲上言兀典等鐵嶺敗狀。於是籍重喜、合閏、兀典家貲，暴兀典爲罪首，牓通衢云。

《元史》卷二三《武宗紀二》 〔至大三年〕冬十月甲辰朔，太白經天。丙午，太白犯左執法。三寶奴及司徒田忠良等言：「曩奉旨舉行南郊配位從祀，北郊方丘，朝日夕月典禮。臣等議，欲祀北郊，必先南郊。今歲冬至，祀圜丘，尊太祖皇帝配享，來歲夏至，祀方丘，尊世祖皇帝配享，春秋朝日夕月，實合祀典。」有旨：「所用儀物，其令有司速備之。」又言：「太廟祠祭，故用瓦尊，乞代以銀。」從之。

《元史》卷四三《順帝紀六》〔至正一四年〕是歲，詔諭：「民間私租太重，以十分爲率普減二分，永爲定例。」降鈔十萬錠賞江西守城官吏軍民。京師大饑，加以疫癘，民有父子相食者。帝於内苑造龍船，委内官供奉少監塔思不花監工。帝自製其樣，船首尾長一百二十尺，廣二十尺，前瓦簾棚、穿廊、兩暖閣，後吾殿樓子，龍身并殿宇用五彩金粧，前有兩爪。上用水手二十四人，身衣紫衫，金荔枝帶，四帶頭巾，於船兩旁下各執篙一。自後宫至前宫山下海子内，往來游戲，行時，其龍首眼口爪尾皆動。又自製宫漏，約高六七尺，廣半之，造木爲匱，陰藏諸壺其中，運水上下。匱上設西方三聖殿，匱腰立玉女捧時刻籌，時至，輒浮水而上。左右列二金甲神人，一懸鐘，一懸鉦，夜則神人自能按更而擊，無分毫差。當鐘鉦之鳴，獅鳳在側者皆翔舞。匱之西東有日月宫，飛僊六人立宫前，遇子午時，飛僊自能耦進，度僊橋，達三聖殿，已而復退立如前。其精巧絶出，人謂前代所鮮有。時帝怠於政事，荒于游宴，以宫女三聖奴、妙樂奴、文殊奴等一十六人按舞，名爲十六天魔，首垂髮數辮，戴象牙佛冠，身被纓絡、大紅綃金長短裙、金雜襖、雲肩、合袖天衣、綬帶鞋韈，各執加巴剌般之器，内一人執鈴杵奏樂。又宫女一十一人，練槌髻，勒帕，常服，或用唐帽、窄衫。所奏樂用龍笛、頭管、小鼓、筝、纂、琵琶、笙、胡琴、響板、拍板。以宦者長安迭不花管領，遇宫中讚佛，則按舞奏樂。宫官受祕密戒者得入，餘不得預。

《元史》卷五一《五行志二》至正元年七月，廣西雷州颶風大作，湧潮水，拔木害稼。二年十月，海州颶風作，海水漲，溺死人民。十三年五月乙丑，潯州颶風大作，壞官舍民居，屋瓦門扉皆飄揚七里之外。十四年七月甲子，潞州襄垣縣大風拔木偃禾。二十一年正月癸酉，石州大風拔木，六畜皆鳴，人持槍矛，忽生火焰，抹之即無，摇之即有。二十四年，台州路黄巖州海溢，颶風拔木，禾盡偃。二十七年三月庚子，京師有大風，起自西北，飛砂揚礫，昏塵蔽天，逾時，風勢八面俱至，終夜不止，如是者連日。自後，每日寅時風起，萬竅争鳴，戌時方息，至五月癸未乃止。

《元史》卷八九《百官志五》上都諸色民匠提舉司，秩從五品。提舉一員，同提舉、副提舉、吏目各一員。至元十九年立。至大元年，增達魯花赤一員。至治三年，省增置之員，設官如舊。

金銀器盒局，秩從八品。大使一員，副使一員。至元七年置。

染局，秩正八品。大使一員，副使一員。至元七年置。

雜造局，正八品。大使、副使各一員。至元七年置。

泥瓦局，大使、副使各一員。至元七年置。

鐵局，大使一員，副使一員。至元七年置。

上都葫蘆局，大使一員，副使一員。至元七年置。

器物局，副使一員。中統五年置。

砑金局，大使一員。至元二十年置。

鞍子局，大使一員。至元七年置。

雲州管納色提領所，提領一員，掌納色人户。至元七年置。

《元史》卷九〇《百官志六》大都四窑場，秩從六品。提領、大使、副使各一員。領匠夫三百餘户，營造素白琉璃磚瓦，隸少府監。至元十三年置。其屬三：

南窑場，大使、副使各一員。中統四年置。

西窑場，大使、副使各一員。至元四年置。

琉璃局，大使、副使各一員。中統四年置。

《元史》卷一九二《楊景行傳》楊景行字賢可，吉安太和州人。登延祐二年進士第，授贛州路會昌州判官。會昌民素不知井飲，汲于河流，故多疾癘；不知陶瓦，以茅覆屋，故多火災。景行教民穿井以飲，陶瓦以代茅茨，民始免於疾癘火災。豪民十人，號十虎，干政害民，悉捕置之法。乃創學舍，禮師儒，勸民斥腴田以膳士，弦誦之聲遂盛。

調永新州判官，奉郡府命，覈民田租，除刬宿弊，奸欺不容，細民賴焉。改江西行省照磨，轉撫州路宜黄縣尹，理白冤獄之不决者數十事。

陞撫州路總管府推官，發擿奸伏，郡無冤獄。金溪縣民陶甲，厚積而兇險，嘗屢誣陷其縣長吏罷去之，由是官吏畏其人，不敢詰治，陶遂暴横於一郡。景行至，以法痛繩之，徙五百里外。金溪豪僧雲住，發人冢墓取財物，事覺，官吏受賄，緩其獄，景行急按之，僧以賄動之，不聽，乃賂當道者，以危語撼之，一不顧，卒治之如法。由是豪猾屏迹，良民獲安。轉湖州路歸安縣尹，奉行省命，理荒田租，民無欺弊。

《元史》卷二〇三《方技傳・靳德進》 德進爲人材辨，幼讀書，能通大義，父殁，益自刻勵，尤精於星曆之學。世祖命太保秉忠選太史官屬，德進以選授天文、星曆、卜筮三科管勾，凡交蝕躔次、六氣侵沴，所言休咎輒應。時因天象以進規諫，多所裨益。累遷祕書監，掌司天事。從征叛王乃顔，揆度日時，率中機會。諸將欲剿絶其黨，德進獨陳天道好生，請緩師以待其降。俄奏言：「叛始由惑於妖言，遂謀不軌，宜括天下術士，設陰陽教官，使訓學者，仍歲貢有成者一人。」帝從之，遂著爲令。

成宗以皇孫撫軍北邊，帝遣使授皇太子寶，德進預在行，凡攻戰取勝，皆豫剋期日，無不驗者。亦間言事得失，多所裨益。成宗即位，歷陳世祖進賢納諫、咨詢治亂之原，帝嘉納之。授昭文館大學士，知太史院，領司天臺事，賜金帶宴服。都城以荻苫廩，或請以瓦易之，帝以問德進，對曰：「若是役驟興，物必踴貴，民力重困，臣愚未見其可。」議遂寢。敕中書自今凡集議政事，必使德進預焉。所建明多見於施行。

《明史》卷一六《武宗紀》 正德元年春正月乙酉，享太廟。己丑，大祀天地於南郊。二月壬子，御經筵。乙丑，耕耤田。三月甲申，釋奠於先師孔子。

夏五月丙申，減蘇、杭織造歲幣。六月辛酉，禁吏民奢靡。免陝西被災税糧。是日，大風雨壞郊壇獸瓦。庚午，諭羣臣修省。

秋八月乙卯，復遣内官南京織造。戊午，立皇后夏氏。

冬十月丁巳，户部尚書韓文帥廷臣請誅亂政内臣馬永成等八人，大學士劉健、李東陽、謝遷主之。戊午，韓文等再請，不聽。以劉瑾掌司禮監，丘聚、谷大用提督東、西廠，張永督十二團營兼神機營，魏彬督三千營，各據要地。劉健、李東陽、謝遷乞去，健、遷是日致仕。己未，東陽復乞去，不允。壬戌，吏部尚書焦芳兼文淵閣大學士，吏部侍郎王鏊兼翰林學士，入閣預機務。戊辰，停日講。十一月甲辰，罷韓文。十二月丁巳，命錦衣衛官點閲給事中。癸酉，除曲阜孔氏田賦。

是年，哈密、烏斯藏入貢。

《明史》卷二八《五行志一・雨雪隕霜》 洪武十四年五月丁未，建德雪。六月己卯，杭州晴日飛雪。二十六年四月丙申，榆社隕霜損麥。景泰四年，鳳陽八衛二三月雨雪不止，傷麥。天順四年三月乙酉，大雪，越月乃止。成化二年四月乙巳，宣府隕霜殺青苗。十九年三月酉，陝西隕霜。弘治六年十月，南京雨雪連旬。八年四月庚申，榆社、陵川、襄垣、長子、沁源隕霜殺麥豆桑。辛酉，慶陽諸府縣衛所三十五，隕霜殺麥豆禾苗。九年四月辛巳，榆次隕霜殺禾。是月，武鄉亦隕霜。十七年二月壬寅，鄖陽、均州雨雪雹，雪片大者六寸。六月癸亥，雨雪。正德八年四月乙巳，文登、萊陽隕霜殺稼。丙辰，殺穀。十三年三月壬戌，遼東隕霜，禾苗皆死。嘉靖二年三月甲子，郯城隕霜殺麥。辛未，殺禾。二十二年四月己亥，固原隕霜殺麥。隆慶六年三月丁亥，南宫隕霜殺麥。萬曆二十四年四月己亥，林縣雪。二十六年十一月辛亥，彰德隕霜，不殺草。三十八年四月壬寅，貴州暴雪，形如土磚，民居片瓦無存者。四十四年正月，雨紅黄黑三色雪，屋上多巨人跡。崇禎六年正月辛亥，大雪，深二丈餘。十一年五月戊寅，喜峰口雪三尺。十三年四月，會寧隕霜殺稼。十六年四月，鄢陵隕霜殺麥。

《明史》卷二八《五行志一・雷震》 正德元年五月壬辰，雷震青州衣甲庫獸吻，有火起庫中。六月辛酉，雷擊西中門柱脊，暴風折郊壇松柏，大祀殿及齋宫獸瓦多墮落者。丙子，南京暴風雨，雷震孝陵白土岡樹。十二月己巳朔，南通州雷再震。四年十二月壬寅，杭州大雨雷電，越二日復作。五年六月丙申，雷震萬全衛柴溝堡，斃墩軍四人。七年五月戊辰，雷震餘干萬春寨旗杆，狀如刀劈。閏五月丁亥，雷震成都衛門及教場旗杆。十年閏四月甲申，蘇州嗛狗崖、東墩及新開嶺關雷火，震傷三十餘人。十二年八月癸亥，南京祭歷代帝王，雷雨大作，震死齋房吏。十二月庚辰，瑞州大雷電。十六年八月，雷擊奉天門。

《明史》卷二九《五行志二・火異》 萬曆十四年，保定府民間牆壁内出火，三日夜乃熄。十五年二月，綏靖邊城各堡，脊獸旗杆俱出火。軍士以杖撲之，杖亦生火，三更乃熄。二十年三月，陝西空中有火，大如盆，後生三尾，隕於西北。二十一年二月庚辰夜分，大毛山樓上各獸吻俱有火，如雞卵，赤色。即時雨雪，火上嗟嗟有聲。二十三年九月癸巳夜，永寧有火光，形如屋大，隕於西北。永昌、鎮番、寧遠所見同。二十四年二月戊申夜，鄠縣雷雨，偏地火光，十有餘里。二十五年二月癸亥，平涼瓦獸口出火，水灌不滅。八月甲申，肅、涼二州火光在天，形如車輪，尾分三股，約長三丈。

《明史》卷三〇《五行志三・恒風》 天順二年二月，暴風拔孝陵松樹，懿文陵殿獸脊、梁柱多摧。三年四月，順天、河間、真定、保定、廣平、濟南連日烈風，麥苗盡敗。成化十四年八月丁未,南京大風,拔太廟樹。十五年八月辛卯,大風拔孝陵木。二十一年五月,南京大風拔太廟樹,摧大祀殿及皇城各門獸吻。弘治三年六月壬午朔,陝西靖虜衛大風,天地昏暗,變爲紅光如火,久之乃息。七年三月己亥,廣寧諸衛狂風,瀋陽、錦州城仆百餘丈。正德元年六月辛酉,暴風折郊壇松柏,壞大祀殿、齋宮獸瓦。二年閏正月癸亥,盧龍、遷安大風拔樹毀屋。乙丑,大風壞奉天門右吻。三年二月乙丑,大同暴風,屋瓦飛動,三日而止。九年二月丁巳,長樂大雨雹,狂風震電,屋瓦皆飛。五月戊辰,曲阜暴風毀宣聖廟獸吻。十二年四月丙辰,來賓大風雨雹,毀官民廬舍,屋瓦皆飛。十一月癸巳,南京大風雪,仆孝陵殿前樹及圍牆内外松柏。十二月己酉,大理衛大風,壞城樓。十三年三月甲寅,慶符大風雹,壞學宮。十六年十二月辛卯,甘肅行都司狂風,壞官民廬舍樹木無算。嘉靖元年七月己巳,南京暴風雨,郊社、陵寢、宮闕、城垣獸吻、脊欄皆壞,拔樹萬餘株。五年,陝西屢發大風,捲掣廟宇、民居百數十家,了無蹤跡。萬曆十八年三月甲辰,大名狂風,天色乍黑乍赤。二十六年十月癸亥,喜峰路臺西北樓内,旋風大作,黑氣冲天,樓内有火光。三十四年七月丙戌,大風拔朝日壇樹。四十一年八月乙未,青州大風拔樹,傾城屋。天啓元年三月辛亥,大風揚塵四塞。四年五月癸亥,乾清宮東丹墀旋風驟作,内官監鐵片大如屋頂者,盤旋空中,隕於西墀,鏗訇若雷。八月戊戌,蘇州寒風殺人。崇禎十四年五月,南陽大風拔屋。七月乙亥,福州大風,壞官署、民舍。十五年五月,保定廣平諸縣怪風,麥禾俱傷。十六年正月丁酉,大風,五鳳樓前門閂風斷三截,建極殿榱桷俱折。

《明史》卷四七《禮志一·壇壝之制》 明初,建圜丘於正陽門外,鍾山之陽,方丘於太平門外,鍾山之陰。圜丘壇二成。上成廣七丈,高八尺一寸,四出陛,各九級,正南廣九尺五寸,東、西、北八尺一寸。下成周圍壇面,縱橫皆廣五丈,高視上成,陛皆九級,正南廣一丈二尺五寸,東、西、北殺五寸五分。甃磚闌楯,皆以琉璃爲之。壝去壇十五丈,高八尺一寸,四面靈星門,南三門,東、西、北各一。外垣去壝十五丈,門制同。天下神祇壇在東門外。神庫五楹,在外垣北,南向。廚房五楹,在外壇東北,西向。庫房五楹,南向。宰牲房三楹,天池一,又在外庫房之北。執事齋舍,在壇外垣之東南。坊二,在外門外横甬道之東西。燎壇在内壝外東南丙地,高九尺,廣七尺,開上南出户。方丘壇二成。上成,廣六丈,高六尺,四出陛,南一丈,東、西、北八尺,皆八級。下成,四面各廣二丈四尺,高六尺,四出陛,南丈二尺,東、西、北一丈,皆八級。壝去壇十五丈,高六尺。外垣四面各六十四丈,餘制同。南郊有浴室,瘞坎在内壝外壬地。【略】

十年改定合祀之典。即圜丘舊制,而以屋覆之,名曰大祀殿,凡十二楹。中石臺設上帝、皇地祇座。東、西廣三十二楹。正南大祀門六楹,接以步廊,與殿廡通。殿後天庫六楹。瓦皆黄琉璃。廚庫在殿東北,宰牲亭井在廚東北,皆以步廊通殿兩廡,後繚以圍牆。南爲石門三洞以達大祀門,謂之内壇。外周垣九里三十步,石門三洞南爲甬道三,中神道,左御道,右王道。道兩旁稍低,爲從官之地。齋宮在外垣内西南,東向。其後殿瓦易青琉璃。二十一年增修壇壝,壇後樹松柏,外壝東南鑿池二十區,冬月伐冰藏凌陰,以供夏秋祭祀之用。成祖遷都北京,如其制。【略】

嘉靖九年復改分祀。建圜丘壇於正陽門外五里許,大祀殿之南,方澤壇於安定門外之東。圜丘二成,壇面及欄俱青琉璃,邊角用白玉石,高廣尺寸皆遵祖制,而神路轉遠。内門四。南門外燎爐毛血池,西南望燎臺。外門亦四。南門外左具服臺,東門外神庫、神廚、祭器庫、宰牲亭,北門外正北泰神殿。正殿以藏上帝、太祖之主,配殿以藏從祀諸神之主。外建四天門。東曰泰元,南曰昭亭,西曰廣利。又西鑾駕庫,又西犧牲所,其北神樂觀。北曰成貞。北門外西北爲齋宮,迤西爲壇門。壇北,舊天地壇,即大祀殿也。十七年撤之,又改泰神殿曰皇穹宇。二十四年又即故大祀殿之址,建大享殿。方澤亦二成,壇面黄琉璃,陛增爲九級,用白石圍以方坎。内,北門外西瘞位,東燈臺,南門外皇祇室。外,西門外迤西神庫、神廚、宰牲亭、祭器庫,北門外西北齋宮。又外建四天門,西門外北爲鑾駕庫、遣官房、内陪祀官房。又外爲壇門,門外爲泰折街牌坊,護壇地千四百餘畝。

太社稷壇,在宮城西南,東西峙,明初建。廣五丈,高五尺,四出陛,皆五級。壇土五色隨其方,黄土覆之。壇相去五丈,壇南皆樹松。二壇同一壝,方廣三十丈,高五尺,甃磚,四門飾色隨其方。周垣四門,南靈星門三,北戟門五,東西戟門三。戟門各列戟二十四。洪武十年改壇午門右,社稷共一壇,爲二成。上成廣五丈,下成廣五丈三尺,崇五尺。外壝崇五尺,四面各十九丈有奇。外垣東西六十六丈有奇,南北八十六丈有奇。垣北三門,門外爲祭殿,其北爲拜殿。外復爲三門,垣東、西、南門各一。永樂中,建壇北京,如其制。帝社稷壇在西苑,壇址高六寸,方廣二丈五尺,甃細磚,實以浄土。壇北樹二坊,曰社街。王國社稷壇，高廣殺太社稷十之三。府、州、縣社稷壇，廣殺十之五，高殺十之四，陛三級。後皆定同壇合祭，如京師。

朝日、夕月壇，洪武三年建。朝日壇高八尺，夕月壇高六尺，俱方廣四丈。兩壝，壝各二十五步。二十一年罷。嘉靖九年復建，壇各一成。朝日壇紅琉璃，夕月壇用白。朝日壇陛九級，夕月壇六級，俱白石。各建天門二。

《明史》卷五三《禮志七·朝賀東宫儀》 嘉靖二十八年，禮部奏，故事，皇太子受朝賀，設座文華殿中，今易黄瓦，似應避尊。帝曰：「東宫受賀，位當設文華門之左，南向。然侍衛未備，已之。」隆慶二年册皇太子，詔於文華殿門東間，設座受賀。

《明史》卷六〇《禮志一四·謁祭陵廟》 永樂元年，工部以泗州祖陵黑瓦爲言。帝命易以黄，如皇陵制。宣宗即位，遣鄭王謁祭孝陵。正統二年諭，天壽山陵寢，剪伐樹木者重罪，都察院榜禁，錦衣衛官校巡視，工部欽天監官環山立界。十年謁三陵，諭百官具淺色衣服，如洪武、永樂例。南京司禮太監陳祖圭言：「魏國公徐俌每祭孝陵，皆由紅券門直入，至殿内行禮，僭妄宜改。」俌言：「入由紅券門者，所以重祖宗之祭，尊皇上之命。出由小旁門者，所以守臣下之分。循守故事，幾及百年，豈敢擅易。」下禮部議，言：「長陵及太廟，遣官致祭，所由之門與孝陵事體相同，宜如舊。」從之。

《明史》卷八四《河渠志二》 〔萬曆〕四年二月，督漕侍郎吴桂芳言：「淮、揚洪潦奔衝，蓋緣海濱汊港久堙，入海止雲梯一徑，致海擁横沙，河流汎溢，而鹽、安、高、寶不可收拾。國家轉運，惟知急漕，而不暇急民，故朝廷設官，亦主治河，而不知治海。請設水利僉事一員，專疏海道，審度地利，如草灣及老黄河皆可趨海，何必專事雲梯哉？」帝優詔報可。

桂芳復言：「黄水抵清河與淮合流，經清江浦外河，東至草灣，又折而西南，過淮安、新城外河，轉入安東縣前，直下雲梯關入海。近年關口多壅，河流日淺，惟草灣地低下，黄河衝決，駸駸欲奪安東入海，以縣治所關，屢決屢塞。去歲，草灣迤東自決一口，宜於決口之西開挑新口，以迎埽灣之溜，而於金城至五港岸築堤束水。語云：『救一路哭，不當復計一家哭。』今淮、揚、鳳、泗、邳、徐不啻一路矣。安東自衆流滙圍，祇文廟、縣署僅存椽瓦，其勢垂陷，不如委之，以拯全淮。」帝不欲棄安東，而命開草灣如所請。八月，工竣，長萬一千一百餘丈，塞決口二十二，役夫四萬四千。帝以海口開濬，水患漸平，賚桂芳等有差。

《明史》卷八六《河渠志四·運河下》 江南運河，自杭州北郭務至謝村北，爲十二里洋，爲塘棲，德清之水入之。踰北陸橋入崇德界，過松老抵高新橋，海鹽支河通之。繞崇德城南，轉東北，至小高陽橋東，過石門塘，折而東，爲王灣。至皁林，水深者及丈。過永新，入秀水界，踰陡門鎮，北爲分鄉舖，稍東爲繡塔。北由嘉興城西轉而北，出杉青三閘，至王江涇鎮，松江運艘自東來會之。北爲平望驛，東通鶯脰湖，湖州運艘自西出新興橋會之。北至松陵驛，由吴江至三里橋，北有震澤，南有黄天蕩，水勢瀰湃，夾浦橋屢建。北經蘇州城東鮎魚口，水由蠡塘入之。北至楓橋，由射瀆經滸墅關，過白鶴舖，長洲、無錫兩邑之界也。錫山驛水僅浮瓦礫。過黄埠，至洛社橋，江陰九里河之水通之。西北爲常州，漕河舊貫城，入東水門，由西水門出。嘉靖末防倭，改從南城壕。江陰，順塘河水由城東通丁堰，沙子湖在其西南，宜興鍾溪之水入之。又西，直瀆水入之，又西爲奔牛、吕城二閘，常、鎮界其中，皆有月河以佐節宣，後並廢。其南爲金壇河，溧陽、高淳之水出焉。丹陽南二十里爲陵口，北二十五里爲黄泥壩，舊皆置閘。練湖水高漕河數丈，一由三思橋，一由仁智橋，皆入運。北過丹徒鎮，有猪婆灘多軟沙。丹徒以上運道，視江潮爲盈涸。過鎮江，出京口閘，閘外沙堵延袤二十丈，可藏舟避風，由此浮於江，與瓜步對。自北郭至京口首尾八百餘里，皆平流。歷嘉而蘇，衆水所聚，至常州以西，地漸高仰，水淺易洩，盈涸不恒，時濬時壅，往往兼取孟瀆、德勝兩河，東浮大江，以達揚、泰。

《明史》卷一一四《后妃傳二·熹宗張裕妃》 裕妃張氏，熹宗妃也。性直烈。客、魏恚其異己，幽於别宫，絶其飲食。天雨，妃匍匐飲簷溜而死。又慧妃范氏者，生悼懷太子不育，復失寵。李成妃侍寢，密爲慧妃乞憐。客、魏知之怒，亦幽成妃於别宫。妃預藏食物簷瓦間，閉宫中半月不死，斥爲宫人。崇禎初，皆復位號。

《明史》卷一四五《姚廣孝傳》 洪武中，詔通儒書僧試禮部。不受官，賜僧服還。經北固山，賦詩懷古。其儕宗泐曰：「此豈釋子語耶？」道衍笑不答。高皇后崩，太祖選高僧侍諸王，爲誦經薦福。宗泐時爲左善世，舉道衍。燕王與語甚合，請以從。至北平，住持慶壽寺。出入府中，跡甚密，時時屏人語。及太祖崩，惠帝立，以次削奪諸王，周、湘、代、齊、岷相繼得罪，道衍遂密勸成祖舉兵。成祖曰：「民心向彼，奈何？」道衍曰：「臣知天道，何論民心。」乃進袁珙及卜者金忠。於是成祖意益決，陰選將校，勾軍卒，收材勇異能之士。燕邸，故元宫也，深邃。道衍練兵後苑中。穴地作重屋，繚以厚垣，密甃瓴甋瓶缶，日夜鑄軍器，畜鵝鴨亂其聲。

建文元年六月，燕府護衛百户倪諒上變。詔逮府中官屬。都指揮張信輸誠於成祖，成祖遂決策起兵。適大風雨至，簷瓦墮地，成祖色變。道衍曰：「祥也。飛龍在天，從以風雨。瓦墮，將易黄也。」兵起，以誅齊泰、黄子澄爲名，號其衆曰「靖難之師」。道衍輔世子居守。其年十月，成祖襲大寧，李景隆乘間圍北平。道衍守禦甚固，擊却攻者。夜縋壯士擊傷南兵。援師至，内外合擊，斬首無算。景隆、平安等先後敗遁。成祖圍濟南三月，不克，道衍馳書曰：「師老矣，請班師。」乃還。復攻東昌，戰敗，亡大將張玉，復還。成祖意欲稍休，道衍力趣之，益募勇士，敗盛庸，破房昭西水寨。道衍語成祖：「毋下城邑，疾趨京師。京師單弱，勢必舉。」從之。遂連敗諸將於淝河、靈璧，渡江入京師。

《明史》卷一七六《李賢傳》 憲宗即位，進少保、華蓋殿大學士，知經筵事。是年春，日黯無光，賢偕同官上言：「日，君象。君德明，則日光盛。惟陛下敬以修身，正以御下，剛以斷事，明以察微，持之不怠，則天變自弭，和氣自至。」翌日又言：「天時未和，由陰氣太盛。自宣德至天順間，選宫人太多，澣衣局没官婦女愁怨尤甚，宜放還其家。」帝從之，中外欣悦。五月大雨雹，大風飄瓦，拔郊壇樹。賢言：「天威可畏，陛下當凛然加省，無狎左右近幸。崇信老成，共圖國是。」有司請造鹵簿。賢言：「内庫尚有未經御者，今恩詔甫頒，方節財用，奈何復爲此。」帝即日寢之。每遇災變，必與同官極陳無隱，而於帝初政，申誡尤切。

《明史》卷一八四《周洪謨傳》 遷禮部右侍郎。久之，轉左。以蔡《傳》所釋璿璣玉衡，後人遵用其制，考驗多不合，宜改製，帝即屬洪謨。洪謨易以木，旬日而就。十七年進尚書。二十年加太子少保。二十一年，星變，有所條奏，帝多採納。

弘治元年四月，天壽山震雷風雹，樓殿瓦獸多毀。洪謨復力勸修省，帝深納之。洪謨矜莊寡合，與萬安同鄉，安居政府時頗與之善。至是，言官先後論奏，致仕歸。又三年卒，年七十二。謚文安。

洪謨嘗言：「士人出仕，或去鄉數千里，既昧土俗，亦拂人情，不若就近選除。王府官終身不遷，乖祖制，當稍變更。都掌蠻及白羅羅羿子數叛，宜特設長官司，就擇其人任之，庶無後患。」將殁，猶上安中國、安四裔十事。其好建白如此。

《明史》卷一九四《林俊傳》 弘治元年用薦擢雲南副使。鶴慶玄化寺稱有活佛，歲時集士女萬人，争以金塗其面。俊命焚之，得金悉以償民逋。又毁淫祠三百六十區，皆撤其材修學宫。干崖土舍刀怕愈欲奪從子宣撫官，劫其印數年。俊檄諭之，遂歸印。進按察使。五年調湖廣。以雨雪災異上疏陳時政得失。又言德安、安陸建王府及增修吉府，工役浩繁，財費鉅萬，民不堪命。乞循寧、襄、德府故事，一切省儉，勿用琉璃及白石雕闌，請著爲例。不從。

九年引疾，不待報徑歸。久之，薦起廣東右布政使，不拜。起南京右僉都御史，督操江。十四年正月朔，陝西、山西地震水涌。疏述古宫闈、外戚、内侍、柄臣之禍，乞罷齋醮，減織造，清役占，汰冗員，止工作，省供應，節賞賜，戒逸欲，遠佞幸，親賢人。又請豫教皇儲，因薦侍郎謝鐸，少卿儲瓘、楊廉，致仕副使曹時中，處士劉閔堪輔導。報聞。已，屢疏乞休，薦時中自代。不許。江西新昌民王武爲盜，巡撫韓邦問不能靖，命俊巡視。身入武巢，武請自効，悉擒賊黨。詔即以俊代邦問，俊引朱熹代唐仲友、包拯代宋祁事，力辭。不允。乃更定要約，庶務一新。王府徵歲禄，率倍取於民，以俊言大減省。寧王宸濠貪暴，俊屢裁抑之。王請易琉璃瓦，費二萬。俊言宜如舊，毋涉叔段京鄙之求，吴王几杖之賜。王怒，伺其過，無所得。會俊以聖節按部，遂劾奏之，停俸三月。尋以母憂歸。

《明史》卷三〇六《閹黨傳・閻鳴泰》 每一祠之費，多者數十萬，少者數萬，剥民財，侵公帑，伐樹木無筭。開封之建祠也，至毁民舍二千餘間，創宫殿九楹，儀如帝者。參政周鏘、祥符知縣季寓庸恣爲之，巡撫增光俛首而已。鏘與魏良卿善，祠成，熹宗已崩，猶抵書良卿，爲忠賢設滲金像。而都城數十里間，祠宇相望。有建之内城東街者，工部郎中葉憲祖竊歎曰：「此天子幸辟雍道也，土偶能起立乎！」忠賢聞，即削其籍。上林一苑，至建四祠。童蒙建祠延綏，用琉璃瓦。詔建祠薊州，金像用冕旒。

凡疏詞揄揚，一如頌聖，稱以「堯天帝德，至聖至神」。而閣臣輒以駢語褒答，中外若響應。運泰迎忠賢像，五拜三稽首，率文武將吏列班階下，拜稽首如初。已，詣像前，祝稱某事賴九千歲扶植，稽首謝。某月荷九千歲拔擢，又稽首謝。還就班，復稽首如初禮。運泰請以遊擊一人守祠，後建祠者必守。其孝等方建祠揚州，將上梁，而熹宗哀詔至，既哭臨，釋縗易吉，相率往拜。監生陸萬齡至謂：「孔子作《春秋》，忠賢作《要典》。孔子誅少正卯，忠賢誅東林。宜建祠國學西，與先聖並尊。」司業朱之俊輒爲舉行，會熹宗崩，乃止。而華奎、誠銘輩，以藩王之尊，戚畹之貴，亦獻諂希恩，祝釐恐後。最後，巡撫楊邦憲建祠南昌，毁周、程三賢祠，益其地，鬻澹臺滅明祠，曳其像碎之。比疏至，熹宗已崩，莊烈帝且閲且笑。忠賢覺其意，具疏僞辭，帝輒報允。無何，忠賢誅，諸祠悉廢，凡建祠者概入逆案云。

《明史》卷三二六《外國傳七・古里》 其國，山多地瘠，有穀無麥。俗甚淳，行者讓道，道不拾遺。人分五等，如柯枝，其敬浮屠，鑿井灌佛亦如之。每旦，王及臣民取牛糞調水塗壁及地，又煅爲灰抹額及股，謂爲敬佛。國中半崇回教，建禮拜寺數十處。七日一禮，男女齋沐謝事。午時拜天於寺，未時乃散。王老不傳子而傳甥，無甥則傳弟，無弟則傳於國之有德者。國事皆決於二將領，以回回人爲之。刑無鞭笞，輕者斷手足，重者罰金珠，尤重者夷族没産。鞫獄不承，則置其手指沸湯中，三日不爛即免罪。免罪者，將領導以鼓樂，送還家，親戚致賀。

富家多植椰子樹至數千。其嫩者漿可飲，亦可釀酒，老者可作油、糖，亦可作飯。幹可搆屋，葉可代瓦，殼可製杯，穰可索綯，煅爲灰可鑲金。其他蔬果、畜産，多類中國。所貢物有寶石、珊瑚珠、琉璃瓶、琉璃枕、寶鐵刀、拂郎雙刃刀、金繫腰、阿思模達塗兒氣、龍涎香、蘇合油、花氈單、伯蘭布、苾布之屬。

《明史》卷三二六《外國傳七・柯枝》 柯枝，或言即古盤盤國。宋、梁、隋、唐皆入貢。自小葛蘭西北行，順風一日夜可至。

永樂元年遣中官尹慶齎詔撫諭其國，賜以銷金帳幔、織金文綺、綵帛及華蓋。六年復命鄭和使其國。九年，王可亦里遣使入貢。十年，鄭和再使其國，連二歲入貢。其使者請賜印誥，封其國中之山。帝遣鄭和齎印賜其王，因撰碑文，命勒石山上。其詞曰：

王化與天地流通，凡覆載之内，舉納於甄陶者，體造化之仁也。蓋天下無二理，生民無二心，憂戚喜樂之同情，安逸飽煖之同欲，奚有間於遐邇哉。任君民之寄者，當盡子民之道。《詩》云「邦畿千里，惟民所止，肇域彼四海」。《書》云「東漸于海，西被于流沙，朔南暨聲教，訖于四海」。朕君臨天下，撫治華夷，一視同仁，無間彼此。推古聖帝明王之道，以合乎天地之心。遠邦異域，咸使各得其所，聞風嚮化者，爭恐後也。

藝文

元稹《元氏長慶集》卷一三《江邊四十韻》 官爲修宅，卒然有作，因招李六侍御。○此後並江陵時作。

官借江邊宅，天生地勢坳。欹危饒壞構，迢遞接長郊。怪鵬頻棲息，跳蛙頗溷殽。總無籬繳繞，尤怕虎咆哮。停潦魚招獺，空倉鼠敵猫。土虚煩穴蟻，柱朽畏藏蛟。蛇虺呑檐雀，豺狼逐野麃。犬驚狂浩浩，雞亂響嘐嘐。瀢落貧甘守，荒凉穢盡包。斷簾飛熠燿，當户網蠨蛸。曲突翻成沼，行廊却代庖。檣橫老顛枿，馬病裛芻茭。一一牀頭點，連連砌下泡。辱泥疑在絳，避雨想經崤。相顧憂爲鼈，誰能復繫匏。誓心來利往，卜食過安爻。何計逃昏墊，移文報舊交。棟梁存伐木，苫蓋愧分茅。金琯排黄荻，琅玕裹翠梢。花塼水面鬭，鴛瓦玉聲敲。方礎荆山採，修椽重玄切郢匠鉋。音袍。隱椎雷震蟄，破竹箭鳴骹。音敲，脛也。正寢初停午，頻眠欲轉胞。囷圓收薄禄，厨敝備嘉肴。各各人寧宇，雙雙燕賀巢。高門受車轍，華廄稱薄梢。尺寸皆隨用，毫釐敢浪抛。篋餘籠白鶴，枝贍音孕。架青鵁。製榻容筐篚，施闗拒斗筲。欄干防汲井，密室待持膠。庭草傭工薙，園蔬稚子掊。本圖閒種植，那要擇肥磽。緑柚勤勤數，紅榴箇箇抄。池清漉螃蠏，爪蠹拾螂螯。曬篆看沙鳥，磨刀綻海鮫。羅灰修藥竈，築垜閱兮弰。散誕都由習，童蒙剩懶教。平聲最便陶静飲，還作解愁嘲。近浦聞歸楫，遥城罷曉鐃。王孫如有問，須爲併揮鞘。

張豫章《御選宋詩》卷六七秦觀《春日五首》 幅巾投曉入西園，春動林塘物物鮮。却憩小亭纔日出，海棠花發麝香眠。

一夕輕雷落萬絲，霽光浮瓦碧參差。有情芍藥含春淚，無力薔薇卧曉枝。

裌衣新著倦琴書，散策池塘返照初。翠碧黄鸝相續去，荇絲深處見游魚。

春禽葉底引圓吭，臨罷黄庭日正長。滿院柳花寒食後，旋鑽新火爇爐香。

金屋舊題煩匄子，蜜脾新採賴蜂臣。蜻蜓蛺蝶無情思，隨例顛忙過一春。

洪邁《容齋隨筆》卷一三《東坡羅浮詩》 東坡游羅浮山，作詩示叔黨，其末云：「負書從我盍歸去，群仙正草《新宫銘》。汝應奴隸蔡少霞，我亦季孟山玄卿。」坡自注曰：「唐有夢書《新宫銘》者，云紫陽真人山玄卿撰，其略曰：『良常西麓，原澤東泄。新宫宏宏，崇軒巘巘。』又有蔡少霞者，夢人遣書碑銘曰：『公昔乘魚車，今履瑞雲，躅空仰塗，綺輅輪囷。』其末題云：五雲書閣吏蔡少霞書。」予按唐小説薛用弱《集異記》，載蔡少霞夢人召去，令書碑，題云：《蒼龍溪新宫銘》，紫陽真人山玄卿撰。其詞三十八句，不聞有五雲閣吏之説。魚車瑞雲之語，乃《逸史》所載陳幼霞事，云蒼龍溪主歐陽某撰。蓋坡公誤以幼霞爲少霞耳。

玄卿之文，嚴整高妙，非神仙中人嵇叔夜、李太白之流不能作，今紀于此。云：「良常西麓，源澤東泄。新宮宏宏，崇軒巘巘。雕珉盤礎，鏤檀竦楶。碧瓦鱗差，瑶階肪截。閣凝瑞霧，樓横祥霓。騶虞巡徼，昌明捧闑。珠樹規連，玉泉矩洩。靈飆遐集，聖日俯晰。太上游儲，無極便闕。百神守護，諸真班列。仙翁鵠立，道師冰潔。飲玉成漿，饌瓊爲屑。桂旗不動，蘭幄牙設。妙樂競奏，流鈴閒發。天籟虛徐，風簫泠澈。鳳歌諧律，鶴舞會節。三變《玄雲》，九成《絳雪》。易遷徒語，童初詎説。如毀乾坤，自有日月。清寧二百三十一年四月十二日建。」予頃作《廣州三清殿碑》，倣其體爲銘詩曰：「天池北阯，越領東鹿。銀宮旟旟，瑶殿矗矗。陛納九齒，闔披四目。楯角儲清，簷牙衮縟。雕牖甜問，鏤楹熠煜。元尊端拱，泰上秉籙。繡黼周張，神光晬穆。寶帳流黄，温幄結緑。翠鳳千旗，紫霓溜褥。星伯振鷺，仙翁立鵠。昌明侍几，眉連捧纛。月節下墮，曦輪旁燭。凍雨清塵，矞雲散縠。鈞籟虛徐，流鈴禄續。童初淳瀯，勾漏蓄縮。嶽君有衡，海帝維絛。中邊何護，時節朝宿。颸母淪威，瘧妃謝毒。丹厓罷徼，赤子纍福。億齡聖壽，萬世宋籙。」凡四十句，讀者或許之，然終不近也。

洪邁《容齋隨筆》卷一五《張文潛哦蘇杜詩》 「溪迴松風長，蒼鼠竄古瓦。不知何王殿，遺締絶壁下。陰房鬼火青，壞道哀湍瀉。萬籟真笙竽，秋色正蕭灑。美人爲黄土，況乃粉黛假。當時侍金輿，故物獨石馬。憂來藉草坐，浩歌淚盈把。冉冉征途間，誰是長年者？」此老杜《玉華宮詩》也。張文潛暮年在宛丘，何大圭方弱冠，往謁之，凡三日，見其吟哦此詩不絶口。大圭請其故。曰：「此章乃《風》、《雅》鼓吹，未易爲子言。」大圭曰：「先生所賦，何必減此？」曰：「平生極力模寫，僅有一篇稍似之，然未可同日語。」遂誦其《離黄州詩》，偶同此韻。曰：「扁舟發孤城，揮手謝送者。山回地勢卷，天豁江面瀉。中流望赤壁，石脚插水下。昏昏煙霧嶺，歷歷漁樵舍。居夷實三載，鄰里通假借。別之豈無情，老淚爲一洒。篙工起鳴鼓，輕櫓健於馬。聊爲過江宿，寂寂樊山夜。」此其音響節奏，固似之矣，讀之可默諭也。又好誦東坡《梨花絶句》，所謂「梨花淡白柳深青，柳絮飛時花滿城，惆悵東欄一株雪，人生看得幾清明」者，每吟一過，必擊節賞歎不能已，文潛蓋有省於此云。

洪邁《容齋續筆》卷二《唐詩無諱避》 唐人歌詩，其於先世及當時事，直辭詠寄，略無避隱。至宮禁嬖昵，非外間所應知者，皆反復極言，而上之人亦不以爲罪。如白樂天《長恨歌》諷諫諸章，元微之《連昌宮詞》，始末皆爲明皇而發。杜子美尤多，如《兵車行》、《前後出塞》、《新安吏》、《潼關吏》、《石壕吏》、《新婚別》、《垂老別》、《無家別》、《哀王孫》、《悲陳陶》、《哀江頭》、《麗人行》、《悲青阪》、《公孫舞劍器行》，終篇皆是。其它波及者，五言如：「憶昨狼狽初，事與古先別。」「不聞夏、殷衰，中自誅褒、妲。」「是時妃嬪戮，連爲糞土叢。」「中宵焚九廟，雲漢爲之紅。」「先帝正好武，寰海未凋枯。」「拓境功未已，元和辭大鑪。」「内人紅袖泣，王子白衣行。」「毀廟天飛雨，焚宮火徹明。」「南内開元曲，常時弟子傳。」「法歌聲變轉，滿座涕潺湲。」「御氣雲樓敞，含風綵仗高。」「仙人張内樂，王母獻宮桃。」「須爲下殿走，不可好樓居。」「固無牽白馬，幾至著青衣。」「奪馬悲公主，登車泣貴嬪。」「兵氣淩行在，妖星下直廬。」「落日留王母，微風倚少兒。」「能畫毛延壽，投壺郭舍人。」「鬭雞初賜錦，舞馬更登牀。」「驪山絶望幸，花萼罷登臨。」「殿瓦鴛鴦坼，宮簾翡翠虛」。七言如：「關中小兒壞紀綱，張后不樂上爲忙」。「天子不在咸陽宮，得不哀痛塵再蒙。」「曾貌先帝照夜白，龍池十日飛霹靂。」「要路何日罷長戟，戰自青羌連白蠻」。「豈謂盡煩回紇馬，翻然遠救朔方兵」。如此之類，不能悉書。此下如張祜《賦連昌宮》、《元日仗》、《千秋樂》、《大酺樂》、《十五夜燈》、《熱戲樂》、《上巳東》、《邠王小管》、《李謨笛》、《退宮人》、《玉環琵琶》、《春鶯囀》、《寧哥來》、《容兒鉢頭》、《邠娘羯鼓》、《耍娘歌》、《悖拏兒舞》、《華清宮》、《長門怨》、《集靈臺》、《阿偊湯》、《馬嵬歸》、《香囊子》、《散花樓》、《雨霖鈴》等三十篇，大抵詠開元、天寶間事。李義山《華清宮》、《馬嵬》、《驪山》、《龍池》諸詩亦然。今之詩人不敢爾也。

洪邁《容齋續筆》卷三《詩文當句對》 唐人詩文，或於一句中自成對偶，謂之當句對。蓋起於《楚辭》「蕙烝蘭藉」、「桂酒椒漿」、「桂櫂蘭枻」、「斵冰積雪」。自齊、梁以來，江文通、庾子山諸人亦如此。如王勃《宴滕王閣序》一篇皆然。謂若襟三江、帶五湖，控蠻荆，引甌越，龍光牛斗，徐孺陳蕃，騰蛟起鳳，紫電青霜，鶴汀鳧渚，桂殿蘭宮，鐘鳴鼎食之家，青雀黄龍之軸，落霞孤鶩，秋水長天，天高地迥，興盡悲來，宇宙盈虛，丘墟已矣之辭是也。于公異《破朱泚露布》亦然。如堯舜禹湯之德，統元立極之君，卧鼓偃旗，養威蓄鋭，夾川陸而左旋右抽，抵丘陵而浸淫布濩，聲塞宇宙，氣雄鉦鼓，貙兕作威，風雲動色，乘其跆藉，取彼鯨鯢，自卯及西，來拒復攻，山傾河泄，霆鬭雷馳，自北徂南，輿尸折首，左武右文，銷鋒鑄鏑之辭是也。杜詩小院回廊春寂寂，浴鳧飛鷺晚悠悠；清江錦石傷心麗，嫩蘂濃花滿目斑；書籤藥裹封蛛網，野店山橋送馬蹄；戎馬不如歸馬逸，千家今有百家存；犬羊曾爛漫，宫闕尚蕭條；蛟龍引子過，荷芰逐花低；干戈況復塵隨眼，鬢髮還應雪滿頭；百萬傳深入，寰區望匪他。象床玉手，萬草千花，落絮遊絲，隨風照日，青袍白馬，金谷銅駝，竹寒沙碧，菱刺藤梢，長年三老，捩柂開頭，門巷荆棘底，君臣豺虎邊，養拙干戈，全生麋鹿，捨舟策馬，拖玉腰金，高江急峽，翠木蒼藤，古廟杉松，歲時伏臘，三分割據，萬古雲霄，伯仲之間，指揮若定，桃蹊李徑，梔子紅椒，庾信羅含，春來秋去，楓林橘樹，複道重樓之類，不可勝舉。李義山一詩，其題曰《當句有對》云：「密邇平陽接上蘭，秦樓鴛瓦漢宫盤。池光不定花光亂，日氣初涵露氣乾。但覺游蜂饒舞蝶，豈知孤鳳憶離鸞。三星自轉三山遠，紫府程遥碧落寬。」其他詩句中，如青女素娥，對月中霜裏；黄葉風雨，對青樓管絃；骨肉書題，對蕙蘭蹊徑；花鬚柳眼，對紫蝶黄蜂；重吟細把，對已落猶開；急鼓疏鐘，對休燈滅燭；江魚朔雁，對秦樹嵩雲；萬户千門，對風朝露夜。如是者甚多。

《宋史》卷一四〇《樂志一五·虞主歌》 轉紫芝，指東都帝畿。愁霧裏，簫聲宛轉，輦路逶迤。那堪見，郊原芳菲，日遲遲。對列鳳翣龍旗，輕陰黯四垂。樓臺緑瓦沍琉璃，仙仗歸。壽原清夜，寒月掩褕禕。翠幰珊輪，空反靈螭。憩長岐，嵩峯遠，伊川渺瀰。此時還帝里，旌旛上下，葆羽葳蕤。天街迥，垂楊依依。過端闈，閶闔正闢金扉，觚稜射暖暉。虞神寶篆散輕絲，空涕洟。望陵宫女，嗟物是人非。萬古千秋，煙慘風悲。

高濂《遵生八牋》卷六《雪後鎮海樓觀晚炊》 滿城雪積，萬瓦鋪銀。鱗次高低，盡若堆玉。時登高樓，凝望目際。無痕大地，爲之片白。日暮晚炊，千門青烟。四起縷縷，若從玉版。紙中界以，烏絲闌畫。幽勝妙觀，快我冷眼。恐此景亦未，有人知得。

雜録

《莊子·外篇·駢拇》 是故駢於明者，亂五色，淫文章，青黄黼黻之煌煌非乎？而離朱是已。多於聰者，亂五聲，淫六律，金石絲竹黄鐘大吕之聲非乎？而師曠是已。枝於仁者，擢德塞性以收名聲，使天下簧鼓以奉不及之法非乎？而曾史是已。駢於辯者，纍瓦結繩竄句，遊心於堅白同祎異之閒，而敝跬譽無用之言非乎？而楊墨是已。故此皆多駢旁枝之道，非天下之至正也。

《莊子·外篇·達生》 夫醉者之墜車，雖疾不死。骨節與人同而犯害與人異，其神全也，乘亦不知也，墜亦不知也，死生驚懼不入乎其胷中，是故遻物而不慴。彼得全於酒而猶若是，而況得全於天乎？聖人藏於天，故莫之能傷也。復讎者不折鏌干，雖有忮心者不怨飄瓦，是以天下平均。故无攻戰之亂，无殺戮之刑者，由此道也。

《莊子·外篇·知北遊》 東郭子問於莊子曰：「所謂道，惡乎在？」

莊子曰：「無所不在。」

東郭子曰：「期而後可。」

莊子曰：「在螻蟻。」

曰：「何其下邪？」

曰：「在稊稗。」

曰：「何其愈下邪？」

曰：「在瓦甓。」

曰：「何其愈甚邪？」

曰：「在屎溺。」

東郭子不應。莊子曰：「夫子之問也，固不及質。正獲之問於監市履豨也，每下愈況。汝唯莫必，无乎逃物。至道若是，大言亦然。周徧咸三者，異名同實，其指一也。

《吕氏春秋》卷一三《去尤》 三曰——

世之聽者，多有所尤，多有所尤則聽必悖矣。所以尤者多故，其要必因人所喜，與因人所惡。東面望者不見西牆，南鄉視者不覩北方，意有所在也。

人有亡鈇者，意其鄰之子，視其行步竊鈇也，顔色竊鈇也，言語竊鈇也，動作態度無爲而不竊鈇也。相其谷而得其鈇，他日復見其鄰之子，動作態度無似竊鈇者。其鄰之子非變也，己則變矣。變也者無他，有所尤也。

邾之故法，爲甲裳以帛。公息忌謂邾君曰：「不若以組。凡甲之所以爲固者，以滿竅也。今竅滿矣，而任力者半耳。且組則不然，竅滿則盡任力矣。」邾君以爲然，曰：「將何所以得組也？」公息忌對曰：「上用之則民爲之矣。」邾君曰：「善。」下令，令官爲甲必以組。公息忌知説之行也，因令其家皆爲組。人有傷之者曰：「公息忌之所以欲用組者，其家多爲組也。」邾君不説，於是復下令，令官爲甲無以組。此郗君之有所尤也。爲甲以組而便，公息忌雖多爲組何傷也？以組不便，公息忌雖無組，亦何益也？爲組與不爲組，不足以累公息忌之説。用組之心，不可不察也。

魯有惡者，其父出而見商咄，反而告其鄰曰：「商咄不若吾子矣。」且其子至惡也，商咄至美也。彼以至美不如至惡，尤乎愛也。故知美之惡，知惡之美，然後能知美惡矣。莊子曰：「以瓦投者翔，以鉤投者戰，以黄金投者殆。其祥一也，而有所殆者，必外有所重者也。外有所重者，泄蓋内掘。」魯人可謂外有重矣。

解在乎齊人之欲得金也，及秦墨者之相妬也，皆有所乎尤也。老聃則得之矣。若植木而立乎獨，必不合於俗，則何可擴矣。

《呂氏春秋》卷一六《樂成》 五曰——

大智不形，大器晚成，大音希聲。

禹之決江水也，民聚瓦礫。事已成，功已立，爲萬世利。禹之所見者遠也，而民莫之知，故民不可與慮化舉始，而可以樂成功。

孔子始用於魯。魯人鷖誦之曰：「麛裘而韠，投之無戾；韠而麛裘，投之無郵。」用三年，男子行乎塗右，女子行乎塗左，財物之遺者，民莫之舉。大智之用，固難踰也。子産始治鄭，使田有封洫，都鄙有服。民相與誦之曰：「我有田疇，而子産賦之。我有衣冠，而子産貯之。孰殺子産，吾其與之。」後三年，民又誦之曰：「我有田疇，而子産殖之。我有子弟，而子産誨之。子産若死，其使誰嗣之？」使鄭簡、魯哀當民之誹訿也而因弗遂用，則國必無功矣，子産、孔子必無能矣。非徒不能也，雖罪施，於民可也。今世皆稱簡公、哀公爲賢，稱子産、孔子爲能，此二君者，達乎任人也。

《呂氏春秋》卷二〇《長利》 辛寬見魯繆公曰：「臣而今而後知吾先君周公之不若太公望封之知也。昔者太公望封於營丘，之渚海阻山高險固之地也，是故地日廣，子孫彌隆。吾先君周公封於魯，無山林谿谷之險，諸侯四面以達，是故地日削，子孫彌殺。」辛寬出，南宫括入見。公曰「今者寬也非周公」，其辭若是也。南宫括對曰：「寬少者，弗識也。君獨不聞成王之定成周之説乎？其辭曰：『惟余一人，營居於成周。惟余一人，有善易得而見也，有不善易得而誅也。』故曰善者得之，不善者失之，古之道也。夫賢者豈欲其子孫之阻山林之險以長爲無道哉？小人哉寬也！今使燕爵爲鴻鵠鳳皇慮，則必不得矣。其所求者，瓦之間隙，屋之翳蔚也；與一舉則有千里之志，德不盛、義不大則不至其郊。愚庳之民，其爲賢者慮，亦猶此也。固妄誹訾，豈不悲哉？」

《韓非子・十過》 奚謂好音？昔者衛靈公將之晉，至濮水之上，税車而放馬，設舍以宿。夜分，而聞鼓新聲者而説之。使人問左右，盡報弗聞。乃召師涓而告之，曰：「有鼓新聲者，使人問左右，盡報弗聞。其狀似鬼神。子爲我聽而寫之。」師涓曰：「諾。」因静坐撫琴而寫之。師涓明日報曰：「臣得之矣，而未習也，請復一宿習之。」靈公曰：「諾。」因復留宿。明日，而習之，遂去之晉。晉平公觴之於施夷之臺。酒酣，靈公起，公曰：「有新聲，願請以示。」平公曰：「善。」乃召師涓，令坐師曠之旁，援琴鼓之。未終，師曠撫止之，曰：「此亡國之聲，不可遂也。」平公曰：「此道奚出？」師曠曰：「此師延之所作，與紂爲靡靡之樂也。及武王伐紂，師延東走，至於濮水而自投。故聞此聲者必於濮水之上。先聞此聲者，其國必削，不可遂。」平公曰：「寡人所好者音也，子其使遂之。」師涓鼓究之。平公問師曠曰：「此所謂何聲也？」師曠曰：「此所謂清商也。」公曰：「清商固最悲乎？」師曠曰：「不如清徵。」公曰：「清徵可得而聞乎？」師曠曰：「不可，古之聽清徵者皆有德義之君也。今吾君德薄，不足以聽。」平公曰：「寡人之所好者音也，願試聽之。」師曠不得已，援琴而鼓。一奏之，有玄鶴二八，道南方來，集於郎門之垝。再奏之而列。三奏之，延頸而鳴，舒翼而舞。音中宫商之聲，聲聞於天。平公大説，坐者皆喜。平公提觴而起爲師曠壽，反坐而問曰：「音莫悲於清徵乎？」師曠曰：「不如清角。」平公曰：「清角可得而聞乎？」師曠曰：「不可。昔者黄帝合鬼神於泰山之上，駕象車而六蛟龍，畢方並鎋，蚩尤居前，風伯進掃，雨師灑道，虎狼在前，鬼神在後，騰蛇伏地，鳳皇覆上，大合鬼神，作爲清角。今主君德薄，不足聽之。聽之將恐有敗。」平公曰：「寡人老矣，所好者音也，願遂聽之。」師曠不得已而鼓之。一奏之，有玄雲從西北方起；再奏之，大風至，大雨隨之，裂帷幕，破俎豆，隳廊瓦。坐者散走。平公恐懼，伏於廊室之間。晉國大旱，赤地三年。平公之身遂癃病。故曰：不務聽治，而好五音不已，則窮身之事也。

《韓非子・外儲説右上》 堂谿公謂昭侯曰：「今有千金之玉巵，通而無當，可以盛水乎？」昭侯曰：「不可。」「有瓦器而不漏，可以盛酒乎？」昭侯曰：「可。」對曰：「夫瓦器，至賤也，不漏，可以盛酒。雖有乎千金之玉巵，至貴，而無當，漏，不可盛水，則人孰注漿哉？今爲人主而漏其羣臣之語，是猶無當之玉巵也。雖有聖智，莫盡其術，爲其漏也。」昭侯曰：「然。」昭侯聞堂谿公之言，自此之後，欲發天下之大事，未嘗不獨寢，恐夢言而使人知其謀也。

《韓非子・顯學》 今不知治者必曰：「得民之心。」欲得民之心而可以爲治，則是伊尹、管仲無所用也，將聽民而已矣。民智之不可用，猶嬰兒之心也。夫嬰兒不剔首則腹痛，不揊痤則寖益。剔首、揊痤必一人抱之，慈母治之，然猶啼呼不止，嬰兒子不知犯其所小苦致其所大利也。今上急耕田墾草以厚民産也，而以上爲酷；修刑重罰以爲禁邪也，而以上爲嚴；徵賦錢粟以實倉庫、且以救饑饉備軍旅也，而以上爲貪；境内必知介，而無私解，并力疾鬬所以禽虜也，而以上爲暴。此四者所以治安也，而民不知悦也。夫求聖通之士者，爲民知之不足師用。昔禹决江濬河而民聚瓦石，子産開畝樹桑鄭人謗訾。禹利天下，子産存鄭，皆以受謗，夫民智之不足用亦明矣。故舉士而求賢智，爲政而期適民，皆亂之端，未可與爲治也。

《睡虎地秦墓竹簡・封守》 鄉某爰書：以某縣丞某書，封有鞫者某里士五〔伍〕甲家室、妻、子、臣妾、衣器、畜産。甲室、人：一宇二内，各有户，内室皆瓦蓋，木大具，門桑十木。妻曰某，亡，不會封。子大女子某，未有夫。子小男子某，高六尺五寸。臣某，妾小女子某。牡犬一。幾訊典某某、甲伍公士某某：「甲黨〔倘〕有〔它〕當封守而某等脱弗占書，且有罪。」某等皆言曰：「甲封具此，毋〔無〕它當封者。」即以甲封付某等，與里人更守之，侍〔待〕令。

王充《論衡》卷一〇《刺孟篇》 彭更問曰：「士無事而食，可乎？」孟子曰：「不通功易事，以羨補不足，則農有餘粟，女有餘布。子如通之，則梓匠輪輿皆得食於子。於此有人焉，入則孝，出則悌，守先王之道，以待後世之學者，而不得食於子。子何尊梓匠輪輿，而輕爲仁義者哉？」曰：「梓匠輪輿，其志將以求食也。君子之爲道也，其志亦將以求食與？」孟子曰：「子何以其志爲哉？其有功於子，可食而食之矣。且子食志乎？食功乎？」曰：「食志。」曰：「有人於此，毁瓦畫墁，其志將以求食也，則子食之乎？」曰：「否。」曰：「然則子非食志，食功也。」

夫孟子引毁瓦畫墁者，欲以詰彭更之言也。知毁瓦畫墁無功而有志，彭更必不食也。雖然，引毁瓦畫墁，非所以詰彭更也。何則？諸志欲求食者，毁瓦畫墁者不在其中。不在其中，則難以詰人矣。夫人無故毁瓦畫墁，此不癡狂則遨戲也。癡狂〔人之〕〔之人〕，志不求食，遨戲之人，亦不求食。求食者，皆多人所不〔共〕得利之事，以〔所〕作此鬻賣於市，得賈以歸，乃得食焉。今毁瓦畫墁，無利於人，何志之有？有知之人，知其無利，固不爲也；無知之人，與癡狂比，固無其志。夫毁瓦畫墁，猶比童子擊壤於塗，何以異哉？擊壤於塗者，其志亦欲求食乎？此尚童子，未有志也。巨人博戲，亦畫墁之類也。博戲之人，其志復求食乎？博戲者，尚有相奪錢財，錢財衆多，己亦得食，或時有志。夫投石超距之人，其志有求食者乎？然則孟子之詰彭更也，未爲盡之也。如彭更以孟子之言，可謂「禦人以口給」矣。

王充《論衡》卷一二《程材篇》 論者多謂儒生不及彼文吏，見文吏利便，而儒生陸落，則詆訾儒生以爲淺短，稱譽文吏謂之深長。是不知儒生，亦不知文吏也。儒生、文吏皆有材智，非文吏材高而儒生智下也；文吏更事，儒生不習也。謂文吏更事，儒生不習，可也；謂文吏深長，儒生淺短，知妄矣。

世俗共短儒生，儒生之徒，亦自相少。何則？並好仕學宦，用吏爲繩表也。儒生有闕，俗共短之；文吏有過，俗不敢訾。歸非於儒生，付是於文吏也。夫儒生材非下於文吏，又非所習之業非所當爲也，然世俗共短之者，見將不好用也。將之不好用之者，事多已不能理，須文吏以領之也。夫論善謀材，施用累能，期於有益。文吏理煩，身役於職，職判功立，將尊其能。儒生栗栗，不能當劇；將有煩疑，不能效力。力無益於時，則官不及其身也。將以官課材，材以官爲驗，是故世俗常高文吏，賤下儒生。儒生之下，文吏之高，本由不能之將。世俗之論，緣將好惡。

今世之將，材高知深，通達衆凡，舉綱持領，事無不定；其置文吏也，備數滿員，足以輔己志。志在修德，務在立化，則夫文吏瓦石，儒生珠玉也。夫文吏能破堅理煩，不能守身，身則亦不能輔將。儒生不習於職，長於匡救；將相傾側，諫難不懼。案世間能建蹇蹇之節，成三諫之議，令將檢身自勑，不敢邪曲者，率多儒生。阿意苟取容幸，將欲放失，低嘿不言者，率多文吏。文吏以事勝，以忠負；儒生以節優，以職劣。二者長短，各有所宜；世之將相，各有所取。取儒生者，必軌德立化者也；取文吏者，必優事理亂者也。

王充《論衡》卷二三《四諱篇》 夫忌諱非一，必託之神怪，若設以死亡，然後世人信用畏避。忌諱之語，四方不同，略舉通語，令世觀覽。若夫曲俗微小之諱，衆多非一，咸勸人爲善，使人重慎，無鬼神之害，凶醜之禍。世諱作豆醬惡聞雷，一人不食，欲使人急作，不欲積家踰至春也。〔世〕諱厲刀井上，恐刀墮井中也；或説以爲「刑」之字，井與刀也，厲刀井上，井、刀相見，恐被刑也。毋承屋檐而坐，恐瓦墮擊人首也。毋反懸冠，爲似死人服；或説惡其反而承塵溜也。毋偃寢，爲其象屍也。毋以箸相受，爲其不固也。毋相代掃，爲脩冢之人，冀人來代己也。諸言「毋」者，教人重慎，勉人爲善。《禮》曰：「毋摶飯，毋流歠。」禮義之禁，未必吉凶之言也。

王充《論衡》卷二九《對作篇》 是故《論衡》之造也，起衆書並失實，虚妄之言勝真美也。故虚妄之語不黜，則華文不見息；華文放流，則實事不見用。故《論衡》者，所以銓輕重之言，立真僞之平，非苟調文飾辭，爲奇偉之觀也。其本皆起人間有非，故盡思極心，以機世俗。世俗之性，好奇怪之語，説虚妄之文。何則？實事不能快意，而華虚驚耳動心也。是故才能之士，好談論者，增益實事，爲美盛之語；用筆墨者，造生空文，爲虚妄之傳。聽者以爲真然，説而不舍；覽者以爲實事，傳而不絶。不絶，則文載竹帛之上；不舍，則誤入賢者之耳。至或南面稱師，賦姦僞之説；典城佩紫，讀虚妄之書。明辨然否，疾心傷之，安能不論？孟子傷楊、墨之議大奪儒家之論，引平直之説，褒是抑非，世人以爲好辯。孟子曰：「予豈好辯哉？予不得已！」今吾不得已也。虚妄顯於真，實誠亂於僞，世人不悟，是非不定，紫朱雜廁，瓦玉集糅，以情言之，豈吾心所能忍哉！衛驂乘者越職而呼車，惻怛發心，恐上之危也。夫論説者閔世憂俗，與衛驂乘者同一心矣。愁精神而幽魂魄，動胷中之静氣，賊年損壽，無益於性，禍重於顔回，違負黄、老之教，非人所貪，不得已，故爲《論衡》。文露而旨直，辭姦而情實。其《政務》言治民之道。《論衡》諸篇，實俗間之凡人所能見，與彼作者無以異也。若夫九虚、三增、《論死》、《訂鬼》，世俗所久惑，人所不能覺也。人君遭弊，改教於上；人臣愚（遇）惑，作論於下。〔下〕實得，則上教從矣。冀悟迷惑之心，使知虚實之分。實虚之分定，而華僞之文滅；華僞之文滅，則純誠之化日以孳矣。

王充《論衡》卷三〇《自紀篇》 充性恬澹，不貪富貴。爲上所知，拔擢越次，不慕高官。不爲上所知，貶黜抑屈，不恚下位。比爲縣吏，無所擇避。或曰：「心難而行易，好友同志，仕不擇地，濁操傷行，世何效放？」答曰：可效放者，莫過孔子。孔子之仕，無所避矣。爲乘田委吏，無於邑之心；爲司空相國，無説豫之色。舜耕歷山，若終不免；及受堯禪，若卒自得。憂德之不豐，不患爵之不尊；恥名之不白，不惡位之不遷。垂棘與瓦同櫝，苟有二寶之質，不害爲世所同。世能知善，雖賤猶顯；不能別白，雖尊猶辱。處卑與尊齊操，位賤與貴比德，斯可矣。

葛洪《抱朴子内篇》卷二《論仙》 或問曰：「神仙不死，信可得乎？」抱朴子答曰：「雖有至明，而有形者不可畢見焉。雖禀極聰，而有聲者不可盡聞焉。雖有大章豎亥之足，而所常履者，未若所不履之多。雖有禹益齊諧之智，而所嘗識者未若所不識之衆也。萬物云云，何所不有，况列仙之人，盈乎竹素矣。不死之道，曷爲無之？」

於是問者大笑曰：「夫有始者必有卒，有存者必有亡。故三五丘旦之聖，棄疾良平之智，端嬰隨酈之辯，賁育五丁之勇，而咸死者，人理之常然，必至之大端也。徒聞有先霜而枯瘁，當夏而凋青，含穗而不秀，未實而萎零，未聞有享於萬年之壽，久視不已之期者矣。故古人學不求仙，言不語怪，杜彼異端，守此自然，推龜鶴於別類，以死生爲朝暮也。夫苦心約己，以行無益之事，鏤冰雕朽，終無必成之功。未若攄匡世之高策，招當年之隆祉，使紫青重紆，玄牡龍跱，華轂易步趍，鼎餗代耒耜，不亦美哉？每思詩人《甫田》之刺，深惟仲尼皆死之證，無爲握無形之風，捕難執之影，索不可得之物，行必不到之路，棄榮華而涉苦困，釋甚易而攻至難，有似喪者之逐遊女，必有兩失之悔，單張之信偏見，將速内外之禍也。夫班狄不能削瓦石爲芒鍼，歐冶不能鑄鉛錫爲干將。故不可爲者，雖鬼神不能爲也；不可成者，雖天地不能成也。世間亦安得奇方，能使當老者復少，而應死者反生哉？而吾子乃欲延蟪蛄之命，令有歷紀之壽，養朝菌之榮，使累晦朔之積，不亦謬乎？願加九思，不遠迷復焉。」

葛洪《抱朴子内篇》卷七《塞難》 或曰：「皇穹至神，賦命宜均，何爲使喬松凡人受不死之壽，而周孔大聖無久視之祚哉？」抱朴子曰：「命之脩短，實由所值，受氣結胎，各有星宿。天道無爲，任物自然，無親無疏，無彼無此也。命屬生星，則其人必好仙道。好仙道者，求之亦必得也。命屬死星，則其人亦不信仙道。不信仙道，則亦不自修其事也。所樂善否，判於所禀，移易予奪，非天所能。譬猶金石之消於爐冶，瓦器之甄於陶竈，雖由之以成形，而銅鐵之利鈍，罋罌之邪正，適遇所遭，非復爐竈之事也。」

或人難曰：「良工所作，皆由其手，天之神明，何所不爲，而云人生各有所值，非彼昊蒼所能匠成，愚甚惑焉，未之敢許也。」抱朴子答曰：「渾茫剖判，清濁以陳，或昇而動，或降而静，彼天地猶不知所以然也。萬物感氣，並亦自然，與彼天地，各爲一物，但成有先後，體有巨細耳。有天地之大，故覺萬物之小。有萬物之小，故覺天地之大。且夫腹背雖包圍五臟，而五臟非腹背之所作也。肌膚雖纏裹血氣，而血氣非肌膚之所造也。天地雖含囊萬物，而萬物非天地之所爲也。譬猶草木之因山林以萌秀，而山林非有事焉。魚鼈之託水澤以産育，而水澤非有爲焉。俗人見天地之大也，以萬物之小也，因曰天地爲萬物之父母，萬物爲天地之子孫。夫蚉生於我，豈我之所作？故蚉非我不生，而我非蚉之父母，蚉非我之子孫。蠛蠓之育於醯醋，芝檽之産於木石，蛣蝠之滋於污淤，翠蘿之秀於松枝，非彼四物所創匠也，萬物盈乎天地之閒，豈有異乎斯哉？天有日月寒暑，人有瞻視呼吸，況遠況近，以此推彼，人不能自知其體老少痛癢之何故，則彼天亦不能自知其體盈縮災祥之所以；人不能使耳目常聰明，榮衛不輟閡，則天亦不能使日月不薄蝕，四時不失序。由兹論之，夭壽之事，果不在天地，仙與不仙，決在所值也。夫生我者父也，娠我者母也，猶不能令我形器必中適，姿容必妖麗，性理必平和，智慧必高遠，多致我氣力，延我年命；而或矬陋尫弱，或且黑且醜，或聾盲頑嚚，或枝離劬蹇，所得非所欲也，所欲非所得也，況乎天地遼闊者哉？父母猶復其遠者也。我自有身，不能使之永壯而不老，常健而不疾，喜怒不失宜，謀慮無悔吝。故授氣流形者父母也，受而有之者我身也，其餘則莫有親密乎此者也，莫有制御乎此者也，二者已不能有損益於我矣，天地亦安得與知之乎？必若人物皆天地所作，則宜皆好而無惡，悉成而無敗，衆生無不遂之類，而項楊無春彫之悲矣！子以天不能使孔孟有度世之祚，益知所禀之有自然，非天地所剖分也。聖之爲德，德之至也。天若能以至德與之，而使之所知不全，功業不建，位不霸王，壽不盈百，此非天有爲之驗也。聖人之死，非天所殺，則聖人之生，非天所挺也。賢不必壽，愚不必夭，善無近福，惡無近禍，生無定年，死無常分，盛德哲人，秀而不實，竇公庸夫，年幾二百，伯牛廢疾，子夏喪明，盗跖窮凶而白首，莊蹻極惡而黃髮，天之無爲，於此明矣。」

楊衒之《洛陽伽藍記》卷一《城内》 太后以爲信法之徵，是以營建過度也。刹上有金寶瓶，容二十五石。寶瓶下有承露金盤三十重，周匝皆垂金鐸，復有鐵鏁四道，引刹向浮圖。四角鏁上亦有金鐸，鐸大小如一石甕子。浮圖有九級，角角皆懸金鐸，合上下有一百二十鐸。浮圖有四面，面有三户六窻，户皆朱漆。扉上有五行金釘，〔其十二門二十四扇〕，合有五千四百枚。復有金鐶鋪首，《布》殫土木之功，窮造形之巧。佛事精妙，不可思議。繡柱金鋪，駭人心目。至於高風永夜，寶鐸和鳴，鏗鏘之聲聞及十餘里。【略】

外國所獻經像皆在此寺。寺院墻皆施短椽，以瓦覆之，若今宫墻也。四面各開一門。南門樓三重，通三道，去地二十丈，形製似今端門。圖以雲氣，畫彩仙靈。綺□〔錢〕青鏁，□〔輝〕赫麗華。拱門有四力士、四獅子，飾以金銀，加之珠玉，裝嚴焕炳，世所未聞。

楊衒之《洛陽伽藍記》卷二《城東》 《禪文》曰：「皇帝咨廣陵王恭。自我皇魏之有天下也，累聖開輔，重基衍業；奄有萬邦，光宅四海。故道溢百王，德漸無外。而孝明晏駕，人神□〔乏〕王〔主〕。故柱國大將軍、大丞相、太原王榮地實封陝，任惟外相，乃心王室，大懼崩淪，故推立長樂王子攸以續絶業。庶九鼎之命日隆，七百之祚惟永。然羣飛未寧，横流且及，皆狼顧鴟張，岳立基趾。丞相一麾，大定海内。而子攸不顧宗社，讎忌勳德，招聚輕俠，左右壬人。遂虐甚剖心，痛齊鉗齒，豈直金板告怨大鳥感德而已！於是天下之望，俄然已移。竊以宸極不可以曠，神器豈容無主，故權從衆議，暫馭兆民。今六軍南邁，已次河浦，瞻望帝京，赧然興愧。自惟薄寡，本枝疎遠，豈宜仰異天情，俯乖民望。惟王德表生民，聲高萬古。往以運屬殷憂，時〔遭〕多□難，卷懷積載，括囊有年。今天眷明德，民懷奥主，曆數允集，歌訟同臻。乃徐發樞機，副兹竚屬，便敬奉璽綬，歸於别邸。王其寅踐成業，允執其中，雖休勿休，日慎一日，敬之哉！」恭讓曰：「天命至重，曆數匪輕，自非德協三才，功濟四海，無以入選帝圖，允當師錫。臣既寡昧，識無光遠，景命雖降，不敢仰承。乞收成旨，以允愚衷。」又曰：「王既德膺圖籙，僉屬攸歸；便可允執其中，入光大麓。不勞揮遜，致爽人神。」凡恭讓者二〔三〕，於是即皇帝位，改號曰普泰。黄門侍郎邢子才爲赦文，敍述莊帝枉煞太原王之狀。廣陵王曰：「永安手翦强臣，非爲失德。直以天未厭亂，逢成濟之禍。」謂左右「將詔來，朕自作之。」直言：「門下，朕以寡德，運屬樂推，思與億兆，同兹大慶。肆眚之科，一依恒式。」廣陵杜口八載，至是始言，海内庶士，咸稱聖君。於是封長廣爲東海王，世隆加儀同三司尚書令樂平王，餘官如故；贈太原王相國晉王，加九錫，立廟於芒嶺首陽上。舊有周公廟，世隆欲以太原王功比周公，故立此廟。廟成，爲火所災。有一柱焚之不盡，後三日，雷雨，震電霹靂，擊爲數段〔段〕。柱下石及廟瓦皆碎於山下。復命百官議太原王配饗。司直劉季明議云：「不合。」世隆問其故。季明曰：「若配世宗，於宣武無功；若配孝明，親害其母；若配莊帝，爲臣不終，爲莊帝所戮。以此論之，無所配也。」世隆怒曰：「卿亦合死。」季明曰：「下官既爲議臣，依禮而言。不合聖心，俘翦惟命。」議者咸歎季明不避强禦，莫不歎伏焉。

楊衒之《洛陽伽藍記》卷五《城北》 洛陽城東北有上高景（商里），殷之頑民所居處也，高祖名聞義里。還京之始，朝士住其中，迭相幾刺，竟皆去之。惟有造瓦者止其內，京師瓦器出焉。世人歌曰：「洛〔陽〕城。東北上高〔商〕里，殷之頑民昔所止。今日百姓造瓮子，人皆棄去住者恥。」唯冠軍將軍郭文遠遊憩其中，堂宇園林，匹於邦君。時隴西李元謙樂雙聲語，常經文遠宅前過，見其門閥華美，乃曰：「是誰第宅過佳？」婢春風出曰：「郭冠軍家。」元謙曰：「凡婢雙聲。」春風曰：「儜奴慢罵。」元謙服婢之能，於是京邑翕然傳之。

沈括《夢溪筆談》卷八《象數二》　《史記・律書》所論二十八舍十二律，多皆臆配，殊無義理；至於言數，亦多差舛。如所謂律數者，八十一爲宮，五十四爲徵，七十二爲商，四十八爲羽，六十四爲角，此止是黃鍾一均耳，十二律各有五音，豈得定以此爲律數？如五十四，在黃鍾則爲徵，在夾鍾則爲角，在中呂則爲商。兼律有多寡之數，有實積之數，有短長之數，有周徑之數，有清濁之數。其八十一、五十四、七十二、四十八、六十四，止是實積數耳。又云：「黃鍾長八寸七分一，大呂長七寸五分三分一，太蔟長七寸七分二，夾鍾長六寸一分三分一，姑洗長六寸七分四，中呂長五寸九分三分二，蕤賓長五寸六分二分一，林鍾長五寸七分四，夷則長五寸四分三分二，南呂長四寸七分八，無射長四寸四分三分二，應鍾長四寸二分三分二。」此尤誤也。此亦實積耳，非律之長也。蓋其間字又有誤者，疑後人傳寫之失也。餘分下分母，凡「七」字皆當作「十」字，誤屈其中畫耳。

今之卜筮，皆用古書，工拙繫乎用之者，唯其寂然不動，乃能通天下之故，人未能至乎無心也。則憑物之無心者而言之，如灼龜璺瓦，皆取其無心，則不隨理而震，此近乎無心也。

沈括《夢溪筆談》卷一八《技藝》　錢氏據兩浙時，於杭州梵天寺建一木塔，方兩三級，錢帥登之，患其塔動。匠師云：「未布瓦，上輕，故如此。」乃以瓦布之，而動如初，無可奈何。密使其妻兒喻皓之妻，賂以金釵，問塔動之因。皓笑曰：「此易耳，但逐層布板訖，便實釘之，則不動矣。」匠師如其言，塔遂定。蓋釘板上下彌束，六幕相聯，如胠篋，人履其板，六幕相持，自不能動。人皆伏其精練。

沈括《夢溪筆談》卷二〇《神奇》　神仙之說，傳聞固多，予之目覩者二事。供奉官陳允任衢州監酒務日，允已老，髮秃齒脱，有客候之，稱孫希齡，衣服甚襤褸，贈允藥一刀圭，令揩齒，允不甚信之，暇日因取揩上齒，數揩而良久歸家，家人見之，皆笑曰：「何爲以墨染鬚？」允驚，以鑑照之，上髯黑如漆矣；急去巾，視童首之髮，已長數寸；脱齒亦隱然有生者。余見允時，年七十餘，上髯及髮盡黑，而下髯如雪。又正郎蕭渤罷白波輦運，至京師，有黥卒姓石，能以瓦石沙土手挼之悉成銀，渤厚禮之，問其法，石曰：「此真氣所化，未可遽傳。若服丹藥，可呵而變也。」遂授渤丹數粒，渤餌之，取瓦石呵之，亦皆成銀。渤乃丞相荊公姻家，是時丞相當國，予爲宰士，目覩此事。都下士人求見石者如市，遂逃去，不知所在。石纔去，渤之術遂無驗。石，齊人也。時曾子固守齊，聞之，亦使人訪其家，了不知石所在。渤既服其丹，亦宜有補年壽，然不數年間，渤乃病卒，疑其所化特幻耳。

沈括《夢溪筆談》卷二一《異事》　宋次道《春明退朝録》言：「天聖中，青州盛冬濃霜，屋瓦皆成百花之狀。」此事五代時已嘗有之，予亦自兩見如此。慶曆中，京師集禧觀渠中冰紋皆成花果林木。元豐末，予到秀州，人家屋瓦上冰亦成花，每瓦一枝，正如畫家所爲折枝，有大花似牡丹、芍藥者，細花如海棠、萱草輩者，皆有枝葉，無毫髮不具，氣象生動，雖巧筆不能爲之。以紙搨之，無異石刻。

沈括《夢溪筆談》卷二四《雜誌》　趙韓王治第，麻擣錢一千二百餘貫，其他可知。蓋屋皆以板爲笪，上以方磚甃之，然後布瓦，至今完壯。

沈括《夢溪筆談》卷二六《藥議》　麻子，海東來者最勝，大如蓮實，出柘蘿島。其次上郡北地所出，大如大豆，亦善。其餘皆下材。用時去殼，其法取麻子帛包之，沸湯中浸，候湯冷，乃取懸井中一夜，勿令著水，明日日中暴乾，就新瓦上輕挼，其殼悉解，簸揚取肉。

沈括《夢溪筆談》補筆談卷二《權智》　祥符中禁火，時丁晉公主營復宮室，患取土遠，公乃令鑿通衢取土，不日皆成巨塹，乃決汴水入塹中，引諸道竹木排筏及船運雜材，盡自塹中入至宮門。事畢，却以斥棄瓦礫灰壤實於塹中，復爲街衢。一舉而三役濟，計省費以億萬計。

莊綽《雞肋編》卷上　定州織「刻絲」，不用大機，以熟色絲經於木棦上，隨所欲作花草禽獸狀，以小梭織緯時，先留其處，方以雜色綫綴於經緯之上，合以成文，若不相連。承空視之，如彫鏤之象，故名「刻絲」。如婦人一衣，終歲可就。雖作百花，使不相類亦可，蓋緯綫非通梭所織也。單州成武縣織薄縑，修廣合於官度，而重才百銖，望之如霧。著故浣之，亦不紕疏。鄢陵有一種絹，幅甚狹而光密，蠶出獨早，舊嘗端午充貢。涇州雖小兒皆能撚茸毛爲綫，織方勝花。一匹重只十四兩者，宣和間，一匹鐵錢至四百千。又出嵌鍮石、鐵石之類，甚工巧，尺一對至五六千，番鑷子每枚兩貫。邠、寧州出綀綢。鳳翔出鞍瓦，其天生曲材者，亦直數十緡。原州善造鐵銜、鐙、水繩、隱花皮，作鞍之華好者，用七寶鏆廁，飾以馬價珠，多者費直數千緡。西夏興州出良弓，中國購得，云每張數百千，時邊將有以十數獻童貫者。河間善造篦刀子，以水精美玉爲靶，鈒鏤如絲髮。陳起宗爲詹度機宜罷官，至有數百副。衢州開化山僻，人極戇魯，而製茶籠、鐵鎖亦佳。蘇州以黄草心織布，色白而細，幾若羅縠。越州尼皆善織，謂之「寺綾」者，乃北方「隔織」耳，名著天下。婺州紅邊貢羅，東陽花羅，皆不減東北，但絲縷中細，不可與無極、臨棣等比也。【略】

潁昌府城東北門内多蔬圃，俗呼「香菜門」。因更修，見其鐵樞鑄字，云風和二年六月造。紀元之名，不見載籍。門西道北有晁错廟，范忠宣再典許州有惠政，邦人爲營房祠於廟傍。掘地得古井，不以甓甃，而陶瓦作圈，如蒸炊籠牀之狀，高尺許，皆以子口相承而上。世罕此製，亦莫知何時所刱也。余後官五原，鄜郡如鎮戎、懷德，邊寨皆流沙，不可鑿井，教以此製，遂獲其利。

陝西地既高寒，又土紋皆竪，官倉積穀，皆不以物藉。雖小麥最爲難久，至二十年無一粒蛀者。民家只就田中作窖，開地如井口，深三四尺，下量蓄穀多寡，四圍展之。土若金色，更無沙石，以火燒過，絞草絙釘於四壁，盛穀多至數千石，愈久亦佳。以土實其口，上仍種植，禾黍滋茂於舊。唯叩地有聲，雪易消釋，以此可知。夷人犯邊，多爲所發。而官兵至虜寨，亦用是求之也。江浙倉庾去地數尺，以板爲底，稻連稈作把收。雖富家亦日治米爲食。積久者不過兩歲而轉。地卑溼，而梅雨鬱蒸，雖穹梁屋間猶若露珠點綴也。【略】

衛瓘家人炊飯墮地，盡化爲螺，歲餘及禍。石崇家，稻米飯在地，經宿皆化爲螺，人以爲滅族之應。鄭注敗前，褚中藥化爲蠅數萬飛去。裴楷家，炊黍在甑，或變如拳，或作血，或作蕪菁子，期年而卒。

曾慥《類説》卷一三《奉勅江南勾當公事回》 曹武惠王彬勛業甚盛，嘗曰吾爲將，未嘗以喜怒輒戮一人，所居堂敝壞，子弟欲葺，公曰方冬，牆壁瓦石間百蟲所蟄，不可傷其生，其愛物如此。既平江南，回詣閣門，入見牓子稱「奉勅江南勾當公事回」，其不伐又如此。

曾慥《類説》卷一七《劉攽謝表》 劉攽、王介同爲試官，舉人有用畜字者，介謂其犯主上嫌名，攽謂不可爲諱，因紛争。介以惡語侵攽，遂贖金，中丞吕公著意不樂，攽以爲議罪太輕，遂奪其主判。攽謝表曰：彍弩射的，薄命難逃。飄瓦在前，心忮不校。又曰：在矢人之術，唯恐不傷，而田主之牛，奪之已甚。

江少虞《事物類苑》卷六《郭進》 太祖時郭進爲西山巡檢，有告其陰通河東劉繼元，將有異志者。太祖大怒，以其誣害忠臣，命縛其人予進，使自處置。進得而不殺，謂曰爾能爲我取繼元一城一寨，不止贖爾死，當請賞爾一官。歲餘其人誘其一城來降，進具其事進之於朝，請賞以官，太祖曰：爾誣害我忠良，此纔可贖死耳，賞不可得也，命以其人還進。進復請曰：使臣失信，則不能用人矣。太祖于是賞以一官。君臣之間蓋如此。見《廬陵歸田録》。

郭進少以壯勇依漢祖於太原，開國歷刺史團練使，國初遷洛水防禦使，爲西山巡檢，以并太原。進御軍嚴而好殺，部下整肅，每帥師入晉境，無不克捷。太祖因遣戍西山，語之曰：汝輩當謹奉法，我猶赦汝，郭進殺汝矣。嘗擇御龍宫三十人隸麾下押陣，適與晉人戰，多退却，進斬三十人奏，至上方御便殿閲武，厲聲曰：御龍宫千百人中始選得一二，而郭進小違節遽殺之，城如此，襄踵健兒亦不足供。潛遣中使諭進曰：恃其宿衛親近驕倨，不稟命戮之，甚得宜矣。進感泣，由是一年精勇無敵。上爲治第，令廳堂悉用甋瓦，有司言親王、公主始得用此，上曰：進爲國盡忠，我待之豈不比吾子，有何不可哉。太宗征太原，北敵由石嶺關入援，大破之，獻俘行在，暴於城下，并人喪氣，遂約降。進功高負氣，監軍田欽祚所爲不法，進屢以語侵之，欽祚心銜，因誣以他事，進不能甘，自縊死。太宗微知之，絀欽祚，終其身不復用。

洪邁《容齋隨筆》卷七《漢晉太常》 漢自武帝以後，丞相無爵者乃封侯，其次雖御史大夫，亦不以爵封爲間。唯太常一卿，必以見侯居之，而職典宗廟園陵，動輒得咎，由元狩以降，以罪廢斥者二十人。意武帝陰欲損侯國，故使居是官以困之爾。表中所載：酇侯蕭壽成，坐犧牲瘦；蓼侯孔臧，坐衣冠道橋壞；鄲侯周仲居，坐不收赤側錢；繩侯周平，坐不繕園屋；睢陵侯張昌，坐乏祠；陽平侯杜相，坐擅役鄭舞人；廣阿侯任越人，坐廟酒酸；江鄒侯靳石，坐離宫道橋苦惡；戚侯李信成，坐縱丞相侵神道；俞侯欒賁，坐雍犧牲不如令；山陽侯張當居，坐擇博士弟子不以實；成安侯韓延年，坐留外國文書；新時侯趙弟，坐鞠獄不實；牧丘侯石德，坐廟牲瘦；當塗侯魏不害，坐孝文廟風發瓦；轑陽侯江德，坐廟郎夜飲失火；蒲侯蘇昌，坐泄官書；弋陽侯任宫，坐人盗茂陵園物；建平侯杜緩，坐盗賊多。自酇侯至牧丘十四侯皆奪國，武帝時也。自當塗至建平五侯但免官，昭、宣時也。下及晉世，此風猶存。惠帝元康四年，大風，廟闕屋瓦有數枚傾落，免太常荀寓。五年，大風，蘭臺主者求索阿棟之間，得瓦小邪十五處，遂禁止太常，復興刑獄。陵上荆一枝圍七寸二分者被斫，司徒、太常犇走道路，太常禁止不解，蓋循習漢事云。

洪邁《容齋續筆》卷一二《銅爵灌硯》　相州，古鄴都，魏太祖銅雀臺在其處，今遺址髣髴尚存。瓦絶大，艾城王文叔得其一以爲硯，餉黄魯直，東坡所爲作銘者也。其後復歸王氏。硯之長幾三尺，闊半之。先公自燕還，亦得二硯，大者長尺半寸，闊八寸，中爲瓢形，背有隱起六隸字，甚清勁，曰「建安十五年造」。魏祖以建安九年領冀州牧，治鄴，始作此臺云。小者規範全不逮，而其腹亦有六篆字，曰「大魏興和年造」，中皆作小篋花團。興和，乃東魏孝静帝紀年。是時正都鄴，與建安相距三百年，其至于今，亦六百餘年矣。二者皆藏姪孫倜處。予爲銘建安者曰：「鄴瓦所范，嘻其是邪？幾九百年，來隨漢槎。淬爾筆鋒，肆其滂葩。倜實寶此，以昌我家。」銘興和者曰：「魏元之東，狗脚于鄴。吁其瓦存，亦禪千劫。上林得雁，獲貯歸笈。玩而銘之，衰淚棲睫。」贛州雩都縣故有灌嬰廟，今不復存。相傳左地嘗爲池，耕人往往於其中耕出古瓦，可竅爲硯。予向來守郡日所得者，刓缺兩角，猶重十斤，瀋墨如發硎，其光沛然，色正黄，考德儀年，又非銅雀比，亦嘗刻銘于上，曰：「范土作瓦，既埴既已。何斷制於火，而卒以囿水？廟于漢侯，今千幾年？何址壓祀歇，而此獨也存？縣贛之雩，曰若灌池。研爲我得，而銘以章之。」蓋紀實也。

洪邁《容齋三筆》卷九《周世宗好殺》　史稱周世宗用法太嚴，群臣職事，小有不舉，往往寘之極刑，予既書於《續筆》矣。薛居正《舊史》記載其事甚備，而歐陽公多芟去，今略記于此。樊愛能、何徽以用兵先潰，軍法當誅，無可言者。其他如宋州巡檢供奉官竹奉璘以捕盜不獲，左羽林大將軍孟漢卿以監納取耗，刑部員外郎陳渥以檢田失實，濟州馬軍都指揮使康儼以橋道不謹，內供奉官孫延希以督脩永福殿而役夫有就瓦中噉飯者，密州防禦副使侯希進以不奉使者命檢視夏苗，左藏庫使符令光以造軍士複襦不辦，楚州防禦使張順以隱落稅錢，皆抵極刑，而其罪有不至死者。

陸游《老學庵筆記》卷一　鼎澧羣盜如鍾相、楊么，鄉語謂幼爲么。戰舡有車船，有槳船，有海鰍頭，軍器有拏子，有魚叉，有木老鴉。拏子、魚叉以竹竿爲柄，長二三丈，短兵所不能敵。程昌禹部曲雖蔡州人，亦習用拏子等，遂屢捷。木老鴉一名不藉木，取堅重木爲之，長財三尺許，鋭其兩端，戰船用之尤爲便習。官軍乃更作灰礮，用極脆薄瓦罐，置毒藥、石灰、鐵蒺藜於其中，臨陣以擊賊船，灰飛如煙霧，賊兵不能開目。欲效官軍爲之，則賊地無窑户，不能造也，遂大敗。官軍戰船亦倣賊車船而增大，有長三十六丈，廣四丈一尺，高七丈二尺五寸，未及用而岳飛以步軍平賊。至完顔亮入寇，車船猶在，頗有功云。初，張公之行，趙元鎮丞相以詩送之云：「速宜淨埽妖氛了，來看錢塘八月潮。」

陸游《老學庵筆記》卷三　老葉道人，龍舒人。不食五味，年八十七八，平生未嘗有疾。居會稽舜山，天將寒，必增屋瓦，補牆壁，使極完固。下帷設簾，多儲薪炭，杜門終日，及春乃出。對客莊敬，不肯多語。弟子曰小道人，極愿慤，嘗歸淮南省親。至七月望日，鄰有住菴僧，召老葉飯。飯已，亟辭歸。問其故，則曰：「小道人約今日歸矣。」僧笑曰：「相去二三千里，豈能必如約哉！」葉曰：「不然，此子平日未嘗妄也。」僧乃送之歸。及門，小道人者已弛擔矣。予識之已久，每訪之，殊無他語。一日，默作意，欲叩其所得，纔入門，即引入卧内，燒香，具道其遇師本末，若先知者，亦異矣夫。

陸游《老學庵筆記》卷五　臨邛夾門鎮，山險處，得瓦棺，長七尺，厚幾二寸，與今木棺略同，但蓋底相反。骨猶不壞。棺外列置瓦器，皆極淳古。時靖康丙午歲也，李知幾及見之。

陸游《老學庵筆記》卷八　興元褒城縣産礜石，不可勝計，與凡土石無異，雖數十百擔，亦可立取。然其性酷烈，有大毒，非置瓦窑中煅三過，不可用。然猶動能害人，尤非他金石之比。《千金》有一方，用礜石輔以乾薑、烏頭之類，名「匈奴露宿丹」，其酷烈可想見也。

朱熹《朱子語類》卷四《性理一・人物之性氣質之性》　徐子融以書問：「枯槁之中，有性有氣，故附子熱，大黄寒，此性是氣質之性？」陳才卿謂即是本然之性。先生曰：「子融認知覺爲性，故以此爲氣質之性。性即是理。有性即有氣，是他禀得許多氣，故亦只有許多理。」才卿謂有性無仁。先生曰：「此説亦是。是他元不曾禀得此道理。惟人則得其全。如動物，則又近人之性矣。故吕氏云：『物有近人之性，人有近物之性。』蓋人亦有昏愚之甚者。然動物雖有知覺，才死，則其形骸便腐壞；植物雖無知覺，然其質却堅久難壞。」廣。

問：「曾見《答余方叔書》，以爲枯槁有理。不知枯槁瓦礫，如何有理？」曰：「且如大黄附子，亦是枯槁。然大黄不可爲附子，附子不可爲大黄。」節。

問：「枯槁之物亦有性，是如何？」曰：「是他合下有此理，故云天下無性外之物。」因行街，云：「階磚便有磚之理。」因坐，云：「竹椅便有竹椅之理。枯槁之物，謂之無生意，則可；謂之無生理，則不可。如朽木無所用，止可付之爨竈，是無生意矣。然燒甚麽木，則是甚麽氣，亦各不同，這是理元如此。」賀孫。

問：「枯槁有理否？」曰：「才有物，便有理。天不曾生箇筆，人把兔毫來做筆。才有筆，便有理。」又問：「筆上如何分仁義？」曰：「小小底，不消恁地分仁義。」節。

問：「理是人物同得於天者。如物之無情者，亦有理否？」曰：「固是有理，如舟只可行之於水，車只可行之於陸。」祖道。

朱熹《朱子語類》卷四一《論語二三·顔淵篇上》 問：「『克己復禮，天下歸仁。』南軒謂：『克盡己私，天理渾然，斯爲仁矣。天下歸仁者，無一物之不體也。故《克己銘》謂「洞然八荒，皆在我闥」。』近得先生《集注》却云：『「一日克己復禮」，則天下之人皆與其仁。』似與諸公之意全不相似。程子曰：『「克己復禮」，則事事皆仁，故曰：「天下歸仁。」』此意又是如何？」曰：「某向日也只同欽夫之説，看得來文義不然，今解却是從伊川説。孔子直是以二帝三王之事許顔子。此是微言，自可意會。孔子曰：『雍也可使南面。』當其問仁，亦以『在邦無怨，在家無怨』告之。」浩。

某解「顔淵問仁」章畢，先生曰：「克，是克去己私。己私既克，天理自復。譬如塵垢既去，則鏡自明；瓦礫既掃，則室自清。如吕與叔《克己銘》，則初未嘗説克去己私。大意只説物我對立，須用克之。如此，則只是克物，非克己也。」枅。

朱熹《朱子語類》卷六二《中庸一·第一章》 問：「戒慎恐懼，以此涵養，固善。然推之於事，所謂『開物成務之幾』，又當如何？」曰：「此却在博文。此事獨脚做不得，須是讀書窮理。」又曰：「只是源頭正，發處自正。只是這路子上來往。」德明。

問：「《中庸》所謂『戒慎恐懼』，《大學》所謂『格物致知』，皆是爲學知、利行以下底説否？」曰：「固然。然聖人亦未嘗不戒慎恐懼。『惟聖罔念作狂，惟狂克念作聖。』但聖人所謂念者，自然之念；狂者之念，則勉强之念耳。」閎祖。

所謂「不睹不聞」者，乃是從那盡處説來，非謂於所睹所聞處不慎也。如曰「道在瓦礫」，便不成不在金玉！義剛。

朱熹《朱子語類》卷七三《易九·井》 《井》象只取巽入之義，不取木義。淵。

井是那掇不動底物事，所以「改邑不改井」。淵。

「汔至，亦未繘井羸其瓶，凶。」「汔至」作一句。「亦未繘井羸其瓶」是一句。意謂幾至而止，如綆未及井而瓶敗，言功不成也。學履。

「『木上有水，《井》。』説者以爲木是汲器，則後面却有瓶，瓶自是瓦器，此不可曉。怕只是説水之津潤上行，至那木之杪，這便是井水上行之象。」問：「恐是桔槔之類？」曰：「亦恐是如此。」又云：「禾上露珠，便是下面水上去。大抵裏面水氣上，則外面底也上。」淵。

用之問「木上有水，《井》」。曰：「《巽》在《坎》下，便是木在下面，漲得水上上來。如桶中盛得兩斗水，若將大一斗之木沈在水底，則木上之水亦長一斗，便是此義。如草木之生，津潤皆上行，直至樹末，便是『木上有水』之義。雖至小之物亦然。如菖蒲葉，每晨葉葉尾皆有水，池本作「皆潮水珠」。如珠顆；雖藏之密室亦然，非露水也。」問：「如此，則『井』字之義與『木上有水』何預？」曰：「『木上有水』便如井中之水。水本在井底，却能汲上來給人之食，故取象如此。」用之又問：「程子汲水桶之説，是否？」曰：「不然。『木上有水』，是木穿水中，漲上那水。若作汲桶，則解不通矣，且與後面『羸其瓶凶』之説不相合也。」

鮒，程沙隨以爲蝸牛，如今廢井中多有之。淵。

九三『可用汲』以上三句是象，下兩句是占。大概是説理，決不是説汲井。淵。

若非王明，則無以收拾人才。「收」，雖作去聲讀，義只是收也。淵。

朱熹《朱子語類》卷八一《詩二·斯干》 揚問：「横渠説《斯干》『兄弟宜相好，不要相學』，指何事而言？」曰：「不要相學不好處。且如兄去友弟，弟却不能恭其兄；兄豈可學弟之不恭，而遂亦不友爲兄者？但當盡其友可也。爲弟能恭其兄，兄乃不友其弟；爲弟者豈可亦學兄之不友，而遂忘其恭？爲弟者但當知其盡恭而已。如寇萊公撻倒用印事，王文正公謂他底既不是，則不可學他不是，亦是此意。」寓。

「載弄之瓦」。瓦，紡磚也，紡時所用之物。舊見人畫《列女傳》，漆室乃手執一物，如今銀子樣。意其爲紡磚也，然未可必。時舉。

朱熹《朱子語類》卷八一《詩二·節南山》 自古小人，其初只是它自竊國柄；少間又自不柰何，引得别人來，一齊不好了。如尹氏太師，只是它一箇不好；少間到那「瑣瑣姻婭」處，是幾箇人不好了。義剛。

「『秉國之均。』均，本當從『金』，所謂如泥之在鈞者，不知鈞是何物。」時舉曰：「恐只是爲瓦器者，所謂『車盤』是也。蓋運得愈急，則其成器愈快，恐此即是鈞。」

曰：「『秉國之鈞』，只是此義。今《集傳》訓『平』者，此物亦惟平乃能運也。」時舉。

朱熹《朱子語類》卷一二六《釋氏》　「老子説他一箇道理甚縝密。老子之後有列子，亦未甚至大段不好。説列子是鄭穆公時人。然穆公在孔子前，而列子中説孔子，則不是鄭穆公時人，乃鄭頃公時人也。列子後有莊子，莊子模倣列子，殊無道理。爲他是戰國時人，便有縱横氣象，其文大段豪偉。《列子序》中説老子。列子言語多與佛經相類，覺得是如此。疑得佛家初來中國，多是偷老子意去做經，如説空處是也。後來道家做《清静經》，又却偷佛家言語，全做得不好。佛經所謂『色即是空』處，他把色、受、想、行、識五箇對一箇『空』字説，故曰『空即是色』。受、想、行、識，亦復如是』，謂是空也。而《清净經》中偷此句意思，却説『無無亦無』，只偷得他『色即是空』，却不曾理會得他『受、想、行、識亦復如是』之意，全無道理。佛家偷得老子好處，後來道家却只偷得佛家不好處。譬如道家有箇寶藏，被佛家偷去；後來道家却只取得佛家瓦礫，殊可笑也。人説孟子只闢楊墨，不闢老氏。却不知道家修養之説只是爲己，獨自一身便了，更不管別人，便是楊氏爲我之學。」又曰：「孔子問老聃之禮，而老聃所言禮殊無謂。恐老聃與老子非一人，但不可考耳。」因説「子張學干禄」。先生曰：「如今科舉取者不問其能，應者亦不必其能，只是寫得盈紙，便可得而推行之。如除擢皆然。禮官不識禮，樂官不識樂，皆是吏人做上去。學官只是備員考試而已，初不是有德行道藝可爲表率，仁義禮智從頭不識到尾。國家元初取人如此，爲之柰何！」明作。

朱熹《朱子語類》卷一二八《本朝二・法制》　德粹語婺源納銀之弊，方伯謨因問和買。先生言其初曰：「今日惟紹興最重。舊拋和買數時，兩浙運使乃紹興人。朝廷拋降三十萬匹與浙東，紹興受十四萬。是時都吏乃會稽縣人，會稽又受多。惟餘姚令不肯受，爲其民以瓦礫擲之，不得已受歸，而其數少，恨不記其名。」滕云：「婺源乃汪内翰鄉邑。汪知鄉郡，朝廷初降月樁時，會諸縣令於廷。婺源令偶言丹陽鄉民頑，汪本此鄉人，以令爲譏之，先勒令受十分之四分三釐，至於今爲害。」先生曰：「疇昔創封樁時，本無實數，只是賴州縣。且如常平中一項錢，亦許樁數。提舉司錢今日又解，明日又解，解必有限，彼豈不來争？以此觀之，事皆係作始不是。」可學。

陶宗儀《説郛》卷六二周達觀《真臘風土記・宫室》　國宫及官舍府第皆面東，國宫在金塔金橋之北，近門周圍可五六里，其正室之瓦以鉛爲之，餘皆土瓦。黄色橋柱甚巨，皆雕畫佛形，屋頭壯觀，修廊複道突兀參差，稍有規模。其莅事處有金窗櫺，左右方柱上有鏡約有四五十面，列放於窗之旁，其下爲象形，聞内中多有奇處，防禁甚嚴，不可得而見也。其内中金塔國主夜則臥其上，土人皆謂塔之中有九頭蛇精，乃一國之土地主也，係女身，每夜則見，國主則先與之同寢交媾，雖其妻亦不敢入。二鼓乃出，方可與妻妾同睡，若此精一夜不見，則番王死期至矣，若番王一夜不往，則必獲災禍。其次如國戚大臣等屋，制度廣袤，與常人家迥別，周圍皆用草蓋，獨家廟及正寢二處許用瓦，亦各隨其官之等級，以爲屋室廣狹之制。其下如百姓之家，止草蓋，瓦片不敢上屋，其廣狹雖隨家之貧富，然終不敢做府第制度也。

陶宗儀《説郛》卷六二周達觀《真臘風土記・三教》　爲儒者呼爲班詰，爲僧者呼爲苧姑，爲道者呼爲八思，惟班詰不知其所祖，亦無所謂學舍，講習之處亦難究其所讀何書，但見其如常人打布之外，於項上掛白線一條，以此别其爲儒耳。由班詰入仕者，則爲高上之人，項上之線終身不去。苧姑削髮穿黄，偏袒右肩，其下則繫黄布裙，跣足。寺亦許用瓦蓋，中止有一像，正如釋迦佛之狀，呼爲孛賴穿紅，塑以泥飾以丹青外，此别無像也。塔中之佛相貌又別，皆以銅鑄成，無鐘鼓鐃鈸與幢幡寶蓋之類，僧皆茹魚肉，惟不飲酒，供佛亦用魚肉，每日一齋，皆取辦於齋主之家。寺中不設廚竈，所誦之經甚多，皆以貝葉疊成，極其齊整，於上寫黑字，既不用筆墨，但不知其以何物書寫。僧亦用金銀轎扛傘柄者，國王有大政亦咨訪之，郤無尼姑。八思惟正如常人，打布之外但於頭上戴一紅布或白布，如韃靼娘子罟姑之狀而畧低，亦有宫觀，但比之寺院較狹，而道教者亦不如僧教之盛耳。所供無别像，但止一磈石，如中國社壇中之石耳，亦不知其何所祖也。郤有女道士宫觀，亦得用瓦。八思惟不食他人之食，亦不令人見食，亦不飲酒，不曾見其誦經及與人功果之事。俗之小兒入學者，皆先就僧家教習，暨長而還俗，其詳莫能考也。

閔文振《〔嘉靖〕寧德縣志》卷二《窑冶》　灰窑三座，並在一都登瀛橋頭。瓦窑九座。二座在四都北篛塘頭，四座在五都藍田，一座在十三都青瀛黄土崎，一座在東山舖舍後，一座在二十二都上檻官路下。

王世貞《弇山堂别集》卷二二《史乘考誤三》　田汝成《炎徼紀聞》言：「田琛者，故思州宣慰使也。自宋、元來，世有思州，宗族蕃衍。自敘出自關中，蓋漢高帝徙齊諸田關中，而巴蜀關中近地，遂蔓延于此。今婺州縣有齊，地圖有稱齊田云。諺曰：『思播田、楊，兩廣岑、黄。』言大姓也。吴元年，田仁智納土歸附，詔立思州宣慰司，以仁智爲宣慰使。其族人田茂安者據沿河婺州，以獻僞夏明玉珍，洪武五年，明玉珍敗，茂安乃降，立爲思南宣慰使。琛，仁智子也，嗣立，與茂安之子宗鼎争砂坑，日尋以兵。宗鼎復禁其民，不得從華風瓦屋樹秔秫，子弟不得讀書，民大疾苦。永樂初，遣行人蔣廷瓚往勘之。琛自言願見上白事，廷瓚遂以入覲。琛言思南故思州地，當歸思州，上曰：「思南叛歸僞夏時，何不徑取屬汝耶？畫土分疆是朝廷事，汝安得擅有之？」琛復訐宗鼎諸不法事，上曰：「過惡在彼，汝何與焉？第安分守土，再犯，吾磔汝矣！」琛叩頭受諭而還，與宗鼎搆殺如故。十一年十一月，上乃遣旗校數人潛入二司，執琛、宗鼎去，城中寂無知者。頃之，忽一官開黄榜諭諸夷曰：「首惡既擒，餘無所問。」于是諸夷帖然。琛、宗鼎至京師，咸斬之。乃諭兵部尚書金忠等曰：「思南、思州之民苦田氏久矣，其滅之，以爲府治。」遂建布政司貴州，以廷瓚爲左布政使。

王世貞《弇山堂别集》卷六五《親征考》 宣德元年八月壬辰朔，漢王高煦反，上親征。【略】

時高煦分其衆卒爲五軍，王斌領前軍，濟陽王監之，韋達領左軍，臨淄王監之，盛堅領右軍，昌樂王監之，朱恒領後軍，淄川王監之，高煦親率中軍，世子守宫城，擇日出兵。會聞上親征，而所使結山東布按二司皆不應，又欲選精騎趨南京，皆不果。戊寅，上復遣書諭降之。庚辰，次盬山，陽武侯等馳奏前軍已至樂安，約明日出戰，上命大軍蓐食兼行。辛巳昧爽至樂安，駐蹕城北，分命諸將壁四門。高煦等乘城守，大軍進攻之，神機銃砲疊發如雷霆，屋瓦皆墮。後遣敕諭高煦，許待以不死，午再遣敕諭之。且别敕射城中，曉示順逆禍福，咸感動，有欲執高煦以獻者。高煦懼，密遣人詣行幄陳奏，願寬假今夕，與妻子别，明旦躬赴軍門歸罪，上許之。是夜高煦盡取積歲所造兵器與凡謀議交通文書燬之，城中竟夕火光燭天。壬午，高煦從閒道出至大軍，爲吏所執以獻，文武羣臣請僇之，上不聽，以章示，高煦頓首請罪。乃俾爲書召諸子同歸京師，執其同謀僞太師都督尚書王斌、王彧、韋達、朱恒、錢巽等下獄。

王世貞《弇山堂别集》卷九一《中官考二》 少保行在工部尚書吴中私以官木磚瓦遺太監楊慶作私第，甚弘壯。上登皇城樓望見之，問左右，得其實，逮中下獄論斬。錦衣衛指揮王裕知而不舉，當連坐。上宥中罪，革其少保，仍罰尚書俸一年，裕下獄，已而釋之。内官裴宗漢管木廠，坐盗市官木，又賄太監楊慶求免罪，事發，法司亦論斬，命械繫錦衣獄。一時英斷赫然。第不知於楊慶作何處耳。

王世貞《弇山堂别集》卷九三《中官考四》 〔弘治〕二年二月己酉，南京沿江蘆場俱係軍民開墾，辦納糧課，及各窑廠採取，供應柴薪。成化初，江浦縣界新生沙洲六段，縣人先後告官承業，以補沉江田畝之數。洲與内官監原撥蘆場相鄰，江東巡檢司舊管工部蘆場二所，亦宜比近。瓦屑壩下有廢官房酒樓地一區，石城門外有湖地一所，舊嘗收積木料及畜放水獺老鴉，其後事已，悉賦居人，歲供租銀百五十兩，於守備廳公用。太監黄賜時，奸人悉以獻于三廠，指爲原撥供應之數。賜及後差太監張本等受之，盡收其利，而歲額租課復責償諸人。相承至太監蔣琮不改。成化二十三年詔書，令投獻山場湖蕩地土，悉歸于民。縣人相繼奏言，下南京監察御史姜綰等覆按，而琮屢以揭帖囑託，使斷歸三廠。綰等遂連名劾琮，謂以守備重臣與小民争利，假公事以飾外情，用揭帖而抗詔旨，揚言陰中，脅以必從。因歷數琮變亂成法，欲以内臣爲言官，一罪也；妬害大臣，妄奏都御史秦紘，二罪也；怒河閘官失於迎送，而欲奏罷之，三罪也；濫批詞狀，送各衙門，不由通政司，四罪也；分差内官于錢糧處所，縱其侵漁，五罪也；按季取受班匠工銀，六罪也；收留閒罷都事林時，用撥置害人，七罪也；官員稍不順承，輒查脚色，陰加察訪，驚疑人心，八罪也；妄奏主事周琦管庫，欺罔朝廷，九罪也；保舉革罷内臣，竊陛下之權，使恩歸于己，十罪也。且今士夫側耳，人人自危，軍民負苦，怨聲載道。乞下琮于理，明正其罪，以爲懷奸壞事之戒。刑部覆奏，謂琮處事乖方，以致言官劾奏，第所言琮罪，必須覆按。請移文南京刑部，會同都察院、大理寺官勘處奏報。上命如議行之。

王世貞《弇山堂别集》卷九四《中官考五》 工科給事中陶諧言：「邇者雷電交作，飄殿瓦，拔社木，陛下當夙夜恐懼，增修德政，以回天意，奈何視爲泛常？傾耳於太監丘聚、魏彬、馬永成之流，而正人君子則憚於覿面，恣意於馳射釣獵之樂，而國政聖學則怠於究心。乞查究日逐侍從遊逸諸人如聚等，數其誤國之罪，告之於先帝，罪之弗赦。其司禮太監陳寛、李榮等受先帝之重託，而高鳳、黄偉尤青宫舊臣，坐視顛危，宜通加罷斥。」報聞。

王世貞《弇山堂别集》卷九九《中官考十》 御用監太監黄錦等言：「成造龍牀及御用等器木料不敷，乞行南京守備太監委官，於蕪湖抽分廠並龍江瓦屑壩抽分局，將抽下杉木板枋選擇印記，令彼中軍衛有司運送應用。」工部執奏，謂蕪湖抽分，專以成造運船及供應器具，其朝貢四夷賞賚折價，亦取給於此。每歲所抽竹木，易銀不過二萬餘兩，不足以供所費。今該監所需二十餘萬兩，是罄一歲之入，曾不及十之一也。況南畿災傷頻仍，軍民並困，責以輔運，或至他虞。乞敕該監，酌量緩急，汰其濫冗，先以南京御用監見存木料取次應用，不足，則於龍江抽分局支補，其蕪湖課銀，仍供糧船器具賞賜之用。則成法不亂，人心亦安。」上竟從錦所請云。

郭子章《黔類》卷一一《陳留瓦》 余宗伯簷瓦皆鏤竅，穴千百，雨如散珠，用陳留瓦堅則易鏤。《三堂往事》。

彭大翼《山堂肆考》卷一七一《恐傷蟄蟲》 宋曹彬所居之宅僅庇風雨，敗簷疎牖，不堪其憂，而彬處之恬然。堂屋敝壞，子弟請加修葺，公曰：時方大冬，牆壁瓦石之間百蟲所蟄，不可傷其生。

彭大翼《山堂肆考》卷一七一《蛙聚雀喧》 唐吴融廢宅詩：「風飄碧瓦雨摧垣，却有鄰人爲鎖門。幾樹好花空白晝，滿庭芳草易黄昏。放魚池涸蛙争聚，棲燕梁空雀自喧。不獨凄凉眼前事，咸陽一火便成原。」

彭大翼《山堂肆考》卷一七一《樵兒亦指》 濟寧州南城上有李白酒樓，白客任城時，縣令賀知章觴之於此。唐咸通中吴興沈光過任城，嘗爲作記：「齊魯結搆，凌雲者無限，獨斯樓也，高不踰數席，瓦缺椽蠹。雖樵兒牧豎，過亦指之，曰李白常醉于此矣。」元著作郎陳儼有重修李白樓記。

彭大翼《山堂肆考》卷一七一《銅瓦琲楹》 西域泥婆羅宫建七重樓，覆以銅瓦，楹棟皆大琲雜寶，四隅置銅槽，下有金龍口激水，仰注槽中。

高濂《遵生八牋》卷七《序古名論》 瀟灑張郎搆一蘆軒銘曰：吾軒之中，并無長物，織蘆成瓦，紙帳爲屏。墻不禦風，牕不掩月，相對二子，刈書是悦。勤兒課摹古帖，有茶則飲，有香則焚，衲衣素餐，家風甚拙。閉門謝客，不知世故，吾性自别。有《漫草詩》云：林畔闌珊處，泥垣浸碧濠。性岐延客寡，室陋滌塵勞。玄學揚雄辨，經翻劉向騷。食瓢家俸短，睡起日偏高。

高濂《遵生八牋》卷七《天道吉方》 又若造前樑，臨上乃移爲後樑，魘曰：前樑調後樑，必定先死娘。卯眼内放竹楔者，魘曰：栒卯放竹，不動自哭。使人家屋内常有哭聲。有刻人像書咒於身，以釘釘於屋上，釘眼令瞎釘耳，令聾釘口，令啞釘心，令有心疾釘門，使房主不得在家，令出門，釘之終不得安居屋内。如釘床以竹釘、十字釘之，或畫人形紙符於内，使卧床之人疾病不安，此梓人魘鎮之大略。解之之法，其屋既成，用水一盆，使家人各執柳枝蘸水繞屋洒之，咒曰：木郎木郎，遠去他方。作者自受，爲者自當。所有魘鎮，與我無妨。急急一如太上律令敕，則無患矣。

如瓦匠魘有，合脊中放土人船傘之類，或壁中置一匙一筯，曰只許住一時，其家便破。如甃砌門限，堦塞之下用荷葉包飯於下，以筯十字安在上，令有嘔噎之疾。有砌竈，用木刻人以瓦刀朝其寢或向廳堂，使其刀兵相殺。石匠鑿人形置磉上，又畫匠彩梁俱有魘呪，説破不妨。凡木匠魘人必插木葠在首，不令插之，即不靈矣。

徐光啓《農政全書》卷六《農事》 《齊民要術·收種》篇曰：凡五穀種子，浥鬱則不生。生者，亦尋死。種雜者，禾則早晚不均，春復減而難熟，糶賣以雜糅見疵，炊爨失生熟之節。所以特宜存意，不可徒然。粟黍穄粱秫，常歲歲别收，選好穗絶色者，劁刈，高懸之。玄扈先生曰：收種，特宜密藏。晉人云：「函封多不生。」謬也。至春，治取别種，以擬明年種子。耧耩秫種，一斗可種一畝。量其家田所須種子多少種之。其别種種子，嘗須加鋤。鋤多則無秕也。先治而别埋。先治，場净，不雜。窖埋，又勝器盛。還以所治穰草蔽窖。玄扈先生曰：窖藏爲佳者，土中恆受生氣故。將種前二十許日，開出水洮，浮秕去則無莠。即曬令燥，種之。依《周官》相地所宜，而糞種之。《周官》曰：草人，掌土化之法。以物地相其宜而爲之種。鄭玄注曰：土化之法，化之使美。以物地占其形色爲之種。黄白宜以種禾之屬。凡糞種，騂剛用牛，赤緹用羊，墳壤用麋，渴澤用鹿，鹹潟用貆，勃壤用狐，埴壚用豕，彊㯺用蕡，輕爂用犬。此草人職。鄭玄注曰：凡所以糞種者，皆謂煮取汁也。赤緹，縓色也。渴澤，故水處也。潟，鹵也。貆，貒也。勃壤，分解者。埴壚，粘疏者。强㯺，强堅者。輕爂，輕脆者。故書騂爲挈，墳作坌。杜子春挈讀爲騂，爲地色赤而土剛强也。鄭司農云：用牛，以牛骨汁漬其種也，謂之糞種。墳壤，多坌鼠也。壤，白色。蕡，麻也。玄謂墳壤，潤解。《氾勝之書》曰：種傷濕鬱，熱則生蟲也。取麥種，候熟可穫，擇穗大彊者，斬束立場中之高燥處。曝使極燥。無令有白魚，有輒揚治之。取乾艾雜藏之，麥一石，艾一把，藏以瓦器竹器。順時種之，則收常倍。取禾種，擇高大者，斬一節下，把懸高燥處。苗則不敗。

徐光啓《農政全書》卷一六《水利》 一、用水之源。源者，水之本也，泉也。泉之别爲山下出泉，爲平地仰泉。用法有六：

其一，源來處高于田，則溝引之。溝引者，於上源開溝，引水平行，令自入于田。諺曰：「水行百丈過牆頭。」源高之謂也。但須測量有法，即數里之外，當知其高下尺寸之數。不然，溝成而水不至，爲虚費矣。

其二，溪澗傍田而卑于田，急則激之，緩則車升之。激者，因水流之湍急，用龍骨翻車、龍尾車、筒車之屬，以水力轉器，以器轉水，升入于田也。車升者，水流既緩，不能轉器，則以人力畜力風力運轉其器，以器轉水入於田也。車圖見後。

其三，源之來甚高於田，則爲梯田以遞受之。梯田者，泉在山上山腰之間，有土尋丈以上，即治爲田。節級受水，自上而下，入於江河也。梯田圖見《田制》。

其四，溪澗遠田而卑於田，緩則開河導水而車升之，急者或激水而導引之。開河者，從溪澗開河，引水至其田側，用前車升之法，入於田也。激水者，用前激法起水于岸，開溝入田也。

其五，泉在于此，用在于彼，中有溪澗隔焉，則跨澗爲槽而引之。爲槽者，自此岸達于彼岸，令不入溪澗之中也。

其六，平地仰泉，盛則疏引而用之，微則爲池塘于其側，積而用之。爲池塘而復易竭者，築土椎泥以實之，甚則爲水庫而畜之。平地仰泉，泉之瀵湧上出者也。築土者，杵築其底。椎泥者，以椎椎底，作孔膠泥實之，皆令勿漏也。水庫者，以石砂瓦屑和石灰爲劑，塗池塘之底及四旁而築之，平之，如是者三，令涓滴不漏也。此畜水之第一法也。圖見後。

徐光啓《農政全書》卷一九《水利》 二曰牆

軸之上，因各螺旋之繩而立之牆。牆之法，或編之，或累之，皆塗之。牆之兩端，不至于軸之兩端。其至也，無定度，惟所爲之，以樞之短長稱之。八分其軸長，以其一爲牆之高。可減也，不可加也。牆，其累之也，欲堅而無墮也。其編之也，欲密而平也。其塗之也，欲均而無罅也。兩牆之間謂之溝。溝，水道也。水行溝中，而牆制之，使無下行也。故曰：牆者所以束水也，水所由上也。

注曰：編牆之法，削竹爲柱，依螺旋之線而立之。每立一柱，即與軸面之八平分長線爲直角。如立柱于本篇一圖之午，即柱爲垂線，與庚丙長線爲直角也，而又與軸兩端之丙丁爲一直線也，若本篇二圖之癸丙是也。削柱欲均，安柱欲正，列柱欲順，立柱欲齊。既畢，則以繩編之，略如織箔之勢。繩以麻或紵或苘或布或篾，惟所爲之。既畢，以瀝青和蠟，或和熟桐油，和石灰瓦灰塗之，或以生漆和石灰瓦灰塗之。凡瀝青加蠟與桐油，取和澤而止。石灰瓦灰相半，桐油或漆和之，取燥溼得宜而止。累牆之法，取柔木之皮，如桑槿之屬，剥取皮，裁令廣狹相等，以瀝青和蠟依螺旋之線，層層塗而積之。累畢，如前法塗之。既畢，而兩牆之間，成螺旋之溝。水從溝行而牆不漏者，是牆之善也。八分之一者，如軸長八尺，則牆高一尺，此亦略言高之所至也。一以下任意作之，故曰可減不可增。一法：若欲爲長軸，則牆之高與軸之徑等。

徐光啓《農政全書》卷二〇《水利》 〔水庫之事有九〕一曰具

水庫之物有六，以備築也、蓋也、塗也。築與蓋之物有三：曰方石，曰瓴甋，曰石卵。塗之物有三：曰石灰，曰砂，曰瓦屑。塗之物三合，謂之三和之灰。或沙或瓦去一焉，謂之二和之灰。煉灰之石，或青或白，欲密理而色潤，否者疏而不昵。煉之以薪或石炭焉，火不絶二日有半而後足。試之法：先取一石灌之，雜衆石而煉之，既成而出之權之，損其初三分之一，此石質美而火齊得也。沙有三種：或取之湖，或取之地，或取之海。海爲上，地次之，湖又次之。沙有三色：赤爲上，黑次之，白又次之。辨沙之法有三：揉之其聲楚楚焉，純沙也。諦視之各有廉隅圭角，純沙也。散之布帛之上，抖擻之悉去之不留塵坌者，純沙也。否則有土雜焉，以爲齊，則不固。瓦之屑，以出陶之毁瓦瓴甋，鐵石之杵臼舂之，而簁之。無新焉而用其舊者，水濯之，日暴之，極乾而後舂之，而簁之。簁之爲三等：細與石灰同體爲細屑，稍大焉與砂同體爲中屑，再簁之餘其大者如菽爲查。

注曰：方石瓴甋者，以豫爲牆爲蓋。二物皆無定度也。爲牆之石，取正方焉，廣狹短長厚薄無定度。牆厚則堅，堅則久。爲蓋者，或穹之。穹之石，合之其圓半規。穹之法有三，詳見下方也。石卵者，鵝卵之石也，以豫爲底也，無之以小石代之。大者無過一斤，小者任雜焉。凡石卵或小石，欲堅潤而密理，否者不固。昵，黏也。二日有半，三十時足也。陶，窑竈也。瓴甋，磚也。凡瓦之土，勝磚之土，用磚則謹擇之。簁，俗作篩，羅也。查，滓也。查無用簁，擇其過大者去之。三和之灰，今匠者多用之。其一，則土也。用土不堅，以瓦屑故勝之，以後法爲之劑，又勝之。西國别有一物，似土非土，似石非石，生于地中。掘取之，大者如彈丸，小者如菽，色黄黑。孔竅周通，狀如蛀窠。儼然石也，而體質甚輕，揉之成粉。舂以代砂，或代瓦屑，灰汁在其空中，委宛相入。堅凝之後，逾于銅鐵。近數十年前，有發故水道者，啓土之後，鍬钁不入，百計無所施。既而穴其下方，乃壞墮焉。視其甃塗之灰，用是物也，厚半寸許耳。此道由來甚久，以歷年計之，在漢武之世矣。後此凡用和灰，甚貴是物焉。或作室模，和灰塗之。崇閎窈窕，惟意所爲。既成之後，絶勝冶銅鑄鐵矣。然所在不乏，計秦晉隴蜀諸高陽之地，必多有之。其形大段如浮石，而顆細、色赤黃、質脆，爲異耳。以本草質之，殆土殷孽之類也。其生在乾燥之處，土作硫黃氣者，或産硫黃者，或近溫泉者，火石者，火井者，或地中時出燐火者，即有之。求之法：視其處草不蕃盛，茸茸短瘠，又淺草之中，忽有少分如斗許、如席許大，不生寸草者，依此掘地數尺，當可得也。西國名爲巴初剌那。求得之，大利于土石之工。或并無瓦屑及砂，以青白石末代之，其細大之等，與瓦屑同。

二曰齊

凡齊，以斗斛槩其物，水和之。三分其凡，而灰居一，砂居二，湅之如糜，謂之甃齊。三分其甃齊，加水一焉而調之，謂之築齊。塗之齊有三：湅之皆如糜。四分其凡，而瓦，查居二，砂居一，灰居一，謂之初齊。三分其凡，而中屑居二，灰居一，謂之中齊。五分其凡，而細屑居三，灰居二，謂之末齊。凡湅齊，熟之又熟，無亟于用，無惜于力。日再湅，五日而成爲新齊。新齊積之，恆以水潤之。下溼之處，窨藏而土封之。久而益良。

注曰：凡量灰，必出窑之灰，凡量瓦屑，必出臼之屑，凡量砂，必日暴之砂，皆言乾也。如糜者，今匠人所用甃牆塗牆挑而槩之之劑也。太燥則不附，太溼則不居。加水爲築劑，則如稀糜，沃而灌之之劑也。凡治宮室，築城垣，造壙域，皆以諸劑斟酌用之。和之水，以泉水江水雨水，雜鹵與鹻勿用也，雪水之新者，勿用也。凡，總數也。【略】

四曰築

築有二：下築底，旁築牆。築底者，既作池，平其底，則以木杵杵之，或以石碪碪之。杵之碪之，欲其堅也。依池之周而爲之牆，或方石焉，或瓴甋焉，甃之以甃齊之灰，甃必乘其界牆。量池之小大淺深而爲之厚，不厭厚。若複池，則爲共池而中甃其限牆，仍甃爲行水之竇。壺漏之複池，則各爲池而穿行水之竇也。牆畢，以鵝卵之石或小石墊之，其底厚五寸以上，不厭厚。既墊之，復杵之，或碪之，不厭堅，無惜其力，亦欲其平也。既堅既平，以築齊之灰灌之，又灌之，滿焉，實焉，平焉，浮于石而止。復杵之，或碪之。有隙焉，復灌之，滿實平而止。中底之坎，亦杵之，亦牆之，亦墊之，而灌之如法作之。凡底與牆之交，碪杵或不及焉，則以邊杵築之。其墊與灌，必謹察之而加功焉。壺漏之竇，居水之衝，必謹察之而加功焉。凡牆，皆以方長之石爲之緣。若遇大石焉而鑿之池，以石爲之底，與牆與緣徑塗之。有闕焉，而爲之縫，亦杵之。而牆之，而緣之，而墊之，而灌之，如法作之。野池，或土或石皆如之。

注曰：乘界，俗言騎縫也，緣，池面壓口也，縫，補也。本篇三圖之甲乙丙，木杵也。丁，邊杵也。戊，石碪也。己辛己庚，甃牆也。庚辛，石墊也。本篇二圖之甲乙，即共池也。以意度之，江海之濱，平原易野，土疏善壞，必以甃牆。處于山者，如秦如晉，厥土騂剛，陶復陶穴，壁立不墮。若斯之處，掘地爲池，雖無甃牆而徑塗之，不亦可乎？同志者，請嘗試之。

五曰塗

築畢，候池之底既乾其十之八，掃除之。過乾，則水沃之，而後塗之。塗之，先以初齊，厚五分，池大者，加二分之一。池之底及周，連塗之。連塗之，則周與底之交無罅也。塗畢，以木擊擊之，欲其平以實也。次日又擊之，有罅焉，以鐵槩槩之。乾則以水沃而槩之，無罅而止。三日以後皆如之。俟其乾十分之六，而塗之中齊。中齊之厚，減其初二分之一，亦擊之，槩之，次日以後皆如之。候其乾十分之六，而塗之末齊。末齊之厚，減其次二分之一，亦擊之槩之，次日以後皆如之。候其乾十分之五，以鐵槩摩之。有罅焉，以水沃而摩之。周與底，中坎之周與底，複池之水竇皆同之。凡周與底之交，若竇，必謹察之而加功焉。凡塗瓴甋之牆，或燥而不昵，以石灰之水遍灑之作堊色，乾而後塗之則昵。凡塗，石池與土池，野池與家池，皆同法。凡擊，欲其堅如石也，摩，欲其密如脂也，欲其瑩如鏡也。堅密以瑩，更千萬年不渫也。

注曰：本篇四圖之甲，木擊也。乙，鐵槩也。凡三和之灰，無所不可用。欲厚則四塗之，五塗之，任意加之。四塗者，初一、中二、末一。五塗者，初一、中三、末一。末塗以飾宮室之牆。欲令光潤者，以雞子清或桐油和之，如法擊摩之。欲設色，以所用色代瓦屑而和之。石色爲上，草木爲下。

徐光啓《農政全書》卷二一《農器・鐴》

犂耳也。其形不一，耕水田曰瓦繳，曰高脚；耕陸田曰鏡面，曰碗口。隨地所宜制也。

徐光啓《農政全書》卷二一《農器・秧馬》

蘇文忠公序云：「余過廬陵，見宣德郎致仕曾君安止，出所作《禾譜》，文既溫雅，事亦詳實。惜其有所缺，不譜農器也。予昔遊武昌，見農夫皆騎秧馬，以榆棘爲腹，欲其滑；以楸梧爲背，欲其輕。腹如小舟，昂其首尾，背如覆瓦，以便兩髀雀躍于泥中。繫束藁其首，以縛秧。日行千畦，較之傴僂而作者，勞佚相絕矣。《史記》禹乘四載，泥行乘橇。解者曰：橇形如箕，摘行泥土。豈秧馬之類乎？」

徐光啓《農政全書》卷二二《農器・杷》 鏤鍬器也。《方言》云：宋魏間謂之渠挐，或謂之渠疏。直柄横首，柄長四尺，首闊一尺五寸，列鑿方竅，以齒爲

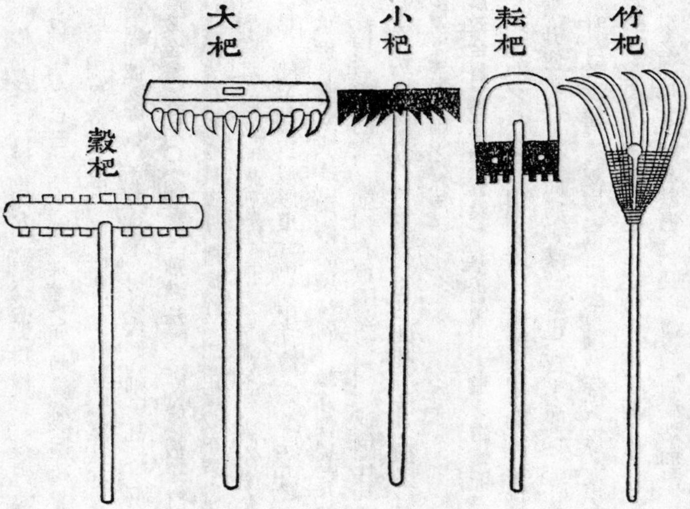

節。夫畦畛之間，鏤剔塊壤，疏去瓦礫；場圃之上，摟聚麥禾，擁積稭穗，此益農之功也。後有穀杷，或謂透齒杷，用攤曬穀。又耘杷，以木爲柄，以鐵爲齒，用耘稻禾。竹杷，場圃樵野間用之。

徐光啓《農政全書》卷二二《農器・刮板》 剗土具也。用木板一葉，闊二尺許，長則倍之，或煅鐵爲舌。板後釘木直二莖，高出板上，槊以横柄。板之兩傍，係一鐵鐶，以擐拽索。兩手推按，或人或畜，輓行以剗壅脚土。凡修閘垻，起隄防，填污坎，積丘垤，均土壤，治畦埂，疊場圃，聚子粒，擁糠粃，胡骨切。除瓦礫，即擊切。雖若泛用，然農家之事居多也。

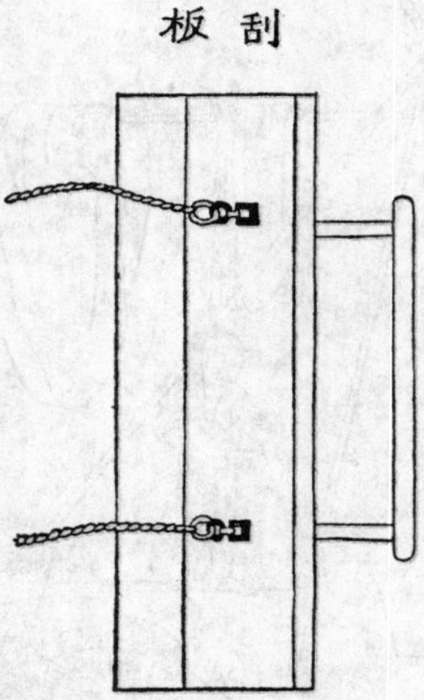

徐光啓《農政全書》卷二三《農器・土鼓》 古樂器也。杜子春云：以瓦爲匡，以革爲兩面，可擊也。《易繫辭》曰：蕢桴土鼓。《禮・明堂位》曰：土鼓蒯桴，伊耆氏之樂也。《周禮・春官》：「籥章掌土鼓豳籥，仲春，晝擊土鼓，吹豳詩以迎暑氣。仲秋夜，迎寒亦如之。凡國之祈年，享田祖，吹豳雅，擊土鼓以息老物。」今農家拏斂之時，擊鼓以享田祖，即其遺意也。

徐光啓《農政全書》卷二四《農器・儋》 貯米器也。《漢書》揚雄無儋石之

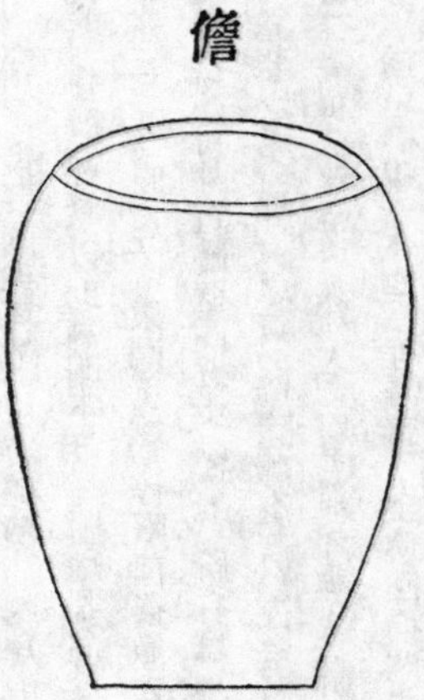

儲。晉劉毅家無儋石之儲。應劭曰：齊人名甖爲儋，受二斛。顔師古曰：儋者，一人所負擔也。《方言》云：罃，陳魏宋楚之間曰甂，或曰瓶；燕之東北朝鮮洌水之間，謂之甈；周洛韓鄭之間，謂之甀。儋或作甔，字从瓦，瓦器也。今江淮間農家造泥爲甕，披以麻草，用貯食米，可以代儋，細民甚便之。

徐光啓《農政全書》卷三〇《樹藝・煎熬法》 若刈倒放十許日，即不中煎熬。將初刈倒稭稈，去梢葉，截長二寸，碓搗碎。用密筐或布袋盛頓，壓擠取汁。即用銅鍋，内斟酌多寡，以文武火煎熬。其鍋，隔牆安置，牆外燒火，無令煙火近鍋。專令一人看視，熬至稠粘，似黑棗合色。用瓦盆一隻，底上鑽箸頭大竅眼一個；盆下，用甕承接。將熬成汁，用瓢豁於盆内。極好者，澄於盆；流於甕内者，止可調渴水飲用。將好者，止就用有竅眼盆盛頓；或倒在瓦罌内亦可。以物覆蓋之。食則從便，慎勿置於熱炕上。恐熱開花。大抵煎熬者，止取下截肥好者，有力糖多，若連上截用之，亦得。

徐光啓《農政全書》卷三一《蠶桑》 黄省曾曰：蠶之自蟻而三眠也，俱用切葉。其替擡也，用糠籠之灰糁焉，則蠶體快而無疾，或布網而擡替。其飼火蠶也必勤，葉盡即飼，毋使飢呑火氣而病。其替蠶也，食半而替，則功省而蠶不勞。其三眠之起也，斤分於一筐。一筐之蠶，可以得繭八斤，爲絲一車而十六兩。其蟻之初出也，以薔薇之葉，焙燥揉碎之，糁之蟻上，聞香而集之於上，乃以鵝翎拂下。其厝火也，炭之團爇之，而灰以遏之，瓦以覆之，温温然而已。綿被以隔之，而後置之於被之上焉。若熾焉，或飢焉，則傷於火，其長也，焦黄不食而死。勿食水葉。食則放白水而死。雨中之所採也，必拭乾之，或風戾之。【略】

繰之不可及也，淹而瘞之泥之，每大缸，用鹽四兩，荷葉包之；於缸甕之口，又塞實荷葉。至七日而蛾死。泥之也，仍數視之：少有隙，則蛾生。凡拈絲綿之線，一分銀是拈一兩。其爲綿也，蛾口爲最，上岸次之，黄繭又次也，繭衣者爲最下。蛾口者，出蛾之繭也；上岸者，繰湯無緒，撈而出者也；繭衣，繭外之蒙茸，蠶初作繭而營者也。

徐光啓《農政全書》卷三三《蠶桑・蠶室》 《記》曰：「古者天子諸侯，皆有公桑蠶室，近川而爲之。築宫，仞有三尺，棘牆而外閉之。三公之夫人，世婦之吉者，使入蠶室；奉種浴於川，桑於公桑。」此公桑蠶室也。其民間蠶室，必選置蠶宅，負陰抱陽，地位平爽，正室爲上，南西爲次，東又次之。若室舊，則當淨掃塵埃，預期泥補。若逼近臨時，牆壁濕潤，非所利也。夫締構之制，或草或瓦，須内外泥飾材木，以防火患。復要間架寬敞，可容槌箔；牕户虚明，易辨眠起。仍上於行棒，各置照牕。每臨蠶暮，以助高明下就。附地，列置風竇，令可啓閉，以除濕鬱。考之諸蠶書云：蠶時，先辟東間養蟻，停眠前後撤去。西牕宜遮西曬。尤忌西南風起，大傷蠶氣，可外置牆壁四五步以禦。所有蠶神室蠶神像，宜於高空處安置。凡一切忌惡之事，邪穢之氣，辟除蠲潔，夙夜齋敬，不敢褻慢。余觀《蠶書》云：毋治堰，毋誅草，毋沃灰，毋室入外人。四者，神實惡之。如能依上法，自然宜蠶，不必泥於陰陽家，拘忌巫覡女巫也。等誘惑。至使回换門户，謟禱神祇，虚費財用，實無所益。故表而出之，以爲業蠶者之戒。

徐光啓《農政全書》卷三四《蠶桑・綿矩》 以木框方可尺餘，用張繭綿，是名綿矩。又有揉竹而彎者，南方多用之。其綿外圓内空，謂之猪肚綿。及有用

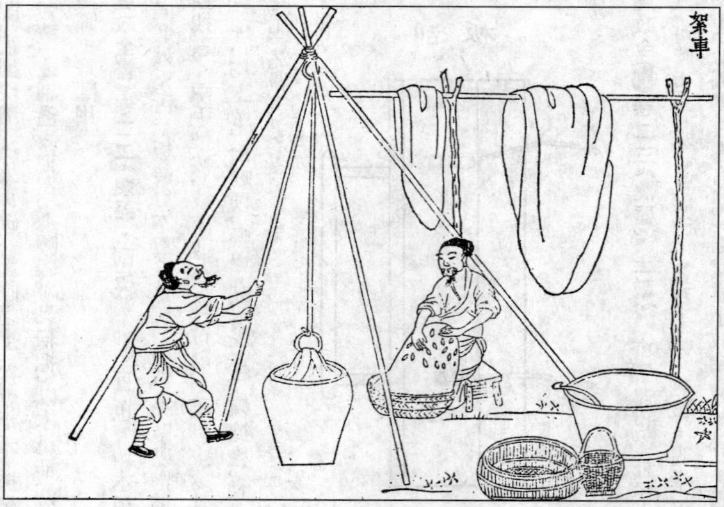
絮車

大竹筒，謂之筒子綿。就可改作大綿，裝時未免拖裂。北方大小用瓦。蓋所尚不同，各從其便。然用木矩者，最爲得法。鄺善長《水經注》曰：「房子城西，出白土，細滑如膏，可用濯綿，霜鮮雪耀，異於常綿。世俗言房子之纊」也。抑亦類蜀郡之錦，得江津矣。今人張綿用藥，使之膩白，亦其理也。但爲利者，因而作僞，反害其真，不若不用之爲愈。因及之，以爲世戒。

徐光啓《農政全書》卷四一《牧養·貓》 《爾雅》曰：猫如麂，善登木。郭璞注曰：健上樹。

《便民圖》曰：貓兒身短最爲良，眼用金銀尾用長。面似虎威聲要噉，老鼠聞之自避藏。露爪能翻瓦，腰長會走家，面長雞絶種，尾大懶如蛇。又法：口中三坎者捉一季，五坎者捉二季，七坎者捉三季，九坎者捉四季。花朝口，咬頭牲。耳薄不畏寒。毛色純白純黑純黄者，不須揀。若看花貓，身上有花，又要四足及尾花纏得過者，方好。

治貓病方：凡貓病，用烏藥磨水灌之。若煨火疲悴，用硫黄少許，入猪湯中炮熟餵之。或入魚湯中餵之亦可，小貓悞被人踏死，用蘇木濃煎湯，濾去柤，灌之。

徐光啓《農政全書》卷四一《牧養》 《家政法》云：養羊法：當以瓦器盛一升鹽，懸羊欄中。羊喜鹽，自數還啖之，不勞人牧。羊有病，輒相污。欲令别病，法當欄前作瀆，深二尺，廣四尺。往還皆跳過者，無病；不能過者，入瀆中行過，便别之。

徐光啓《農政全書》卷四五《荒政》 一、定倉式：保民實政簿開：各縣立四鄉倉，每縣積穀，務期萬石爲率，州縣大者倍之。則大縣當儲二萬石，中縣一萬五千石，小縣一萬石矣。今議頒倉式：該府廳督令各縣相度地基，依式建造。每縣各分四鄉，每鄉建倉一所。頭門一座，約高一丈三尺八寸，中闊一丈，入深連簷一丈七尺六寸。兩傍耳房每間闊八尺，以便住看倉人役。頂上用大竹筻覆之，蓋瓦。大門二扇，每扇闊三尺。東西廒房，大縣共該貯穀五千石，每邊應造廒房七間。中縣約共四千石，每邊應造廒房五間。小縣約共二千五百石，每邊應造廒房三間。每廒房一間，約貯穀四百石以上，約高一丈三尺六寸，闊一丈一尺二寸，入深一丈六尺。廒内先用地工將廒深築堅實外，簷用石板鑲砌，内用厚磚砌底，仍用條石墊擱楞木，從宜鋪釘松木杉木厚板，方鋪簟蓆。其倉頂上方木爲椽，椽上用板幔，板上用大籓竹打笆覆之。笆上用土，土上蓋瓦，其瓦須密。各週圍廒牆角，闊二尺八寸。先行築實，方用條石砌脚三層，上用地伏磚扁砌，純灰抿縫。中用稍碎磚瓦，少以泥和填實，仍用鐵牽鈐釘。如地勢高燥者，四面俱用磚牆。廒後及兩側，牆俱包簷，廒前牆上，簷闊二尺四寸。不拘七間五間三間，中俱隔爲三段。七間者，中三間，兩傍各二間。五間者，中三間，兩傍各一間。三間者，亦隔三段，各開三門。氣樓亦如之。其廒内貼牆處，用木栅釘相思縫厚板，使穀不著牆，以防浥爛。廒口亦用相思厚板横閘。如地勢卑濕者，廒前一面不用磚牆。廒板外用圓木栅欄一帶，上面建廊，闊五尺六寸。廳前及兩倉外、明堂空地，俱用石板鋪平，以便曬穀。正廳三間，中間止作一天花板，懸聖諭六條，以便朔望講習鄉約，約高一丈九尺六寸。中間闊一丈四尺八寸，兩傍每間闊一丈四寸，入深除簷二丈六寸。中間照壁門六扇。廳前兩傍用欄杆，外簷三尺。頂上用便磚，磚上用瓦，内地用方磚砌。簷下石板幔。三面牆垣，牆脚闊二尺，先用地工築實，方用大石板砌脚三層，上用地伏磚扁砌，亦用鐵牽鈐釘牢固。後社學三間，或買舊磚建造。約高一丈七尺二寸，中間闊一丈一尺二寸，兩傍每間闊一丈，入深一丈六尺四寸。頂上用幔板鋪完蓋瓦，内地用方磚砌，兩傍用磚砌。腰牆上用窗，每邊四扇。中間用槅門四扇。三面牆垣，牆脚闊二尺，先用地工築實，脚用石砌二層。高二尺，上用磚砌。本倉外週圍牆垣，牆脚闊三尺五寸，約高一丈一尺。上用牆梯瓦蓋。先用地工深築堅實，牆脚用大石塊砌，高三尺，方用土築。務離倉牆一二丈，内可容人行。其土不可貼近本牆掘取。以上各項倉房廳舍，務期堅固經久，不在華美。其丈量地基，起造房屋，并量木植磚石，俱用大官鈔尺爲準。其木匠小尺不用，須使畫一，毋致參差。

一、辦倉料：倉廒，每邊七間，合用柱木每根徑六寸，矮柱每根徑六寸，桁條每根徑五寸五分，抽楣每根徑四寸，椽木每根徑三寸，穿栅木每根徑四寸，地板楞木每根徑五寸，地板壁板，每塊厚八分。正廳三間，合用中柱木每根徑一尺一寸，用實木邊柱每根徑九寸，大梁每根長二丈、徑一尺四寸，二梁每根長一丈、徑一尺一寸，步梁每塊長八尺、徑一尺，抽楣木每根徑四寸五分，桁條每根徑六寸，椽木每根徑三寸。門房三間，合用柱木每根徑五寸，桁條每根徑四寸，抽楣木每根徑三寸。大門二扇，每扇闊三尺。後社學三間，合用柱木每根徑六寸，桁條每根徑五寸五分，抽楣木每根徑三寸五分，大梁每根徑九寸、長一丈八尺，二梁每根徑八寸五分、長一丈，椽木每根徑二寸五分。頂上用幔板鋪完蓋瓦。其餘幫機連簷門窗等項，開載不盡者，俱要隨宜酌量，採買製作，務使與各項材木，大小規式相稱。凡磚瓦，就於近倉之地，立窑一二座，令窑户自燒造。石灰見買。地伏磚每塊長一尺二寸，闊七寸，厚三寸，秤重十八斤，上燒常平二字。開磚每塊長一尺一寸，闊五寸，厚一寸，上燒常平二字。方磚每塊長一尺，闊一尺。便磚每塊長七寸，闊六寸三分。瓦每塊長九寸，闊七寸，重一斤半。凡採買木植，俱要選擇圓長首尾相應，乾燥老黄色者。毋將背山白色嫩木搪塞虚應。石板採買上好青白堅細者，黄色疎爛者不用。其磚瓦須擇青色者，如黄色者不用。以上各項物料，各縣掌印官，親將每倉應造廒房廳舍，逐一親自從實勘估。酌量某項應用若干，該價若干；某項應用若干，該價若干，估定照數給銀，責令原定各役，採買木石等料。搬運一到，即具數報掌印官，并佐貳委官及總管，各查驗揀選。堪用者收之，不堪者即時退换，不得虚冒混收。燒造磚瓦不如式者，不許混用。仍置簿送縣印鈐，日逐登填收發數目明白。委官不時稽查。各縣仍將查估過工料價銀總撒數目，逐一造册，報道查核。東西兩邊倉廒與正廳，一應木石磚瓦，皆用新料。其門房社學材植等料，倘有見成民房願賣，可以改用者，一照時價，給與見銀平買，庶工省費廉，建造尤速。惟不虧其價，而人自樂從矣。

文震亨《長物志》卷一《牕》　用木爲粗格，中設細條，三眼眼方二寸，不可過大。牕下填板尺許，佛樓禪室間用菱花及象眼者，牕忌用六，或二或三或四，隨宜用之。室高上可用横牕一扇，下用低檻承之，俱釘明瓦，或以紙糊，不可用絳素紗及梅花簟。冬月欲承日，製大眼風牕，眼竟尺許，中以線經其上，庶紙不爲風雪所破，其制亦雅然，僅可用之小齋丈室。漆用金漆，或朱黑二色雕花綵漆，俱不可用。

孫承澤《春明夢餘録》卷六《宮闕》　金宮城　史載海陵煬王遣左右丞相張浩、張通古、左丞蔡松年調諸路夫匠築燕京宮室。皇城周九里三十步，自天津橋之北曰宣陽門。中門繪龍，兩偏繪鳳，用金釘釘之。中門唯車駕出入乃開，兩偏分雙隻日開一門。過門有兩樓：曰文，曰武。文之轉東曰來寧館，武之轉西曰會同館。正北曰千步廊，東西對焉。廊之半各有偏門，向東曰太廟，向西曰尚書省。至通天門，後改名應天樓，高八丈，朱門五，飾以金封[釘]。東西相去一里餘，又各設一門，左曰左掖，右曰右掖。内城之正東曰宣華，正西曰玉華，北曰拱辰。及殿凡九重，殿凡三十有六，樓閣倍之。正中位曰皇帝正位，後曰皇后正位。位之東曰内省，西曰十六位，乃妃嬪居之。西出玉華門，曰同樂園，若瑶池、蓬瀛、柳莊、杏村皆在焉。都城四圍凡七十五里，城門十二。每一面分三門，其正門四[兩]旁又設兩門。正東曰宣曜、陽春、施仁，正西曰顥華、麗澤、彰義，正南曰豐宜、景風、端禮，正北曰通玄、會城、崇智，此四城十二門也。此外有宣陽門，即内城之南門也，上有重樓，制度宏大，三門並立，中門常不開，惟車駕出入。通天門即内城之正南門也，四角皆垜樓，瓦皆琉璃，金釘朱户，五門列焉，常扃，惟大禮祫享則由之。宣華乃内城之正東門，玉華正西門也。左掖東偏門，右掖西偏門，各有武夫守衛。拱辰即内城正北門也，又曰後朝門，制度守衛與玉華、宣華等，金碧翬飛，規模宏麗矣。

范石湖攬轡録其略云：興陵見宋使儀衛，戊子，早入見，循東西御廊北行，廊幾二百間，廊分三節，每節一門。將至宮城，廊即東轉，又百許間。其西亦然，亦有三門。出門，中馳道甚闊，兩傍有溝，上植柳。廊脊皆以青琉璃瓦覆，宮闕門户即純用之。北即端門，十一間，曰應天之門，下開五門，兩挾有數如左右昇龍之制。東西兩角樓。端門内有左、右翔龍門，日華、月華門。前殿曰大安殿。使人自左掖門入，北循大安殿東廊入敷德門東北行，直東有殿宇，門曰東宮。直北西南列三門，中曰書英，是故壽康殿，母后所居。西曰會通門。自會通北入承明門，又北則昭慶門，東則集禧門，尚書省在門外。東西則左、右嘉會門。門有樓，即太安殿後門。之後至幕次，黑布拂廬。侍班有頃，入宣明門，即常朝後殿也。門内庭中列衛士二百許人，帖金雙鳳幞頭，團花紅錦衫，散手立。入仁政隔門，至仁政殿下，團鳳大花氊可半庭。殿兩傍有朵殿，朵殿上兩高樓，曰東、西上閤門。兩廊悉有簾幙，中有甲士。東西御廊循簷各列甲士，東立者紅茸甲，金纏竿槍，黄旗，畫青龍；西立者碧茸甲，金纏竿槍，白旗，畫黄龍；至殿下皆然，惟立於門下者錦袍，持弓矢。殿兩階雜列儀物幢節之屬，如道家醮壇威儀之類。使人由殿下東行，上東階，卻轉南，由露臺北行入殿闕，謂之欄子。金主幞頭，紅袍玉帶，坐七寶榻。背有龍水大屏風，四壁帟幕皆紅綉龍，拱斗皆有繡衣。兩檻間各有焚香大金獅蠻，地鋪禮佛毯，可一殿。兩傍玉帶金魚或金帶者十四五人，相對列立。遥望前後殿屋，崛起甚多，制度不經，工巧無遺力。煬王亮始營此都，規摹出於孔彦舟，役民八十萬，兵夫四十萬，作治數年，死者不可勝計。

金朝北京營制宮殿，其屏扆窗牖皆破汴都輦致於此。汴中工匠有名燕用者，製作精巧，凡所造下刻其名，及用之於燕，而名已爲先兆。

孫承澤《春明夢餘録》卷六《宮闕》　紫禁内城之外，北安門東曰黄瓦東門街，南曰尚衣監街，北曰司設監。再東酒醋麵局，曰內織染局，曰皮房、紙房，曰針工局，曰巾帽局，曰火藥局。再東稍南曰供用庫，曰番經廠，曰漢經廠，曰司苑局，曰鐘鼓司。再南曰新房，曰都知監，曰司禮監，曰御馬監。再南曰杵子房、北膳房、南膳房，曰煖閣廠，曰明器廠，曰混堂司，曰尚膳監，曰百花房，曰印綬監，曰中書房，曰蹴圓亭，曰內承運庫，曰外馬房。過東上北門，東曰彈子房，曰學醫讀書處，曰光禄寺，曰篦頭房。自東上南門之東曰重華宮，制度如乾清宮。有中路，有兩長街。中路門曰永泰、昭祥、端拱、昭德、重華、廣愛、咸熙、肅雍、康和、麗春，殿曰重華圓殿，閣曰清和，館曰迎春。東長街門曰廣順、中和、景華、宣明、景明，殿曰洪慶。西長街門曰興善、麗景、長春、清華、高明，宮曰寧福、延福、嘉福、明德、永春、永寧、宜春、宜喜、延春。又東則內承運庫。再東南則崇質宮，俗云黑瓦殿，景泰年間英宗居，此所謂南城也。再南則皇史宬，藏貯歷朝宸翰及實録。左右小門曰龤歷，再東則追先閣、欽天閣，嘉靖中御製欽天頌石碑。再南則御作也。皇史宬之西，過觀心殿稍南則嘉樂館，東爲蒼龍門，南爲丹鳳門，中爲龍德殿，左右曰崇仁、廣智。北有橋，玲瓏精巧，來自西域。橋之南北有飛虹、戴鼇兩坊，大學士姜立綱書，東西有天光、雲彩二亭。又北疊石爲山曰秀巖，山上有圓殿曰乾運，其東西二亭曰凌雲、御風。山後有佳麗門，又後爲永明殿，最後爲圓殿，引流水繞之曰環碧。再北則玉芝宮，門曰寶慶，曰芝祥，曰景神殿，曰永孝殿，曰大德殿。其東牆外則觀心殿也。自皇史宬東西有門通河，河上有湧福閣，原名澄輝，稍北則吕梁洪東安橋，再北橋亭曰涵碧。又北曰回(廻)龍觀，其殿曰崇德，觀內海棠每春開如堆繡。

北安門內街東曰安樂堂，內官有疾者移此。再南黄瓦西門之裏則內官監也。過北中門迤西則白石橋、萬法殿、大高玄殿、炅真閣、栩(翊)靈軒、象一宮等處，皆供奉仙道。過北中門之南曰壽皇殿，曰北果園，東曰永壽殿，曰觀德殿，習射處也。南則萬歲山，山高一十四丈，樹木蓊欝，有毓秀、壽春、長春、翫景、集芳、會景諸亭。山下一洞曰壽明，殿曰觀花，曰永壽，樓曰翫春，閣曰萬福、永康、延寧。山前門曰萬歲。再南曰北上門，左曰北上東門，右曰北上西門。再南過北上門則玄武門。北上西門之西則石作，又西曰乾明門，曰兵仗局，曰袍房，曰舊監庫，曰尚膳外監、甜食房，曰西上北門，其東則西下馬門矣。過西上南門則御用監，又南曰靈臺，曰寶鈔司。自西中門之西則尚寶監、鷹房司，再西出西苑門。迤南向東曰灰池，曰樂成殿，有水碓、水磨。河「池」之西曰昭和殿，曰紫光閣，曰陽德門，曰萬壽宮，曰旋磨臺，即兎兒山也，曰無逸殿，曰豳風亭。金海橋之北曰玉熙宮，曰承華殿，曰玄禧殿，曰寶月亭，曰清馥殿，曰王嫣嫣井。橋之東北，金之瓊花島，至元八年賜名萬歲山，俗呼爲蕭太后梳粧樓者誤也。山皆奇石疊成。中三殿，中曰仁智，左曰介福，右曰延和，至其頂爲廣寒殿。左右四亭曰方壺、瀛洲、玉虹、金露。山北有殿臨池曰凝和，二亭臨水：擁翠、飛香。西北有殿，用草，曰太素。後草亭曰歲寒，左軒臨水曰遠趣，前草亭曰會景。西岸南行有亭臨水曰映輝，又南有殿臨池曰迎翠，有亭臨水曰澄波。又西東(有)小山，引泉噴激曰水簾，有殿曰翼然。再南則曰南臺，有殿臨水曰昭和。瓊花島東南曰圓殿，即承光殿，有古松三株。曰金水橋，有坊二：一曰金鰲，一曰玉蝀。再南曰五雷殿，即椒園也，實録成，焚草於此。由金水橋玉熙宮迤西曰欞星門，迤北曰羊房夾道、虎城。再西曰西酒房，曰花房，曰經廠，曰大光明殿，曰大極殿，曰洗帛廠，曰果園廠，曰甲字十庫，曰司鑰庫，曰惜薪司，曰鴿子房，曰西安門。

孫承澤《春明夢餘録》卷九《文華殿》 文華殿在左順門之東，永樂中建。其後，久不臨御。嘉靖踐阼之初，諭將文華殿鼎新修建，易以黄瓦，凡齋居、經筵、及召見大臣等項，俱御此殿。九五齋、恭默室皆世宗手題。殿中横書一扁「學二帝三皇治天下大經大法」十二字，爲神宗御筆。殿中經筵，每歲以二、八月中旬起，四、十月末旬止。月三會講日，皆逢二進講。每兩人，一四書，一經。講章皆預呈閣臣，轉付中書繕録正、副各二紙，隔日進，司禮監官奏知。先晚，於文華殿內寶座地平之南，設金鶴香罏左右各一，於左香罏之東稍南設御案、講案各一，皆西向，案上各置所講二書以夾講章，各壓以金尺一副。至期早進，近侍內臣及知經筵官、勳臣、內閣學士，并講官及六部尚書，都御史、大理卿、通政使、鴻臚卿、錦衣指揮使及四品以上寫、講章官，俱繡金緋袍；其展書翰林官與侍儀御史、給事中、序班、鳴贊等官，俱青繡服。朝畢，駕起御文華殿，皆隨之。大漢將軍凡二十名，導駕至左順門，退。易冠帶，便服，仍各執金瓜，而領將軍、或侯、或伯者，則易金繡蟒衣，追越衆官，進左順門，皆分班綴行，立文華門外，竢傳。宣云進來，則將軍先入殿內，負東西牆立。諸臣陛陛，鴻臚寺官贊入班。行禮畢，以次分由殿東西門入，重班立。指揮則立西一班末稍前，御史、給事、序班六員分於中門左右向北立。序班二人舉御案進上，二人舉講案置中。鳴贊唱進講。講官各出班，立講案前，展書官二員出班，對立。鳴贊、講官並行禮，興。東展書官進，至地平膝行詣御案，展四書講章；講四書官亦稍前近案，展所講書。竢展書官復位，先説講某書，然後申講。講畢，掩書，稍退後。原展書官仍如儀進，掩書，復位。西展書官與講經官進退俱如前儀。講畢，仍並行禮，各回班。序班各撤案，聯置舊所。鴻臚卿中跪，奏：禮畢。上諭：官人每喫酒飯，各官跪承旨。興，以次出丹陛，仍行禮，乃出左順門。宴以官序，惟學士之坐立則序于鴻臚寺卿及四品以上寫、講章官右，展書官坐立亦序于四品之下寫、講章官上，重職事也。至于日講官，凡四員，日輪二員，先大學衍義，次貞觀政要，二書皆不用講章，惟各以黄票書所起止，預進。先日，内臣設御案于文華殿後穿堂中，以二書並起止置案上。至日，早朝畢，四講官同閣臣隨駕入，至殿内，授内臣以來日起止，竢召，乃入穿堂門内行禮，分班北向前後立。東班當講者詣御案前，内使授牙籤，右手執之，且指且講。書則向上，初展後掩，皆屬内侍。講畢，還籤，復位。西班當講者乃進講，悉如東儀。講畢，上諭：先生喫酒飯。皆跪承旨，行禮。禮前後皆一拜三叩頭。出宴于文華門外西廡，禁中謂之小經筵，亦謂之小講。

孫承澤《春明夢餘録》卷一四《祭器》 崔亮奏：按《禮記》，郊祭器用陶、匏、瓦器，尚質故也。周禮籩人，凡祭祀供簠、簋之實。疏曰：外祀用瓦簋。今祭祀用瓷，已合古意。惟盤、盂之屬，與古之簠、簋、登、豆制異。今擬凡祭器皆用瓷，其式皆倣古之簠、簋、登、豆，惟籩以竹。詔從之。

孫承澤《春明夢餘録》卷一四《祈穀壇》 祈穀壇大享殿，即大祀殿也。永樂十八年建，合祀天地於此。其制十二楹，中四楹飾以金，餘施三采。正中作石臺，設上帝皇祇神座於其上。殿前爲東、西廡三十二楹，正南爲大祀門，六楹。接以步廡，與殿廡通。殿後爲庫，六楹，以貯神御之物，名曰天庫。皆覆以黄琉璃。其後，大祀殿易以青琉璃瓦。壇之後，樹以松柏。外壝東南鑿池，凡二十區。冬月，伐冰，藏凌陰。以供夏、秋祭祀之用，悉如太祖舊制。至嘉靖二十一年，撤大祀殿，擬古明堂，名曰大享，每春行祈穀禮。隆慶元年，禮官言：先農之祭，即祈穀遺意，宜罷祈穀，於先農壇行事，大享禮亦宜罷。詔可。後至崇禎朝，復舉行。

孫承澤《春明夢餘録》卷二三《以去格主》 大學士王家屏疏：竊臣聞漢臣汲黯有云：天子置公卿輔弼之臣，寧令從諛承意，【略】

第三疏：臣頃以救科臣致干聖怒，兩疏乞罷，未奉允俞。忽蒙聖諭：邇年以來，喜事小臣，狂肆不道，逞臆激擾，姑以薄罰。卿爲佐治，見此要名，不義之徒自宜調旨厝處，緩詞解諫，却乃逕駁御批，故激朕怒，甚失禮體。及朕怒起，卿又不忍受，假疾具疏，又言求去。朕想卿真欲以此挾君廢政，沽名逸卧，豈人臣之義哉。且卿輔朕燮理贊襄佐治有年，況今國務多艱，卿恝然高卧，其心可安乎？卿既有疾，准暫假數日，即入閣辦事。欽此。臣謹焚香叩頭祇領訖。伏念犬馬猶能報主，葵藿亦克傾陽，物類且然，況臣受皇上作養生成之大德，十年講幄，六年政府，即天地父母，未足比其恩慈，雖粉骨碎身，莫能伸其報塞，豈不知將順聖意，鎮戢羣囂，可以全君臣喜起之休，養中外和平之福，而止以册立一事，争議數年矣。在皇上欽定册期，已有確然不易之信，則小臣數生激擾，殊無帖然聽命之恭。聖諭謂其喜事逞臆，此誠諸臣之罪不可掩也。幸蒙薄罰，臣但當委曲調停，從容緩解。而封還御批，致激聖怒，聖諭責臣甚失禮體，此臣之罪，臣亦不敢辭也。但皇子於皇上，父子之親也，册立與豫教，典禮之大也。言涉至親，不宜有怒，事關典禮，不宜有怒。臣與諸臣但知爲宗社大計慮，以盡言爲效忠而已，豈意其激皇上之怒哉？使臣與諸臣預知皇上之怒，必不敢封還内降，逞臆激擾。而所以敢激聒、敢封還者，正恃皇上之聖明，無一言之不納，皇上之寬大，無一物之不容也。及今數日之内，嚴旨叠出，斥逐紛然，臣乃始錯愕銷魂自恨，以爲忠非素蓄，志未上通，而謬襲引裾之跡，期收補袞之功，以致一言不投，萬事瓦裂，譬之僨轅之犢，不可復乘，敗羣之羊，所宜亟斥，自不能一日安於其位，而豈敢文言求去，挾君廢政哉？伏荷天言切責，謂沽名逸卧，大非人臣之義所宜，且温旨慰留，念贊襄有年，當以國務之艱爲慮。華袞斧鉞，總屬皇恩，雨露雪霜，何非至教。惟是孤忠獨立之身，抱下愚不移之疾，俯循深痼，恐非數日之假可痊，望乞生全，寬以一朝之褫爲幸。

孫承澤《春明夢餘録》卷二六《尚寶司》 天啟甲子九月初四日，河南臨漳縣民邢一泰，於務本莊東去瓷州八里漳河西畔得一玉璽，大如斗。縣令何可及驗其文，曰：受命於天，既壽永昌。方各四寸，厚三寸餘，重一百一十兩。報之都察院，副都御史巡撫河南程紹奏聞，曰：秦璽之不足徵久矣，今璽之出，適在臣疆内，道路喧噪，流聞禁闥。既不應還瘞地下，又不敢私秘人間，欲遣官恭進闕庭，跡涉貢媚，非臣誼所宜，亦恐皇上之所寶者在彼不在此。謹先馳奏聞，候命進止。背〔昔〕者王孫圉不寶玉珩，齊威王不寶照乘，蠻裔偏霸，猶知尊賢寶善，輝耀史册，況於聖明之朝，全盛之世乎。今之大臣如總憲鄒元標、馮從吾，尚書王紀、盛以弘、孫慎行，侍郎曹於汴等，憂國奉公，白首魁艾，又有一斥不還之詞臣，久錮不起之臺諫，思皇多士，國之寶臣。

臣不能挽回天聽，汲致明廷，徒獻符貢璽，效七十二代之故事，臣竊羞之。伏望皇上踐履大寶，克受貞符，怡神寡慾，親賢納諫。在朝之忠直，勿事虚拘，遺野之名賢，急爲登進。玉瓚毖於清廟，瑚璉貢於明堂，共襄大器，永固金甌，雖謂虞舜黄璽，夏禹玄圭，至今存可也。區區傳國璽，其真僞豈足論哉。

孫承澤《春明夢餘録》卷四一《禮部三・貢院》 貢院，在城東南隅，元禮部舊基也。永樂乙未，改爲貢院，制甚偪隘。嘉靖中，議改創西北隙地，又有言東方人文所會，宜因其址而充拓之，卒未果。至萬曆二年，始命工部重建，因故址拓旁近地益之，徑廣百六十丈。外爲崇墉施棘，徼道前入，左、右、中各樹坊，名左曰虞門，右曰周俊，中曰天下文明。坊内重門二，左、右各有廳以備譏察。次曰龍門。踰龍門，直甬道爲明遠樓，四隅各有樓相望，以爲瞭望。東、西號舍七十區，區七十間，易舊制板屋以瓦甓，可以避風雨，防火燭。北中爲至公堂，堂七楹。其東爲監試廳，又東爲彌封，受卷、供給三所，其西爲對讀、謄録二所。又後爲燕喜堂，三楹，東、西室凡十六楹，諸書(胥)吏工匠居之。其後爲會經堂，堂東、西經房相屬，凡二十有三楹，同考者居之。

孫承澤《春明夢餘録》卷五四《學校》 附元人吴澂(澄)《國學碑記》：國朝以神武定天下。我世祖皇帝以武之不可偏尚也，廣延四方耆碩之彦，與共謀議，遂能裨贊皇猷，修舉百度，文治浸浸興焉。中統間，命儒臣教胄子。至元間，備監學官。成宗皇帝光紹祖烈，相臣哈喇哈孫欽承上意，作孔子廟於京師。御史臺言：胄子之教，寄寓官舍，隘陋非宜。奏請孔廟之西營建國子監學，以御史府所貯公帑充其費。逮至仁宗皇帝，文治日隆，僉謂監學櫝藏經書，宜得重屋以度。有旨復令臺臣辦集其事。乃於監學之北，搆架書閣。閣四阿，擔三重，度以工師之引，其崇四常有二尺，南北之深六尋有奇，東西之廣倍差其深。延祐四年夏經始，六年冬績成。材木、瓦甓諸物之直，工役、飲食之費，一皆出御史府。雄偉壯麗，焕然增監學之輝。名其閣曰崇文。英宗皇帝講行典禮，賁飾太平，文治極盛矣。臺臣請勒石崇文閣下，用紀告成之歲月。制命詞臣撰文，臣澂次當執筆。今上皇帝丕纘聖緒，動遵世祖成憲，於崇儒重道惓惓也。泰定九(元)年春，誕降俞旨，國子監立碑，如臺臣所奏。臣澂謹録所撰之文以進。臣聞若古有訓，戡定禍亂曰武，經緯天地曰文。武之與文，各適所用。然戡定禍亂，用於一時而已；經緯天地，則亘古今不可無也。何也？日月星辰，天之文也；山川草木，地之文也。人與天地相爲經緯，則亦與天地相爲長久，而可一日無也哉？我世祖怱怱用武，日不暇給，而汲汲崇文，惟恐或後。此其高識深慮，度越百王，宏規遠範，垂示萬世，以爲聖子神孫法程，夫豈常人所能測知？蓋創業之初，非武無以弭亂；守成之後，非文無以致治。武猶毒藥之治病，病除即止；文猶五穀之養生，無時可棄也。有文治之君，必有文治之臣。文治之臣，苟非教習之有其素，彼亦惘然，孰知文之所以爲文者。故建學以興文教，暢文風，涵育其人，將與人主共治也。斯文也，小而修身、齊家，大而治國、平天下。言動之儀，倫紀之敘，事物、理義之則，禮樂、刑政之具，凡燦然相接，焕然可述，皆文也。古聖賢用世之文，載在方册，不考古人之所以用世，不知今日之所以爲世用者也。然則聖朝之崇文，豈虚爲是名也哉？閣之所庋，古聖賢之文也。立之師，使之以是而教；設弟子員，使之以是而學。教之而成，學之而能，則游居監學者，濟濟然，彬彬然。人人閑於言動之儀，察於倫紀之敘，博通乎事物理義之則，詳究乎禮、樂、刑、政之具，他日輔翼吾君，躋一世文治於堯、舜、三代之盛，由此其選也。夫如是，其可謂不負聖天子崇文之明命休德已。若夫不能潛心方策，真有得於古聖賢之所謂文，而涉獵乎淺末，炫燿乎葩華，曾是以爲文乎？上之所以爲世用者蓋不在是。臣澂再拜稽首而獻頌曰：皇元肇興，於赫厥聲。天戈所指，如雷如霆。聖聖繼承，六合混一。威命遠加，不冒出日。神謀英畧，敷遺後人。征誅以義，持守以仁。既成武功，大闡文治。遵(尊)道隆儒，勸學講藝。京師首善，教胄設官。孔廟巍巍，四方來觀。執法之臣，職務糾慝。爰矢嘉謨，稱我文德。於廟之西，黌舍翬飛；於黌之北，傑閣雲齊。其閣伊何？有經有史；廣采旁羅，有集有子。昔在中古，郁郁乎文。式克至今，用宏兹賁。詵詵多士，被服聖術。鳳翥鸞翔，虎炳豹蔚。維身之章，維國之光。匡扶盛化，上躋虞唐。民物阜蕃，禮樂明備。允顯崇文，昌運萬世。

孫承澤《春明夢餘録》卷六四《名蹟一・華陽臺》 在京西南涿州境，舊傳燕丹與樊將軍置酒華陽館，出美人奇馬，即此處。東南有督沆(亢)陂，則燕丹使荆軻賫地圖以獻秦者。其地沃美，故秦皇使人求之。舊有亭，遺址高丈餘，周七十步。土人掘其處，上多古瓦礫、金錢云。

孫承澤《春明夢餘録》卷六八《巖麓》 都人王嘉謨《石甕記》：燕之西山有甕山焉，純廬土，中多杏、柟、榆、柳之屬。余嘗遊其間，其南巖若洞而圮者，一樵人曰：此少鬲仙室也。久之，遊丁公潭，問於漁父。漁父曰：甕山，蓋市中之異域。云：昔吾大父嘗聞山中有父老能繕生，久而去之，俄而來。云：山麓魁然而大凹而秀者，甕之屬也。因鑿之，得石甕一，倍於常甕，華蟲雕鑿，不可辨。中有物數十種，父老悉擕以去，置甕山西，因爲讖曰：石甕徙，貧帝里。人不之信也。嘉靖初，甕不知所存，僕老矣，睹吾里中之世變習矣，夫甕何爲？余喟然而歎曰：有味乎父老之言！父老何用讖之？漁父曰：成、弘以往，非吾所知也。聞之弘治中，帝京世臣富；嘉靖中，商富；隆慶，俠富。今之時益治，而昔之富者遷徙靡常，僕何足以知之？夫幽薊馬四足可當中人之產，棗、栗千子可食數口，蔬百畦可當五帛，相思、桃、李，芳實雜遝，屯軍日夜織作，純緣輕縠，薰燧丹緑，則天下之沃饒也。列聖培養，小民守法，豈獨先世號爲太平哉？弘治以後，外戚、邊臣都公卿之右，握兵席寵，氣勢炎炎，世禄者爲之役，則武斷鄉里，都人以軍爲美募，郊而居，屋相比也；又謹事上，時時餽食，有所制，無所争，吏攝於主者不敢問，則世臣富。世宗慨然求治，破去煩攣，法令日新，民莫之式，於是文武奉法，利害一切公之於下；加以求仙、采補，異好、奇珍之絡繹，則商賈重。醝賈外攝，府賈内嬴，雜賈疽食，奄人地之，即竹木之場，陶冶之技，亦富千室。及至隆慶，所好靡靡矣。于是姦人之雄，習刀筆，觀時變。其言曰：所謂富者，豈守子母錢而日爲愚也？禍且立至，故不如求百倍之利。乃鮮衣怒馬，以交于貴人，倚憑則高如青雲，接趨則汙如溝染。已而暱則挾之，怨則箝之；刎頸託于非類，千金轉于片言。風扇波流，無復綱紀，其勢斯極，乃今又不無少變矣。說者曰：帝里侈，是未見天成之豪麗，宣洪之清泰也。曩者燕市，夏屋樓觀，重縷連鈴；貴人造佛寺，渴泉飛山，佛身純金，七寶鋈渥；中人燕享，水陸區殫；后軒美人曳縞紵，秣陵之縠，袀于中單，秀水機杼，不藉而靡；少年日夜歌吹，東西樂部倡家，樓閣通天；乳煎鏤蛤，冬果春蔬，棄之如遺，賞賜動以千計；三正元會，酺樂燈火，奧若連山，狀于六鰲，生花舞鳥，閉機其中，舉火樹者萬萬計，荆、揚估船，日夜集于大市，而今安有之？衣文之巧，日變日倫，故有屋設而寡堅黑，伎者或改而市矣。元夕寥寥數人行，少年博具數錢而攤；司空召商具五刑，泥首號哭，家立破敗；四方異味日至，物價翔踊，器更狹楕，轉傚他方。賈者日夜心計，市魁大姦，其迹堇堇，則何以稱也？夫財通物，富美名也，逋之于不可知，變之於不可繼，豈石甕之爲乎？且以爲誕也！余默然。夫時變不一，知者所難，父老何言之易？夫變之與來，固不能必也。是故成、弘之有嘉、隆，猶先朝之有今日也，豈必需于災祲之故、志識之微哉？藏舟于壑，流遁繼之。夫甕也，又何知？語曰：觀俗于野，父老其似之矣。歸而記之。【略】

李流芳記：出西直門，過高梁橋，可十餘里，至元君祠。折而北，有平堤十里，夾道皆古柳，參差掩映，澄湖百頃，一望渺然。西山匌匒，與波光上下。遠見功德古剎，及玉泉亭榭，朱門碧瓦，青林翠嶂，互相綴發。湖中菰蒲零亂，鷗鷺翩翻，如在江南畫圖中。

孫承澤《春明夢餘録》卷六八《巖麓》 翠微山　在城西三十餘里。上有圓通寺，蓋舊平坡寺也。姚少師嘗言平坡最幽勝，學佛者所宜居。山半有平地，故名。洪熙初，始改今名。

〔王衡記：〕從香山東行，飯于善應寺中。東走澗道，尋盧師山。覩翠微一帶蒼石碧瓦，掩映白楊深柏中，而新柳、杏花希稠點綴，斜分倒插，盡有深情。蓋香山如揚州花市，濃抹故佳；而此地則若耶曲徑，其不厭正在淡粧耳。從盧師寺秘魔庵循東岡而至清涼寺。寺有古佛像。其前爲平臺，眺望甚偉。自此下而南折，皆從山邐中行，花柳時可觀。凡折數盤，涉五六庵，而至平坡寺。寺一閣庋山顛，于遠眺尤勝。

孫承澤《春明夢餘録》卷六八《巖麓》 白浮山　在昌平南一十里。山有二龍潭，流經白浮村。元人郭守敬引此水西折而南，經甕山，流入積水潭，以通漕運。

郭守敬所築堰，起白浮村，至青龍橋，延袤五十餘里，以障雙塔、神山諸水，名曰浮堰。

駐蹕山　在昌平西南二十五里，高十餘丈，西北袤二十里。金章宗遊此，鐫駐蹕字。上有臺，章宗自題棲雲嘯臺四字。

都人王嘉謨紀：自高梁橋水度至白浮、甕山，出薊縣境。甕山斜界百望。是山也，南阻西湖，神臯蘭，若皆萃焉。北通燕平，叢叢磽碗，背而去者，百里猶見其峯焉。是宜禾黍。山之陽，有祠焉，高十五丈。登之，可以望京師，可以觀東潞。出百望十里爲長樂河。河水不甚闊而駛。又北二里，爲玉斗潭。潭箕圓僅丈，腐草罨之，深不可測，或云是有物焉。有兩牛鬭而飲，陷於潭，輙不可得。又北十里爲灌石，駐蹕山在焉。其山長，西北袤凡二十里，石皆壁立，高可十餘丈，嶟沓欹危，如墜如挽。前臨平川，一望無際，孤堠時隱，猿鳥悲號，行者懍懍。西望白虎站，深若天井，湛碧難盡。山之上有臺，是名棲雲，金章宗嘗遊焉。登臺而嘯，題石而歎。下而觀於野，蓋燎而獵焉。召其酋長大人擊毬，俄而自擊也。乃歎曰：美哉乎，而誰見之？山下石牀、石釜俱存。山之西有洞，是名寒崖，勢殊奥邃，中多異草奇石，灌木隨風揚芬，四望則惟北多岨云。壽宫之成也，上自狄村，游於渾河，是嘗駐蹕。自駐蹕而北，皆崇山也，連綴匼匝，又砂礫延緣巖間，白石嶄嶄。春夏雨潦，則成巨浸，樵采不達。又北二十里許，迺從西折斜入南谷，有聚焉。是名漆園。園之南，有山焉，是名雅思。是山也，幽晦多霧，富有果蓏。山陷而爲坎，有池焉，浚洌如露，是名露池。有比丘一人，土人敬事之。自園而出，再由走集西十里許爲高崖。崖下有衆泉遶其聚，西面皆山蔚洞森蕭，壙如也。又西北十里許爲清水澗。是澗也，兩山如門，行可二十里，山皆奇峭巃嵸，山中飛泉滮灑，或決地，或分流，淙汩樹木之間，推激巖崖之穴，青如亂髻，白如吹絮。仰視重峯，時有孤石之揭揭，沈黯迷離，天氣自曀。崖間百合、忍冬、棠杜、牛妳、相思、郁薁、黄精、唐求之屬，滲味扶芳，爍紅隕翠，飛沫擊枝，墜而復起，新實含濡，落而不變；奇禽異羽，嚶嚶滿耳，鳥窠雉囮，徧其巖穴。山鹿之毳，豪豬之毛，丰茸隨風，泝流而行，高高莫極。有嶺焉，名曰鰲魚。又西里許，山益峻，有蘭若二焉：上曰松陽，下曰金鷹。其上獨多松，合抱而數丈者有三，樸遬者萬計。登之而望，則大山屏張，霅然斜開，則金鷹在焉。金鷹下控大巖，巖吐百穴，匯而爲湖，決而東流，是爲清水之源。迤邐以東，下山折坂而南，蓊然紅艶，髣髴有光。有陘焉，曰六十，屈折汙邪黄蘆、白沙之間，可六十折。再由走集，又西有陘，曰十八盤。息壤如金，鬱勃而立，狹可容人，可十八折。登顧徘徊，西則植立夾持，不暇停足，頫視斜柯洪枝，匼藤羅而舞鶡雀者，深深莫極。旁睨則北山矗矗，一陰一陽，閃倏孤日，含濡雲彩。山之上平衍，西五里有嶺焉，是曰長城。蒼黯高竦，下視前坂，其巔瓦礫縱横，微有雉堞，剥蝕沉莽，是曰秦皇之址。有泉出焉，是曰馬跑，苞稂覆之，將眢矣。又西二里，有臺焉，是曰了思，衡可二畝，高可數仞，莎蘋匼之，楸、檀、柏、栢之木，宛宛相構。登之，可望四方，斗絶有足懷者。下臺而西，又十里，皆峻嶺也。判爲中路，巖之兩間，如榭如障，如層構深藏，如旨苕盤互，花實齊秀，風泉並響，遠聞伐木，嶷嶷留滯。有嶺焉，是曰灰嶺，險特倍於長城，石如蛤粉，無樹木，大石磋磋，吹籟揚塵，則紛溶而起，百里可見，了了如雪。路口如甑甎，一綖孤露，瑩照通川。

孫承澤《春明夢餘録》卷六八《巖麓·附退谷小志》　退谷在水源頭傍。退翁記云：京西之山爲太行第八徑，自西南蜿蜒而來，近京列爲香山諸峯，乃層層東北轉，至水源頭，一澗最深，退谷在焉。後有高嶺障之，而卧佛寺及黑門諸刹環蔽其前，岡阜迴合，竹樹深蔚，幽人之宫也。

水源頭　兩山相夾，小徑如線，亂水淙淙，深入數里。有石洞三，傍鑿龍頭，水噴其口。又前數十武，土臺突兀，石獸甚鉅，蹲踞臺下，相傳爲金章宗清水院。章宗有八院，此其一也。水分二支：一至退谷之傍，伏流地中，至玉泉山復出。昔有人注油水中，玉泉水面皆油也；一支至退谷亭前，引灌谷前花竹。

谷口甚狹，喬木蔭之，有碣，曰：退谷。谷中小亭翼然，曰退翁亭。亭前水可流觴。東上，則石門巍然，曰：煙霞窟。入則平臺南望，萬木森森，小房數楹，則爲退翁書屋。一榻，一爐，一瘿樽，書數十卷，蕭然行脚也。

谷之後，高嶺峩峩。攝衣而上，爲古塋。塋垣之外，有臺可憩。茂松蔽之，不見其下。

谷之東，則隆教寺。寺前〔門〕舊在退谷上，移置石門之東。殿供大士像，歲久滮漫。寺僧秋月募善知識繕飾之。境地深邈，可供趺跏。

谷之前，爲蒔植花竹之圃。中有僧家别院，養牡丹數百本，石樓孤峙，面面皆花。北望退谷，掩映翠樾中，如懸董巨妙畫在閣之壁。

谷口外，沿泉東行，皆石壁也。大石一方，上建觀音閣。再東則卧佛寺。傍扉入扉〔八扇〕。娑羅古樹，大可數圍，柯幹參天，瞿曇酣卧殿上。亂後寺廢，香燈久斷矣。寺門白塔高矗，大松兩行擁之，香翠撲人衣裾。

谷西南里許，爲廣應寺。寺有白松如雪。門外深澗，石橋横之。橋傍喬松數十株，箕踞其下。

看碧雲、香山諸寺，丹甍碧瓦如蜃樓，如絳闕，又惝恍如夢際。

谷西，越澗而過，則長嶺横拖。嶺半，爲章宗看花臺。古松一株，夭矯磅礴。拾級而登，此則佳主人也。

谷後，踰嶺數重，則見湯峪、畫眉諸山，東北烟樹迷蒙，鞏華城也。又天半摇摇，萬馬騰空而下，天壽玄宫也。

廣應寺之西，爲木蘭陀。由寺前鳥徑西指，過小橋三四，徑漸峻，盤旋而上，始至玉皇殿。殿南别院有軒，有室，小樓三層，踞山之巔，俯視弘光寺、松盤、香山、來青軒諸勝。殿北，深澗懸崖，水出洞中。傍爲魚池，爲藥欄，爲篁叢。殿側有滿井，水可手掬。西山山頂之井，廣皇寺與此爲二。甘洌似中冷。谷中瀹茗，取給二井。退谷逸叟記。

顧炎武《日知録》卷五《八音》 先王之制樂也，具五行之氣。夫水火不可得而用也，故寓火於金，寓水於石。鳧氏爲鍾，火之至也；泗濱浮磬，水之精也。用天地之情以制器，是以五行備，而八音諧矣。

土鼓，樂之始也；陶匏，祭之大也。二者之音，非以悦耳，存其質也。《國語》，伶州鳩曰：「匏竹利制。」又曰：「匏以宣之，瓦以贊之。」今之大樂，久無匏、土二音，而八音但有其六矣。熊氏謂，匏音亡，而清廉忠敬者之不多見。吾有感於其言。

顧炎武《日知録》卷一一《權量》 三代以來，權量之制，自隋文帝一變。杜氏《通典》言：「六朝量三升當今一升，稱三兩當今一兩，尺一尺二寸當今一尺。」《左傳》定公八年，正義曰：「魏、齊斗稱，於古二而爲一；周、隋斗稱，於古三而爲一。」《隋書·律曆志》言：「梁、陳依古斗。齊以古升五升爲一斗。周以玉升一升當官斗一升三合四勺。開皇以古斗三升爲一升。大業初，依復古斗。」「梁、陳依古稱。齊以古稱一斤八兩爲一斤。周玉稱四兩，當古稱四兩半。開皇以古稱三斤爲一斤。大業初，依復古稱。」今考之傳記，如《孟子》以舉百鈞爲有力人。三十斤爲鈞，百鈞則三千斤。《晉書·成帝紀》：「令諸郡舉力人，能舉千五百斤以上者。」《史記·秦始皇紀》：「金人十二，重各千石，置宫廷中。」百二十斤爲石，千石則十二萬斤。《漢舊儀》：「祭天養牛五歲至二千斤。」《晉書·南陽王保傳》：「自稱重八百斤。」不應若此之重。《考工記》曰：「爵一升，觚三升。」獻以爵而酬以觚，一獻而三酬，則一豆矣。《禮記》：「宗廟之祭，貴者獻以爵，賤者獻以散，尊者舉觶，卑者舉角。五獻之尊，門外缶，門内壺，君尊瓦甒。」注：「凡觴一升曰爵，二升曰觚，三升曰觶，四升曰角，壺大一石，瓦甒五斗。」《詩》曰：「我姑酌彼金罍。」毛説：「人君以黄金飾尊，大一碩，每食四簋。」正義：「簋瓦器，容斗二升。」不應若此之巨。《周禮·舍人》：「喪紀共飯米。」注：「飯所以實口。君用粱，大夫用稷，士用稻，皆四升。」《管子》：「凡食鹽之數，一月丈夫五升少半，婦人三升少半，嬰兒二升少半。」《史記·廉頗傳》：「一飯斗米。」《漢書·食貨志》：「食人月一石半。」《趙充國傳》：「以一馬自佗，負三十日食，爲米二斛四斗，麥八斛。」《匈奴傳》：「計一人三百日，食用糒十八斛。」不應若此之多。《史記·河渠書》：「可令畝十石。」

顧炎武《日知録》卷一五《厚葬》 《晉書·索綝傳》：「建興中，盜發漢霸、杜二陵，多獲珍寶。帝問綝曰：『漢陵中物，何乃多邪？』綝對曰：『漢天子即位一年而爲陵。天下貢賦，三分之一供宗廟，一供賓客，一充山陵。武帝享年久長，比崩而茂陵不復容物，其樹皆已可拱。赤眉取陵中物，不能減半，於今猶有朽帛委積，珠玉未盡。此二陵是儉者耳，亦百世之誡。』」按《史記·孝文紀》言：「治霸陵皆以瓦器，不得以金銀銅錫爲飾。」而劉向《諫昌陵疏》亦以孝文薄葬，足爲後王之則。然考之《張湯傳》，則武帝之世，已有盜發孝文園瘞錢者矣。蓋自春秋列國以來，厚葬之俗，雖以孝文之明達儉約，且猶不能盡除，而史策所書，未必皆爲實録也。

顧炎武《日知録》卷一九《文非其人》 《元史》：「姚燧以文就正於許衡，衡戒之曰：『弓矢爲物，以待盜也。使盜得之，亦將待人。文章固發聞士子之利器，然先有能一世之名，將何以應人之見役者哉？非其人而與之，與非其人而拒之，均罪也。非周身斯世之道也。』」吾觀前代「馬融懲於鄧氏，不敢復違忤勢家，遂爲梁冀草奏李固，又作《大將軍西第頌》，以此頗爲正直所羞」。徐廣爲祠部郎時，會稽王世子元顯録尚書，欲使百僚致敬，臺内使廣立議，由是内外立執下官禮，廣常爲愧恨。陸游晚年再出，爲韓侂冑撰《南園閱古泉記》，見譏清議。朱文公嘗言其能太高，迹太近，恐爲有力者所牽挽，不得全其晚節。是皆非其人而與之者也。夫禍患之來，輕於恥辱，必不得已，與其與也寧拒。至乃儉德含章，其用有先乎此者，則又貴知微之君子矣。

少年未達，投知求見之文，亦不可輕作。《韓昌黎集》有《上京兆尹李實書》曰：「愈來京師於今十五年，所見公卿大臣不可勝數，皆能守官奉職，無過失而已。未見有赤心事上，憂國如家如閤下者。今年以來，不雨者百有餘日，種不入土，野無青草，而盜賊不敢起，穀價不敢貴，百坊百二十司，六軍二十四縣之人，皆若閤下親臨其家。老姦宿贓，銷縮摧沮，魂亡魄喪，影滅跡絶，非閤下條理鎮服，布宣天子威德，其何能及此？」至其爲《順宗實録》，書貶京兆尹李實爲通州長史，則曰：「實諂事李齊運，驟遷至京兆尹，恃寵强愎，不顧文法。是時春夏旱，京畿乏食，實一不以介意，方務聚斂徵求，以給進奉。每奏對，輒曰：『今年雖旱，而穀甚好。』由是租税皆不免，人窮至壞屋賣瓦木，貸麥苗以應官。陵轢公卿已下，隨喜怒誣奏遷黜，朝廷畏忌之。嘗有詔免畿内逋租，實不行用詔書，徵之如初。勇於殺害，人吏不聊生。至譴，市里讙呼，皆袖瓦礫遮道伺之，實由間道獲免。」與前所上之書，迥若天淵矣。豈非少年未達，投知求見之文，而不自覺其失言者邪？後之君子可以爲戒。

顧炎武《日知録》卷二一《説文長箋》 萬曆末吴中趙凡夫宧光，作《説文長箋》，將自古相傳之《五經》，肆意刊改，好行小慧，以求異於先儒。乃以「青青子衿」爲淫奔之詩，而謂「衿」即「衾」字。如此類者非一。其實《四書》尚未能成誦，而引《論語》「虎兕出於柙」，誤作《孟子》「虎豹出亏[illegible]」。然其於六書之指，不無管闚，而適當喜新尚異之時，此書乃盛行於世。及今不辯，恐他日習非勝是，爲後學之害不淺矣。故舉其尤刺謬者十餘條正之。

《舊唐書·文宗紀》：「開成二年宰臣判國子監祭酒鄭覃進石壁《九經》一百六十卷。」《九經》者，《易》、《書》、《詩》、《三禮》、《春秋三傳》，又有《孝經》、《論語》、《爾雅》，其實乃十二經。又有張參《五經文字》，唐玄度《九經字樣》皆刻之於石，今見在西安府學。凡夫乃指此爲「蜀本石經」。又云：「張參《五經文字》，唐彦升《九經字樣》，亦附蜀本之後，但可作蜀經字法。」今此石經末有年月一行，諸臣姓名十行，大書「開成二年丁巳歲」。凡夫豈未之見，而妄指爲孟蜀邪？

又云孫愐《唐韻》文、殷二韻，三聲皆分，獨上聲合一；咸嚴、洽業二韻，平入則分，上去則合。按今《廣韻》，即孫愐之遺文，殷上聲之合則有之，咸、嚴、洽、業則四聲並分，無併合者。

切者兩字相摩，以得其音，取其切近。今改爲盜竊之「竊」，於古未聞。豈凡夫所以自名其學者邪？

「瓜分」字見《史記·虞卿傳》、《漢書·賈誼傳》。《戰國策》注：「竈突」字見《漢書·霍光傳》。今云「瓜」當作「瓜」，「突」當作「突」。然則鮑昭《蕪城賦》，所謂「竟瓜剖而豆分」，魏玄同疏所謂「瓜分瓦裂」者，古人皆不識字邪？按張參《五經文字》云：「突，徒兀反，作『宎』者訛。」

顧炎武《日知録》卷三二《雌雄牝牡》 飛曰雌雄，走曰牝牡。「雉鳴求其牡。」詩人以爲不倫之刺，然亦有不一者。《周禮》疏引《詩》：「雄狐綏綏。」走亦曰雄。《書》：「牝鷄無晨。」飛亦曰牝。今按經傳之文，不止於此。如《詩》：「爾牧來思，以薪以蒸，以雌以雄。」《左傳》：「千乘三去，三去之餘，獲其雄狐。」《莊子》：「猨猵狙音且以爲雌。」《焦氏易林》：「雄犬夜鳴，雄羆在後。」《晉書·五行志》：「吴郡婁縣人家，聞地中有犬子聲，掘之得雌雄各一。」《木蘭詩》：「雄兔脚撲朔，雌兔眼迷離。」皆走而稱雌雄者也。《爾雅》：「鷯鶉，其雄鶛牝痺。」《山海經》：「帶山有鳥焉，其狀如烏，五采而赤文，名曰鵸鵌，是自爲牝牡。陽山有鳥焉，其狀如雌雉，而五采以文，是自爲牝牡，名曰象蛇。」則飛而稱牝牡者也。龍亦可稱雌雄。《左傳》：「帝賜之乘龍，河漢各二，各有雌雄。」是也。蟲亦可稱雌雄。《列子》：「純雌其名大腰，純雄其名稺蜂。」是也。介蟲亦可稱雌雄。《莊子注》，司馬云：「雄者黿類，雌者鼈類。」是也。人亦可稱雌雄。《管子》：「楚人攻宋鄭，令其人有喪雌雄。」《莊子》：魯哀公之言哀駘他曰：「且而雌雄合乎前。」是也。虹亦可稱雌雄。《詩》疏：「虹雙出色，鮮盛者爲雄，雄曰虹；闇者爲雌，雌曰蜺。」是也。干支亦可稱雌雄。《史記索隱》：「歲雄在閼逢，雌在攝提格，月雄在畢，雌在訾，日雄在甲，雌在子。」是也。金亦可稱雌雄。王子年《拾遺記》：「禹鑄九鼎，擇雌金爲陰鼎，雄金爲陽鼎。」是也。石亦可稱雌雄。《續漢·郡國志》：「夜郎出雄黄雌黄。」是也。符契亦可稱雌雄。《隋書·高祖紀》：「頒木魚符於總管刺史，雌一雄一。」《唐六典》：「太府寺置木契九十五隻，雄付少府將作監，雌留太府寺。」是也。箭亦可稱雌雄。《遼史·儀衛志》：「木箭内箭爲雄，外箭爲雌，皇帝行幸則用之。還宫，勘箭官執雌箭，東上閤門使執雄箭。」是也。草木亦可稱牡。《周禮》：「牡棒」、「牡蘜」。《檀弓》：「牡麻。」《爾雅》：「牡菣、牡蘩，牡茅。」《儀禮》注：「牡蒲。」《史記·封禪書》：「牡荆」。《本草》：「牡桂。」是也。車箱亦可稱牝。《考工記》：「牝服」，正義云：「車較，即今人謂之平鬲，皆有孔，内軨子於其中，而又向下服，故謂之牝服。」是也。管籥亦可稱牝牡。《漢書·五行志》：「長安章城門，門牡自亡。」《月令》注：「鍵牡，閉牝也。」正義：「凡鎍器入者謂之牡，受者謂之牝。」是也。棺蓋亦可稱牝牡。《禮記·喪大記》：「君蓋用漆。」正義：「用漆者，塗合牝牡之中也。」是也。瓦亦可稱牝。《廣韻》：「瓪，牝瓦。」是也。五藏亦可稱牝牡。《靈樞經》：「肝、心、脾爲牡藏，肺、腎爲牝藏。」是也。齒牙亦可稱牡。《説文》：「牙，牡齒。」病亦可稱牡。《史記·倉公傳》：「牡疝。」是也。星亦可稱牝牡。《天文志》：「太白在南，歲在北，名曰牝牡。」是也。五行亦可稱牝牡。《左傳》：「水，火之牡也。」是也。銅亦可稱牝牡。《抱朴子》：「灌銅當以在火中向赤時，有凸起者牡銅，凹陷者牝銅。」是也。若《淮南子》云：「北斗之神有雌雄，月從一辰，雄左行，雌右行。」而《隋書·經籍志》有《孝經雌雄圖》三卷，《五代史·四夷附録》：「高麗王建進《孝經雌圖》一卷，載日食星變，不經之説。」則近於誕矣。

王士禛《池北偶談》卷三《談故三·林舍人使琉球詩》 康熙甲子，莆田林舍人玉巘麟焻使琉球歸，有竹枝詞一卷，與周禮部同時示予，并録數篇，以誌本朝文物之盛云。「手持龍節渡滄溟，璀燦宸章護百靈；清比胡威臣所切，觀風先到却金亭。』明使臣陳侃建。「徐福當年採藥餘，傳聞島上子孫居；每逢卉服蘭闍問，欲乞嬴秦未火書。』『日斜沙市趁虛多，村婦青筐藉緑莎；莫惜篙花無酒盞，人歸買得小紅螺。』『疋練明河牛斗橫，鼕鼕衙鼓欲三更；思鄉坐擁黃紬被，静聽盤窗蜥蜴聲。』蜥蜴能鳴，聲如麻雀。「三十六峰瀛海環，怒潮日夜響潺湲；樓西一抹青林裏，露出煙蘿馬齒山。』『射獵山頭望海雲，割鮮捫酒醉斜曛；紙錢挂道松楸老，知是歡斯部落墳。』『心齋生白室能虛，棐几焚香把道書；讀罷憑闌笑幽獨，藤牆西角對棕櫚。』『廟門斜映虹橋路，海鳥高巢古柏枝；自是島夷知向學，三間瓦屋祀宣尼。』『王居山第兔園開，松櫪棕花倚石栽；多少從官思授簡，不知若箇是鄒枚。』『奉神門内列鴛行，乞把天書鎮大荒；唤取金縢開舊詔，侏僑感泣説先皇。』『閟宫蕓桷壓山原，將享今看幾葉孫；二十七王禋祀在，瞻圭錫卣見君恩。』『譯章曾記祚都夷，檠木白狼歸漢時；何似島王懷聖德，工歌三拜鹿鳴詩。』『宗臣清俊好兒郎，學畫宫眉十様妝；翹袖招要小垂手，簪花砑帽舞山香。』『望仙樓閣倚崔嵬，日看銀山十二回；笙鶴綵雲飛咫尺，不教弱水隔蓬萊。』『纖腰馬上側乘騎，草圈銀釵折柳枝；連臂哀歌上靈曲，月明齊賽女君祠。』『久稽異域歲將徂，自笑流連似賈胡；三老亦知歸意速，時時風色相銅烏。』林，康熙庚戌進士。與林同使者，爲汪檢討舟次楫，别撰《中山沿革志》若干卷，進呈御覽。二君皆予門人也。

王士禛《池北偶談》卷八《談獻四・壯節王公傳》 高宗皇帝詔公知徐州。史云：「以龍圖閣待制知徐州。」已上官階俱不書。粘罕以衆數萬薄徐，徐城孤勢危，公合戰，數不利，遂閉城拒守。金人重圍夾攻，晝夜不息，城中兵糧單竭，死者甚衆，敵勢益張，凡二十餘日，城陷。公躬擐甲冑，巷戰竟日，度不可禦，乃返州治，易朝服，南鄉再拜曰：「臣受國厚恩，當以死報，今日得死所矣。」謂賊曰：「死守者我也，監郡而次亡與焉，可獨殺我，而舍僚吏與百姓。」二段史同。其帥凛然歎異曰：「使南朝皆如公，我豈得至此！今汴京已陷，二帝北去，公尚爲誰守乎？」公罵不絶口，帥復説之曰：「必欲全活生靈，請立降，當爲易官封，就知此州。」公罵曰：「汝勿誘我，我誓有死耳！」帥察其無降意，命左右撾其口；流血，公含血噀之。子倚在旁，不勝憤，突出見粘罕，顧手無挺刃，得布囊，盛甎擲之，中其旁千户長，斃。粘罕怒，執倚刳其心以祭千户長，欲懼公速降；公不顧，爲帥敲死。闔門百口俱遇害。時建炎三年正月二十九日也。帳下趙立求得公尸，拜伏痛哭，裹以裀褥，槀葬於黄樓之側，累甓以誌之。敵退，立具奏其事，天子震悼，詔特贈資政殿學士，謚壯節。給恩澤五資，賻贈絹帛各二百疋。初，公未遇害，筮而遇乾六體不變，術者曰：「滅門之象也。」公曰：「死生定數也，苟獲死所，敢逃乎！」卒時年五十二。徐人立廟祀公及倚，亦號「雙廟」，勅賜名曰「忠烈」。史云立廟楚州。積官至正議大夫，累贈光禄大夫。娶趙氏，濮邸肅恭僖王宗博之女，封安平縣主，贈永康郡夫人。再娶劉氏，章獻明肅皇后之姪，徐州陷，不食三日卒，贈咸平郡夫人。

先是，公長子倚，從高宗過維揚。及趙立已亡，徐州有武衛軍，舊隸公，義不他屬，願從倚。高宗聞之，詔於樞密院創計議官，特命倚爲之，仍領武衛。紹興八年，和議成，奏乞訪先臣遺骸，優詔許之。行至泗州，得疾，抵徐城驛，暴卒。明年，奉使藍公佐迎護徽宗梓宫，交割地界，貽書當路漕使，訪公瘞所。漕委幙屬王之翰往焉，故跡漫没，莫得其處。忽有老媪指謂之曰：「君非求王待制瘞所乎？其在此間。」即所指求焉，有冢巋然，蓋以獸瓦，啓視，見大黿覆其上，回視老媪，化爲虎。撤甓取骸，聯絡不斷，如鎖子骨，獨一手指闕。之翰炷香禱，須臾，有指一節浮水上，觀者莫不歎駭。之翰易棺斂，菆於京師資聖院。後子孫徙葬於兖州萊蕪縣先塋云。

王士禛《池北偶談》卷九《談獻五・劉念臺先生》 劉念臺先生居常敝帷穿榻，瓦竈破釜，士大夫飾輿騎而來者，多毁衣以入；偶服紫花布衣，士大夫從而效之，布價頓高。會稽令趙士諤問疾至榻前，見其單陋，出而歎曰：「豈意今日得覩管幼安！」萬曆丁巳京察，韓浚、劉廷元尋怨東林，士諤時爲考功，争之曰：「劉大行之清修，人所不堪，此謂所親見者。」乃止。給事中徐耀使浙，渡江來見，先生辭之，耀曰：「昔人不得見劉元城，以爲如過泗洲不得見大聖。耀如徒返，何顔見鄉之父老乎？」先生乃見之。其爲世所企慕如此。黄少詹石齋祭告禹陵事竣，謁先生，及門者三，先生不見，曰：「際此亂朝，豈大臣徜徉山水之日？」石齋聞之即行。

海寧吴忠節公麟徵初第時，常夢至一古寺，有角巾而書碑者，所書乃文信國零丁洋詩。問之旁人，曰：「山陰劉宗周也。」後二公先後殉國。

王士禛《池北偶談》卷一一《談藝一・飛廉館瓦》 元王文定惲《秋澗集》，有《飛廉館瓦硯歌》，略云：「劉郎杳杳秋風客，神鳥冥飛憶初格。豹章爵首尾蟠蛇，建章千門風冽冽。」云云。此亦在銅雀之前，知漢瓦無不可爲硯也。

王士禛《池北偶談》卷一二《談藝二・羽陽宫瓦》 《橘軒雜録》：「鳳翔府，古雍州，秦穆公羽陽宫故基在焉。其瓦有古篆『羽陽千歲』字，昔雲中馬勝公得之。陰字，在硯之左，奇古，非銅雀所及。」《東觀餘論》云：「長安民獻秦穆公羽陽宫瓦十餘枚，若今筩瓦然。首有『羽陽千歲萬歲』字。」《老學叢談》云：「銅雀瓦皆陽字，紀建安十三年造。嘗聞其土著人云，瓦甚大，一片可爲四硯。」

王士禛《池北偶談》卷一四《談藝四・漢瓷銀槎》 宋荔裳琬觀察藏漢瓷盞二，内有魚藻文，云在秦州時耕夫得之隗囂故宫中。吾兄西樵爲作歌。又有元人所造銀槎，最奇古，腹有文曰：「至正壬寅，吴門朱華玉甫製。」華玉號碧山，武塘人，見陶南村《輟耕録》。

王士禛《池北偶談》卷一四《談藝四・灌嬰廟瓦》 吉水李梅公侍郎元鼎有硯，五瓣如梅花狀，質如黄玉，雜翡翠丹砂之色，纍纍墳起，云是灌嬰廟瓦。一時文士多賦之。故友鄒程村祗謨作《硯考》，引洪文敏《容齋隨筆》灌瓦硯銘爲證。

王士禛《池北偶談》卷二〇《談異一・追寫真》 宋憲使荔裳琬幼失恃，每憶母夫人形容，輒泣下。吴門某生者，自言有術能追寫真，人歿數十年，皆可得其神似。乃令設壇浄室中，自書符咒，三日，陳丹青紙筆，令宋禮拜，出，扃鐍其户，戒毋譁。比夜，忽聞屋瓦有聲，已夜分，聞擲筆於地鏗然，屋瓦復有聲。生乃開户，引視之，燈燭熒然，丹青縱横，筆落地上，而紙仍緘封未啓。啓視，則像已就，宛然如生，宋捧持悲泣，重酬之。生云，過六十年則不復可追也。蘇穀原《逌旃璅言》云，澶淵宋僉憲敬夫，幼失怙，不識父形容，請方海山人貌之，持歸家，母夫人視之如生，悲不自勝。世或有此理耳。

王士禛《池北偶談》卷二一《談異二・浄池〔魚〕〔鳥〕》 宗弟九青侍講，豫嘉。扶風人，家渭水上，去太白山二十里。云太白一峯，直上三十里，盛夏雪霰不絶，人無能登其巔者，惟六月可上。上有太白神殿，以鐵瓦覆之，有五池，有鳥紅色，大如雀，池有滓穢，則啣去之，名浄池鳥。」山奇寒，無林木鳥獸，此鳥亦不知栖止何所也。按《客座新聞》云，每墮葉，則鴛鴦鳥啣出之，紅魚有長丈餘者。

王士禛《池北偶談》卷二二《談異三・銀瓦寺古鏡》 謝郎中方山重輝。言：明末德州修河堤，於銀瓦寺前地中得古鏡一，規製甚小，照見隔城樓閣塔寺，人物往來，纖毫畢具。寺僧深匿之，今亡。

王士禛《池北偶談》卷二三《談異四・劍俠》 某中丞巡撫上江，一日，遣吏齎金三千赴京師，途宿古廟中，扃鐍甚固，晨起已失金所在，而門鑰宛然，怪之。歸告中丞，中丞怒，亟責償。官吏告曰：「償固不敢辭，但事甚疑怪，請予假一月往踪跡之，願以妻子爲質。」中丞許之。比至失金處，詢訪久之，無所見，將歸矣，忽於市中遇瞽叟，胸懸一牌云：「善決大疑。」漫問之，叟忽曰：「君失金多少？」曰：「三千。」叟曰：「我稍知踪跡，可覓車子乘我，君第隨往，冀可得也。」如其言。初行一日，有人煙村落，次日入深山，行不知幾百里，無復村疃。至三日，踰亭午抵一大市鎮，叟曰：「至矣。君但入，當自得消息。」不得已，第從其言。比入市，則肩摩轂擊，萬瓦鱗次。忽一人來訊曰：「君非此間人，奚至此？」告以故，與俱至市口覓瞽叟，已失所在。乃與曲折行數街，抵大宅，如王公之居，歷階及堂，寂無人，戒令少待。頃之，傳呼令入，至後堂。堂中惟設一榻，有偉男子科跣坐其上，髮長及骭，童子數人執扇拂左右侍。拜跪訖，男子訊來意，具對，男子頤指語童子曰：「可將來！」即有少年數輩扛金至，封識宛然，問曰：「寧欲得金乎？」吏叩頭曰：「幸甚，不敢請也。」男子曰：「乍來此，且將息了却去。」即有人引至一院，扃門而去，日予三餐，皆極豐腆。是夜月明如書，啓後户視之，見粉壁上纍纍有物，審視之，皆人耳鼻也，大驚，然無隙可逸去，徬徨達曉。前人忽來傳呼，復至後堂，男子科跣坐如初，謂曰：「金不可得矣，然當予汝一紙書。」輒據案作書，擲之揮出。前人復導至市口，惝怳疑夢中，急覓路歸。見中丞，歷述前事，叱其妄，出書呈之。中丞啓緘，忽色變而入，移時，傳令歸舍，并釋妻子，豁其賠償。吏大喜過望。久之，乃知書中大略：斥中丞貪縱，謂勿責吏償金，否則某月日夫人夜三更睡覺，髮截若干寸，寧忘之乎？問之夫人良然，始知其劍俠也。日照李洗馬應鷹。聞之望江龍筒討燮。云。

王士禛《池北偶談》卷二四《談異五・河套喇嘛》 嘉禾譚舟石吉璁《延綏鎮志》云，套中最尚佛教，距榆林三百里外，爲砑抱山，山左有水曰河泥津古羅，右有泉曰法兒烏蘇，中有寺曰堵王，延袤可十里，兩水環其前而合流，其地名曰板升社，寺中住持則板地兒得喇嘛也。寺一門二殿，門名哈剌哈，殿亦覆以琉璃瓦。殿名〔撒〕藏，中塑大喇嘛像，傍皆供藏佛。第二殿名堵王，中亦塑大喇嘛像，稱曰補兒罕板弟子，譯言佛與祖師也。楹之東爲蓮花佛，佛身高二尺。頂湧一菡萏，長可五寸許，製甚巧，有機，捩之開，便成蓮菂，上坐一三首佛，花瓣中亦各有一佛卧焉。楹之西爲馬頭佛，一佛坐以俟。馬頭佛頸中掛三十六鬼頭數珠，貌甚獰惡，當面飛來若欲撲噬狀。坐佛作歡喜容，仰手舒臂迎之。復以兩足鈎出其後，是曰佛度。而鬼頭者，皆以銀鑿成也。傍皆供小藏佛，設木龕三層，大小參差無數。四壁皆畫天神及諸菩薩。而金剛者，長不過二尺餘，就次於東西墉下，左刀矛，右旛幢。少北皆〔虒〕〔虎〕，置柱黄金塗，梁間懸纓絡，結成花勝者四。殿立四柱，空其中，如樓不庋，板垂四阿，而室則十二，開牕牖於上，若重屋然。殿後有塔，名蘇婆兒哈，即大喇嘛蛻骨處。山之半，創一小殿，名蘇没。繚以周垣，南啓一門。東西與北，皆有配殿。殿中供者名瓦窑聖，類牟尼；左供阿赤爾馬儀，類普賢；右供紅勝撥帝蘇，類觀音。其山無石而有石子，套部長以潔白圓潤者，人各集一堆，名阿保，高丈餘，列山上，自王以下皆有。歲之初夏作醮，或三日，或一月，前期以佛頭如盂者，銀足承之，盛水，用酒或白糖供於殿上。佛頭盂骨厚可寸許，不類人之髑髏也。經有三卷，皆梵文，誦或以百計，以千計，亦時時作樂。樂器俱用銀，以人脛骨作管，銀箭承其上下吹之，聲如清角。誦經畢，取佛頭盂中水，人以匙分之。自口至頂，用手娑娑，爲獲福矣。復用柏樹一枝，綴五色小旗，并刻木作刀劍弓矢，植於堆上。或其主有遠行，則以一矢告，反亦如之。皆插於柏樹之傍。其鏃或以金銀爲之，任其朽，人不敢犯。時或旱澇，亦往祈焉。旱則喇嘛首頂以瓷鉢水禱於山，以口噀之，雨如期至。或雨時，喇嘛曰，此中不須雨，亦以頂水噀之，雨即分雲而下。澇則左手指間搯一小紅旗，掌中托一小浄水瓶，右手捻訣而前，至山上，口誦梵語，雨即止。或有病，誦經以禳，兼以小紅丸藥救之即愈。或其人中鬼，以頂骨數珠壓其頂，或繞其中指，是人即發顫，自呼伏，曰某鬼爲祟。頂骨數珠者，以高僧頂骨中取圓厚如碁者爲之，其數亦一百八云。其徒可三百人。戒行亦與浮圖相似，但所飲食者，乳湩牛羊耳。

魯曾煜等《〔乾隆〕廣東通志》卷五二 燒泥爲瓦，燔木爲炭，蜂窠爲蠟，水沫爲浮石，凡此皆去其柔脆，變爲堅剛。《抱朴子》。

趙翼《廿二史劄記》卷三五《魏閹生祠》 魏忠賢生祠之建，始於浙撫潘汝禎。汝禎因機户之請，建祠西湖，疏聞於朝，詔賜名普德，此天啟六年六月事也。自是諸方效尤，遂遍天下。其年十月，孝陵衛指揮李之才建之南京。七年正月，宣大總督張樸，宣府巡撫秦士文，宣大巡按張素養，建之宣府、大同。應天巡撫毛一鷺，巡案王珙，建之虎邱。二月，薊遼總督閻鳴泰，順天巡撫劉詔，巡按倪文焕，建之景忠山。宣大總督樸，大同巡撫王點，巡案養素，又建之大同。三月，鳴泰與文焕、巡按御史梁夢環，又建之西協密雲丫髻山，又建之昌平、通州。太僕寺卿何宗聖建之房山。四月，鳴泰與巡撫袁崇焕又建之寧前。鳴泰共建七所。宣大總督樸，山西巡撫曹爾禎，巡案劉弘光，又建之五臺山。庶吉士李若琳建之蕃育署。工部郎中曾國禎建之盧溝橋。五月，通政司經歷孫如洌，順天府尹李春茂，建之宣武門外。巡撫朱童蒙建之延綏。巡城御史黃憲卿、王大年、汪若極、張樞、智鋌等，建之順天。户部主事張化愚建之崇文門。武清侯李誠銘建之藥王廟。保定侯梁世勳建之五軍營大教場。登萊巡撫李嵩，山東巡撫李精白，建之蓬萊閣、寧海(縣)〔院〕。督餉尚書黃運泰，保定巡撫張鳳翼，提督學政李蕃，順天巡按文焕，建之河間、天津。河南巡撫郭增光，巡按鮑奇謨，建之開封。上林監丞張永祚建之良收、嘉蔬、林衡三署。博平侯郭振明等建之都督府錦衣衛。六月，總漕尚書郭尚友建之淮安。是月，順天巡按盧成欽，山東巡按黃憲卿，順天巡按卓邁；七月，長蘆巡鹽龔萃肅，淮揚巡按許其孝，應天巡按宋禎漢，陝西巡按莊謙，各建之所部。八月，總河李從心，總漕尚友，東撫精白，巡按憲卿，巡漕何可及，又建之濟寧。湖撫姚宗文，鄖陽撫治梁應澤，湖廣巡按温皐謨，建之武昌、承天、均州。三邊總督史永安，陝撫胡廷晏，巡按莊謙、袁鯨，建之固原太白山。楚王華奎建之高觀山。山西巡撫牟志夔，巡按李燦然、劉弘光，建之河東。每一祠之費，多者數十萬，少者數萬，剥民財，侵公帑，伐樹木無算。開封之建祠，毁民舍二千餘間，創宫殿九楹，儀如帝者。參政周鏘，祥符縣季寓庸恣爲之，巡撫俯首而已。鏘與魏良卿善，祠成，熹宗已崩，猶致書良卿，爲忠賢設滲金像。而都城數十里間，祠宇相望。有建之内城東街者，工部郎葉憲祖竊嘆，忠賢聞之，立削其籍。上林一苑至建四祠。童蒙建祠延綏，用琉璃瓦。詔建祠蘇州，金像用冕旒。凡疏詞一如頌聖，稱以「堯天舜德，至聖至神」，而閣臣輒以駢語褒答。運泰迎忠賢像，五拜三稽首，率文武將吏列班階下，拜如初。已又詣像前，祝稱某事賴九千歲扶植，稽首謝，還就班，復稽首如初禮。運泰請以遊擊一人守祠，後建祠者必有官守。其孝等方建祠上梁，而熹宗哀詔至，既哭臨，釋服，易吉拜。監生陸萬齡至謂，孔子作《春秋》，忠賢作《要典》，孔子誅少正卯，忠賢誅東林黨人，宜建祠國學，與先聖並尊，並以忠賢父配啟聖公祠。司業朱之俊輒爲舉行，最後巡撫楊邦憲建祠南昌，毁周、程、朱三賢祠益其地，鬻澹臺滅明祠，曳其像碎之。比疏至，莊烈帝已即位，且閲且笑。後建祠者，皆入逆案云。《閹鳴泰傳》

焦循《孟子正義》卷一二 曰：「子何以其志爲哉？其有功於子，可食而食之矣。且子食志乎，食功乎？」【注】孟子言禄以食功，子何食乎。

曰：「食志。」【注】彭更以爲當食志也。

曰：「有人於此，毁瓦畫墁，其志將以求食也，則子食之乎？」【注】孟子言人但破碎瓦，畫地則復墁滅之，此無用之爲也。然而其意反欲求食，則子食乎。【疏】注：「孟子」至「爲也。」正義曰：《廣雅釋詁》云：「破，碎，壞也。」《小爾雅廣言》云：「毁，壞也。」《孝經釋文》引《蒼頡篇》云：「毀，破也。」《説文》石部云：「破，碎石也。」是毀瓦即破碎瓦也。《音義》云：「墁，張武安切，云『與謾同』。」阮氏元《校勘記》云：「謾必誤字。謾者，欺也。於此文理不順。依注云『墁滅』，則當云『與槾同』。《集韻》鏝、槾、墁三字同也。墁乃槾之俗。」翟氏灝《攷異》云：「趙氏以『毀瓦畫墁』四字爲一義，則畫墁是畫脂鏤冰，費日損功之意。宋張芸叟著雜説一卷名《畫墁集》，蓋取此。」按《爾雅・釋宫》云：「鏝謂之杇。」《説文》木部云：「杇，所以涂也。秦謂之杇，關東謂之槾。槾，杇也。」金部云：「鏝，鐵杇也。或從木。」段氏玉裁《説文解字注》云：「此器，今江浙以鐵爲之，或以木。《戰國策》：『豫讓變姓名，入宫塗厠，欲以刺襄子。襄子如厠，心動，執問塗者，則豫讓也。刃其杇，曰：欲爲智伯報仇。』杇謂塗厠之杇，今本皆作『扞』，謬甚。刃其杇，謂皆用木而獨刃之。」然則墁杇皆器名。《論語・八佾篇》云「糞土之牆，不可杇也」，王肅注云：「杇，槾也。」襄公三十一年《左傳》云「圬人以時塓館宫室」，注云：「圬人，塗者。塓，塗也。」圬、槾皆器，用以塗牆，則塗謂之圬，即謂之槾，因而塗牆之人即謂之圬人。塓即墁，一聲相轉。推趙氏之義，蓋破碎瓦爲一事，即謂將全瓦破碎之，非以破碎瓦畫地也。「畫地則復墁滅之」，別爲一事。《説文》云：「畫，界也。象田四界。聿，所以畫之。」又刀部云：「則，等畫物也。」謂物有差等，畫以爲界。趙氏謂田地已有界畫，而復將所界畫之迹，用泥涂而滅去之。瓦破碎，則無能造屋。所畫界圬滅，則等差無所驗。是皆以有用爲無用也。若劃爲古文畫。《説文》刀部云：「刉，劃傷也。」「𠝹，剥刀，劃也。」「劃，錐刀曰劃。」依此則謂新圬墁之牆，而用錐刀𠝹劃之，義亦通。

曰：「否。」【注】彭更曰不食也。

曰：「然則子非食志也，食功也。」【注】孟子曰如是則子果食功也。

章指言：百工食力，以禄養賢；修仁尚義，國之所尊。移風易俗，其功可珍，雖食諸侯，不爲素餐。【疏】「移風易俗」○正義曰：語見《孝經・廣要道章》。又《禮記・樂記》云：「移風易俗，天下皆寧。」

杜文瀾《古謡諺》卷二二《崇禎辛巳杭城諺》 《二申野録》卷八：崇禎辛巳，是年杭城旱饑，即富家亦半食粥，或兼煮蠶豆以充飢，貧者採榆屑木以食，諺云：

「湖船底漏，司廚刀繡，梨園餓瘦，上瓦下瓦，抱裯遠走。」

杜文瀾《古謡諺》卷四一《蘇廙引諺》 《十六湯品》第十一《減價湯》：無油之瓦，滲水而有土氣，雖御胯宸緘，且將敗德銷聲。諺云：好事者幸誌之，

「茶瓶用瓦，如乘折腳駿登高。」

杜文瀾《古謡諺》卷四七《百里奚妻琴歌》 《風俗通逸文》：百里奚爲秦相，堂上作樂，所賃澣婦，自言知音，呼之，搏髀援琴撫絃而歌者三。其一曰云云，其二曰云云，其三曰云云，問之，乃其故妻，還爲夫婦也。「百里奚，五羊皮，憶別時，烹伏雌，炊扊扅，今日富貴忘我爲。

「百里奚，初娶我時五羊皮，臨當別時烹乳雞，今適富貴忘我爲。

「百里奚，百里奚，母已死，葬南谿。墳以瓦，覆以柴，舂黄藜，搤伏雞。西入秦，五羖皮，今日富貴捐我爲。」

杜文瀾《古謡諺》卷四七《劉師顔引諺論占候》 《江鄰幾雜志》：劉師顔視月占水旱，問之，云：諺有之。

「月如懸弓，少雨多風。月如仰瓦，不求自下。」

杜文瀾《古謡諺》卷五一《兒童牽衣唱》 《石癡別録》：兒童衣裾相牽，每高唱云云，初意其戲詞，後見詢芻録，乃知爲多男子祝辭。

「牽郎郎，拽弟弟，踏碎瓦兒不着地。」

杜文瀾《古謡諺》卷五一《都下爲太監諺》 《宙載》：成化間，都下諺云。云云。嘉靖間，又有諺云。云云。滕名祥、御用監，麥名福、掌團營，高名忠、内官監，監督諸工者。

「韋英房，梁芳馬，尚銘銀子似磚瓦。」

杜文瀾《古謡諺》卷六六《晉世京師謡》 《異苑》卷四：盧龍將寇亂，京師謡言曰云云，未幾而敗。

「十丈瓦屋八九間，今蘆作柱，薙作欄。」

《淮南子・覽冥訓》 夫道者，無私就也，無私去也，能者有餘，拙者不足，高誘注：言以非時鑠膠造冰，難成之也。天道無私就去，能行道，功有餘也。劉文典云：「夫」當爲「天」，字之誤也。《文子精誠篇》、《御覽》二十七引此文並作「天道」，是其證也。高誘注：「天道無私就去」，是所見本正作「天道」。《主術篇》：「天道玄默，無容無則。」是「天道」二字見於本書者。順之者利，逆之者凶。譬如隋侯之珠，和氏之璧，得之者富，失之者貧。高誘注：隋侯，漢東之國，姬姓諸侯也。隋侯見大蛇傷斷，以藥傅之，後蛇于江中銜大珠以報之，因曰隋侯之珠，蓋明月珠也。楚人卞和得美玉璞于荆山之下，以獻武王。王以示玉人，玉人以爲石，刖其左足。文王即位，復獻之，以爲石，刖其右足。抱璞不釋而泣血。及成王即位，又獻之。成王曰：「先君輕刖而重剖石。」遂剖視之，果得美玉，以爲璧，蓋純白夜光。文王在《春秋》前，成王不以告，故不書也。莊逵吉云：「文王」至「不書」十四字，葉近山、茅一桂二本皆有，《藏》本無，今增入。劉文典云：《文選・西都賦》注、《南都賦》注、劉越石《答盧諶詩》注、《夏侯常侍誄》注引竝作「得之而富，失之而貧」。又案《西都賦》注、《南都賦》注引高注，「漢東」皆作「漢中」，「以藥傅」下有「而塗」二字，（《夏侯常侍誄》注同。）「江中」作「夜中」。惟《夏侯常侍誄》注作「大江中」，與今注合，疑後人所改也。向宗魯云：宋本亦有「文王」至「不書」十四字，然實不可通。文王當魯桓、莊時，不得云在《春秋》前。此等事且無赴告之理，又非《春秋》所得書也。《答賓戲》注引正文仍同今本，又引注文仍作「江中」，惟「而

塗」二字未捝。得失之度，深微窈冥，難以知論，不可以辯説也。何以知其然？今夫地黄主屬骨而甘草主生肉之藥也，以其屬骨，責其生肉，以其生肉，論其屬骨，是猶王孫綽之欲倍偏枯之藥，而欲以生殊死之人，亦可謂失論矣。高誘注：王孫綽，蓋周人也，一曰，衛人王孫賈之後也。言一劑藥愈偏枯之病，欲倍其劑以生已死之人。王念孫云：下「欲」字因上「欲」字而衍，「欲倍偏枯之藥而以生殊死之人」作一句讀，不當更有「欲」字。高誘注曰：「欲倍其劑以生已死之人」，則無下「欲」字明矣。劉文典云：《御覽》九百八十四引注云：「王孫綽，魯人也。」疑許君注也。向宗魯云：《呂氏春秋·別類篇》「魯人有公孫綽者，告人曰：『我能起死人。』人問其故。對曰：『我固能治偏枯。今吾倍所以爲偏枯之藥，則可以起死人矣。』」案此注可疑。《御覽》引注云「王孫綽魯人也」，正與《呂氏》合。高於《呂》注引「《淮南記》曰王孫綽」，是高非不知文出《呂氏》，而又以爲周人，蓋非其舊矣。楊樹達云：《呂氏春秋·別類篇》「魯人有公孫綽者」云云，此《淮南》所本。案《呂氏春秋》明云魯人，而注云周人，又云衛人，蓋高先訓《淮南》，後釋《呂覽》，〔見高氏《呂氏春秋序》。〕故彼注引《淮南記》而此與《呂覽》不合也。若夫以火能焦木也，因使銷金，則道行矣；若以慈石之能連鐵也，而求其引瓦，則難矣。于省吾云：劉文典云：「連鐵」《御覽》七百六十七引作「運鐵」。按作「連」者是也。《孟子·梁惠王》「從流下而忘反謂之連」，注：「連，引也。」「連鐵」即引鐵也。下云「而求其引瓦則難矣」，「引」與「連」互文耳。物固不可以輕重論也。夫燧之取火於日，王念孫云：「於日」二字，因上文「取火於日」而衍。夫燧之取火，慈石之引鐵，蟹之敗漆，葵之鄉日，各相對爲文，則此處不當有「於日」二字。楊樹達云：夫燧必置於日下始能取火，故必云「取火於日」而其義始完。《周禮·秋官·司烜氏》云：「掌以夫燧取明火於日。」本篇上文云：「夫燧取火於日。」皆其證也。此與下文之引鐵、敗漆、鄉日，事有不同，故立文亦不同。若删「於日」二字，則於義不備。又此文以日、鐵、漆、日爲韻，若無「於日」二字，則下三句皆有韻，而首句無韻矣。至「日」字再見者，古人不避重韻，《詩經》以下皆然，説詳余著《古書疑義舉例續補》。劉家立《集證》不知王校之誤，删去「於日」二字以從之，斯爲大謬矣。慈石之引鐵，蟹之敗漆，高誘注：以蟹置漆中則敗壞不燥，不任用也。葵之鄉日，雖有明智，弗能然也。高誘注：然猶明也。楊樹達云：然義不明，高説亦未諦。竊疑「然」當讀爲「難」，文謂夫燧取火四事，證驗顯明，雖明智之士，不能駁難也。《説文·火部》「然」或作「⿱艹難」，从艸難聲。然、難古音同，故得通用也。故耳目之察，不足以分物理，心意之論，不足以定是非。故以智爲治者，難以持國，唯通于太和而持自然之應者，爲能有之。高誘注：能有持國之術。故嶢山崩而薄落之水涸，高誘注：嶢山在雍州也。薄落水在馮翊臨晉，山窮相通也。一曰：薄落，涇水也。區冶生而淳鉤之劍成；高誘注：區讀歌謳之「謳」。區，越人，善冶劍工也。淳鉤，古大鋭劍也。紂爲無道，左强在側，高誘注：左强，紂之諛臣也，教紂無道，勸以貪淫也。太公竝世，故武王之功立。高誘注：立，成。由是觀之，利害之路，禍福之門，不可求而得也。高誘注：言其門户不可豫求而得知，忽然來至，無形兆也。

《淮南子·氾論訓》 古者，有鍪而綣領以王天下者矣。高誘注：古者，蓋三皇以前也。鍪，頭著兜鍪帽，言未知制冠也。綣領，皮衣屈而紩之，如今胡家韋襲反褶以爲領也。一説鍪，放髮也，綣，繞頸而已，皆無飾。于鬯云：《文子·上禮篇》作「古者，被髮而無卷領」，此「卷領」上蓋亦當有「無」字，而高注本已脱。楊樹達云：《荀子·哀公篇》云：「古之王者，有務而拘領者矣。」《尚書大傳畧説》云：「古之人有冒皮而句領者。」鄭注云：「古之人，三皇時也。冒，覆項也。句領，繞頸也，禮正服方領也。」尋「鍪」「務」「冒」古音並同。「句」「拘」字同，皆謂曲。然則「綣」似當讀爲「卷」，訓爲曲。《説文》云：「卷，厀曲也。」高一説訓綣爲繞頸，與鄭説同。其德生而不辱，刑措不用也。予而不奪，予，予民財也。不奪，無所徵求於民也。王念孫云：「不辱」本作「不殺」，故高注云：「刑措不用。」今作辱者，後人妄改之也。殺與生相對，奪與予相對，若改「殺」爲「辱」，則非其指矣。且殺與奪爲韻，若作「辱」則失其韻矣。《太平御覽·皇王部》二引此已誤作「辱」。張載《魏都賦》注及舊本《北堂書鈔·衣冠部》三引此竝作「殺」。《文子·上禮篇》同。《晏子春秋·諫篇》「古者嘗有紩衣攣領而王天下者矣，其義好生而惡殺」，《荀子·哀公篇》「古之王者，有務而拘領者矣，其政好生而惡殺」，此皆《淮南》所本。天下不非其服，同懷其德。非猶譏呵也。懷，歸也。當此之時，陰陽和平，風雨時節，萬物蕃息，高誘注：政不虐生，無夭折也。烏鵲之巢可俯而探也，禽獸可羈而從也，從猶牽也。豈必褒衣博帶句襟委章甫哉！高誘注：褒衣謂方與之衣，如今吏人之左衣也。博帶，大帶。《詩》云：「垂帶若厲。」句襟，今之曲領褒衣也。委，委貌冠。章甫，亦冠之名也。劉文典云：《御覽》七十七引，「委」下有「貌」字。古者民澤處復穴，處，居也。復穴，重窟也。一説：穴，毀隄防崖岸之中以爲窟室。莊逵吉云：「復穴」之「復」應作「寑」。冬日則不勝霜雪霧露，莊逵吉云：「《太平御覽》作『寒露』」，似非。夏日則不勝暑蟄蟁蝱。高誘注：蝱讀《詩》云「言采其莔」之「莔」也。于省吾云：按今《詩·載馳》作「言采其蝱」。高習《魯詩》，知《魯詩》作「莔」也。聖人乃作爲之作，高誘注：起也。盧文弨云：「爲之」連下句，注當在上。孫志祖云：下文亦有「作爲之」三字連文。楊樹達云：《詩·駉毛傳》云：「作，始也。」築土構木，以爲宫室，構，架也，謂材木相乘架也。王念孫云：高説非也。「作爲之」三字連讀。下文曰「而作爲之揉輪建輿，駕馬服牛」，又曰「而作爲之鑄金鍛鐵，以爲兵刃」，皆其證也。又案：「以爲宫室」本作「以爲室屋」，淺學人多聞宫室，寡聞室屋，故以意改之也。案：《月令》曰「毋發室屋」，《管子·八觀篇》曰「宫營大而室屋寡」，《荀子·禮論篇》曰「壙壠，其貌象室屋也」，《呂氏春秋·懷寵篇》曰「不焚室屋」，《史記·周本紀》曰「營築城郭室屋」，（俗本亦有改爲宫室者。）《天官書》曰「城郭室屋門户之潤澤」，則室屋固古人常語。且此二句以木、屋爲韻，下三句以宇、雨、暑爲韻，若作「宫室」則失其韻矣。

《太平御覽・居處部》二引此正作「室屋」。上棟下宇，高誘注：棟，屋穩也。宇，屋之垂。以蔽風雨，以避寒暑，而百姓安之。高誘注：安，樂也。伯余之初作衣也，高誘注：伯余，黄帝臣。《世本》曰：「伯余制衣裳。」一曰：伯余，黄帝。紩麻索縷，手經指挂，其成猶網羅；高誘注：紩，鋭。索，功也。紩讀恬然不動之「恬」。王念孫云：高訓「紩」爲「鋭」，則與「麻」字義不相屬。今案：紩者續也，緝而續之也《方言》：「綱，續也。（《廣雅》同。）秦、晉續折木謂之綱。」郭璞音剡。《人間篇》曰：「婦人不得剡麻考縷。」「綱」、「剡」並與「紩」通。索，如「宵爾索綯」之「索」，謂切撚之也。高云「索，功也」，「功」即「切」字之誤。顔師古注《急就篇》曰：「索，謂切撚之令緊者也。」《廣雅》曰：「紉，索也。」「紉」與「切」通。後世爲之機杼勝複，以便其用，而民得以揜形御寒。高誘注：揜，蔽。御，止。盧文弨云：「勝」與「升」同。梁玉繩云：《文選・演連珠》注：「勝或爲稱」云云。古通用，即《禮・喪大記》所謂「衣一稱」也。衣單複具曰稱也，而云「勝」與「升」同，未塙。顧廣圻云：勝複皆指織具，「勝」疑「滕」。向宗魯云：顧説是也。《説文》：「滕，機持經者，複，機持會者。」（從段校。）「勝複」即「滕複」之借字。段氏《説文》注亦云。于省吾云：「勝」應讀作「乘」，勝、乘古互爲音訓，故得相借。《詩・正月》「靡人弗勝」，《傳》：「勝，乘也。」《書・西伯戡黎》序「周人乘黎」，《傳》：「乘，勝也。」《呂氏春秋・權勳》「天下兵乘之」，注：「乘猶勝也。」均其例證。下云「彊弱相乘」，注：「乘，加也。」《漢書・王莽傳》「前後相乘」，注：「乘，積也。」算術乘法亦即加積之義，加積與複義相因。上云「紩麻索縷，手經指挂，其成猶網羅」，言其疏也。此言「後世爲之機杼乘複，以便其用，而民得以揜形御寒」，言其麻縷用機杼織之，乘複密緻，故曰「揜形御寒」也。古者剡耜而耕，摩蜃而耨，高誘注：剡，利也。耜，臿屬。蜃，大蛤，摩，令利，用之耨。耨，除苗穢也。劉台拱云：《説文》：「梠，臿也。」或作「梩」。即此「剡耜而耕」，高解爲臿屬者是也。又曰：「枱，耒耑也。」或作「鈶」。鈶，籀文作「辝」，即下文「爲之耒耜」是也。本是二字，後人竝轉寫爲「耜」，二物混同無別矣。「剡耜」之「耜」當從木，與「耒耜」字不同，今本作「剡耜」，誤也。此二字顧野王已不能分別，至徐鉉、丁度等，益淆亂，當以《淮南》正之。《説文》耒字解「垂作耒耜」，當是「枱」字之譌。木鉤而樵，抱甀而汲，鉤，鐮也。鉤讀濟陰句陽之「句」。樵，薪蒸。甀，武，今兖州曰小武爲甀，幽州曰瓦。梁玉繩云：《集韻》「甒」亦作「⿰武瓦」，此「武」或省文。《禮器》曰：「君尊瓦甒」，故幽州曰瓦也。李哲明云：《説文》：「甀，小口罌也。」與「甀」同字。《廣雅・釋器》：「甀：甂，瓶也。」「武」即「甒」字。《方言》注：「今江東呼甖爲甒子。」字亦作「甒」。《士喪禮》「甒二」，鄭注：甒，瓦器，古文『甒』『甒』皆作『廡』。」然則「甒」、「甒」正字，「廡」省文，「武」聲假字也。呂傳元云：「木鉤」當作「鉤木」。此與剡耜、摩蜃、抱甀對言，寫者誤倒，文不一例矣。于省吾云：按「武」即「⿰武瓦」，亦作「甒」、作「甒」、作「廡」。《集韻・九噳》：甒、甒、⿰武瓦同。《廣雅・釋器》：「甒，瓶也。」《儀禮・既夕禮》「甒二」，注：「甒亦瓦器也。」《士冠禮》「一甒醴」，注：「古文甒作廡。」均其證也。民勞而利薄；後世爲之耒耜耰鉏，斧柯而樵，桔皋而汲，高誘注：耰讀曰優，椓塊椎也。三輔謂之儓，所以覆種也。桂馥云：《方言》：「南楚凡罵庸賤謂之田儓。」《集韻》「儓」與「嬯」同。《説文》：「嬯，遲鈍也，闒嬯亦如之。」馥謂椓塊椎，鈍器也，故謂之田儓。民逸而利多焉。古者大川名谷，衝絶道路，不通往來也，〇于省吾云：按「衝絶」不詞，「衝」乃「衡」字之誤。衡、横古字通，載籍習見。《山海經・大荒西經》「横道而處」，注：「言斷道也。」按：「横道」，猶此言「横絶道路」也。《史記・留侯世家》：「羽翮已就，横絶四海，横絶四海，當可奈何！」是「横絶」乃漢人成語。乃爲窬木方版以爲舟航，高誘注：窬，空也。方，並也。舟相連爲航也。故地勢有無，得相委輸。高誘注：運所有，輸所無。乃爲靻蹻而超千里，肩荷負儋之勤也，高誘注：靻蹻，靻鞁也。勤，勞也。王念孫云：「靻」皆當爲「靼」，字從旦不從且。《説文》：「靼，柔革也。」（《玉篇》多達、之列二切。）「屩，履也。」「鞁，小兒履也。」《釋名》云：「鞁，韋履深頭者之名也。」今正文言靻蹻，（與屩同。）注文言靻鞁，皆是韋履之名，則字當從旦。《廣韻》：「靻，則古切。靻，勒名。」字從且，兩字聲義判然。茅一桂不知「靻」爲「靼」之誤，輒加「音祖」二字，其失甚矣。下文「蘇秦靻蹻嬴蓋」，「靻」亦「靼」字之誤。又案「爲靻蹻」之「爲」，音于僞反。「爲靻蹻而超千里，肩負儋之勤也」，乃起下之詞，非承上之詞，「爲」上不當有「乃」字。此因上文「乃爲窬木方版」而誤衍也。下文云：「爲鷙禽猛獸之害傷人而無以禁御也，而作爲之鑄金鍛鐵，以爲兵刃」，「爲」上無「乃」字，是其證。「肩負儋之勤」，《道藏》本、劉本及諸本竝同，《漢魏叢書》本於「負儋」上加「荷」字而莊本從之，斯爲謬矣。而作爲之楺輪建輿，駕馬服牛，民以致遠而不勞。代負儋，故不勞也。爲鷙禽猛獸之害傷人而無以禁御也，而作爲之鑄金鍛鐵，以爲兵刃，猛獸不能爲害。以兵刃備之，故不得爲人害也。故民迫其難則求其便，困其患則造其備，人各以其所知，去其所害，就其所利。王念孫云：「人各以其所知」當作「人各以其知」，「知」與「智」同，言各用其智，以去害而就利也。今本「知」上有「所」字者，涉下兩「所」字而衍。《文子・上禮篇》正作「各以其智，去其所害，就其所利。」常故不可循，器械不可因也，循，隨也，當時之可改則改之，故曰「不可」也。盧文弨云：注「不可」下當有「因」字。向宗魯云：盧説誤。此「不可」二字總上兩「不可」而言，加一「因」字，則僅承下句矣。則先王之法度有移易者矣。

古之制，婚禮不稱主人，高誘注：當婚者之身，不稱其名也，稱諸父兄師友。楊樹達云：文本隱公二年及桓公八年《公羊傳》。高誘注云：「稱諸父兄師友」，説亦本隱公二年《傳》。舜不告而娶，非禮也。高誘注：堯知舜賢，以二女妻舜。不告父，父頑，常欲殺舜，舜知告則不得娶也。不孝莫大于無後，故《孟子》曰：「舜不告，猶告爾。」立子以長，文王舍伯邑考而用武王，非制也。高誘注：伯邑考、武王之兄。廢長立聖，以庶代嫡，聖人之權耳。向宗魯云：文王舍伯邑考而用武王，本《禮記・檀弓上》。《董子・觀德篇》云：「伯邑考知羣心貳，自引而激，順神明也。」則伯邑考蓋與太伯至德同科，文王特成其志耳。（《史記·殷本紀·正義》引《帝王世紀》載紂烹伯邑考事，又見《金樓子·興王篇》，皆本《太公金匱》。見《御覽》六百四十二引。）禮三十而娶，文王十五而生武王，非法也。高誘注：三十而娶者，陰陽未分時，俱生於子。男從子數，左行三十年立於巳，女從子數，右行二十年亦立於巳，合夫婦。故聖人因是制禮，使男三十而娶，女二十而嫁。其男子自巳數左行十得寅，故人十月而生於寅，故男子數從寅起；女自巳數右行得申，亦十月而生於申，故女子數從申起。歲星十二歲而周天，天道十二而備，故國君十二歲而冠，冠而娶。十五生子，重國嗣也，不從故制也。莊逵吉云：甲寅、庚申也。甲者，陽正，寅亦陽正也。庚者陰正，申亦陰正也。義竝詳王逸《楚詞》注、《説文·解字》中。又《難經》曰：「男立于寅，寅爲木陽；女立於申，申爲金陰。」亦是。劉文典云：《北堂書鈔》八十四引注「周天」下有「爲一紀」三字，「冠而」下有「后」字。鍾佛操云：《書鈔》八十四引「三十」作「二十」是也。《家語·本命解》：「男子二十而冠，有爲人父之端；女十五而許嫁，有適人之道。」《韓子·外儲説右下篇》：「齊桓公出宮中婦女嫁之，下令於民曰：『丈夫二十而室，婦人十五而嫁。』」是皆此文作二十之證。夏后氏殯於阼階之上，高誘注：禮，飯于牖下，小歛于户内，大歛于阼階。在牀曰尸，在棺曰柩。殯于賓位，祖于庭，葬于墓也。于阼階，猶在主位，未忍以賓道遠之。殷人殯於兩楹之閒，高誘注：楹，柱也。《記》曰：殷殯之于堂上兩柱之間，賓主共。周人殯於四階之上，高誘注：蓋以賓道遠之。此禮之不同者也。有虞氏用瓦棺，有虞氏，舜世也。瓦棺，陶瓦。夏后氏堲周，高誘注：夏后氏，禹世，無棺椁，以瓦廣二尺，長四尺，側身累之以蔽土，曰堲周。殷人用槨，高誘注：用柏爲椁，厚之宜，以棺爲制也。周人牆置翣，此葬之不同者也。高誘注：周人兼用棺椁，故牆設翣，狀如今要扇，畫文，插置棺車箱以爲飾，多少之差，各從其爵命之數也。向宗魯云：「槨」，當從《檀弓》作「椁」。此注文上下俱作「椁」，可證也。夏后氏祭於闇，高誘注：於室中中夜祭之也。殷人祭於陽，高誘注：於堂上日平旦祭也。周人祭於日出以朝，高誘注：于日出時祭於庭中。朝者，庭也。俞樾云：高注首句曰「於室中中夜祭之也」，二句曰「於堂上日平旦祭也」，三句曰「於日出時祭於庭中。朝者，庭也」，所説皆未得其義。此文本《禮記·祭義篇》，其文曰：「郊之祭，大報天而主日，配以月。夏后氏祭其闇，殷人祭其陽，周人祭日，以朝及闇。」鄭注曰：「闇，昏時也。陽讀爲曰雨曰暘之暘，謂日中時也。朝，日出時也。夏后氏大事以昏，殷人大事以日中，周人大事以日出，亦謂此郊祭也。以朝及闇，謂終日有事。」《正義》曰：「此郊之祭一經，止明郊祭之禮。郊之祭者，謂夏正郊天。」然則此文所説，本屬郊祭，郊祭必爲壇，初非廟祭，有何室中、堂上、庭中之分乎？祭於闇者，於中夜時祭也。祭於陽者，於日中時祭也。祭於日出，即是祭以朝，朝者，日出也。因周人尚文，郊祭終日有事，日出而祭，及闇而畢，故曰「以朝及闇」。《淮南》引此文，不連「及闇」二字者，意在明三代之祭不同，若言闇，則疑與夏同。且周人初非有取於闇，直以禮繁，不得不及闇耳。《檀弓篇》止言大事以日出，其無取於闇明矣，故《淮南》省此二字也。高氏誤以朝爲庭中，遂并上文亦以室中、堂上言之，與《祭義》不合，不可從也。向宗魯云：俞説未是。古記佚脱，此未必用《祭義》也。《祭義》云：「周人祭日以朝及闇。」朝不言日出，故可以日出解朝字。此云「祭於日出以朝」，若仍用鄭注，是祭於日出以日出也，不亦複乎？且《祭義》此文承郊之祭言，此文謂凡祭，故曰「此祭之不同」也，不得以廟祭駁之。至《檀弓》所云「夏后氏大事以昏」云云，亦不必如鄭説專主郊祭。國之大事，在祀與戎，宗廟之祭，未嘗非大事也。高氏受經於幹，非不讀《禮記》者，故余又疑鄭、高之異，即盧、鄭之異也。（盧注《禮記》與鄭多異文，如「禽獸」作「走獸」之類，鄭氏不解「虞筐」而盧能解之。使其書未佚，必有可以證高説者。《時則》一篇，當以是觀之。）此祭之不同者也。堯《大章》，堯樂也。舜《九韶》，舜樂也。《書》曰「《簫韶》九成」是也。禹《大夏》，高誘注：禹樂也。湯《大濩》，高誘注：湯樂也。周《武象》，高誘注：武王樂也。此樂之不同者也。故五帝異道而德覆天下，三王殊事而名施後世，此皆因時變而制禮樂者。譬猶師曠之施瑟柱也，所推移上下者無寸尺之度，而靡不中音。故通於禮樂之情者能作，音有本主於中，而以知榘彠之所周者也。高誘注：榘，方也。彠，度法也。王念孫云：「音」當爲「言」，此承上句而釋其義也。今作「音」者，涉上文「中音」而誤。魯昭公有慈母而愛之，死爲之練冠，故有慈母之服。高誘注：慈母者，父所命養己者也。此大夫之妾，士之妻，爲之女母，禮爲緦麻三月。昭公獨練，言其記禮之所由興也。〇孫詒讓云：此本《禮記·曾子問》。注，「女母」當作「如母」。《儀禮·喪服》云「慈母如母」是也。但以《禮經》考之，注文必有舛譌。蓋注云：「慈母者，父所命養己者也。」此《喪服》之慈母也。其服，父卒則爲之齊衰三年。注又云：「此大夫之妾，士之妻。」此據《内則》云「國君世子生，卜士之妻，大夫之妾，使食子」，則《喪服》之乳母。（《内則》又云：「大夫之子有食母。」鄭注云：「《喪服》所謂乳母也。」案：諸侯所使食子者，亦即食母也。）下又云「禮爲之緦麻三月」，即據《喪服》乳母之服也。揆之禮，服慈母、乳母，輕重縣殊，不可并爲一談。高氏既根據經記，不宜踳駁至此。竊謂此注當云：「慈母者，父所命養己者也，爲之如母。（此先舉《禮經》慈母之正名正服也。）此大夫之妾，士之妻，禮爲之緦麻三月。（此明魯昭公之慈母，實即《禮經》之乳母，非父命養己者，其服不得如母也。）今本傳寫錯互，移「爲之如母」四字著此「大夫之妾，士之妻」下，遂錯互不可通矣。但《曾子問》「孔子曰：古者男子，外有傅，内有慈母，君命所使教子也，何服之有？」則非乳母甚明。故鄭釋之云：「大夫士之子爲庶母慈己者，服小功。」蓋謂即《喪服·小功章》所云「君子子爲庶母慈己者」。高義與《記》文顯迕。又：《喪服》慈母及庶母、慈己三者之服，並據大夫以下言之，諸侯則咸不服，而高猶援乳母緦麻三月之服以爲釋，壹若昭公於乳母宜服緦者，亦與《禮經》不相應，皆不足據耳。陽侯殺蓼侯而竊其夫人，故大饗廢夫人之禮。陽侯，陽陵國侯也。蓼侯，皋陶之後，偃姓之國侯也，今在廬江。古者，大饗飲酒，君執爵，夫人執豆。陽侯見蓼侯夫人美豔，因殺蓼侯而娶夫人，由是廢夫人之禮。記所由廢也。梁玉繩云：《路史·國名紀》六：「陽侯，伏義臣。許慎云：陵陽國侯也，國近江。今宣之徑縣有陵陽山。」又《國名紀》四云：「陽，御姓侯爵。」據此則注「陽陵」當作「陵陽」，「御」字又疑「偃」字之譌。向宗魯云：《國名紀》六所引，乃《覽冥篇》高誘注誤認爲許耳。王氏《禮記述聞》以爲即《春秋》閔二年「齊人遷陽」之陽。吴承仕云：《記·坊記》蓼字作繆。鄭注云：「同姓也，其國未聞。」正義曰：「鄭云其國未聞者，陽侯繆侯，是兩君之謚，未聞何國君，故云未聞。」（《正義》止此。）《周書·史記篇》有「陽氏之君」。《春秋》閔二年「齊人遷陽」。杜注：「陽，國名。」《正義》曰：「《世本》無有陽國，不知何姓。」本書《覽冥篇》稱「陽侯之波，」皆爲古諸侯之稱。與此之陽侯，是一是二，既難質言，亦不審其封地所在，故鄭云未聞也。《坊記》字從繆，故孔疏以爲謚號。本文字從蓼，故高誘注以爲在今廬江。〔《續郡國志》蓼縣屬揚州廬江郡。〕要皆以意説之，不必別有文證也。以是相校，則注文「陽陵國侯」一語，當云陽國侯，「陵」字蓋爲衍文。陽陵縣，《前志》屬左馮翊，《續志》屬京兆尹，不聞古有陽陵之國，一也。注謂蓼在今廬江，不言陽陵今地所在，二也。以「陽」爲地名者，多矣，此注獨以「陽」爲陽陵，別無事證可説，三也。以此證知注文誤衍「陵」字矣。《覽冥篇》「陽侯之波」，今本注云「陵陽國侯也」，亦誤衍「陵」字，其比正與此同。已説在《覽冥篇》。

先王之制，不宜則廢之，末世之事，善則著之：是故禮樂未始有常也。劉台拱云：「是故」二字衍。故聖人制禮樂，而不制於禮樂。聖人能作禮樂，不爲禮樂所制。治國有常，而利民爲本；本，要。政教有經，而令行爲上。經，常也。上，最也。苟利於民，不必法古；苟周於事，不必循舊。舊，常也。《傳》曰：「舊不必良。」「舊」或作「咎」也。夫夏、商之衰也，不變法而亡；亡謂桀、紂。三代之起也，不相襲而王。高誘注：三代，禹、湯、武也。襲，因也。故聖人法與時變，禮與俗化，化，易。衣服器械，各便其用，法度制令，各因其宜。故變古未可非，而循俗未足多也。高誘注：循，隨也。俗，常也。蔣禮鴻云：正文及注「俗」字皆當作「咎」，字之誤也。「咎」與「舅」通。咎犯即舅犯，《道應篇》屈宜若，「若」爲「咎」字之誤，屈宜咎即屈宜臼，「舅」、「舊」皆從臼聲，故「咎」與「舅」通，又與「舊」通矣。變古未可非，而循舊未足也，正承上文「苟利於民，不必法古；苟周於事，不必循舊」而言。彼文注曰：「舊，常也。傳曰：『舊不必良。』舊或作咎。」此注云「咎，常也」。亦正相應。百川異源而皆歸於海，高誘注：以海爲宗。百家殊業而皆務於治。高誘注：業，事也，以治爲要也。王道缺而《詩》作，高誘注：《詩》所以刺王道。周室廢、禮義壞而《春秋》作，高誘注：《春秋》所以絶不由禮義也。馬宗霍云：《説文·广部》云：「廢，屋頓也。」本文「周室廢」，正用廢之本義。室猶屋也。頓从屯聲。《爾雅·釋訓》：「訰訰，亂也。」頓與訰聲同，故頓亦有亂義。《廣雅·釋詁》三云：「頓，亂也。」是其證。然則「周室廢」猶言周室亂。《禮記·少儀篇》「廢則埽而更之」，鄭玄注云：「廢政教壞亂，無可因也。」周室亂亦正謂其政教壞亂耳。劉家立《淮南集證》不知廢有亂義，乃改其句讀作「周室廢禮壞義而《春秋》作」，可謂大謬。《詩》、《春秋》學之美者也，蔣禮鴻云：「美」當作「缺」，字之誤也。下文曰「以《詩》、《春秋》爲古之道而貴之，又有未作《詩》、《春秋》之時，夫道其缺也，不若道其全也」，即承此而言。皆衰世之造也。儒者循之以教導於世，豈若三代之盛哉！以《詩》、《春秋》爲古之道而貴之，又有未作《詩》、《春秋》之時。劉家立云：「以《詩》、《春秋》爲古之道而貴之，又有未作《詩》、《春秋》之時」，繹此二句詞意，與上下文語氣不接。此言王道缺而作《詩》作《春秋》，其學之美，儒者循之以教導於世，雖用以爲教，終不若三代之隆，故曰：「豈若三代之盛哉！道其缺也，不若道其全也。」則「三代之盛」句下，不應有此二句，疑即此處之注而寫者誤入正文也。蓋此言《詩》、《春秋》雖可貴，而三代未有《詩》、《春秋》之時更可貴也。此二句正釋三代之盛之義，若入正文中則成贅詞。此由後人未曾細心尋繹，使注文羼入正文而不知，亦讀書之過也。夫道其缺也，不若道其全也。誦先王之詩書，不若聞得其言；聞得其言，不若得其所以言。聞聖人之言，不如得其未言時之本意。王念孫云：「誦先王之詩書」，「詩」字因上文「《詩》、《春秋》」而衍。先王之書，泛指六藝而言，非《詩》、《書》之《書》也。「不若聞得其言，聞得其言」，兩「得」字皆因下句「得」字而衍。高注云：「聞聖人之言，不如得其未言時之本意」，則「聞」下無「得」字明矣。《文子·上義篇》正作「誦先王之書，不若聞其言；聞其言，不若得其所以言。」得其所以言者，言弗能言也。聖人所言微妙，凡人雖得之，口不耐以言。故道可道者，非常道也。常道，言深隱幽冥，不可道也。猶聖人之言，微妙不可言。

《淮南子·説林訓》 椎固有柄，不能自椓；目見百步之外，不能自見其眦。高誘注：喻人能有所爲，而不能自爲也。

狗彘不擇甂甌而食，偷肥其體，而顧近其死；高誘注：偷，取也。顧，反也。肥則烹之，故近其死也。馬宗霍云：「偷」字與上句「不擇」二字相應，則偷亦有苟且之意。《禮記·表記篇》「安肆曰偷」鄭玄注，又《大戴記·文王官人篇》「欲色嘔然以偷」盧辯注，又《爾雅·釋言》「佻，偷也」孫炎注，又《國語·晉語》「其下偷以幸」韋昭注，竝云：「偷，苟且也。」是其證。苟且取肥，故謂之偷。引申之，偷猶貪也。偷、貪雙聲字。貪肥其體，故不擇而食矣。《説文·頁部》云：「顧，還視也。从頁，雇聲。」還視者，返而視也。引申之義則爲反，故高注以反訓之。《史記·絳侯世家》「彭祖顧得侯」，司馬貞《索隱》引許慎注《淮南子》云：「顧，反也。」此所引不審是何篇之注，而高氏本注正與之同。凡用「顧」字作語詞者，義多爲反，或爲但，本文之「顧」亦語詞也。于省吾云：注「偷，取也。」按：注説非是。《荀子·榮辱》「今夫偷生淺知之屬」，注：「偷者，苟且也。」《史記·淮南衡山王列傳》「王亦偷欲休」，《集解》引徐廣：「偷，苟且也。」《晉語》「民孰偷生」，注：「偷，苟也。」「偷肥其體」言苟肥其體。上云「狗彘不擇甂甌而食」，不擇與苟且之義相符。鳳皇高翔千仞之上，故莫之能致。七尺曰仞，非聖德君不致，故曰「莫之能致」也。

月照天下，蝕於詹諸；騰蛇游霧，而殆於蝍蛆；高誘注：詹諸，月中蝦蟇，食月，故曰「食於詹諸」。殆猶畏也。蝍蛆，蟋蟀，《爾疋》謂之蜻蛚之大腹也，上蛇，蛇不敢動，故曰「殆于蝍蛆」也。莊逵吉云：「殆」，《太平御覽》作「困」。梁玉繩云：《莊子·齊物論》「蝍且甘帶」，《釋文》：「且字或作蛆。李云：『蝍且，蟲名也。』《廣雅》云：『蜈公也。』《爾雅》云：『蒺蔾蝍蛆。』郭璞注云：『似蝗，大腹，長角，能食蛇腦。』帶，崔云：『蛇也。』司馬云：『小蛇也。』蝍蛆好食其眼。」陶方琦云：《大藏音義》引許注曰：「蝍蛆一名吴公也。」《御覽》九百四十六引舊注曰：「蝍蛆蓋吴公也。」此即許注。《廣雅》：「蝍蛆，吴公也。」《字林》亦同。皆本許義。《玉篇》：「蝀蟟蝍蛆，能食蛇，亦名吴公。」吴承仕云：《爾雅》「蒺蔾蝍蛆」，郭注云：「似蝗而大腹，長角，能食蛇腦。」《廣雅》以蝍蛆爲吴公，《莊子》所謂「蝍蛆甘帶」者也。此注與郭注《爾雅》義近，與《廣雅》異。《御覽》九百四十九引注正同今本，而九百四十六引注則云「蝍蛆蓋吴公也」。尋《本草》蜈蚣條，陶隱居引《淮南》此文而説之曰：「其性能制蛇，見大蛇，便緣而噉其腦。」疑此注與郭璞説近者爲高義，與弘景説近者爲許義。于省吾云：按《莊子·齊物論》「蝍且甘帶」，《釋文》：「且字或作蛆。李云：『蝍且，蟲名也。』《廣雅》云：『蜈公也。』《爾雅》云：『蒺蔾蝍蛆。』郭璞注云：『似蝗，大腹，長角，能食蛇腦。』」按「蜈公」今《廣雅·釋蟲》作「吴公」。王念孫《疏證》云：「《本草》蜈蚣，陶注云：『亦名蝍蛆，其性能制蛇，見大蛇，便緣而噉其腦』是也。」按郭注與此注合，二説可並存。烏力勝日，而服於鵻禮；能有脩短也。烏在日中而見，故曰勝日，服猶畏

以瓦鉒者全，以金鉒者跂，以玉鉒者發。高誘注：鉒，讀象金之銅柱餘之「柱」。鉒者提馬，雒家謂之投翩。金者金步徐。跂者刺跂走。發者疾迅發，讀射百發之「發」。劉文典云：《呂氏春秋·去尤篇》引《莊子》作「以瓦投者翔，以鉤投者戰，以黄金投者殆。」今本《莊子·達生篇》作「以瓦注者巧，以鉤注者憚，以黄金注者殙」。《列子·黄帝篇》「注」作「摳」，餘同《莊子》。吴承仕云：此三語原出《莊子·達生》，《呂氏春秋·去尤篇》、《列子·黄帝篇》並承用之。《莊子》作「注」，《呂氏》作「投」，此作「鉒」，聲義大同。（《列子》作「摳」，則以爲藏彄字，别有意義。）蓋博戲勝算之名。注云「提馬」，即投壺爲勝者立馬之馬，今方俗謂博進之算爲注馬，其遺語也。《呂氏》「全」作「翔」，「跂」作「戰」，「發」作「殆」，皆以舒促緩急言之。翔者，安舒不迫之貌。此文注疑與《呂氏》義近，本文似亦當作「翔」，故有步徐之訓。注云「雒家謂之投」。（句）「翩」即「翔」字形近之譌。疑注文當云：「翔者翔步徐，跂者刺跂走，發者疾迅發。」如是，則文句比順，亦不與《呂氏》義旨相違。自本文譌作「全」，莊本注作「金者金步徐」，朱本作「全者金步徐」，並踳駁不可讀。今固不能質言爲「翔」，然高注本字不作全，則可知也。全義與跂發不相應，一矣。全字定無徐步之訓，二矣。且下文注云：「掘律，氣不安詳也。」景宋本作安翔，或亦與此注有關乎。（孫人和見余此説，因語余曰：「以瓦鉒者全」，「全」當爲「羊」形近而誤。「羊」即「翔」之省。吉祥字，古亦作「羊」，是其比。）馬宗霍云：《莊子·達生篇》云：「以瓦注者巧。以鉤注者憚。以黄金注者殙。其巧一也，而有所矜，則重外也。凡外重者内拙。」《呂氏春秋·去尤篇》引《莊子》作「以瓦投者翔。以鉤投者戰。以黄金投者殆。其祥一也，而有所殆者，必外有所重者也。外有所重者泄蓋内掘」。《列子·黄帝篇》作「以瓦摳者巧。以鉤摳者憚。以黄金摳者惛。巧一也，而有所矜，則重外也。凡重外者拙内。」《淮南》本文與三書畧同。《呂覽》明稱《莊子》。《列子》、《淮南》雖不稱《莊子》而實亦襲之《莊子》也。（《列子》書出依託。）然文義各小異。《莊子》「注」字郭象無訓。陸德明《釋文》引李頤云：「注，擊也。」唐成玄英《莊子疏》云：「注，射也。」《列子》「注」字作「摳」，張湛注云：「互有所投曰摳。」（殷敬順《釋文》云：「摳，探也。以手藏物，探而取之，亦曰藏摳。」别爲一解，與張注異。）《呂覽》作「投」。高誘彼文無解。畢沅《呂覽校語》云：「此投字無攷。」《淮南》本文作「鉒」，高注云：「鉒者，提馬。雒家謂之投翩。」余謂此蓋以博戲爲喻。凡博，以物投入局中者曰注。《宋史·寇準傳》載王欽若譖準，謂「博者輸錢欲盡，乃罄所有出之，謂之孤注。」殆古語之遺。因之「注」有「投」義。猶《禮記》「投壺」之「投」也。《莊子》李注釋「注」爲「擊」。擊與投義近。成疏釋「注」爲「射」。皇侃謂「投壺與射爲類」。疑成亦取於投壺也。「投」字不見《説文》。《篇》、《韻》諸書均無之。《字彙補》始收「投」字，云：「朱遇切，同注。」即采之《呂覽》。《呂覽》既轉引《莊子》，疑本亦作「注」。校者以爲此「注」字義當爲投，乃沾「投」字於其旁，傳寫者遂去注之「水」，去投之「才」，合而成「投」字耳。「鉒」字亦不見《説文》。《廣雅·釋詁》四云：「鉒，置也。」置謂放置，舍置。由此義而廣之，置亦投也。故王念孫《廣雅疏證》引《莊子》及《淮南》本文以爲「注」與「鉒」通之證。《列子》字雖作「摳」，而張氏以「互有所投」釋之，則「摳」猶「注」矣。高氏訓「鉒」爲「提馬」者，案投壺禮有「爲勝者立馬」之文。又稱所投之矢爲籌。後世因以賭博記勝負之具曰籌馬。提與投爲雙聲。疑「提馬」蓋漢時方俗語有是名耳。高又云「雒家謂之投翩」者，雒家亦方俗語。此正欲證「提」、「投」爲一語之轉。「翩」、「馬」亦雙聲相轉也。又案《淮南》此文雖自《莊子》出，而以瓦、金、玉爲貴賤之等，易《莊子》之「鉤」爲「玉」而次于「金」之上，則已自爲詞例，與《呂覽》、《列子》之全依《莊子》者微殊。故亦不可概據《莊子》以相律。末句《莊子》作「凡外重者内拙」。以上文言巧，故舉拙以對巧。《淮南》作「所重者在外則内爲之掘」，高注釋爲「掘律，氣不安詳也」。不以「掘」爲「拙」之通借字。此就《淮南》本文起義，自無不可。王念孫從陳觀樓説，謂「掘即拙字」。説雖有據，不足以難高注也。至「以瓦鉒者全」之「全」字，高注釋爲「全步徐」，（莊達吉本注文「全」誤作「金」。）義不甚憭。或注文有譌，或正文不作「全」，此當存疑，不可臆決。是故所重者在外，則内爲之掘。高誘注：所重，謂金與玉。掘律，氣不安祥也。陳觀樓云：「掘」即「拙」字也。《莊子·達生篇》作「凡外重者内拙」，是其證。《史記·貨殖傳》「田農掘業」，徐廣曰：「古拙字一作掘。」劉文典云：陳説是也。《列子·黄帝篇》作「凡重外者拱内」，張注：「拱本作拙。又唯忘内外，遺輕重，則無巧拙矣。」是張湛所見本字亦作「拙」。《呂氏春秋·去尤篇》作「外有所重者，泄蓋内掘」。

逐獸者，目不見泰山，見獸而已。嗜慾在外，則明所蔽矣。高誘注：蔽者，見利之物，不見其害。馬宗霍云：「則明所蔽」之「所」猶「或」也。言嗜慾在外，則明或爲之蔽也。「所」有「或」義，見王氏《經傳釋詞》。劉家立《淮南集證》於「所」字上增「有」字，作「明有所蔽」，非是。

文化用陶部

磚瓦硯及磚銘分部

綜述

林佶《漢甘泉宮瓦記》 右漢甘泉宮瓦，予家所藏也。甘泉宮址在今陝西淳化縣治山中，康熙辛丑，予見同人與視文光遠，自三原往遊其地，見道旁畊夫鋤田，積瓦礫如丘阜，皆隱隱有文，多刓缺不可識，因憩問下，見有小物墳起者，劚之獲此瓦，甚完好，字畫獨全，亟懷以歸。考《三輔黄圖·甘泉宮》，一曰雲陽宮，秦始皇二十七年作，周十餘里，漢武帝建元中增廣之，周十九里。師古曰：秦林光宮在磨石嶺，嶺側有甘泉，故漢武建甘泉，即取爲名。其嶺高出他山，距長安三百餘里，而能望見長安城堞。宮表有通天臺，雲雨悉在臺下，山中宮殿臺觀略與建章相比，百官皆有邸舍，帝嘗以五月避暑，八月歸，每邊警烽火通甘泉，以人主不嘗在長安，故兩通之也。今去漢二千年，宮觀淪没，人亦無有向荒山古道而流連憑弔者，家兄短衣匹馬，裹回於夕陽隴畝之間。田夫牧豎，方且揶揄而怪訝之，乃適獲此瓦，以償其好事之願。吁亦異矣，予庚子生于三原，家兄獲此瓦時，予始二歲，稍長，家兄輒舉以相示曰：此不易得也，既壯學書，知摹古文奇字，乃知是物可貴。庚午學作詩，漫爲歌以紀，家兄亦從而賦之，頗聞於人間。有屬和者，又四方博雅之士，多欲摹其文以爲傳翫，因考圖記，詳夫得之始末，俾覽者有徵焉。

于敏中等《西清硯譜》卷一《陶之屬》

漢未央宮東閣瓦硯乾清宮

漢未央宮北温室殿瓦硯生秋庭

漢銅雀瓦硯一乾清宮

漢銅雀瓦硯二乾清宮

漢銅雀瓦硯三翠雲館

漢銅雀瓦硯四別有洞天

漢銅雀瓦硯五熱河

漢銅雀瓦硯六寧壽宮

漢未央宮東閣瓦硯説

硯高七寸四分，寬五寸二分，厚一寸二分。漢未央宮東閣瓦也，瓦背爲受墨處，橢圓高三寸五分，寬二寸八分。左方上鐫金華宋濂寶玩六字篆書，下有「老學菴」三字長方印一，右方下鐫「集賢學士虞集伯生甫珍藏」十一字隸書，上方鐫御題詩一首，楷書，鈐寶二：曰澂觀、曰比德。左旁鐫臣梁詩正銘一首，楷書，臣張若靄識語三十二字，隸書。臣董邦達七言古詩一首，隸書，右旁鐫臣汪由敦銘一首，篆書，臣勵宗萬銘一首，楷書，下方鐫臣陳邦彦、臣裘曰修銘各一首，俱楷書。硯背印「未央宮東閣瓦」六字，右印「大漢十年」四字，左印「鄭侯蕭何監造」

漢未央宮東閣瓦硯銘款圖

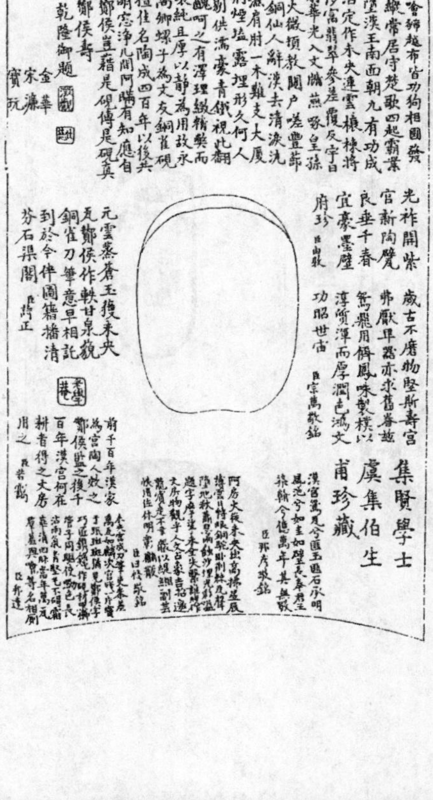

六字，俱陽文隸書。四周葛麻文邊，角微有刓缺，考宋陸游著有《老學菴筆記》。虞集字伯生，仕元爲集賢學士。明宋濂，金華人，官學士承旨知制誥。是硯膚理密緻，黝黑如歙溪坑石，而體質輕清，宜筆發墨，實爲勝之，且經宋元明名人鑒藏，真足令龍尾羞牛後矣。匣蓋鐫御題詩，與硯同隸書，鈐寶二：曰幾暇怡情，曰得佳趣。謹案：

内府舊藏瓦硯甚夥，惟此與後銅雀瓦硯第一第二，最爲瑩潤，歲閲久遠。三硯同邀御賞題識，弆藏錫銘，三友豈非陶氏精英，有美必合者乎。

御製題漢未央宮東閣瓦硯

噲豨越布皆功狗，相國發縱常居守。楚歌四起霸業墮，漢王南面朝九有。功成治定作未央，連雲榱棟將侈富。葉翡翠參差覆反宇，日射華光入文牖。燕啄皇孫炎火微，頓教闃户嗟豐蔀。金銅仙人辭漢去，清淚汍瀾濕肩肘。一木難支大厦傾，荆煙壒露埋形久。何人湔剔供濡毫，青鐵視此翻覺醜。呵之有澤理緻精，斲而不壞純且厚。以静爲用故永年，尚卿螺子爲文友。銅雀硯亦擅佳名，陶成四百年以後。共置明窗净几間，阿瞞有知應自咎。鄭侯豈藉是硯傳，是硯真因鄭侯壽。

臣梁詩正銘：元雲蒸，蒼玉獲。未央瓦，鄭侯作。軼甘泉，藐銅雀。刀筆意，早相託。到於今，伴圖籍。播清芬，石渠閣。

臣張若靄識語：前千百年漢家爲宮，陶人效之，鄭侯監之。後千百年漢宮何在，耕者得之，文房用之。

臣董邦達七言古詩：未央宮成刀筆吏，參差萬瓦如鱗次。宮殘一片寶於珉，斑斑猶見鄭侯字。巧匠鑴鑱作硯材，墨卿管子同駈使。黝色長沾雨氣青，堅光不碍霜華漬。回睎當年萬瓦羣，羞與噲等名相厠。

臣汪由敦銘：炎祚開紫宮，新陶甓良垂千春，宜豪墨，壁府珍。

臣勵宗萬銘：歲古不磨，物堅斯壽。宮弗厭卑，器亦求舊。眷兹鴛飛，用儕鳳咮。製樸以淳，質渾而厚。潤色鴻文，功昭世宙。

臣陳邦彦銘：漢宮鴛瓦兮，匪玉匪石。承明鳳池兮，如圭如璧。長奉君王染翰兮，億萬年，其無斁。

臣裘曰修銘：阿房火後夫央出，高拂星辰薄雲日。轉眼銅駝卧荆棘，瓦聲墮地秋蕭瑟。雨蝕沙埋光彩溢，題字摩挲未全失。繄誰規作文房物，觀乎人文占象吉。招邀龍賓走不聿，龍以緹緗副芸帙，用佐休明彰黻黻。

漢未央宮北温室殿瓦硯説

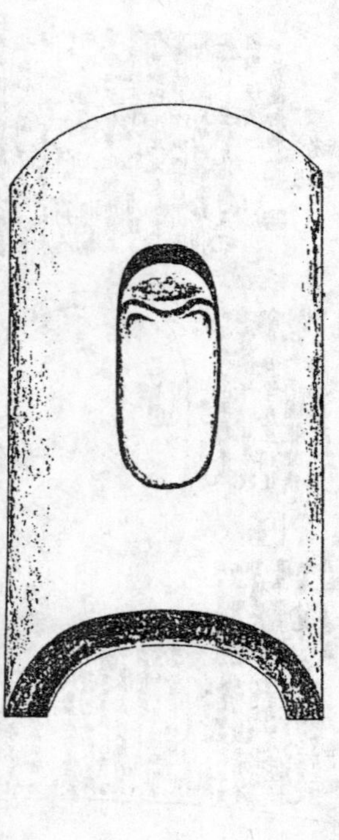

漢未央宮北温室殿瓦硯正面圖

漢未央宮北温室殿瓦硯背面圖

硯高七寸八分，兩趺相距四寸五分，厚六分，篚窮起二寸四分。質理堅緻，色黝黑。受墨處橢圓式，硯池深四分，左方鐫「喬簣成家藏」五字隸書，下有「駙馬都尉晉卿家藏」方印一。右方有鮮于圓印一，伯幾方印一，困學齋方印一，篚首側作雲螭文。硯上方鐫御題銘一首楷書，鈐寶二，曰乾隆、曰御玩。左側鐫臣汪由敦銘一首篆書，臣張若靄、臣董邦達銘各一首，俱隸書。右側鐫臣梁詩正、臣勵宗萬、臣裘曰修銘各一首，俱楷書。下方鐫臣陳邦彦銘一首行書，篚裏有「未央宮北温室殿用蕭何監造」十二字隸書，陽文款，攷宋駙馬都尉王詵字、晉卿元鮮于樞字。伯幾自號困學齋民，喬簣成亦元人。是硯蓋詵故物而流傳既久，鮮于、喬氏並經賞玩，故各有印識云。硯匣蓋上鐫「未央宮温室瓦硯」七字隸書，鈐寶一，曰乾隆御玩，下鐫御題銘，與硯同隸書。鈐寶二，曰幾暇怡情、曰得佳趣。

御製漢未央宮北温室殿瓦硯銘

赤帝肇基，鄭侯正宅。陶人爲瓦，堅若金石。宵露凝精，曦陽耀魄。歷歲二

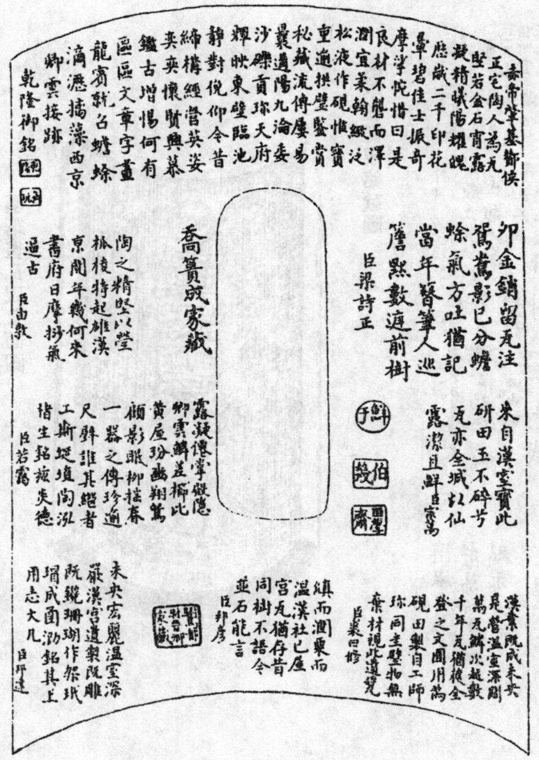

漢未央宫北温室殿瓦硯正面銘款圖

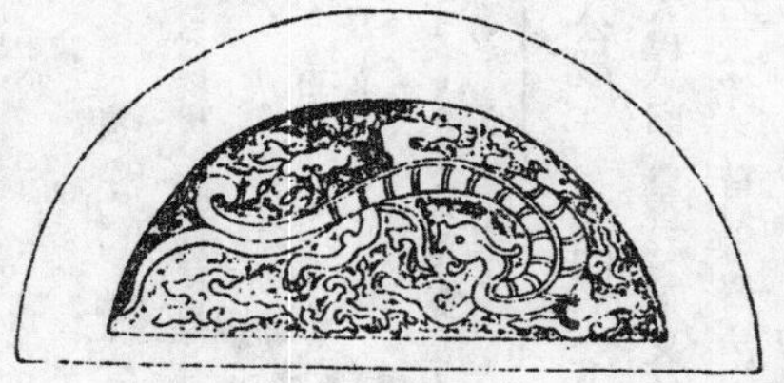

漢未央宫北温室殿瓦硯箭首側面圖

千，印花暈碧。佳士振奇，摩抄惋惜。曰是良材，不襲而澤。潤宜柔翰，緻泛松液。作硯惟寶，重逾拱璧。鑒賞秘藏，流傳屢易。曩遘陽九，淪委沙礫。貢珍天府，輝映東壁。臨池静對，俛仰今昔。締構經營，英姿奕奕。懷賢興慕，鑑古增惕。何有區區，文章字畫。龍賔就召，蟾蜍滴瀝。摛藻西京，卿雲接跡。

臣汪由敦銘：陶之精堅，以瑩柧棱。特起雄漢京，閲年幾何來書府。曰摩抄，氣逼古。

臣張若靄銘：露凝仙掌，殿隱卿雲。鱗差櫛比，黄屋玢豳。翔鴛顧影，眠柳摇春。一器之傳，珍逾尺璧。誰其繼者，工斯埏埴。陶泓楮生，銘兹炎德。

臣董邦達銘：未央宏麗，温室深嚴。漢宫遺製，既雕既鑱。珊瑚作架，玳瑁成函。泐銘其上，用志大凡。

臣梁詩正銘：夘金銷，留瓦注，鴛鴦影已分，蟾蜍氣方吐。猶記當年簪筆人，巡簷默數庭前樹。

臣勵宗萬銘：來自漢室寶此研，田玉不碎兮瓦亦全，盛以仙露，潔且鮮。

臣裘曰修銘：漢業既成，未央是營。温室深閎，萬瓦鱗次。越數千年，瓦猶獲全。登之文囿，用爲硯田。製自工師，珍同圭璧。物無棄材，視此遺甓。

臣陳邦彦銘：縝而潤，栗而温。漢社已屋，宫瓦猶存。昔同樹不語，今並石能言。

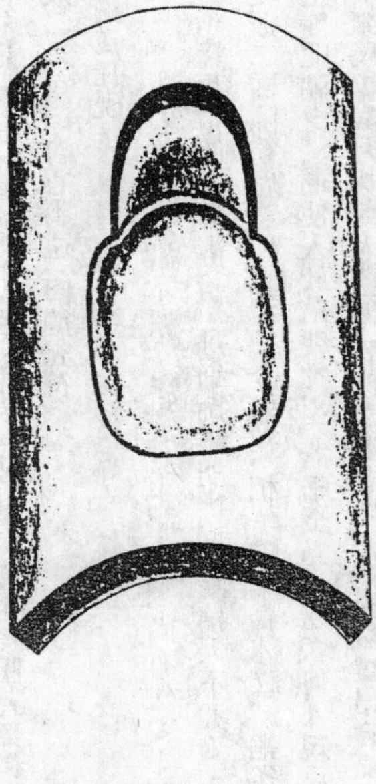

漢銅雀瓦硯正面圖繪圖十分之六第一硯

漢銅雀瓦硯説

硯高七寸九分，寬五寸，厚一寸六分，漢銅雀臺瓦也。瓦背刳中橢圓爲受墨處，高三寸五分，寬二寸八分。其上爲墨池，若卣之有梁，深五分。左方鐫「寶晉

漢銅雀瓦硯背面圖

漢銅雀瓦硯銘款圖

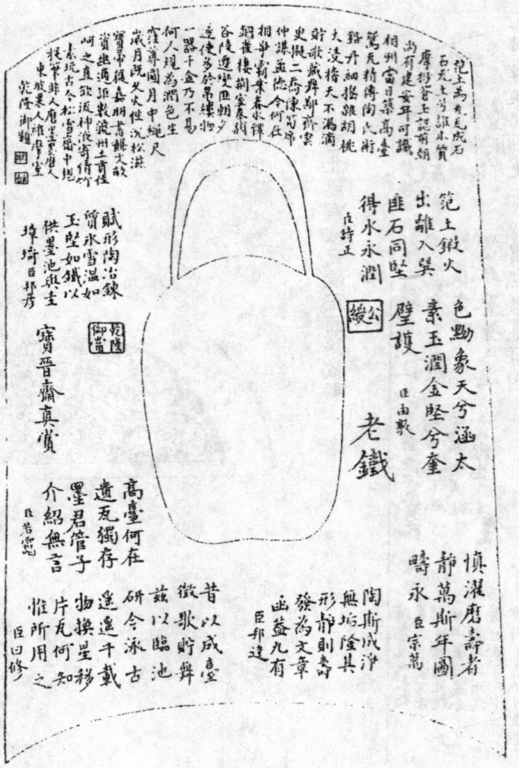

齋真賞」五字篆書，右方上有「公綬」二字方印一，下鐫「老鐵」二字隸書。硯首鐫御題詩一首楷書，鈐寶二，曰太樸，曰古香。下又鈐寶一，曰乾隆御賞。左旁鐫臣陳邦彦銘一首，楷書，臣張若靄銘一首，隸書，臣裘曰修銘一首，楷書。右旁鐫臣梁詩正銘一首，楷書，臣汪由敦銘一首，篆書，臣勵宗萬銘一首，楷書，臣董邦達銘一首，草書。左邊側面有「松雪齋藏」四字，篆書。硯背印「建安十五年」五字陽文，隸書，上印古錢一文曰寶貨，下印天鹿形一，隆起分許，四周葛麻文。考寶晉、松雪二齋爲宋米芾、元趙孟頫齋名，元楊維楨號鐵崖，亦自稱曰老鐵。明姚綬字公綬，嘉興人，善書畫。是硯體色瑩澤，貯墨含采，與未央宮東閣瓦硯同，而規制小異，歷宋元明，俱經賞鑒家收藏，流傳有緒，誠可寶也。匣蓋鐫御題詩，與硯同隸書。鈐寶二，曰會心不遠，曰德充符。

御製題漢銅雀瓦硯

范土爲瓦瓦成石，石瓦土兮誰本質。摩抄蒼玉認前朝，尚有建安年可識。相州當日築高臺，駕瓦精傳陶氏術。鉛丹細搗雜胡桃，大浸稽天不漏滴。貯歌藏舞鄴齊雲，更擬二喬陳筍席。仲謀孟德今何在，相争霸業春冰釋。銅雀棲荆室奉頹，谷陵遷變匪朝夕。遂使人於帛縷物，一器千金乃不易。何人規爲潤色生，窪尊圓月中繩尺。歲月既久火性沉，潤似端溪老坑出。松滋寶帚獲嘉朋，書媒文畝資幽適。詎數虢州土貢佳，呵之直欲流神液。寄情竹素玩古今，松雪齋中想捉筆。非人磨墨墨磨人，東坡果入維摩室。

臣梁詩正銘：范土鍛火，出離入巽，匪石同堅，得水永潤。

臣汪由敦銘：色黝象天兮涵太素，玉潤金堅兮奎壁護。

臣勵宗萬銘：慎濯磨，壽者静，萬斯年，圖疇永。

臣董邦達銘：陶斯成，净無垢，隆其形，静則壽。

臣陳邦彦銘：賦形陶冶，鍊質冰雪。温如玉，堅如鐵，以供墨池，與圭璋埒。

臣張若靄銘：高臺何在，遺瓦獨存。墨君管子，介紹無言。

臣裘曰脩銘：昔以成臺，徵歌貯舞。玆以臨池，研今泳古。遙遙千載，物換

漢銅雀瓦硯正面圖繪圖十分之六第二硯

漢銅雀瓦硯背面圖

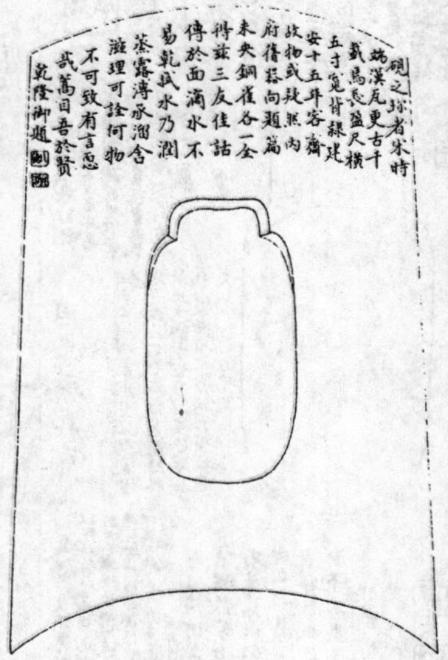

漢銅雀瓦硯銘款圖

星移。片瓦何知，惟所用之。

漢銅雀瓦硯

硯高七寸六分，寬四寸八分，豐下削上，厚一寸七分，亦漢銅雀瓦。受墨處琢爲瓶式，瓶口爲墨池。硯首鐫御題詩一首，隸書，鈐寶二，曰比德、曰朗潤。硯背印「建安十五年」五字陽文，隸書，四周葛麻文。是硯質理細潤，黄如蒸栗，滴水不乾，觸手生潤，兩後氣凝如露，蓋久承簷溜滋液滲漉所致，如端溪水巖石液内含水氣外溢也。前未央銅雀二瓦色皆青黑，此獨黄，類澄泥，當由埏埴時取材既殊，火色亦有深淺，且入土年久與黄壤融洽，較取之漳水中者不同，亦猶古銅器有南出土西出土之别耳。要其淘煉精良如陶弼，銅雀瓦硯詩所云「煉盡沙石滓，陶成金玉胚」者，其致一也。考宋洪适《容齋續筆》，稱先世得瓦硯，長尺有半，潤八寸，背有隱起隸字，曰「建安十五年」。此瓦款製如之，而尺寸較小三之一，當由古今尺度不同，或即其故物。匣蓋鐫御題詩與硯同，鈐寶二，曰幾暇怡情、曰得佳趣。匣底内鐫識語二則共二百二十九字，俱隸書。

御製題漢銅雀瓦硯

硯之珍者宋時端，漢瓦更古千載焉。長盈尺橫五寸寬，背隸建安十五年。容齋故物或疑然，内府舊器向題篇。未央銅雀各一全，得兹三友佳話傳。於面滴水不易乾，拭水乃潤蒸露溥。承溜含滋理可詮，何物不可致有言，恧哉蒿目吾於賢。

識語：謹攷宋洪适《容齋續筆》，云先世得瓦硯二，長尺有半，闊八寸，中爲瓢形，背有隱起六隸字曰「建安十五年造」。又其所著《隨筆》云：贑雩都灌嬰廟左有池，得瓦可爲硯，其色正黄。按：此硯惟隸書缺一造字，餘俱與洪适所載脗合，洵漢瓦無疑。

又按：硯之佳者稱細膩潤澤，蓋細不損筆，膩乃發墨，潤則貯墨含采，澤則水氣外溢，不易乾也。端溪水岩石著手如蒸，呵之則水滋，故魏繁欽賛有漸漬甘液之語。《揮麈録》載陳公密硯，每遇陰晦輒興雲霧，言其質之常潤也。又《文房四譜》云絳縣人製澄泥硯，水自不涸。韓琦《詠古瓦硯》詩有「當時此復近簷溜」之句，此漢瓦硯昔年既承簷溜，且閱歲久遠，故能含潤耳。

漢銅雀瓦硯正面圖繪圖十分之六第三硯

漢銅雀瓦硯説

硯高八寸六分，寬五寸四分，厚五分，第穹起離几一寸七分，漢銅雀瓦爲之。受墨處橢圓，上爲墨池，深五分許。上方鐫御題銘一首，楷書，鈐寶二，曰乾隆御

漢銅雀瓦硯背面圖

漢銅雀瓦硯銘款圖

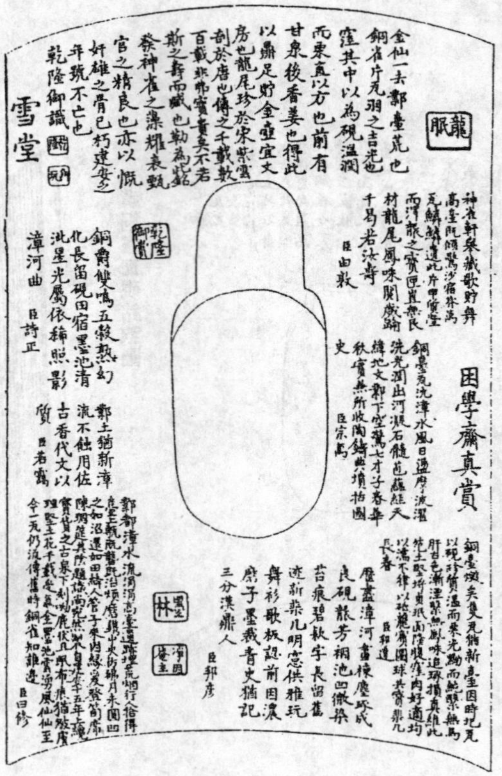

玩。墨池左鈐寶一，曰乾隆御賞。上方左鐫「雪堂」二字，篆書，右有「龍眠」二字方印一，右旁近邊處鐫「困學齋真賞」五字，隸書，下方近左有墨林及净因菴方印二，(硯)硯左方鐫臣梁詩正銘一首，楷書，臣張若靄銘一首，隸書，臣裘曰修詩一首，楷書。右方鐫臣汪由敦銘一首，篆書，臣勵宗萬詩一首，楷書，臣董邦達銘一首，隸書，臣陳邦彥詩一首，楷書。硯背印「建安十五年」五字，陽文隸書，上印古錢一文曰寶貨，下印眠鹿一。考雪堂在黄岡縣治東，宋蘇軾謫居黄州時建。陸游《入蜀記》云：東坡地勢平曠，東起一壟頗高，有屋三間曰居士亭，亭下面南一堂是爲雪堂，軾自爲之記，因以自號。宋李公麟字伯時，舒州人，第進士。元符中歸老龍眠山中，嘗自作山莊圖，爲世寶傳，號龍眠居士。元鮮于樞字伯幾，漁陽人，官太堂寺簿，善行草，趙子昂極推重之，自號困學齋民。明項元汴字子京，號墨林居士，檇李人，善畫山水、古木、墨竹、梅蘭，頗有逸趣，兼富鑒藏，爲東南好事之家之最。净因菴主不見記載，莫詳所(自)出而與墨林印連用，大小如一，或亦元汴所用者。是硯歷宋及明，俱有名家收藏圖記，且墨鏽深厚，古香可挹，尤足寶也。匣蓋鐫御題銘與硯同，鈐寶二，曰幾暇怡情、曰得佳趣，上鐫銅雀瓦硯四字隸書。匣底鐫寶一，曰乾隆御玩。

御製漢銅雀瓦硯銘

金仙一去，鄴臺荒也。銅雀片瓦，羽之吉光也。窪其中以爲硯，温潤而栗直以方也。前有甘泉，後香姜也。得此以鼎，足貯金壺，宜文房也。龍尾珍於宋，紫雲割於唐也。傳之千載數百載，非弗寶貴矣，不若斯之壽而臧也。勒爲此銘，發神雀之藻耀，表甄官之精良也。亦以慨奸雄之骨已朽，建安之年號不亡也。

臣梁詩正銘：銅雀雙鳴五穀熟，幻化長留硯田宿。墨池清泚星光屬，依稀照影漳河曲。

臣張若靄銘：鄴土猶新，漳流不蝕。用佐古香，代文以質。

臣裘曰修詩：鄴都漳水流涓涓，高臺遺跡埋荒烟。行人拾得臺上甎，既礱既治煩磨鐫。中央彷彿月未圓，凹之如沼還如田。絳人管子來因緣，爰登笥席陳琱筵。其陰題識尚宛然，製自建安十五年。上鑱寶貨之古泉，下刻呦鹿伏且眠。布痕猶皺膚理堅，土花千載受氣全。墨池雲湧風仙仙，至今一瓦仍流傳，舊時銅雀知誰邊。

臣汪由敦銘：神雀軒舉，藏歌貯舞。高臺既傾，驚沙宿莽。萬瓦鱗鱗，遺此片甲。質瑩而澤，襲之寶匣。豈無良材，龍尾鳳咮。閱歲踰千，曷若汝壽。

臣勵宗萬詩：銅臺瓦，沈漳水。風日盪摩波濯洗，光潤出河凝石髓。苞蘊經天緯地文，鄴下空驚七才子。春華秋實兼所收，陶鑄典墳括圖史。

臣董邦達銘：銅臺燬矣，隻瓦猶新。臺因時圮，瓦以硯珍。質温而栗，光黝而純。緊無馬肝，古色漸湮。緊無鳳咮，追琢損真。維此范土，堅埒貞珉。面隆腹窪，肉好邊均。以濡不律，以砥龍賓。圖球共寶，棐幾長春。

臣陳邦彥詩：歷盡漳河畫棟塵，琢成良硯襲芳裀。池凹微染苔痕碧，款字長留舊迹新。棐幾明窗供雅玩，舞衫歌板認前因。濃磨子墨裁青史，猶記三分漢鼎人。

漢銅雀瓦硯正面圖繪圖十分之六第四硯

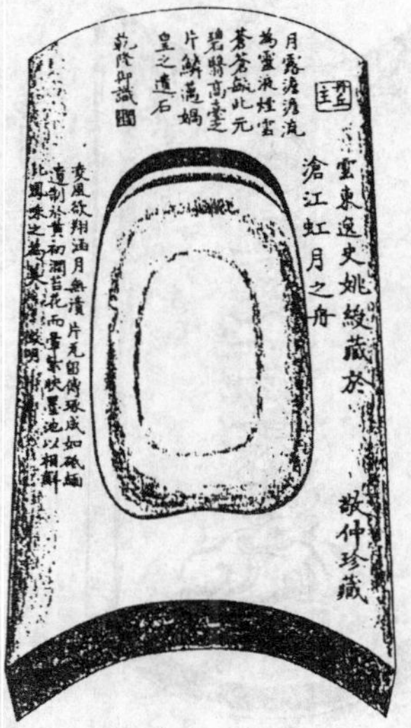

漢銅雀瓦硯背面圖

漢銅雀瓦硯説

硯高八寸三分，上寬四寸五分，下寬五寸，厚五分，箭穹起一寸四分。受墨處微窪，與墨池通。上方鐫御題銘一首，行書，鈐寶一曰乾隆御賞，右有丹邱生方印一，左帝鐫銘四十字，下署徵明二字，楷書，右旁鐫識語曰「雲東逸史姚綬藏於滄江虹月之舟」十四字，篆書，下署敬仲珍藏四字，隸書。硯背印「建安十五年」五字，隸書，週有葛麻紋。考元柯九思字敬仲，自號丹邱生。明姚綬號雲東逸史，工翰札，與文徵明同時。是硯蓋經九思珍藏，流傳至綬而徵明爲之作銘云。匣蓋鐫御題銘與硯同，鈐寶一曰御賞，上方鐫蒼精二字隸書。匣底内鈐寶一，曰乾隆御玩。

御製漢銅雀瓦硯銘

月露滄滄，流爲靈液。烟雲蒼蒼，毓此元碧。翳高臺之片鱗，邁媧皇之遺石。

明文徵明銘：凌風欲翔，涵月無清。片瓦留傳，琢成如砥。緬遺制於黄初，潤苔花而暈紫。映墨池以相鮮，比鳳咮之爲美。

漢銅雀瓦硯説

硯高八寸一分，寬五寸八分，厚一寸，色黝而澤。考高似孫硯箋，稱銅雀瓦

漢銅雀瓦硯正面圖繪圖十分之六第五硯

漢銅雀瓦硯背面圖

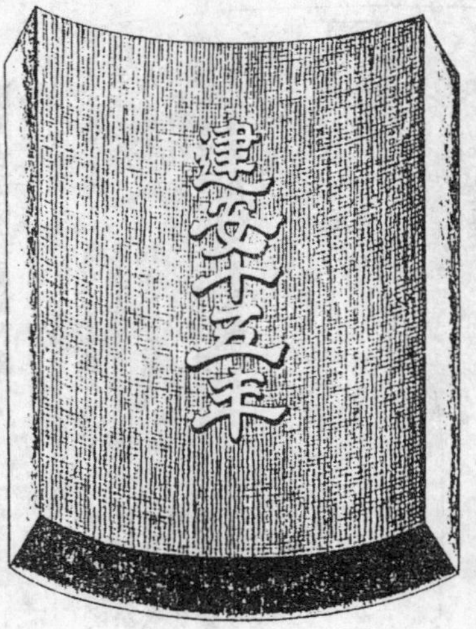

漢銅雀瓦硯上方側面圖

澄胡桃油埏，與衆瓦異，此硯仿佛似之。受墨處橢圓，三寸許，墨池深四分。硯首鐫銘三十二字篆書，無款。左右鐫「爲愛陶甄之質，宜加即墨之封」十二字行書，下方鐫識語二十三字，并「洪武辛未重九臞仙識」九字，皆行書。上方側鐫御題詩一首，隸書，鈐寶二，曰古香、曰太樸。匣蓋并鐫是詩，亦隸書。鈐寶二，曰乾隆硯。背有葛麻紋，正中印「建安十五年」五字隸書。考辛未爲明洪武二十四年，臞仙，明寧王權自號，洪武第十七子，即於是年封，好與文士往還，此研或曾經珍玩云。

御製題漢銅雀瓦硯

静爲用復泰爲貞，浄几文房永伴清。毛舉不須説毛潁，陶成原得號陶泓。鄴臺一旦辭榱棟，漳野多年埋棘荆。可惜建安空紀歲，爾時覬覦早深萌。

硯首銘：惟天降靈，錫我曹甓，值時清明，遇人而出。惜彼陶甄，乃古器質，

漢銅雀瓦硯背面圖

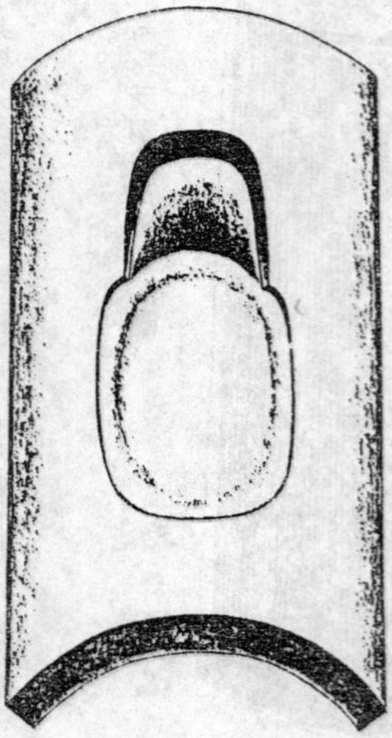

漢銅雀瓦硯正面圖繪圖十分之六第六硯

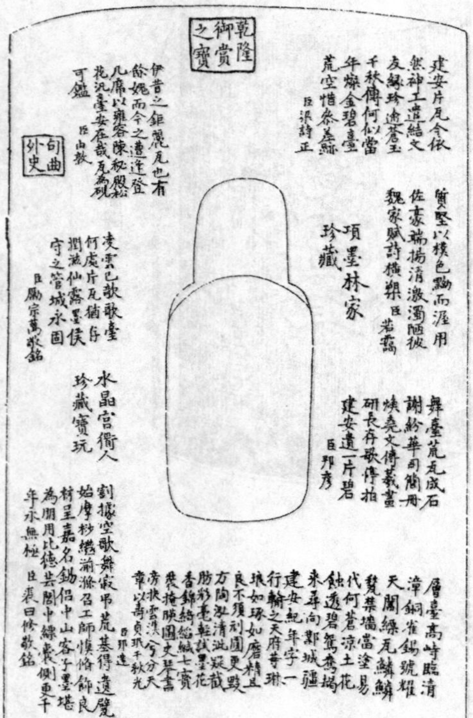

漢銅雀瓦硯正面銘款圖

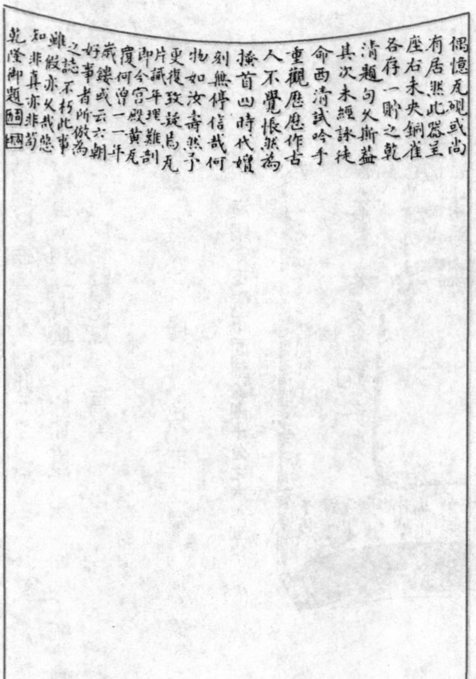

漢銅雀瓦硯正面銘款圖

翰墨是封，以彰以述。

明寧王權識語：予得于漳濵之深川，愛而加諸翰墨，以爲博雅好古之玩云，洪武辛未重九臞仙識。

漢銅雀瓦硯説

硯高八寸五分，寬五寸二分，厚半寸，甯處窮起離幾一寸六分，漢銅雀瓦也。受墨處橢圓，墨池稍狹，側上深四分許。上方正中鐫寶一，曰乾隆御賞之寶。左上方正句曲外史方印一，下鐫「水晶宫道人珍藏寶玩」九字。右方鐫「項墨林家珍藏」六字，並隸書。硯背印「建安十五年」五字陽文隸書，上印古錢一，文曰寶貨，下印眠鹿一。上方鐫御題詩一首，楷書，鈐寶二，曰古香、曰太璞。硯面左側鐫臣汪由敦銘一首，篆書，臣勵宗萬銘一首，隸書。臣裘曰脩銘一首，右側鐫臣梁詩正銘一首，俱楷書。鐫臣董邦達詩一首，行書。考句曲外史，張雨自號。趙孟頫嘗自稱水晶宫道人，墨林居士即明項元汴。是硯與《困學録》蔵瓦硯皆背無葛蘇紋，雖不能定其必係漢瓦，然既經孟頫諸人鑒藏製作，印識亦俱古雅。臣等伏讀是硯御製詩云：或云六朝好事者所仿爲之誌，不朽此事，雖假亦久哉。惡知非真亦非苟，傳信傳疑，足爲千秋定論，謹並仍標爲漢銅雀瓦硯，列於諸漢瓦硯之末。匣蓋面鐫「銅雀瓦硯」四字隸書，鈐寶二曰乾隆。下方側鐫御題詩與硯同，鈐寶二，曰比德、曰朗潤。匣底鐫寶一，曰乾隆御玩。

御製題漢銅雀瓦硯

偶憶瓦硯或尚有，居然此器呈座右。未央銅雀各存一，貯之乾清題句久。斯蓋其次未經詠，徒命西清試吟手。重觀歷歷作古人，不覺悵然爲搔首。四時代嬗刻無停，信哉何物如汝壽。然予更復致疑焉，瓦片識年理難剖。即今宫殿黄瓦覆，何曾一一年歲鏤。或云六朝好事者，所倣爲之誌不朽。此事雖假亦久哉，惡知非真亦非苟。

臣汪由敦銘：伊昔之鉅麗瓦也，有餘媿而今之遭逢，登幾席以雍容陳秘殿，松花汎臺安在哉，瓦爲硯可鑑。

臣勵宗萬銘：凌雲已欹，歌臺何處。片瓦猶存，潤滋僊露。墨侯守之，管城永固。

臣裘曰修銘：割攄空，歌舞寂。弔荒基，得遺甓。始摩抄，繼湔滌。召工師，慎脩飾。良材呈，嘉名錫。侣中山，容子墨。堪爲朋，用比德。芸閣中，縹囊側，更千年，永無極。

臣梁詩正銘：建安片瓦今依然，神工遺結文友緣，珍逾蒼玉千秋傳。何似當年燦金碧，臺荒空惜參差跡。

臣張若靄銘：質堅以樸，色黝而渥。用佐豪端，揚清激濁。陋彼魏家，賦詩横槊。

臣陳邦彦銘：舞臺荒，瓦成石。謝紛華，司簡册。焕堯文，傳羲畫。硯長存，歌停拍。建安遺，一片碧。

臣董邦達詩：層臺高峙臨清漳，銅雀錫號耀灾閭。縹瓦鱗鱗甃禁墻，當塗易代何蒼凉。土花蝕透碧鴛鴦，揭來尋向鄴城疆。建安紀年字一行，輪之天府等琳琅。如琢如磨精且良，不須刓圓更毁方。陶泓清泚疑截肪，彩毫輕試墨花香。錦綺縚緘七寶裝，掩映圖史琴書傍。扶雲漢兮分天章，以壽貞珉千秋光。

于敏中等《西清硯譜》卷二《陶之屬》

漢甎多福硯乾清宫

漢甎石渠硯頤和軒

漢甎虎伏硯延趣樓

魏興和甎硯樂壽堂

唐石渠硯一乾清宫

唐石渠硯二樂壽堂

唐澄泥六螭石渠硯

唐八棱澄泥硯獅子林

漢磚多福硯説

硯高五寸許，寬七寸許，厚五分，横斜曲直，因其自然，成側翅蝙蝠形，色淡黄，質理細膩如玉，當是漢時古磚之刓缺者。硯正中隆起寸許如背，下即土質墳處爲小蝠一，右方平處磨治爲硯，工鐫「多福研」三字。右上方鐫「天畀夭子瑞其家庭」八字，下方鐫銘二十四字，署款曰平州。左方鐫銘二十四字，亦署平州二字。款又鐫識語二十六字，無款，並楷書。左角鐫寶一，曰乾隆珍翫。硯背左角鐫多蝠二字篆書，中土脈墳起處刻蝠形，隱約可辨者幾十餘。上方鐫銘四十八字，署款曰「白氍緣人贊」五字，並楷書。「平州」及「白氍緣人」俱無考。是硯色黄肌細，扣之作土聲，確係是陶非石。「平州」作銘，止云汶水毓精，亦未確指爲石也，惟「白氍緣人贊」稱泰山所鍾，始誤認爲石，遂致沿訛，使佳硯本質不彰。

考漢以前陶埏精良，三臺之瓦世所膾炙，其餘搆造，必不若觚。是硯獲自汶水靈光魯殿，去汶不遠，豈無遺甓淪没洪波，久而復出，堪備硯材者，其爲漢磚無疑。匣蓋鐫御題銘一首楷書，鈐寶二，曰惟精惟一、曰乾隆宸翰。臣等捧觀敬誦，竊仰窺我皇工法祖敬天，建極錫福之忱，無時或釋，即銘硯數語，而深宫宵旰。凡所以措斯世斯民於熙皞之盛胥，於是乎在矣。外匣蓋鐫臣仕蘭枝、臣蔣溥、臣劉統勳、臣彭啓豐、臣張若靄、臣鄂容安、臣介福銘各一首，俱楷書。

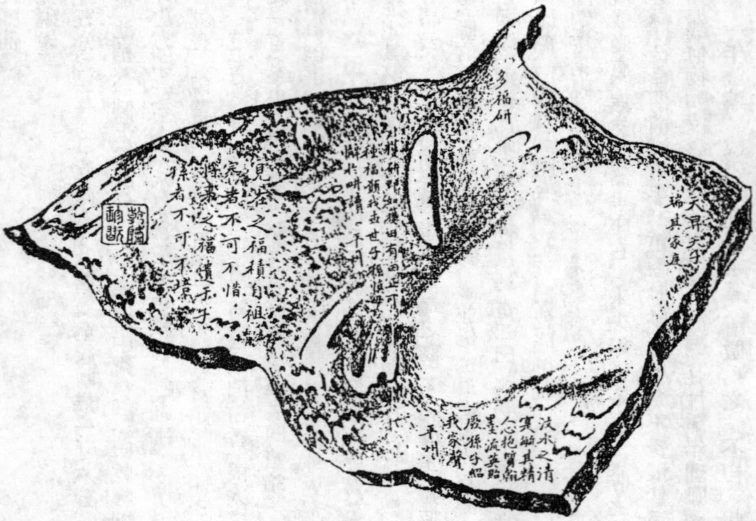

漢甎多福硯正面圖

御製多福硯銘

惟古有訓，斂時五福。敷錫庶民，幽贊化育。承天之序，厥惟艱哉。視民如傷，孰釋予懷。母曰九重之宫而安其躬，念蔀屋之窮歎，每憂心以忡忡。母曰八珍之膳而供其宴，念糲食之尚乏，嗟何能以下嚥。錫福謂何，追云建極。期愆尤之或鮮，恒小心而翼翼。我心如是，我志在兹。視此砥石，貞堅不移。庶天祖之鑒佑，致風雨其咸時。斯蒼生之多福，即予一人之多福，永與薄海而共之。

平州銘：汶水之清，實毓其精。人心抱質，翰墨流英。貽厥孫子，紹我家聲。

又獲硯即如獲田，有田正可種福。願我世世子孫，慎毋懈於畊讀。

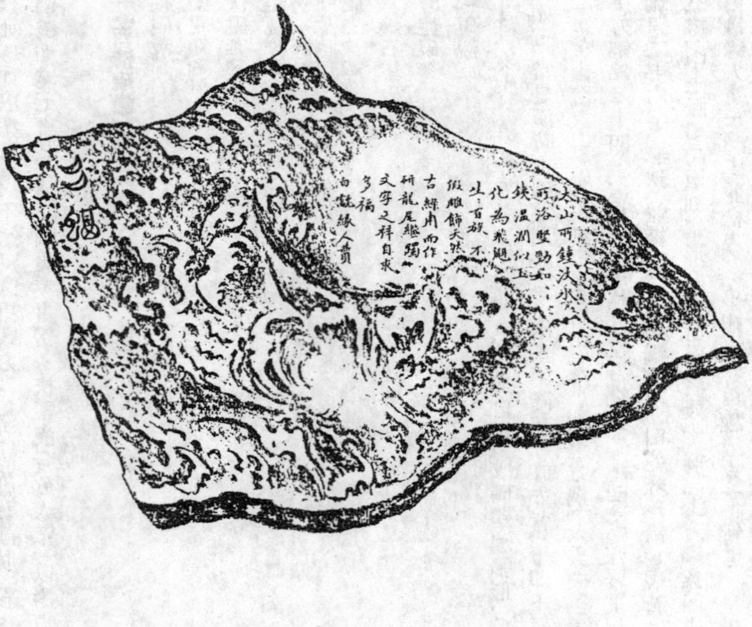

漢甎多福硯背面圖

無款識語：見在之福積自祖宗者，不可不惜。將來之福遺於子孫者，不可不培。

白鷴緣人贊：太山所鍾，汶水所浴。堅勁如鐵，溫潤似玉。化爲飛鴖，生生百族。不假雕飾，天然古緑。用而作硯，龍尾繼躅。文字之祥，自求多福。

臣仕蘭枝銘：朶雲片玉出淵阜，噓氣如虹工衡斗。貢之明堂列幾右，赤文緑字無不有。毫端膚寸百靈走，崇朝徧灑歡駭者。翊贊文明發豐蔀，蒸出芝菌作林藪。民俗登三歲餘九，用介景福俾單厚。九重歛抑志謙受，精意祓濯孚盈缶。敷言錫福騰萬口，尚勵乃績一乃守。含章靜嘿遠氛垢，萬歲千齡奉我后。

臣蔣溥銘：維皇建極，錫福下民。言傳號渙，灑澤爲春。覩茲石英，德象坤厚。蓄故能容，靜故能壽。肅陳丹幾，夙夜懋勤。棖柢經訓，扶質敷文。抱貞守一，沾濡朝野。漸之摩之，悠也久也。遜志時敏，聖學日新。仁耕義耨，廣運陶鈞。福被萬邦，中正是秉。銘厥金石，用配盤鼎。

臣劉統勳銘：中和純粹，毓質惟良。以綏多福，嘉名乃彰。福之滋培，既深且長。福之推暨，品類咸昌。體立用行，炳蔚蕃皇。有典有則，如圭如璋。味道之腴，漱藝之芳。澤沛蒼黎，輝映巖廊。德洋恩溥，若時雨暘。引之申之，積厚流光。日新又新，茀禄用康。文同九有，慶錫無疆。

臣彭啓豐銘：雲根出山，霞蔚其文。墨池灑潤，結藻流芬。以介繁祉，百福千祀。與金並堅，比玉同美。挹彼注茲，潤色鴻熙。出納綸誥，恩膏溥施。靜德無聲，榮光似鏡。正直守中，端凝主敬。維德之馨，錫賚有銘。盤盂並鑒，彝訓是經。我皇至德，受釐保佑。配命自求，乾行坤厚。天葩刊珉，輝光日新。建極錫福，箕疇載陳。

臣張若靄銘：坦坦平平，宜文宜質。溫溫穆穆，如圭如璧。其體常貞，其用不息。動以研天下之精，靜以立天下之則。從心而不踰乎矩，因時而不滯乎物，是之謂造福之田，揆天之筆。藹藹爲雲，膚寸也而沛垂天之澤。淵淵其淵，涓滴也而凝江海之液。渙汗其大號而義貫六經，燦麗其絲綸而文成五色。蓋萬物之壽也而悉本於王心之一，萬年之和也而皆蘊於皇衷之密。神之聽之，多福是錫。民之質矣，徧爲順德。

臣鄂容安銘：維茲珉石，膺受多福。樸然天成，渾渾穆穆。體端而靜，性堅以貞。以濡以沐，潤色蒼生。濡之以毫，爲霖爲雨。曾不崇朝，徧於寰宇。沐之以墨，如綍如綸。沛若江河，達於崑崙。勿謂萬類，聚之几席。藉此方寸，通其呼吸。雖有萬事，資以助之。著於一紙，九有勿遺。運行在心，吐納在腹。一滴涓涓，中外咸渥。膺福者硯，錫福者天。虛中以應，億萬斯年。

臣介福銘：相茲貞石，採自幽谷。追之琢之，溫其如玉。供清玩於九重，肇嘉名以多福。明明我后，錫極庶民。宵衣旰食，與物偕春。福緣天降，亦由自求。遵道遵路，朝野咸休。乃啓彤帷，乃拭綈幾。嘉茲硯之堪珍，煥絲綸於遐邇。涵濡宇宙，潤色太平。永斯年於億萬，熙久道兮化成。

漢磚石渠硯正面圖繪圖十分之六

漢磚石渠硯背面圖

漢甎石渠硯説

硯高七寸二分，寬四寸二分，厚二寸，長方式，漢古甎爲之。色紫而澤，中爲受墨處，工微凹，直勒爲墨池，周環以渠，俱斗檢式。直勒下邊周刻雲雷紋，側面刻螭六，上下環束絢紋二，四足爲獸面。承硯離幾六分許，背面邊周刻水草紋，覆手窪下作兩層，中鐫「漢墨藏寶」四字篆書。工層周鐫御題詩一首，篆書，鈐寶一，曰永寶用之。匣蓋並鐫是詩，隸書鈐寶一，曰得佳趣。是硯刻鏤俱極古雅有刀，法徧裹青緑砂斑，尤有寶色如古鼎彝，體質瑰厚，較唐石渠硯更爲渾穆。

御製題漢甎石渠硯

寶藏漢時墨，器類楚王磚。質異洪家譜，珍傳朱氏編。陶泓信此耳，居默彼誰焉。設寄鳳池容，寧知八影遷。

漢磚虎伏硯蓋外面圖

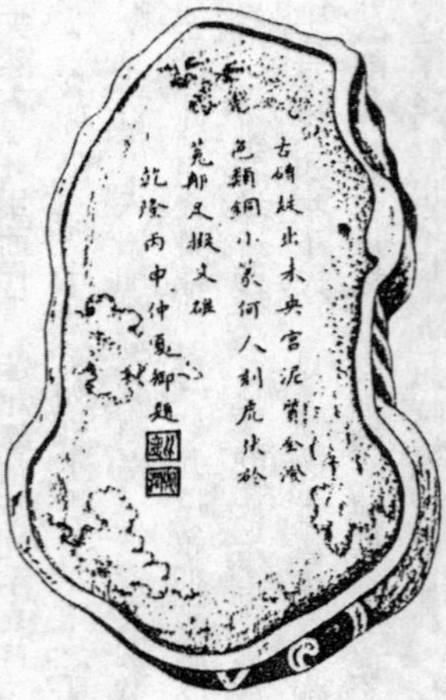

漢磚虎伏硯蓋內面圖

漢磚虎伏硯説

硯高五寸，工寬二寸七分，下寬三寸二分，厚約一寸五分許。色黄而黝，質極堅潤，與漢甎及未央瓦絶相類。琢爲伏虎形，中剖爲硯如石函式。工函爲蓋，

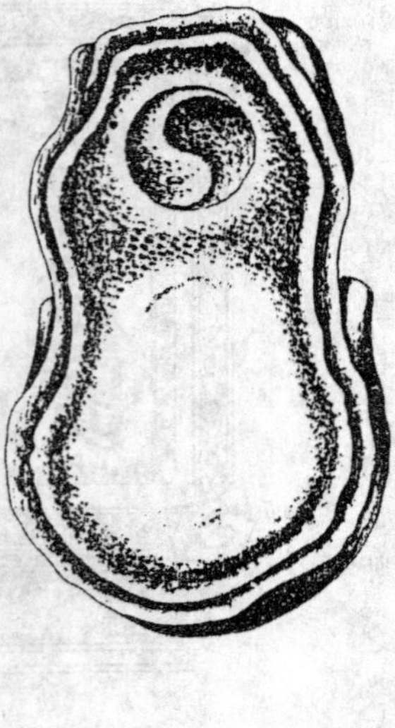

漢磚虎伏硯正面圖

漢磚虎伏硯背面圖

虎首左顧，旋毛文炳，遍體青緑砂斑，兼有剥蝕。下函爲硯，受墨處寬平，硯池正圓爲太極圖式，四周墨鏽深厚，真數百年前製。底刻虎足，跧伏形，爪距宛然。蓋內鐫御題詩一首，隸書，鈐寶二，曰比德、曰朗潤。底鐫虎伏二字篆書。謹案：內府所藏虎形硯共五方，皆質係澄泥，雖色分黄赤，背款亦有作虎符字，與此不同而形體尺度大畧相仿，疑出宋人手製。惟此硯更爲古澤，似得漢時舊甎甓治爲之者。匣蓋內鐫御題詩與硯同，鈐寶二，曰會心不遠、曰德充符。

御製題漢甎虎伏硯

古甎疑出未央宫，泥質全澄色類銅。小篆何人刻虎伏，於菟那足擬文雄。

魏興和甎硯説

硯高四寸一分，寬二寸九分，厚六分，魏興和時甎也。質細聲堅，古意穆然，

魏興和甎硯正面圖

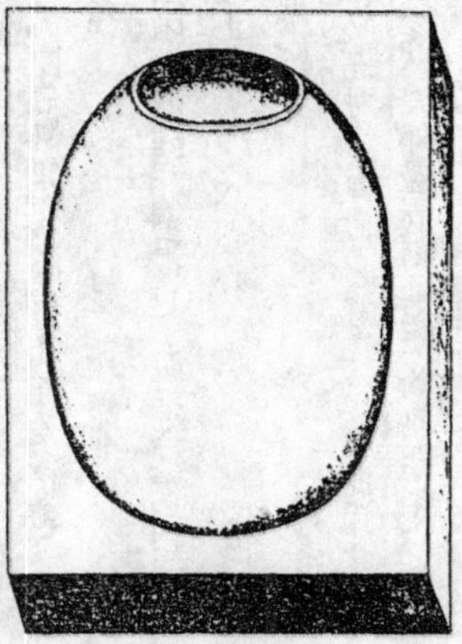

魏興和甎硯背面圖

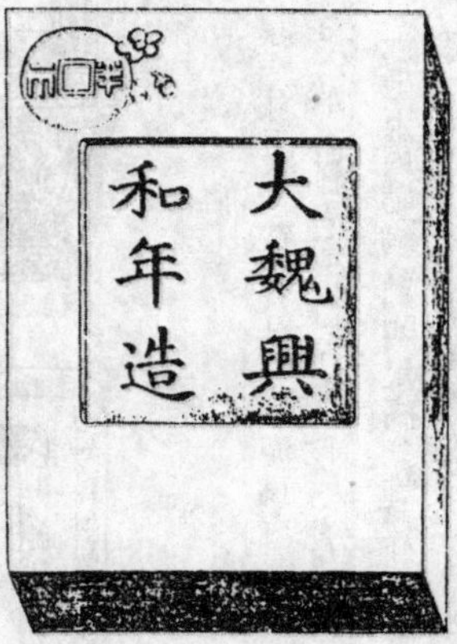

魏興和甎硯側面圖

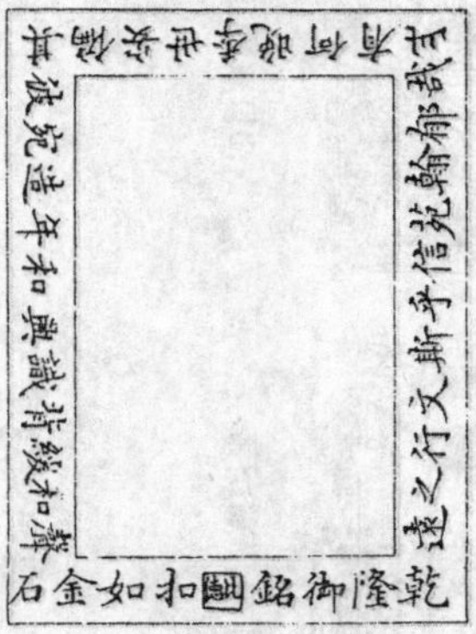

不知何時始琢爲硯。面正平，受墨處刻作餅式，即餅口爲墨池，深二分。硯側週鐫御題銘一首，楷書，鈐寶一，曰比德。硯背鐫「大魏興和年造」六字隸書，上方左側嵌半兩錢一枚，并玉蕊片二，似係入土年久粘漬者。考明高濂《遵生八牋》稱魏時甎硯長九寸，厚二寸許，濶四寸，色黄淡，如沉香，所載硯背文與此同。又稱一方有異獸奮翼者，止半其形，想甎大而得其半云云。是硯尺度較小，或亦因半甎而加製作者。匣蓋鐫御題銘與硯同隸書，鈐寶二，曰會心不遠，曰德充符。匣底内鐫「乾隆御用」四字，外鐫「魏興和甎硯」五字，俱隸書。

御製題魏興和甎硯

扣如金石聲和緩，背識興和年造宛。彼其偏安世季晚，何有此哉郁翰苑，信乎斯文行之遠。

唐石渠硯正面圖第一硯

唐石渠硯背面圖

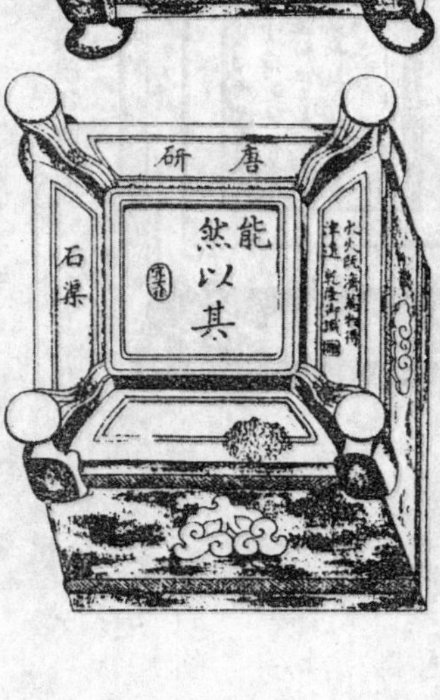

唐石渠硯説

硯方四寸二分，厚二寸二分，跗高七分，澄泥爲之。受墨處正方首微仰，墨池周圍成渠，深一寸一分，環渠邊周刻流雲紋。硯側四面上下通界絢紋，中凸起獸面各一，四角承跗處出硯體外各一分。硯背中心凸起，正方如印，所鐫篆書銘惟「能然以其」四字尚存，餘不可辨。後有宜子孫橢圓印一，四角刻流雲，斜屬於跗。上方鐫「唐研」二字，左方鐫「石渠」二字，俱隸書。右方鐫御題銘一首，楷書，鈐寶一，曰朗潤。考宋高似孫《硯箋》引鄭亨仲《硯記》云：唐人所用皆陶。又云：虢州澄泥，唐人以爲第一，蓋唐中世以前未甚知有端歙也。是硯墨鏽古厚，遍身砂斑青緑，獸面鎏金，掩映燦爛，當係入土年久所致，至其製古質佳，尤非後代所能仿彿。匣蓋外鐫御題銘與硯同行書，鈐寶一，曰乾隆宸翰。內鐫「唐硯」二字隸書，匣底鐫「石渠」二字隸書，鈐寶一，曰乾隆御玩。外鐫標識曰丙，楷書。

御製唐石渠硯銘

水火既，濟萬物，得津逮。

唐石渠硯正面圖第二硯

唐石渠硯背面圖

唐石渠硯説

硯方二寸五分，厚一寸五分，趺高分許，澄泥爲之。四邊及側俱作雷回文，周環石渠，渠深廣各二分許。中爲受墨處，方一寸六分，色深紫。四側各綴獸面銅鐶一，夾以蟠螭各二，上下周勒絢紋，四足高分許，亦作獸面緣趺。硯背深窪四分，正方中有「貽子孫」方印一，沿邊周鐫御題銘一首，隸書，鈐寶一，曰太璞。是硯紫泥，瑩潤如銅如石，而土花鏽澁，金碧青紅，莫名一狀，與前唐石渠硯形式較小，款製正同，真千年古物也。匣蓋外鐫御題銘與硯同隸書，鈐寶一，曰德充符。蓋內鐫「乾卦」一，匣底外鐫「乾隆御用」四字楷書。

御製唐石渠硯銘

方盈寸有半，圍以渠而周。銅乎石乎泥乎合一，相閱千秋。邊幅雖小，其用無窮。如寸田，贊化工。

唐澄泥六螭石渠硯説

硯高五寸六分，寬三寸六分，厚一寸二分，澄泥爲之。長方式，周環以渠，深八分。受墨處上方微仰，渠外邊周刻卧蠶紋，側面刻六螭，左右各二。上下各一覆手，深五分許，作兩層，與硯面相應。中鐫御題銘一首，楷書，鈐寶二，曰比德、曰朗潤。是硯質細體輕，墨華融結，剥蝕處古意穆然，必非唐以後所能爲。與內

唐澄泥六螭石渠硯正面圖

唐澄泥六螭石渠硯背面圖

府舊藏唐石渠硯雖一紫一黄色有不同，形製亦異，而閲世千餘，墨寶流傳，並陳瑶席，洵非偶然也。匣蓋鐫御題銘與硯同楷書，鈐寶一，曰德充符。

御製唐澄泥六螭石渠硯銘

石渠唐硯，久藏內府兮。賁來六螭，物必有偶兮。呵之發潤，筆花墨雨兮。竟體剥蝕，華紋吞吐兮。玉尚有瑕，況斯甄土兮。何物永堅，爲之意憮兮。

唐八稜澄泥硯説

硯八稜，稜廣一寸八分，經四寸一分，厚四分。受墨處正圓如璧，外環墨池，池外周刻海馬飛魚，出没波濤之際。上方左右側面鐫銘款十二字篆書，硯背鐫御題銘一首，楷書，鈐寶二，曰會心不遠、曰德充符。考明高濂《遵生八牋》稱唐澄泥硯池以泥水澄瑩，燒而爲硯，品爲第一，刻法精紗，真希世物云云。所載篆

唐八稜澄泥硯正面圖

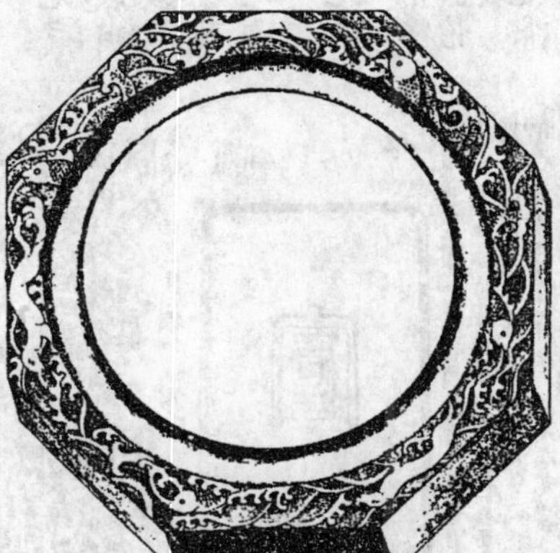

唐八稜澄泥硯背面圖

汾水澄泥絳縣製
賈氏譚録詳紀事
建武庚子分明識
海馬飛魚出波際
佐我文房之五藝
揮毫祇欲書亥字
乾隆御銘
明理宣跡平水圓璧建武庚子

書銘識刻作物象，與是硯同，惟彼稱方廣九寸，厚二寸，此爲較小，或作硯時依式製造，數方大小各具也。且土質細潤，堅如玉石，其爲汾絳舊物無疑。又考「明理宣跡，平水圓璧」八字迴文，銘爲梁邱遲作，款署「建武庚子」四字。建武爲齊明帝年號，遲逮事明帝，故署建武，惟明帝以甲戌建元，至戊寅改元永泰，無庚子年，意銘後庚子二字或書其日也。唐人作硯時蓋沿用銘詞並列，原款以爲重耳。

匣蓋鐫御題銘與硯同，鈐寶二，曰幾暇怡情、曰得佳趣。匣底内鐫「乾隆御用」四字，外鐫「唐八稜澄泥硯」六字，並隸書。

御製唐八稜澄泥硯銘

汾水澄泥絳縣製，賈氏譚録詳紀事。建武庚子分明識，海馬飛魚出波際。佐我文房之五藝，揮毫祇欲書亥字。

于敏中等《西清硯譜》卷三《陶之屬》

宋宣和澄泥硯
宋張栻寫經澄泥硯
宋澄泥虎符硯一 養心殿
宋澄泥虎符硯二 漱芳齋
宋澄泥虎符硯三 符望閣
宋澄泥虎符硯四
宋澄泥石函硯一 重華宫
宋澄泥石函硯二 尋沿書屋
宋澄泥石函硯三
宋方井硯 乾清宫
宋翠濤硯 乾清宫

宋宣和澄泥硯説

硯高八寸，寬五寸八分，厚八分，宋時澄泥製硯。面正平，受墨處刻瓶式，即以瓶口爲墨池，深三分。瓶式邊線皆作細絢紋，瓶耳刻作螭虎形，右角刓缺，四周俱有土蝕痕。硯背覆手刻作圭式，中鐫「宣和」二字篆書。上方鐫御題詩一首行書，鈐寶一，曰乾隆御賞。左方鐫臣蔣溥、臣汪由敦，右方鐫臣梁詩正、臣劉統勳恭和詩各一首，俱楷書。是硯淘煉精良，堅潤如石，閲代既久，墨光可鑑，篆刻亦極古秀，洵推陶友工乘。匣蓋並鐫御題詩，與硯同隸書。鈐寶二，曰乾隆宸翰、曰惟精惟一。

御製題宋宣和澄泥硯

澄泥貢硯識宣和，小篆分明泐未磨。撫不手留質古玉，暎教心澹色春波。出陶底異銅臺瓦，受墨偏宜棐几娥。温室餘閒常命什，勑幾惟覺漸賡歌。

臣蔣溥詩：幾度叢臺漉水和，流傳古質未消磨。西清識篆猶青汴，東壁分牋有衍波。半沼春泉宜静友，一圭膩玉薦雲娥。宸章燦處烟光濕，不數端州石

宋宣和澄泥硯正面圖繪圖十分之六

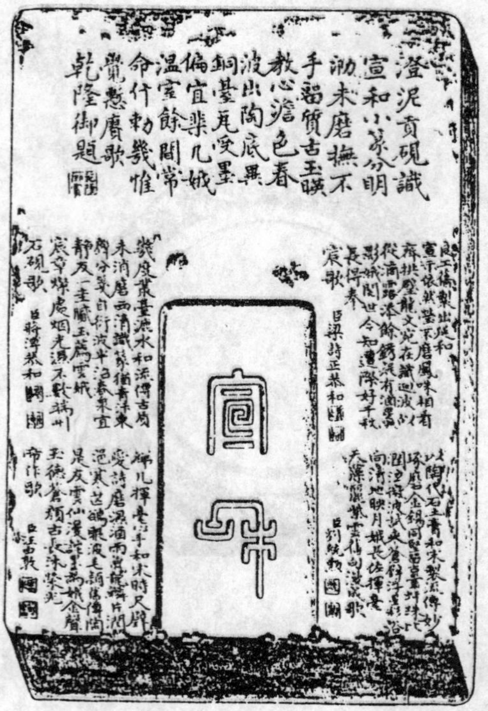

宋宣和澄泥硯背面圖

硯歌。

臣汪由敦詩：綈几揮毫心手和，宋時尺璧愛詩磨。濕涵雨氣龍鱗片，潤浥寒芒鴝眼波。毛穎舊傳陶是友，雲仙漫詫墨爲娥。金聲玉德蒼顔古，長沐榮光帝作歌。

臣梁詩正詩：良工舊製出延和，宣示依然瑩不磨。鳳味相看齊拱璧，龍文宛在識迴波。似從滴露添餘鏽，疑有涵星照影娥。閱世今知遭際好，千秋長得奉宸歌。

臣劉統勳詩：以陶代石土膏和，宋製流傳妙琢磨。金錫同堅留舌暈，蚌珠比潤泫微波。試來蒼璧浮星彩，浴向清池映月娥。長佐揮毫天藻麗，紫雲舊句

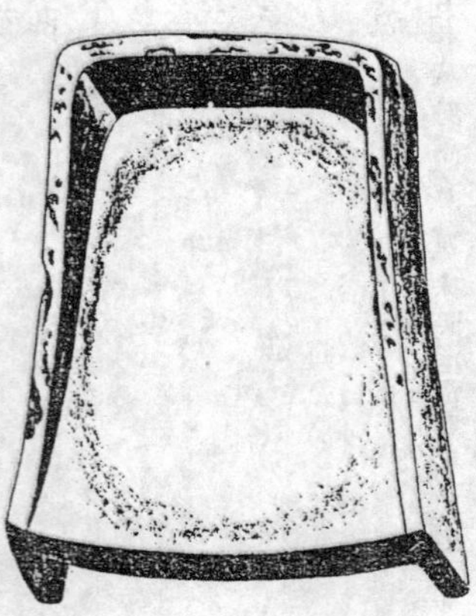
宋張栻寫經澄泥硯正面圖

宋張栻寫經澄泥硯背面圖

漫成歌。

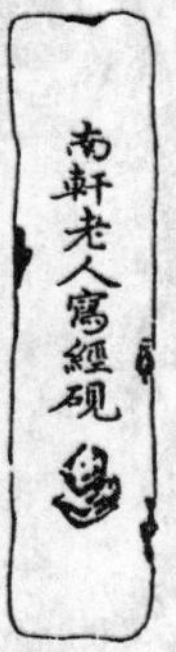

宋張栻寫經澄泥硯右方側面圖

宋張栻寫經澄泥硯說

硯爲風字式，高四寸，上寬二寸六分，下寬三寸一分，厚八分，宋澄泥製。質輕而細，淡黃色，澄泥之上品也。受墨處斗入墨池，深四分許，墨鏽深裹，徧體剥蝕。右側鐫「南軒老人寫經硯」七字隸書，硯字下半刓缺不全，覆手兩旁自上直勒，下兩跗離几五分許。中鐫御題詩一首，楷書，鈐寶二，曰會心不遠、曰德充符。考宋張栻字敬夫，浚子，以廕入官，仕終右文殿修撰，提舉武夷山沖佑觀學者，稱爲南軒先生。是硯當即其著述時所用也。匣蓋鐫御題詩與硯同隸書，鈐寶一，曰德充符。

宋澄泥虎符硯蓋外面圖第一硯

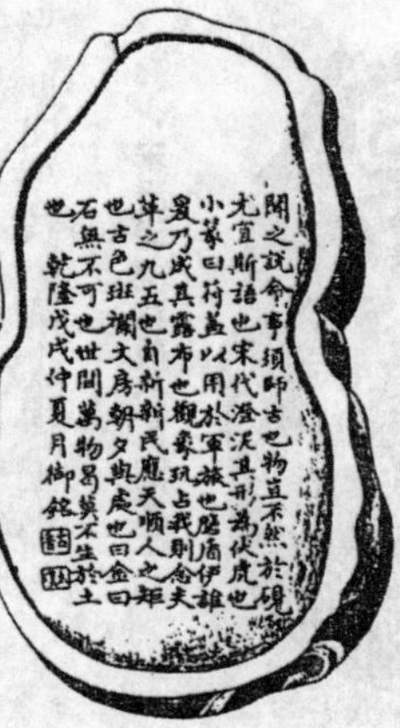
宋澄泥虎符硯蓋内面圖

御製題宋張栻寫經澄泥硯

南軒曾是友龍寘，師事胡宏授受真。治郡立朝多實踐，空言道學豈其人。

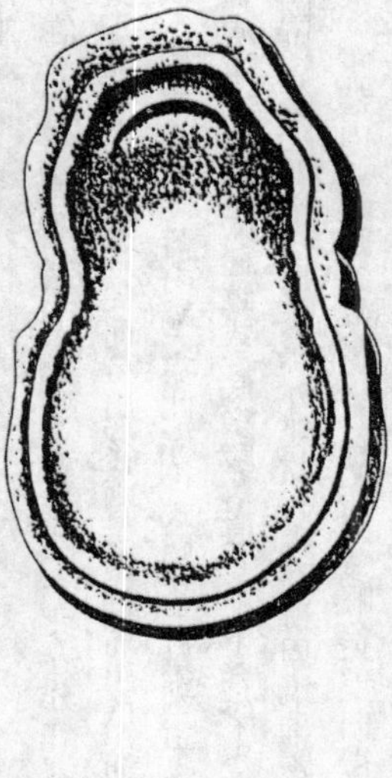
宋澄泥虎符硯正面圖

宋澄泥虎符硯背面圖

宋澄泥虎符硯說

硯高四寸五分，上寬二寸四分，下寬二寸七分，厚一寸五分，澄泥爲之。式同漢甎虎伏硯而背有旋紋，自左上方斜帶右股遍體青緑駁蝕，中尚露雷紋幾處，細如金錯。墨池如偃月，受墨處色淡而潤，墨鏽濃厚，砂斑點點。底刻虎符二字篆書，符字爲青緑所蝕，幾不可辨，而右寸字尚存仿佛。蓋内鐫御題銘一首，楷書，鈐寶二，曰古香、曰太璞。匣蓋内並鐫是銘隸書，鈐寶同。

御製宋澄泥虎符硯銘

聞之説命事，須師古也。物豈不然，於硯尤宜斯語也。宋代澄泥，其形爲伏虎也。小篆曰符，蓋以用於軍旅也。磨盾伊誰，爰乃成其露布也。觀象玩占，我則念夫革之九五也。自新新民，應天順人之矩也。古色斑斕，文房朝夕與處也。曰金曰石，無不可也。世間萬物，曷莫不生於土也。

宋澄泥虎符硯外面圖第二硯

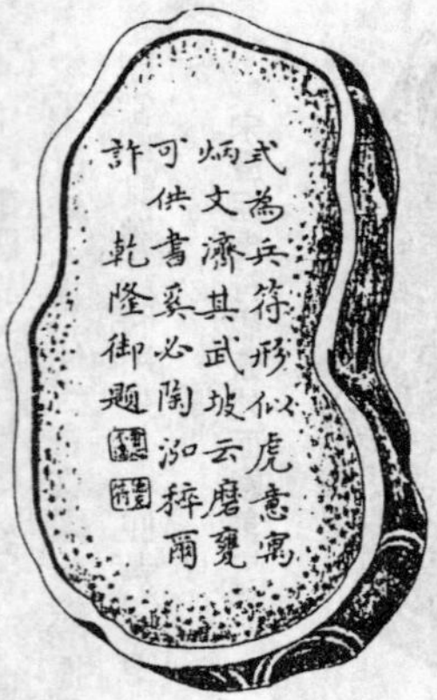

宋澄泥虎符硯蓋内面圖

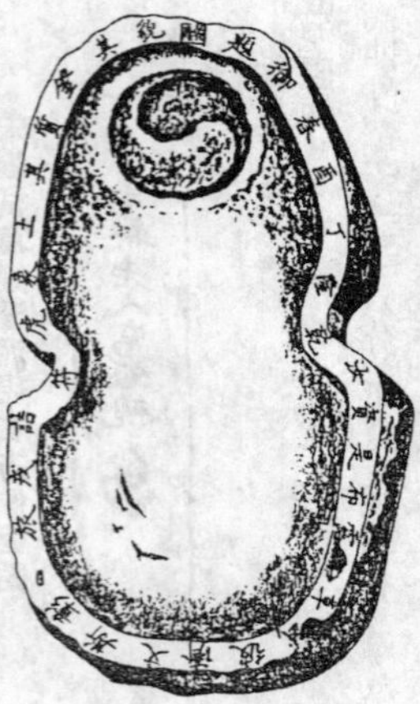

宋澄泥虎符硯正面圖

宋澄泥虎符硯背面圖

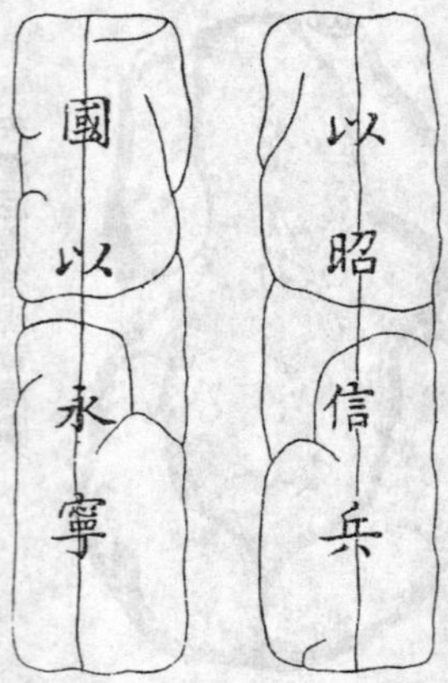

宋澄泥虎符硯側面圖

宋澄泥虎符硯説

硯高四寸六分許，上寬二寸四分，下寬二寸七分，厚一寸五分許，赤色堅潤，亦宋澄泥製。體式正同，惟虎首兩耳尖而旁出，後兩足微仰而出爪，通體有蟠夔紋，中稍剥蝕，腰以下重帶旋紋。蓋内鐫「翕此虎符式鳳味失景采」十字篆書，無款。硯面中束如壺盧，墨池亦作太極圖式，底多駁落痕。上下合縫處右鐫「以昭信兵」四字，左鐫「國以永寧」四字，俱篆書，亦無款。硯面邊周鐫御題銘一首篆書，鈐寶一，曰乾隆。匣蓋内並鐫是銘隸書，鈐寶二，曰幾暇怡情、曰得佳趣。

御製宋澄泥虎符硯銘

貌其金，質其土。象虎符，詰戎旅。彰斯文，濟彼武。草露布，是資汝。

宋澄泥虎符硯説

硯高四寸四分，上寬二寸五分，下如之，厚寸五分許，亦澄泥宋製，與前同而色淡黃，形體畧方。硯蓋虎頭亦方，而右顧遍體皆臥蠶紋，微有剥落，硯面及蓋合縫處亦多剥落。硯池作如意式，下覆底全剥蝕，無虎足，趾伏形。蓋内鐫御題銘一首，篆書，鈐寶二，曰乾隆。匣蓋内並鐫是銘隸書，鈐寶一，曰德充符。

御製宋澄泥虎符硯銘

汾州舊製囊沙濘，是陶是冶良工整。如金如石爲用静，大人虎變其文炳，自新新民吾應省。

宋澄泥虎符硯蓋外面圖第四硯

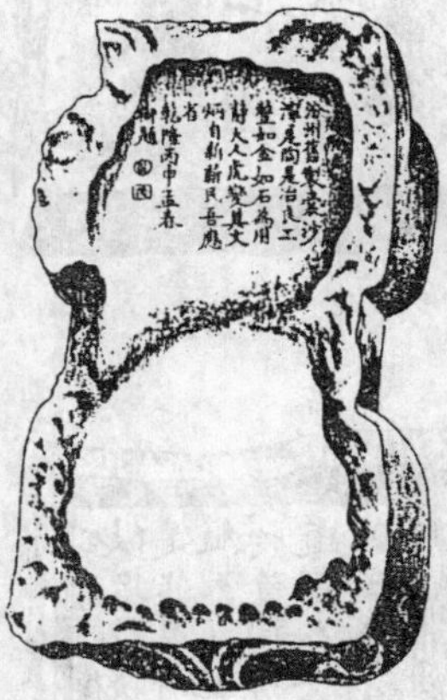

宋澄泥虎符硯蓋内面圖

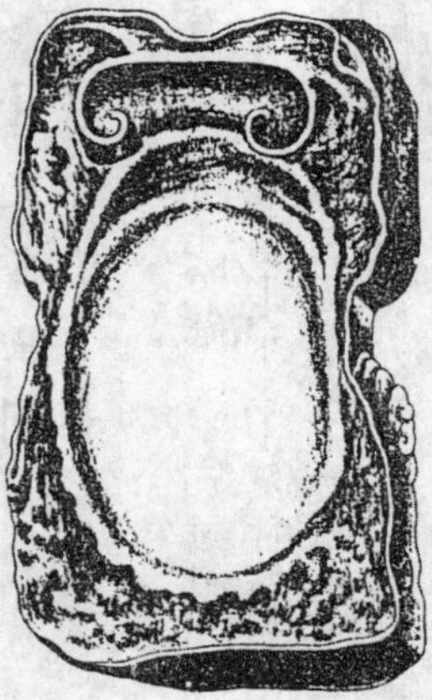

宋澄泥虎符硯正面圖

宋澄泥虎符硯背面圖

宋澄泥石函硯蓋外面圖第一硯

宋澄泥石函硯蓋内面圖

宋澄泥石函硯正面圖

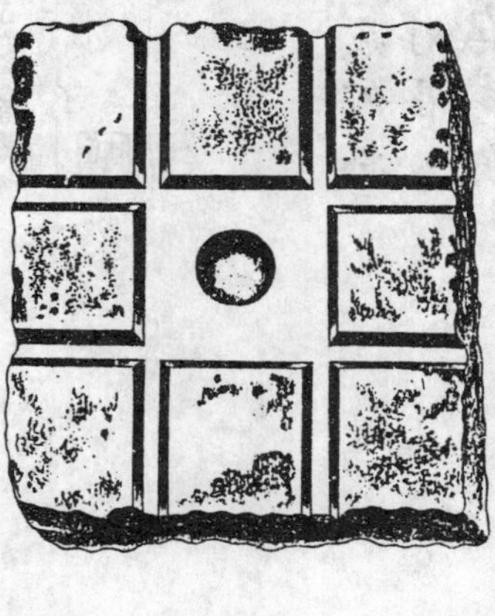

宋澄泥石函硯背面圖

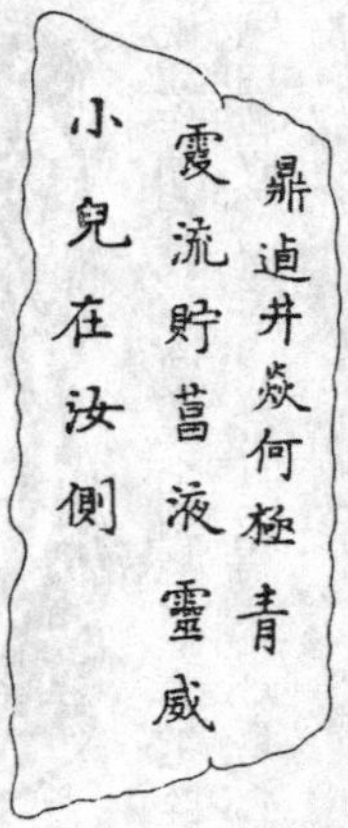

宋澄泥石函硯左方側面圖

宋澄泥石函硯説

硯底高四寸五分，蓋高三寸七分，底上方寬四寸許，下寬四寸三分。蓋上方寬三寸四分，下寬三寸六分。斗檢形，下豊上鋭，底蓋通厚一寸八分。澄泥中剖，不加礱治，自然鬭笱。蓋外面鐫「石函」二字篆書，内面深三分。中鐫御題銘一首，隸書，鈐寶一曰德充符。受墨處亦深三分許，上方爲墨池。硯背刻爲井字，中圓如井，欄左側底蓋合縫處鐫銘十九，篆書，無款。匣蓋鐫御題銘與硯同隸書，鈐寶一，曰會心不遠。

宋澄泥石函硯蓋外面圖第二硯

宋澄泥石函硯蓋内面圖

宋澄泥石函硯正面圖

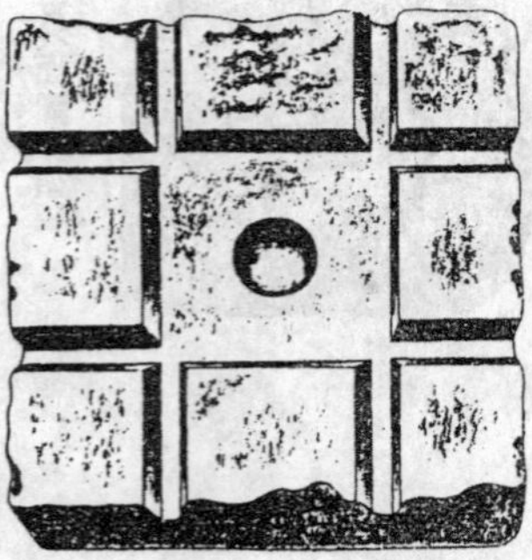
宋澄泥石函硯背面圖

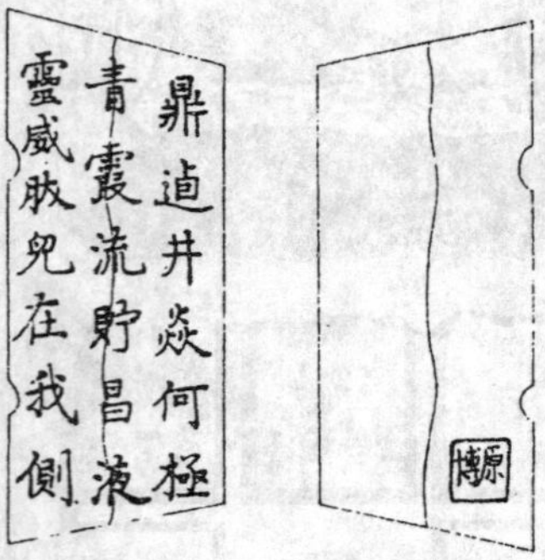

宋澄泥石函硯左右側面圖

御製宋澄泥石函硯銘

絳州泥，誰爲澄。端溪石，誰爲形。泥而石，非所料。石而泥，非所較。一而二，二而一。水爲入，墨爲出。背畫井，思復古也。面磨凹，不可補也。經世修，身宜思何以自處也。

無名人銘：鼎逌井，焱何極。青霞流，貯菖液。靈威小兒，在汝側。

宋澄泥石函硯説

硯正方爲斗檢式，厚一寸四分，面縱橫各二寸七分，底縱橫各三寸三分。宋時澄泥，製剖爲石函，上下自然渾合，下函爲硯。受墨處正平，上方斜入，墨池約深二分許。上函爲蓋面，有剥蝕痕，鐫「石函」二字篆書。蓋内鐫御題銘一首，楷書，鈐寶一，曰德充符。左側上下函合縫處鐫銘十九字，篆書，下函右側有「原博」二字方印一，下函背刻作井字形，中圓如井口。是硯質細而潤，製作亦古，與前石函硯式相仿，惟此銘内「肱」字、「我」字彼作小字、「汝」字稍異耳。亦不署名，不知何人作，原博係明吴寬字，想曾經鑒用者。匣蓋鐫御題銘與硯同隸書，鈐寶一，曰幾暇怡情。

御製宋澄泥石函硯銘

石函同舊，具體而微。銘辭復同，孰辨是非。乾坤闢闔，無縫天衣。泥而成石，殊途同歸。文以載道，事在人爲。

無名人銘：鼎逌井，焱何極。青霞流，貯菖液。靈威肱兒，在我側。

宋澄泥石函硯蓋外面圖第三硯

石函

宋澄泥石函硯蓋內面圖

宋澄泥石函硯正面圖

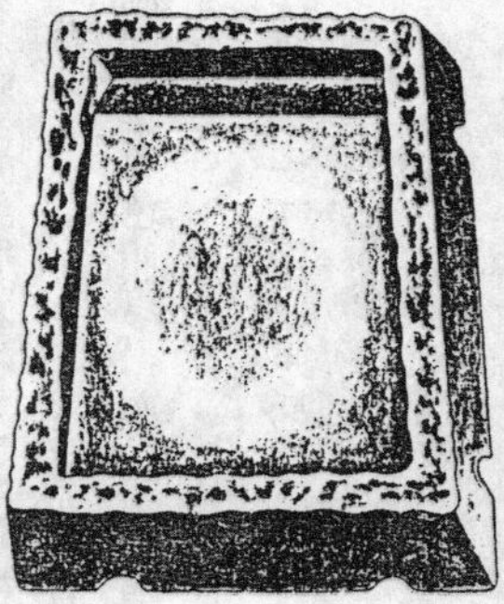

宋澄泥石函硯背面圖

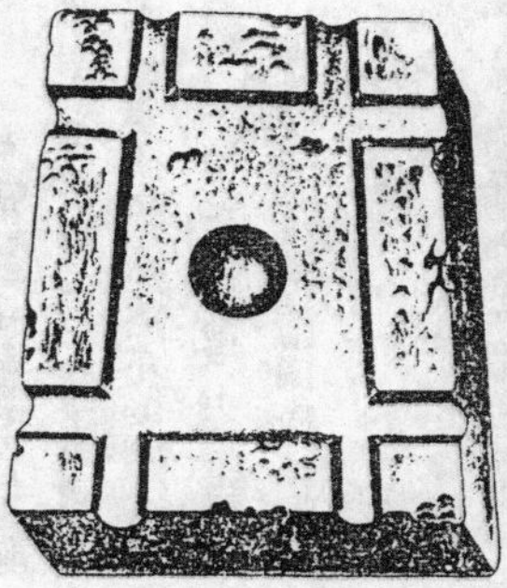

宋澄泥石函硯左方側面圖

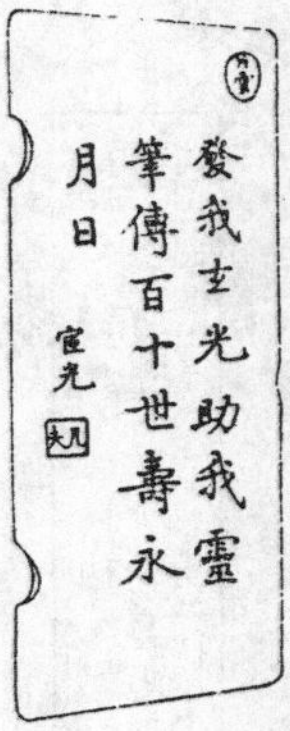
發我玄光助我靈
筆傳百十世壽永
月日
宧光

宋澄泥石函硯說

硯高三寸七分，上寬二寸七分，下寬三寸三分，蓋厚七分，底厚八分許，通厚一寸五分，澄泥爲之。中剖處凹凸自然，不加礱治，蓋面左方及左右下方俱有剝蝕，正中鐫「石函」二字篆書。蓋裏深三分，鐫御題銘一首，楷書，鈐寶二，曰比德、曰朗潤。硯面正平而微窪，上方墨池深三分許，硯背作井字，中圓如井形，亦微有剝蝕。左側合縫處鐫銘十六字篆書，末署「宧光」二字款，行書。首有「片雲」二字橢圓印一，末有「凡夫」二字方印一。考明趙宧光，蘇州人，號凡夫，隱寒山，工篆書。是硯較前二硯土質稍粗，似遜一籌，而製式相同，且經凡夫鑒藏，亦可寶也。匣蓋鐫御題銘與硯同隸書，鈐寶一，曰古香。

御製宋澄泥石函硯銘

瓦以漢稱，遠或僞成。泥以宋澄，近而可徵。逮茲其三，石函製同。寓法化報，三身義精。況鈐凡夫，寒山用經。憶彼隱處，我曾偶停。片雲之軒，水緑山青。想其揮毫，益助性靈。而何責然，懋勤是登。擬詢陶泓，何以責情。

趙宧光銘：發我元光，助我靈筆。傳百十世，壽永月日。

宋翠濤硯正面圖

宋翠濤硯背面圖

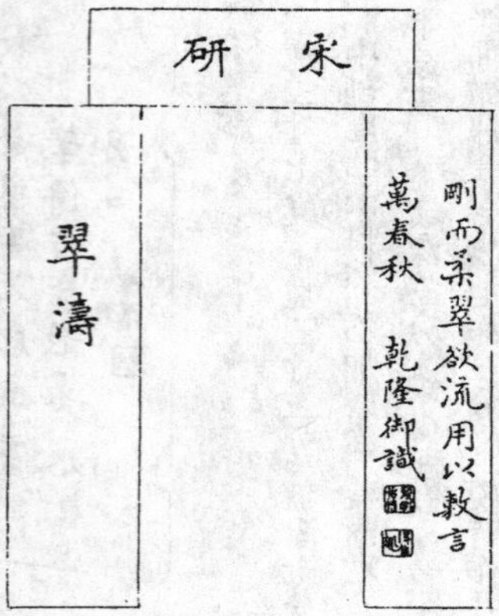

宋翠濤硯側面圖

宋翠濤硯説

硯高六寸，寬四寸，厚一寸，宋澄泥製。受墨處寬平，與墨池通，池深六分，池左有銅器融蝕痕，右粘五銖錢一枚。硯首側鐫「宋硯」二字隸書，左側鐫御題銘一首，楷書，鈐寶二，曰幾暇怡情，曰得佳趣。右側鐫「翠濤」二字隸書，兩跗俱有剥蝕。是硯色如黄玉，入土年久，銅氣蒸蝕，蒼翠欲滴，墨鏽亦復深透，可稱硯林逸品。匣蓋外鐫御題銘，與硯同楷書。鈐寶一，曰乾隆宸翰，上鈐寶一，曰乾隆，内鐫「宋硯」二字。匣底内鐫「翠濤」二字，俱隸書，外鐫標識曰庚，楷書。

御製宋翠濤硯銘

剛而柔，翠欲流。用以敷言，萬春秋。

宋方井硯正面圖

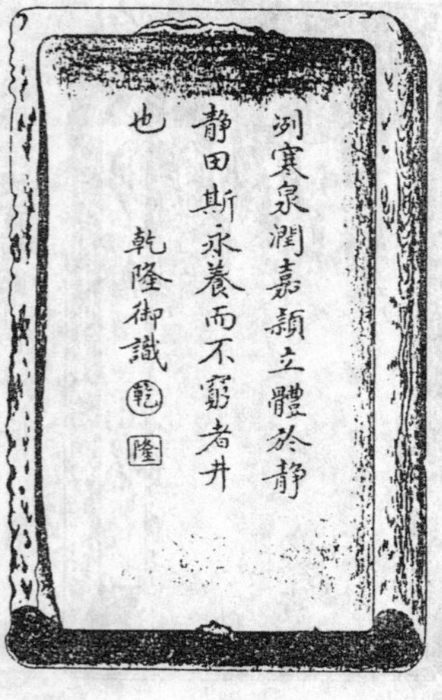

宋方井硯背面圖

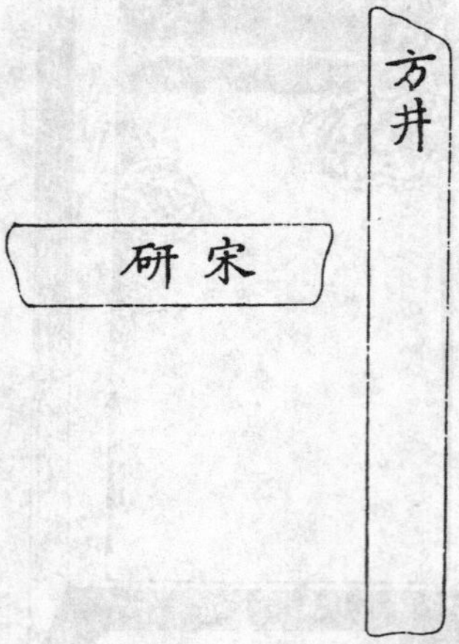

宋方井硯側面圖

宋方井硯説

硯高八寸四分，寬五寸五分，厚一寸，宋澄泥製。周刻溝塍，面爲井字，中平如畦，墨池深廣，容墨勺許。池間刻卧牛二，神態宛然。上方側鐫「宋硯」二字，右側鐫「方井」二字，並隸書。周側及跗古痕駁蝕，墨華斑斕，高似孫硯，牋所云玉色金聲者，庶幾近之。硯背鐫御題銘一首，行書，鈐寶二，曰乾隆。匣蓋鐫御題銘與硯同行書，鈐寶二，曰得佳趣、曰乾隆宸翰。匣底内鐫「方井」二字隸書，鈐寶一曰乾隆御玩。外鐫標識曰壬，楷書。

御製宋方井硯銘

冽寒泉，潤嘉頴，立體於静福田，斯永養而不窮者，井也。

于敏中等《西清硯譜》卷四《陶之屬》

宋澄泥海嶽硯蓬島瑤臺
宋澄泥括囊硯碧琳館
宋四螭澄泥硯符望閣
宋澄泥圭硯御蘭芬
宋澄泥石渠硯
宋澄泥黼黻絢紋硯

宋澄泥海嶽硯正面圖

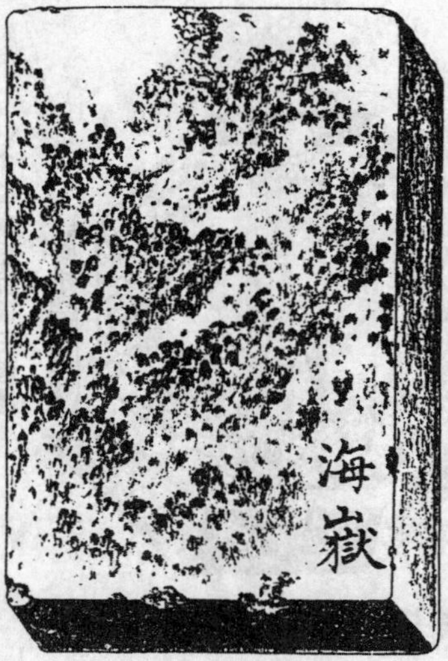

宋澄泥海嶽硯背面圖

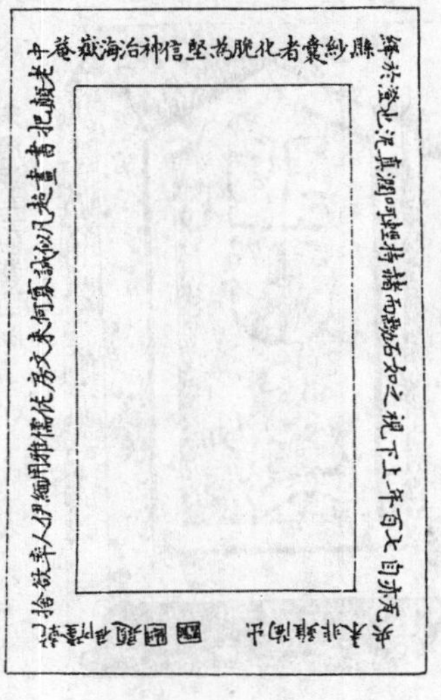
宋澄泥海嶽硯側面圖

宋澄泥蕉葉硯
宋澄泥蟠螭硯
宋澄泥夔紋硯
宋澄泥直方硯

宋澄泥海嶽硯説

硯高六寸四分，寬四寸二分，厚八分，澄泥爲之。體輕理緻，潤密如玉，色黄而黝。受墨處深一分，横界金線一道，墨池深三分，池中琢眠犀一。硯背剥蝕，右傍下鐫楷書「海嶽」二字，硯側周鐫御題詩一首，楷書，鈐寶二，曰比德、曰朗潤。匣蓋並鐫是詩，鈐寶二，曰會心不遠、曰德充符。

御製題宋澄泥海嶽硯

出陶雖非未央瓦，亦自七百年上下。視之如石黝而赭，持輕呵潤真泥也。澄於絳縣紗囊者，化脆爲堅信神治。海嶽菴中老顛把，書畫超凡似誠寡。何來文房佐儒雅，用緬伊人率欲捨。

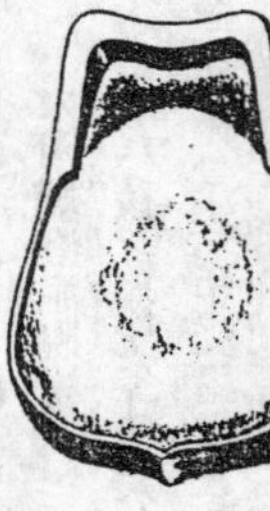
宋澄泥括囊硯正面圖

宋澄泥括囊硯背面圖

宋澄泥括囊硯側面圖

宋四螭澄泥硯正面圖

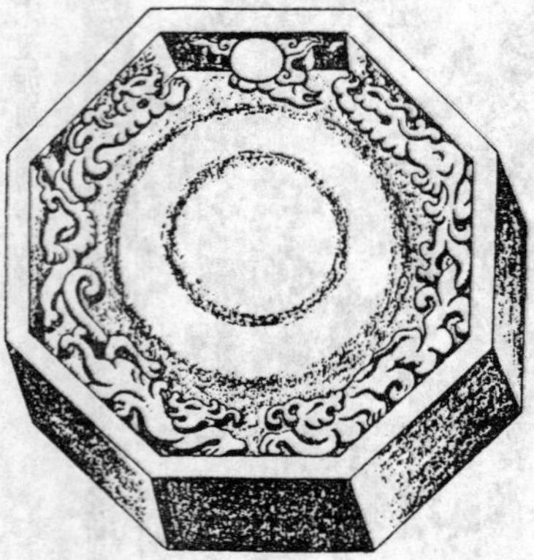

宋澄泥括囊硯説

硯高二寸五分，上寬一寸二分，下寬一寸七分，厚三分許，澄泥宋製。墨鏽膠固，受墨處連墨池爲囊式，背刻作囊口，斂處反折，索陶束之，有括囊之義。側面周鐫御題銘一首，楷書，鈐寶一，曰古香。匣蓋並鐫是銘隸書，鈐寶二，曰古香、曰太璞。

宋四螭澄泥硯背面圖

宋四螭澄泥硯上方側面圖

御製宋澄泥括囊硯銘

言出諸口兮，語書諸手兮。君子之樞機，可不慎坤四之守兮。製硯者義，或於此取兮。然予恐遇之弗聞，而戒仗馬之醜兮。

宋四螭澄泥硯説

硯八稜，稜徑六寸五分，寬徑六寸一分，厚一寸一分，澄泥爲之。色黄而微綠，質極瑩潤，中受墨處正圓，墨池環爲渠池中。上方鏤爲慶雲拱日，下鏤四螭，通體青綠濃厚，間以砂斑。上方側面鐫「宋四螭澄泥硯」六字楷書，硯背每稜有跗，覆手内鐫御題銘一首，楷書，鈐寶二，曰會心不遠、曰德充符。是硯體質瑰厚而較常硯爲輕，墨銹亦透洵，非宋製不能。匣蓋鐫御題銘與硯同隸書，鈐寶二，曰幾暇怡情、曰得佳趣。匣底内鐫「乾隆御用」四字，外鐫「宋四螭澄泥研」六字，並隸書。

宋澄泥圭硯正面圖

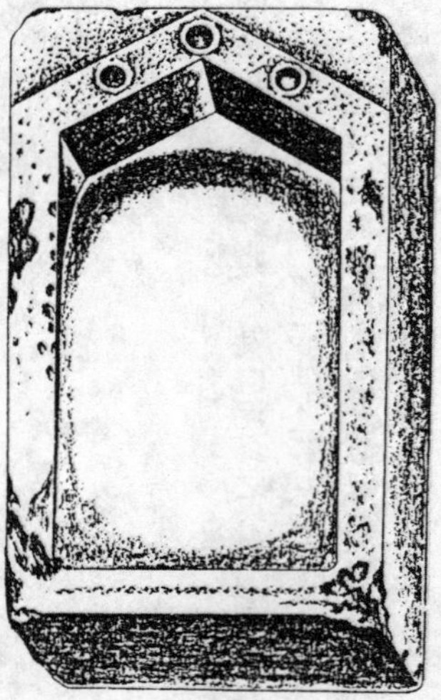

宋澄泥圭硯背面圖

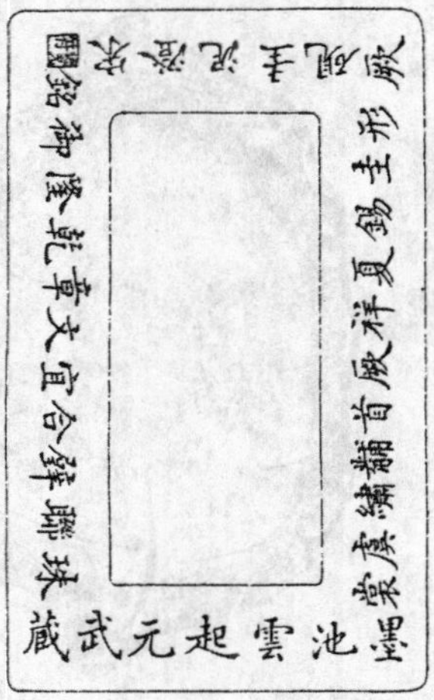

宋澄泥圭硯側面圖

御製宋四螭澄泥硯銘

絳縣秀質，琢爲八方。具有封義，畫肇羲皇。文字之始，孰尚乎此。研製澄泥，静用久矣。穆如其古，郁若其文。四螭遊池，蛇蜿蝹蝹。外泥斯銅，内泥斯石。識泥於何，餘兹墨汁。文房雅友，憬然以思。數百年前，用者伊誰。

宋澄泥圭硯説

硯高五寸，寬三寸，厚六分，澄泥爲之。面背皆刻圭形，質製古樸，側理黄墨，文層叠蓋，陶錬精工所致。四旁剥蝕，中受墨處平坦細潤，圭首刻三星聯珠。硯池深五分，硯側上鐫「宋澄泥圭硯」五字楷書，餘三面鐫御題銘一首，楷書，鈐寶一，曰德充符。硯背上刻黻文，中爲雙璜，下爲元武，皆自然渾璞，非近時製作所能。匣蓋鐫御題銘與硯同，鈐寶二，曰幾暇怡情、曰得佳趣。匣底内鐫「乾隆御玩」四字，下鐫「宋澄泥圭硯」五字，俱隸書。

宋澄泥石渠硯正面圖

宋澄泥石渠硯背面圖

御製宋澄泥圭硯銘

厥形圭錫夏祥，厥首黼黻虞裳。墨池雲起元武，藏珠聯璧，合宜文章。

宋澄泥石渠硯説

硯高四寸五分，寬二寸九分，厚一寸三分，宋澄泥製。長方式，色紫而細，體輕而澤。硯面周刻石渠爲墨池，墨鏽深裹，邊周刻卧蠶紋，側面左右各印螭虎二，上下各印螭虎一，跗爲象首抱硯。離幾四分許。覆手窪，下凡二層，中鐫御題詩一首，楷書，鈐寶二，曰古香、曰太璞。匣蓋並鐫是詩隸書，鈐寶二，曰幾暇怡情、曰得佳趣。

御製題宋澄泥石渠硯

石渠本效漢名爲，滴露研朱此合宜。不必劉揚徵往事，可知庚許有新詞。劃金早是泯陳迹，刻獸亦非出近時。曾傍宣和工字畫，如何獨昧作君師。

宋澄泥黼黻絢紋硯正面圖

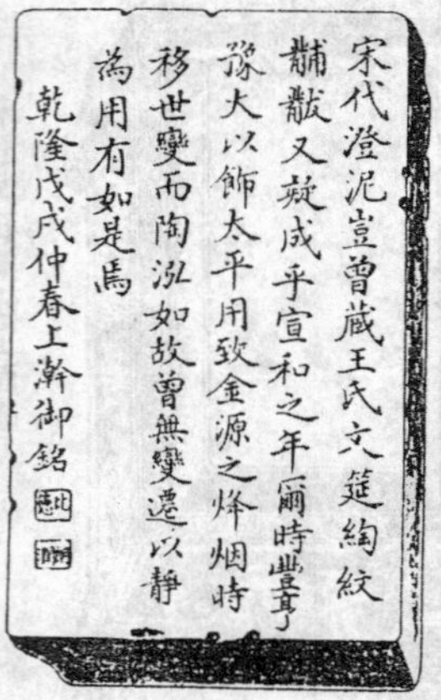
宋代澄泥豈曾蔵王氏文筵絢紋
黼黻又疑成乎宣和之年爾時豐亨
豫大以飾太平用致金源之烽烟時
移世變而陶泓如故曾無變遷以静
爲用有如是焉
乾隆戊戌仲春上澣御銘

宋澄泥黼黻絢紋硯背面圖

宋澄泥黻黻絢紋硯説

硯高四寸四分，寬二寸七分，厚五分，宋澄泥製。通體剥蝕，上方刻黼黻紋，漫漶幾不可辨，邊周刻絢紋，墨鏽深厚。硯背鐫御題銘一首，楷書，鈐寶二，曰比德、曰朗潤。是硯製作既雅，閲歲復久，彌覺古香可挹。匣蓋鐫御題銘與硯同隸書，鈐寶二，曰會心不遠、曰德充符。

御製宋澄泥黼黻絢紋硯銘

宋代澄泥，豈曾蔵王氏文筵。絢紋黼黻，又疑成乎宣和之年。爾時豐亨豫大，以飾太平。用致金源之烽烟。時移世變。而陶泓如故，曾無變遷。以静爲用，有如是焉。

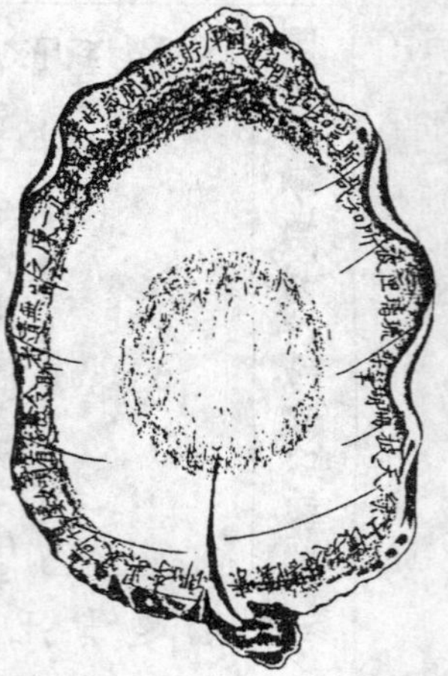

宋澄泥蕉葉硯正面圖

宋澄泥蕉葉硯説

硯高六寸六分，寬四寸四分，厚五分許，宋澄泥製。如蕉葉仰展，面凹聚墨柄，下稍出，四周邊稜卷處微刻葉紋，環鐫御題詩一首，楷書，鈐寶一，曰比德。背刻蕉葉，背面三層叠起，鈎勒古雅，通體斑駮，墨鏽濃厚，的是宋製佳品。匣蓋鐫御題詩與硯同隸書，鈐寶二，曰幾暇怡情、曰得佳趣。

御製題宋澄泥蕉葉硯

庫貯懋勤閲歲時，幾曾綈兒一陳之。豈無遺者聊令檢，遂有賁如屢得奇。囊異李郎紫雲割，菴疑懷士緑天披。珊瑚筆架琉璃匣，彼所知哉斯豈知。

宋澄泥蕉葉硯背面圖

宋澄泥蟠螭硯正面圖

宋澄泥蟠螭硯説

硯高五寸三分，寬三寸四分，厚九分許，澄泥宋製。色正黄，質輕而極細緻，澄泥中㝡上品也。墨池中刻卧螭一，硯面深窪，覆手上深下淺，兩面顛倒，皆可受墨。通體墨鏽深裹，剥落刓缺，决非南宋以後物。側面周鐫御題銘一首，楷書，鈐寶一，曰幾暇臨池。匣蓋並鐫是銘隸書，鈐寶二，曰會心不遠、曰德充符。

宋澄泥蟠螭硯背面圖

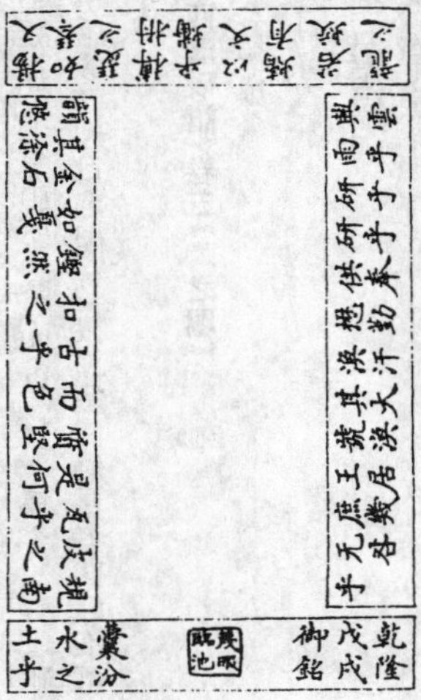

宋澄泥蟠螭硯側面圖

御製宋澄泥蟠螭硯銘

囊汾水之土乎，規南皮之瓦乎，是何質堅而色古乎。扣之鏗然，如戛金石，其徐韻悠揚，又如琴瑟之摶拊乎。蟠以文螭，有若蛟龍之與雲雨乎。研乎研乎，供奉懋勤。涣汗其大號，涣王居庶幾無咎乎。

宋澄泥夔紋硯正面圖

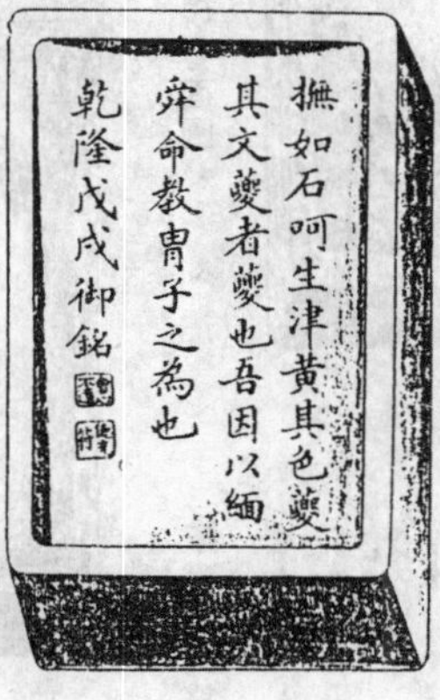
撫如石呵生津黃其色夔
其文夔者夔也吾因以緬
舜命教胄子之為也
乾隆戊戌御銘

宋澄泥夔紋硯背面圖

宋澄泥夔紋硯説

硯高四寸六分，寬三寸，厚八分，澄泥爲之。長方式，受墨處寬平，斜通墨池，邊刻夔紋。右角及邊微泐，覆手上淺下深，中鐫御題銘一首，楷書，鈐寶二，曰會心不遠、曰德充符。是硯黄色細潤，夔紋古雅，的係宋時舊製。匣蓋鐫御題銘與硯同隸書，鈐寶二，曰幾暇怡情、曰得佳趣。

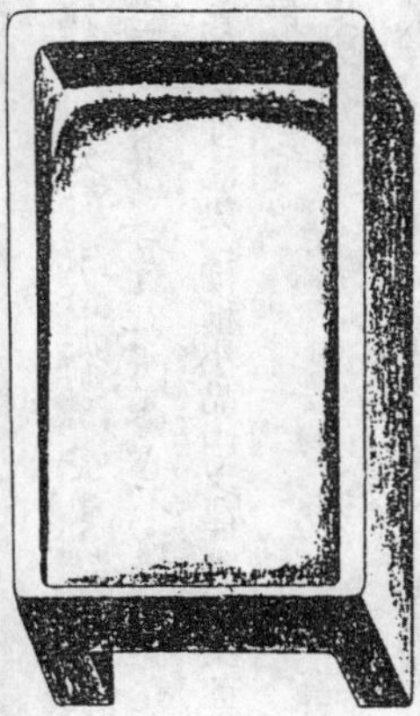

宋澄泥直方硯正面圖

御製宋澄泥夔紋硯銘

撫如石，呵生津。黄其色，夔其文。夔者夔也，吾因以緬舜命教胄子之爲也。

宋澄泥直方硯説

硯高五寸四分，寬三寸二分，厚一寸，宋澄泥製。色黝而紫，堅潤如老坑端石。硯面微黄，墨池深廣，覆手自上削下離，幾五分許。中鐫御題銘一首，楷書，

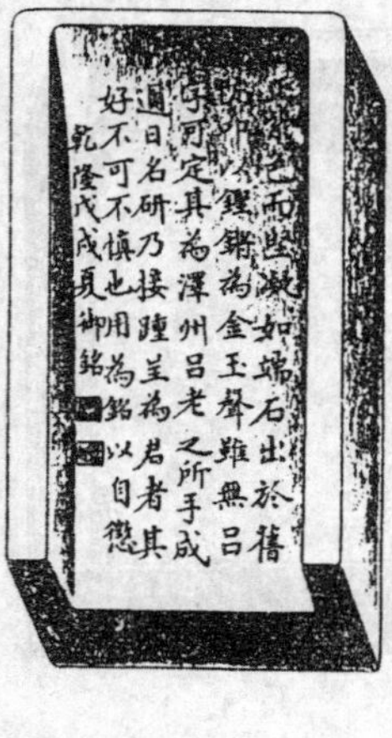
宋澄泥直方硯背面圖

鈐寶二，曰幾暇怡情、曰得佳趣。考宋高似孫硯箋稱澄泥硯，唐時以絳州爲最，宋時澤州呂老尤擅長硯，輒有一呂字。背面深透，磨之不去。是硯細膩滋潤，雖無呂字款識，或亦其所手製也。匣蓋鐫御題銘與硯同隸書，鈐寶二，曰乾隆。

御製宋澄泥直方硯銘

正紫色而堅凝，如端石出於舊阬，叩以鏗鏘，爲金玉聲。雖無呂字，可定其爲澤州呂老之所手成。邇日名硯，乃接踵呈。爲君者其好不可不慎也，用爲銘以自懲。

于敏中等《西清硯譜》卷五《陶之屬》

宋澄泥璧水硯倦勤齋
宋澄泥列錢硯綠雪軒
宋澄泥蟠夔石渠硯
宋澄泥倣建安瓦鐘硯
宋澄泥倣唐石渠硯

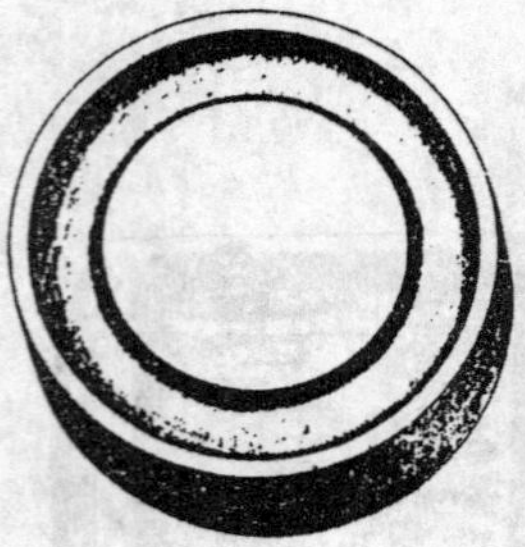
宋澄泥璧水硯正面圖

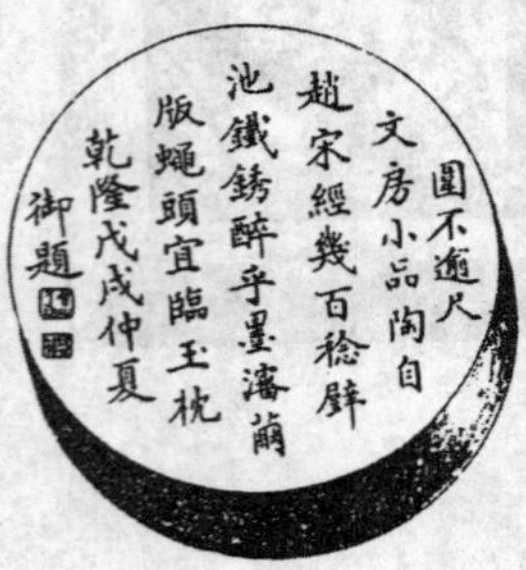

宋澄泥璧水硯背面圖

宋澄泥海濤異獸硯
元趙孟頫澄泥斧硯養心殿
元虞集澄泉結翠硯養性殿
元澄泥龍珠硯乾清宮

宋澄泥璧水硯説

硯圓徑二寸六分，厚三分許，宋澄泥製。受墨處微凹，規圓如璧，環以墨池。硯背正平，鐫御題銘一首，楷書，鈐寶二，曰會心不遠、曰德充符。是硯圍不及尺而質細，且潤宜筆，蓄墨最便濡染，洵稱小品中之佳者。匣蓋鐫御題銘與硯同隸書，鈐寶一，曰德充符。

御製宋澄泥璧水硯銘

圍不逾尺，文房小品。陶自趙宋，經幾百稔。璧池鐵銹，醉乎墨瀋。蔺版蠅頭，宜臨玉枕。

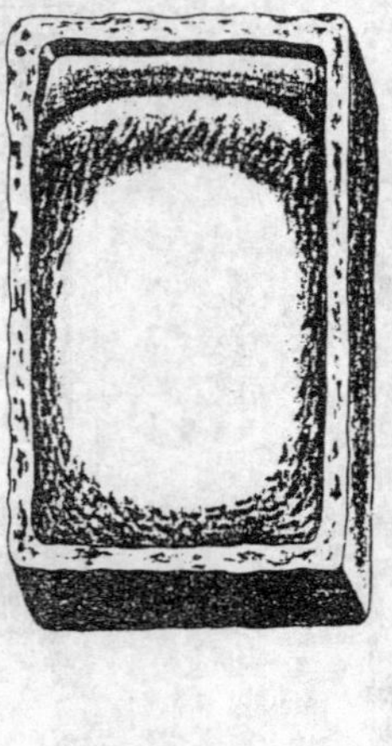
宋澄泥列錢硯正面圖

宋澄泥列錢硯背面圖

宋澄泥列錢硯下方側面圖

宋澄泥列錢硯説

硯高三寸八分，寬二寸三分，厚五分，澄泥爲之。長方式，遍裹青緑砂斑，如古鼎彝，惟受墨處橢圓三寸許。露澄泥，本質色正黄，邊上方流雲紋隱現，覆手粘古錢三，一大二微小，入土融漬，彌形古藻。下方側鐫御題詩一首，楷書，鈐寶二，曰乾隆。匣蓋並鐫是詩隸書，鈐寶二，曰比德、曰朗潤。

宋澄泥蟠夔石渠硯正面圖

宋澄泥蟠夔石渠硯背面圖

御製題宋澄泥列錢硯

遍圍青緑貼三錢，在鑛近銅理或然。設使魯褒欲著論，可容斯也置身邊。

宋澄泥蟠夔石渠硯説

硯高五寸六分，寬四寸七分，厚一寸三分，宋澄泥製。色如紫玉而極細潤，受墨處微凹，周環以渠，深六分許，邊周刻蟠夔十三。側面環刻流雲及蟠夔十，覆手深五分許，三層遞束而下，中刻子母夔四。上鐫御題詩一首，楷書，鈐寶二，曰古香、曰太璞。匣蓋並鐫是詩隸書，鈐寶二，曰乾隆。四足各爲獸面，出硯三分許，離幾亦三分許。是硯質古式雅，與内府舊藏石渠諸硯款式相同，其爲宋時汾州紫澄泥無疑也。

御製題宋澄泥蟠夔石渠硯

吕叟應曾煅製來，夔爲蟠以玉爲胎。石渠天禄人争羡，誰果不孤視草臺。

宋澄泥仿建安瓦鐘硯正面圖

宋澄泥仿建安瓦鐘硯背面圖

宋澄泥仿建安瓦鐘硯説

硯高四寸六分，上寬二寸八分，下寬三寸九分，厚一寸一分，宋澄泥製。仿漢瓦式，琢爲半鐘，鐘體平處受墨，上爲方池，深分許。上刻篆帶，篆間有乳八欒，間刻粟紋，綴以三花。上方爲鐘紐，有卧蠶紋，覆手穹起，離幾六分許。中鐫「建安」二字陽文隸書，上鐫御題詩一首，楷書，鈐寶一，曰比德。匣蓋並鐫是詩隸書，鈐寶二，曰比德、曰朗潤。

御製題宋澄泥倣建安瓦鐘硯

泥也而金若鑄成，宋詒齊鑄莫傳名。摛文設擬洪鐘響，欲問伊誰爲發鯨。

宋澄泥仿唐石渠硯正面圖

宋澄泥倣唐石渠硯背面圖

宋澄泥仿唐石渠硯説

硯高四寸一分，寬如之，厚一寸，澄泥製。四周石渠深三分，外斗而內側，上方墨池較渠深三分許，邊周刻轍文，間以水波，側面亦周布波紋。每面各刻螭虎二，覆手深四分許，作兩層，外邊周刻水藻紋。內周鐫御題銘一首，楷書，鈐寶一，曰會心不遠，中鐫「子孫永昌」四字方印一，四趺刻獸面抱硯，離幾二分許。是硯式仿唐製澄泥，亦紫色細潤，惟閱年較近，青綠漬蝕處稍遜，其古厚然亦，非宋以後所能及。匣蓋鐫御題銘與硯同隸書，鈐寶二，曰幾暇怡情、曰得佳趣。

御製宋澄泥倣唐石渠硯銘

漢之名，唐之式。宋之倣，三而一。潤出堅，文入質。物聚好，來不翼。居其北，增惕息。

宋澄泥海濤異獸硯正面圖

宋澄泥海濤異獸硯背面圖

宋澄泥海濤異獸硯下方側面圖

知雕不耕
鑿痕施歎
若騰濤濤
若披疑供
未家成賦
後挾天錯
出許多奇
乾隆戊戌
御題

宋澄泥海濤異獸硯説

硯高五寸八分，寬三寸八分，厚一寸四分，宋澄泥製。色赤而潤，遍裏墨鏞，邊周刻海水，墨池波濤坌起，中有異獸一，趺亦周刻海水。覆手深三分許，海波盪潏，上方左異獸出没，中刻贔屭負碑半出水外。下方側鐫御題詩一首，楷書，鈐寶二，曰比德、曰朗潤。匣蓋並鐫是詩隸書，鈐寶二，曰幾暇怡情、曰得佳趣。

御製題宋澄泥海濤異獸硯

知雕不辨鑿痕施，獸若騰濤濤若披。疑供木家成賦後，掞天鎔出許多奇。

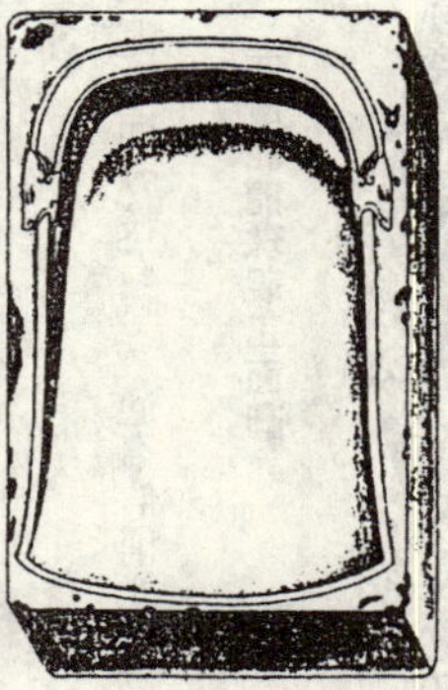
元趙孟頫澄泥斧硯正面圖

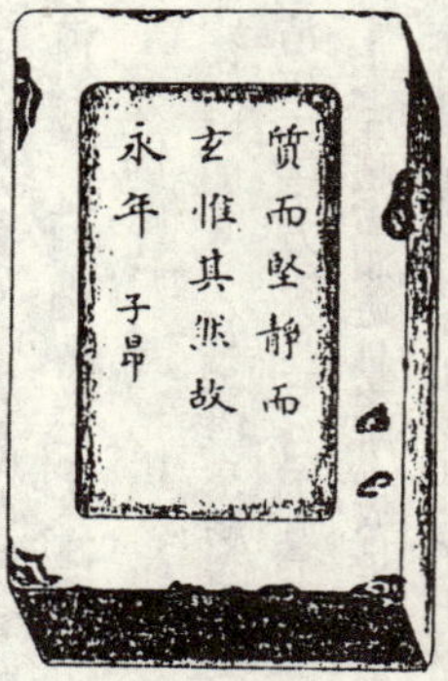

元趙孟頫澄泥斧硯背面圖

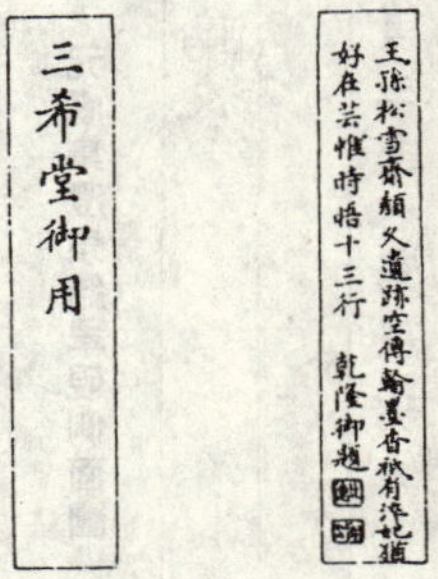

元趙孟頫澄泥斧硯側面圖

元趙孟頫澄泥斧硯説

硯高三寸五分，寬二寸三分，厚五分，澄泥爲之。質極細膩，古香可挹，硯體長方，受墨處連池刻爲斧形，旁刻兩螭首銜斧面，背四邊俱有剥落。左側鐫「三希堂御用」五字隸書，右側鐫御題詩一首，楷書，鈐寶二，曰比德、曰朗潤。覆手鐫元趙孟頫銘十二字草書，下署子昂二字款行書。匣蓋鐫御題詩與硯同行書，鈐寶二，曰幾暇怡情、曰得佳趣。匣底鐫寶一，曰乾隆御玩。

御製題元趙孟頫澄泥斧硯

王孫松雪齋頽久，遺跡空傳翰墨香。祇有淬妃猶好在，芸帷時晤十三行。

元趙孟頫銘：質而堅，静而玄。帷其然，故永年。

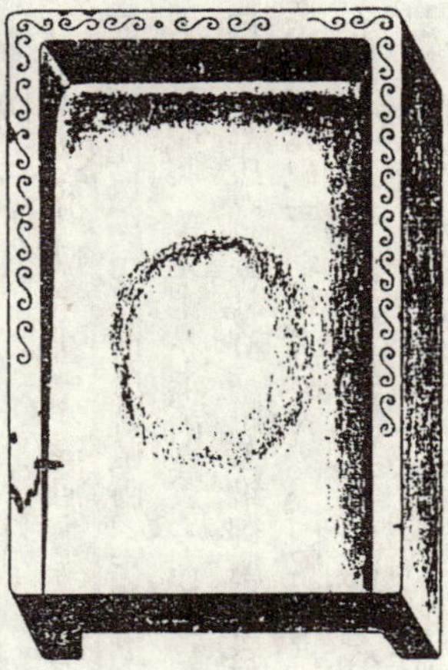
元虞集澄泉結翠硯正面圖

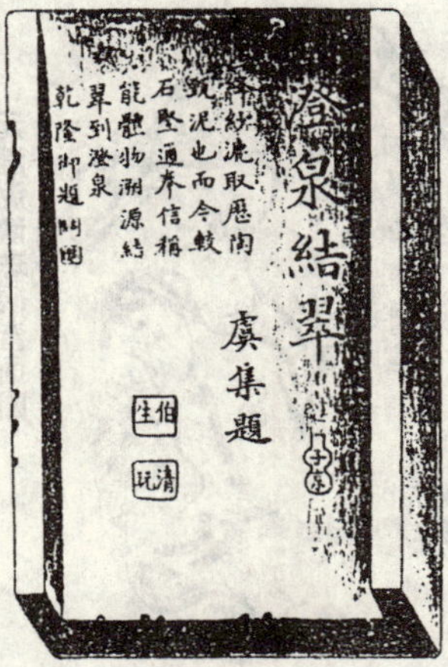

元虞集澄泉結翠硯背面圖

元虞集澄泉結翠硯側面圖

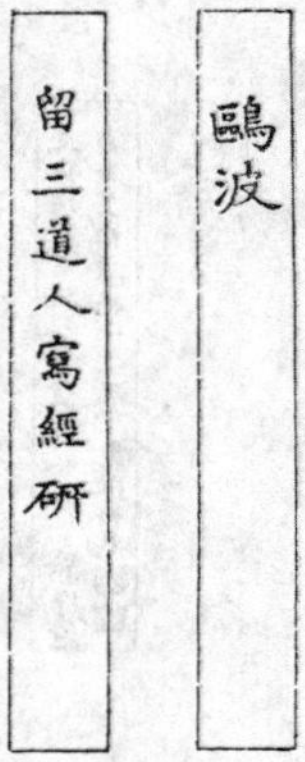
鷗波
留三道人寫經研

元虞集澄泉結翠硯説

硯高四寸一分，寬二寸七分，厚五分許，澄泥爲之。硯面正平直下，深削三分許，爲墨池。邊周刻流雲紋，左側鐫「留三道人寫經研」七字篆書，右側鐫「鷗波」二字隸書。覆手左上方鐫御題詩一首，楷書，鈐寶二，曰古香、曰太璞。匣蓋並鐫是詩，鈐寶二，曰比德、曰朗潤。右鐫「澄泉結翠」四字隸書，後有「虞集題」三字款楷書，「伯生」、「清玩」二字方印各一，右下方「子京」二字瓢印一。考鷗波亭在湖州府城内江子滙上，元趙孟頫遊息之所，故是硯孟頫以之署款，伯生同時復加品題，留三道人雖未詳其名氏，要與明項元汴子京俱經收藏者，雪泥鴻爪獲藉是硯以不朽，詎非幸歟。匣蓋鐫御題詩與硯同隸書，鈐寶二，曰比德、曰朗潤。底鐫寶一，曰乾隆御玩。

御製題元虞集澄泉結翠硯

絳紗漉取歷陶甄，泥也而今較石堅。通奉信稱能體物，溯源結翠到澄泉。

元澄泥龍珠硯正面圖

元澄泥龍珠硯背面圖

乾魁至文陰陽
既分爰此龍
曰美斯聞
魯宣

元澄泥龍珠硯説

硯高四寸八分，寬三寸三分，厚一寸二分，澄泥製。通體刻作蟠龍，受墨處正圓，若龍抱珠，墨池正當龍口，鱗甲之而勢含風雨。左側鐫御題銘一首，楷書，鈐寶二，曰乾隆。硯背爲龍腹，鐫銘十六字，内缺一字，款署「魯宣」二字，俱篆書。右旁瓢印一，曰仲圭，下方刓缺寸許。匣蓋鐫御題銘與硯同楷書，鈐寶一曰幾暇臨池。匣底内鐫「元硯」二字楷書，鈐寶一，曰乾隆御玩。外鐫銘文二十四字，署款曰「唐子西研銘，康熙著雍敦牂，端凝殿珍龍」十六字，俱楷書。鈐寶一，曰崇文清玩、查魯宣無。考元吴鎮字仲圭，善書畫，硯蓋其所寶者，著雍敦牂爲康熙十七年歲次戊午。是硯自元至國朝四百餘年，流傳内府，品題珍襲迄今又届百年。恭頌墨華時雨之銘，益仰聖澤相承，入人深厚，不獨爲斯硯慶遭逢也。

御製元澄泥龍珠硯銘

墨華吐，沛時雨。

魯宣銘：乾魁至文，陰陽既分。爰此龍嗣，曰美斯聞。

匣底鐫唐子西硯銘：不能鋭，因以鈍爲體。不能動，因以静爲用。惟其然，所以能永年。

于敏中等《西清硯譜》卷六《陶之屬》

明製瓦硯

舊澄泥方池硯齋宫

舊澄泥卷荷硯坤寧宮東暖閣

舊澄泥玉堂硯一懋勤殿

舊澄泥玉堂硯二

舊澄泥藻文石渠硯

舊澄泥伏犀硯

舊澄泥鐘硯

舊澄泥四直硯

明製瓦硯正面圖

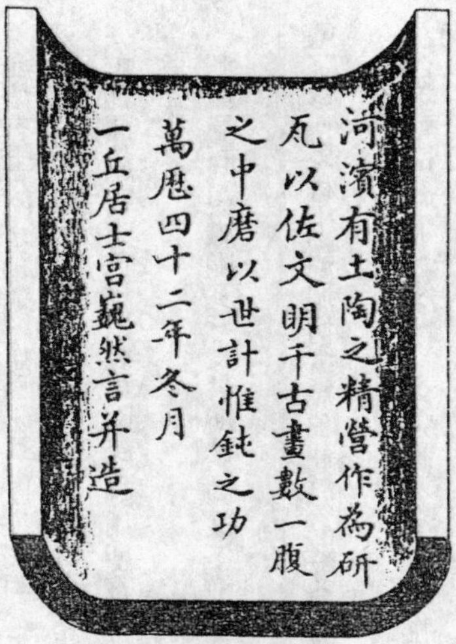
河濱有土陶之精營作為研
瓦以佐文明千古晝數一腹
之中磨以世計惟鈍之功
萬歷四十二年冬月
一丘居士宮巍然言并造

明製瓦硯背面圖

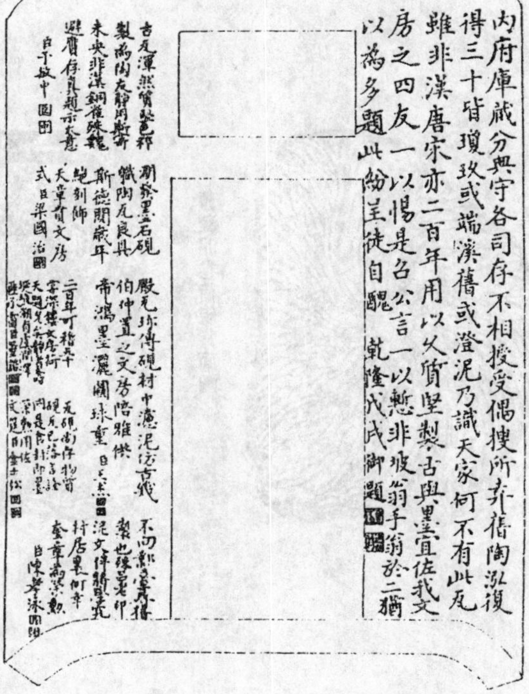
內府庫藏分典守各司存不相授受偶搜所弃舊陶泓復
得三十皆瓊玖或端溪舊或澄泥乃識天家何不有此瓦
雖非漢唐宋亦二百年用以久質堅製古與墨宜佐我文
房之四友一以惕是召公言一以慙非坡翁手翁於二猶
以為多題此紛呈徒自醜　乾隆戊戌御題

明製瓦硯正面銘款圖

明製瓦硯説

硯高九寸二分，寬七寸二分，穹起如瓦離，几一寸七分許，陶土爲之。硯面削平爲受墨處，縱五寸五分，廣三寸九分。上方墨池如仰瓦，深二分許，旁多駁落。右方鐫御題詩一首，楷書，鈐寶二，曰會心不遠、曰德充符。左方鐫臣于敏中、臣梁國治、臣王杰、臣董誥、臣金士松、臣陳孝泳詩銘各一首。硯背鐫銘三十二字，末署「萬歷四十二年冬月，一邱居士宮巍然言并造」十八字款，並行書。巍然爵里無考。是硯雖係仿瓦式爲硯，非若未央銅雀流傳之古，而自明迄今已閱二百餘歲。久弃内庫，一經天題拂拭，用佐文房，蓋不勝爲是硯慶遭逢云。匣蓋内鐫御題詩與硯同隸書，鈐寶二，曰比德、曰朗潤。

御製題明製瓦硯

内府庫藏分典守，各司存不相授受。偶搜所弃舊陶泓，復得三十皆瓊玖。或端溪舊或澄泥，乃識天家何不有。此瓦雖非漢唐宋，亦二百年用以久。質堅製古與墨宜，佐我文房之四友。一以惕是召公言，一以慙非坡翁手。翁於二猶以爲多，題此紛呈徒自醜。

明宫巍然銘：河濵有土，陶之精瑩。作爲研瓦，以佐文明。千古畫數，一腹之中。磨以世計，惟鈍之功。萬歷四十二年冬月，一邱居士宫巍然言并造。

臣于敏中銘：古瓦渾然，質堅色粹。製爲陶友，静用斯寄。未央非漢，銅雀殊魏。避贋存真，題示大意。

臣梁國治銘：潤發墨石，硯職陶瓦。良具斯德，閲歲年絶。刻飾天章，賁文房式。

臣王杰銘：殿瓦珍傳硯材中，濾泥仿古幾伯仲。置之文房陪雅供，帝鴻墨灑圖球重。

臣董誥詩：二百年可稽，五十字深鏤。文房荷天題，久矣静者壽。埏埴溯有虞，潤澤匪承霤。

臣金士松詩：瓦硯尚存物質，硯瓦已落言詮。同是食封即墨，筞勳用佐文筵。

舊澄泥方池硯正面圖

土可為石以陶甄也上之
化下仲舒曾言也慎是絲
綸無黨無偏也念茲在茲
玩物非賢也
乾隆戊戌仲春御銘

舊澄泥方池硯背面圖

臣陳孝泳詩：不向鄴臺尋舊製，也殊吕老印泥文。伴將學究村居裏，何幸奎章爲筞勳。

舊澄泥方池硯説

硯高三寸九分，寬二寸六分許，厚五分許，舊澄泥爲之。色紫而硯面微黄，墨池寬廣方直，頗便聚瀋，覆手鐫御題銘一首，楷書，鈐寶二，曰比德、曰朗潤。匣蓋並鐫是銘隸書，鈐寶二，曰會心不遠、曰德充符。

御製舊澄泥方池硯銘

土可爲石，以陶甄也。上之化下，仲舒曾言也。慎是絲綸，無黨無偏也。念兹在兹，玩物非賢也。

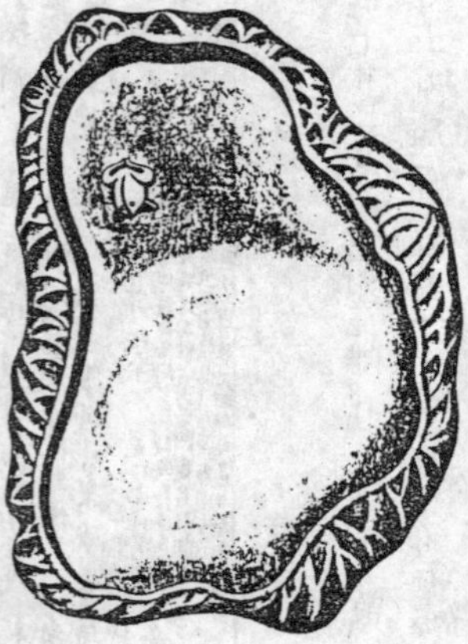

舊澄泥卷荷硯正面圖

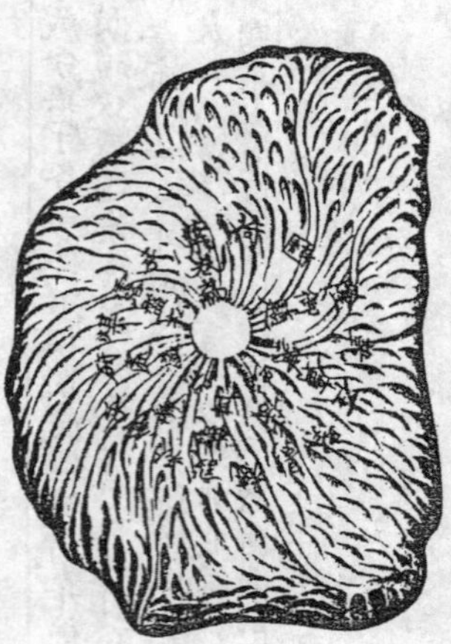

舊澄泥卷荷硯背面圖

舊澄泥卷荷硯說

硯爲卷荷式，舊澄泥製。高約四寸五分，中寬三寸許，上下斂三分之一，色黃而澤。墨鏽深厚，受墨處如荷之承露，左上方刻蟾蜍一，精巧生動，用爲卷邊荷葉文。硯背爲花蒂，莖縷宛然，亦樸亦雅。環蒂周鐫御題詩一首，楷書，鈐寶一，曰古香。匣蓋内並鐫是詩隸書，鈐寶二，曰會心不遠、曰德充符。

御製題舊澄泥卷荷硯

荷葉卷爲承露盤，松煤研處溢文瀾。筆非秋設擬其挾，影落蟾蜍在廣寒。

舊澄泥玉堂硯正面圖第一硯

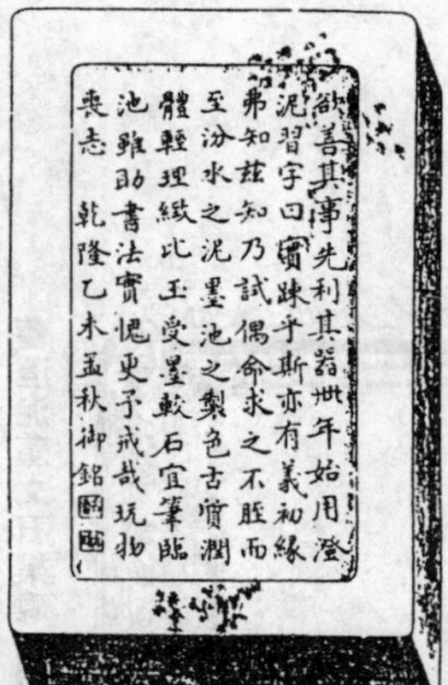

舊澄泥玉堂硯背面圖

舊澄泥玉堂硯上方側面圖

舊澄泥玉堂硯說

硯高四寸三分，寬二寸七分，厚五分，玉堂式，舊澄泥爲之。色黃而澤，墨池深四分許，上方側鐫「澄泥硯」三字楷書，覆手上下俱有鐵花。中鐫御製銘一首，楷書，鈐寶二，曰古香、曰太璞。匣蓋内並鐫是銘隸書，鈐寶二，曰比德、曰朗潤。底内鐫「乾隆御用」四字，外鐫「澄泥硯」三字，俱隸書。謹案：是硯常侍翰筵，臣等敬觀受墨處，窪圓如錢，仰惟我皇上，筆法天縱，超妙入神，而萬幾餘暇，寄興臨池。伏讀御製硯銘，益徵天行之健，彌綸無間云。

御製舊澄泥玉堂硯銘

欲善其事，先利其器。卌年始用，澄泥習字。曰實踈乎，斯亦有義。初緣弗知，茲知乃試。偶命求之，不脛而至。汾水之泥，墨池之製。色古質潤，體輕理緻。比玉受墨，較石宜筆。臨池雖助，書法實愧。更予戒哉，玩物喪志。

舊澄泥玉堂硯正面圖第二硯

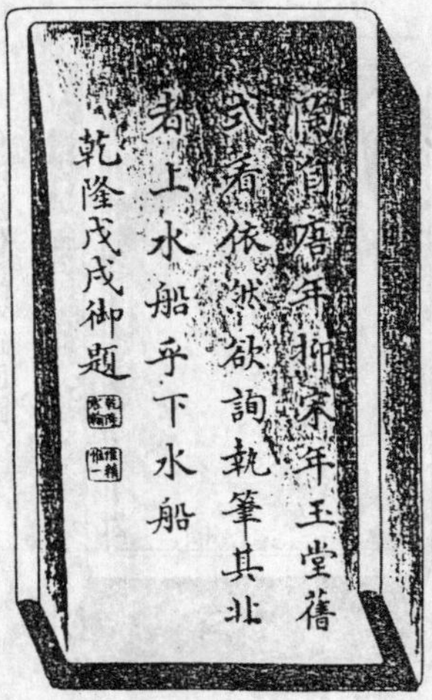

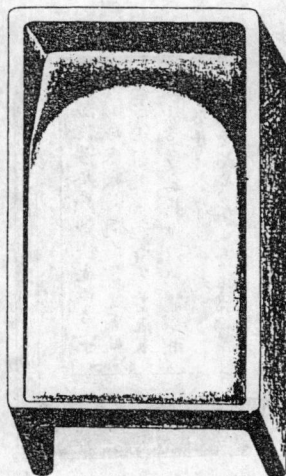

舊澄泥玉堂硯背面圖

舊澄泥玉堂硯說

硯高六寸六分，寬四寸一分，厚一寸三分，澄泥製。色黃體輕，極爲細膩，墨池深廣，鏽痕瑩漬。覆手從上削下，直勒兩跗，離幾一寸許，玉堂舊式也。中鐫御題詩一首，楷書，鈐寶二，曰乾隆宸翰、曰惟精惟一。匣蓋並鐫是詩隸書，鈐寶二，曰乾隆。

御製題舊澄泥玉堂硯

陶自唐年抑宋年，玉堂舊式看依然。欲詢執筆其北者，上水船平下水船。

舊澄泥藻文石渠硯正面圖

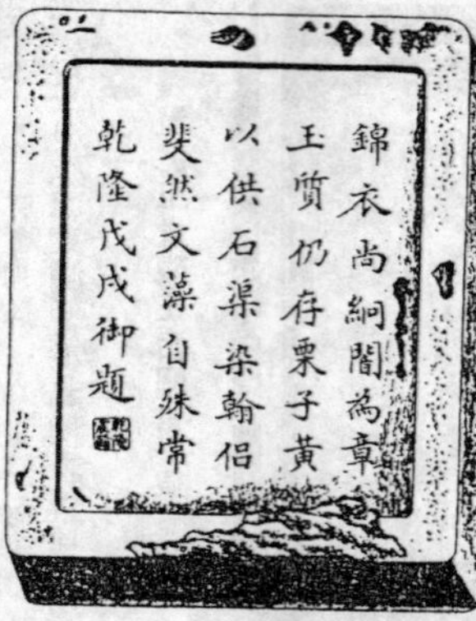

舊澄泥藻文石渠硯背面圖

舊澄泥藻文石渠硯說

硯高五寸五分，寬四寸八分，厚七分許，舊澄泥製。色黃如蒸栗，細膩潤澤，硯面寬平，周環以渠，墨鏽深厚，邊周刻水藻文，刀法渾古。硯背四周俱有剝蝕，下方刓缺，覆手鐫御題詩一首，楷書，鈐寶一，曰乾隆宸翰。匣蓋並鐫是詩隸書，鈐寶二，曰幾暇怡情、曰得佳趣。

御製題舊澄泥藻文石渠硯

錦衣尚絅闇爲章，玉質仍存栗子黃。以供石渠染翰侶，斐然文藻自殊常。

舊澄泥伏犀硯正面圖

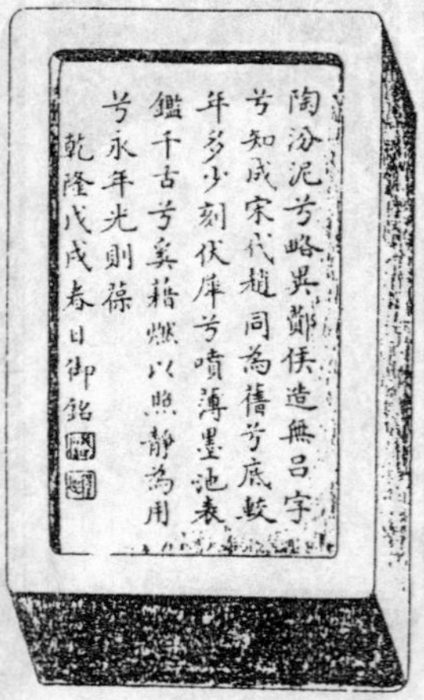

舊澄泥伏犀硯背面圖

舊澄泥伏犀硯說

硯高七寸，寬四寸四分，厚一寸二分，澄泥爲之。色正黃，質細而潤，墨池深五分許，中刻伏犀一，昂首向硯作噴薄勢，極爲生動。覆手鐫御題銘一首，楷書，鈐寶二，曰幾暇怡情、曰得佳趣。匣蓋並鐫是銘隸書，鈐寶同。

御製舊澄泥伏犀硯銘

陶汾泥兮，略異鄴侯造。無吕字兮，知成宋代趙。同爲舊兮，底較年多少。刻伏犀兮，噴薄墨池表。鑑千古兮，奚藉燃以照。静爲用兮，永年光則葆。

舊澄泥鐘硯說

硯高六寸，上寬三寸，下寬四寸八分，爲鐘式。蒲牢鈕高八分，厚不及寸，舊

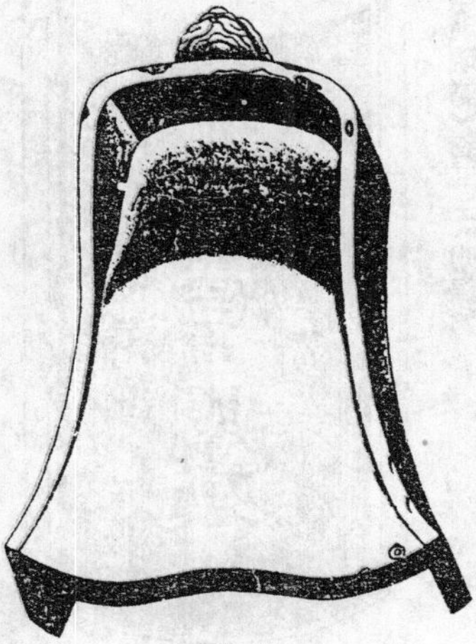

舊澄泥鐘硯正面圖

舊澄泥鐘硯背面圖

澄泥製。質極輕緻，上方爲墨池，深廣可蓄瀋，下受墨處亦甚寬平。覆手上平下削，兩跗離幾七分許。上方平處鐫御題詩一首，楷書，鈐寶二，曰比德、曰朗潤。下斜印「東魯柘硯」四字條記。按：東魯柘硯無考，或爲魯人名，柘者所製，未敢臆斷也。匣蓋鐫御題詩與硯同隸書，鈐寶一，曰得佳趣。

御製題舊澄泥鐘硯

模削誰成几上賓，洪鐘作式出陶均。設如洞理文流響，七召疇爲待扣人。

舊澄泥四直硯説

硯高九寸二分，寬五寸五分，厚一寸四分，澄泥爲之。色黃而黝，受墨處界勒平直，墨池廣環博，墨鏽深透，聚瀋多而宜筆，便於擘窠大書。覆手鐫御題銘一首，楷書，鈐寶二，曰乾隆宸翰、曰惟精惟一。匣蓋並鐫是銘隸書，鈐寶二，曰乾隆。案：澄泥舊製埏埴精良者，每以小品見珍，内府所藏如石函、蕉葉、夔紋等硯，大皆僅逾五寸。是硯磅礴盈尺而陶煉彌精，尤不易得。

舊澄泥四直硯正面圖

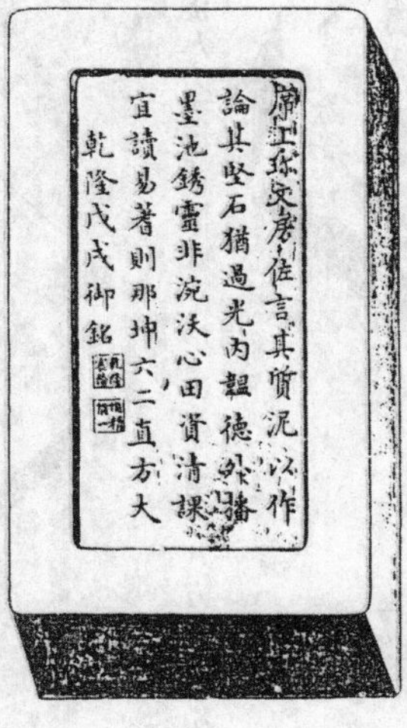

舊澄泥四直硯背面圖

御製舊澄泥四直硯銘

席上珍，文房佐。言其質，泥以作。論其堅，石猶過。光内韞，德外播。墨池銹，靈非涴。沃心田，資清課。宜讀易，著則那。坤六二，直方大。

于敏中等《西清硯譜》卷二二《澄泥硃硯説》 硯高二寸三分許，寬二寸許，厚三分。澄泥黄色，潤如蒸栗，受墨處正平。墨池爲偃月形，邊周起線，四角稍圓，而稜内入覆手深分許。中鐫御題銘一首，楷書。鈐寶一，曰朗潤。

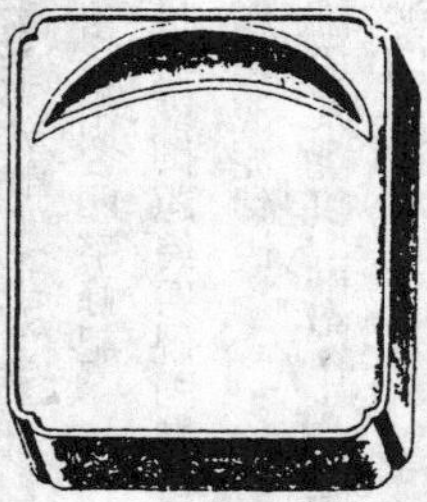
澄泥砵硯正面圖

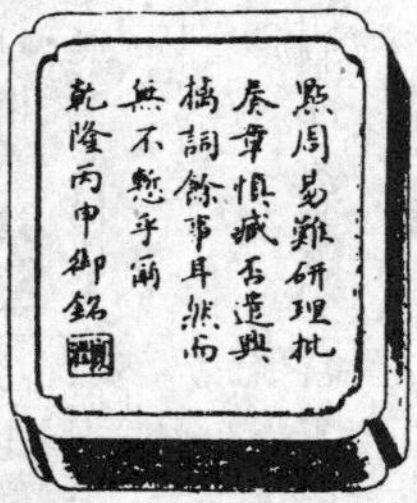

澄泥砵硯背面圖

御製澄泥砵硯銘

點周易，難研理。批奏章，慎臧否。遣興摛詞餘事耳，然而無不慙乎爾。

漢未央宮東閣瓦硯正面圖

漢未央宮東閣瓦硯背面圖

于敏中等《西清硯譜》卷二三《附録》

澄泥八方硯

倣魏興和甎硯弘德殿

倣唐八稜澄泥硯樂壽堂

倣澄泥虎伏硯文源閣

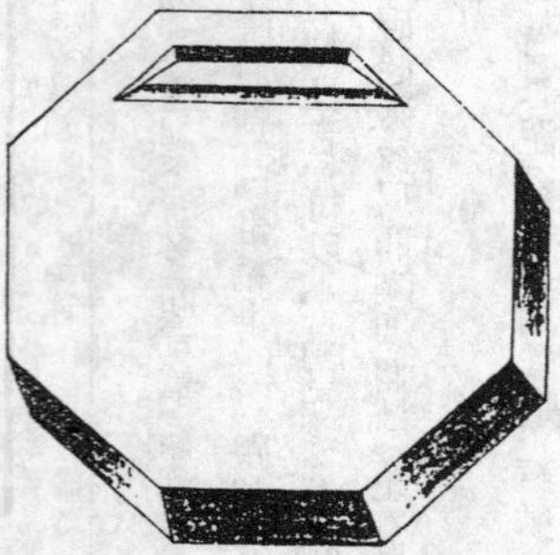
澄泥八方硯正面圖

澄泥八方硯背面圖

澄泥八方硯上方側面圖

澄泥八方硯説

硯八稜，體徑三寸五分，稜徑三寸八分，厚五分，澄泥爲之。澹黄色，受墨處正平，斜入墨池，深二分許，上方側面鐫「澄泥八方硯」五字楷書，覆手深一分許。中鐫御題銘一首，楷書，鈐寶一，曰比德。匣蓋並鐫是銘隸書，鈐寶一，曰德充符。匣底内鐫「乾隆御用」，外鐫「澄泥八方硯」，俱隸書。

御製澄泥八方硯銘

四圍四隅，義具八方。匪燥匪濕，含陰含陽。從模則柔，以陶則剛。用之綸綍，慎兹典常。

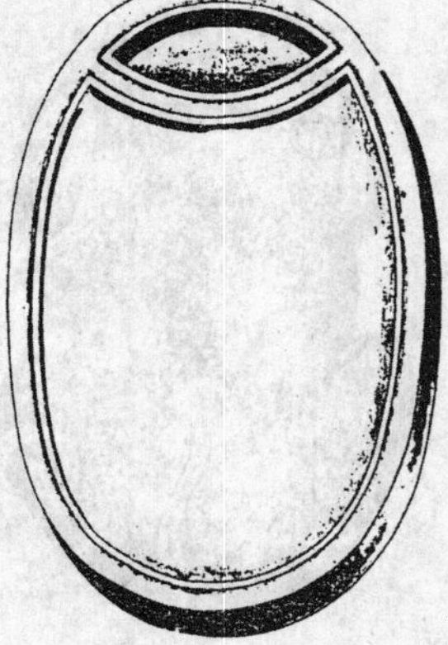

仿魏興和甎硯正面圖

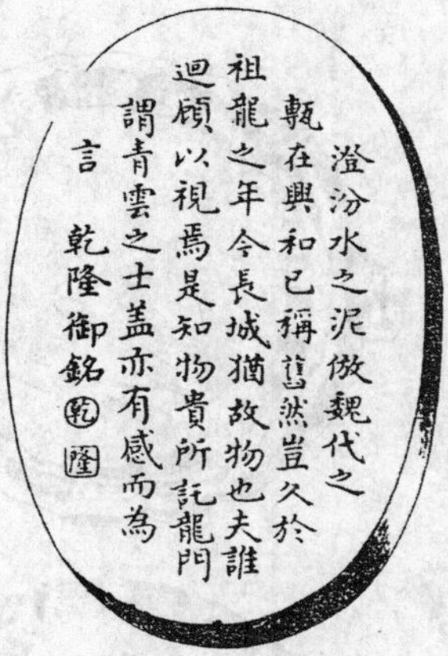
澄汾水之泥倣魏代之
甎在興和已稱舊然豈久於
祖龍之年今長城猶故物也夫誰
迴顧以視焉是知物貴所託龍門
謂青雲之士蓋亦有感而為
言 乾隆御銘

仿魏興和甎硯背面圖

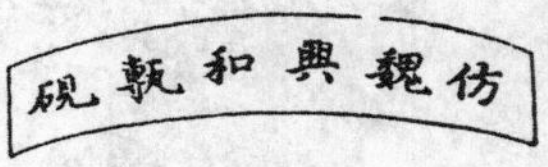
仿魏興和甎硯

仿魏興和甎硯上方側面圖

仿魏興和甎硯説

硯高四寸四分，寬二寸九分，厚三分，澄泥製。橢圓式，受墨處周刻邊線如瓶形，瓶口爲墨池，深二分，上方側鐫「倣魏興和甎硯」六字楷書。硯背鐫御題銘一首，楷書，鈐寶二，曰乾隆。是硯蓋倣内府舊藏甎硯作，而彼則外方内圓，此則竟作瓶形，且色如黄玉，扣之作金石聲，真堪比美。匣蓋鐫御題銘與硯同隸書，鈐寶二，曰比德、曰朗潤。匣底内鐫「乾隆御用」四字，外鐫「仿魏興和甎硯」六字，並隸書。

御製仿魏興和甎硯銘

澄汾水之泥，仿魏代之甎。在興和已稱舊，然豈久於祖龍之年。今長城猶故物也，夫誰迴顧以視焉。是知物貴所託，龍門謂青雲之士，蓋亦有感而爲言。

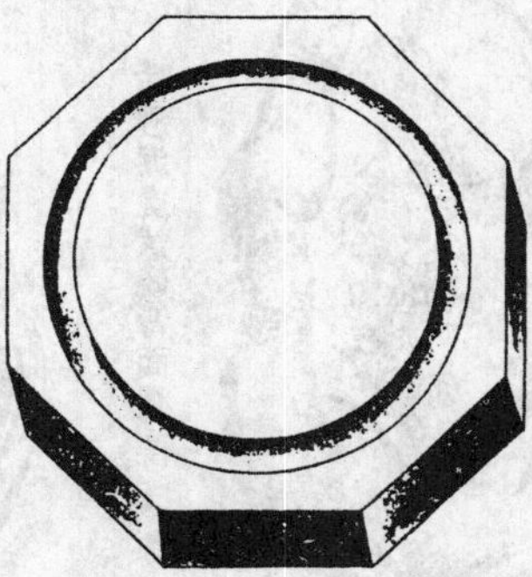

仿唐八稜澄泥硯正面圖

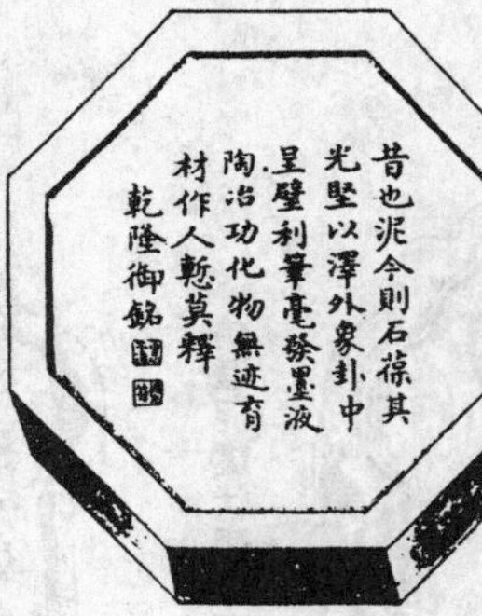
昔也泥今則石葆其
光堅以澤外象卦中
呈璧利筆毫發墨液
陶冶功化物無迹育
材作人懃莫釋
乾隆御銘

仿唐八稜澄泥硯背面圖

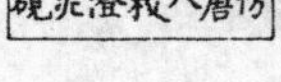
仿唐八稜澄泥硯

仿唐八稜澄泥硯上方側面圖

仿唐八稜澄泥硯説

硯八稜，體徑四寸一分，稜徑四寸五分，厚五分，舊澄泥仿唐八稜硯式製。色黄而質細，温潤如石，受墨處中圓如月，周環以渠，深二分許。外爲八稜，上方側面鐫「仿唐八稜澄泥硯」七字楷書，覆手亦八稜，微有鐵花紋。中鐫御題銘一首，楷書，鈐寶二，曰會心不遠、曰德充符。匣蓋並環鐫是銘隸書，鈐寶同。匣底内鐫「乾隆御用」四字，外鐫「仿唐八稜澄泥硯」七字，並隸書。考内府唐硯邊周刻海水魚龍，是硯仿其形製而邊不雕，幾彌見渾雅。

御製仿唐八稜澄泥硯銘

昔也泥，今則石。葆其光，堅以澤。外象卦，中呈璧。利筆毫，發墨液。陶冶功化物無迹，育材作人慙莫釋。

仿唐菱鏡硯正面圖第一硯

仿唐菱鏡硯背面圖

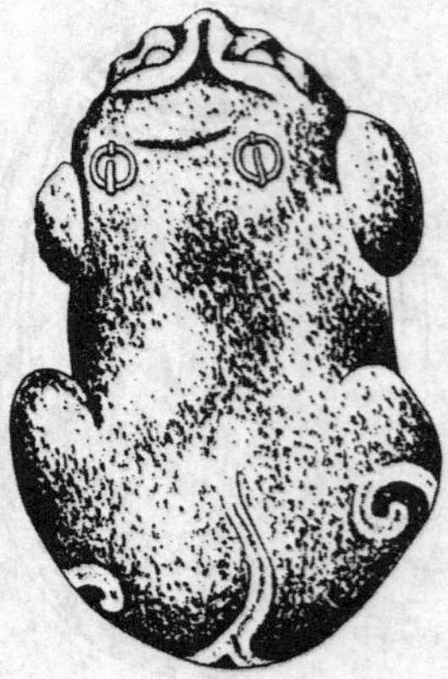
仿澄泥虎伏硯蓋外面圖

仿澄泥虎伏硯説

硯高四寸五分，上寬二寸五分，下寬三寸八分許，厚一寸四分，仿宋澄泥爲之。色紫，形製稍圓，有青緑而無天然剥蝕痕，虎首微尖小，兩耳正圓，與舊式稍異，餘俱與舊式畧同。蓋内鐫御題銘一首，隸書，鈐寶二，曰比德、曰朗潤。匣蓋内並鐫是銘，鈐寶二，曰會心不遠、曰德充符。是硯上出内府舊式，命吴中巧匠仿造進御，雖古藻稍遜而摹仿逼真，質亦堅潤，蓋幾無虎賁中郎之辨。

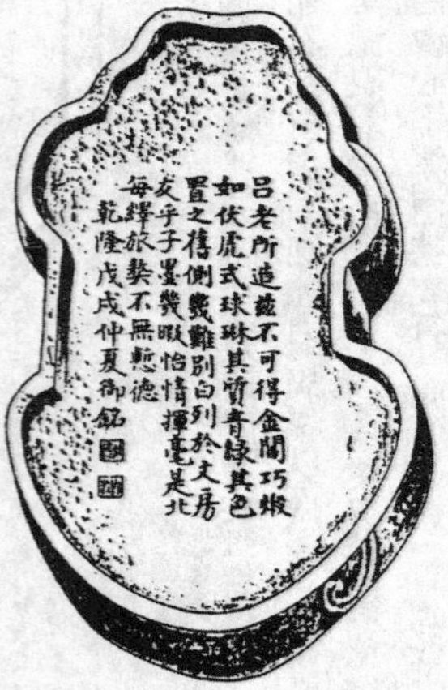

仿澄泥虎伏硯蓋内面圖

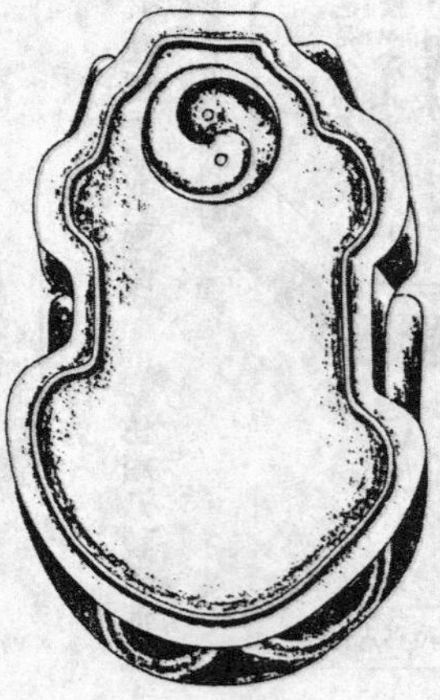
仿澄泥虎伏硯正面圖

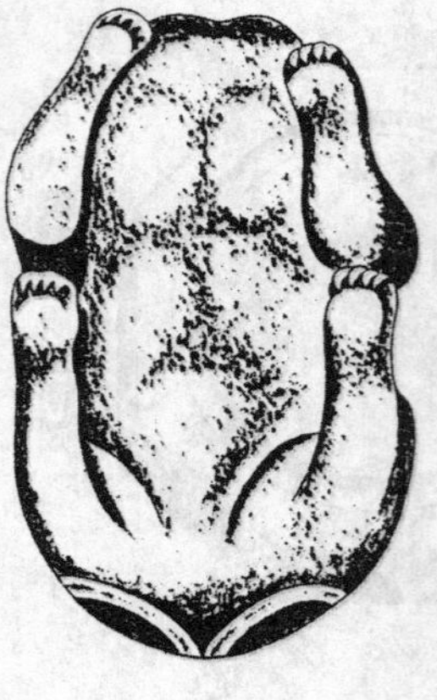
仿澄泥虎伏硯背面圖

御製仿澄泥虎伏硯銘

吕老所造，兹不可得。金閶巧煅，如伏虎式。球琳其質，青緑其色。置之舊側，幾難別白。列於文房，友乎子墨。幾暇怡情，揮毫是北。每繹旅獒，不無慙德。

于敏中等《西清硯譜》卷二四《附録・倣古六硯》

倣漢未央甎海天初月硯
倣漢石渠閣瓦硯
倣唐八稜澄泥硯
《倣古六硯》
倣漢未央甎海天初月硯
倣漢石渠閣瓦硯
倣唐八稜澄泥硯
《倣古澄泥六硯》
倣漢未央甎海天初月硯
倣漢石渠閣瓦硯
倣唐八稜澄泥硯
倣宋玉兔朝元硯
倣宋德壽殿犀文硯
倣宋天成風字硯

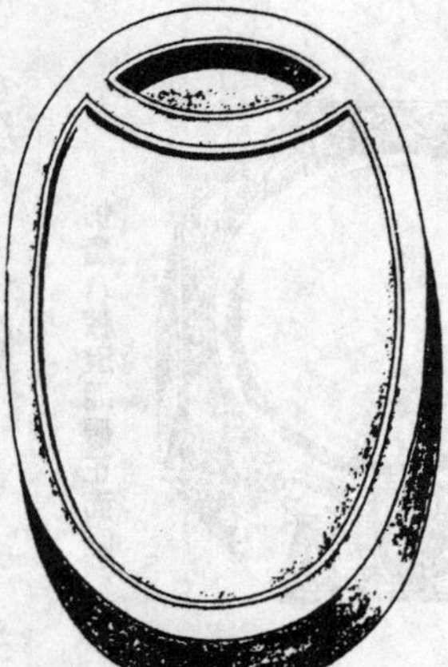

仿漢未央甎海天初月硯正面圖

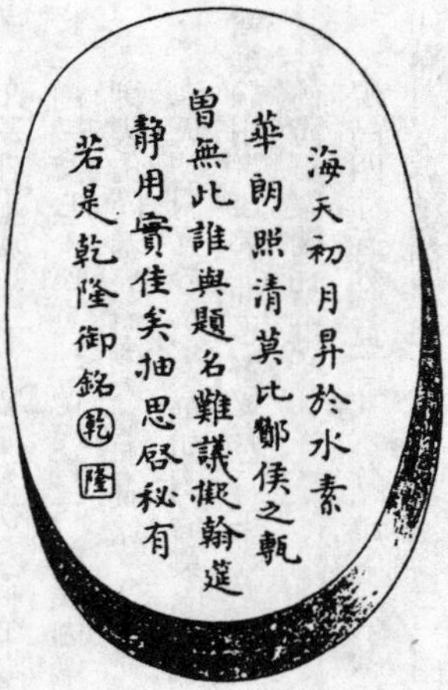

仿漢未央甎海初月硯背面圖

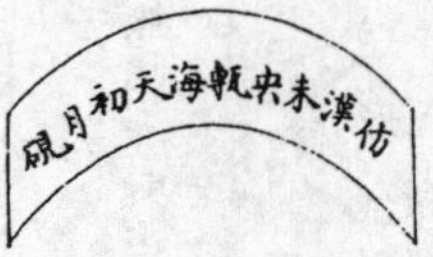

仿漢未央甎海天初月硯上方側面圖

仿漢石渠閣瓦硯正面圖

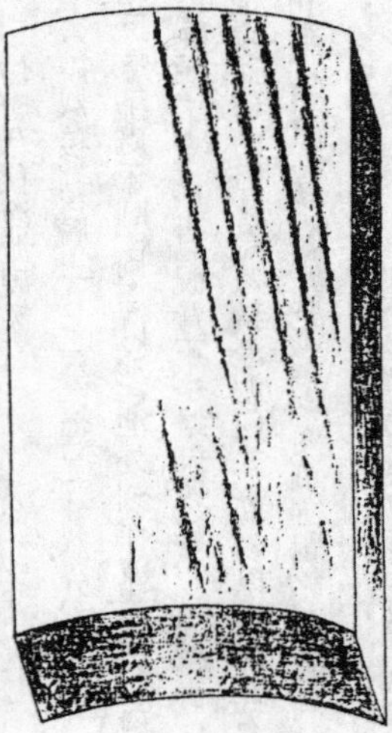

仿漢石渠閣瓦硯背面圖

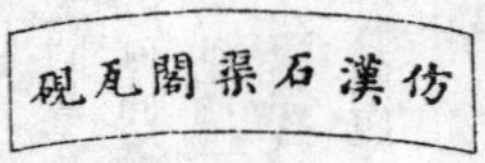

仿漢石渠閣瓦硯上方側面圖

仿漢未央甎海天初月硯説

硯高四寸五分，寬二寸九分，端溪石，色紫質潤，橢圓式。硯首墨池深四分，狀如海月初升，上方側鐫「仿漢未央甎海月初月硯」十字楷書，硯背正平鐫御題銘一首，楷書，鈐寶二，曰「乾隆考明高濂《遵生八箋》稱未央磚頭」。硯色黄黑，扣之聲清而堅，上有「建安十五年」字。硯蓋仿此爲之，而不摹「建安十五年」五字。匣蓋外鐫「仿漢未央甎海天初月硯」十字，内鐫御題銘，與硯同並隸書。鈐寶二，曰「會心不遠」、曰「德充符」。匣底内鐫「乾隆御用」四字。

御製仿漢未央甎海天初月硯銘

海天初月昇於水，素華朗照清莫比。鄴侯之碑曾無此，誰與題銘難議擬。翰筵静用實佳矣，抽思啓秘有若是。

仿漢石渠閣瓦硯説

硯高四寸五分，寬二寸六分，厚七分，歙溪舊石製，爲瓦形。穹起受墨處圓如滿月，上方鐫御題銘一首，楷書，鈐寶二，曰「澂觀」。硯首側鐫「仿漢石渠閣瓦硯」七字，楷書「考明高濂《遵生八箋》載石渠閣瓦硯」，背鐫「石渠閣瓦」四字。硯上有銘，質堅聲清，傍書云「嘉靖五年改製」，下有小印。是硯易陶以石，略仿形模，無諸款識而銘，自天題西清珍襲，較之濂所書者榮幸多矣。匣蓋外鐫「仿漢石渠閣瓦硯」七字，内鐫御題銘與硯同並隸書，鈐寶二，曰「幾暇怡情」、曰「得佳趣」。匣蓋内鐫「乾隆御用」四字。

御製仿漢石渠閣瓦硯銘

石渠閣，覆以瓦。肖其形，爲硯也。出於琢，非出冶。友筆墨，佐儒雅。思夘金，太乙下。

仿唐八稜澄泥硯説

硯八稜，稜廣三寸二分，徑二寸八分，厚一寸一分許，色青黑，端溪舊坑石也。受墨處正圓，周環以池，池外刻作波濤飛魚海馬形，上方側面鐫「仿唐八稜澄泥硯」七字楷書，硯背正平鐫御題銘一首，楷書，鈐寶二，曰「比德」、曰「朗潤」。是硯蓋仿内府舊藏八稜澄泥硯式，而易以端溪佳石，刻法精妙，不減舊製。匣蓋外鐫「仿唐八稜澄泥硯」七字，内鐫御題銘，與硯同並隸書，鈐寶同匣底，内鐫「乾

仿唐八稜澄泥硯正面圖

四維四隅是曰八
方壁水環之圓於
中央内外各具深
義澄泥式倣乎唐
此則端溪出舊阬
乾隆御銘

仿唐八稜澄泥硯背面圖

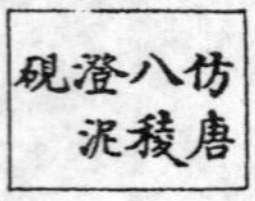
仿唐八稜澄泥硯

仿唐八稜澄泥硯上方側面圖

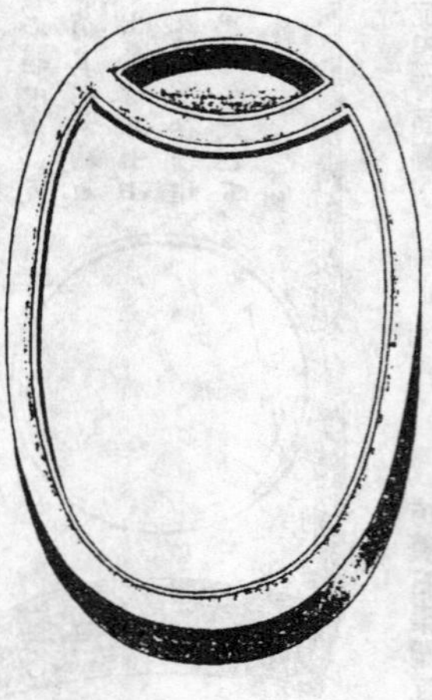

仿漢未央甎海天初月硯正面圖

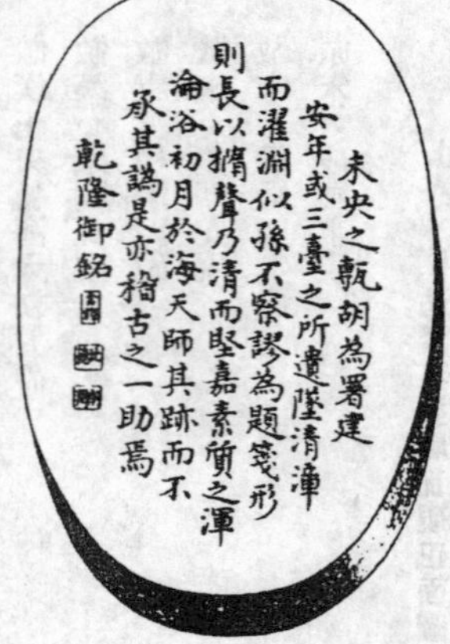
乾隆御銘

仿漢未央甎海天初月硯背面圖

仿漢未央甎海天初月硯

仿漢未央甎海天初月硯上方側面圖

隆御用」四字。

御製仿唐八稜澄泥硯銘

四維四隅，是曰八方。璧水環之，圓於中央。内外各具深義，澄泥式倣乎唐，此則端溪出舊阬。

仿漢未央甎海天初月硯説

硯以歙石爲之，形體尺度並與舊石仿製同，上方側面鐫「仿漢未央甎海天初月硯」十字楷書，硯背鐫御題銘一首，楷書，鈐寶三，曰「含輝」、曰「比德」、曰「朗潤」，匣蓋並鐫是銘隸書，鈐寶二，曰「比德」、曰「朗潤」。匣底内鐫「乾隆御用」四字，外鐫「仿漢未央甎海天初月硯」十字，並隸書。謹案：明高濂《遵生八牋》既稱舊硯，上有「建安十五年」字而同爲漢未央甎，謬矣。是硯仿其形製而不橅「建安十五年」字。

其制維何致之
石渠其用維何
承以方諸研朱
滴露潤有餘文
津閣鑒四庫書
乾隆御銘

仿漢石渠閣瓦硯正面圖

仿漢石渠閣瓦硯背面圖

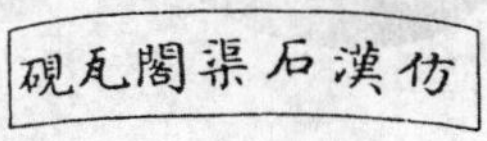
仿漢石渠閣瓦硯

仿漢石渠閣瓦硯上方側面圖

御製仿漢未央甎海天初月硯銘

未央之甎，胡爲署建安年。或三臺之所遺，墜清漳而濯淵，似孫不察，謬爲題簽。形則長以橢，聲乃清而堅。嘉素質之渾淪，浴初月於海天。師其跡而不承其譌，是亦稽古之一助焉。

仿漢石渠閣瓦硯説

硯以歙石爲之，形體尺度亦與舊石仿製同，上方側面鐫「仿漢石渠閣瓦硯」七字楷書，硯面上方鐫御題銘一首，楷書，鈐寶二，曰「比德」、曰「朗潤」，匣蓋並鐫是銘隸書，鈐寶同匣底，内鐫「乾隆御用」四字，外鐫「仿漢石渠閣瓦硯」七字，並隸書。

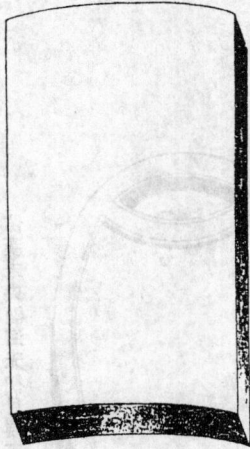

御製仿漢石渠閣瓦硯銘

其制維何，致之石渠。其用維何，承以方諸。研朱滴露潤有餘，文津閣鑒四庫書。

仿唐八稜澄泥硯正面圖

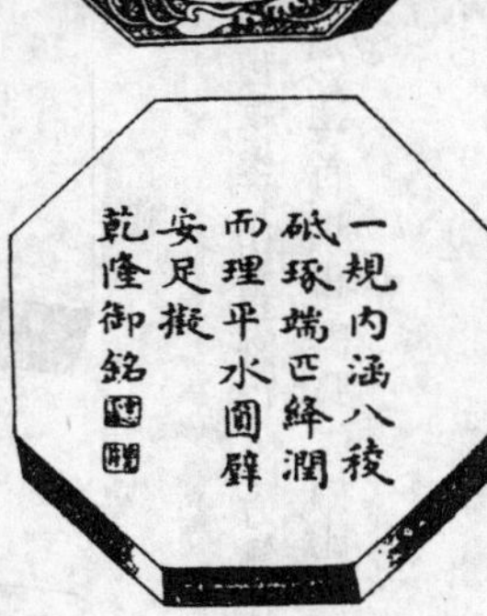
一規内涵八稜
砥琢端匹絳潤
而理平水圓璧
安足擬
乾隆御銘

仿唐八稜澄泥硯背面圖

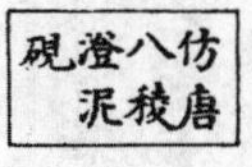
仿唐八稜澄泥硯

仿唐八稜澄泥硯上方側面圖

仿唐八稜澄泥硯説

硯以端石爲之，形體尺度並與舊石仿製同，上方側面鐫「倣唐八稜澄泥硯」七字楷書，硯背鐫御題銘一首，楷書，鈐寶二，曰「會心不遠」、曰「德充符」，匣蓋並鐫是銘隸書，鈐寶同匣底，内鐫「乾隆御用」四字，外鐫「仿唐八稜澄泥硯」七字，並隸書。

御製仿唐八稜澄泥硯銘

一規内涵八稜砥，琢端匹絳潤而理，平水圓璧安足擬。

仿漢未央甎海天初月硯説

硯係澄泥製，形體尺度並與端石仿製硯同。上方側亦鐫「仿漢未央甎海天

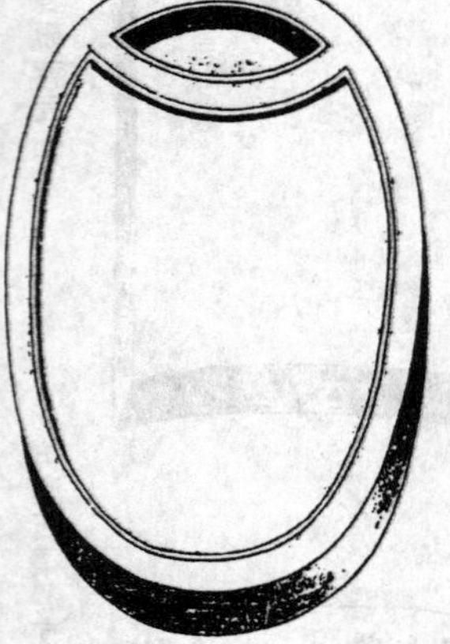

仿漢未央甎海天初月硯正面圖

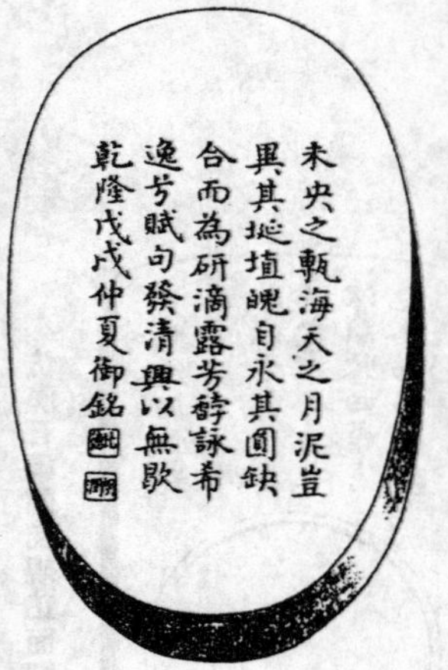
未央之甎海天之月泥豈
異其埏埴魄自永其圓缺
合而為研滴露芳醇詠希
逸兮賦句發清興以無歇
乾隆戊戌仲夏御銘

仿漢未央甎海天初月硯背面圖

仿漢未央甎海天初月硯

仿漢未央甎海天初月硯上方側面圖

初月硯」十字楷書，硯背鐫御題銘一首，亦楷書，鈐寶二，曰比德、曰朗潤。匣蓋並鐫是銘隸書，鈐寶二，曰乾隆。

炎劉瓦硯稱
石渠汾沙摶
埴其式俱以
昔視今舊新
殊由今視昔
詎異乎
乾隆御銘

仿漢石渠閣瓦硯正面圖

御製仿漢未央甎海天初月硯説

未央之甎，海天之月。泥豈異其埏埴，魄自永其圓缺。合而爲研，滴露芳醇。詠希逸兮賦句，發清興以無歇。

仿漢石渠閣瓦硯背面圖

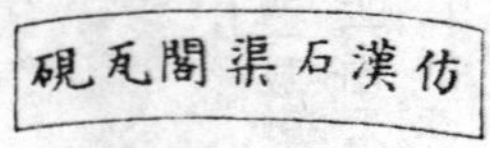
仿漢石渠閣瓦硯

仿漢石渠閣瓦硯上方側面圖

仿漢石渠閣瓦硯説

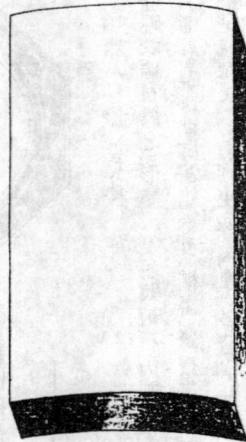

硯係澄泥製，形體尺度與舊歙溪石仿製硯同。上方側亦鐫「仿漢石渠閣瓦硯」七字楷書，硯面上方鐫御題銘一首，楷書，鈐寶二，曰古香、曰太璞。匣蓋並鐫是銘隸書，鈐寶一，曰比德。

御製仿漢石渠閣瓦硯銘

炎劉瓦硯稱石渠，汾沙摶埴其式俱。以昔視今舊新殊，由今視昔詎異乎。

仿唐八稜澄泥硯正面圖

八稜合璧外方內圓
唐即澄泥茲實肖焉
枕葄六藝修身立言
詎惟玩物思旅獒篇
乾隆戊戌御銘
仿唐八稜澄泥硯背面圖

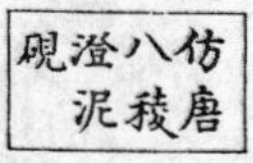
仿唐八稜澄泥硯
仿唐八稜澄泥硯上方側面圖

仿唐八稜澄泥硯説

硯形體尺度與端溪舊坑石仿製硯同，而質係澄泥硯，與唐舊式相肖。上方側面亦鐫「仿唐八稜澄泥硯」七字楷書，硯背鐫御題銘一首，楷書，鈐寶二，曰比德、曰朗潤。匣蓋並鐫是銘隸書，鈐寶二，曰乾隆。

御製仿唐八稜澄泥硯銘

八稜含璧，外方內圓。唐即澄泥，茲實肖焉。枕葄六藝，修身立言。詎惟玩物，思旅獒篇。

仿宋玉兔朝元硯説

硯係澄泥製，形體尺度與歙溪眉子石仿製硯同，而覆手內月輪顧兔模范天成，雖不能如宋硯之天然巧色，更無凹凸，而較彼出自刻琢者，稍覺渾模。上方側亦鐫「仿宋玉兔朝元硯」七字楷書，硯踦周鐫御題銘一首，楷書，鈐寶一，曰德充符。匣蓋並鐫是銘隸書，鈐寶二，曰乾隆。

御製仿宋玉兔朝元硯銘

月中兔兮日中雞，卯酉其象交坎離。天然配合誰所爲，日雞月兔兩弗知。朝元之硯恒如斯，研朱點筆猶繁辭。

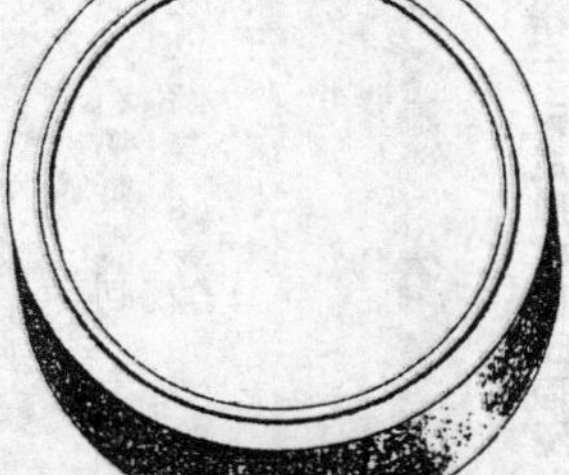
仿宋玉兔朝元硯正面圖

仿宋玉兔朝元硯背面圖

仿宋玉兔朝元硯
仿宋玉兔朝元硯上方側面圖

仿宋德壽殿犀紋硯正面圖

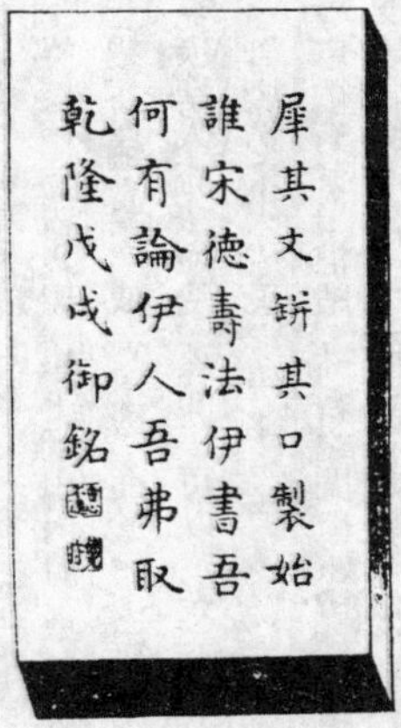
犀其文斮其口製始
誰宋德壽法伊書吾
何有論伊人吾弗取
乾隆戊戌御銘
仿宋德壽殿犀紋硯背面圖

仿宋德壽殿犀紋硯
仿宋德壽殿犀紋硯上方側面圖

仿宋德壽殿犀紋硯說

硯係澄泥製，形體尺度與歙石仿製硯同，上方側亦鐫「仿宋德壽殿犀紋硯」八字楷書。硯背鐫御題銘一首，楷書，鈐寶二，曰會心不遠、曰德充符。匣蓋並鐫是銘隸書，鈐寶二，曰古香、曰太璞。

御製仿宋德壽殿犀紋硯銘

犀其文，鉼其口。製始誰，宋德壽。法伊書，吾何有。論伊人，吾弗取。

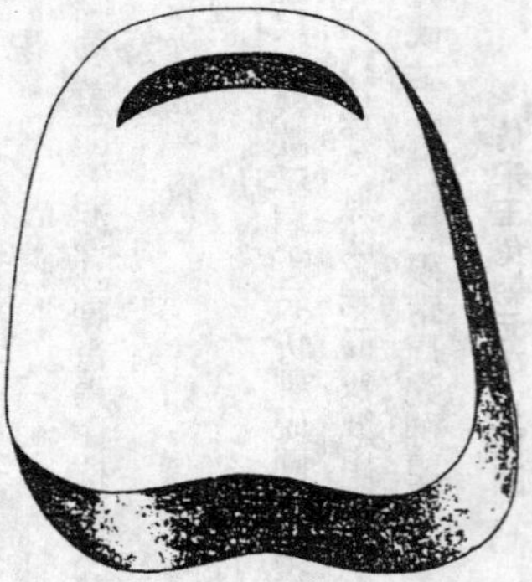
仿宋天成風字硯正面圖

仿宋天成風字硯背面圖

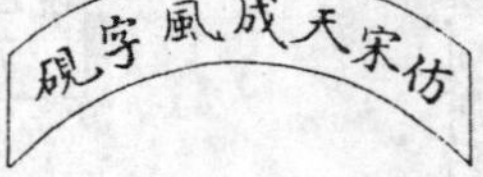

仿宋天成風字硯上方側面圖

仿宋天成風字硯說

硯係澄泥製，形體尺度與舊坑歙石仿製硯同。上方側鐫「仿宋天成風字硯」七字楷書，硯背鐫御題銘一首，楷書，鈐寶二，曰比德、曰朗潤。匣蓋並鐫是銘隸書，鈐寶二，曰乾隆。

謹案：仿古六硯，皇上既出內府舊石，屢命仿造，茲復選澄泥佳質，爲之銘詞三錫，盛緬虞薰，戒存宋殿，而於旅獒玩物之訓，尤三致意焉。臣等循誦絡繹，仰見大聖人心法治法，蓋即小可以寓大云。

御製仿宋天成風字硯銘

庶徵有五風惟殿，休咎之間聖蒙辨。叶趙宋製斯風字硯，曰時曰恒其義見。漉沙得泥自絳縣，爰仿厥式綈几薦。緬想歌薰萬民奠，敢恃詩雄一已擅。叶

朱楓《秦漢瓦圖記》卷一 右瓦二得之阿房宮東北土中，其文僅一衛字。按《史記》：秦每破諸侯，寫放其宮室，作之咸陽北阪上。又《長安志》云：瓦作楚字者，秦瓦也。秦作六國宮室，用其國號以別之，今衛字瓦當是秦爲衛國作宮室之瓦。考《史記索隱》，六國與宋衛中山爲九國。又臣瓚云：秦并六國，衛最後亡。《漢書·地理志》：始皇既并天下，猶獨置衛君，二世時乃廢爲庶人，衛雖後亡，當與六國並作宮室。衛之爲衛，猶楚之爲楚，並爲秦瓦。《長安志》信可徵矣。其書似嶧山碑而神采過之，蓋今嶧山碑爲鄭文寶摹本，茲瓦固未敢實爲李斯所書，要非後人所及也。又其瓦規模遜於各宮之瓦，益知其爲衛瓦耳。

右瓦得之漢城西，考《水經注》云：渭城縣有蘭池宮，秦始皇微行逢盜於蘭池。《雍勝略》云：咸陽縣二十五里有蘭池宮，故定爲秦瓦。其曰蘭池宮當，當字未詳。按《三都賦》云：玉卮無當。注云：當去聲，底也。今當作底解，未知是否。再各《志》有上林儲胥，亦爲漢瓦。儲胥，藩籬也，宮底之與藩籬，義亦相倣，存以俟考。

朱楓《秦漢瓦圖記》卷二 此瓦去邊，餘倣此。右未央宮瓦八。

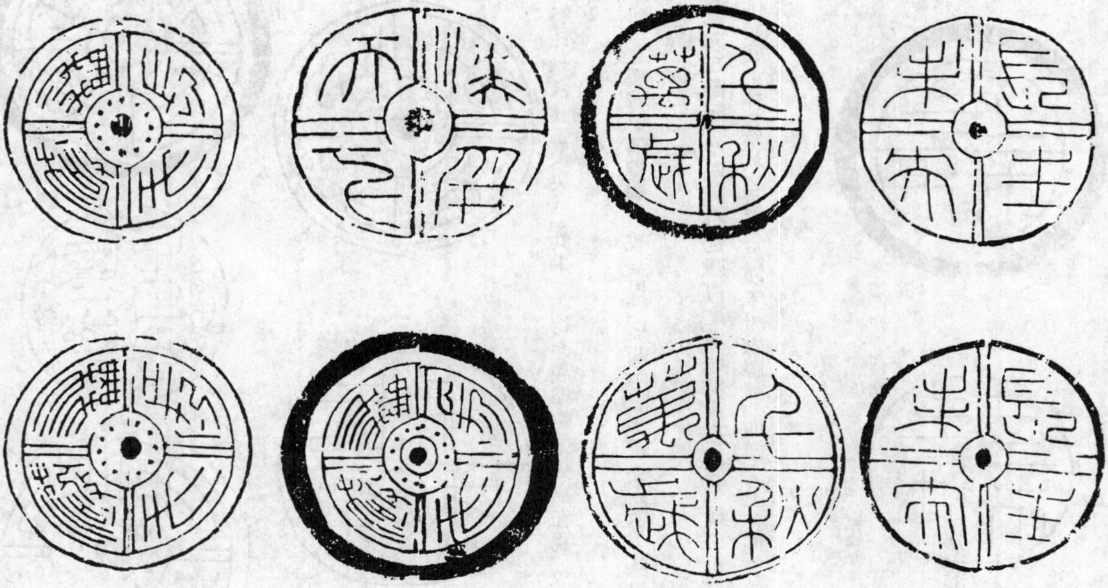

朱楓《秦漢瓦圖記》卷三　右瓦四得之漢城中，按《史記・魏其武安侯列傳》：灌夫頗不讎欺謾，劾繫都司空。《索隱》曰：案百官表云：宗正屬官主詔獄也。《正義》如淳云：律司空主收及罪人，是都司空，爲宗正屬官，宜在禁中，故附未央宮末，曰□，曰當，未詳。

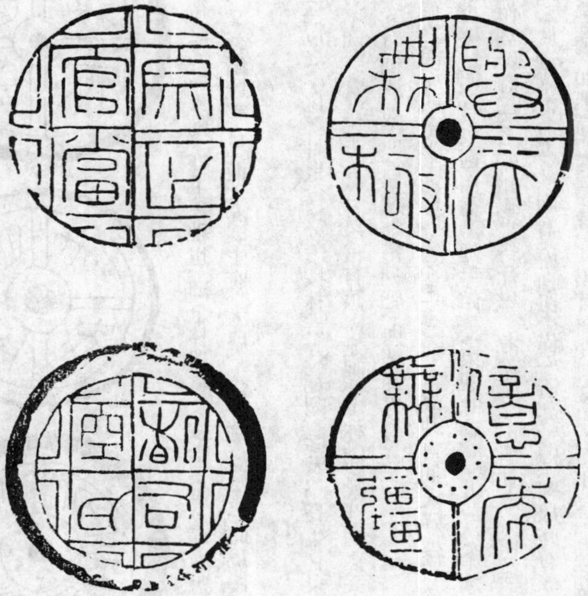

右瓦得之漢城中，亦附於未央末，曰右空，未詳何義，存以俟考。

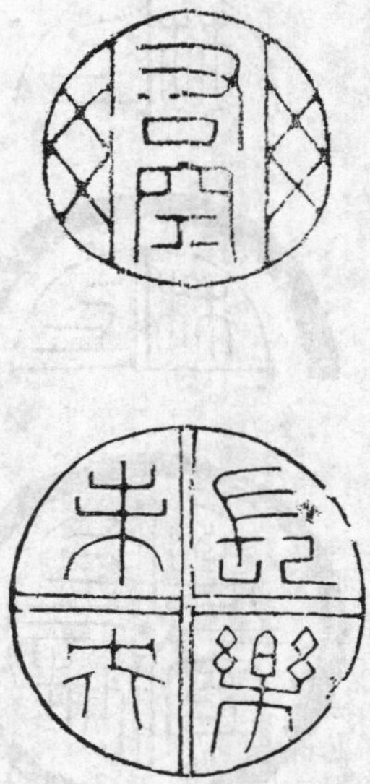

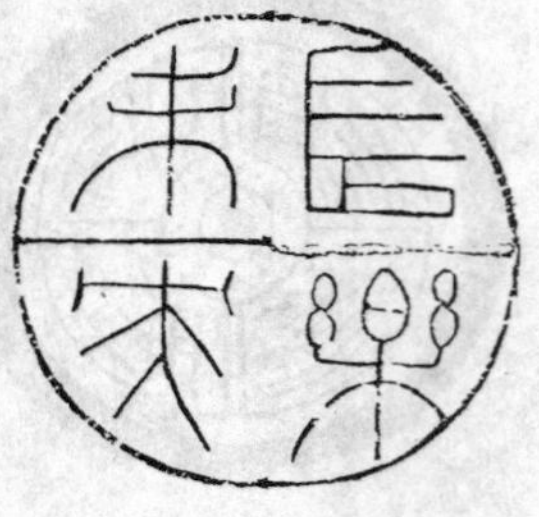

右未央瓦五，合卷二未央八，共十三，得之漢城中未央宫在焉，故斷以爲未央宫瓦。

右瓦六得之漢城東隅長樂宫故基也，按《關中記》，長樂周二十餘里，有殿十四，故瓦多小異，因並圖之。

朱楓《秦漢瓦圖記》卷四　右瓦四得之漢城承露臺基旁，按：秦有上林苑，至漢武帝則廣開上林，茲瓦之爲秦爲漢未可以臆斷，而漢之上林地廣於秦，故屬之漢云。

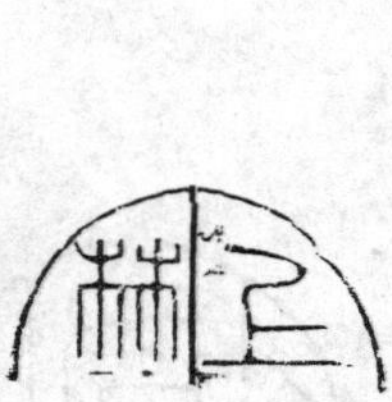

右瓦得之漢城東南，亦上林地也，曰上林農官。按《史記・平準書》，乃令水衡主上林，又分緡錢諸官，而水衡、少府、大農、太僕各置農官，此爲農官屋宇之瓦耳。

右瓦二得之淳化縣甘泉宫故基，按林吉人《瓦圖記》云：長生甘泉今曰長生未央，微有不同。《淳化志》載甘泉宫有萬壽無疆、上林儲胥等字，猶未央瓦。其文不一也，瓦質細潤，堅與石等，字畫稍肥，與諸瓦異。

右瓦得之漢城西南土中，按《漢郊祀志》：公孫卿言仙人好樓居於是，上令長安則作飛廉桂館，甘泉則作益壽延壽館。《東觀餘論》：近歲於雍耀間耕夫得古瓦，其首作益延壽三字，即此觀當時瓦也。考《漢書》止稱甘泉宫作益壽館，而《東觀餘論》又云於雍耀得益壽瓦，則益壽等館不僅一所，宜漢城咫尺亦有茲瓦也。

右秦漢瓦身如半筒覆檐際者，其頭有面外向篆四字，亦有一二字者，字隨勢爲之，間有方整者，皆奇古可玩。今余所得有曰長生未央、曰漢并天下、曰長樂未央，皆見諸紀載者。曰衛、曰蘭池宫當、曰千秋萬歲、曰億年無疆、曰與天無極、曰益壽存富、曰宗正官當、曰都司空瓦、曰右空、曰上林、曰上林農官，皆前人所未見者。昔歐陽公《集録古》文，獨無西漢時字，久之乃得華林宫燈、蓮勺宫爐等銘數十字。今余所得似爲過之，較之林氏所藏又奚止十倍耶，語云物聚於好，信然。阮亭先生瓦歌云：漢宮一百四十五。乃述《三輔黄圖》之言，以視圖中纔十一耳。又望後之同好者，更有以紀之也。排山老人又識。

朱楓《秦漢瓦圖記補遺》 右瓦得之淳化縣甘泉宮故基，余於己卯歲在秦川時集所得，秦漢瓦三十種，各爲圖記之，歸里不復作求益之想矣。壬午又來湖城，湖去秦闕不數十里，思更訪之，適逢湖人張君遲遠，風雅士也。出圖示之，張君言外舅華州史君嘗爲淳化學博，亦藏此瓦，乃囑其搨以相遺，其文同者不録。有曰宜富當貴，乃前圖之所無者，亟爲補之。其中央有文曰劉，又前圖之所絶無者也。甲申仲夏排山老人識。

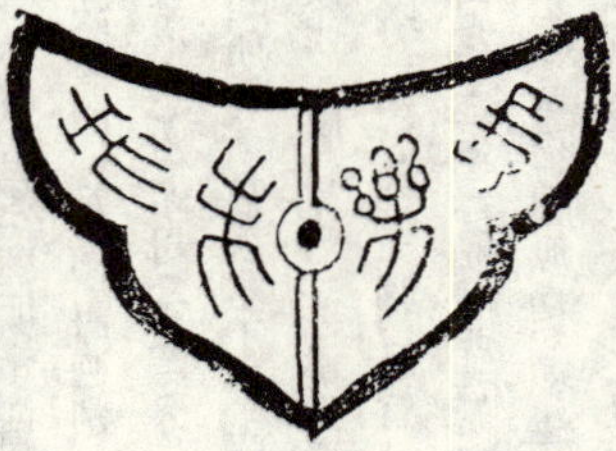

余游洛陽遇董君筠皋，言其家藏古碑法帖，邀余過友漢草堂共觀。其先董子相函精篆隸，所藏漢碑爲多，其秦漢古瓦搨本亦藏數種，皆與《圖記》同，而長樂未央爲溝間檐際之瓦，形製稍異，其藏不一，乃以其一見遺，遂附於補遺之末云。丁亥春日朱楓近漪題，時年七十有三。

陸心源《千甓亭磚録》卷一

漢

漢建元磚

長一尺四分，厚一寸三分。文曰「建元元年八月作」，凡七字。一字一格，下窗文。案：漢武帝、晉康帝、齊高帝、北漢劉聰、前秦苻堅，皆號建元。此磚出烏程，劉聰、苻堅竊據西北，與南方遠不相及，書法古拙，如《開通褒斜道碑》，非後漢以後人書，當屬漢。

漢天漢磚

長五寸七分，厚一寸三分。文曰「天漢元年」，右側同文。案：漢武帝第八紀元也，出烏程。

漢征和磚

長一尺七分，厚一寸五分。文曰「征和元年八月三日作」，出烏程。漢武帝第十改元也。

漢元平磚

長六寸一分，厚左側七分，右側一寸一分。文曰「元平元年八月」，下端似「元年」二字，篆文。漢昭帝第三紀元也，出烏程。

漢元康磚

長一尺，厚一寸五分。文曰「元康元年八月廿日起」。下端文曰「萬年不敗」。案：漢宣帝、晉惠帝，皆號元康，此磚字近篆隸，當屬漢，出烏程。

漢五鳳磚

長一尺四分，厚一寸三分。文曰「五鳳元年八月十八日造」，反文，下端窗文。案：漢宣帝、吴侯官侯，皆紀元五鳳，磚出烏程烏山，爲秦時烏巾氏所居，字亦古質，當屬漢。

漢甘露磚

長一尺一寸五分，厚一寸五分。文曰「甘露二年八月，潘氏」。一字一格，篆書。右側雲靁文，參以星文。又一笵，短五分，竝出烏程。「甘」作「同」，與夏竦《古文四聲韻》所引古老子「凹」字合，惟彼作「凹」，而此倒書之耳。潘爲潘崇之後，見潘乾《校官碑》及潘岳《家風詩》。潘氏磚出于吴興者頗多，蓋郡本吴地。吴地後入于楚，故也。《宋書》有潘綜，烏程人。

周學濬漢甘露磚考曰：「甘露紀年有五，漢宣帝、魏元帝奂、吴歸命侯皓、前秦苻堅、後唐遼義宗東丹倍也。」今此塼文曰「甘露二年八月，潘氏」八字。案：前秦、遼遠扗鹵北，即曹魏亦在中州，與東南不相及，制器者必不用其年號。而歸命侯之甘露止紀元年，其次年即改寶鼎，唯孝宣之以甘露紀者四年。《班固賦》所謂神爵、五鳳、甘露、黄龍之瑞，以爲年紀者也。則此塼之爲漢船無疑。其文非篆非隸，尤爲奇。古。「甘」作古文「凹」而倒書之，「二」作古文「弍」，「年」作古文季，蓋其時八分未生，故能迥出中郎宜官之上。其製作之精，字之四面俱有匡，中間俱有界，畫其一邊作雲靁紋，之半而參錯綴之。一面平幕，一面麻布紋極細，其長準今工部營造尺。尺有一寸五分，厚一寸六分，均非漢以後塼所能有也。史贊有云：「孝宣之治，綜覈名實至於技巧、工匠、器械，自元成間鮮能及之者。」由今以思其言，尤信漢碑皆市貞石礱治，大或摩崖，今拓本幾不可識。則是塼也，其有不可磨滅者在歟，豈非希世之珍歟。

漢黃龍磚

長八寸五分，厚一寸四分。文曰「黃龍元年七月廿日」，下斷，反文。案：漢宣帝、吳大帝皆號黃龍，隸書，古質，當屬漢，出烏程。

又長六寸二分，厚一寸一分。文曰「黃龍元年太歲壬寅」，下斷。案：漢黃龍元年歲壬申，「寅」蓋「申」之訛。若吳黃龍元年，則歲己酉而非壬矣。出烏程。

漢元壽磚

長一尺一寸，厚一寸四分。文曰「元壽元年，建作邢大壁」，右側下端俱花文。哀帝第四紀元也。邢爲衛所滅，子孫以國爲氏，見《元和姓纂》，出長興。邢大于志乘無攷。

漢建武磚

長一尺二寸四分，厚一寸三分。文曰：「建武元年八月五日，都亭侯菅君作。」案：漢光武帝、晉惠帝、元帝、後趙石虎、燕慕容忠、齊明帝，皆號建武。磚出烏程，與後趙、西燕不相及。隸法古樸，無波磔，與魏晉後書迥別，當屬漢。亭侯秩視中二千石。都亭者，城内亭也。見《後漢書》獻帝母《王美人紀》注。或者謂：亭侯之封，始于曹操之封費，疑非光武時所有。其說本于杜氏《通典》。愚以《漢書》証之，知杜說不足據也。案：《續漢書・職官志》：「承秦爵二十等，爲徹侯大者食縣，小者食鄉，亭得臣其所食吏民。」則漢初定制，已有鄉亭之封矣。「耿純迎世祖于育，拜前將軍封耿鄉侯事，在更始二年」，見《耿純傳》。是建武以前有鄉亭之封矣。「樊宏病困，車駕臨視，宏頓首自陳無功，願還壽張食小鄉亭」，見《樊宏傳》。則建武時，有鄉亭之封矣。中興二十八將之後，其子多封鄉侯，其孫多封亭侯，見于范氏《後漢書》者不勝枚舉，均在曹操封費亭侯之前。若執杜氏之瞽說而疑此磚之非漢，則偵矣。菅君必當時功臣，都亭之封或與耿純同時，亦未可知。惜乎光武甫帝，菅君已亾，遂致史臣載筆記載缺。然不能與雲臺諸公爭光競烈，爲可惜耳。《元和姓纂》「菅」爲魯大夫之後，食采于菅，因以爲氏。《說文》在艸部，「茅也」。管爲管叔之後，其後有管仲。《說文》在竹部，「如篪，六孔」。二姓迥然不同。此磚及太平三年菅、太康七年菅葬宜貴，皆作「菅」。永康元年管、永興三年管賤、又管土發、大興四年諫議大夫管、永和四年管弘、咸康八年管侯及管衔，皆作「管」，似二姓而非一姓。然隸書从竹从艸之字，往往無別。《景君碑》或毄頌于菅絃从艸不从竹，是其証也。再以《隸釋》、《隸續》漢隸字源所載從竹，諸字証之，篆文「竹」作「艸」、「艸」，作「艸」，王君神道縣艸令之「竹」作「艸」，《周公禮殿記》「舊築周公禮壓，魏受禪表築受壇」之「築」作「築」。《王純碑》「舊筆憲臺」之「筆」作「華」，《魯峻碑陰》「梁愘叔鄀」、《北海相景君碑》「强衙改莭」、《韓勑碑》「西門儉元莭」、《張遷碑》「二月震莭」之「節」作「莭」。《韓勑碑》「字叔莭」、《曹全碑》「風雨時莭」、《戚伯著碑》「臨營持莭」之「節」作「莭」。《西狹頌》「阸芒促迫」、《馬江碑》「故塋迫芒」之「笮」作「芒」。《劉寬碑》「演莆沉漸」、《楊震碑》「元勳莆書」、《受禪碑》「上公莱祝」、《楊統碑》「軍還莱勳」、《張遷碑》「張良善用籌荒」、《夏承碑》「棐薰著于王室」之「策」作「莱」。《張平子碑》「貫通謨藉」、《鄭因碑》「遂窮究于典藉」、《元賓碑》「圖藉」之「籍」作「藉」。《石門頌》「上荅巛皇」之「答」作「荅」。《劉衡碑》「纂周行而彌長」、《圉令趙君碑》「纂修其緒」之「纂」作「纂」。《楊統碑》「暮茲萁猷」、《衡方碑》「萁謨之風」之「箕」作「萁」。《魯峻碑》「舉高苐」、《孔龢碑》「通高苐」之「第」作「苐」。《魏大饗碑》「行無莽之酣飲」、《復民租碑》「復華下十里以内民租四口莽」之「算」作「莽」，此皆从竹之字。《隸變》從艸者，蓋隸本隸胥所書。不攷六書之義，務爲省便，艸、竹不分。管仲之後避難逃入吳楚，居烏程之棲賢山，見嘉泰《吳興志傳》。子田氏有齊管氏去之，或適魯，或適楚，與《嘉泰志》合。是烏程之管，當从竹，不當从艸。磚文有从廾者，蓋从竹爲正字，从艸爲隸省，二而一者也。《墨子》以管仲爲關仲，《淮南》以管仲爲筦仲，又以同音假借，不僅竹艸不分矣。

漢永平磚

長一尺五分，厚一寸五分。上端文曰：「永平十六年作。」右側古篆文，不可辨，出烏程。

長九寸八分，厚一寸三分。文曰：「永平十六年七月十二日作甓。」中有格。案：漢明帝、晉惠帝、北魏宣武帝，皆號永平，磚出烏程，與北魏不相及，晉永平無二年，惟漢明帝以永平紀元者十八年。

漢建初磚

長一尺四分，厚一寸三分。文曰「建初元年八月二日」，出烏程，漢章帝紀元也。

漢元和磚

長一尺七分，厚一寸三分。文曰「元和三年八月十日」，凡八字。右側「莫氏丁未朔作甓」。上端「莫氏」二字。漢章帝第二改元也。案：《通鑑目録》元和三年八月壬寅朔，丁未當爲初六日，與磚不合。蓋温公《通鑑目録》本于劉羲叟《長歷》，由推算得之，證以史志紀傳及金石文字，往往小有參差。如太初元年閏十月甲午朔，與《史記・封禪書》、《漢書・郊祀志》作十二月甲午朔不合。元始元年閏八月與《史記・王子侯表》閏六不合。建光元年七月己卯朔、十月戊申朔、九月當爲己卯朔，與許冲上書九月己亥朔不合。建寧元年十月己巳朔，則是月無甲子日，與《柳敏碑》「十月甲子」不合。延熹二年二月庚辰朔、四月己卯朔，則三月當爲庚戌朔，六日非癸酉，與《耿勳碑》「三月六日癸酉」不合。建安二十二年正月乙未朔，則廿四日戊午，與曹植《王仲宣誄》廿四日戊申不合。此類不勝枚舉，即各磚所著月朔合者少，而不合者多。有匠人誤書者，亦有羲叟推算參差者，未可執一論也。莫爲幕之省文，舜祖幕之後，見《通志・氏族略》，出長興。

漢永元磚

長一尺五分，厚一寸六分。文曰「永元三年」，下缺。案：漢和帝、前涼張茂、齊東昏，皆號永元。磚出盜波，與前涼張茂不相及，字近篆隸，非六朝人所能，當屬漢陽湖呂向叔明府所貽也。

又長一尺一寸，厚一寸五分。上端文曰「永元六年作」，左側上「寶錠文」，下「大吉宜子孫」五字。案：齊昏侯以永元紀者二年，漢永元十七年四月始改元元興。隸法奇肆，其爲漢物無疑。「大吉宜子孫」，皆頌禱之辭，漢人習用語。《西清古鑑》有「大吉利長宜子孫洗」、薛氏《鐘鼎款識》有「長宜子孫洗、宜子孫呂榮洗、宜子孫吉」，《鐙積古鐘鼎款識》有「大吉壺長宜子孫、洗、宜子孫洗、初平五年宜子孫洗、長宜子孫鉤、永平二年宜子孫鈴、宜子孫大吉利鐸」，與磚文辭意略同，出烏程。

又長九寸，厚一寸三分。文曰：「永元七月戊辰朔。」右側字不可辨，下兩格乂文。案：漢和帝、齊東昏侯，皆以永元紀年，《通鑑目録》齊永元無戊辰朔，漢永元九年六月己亥朔、八月戊戌朔，則七月當爲戊辰朔。此磚雖有月無年，以置朔推之，其爲漢永元九年磚無疑，出烏程。

漢延平磚

長五寸四分，厚八分。文曰：「延平年央。」上端「萬歲」二字，右側花紋。漢殤帝紀元也，出烏程。

漢永初磚

長一尺，厚一寸二分。文曰：「永初四年。」古篆書，安帝第一紀元也。「永」作「[illegible]」，初作「[illegible]」，「四」作「[illegible]」，「年」作「[illegible]」。右側花文，上端「[illegible]」三字，下端直格，出烏程。

漢永寍磚

長一尺一寸三分，厚一寸三分。文曰：「永寍元年八月十三日。」上端文曰：「天災生。」下端文曰：「人嫂之。」案：漢安帝、晉惠帝、後趙石祗，皆號永寍，磚出烏程，與後趙遠不相及。隸書奇古，有篆意，非晉以後所能，當屬漢。

漢建光磚

長一尺六分，厚一寸四分。文曰：「建光乙年八月十五日作是法。」「建光」二字一格，「乙年八月」一格，「十五日作」一格，「是法」一格。漢安帝第四紀元也。隸有篆意，出烏程。

漢延光磚

長五寸，厚一寸五分。文曰：「延光元年。」漢安帝第五紀元也。隸有篆意，似《延光殘碑》，出烏程。

又長五寸，厚一寸四分，雙行。文曰：「延晃元年封穴閏月十八日太歲在戌。」「太歲」上二字不可辨，出長興。案：「晃」與「光」通。《釋名》：「晃，光也，晃晃然也。」《說文》：「光，明也。」「晃，明也。從日。」光會意，光亦聲，二字同義同聲，想漢人本竝用耳。出烏程。

又長七寸六分，厚一寸四分。文曰「延光二年」，反文。中間「古泉」，下缺。凡漢磚，正面皆作麻布文，此磚獨作籧篨文，出長興。

漢永建磚

長七寸，厚一寸三分。文曰：「永建五年八月十日。」下斷，漢順帝紀元也，與《石索》所載永建同，出烏程。

漢永和磚

長七寸五分，厚一寸一分。文曰：「永和五年八月十日造壁。」上端文曰：「大吉詳宜子孫。」案：漢順帝、晉穆帝、後秦姚泓、北涼沮渠牧犍，皆號永和。磚出烏程，與後秦、北涼皆不相及。古「祥」、「詳」通用，漢人多作「詳」。《說文》：

「祥，福也。」「詳，謀議也。」《周書》「皇門以昏求臣作威，不詳」，注：「詳，善也。」《左成十六年傳》「德刑詳義禮信」，疏：「詳，祥也。」漢人多借「詳」爲「祥」，晉以後則罕。磚作「吉詳」，當屬漢。

漢永嘉磚

長九寸四分，厚一寸四分。文曰：「永加元年八月十日立作之也。」反文，二字一格。案：漢沖帝、晉懷帝皆號永嘉。磚質堅厚，隸法奇肆，似《沈君神道碑》，當屬漢。「月」字作「朋」，可補漢隸字原之缺。

漢本初磚

長一尺六分，厚一寸六分。文曰「本初元年歲在丙戌」，下端有「造作則」三字。漢質帝紀元也。質帝在位未久，金石文字傳世絶少。磚出烏程之避村，其地爲漢季避亂之所。近來長興之和平又發古冢，獲本初磚甚多，與避村同範，蓋一家所爲。「本」作「本」，「初」作「刅」，「戌」作「古」，當時匠人書也。案：《説文》：「本从木从一。」《白石神君碑》具載，本末之「本」，作「夲」。《説文》：「夲，从大从十。」讀若叨，以進趨爲義。初，《説文》：「从衣从刀。」《張遷碑》「黄巾初起」之「初」，作「礽」，从力字，書無此字。「本」既可作「夲」，亦可作「本」。「初」既可作「礽」，亦可作「刅」。筆迹小有增損，尚非以本爲本之，比兩漢、三國、六朝各碑存于今者及《隸釋》、《隸續》、《漢隸字源》、劉球《隸韵》所載，字之不合六書者多矣，不必以此致疑也。若以字體不合六書而别爲附會，不但于古無徵，仍無當于六書之義也。「造」作「[illegible]」，馮氏雲鵬《金石索》釋爲可，又疑爲奇。馮氏登府《浙江磚録》釋爲造是也，則字甚明顯。《磚録》釋爲助，蓋所見拓本則字不全也。造作則與建光磚作是法義同。

又長一尺一分，厚一寸五分，文同前範，出烏程。

漢建和磚

長八寸八分，厚一寸一分。文曰：「建和二年八月七日。」案：漢桓帝、南凉托髪利鹿孤，皆號建和。磚出歸安，南凉遠在西陲，與江浙不相及，當屬漢。

漢永興磚

長七寸，厚一寸四分。文曰「永興元年八月」，下斷。漢桓帝、晉惠帝皆以永興紀元。晉永興于永安甲子十二月改元，明年乙丑即稱二年，元年不應有八月。漢永興于元嘉三年四月改元，磚作于八月，距改元已四月矣。以此推之，其爲漢牿無疑。

漢永壽磚

長五寸五分，厚一寸八分。上端文曰「永壽三年」，下泉文，左側花紋，漢桓帝第五紀元也，出烏程。

漢永康磚

長一尺，厚一寸五分。文曰：「永康元年，王氏萬年。」上端文曰：「永康元年。」漢桓帝、晉惠帝、後燕慕容寶、西秦乞伏熾盤皆號永康，磚出長興，與後燕、西秦不相及。字雜隸篆，當屬漢。

又長一尺，厚一寸五分。文曰「永康元年七月辛未朔十二日，吳里」，俱反文。右側陰文，篆字不可識。上下端俱花文，出烏程。案：《通鑑目録》：漢永康元年七月癸未朔，「辛」字當是「癸」字之訛，匠人誤記也。若晉永康元年七月壬午朔與上干下支均不相及，無從致訛也。吳里，里名，今無攷。

又長一尺一寸，厚一寸八分。文曰：「永康二年歲在戊申，吳作。」上下端花紋。案：漢桓帝以永康紀元者一年，二年戊申改元建寍，民間尚未知耳。吳爲泰伯之後，國爲越所滅，子孫因以爲氏。烏程本吳地，漢有高士吳羗，見談鑰《吳興志》。晉有吳商，見《隋書・經籍志》。又吳逵、吳喜，見《晉書》。宋有吳慶之，梁有吳均、吳規，見《南史》。又漢廣平侯吳超、尚書吳奮墓，皆在烏程，見《談鑰志・磚》。出烏程，或即超與奮之墓磚歟。

漢光和磚

長三寸九分，厚一寸四分。文曰「光和七年」，下斷。江丹洲少尹得之，江南以贈余。案：光和，漢靈帝第三改元也。是年十二月，改元中平。磚必造于十二月之前，故猶稱光和也。

漢中平磚

長五寸八分，厚一寸七分。文曰：「中平六年。」漢靈帝第四改元也。案：甲子十二月改元中平，己巳四月少帝立改光熹，八月改昭寍，九月愍帝立改元永漢，十二月復稱中平，庚午改元初平。朝政紛然，故民間尤用中平紀元耳。

漢建安磚

長八寸一分，厚一寸。文曰：「建安二年八月十日。」上端有字泐不可辨，漢獻帝第四紀元也，出烏程。

又長六寸五分，厚一寸四分。文曰：「建安廿四年三月。」下截花紋。

三國吳

吴黄武磚

長四寸三分，厚一寸二分。上端文曰「黄武七年四月十日造作」，反文。吴大帝紀元也，出雲波，馮柳東太史舊藏也。

吴黄龍磚

長五寸一分，厚一寸三分。文曰：「黄龍元年。」下斷，吴大帝第二改元也，出烏程。

又長八寸二分，厚一寸。文曰：「黄龍二年八月卅日。」上下端花紋，出烏程。

又長一尺，厚一寸二分。文曰：「萬歲黄龍三年。」下端「吴家冢」三字。《馮氏磚録》亦收，缺「冢」字，吴氏墓磚也，出烏程。

吴赤烏磚

長一尺七分，厚左側一寸，右側一寸三分。文曰「赤烏五年封不敗」，吴大帝第四改元也，出烏程。

又長八寸一分，厚左側一寸三分，右側八分。上端文曰「赤烏七年」，右側蕉葉文，出烏程。

又長一尺五分，厚一寸四分。上端文曰：「赤烏七年。」左側文曰：「造作吴冢吉翔，位至公卿。」又一笵稍長二三分，皆出烏程，吴氏墓磚也。案：「翔」與「祥」通。《説文》：「翔，迴飛也。」「祥，福也。」《易·豐卦》：「天際翔也。」孟鄭王本皆作祥，漢修《堯廟碑》「翔風膏雨」皆借「翔」爲「祥」也。位至公卿，與《出富貴磚》、《出公侯鐘子孫磚》、元康三年《位至高遷磚》同意。

又一範左側文同，上端「萬歲」二字。

又長一尺，厚一寸四分。文曰：「赤烏八年歲在乙丑，圖□師俞岑萬世。」「圖」字下一字不可辨。案：凡《器物款識》有稱師者，皆爲工師之師。所謂物勒工名，以考其成也。鄆州發地得銅弩機，側有刻文「臂師虞士耳師張柔」，見《夢溪筆談》。「建安弩機師稽福初平洗吴師作」，見《積古鐘鼎款識》。《封隆山碑》：「石師劉元，存。」《郙閣頌》：「石師造。」《無極山碑》：「時石師南。」《白石神君碑》：「石師王明。」《綏民校尉熊君碑》：「碑師春陵程福造。」永初元年磚「景師造」，見洪氏《隸釋》、《隸續》。惟工師之師，或曰某師作，師某造，如《初平洗》、《永初洗》、《無極山碑》、《綏民校尉碑》、《永初磚》是也。或惟著其姓名，如鄆州弩機，建安弩機，《封龍山碑》、《郙閣頌》、《白石神君碑》是也。此磚不曰造，不曰作，而曰圖。□師俞岑萬世，疑即俞岑墓磚，圖□師，當爲官名，而非工師之師。蓋古有以師名官者，至唐猶然。《周禮》有醫師、樂師、火師、水師、士師、卜師、舞師、笙師、鎛師、韎師、梓師、鐘師、籥師，其秩皆士也。司馬彪《續漢書·百官志》：「司隸校尉，假佐二十人。有孝經師、月令師、律令師。」《唐六典》：「有針師十人，巫師十五人，長上魚師十人，伶師二人。」吴去漢未遠，圖□師疑亦《孝經》師律令師之類，今不可考耳。

又長五寸，厚一寸一分。下端文曰「赤烏十年」四字，左側「不敗」二字，上斷，出烏程。

又長七寸八分，厚九分。文曰：「赤烏十年造作。」「作」字半泐，兩字一格，間以八交，出烏程。

吴太元磚

長一尺，厚一寸三分。文曰：「泰元元年八月十六日，潘緒作。」上端又文，吴大帝，晋孝武帝，前凉張駿皆號太元。磚出烏程喬木山，與前凉不相及。隸書似《曹全碑》，當屬吴。潘緒于志乘無攷，《宋書·孝義傳》有潘綜，烏程人。

吴建興磚

長一尺，厚一寸四分。文曰「建興三年」四字，反文。下直格，右側亦直格。上端似「王鐘霜二」四字。侯官侯第一改元也。漢後帝、吴侯官侯成、李雄、晋愍帝、凉張實、後燕慕容垂，皆號建興。磚出長興，與蜀漢、成凉、後燕不相及。字體似天發神讖，當屬吴。是年四月改元五鳳。

吴五鳳磚

長一尺一寸，厚一寸五分。文曰：「五鳳三年七月八日造，太歲在丙子。」上端文曰：「富貴萬年。」侯官侯亮第二改元也。是年十月，始改元太平，磚造于七月，故猶稱五鳳耳。出烏程。

吴太平磚

長七寸二分，厚一寸三分。文曰：「太歲在丙子。」上端文曰：「太平元年菅。」俱反文。侯官侯第三改元也，出烏程。

又長一尺一寸，厚九分。文曰：「太平二年八月廿日，下邳丁潘作也。」上端文曰：「萬年。」俱反文。「萬」字上有一字，不可辨。案：司馬彪《漢郡國志》：「下邳國，屬徐州。」《晉書·地理志》同，即今邳州境也。丁潘蓋下邳人，而葬吴興者。丁氏，齊丁公之後，見《元和姓纂》。丁潘于史乘無攷。吴司徒丁固墓在郡境，見舊志。考固終于晉，則非固墓專也。凌味門茂才舊藏。

又長一尺，厚一寸三分。文曰「太平二年九月七日作之宜貴」，出長興。

又長一尺六分，厚一寸一分。文曰：「太平三年七月八日太歲在寅。」下端有「胡大君」三字，是年歲在戊寅十月改元永安。磚造于七月，故尚稱太平也。大君者，猶府君先君也。《晉書・謝鯤傳》温嶠謂鯤子尚曰尊大君，豈惟識量淹遠。胡姓，胡公之後，見《元和姓纂》。出烏程。

又長五寸五分，厚一寸二分。文曰「太平三年太歲在」，下斷。出烏程。

又長五寸五分，厚一寸三分。文曰「太平三年歲在」，下斷，上端人形。出烏程。

吴永安磚

長九寸八分，厚一寸六分。文曰：「永安元年八月十日。」右側文曰「大中番君作」，「作」下二字不可辨。下端文曰「石冰起」，「起」下二字不可辨，俱反文，出烏程。案：《漢書・百官表》：「郎中令，屬官有大夫，大夫掌論議，有太中大夫、中大夫、諫大夫，皆無員。」《後漢〔書〕・百官志》：「太中大夫，千石，韋昭辨。」《釋名》曰：「在中散上，高大也，番姓也。《詩・十月之交》「番維司徒」，鄭箋：「氏也。」《姓苑》：「漢吴芮封番君，支孫因氏焉。」見《通志・氏族略》。《韓勑碑》陰有任城番君。舉《漢書・溝洫志》「河東守番係」，師古曰：「姓番名係也，番君其番維司徒後裔歟。」「石冰」，匠人之姓名。

又長九寸四分，厚一寸五分。文曰「永安元年八月十三日」，右側文曰「舍人番君作云」六字，反文。案：《史記》：「高祖爲沛公，以噲爲舍人。」「舍人」之名，漢初已有，出烏程。

又長九寸三分，厚一寸四分。文曰：「永安二年七月廿日吉。」案：吴景帝、晉惠帝、北凉沮渠蒙遜、北魏孝莊，皆號永安。磚出歸安，與北凉、北魏不相及。晉惠帝雖有二年，此磚隸有篆意，當屬吴。

又長一尺三分，厚一寸三分。文曰：「永安二年，兒氏造作，萬歲。」「永」作「[illegible]」，「安」作「[illegible]」，兒氏墓磚也。出烏程。

又長七寸七分，厚一寸三分。文曰：「永安三年，師丁氏造作。」丁氏，匠人姓。

又長一尺一寸，厚一寸六分。文曰「永安四年歲在辛巳七月十日造作」，下端「富貴宜壽」四字，「壽」字半泐。出烏程。

又長六寸五分，厚一寸四分。文曰「永安五年八月」，出烏程。

又長一尺一寸，厚一寸三分。文曰：「永安六年八月廿四日造作壁。」上端窗文，出烏程。

又長九寸三分，厚一寸三分。文曰：「永安七年七月十五日作。存者富貴，亡者萬安。」上端古泉文，出烏程。

吴甘露磚

長五寸，厚一寸。文曰「甘露二年八月太」，上端花紋，下斷。漢宣帝、魏元帝、吴孫皓皆號甘露，磚出吴興，字非西漢，當屬吴。是年八月改元寶鼎，民間猶未知也。出烏程。

吴寶鼎磚

長一尺一寸五分，厚一寸四分。文曰「寶鼎二年七月卅日，臨淮裴雁造」，下端文曰「作壁大吉祥」，俱反文，出烏程。吴烏程侯紀元也。漢武帝置臨淮郡，永平十五年更爲下邳國，屬徐州，見司馬彪《郡國志》。晉太康元年，仍分爲臨淮郡，屬徐州，見《晉書・地理志》。宋至齊仍之，後周大象二年，始改爲泗州，即今泗州境也。裴雁，造磚人之姓名。裴氏蓋臨淮人，而葬于吴興者。「壁」與「甓」通。非子之支孫封于𨛬鄉，六代孫陵周僖王封爲𨛬邑君，其後人去邑從衣爲裴氏，見《元和姓纂》。

又長四寸五分，厚一寸三分。上端文曰：「寶鼎二年。」出烏程。

又長九寸五分，厚一寸二分。文曰「寶鼎二年歲在丁亥，徐君郭。」上端有虎頭形，徐氏墓磚也。徐爲楚滅子孫，分散以國爲氏，見《元和姓纂》。《三國・吴志》：「徐詳，字子明，烏程人，封鄉侯。」徐固烏程箸姓也。「郭」與「槨」通。《孫叔敖碑》「將無棺郭」，《隸釋》：「延年益壽，郭題字。」《漢書》尹賞致令辟爲郭，皆以郭爲槨。《御覽》引古史攷曰：「禹作堲以周棺，湯作木槨易土堲。」案：土堲，即磚也。出烏程。

又長四寸，厚一寸一分。文曰「寶鼎三年」，下斷。

又長一尺七分，厚一寸四分。文曰：「寶鼎三年歲在丙子，陳。」下端上下「萬世」二字，中間三格花文。案：三年當屬戊子丙子，匠氏誤書也。「陳」字甚明顯，馮氏疑爲造字，想所見之磚，「陳」字已損耳。字體近《天發神讖碑》，出長興，陳氏墓磚也。

又長一尺一寸二分，厚一寸四分。文曰「寶鼎三年吴興烏程所立靈穴」，出烏程。案：寶鼎元年，分吳郡之陽羨、永安、餘杭、臨水、烏程、丹陽。郡之故鄣、安吉、原鄉、於潛爲吳興郡，治烏程，見《三國・吳志・三嗣主傳注》。《說文》：「穴，土室也。」《易・需卦》注：「穴，陰之路也。」《詩》「黄鳥臨其穴」，鄭箋：「穴，塚壙中也。」以冢爲穴，其義甚古。《風俗通》：「靈者，神也。」《大戴禮・曾子天圓篇》：「陽之精氣曰神，陰之精氣曰靈，此靈之義也。」《隸釋・王稚子闕刻》曰：「漢故先靈侍御史河内縣令王君稚子之闕。」《後漢書・張奐傳》：「朝隕夕下措屍靈牀。」《姚興載記》：「梁國兒于平涼作壽冢，每將妻妾入冢，飲讌升靈床而歌曰：靈穴曰靈床，曰先靈之闕，辭異而意同也。」又長六寸，厚一寸四分。文曰「寶鼎四年」，下斷。出烏程。

又長四寸五分，厚一寸一分。文曰「寶鼎四年」，下缺。出石門，胡匊叩茂才所贈。案：是年十月改元建衡，磚必造于十月以前。

吳建衡磚

長一尺，厚一寸二分。文曰「建衡二年，常富貴宜孫子」，孫皓第四改元也，出長興。

又長一尺一寸，厚一寸七分。文曰：「建衡三年七月十日作。」出烏程。

又長九寸三分，厚一寸一分。文曰：「建衡三年八月八日造，吉祥。」上端「吳赤」二字，吳氏墓磚也。吳赤無攷，出烏程。

吳鳳皇磚

長一尺八分，厚一寸五分。文曰：「鳳皇元年九月，范氏造。」一字一格，篆書。上端「萬歲」二字，「皇」作「凰」，「月」作「[illegible]」，「造」作「喆」，篆法奇古，出歸安。范爲士會之後，越有范蠡，隱于五湖。漢范明友裔孫馥，避董卓之亂，過江居錢塘，地皆近烏程，范氏殆其後歟。

又長一尺八分，厚一寸五分。文曰：「鳳皇元年九月，范氏造。」篆書，一字一格，上端花紋，出烏程西余山。

又長四寸六分，厚一寸二分。文曰「鳳皇元」，下斷，出烏程。

又長八寸四分，厚一寸一分。文曰：「吳鳳皇二年，吳興彭。」下缺，上端「萬歲」二字，余所見所藏《鳳皇磚》不下十餘種，皆作「皇」，無作「凰」者。《字林・玉篇》無凰字，《集韻》始有凰字，可知唐以前無此字矣。出烏程。

又長一尺五分，厚一寸三分。文曰「鳳皇二年九月」，下端文曰「范家作」，出烏程，菁山范氏墓專也。與鳳皇元年九月范氏造專同出一處，當爲一家所造，制作甚精。

又長九寸，厚一寸三分。文曰「鳳皇三年施氏作甓。」上端「富貴」二字，中間乂文，施氏墓磚也。案：《說文》：「甓，瓴甋也。」《廣雅・釋宫》：「甓，磚也。」磚文亦作壁者，甓正字也，壁假字也。施氏爲吳興著姓，漢太尉施延墓、荆州刺史施讐墓、吳當陽侯施績墓，皆在郡境，見談鑰《吳興志》。施氏墓磚出于今者，尚有太康二年施家甓、元康三年施家作、元康六年雙行施晞、元康七年雙行茅山里施傳，又單行施傳，元康九年施作、大安二年施氏貴、永昌元年施令遠、寍康元年施狼作、太中大夫施氏施甓萬歲，通計不下十餘種，其爲大族可知。

吳天册磚

長一尺一寸四分，厚一寸五分。文曰「天册元年八月乙酉朔造。」下端文曰「延年曾壽」，孫皓第六改元也。《通鑑目録》八月甲申朔，與此磚差一日。

又長一尺一寸四分，厚一寸四分。文曰：「天册元年八月乙酉朔造作。」下端文曰：「延年曾壽。」案：「曾」、「增」之借字，《說文》：「曾，詞之舒也。」「增，益也。」字當作增，曾、增古通用。《孟子》「曾益其所不能」，音義與增同。《離騷》「曾欷歔余鬱邑兮」，王逸注：「累也。」《隸釋》范君墓碑有「日利千萬曾羊」，曾羊者，增祥也。皆借曾爲增也。竝出烏程。

吳天璽磚

長一尺九分，厚一寸四分。文曰「天璽元年太歲在丙申，荀氏造」，四字一格。下端文曰「八月興功」，兩字一格。孫皓第七改元也。字近三段，碑璽從玉，古文荀氏墓碑也，出長興。荀氏，周郇侯之後，去邑以國爲氏，見《元和姓纂》。

又長一尺九分，厚一寸。文曰：「天璽元年太歲在丙申，荀氏造。」四字一格，出長興。

吳天紀磚

長一尺一寸，左側厚八分，右側厚一寸三分。文曰「天紀元年，史立兄四人葬所里」，「里」下一字似孤字，上端一龍，下端一龍，與天紀二年太歲在戊戌磚同出烏程之郭西灣。

又長九寸，厚一寸五分。上端文曰「天紀元年」，下端文曰「八月興功」，一字一格。右側文曰「萬歲不敗吉」，孫皓第八改元也。出烏程。

又長一尺，厚一寸三分。文曰：「天紀元年太歲丁酉，丹陽芮氏作。」一字一格，「丹芮」二字，雙行一格。「楊氏作」三字一格，上端「萬歲不敗」四字。出烏程。

又長九寸，厚一寸二分。文曰「天紀二年八月十七日作」，反文，出烏程。

又長六寸八分，厚一寸四分。文曰「天紀二年，太歲在」，下斷。上端有「所作壁」三字，字體似三段碑，出烏程。

又長一尺一寸，厚一寸六分。文曰：「天紀二年太歲在戊戌。」下端一龍，書法奇肆，出烏程。

又長九寸五分，厚一寸二分。上端文曰「天紀二年」，反文。左側上半蕉葉文，下半直格，出烏程。

又長五寸四分，厚一寸二分。文曰「天紀」二字，下斷。上端有「萬歲」二字，一字一格，篆文。「天」作「兂」，與《無極山碑》「與兂俱墜」之「兂」同，出烏程。

又長一尺，厚一寸三分。文曰「天紀二年所作」，下端文曰「賈午井」，出烏程。賈爲周賈伯之後，見《元和姓纂》。「午」人名。賈午作井所造磚也。

又長一尺三分，厚一寸五分。文曰「天紀三年太歲己亥閏月十七日造作」，凡十五字，反文。上端直格。案：《通鑑目録》：是年閏七月。閏月者，蓋七月也。出烏程。

陸心源《千甓亭磚録》卷二

晉

太康磚

長九寸五分，厚一寸五分。左側上文「晉立」二字，中間書窗文，下文「太康」二字，上端亦有書窗文。晉武帝第三改元也，出烏程。

又長一尺一寸一分，厚一寸三分。文曰「太康元年九月廿日」，下泐不可辨。上端有「吴興鄒」三字，出烏程，鄒氏墓磚也。《晉書·地理志》：「吴興郡，吴置，統縣十一，即今湖州府境。」鄒爲子姓之後，見《元和姓纂》。鄒氏磚之出于吴興者，有太康二年、太康四年、太康八年數種，其爲當時大族可知。

又長六寸，厚一寸。文曰「太康元年九月」，下斷。上端文曰「康元年」，出烏程。

又長一尺八分，厚一寸四分。文曰「太康二年太歲辛丑」八字，篆文。下端有「陳長所作」四字，隸書。「二」作「[illegible]」，篆法奇古，出烏程。晉太尉陳凖之孫達，爲長城令，因居之，見《元和姓纂》。然寶鼎三年，已有陳氏磚，此磚及陳泰、陳寶主磚造於太康，陳豨、陳鍾紀磚造於元康，陳希磚造於永康，皆在達之前。是則吴興之有陳氏，不始於達矣。

又長九寸三分，厚一寸四分。文曰：「太康二年九月八日，章士康法篆文。」建光磚曰：「作是法。」此云章士康法，同一義也。章士康，造磚者之姓名也。章爲太公之後，《左傳》「齊人降鄣子孫改爲章氏」，見《元和姓纂》。章士康于志乘無攷。陳有章昭達，烏程人，見《陳書》。梁有原鄉侯章道勇，見談志，殆皆士康之苗裔歟。

又長一尺七分，厚一寸四分。文曰：「太康二年太歲在己丑。」上端有「冢」字，上一字不可辨，下端一「吉」字。是年歲辛丑，磚作己丑，匠人誤記也。出烏程。

又長九寸三分，厚一寸四分。文曰：「太康二年九月八日，章士康法篆文。」下端文曰「太康二年歲在丑」，隸書，反文。出烏程。

又長九寸七分，厚一寸三分。文曰「太康二年歲在辛丑」，下端「施冢甓」三字。施氏墓磚也，出烏程道場山。

又長一尺七分，厚一寸三分。文曰「太康三年歲在任寅」，下四字，反文，上端「萬歲」二字。《説文》：「任，保也，從人壬聲。」「壬，位北方也。」象人裹妊之形，引申之爲懷抱之意。《詩》：「生民是任。」是負傳猶抱也。《齊語》：「負任擔荷」，注：抱也。皆借任爲壬也。凡同聲之字，古人皆可通借。干支之壬，借任爲之，此磚之外實罕見耳。出烏程。

又長一尺三分，厚一寸三分。文曰：「太康三年歲在寅。」上端文曰「鳳皇島」，下端有「所作」二字，俱反文，「所作」上三字不可辨。鳳皇島，晉時地名，今不可攷。是磚出烏程之菁山，當爲菁山地名。

又長六寸四分，厚一寸二分。文曰「太康三年八月」，下斷。上端有「太平歲」三字，俱反文。太平歲者，亦吉祥語耳。出烏程。

又長一尺一寸一分，厚一寸四分。文曰：「太康三年，黄家所造作。」下端有「吴興郡」三字，惟「造」字反文，出歸安埭頭，黄氏墓磚也。黄氏陸終之後，爲楚所滅，子孫以國爲氏。湖州府城南二十五里，有下菰城，爲春申君黄歇所築，見《太平寰宇記》。則黄氏實爲此邦最古之士著，宜乎其磚之數數見也。

又長七寸，厚一寸四分。文曰「太康三年十月」，下花文。「太康三年」一格，

「十月」二字雙行一格，出烏程。

又長五寸，厚一寸三分。上端文曰：「太康四年，鄒伯良造。」右側書窗格文、泉文，鄒伯良無考，出長興。

又長九寸，厚一寸二分。文曰：「太康五年歲在甲辰作。」出長興。

又長一尺一寸一分，厚一寸四分。文曰「太康六年楊普壁」，右側有格，文下端「楊普壁」三字。楊普，造磚者之姓名也。楊爲伯僑之後，見《元和姓纂》。餘詳後，出烏程。

又長一尺，厚一寸五分。文曰：「晉太康六年八月，楊氏興功篆文。」右側有書窗格，上端、下端似有陰文，字出長興，楊氏墓磚也。

又長一尺二分，厚一寸四分。文曰「太康六年八月陳郡殷氏」，陰文，正書，字似《谷朗碑》。陳郡，今河南陳州府境。漢章帝改淮陽曰陳郡，晉武帝合陳郡于梁國，惠帝復分梁國置陳郡，見《晉書・地理志》。磚造于太康六年，仍稱陳郡，想其時尚未并于梁國耳。晉太常卿殷融墓，在府城西南，見談鑰《吳興志》。融，陳郡人，見《晉書・殷顗傳》。子康爲吳興太守，在太康中，亦見《郡志・職官表》。想融之卒，正在康守郡時，故遂葬于郡。此磚出城西，證之時代、里貫、葬所，無一不合其爲殷融墓磚，無疑出長興。

又長九寸，厚一寸三分。文曰：「太康六年四月，安吉。」出長興。

又長八寸七分，厚一寸一分。上「太康」二字，中間雙乂泉文；下「六年」二字，出烏程。

又長一尺二分，厚一寸三分。文曰「太康七年丙午歲，邱季承父」，出烏程。案：邱氏，湖州著姓也。平帝時有邱俊者，持節安撫江淮屬。王莽篡位，遂留江左，居吳興烏程。後漢有名騰者，光武初起義于鄉，官至大司馬。又有交州太守聰陽羨令昭，三國吳時有晉陵太守傑、散騎常侍詢、駙馬都尉敬、祠部郎中裕、給事中夷，皆見嘉泰《吳興志》。著姓門獨不及季承父，或爲傑之子姓，或即詢敬裕夷之字，未可知也。

又長一尺二分，厚一寸二分。文曰「太康七年甲戌朔立功，太歲在丙午。」下端有「管𦯬宜貴」四字，出烏程棲賢山。案：《通鑑目録》二月癸未朔，五月壬子朔，七月辛亥朔，九月庚戌朔，十一月己酉朔，是年不應有甲戌朔，與磚不合。

又長五寸八分，厚一寸一分。上端文曰：「太康七年朱墓。」左側乂文，朱氏墓磚也。出烏程。

又長四寸五分，厚一寸三分。文曰「太康七年太歲在丙」，下斷。上端可辨者，「廣陵尚曹」四字。「曹」字上二字不可辨。案：《晉書・地理志》「廣陵郡，漢置，統縣八。」《職官志》：「尚書，郎武帝置，三十四曹，後又置運曹，凡三十五曹。」蓋廣陵人，官尚書郎曹者。惜磚已殘，無從考見耳。出烏程。

又長五寸五分，厚一寸四分。文曰「太康七年七月」，出烏程。

又長九寸四分，厚一寸二分。文曰「太康八年八月廿日」，出烏程。

又長一尺，厚一寸三分。文曰：「太康八年八月乙亥朔，吳氏作。」下端似人形，吳氏墓磚也。案：《通鑑目録》八月乙亥朔，與磚合，出烏程。

又長九寸三分，厚一寸三分。文曰「太康八年七月廿日僕冢」，反文。下端又有「僕冢」二字，僕氏墓磚也。案：《元和姓纂》：「僕氏，周僕人後。」魏《官氏志》：「僕蘭氏改爲僕。」磚作于五胡亂華之前，必非「僕蘭」之「僕」。《通志・氏族略》：「今吳興有僕氏，望河南。」

又長一尺五分，厚一寸五分。文曰「太康八年臨安凌弼制萬年。」右側「萬歲不敗」四字，下端「八月十日」四字。案：《晉書・地理志》：「吳興郡統縣十一，其二曰臨安。」「吳有凌統，世居餘杭，二子曰封、曰烈」，見《元和姓纂》。臨安、餘杭，晉時皆屬吳興，在今杭州府境。弼殆統之後歟，出烏程。馮氏《石索》所見拓本，「凌」字不全，疑爲「武」，又疑爲「臧」，不作「介敗」，作「兕」，釋爲永，則皆誤也。

又長九寸，厚一寸三分。文曰「太康八年八月，鄒氏所造，萬年吉年作。」余隸有篆意，上端錠文。出長興，鄒氏墓磚也。

又長一尺一寸，厚一寸九分。文曰「太康八年，永興楊」，兩字一格。下端文曰：「八月二日作。」左側文曰：「萬歲不敗。」案：《晉書・地理志》：「會稽郡，統縣十，其九曰永興。」出烏程。

又長一尺，厚一寸三分。文曰「太康八年八月十日沈作。」太作⊡，篆法甚奇，反文。上端中間泉文，兩頭實錠文，沈氏墓磚也，出烏程。

又長一尺二分，厚一寸四分。文曰：「太康九年歲在戊中，世安平。」下端曰「福貴遷」，篆文「福」與「富」古通。《釋名》：「福，富也。」《禮記・郊特牲》：「富也者，福也。」《詩》：「何人不富，傳福也。」《吕刑》「惟訖于富」，威福對文，借富爲福也。《禮記》「不饒富，猶不徼福也」，是其證，出烏程。

又長一尺二寸，厚一寸九分。文曰「太康九年八月卅日作壁」，出長興。

又長四寸六分，厚一寸三分。文曰「太康九年」，下斷。出烏程。

又長五寸五分，厚一寸四分。上有泉文，中「太康九」，下斷，篆文。出烏程。

又長一尺五分，厚一寸三分。左側文曰：「太康九年八月十日，汝南細陽黃訓字伯安墓」，下端有書窗文。案：《漢書・地理志》：「汝南郡，領縣三十七，其十二曰細陽。」師古注：「以細水之陽，故曰細陽。」晉廢細陽縣，并入宋縣，今安徽省太和縣境。磚作于太康九年，猶稱細陽，想其時尚未廢耳。魏晉禁立碑，故于磚詳著葬者里居、姓字。黃訓，蓋細陽人，葬于吳興者。陳氏抱之所得惟磚之下截，據「細陽」二字，定爲漢物。馮氏《金石索》仍之，皆誤也。出長興。

又長一尺，厚一寸三分。左側文曰「太康九年八月十日，汝南細陽。」右側「太康九年八月十日，汝南細陽黃訓字伯安墓」，上端「黃訓字伯安墓」，下端書窗文，出長興。

又長一尺，厚七分。文曰「太康九年八月十日，汝南黃訓字伯安起墓。」出長興。

又長九寸六分，厚一寸二分。文曰「王太康八年，僕家所作」，反文。右側有數直格，曰：「王者猶春王正月之意。」僕氏墓磚也，出烏程。

又長一尺一分，厚一寸四分。文曰：「太康九年八月廿日作。」右側上「区」，中「貨」，下「陳泰」二字。上端「区」文，此陳氏墓磚也。「陳泰」，造磚者之名。出長興。

又長一尺一分，厚一寸三分。文曰「太康九年八月僕家甓。」下端文曰：「兄弟三人作。」出烏程。

又長一尺七分，厚一寸五分。文曰「太康九年十月作。」出烏程。

又長一尺，左側厚九分，右側厚一寸一分。文曰：「太只十年八月十日，孝子吳。」上端「萬歲」二字，「康」作「只」，篆法奇古。吳氏墓磚也，出烏程。

又長九寸六分，厚一寸三分。右側「太康十年」四字，上端及左側古篆文，俱不可識。出烏程。

又長一尺五分，厚一寸四分。文曰「太康十年七月十日，陳寶主宜」，下端斜棋文，陳氏墓磚也。寶主者，造磚之人也。宜者，無所不宜也，與薛氏《鐘鼎款識》博山鑪銘「天興子孫富貴昌宜」、雙魚四錢「洗富貴昌宜」之「宜」同意。出烏程。

永熙磚

長九寸四分，厚一寸四分。上端文曰「永熙元年八月六日」凡八字，反文。左側上錠文。下「禹鵠」二字，晉惠帝第一紀元也。出烏程。

又長四寸六分，厚一寸二分。文曰「永熙元年八月十二」，反文，下斷。上端古篆二字不可識。出烏程。

永平磚

長一尺四分，厚一寸六分。文曰「永平元年七月作。」晉惠帝第二紀元也，出烏程。

元康磚

長九寸六分，厚一寸四分。左側文曰「萬祀不敗」，上端「元康」二字。又一品上端文同左側，上錠文，下「禹鵠」二字，每字一格。晉惠帝第三改元也，出烏程。

又長九寸四分，厚一寸二分。文曰「元康包巳田」，五字五格。下端有「富貴」二字，「貴」字已半磨滅。包氏墓磚出烏程者，尚有包氏磚、包喜磚、包咸字士之磚。晉時當爲吳興大族，蓋包氏本楚申、包胥之後。吳地後入于楚，子姓蕃衍，吳中固其所也。

又長五寸五分，厚一寸三分。左側文曰「元康年九月」，下斷。右側似「萬賜」二字，上端乂文，下有「永卿」二字，永氏墓磚也。《通志・略》引《姓苑》有永姓，出烏程。

又長五寸五分，厚一寸一分。文曰「元康元年」，下斷。上端似「琵祚氚典」四字，出烏程。

又長一尺，厚一寸三分。左側文曰「元康元年八月」，下泐。右側五魚紋，上端飛雀形二，下端二龍形，出烏程。

又長九寸八分，厚一寸二分。文曰：「元康元年七月十七日，陳豨爲父作。」下端「萬年」二字，陳氏墓磚也。出長興。

又長一尺三分，厚一寸三分。文曰：「元康元年八月十日，東萊曲成魯綜墓。」下端「黃訓字伯安墓」。案：《晉書・地理志》：「東萊國統縣六，三曰曲成，即今山東掖縣東北境也。」《元和姓纂》：「魯頃公爲楚所滅，子孫以國爲氏。」東萊本魯地，綜蓋東萊人而葬吳興者。此魯綜墓磚。下端又有「黃訓字伯安墓」六字者，匠人誤合二範爲一耳。出長興。

又長一尺四分，厚一寸一分。文曰：「元康元年八月廿六日。」出烏程。

又長一尺二寸，厚一寸一分。文曰：「元康元年六月廿七日，陳鍾紀作，富貴宜子孫興。」出長興。

又長一尺，厚一寸四分。文曰「元康二年歲壬子作」，下端「常平安」三字，出烏程。

又長八寸，厚一寸。文曰：「元康二年八月廿日，董助作。」董氏墓磚也。出烏程。

又長九寸，厚一寸一分。文曰「元康二年九月」，出烏程。

又長一尺六分，厚一寸三分。文曰：「元康二年太歲在壬子。」篆文，「二」作「〓」，與太康二年磚同。「壬」作「任」，與太康三年任寅磚同。出烏程。

又長一尺二寸，厚一寸。文曰「元康三年六月廿七日，陳鍾紀作，富貴宜孫子」，面有「廣德施家作」五字。出長興。《晉書·地理志》：「宣城郡，統縣十一，其九曰廣德。」此陳氏墓磚也。施家，匠人之姓也。陳鍾紀于史乘無考。

又長一尺二寸二分，厚一寸六分，雙行。文曰：「元康三年六月十七日孝子中郎陳鍾紀作，宜子孫位至高遷，累世萬年相禪。」下如魚形，上端「元康三年六月陳鍾」八字，面上「宣城廣德施家作」七字。出長興。《禮雜記祭》稱孝子孝孫，喪稱哀子哀孫，後世不分喪祭，有喪者通稱孝子，自漢魏以來皆然。《隸釋》种氏石虎刻字「光和七年四月五日己丑孝子种覽元博所造」。劉熙《釋名》祭曰：「卒哭止，孝子無時之哭也。期而小祥，孝子除首絰也。又期而大祥，孝子除練服也。間月而禫，孝子之意，澹然衰也。」《晉書·王綏傳》：「父爲殷桓所捕，未測存亾，綏居處飲食，每事貶降，時人謂爲試守孝子。」《宋書·明恭王皇后傳》：「廢帝欲加酖害，左右止之曰：若行此事，官家便作孝子。」《南史·周盤龍傳》：「不爲世子，便爲孝子。孝子則門加素堊，世子則門施丹赭，中郎從事中郎也。」《晉書·職官志》：「諸公開府位從公加兵者，置從事中郎二人，秩千石。」高遷者，頌禱之辭。阮氏《鐘鼎款識》：「丙午鉤二，其一曰丙午神鉤君高遷，其一曰丙午鉤君高遷。」「禪」者，「嬗」之借字。《說文》：「禪，祭天也。」「嬗，緩也。一曰傳也。」《史記》：「號令三嬗。」《漢書·歷律志》：「堯嬗以天下。」《賈誼傳》「變化而嬗」，注：「相傳也。」《淮南子》「精神以不同形相嬗也」，注：「傳也。」《孟子》：「唐虞禪。」《史記·年表》：「禪五世。」「嬗」者，正字也。禪者，借字也，萬年相禪。《釋名》所謂轉，轉相傳也。

又長三寸六分，厚一寸二分。文曰「元康三」三字，下斷。上端⊠文，下「王鳳」二字，出歸安，王氏墓磚也。王氏所出不一，太原瑯琊爲周靈王太子之後，京兆河間爲畢萬之後，北海陳留爲田和之後，汲郡爲王子比干之後。此外尚有可類氏之王、鉗耳氏之王、高麗之王阿布思之王，見《通志·氏族略》。磚作于元康三年，在五胡亂華之先，必非外國改姓之王。《晉書·孝義傳》有王談，烏程人，或即鳳之同族歟。

又長一尺，厚一寸一分。文曰「元康三年七月十五日起」，出烏程。

又長六寸五分，厚一寸四分。文曰「元康三年八月」，下斷。

又長一尺四分，厚一寸三分。文曰「元康四年日」凡十一字，可辨者五字，反文。下端七字，可辨者「元立作日」四字。出烏程。

又長九寸，厚一寸三分。文曰「元康五年歲乙卯七月作」，凡十字。出長興。

又長一尺，厚一寸一分。文曰：「元康五年八月諫議錢丕之造作。」案：《後漢書·百官志》：「諫議大夫，六百石。」魏賈逵爲丞相主簿，太祖善之，拜諫議大夫，與夏侯惇同掌軍計。」晉承魏制，《晉書·職官志》無諫議大夫，蓋失載耳。證之此磚，可補《晉書》之缺。錢氏爲吳興著姓，漢有諫議大夫錢林，始居長城之梓山。林孫敞，敞孫咸，咸曾孫讓仕漢，封富春侯。吳有盧江太守盛、振威將軍晟，晉有龍驤將軍端、大將軍廣、太子太傅迪、始興王師穆、東遷侯寵、冠軍將軍端、步兵校尉岳、伏波將軍詳、歷陽太守鳳，皆見嘉泰《吳興志》。錢氏墓磚之出于烏程者，此外尚有元康九年菁里錢家、咸康八年錢瑶作、泰和元年錢率各塼，當時門閥之盛可知。丕之及瑶，雖未見志乘，其皆林之後裔歟。

又長一尺，厚一寸三分。文曰「元康五年歲在癸卯吳」，下端「萬歲」二字。出烏程。

又長四寸六分，厚一寸二分。文曰「元康五年」四字，下斷，上端⊠文。出烏程。

又長八寸二分，厚一寸四分。文曰「元康五年所作」，下端「所作」二字，俱反文。出烏程。

又長五寸六分，厚一寸二分。文曰「元康五年」，下斷，上端錠紋。出烏程。

又長一尺一寸八分，厚一寸六分，雙行。文曰：「元康六年太歲丙辰，揚州吳興長城湖陵鄉真定里眭晞年世先君之冢，八月十日制作壁埒。」右側六格，雙行，斜文。下端文曰：「施晞先君⊠〓〓。」上端雙行，文曰：「元康六年太歲丙辰，施晞年世制作先君房。」出長興。案：《晉書·地理志》「揚州統郡十八，其七曰吴興。吴興郡統縣十一，其十曰長城」，即今長興縣境也。湖陵鄉真定里，縣之地名，今無考。然可見晉制，以鄉統里猶明制，以圖統都今制，以區統庄也。「埒」爲「郛」之別體。《説文》：「郛，郭也，從邑孚聲。」《莊子》：「埒，大之殷也。」「辟」爲「甓」之借字，辟，埒者，以甓爲郛也。「甠」字不見于字書。上端文曰：「施晞則。」「甠」乃「施」之古文，夏竦《古文四聲韻》「施」字下引王存乂《切韻》。古「仺」字，與「甠」字相似，或《切韻》本亦作「甠」，《四聲韻》傳寫訛耳。施晞者，名也。年世者，字也。蓋施晞爲其父所作冢磚也。又一品與上範文同。

又長一尺二寸，厚一寸八分。上端文曰「元康六年施」，下端同文，右側六格下端兩頭泉文，中間花紋，上端與上範、下端文同。

又長一尺四分，厚一寸三分。面有文曰：「元康六年八月施家立功。」出長興。

又長一尺一分，厚一寸五分。文曰「元康六年八月十日，高綜冢于孫富貴」，雙行斜文。出長興。

又長一尺，厚一寸二分。文曰：「晉元康七年八月丁丑茅山。」下端「里施傳十五字，反文。高綜墓磚也，出長興。

又長一尺，厚一寸二分。文曰：「晉元康七年八月丁丑茅山。」下端「里施傳作」四字，上端兩格乂文，「晉」字作一格，「元康」二字一格，「七年八月」一格，「丁丑茅山」一格。案：《通鑑目録》元康七年七月壬午朔、九月辛巳朔，則丁丑非八月廿五日即廿六日矣。案：茅山有二，一在句容，一在烏程縣南四十里。磚出烏程，當爲烏程之茅山無疑。

又長五寸一分，厚一寸二分。文曰「元康七年」，下斷。上端有「胡」字，俱反文。「胡」下二字不可辨，出烏程。

又長一尺一寸七分，厚一寸六分。上端雙行，文曰：「晉元康七年八月丁丑，茅山里施傳所作。」左側乂文，分兩格，隸書秀逸，似《曹全碑》。磚質堅細，以白沙爲坯。出烏程菁山，蓋菁山與茅山相連也。

又長一尺四分，厚一寸二分。左側文曰「萬歲不敗」，上端文曰「元康八年八月廿六日宣作」。出烏程。

又長九寸，厚一寸二分。「元康八年八月六日作」，反文，出烏程。

又長一尺，厚一寸四分。文曰「元康八年包」，一字一格，上端「萬歲」二字，「八」作[illegible]，包氏墓磚也。出烏程。

又長九寸一分，厚一寸三分。文曰「晉元康八年所作壁」，反文。出烏程。

又長九寸，厚一寸三分。文曰：「元康八年太歲壬午八月俞辰作。」下端「萬世無朽」四字，俞氏墓磚也。俞氏不知所自始，《元和姓纂》所徵引以後趙劉聰中常待俞容爲最遠。俞辰雖不見載籍，實在俞容之前。俞氏磚之出烏程者，此外尚有赤烏八年俞岑、永康元年俞郛、永嘉元年俞道由、俞道初、咸康五年俞氏等磚五六種。漢晉之際，爲烏程大族可知。《元和姓纂》「俞姓讀若紐」，注：「吴興漢有俞東，今湖州，無俞姓。」魏晉六朝古磚之出者，亦有俞無俞。《集韻》、《類篇》皆無俞字，《字彙》、《正字通》始有之。《通志·氏族略》亦無俞氏，或爲俞之壞字，或爲一人一家之私造，不久即絶，如「灵」之改「吞」改「炔」，未可知也。

又長一尺四分，厚一寸二分。左側篆文「萬歲不敗」四字，上端文曰：「元康八年八月孤子宣。」案：《孟子》：「幼而無父曰孤。」《禮記》鄭注：「三十以上無父稱孤。」《開元禮虞祭祝文》：「父喪稱孤子，母喪稱哀子。」陳子昂爲其父墓志，自稱孤子。李華《祭蕭頴士文》：「因有父喪，亦稱孤子。」宣，人名，當爲其父所作磚，故稱孤子。出烏程。

又長七寸一分，厚一寸四分。左側文曰「元康八年七」，下斷。右側乂文，出烏程。

又長五寸，厚一寸三分。文曰「元康八年太歲」六字，下斷。出烏程。

又長八寸八分，厚一寸一分。文曰「元康八年八月三日作」，俱反文。出烏程。

又長一尺五分，厚一寸四分。文曰：「元康九年八月十日歲在午。」下端「菁里錢冢」四字。案：元康八年戊午、九年己未，匠人誤書也。湖州烏程縣南四十里有菁山，菁里當即其地。

又一品尺寸相同，上端無「菁里錢冢」四字。

又長九寸，厚九分。上端文曰「元康九年七月十日」，左側古篆文，俱不可辨。出烏程。

又長九寸五分，厚一寸二分。文曰「元康九年七月施作」，下端「元康九年」四字，俱反文。施氏墓磚也。出烏程。

又長九寸三分，厚一寸二分。左側篆文「萬世不敗」，上端「元康九年八月」。出烏程。

又長一尺，厚一寸三分。文曰：「元康九年八月作。」右側及上下端皆古篆，不可辨。出烏程。

永康磚

長九寸七分，厚一寸二分。文曰「永康元年太歲在庚申所作」，下端「屠承所作」，俱反文。惠帝第四改元也。屠氏不知所自始，晉有屠蒯、屠岸賈，楚有屠羊。《風俗通》：「漢有屠景先，河東人。」屠承于載籍無考。屠氏磚之出烏程者，此外尚有建興四年屠王誌、屠錢辟、屠乍兒子、屠家冢等五六種。吴晉之際，當爲吴興大族矣。

又長六寸三分，厚一寸三分。上端文曰「永康元年」，一字一格，左側龍虎文。出烏程。

又長四寸六分，厚一寸四分。文曰「永康元年八」，下斷，上端「俞郢」二字。出烏程。案：「郢」讀「若」，「巷」《説文》作「䢽」，鄉字从之。

又長四寸四分，厚一寸三分。文曰「永康元年」四字，下斷，出烏程。

又長一尺，厚一寸三分。文曰「永康元年太歲在申八月，聶祚作」十三字，反文，出烏程，聶氏墓磚也。《通志・氏族略》：「衛大夫食采于聶，因氏焉。」《吴志》有將軍聶友。

又長一尺一寸，厚一寸八分。文曰「永康元年七月廿日陳希」，上端兩頭書窗文，中間✕文，出長興。

又長一尺三分，厚一寸三分。文曰：「永康元年七月，歲在庚申。」下端「朱暘作」三字，朱氏墓磚也，出烏程。朱氏爲吴興巨族，吴有朱治、朱然、朱紀，墓皆在郡境。

又長八寸四分，厚一寸三分。文曰「永康元年八月十一日張」，反文。出烏程。

又長九寸八分，厚一寸四分。文曰：「永康元年興管。」「興」字上一字、「管」字下數字均泐。出烏程。

又長五寸六分，厚一寸四分。文曰「永康元年二」，下斷。出烏程。

又長九寸六分，厚一寸二分。文曰「亞永康元年所作甓」，反文。上端斜格文，出烏程。

又長一尺，厚一寸三分。文曰「永康元年八月廿日世」十二字，反文。「世」字上五字不可辨，出烏程。

陸心源《千甓亭磚録》卷三

晉

晉永寧磚

長九寸一分，厚一寸七分。文曰「永寧元年七月十八日」，下端有「太歲在辛酉」五字，反文。晉惠帝第五改元也。隸書，似《曹全碑》，出烏程。

又長一尺五分，厚一寸六分。文曰「永寧元年吴興東遷」，下端「楊長所作」四字，出烏程。周後伯僑封于楊，其子孫以國爲氏，見《元和姓纂》。楊長于史乘無攷。楊氏磚出郡境者，此外有太康楊普壁，永興楊、楊氏興功、升平楊季壁、楊仲壁各磚，魏晉之際當爲吴興大族。案：《晉書・地理志》「吴興郡統縣十一，其五曰東遷」，在今烏程、歸安兩縣境。

又長一尺四分，厚一寸三分。文曰「永寧元年太歲在辛酉，潘氏作」，下端有「萬歲永封」四字。潘氏墓磚也，出烏程。

又長一尺一寸，厚一寸六分。文曰「永寧元年七月十六日莫奉作」，凡十二字，反文，出長興，莫氏墓磚也。莫奉于志乘無攷。

又長一尺一分，厚一寸一分。文曰「永寧元年八月丁巳朔十五日」「永寧元年八」五字爲一格，下七字爲一格。出烏程。

又長六寸，厚一寸五分。文曰「永寧元年」四字，下斷。出烏程。

又長六寸四分，厚一寸五分。文曰「永寧元年歲在辛」，下斷。出長興。

又長九寸七分，厚一寸二分。文曰：「永寧元年太歲在辛酉。」出長興。

又長七寸四分，厚一寸四分。文曰「永寧元年八月十日」，下缺。出烏程。

又長一尺，厚一寸六分。左側文曰：「永寧元年太歲在辛。」右側文曰：「酉八月廿日汝氏立。」上端兩頭書窗文，中間泉文，下端乂文。出長興，汝氏墓磚也。案：汝氏爲汝鳩、汝方之後，望穎川，見《元和姓纂》。

又長一尺一分，厚一寸五分。左側文曰「永寧元年李瑞作大冢」，右側「永寧元年李瑞立冢」，皆反文。李氏墓磚也，出長興。

又長一尺三分，厚一寸四分。文曰「永寧元年李瑞作大冢」九字，反文。出長興。

又長五寸五分，厚一寸四分。文曰「永寧元年七月廿」凡七字，反文，下斷，上端有泉刀文，出烏程。

又長一尺一分，厚一寸三分。文曰：「永寧元年孝子典南。」兩字一格，出烏程。案：典姓也，不知所自出，魏有典韋。

又長四寸六分，厚一寸三分。文僅「永寍元」三字，一格一字，上端乂文，出烏程。

又長九寸七分，厚一寸三分。文曰「永寍元年八月☒日」凡九字，下一字不可辨。出烏程。

又長一尺七分，厚一寸四分。文曰「永寍元年八月廿六日永里陳」，下一字不可辨。案：《後漢書·郡國志》烏程下注引《吳興記》曰：「西北下山有項藉祠，興平二年，太守許貢奏分縣爲永縣。」案：《晉書》無永縣之名，則三國時已廢，想永縣廢後，其地遂名永里。此磚出烏程西北鄉，其即永縣舊址歟。

又長一尺，厚一寸四分。文曰「永寍二年八月乙丑朔七日俞冢」，右側有魚鱗文。永寍二年十二月改元太安，磚作于八月，故猶稱永寍。案：《通鑑目録》是年七月戊寅朔，九月丁丑朔，與徐作磚及廿四日作磚皆合，則八月當爲丁未朔，乙丑乃八月十八日也。磚作八月乙丑朔，匠人誤書也。出烏程。

又長一尺二分，厚一寸四分。文曰「永寍二年八月作」七字，反文。「寍」作「寕」，上端兩格，書窗文。

又長一尺二寸一分，厚一寸七分。文曰「永寍二年八月十八日，施晏所作」，施氏墓磚也。出烏程。

又長一尺，厚一寸三分。文曰「永寍二年，太歲在壬戌」凡九字，反文。出烏程。

又長一尺，厚一寸六分。文曰：「永寍元年歲在辛酉，蔡作。」「寍」作「寍」已缺末筆，上下端書窗文。

又長五寸，厚一寸四分。文曰「永寍二年」四字，下斷。出烏程。

又長一尺四寸，厚一寸三分。文曰「永寍二年，太歲在壬戌七月」，下端文曰「戊寅朔徐作」。案：《通鑑目録》七月戊寅朔與磚合。徐偃王爲楚所滅，子孫以國爲氏，其後有徐明，漢河南太守明五代孫寍，寍曾孫廣之。晉吳興太守因居長城，其後有徐眒堅，見《元和姓纂》。又徐詳字子明，烏程人，見《吳志·孫權傳》。在廣之之前，磚出烏程。其即詳之苗裔歟。

又長一尺一分，厚一寸二分。文曰「永寍二年七月戊寅朔，廿四日作」，下不可辨。出烏程。

又長五寸七分，厚一寸三分。上端文曰「永寍二年八月作功。」「永」字半泐，左側有「萬歲」二字，出烏程。

又長五寸五分，厚一寸五分。文曰「永寍二年太」，一字一格，下斷。出烏程。

又長五寸五分，厚一寸四分。上端文曰：「永寍三年八月，施祀。」左側文曰「萬歲」，下斷。出烏程。施氏墓磚也。祀，人名。

晉太安磚

長八寸，厚一寸四分。文曰「大安元年七月廿四日作」，下端兩格乂文，惠帝第六改元也。案：永寍二年十二月始改元太安，磚作于七月已稱大安，不可解也。出烏程。

又長九寸七分，厚一寸三分。文曰「太安二年，太歲在亥作」凡九字，反文。出烏程。

又長九寸七分，厚一寸三分。文曰：「晉太安二年歲在癸亥，施氏貴。」上端文曰「壽宜孫[?]」，下端兩格，古泉文。「子」作「[?]」，與《古文四聲韵》所引「古老子之[?]」字相似。施氏墓磚也，出烏程。

又長五寸三分，厚一寸六分。上端文曰：「大安二年七月。」書法奇肆，似楊焕、沈君兩闕。右側古篆文，上格一字磨滅不可辨，下格作「[?]」，出烏程。

晉永安甎

長九寸八分，厚一寸一分。文曰：「永安元年七月十一。」惠帝第七改元也。

又長九寸七分，厚一寸四分。文曰：「永安二年，太歲在丙子十月八日。」是年七月改元建武，民間未知也。出烏程。

案：晉永安元年甲子，二年乙丑，吳永安則元年戊寅，二年己卯矣。蓋是晉永安二年，匠人誤以元年，干支爲二年，干支又誤甲爲丙耳。出長興。

又長一尺五分，厚一寸四分。文曰「永安二年歲在乙丑八月廿日造功」，反文，上端兩格，書窗文。案：甲子正月改永安，七月改建武，十一月復稱永安，十一月改元永興。是乙丑當稱永興二年，蓋是時天下大亂，中原隔絶，故東南之民猶有用永安紀元者。出烏程。

晉建武磚

長五寸八分，厚一寸一分。上端文曰「建武元年」，右側乂文，下斷。惠帝第八改元也。是年七月改元建武，十二月改永興矣。出烏程。

晉永興磚

長一尺一寸五分，厚一寸四分。上端文曰「永興五年作」，反文。下端「管賤字士」同左側，窗文間以古篆。惠帝第九改元也。案：永興二年乙丑，不紀元而紀干支，亦創格也。出烏程。管賤于志乘無考。

又長一尺三分，厚一寸五分。上端文曰「永興丑年作」，反文。下端文曰「管土發作」。左側窗文，間以古篆。右側文曰「永嘉六年大歲在申，八月十日」，下一字不可辨。永嘉紀元在永興後，蓋匠人誤合兩笵爲一也。管土發，管姓而名土發也。出烏程。

又長六寸，厚一寸三分。上斷，中間文曰「永興二年」，下錠文。出烏程。

又長三寸三分，厚一寸四分。文曰：「永興二年。」上端文曰：「盛冢。」出烏程。

晉光熙磚

長四寸四分，厚一寸一分。文曰「光熙元年」四字，下斷。上端斜文。惠帝第十改元也。丙寅六月改元光熙，明年七月改元永嘉。出烏程。

又長四寸六分，厚一寸三分。文曰「光熙元年」，下斷。「光」字半側已磨滅，上端有雙鳥對飛形。出長興。

晉永嘉磚

長八寸八分，厚一寸四分。文曰「永嘉元年八月十日」，懷帝紀元也。出烏程。

又長一尺，厚一寸三分。文曰：「永(加)〔嘉〕元年七月廿日立功。」左側龍形，上下端乂文，出烏程。

又長五寸五分，厚一寸四分。上端文曰「永嘉元年。」左側文曰「歲在丁卯八」，下斷。出烏程。

又長九寸三分，厚一寸三分。左側文曰：「永嘉元年八月十日立功。」右側文曰「吳興烏程俞道由兄弟」凡九字。反文上端文曰：「治作之。」下端「俞道初」三字。案：《晉書・地理志》：「吳興郡領縣十一，其一曰烏程。」此蓋道由兄弟所造墓磚也。道由、道初于志乘無攷。又長九寸四分，厚一寸三分。文同前磚，面有「道由作此」四大字，行書，是以刀劃坯者。

又長九寸四分，厚一寸三分。左側文曰「永嘉元年八月十日立功」，右側文曰：「吳興烏程俞道兄弟」凡八字。反文上端「俞道初」，下端「治作之」，此磚與前範同，脫一「由」字。

又長九寸四分，厚一寸三分。左側「萬歲不敗」四字，反文上端「永加元年」，下端「朱安」二字，出烏程。

又長一尺一分，厚一寸六分。文曰「永加元年八月十日作功」凡十字，反文。出烏程。

又長一尺，厚一寸四分。左側文曰「永嘉元年歲丁卯八月一日作」凡十二字。反文右側文曰「晉國司馬」四字，上端古篆文，模糊不可辨，下端兩頭書窗文，中間虎頭形。案：《晉書・職官志》：「諸公及開府位從公加兵者，增置司馬一人，秩千石。驃騎已下及諸大將軍，置長史、司馬各一人，秩千石，三品。將軍置長史、司馬一人，步兵屯騎、越騎、長水、射聲等校尉，並置司馬基疆弩爲三部司馬。王國置中尉司馬。」磚稱晉國司馬，必非三公及將軍屬官可知。晉帝紀魏甘露三年，封司馬昭爲晉王加九錫，晉國置官司焉。景元四年三月，詔大將軍府增置司馬一人，後四年爲咸熙二年受魏禪，是年改元泰始。後四十二年爲永嘉元年。自景元四年至永嘉元年，亦不過四十六年，或所葬之人曾官晉國司馬。平吳之後，徙處吳興，遂葬于此。若元帝亦嘗先爲晉王矣。然在永嘉丁卯之後十年，不相及也。出烏程。

又長一尺，厚一寸二分。文曰：「永嘉元年其歲在丁卯，錢世。」上端文曰「萬歲」，出烏程。錢世于志乘無攷。又厚一寸五分，長九寸七分。上端文曰「永加元年」，左側文曰：「歲在丁卯八月一日己卯立功。」出烏程。

又長一尺，厚一寸三分。文曰「永嘉元年八月廿日造作」，上端文曰「呂士容」。出烏程。呂士容，造磚之人，于志乘無攷。

又長九寸七分，厚一寸五分。左側文曰「歲在丁卯八月一日己卯立功」，下端有「番作」二字，此與前磚同範，惟上端無「永嘉元年」四字。番氏墓磚也，出烏程。

又長八寸六分，厚一寸二分。文曰「永嘉元八月一日下舍許望作」，下端「世代相傳」四字，反文。「元下」脫一「年」字。下舍，里名。許氏墓磚也。望，人名。許爲楚所滅子孫分散以國爲氏，見《元和姓纂》。漢有許頤，故鄣人，見嘉泰《吳興志》。許望于志乘無攷，其頤之苗裔歟。出烏程。

又長七寸二分，厚一寸五分。文曰「永嘉二年七月十五作」，反文。出烏程。

又長一尺一分，厚一寸五分。文曰「永嘉二年太歲在戊辰八月廿日立工」，上端兩頭花泉文，中間水浪紋。出烏程。

又長九寸四分，厚一寸二分。文曰「永嘉二年八月廿日立功」，出烏程。

又長九寸六分，厚一寸三分。文曰「永嘉二年八月卅日立功夫」，上端文曰「萬年」。出烏程。

又長九寸八分，厚一寸三分。左側上如「萬歲」二字，下「永嘉三年」四字，下端亦如「萬歲」二字。出烏程。

又長一尺，厚一寸二分。文曰：「永嘉三年八月廿四日。」下泐不可辨，上端乂文。出烏程。

又長一尺，厚一寸四分。文曰「永嘉三年九月錢烏制」凡九字，反文。右側兩頭圂文，中間横寶錠文有帶，錢氏墓磚也，出烏程。錢烏于志乘無攷。

又長一尺九分，厚一寸四分。文曰「永嘉三年八十五日作」，十字，反文。「作」字下有花文。出烏程。

又長一尺一寸，厚一寸八分。文曰：「永嘉三年太歲在己巳十五日。」上下端皆乂文，出長興。

又長八寸八分，厚一寸一分。文曰「永嘉三年八月廿四」，右側「□郡黄㑣墓」，「郡」上一字不可辨，上端乂文。出烏程。黄氏墓磚也。

又長一尺一寸，厚一寸一分。文曰「永嘉四年作」，出烏程。

又長九寸七分，厚一寸三分。文曰「永嘉六年七月卅日」，上有「王」字，王氏墓磚也，出烏程。

又長一尺，厚一寸三分。文曰：「永嘉七年六月廿一日。」上端有「石作」二字，下端「宜子孫」三字，石氏墓磚也。石氏爲衛大夫石碏之後，出烏程。

又長九寸六分，厚一寸四分。文曰「永嘉七年七月卅日作」，下端「石作」二字。案：七年四月改元建興。磚作于七月，猶稱永嘉，蓋民間尚未知也。出烏程。

又長九寸七分，厚一寸二分。文曰：「永嘉七年八月廿三日作。」出烏程。

晉建興磚

長五寸五分，厚一寸二分。文曰「建興元年八月七」，下斷。出烏程。晉愍帝□□紀元也。

又長一尺一寸，厚一寸一分。上端文曰「建興二年」四字，左側文曰「太歲在甲戌八月十七日作」，右側文曰「羅燕創立工夫也」，俱反文。出烏程，羅氏墓磚也。燕人名，羅爲祝融之後，有齊郡、襄陽、河東三族，見《元和姓纂》。羅燕于史乘無攷。創立工夫者，創建功程也。郡志有待中羅含墓，攷含之卒，似尚在建興之後，則非含之墓磚矣。

又長一尺一寸五分，厚一寸五分。上端文曰：「建興二年八月作。」下端文曰：「管士芝手作。」左側如「萬歲不敗」四字。管士芝于志乘無攷。出烏程。

又長一尺五分，厚一寸三分。文曰「建興二年歲在戌」，下泐。下端文曰：「八月十五日作。」出烏程。

又長一尺二分，厚一寸四分。文曰「建興三年八月十日立作」，右側兩直格，其一有乂文。出烏程。

又長一尺七分，厚一寸六分。文曰：「建興三年太歲在乙亥，孫氏造。」上端文曰「萬歲不敗」，下端文曰「傳世富貴」。出長興，此晉建興磚也。吴建興三年即五鳳元年，歲在甲戌非乙亥也。陳氏經誤以爲吴建興，馮氏雲鵬《石索》仍之，皆由未見全磚耳。又一笵尺寸同上，左側文亦同。上端三錢文，中間一泉曰「大泉五日」，兩邊兩幕文，下端兩門釘形。攷吴大帝孫權嘉禾五年始制大泉五百，後又制大泉當千，魏晉之際尚大泉可知。惟「百」从一白，「白」從一合，曰象形，古無通用者，以五百爲五日，未知何義。陳氏《金石圖》、馮氏《石索》亦誤屬吴。

又一笵尺寸同上。左側文曰「八月壬戌朔廿日辛巳孫氏作」。上端文曰「永未英」，下端文曰「可久長」。此磚與前兩建興同出長興李家巷，皆孫氏墓磚也。陳氏、馮氏誤亦同上。案：《通鑑目録》建興三年八月壬戌朔，與磚合。「英」爲「央」之借字。《説文》：「央，中央也。一曰久也。」《詩・庭燎》釋文引《説文》：「一曰久也，已也。」《廣雅・釋詁》：「一央，盡也。四央己也。」《詩》「夜未央」，《毛傳》：「央，旦也。」愚謂旦者，夜之盡也。《離騷》：「時亦猶其未央」，「爛昭昭兮，未央。」漢長樂宫瓦當文曰：「長樂、未央。」建初磚曰：「未央大吉。」皆取己盡之義。古人同聲之字皆可通用。《漢書・楊雄傳》「日月纔經于柍桭」，注：「中央也。」《廣雅・釋訓》：「鞅，罔無賴也」。方言作央、亾，央可作鞅，作柍，則央亦可作英矣。

又長五寸一分，厚一寸三分。文曰「建興三年八月」，下斷。出烏程。

又長五寸，厚一寸四分。文曰「建興三年」，下斷。出烏程。

又長八寸八分，厚一寸三分。文曰「建興三年八月十日」凡九字，反文。「日」字下有一字，泐不可辨。出烏程。

又長八寸三分，厚一寸二分。左側上有古泉文，下有文曰「鄮建興三年盧恕造」,「鄮」字一格,下七字一格。出寧波。

又長九寸六分,厚一寸三分。文曰:「建興四年,居玉誌。」上端「八月六日」四字,俱反文。下端有「萬年」二字,中間花文。出烏程。

又長九寸七分,厚一寸一分。文曰「建興四年七月丁亥朔廿」,上端文曰「鄮邦□立」四字,反文。「立」字上一字不可辨,下端花紋。案:《通鑑目録》建興四年六月丁巳朔、九月丙戌朔,七月當得丁亥朔,與磚合,出烏程。

又長一尺二分,厚一寸一分。文曰「建興四年八月十日作」,出烏程。

又長一尺一分,厚一寸六分。文曰「建興四年八月子日作」凡九字,反文。出烏程。

又長四寸四分,厚一寸二分。文曰「建興四年」四字,四格,下斷。出烏程。

晉建武磚

長一尺三分,厚一寸三分。文曰「建武元年閏月十八日戌宜」,右側同文,缺一「戌」字,俱反文。上端二「番」字。攷《通鑑目録》,是年閏七月,此閏月乃七月也。出烏程。晉元帝第一改元也。「戌宜」二字未詳。

又長九寸,厚一寸三分。文曰:「建武元年太歲在丑作。」上端文曰:「沈惠光作。」案:漢光武帝、晉元帝、齊明帝,皆紀元建武。光武建武元年歲在乙酉,明帝建武元年歲在甲戌,惠帝建武元年歲在甲子,此磚在丑,則元帝建武元年丁丑歲也。出烏程。

又長九寸五分,厚一寸三分。文曰「建武元年太歲在丑作」,出烏程。

又長九寸五分,厚一寸三分。文曰:「建武元年在丑,沈惠光作。」上端文曰:「沈惠光作。」出烏程。沈爲沈子之後,國爲楚所滅,子孫以國爲氏。漢光武時,沈戎始居吴興之餘不鄉,後葬金鵝山,有金鵝之祥子姓蕃衍。宋、齊而後,見于史乘者數十百人,遂爲吴興大族。郡人目之爲地主,其實見于磚者若潘、若管,見于志乘者若吴、若姚,皆在沈氏之前,蓋由沈氏子孫貴盛,妄自誇大,愚民从而和之耳。沈惠光不見志乘,其戎之後裔歟。

晉大興磚

長一尺,厚一寸三分。文曰:「大興元年七月己巳朔廿三日作。」晉元帝第二改元也。案:《通鑑目録》七月乙巳朔,與磚不合,或匠人誤「乙」爲「己」耳。若磚文不誤,則乙巳當在八月初矣。出烏程。

又長五寸,厚一寸二分。文曰「大興元年」四字,篆書,反文,下斷。出烏程。

又長七寸,厚一寸三分。文曰「大興三年太歲在辰」,下斷。是年,歲在庚辰。出烏程。

又長一尺一寸三分,厚一寸三分。文曰「大興四年八月,諫議大夫管作」,出烏程。諫議大夫,攷見前元康磚下。

又長九寸五分,厚一寸四分。文曰:「大興四年八月,吴寧送故作。」上端錠文。出烏程。

又長九寸七分,厚一寸三分。文曰「大興四年八月廿日」,下三字不可辨。下端文曰:「咸和八年作」五字。出歸安。咸和八年,上距大興四年凡十二年,匠人誤合二笵爲一耳。

又長九寸三分,厚一寸三分。文曰:「大興四年,吴寧送故吏民作。」上端錠文。「故吏民」之文見于漢碑者甚多,大抵吏民爲故君立碑而列名于碑陰,皆下奉上之辭,無上爲下者。有之,自此磚始。建興三年吴興人徐馥害太守袁琇,距是纔八年,想晉室喪亂,盜賊遍地,吴興吏民必有死于難者。吴寧非郡守即縣令,聚而葬之,因作此磚,故曰送故吏民也。惟文獻無徵,莫可攷耳。出烏程。

又一笵長九寸七分,厚一寸。文曰「大興四年八月,吴寧送故」,亦出烏程。

又長一尺六分,厚一寸四分。文曰「大興四年八月丁亥造」,上端又文。出烏程。案:《通鑑目録》八月丁亥朔,磚云丁亥造,則非朔日矣,與《目録》不合。

又長九寸六分,厚一寸四分。文曰:「大興四年八月廿日。」出烏程。

又長一尺,厚一寸三分。文曰「大興四年九月二日制作」,出烏程。

晉永昌磚

長九寸三分,厚一寸三分。文曰:「永昌元年八月十五日,施令遠作功。」晉元帝第三改元也。施氏墓磚也。令遠,人名,「遠」作「逺」與《羊寶道碑》「危駿回逺」之「遠」同,出烏程。

又長九寸五分,厚一寸三分。文曰「永昌元年歲在五九日作」凡十字,反文,上端花文。案:「午」與「五」通,《説文》:「五,五行也,陰陽在天地間交,午也。」《周禮》故書「壺涿氏五貫象齒」,杜:「五貫爲午。」《左成十七年傳》:「晉夷羊五。」《晉語》作「夷羊午」。義熙五年,磚作午年,是其證也。出烏程。

又長九寸四分,厚一寸四分。文曰「永昌元年八月廿二日造功」凡十一字,反文。出烏程。

又長五寸,厚一寸一分。文曰「永昌元年太歲」,下斷,上端細蕉葉文。

又長一尺,厚一寸四分。文曰「永昌元年九月廿二日,澤伯作」,反文。右側三格,乂文,澤氏墓磚也。澤伯,造磚者之姓名。案:《通志・氏族略》:「澤氏,見《姓苑》,是古有此姓,今罕見耳。」出烏程。

晉太寧磚

長六寸,厚一寸四分。文曰:「太寧元年太歲癸未。」上端兩格乂文,明帝紀元也。出烏程。

又長一尺,厚一寸二分。文曰「太歲在癸未大寧元年八月」,上端兩格,錠文,出烏程。

又長九寸,厚一寸四分。文曰「大寧元年七月丙子朔」,下端如「萬歲」二字。出烏程。

又長一尺七分,厚一寸六分。左側文曰「太寧元年八月十日立」,右側二錠文,上端「作公」二字,下端「莫少光」三字,俱反文,出長興。莫少光于志乘無攷。

又長九寸六分,厚一寸二分。文曰「泰寧三年太歲在酉,弘仁作」,反文。右側一「[illegible]」字。案:弘,姓也。《風俗通》:「弘氏,衛大夫弘演之後。」漢有宦者弘恭爲中書令,孫權姊夫弘咨見《通志・氏族略》。弘仁、弘眀,蓋兄弟也。出烏程。

又長九寸六分,厚一寸三分。文曰「泰寧三年太歲在酉,弘朋作」,反文。上端兩格,乂文。案:《説文》:「眀,左右視也。从二朋,讀若拘。」出烏程。

又長八寸七分,厚一寸一分。文曰「太寧三年太歲在乙酉八月廿四日作」凡十五字,篆文。出烏程。

又長一尺六分,厚一寸四分。文曰「泰寧三年八月廿日」,下端文曰:「九月世娼」,一字一格,俱反文。出烏程。《戚伯著碑》「議者觀敀」與此字相似。

又長八寸,厚一寸三分。文曰:「泰寧年八月。」出烏程。

陸心源《千甓亭磚録》卷四

晉

咸和磚

長九寸二分,厚一寸三分。文曰「咸和元年七月廿日播令」,上端「萬歲」二字,下端「邽造」二字,成帝第一改元也。播姓令邽名,播爲播發武之後,見《元和姓纂》。出烏程。

又長八寸六分,厚一寸三分。文曰「咸和元年太歲丙戌八月」,右側文曰:「莫惠長造。」莫氏墓磚也。出烏程。

又長一尺,厚一寸四分。文曰:「咸和元年八月六日作。」上端文曰:「太歲在丙戌」,下端「王尚造」三字。王氏墓磚也。王尚于志乘無攷。出烏程。

又長四寸六分,厚一寸二分。文曰「咸和元年七月太歲」,下斷,上端兩格乂文。出烏程。

又長九寸六分,厚一寸三分。文曰「咸和永和八月廷作」,兩字一格,合兩記元製爲一磚,殊不可解。出烏程。

又長八寸九分,厚一寸三分。文曰「咸和元年八月三日」,上端有「王」字,出烏程。

又長一尺,厚一寸二分。文曰:「咸和元年,呂禄造作。」呂氏墓磚也。呂爲姜姓之後,封于呂,至周失國,子孫氏焉,見《元和姓纂》。呂禄于志乘無攷。出烏程。

又長九寸,厚一寸三分。文曰「咸和元年八月十五日作」,凡十字,反文。出烏程。

又長五寸六分,厚一寸四分。文曰「咸和元年□」,下斷。右側蕉葉文,上端兩頭斜格,中間花文。出烏程。

又長八寸八分,厚一寸三分。文曰「咸和四年八月一日管」,下端「作甓」二字,皆反文,管下二字不可辨。出烏程。

又長九寸二分,厚一寸四分。文曰「咸和五年九月七日作歲在寅」,凡十二字,反文。是年,歲在庚寅。出烏程。

又長九寸五分,厚一寸四分。文曰:「咸和六年七月十五日作。」出烏程。

又長六寸六分,厚一寸三分。文曰「咸和七年八月」,下斷。出烏程。

又長六寸六分,厚一寸六分。文曰「咸和七年八月廿日」,「日」字半泐。出烏程。

又長四寸四分,厚一寸三分。文曰:「咸和九年八月廿。」右側文曰:「一日孤子宣隋制作」,俱反文。宣隋爲其父母所作磚也。案:宣氏有二祖,一爲宋宣公之後,一爲魯叔孫宣伯之後,見《風俗通》及《元和姓纂》。宣隋于志乘無攷,湖郡至今尚有宣氏,蓋其來久矣。出烏程。

又長一尺三分，厚一寸四分。文曰「晉咸和八年歲在癸巳」，反文。出烏程。

又長九寸二分，厚一寸五分。文曰「咸和九年八月甲辰朔十日」，下有直格，右側乂文，直格，斜格，上端有「朱」字，下一字不可辨。案：《通鑑目録》七月壬申朔，九月辛未朔，則甲辰當爲八月二日，與磚不合。出烏程。

咸康磚

長九寸八分，厚一寸四分。文曰「咸康所作」四字，每字間一直格，中間小斜格，共七格。右側中間兩乂文，兩頭花格，成帝第二改元也。出烏程。

又長一尺，厚一寸三分。上端文曰「咸康元年」，下端文曰：「楊國佐。」出烏程。

又長四寸七分，厚一寸二分。文曰「咸康三年」，下缺。出烏程。

又長一尺四分，厚一寸四分。文曰「咸康三年歲在丁酉八月十日作」，反文。右側如有文不可辨，上端兩格，乂文，下端乂文。出烏程。

又長一尺八分，厚一寸二分。文曰「咸康四年太歲在戊，蕭氏建」，凡十一字，反文。出武康，蕭氏墓磚也。蕭爲微子之後，因邑命氏，見《元和姓纂》。

又長八寸八分，厚一寸三分。文曰「咸康四年」四字，反文。上端如有字不可辨。出烏程。

又長四寸四分，厚一寸三分。上端文曰「咸康四年八月」，出烏程。

又長七寸七分，厚一寸一分。文曰「咸康四年九月十日」，出烏程。

又長五寸，厚一寸一分。左側有格乂文，下斷。上端文曰：「咸康五年，俞氏造」，出歸安，俞氏墓磚也。

又長一尺三分，厚一寸四分。文曰「咸康六年二月十日」，下泐。右側龍形，上端飛鳥形二，下端魚形二。出烏程。

又長一尺，厚一寸四分。文曰「咸康六年九月三日俞壁」，反文。俞氏墓磚也，出烏程。

又長一尺，厚一寸二分。文曰「咸康七年八月十日，錢瑶作」，錢氏墓磚也。出烏程。

又長八寸二分，厚一寸二分。文曰「咸康七年」四字，右側反文四字，泐不可辨。出烏程。

又長八寸八分，厚一寸二分。文曰「咸康七年八月制作」，出烏程。

又長九寸，厚一寸三分。文曰「咸康八年八月廿日造」，出烏程。

又長八寸六分，厚一寸一分。文曰：「咸康八年，管侯作。」管氏墓磚也。出烏程。

又長七寸七分，厚一寸三分。文曰「咸康八年七月廿管」，下泐，出烏程。

建元磚

長六寸七分，厚一寸三分。上端文曰「建元元年八月十日」，反文。出烏程。

又長一尺八分，厚一寸四分。文曰「建元二年八月蒼梧廣信令羅」十二字，反文。廣信令羅君墓磚也。晉世禁立碑，故于碑著其官位。案：《晉書・地理志》：「蒼梧郡，漢置，領縣十一，其一曰廣信。」出烏程。

又長六寸六分，厚一寸三分。文曰「建元二年八月廿日」，下斷。右側有「吴君立」三字，上端乂文，吴字上一字不可辨。出烏程。

又長四寸四分，厚一寸二分。文曰「建元二年八月廿日」，下斷。出烏程。

永和磚

長五寸，厚一寸三分。左側斜格文，下斷。上端文曰「永和元年二月十日」，穆帝紀元也。出烏程。

又長九寸五分，厚一寸四分。文曰：「永和二年八月八日作。」上端文曰：「大佳人」，下端文曰：「二千石」，俱反文。出烏程。

又長九寸四分，厚一寸三分。文曰「包咸字士之」，上端文曰「永和二年」凡九字，俱反文。此與漢時注《論語》之包咸同姓名，非一人也。出烏程。

又長七寸一分，厚一寸二分。上端文曰「永和三年」，右側文曰：「萬歲不敗」，左側直格。出烏程。

又長五寸，厚一寸四分。文曰「永和三年八月」，下缺，反文。出烏程。

又長六寸，厚一寸四分。文曰「永和三年八月」「月」字半泐。右側文曰：「王惠，平者也。」出烏程。王氏墓專也。王惠平無攷。

又長六寸八分，厚一寸四分。文曰「永和三年八月二日建功」，反文。出烏程。

又長九寸一分，厚一寸二分。文曰：「永和四年，清公所作。」上端乂文，直格。出烏程。《通志・氏族略》有青氏、清尹氏，無清氏。案：《左成十七年傳》有清沸魋，杜注「沸魋，嬖人名」，是晉以前有清氏矣。《萬姓統譜》：「清賢，遂盌人，宋端平進士。清晝紹熙間同安知縣。」是晉以後有清氏矣。

又長九寸六分，厚一寸三分。文曰「永和四年八月廿二日，管弘作」，出烏程。管弘于志乘無攷。

又長九寸五分，厚一寸三分。文曰：「永和四年八月一日龍。」龍氏墓磚也，出烏程。龍爲舜臣龍之後，以王父字爲氏。楚有龍且、龍未央，見《元和姓纂》。

又長一尺七分，厚一寸五分。文曰「晉永和五年二月太歲已酉作」，出長興。

又長一尺一分，厚一寸四分。左側文曰「永和五年太歲在辛酉莫」，右側文曰：「作長貴宜子孫」，上端四字不可辨，末一字似「逐」字，篆書。出長興。

又長六寸八分，厚一寸二分。文曰「永和七年八月廿日」，都都氏墓磚也。出烏程。

又長九寸七分，厚一寸六分。左側文曰「永和八年八月廿日作」，右側文曰「大中大夫黄墓」，上端文曰「黄舍人」，黄氏墓磚也，出烏程。晉制有中書舍人，屬中書監太子屬官，有中舍人四人，職比黄門侍郎。舍人十六人，職比散騎中書等。侍郎三公屬官，亦有舍人，不曰中書，不曰中，其太子或三公屬官歟。

又長九寸一分，厚一寸四分。文曰「永和八年八月廿日作」，反文。出烏程。

又長八寸八分，厚一寸二分。文曰：「永和十年甲寅八月丙子朔廿日。」上下端兩頭泉文，中間寶錠文。案：《通鑑目録》七月丙子朔、九月乙巳朔，八月當得丙子朔，與磚合。出長興。

又長九寸三分，厚一寸一分。文曰「永和十二年八月十日」，下二字不可辨。出烏程。

升平磚

長六寸二分，厚一寸三分。文曰「升平元年太歲在巳」，下斷，上端泉文。穆帝第二改元也。是年歲在丁巳，出烏程。

又長一尺，厚一寸三分。文曰「升平二年太歲在午」，反文。是年歲在戊午，出烏程。

又長五寸，厚一寸三分。文曰「升平元年」，「年」字半泐，上端上格斜文，下格寶錠文，出烏程。

又長九寸四分，厚一寸三分。文曰：「升平三年七月廿日辛巳作。」案：《通鑑目録》升平三年七月丁丑朔，則辛巳乃七月五日，非廿日，出烏程。

又長八寸七分，厚一寸二分。文曰「升平三年都氏」，右側直格，都氏墓磚也。案：《通志・氏族略》：「都氏，吴興人。」《漢書・西南夷傳》：「都稽爲臨蔡侯。」出烏程。

又長一尺，厚一寸四分。文曰：「升平三年八月十三日，范詔作。」出烏程。范詔無攷。

又長九寸二分，厚一寸三分。文曰「升平四年八月十日作」，右側直格。出烏程。

又長九寸二分，厚一寸二分。文曰「升平四年九月十日」，下一字不可辨。下端「楊季覽」三字，俱反文。楊氏墓磚也，出烏程。

又長四寸四分，厚一寸二分。文曰「升平四年九」，下斷。「升」字半泐，右側有「楊仲壁」三字。出烏程。

又長四寸五分，厚一寸二分。文曰「升平四年」，下斷。出烏程。

興寍磚

長一尺一分，厚一寸六分。左側文曰「興寍元年八月」，右側上下作錠文，中間「莫故鄣立」四字，俱反文。上端「莫元」二字，哀帝第二紀元也。出長興。

又長一尺三分，厚一寸四分。文曰「興寍二年八月十日作」，反文。右側一「莫」字，出長興。嘉泰《吴興志》晉建威將軍日南太守莫封墓，亦在縣境，或即封之墓磚歟。莫氏墓磚出于長興者，此外尚有漢元和三年莫氏、永寍元年莫奉、永和五年莫作、泰和四年莫墓、寍康三年莫氏、興寍二年莫元各磚。漢晉之際，爲吴興大族可知。今郡中莫氏皆祖長興，信不誣矣。

又長九寸三分，厚一寸四分。文曰「興寍二年癸亥歲」，上端「遇主」二字。案：興寍元年癸亥二年甲子，匠人誤書也。遇姓主名也。《風俗通》：「漢有東安太守遇中。」《姓苑》：「東莞有遇氏。」見《元和姓纂》。以磚證之，則晉時吴興亦有遇氏矣。出烏程。

又長一尺一分，厚一寸三分。左側文曰「興寍元年八月」，右側文曰「莫故鄣八月」，上端文曰「莫元！莫元所造」，墓磚也，出長興。右側五字，文義不相屬，蓋莫者莫氏也。故鄣者，縣名也。八月者，造磚之月也。漢晉以前，莫氏見于史者，《史記・游俠傳》有富民莫氏。長興之莫，想即富民莫氏之後，故不文如此歟。

又長四寸，厚一寸二分。文曰「興寍三年」，下斷。出長興。

太和磚

長九寸四分，厚一寸三分。文曰：「太和元年八月廿日錢率。」上端乂文。晉海西公紀元也。出烏程。

又長四寸四分，厚一寸二分。上端文曰「泰和元年作」五字，反文。出烏程。

又長九寸三分，厚一寸二分。文曰「太和元年八月十日」，反文，下二字不可辨。出烏程。

又長九寸，厚一寸二分。文曰「泰和元年八月十日所作壁」，反文，出烏程。

又長八寸八分，厚一寸二分。文曰「泰和三年八月」，下二字不可辨，反文，上下端乂文。出烏程。

又長九寸，厚一寸一分。文曰「泰和四年七月廿九日起公」，反文。右側文曰「南無莫墓」，「墓」字上三字不可辨，上下端乂文，出長興。案：「公」與「功」通，《衡方碑》「剋亮天功」、《樊安碑》「以公德加位特進」、《詩・六月》「以奏膚公」，皆借「公」爲「功」也。

又長九寸一分，厚一寸三分。文曰「泰和五年八月一日」，出烏程。

又長八寸八分，厚一寸四分。文曰「泰和六年歲辛未」，右側似「郡長平縣殷氏」六字，出長興。案：平縣屬河南郡，見司馬彪《郡國志》，在今河南府孟津縣境。

咸安磚

長三寸七分，厚一寸二分。文曰「咸安二年太」，下斷。簡文帝紀元也。出烏程。

寍康磚

長一尺一分，厚一寸四分。文曰：「寍康元年八月，莫氏。」上端乂文。孝武帝第一紀元也。出長興。

又長八寸八分，厚一寸三分。文曰「寍康三年七月廿日」，出長興。

又長九寸三分，厚一寸三分。文曰：「寍康三年八月一日，施狼作。」下端「施狼作」，俱反文，出烏程。施狼于志乘無攷。隸書「琅狼」不分。漢章和元年，洗曰堂狼造。漢安二年洗曰朱提堂狼造。堂狼者，即漢犍爲之堂琅縣也。常璩《南中志》常琅山，即其地，《宋書・州郡志》作「狼」。

又長一尺，厚一寸四分。文曰「寍康三年歲在乙亥八月吳作」，右側文曰「太元十一年太歲丙戌太元」，孝武帝第二改元也。太元十一年上距寍康三年凡十一年，匠人誤合二範爲一耳。出烏程。

太元磚

長六寸一分，厚一寸五分。文曰「太元元年八月卅日」八字，下斷，反文。出烏程。

又長一尺三分，厚一寸三分。文曰：「太元年八月四日作之。」「太元年」三字一格，「八月」二格，「四」字一格，「日」，「作之」一格。出烏程。

又長九寸三分，厚一寸三分。文曰：「太元元年歲在丙子故鄣王。」案：《晉書・地理志》「吳興郡統縣十一，其七曰故鄣」，今安吉縣境。王氏墓磚也，出烏程。

又長九寸一分，厚一寸二分。文曰「太元年八月廿日」，下二字不可辨。下端文曰「太元元年八月」，反文。出烏程。

又長一尺八分，厚一寸五分。文曰「泰元四年八月廿日，市包喜作」，出烏程郭西灣。市者，居于市也。包喜，造磚者之姓名。

又長一尺，厚一寸三分。文曰「太元七年九月」凡六字，反文，出烏程。

又長九寸二分，厚一寸三分。右側文曰「萬歲不敗」，上端文曰：「太元七年」，出烏程。

又長五寸五分，厚一寸四分。文曰「太元八年歲在癸」，下斷。出烏程。

又長九寸三分，厚一寸二分。文曰：「晉泰元九年七月壬午朔十九日庚子立作。」上端篆文不可辨，下端花文，七月壬午朔與《通鑑目録》合。出烏程。

又長九寸四分，厚一寸四分。文曰「太元十二年八月四日作壁」，下端「孤子錢羣」四字，錢羣于志乘無攷。曰孤子爲其父所作墓磚也，出烏程。

又長九寸一分，厚一寸三分。文曰「太元十二年八月四日作辟」，「壁」字半泐。右側文曰「太元十二年八月四日作」，反文。出烏程。

又長八寸八分，厚一寸四分。文曰「晉泰元十四年仲秋之月」，下損。出烏程。

又長八寸一分，厚一寸三分。文曰「太元十八年馬旦」，下缺，「旦」字下似「弟」字。出烏程。

又長五寸，厚一寸四分。文曰「太元十八年歲癸巳」凡八字，反文，下斷。

又長四寸八分，厚一寸四分。上端文曰「泰元廿年」凡四字，反文。出烏程。

又長四寸五分，厚一寸三分。上端文曰「太元廿二年」，反文。出烏程。

隆安磚

長四寸二分，厚一寸。上端文曰「晉隆安元年」，下端一「萬」字，安帝紀元也。出烏程。

又長八寸四分，厚一寸二分。文曰：「晉隆安二年戊戌仲秋月，易陽建。」上端三格乂文，易氏墓磚也。易氏爲齊大夫易牙之後，魏有雍州刺史易愷，晉有春陵人易雄。易陽于志乘無攷。出烏程。

義熙磚

長九寸四分，厚一寸。文曰「晉義熙十二年八月十八日，馬司徒作」，反文。上端「其年太守馬」，下四字不可辨。「晉義熙」三字一格，「午年八月十」五字一格，「八月馬司徒作」六字一格，晉安帝第三改元也。「午」與「五」通。《永昌磚》「歲在午」亦作「五」，馬《司徒馮氏登府磚録》釋作「吳」，蓋由所見之磚「馬」字已模糊耳。案：《晉書・職官志》：「太尉、司徒、司空，並古官也。自漢歷魏置爲三公，及晉受命迄江左，其官相承不替。」《晉書》馬姓有傳者，惟馬隆一人，並未官司徒，此馬司徒未知何人，不可攷矣。出烏程。

又一範尺寸同前，左側文亦同。上端文曰：「其年歲在巳八月十八日作。」案：義熙十三年歲在丁巳。

又長一尺七分，厚一寸五分。文曰「義熙六年莫上計壁範」，莫氏，墓磚也，出長興。莫上計于志乘無攷。範者，笵之借字。《説文》：「範，軷也，从車笵省聲。」「笵，法也，从竹汜聲。」《爾雅・釋詁》：「範，法也。」《通俗文・規模》曰：「範，《易・繫辭傳》：範圍天地之化。」《孟子》：「吾爲之範，我馳驅。」《漢書・嚴安傳》：「非所以範民也。」皆借「範」爲「笵」也。壁範者，猶建光磚作是法，太康磚章士康法也。

又長八寸九分，厚一寸三分。文曰「義熙七年八月廿六日作」，反文，出烏程。

又長五寸二分，厚一寸二分。文曰「晉義熙十一年」，下斷。出烏程。

元熙磚

長七寸九分，厚一寸二分。文曰「元熙元年太歲己未韓」，凡九字，反文。晉恭帝紀元也。韓氏墓磚也，出烏程。

又長六寸，厚一寸七分。上端文曰「元熙元年」，出烏程。

宋

永初磚

長一尺，厚一寸一分。上端文曰「永初元年作」五字，反文。宋武帝即位紀元也。出長興。

元嘉磚

長九寸三分，厚一寸三分。文曰「元嘉二年九月起公」，「月」字下二字不可辨，上下端錠文，宋文帝□□紀元也。出長興。「公」與「功」通説，見前泰和磚下。

又長八寸九分，厚一寸三分。上端文曰「宋元嘉六年」，下端文曰「太歲己巳」，反文。出烏程。

又長八寸二分，厚一寸三分。文曰「元嘉十年太歲丁酉十年癸酉」，磚作丁酉，匠人誤書也。出烏程。

又長九寸，厚一寸四分。文曰「元嘉十五年」，右側「八月」兩字，皆反文。出烏程。

又長一尺一分，厚一寸三分。文曰「元嘉十五年作專」，反文，上下端皆古泉文，出烏程。「專」者，「塼」之正字。

又長九寸二分，厚一寸二分。文曰「元嘉十六年八月廿四日，石備金」，下一字不可辨，反文。石氏墓磚，備金其名。出烏程，王寄怡所贈。

又長九寸四分，厚一寸二分。文曰「吳賊曹之也大宋元嘉十六」，下端文曰：「年歲在己卯。」案：《晉書・地理志》：「吳郡漢置，統縣十一，其一曰吳縣。」《職官志》：「郡皆置太守，諸王國以內史掌太守之任，置主簿主記室門下賊曹，議生門下史、記室史、録事史、書佐、循行幹小史五官，掾功曹史、功曹、書佐、循行、小史五官掾等員。」縣亦有賊曹掾史，此賊曹署中築池所造磚也。曰吳賊曹非吳郡之門下賊曹，即吳縣之賊曹掾史矣。出烏程。

又長六寸一分，厚一寸二分。文曰「宋元嘉廿三年」，下缺。上端文曰：「沈麻僱冢。」案：沈，姓也，麻者，面麻也。僱，雇工也。《楊文公談苑》：「馮暉爲靈武節度使，有威名號麻胡，以其面有黶子也。」《閒中今古録・應履平題詩部門》有「爲官不用好文章，只要麻㸃黑胖長」之句。是面有黶子者爲麻，其來久矣。僱者，雇之俗字。《後漢書・光武紀》注：「令甲女子犯徒，遣婦家每月出錢雇人於山伐木，名曰雇山。」《桓帝紀》注：「雇，猶酬也。」《張讓傳》注：「雇，謂酬其價也。」沈麻僱蓋僱工而面有麻者，或因以麻僱爲名耳。出烏程。

孝建磚

長八寸二分，厚一寸二分。文曰：「孝建三年八月造作。」上端中間又文，兩頭皿文，下端兩格⋇文。宋孝武帝第一紀元也。出烏程。

大明磚

長一尺，厚一寸三分。左側中間文曰「宋大明五年」，下端一「虞」字，宋孝武帝第二紀元也。出湖南。

泰始磚

長八寸，厚一寸二分。文曰：「泰始三年太歲丁未八月十日。」「未八月十日」皆雙行，右側方罫文。上端文曰「沈三師冢」。宋明帝第一紀元也。沈三師于志乘無攷。出烏程。

又長四寸四分，厚一寸二分。文曰「朱泰始四年」，下斷。出烏程。

昇明磚

長八寸九分，厚一寸三分。文曰「昇明元年」四字，反文。下糊不可辨，上端上格寶錠文花文，下格海棠花文，宋順帝紀元也。出烏程。

齊

建元磚

長八寸六分，厚一寸二分。文曰「建元三年八月十日」，上端如有文不可辨。晉建元無三年，漢以建元紀者，雖有六年，此磚字體斷非漢物。惟齊高帝于己未受禪改元建元，至癸亥改元永明，以建元紀者四年，當屬齊。出烏程。

永明磚

長四寸六分，厚一寸三分。文曰「永明四年吳」凡五字，反文下缺。齊武帝第一紀元也。出烏程。

梁

天監磚

長八寸五分，厚一寸九分。上端兩格乂文，上乂格，内文曰「天監四年」，下乂格，内四字，惟最下一格王字可辨，餘俱不可辨。出烏程。

陳

太建磚

長一尺三分，厚一寸四分。文曰「大建元年八月」，右側篆文不可辨，上端一「者」字，反文。陳宣帝紀元也。出烏程。案：《元和姓纂》堵音者者，其堵之省歟。

唐

聚府君墓誌碑

唐《故聚府君墓誌銘并序》，諸葛㽦撰。府君諱慶，字文悦，馬翊人也。大和六年青龍在壬子九月十七日，殁蘇州嘉興縣進思鄉私舍，春秋五十。祖□，曾祖瑶，父達，家諜具述不書也。公即達長子也，志操孤峙，孝友無先。雖不夢奠之徵，忽生鞋履之别。娶陸氏，有子二人，長葯，次允孚，女一人，偕血泣柩左狀疚。恐煙峯及巨溟問於筮兆，當年十月廿六日，封當縣南甘露鄉崇福里祖墳，禮也。恐煙峯及巨溟變改，請文勒石。詞曰：「悲鴻驚月啼霜天，寒雲長夜斗牛懸。嗣子哀號望不返，令問遺風光萬年。佳城虎踞龍左盤，刊文勒銘金石堅。」

右聚府君墓誌碑得之吳門市，長一尺，濶一尺，厚一寸，凡十二行，共一百九十七字，泐者十字。《詩》「聚子内史」，《古今人表》作「掫子」，慶蓋其苗裔也。《姓纂》：「晉有聚儒。」今江南襄陽並有此姓，想蘇州聚氏唐世必盛，故《姓纂》云爾。嘉興縣本漢由拳縣，地屬會稽郡，後屬吳郡。吳黃龍初改名禾興，赤烏中始名嘉興。隋省入吳縣，唐武德初復置，屬蘇州，故曰蘇州嘉興縣也。大和唐文宗第一紀元，與魏明、晉海西、後魏孝文之太和不同。磚文大不訛太，與大和三年《李晟碑》、《嵩高靈勝詩刻》、《處州孔子廟碑》，大和四年《東郡懷古詩刻》、《吳達墓誌》、《湘中記行詩刻》，大和六年《甄叔大師塔》，大和七年《阿育王寺常住田碑》、《寂照和尚碑》，大和八年《林放祠碑》，大和九年《落星石記》、《修龍宫碑》合，足正俗刻《唐書》、《通鑑》之訛，此磚爲嘉興張叔未孝廉舊藏，見清儀閣題跋，不知何時流落吳中。

大中磚

長五寸，厚一寸二分。上端文曰「大中二年七月造」，出烏程。宣宗紀元也。

宋

咸平磚

長三寸六分，厚一寸。文曰「咸平五年」四字，反文，下斷。出烏程，真宗紀元也。

陸心源《千甓亭磚録》卷五

無年月磚

大吉二千石磚

長一尺一分，厚一寸三分。文曰「大吉二千石至令丞」，出烏程。案：大吉者，誦祝之辭。《易・家人》：「六二，富家大吉。」《荀子・議兵篇》：「始終如一，是之謂大吉。」《公羊傳》：「娶者大吉也，非常吉也。」是其義二千石，漢晉受俸之制，漢制三公，之次爲九卿，秩皆中二千石。太常、光禄、衛尉、太僕、廷尉、宗正、大鴻臚、大司農、少府是也。其次爲二千石，將作大匠、大長秋、光禄大夫、太子少傅、諸州牧、諸郡尹、太守是也。又其次爲比二千石，侍中、中郎將、諸校尉是也。又其次爲千石九卿丞、尚書令、大縣令是也。又其次爲六百石，九卿所屬諸令是也。令各有丞或四百石、二百石、三百石不等，令丞之俸在二千石下，故曰「二千石至令丞也」。

大吉昌磚

長六寸七分，厚一寸四分。文曰「大吉昌宜」四字，下斷，出烏程。

吴大吉磚

長一尺，厚一寸二分。文曰「吴大吉宜子孫」，下端「平安多」三字，俱反文。吴氏墓磚也。出烏程。

大吉磚

長九寸六分，厚一寸二分。文曰「大吉七月作」，出烏程。

又長五寸七分，厚一寸五分。文曰「大吉宜」，下斷。

長生萬歲磚

長九寸七分，厚一寸四分。文曰「長生萬歲」，上端文曰「富貴」，皆篆文，下端文曰「烏程朱梓作」。案：吴有朱桓，吴郡人，朱梓或即朱桓兄弟行歟，此古人生礦磚，故曰長生。

魏氏磚

長五寸五分，厚一寸二分。文曰「元年魏氏造」，五字五格，上斷，元字已缺一畫，魏氏墓磚也。魏爲畢萬之後，見《元和姓纂》。出烏程。

青龍白虎磚

長六寸七分，厚一寸三分。文曰「大元年月」，下缺，上端「青龍白虎」四字。《管輅别傳》曰：「蒼龍無足，白虎銜尸。」《葬書》曰：葬以左爲青龍，右爲白虎。出烏程。

周所作磚

長四寸六分，厚一寸三分。左側上缺，中間古泉文，下「三年」二字，下端文曰「八月周所作」，反文，周氏墓磚也。周爲文王之後，見《元和姓纂》，出烏程。

元年磚

長九寸八分，厚一寸四分。文曰「元年八月己丑朔十日」，上缺。案：《通鑑目録》永康元年八月己丑朔，當爲永康元年磚之下截，出烏程。

太歲在辛酉磚

長五寸，厚一寸三分。左側文曰「丁巳朔十日」，上缺。下端文曰「太歲在辛酉」。出烏程。

太歲在丙子磚

長五寸，厚一寸一分。文曰「年太歲在丙子」，上斷，出烏程。

太歲在甲申磚

長六寸，厚一寸三分。文曰「太歲在甲申作」，反文，出烏程。

申酉磚

長九寸六分，厚一寸二分。文曰「申酉太歲己丑，管衙人」，下端兩格乂文，管氏墓磚也。申酉者，堪輿入會之説也。管衙人，志乘無攷。出烏程。

太歲在丙戌磚

長一尺，厚一寸五分。文曰「太歲在丙戌六月作」，下端「萬歲」二字，凡十格，十字，篆文。案漢本初元年歲丙戌，是磚與本初元年磚同出烏程之避村，篆有隸意，當屬漢。

惟太歲磚

長九寸三分，厚一寸四分。文曰「惟太歲在丙子立宜時上世安」，下端似有文不可辨，出烏程。「宜時」、「上世安」皆頌禱之辭。

元吉磚

長六寸，厚一寸四分。左側上文「元吉」二字，中間直格，下斷，出烏程。

出公侯磚

長九寸八分，厚一寸三分。文曰：「元吉出公侯鍾子孫。」「元吉」者《易》所謂元吉也。「出公侯鍾子孫」者，皆頌禱之辭也。言所葬之地，可出公侯，而鍾于子孫也。《白帖》有相羊祜祖墓，當有受命者祜，掘斷地勢以壞其形，相者曰：當出折臂三公。此出公侯之謂也。遺體受蔭之説，見於《葬書》，蓋其來久矣。出烏程。

壽萬年磚

長九寸八分，厚一寸四分。文曰：「壽萬年長子孫費。」費有二祖，一爲費無極，一爲季友。吴興之費爲季友之後，見《費鳳碑》。漢有梁相汎、堂邑令鳳、九江太守均，皆見《隸釋》。《汎鳳之碑》本在吴興城南之三碑鄉，磚出是鄉，或即汎與鳳之墓磚歟。

富貴長生磚

長九寸四分，厚一寸三分。文曰「富貴長生」，下端二字不可辨，俱篆書陰文，此生礦磚也。出烏程。

富貴陽隧磚

長一尺一分，厚一寸三分。左側有格花文，右側「萬歲不敗」四字。上端文曰「富貴陽隧」四字，反文。下端兩頭直格，中兩方格，與鳳皇三年施氏磚同出一穴。案：隧，隧道也。古者惟天子有隧，後世臣下皆僭爲之。戴延之《西征記》載彭城南有亞父冢，冢東北有隧道，見《太平御覽》。冢墓門可爲後世人臣用隧之證，此亦鳳皇冢中隧道磚也。《周禮》：「冢，人以度爲邱隧。」注：「羨道也。」《左僖廿五年》「請隧，勿許」，注：「闕地通路曰隧。」《説文》無隧字，亦無與隧同義之字。鳳皇時去叔重不遠，磚文已有隧字，疑許書本有隧字，而傳抄遺漏耳。《周語》：其亾也回祿，信于聆隧。《説文》耳部聆字解引作聆遂，是其證。陽隧不知何義。長白宗小梧同知藏有左陽隧磚，或者男女合葬。隧道亦有二，左爲陽，而右爲陰歟。出烏程。

富貴萬年磚

長四寸三分，厚一寸三分。下端文曰「富貴萬年」，左側上缺，文曰「在辛丑潘元作」，俱反文。潘氏墓磚也，出烏程。

既壽考磚

長一尺一寸四分，厚一寸六分。文曰「既壽考宜孫子」，下端文曰「安後世」。出烏程。

又長一尺，厚一寸二分。文曰：「既壽考宜孫子。」上端文曰：「出富貴。」此亦生壙磚也。出烏程。

又長一尺五分，厚一寸三分。文曰「既壽考宜孫子」，上端有「萬歲」二字，此亦生壙磚也。出烏程。

又長一尺一寸，厚一寸六分。文曰：「既壽考宜子孫。」

令子磚

長一尺一寸四分，厚一寸六分。文曰：「令子賢者，在父母率道以槧。」「槧」與「漸」通。《釋名》：「槧，漸也。」言其漸，漸，長也。《説文》：「槧，牘樸也。從木斬聲。」漸，漸水出丹陽黟南蠻中，東入海，从水斬聲。趣，進也，從走斬聲。案：趣，正字也。槧與漸皆借字也。出烏程。

赤窮磚

長一尺六分，厚一寸三分。文曰「無終始曾積㠯矢肓在巳少赤窮」，上端文曰「赤窮利無𡗗」，俱反文。「積」下一字似「過」字，「矢」與「失」通。「矢」下一字似「肯」字；然《漢石經》「莫我肯顧」之「肯」，作「肎」，《華山亭碑》「高神肎宴」之肯作「肎」，無作「肓」者。嚴上一字似「到」字，「窮」上一字似「赤」字，然赤從大從火，隸變作尜，無作赤者。「無」字下一字似「春」，然春隸或作「沓」，無作「𡗗」者，攷《隸釋·范皮墓碑》，以數磚合刻銘文，此二磚同出一處，或當時亦合數磚刻一文，今只得此磚耳。出烏程。

平安磚

長九寸一分，厚一寸二分。文曰「平安樂二千石」凡六字，反文。下端兩格乂文，出烏程。

子孫高遷磚

長一尺，厚一寸四分。文曰「子孫高遷壽萬年」，下一字似「費」字，高遷者，誦禱之辭也。出烏程。

百世磚

長一尺三分，厚一寸。文曰：「百世罕乜，湻于家湻。」于氏墓磚也，出烏程。馮氏《磚録》有湻于康磚，出海鹽。湻于氏，周湻于國之後，見《風俗通》。齊有湻于髡，秦有博士湻于越，齊有醫者湻于意，漢有湻于長、湻于秦，晉有湻于智、湻于定。

兒君磚

長九寸一分，厚一寸四分。文曰「吳興功曹兒君」，反文。《晉書·職官志》「太守屬官，有功曹史、功曹書佐」，此蓋吳興郡功曹也。兒姓，周郳子之後，去邑爲兒，見《元和姓纂》。漢有兒寬，見《漢書》，兒雄，見《魯峻碑陰》。兒銀字伯玉，見《楊統碑》陰。出烏程。

吳興磚

長八寸七分，厚八分。左側上「吳興」二字，中間花文，下「東遷」二字，下端有「吳興」二字。出烏程。

又長四寸六分，厚一寸三分。文曰「吳興烏」三字，三格，下缺，出烏程。

施氏神室磚

長八寸七分，厚一寸二分。文曰「晉故太中大夫施氏神室」，施氏墓磚也。「神室」二字創見《隸釋》，有涪陵太守昌陽罷公神道、漢太尉車騎將軍特進昭烈侯劉公神道、征南將軍劉君神道、廣漢令王君神道。神室之神與神道之神同義，以墓爲室，漢已有之。張平子《冢賦》搆元室是也。出烏程。

高纂磚

長一尺四分，厚一寸一分。左側上文曰「諫議大夫高纂」，凡六字，反文。下半蕉葉紋，出長興，高氏墓磚也。高纂于志乘無攷，元康六年高綜冢磚亦出長興，「綜」與「纂」皆从系，蓋其兄弟行歟。

宜三公磚

長六寸九分，厚一寸三分。文曰「宜三公二千石」，「宜」字上二字不可辨，太師、太傅、太保，周之三公也。太尉、司徒、司空，漢魏之三公也。二千石者，俸秩之數。《後漢書·職官志》「三公、大將軍，月俸五百五十斛，中二千石月百八十斛，二千石百二十斛，比二千石百斛，千石八十斛。六百石七十斛比六百石五十斛。四百石四十五斛比四百石四十斛。三百石四十斛，比三百石三十七斛。二百石三十斛比二百石二十七斛一百石十六斛。」蓋漢晉官制，三公之下以二千石爲最尊，故曰「宜三公二千石也」。

朱君磚

長一尺，厚一寸二分。文曰「此是朱君所作，助可」，朱氏墓磚也。出烏程。

范銅磚

長六寸，厚一寸二分。左側文曰：「七月廿日孤子范銅。」每格兩字，下端「九年七月」四字。范氏墓磚也。范銅于志乘無攷。曰孤子，蓋爲父所作墓磚也。出烏程。

屠乍兒子磚

長九寸二分，厚一寸三分。文曰「屠乍兒子冢長生」，上端「屠錢壁」，下端「萬年吉」三字。屠氏墓磚也。出烏程逸村埠。「乍」字不見字書。案：建興四年磚有屠玉，亦出逸埠，「乍」當爲玉之變體。屠玉與屠錢當兄弟行，此則屠玉子冢之磚，屠錢爲之營葬，故又曰屠錢壁也。又有屠錢兒子磚可證。

屠家磚

長一尺五分，厚一寸四分。文曰「屠冡冢壁長子」，下端「孫萬年」三字，上端「屠錢壁」三字，出烏程。「家」作「冡」，與《孔謙碣》「襢述冡業」之「冡」相似。《說文》：「冡，古家字。」

屠錢磚

長五寸五分，厚一寸三分。文曰「屠錢兒子」，下斷，上「屠氏冢」三字，屠錢葬其子所作磚也。出烏程。

屠氏作功磚

長三寸七分，厚一寸二分。文曰「太平冢」三字，下斷。上端「屠氏作功」四字，太平冢亦吉利語。出烏程。

屠乍壁磚

長三寸八分，厚一寸三分。文曰「屠乍壁」三字，下斷，上端蕉葉紋。

李二世磚

長一尺一分，厚一寸三分。文曰「李二世[illegible]」，上三字，反文。上端乂文。李氏墓磚。二世者，第二世也。出烏程。

爵祿臻磚

長一尺六分，厚一寸五分。文曰「富且昌爵祿臻」，下端「嗣長殷」三字，右側兩邊雲雷文，三字句與古韵合。「富且昌」漢人習用語，漢雙魚洗曰「富且昌宜」，矦王又曰「壽命昌宜」，矦王與此同意。「祿」作「禄」。案：《說文》：「祿，福也。」《周禮·天府》注：「祿之言穀。」《禮記·王制》疏：「祿，穀也。」祿有穀義，故可從禾。《說文》：「嗣，諸侯嗣國也。」《爾雅·釋詁》：「嗣，繼也。」《說文》：「長久，遠也。」殷，作樂之盛也。《易·豫卦》馬鄭注：「盛也。」《廣雅·釋詁》：「一殷，大也。三殷，衆也。」是磚與甘露磚同出烏程之喬木山，其爲西漢無疑。又一範尺寸同上。文曰「富且昌爵禄臻」，下端無「嗣長殷」三字，右側兩邊雲雷紋同。

富貴長壽磚

長一尺五分，厚一寸一分。文曰「富貴長壽」四字，中間泉文，字皆小篆。漢物也，出烏程喬木山。

世世不窮磚

長一尺一分，厚一寸六分。文曰：「万世世不窮，矦。」右側上「長富貴」三字，下如鳥狀，出長興，皆吉利語也。《晉書》：「陶侃微時，將葬，家中忽失牛而不知所在，遇一老父，謂曰：前岡見一牛眠山汙中，其地若葬，位極人臣矣。指一山曰：此亦其次，當世世二千石。言訖不見。」

吉富貴磚

長五寸四分，厚一寸三分。文曰「吉富貴昌」四字，上缺，出烏程。

富昌樂磚

長七寸，厚一寸三分。文曰「吉詳冢富昌樂」，上缺。「詳」與「祥」通，出烏程。漢黃龍元年《羊鐙銘》曰「大富貴昌宜長樂」，與此同意。

常樂壽磚

長五寸，厚一寸四分。文曰「常樂」二字，下端古篆「壽」字，出烏程。

常樂磚

長六寸一分，左側厚一寸一分，右側厚一寸五分。左側文曰「常樂」，下斷。右側有「禤⿺辶真」二字。出長興。

蜀郡磚

長五寸六分，厚一寸二分。文曰「蜀郡」，二字二格，每字上有)(文。右側「萬歲」二字，下缺。案：《晉書·地理志》：「蜀郡，秦置，統縣六。」出烏程菁山。

延年益壽磚

長五寸，厚一寸四分。文曰「延年益壽」四字，上端有二龍文，此古人生壙磚也。《隸釋》有「永初七年四月廿造，是萬歲延年益壽，郭題字」。又光和五年《梁相孔耽神祠碑》曰：「觀金石之消，知萬物有終始。圖千載之洪慮，定吉兆于天府。日覩五匠之所營，心欣悅于所處。其内洞房四通，外則長廡。」夾又注云：「時君年七十二，自所立作此壽藏生壙之始。」愚謂磚文有長生壽。考及延年等字者，皆生壙磚也。出烏程。

長壽磚

長七寸九分，厚一寸六分。文曰「長壽」二字，上端「安樂」二字，此亦生壙磚也。《積古鐘鼎款識》有長壽鈎，與此磚同意，出烏程。

虞氏磚

長五寸八分，厚一寸三分。左側文曰「十八日虞氏使」，上缺。下端文曰：「工辟四作。」虞氏，造磚之主。薛氏，匠人之姓。四者，行第四也。虞有二祖，一爲商均之後，一爲虞仲之後。會稽虞氏出于虞仲，磚出烏程，其虞仲後人歟。

鈕氏磚

長五寸七分，厚一寸三分。文曰「在子鈕氏造」五字，上缺。案：鈕氏，爲吳興著姓。嘉泰《吳興志》引王儉《姓系》云：「鈕馥，字元芳，漢封關内侯。沖字元度，弘農太守，關内侯，食二千户充後漢梁州牧，襄關内侯。綽字君弘，荆、兖、青三州刺史。衡字元平，九真太守。詳字子明，富春侯，食千户。淑字仕叔，吳尚書令，臨水縣侯，食一千五百户。瑒字彦真，晉察孝廉，後封臨水侯，食千五百户。徜字元嗣，中散大夫、新昌太守，東遷侯，食千户。淑及宋御史中丞鈕滔墓，皆在郡境，磚出烏程。

吳中師磚

長五寸六分，厚一寸三分。左側兩格乂文，上缺，下端文曰「吳中，⿰阝帀也」，師與⿰阝帀同。《成陽靈台碑》：「嗇夫魚⿰阝帀。」《楊震碑陰》：「山陰⿰阝帀子則建安弩機⿰阝帀。」《稽福封隆山碑》：「石⿰阝帀劉元存。」《無極山碑》：「石⿰阝帀造。」《郙閣頌時石》：「⿰阝帀南。」皆作⿰阝帀，與此磚同，見洪氏《隸釋》及阮氏《鐘鼎款識》。出烏程。

陳郡長磚

長三寸五分，厚一寸四分。左側二篆文不可識。上端文曰「陳郡長」三字，反文。陳郡見前《晉書》。縣大者置令，小者置長，然郡守亦可稱長者。《史記·高祖本紀》：「懷王見項梁軍破，徙都彭城，以高祖爲碭郡長。」《隸釋》有《廣漢長王君治石路碑》：「晉桓靈寶傳太元末出補義興太守，常登高望震澤而歎曰：『父爲九州伯，兒爲五湖長。』」是郡守亦可稱長也。出烏程。

錢君磚

長六寸四分，厚一寸二分。文曰「在戊寅七月廿日錢君造」，錢氏墓磚也。出烏程。

青龍白虎專

長一尺一分，厚一寸一分。文曰「萬歲青龍白虎緒壁」八字。下端文曰「朱師法」。上端文曰「土匠朱」。出烏程，緒氏墓專也。緒姓，見《廣韻》。曰土匠朱，曰朱師，匠人之如也。

右白虎左青龍專

又長九寸八分，厚一寸二分。文曰：「右白虎、左青龍。」中間虎龍形，上端「萬歲累世」四字。出烏程。

尚書令吏磚

長六寸五分，厚一寸三分。文曰「尚書令吏喬君路壁」，右側下端俱書窗文，「喬」字下一字「君」字下一字不可辨，喬氏墓磚也。案：《晉書·職官志》：「尚書令，秩千石，賈充爲尚書令，以目疾表置省事吏四人，尚書令吏始此。」

錢公壽磚

長一尺一寸，厚一寸四分。文曰：「沮里錢公壽萬年。」沮里者，里名也。曰壽萬年，蓋亦生壙磚也。出烏程。

大吉喪磚

長九寸五分，厚一寸二分。文曰「大吉喪宜子孫壽考」，出烏程。案：《說文》：「喪，亾也。」《白虎通》：「人死謂之喪，何言其喪，亾不可復得見也。不直言死稱喪者，何爲？孝子之心不忍言也。」《左文十五年傳》：「喪，親之終也。」喪不可言大吉，蓋葬之借字，古人同音之字皆可通借。《詩·谷風》以亾喪叶韵，

《文子·精誠》方念喪叶韵，《莊子》：「山木以藏，將行方葵」。叶韵，是古音同部也，或曰喪氏墓磚也。《元和姓纂》、《通志畧》皆有喪姓。

諸熙伯磚

長一尺一寸，厚一寸四分。文曰「揚州吴興故章諸熙伯年卌」十一字，「卌」字下一字不可辨。案《晉書·地理志》：「揚州，《禹貢》淮海之地，統郡十八，其七曰吴興。吴興郡，吴置，統縣十一，其七曰故鄣。」「章」爲「鄣」之省文。諸姓，越大夫諸稽郢之後。熙伯，名也。《廣韵》引《説文》：「卌，二廿并也。讀若𨤲。」《論語石經》：「年卌而見惡焉。」《古文孝經》鄭注：「卌强而仕。」熙伯蓋揚州吴興郡故章縣人，卒時年四十餘。「卌」字下一字當爲數目字，今不可辨。出烏程。

至九千萬磚

長九寸五分，厚一寸三分。文曰「乜易至九千萬大吉」，上端窗文，中有三横格，出烏程。案：乜易者，墓之有界也。《易·大壯》「喪羊于易」，《旅》「喪牛于易」，是其義至九千萬，亦頌禱之辭。《隸釋·范皮闕》有「日利千萬，曾羊九千萬」，則又多于千萬矣。

錢大夫磚

長三寸一分，厚一寸二分。下端文曰「錢大夫作八月」，左側文不可辨，上斷。出烏程，錢氏墓磚也。

錢東磚

長四寸五分，厚一寸四分。文曰「錢東」，下斷。「東」字下一字不可辨，出烏程。錢東無攷。

黄山磚

長五寸四分，厚一寸四分。文曰「月廿日黄山作」，「黄」字上一字不可辨，上端文曰「是姜泄」，「泄」字下一字不可辨。出烏程。

太歲在甲磚

長一尺五分，厚一寸二分。文曰「太歲在甲九月十日造作」，上端「六十年」三字。出烏程。

潘幹專

長五寸一分，厚一寸四分。文曰「孝子潘幹」，上缺。出烏程，潘氏墓專也。「幹」作「軿」。

萬歲永封

長一尺四分，厚一寸五分。文曰「萬歲永封」，「永」作「[illegible]」。出烏程。

俞有章磚

長一尺，厚一寸三分。上端文曰「俞有章」三字，反文。左側花紋，出烏程，俞氏墓磚也。俞有章于志乘無攷。

關内矦磚

長九寸五分，厚一寸六分。上端潤三寸四分，下端潤四寸六分。文曰「關内矦隋臨安令」凡七字，出烏程。隋臨安令墓專也。案：《漢書·百官公卿表》：「爵十九級，曰關内侯。」師古註言有侯，號而居京畿無國邑。《續漢書·百官志》：「關内侯承秦，賜爵十九等，爲關内侯，無土，寄食在所縣，民、租多少，各有户數爲限。」《隋書·百官志》：「陳制關中、關外侯，第九品，視六百石。」隋無關内、關外侯之爵，其人當仕陳，爵關内侯。降隋爲臨安令，故曰隋臨安令也。

施伯禮磚

長五寸，厚一寸。上端文曰「施伯禮」，反文，下斷。出烏程，施氏墓磚也。伯禮于志乘無攷。

潘瑾磚

長九寸，厚一寸二分。文曰「吴興東遷學潘瑾造」，潘氏墓磚也。晉太康三年分烏程東鄉爲東遷縣，潘瑾當是晉世東遷學官，與《元和姓纂》之漢潘瑾非一人也。出烏程。

萬歲富貴磚

長一尺，厚一寸三分。文曰「萬歲不敗富貴」，下端文曰「萬歲不敗」，出烏程。

陸心源《千甓亭磚録》卷六

無年月磚

侍中磚

長一尺，厚一寸二分。文曰「故侍中儲氏稚子神」凡八字，反文，出烏程。儲氏不知所自始，漢有儲大伯、富人儲姥，見《元和姓纂》。稚子，字也。漢王渙，字稚子。有洛陽令王稚子墓闕。侍中，官名。《周禮》：「太僕干寶。」注：「若漢侍中司馬彪。」《郡國志》：「侍中比二千石，無員，掌侍左右，贊導衆事，顧問應對。法駕出則多識者驂乘，餘皆騎在乘輿後。」

五公磚

長一尺，厚一寸三分。文曰「八月一日五公所作」，上端有「萬歲」二字，五氏墓磚也。《元和姓纂》：「五，本伍氏，避仇去人氏焉。蜀、五梁，晉始興。」太守五允五公，其子胥苗裔歟。出烏程。

將軍磚

長九寸，厚一寸。文曰：「太歲在壬辰，君號將軍七十。」「將」字上一字、「十」字下一字泐。上端斜方格，字如《天發神讖碑》，當屬吳。吳鳳皇三年，歲在壬辰，磚與鳳皇二年吳興磚同出烏程之菁山，或同時所造歟。漢制有大將軍、驃騎將軍、車騎將軍、衛將軍、左右前後將軍及雜號將軍，皆不常置，事過則罷。磚但稱將軍而不著其名，未知爲何將軍也。

范四磚

長三寸三分，厚一寸四分。上端文曰「范罒造作」，左側「不敗」二字，上斷，范氏墓磚也。出烏程。

福祚永昌磚

長九寸三分，厚一寸四分。文曰「歲吉月祥福祚永昌」，吉利語也。出烏程。

宜矦王磚

長九寸，厚一寸四分。左側四格乂紋，下端「宜矦王」三字。《積古鐘鼎款識》「大吉昌洗、宜尭王富貴昌洗、宜矦王元嘉刀、宜矦王壽命昌洗、宜矦王」皆不從人。出烏程。

吴宜矦王磚

長一尺，厚一寸三分。文曰「吴宜矦王」，「吴」字下一字不可辨，上端二篆文不可識，「矦」作「矦」。出烏程。

楊普磚

長五寸三分，厚一寸四分。下端文曰「楊普壁」三字，左側三花格，上缺。右側如有文難辨，出烏程。

出富貴磚

長六寸，厚一寸六分。上端文曰「出富貴」三字三格，左側「萬歲」二字已磨滅過半字，似《開通褒斜道碑》，當屬漢。出烏程。

施甓磚

長四寸七分，厚一寸四分。文曰「歲辛丑」三字，上缺，下端「施甓萬歲」。出烏程。

潘遊磚

長四寸六分，厚一寸三分。左側三乂格，上端「潘遊」二字，反文。出烏程。

潘立磚

長四寸三分，厚一寸一分。上端文曰「君姓潘諱立」五字，出烏程。

潘導磚

長九寸四分，厚一寸三分。左側兩頭如篆文，不可辨，中間兩錠文，上端「番導作」，反文。出烏程。

人形磚

長五寸，厚一寸三分。上端中人形，左有文不可辨，右似「建□墓葬送」五字。出烏程菁山。

計僕氏磚

長五寸三分，厚一寸五分。左側花紋，上端「計僕氏」三字。案：計僕之姓，不見載籍，《元和姓纂》、《國語》計然爲越大夫范蠡師，本夔邱濮上人。意者，計然之後，合計僕爲氏歟。出烏程。

君宜官磚

長一尺，厚一寸六分。下端文曰「君宜官」，左側「萬歲不敗」四字，凡七字七格，出安吉。《易林》「安上宜官，一日九遷。」《積古款識》漢鉤文曰「長宜君，官士至三公」，與此同。字近《天發神讖碑》，當屬吳。案：《郡志》「安吉城西八里，有吳揚州別駕偏將軍朱紀墓」，或即紀之墓磚也。

沈參軍磚

長三寸八分，厚一寸二分。文曰「沈參軍冢壁」。案：參軍之名，始于後漢之季，與參謀議而非官名，《三國志·孫堅傳》「司空張溫西討表，請堅與參軍事」、《陶謙傳》「張溫奉命征討，請謙參軍事」是也。其後遂爲三公屬官，無定員，掌舉直錯枉者爲録事參軍，見《北堂書鈔》引干寶《司徒儀》「掌文案者，爲記室參軍」、《魏志·阮瑀陳琳》「並管記室參軍」是也。至晉置爲官員。《職官志》「三公屬官有參軍二人，持節爲都督者，增置參軍爲六人，將軍受命出軍置參軍」是也，其後有中兵、騎兵、咨議、功駁，行參軍諸名。王述爲王導中兵參軍，王徽之爲桓溫騎兵參軍，孫綽爲功駁參軍，顔延之爲始興王咨議參軍，河南王顒置行參軍是也。至齊而參軍分爲十八曹，《南齊書·百官志》：「凡公督府，諮議、參軍二人，其曹有録事、記室、户曹、倉曹、中直兵、外兵、騎兵、長流、賊曹、城局、法曹、田曹、水曹、鎧曹、集曹、右户、十八曹。局曹以上爲置正參軍，法曹以下爲行參軍是也。」隋廢郡爲州，以參軍爲州官，改曹曰司州，置司倉、司户、司法、司士、司兵五參軍，而參軍之官同于簿尉矣。唐宋仍之，至元始廢。吴興沈氏以參軍終而名著史册者，晉有沈警，沈約《宋書・自序》：「沈警，字世聞，惇篤有行，業學通《左氏春秋》，家産累千金。後將軍謝安命爲參軍，甚相敬重。警内足于財，爲東南豪士，無仕進意。謝病歸安，固留不止，乃謂曰：沈參軍卿有獨善之志，不亦高乎？」還家以素業自娱。前將軍王恭鎮京口，與警舊好，復引爲參軍。尋復謝去。後遇害。」或即警之墓磚歟。出烏程。

平安富貴磚

長三寸七分，厚一寸二分。左側「萬歲」二字，下斷。上端文曰「葬平安富貴」，出烏程。

左青右白虎專

長一尺一分，厚一寸二分。文曰「左青（龍）右白虎」，上端有「朱」字，下端「永萬世」三字，朱氏墓專也。出烏程。

黄畏長磚

長八寸九分，厚一寸二分。文曰「萬歲不敗」，上端文曰「黄畏長」三字，篆文，黄氏墓磚也。黄畏長于志乘無攷。出烏程。

包書磚

長一尺一寸，厚一寸五分。文曰「月廿三起作」，「月」字上一字、「作」字下一字不可辨。上端文曰「包書」，反文，包氏墓磚也，出烏程。

功曹磚

長四寸九分，厚一寸三分。上端文「啟化功曹史」，「啟化」上二字不可辨。《漢書・職官志》：「司隸校尉有從事功曹史，郡國有功曹史，掌選置功勞。」《晉書・職官志》有特進所屬之功曹史，有光禄大夫所屬之功曹史，有太守所屬之功曹史，有縣令所屬之功曹史。「啟化」二字無攷，其爲郡縣掌教化之功曹史歟。出烏程。

福慶磚

長九寸七分，厚一寸三分。文曰「萬歲康福慶長」，右端「萬歲不敗」四字。出烏程。

永祕傳磚

長一尺六分，厚左側一寸，右側一寸四分。下端文曰「永祕傳」三字，左側文曰「萬歲不敗」，篆文，與甘露二年磚同出一坑，當屬漢。

萬世不敗磚

長八寸九分，厚一寸三分。文曰「萬世不敗」，右側有格乂文，上端「八月四日立功」，下端「楊殷壁」，俱反文。楊殷于志乘無攷，出烏程。

鄭遵磚

長四寸二分，厚一寸三分。文曰「鄭遵作」三字，鄭氏墓磚也。鄭巫公爲楚所滅子孫，流于陳宋，以國爲氏，見《元和姓纂》。鄭遵于志乘無攷，出烏程。

子是磚

長四寸六分，厚一寸三分。下端文曰「君子是墓」，右側「莫作」二字，上缺。子是葬者之字，當曰某君子是墓，今缺其姓耳。出長興。

安樂磚

長五寸八分，厚二寸一分。文曰「安樂」二篆文，出烏程。

大富安磚

長一尺六分，厚一寸三分。文曰「[illegible]大富安」，下端「[illegible]」，出武康。漢《羊鐙銘》曰「大富貴昌宜長樂」，與此同意。

七月磚

長一尺一分，厚一寸四分。文曰「七月十日作」，上端寶錠文，出烏程。

長壽貴磚

長一尺三分，厚一寸五分。文曰「長壽貴」，上端文曰「安樂」凡五字，皆九疊篆，陰文，出長興。此亦生壙磚也。

萬山不敗磚

長六寸一分，厚一寸一分。文曰「萬山不敗、富貴」，反文。以「山」爲「歲」，匠人之省文也。

吴生作磚

長九寸五分，厚一寸三分。文曰「萬山不敗，富貴吉」，上端「吴生作」，反文。出烏程。

庚寅朔磚

長四寸六分，厚一寸三分。文曰「庚寅朔三日壬子作」，反文。出烏程。

陳章磚

長九寸，厚一寸三分。文曰「五年陳章」，下端「俞氏」二字，俱反文。「章」字下一字泐，出烏程。

不敗大吉磚

長四寸五分，厚一寸四分。文曰「不敗大吉」四字，上缺。出烏程。

五銖泉磚

長一尺六分，厚一寸六分。文曰「萬歲不敗」，背有五銖泉文四，餘蕉葉紋，出烏程。

施冢磚

長一尺二寸，厚一寸六分。面有文曰「宣成廣德施冢」，出長興。案：《晉書·地理志》：「宣城郡，太康二年置，統縣十一，其二曰宣城。」

丙子磚

長六寸九分，厚一寸五分。文曰「丙子八月六日，孫君造作」。下端古泉文，出烏程。孫氏墓磚也。

庚戌磚

長六寸，厚一寸二分。文曰「歲在庚戌」，上缺。上端文曰：「萬歲」，出長興。

八月造磚

長四寸六分，厚一寸四分。文曰「八月造廣」，上缺。上端「壁吴興」三字。案：「廣」乃「壙」之別體，《説文》：「壙，塹穴也。」《周禮》方相氏註：「壙，穿地中也。」《集韵》：「嚝，苦謗切，音壙，山名」。不以爲壙之別體，而以爲山名誤矣。

宜官磚

長四寸二分，厚一寸二分。文曰「宜官吉王」四字，出烏程。

俞氏磚

長四寸六分，厚一寸四分。文曰「俞氏作」，下端「萬歲不敗」四字，反文，出烏程。

謝氏磚

長八寸五分，厚一寸八分。文曰「年癸丑，謝氏作」，上缺。上端文曰「姓侯居富」，下一字不可辨，出長興。周宣王之舅封于謝，後失爵，以國爲氏，見《元和姓纂》。謝安墓爲人所發，其孫夷吾爲長城令，遷葬縣之三鴉岡，見嘉泰《吴興志》。

七月不敗磚

長七寸二分，厚一寸五分。文曰「不敗七月作」，「不」上「歲」字已半泐，出烏程。

三行磚

長四寸三分，厚一寸三分。可辨者「七月廿六日」五字，出烏程。

雙行磚

長四寸六分，厚一寸三分。可辨者「八月十五日」五。又一行「造作墓」三字，反文。出烏程。

陳莫磚

長五寸四分，厚一寸三分。上端文曰「陳莫字」，左側兩格，細斜文，下缺字。「字」下二字不可辨，出長興。

包氏磚

長一尺，厚一寸一分。文曰「包氏」二字，二格。字上下有小直格，出烏程。

二千石磚

長九寸三分，厚一寸六分。文曰：「舍二千石至令。」《隸續》有建初三年萬歲舍大利善磚，建初七年萬歲署舍命史後子孫貴昌磚，洪氏疑爲卜築所用，與此磚意義相似，或亦築室所用歟。出烏程。

吴氏磚

長九寸五分，厚一寸四分。左側上四五字，古篆，不可識，中間「吴氏作」三字。出烏程。

泉笵磚

長一尺六分，厚一寸六分。左側有五十二字，泉文，六格，上端五十二字，泉文，三格。出烏程。

尹作磚

長九寸七分，厚一寸三分。左側花文四格，下端「尹作」二字，出歸安。尹爲少昊之後，封于尹城，因氏焉。《風俗通》：「師尹，三公官也，以官爲氏」，見《元和姓纂》。

聶氏磚

長九寸八分，厚一寸二分。左側文曰「萬歲不敗」。上端文曰「万疏聶紂」四字，反文。聶紂，人名。「万疏」兩字未詳，出烏程。

太歲丙申磚

長五寸五分，厚一寸四分。文曰「太歲丙申七月十日立」，上缺。出烏程。

董助磚

長四寸六分，厚一寸二分。文曰「月廿日董助作」，上「月」字半泐。董爲黄帝之後，舜賜姓董氏，見《元和姓纂》。出烏程。

大吉祥磚

長工尺一尺二寸五分，厚二寸。文曰「大吉羊宜矦王二千石令長」，上端文曰：「大吉」，中間錠文，出長興。又一品長同，厚一寸五分。「羊」，祥之省文。《左傳・昭十一年》「盟于祲祥」，《公羊》作「侵羊」，古人「羊」「祥」通用。漢大吉羊洗、大吉羊宜用洗、吉羊洗、元嘉刀銘宜矦王大吉羊，皆作「羊」。《漢書・職官志》：「縣大者置令，小者置長。」《隸釋》永初磚「大吉陽宜矦王」。

虎頭磚

長五寸五分，濶五寸。面上有大泉五十文，外蕉葉紋，下並立虎頭形二。案：《漢書・食貨志》：「王莽居攝，變漢制，以周錢有子母相權，于是更造大錢，逕寸二分，重十二銖文，曰大泉五十。」磚面有大泉五十文，其亦王莽時磚歟。出烏程。

飛英塔磚

長五寸七分，厚二寸二分。文曰：「飛英塔磚」横並四字，出郡城。」

萬歲不敗磚

長一尺一寸六分，厚一寸九分。文曰「萬歲不敗罵作」，萬歲作嵩，不作呆。

又長一尺八分，厚一寸七分。文曰「萬歲不敗」，下端「萬歲」二字，俱陰文。

又長一尺一寸，厚一寸七分。文曰「萬歲不敗」，每字間以弻文，「萬」作「萬」，「歲」作「嵗」，不作「釆」，「敗」作「則」，出烏程。

又長一尺七分，厚一寸四分。文曰「萬歲不敗」。「萬」作「萬」，「歲」作「嵗」，不作「乘」，「敗」作「[illegible]」。

萬歲不畺磚

長一尺一寸，厚一寸四分。文曰「萬歲不畺」，出烏程。《説文》：「畺，界也。从田。三其界畫也。」指事，或从土彊聲，不畺，猶無彊也。《詩・七月》「萬壽無彊」。《儀禮・士冠禮》：「黄耇無彊。」《小爾雅・廣詁》：「彊，境也。」《廣雅・釋詁》：「彊，窮也。」

朱雀磚

長五寸四分，厚一寸三分。上狹下濶，上三寸三分，下四寸六分。上端有雙朱雀于飛之狀，出烏程。

樹磚

長八寸八分，厚一寸三分。左側作枯樹形，與甘露磚同出烏程之喬木山。

雙行隔花磚

長四寸三分，厚一寸五分。左側中間上半人形，下似「豐」字，右傍「建作墓道」四字，出烏程。

花文磚

長一尺二分，厚一寸四分。左側四格花紋，下格魚紋，上端上泉文，下花紋。出烏程。

作此墓磚

長三寸五分，厚一寸三分。文曰「月廿九」，上缺，下端「日作此墓」四字。出烏程。

吴平磚

長九寸九分，厚一寸四分。上端文曰「吴平」二字，左側四格乂文，吴氏墓磚也。吴平于志乘無攷。案：《三國志・孫皓傳》：「天紀三年，有賁菜生工人吴平家，高四尺，厚三分，如枇杷形。」磚出烏程之烏山，與鳳皇三年施氏磚同地，或即其人歟。

太陰在己丑壬子磚

長七寸五分，厚一寸三分。文曰「太陰在己丑壬子」，上泐，下端有一龍案。歴家惟鄧平太初術、劉歆三統術，兼以太陰、太歲紀歲。太陰亦曰歲陰，與太歲不同。太歲自子左行，太陰自丑右行，每在太歲之後二辰，太歲在子，太陰即在寅，太歲在丑，太陰即在卯。漢太初改元，詔曰：「復得閼逢攝提格之歲。」又曰：「太歲在子是也。」《史記・歴術甲子篇》起「太初元年閼逢攝提格」，盡七十六年，皆以太陰紀歲，此太初術兼以太陰紀歲之明證也。或疑《史記》爲褚少孫所補，然少孫亦元成間人，身在郎署，非妄説也。漢自武帝太初元年始用太初術，至章帝元和二年始改用編訢四分術，凡以太歲太陰并紀歲者，一百八十八年。是磚雖年號已缺，以太陰紀歲，證之其爲漢物無疑，出烏程。

李宗蓮太陰在己丑壬子磚攷

西漢紀年有太陰、太歲兩法，著于《史記》、《淮南子》，蓋太陰者，即歲陰也。太初元年，太歲在丁丑歲陰甲寅，故史公命爲「閼逢攝提格」之歲。《漢書・天文志》本承用《史記》之文，而云「太歲在寅」，曰「攝提格」，是以歲陰爲太歲，其誤實始于班氏然。翼奉以初元二年上封事，云今年太陰建于甲戌，奉所謂太陰即指太歲，則初元雖存太陰之名，而紀年已非太陰之實矣。近代錢竹汀先生嘗以三統術求太初丁丑歲陰甲寅，推至初元甲戌，太陰當在辛亥。今本此法衍之，則地節元年太歲在壬子，太陰正在己丑。今是磚文曰「太陰在己丑壬子」，己丑以太陰紀，壬子以太歲紀也，疑作此磚時，正當地節元年，惜上四字泐不可辨。後元延四年，亦爲壬子，然初元時已祇存太陰之名，後此年逾遠，恐并其名亦去之矣。而超辰之法，至東漢遂亡。己丑初釋爲乙丑，攷漢隸諸碑，「乙」作「乚」，作「⺄」，今磚作「乙」，上畫如曲鉤形，而左側微作頓挫，自當釋爲己字無疑。

氏陵磚

長五寸，厚一寸三分。文曰「廿九氏陵作」，上斷，出烏程，氏氏墓磚也。陵，人名。案：《吴志》「是儀本姓氏，孔融嘲儀曰：氏字，民無上。乃改爲是。」是古有氏氏矣。

萬歲崇高磚

長一尺一寸二分，厚一寸四分。文曰：「萬歲崇高。」上端文曰：「崇高。」「崇」作「崈」，「高」作「髙」，崇高亦頌禱之辭。案：《説文》：「崇，嵬高也。」《詩》：「崧高維嶽。」傳：「崧高皃。」《漢書・楊雄傳》：「瞰帝唐之嵩高兮。」《説文》無嵩、崧字，嵩高、崧高，皆崇高也。崇者，正字，嵩崧皆後出隸變也。出烏程。

富貴磚

長五寸，厚一寸五分。上端文曰「富貴」，出烏程。

觀者磚

長五寸六分，厚一寸六分。文曰「觀者」，一字一格，下斷，篆書，出烏程。

安吉磚

長四寸二分，厚一寸。左側文曰「施者安吉」，上斷。下端文曰「永年萬歲」，出烏程。

包李磚

長一尺五分，厚一寸四分。上端「包李」二字，左側「元火五⿱罒丁」四字。或曰：「火」乃「光」之省文，「⿱罒丁」乃「年」之别體，疑爲元光五年。然「光」字不可省作「火」，「包李」二字書法決非西漢，殆包氏墓磚耳。出烏程。

富貴壽磚

長一尺一寸六分，文曰「富貴壽萬年宜子」，上端文曰「孫眾」，「眾」字下一字不可辨，出長興。

八月十五磚

長四寸四分，厚一寸三分。文曰「八月十五作」，上斷，出烏程。

息隱未彰磚

長三寸，厚一寸八分。上端文曰：「孫息隱未彰。」「孫」字上一字及左側字均泐不可辨，似以四字爲句，如范皮墓磚。以數磚刻銘辭于上，惜可見者僅此耳。出烏程西崦山，隸書甚精。

晉故關内磚

長四寸二分，厚一寸一分。文曰「晉故關内」，下斷。關内侯本秦制，漢魏晉皆仍之。此關内侯某君墓磚，惜其下已缺不可考矣。出烏程。

都尉磚

長三寸八分，厚一寸五分。文曰「都尉東遷王」，上斷。都尉，官名，晉官制有奉車都尉、駙馬都尉、騎都尉，皆奉朝請，見《晉書・職官志》。又有殿中都尉，見《輿服志》。東遷，縣名，談鑰《吴興志》云：「晉武帝太康三年，析烏程西鄉爲長城，東鄉爲東遷。」見《輿地志》，《宋書・州郡志》同。王，姓也。出烏程。

孔餘杭磚

長一尺五寸，厚一寸五分。上端文曰：「孔餘杭之靈。」郭曰：「孔餘杭者，孔姓而官餘杭縣令者」。案：餘杭縣，秦置，漢屬會稽郡，後漢屬吴郡，三國吴屬吴興郡，晉、宋、齊、梁、陳皆仍之。磚與宋永初元年同出，當屬劉宋。宋餘杭令，咸湻《臨安志》祇載二人，無孔君姓名，此磚是補杭郡志之缺，惜不著其名耳。出長興。

三日創立磚

長五寸一分，厚一寸二分。文曰「亥八月癸酉朔二日創立」，上斷。出烏程。

吳興立磚

長四寸，厚八分，文曰「吳興立」，下斷。出烏程。

陳恩磚

長七寸，厚一寸三分。文曰「元年八月陳恩作」，上斷。下端花紋，陳氏墓磚也。陳恩無攷，出烏程。

大吉磚

長五寸，厚八分，下端「大吉」二字，左側有「王」字，「王」字下㐅文二，上斷。出烏程。

宜王富貴磚

長一尺一寸，厚一寸四分。文曰「宜王富貴」，出長興。

壽貴磚

長一尺，厚一寸三分。左側陰文「壽貴」二字，「壽」字上一字及上端二字俱古篆，不可識。出歸安。

古篆字磚

長一尺四分，厚一寸四分。左側文「亓羕矛乙刅」五字，「矛」下窗文，「刅」下一魚形。上端「大甕」二字，下「卤盆」文，下端「天同」二字，下「乂网文」，出烏程。

又長八寸八分，厚一寸三分。篆文，「器區㐅図皇量」，出烏程。

又長一尺八分，厚一寸五分。左側上端皆古篆陰文，不可辨。

又長一尺一寸，厚一寸三分。左側「田甿甿畀光閔」六字，中似「長興」二字，右側「星岡圖羕吉元」六字，上端「𠦪音凤畀」四字，似「比富宜貴」，下端「𠦪音圖石」四字。出長興。

又長一尺五分，厚一寸三分。左側「𠦪音魚羕程畐」，上端「𠦪羕亘巴」，下端「𠦪羕三五」。出長興。

又長一尺四分，厚一寸四分。左側上端皆古篆陰文，不可識。出長興。

又長九寸，厚一寸三分，古篆，不可辨。

萬世不貝磚

長九寸六分，厚一寸五分。上端文曰「萬世不貝」，左側文曰「萬歲不敗」。出烏程。案：貝，敗之省文也。

其宜也磚

長一尺一寸，厚一寸四分。文曰「而万市帀壬日吉巾」，下端文曰：「全早金王其宜也」。出長興。

臨淮徐聞夫磚

長一尺，厚一寸六分。文曰「臨淮徐聞夫公」，上端兩乂文，一泉文，出長興。案：臨淮，郡名，説見寶鼎磚。下徐姓聞夫字。公者，尊言之辭。徐氏墓磚也。

陸心源《千甓亭專續録》卷一

漢

漢元鳳專

長一尺一寸六分，厚一寸五分。文曰「元鳳元年二月癸酉朔日造」。上端文曰「吉羊宜孫子」。出烏程，篆文。案：元鳳，漢昭帝第二改元也。《通鑑目録》元鳳元年二月癸酉朔，閏當爲癸卯三月壬申朔，五月辛未朔，七月庚午朔，九月乙巳朔，十二月戊辰朔，與專文合。若據《漢書·昭帝本紀》七月乙亥晦推算，則與專文《通鑑目録》皆不合。《五行志》作「七月己亥晦」，推至二月朔，却得癸酉，則本紀乙亥晦當爲己亥之譌無疑。

漢元平專

長一尺八分，厚一寸三分。文曰「元平元年八月孝子連造」，下端「元年廿」三字，一字一格，繆篆。「孝子」下似是「連」字，葢造磚者之名也。

漢地節專

長一尺一寸，厚一寸八分。文曰「地阝二年」，一字一格，格中乂文、篆文，出烏程。「節」作「阝」，古文。「年」作「夆」，字書罕見。《説文》：「阝，瑞信也。」「象相合之形。」「節，竹約也，从竹即聲。」二字聲義皆同，得相通假，自經傳通用節字，而阝字罕見矣。

漢神爵專

長一尺一寸四分，厚一寸六分。文曰「神爵四年八月陸氏」，下端「富貴昌」，一字一格，篆文。案：神爵，漢宣帝第四改元也。富貴昌，漢人頌禱之辭。「富」作「畗」，與薛氏《款識》所收雙魚四錢、大洗之畗貴昌相似。《元和姓纂》：「齊宣王封其少子通于陸鄉，因氏焉。」漢大中大夫陸賈子孫過江居吳郡。以是專證之，則賈之子孫居吳，當在宣帝前矣。

漢五鳳專

長五寸，厚一寸五分。上端文曰「五鳳三年」，右側「飛鴻」二字，一字一格，下一字不可辨。案：漢宣帝、吴侯官侯，皆紀元五鳳，此專字近小篆，當屬漢。「五」作「㐅」，「鳳」作「凮」，「年」作「手」而倒書之，出烏程。漢瓦有「飛鴻延年」。「鴻」字下當是「延」字，惜已泐。

漢甘露專

長七寸，厚一寸五分。文曰「甘露三年七月作」，反文，下端花紋。案：漢宣帝、魏高貴鄉公、吴歸命侯、前秦苻堅，皆紀元甘露。專出長興，必非曹魏、付〔苻〕堅時物。吴歸命侯紀元甘露，祇一年，不得有三年，惟宣帝紀元甘露者四年，其爲漢物無疑。

漢建昭專

長一尺一寸五分，厚一寸六分。文曰「建昭二年太歲甲申」，下端「沈氏造」。一字一格，篆文。案：建昭，漢元帝第三改元也。沈爲吴興著姓，墓在郡境者，漢則述善侯沈戎、尚書令沈禮、荆州刺史沈彦、河間相沈景，晉則吏部尚書沈嘉、車騎將軍沈充、東陽太守沈勁、益州刺史沈叔、任詹事沈冋，六朝以後尤多。此則沈氏墓專之鼻祖也。

漢建始專

長一尺八分，厚一寸八分。文曰「建始二年六月趙造」，下端文曰「宜矦王」，出烏程，篆文。案：建始，漢成帝紀元也。「宜矦王」，頌禱之辭，釋見前録，趙氏墓專也。

漢元延專

長三寸，厚一寸五分。上端文曰：「元延二年。」案：元延，漢成帝第六改元也。字文甚細，夾于花紋中，疑爲「元康」或「天紀」等字所改。出烏程菁山。

漢居攝專

長一尺五分，厚一寸。文曰：「居攝二年二月廿日作是法。」案：居攝，孺子嬰紀元也。「攝」作「挕」，省文也，與居攝二年鐎斗之「挕」字相近。

漢永平專

左側長五寸，右側長七寸，厚一寸四分。左側文曰「惟歲在寅」，下一字不可識。右側文曰「夏君」，上端「永平二年造」。案：漢明帝、晉惠帝皆紀元永平，漢之永平二年，歲在己未，晉改元永平，之次年歲在壬子，皆與專不合。惠帝于辛亥正月改元永平，三月即改元元康，稱永平祇二月，斷不能有二年，今定爲漢物。在寅當作在己，匠人誤記也。

漢永元專

長五寸，厚一寸五分。文曰「永元十一年」，繆篆，反文，下缺，出烏程。「永」作「乖」，「十」作「十」，皆隸變也。案：漢晉六朝以永元紀者三專，出湖州，與前凉張茂之永元不相及。齊東昏紀元永元祇二年，專稱十一年，其爲漢造無疑。

漢永和專

長一尺一寸，厚一寸八分。上端文曰「永和元年」，右側文曰：「萬歲不敗大吉」。「永」字小篆，「和」作「咊」，「年」作「T」，「歲」作「山」，不作巟，皆隸省。光緒十年，烏程西余山古冢崩，鄉民獲五鳳三年歲在丙子吴文操專無數，冢之下又有冢焉。尋之得古專數枚，厚于五鳳者倍，字畫奇古，鄉民以爲萬歲專棄之。有持以示余，予識爲「永和元年萬山不敗大吉」十字，字文深厚，與本初磚同，其爲漢永和無疑，葢五鳳間人又葬于永和舊墳之上也。

又長九寸一分，濶一寸一分。文曰「永和五年八月宣嘉壁」，上端文曰：「大吉詳宜子孫」，出烏程，宣氏墓專也。宣嘉無攷。

漢建康專

長一尺，濶一寸四分。文曰「建康元年太歲在申費鬲作」，出烏程之三碑鄉，費氏墓專也。費鬲無攷。

漢本初專

長一尺四分，厚二寸。文曰「本初元年歲在丙戌」，下端文曰「造作則」。「歲」作「歲」，「年」作「丰」。

又長一尺一寸，厚二寸，文同前。「歲」作「歲」，「丙」作「丙」，與《繆篆分韻》所收丙充國之「丙」同。

漢延熹專

長一尺二寸，厚一寸九分。文曰「延熹四年太歲在辛丑」，上端文曰：「萬世老壽」，下端文曰「陽遂富貴」，反文。案：漢桓帝永壽四年歲在戊戌，六月改元延熹。延熹四年歲在辛丑，與《漢書》合。「萬世老壽」，漢人吉祥語。「陽遂富貴」見前録。《楊氏峴》曰：「易林逢時陽遂富且尊貴。」富貴陽遂，即逢時陽遂之意，言富貴如火之盛也，其説亦通。「延」作「延」，與劉球《隸韻》所載《羊竇道碑》「延壽萬年」之「延」相近。「熹」作「熹」，「年」作「丰」，「歲」作「歲」，「辛」作「𢆉」，與《孔龢碑》「十八日辛酉」之「辛」相近。「萬」作「萬」，「老」作「老」，「壽」作「壽」，「遂」作「遂」，與《武榮碑》「當遂股肱」之「遂」、《堯廟碑》「遂受封于齊」之

「遂」相近。「富貴」作「[illegible]」，合二字爲一字，皆繆篆變體也。

又長一尺一寸九分，濶一寸九分。文曰「延熹四年太歲在辛丑」，上端文曰「永富貴」，下端同繆篆，反文，出長興。「熹」作「[illegible]」，「辛」作「辛」，「丑」作「丮」。《説文》：「丑，紐也。」从又而縶之。隸作丑，易圓爲方。《楊統碑》：「三月癸丑」、《嚴發殘碑》「五日癸丑」之「丑」，皆變作「丮」。此專又變作「丮」，屈曲密填綢繆更甚，此所以爲繆篆也。

又長一尺七分，厚一寸六分。文曰：「延熹十一年八月甲子朔廿日作壁[illegible]。」案：漢桓帝延熹十年六月改元永康，盡十二月專稱十一年，蓋餘杭距長安遠，至次年八月民間猶未周知也。「壁」與「甓」通。延熹之十一年，即靈帝之建寧元年，以歷術推之，八月當爲丙子朔。專作甲子，恐亦匠人之誤也。「延」作「巳」，「熹」作「喜」，「朔」作「玥」，「壁」作「蕐」，「延」从廴从正，變正爲巳。又省廴，匠人俗作，猶「鳳皇」之作「凡皇」也。「熹」作「喜」，與《費鳳別碑》「舉宗爲歡喜」之「喜」同，蓋借「喜」爲「熹」也。朔从屰，非从手，《隸變》作玥，與《孔龢碑》「丙子朔」、《華山廟碑》「奄有河朔」之「玥」同。「壁」从土辟殸，「薜」从艸辟殸，聲本可通，从薜从土則爲字書所無，猶《祝睦碑》、《綏民校尉熊君碑》以「辟」爲「辟召」之辟，變从辛爲从亲，皆繆篆之變也。

吴黃興專

長九寸四分，厚一寸六分。文曰「黃興元年八月廿日作」，下一字不可辨。上端文曰「大吉羊□富」，「富」字上一字亦不可辨。案：古以黃字紀元者甚少，黃武、黃龍、黃初而外，無聞也。專出烏程，與魏之黃初不相及，宜爲黃武之訛。

吴黃龍專

長一尺，厚一寸五分。左側文曰「黃龍元年」，右側文曰「太平三年七月」，上端回文，黃龍吴大帝紀元，太平爲侯官侯紀元，黃龍元年下距太平四年已卅年，蓋匠人誤合二範爲一也。三、四之籀文，《説文》：「四，陰數也，四分之。三，籀文。」从重二。《儀禮·覲禮》鄭註：「古三、四字，皆積畫。」商格仲尊「惟三月」，號季子盤「經蘉三方」，毛公鼎「亂三方，粤三方，康能三」，或繼彝「惟三月初吉」，號姜敦「惟王三年」，師遽敦「三月既生霸召」，伯虎敦「惟六年三月」，正考父鼎「惟三月初吉」，曶鼎「惟王三月既生霸用兹三夫」，齊侯甗「寶擔三秉」，秦右軍戈「廿三年」，周盂鼎「匍有三方，王有三方乃壹三方」，商父乙鼎「北田三吕」，乙酉父丁彝「惟王六祀三月」，周公緘鼎「惟十有三月，既死魄散」，季敦「惟王三年」，宰辟父敦「惟三月初吉」，師𠂤敦「乃周粤三方」，周鄘公敦「廣亂三方」，畢中子孫敦「惟王十有三年」，新王莽厚布「三百壯泉」，三十四字皆从重二，蓋周以前四字皆積畫不作四，至秦而三字僅見于右軍戈，至漢而三字惟見于莽之布泉、康成云古皆積畫，可見漢人皆作四不作三矣。不意，三國時尚有作積畫者，益見專文之可寶也。

又長一尺四分，厚一寸二分。文曰「萬歲黃龍三年」，上端文曰「吴家冡」，見前録。「吴」作「吴」，从口从天。《説文》：「吴，从矢口。」會意。《昇古文漢碑》有「變爲从夫从夳」者，與古文从夰相近。从天之吴，始見于《集韻》注，云俗从天非是。《三國吴志·薛綜傳》「無口爲天，有口爲吴」二語，正與此專同時，疑孫氏據吴始有此語，蓋卯金刀之類，漢時無吴字也。

吴嘉禾專

長一尺一寸二分，厚一寸一分。文曰「嘉禾七年七月造」，上端「大吉羊」三字，出烏程隴山。案：嘉禾，吴大帝第三改元也。嘉禾年號盡于此月，八月改元亦烏矣。「嘉」作「嘉」，與《衡方碑》、《米嘉石》之「嘉」同一省文，「年」作「手」，「造」作「逜」，皆隸變也。

吴赤烏專

長三寸七分，厚一寸三分。文曰「赤烏四」，下斷，上端「大吉」二字，出烏程。

又長一尺一寸，厚一寸二分。上端文曰「赤烏七年」，左側文曰「造作吴冡吉翔位至公卿」，卿字反文，出烏程。「赤」作「赤」，與《史晨奏銘》「觸期稽度爲赤制」之「吴」同。赤本从大从火，隸變爲赤，當以「赤」爲長。「烏」作「烏」，與《綏民校尉熊君碑》「烏呼君兮」之「烏」同。「吴」作「吴」，變从矢，爲从夫，與《殺阬碑陰》「吴中」之吴同。「至」作「坴」，與《李翊夫人碑》「杞之坴兮」之「坴」同，皆隸變也。

又長九寸八分，濶一寸五分。文曰「赤烏八年歲在乙丑，圓冡師俞岑萬世」凡十六字，前録所據圓冡二字泐，故疑爲圖律。此專明晰可辨，圓冡師者，猶圓冡匠也。凡壙周棺之槨，方周槨之冡，則圓其人，蓋專門造冡者，故曰「圓冡師」也。

又長一尺，厚一寸一分。文曰「出赤烏十一年七月廿日作」，下書窗文，上端古錢文，出長興赤烏。上出字未詳，漢晉專往往有于年號上著地名者，如武康則著武字，四明則箸鄮字之類，三國時郡縣無以出名者，不可解也。

又長五寸五分，厚一寸六分。文曰「俞君赤烏十二年」，下斷，上端花紋，俞氏墓專也。出烏程。

吴五鳳專

長一尺三分，厚一寸四分。文曰「五鳳元年八月十八日造」，上端「萬歲」二字，右側書窗文，出烏程。

又長一尺一寸三分，厚一寸四分。左側文曰「五鳳三年十月八日造會稽吴文捺」，右側文曰「五鳳三年十月八日造」，太歲在丙子，上端「富貴萬年」，吴氏墓專也，出烏程。吴文捺無考。「鳳」作「鳳」，與《繆篆分韻》所收《慶鳳私印》之「鳳」上半相似。「稽」作「稽」，與《史晨奏銘》「稽度」之「稽」同。吴氏墓專出于湖州者，有赤烏七年吴冢、天紀元年吴葬、黄龍三年吴家冢，則吴姓在三國時，固吴興大族也。

又長一尺一寸三分，厚一寸五分。文曰「五鳳三年十月十八日造太歲在丙子」，下端文曰「富貴萬年」，見前録，出烏程。

又長七寸五分，厚一寸五分。文曰「五鳳三年」，下斷。下端花紋，上端「富貴陽隊」隊、遂、隧古字通説，見前録。

吴太平專

長五寸七分，厚一寸三分。文曰「太平三年」，下斷。上端「不敗」，一字一格，下八文。出烏程。

又長一尺，厚一寸五分。文曰「太平三年造姓鄒氏」，上下書窗紋，上端古錢文，鄒氏墓專也，出烏程。按：漢獻帝時，烏程鄒他、錢銅及前合浦太守王晟等，各聚衆萬餘，見《三國志・孫策傳》注，是吴時烏程鄒氏固豪族也。

又長九寸七分，厚一寸三分。文曰「太平三年七月廿日作之宜」，上端古錢文，出長興。

吴永安專

長九寸五分，厚一寸五分。左側文曰「永安三年」，右側文曰「建□二年八月作」，上下端乂文，「建」字下一字不可辨，匠人誤合二範爲一也。

又長四寸八分，厚一寸八分。文曰「永安四」，下斷，出烏程。

又長一尺一寸，厚一寸六分。文曰「永安六年八月立作」，繆篆，反文。上端「萬歲」二字，出烏程。「永」作「永」，「安」作「安」，「六」作「夫」。《説文》「夫，地蕈，叢生田中，從中六殺」，蓋借「夫」爲「六」也。

又長一尺，厚一寸五分。文曰「永安六年太歲癸未作」。案：吴景帝于太平三年戊寅十月改元永安，六年歲在癸未，與吴志合，出烏程。

又長一尺一寸五分，厚一寸五分。文曰「永安六年八月廿四日造作壁」，反文，出烏程。見前録。

又長一尺，厚一寸三分。文曰「永安六年七月十二日太歲在癸」。癸者，癸未也，出烏程之道場山。

又長一尺一寸一分，厚一寸五分。文曰「永安七年烏程都鄉陳肅冢」，上端花紋，出烏程。案：《説文》：「有先君之舊宗廟曰都，从邑者聲」，「鄉，國離邑，民所封鄉也，从𨛜皀聲。」《管子・四鄉》曰都。《廣雅・十鄉》曰都。《漢書・百官公卿表》：「大率一里一亭，十亭一鄉，縣大率方百里。凡縣一千五百八十七鄉、六千六百二十二亭，二萬九千六百三十五。」蓋以國統都，以都統鄉，三代之制。以縣統鄉，以鄉統亭，西漢之制。以都統鄉，則三國之制也。陳肅無攷。又《後漢書》注謂「都亭爲城内之亭」，則都鄉爲城内之鄉。陳肅蓋烏程某鄉之人，或謂都鄉厍國屬常山郡。皇甫嵩封都鄉侯，陳肅蓋都鄉人而葬于烏程者，果爾不當曰烏程都鄉矣，其説非也。

又長六寸五分，厚一寸五分。文曰「永安七年七月十五日」，下斷，上端古泉文，出烏程。

吴甘露專

長一尺一寸五分，厚一寸五分。文曰「甘露二年胡公輔立葬宜子孫壽萬年」，下端「胡世子宜万年」。案：《説文》無「万」字，《廣韻》始有「万」字，云：「十千也」。今專有「万」字，則「万」字吴時已有。又案：《建平鄲縣碑》賈二万五千，則又不始于吴矣。《元和姓纂》：「舜後胡公封于陳，子孫以謚爲氏。」《三國・吴志》：「胡綜，汝南固始人，年十四爲孫策門下循行，留吴後封侯，進封鄉侯。赤烏六年卒，子冲嗣。」古者五等之爵，其子孫皆稱世子。」考是時，自胡綜外，無封爵，或疑爲胡綜子孫所造，惜無可考耳。公輔猶公侯公卿也，或曰胡姓而公輔名。

又長一尺，厚一寸三分。文曰「甘露二年八月十七日于何」，上端花紋，出烏程，于氏墓專也。案：《元和姓纂》：「周武王第二子邘叔，子孫以國爲氏，其後去邑爲于氏。」漢季有曲阿將于糜，下邳將于兹，見《三國志》注，則于氏固南中大族也。于何無攷。

又長九寸五分，厚一寸三分。左側文曰「甘露二年八月大千何」，右側文泐，上端花紋。

吳寶鼎專

長四寸，厚一寸。文曰「寶鼎二年」，下斷。右側「萬歲不」，下斷，出長興。

又長一尺二寸，厚一寸四分。文曰「寶鼎二年夏君之左」，上端「萬歲」二字，夏氏墓專也。《晉書・孝友傳》夏方、《隱逸傳》夏統皆會稽永興人。永興縣故址在今蕭山縣西，與湖州相近。之左者，墓左之專也。

又長九寸八分，厚一寸七分。文曰「寶鼎二年七月廿日臨淮裴雁造」，下端文曰「作壁大吉祥」，皆反文，見前録，出烏程三碑鄉。案：《説文》：「卅，三十并也。」玉篇作卅，即以爲三十字。《武榮碑》「年卅六」之「卅」，興磚「卅」字同，从卅而曳長之與世字相似，由「卅」而變爲「丗」，蓋自漢已然矣。

又長一尺九分，厚一寸七分。文同前，作字祇見下半，祥字祇見上半，範小字大故也。

又長九寸四分，厚一寸四分。文曰「寶鼎四年□□□黄茻命大立之」凡十三字，中三字不可辨，出長興，黄氏墓專也。「茻」即「卉」字，人名也。「命大立之」者，黄卉命大造此專，猶虞氏使工薛四作也。

又長一尺四分，厚一寸五分。文曰「寶鼎四年八月蔡造」，上端雙雀形，中間古泉文，出武康，蔡氏墓專也。《元和姓纂》：「蔡仲之後，以國爲氏，世爲陳留箸姓，永嘉中謨始渡江。」但寶鼎四年已有蔡氏之專，則江以南之有蔡氏，固不始于謨也。

吳建衡專

長一尺一寸，厚二寸。文曰「建衡二年太歲庚寅」，上端「孟育萬年」，下端「建衡二年造」五字，孟氏墓磚也。案：《元和姓纂》：「魯桓公子，慶父之後，號曰孟孫，因以爲氏。」衛襄公長子孟摯之後，亦曰孟氏。吳有丞相孟仁、侍中孟宗，見《三國志》。鳳皇二年專有孟陳，孟有無考，有與陳或兄弟歟，庚寅與吳志合。

吳鳳皇專

長一寸七分，厚一寸三分。文曰「鳳皇元年太歲在辰」，上端乂紋，出烏程西余山。案：太歲在辰者，是年歲在壬辰也。「年」作「[illegible]」，「歲」作「歳」，「在」作「[illegible]」，「辰」作「[illegible]」。

又長一尺一寸三分，厚一寸六分。文曰「鳳皇元年九月范氏造」，上端「萬歲」二字，見前録。「鳳」作「[illegible]」。

又長一尺，厚一寸五分。左側文曰「鳳皇二年八月三日東萊孟陳」，右側文曰「鄭遵所造」，上端文曰「富貴陽遂」，下端「北海」二字。案：《晉書・地理志》：「東萊國，統縣九。」孟陳無考，蓋東萊人而葬吳興者。鄭遵者，造磚匠人之姓名。北海，鄭氏之舊望也。

又長四寸五分，厚一寸七分。文曰「鳳皇四年」，一字一格，下斷，出歸安之埭頭。

又長四寸五分，厚一寸四分。文曰「凡皇二年」，下斷，出武康。案：《説文》：「鳳，神鳥也。从鳥凡聲。」鳳凡同聲，通借字也。

吳天册專

長一尺，厚九分。左側文曰「天册元年九月作」凡七字，出烏程之郭西灣。

吳天紀專

又長一尺五分，厚一寸四分。文曰「天紀元年大歲丁酉丹陽芮氏作」。上端「萬歲不敗」，一字一格，「丹陽芮氏作」五字雙行，繆篆，出烏程，見前録。「年」作「[illegible]」，「歲」作「[illegible]」，「芮」作「[illegible]」，「敗」作「[illegible]」，皆繆篆變體也。

又長一尺三分，厚一寸一分。文曰「天紀元年八月廿作」，上端「孝子吳葬大」，繆篆，一字一格，出烏程之西余山，吳氏墓專也。「天」作「[illegible]」，與《繆篆分韻》所收「天帝使者」之「[illegible]」字相近。「元」作「[illegible]」，「年」作「[illegible]」，與《繆篆分韻》所收「長年」之「[illegible]」相近。「子」作「[illegible]」，其上从口，蓋繆篆「口」字往往作「[illegible]」，「子」字非从口，而漢印多有从口者，如《繆篆分韻》所收之麗子孟印、伯玉子章、夏子儀印、胡子功印、虞子游印、白馬子章之「子」字皆从口，此則又由口而變爲[illegible]，愈變而愈遠矣。「吳」作「[illegible]」，與《繆篆分韻》收「吳房長印」之「[illegible]」字同。「葬」作「[illegible]」，省文。《説文》：「葬，从死在茻中」，「茻从四屮。」《堯廟碑》「生長葬陵」之「葬」，隸變爲[illegible]，已非死在茻中之義。《孫叔敖碑》「葬枯稟[illegible]」又省作「[illegible]」，去之愈遠。此專「[illegible]」字僅省下二中，尚爲近古大字，下必有吉字，蓋言吳葬大吉，範小而脱吉字耳。漢專往往有此，如此專「孝子」之「孝」字，有祇見子之下半者，寶鼎專之作壁大吉祥，有祇見羊字之[illegible]者，皆此類也。

又長一尺三分，厚一寸二分。文曰「天紀元年太歲丁酉丹陽芮作造」，上端「萬歲」二字繆篆，出烏程。案：芮祉字宣嗣，丹陽人，从孫堅征伐有功，薦爲九江太守，後轉吳郡。所在有聲。子良，字文鸞，隨孫策平定江東。策以爲會稽東部都尉。弟元，字文表。良卒，元領良兵拜奮武中郎將，以功封溧陽侯。女爲孫登妃，黃武五年卒，見《三國志・潘濬傳》注。專稱丹陽芮氏，非祉之後裔，即祉之族也。

又長一尺六分，厚一寸。文曰「天紀元年太歲丁酉」，上端「萬歲」二字，繆篆，出烏程。「年」作「手」，與《魯峻碑》「延熹七年」之「手」字同。

又長九寸八分，厚一寸。文曰「天紀元年歲建丁酉」，一字一格，篆文，出烏程。「天」作「兂」，與《無極山碑》「與天墜俱」之「兂」字同。「年」作「秊」，與《孔宙碑》「年七十一」之「秊」字同。「歲」作「耑」，頗爲奇創，「建」作「[illegible]」，則隸變也。建本从廴不从走，惟《北海相景君碑》「建筴忠讜」之「建」、《鄭固碑》「建□共憤」之「建」，皆已作建，則隸變之譌漢季已然矣。

又長一尺一分，厚一寸四分。文曰「天紀元年八月廿日」。上端文曰「烏程吳葬」四字，反文，一字一格，繆篆。「天」作「[illegible]」，與前專同。「日」作「[illegible]」，「年」作「[illegible]」，與前專「秊」字又不同。

陸心源《千甓亭專續録》卷二

晉

晉太康專

長一尺，厚一寸三分。文曰「泰康元年歲在子」，下斷，上端花紋，出烏程。歲在子者，是年歲在庚子也。

又長一尺，厚一寸二分。文曰「泰康元年」，中間古泉乂文，上端一「康」字，下截古泉乂文，出烏程，康氏墓專也。按：《顔魯公集》汲郡蘭陵令、奮節將軍康翼隨晉元帝渡江，爲吳興郡丞，因居烏程。此專在翼之前，烏程之有康氏，蓋不始于翼也。

又長一尺五分，厚一寸五分。左側文曰「太康二年永興楊璋」，右側「萬歲不敗」，下端「八月五日作」，出烏程永興，見前録，楊氏墓專也。楊璋無攷。

又長一尺四分，厚一寸。文曰「太康二年歲在寅造」凡八字，出烏程。案：太康二年歲辛丑非寅也，匠人誤記耳。

又長一尺，厚一寸五分。文曰「太康二年太歲辛丑」凡八字，出烏程。

又長一尺六分，厚一寸五分。文曰「惟太康二年錢氏作」凡八字，篆文。上端二雀形，出武康，錢氏墓專也。案：古鐘鼎文開端多用惟字，漢碑亦然。韓勑造《孔廟禮器碑》云「惟永壽二年」，《西嶽華山亭碑》云「惟光和元年」，《東海廟碑》「惟永壽元年」，《張公神碑》「惟和平二年」。若斯之類不勝枚舉，專云「惟太康」，猶此意也。

又長一尺，厚一寸三分。文曰「太康二年二月庚戌朔十日吳慶制」，上端雀形，出烏程。據《通鑑目録》，太康二年二月當爲壬子朔，庚戌乃正月廿八日。專作庚戌朔，恐《通鑑》所推有誤，如太康四年，《通鑑》推三月庚子朔，而《晉書・本紀》以爲辛丑，永嘉元年十一月丁未朔，而本紀以爲戊申，以此例之，恐當從專文，爲是吳氏墓專也。吳慶無攷，蓋造專者姓名也。

又長一尺一寸，厚一寸五分。文曰「太康二年太歲在寅」，上端「大皇帝」，下端「宜子孫所作」，出烏程。案：其文當以三面連讀，曰「大皇帝太康二年太歲在寅宜子孫所作」。在寅之誤與前同，大皇帝者，猶韓勑後碑之漢皇帝元也。

又一範尺寸同前，上端「鳳皇島」，下端「宜子孫所作」，鳳皇島見前録。

又長一尺，厚一寸四分。文曰「太康三年八月廿八日」，下泐，出烏程。

又長一尺，厚一寸三分。左側文曰「太康三年七月造萬歲」，右側文曰「吳興烏程人姓菅之壁」，出烏程，蓋即下菅晏墓專也。菅字不从竹，與建武專同。

又長一尺九分，厚一寸。文曰「太康三年八月十日」，下一字泐，「太」字上斜方格文，出烏程。

又長一尺二分，厚一寸五分。文曰「太康三年八月」，下花紋。上端文曰「太平時」，下端文曰「萬卋不敗」，出烏程。案：太平時，亦吉祥語也。《禮記・仲尼燕居篇》：「言而履之，禮也。人而樂之，樂也。君子力此二者，是以天下太平也。」《公羊傳》何休注：「上有聖帝明王，天下太平」。《鄧析子・轉辭篇》「家給人足，天下太平」。《呂氏春秋・仲夏紀》：「天下太平，萬物安寧。」《漢書・食貨志》：「進業曰登，再登曰平，三登曰太平。」皆其義也。

又長一尺四分，厚一寸六分。上端文曰「太康三年八月」凡六字。右側文曰「八日千秋萬歲平安富貴高」，下端文曰「遷□□」，下兩字不可辨，出烏程。其文四面連讀曰「太康三年八月八日千秋、萬歲、平安、富貴高遷」，皆頌禱之辭。《韓非・顯學篇》「巫祝之人，使若千秋萬歲」，《樂録》上之回歌「千秋萬歲，樂無極」，《洪遵泉志》「千秋萬歲」，錢文曰「千秋萬歲」，博古《圖鐵鑑銘》曰：「千秋萬歲，富貴不斷」，《易林》「元鬣黑顙，遠祇天門，見我真君，人馬平安」，皆其證。高遷，見前録。

又長一尺，厚一寸四分。左側文曰「太康三年七月造作壁」，右側文曰：「吳興烏程人菅晏冢槨」，出烏程，與太康三年姓菅之壁爲一家所造。案：菅晏無攷，冢槨者，冢中之槨也。《説文》：「冢，高墳也。」「椁，葬有木椁也。」《白虎通》：「冢，大也。」槨之爲言廓也，所以開廓辟土無令迫棺也。《漢書・酷吏尹賞傳》「致令辟爲郭」注：「謂四周之内也。」《太平御覽》引《古史考》：「禹作土堲，以周棺，湯作木槨易土堲。」土堲令壁，即今之專，葢棺之外周以木謂之椁，周以專亦謂之椁。椁之外覆以土，則謂之冢。故曰：冢，椁也。夏之椁本用專，至商而易以木，至周而有用石者，桓司馬爲石槨是也。木不如專之久，石不如專之儉，故後世用專多，而用木少。《隷釋》所載之「延年益壽郭」亦非木椁也。今人家造墓，四周離棺數寸，以石灰周築其外，如棺之形，謂之灰椁。以專築，謂之專椁，俗亦謂之卷洞，猶古義也。《説文》無「槨」字，乃椁之俗别。《孫叔敖碑》、《漢書・尹賞傳》及寶鼎二年徐君專，皆借「郭」爲「椁」，則晉以前無槨字矣。

又長三寸，厚一寸五分。下端文曰「太康三年」四字。「晉」字上有朱雀形，「年」字下有玄武形，右側存一「敗」字，餘斷，出烏程。

又長五寸，厚一寸四分。文曰「太康三年」，下斷，下端「太平歲」三字。案：太平歲猶太平時也，出烏程。

又長五寸，厚一寸三分。上端文曰「太康四年鄒伯良造」，左側書窗格，泉文，鄒氏墓專也。鄒伯良無攷，出長興。

又長九寸五分，厚一寸五分。文曰「太康五年歲在甲辰作」。下端二雀形，出長興。

又一範尺寸、字文同前，上端龍形。

又長一尺，厚一寸五分。文曰「康五年作之」。上端「司日」三字，出烏程，司氏墓專也。司爲鄭大夫司臣之後，見《名賢氏族言行類藁》。司日無考。

又長四寸五分，厚一寸四分。文曰「太康六年」，下斷。上端衹存「八月」二字。

又長五寸，厚一寸七分。上端文曰「太康六年」，左側文曰「何氏造大相」，下不可辨，何氏墓專也。大相二字俟攷。

又長一尺九分，厚一寸六分。文曰「太康六年八月吳興貝靈元所立」，下端乂文，出武康，貝氏墓專也。貝爲希姓，出清河貝邱，梁始興。《忠武王碑》、吳興《貝義淵書石刻》，尚存《安成康王碑》，亦義淵書，見《寶刻叢編》，則貝氏固吳興箸姓也。靈元無攷。

又長一尺，厚一寸四分。左側文曰「太康六年」，右側上端皆陰文，字不可辨，出武康。

又長一尺三分，厚一寸五分。文曰「太康六年鄒氏所造萬年之壁」。上端古泉文，出長興，鄒氏墓專也。「萬年之壁」亦吉祥語也。

又長一尺，厚一寸五分。文曰「太康六年囗囗丙戌朔十日囗囗吳制」，「吳」上二字不可辨。案：太康六年乙巳二月己丑朔、四月戊子朔、六月丁亥朔、八月丙戌朔、十月乙酉朔、十二月甲申朔，則丙戌朔上所泐乃「八月」二字也。吳氏墓專也，出烏程。

又長一尺四分，厚一寸三分。文曰「太康六年八月七日」，下不可辨。上端「吳興鄒」三字，鄒氏墓專也，出武康。

又長一尺一寸六分，厚一寸七分。上端文曰「太康六年」，左側花紋，出武康。

又長九寸三分，厚一寸六分。文曰「太康六年八月冂作」。「作」上一字不可辨，下端有「中」字，出武康，中氏墓專也。秦有中期，見《戰國策》，漢有少府中京，見《風俗通》。

又長一尺一寸，厚一寸五分。文曰「太康七年辛巳朔作」凡八字。案：《通鑑目録》太康七年正月甲寅朔、二月癸未朔、五月壬子朔、七月辛亥朔、九月庚戌朔、十一月己酉朔，則辛巳朔乃八月也。

又長一尺五分，厚一寸三分。文曰「太康」。「康」字下花紋，出武康。

又長一尺五分，厚一寸五分。文曰「太康八年太歲丁未七月制」。上端乂文，出石門，胡子樂茂才舊藏。

又長一尺五分，厚一寸五分。文曰「太康八年太歲丁未七月作」，上端「求氏」二字，出石門，求氏墓專也，胡子樂茂才舊藏。案：顔師古《急就章》注：「求氏本居衛國裘氏之地，故稱裘焉。」後又轉爲求氏，漢末求仲即此族也。《元和姓纂》引《姓苑》「會稽有求氏」，又云：「求本裘氏改」。石門，漢會稽郡地，則石門之有求氏，固其所也。

又長九寸八分，厚一寸四分。文曰「太康八年八月廿日」凡八字，出烏程。

又長五寸七分，厚一寸五分。文曰「太康九」，篆文，下斷，「太」字上有古泉文。

又長一尺一分，厚一寸四分。文曰「太康九年戊申王氏作」，上端乂文，出武康，王氏墓專也。九年歲在戊申，與史合。

又長九寸，厚一寸五分。文曰「太康九年八月十日」凡八字，出烏程。

又長八寸五分，厚一寸五分。文曰「太康十年八月四日」，上端古泉文，出烏程。

晉永熙專

長一尺八分，厚一寸五分。文曰「永熙元年八月十八日作」，出烏程。

又長九寸二分，厚一寸三分。文曰「永熙元年所」，上端有十字，出烏程。

晉元康專

長五寸七分，厚一寸六分。文曰「武元康元年太歲」，下斷，出武康。年號上「武」字，謂武康也。武康所造之專，年號上有「武」字，猶四明所造之專，年號上有鄮字也。

又長一尺，厚一寸三分。文曰「元康元年所作壁」，上端窗文，出武康。

又長五寸七分，厚一寸二分。文曰「惟元康元」，下斷。上端古泉文，出武康。

又長八寸，厚一寸四分。文曰「元康元年八月廿日在子作」。上端古泉文，出烏程。案：惠帝永平元年辛亥正月改元永平，三月改元元康，即以是年爲元康元年，二年歲在壬子，民間誤以次年爲元年，故云在子。

又長一尺一寸，厚一寸四分。文曰「元康元年宋氏造篆文」，出武康，宋氏墓專也。

又長一尺二分，厚一寸。文曰「元康一年十月一日□作」。「作」上一字泐，出武康。

又長九寸，厚一寸二分。文曰「元康元年八月造廣」，下端文曰：「壁功虎興」，出烏程。「廣」字釋見前録卷五，「功」作「帇」，工之借字。壁工者，猶漢碑之《石師碑》「師」也。虎興壁，工之姓名。前録有虞氏專，文曰：「虞氏使工薛四作」，與此壁工同。

又長四寸七分，厚一寸五分。文曰「元康元年八月」。「月」字半缺，上端花文，出武康。

又長六寸五分，厚一寸五分。文曰「元康二年八月十」，下斷，出武康。

又長一尺，厚一寸四分。文曰「元康二年歲在子鈕氏造」，出烏程，鈕氏墓專也。鈕氏，釋見前録卷五。

又長一尺一寸，厚一寸五分。文曰「元康二年八月十日歲在子」，上端窗文，出武康。案：元康二年歲在壬子。子者，壬子也。

又長九寸三分，厚一寸。文曰「元康三年九月十日」，下三字泐不可辨，上端有「走」字，出武康。

又長五寸七分，厚一寸四分。文曰「元康四年九月」，下斷。上端四字不可辨，出武康。

又長五寸八分，厚一寸四分。文曰「元康五年八」，下斷，出武康。

又長四寸七分，厚一寸五分。文曰「元康五年」，下斷，出武康。

又長九寸七分，厚一寸四分。文曰「萬歲元康五年七月揚作」，上端「萬□作」。「作」字上一字泐，出武康，楊氏墓專也。

又長九寸八分，厚一寸五分。文曰「元康五年八月六日作」，上端錠紋，出武康。

又長一尺二分，厚一寸六分。文曰「元康五年癸丑謝氏作」，上端花紋。下端文曰「姓矦吴郡嘉興人」，出武康，矦氏墓專也。案：五年歲在乙卯，癸丑乃三年，匠人誤紀耳。謝氏，造專之姓，葬者蓋矦氏也。矦爲晉侯緡之後，見《元和姓纂》。漢有侯封、侯文、侯芭、侯覇、侯覽、侯瑾，晉有侯史光，陳有侯安都、侯瑱，則侯氏固漢晉六朝箸姓也。《晉書・地理志》「吴郡，漢置，統縣十一」，嘉興其一也。

又長一尺五分，厚一寸。文曰「元康五年九月七日施在基所作甓」，反文，出武康，施氏墓專也。在基無攷。

又長一尺，厚一寸二分。文曰「元康六年八月楊舒造」，出歸安，楊氏墓專也。楊舒無攷。

又長一尺，厚一寸二分。文曰「元康六年八月廿日造」，下一字不可辨，出武康。

又長一尺二分，厚一寸五分。左側文曰「元康六年六月歲在辰」，右側二龍形，上端飛雀形，下端魚形。

又長一尺，厚一寸七分。文曰「元康七年宋氏造篆文」，出武康，宋氏墓專也。

又長一尺五分，厚一寸五分。文曰「元康七年八月戊午朔」，下五字不可辨。

上端乂文，出烏程。案：《通鑑目録》元康七年正月庚戌朔、三月己酉朔、五月戊申朔、七月丁未朔、九月丙午朔，戊午當爲七月十日，非八月朔日，匠人誤也。

又長五寸七分，厚一寸四分。文曰「元康年八月」，下斷。右側上端皆花紋，出武康。

又長九寸六分，厚一寸四分。文曰「同元康八年八月廿六日王頭作」，上端□文，出烏程，王氏墓專也。元康上有「同」字，未詳。

又長一尺一寸，厚一寸五分。文曰「元康九年十月作」，出武康。

又長八寸二分，厚一寸四分。文曰「元康九年七月廿日」，下斷。上端文曰：「姪千萬宜子」，下一字泐，出烏程。案：《説文》：「姪，兄之女也。从女至聲。」劉熙《釋名》：「姑謂兄弟之女爲姪，姪迭也。其行事夫，更迭進御也。」《左氏襄廿三年傳》：「繼室以其姪。」《漢書・杜欽傳》：「姪娣雖缺，不敢補。」是姪之本義爲姑謂兄弟之女子之稱，兄弟之男子謂之猶子从子，不得謂之姪也。《儀禮・喪服傳》：「謂吾姑者，吾謂之姪」。《禮記・曲禮》：「不名世臣姪娣。」《左氏僖十五年傳》：「姪其从姑。」《周語》：「則我皇妣太姜之姪。」注：「女子謂昆弟之子，男女皆曰姪。」據此，則姑謂兄弟之子，男女皆曰姪，已非姪字之本義，然于伯叔無姪稱也。至晉世，而伯叔于兄弟之子皆曰姪。《顔氏家訓・風操篇》：「兄弟之子已孤，與他人言呼爲兄子弟子，頗爲不忍，北土呼爲姪。《爾疋》、《左傳》姪名雖通，男女並是對姑之稱。晉世以來，始呼叔姪。《晉書・王湛傳》：「王濟于湛畧無子姪之敬。」是皆以姪對伯叔而言，而姪字之義益晦。至唐人始有姪男姪女之稱，則更鄙俗不通矣。專制于元康九年，已以姪與子對舉，可爲《顔氏家訓》添一碻證。

又長九寸八分，厚一寸四分。上端文曰「元康九年八月」，左側「萬歲不敗」，「歲」字半缺。出武康。

又長一尺一寸，厚一寸八分。文曰「(元)康八年八月卅日作壁」，出武康。

又長一尺，厚一寸七分。上端文曰「元康」，左側半花紋半古篆文，出武康。

又長一尺一寸，厚一寸六分。文曰「元康九年九月星氏作」，出武康。案：星氏不知所自始，漢有星重，濟北人，南陽太守羊續娶其女，見《廣韻》引《羊氏家傳》。

又長一尺五分，厚一寸五分。左側文曰「元康九年吳」，下一字泐。右側下端皆泉文，出武康，吳氏墓專也。

又長九寸五分，厚一寸三分。文曰「元康九年九月六日施黄作」，出武康，施氏墓專也。施黄無攷。

又長一尺，厚一寸四分。文曰「元康九年」，下乂文，下端乂文，出武康。

又長九寸五分，厚一寸二分。上端文曰「元康九年七月十日」，左側古篆文，間以乂文，出武康。

又長一尺五分，厚一寸四分。左側文曰「元康九年八月張」，下泐。右側及上下端皆古篆文不可識，出武康，張氏墓專也。

晉永康專

長一尺五分，厚一寸五分。文曰「永康元年歲在戊申吳作」，上下端皆花紋，出烏程，吳氏墓專也。案：永康元年歲在庚申，非戊申，匠人誤記也。「永」作「礼」。

又長九寸八分，厚一寸六分。左側文曰「永康元年八月十一日張」，右側「俞張菰下人」，出烏程，俞氏墓專也。案：《太平寰宇記》：「春申君黄歇於吳墟西南立菰城縣，青樓連延十里。」《湖州府志》：「下菰城在府城南二十五里。」

又長六寸二分，厚一寸五分。文曰「永康元年」，下泐，出烏程。

又長一尺八分，厚一寸三分。文曰「永康元年八月丁巳朔」，下不可辨，上端古泉文，出武康。案：《通鑑目錄》永康元年二月壬辰朔、四月辛卯朔、六月庚寅朔、八月己丑朔、十一月戊午朔，則丁巳朔乃明年正月也，與專不合，恐《通鑑》所推置閏有誤。

又長一尺八分，厚一寸六分。文曰「永康元年八月作」，出武康。

又長八寸三分，厚一寸五分。左側文曰「永康元年」，一字一格，下有人形，右側二龍形，出武康。

又長一尺，厚一寸五分。文曰「永康元年八月載」凡七字，出武康，載氏墓專也。案：《風俗通》：「載，姬姓之後。」《元和姓纂》周有載國，漢有載戴。

又長一尺，厚一寸五分。文曰「永康元年十月二日遵光作」上端「蔡王」二字，出烏程，遵氏墓專也。遵姓見《姓苑》。

又長一尺，厚一寸五分。文曰「永康元年太歲在庚申九」。上端文曰：「月楊元造」，出武康，楊氏墓專也。楊元無攷。

又長一尺一寸，厚一寸五分。下端文曰「永康元年」，左側書窗文，出武康。「永」作「化」，「康」作「庚」，似《魯峻碑》。四月庚子之「庚」字。「年」作「丰」，年字从禾从千,《隸變》作「年」,又作「年」,無作「丰」者,皆漢晉間俗字也。可補《隸辨》之缺。

又長一尺一分,厚一寸四分。文曰「永康元年,集興菅仙八月一日作」,出烏程,菅氏墓專也。集蓋吳之誤,「興」作「舁」,菅仙無攷。

又長一尺五分,厚一寸五分。左側上截古泉文,曰「永康元年」,反文。下端古泉文,出武康。「年」作「丰」。

晉永寧專

長七寸,厚一寸五分。文曰「永寧元年太歲辛酉」,下斷。「酉」字半泐,出長興。

又長一尺九分,厚二寸。文曰「永寧元年七月十八日作」,下端「太歲在辛酉」,出烏程。

又長六寸五分,厚一寸六分。文曰「永寧元年」,下斷。上端「萬歲不毀」,出武康。不毀猶不敗也。

又長一尺八分,厚一寸三分。文曰「永寧元年八月丁巳朔十日」,上端古泉文。按:《通鑑目録》永寧元年八月癸丑朔,丁巳爲八月五日,匠人誤紀也。

又長一尺,厚一寸五分。文曰「永寧元年歲在辛酉尉氏造」,出長興,尉氏墓專也。案:尉爲鄭大夫尉翩之後,見《元和姓纂》。

又長一尺,厚二寸。文曰「永寧元年七月廿日作」,一字一格。上端文曰「萬年不敗,向尚治作」,雙行,一字一格,出長興下山,向氏墓專也。向爲宋向戌之後,漢有向長、向栩、向韶、向雄,晉有向秀。尚治無攷,今長興尚多向氏,其尚治後裔歟。

又長一尺,厚一寸三分。文曰「永寧元年太歲在辛酉」,出烏程。

又長一尺,厚一寸四分。上端文曰「永寧元年」,下端有「丁」字,左側「萬歲不敗」,繆篆,出長興。

又長一尺,厚一寸四分。文曰「永寧元年」,反文一字一格,上端古泉文,出烏程。

又長一尺,厚一寸二分。文曰「永寧元年太歲在乙酉」,反文,出烏程。案:永寧元年歲在辛酉,非乙酉,匠人誤記也。

又長五寸五分,厚一寸六分。文曰「永寧二年」,下斷,出長興。

又長五寸,厚一寸五分。文曰「永寧元年」,下缺,出烏程。

陸心源《千甓亭專續録》卷三

晉二

晉永安專

長一尺九分,厚一寸四分。文曰「永安元年六月十五口造作」,「作」字半泐,「五」字下缺一字,俱反文,出武康。

又長一尺一寸五分,厚一寸七分。文曰「永安二年傅冢發」,上端「富貴」二字。「永安二」三字一格,「年傅」二字一格,「冢發」二字一格,出烏程,傅氏墓專也。「永」作「𠂢」,「二」作「冂」,「傅」作「陴」,「年」作「手」,「發」作「癹」,「富」作「畐」,皆隸變也。發,謂發迹也,亦頌禱之詞。司馬相如《封禪文》:「公劉發跡于西戎,楊雄解嘲驃騎發跡于祁連。」《後漢書·耿弇傳》:「今將軍攻祝阿以發跡。」《晉書·石勒載記》劉琨遺勒書曰:「將軍發迹河朔。」是其證。今俗有寅葬卯發之語。

又長九寸三分,厚一寸八分。文曰「永安二年太歲在丙子七月」,下漫滅。下端「朱信立作」四字,「永」字、「七」字反文,出長興,朱氏墓專也。朱信無攷。

晉永興專

長一尺二分,厚一寸五分。文曰「永興二年九月庚寅朔三日壬子作」,出烏程。案:《通鑑目録》永興二年九月庚寅朔,與此合,壬子當爲廿三日,匠人誤脱廿字也。

又長四寸七分,厚一寸五分。文曰「永興三年」,下斷。上端古泉文,出烏程。

又長一尺二寸五分,厚一寸五分。文曰「永興三年閏月甲申朔廿日」,出武康。案:永興三年即光熙元年,是年閏八月甲申朔,與《通鑑目録》合。「永」作「𠂢」。

又長一尺二寸四分,厚一寸六分。文曰「永興三年潤月廿日作」,下端「歲在壬寅」,出武康。案:是年歲在丙寅,今作壬寅,匠人誤記也。「閏」作「潤」,同聲,通借也。案:《説文》:「閏,餘分之月,五歲再閏,告朔之禮,天子居明堂,閏月居門中。从王在門中。」「潤,水曰潤下,从水閏聲。」然古字雖可通借,無借「潤」爲「閏」者,此專其僅見也。

晉永嘉專

長九寸九分,厚一寸三分。上端文曰「永嘉元年」。右側文曰「太歲在丁卯,太陰在乙丑壬子」。下端龍形，出烏程昆山。前録所見，衹得下半截，故疑爲漢物。今得全專，乃知太歲、太陰並紀，晉世尚行也。

又長八寸七分，厚一寸五分。文曰「永加元年八月十日」凡八字，出烏程。

又長一尺五分，厚一寸四分。左側文曰「晉永嘉元年其歲在丁卯所作」，右側「元康□年」，上端「九月十日孤子錢」，下端「萬歲」二字，出烏程，錢氏墓專也。後人誤合二範爲一耳。

又長一尺，厚一寸四分。左側文曰「永嘉元歲在丁卯九月一日作」。右側文曰「晉國司馬釋」，見前録。「永」作「㲸」，俗書之省文也。

又長一尺二分，厚一寸五分。左側文曰「永嘉元年八月十日立功」，右側文曰「吳興烏程俞道由兄弟」，上端文曰：「俞道初」，下端文曰：「治作之」，出烏程，釋見前録。「嘉」作「嘉」。《説文》：「嘉，从壴加殸。」篆隸相同，專增作「嘉」，漢碑所無，晉世變體也。「吳」作「吴」，與黄龍三年吳家冢專同。「興」作「興」，建興、大興各專往往如此，皆匠人不知字義而妄爲之。「烏」作「烏」，與《綏民校尉熊君碑》「烏乎君兮」之「烏」相近，亦隸變也。

又一範長一尺，厚一寸五分，文同上。

又長一尺二分，厚一寸五分。四面文曰「永嘉元年八月十日立功吳興烏程俞道兄弟俞道初治作之」，見前録。「吳」作「昗」，从日从丌。漢晉間俗字愈變而字之本義愈失，此汝長《説文解字》所由作也。

又一範長一尺，厚一寸六分。文同上。

又長一尺，厚一寸三分。文曰「永(嘉)元年其歲在□，卯錢丗」，上端「萬歲」二字，出烏程。錢世，造專者之姓名。

又長七寸五分，厚一寸三分。文曰「永嘉二年八月歲在」，下斷，出武康。

又長一尺二分，厚一寸七分。文曰「永嘉二年吳文」。「永」字上錠紋，下端錠紋，出武康，吳氏墓專也。「嘉」作「嘉」，隸省，與《衡方碑》「采嘉石」之「嘉」字相近。

又長一尺一寸，厚一寸八分。文曰「永嘉二年太歲戊辰吳文」，下端錠紋，出武康，吳氏墓專也。吳文無攷。

又長一尺一寸，厚一寸四分。文曰「永嘉三年太歲在□□□三日孫氏造」，出武康，孫氏墓專也。「在」字下四字不可辨。

又長一尺，厚一寸五分。文曰「永嘉三年七月十五日作」，上端兆文，出武康。

又長一尺，厚一寸四分。文曰「萬歲永嘉三年」上端「萬歲」二字，出武康。

又長五寸五分，厚一寸五分。文曰「永嘉三年」，反文。下斷，上端乂文，出武康。

又長一尺一寸，厚一寸七分。文曰：「永嘉四年，計氏作。」上下端皆古泉文，出武康，計氏墓專也。武康有計籌山，《吳興記》云：「越大夫計然嘗籌算于此；山下有計村，計姓甚多。」知武康計氏其來古矣。

又長一尺，厚一寸五分。左側文曰「永嘉四年作」，反文。右側四乂文，上端錠文，出武康。

又長八寸六分，厚一寸五分。文曰「永嘉七年八月」，下斷。一字一格，反文，出烏程。是年四月，懷帝被弑，愍帝即位，改元建興，民間猶未知也。

晉建興專

長八寸三分，厚二寸。左側文曰「建興元年歲在甲戌貝里」，右側乂文。上端書窗文，出武康。案：建興元年歲在癸酉，二年甲戌。今作元年甲戌，匠人約明年葬期而預造，誤以爲改元必踰年也。貝里地名，無攷。

又長一尺七分，厚一寸五分。文曰「建興三年太歲在乙亥」，下端「八月十五作」五字。

又長一尺，厚一寸八分。文曰「建興三年八月作」，上端乂文，出烏程。「建」作「建」，「興」作「興」。

又長一尺，厚一寸五分。文曰「建興三年太歲乙亥吳興東遷胡將軍造」。出烏程之西余山，胡氏墓專也。胡將軍無攷，東遷見前録。「興」作「興」，「亥」作「朩」，「年」作「丰」，「將」作「將」。

又長四寸，厚一寸二分。文曰「建興三年太」，下斷，出烏程。

又長一尺九分，厚一寸九分。文曰：「建興三年太歲在乙亥孫氏造。」上端文曰「萬歲不敗」，下端文曰「傳世富貴」，見前録。「建」作「建」，與「天紀元年歲建丁酉」之「建」同一隸變。「興」作「興」與《張遷碑》「周宣王中興」、《白石神君碑》「遂興靈宫」之「興」同。「年」作「年」，「孫」作「孫」，皆隸變。「傳」作「傳」與《夏承碑》「傳于歷世」之「傳」同。《説文》：「傳，从人専殸。」隸省作傳，又變爲傳。「富」作「富」，隸省。「不」作「不」，與《孔𩅰碑》「帥禮不爽」、《白石神君碑》「不終朝而澍雨」之「不」同。

又長一尺一寸，厚一寸九分，文同前。

又長一尺一寸二分，厚一寸八分。左側文同。上端三錢文，中間一錢文，曰「大泉五百」，見前録。惟前録所收百字不甚明晰，誤釋作「日」。此專「百」字作「百」，頗爲清晰。「興」作「興」，與《尹宙碑》「漢興」、《魯峻碑》陰「吳盛子興」之「興」相近。「泉」作「[illegible]」，「五」作「[illegible]」，「百」作「百」。

又長一尺九分，厚一寸八分。文同上。

又長一尺一寸一分，厚一寸九分。文曰「八月壬戌朔廿日辛巳孫氏造。」上端文曰「永未央。」下端文曰「可久長」，見前録。「辛」作「辛」，與《孔龢碑》「十八日辛酉」之「辛」同。「朔」作「玥」，見前。「可久長」，亦漢晉人頌禱之詞。《易林》：「宜家壽母，福禄長久。」《説文》：「長久，遠也。」是其義。

又長一尺一寸三分，厚一寸八分。文同前。

又長九寸五分，厚一寸三分。文曰「建興四年其歲在壬子孤子錢」，下泐，上端二人形。「興」作「興」，出烏程。案：建興四年歲在丙子，非壬子，匠人誤書也，書法亦草草。

又長九寸四分，厚一寸四分。文曰「建興四年九月二日立功貝」，「貝」字下一字泐。上端「吳衆」二字，反文，出武康，吳氏墓專也。「功」作「功」。《説文》：「功，从力工殸。」變力爲刀，與《衡方碑》「剋亮天功」之「功」字同，皆隸變之譌。

又長一尺五分，厚一寸四分。文曰：「建興四年七月大丁朔廿。」上端文曰「鄒鈦所立」，反文，見前録。大丁蓋丁亥之譌，鄒鈦無攷。「興」作「興」，「年」作「手」。

又長一尺，厚一寸五分。文曰「建興五年□作」，五年下「作」字上約十字皆泐，上端泉文又文，出烏程。

晉建武專

長六寸七分，厚一寸五分。左右側又文，上端「建武元年」，出烏程。

又長四寸，厚一寸五分。文曰「建武元年」，下斷，反文，上端又文，出烏程。

又長一尺一寸三分，厚一寸二分。文曰「建武元年八月十日」，兒下一字不可辨，反文，出武康，兒氏墓專也。

晉大興專

長一尺，厚一寸四分。文曰「大興四年八月廿日立作」，上端又文，泉文，出武康。「興」作「興」。

又長一尺，厚一寸五分。左側文曰「大興四年史」，下泐。右側直格文，出武康，史氏墓專也。「興」作「興」，匠人俗字也。

又長一尺四分，厚一寸六分。文曰：「大興四年，吳寧送故作。」「興」作「興」，「年」作「季」，「吳」作「吴」，與《赤烏專》「吳冢」之「吳」同。上端又文。出烏程，送故，見前録。

又長一尺一分，厚一寸七分。文同前。

又長一尺二分，厚一寸六分。文曰「大興四年，吳寧送故吏民作釋」，見前録，出烏程。「興」作「興」，「吳」作「吴」，从口从夬，與《魯峻碑陰》「任城吳盛」之「吳」字同。《説文》「夬，从屮六聲」，與矢字迥別，愈變而愈遠矣。

又長一尺五分，厚一寸五分。文曰「大興四年八月平旦」，上端「譚家人」三字，繆篆。下端二錠文，出烏程，譚氏墓專也。案：譚爲譚子之後。秦滅譚，子孫以國爲氏。漢有譚賢，字伯昇，太原人，見《周黨傳》。南齊有譚宏寶，見《孝義・封延伯傳》。湖州譚氏至今尚多。

晉永昌專

長九寸五分，厚一寸二分。文曰：「永昌元年太歲在壬午立作。」上下端有虎頭形，出烏程之喬木山。

又長一尺四分，厚一寸五分。文曰「永昌元年歲在壬午八月作」，出武康。

晉太寧專

長一尺，厚一寸四分。上半花紋，下半文曰「太寧一年八月十日」凡八字，反文，出武康。

又長一尺八分，厚一寸六分。文曰「太寧元年七月廿日鄒氏壁」，上下端皆錠文，出武康，鄒氏墓專也。寧字反文，「甓」作「璧」，同㲉通借字也。

又長一尺八分，厚一寸六分。文曰「太寧元年七月廿日盛氏壁」，上下端皆錠文。「盛」字反文。出武康，盛氏墓專也。「壁」作「璧」，字書無从辟从皿之字。《説文》：「甓，領鬲也。从瓦辟㲉。」篆文瓦字，横書之則似皿字，璧蓋甓之隸變也。吳有即中盛冲墓，在長興縣西二十五里，則盛氏固湖州箸姓也。

又長九寸，厚一寸四分。文曰「大寧三年大歲在乙酉八月廿九日作」，出武康，九字，反文。

又長一尺五分，厚一寸五分。文曰：「泰寧三年泰歲在辛酉周氏作。」出長興，周氏墓專也。案：泰寧三年歲在乙酉，非辛酉，匠人誤記也。「辛」作「辛」，漢隸及專文多如此。《説文》：「辛，大辠也，从羊。」上會意，隸變从羊，亦失制字之義。

晉咸和專

長一尺，厚一寸五分。左側文曰：「咸元年囹包優作辟。」右側「包優」二字，出烏程，包氏墓專也。「優」作「偓」，與《堯廟碑》「嘉澍偓沾」之「偓」同一隸變。「辟」作「辟」，與《衡方碑》「仕郡辟州郡」之「辟」相似，辟之隸變「甓」之借字也。

又長五寸，厚一寸八分。文曰「咸和六年歲在丙」，下斷。右側乂文，出武康。案：六年歲在辛卯，今作丙，匠人誤記也。

又長九寸，厚一寸。文曰「咸和七年」，下書窗格文，出烏程。

又長七寸二分，厚一寸五分。文曰「咸和七年八月廿日都」，下斷，出長興，都氏墓專也。都爲希姓，不知所自。漢有臨晉侯都稽、九真賊將都羊。《姓苑》云「今吴興人」，是都氏著籍于湖，舊矣。

又長五寸七分，厚一寸四分。左側文曰「咸和七年吴」，下斷。右側上端皆花紋，出烏程。

又長九寸，厚一寸二分。文曰「咸和七年八月作」，出烏程。

又長一尺一寸二分，厚一寸三分。文曰「咸和七年太歲任辰九月廿日制作壁」，出長興。「壬」作「任」，同聲通借字也。釋見前録，「制」作「制」。

又長九寸三分，厚一寸五分。左側文曰「咸和七年」，右側文曰：「五月十日成」，出烏程。「月」作「月」。

又長八寸五分，厚一寸四分。文曰「咸和八年八月十六日作」，反文，出烏程。

又長一尺五分，厚一寸五分。文曰「晉咸和十年八月作」，出烏程。「年」作「秊」。案：咸和無十年，即咸康元年也，匠人約葬期而豫作不知，適有改元之事，不然正月改元不應八月民間尚未周知也。

晉咸康專

長一尺三分，厚一寸四分。文曰：「咸康元年八月，莫君。」上端乂文。出長興，莫氏墓專也。

又長一尺一寸六分，厚一寸七分。文曰「咸康三年八月六日，郡守任奌」，上端「吴中郎作」，下端如有文不可辨，出烏程。案：郡守任奌，其人曾官太守而葬于此者。嘉泰《吴興志》郡守表無姓任者，則非吴興郡守可知，吴中郎葢造專之人。「吴」作「吴」，與大興專「吴寧送故」之「吴」同。

又長一尺四分，厚一寸五分。文曰「吴山咸康三年」六字，反文。吴山，山名，專出烏程治南何山之陰。何山以晉何楷得名，或本名吴山，後因何楷居之改名何山，然不可攷矣。

又長一尺一分，厚一寸三分。文曰：「咸康三年八月，錢陟作。」出烏程，錢氏墓專也。錢陟無攷。

又長九寸八分，厚一寸五分。左側文曰「咸康八作」，每字間以直格，右側中有二乂文，上下花紋。

又長九寸，厚一寸三分。左側文曰：「咸康八年八月卅日吴。」右側中連環文，上下書窗文，上端上書窗文，下乂文。出武康，吴氏墓專也。「吴」作「吴」。

晉建元專

長一尺，厚一寸三分。文曰「建元二年大吉」，出武康。大吉，見前録。

又長九寸，厚一寸四分。文曰「建元三年八月十三」，上下端如有文不可辨，出烏程。

晉永和專

長四寸，厚一寸四分。文曰「永和三年」，下斷。

又長二寸七分，厚一寸六分。上端文曰「永和五年二月十日」，左側上截斜格文。

又長九寸九分，厚一寸五分。文曰：「永和六年八月三日，程玚作。」上端花紋。出武康，程氏墓專也。案：程爲程伯休父之後，見《元和姓纂》。談鑰嘉泰《吴興志》引《吴興雜録》「烏程縣以秦時程林、烏巾二家善釀酒得名」，則湖州之有程氏其來久矣。

又長一尺，厚一寸四分。左側文曰：「永和囗六年八月四日作。」「和」字下一字衍文不可辨。右側惟「軍」字可識，餘不可辨。上端「八月十三」，字下端「八日造」三字。出武康。

又長一尺，厚一寸五分。文曰「永和七年作」凡五字，反文，出烏程。

又長一尺一寸，厚一寸七分。文曰「永和七年」，下兩泉文星文，上端「長宜」二字，出湖南。

又長三寸，厚一寸三分。文曰「永和六年」，下斷。上端「永和六年八月廿」凡七字。出武康。

又長一尺二分，厚一寸三分。文曰「永和十年甲寅八月丙子朔廿日，汝氏」，出烏程，汝氏墓專也。見前録。

晉升平專

長九寸八分，厚一寸五分。文曰「升平二年七月十八日作」，出武康。

又長一尺，厚一寸五分。文曰「升平三年七月廿日辛巳作」，上端有「沈」字，沈氏墓專也。案：《通鑑目録》升平三年七月丁丑朔，辛巳爲五日，今作廿，匠人誤書也。

又長五寸，厚一寸二分。文曰「晉升平四年」，下斷。右側「陳郡長平縣」，下斷。出長興。案：長平縣，晉屬豫州潁川郡，見《晉書・地理志》。東漢屬陳國，至北魏始有陳郡之名。升平時長平縣已爲魏地，想所葬者必長平人而隨晉南渡者。然既爲晉人，當云潁川郡長平縣，不應用北魏地名，不可解也。

又長五寸三分，厚一寸五分。文曰「升平四年九月」，下斷。上端泉文。出武康。

晉興寧專

長一尺二分，厚一寸五分。文曰「興寧元年八月廿日作」，上端「少施」二字，出長興，少施氏墓專也。案：《元和姓纂》：「少施，姒姓之後。見《史記》」。

又長一尺一分，厚一寸六分。左側文曰「興寧元年八月」，右側文曰：「莫故鄣郡」，上端文曰：「莫元」，出長興，莫氏墓專也。案：《漢書・地理志》「丹陽郡，故鄣郡，武帝更名丹陽。」《史記・吳王濞傳》正義：「秦鄣郡，今湖州長興縣西南八十里，故障城是也。」《續漢書・郡國志》：「丹陽郡，秦鄣郡。」又云：「故鄣，秦鄣郡所治，是故鄣爲鄣郡所治，非郡名也。」漢武以後，並無鄣郡之名，專稱故鄣郡，誤以縣名爲郡名矣。

又長一尺一寸，厚一寸六分。文曰：「興寧二年八月十日作。」右側「莫都官」三字。出長興，莫氏墓專也。案：《晉書・職官志》：魏尚書，即凡二十三青龍二年，尚書陳矯奏置都官，騎兵合二十五郎。晉武受命，罷農部、定課，置直事、殿中、祠部、儀曹、吏部、三公、比部、金部、倉部、度支、都官、二千石、左民、右民、虞曹、屯田、起部、水部、左右主客、駕部、車部、庫部、左右中兵、左右外兵、別兵、都兵、左右士、北主客、南主客爲三十四曹郎。莫都官，其人必仕至都官。尚書郎，郡志失載。惟陵墓載建威將軍日南、太守莫封墓在縣南四里，縣志和平鎮有晉建威將軍莫佽墓，則晉時莫氏多顯官，而葬于長興者，蓋不一其人也。

又長一尺一寸，厚一寸五分。文曰「興寧二年九月十日駱君和」，俱反文。右側魚鱗紋出長興，駱氏墓專也。君和無攷。駱爲齊太公之後，吳有駱統，東陽人，居會稽，曾孫就晉秦州刺史，湖州本漢會稽郡地也。長興有駱灣，梁安成王田曹參軍駱祕道所居，其君和之後歟。

晉泰和專

長一尺，厚一寸三分。文曰「太和元年八月十日福成作」，上端有「其」字，出烏程，福氏墓專也。齊大夫，福子舟之後，以族字爲氏，見《元和姓纂》。福成，造專者之姓名，不其，縣名，福成蓋不其人也。

又長九寸一分，厚一寸三分。文曰「泰和五年八月一日」，右側「俞公成」三字，上端「俞公成」三字，俞氏墓專也。公成無攷。

晉咸安專

長九寸五分，厚一寸五分。文曰「咸安二年太歲在壬申八月廿五日丁氏作」，出武康，丁氏墓專也。

晉寧康專

長四寸二分，厚一寸三分。上端文曰「寧康三年，朱司」，反文，出烏程，朱氏墓專也。

晉太元專

長九寸八分，厚一寸五分。上端文曰「太元三年」，出烏程。

又長九寸，厚一寸三分。文曰「泰元八年八月廿日」，下錠文，出武康。

又長九寸五分，厚一寸六分。文曰「太元九年八月一日作」，反文。右側「相虎」二字，反文。上端「吳年作」。出烏程，吳氏墓專也。吳年無攷，相虎疑是吳年之字，漢晉以前以虎爲名字者甚多。

又長九寸三分，厚一寸二分。文曰「晉泰元九年七月壬午朔十九日庚子立作」。上端文曰：「田熙哲祚」，篆書，反文，田氏墓專也。田熙哲無攷。「哲」作「晳」，「祚」與「作」通。

又長一尺三分，厚一寸五分。上端文曰「晉太元十六年」，出武康。

晉義熙專

長八寸，厚一寸四分。文曰「義熙十四年」，出武康。

宋

宋永初專

長一尺四分，厚一寸五分。上端文曰「永初元年十一月」，反文，出烏程。

又長九寸八分，厚一寸二分。文曰「永初二年太歲辛酉八月建功」，反文，出烏程。

宋元嘉專

長九寸六分，厚一寸五分。文曰「元嘉七年八月十五日高」，上端花紋，出烏程，高氏墓專也。

又長八寸五分，厚一寸四分。左側文曰「元嘉十年太歲癸酉」，右側文同。上端文曰「苑家作」，下端同。苑氏墓專也。案：苑氏之先出自苑柏何，爲晉樂正，漢有苑鎮，字仲弓，南陽人，官荆州从事。見洪氏《隸釋》卷十二，今湖州尚有苑氏。

又長九寸七分，厚一寸五分。文曰「元嘉十三年太歲丙子起作」，右側錠文，上下端錠文，出武康。起作猶起功也。

又長九寸七分，厚一寸四分。左側文曰「元嘉十五年」，右側「八月」二字，出武康。

宋大明專

長八寸，厚一寸五分。上端文曰「大明二年」四字，宋文帝第三紀元也，出烏程。

宋泰始專

長八寸，厚一寸三分。文曰「泰始六年」，中間古泉文，出烏程。

宋辟泰專

長八寸三分，厚一寸四分。文曰「辟泰三年太歲丁未八月作」，右側泉文七個，上端「沈常遷冢」四字，出烏程，沈氏墓專也。案：自漢至明，無辟泰年號，僭僞者亦無之。宋泰始三年歲在丁未，辟泰蓋泰始之誤也。或曰當讀「泰三年太歲丁未八月作辟」。匠人誤以辟字施之上耳，割建元一字，書之如《司氏專》「康五年」、《包氏專》「咸元年」之例。沈常遷無攷。

陸心源《千甓亭專續録》卷四

無年月專

匈王專

長一尺四分，厚一寸五分。文曰「吳此是匈王」，反文。上端「送頭」二字。出烏程。案：吳，吳國也，「是」作「昰」，匠人省文也。匈王者，四匈胡王、四匈羌王之類。《後漢書·匈奴傳》：「其大者左賢王，次左谷蠡王，次右賢王，次右谷蠡王，謂之四匈。次左右日逐王、次左右温禺鞮王、次左右斬將王，謂之六匈，皆匈奴子弟。」次第當爲單于者故漢印有四角胡王、四匈羌王。漢鏡有匈王巨虚日有憙。吳雖與匈奴隔絶，南服蠻夷，屬役者多。或有夷王子弟質吳而寓居吳興者，角王本非封爵，猶曰諸王子弟耳。「送頭」疑葬者之名，猶匈奴之名頭曼也。

吳興永安專

長一尺，厚一寸五分。文曰「吳興永安八月廿六日作」，出烏程。案：《輿地志》漢烏程之餘不鄉地，吳分爲永安以協謡言，見《通典·武康》注。《祥符圖經》：「漢末童謡云：天子當興東南三餘之間。」吳大帝黄武元年乃改會稽之餘暨爲永興，分烏程餘不鄉合餘杭之境置永安縣。晉太康三年平吳，改永安曰永康，見《吳興志》。即今武康境地也。

富且昌專

長一尺二寸，厚一寸七分。左側文曰「富且昌爵禄臻」，下端文曰：「嗣長殷」，右側星斗文，一字一格，篆文，見前録，出烏程。「爵」作「爵」，「禄」作「祿」，「長」作「镸」。漢印「禄」字有作「祿」者，「干禄諛福」是也。有作「祿」者，尹禄私印是也。有作「禒」者，史禄之印是也。有作「褖」者，寧褖之印是也。漢碑有作「祿」者，《繁陽令楊君碑》「不踰祿求趨」是也。有作「褔」者，《華山碑》「福褔來成」是也。有作「禄」者，《夏承碑》「寵禄傳于歷世」是也。有作「䘵」者，《度尚碑》「匪䘵是榮」是也。有作「䘵」者，《孔謙碣》「遭疾不䘵」是也。無从禾作祿者，足補古篆之缺。長，《説文》：「久遠也，从兀从匕。兀者，高遠意也。」久則變爲亾聲，厈者，倒亾也。無从士作镸者，惟漢瓦當長樂、未央之「長」有作「镸」者，「長生無極」之「長」，有作「镸」者，與專「镸」字相似，是專與甘露潘氏專同出一坑，當是宣帝時制作。瓦當爲漢初人作，時代相近，故字亦畧同。「爵」字篆本作爵，隸省作爵，專作爵，與《韓勅碑》「爵鹿柤梪」之「爵」相似，已開隸書之漸矣。

又一範長一尺二寸五分，厚一寸七分。文字同前。

又一範長同前，厚一寸八分，文字同前。

又一範長一尺六分，厚一寸五分，左側文同前，下端無「嗣長殷」三字，見前録。

既壽考專

長一尺一寸四分，厚一寸六分。文曰「既壽考宜孫子」，出烏程。「壽」作「壽」，與《繆篆分韻》所載《夏侯壽印》之「壽」字相似。

永秘傳專

長一尺六寸，厚左側一寸，右側一寸四分。下端文曰「永祕傳」三字，右側「萬歲不敗」四字。一字一格，出烏程，見前録。「萬」作「[illegible]」，「歲」作「[illegible]」，「不」作「巟」，「敗」作「[illegible]」，皆繆篆之變文也。

申酉專

長九寸六分，厚一寸二分。文曰：「申酉太歲己丑，管道人。」下端兩格乂文，見前録。「申酉」二字，漢人多連用。《易林》「跬蹉側跌，申酉爲災」，又曰「申酉敗時，陰匿萌作」，又曰「申酉跌墓，耋老衰去」，又曰「申酉脱服，牛馬休息，袁子正，論歲在申酉，乞漿得酒」，皆申酉二字並舉。翼奉傳言王者吉午酉，或亦吉午酉之意也。《五行大義·論生死篇》：「木受氣于申，胎于酉，養于戌，生于亥，沐浴于子，冠帶于丑，臨官于寅，王于卯，衰于辰，病于巳，死于午，葬于未。火受氣于亥，胎于子，養于丑，生于寅，沐浴于卯，冠帶于辰，臨官于巳，王于午，衰于未，病于申，死于酉，葬于戌。金受氣于寅，胎于卯，養于辰，生于巳，沐浴于午，冠帶于未，臨官于申，王于酉，衰于戌，病于亥，死于子，葬于丑。水受氣于巳，胎于午，養于未，生于申，沐浴于酉，冠帶于戌，臨官于亥，王于子，衰于丑，病于寅，死于卯，葬于辰。土受氣于亥，胎于子，養于丑，寄行于寅，生于卯，沐浴于辰，冠帶于巳，臨官于午，王于未，衰病于申，死于酉，葬于戌。戌是火墓，火是其母，母子不同，葬進行于丑。丑是金墓，金是其子，義又不合，欲還于未。未是木墓，木爲土鬼，不畏敢入，進休就辰。辰是水墓，水爲其妻，於義爲合，遂葬于辰。昔舜葬蒼梧，二妃不從，故知合葬非古然。季武子云：「自周公以來，未之有改。」《詩》云：「穀則異室，死則同穴。」蓋以敦其義，合骨完，同歸水土共墓，正取此也。此申酉之見于五行生死者也。又論《四時休王篇》：「春則庚辛申酉囚，夏則庚辛申酉死，六月則庚辛申酉相，秋則庚辛申酉王，冬則庚辛申酉休。」此申酉見于四時休王者也。又論配支干曰：「甲乙寅卯，木也，位在東方。丙丁巳午，火也，位在南方。戊己辰戌丑未，土也，位在中央，分王四季寄治。丙丁庚申辛酉，金也，位在西方。壬癸亥子，水也，位在北方。」此申酉之見于干支方位者，即地理家羅盤之肇端。《水經注》中屢有其説。穀水注：「晉水合北川二水，自乾至巽。」汝水注：「《青陂廟碑》言陂在縣坤地。」清水注：「張伯雅墓引水入塋，城爲沼，沼在丑地。」沔水注：「丙穴，穴口向丙是也。」《淮南·天文訓》：「寅爲建，卯爲除，辰爲滿，巳爲平主生，午爲定，未爲執主陷，申爲破主衡，酉爲危主杓，戌爲成主少德，亥爲收主大德。子爲開主太歲，丑爲閉主太陰。」此申酉之見于建除家法者也。《太公六韜》云：「開牙門，當背建向破。」專文「申酉」二字，或主五行生死，或主四時休王，或主向背，或主方位，未敢肊斷。然以《水經注》證之，羅盤之法，六朝固已大行，當指方位，爲近道人，謂道家者流。《漢書·京房傳》「道人始去，涌水爲災」，注：「道人，有道之人。」《地理志·代郡道人縣》注云：「本有仙人遊其地，因以爲名。」是道人之稱，其來久矣。

萬世永封專

長九寸五分，厚一寸八分。文曰「菅萬世永封」，下乂文，菅氏墓專也。

歲在壬午專

長一尺，厚一寸二分。文曰「歲在壬午年平安」，上端魚形，出武康。

七月十九專

長八寸五分，厚一寸二分。上端文曰「七月十九日」，左側花紋。

鄒公八月專

長九寸三分，厚一寸五分。左側「鄒公」二字一格，「八月」二字一格，間以花紋，上端蕉葉文，鄒氏墓專也。

東遷專

長五寸七分，厚一寸三分。文曰「東遷」二字。一字一格，出烏程，釋見前録。

會稽張顯專

長一尺，厚一寸五分。文曰：「會稽張顯建專。」中間泉文，出上虞，張氏墓專也。案：《説文》：「專，六寸簿也。一曰紡專也。」簿，本以木爲之紡專，易之以土形，如六寸簿，故亦名專。因紡專而瓴甓，亦名專。《玉篇》、《廣韻》皆無塼字。至《集韻》而始有塼、磚、甎三字，可知晉六朝以前皆以專爲之。以此專證之，益信。《詩·斯干篇》載「弄之瓦傳紡專也。」《荀子》：「是猶以塼塗塞江海也。」字本作「專」，其作「塼」者，皆唐以後人傳寫所改也。張顯無攷。上虞葛少尹兆奎所贈，得之其宅後圃中。

諸葛始豐專

長六寸五分，厚一寸。文曰「瑯琊陽城諸葛始豐君之墓」，出上虞。案：《後漢書·郡國志》：「瑯琊國，秦置郡。」晉爲國，統縣九，曰開陽、曰陽都、曰臨沂、曰繒、曰即巨、曰華、曰費、曰東安、曰蒙陰。《漢書》：「諸葛豐，字少季，瑯琊人。」《三國志》諸葛孔明兄弟三傳，皆云瑯琊陽都人，豐後。諸葛始豐既籍陽都，必豐之後，不應與遠祖同名。考諸葛恪之孫恢，仕晉爲會稽内史最久，樂其風土，遂家焉，見《諸葛氏譜》。始豐必恢之後，代遠年湮，遂致數典忘祖耳。由是推之，此專非漢制矣。

潘氏專

長一尺，厚一寸四分。文曰「吴興烏程潘氏造」，一字一格，篆文，出烏程，潘氏墓專也。

又一範尺寸文字同前。

胡氏專

長一尺一寸五分，厚一寸七分。文曰「吴興烏程胡氏造」，一字一格，胡氏墓專也，出烏程。

又長一尺一寸，厚一寸一分。文同前，一字一格，與建興三年胡將軍專同出西余山。

元年八專

長五寸五分，厚一寸二分。左側乂文，上端「元年八」三字，出烏程。

辛亥作叨專

長七寸，厚一寸四分。文曰「八月辛亥作叨」，下端三字不可辨，末一字似「倫」字，出武康。

楊公大專

長九寸五分，厚一寸六分。文曰「口年八月」，下端「楊公大建」。左側錠紋，出武康，楊氏墓專也。楊公大無攷。

黄字專

長四寸，厚一寸五分。文曰「黄」，下一字似「趙」字，下斷，上端錠紋。

力勛專

長四寸五分，厚一寸五分。文曰「力勛八月作」，上斷。下端錠紋，出長興。力勛，人名，黄帝臣力牧之後。

家居富波里專

長五寸，厚一寸六分。文曰「癸丑謝氏作」，下端「家居富波里」，出長興，即元康五年專之下半，謝氏墓專也。富波里，里名，蓋即富陂，在長興縣東三十五里。《輿地紀・勝》云「晉武帝太康三年立長城縣富陂村」，即此。又攷嘉泰《吴興志》：「荆溪鄉有魚陂里，而順零鄉復有魚陂里，魚陂在縣南荆溪鄉，是也。」順零在縣東，其魚陂里當爲富陂里之誤。

姓侯居富波專

長四寸五分，厚一寸五分。文曰「丑謝氏作」，上斷。下端「姓侯居富波」，出長興。謝氏墓專也。富波見上。

兀生作專

長五寸八分，厚一寸六分。左側書窗文，花文，上端文曰「元生作」，出烏程，元氏墓專也。案：《元和姓纂》「元爲衛元咺之後」。元生無攷。

癸酉朔專

長四寸五分，厚一寸五分。文曰「癸酉朔三日創立」，上斷，出烏程。

孝子專

長八寸二分，厚一寸七分。文曰「元年六月丙申朔廿日孝子」，上缺，下斷。案：《通鑑目録》漢武帝元封元年、元帝永光四年、成帝元延元年、宋營陽王景平元年，皆六月丙申朔。此「專」字畫古勁，與漢甘露本初專相頡頏，决非宋製，當定爲漢物可無疑也。

吴陽專

長四寸三分，厚一寸四分。上端文曰「吴口陽」，「吴」字下一字似「俊」字，左側有「昌」字，古泉文，斜格文，乂文，出武康。

十七日專

長五寸八分，厚一寸四分。上斷，文曰「辰朔十七日作訖」，下斷。

故鄣專

長四寸八分，厚一寸七分。上斷，文曰「在癸未故鄣」，王王氏墓專也。故鄣縣在今武康縣境。

陳蝠專

長五寸，厚一寸七分。左側「萬」，下斷。上端「陳蝠」二字，出武康，陳氏墓專也。陳蝠無攷。《説文》有「[illegible]」字，無「蝠」字，「蝠」字恐是「[illegible]」之俗作，或曰即「融」字也。

施俱專

長五寸三分，厚一寸七分。文曰：「施俱所作。」一字一格，出烏程，施氏墓專也。施俱無斁。

在丙戌專

長五寸五分，厚一寸四分。文曰「七月太歲在丙戌施」，下端乂文。

君富貴專

長一尺一寸四分，厚二寸二分。左側「萬歲不敗」四字，下端「君富貴」三字。一字一格，繆篆，出安吉。「富」作「富」，與《尹宙碑》「富波矦相」之「富」同。「貴」作「買」，幾與「買」字無別。「萬」作「萬」，「歲」作「歲」，皆當時俗字。「不」作「不」，「敗」作「貼」，與篆文合。

范氏專

長一尺一寸，厚一寸八分。左側「萬歲不敗」，右側「范氏」二字。上端「萬歲」二字，下端有「范」字。出烏程，范氏墓專也。

大吉專

長一尺六寸，厚一寸一分。左側花文，上端「大吉作」。上有花文。出烏程。

虎頭專

長一尺一寸八分，厚二寸。文曰「萬歲不敗」，古篆文。上端虎頭形。出烏程。

己未大吉專

長一尺二寸，厚一寸五分。文曰：「萬歲不敗，己未大吉作」。上端古篆文，出烏程，蓋作于己未歲也。

萬歲五銖泉專

長一尺一寸，厚一寸六分。文曰：「萬歲不敗。」上端「萬歲」，平面五銖泉五，間以花文，繆篆。出烏程。「萬」作「萬」，「歲」作「歲」，「不」作「不」，「敗」作「敗」。

萬歲魚鳥專

長一尺一寸二分，厚一寸七分。文曰「萬歲不敗」，上端魚鳥形，出安吉。「萬」、「不」二字同前，歲作「歲」，「敗」作「貼」。

萬歲魚專

長一尺一寸五分，厚一寸五分。文曰「萬歲不敗」，上端魚形，出安吉。

萬歲雙虎頭專

長一尺一寸，厚二寸五分。文曰「萬歲不敗」，上端雙虎頭形，出烏程。

萬歲不敗專

長一尺二寸，厚一寸六分。文曰「萬歲不敗」，繆篆文，出烏程。「萬」作「萬」，「歲」作「歲」，「不」作「不」，「敗」作「貼」，皆繆篆之變。

又長一尺一寸，厚一寸八分。文曰「萬歲不敗」，上端「萬歲」二字皆繆篆文，出烏程。「萬」作「萬」，「歲」作「歲」，「不」作「不」。

建志專

長九寸五分，厚一寸五分。左側古泉文四，一泉一格。下有「朱」字，上端「建志卜兒」四字，出烏程。案：建爲楚太子建之後，以名爲氏。漢元后傳有建居，趙幽王臣有建德，見《風俗通·氏族畧》。建志，造專者之姓名也。或曰朱其姓，建志其名。「卜兒者」，卜葬其子之謂，猶「屠玉專」之「屠玉兒子」也。

甲丙丁丑酉專

長一尺五分，厚一寸四分。文曰「萬歲不敗」，古篆文。上端「甲丙丁丑酉」五字，「甲」字上有直格。出烏程。

萬歲康專

長一尺，厚一寸五分。文曰「萬歲康福慶長」，上端「范氏貴」三字，下端古篆文，出烏程，范氏墓專也。「萬歲康福慶長」皆頌禱之辭。《易林》「先知吉祥，言嘉福慶」，又曰「澤被殊方，福慶隱伏」，又曰「逢時積德，身受福慶」，又曰「先見善祥，吉盛福慶」，又曰「老賴福慶，光榮相輔」，又曰「受其福慶，永降其祥。」

萬歲虎頭專

長一尺，厚一寸五分。文曰「萬歲不敗」，下端虎頭形，出烏程。

千秋萬歲專

長八寸七分，厚一寸二分。文曰「千秋萬歲」四字，篆文，出烏程。

吳家專

長六寸，厚一寸四分。文曰「造作吳家吉」，下斷，上端「萬歲」，出烏程，吳氏墓專也。

虎形專

長四寸二分，厚一寸五分。上端全虎形，左側「萬」字，下斷。出烏程。

龍形專

長一尺二分，厚一寸四分。上端「萬歲」，左側龍形，出烏程。

孟有千年專

長一尺一寸，厚二寸五分。文曰「萬歲不敗」，繆篆。下端「孟有千年」。出烏程，與建衡專同出一處，孟氏墓專也。或曰《管子》註「孟，大也」，《文選》注「孟，勉也」。言大有千年，與大吉祥、大富貴同意。勉有者，亦冀幸頌禱之詞也。

千千萬吉專

長一尺五分，厚一寸五分。文曰「萬山不敗，富貴吉。」上端文曰：「千千萬吉。」以山爲歲，匠人之省文也，出烏程。

大吉昌專

長一尺一寸三分，厚一寸五分。文曰「大吉昌宜矦王」，上端「君宜官」三字，一字一格，出安吉。

大吉宜子孫專

長一尺一寸八分，厚一寸八分。文曰「萬歲不敗」，上端「大吉子孫」，出烏程。

平安富貴專

長一尺五分，厚一寸七分。文曰「□千萬歲平安富貴」，下端「世平安」，出烏程，皆頌禱之辭。

富貴專

長一尺一寸八分，厚三寸三分。上下花紋，中間「富貴」二字，竝列姚彥侍方伯所贈，出四川。「富」作「富」。

長壽貴專

長一尺二寸四分，厚一寸九分。文曰「長壽貴」，上端「安樂」二字，古篆文，出烏程。

宜僊壽貴專

長一尺一寸三分，厚一寸二分。文曰「宜僊壽貴」，上端文曰「宜仙」，皆繆篆，陰文，出長興。案：「宜仙壽貴」，皆頌禱之辭。《說文》：「僊，長生僊去也。从人䙴殻。」劉熙《釋名》：「老而不死曰僊。僊，遷也，遷入山也。」愚謂此亦生礦專宜僊者，希冀不死也。

僊壽貴專

長一尺，厚一寸六分。文曰「僊壽貴」，下端「僊」字可辨。下一字泐，古篆，陰文，出烏程。

萬世百萬專

長一尺八分，厚一寸八分。文曰「萬世不敗，百萬」，反文，下端花紋。百萬亦頌禱之詞。

大吉子多專

長一尺六分，厚一寸四分。文曰「大吉子多所宜」，下乂文，出紹興。

萬歲無極專

長一尺，厚一寸五分。文曰「萬歲無極子孫千」，出烏程。案：皆頌禱之辭。秦瓦當文曰「與天無極」。漢瓦當文曰「長生無極，長樂無極」。武帝刻石曰「與天無極，人民蕃息」。《易林》：「長生無極，子孫千億。」又曰：「隆我福祉，貴壽無極。」皆其證也。

歲在辛巳專

長七寸六分，厚一寸七分。文曰「歲在辛巳，七月十日造」，下端「富貴宜壽」，出烏程。

宜子孫眾多專

長一尺四分，厚一寸九分。文曰：「萬年宜子孫眾多。」上端有「年」字，出長興。「眾」作「[illegible]」，與《繆篆分韻》所收「張眾」之「[illegible]」同一省文。「多」作「[illegible]」，與《繆篆分韻》所收曹多之「[illegible]」同一變體。「宜子孫眾多」皆頌禱之辭。《莊子・天地篇》「堯觀乎華，華封人祝曰：使聖人壽，使聖人富，使聖人多男子。」

富貴老專

長四寸七分，厚一寸八分。文曰「富貴老」，下斷。上端月形，下有「米」字，出長興，米氏墓專也。

富貴安專

長四寸六分，厚一寸六分。文曰「富貴安」，右側「宜永昌」，出長興。「昌」作「回」。

六吉羊專

長四寸八分，厚一寸。下端「大吉羊」三字。左側四字，可辨者「𠬜𠬞」二字，出烏程。案：《說文》：「𠬞，竦手也。從𠂇又。」「𠬜，引也。從反𠬞。」

魚形專

長一尺一寸，厚一寸七分。左側上下魚形，中間泉文花文，下端魚形。

魚形花紋專

長一尺七分，厚一寸六分。左側中間魚形，上下書窗文，上端古篆文。

花紋專

長一尺，厚一寸五分。八卦文、星斗文。

章氏專

長一尺一寸，厚二寸二分。上端「章氏」二字，左側古泉三，間以斜格文，出烏程，章氏墓專也。

五銖泉專

長一尺二寸，厚一寸八分。上端五銖泉二，左側斜格文。

八月大吉專

長一尺一寸，厚一寸。文曰「八月大吉宜矦王叀世作」，上端乂文，出烏程，專氏墓專也。案：《説文》：「叀，小謹也。」「專，六寸簿也。从寸叀聲。」叀者，專之省文也。專氏不知所自出，吳有專諸，或曰「叀世借爲傳世也」。

朱君專

長一尺三分，厚一寸二分。左側文曰「此是朱君所作玨可立」，上端文曰「世世相傳」，下端文曰「萬世不敗」，出烏程。

徐服專

長九寸八分，厚一寸二分。文曰：「徐服字行先。」「徐」字上二字不可辨，出烏程，徐氏墓專也。徐服無攷。案：徐氏墓在郡境者，漢有日南、九江二郡太守徐禹、立節校尉海西侯徐鴻，吳有安東侯徐盛、五官中郎將徐典，晉有秘書監徐廣，則徐氏固吳興大族也。

屠玉兒子專

長九寸二分，厚一寸三分。文曰「屠玉兒子家長生」，上端「屠錢壁」，下端「萬年吉」三字，出烏程，見前録。案：「兒子」二字雖俗，其來已久。《史記・齊悼惠世家》「兒子畜之」，《張釋之傳》「教兒子不謹」。《漢書・高帝紀》：「鄉者夫人兒子皆以君。」《魏志・王昶傳》：「書戒兒子及子曰。郭伯益宏曠不足，輕貴有餘，不願兒子爲之。徐偉長不治，名高，惟道是務，願兒子師之。劉公幹性行不均，少所拘忌，不願兒子慕之。任孝先湻粹履道，內敏外恕，願兒子遵之。」皆漢人語也。

高氏專

長五寸九分，厚一寸四分。文曰「年八月十五日高」，上缺，高氏墓專也，出烏程。

萬建專

長三寸一分，厚一寸八分。文曰「朔廿六日萬建」，上缺。萬氏墓專也，出烏程。

施氏造專

長六寸八分，厚一寸四分。左側文曰「八月甲子施氏造」，左側上斜方格文，下錠文。

紀事

《隋書》卷六《禮儀志一》 明堂在國之陽。梁初，依宋、齊，其祀之法，猶依齊制。禮有不通者，武帝更與學者議之。舊齊儀，郊祀，帝皆以衮冕。至天監七年，始造大裘，而《明堂儀注》猶云衮服。十年，儀曹郎朱异以爲：「《禮》大裘而冕，祭昊天上帝。五帝亦如之。良由天神高遠，義須誠質，今從汎祭五帝，理不容文。」於是改服大裘。异又以爲：「齊儀初獻樽彝，明堂貴質，不應三獻。又不應象樽。《禮》云：『朝踐用太樽。』鄭云：『太樽，瓦也。』《記》又云：『有虞氏瓦樽。』此皆在廟所用，猶以質素，況在明堂，禮不容象。今請改用瓦樽，庶合文質之衷。」又曰：「宗廟貴文，故庶羞百品，天義尊遠，則須簡約。今《儀注》所薦，與廟不異，即理徵事，如爲未允。請自今明堂肴膳準二郊。但帝之爲名，本主生育，成歲之功，實爲顯著。非如昊天，義絶言象，雖曰同郊，復應微異。若水土之品，蔬果之屬，猶宜以薦，止用梨棗橘栗四種之果，薑蒲葵韭四種之葅，粳稻黍粱四種之米。自此以外，郊所無者，請並從省除。」

初，博士明山賓制《儀注》，明堂祀五帝，行禮先自赤帝始。异又以爲：「明堂既汎祭五帝，不容的有先後，東階而升，宜先春帝。請改從青帝始。」又以爲：「明堂籩豆等器，皆以彫飾。尋郊祀貴質，改用陶匏，宗廟貴文，誠宜彫俎。明堂之禮，既方郊爲文，則不容陶匏，比廟爲質，又不應彫俎。斟酌二途，須存厥衷，請改用純漆。」异又以「舊儀，明堂祀五帝，先酌鬱鬯，灌地求神，及初獻清酒，次酃終醁。禮畢，太祝取俎上黍肉，當御前以授。請依郊儀，止一獻清酒。且五帝天神，不可求之於地，二郊之祭，並無黍肉之禮。並請停灌及授俎法。」又以爲：「舊明堂皆用太牢。案《記》云『郊用特牲』，又云『天地之牛，角繭栗』。五帝既曰天神，理無三牲之祭。而《毛詩・我將》篇，云祀文王於明堂，有『維羊維牛』之說。良由周監二代，其義貴文，明堂方郊，未爲極質，故特用三牲，止爲一代之制。今斟酌百王，義存通典，蔬果之薦，雖符周禮，而牲牢之用，宜遵夏、殷。請自今明堂止用特牛，既合質文之中，又見貴誠之義。」帝並從之。

《舊唐書》卷二三《禮儀志三》　前羅文府果毅李敬貞論封禪須明水實樽：「《淮南子》云：『方諸見月，則津而爲水。』高誘注云：『方諸，陰燧，大蛤也。熟摩拭令熱，以向月，則水生。以銅盤受之，下數石。』王充《論衡》云：『煬燧取火於日，方諸取水於月，相去甚遠，而火至水來者，氣感之驗也。』《漢舊儀》云：『八月飲酎，車駕夕牲，以鑑諸取水於月，以陽燧取火於日。』《周禮·考工記》云：『金有六齊。金錫半，謂之鑑燧之齊。』鄭玄注云：『鑑燧，取水火於日月之器也。』準鄭此注，則水火之器，皆以金錫爲之。今司宰有陽燧，形如圓鏡，以取明火；陰鑑形如方鏡，以取明水。但比年祠祭，皆用陽燧取火，應時得；以陰鑑取水，未有得者，常用井水替明水之處。」奉敕令禮司研究。敬貞因説先儒是非，言及明水，乃云：「《周禮》金錫相半，自是造陽燧法，鄭玄錯解以爲陰鑑之制。依古取明水法，合用方諸，引《淮南子》等書，用大蛤也。」又稱：「敬貞曾八九月中，取蛤一尺二寸者依法試之。自人定至夜半，得水四五斗。」奉常奏曰：「封禪祭祀，即須明水實樽。敬貞所陳，檢有故實。」又稱：「先經試驗確執，望請差敬貞自取蚌蛤，便赴太山與所司對試。」

是日，制曰：「古今典制，文質不同，至於制度，隨世代沿革，唯祀天地，獨不改張，斯乃自處於厚，奉天以薄。又今封禪，即用玉牒金繩，器物之間，復有瓦罇秸席，一時行禮，文質頓乖，駁而不倫，深爲未愜。其封祀、降禪所設上帝、后土位，先設槀秸、瓦甒、瓢杯等物，並宜改用裀褥罍爵，每事從文。其諸郊祀，亦宜準此。」於是昊天上帝之座褥以蒼，皇地祇褥以黄，配帝及后褥以紫，五方上帝及大明、夜明席皆以方色，内官已下席皆以莞。

《新唐書》卷二〇《禮樂志一〇》　既殯，設靈座於下室西閒，東向，施牀、几、桉、屏、帳、服飾，以時上膳羞及湯沐如平生。殷奠之日，不饋於下室。

廬在殯堂東廊下，近南，設苫凷。齊衰於其南，爲堊室，俱北户，翦蒲爲席，不緣；大功又於其南，張帷，席以蒲；小功、緦麻又於其南，設牀，席以蒲。婦人次於西房。

三日成服，内外皆哭，盡哀。乃降就次，服其服，無服者仍素服。相者引主人以下俱杖升，立於殯，内外皆哭。諸子孫跪哭尊者之前，祖父撫之，女子子對立而哭，唯諸父不撫。尊者出，主人以下降立阼階。

朔望殷奠，饌於東堂下，瓦甒二，實醴及酒，角觶二，木柶一，少牢及腊三俎，二簋，二簠，二鉶，六籩，六豆。其日，不饋於下室。

《新唐書》卷二〇《禮樂志一〇》　虞。主用桑，長尺，方四寸，孔徑九分，烏漆匱，置於靈座，在寢室内户西，東向，素几在右。設洗於西階西南，瓦甒二，設於北牖下，醴、酒在東。喪者既沐，升靈所。主人及諸子倚杖於户外，入哭于位如初。饌入，如殷奠，升自東階。主人盥手洗爵，酌醴，西面跪奠，哭止。祝跪讀祝，主人哭拜，内外應拜者皆哭拜。乃出，杖降西階，還次。間日再虞，後日三虞，禮如初。

《新唐書》卷三八《地理二》　虢州弘農郡，雄。本虢郡，治盧氏。義寧元年，析隋弘農郡三縣置。貞觀八年徙治弘農。天寶元年更郡名。土貢：絁、瓦硯、麝、地骨皮、梨。户二萬八千二百四十九，口八萬八千八百四十五。縣六。有府四，曰鼎湖、全節、金明、開方。弘農，緊。本隋弘農郡，義寧元年曰鳳林，領弘農、閿鄉、湖城。武德元年曰鼎州，因鼎湖爲名。貞觀八年州廢，縣皆來屬。神龍初避孝敬皇帝諱，曰恒農，開元十六年復故名。南七里有渠，貞觀元年，令元伯武引水北流入城。閿鄉，望。貞觀元年來屬。有潼關，大谷關，武德二年廢。有鳳陵關，貞觀元年廢。有軒遊宫，故隋別院宫，咸亨五年更名。湖城，望。義寧元年置。乾元三年更名天平，大曆四年復舊。有故隋上陽宫，貞觀初置，咸亨元年廢。縣東故道濱河，不井汲，馬多渴死，天寶八載，館驛使、御史中丞宋渾開新路，自稠桑西由晉王斜。有熊耳山；覆釜山，一名荆山。朱陽，上。龍朔元年隸商州，萬歲通天二年隸洛州，後來屬。有鐵。玉城，上。義寧元年置。盧氏。上。武德元年置。南有朱陽關，武德八年廢。

著録

永瑢等《四庫全書總目》卷一一五　《硯箋》四卷。浙江巡撫採進本。宋高似孫撰。似孫有《剡録》，已著録。是書成於嘉定癸未，前有自序，序末數語，隱澀殆不可解。與所作《蟹略》序體格，彷彿相似。陳振孫稱似孫之文好以怪僻爲奇，殆指此類歟。其書第一卷爲端硯，分子目十九。卷中硯圖一類列四十二式，註曰歙石亦如之。然圖已不具，意傳寫佚之也。第二卷爲歙硯，分子目二十。

第三卷爲諸品硯，凡六十五種。第四卷則前人詩文，其詩文明題曰端硯、歙硯者，已附入前二卷内。是卷所載，皆不標名品，故别附之諸品後耳。《宋志》所録硯譜，今存者尚有四五家，大抵詳於材産質性，而罕及其典故。似孫此書獨晚出，得備採諸家之説。又其學本淹博，能旁徵羣籍以爲之佐證，故敘述頗有可觀。中閒稍有滲漏者，如《李後主青石硯爲陶穀所碎》一條，乃出無名氏《硯譜》中，爲曾慥《類説》所引。今其原書收入左圭《百川學海》，尚可檢核。似孫竟以爲出自《類説》，未免失於根據。然其大致馴雅，終與龐雜者不同。如端州綠石爲諸品所不載，據王安石詩增入，亦殊賅洽。錢曾《讀書敏求記》亦稱唐人言吴融《八韻賦》古今無敵，惜乎亡來已久。此存得古瓦研賦一篇，巋然魯靈光也，則亦頗資考據矣。

永瑢等《四庫全書總目》卷一一五 《文房四譜》五卷。浙江吴玉墀家藏本。宋蘇易簡撰。易簡字太簡，梓州銅山人。太平興國五年進士，官至參知政事，以禮部侍郎出知鄧州，移知陳州卒。事蹟具宋史本傳。是書凡《筆譜》二卷，《硯譜》、《墨譜》、《紙譜》各一卷，而筆格、水滴附焉。各述原委本末，及其故實，殿以詞賦詩文，合爲一書。前有徐鉉序，末有雍熙三年九月自序，謂因閲書秘府，集成此譜。考歐陽詢《藝文類聚》，每門皆前列事蹟，後附文章。易簡蓋仿其體式，然詢書兼羅衆目，其專舉一器一物，輯成一譜，而用歐陽氏之例者，則始自易簡。後來《硯箋》、《蟹録》，皆沿用成規，則謂自易簡刱法可也。其搜採頗爲詳博，如梁元帝《忠臣傳》、顧野王《輿地志》之類，雖不免自類書之中轉相援引。其他徵引，則皆唐、五代以前之舊籍，足以廣典據而資博問。當時甚重其書，至藏於秘閣，亦有以矣。《宋史·本傳》但稱《文房四譜》，與此本同。尤袤遂初堂書目作《文房四寶譜》，又有《續文房四寶譜》。考洪邁《歙硯説·跋》稱揭蘇氏文房譜於四寶堂，當由是而俗呼四寶，因增入書名，後來病其不雅，又改題耳。

永瑢等《四庫全書總目》卷一一五 《墨法集要》一卷。永樂大典本。明沈繼孫撰。繼孫，洪武時人，但自署其籍爲姑蘇，餘不可考。惟倪瓚《雲林集》有贈沈生《賣墨詩·序》曰：「沈學翁隱居吴市，燒墨以自給，所謂不汲汲於富貴，不戚戚於貧賤者也。煙細而膠清，墨若點漆，近世不易得矣，因賦贈焉。」時代、姓氏，里貫一一相符，則學翁殆繼孫之字歟。繼孫自云，初受教於三衢墨師，後又從一僧得墨訣，遂併録成書。凡爲圖二十有一，圖各有説，實近代造墨家之所祖也。古墨皆松煙，南唐李廷珪始兼用桐油，後楊振、陳道真諸家皆述其法。元明以來，松煙之製漸廢，惟油烟獨行，繼孫所製，今不傳。其工拙雖莫可考，而此書由浸油以至試墨，敘次詳核，各有條理，班班然古法具存，亦可謂深於兹事矣。世傳晁氏《墨經》，其説太略，而明以來方氏、程氏諸譜，又斤斤惟花紋模式之是矜。不若是書之縷析造法，切於實用。録而傳之，是亦利用之一端，非他雜家技術徒爲戲玩者比也。

永瑢等《四庫全書總目》卷一一五 《欽定西清硯譜》二十五卷。乾隆四十三年奉敕撰。每硯各圖其正面背面，閒及側面。凡奉有御題、御銘、御璽及前人款識印記，悉皆案體臨摹，而詳述其尺度、材質、形製及收藏賞鑒姓名，系説於後。其舊人銘跋，併附録宸章之後。下逮臣工奉敕所題，亦得備書。其序先以《陶之屬》，上自漢瓦，下逮明製，凡六卷。次爲《石之屬》則自晉王廞璧水硯以至國朝朱彝尊井田硯，凡十五卷，共爲硯二百，爲圖四百六十有四。其後三卷曰《附録》，爲硯四十有一，爲圖百有八，則今松花、紫金、駝基、紅絲諸品及仿製澄泥各種皆備列焉。古澤斑駁，珍産駢羅，誠爲目不給賞。而奎藻璘瑞，徵名案狀，如化工肖物，尤與帝鴻之製，周武之銘，同照映萬古。然睿慮深長，不忘咨儆，恒因器以寓道，亦即物以警心。伏讀御製序有云：『惜淪棄，悟用人，慎好惡，戒玩物。』無不三致意焉。信乎聖人之心所見者大，不徒視爲文房翰墨之具矣。内廷所貯本，總二十四册，今案册爲卷，而以原目爲首卷，凡二十五卷。

張潮《漢甘泉宮瓦題辭》 余每見銅雀瓦研輒詆爲贋物，不復寶愛，蓋其色澤款識皆不足以動人。吴中駔儈類能爲之，後于曲阜孔君東塘許見漢銅尺，孔君因言其鄉農人往往于田中耕得古物，余恨不能爲彼中田畯，徜徉阡陌間，或有所得。已卯夏新城王阮亭先生以閩中林君吉人所著《漢宮瓦圖》郵示于余，余讀其記，知厥兄同人于田間瓦礫中得之，余又恨不能手把此瓦，一日三摩挲也。夫天下至賤而易壞者無過于瓦，自漢武以迄于今凡一千七百餘年，今此瓦不獨完好如故，且入土既久古色爛然，物雖至賤，遂無難駕珪璧而上之，然苟非博雅好古如林君者，則此瓦暴露既久，又安知其不爲鉏犁之所破碎乎。獨是瓦之形大抵狀如剖竹，今觀此圖又似平圓如鏡，當是瓦之在簷牙者，其下垂之一端如此，恨無由向林君一質問之耳。夫漢家宮闕萬户千門，頗稱壯麗，即簷牙之瓦當亦不下若干萬，而僅留此一片于零甎斷甓間，豈製此瓦之際，其時日干支獨勝耶。新安張潮題。

徐釚《甘泉宮瓦記》 甘泉宮瓦，閩中林子同人，從父官遊長安，於亂山中得之，徑五寸強，厚一寸弱，背平可研墨，以水漬之，有翡翠紋如古彝器，即唐宋以來所謂瓦頭研也。蓋入土歲久，其質理亦温潤可愛。按甘泉宮址在今淳化縣，距長安三百餘里，一曰雲陽宮。《史記》：秦始皇二十七年造，漢武帝建元中增廣之，雕文刻鏤，窮極奢侈，與栢梁建章相埒。今至漢已久，遺迹都不可攷，唯當年瓦礫委棄荒烟野草中者，久而未泐，往往雜出於風霜兵火之餘。如此瓦者，字畫猶甚完好，余把玩久之，因思項籍入咸陽，阿房既焚，漢家創業，宜崇節儉，乃所爲長樂未央，複閣飛樓，千門萬户，照耀於秦山渭水間者，周數十餘里，即今《三輔黄圖》、《西京雜記》所載，抑何盛也。及至炎祚一移，玉墄珠簾化爲灰燼，雖片瓦僅存，亦久摧剥於樵夫牧豎之手，何意二千餘年，乃得博雅好古之士如林子者，長鑱木柄，搜剔於荒崖殘塚之墟，懷之而歸，如獲拱璧，裹以錦囊，注以名泉，時復爲之摩挲寶玩，俛仰太息，恍若置身西京以上，則瓦之所遭，不厚幸也哉。甲戌五月，余客三山，同人令弟吉人出示此瓦，并摹其文示余，遂爲之記，再賦四絕句以寓憑弔云：

武帝乘龍事可哀，更無人到集靈臺。唯留一片甘泉瓦，曾照西京烽火來。集靈臺，李夫人葬處。

雲陽宮殿久摧殘，遺瓦猶同渭水寒。莫向銅駝問消息，金仙清淚不曾乾。

已無寶鼎薦芝房，碧瓦徒憐委路傍。猶勝臨漳老銅雀，不從臺畔看分香。

土花如繡色逾妍，拾取荒山夕照邊。留與詩人供嘯詠，夜深常得伴陳元。

又詩　王譽昌

地指雲陽是處哀，漫憑遺瓦想樓臺。金莖甲帳神仙窟，剩有長生兩字來。

磨洗鱗鱗片碧殘，自然鮮潤自清寒。當年雨露知多少，重疊苔痕漬未乾。

斲成員璧列文房，猶勒甘泉字在傍。不用龍睛開半勺，玉蟾蜍吐露華香。

霜毫水繭共清研，獻賦應隨到日邊。釋却褐衣臨即墨，明光殿上賜重元。

祥符周在浚雪客

瓦頭硯得自甘泉，製度應知元狩年。今日摩挲藏寶匣，不教衰草泣寒烟。

古樸知從西漢遺，通天臺閣入雲奇。依稀尚有長生字，如見東方奉御時。

高人弔古每流連，偏在荒殘水石邊。拾得瓦頭如拱璧，漢家遺蹟得君傳。

曾爲高僧記未央，雀臺遺物誤香姜。何期今日桐陰裏，老眼重觀古墨香。

山陽張烈

不見甘泉宮，猶見甘泉瓦。兹瓦未墮時，鱗次蒼苔下。兵戈歷歲年，陵谷遞傾瀉。金玉爲塵沙，隨風肆飄灑。何期此物存，模文諒非假。林子具豪情，拾得跨鞍馬。雄劍徒在匣，古陶時復把。默坐想秦灰，孰是長留者。

平湖陸棻義山

丹青三代物，科斗古文書。偶得猶堪喜，專心更不虛。澄淘嚴冶鑄，瓴甋重璠璵。認取長生字，銷炎憶玉魚。瓦上細看是長生未央四字。海内真風雅，三山有二林。時宜俱不合，仙骨總非令。金石廬陵癖，嫏嬛廣武滛。交游雖恨晚，猶許托同音。

秀水朱彝尊竹垞

西京無書家，但有急就凡將篇。其後闕里闕，乃得五鳳二年甎。滕公石室閟已久，文體偶詭乖自然。芝英鶴頭書，歲遠俱沉堙。孰能抉淵奥，冥索崔張先。福州林佀媕蒼雅，褱中忽出甘泉瓦。長生未央字當中，逸態横生恣塗寫。定州漢廟不足珍，銅雀香姜盡流亞。吾聞甘泉本是祖龍之所遺，武帝因而恢拓之。非無益壽延長字，今已蕩盡捐錙釐。金銅仙人別渭水，椽桷自毀化作龍鱗而。當知是瓦定有鬼神護，不然安得團圞如鏡，勿使纖毫虧。伊誰擅此隸法古，毋乃史邈丞相斯。下至元封人物能爾寫，佀也好奇莫與並。韻搨硬黄墨一挺，裝池作册要客題。重之不異焦山鼎，吾生大嗜金石文。南逾五嶺西三雲，手披叢篁剪荆棘。殘碑斷塔搜秋墳，攜歸蓬屋少香芸。壁魚散走饑鼠嚙，蟲涎粉蚌徒紛紛。佀兮佀兮真好事，殿闕遺墟靡不至。短衣匹馬尋昭陵，陪葬諸臣辨銜位。旁及降王一十四，右先咄苾左什毖。殿以阿那范頭利，舊史缺略新史刪。佀也爲之考其次，試入儲藏蘭話堂。長物何論金一笥，君家嚴君政不苛。至今秦地猶謳歌，年過八十尚健飯。丹砂不餌朱顏酡，循陔之養樂事多。長生瓦兆本爲此，請君一日三摩挲。

山陽丘象隨季貞

陸離土鑑蠹雕蟲，廢址依稀認舊宮。可惜張華未相見，當時放失志圖中。

朝餘風露暮餘烟，古道荆榛有歲年。烽火舊連三百里，未央宮瓦落甘泉。

仔細長生兩字摹，長安八代帝王都。離宮別館知多少，鈎弋香魂倩玉奴。

好古先生非好奇，敢將遺瓦重人思。最憐世上敦龎氣，斲盡秦皇漢武時。

新城王士正貽上

漢宮一百四十五，《三輔黄圖》：漢畿千里内殘宮館一百四十五所。横絕南山包九嵕。未央建章最廣麗，渭北更起甘泉宮。甘泉之山化金碧，千門萬户交玲瓏。通天臺高屹宮表，下瞰雲雨青濛濛。武皇求仙跨滄海，射魚牽犬東門東。《秦始皇紀》：立石東海上以爲秦東門。孫卿已誅五利死，飛廉桂館猶巃嵸。上陵磨劍勢一變，雲陽烟草悲秋風。甲帳珠簾盡黄土，何况片瓦埋荒叢。林生好古極幽賾，短衣匹馬空山中。太乙壇邊弔鉤弋，悲歌躑躅斜陽紅。此瓦出土事非偶，長生古篆疑神工。濯以清泉襲綈錦，攜歸嶺海光熊熊。令弟繪圖亟示我，使我懷古憂心忡。終南渭水舊遊歷，漢家陵闕隨飛蓬。豈知一瓦供賞識，遠與石鼓岐陽同。兄視羽陽羽亦作棫。弟銅雀，纖見慎勿加磨礲。

長汀黎士宏媿曾

跋

記戊辰人三山，晤林敏子先生，時年七十，坐臥小園，頗饒樹石之勝。季君吉人他出，得交其長君同人，并見同人所著《昭陵墨蹟考》，曾跋數行歸之，今更見其《漢瓦圖説》，園陵寢殿，久已化爲冷雨寒風，一二零甄斷甓，何足有無。乃同人得此，寶惜珍藏，吉人作記，語尤凄麗，一時學士大夫，又從而歌之咏之，使二千年間成敗興亡，歷歷在眼，豈徒其物之謂哉。聞敏子健甚，率諸子閉户著書，興復不淺，人生何事，抑唯適志爲歡耳。父子見弟以文章名德，標長風流，享人世不争之福，覺潁川朗陵，去人不遠矣。

東武李澄中漁村

丙寅歲余在京師，曾爲人題未央瓦硯，已不復記憶矣。丁丑秋來閩中，與林子吉人交，一日偕丘洗馬季貞過樸學齋，林子出其兄同人所藏甘泉宫瓦頭硯相示，上有長生甘泉四字，其樸質古茂，與未央迥殊。余家有季孫行父所城口古瓦二葉，其質甚堅，瓦口有籀文，一曰千秋，一曰萬歲，字畫圓潤可愛，叩之作金石聲。今觀此瓦正與相類，其爲甘泉舊物無疑，覺未央銅雀不辨而知其贋矣。甘泉宫在陝西淳化亂山中，同人於旅次，不意而搜得之，搨以爲册，命海内詩人題咏之。備矣嗟乎，以武帝之雄才大略，其所開拓，西過玉門，南至於海，即今之七閩兩粤皆其地也。漢祚既移，今所流傳於人間者，獨有數瓦在耳，尒爲紀其始末而歸之，且以誌人代之感焉。

跋

古者宫殿之瓦，其色黝然，與民間無異，特精粗不同耳。後世創爲琉璃之窑，雖不知始于何時，然觀小李將軍所畫宫圖，與近代無異，則是宫瓦黄緑之色，自隋唐間當已有之，因讀林君《漢瓦記》，偶筆于此，以俟博雅好古者詳考焉。新安張潮。

漢甘泉宫瓦記一卷福建巡撫採進本

國朝林佶撰，佶字吉人，侯官人，康熙巳卯舉人，直武英殿，壬辰特賜進士，授内閣中書。此瓦乃佶之兄侗得於陝西石門山中，琢以爲研，今其後人猶藏之。瓦背一印外圓而中，以格斗界之字，隨格斗作三角形，其文曰長生未央。世亦多有拓本，王士禛詩注及此卷末張潮跋均以爲長生甘泉四字誤也。

朱楓《秦漢瓦圖記·序》 余少時嘗讀王阮亭《甘泉宫長生瓦歌》及林吉人所爲《瓦圖記》，不禁神往，千里爲遥，往來於懷而已。歲辛未，大兒家瀌任醴泉，余亦繼至。暇甚無事，訪所謂甘泉宫者，在今淳化山中，去醴百里，而近求之，數年忽得一枚，不勝狂喜，《圖記》所云：不易得者，今竟得之矣。晨夕摩娑，幽興轉劇，思有以益之。適瀌見移咸寧，未幾丁内艱，留滯未歸，所居地與秦之阿房、漢之未央諸宫不三四十里，於是遍訪故宫遺址，日與田夫牧豎問途探徑，畚土壤，誅草茅，披砂礫，間有所得，珍之逾於珪璋琬琰。或數月無獲，亦訪求勿勌。二三友朋以余好之篤，凡有舊藏，搨以見遺，積之數年，所得甚夥，乃擇其尤者得十五種。又文同而書法小異者，亦十五種，各爲圖記之，以公同好，且以廣林氏之傳焉。乾隆巳卯仲秋，排山老人朱楓書於秦川之滴水艸堂。

陸心源《千甓亭甎録敘》 余七歲就塾，先大父授㠯元康塼硯而訓之曰：「是硯，非端非歙，二千年物，辨其文字，可證經史。自昔名流珍如球璧，期爾學成，勿爲俗士。」余小子受而識之，不敢忘。嗣後，每見古塼有文字者，即請於先大父而購之，迨成童有塼六枚。既長，納交於章紫伯明經。紫伯藏有本初元年、鳳皇元年、鳳皇二年、赤烏七年四面永嘉全塼，頗以自豪。余心羡之，而未能有也。去年春，省墓於城南之逸村，偶息守冢者舍中，見壁間砌建光、永嘉兩塼，亟出錢易之。又從其鄰家得太元、建興、隆安數塼。居民告余曰：「此皆古之冢塼也。年久出土，貧家拾以築牆，蓋不知幾百年矣。」近山民居皆有之，遂屬鄉人廣爲搜訪。余亦旹乘扁舟往來苕霅，敗壁頹垣往往見(窑)〔寶〕。不及一年，得塼千餘。時士大夫有同好者，争購競收。塼益奇貴，市儈攘攘趨利，甚且盗冢以求。《莊子》有言：「儒以詩禮發冢。」阮文達《鐘鼎款識序》曰：「高原古冢，日出不窮。通儒稽古窮經，不以出自古冢爲諱。」然好古而害物，仁者不爲。亟言於當事嚴其禁，而余亦不復收塼矣。夫金石者，小學之一端。塼又石之一端，自宋以來，皆重之。乾道中，上皐耕者得五鳳塼，洪文惠制以爲硯。湻熙癸卯，三山陸氏鑿渠得永安太康塼，著于嘉泰《會稽志》。黄巖縣南王氏墓塼旁有文曰「永和十二年」。太元十五年著於嘉定《赤城志塼》。有專書始於洪文惠之《塼録》，惜乎其書已佚，於《隸釋》、《隸釋續攷》見一二而已。我朝道光中，嘉興馮氏登府合儀徵阮文達、武進湯貞愍、錢(唐)〔塘〕黄氏易、嘉興張氏廷濟、臨海洪氏頤煊、宋氏經畬、吴興陳氏經、徐氏熊飛、王氏畝、鈕氏重熙、海鹽王氏懋官、山陰杜氏(窑)〔寶〕辰、易湖吕氏佺孫、海寧僧達受、桐城吴氏廷康十餘家之塼，成《浙江塼録》。各家所藏多者百餘，少者數塼。率多奇零殘斷，全者奁幾。余生也晚，有塼十倍前人，豈所謂「物之顯晦有時者耶」？是塼也，可以補隸書之缺佚，可以見字學之變遷，可以參史乘之異同，可以證六書之通借。因仿洪、馮兩家塼録之例，按年排次，旁徵訓詁，參稽史乘，(彙)〔彙〕爲一編，非敢附述作之例，亦以仰承先大父遺訓云爾。

光緒紀元之泰季歲，在重光大荒落季秋之月，榮禄大夫三品頂戴前分巡廣東高廉兵備道加四級陸心源敘。

通議大夫四品銜刑部員外郎加四級從弟學源書。

藝文

蘇易簡《文房四譜》卷三《李琪謝朱梁祖大硯瓦狀》 蒙恩賜臣前件硯者，伏以記室濡毫于楯鼻，刀側非史多。臣染翰于螭頭，箇形甚小。尚或文章焕發，言動必書。爲號令之詞，作典謨之訓。如臣者坐憂才短，行怯思遲，自叨金馬之近班，常愧王瞻之舊物。豈意又頒文器，周及禁林，製作泓渟，規模廣滑。閉宫苔而色古，連治石以光凝。敢不致在坐隅，酣茹筆陣。餘波浸潤，便同五老之壺；終日拂磨，豈但一丸之墨。如承重寶，倍感深恩！

蘇易簡《文房四譜》卷三《僧貫休詠硯詩》 淺薄雖頑朴，其如近筆端。低心蒙潤久，入匣更身安。應念研磨苦，無爲瓦礫看。倘然人不棄，還可比琅玕。

高似孫《硯箋》卷四　吴融《古瓦硯賦》 勿謂乎柔而無剛，土埏而爲瓦；勿謂乎廢而不用，瓦斷而爲硯。藏器蠖屈，逢時豹變。陶甄已往，含古色之幾年；磨瑩俄新，貯秋光之一片。厥初在冶成象，毀方效姿。論堅等甓，鬭縹勝瓷。人莫我知，是冬穴夏巢之日；形爲才役，乃上棟下宇之時。扶同杞梓，迴避茅茨。若乃臺號姑蘇，殿稱枍栺。樓標十二之甍，閣起三重之麗，莫不瓴甋凝輝，鴛鴦疊勢，縫密如鑠，行踈若綴。銜來而月影重重，漏出而爐香細細。觚稜金爵競託岧嶤，玉女胡人争來睥睨。陵谷難定，松薪忽焉。朝歌有巳秀之麥，咸陽有不滅之烟。是則縱横舊趾，散亂荒阡。風飄早落，雨滴仍穿。藏彌迤之春蕪耕牛脚下，照青熒之鬼火戰骨堆邊。誰能識處，亦莫知年。何斯邂逅，見寵雕鐫。資乎有作，備我沈研。磬在水以羞浮，鐘因霜而謝響。玉滴一堕，松烟四上。山雞誤舞澄明之石鏡當頭，織女疑來清淺之銀河在掌。異哉！昔之藏歌蓋舞，庇日干霄，繁華幾代，零落一朝。委地而合隨塵土，依人而却伍瓊瑶。天禄石渠，和鉛即合，風臺雪苑，落筆争邀。依依舊物，歷歷前朝。沈家令坐上迴看能無淚下，江中書歸來偶見得不魂銷。有以見古今推移，牢籠渺漫，成敗皆分，短長一貫。何樹春秋各千年，何花開落唯一旦。星隕地以爲石，盡滅光輝；雞升天而亦僊，别生羽翰。異類猶然，浮生莫筭。

冒襄《巢民文集》卷一《銅雀瓦賦》 魏帳未懸，鄴臺初築，複道袤延，綺窗交屬。雕甍繡棟矗十里之枚樓，金埒銅溝響六宫之脂盝。庭棲比翼之禽，户種相思之木。馺娑前殿，遜此清陰；栢梁舊寢，啞其跼蹙。無何而墓田渺渺，風雨離離，泣三千之粉黛，傷二八之蛾眉。雖有彈棊愛子，傅粉佳兒，分香妙伎，賣履妖姬，與夫楊林之羅襪，西陵之玉肌，無不烟銷灰滅，矢激星移。何暇問黄初之軼事，銅雀之荒基也哉。乃有遺瓦如舟，綉落似錯。德儷玄泓，聲諧松壑。醉素畱草聖之墨痕，顛米鐫秘書之寶閣。光澤瑩膩，古灝磅礴。見之三十九年以前，憮焉千四百載如昨。唐宋文房此爲鼻祖，西京玉質還其大朴巳焉哉。春草黄復緑，漳流去不還，只有土花畱碧在，曾向高臺覆玉顔。

朱楓《秦漢瓦圖記・詩》 咸陽一炬三月紅，漸臺火燒西京空。我來更後二千載，幾欲訪古將何從。嬴劉故宫南山下，田翁拾得當年瓦。秦欵漢欵出泥中，欵如海日生殘夜。形或圓月或半輪，古意磅礴超常倫。土暈銅花蝕精鐵，手欲捫摸猶逡巡。瓦棺石鼎盡辟易，銅盌獵碣成芳鄰。嶧山之碑焚已久，蒼龍署書復何有。於戲何由倏忽見，(此書)鴻鸞飛翥蛟龍走。蕭李茫茫錯雜陳，抉剔未易指誰某。憶昔林氏有一圖，朱王詩老争歌呼。請看陸離三十片，此瓦此圖絶世無。摩挲古篆情跳躍，竹垞漁洋墨陣砍。難弟難兄滿眼中，從此無人研銅雀。　排山老人朱楓

朱楓《秦漢瓦圖記・詩》 古瓦聯：秦漢傳摹畏失真，豈知懷玉意，忽見斷金人。圓月浮雲破春雷，屈蠖伸，莫教觥事促，聊得往來頻。

秦漢瓦圖，梨棗傳刻失真，高君雲閶昆季，以古磚鐵筆摸之，絶如拓本，喜賦一首：

林氏昔瓦圖，搨成仍作記。驚喜此一奇，自詫云不易。記中語。阮亭竹垞

翁，相與題詩亟。不才生較遲，秦中亦繼至。匪惟甘泉宮，林氏所藏爲甘泉宮瓦。阿房亦宛在。一百四十五，宮宮披艸萊。一年或一逢，數月或一值。既得南宮南，復得北宮北。好事有舊藏，求之如執契。響拓即余圖，一一滿人意。辛勤三十片，輝煌十年積。猗歟林氏圖，藝苑芳聲沸。可望不可親，豈獨余心醉。今我集古文，囊中秦漢會。瘦硬嶧山碑，純古蒼龍字。自怡細也夫，將以公同志。棗木傳失真，自笑無他技。雖多亦奚爲，每爲發深喟。何以解吾嘲，聊謂知希貴。豈期落落懷，奇踪偶然遂。言游弦子西，忽把故人袂。故人才藝多，樂與晨夕對。念予廿載心，得瓦至今二十年矣。成人奮高義。蕭蕭鍵户居，咸使朋儔恠。嗟君鳳棲手，兹圖亦其槩。相看喜欲狂，捧持如夢寐。相助君惠連，倡和徵友愛。温温吾子人，追隨風雅内。何以致拳拳，開函稽首拜。雲際潛虬飛，天末翔鸞翽。結如秋蚓盤，涣若春冰解。六書得此圖，應嫌説文隘。攷古得此圖，翻愁法物壞。迴顧夙昔懷，心神日瀟灑。晴窗自摩挲，匪獨藏篋笥。從此及同人，更作爲余快。余衰習静餘，蕭閒只益睡。於今了此因，空洞無纖芥。眠食此塵中，超然若塵外。

新刻瓦圖成記後四十韻　　排山老人朱楓

在昔秦川事奔走，古迹爲圖超左右。方伯投余勝瓊玖，醫巫閭瓦得未有。粵稽北鎮廟乃隋時之所爲，下逮唐宋瞠乎後。翠色蒼蒼萬古春，四射光芒驚户牖。觸處噌吰倏有聲，九天風送來鯨吼。瀍廟香姜不足言，相逢當亦泥其首。遐思大舜陶河濵，器不苦窳存應久。試問茫茫好事徒，遠目猶能一驗否。兹瓦流傳百劫餘，呵護聮緜神物守。厥惟一千九百二十銖，重五斤。威重莊凝堅復厚。不露文章自闇然，面背睟盎奇而壽。晴窗檢點舊時圖，摇指開評纔屈拇。

余嘗以所得秦漢瓦爲圖記五卷，方伯榮公見之，以舊藏醫巫閭山北鎮廟瓦見遺，蓋欲成人美也。相傳廟爲隋時所建，瓦其故物，奇古可玩，佩德抒懷，成詩一章。

甲午冬日排山老人又題

于敏中等《御制文集・初集》卷二七《未央宫瓦硯銘》　赤帝肇基，酇侯正宅。陶人爲瓦，堅若金石。宵露凝精，曦陽耀魄。歷歲二千，印花暈碧。佳士振奇，摩抄惋惜。曰是良材，不礱而澤。潤宜柔翰，緻泛松液。作硯惟寶，重逾拱璧。鑒賞秘藏，流傳屢易。曩遘陽九，淪委沙礫。貢珍天府，輝暎東壁。臨池静對，俛仰今昔。締構經營，英姿奕奕。懷賢興慕，鑑古增惕。何有區區，文章字畫。龍賔就召，蟾蜍滴瀝。摛藻西京，卿雲接跡。

于敏中等《御制文集・初集》卷二七《銅雀臺瓦硯銘》　金仙一去，鄴臺荒也。銅雀片瓦，羽之吉光也。窪其中以爲硯，温潤而栗直以方也。前有甘泉，後香姜也。得此以鼎足，貯金壺宜文房也。龍尾珍於宋，紫雲割於唐也。傳之千載數百載，非弗寶貴矣。不若斯之壽而滅也。勒爲此銘，發神雀之藻耀，表甄官之精良也。亦以慨奸雄之骨已朽，建安之年號不亡也。（瓦腹有「建安年造」款識）

趙翼《甌北集》卷一六《侯官林侗所藏甘泉瓦王阮亭朱竹垞查初白皆有詩翁覃溪學士視學粵東侗子某復攜來乞詩覃溪既爲作歌又摹入素册書前人詩於左方而囑余續貂於後爰題長句就正》　侯官林侗甘泉瓦，當代巨手皆賦詩。覃溪先生雅好事，又榻硬黄索我詞。我於諸老無能役，敢復貂續作笑資。聊復披圖覽古蹟，大徑三寸圜如規。中有長生未央字，環以輪郭完無虧。知是甄筒覆簷際，其而外向承溜垂。由來甘泉漢武造，好大豈顧物力疲。當日陶人妙摶埴，一片或費千工施。聞有豹章蛇蟠尾，益壽延壽字更奇。兹瓦特一滄海粟，已與銅盤金爵争罏錘。後來鄴都益踵事，銅雀冰井尤陸離。白葛絺先濾渣滓，胡桃油更添華滋。陰文陽文紀年號，錫花雷斧皴入肌。揆厥作俑總由此，濫觴遂致無當巵。然則此乃不祥物，寶之什襲將奚爲。唐人重瓦爲斲硯，其時歙端二石人未知，自從蚌坑出汲綆，兼復龍尾開刷絲。斑有鸜哥了哥眼，紋有金星銀星□。迴視陶泓已凡品，底用奇貨矜不貲。既輸瓦盆盛酒醴，并愧瓦缶諧塤篪。何如一擲付瓦裂，免使土木之妖長留遺。先生冠纓頓索絶，古物豈必姒子姬。倘須三代法物始足貴，安得如許球圖琬琰虎蜼彝。君不見，五都骨董競購取，咸京□什逾珣琪。下逮柴汝官哥定，鑒賞直到窑中瓷。况兹千九百年物，非有神物曷護持。瓴甋已帶西漢土，點畫况擬先秦碑。摹之素册作清玩，雲烟供養堪忘饑。笑我陋儒不解事，捲圖歸去，竊幸瓦全彌自怡。

雜録

米芾《硯史・用品》　器以用爲功，玉不爲鼎，陶不爲柱。文錦之美，方暑則不先於表出之絺。楮葉雖工，而無補於宋人之用。夫如是，則石理發墨爲上，色次之，形製工拙又其次，文藻緣飾雖天然，失研之用。

米芾《硯史・樣品》 晉硯見于晉顧愷之畫者，有于天生疊石上刊人面者，有十蹄圓銅硯中如鐵者。余嘗以紫石作之，有上圓下方，于圓純上刊兩竅置筆者，有如鳳字兩足者，獨此甚多，所謂鳳皇池也。蓋以上竝晉製，見于晉人圖畫，世俗呼爲風字，蓋不原兩足之製，謂之鳳足，至今端州石工以兩眼相對於足傍者謂之鳳足。鳳之義取五色英文，燦然成章也。今人有收得右軍硯，其製與晉圖畫同，頭狹四寸許，下闊六寸許，頂兩純皆綽慢，下不勒成痕，外如內之製，足狹長，色紫類溫巖，中凹成臼。又有收得智永研，頭微圓，又類箕象，中亦成臼矣。又有人收古銅硯，一龜銜一硯，如蓮葉，兩足，龜腹圓，墨水不可出，以筆頭就之則出。又參政蘇文簡家收唐畫唐太宗長孫后納諫圖，宮人於瑪瑙盤中托一圓頭鳳硯，似晉製，頭純直微凸，如書鳳字，左右純斜，刊下不勒痕摺，向頂亦然。不滯墨，其外隨內勢，簡易其後。至隋唐，工稍巧，頭圓身微瘦，下闊而足或圓爲柱，已不逮古。至本朝變成穹高腰瘦，刃闊鉞斧之狀，仁廟已前硯多作此製，後差少。資政殿學士蒲傳正收真宗所用硯，與仁廟賜駙馬都尉李公炤鳳池硯形製一同，至今尚方多此製。國初以來公卿家往往有之，仁宗已前賜史院官硯，皆端溪石，純薄，上狹下闊，峻直不出足，中坦夷猶有鳳池之像，或有四邊刊花，中爲魚爲龜者，凡此形製多端下巖奇品也。嘉祐末硯樣已如大指，麄心甚凸，意求渾厚而氣象益不古純，斗故勒深，滯墨難滌，心凸故點筆不圓，常如三角簇。蓋古硯皆心凹，後稍正平，未有凸者。始自侍讀學士唐彥猷作紅絲辟雍硯，心高凸，至作馬蹄樣，亦心凸，至磨墨溜向身出，觀墨色則凸高增浮泛之勢，援毫則非便也。其晉銅硯雖如鐵，然頂殊平以便援毫。今杭州龍華寺收梁傳大夫瓷硯一枚，甚大，瓷褐色，心如鐵環，水如辟雍之製，下作浪花擢，環近足處，而磨墨處無瓷油，然殊著墨。古墨稱螺，亦恐不若近世堅，不然殆不可磨也。又丹陽人多于古塚得銅硯，三足蹄有蓋，不鏤花，中陷一片陶，今人往往作硯於其中，翻以爲匣也。唐墓中間有得如蓮葉，中凹，兩足如鳳池之製，甚薄，足或如棗也。今歙人最多作形勢，而土人尤重端樣爲貴，得美石無瑕，必先作此樣滯墨，甚可惜也。大抵石美無瑕方可施工，璞而厚者，土人多識，其藏疾不復巧製，人或因其渾厚而美之。余嘗惡歙樣俗者，凡刊改十餘硯，纔半指許便有病見，頓令人減愛。其端人不斲成，衹持璞賣者，亦多如是。陳文惠丞相家收一蜀王衍時皇太子陶硯，連蓋，蓋上有鳳坐一臺，餘雕雜花草，湼之以金泥紅漆，有字曰鳳皇臺。此製方直上狹，笋在硯上，中甚平也。唐之製見《文房四譜》，今之製見《歙州硯圖》，故不重出，此人力所爲也。吾收一青翠疊石，堅響三層，傍一嵌磨墨，上出一峰高尺餘，頂復平，嵌岩如亂雲四垂以覆硯，以水澤頂則隨葉垂珠滴硯心。上有銘識，事見唐莊南傑賦，乃歷代所寶也。又收一正紫石，四疊下有坐，有足巧于癭盂足，上起一枝細狹，枝上盤兩疊長七寸餘，闊四寸餘，如靈芝首鋭下闊，天然鳳池之象，中微凹，點水磨墨可書十幅紙，石理在方城之右，此非人力所成，信天下之環寶也。

米芾《硯史・成州栗亭石》 色青有銅點大如指，理慢，發墨不乏亦有瓦礫之象。

米芾《硯史・青州青石》 色類歙，理皆不及，發墨不乏有瓦礫之象。

米芾《硯史・蘇州褐黃石硯》 理麄發墨不滲，類夔石，土人刻成硯，以草一束燒過，爲慢灰火煨之，色遂變紫，用之與不煨者一同，亦不燥，乃知天性非水火所移。

米芾《硯史・陶硯》 相州土人自製陶硯，在銅雀上以熟絹二重淘泥澄之，取極細者燔爲硯。有色緑如春波者，或以墨白填爲水紋，其理細滑著墨，不費筆，但微滲。

米芾《硯史・呂硯》 澤州有呂道人陶硯，以別色泥于其首純作呂字，內外透，後人效之，有縫不透也。其理堅重，與凡石等，以歷青火油之，堅響滲入三分許，磨墨不乏其理，與萬城石等。

沈括《夢溪筆談》卷一五《藝文二》 晚唐五代間，士人作賦，用事亦有甚工者。如江文蔚《天窗賦》：「一竅初啓，如鑿開混沌之時；兩瓦駢飛，類化作鴛鴦之後。」又《土牛賦》：「飲渚俄臨，訝盟津之捧塞；度關儻許，疑函谷之丸封。」

沈括《夢溪筆談》卷一六《藝文三》 元微之《酬樂天詩》：「病賽烏稱鬼，巫占瓦代龜。」注云：「南人染病，竝賽烏鬼。」因悟杜子美「家家養烏鬼，頓頓食黃魚」之意。沈存中以烏鬼爲鸕鷀，不知又何所據也。【略】

諸儒詩話：子美戲作俳諧體遣悶云：「家家養烏鬼，頓頓食黃魚。」「養」或讀爲上聲，或讀爲去聲。沈存中《筆談》以「烏鬼」爲烏猪，謂其俗呼猪作「烏鬼」之聲也。蔡寬夫《詩話》以「烏鬼」爲巴俗所事神名也。《冷齋夜話》謂巴俗多事烏蠻鬼，以臨江故，頓頓食黃魚耳。《素緗雜記》以鸕鷀爲烏鬼，謂養之以捕魚也。然《詩辭事略》又謂楚峽之間，事烏爲神，所謂「神鵶」也，故元微之有詩云：「病賽烏稱鬼，巫占瓦代龜。」夢弼謂當以此，《事略》之言爲是也。蓋養烏鬼，食黃魚，自是兩義，皆記巴中之風俗也。峽中黃魚，極大者至數百斤，小者亦數十斤。按集有詩云：「日見巴東峽，黃魚出浪新，脂膏兼飼犬，長大不容身。」是也。然是魚，豈鸕鷀之所能捕哉。彼以「烏鬼」爲鸕鷀，其謬尤甚矣。或又曰：「烏鬼謂猪也。巴峽人家多事鬼，家養一猪，非祭鬼不用，故於羣猪中特呼烏鬼以別之也。」今並存之。

沈括《夢溪筆談・補筆談》卷一《乐律》　古樂鍾皆扁如盒，瓦蓋。蓋鍾圓則聲長，扁則聲短。聲短則節，聲長則曲。節短處聲皆相亂，不成音律。後人不知此意，悉爲扁鍾，急叩之多晃晃爾，清濁不復可辯。

曾慥《類說》卷六《懷磚》　魏莊帝舅李延寔爲青州刺史，帝曰：懷磚之俗世號難治，舅宜用好心腹，副朝廷所委。昔彭城王作青州牧，問其俗，賓客云齊土淺薄，太守初至，皆懷磚叩頭以見，意及其代去，以磚擊之，言其始終向背也。京師語曰：獄中無繫囚，舍邊無青州。假令家道惡，腸中不懷愁。

曾慥《類說》卷一二《李白舊宅酒榼》　滄洲李巡官居洛陽空宅，其子夜讀書，有皂衣肥短人被酒排闥而入，其子懼走，皂衣人怒曰：李白尚與我爲友，汝何爲者耶。其子疑其神仙，再拜延坐，皂衣曰：吾有酒與汝飲，乃以席帽盛酒，而至飲至數杯。其父從户外窺見，以爲魅怪，以磚擲之，皂衣走，視其帽，酒榼蓋也。明日糞壤中得榼一隻，故老云李翰林舊宅也。

曾慥《類說》卷一二《蚯蚓覆誤死人臍中》　江西村中霆震，一老婦爲雷火燒臂，既而空中曰「誤矣」，即墜一瓶，瓶中有藥如膏，曰「以此傅之即瘥」，如其言傅，果愈。又有村人震死，空中呼曰「誤矣，可取蚯蚓爛搗覆臍中」，如言覆之，遂蘇。

曾慥《類說》卷一五《澄泥硯》　絳縣人善制澄泥，縫絹袋至汾水中，踰年而取之，陶爲硯，水不涸。又鄴郡二臺舊瓦有錐箕之狀，斵爲硯，則愈於澄泥。

曾慥《類說》卷二〇《坐禪豈得成佛》　南嶽懷讓禪師有沙門道一坐禪，師問曰：大德坐禪圖什麼，曰圖作佛。師取一磚於石上磨，一曰作什麼，師曰磨作鏡。一曰磨磚豈得成鏡耶，師曰坐禪豈得成佛耶。師入室弟子有六人，師各印可云：一人得吾眉善威儀，一人得吾眼善顧盼，一人得吾耳善聽理，一人得吾鼻善知氣，一人得吾舌善談説，一人得吾心善古今。

曾慥《類說》卷二一《神宫》　上拜方士欒大爲五利將軍，起九間神宫，欲以下神，黃金塗柱，椽首作龍形，白石脂和清椒汁以爲壁，白琉璃爲扉屏，珍珠爲簾，瑇瑁押之，以象牙爲甍，雜珎寶爲甲帳，次爲乙帳，甲以居神，乙自居之。

洪邁《容齋續筆》卷八《蓍龜卜筮》　古人重卜筮，其究至於通神，龜爲卜，蓍爲筮，故曰「假爾泰龜有常，假爾泰筮有常」，「定天下之吉凶，成天下之亹亹」，「所以使民信時日，敬鬼神，畏法令」。舜之命禹，武王之伐紂，召公相宅，周公營成周，未嘗不昆命元龜，襲祥考卜。然筮短龜長，則龜卜猶在《易》筮之上。《漢書・藝文志》、劉向所輯《七略》，自《龜書》、《夏龜》之屬，凡十五家，至四百一卷，後世無傳焉。今之揲蓍者，率多流入於影象，所謂龜策，惟市井細人始習此藝。其得不過數錢，士大夫未嘗過而問也。伎術標牓，所在如織，五星、六壬、衍禽、三命、軌析、太一、洞微、紫微、太素、遁甲，人人自以爲君平，家家自以爲季主，每況愈下。由是藉手于達官要人，舟車交錯於道路，毁譽紛紜，而術益隱矣。《周禮》：「太卜掌三兆之灋，一曰玉兆，二曰瓦兆，三曰原兆。」杜子春云：「玉兆，顓帝之兆；瓦兆，帝堯之兆；原兆，有周之兆。」「經兆之體皆百有二十，其頌皆千有二百。」又：「掌《三易》之灋，曰《連山》，曰《歸藏》，曰《周易》。其經卦皆八，其別皆六十有四。」今獨《周易》之書存，它不復可見。世謂文王重《易》六爻爲六十四卦，然則夏、商之《易》已如是矣。《左氏傳》所載懿氏占曰：「鳳皇于飛，和鳴鏘鏘。有嬀之後，將育于姜。」成季之卜曰：「其名曰友，在公之右。同復于父，敬如君所。」晉獻公驪姬之繇曰：「專之渝，攘公之羭。」嫁伯姬之繇曰：「車説其輹，火焚其旗。寇張之弧，姪其從姑。」秦伯伐晉曰：「千乘三去，三去之餘，獲其雄狐。」文公納王，遇黃帝戰于阪泉之兆。鄢陵之戰，晉侯筮曰：「南國蹴，射其元王，中厥目。」宋伐鄭，趙鞅卜救之，遇水適火，史龜曰：「是謂沈陽，可以興兵，利以伐姜，不利子商。」史墨曰：「盈，水名。子，水位。名位敵，不可干也。」杜氏謂「鞅姓盈，宋姓子」，蓋言「嬴」與「盈」同也。史趙曰：「是謂如川之滿，不可游也。」衛莊公卜夢，曰：「如魚竀尾，衡流而方羊裔焉。闔門塞竇，乃自後踰。」此十占皆不可得其説，故杜元凱云：「凡筮者用《周易》，則其象可推。非此而往，則臨時占者或取於象，或取於氣，或取於時日、王相以成其占。若盡附會以爻象，則架虛而不經。」可爲通論，然亦安知非《連山》、《歸藏》所載乎！

洪邁《容齋續筆》卷一二《銅雀瓦硯》　相州，古鄴都，魏太祖銅雀臺在其處，今遺址髣髴尚存。瓦絶大，艾城王文叔得其一，以爲硯，餉黃魯直，東坡所爲作銘者也。其後復歸王氏。硯之長幾三尺，闊半之。先公自燕還，亦得二硯，大者長尺半寸，闊八寸，中爲瓢形，背有隱起六隸字，甚清勁，曰「建安十五年造」。魏祖以建安九年領冀州牧，治鄴，始作此臺云。小者規範全不逮，而其腹亦有六篆字，曰「大魏興和年造」，中皆作小簇花團。興和乃東魏孝静帝紀年，是時，正都鄴，與建安相距三百年，其至于今，亦六百餘年矣。二者皆藏侄孫倜處。予爲銘建安者曰：「鄴瓦所范，嘻其是邪？幾九百年，來隨漢槎。淬爾筆鋒，肆其滂葩。倜實寶此，以昌我家。」銘興和者曰：「魏元之東，狗脚于鄴。吁其瓦存，亦禪千劫。上林得雁，獲貯歸笈。玩而銘之，衰淚棲睫。」贛州雩都縣，故有灌嬰廟，今不復存。相傳左地嘗爲池，耕人往往於其中耕出古瓦，可竅爲硯。予向來守郡日所得者，刓缺兩角，猶重十斤，潘墨如發硎，其光沛然，色正黄，考德儀年，又非銅雀比，亦嘗刻銘于上曰：「范土作瓦，既埴既已。何斷制於火而卒以囿水？廟于漢侯，今千幾年？何址蹶祀歇而此獨也存？縣贛之雩曰若灌池。研爲我得，而銘以章之。」蓋紀實也。

周去非《嶺外代答》卷七《腰鼓》 静江腰鼓最有聲，腔出於臨桂縣職由鄉，其土特宜鄉人作窑燒腔，鼓面鐵圈，出於古縣，其地産佳鐵，鐵工善煅，故圈勁而不褊。其皮以大羊之革，南多大羊，故多皮。或用蚺蛇皮鞔之，合樂之際聲響特遠，一二面鼓已若十面矣。

陶宗儀《説郛》卷九六上《陶硯》 相州土人自製陶硯。在銅雀上，以熟絹二重淘泥澄之，取極細者，燔爲硯。有色緑如春波者，或以黑白填爲水紋，其理細滑，著墨不費，筆但微滲。

陶宗儀《説郛》卷九六上《吕硯》 澤州有吕道人陶硯，以别色泥於其首，純作吕字，内外透，後人效之，有縫不透也。其理堅重，與凡石等，以歷青火油之堅響滲入三分許，磨墨不乏其理，與方城石等。

沈繼孫《墨法集要·浸油》 古法惟用松燒煙，近代始用桐油、麻子油燒煙，衢人用皂青油燒煙，蘇人用菜子油、豆油燒煙，以上諸油俱可燒煙製墨。但桐油得煙最多，爲墨色黑而光，久則日黑一日，餘油得煙皆少，爲墨色淡而昏，久則日淡一日。每桐油十五斤，芝麻油五斤，先將蘇木二兩，黄連一兩半，海桐皮、香仁、紫草、檀香各一兩，梔子、白芷各半兩，木鼈子仁六枚，右剉碎，入麻油内浸半月餘。日常以杖攪動，臨燒煙時，下鍋煎令藥焦，停冷，漉去粗，傾入桐油，攪匀燒之。今時少有用此浸油法者，姑存其古云。

沈繼孫《墨法集要·水盆》 用圓厚瓦盆，内闊二尺一寸，緣闊一寸，深三寸半，底平緣直。近緣開指大一竅，用鰾塞住，以備放水。用長木架，高三尺，閣起水盆，以薄甎七塊遶盆緣排轉，盆中央置闊緣瓦煙筒一箇，内闊六寸，連緣共闊

八寸，高與盆口相齊。筒内亦置薄甎一塊，油⿰角戔置各甎塊上，低盆口三分，浸水離⿰角戔口三分。中央一⿰角戔，用鐵鴨脚穿定燈草，每⿰角戔納燈草訖，然後傾油，將長柄煙椀蓋定燒之。如盆中水熱，則頻浸冷水，不可全换冷水，冷則煙不昇上，得煙絶少。但浸水爲妙，若水耗乾要浸滿時，去了近緣煙椀油⿰角戔各一隻，拔去竅縣，放乾，再塞住漏斗，傾水换之，仍以油⿰角戔煙椀補滿。若水積久生膩浮起，以搭籮去之。盆有油膩乾硬，黏定邊緣，刀鏟去之，清水洗净，方可再用。一法用杉爲槽貯水，底板最厚，四向牆板次之，内長七尺，闊一尺四寸，深三寸半，平。中用長木梁一條，界爲兩路，麻筋油灰黏固縫道，莫令滲漏。槽尾近底處開一圓竅，以備放水，高三尺櫈兩條閣之，甎襯油⿰角戔于水内，煙椀兩路蓋之，每槽用⿰角戔椀各二十隻，燒法與水盆同，亦有石爲槽者。

沈繼孫《墨法集要·油⿰角戔》 用壯厚缸沙油⿰角戔，闊四寸半，平穩闊足，窑水通滿者，以薄甎襯高，頓放水盆内。低盆口三分，不宜太低，低則煙飛散，拘收不住，得煙少，或置水槽中亦然。若用過油⿰角戔，内外不净，以竹篼子刮之，次以稻稈灰揩擦。若更不净，用刀鏟净，再以水洗拭乾。一法不用灰擦，置米飲中煮數沸，刷洗去其油膩。

沈繼孫《墨法集要·煙椀》 用淘鍊細土燒長柄瓦椀，圓闊五寸三分，深二寸五分，柄長三寸，連柄高五寸五分。內深潭似釜，必磨研十分光滑，以椀唇外置瓦盆緣上，內置瓦筒緣上，須椀心正對餤頭罩之。椀口緣塗些薑汁，急手掃煙，若煙椀油汙內外，皆便拭净，倘汙煙煤，不堪用矣。

煙椀圖

曹昭《格古要論》卷中《古硯論》

端溪下嵒舊坑石

端溪石出肇慶府。端溪下嵒舊坑卵石，色黑如漆，細潤如玉，有眼，眼中有暈，六七眼相連排星斗像。此嵒慶歷間坑已竭。又有一種卵石，去膔方得，材色青黑，細潤如玉，有青花，如筯頭大，似碧石青瑩，或有白點如粟，排星斗像，水濕方見，皆扣之無聲，磨墨亦無聲。此二種石最貴。下嵒止有一坑出此漆黑、青花二種石，其色未嘗紫也，別無新坑。

端溪中嵒舊坑新坑石

端溪中嵒舊坑，亦卵石，色紫如嫩肝，細潤如玉，有眼，小如緑豆，或有緑條紋，或有白條紋，竪而圓者爲眼，横而長者爲條，扣之無聲，磨墨亦無聲，此種石亦貴。外有黃膔包絡，久用鋒铓不退。北宋時此坑取亦竭矣。中嵒新坑石，色淡紫，眼如鸜鵒，眼中有暈，嫩者扣之無甚聲，磨墨微有聲，久用鋒铓退乏。石有枯潤，潤者亦難得。此石比下嵒低三等矣。

端溪上嵒舊坑新坑石

端溪上嵒舊坑、新坑石，皆灰色，紫而麄燥，眼如雞眼大，扣之、磨墨皆有聲久用光如鏡面。舊坑稍勝新坑。惟端石有眼，古云：無眼不成端。其眼有活眼、淚眼、死眼，活眼勝淚眼，淚眼勝死眼。又云眼多石中有病。

類端石

辰沅州出一種石，色深黑，質麄燥，或有小眼。端溪人販歸，刻作端溪様，稱爲黑端。辰沅州人自製者多作犀牛、八角等様。又有一種濛石，出九溪濛溪，表淡青，內深紫而帶紅，有極細潤者，久用則光如鏡面。或有金線及黃脉相間者，號爲紫袍金帶。

歙溪龍尾舊坑新坑石

歙溪石出歙縣龍尾溪。舊坑亦卵石，色淡青黑，無紋，細潤如玉，水濕微紫，或隱隱有白紋，成山水星月異像，乾則否。大者不過四五寸，多作月硯，就其材也。或有純黑者，此石最貴，不減端溪下嵒。南唐時始開，至宋取盡矣。龍尾溪新坑，色亦青黑，質麄燥，有極大者，盈二三尺。

歙溪羅紋、刷絲、金銀間刷絲、眉子新舊坑石

四品舊坑，皆青黑色，紋細而潤如玉，羅紋如細羅紋，刷絲如髮密，金銀間刷絲亦細密，眉子如甲痕，或如蠶大。亦南唐時開，至北宋無矣，貴重不減龍尾舊

坑。四品新坑，質並枯燥，紋亦麄，眉子或長二三寸，刷絲每條相去一二分，羅紋如羅紋，大者盈二三尺。

金星舊坑新坑石

金星舊坑新坑石，淡青色，並麄燥，大者盈尺，久用退乏。

銀星舊坑新坑石

銀星舊坑新坑石，並麄燥，淡青黑色，有星處不堪磨墨，多側取爲硯，久用退乏如鏡面，大者盈尺。

萬州金星石

萬州懸崖金星石，質亞端溪下嵒，色漆黑，細潤如玉，水濕金星則現，乾則否。極發墨，久用不退乏，非歙也。

洮河石

洮河緑石，色緑如藍，潤如玉，發墨不減端溪下嵒，出臨洮大河深水底，甚難得。今有緑石硯名洮石者，多是潒石之表，或長沙山谷石也。潒石潤而光，不受墨。

銅雀硯

銅雀臺瓦，入水經年之久，故滋潤發墨。世多僞者。

未央硯

未央宫瓦，亦注水經久不涸，好事者以爲硯。

高濂《遵生八牋》卷一五《論硯》 高子曰：硯爲文房最要之具，古人以端硯爲首。端溪有新舊坑之分，舊坑石色青黑，温潤如玉，上生石眼，有青緑五六暈，而中心微黄，黄中有黑，點形似鴝鵒之眼，故以鴝鵒名。研眼分三種，暈多晶瑩者謂之活眼，有眼，朦朧暈光昏滯者謂之淚眼，雖具眼形、内外焦黄無暈者謂之死眼，故有淚不如活、死不如淚之評。又以眼在池上者名曰高眼爲佳，生下者爲低眼次之，惟北巖之石有眼，餘坑有無相間。或有七眼三五眼、如星斗排聯者，或十數錯落、上下四旁生者，或有白點如粟，貯水方見隱隱，扣之無聲，磨墨亦無聲，爲下巖之石，今則絶無有，則希世之珍也。上巖中巖之石皆灰色而紫如猪肝，總有一眼暈少，形大如雄雞眼，扣之摩之俱有聲，質亦麄礪，即今之端石是也。歐陽公以端之子石爲佳，以子石生大石中爲石之精，其發墨光潤，貯水不耗，爲可貴耳。古有端石貢硯無眼，其細膩發墨，色青光潤，此必下巖石也。想貢硯在宋，官司取多，不暇剪裁取眼，故耳貴在發墨，何取於眼？無眼者，但不入於俗眼，鑒家何礙。歙石出龍尾溪者，其石堅勁發墨，故前人多用之。以金星爲貴，石理微粗，以手磨之，索索有鋒鋩者尤佳。歙溪羅紋如羅之紋，細潤如玉，刷絲如髮之密，金銀間刷絲亦細密眉子，即蛾眉也。如甲痕，爲舊坑四種石也，色俱青黑。其新坑者，羅紋如蘿菔紋，刷絲每條相去一二分，眉子或長一二寸。金星新舊坑石色雖淡青，質並麤燥。銀星新舊坑同，故歙石有龍尾、金星、蛾眉、角浪、松文等名。有種湖廣沅州出石深黑，亦有小眼，廣人取歸作硯，名曰黑端。沅人取作犀牛、魚龜、荷葉、八角等式。潒溪石淡青色，内深紫而帶紅，極細潤，用久光甚，有黄脉相間，俗號紫袍金帶，有僞造者以藥蠟嵌成之，自有痕跡。洮河緑石色緑微藍，其潤如玉，發墨不減端溪下巖，出陝西，河深，甚難得也。今名洮者，俱潒石之皮，乃長沙山谷中石，光不發墨。廣東萬州懸崖金星石，色黑如漆，光潤如玉，以水潤之，則金星自見，乾則無跡，極能發墨，用久不退，在歙之上，端之下巖石可並也。浙之衢石，黑者亦佳，多不發墨。他如黑角研、紅絲硯、黄玉硯、褐色硯、紫金硯、鵲金墨玉石硯，皆出山東。水晶硯發墨如歙。蔡州白石硯、浮蓋山仙石硯、丹石硯、唐州唐石硯、宿州宿石硯、吉州紫石硯、淄州黄金硯、金雀石硯、青州石末硯、熟鐵硯、紫金石硯，用不發墨。青石硯、藴玉石硯、戎石絳石硯、淮石硯、寧石研、宣石研、吉石研、夔石研，如漆發墨。明石研、萬州瓷洞石硯、相州銅雀瓦硯、未央宫瓦頭硯、柳州柳石硯，出龍壁下，成州成石硯，出栗亭，瀘硯、濰研、南劍州魯水研、宿州樂石硯、虢州澄泥研、登州駝基島石硯、歸州大陀石研、江西寧府陶研、形省銅雀。高麗研、上鑿花巧。梁公硯、銀研、銅研、磚硯、漆研、蚌研、瓷硯，硯之出處，不可勝紀。衆研中，龍尾發墨，池水積久不乾。端溪美惡俱能發墨，中有受水燥濕之別，羅紋過于龍尾。銅雀硯沈水千年，原質亦細，故易發墨而不甚燥，然不壞筆，他則無足議也。唐之澄泥研，品爲第一，惜乎傳少而今人罕見。古之名硯，如陳省躬仙翁研，陶穀有兩池圓研，名曰「璧友」，和魯公有雪方池硯，周彬公友人有金稜玉海研，徐闡之有小金成硯，宣城有四環鼓研，李后主有生水硯，内有黄石子，子在則水，無子則涸。孫之翰有呵水研，一呵水流。丁晉公有水硯，一泓墨水，盛暑不乾。劉義叟造瓦硯。丁寶臣緑石硯，即緑豆端也。謂之玉堂新製，送王介甫，故介甫詩有「玉堂新製世争傳，况是蠻溪緑石鐫」之句。蘇長公研，銘曰：千夫挽綆，百夫運斤，篝火下鎚，以致斯珍。此言下巖端石，在宋亦難採取如此，况後數百年矣，何能易得。若余所見硯有百方，皆名硯也，不能一一悉記，舉其可寶者言之。如端溪天生七星硯、緑端石硯、玉兔朝元硯、子石硯、山字子石研、天成白玉風字研、漢碧玉圭研、唐澄泥八角大硯、未央宮磚頭研、德壽殿犀紋石硯、天潢硯、龍尾石筒瓦小硯、洮河緑石硯、銀絲石硯、古瓦鶯研、靈壁山石硯、龍尾石段硯、興和磚硯、石渠瓦硯、豆斑石硯，此皆硯之極少而致精妙者。圖其形體，共海内鑒家賞之。噫，有硯存笥，如范喬之遺子者，能幾人哉。人能賤金玉而寳硯石者，又幾人哉。況佳硯之不得其主，又不知其幾矣。他如沈於深淵，掩於厚土，毀於兵燹，敗於顛覆，災於記算之傍，困於學究之側，其幾又何勝以千百計也，惜哉。

高濂《遵生八牋》卷一五《滌藏硯法》 佳硯，池水不可令乾，每日易以清水，以養石潤。不可一日不滌，若用二三日不滌，墨色差減。滌者不可磨去墨銹，此爲古硯之徵。滌以皂角清水爲妙，滚水不可滌硯。以半夏切平擦研，極去宿墨。以絲瓜穰滌洗，總不如蓮房殼，收起以水浸軟，滌研，去垢起滯，又不傷硯。不可以毡片故紙揩抹，恐毡毛紙屑以混墨色。大忌滚水磨墨，茶亦不可。新墨初用，膠性并稜角未伏，不可重磨，恐傷硯質。冬月當預藏佳硯，以粗研用之，可以敵凍。寒時以火炙冰，當用四脚拵爐，架火硯上，微煖逼之，或用研爐亦可。得青州熟鐵研用之甚宜。春夏二時，霉溽蒸濕，使墨積久，則膠泛滯筆，又能捐硯精采，須頻滌之。以文綾爲囊，韜避塵垢，藏之笥匣，不可以研壓研，以致傷損。研之佳者，最爲難得，今所尚者，未必佳品。人俱貴耳賤目，以愚隸家。彼所爲寳，豈真寳哉。又不可以不察。

後硯圖，皆余十年間南北所見，或在世家，或在文客，或落市肆，重索高資。鑒家未見，按圖未必盡許爲奇。即内中一二易得之石，亦異常品。故余賞其諸硯質之堅膩，琢之圓滑，色之光采，聲之清泠，體之厚重，藏之完整，傳之久遠，豈世俗所謂硯哉。海内必有見者，見則必以余爲藻鑑的確。余雖未博，目中見此爲佳，第恐沈没，圖志不忘。媿余筆拙，未盡形容，若爲浮借，余素不善。

天成七暈硯　此爲黑青端石，上有七眼，列如七星，次第不爽毫髮，背有四眼，名曰天然七星硯。後有銘數十字。長可八寸，濶三寸有餘。

玉兔朝元硯　此爲細羅紋刷絲歙石。圓徑六寸，高一寸五分。面有葱色兔月二像，巧若畫成，更無凹凸以湊形似，真五代前物也。名曰玉兔朝元研。傍刻「建中靖國元年改製」，下刻篆書：「一拳石兮呈祥，俾翰墨兮增光，出煨燼兮不敗，伊蘇氏兮其昌。張九成識。」又二行云：「子子孫孫，永古用之。」

子石硯　天生石子，長五寸零，高厚寸五分，傍有小凹，四面光潤可愛，其色紫黑，發墨。此端石也。後有隱然鸜鵒眼迹，二字子后。

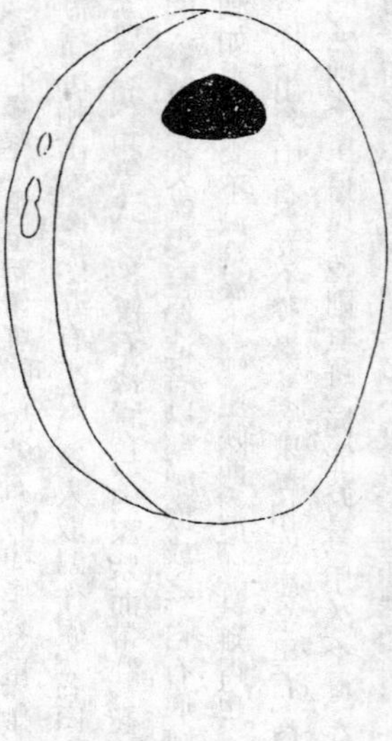

三角子石硯　天成三角石子硯，方廣四寸許，厚寸許，名曰三角子石硯。其色青黑，光膩發墨，乃龍尾石也。

天成風字玉硯　混成蒼玉一塊，如風字形，方廣七寸，厚二寸，上平下凹空起，插手磨處微凹，雖巧匠琢磨，無此周緻。人或疑其假借處有之，然而出水皮色紋理，毫忽不破，中含粉葱美玉，豈人工可與力哉。天巧如此，令人玩不忍釋。

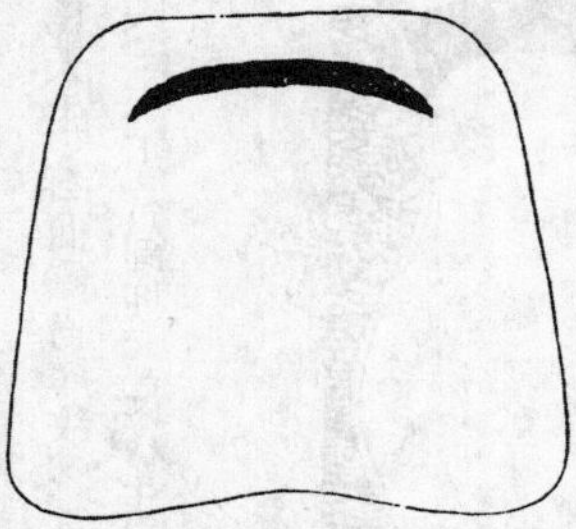

碧玉圭硯　此碧玉圭形，長七寸許，厚一寸，四面土銹黄剥，纒滿隙處，并後露半體，乃菠菜緑色，爲絶品碧玉。上有水池，四面光瑩，此誠秦漢物也。

古瓦鴛硯　此古片瓦之半，就形琢爲鴛研。其製甚佳，質細而堅，半厚半薄，長七寸，濶四寸，尾上有「元章」二字，上扣米氏印章。

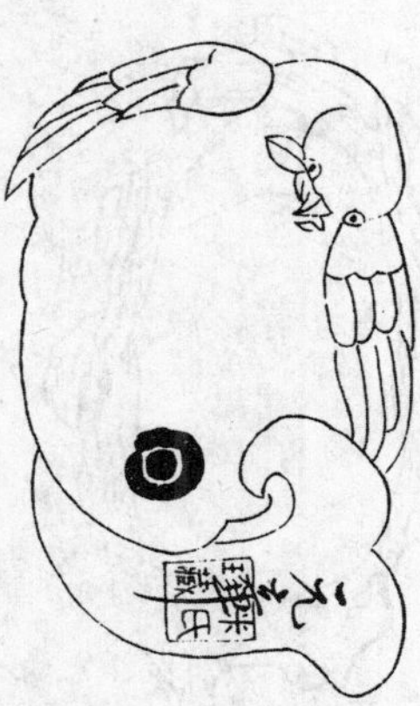

天焚龍尾石段硯　此龍尾石塊，爲天生形製，無可容墨，後人琢平底面，四旁皆天生石紋如圖。長六寸，濶三寸，中厚一寸，下有「烏玉」二字。

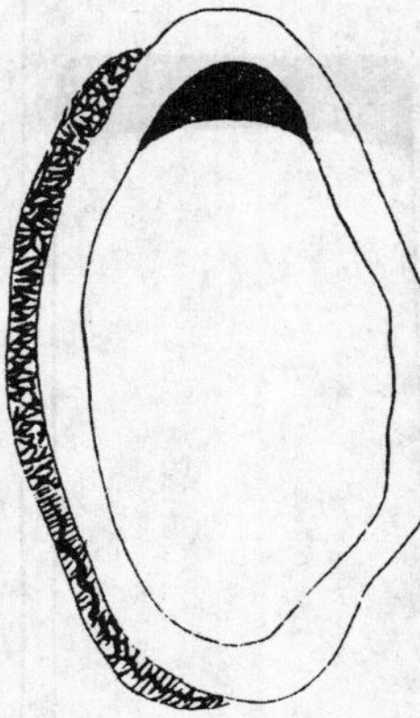

澄泥硯　此唐之澄泥硯池。以泥水澄瑩，燒而爲硯，品硯以爲第一，因其細如石，而堅如玉故耳。方廣九寸，〔厚二寸。〕下有篆字「明理宣跡平水圖璧建武庚子」，共十二字。上水池，外皆海水波浪，中躍鯉、奔馬二物。刻法精妙，刀痕

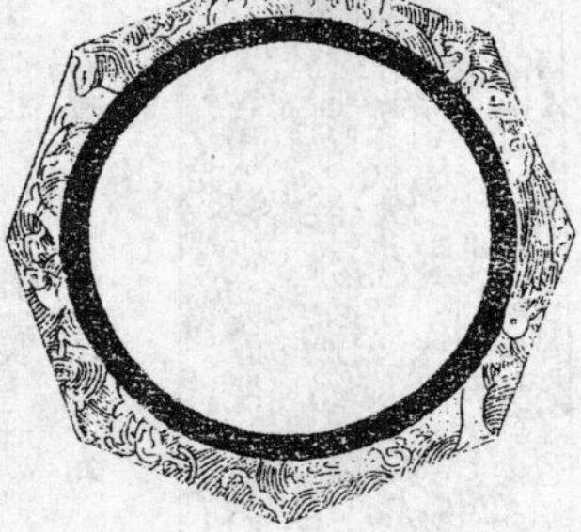

隱然，真稀世物也。

石渠閣瓦硯　此瓦硯，背篆「石渠閣瓦」四字。硯上有銘。質堅聲清，扣之如玉。長一尺，濶六寸，厚一寸。後旁又書云：「嘉靖五年改製。」下有小印。

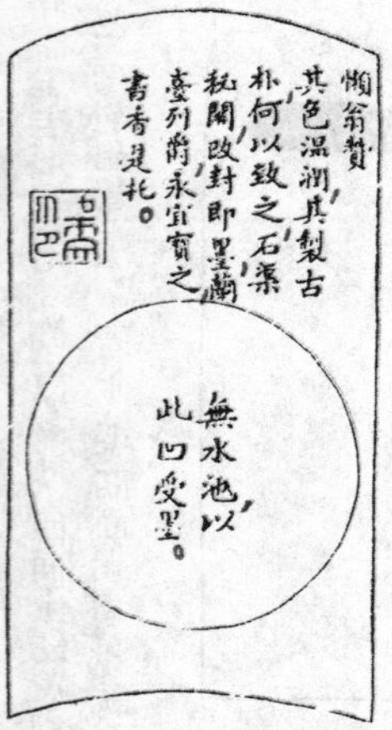
慎翁贊
其色温潤，其製古朴，何以致之，石渠秘閣，改封即墨，蘭臺列爵，永宜寶之，青香是托。
無水池，以此受墨。

德壽殿犀紋石硯　此爲天生，石面儼肖犀紋，毫無雕琢，亦且平整，中開瓶式，貯水用墨。後刻「德壽殿」字，下有御押。長八寸，濶四寸，厚一寸許。大印文曰：「德壽殿書寶。」

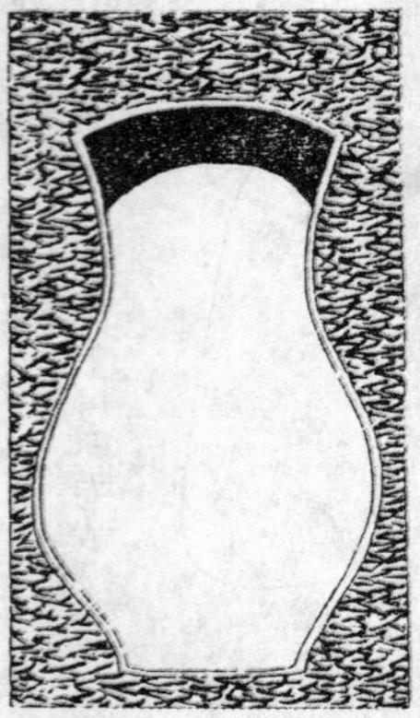

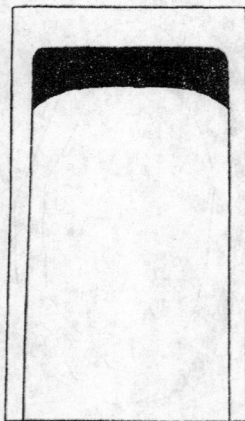

天潢硯　此古歙石，中段横截，白色如玉，儼若天潢，四面皆然。高三寸許，長九寸，濶可五寸。下有插手空處。

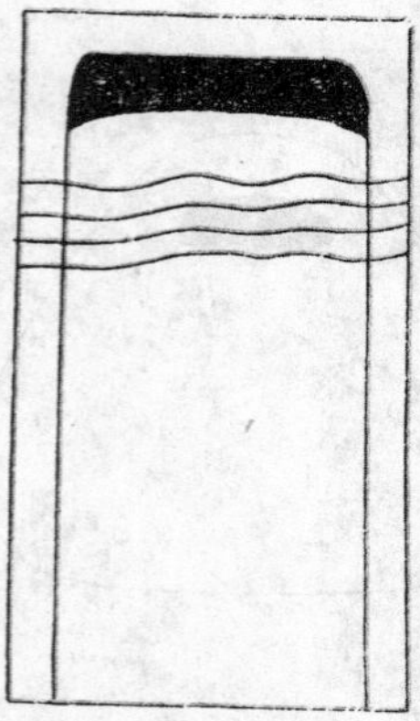

豆斑石硯　此歙之豆斑石也。高寸許，長七寸，濶三寸餘。色微黄緑。滿面豆瓣，大小不等，有數暈者，有緑色、黄沉香色者，光膩細滑，形色可愛。

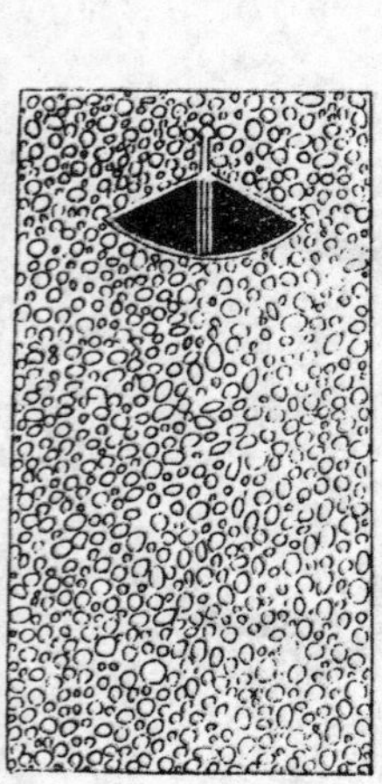

洮河緑石硯　此洮河緑石硯也。光細如玉，無少差異，惟不及玉之堅耳。色如新緑，葱翠可愛。以之方碧，碧沉而深，以之方菜，菜淡而不艷。真研中寶也。

靈壁山石硯　此靈壁山石。面平如畫形，可以受墨，傍背皆天生皺文。長七寸許，高三寸，上尖中肥下斂，置之几上穩甚。

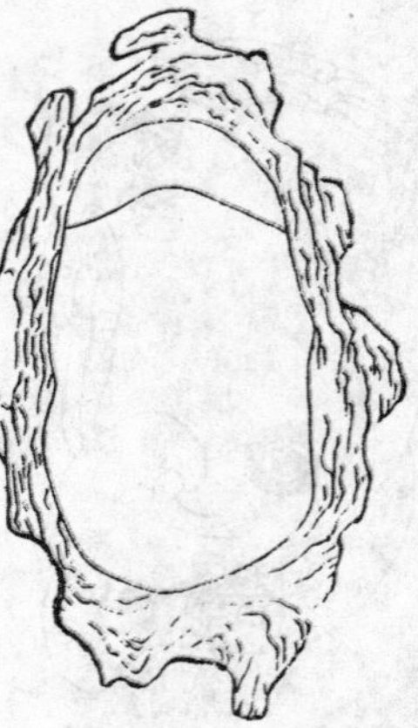

龍尾石筒瓦硯　此龍尾石研。琢如筒瓦之形，面上銘刻如圖，下有「萬卷樓」三篆字。長六寸，濶三寸，高二寸有多。石色青黑如玉。

未央宮磚頭硯　此未央磚頭研也。色黄黑，形如腎，長六寸，濶四寸，厚一寸。扣之聲清而堅。上有「建安十五年」長條陽字「海天初月」四字。

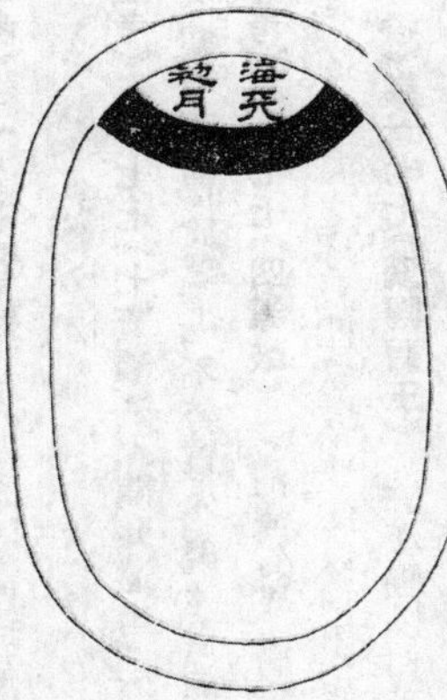

緑端石硯　此緑端石硯。背有周幼海銘，上篆「緑玉」二字。長七寸，厚二寸，濶五寸。色温然如玉，扣之鏗然。肆亙於斯翁，傳華轂。取端友，贊清穆。蒐粤池，剖結緑。慎砥礪，華翰櫝。宣素悰，沛玄沐。綿世守，衍芬郁。

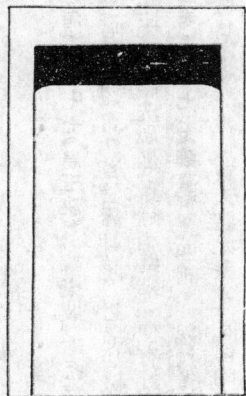

興和磚硯　此魏時磚硯。質細聲堅，扣之如金石然。長九寸，厚二寸許，濶四寸。色黄淡如沉香。背一方内篆「大魏興和年造」。又一方有異獸奮翼者，止半其形，想磚大而得其半也。

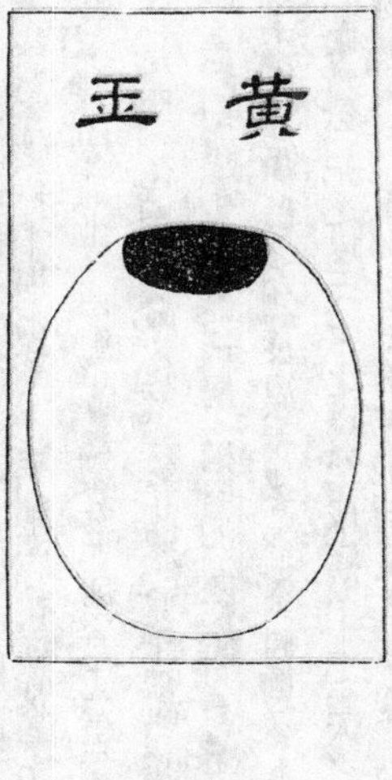

銀絲石硯　此銀絲石硯。長五寸，濶寸半，高一寸。石色如漆，上有銀絲紋如畫，横經石中。温潤如玉，呵氣成水。硯譜不録。此必歙石龍尾石類也，紋甚可愛。

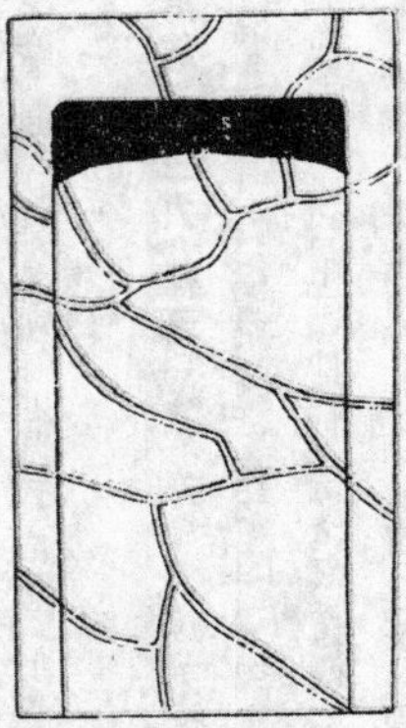

彭大翼《山堂肆考》卷一六五《三兆》　《周禮·春官》：大卜掌三兆之法，一曰玉兆，二曰瓦兆，三曰原兆。玉兆兆之璺罅，如玉屬陽。瓦兆兆之璺罅，暴裂如瓦，屬陰。原兆兆之璺罅，折裂如原田，陰陽雜也。又有卜師掌開龜之四兆，一曰方兆，二曰功兆，三曰義兆，四曰弓兆。

彭大翼《山堂肆考》卷一六五《投瓦》　《南部新書》：西京壽安縣有墨石山神祠頗靈，祠前有兩瓦子，過客投之以卜，休咎仰爲吉，覆爲凶。又巫俗，擊瓦觀其文理，曰瓦卜以定吉凶。

彭大翼《山堂肆考》卷一六五《卜盜鹿》　管輅又爲人卜盜鹿，曰汝巷中第三家也，伺無人時密發其東第七椽，以瓦子著下當送還人。如其言，其夜盜者父病，詣輅卜，令擔鹿皮肉著故處自愈，盜如言，輅乃令鹿主舉椽棄瓦，盜父病果愈也。

彭大翼《山堂肆考》卷一七七《烏玉玦》 蘇東坡《謝孫莘老寄墨詩》：「我貧如饑鼠，長夜空齩齧。瓦池研竈煤，葦管書柿葉。近者唐夫子，遠致烏玉玦。先生又繼之，圭璧爛箱匣。晴牕洗硯坐，蛇蚓稍蟠結。便有好事人，敲門求醉帖。」

彭大翼《山堂肆考》卷一七七《魏臺》 《四譜》：魏銅雀臺遺趾，人多發其古瓦，琢硯甚工，貯水數日不燥。世傳昔人製此臺，其瓦俾陶人澄泥以絺綌濾過，加胡桃油埏埴之，故與他瓦異。

彭大翼《山堂肆考》卷一七七《元賓誤毀》 韓愈《瘞硯銘》：隴西李元賓行于褒谷之間，誤毀其硯，匣歸京師，愈讚而識之：土乎成質，陶乎成器。器復其質，非生死類。全斯用毀不忍棄，埋而識之仁之義。硯乎硯乎，與瓦礫異。

彭大翼《山堂肆考》卷一七七《竹節》 《四譜》：西域無紙筆，有墨以瓦合，或竹節即其硯也。

彭大翼《山堂肆考》卷一七七《七寶鑪》 《開元遺事》：內庫中有七寶硯鑪一所，曲盡其巧，每冬寒硯凍，置於鑪上，不勞置火，硯冰自消。

彭大翼《山堂肆考》卷一七七《四鐶鼓》 《清異録》：宣城裁衣肆用一石鎮，色紫而潤，予以爲堪爲硯材，買之琢爲四鐶鼓硯，綴以白玉環，方圓逾一尺。

彭大翼《山堂肆考》卷一七七《漢陽碧玉》 許漢陽以白玉爲筆管，以碧玉爲硯，玻瓈爲硯匣。

彭大翼《山堂肆考》卷一七七《汾水泥》 《四譜》：絳縣人善製澄泥硯，縫絹囊盛泥置汾水中，踰年而後取，則泥已實囊矣，陶爲硯，水自不涸。

彭大翼《山堂肆考》卷一八三《酒器》 禮器，禮有以小爲貴者，宗廟之祭，貴者獻以爵，賤者獻以散。尊者舉觶，卑者舉角。五獻之尊，門外缶，門內壺。君尊瓦甒，此以小爲貴也。注云：爵一升，觚二升，觶三升，角四升，散五升，壺大一石，瓦甒五斗，缶又大於壺。缶尊名，盛酒在門外。壺亦尊也，盛酒在門內。君尊子男之尊也，子男用瓦甒爲尊，不云內外，則陳之在堂也。

謝肇淛《五雜組》卷一二 銅雀瓦雖奇品，然終燥烈易乾，乃其發墨，倍於端矣。洮河緑石，貞潤堅緻，其價在端上，以不易得也。江南李氏有澄泥硯，堅膩如石，其實陶也。有方者、六角者，旁刻花鳥甚精，四週有羅箋紋，較之銅雀又爲良矣。馬肝龍卵色之正也，月暈星涵姿之奇也，魚躍雲興石之恠也，結隣壁友名之佳也，稠桑栗岡地之僻也，金月雲峰製之巧也，芝生虹飲器之瑞也，青鐵浮楂質之詭也，頗黎玉函用之靡也，磨穴腹窪業之篤也，盧擲陶碎道之窮也。

謝肇淛《五雜組》卷一二 韓退之《毛穎傳》名硯，爲陶泓，鄭畋、盧攜擲硯相詬，王鐸歎曰：不意中書有瓦解之事，則唐人硯尙多用瓦也。

文震亨《長物志》卷七《枕》 有書枕用紙三大卷，狀如碗，品字相疊，束縛成枕。有舊窑枕長二尺五寸，濶六寸者可用，長一尺者謂之尸枕，乃古墓中物，不可用也。

文震亨《長物志》卷七《琴臺》 以河南鄭州所造古郭公磚，上有方勝及象眼花者以作琴臺，取其中空發響，然此實宜置盆景及古石。當更制一小几，長過琴一尺，高二尺八寸，濶容三琴者爲雅。坐用胡牀，兩手更便運動，須比他坐稍高，則手不費力。更有紫檀爲邊，以錫爲池，水晶爲面者，於臺中置水蓄魚藻，實俗製也。

孫承澤《春明夢餘録》卷三九《禮部一》 姑蘇王煥如曰：周禮太師掌六律、六同，以合陰陽之聲，播之八音，以爲樂器。孔子曰：易有聖人之道四，以制器者尙其象八音者，聖人致中和之器也。其制之長短、廣狹、小大、輕重皆有數，三三迭運，九九相乘，天地萬物之所生也。太和元氣之所鍾也，聲律家謂之元聲。黃鐘者，天地陰陽之和也。五聲之本，生於黃鐘之律。律十有二，陽六爲律，陰六爲吕。律，法也。律以統氣類物。吕，侶也。吕以助宣陽氣。爲道不同，其中一也。今按黃鐘之長九寸，寸積九十分，分十釐，釐十毫二十忽，忽方五十九萬，口四百九十萬得寸。十寸爲尺，十尺曰丈，十丈曰引。黃鐘之管，其容子粟秬黍中者一千二百爲龠。龠十抄，抄十撮，撮二十圭，圭六粒，粒凡一千二百得龠。十龠曰合，十合曰升，十升曰斗，十斗曰斛。黃鐘之龠，所容千二百黍，其重十二銖。兩龠則二十四銖爲兩。兩四分，分六銖。銖十纍，纍十黍。黍凡二千四百得兩。十六兩曰斤，二斤曰裹，十五斤曰稱，二稱曰均，四均曰石。三之九之，損之益之，以合陰陽之中，以通律吕之和，長短、廣狹、小大、輕重以十有二律爲之度數，以十有二聲爲之齊量，紀之以三，平之以六，成之以十二，天之道也。凡八音之器，莫不以是爲準。是以聲出於器，器得則聲得，器失則聲失也。八音惟革、木無當於五音，不係於律。《國語》曰：「革、木一聲。」此之謂也。其餘六器，清濁高下，莫不隨器審察而齊一之。夫金匪改煎齊量不成，石匪旁嵪摩鑢不協，竹有穴竅疏密之異，匏有安山卑崇之殊，土惟頫仰啓閉而契，歌惟依永比律而和。總衆音而言之，金欲應石，石欲應絲，絲欲應竹，竹欲應匏，匏欲應土。而八器之音，根祖出一黄鐘。器雖萬有不同，未嘗不克諧也。祇患僅知七律爲一均，而未知度曲之義；僅知一律配一字，而未知永言之旨耳。所謂七律者，如以黄鐘爲宫，即以林鐘爲徵，太簇爲商，南吕爲羽，姑洗爲角，應鐘爲變宫，蕤賓爲變徵。其七律自爲一均，而聲相諧應。古人欲合聲，先須吹律，使衆音皆合，如一律所出，乃可。近世不解，多以黄鐘奏而聲或林鐘，林鐘奏而聲或太簇。七音之協，四聲各有條理，今以平、入配重濁，以上、去配輕清，奏之多不諧協。六器之定，琴瑟尤難。琴必每調而改絃，瑟必每調而徙柱，上下相生，其理至妙。又琴瑟聲微，常見蔽於鐘、磬，匏、革、竹、土聲長，金、石常不能以相待。矧曠不習閑，擊鐘、磬者不知聲，吹匏、竹者不知穴，操琴、瑟者不知絃；同奏則啓手不均，迭奏則發聲不屬，失之遠矣。故妙達音律者，必於此而斡旋之，度律均鐘，以耳齊聲，以聲定律，而訂黄鐘之宫。凖此中聲，均瑟十六聲次第，又以十六聲而齊六器。聲高者抑而下之，聲下者引而上之，過不及者損益而酌中之，使衆器之間，音音翕和，不相淩奪。然後被之於絲彈者，純然如出一手；吹之於匏、土者，翕然如出一口。聲以和樂，律以平聲。金石以動之，絲竹以行之。詩以道之，歌以詠之，匏以宣之，瓦以贊之，革、木以節之，合作於一堂之上，將見八風從律，氣無滯陰，亦無散陽，風雨時至，神民和説，制物備而樂成，庶幾不失夔、曠之遺教云。

孫承澤《硯山齋雜記》卷三《硯説前篇》 蘇易簡《研譜》曰：柳公權論研，以青州石爲第一，絳州者次之，殊不言端溪。自漢晉及唐皆稱研瓦，所用者未央宫瓦、銅雀臺瓦、長沙王吴芮廟瓦，即稱佳品。但瓦以陶成，終屬泥質，泥隨磨而下，故研面漸凹而墨亦減色，自石研出而瓦研遂稀，必然之勢也。當唐之季，端溪之靈尚閟而未洩，故青州、絳州躐處其上，如水晶未生玻璃，遂居第一耳。

孫承澤《硯山齋雜記》卷三《銅雀硯辨》 崔後渠《彰德府志辨硯》云：世傳鄴城古瓦硯皆曰曹魏銅雀塼硯，皆曰冰井蓋，徇名而未審。其實魏之宫室焚蕩於汲桑之亂，趙燕而後迭興代毁，何有於瓦礫乎。《鄴中記》云：北齊起鄴南城，屋瓦皆以胡桃油油之，光明不蘚，筒瓦用在覆，故油其背。版瓦用在仰，故油其面。筒瓦長二尺，闊一尺，版瓦之長如之，而其闊倍。今或得其真者，當油處必有細紋，俗曰琴紋，有花曰錫花。傳言當時以黄丹鉛錫和泥，積歲久而錫花。乃見古塼大者方四尺，上有盤花鳥獸紋、千秋萬歲字，其紀年非天保則興和，蓋東魏北齊也。又有塼筒者花紋年號如磚，内圓外方，用承簷溜亦可爲硯。宋刺史李琮元豐中於丹陽邵不疑家得唐元次山家藏鄴城古塼硯，背有花紋及萬歲字，與《鄴中記》合，又曰「大魏興和二年造」，則唐賢所珍，已出於南城矣。

孫承澤《硯山齋雜記》卷三《飛廉館瓦》 元王文定惲《秋澗集》有《飛廉館瓦硯歌》略云：「劉郎杳杳秋風客，神鳥寘飛憶初格。豹奤爵首尾蟠蛇，建章千門風冽冽。」云云。此亦在銅雀之前，知漢瓦無不可爲硯也。吴震方青壇曰：端石出肇慶府羚羊峽，有上巖、中巖、下巖之别，有水坑、旱坑之分，有舊坑、新坑之目。其宋時舊坑包公所謂不持一硯者，今亦無所得石矣。其石之精粗美惡，人人聚訟，皆由身不至端溪，以耳爲目，此倡彼和，究莫能得真石也。彼地惟一僧及二三武弁識之，蓋以前當事者開坑，令其監督，日與土人石工及好事收藏者講究，故能略識其梗概也。大約不論石之大小眼之有無，以細潤光嫩者爲上，其發墨與否，久而後貴。初出未有不發墨者也，造爲種種異名以炫，遠近古無此也。其眼不論大小，以層次分明、色澤圓活者爲佳，藏硯之人故自矜許，掌大舊坑非數千金不可致，至於城外廟前肆中所賣者，皆屏風巖旱坑之石，其價極賤，即新坑亦不可得矣。端溪龍尾俱見其佳者，鼉磯島亦曾見之，不甚佳也。讀楊月湖《憶硯》詩云：「常山硯多青紫色，不徒發墨仍潤澤。」則常山亦有硯材矣。詩中云獲之如得琮璧，失之如喪珍奇，則推許未免過情，亦人各有好，不可强乎。但云上品，更多有紫袍玉帶者，何其與楚中溂溪石相類也。先生名廉字方震，江西丁酉解元。

硯一名墨海，黄帝得玉一紐，治爲墨海，篆曰「帝鴻氏之硯」，然則硯墨之來久矣。

王士禛《池北偶談》卷一六《談藝六・銅雀硯辨》 崔後渠《彰德府志》辨硯云：「世傳鄴城古瓦硯，皆曰曹魏銅雀塼硯，皆曰冰井，蓋狥名而未審其實。魏之宫室，焚蕩於汲桑之亂，趙燕而後，迭興代毁，何有於瓦礫乎？」《鄴中記》云：「北齊起鄴，南城屋瓦皆以胡桃油油之，光明不蘚。筒瓦用在覆，故油其背。版瓦用在仰，故油其面。筒瓦長二尺，闊一尺。版瓦之長如之，而其闊倍。今或得其真者，當油處必有細紋，俗曰琴紋。有花曰錫花，傳言當時以黄丹鉛錫和泥，積歲久而錫花乃見。古塼大者方四尺，上有盤花鳥獸紋，千秋萬歲字，其紀年非天保則興和，蓋東魏、北齊也。又有塼筒者，花紋年號如塼，内圓外方，用承簷溜，亦可爲硯。」宋刺史李琮，元豐中於丹陽邵不疑家得唐元次山家藏鄴城古塼硯，背有花紋及萬歲字，與《鄴中記》合。又曰「大魏興和二年造」，則唐賢所珍，已出於南城矣。

王士禛《池北偶談》卷二五《談異六・擊硯圖》 吴匏菴嘗蓄一銅雀瓦硯，甚珍之。一日，出示其友，某公惡曹瞞，拔劍擊之，立碎。匏菴懊惜。時沈石田在座，乃援筆於便面作《擊硯圖》，匏菴大喜。崇禎間，有都司胡琳者遊吴中，以十金購得之，珍惜甚。病且革，手握扇不可解，家人遂以殉。琳，武進士，商丘人。所藏又有蒲廷昌獅子一軸，亦神品。宋牧仲犖中丞説。

陳元龍《格致鏡原》卷三八《硯・古瓦硯》 《學齋佔畢》：唐人多只是以瓦爲硯，故昌黎《毛穎傳》止稱爲陶泓。《四譜》：魏銅雀臺遺址，人多發其古瓦，琢硯甚工，貯水數日不燥。世傳昔造此臺，其瓦俾，陶人澄泥以絺綌濾過，加胡桃油埏埴之，故與他瓦異。

《道山清話》：世傳銅雀瓦驗之有三，錫花、雷斧、鮮疵是也，皆風雨雕鐫不可僞。《蔡帖》：銅雀硯以古見貴，色頗青，肉厚平瑩，多工姓氏隸古。《米帖》：銅雀硯甚發墨，可使。《容齋續筆》：先公在燕得瓦硯二，大者長尺半，闊八寸，中爲瓢形，背有隱起六隸字曰「建安十五年造」。小者中作小簇花團，腹亦有六篆字曰「大魏興和年造」，興和乃東魏孝静帝紀年也。《偃曝談餘》：鄴城古瓦磚筒者有花紋年號，内員外方，用承簷溜亦可以爲硯。鄴人有言曰銅雀瓦硯，體質細潤而堅如石，不費筆而發墨。《楊慎外集》：銅雀硯，曹操臺瓦，已不可得，宋人所收乃高歡避暑宫冰井臺香姜閣瓦也，余得一瓦，上有香姜字。

《賈氏談録》：鄴郡三臺舊瓦，琢硯勝澄泥。《歐譜》：相州古瓦誠佳，然少真者，葢真瓦朽腐，不可用，世俗尚其名耳。今人乃以澄泥如古瓦狀，埋土中久而琢以爲硯，不必真古瓦，自是凡瓦皆發墨優於石爾。《米史》：相州土人自製陶硯，在銅雀上以熟絹二重淘泥澄之，取極細者燔爲硯。有色緑如春波者，或以黑白填爲水紋，其理細滑，著墨不費筆，但微滲。《容齋隨筆》：贛雩都灌嬰廟左有池，得瓦可爲硯，予守郡得，刓闕兩角，重二十斤，瀋墨如潑，其色沛然正黄。韓昌黎《宜城驛記》：楚王廟磚可爲硯。王禕《硯記》：漢未央宫諸殿瓦，其身如半筒，而覆簷際者則其頭有面外向，其面徑五寸，圍一尺六寸强，面至背厚一寸弱。其背平可研墨，唐宋以來人得之即去其身以爲硯，故俗呼瓦頭硯。王佐《硯記》：宣德中江西寧府新造漢未央宫瓦硯，改作今布瓦樣，中間刳其四圍，作小條環樣，極精緻，研墨頗不渴水。《太平清話》：孫漢陽以宋復古殿瓦爲硯，瓦色黄而帶白，製頗古。

《歐譜》：虢州澄泥，唐人品硯以爲第一，而今人罕用矣。《文房四譜》有造瓦硯法，劉羲叟如譜法造之絶佳，余得其二，一贈原甫，一置中書閣中以爲寶也。《通典》：虢州歲貢十硯。費氏《談録》：絳縣人縫囊盛泥，置汾水中，踰年陶爲硯，水自不涸。《米史》：澤州有吕道人陶硯，以别色泥於其首純作吕字，内外透，後人效之，有縫不透也。其理堅重，與凡石等，以歷青火油之堅，響滲入三分許，磨墨不乏。《麈史》：郭惟濟得陶器，體圓色白中虚，徑六七寸，酌水於輪郭間，隆起處磨墨甚良，古硯也。《硯史》：陳文惠家收一蜀王衍時陶硯，連葢，葢上有鳳坐一臺，餘雕雜花草，涅之以金泥紅漆，有字曰鳳皇臺。《硯箋》：蜀老以藥煮破缸爲硯。《石林避暑録》：柳公權記石末硯，墨易冷，或爲冷石堅磨，力兩剛相拒必熱而沫磨，墨如病兒，貴其輕也。《歐譜》：青州濰州石末硯皆瓦硯也，其善發墨也，非石硯之比，然稍麤者損筆鋒。石末本用濰水石，故唐人惟稱濰州，今二州所作皆佳，而青州尤擅名於世矣。

阮元《揅經室四集》卷二《印泥》 玻璃窗暖書盈榻，晶盤玉椀花瓷合。刀圭輕撥印泥開，一勺芳脂浸紅蠟。秦家玉鈕漢金龜，五色泥封天上詞。溼抹紅沙翻繆篆，未知佳製剏何時。宋人抹印猶調水，誰鍊丹膏落縑紙。銀綬三年艾吐綿，箭鋒九轉硃飛紫。雲笈真沙蘇合油，銷凝暑日又經秋。珊瑚枝共明珠碎，琥珀花同桂屑投。象牙縷字輕銅刻，花乳燈光鬬新式。譜上朱文搨兩京，烏絲闌壓燕支色。讀畫鈐詩露寶光，卷中磊落扇頭香。若無研北花南趣，肘後綸金空自黄。

程瑶田《紀硯》 乾隆丁酉夏五月，余從京師歸於歙。時方採龍尾石，琢硯以供方物之貢。其石之不中繩度者，硯工自琢之，以售於人。吴建周得廟前洪小石，廣一寸，長不及四寸，研成而建周生孫，遂以得孫名硯，志喜也。余爲賦詩斷章以銘之，曰：「追琢其章，金玉其相，如圭如璋，令聞令望。」以硯背刻圭形。石質似玉而有金星也。廟前洪石，龍尾上品也。所謂廟前者，今失其處。古老口授言，質堅似玉，而細潤若端溪水巖石者，是故世俗語亦呼之曰端。色有紫者，有葱緑帶白色者。余得一硯，時著《九穀考》，用之銘曰：「廟前洪，在何許，産此石，誰適主，有美如斯，勿用何居。」一日，建周懷一小子石硯與余，曰：「幸毋以小輕之。」余曰：「諾。」爲製銘，自刻之。銘曰：「石一卷，安天全，色如緑玉，星爛然，誰與遺我，吴梅顛。」梅顛，建周别字也。吴雋千得一小硯，形狹而長，余以「一笏」名之，銘曰：「象形名笏，墨來汩汩。墨盈一螺，笏功何多。」雋千更持一硯，語我曰：「武溪鮑政和，武溪，地名，近龍尾山。許爲購宋坑材者幾十年，今以此報我。云水漲後石齒齒露溪徑中，乃鑿其鉅石，剖腹中得之，真宋坑材也。將以畀余，子乞君銘。」余爲銘以示其子曰：「焕其有文温如玉，勉堂寶之用自勗。」余有端溪紫石斷硯，三十年前許介屏遺余者，雋千爲余以漆黏合之，試之良，遂呼爲石補闕硯，而銘之曰：「而石卷然，而能補天，而補而闕闕復全，余以而爲磨兜堅。」余藏大石硯一方，廿餘年矣，近因鑑硯，發而觀之，紫氣閃閃，如畫家著胭脂之色，洵可謂美而艷矣。遂磨治之，而呼之曰「艷紫」，蓋端溪水坑上巖佳品也。銘曰：「紫而不艷非上巖，請看豔紫真不凡。」朱竹垞稱，水巖石分三品，上巖質純而艷，微紫，余之艷紫是也。中巖質潤而凝，色漸青，余之石補闕是也。下巖質淡而細，色白，所謂蕉葉白者，乃下巖石也。余藏石一方，亦廿餘年，世稱蕉葉白者，不必有蕉葉紋，余此硯乃實有之，銘曰：「紋如蕉葉葉色白，是名蕉葉白之石。」汪甥志曾見余辨硯，乃以一小員硯與余，余笑曰：「吾甥欲余毁方瓦合乎。」因銘曰：「余能方，弗能員，宜與而，相周旋。」汪生灼持一硯，請余銘，製作雅潔，近時工人所琢，好手也，余頗愛之，遂爲銘而歸之。銘曰：「紫餤霞凝，青花藻掞，温如純如，監兹無忝。」汪生復請爲銘以自勉，銘曰：「吉祥雲如斯，日有孜孜。」爲吉人之辭。余家有石硯，晲而視之，乍白乍青，正視之，猶紫質也。或曰非端溪石，或曰石産浙江者，然辨之不得其審。余愛而不忍棄，與之銘曰：「白氣如銀忽如鐵，垂天雲，受日雪，紫光如如不生滅。」雋千得龍尾小石，員如璧，徑一寸有半，厚不及十分寸之一，中多沙礫，磨礱之乃瑑起，如月中黑暗狀，乞余銘。銘曰：「月光炯炯，有大地山河之影。」雋千又得小石一片，建周曰：「是宜以贈程君爲行囊硯。」雋千曰：「然。」余既得而有之，銘曰：「重如一鈎金，利有攸往，無貳爾心。」此硯極細，犀角紋也，然沙礫糅結，斑然見於面，余更銘之曰：「瑕瑜不掩，玉質犀紋，礪我以信，允爲席珍。」建周更贈余行囊硯尤小者，余復銘之曰：「行萬里路無厭惡，具體而微永終譽。」明日又出一小硯贈余，曰：「此犀角紋，極發墨。」余受而藏之，銘曰：「犀角有直理，直哉直哉，石能如此宜硯材。」舊書簏中檢出羅紋小硯，背刻自製銘，癸酉歲物也，銘曰：「非瓦非缶，利用无咎，君子與石爲友，昭其静也，静則壽。」是硯曾付次兒明畦用數年，畦生十五歲而殤，銘詞殿以壽字，而畦乃夭，撫硯憶兒，爲之泣下，不忍復用此硯也。年來所用者，汪生錫勇小硯。歲己卯，錫勇從余學書，其冬病死，硯存余處，余悲汪生之死，覩其硯，思其人，故日置案端用之。鮑政和者，硯工之良也，爲余製風字硯，廟前洪石，微紫色者。建周見而銘之曰：「龍尾之麓，廟前之洪，美玉之德，君子之風。」余無德以承之，然不敢不勉也，因依聲而和之曰：「守黑生白，守約用洪，謙謙君子，敢在下風。」余卜十月朔偕計吏上京，建周出小員石，徑不及寸，曰：「以贈君行。」余曰：「是不亦其細已甚乎。」建周曰：「江源始於濫觴，照乘之珠，大不過寸，余以是相贈，志固不在小也。」余令硯工琢之，成而銘曰：「一彈丸之多，受墨一螺，而弗磷於墨之磨。」明日乃行。

阮元《揅經室四集》卷四《蕉林驟雨》 黑雲閣日來蓬蓬，芭蕉窗下生微風。忽翻白雨破幽獨，萬點秋聲戰寒緑。此聲入耳心亦涼，動摇眼底迴清光。何處驕陽火繖熱，何處大道風塵黄。跳珠濺玉驟復緩，簾波不動清陰滿。半晌疎齋已坐忘，案頭茶冷青瓷椀。

梁紹壬《兩般秋雨盦隨筆》卷四《錐刀硯》 家秋潭先生于所親家見一硯石，質細潤，良材也。其家不之貴，用以覆瓿，且磨刀錐，傷痕數處，先生乞歸，名「錐刀硯」。鐫銘其旁云：「磨刀則磨，磨錐則磨，磨墨則磨，磨人則磨。」

梁紹壬《兩般秋雨盦隨筆》卷四《眉子硯》 陶綬之，會稽人，篁村先生之姪也。因其祖爲廣西司馬，遂寄籍廣東番禺縣，補博士弟子員人。極淳樸，酷好風雅，嘗得葉小鸞「眉子硯」一方，腰圓式，面有犀紋，形如半彎新月，背有跋云「舅氏從海上獲，硯材三分，致予兄弟。瓊章得眉子硯，綴以二絶云：天寶繁華事已陳，成都畫手樣能新。如今只學初三月，怕有詩人説小顰。素袖輕籠金鴨烟，明窗小几展吴牋。開奩一硯櫻桃雨，潤到青琴第幾絃。下署曰：已巳寒日題印章，小鸞二字。」按此詩《反生香集》中失載，惟近日陶晁鄉太守有《咏眉子硯詞》，所記正與之相同，綬之得此，徧徵歌咏，裒然成册，余爲填《摸魚兒》詞一闋，歸之册中。余最愛誦郎蘇門太守葆辰三絶云：「仙蹟留傳未肯銷，摩抄片石也瓊瑤。不然銅雀臺前瓦，誰更春深憶二喬。」「一握端溪玉不如，再休想像畫眉初。自傳晚鏡偷窺戒，不寫黄庭便紫書。」「塵願都從佛法抛，更無恨上月痕梢。先生若爲脩眉史，竟與心經一例鈔。」又吴石華學博蘭脩《疏影詞》云：「三生片石有黛痕，隱隱依舊凝碧。字瘦如人，詩靚於春，都是可憐香澤。曇花悴後瑶琴冷，共一縷玉烟蕭瑟。最傷心，細雨櫻桃，又過幾回寒食。猶記疎香舊事，小顰初畫了，無限憐惜。煮夢年華，寫韻風神，轉盼已成今昔。彩鸞未許人閒嫁，更莫問蓬萊消息。算只有眉月嬋娟，曾照那時顏色。」

梁紹壬《兩般秋雨盦隨筆》卷五《岳忠武硯》 硯色紫，體方而長，背鐫「持堅守白，不磷不淄」八字，無款。又鎸曰「枋得家藏，岳忠武墨」蹟。與銘字相若，此蓋忠武故物也。枋得《記》又曰：「岳忠武，端州石硯。向爲君直同年所藏，咸淳九年十二月十有三日，寄贈天祥，銘之曰：『硯雖非鐵磨難穿，心雖非石如其堅守之弗失道自全』八字行書，謝真書、文草書皆遒古。嗚呼，三公者，後先死南宋，毅然克踐所言矣。復有小方印，曰：「宋氏珍藏」。朱竹垞題識曰：「康熙壬子二月四日，朱彝尊觀於西陂主人齋中。」西陂者，宋牧仲犖居也。另一行云：「雍正八年夏六月十有九日，良常王澍拜觀。」道光元年，東陽令陳海樓履和于都門市上得之。

梁紹壬《兩般秋雨盦隨筆》卷八《硯瓦》　《演繁露》：唐以前無石硯，多用瓦硯。今天下通用石，而猶概言硯瓦也。一説唐用鳳池硯，中凹如瓦，故曰硯瓦。米元章云「唐鳳池硯，中凹受墨，故用筆一援，墨飽而筆鋒已圓。作書無不如志，今硯面平正，一經蘸墨，筆鋒或扁或側，此其所以不如古制也」。是非精于書者不能知之。

不著撰者《百寶總珍集》卷三《石硯》　石硯從來數十般，聲如盆破死豬肝。膩如雞子無石病，滴水氣呼卒未乾。凡看硯瓦石，性有多般，逢人眼傳心記，認殺歙硯、端硯、新坑者，燥旧坑者。潤惟端硯，帶紫色。有眼本是石病，端硯有括子：有眼石中病，無眼不成端。川中蓮石與歙石無異，用手擦磨如瓦性，每個大者價直不滿一貫。石性亦有刷絲黄濟石，青濟石，洮石，蟮魚斑石，倭石。硯瓦亦有潮信來槽内水滿者，價直非細。

不著撰者《百寶總珍集》卷三《瓦硯》　曹操禁中含元殿，立名呼作銅雀臺。上頭旧瓦今作硯，百箇難逃一箇堅。銅雀臺瓦硯上有花兒，銅緑色，街市多是僞造者，禁中閣子庫中有。

謝堃《金玉瑣碎》上《歸壺衛壺》　歸壺者，歸復初所製之壺也，復初以生錫團光其外而空其中，以檀木爲把，以玉爲嘴及蓋頂。取其夏日貯茶，無宿味，年久錫生鮎魚斑者佳。又衛姓亦以生錫製壺，多提把者，周圍有陽文花鳥，以此稍異。

謝堃《金玉瑣碎》下《澄泥硯》　澄泥者澄江之泥也，年久質堅，唐人琢以爲硯。其難得者黄質黑章，名鱓魚，黄者蓋色若鱓魚之背。又有青色者名蟹殼，青紅色者名鰕頭，紅白色者名魚肚白，皆唐以後之泥也。質既不堅，遂不甚發墨。憶在南通州，見所取澄泥皆沿江波浪所濯，取而爲硯，然去唐之澄泥遠矣。余所得唐澄泥硯，長三寸，餘寬二寸，厚不過四分，二分色稍黑，二分色深，真鱓魚黄也。雖至交不與之見，惟著書時用之。一匙之水經旬不涸，一窪之墨盛暑不乾，與宣和石髓正堪作匹。嘗憶高深甫之言曰：有硯在笥，如范喬之遺子者，有幾人哉。人能賤金玉而寶研石者，又幾人哉。它如沈於深淵，掩於厚土，毀於兵燹，敗於傾覆，災於記算之傍，困於學究之側，其又何勝以千百計也，惜哉。

謝堃《金玉瑣碎》下《古塼》　曩見未央塼，其質黄黑，長八寸有餘，寬四寸弱，厚一寸弱，扣之有聲，傍有「建安十五年造」凸起六隸字。至晉永康元康等塼，隨得隨失，近友人陌本有鳳凰君子二塼，極其古雅。

謝堃《金玉瑣碎》下《銅爵瓦》　世傳銅爵瓦可製研，紛紛僞造耳，食者竟以數十金得其贋物，自以爲寶，識者嗤之。近見傅東林家藏一瓦，無款識，重八十八兩，其腹紋如麻布而背黝如月，中有一穿可繫，擊之若鐘磬聲，四面異音，乃古瓦也，至所云銅爵，非吾所能辨也。

謝堃《金玉瑣碎》下《瓦當》　余集漢瓦，有一衛字者，非地名也，乃衛尉之衛張平子。《西京賦》：「衛尉八屯，警夜巡晝。」五臣注：屯營也。其屯有八，蓋長水中壘屯騎，武賁越騎、步兵射聲，胡騎也。衛瓦，八屯之瓦也。又有樂當大萬，萬字反書，然漢錢、漢印、漢鏡反書甚多，此不足怪。文應左讀作大萬樂當，爲大予樂署瓦也，其它億萬斯年，長樂、未央諸瓦皆宫瓦也。

謝堃《金玉瑣碎》下《土器》　乾隆間，山東沿澥居民掘土得土器銅器各一，其銅器爲賈人以十二金購去，後在蘇州貨千餘金，蓋齊侯鐘也，銘文原尾載馮晏澥《金石索》。其土器，余猶及見，狀若撇口巨椀，無花紋，無黝色，中横三楞，髣髴大成殿五器中之土鏄也。余因值昂未購，後移居山東，詢之土人，竟無有知者。

謝堃《金玉瑣碎》下《瓷器》　宋瓷多鋼砂胎，世稱鐵胎，蒼白而潤者官窑也，藍帶紫色寶石黝者均窑也。宋時鋼胎爲宋均，元時以土沙爲胎，爲元均，明時藍黝不及宋元，且是瓷胎，故以季藍稱之。哥窑長無七寸，鐵胎紋若魚子，近黄色者下品也。色若雞卵，青黝若堆脂，紋若蟹爪。映於日光，横若金絲，豎若鐵線，痕中有若豬鬃眼者，上上品也。官窑有澹青色，紋如冰裂鱔血者，亦上上品也。然二窑燒出器皿時有窑變，狀類禽蟲果蔬等象布於本色黝外，變色不一，形肖可愛，是皆火之文明幻化而成。定窑者，宋時定州窑也，其色粉白間有青紫，然皆粉胎。其黝有如淚痕者爲最，其紋本色陽花，或本色陰花，間有藍痕鐵線畫出若繡。余所得呂祖、觀世音二像，做工精緻，絶無文綵，潔白蒼潤，常奉祀焉。元時似定而燒於霍州者名霍窑，乃彭君寶所監造，又曰彭窑，較宋定窑欠潤澤而易脆，如不細審竟不能辨。又有龍泉窑，色甚葱翠，紫骨鐵胎，紋片極佳，然冀州所燒色不甚翠，又非紫骨，乃僞託龍泉者。其它如章窑、建窑、吉州窑皆不及也。前明永樂所製食器，底内有篆書「永樂年製」四字，細若(立)〔粒〕米，最上品也。宣德五彩皆寶石黝，自内燒出凸起，寶光鮮紅奪目，青緑亦可愛。成化彩色稍次，然畫工特妙。嘉靖青花絶倫，蓋所用乃蘇浡泥青者也。萬歷五彩追宗宣成，紅色尤佳，所稱季紅，古今第一。然官窑鮮紅，魚子紋翠色底者多銅包口，蓋上用之物，紅如豬肝，内外一色，而澹黄底者次之。近有外紅内白而無紋理者，刷紅也，刷紅也者，僞造之市賣貨也，惟識者始能辨之。

謝堃《金玉瑣碎》下《砂器》　瓷器外有砂器，宜興所製砂壺絶佳，所製之人以前明時大彬爲第一，陳文清次之，然手捏花盆又以陳文清爲第一。近日銘其壺而鐫之以陳曼生稱最，世稱曼生壺，云壺所重者貯茶經宿而不變其味。間有砂蓋椀甚巨，取其貯肉，三五日不敗，處家者竟不可少砂器也。

謝堃《金玉瑣碎》下《羊角犀角》　今之所謂琉璃鐙非真留犂，乃羊角熏刮截補而成。又以犀角雕鏤杯皿，亦非真水犀，乃外夷野牛角所製，然雕鏤頗有可觀者。

祭祀陶具分部

題解

王三聘《事物考》卷七《簠簋》 《墨子》曰：堯飯，土簋。《明堂位》曰：有虞氏兩敦，夏后氏四璉，商六瑚，周八簋，皆黍稷之器也，始于堯之土簋。

王三聘《事物考》卷七《俎豆》 《明堂位》曰：有虞氏以梡。唐太宗曰：禹雕其俎豆。注云：虞俎斷木爲四足□□餙創始爲之，至夏乃用雕文。又曰：夏后氏以楬豆。注云：楬無異物之餙也，凡造物之初，未始不本于樸素，後王以爲未足以致誠敬，故因之加文焉，疑始于夏后氏。

王三聘《事物考》卷七《籩登》 《爾雅》曰：竹豆謂之籩，瓦豆謂之登。蓋二物取法于豆而製也，疑出于有夏之後。

綜述

《魏書》卷八四《儒林傳序》 自晉永嘉之後，運鍾喪亂，宇內分崩，羣兇肆禍，生民不見俎豆之容，黔首唯覩戎馬之跡，禮樂文章，掃地將盡。而契之所感，斯道猶存。高才有德之流，自强蓬蓽；鴻生碩儒之輩，抱器晦己。太祖初定中原，雖日不暇給，始建都邑，便以經術爲先，立太學，置五經博士生員千有餘人。天興二年春，增國子太學生員至三千。豈不以天下可馬上取之，不可以馬上治之，爲國之道，文武兼用，毓才成務，意在兹乎？聖達經猷，蓋爲遠矣。四年春，命樂師入學習舞，釋菜于先聖、先師。太宗世，改國子爲中書學，立教授博士。世祖始光三年春，別起太學於城東，後徵盧玄、高允等，而令州郡各舉才學。於是人多砥尚，儒林轉興。顯祖天安初，詔立鄉學，郡置博士二人，助教二人，學生六十人。後詔：大郡立博士二人，助教四人，學生一百人；次郡立博士二人，助教二人，學生八十人；中郡立博士一人，助教二人，學生六十人；下郡立博士一人，助教一人，學生四十人。太和中，改中書學爲國子學，建明堂辟雍，尊三老五更，又開皇子之學。及遷都洛邑，詔立國子太學、四門小學。高祖欽明稽古，篤好墳典，坐輿據鞍，不忘講道。劉芳、李彪諸人以經書進，崔光、邢巒之徒以文史達，其餘涉獵典章，關歷詞翰，莫不縻以好爵，動貽賞眷。於是斯文鬱然，比隆周漢。世宗時，復詔營國學，樹小學於四門，大選儒生，以爲小學博士，員四十人。雖黌宇未立，而經術彌顯。時天下承平，學業大盛。故燕齊趙魏之間，橫經著録，不可勝數。大者千餘人，小者猶數百。州舉茂異，郡貢孝廉，對揚王庭，每年逾衆。神龜中，將立國學，詔以三品已上及五品清官之子以充生選。未及簡置，仍復停寢。正光二年，乃釋奠於國學，命祭酒崔光講《孝經》，始置國子生三十六人。暨孝昌之後，海內淆亂，四方校學所存無幾。永熙中，復釋奠於國學；又於顯陽殿詔祭酒劉廞講《孝經》，黃門李郁説《禮記》，中書舍人盧景宣講《大戴禮·夏小正篇》；復置生七十二人。及遷都於鄴，國子置生三十六人。至於興和、武定之世，寇難既平，儒業復光矣。

《北齊書》卷四四《儒林傳序》 班固稱「儒家者流，蓋出於司徒之官，助人君順陰陽，行教化」者也。聖人所以明天道，正人倫，是以古先哲王率由斯道。

高祖生於邊朔，長於戎馬之間，因魏氏喪亂之餘，屬尒朱殘酷之舉，文章咸盪，禮樂同奔，弦歌之音且絶，俎豆之容將盡。及仗義建旗，掃清區縣，以正君臣，以齊上下；至乎一人播越，九鼎潛移，文武神器，顧眄斯在；猶且援立宗支，重安社稷，豈非蹈名教之地，漸仁義之風與？

屬疆埸多虞，戎車歲駕，雖庠序之制有所未遑，而儒雅之道遽形心慮。魏天平中，范陽盧景裕同從兄禮於本郡起逆，高祖免其罪，置之賓館，以經教授太原公以下。及景裕卒，又以趙郡李同軌繼之，二賢並大蒙恩遇，待以殊禮。同軌之亡，復徵中山張雕、渤海李鉉、刁柔、中山石曜等遞爲諸子師友。及天保、大寧、武平之朝，亦引進名儒，授皇太子諸王經術。

然爰自始基，暨於季世，唯濟南之在儲宮，性識聰敏，頗自砥礪，以成其美，自餘多驕恣傲狠，動違禮度，日就月將，無聞焉爾。鏤冰雕朽，迄用無成，蓋有由也。夫帝子王孫，禀性淫逸，況義方之情不篤，邪僻之路競開，自非得自生知，體包上智，而内有聲色之娛，外多犬馬之好，安能入便篤行，出則友賢者也。徒有師傅之資，終無琢磨之實。下之從化，如風靡草，是以世胄之門，罕聞强學。若使貴遊之輩，飾以明經，可謂稽山竹箭，加之以括羽，俯拾青紫，斷可知焉。而齊氏司存，或失其守，師、保、疑、丞皆賞勳舊，國學博士徒有虚名，唯國子一學，生徒數十人耳。欲求官正國治，其可得乎？胄子以通經仕者唯博陵崔子發、廣平宋遊卿而已，自外莫見其人。

呂震等《宣德鼎彝譜》卷一　宣德三年三月初三日，司禮監太監吴誠賚出聖諭一道，勅諭工部尚書吴中：「朕自御極以來荷賴皇天垂佑，海宇清寧，黔首奠安，四夷賓服，重譯獻琛而至者三十餘國。朕惟涼德，實深内疚，因見郊壇太廟内廷所在，陳設鼎彝式範鄙陋，殊乖古制，是以深繫朕懷。今有暹羅國王剌迦滿靄所貢良銅厥號風磨，色同陽邁，朕擬思惟所用，堪鑄鼎彝，以供郊壇太廟内廷之用。今着禮部會同太常寺司禮監諸官參酌機宜，該鑄鼎彝自上用之外，以及頒賜各王府兩京文武衙門數目多寡，款式巨細，悉倣宣和博古圖録及考古諸書並内庫所藏柴汝官哥均定各窑器皿款式，典雅者寫圖進呈揀選，照依原樣勒限鑄成。今特勅爾工部可速開冶鼓鑄，應用工匠金銀銅鐵鉛錫藥料可着實明白開册具奏，毋得隱冒侵欺，察出治罪，欽此。」

禮部一本爲欽奉上諭事：

太子太傅禮部尚書臣呂震於宣德三年三月初三日接到司禮監太監臣吴誠賚出聖諭一道，着臣會同太常寺卿臣周瑛、司禮監太監臣吴誠彙查本部祠祭册籍以及太常寺禋祀署、司禮監内豐積庫册籍所載郊壇太廟内廷供用鼎彝等件，已經會同諸臣參酌，遵旨於博古圖録攷古諸書中遴選款式典雅者，紀得八十有八種，其柴汝官哥均定中亦選得二十有九種，二共一百一十七種，謹寫圖形進呈御覽可否，伏候上裁，臣等誠惶誠恐，稽首頓首，隨册謹疏。

宣德三年四月初十日司禮監太監臣吴誠賚出聖諭一道勅諭禮部：「朕覽鼎彝諸款，深合古制，可着工部照式鼓鑄，該用物料即着照册奏聞給付，欽此。」

工部一本爲欽奉上諭事：

太子太保工部尚書臣吴中接到禮部移會，遵旨開冶鼓鑄鼎彝以供郊壇太廟内廷之用，共計一百一十七款，通計三千三百六十五件，照依原降款式，謹遵欽限鑄造，該用金銀銅鐵鉛藥，遵旨明白開載具册上聞，伏候聖裁頒發，宣德三年四月疏。

鑄冶須知黄册一本，鈐印進呈御覽，所應頒發各項物料須至册者：

計開

暹羅國洋銅三萬九千六百觔，赤金八百兩，白銀二千六百兩，倭源白水鉛一萬七千觔，倭源黑水鉛八千觔，日本國生紅銅一千觔，賀蘭國花洋斗錫八百觔，天方國番硇砂三百六十觔，三佛齊國紫硑石三百觔，渤泥國紫礦石三百觔，渤泥國臙脂石三百觔，金絲礬二百觔，晉礬二百四十觔，黄明礬一百二十觔，白明礬二百觔，寒水石二百觔，出山水銀一千八百觔，辰州府硃砂三十觔，梅花片石青三十觔，石緑三十觔，古墨二十觔，銅緑三十觔，黄丹五十觔，硼砂三十觔，方解石二十觔，白蠟一百三十觔，黄蠟八百觔，血竭二十觔，無名異二十觔，赤石脂二十觔，光砂一千觔，雲南黑白棋子二萬個，雲南料石一百二十觔，煤炭十萬八千觔，櫟木炭十萬八千觔，松木柴十二萬觔，蘆柴三萬觔，楊木烰炭六百觔，石灰四十石，皇磚四萬口，黄砂三石，玉田砂三石，大毛桱竹三百莖，鐵力木十六根，杉木一百二十根，官瓦六萬片，大風箱二十具，大小陽罐二萬個，大小烊銅鐵罐四百個，烊銅大鐵篩十具。圍徑一丈一尺。

勾管爐冶鼓鑄局官二員，提舉爐冶鼓鑄局官二員，鼓鑄局匠人六十四名，鼓鑄局風箱夫二十名，鼓鑄局水夫十名，鼓鑄局火夫十名。臣吴中等誠惶誠恐，稽首頓首，遵旨謹奏所列應用金銀銅鐵藥料什物，大小臣員工匠俱已估計明白真實無虚，謹於宣德三年四月二十日率本部大小臣員恭詣乾清宫，具本隨册上達天聽，倘蒙俞允，乞命司禮監太監臣到臣部限同勘校虚實，以便具本恭詣内府及各衙門領取應用物料施行，庶可依限鑄成上進，伏祈賜垂睿覽，臣等無任榮遇之至，宣德三年四月疏。

呂震等《宣德鼎彝譜》卷二　宣德三年四月二十四日上御乾清宫瑶華殿，勅諭司禮監太監吴誠、工部尚書吴中等所上册本：「朕已親覽，所費浩大，今着爾可往工部校勘虚實，其金銀藥料等物作何用度，可酌量裁減，的實具本奏來，欽此。」

司禮監一本爲欽奉上諭事：司禮監太監臣吴誠於宣德三年四月二十四日奉聖旨，命臣前往工部查勘所奏鑄造鼎彝應用金銀藥料物件，臣與部臣吴中等細加酌量鑄造鼎彝大小輕重，估計該用物件，裁減十分之二，具册上聞，恭呈御覽，倘蒙聖恩俞允，勅諭付外施行。

今將裁減物料清册具奏，如左：

暹羅國風磨銅原册三萬九千六百觔，今裁減七千九百二十觔，實該三萬一千六百八十觔，此銅作鑄造鼎彝諸器用。

赤金原册八百兩，今裁減一百六十兩，實該六百四十兩，此金作商嵌泥金流金鼎彝用。

白銀原冊二千六百兩，今裁減五百二十兩，實該二千零八十兩，此銀作商嵌泥銀流銀等雜用。

倭源白水鉛原冊一萬七千觔，今裁減三千四百觔，實該一萬三千六百觔，此鉛作鉛磚鋪鑄冶局地雜用。

倭源黑水鉛原冊八千觔，今裁減一千六百觔，實該六千四百觔，此鉛作鉛磚鋪鑄冶局地並雜用。

日本國生紅銅原冊一千觔，今裁減二百觔，實該八百觔，此銅作烊銅用。

賀蘭國花洋錫原冊八百觔，今裁減一百六十觔，實該六百四十觔，此錫作烊銅用。

鋼鐵原冊一萬二千觔，今裁減二千四百觔，實該九千六百觔，此鐵作煉銅大鐵篩十具，每具一百二十觔，共該一千二百觔，餘存作食鍋、鐵罐、鉗鎚、刀碪等雜用。

天方國沓磠砂原冊三百六十觔，今裁減七十二觔，實該二百八十八觔，此砂作鼎彝點染硃砂斑色用。

三佛齊國紫硃石原冊三百觔，今裁減六十觔，實該二百四十觔，此石作鼎彝點染紫葡萄斑色用。

渤泥國紫礦石三百觔，今裁減六十觔，實該二百四十觔，此石作鼎彝點染棗斑色用。

渤泥國臙脂石原冊二百觔，今裁減四十觔，實該一百六十觔，此石作鼎彝點染桑椹斑色用。

琉球國安瀾砂原冊二百觔，今裁減四十觔，實該一百六十觔，此砂作鼎彝點染磨光模坯用。

金絲礬原冊二百觔，今裁減四十觔，實該一百六十觔，此礬作鼎彝點染蠟茶色用。

鴨嘴胆礬原冊二百四十觔，今裁減四十八觔，實該一百九十二觔，此礬作鼎彝點染鸚羽緑脚地用。

黄明礬原冊一百二十觔，今裁減二十四觔，實該九十六觔，此礬作鼎彝點染蠟茶色脚地用。

白明礬原冊二百觔，今裁減四十觔，實該一百六十觔，此礬作鼎彝點染各色脚地用。

出山水銀原冊一千八百觔，今裁減三百六十觔，實該一千四百四十觔，此水銀作鼎彝流金商金鑠金之用。

辰州府硃砂原冊三十觔，今裁減六觔，實該二十四觔，此硃砂作鼎彝硃砂斑色。

梅花片石青原冊三十觔，今裁減六觔，實該二十四觔，此石青作鼎彝點染石青斑色用。

石緑原冊三十觔，今裁減六觔，實該二十四觔，此石緑作鼎彝點染石緑斑色用。

銅緑原冊三十觔，今裁減六觔，實該二十四觔，此銅緑作鼎彝點染緑色脚地用。

古墨原冊二十觔，今裁減四觔，實該一十六觔，此墨作鼎彝黑漆古蟹殻青顔色用。

黄丹原冊五十觔，今裁減十觔，實該四十觔，此丹作鼎彝鉛古色脚地用。

硼砂原冊三十觔，今裁減六觔，實該二十四觔，此砂作鼎彝水銀古脚地用。

方解石原冊一百三十觔，今裁減二十六觔，實該一百零四觔，此石作鼎彝各色脚地用。

白蠟原冊一百三十觔，今裁減二十六觔，實該一百零四觔，此蠟作鼎彝發光顔色用。

黄蠟原冊八百觔，今裁減二百六十觔，實該五百四十觔，此蠟作鼎彝蠟模坯用。

無名異原冊二十觔，今裁減四觔，實該十六觔，此無名異作鼎彝青瓷色用。

血竭原冊二十觔，今裁減四觔，實該一十六觔，此血竭作鼎彝朱紅斑色用。

赤石脂原冊二十觔，今裁減四觔，實該一十六觔，此石脂作鼎彝海棠紅脚地用。

雲南棋子原冊二萬個，今裁減四千個，實該一萬六千個，此棋子作鼎彝瓷釉色用。

雲南料石一百二十觔，今裁減二十四觔，實該九十六觔，此石作鼎彝瓷釉色用。

煤炭原冊十萬八千觔，今裁減二萬一千六百觔，實該八萬六千四百觔，此煤炭鑄冶烊銅用。
櫟木炭原冊十萬八千觔，今裁減二萬一千六百觔，實該八萬六千四百觔，此櫟炭作鼎彝鑄造烊銅用。
松木柴原冊十二萬觔，今裁減二萬四千觔，實該九萬六千觔，此松柴作匠工炊爨用。
蘆柴原冊三萬觔，此柴裁減不得作匠工炊食用。
楊木烰炭原冊六百觔，此炭作鼎彝磨光用，原數不敷再加六百觔。
光砂原冊一千觔，此砂磨光鼎彝用，不可減少。
皇磚原冊四萬口，今裁減八千口，實該三萬二千口，此磚作鑄爐食竈等用。
石灰原冊四十石，此石灰作起造工匠屋舍爐竈等用，不敷再加十石。
官瓦原冊六萬片，今裁減一萬二千片，實該四萬八千片，此瓦作起造工匠屋舍用。
黄砂原冊三石，此砂和黄蠟等作鼎彝模坯用，不敷再加三石。
玉田砂原冊三石，此砂作磨光鼎彝用，不敷再加三石。
鐵力木原冊十六根，此木作戒尺平板用，不可裁減。
大毛桱竹原冊三百莖，此竹作鼎彝模坯箍匝及雜用，不可少。
大杉木原冊一百二十根，此木作工匠屋舍用，不敷再加五十根，其外提舉官員及工匠人夫等不須裁減。
今此裁減清冊臣與工部臣等再四估計，毫無欺隱，謹將清冊進呈御覽，乞賜俞允，臣等不勝惶恐之至。宣德三年四月具疏隨冊恭進，五月初一日奉聖旨：「該部知道，照冊頒發，欽此。」

呂震等《宣德鼎彝譜》卷三 工部一本爲遵旨欽頒鑄冶物料事：宣德三年五月初一日叨蒙聖恩俞允，裁減鑄冶鼎彝應用材料理合具題，遣官恭請内庫並各署管衙門領取，謹具差官員名及該領物件上達天聽，應否伏候上裁，臣吴中等不勝惶懼之至。
謹開：
工部營繕司主事臣王玉益，工部都水司主事臣米實，鑄冶局大使臣張護，鑄冶局大使臣許百禄。
今撥營繕司主事臣王玉益賫摺本，恭詣内豐積庫領取赤金六百四十兩，白銀二千零八十兩。
又賫摺本恭詣内節慎庫領取風磨銅三萬一千六百八十觔，白水鉛一萬三千六百觔，黑水鉛六千四百觔，紅銅八百觔，洋錫六百四十觔，鋼鐵九千六百觔。
今撥都水司主事臣米實賫摺本恭詣戊字内顔料庫領取安瀾砂一百六十觔，硃砂二十四觔，石青二十四觔，石緑二十四觔，銅緑二十四觔，古墨十六觔，白蠟一百零四觔，黄蠟五百四十觔，黑白棋子一萬六千個，料石九十六觔。
又撥都水司主事臣米實賫移會到太醫院領取畨磠砂二百八十八觔，金絲礬一百六十觔，紫砒石二百四十觔，紫礦石二百四十觔，晉礬一百九十二觔，胭脂石一百六十觔，黄明礬九十六觔，白明礬一百六十觔，水銀一千四百四十觔，方解石一百零四觔，血竭一十六觔，無名異一十六觔，赤石脂一十六觔。
今撥鑄冶局大使臣張護賫移會到司禮監惜薪司領取煤炭八萬六千四百觔，木炭八萬六千四百觔，松柴九萬六千觔，蘆柴三萬觔。
今撥鑄冶局大使臣許百禄賫移會到皇木廠領取鐵力木十六根，大杉木一百七十根，大毛桱竹三百莖。
又撥鑄冶局大使許百禄賫移會到皇磚廠領取石灰五十石，皇磚三萬二千口，官瓦四萬八千片，黄砂六石，玉田砂六石，陽城罐二萬個，烊銅鐵罐一百六十個。本部營繕司特造大小風箱二十具。
以上各項物料已經撥官領取，爲此上達天聽，臣等不勝榮遇之至，宣德三年五月謹疏，隨冊恭進。六月十五日奉聖旨：「知道了。」

焦循《孟子正義》卷一 七十子之疇，會集夫子所言，以爲《論語》。《論語》者，《五經》之錧鎋，《六藝》之喉衿也。【疏】《孟子》之書，則而象之。【疏】衛靈公問陳於孔子，孔子答以俎豆；梁惠王問利國，孟子對以仁義。宋桓魋欲害孔子，孔子稱：「天生德於予。」魯臧倉毁鬲孟子，孟子曰：「臧氏之子，焉能使予不遇哉？」旨意合同，若此者衆。

紀事

《左傳・桓公六年》（九月丁卯）公問名於申繻。對曰：「名有五，有信，有義，有象，有假，有類。以名生爲信，以德命爲義，以類命爲象，取於物爲假，取於父爲類。不以國，不以官，不以山川，不以隱疾，不以畜牲，不以器幣。周人以諱事神，名，終將諱之。故以國則廢名，以官則廢職，以山川則廢主，以畜牲則廢祀，以器幣則廢禮。晉以僖侯廢司徒，宋以武公廢司空，先君獻、武廢二山，是以大物不可以命。」公曰：「是其生也，與吾同物，命之曰同。」

高士奇《左傳紀事本末》卷三《王臣之事》 〔宣公十六年〕冬，晉侯使士會平王室，定王享之，原襄公相禮，殽烝。武子私問其故。王聞之，召武子曰：「季氏！而弗聞乎！王享有體薦，宴有折俎。公當享，卿當宴，王室之禮也。」武子歸而講求典禮，以修晉國之法。

〔補逸〕《國語》：晉侯使隨會聘于周，定王享之，殽烝。原公相禮。范子私于原公曰：「吾聞王室之禮無毀折，今此何禮也？」王見其語也，召原公而問之。原公以告。王召士季曰：「子弗聞乎！郊禘之事，則有全烝；王公立飫，則有房烝；親戚宴饗，則有殽烝。今女，非它也，而叔父使士季實來，修舊德以獎王室。唯是先王之宴禮，欲以貽女，余一人敢設飫禘焉。忠非親禮，而干舊職，以亂前好。且唯夫戎翟，則有體薦。夫戎翟，冒没輕儳，貪而不讓；其血氣不治，若禽獸焉。其適來班貢，不俟馨香嘉味，故坐諸門外，而使舌人體委與之。女，今我王室之一二兄弟，以時相見，將和協典禮，以示民訓，則無亦擇其柔嘉，選其馨香，潔其酒醴，品其百籩，修其簠簋，奉其犧象，出其尊彝，陳其鼎豆，浄其巾羃，敬其祓除，體解節折，而共飲食之；於是乎有折俎加豆，酬幣宴貨，以示容合好，胡有孑然其效戎翟也？夫王公、諸侯之有飫也，將以講事成章，建大德，昭大物也。故立成禮烝而已。飫以顯物，宴以食好。歲飫不倦，時宴不淫，月會旬修，日完不忘。服物昭庸，采飾顯明，文章比象，周旋序順。容貌有崇，威儀有則。五味實氣，五色精心，五聲昭德，五義紀宜。飲食可享，和同可觀，財用可嘉。則順而建德。古之善禮者，將焉用全烝？」武子遂不敢對而退。歸乃聚三代之典禮，於是乎修執秩以爲晉法。

高士奇《左傳紀事本末》卷九《三桓弱公室》 〔昭公〕二十六年春王正月庚申，齊侯取鄆。三月，公至自齊，處于鄆，言魯地也。夏，齊侯將納公，命無受魯貨。申豐從女賈以幣錦二兩，縛一如瑱，適齊師，謂子猶之人高齮：「能貨子猶，爲高氏後，粟五千庾。」高齮以錦示子猶，子猶欲之。齮曰：「魯人買之，百兩一布，以道之不通，先入幣財。」子猶受之，言于齊侯曰：「羣臣不盡力于魯君者，非不能事君也，然據有異焉。宋元公爲魯君如晉，卒于曲棘；叔孫昭子求納其君，無疾而死。不知天之棄魯邪，抑魯君有罪于鬼神，故及此也？君若待于曲棘，使羣臣從魯君以卜焉。若可，師有濟也，君而繼之，兹無敵矣。若其無成，君無辱焉。」齊侯從之，使公子鉏帥師從公。成大夫公孫朝謂平子曰：「有都，以衛國也，請我受師。」許之。請納質，弗許，曰：「信女足矣。」告于齊師曰：「孟氏，魯之敝室也，用成已甚，弗能忍也，請息肩于齊。」齊師圍成，成人伐齊師之飲馬于淄者，曰「將以厭衆」。魯成備而後告曰：「不勝衆。」師及齊師戰于炊鼻。齊子淵捷從洩聲子，射之，中楯瓦，繇朐汰輈，匕入者三寸。聲子射其馬，斬鞅，殪。改駕，人以爲鬷戾也，而助之。子車曰：「齊人也。」將擊子車，子車射之，殪。其御曰：「又之。」子車曰：「衆可懼也，而不可怒也。」子囊帶從野洩，叱之。洩曰：「軍無私怒，報乃私也。將亢子。」又叱之，亦叱之。冉豎射陳武子，中手，失弓而罵，以告平子曰：「有君子，白晳鬒鬚眉，甚口。」平子曰：「必子彊也。無乃亢諸？」對曰：「謂之君子，何敢亢之？」林雍羞爲顏鳴右，下，苑何忌取其耳，顏鳴去之。苑子之御曰：「視下顧！」苑子刜林雍，斷其足，鑋而乘于他車以歸。顏鳴三入齊師，呼曰：「林雍乘！」

高士奇《左傳紀事本末》卷一九《齊五公子争立》 《呂氏春秋》：管仲有病，桓公往問之，曰：「仲父之疾病矣，漬甚，國人弗諱，寡人將誰屬國？」管仲對曰：「昔者，臣盡力竭智，猶未足以知之也。今病在于朝夕之中，臣奚能言？」桓公曰：「此大事也，願仲父之教寡人也。」管仲敬諾，曰：「公誰欲相？」公曰：「鮑叔牙可乎？」管仲對曰：「不可；夷吾善鮑叔牙。鮑叔牙之爲人也，清廉潔直，視不己若者不比于人，一聞人之過，終身不忘。勿已，則隰朋其可乎。隰朋之爲人也，上志而下求，醜不若黄帝而哀不己若者。其于國也，有不聞也；其于物也，有不知也；其于人也，有不見也。勿已乎，則隰朋可也。夫相，大官也。處大官者，不欲小察，不欲小智，故曰『大匠不斲，大庖不豆，大勇不鬭，大兵不寇』。」桓公行公用私惡，用管子而爲五伯長；行私阿所愛，用豎刁而蟲出于户。

《史記》卷一二《孝武本紀》 其秋，上幸雍，且郊。【略】

上遂郊雍，至隴西，西登空桐，幸甘泉。令祠官寬舒等具泰一祠壇，壇放薄忌泰一壇，壇三垓。五帝壇環居其下，各如其方，黄帝西南，除八通鬼道。泰一所用，如雍一畤物，而加醴棗脯之屬，殺一犛牛以爲俎豆牢具。而五帝獨有俎豆醴進。其下四方地，爲餟食羣神從者及北斗云。已祠，胙餘皆燎之。其牛色白，鹿居其中，㲋在鹿中，水而洎之。祭日以牛，祭月以羊㲋特。泰一祝宰則衣紫及繡。五帝各如其色，日赤，月白。

《史記》卷二三《禮書》　大饗上玄尊，俎上腥魚，先大羹，貴食飲之本也。大饗上玄尊而用薄酒，食先黍稷而飯稻粱，祭嚌先大羹而飽庶羞，貴本而親用也。貴本之謂文，親用之謂理，兩者合而成文，以歸太一，是謂大隆。故尊之上玄尊也，俎之上腥魚也，豆之先大羹，一也。利爵弗啐也，成事俎弗嘗也，三侑之弗食也，大昏之未廢齊也，大廟之未內尸也，始絶之未小斂，一也。大路之素幬也，郊之麻絻，喪服之先散麻，一也。三年哭之不反也，《清廟》之歌一倡而三歎，縣一鐘尚拊膈，朱弦而通越，一也。

《史記》卷二四《樂書》　大樂與天地同和，大禮與天地同節。和，故百物不失；節，故祀天祭地。明則有禮樂，幽則有鬼神，如此則四海之內合敬同愛矣。禮者，殊事合敬者也；樂者，異文合愛者也。禮樂之情同，故明王以相沿也。故事與時並，名與功偕。故鐘鼓管磬羽籥干戚，樂之器也；詘信俯仰級兆舒疾，樂之文也。簠簋俎豆制度文章，禮之器也；升降上下周旋裼襲，禮之文也。故知禮樂之情者能作，識禮樂之文者能術。作者之謂聖，術者之謂明。明聖者，術作之謂也。【略】

樂者，非謂黄鍾大呂弦歌干揚也，樂之末節也，故童者舞之；布筵席，陳樽俎，列籩豆，以升降爲禮者，禮之末節也，故有司掌之。樂師辯乎聲詩，故北面而弦；宗祝辯乎宗廟之禮，故後尸；商祝辯乎喪禮，故後主人。是故德成而上，藝成而下；行成而先，事成而後。是故先王有上有下，有先有後，然后可以有制於天下也。【略】

平公曰：「音無此最悲乎？」師曠曰：「有。」平公曰：「可得聞乎？」師曠曰：「君德義薄，不可以聽之。」平公曰：「寡人所好者音也，願聞之。」師曠不得已，援琴而鼓之。一奏之，有玄鶴二八集乎廊門；再奏之，延頸而鳴，舒翼而舞。

平公大喜，起而爲師曠壽。反坐，問曰：「音無此最悲乎？」師曠曰：「有。昔者黄帝以大合鬼神，今君德義薄，不足以聽之，聽之將敗。」平公曰：「寡人老矣，所好者音也，願遂聞之。」師曠不得已，援琴而鼓之。一奏之，有白雲從西北起；再奏之，大風至而雨隨之，飛廊瓦，左右皆奔走。平公恐懼，伏於廊屋之間。晉國大旱，赤地三年。

聽者或吉或凶。夫樂不可妄興也。

《史記》卷四七《孔子世家》　孔子既不得用於衛，將西見趙簡子。至於河而聞竇鳴犢、舜華之死也，臨河而歎曰：「美哉水，洋洋乎！丘之不濟此，命也夫！」子貢趨而進曰：「敢問何謂也？」孔子曰：「竇鳴犢、舜華，晉國之賢大夫也。趙簡子未得志之時，須此兩人而後從政；及其已得志，殺之乃從政。丘聞之也，刳胎殺夭則麒麟不至郊，竭澤涸漁則蛟龍不合陰陽，覆巢毁卵則鳳皇不翔。何則？君子諱傷其類也。夫鳥獸之於不義也尚知辟之，而況乎丘哉！」乃還息乎陬鄉，作爲《陬操》以哀之。而反乎衛，入主蘧伯玉家。

他日，靈公問兵陳。孔子曰：「俎豆之事則嘗聞之，軍旅之事未之學也。」明日，與孔子語，見蜚鴈，仰視之，色不在孔子。孔子遂行，復如陳。

《史記》卷六七《仲尼弟子列傳》　（子貢）報吴王曰：「臣敬以大王之言告越王，越王大恐，曰：『孤不幸，少失先人，內不自量，抵罪於吴，軍敗身辱，棲于會稽，國爲虚莽，賴大王之賜，使得奉俎豆而修祭祀，死不敢忘，何謀之敢慮！』」後五日，越使大夫種頓首言於吴王曰：「東海役臣孤句踐使者臣種，敢修下吏問於左右。今竊聞大王將興大義，誅彊救弱，困暴齊而撫周室，請悉起境內士卒三千人，孤請自被堅執鋭，以先受矢石。因越賤臣種奉先人藏器，甲二十領，鈇屈盧之矛，步光之劍，以賀軍吏。」吴王大説，以告子貢曰：「越王欲身從寡人伐齊，可乎？」子貢曰：「不可。夫空人之國，悉人之衆，又從其君，不義。君受其幣，許其師，而辭其君。」吴王許諾，乃謝越王。於是吴王乃遂發九郡兵伐齊。

《漢書》卷二二《禮樂志第二》　至成帝時，犍爲郡於水濱得古磬十六枚，議者以爲善祥。劉向因是説上：「宜興辟雍，設庠序，陳禮樂，隆雅頌之聲，盛揖攘之容，以風化天下。如此而不治者，未之有也。或曰，不能具禮。禮以養人爲本，如有過差，是過而養人也。刑罰之過，或至死傷。今之刑，非皋陶之法也，而有司請定法，削則削，筆則筆，救時務也。至於禮樂，則曰不敢，是敢於殺人不敢於養人也。爲其俎豆筦弦之間小不備，因是絶而不爲，是去小不備而就大不備，（大不備）或莫甚焉。夫教化之比於刑法，刑法輕，是舍所重而急所輕也。且教化，所恃以爲治也，刑法所以助治也。今廢所恃而獨立其所助，非所以致太平也。自京師有誖逆不順之子孫，至於陷大辟受刑戮者不絶，繇不習五常之道也。夫承千歲之衰周，繼暴秦之餘敝，民漸漬惡俗，貪饕險詖，不閑義理，不示以大化，而獨敺以刑罰，終已不改。」故曰：『導之以禮樂，而民和睦。』初，叔孫通將制定禮儀，見非於齊魯之士，然卒爲漢儒宗，業垂後嗣，斯成法也。」成帝以向言下公卿議，會向病卒，丞相大司空奏請立辟雍。案行長安城南，營表未作，遭成帝崩，羣臣引以定謚。

《漢書》卷二五上《郊祀志第五上》　唯雍四(時)[畤]上帝爲尊，其光景動人民，唯陳寶。故雍四畤，春以爲歲祠禱，因泮凍，秋涸凍，冬賽祠，五月嘗駒，及四中之月月祠，若陳寶節來一祠。春夏用騂，秋冬用騮。畤駒四匹，木寓龍一駟，木寓車馬一駟，各如其帝色。黄犢羔各四，圭幣各有數，皆生瘞埋，無俎豆之具。三年一郊。秦以十月爲歲首，故常以十月上宿郊見，通權火，拜於咸陽之旁，而衣上白，其用如經祠云。西畤、畦畤，祠如其故，上不親往。諸此祠皆太祝常主，以歲時奉祠之。至如它名山川諸神及八神之屬，上過則祠，去則已。郡縣遠方祠者，民各自奉祠，不領於天子之祝官。祝官有祕祝，即有災祥，輒祝祠移過於下。

上遂郊雍，至隴西，登空桐，幸甘泉。令祠官寬舒等具泰一祠壇，祠壇放亳忌泰一壇，三陔。五帝壇環居其下，各如其方。黄帝西南，除八通鬼道。泰一所用，如雍一畤物，而加醴棗脯之屬，殺一犛牛以爲俎豆牢具。而五帝獨有俎豆醴進。其下四方地，爲腏，食羣神從者及北斗云。已祠，胙餘皆燎之。其牛色白，白鹿居其中，彘在鹿中，鹿中水而酒之。祭日以牛，祭月以羊彘特。泰一祝宰則衣紫及繡。五帝各如其色，日赤，月白。

《漢書》卷二八下《地理志第八下》　玄菟、樂浪，武帝時置，皆朝鮮、濊貉、句驪蠻夷。殷道衰，箕子去之朝鮮，教其民以禮義，田蠶織作。樂浪朝鮮民犯禁八條：相殺以當時償殺；相傷以穀償；相盜者男没入爲其家奴，女子爲婢，欲自贖者，人五十萬。雖免爲民，俗猶羞之，嫁取無所讎，是以其民終不相盜，無門户之閉，婦人貞信不淫辟。其田民飲食以籩豆，都邑頗放效吏及内郡賈人，往往以杯器食。郡初取吏於遼東，吏見民無閉臧，及賈人往者，夜則爲盜，俗稍益薄。今於犯禁寖多，至六十餘條。可貴哉，仁賢之化也！然東夷天性柔順，異於三方之外，故孔子悼道不行，設浮於海，欲居九夷，有以也夫！樂浪海中有倭人，分爲百餘國，以歲時來獻見云。

《漢書》卷七六《韓延壽傳》　韓延壽字長公，燕人也，徙杜陵。少爲郡文學。父義爲燕郎中。剌王之謀逆也，義諫而死，燕人閔之。是時昭帝富於春秋，大將軍霍光持政，徵郡國賢良文學，問以得失。時魏相以文學對策，以爲「賞罰所以勸善禁惡，政之本也。日者燕王爲無道，韓義出身彊諫，爲王所殺。義無比干之親而蹈比干之節，宜顯賞其子，以示天下，明爲人臣之義。」光納其言，因擢延壽爲諫大夫，遷淮陽太守。治甚有名，徙潁川。

潁川多豪彊，難治，國家常爲選良二千石。先是，趙廣漢爲太守，患其俗多朋黨，故構會吏民，令相告訐，一切以爲聰明，潁川由是以爲俗，民多怨讎。延壽欲更改之，教以禮讓，恐百姓不從，乃歷召郡中長老爲鄉里所信向者數十人，設酒具食，親與相對，接以禮意，人人問以謡俗，民所疾苦，爲陳和睦親愛銷除怨咎之路。長老皆以爲便，可施行，因與議定嫁娶喪祭儀品，略依古禮，不得過法。延壽於是令文學校官諸生皮弁執俎豆，爲吏民行喪嫁娶禮。百姓遵用其教，賣偶車馬下里僞物者，棄之市道。數年，徙爲東郡太守，黄霸代延壽居潁川，霸因其迹而大治。

《漢書》卷八五《杜鄴傳》　與車騎將軍王音善。平阿侯譚不受城門職，後薨，上閔悔之，乃復令譚弟成都侯商位特進，領城門兵，得舉吏如將軍府。鄴見音前與平阿有隙，即説音曰：「鄴聞人情，恩深者其養謹，愛至者其求詳。夫戚而不見殊，孰能無怨？此《棠棣》、《角弓》之詩所爲作也。昔秦伯有千乘之國，而不能容其母弟，《春秋》亦書而譏焉。周召則不然，忠以相輔，義以相匡，同己之親，等己之尊，不以聖德獨兼國寵，又不爲長專受榮任，分職於陝，並爲弼疑。故内無感恨之隙，外無侵侮之羞，俱享天祐，兩荷高名者，蓋以此也。竊見成都侯以特進領城門兵，復有詔得舉吏如五府，此明詔所欲寵也。將軍宜承順聖意，加異往時，每事凡議，必與及之，指爲誠發，出於將軍，則孰敢不説諭？昔文侯寤大鴈之獻而父子益親，陳平共壹飯之篹而將相加驩，所接雖在楹階俎豆之間，其於爲國折衝厭難，豈不遠哉！竊慕倉唐、陸子之義，所白奥内，唯深察焉。」音甚嘉其言，由是與成都侯商親密，二人皆重鄴。

《後漢書》卷二〇《祭遵傳》　遵爲人廉約小心，克己奉公，賞賜輒盡與士卒，家無私財，身衣韋絝，布被，夫人裳不加緣，帝以是重焉。及卒，愍悼之尤甚。遵喪至河南縣，詔遣百官先會喪所，車駕素服臨之，望哭哀慟。還幸城門，過其車騎，涕泣不能已。喪禮成，復親祠以太牢，如宣帝臨霍光故事。詔大長秋、謁者、河南尹護喪事，大司農給費。博士范升上疏，追稱遵曰：「臣聞先王崇政，尊美屏惡。昔高祖大聖，深見遠慮，班爵割地，與下分功，著録勳臣，頌其德美。生則寵以殊禮，奏事不名，入門不趨。死則疇其爵邑，世無絶嗣，丹書鐵券，傳於無窮。斯誠大漢厚下安人長久之德，所以累世十餘，歷載數百，廢而復興，絶而復續者也。陛下以至德受命，先明漢道，褒序輔佐，封賞功臣，同符祖宗。征虜將軍潁陽侯遵，不幸早薨。陛下仁恩，爲之感傷，遠迎河南，惻怛之慟，形於聖躬，喪事用度，仰給縣官，重賜妻子，不可勝數。送死有以加生，厚亡有以過存，矯俗厲化，卓如日月。古者臣疾君視，臣卒君弔，德之厚者也。陵遲已來久矣。及至陛下，復興斯禮，羣下感動，莫不自勵。臣竊見遵修行積善，竭忠於國，北平漁陽，西拒隴、蜀，先登坻上，深取略陽。衆兵既退，獨守衝難。制御士心，不越法度。所在吏人，不知有軍。清名聞於海內，廉白著於當世。所得賞賜，輒盡與吏士，身無奇衣，家無私財。同産兄午以遵無子，娶妾送之，遵乃使人逆而不受，自以身任於國，不敢圖生慮繼嗣之計。臨死遺誡牛車載喪，薄葬洛陽。問以家事，終無所言。任重道遠，死而後已。遵爲將軍，取士皆用儒術，對酒設樂，必雅歌投壺。又建爲孔子立後，奏置《五經》大夫。雖在軍旅，不忘俎豆，可(爲)〔謂〕好禮悦樂，守死善道者也。禮，生有爵，死有謚，爵以殊尊卑，謚以明善惡。臣愚以爲宜因遵薨，論敘衆功，詳案《謚法》，以禮成之。顯章國家篤古之制，爲後嗣法。」帝乃下升章以示公卿。至葬，車駕復臨，贈以將軍、侯印綬，朱輪容車，介士軍陳送葬，謚曰成侯。既葬，車駕復臨其墳，存見夫人室家。其後會朝，帝每歎曰：「安得憂國奉公之臣如祭征虜者乎！」遵之見思若此。

《後漢書》卷二九《鮑德傳》〔鮑永之孫〕德，修志節，有名稱，累官爲南陽太守。時歲多荒災，唯南陽豐穰，吏人愛悦，號爲神父。時郡學久廢，德乃修起横舍，備俎豆黻冕，行禮奏樂。又尊饗國老，宴會諸儒。百姓觀者，莫不勸服。在職九年，徵拜大司農，卒于官。

《後漢書》卷三三《朱浮傳》 論曰：吴起與田文論功，文不及者三，朱買臣難公孫弘十策，弘不得其一，終之田文相魏，公孫宰漢，誠知宰相自有體也。故曾子曰：「君子所貴乎道者三，籩豆之事則有司存。」而光武、明帝躬好吏事，亦以課覈三公，其人或失而其禮稍薄，至有誅斥詰辱之累。任職責過，一至於此，追感賈生之論，不亦篤乎！朱浮譏諷苛察欲速之弊，然矣，焉得長者之言哉！

《後漢書》卷七九上《儒林傳·劉昆》 劉昆字桓公，陳留東昏人，梁孝王之胤也。少習容禮。平帝時，受《施氏易》於沛人戴賓。能彈雅琴，知清角之操。

王莽世，教授弟子恒五百餘人。每春秋饗射，常備列典儀，以素木瓠葉爲俎豆，桑弧蒿矢，以射「菟首」。每有行禮，縣宰輒率吏屬而觀之。王莽以昆多聚徒衆，私行大禮，有僭上心，乃繫昆及家屬於外黄獄。尋莽敗得免。既而天下大亂，昆避難河南負犢山中。

建武五年，舉孝廉，不行，遂逃，教授於江陵。光武聞之，即除爲江陵令。時縣連年火災，昆輒向火叩頭，多能降雨止風。徵拜議郎，稍遷侍中、弘農太守。

先是崤、黽驛道多虎災，行旅不通。昆爲政三年，仁化大行，虎皆負子度河。帝聞而異之。二十二年，徵代杜林爲光禄勳。詔問昆曰：「前在江陵，反風滅火，後守弘農，虎北度河，行何德政而致是事？」昆對曰：「偶然耳。」左右皆笑其質訥。帝歎曰：「此乃長者之言也。」顧命書諸策。乃令入授皇太子及諸王小侯五十餘人。二十七年，拜騎都尉。

《後漢書》卷八五《東夷列傳序》 自中興之後，四夷來賓，雖時有乖畔，而使驛不絶，故國俗風土，可得略記。東夷率皆土著，憙飲酒歌舞，或冠弁衣錦，器用俎豆。所謂中國失禮，求之四夷者也。凡蠻、夷、戎、狄總名四夷者，猶公、侯、伯、子、男皆號諸侯云。

《後漢書》卷八五《東夷傳·夫餘國》 夫餘國，在玄菟北千里。南與高句驪，東與挹婁，西與鮮卑接，北有弱水。地方二千里，本濊地也。

初，北夷索離國王出行，其侍兒於後妊身，王還，欲殺之。侍兒曰：「前見天上有氣，大如雞子，來降我，因以有身。」王囚之，後遂生男。王令置於豕牢，豕以口氣噓之，不死。復徙於馬蘭，馬亦如之。王以爲神，乃聽母收養，名曰東明。東明長而善射，王忌其猛，復欲殺之。東明奔走，南至掩淲水，以弓擊水，魚鼈皆聚浮水上，東明乘之得度，因至夫餘而王之焉。於東夷之域，最爲平敞，土宜五穀。出名馬、赤玉、貂豽，大珠如酸棗。以員柵爲城，有宫室、倉庫、牢獄。其人麤大彊勇而謹厚，不爲寇鈔。以弓矢刀矛爲兵。以六畜名官，有馬加、牛加、狗加，其邑落皆主屬諸加。食飲用俎豆，會同拜爵洗爵，揖讓升降。以臘月祭天，大會連日，飲食歌舞，名曰「迎鼓」。是時斷刑獄，解囚徒。有軍事亦祭天，殺牛，以蹏占其吉凶。行人無晝夜，好歌吟，音聲不絶。其俗用刑嚴急，被誅者皆没其家人爲奴婢。盜一責十二。男女淫皆殺之，尤治惡妒婦，既殺，復尸於山上。兄死妻嫂。死則有椁無棺。殺人殉葬，多者以百數。其王葬用玉匣，漢朝常豫以玉匣付玄菟郡，王死則迎取以葬焉。

《後漢書》卷八五《東夷傳·濊國》 濊北與高句驪、沃沮，南與辰韓接，東窮大海，西至樂浪。濊及沃沮、句驪，本皆朝鮮之地也。昔武王封箕子於朝鮮，箕子教以禮義田蠶，又制八條之教。其人終不相盜，無門户之閉。婦人貞信。飲食以籩豆。其後四十餘世，至朝鮮侯準，自稱王。漢初大亂，燕、齊、趙人往避地者數萬口，而燕人衛滿擊破準而自王朝鮮，傳國至孫右渠。元朔元年，濊君南閭等畔右渠，率二十八萬口詣遼東内屬，武帝以其地爲蒼海郡，數年乃罷。至元封三年，滅朝鮮，分置樂浪、臨屯、玄菟、真番四(部)〔郡〕。至昭帝始元五年，罷臨屯、真番，以并樂浪、玄菟。玄菟復徙居句驪。自單單大領已東，沃沮、濊貊悉屬樂浪。後以境土廣遠，復分領東七縣，置樂浪東部都尉。自内屬已後，風俗稍薄，法禁亦浸多，至有六十餘條。建武六年，省都尉官，遂棄領東地，悉封其渠帥爲縣侯，皆歲時朝賀。

《後漢書》卷八五《東夷傳·倭國》 倭在韓東南大海中，依山島爲居，凡百餘國。自武帝滅朝鮮，使驛通於漢者三十許國，國皆稱王，世世傳統。其大倭王居邪馬臺國。樂浪郡徼，去其國萬二千里，去其西北界拘邪韓國七千餘里。其地大較在會稽東冶之東，與朱崖、儋耳相近，故其法俗多同。

土宜禾稻、麻紵、蠶桑，知織績爲縑布。出白珠、青玉。其山有丹土。氣温腝，冬夏生菜茹。無牛馬虎豹羊鵲。其兵有矛、楯、木弓，竹矢或以骨爲鏃。男子皆黥面文身，以其文左右大小別尊卑之差。其男衣皆横幅結束相連。女人被髪屈紒，衣如單被，貫頭而著之；並以丹朱坋身，如中國之用粉也。有城柵屋室。父母兄弟異處，唯會同男女無別。飲食以手，而用籩豆。俗皆徒跣，以蹲踞爲恭敬。人性嗜酒。多壽考，至百餘歲者甚衆。國多女子，大人皆有四五妻，其餘或兩或三。女人不淫不妒。又俗不盜竊，少争訟。犯法者没其妻子，重者滅其門族。其死停喪十餘日，家人哭泣，不進酒食，而等類就歌舞爲樂。灼骨以卜，用決吉凶。行來度海，令一人不櫛沐，不食肉，不近婦人，名曰「持衰」。若在塗吉利，則雇以財物；如病疾遭害，以爲持衰不謹，便共殺之。

《三國志》卷三〇《魏志·鮮卑傳》 《書》稱「東漸于海，四被于流沙」。其九服之制，可得而言也。然荒域之外，重譯而至，非足跡車軌所及，未有知其國俗殊方者也。自虞暨周，西戎有白環之獻，東夷有肅慎之貢，皆曠世而至，其遐遠也如此。及漢氏遣張騫使西域，窮河源，經歷諸國，遂置都護以總領之，然後西域之事具存，故史官得詳載焉。魏興，西域雖不能盡至，其大國龜兹、于寘、康居、烏孫、疎勒、月氏、鄯善、車師之屬，無歲不奉朝貢，略如漢氏故事。而公孫淵仍父祖三世有遼東，天子爲其絶域，委以海外之事，遂隔斷東夷，不得通於諸夏。景初中，大興師旅，誅淵，又潛軍浮海，收樂浪、帶方之郡，而後海表謐然，東夷屈服。其後高句麗背叛，又遣偏師致討，窮追極遠，踰烏丸、骨都，過沃沮，踐肅慎之庭，東臨大海。長老説有異面之人，近日之所出，遂周觀諸國，采其法俗，小大區別，各有名號，可得詳紀。雖夷狄之邦，而俎豆之象存。中國失禮，求之四夷，猶信。故撰次其國，列其同異，以接前史之所未備焉。

《三國志》卷三〇《魏志·夫餘傳》 夫餘在長城之北，去玄菟千里，南與高句麗，東與挹婁，西與鮮卑接，北有弱水，方可二千里。户八萬，其民土著，有宫室、倉庫、牢獄。多山陵、廣澤，於東夷之域最平敞。土地宜五穀，不生五果。其人麤大，性彊勇謹厚，不寇鈔。國有君王，皆以六畜名官，有馬加、牛加、豬加、狗加、大使、大使者、使者。邑落有豪民，名下户皆爲奴僕。諸加別主四出，道大者主數千家，小者數百家。食飲皆用俎豆，會同、拜爵、洗爵，揖讓升降。以殷正月祭天，國中大會，連日飲食歌舞，名曰迎鼓，於是時斷刑獄，解囚徒。在國衣尚白，白布大袂，袍、袴，履革鞜。出國則尚繒繡錦罽，大人加狐狸、狖白、黑貂之裘，以金銀飾帽。譯人傳辭，皆跪，手據地竊語。用刑嚴急，殺人者死，没其家人爲奴婢。竊盜一責十二。男女淫，婦人妒，皆殺之。尤憎妒，已殺，尸之國南山上，至腐爛。女家欲得，輸牛馬乃與之。兄死妻嫂，與匈奴同俗。其國善養牲，出名馬、赤玉、貂狖、美珠。珠大者如酸棗。以弓矢刀矛爲兵，家家自有鎧仗。國之耆老自説古之亡人。作城柵皆員，有似牢獄。行道晝夜無老幼皆歌，通日聲不絶。有軍事亦祭天，殺牛觀蹄以占吉凶，蹄解者爲凶，合者爲吉。有敵，諸加自戰，下户俱擔糧飲食之。其死，夏月皆用冰。殺人徇葬，多者百數。厚葬，有椁無棺。

《晉書》卷九七《四夷傳·肅慎氏》 肅慎氏一名挹婁，在不咸山北，去夫餘可六十日行。東濱大海，西接寇漫汗國，北極弱水。其土界廣袤數千里，居深山窮谷，其路險阻，車馬不通。夏則巢居，冬則穴處。父子世爲君長。無文墨，以言語爲約。有馬不乘，但以爲財産而已。無牛羊，多畜猪，食其肉，衣其皮，績毛以爲布。有樹名雒常，若中國有聖帝代立，則其木生皮可衣。無井竈，作瓦鬲，受四五升以食。坐則箕踞，以足挾肉而啖之，得凍肉，坐其上令暖。土無鹽鐵，燒木作灰，灌取汁而食之。俗皆編髪，以布作襜，徑尺餘，以蔽前後。將嫁娶，男以毛羽插女頭，女和則持歸，然後致禮娉之。婦貞而女淫，貴壯而賤老，死者其日即葬之於野，交木作小椁，殺猪積其上，以爲死者之糧。性凶悍，以無憂哀相尚。父母死，男子不哭泣，哭者謂之不壯。相盜竊，無多少皆殺之，故雖野處而不相犯。有石砮，皮骨之甲，檀弓三尺五寸，楛矢長尺有咫。其國東北有山出石，其利入鐵，將取之，必先祈神。

周武王時，獻其楛矢、石砮。逮於周公輔成王，復遣使入賀。爾後千餘年，雖秦漢之盛，莫之致也。及文帝作相，魏景元末，來貢楛矢、石砮、弓甲、貂皮之屬。魏帝詔歸於相府，賜其王傉雞、錦罽、緜帛。至武帝元康初，復來貢獻。元帝中興，又詣江左貢其石砮。至成帝時，通貢於石季龍，四年方達。季龍問之，答曰「每候牛馬向西南眠者三年矣，是知有大國所在，故來」云。

《晉書》卷九七《四夷傳・倭人》 倭人在帶方東南大海中，依山島爲國，地多山林，無良田，食海物。舊有百餘小國相接，至魏時，有三十國通好。户有七萬。男子無大小，悉黥面文身。自謂太伯之後，又言上古使詣中國，皆自稱大夫。昔夏少康之子封於會稽，斷髮文身以避蛟龍之害，今倭人好沈没取魚，亦文身以厭水禽。計其道里，當會稽東冶之東。其男子衣以横幅，但結束相連，略無縫綴。婦人衣如單被，穿其中央以貫頭，而皆被髮徒跣。其地温暖，俗種禾稻紵麻而蠶桑織績。土無牛馬，有刀楯弓箭，以鐵爲鏃。有屋宇，父母兄弟卧息異處。食飲用俎豆。嫁娶不持錢帛，以衣迎之。死有棺無椁，封土爲冢。初喪，哭泣，不食肉。已葬，舉家入水澡浴自潔，以除不祥。其舉大事，輒灼骨以占吉凶。不知正歲四節，但計秋收之時以爲年紀。人多壽百年，或八九十。國多婦女，不淫不妒。無争訟，犯輕罪者没其妻孥，重者族滅其家。舊以男子爲主。漢末，倭人亂，攻伐不定，乃立女子爲王，名曰卑彌呼。

宣帝之平公孫氏也，其女王遣使至帶方朝見，其後貢聘不絶。及文帝作相，又數至。泰始初，遣使重譯入貢。

《晉書》卷一三〇《載記第三〇・赫連勃勃》 〔刻石曰〕于是玄符告徵，大猷有會，我皇誕命世之期，應天縱之運，仰協時來，俯順時望。龍升北京，則義風蓋于九區；鳳翔天域，則威聲格于八表。屬姦雄鼎峙之秋，羣凶嶽立之際，昧旦臨朝，日旰忘膳，運籌命將，舉無遺策。親御六戎，則有征無戰。故僞秦以三世之資，喪魂于關隴；河源望旗而委質，北虜欽風而納款。德音著于柔服，威刑彰于伐叛，文教與武功並宣，俎豆與干戈俱運。五稔之間，道風弘著，暨乎七載而王猷允洽。乃遠惟周文，啓經始之基；近詳山川，究形勝之地，遂營起都城，開建京邑。背名山而面洪流，左河津而右重塞。高隅隱日，崇墉際雲，石郭天池，周緜千里。其爲獨守之形，險絶之狀，固以遠邁於咸陽，超美於周洛。若迺廣五郊之義，尊七廟之制，崇左社之規，建右稷之禮，御太一以繕明堂，模帝坐而營路寢，閶闔披霄而山亭，象魏排虚而嶽峙，華林靈沼，崇臺祕室，通房連閣，馳道苑園，可以蔭映萬邦，光覆四海，莫不鬱然並建，森然畢備，若紫微之帶皇穹，閬風之跨后土。然宰司鼎臣，羣黎士庶，僉以爲重威之式，有闕前王。于是延王爾之奇工，命班輸之妙匠，搜文梓于鄧林，採繡石于恒嶽，九域貢以金銀，八方獻其瓌寶，親運神奇，參制規矩，營離宫于露寢之南，起别殿于永安之北。高構千尋，崇基萬仞。玄棟鏤榥，若騰虹之揚眉；飛簷舒咢，似翔鵬之矯翼。二序啓矣，而五時之坐開；四隅陳設，而一御之位建。温宫膠葛，涼殿峥嶸，絡以隨珠，綷以金鏡。雖曦望互升于表，而中無晝夜之殊；陰陽迭更于外，而内無寒暑之别。故善目者不能爲其名，博辯者不能究其稱，斯蓋神明之所規模，非人工之所經制。若乃尋名以求類，跡狀以效真，據質以究名，形疑妙出，雖如來須彌之寶塔，帝釋忉利之神宫，尚未足以喻其麗，方其飾矣。

《宋書》卷三《武帝紀下》 〔永初〕三年春正月甲辰朔，詔刑罰無輕重，悉皆原降。壬子，以前冀州刺史王仲德爲徐州刺史。癸丑，以尚書令、揚州刺史徐羨之爲司空、録尚書事，刺史如故。撫軍將軍、江州刺史王弘進號衛將軍、開府儀同三司，太子詹事傅亮爲尚書僕射，中領軍謝晦爲領軍將軍。乙卯，以輔國將軍毛德祖爲司州刺史。乙丑，詔曰：「古之建國，教學爲先，弘風訓世，莫尚於此，發蒙啓滯，咸必由之。故爰自盛王，迄于近代，莫不敦崇學藝，修建庠序。自昔多故，戎馬在郊，旍旗卷舒，日不暇給。遂令學校荒廢，講誦蔑聞，軍旅日陳，俎豆藏器，訓誘之風，將墜于地。後生大懼於牆面，故老竊歎於子衿。此《國風》所以永思，《小雅》所以懷古。今王略遠届，華域載清，仰風之士，日月以冀。便宜博延胄子，陶獎童蒙，選備儒官，弘振國學。主者考詳舊典，以時施行。」

《宋書》卷一四《禮志一》 南郊，皇帝散齋七日，致齋三日。官掌清者亦如之。致齋之朝，御太極殿幄坐。著絳紗袍，黑介幘，通天金博山冠。先郊日未晡五刻，夕牲。公卿京兆尹衆官悉壇東就位，太祝史牽牲入。到榜，稟犧令跪白：「請省牲。」舉手曰：「腯。」太祝令繞牲，舉手曰：「充。」太祝令牽牲詣庖。以二陶豆酌毛血，其一奠皇天神座前，其一奠太祖神座前。郊之日未明八刻，太祝令進饌，郎施饌。牲用蠒栗二頭，羣神用牛一頭。醴用秬鬯，藉用白茅。玄酒一器，器用匏陶，以瓦樽盛酒，瓦圩斟酒。璧用蒼玉。蒯席各二，不設茵蓐。古者席藁，晉江左用蒯。車駕出，百官應齋及從駕填街先置者，各隨申攝從事。上水一刻，御服龍衮，平天冠，升金根車，到壇東門外。博士、太常引入到黑攢。太祝令跪執匏陶，酒以灌地。皇帝再拜，興。羣臣皆再拜伏。治禮曰：「興。」博士、太常引皇帝至南階，脱舄升壇，詣罍盥。黄門侍郎洗爵，跪授皇帝。執樽郎授爵，酌秬鬯授皇帝。跪奠皇天神座前，再拜，興。次詣太祖配天神座前，執爵跪奠，如皇天之禮。南面北向，一拜伏。太祝令各酌福酒，合置一爵中，跪進皇帝，再拜伏。飲福酒訖，博士、太常引帝從東階下，還南階。謁者引太常升壇，亞獻。謁者又引光禄升壇，終獻。訖。各降階還本位。太祝送神，跪執匏陶，酒以灌地。興。直南行出壇門，治禮舉手白，羣臣皆再拜伏。皇帝盤，治禮曰：「興。」博士跪曰：「祠事畢，就燎。」博士、太常引皇帝就燎位，當壇東階，皇帝南向立。太祝令以案奉玉璧牲體爵酒黍飯諸饌物，登柴壇施設之。治禮舉手曰：「可燎。」三人持火炬上。火發。太祝令等各下壇。壇東西各二十人，以炬投壇，火半柴傾。博士仰白：「事畢。」皇帝出便坐。解嚴。天子有故，則三公行事，而太尉初獻，其亞獻、終獻，猶太常、光禄勳也。北郊齋、夕牲、進熟，及乘輿百官到壇三獻，悉如南郊之禮；唯事訖，太祝令牲玉饌物詣埳置牲上訖，又以一牲覆其上。治禮舉手曰：「可埋。」二十人俱時下土。填埳欲半，博士仰白：「事畢。」帝出。自魏以來，多使三公行事，乘輿罕出矣。魏及晉初，儀注雖不具存，所損益漢制可知也。江左以後，官有其注。【略】

〔建武初王導上疏曰〕自頃皇綱失統，禮教陵替，頌聲不興，于今二紀。傳曰「三年不爲禮，禮必壞；三年不爲樂，樂必崩」。而況如此其久者乎？先進漸忘揖讓之容，後生唯聞金革之響，干戈日尋，俎豆不設，先王之道彌遠，華僞之風遂滋，非所以習民靖俗，端本抑末之謂也。殿下以命世之資，屬當傾危之運，禮樂征伐，翼成中興，將滌穢蕩瑕，撥亂反正。誠宜經綸稽古，建明學校，闡揚六藝，以訓後生，使文武之道，墜而復興。方今《小雅》盡廢，戎虜扇熾，節義陵遲，國恥未雪。忠臣義士，所以扼腕拊心，禮樂政刑，當並陳以俱濟者也。苟禮義膠固，純風載洽，則化之所陶者廣，而德之所被者大，義之所屬者深，而威之所震者遠矣。由斯而進，則可朝服濟河，使帝典闕而復補，王綱弛而更張，饕餮改情，獸心革面，揖讓而蠻夷服，緩帶而天下從，得乎其道者，豈難也哉。故有虞舞干戚而三苗化，魯僖作泮宫而淮夷平，桓、文之霸，皆先教而後戰。今若聿遵前典，興復教道，使朝之子弟，並入于學，立德出身者咸習之而後通。德路開而僞塗塞，則其化不肅而成，不嚴而治矣。選明博修禮之士以爲之師，隆教貴道，化成俗定，莫尚於斯也。

散騎常侍戴邈又上表曰：

自頃遭無妄之禍，社稷有綴旒之危，寇羯飲馬於長江，凶狡虎步於萬里，遂使神州蕭條，鞠爲茂草，四海之内，人跡不交。霸主有旰食之憂，黎民懷荼毒之痛，戎首交并于中原，何遽籩豆之事哉！然「三年不爲禮，禮必壞，三年不爲樂，樂必崩」。況曠載累紀，如此之久邪！今末進後生，目不覩揖讓升降之體，耳不聞鐘鼓管弦之音，文章散滅胡馬之足，圖讖無復孑遺於世。此蓋聖達之所深悼，有識之所咨嗟也。夫治世尚文，遭亂尚武，文武迭用，久長之道。譬之天地，昏明之迭，自古以來，未有不由之者也。今或以天下未壹，非興禮學之時，此言似是而非。夫儒道深奥，不可倉卒而成，古之俊乂，必三年而通一經，比須寇賊清夷，天下平泰，然後修之，則功成事定，誰與制禮作樂者哉！又貴遊之子，未必有斬將搴旗之才，亦未有從軍征戍之役，不及盛年講肄道義，使明珠加瑩磨之功，荆、隨發采琢之美，不亦良可惜乎。【略】

征西將軍庾亮在武昌，開置學官。教曰：

人情重交而輕財，好逸而惡勞，學業致苦，而禄答未厚，由捷徑者多，故莫肯用心。洙、泗邈遠，《風》、《雅》彌替，後生放任，不復憲章典謨。臨官宰政者，務目前之治，不能閑以典誥。遂令《詩》、《書》荒塵，頌聲寂漠，仰瞻俯省，能弗歎慨。自胡夷交侵，殆三十年矣。而未革面嚮風者，豈威武之用盡，抑文教未洽，不足綏之邪？昔魯秉周禮，齊不敢侮；范會崇典，晉國以治。楚、魏之君，皆阻帶山河，憑城據漢，國富民殷，而不能保其强大，吴起、屈完所以爲歎也。由此言之，禮義之固，孰與金城湯池？季路稱攝乎大國之間，加之以師旅，因之以饑饉，爲之三年，猶欲行其義方。況今江表晏然，王道隆盛，而不能弘敷禮樂，敦明庠序，其何以訓彝倫而來遠人乎！魏武帝於馳騖之時，以馬上爲家，逮于建安之末，風塵未弭，然猶留心遠覽，大學興業，所謂顛沛必於是，真通才也。

今使三時既務，五教並修，軍旅已整，俎豆無廢，豈非兼善者哉！便處分安學校處所，籌量起立講舍。參佐大將子弟，悉令入學，吾家子弟，亦令受業。四府博學識義通涉文學經綸者，建儒林祭酒，使班同三署，厚其供給，皆妙選邦彥，必有其宜者，以充此舉。近臨川、臨賀二郡，並求修復學校，可下聽之。若非束脩之流，禮教所不及，而欲階緣免役者，不得爲生。明爲條制，令法清而人貴。

又繕造禮器俎豆之屬，將行大射之禮。亮尋薨，又廢。

孝武帝太元九年，尚書謝石又陳之曰：

立人之道，曰仁與義。翼善輔性，唯禮與學。雖理出自然，必須誘導。故洙、泗闡弘道之風，《詩》、《書》垂軌教之典。敦《詩》悅《禮》，王化以斯而隆；甄陶九流，羣生於是乎穆。世不常治，道亦時亡。光武投戈而習誦，魏武息馬以修學，懼墜斯文，若此之至也。大晉受命，值世多阻，雖聖化日融，而王道未備，庠序之業，或廢或興。遂令陶鑄闕日用之功，民性靡素絲之益，亹亹玄緒，翳焉莫抽，臣所以遠尋伏念，寤寐永歎者也。

今皇威遐震，戎車方静，將灑玄風於四區，導斯民於至德。豈可不弘敷禮樂，使焕乎可觀。請興復國學，以訓冑子；班下州郡，普修鄉校。雕琢琳琅，和寶必至，大啓羣蒙，茂茲成德。匪懈于事，必由之以通，則人競其業，道隆學備矣。

列宗納其言。其年，選公卿二千石子弟爲生，增造廟屋一百五十五間。而品課無章，士君子恥與其列。國子祭酒殷茂言之曰：

臣聞弘化正俗，存乎禮教，輔性成德，必資於學。先王所以陶鑄天下，津梁萬物，閑邪納善，潛被於日用者也。故能疏通玄理，窮綜幽微，一貫古今，彌綸治化。且夫子稱回，以好學爲本，七十希仰，以善誘歸宗。雅、頌之音，流詠千載，聖賢之淵範，哲王所同風。

《宋書》卷一七《禮志四》　元嘉六年七月，太學博士徐道娛上議曰：「伏見太廟烝嘗儀注，皇帝行事畢，出便坐，三公已上獻，太祝送神于門，然後至尊還拜，百官贊拜，乃退。謹尋清廟之道，所以肅安神也。《禮》曰，廟者貌也。神靈所馮依也。事亡如存，若常在也。既不應有送神之文，自陳豆薦俎，車駕至止，並弗奉迎。夫不迎而送，送而後辭，闇短之情，實用未達。按時人私祠，誠皆迎送，由於無廟，庶感降來格。因心立意，非王者之禮也。《儀禮》雖太祝迎尸于門，此乃延尸之儀，豈是敬神之典。恐於禮有疑。謹以議上。」有司奏下禮官詳判。博士江邃議：「在始不迎，明在廟也。卒事而送，節孝思也。若不送而辭，是舍親也。辭而後送，是遺神也。故孝子不忍違其親，又不忍遺神。是以祝史送神以成烝嘗之義。」博士賀道期議：「樂以迎來，哀以送往。《祭統》『迎牲而不迎尸』。《詩》云：『鐘鼓送尸』。鄭云：『尸，神象也。』與今儀注不迎而後送，若合符契。」博士荀萬秋議：「古之事尸，與今之事神，其義一也。周禮，尸出，送于廟門，拜，尸不顧。《詩》云：『鐘鼓送尸。』則送神之義，其來久矣。《記》曰：『迎牲而不迎尸，別嫌也。尸在門外，則疑於臣；入廟中，則全於君。君在門外，則疑於君，入廟，則全於臣。是故不出者，明君臣之義。』」邃等三人謂舊儀爲是，唯博士陳珉同道娛議。參詳「邃等議雖未盡，然皆依擬經禮。道娛、珉所據難從。今衆議不一，宜遵舊體」。詔可。

《宋書》卷六四《何承天傳》〔上表曰〕安邊固守，於計爲長。臣以安邊之計，備在史策，李牧言其端，嚴尤申其要，大略舉矣。曹、孫之霸，才均智敵，江、淮之間，不居各數百里。魏捨合肥，退保新城，吴城江陵，移民南涘，濡須之戍，家停羨溪。及襄陽之屯，民夷散雜，晉宣王以爲宜徙沔南，以實水北，曹爽不許，果亡相中，此皆前代之殷鑒也。何者？斥候之郊，非畜牧之所；轉戰之地，非耕桑之邑。故堅壁清野，以俟其來，整甲繕兵，以乘其敝。雖時有古今，勢有强弱，保民全境，不出此塗。要而歸之有四：一曰移遠就近；二曰浚復城隍；三曰纂偶車牛；四曰計丁課仗。良守疆其土田，驍帥振其風略。蒐獮宣其號令，俎豆訓其廉恥。縣爵以縻之，設禁以威之。徭税有程，寬猛相濟。比及十載，民知義方。然後簡將授奇，揚旌雲朔，風卷河冀，電掃嵩恒，燕弧折卻，代馬摧足，秦首斬其右臂，吴蹄絶其左肩，銘功於燕然之阿，饗徒於金微之曲。

《南齊書》卷六《明帝紀》〔永泰元年〕三月丙午，蠲雍州遇虜之縣租布。戊申，詔曰：「仲尼明聖在躬，允光上哲，弘厥雅道，大訓生民，師範百王，軌儀千載，立人斯仰，忠孝攸出，玄功潛被，至德彌闡。雖反袂遐曠，而祧薦靡闕，時祭舊品，秩比諸侯。頃歲以來，祀典陵替，俎豆寂寥，牲奠莫舉，豈所以克昭盛烈，永隆風教者哉。可式循舊典，詳復祭秩，使牢餼備禮，欽饗兼申。」

《南齊書》卷九《禮志上》　永明元年十二月，有司奏：「今月三日，臘祠太社稷。一日合朔，日蝕既在致齋內，未審於社祠無疑不？曹檢未有前准。」尚書令王儉議：「《禮記・曾子問》『天子嘗禘郊社五體之祭，簠簋既陳』，唯大喪乃廢。

至於當祭之日，火〔及〕日蝕則停。尋伐鼓用牲，由來尚矣，而簠簋初陳，問所不及。據此而言，致齋初日，仍值薄蝕，則不應廢祭。又初平四年，士孫瑞議以日蝕廢〔社〕〔冠〕而不廢郊，朝議從之。王者父天親地，郊社不殊，此則前准，謂不宜廢。」詔「可」。【略】

永明三年正月，詔立學，創立堂宇，召公卿子弟下及員外郎之胤，凡置生二百人。其年秋中悉集。有司奏：「宋元嘉舊事，學生到，先釋奠先聖先師，禮又有釋菜，未詳今當行何禮？用何樂及禮器？」尚書令王儉議：「《周禮》『春入學，舍菜合舞』。《記》云『始教，皮弁祭菜，示敬道也』。又云『始入學，必祭先聖先師』。中朝以來，釋菜禮廢，今之所行，釋奠而已。金石俎豆，皆無明文。方之七廟則輕，比之五體則重。陸納、車胤謂宣尼廟宜依亭侯之爵；范寧欲依周公之廟，用王者儀，范宣謂當其爲師則不臣之，釋奠日，備帝王禮樂。此則車、陸失於過輕，二范傷於太重。喻希云『若至王者自設禮樂，則肆賞於至敬之所；若欲嘉美先師，則所況非備』。尋其此說，守附情理。皇朝屈尊弘教，待以師資，引同上公，即事惟允。元嘉立學，裴松之議應儛六佾，以郊樂未具，故權奏登歌。今金石已備，宜設軒縣之樂，六佾之舞，牲牢器用，悉依上公。」其冬，皇太子講《孝經》，親臨釋奠，車駕幸聽。

《梁書》卷六《敬帝紀》 二年春正月壬寅，詔曰：「夫子降靈體喆，經仁緯義，允光素王，載闡玄功，仰之者彌高，誨之者不倦。立忠立孝，德被蒸民，制禮作樂，道冠羣后。雖泰山頹峻，一老不遺，而泗水餘瀾，千載猶在。自皇圖屯阻，祀薦不脩，奉聖之門，胤嗣殲滅，敬神之寢，簠簋寂寥。永言聲烈，實兼欽愴。外可搜舉魯國之族，以爲奉聖後；並繕廟堂，供備祀典，四時薦秩，一皆遵舊。」是日，又詔「諸州各置中正，依舊訪舉。不得輒承單狀序官，皆須中正押上，然後量授。詳依品制，務使精實。其荆、雍、青、兗雖暫爲隔閡，衣冠多寓淮海，猶宜不廢司存。會計罷州，尚爲大郡，人士殷曠，可別置邑居。至如分割郡縣，新號州牧，並係本邑，不勞兼置。其選中正，每求耆德該悉，以他官領之。」以車騎將軍、開府儀同三司王琳爲司空、驃騎大將軍。分尋陽、太原、齊昌、高唐、新蔡五郡，置西江州，即於尋陽仍充州鎮。又詔「宗室在朝開國承家者，今猶稱世子，可悉聽襲本爵」。以尚書右僕射王通爲尚書左僕射。丁巳，鎮西將軍、益州刺史長沙王韶進號征南將軍。

《梁書》卷二五《徐勉傳》 普通六年，上修五禮表曰：

臣聞「立天之道，曰陰與陽；立人之道，曰仁與義」。故稱「導之以德，齊之以禮」。夫禮所以安上治民，弘風訓俗，經國家，利後嗣者也。唐虞三代，咸必由之。在乎有周，憲章尤備，因殷革夏，損益可知。雖復經禮三百，曲禮三千，經文三百，威儀三千，其大歸有五，即宗伯所掌典禮：吉爲上，凶次之，賓次之，軍次之，嘉爲下也。故祠祭不以禮，則不齊不莊；喪紀不以禮，則背死忘生者衆；賓客不以禮，則朝覲失其儀；軍旅不以禮，則致亂於師律；冠婚不以禮，則男女失其時。爲國修身，於斯攸急。

洎周室大壞，王道既衰，官守斯文，日失其序，禮樂征伐，出自諸侯，《小雅》盡廢，舊章缺矣。是以韓宣適魯，知周公之德；叔侯在晉，辨郊勞之儀。戰國從横，政教愈泯；暴秦滅學，掃地無餘。漢氏鬱興，日不暇給，猶命叔孫於外野，方知帝王之爲貴。末葉紛綸，遞有興毀，或以武功鋭志，或好黄老之言，禮義之式，於焉中止。及東京曹褒，南宫制述，集其散略，百有餘篇，雖寫以尺簡，而終闕平奏。其後兵革相尋，異端互起，章句既淪，俎豆斯輟。方領矩步之容，事滅於旌鼓；蘭臺石室之文，用盡於帷蓋。至乎晉初，爰定新禮，荀顗制之於前，摯虞删之於末。既而中原喪亂，罕有所遺；江左草創，因循而已。釐革之風，是則未暇。

《梁書》卷五四《諸夷傳·倭國》 倭者，自云太伯之後。俗皆文身。去帶方萬二千餘里，大抵在會稽之東，相去絶遠。從帶方至倭，循海水行，歷韓國，乍東乍南，七千餘里始度一海。海闊千餘里，名瀚海，至一支國。又度一海千餘里，名未盧國。又東南陸行五百里，至伊都國。又東南行百里，至奴國。又東行百里，至不彌國。又南水行二十日，至投馬國。又南水行十日，陸行一月日，至邪馬臺國，即倭王所居。其官有伊支馬，次曰彌馬獲支，次曰奴往鞮。民種禾稻紵麻，蠶桑織績。有薑、桂、橘、椒、蘇。出黑雉、真珠、青玉。有獸如牛，名山鼠。又有大蛇吞此獸。蛇皮堅不可斫，其上有孔，乍開乍閉，時或有光，射之中，蛇則死矣。物産略與儋耳、朱崖同。地温暖，風俗不淫。男女皆露紒。富貴者以錦繡雜采爲帽，似中國胡公頭。食飲用籩豆。其死，有棺無槨，封土作冢。人性皆嗜酒。俗不知正歲，多壽考，多至八九十，或至百歲。其俗女多男少，貴者至四五妻，賤者猶兩三妻。婦人無婬妬。無盗竊，少諍訟。若犯法，輕者没其妻子，重則滅其宗族。

漢靈帝光和中，倭國亂，相攻伐歷年，乃共立一女子卑彌呼爲王。彌呼無夫壻，挾鬼道，能惑衆，故國人立之。有男弟佐治國。自爲王，少有見者，以婢千人自侍，唯使一男子出入傳教令。所處宮室，常有兵守衛。至魏景初三年，公孫淵誅後，卑彌呼始遣使朝貢，魏以爲親魏王，假金印紫綬。正始中，卑彌呼死，更立男王，國中不服，更相誅殺，復立卑彌呼宗女臺與爲王。其後復立男王，並受中國爵命。晉安帝時，有倭王贊。贊死，立弟彌。彌死，立子濟。濟死，立子興。興死，立弟武。齊建元中，除武持節、督倭新羅任那伽羅秦韓慕韓六國諸軍事、鎮東大將軍。高祖即位，進武號征東大將軍。

《魏書》卷一九中《任城王元澄傳》　澄又表曰：

伏惟世宗宣武皇帝命將授旗，隨陸啓穎；運籌制勝，淮漢自賓。節用勞心，志清六合，是故纘武修文，仍世彌盛。陛下當周康靖治之時，豈得晏安於玄默。然取外之理，要由內强；圖人之本，先在自備。蕭衍雖虐使其民，而窺覦不已。若遇我虛疲，士民凋窘，賊衍年老志張，思播虺毒，此之弗圖，恐受其病。伏惟陛下妙齡在位，聖德方昇；皇太后總御天機，乾乾夕惕。若留意於負荷，忿車書之未一，進賢拔能，重官人之舉；標賞忠清，旌養人之器；修干戈之用，畜熊虎之士；愛時鄙財，輕寶重穀。七八年間，陛下聖略方剛，親王德幹壯茂，將相膂力未衰，愚臣猶堪戎伍，荷戈帶甲之衆蓄鋭於今，燕弧冀馬之盛充牣在昔。又賊衍惡積禍盈，勢不能久，子弟闇悖，釁逆已彰，亂亡之兆，灼然可見。兼弱有徵，天與不遠，大同之機，宜須蓄備。昔漢帝力疾，討滅英布；高皇臥病，親除顯達。夫以萬乘之主，豈忘宴安，實以侵名亂正，計不得已。今宜慕二帝之遠圖，以肅寧爲大任。

然頃年以來，東西難寇，艱虞之興，首尾連接，雖尋得翦除，亦大損財力。且飢饉之氓，散亡莫保，收入之賦不增，出用之費彌衆，不愛力以悅民，無豐資以待敵，此臣所以夙夜懷憂，悚息不寧者也。《易》曰：「何以守位曰仁，何以聚人曰財。」故曰：財者，非天不生，非地不長，非時不成，非人不聚。生聚之由，如此其難；集人守位，若此之重。興替之道，焉可不慮。又古者使民，歲不過三日，食壯者之糧，任老者之智。此雖太平之法，難卒而因；然妨民害財，不亦宜戒！今墉雉素修，厩庫崇列，雖府寺膠塾，少有未周，大抵省府粗得庇憩理務，諸寺靈塔俱足致虔講道。唯明堂辟雍，國禮之大。來冬司徒兵至，請籌量減徹，專力經營，務令早就。其廣濟數施之財，酬商互市之弊，凡所營造，自非供御切須，戎仗急要，亦宜微減，以務阜積，庶府無横損，民有全力。夫食土簋而媯德昭，寢卑室而禹功盛，章臺麗而楚力衰，阿宮壯而秦財竭，存亡之由，灼然可覩。願思前王一同之功，畜力聚財，以待時會。

《魏書》卷七七《羊深傳》　是時膠序廢替，名教陵遲，深乃上疏曰：

臣聞崇禮建學，列代之所修；尊經重道，百王所不易。是以均塾洞啓，昭明之頌載揚；膠序大闢，都穆之詠斯顯。伏惟大魏乘乾統物，欽若奉時，模唐軌虞，率由前訓。重以高祖繼聖垂衣，儒風載蔚，得才之盛，如彼薪槱。固以追隆周而並驅，駕炎漢而獨邁。宣皇下武，式遵舊章，用能掄揚盛烈，聿修厥美。自茲已降，世極道消，風猷稍遠，澆薄方競，退讓寂寥，馳競靡節。進必吏能，升非學藝。是使刀筆小用，計日而期榮；專經大才，甘心於陋巷。然治之爲本，所貴得賢，苟值其人，豈拘常檢。三代、兩漢，異世間出。或釋褐中林，鬱登卿尹；或投竿釣渚，徑升公相。事炳丹青，義在往策。彼哉邈乎，不可勝紀。

竊以今之所用，弗修前矩。至如當世通儒，冠時盛德，見徵不過四門，登庸不越九品。以此取士，求之濟治，譬猶却行以及前，之燕而向楚。積習之不可者，其所由來漸矣。昔魯興泮宮，頌聲爰發；鄭廢學校，《國風》以譏。將以納民軌物，莫始於經禮；《菁莪》育才，義光於篇什。自兵亂以來，垂將十載，干戈日陳，俎豆斯闕。四海荒涼，民物凋弊，名教頓虧，風流殆盡。世之陵夷，可爲歎息。

陛下中興纂曆，理運惟新，方隅稍康，實惟文德。但禮賢崇讓之科，沿世未備；還淳反樸之化，起言斯繆。夫先黄老而退《六經》，史遷終其成蠹；貴玄虛而賤儒術，應氏所以亢言。臣雖不敏，敢忘前載。且魏武在戎，尚修學校；宣尼確論，造次必儒。臣愚以爲宜重修國學，廣延胄子，使函丈之教日聞，釋奠之禮不闕。并詔天下郡國，興立儒教。考課之程，咸依舊典。苟經明行修，宜擢以不次。抑斗筲喋喋之才，進大雅汪汪之德。博收鴻生，以光顧問；縶維奇異，共精得失。使區寰之內，競務仁義之風；荒散之餘，漸知禮樂之用。豈不美哉！臣誠闇短，敢慕前訓，用稽古義，上塵聽覽。伏願陛下垂就日之監，齊非煙之化，儻以臣言可採，乞特施行。

《魏書》卷一〇〇《豆莫婁國傳》　豆莫婁國，在勿吉國北千里，去洛六千里，舊北扶餘也。在失韋之東，東至於海，方二千里。其人土著，有宮室倉庫。多山陵廣澤，於東夷之域最爲平敞。地宜五穀，不生五果。其人長大，性强勇，謹厚，不寇抄。其君長皆以六畜名官，邑落有豪帥。飲食亦用俎豆。有麻布，衣制類高麗而幅大，其國大人，以金銀飾之。用刑嚴急，殺人者死，沒其家人爲奴婢。俗淫，尤惡妒婦，妒者殺之，尸其國南山上至腐。女家欲得，輸牛馬乃與之。或言本穢貊之地也。

《魏書》卷一〇八之一《禮志一》〔太和〕六年十一月，將親祀七廟，詔有司依禮具儀。於是羣官議曰：「昔有虞親虔，祖考來格，殷宗躬謁，介福逌降。大魏七廟之祭，依先朝舊事，多不親謁。今陛下孝誠發中，思親祀事，稽合古王禮之常典。臣等謹案舊章，并採漢魏故事，撰祭服冠屨牲牢之具，罍洗簠簋俎豆之器，百官助祭位次，樂官節奏之引，升降進退之法，別集爲親拜之儀。」制可。於是上乃親祭。其後四時常祀，皆親之。

《隋書》卷四七《柳昂傳》〔昂上表〕上覽而善之，因下詔曰：

建國重道，莫先於學，尊主庇民，莫先於禮。自魏氏不競，周、齊抗衡，分四海之民，鬭二邦之力，遞爲强弱，多歷年所。務權詐而薄儒雅，重干戈而輕俎豆，民不見德，唯爭是聞。朝野以機巧爲師，文吏用深刻爲法，風澆俗弊，化之然也。雖復建立庠序，兼啓黌塾，業非時貴，道亦不行。其間服膺儒術，蓋有之矣，彼衆我寡，未能移俗。然其維持名教，獎飾彝倫，微相弘益，賴斯而已。王者承天，休咎隨化，有禮則祥瑞必降，無禮則妖孽興起。人稟五常，性靈不一，有禮則陰陽合德，無禮則禽獸其心。治國立身，非禮不可。

朕受命於天，財成萬物，去華夷之亂，求風化之宜。戒奢崇儉，率先百辟，輕徭薄賦，冀以寬弘。而積習生常，未能懲革，閭閻士庶，吉凶之禮，動悉乖方，不依制度。執憲之職，似塞耳而無聞，莅民之官，猶蔽目而不察。宣揚朝化，其若是乎？古人之學，且耕且養。今者民丁非役之日，農畝時候之餘，若敦以學業，勸以經禮，自可家慕大道，人希至德。豈止知禮節，識廉恥，父慈子孝，兄恭弟順者乎？始自京師，爰及州郡，宜祇朕意，勸學行禮。

自是天下州縣皆置博士習禮焉。

《隋書》卷四九《牛弘傳》弘請依古制修立明堂，上議曰：

竊謂明堂者，所以通神靈，感天地，出教化，崇有德。《孝經》曰：「宗祀文王於明堂，以配上帝。」《祭義》云：「祀于明堂，教諸侯孝也。」黄帝曰合宮，堯曰五府，舜曰總章，布政興治，由來尚矣。《周官・考工記》曰：「夏后氏世室，堂脩二七，廣四脩一。」鄭玄注云：「脩十四步，其廣益以四分脩之一，則堂廣十七步半也。」「殷人重屋，堂脩七尋，四阿重屋。」鄭云：「其脩七尋，廣九尋也。」「周人明堂，度九尺之筵，南北七筵，五室，凡室二筵。」鄭云：「此三者，或舉宗廟，或舉王寢，或舉明堂，互言之，明其同制也。」馬融、王肅、干寶所注，與鄭亦異，今不具出。漢司徒馬宮議云：「夏后氏世室，室顯於堂，故命以室。殷人重屋，屋顯於堂，故命以屋。周人明堂，堂大於夏室，故命以堂。夏后氏益其堂之廣百四十四尺，周人明堂，以爲兩序間大夏后氏七十二尺。」若據鄭玄之説，則夏室大於周堂，如依馬宮之言，則周堂大於夏室。後王轉文，周大爲是。但宮之所言，未詳其義。此皆去聖久遠，禮文殘缺，先儒解説，家異人殊。鄭注《玉藻》亦云：「宗廟路寢，與明堂同制。」《王制》曰：「寢不踰廟。」明大小是同。今依鄭玄注，每室及堂，止有一丈八尺，四壁之外，四尺有餘。若以宗廟論之，祫享之時，周人旅酬六尸，并后稷爲七，先公昭穆二尸，先王昭穆二尸，合十一尸，三十六主，及君北面行事於二丈之堂，愚不及此。若以正寢論之，便須朝宴。據《燕禮》：「諸侯宴，則賓及卿大夫脱屨升坐。」是知天子宴，則三公九卿並須升堂。《燕義》又云：「席，小卿次上卿。」言皆侍席。止於二筵之間，豈得行禮？若以明堂論之，總享之時，五帝各於其室。設青帝之位，須於木室之内，少北西面。太昊從食，坐於其西，近南北面。祖宗配享者，又於青帝之南，稍退西面。丈八之室，神位有三，加以簠簋籩豆，牛羊之俎，四海九州美物咸設，復須席上升歌，出樽反坫，揖讓升降，亦以隘矣。據兹而説，近是不然。

《隋書》卷八一《東夷傳》史臣曰：廣谷大川異制，人生其間異俗，嗜欲不同，言語不通，聖人因時設教，所以達其志而通其俗也。九夷所居，與中夏懸隔，然天性柔順，無獷暴之風，雖緜邈山海，而易以道御。夏、殷之代，時或來王。暨箕子避地朝鮮，始有八條之禁，疎而不漏，簡而可久，化之所感，千載不絶。今遼東諸國，或衣服參冠冕之容，或飲食有俎豆之器，好尚經術，愛樂文史，遊學於京都者，往來繼路，或亡没不歸。非先哲之遺風，其孰能致於斯也？故孔子曰：「言忠信，行篤敬，雖蠻貊之邦行矣。」誠哉斯言。其俗之可採者，豈徒楛矢之貢而已乎？自高祖撫有周餘，惠此中國，開皇之末，方事遼左，天時不利，師遂無功。二代承基，志包宇宙，頻踐三韓之域，屢發千鈞之弩。小國懼亡，敢同困獸，兵連不戢，四海騷然，遂以土崩，喪身滅國。兵志有之曰：「務廣德者昌，務廣地者亡。」然遼東之地，不列於郡縣久矣。諸國朝正奉貢，無闕於歲時，二代震而矜之，以爲人莫若己，不能懷以文德，遽動干戈。内恃富强，外思廣地，以驕取怨，以怒興師。若此而不亡，自古未之聞也。然則四夷之戒，安可不深念哉！

杜佑《通典》卷四四《禮四・沿革四・吉禮三》 梁祀五帝於明堂，服大裘冕，罇以瓦，俎豆以純漆，牲以特牛，餚膳準二郊。若水土之品，蔬菜之屬，宜以薦。郊所無者，從省除。所配五帝，行禮自東階升，先春郊帝爲始，止一獻清酒，停三獻及灌事。儀曹郎朱异議：「祀明堂改服大裘。又以貴質，不應三獻。《禮》云：『朝踐用大罇。』鄭玄云：『大罇，瓦也。』『有虞氏瓦罇』。此皆是宗廟，猶以質素；況在明堂，理不容象罇也。郊祀貴質，器用陶匏，宗廟貴文，誠宜雕俎。明堂之禮，於郊爲文，比廟爲質，請改器用純漆，庶合文質之衷。舊儀，鬯灌求神，初獻清酒，次醞終醁。禮畢，太祝取俎上黍肉，當御前以授。且五帝天神，不可求之於地，二郊主祭，無授肉之禮。請停三獻灌鬯及授俎之法，止於一獻清酒。舊用太牢，按郊用繭栗，《詩》云祀文王於明堂，有『維牛維羊』。良由周監二代，其義貴文，明堂方郊，未爲極質，故特用三牲。今斟酌百王，義存通典，蔬果之薦，雖符周禮，而牲牢之用，宜遵夏殷。請自今明堂牲用特牛。」從之。其堂制，十二年，毁宋太極殿，以其材構明堂十二間，皆準太廟。以中央六間安六天座，悉南向。東來第一青帝，五帝依次而列。五人帝配饗，在阼階，東上，北向。大殿後爲小殿五間，以爲五佐室焉。帝曰：「明堂之祭五帝則是總義，在郊之祭五帝，則是別義。宗祀所配，復應有室，若專配一室，則義非配五；若皆配五，則成五位。以理而言，明堂無室。」朱异以：「《月令》『天子居明堂左个、右个。』聽朔之禮，既在明堂，今若無室，則於義或闕。」帝又曰：「鄭玄義，聽朔必在明堂，此則人神混淆，莊敬道廢。《春秋・左氏傳》云：『介居二大國之間。』此云左右个者，謂祀帝堂南，又有小室，亦號明堂，分爲三處聽朔。既有三處，則有左右之義。在宫之内，明堂之外，人神有別，差無相干。」其議是非莫定，初尚未改。十二年，太常丞虞皭復引《周禮》明堂九尺之筵，以爲「高下脩廣之數，堂崇一筵，故階高九尺。漢家制度，猶遵此禮」。於是毁宋太極殿，爲明堂十二間。

杜佑《通典》卷四五《禮五・沿革五・吉禮四》 禮神之玉，蓋用兩珪有邸。《典瑞》云：「兩珪有邸以祀四望。」崔靈恩云：「社稷同四望，其玉蓋同也。以珪鋭首象主生物。」其牲，《王制》云：「天子祭社稷皆太牢，諸侯祭社稷皆少牢。」皆黝色。《地官・牧人》云：「陰祀用黝牲。」鄭注云：「陰祀謂祭地北郊及社稷也。」但社稷各牢不同牲也，故云皆也。用黑幣。按牲幣同色。日用甲。《郊特牲》云：「日用甲，日之始也。」按周初未制禮之時，日猶用戊，故《召誥》云「戊午乃社於新邑」。祭日之晨，王及尸皆服絺冕。《司服》云：「祭社稷五祀則絺冕。」知有尸者，《鳧鷖》詩所謂公尸。樂則《大司樂》云：「奏太蔟，歌應鍾，舞《咸池》，以祭地祇。」太蔟，陽聲第二者。應鍾爲之合。地祇謂神州、社稷也。用三獻。《禮器》云「三獻文」，鄭注謂祭社稷、五祀也。其禮：取血先瘞於所祭之處，以爲祭始。《大宗伯》云：「以血祭祭社稷。」次則禮神以玉，時尸前薦爓肉及脯醢籩豆，《郊特牲》云「三獻爓」。王則酌大罍中酒以獻尸，大罍，瓦罍。所謂朝踐之獻，是爲一獻也。至薦熟時，宗伯亦攝后酌以亞獻，所謂再獻。每獻作，奏太蔟等樂一終。尸食訖，賓長酌酳尸，謂之三獻。

杜佑《通典》卷四七《禮七・沿革七・吉禮六》 〔開元〕二十三年正月，敕文：「宗廟致享，務在豐潔。禮經沿革，必本人情。籩豆之薦，或未能備物。宜令禮官學士詳議具奏。」太常卿韋縚奏：「宗廟之奠，每座籩豆各加十二。」又酒爵制度全小，僅無一合，執持甚難，請稍令廣大。」付尚書省集衆官詳議。

太子賓客崔沔議曰：「竊聞識禮樂之情者能作，知禮樂之文者能述。述作之義，聖賢所重，禮樂之本，古今所崇，變而通之，所以久也。所謂變者，變其文也；所謂通者，通其情也。祭禮之興，肇於太古，人所飲食，必先嚴獻。未有火化，茹毛飲血，則有毛血之薦；未有麴蘗，汙樽抔飲，則有玄酒之奠。施及後王，禮物漸備，作爲酒醴，伏其犧牲，以致馨香，以極豐潔，故有三牲八簋之盛，五齊九獻之殷。然以神道至玄，可存而不能測也，祭禮至敬，可備而不可廢也，是以毛血腥爓，玄罇犧象，靡不畢登於明薦矣。然而薦貴於新，味不尚褻，雖則備物，猶存節制，故《禮》云『天之所生，地之所長，苟可薦者，莫不咸在』。備物之情也。又曰『三牲之俎，八簋之實，美物備矣；昆蟲之異，草木之實，陰陽之物備矣』。此節制之文也。鉶俎籩豆，簠簋罇罍之實，皆周人之時饌也，其用通於讌饗賓客，而周公制禮，咸與毛血玄酒，同薦於先。晉中郎盧諶，近古知禮者也。著《家祭禮》，皆晉時常食，不復純用舊文。然則當時飲食，不可闕於祀祭明矣，是變禮文而通其情也。我國家由禮立訓，因時制範，考圖史於前典，稽周漢之舊儀。清廟時享，禮饌畢陳，用周制也而古式存焉；園寢上食，時膳具設，遵漢法也而珍味極焉。職貢來祭，致遠物也；有新必薦，順時令也。苑囿之内，躬穡所收，蒐狩之時，親發所中，莫不割鮮擇美，薦而後食，盡誠敬也。若此至矣，復何加焉？但當申敕祭如神在，毋或簡怠，增勗虔誠。其進珍羞，或時鮮美，考諸祠典，有所漏略，皆詳擇名目，編諸甲令，因宜而薦，以類相從，則新鮮肥醲盡在是矣，不必加於籩豆之數也。至於祭器，隨物所宜。故太羹，古食也，盛於甄；甄，古器也。和羹，時饌也，盛於鉶；鉶，時器也。亦有古饌而盛於時器，故毛血盛於盤，玄酒盛於罇。未有薦時饌而追用古器者。古質而今文，便於事也。雖加籩豆十二，未足以盡天下美物，而措諸清廟，有兼倍之名，近於侈矣。又據《漢書·藝文志》，墨家之流，出於清廟，是以貴儉。由此觀之，清廟之不尚於奢，舊矣。太常所請，恐未可行。又稱『酒爵全小，須加廣大』。竊據禮文，有以小爲貴者，獻以爵，貴其小也。小不及制，敬而非禮，是有司之失其傳也。固可隨失釐正，無待議而後革。未知今制，何所依准，請兼詳令式，據文而行。」

杜佑《通典》卷四八《禮八·沿革八·吉禮七》 將祭，主人各服其服，筮於廟門外。五等諸侯皆服玄冕。二王後及方伯爲上公者，與魯侯於周公廟服衮冕。大夫以朝服。士以玄冠玄端也。日用丁巳，內事用柔日。必丁巳者，取其令名，自丁寧，自變改，皆以爲謹敬也。必先諏此日，明日乃筮也。筮旬有一日，旬，十日也。以先月下旬之巳，筮來月上旬之巳。曰「來日丁亥，用薦歲事」。丁者未必遇亥也，直舉一日以言之。則已亥、辛亥亦用之，苟有亥焉可矣。既得日吉，乃官戒，宗人命滌，宰命爲酒，宿戒尸。先宿尸者，重所用，又將筮。明日，朝服筮尸，吉，乃遂宿尸，祝儐。筮吉又遂宿尸，重尸也。祝爲儐者，尸神象也。明日，主人朝服，即廟門外東方位，南面。宰、宗人西面，北上。牲北首，東上。司馬刲羊，司士擊豕，宗人告備，乃退。刲、擊，皆殺也。此既省，告備乃殺。雍爨在門東南，北上。《特牲饋食禮》：「陳鼎於門外，北面。棜在南，實獸腊。牲在其西，北首東足。宗人視牲，告充，雍人作豕。」崔靈恩云：「二王後則自用其牲。」棜，章於據反。司宮摡籩豆爵觶於東堂下。雍人陳鼎五。《士禮》：主婦視饎爨於西堂下，亨於門外東方，罇於户東，實籩豆於房中。司馬升羊右胖。骨十一體。腸、胃、祭肺，各三。舉肺一。升，上也。髀不升，近竅，賤也。此據大夫也。若諸侯則太牢，士則特牲。胖音判。士升豕。如升胖之儀。雍人掄膚九，實於一鼎。掄，擇也。膚，脅革肉也。擇之取美。司士又升魚腊。司宮罇兩甒音武於房户閒，有玄酒。小祝設槃匜餘之反於西階東。爲尸將盥。主人朝服立於阼階東。司宮設筵於奥，祝設几於筵上，右之。布神座也。室中西南隅謂之奥。主人出迎鼎，主人先入。尊導。有司各升，實籩、豆、罇、俎。祝盥，升西階。主人盥，升阼階。祝先入，南面。主人從入户內，西面。將納祭也。祝先，接神也。士禮則主婦、宗人、宗婦升，實籩豆等。主婦被髲，他計反。衣侈袂，薦自東房。《士禮》：主婦纚笄宵衣，盥，自房中薦豆。崔靈恩云：「二王後夫人各以本國盛服，侯伯夫人則服揄狄，子男及三公大夫夫人闕狄。」佐食、司士序升西階，相從設俎。主婦設稷，興，入房。祝酌，奠，祝，主人再拜。祝出，迎尸。尸升西階，祝從。尸升筵，祝、主人皆拜妥尸。尸不言，答拜，遂坐。拜之使安坐也。尸自此答拜，遂坐而卒食。尸祭，卒食，告飽。主人酌酒酳尸，尸拜受，主人拜送。尸祭，啐，卒爵。祝酌，授尸，尸酢主人，主人卒爵。祝與佐食盥手，取黍以授尸，尸執以命祝，祝受以東，嘏於主人。其辭曰：「皇尸命工祝，承致多福無疆於汝孝孫，來汝孝孫，使汝受禄於天，宜稼於田，眉壽萬年。勿替引之。」主人再拜稽首，受黍，嘗之，納諸內。嘗之者，重之至也。納，入也。主人獻祝，又酌，獻佐食。主婦酌，獻尸，受，主婦拜送。尸祭酒，卒爵，又酢主婦。主婦酌獻祝與上佐食，亦如之。及賓長獻尸，尸酢賓。主人出，立於阼階，祝立西階，告曰：「利成。」利，養也。成，畢也。孝子養禮畢。祝入，尸謖，主人降。謖，起也。謖音所六反。祝先，尸從，遂出於廟門。

杜佑《通典》卷一八五《邊防一·百濟》 土著地多下濕，率皆山居。其都理建居拔城。王號「於羅瑕」，百姓呼爲「鞬吉支」，鞬音乾。夏言並王也。王妻號「於陸」，夏言妃也。官有十六品：左平一品，達率二品，恩率三品，德率四品，扞率五品，柰率六品，以上冠飾銀花；將德七品，紫帶；施德八品，皁帶；固德九品，赤帶；季德十品，青帶；對德十一品，文督十二品，皆黄帶；武督十三品，佐軍十四品，振武十五品，克虞十六品，皆白帶。統兵以達率、德率、扞率爲之，人庶及餘小城咸分隸焉。其衣服，男子略同於高麗，拜謁之禮以兩手據地爲敬。婦人衣似袍而袖微大，在室者編髮盤於首，後垂一道爲飾，出嫁者乃分爲兩道焉。兵有弓、箭、刀、矟。俗重騎射，兼愛墳史。其秀異者頗解屬文，又解陰陽五行。用宋《元嘉曆》，以建寅月爲歲首。亦解醫藥、卜筮、占相之術。有投壺、樗蒲等雜戲，然尤尚弈碁。僧尼寺塔甚多，而無道士。賦税以布、絹、麻、米等。婚娶之禮略同華俗。父母及夫死者三年持服，餘親則葬訖除之。氣候温暖，五穀、雜果、菜蔬及酒醴、餚饌、樂器之屬多同於內地，唯無駝、騾、驢、羊、鵝、鴨等云。其王以四仲之月祭天，又每歲四祠其始祖仇台之廟。大姓有八族：沙氏、燕氏、劦氏、劦音俠。解氏、真氏、國氏、木氏、苩氏，苩音白。國西南人島居者十五所，皆有城邑。

杜佑《通典》卷一八五《邊防一·倭》 其王理邪馬臺國，或云邪摩堆。去遼東萬二千里，在百濟、新羅東南，其國界東西五月行，南北三月行，各至於海，大較在會稽、閩川之東，亦與朱崖、儋耳相近。其國土俗宜禾稻、麻紵、蠶桑，知織績爲縑布。出白珠、青玉。其山出銅，有丹。土氣温暖，冬夏生菜茹，無牛、馬、虎、豹、羊，有薑、桂、橘、椒、蘘荷，不知以爲滋味。出黑雉。有獸如牛，名山鼠。又有大虵吞此獸，虵皮堅不可斫，其上孔乍開乍閉，時或有光，射中之虵則死。

其兵有矛、楯、木弓、竹矢，或以骨爲鏃。男子皆黥面文身。自謂太伯之後，衣皆橫幅結束，相連無縫。女人披髮屈紒，作衣如單被，穿其中央，貫頭而著之。並以丹朱塗其身，如中國之用粉也。有城柵、屋室，父母兄弟異處，唯會同男女無別。飲食以手，而用籩豆。俗皆徒跣，以蹲踞爲恭敬。人性嗜酒，多壽考。國多女，大人皆有四五妻，其餘或兩或三，女人不淫不妒。又俗不盜竊，少爭訟。其婚嫁不娶同姓，婦入夫家必先跨火，乃與夫相見。其死停喪十餘日，家人哭泣，不進酒食肉，親賓就屍歌舞爲樂。有棺無槨，封土作冢。舉大事，灼骨以卜，用決吉凶。其行來渡海詣中國，常使一人不櫛沐，不食肉，不近婦人，名曰「持衰」。若在塗吉利，則共顧其財物；若有疾病，遭暴害，以爲持衰不謹，便共殺之。官有十二等，一曰大德，次小德，次大仁，次小仁，次大義，次小義，次大禮，次小禮，次大智，次小智，次大信，次小信，員無定數。有軍尼百二十人，猶中國牧宰。八十户置一伊尼翼，如里長也；十伊尼翼屬一軍尼。其王以天爲兄，以日爲弟。尤信巫覡。每至正月一日，必射戲飲酒，其餘節略與華同。樂有五絃琴、笛，好棊博、握槊、樗蒲之戲。

《舊唐書》卷八《玄宗紀上》〔開元六年〕十一月辛卯，至自東都。丙申，親謁太廟，迴御承天門，詔：「七廟元皇帝已上三祖枝孫有失官序者，各與一人五品京官。內外官三品已上有廟者，各賜物三十匹，以備修祭服及俎豆。」賜文武官有差。乙巳，傳國八璽依舊改稱寶，符璽郎爲符寶郎。

《舊唐書》卷二一《禮儀志一》分地爲二，既無典據，理又不通，亦請合爲一祀，以符古義。仍並條附式令，永垂後則。敬宗等又議籩、豆之數曰：「按今光禄式，祭天地、日月、岳鎮、海瀆、先蠶等，籩、豆各四。祭宗廟，籩、豆各十二。祭社稷、先農等，籩、豆各九。祭風師、雨師，籩、豆各二。尋此式文，事深乖謬。社稷多於天地，似不貴多。風雨少於日月，又不貴少。且先農、先蠶，俱爲中祭，或六或四，理不可通。又先農之神，尊於釋奠，籩、豆之數，先農乃少，理既差舛，難以因循。謹按《禮記・郊特牲》云：『籩、豆之薦，水土之品，不敢用褻味而貴多品，所以交於神明之義也。』此即祭祀籩、豆，以多爲貴。宗廟之數，不可踰郊。今請大祀同爲十二，中祀同爲十，小祀同爲八，釋奠準中祀。自餘從座，並請依舊式。」詔並可之，遂附于禮令。【略】

玄宗即位，開元十一年十一月，親享圓丘。時中書令張説爲禮儀使，衛尉少卿韋縚爲副，説建議請以高祖神堯皇帝配祭，始罷三祖同配之禮。至二十年，蕭嵩爲中書令，改撰新禮。祀天一歲有四，祀地有二。冬至，祀昊天上帝於圓丘，高祖神堯皇帝配，中官加爲一百五十九座，外官減爲一百四座。其昊天上帝及配帝二座，每座籩、豆各用十二，簋、簠、甄、俎各一。上帝則太樽、著樽、犧樽、象樽、壺樽各二，山罍六。配帝則不設太樽及壺樽，減山罍之四，餘同上帝。五方帝座則籩、豆各十，簋、簠、甄、俎各一，太樽二。大明、夜明，籩、豆各八，餘同五方帝。內官每座籩、豆二，簋、俎各一。內官已上設樽於十二階之間。內官每道間著樽二，中官犧樽二，外官著樽二，衆星壺樽二。正月上辛，祈穀，祀昊天上帝於圓丘，以高祖配。五方帝從祀。其上帝、配帝，籩、豆等同冬至之數。五方帝，太樽、著樽、犧樽、山罍各一，籩、豆等亦同冬至之數。孟夏，雩祀昊天上帝於圓丘，以太宗配，五方帝及太昊等五帝、勾芒等五官從祀。其上帝、配帝、五方帝，籩、豆各八，簋、簠、甄、俎各一。五官每座籩、豆各二，簋、簠及俎各一。季秋，大享于明堂，祀昊天上帝，以睿宗配，其五方帝、五人帝、五官從祀。籩、豆之數，同于雩祀。夏至，禮皇地祇于方丘，以高祖配，其從祀神州已下六十八座，同貞觀之禮。地祇、配帝，籩、豆如圓丘之數。神州，籩、豆各四，簋、簠、甄、俎各一。五岳、四鎮、四海、四瀆、五方、山林、川澤等三十七座，每座籩、豆各二，簋、簠各一。五方五帝、丘陵、墳衍、原隰等三十座，籩、豆、簋、簠、甄、俎各一。立冬，祭神州于北郊，以太宗配。二座籩、豆各十二，簋、簠、甄、俎各一。自冬至圓丘已下，餘同貞觀之禮。

《舊唐書》卷二四《禮儀志四》武德、貞觀之制，神祇大享之外，每歲立春之日，祀青帝於東郊，帝宓羲配，勾芒、歲星、三辰、七宿從祀。立夏，祀赤帝於南郊，帝神農氏配，祝融、熒惑、三辰、七宿從祀。季夏土王日，祀黃帝於南郊，帝軒轅配，后土、鎮星從祀。立秋，祀白帝於西郊，帝少昊配，蓐收、太白、三辰、七宿從祀。立冬，祀黑帝於北郊，帝顓頊配，玄冥、辰星、三辰、七宿從祀。每郊帝及配座，用方色犢各一，籩、豆各四，簠、簋各二，甄、俎各一。勾芒已下五星及三辰、七宿，每宿牲用少牢，每座籩、豆、簠、簋、甄、俎各一。孟夏之月，龍星見，雩五方上帝於雩壇，五帝配於上，五官從祀於下。牲用方色犢十，籩豆已下，如郊祭之數。【略】

仲春、仲秋二時戊日，祭太社、太稷，社以勾龍配，稷以后稷配。社、稷各用太牢一，牲色並黑，籩、豆、簠、簋各二，鉶、俎各三。春分，朝日於國城之東；秋分，夕月於國城之西。各用方色犢一，籩、豆各四，簠、簋、甄、俎各一。孟春吉亥，祭帝社於藉田，天子親耕；季春吉巳，祭先蠶於公桑，皇后親桑。並用太牢，籩、豆各九。將蠶日，內侍省預奉移所司所事。諸祭祀卜日，皆先卜上旬；不吉，次卜中旬、下旬。筮日亦如之。其先蠶一祭，節氣若晚，即於節氣後取日。立春後丑，祀風師於國城東北；立夏後申，祀雨師於國城西南；立秋後辰，祀靈星於國城東南；立冬後亥，祀司中、司命、司人、司禄於國城西北。各用羊一，籩、豆各二，簠、簋各一。季冬晦，堂贈儺，磔牲於宮門及城四門，各用雄雞一。仲春，祭馬祖；仲夏，祭先牧；仲秋，祭馬社；仲冬，祭馬步。並於大澤，用剛日。牲各用羊一，籩、豆各二，簠、簋各一。季冬藏冰，仲春開冰，並用黑牡、秬黍，祭司寒之神於冰室，籩、豆各二，簠、簋、俎各一。其開冰，加以桃弧棘矢，設於神座。

季冬寅日，蜡祭百神於南郊。大明、夜明，用犢二，籩、豆各四，簠、簋、甄、俎各一。神農氏及伊耆氏，各用少牢一，籩、豆各四，簠、簋、甄、俎各一。后稷及五方、十二次、五官、五方田畯、五嶽、四鎮、四海、四瀆以下，方别各用少牢一，當方不熟者則闕之。其日祭井泉於川澤之下，用羊一。卯日祭社稷於社宮，辰日臘享於太廟，用牲皆準時祭。井泉用羊二。二十八宿，五方之山林、川澤，五方之丘陵、墳衍、原隰，五方之鱗、羽、羸、毛、介，五方之水墉、坊、郵表畷，五方之貓、於菟及龍、麟、朱鳥、白虎、玄武，方别各用少牢一，各座籩、豆、簠、簋、俎各一。蜡祭凡一百八十七座。當方年穀不登，則闕其祀。蜡祭之日，祭五方井泉於山澤之下，用羊一，籩、豆各二，簠、簋及俎各一。蜡之明日，又祭社稷于社宮，如春秋二仲之禮。

顯慶中，更定籩、豆之數，始一例。大祀籩、豆各十二，中祀各十，小祀各八。

《舊唐書》卷二五《禮儀志五》 開元二十二年正月，制以籩、豆之薦，或未能備物，宜令禮官學士詳議具奏。太常卿韋縚請「宗廟之奠，每室籩、豆各加十二。又今之酌獻酒爵，制度全小，僅無一合，執持甚難，請稍令廣大。其郊祀奠獻，亦準此。仍望付尚書省集衆官詳議，務從折衷」。於是兵部侍郎張均及職方郎中韋述等建議曰：

謹按《禮·祭統》曰：「凡天之所生，地之所長，苟可薦者，莫不咸在。水草陸海，三牲八簋，昆蟲之異，草木之實，陰陽之物，皆備薦矣。」聖人知孝子之情深，而物類之無限，故爲之節制，使祭有常禮，物有其品，器有其數。上自天子，下至公卿，貴賤差降，無相踰越，百代常行無易之道也。又按《周禮·膳夫》，「掌王之食飲膳羞：食用六穀，膳用六牲，飲用六清，羞用百有二十品，珍用八物，醬用百有二十瓮」，則與祭祀之物，豐省本殊。《左傳》曰：「享以訓恭儉，宴以示慈惠，恭儉以行禮，慈惠以布政。」又曰：「享有體薦，宴有折俎。」杜預曰：「享有體薦，爵盈而不飲，豆乾而不食，宴則相與食之。」享之與宴，猶且異文，祭奠所陳，固不同矣。又按《周禮》，籩人、豆人，各掌四籩、四豆之實，供祭祀與賓客，所用各殊。據此數文，祭奠不同常時，其來久矣。

且人之嗜好，本無憑準，宴私之饌，與時遷移。故聖人一切同歸於古，雖平生所嗜，非禮亦不薦也；平生所惡，是禮即不去也。《楚語》曰：「屈到嗜芰，有疾，召宗老而屬曰：『祭我必以芰。』及卒，宗老將薦芰，屈建命去之，曰：『祭典有之，國君有牛享，大夫有羊饋，士有豚犬之奠，庶人有魚炙之薦，籩豆脯醢，則上下安之。不羞珍異，不陳庶侈，不以私欲干國之典』，遂不用。」此則禮外之食，前賢不敢薦也。今欲取甘旨之物，肥濃之味，隨所有者皆充祭用，苟踰舊制，其何限焉。雖籩豆有加，豈能備也？

《舊唐書》卷四四《職官志三·太常寺》 丞二人，從五品上。主簿二人，從七品上。録事二人，從九品下。府十二人，史二十三人。博士四人，從七品上。謁者十人，贊引二十人。太祝六人，正九品上。祝史六人。奉禮二人，從九品上。贊者十六人。協律郎二人，正八品上。亭長八人，掌固十二人，太廟齋郎，京、都各一百三十人。太廟門僕，京、都各三十人。丞掌判寺事。凡大饗太廟，則修七祀於太廟西門之內。若祫享，則兼修配享功臣之禮。主簿掌印，勾檢稽失，省署抄目。録事掌受事發辰。博士掌五禮之儀式，本先王之法制，適變隨時而損益焉。凡大祭祀及有大禮，則與卿導贊其儀。凡公已下擬謚，皆迹其功行，爲之褒貶。無爵稱子，養德邱園，聲實明著，則謚曰先生。大行大名，小行小名之。若大祭祀，卿省牲器，謁者爲之導。若小祀及公卿大夫有嘉禮，亦命謁者以贊之。太祝掌出納神主于太廟之九室，而奉享薦禘祫之儀。凡國有大祭祀，凡郊廟之祝版，先進取署，乃送祠所。將事，則跪讀祝文，以信于神；禮成而焚之。凡大祭祀，卿省牲而告充。凡祭天及日月星辰之玉帛，則焚之；祭地及社稷山岳，則瘞之；海瀆，則沉之。奉禮郎掌朝會祭祀君臣之版位。凡樽卣之制，十有四，祭則陳之。祭器之位，簠簋爲前，甄鉶次之，籩豆爲後。大凡祭祀朝會，在位者拜跪之節，皆贊導之，贊者承傳焉。又設牲牓之位，以成省牲之儀。凡春秋二仲，公卿巡陵，則主其威儀鼓吹之節而相禮焉。協律郎掌和六吕六律，辨四時之氣，八風五音之節。凡太樂，則監試之，爲之課限。若大祭祀饗宴奏于廷，則升堂執麾以爲之節制，舉麾工鼓柷而後樂作，偃麾戛敔而後止。

《舊唐書》卷五一《后妃傳上·中宗韋皇后》〔神龍〕三年冬，帝將親祠南郊，國子祭酒祝欽明、司業郭山惲建議云：「皇后亦合助祭。」太常博士唐紹、蔣欽緒上疏争之。尚書右僕射韋巨源詳定儀注，遂希旨協同欽明之議。帝納其言，以后爲亞獻，仍以宰相女爲齋娘，以執籩豆。欽明又欲請安樂公主爲終獻，迫於時議而止。

四年正月望夜，帝與后微行市里，以觀燒燈。又放宫女數千，夜遊縱觀，因與外人陰通，逃逸不還。時國子祭酒葉静能善符禁小術，散騎常侍馬秦客頗閑醫藥，光禄少卿楊均以調膳侍奉，皆出入宫掖。均與秦客皆得幸於后，相次丁母憂，旬日悉起復舊職。時安樂公主與駙馬武延秀、侍中紀處訥、中書令宗楚客、司農卿趙履温互相猜貳，迭爲朋黨。

《舊唐書》卷七四《馬周傳》〔馬周上疏曰〕臣又聞聖人之化天下，莫不以孝爲基。故曰：「孝莫大於嚴父，嚴父莫大於配天。」又曰：「國之大事，在祀與戎。」孔子亦云：「吾不預祭如不祭。」是聖人之重祭祀也如此。伏惟陛下踐祚以來，宗廟之享，未曾親事。伏緣聖情，獨以鑾輿一出，勞費稍多，所以忍其孝思，以便百姓。遂使一代之史，不書皇帝入廟之事，將何以貽厥孫謀，垂則來葉？臣知大孝誠不在俎豆之間，然聖人之訓人，固有屈己以從時，願聖慈顧省愚款。

臣又聞致化之道，在於求賢審官；爲政之基，在於揚清激濁。孔子曰：「唯名與器，不以假人。」是言慎舉之爲重也。臣伏見王長通、白明達本自樂工，輿皁雜類，韋槃提、斛斯正則更無他材，獨解調馬。縱使術踰儕輩，伎能有取，乍可厚賜錢帛，以富其家；豈得列預士流，超授高爵。遂使朝會之位，萬國來庭，騶子倡人，鳴玉曳履，與夫朝賢君子，比肩而立，同坐而食，臣竊恥之。然朝命既往，縱不可追，謂宜不使在朝班，預於士伍。

《舊唐書》卷一六〇《李翱傳》〔元和〕十四年，太常丞王涇上疏請去太廟朔望上食，詔百官議。議者以《開元禮》，太廟每歲礿、祠、蒸、嘗、臘，凡五享。天寶末，玄宗令尚食每月朔望具常饌，令宫闈令上食於太廟，後遂爲常。由是朔望不視朝，比之大祠。翺奏議曰：

《國語》曰，王者日祭。《禮記》曰，王立七廟，皆月祭之。《周禮》時祭，禴祠蒸嘗。漢氏皆雜而用之。蓋遭秦火，《詩》、《書》、《禮經》燼滅，編殘簡缺，漢乃求之。先儒穿鑿，各伸己見，皆託古聖賢之名，以信其語，故所記各不同也。古者廟有寢而不墓祭，秦、漢始建寢廟於園陵，而上食焉。國家因之而不改。《貞觀》、《開元禮》並無宗廟日祭月祭之禮，蓋以日祭月祭，既已行於陵寢矣，故太廟之中，每歲五饗六告而已。不然者，房玄齡、魏徵輩皆一代名臣，窮極經史，豈不見《國語》、《禮記》有日祭月祭之詞乎？斯足以明矣。

伏以太廟之饗，籩豆牲牢，三代之通禮，是貴誠之義也。園陵之奠，改用常饌，秦、漢之權制，乃食味之道也。今朔望上食於太廟，豈非用常褻味而貴多品乎？且非《禮》所謂「至敬不饗味而貴氣臭」之義也。《傳》稱：屈到嗜芰，有疾，召其宗老而屬之曰：「祭我必以芰。」及祭薦芰，其子違命去芰而用羊饋籩豆脯醢，君子是之。言事祖考之義，當以禮爲重，不以其生存所嗜爲獻，蓋明非食味也。然則薦常饌於太廟，無乃與芰爲比乎？且非三代聖王之所行也。況祭器不陳俎豆，祭官不命三公，執事者唯宫闈令與宗正卿而已。謂之上食也，安得以爲祭乎？且時享于太廟，有司攝事，祝文曰：「孝曾孫皇帝臣某，謹遣太尉臣名，敢昭告于高祖神堯皇帝、祖妣太穆皇后竇氏。時惟孟春，永懷罔極。謹以一元大武、柔毛剛鬣、明粢薌萁、嘉蔬嘉薦醴齊，敬脩時享，以申追慕。」此祝辭也。前享七日質明，太尉誓百官於尚書省曰：「某月某日時享于太廟，各揚其職。不供其事，國有常刑。」凡陪享之官，散齋四日，致齋三日，然後可以爲祭也。宗廟之禮，非敢擅議，雖有知者，其誰敢言？故六十餘年，行之不廢。今聖朝以弓矢既櫜，禮樂爲大，故下百僚，可得詳議。臣等以爲《貞觀》、《開元禮》并無太廟上食之文，以禮斷情，罷之可也。至若陵寢上食，採《國語》、《禮記》日祭月祭之詞，因秦、漢之制，修而存之，以廣孝道可也。如此，則經義可據，故事不遺。大禮既明，永息異論，可以繼二帝三王，而爲萬代法。與其瀆禮越古，貴因循而憚改作，猶天地之相遠也。

《舊唐書》卷一八八《孝友傳·崔沔》〔開元〕二十四年，制令禮官議加籩豆之數及服制之紀。太常卿韋縚奏請加宗廟之奠，每坐籩豆各十二。外祖服請加至大功九月，舅服加至小功五月，堂姨、堂舅、舅母服請加至祖免。時又令百官詳議可否。沔建議曰：

竊聞識禮樂之情者能作，達禮樂之文者能述。述作之義，聖賢所重；禮樂之本，古今所崇。變而通之，所以久也。所謂變者，變其文也；所謂通者，通其情也。祭祀之興，肇於太古，人所飲食，必先嚴獻。未有火化，茹毛飲血，則有毛血之薦；未有麴蘖，汙罇抔飲，則有玄酒之奠。施及後王，禮物漸備，作爲酒醴，伏其犧牲，以致馨香，以極豐潔，故有三牲八簋之盛，五齊九獻之殷。然以神道至玄，可存而不可測也；祭禮主敬，可備而不敢廢也。是以血腥爓熟，玄罇犧象，靡不畢登於明薦矣。

然而薦貴於新，味不尚褻，雖則備物，猶存節制。故《禮》云：「天之所生，地之所長，苟可薦者，莫不咸在。」備物之情也。「三牲之俎，八簋之實，美物備矣；昆蟲之異，草木之實，陰陽之物備矣。」此則節制之文也。鉶俎、籩豆、簠簋、罇罍之實，皆周人之時饌也，其用通於讌饗賓客。而周公制禮，咸與毛血玄酒同薦於先。晉中郎盧諶，近古之知禮、著《家祭禮》者也。觀其所薦，皆晉時常食，不復純用禮經舊文。然則當時飲食，不可闕於祭祀明矣，是變禮文而通其情也。

我國家由禮立訓，因時制範，考圖史於前典，稽周、漢之舊儀。清廟時享，禮饌畢陳，用周制也，而古式存焉；園寢上食，時膳具設，遵漢法也，而珍味極焉。職貢來祭，致遠物也；有新必薦，順時令也。苑囿之内，躬稼所收，蒐狩之時，親發所中，莫不割鮮擇美，薦而後食，盡誠敬也。若此至矣，復何加焉。但當申敕有司，祭如神在，無或簡怠，勗增虔誠。其進貢珍羞，或時物鮮美，考諸祠典，無有漏落。皆詳名目，編諸甲令，因宜而薦，以類相從。則新鮮肥濃，盡在是矣，不必加於籩豆之數也。至於祭器，隨物所宜。故太羹，古食也，盛於㽅，㽅，古器也；和羹，時饌也，盛於鉶，鉶，時器也。亦有古饌而盛於時器，故毛血盛於盤，玄酒盛於罇。未有薦時饌而追用古器者，由古質而今文，便於事也。雖加籩豆十二，未足以盡天下美物，而措諸清廟，有兼倍之名，近於侈矣。魯人丹桓宫之楹，又刻其桷，《春秋》書以「非禮」。御孫諫曰：「儉，德之恭也，侈，惡之大也。先君有恭德，而君納諸惡，無乃不可乎！」是不可以越禮而崇侈於宗廟也。又據《漢書·藝文志》，「墨家之流，出於清廟，是以貴儉」。由此觀之，清廟之不尚於奢，舊矣。太常所請，恐未可行。

又按太常奏狀「今酌獻酒爵，制度全小，僅未一合，執持甚難，不可全依古制，猶望稍須廣大」者。竊據禮文，有以小爲貴者，獻以爵，貴其小也。小不及制，敬而非禮，是有司之失其傳也。固可隨失釐正，無待議而後革。然禮失於敬，猶奢而寧儉，非大過也。未知今制，何所依準。請兼詳令式，據文而行。

又按太常奏狀「外祖服請加至大功九月，舅服請加至小功五月，堂姨、堂舅、舅母請加至袒免」者。竊聞大道既隱，天下爲家，聖人因之，然後制禮。禮教之設，本於正家，家道正而天下定矣。正家之道，不可以貳，總一之義，理歸本宗。所以父以尊崇，母以厭降，豈亡愛敬，宜存倫序。是以内有齊斬，外服皆緦，尊名所加，不過一等，此先王不易之道。前聖所志，後賢所傳，其來久矣。昔辛有適伊川，見被髮而祭於野者，曰：「不及百年，此其戎乎！其禮先亡矣。」往修新禮，時改舊章，漸廣《渭陽》之恩，不遵洙、泗之典。及弘道之後，唐元之間，國命再移於外族矣。禮亡徵兆，儻或斯見，天人之際，可不戒哉！開元初，補闕盧履冰嘗進狀論喪服輕重，敕令僉議。于時羣議紛拏，各安積習，太常禮部奏依舊定。陛下運稽古之明，特降別敕，一依古禮，事符典故，人知向方，式固宗盟，社稷之福。更圖異議，竊所未詳。

時職方郎中韋述、户部郎中楊伯成、禮部員外郎楊冲昌、監門兵曹劉秩等，亦建議與沔相符。俄又令中書門下參詳爲定。於是宗廟之典，籩豆每座各加六，親姨舅爲小功，舅母加緦麻，堂姨至袒免，餘依舊定，乃下制施行焉。沔既善禮經，朝廷每有疑議，皆取決焉。

《新唐書》卷一一《禮樂志一》 由三代而上，治出於一，而禮樂達于天下；由三代而下，治出於二，而禮樂爲虛名。古者，宫室車輿以爲居，衣裳冕弁以爲服，尊爵俎豆以爲器，金石絲竹以爲樂，以適郊廟，以臨朝廷，以事神而治民。其歲時聚會以爲朝覲、聘問，懽欣交接以爲射鄉、食饗，合衆興事以爲師田、學校，下至里閭田畝，吉凶哀樂，凡民之事，莫不一出於禮。由之以教其民爲孝慈、友悌、忠信、仁義者，常不出於居處、動作、衣服、飲食之間。蓋其朝夕從事者，無非乎此也。此所謂治出於一，而禮樂達天下，使天下安習而行之，不知所以遷善遠罪而成俗也。【略】

設牲牓於東門之外，如郊之位。設尊彝之位於廟堂之上下，每座斝彝一，黄彝一，犧尊、象尊、著尊、山罍各二，在堂上，皆於神座之左。獻祖、太祖、高祖、高宗尊彝在前楹間，北向；懿祖、代祖、太宗、中宗、睿宗尊彝在户外，南向。各有坫焉。其壺尊二、太尊二、山罍四，皆在堂下階間，北向西上；簠、鉶、籩、豆在堂上，俱東側階之北。每座四簋居前，四簠次之，六登次之，六鉶次之，籩、豆爲後，皆以南爲上，屈陳而下。御洗在東階東南，亞獻又於東南，俱北向。罍水在洗東，篚在洗西，南肆。享日，未明五刻，太廟令服其服，布昭、穆之座於户外，自西序以東：獻祖、太祖、高祖、高宗皆北廂南向，懿祖、代祖、太宗、中宗、睿宗南廂北向。每座黼扆，莞席紛純，藻席畫純，次席黼純，左右几。【略】

五曰奠玉帛。祀日，未明三刻，郊社令、良醖令各帥其屬入實尊、罍，太祝以玉幣置於篚，太官令帥進饌者實諸籩、豆、簋、簠於饌幔。未明二刻，奉禮郎帥贊者先入就位。贊者引御史、博士、諸太祝及令史、祝史與執事者，入自東門壇南，北向西上。奉禮郎曰：「再拜。」贊者承傳，御史以下皆再拜。執尊、罍、篚、冪者各就位。贊者引御史、諸太祝升壇東陛，御史一人，太祝二人，行掃除於上，及第一等；御史一人，太祝七人，行掃除於下。【略】

若宗廟，曰晨祼。享日，未明四刻，太廟令、良醖令各帥其屬入實尊、罍，太官令帥進饌者實諸籩、豆、簋、簠。未明三刻，奉禮郎帥贊者先入就位。贊者引御史、博士、宫闈令、太祝及令史、祝史與執事者，入自東門，當階間，北向西上。奉禮郎曰：「再拜。」御史以下皆再拜。執尊、罍、篚、冪者各就位。贊者引御史、諸太祝升自東階，行掃除於堂上，令史、祝史行掃除於下。太廟令帥其屬陳瑞物太階之西，上瑞爲前列，次瑞次之，下瑞爲後，又陳伐國寶器亦如之，皆北向西上，藉以席。

《新唐書》卷一二《禮樂志二》 初，太尉獻將畢，謁者引光禄卿詣罍洗，盥手，洗瓢爵，升，酌盎齊。終獻如亞獻。太尉將升獻，謁者七人分引五方帝及大明、夜明等獻官，詣罍洗，盥手，洗瓢爵，各由其陛升，酌汎齊，進，跪奠於神前。初，第一等獻官將升，謁者五人次引獻官各詣罍洗，盥、洗，各由其陛升壇，詣第二等内官酒尊所，酌汎齊以獻。贊者四人次引獻官詣罍洗，盥、洗，詣外官酒尊所，酌清酒以獻。贊者四人，次引獻官詣罍洗，盥、洗，詣衆星酒尊所，酌昔酒以獻。其祝史、齋郎酌酒助奠，皆如内官。上下諸祝各進，跪徹豆，還尊所。奉禮郎曰：「賜胙。」贊者曰：「衆官再拜。」在位者皆再拜。太常卿前奏：「請再拜。」皇帝再拜。奉禮郎曰：「衆官再拜。」在位者皆再拜。樂作一成。太常卿前奏：「請就望燎位。」皇帝就位，南向立。上下諸祝各執篚，取玉、幣、祝版、禮物以上。齋郎以俎載牲體、稷、黍飯及爵酒，各由其陛降壇，詣柴壇，自南陛登，以幣、祝版、饌物置於柴上。户内諸祝又以内官以下禮幣皆從燎。奉禮郎曰：「可燎。」東、西面各六人，以炬燎火。半柴，太常卿前曰：「禮畢。」皇帝還大次，出中壝門，殿中監前受鎮珪，以授尚衣奉御，殿中監又前受大珪。皇帝入次，謁者、贊引各引祀官，通事舍人分引從祀羣官、諸方客使以次出。贊者引御史、太祝以下俱復執事位。奉禮郎曰：「再拜。」御史以下皆再拜，出。工人、二舞以次出。【略】

冬至祀圓丘，昊天上帝、配帝，籩十二、豆十二、簋一、簠一、甄一、俎一。五方上帝、大明、夜明，籩八、豆八、簋一、簠一、甄一、俎一。五星、十二辰、河漢及内官、中官，籩二、豆二、簋一、簠一、俎一。外官衆星，籩、豆、簋、簠、俎各一。正月上辛，祈穀圓丘，昊天、配帝、五方帝，如冬至。孟夏雩祀圓丘，昊天、配帝、五方帝，如冬至。五人帝，籩四、豆四、簋一、簠一、俎一。五官，籩二、豆二、簋一、簠一、俎一。季秋大享明堂，如雩祀。立春祀青帝及太昊氏，籩豆皆十二，簋一、簠一、甄一、俎一。歲星、三辰、句芒、七宿，籩二、豆二、簋一、簠一、俎一。其赤帝、黄帝、白帝、黑帝皆如之。䄍祭百神，大明、夜明，籩十、豆十、簋一、簠一、甄一、俎一。神農、伊耆，籩、豆各四，簋、簠、甄、俎各一。五星、十二辰、后稷、五方田畯、岳鎮、海瀆、二十八宿、五方山林川澤，籩、豆各二，簋、簠、俎各一。丘陵、墳衍、原隰、龍、麟、朱鳥、白虎、玄武、鱗、羽、毛、介、於菟等，籩、豆各一，簋、簠、俎各一。又井泉，籩、豆各一，簋、簠、俎各一。春分朝日，秋分夕月，籩十、豆十、簋一、簠一、甄一、俎一。四時祭風師、雨師、靈星、司中、司命、司人、司禄，籩八、豆八、簋一、簠一、俎一。夏至祭方丘，皇地祇及配帝，籩豆皆十二、簋一、簠一、甄一、俎一。神州，籩四、豆四、簋一、簠一、甄一、俎一。其五岳、四鎮、四海、四瀆及五方山川林澤，籩二、豆二，簋、簠、俎各一。孟冬祭神州及配帝，籩豆皆十二、簋一、簠一、甄一、俎一。春、秋祭太社、太稷及配坐，籩豆皆十、簋二、簠二、簠二、鉶三、俎三。四時祭馬祖、馬社、先牧、馬步，籩豆皆八、簋一、簠一、俎一。時享太廟，每室籩豆皆十二、簋二、簠二、甄三、鉶三、俎三。七祀，籩二、豆二、簋二、簠二、俎一。祫享、功臣配享，如七祀。孟春祭帝社及配坐，籩豆皆十、簋二、甄三、鉶三、俎三。季春祭先蠶，籩豆皆十、簋二、簠二、甄三、鉶三、俎三。孟冬祭司寒，籩豆皆八、簋一、簠一、俎一。春、秋釋奠於孔宣父，先聖、先師，籩十、豆十、簋二、簠二、甄三、鉶三、俎三；若從祀，籩豆皆二、簋一、簠一、俎一。春、秋釋奠於齊太公、留侯，籩豆皆十、簋二、簠二、甄三、鉶三、俎三。仲春祭五龍，籩豆皆八、簋一、簠一、俎一。四時祭五岳、四鎮、四海、四瀆，各籩豆十、簋二、簠二、俎三。三年祭先代帝王及配坐，籩豆皆十、簋二、簠二、俎三。州縣祭社、稷、先聖，釋奠於先師，籩豆皆八、簋二、簠二、俎三。

籩以石鹽、槀魚、棗栗榛菱芡之實、鹿脯、白餅、黑餅、糗餌、粉餈。豆以韮菹醓醢、菁菹鹿醢、芹菹兔醢、筍菹魚醢、脾析菹豚胉、飩食、糝食。中祀之籩無糗餌、粉餈，豆無飩食、糝食。小祀之籩無白餅、黑餅，豆無脾析菹豚胉。凡用皆四者，籩以石鹽、棗實、栗黃、鹿脯；豆以芹菹兔醢、菁菹鹿醢。用皆二者，籩以栗黃、牛脯；豆以葵菹鹿醢。用皆一者，籩以牛脯，豆以鹿醢。用牛脯者，通以羊。凡簠、簋皆一者，簋以稷，簠以黍。用皆二者，簋以黍、稷，簠以稻、粱。實甄以大羹，鉶以肉羹。此籩、豆、簠、簋、甄、鉶之實也。

《新唐書》卷一八《禮樂志八·皇太子納妃》 同牢之日，司閨設妃次於閤內道東，南向。設皇太子御幄於內殿室內西廂，東向。設席重茵，施屏障。設同牢之席於室內，皇太子之席西廂，東向，妃席東廂，西向。席間量容牢饌。設洗於東階東南，設妃洗於東房近北。饌於東房西墉下，籩、豆各二十，簠、簋各二，鉶各三，瓦登一，俎三。尊在室內北墉下，玄酒在西。又設尊於房户外之東，無玄酒。篚在南，實四爵，合巹。皇太子車至左閤，回輅南向，左庶子跪奏「請降輅」。入俟於內殿門外之東，西面。妃至左閤外，回輅南向，司則請妃降輅，前後扇、燭。就次立於內殿門西，東面。皇太子揖以入，升自西階，妃從升。執扇、燭者陳於東、西階內。皇太子即席，東向立，妃西向立。司饌進詣階間，跪奏「具牢饌」，司則承令曰：「諾。」遂設饌如皇后同牢之禮。司饌跪奏「饌具」。皇太子及妃俱坐。司饌跪取脯、取韭菹，皆擩於醢，授皇太子，又取授妃，俱受，祭於籩、豆之間。司饌跪取黍實於左手，遍取稷反於右手，授皇太子，又授妃，各受，祭於菹醢之間。司饌各立，取肺皆絶末，跪授皇太子及妃，俱受，又祭於菹醢之間。司饌俱以肺加於俎。掌嚴授皇太子妃巾，涚手。以柶扱上鉶遍擩之，祭於上豆之間。司饌品嘗妃饌，移黍置於席上，以次跪授肺脊。皇太子及妃皆食以湆醬，三飯，卒食。司饌北面請進酒，司則承令曰：「諾。」司饌二人俱盥手洗爵於房，入室，酌于尊，北面立。皇太子及妃俱興，再拜。一人進授皇太子，一人授妃，皇太子及妃俱坐，祭酒，舉酒，司饌各以肝從，司則進受虛爵，奠於篚。司饌又俱洗爵，酌酒，再酳，皇太子及妃俱受爵飲。三酳用巹，如再酳。皇太子及妃立於席後，司則俱降東階，洗爵，升，酌於户外，北面，俱奠爵，興，再拜。皇太子及妃俱答拜。司則坐，取爵祭酒，遂飲，啐爵，奠，遂拜，執爵興，降，奠爵於篚。司饌奏「徹饌」。司則前跪奏稱：「司則妾姓言，請殿下入。」皇太子入於東房，釋冕服，著袴褶。司則啓妃入幃幄，皇太子乃入室。媵餕皇太子之饌，御餕妃之饌。

《新唐書》卷一八《禮樂志八·公主出降》 質明，布舅席於東序，西向；布姑席於房户外之西，南向。舅姑即席，婦執笲棗、栗入，升自西階，東面再拜，進，跪奠於舅席前，舅撫之，婦退，復位，又再拜。降自西階，受笲腶脩，升，進，北面再拜，進，跪奠於姑席前，姑舉之，婦退，復位，又再拜。婦席於姑西少北，南向。側尊甒醴於房內東壁下，籩、豆一，實以脯醢，在尊北。設洗於東房近北。婦立於席西，南面。內贊者盥手，洗觶，酌醴，加柶，面柄，北面立于婦前。婦進，東面拜受，復位。內贊者西階上，北面拜送，乃薦脯醢。婦升席，坐，左執觶，右取脯，擩於醢，祭於籩、豆之間，以柶祭醴三，始扱一祭，又扱再祭，加柶於觶，面葉，興，降席西，東面坐，啐醴，建柶，興，拜。內贊者答拜。婦進升席，跪，奠觶於豆東，取脯，降自西階以出，授婦氏從人於寢門外。

盥饋。舅、姑入於室，婦盥饋。布席於室之奧，舅、姑共席坐，俱東面南上。贊者設尊於室內北墉下，饌於房內西墉下，如同牢。牲體皆節折，右載之於舅俎，左載之於姑俎。婦入，升自西階，入房，以醬進。其他饌，從者設之，皆加匕箸。俎入，設於豆東。贊者各授箸，舅、姑各以篚菹擩於醬，祭於籩、豆之間，又祭飯訖，乃食，三飯，卒食。婦入於房，盥手洗爵，入室，酌酒酳舅，進奠爵舅席前少東，西面再拜，舅取爵祭酒，飲之。婦受爵出户，入房，奠於右。盥手洗爵，酌酒酳姑。設婦席於室內北墉下，尊東面，婦徹饌，設於席前如初，西上。婦進，西面再拜，退，升席，南向坐。將餕，舅命易醬，內贊者易之。婦及餕姑饌，婦祭，內贊者助之。既祭，乃食，三飯，卒食。內贊者洗爵酌酒酳婦，降席，西面再拜，受爵，升席坐，祭酒，飲，執爵興，降席東，南面立。內贊者受爵，奠於坫。婦進，西面再拜，受爵，升席坐，祭酒，飲訖，執爵興，降席東，南面立。內贊者受奠於篚，婦進，西面再拜。舅、姑先降自西階，婦降自阼階。凡庶子婦，舅不降，而婦降自西階以出。

《新唐書》卷四四《選舉志上》 凡《禮記》、《春秋左氏傳》爲大經，《詩》、《周禮》、《儀禮》爲中經，《易》、《尚書》、《春秋公羊傳》、《穀梁傳》爲小經。通二經者，大經、小經各一，若中經二。通三經者，大經、中經、小經各一。通五經者，大經皆通，餘經各一，《孝經》、《論語》皆兼通之。凡治《孝經》、《論語》共限一歲，《尚書》、《公羊傳》、《穀梁傳》各一歲半，《易》、《詩》、《周禮》、《儀禮》各二歲，《禮記》、《左氏傳》各三歲。學書，日紙一幅，間習時務策，讀《國語》、《説文》、《字林》、《三蒼》、《爾雅》。凡書學，石經三體限三歲，《説文》二歲，《字林》一歲。凡算學，《孫子》、《五曹》共限一歲，《九章》、《海島》共三歲，《張丘建》、《夏侯陽》各一歲，《周髀》、《五經算》共一歲，《綴術》四歲，《緝古》三歲，《記遺》、《三等數》皆兼習之。

旬給假一日。前假，博士考試，讀者千言試一帖，帖三言，講者二千言問大義一條，總三條通二爲第，不及者有罰。歲終，通一年之業，口問大義十條，通八爲上，六爲中，五爲下。并三下與在學九歲、律生六歲不堪貢者罷歸。諸學生通二經、俊士通三經已及第而願留者，四門學生補太學，太學生補國子學。每歲五月有田假，九月有授衣假，二百里外給程。其不帥教及歲中違程滿三十日，事故百日，緣親病二百日，皆罷歸。既罷，條其狀下之屬所，五品以上子孫送兵部，準蔭配色。

每歲仲冬，州、縣、館、監舉其成者送之尚書省；而舉選不繇館、學者，謂之鄉貢，皆懷牒自列于州、縣。試已，長吏以鄉飲酒禮，會屬僚，設賓主，陳俎豆，備管絃，牲用少牢，歌《鹿鳴》之詩，因與耆艾敘長少焉。既至省，皆疏名列到，結款通保及所居，始由户部集閱，而關于考功員外郎試之。【略】

《新唐書》卷一七〇《高崇文附子高承簡傳》 子承簡，少事忠武軍，後更隸神策。以崇文平蜀功，除嘉王傅。

裴度征蔡，奏署牙將。蔡平，詔析上蔡、郾城、遂平、西平四縣爲溵州，拜承簡刺史，治郾城。始開屯田，列防庸，瀕溵綿地二百里無復水敗，皆爲腴田。先是，賊築武宫以夸戰勞，承簡夷其丘，庀家財以葬。葺儒宫，備俎豆，歲時行禮。野有莜實，民得以食。將吏立石頌功。遷邢州刺史，觀察府責賦尤急，承簡代下户數百輪租。

司馬光《資治通鑑》卷二一《漢紀一三・武帝元封三年》 左將軍已并兩軍，即急擊朝鮮。朝鮮相路人、相韓陰、《考異》曰：《漢書》「陰」作「陶」，今從《史記》。尼谿相參、將軍王唊應劭曰：凡五人；戎狄不知官紀，故皆稱相。師古曰：相路人，一也。相韓陶，二也，尼谿相參，三也，將軍王唊，四也，應氏乃云五人，失之矣，不當尋下文乎！余據「韓陶」今作「韓陰」，蓋從《史記》。相，息亮翻。唊，音頰。相與謀曰：「始欲降樓船，樓船今執，獨左將軍并將，將，即亮翻。戰益急，恐不能與戰；王又不肯降。」陰、唊、路人皆亡降漢，路人道死。夏，尼谿參使人殺朝鮮王右渠來降。王險城未下，故右渠之大臣成已又反，復攻吏。復，扶又翻。左將軍使右渠子長、降相路人之子最師古曰：右渠之子名長。路人先已降漢而死於道，故謂之降相，最者其子名。告諭其民，誅成已。以故遂定朝鮮，爲樂浪、臨屯、玄菟、真番四郡。樂浪郡治朝鮮縣，蓋以右渠所都爲治所也。臣瓚曰：《茂陵書》：臨屯郡治東暆縣，去長安六千一百三十八里，領十五縣。玄菟郡，本高句驪也，既平朝鮮，併開爲郡，治沃沮城，後爲夷貊所侵，徙郡句驪西北。真番郡治雪縣，去長安七千六百四十里，領十五縣。余據後廢臨屯、真番二郡。班《志》，東暆縣屬樂浪。雪縣無所考。樂，音洛。浪，音狼。封參爲澅清侯，《功臣表》：澅清侯食邑於齊。澅，音獲，又户卦翻。陰爲萩苴侯，班《書功臣表》作「荻苴侯」，食邑於勃海。此從《史記》作「萩」，音秋。苴，子餘翻。唊爲平州侯，《功臣表》：平州侯食邑於泰山梁父縣。長爲幾侯，《功臣表》作「幾侯張洛」，食邑於河東。最以父死頗有功，爲涅陽侯。涅陽縣屬南陽郡。涅，乃結翻。

左將軍徵至，坐争功相嫉乖計，棄市。樓船將軍亦坐兵至列口，班《志》，列口縣屬樂浪郡。郭璞曰：《山海經》，列水在遼東。余謂其地當列水入海之口。當待左將軍，擅先縱，失亡多，當誅，贖爲庶人。

班固曰：玄菟、樂浪，本箕子所封。武王封箕子於朝鮮。昔箕子居朝鮮，教其民以禮義，田蠶織作，爲民設禁八條，爲，于僞翻。相殺，以當時償殺；相傷，以穀償；相盜者，男没入爲其家奴，女爲婢；欲自贖者人五十萬，雖免爲民，俗猶羞之，嫁娶無所售。是以其民終不相盜，無門户之閉，婦人貞信不淫辟。辟，讀曰僻。其田野飲食以籩豆，都邑頗放效吏，往往以杯器食。放，甫往翻。郡初取吏於遼東，吏見民無閉臧，臧，讀曰藏。及賈人往者，賈，音古。夜則爲盜，俗稍益薄，今於犯禁寖多，至六十餘條。可貴哉，仁賢之化也！然東夷天性柔順，異於三方之外。故孔子悼道不行，設浮桴於海，欲居九夷，並見《論語》。桴，編竹木爲之，大者曰筏，小者曰桴。桴，芳無翻。有以也夫！

鄭樵《通志》卷四五《禮志四》 筲八盛容三升，黍一、稷一、麥一、粱一、稻一、麻一、菽一、小豆一，甕三容三升，醯一、醢一、屑一。屑薑桂之屑。黍飴載以木桁，桁所以度卮筲甕甒也。覆以疏布。甒二容三升，醴一、酒一，載以木桁，覆以功布，瓦鐙一、彤矢四、彤弓八、卮八、牟八、豆八、籩八、形方酒壺八、盤匜一具。鄭注：既夕曰槃匜盥器也。杖几各一、蓋一、鐘十六、無虡鎛四、無虡磬十六、無虡壎一、簫四、笙一、篪一、柷一、敔一、瑟六、琴一、竽一、筑一、坎侯一、干戈各一、笮

一、甲一、胄一、輓車九、乘芻靈三十六匹。鄭注：《禮祀》曰：芻靈束茆爲人鳥，謂之芻靈神之類。瓦竈二、瓦釜二、瓦甑一、瓦鼎十二，容五升，匏勺一，容一升。瓦案九、瓦大杯十六，容三升，瓦小杯二十，容二升。瓦飯槃十、瓦酒罇二，容五升，匏勺二，容一升。

《宋史》卷九八《禮志一》　元豐六年，詳定禮文所言：「本朝昊天上帝、皇地祇、太祖位各設三牲，非尚質貴誠之義。請親祠圜丘、方澤正配位皆用犢，不設羊豕俎及鼎七，有司攝事亦如之。又簠、簋、尊、豆皆非陶器，及用龍杓。請改用陶，以樿爲杓。又請南北郊先行升煙瘞血之禮，至薦奠畢，即如舊儀，於壇次燔瘞牲幣。又北郊皇地祇及神州地祇，當爲坎瘞，今乃建壇燔燎，非是。請今祭地祝版、牲幣並瘞於坎。又《祀儀》：惟昊天上帝、皇地祇、高禖燔瘞犢首，自感生帝、神州地祇而下皆不燔瘞牲體，殊不應典禮。請自今昊天上帝、感生帝皆燔牲首以報陽；皇地祇、神州、太社、太稷，凡地之祭，皆瘞牲之左髀以報陰。薦享太廟亦皆升首於室。」

《宋史》卷九九《禮志二》　儀注。乾德元年八月，禮儀使陶穀言：「饗廟、郊天，兩日行禮，從祀官前七日皆合於尚書省受誓戒，自來一日之内受兩處誓戒，有虧虔潔。今擬十一月十六日行郊禮，望依禮文於八日先受從享太廟誓戒，九日別受郊天誓戒，其日請放朝參。」從之。自後百官受誓戒於朝堂，宗室受於太廟。

祭之日均用丑時，秋夏以一刻，春冬以七刻，前二日遣官奏告。配帝之室，儀鸞司設大次、小次及文武侍臣、蕃客之次，太常設樂位、神位、版位等事。前一日司尊彝帥其屬以法陳祭器于堂東，僕射、禮部尚書視滌濯告潔，禮部尚書、侍郎省牲，光禄卿奉牲，告充、告備，禮部尚書視鼎鑊，禮部侍郎視腥熟之節。祭之旦，光禄卿率其屬取籩、豆、簠、簋實之。及薦腥，禮部尚書帥其屬薦籩、豆、簠簋，户部、兵部、工部尚書薦三牲之腥熟俎。禮畢，各徹，而有司受之以出。晡後，郊社令帥其屬掃除，御史按視之。奏中嚴外辦以禮部侍郎，請解嚴以禮部郎中。贊者設亞、終獻位於小次之南，宗室位於其後；設公卿位於亞、終獻之南，分獻官位於公卿之後，執事者又在其後，俱重行，西南北上。其致福也，太牢以牛左肩、臂、臑折九箇，少牢以羊左肩七箇，犆豕以左肩五箇。有司攝事、進胙皆如禮。太尉展視以授使者，再拜稽首。既享，大宴，號曰飲福，自宰臣而下至應執事及樂工、馭車馬人等，並均給有差，以爲定式。是歲十一月日至，皇帝服衮冕，執圭，合祭天地于圜丘，還御明德門樓，肆赦。

《宋史》卷一〇一《禮志四》　令輔臣、禮官視設神位。昊天上帝，堂下山罍各四。皇地祇，太尊、著尊、犧尊、山罍各二，在堂上室外神坐左；象尊二，壺尊二，山罍四，在堂下中陛東。三配帝、五方帝，山罍各二，於室外神坐左。神州，太尊、著尊、山罍各二，在堂上神坐左。牲各用一犢，毛不能如其方，以純色代。籩豆，數用大祠。日、月、天皇大帝、北極，太尊各二，在殿上神坐左。籩豆，數用中祠。五官，數用小祠。内官，象尊各二，每方岳、鎮、海、瀆，山尊各二，在堂左右。中官，壺尊各二，在丹墀、龍墀上。外官，每方丘、陵、墳、衍、原、隰，概尊各二，衆星，散尊各二，在東西廂神坐左右。配帝席蒲越，五人帝莞，北極以上稾秸加褥，五官、五星以下莞不加褥，餘如南郊。景靈宫升降，置黄道褥位。致齋日，陳法駕鹵簿儀仗，壝門大次之後設小次。知廟卿酌奠七祠，文臣分享奉慈、后廟，近侍宿朝堂。行事及從升堂，百官分宿昇龍門外，内庭省司宿本所，諸方客宿公館。設宿爟火於望燎位東南。牲增四犢，羊豕依郊各十六，以薦從祀。帝謂前代禮有祭玉、燔玉，今獨有燔玉，命擇良玉爲琮、璧。皇地祇黄琮、黄幣，神州兩圭有邸、黑幣，日月圭、璧，皆置神坐前，燔玉加幣上。五人帝、五官白幣，日月、内官以下，幣從方色。

《宋史》卷一〇二《禮志五》　社稷，自京師至州縣，皆有其祀。歲以春秋二仲月及臘日祭太社、太稷。州縣則春秋二祭，刺史、縣令初獻，上佐、縣丞亞獻，州博士、縣簿尉終獻。如有故，以次官攝，若長吏職官或少，即許通攝，或別差官代之。牲用少牢，禮行三獻，致齋三日。其禮器數：正配坐尊各二，籩、豆各八，簠、簋各二，俎三。從祀籩、豆各二，簠、簋、俎各一。太社壇廣五丈，高五尺，五色土爲之。稷壇在西，如其制。社以石爲主，形如鐘，長五尺，方二尺，剡其上，培其半。四面宫垣飾以方色，面各一屋，三門，每門二十四戟，四隅連飾罘罳，如廟之制，中植以槐。其壇三分宫之一，在南，無屋。慶曆用羊、豕各二，正配位籩、豆十二，山罍、簠、簋、俎二，祈報象尊一。

《宋史》卷一〇三《禮志六》　朝日、夕月。慶曆，用羊豕各二，籩豆十二，簠簋俎一。天禧初，太常禮院以監察御史王博文言，詳定：「準禮，春分朝日於東郊，秋分夕月於西郊。《國語》：『太采朝日，少采夕月。』又曰：『春朝朝日，秋夕夕月。』唐柳宗元論云：『夕之名者，朝拜之偶也。古者旦見曰朝，暮見曰夕。』按禮，秋分夕月。蓋其時晝夜平分，太陽當午而陰魄已生，遂行夕拜之祭以祀月。

未前十刻，太官令率宰人割牲，未後三刻行禮。蓋是古禮以夕行朝祭之儀。又按禮云：從子至巳爲陽，從午至亥爲陰。參詳典禮，合於未後三刻行禮。」皇祐五年，定朝日壇，舊高七尺，東西六步一尺五寸；增爲八尺，廣四丈，如唐《郊祀録》。夕月壇與隋、唐制度不合，從舊則壇小，如唐則坎深，今定坎深三尺，廣四丈，壇高一尺，廣二丈，四方爲陛，降入坎深，然後升壇。壇皆兩壝，壝皆二十五步。增大明、夜明壇山罍二，籩豆十二。禮生引司天監官分獻，上香，奠幣、爵，再拜。嘉祐加羊豕各五。《五禮新儀》定二壇高廣、坎深如皇祐，無所改。中興同。【略】

〔諸星祠〕慶曆以立秋後辰日祀靈星，其壇東西丈三尺，南北丈二尺，壽星壇方丈八尺。皇祐定如唐制，二壇皆周八步四尺。其享禮，籩八，豆八，在神位前左右，重三行。俎二，在籩、豆外。簠、簋一，在二俎間。象尊二，在壇上東南隅，北向西上。七宿位，各設籩一，豆一，在神位前左右。俎一，在籩、豆外，中設簠一，簋一，在俎左右。爵一，在神位正前。壺尊二，在神位右。光禄實以法酒。

《宋史》卷一〇五《禮志八・文宣王廟》 真宗大中祥符元年，封泰山，詔以十一月一日幸曲阜，備禮謁文宣王廟。内外設黄麾仗，孔氏宗屬並陪位，帝服鞾袍，行酌獻禮。又幸叔梁紇堂，命官分奠七十二弟子、先儒洎叔梁紇、顔氏。初有司定儀肅揖，帝特展拜，以表嚴師崇儒之意，親製贊，刻石廟中。復幸孔林，以樹擁道，降輿乘馬，至文宣王墓設奠再拜。詔追謚曰玄聖文宣王，祝文進署，祭以太牢，脩飾祠宇，給便近十户奉塋廟。仍追封叔梁紇爲齊國公，顔氏魯國太夫人，伯魚母开官氏鄆國夫人。

二年五月乙卯，詔追封十哲爲公，七十二弟子爲侯，先儒爲伯或贈官。親製《玄聖文宣王贊》，命宰相等撰顔子以下贊，留親奠祭器於廟中，從官立石刻名。既以國諱，改謚至聖文宣王。賜孔氏錢帛，録親屬五人並賜出身，又賜太宗御製、御書一百五十卷，銀器八百兩。詔太常禮院定州縣釋奠器數：先聖、先師每坐酒尊二、籩豆八、簋二、簠二、俎三、罍一、洗一、篚一，尊皆加勺、冪，各置於坫，巾共二，燭二，爵共四，坫。有從祀之處，諸坐各籩二、豆二、簋一、簠一、俎一、燭一、爵一。仁宗再幸國子監，謁文宣王廟，皆再拜焉。

《宋史》卷一〇七《禮志一〇》 詔：「四后袷享依舊，須大禮畢，別加討論。」仍詔：「袷享前一日，皇帝詣景靈宫，如南郊禮，衛士毋得迎駕呼萬歲。」有司言：「諸司奉禮，攝廩犧令省牲，依《通禮》改正祀儀。散齋四日於別殿，致齋二日於大慶殿，一日於太廟。尚舍直殿下，設小次，御坐不設黄道褥位。七室各用一太牢，每坐簠簋二，㽅鉶三，籩豆爲後，無黼扆、席几。出三閣瑞石、篆書玉璽印、青玉環、金山陳于庭。別廟四后合食，牲樂奠拜無異儀。故事，七祀、功臣無牲，止於廟牲肉分割，知廟卿行事。請依《續曲臺禮》，共料一羊，而獻官三員，功臣單席，如大中祥符加褥。」

十月二日，命樞密副使張昪望告昊天上帝、皇地祇。帝齋大慶殿。十一日，服通天冠、絳紗袍，執圭，乘輿，至大慶殿門外降輿，乘大輦，至天興殿，薦享畢，齋於太廟。明日，帝常服至大次，改衮冕，行禮畢，質明乘大輦還宫，更服鞾袍，御紫宸殿，宰臣百官賀，升宣德門肆赦。二十一日，詣諸觀寺行恭謝禮。二十六日，御集英殿爲飲福宴。

《宋史》卷一一九《禮志二二》 政和元年，詔高麗在西北二國之間，自今可依熙寧十年指揮隸樞密院。明年入貢，詔復用熙寧例，以文臣充接伴使副，仍往還許上殿。七年，賜以籩豆各十二，簠簋各四，登一，鉶二，鼎二，罍洗一，尊二。銘曰：「惟爾令德孝恭，世稱東蕃，有來顯相，予一人嘉之。用錫爾寶尊，以寧爾祖考。子子孫孫，其永保之！」紹興二年，高麗遣使副來貢，並賜酒食于同文館。

《宋史》卷一二一《禮志二四》 政和上《合朔伐鼓儀》：有司陳設太社玉幣籩豆如儀。社之四門，及壇下近北，各置鼓一，並植麾旍，各依其方色。壇下立黄麾，麾杠十尺，旍八尺。祭告日，於時前，太官令帥其屬實饌具畢，光禄卿點視；次引監察御史、奉禮郎、太祝、太官令先入就位，次引告官就位，皆再拜；次引御史、奉禮郎、太祝升，就位。太官令就酌尊所，告官盥洗，詣太社三上香，奠幣玉，再拜復位。少頃，引告官再盥洗，執爵三祭酒，奠爵，俛伏興，少立，引太祝詣神位前跪讀祝文。告官再拜退，伐鼓。其日時前，太史官一員立壇下視日。鼓吹令率工十人，如色服分立鼓左右以俟。太史稱日有變，工齊伐鼓。明復，太史稱止，乃罷鼓。其日，廢務而百司各守其職如舊儀。

《宋史》卷一二三《禮志二六》 〔紹興〕十三年五月，知大宗正事、權主奉濮安懿王祠堂士㒟言：「濮安懿王神貌、神主權於紹興府光孝寺，仲享薦祭，其獻官、牲牢、禮料並多簡略。乞令有司討論舊制。」行下禮部、太常寺令參酌，欲令士㒟攝初獻，仍差士㒟子或從子二人攝亞、終獻。其合用牲牢，羊、豕各一；籩、豆各十，設禮料。初獻合服八旒冕，亞獻、終獻合服四旒冕，奉禮郎、太祝、太官令服無旒冕，並以舊制從事。從之。二十六年二月，嗣濮王士㑺言：「濮安懿王祠堂，外無門廡，内闕龕帳，别無供具，望下紹興府置造修奉。」淳熙五年四月詔：「濮安懿王祠堂園廟，自今實及三年，令本堂牒紹興府檢計修葺。」從嗣濮王士輵請也。

《宋史》卷一二六《樂志一》　王者致治，有四達之道，其二曰樂，所以和民心而化天下也。歷代相因，咸有制作。唐定樂令，惟著器服之名。後唐莊宗起於朔野，所好不過北鄙鄭、衛而已，先王雅樂，殆將掃地。晉天福中，始詔定朝會樂章，二舞，鼓吹十二案。周世宗嘗觀樂縣，問工人，不能答。由是患雅樂凌替，思得審音之士以考正之，乃詔翰林學士竇儼兼判太常寺，與樞密使王朴同詳定，朴作律準，編古今樂事爲《正樂》。

宋初，命儼仍兼太常。建隆元年二月，儼上言曰：「三、五之興，禮樂不相沿襲。洪惟聖宋，肇建皇極，一代之樂，宜乎立名。樂章固當易以新詞，式遵舊典。」從之，因詔儼專其事。儼乃改周樂文舞《崇德之舞》爲《文德之舞》，武舞《象成之舞》爲《武功之舞》，改樂章十二「順」爲十二「安」，蓋取「治世之音安以樂」之義。祭天爲《高安》，祭地爲《静安》，宗廟爲《理安》，天地、宗廟登歌爲《嘉安》，皇帝臨軒爲《隆安》，王公出入爲《正安》，皇帝食飲爲《和安》，皇帝受朝、皇后入宫爲《順安》，皇太子軒縣出入爲《良安》，正冬朝會爲《永安》，郊廟俎豆入爲《豐安》，祭享、酌獻、飲福、受胙爲《禧安》，祭文宣王、武成王同用《永安》，籍田、先農用《静安》。

《宋史》卷一四二《樂志一七》　世號太常爲雅樂，而未嘗施於宴享，豈以正聲爲不美聽哉！夫樂者，樂也，其道雖微妙難知，至於奏之而使人悦豫和平，則不待知音而後能也。今太常樂縣鍾、磬、塤、篪、搏拊之器，與夫舞綴羽、籥、干、戚之制，類皆倣古，逮振作之，則聽者不知爲樂而觀者厭焉，古樂豈真若此哉！孔子曰「惡鄭聲」，恐其亂雅。亂之云者，似是而非也。孟子亦曰「今樂猶古樂」，而太常乃與教坊殊絶，何哉？昔李照、胡瑗、阮逸改鑄鍾磬，處士徐復笑之曰：「聖人寓器以聲，不先求其聲而更其器，其可用乎！」照、瑗、逸制作久之，卒無所成。蜀人房庶亦深訂其非是，因著書論古樂與今樂本末不遠，其大略以謂：「上古世質，器與聲朴，後世稍變焉。金石，鍾磬也，後世易之爲方響；絲竹，琴簫也，後世變之爲箏笛。匏，笙也，攢之以斗；塤，土也，變而爲甌；革，麻料也，擊而爲鼓；木，柷敔也，貫之爲板。此八音者，於世甚便，而不達者指廟樂鎛鍾、鎛磬、宫軒爲正聲，而概謂夷部、鹵部爲淫聲。殊不知大輅起於椎輪，龍艘生於落葉，其變則然也。古者食以俎豆，後世易以杯盂；簟席以爲安，後世更以榻桉。使聖人復生，不能舍杯盂、榻桉，而復俎豆、簟席之質也。八音之器，豈異此哉！孔子曰『鄭聲淫』者，豈以其器不若古哉！亦疾其聲之變爾。試使知樂者，由今之器，寄古之聲，去惉懘靡曼而歸之中和雅正，則感人心、導和氣，不曰治世之音乎！然則世所謂雅樂者，未必如古，而教坊所奏，豈盡爲淫聲哉！」當數子紛紛鋭意改制之後，庶之論指意獨如此，故存其語，以俟知者。

《宋史》卷一六三《職官志三·禮部尚書》　掌禮樂、祭祀、朝會、宴享、學校、貢舉之政令，侍郎爲之貳，郎中、員外郎參領之。凡講議制度，損益儀物，則審覆有司所定之式，以次諮決，而質於尚書省。大祭祀則省牲，鼎鑊視滌濯，薦腥則奉籩豆、簠簋，及飲福徹之，祼則奉瓚臨鬯。凡天地、宗廟、陵園之祀，后妃、親王、將相封册之命，皇子加封，公主降嫁，稽其彝章以詔上下而舉行之。朝廷慶會宴樂，宗室冠、婚、喪、祭，蕃使去來宴賜，與夫經筵、史館、賜書、修書之禮，例皆同奉常講求參酌，而定其儀節。三歲貢舉，學校試補諸生，皆總其政。旌節章服之頒，祥瑞表奏之進，凡關於禮樂者，皆掌之。建炎三年，詔鴻臚、光禄寺併歸于禮部，太常、國子監亦隸焉。分案五：曰禮樂，曰貢舉，曰宗正奉使帳，曰封册表奏，曰檢法。各隨其名而治其事。裁減吏額，四十五人。續又減四人。

《宋史》卷一六四《職官志四》　光禄寺　卿　少卿　丞　主簿各一人。

卿掌祭祀、朝會、宴饗酒醴膳羞之事，修其儲備而謹其出納之政，少卿爲之貳，丞參領之。凡祭祀，共五齊、三酒、牲牢、鬱鬯及尊彝、籩豆、簠簋、鼎俎、鉶登之實，前期飭有司辦具牲鑊，視滌濯，奉牲則告充告備，共其明水火焉。禮畢，進胙于天子而頒于百執事之人。分案五，置吏十。元祐三年，詔長貳互置。政和六年二月，監察御史王桓奏：「祭祀牢醴之具掌於光禄，而寺官未嘗臨視，請大祠以長貳，朔祭及中祠以丞簿監視宰割，禮畢頒胙，有故及小祠，聽以其屬攝。」從之。舊置判寺事一人，以朝官以上充。光禄卿、少，皆爲寄禄。元豐制行，始歸本寺。中興後，廢併入禮部。

太官令　掌膳羞割烹之事。凡供進膳羞，則辨其名物，而視食之宜，謹其水火之齊。祭祀共明水、明火，割牲取毛血牲體，以爲鼎俎之實。朝會宴享，則供其酒膳。凡給賜，視其品秩而爲之等。元祐初，罷太官令。二年復置。崇寧三年，置尚食局，太官令惟掌祠事。

法酒庫　内酒坊　掌以式法授酒材，視其厚薄之齊，而謹其出納之政。

若造酒以待供進及祭祀、給賜，則法酒庫掌之；凡祭祀，供五齊三酒，以實尊罍。内酒坊惟造酒，以待餘用。

《宋史》卷二五八《曹彬傳》 曹彬字國華，真定靈壽人。父芸，成德軍節度都知兵馬使。彬始生周歲，父母以百玩之具羅於席，觀其所取。彬左手持干戈，右手取俎豆，斯須取一印，他無所視，人皆異之。及長，氣質淳厚。漢乾祐中，爲成德軍牙將。節帥武行德見其端慤，指謂左右曰：「此遠大器，非常流也。」周太祖貴妃張氏，彬從母也。周祖受禪，召彬歸京師。隸世宗帳下，從鎮澶淵，補供奉官，擢河中都監。蒲帥王仁鎬以彬帝戚，尤加禮遇。彬執禮益恭，公府讌集，端簡終日，未嘗旁視。仁鎬謂從事曰：「老夫自謂夙夜匪懈，及見監軍矜嚴，始覺己之散率也。」

顯德三年，改潼關監軍，遷西上閤門使。五年，使吴越，致命訖即還。私覿之禮，一無所受。吴越人以輕舟追遺之，至於數四，彬猶不受。既而曰：「吾終拒之，是近名也。」遂受而籍之以歸，悉上送官。世宗强還之，彬始拜賜，悉以分遺親舊而不留一錢。出爲晉州兵馬都監。一日，與主帥暨賓從環坐於野，會鄰道守將走价馳書來詣，使者素不識彬，潛問人曰：「孰爲曹監軍？」有指彬以示之，使人以爲紿己，笑曰：「豈有國戚近臣，而衣弋綈袍、坐素胡床者乎？」審視之方信。遷引進使。

《宋史》卷三四三《陸佃傳》 陸佃字農師，越州山陰人。居貧苦學，夜無燈，映月光讀書。躡屩從師，不遠千里。過金陵，受經於王安石。熙寧三年，應舉入京。適安石當國，首問新政，佃曰：「法非不善，但推行不能如初意，還爲擾民，如青苗是也。」安石驚曰：「何爲乃爾？吾與吕惠卿議之，又訪外議。」佃曰：「公樂聞善，古所未有，然外間頗以爲拒諫。」安石笑曰：「吾豈拒諫者？但邪説營營，顧無足聽。」佃曰：「是乃所以致人言也。」明日，安石召謂之曰：「惠卿云：『私家取債，亦須一雞半豚。』已遣李承之使淮南質究矣。」既而承之還，詭言於民無不便，佃説不行。

同王子韶修定《説文》。入見，神宗問大裘襲衮，佃考禮以對。神宗悦，用爲詳定郊廟禮文官。時同列皆侍從，佃獨以光禄丞居其間。每有所議，神宗輒曰：「自王、鄭以來，言禮未有如佃者。」加集賢校理、崇政殿説書，進講《周官》，神宗稱善，始命先一夕進稿。同修起居注。元豐定官制，擢中書舍人、給事中。哲宗立，太常請復太廟牙盤食。博士吕希純、少卿趙令鑠皆以爲當復。佃言：「太廟，用先王之禮，於用俎豆爲稱；景靈宮、原廟，用時王之禮，於用牙盤爲稱，不可易也。」卒從佃議。

《宋史》卷三五六《劉昺傳》 昺與弟焕皆侍從，而親喪不葬，坐奪職罷郡，復以事免官。京再輔政，召爲户部尚書。昺嘗爲京畫策，排鄭居中，故京力援昺，由廢黜中還故班。御史中丞俞㮚發其姦利事，京徙㮚他官。

徽宗所儲三代彝器，詔昺討定，凡尊爵、俎豆、盤匜之屬，悉改以從古，而載所制器於祀儀，令太學諸生習肄雅樂。閲試日，昺與大司成劉嗣明奏，有鶴翔宫架之上。再爲翰林學士，東宫建，爲太子賓客，又還户部。

《宋史》卷四二一《李庭芝傳》 庭芝初至揚時，揚新遭火，廬舍盡燬。州賴鹽爲利，而亭户多亡去，公私蕭然。庭芝悉貸民負逋，假錢使爲屋，屋成又免其假錢，凡一歲，官民居皆具。鑿河四十里入金沙餘慶場，以省車運。兼浚他運河，放亭户負鹽二百餘萬。亭民無車運之勞，又得免所負，逃者皆來歸，鹽利大興。始，平山堂瞰揚城，大元兵至，則構望樓其上，張車弩以射城中。庭芝乃築大城包之，城中募汴南流民二萬人以實之，有詔命爲武鋭軍。又大修學，爲詩書、俎豆，與士行習射禮。郡中有水旱，即命發廩，不足則以私財振之。揚民德之如父母。劉槩自淮南入朝，帝問淮事，槩對曰：「李庭芝老成謹重，軍民安之。今邊塵不驚，百度具舉，皆陛下委任得人之效也。」

《宋史》卷四三一《儒林傳一·聶崇義》 〔奏稱〕臣等竊以劉向之論《洪範》，王通之作《元經》，非必挻聖人之姿，而居上公之位，有益於教，不爲斐然。臣等以靈恩所撰之書，聿稽古訓，祭玉以十二爲數者，蓋天有十二次，地有十二辰，日有十二時，封山之玉牒十二寸，圜丘之籩豆十二列，天子以鎮圭外守，宗后以大琮内守，皆長尺有二寸。又裸圭尺二寸，王者以祀宗廟。若人君親行之郊祭，登壇酌獻，服大裘，搢大圭，行稽奠，而手秉尺二之圭，神獻九寸之璧，不及禮宗廟裸圭之數，父天母地，情亦奚安？則靈恩議論，理未爲失，所以自《義宗》之出，歷梁、陳、隋、唐垂四百年，言禮者引爲師法，今《五禮精義》、《開元禮》、《郊祀録》皆引《義宗》爲標準。近代晉、漢兩朝，仍依舊制。周顯德中田敏等妄作穿鑿，輒有更改。自唐貞觀之後凡三次大修五禮，並因隋朝典故，或節奏繁簡之間稍有釐革，亦無改祭玉之説。伏望依《白虎通》、《義宗》、唐禮之制，以爲定式。

又尹拙依舊圖畫釜，聶崇義去釜畫鑊。臣等參詳舊圖，皆有釜無鑊。按《易·説卦》云「坤爲釜」，《詩》云「惟錡及釜」，又云「溉之釜鬵」，《春秋傳》云「錡釜之器」，《禮記》云「燔黍捭豚」，解云「古未有甑釜，所以燔捭而祭」。即釜之爲用，其來尚矣，故入於《禮圖》。今崇義以《周官》祭祀有省鼎鑊，供鼎鑊，又以《儀禮》有羊鑊、豕鑊之文，乃云畫釜不如畫鑊。今諸經皆載釜之用，誠不可去，又《周》、《儀禮》皆有鑊之文，請兩圖之。又若觀諸家祭祀之畫，今代見行之禮，於大祀前一日，光祿卿省視鼎鑊。伏請圖鑊於鼎下。

《金史》卷二八《禮志一》 進熟：奠玉幣訖，降還小次。有司先陳牛鼎三、羊鼎三、豕鼎三、魚鼎三，各在鑊右。太官令丞帥進饌者詣厨，以匕升牛羊豕魚，自鑊各實於鼎。牛羊豕皆肩、臂、臑、肫、胳、正脊各一，長脅二，短脅二，代脅二，凡十一體。牛豕皆三十斤，羊十五斤，魚十五頭一十五斤，實訖，冪之。祝史二人以扃對舉一鼎，牛鼎在前，羊豕次之，魚又次之，有司執匕以從，各陳於每位饌幔位。從祀壇上第一等五方帝、大明、夜明、天皇大帝、神州地祇、北極，皆羊豕之體並同。光祿卿帥祝史、齋郎、太官令丞各以匕升牛羊豕魚於俎，肩臂臑在上端，肫胳在下端，脊脅在中，魚即横置，頭在尊位，設去鼎冪。光祿卿丞同太官令丞實籩豆簠簋，籩實以粉餈，豆實以糝食，簠實稻，簋實粱。

俟皇帝還小次，樂止。禮直官引司徒出詣饌幔所，與薦籩豆簠簋俎齋郎，各奉天、地、配位之饌。司徒帥太官令以序入内壝正門，樂作，至壇下，俟。祝史進徹毛血豆，降自卯陛，以次出，訖，司徒與薦籩豆簠簋俎齋郎，奉昊天上帝、皇地祇之饌，升自午陛。太官令丞與薦籩豆簠簋俎齋郎，奉配位及第一等神位之饌，升自卯陛。各位太祝迎於壇陛之道間。於昊天上帝位，司徒搢笏北向跪奉，粉餈籩在糗餌之前，糝食豆在醓醢之前，簠左簋右，皆在登前，牛俎在豆前，羊豕魚俎次之，以右爲上。司徒俛伏，興，奉饌者奉訖，皆出笏就位，一拜。司徒次詣皇地祇奉奠，並如上儀。配位亦同。司徒及奉天、地、配位饌者以次降。太官令帥奉第一等神位之饌，各於其位，並如前儀。俱畢，樂止。司徒、太官令以下皆就位，訖，侍中升自卯陛，立於昊天上帝酌尊所，以俟。

《金史》卷二九《禮志二》 〔陳設〕司尊及奉禮郎帥其屬，設玉幣篚於酌尊所，次及籩豆之位。正、配位各左有十二籩，右有十二豆，俱爲三行。登三，在籩豆間。鉶三，在登前。簠一、簋一，各在鉶前。又設尊罍之位，皇地祇太尊二、著尊二、犧尊二、山罍二，在壇上東南隅。配位著尊二、犧尊二、象尊二、山罍二，在正位酒尊之東，俱北向西上，皆有坫，加勺、冪，爲酌尊所。又設皇地祇位象尊二、壺尊二、山罍四，在壇下午陛之西，北向西上。配位犧尊二、壺尊二、山罍四，在西陛之北，東向北上，皆有坫，加冪，設而不酌。神州地祇位左八籩，右八豆，登一在籩豆間，簠一、簋一在登前，爵坫一，在神座前。

又設第二等諸神位每位籩二、豆二、簠一、簋一、俎一、爵坫一。内壝之内外諸神每位籩一、豆一、簠一、簋一、俎一、爵坫一。陳列皆與上同。又設神州地祇太尊二、著尊二，皆有坫。第二等諸神每方山尊二，内壝内每方蜃尊二，内壝外每方概尊二，皆加勺、冪。又設正、配位籩一、豆一、簠一、簋一、俎三，及毛血豆一，并神州地祇位俎一，各於饌幕内。

又設三洗於壇下卯陛之東，北向，盥洗在東，爵洗在西，並有罍加勺。篚在洗西，南肆，實以巾。爵洗之篚實以匏爵，加坫。又設第一等分獻官盥洗爵洗位，第二等以下分獻官盥洗位，各於其方道之左，罍在洗左，篚在洗右，俱内向。執罍篚者各於其後。【略】

光祿卿帥其屬，入實正、配位籩豆。籩三行以右爲上，豆三行以左爲上，其實並如郊祀。登實以大羹，鉶實以和羹。又設從祭第一等神州地祇之饌。籩三行以右爲上，豆三行以左爲上，其實並如郊祀。登實以大羹，簠實以稷，簋實以黍。第二等每位，左二籩，栗在前，鹿脯次之。右二豆，菁菹在前，鹿臡次之。簠實以稷，簋實以黍。俎，一羊，一豕。内壝内外每位，左籩一，鹿脯。右豆一，鹿臡。簠稷，簋黍，俎以羊。

《金史》卷三五《禮志八》 宣聖廟。皇統元年二月戊子，熙宗詣文宣王廟奠祭，北面再拜，顧儒臣曰：「爲善不可不勉。孔子雖無位，以其道可尊，使萬世高仰如此。」

大定十四年，國子監言：「歲春秋仲月上丁日，釋奠於文宣王，用本監官房錢六十貫，止造茶食等物，以大小楪排設，用留守司樂，以樂工爲禮生，率倉場等官陪位，於古禮未合也。伏覩國家承平日久，典章文物粲然備具，以光萬世。況京師為首善之地，四方之所觀仰，擬釋奠器物、行禮次序，合行下詳定。兼兖國公親承聖教者也，鄒國公力扶聖教者也，當於宣聖像左右列之。今孟子以燕服在後堂，宣聖像側還虛一位，禮宜遷孟子像於宣聖右，與顔子相對，改塑冠冕，粧飾法服，一遵舊制。」

禮官參酌唐《開元禮》，定擬釋奠儀數：文宣王、兖國公、鄒國公每位籩豆各十，犧尊一、象尊一、簠簋各二、俎二、祝板各一，皆設案。七十二賢、二十一先儒，每位各籩一、豆一、爵一，兩廡各設象尊二。總用籩、豆各一百二十三，簠簋各六，俎六，犧尊三，象尊七，爵九十四。其尊皆有坫。罍二，洗二，篚勺各二，冪六。正位并從祀藉尊、罍、俎、豆席，約用三十幅，尊席用葦，俎、豆席用莞。牲用羊、豕各三，酒二十瓶。

禮行三獻，以祭酒、司業、博士充。分奠官二，讀祝官二，太官令一，捧祝官二，罍洗官一，爵洗官一，巾篚官二，禮直官十一，學生以儒服陪位。

《元史》卷七二《祭祀志一・郊祀上》 〔大德九年〕七月九日，博士又言：「古者祀天，器用陶匏，席用藁秸。自漢甘泉雍畤之祀，以迄後漢、（晉魏）〔魏、晉〕、南北二朝、隋、唐，其壇壝玉帛禮器儀仗，日益繁縟，浸失古者尚質之意。宋、金多循唐制，其壇壝禮器，考之於經，固未能全合，其儀法具在。當時名儒輩出，亦未嘗不援經而定也，酌古今以行禮，亦宜焉。今檢討唐、宋、金親祀、攝行儀注，并雅樂節次，合從集議。」太常議曰：「郊祀之事，聖朝自平定金、宋以來，未暇舉行，今欲修嚴，不能一舉而大備。然始議之際，亦須酌古今之儀，垂則後來。請從中書會翰林、集賢、禮官及明禮之士，講明去取以聞。」中書集議曰：「合行禮儀，非草創所能備。唐、宋皆有攝行之禮，除從祀受胙外，一切儀注悉依唐制修之。」【略】

〔英宗至治二年議曰〕四曰告配。《禮器》曰：「魯人將有事於上帝，必先有事於頖宮。」註：「告后稷也，告之者，將以配天也。」告用牛一。《宋會要》於致齋二日，宿廟告配，凡遣官犧尊豆籩，行一獻禮。至大三年十一月二十一日，質明行事。初獻攝太尉同太常禮儀院官赴太廟奏告，圓議取旨。【略】

六曰匏爵。《郊特牲》曰：「郊之祭也，器用陶匏，以象天地之性也。」注謂：「陶瓦器，匏用酌獻酒。」《開元禮》、《開寶禮》，皆有匏爵。大德九年，正配位用匏爵有坫。圓議正位用匏，配位飲福用玉爵，取旨。

十一曰香鼎。大祭有三，始煙爲歆神，始宗廟則焫蕭祼鬯，所謂臭陽達於牆屋者也。後世焚香，蓋本乎此，而非《禮經》之正。至大三年，用陶瓦香鼎五十，神座香鼎、香盒案各一。圓議依舊儀。

十二曰割牲。《周禮》、《司士》「凡祭祀，帥其屬而割牲，羞俎豆」。又《諸子》，「大祭祀正六牲之體」。《禮運》云「腥其俎，熟其殽」，「體其犬豕牛羊」。注云：「腥其俎，謂豚解而腥之，爲七體也。熟其殽，謂體解而爓之，爲二十一體也。體其犬豕牛羊，謂分别骨肉之貴賤，以爲衆俎也。」七體，謂脊、兩肩、兩拍、兩髀。二十一體，謂肩、臂、臑、膊、骼、正脊、脡脊、横脊、正脅、短脅、代脅并腸三、胃三、拒肺一、祭肺三也。宋元豐三年，詳定禮文所言，古者祭祀用牲，有豚解，有體解。豚解則爲七，以薦腥；體解則爲二十一，以薦熟。蓋犬豕牛羊，分别骨肉貴賤，其解之爲體，則均也。皇朝馬牛羊豕鹿，並依至大三年割牲用國禮。圓議依舊儀。【略】

壇壝：地在麗正門外丙位，凡三百八畝有奇。壇三成，每成高八尺一寸，上成縱横五丈，中成十丈，下成十五丈。四陛午貫地子午卯酉四位陛十有二級。外設二壝。内壝去壇二十五步，外壝去内壝五十四步。壝各四門，外垣南櫺星門三，東西櫺星門各一。圜壇周圍上下俱護以甓，内外壝各高五尺，壝四面各有門三，俱塗以赤。至大三年冬至，以三成不足以容從祀版位，以青繩代一成。繩二百，各長二十五尺，以足四成之制。

燎壇在外壝内丙巳之位，高一丈二尺，四方各一丈，周圜亦護以甓，東西南三出陛，開上南出户，上方六尺，深可容柴。香殿三間，在外壝南門之外，少西，南向。饌幕殿五間，在外壝南門之外，少東，南向。省饌殿一間，在外壝東門之外，少北，南向。【略】

器物之等，其目有八：

一曰圭幣。昊天上帝蒼璧一，有繅藉，青幣一，燎玉一。皇地祇黄琮一，有繅藉，黄幣一。配帝青幣一，黄帝黄琮一，青帝青圭一，赤帝赤璋一，白帝白琥一，黑帝玄璜一，幣皆如其方色。大明青圭有邸，夜明白圭有邸，天皇大帝青圭有邸，北極玄圭有邸，幣皆如其玉色。内官以下皆青幣。

二曰尊罍。上帝太尊、著尊、犧尊、山罍各二，在壇上東南隅，皆北向，西上；設而不酌者，象尊、壺尊各二，山罍四，在壇下午陛之東，皆北向，西上。皇地祇亦如之，在上帝酒尊之東，皆北向，西上。配帝著尊、犧尊、象尊各二，在地祇酒尊之東，皆北向，西上。設而不酌者，犧尊、壺尊各二，山罍四，在壇下酉陛之北，東向，北上。五帝、日月、北極、天皇，皆太尊一，著尊二。内官十二次，各象尊二。中官十二次，各壺尊二。外官十二次，各概尊二。衆星十二次，各散尊二。凡尊各設於神座之左而右向，皆有坫，有勺，加冪，冪之繪以雲，惟設而不酌者無勺。

三曰籩豆登俎。昊天上帝、皇地祇及配帝，籩豆皆十二，登三，簠二，簋二，俎八，皆有匕筯，玉幣篚二，匏爵一，有坫，沙池一，青瓷牲盤一。從祀九位，籩豆皆八，簠一，簋一，登一，俎一，匏爵一，有坫，沙池一，玉幣篚一。内官位五十四，籩豆皆二，簋一，簠一，登一，俎一，匏爵有坫，沙池，幣篚，十二次各一。中官百五十八，皆籩一，豆一，簋一，簠一，俎一，匏爵有坫，沙池，幣篚，十二次各一。外官位一百六，皆籩一，豆一，簋一，簠一，俎一，匏爵，沙池，幣篚，十二次各一。衆星位三百六十，皆籩一，豆一，簋一，簠一，俎一，匏爵，沙池，幣篚，十二次各一。此籩、豆、簠、簋、登、爵、篚之數也。凡籩之設，居神位左，豆居右，登、簠、簋居中，俎居後，籩皆有巾，巾之繪以斧。【略】

五曰牲齊庶器。昊天上帝蒼犢，皇地祇黄犢，配位蒼犢，大明青犢，夜明白犢，天皇大帝蒼犢，北極玄犢皆一，馬純色一，鹿十有八，羊十有八，野豕十有八，兔十有二，蓋參以國禮。割牲爲七體：左肩臂臑兼代脅、長脅爲一體，右肩臂臑、代脅、長脅爲一體，〔左髀肫胳爲一體〕，右髀肫胳爲一體，脊連背膂短脅爲一體，膺骨臍腹爲一體，項脊爲一體，馬首報陽升烟則用之。毛血盛以豆，或青瓷盤，饌未入置俎上，饌入徹去之。籩之實，魚鱐、糗餌、粉餈、棗、乾薐、形鹽、鹿脯、榛、桃、菱、芡、栗。豆之實，芹菹、韭菹、菁菹、筍菹、脾析菹、酏食、魚醢、〔兔醢〕、豚拍、鹿臡、醓醢、糝食。凡籩之用八者，無糗餌、粉餈、菱、栗。豆之用八者，無脾析菹、酏食、兔醢、糝食。用皆二者，籩以鹿脯、乾棗，豆以鹿臡、菁菹。用皆一者，籩以鹿脯，豆以鹿臡。凡簠、簋用皆二者，簋以黍、稷，簠以稻、粱；用皆一者，簋以稷，簠以黍。實登以大羹。

六曰香祝。洗位正位香鼎一，香合一，食案一，祝案一，皆有衣，拜褥一，盥爵洗位一，罍一，洗一，白羅巾一，親祀匜二，盤二。地祇配位咸如之。香用龍腦沉香。祝版長各二尺四寸，闊一尺二寸，厚三分，木用楸柏。從祀九位，香鼎、香合、香案、綾拜褥皆九，褥各隨其方之色，盥爵洗位二，罍二，洗二，巾二。第二等，盥爵洗位二，罍二，洗二，巾二。第三等亦如之。內壝內，盥爵洗位一，罍一，洗一，巾一。內壝外亦如之。凡巾，皆有篚。從祀而下，香用沈檀降真，鼎用陶瓦。第二等十二次而下，皆紫綾拜褥十有二。親祀御版位一，飲福位及大小次盥洗爵洗版位各二，皆青質金書。亞獻、終獻飲福版位一，黑質黄書。御拜褥八，亞終獻飲福位拜褥一，黄道裀褥寶案二，黄羅銷金案衣，水火鑑。

《元史》卷七三《祭祀志二·攝祀之儀》〔四曰陳設：…〕祠祭局設正配三位，各左十有二籩，右十有二豆，俱爲四行。登三，鉶三，簠、簋各二，在籩豆間。登居神前，鉶又居前，簠左、簋右，居鉶前，皆藉以席。設牲首俎一，居中；牛羊豕俎七，次之。香案一，沙池、爵坫各一，居俎前。祝案一，設於神座之右。又設天地二位各太尊二、著尊二、犧尊二、山罍二於壇上東南，俱北向，西上。又設配位著尊一、犧尊二、象尊二、山罍二，在二尊所之東，皆有坫，加勺冪，惟玄酒有冪無勺，以北爲上。馬湩三器，各設於尊所之首，加冪勺。又設玉幣篚二於尊所西，以北爲上。又設正位象尊二、壺尊二、山罍四于壇下午陛之西。又設地祇尊罍，與正位同，於午陛之東，皆北向，西上。又設配位犧尊二、壺尊二、山罍四在酉陛之北，東向，北上，皆有坫、冪，不加勺，設而不酌。又設第一等九位各左八籩，右八豆，登一，在籩豆間，簠、簋各一，在登前，俎一，爵、坫，各一，在簠、簋前。每位太尊二、著尊二，於神之左，皆有坫，加勺、冪，沙池、玉幣篚各一。又設第二等諸神每位籩二，豆二，簠、簋各一，登一，俎一，於神座前。每陛間象尊二，爵、坫、沙池、幣篚各一，於神中央之座首。又設第三等諸神，每位籩、豆、簠、簋各一，俎一，於神座前。每陛間設壺尊二，爵尊二，爵、坫、沙池、幣篚各一，於神中央之座首。又設內壝內諸神，每位籩、豆各一，簠、簋各一，於神座前。每道間概尊二，爵、坫、沙池、幣篚各一，於神中央之座首。又設內壝外衆星三百六十位，每位籩、豆、簠、簋、俎各一，於神座前。每道間散尊二，爵、坫、沙池、幣篚各一，於神中央之座前。自第一等以下，皆用匏爵先滌訖，置於坫上。又設正配位各籩一，豆一，簠一，簋一，俎四，及毛血豆各一，牲首盤一。并第一等神位，每位俎二，於饌殿內。又設盥洗、爵洗於壇下，卯階之東，北向，罍在洗東加勺，篚在洗西南肆，實以巾，爵洗之篚實以匏，爵加坫。又設第一等分獻官盥洗、爵洗位，第二等以下分獻官盥洗位，各於陛道之左，罍在洗左，篚在洗右，俱內向。凡司尊罍篚位，各于其後。

《元史》卷七六《祭祀志五·太社太稷》　至元七年十二月，有詔歲祀太社太稷。三十年正月，始用御史中丞崔彧言，於和義門內少南，得地四十畝，爲壝垣，近南爲二壇，壇高五丈，方廣如之。社東稷西，相去約五丈。社壇土用青赤白黑四色，依方位築之，中間實以常土，上以黄土覆之。築必堅實，依方面以五色泥飾之。四面當中，各設一陛道。其廣一丈，亦各依方色。稷壇一如社壇之制，惟土不用五色，其上四周純用一色黄土。壇皆北向，立北墉於社壇之北，以磚爲之，飾以黄泥；瘞坎二於稷壇之北，少西，深足容物。

二壇周圍壝垣，以磚爲之，高五丈，廣三十丈，四隅連飾。內壝垣欞星門四所，外垣欞星門二所，每所門三，列戟二十有四。外壝內北垣下屋七間，南望二壇，以備風雨，曰望祀堂。堂東屋五間，連厦三間，曰齊班廳。廳之南，西向屋八間，曰獻官幕。又南，西向屋三間，曰院官齋所。又其南，屋十間，自北而南，曰祠祭局，曰儀鸞庫，曰法物庫，曰都監庫，曰雅樂庫。又其南，北向屋三間，曰百官廚。外垣南門西壝垣西南，北向屋三間，曰太樂署。其西，東向屋三間，曰樂工房。又其北，北向屋一間，曰饌幕殿。又北，南向屋三間，曰饌幕。又北稍東，南向門一間。院内南，南向屋三間，曰神廚。東向屋三間，曰酒庫。近北少却，東向屋三間，曰犧牲房。井有亭。望祀堂後自西而東，南向屋九間，曰執事齋郎房。自北折而南，西向屋九間，曰監祭執事房。此壇壝次舍之所也。【略】

牛一，其色黝，其角握，有副。羊四，野豕四。籩之實皆十，無糗餌、粉餈。豆之實亦十，無飽食、糝食。簠簋之實皆四，鉶之實和羹五，齊皆以尚醞代之。香用沉龍涎。神席一，緣以黑綾，黑綾褥方七尺四寸。太尊、著尊、犧尊、山罍各二，有坫，加勺冪。象尊、壺尊、山罍各二，有坫冪，設而不酌。籩豆各十有一，其一設於饌幕。鉶三，簠三，簋三，其一設於饌幕。俎八，其三設於饌幕。盤一，毛血豆一，爵一，有坫。沙池一，玉幣篚一，木柶一，勺一，香鼎一，香盒一，香案一，祝案一，皆有衣。紅髹器一，以盛馬湩。盥洗位二，罍二，洗二。白羅巾四，實以篚。朱漆盤五。已上，社稷皆同。配位有象尊，無太尊。設而不酌者，無象尊，餘皆與正位同。此牲齊祭器之等也。【略】

禮部設版案各於神位之側，司尊彝、奉禮郎帥執事者設玉幣篚於酌尊所。又各設籩一、豆一、簠一、簋一、俎三於饌幕内。毛血別置一豆。設尊罍之位，社稷正位各太尊二、著尊二、犧尊二、山罍二，于壇上西陛之西北隅，南向，東上。設配位各著尊二、犧尊二、象尊二、山罍二，在正位酒尊之西，俱南向，東上。又設正位各象尊二、壺尊二、山罍二，于壇下子陛之東，南向，東上。配位各壺尊二、山罍二，在卯陛之南，西向，南上。又設洗位二，于各壇子陛之西北，南向。篚在洗東北肆，執罍篚者各位於其後。

祭日丑前五刻，司天監、太社令各服其服，帥其屬升，設正配位神位版於壇上。又陳玉幣，正位禮神之玉一，兩圭有邸，置於匣。正配位幣皆以玄，各長一丈八尺，陳於篚。太祝取瘞玉加於幣，實於篚，瘞玉以玉石爲之，及禮神之玉各置於神座前。光禄卿帥其屬，入實籩豆簠簋。每位籩三行，以右爲上。第一行，乾䕩在前，乾棗、形鹽、魚鱐次之。第二行，鹿脯在前，榛實、乾桃次之。第三行，菱在前，芡、栗次之。豆三行，以左爲上。第一行，芹菹在前，筍菹、葵菹、菁菹次之。第二行，韭菹在前，魚醢、兔醢次之。第三行，豚拍在前，鹿臡、醓醢次之。簠實以稻粱，簋實以黍稷，鉶實以羹。良醖令帥其屬，入實尊罍。正位太尊爲上，實以泛齊，著尊實以醴齊，犧尊實以盎齊，象尊實以醍齊，壺尊實以沈齊，山罍實以三酒。

《元史》卷七六《祭祀志五・宣聖》 宣聖廟，太祖始置于燕京。至元十年三月，中書省命春秋釋奠，執事官各公服如其品，陪位諸儒襴帶唐巾行禮。成宗始命建宣聖廟于京師。大德十年秋，廟成。至大元年秋七月，詔加號先聖曰大成至聖文宣王。延祐三年秋七月，詔春秋釋奠于先聖，以顔子、曾子、子思、孟子配享。封孟子父爲邾國公，母爲邾國宣獻夫人。皇慶二年六月，以許衡從祀，又以先儒周惇頤、程顥、程頤、張載、邵雍、司馬光、朱熹、張栻、吕祖謙從祀。至順元年，以漢儒董仲舒從祀。齊國公叔梁紇加封啓聖王，魯國太夫人顔氏啓聖王夫人；顔子，兖國復聖公；曾子，郕國宗聖公；子思，沂國述聖公；孟子，鄒國亞聖公；河南伯程顥，豫國公；伊（楊）〔陽〕伯程頤，洛國公。

其祝幣之式，祝版三，各一尺二寸，廣八寸，木用楸梓柏，文曰：「維年月日，皇帝敬遣某官等，致祭于大成至聖文宣王。」於先師曰：「維年月日，某官等致祭于某國公。」幣三，用絹，各長一丈八尺。

其牲齊器皿之數，牲用牛一、羊五、豕五。以犧尊實泛齊，象尊實醴齊，皆三，有上尊，加冪有勺，設堂上。太尊實泛齊，山罍實醴齊，有上尊。著尊實盎齊，犧尊實醴齊，象尊實沈齊，壺尊實三酒，皆有上尊，設堂下。盥洗位，在阼階之東。以象尊實醴齊，有上尊，加冪有勺，設於兩廡近北。盥洗位，在階下近南。籩十，豆十，簠二，簋二，登三，鉶三，俎三，有毛血豆，正配位同。籩豆皆二，簠一，簋一，俎一，從祀皆同。凡銅之器六百八十有一，宣和爵坫一，豆二百四十有八，簠簋各一百一十有五，登六，犧尊、象尊各六，山尊二，壺尊六，著尊、太尊各二，罍二，洗二，龍杓二十有七，坫二十有八，爵一百一十有八。竹木之器三百八十有四，籩二百四十有八，篚三，俎百三十有三。陶器三，瓶二，香爐一。籩巾二百四十有〔八〕，簠簋巾二百四十有八，俎巾百三十有三，黄巾蒙單十。

《元史》卷一五八《姚樞傳》 憲宗即位，詔凡軍民在赤老温山南者，聽世祖總之。世祖既奉詔，宴羣下，罷酒將出，遣人止樞，問曰：「頃者諸臣皆賀，汝獨默然，何耶？」對曰：「今天下土地之廣，人民之殷，財賦之阜，有加漢地者乎？軍民吾盡有之，天子何爲？異時廷臣間之，必悔而見奪，不若惟持兵權，供億之需取之有司，則勢順理安。」世祖曰：「慮所不及者。」乃以聞，憲宗從之。樞又請置屯田經略司於汴以圖宋；置都運司于衛，轉粟于河。憲宗大封同姓，敕世祖於南京、關中自擇其一。樞曰：「南京河徙無常，土薄水淺，舄鹵生之，不若關中厥田上上，古名天府陸海。」於是世祖願有關中。【略】

世祖即位，立十道宣撫使，以樞使東平。既至郡，置勸農、檢察二人以監之，推物力以均賦役，罷鐵官。二年，拜太子太師。樞曰：「皇太子未立，安可先有太師？」以所受制還中書，事見《許衡傳》。改大司農。樞奏曰：「在太宗世，詔孔子五十一代孫元措仍襲封衍聖公，卒，其子與族人爭求襲爵，訟之潛藩，帝時曰：『第往力學，俟有成德達才，我則官之。』又曲阜有太常雅樂，憲宗命東平守臣輦其歌工舞郎與樂色俎豆至日月山，帝親臨觀，飭東平守臣，員闕充補，無輟肄習。且陛下閔聖賢之後《詩》、《書》不通，與凡庶等，既命洛士楊庸選孔、顏、孟三族諸孫俊秀者教之，乞真授庸教官，以成國家育材待聘風動四方之美。王鏞鍊習故實，宜令提舉禮樂，使不致崩壞。」皆從之。詔赴中書議事，及講定條格，且勉諭曰：「姚樞辭避台司，朕甚嘉焉。省中庶務，須賴一二老成同心圖贊，其與尚書劉肅往盡乃心，其尚無隱。」及修條格成，與丞相史天澤奏之，帝深嘉納。

《元史》卷一八一《虞集傳》　左丞董士選自江西除南行臺中丞，延集家塾。大德初，始至京師。以大臣薦，授大都路儒學教授，雖以訓迪爲職，而益自充廣，不少暇佚。除國子助教，即以師道自任，諸生時其退，每挾策趨門下卒業，他館生多相率詣集請益。丁内艱，服除，再爲助教，除博士。監祭殿上，有劉生者，被酒失禮俎豆間，集言諸監，請削其籍。大臣有爲劉生謝者，集持不可，曰：「國學，禮義之所出也，此而不治，何以爲教！」仁宗在東宮，傳旨諭集，勿竟其事，集以劉生失禮狀上之，移詹事院，竟黜劉生，仁宗更以集爲賢。

大成殿新賜登歌樂，其師世居江南，樂生皆河北田里之人，情性不相能，集親教之，然後成曲。復請設司樂一人掌之，以俟考正。仁宗即位，責成監學，拜臺臣爲祭酒，除吳澄司業，皆欲有所更張，以副帝意，集力贊其説。有爲異論以沮之者，澄投檄去，集亦以病免。未幾，除太常博士，丞相拜住方爲其院使，間從集問禮器祭義甚悉，集爲言先王制作，以及古今因革治亂之由，拜住歎息，益信儒者有用。

《元史》卷一八四《王都中傳》　秩滿，除浙東道宣慰副使。金華有毆殺人者，吏受賕，以爲病死。都中摘屬吏覆按，得其情。獄具，縣長吏而下，皆以贓敗。餘姚有豪民張甲，居海濱，爲不法，擅制一方，吏無敢涉其境。都中捕繫之，痛繩以法。遷荆湖北道宣慰副使，適歲侵，都中躬履山谷，以拯其饑，民賴以全活者數十萬。武宗詔更鈔法，行銅錢，以都中爲通才，除江淮泉貨監。凡天下爲監者六，惟江淮所鑄錢號最精。

改郴州路總管，郴居楚上流，谿洞傜獠往來民間，憚其强猾，莫敢與相貿易，都中煦之以恩，懾之以威，乃皆悦服。郴民染於蠻俗，喜鬬爭，都中乃大治學舍，作籩豆簠簋、笙磬琴瑟之屬，使其民識先王禮樂之器，延宿儒教學其中，以義理開曉之，俗爲之變。鄰州茶陵富民覃乙死，無子，惟一小妻，及其贅壻，妻誣其壻拜屍成婚，藏隱玉杯夜明珠，株連八百餘人，奉使宣撫移其獄，諉之都中窮治，悉得其情，而正其罪。州長吏而下，計其贓至十一萬五千餘緡，人以爲神明。

《元史》卷一九五《忠義傳三・劉耕孫》　劉耕孫字存吾，茶陵州人。至順元年進士，授承事郎、桂陽路臨武縣尹。臨武近蠻獠，耕孫至，召父老告之曰：「吾儒士也，今爲汝邑尹，爾父老當體吾教，訓其子弟，孝弟力田，暇則事《詩》、《書》，毋自棄以干吾政。」乃爲建學校，求民間俊秀教之，設俎豆習禮讓，三年文化大興。邑有茶課，歲不過五錠，後增至五十錠，耕孫言于朝，除其額。歷建德、徽州、瑞州三路推官，所至詳讞疑獄，其政績卓然者甚衆。

王夫之《讀通鑑論》卷三《武帝》　言有迹近而實異者，不可不察。申公曰：「爲治不在多言，顧力行何如耳。」汲黯曰：「陛下内多欲而外施仁義，柰何欲效唐、虞之治乎！」於以責武帝之崇儒以虚名而亡實，相似也。然而異焉者，申公之言，儒者立誠之辭也；汲黯之言，異端賊道之説也。

黯之自爲治也，一以黄、老爲師，託病卧閨閤而任丞史，曹參之餘智耳，而抑佐以傲忽之氣。其曰「柰何欲效唐、虞」，則是直以唐、虞爲不必效，而廢禮樂文章，苟且與民相安而已。内多欲，則仁義不能行，固也。乃匹夫欲窒其欲，而無仁義以爲之主，則愈窒而發愈驟；況萬乘之主，導其欲者之無方乎。故患仁義之不行，而無禮以養躬，無樂以養心耳。如其日漸月摩，涵濡于仁義之腴，以莊敬束其筋骸，益以强固；以忻豫滌其志氣，益以清和。則其于欲也，如月受日光，明日生而不見魄之闇也，何憂乎欲之敗度而不可制與！故救多欲之失者，唯仁義之行。而黄、老之道，以滅裂仁義，秕糠堯、舜，偷休息於守雌之不擾，是欲救火者不以水，而豫撤其屋，宿曠野以自詫無災也。黯挾其左道，非侮堯、舜，脅其君以從己，而毀先王僅存之懿典，曰：「仁義者，乃唐、虞、三代已衰之德。」孟子曰：「言則非先王之道。」又曰：「吾君不能謂之賊。」黯之謂與！武帝之不終於崇儒以敷治，而終惑于方士以求僊，黯实有以啓之也。

嚴助稱「黯輔少主，賁、育不能奪」，恃其氣而已。劉安憚黯而輕公孫弘，安固黃、老之徒，畏其所崇尚而輕儒耳，非果有以信黯之大節而察弘之陋也。主少國疑，唯行仁義者可以已亂。周公幾幾於有踐之籩豆，冲人安焉。充黃、老之操，「汎兮其可左右」，亦何所不至哉！黯其何堪此任也！

王夫之《讀通鑑論》卷七《章帝》 論守令之賢，曰清、慎、勤，三者修，而守令之道盡矣乎？夫三者，報政以優，令名以立，求守令之賢，未有能置焉者也。雖然，持之以爲標准，而矜之以爲風裁，則民之傷者多而俗以詭，國亦以不康。矜其清，則待物也必刻；矜其慎，則察物也必細；矜其勤，則求物也必煩。夫君子之清，清以和，君子之慎，慎以簡，君子之勤，勤以敬其事，而無位外之圖。於己不浼，非盡天下而使嚴於簞豆也；於令不妄，非拘文法而求盡於一切也；於心不逸，非顛倒鷄鳴之衣裳，以使人從我而不息也。君子修此三者，以宜民而善俗，用宰天下可矣。然而課政或有所不逮，而譽望減焉。名實之相詭久矣。第五倫言「陳留令劉豫、冠軍令駟協務爲嚴苦，吏民愁怨，議者反以爲能」，謂此也。使豫與協不衒其曲廉小謹勤勞之跡，豈有予之以能名者？欲矯行以立官坊而不學，則三者之蔽，民愁而俗詭。故曰：「君子學道則愛人。」弦歌興而允爲民父母，豈仅恃三者哉！

王夫之《讀通鑑論》卷八《桓帝》 桓帝之誅梁冀也，一具瑗制之，而如擒鼠於甕。冀，亡賴子耳，誅之也其易如此；然而舉國無人，帝不得已，就唐衡而問中人。李固、杜喬死，君孤立於上，以聽狂童之驕横。若胡廣之儔，固不足道，乃舉國而無深識定力之士，亦至此哉！

嗚呼！劉瑾之誅也，非張永不能；魏忠賢之誅也，發其惡者一國子生而已。豈盡其威劫之乎？懸利以熏士大夫之心，而如霜原之艸，藉藉佗佗而無生氣，國不亡也何恃哉！《易》曰：「藏器於身，待時而動。」故乘高墉以射隼，而無不獲。誠篤其忠貞乎，奚待單超等之鋤冀，而後揚王庭以呼號也！能勿媿焉否也？

王夫之《讀通鑑論》卷一〇《三國》 武侯之言曰：「淡泊可以明志。」誠淡泊矣，可以質鬼神，可以信君父，可以對僚友，可以示百姓，無待建鼓以亟鳴矣。且夫持大權，建大功，爲物望所歸，而懷不軌之志者，未有不封殖以厚儲于家者也。以示豆區之恩，以收百金之士，以餌腹心之蠹，以結藩鎮之歡，胥于財而取給。季氏富於周公，而魯昭莫能制焉，曹、馬、劉、蕭，皆祖此術也。誠淡泊矣，競利名者之所不趋，而子孫亦习於儒素，不問其威望之重輕，而固知其白水盟心、衡門歸老之夙圖矣。

乃武侯且表於後主曰：「成都有桑八百株，薄田十五頃，死之日，不使內有餘帛，外有贏粟，以負陛下。」一若志晦不章、憂讒畏譏之疏遠小臣，屑屑而自明者。嗚呼！於是而知公之志苦而事難矣。後主者，未有知者也，所猶能持守以信公者，先主之遺命而已。先主曰：「子不可輔，君自取之。」斯言而入愚昧之心，公非剖心出血以示之，豈能無疑哉？身在漢，兄弟分在魏、吴，三國之重望，集於一門，關、張不審，挾故舊以妬其登庸，先主之疑，蓋終身而不釋。施及嗣子之童昏，內而百揆，外而六軍，不避嫌疑而持之固，含情不吐，誰与諒其志者？然則後主之決於任公，屈於勢而不能相信以道，明矣。公乃諄諄然取桑田粟帛、竭底蘊以告，無求於當世，其孤幽之忠貞，危疑若此，而欲北定中原，復已亡之社稷也，不亦難乎？

於是而知先主之知人而能任，不及仲謀遠矣。仲謀之於子瑜也、陸遜也、顧雍也、張昭也，委任之不如先主之於公，而信之也篤，豈不賢哉？先主習於申、韓而以教子，其操術也，与曹操同，其宅心也，亦彷彿焉。自非司馬懿之深姦，則必被掣曳而不能尽展其志略。故曰：公志苦而事難也。不然，公志自明，而奚假以言明邪？

《明史》卷四七《禮志一・祭器》 南郊。洪武元年定，正位，登一，籩豆各十二，簠簋各二，爵三；壇上，太尊二，著尊、犧尊、山罍各一；壇下，太尊一，山罍二。從祀位，登一，籩豆各十，簠簋各二，東西各設著尊二，犧尊二。北郊同。七年增圜丘從祀，共設酒尊六於壇西，大明、夜明位各三。天下神祇，鉶三，籩豆各八，簠簋各二，壝內外東西各設酒尊三，每位爵三。方丘、嶽鎮，各設酒尊三，壝內東西各設酒尊三，壝外東西各設酒尊三，每位爵三。神祇與圜丘同。八年，圜丘從祀，更設登一、鉶二。每位增酒斝，星辰、天下神祇各三十，太歲、風雲雷雨、嶽鎮、海瀆各十五。方丘，從祀同。十年定合祀之典，各壇陳設如舊，惟太歲、風雲雷雨酒盞各十，東西廡俱共設酒尊三、爵十八於壇南。

二十一年更定，正殿上三壇，每壇，登一，籩豆各十二，簠簋各二，共設酒尊六、爵九於殿東南，西向。丹墀內四壇，大明、夜明各登一，籩豆十，簠簋二，酒尊三，爵三。星辰二壇，各登一，鉶二，酒盞三十，餘與大明同。壝外二十壇，各登一，鉶二，籩豆各十，簠簋各二，酒盞十，酒尊三，爵三。神祇壇，鉶三，籩豆各八。帝王、山川、四瀆、中嶽、風雲雷雨神祇壇，酒盞各三十，餘並同嶽鎮。

太廟時享。洪武元年定，每廟登一，鉶三，籩豆各十二，簠簋各二，共酒尊三、金爵八、瓷爵十六於殿東西向。二十一年更定，每廟登二，鉶二。弘治時，九廟通設酒尊九，祫祭加一，金爵十七，祫祭加二，瓷爵三十四，祫祭加四。親王配享，洪武三年定，登鉶各三，籩豆各十二，簠簋各二，酒尊三，酒注二。二十一年更定，登鉶各一，爵各三，籩豆各十，簠簋各二，共用酒尊三於殿東。功臣配享，洪武二年定，每位籩豆各二，簠簋各二。三年增定，共用酒尊二，酒注二。二十一年更定，十壇，每壇鉶一，籩豆各二，簠簋各一，爵三，共用酒尊三於殿西。

太社稷。洪武元年定，鉶三，籩豆各十，簠簋各二，配位同。正配位皆設酒尊三於壇東。十一年更定，每位登一，鉶二，籩豆十二，正配位共設酒尊三，爵九。後太祖、成祖並配時，增酒尊一，爵三。府、州、縣社稷，鉶一，籩豆四，簠簋二。

朝日、夕月。洪武三年定，太尊、著尊、山罍各二，在壇上東南隅，北面。象尊、壺尊、山罍各二，在壇下。籩豆各十，簠簋各二，登鉶各三。先農，與社稷同，加登一，籩豆減二。

神祇。洪武二年定，每壇籩豆各四，簠簋登爵各一。九年更定，正殿共設酒尊三，爵七，兩廡各設酒尊三，爵三，餘如舊。二十一年更定，每壇登一，鉶二，籩豆各十，簠簋各二，酒盞三十。星辰，正殿中登一，鉶二。餘九壇，鉶二。每壇籩豆十，簠簋各一，酒盞三十，爵一，共設酒尊三。太歲諸神，籩豆各八，簠簋各二，酒尊三。嶽瀆山川同。

歷代帝王。洪武四年定，登一，鉶二，籩豆各八，簠簋各一，俎一，爵三，尊三。七年更定，登、鉶、簠簋各一，籩豆各十，爵各三，共設酒尊五於殿西階，酒尊三於殿東階。二十一年增定，每位鉶二，簠簋各二，五室共設酒尊三，爵四十八。配位每壇籩豆各二，簠簋各一，饋盤一，每位鉶一，酒盞三。三皇，籩豆各八，簠簋各二，登、鉶各二，爵三，犧尊、象尊、山罍各一。配位，籩豆各四，簠簋各二，鉶一，爵三，犧尊、象尊各一。

至聖先師。洪武元年定，籩豆各六，簠簋各二，登一，鉶二，犧尊、象尊、山罍各一。四配位，籩豆各四，簠簋各一，登一。十哲，兩廡，籩豆二。四年更定，正位，籩豆各十，酒尊三，爵三，餘如舊。四配，每位酒尊一，餘同正位。十哲，東西各爵一，每位籩豆各四，簠簋各一，鉶一，酒盞一。兩廡，東西各十三壇，東西各爵一，每壇籩豆各四，簠簋各一，酒盞四。十五年更定，正位，酒尊一，爵三，登一，鉶二，籩豆各八，簠簋各二。四配位，共酒尊一，各爵三，登一，鉶二，籩豆各六，簠簋各一。十哲，共酒尊一，東西各爵五，鉶一，籩豆各四，簠簋各一。東西廡，每四位爵四，籩豆各二，簠簋各一。景泰六年增兩廡籩豆各二，簠簋各一。成化十二年，增正位籩豆爲十二。嘉靖九年仍減爲十。

旗纛，與先農同。馬神，籩豆各四，簠簋、登、象尊、壺尊各一。

《明史》卷四七《禮志一・籩豆之實》 凡籩豆之實，用十二者，籩實以形鹽、薧魚、棗、栗、榛、菱、芡、鹿脯、白餅、黑餅、糗餌、粉餈。豆實以韭菹、醓醢、菁菹、鹿醢、芹菹、兔醢、笋菹、魚醢、脾析、豚胉、飥食、糝食。用十者，籩則減糗餌、粉餈，豆則減飥食、糝食。用八者，籩又減白、黑餅，豆又減脾析、豚胉。用四者，籩則止實以形鹽、薧魚、棗、栗，豆則止實以芹菹、兔醢、菁菹、鹿醢。各二者，籩實栗、鹿脯，豆實菁菹、鹿醢。簠簋各二者，實以黍稷、稻粱。各一者，實以稷粱。登實以太羹，鉶實以和羹。

洪武三年，禮部言：「《禮記・郊特牲》曰，『郊之祭也』，『器用陶匏』，尚質也。《周禮・籩人》，『凡祭祀供簠簋之實』，《疏》曰，『外祀用瓦簋』。今祭祀用瓷，合古意。惟盤盂之屬，與古簠簋登鉶異制。今擬凡祭器皆用瓷，其式皆倣古簠簋登豆，惟籩以竹。」詔從之。

酒齊倣周制，用新舊醅，以備五齊三酒。其實於尊之名數，各不同。

《明史》卷五〇《禮志四・聖師》 漢晉及隋或稱先師，或稱先聖、宣尼、宣父。唐謚文宣王，宋加至聖號，元復加號大成。明太祖入江淮府，首謁孔子廟。洪武元年二月詔以太牢祀孔子於國學，仍遣使詣曲阜致祭。臨行諭曰：「仲尼之道，廣大悠久，與天地並。有天下者莫不虔修祀事。朕爲天下主，期大明教化，以行先聖之道。今既釋奠成均，仍遣爾修祀事於闕里，爾其敬之。」又定制，每歲仲春、秋上丁，皇帝降香，遣官祀於國學。以丞相初獻，翰林學士亞獻，國子祭酒終獻。先期，皇帝齋戒。獻官、陪祀、執事官皆散齋二日，致齋一日。前祀一日，皇帝服皮弁服，御奉天殿降香。至日，獻官行禮。三年詔革諸神封號，惟孔子封爵仍舊。且命曲阜廟庭，歲官給牲幣，俾衍聖公供祀事。四年，禮部奏定儀物。改初制籩豆之八爲十，籩用竹。其簠簋登鉶及豆初用木者，悉易以瓷。牲易以熟。樂生六十人，舞生四十八人，引舞二人，凡一百一十人。禮部請選京民之秀者充樂舞生。太祖曰：「樂舞乃學者事，況釋奠所以崇師。宜擇國子生及公卿子弟在學者，豫教疑之。」五年罷孟子配享。踰年，帝曰：「孟子辨異端，闢邪説，發明孔子之道，配享如故。」七年二月，上丁日食，改用仲丁。

十五年，新建太學成。廟在學東，中大成殿，左右兩廡，前大成門，門左右列戟二十四。門外東爲犧牲廚，西爲祭器庫，又前爲靈星門。自經始以來，駕數臨視。至是落成，遣官致祭。帝既親詣釋奠，又詔天下通祀孔子，并頒釋奠儀注。凡府州縣學，籩豆以八，器物牲牢，皆殺于國學。三獻禮同，十哲兩廡一獻。其祭，各以正官行之，有布政司則以布政司官，分獻則以本學儒職及老成儒士充之。每歲春、秋仲月上丁日行事。初，國學主祭遣祭酒，後遣翰林院官，然祭酒初到官，必遣一祭。十七年敕每月朔望，祭酒以下行釋菜禮，郡縣長以下詣學行香。二十六年頒大成樂於天下。二十八年以行人司副楊砥言，罷漢揚雄從祀，益以董仲舒。三十年以國學孔子廟隘，命工部改作，其制皆帝所規畫。大成殿門各六楹，靈星門三，東西廡七十六楹，神廚庫皆八楹，宰牲所六楹。永樂初，建廟於太學之東。【略】

嘉靖九年，大學士張璁言：「先師祀典，有當更正者。叔梁紇乃孔子之父，顔路、曾皙、孔鯉乃顔、曾、子思之父，三子配享廟庭，紇及諸父從祀兩廡，原聖賢之心豈安？請於大成殿後，別立室祀叔梁紇，而以顔路、曾皙、孔鯉配之。」帝以爲然。因言：「聖人尊天與尊親同。今籩豆十二，牲用犢，全用祀天儀，亦非正禮。其謚號、章服悉宜改正。」璁緣帝意，言：「孔子宜稱先聖先師，不稱王。祀宇宜稱廟，不稱殿。祀宜用木主，其塑像宜毁。籩豆用十，樂用六佾。配位公侯伯之號宜削，止稱先賢先儒。其從祀申黨、公伯寮、秦冉等十二人宜罷，林放、蘧瑗等六人宜各祀於其鄉，后蒼、王通、歐陽修、胡瑗、蔡元定宜從祀。」

《明史》卷五六《禮志一〇·鄉飲酒禮》　《記》曰：「鄉飲酒之禮廢，則争鬭之獄繁矣。」故《儀禮》所記，惟鄉飲之禮達於庶民。自周迄明，損益代殊，而其禮不廢。洪武五年詔禮部奏定鄉飲禮儀，命有司與學官率士大夫之老者，行於學校，民間里社亦行之。十六年詔班《鄉飲酒禮圖式》於天下，每歲正月十五日、十月初一日，於儒學行之。其儀，以府州縣長吏爲主，以鄉之致仕官有德行者一人爲賓，擇年高有德者爲僎賓，其次爲介，又其次爲三賓，又其次爲衆賓，教職爲司正。贊禮、贊引、讀律，皆使能者。

前期，設賓席於堂北兩楹之間，少西，南面；主席於阼階上，西面；介席於西階上，東面；僎席於賓東，南面；三賓席於賓西，南面。皆專席不屬。衆賓六十以上者，席於西序，東面北上。賓多則設席於西階，北面東上；僚佐席於東序，西面北上。設衆賓五十以下者，位於堂下西階之西，當序，東面北上。賓多則又設位於西階之南，北面東上。司正及讀律者，位於堂下阼階之南，北面西上。設主之贊者位於阼階之東，西面北上。設主及僚佐以下次於東廊，賓介及衆賓次於庠門之外，僎次亦在門外。設酒尊於堂上東南隅，加勺冪，用葛巾；爵洗於阼階下東南；篚一於洗西，實以爵觶；盥洗在爵洗東。設卓案於堂上下席位前，陳豆於其上。六十者三豆，七十者四豆，八十者五豆，九十者六豆，堂下者二豆。主人豆如賓之數，皆實以葅醢。

《明史》卷六九《選舉志一》　郡縣之學，與太學相維，創立自唐始。宋置諸路州學官，元頗因之，其法皆未具。迄明，天下府、州、縣、衛所，皆建儒學，教官四千二百餘員，弟子無算，教養之法備矣。

洪武二年，太祖初建國學，諭中書省臣曰：「學校之教，至元其弊極矣。上下之間，波頽風靡，學校雖設，名存實亡。兵變以來，人習戰争，惟知干戈，莫識俎豆。朕惟治國以教化爲先，教化以學校爲本。京師雖有太學，而天下學校未興。宜令郡縣皆立學校，延師儒，授生徒，講論聖道，使人日漸月化，以復先王之舊。」於是大建學校，府設教授，州設學正，縣設教諭，各一。俱設訓導，府四，州三，縣二。生員之數，府學四十人，州、縣以次減十。師生月廩食米，人六斗，有司給以魚肉。學官月俸有差。生員專治一經，以禮、樂、射、御、書、數設科分教。務求實才，頑不率者黜之。十五年頒學規於國子監，又頒禁例十二條於天下，鐫立臥碑，置明倫堂之左。其不遵者，以違制論。蓋無地而不設之學，無人而不納之教。庠聲序音，重規疊矩，無間於下邑荒徼，山陬海涯。此明代學校之盛，唐、宋以來所不及也。

《明史》卷一九二《臧應奎傳》　臧應奎，字賢徵，長興人。正德十二年進士。授南京車駕主事。進貢中官索舟踰額，力裁損之。中官遣卒譁於部，叱左右執之，遁去。父所生母卒，法不得承重，執私喪三年。入爲禮部主事，未幾杖死。

應奎受業湛若水之門，以聖賢自期。嘗過文廟，慨然謂其友曰「吾輩歿，亦當俎豆其間」，其立志如此。

《明史》卷二〇八《黎貫傳》 嘉靖二年，帝從玉田伯蔣輪請，於承天立興獻帝家廟，以輪子榮奉祀。貫言：「陛下信一諛臣之説，委祀事於外戚。神不歆非類，獻帝必將吐之。」不聽。尋疏言：「國初，夏秋二税，麥四百七十一萬，而今損九萬。米二千四百七十三萬，而今損二百五十萬。以歲入則日減，以歲出則日增。乞敕所司通稽祖宗以來賦額及今日經費之數，列籍上聞。知賦入有限，則費用不容不節。」帝嘉納焉。

出按江西，父喪歸。久之，起故官。會帝從張孚敬議，去孔子王號，改稱先師，並損籩豆佾舞之數。編修徐階以諫謫。御製《改正祀典説》，頒示廷臣，而孚敬復爲《祀典或問》以希合帝意。議已定，貫率同官合疏争之。帝震怒，曰：「貫等謂朕已尊皇考爲皇帝，孔子豈反不可稱王，奸逆甚矣。其悉下法司按治。」於是都御史汪鋐言：「比者言官論事，每挾衆以凌人曰『此天下公議也』，不知倡之者止一人。請究倡議之人，明正其罪。」帝然之。已而刑部尚書許讚等上其獄，當贖杖還職，帝特命褫貫爲民。

《明史》卷二一三《徐階傳》 徐階，字子升，松江華亭人。生甫周歲，墮眢井，出三日而蘇。五歲從父道括蒼，墮高嶺，衣掛於樹不死。人咸異之。嘉靖二年進士第三人。授翰林院編修，予歸娶。丁父憂，服除，補故官。階爲人短小白晳，善容止。性穎敏，有權略，而陰重不泄。讀書爲古文辭，從王守仁門人遊，有聲士大夫間。

帝用張孚敬議欲去孔子王號，易像爲木主，籩豆禮樂皆有所損抑。下儒臣議，階獨持不可。孚敬召階盛氣詰之，階抗辯不屈。孚敬怒曰：「若叛我。」階正色曰：「叛生於附。階未嘗附公，何得言叛？」長揖出。斥爲延平府推官。連攝郡事。出繫囚三百，毁淫祠，創鄉社學，捕劇盜百二十人。遷黄州府同知，擢浙江按察僉事，進江西按察副使，俱視學政。

著録

永瑢等《四庫全書總目》卷一一五 《宣德鼎彝譜》八卷。浙江鮑士恭家藏本。明宣德中禮部尚書吕震等奉敕編次。前有華蓋殿大學士楊榮序，亦題奉敕恭撰。後有嘉靖甲午文彭跋，稱出自于謙家。宣德中，有太監吴誠司鑄冶之事，與吕震等彙著圖譜，進呈尚方，世無傳本。謙於正統中爲禮部祠曹，從誠得其副本，彭復從謙諸孫假歸鈔之。蓋當時作此書，祇以進御，未嘗頒行，故至嘉靖中始流傳於世也。始宣宗以郊廟彝鼎不合古式，命工部尚書吴中採博《古圖録》諸書及内府所藏柴、汝、官、哥、均、定各窯之式更鑄。震等纂集前後本末，以成此書。一卷、二卷載所奉敕諭及禮部進圖式，工部議物料諸疏。三卷載工部請給物料疏及禮工二部議南北郊至武學武成殿鼎彝名目。四卷載太廟至内府宫殿鼎彝名目。五卷載敕賜兩京衙門至天下名山勝蹟鼎彝名目，工部鑄冶告成及補鑄二疏，竝褒獎敕一道。六、七、八卷通爲詳釋鼎彝名義，凡某所某器倣古某式，皆疏其事實尺寸制度，一一具載之。宣爐在明世已多僞製，此本辨析極精，可據以鑒别，頗足資博雅之助。末附項元汴宣爐博論數條，亦見考證。惟文彭原跋有命工繪圖，敷採裝潢之語，而此本無之，殆傳鈔者佚去歟。杭世駿《道古堂集》有書《宣德彝器譜》後一篇，曰此明宣德三年工部檔案也，遼陽年中丞希堯從部録出。以宣宗諭旨中有鑪鼎彝器字，遂摘用之。係年氏所定，非實事也。所言與此本迥異，蓋世駿所見乃不完殘帙，以鈔自年希堯家，故影附而爲此説，不足據也。

藝文

《文選》卷一班固《東都賦》 東都主人喟然而歎曰：痛乎風俗之移人也，子實秦人，矜夸館室，保界河山，信識昭襄而知始皇矣，烏睹大漢之云爲乎。夫大漢之開元也，奮布衣以登皇位，由數朞而創萬代，蓋六籍所不能談，前聖靡得言焉。當此之時，功有横而當天，討有逆而順民。故婁敬度勢而獻其説，蕭公權宜而拓其制，時豈泰而安之哉，計不得以已也。吾子曾不是睹，顧曜後嗣之末造，不亦暗乎。今將語子以建武之治，永平之事，監于太清，以變子之惑志。往者王莽作逆，漢祚中缺，天人致誅，六合相滅。于時之亂，生人幾亡，鬼神泯絶，壑無完柩，郛罔遺室，原野厭人之肉，川谷流人之血。秦項之災，猶不克半，書契以來，未之或紀。故下人號而上訴，上帝懷而降監，乃致命乎聖皇。於是聖皇乃握乾符，闡坤珍，披皇圖，稽帝文，赫然發憤，應若興雲，霆擊昆陽，憑怒雷震。遂超大河，跨北嶽立號高邑，建都河洛。紹百王之荒屯，因造化之盪滌。體元立制，繼天而作。系唐統，接漢緒，茂育羣生，恢復疆宇，勳兼乎在昔，事勤乎三五。豈特方軌並跡，紛綸后辟，治近古之所務，蹈一聖之險易云爾哉。且夫建武之元，天地革命，四海之內，更造夫婦，肇有父子，君臣初建，人倫寔始，斯乃伏犧氏之所以基皇德也。分州土，立市朝，作舟輿，造器械，斯乃軒轅氏之所以開帝功也。龔行天罰，應天順人，斯乃湯武之所以昭王業也。遷都改邑，有殷宗中興之則焉。即土之中，有周成隆平之制焉。不階尺土一人之柄，同符乎高祖。克己復禮，以奉終始，允恭乎孝文。憲章稽古，封岱勒成，儀炳乎世宗。案六經而校德，眇古昔而論功，仁聖之事既該，而帝王之道備矣。至乎永平之際，重熙而累洽，盛三雍之上儀，脩衮龍之法服。鋪鴻藻，信景鑠，揚世廟，正雅樂，人神之和允洽，羣臣之序既肅。乃動大輅，遵皇衢，省方巡狩，躬覽萬國之有無，考聲教之所被，散皇明以燭幽。然後增周舊，脩洛邑，扇巍巍，顯翼翼，光漢京于諸夏，總八方而爲之極。於是皇城之內，宮室光明，闕庭神麗，奢不可踰，儉不能侈。外則因原野以作苑，填流泉而爲沼，發蘋藻以潛魚，豐圃草以毓獸，制同乎梁鄒，誼合乎靈囿。若乃順時節而蒐狩，簡車徒以講武，則必臨之以王制，考之以風雅。歷《騶虞》，覽《駟鐵》，嘉《車攻》，采《吉日》，禮官整儀，乘輿乃出。於是發鯨魚，鏗華鐘。登玉輅，乘時龍，鳳蓋棽麗，龢鑾玲瓏，天官景從，寖威盛容。山靈護野，屬御方神，雨師汎灑，風伯清塵。千乘雷起，萬騎紛紜，元戎竟野，戈鋋彗雲，羽旄掃霓，旌旗拂天。焱焱炎炎，揚光飛文，吐爓生風，欲野歕山，日月爲之奪明，丘陵爲之搖震。遂集乎中囿，陳師按屯，駢部曲，列校隊，勒三軍，誓將帥。然後舉烽伐鼓，申令三驅，輶車霆激，驍騎電騖。由基發射，范氏施御，弦不睼禽，轡不詭遇，飛者未及翔，走者未及去。指顧倏忽，獲車已實，樂不極盤，殺不盡物。馬踠餘足，士怒示洡，先驅復路，屬車案節。於是薦三犧，效五牲，禮神祇，懷百靈。觀明堂，臨辟雍，揚緝熙，宣皇風，登靈臺，考休徵。俯仰乎乾坤，參象乎聖躬。目中夏而布德，瞰四裔而抗稜。西盪河源，東澹海漘，北動幽崖，南燿朱垠。殊方別區，界絕而不鄰，自孝武之所不征，孝宣之所未臣，莫不陸讋水慄，奔走而來賓。遂綏哀牢，開永昌。春王三朝，會同漢京。是日也，天子受四海之圖籍，膺萬國之貢珍，內撫諸夏，外綏百蠻。爾乃盛禮興樂，供帳置乎雲龍之庭，陳百寮而贊羣后，究皇儀而展帝容。於是庭實千品，旨酒萬鍾，列金罍，班玉觴，嘉珍御，太牢饗。爾乃食舉雍徹，太師奏樂，陳金石，布絲竹，鐘鼓鏗鍧，管絃燁煜。抗五聲，極六律，歌九功，舞八佾，韶武備，泰古畢。四夷閒奏，德廣所及，僸佅兜離，罔不具集。萬樂備，百禮暨，皇歡浹，群臣醉，降烟煴，調元氣。然後撞鐘告罷，百寮遂退。於是聖上覩萬方之歡娛，又沐浴於膏澤，懼其侈心之將萌，而怠於東作也。乃申舊章，下明詔，命有司，班憲度，昭節儉，示太素。去後宮之麗飾，損乘輿之服御，抑工商之淫業，興農桑之盛務。遂令海內棄末而反本，背僞而歸真，女脩織紝，男務耕耘，器用陶匏，服尚素玄。恥纖靡而不服，賤奇麗而弗珍，捐金於山，沈珠於淵。於是百姓滌瑕盪穢，而鏡至清，形神寂漠，耳目弗營，嗜欲之源滅，廉恥之心生，莫不優游而自得，玉潤而金聲。是以四海之內，學校如林，庠序盈門，獻酬交錯，俎豆莘莘，下舞上歌，蹈德詠仁。登降飫宴之禮既畢，因相與嗟歎玄德，讜言弘說，咸含和而吐氣。頌曰：盛哉乎斯世。今論者但知誦虞夏之書，詠殷周之詩，講羲文之易，論孔氏之春秋，罕能精古今之清濁，究漢德之所由。唯子頗識舊典，又徒馳騁乎末流，温故知新已難，而知德者鮮矣。且夫僻界西戎，險阻四塞，脩其防禦，孰與處乎土中，平夷洞達，萬方輻湊。秦嶺九嵕，涇渭之川，曷若四瀆五嶽，帶河泝洛，圖書之淵。建章甘泉，館御列仙，孰與靈臺明堂，統和天人。太液昆明，鳥獸之囿，曷若辟雍海流，道德之富。游俠踰侈，犯義侵禮，孰與同履法度，翼翼濟濟也。子徒習秦阿房之造天，而不知京洛之有制也，識函谷之可關，而不知王者之無外也。主人之辭未終，西都賓矍然失容，逡巡降階，惵然意下，捧手欲辭。主人曰：復位，今將授子以五篇之詩。賓既卒業，乃稱曰：美哉乎斯詩，義正乎楊雄，事實乎相如，匪唯主人之好學，蓋乃遭遇乎斯時也。小子狂簡，不知所裁，既聞正道，請終身而誦之，其詩曰。

《宋書》卷二〇《樂志二》

《時邕》　愔愔嘉會，有聞無聲。清酤既奠，籩豆既馨。禮充樂備，《簫韶》九成。愷樂飲酒，酣而不盈。率土歡豫，邦國以寧。王猷允塞，萬載無傾。【略】

薦豆呈毛血奏《嘉薦樂》歌詞

肇禋戒祀，禮容咸舉。六典飾文，九司昭序。牲柔既昭，犧剛既陳。恭滌惟清，敬事惟神。加籩再御，兼俎重薦。節動軒越，聲流金縣。奕奕閟幄，娓娓嚴闈。潔誠夕鑑，端服晨暉。聖靈戾止，翊我皇則。上綏四宇，下洋萬國。永言孝饗，孝饗有容。儐僚贊列，肅肅雍雍。

《南齊書》卷一一《樂志》　高宗明皇帝神室奏《明德凱容之樂》歌辭：

多難固業，殷憂啓聖。帝宗纘武，惟時執競。起柳獻祥，百堵興詠。義雖祀夏，功符受命。遠無不懷，邇無不肅。其儀濟濟，其容穆穆。赫矣君臨，昭哉嗣服。允王維后，膺此多福。禮以昭事，樂以感靈。八簋陳室，六舞充庭。觀德在廟，象德在形。四海來祭，萬國咸寧。

《隋書》卷一四《音樂志中》　進熟，皇帝入門，奏《皇夏》辭：皇帝升壇，奏《皇夏》，辭同。

象乾上構，儀巛下基。集靈崇祖，永言孝思。室陳簋豆，庭羅懸佾。夙夜畏威，保茲貞吉。舞貴其夜，歌重其升。降斯百禄，惟響惟應。【略】

俎入，奏《昭夏》：

日至大禮，豐犧上辰。牲牢修牧，繭栗毛純。俎豆斯立，陶匏以陳。大報反命，居陽兆日。六變鼓鍾，三和琴瑟。俎奇豆偶，惟誠惟質。

《舊唐書》卷三〇《音樂志三》　迎俎用《雍和》　陽月斯紀，應鐘在候。載潔牲牷，爰登俎豆。既高既遠，無聲無臭。静言格思，惟神保佑。

皇帝酌獻飲福用《壽和》詞同冬至圜丘

《舊唐書》卷三一《音樂志四》　徹俎用《雍和》　於穆清廟，聿修嚴祀。四縣載陳，三獻斯止。籩豆徹薦，人祇介祉。神惟格思，錫祚不已。

《宋史》卷一三二《樂志七》　建隆郊祀八曲　降神，《高安》　在國南方，時維就陽。以祈帝祉，式致民康。豆籩鼎俎，金石絲簧。禮行樂奏，皇祚無疆。【略】

咸平親郊八首　降神，《高安》　圜丘何方？在國之陽。禮神合祭，運啓無疆。祖考來格，籩豆成行。其儀肅肅，降福穰穰。【略】

元符親郊五首餘同咸平，凡闕者皆用舊詞　降神，《景安》六變辭同。　無爲靡遠，深厚廣圻。祭神恭在，弁冕袞衣。粢盛豐美，明德馨輝。以祥以佑，非眇專祈。

升降，《乾安》盥洗、飲福並奏。　神靈擁衛，景從雲隨。玉色温粹，天步舒遲。周旋陟降，皇心肅祇。千靈是保，百福攸宜。

退文舞、迎武舞，《正安》　左手執籥，右手秉翟。進旅退旅，萬舞有奕。

徹豆，《熙安》　陟彼郊丘，大祀是承。其豆孔庶，其香始升。上帝時歆，以我齊明。卒事而徹，福禄來成。

送神，《景安》　馨遺八尊，器空二簋。至祝至虔，穹祇既祉。【略】

政和親郊三首　捧俎，《豐安》　祀事孔明，禮文惟楙。爰潔犧牲，載登俎豆。或肆或將，無聲無臭。精祲潛通，永綏我后。

上帝酌獻，《嘉安》　氣萌黄鍾，萬物資始。欽若高穹，吉蠲時祀。神莢泰元，增授無已。羣生熙熙，函蒙繁祉。

太祖位酌獻，《英安》　赫赫翼祖，受命于天。德邁三代，威加八埏。陟配上帝，明禋告虔。流光垂裕，於萬斯年。

文舞退、武舞進，《正安》　大德曰生，陰陽寒暑。樂舞形容，干戚籥羽。一弛一張，退旅進旅。神安樂之，祉錫綿宇。

亞、終獻，《文安》　惟聖音臨，順皇之德。典禮有彝，享祀不忒。籩豆静嘉，降登肹飭。神具醉止，景貺咸集。

徹豆，《肅安》　内心齊誠，外物蠲潔。神來迪嘗，俎豆既徹。燕及羣生，靡或夭閼。降福穰穰，時萬時億。

送神，《景安》　於赫上帝，乘龍御天。惟聖克事，明饗斯虔。薦豆云徹，靈猋且旋。載錫休祉，其惟有年。

望燎，《正安》　靈承上帝，精意感通。馨香旁達，粢盛既豐。登降有儀，祀備樂終。神之聽之，福禄來崇。【略】

寧宗郊祀二十九首　皇帝盥洗，《乾安》　皇帝儉勤，盥用陶瓦。禮神頌祇，奠幣獻斝。月鑑陰肅，醴液融冶。挹彼注茲，禮無違者。

升壇，《乾安》　崇臺穹窿，高靈下墮。慶陰彷彿，從坐嶫峨。宵昇于丘，時通權火。維天之命，百禄是荷。

降壇　帝饗于郊，一精二純。紫觚陟降，嘉玉妥陳。神方留娭，瑞貺紛綸。申錫無疆，螽斯振振。

還位　肅肅禮度，鋗鋗宮奏。天行徐謐，皇儀昭懋。光連重璧，物備簋豆。於皇以饗，無聲無臭。【略】

尚書徹豆，《熙安》　蘭豆既升，簠簋既登。禮備俎實，饗貴牲胣。時乃告徹，器用畢興。祚我皇基，介福是膺。

《金史》卷三九《樂志上・郊祀樂歌》　司徒迎俎，宮縣黄鐘宮《豐寧之曲》：

穆穆皇皇，天子躬祀。羣臣相之，罔不敬止。俎豆畢陳，物其嘉矣。馨香始升，明神燕喜。【略】

亞終獻，宮縣黃鐘宮《咸寧之曲》、《功成治定之舞》：掃地南郊，天神以竢。於皇君王，克禋克祀。交於神明，玄酒陶器。誠心靖純，非貴食味。【略】

徹豆，登歌大吕宮《豐寧之曲》：大禮爰陳，爲豆孔碩。肅肅其容，於顯百辟。皇靈降監，馨聞在德。明禋斯成，孚休罔極。

《金史》卷三九《樂志上·方丘樂歌》 正位酌獻，太蔟宮《溥寧之曲》：蕩蕩坤德，物無不載。柔順利貞，含洪光大。籩豆既陳，金石斯在。四海永寧，福禄攸介。【略】

徹豆，應鐘宮《豐寧之曲》：修理方丘，吉蠲是宜。籩豆靜嘉，登於有司。芬芬馨香，來享來儀。郊儀將終，聲歌徹之。

送神，林鐘宮《鎮寧之曲》：因地方丘，濟濟多儀。樂成八變，靈祇格思。薦餘徹豆，神貺昭垂。億萬斯年，永祐不基。詣望燎位，太蔟宮《肅寧之曲》，詞同升壇。

《元史》卷六九《禮樂志三》 終獻詞同前。徹籩豆，奏《豐寧之曲》：

大吕宮

禋禮既備，神具宴娭。籩豆有楚，廢徹不遲。多士駿奔，樂且有儀。乃錫純嘏，永佐不基。

黃鐘宮

我牲既潔，我俎斯實。笙鏞克諧，籩豆有飶。神來宴娭，歆兹明德。永錫繁禧，如幾如式。

昊天上帝位酌獻，奏《明成之曲》：

黃鐘宮

於昭昊天，臨下有赫。陶匏薦誠，馨聞在德。酌言獻之，上靈是格。降福孔偕，時萬時億。

《明史》卷六二《樂志二》 洪武二年方丘樂章。

迎神，《中和之曲》：坤德博厚，物資以生。承天時行，光大且寧。穆穆皇祇，功化順成。來御方丘，嚴恭奉迎。奠玉帛，《肅和之曲》：地有四維，大琮以方；土有正色，制幣以黃。敬存於中，是薦是將。奠之几筵，臨鑒洋洋。

進俎，《凝和之曲》：奉將純牲，其牲童犢。烹飪既嚴，登俎惟肅。升壇昭薦，神光下燭。眷佑邦家，報効惟篤。

初獻，《壽和之曲》：午爲盛陽，陰德初萌。天地相遇，品物光榮。吉日令辰，明祀攸行。進以醇醴，展其潔清。

亞獻，《豫和之曲》：至廣無邊，道全持載。山嶽所憑，海瀆咸賴。民資水土，既安且泰。酌酒揭虔，功德惟大。

終獻，《熙和之曲》：庸眇之資，有此疆宇。匪臣攸能，仰承佑助。恩崇父母，臣懽鼓舞。八音宣揚，疊侑明醑。

徹饌，《雍和之曲》：牲牷在俎，籩豆有實。臨之肸蠁，匪惟飲食。登歌乃徹，薦獻爰畢。執事奉承，一其嚴慄。

送神，《安和之曲》：神化無方，妙用難量。其功顯融，其祀攸長。飈輪云旋，龍控鸞翔。拜送稽首，瞻禮餘光。

望瘞，《時和之曲》：牲醴制幣，餕饌惟馨。瘞之於坎，以達坤靈。奉神於陰，典禮是程。企而望之，厚壤寬平。

雜録

王充《論衡》卷五《感虚篇》 傳書言：「師曠奏《白雪》之曲，而神物下降，風雨暴至，平公因之癃病，晉國赤地。」

或言：「師曠《清角》之曲，一奏之，有雲從西北起；玄雲也。再奏之，大風至，大雨隨之，裂帷幕，破俎豆，墮廊瓦。坐者散走，平公恐懼，伏乎廊室。晉國大旱，赤地三年，平公癃病。」夫《白雪》與《清角》，或同曲而異名，其禍敗同一實也。

傳書之家，載以爲是；世俗觀見，信以爲然。原省其實，殆虚言也。

夫《清角》何音之聲，而〔能〕致此？〔曰〕：「《清角》，木音也，故致風而〔雨〕。如木爲風，雨與風俱。」三尺之木，數絃之聲，感動天地，何其神也？此復一哭崩城，一歎下霜之類也。

師曠能鼓《清角》，必有所受，非能質性生出之也。其初受學之時，宿昔習弄，非直一再奏也。審如傳書之言，師曠學《清角》時，風雨當至也。

王圻等《三才圖會》器用卷一《敦總説》 是敦也，以制作求之，則制作不同。上古則用陶，中古則用金，或以玉石，或以木。以形器求之，則形器不同。設蓋者以爲會，無耳足者以爲廢，或與珠槃類，或與簠簋同。以名求之，則名不同，或以爲土簋，或以爲玉盞。以用求之，則用不同，或以盛血，爲尸盟者之所執，或以盛黍稷，爲内宰之所贊。以數求之，則數不同，《明堂位》曰：有虞氏之兩敦小宰，則曰主婦執一，金敦黍此敦之制，故不可以類取之也。今歷觀其器，書畫蟲鏤，因時而制，踵事增華，變本加厲，求合於古，則不可得而定論。故今所見形器一體而類多者，有若鼎三足，腹旁有兩大耳，耳足皆有獸形。其蓋有圈足，却之可置諸地者，如郝敦、伯庶父敦、宰辟父敦之類是也。其間形器不一，方之郝敦，諸器小異而無蓋，若哆口圈足下連方座者，毀敦是也。上鈦兩耳者，周姜敦是也。耳有珥足作圈者，伯敦、⿸厂音敦、周虔敦是也。自毀敦而下四器，雖形器不一，終不失敦制而又皆銘之爲敦，因以附諸敦之末。商之敦一，周之敦二十七，其圖詳於博古圖。

敦

以陶比喻分部

紀事

《漢書》卷五六《董仲舒傳》〔对曰〕臣聞天之所大奉使之王者，必有非人力所能致而自至者，此受命之符也。天下之人同心歸之，若歸父母，故天瑞應誠而至。《書》曰「白魚入于王舟，有火復于王屋，流爲烏」，此蓋受命之符也。周公曰「復哉復哉」，孔子曰「德不孤，必有鄰」，皆積善絫德之效也。及至後世，淫佚衰微，不能統理羣生，諸侯背畔，殘賊良民以爭壤土，廢德教而任刑罰。刑罰不中，則生邪氣；邪氣積於下，怨惡畜於上。上下不和，則陰陽繆盭而妖孽生矣。此災異所緣而起也。

臣聞命者天之令也，性者生之質也，情者人之欲也。或夭或壽，或仁或鄙，陶冶而成之，不能粹美，有治亂之所生，故不齊也。孔子曰：「君子之德風（也），小人之德屮（也），屮上之風必偃。」故堯舜行德則民仁壽，桀紂行暴則民鄙夭。夫上之化下，下之從上，猶泥之在鈞，唯甄者之所爲；猶金之在鎔，唯冶者之所鑄。「綏之斯俫，動之斯和」，此之謂也。

臣謹案《春秋》之文，求王道之端，得之於正。正次王，王次春。春者，天之所爲也；正者，王之所爲也。其意曰，上承天之所爲，而下以正其所爲，正王道之端云爾。然則王者欲有所爲，宜求其端於天。天道之大者在陰陽。陽爲德，陰爲刑；刑主殺而德主生。是故陽常居大夏，而以生育養長爲事；陰常居大冬，而積於空虛不用之處。以此見天之任德不任刑也。天使陽出布施於上而主歲功，使陰入伏於下而時出佐陽；陽不得陰之助，亦不能獨成歲。終陽以成歲爲名，此天意也。王者承天意以從事，故任德教而不任刑。刑者不可任以治世，猶陰之不可任以成歲也。爲政而任刑，不順於天，故先王莫之肯爲也。今廢先王德教之官，而獨任執法之吏治民，毋乃任刑之意與！孔子曰：「不教而誅謂之虐。」虐政用於下，而欲德教之被四海，故難成也。

臣謹案《春秋》謂一元之意，一者萬物之所從始也，元者辭之所謂大也。謂一爲元者，視大始而欲正本也。《春秋》深探其本，而反自貴者始。故爲人君者，正心以正朝廷，正朝廷以正百官，正百官以正萬民，正萬民以正四方。四方正，遠近莫敢不壹於正，而亡有邪氣奸其間者。是以陰陽調而風雨時，羣生和而萬民殖，五穀孰而屮木茂，天地之間被潤澤而大豐美，四海之内聞盛德而皆徠臣，諸福之物，可致之祥，莫不畢至，而王道終矣。

《漢書》卷八七下《揚雄傳》 雄以爲賦者，將以風也，必推類而言，極麗靡之辭，閎侈鉅衍，競於使人不能加也，既乃歸之於正，然覽者已過矣。往時武帝好神仙，相如上《大人賦》，欲以風，帝反縹縹有陵雲之志。繇是言之，賦勸而不止，明矣。又頗似俳優淳于髡、優孟之徒，非法度所存，賢人君子詩賦之正也，於是輟不復爲。而大潭思渾天，參摹而四分之，極於八十一。旁則三摹九据，極之七百二十九贊，亦自然之道也。故觀《易》者，見其卦而名之；觀《玄》者，數其畫而定之。《玄》首四重者，非卦也，數也。其用自天元推一晝一夜陰陽數度律曆之紀，九九大運，與天終始。故《玄》三方、九州、二十七部、八十一家、二百四十三表、七百二十九贊，分爲三卷，曰一二三，與《泰初曆》相應，亦有顓頊之曆焉。揲之以三策，關之以休咎，絣之以象類，播之以人事，文之以五行，擬之以道德仁義禮知。無主無名，要合《五經》，苟非其事，文不虛生。爲其泰曼漶而不可知，故有《首》、《衝》、《錯》、《測》、《攡》、《瑩》、《數》、《文》、《掜》、《圖》、《告》十一篇，皆以解剥《玄》體，離散其文，章句尚不存焉。《玄》文多，故不著；觀之者難知，學之者難成。客有難《玄》大深，衆人之不好也，雄解之，號曰《解難》。其辭曰：

客難揚子曰：「凡著書者，爲衆人之所好也，美味期乎合口，工聲調於比耳。今吾子乃抗辭幽說，閎意眇指，獨馳騁於有亡之際，而陶冶大鑪，旁薄羣生，歷覽者茲年矣，而殊不寤。亶費精神於此，而煩學者於彼，譬畫者畫於無形，弦者放於無聲，殆不可乎？」

揚子曰：「俞。若夫閎言崇議，幽微之塗，蓋難與覽者同也。昔人有觀象於天，視度於地，察法於人者，天麗且彌，地普而深，昔人之辭，乃玉乃金。彼豈好爲艱難哉？勢不得已也。獨不見夫翠虯絳螭之將登虖天，必聳身於倉梧之淵；不階浮雲，翼疾風，虛舉而上升，則不能撠膠葛，騰九閎。日月之經不千里，則不能燭六合，燿八紘；泰山之高不嶕嶢，則不能浡滃雲而散歊烝。是以宓犧氏之作《易》也，緜絡天地，經以八卦，文王附六爻，孔子錯其象而彖其辭，然後發天地之臧，定萬物之基。《典》《謨》之篇，《雅》《頌》之聲，不溫純深潤，則不足以揚鴻烈而章緝熙。蓋胥靡爲宰，寂寞爲尸；大味必淡，大音必希；大語叫叫，大道低回。是以聲之眇者不可同於衆人之耳，形之美者不可棍於世俗之目，辭之衍者不可齊於庸人之聽。今夫弦者，高張急徽，追趨逐耆，則坐者不期而附矣；試爲之施《咸池》，揄《六莖》，發(蕭)《〔簫〕韶》，詠《九成》，則莫有和也。是故鍾期死，伯牙絶弦破琴而不肯與衆鼓；獿人亡，則匠石輟斤而不敢妄斲。師曠之調鍾，竢知音者之在後也；孔子作《春秋》，幾君子之前睹也。老聃有遺言，貴知我者希，此非其操與！」

《後漢書》卷五二《崔駰傳》 駰擬楊雄《解嘲》，作《達旨》以答焉。其辭曰：

或説己曰：「《易》稱『備物致用』，『可觀而有所合』，故能扶陽以出，順陰而入。春發其華，秋收其實，有始有極，爰登其質。今子韞櫝《六經》，服膺道術，歷世而游，高談有日，俯鉤深於重淵，仰探遠乎九乾，窮至賾於幽微，測潛隱之無源。然下不步卿相之廷，上不登王公之門，進不黨以讚己，退不黷於庸人。獨師友道德，合符曩真，抱景特立，與士不羣。蓋高樹靡陰，獨木不林，隨時之宜，道貴從凡。于時太上運天德以君世，憲王僚而布官；臨雍泮以恢儒，疏軒冕以崇賢；率惇德以厲忠孝，揚茂化以砥仁義；選利器於良材，求鏌鋣於明智。不以此時攀台階，闚紫闥，據高軒，望朱闕，夫欲千里而咫尺未發，蒙竊惑焉。故英人乘斯時也，猶逸禽之赴深林，蝱蚋之趣大沛。胡爲嘿嘿而久沈滯也？」

答曰：「有是言乎？子苟欲勉我以世路，不知其跌而失吾之度也。古者陰陽始分，天地初制，皇綱云緒，帝紀乃設，傳序曆數，三代興滅。昔大庭尚矣，赫胥罔識。淳樸散離，人物錯乖。高辛攸降，厥趣各違。道無常稽，與時張弛。失仁爲非，得義爲是。君子通變，各審所履。故士或掩目而淵潛，或盥耳而山棲；或草耕而僅飽，或木茹而長飢；或重聘而不來，或屢黜而不去；或冒詢以干進，或望色而斯舉；或以役夫發夢於王公，或以漁父見兆於元龜。若夫紛纜塞路，凶虐播流，人有昏墊之戹，主有疇咨之憂，條垂藟蔓，上下相求。於是乎賢人授手，援世之災，跋涉赴俗，急斯時也。昔堯含慼而皐陶謨，高祖歎而子房慮；禍不散而曹、絳奮，結不解而陳平權。及其策合道從，克亂弭衝，乃將鏤玄珪，册顯功，銘昆吾之冶，勒景、襄之鍾。與其有事，則褰裳濡足，冠挂不顧。人溺不拯，則非仁也。當其無事，則躐纓整襟，規矩其步。德讓不修，則非忠也。是以險則救俗，平則守禮，舉以公心，不私其體。

「今聖上之育斯人也，樸以皇質，雕以唐文。六合怡怡，比屋爲仁。壹天下之衆異，齊品類之萬殊。參差同量，坏冶一陶。羣生得理，庶績其凝。家家有以樂和，人人有以自優。威械臧而俎豆布，六典陳而九刑厝。濟茲兆庶，出於平易之路。雖有力牧之略，尚父之厲，伊、皐不論，奚事范、蔡？夫廣廈成而茂木暢，遠求存而良馬縶，陰事終而水宿臧，場功畢而大火入。方斯之際，處士山積，學者川流，衣裳被宇，冠蓋雲浮。譬猶衡陽之林，岱陰之麓，伐尋抱不爲之稀，蓺拱把不爲之數。悠悠罔極，亦各有得。彼採其華，我收其實。舍之則臧，己所學也。故進動以道，則不辭執珪而秉柱國；復靜以理，則甘糟糠而安藜藿。【略】」

《三國志》卷六四《吴志・諸葛恪傳》 恪長子綽，騎都尉，以交關魯王事，權遣付恪，令更教誨，恪鴆殺之。中子竦，長水校尉。少子建，步兵校尉。聞恪誅，車載其母而走。峻遣騎督劉承追斬竦於白都。建得渡江，欲北走魏，行數十里，爲追兵所逮。恪外甥都鄉侯張震及常侍朱恩等，皆夷三族。

初，竦數諫恪，恪不從，常憂懼禍。及亡，臨淮臧均表乞收葬恪曰：「臣聞震雷電激，不崇一朝，大風衝發，希有極日，然猶繼以雲雨，因以潤物，是則天地之威，不可經日浹辰，帝王之怒，不宜訖情盡意。臣以狂愚，不知忌諱，敢冒破滅之罪，以邀風雨之會。伏念故太傅諸葛恪得承祖考風流之烈，伯叔諸父遭漢祚盡，九州鼎立，分託三方，並履忠勤，熙隆世業。爰及於恪，生長王國，陶育聖化，致名英偉，服事累紀，禍心未萌，先帝委以伊、周之任，屬以萬機之事。恪素性剛愎，矜己陵人，不能敬守神器，穆靜邦內，興功暴師，未期三出，虛耗士民，空竭府藏，專擅國憲，廢易由意，假刑劫衆，大小屏息。侍中武衛將軍都鄉侯俱受先帝囑寄之詔，見其奸虐，日月滋甚，將恐蕩搖宇宙，傾危社稷，奮其威怒，精貫昊天，計慮先於神明，智勇百於荆、聶，躬持白刃，梟恪殿堂，勳超朱虛，功越東牟。國之元害，一朝大除，馳首徇示，六軍喜踊，日月增光，風塵不動，斯實宗廟之神靈，天人之同驗也。今恪父子三首，縣市積日，觀者數萬，詈聲成風。國之大刑，無所不震，長老孩幼，無不畢見。人情之於品物，樂極則哀生，見恪貴盛，世莫與貳，身處台輔，中間歷年，今之誅夷，無異禽獸，觀訖情反，能不憯然！且已死之人，與土壤同域，鑿掘斫刺，無所復加。願聖朝稽則乾坤，怒不極旬，使其鄉邑若故吏民，收以士伍之服，惠以三寸之棺。昔項籍受殯葬之施，韓信獲收斂之恩，斯則漢高發神明之譽也。惟陛下敦三皇之仁，垂哀矜之心，使國澤加於辜戮之骸，復受不已之恩，於以揚聲遐方，沮勸天下，豈不弘哉！昔欒布矯命彭越，臣竊恨之，不先請主上，而專名以肆情，其得不誅，實爲幸耳。今臣不敢章宣愚情，以露天恩，謹伏手書，冒昧陳聞，乞聖朝哀察。」於是亮、峻聽恪故吏斂葬，遂求之於石子岡。

《晉書》卷三二《后妃傳下論》　史臣曰：方祇體安，儷乾儀而合德；圓舒循晷，配羲曜以齊明。故知陽爍陰凝，萬物假其陶鑄；火炎水潤，六氣由其調理。取譬賢淑，作伉文思，靈根式固，實資於此。宣穆閱禮，偶德潛鱗，翊天造之艱虞，嗣塗山之逸響，實運歸其後胤，蓋有母儀之助焉。武元楊氏預聞朝政，明不逮遠，愛溺私情，深杜衛瓘之言，不曉張泓之詐，運其陰沴，韜映乾明，晉道中微，基于是矣。惠皇稟質，天縱其嚚，識暗鳴蛙，智昏文蛤。南風肆狡，扇禍稽天。初踐椒宮，逞梟心于長樂；方觀梓樹，頒鴆羽於離明。褒后滅周，方之蓋小；妹妃傾夏，曾何足喻。中原陷於鳴鏑，其兆彰於此焉。昔者高宗諒闇，總百官於元老；成王沖眇，託萬機於上公。太后御扆，諒知非古。而明穆、康獻，仍世臨朝，時屬委裘，躬行負扆。各免華陽之釁，竟躡和熹之蹤，保陵遲以克終，所幸實爲多矣。

《晉書》卷五一《摯虞傳》　虞嘗以死生有命，富貴在天。天之所祐者義也，人之所助者信也；履信思順，所以延福；違此而行，所以速禍。然道長世短，禍福舛錯，怵迫之徒，不知所守，蕩而積憤，或迷或放。故借之以身，假之以事，先陳處世不遇之難，遂棄彝倫，輕舉遠游，以極常人罔惑之情，而後引之以正，反之以義，推神明之應於視聽之表，崇否泰之運於智力之外，以明天任命之不可違，故作《思游賦》。其辭曰：

有軒轅之遐胄兮，氏仲任之洪裔。敷華穎於末葉兮，晞靈根於上世。準乾坤以斡度兮，儀陰陽以定制。匪時運其焉行兮，乘太虛而搖曳。戴朗月之高冠兮，綴太白之明璜。製文霓以爲衣兮，襲采雲以爲裳。要華電之煜爚兮，珮玉衡之琳琅。明景日以鑒形兮，信煥曜而重光。

至美詭好於凡觀兮，修稀合而靡呈。燕石緹襲以華國兮，和璞遥棄於南荆。夏像韜塵于市北兮，瓶罍抗方於兩楹。鸞皇耿介而偏栖兮，蘭桂背時而獨榮。闞寒暑以練真兮，豈改容而爽情。【略】

造庖犧以問象兮，辨吉繇於姬文。將遠游於太初兮，鑒形魄之未分。四靈儼而爲衛兮，六氣紛以成羣。驂白獸於商風兮，御蒼龍於景雲。簡厮徒於靈囿兮，從馮夷而問津。召陵陽於游谿兮，旌王子於柏人。前祝融以掌燧兮，殿玄冥以掩塵。形影蔚而遂遐兮，氣亹亹而愈新。挹玉膏於萊嵎兮，掇紫英於瀛濱。揖太昊以假憩兮，聽賦政於三春。洪範翕而復張兮，百卉隕而更震。睇玉女之紛彯兮，執懿筐於扶木。覽玄象之韡曄兮，仍騰躍乎陽谷。吸朝霞以療飢兮，降廪泉而濯足。將縱轡以逍遥兮，恨東極之路促。詔纖阿而右迴兮，覿朱明之赫戲。莅羣神於夏庭兮，詣倒景之亂儀。尋凱風而南暨兮，謝太陽於炎離。戚溽暑之陶鬱兮，余安能乎留斯！聞碧雞之長晨兮，吾將往乎西游。奥浮鷁於弱水兮，泊舳艫兮中流。苟精粹之攸存兮，誠沈羽以汎舟。軼望舒以陵厲兮，羌神漂而氣浮。訊碩老於金室兮，采舊聞於前修。譏淪陰於危山兮，問王母於椒丘。觀玄烏之參趾兮，會根壹之神籌。擾毚兔於月窟兮，詰姮娥於蓐收。爰攬轡而旋驅兮，訪北叟之倚伏。乘增冰而遂濟兮，凌固陰之所滀。探黿蛇於幽穴兮，瞰罔養之潛育。哂倏忽之躁狂兮，喪中黄於耳目。偭燭龍而游衍兮，窮大明於北陸。【略】

時天子留心政道，又吴寇新平，天下乂安，上《太康頌》以美晉德。其辭曰：

於休上古，人之資始。四隩咸宅，萬國同軌。有漢不競，喪亂靡紀。畿服外叛，侯衛内圮。天難既降，時惟鞠凶。龍戰獸争，分裂遐邦。備僭岷蜀，度逆海東。權乃緣間，割據三江。明明上帝，臨下有赫。乃宣皇威，致天之辟。奮武遼隧，罪人斯獲。撫定朝鮮，奄征韓貊。文既應期，席卷梁益。元憝委命，九夷重譯。邛、冉、哀牢，是焉底績。

我皇之登，二國既平。靡適不懷，以育羣生。吴乃負固，放命南冥。聲教未暨，弗及王靈。皇震其威，赫如雷霆。截彼江沔，荆舒以清。邈矣聖皇，參乾兩離。陶化以正，取亂以奇。耀武六旬，輿徒不疲。飲至數實，干旄無虧。洋洋四海，率禮和樂。穆穆宫廟，歌雍詠鑠。光天之下，莫匪帝略。窮髪反景，承正受朔。龍馬騤騤，風于華陽。弓矢橐服，干戈戢藏。嚴嚴南金，業業餘皇。雄劍班朝，造舟爲梁。聖明有造，實代天工。天地不違，黎元時邕。三務斯協，用底厥庸。既遠其迹，將明其蹤。喬山惟嶽，望帝之封。猗歟聖帝，胡不封哉！

以母憂解職。久之，召補尚書郎。

《晉書》卷五二《阮种傳》　是時西虜内侵，災眚屢見，百姓饑饉，詔三公、卿尹、常伯、牧守各舉賢良方正直言之士。於是太保何曾舉种賢良。

策曰：「在昔哲王，承天之序，光宅宇宙，咸用規矩乾坤，惠康品類，休風流衍，彌于千載。朕應踐洪運，統位七載於今矣。惟德弗嗣，不明于政，宵興惕厲，未燭厥猷。子大夫韞櫝道術，儼然而進，朕甚嘉焉。其各悉乃心，以闡喻朕志，深陳王道之本，勿有所隱，朕虛心以覽焉。」种對曰：「夫天地設位，聖人成能，王道至深，所以行化至遠。故能開物成務，而功業不匱，近無不聽，遠無不服，德逮羣生，澤被區宇，聲施無窮，而典垂百代。故《經》曰：『聖人久於其道，而天下化成。』宜師蹤往代，襲迹三五，矯世更俗，以從人望。令率土遷義，下知所適，播醇美之化，杜邪枉之路，斯誠羣黎之所欣想盛德而幸望休風也。」

又問政刑不宣，禮樂不立。對曰：「政刑之宣，故由乎禮樂之用。昔之明王，唯此之務，所以防遏暴慢，感動心術，制節生靈，而陶化萬姓也。禮以體德，樂以詠功，樂本於和，而禮師於敬矣。」

又問戎蠻猾夏。對曰：「戎蠻猾夏，侵敗王略，雖古盛世，猶有此虞。故《詩》稱『玁狁孔熾』，《書》歎『蠻夷帥服』。自魏氏以來，夷虜内附，鮮有桀悍侵漁之患。由是邊守遂怠，鄣塞不設。而今醜虜内居，與百姓雜處，邊吏擾習，人又忘戰。受方任者，又非其材，或以狙詐，侵侮邊夷；或干賞啗利，妄加討戮。夫以微羈而御悍馬，又乃操以煩策，其不制者，固其理也。是以羣醜蕩駭，緣間而動。雖三州覆敗，牧守不反，此非胡虜之甚勁，蓋用之者過也。臣聞王者之伐，有征無戰，懷遠以德，不聞以兵。夫兵凶器，而戰危事也。兵興則傷農，衆集則費積；農傷則人匱，積費則國虛。昔漢武之世，承文帝之業，資海内之富，役其材臣，以甘心匈奴，競戰勝之功，貪攻取之利，良將勁卒，屈於沙漠，勝敗相若，克不過當，夭百姓之命，填餓狼之口。及其以衆制寡，令匈奴遠迹，收功祁連，飲馬瀚海，天下之耗，已過太半矣。夫虛中國以事夷狄，誠非計之得者也。是以盜賊蜂起，山東不振。暨宣元之時，趙充國征西零，馮奉世征南羌，皆兵不血刃，摧抑强暴，擒其首惡，此則折衝厭難，勝敗相辨，中世之明效也。」

《晉書》卷五五《潘岳傳附從子潘尼傳》 尼少有清才，與岳俱以文章見知。性靜退不競，唯以勤學著述爲事。著《安身論》以明所守，其辭曰：

蓋崇德莫大乎安身，安身莫尚乎存正，存正莫重乎無私，無私莫深乎寡欲。是以君子安其身而後動，易其心而後語，定其交而後求，篤其志而後行。然則動者，吉凶之端也；語者，榮辱之主也；求者，利病之幾也；行者，安危之決也。故君子不妄動也，動必適其道；不徒語也，語必經於理；不苟求也，求必造於義；不虛行也，行必由於正。夫然，用能免或繫之凶，享自天之祐。故身不安則殆，言不從則悖，交不審則惑，行不篤則危。四者行乎中，則憂患接乎外矣。憂患之接，必生於自私，而興於有欲。自私者不能成其私，有欲者不能濟其欲，理之至也。欲苟不濟，能無争乎？私苟不從，能無伐乎？人人自私，家家有欲，衆欲並争，羣私交伐。争，則亂之萌也；伐，則怨之府也。怨亂既構，危害及之，得不懼乎？【略】

然思危所以求安，慮退所以能進，懼亂所以保治，戒亡所以獲存也。若乃弱志虛心，曠神遠致，徙倚乎不拔之根，浮遊乎無垠之外，不自貴於物而物宗焉，不自重於人而人敬焉。可親而不可慢也，可尊而不可遠也。親之如不足，天下莫之能狎也；舉之如易勝，而當世莫之能困也。達則濟其道而不榮也，窮則善其身而不悶也，用則立於上而非争也，舍則藏於下而非讓也。夫榮之所不能動者，則辱之所不能加也；利之所不能勸者，則害之所不能嬰也；譽之所不能益者，則毁之所不能損也。

今之學者誠能釋自私之心，塞有欲之求，杜交争之原，去矜伐之態，動則行乎至通之路，静則入乎大順之門，泰則翔乎寥廓之宇，否則淪乎渾冥之泉，邪氣不能干其度，外物不能擾其神，哀樂不能盪其守，死生不能易其真，而以造化爲工匠，天地爲陶鈞，名位爲糟粕，勢利爲埃塵，治其内而不飾其外，求諸己而不假諸人，忠肅以奉上，愛敬以事親，可以御一體，可以牧萬民，可以處富貴，可以安賤貧，經盛衰而不改，則庶幾乎能安身矣。

《晉書》卷六八《紀瞻傳》 瞻少以方直知名。吴平，徙家歷陽郡。察孝廉，不行。

後舉秀才，尚書郎陸機策之曰：「昔三代明王，啓建洪業，文質殊制，而令名一致。【略】

又問曰：「夫五行迭代，陰陽相須，二儀所以陶育，四時所以化生。《易》稱『在天成象，在地成形』。形象之作，相須之道也。若陰陽不調，則大數不得不否；一氣偏廢，則萬物不得獨成。此應同之至驗，不偏之明證也。今有温泉而無寒火，其故何也？思聞辯之，以釋不同之理。」對曰：「蓋聞陰陽升降，山澤通氣，初九純卦，潛龍勿用，泉源所託，其温宜也。若夫水潤下，火炎上，剛柔燥溼，自然之性，故陽動而外，陰静而内。内性柔弱，以含容爲質；外動剛直，以外接爲用。是以金水之明内鑒，火日之光外輝，剛施柔受，陽勝陰伏。水之受温，含容之性也。」

《晉書》卷七二《郭璞傳》 璞好經術，博學有高才，而訥於言論，詞賦爲中興之冠。好古文奇字，妙於陰陽算曆。有郭公者，客居河東，精於卜筮，璞從之受業。公以《青囊中書》九卷與之，由是遂洞五行、天文、卜筮之術，攘災轉禍，通致無方，雖京房、管輅不能過也。璞門人趙載嘗竊《青囊書》，未及讀，而爲火所焚。

【略】

時暨陽人任谷因耕息於樹下，忽有一人著羽衣就淫之，既而不知所在，谷遂有娠。積月將產，羽衣人復來，以刀穿其陰下，出一蛇子便去。谷遂成宦者。後詣闕上書，自云有道術。帝留谷于宮中。璞復上疏曰：「任谷所爲妖異，無有因由。陛下玄鑒廣覽，欲知其情狀，引之禁內，供給安處。臣聞爲國以禮正，不聞以奇邪。所聽惟人，故神降之吉。陛下簡默居正，動遵典刑。案《周禮》，奇服怪人不入宮，況谷妖詭怪人之甚者，而登講肆之堂，密邇殿省之側，塵黷日月，穢亂天聽，臣之私情竊所以不取也。陛下若以谷信爲神靈所憑者，則應敬而遠之。夫神，聰明正直，接以人事。若以谷爲妖蠱詐妄者，則當投畀裔土，不宜令褻近紫闈。若以谷或是神祇告譴，爲國作眚者，則當克己修禮以弭其妖，不宜令谷安然自容，肆其邪變也。臣愚以爲陰陽陶烝，變化萬端，亦是狐狸魍魎憑假作慝。願陛下採臣愚懷，特遣谷出。臣以人乏，忝荷史任，敢忘直筆，惟義是規。」其後元帝崩，谷因亡走。

《晉書》卷七五《王坦之傳》 坦之有風格，尤非時俗放蕩，不敦儒教，頗尚刑名學，著《廢莊論》曰：

荀卿稱莊子「蔽於天而不知人」，揚雄亦曰「莊周放蕩而不法」，何晏云「鬻莊軀，放玄虛，而不周乎時變」。三賢之言，遠有當乎！夫獨構之唱，唱虛而莫和；無感之作，義偏而用寡。動人由於兼忘，應物在乎無心。孔父非不體遠，以體遠故用近；顔子豈不具德，以德備故膺教。胡爲其然哉？不獲已而然也。

夫自足者寡，故理懸於羲農；徇教者衆，故義申於三代。道心惟微，人心惟危，吹萬不同，孰知正是！雖首陽之情，三黜之智，摩頂之甘，落毛之愛，枯槁之生，負石之死，格諸中庸，未入乎道，而況下斯者乎！先王知人情之難肆，懼違行以致訟，悼司徹之貽悔，審褫帶之所緣，故陶鑄羣生，謀之未兆，每攝其契，而爲節焉。使夫敦禮以崇化，日用以成俗，誠存而邪忘，利損而競息，成功遂事，百姓皆曰我自然。蓋善闇者無怪，故所遇而無滯，執道以離俗，孰踰於不達！語道而失其爲者，非其道也；辯德而有其位者，非其德也。言默所未究，況揚之以爲風乎！且即濠以尋魚，想彼之我同；推顯以求隱，理得而情昧。若夫莊生者，望大庭而撫契，仰彌高於不足，寄積想於三篇，恨我懷之未盡，其言詭譎，其義恢誕。君子內應，從我游方之外，衆人因藉之，以爲弊薄之資。然則天下之善人少，不善人多，莊子之利天下也少，害天下也多。故曰魯酒薄而邯鄲圍，莊生作而風俗穨。禮與浮雲俱征，僞與利蕩並肆，人以克己爲恥，士以無措爲通，時無履德之譽，俗有蹈義之愆。驟語賞罰不可以造次，屢稱無爲不可與適變。雖可用於天下，不足以用天下人。

昔漢陰丈人修渾沌之術，孔子以爲識其一不識其二，莊生之道，無乃類乎！與夫如愚之契，何殊間哉！若夫利而不害，天之道也；爲而不爭，聖之德也。羣方所資而莫知誰氏，在儒而非儒，非道而有道，彌貫九流，玄同彼我，萬物用之而不既，亹亹日新而不朽，昔吾孔老固已言之矣。

《晉書》卷八〇《王羲之傳》 羲之幼訥於言，人未之奇。年十三，嘗謁周顗，顗察而異之。時重牛心炙，坐客未噉，顗先割啗羲之，於是始知名。及長，辯贍，以骨鯁稱，尤善隸書，爲古今之冠，論者稱其筆勢，以爲飄若浮雲，矯若驚龍。深爲從伯敦、導所器重。時陳留阮裕有重名，爲敦主簿。敦嘗謂羲之曰：「汝是吾家佳子弟，當不減阮主簿。」裕亦目羲之與王承、王悅爲王氏三少。時太尉郗鑒使門生求女壻於導，導令就東廂徧觀子弟。門生歸，謂鑒曰：「王氏諸少並佳，然聞信至，咸自矜持。惟一人在東牀坦腹食，獨若不聞。」鑒曰：「正此佳壻邪！」訪之，乃羲之也，遂以女妻之。【略】

羲之既去官，與東土人士盡山水之游，弋釣爲娛。又與道士許邁共修服食，採藥石不遠千里，徧游東中諸郡，窮諸名山，泛滄海，歎曰：「我卒當以樂死。」謝安嘗謂羲之曰：「中年以來，傷於哀樂，與親友別，輒作數日惡。」羲之曰：「年在桑榆，自然至此。頃正賴絲竹陶寫，恒恐兒輩覺，損其歡樂之趣。」朝廷以其誓苦，亦不復徵之。

《晉書》卷八二《虞溥傳》 稍遷公車司馬令，除鄱陽內史。大修庠序，廣招學徒，移告屬縣曰：「學所以定情理性而積衆善者也。情定於內而行成於外，積善於心而名顯於教，故中人之性隨教而移，善積則習與性成。唐虞之時，皆比屋而可封，及其廢也，而云可誅，豈非化以成俗，教移人心者哉！自漢氏失御，天下分崩，江表寇隔，久替王教，庠序之訓，廢而莫修。今四海一統，萬里同軌，熙熙兆庶，咸休息乎太和之中，宜崇尚道素，廣開學業，以讚協時雍，光揚盛化。」乃具爲條制。於是至者七百餘人。溥乃作誥以獎訓之，曰：

文學諸生皆冠帶之流，年盛志美，始涉學庭，講修典訓，此大成之業，立德之基也。夫聖人之道淡而寡味，故始學者不好也。及至朞月，所觀彌博，所習彌多，日聞所不聞，日見所不見，然後心開意朗，敬業樂羣，忽然不覺大化之陶己，至道之入神也。故學之染人，甚於丹青。丹青吾見其久而渝矣，未見久學而渝者也。

夫工人之染，先修其質，後事其色，質修色積，而染工畢矣。學亦有質，孝悌忠信是也。君子内正其心，外修其行，行有餘力，則以學文，文質彬彬，然後爲德。夫學者不患才不及，而患志不立，故曰希驥之馬，亦驥之乘，希顔之徒，亦顔之倫也。又曰鍥而舍之，朽木不知；鍥而不舍，金石可虧。斯非其效乎！

今諸生口誦聖人之典，體閑庠序之訓，比及三年，可以小成。而令名宣流，雅譽日新，朋友欽而樂之，朝士敬而歎之。於是州府交命，擇官而仕，不亦美乎！若乃含章舒藻，揮翰流離，稱述世務，探賾究奇，使楊班韜筆，仲舒結舌，亦惟才所居，固無常人也。然積一勺以成江河，累微塵以崇峻極，匪志匪勤，理無由濟也。諸生若絶人間之務，心專親學，累一以貫之，積漸以進之，則亦或遲或速，或先或後耳，何滯而不通，何遠而不至邪！

《晉書》卷九二《文苑傳·成公綏》　少有俊才，詞賦甚麗，閑默自守，不求聞達。又時有孝烏，每集其廬舍，綏謂有反哺之德，以爲祥禽，乃作賦美之，文多不載。又以「賦者貴能分賦物理，敷演無方，天地之盛，可以致思矣。歷觀古人未之有賦，豈獨以至麗無文，難以辭贊；不然，何其闕哉？」遂爲《天地賦》曰：

惟自然之初載兮，道虛無而玄清，太素紛以溷淆兮，始有物而混成，何元一之芒昧兮，廓開闢而著形。爾乃清濁剖分，玄黄判離。太極既殊，是生兩儀，星辰煥列，日月重規，天動以尊，地静以卑，昏明迭炤，或盈或虧，陰陽協氣而代謝，寒暑隨時而推移。三才殊性，五行異位，千變萬化，繁育庶類，授之以形，稟之以氣。色表文采，聲有音律，覆載無方，流形品物。鼓以雷霆，潤以慶雲，八風翱翔，六氣氤氳。蚑行蠕動，方聚類分，鱗殊族别，羽毛異羣，各含精而鎔冶，咸受範於陶鈞，何滋育之罔極兮，偉造化之至神！【略】

若夫假象金革，擬則陶匏，衆聲繁奏，若笳若簫；磞硠震隱，訇磕嘐嘈。發徵則隆冬熙烝，騁羽則嚴霜夏凋，動商則秋霖春降，奏角則谷風鳴條。音均不恒，曲無定制，行而不流，止而不滯，隨口吻而發揚，假芳氣而遠逝，音要妙而流響，聲激嚁而清厲。信自然之極麗，羌殊尤而絶世，越《韶夏》與《咸池》，何徒取異乎《鄭》《衛》！

《宋書》卷二《武帝紀中》　天子詔曰：

朕聞先王之莅天下也，上則大寶以尊德，下則建侯以褒功。是以成勳告就，文命有玄圭之錫，四海來王，姬旦饗龜、蒙之封。夫翼聖宣績，輔德弘猷，禮窮元賞，寵章希世。況明保沖昧，獨運陶鈞者哉！

朕以不德，遭家多難，雲雷作《屯》，夷羿竊命，失位京邑，遂播蠻荆，艱難卑約，制命凶醜。相國宋公，天縱睿聖，命世應期，誠貫三靈，大節宏發。拯朕躬於巢幕，迴靈命於已崩，固已道窮北面，暉格八表者矣。及外積全國之勳，内累戡黎之伐，芟夷强妖之始，藴崇姦猾之源，顯仁藏用之道，六府孔修之績，莫不雲行雨施，能事必舉，諒已方軌於三、五，不容於典策者焉。自永嘉喪師，綿踰十紀，五都分崩，然正朔時暨；唯三秦懸隔，未之暫賓。至令羌虜襲亂，淫虐三世，資百二之易守，恃函谷之可關，廟算韜略，不謀之日久矣。公命世撫運，闡曜威靈，内研諸侯之慮，外致上天之罰。故能倉兕甫訓，則許、鄭風偃，鉦鉞未指，則瀍、洛霧披。俾舊闕之陽，復集萬國之軫，東京父老，重覩司隸之章。俾朕負扆高拱，而保大洪烈。是用遠鑒前典，延即羣謀，敬授殊錫，光啓疆宇。乘馬之制，有陋舊章；徽稱之美，未窮上爵。豈足以顯報懋功，允塞民望；藩輔王畿，長轡六合者乎。實以公每秉謙德，卑不可踰，難進之道，以寵爲戚。是故降損盛制，且有後命也。自兹迄今，洪勳彌劭，稜威九河，魏、趙底服，迴轅崤、潼，連城冰泮。遂長驅灞、滻，懸旍龍門，逆虜姚泓，係頸就擒。百稔梗穢，滌於崇朝；祖宗遺憤，雪於一旦。涉禹之迹，方行天下，至于海外，罔有不服。功固萬世，其寧惟永，豈金石《雅》《頌》所能讚揚，實可以告於神明，勒銘嵩、岱者已。【略】

策曰：公紀綱禮度，萬國是式，乘介蹈方，罔有遷志。是以錫公大輅、戎輅各一，玄牡二駟。公抑末敦本，務農重積，采蘩實殷，稼穡惟阜。是用錫公衮冕之服，赤舄副焉。公閑邪納正，移風改俗，陶鈞品物，如樂之和。是用錫公軒縣之樂，六佾之舞。公宣美王化，導揚休風，華夷企踵，遠人胥萃。是用錫公朱户以居。公官方任能，網羅幽滯，九皐辭野，髦士盈朝。是用錫公納陛以登。公當軸處中，率下以義，式遏寇讎，清除苛慝。是用錫公虎賁之士三百人。公明罰恤刑，庶獄詳允，放命干紀，罔有攸縱。是用錫公鈇、鉞各一。公龍驤鳳矯，咫尺八紘，括囊四海，折衝無外。是用錫公彤弓一，彤矢百，盧弓十，盧矢千。公温恭孝思，致虔禋祀，忠肅之志，儀刑萬方。是用錫公秬鬯一卣，圭瓚副焉。宋國置丞相以下，一遵舊儀。欽哉！其祗服往命，茂對天休，簡恤庶邦，敬敷顯德，以終我高祖之嘉命。【略】

公欲息駕長安，經略趙、魏，會穆之卒，乃歸。十二月庚子，發自長安，以桂陽公義真爲安西將軍、雍州刺史，留腹心將佐以輔之。閏月，公自洛入河，開汴渠以歸。

十四年正月壬戌，公至彭城，解嚴息甲。以輔國將軍劉遵考爲并州刺史，領河東太守，鎮蒲坂。公解司州，領徐、冀二州刺史，固讓進爵。

六月，受相國宋公九錫之命。令曰：「孤以寡薄，負荷殊重，守位奉藩，危溢是懼。朝恩隆泰，委美推功，遂方軌齊、晉，擬議國典。雖亮誠守分，十稔于今，而成命弗迴，百辟胥暨内外庶僚，敦勉周至。籍運來之功，叅休明之迹，乘菲薄之資，同盛德之事，監寐永言，未知攸託。隆祚之始，思覃斯慶。其赦國内殊死以下，今月二十三日昧爽以前，悉皆原宥。鰥寡孤獨不能自存者，人賜粟五斛。府州刑罪，亦同蕩然。其餘詳依舊準。」詔崇豫章公太夫人爲宋公太妃，世子中軍將軍，副貳相國府。以太尉軍諮祭酒孔季恭爲宋國尚書令，青州刺史檀祗爲領軍將軍，相國左長史王弘爲尚書僕射。其餘百官悉依天朝之制。又詔宋國所封十郡之外，悉得除用。

先是安西中兵參軍沈田子殺安西司馬王鎮惡，諸將軍復殺安西長史王脩。關中亂。十月，公遣右將軍朱齡石代安西將軍桂陽公義真爲雍州刺史。義真既還，爲佛佛虜所追，大敗，僅以身免。諸將帥及齡石並没。領軍檀祗卒，以中軍司馬檀道濟爲中領軍。【略】

晉帝禪位于王，詔曰：

夫天造草昧，樹之司牧，所以陶鈞三極，統天施化。故大道之行，選賢與能，隆替無常期，禪代非一族，貫之百王，由來尚矣。晉道陵遲，仍世多故，爰暨元興，禍難既積，至三光貿位，冠履易所，安皇播越，宗祀墮泯，則我宣、元之祚，永墜于地，顧瞻區域，翦焉已傾。相國宋王，天縱聖德，靈武秀世，一匡頹運，再造區夏，固以興滅繼絶，舟航淪溺矣。若夫仰在璿璣，旁穆七政，薄伐不庭，開復疆宇。遂乃三俘僞主，開滌五都，雕顔卉服之鄉，龍荒朔漠之長，莫不迴首朝陽，沐浴玄澤。故四靈効瑞，川岳啓圖，嘉祥雜遝，休應炳著，玄象表革命之期，華裔注樂推之願。代德之符，著乎幽顯，瞻烏爰止，允集明哲，夫豈延康有歸，咸熙告謝而已哉！

昔火德既微，魏祖底績，黄運不競，三后肆勤。故天之曆數，實有攸在。朕雖庸闇，昧於大道，永鑒廢興，爲日已久。念四代之高義，稽天人之至望，予其遜位別宫，歸禪于宋，一依唐虞、漢魏故事。

《宋書》卷五《文帝紀》（元嘉）十九年正月乙巳，詔曰：「夫所因者本，聖哲之遠教；本立化成，斆學之爲貴。故詔以三德，崇以四術，用能納諸義方，致之軌度。盛王聖世，咸必由之。永初受命，憲章弘遠，將陶鈞庶品，混一殊風，有詔典司，大啓庠序，而頻遘屯夷，未及修建。永瞻前猷，思敷鴻烈。今方隅乂寧，戎夏慕嚮，廣訓胄子，實維時務。便可式遵成規，闡揚景業。」

夏四月甲戌，以久疾愈，始奉礿祠，大赦天下。

五月庚寅，梁秦二州刺史劉真道、龍驤將軍裴方明破氐楊難當，仇池平。

閏月，京邑雨水。丁巳，遣使巡行賑卹。

六月壬午，以大沮渠無諱爲征西大將軍、涼州刺史。

秋七月，以梁、秦二州刺史劉真道爲雍州刺史，龍驤將軍裴方明爲梁、南秦二州刺史。甲戌晦，日有蝕之。

冬十月甲申，芮芮國遣使獻方物。己亥，以晉寧太守周萬歲爲寧州刺史。

十二月丙申，詔曰：「胄子始集，學業方興。自微言泯絶，逝將千祀，感事思人，意有慨然。奉聖之胤，可速議繼襲。於先廟地，特爲營造，依舊給祠置令，四時饗祀。闕里往經寇亂，黌校殘毁，并下魯郡修復學舍，採召生徒。昔之賢哲及一介之善，猶或衞其丘壟，禁其芻牧，况尼父德表生民，功被百代，而墳塋荒蕪，荆棘弗翦。可蠲墓側數户，以掌洒掃。」魯郡上民孔景等五户居近孔子墓側，蠲其課役，供給洒掃，并種松栢六百株。

是歲，婆皇國遣使獻方物。

《宋書》卷一二《律曆志中》 夫天地之所貴者生也，萬物之所尊者人也，役智窮神，無幽不察，是以動作云爲，皆應天地之象。古先聖哲，擬辰極，制渾儀。夫陰陽二氣，陶育羣品，精象所寄，是爲日月。羣生之性，章爲五才，五才之靈，五星是也。曆所以擬天行而序七耀，紀萬國而授人時。黄帝使大撓造六甲，容成制曆象，羲和占日，常儀占月。少昊氏有鳳鳥之瑞，以鳥名官，而鳳鳥氏司曆。顓頊之代，南正重司天，北正黎司地。堯復育重黎之後，使治舊職，分命羲、和，欽若昊天。故《虞書》曰：「朞三百有六旬六日，以閏月定四時成歲。」其後授舜，曰：「天之曆數在爾躬。」舜亦以命禹。爰及殷、周二代，皆創業革制，而服色從之。順其時氣，以應天道，萬物羣生，蒙其利澤。三王既謝，史職廢官，故孔子正《春秋》以明司曆之過。秦兼天下，自以爲水德，以十月爲正，服色上黑。漢興，襲秦正朔，北平侯張蒼首言律曆之事，以《顓頊曆》比於六曆，所失差近。施用至武帝元封七年，太中大夫公孫卿、壺遂、太史令司馬遷等，言曆紀廢壞，宜改正朔，易服色，所以明受之於天也。乃詔遂等造漢曆。選鄧平、長樂司馬可及人間治曆者，二十餘人。方士唐都分天部，落下閎運算轉曆。其法積八十一寸，則一日之分也。閎與鄧平所治同。於是皆觀星度，日月行，更以算推，如閎、平法，一月之日二十九日八十一分日之四十三。詔遷用鄧平所造八十一分律曆，以平爲太史丞。至元鳳三年，太史令張壽王上書，以爲元年用黃帝《調曆》，「今陰陽不調，更曆之過」。詔下主曆使者鮮于妄人與治曆大司農中丞麻光等二十餘人雜候晦朔弦望二十四氣。又詔丞相、御史、大將軍、右將軍史各一人雜候上林清臺，課諸疏密，凡十一家。起三年盡五年。壽王課疏遠。又漢元年不用黃帝《調曆》，劾壽王逆天地，大不敬。詔勿劾。復候，盡六年，《太初曆》第一。壽王再劾不服，竟下吏。至孝成時，劉向總六曆，列是非，作《五紀論》。向子歆作《三統曆》以説《春秋》，屬辭比事，雖盡精巧，非其實也。班固謂之密要，故漢《曆志》述之。校之何承天等六家之曆，雖六元不同，分章或異，至今所差，或三日，或二日數時，考其遠近，率皆六國及秦時人所造。其術斗分多，上不可檢於《春秋》，下不驗於漢、魏，雖復假稱帝王，祇足以惑時人耳。

《宋書》卷四三《徐羨之傳》　元嘉二年，羨之與左光禄大夫傅亮上表歸政，曰：「臣聞元首司契，運樞成務；臣道代終，事盡宣翼。冕旒之道，理絕於上皇；拱己之事，不行於中古。故高宗不言，以三齡爲斷；冢宰聽政，以再朞爲節。百王以降，罔或不然。陛下聖德紹興，負荷洪業，億兆顒顒，思陶盛化。而聖旨謙挹，委成羣司。自大禮告終，鑽燧三改，大明佇照，遠邇傾屬。臣等雖率誠屢聞，未能仰感，敢藉品物之情，謹因蒼生之志。伏願陛下遠存周文日昃之道，近思皇室締構之艱，時攬萬機，躬親朝政，廣闢四聰，博詢庶業，則雍熙可臻，有生幸甚。」上未許。羨之等重奏曰：「近陳寫下情，言爲心罄，奉被還詔，鑒許未回。豈惟愚臣，秉心有在，詢之朝野，人無異議。何者？形風四方，實繫王德，一國之事，本之一人。雖世代不同，時殊風異，至於主運臣贊，古今一揆。未有渾心委任，而休明可期，此之非宜，布自遐邇。臣等荷遇二世，休慼以均，情爲國至，豈容順默。重披丹心，冒昧以請。」上猶辭。羨之等又固陳曰：「比表披陳，辭誠俱盡，詔旨沖遠，未垂聽納，三復屏營，伏增憂歎。臣聞克隆先構，幹蠱之盛業；昧旦丕顯，帝王之高義。自皇宋創運，英聖有造，殷憂未闕，艱患仍纏。賴天命有底，聖明承業，時屯國故，猶在民心。泰山之安，未易可保，昏明隆替，繫在聖躬。斯誠周詩夙興之辰，殷王待旦之日，豈得無爲拱己，復玄古之風，逡巡虛挹，徇匹夫之事。伏願以宗廟爲重，百姓爲心，弘大業以嗣先軌，隆聖道以增前烈。愚瞽所獻，情盡於此。」上乃許之。羨之仍遜位退還私第，兄子佩之及侍中程道惠、吳興太守王韶之等並謂非宜，敦勸甚苦，復奉詔攝任。

《宋書》卷五七《蔡廓傳》　廓博涉羣書，言行以禮。起家著作佐郎。時桓玄輔晉，議復肉刑，廓上議曰：「夫建封立法，弘治稽化，必隨時置制，德刑兼施。貞一以閑其邪，教禁以檢其慢，灑湛露以膏潤，厲嚴霜以肅威，晞風者陶和而安恬，畏戾者聞憲而警慮。雖復質文迭用，而斯道莫革。肉刑之設，肇自哲王。蓋由曩世風淳，民多惇謹，圖像既陳，則機心冥戢，刑人在塗，則不逞改操，故能勝殘去殺，化隆無爲。季末澆僞，法綱彌密，利巧之懷日滋，恥畏之情轉寡，終身劇役，不足止其姦，況乎黥劓，豈能反其善，徒有酸慘之聲，而無濟治之益。至於棄市之條，實非不赦之罪，事非手殺，考律同歸，輕重均科，減降路塞，鍾、陳以之抗言，元皇所爲留愍。今英輔翼讚，道邈伊、周，雖閉否之運甫開，而遐遺之難未已。誠宜明慎用刑，愛民弘育，申哀矜以革濫，移大辟於支體，全性命之至重，恢繁息於將來。使將斷之骨，荷更榮於三陽，干時之華，監商飆而知懼。威惠俱宣，感畏偕設，全生拯暴，於是乎在。」

《宋書》卷六八《彭城王劉義康傳》　世祖大明四年，義康女玉秀等露板辭曰：「父凶滅無狀，孤負天明，存荷優養，没蒙加禮，明罰羽山，未足勑法。烏鳥微心，昧死上訴，乞反葬舊塋，糜骨鄉壤。」詔聽，并加資給。前廢帝永光元年，太宰江夏王義恭表曰：「臣聞忝祖遠支，猶或慮親，降霍省序，義重令戚。故嚴道疾終，嗣啓方宇，阜陵愆屏，身遲晚恩。竊惟故庶人劉義康昔昧姦回，自貽非命，沈魂漏籍，垂誡來典。運革三朝，歲盈三紀，天地改朔，日月再升，陶形賦氣，咸蒙更始。義康妻息漂没，早違盛化，衆女孤弱，永淪黔首。即情原釁，本非己招，感事哀煢，俯增傷咽。敢緣陛下聖化融泰，春澤覃被，慈育羣生，仁被泉草。實希洗宥，還齒帝宗，則施及陳荄，榮施朽壤。臣特憑國私，冒以誠表，塵觸靈威，伏紙悲悸。」詔曰：「太宰表如此，公緣情追遠，覽以憎慨。昔淮、楚推恩，胙流支胤，抑法弘親，古今成準。使以公表付外，依旨奉行。故泉陵侯允横罹凶虐，可特爲置後。」太宗泰始四年，復絶屬籍，還爲庶人。

《宋書》卷七五《顔竣傳》 竣自散騎常侍、丹陽尹，加中書令，丹陽尹如故。表讓中書令曰：「虚竊國靈，坐玷禁要，聞命慚惶，形魂震越。臣東州凡鄙，生於微族，長自閭閻，不窺官轍，門無富貴，志絶華伍。直以委身龍畝，飢寒交切，先朝陶均庶品，不遺愚賤，得免耕税之勤，厠仕進之末。陛下盛德居蕃，總攬英異，越以不才，超塵清軌，奉躬歷稔，勞效莫書，仰恃曲成之仁，畢願守宰之秩。豈期天地中閟，殷憂啓聖，倚附興運，擢景神塗，雲飛海泳，冠絶倫等，曾未三朞，殊命八萃。詳料賞典，則臣不應科；瞻言勤良，則臣與侔貴。方欲訴款皇朝，降階盛序，微已國言，少徹身謗，而制書猥下，爵樹彌隆。臣小人也，不及遠謀，寵利之來，何能居約，徒以上瀆天明，下汩彝議，災謫之興，懼必在邇。今之過授，以先微身，苟曰非據，危辱將及，十手所指，諭等膏肓，所以寤寐兢遽，維縈苦疾者也。伏願陛下察其丹誠，矜其疾願，絶會收恩，以全愚分，則造化之施，方兹爲薄。」見許。

《宋書》卷九七《夷蠻傳・慧琳》 慧琳者，秦郡秦縣人，姓劉氏。少出家，住冶城寺，有才章，兼外内之學，爲廬陵王義真所知。嘗著《均善論》，其詞曰：

有白學先生，以爲中國聖人，經綸百世，其德弘矣，智周萬變，天人之理盡矣，道無隱旨，教罔遺筌，聰叡迪哲，何負於殊論哉。有黑學道士陋之，謂不照幽冥之途，弗及來生之化，雖尚虚心，未能虚事，不逮西域之深也。於是白學訪其所以不逮云爾。

白曰：「釋氏所論之空，與老氏所言之空，無同異乎？」黑曰：「異。釋氏即物爲空，空物爲一。老氏有無兩行，空有爲異。安得同乎。」白曰：「釋氏空物，物信空邪？」黑曰：「然。空又空，不翅於空矣。」白曰：「三儀靈長於宇宙，萬品盈生於天地，孰是空哉？」黑曰：「空其自性之有，不害因假之體也。今構羣材以成大廈，罔專寢之實，積一豪以致合抱，無檀木之體，有生莫俄頃之留，泰山蔑累息之固，興滅無常，因緣無主，所空在於性理，所難據於事用，吾以爲悞矣。」白曰：「所言實相，空者其如是乎？」黑曰：「然。」

白曰：「浮變之理，交於目前，視聽者之所同了邪？解之以登道場，重之以輕異學，誠未見其淵深。」黑曰：「斯理若近，求之實遠。夫情之所重者虚，事之可重者實。今虚其真實，離其浮僞，愛欲之惑，不得不去。愛去而道場不登者，吾不知所以相曉也。」白曰：「今析豪空樹，無□垂蔭之茂，離材虚室，不損輪奂之美，明無常增其愒蔭之情，陳若偏篤其競辰之慮。貝錦以繁采發輝，和羹以鹽梅致旨，齊侯追爽鳩之樂，燕王無延年之術，恐和合之辯，危脆之教，正足戀其嗜好之欲，無以傾其愛競之惑也。」黑曰：「斯固理絶於諸華，墳素莫之及也。」白曰：「山高累卑之辭，川樹積小之詠，舟壑火傳之談，堅白唐肆之論，蓋盈於中國矣，非理之奥，故不舉以爲教本耳。子固以遺情遺累，虚心爲道，而據事剖析者，更由指掌之間乎。」黑曰：「周、孔爲教，正及一世，不見來生無窮之緣，積善不過子孫之慶，累惡不過餘殃之罰，報効止於榮禄，誅責極於窮賤，視聽之外，冥然不知，良可悲矣。釋迦闡無窮之業，拔重關之險，陶方寸之慮，宇宙不足盈其明，設一慈之救，羣生不足勝其化，敍地獄則民懼其罪，敷天堂則物歡其福，指泥洹以長歸，乘法身以遐覽，神變無不周，靈澤靡不覃，先覺翻翔於上世，後悟騰翥而不紹，坎井之局，何以識大方之家乎。」白曰：「固能大其言矣，今効神光無徑寸之明，驗靈變罔纖介之異，勤誠者不覩善救之貌，篤學者弗剋陵虚之實，徒稱無量之壽，孰見期頤之叟，咨嗟金剛之固，安覩不朽之質。苟於事不符，宜尋立言之指，遺其所寄之説也。且要天堂以就善，曷若服義而蹈道，懼地獄以敕身，孰與從理以端心。禮拜以求免罪，不由祗肅之意，施一以徼百倍，弗乘無吝之情。美泥洹之樂，生耽逸之慮，贊法身之妙，肇好奇之心，近欲未弭，遠利又興，雖言菩薩無欲，羣生固以有欲矣。甫救交敝之氓，永開利競之俗，澄神反道，其可得乎。」黑曰：「不然。若不示以來生之欲，何以權其當生之滯。物情不能頓至，故積漸以誘之。奪此俄頃，要彼無窮，若弗勤春稼，秋穡何期。端坐井底，而息意庶慮者，長淪於九泉之下矣。」白曰：「異哉！何所務之乖也。道在無欲，而以有欲要之，北行求郢，西征索越，方長迷於幽都，永謬滯於昧谷。遼遼閩、楚，其可見乎。所謂積漸者，日損之謂也。當先遺其所輕，然後忘其所重，使利欲日去，淳白自生耳。豈得以少要多，以粗易妙，俯仰之間，非利不動，利之所蕩，其有極哉。乃丹青眩媚綵之目，土木夸好壯之心，興糜費之道，單九服之財，樹無用之事，割羣生之急，致營造之計，成私樹之權，務勸化之業，結師黨之勢，苦節以要厲精之譽，護法以展陵競之情，悲矣。大道其安寄乎。是以周、孔敦俗，弗關視聽之外，老、莊陶風，謹守性分而已。」黑曰：「三遊本於仁義，盜跖資於五善，聖跡之敝，豈有内外。且黄、老之家，符章之僞，水祝之誣，不可勝論。子安於彼，駭於此，玩於濁水，違於清淵耳。」白曰：「有跡不能不敝，有術不能無僞，此乃聖人所以桎梏也。今所惜在作法於貪，遂以成俗，不正其敝，反以爲高耳。至若淫妄之徒，世自近鄙，源流蔑然，固不足論。」黑曰：「釋氏之教，專救夷俗，便無取於諸華邪？」白曰：「曷爲其然。爲則開端，宜懷屬緒，愛物去殺，尚施周人，息心遺榮華之願，大士布兼濟之念，仁義玄一者，何以尚之。惜乎幽旨不亮，末流爲累耳。」黑曰：「子之論善殆同矣，便事盡於生乎？」白曰：「幽冥之理，固不極於人事矣。周、孔疑而不辨，釋迦辨而不實，將宜廢其顯晦之跡，存其所要之旨。請嘗言之。夫道之以仁義者，服理以從化，帥之以勸戒者，循利而遷善。故甘辭興於有欲，而滅於悟理，淡説行於天解，而息於貪僞。是以示來生者，蔽虧於道、釋不得已，杜幽闇者，冥符於姬、孔閉其兑。由斯論之，言之者未必遠，知之者未必得，不知者未必失，但知六度與五教並行，信順與慈悲齊立耳。殊塗而同歸者，不得守其發輪之轍也。」

《梁書》卷一《武帝紀上》 朕又聞之：疇庸命德，建侯作屏，咸用剋固四維，永隆萬葉。是以《二南》流化，九伯斯征，王道淳洽，刑措罔用。覆政弗興，歷兹永久，如燬既及，晉、鄭靡依。惟公經綸天地，寧濟區夏，道冠乎伊、稷，賞薄於桓、文，豈所以憲章齊、魯，長轡宇宙。敬惟前烈，朕甚懼焉。今進授相國，改揚州刺史爲牧，以豫州之梁郡歷陽、南徐州之義興、揚州之淮南宣城吴吴興會稽新安東陽十郡，封公爲梁公。錫兹白土，苴以白茅，爰定爾邦，用建冢社。在昔旦、奭，入居保佑，逮于畢、毛，亦作卿士，任兼内外，禮實宜之。今命使持節兼太尉王亮授相國揚州牧印綬，梁公璽紱；使持節兼司空王志授梁公茅土，金虎符第一至第五左，竹使符第一至第十左。相國位冠羣后，任總百司，恒典彝數，宜與事革。其以相國總百揆，去録尚書之號，上所假節、侍中貂蟬、中書監印、中外都督大司馬印綬，建安公印策，驃騎大將軍如故。又加公九錫，其敬聽後命：以公禮律兼修，刑德備舉，哀矜折獄，罔不用情，是用錫公大輅、戎輅各一，玄牡二駟。公勞心稼穡，念在民天，丕崇本務，惟穀是寶，是用錫公衮冕之服，赤舄副焉。公鎔鈞所被，變風以雅，易俗陶民，載和邦國，是用錫公軒懸之樂，六佾之舞。公文德廣覃，義聲遠洽，椎髻髽首，夷歌請吏，是用錫公朱户以居。公揚清抑濁，官方有序，多士聿興，《棫樸》流詠，是用錫公納陛以登。公正色御下，以身軌物，式遏不虞，折衝惟遠，是用錫公虎賁之士三百人。公威同夏日，志清姦宄，放命圮族，刑兹罔赦，是用錫公鈇、鉞各一。公跨躡嵩溟，陵厲區宇，譬諸日月，容光必至，是用錫公彤弓一，彤矢百，盧弓十，盧矢千。公永言惟孝，至感通神，恭嚴祀典，祭有餘敬，是用錫公秬鬯一卣，圭瓚副焉。梁國置丞相以下，一遵舊式。欽哉！其敬循往策，祗服大禮，對揚天眷，用膺多福，以弘我太祖之休命！【略】

又璽書曰：

夫生者天地之大德，人者含生之通稱，並首同本，未知所以異也。而禀靈造化，賢愚之情不一；託性五常，强柔之分或舛。羣后靡一，争犯交興，是故建君立長，用相司牧。非謂尊驕在上，以天下爲私者也。兼以三正迭改，五運相遷，緑文赤字，徵《河》表《洛》。在昔勛、華，深達兹義，眷求明哲，授以蒸民。遷虞事夏，本因心於百姓；化殷爲周，實受命於蒼昊。爰自漢、魏，罔不率由；降及晉、宋，亦遵斯典。我高皇所以格文祖而撫歸運，畏上天而恭寶曆者也。至于季世，禍亂荐臻，王度紛糾，姦回熾積。億兆夷人，刀俎爲命，已然之逼，若綫之危，跼天蹐地，逃形無所。羣凶挾煽，志逞殘戮，將欲先殄衣冠，次移龜鼎。衡、保、周、召，並列宵人。巢幕累卵，方此非切。自非英聖遠圖，仁爲己任，則鴟梟厲吻，翦焉已及。

惟王崇高則天，博厚儀地，鎔鑄六合，陶甄萬有。鋒馹交馳，振靈武以遐略；雲雷方扇，鞠義旅以勤王。揚旍旆於遠路，戮姦宄於魏闕。德冠往初，功無與二。弘濟艱難，緝熙王道。懷柔萬姓，經營四方。舉直措枉，較如畫一。待旦同乎殷后，日昃過於周文。風化肅穆，禮樂交暢。加以赦過宥罪，神武不殺，盛德昭於景緯，至義感於鬼神。若夫納彼大麓，膺此歸運，烈風不迷，樂推攸在。治五韙於已亂，重九鼎於既輕。自聲教所及，車書所至，革面回首，謳吟德澤。九山滅祲，四瀆安流。祥風扇起，淫雨静息。玄甲遊於芳荃，素文馴於郊苑。躍九川於清漢，鳴六象於高崗。靈瑞雜沓，玄符昭著。至於星孛紫宫，水効孟月，飛鴻滿野，長彗横天，取新之應既昭，革故之徵必顯。加以天表秀特，軒狀堯姿；君臨之符，諒非一揆。《書》云：「天鑒厥德，用集大命。」《詩》云：「文王在上，於昭于天。」所以二儀乃眷，幽明允叶，豈惟宅是萬邦，緝兹謳訟而已哉！

朕是用擁旋沉首，屬懷聖哲。昔水行告厭，我太祖既受命代終；在日天祿云謝，亦以木德而傳于梁。遠尋前典，降惟近代，百辟遐邇，莫違朕心。今遣使持節、兼太保、侍中、中書監、兼尚書令汝南縣開國侯亮，兼太尉、散騎常侍、中書令新吴縣開國侯志，奉皇帝璽紱。受終之禮，一依唐虞故事。王其陟兹元后，君臨萬方，式傳洪烈，以答上天之休命！

《梁書》卷二《武帝紀中》 （天監）七年春正月乙酉朔，詔曰：「建國君民，立教爲首。不學將落，嘉植靡由。朕肇基明命，光宅區宇，雖耕耘雅業，傍闡藝文，而成器未廣，志本猶闕，非所以鎔範貴遊，納諸軌度。思欲式敦讓齒，自家刑國。今聲訓所漸，戎夏同風，宜大啓庠斅，博延胄子，務彼十倫，弘此三德，使陶鈞遠被，微言載表。」中衛將軍、領太子詹事王茂進號車騎將軍。戊戌，作神龍、仁虎闕於端門、大司馬門外。壬子，以領軍將軍曹景宗爲中衛將軍，衛尉蕭景兼領軍將軍。

《梁書》卷七《后妃傳・高祖丁貴嬪》 高祖義師起，昭明太子始誕育，貴嬪與太子留在州城。京邑平，乃還京都。天監元年五月，有司奏爲貴人，未拜；其年八月，又爲貴嬪，位在三夫人上，居于顯陽殿。【略】普通七年十一月庚辰薨，殯於東宮臨雲殿，年四十二。詔吏部郎張纘爲哀策文曰：

菆塗既啓，桂鐏虛凝，龍帷已薦，象服將升。皇帝傷璧臺之永閟，悼曾城之不踐，罷鄉歌乎燕樂，廢徹齊於祀典。《風》有《采蘩》，化行南國，爰命史臣，俾流嬪德。其辭曰：

軒緯之精，江漢之英，歸于君袂，生此離明。誕自厥初，時維載育；樞電繞郊，神光照屋。爰及待年，含章早穆，聲被洽陽，譽宣中谷。龍德在田，聿恭兹祀；陰化代終，王風攸始。動容諧式，出言顧史；宜其家人，刑于國紀。膺斯眷命，從此宅心；狄綴采珩，珮動雅音。日中思戒，月滿懷箴；如何不踴，天高照臨。玄紞莫脩，褘章早缺；成物誰能，芳猷有烈。素魄貞明，紫宮炤晰；逮下靡傷，思賢罔蔽。躬儉則節，昭事惟虔；金玉無玩，筐筥不捐。祥流德化，慶表親賢；甄昌軼啓，孕魯陶燕。方論婦教，明章閫席；玄池早扃，湘沅已穸。展衣委華，朱幘寢迹；慕結儲闈，哀深蕃辟。嗚呼哀哉！

令龜兆良，葆引遷祖；具僚次列，承華接武。日杳杳以霾春，風淒淒而結緒；去曾掖以依遲，飾新宮而延佇。嗚呼哀哉！

啓丹旗之星旆，振容車之黼裳；擬靈金而鬱楚，泛悽管而凝傷。遺備物乎營寢，掩重闈於窒皇；椒風暖兮猶昔，蘭殿幽而不陽。嗚呼哀哉！

側闈高義，彤管有懌；道變虞風，功參唐跡。婉如之人，休光赤舄；施諸天地，而無朝夕。嗚呼哀哉！

《梁書》卷四八《儒林傳序》 漢氏承秦燔書，大弘儒訓，太學生徒，動以萬數，郡國黌舍，悉皆充滿，學於山澤者，至或就爲列肆，其盛也如是。漢末喪亂，其道遂衰。魏正始以後，仍尚玄虛之學，爲儒者蓋寡。時荀顗、摯虞之徒，雖刪定新禮，改官職，未能易俗移風。自是中原橫潰，衣冠殄盡，江左草創，日不暇給，以迄于宋、齊，國學時或開置，而勸課未博，建之不及十年，蓋取文具，廢之多歷世祀，其棄也忽諸。鄉里莫或開館，公卿罕通經術，朝廷大儒，獨學而弗肯養衆，後生孤陋，擁經而無所講習，三德六藝，其廢久矣。高祖有天下，深愍之，詔求碩學，治五禮，定六律，改斗曆，正權衡。天監四年，詔曰：「二漢登賢，莫非經術，服膺雅道，名立行成。魏、晉浮蕩，儒教淪歇，風節罔樹，抑此之由。朕日昃罷朝，思聞俊異，收士得人，實惟酬獎。可置《五經》博士各一人，廣開館宇，招内後進。」於是以平原明山賓、吴興沈峻、建平嚴植之、會稽賀瑒補博士，各主一館。館有數百生，給其餼廩。其射策通明者，即除爲吏。十數年間，懷經負笈者雲會京師。又選遣學生如會稽雲門山，受業於廬江何胤。分遣博士祭酒，到州郡立學。七年，又詔曰：「建國君民，立教爲首，砥身礪行，由乎經術。朕肇基明命，光宅區宇，雖耕耘雅業，傍闡藝文，而成器未廣，志本猶闕，非以鎔範貴遊，納諸軌度，思欲式敦讓齒，自家刑國。今聲訓所漸，戎夏同風，宜大啓庠斅，博延胄子，務彼十倫，弘此三德，使陶鈞遠被，微言載表。」於是皇太子、皇子、宗室、王侯始就業焉。高祖親屈輿駕，釋奠於先師先聖，申之以讌語，勞之以束帛，濟濟焉，洋洋焉，大道之行也如是。其伏曼容、何佟之、范縝，有舊名於世；爲時儒者，嚴植之、賀瑒等首膺兹選。今並綴爲《儒林傳》云。

《陳書》卷三《世祖紀》 天嘉元年春正月癸丑，詔曰：「朕以寡昧，嗣纂洪業，哀惸在疚，治道弗昭，仰惟前德，幽顯遐暢，恭己不言，庶幾無改。雖宏圖懋軌，日月方弘，而清廟廓然，聖靈浸遠，感尋永往，瞻言罔極。今四象運周，三元告獻，華夷胥洎，玉帛駿奔，思覃遺澤，播之億兆。其大赦天下。改永定四年爲天嘉元年。鰥寡孤獨不能自存立者，賜穀人五斛。孝悌力田殊行異等，加爵一級。」甲寅，分遣使者宣勞四方。辛酉，輿駕親祠南郊，詔曰：「朕式饗上玄，虔奉牲玉，高禋禮畢，誠敬兼弘。且陰霾浹辰，褰霽在日，雲物韶朗，風景清和，慶動人祇，忭流庶俗，思俾黎元，同此多祐。可賜民爵一級。」辛未，輿駕親祠北郊。日有冠。

二月辛卯，老人星見。乙未，高州刺史紀機自軍叛還宣城，據郡以應王琳，涇令賀當遷討平之。景申，太尉侯瑱敗王琳于梁山，敗齊兵于博望，生擒齊將劉伯球，盡收其資儲船艦，俘馘以萬計，王琳及其主蕭莊奔于齊。

戊戌，詔曰：「夫五運遞來，三靈眷命，皇王因之改創，殷、周所以樂推。朕統曆承基，丕隆鼎運，期理攸屬，數祚斯在，豈僥倖所至，寧卜祝可求。故知神器之重，必在符命。是以逐鹿貽譏，斷蛇定業，亂臣賊子，異世同尤。王琳識暗挈瓶，智慙衛足，干紀亂常，自貽顛沛，而縉紳君子，多被縶維，雖涇渭合流，蘭鮑同肆，求之厥理，或有脅從。今九罭既設，八紘斯掩，天網恢恢，吞舟是漏。至如伏波遊説，永作漢蕃，延壽脱歸，終爲魏守，器改秦、虞，材通晉、楚，行藏用捨，亦豈有恒，宜加寬仁，以彰雷作。其衣冠士族，預在凶黨，悉皆原宥；將帥戰兵，亦同肆眚，並隨才銓引，庶收力用。」又詔師旅以來，將士死王事者，並加贈謚。己亥，詔曰：「日者凶渠肆虐，衆軍進討，舟艦輸積，權倩民丁，師出經時，役勞日久。今氛祲廓清，宜有甄被。可蠲復丁身。夫妻三年，於役不幸者，復其妻子。」庚子，分遣使者賫璽書宣勞四方。乙巳，遣太尉侯瑱鎮湓城。庚戌，以高祖第六子昌爲驃騎將軍、湘州牧，立爲衡陽王。

三月景辰，詔曰：「自喪亂以來，十有餘載，編户凋亡，萬不遺一，中原氓庶，蓋云無幾。頃者寇難仍接，筭斂繁多，且興師已來，千金日費，府藏虚竭，杼軸歲空。近所置軍資，本充戎備，今元惡克殄，八表已康，兵戈静戢，息肩方在，思俾餘黎，陶此寬賦，今歲軍糧通減三分之一。尚書申下四方，稱朕哀矜之意。守宰明加勸課，務急農桑，庶鼓腹含哺，復在兹日。」蕭莊所署郢州刺史孫瑒舉州内附。丁巳，江州刺史周迪平南中，斬賊率熊曇朗，傳首京師。先是，齊軍守魯山城，戊午，齊軍棄城走，詔南豫州刺史程靈洗守之。甲子，分荆州之天門、義陽、南平，郢州之武陵四郡，置武州。其刺史督沅州，領武陵太守，治武陵郡。其都尉所部六縣爲沅州。別置通寧郡，以刺史領太守，治都尉城，省舊都尉。以安南將軍、南兗州刺史、新除右衛將軍吴明徹爲安西將軍、武州刺史，僞郢州刺史孫瑒爲安南將軍、湘州刺史。景子，衡陽王昌薨。丁丑，詔曰：「蕭莊僞署文武官

屬還朝者，量加録序。」

《陳書》卷六《後主紀》 至德元年春正月壬寅，詔曰：「朕以寡薄，嗣守鴻基，哀惸切慮，疹恙纏織，訓俗少方，臨下靡筭，懼甚踐冰，慄同馭朽。而四氣易流，三光遄至，纓紱列陛，玉帛充庭，具物匪新，節序疑舊，緬思前德，永慕昔辰，對軒闥而哽心，顧扆筵而慓氣。思所以仰遵遺構，俯勵薄躬，陶鑄九流，休息百姓，用弘寬簡，取叶陽和。可大赦天下，改太建十五年爲至德元年。」以征南將軍、江州刺史、新除開府儀同三司豫章王叔英爲中衛大將軍，驃騎將軍、開府儀同三司、揚州刺史長沙王叔堅爲江州刺史，征東將軍、開府儀同三司、東揚州刺史司馬消難進號車騎將軍，宣惠將軍、丹陽尹晉熙王叔文爲揚州刺史，鎮南將軍、南豫州刺史任忠爲領軍將軍，安左將軍魯廣達爲平南將軍、南豫州刺史，祠部尚書江總爲吏部尚書。癸卯，立皇子深爲始安王。

《陳書》卷二六《徐陵傳》 及侯景寇京師，陵父摛先在圍城之内，陵不奉家信，便蔬食布衣，若居憂恤。會齊受魏禪，梁元帝承制於江陵，復通使於齊。陵累求復命，終拘留不遣，陵乃致書於僕射楊遵彦曰：

夫一言所感，凝暉照於魯陽，一志冥通，飛泉涌於疏勒，況復元首康哉，股肱良哉，隣國相聞，風教相期者也？天道窮剥，鍾亂本朝，情計馳惶，公私哽懼，而骸骨之請徒淹歲寒，顛沛之祈空盈卷軸，是所不圖也，非所仰望也。

執事不聞之乎！昔分鼇命鳥之世，觀河拜洛之年，則有日(鳥)〔烏〕流災，風禽騁暴，天傾西北，地鞅東南，盛旱坼三川，長波含五嶽。我大梁應金圖而有亢，纂玉鏡而猶屯。何則？聖人不能爲時，斯固窮通之恒理也。至如荆州刺史湘東王，機神之本，無寄名言，陶鑄之餘，猶爲堯、舜，雖復六代之舞，陳於總章，九州之歌，登於司樂，虞夔拊石，晉曠調鍾，未足頌此英聲，無以宣其盛德者也。若使郊禋楚翼，寧非祀夏之君，戡定艱難，便是匡周之霸，豈徒豳王徙雍，朞月爲都，姚帝遷河，周年成邑。方今越常藐藐，馴雉北飛，肅眘茫茫，風牛南偃，吾君之子，含識知歸，而答旨云何所投身，斯其未喻一也。

《魏書》卷三八《刁雍傳》 興光二年，詔雍還都，拜特進，將軍如故。和平六年，表曰：

臣聞有國有家者，莫不禮樂爲先。故《樂記》云：禮所以制外，樂所以修内。和氣中釋，恭敬温文。是以安上治民，莫善於禮；易俗移風，莫善於

樂。且於一民一俗，尚須崇而用之，況統御八方，陶鈞六合者哉？故帝堯修五禮以明典章，作《咸池》以諧萬類，顯皇軌於云岱，揚鴻化於介丘。令木石革心，鳥獸率舞。包天地之情，達神明之德。夫感天動神，莫近於禮樂。故大樂與天地同和，大禮與天地同節。和，故百物阜生；節，故報天祭地。禮行於郊，則上下和肅。肅者，禮之情；和者，樂之致。樂至則無怨，禮至則不違。揖讓而治天下者，禮樂之謂歟？

唯聖人知禮樂之不可以已，故作樂以應天，制禮以配地。所以承天之道，治人之情。故王者治定制禮，功成作樂。虞夏殷周，易代而起。及周之末，王政陵遲。仲尼傷禮樂之崩亡，痛文武之將墜，自衛返魯，各得其中。逮乎秦皇，翦棄道術，灰滅典籍，坑燼儒士，盲天下之目，絕象魏之章，《簫《韶》來儀，不可復矣。賴大漢之興，改正朔，易服色，協音樂，制禮儀，正聲古禮，粗欲周備。至於孝章，每以三代損益，優劣殊軌，歎其薄德，無以易民視聽。博士曹褒覩斯詔也，知上有制作之意，乃上疏求定諸儀，以爲漢禮。終於休廢，寢而不行。及魏晉之日，修而不備。

伏惟陛下無爲以恭己，使賢以御世，方鳴和鸞以陟岱宗，陪羣后以昇中岳，而三禮闕於唐辰，象舞替於周日。夫君舉必書，古之典也。柴望之禮，帝王盛事。臣今以爲有其時而無其禮，有其德而無其樂。史闕封石之文，工絕清頌之饗，良由禮樂不興，王政有闕所致也。臣聞樂由禮，所以象德；禮由樂，所以防淫。五帝殊時不相沿，三王異世不相襲。事與時並，名與功偕故也。臣識昧儒先，管窺不遠，謂宜修禮正樂，以光大聖之治。

《魏書》卷六二《李彪傳》　彪乃表曰：伏惟孝文皇帝承天地之寶，崇祖宗之業，景功未就，奄焉崩殞，凡百黎萌，若無天地。賴遇陛下體明叡之真，應保合之量，恢大明以燭物，履靜恭以安邦，天清其氣，地樂其靜，不愆不忘，率由舊章，可謂重明疊聖，元首康哉。惟先皇之開創造物，經綸浩曠，加以魏典流製，藻績垂篇，窮理於有象，盡性於衆變，可謂日月出矣，無幽不燭也。《記》曰：善流者欲以繼其行，善歌者欲人繼其聲。故《傳》曰：文王基之，周公成之。又曰：無周公之才，不得行周公之事。今之親王，可謂當之矣。然先皇之茂猷聖達，今王之懿美洞鑒，準之前代，其聽靡悔也。時哉時哉，可不光昭哉！合德二儀者，先皇之陶鈞也；齊明日月者，先皇之洞照也；慮周四時者，先皇之茂功也；合契鬼神者，先皇之玄燭也；遷都改邑者，先皇之達也；變是協和者，先皇之鑒也；思同書軌者，先皇之遠也；守在四夷者，先皇之略也；海外有截者，先皇之威也；禮田岐陽者，先皇之義也；張樂岱郊者，先皇之仁也；鑾幸幽漠者，先皇之智也；變伐南荆者，先皇之禮也；升中告成者，先皇之肅也；親虔宗社者，先皇之敬也；衮實無闕者，先皇之充也；開物成務者，先皇之貞也；觀乎人文者，先皇之蘊也；革弊創新者，先皇之志也；孝慈道洽者，先皇之衷也。先皇有大功二十，加以謙尊而光，爲而弗有，可謂四三皇而六五帝矣，誠宜功書於竹素，聲播於金石。

《魏書》卷八四《儒林傳・常爽》　世祖西征涼土，爽與兄仕國歸款軍門，世祖嘉之。賜仕國爵五品，顯美男；爽爲六品，拜宣威將軍。是時戎車屢駕，征伐爲事，貴遊子弟未遑學術，爽置館溫水之右，教授門徒七百餘人，京師學業，翕然復興。爽立訓甚有勸罰之科，弟子事之若嚴君焉。尚書左僕射元贊，平原太守司馬真安、著作郎程靈虬，皆是爽教所就。崔浩、高允並稱爽之嚴教，獎厲有方。允曰：「文翁柔勝，先生剛克，立教雖殊，成人一也。」其爲通識歎服如此。

因教授之暇，述《六經略注》，以廣制作，甚有條貫。其序曰：「《傳》稱：『立天之道曰陰與陽，立地之道曰柔與剛，立人之道曰仁與義。』然則仁義者人之性也，經典者身之文也，皆以陶鑄神情，啓悟耳目，未有不由學而能成其器，不由習而能利其業。是故季路勇士也，服道以成忠烈之概；寧越庸夫也，講藝以全高尚之節。蓋所由者習也，所因者本也，本立而道生，身文而德備焉。昔者先王之訓天下也，莫不導以《詩》《書》，教以《禮》《樂》，移其風俗，和其人民。故恭儉莊敬而不煩者，教深於《禮》也；廣博易良而不奢者，教深於《樂》也；溫柔敦厚而不愚者，教深於《詩》也；疏通知遠而不誣者，教深於《書》也；潔靜精微而不賊者，教深於《易》也；屬辭比事而不亂者，教深於《春秋》也。夫《樂》以和神，《詩》以正言，《禮》以明體，《書》以廣聽，《春秋》以斷事，五者蓋五常之道相須而備，而《易》爲之源。故曰：『《易》不可見則乾坤其幾乎息矣。』由是言之，《六經》者先王之遺烈，聖人之盛事也。安可不遊心寓目，習性文身哉！頃因暇日，屬意藝林，略撰所聞，討論其本，名曰《六經略注》以訓門徒焉。」其《略注》行於世。

《魏書》卷一一一《刑罰志序》　二儀既判，彙品生焉，五才兼用，廢一不可。金木水火土，咸相愛惡。陰陽所育，稟氣呈形，鼓之以雷霆，潤之以雲雨，春夏以生長之，秋冬以殺藏之。斯則德刑之設，著自神道。聖人處天地之間，率神祇之意。生民有喜怒之性，哀樂之心，應感而動，動而逾變。淳化所陶，下以惇朴。

故異章服，畫衣冠，示耻申禁，而不敢犯。其流既鋭，姦黠萌生。是以明法令，立刑賞。故《書》曰：「象以典刑，流宥五刑，鞭作官刑，扑作教刑，金作贖刑，怙終賊刑，眚災肆赦。」舜命咎繇曰：「五刑有服，五服三就，五流有宅，五宅三居。」夏刑則大辟二百，臏辟三百，宫辟五百，劓墨各千。殷因於夏，蓋有損益。《周禮》：建三典，刑邦國，以五聽求民情，八議以申之，三刺以審之。左嘉石，平罷民；右肺石，達窮民。宥不識，宥過失，宥遺忘；赦幼弱，赦耄耋，赦惷愚。周道既衰，穆王荒耄，命吕侯度作祥刑，以詰四方，五刑之屬增矣。夫疑獄汎問，與衆共之，衆疑赦之，必察小大之比以成之。先王之愛民如此，刑成而不可變，故君子盡心焉。

逮於戰國，競任威刑，以相呑噬。商君以《法經》六篇，入説於秦，議參夷之誅，連相坐之法。風俗凋薄，號爲虎狼。及於始皇，遂兼天下，毁先王之典，制挾書之禁，法繁於秋荼，網密於凝脂，姦僞並生，赭衣塞路，獄犴淹積，囹圄成市。於是天下怨叛，十室而九。漢祖入關，蠲削煩苛，致三章之約。文帝以仁厚，斷獄四百，幾致刑措。孝武世以姦宄滋甚，增律五十餘篇。宣帝時，路温舒上書曰：「夫獄者天下之命，《書》曰：與其殺不辜，寧失有罪。今治獄吏，非不慈仁也。上下相毆，以刻爲明，深者獲公名，平者多後患。故治獄吏皆欲人死，非憎人也，自安之道，在人之死。夫人情安則樂生，痛則思死，捶楚之下，何求而不得。故因人不勝痛，則飾辭以示人。吏治者利其然，則指導以明之；上奏畏卻，則鍛練而周内之。雖咎繇聽之，猶以爲死有餘罪。何則？文致之罪明也。故天下之患，莫深於獄。」宣帝善之。痛乎！獄吏之害也久矣。故曰，古之立獄，所以求生；今之立獄，所以求殺人。不可不慎也。于定國爲廷尉，集諸法律，凡九百六十卷，大辟四百九十條，千八百八十二事，死罪決比，凡三千四百七十二條，諸斷罪當用者，合二萬六千二百七十二條。後漢二百年間，律章無大增減。魏武帝造甲子科條，犯釱左右趾者，易以斗械。明帝改士民罰金之坐，除婦人加笞之制。晉武帝以魏制峻密，又詔車騎賈充集諸儒學，删定名例，爲二十卷，并合二千九百餘條。

晉室喪亂，中原蕩然。魏氏承百王之末，屬崩散之後，典刑泯棄，禮俗澆薄。自太祖撥亂，蕩滌華夏，至于太和，然後吏清政平，斷獄省簡，所謂百年而後勝殘去殺。故權舉行事，以著于篇。

《魏書》卷一一四《釋老志》 浮屠正號曰佛陀，佛陀與浮圖聲相近，皆西方言，其來轉爲二音。華言譯之則謂淨覺，言滅穢成明，道爲聖悟。凡其經旨，大抵言生生之類，皆因行業而起。有過去、當今、未來，歷三世，識神常不滅。凡爲善惡，必有報應。漸積勝業，陶冶粗鄙，經無數形，澡練神明，乃致無生而得佛道。其間階次心行，等級非一，皆緣淺以至深，藉微而爲著。率在於積仁順，蠲嗜慾，習虚静而成通照也。故其始修心則依佛、法、僧，謂之三歸，若君子之三畏也。又有五戒，去殺、盗、淫、妄言、飲酒，大意與仁、義、禮、智、信同，名爲異耳。云奉持之，則生天人勝處，虧犯則墜鬼畜諸苦。又善惡生處，凡有六道焉。

諸服其道者，則剃落鬚髮，釋累辭家，結師資，遵律度，相與和居，治心修淨，行乞以自給。謂之沙門，或曰桑門，亦聲相近，總謂之僧，皆胡言也。僧，譯爲和命衆，桑門爲息心，比丘爲行乞。俗人之信憑道法者，男曰優婆塞，女曰優婆夷。其爲沙門者，初修十誡，曰沙彌，而終於二百五十，則具足成大僧。婦入道者曰比丘尼。其誡至于五百，皆以□爲本，隨事增數，在於防心、攝身、正口。心去貪、忿、癡，身除殺、淫、盗，口斷妄、雜、諸非正言，總謂之十善道。能具此，謂之三業清淨。凡人修行粗爲極。云可以達惡善報，漸階聖迹。初階聖者，有三種人，其根業各差，謂之三乘，聲聞乘、緣覺乘、大乘。取其可乘運以至道爲名。此三人惡迹已盡，但修心盪累，濟物進德。初根人爲小乘，行四諦法；中根人爲中乘，受十二因緣；上根人爲大乘，則修六度。雖階三乘，而要由修進萬行，拯度億流，彌歷長遠，乃可登佛境矣。

《周書》卷一《文帝紀上》 時魏帝方圖齊神武，又遣徵兵。太祖乃令前秦州刺史駱超爲大都督，率輕騎一千赴洛。進授太祖兼尚書僕射、關西大行臺，餘官封如故。太祖乃傳檄方鎮曰：

蓋聞陰陽遞用，盛衰相襲，苟當百六，無間三五。皇家創歷，陶鑄蒼生，保安四海，仁育萬物。運距孝昌，屯沴屢起，隴、冀騷動，燕、河狼顧。雖靈命重啓，蕩定有期，而乘釁之徒，因生羽翼。

賊臣高歡，器識庸下，出自輿皂，罕聞禮義，直以一介鷹犬，効力戎行，靦冒恩私，遂階榮寵。不能竭誠盡節，專挾姦回，乃勸爾朱榮行兹篡逆。及榮以專政伏誅，世隆以凶黨外叛，歡苦相敦勉，令取京師。又勸吐萬兒復爲弑虐，暫立建明，以令天下，假推普泰，欲竊威權。並歸廢斥，俱見酷害。於是稱兵河北，假討爾朱，亟通表奏，云取讒賊。既行廢黜，遂將篡弑。以人望未改，恐鼎鑊交及，乃求宗室，權允人心。天方與魏，必將有主，翊戴聖明，誠非歡力。而歡阻兵安忍，自以爲功。廣布腹心，跨州連郡，端揆禁闈，莫非親黨。皆行貪虐，窫窳生人。而舊將名臣，正人直士，横生瘡痏，動挂網羅。故武衛將軍伊琳，清貞剛毅，禁旅攸屬；直閤將軍鮮于康仁，忠亮驍傑，爪牙斯在：歡收而戮之，曾无聞奏。司空高乾，是其黨與，每相影響，謀危社稷。但以姦志未從，恐先洩漏，乃密白朝廷，使殺高乾，方哭對其弟，稱天子横戮。孫騰、任祥，歡之心膂，並使入居樞近，伺國間隙，知歡逆謀將發，相繼逃歸，歡益加撫待，亦無陳白。

然歡入洛之始，本有姦謀。令親人蔡儁作牧河、濟，厚相恩贍，以爲東道主人。故關西大都督、清水公賀拔岳，勳德隆重，興亡攸寄，歡好亂樂禍，深相忌毒，乃與侯莫陳悦陰圖陷害。幕府以受律專征，便即討戮。歡知逆狀已露，稍懷旅距，遂遣蔡儁拒代，令竇泰佐之。又遣侯景等云向白馬，輔世珍等徑趣石濟，高隆之、疋婁昭等屯據壺關，韓軌之徒擁衆蒲坂。於是上書天子，數論得失，訾毁乘輿，威侮朝廷。藉此微庸，冀兹大寶。谿壑可盈，禍心不測。或言徑赴荆楚，開疆於外；或言分詣伊洛，取彼讒人；或言欲來入關，與幕府決戰。今聖明御運，天下清夷，百寮師師，四隩來暨。人盡忠良，誰爲君側？而歡威福自己，生是亂階，緝構南箕，指鹿爲馬，包藏凶逆，伺我神器。是而可忍，孰不可容！

幕府折衝宇宙，親當受脤，鋭師百萬，彀騎千羣，裹糧坐甲，唯敵是俟，義之所在，糜軀匪悋。況頻有詔書，班告天下，稱歡逆亂，徵兵致伐。今便分命將帥，應機進討。或趣其要害，或襲其窟宅，電繞蛇擊，霧合星羅。而歡違負天地，毒被人鬼，乘此掃蕩，易同俯拾。歡若渡河，稍逼宗廟，則分命諸將，直取并州，幕府躬自東轅，電赴伊洛；若固其巢穴，未敢發動，亦命羣帥，百道俱前，轘裂賊臣，以謝天下。

其州鎮郡縣，率土人黎，或州鄉冠冕，或勳庸世濟，並宜捨逆歸順，立效軍門。封賞之科，已有别格。凡百君子，可不勉歟。

《南史》卷一《宋本紀上》 策曰：

朕以寡昧，仰纘洪基，夷羿乘釁，蕩覆王室，越在南鄙，遷于九江。宗祀絶饗，人神無位，提挈羣凶，寄命江浦，則我祖宗之烈，奄墜于地，七百之祚，翦焉既傾，若涉巨海，罔知攸濟。天未絶晉，誕育英輔，振厥弛維，再造區宇，興亡繼絶，俾昏作明，元勳至德，朕實攸賴。

今將授公典策，其敬聽朕命：乃者，桓玄肆僭，滔天泯夏，拔本塞源，顛蹶六位，庶僚俛眉，四方莫恤。公精貫朝日，氣陵虹蜺，奮其靈武，大殲羣慝，剋復皇邑，奉歆神祇。此公之大節，始於勤王者也。授律羣后，泝流長騖，薄伐峥嶸，獻捷南郢，大憝折首，羣逆畢夷，三光旋采，舊物反正。此又公之功也。出藩入輔，弘兹保弼，阜財利用，繁殖黎元，編户歲滋，疆宇日啓，導德明刑，四境有截。此又公之功也。鮮卑負衆，僭盜三齊，介恃遐阻，仍爲邊害，公菟乘秣馬，夐入遠疆，衝櫓四臨，萬雉俱潰，拓土三千，申威龍漠。此又公之功也。盧循祆凶，伺隙五嶺，侵覆江、豫，矢及王城，國議遷都之規，家獻徒卜之計，公乘轅南濟，義形于色，運奇攄略，英謨不世，狡寇窮衂，喪旗宵遁，俾我畿甸，拯於將墜。此又公之功也。追奔逐北，揚旍江瀆，偏旅浮海，指日遄至，番禺之功，俘級萬數，左里之捷，鳥散魚潰，元凶遠竄，傳首萬里。此又公之功也。劉毅叛换，負釁西夏，陵上罔主，志肆姦暴，公禦軌以刑，消之不日，罪人斯得，荆、衡寧晏。此又公之功也。譙縱怙亂，寇竊一隅，王化阻閡，三巴淪溺，公指命偏帥，授以良圖，陵波憑湍，致届井絡，僭豎伏鑕，梁、岷草偃。此又公之功也。馬休、魯宗，阻兵内侮，驅率二方，連旗稱亂，公投袂星言，研其上略，江津之師，勢踰風電，回旆沔川，實繁震慴，二叛奔迸，荆、雍來蘇。此又公之功也。永嘉不競，四夷擅華，五都傾蕩，山陵幽辱，祖宗懷没世之憤，遺甿有《匪風》之思，公遠齊阿衡納隍之仁，近同小白滅亡之耻，鞠旅陳師，赫然大號，分命羣帥，北徇司、兗，許、鄭風靡，鞏、洛載清，百年榛穢，一朝掃滌。此又公之功也。

公有康宇内之勳，重之以明德。爰初發跡，則奇謨冠古，電擊强祆，則鋒無前對，聿寧東畿，大造黔首。若乃草昧經綸，化融於歲計，扶危静亂，道固於苞桑。蠲削煩苛，較若畫一，淳風美化，盈塞區宇。是以絶域獻琛，遐夷納賮，王略所宣，九服率從。雖文命之東漸西被，咎繇之邁于種德，何以尚兹。

朕聞先王之宰世也，庸勳尊賢，建侯胙土，褒以寵章，崇其徽物，所以協輔皇室，永隆藩屏。故曲阜光啓，遂荒徐宅，營丘表海，四履有聞。其在襄王，亦賴匡霸，又命晉文，備物光賜。惟公道冠前烈，勳高振古，而殊典未飾，朕甚懵焉！今進授相國，以徐州之彭城沛蘭陵下邳淮陽山陽廣陵、兗州之高平魯泰山十郡封公爲宋公，錫兹玄土，苴以白茅，爰定爾居，用建冢社。

昔晉、鄭啓藩，入作卿士，周、召保傅，出總二南，内外之任，公實兼之。今命使持節、兼太尉、尚書左僕射晉寧縣五等男湛授相國印綬，宋公璽紱，使持節、兼司空、散騎常侍、尚書陽遂鄉侯泰授宋公茅土，金虎符第一至第五左，竹使符第一至第十左。相國位無不總，禮絶朝班，居常之名，宜與事革。其以相國總百揆，去録尚書之號；上送所假節、侍中貂蟬、中外都督太傅太尉印綬、豫章公印策；進揚州刺史爲牧，領征西將軍、司豫北徐雍四州刺史如故。

公紀綱禮度，萬國是式，乘介蹈方，罔有遷志，是用錫公大路、戎路各一，玄牡二駟；公抑末敦本，務農重積，采虆實殷，稼穡惟阜，是用錫公衮冕之服，赤舄副焉；公閑邪納正，移風改俗，陶鈞品物，如樂之和，是用錫公軒縣之樂，六佾之舞；公宣美王化，導揚休風，華夷企踵，遠人胥萃，是用錫公朱户以居；公官方任能，網羅幽滯，九皋辭野，髦士盈朝，是用錫公納陛以登；公當軸處中，率下以義，式遏寇讎，滌除苛慝，是用錫公虎賁之士三百人；公明罰恤刑，庶獄詳允，放命干紀，罔有攸縱，是用錫公鈇鉞各一；公龍驤鳳矯，咫尺八紘，括囊四海，折衝無外，是用錫公彤弓一、彤矢百，玈弓十、玈矢千；公温恭孝思，致虔禋祀，忠肅之志，儀刑四方，是用錫公秬鬯一卣，圭瓚副焉。宋國置丞相以下，一遵舊儀。欽哉，其祇服往命，茂對天休，簡恤庶邦，敬敷顯德，以終我高祖之嘉命！

《南史》卷六《梁本紀上》〔策曰〕朕又聞之：疇庸命德，建侯作屏，咸用克固四維，永隆萬葉。是以二南流化，九伯斯征，王道淳洽，刑厝罔用。惟公經綸天地，寧濟區夏，道冠乎伊、稷，賞薄於桓、文，豈所以憲章齊、魯，長轡宇宙。敬惟前烈，朕甚懼焉。今進授相國，改揚州刺史爲牧，以豫州之梁郡歷陽、南徐州之義興、揚州之淮南宣城吴吴興會稽新安東陽十郡，封公爲梁公，錫兹白土，苴以白茅，爰定爾邦，用建冢社。在昔旦、奭，入居保佑，逮于畢、毛，亦作卿士，任兼内外，禮實宜之。今命使持節、兼太尉王亮授相國揚州牧印綬，梁公璽紱；使持節、兼司空王志授梁公茅土，金虎符第一至第五左，竹使符第一至第十左。相國位冠羣后，任總百司，恒典彝數，宜與事革。其以相國總百揆，去録尚書之號，上所假節，侍中貂蟬，中書監印，中外都督大司馬印綬，建安公印策，驃騎大將軍如故。

又加公九錫，其敬聽後命：

以公禮律兼修，刑德備舉，哀矜折獄，罔不用情。是用錫公大輅、戎輅各一，玄牡二駟。公勞心稼穡，念在人天，丕崇務本，惟穀是實。是用錫公衮冕之服，赤舄副焉。公鎔鈞所被，變《風》以《雅》，易俗陶人，載和邦國。是用錫公軒縣之樂，六佾之儛。公文德廣覃，義聲遠洽，椎髻鼉首，夷歌請吏。是用錫公朱户以居。公揚清抑濁，官方有序，多士聿興，《棫樸》流詠。是用錫公納陛以登。公正色御下，以身範物，式遏不虞，折衝惟遠。是用錫公虎賁之士三百人。公威同夏日，志清姦宄，放命圮族，刑兹罔赦。是用錫公鈇鉞各一。公跨躡嵩溟，陵厲區宇，譬諸日月，容光必至。是用錫公彤弓一、彤矢百，盧弓十、盧矢千。公永言惟孝，至感通神，恭嚴祀典，祭有餘敬。是用錫公秬鬯一卣，圭瓚副焉。梁國置丞相以下，一遵舊式。欽哉，其敬循往策，祇服大禮，對揚天眷，用膺多福，以弘我太祖之休命。

帝固辭，府僚勸進，不許。

《北史》卷一一《隋本紀上》〔開皇〕七年春正月癸巳，祀太廟。乙未，制諸州歲貢三人。

二月丁巳，祀朝日於東郊。己巳，陳人來聘。壬申，幸醴泉宫。是月，發丁男十萬修築長城，二旬而罷。

夏四月庚戌，於揚州開山陽瀆，以通運漕。突厥沙鉢畧可汗卒。癸亥，頒青龍符於東方總管、刺史，西方以白武，南方以朱雀，北方以玄武。甲戌，遣兼散騎常侍楊周使于陳。以户部尚書蘇威爲吏部尚書。五月乙亥朔，日有蝕之。己卯，隕石於武安、滏陽間，十餘里。

秋七月己丑，衛王爽薨。八月庚申，梁主蕭琮來朝。九月乙酉，梁安平王蕭巖掠於其國以奔陳。辛卯，廢梁國，曲赦江陵。以梁主蕭琮爲柱國，封莒國公。

冬十月庚申，行幸同州。以先帝所居故，曲降囚徒。癸亥，幸蒲州。丙寅，宴父老，上極歡，曰：「此間人物，衣服鮮麗，容止閑雅。良由仕宦之鄉，陶染成俗也。」十一月甲午，幸馮翊，祭故社。父老對詔失旨，上大怒，免其縣官而去。戊戌，車駕至自馮翊。

《北史》卷二四《崔逞傳附孫崔贍傳》魏孝静帝以人日登雲龍門。與其父㥄俱侍宴爲詩。詔問邢邵等曰：「今贍此詩何如其父？」咸曰：「㥄博雅弘麗，贍氣調清新，並詩人之冠冕。」宴罷，咸共嗟賞之，云：「今日之宴，併爲崔贍父子。」楊愔欲引贍爲中書侍郎，時盧思道直中書省，愔問其文藻優劣，思道曰：「崔贍文詞之美，實有可稱，但舉世重其風流，所以才華見没。」愔云：「此言有理。」其日奏用之。愔又曰：「昔裴瓚晉世爲中書郎，神情高邁，每於禁門出入，宿衛者皆肅然動容。崔生堂堂，亦當無愧裴子乎？」

皇建元年，除給事黄門侍郎。與趙郡李概爲莫逆之友。概將東還，贍遺之書曰：「仗氣使酒，我之常弊，詆訶指切，在卿尤甚。足下告歸，吾於何聞過也？」贍患氣，兼性遲重，雖居二省，竟不堪敷奏。

孝昭踐阼，皇太子就傅受業，除太子中庶子，徵赴晉陽。敕曰：「東宫弱年，未陶訓義。卿儀形風德，人之師表，故勞卿朝夕遊處，開發幼蒙。一物三善，皆以相寄。」贍專在東宫，調護講讀及進退禮度，皆歸委焉。太子納妃斛律氏，敕贍與鴻臚崔劼撰定婚禮儀注，主司以爲後式。時詔議三恪之禮，太子少傅魏收爲一議，朝士莫不雷同。贍别立異議，收讀訖笑而不言。贍正色曰：「聖上詔羣臣議國家大典，少傅名位不輕，贍議若是，須贊其所長；若非，須詰其不允。何容讀國士議文，直此冷笑？崔贍居聖朝顯職，尚不免見疵，草萊諸生，欲云何自進！」贍容貌方嚴，詞旨雄辯，收慚遽，竟無一言。

《隋書》卷一《高祖紀上》〔大象二年〕十二月甲子，周帝詔曰：

天大地大，合其德者聖人，一陰一陽，調其氣者上宰。所以降神載挺，陶鑄羣生，代蒼蒼之工，成巍巍之業。假黄鉞、使持節、大丞相、都督内外諸軍事、上柱國、大冢宰、隋國公，應百代之期，當千齡之運，家隆台鼎之盛，門有翊贊之勤。心同伊尹，必致堯舜，情類孔丘，憲章文武。爰初入仕，風流映世，公卿仰其軌物，搢紳謂爲師表。入處禁闈，出居藩政，芳猷茂績，問望彌遠。往平東夏，人情未安。燕南趙北，實爲天府，擁節杖旄，任當連率。柔之以德，導之以禮，畏之若神，仰之若日，芳風美迹，歌頌獨存。淮海榛蕪，多歷年代，作鎮南鄙，選衆惟賢，威震殊俗，化行黔首。任掌鈎陳，職司邦政，國之大事，朝寄更深，鑾駕巡游，留臺務廣。周公陝西之任，僅可爲倫，漢臣關内之重，未足相況。

及天崩地坼，先帝升遐，朕以眇年，奄經荼毒，親受顧命，保乂皇家。姦人乘隙，潛圖宗社，無君之意已成，竊發之期有日。英規潛運，大略川廻，匡國庇人，罪人斯得。兩河遘亂，三魏稱兵，半天之下，洶洶鼎沸。祖宗之基已危，生人之命將殆。安陸作釁，南通吴、越，蜂飛蠆聚，江、漢騷然。巴、蜀鴟張，翻將問鼎，秦塗更阻，漢門重閉。畫籌帷帳，建出師車，諸將稟其謀，壯士感其義，不違時日，咸得清蕩。九功遠被，七德允諧，百僚師師，四門穆穆。光景照臨之地，風雲去來之所，允武允文，幽明同德，驟山驟水，遐邇歸心。使朕繼踵上皇，無爲以治，聲高宇宙，道格天壤。伊尹輔殷，霍光佐漢，方之蔑如也。

昔營丘、曲阜，地多諸國，重耳、小白，錫用殊禮。蕭何優贊拜之儀，番君越公侯之爵。姬、劉以降，代有令謨，宜崇曲禮，憲章自昔。可授相國，總百揆，去都督内外諸軍事、大冢宰之號，進公爵爲王，以隋州之崇業，鄖州之安陸、城陽，温州之宜人，應州之平靖、上明，順州之淮南，士州之永川，昌州之廣昌、安昌，申州之義陽、淮安，息州之新蔡、建安，豫州之汝南、臨潁、廣寧、初安，蔡州之蔡陽，郢州之漢東二十郡爲隋國。劍履上殿，入朝不趨，贊拜不名，備九錫之禮，加璽紱、遠游冠、相國印綠綟綬，位在諸侯王上。隋國置丞相已下，一依舊式。

高祖再讓，不許。乃受王爵、十郡而已。詔進皇祖、考爵並爲王，夫人爲王妃。

辛巳，司馬消難以陳師寇江州，刺史成休寧擊却之。

《隋書》卷三二《經籍志一》夫經籍也者，機神之妙旨，聖哲之能事，所以經天地，緯陰陽，正紀綱，弘道德，顯仁足以利物，藏用足以獨善，學之者將殖焉，不學者將落焉。大業崇之，則成欽明之德，匹夫克念，則有王公之重。其王者之所以樹風聲，流顯號，美教化，移風俗，何莫由乎斯道？故曰：「其爲人也，温柔敦厚，《詩》教也；疏通知遠，《書》教也；廣博易良，《樂》教也；潔静精微，《易》教也；恭儉莊敬，《禮》教也；屬辭比事，《春秋》教也。」遭時制宜，質文迭用，應之以通變，通變之以中庸。中庸則可久，通變則可大，其教有適，其用無窮，實仁義之陶鈞，誠道德之橐籥也。其爲用大矣，隨時之義深矣，言無得而稱焉。故曰：「不疾而速，不行而至。」今之所以知古，後之所以知今，其斯之謂也。是以大道方行，俯龜象而設卦，後聖有作，仰鳥跡以成文。書契已傳，繩木棄而不用，史官既立，經籍於是興焉。

夫經籍也者，先聖據龍圖，握鳳紀，南面以君天下者，咸有史官，以紀言行。言則左史書之，動則右史書之。故曰「君舉必書」，懲勸斯在。考之前載，則《三墳》、《五典》、《八索》、《九丘》之類是也。下逮殷、周，史官尤備，紀言書事，靡有闕遺，則《周禮》所稱：太史掌建邦之六典、八法、八則，以詔王治；小史掌邦國之志，定世繫，辨昭穆；内史掌王之八柄，策命而貳之；外史掌王之外令及四方之志，三皇、五帝之書；御史掌邦國都鄙萬民之治令，以贊冢宰。此則天子之史，凡有五焉。諸侯亦各有國史，分掌其職。則《春秋傳》晉趙穿弒靈公，太史董狐書曰「趙盾弒其君」，以示於朝。宣子曰：「不然。」對曰：「子爲正卿，亡不越境，反不討賊，非子而誰？」齊崔杼弒莊公，太史書曰「崔杼弒其君」，崔子殺之。其弟嗣書，死者二人。其弟又書，乃舍之。南史聞太史盡死，執簡以往，聞既書矣，乃還。楚靈王與右尹子革語，左史倚相趨而過。王曰：「此良史也，能讀《三墳》、《五典》、《八索》、《九丘》。」然則諸侯史官，亦非一人而已，皆以記言書事，太史總而裁之，以成國家之典。不虛美，不隱惡，故得有所懲勸，遺文可觀，則《左傳》稱《周志》，《國語》有《鄭書》之類是也。

暨夫周室道衰，紀綱散亂，國異政，家殊俗，褒貶失實，隳紊舊章。孔丘以大聖之才，當傾頹之運，歎鳳鳥之不至，惜將墜於斯文，乃述《易》道而刪《詩》、《書》，修《春秋》而正《雅》、《頌》。壞禮崩樂，咸得其所。自哲人萎而微言絕，七十子散而大義乖，戰國縱橫，真僞莫辨，諸子之言，紛然淆亂。聖人之至德喪矣，先王之要道亡矣，陵夷踳駁，以至于秦。秦政奮豺狼之心，剗先代之迹，焚《詩》、《書》，坑儒士，以刀筆吏爲師，制挾書之令。學者逃難，竄伏山林，或失本經，口以傳說。

《隋書》卷三七《李穆傳》 時太史奏云，當有移都之事。上以初受命，甚難之。穆上表曰：

帝王所居，隨時興廢，天道人事，理有存焉。始自三皇，暨夫兩漢，有一世而屢徙，無革命而不遷。曹、馬同洛水之陽，魏、周共長安之内，此之四代，蓋聞之矣。曹則三家鼎立，馬則四海尋分，有魏及周，甫得平定，事乃不暇，非曰師古。

往者周運將窮，禍生華裔，廟堂冠帶，屢覩姦回，士有苞藏，人稀柱石。四海萬國，皆縱豺狼，不叛不侵，百城罕一。伏惟陛下膺期誕聖，秉籙受圖，始晦君人之德，俯從將相之重。内翦羣兇，崇朝大定，外誅巨猾，不日肅清。變大亂之民，成太平之俗，百靈符命，兆庶謳歌。幽顯樂推，日月填積，方屈箕、潁之志，始順内外之請。自受命神宗，弘道設教，陶冶與陰陽合德，覆育共天地齊旨。萬物開闢之初，八表光華之旦，視聽以革，風俗且移。至若帝室天居，未議經創，非所謂發明大造，光贊惟新。自漢已來，爲喪亂之地，爰從近代，累葉所都。未嘗謀龜問筮，瞻星定鼎，何以副聖主之規，表大隋之德？

竊以神州之廣，福地之多，將爲皇家興廟建寢，上玄之意，當別有之。伏願遠順天人，取決卜筮，時改都邑，光宅區夏。任子來之民，垂無窮之業，應神宮於辰極，順和氣於天壤，理康物阜，永隆長世。臣日薄桑榆，位高軒冕，經邦論道，自顧缺然。丹赤所懷，無容噤默。

上素嫌臺城制度迮小，又宮内多鬼妖，蘇威嘗勸遷，上不納。遇太史奏狀，意乃惑之。至是，省穆表，上曰：「天道聰明，已有徵應，太師民望，復抗此請，則可矣。」遂從之。

《隋書》卷五七《薛道衡傳》 煬帝嗣位，轉番州刺史。歲餘，上表求致仕。帝謂内史侍郎虞世基曰：「道衡將至，當以祕書監待之。」道衡既至，上《高祖文皇帝頌》，其詞曰：

太始太素，荒茫造化之初，天皇、地皇，杳冥書契之外。其道絕，其迹遠，言談所不詣，耳目所不追。至於入穴登巢，鶉居鷇飲，不殊於羽族，取類於毛羣，亦何貴於人靈，何用於心識？羲、軒已降，爰暨唐、虞，則乾象而施法度，觀人文而化天下，然後帝王之位可重，聖哲之道爲尊。夏后、殷、周之國，禹、湯、文、武之主，功濟生民，聲流《雅》《頌》，然陵替於三五，慚德於干戈。秦居閏位，任刑名爲政本，漢執靈圖，雜霸道而爲業。當塗興而三方峙，典午末而四海亂，九州封域，窟穴鯨鯢之羣，五都遺黎，蹴踏戎馬之足。雖玄行定嵩、洛，木運據崤、函，未正滄海之流，詎息崑山之燎！協千齡之旦暮，當萬葉之一朝者，其在大隋乎？【略】

自華夏亂離，緜積年代，人造戰爭之具，家習澆僞之風，聖人之遺訓莫存，先王之舊典咸墜。爰命秩宗，刊定《五禮》，申勑《大予》，改正六樂，玉帛樽俎之儀，節文乃備，金石匏革之奏，雅俗始分。而留心政術，垂神聽覽，早朝晏罷，廢寢忘食，憂百姓之未安，懼一物之失所。行先王之道，夜思待旦，革百王之弊，朝不及夕，見一善事，喜彰於容旨，聞一愆犯，歎深於在予。薄賦輕徭，務農重穀，倉廩有紅腐之積，黎萌無阻飢之慮。天性弘慈，聖心惻隱，恩加禽獸，胎卵於是獲全，仁霑草木，牛羊所以勿踐。至於憲章重典，刑名大辟，申法而屈情，決斷於俄頃，故能彝倫攸敘，上下齊肅。左右絕諂諛之路，縉紳無勢力之門，小心翼翼，敬事於天地，終日乾乾，誠慎於亢極。陶黎萌於德化，致風俗於太康，公卿庶尹，遐邇岳牧，僉以天平地成，千載之嘉會，登封降禪，百王之盛典。宜其金泥玉檢，展禮介丘，飛聲騰實，常爲稱首。天子爲而不恃，成而不居，沖旨凝邈，固辭弗許。而雖休勿休，上德不德，更乃潔誠岱岳，遜謝愆咎。方知六十四卦，謙撝之道爲尊，七十二君，告成之義爲小。巍巍蕩蕩，無得以稱焉。而深誠至德，感達於穹壤，和氣薰風，充溢於宇宙。二儀降福，百靈薦祉，日月星象，風雲草樹之祥，山川玉石，鱗介羽毛之瑞，歲見月彰，不可勝紀。至於振古所未有，圖籍所不載，目所不見，耳所未聞。古語稱聖人作，萬物覩，神靈滋，百寶用，此其効矣。

《隋書》卷五八《許善心傳》〔禎明〕十六年，有神雀降於含章闥，高祖召百官賜讌，告以此瑞。善心於座請紙筆，製《神雀頌》，其詞曰：

臣聞觀象則天，乾元合其德，觀法審地，域大表其尊。雨施雲行，四時所以生殺，川流岳立，萬物於是裁成。出震乘離之君，紀鳦司鳳之后，玉錘玉斗而降，金版金縢以傳。並陶冶性靈，含煦動植，眇玄珠於赤水，寂明鏡乎虛堂。莫不景福氤氳，嘉貺麕集，馳聲南、董，越響《雲》、《韶》。

粵我皇帝之君臨，闡大方，抗太極，負鳳邸，據龍圖。不言行焉，攝提建指，不肅清焉，喉鈴啓閉。括地復夏，截海翦商，就望體其尊，登咸昌其會。緜區浹宇，遐至邇安，騰實飛聲，直暢傍施。無體之禮，威儀布政之宮，無聲之樂，綴兆總章之觀。上庠養老，躬問百年，下士字民，心爲百姓。月棲日浴，熱坂寒門，吹鱗没羽之荒，赤蛇青馬之裔，解辮請吏，削衽承風。豈止呼韓北場，頫勒狼居之岫，熄慎南境，近表不耐之城。故使天弗愛道，地寧吝寶，川岳展異，幽明効靈。狎素游頳，團膏漱醴，半景青赤，孳歷虧盈。足足懷仁，般般擾義，祥祐之來若此，升隆之化如彼。而登封盛典，云亭佇白檢之儀，致治成功，柴燎靡玄珪之告。雖奉常定禮，武騎草文，天子抑而未行，推而不有。允恭克讓，其在斯乎？七十二君，信蔑如也！故神禽顯貢，玄應特昭，白爵主鐵豸之奇，赤爵銜丹書之貴。班固《神爵》之頌，履武戴文，曹植《嘉爵》之篇，棲庭集牖。未若于飛武帳，來賀文榥，刷采青蒲，將翱赤闕。玉几朝御，取玩軒楯之間，金門旦開，兼留翬翟之鑒。終古曠世，未或前聞，福召冥徵，得之茲日。

《舊唐書》卷一一《代宗紀》〔永泰二年〕十一月庚申，改黃門侍郎依舊爲門下侍郎。詔曰：「春秋以九命作上公，而謂之宰臣者，三公之職。漢制：中書令出納詔命，典司樞密；侍中上殿稱制，參議政事。魏、晉已還，益重其任。職有關於公府，事不係於尚書，雖陳啓沃之謀，未專宰臣之稱，所以委遇斯大，品秩非崇。至于國朝，實執其政，當左輔右弼之寄，總代天理物之名，典領百僚，陶鎔景化。豈可具瞻之地，命數不加，固當進以等威，副其僉屬。其侍中、中書令宜升入正二品，門下、中書侍郎升入正三品。」壬戌夜，月暈南北河、東井，鎮星入輿鬼，久之方散。甲子，月去軒轅一尺。己丑，率百官京城士庶出錢以助軍。壬申，京師地震，自東北來，其聲如雷。

《舊唐書》卷一三二《盧從史傳》護軍中尉吐突承璀將神策兵與之對壘，從史往往過其營博戲。從史沓貪好得，承璀出寶帶、奇玩以炫燿之，時其愛悅而遺焉，從史喜甚，日益狎。上知其事，取裴垍之謀，因戒承璀伺其來博，揖語，幕下伏壯士，突起，持捽出帳後縛之，內車中，馳以赴闕。從者驚亂，斬十數人，餘號令乃定，且宣諭密詔，追赴闕庭。都將烏重胤素懷忠順，乃嚴戒其軍，衆不敢動。會夜，使疾驅，未明出境，道路人莫知。元和五年四月，制曰：

邪以蓄衆，自致覆車；姦以事君，所宜用鉞。故楚人告變，韓信患釋於事先；蜀士徵災，鍾會禍生於部下。況害深楚、蜀，功匪鍾、韓，構此厲階，布於公議。懷私負德，合置於嚴科；屈法申恩，尚從於寬典。前昭義軍節度副大使、知節度事盧從史，擢自裨將，居于大藩，不思報國之誠，每設徇身之計。比丁家禍，曾無戚容，行棄人倫，孝虧天性。屬常山稱亂，朝制未行，固願興師，苟求復位。刻期効用，請以身先；指日投誠，誓云獨致。示於懷撫，推以信誠。排衆論以釋其苴麻，決中心而授之鈇鉞，委以重任，命之專征。章奏所陳，事無違者；恩光是貸，予何愛焉。而乃冒利蓄姦，隳政敗度，成師既出，保敵而交通；邪計以行，臨戎而向背。諸侯盡力而不應，遺寇遊魂而是託。臣節既喪，恩豈念於生成；台位干求，禮頓虧於忠敬。肆其醜行，熾以兇威，至於逼脅軍中，潛施賊號；陵汙麾下，實玷皇風。貨以藩身，虐而用衆，士庶怨而罔恤，將校勞而不圖。稟於陶鈞，行事至此，視於天地，負我何多，且辜覆載之仁，寧逭神鬼之責。況頃年上請，就食山東，及遣旋師，不時恭命，致動其衆，覬生其心，賴劉濟抗忠正之辭，使邪豎絕遲迴之計。加以偏毀鄰境，密疏事情，反覆百端，高下萬變，心無恥愧，事至滿盈。朕念以始終，務於含貸，所期悔過，豈謂踰兇。而昭義軍忠節夙彰，義聲昭著，發其衆怒，叶以一心，顧大惡而不容，幸全軀而自免，宜從大戮，以正彝章。尚以曾列方隅，嘗經任使，惜君臣之體，抑中外之情，俾投魑魅之鄉，以解人神之憤。可貶驩州司馬。嗚呼！姦由事驗，自開棄絕之門；禍實已招，豈漏恢疏之網。凡百多士，宜諒朕懷。

《舊唐書》卷一四四《李元諒傳》 貞元三年，詔元諒將本軍從渾瑊與吐蕃會盟于平涼。元諒謂瑊曰：「本奉詔令營於潘原堡，以應援侍中。竊思潘原去平涼六七十里，蕃情多詐，倘有急變，何由應赴？請次侍中爲營。」瑊以違詔，固止之。元諒竟與瑊同進，瑊營距盟所二十里，元諒營次之，壕栅深固。及瑊赴會，乃戒嚴部伍，結陣營中。是日，虜果伏甲，乘瑊無備竊發。時士大夫皆朝服就執，軍士死者十七八。瑊單馬奔還，羣虜追躡，瑊營將李朝彩不能整衆，多已奔散，瑊至，空營而已。賴元諒之軍嚴固，瑊既入營，虜皆散去。是日無元諒軍，瑊幾不免。元諒乃整軍，先遣輜重，次與瑊俱申號令，嚴其部伍而還，時謂元諒有將帥之風。德宗嘉之，賜良馬十匹，金銀器、錦綵等甚厚。丁母憂，加右金吾衛上將軍，起復本官。帝念其勳勞，又賜姓李氏，改名元諒。

四年春，加隴右節度支度營田觀察、臨洮軍使，移鎮良原。良原古城多摧圮，隴東要地，虜入寇，常牧馬休兵於此。元諒遠烽堠，培城補堞，身率軍士，與同勞逸，芟林薙草，斬荆榛，俟乾，盡焚之，方數十里，皆爲美田。勸軍士樹藝，歲收粟菽數十萬斛，生植之業，陶冶必備。仍距城築臺，上彀車弩，爲城守備益固。無幾，又進築新城，以據便地。虜每寇掠，輒擊卻之，涇、隴由是乂安，虜深憚之。以疾，貞元九年十一月，卒于良原，年六十二。帝甚悼惜，廢朝三日，贈司空，賻布帛米粟有差。

《舊唐書》卷一六〇《劉禹錫傳》 貞元末，王叔文於東宫用事，後輩務進，多附麗之，禹錫尤爲叔文知獎，以宰相器待之。順宗即位，久疾不任政事，禁中文誥，皆出於叔文，引禹錫及柳宗元入禁中，與之圖議，言無不從。轉屯田員外郎、判度支鹽鐵案，兼崇陵使判官。頗怙威權，中傷端士。宗元素不悦武元衡，時武元衡爲御史中丞，乃左授右庶子。侍御史竇羣奏禹錫挾邪亂政，不宜在朝，羣即日罷官。韓皐憑藉貴門，不附叔文黨，出爲湖南觀察使。既任喜怒凌人，京師人士不敢指名，道路以目，時號二王、劉、柳。

叔文敗，坐貶連州刺史，在道，貶朗州司馬。地居西南夷，土風僻陋，舉目殊俗，無可與言者。禹錫在朗州十年，唯以文章吟詠，陶冶情性。蠻俗好巫，每淫祠鼓舞，必歌俚辭。禹錫或從事於其間，乃依騷人之作，爲新辭以教巫祝。故武陵谿洞間夷歌，率多禹錫之辭也。

初禹錫、宗元等八人犯衆怒，憲宗亦怒，故再貶。制有「逢恩不原」之令。然執政惜其才，欲洗滌痕累，漸序用之。會程异復掌轉運，有詔以韓皐及禹錫等爲遠郡刺史。屬武元衡在中書，諫官十餘人論列，言不可復用而止。

《舊唐書》卷一六九《李訓鄭注等傳論》 史臣曰：王者之政以德，霸者之政以權。古先后王，率由兹道，而遂能息人靖亂，垂統作則者。如梓人共柯而殊工，良奕同枰而獨勝，蓋在得其術，則事無後艱。昭獻皇帝端冕深帷，憤其厮養，欲鏟宫居之弊，載澄刑政之源。當宜禮一代正人，訪先朝耆德，修文教而厚風俗，設武備以服要荒。俾西被東漸，皆陶於景化；柔祇蒼昊，必降於嘉祥，自然懷德以寧，無思不服。況區區宦者，獨能悖化哉？故豎刁、易牙，不廢齊桓之霸；韓嫣、籍孺，何妨漢帝之明。蓋有管仲、亞夫之賢，屬之以大政故也。此二君者，制御閹寺，得其道也。而昭獻忽君人之大體，惑纖狡之庸儒。雖終日横經，連篇屬思，但得好文之譽，庸非致治之先。且李訓者，狙詐百端，陰險萬狀，背守澄而勸酖，出鄭注以擅權。衹如盡隕四星，兼權八校，小人方寸，即又難知。但慮爲蚤蝨而採溪蓀，翻獲蝮蜓之患也。嗚呼明主，夫何不思，遽致血濺黄門，兵交青瑣。苟無藩后之勢，黄屋危哉！涯、餗綽有士風，晚爲利喪，致身鬼蜮之伍，何逃瞰室之災。非天不仁，子失道也！

贊曰：爽、旦興周，斯、高亡秦。禍福非天，治亂由人。訓、注姦僞，血頳象魏。非時乏賢，君迷倒置。

《舊唐書》卷一八八《孝友傳·裴守真》 守真尤善禮儀之學，當時以爲稱職。高宗時封嵩山，詔禮官議射牲之事，守真奏曰：「據《周禮》及《國語》，郊祀天地，天子自射其牲。漢武唯封太山，令侍中儒者射牲行事。至於餘祀，亦無射牲之文。但親春射牲，雖是古禮，久從廢省。據封禪祀禮，日未明十五刻，宰人以鸞刀割牲，質明而行事。比鸞駕至時，宰牲總畢，天皇唯奠玉酌獻而已。今祀前一日射牲，事即傷早；祀日方始射牲，事又傷晚。若依漢武故事，即非親射之儀，事不可行。」

又《神功破陣樂》、《功成慶善樂》二舞每奏，上皆立對，守真又議曰：「竊唯二舞肇興，謳吟攸屬，贊九功之茂烈，叶萬國之歡心。義均《韶》、《夏》，用兼賓祭，皆祖宗盛德，而子孫享之。詳覽傳記，未有皇王立觀之禮。況升中大事，華夷畢集，九服仰垂拱之安，百蠻懷率舞之慶。甄陶化育，莫匪神功，豈於樂舞，别申嚴敬。臣等詳議，奏二舞時，天皇不合起立。」時並從守真議。會高宗不豫，事竟不行。及高宗崩，時無大行凶儀，守真與同時博士韋叔夏、輔抱素等討論舊事創爲之，當時稱爲得禮之中。

《舊唐書》卷一九〇下《文苑下傳·劉蕡》　自元和末，閹寺權盛，握兵宫闈，横制天下，天子廢立，由其可否，干撓庶政。當時目爲南北司，愛惡相攻，有同水火。蕡草澤中居常憤惋。文宗即位，恭儉求理，大和二年策試賢良曰：

朕聞古先哲王之理也，玄默無爲，端拱思道，陶民心以居簡，凝日用而不宰，厚下以立本，推誠而建中。由是天人通，陰陽和，俗躋仁壽，物無疵癘。噫，盛德之所臻，敻乎莫可及也。三代令王，質文迭究，百僞滋熾，風流寖微，自漢而降，足徵蓋寡。朕顧惟昧道，祗荷丕構，奉若謨訓，不敢怠荒。任賢惕厲，宵衣旰食，詎追三五之遐軌，庶紹祖宗之鴻緒。而心有所未達，行有所未孚，由中及外，闕政斯廣。是以人不率化，氣或堙厄，災旱竟歲，播植愆時。國廩罕蓄，乏九年之儲；吏道多端，微三載之績。京師，諸夏之本也，將以觀理，而豪猾時踰檢；太學，明教之源也，期於變風，而生徒多墮業。列郡在乎頒條，而干禁或未絶；百工在乎按度，而淫巧或未衰。俗墮風靡，積訛成蠹。其擇官濟理也，聽人以言，則枝葉難辨；御下以法，則恥格不形。其阜財發號也，生之寡而食之衆，煩於令而鮮於理。思所以究此繆盭，致之治平，兹心浩然，若涉泉水。故前詔有司，博延羣彦，佇啓宿懵，冀臻時雍。子大夫識達古今，明於康濟，造廷待問，副朕虚懷。必當箴主之闕，辨政之疵，明綱條之致紊，稽富庶之所急。何施斯革於前弊，何澤斯惠乎下土，何脩而理古可近，何道而和氣克充，推之本源，著於條對。至於夷吾輕重之權，孰輔於理；嚴尤底定之策，孰叶於時；元凱之考課何先；叔子之克平何務。推此龜鏡，擇乎中庸，期在洽聞，朕將親覽。

時對策者百餘人，所對止循常務，唯蕡切論黄門太横，將危宗社。對曰：

臣誠不佞，有匡國致君之術，無位而不得行；有犯顔敢諫之心，無路而不得進。但懷憤鬱抑，思有時而一發耳。常欲與庶人議於道，商旅謗於市，得通上聽，一悟主心，雖被妖言之罪，無所悔焉。況逢陛下以至德嗣興，以大明垂照，詢求過闕，咨訪謨猷，制詔中外，舉直言極諫者。臣既辱斯舉，專承大問，敢不悉意以言。至於上之所忌，時之所禁，權倖之所諱惡，有司之所與奪，臣愚不識。伏惟陛下少加優容，不使聖朝有讜直而受戮者，乃天下之幸也。謹昧死以對。

《新唐書》卷二〇五《列女傳序》　女子之行，於親也孝，婦也節，母也義而慈，止矣。中古以前，書所載后、妃、夫人事，天下化之。後彤史職廢，婦訓、姆則不及於家，故賢女可紀者千載間寥寥相望。唐興，風化陶淬且數百年，而聞家令姓窈窕淑女，至臨大難，守禮節，白刃不能移，與哲人烈士爭不朽名，寒如霜雪，亦可貴矣。今采獲尤顯行者著之篇，以緒正父父、子子、夫夫、婦婦之懿云。

《舊五代史》卷六九《唐書·張延朗傳》　末帝即位，授禮部尚書，兼中書侍郎、平章事，判三司。延朗再上表辭曰：

臣濫承雨露，擢處鈞衡，兼叨選部之銜，仍掌計司之重。況中省文章之地，洪鑪陶鑄之門，臣自揣量，何以當處。是以繼陳章表，疊貢情誠，乞請睿恩，免貽朝論。豈謂御批累降，聖旨不移，決以此官，委臣非器，所以强收涕泗，勉遏怔忪，重思事上之門，細料盡忠之路。竊以位高則危至，寵極則謗生，君臣莫保于初終，分義難防于毁譽。臣若保兹重任，忘彼至公，徇情而以免是非，偷安而以固富貴，則内欺心腑，外負聖朝，何以報君父之大恩，望子孫之延慶。臣若但行王道，唯守國章，任人必取當才，決事須依正理，確違形勢，堅塞倖門，則可以振舉弘綱，彌縫大化，助陛下含容之澤，彰國家至理之風，然而讒邪者必起憾詞，憎嫉者寧無謗議。或慮至尊未悉，羣謗難明，不更拔本尋源，便俟甘瑕受玷，臣心可忍，臣恥可消。只恐山林草澤之人，稱量聖制；冠履軒裳之士，輕慢朝廷。

臣又以國計一司，掌其經費，利權二務，職在捃收。將欲養四海之貧民，無過薄賦；贍六軍之勁士，又藉豐儲。利害相隨，取與難酌，若使罄山採木，竭澤求魚，則地官之教化不行，國本之傷殘益甚，取怨黔首，是黷皇風。況諸道所徵賦租，雖多數額，時逢水旱，或遇蟲霜，其間則有減無添，所在又申逃係欠。乃至軍儲官俸，常汲汲于供須；夏税秋租，每懸懸于繼續。況今内外倉庫，多是罄空；遠近生民，或聞饑歉。伏見朝廷尚添軍額，更益師徒，非時之博糴難爲，異日之區分轉大。竊慮年支有闕，國計可憂。望陛下節例外之破除，放諸項以儉省，不添冗食，且止新兵，務急去繁，以寬經費，減奢從儉，漸俟豐盈，則屈者知恩，叛者從化，弭兵有日，富俗可期。

臣又聞治民尚清，爲政務易，易則煩苛並去，清則偏黨無施，若擇其良牧，委在正人，則境内蒸黎，必獲蘇息，官中倉庫，亦絶侵欺。伏望誠見在之處官，無乖撫俗；擇將來之蒞事，更審求賢。儻一一得人，則農無所苦；人人致理，則國復何憂。但奉公善政者，不惜重酬，昧理無功者，勿頒厚俸，益彰有道，兼絶徇情。伏望陛下，念臣布露之前言，閔臣驚憂于後患，察臣愚直，杜彼讒邪，臣即但副天心，不防人口，庶幾萬一，仰答聖明。末帝優詔答之，召于便殿，謂之曰：「卿所論奏，深中時病，形之切言，頗救朕失。國計事重，日得商量，無勞過慮也。」延朗不得已而承命。

《宋史》卷四二七《道學傳一・程頤》　治平、元豐間，大臣屢薦，皆不起。哲宗初，司馬光、吕公著共疏其行義曰：「伏見河南府處士程頤，力學好古，安貧守節，言必忠信，動遵禮法。年踰五十，不求仕進，真儒者之高蹈，聖世之逸民。望擢以不次，使士類有所矜式。」詔以爲西京國子監教授，力辭。

尋召爲秘書省校書郎，既入見，擢崇政殿説書。即上疏言：「習與智長，化與心成。今夫人民善教其子弟者，亦必延名德之士，使與之處，以薫陶成性。況陛下春秋之富，雖睿聖得於天資，而輔養之道不可不至。大率一日之中，接賢士大夫之時多，親寺人宫女之時少，則氣質變化，自然而成。願選名儒入侍勸講，講罷留之分直，以備訪問，或有小失，隨事獻規，歲月積久，必能養成聖德。」頤每進講，色甚莊，繼以諷諫。聞帝在宫中盥而避蟻，問：「有是乎？」曰：「然，誠恐傷之爾。」頤曰：「推此心以及四海，帝王之要道也。」

《明史》卷一八九《黄鞏傳》　〔黄鞏〕正德中，由德安推官入爲刑部主事，掌諸司奏牘。歷職方武選郎中。十四年三月，有詔南巡，鞏上疏曰：

陛下臨御以來，祖宗之綱紀法度一壞於逆瑾，再壞於佞倖，又再壞於邊帥，蓋蕩然無餘矣。天下知有權臣，不知有天子，亂本已成，禍變將起。試舉當今最急者陳之。

一，崇正學。臣聞聖人主静，君子慎動。陛下盤遊無度，流連忘反，動亦過矣。臣願陛下高拱九重，凝神定慮，屏紛華，斥異端，遠佞人，延故老，訪忠良，可以涵養氣質，薫陶德性，而聖學維新，聖政自舉。

二，通言路。言路者，國家之命脈也。古者，明王導人以言，用其言而顯其身。今則不然。臣僚言及時政者，左右匿不以聞。或事關權臣，則留中不出，而中傷以他事。使其不以言獲罪，而以他事獲罪。由是，雖有安民長策，謀國至計，無因自達。雖必亂之事，不軌之臣，陛下亦何由知。臣願廣開言路，勿罪其出位，勿責其沽名，將忠言日進，聰明日廣，亂臣賊子亦有所畏而不敢肆矣。

三，正名號。陛下無故降稱大將軍太師鎮國公，遠近傳聞，莫不驚嘆。如此，則誰爲天子者？天下不以天子事陛下，而以將軍事陛下，天下皆爲將軍之臣矣。今不削去諸名號，昭上下之分，則體統不正，朝廷不尊。古之天子亦有號稱獨夫，求爲匹夫而不得者，竊爲陛下懼焉。

四，戒遊幸。陛下始時遊戲，不出大庭，馳逐止於南内，論者猶謂不可。既而幸宣府矣，幸大同矣，幸太原、榆林矣，所至費財動衆，郡縣騷然，至使民間夫婦不相保。陛下爲民父母，何忍使至此極也。近復有南巡之命。南方之民爭先挈妻子避去，流離奔踣，怨讟煩興。今江、淮大饑，父子兄弟相食。天時人事如此，陛下又重蹙之，幾何不流爲盜賊也。奸雄窺伺，待時而發。變生在内，則欲歸無路，變生在外，則望救無及。陛下斯時，悔之晚矣。彼居位大臣，用事中官，親暱羣小，夫豈有毫髮愛陛下之心哉？皆欲陛下遠出，而後得以擅權自恣，乘機爲利也。其不然，則亦袖手旁觀，如秦、越人不相休戚也。陛下宜翻然悔悟，下哀痛罪己之詔。罷南巡，撤宣府離宫，示不復出。發内帑以振江、淮，散邊軍以歸卒伍。雪已往之謬舉，收既失之人心。如是，則尚可爲也。

《明史》卷二一五《駱問禮傳》　帝初納言官請，將令諸政務悉面奏於便殿，問禮遂條上面奏事宜。一言「陛下躬攬萬幾，宜酌用羣言，不執己見，使可否予奪，皆合天道，則有獨斷之美，無自用之失」。二言「陛下宜日居便殿，使侍從官常在左右，非嚮晦不入宫闈，則涵養薫陶，自多裨益」。三言「内閣，政事根本，宜參用諸司，無拘翰林，則講明義理，通達政事，皆得其人」。四言「詔旨必由六科，諸司始得奉行，脱有未當，許封還執奏。如六科不封駁，諸司失檢察者，許御史糾彈」。五言「頃詔書兩下，皆許諸人直言。然所採納者，除言官與一二大臣外，盡付所司而已。宜益廣言路，凡臣民章奏，不惟其人惟其言，令匹夫皆得自効」。六言「陛下臨朝決事，凡給事左右，如傳旨、接奏章之類，宜用文武侍從，毋使中官參與，則窺竊之漸無自而生」。七言「士習傾危，稍或異同，輒加排陷。自今，凡議國事，惟論是非，不徇好惡。衆人言未必得，一人言未必非，則公論日明，士氣可振」。八言「政令之出，宜在必行。今所司題覆，已報可者未見修舉，因循玩愒，習爲故常。陛下當明作於上，敕諸臣奮勵於下，以挽頽惰之風」。九言「面奏之儀，宜略去繁文務求實用，俾諸臣入而敷奏，退而治事，無或兩妨，斯上下之交可久」。十言「修撰、編檢諸臣，宜令更番入直，密邇乘輿，一切言動，執簡侍書。其耳目所不及者，諸司或以月報，或以季報，令得隨事纂緝，以垂勸戒」。

藝文

《晉書》卷二二《樂志上・正旦大會行禮歌》　穆穆天子，光臨萬國。多士盈朝，莫匪俊德。流化罔極，王猷允塞。嘉會置酒，嘉賓充庭。羽旄曜宸極，鐘鼓振泰清。百辟朝三朝，彧彧明儀形。濟濟鏘鏘，金聲玉振。

禮樂具，宴嘉賓。眉壽祚聖皇，景福惟日新。羣后戾止，有來雍雍。獻酬納贄，崇此禮容。豐羞萬俎，旨酒千鍾。嘉樂盡宴樂，福祿咸攸同。

樂哉！天下安寧。道化行，風俗清。簫《韶》作，詠九成。年豐穰，世泰平。至治哉，樂無窮。元首聰明，股肱忠。樹豐澤，揚清風。

嘉瑞出，靈應彰。麒麟見，鳳皇翔。醴泉湧，流中唐。嘉禾生，穗盈箱。降繁祉，祚聖皇。承天位，統萬國。受命應期，授聖德，四世重光。宣開洪業，景克昌，文欽明，德彌彰。肇啓晉邦，流祚無疆。

泰始建元，鳳皇龍興。龍興伊何，享祚萬乘。奄有八荒，化育黎蒸。圖書既煥，金石有徵。德光大，道熙隆。被四表，格皇穹。奕奕萬嗣，明明顯融，高朗令終。保茲永祚，與天比崇。

聖皇君四海，順人應天期。三葉合重光，泰始開洪基。明曜參日月，功化侔四時。宇宙清且泰，黎庶咸雍熙，善哉雍熙！

惟天降命，翼仁祐聖。於穆三皇，載德彌盛。總齊琁璣，光統七政。百揆時序，化若神聖。

四海同風，興至仁。濟民育物，擬陶均。擬陶均，垂惠潤。皇皇羣賢，峨峨英雋。德化宣，芬芳播來胤。播來胤，垂後昆。清廟何穆穆，皇極闢四門。皇極闢四門，萬機無不綜。亹亹翼翼，樂不及荒，饑不遑食。大禮既行，樂無極。

登昆侖，上層城。乘飛龍，升泰清。冠日月，佩五星。揚虹蜺，建彗旌。披慶雲，蔭繁榮。覽八極，遊天庭。

順天地，和陰陽。序四時，曜三光。張帝網，正皇綱。播仁風，流惠康。邁洪化，振靈威。懷萬方，納九夷。朝閶闔，宴紫微。

建五旗，羅鍾虡。列四懸，奏《韶》《武》。鏗金石，揚旌羽。縱八佾，《巴渝舞》。詠雅頌，和律呂。于胥樂，樂聖主。

化蕩蕩，清風泄。總英雄，御俊傑。開宇宙，掃四裔。光緝熙，美聖哲。超百代，揚休烈。流景祚，顯萬世。

皇皇顯祖，翼世佐時。寧濟六合，受命應期。神武鷹揚，大化咸熙。廓開皇衢，用成帝基。

光光景皇，無競惟烈。匡時拯俗，休功蓋世。宇宙既康，九域有截。天命降監，啓祚明哲。

穆穆烈考，克明克雋。實天生德，誕應靈運。肇建帝業，開國有晉。載德奕世，垂慶洪胤。

明明聖帝，龍飛在天。與靈合契，通德幽玄。仰化青雲，俯育重川。受靈之祐，於萬斯年。

《晉書》卷二二《樂志上》張華《正德舞歌》　曰皇上天，玄鑒惟光。神器周回，五德代章。祚命于晉，世有哲王。弘濟區夏，陶甄萬方。大明垂曜，旁燭無疆。蚩蚩庶類，風德永康。皇道惟清，禮樂斯經。金石在懸，萬舞在庭。象容表慶，協律被聲。軼《武》超《濩》，取節《六英》。同進退讓，化漸無形。大和宣洽，通於幽冥。

《晉書》卷二三《樂志下》曹毗《歌宣帝》　於赫高祖，德協靈符。應運撥亂，釐整天衢。勳格宇宙，化動八區。肅以典刑，陶以玄珠。神石吐瑞，靈芝自敷。肇基天命，道均唐虞。

王珣《歌孝武帝》　天監有晉，欽哉烈宗。同規文考，玄默允恭。威而不猛，約而能通。神鉦一震，九域來同。道積淮海，雅頌自東。氣陶醇露，化協時雍。

《晉書》卷八七《涼武昭王李玄盛傳》　玄盛以緯世之量，當呂氏之末，爲羣雄所奉，遂啓霸圖，兵無血刃，坐定千里，謂張氏之業指期而成，河西十郡歲月而一。既而禿髮傉檀入據姑臧，且渠蒙遜基宇稍廣，於是慨然著《述志賦》焉，其辭曰：

涉至虚以誕駕，乘有輿於本無，稟玄元而陶衍，承景靈之冥符。蔭朝雲之菴藹，仰朗日之照昫。既敷既載，以育以成。幼希顔子曲肱之榮，游心上典，玩禮敦經。蔑玄冕于朱門，羡漆園之傲生；尚漁父於滄浪，善沮溺之耦耕。穢鵄鳶之籠嚇，欽飛鳳于太清；杜世競於方寸，絶時譽之嘉聲。超霄吟於崇領，奇秀木之陵霜；挺修榦之青葱，經歲寒而彌芳。情遥遥以遠寄，想四老之暉光；將戢繁榮於常衢，控雲轡而高驤；攀瓊枝於玄圃，漱華泉之淥漿；和吟鳳之逸響，應鳴鸞于南岡。

時弗獲彰，心往形留，眷駕陽林，宛首一丘；衝風沐雨，載沈載浮。利害繽紛以交錯，歡感循環而相求。乾扉奄寂以重閉，天地絶津而無舟；悼貞信之道薄，謝惭德於圜流。遂乃去玄覽，應世賓，肇弱巾於東宫，並羽儀於英倫，踐宣德之祕庭，翼明后於紫宸。赫赫謙光，崇明奕奕，岌岌王居，詵詵百辟，君希虞夏，臣庶夔益。

張王頹巖，梁后墜壑。淳風杪莽以永喪，搢紳淪胥而覆溺。吕發釁於閨牆，厥構摧以傾顛；疾風飄于高木，迴湯沸於重泉；飛塵翕以蔽日，大火炎其燎原；名都幽然影絶，千邑闃而無煙。斯乃百六之恒數，起滅相因而迭然。於是人希逐鹿之圖，家有雄霸之想，闇王命而不尋，邀非分於無象。故覆車接路而繼軌，膏生靈於土壤。哀餘類之忪懞，邈靡依而靡仰；求欲專而失逾遠，寄玄珠於罔象。

悠悠涼道，鞠焉荒凶，杪杪余躬，迢迢西邦，非相期之所會，諒冥契而來同。跨弱水以建基，躡崐墟以爲墉，總奔駟之駭轡，接摧轅於峻峯。崇崖嵯嶸，重崄萬尋，玄邃窈窕，磐紆嶔岑，榛棘交横，河廣水深，狐貍夾路，鴞鵄羣吟。挺非我以爲用，任至當如影響；執同心以御物，懷自彼於握掌；匪矯情而任荒，乃冥合而一往，華德是用來庭，野逸所以就鞅。

休矣時英，茂哉儁哲，庶罩網以遠籠，豈徒射鉤與斬袂！或脱梏而纓蕤，或後至而先列，採殊才於巖陸，拔翹彦於無際。思留侯之神遇，振高浪以蕩穢；想孔明於草廬，運玄籌之罔滯；洪操槃而慷慨，起三軍以激鋭。詠羣豪之高軌，嘉關張之飄傑，誓報曹而歸劉，何義勇之超出！據斷橋而横矛，亦雄姿之壯發。輝輝南珍，英英周魯，挺奇荆吳，昭文烈武，建策烏林，龍驤江浦。摧堂堂之勁陣，鬱風翔而雲舉，紹樊韓之遠蹤，侔徽猷於召武，非劉孫之鴻度，孰能臻兹大祐！信乾坤之相成，庶物希風而潤雨。

峼益既蕩，三江已清，穆穆盛勳，濟濟隆平，御羣龍而奮策，彌萬載以飛榮，仰遺塵於絶代，企高山而景行。將建朱旗以啓路，驅長轂而迅征，靡商風以抗旆，拂招摇之華旌，資神兆於皇極，協五緯之所寧。赳赳干城，翼翼上弼，恣鹹奔鯨，截彼醜類。且灑游塵於當陽，拯涼德於巳墜。間昌寓之驂乘，暨襄城而按轡。知去害之在兹，體牧童之所述，審機動之至微，思遺餐而忘寐，表略韵於紈素，託精誠于白日。

《宋書》卷二〇《樂志二》　曹毗《歌高祖宣皇帝》　於赫高祖，德協靈符。應運撥亂，鳌整天衢。勳格宇宙，化動八區。肅以典刑，陶以玄珠。神石吐瑞，靈芝自敷。肇基天命，道均唐虞。【略】

王珣《歌烈宗孝武皇帝》

天鑑有晉，欽哉烈宗。同規文考，玄默允龔。威而不猛，約而能通。神鉦一震，九域來同。道積淮海，《雅》《頌》自東。氣陶淳露，化協時雍。【略】

右王公上壽詩一章　明明在上，丕顯厥繇。翼翼三壽，蕃后惟休。羣生漸德，六合承流。

三正元辰，朝慶鱗萃。華夏奉職貢，八荒覲殊類。巖冕充廣庭，鳴玉盈朝位。濟濟朝位，言觀其光。儀序既以時，禮文涣以彰。思皇享多祐，嘉樂永無央。

九賓在庭，臚讚既通。升瑞奠贄，乃侯乃公。穆穆天尊，隆禮動容。履端承元吉，介福御萬邦。

朝亨，上下咸雍。崇多儀，繁禮容。舞盛德，歌九功。揚芳烈，播休蹤。皇化洽，洞幽明。懷柔百神，輯祥禎。潛龍躍，雕虎仁。儀鳳鳥，届游麟。枯蠹榮，竭泉流。菌芝茂，枳棘柔。和氣應，休徵滋。協靈符，彰帝期。綏宇宙，萬國和。昊天成命，賚皇家，賚皇家。

世資聖哲，三后在天，啓鴻烈。啓鴻烈，隆王基。率土謳吟，欣戴于時。恒文示象，代氣著期。

泰始開元，龍升在位。四隩同風，燮寧殊類。五韙來備，嘉生以遂。

凝庶績，臻太康。申繁祉，胤無疆。本枝百世，繼緒不忘。繼緒不忘，休有烈光。永言配命，惟晉之祥。

聖明統世，篤皇仁。廣大配天地，順動若陶鈞。玄化参自然，至德通神明。清風暢八極，流澤被無垠。

於皇時晉，奕世齊聖。惟天降嘏，神祇保定。弘濟區夏，允集大命。有命既集，光帝猷。大明重耀，鑑六幽。聲教洋溢，惠滂流。惠滂流，移風俗。多士盈朝，賢俊比屋。敦世心，斲彫反素樸。反素樸，懷庶方。干戚舞階庭，疏狄説遐荒。扶南假重譯，肅慎襲衣裳。雲覆雨施，德洽無疆。旁作穆穆，仁化翔。

朝元日，賓王庭。承宸極，當盛明。衍和樂，竭祇誠。仰嘉惠，懷德馨。游淳風，泳淑清。協億兆，同歡榮。建皇極，統天位。運陰陽，御六氣。殷羣生，成性類。王道浹，治功成。人倫序，俗化清。虔明祀，祗三靈。崇禮樂，式儀刑。

慶元吉，宴三朝。播金石，詠泠簫。奏《九夏》，舞《雲》《韶》。邁德音，流英聲。八紘一，六合寧。六合寧，承聖明。王澤洽，道登隆。綏函夏，總華戎。齊德教，混殊風。混殊風，康萬國。崇夷簡，尚敦德。弘王度，表遐則。

張華《正德舞》歌詩 曰皇上天，玄鑒惟光。神器周回，五德代章。祚命于晉，世有哲王。弘濟區夏，甄陶萬方。大明垂曜，旁燭無疆。蚩蚩庶類，風德永康。皇道惟清，禮樂斯經。金石在縣，萬舞在庭。象容表慶，協律被聲。軼《武》超《濩》，取節六英。同進退讓，化漸無形。太和宣洽，通于幽冥。

王韶之《宋四箱樂歌五篇》 於鑠我皇，禮仁包元。齊明日月，比量乾坤。陶甄百王，稽則黄軒。訏謨定命，辰告四蕃。

將將蕃后，翼翼羣僚。盛服待晨，明發來朝。饗以八珍，樂以九《韶》。仰祇天顏，厥猷孔昭。

法章既設，初筵長舒。濟濟列辟，端委皇除。飲和無盈，威儀有餘。温恭在位，敬終如初。

九功既歌，六代惟時。被德在樂，宣道以詩。穆矣太和，品物咸熙。慶積自遠，告成在兹。

《宋書》卷二一《樂志三》 《厥初生》《精列》 武帝詞 厥初生，造化之陶物，莫不有終期。莫不有終期，聖賢不能免，何爲懷此憂。願螭龍之駕，思想崐崘居。思想崐崘居，見期於迂怪，志意在蓬萊。志意在蓬萊，周孔聖徂落，會稽以墳丘。會稽以墳丘，陶陶誰能度，君子以弗憂。年之暮，奈何，過時時來微。

《宋書》卷二九《符瑞下》 元嘉二十四年七月乙卯，嘉禾旅生華林園及景陽山，園丞梅道念以聞。太尉江夏王義恭上表曰：

臣聞居高聽卑，上帝之功；天且弗違，聖王之德。故能影響二儀，甄陶萬有。鑒觀今古，採驗圖緯，未有道闕化虧，而禎物著明者也。自皇運受終，辰曜交和，是以卉木表靈，山淵効寶。伏惟陛下體《乾》統極，休符襲逮。若乃鳳儀西郊，龍見東邑，海酋獻改緇之羽，河祇開俟清之源。三代象德，不能過也。有幽必闡，無遠弗届，重譯歲至，休瑞月臻。前者躬籍南畝，嘉穀仍植，神明之應，在斯尤盛。四海既穆，五民樂業，思述汾陽，經始靈囿。蘭林甫樹，嘉露頻流，板築初就，祥穟如積。太平之符，於是乎在。臣以寡立，承乏槐鉉，沐浴芳津，預覩冥慶，不勝抃儛之情。謹上《嘉禾甘露頌》一篇，不足稱揚美烈，追用悚汗。其頌曰：

二象攸分，三靈樂主。齊應合從，在今猶古。天道誰親，唯仁斯輔。皇功帝績，理冠區宇。四民均極，我后體兹。惟機惟神，敬昭文思。九族既睦，萬邦允釐。德以位敍，道致雍熙。於穆不已，顯允東儲。生知夙叡，嶽茂淵虚。因心則哲，令問弘敷。繼徽下武，儷景辰居。軒制合宫，漢興未央。矧伊聖朝，九有已康。率由舊典，思燭前王。乃造陵霄，遂作景陽。有藹景陽，天淵之涘。清暑爽立，雲堂特起。植類斯育，動類斯止。極望江波，遍對岳峙。化德惟達，休瑞惟懋。誕降嘉種，呈祥初構。甘露春凝，禎穟秋秀。含滋匪烈，嗣歲仍富。昔在放勳，曆莢數朝。降及重華，倚扇清庖。鑠矣皇慶，比物競昭。倫彼典策，被此風謡。資臣六蔽，任兼兩司。既悪仲衮，又慚鄭緇。豈忘衡泌，樂道明時。敢述休祉，愧闕令辭。

《南齊書》卷一一《樂志》 食舉歌辭：晨儀載焕，萬物咸覩。嘉慶三朝，禮樂備舉。元正肇始，典章徽明。萬方來賀，華夷充庭。多士盈九德，俯仰觀玉聲。恂恂俯仰，載爛其暉。鍾鼓震天區，禮容塞皇闈。思樂窮休慶，福履同所歸。

五玉既獻，三帛是薦。爾公爾侯，鳴玉華殿。皇皇聖后，降禮南面。元首納嘉禮，萬邦同欽願。休哉休哉，君臣熙宴。建五旗，列四縣。樂有文，禮無勌。融皇風，窮一變。

禮至和，感陰陽，德無不柔，繁休祥。瑞徵辟，應嘉鍾。儛雲鳳，躍潛龍。景星見，甘露墜。木連理，禾同穗。玄化洽，仁澤敷。極禎瑞，窮靈符。

懷荒遠，綏齊民。荷天祐，靡不賓。靡不賓，長世盛。昭明有融，繁嘉慶。

繁嘉慶，熙帝載。含氣感和，蒼生欣戴。三靈協瑞，惟新皇代。

王道四達，流仁德。窮理詠乾元，垂訓從帝則。靈化侔四時，幽誠通玄默。德澤被八紘，禮章軌萬國。

皇猷緝，咸熙泰。禮儀焕帝庭，要荒服遐外。被髮襲纓冕，(右)〔左〕衽回衿帶。天覆地載，澤流汪濊。聲教布濩，德光大。

開元辰，畢來王。奉貢職，朝后皇。鳴珩佩，觀典章。樂王慶，悦徽芳。陶盛化，遊大康。惟昌明，永克昌。

惟建元，德丕顯。齊七政，敷五典。彝倫序，洪化闡。

王澤流，太平始。樹靈祇，恭明祀。(仁)〔介〕景祚，膺嘉祉。禮有容，樂有儀。

金石陳，干羽施。邁《武》《濩》，均《咸池》。歌《南風》，德永稱。文明焕，頌聲興。

王道純，德彌淑。寧八表，康九服。導禮讓，移風俗。移風俗，永克融。歌盛美，告成功。詠休烈，邈無窮。

《南齊書》卷四一《張融傳》 張融字思光，吴郡吴人也。祖禕，晉琅邪王國郎中令。父暢，宋會稽太守。

融年弱冠，道士同郡陸脩静以白鷺羽麈尾扇遺融，曰：「此既異物，以奉異人。」宋孝武聞融有早譽，解褐爲新安王北中郎參軍。孝武起新安寺，僚佐多儭錢帛，融獨儭百錢。帝曰：「融殊貧，當序以佳禄。」出爲封溪令。從叔永出後渚送之，曰：「似聞朝旨，汝尋當還。」融曰：「不患不還，政恐還而復去。」廣越嶂嶮，獠賊執融，將殺食之，融神色不動，方作洛生詠，賊異之而不害也。浮海至交州，於海中作《海賦》曰：

蓋言之用也，情矣形乎。使天形寅内敷，情敷外寅者，言之業也。吾遠職荒官，將海得地，行關入浪，宿渚經波，傅懷樹觀，長滿朝夕，東西無里，南北如天，反覆懸烏，表裏菟色。壯哉水之奇也，奇哉水之壯也。故古人以之頌其所見，吾問翰而賦之焉。當其濟興絶感，豈覺人在我外，木生之作，君自君矣。【略】

若乃春代秋緒，歲去冬歸。柔風麗景，晴雲積暉。起龍塗於靈步，翔螭道之神飛。浮微雲之如瞢，落輕雨之依依。觸巧塗而礁去紺遠，抵欒木以激揚。浪相礴傍各而起千狀，波獨湧乎驚萬容。蘋藻留映，荷芰提陰。扶容曼綵，秀遠華深。明藕移玉，清蓮代金。眄芬芳於遥渚，汎灼爍於長潯。浮艫雜軸，遊舶交艘。帷軒帳席，方遠連高。入驚波而箭絶，振排天之雄飆。越湯谷以逐景，流虞淵以追月。徧萬里而無時，浹天地於揮忽。雕隼飛而未半，鯤龍趠貪教而不逮。舟人未及復其喘，已周流宇宙之外矣。

陰鳥陽禽，春毛秋羽。遠翅風遊，高翮雲舉。翔歸棲去，連陰日路。瀾漲波渚，陶玄浴素。長紘四斷，平表九絶。雉翯成霞，鴻飛起雪。合聲鳴侣，並翰翻羣。飛關溢繡，流浦照文。

《隋書》卷一四《音樂志中》 皇帝變服，移幄坐於西箱，帝出升御坐，姑洗奏《皇夏》辭：

皇運應籙，廓定區宇。受終以文，構業以武。堯昔命舜，舜亦命禹。大人馭歷，重規沓矩。欽明在上，昭納入賔。從靈體極，誕聖窮神。化生羣品，陶育蒸人。展禮肆樂，協此元春。

《隋書》卷一五《音樂志下》 皇帝既獻，奏《文舞辭》：

皇矣上帝，受命自天。睿圖作極，文教遐宣。四方監觀，萬品陶甄。有苗斯格，無得稱焉。天地之經，和樂具舉。休徵咸萃，要荒式序。正位履端，秋霜春雨。

杜甫《分門集註杜工部詩》卷一《大雨》 西蜀冬不雪，春農尚嗷嗷。上天回哀眷，朱夏雲鬱陶。執熱乃沸鼎，纖絺成緼袍。風雷颯萬里，霈澤施蓬蒿。敢辭茅葦漏，已喜黍豆高。三日無行人，二江聲怒號。流惡邑里清，矧兹遠江皐。荒廷步鸛鶴，隱几望波濤。沉痾聚藥餌，頓忘所進勞。則知潤物功，可以貸不毛。陰色静壠畝，勸耕自官曹。四鄰出耒耜，何必吾家操。

雜録

《莊子·逍遥遊》 連叔曰：「然。瞽者无以與乎文章之觀，聾者无以與乎鐘鼓之聲。豈唯形骸有聾盲哉？夫知亦有之。是其言也，猶時女也。之人也，之德也，將旁礴萬物以爲一，世蘄乎亂，孰弊弊焉以天下爲事！之人也，物莫之傷，大浸稽天而不溺，大旱金石流土山焦而不熱。是其塵垢粃糠，將猶陶鑄堯舜者也，孰肯以物爲事！宋人資章甫而適諸越，越人斷髮文身，無所用之。堯治天下之民，平海内之政，往見四子藐姑射之山，汾水之陽，窅然喪其天下焉。」

葛洪《抱朴子内篇》卷三《對俗》 或人難曰：「人中之有老彭，猶木中之有松柏，稟之自然，何可學得乎？」抱朴子曰：「夫陶冶造化，莫靈於人。故達其淺者，則能役用萬物，得其深者，則能長生久視。知上藥之延年，故服其藥以求仙。知龜鶴之遐壽，故效其道引以增年。且夫松柏枝葉，與衆木則别。龜鶴體貌，與衆蟲則殊。至於彭老猶是人耳，非異類而壽獨長者，由於得道，非自然也。衆木不能法松柏，諸蟲不能學龜鶴，是以短折耳。人有明哲，能修彭老之道，則可與之同功矣。若謂世無仙人乎，然前哲所記，近將千人，皆有姓字，及有施爲本末，非虚言也。若謂彼皆特稟異氣，然其相傳皆有師奉服食，非生知也。若道術不可學得，則變易形貌，吞刀吐火，坐在立亡，興雲起霧，召致蟲蛇，合聚魚鼈，三十六石立化爲水，消玉爲粭，潰金爲漿，入淵不沾，蹴刃不傷，幻化之事，九百有餘，按而行之，無不皆效，何爲獨不肯信仙之可得乎！仙道遲成，多所禁忌。自無超世之志，强力之才，不能守之。其或頗好心疑，中道而廢，便謂仙道長生，果不可得耳。《仙經》曰，服丹守一，與天相畢，還精胎息，延壽無極。此皆至道要言也。民間君子，猶内不負心，外不愧影，上不欺天，下不食言，豈況古之真人，寧當虚造空文，以必不可得之事，誑誤將來，何所索乎！苟無其命，終不肯信，亦安可强令信哉！」

葛洪《抱朴子内篇》卷一〇《明本》 或問儒道之先後。抱朴子答曰：「道者，儒之本也；儒者，道之末也。先以爲陰陽之術，衆於忌諱，使人拘畏；而儒者博而寡要，勞而少功；墨者儉而難遵，不可徧循；法者嚴而少恩，傷破仁義。唯道家之教，使人精神專一，動合無形，包儒墨之善，總名法之要，與時遷移，應物變化，指約而易明，事少而功多，務在全大宗之朴，守真正之源者也。而班固以史遷先黄老而後《六經》，謂遷爲謬。夫遷之洽聞，旁綜幽隱，沙汰事物之臧否，覈實古人之邪正。其評論也，實原本於自然，其褒貶也，皆準的乎至理。不虚美，不隱惡，不雷同以偶俗。劉向命世通人，謂爲實録；而班固之所論，未可據也。固誠純儒，不究道意，翫其所習，難以折中。夫所謂道，豈唯養生之事而已乎？《易》曰：立天之道，曰陰與陽；立地之道，曰柔與剛；立人之道，曰仁與義。又曰：《易》有聖人之道四焉，苟非其人，道不虚行。又於治世隆平，則謂之有道，危國亂主，則謂之無道。又坐而論道，謂之三公，國之有道，貧賤者恥焉。凡言道者，上自二儀，下逮萬物，莫不由之。但黄老執其本，儒墨治其末耳。今世之舉有道者，蓋博通乎古今，能仰觀俯察，歷變涉微，達興亡之運，明治亂之體，心無所惑，問無不對者，何必修長生之法，慕松喬之武者哉？而管窺諸生，臆斷瞽説，聞有居山林之間，宗伯陽之業者，則毁而笑之曰，彼小道耳，不足算也。嗟乎！所謂抱螢燭于環堵之内者，不見天光之焜爛；侣鮋鰕于跡水之中者，不識四海之浩汗；重江河之深，而不知吐之者崐崘也；珍黍稷之收，而不覺秀之者豐壤也。今苟知推崇儒術，而不知成之者由道。道也者，所以陶冶百氏，範鑄二儀，胞胎萬類，醖釀彝倫者也。世間淺近者衆，而深遠者少，少不勝衆，由來久矣。是以史遷雖長而不見譽，班固雖短而不見彈。然物以少者爲貴，多者爲賤，至於人事，豈獨不然？故藜藿彌原，而芝英不世；枳棘被野，而尋木間秀；沙礫無量，而珠璧甚尠；鴻隼屯飛，而鸞鳳罕出；虺蜴盈藪，而虬龍希覿；班生多黨，固其宜也。夫道者，内以治身，外以爲國，能令七政遵度，二氣告和，四時不失寒燠之節，風雨不爲暴物之災，玉燭表昇平之徵，澄醴彰德洽之符，焚輪虹霓寢其祅，積雲商羊戢其翼，景耀高照，嘉禾畢遂，疫癘不流，禍亂不作，塹壘不設，干戈不用，不議而當，不約而信，不結而固，不謀而成，不賞而勸，不罰而肅，不求而得，不禁而止，處上而人不以爲重，居前而人不以爲患，號未發而風移，令未施而俗易，此蓋道之治世也。故道之興也，則三五垂拱而有餘焉。道之衰也，則叔代馳騖而不足焉。夫唯有餘，故無爲而化美。夫唯不足，故刑嚴而姦繁。黎庶怨於下，皇靈怒於上。或洪波横流，或亢陽赤地，或山谷易體，或冬雷夏雪，或流血漂櫓，積尸築京，或坑降萬計，析骸易子，城愈高而衝愈巧，池愈深而梯愈妙，法令明而盜賊多，盟約數而叛亂甚，猶風波駭而魚鱉擾於淵，纖羅密而羽禽躁於澤，豺狼衆而走獸劇於林，爨火猛而小鮮糜於鼎也。君臣易位者有矣，父子推刃者有矣，然後忠義制名於危國，孝子收譽於敗家。疾疫起而巫醫貴矣，道德喪而儒墨重矣。由此觀之，儒道之先後，可得定矣。」

葛洪《抱朴子外篇》卷三《勖學》 「若乃下帷高枕，遊神九典，精義賾隱，味道居静，確乎建不拔之操，揚青於歲寒之後，不揆世以投迹，不隨衆以萍漂者，蓋亦鮮矣。汲汲於進趨，悒悶於否滯者，豈能舍至易速達之通塗，而守甚難必窮之塞路乎？此川上所以無人，《子衿》之所爲作。愍俗者所以痛心而長慨，憂道者所以含悲而積思也。

「夫寒暑代謝，否終則泰，文武迭貴，常然之數也。冀羣寇畢滌，中興在今，七耀遵度，舊邦惟新，振天惠疑作彗以廣埽，鼓九陽之洪爐，運大鈞乎皇極，開玄模以軌物。陶冶庶類，匠成翹秀，蕩汰積埃，革邪反正。戢干戈，橐疑作櫜弓矢，興辟雍之庠序，集國子，修文德，發金聲，振玉音。降風雲於潛初，旅束帛乎丘園，令抱翼之鳳，奮翮於清虚；項領之駿，騁迹於千里。使夫含章抑鬱，窮覽洽聞者，申公、伏生之徒，發玄纁，登蒲輪，吐結氣，陳立素，顯其身，行其道，俾聖世迪唐、虞之高軌，馳升平之廣塗，玄流沾於九垓，惠風被乎無外。五刑厝而頌聲作，和氣洽而嘉穟生，不亦休哉！

王世貞《弇山堂别集》卷一四《皇明異典述九・賜羣臣詩》 高帝聖質天縱，其賜羣臣詩文，不以貴近，觸意即發，多不可紀。若承平之世，人主所賜内閣元老及禁林侍臣亦多，若尤異而可紀者，宣宗賜少傅、工部尚書兼謹身殿大學士楊榮詩：「武夷巍峩青插天，丹山碧水相連延。扶輿旁礴之所産，往昔奮起多名賢。只合繼續揚華芬，漢清白吏有遠孫，明經策第多詞垣。皇祖承天御天下，竭職論思靡餘暇。懷忠秉誠履堅貞，臨事果達智識明。禁中頗牧才卓犖，風雲驥足千里輕。顧予菲德忝嗣位，旰食宵衣急圖治。普天之下率土之濱，安危休戚翳余一人。大厦之興藉梁棟，爲邦必資輔弼重。卿事太宗兼仁考，歷年固多身未老，方兹倚重傅與保。士有大抱負，堯舜其君民。勖哉！弼違補闕輔吾仁，齊芳昔賢輝千春。」世宗賜少師、太子太師、吏部尚書、謹身殿大學士費宏：「古昔賢王勤聖賢，必資賢哲爲股肱。君臣上下俱一德，庶政惟和洪業成。顧余眇末德寡昧，欽承眷命曆數膺。宵旰兢兢勉圖治，日御經幄延儒英。每從古訓尋治理，歌詠研磨陶性情。詩成朕意或未愜，中侍傳宣出紫清。補衮卿作仲山甫，爲朕藻潤皆精明。睠兹忠良一以賴，舜、皋彷彿康哉賡。朕所望者獨卿重，廟堂論道迓熙平。虞廷盛治須百揆，商諮伊傅周兩卿。朕纘大服履昌運，天休滋至卿其承。帝賚良弼匡吾政，協恭左右持鈞衡。大旱須卿作霖雨，淫潦亦賴旋開晴。沃心輔德期匪懈，未讓前賢專令名。」右皆七言歌行。又賜少師、太子太傅、吏部尚書、武英殿大學士楊一清：「邇年西陲擾，起卿督邊方。三辭乃承命，開心副予望。才兼文與武，内外資安攘。寬朕西顧憂，遂使吾民康。公勤既昭著，夙名滿華羌。勑使往宣召，復來坐巖廊。黄扉典政本，攄誠以匡襄。余奉祖宗緒，志欲宣重光。深恐德弗類，倚畀賴卿良。展其平生志，佐朕張皇綱。股肱職補衮，伊、周竝昭彰。助成嘉靖治，青史常流芳。」又賜太子太保、吏部尚書、武英殿大學士石珤：「黄閣古政府，輔導須才良。朕自即祚始，求賢日皇皇。卿以廷薦入，性資物剛方。在木類松柏，在玉如珪璋。可否每獻替，忠實無他腸。聖學朕所勉，焕乎慕堯章。機暇有著作，忠懷庶宣揚。賴卿善補衮，繪繡衣與裳。竭誠乃賡載，彩鳳鳴高岡。化成在人文，熙皞期虞唐。地天既交泰，民物咸平康。述此酬卿勞，盛事傳無疆。」賜太子太保、禮部尚書、武英殿大學士賈詠：「殿廷暑氣薄，薰風灑然生。萬幾有清暇，書史陶吾情。日與聖賢伍，外誘難相嬰。對時或感物，興到句還成。豁然融心性，豈止諧音聲。資卿爲藻潤，朕志益開明。卿本中州俊，簡在登台衡。君臣際良難，所貴德業并。詩章本餘事，治理須持平。朕固諒卿志，夙夜懷忠貞。喜起協舜樂，交修和商羹。《卷阿》有遺響，終聽鳳凰鳴。」又永樂五年，授交阯明經甘潤祖等十一人爲諒江等府同知，賜勑慰勉，仍賦詩一章各送之。宣德五年，命行在工部左侍郎許廓巡撫河南，仍賜之詩曰：「河南百州縣，七郡所分治。前歲農事缺，始旱澇復繼。衣食既無資，民生曷由遂。顧予位民上，日夕懷憂愧。爾有敦厚資，其往勤撫字。徙者必綏輯，饑者必賑濟。咨詢必周歷，毋憚躬勞勤。虚文徒瑣碎，所至見實惠。勉旃罄乃誠，庶用副予意。」又命陽武侯薛禄等率師築赤城等處，賜之詩，有「出車命南仲，城齊維山甫」句，禄不曉南仲、山甫，以問少傅楊士奇，具言之，且曰：「上以古之賢將待爾也。」禄乃拊心感泣。又肅廟以禮部尚書席書病目，賜詩問之，期以弼亮。以刑部尚書趙鑑致仕，賜詩送之，嘉其止足。皆龍箋御墨，天書焕爛，真傳家之至寶，耀世之盛事也。又宣宗賜太醫院使徐叔拱省墓：「雲間秀毓人中英，襟懷磊落冰壺清。羣書博覽析理明，《青囊》《金匱》尤研精。濟人利物心秉誠，江南江北馳芳聲。峩冠博帶屬老成，軺車應召來我京。醫人醫國咸見稱，回生起死知通靈。掄材特授官品榮，蒼顔皓首延遐齡。錫爾鳳誥彰爾能，追封仍顯爾所生。堨來孝思攄衷情，懇告祭奠歸先塋。朔風獵獵征帆輕，長江萬里煙波平。故鄉晝錦光熒熒，壺觴親舊歡相迎。私恩公義當並行，北轅宜早登回程。兩全忠孝惟在卿，汗簡千載留清名。」又賜還鄉：「太醫老卿八十餘，胸蟠千古岐黄書。鬢含白雪面紅玉，長紆錦綬鳴璚琚。光華近侍今三朝，致恭和保功業高。五花鸞誥寵先世，南望飛雲心孔勞。歸榮遂爾追遠情，吴松江水清泠泠。春風花開景明麗，待爾重來朝闕廷。」

右叔拱以供奉庶僚得此，其獎予期注之隆，有公卿大臣所不敢望者。叔拱歸鄉時，天子賜二宫人二小璫，使扶侍朝夕，後從葬於墓所，尤爲異典。余與叔拱之後益孫善，出家乘見示，後攷之宣廟御集、邑志，皆合，因録於此。

一般陶器部

一般陶器及管理分部

題解

朱權《原始祕書》卷九《農業陶漁門・陶》 《周書》曰：神農作陶。《尸子》曰：夏桀臣昆吾作陶。《吕氏春秋》亦曰：昆吾作陶。高誘云：昆吾高陽後吴回黎隆終之子，爲夏伯制作陶，冶埏埴爲器也。然黄帝時有甯封人爲陶正，則陶始于炎帝明矣。

綜述

佚名《南華真經》卷四 陶者曰我善治埴，圓者中規，方者中矩。匠人者〔曰〕我善治木，曲者中鉤，直者應繩。夫埴木之性，豈欲中規矩鉤繩哉。然且世世稱之曰伯樂善治馬，而陶匠善治埴木，此亦治天下者之過也。世以任自然而不加巧者爲不善於治也，揉曲爲直，厲駑習驥，能爲規矩以矯拂其性，使死而後已，乃謂之善治也，不亦過乎。陶道刀反，謂窐也，窐音戈消反，(埴)徐時力反，崔云土也。司馬云：埴土可以爲陶器。《尚書傳》云：土黏曰埴，《釋名》云：埴，膱也，膱音之食反，中丁仲反，下皆同。(應)應對之應，後不音者放此。揉，汝久反，矯居兆反，拂房弗反。

蔡清《易經蒙引》卷八下 享帝立廟綱目。唐高宗麟德二年乙丑冬十月，車駕祭東都，十二月祭泰山，分註廢藁秸陶匏，用茵褥罍爵，集覽蒲越藁鞂，皆籍神席也。藁鞂除穗粒取稈藁爲席也，鞂與秸通，音戛，藁秸祭天席也，蒲越祀帝席也。陶瓦尊也，匏破匏爲爵也，皆太古之禮器，觀天下之物，無可以稱其德也。

徐元太《喻林》卷二二 譬如窰家作器，取土水和以爲泥，燒作雜器物，其泥不能自成爲器，會當須人工，有薪火乃成爲器耳，世間無有自然生者也。《那先比丘經》卷中。

潘永因《宋稗類鈔》卷三二 韓似夫嘗言出使金國，見金主所繫犀帶倒透中正透如圓鏡狀，光綵絢目，似夫注視久之。金主云：此石晉少主歸獻耶律氏者，唐世所寶，日月帶也。又命取瓷盆一枚，示似夫云：此亦石主所獻，中有畫雙鯉存焉。水滿則跳躍如生，覆之無他矣，二物誠絶代之珍也。陶器自舜時便有，三代迄於秦漢所謂甓器是也，今土中得者其質渾厚，不務色澤，末俗尚靡，不貴金玉而貴銅瓷，遂有秘色窰器。世言錢氏有國日，進奉之物臣庶不得用，故云秘色，陸龜蒙詩云：「九千風露越窰開，奪得千峰秘色來。如向中宵盛沆瀣，共稽中散鬬遺桮。」乃知唐世已有，非始於錢氏。本朝以定州白瓷器有芒不堪用，遂命汝州造青窰器，故河北唐鄧耀州悉有之，以瑪瑙末爲油，唯供御，揀退方許出賣，世尤艱得，故汝窰爲魁。江南則處州龍泉窰質頗麤厚。政和間京師自置窰燒造，名曰官窰。中興渡江有邵成章提舉後苑，號邵局，襲故京遺制，置窰於修内司造青器，名内窰。澄泥爲範，極其精緻，油色瑩徹，爲世所珍。後郊壇下别立新窰，比舊窰大不侔矣。餘如烏泥窰、餘杭窰、續窰皆非官窰，比若謂舊越窰，不復見矣。

窰器俱謂之瓷器者，蓋河南瓷州窰最多，故相沿名之。柴窰最古，成器不可得，今人得其碎片，俱用以裝飾玩具。世傳世宗燒造時，所司請其色，御批云：「雨過天青雲破處，這般顔色做將來。」柴窰之外有定、汝、官、哥四種，皆宋器也。哥窰與龍泉窰皆出處州龍泉縣，南宋時有章生一、生二弟兄，各主一窰，生一所陶者爲哥窰，以兄故也。生二所陶者爲龍泉，以地名也。其色皆青，濃澹不一，其足皆鐵色，亦濃澹不一。舊聞紫足今少見焉，惟土脈細薄、油水純粹者最貴，哥窰則多斷(文)〔紋〕，號曰百圾破，龍泉窰至今温處人稱爲章窰。

饒州景德鎮陶器所自出大觀間，窰變一旦，色如丹砂，説者謂熒惑纏度，照臨而然，物反常爲妖，窰户亟碎之，不敢以進御，以非可歲供物也。供上之瓷器，惟取其端正合制，瑩無瑕疵，色澤如一者耳。民間燒瓷舊聞有一二變者，大者亦毁之，盞甖小者藏，去鬻諸富室，價與金玉等。窰變雖珍奇，上之不得用於宗廟朝廷，而下之使人不敢用，不免毁裂，竟同瓦礫，而瑣瑣者以供富室私玩，奚以變爲哉。

王蜀報朱梁信物有金稜碗、越瓷器，致語云：金稜含寶碗之光、秘色抱青瓷之響，乃吴越錢鏐事梁所燒，秘瓷相沿以奉柴世宗。所謂柴窰者，其色如天，其聲如磬，精妙之極，今不可復覩矣。

宣和中，宮中重異香，廣南所進篤耨龍涎亞，悉金顏雪香褐香軟香之類。篤耨有黑白二種，黑者每貢數十觔，白者止三觔，以瓠壺盛之，香性薫漬，破之可燒，號瓠香。白者每兩直八十千，黑亦三十千，外庭得之以爲珍異。又貢猫兒眼睛，能息火，燃炭方熾，投之即滅，亦云能解蟲毒之藥。

政和四年，太上於奉宸庫中得龍涎香、二琉璃缶，多分(錫)〔賜〕大臣近侍，其形制最大而外視無甚佳，每以一豆許爇之，輒作異花氣芬郁滿座，終日略不歇，於是太上始奇之，命籍被賜者，隨數多寡，復收歸禁中，因號曰古龍涎。諸大璫争取一餅，可直百緡，金玉爲穴而以青絲貫之，佩於頸時於衣領間摩挲，相示以爲誇炫。

傳記

《新唐書》卷一九六《隱逸傳・陸羽》 陸羽字鴻漸，一名疾，字季疵，復州竟陵人。不知所生，或言有僧得諸水濱，畜之。既長，以《易》自筮，得《蹇》之《漸》，曰：「鴻漸于陸，其羽可用爲儀。」乃以陸爲氏，名而字之。

幼時，其師教以旁行書，答曰：「終鮮兄弟，而絶後嗣，得爲孝乎？」師怒，使執糞除圬塓以苦之，又使牧牛三十，羽潛以竹畫牛背爲字。得張衡《南都賦》，不能讀，危坐效羣兒囁嚅若成誦狀，師拘之，令薙草莽。當其記文字，懵懵若有遺，過日不作，主者鞭苦，因歎曰：「歲月往矣，奈何不知書！」嗚咽不自勝，因亡去，匿爲優人，作詼諧數千言。

天寶中，州人酺，吏署羽伶師，太守李齊物見，異之，授以書，遂廬火門山。貌倪陋，口吃而辯。聞人善，若在己，見有過者，規切至忤人。朋友燕處，意有所行輒去，人疑其多嗔。與人期，雨雪虎狼不避也。上元初，更隱苕溪，自稱桑苧翁，闔門著書。或獨行野中，誦詩擊木，裴回不得意，或慟哭而歸，故時謂今接輿也。久之，詔拜羽太子文學，徙太常寺太祝，不就職。貞元末，卒。

羽嗜茶，著經三篇，言茶之原、之法、之具尤備，天下益知飲茶矣。時鬻茶者，至陶羽形置煬突間，祀爲茶神。有常伯熊者，因羽論復廣著茶之功。御史大夫李季卿宣慰江南，次臨淮，知伯熊善煮茶，召之，伯熊執器前，季卿爲再舉杯。至江南，又有薦羽者，召之，羽衣野服，挈具而入，季卿不爲禮，羽愧之，更著《毁茶論》。其後尚茶成風，時回紇入朝，始驅馬市茶。

紀事

《史記》卷一《五帝本紀》 舜，冀州之人也。舜耕歷山，漁雷澤，陶河濱，作什器於壽丘，就時於負夏。舜父瞽叟頑，母嚚，弟象傲，皆欲殺舜。舜順適不失子道，兄弟孝慈。欲殺，不可得；即求，嘗在側。

舜年二十以孝聞。三十而帝堯問可用者，四嶽咸薦虞舜，曰可。於是堯乃以二女妻舜以觀其内，使九男與處以觀其外。舜居嬀汭，内行彌謹。堯二女不敢以貴驕事舜親戚，甚有婦道。堯九男皆益篤。舜耕歷山，歷山之人皆讓畔；漁雷澤，雷澤上人皆讓居；陶河濱，河濱器皆不苦窳。一年而所居成聚，二年成邑，三年成都。堯乃賜舜絺衣，與琴，爲築倉廩，予牛羊。瞽叟尚復欲殺之，使舜上塗廩，瞽叟從下縱火焚廩。舜乃以兩笠自扞而下，去，得不死。後瞽叟又使舜穿井，舜穿井爲匿空旁出。舜既入深，瞽叟與象共下土實井，舜從匿空出，去。瞽叟、象喜，以舜爲已死。象曰：「本謀者象。」象與其父母分，於是曰：「舜妻堯二女，與琴，象取之。牛羊倉廩予父母。」象乃止舜宫居，鼓其琴。舜往見之。象鄂不懌，曰：「我思舜正鬱陶！」舜曰：「然，爾其庶矣！」舜復事瞽叟愛弟彌謹。於是堯乃試舜五典百官，皆治。

《史記》卷一〇《孝文本紀》 孝文帝從代來，即位二十三年，宫室苑囿狗馬服御無所增益，有不便，輒弛以利民。嘗欲作露臺，召匠計之，直百金。上曰：「百金中民十家之産，吾奉先帝宫室，常恐羞之，何以臺爲！」上常衣綈衣，所幸慎夫人，令衣不得曳地，幃帳不得文繡，以示敦朴，爲天下先。治霸陵皆以瓦器，不得以金銀銅錫爲飾，不治墳，欲爲省，毋煩民。南越王尉佗自立爲武帝，然上召貴尉佗兄弟，以德報之，佗遂去帝稱臣。與匈奴和親，匈奴背約入盜，然令邊備守，不發兵深入，惡煩苦百姓。吴王詐病不朝，就賜几杖。羣臣如袁盎等稱説雖切，常假借用之。羣臣如張武等受賂遺金錢，覺，上乃發御府金錢賜之，以愧其心，弗下吏。專務以德化民，是以海内殷富，興於禮義。

《漢書》卷二五下《郊祀志第五下》 既定，衡言：「甘泉泰畤紫壇，八觚宣通象八方。五帝壇周環其下，又有羣神之壇。以《尚書》禋六宗、望山川、徧羣神之義，紫壇有文章采鏤黼黻之飾及玉、女樂，石壇，僊人祠，瘞鸞路、騂駒、寓龍馬，不能得其象於古。臣聞郊（紫壇）〔柴〕饗帝之義，埽地而祭，上質也。歌大呂舞《雲門》以竢天神，歌太蔟舞《咸池》以竢地祇，其牲用犢，其席槀稭，其器陶匏，皆因天地之性，貴誠上質，不敢修其文也。以爲神祇功德至大，雖修精微而備庶物，猶不足以報功，唯至誠爲可，（致）〔故〕上質不飾，以章天德。紫壇僞飾女樂、鸞路、騂駒、龍馬、石壇之屬，宜皆物修。」

衡又言：「王者各以其禮制事天地，非因異世所立而繼之。今雍鄜、密、上下時，本秦侯各以其意所立，非禮之所載術也。漢興之初，儀制未及定，即且因秦故祠，復立北時。今既稽古，建定天地之大禮，郊見上帝，青赤白黃黑五方之帝皆畢陳，各有位饌，祭祀備具。諸侯所妄造，王者不當長遵。及北時，未定時所立，不宜復修。」天子皆從焉。及陳寶祠，由是皆罷。

《後漢書》卷四〇下《班彪傳下》 主人喟然而歎曰：「痛乎風俗之移人也！夫子實秦人，矜夸館室，保界河山，信識昭襄而知始皇矣，惡睹大漢之云爲乎？夫大漢之開原也，奮布衣以登皇極，繇數朞而創萬世，蓋六籍所不能談，前聖靡得而言焉。當此之時，功有橫而當天，討有逆而順人，故婁敬度埶而獻其說，蕭公權宜以拓其制。時豈泰而安之哉？計不得以已也。吾子曾不是睹，顧燿後嗣之末造，不亦闇乎？今將語子以建武之理，永平之事，監乎（泰）〔太〕清，以變子之或志。【略】

於是聖上（親）〔覩〕萬方之歡娛，久沐浴乎膏澤，懼其侈心之將萌，而怠於東作也，乃申舊章，下明詔，命有司，班憲度，昭節儉，示大素。去後宮之麗飾，損乘輿之服御，除工商之淫業，興農桑之上務。遂令海内弃末而反本，背僞而歸真，女脩織紝，男務耕耘，器用陶匏，服尚素玄，恥纖靡而不服，賤奇麗而不珍，捐金於山，沈珠於淵。於是百姓滌瑕盪穢而鏡至清，形神寂漠，耳目不營，嗜欲之原滅，廉正之心生，莫不優游而自得，玉潤而金聲。是以四海之内，學校如林，庠序盈門，獻酬交錯，俎豆莘莘，下舞上歌，蹈德詠仁。登降飫宴之禮既畢，因相與嗟歎玄德，讜言弘說，咸含和而吐氣，頌曰「盛哉乎斯世」！【略】

矧夫赫赫聖漢，巍巍唐基，泝測其源，乃先孕虞育夏，甄殷陶周，然後宣二祖之重光，襲四宗之緝熙。神靈日燭，光被六幽，仁風翔乎海表，威靈行於鬼區，慝亡迴而不泯，微胡瑣而不頤。故夫顯定三才昭登之績，匪堯不興，鋪聞遺策在下之訓，匪漢不弘。厥道至乎經緯乾坤，出入三光，外運混元，内浸豪芒，性類循理，品物咸亨，其已久矣。

《晉書》卷一九《禮志上》 夫人含天地陰陽之靈，有哀樂喜怒之情。迺聖垂範，以爲民極，節其驕淫，以防其暴亂；崇高天地，虔敬鬼神，列尊卑之序，成夫婦之義，然後爲國爲家，可得而治也。傳曰：「一日克己復禮，天下歸仁。」若迺太一初分，燧人鑽火，志有暢於恭儉，情不由乎玉帛，而酌玄流於春澗之右，焚封豕於秋林之外，亦無得而闕焉。軒頊依神，唐虞稽古，逮乎隆周，其文大備。或垂百官之範，置不刊之法；或禮經三百，威儀三千，皆所以弘宣天意，雕刻人理。叔代澆訛，王風陵謝，事睽光國，禮亦愆家。趙簡子問太叔以揖讓周旋之禮，對曰：「蓋所謂儀而非禮也。」天經地義之道，自茲尤缺。哀公十一年，孔子自衛反魯，迹三代之典，垂百王之訓，時無明后，道噎不行。

若夫情尚分流，隄防之仁是棄；澆訛異術，洙泗之風斯泯。是以漢文罷再朞之喪，中興爲一郊之祭，隨時之義，不其然歟！而西京元鼎之辰，中興永平之日，疏璧流而延冠帶，啓儒門而引諸生，兩京之盛，於斯爲美。及山魚登俎，澤冢睽經，禮樂恒委，浮華相尚，而郊禋之制，綱紀或存。魏氏光宅，憲章斯美。王肅、高堂隆之徒，博通前載，三千條之禮，十七篇之學，各以舊文增損當世，豈所謂致君於堯舜之道焉。世屬雕牆，時逢秕政，周因之典，務多違俗，而遺編殘册猶有可觀者也。景初元年，營洛陽南委粟山以爲圓丘，祀之日以始祖帝舜配，房俎生魚，陶樽玄酒，非搢紳爲之綱紀，其孰能與於此者哉！

宣景戎旅，未遑伊制。太康平吳，九州共一，禮經咸至，樂器同歸，於是齊魯諸生各攜緗素。武皇帝亦初平寇亂，意先儀範。其吉禮也，則三茅不翦，日觀停瑄；其凶禮也，則深衣布冠，降席徹膳。明乎一謙三益之義，而教化行焉。元皇中興，事多權道，遺文舊典，不斷如髮。是以常侍戴邈詣闕上疏云：「方今天地更始，萬物權輿，蕩近世之流弊，創千齡之英範。是故雙劍之節崇，而飛白之俗成；挾琴之容飾，而赴曲之和作。」其所以興起禮文，勸帝身先之也。穆哀之後，王猷漸替，桓溫居揆，政由己出，而有司或曜斯文，增暉執事，主威長謝，臣道專行。《記》曰：「苟無其位，不可以作禮樂」，豈斯之謂歟！

《晉書》卷一九《禮志上》 禮，「郊祀后稷以配天，宗祀文王於明堂以配上帝」。魏文帝即位，用漢明堂而未有配。明帝太和元年，始宗祀文帝於明堂，齊王亦行其禮。

晉初以文帝配，後復以宣帝，尋復還以文帝配，其餘無所變革。是則郊與明堂，同配異配，參差不同矣。摯虞議以爲：「漢魏故事，明堂祀五帝之神。新禮，五帝即上帝，即天帝也。明堂除五帝之位，惟祭上帝。案仲尼稱『郊祀后稷以配天，宗祀文王於明堂以配上帝』。《周禮》，祀天旅上帝，祀地旅四望。望非地，則上帝非天，斷可識矣。郊丘之祀，掃地而祭，牲用繭栗，器用陶匏，事反其始，故配以遠祖。明堂之祭，備物以薦，玉牲並陳，籩豆成列，禮同人鬼，故配以近考。郊堂兆位，居然異體，牲牢品物，質文殊趣。且祖考同配，非謂尊嚴之美，三日再祀，非謂不黷之義，其非一神，亦足明矣。昔在上古，生爲明王，没則配五行，故太昊配木，神農配火，少昊配金，顓頊配水，黄帝配土。此五帝者，配天之神，同兆之於四郊，報之於明堂。祀天，大裘而冕，祀五帝亦如之。或以爲五精之帝，佐天育物者也。前代相因，莫之或廢，晉初始從異議。《庚午詔書》，明堂及南郊除五帝之位，惟祀天神，新禮奉而用之。前太醫令韓楊上書，宜如舊祀五帝。太康十年，詔已施用。宜定新禮，明堂及郊祀五帝如舊儀。」詔從之。江左以後，未遑修建。

《晉書》卷二六《食貨志序》 昔者先王量地以制邑，度地以居民，因三才以節其務，敬四序以成其業，觀其謡俗而正其紀綱。勖農桑之本，通魚鹽之利，登良山而採符玉，泛瀛海而罩珠璣。日中爲市，總天下之隸，先諸布帛，繼以貨泉，貿遷有無，各得其所。《周禮》，正月始和，乃布教于象魏。若乃一夫之士，十畝之宅，三日之傜，九均之賦，施陽禮以興其讓，命春社以勖其耕。天之所貴者人也，明之所求者學也，治經入官，則君子之道焉。《詩》曰：「三之日于耜，四之日舉趾。」是以農官澤虞，各有攸次，父兄之習，不翫而成，十五從務，始勝衣服，鄉無遊手，邑不廢時，所謂厥初生民，各從其事者也。是以太公通市井之貨，以致齊國之强；鴟夷善廢斂之居，以盛中陶之業。昔在金天，勤於民事，命春鳸以耕稼，召夏鳸以耘鋤，秋鳸所以收斂，冬鳸於焉蓋藏。《書》曰：「曆象日月星辰，敬授民時。」傳曰：「禹稷躬稼而有天下。」若乃九土既敷，四民承範，東吳有齒角之饒，西蜀有丹沙之富，兖豫漆絲之廥，燕齊怪石之府，秦邠旄羽，迥帶琅玕，荆郢桂林，旁通竹箭，江干橘柚，河外舟車，遼西旃罽之鄉，葱右蒲梢之駿，殖物怪錯，于何不有。若乃上法星象，下料無外，因天地之利，而總山海之饒，百畝之田，十一而税，九年躬稼，而有三年之蓄，可以長孺齒，可以養耆年。因乎人民，用之邦國，宫室有度，旗章有序，朝聘自其儀，宴饗由其制，家殷國阜，遠至邇安。救水旱之災，卹寰瀛之弊，然後王之常膳，乃間笙鏞。商周之興，用此道也。辛紂暴虐，翫其經費，金鏤傾宫，廣延百里，玉飾鹿臺，崇高千仞，宫中九市，各有女司。厚賦以實鹿臺之錢，大斂以增鉅橋之粟，多發妖冶以充傾宫之麗，廣收珍玩以備沙丘之遊。懸肉成林，積醪爲沼，使男女裸體相逐於其間，伏詣酒池中牛飲者三千餘人，宫中以錦綺爲席，綾紈爲薦。及周王誅紂，肅拜殷墟，乃盡振鹿財，並頒橋粟，上天降休，殷人大喜。王赧云季，徙都西周，九鼎淪没，二南堙盡，貸於百姓，無以償之，乃上層臺以避其責，周人謂王所居爲逃責臺者也。昔周姬公制以六典，職方陳其九貢，頒財内府，永爲不刊。及刑政陵夷，菁茅罕至，魯侯初踐畝之税，秦君收太半之入，前王之範，靡有孑遺。史臣曰：「班固爲《殖貨志》，自三代至王莽之誅，網羅前載，其文詳悉。

《宋書》卷一七《禮志四》 晉穆帝升平中，何琦論修五嶽祠曰：「唐、虞之制，天子五載一巡狩，省時之方，柴燎五嶽，望于山川，徧于羣神。故曰『因名山升中于天』。所以昭告神祇，饗報功德。是以災厲不作，而風雨寒暑以時。降逮三代，年數雖殊，而其禮不易。五嶽視三公，四瀆視諸侯，著在經記，所謂有其舉之，莫敢廢也。及秦、漢都西京，涇、渭長水，雖不在祀典，以近咸陽，故盡得比大川之祠。而正立之祀，可以闕哉！自永嘉之亂，神州傾覆，茲事替矣。唯灊之天柱，在王略之内，舊臺選百石吏卒，以奉其職。中興之際，未有官守，廬江郡常遣大吏兼假，四時禱賽，春釋寒而冬請冰。咸和迄今，已復墮替。計今非典之祠，可謂非一。考其正名，則淫昏之鬼；推其糜費，則四民之蠹。而山川大神，更爲簡闕，禮俗頽紊，人神雜擾，公私奔黷，漸以滋繁。良由頃國家多難，日不暇給，草建廢滯，事有未遑。今元憝已殲，宜修舊典。嶽瀆之域，風教所被，來蘇之人，咸蒙德澤，而神祇禋祀，未之或甄，巡狩柴燎，其廢尚矣。崇明前典，將俟皇輿北旋，稽古憲章，大釐制度。其五嶽、四瀆宜遵修之處，但俎豆牲牢，祝嘏文辭，舊章靡記。可令禮官作式，歸諸誠簡，以達明德馨香，如斯而已。其諸妖孽，可粗依法令，先去其甚。俾邪正不瀆。」不見省。

宋孝武帝大明七年六月丙辰，有司奏：「詔奠祭霍山，未審應奉使何官？用何牲饌？進奠之日，又用何器？」殿中郎丘景先議：「修祀川嶽，道光列代；差秩珪璋，義昭聯册。但業曠中葉，儀漏典文。尋姬典事繼宗伯，漢載持節侍祠，血祭埋沈，經垂明範，酒脯牢具，悉有詳例。又名山著珪幣之異，大冢有嘗禾之加。山海祠霍山，以太牢告玉，此準酌記傳，其可言者也。今皇風緬暢，輝祀通嶽，愚謂宜使以太常持節，牲以太牢之具，羞用酒脯時穀，禮以赤璋纁幣。又鬯人之職，『凡山川四方用蜃』，則盛酒當以蠡杯，其餘器用，無所取説。按郊望山瀆，以質表誠，器尚陶匏，籍以茅席，近可依準。山川以兆，宜爲壇域。」參議景先議爲允。令以兼太常持節奉使，牲用太牢，加以璋幣，器用陶匏，時不復用蜃，宜同郊祀，以爵獻。凡肴饌種數，一依社祭爲允。詔可。

《宋書》卷一九《樂志一》 孝建二年九月甲午，有司奏：「前殿中曹郎荀萬秋議：按禮，祭天地有樂者，爲降神也。故《易》曰：『雷出地奮豫。先王以作樂崇德，殷薦之上帝，以配祖考。』《周官》曰：『作樂於圜丘之上，天神皆降。作樂於方澤之中，地祇皆出。』又曰：『乃奏黄鍾，哥大吕，舞《雲門》，以祀天神。乃奏大簇，哥應鍾，舞《咸池》，以祀地祇。』由斯而言，以樂祭天地，其來尚矣。今郊享闕樂，竊以爲疑。《祭統》曰：『夫祭有三重焉，獻之屬莫重於祼，聲莫重於升哥，舞莫重於《武宿夜》，此周道也。』至於秦奏《五行》，魏舞《咸熙》，皆以用享。爰逮晉氏，泰始之初，傅玄作晉郊廟哥詩三十二篇。元康中，荀藩受詔成父勗業，金石四縣，用之郊廟。是則相承郊廟有樂之證也。今廟祠登哥雖奏，而象舞未陳，懼闕備禮。夫聖王經世，異代同風，雖損益或殊，降殺迭運，未嘗不執古御今，同規合矩。方兹休明在辰，文物大備，禮儀遺逸，罔不具舉，而況出祇降神，輟樂於郊祭，昭德舞功，有闕於廟享。謂郊廟宜設備樂。」【略】

散騎常侍、丹陽尹建城縣開國侯顔竣議以爲：「德業殊稱，則干羽異容，時無沿制，故物有損益。至於禮失道𠎝，稱習忘反，中興釐運，視聽所革，先代繆章，宜見刊正。郊之有樂，蓋生《周易》、《周官》，歷代著議，莫不援准。夫『掃地而祭，器用陶匏』，唯質與誠，以章天德，文物之備，理固不然。《周官》曰：『國有故，則旅上帝及四望。』又曰：『四圭有邸，以祀天旅上帝。兩圭有邸，以祀地旅四望。』四望非地，則知上帝非天。《孝經》云：『郊祀后稷以配天，宗祀文王於明堂，以配上帝。』則《豫》之作樂，非郊天也。大司樂職，『奏黄鍾，哥大吕，舞《雲門》，以祀天神。』鄭注：『天神，五帝及日月星辰也。』王者以夏正月祀其所受命之帝於南郊，則二至之祀，又非天地。考之衆經，郊祀有樂，未見明證。宗廟之禮，事炳載籍。爰自漢元，迄乎有晉，雖時或更制，大抵相因，爲不襲名號而已。今樂曲淪滅，知音世希，改作之事，臣聞其語。《正德》、《大豫》，禮容具存，宜殊其徽號，飾而用之。以《正德》爲《宣化》之舞，《大豫》爲《興和》之舞，庶足以光表世烈，悦被後昆。前漢祖宗，廟處各異，主名既革，舞號亦殊。今七廟合食，庭殿共所，舞蹈之容，不得廟有別制。後漢東平王蒼已議之矣。又王肅、韓祇以王者德廣無外，六代四夷之舞，金石絲竹之樂，宜備奏宗廟。愚謂蒼、肅、祇議，合於典禮，適於當今。」

《南齊書》卷九《禮志上》 永明中，世祖以婚禮奢費，勑諸王納妃，上御及六宫依禮止棗栗腶脩，加以香澤花粉，其餘衣物皆停。唯公主降嬪，則止遺舅姑也。永泰元年，尚書令徐孝嗣議曰：「夫人倫之始，莫重冠婚，所以尊表成德，結歡兩姓。年代汙隆，古今殊則，繁簡之儀，因時或異。三加廢於士庶，六禮限於天朝，雖因習未久，事難頓改，而大典之要，深宜損益。案《士冠禮》，三加畢，乃醴冠者，醴則唯一而已，故醴辭無二。若不醴，則每加輒醮以酒，故醮辭有三。王肅云『醴本古，其禮重，酒用時味，其禮輕故也』。或醴或醮，二三之義，詳記於經文。今皇王冠畢，一酌而已，即可擬古設（禮）〔醴〕。而猶用醮辭，寔爲乖衷。尋婚禮實篚以四爵，加以合巹，既崇尚質之理，又象泮合之義。故三飯卒食，再酳用巹。先儒以禮成好合，事終於三，然後用巹合。儀注先酳巹，以再以三，有違旨趣。又《郊特牲》曰『三王作牢用陶匏』。言太古之時，無共牢之禮，三王作之，而用太古之器，重夫婦之始也。今雖以方樏示約，而彌乖昔典。又連巹以鏁，蓋出近俗。復別有牢燭，雕費采飾，亦虧曩制。方今聖政日隆，聲教惟穆，則古昔以敦風，存餼羊以愛禮，沿襲之規，有切治要，嘉禮實重，宜備舊章。謂自今王侯已下冠畢一酌醴，以遵古之義。醴即用舊文，於事爲允。婚亦依古，以巹酳終酳之酒，竝除金銀連鏁，自餘雜器，悉用埏陶。堂人執燭，足充焫燎，牢燭華侈，亦宜停省。庶斲雕可期，移俗有漸。」參議竝同。奏可。

《南齊書》卷五一《張欣泰傳》 欣泰少有志節，不以武業自居，好隸書，讀子史。年十餘，詣吏部尚書褚淵，淵問之曰：「張郎弓馬多少。」欣泰答曰：「性怯畏馬，無力牽弓。」淵甚異之。【略】

帝遣中書舍人馮元嗣監軍救郢，茹法珍、梅蟲兒及太子右率李居士、制局監楊明泰等十餘人相送中興堂。欣泰等使人懷刀於座斫元嗣，頭墜果柈中，又斫明泰，破其腹，蟲兒傷刺數瘡，手指皆墮。居士踰牆得出，茹法珍亦散走還臺。靈秀仍往石頭迎建安王寶夤，率文武數百，唱警蹕，至杜姥宅。欣泰初聞事發，馳馬入宫，冀法珍等在外，城内處分，必盡見委，表裏相應，因行廢立。既而法珍得反，處分閉門上仗，不配欣泰兵，鴻選在殿内亦不敢發。城外衆尋散。少日事覺，詔收欣泰、胡松等，皆伏誅。

欣泰少時有人相其當得三公，而年裁三十。後屋瓦墮傷額，又問相者，云：

「無復公相，年壽更增，亦可得方伯耳。」死時年四十六。

黯爲散騎郎。黯字長孺，有隱操，與歡俱不就徵。

《南齊書》卷五四《高逸傳・顧歡》　永明元年，詔徵歡爲太學博士，同郡顧歡晚節服食，不與人通。每旦出户，山鳥集其掌取食。事黄老道，解陰陽書，爲數術多効驗。初元嘉末，出都寄住東府，忽題柱云：「三十年二月二十一日。」因東歸。後太初弑逆，果是此年月。自知將終，賦詩言志云：「精氣因天行，遊魂隨物化。」剋死日，卒於剡山，身體柔軟，時年六十四。還葬舊墓，木連理出墓側，縣令江山圖表狀。世祖詔歡諸子，撰歡《文議》三十卷。【略】

歡雖同二法，而意黨道教。宋司徒袁粲託爲道人通公駮之，其略曰：

白日停光，恒星隱照，誕降之應，事在老先，似非入關，方炳斯瑞。

又老、莊、周、孔，有可存者，依日末光，憑釋遺法，盜牛竊善，反以成蠹，檢究源流，終異吾黨之爲道耳。

西域之記，佛經之説，俗以膝行爲禮，不慕蹲坐爲恭，道以三繞爲虔，不尚踞傲爲肅。豈專戎土，爰亦兹方。襄童謁帝，膝行而進；趙王見周，三環而止。今佛法在華，乘者常安；戒善行交，蹈者恒通。文王造周，大伯創吴，革化戎夷，不因舊俗。豈若舟車，理無代用。佛法垂化，或因或革。清信之士，容衣不改；息心之人，服貌必變。變本從道，不遵彼俗，教風自殊，無患其亂。孔、老、釋迦，其人或同，觀方設教，其道必異。孔、老治世爲本，釋氏出世爲宗。

發軫既殊，其歸亦異。符合之唱，自由臆説。

又仙化以變形爲上，泥洹以陶神爲先。變形者白首還緇，而未能無死；陶神者使塵惑日損，湛然常存。泥洹之道，無死之(作)〔地〕，乖詭若此，何謂其同？

歡答曰：

案道經之作，著自西周，佛經之來，始乎東漢，年踰八百，代懸數十。若謂黄老雖久，而濫在釋前，是吕尚盜陳恒之齊，劉季竊王莽之漢也。

經云，戎氣强獷，乃復略人頰車邪？又夷俗長跽，法與華異，翹左跂右，全是蹲踞。故周公禁之於前，仲尼戒之於後。又舟以濟川，車以征陸，佛起於戎，豈非戎俗素惡邪？道出於華，豈非華風本善邪？今華風既變，惡同戎狄，佛來破之，良有以矣。佛道實貴，故戒業可遵；戎俗實賤，故言貌可棄。今諸華士女，民族弗革，而露首(編)〔偏〕踞，濫用夷禮，云於翦落之徒，全是胡人，國有舊風，法不可變。

又若觀風流教，其道必異，佛非東華之道，道非西戎之法，魚鳥異淵，永不相關，安得老、釋二教，交行八表。今佛既東流，道亦西邁，故知世有精麤，教有文質。然則道教執本以領末，佛教救末以存本。請問所異，歸在何許？若以翦落爲異，則胥靡翦落矣。若以立像爲異，則俗巫立像矣。此非所歸，歸在常住。常住之象，常道孰異？

神仙有死，權便之説。神仙是大化之總稱，非窮妙之至名。至名無名，其有名者二十七品，仙變成真，真變成神，或謂之聖，各有九品，品極則入空寂，無爲無名。若服食茹芝，延壽萬億，壽盡則死，藥極則枯，此修考之士，非神仙之流也。

《梁書》卷三《武帝紀下》　二年春正月甲戌，以南徐州刺史豫章王綜爲鎮右將軍。新除益州刺史晉安王綱改爲徐州刺史。辛巳，輿駕親祠南郊。詔曰：「春司御氣，虔恭報祀，陶匏克誠，蒼璧禮備，思隨乾覆，布兹亭育。凡民有單老孤稚不能自存，主者郡縣咸加收養，贍給衣食，每令周足，以終其身。又於京師置孤獨園，孤幼有歸，華髪不匱。若終年命，厚加料理。尤窮之家，勿收租賦。」戊子，大赦天下。

《梁書》卷四八《儒林傳・范縝》　既長，博通經術，尤精三禮。性質直，好危言高論，不爲士友所安，唯與外弟蕭琛相善，琛名曰口辯，每服縝簡詣。【略】

初，縝在齊世，嘗侍竟陵王子良。子良精信釋教，而縝盛稱無佛。子良問曰：「君不信因果，世間何得有富貴，何得有賤貧？」縝答曰：「人之生譬如一樹花，同發一枝，俱開一蔕，隨風而墮，自有拂簾幌墜於茵席之上，自有關籬牆落於糞溷之側。墜茵席者，殿下是也；落糞溷者，下官是也。貴賤雖復殊途，因果竟在何處？」子良不能屈，深怪之。縝退論其理，著《神滅論》曰：

或問予云：「神滅，何以知其滅也？」答曰：「神即形也，形即神也，是以形存則神存，形謝則神滅也。」

問曰：「形者無知之稱，神者有知之名，知與無知，即事有異，神之與形，理不容一，形神相即，非所聞也。」答曰：「形者神之質，神者形之用，是則形稱其質，神言其用，形之與神，不得相異也。」

問曰：「神故非質，形故非用，不得爲異，其義安在？」答曰：「名殊而體一也。」

問曰：「名既已殊，體何得一？」答曰：「神之於質，猶利之於刀，形之於用，猶刀之於利，利之名非刀也，刀之名非利也。然而捨利無刀，捨刀無利，未聞刀没而利存，豈容形亡而神在。」【略】

問曰：「知此神滅，有何利用邪？」答曰：「浮屠害政，桑門蠹俗，風驚霧起，馳蕩不休，吾哀其弊，思拯其溺。夫竭財以赴僧，破産以趨佛，而不卹親戚，不憐窮匱者何？良由厚我之情深，濟物之意淺。是以圭撮涉於貧友，吝情動於顔色；千鍾委於富僧，歡意暢於容髮。豈不以僧有多稌之期，友無遺秉之報，務施闕於周急，歸德必於在己。又惑以茫昧之言，懼以阿鼻之苦，誘以虚誕之辭，欣以兜率之樂。故捨逢掖，襲横衣，廢俎豆，列缾鉢，家家棄其親愛，人人絶其嗣續。致使兵挫於行間，吏空於官府，粟罄於惰遊，貨殫於泥木。所以姦宄弗勝，頌聲尚擁，惟此之故，其流莫已，其病無限。若陶甄禀於自然，森羅均於獨化，忽焉自有，怳爾而無，來也不禦，去也不追，乘夫天理，各安其性。小人甘其壟畝，君子保其恬素，耕而食，食不可窮也，蠶而衣，衣不可盡也，下有餘以奉其上，上無爲以待其下，可以全生，可以匡國，可以霸君，用此道也。」

此論出，朝野諠譁，子良集僧難之而不能屈。

《魏書》卷九五《羌傳・姚萇附子姚興》 興，字子略，萇長子也。既滅苻登，乃發喪行服，僭稱皇帝於槐里，號年皇初。天興元年，興去皇帝之號，降稱天王，號年洪始。興克洛陽，以其弟東平公紹鎮之。三年，興遣使朝貢，太祖遣謁者僕射張濟使於興。興又大破乞伏乾歸，遂入枹罕，獲鎧馬六萬匹，乾歸降於興。

太祖遣軍襲興高平公没弈于，于棄部衆，率數千騎與赫連屈孑奔於秦州。追至於瓦亭，長安震懼。興大議爲寇，其臣咸以爲不可，興不從。天興五年夏，興遣其弟義陽公平率衆四萬侵平陽，攻乾壁六十餘日，壁中衆少失井，乃陷之。六月，太祖將討平，遣毗陵王順等三軍六萬騎爲先鋒。七月，車駕親征；八月，次於永安。平募遣勇將，率精騎二百窺軍，爲太祖前鋒將長孫肥所擒，匹馬不返。平遂退走，太祖急追，及於柴壁。平因守固，太祖圍之，興乃悉舉其衆救平。

《魏書》卷一〇八之一《禮志一》 〔天興〕二年正月，帝親祀上帝于南郊，以始祖神元皇帝配。爲壇通四陛，爲壝埒三重。天位在其上，南面，神元西面。五精帝在壇内，壝内四帝，各於其方，一帝在未。日月五星、二十八宿、天一、太一、北斗、司中、司命、司禄、司民在中壝内，各因其方。其餘從食者合一千餘神，餟在外壝内。藉用藁秸，玉用四珪，幣用束帛，牲用黝犢，器用陶匏。上帝、神元用犢各一，五方帝共用犢一，日月等共用牛一。祭畢，燎牲體左於壇南巳地，從陽之義。其瘞地壇兆，制同南郊。明年正月辛酉，郊天。癸亥，瘞地於北郊，以神元竇皇后配。五岳名山在中壝内，四瀆大川於外壝内。后土、神元后，牲共用玄牡一，玉用兩珪，幣用束帛，五岳等用牛一。祭畢，瘞牲體右於壇之北亥地，從陰也。乙丑，赦京師畿内五歲刑以下。其後，冬至祭上帝于圓丘，夏至祭地于方澤，用牲幣之屬，與二郊同。

《隋書》卷六《禮儀志一》 《禮》曰：「萬物本乎天，人本乎祖，所以配上帝也。」秦人蕩六籍以爲煨燼，祭天之禮殘缺，儒者各守其所見物而爲之義焉。一云：祭天之數，終歲有九，祭地之數，一歲有二，圓丘、方澤，三年一行。若圓丘、方澤之年，祭天有九，祭地有二。若天不通圓丘之祭，終歲有八。地不通方澤之祭，終歲有一。此則鄭學之所宗也。一云：唯有昊天，無五精之帝。而一天歲二祭，壇位唯一。圓丘之祭，即是南郊，南郊之祭，即是圓丘。日南至，於其上以祭天，春又一祭，以祈農事，謂之二祭，無別天也。五時迎氣，皆是祭五行之人帝太皞之屬，非祭天也。天稱皇天，亦稱上帝，亦直稱帝。五行人帝亦得稱上帝，但不得稱天。故五時迎氣及文、武配祭明堂，皆祭人帝，非祭天也。此則王學之所宗也。梁、陳以降，以迄于隋，議者各宗所師，故郊丘互有變易。

梁南郊，爲圓壇，在國之南。高二丈七尺，上徑十一丈，下徑十八丈。其外再壝，四門。常與北郊間歲。正月上辛行事，用一特牛，祀天皇上帝之神於其上，以皇考太祖文帝配。禮以蒼璧制幣。五方上帝、五官之神、太一、天一、日、月、五星、二十八宿、太微、軒轅、文昌、北斗、三台、老人、風伯、司空、雷電、雨師，皆從祀。其二十八宿及雨師等座有坎，五帝亦如之，餘皆平地。器以陶匏，席用槀秸。太史設柴壇於丙地。皇帝齋於萬壽殿，乘玉輅，備大駕以行禮。禮畢，變服通天冠而還。

北郊，爲方壇於北郊。上方十丈，下方十二丈，高一丈。四面各有陛。其外爲壝再重。與南郊間歲。正月上辛，以一特牛，祀后地之神於其上，以德后配。禮以黄琮制幣。五官之神、先農、五岳、沂山、嶽山、白石山、霍山、無閭山、蔣山、四海、四瀆、松江、會稽江、錢塘江、四望，皆從祀。太史設埋坎於壬地焉。

《隋書》卷一一《禮儀志六》 〔天監〕七年，周捨議：「詔旨以王者袞服，宜畫鳳皇，以示差降。按《禮》：『有虞氏皇而祭，深衣而養老。』鄭玄所言，皇則是畫鳳皇羽也。又按《禮》所稱雜服，皆以衣定名，猶如袞冕，則是袞衣而冕。明有虞言皇者，是衣名，非冕，明矣。畫鳳之旨，事實灼然。」制：「可。」又王僧崇云：「今祭服，三公衣身畫獸，其腰及袖，又有青獸，形與獸同，義應是蜼，即宗彝也。兩袖各有禽鳥，形類鸞鳳，似是華蟲。今畫宗彝，即是周禮。但鄭玄云：『蜼，禺屬，昂鼻長尾。』是獸之輕小者。謂宜不得同獸。尋冕服無鳳，應改爲雉。又裳有圓花，於禮無礙，疑是畫師加葩蘤耳。藻米黼黻，並乖古制，今請改正，并去圓花。」帝曰：「古文日月星辰，此以一辰攝三物也。山龍華蟲，又以一山攝三物也。藻火粉米，又以一藻攝三物也。是爲九章。今袞服畫龍，則宜應畫鳳，明矣。孔安國云：『華者，花也。』則爲花非疑。若一向畫雉，差降之文，復將安寄？鄭義是所未允。」又帝曰：「《禮》：『王者祀昊天上帝，則大裘而冕，祀五帝亦如之。』又云：『莞席之安，而蒲越槀秸之用。』斯皆至敬無文，貴誠重質。今郊用陶匏，與古不異，而大裘蒲秸，獨不復存，其於質敬，恐有未盡。且一獻爲質，其劍佩之飾及公卿所著冕服，可共詳定。」五經博士陸瑋等並云：「祭天猶存掃地之質，而服章獨取黼黻爲文，於義不可。今南郊神座，皆用莞席，此獨莞類，未盡質素之理。宜以槀秸爲下藉，蒲越爲上席。又《司服》云『王祀昊天，服大裘』，明諸臣禮不得同。自魏以來，皆用袞服，今請依古，更制大裘。」制：「可。」瑋等又尋大裘之制，唯鄭玄注《司服》云「大裘，羔裘也」，既無所出，未可爲據。案六冕之服，皆玄上纁下。今宜以玄繒爲之。其制式如裘，其裳以纁，皆無文繡。冕則無旒。詔：「可。」

《南史》卷五《齊本紀下·廢帝東昏侯》 廢帝東昏侯諱寶卷，字智藏，明帝第二子也。本名明賢，明帝輔政後改焉。建武元年，立爲皇太子。

永泰元年七月己酉，明帝崩，太子即皇帝位。

八月庚申，鎮北將軍晉安王寶義進號征北大將軍、開府儀同三司。

冬十月己未，詔删省律科。癸亥，詔蕭坦之、江祏更直殿省，總監宿衛。辛未，詔劉暄、江祏更直延明殿省。

十一月戊子，立皇后褚氏。庚寅，尚書令徐孝嗣議：「王侯貴人昏，連卺以真銀杯，蓋出近俗；又牢燭侈績，亦虧曩制。今除金銀連鎖，自餘新器，悉用埏陶，牢燭華侈，亦宜停之。」奏可。

《南史》卷一五《徐羨之傳》 羨之爲桓脩撫軍中兵參軍，與宋武帝同府，深相親結。武帝北伐，稍遷太尉左司馬，掌留任，副貳劉穆之。

帝議北伐，朝士多諫，唯羨之默然。或問何獨不言，羨之曰：「今二方已平，拓地萬里，唯有小羌未定。公寢食不安，何可輕豫其議。」

穆之卒，帝欲用王弘代之。謝晦曰：「休元輕易，不若徐羨之。」乃以羨之爲丹陽尹，總知留任，甲仗二十人出入，加尚書僕射。【略】

元嘉二年，羨之與傅亮歸政，三奏乃見許。羨之仍遜位，退還私第。兄子佩之及程道惠、吳興太守王韶之等，並謂非宜，敦勸甚苦。復奉詔攝任。

三年正月，帝以羨之、亮、晦旬月間再肆酖毒，下詔暴其罪，誅之。爾日，詔召羨之至西明門外，時謝晦弟皭爲黃門郎正直，報亮云：「殿中有異處分。」亮馳報羨之，羨之乘內入問訊車出郭，步走至新林，入陶竈中自縊而死，年六十三。羨之初不應召，上遣領軍到彥之、右衛將軍王華追討。及死，野人以告，載尸付廷尉。

《南史》卷四七《崔祖思傳》 武帝即位，祖思啓陳政事，以爲：「自古開物成務，必以教學爲先。宜太廟之南，弘修文序，司農以北，廣開武校。」又曰：「劉備取帳鉤銅鑄錢，以充國用；魏武遣女皁帳，婢十人；東阿婦以繡衣賜死；王景興以折米見誚；宋武節儉過人，張妃房唯碧綃蚊幬、三齊茵席、五盞盤桃花米飯，殷仲文勸令畜伎，答云：『我不解聲。』仲文曰：『但畜自解。』又答：『畏解故不畜。』歷觀帝王，未嘗不以約素興侈麗亡也。伏惟陛下體唐成儉，踵虞爲樸，寢殿則素木卑構，膳器則陶瓢充御。瓊簪玉笏，碎以爲塵；珍裘繡服，焚之如草。宜察朝士有柴車蓬館，高以殊等，馳禽荒色，長違清編，則調風變俗，不俟終日。」又曰：「憲律之重，由來尚矣。實宜清置廷尉，茂簡三官。漢來習律有家，子孫並傳其業。今廷尉律生，乃令史門户，刑之不厝，抑此之由。」又曰：「案前漢編户千萬，太樂伶官方八百二十九人，孔光等奏罷不合經法者四百四十一人，正樂定員唯置三百八十八人。今户口不能百萬，而太樂雅鄭，元徽時校試千有餘人，後堂雜伎不在其數。糜費力役，傷敗風俗。今欲撥邪歸道，莫若罷雜伎，王庭唯置鍾簴羽戚登歌而已。」上詔報答。

杜佑《通典》卷四六《禮六·沿革六·吉禮五·山川》 宋孝武帝大明七年六月，有司奏奠祭霍山。殿中郎丘景先議：「宜使太常持節，牲以太牢之具，羞用酒脯時穀，禮以赤璋纁幣，器用陶匏，藉用茅席。爲壇兆。」時不用蜃，同郊祀以爵獻。凡肴饌種數，依社祭。

《舊唐書》卷二一《禮儀志一》 《記》曰：「人生而靜，天之性也；感物而動，性之欲也。」欲無限極，禍亂生焉。聖人懼其邪放，於是作樂以和其性，制禮以檢其情，俾俯仰有容，周旋中矩。故肆覲之禮立，則朝廷尊；郊廟之禮立，則人情肅；冠婚之禮立，則長幼序；喪祭之禮立，則孝慈著；蒐狩之禮立，則軍旅振；享宴之禮立，則君臣篤。是知禮者，品彙之璿衡，人倫之繩墨，失之者辱，得之者榮，造物已還，不可須臾離也。

五帝之時，斯爲治本。類帝禋宗，吉禮也；遏音陶瓦，凶禮也；班瑞肆覲，賓禮也；誅苗殛鯀，軍禮也；釐降嬪虞，嘉禮也。故曰，修五禮五玉，堯、舜之事也。時代猶淳，節文尚簡。及周公相成王，制五禮六樂，各有典司，其儀大備。暨幽、厲失道，平王東遷，周室寖微，諸侯侮法。男女失冠婚之節，《野麕》之刺興焉；君臣廢朝會之期，踐土之譏著矣。葬則奢儉無算，軍則狙詐不仁。數百年間，禮儀大壞。雖仲尼自衛返魯，而有定禮之言，蓋舉周公之舊章，無救魯邦之亂政。仲尼之世，禮教已亡。遭秦燔煬，遺文殆盡。

漢興，叔孫通草定，止習朝儀。至於郊天祀地之文，配祖禋宗之制，拊石鳴球之備物，介丘璧水之盛猷，語則有之，未遑措思。及世宗禮重儒術，屢訪賢良，河間博洽古文，大搜經籍，有周舊典，始得《周官》五篇，《士禮》十七篇。王又鳩集諸子之説，爲禮書一百四十篇。后倉二戴，因而删擇，得四十九篇，此《曲臺集禮》，今之《禮記》是也。然數百載不見舊儀，諸子所書，止論其意。百家縱胸臆之説，五禮無著定之文。故西漢一朝，曲臺無制。郊上帝於甘泉，祀后土於汾陰。宗廟無定主，樂懸缺金石。巡狩非勛、華之典，封禪異陶匏之音。光武受命，始詔儒官，草定儀注，經邦大典，至是粗備。漢末喪亂，又淪没焉。而衞宏、應仲遠、王仲宣等掇拾遺散，裁志條目而已。東京舊典，世莫得聞。【略】

玄齡等始與禮官述議，以爲《月令》禮祭，唯祭天宗，謂日月而下。近代禮五天帝、五人帝、五地祇，皆非古典，今並除之。又依禮，有益於人則祀之。神州者國之所託，餘八州則義不相及。近代通祭九州，今除八州等八座，唯祭皇地祇及神州，以正祀典。又漢建武中封禪，用元封時故事，封泰山於圜臺上，四面皆立石闕，並高五丈。有方石再累，藏玉牒書。石檢十枚，於四邊檢之，東西各三，南北各二。外設石封，高九尺，上加石蓋。周設石距十八，如碑之狀，去壇二步，其下石跗入地數尺。今案封禪者，本以成功告於上帝。天道貴質，故藉用藁秸，罇以瓦甒。此法不在經誥，又乖醇素之道，定議除之。近又案梁甫是梁陰，代設壇於山上，乃乖處陰之義。今定禪禮改壇位於山北。又皇太子入學及太常行山陵、天子大射、合朔、陳五兵於太社、農隙講武、納皇后行六禮、四孟月讀時令、天子上陵、朝廟、養老於辟雍之禮，皆周、隋所闕，凡增多二十九條。餘並準依古禮，旁求異代，擇其善者而從之。太宗稱善，頒于内外行焉。【略】

〔黎幹進議狀曰〕其七難曰：所云據鄭學，則景皇帝親盡，廟主合祧，卻欲配祭天地，錯亂祖宗。夫始祖者，經綸草昧，體大則天，所以正元氣廣大，萬物之宗尊，以長至陽氣萌動之始日，俱祀於南郊也。夫萬物之始，天也。人之始，祖也。日之始，至也。掃地而祭，質也。器用陶匏，性也。牲用犢，誠也。兆於南郊，就陽位也。至尊至質，不敢同於先祖，禮也。故《白虎通》曰：「祭天歲一，何？天至尊至質，事之不敢褻黷，故因歲之陽氣始達而祭之。」今國家一歲四祭之，黷莫大焉。上帝、五帝，其祀遂闕，怠亦甚矣。黷與怠，皆禮之失，不可不知。夫親有限，祖有常，聖人制禮，君子不以情變易。國家重光累聖，歷祀百數，豈不知景皇帝始封于唐。當時通儒議功度德，尊神堯克配彼天，宗太宗以配上帝。神有定主，爲日已久。今欲黜神堯配含樞紐，以太宗配上帝，則紫微五精，上帝佐也，以子先父，豈禮意乎！非止神祇錯位，亦以祖宗乖序，何以上稱皇天祖宗之意哉！若夫神堯之功，太宗之德，格于皇天上帝，臣以爲郊祀宗祀，無以加焉。

《舊唐書》卷二二《禮儀志二》　隋文帝開皇中，將作大匠宇文愷依《月令》造明堂木樣以獻。帝令有司於京城安業里内規兆其地，方欲崇建，而諸儒争論不定，竟議罷之。煬帝時，愷復獻明堂木樣并議狀，屬遷都興役，事又不就。終於隋代，季秋大享，恒在雩壇設祀。

高祖受禪，不遑創儀。太宗平定天下，命儒官議其制。貞觀五年，太子中允孔穎達以諸儒立議違古，上言曰：「臣伏尋前敕，依禮部尚書盧寬、國子助教劉伯莊等議，以爲『從崑崙道上層祭天』。又尋後敕云：『爲左右閣道，登樓設祭。』臣檢六藝羣書百家諸史，皆名基上曰堂，樓上曰觀，未聞重樓之上而有堂名。《孝經》云：『宗祀文王於明堂。』不云明樓、明觀，其義一也。又明堂法天，聖王示儉，或有翦蒿爲柱，葺茅作蓋。雖復古今異制，不可恒然，猶依大典，惟在朴素。是以席惟藁秸，器尚陶匏，用藾栗以貴誠，服大裘以訓儉。今若飛樓架道，綺閣凌雲，考古之文，實堪疑慮。按《郊祀志》：漢武明堂之制，四面無壁，上覆以茅。祭五帝於上座，祀后土於下防。臣以上座正爲基上，下防惟是基下。既云無四壁，未審伯莊以何知上層祭神，下有五室？且漢武所爲，多用方士之説，違經背正，不可師祖。又盧寬等議云：『上層祭天，下堂布政，欲使人神位别，事不相干。』臣以古者敬重大事，與接神相似，是以朝覲祭祀，皆在廟堂，豈有樓上祭祖，樓下視朝？閣道升樓，路便窄隘，乘輦則接神不敬，步往則勞勸聖躬。侍衛在旁，百司供奉。求之典誥，全無此理。臣非敢固執愚見，以求己長。伏以國之大典，不可不慎。乞以臣言下羣臣詳議。」

侍中魏徵議曰：「稽諸古訓，參以舊圖，其上圓下方，複廟重屋，百慮一致，異軫同歸。洎當塗膺籙，未遑斯禮；典午聿興，無所取則。裴頠以諸儒持論，異端蜂起，是非舛互，靡所適從，遂乃以人廢言，止爲一殿。宋、齊即仍其舊，梁、陳遵而不改。雖嚴配有所，祭享不匱，求之典則，道實未弘。夫孝因心生，禮緣情立。心不可極，故備物以表其誠；情無以盡，故飾宫以廣其敬。宣尼美意，其在兹乎！臣等親奉德音，令參大議，思竭塵露，微增山海。凡聖人有作，義重隨時，萬物斯覩，事資通變。若據蔡邕之説，則至理失於文繁；若依裴頠所爲，則又傷於質略。求之情理，未允厥中。今之所議，非無用捨。請爲五室重屋，上圓下方，既體有則象，又事多故實。下室備布政之居，上堂爲祭天之所，人神不雜，禮亦宜之。其高下廣袤之規，几筵尺丈之制，則並隨時立法，因事制宜。自我而作，何必師古。廓千載之疑議，爲百王之懿範。不使泰山之下，惟聞黄帝之法；汶水之上，獨稱漢武之圖。則通乎神明，庶幾可俟，子來經始，成之不日。」議猶未決。

《舊唐書》卷一〇二《褚无量傳》　景龍三年，遷國子司業，兼修文館學士。是歲，中宗將親祀南郊，詔禮官學士修定儀注。國子祭酒祝欽明、司業郭山惲皆希旨，請以皇后爲亞獻，无量獨與太常博士唐紹、蔣欽緒固争，以爲不可。无量建議曰：

夫郊祀者，明王之盛事，國家之大禮。行其禮者，不可以臆斷，不可以情求，皆上順天心，下符人事，欽若稽古，率由舊章，然後可以交神明，可以膺福祐。然禮文雖衆，莫如《周禮》。《周禮》者，周公致太平之書，先聖極由衷之典，法天地而行教化，辯方位而敘人倫。其義可以幽贊神明，其文可以經緯邦國，備物致用，其可忽乎！至如冬至圜丘，祭中最大，皇后内主，禮位甚尊。若合郊天助祭，則當具著禮典。今徧檢《周官》，無此儀制。蓋由祭天南郊，不以地配，唯將始祖爲主，不以祖妣配天，故唯皇帝親行其禮，皇后不合預也。

謹按《大宗伯》職云：「若王不與祭祀，則攝位。」《注》云：「王有故，代行其祭事。」下文云：「凡大祭祀，王后不與，則攝而薦豆籩，徹。」若皇后合助祭，承此下文，即當云「若不祭祀，則攝而薦豆籩」。今於文上更起凡，則是別生餘事。夫事與上異，則別起凡。凡者，生上起下之名，不專繫於本職。《周禮》一部之内，此例極多，備在文中，不可具録。又王后助祭，親薦豆籩而不徹。案《九嬪》職云：「凡祭，贊后薦，徹豆籩。」《注》云：「后進之而不徹。」則知中徹者，爲宗伯生文。若宗伯攝祭，則宗伯親徹，不別使人。又案「外宗掌宗廟之祀，王后不與，則贊宗伯」。此之一文，與上相證。何以明之？案外宗唯掌宗廟祭祀，不掌郊天，足明此文是宗廟祭也。案王后行事，總在《内宰》職中。檢其職文，唯云「大祭祀，后祼獻則贊，瑶爵亦如之」。《鄭注》云：「謂祭宗廟也。」《注》所以知者，以文云「祼獻」，祭天無祼，以此得知。又祭天之器，則用陶匏，亦無瑶爵，《注》以此得知是宗廟也。又内司服掌王后六服，無祭天之服；而巾車職掌王后之五輅，亦無后祭天之輅；祭天七獻，無后亞獻。以此諸文參之，故知后不合助祭天也。

唯《漢書》《郊祀志》則有天地合祭，皇后預享之事，此則西漢末代，强臣擅朝，悖亂彝倫，黷神諂祭，不經之典，事涉誣神。故《易傳》曰：「誣神者，殃及三代。」《太誓》曰：「正稽古立功立事，可以永年，承天之大律。」斯史策之良誡，豈可不知。今南郊禮儀，事不稽古，忝守經術，不敢默然。請旁詢碩儒，俯摭舊典，採曲臺之故事，行圓丘之正儀，使聖朝叶昭曠之塗，天下知文物之盛，豈不幸甚。

時左僕射韋巨源等阿旨，叶同欽明之議，竟不從无量所奏。

《舊唐書》卷一四一《張孝忠傳》　張孝忠，本奚之種類。曾祖靖、祖遜，代乙失活部落酋帥。父謐，開元中以衆歸國，授鴻臚卿同正，以孝忠貴，贈户部尚書。孝忠以勇聞於燕、趙。時號張阿勞、王没諾干，二人齊名。阿勞，孝忠本字；没諾干，王武俊本字。孝忠形體魁偉，長六尺餘，性寛裕，事親恭孝。天寶末，以善射授内供奉。安禄山奏爲偏將，破九姓突厥，先登陷陣，以功授果毅折衝。禄山、史思明繼陷河洛，孝忠皆爲其前鋒。史朝義敗，入李寶臣帳下。上元中，奏授左領軍郎將，累加左金吾衛將軍同正、試殿中監，仍賜名孝忠，歷飛狐、高陽二軍使。李寶臣以孝忠謹重驍勇，甚委信之，以妻妹昧谷氏妻焉，仍悉以易州諸鎮兵馬令其統制。前後居城鎮十餘年，甚著威惠。

田承嗣之寇冀州也，寶臣俾孝忠以精騎數千禦之。承嗣見其整肅，歎曰：

「張阿勞在焉，冀州未易圖也。」乃焚營宵遁。及寶臣與朱滔戰於瓦橋，常慮滔來攻，故以孝忠爲易州刺史，選精騎七千配焉，使扞幽州。奏授太子賓客、兼御史中丞，封範陽郡王。既而寶臣疑忌大將，殺李獻誠等四五人，使召孝忠，孝忠懼不往。寶臣使孝忠弟孝節召焉，孝忠命孝節復命曰：「諸將無狀，連頸受戮，孝忠懼死不敢往，亦不敢叛，猶公之不覲於朝，慮禍而已，無他志也。」孝節泣曰：「兄不行，吾歸死矣。」孝忠曰：「偕往則并命，吾留無患也。」乃歸，果無患。

《舊唐書》卷一四二《李寶臣傳》 李寶臣，範陽城旁奚族也。故範陽將張鎖高之假子，故姓張，名忠志。幼善騎射，節度使安禄山選爲射生官。天寶中，隨禄山入朝，玄宗留爲射生子弟，出入禁中。及禄山叛，忠志遁歸範陽，禄山喜，録爲假子，姓安，常給事帳中。禄山兵將指闕，使忠志領驍騎八千人入太原，劫太原尹楊光翽。忠志挾光翽出太原，萬兵追之不敢近。禄山使董精甲，扼井陘路，軍於土門。安慶緒僞署爲恆州刺史。九節度之師圍慶緒於相州，忠志懼，獻章歸國，肅宗因授恆州刺史。及史思明復渡河，僞授忠志工部尚書、恆州刺史、恆趙節度使，統衆三萬守常山。及思明敗，不受朝義之命，乃開土門路以内王師。河朔平定，忠志與李懷仙、薛嵩、田承嗣各舉其地歸國，皆賜鐵券，誓以不死。因授忠志開府儀同三司、檢校禮部尚書、恆州刺史，實封二百户，仍舊爲節度使。乃以恆州爲成德軍，賜姓名曰李寶臣。

時寶臣有恆、定、易、趙、深、冀六州之地，後又得滄州步卒五萬、馬五千匹，當時勇冠河朔諸帥。寶臣以七州自給，軍用殷積，招集亡命之徒，繕閲兵仗，與薛嵩、田承嗣、李正己、梁崇義等連結姻婭，互爲表裏，意在以土地傳付子孫，不稟朝旨，自補官吏，不輸王賦。初，天寶中，天下州郡皆鑄銅爲玄宗真容，擬佛之制。及安、史之亂，賊之所部，悉鎔毁之，而恆州獨存，由是實封百户。【略】

承嗣止正己，無南軍之虞。又知範陽寶臣故里，生長其間，心常欲得之，乃勒石爲讖，密瘞寶臣境内，使望氣者云：「此中有王氣。」寶臣掘地得之，有文曰：「二帝同功勢萬全，將田作伴入幽、燕。」二帝，指寶臣、正己也。承嗣又使客諷之曰：「公與朱滔共舉，取吾滄州，設得之，當歸國，非公所有。誠能捨承嗣之罪，請以滄州奉獻，可不勞師而致，願取範陽以自効。公將騎爲前驅，承嗣率步卒從，此萬全之勢。」寶臣喜，以爲事合符命，遂與承嗣通謀，割州與之。寶臣乃密圖範陽，承嗣亦陳兵境上。寶臣謂朱滔使曰：「吾聞朱公貌如神，安得而識之，願因繪事而觀，可乎？」滔乃圖其形以示之。寶臣懸於射堂，命諸將熟視之，曰：「朱公信神人也！」他日，滔出軍，寶臣密選精卒劫之，戒其將曰：「取彼貌如射堂所懸者。」是時，二軍不相虞有變，滔與戰於瓦橋，滔適衣他服，以不識免。承嗣聞與滔交鋒，其釁已成，乃旋軍，使告寶臣曰：「河内有警急，不暇從公。石上讖文，吾戲爲之耳！」寶臣慚怒而退。

《新唐書》卷一四五《黎幹傳》 黎幹，戎州人。善星緯術，得待詔翰林，擢累諫議大夫，封壽春公。自負其辯，沾沾喜議論。

初，唐家郊祭天地，以高祖神堯皇帝配。寶應元年，杜鴻漸爲太常卿，禮儀使，於是禮儀判官薛頎、集賢校理歸崇敬等共建：「神堯獨受命之主，非始封君，不得冒太祖配天地。景皇帝受封于唐，即商之契、周之后稷，請奉景皇帝配天地，於禮宜甚。」幹非之，乃上十詰、十難，傅經誼，抵鄭玄，以折頎、崇敬等，曰：**【略】**其十難：**【略】**

七曰：「援玄之言，則景帝親盡，主應在祧，反配天地，禮不相值。夫所謂始祖者，經綸草昧，功普體大，以比元氣含覆廣大者也。故曰萬物之始，天也；人之始，祖也；日之始，至也。掃地而祭，則質；器用陶匏，則性；牲用犢，則誠；兆於南郊，則就陽。至尊至質，不敢同於先祖也。《白虎通義》曰：『祭天歲一者何？事之不敢黷也。』故因歲之陽氣始達而祭之。今一歲四祭，黷莫大焉。上帝五帝，祀闕不舉，怠孰甚焉？黷與怠，皆失也。臣聞親有限，祖有常，聖人制禮不以情變。唐家累聖，歷祀百年，非不知景帝爲始封。當時通儒鉅工尊高祖以配天，宗太宗以配上帝，人神克厭，爲日既久。乃今以神堯降侑含樞紐，而太宗仍配上帝，則樞紐上帝佐也。以子先父，非天地祖宗之意。」**【略】**

幹性貪暴，既復用，不暇念治，專徇財色，附會嬖近，挾左道希主恩，帝甚惑之。德宗在東宮，幹與宦者特進劉忠翼陰謀，幾危宗嗣。及即位，又詭道希進，密乘車謁忠翼。事覺，除名長流，既行，市人數百羣譟投礫從之，俄賜死藍田驛。

《新唐書》卷一六三《楊於陵傳》 節度使韓滉剛嚴少許可，獨奇於陵，謂妻柳曰：「吾求佳壻，無如於陵賢。」因以妻之。辟鄂岳、江西使府。滉居宰相，領財賦，權震中外。於陵隨府罷，避親不肯調，退廬建昌，以文書自娱樂。滉卒，乃入爲膳部員外郎。以吏部判南曹，選者恃與宰相親，文書不如式，於陵駁其違，宰相怒，以南曹郎出使弔宣武軍。未幾，遷右司郎中，換吏部，出爲絳州刺史。

德宗雅聞其名，留拜中書舍人。時京兆李實恃恩暴橫，於陵與所善許孟容不離附，爲所譖短，徙祕書少監。帝崩，宣遺詔於太原、幽州，節度獻遺無所納。拜華州刺史，遷浙東觀察使。越人飢，請出米三十萬石振贍貧民，政聲流聞。

入爲京兆尹。先是，編民多竄北軍籍中，倚以橫閭里。於陵請限丁制，減三丁者不得著籍，姦人無所影賴，京師豪右大震。遷户部侍郎。元和初，牛僧孺等以賢良方正對策，於陵被詔程其文，居第一，宰相惡其言，出爲嶺南節度使。辟韋詞、李翱等在幕府，咨訪得失，教民陶瓦易蒲屋，以絶火患。監軍許遂振者，悍戾貪肆，憚於陵不敢撓以私，則爲飛語聞京師，憲宗不能無惑，有詔罷歸。遂振領留事，答吏剔抉其贓，吏呼曰：「楊公尚拒他方賂遺，肯私官錢邪？」宰相裴垍亦爲帝別白言之，乃授吏部侍郎，而遂振終得罪。

《新唐書》卷一七四《牛僧孺傳》 穆宗初，以庫部郎中知制誥。徙御史中丞，按治不法，内外澄肅。宿州刺史李直臣坐賕當死，賂宦侍爲助，具獄上。帝曰：「直臣有才，朕欲貸而用之。」僧孺曰：「彼不才者，持禄取容耳。天子制法，所以束縛有才者。禄山、朱泚以才過人，故亂天下。」帝異其言，乃止。賜金紫服，以户部侍郎同中書門下平章事。

始，韓弘入朝，其子公武用財賂權貴，杜塞言者。俄而弘、公武卒，孫弱不能事，帝遣使者至其家，悉收貲簿，校計出入。所以餉中朝臣者皆在，至僧孺，獨注其左曰：「某月日，送錢千萬，不納。」帝善之，謂左右曰：「吾不謬知人。」繇是遂以相。尋遷中書侍郎。

敬宗立，進封奇章郡公。是時政出近倖，僧孺數表去位，帝爲於鄂州置武昌軍，授武昌節度使、同平章事。鄂城土惡亟圮，歲增築，賦蓑茅於民，吏倚爲擾。僧孺陶甓以城，五年畢，鄂人無復歲費。又廢沔州以省冗官。

《宋史》卷一〇一《禮志四》 〔紹興〕四年，太常寺看詳、國子監丞王普言明堂有未合禮者十一事：其一，謂陶匏用於郊丘，玉爵用於明堂，今兹明堂實兼郊禮，宜用陶匏，他日正宗祀之禮，當奉玉爵。其二，《禮經》，太牢當以牛、羊、豕爲序，今用《我將》之詩，遂以羊、豕、牛爲序，所謂以辭害意，豈有用大牲作元祀，而反在羊、豕之後者。其三，陳設尊罍，宜倣《周官》司尊彝秋嘗之制。其四，泛齊醴齊，宜代以今酒而不易其名。其五、其六，祭器、冕服，當從古制。其七，皇帝未後詣齋室，則是致齋二日有半，乞用質明以成三日之禮。其八，齋不飲酒、茹葷，乞罷官給酒饌，俾得專心致志，交於神明。其九，設神位版及升煙、奠册，不當委之散吏。其十、十一，皆論樂。並從之。

《宋史》卷二七〇《許仲宣傳》 宋初赴調，引對便殿。仲宣氣貌雄偉，太祖悦之。擢授太子中允，受詔知北海軍。仲宣度其山川形勢、地理廣袤可以爲州郡，因畫圖上之，遂升爲濰州。【略】

仲宣性寬恕，倜儻不檢，有心計。初，爲濟陰主簿時，令與簿分掌縣印。令畜嬖妾，與其室爭寵，令弗能禁。嬖欲陷其主，竊取其印藏之，封識如故，以授仲宣。翌日署事，發匣，則無其印，因逮捕縣吏數輩及令、簿家人，下獄鞫問，果得之於令舍竈突中。令聞之，倉皇失措，仲宣處之晏然，人服其量。嘗從征江南，都部署曹彬令取陶器數萬，給士卒爲燈具。仲宣已預料置，奉之如其數。其才幹類此。

《宋史》卷四四八《忠義傳三・李彦仙》 〔李彦仙〕有大志，所交皆豪俠士。閑騎射。家極邊，每出必陰察山川形勢，或瞯敵人縱牧，取其善馬以歸。嘗爲种師中部曲，入雲中，獲首級，補校尉。靖康元年，金人犯境，郡縣募兵勤王，遂率士應募，補承節郎。李綱宣撫兩河，上書言綱不知兵，恐誤國。書聞，下有司追捕，乃亡去，易名彦仙。以效用從河東軍，諜金人還，復補校尉。【略】

彦仙頎而長面，嚴厲不可犯，以信義治陝，犯令者雖貴不貸。與其下同甘苦，故士樂爲用。有籌略，善應變。嘗略地至青澗，猝遇金人，衆愕眙，彦仙依山植疑幟，徐據柳林，解甲自如。金人疑有伏，引去，彦仙追襲於隘，蹴死相枕。關以東皆下，陝獨存，金人必欲下陝，然後併力西向。彦仙以孤城扼其衝再踰年，大小二百戰，金人不得西。至城陷，民無貳心，雖婦女亦升屋以瓦擲金人，哭李觀察不絶。金人怒，屠其城，全陝遂没。裨將邵雲、吕圓登、宋炎、賈何、閻平、趙成皆死，並贈官録其家。

《宋史》卷四五九《曾叔卿傳》 曾叔卿，建昌南豐人，鞏族兄也。家苦貧，即心存不欺。嘗買西江陶器，欲貿易於北方，既而不果行。有從之轉售者，與之。既受直矣，問將何之，其人曰：「欲效君前策耳。」叔卿曰：「不可。吾聞北方新有災饉，此物必不時泄，故不以行。余豈宜不告以誤子。」其人即取錢去。居鄉介潔，非所宜受，一介不取。妻子困於饑寒，而拊庇孤惸，唯恐失其意。起家進士，至著作佐郎。

《元史》卷六八《禮樂志二・土部》 塤二，陶土爲之。圍五寸半，長三寸四分，形如稱錘。六孔，上一，前二，後三。韜以黃囊。

《元史》卷一六七《劉好禮傳》 好禮幼有志，知讀書，通國言，憲宗時廉訪府辟爲參議。歲乙卯，改永興府達魯花赤。至元元年，以侍儀廉希逸薦召見，言舉人材數事，稱旨。五年，應詔建言：「凡有司奏請，宜先啓皇太子，俾得閲習庶政，以爲社稷生民之福。陝西重地，宜封皇子諸王以鎮之。創築都城，宜給直以市民地。選格不宜以中統三年爲限，後是者不録。」帝是其言，敕中書施行。

七年，遷益蘭州等五部斷事官，以比古之都護，治益蘭。其地距京師九千餘里，民俗不知陶冶，水無舟航。好禮請工匠於朝，以教其民，迄今稱便。或言榷鹽酒可以佐經費，好禮曰：「朝廷設官要荒，務以綏遠，寧欲奪其利耶！」言者慚服。

《明世宗實録》卷二四〇　〔嘉靖十九年八月〕戊子，浮梁景德鎮民以陶爲業，聚傭至萬餘人，會大水食絶，遂肆鹵掠，村鎮爲墟，守臣以聞。詔停兵備副使屠倬等俸，飭巡撫都御史王暐加意撫戢。既而暐自劾奉職無狀，陳言本鎮宜遣府佐一人駐理，及招失業傭民別開窑于茆岡以還定之。上可其奏，釋暐勿問。

聞人詮等《〔嘉靖〕南畿志》卷二〇《物産》　其風俗以富奢相競，敏於習文，踈於用武。《寰宇記》。頴異之材挺生。《風俗記》。其特産白粱、芽茶、子鱭、香貍、枲紵、蒲屨，陶器惟精。其山以横山爲望，其川大江以接于海，丘陵隱見，水澤散衍，取其得名者附見焉。

樊深《〔嘉靖〕河間府志》卷八《窑廠》　滄州（窐）〔窑〕二座，坐本州城北衛河東岸華嚴口，共地五畝，東至官道，南至華嚴口，西至衛河，北至塩山縣。（窐）〔窑〕廠原立廠房二十間，見存五間，看廠夫十七名。

河間縣（窐）〔窑〕二座，坐獻縣迤東高官，廠共地九畝七分，東至張剛，西至陳敬，南至大河，北至大路，原立廠房十一間，看廠夫三十名。

塩山縣（窐）〔窑〕二座，坐華嚴，廠共三畝，東至道，南至滄州。甎廠西至河北，至慶雲縣，廠原立廠房十四間，看廠夫十名。

獻縣（窐）〔窑〕二座，坐本縣城東，東至道，南至小堤，西至肅寧廠，北至周家桑顆，共地五十畝，原立廠房三十五間，見存十九間，看廠夫三十六名。

寧津縣（窐）〔窑〕三座，坐槐鎮迤西宋村，廠共地六十畝，東至李欒，南至古河，西至吴橋縣廠，北至大道，原立廠房二十間，見存十間，看廠夫二十名。

吴橋縣（窐）〔窑〕二座，坐宋村，廠共地二十三畝，東至寧津縣（窐）〔窑〕，南至河岸，西至景州窐，北至大路，原立廠房十九間，看廠夫二十名，空地看廠總甲楊奉佃種。

肅寧縣（窐）〔窑〕一座坐宋村，廠共地七十九畝，東至獻縣廠，南至河，西至獻縣，民馮亮等北至道原立廠房二十間，看廠夫十六名，（窐）〔窑〕地三十九畝，劉友、吴經佃種。

靜海縣（窐）〔窑〕二座，坐本縣城南新莊村，共地二頃四十七畝，東至大道，南至李官屯，西至衛河，北至張官屯。原立廠房十二間，見存四間，看廠夫二十名。

交河縣（窐）〔窑〕一座，坐齊家堰，共地一十八畝五分，西北二至賈錫，東至賈翥，南至大道。原立廠房九間，看廠夫十一名，（窐）〔窑〕地賈路佃種二畝六分，瀋陽衛軍餘昝清佃種四畝四分。

阜城縣（窐）〔窑〕一座，坐齊家堰，共地一十八畝，東至董琰，南至臨邑廠，西至官路，北至故城廠。原立廠房九間，看廠夫十名，（窐）〔窑〕地十二畝，瀋陽衛軍人董全佃種，遞年納税與交河縣。

故城縣（窐）〔窑〕一座，坐齊家堰，共地一十三畝，東至衛河，南至阜城廠，西至大路，北至大路。原立廠房十一間，見存三間，看廠夫十名。

南皮縣（窐）〔窑〕一座，坐齊家堰，共地五畝五分，東至大道，南至西至俱海豐縣廠，北至衛河。原立廠房三十間，見存十一間，看廠夫一十七名。

東光縣（窐）〔窑〕一座，坐齊家堰，共地四畝二分，東至大道，南至張玄，西至武定州廠，北至海豐縣廠。原立廠房十三間，見存八間，看廠夫十五名。

任丘縣（窐）〔窑〕三座，坐新莊，廠共地一頃三十二畝，東至官道，西至衛河，南至吕官營，北至靜海縣。（窐）〔窑〕廠原立廠房十五間，看廠夫十五名，（窐）〔窑〕地錢友佃種十六畝，天津衛軍餘劉創佃種四十四畝，于勸佃種四十畝。

興濟縣（窐）〔窑〕二座，坐青縣西底，廠共地一十六畝三分，東至大同廠，南至滹沱河，西至青縣民劉剛地，北至青縣（窐）〔窑〕廠。原立廠房二十六間，見存六間，看廠夫二十二名。

慶雲縣（窐）〔窑〕一座，坐長蘆北，共地三畝五分，東至道，西至河南至滄州廠，北至塩山廠。原立廠房二十間，看廠夫一十名。

景州（窐）〔窑〕二座，坐州外，東至道，西至高田，南至古溝，北至青林。原立廠房三十間，看廠夫二十三名。

青縣（窐）〔窑〕二座，坐本縣南，共地五十五畝整，東至林玉，西至趙璽，南至孫義，北至官道，原立廠房二十間，看廠夫二十名。

佚名《〔嘉靖〕廣信府志》卷一《風俗》　記曰：廣谷大川異制，民生其間異俗。是俗也，地寔爲之也，然凡言俗者必曰風。語曰君子之德風，則化導之機抑文存乎其人耳。信之爲郡，山奇而廉，故人得之，矜名而喜節，其失也隘。水清而駛，故人得之，善慧而好修，其失也激。原隰平街而山澤楮荈，陶冶之利，聊足謀生，故民得之，惟土物愛而心臧，其失也嗇。然而抑戢之，以崇渾厚，涵蓄之以趨和平，疏融之以就禮節。人之能也，地不得而囿之也。雖然，是六邑之同也。

類分之則饒玉來爲上三邑，習相近也，而饒以質勝。鉛弋貴爲下三邑，習相近也，而鉛亦以質勝。其君子則亢言而厲行，其小人則少械而寡求，其婦女則無故不出户庭，不事耕穫，不給薪水，不行鬻於市，是又六邑之同也。雖然，是今日之趨也，粤稽諸古，其隨世而爲□污者，抑又異矣，列而存之，以俟善導者攷焉。

按信古□境也，周職方《漢晉地理志》曰：其民二男五女，則俗故異，女曰男子畊農，女子蚕桑織績，則俗故勤。生曰水畊火耨，以漁獵山伐爲業，而飲食還給，則俗故嗇。費然曰務□輕死易發，不好勇乎，曰信巫重祀，不尚鬼乎，曰氣躁性揚而善訐，不健訟乎，顧此亦江南通俗，不專信化信□。永嘉東遷，衣冠避地，風氣漸開，歷唐而宋，文學之士間出，而南渡以後，遂爲要區，人知敦本績學，日趨於盛。比入我朝，涵濡聖化，百餘年來藝文儒術，蔚爲東南望郡，下逮田野小民，生理裁足，皆知以課子孫讀書爲事。蓋尚淳質，敦儉約，喪紀婚姻，率漸於禮不易，《隋志》所云而好勇尚鬼之習華易殆盡，頑告訐之風猶未克除，豈氣躁性揚，端使之然哉。於戲，其所由來者遠矣，轉移之機，尚有望於在位之君子。

《明神宗實録》卷三八一　〔萬曆三十一年二月〕癸巳，先是內官監陳永壽承王朝撤回後，仍令民窑三則徵收，妄謂會議已定，行委縣官照數催徵，業得旨矣。順天府尹許弘綱具疏執争，謂查勘官窑，僅一二座，其餘盡屬民窑，併未會議，何忍横徵。乞撤永壽而併罷其法，信明旨而免及其餘。于是工科都給事中白瑜言：「永壽亦自知窑課難支，衆心難犯，委托縣官徵收，不過借萬金之虚名，駕有司之實禍，行逢迎之小術，爲脱身之完策。聖天子當培養畿民，以作藩籬。今四方已莫必其命忍戕，此輦轂之蒼生與天子共天下者，惟良二千石。今外郡已難保其民，忍誣此保釐之府尹。」工部尚書姚繼可亦言：「官窑宜封閉，民窑不可徵，其東西兩行烟炊，仍舊催督舖商辦進。」順天巡撫劉四科又言：「永壽代王朝，是以暴易暴也，應一併撤回。」俱不報。

《明神宗實録》卷四三八　〔萬曆三十五年九月己亥〕户部議動通糧五萬石發行薊鎮平糴，從之。初，賑卹之命下，畿甸内外所在待哺，薊撫劉四科請於已發數内分給數萬以救溝□，司農大以不給爲憂。再據甲辰例言，臣查萬曆三十二年雨水爲災，欽奉聖諭，軫念人民，給發太僕寺銀十萬兩賑過，順天府亲户共銀二萬七千有奇，外剩銀七萬二千兩有奇。續奉聖恩，念薊保二鎮災荒，各發三萬分賑，又准動通糧十萬石發平糴，通行計三十二年内外災傷，視今差少，是以臣部所請冏金費未及三之一，故獲以其餘，請給二鎮。今歲京城内外被災者十倍于前，即十萬之金猶恐不濟，又安敢許以分給乎。若倉庾則頻年蠲折，陳腐既異往時，數處漯涿，耗損無如今日。今自京城内外平糴已二十萬矣，復損數萬以賑八府，恐亦司庾者所難繼也。已經撫臣酌請，宜量動通糧五萬石，令有司自行赴領，設處脚價運薊鎮，立法平糶照三十二年例，照近分解餉司，以抵京發之數。至其不敷，聽撫按諸臣溥刷預備等倉，堪動銀穀，多方賑撫，庶皇仁溥而顛連起矣，於是命下乃移所在施行云。

《明史》卷七二《職官志一》　工部。尚書一人，正二品，左、右侍郎各一人，正三品。其屬，司務廳，司務二人，從九品。營繕、虞衡、都水、屯田四清吏司，各郎中一人，正五品，後增設都水司郎中四人。員外郎一人，從五品，後增設營膳司員外郎二人，虞衡司員外郎一人。主事二人，正六品，後增設都水司主事五人，營膳司主事三人，虞衡司主事二人，屯田司主事一人。所轄，營繕所，所正一人，正七品，所副二人，正八品，所丞二人，正九品。文思院，大使一人，正九品，副使二人，從九品。皮作局，大使一人，正九品，副使二人，從九品，後革。鞍轡局，大使一人，正九品，副使一人，從九品。隆慶元年，大使、副使俱革。寶源局，大使一人，正九品，副使一人，從九品，嘉靖間革。顔料局，大使一人，正九品，後革。軍器局，大使一人，正九品，副使二人，後革一人。節慎庫，大使一人，從九品。嘉靖八年設。織染所、雜造局，大使一人，正九品，副使一人，從九品。廣積、通積、盧溝橋、通州、白河各抽分竹木局，大使各一人，副使各一人。大通關提舉司，提舉一人，正八品，萬曆二年革。副提舉二人，正九品，典史一人。後副提舉、典史俱革。柴炭司，大使一人，從九品，副使一人。

尚書掌天下百官、山澤之政令。侍郎佐之。

營繕典經營興作之事。凡宫殿、陵寢、城郭、壇場、祠廟、倉庫、廨宇、營房、王府邸第之役，鳩工會材，以時程督之。凡鹵簿、儀仗、樂器，移内府及所司，各以其職治之，而以時省其堅潔，而董其窳濫。凡置獄具，必如律。凡工匠二等：曰輪班，三歲一役，役不過三月，皆復其家；曰住坐，月役一旬，有稍食。工役二等，以處罪人輸作者，曰正工，曰雜工。雜工三日當正工一日，皆視役大小而撥節之。凡物料儲偫，曰神木廠，曰大木廠，以蓄材木，曰黑窑廠，曰琉璃廠，以陶瓦器，曰臺基廠，以貯薪葦，皆籍其數以供修作之用。

虞衡典山澤採捕、陶冶之事。凡鳥獸之肉、皮革、骨角、羽毛，可以供祭祀、賓客、膳羞之需，禮器、軍實之用，歲下諸司採捕。水課禽十八、獸十二，陸課獸十八、禽十二，皆以其時。冬春之交，罝罛不施川澤；春夏之交，毒藥不施原野。

苗盛禁蹂躪，穀登禁焚燎。若害獸，聽爲陷穽獲之，賞有差。凡諸陵山麓，不得入斧斤、開窑冶、置墓墳。凡帝王、聖賢、忠義、名山、岳鎮、陵墓、祠廟有功德於民者，禁樵牧。凡山場、園林之利，聽民取而薄征之。凡軍裝、兵械，下所司造，同兵部省之，必程其堅緻。凡陶甄之事，有歲供，有暫供，有停減，籍其數，會其入，毋輕毁以費民。凡諸冶，飭其材，審其模範，付有司。錢必準銖兩，進於內府而頒之。牌府、火器，鑄於內府，禁其以法式洩於外。凡顔料，非其土産不以征。

都水典川澤、陂池、橋道、舟車、織造、券契、量衡之事。水利曰轉漕，曰灌田。歲儲其金石、竹木、卷埽，以時修其閘壩、洪淺、堰圩、隄防，謹蓄洩以備旱潦，無使壞田廬、墳隧、禾稼。舟楫、磑碾者不得與灌田爭利，灌田者不得與轉漕爭利。凡諸水要會，遣京朝官專理，以督有司。役民必以農隙，不能至農隙，則僝功成之。凡道路、津梁，時其葺治。有巡幸及大喪、大禮，則修除而較比之。凡舟車之制，曰黄船，以供御用，曰遮洋船，以轉漕於海，曰淺船，以轉漕於河，曰馬船，曰風快船，以供送官物，曰備倭船，曰戰船，以禦寇賊，曰大車，曰獨轅車，曰戰車，皆會其財用，酌其多寡、久近、勞逸而均劑之。凡織造冕服、誥敕、制帛、祭服、凈衣諸幣布，移內府、南京、浙江諸處，周知其數而慎節之。凡公、侯、伯鐵券，差其高廣。制式詳《禮志》。凡祭器、册寶、乘輿、符牌、雜器皆會則於內府。凡度量，權衡，謹其校勘而頒之，懸式於市，而罪其不中度者。

屯田典屯種、抽分、薪炭、夫役、墳塋之事。凡軍馬守鎮之處，其有轉運不給，則設屯以益軍儲。其規辦營造、木植、城磚、軍營、官屋及戰衣、器械、耕牛、農具之屬。凡抽分征諸商，視其財物各有差。凡薪炭，南取洲汀，北取山麓，或徵諸民，有本、折色，酌其多寡而撙節之。夫役伐薪、轉薪，皆僱役。凡墳塋及堂碑、碣獸之制，第宗室、勳戚、文武官之等而定其差。墳塋制度，詳《禮志》。

《明史》卷七八《食貨志二》　明初，工役之繁，自營建兩京宗廟、宮殿、闕門、王邸。採木、陶甓，工匠造作，以萬萬計。所在築城、濬陂，百役具舉。迄於洪、宣，郊壇、倉庾猶未迄工。正統、天順之際，三殿、兩宫、南內、離宫，次第興建。弘治時，大學士劉吉言：「近年工役，俱摘發京營軍士，內外軍官禁不得估工用大小多寡。本用五千人，奏請至一二萬，無所稽覈。」禮部尚書倪岳言：「諸役費動以數十萬計，水旱相仍，乞少停止。」南京禮部尚書童軒復陳工役之苦。吏部尚書林瀚亦言：「兩畿頻年凶災，困於百役，窮愁怨嘆。山、陝供億軍興，雲南、廣東西征發剿叛。山東、河南、湖廣、四川、江西興造王邸，財力不贍。浙江、福建辦物料，視舊日增多。庫藏空匱，不可不慮。」帝皆納其言，然不能盡從也。武宗時，乾清宫役尤大。以太素殿初制樸儉，改作雕峻，用銀至二千萬餘兩，役工匠三千餘人，歲支工食米萬三千餘石。又修凝翠、昭和、崇智、光霽諸殿，御馬監、鐘鼓司、南城豹房新房、火藥庫皆鼎新之。權倖閹宦莊園祠墓香火寺觀，工部復竊官銀以媚焉。給事中張原言：「工匠養父母妻子，尺籍之兵禦外侮，京營之軍衛王室，今奈何令民無所賴，兵不麗伍，利歸私門，怨叢公室乎？」疏入，謫貴州新添驛丞。世宗營建最繁，十五年以前，名爲汰省，而經費已六七百萬。其後增十數倍，齋宫、秘殿並時而興。工場二三十處，役匠數萬人，軍稱之，歲費二三百萬。其時宗廟、萬壽宫災，帝不之省，營繕益急。經費不敷，乃令臣民獻助；獻助不已，復行開納。勞民耗財，視武宗過之。萬曆以後，營建織造，溢經制數倍，加以征調、開採，民不得少休。迨閹人亂政，建第營墳，僭越亡等，功德私祠遍天下。蓋二百餘年，民力殫殘久矣。其以職役優免者，少者一二丁，多者至十六丁。萬曆時，免田有至二三千者。

《明史》卷二一八《王錫爵傳》（萬曆二十一年）十一月，皇太后生辰，帝御門受賀畢，獨召錫爵煖閣，勞之曰：「卿扶母來京，誠忠孝兩全。」錫爵叩頭謝，因力請早定國本。帝曰：「中宫有出，奈何？」對曰：「此説在十年前猶可，今元子已十三，尚何待？況自古至今，豈有子弟十三歲猶不讀書者。」帝頗感動。錫爵因請頻召對，保聖躬。退復上疏力請，且曰：「外廷以固寵陰謀，歸之皇貴妃，恐鄭氏舉族不得安。惟陛下深省。」帝得疏，心益動，手詔諭錫爵：「卿每奏必及皇貴妃，何也？彼數勸朕，朕以祖訓后妃不得與外事，安敢輒從。」錫爵上言：「今與皇長子相形者，惟皇貴妃子，天下不疑皇貴妃而誰疑？皇貴妃不引爲己責而誰責？祖訓不與外事者，不與外廷用人行政之事也。若册立，乃陛下家事，而皇三子又皇貴妃親子，陛下得不與皇貴妃謀乎？且皇貴妃久侍聖躬，至親且賢，外廷紛紛，莫不歸怨，臣所不忍聞。臣六十老人，力捍天下之口，歸功皇貴妃，陛下尚以爲疑。然則必如羣少年盛氣以攻皇貴妃，而陛下反快於心乎？」疏入，帝頷之。志皋、位亦力請。居數日，遂有出閣之命。而帝令廣市珠玉珍寶，供出閣儀物，計直三十餘萬。户部尚書楊俊民等以故事爭，給事中王德完等又力諫。帝遂手詔諭錫爵，欲易期。錫爵婉請，乃不果易。明年二月，出閣禮成，俱如東宫儀，中外爲慰。

錫爵在閣時，嘗請罷江南織造，停江西陶器，減雲南貢金，出內帑振河南饑。

帝皆無忤，眷禮逾前後諸輔臣。其救李沂，力争不宜用廷杖，尤爲世所稱。特以阿並封指，被物議。既而郎中趙南星斥，侍郎趙用賢放歸，論救者咸遭譴謫，衆指錫爵爲之。雖連章自明且申救，人卒莫能諒也。錫爵遂屢疏引疾乞休。帝不欲其去，爲出内帑錢建醮祈愈。錫爵力辭，疏八上乃允。先累加太子太保，至是命改吏部尚書，進建極殿，賜道里費，乘傳，行人護歸。歸七年，東宫建，遣官賜敕存問，賚銀幣羊酒。

《明史》卷二一八《沈一貫傳》 迨〔萬曆〕三十年二月，皇太子婚禮甫成，帝忽有疾。急召諸大臣至仁德門，俄獨命一貫入啓祥宫後殿西煖閣。皇后、貴妃以疾不侍側，皇太后南面立稍北，帝稍東，冠服席地坐，亦南面，太子、諸王跪於前。一貫叩頭起居訖，帝曰：「先生前。朕病日篤矣，享國已久，何憾。佳兒佳婦付與先生，惟輔之爲賢君。礦税事，朕因殿工未竣，權宜採取，今可與江南織造、江西陶器俱止勿行，所遣内監皆令還京。法司釋久繫罪囚，建言得罪諸臣咸復其官，給事中、御史即如所請補用。朕見先生止此矣。」言已就臥。一貫哭，太后、太子、諸王皆哭。一貫復奏：「今尚書求去者三，請定去留。」帝留户部陳蕖、兵部田樂，而以祖陵衝決，削工部楊一魁籍。一貫復叩首，出擬旨以進。是夕，閣臣九卿俱直宿朝房。漏三鼓，中使捧諭至，具如帝語一貫者。諸大臣咸喜。

翼日，帝疾瘳，悔之。中使二十輩至閣中取前諭，言礦税不可罷，釋囚、録直臣惟卿所裁。一貫欲不予，中使輒搏顙幾流血，一貫惶遽繳入。時吏部尚書李戴、左都御史温純期即日奉行，頒示天下，刑部尚書蕭大亨則謂弛獄須再請。無何，事變。太僕卿南企仲劾戴、大亨不即奉帝諭，起廢釋囚。帝怒，并二事寢不行。當帝欲追還成命，司禮太監田義力争。帝怒，欲手刃之。義言愈力，而中使已持一貫所繳前諭至。後義見一貫唾曰：「相公稍持之，礦税撤矣，何怯也！」自是大臣言官疏請者日相繼，皆不復聽。礦税之害，遂終神宗世。

《明史》卷二二四《陳有年傳》 有年舉嘉靖四十一年進士，授刑部主事。改吏部，歷驗封郎中。萬曆元年，成國公朱希忠卒，其弟錦衣都督希孝賄中官馮保援張懋例乞贈王，大學士張居正主之。有年持不可，草奏言：「令典：功臣殁，公贈王，侯贈公，子孫襲者，生死止本爵。懋贈王，廷議不可，即希忠父輔亦言之。後竟贈，非制。且希忠無勛伐，豈當濫寵。」左侍郎劉光濟署部事，受指居正爲删易其稾。有年力争，竟以原奏上。居正不懌，有年即日謝病去。

十二年起稽勳郎中，歷考功、文選，謝絶請寄。除目下，中外皆服。遷太常少卿，以右僉都御史巡撫江西。尚方所需陶器，多奇巧難成，後有詔許量減，既而如故。有年引詔旨請，不從。内閣申時行等固争，乃免十之三。南畿、浙江大祲，詔禁隣境閉糴，商舟皆集江西，徽人尤衆。而江西亦歲儉，羣乞有年禁遏。有年疏陳濟急六事，中請稍弛前禁，令江西民得自救。南京御史方萬山劾有年違詔。帝怒，奪職歸。薦起督操江，累遷吏部右侍郎。改兵部，又改吏部。尚書孫鑨、左侍郎羅萬化皆鄉里，有年力引避，朝議不許。

《明史》卷二四四《王之寀傳》 〔萬曆〕四十三年五月初四日酉刻，有不知姓名男子，持棗木梃入慈慶宫門，擊傷守門内侍李鑒。至前殿檐下，爲内侍韓本用等所執，付東華門守衛指揮朱雄等收之。慈慶宫者，皇太子所居宫也。明日，皇太子奏聞，帝命法司按問。巡皇城御史劉廷元鞫奏：「犯名張差，薊州人。止稱吃齋討封，語無倫次。按其迹，若涉瘋癲。稽其貌，實係黠猾。請下法司嚴訊。」時東宫雖久定，帝待之薄。中外疑鄭貴妃與其弟國泰謀危太子，顧未得事端，而方從哲輩亦頗關通戚畹以自固。差被執，舉朝驚駭。廷元以瘋癲奏。刑部山東司郎中胡士相偕員外郎趙會楨、勞永嘉共訊，一如廷元指。言：「差積柴草，爲人所燒，氣憤發癲。於四月内訴冤入京，遇不知名男子二人，紿令執梃作冤狀。乃由東華門入，直至慈慶宫門。按律當斬，加等立決。」稾定未上。山東司主治京師事，署印侍郎張問達以屬之。而士相、永嘉與廷元皆浙人，士相又廷元姻也，瘋癲具獄，之寀心疑其非。

是月十一日，之寀值提牢散飯獄中，末至差，私詰其實。初言「告狀」，復言「掠死罷，已無用。」之寀令置飯差前：「吐實與飯，否則餓死。」麾左右出，留二吏扶問之。始言：「小名張五兒。有馬三舅、李外父令隨不知姓名一老公，説事成與汝地幾畝。比至京，入不知街道大宅子。一老公飯我云：『汝先衝一遭，遇人輒打死，死了我們救汝。』畀我棗木棍，導我由後宰門直至宫門上，擊門者墮地。老公多，遂被執。」之寀備揭其語，因問達以聞。且言差不癲不狂，有心有膽。乞縛兇犯於文華殿前朝審，或敕九卿科道三法司會問。疏入未下，大理丞王士昌、行人司正陸大受、户部主事張庭、給事中姚永濟等連上疏趣之。而大受疏有「奸戚」二字，帝惡之，與之寀疏俱不報。廷元復請速檢諸疏，下法司訊斷。御史過庭訓言禍生肘腋，宜亟翦，亦俱不報。庭訓遂移文薊州蹤跡之。知州戚延齡具言其致癲始末，言：「貴妃遣璫建佛寺，璫置陶造甓，居民多鬻薪獲利者。差賣田貿薪往市於瑠，土人忌之，焚其薪。差訟於瑠，爲所責，不勝憤，持梃欲告御狀。」於是原問諸臣據爲口實矣。

二十一日，刑部會十三司司官胡士相、陸夢龍、鄒紹光、曾曰唯、趙會禎、勞永嘉、王之寀、吴養源、曾之可、柯文、羅光鼎、曾道唯、劉繼禮、吴孟登、岳駿聲、唐嗣美、馬德灃、朱瑞鳳等再審。差供：「馬三舅名三道，李外父名守才，不知姓名老公乃修鐵瓦殿之龐保，不知街道宅子乃住朝外大宅之劉成。二人令我打上宮門，打得小爺，喫有，著有。」小爺者，内監所稱皇太子者也。又言：「有姊夫孔道同謀，凡五人。」於是刑部行薊州道，提馬三道等，疏請法司提龐保、劉成對鞫。而給事中何士晉與從哲等亦俱以爲言。帝乃諭究主使，會法司擬罪。是日，刑部據薊州回文以上。已，復諭嚴刑鞫審，速正典刑。時中外籍籍，語多侵國泰，國泰出揭自白。士晉復疏攻國泰，語具《士晉傳》。

《明史》卷二六三《劉之勃傳》 〔劉之勃〕上節財六議，言：「先朝馬萬計，草場止五六所。今馬漸少，場反增二倍，可節省者一。水衡工役費，歲幾百萬。近奉明旨，朝廷不事興作，而節慎庫額數襲爲常，可節省者二。諸鎮兵馬時敗潰而餉額不減，虛伍必多，可節省者三。光禄宴享賜賚，大抵從簡，而監局廚役多冗濫，可節省者四。三吴織造，澤、潞機杼，以及香蠟、藥材、陶器，無歲不貢，積之内爲廢物，輸之下皆金錢，可節省者五。軍前監紀、監軍、贊畫之官，不可勝紀。平時則以一人而糜千百人之餉，臨敵又以千百人而衛一人之身，耗食兼耗兵，可節省者六。」又疏陳東廠三弊，言：「東廠司緝訪，而内五城，外巡按，以及刑部、大理皆不能舉其職，此不便於官守。奸民千里首告，假捏姓名，一紙株連，萬金立罄，此不便於民生。子弟訐父兄，奴僕訐家主，部民訐官長，東廠皆樂聞，此不便於國體。」帝皆納其言。

《明史》卷三二三《外國傳四·琉球》 琉球居東南大海中，自古不通中國。元世祖遣官招諭之，不能達。洪武初，其國有三王，曰中山，曰山南，曰山北，皆以尚爲姓，而中山最强。五年正月命行人楊載以即位建元詔告其國，其中山王察度遣弟泰期等隨載入朝，貢方物。帝喜，賜《大統曆》及文綺、紗羅有差。七年冬，泰期復來貢，并上皇太子箋。命刑部侍郎李浩齎賜文綺、陶鐵器，且以陶器七萬、鐵器千就其國市馬。九年夏，泰期隨浩入貢，得馬四十匹。浩言其國不貴紈綺，惟貴瓷器、鐵釜，自是賞賚多用諸物。明年遣使賀正旦，貢馬十六匹、硫黄千斤。又明年復貢。山南王承察度亦遣使朝貢，禮賜如中山。十五年春，中山來貢，遣内官送其使還國。明年與山南王並來貢，詔賜二王鍍金銀印。時二王與山北王争雄，互相攻伐。命内史監丞梁民賜之敕，令罷兵息民，三王並奉命。山北王怕尼芝即遣使偕二王使朝貢。十八年又貢，賜山北王鍍金銀印如二王，而賜二王海舟各一。自是，三王屢遣使奉貢，中山王尤數。二十三年，中山來貢，其通事私攜乳香十斤、胡椒三百斤，入都爲門者所獲，當入官。詔還之，仍賜以鈔。【略】

成祖承大統，詔諭如前。永樂元年春，三王並來貢。山北王請賜冠帶，詔給賜如中山。命行人邊信、劉亢齎敕使三國，賜以絨錦、文綺、紗羅。明年二月，中山王世子武寧遣使告父喪，命禮部遣官諭祭，賻以布帛，遂命武寧襲位。四月，山南王從弟汪應祖亦遣使告承察度之喪，謂前王無子，傳位應祖，乞加朝命，且賜冠帶。帝並從之，遂遣官册封。時山南使臣私齎白金詣處州市瓷器，事發，當論罪。帝曰：「遠方之人，知求利而已，安知禁令。」悉貰之。三年，山南遣寨官子入國學。明年，中山亦遣寨官子六人入國學，并獻奄豎數人。帝曰：「彼亦人子，無罪刑之，何忍？」命禮部還之。部臣言：「還之，慮阻歸化之心，請但賜敕，止其再進。」帝曰：「諭以空言，不若示以實事。今不遣還，彼欲獻媚，必將繼進。天地以生物爲心，帝王乃可絶人類乎？」竟還之。五年四月，中山王世子思紹遣使告父喪，諭祭，賜賻册封如前儀。

《清聖祖實録》卷三九 〔康熙十一年六月〕癸卯，工部議覆欽天監相度官蔡九旌等呈報，德勝門外窑座三十三所，又舊窑座十所，正當都城來脈，風水所關，請行禁止。應限一月内，拆毁填平。從之。

《清聖祖實録》卷六六 〔康熙十六年三月至四月〕壬子，吏部議天壇、文華殿所用藍黄磚瓦，因原任監督及窑户等支領錢糧，燒造年久，尚未完工，俱應按律問罪之人。乃工部題請，仍令伊等催造，及奉旨著伊等回奏，又不將錯處引咎，應將尚書常鼐、冀如錫降四級調用。侍郎徐繼煒既已公同具題，又奏稱本欲兩議，明係巧飾，殊玷大臣之體，應革職。從之。

《清高宗實録》卷八八六 〔乾隆三十六年六月上壬申〕又諭：「昨據福隆安等奏，議將直隸所辦車輛，令和爾精額、永和酌量存熱河，以備赴工運料之用。較之由京運送，自爲便捷，且因廟工剋期趕辦，不得不令口内車輛，前往協濟，乃一時權宜調劑之法。但各車户前赴熱河當差，離家稍遠，所有議定按日官給之項，務宜令其全數實領，以資辦公。若由管工官員給發，恐不免偏向窑人等，不知體卹車户。而所屬經管分發之人，難保其不從中扣剋，致車户或有賠累，殊屬未便。因思熱河道明山保，係地方大員，其於内地車户民人，自應一體愛惜。且現在兼管工程，於該工覈實支銷之處，稽查亦易，所有各車應給每日脚費等項，著交與明山保專司支發，實力妥辦，毋得假手吏胥，稍致短少，自可杜工員私扣累民之獘。若明山保不實心經理，致車户等不能均得實濟，楊廷璋一有訪聞，即可隨時參劾，惟明山保是問。即將此傳諭明山保，並令楊廷璋知之。」

《清穆宗實録》卷一三五 〔同治四年四月上乙丑〕諭内閣都察院奏：「據熱河馬甲穆騰額呈控禁地被占一摺，據稱熱河圍場地面，曾經奏明紅樁以外，准開墾升課。上年春間，該都統出示招墾，乃商佃人等，竟在紅樁内開大川九道，掘井數十口，蓋房百餘間。甚至奸商戚大詳，擅將御道頂樑古松大樹並雜木等全行砍伐，又在東陵背山賽罕壩嶺掘井燒窑，卡倫均被侵占。熱河地方，現有馬賊出没，經該處翼長貴山稟明該都統，未經查辦等語。熱河圍場，開墾升課，於同治二年六月間，經前任都統瑞麟奏請明定章程，設立界址，修補紅樁，以防偷越。而上年麒慶出示曉諭，亦止准於紅樁以外，砍伐樹木，按料輸課。何以商佃人等，竟敢肆行占擾，直於紅樁内開川掘井，伐樹燒窑。且熱河地方，胥關緊要，豈容馬賊任意出没，如所控各情屬實，殊屬大干例禁，著麒慶確切查明，從嚴究辦，不准稍涉含混。原告馬甲穆騰額，該部照例解往備質。尋奏：查革兵穆騰額於例應押荒升課之銀，屢催屢抗，此次放地招佃，不便於私，是以砌詞聳聽，意圖阻撓，傳訊所控開川掘井，蓋房砍木，及馬賊出没各節，均不能指實，應俟秋收後再行派員履勘。得旨：仍著確切根究，不得稍存成見，如果所控全虛，即著按律懲辦，以儆刁風。」

孫詒讓《周禮正義》卷八一《冬官·陶人》 陶人爲甗，實二鬴，厚半寸，脣寸。盆，實二鬴，厚半寸，脣寸。甑，實二鬴，厚半寸，脣寸，七穿。量六斗四升曰鬴。鄭司農云：「甗，無底甑。」【疏】「陶人爲甗，實二鬴」者，陶人亦以事名工也。《左》襄二十五年傳云：「虞閼父爲周陶正。」《喪大記》云「陶人出重鬲」，此工即其屬也。互詳《總敍》疏。《説文·瓦部》云：「甗，甑也，一穿。」案：甗、盆、甑皆容一斛二斗八升。《戴震》云：「一穿爲甗，七穿爲甑，並上大下小。《爾雅》：『䰝謂之鬵。鬵，鉹也。』《方言》：『甑，自關而東謂之甗，或謂之鬵，或謂之酢餾。』郭注云：『涼州呼鉹。』甑甗亦通稱也。甗上體如甑，無底，施箅其中，容十二斗八升；下體如鬲，以承水，陞氣於上。古銅甗有存者，大勢類此。」又云：「《陶人》甗、盆、甑、鬲、庾，皆不言廣崇之度，或脩而斂，或庳而扁，不一定也。」詒讓案：甗甑皆炊飪之器，故《少牢饋食禮》云：「雍人摡鼎匕俎于雍爨，廩人摡甗甑匕與敦于廩爨。」是甑甗以炊飯，與鼎以烹牲體同。甗盆甑並陶土爲之，故《左傳釋文》引《字林》云：「甗，土甑也。」《左》成二年傳：「齊侯使賓媚人賂以紀甗玉磬。」杜預注云：「甗，玉甑。」此别以玉爲之，不爲用器，非常制也。云「厚半寸，脣寸」者，《説文·肉部》云：「脣，口耑也。」凡器埒厚半寸，其口脣周帀有緣，故厚倍之，陶瓬諸器並同。云「盆實二鬴」者，制詳《牛人》疏。云「甑實二鬴」者，《説文·瓦部》云：「甑，甗也。」又《鬲部》云：「䰝，鬵屬。」案：䰝甑字同。《一切經音義》引《字林》云：「甑，炊器也。」云「七穿」者，穿即謂空。《説文·穴部》云：「穿，通也。窐，空也。」《楚辭·離騷》有「甑窐」，王注云：「窐，土甑孔也。」此七穿，即所謂窐矣。注云「量六斗四升曰鬴」者，《稟人》、《㮚氏》注並同。鄭司農云「甗，無底甑」者，《少牢饋食禮》注云：「甗如甑，一空。」《説文》云：「甗，一穿。」《釋名·釋山》云：「甗，甑一孔也。」賈疏云：「對甑七穿，是有底甑。」段玉裁云：「無底，即所謂一穿。蓋甑七穿而小，甗一穿而大，一穿而大，則無底矣。」鬲，實五觳，厚半寸，脣寸。庾，實二觳，厚半寸，脣寸。鄭司農云：「觳讀爲斛，觳受三斗，《聘禮記》有斛。」玄謂豆實三而成觳，則觳受斗二升。庾讀如「請益與之庾」之庾。

【疏】「鬲實五觳」者，容六斗。《説文·鬲部》云：「鬲，鼎屬，實五觳。斗二升曰觳。象腹交文三足。」《角部》云：「觳，盛觵卮也，讀若斛。」《方言》云：「鍑，北燕朝鮮洌水之間或謂之錪，或謂之鉼；江淮陳楚之間謂之錡，或謂之鏤；吴揚之間謂之鬲。」郭注云：「鍑，釜屬也。」戴震云：「《爾雅》『鼎款足謂之鬲』，注云：『鼎曲脚也。』蓋或以金、或以瓦爲之，款而三足，無足則釜也。《毛詩傳》『有足曰錡』。」案：戴説是也。鬲三足似鼎，故《史記·封禪書》説九鼎云「其款足曰鬲」，《索隱》云：「款者，空也，言其足中空也。」《漢書·郊祀志》「款足」作「空足」，顔注引蘇林云：「足中空不實者，名曰鬲。」是鬲形制與鼎同，但以空足爲異，故許君云「鼎屬」。其用主於烹飪，與釜鍑同，故《方言》又以爲鍑之别名。古或笵銅爲之，《史記·滑稽傳》云「銅歷爲棺」，《索隱》云：「歷即釜鬲也。」歷，䰛之借字。此陶人所作，是瓦鬲。《説苑·反質篇》云：「瓦鬲煮食。」《説文》載鬲字重文或作「𤮍」，又引《漢令》作「㽁」，並從瓦是也。云「庾實二觳」者，容二斗四升。《左傳》昭二十六年，孔疏云：「庾，瓦器，今甕之類。」案：形制未聞。注鄭司農云「觳讀爲斛」者，段玉裁云：「似傳寫之誤，『讀爲斛』，當本是『或爲斛』。」案：段校是也。此疊異文，非改讀其字也。云「觳受三斗」者，此據《旊人》文，而讀豆爲斗，兼據今文禮家説，以此經之「庾」，爲《聘禮記》之「逾」；又以庾實二觳爲六斗，半之爲一觳所受之數也。彼「逾」，《掌客》及古文《禮》並作「籔」。《聘禮記》説致禮之米云：「十斗曰斛，十六斗曰籔，十籔曰秉。」注云：「今文籔爲逾。」彼《記》下文别釋車米總數，云「二百四十斗」，又别説禾云「四秉曰筥，十筥曰稯」。此後鄭本《記》三文，各不相冡也。《説文·禾部》秅字注，則以十籔之秉與四秉之秉爲一，而云「《周禮》曰二百四十斤爲秉，四秉曰筥，十筥曰稯」。此亦本《聘禮記》，而易二百四十斗之斗爲斤，以爲一秉之總數。許所據文義並與鄭異。其稱《周禮》者，謂此經舊師説，故《載師》疏引《五經異義》「古《周禮》説，一井出稯禾二百四十斛，秉芻二百四十斤，釜米十六斗」，與《說文》同。孔廣森云：「《異義》以稯禾爲二百四十斛，是秉乃六斛矣。《禮》注云『今文籔爲逾』。似今文不但逾籔字異，且唯作六斗曰逾，而無『十』字，逾即庾也。《記》『庾實二觳』，司農注『觳受三斗』。《梓人》『一獻而三酬，則一豆矣』，後鄭讀豆爲斗。蓋《旊人》『豆實三而成觳』，先鄭亦讀豆爲斗，故云觳受三斗。觳斛同音，而所容實異。三斗爲觳，六斗爲庾，十庾爲秉。秉六斛，二百四十斤。四十秉爲稯，稯二百四十斛，九千六百斤也。」案：孔參綜《異義》、《說文》，證先鄭此注觳受三斗，據今文《禮記》逾之半量，其説甚塙。蓋先鄭意，觳三豆，實爲三斗，是庾即逾，六斗，鬲一斛五斗也。以此數遞乘之，則一秉爲庾者十，爲斛者六，爲觳者二十也。一稯爲秉者四十，爲庾者四百，爲斛者二百四十，爲觳者八百也。與《異義》所述古《周禮》説稯禾之數正合。蓋此經舊師説本如是，故先鄭從之。後鄭《掌客》注及《聘禮記》注，則並從古文作「十六斗曰籔」，不從今文作「逾」，亦不從別本作「六斗曰逾」，而四秉自爲禾把，與十籔之量不相冡。先鄭及許依今文説，於義爲短，故不從也。許君雖從今文《禮》義，然《説文・鬲部》又云「斗二升曰觳」，則許不以此「庾」爲即今文《禮》之「逾」，其説與先鄭又小異。云「《聘禮記》有斛」者，段玉裁云：「謂十斗曰斛，此分別觳斛之解也，正經觳或爲斛之誤。」案：段説是也。先鄭既不從或本作「斛」，又嫌觳斛音義易掍，故別白之云「《聘禮記》有斛」，明彼斛自爲十斗之量，與此觳異。賈疏謂先鄭説觳受三斗，或十斗，未達先鄭之恉。云「玄謂豆實三而成觳，則觳受斗二升」者，後鄭亦據《旊人》文，而不破字。豆實四升，三之爲斗二升。此破先鄭觳受三斗之説。《説文》義同。云「庾讀如請益與之庾之庾」者，《論語・雍也篇》文。後鄭引之，明此庾即《論語》之庾也。依鄭義，則庾容二斗四升。何氏《集解》引包咸云「十六斗曰庾」，非鄭義也。戴震云：「量之數，斗二升曰觳，十斗曰斛，二斗四升曰庾，十六斗曰籔。觳與斛，庾與籔，音聲相邇，傳注往往譌溷。《論語》『與之庾』，謂於釜外更益二斗四升。蓋與之釜已當，所益不得過乎始與。包注『十六斗曰庾』，誤也。」案：戴説是也。賈疏云：「《小爾雅》『匊二升，二匊爲豆，豆四升，四豆曰區，四區曰釜，二釜有半謂之庾』者，庾本有二法，故《聘禮記》云『十六斗曰籔』，注云：『今文籔爲逾。』逾即庾也。按昭二十六年，申豐云『粟五千庾』，杜預注云：『庾，十六斗。』以此知庾有二法也。」案：賈引《小爾雅・廣量》文，與今本異。庾，《小爾雅》作「籔」，則仍與《聘禮記》字同。《禮》今文作「逾」，別本又作「六斗曰逾」。先鄭以當此經之庾，彼逾字或亦作「庾」。《國語・魯語》「缶米」，韋注云：「缶，庾也。《聘禮》曰：十六斗曰庾。」是庾與逾聲近字通，故包、杜及《史記集解》、《論語》皇疏引賈逵《左傳》、《國語》注、《周語》韋注引唐固説，並同。後鄭但引《論語》以證此經之庾，而不引《聘禮記》，明今文《禮》之「逾」與此經及《論語》之「庾」異字異量，亦與先鄭意不同。賈引《聘禮記》謂庾本有二法，與後鄭恉實無當也。據《論語》，則釜庾二量迥殊。《小爾雅・廣量》云「籔二有半謂之缶」，則缶爲四斛，是缶與釜庾亦異。而《魯語》「缶米」，許氏《異義》以缶爲釜，韋注又以爲即庾，則是掍釜庾缶爲一量，殆必不可通。今文《禮》之逾字，又作「斞」「匬」，詳《弓人》疏。

旊人爲簋，實一觳，崇尺，厚半寸，脣寸，豆實三而成觳，崇尺。崇，高也。豆實四升。

【疏】「旊人爲簋」者，旊，《唐石經》誤「旅」，今據宋本正。旊人，亦以事名工也。賈疏云：「祭宗廟皆用木簋，今此用瓦簋，據祭天地及外神尚質。接《易》《損卦》《彖》云：『二簋可用享。』四，以簋進黍稷於神也。初與二直，其四與五承上，故用二簋。四，《巽》爻也，《巽》爲木。五，《離》爻也，《離》爲日。日體圜，木器而圜，簋象也。是以知以木爲之，宗廟用之。若祭天地外神等，則用瓦簋，故《郊特牲》云『掃地而祭，於其質也；器用陶匏，以象天地之性』，是其義也。」案：賈所述《易・損・彖》義，據鄭《易注》，亦見《詩・秦風・權輿》孔疏。簋之容與觳同，皆斗二升。賈《舍人》疏引鄭《孝經注》謂簠受斗二升，則簠簋所容亦同，唯以方圓爲異。戴震云：「古者簠簋，或以金，或以木，或以瓦爲之。管仲鏤簋，金簋也，《爾雅》金謂之鏤是也。飾以玉、飾以象者，木簋也。瓦簋不得有飾。」案：戴説是也。《韓非子・十過篇》云「堯飯於土簋」，土簋即此瓦簋也。《聘禮》又有「竹簋方」，則簋之別制，此與木簋、金簋，並非旊人所爲矣。唯旊人爲瓦簋，亦當兼爲瓦簠。此不言者，文不具也。簠形制，互詳《舍人》疏。云「豆實三而成觳，崇尺」者，戴震云：「簋豆並崇尺，簋通蓋高，豆下有柄，亦通蓋高。《爾雅》木豆謂之豆，瓦豆謂之登，竹豆謂之籩。此瓦豆則登也。豆其通名。登與豆用同，宜濡物。若籩，惟宜乾物。」黄以周云：「崇尺，瓦豆之高也。《籩人》注云：『籩如豆，其容實皆四升。』賈疏以爲籩豆皆面徑尺，柄尺，依《漢禮器制度》知之。《管子・弟子職》『柄尺不跪』，注云：『豆有柄，長尺，則立而進之。』則柄尺實古制矣。《論語》皇疏云『柄尺二寸』，非也。柄即中央直者，《禮》謂之校；其下有跗，《禮》謂之鐙。跗與口各高一寸，合柄一尺爲高尺二寸。鄭注《雜記》云『豆徑尺』，疏云『面徑尺』。以口高一寸，圓徑一尺算之，已足容實四升。聶氏以爲口圓徑尺二寸，亦非也。」案：戴、黄説甚覈。聶氏《三禮圖》引梁正、阮諶《圖》云：「登盛湆，以瓦爲之，受斗二升，口徑尺二寸，足徑尺八寸，高二尺四寸，小身，有蓋，似豆狀。」此所説形制過大，聶崇義已庰之矣。又賈疏謂祭宗廟用木簋，祭天地外神用瓦簋，則豆亦當然。《郊特牲》孔疏亦謂祭天之簋豆用瓦，與賈意同。陳祥道云：「《詩・生民》述祀天之禮言『于豆于登』，則祀天有木豆矣。《少牢饋食禮》有瓦豆，則宗廟有瓦豆矣。」案：陳説是也。蓋簋豆各有瓦木二種，內外祭祀賓客通用之。賈、孔强爲區別，未足據也。又案：豆實三而成觳，先鄭蓋讀豆爲斗，故《陶人》注云「觳受三斗」。若然，則簋亦容三斗，於量太侈。又斗用木，不用瓦，非旊人所爲，故後鄭不從，此注亦不載，詳《陶人》疏。豆形制，互詳《醢人》疏。注云「崇，高也」者，《總敘》注同。云「豆實四升」者，《㮚氏》注同。《廣雅・釋器》云：「升四曰梪。」梪，木豆正字。凡豆，瓦木容實並同，詳《醢人》疏。

凡陶旊之事，髻墾薜暴不入市。爲其不任用也。鄭司農云：「髻讀爲刮。薜讀爲藥黃蘗之蘗。暴讀爲剝。」玄謂髻讀爲跀。墾，頓傷也。薜，破裂也。暴，墳起不堅致也。

【疏】「凡陶旊之事」者，以下通論陶人、旊人制器之法式。云「髻墾薜暴不入市」者，墾，墾之譌體。葉鈔《釋文》作「狠」。案：當從《説文》作「狠」，詳後。不入市，謂不得鬻於市，即《司市》僞飾之禁在工者也。注云「爲其不任用也」者，明髻墾薜暴則器苦窳不任用，故不入市也。鄭司農云「髻讀爲刮」者，髻刮聲類同。《廣雅・釋詁》云：「刮，減也。」戴震云：「刮，削薄減下之義。」段玉裁云：「《説文》髻訓絜髮也，故大鄭易爲刮，謂器似刮刷然也。」云「薛讀爲藥黄蘖之蘖」者，《説文・木部》云：「檗，黄木也。」段玉裁改「爲」爲「如」，「蘖」爲「檗」，云：「黄檗今俗作黄柏、黄蘗，皆誤。讀如檗者，擬其音也。今本作『讀爲』，誤。」案：段校是也。阮元説同。云「暴讀爲剝」者，《説文・刀部》云：「剝，裂也。」《廣雅・釋詁》云：「剝，落也。」先鄭蓋謂薛暴爲破裂剝落之貌。云「玄謂髻讀爲跀」者，賈疏云：「跀，謂器不正欹邪者也。」段玉裁云：「鄭君以爲刮義未安，乃易髻爲跀，謂器之折足者也。髻從昏聲，昏從氐聲，音厥，與月聲近。」詒讓案：《廣雅・釋詁》云：「刖，危也。」跀刖音義同，謂器折足，則危而易覆也。云「墾，頓傷也」者，段玉裁云：「墾，葉鈔《釋文》作『狠』。《集韻・入聲四覺》引《周禮》『髻狠薜暴』。案：《説文》本無墾字，《豕部》云：『狠，齧也。』凡齧物必用力頓傷，謂若傾跌器坏傷辟戾者也，顛頓而傷。」案：段校是也。《華嚴經音義》引《文字集略》云：「頓，損也。」頓傷猶言損傷。云「薜，破裂也」者，謂燒成破裂有罅隙。《説文・缶部》云：「缶燒善裂。」段玉裁云：「薜讀爲《西京賦》『擘肌分理』之擘，謂器之釁者也。」案：段説是也。《西京賦》李注引此注薜作「擘」，蓋李亦以薜擘爲一字，故依賦文改之，非唐時有此異本也。云「暴，墳起不堅致也」者，段玉裁云：「鄭君以剝義與薜相亂，故從本字作暴，訓墳起不堅致，與槁暴之暴略同。」案：段謂此暴與《輪人》注「藃暴」字同是也。《一切經音義》引《聲類》云：「爆，熕起也。」《毛詩・大雅・桑柔》傳「爆爍」，彼《釋文》云：「爆，本又作暴。」《爾雅・釋畜》「犦牛」，郭注云：「領上犦胅起。」彼《釋文》述注作「𦢊」，引此注云：「𦢊謂墳起。」蓋暴、爆、犦、𦢊聲義並略同。陸引此注作「𦢊」，則似依《爾雅》文改也。不堅致，謂不堅固密致，此即《檀弓》所謂「瓦不成沫」，孔疏謂瓦器無光澤是也。致即今緻字，詳《大司徒》疏。器中膊，豆中縣。膊讀如「車輇」之詮。既拊泥而轉其均，尌膊其側，以儗度端其器也。縣，縣繩正豆之柄。【疏】「器中膊」者，此記陶瓬范器之法也。器兼甗、盆、甑、鬲、庾、簋、豆諸器而言。云「豆中縣」者，瓦器惟豆有柄，尤貴其直，故別出之。注云「膊讀如車輇之輇」者，賈疏謂讀從《雜記》「載以輇車」之輇，以音同也。案：今《禮記》輇作「輲」，注云：「輲讀爲輇，或作槫。」鄭、賈並依所改字爲讀。槫與膊聲類亦同。云「既拊泥而轉其均，尌膊其側，以儗度端其器也」者，《釋文》云：「尌本又作樹。」案：尌樹義同，詳《大司寇》疏。賈疏云：「按下文『膊崇四尺』，上下高四尺，無邪曲。轉其均之時，當儗度此膊，宜與膊相應，其器則正也。」詒讓案：拊泥即《總敍》之搏埴，謂拍泥爲瓦器之坏也。諦審經文及注義，膊蓋爲長方之式，以度器使無衺曲者。注所謂均，則器範下圓物，以便旋轉者。《管子・七政篇》云「猶立朝夕於運均之上」，尹注云：「均，陶者之輪也。」即此。其字又作「鈞」，《淮南子・原道訓》云「鈞旋轂轉」，高注云：「鈞，陶人作瓦器法下轉旋者。」《漢書・鄒陽傳》顔注引張晏云：「陶家名模下圓轉者爲鈞。」賈誼傳注亦云：「今造瓦者，謂所轉爲鈞。」綜覈諸説，蓋均圓膊方，其制迥殊，相資而爲用者。《莊子・駢拇篇》云：「陶者曰，吾善治埴，圓者中規，方者中矩。」若然，均其中規之式，膊其中矩之式與？云「縣，縣繩正豆之柄」者，與《輿人》「立者中縣」義同，謂豆柄之直，與縣繩之垂綫相應也。賈疏云：「豆柄，中央把之者，長一尺，宜上下直與縣繩相應，其豆則直。」案：豆柄謂校也。《祭統》云「夫人薦豆執校」，注云：「校，豆中央直者也。」賈知柄長一尺者，據《弟子職》文，詳前疏。膊崇四尺，方四寸。凡器高於此，則坏不能相勝；厚於此，則火氣不交，因取式焉。【疏】「膊崇四尺」者，謂尌膊之直度也。云「方四寸」者，膊平方之横徑也。注云「凡器高於此，則坏不能相勝」者，《集韻・十五灰》云：「坏，陶器範。」《説文・土部》云：「坏，一曰瓦未燒。」又《缶部》云：「罄，未燒瓦器也。讀若筩莩同。」坏與坏罄音義並相近。不能相勝，謂太高過四尺，則未燒時易傾壞也。云「厚於此，則火氣不交」者，謂厚過四寸。賈疏云：「謂坏不熟則易破者也。」云「因取式焉」者，鄭意拊泥爲坏，尌膊以儗度端正其器，因即視爲高厚之度也。

藝文

《隋書》卷一三《音樂志上》 南郊皇帝初獻奏登歌，二曲，三言：

暾既明，禮告成。惟聖祖，主上靈。爵已獻，罍又盈。息羽籥，展歌聲。僾如在，結皇情。

禮容盛，樽俎列。玄酒陳，陶匏設。獻清旨，致虔潔。王既升，樂已闋。降蒼昊，垂芳烈。

《宋史》卷一三三《樂志八》 紹興親享明堂二十六首

皇帝入門，《儀安》 惟我有宋，昊天子之。三年卜祀，百世承基。施及沖眇，奉牲以祠。敢忘齋栗，偏舉上儀。

升堂，《儀安》 於赫明堂，肇稱禋祀。祖宗來游，亦侑于帝。九州駿奔，百辟咸事。斂時純休，錫我萬世。

降神，《誠安》 噫神何親？惟德是輔。玉牲具陳，誠則來顧。我開明堂，遵國之故。尚蒙居歆，以篤宗祐。

盥洗，《儀安》 肇開九筵，維古之倣。皇皇大神，來顧來享。庶儀交修，百辟顯相。微誠自中，交際天壤。

上帝位奠玉幣，《鎮安》 皇皇后帝，周覽四方。眷我前烈，燕娭此堂。金支秀發，黼帳高張。世歆明祀，曰宋是常。

皇地祇位奠玉幣，《嘉安》 至哉坤元，持載萬物！繼天神聖，觀世治忽。頌祇之堂，薦以圭瓚。孰爲邦休，四海無拂？

太祖位奠幣，《廣安》 推尊太元，重屋爲盛。誰其配之？我祖齊聖。開基握符，正位凝命。於萬斯年，孝孫有慶。

太宗位奠幣，《化安》 帝神來格，靡祀不從。侑坐而食，獨升祖宗。在庭祇肅，展采錯重。三獻之禮，百年之容。

徽宗位奠幣，《泰安》 於穆帝臨，至矣元造！克配其儀，惟我文考。仁恩廣覃，奕葉永保。宗祀惟初，以揚孝道。

皇帝還位，《儀安》 耳聽鋗玉，目瞻熉珠。樂備周奏，儀參漢圖。神人並況，天地同符。亦既見帝，王心則愉。

尚書捧俎，《禧安》 展牲登俎，《簫韶》在庭。羞陳五室，意徹三靈。匪物斯享，惟誠則馨。永作祭主，神其億寧。

昊天上帝位酌獻，《慶安》 日在東陸，維時上辛。肇開陽館，恭禮尊神。蒼玉輝夜，紫煙煬晨。祖宗並配，天地同禋。

皇地祇位酌獻，《彰安》 地祼泰折，歌同我將。黝牲純潔，絲竹發揚。博厚而久，含洪以光。扶持宗社，曰篤不忘。

太祖位酌獻，《孝安》 一德開基，百年垂統。中天禘郊，薄海朝貢。寶龜相承，器鼎加重。澤深慶綿，帝復命宋。

太宗位酌獻，《韶安》 紹天承業，繼世立功。帷幄屢勝，車書始同。武掃氛霧，文垂日虹。遺澤所及，孰知其終！

徽宗位酌獻，《成安》 欽惟合宫，承神至尊。祇戒專精，儼然若存。奠兹嘉觴，苾蘭其芬。發祉隤祥，以子以孫。

皇帝還小次，《儀安》 匏尊既舉，秸席未移。有德斯顧，靡神不娭。物情肅穆，天宇清夷。宅中受命，永復邦基。

文舞退，武舞進，《穆安》 神之斂至，慶陰杳冥。風馬雲車，怳若有承。備形聲容，於昭文明。庶幾嘉虞，來享來寧。

亞獻，《穆安》 四阿有嚴，神既戾止。備物雖儀，潔誠惟己。有來振振，相我熙事。載酌陶匏，以成毖祀。

終獻，《穆安》 誠一爲專，禮三而稱。孰陪邦祠？惟我同姓。金絲屢調，圭玉交映。是謂熙成，福來神聽。

皇帝飲福，《胙安》 孰謂天遠，至誠則通。孰謂地厚，與天則同。惠我純嘏，克成大功。握圖而治，如日之中。

徹豆，《歆安》 工祝告休，笙鏞云闋。酒茅既除，牲俎斯徹。幽明罔恫，中外咸悅。禮成伊何？天地同節。

送神，《誠安》 奕奕宗祀，煌煌禮文。高靈下墮，精意升聞。熙事既畢，忽乘青雲。敢拜明貺，永清世氛。

望燎，《儀安》 載酌載獻，以純以精。歌傳夜誦，物備秋成。報本斯極，聽卑則明。願儲景貺，福我羣生。

望瘞，《儀安》 禮協豐融，誠交彷彿。辟公受膰，宗祀臨瘞。貽我來牟，以興嗣歲。山川出雲，天地同氣。

還大次，《憩安》 應天以實，已事而竣。氈案朝帝，竹宫拜神。靈光下燭，協氣斯陳。福禄時萬，基圖日新。

《宋史》卷一三八《樂志一三》 建隆乾德朝會樂章二十八首

羣臣第一盞畢，作《玄德升聞》：治定資神武，功成顯睿文。貢輪庭實旅，朝會羽儀分。偃革千年運，垂衣萬乘君。孰知堯、舜力，明德自升聞。 約法皇綱正，崇文寶曆昌。遒人振木鐸，農器鑄干將。瑞日含王宇，卿雲藹帝鄉。萬邦成一統，鴻祚與天長。

六變 宸扆威容盛，聲明禮樂宣。九州臻禹會，萬國戴堯天。貢職輸琛賮，皇猷焕簡編。含和均暢茂，鴻慶結非煙。 朝會儼威儀，司常建九旗。舞容分綴兆，文物辨威蕤。運格桃林牧，祥開洛水龜。帝功潛日用，化俗自登熙。 螭陛聊載筆，紀瑞軼唐、虞。丹鳳儀金奏，黄龍負寶圖。羣材薪棫樸，仁政煦蒲盧。蕩蕩巍巍德，豚魚信自孚。 接聖宅神都，方來五達區。國賢熙帝載，靈命握乾符。至化當純被，斯文益誕敷。車書今混一，聖治奉三無。 聖皇臨大寶，八表湊才賢。經緯文天賦，剛柔德日宣。建邦隆柱石，造物運陶甄。共致升平業，綿長保億年。 神化妙無方，巍巍邁百王。鶴書搜隱逸，龍陛策賢良。拱揖朝羣后，賓筵闢四方。洪圖基億載，淳曜德彌光。

徐豫貞《逃葊詩草》卷六《漢瓷盂歌并序》 庚辰夏仲，同舘甥楊近仁、從侄擅青韓奕、從孫楓安過訪錢子偶莊，案頭有瓷罏一，是舊窑均州，青色濃澹，作雨雪片，殊佳，傳翫久之。錢子因復出古瓷盂一，徑圍可尺餘，高四寸許，腹敞，有足，口微弇，作鉢盂式。内外純青碧，光采奪目，間有駁蝕處，古色淋漓。驚賞詢所自云先祖父時有漁人得于海洋沙土中，其中貯五銖錢數文，殆漢時物歟。按《邑志》，吾鹽東境舊傳沿海有三十六沙洲，九塗十八灘，及秦皇石橋柱，去紹興三十六里，後漸洗蕩皆淪于海，石柱尚存一，没於沙中，千八百年遺跡也。然則地之淪陷，雖不能定其何時，而以五銖錢考之，輪郭肉好的爲漢鑄無疑，即淪地想當在漢晉間，盂之爲漢物亦無疑已。爰作長歌志之，俾知此盂于瓷器中最爲萬古，真希世之寶云。

陶器昉自虞河濱，上古簡質傳土鉶。商周文瓷逮秦漢，模形著色工始精。咄哉兹盂出何代，規製渾樸存典型。純青間碧色射眼，摩挲閃爍昆吾[illegible]。古昆吾氏始陶冶。詢知掘自沙洋出，千有餘歲薶醎腥。陽冰陰火久盪蝕，益蓄氣韻流光晶。雲濤磨泐露胎骨，畧無斷缺呵幽冥。腹藏金錯驗古布，追想淪地當東京。盂名繫漢洵匪妄，匠製無款誰能明。官哥柴汝舊窑器，流傳今世同瓊瑛。周彝漢鼎或間有，皆出後代規摹成。范金合土異堅脆，收藏難易尤逕庭。繇來古玩最瓷品，况廼異寶輸東瀛。器車銀甕不足數，天廚佛鉢真同形。我爲作歌歌古聲，後千餘歲器或壞，詩不與汝同騫崩。

徐豫貞《逃莽詩草》卷六《海甕詩并引》　從侄韓奕既獲覩漢瓷盂於錢氏，因念海陬漁户得古器物非一家，訪户詢有高姓者，于昨秋颶風揚潮後得兩瓦甕于沙中，出視之製甚樸異，即非文甎，誠千數百年古物也。亟購以歸，請予賦之，爲作海甕詩十五韻。詞曰：汩泥沙淵百千年，出雙甕于海之灣。厥色黝黝駮且斑，甕有雙耳耳有環。環著不動耳可穿，容數斗兮腹便便。沙水蝕暈成波瀾，維兹海澨古市闤。漁師每得缾盂盤，爲漢爲晉都茫然。甕今歸之吾阿咸，中宵有聲出甕間。訇嗞側耳時一喧，君勿怪咤蓋有緣。千數百年風濤之，氣猶未刓。

雜録

葛洪《抱朴子内篇》卷四《金丹》　抱朴子曰：其次有《五靈丹經》一卷，有五法也。用丹砂、雄黃、雌黃、石硫黃、曾青、礬石、慈石、戎鹽、太乙餘糧，亦用六一泥，及神室祭醮合之，三十六日成。又用五帝符，以五色書之，亦令人不死，但不及太清及九鼎丹藥耳。【略】

又《樂子長丹法》，以曾青鉛丹合汞及丹砂，著銅筩中，乾瓦白滑石封之，於白砂中蒸之，八十日，服如小豆，三年仙矣。【略】

又《太乙招魂魄丹法》，所用五石，及封之以六一泥，皆似九丹也，長於起卒死三日以還者，折齒内一丸，與硫黃丸，俱以水送之，令入喉即活，皆言見使者持節召之。

曾慥《類説》卷五六《字偏旁令》　有以進士爲舉首者，其黨人意侮之；因其人出令，以字偏旁爲率，曰：「金、銀、釵、釧、鋪。」次一人曰：「絲、綿、紬、絹、網。」黨人曰：「鬼、魅、魍、魎、魁。」俗有謎語曰：「急打，急圓。慢打，慢圓。分爲四段；送夜窑前，初似陶瓦，乃謂令耳。」

《陸九淵集》卷一〇《書・與張元鼎》　比方得向來論事之書。張權因造簿正其宿弊，此固當然，比復使君書，固是之矣。若創征之事，此甚不可，足下之辯，殆類冉求之辯伐顓臾。

金谿陶户，大抵皆農民於農隙時爲之，事體與番陽鎮中甚相懸絶。今時農民率多窮困，農業利薄，其來久矣。當其隙時，藉他業以相補助者，殆不止此。邦君不能補其不足，助其不給，而又征其自補助之業，是奚可哉？初甚駭聞兹事，繼而聞其説出於沈尉，即悟其爲此謀之人豈能有補於調度？若其傷邦君之政體，不復可得而文飾矣。沈生小子，本無知識，豈恤州郡？豈愛邦君？豈念小民？獨爲挾私者所嗾耳。所重可惜者，遂使賢使君爲挾私之人所役，而足下又代挾私者爲辯，此人之術，何其如此之高，乃能挾一邪説以役二賢者，又重可怪也。今未知已如何施行？正宜及其未深，有以改之，無爲此人所笑。

沈繼孫《墨法集要》卷上《造窑》　右造窑，用板各長九尺，闊尺餘，每兩板對倚，相次全用泥封合。窑梢一角爲突，蓋以高下角突，大小約二寸徑合。如窑病燃火有碍，及出烟不快，即開突斟酌修治，事訖復閉之。窑心地面上亦有出氣眼，直通突外以備出氣。其窑至十二步，陡低一邊，留取煤小門。一邊用石板對倚爲巷。至六步爲大巷，又漸小一步爲拍巷，又五步節次低小爲小巷，又半步爲燕口。只開二寸高五寸。大堂下安臺，臺下鑿兩小池。一池以備積灰，一池以浸小掃箒，以備掃灰。

吴禎《(嘉靖)河州志》卷四《土產·雜類》 蒼口，鹽，硝，石灰，河蓬灰，陶器，炭，麻，術。

王世貞《弇山堂别集》卷七七《賞賚考下·東西南夷之賞》 洪武初，以即位賜占城王阿答阿者《大統曆》一本，織金綺段紗羅四十疋；安南王陳日煃如之；各國王俱文綺紗羅二十四疋，《大統曆》同；高麗王顓《大統曆》一本，錦繡絨綺十疋，母妃錦綺紗羅各四疋，國相辛肫、侍中李春富、李仁人文綺紗羅十二疋。以徙陳理、明昇高麗，賜其王紗羅文綺四十八疋。又以占城王阿答阿者破海寇功，賜織金文綺紗羅四十疋，使者紗羅各二疋，文綺四疋，衣一襲，錢一萬二千。七年，賜琉球王察度文綺二十疋，陶器一千事，鐵釜十口。十六年，賜琉球中山王察度鍍金銀印，鐵金文綺帛紗羅凡七十二疋，山東王承察度亦如之；占城、暹羅國王各鐵金文綺二十二疋，瓷器一萬九千事。三十年，烏思藏都指揮司灌頂國師及尼八剌國各遣使貢方物，賜灌頂國師及尼八剌國王銀各一百五十兩，文綺帛各十疋；乩列工國師察里巴、烏思藏都指揮仰卜羅沙魯、萬户列思巴端竹、都指揮答里巴遠毋爾監卒銀一百兩，文綺帛各一十疋，并賜其使人衣紗有差。

永樂三年，賜日本國王源道義九章冕服，鈔五千錠，錢一百五十萬，織金文綺紗羅絹三百七十八疋。四年，賜白金千兩，織金諸色綵幣二百疋，綺繡衣六十件，銀茶壺三，銀盆及綺繡紗帳，衾褥，枕席，器皿諸物，海舟二艘。又賜白金千兩，錢一千五百萬，錦紵絲紗羅絹四百十二疋，僧衣十二襲，帷帳、衾褥、器皿若干事。王妃白金二百五十兩，錢五百萬，錦紵絲紗羅絹八十四疋。王卒，賻絹布各五百疋，賜嗣王錦綺紗羅六十疋。九年，賜義持金織金綺紗羅綾絹百疋，錢五百萬。四年，賜占城王占巴的賴鍍金銀印，紗帽、金帶，黄金百兩，白金五百兩，金織文綺衣二襲，綿綺紗羅有差。六年，又賜其王金印及黄金百兩，白金五百兩，錦綺紗羅五十疋，綵絹百疋。十年，賜爪哇國西王都馬板錦綺紗羅綵絹千疋，并金織文綺襲衣等物。又賜烏思藏闡化王螭紐玉印、誥命，白金五百兩，綺衣三襲，綺繡五十疋，綵絹百疋，茶二百斤。十二年，賜琉球國王誥命、冠服及鈔萬五千錠。十五年，賜朝鮮國王李芳遠敕及白金二千兩，文綺表裏二百疋，紗羅絨錦五十疋，馬二十四疋，妃文綺表裏八十疋。

王世貞《弇山堂别集》卷八九《市馬考》 高帝時，南征北討，兵力有餘，唯以馬爲急，故分遣使臣以財貨於四夷市馬。而降虜土目來朝，及正元萬壽之節，内外藩屏將帥，皆用馬爲幣，自是馬漸充實矣。其互市之詳，《會典》與志皆不載，故記之。

洪武七年，納溪、白度等司進鹽所易馬凡二百五十疋，命典牧所收牧。命刑部侍郎李浩及通事梁子名使琉球國，以文綺百疋、紗羅各五十疋、陶器六萬九千五百事、鐵釜九百九十口，就其國市馬。

九年，增給廣東馬價。先是，遣兵部員外郎程益、監察御史閻裕往廣東市馬。民間馬少，率於蠻境轉市，以售於官，官雖償其直，而道途往來甚費，民以爲患。上聞之曰：「民爲國本，馬資國用，奈何欲資其用，而先傷其本乎？」命厚給其直。

十一年，兵部奏市馬之數，秦、河二州及慶遠、順龍茶鹽馬司所易馬六百八十六疋。又秦、河二州茶馬司以茶市馬一千六百九十一疋，慶遠、裕民司以銀鹽市馬一百九十二疋。

十四年，兵部奏茶鹽銀布易馬之數，秦、河二州以茶易一百八十一疋，納溪、白渡二鹽馬司以鹽布易二百疋，洮州衛以鹽易一百三十五疋，慶遠、裕民司以銀鹽易一百八十一疋，凡得馬六百九十七疋。兵部奏市馬之數，秦、河、洮三州茶馬司及慶遠、裕民司市馬五百八十五疋，廣東、四川二布政使司市馬五百六十五疋。

十六年，敕諭松州衛指揮僉事耿忠曰：「西番之民歸附已久，而未嘗責其貢賦，聞其地多馬，宜計其地之多寡以出賦，如三千户，則三户共出馬一疋，四千户則四户共出馬一疋。定爲常賦，庶使其尊君親上奉朝廷之禮也。」諸蠻夷酋長來朝者悉獻其所乘馬，詔以鈔賞之。階州民王思聰、李朵兒進馬，各賜衣一襲、鈔二百錠。兵部奏定，永寧茶馬司以茶易馬之價，宜如河州茶馬司例，凡上馬每疋給茶四十斤，中馬三十斤，下馬二十斤。從之。

張英等《淵鑑類函》卷四三八《鱗介部二》　寄窑下　隱鏡中《夷堅志》：潼州白龍谷，陶人梁氏，世世以陶冶爲業，其家極豐，朘乃立十窑，皆燒瓦器。惟一窑所成最善，餘九數每斷火取器，率窳邪不正，及鬻于市，則人争售之，凡出盡然，莫知其所以。谷中故有祠曰：「白龍廟」，蓋因谷得名，靈響寂寂，不爲鄉社所敬。梁夢龍翁化爲人來見曰：「吾有九子，今皆長，未有攸處，分寄身于汝家窑下，前此陶甑時，往往致力，陰助于汝。梁曰：「九窑之建初，未嘗得一好器物，常以爲念，何助之云。」龍曰：「汝何不悟，器劣而獲厚利，豈非吾兒所致耶。」梁方悚然起拜謝龍曰：「汝苟能與之，創廟異時，又將大獲福矣。」許之而覺。即日呼匠治材立新祠于舊址，其後以亢陽祈禱，雨不擇日而降，梁之生理益于昔矣。《異聞録》：天寳中，揚州進水心鏡一面，清瑩照日，背有盤龍，勢如飛動。明皇覽而異之，進鏡官李泰曰：「鑄鏡時有老人自稱姓龍，名護，引一小童衣黑衣，呼爲玄冥。至鏡所謂鏡匠。」吕輝曰：「老人解造真龍鏡爲汝鑄之，扃户三日，已失所在。」爐前獲書一紙，歌曰：「盤龍盤龍，隱于鏡中，分野有象，變化無窮。興雲吐霧行雨生風，上清仙子，來獻聖聰。」吕輝等以五月五日移爐，于揚子江心，鑄之背龍頗異，後大旱，祠之乃雨。

魯曾煜等《〔乾隆〕廣東通志》卷五二　鼻飲杯。南人習鼻飲，有陶器如杯椀，旁值一小管，以鼻就管吸酒漿，暑月以飲水。【略】

花腔腰鼓以土爲鼓腔，村人專作窑燒之，油畫紅花紋以爲飾。【略】

陶器出陽春新興，皆閩人效龍泉爲之，然不能精也。

焦循《孟子正義》卷七　孟子曰：「子路人告之以有過則喜，禹聞善言則拜。大舜有大焉，善與人同，舍己從人，樂取於人以爲善。【疏】自耕稼陶漁以至爲帝，無非取於人者，取諸人以爲善，是與人爲善者也。故君子莫大乎與人爲善。」

焦循《孟子正義》卷二五　白圭曰：「吾欲二十而取一，何如？」孟子曰：「子之道，貉道也。萬室之國一人陶，則可乎？」【疏】曰：「不可，器不足用也。」曰：「夫貉，五穀不生，惟黍生之。無城郭宫室宗廟祭祀之禮，無諸侯幣帛饔飧，無百官有司，故二十取一而足也。【疏】今居中國，去人倫，無君子，如之何其可也？陶以寡且不可以爲國，況無君子乎！欲輕之於堯舜之道者，大貉小貉也。欲重之於堯舜之道者，大桀小桀也。」

《章指》言：先王典禮，萬世可遵，什一供貢，下富上尊。裔土簡惰，二十而税，貉道有然，不足爲貴，圭欲法之，孟子斥之以王制也。

瓦解瓦合分部

紀事

《史記》卷一一〇《匈奴列傳》 歲正月，諸長小會單于庭，祠。五月，大會蘢城，祭其先、天地、鬼神。秋，馬肥，大會蹛林，課校人畜計。其法，拔刃尺者死，坐盜者沒入其家；有罪小者軋，大者死。獄久者不過十日，一國之囚不過數人。而單于朝出營，拜日之始生，夕拜月。其坐，長左而北鄉。日上戊己。其送死，有棺槨金銀衣裘，而無封樹喪服；近幸臣妾從死者，多至數千百人。舉事而候星月，月盛壯則攻戰，月虧則退兵。其攻戰，斬首虜賜一卮酒，而所得鹵獲因以予之，得人以爲奴婢。故其戰，人人自爲趣利，善爲誘兵以冒敵。故其見敵則逐利，如鳥之集；其困敗，則瓦解雲散矣。戰而扶輿死者，盡得死者家財。

《史記》卷一一八《淮南衡山列傳》 王坐東宮，召伍被與謀，曰：「將軍上。」被悵然曰：「上寬赦大王，王復安得此亡國之語乎！臣聞子胥諫吳王，吳王不用，乃曰『臣今見麋鹿游姑蘇之臺也』。今臣亦見宮中生荆棘，露霑衣也。」王怒，繫伍被父母，囚之三月。復召曰：「將軍許寡人乎？」被曰：「不，直來爲大王畫耳。臣聞聰者聽於無聲，明者見於未形，故聖人萬舉萬全。昔文王一動而功顯于千世，列爲三代，此所謂因天心以動作者也，故海內不期而隨。此千歲之可見者。夫百年之秦，近世之吳楚，亦足以喻國家之存亡矣。臣不敢避子胥之誅，願大王毋爲吳王之聽。昔秦絕聖人之道，殺術士，燔《詩》《書》，弃禮義，尚詐力，任刑罰，轉負海之粟致之西河。當是之時，男子疾耕不足於糟糠，女子紡績不足於蓋形。遣蒙恬築長城，東西數千里，暴兵露師常數十萬，死者不可勝數，僵尸千里，流血頃畝，百姓力竭，欲爲亂者十家而五。又使徐福入海求神異物，還爲僞辭曰：『臣見海中大神，言曰：「汝西皇之使邪？」臣答曰：「然。」「汝何求？」曰：「願請延年益壽藥。」神曰：「汝秦王之禮薄，得觀而不得取。」即從臣東南至蓬萊山，見芝成宮闕，有使者銅色而龍形，光上照天。於是臣再拜問曰：「宜何資以獻？」海神曰：「以令名男子若振女與百工之事，即得之矣。」』秦皇帝大說，遣振男女三千人，資之五穀種種百工而行。徐福得平原廣澤，止王不來。於是百姓悲痛相思，欲爲亂者十家而六。又使尉佗踰五嶺攻百越。尉佗知中國勞極，止王不來，使人上書，求女無夫家者三萬人，以爲士卒衣補。秦皇帝可其萬五千人。於是百姓離心瓦解，欲爲亂者十家而七。客謂高皇帝曰：『時可矣。』高皇帝曰：『待之，聖人當起東南閒。』不一年，陳勝吳廣發矣。高皇始於豐沛，一倡天下不期而響應者不可勝數也。此所謂蹈瑕候閒，因秦之亡而動者也。百姓願之，若旱之望雨，故起於行陳之中而立爲天子，功高三王，德傳無窮。今大王見高皇帝得天下之易也，獨不觀近世之吳楚乎？夫吳王賜號爲劉氏祭酒，復不朝，王四郡之衆，地方數千里，內鑄消銅以爲錢，東煮海水以爲鹽，上取江陵木以爲船，一船之載當中國數十兩車，國富民衆。行珠玉金帛賂諸侯宗室大臣，獨竇氏不與。計定謀成，舉兵而西。破於大梁，敗於狐父，奔走而東，至於丹徒，越人禽之，身死絕祀，爲天下笑。夫以吳越之衆不能成功者何？誠逆天道而不知時也。方今大王之兵衆不能十分吳楚之一，天下安寧有萬倍於秦之時，願大王從臣之計。大王不從臣之計，今見大王事必不成而語先泄也。臣聞微子過故國而悲，於是作《麥秀之歌》，是痛紂之不用王子比干也。故《孟子》曰『紂貴爲天子，死曾不若匹夫』。是紂先自絕於天下久矣，非死之日而天下去之。今臣亦竊悲大王弃千乘之君，必且賜絕命之書，爲羣臣先，死於東宮也。」於是(王)氣怨結而不揚，涕滿匡而橫流，即起，歷階而去。

《史記》卷一二九《貨殖列傳》 蜀卓氏之先，趙人也，用鐵冶富。秦破趙，遷卓氏。卓氏見虜略，獨夫妻推輦，行詣遷處。諸遷虜少有餘財，爭與吏，求近處，處葭萌。唯卓氏曰：「此地狹薄。吾聞汶山之下，沃野，下有蹲鴟，至死不飢。民工於市，易賈。」乃求遠遷。致之臨邛，大喜，即鐵山鼓鑄，運籌策，傾滇蜀之民，富至僮千人。田池射獵之樂，擬於人君。

程鄭，山東遷虜也，亦冶鑄，賈椎髻之民，富埒卓氏，俱居臨邛。

宛孔氏之先，梁人也，用鐵冶爲業。秦伐魏，遷孔氏南陽。大鼓鑄，規陂池，連車騎，游諸侯，因通商賈之利，有游閑公子之賜與名。然其贏得過當，愈於纖嗇，家致富數千金，故南陽行賈盡法孔氏之雍容。

魯人俗儉嗇，而曹邴氏尤甚，以鐵冶起，富至巨萬。然家自父兄子孫約，俛有拾，仰有取，貰貸行賈徧郡國。鄒、魯以其故多去文學而趨利者，以曹邴氏也。

齊俗賤奴虜，而刀閒獨愛貴之。桀黠奴，人之所患也，唯刀閒收取，使之逐漁鹽商賈之利，或連車騎，交守相，然愈益任之。終得其力，起富數千萬。故曰「寧爵毋刀」，言其能使豪奴自饒而盡其力。

周人既纖，而師史尤甚，轉轂以百數，賈郡國，無所不至。洛陽街居在齊秦楚趙之中，貧人學事富家，相矜以久賈，數過邑不入門，設任此等，故師史能致七千萬。

宣曲任氏之先，爲督道倉吏。秦之敗也，豪傑皆争取金玉，而任氏獨窖倉粟。楚漢相距滎陽也，民不得耕種，米石至萬，而豪傑金玉盡歸任氏，任氏以此起富。富人争奢侈，而任氏折節爲儉，力田畜。田畜人争取賤賈，任氏獨取貴善。富者數世。然任公家約，非田畜所出弗衣食，公事不畢則身不得飲酒食肉。以此爲閭里率，故富而主上重之。

塞之斥也，唯橋姚已致馬千匹，牛倍之，羊萬頭，粟以萬鍾計。吴楚七國兵起時，長安中列侯封君行從軍旅，齎貸子錢，子錢家以爲侯邑國在關東，關東成敗未決，莫肯與。唯無鹽氏出捐千金貸，其息什之。三月，吴楚平。一歲之中，則無鹽氏之息什倍，用此富埒關中。

關中富商大賈，大抵盡諸田，田嗇、田蘭。韋家栗氏，安陵、杜杜氏，亦巨萬。此其章章尤異者也。皆非有爵邑奉禄弄法犯姦而富，盡椎埋去就，與時俯仰，獲其贏利，以末致財，用本守之，以武一切，用文持之，變化有概，故足術也。若至力農畜，工虞商賈，爲權利以成富，大者傾郡，中者傾縣，下者傾鄉里者，不可勝數。

夫纖嗇筋力，治生之正道也，而富者必用奇勝。田農，掘業，而秦揚以蓋一州。掘冢，姦事也，而田叔以起。博戲，惡業也，而桓發用(之)富。行賈，丈夫賤行也，而雍樂成以饒。販脂，辱處也，而雍伯千金。賣漿，小業也，而張氏千萬。洒削，薄技也，而郅氏鼎食。胃脯，簡微耳，濁氏連騎。馬醫，淺方，張里擊鍾。此皆誠壹之所致。

由是觀之，富無經業，則貨無常主，能者輻湊，不肖者瓦解。千金之家比一都之君，巨萬者乃與王者同樂。豈所謂「素封」者邪？非也？

《漢書》卷四三《酈食其傳》 酈食其，陳留高陽人也。好讀書，家貧落魄，無衣食業。爲里監門，然吏縣中賢豪不敢役，皆謂之狂生。

及陳勝、項梁等起，諸將徇地過高陽者數十人，食其聞其將皆握齱好荷禮自用，不能聽大度之言，食其乃自匿。後聞沛公略地陳留郊，沛公麾下騎士適食其里中子，沛公時時問邑中賢豪。騎士歸，食其見，謂曰：「吾聞沛公嫚易人，有大略，此真吾所願從游，莫爲我先。若見沛公，謂曰『臣里中有酈生，年六十餘，長八尺，人皆謂之狂生』，自謂我非狂。」騎士曰：「沛公不喜儒，諸客冠儒冠來者，沛公輒解其冠，溺其中。與人言，常大罵。未可以儒生説也。」食其曰：「第言之。」騎士從容言食其所戒者。

沛公至高陽傳舍，使人召食其。食其至，入謁，沛公方踞牀令兩女子洗，而見食其。食其入，即長揖不拜，曰：「足下欲助秦攻諸侯乎？欲率諸侯(攻)〔破〕秦乎？」沛公罵曰：「豎儒！夫天下同苦秦久矣，故諸侯相率攻秦，何謂助秦？」食其曰：「必欲聚徒合義兵誅無道秦，不宜踞見長者。」於是沛公輟洗，起衣，延食其上坐，謝之。食其因言六國從衡時。沛公喜，賜食其食，問曰：「計安出？」食其曰：「足下起瓦合之卒，收散亂之兵，不滿萬人，欲以徑入彊秦，此所謂探虎口者也。夫陳留，天下之衝，四通五達之郊也，今其城中又多積粟。臣知其令，今請使，令下足下。即不聽，足下舉兵攻之，臣爲内應。」於是遣食其往，沛公引〔兵〕隨之，遂下陳留。號食其爲廣野君。

《漢書》卷四九《鼂錯傳》 是時匈奴彊，數寇邊，上發兵以禦之。錯上言兵事，曰：【略】

詔策曰「吏之不平，政之不宣，民之不寧」，愚臣竊以秦事明之。臣聞秦始并天下之時，其主不及三王，而臣不及其佐，然功力不遲者，何也？地形便，山川利，財用足，民利戰。其所與並者六國，六國者，臣主皆不肖，謀不輯，民不用，故當此之時，秦最富彊。夫國富彊而鄰國亂者，帝王之資也，故秦能兼六國，立爲天子。當此之時，三王之功不能進焉。及其末塗之衰也，任不肖而信讒賊；宫室過度，耆欲亡極，民力罷盡，賦斂不節；矜奮自賢，羣臣恐諛，驕溢縱恣，不顧患禍；妄賞以隨(善)〔喜〕意，妄誅以快怒心，法令煩憯，刑罰暴酷，輕絶人命，身自射殺；天下寒心，莫安其處。姦邪之吏，乘其亂法，以成其威，獄官主斷，生殺自恣。上下瓦解，各自爲制。秦始亂之時，吏之所先侵者，貧人賤民也；至其中節，所侵者富人吏家也；及其末塗，所侵者宗室大臣也。是故親疏皆危，外内咸怨，離散逋逃，人有走心。陳勝先倡，天下大潰，絶祀亡世，爲異姓福。此吏不平，政不宣，民不寧之禍也。今陛下配天象地，覆露萬民，絶秦之迹，除其亂法；躬親本事，廢去淫末；除苛解嬈，寬大愛人；肉刑不用，辠人亡帑；非謗不治，鑄錢者除；通關去塞，不孽諸侯；賓禮長老，愛卹少孤；辠人有期，後宮出嫁；尊賜孝悌，農民不租；明詔軍師，愛士大夫；求進方正，廢退姦邪；除去陰刑，害民者誅；憂勞百姓，列侯就都；親耕節用，視民不奢。所爲天下興利除害，變法易故，以安海内者，大功數十，皆上世之所難及，陛下行之，道純德厚，元元之民幸矣。

《漢書》卷五一《鄒陽傳》 鄒陽行月餘，莫能爲謀，還過王先生，曰：「臣將西矣，爲如何？」王先生曰：「吾先日欲獻愚計，以爲衆不可蓋，竊自薄陋不敢道也。若子行，必往見王長君，士無過此者矣。」鄒陽發寤於心，曰：「敬諾。」辭去，不過梁，徑至長安，因客見王長君。長君者，王美人兄也，後封爲蓋侯。鄒陽留數日，乘間而請曰：「臣非爲長君無使令於前，故來侍也；愚戇竊不自料，願有謁也。」長君跪曰：「幸甚。」陽曰：「竊聞長君弟得幸後宮，天下無有，而長君行迹多不循道理者。今爰盎事即窮竟，梁王恐誅。如此，則太后怫鬱泣血，無所發怒，切齒側目於貴臣矣。臣恐長君危於絫卵，竊爲足下憂之。」長君懼然曰：「將爲之柰何？」陽曰：「長君誠能精爲上言之，得毋竟梁事，長君必固自結於太后。太后厚德長君，入於骨髓，而長君之弟幸於兩宮，金城之固也。又有存亡繼絶之功，德布天下，名施無窮，願長君深自計之。昔者，舜之弟象日以殺舜爲事，及舜立爲天子，封之於有卑。夫仁人之於兄弟，無臧怒，無宿怨，厚親愛而已，是以後世稱之。魯公子慶父使僕人殺子般，獄有所歸，季友不探其情而誅焉；慶父親殺閔公，季子緩追免賊，《春秋》以爲親親之道也。魯哀姜薨於夷，孔子曰『齊桓公法而不譎』，以爲過也。以是説天子，徼幸梁事不奏。」長君曰：「諾。」乘間入而言之。及韓安國亦見長公主，事果得不治。

初，吴王濞與七國謀反，及發，齊、濟北兩國城守不行。漢既破吴，齊王自殺，不得立嗣。濟北王亦欲自殺，幸全其妻子。齊人公孫玃謂濟北王曰：「臣請試爲大王明説梁王，通意天子，説而不用，死未晚也。」公孫玃遂見梁王，曰：「夫濟北之地，東接彊齊，南牽吴越，北脅燕趙，此四分五裂之國，權不足以自守，勁不足以扞寇，又非有奇怪云以待難也，雖墜言於吴，非其正計也。昔者鄭祭仲許宋人立公子突以活其君，非義也，《春秋》記之，爲其以生易死，以存易亡也。鄉使濟北見情實，示不從之端，則吴必先歷齊畢濟北，招燕、趙而總之。如此，則山東之從結而無隙矣。今吴楚之王練諸侯之兵，敺白徒之衆，西與天子爭衡，濟北獨底節堅守不下。使吴失與而無助，跬步獨進，瓦解土崩，破敗而不救者，未必非濟北之力也。夫以區區之濟北而與諸侯爭彊，是以羔犢之弱而扞虎狼之敵也。守職不橈，可謂誠一矣。功義如此，尚見疑於上，脅肩低首，絫足撫衿，使有自悔不前之心，非社稷之利也。臣恐藩臣守職者疑之。臣竊料之，能歷西山，徑長樂，抵未央，攘袂而正議者，獨大王耳。上有全亡之功，下有安百姓之名，德淪於骨髓，恩加於無窮，願大王留意詳惟之。」孝王大説，使人馳以聞。濟北王得不坐，徙封於淄川。

《漢書》卷六四上《徐樂傳》 徐樂，燕(郡)無終人也。上書曰：

臣聞天下之患，在於土崩，不在瓦解，古今一也。

何謂土崩？秦之末世是也。陳涉無千乘之尊，尺土之地，身非王公大人名族之後，(無)鄉曲之譽，非有孔、曾、墨子之賢，陶朱、猗頓之富也。然起窮巷，奮棘矜，偏袒大呼，天下從風，此其故何也？由民困而主不恤，下怨而上不知，俗已亂而政不修，此三者陳涉之所以爲資也。此之謂土崩。故曰天下之患在乎土崩。

何謂瓦解？吴、楚、齊、趙之兵是也。七國謀爲大逆，號皆稱萬乘之君，帶甲數十萬，威足以嚴其境内，財足以勸其士民，然不能西攘尺寸之地，而身爲禽於中原者，此其故何也？非權輕於匹夫而兵弱於陳涉也，當是之時先帝之德未衰，而安土樂俗之民衆，故諸侯無竟外之助。此之謂瓦解。故曰天下之患不在瓦解。

由此觀之，天下誠有土崩之勢，雖布衣窮處之士或首難而危海内，陳涉是也，況三晉之君或存乎？天下雖未治也，誠能無土崩之勢，雖有彊國勁兵，不得還踵而身爲禽，吴楚是也，況羣臣百姓，能爲亂乎？此二體者，安危之明要，賢主之所留意而深察也。

間者，關東五穀數不登，年歲未復，民多窮困，重之以邊境之事，推數循理而觀之，民宜有不安其處者矣。不安故易動，易動者，土崩之勢也。故賢主獨觀萬化之原，明於安危之機，修之廟堂之上，而銷未形之患也。其要，期使天下無土崩之勢而已矣。故雖有彊國勁兵，陛下逐走獸，射飛鳥，弘游燕之囿，淫從恣之觀，極馳騁之樂，自若。金石絲竹之聲不絶於耳，帷幄之私俳優朱儒之笑不乏於前，而天下無宿憂。名何必夏、子，俗何必成、康！雖然，臣竊以爲陛下天然之質，寬仁之資，而誠以天下爲務，則禹、湯之名不難侔，而成、康之俗未必不復興也。此二體者立，然後處尊安之實，揚廣譽於當世，親天下而服四夷，餘恩遺德爲數世隆，南面背依攝袂而揖王公，此陛下之所服也。臣聞圖王不成，其敝足以安。安則陛下何求而不得，何威而不成，奚征而不服哉？

《漢書》卷六五《東方朔傳》 又設非有先生之論，其辭曰：

非有先生仕於吴，進不稱往古以厲主意，退不能揚君美以顯其功，默(默)〔然〕無言者三年矣。吴王怪而問之，曰：「寡人獲先人之功，寄於衆賢之上，夙興夜寐，未嘗敢怠也。今先生率然高舉，遠集吴地，將以輔治寡人，誠竊嘉之，體不安席，食不甘味，目不視靡曼之色，耳不聽鐘鼓之音，虚心定志欲聞流議者三年于兹矣。今先生進無以輔治，退不揚主譽，竊不爲先生取之也。蓋懷能而不見，是不忠也；見而不行，主不明也。意者寡人殆不明乎？」非有先生伏而唯唯。吴王曰：「可以談矣，寡人將竦意而覽焉。」先生曰：「於戲！可乎哉？可乎哉？談何容易！夫談有悖於目拂於耳謬於心而便於身者，或有説於目順於耳快於心而毁於行者，非有明王聖主，孰能聽之？」吴王曰：「何爲其然也？『中人已上可以語上也。』先生試言，寡人將聽焉。」

先生對曰：「昔者關龍逢深諫於桀，而王子比干直言於紂，此二臣者，皆極慮盡忠，閔王澤不下流，而萬民騷動，故直言其失，切諫其邪者，將以爲君之榮，除主之禍也。今則不然，反以爲誹謗君之行，無人臣之禮，果紛然傷於身，蒙不辜之名，戮及先人，爲天下笑，故曰談何容易！是以輔弼之臣瓦解，而邪諂之人並進，〔遂〕及蜚廉、惡來(輩)〔革〕等。二人皆詐僞，巧言利口以進其身，陰奉琱瑑刻鏤之好以内其心。務快耳目之欲，以苟容爲度。遂往不戒，身没被戮，宗廟崩阤，國家爲虚，放戮聖賢，親近讒夫。《詩》不云乎？『讒人罔極，交亂四國』，此之謂也。故卑身賤體，説色微辭，愉愉呴呴，終無益於主上之治，則志士仁人不忍爲也。將儼然作矜嚴之色，深言直諫，上以拂主之邪，下以損百姓之害，則忤於邪主之心，歷於衰世之法。故養壽命之士莫肯進也，遂居(家)〔深〕山之間，積土爲室，編蓬爲户，彈琴其中，以咏先王之風，亦可以樂而忘死矣。是以伯夷叔齊避周，餓于首陽之下，後世稱其仁。如是，邪主之行固足畏也，故曰談何容易！」

於是吴王懼然易容，捐薦去几，危坐而聽。先生曰：「接輿避世，箕子被髮陽狂，此二人者，皆避濁世以全其身者也。使遇明王聖主，得清燕之閒，寬和之色，發憤畢誠，圖畫安危，揆度得失，上以安主體，下以便萬民，則五帝三王之道可幾而見也。故伊尹蒙恥辱負鼎俎和五味以干湯，太公釣於渭之陽以見文王。心合意同，謀無不成，計無不從，誠得其君也。深念遠慮，引義以正其身，推恩以廣其下，本仁祖義，褒有德，禄賢能，誅惡亂，總遠方，一統類，美風俗，此帝王所由昌也。上不變天性，下不奪人倫，則天地和洽，遠方懷之，故號聖王。臣子之職既加矣，於是裂地定封，爵爲公侯，傳國子孫，名顯後世，民到于今稱之，以遇湯與文王也。太公、伊尹以如此，龍逢、比干獨如彼，豈不哀哉！故曰談何容易！」

《漢書》卷六九《趙充國傳》 上乃拜侍中樂成侯許延壽爲强弩將軍，即拜酒泉太守武賢爲破羌將軍，賜璽書嘉納其册。以書敕讓充國曰：

皇帝問後將軍，甚苦暴露。將軍計欲至正月乃擊罕羌，羌人當獲麥，已遠其妻子，精兵萬人欲爲酒泉、敦煌寇。邊兵少，民守保不得田作。今張掖以東粟石百餘，芻稾束數十。轉輸並起，百姓煩擾。將軍將萬餘之衆，不早及秋共水草之利争其畜食，欲至冬，虜皆當畜食，多藏匿山中依險阻，將軍士寒，手足皸瘃，寧有利哉？將軍不念中國之費，欲以歲數而勝微，將軍誰不樂此者！

今詔破羌將軍武賢將兵六千一百人，敦煌太守快將二千人，長水校尉富昌、酒泉(侯)〔候〕奉世將婼、月氏兵四千人，亡慮萬二千人。齎三十日食，以七月二十二日擊罕羌，入鮮水北句廉上，去酒泉八百里，去將軍可千二百里。將軍其引兵便道西並進，雖不相及，使虜聞東方北方兵並來，分散其心意，離其黨與，雖不能殄滅，當有瓦解者。已詔中郎將卬將胡越佽飛射士步兵二校，益將軍兵。

今五星出東方，中國大利，蠻夷大敗。太白出高，用兵深入敢戰者吉，弗敢戰者凶。將軍急裝，因天時，誅不義，萬下必全，勿復有疑。

充國既得讓，以爲將任兵在外，便宜有守，以安國家。乃上書謝罪，因陳兵利害，曰：

臣竊見騎都尉安國前幸賜書，擇羌人可使使罕，諭告以大軍當至，漢不誅罕，以解其謀。恩澤甚厚，非臣下所能及。臣獨私美陛下盛德至計亡已，故遣开豪雕庫宣天子至德，罕、开之屬皆聞知明詔。今先零羌楊玉(此羌之首帥名王)將騎四千及煎鞏騎五千，阻石山木，候便爲寇，罕羌未有所犯。

今置先零，先擊罕，釋有罪，誅亡辜，起壹難，就兩害，誠非陛下本計也。

《漢書》卷七〇《陳湯傳》 後數歲，西域都護段會宗爲烏孫兵所圍，驛騎上書，願發城郭敦煌兵以自救。丞相王商、大將軍王鳳及百僚議數日不決。鳳言「湯多籌策，習外國事，可問。」上召湯見宣室。湯擊郅支時中寒病，兩臂不詘申。湯入見，有詔毋拜，示以會宗奏。湯辭謝，曰：「將相九卿皆賢材通明，小臣罷癃，不足以策大事。」上曰：「國家有急，君其毋讓。」對曰：「臣以爲此必無可憂也。」上曰：「何以言之？」湯曰：「夫胡兵五而當漢兵一，何者？兵刃朴鈍，弓弩不利。今聞頗得漢巧，然猶三而當一。又兵法曰『客倍而主人半然後敵』，今圍會宗者人衆不足以勝會宗，唯陛下勿憂！且兵輕行五十里，重行三十里，今會宗欲發城郭敦煌，歷時乃至，所謂報讎之兵，非救急之用也。」上曰：「柰何？其解可必乎？度何時解？」湯知烏孫瓦合，不能久攻，故事不過數日，因對曰：「已解矣！」詘指計其日，曰：「不出五日，當有吉語聞。」居四日，軍書到，言已解。大將軍鳳奏以爲從事中郎，莫府事壹決於湯。湯明法令，善因事爲勢，納說多從。常受人金錢作章奏，卒以此敗。

《漢書》卷九四上《匈奴傳》 度遼將軍出塞千二百餘里，至蒲離候水，斬首捕虜七百餘級，鹵獲馬牛羊萬餘。前將軍出塞千二百餘里，至烏員，斬首捕虜，至候山百餘級，鹵馬牛羊二千餘。蒲類將軍兵當與烏孫合擊匈奴蒲類澤，烏孫先期至而去，漢兵不與相及。蒲類將軍出塞千八百餘里，西去候山，斬首捕虜，得單于使者蒲陰王以下三百餘級，鹵馬牛羊七千餘。聞虜已引去，皆不至期還。天子薄其過，寬而不罪。祁連將軍出塞千六百里，至雞秩山，斬首捕虜十九級，獲牛馬羊百餘。逢漢使匈奴還者冉弘等，言雞秩山西有虜衆，祁連即戒弘，使言無虜，欲還兵。御史屬公孫益壽諫，以爲不可，祁連不聽，遂引兵還。虎牙將軍出塞八百餘里，至丹余吾水上，即止兵不進，斬首捕虜千九百餘級，鹵馬牛羊七萬餘，引兵還。上以虎牙將軍不至期，詐增鹵獲，而祁連知虜在前，逗遛不進，皆下吏自殺。擢公孫益壽爲侍御史。校尉常惠與烏孫兵至右谷蠡庭，獲單于父行及嫂、居次、名王、犂汙都尉、千長、將以下三萬九千餘級，虜馬牛羊驢驘橐駞七十餘萬。漢封惠爲長羅侯。然匈奴民衆死傷而去者，及畜產遠移死(于)〔亡〕不可勝數。於是匈奴遂衰耗，怨烏孫。

其冬，單于自將萬騎擊烏孫，頗得老弱，欲還。會天大雨雪，一日深丈餘，人民畜產凍死，還者不能什一。於是丁令乘弱攻其北，烏桓入其東，烏孫擊其西。凡三國所殺數萬級，馬數萬匹，牛羊甚衆。又重以餓死，人民死者什三，畜產什五，匈奴大虛弱，諸國羈屬者皆瓦解，攻盜不能理。其後漢出三千餘騎，爲三道，並入匈奴，捕虜得數千人還。匈奴終不敢取當，兹欲鄉和親，而邊境少事矣。

《漢書》卷九六下《西域傳》 是時，莽易單于璽，單于恨怒，遂受狐蘭支降，遣兵與共寇擊車師，殺後城長，傷都護司馬，及狐蘭兵復還入匈奴。時戊己校尉刀護病，遣史陳良屯桓且谷備匈奴寇，史終帶取糧食，司馬丞韓玄領諸壁，右曲候任商領諸壘，相與謀曰：「西域諸國頗背叛，匈奴欲大侵，要死。可殺校尉，將人衆降匈奴。」即將數千騎至校尉府，脅諸亭令燔積薪，分告諸壁曰：「匈奴十萬騎來入，吏士皆持兵，後者斬！」得三(百四)〔四百〕人，去校尉府數里止，晨火爇。校尉開門擊鼓收吏士，良等隨入，遂殺校尉刀護及子男四人、諸昆弟子男，獨遺婦女小兒。止留戊己校尉城，遣人與匈奴南將軍相聞，南將軍以二千騎迎良等。良等盡脅略戊己校尉吏士男女二千餘人入匈奴。單于以良、帶爲烏賁都尉。

後三歲，單于死，弟烏絫單于咸立，復與莽和親。莽遣使者多齎金幣賂單于，購求陳良、終帶等。單于盡收四人及手殺刀護者芝音妻子以下二十七人，皆械檻車付使者。到長安，莽皆燒殺之。其後莽復欺詐單于，和親遂絶。匈奴大擊北邊，而西域亦瓦解。焉耆國近匈奴，先叛，殺都護但欽，莽不能討。

天鳳(二)〔三〕年，乃遣五威將王駿、西域都護李崇將戊己校尉出西域，諸國皆郊迎，送兵穀。焉耆詐降而聚兵自備。駿等將莎車、龜兹兵七千餘人，分爲數部入焉耆，焉耆伏兵要遮駿。及姑墨、尉犂、危須國兵爲反間，還共襲擊駿等，皆殺之。唯戊己校尉郭欽別將兵，後至焉耆。焉耆兵未還，欽擊殺其老弱，引兵還。莽封欽爲剼胡子。李崇收餘士，還保龜兹。數年莽死，崇遂没，西域因絶。

《後漢書》卷一三《隗囂傳》 〔建武〕八年春，來歙從山道襲得略陽城。囂出不意，懼更有大兵，乃使王元拒隴坻，行巡守番須口，王孟塞雞頭道，牛邯軍瓦亭，囂自悉其大衆圍來歙。公孫述亦遣其將李育、田弇助囂攻略陽，連月不下。帝乃率諸將西征之，數道上隴，使王遵持節監大司馬吴漢留屯於長安。

遵知囂必敗滅，而與牛邯舊故，知其有歸義意，以書喻之曰：「遵與隗王歃盟爲漢，自經歷虎口，踐履死地，已十數矣。于時周洛以西無所統壹，故爲王策，欲東收關中，北取上郡，進以奉天人之用，退以懲外夷之亂。數年之閒，冀聖漢復存，當挈河隴奉舊都以歸本朝。生民以來，臣人之執，未有便於此時者也。而王之將吏，羣居穴處之徒，人人抵掌，欲爲不善之計。遵與孺卿日夜所争，害幾及身者，豈一事哉！前計抑絶，後策不從，所以吟嘯扼腕，垂涕登車。幸蒙封拜，得延論議，每及西州之事，未嘗敢忘孺卿之言。今車駕大衆，已在道路，吴、耿驍將，雲集四境，而孺卿以奔離之卒，拒要阸，當軍衝，視其形埶何如哉？夫智者覩危思變，賢者泥而不滓，是以功名終申，策畫復得。故夷吾束縛而相齊，黥布杖劍以歸漢，去愚就義，功名並著。今孺卿當成敗之際，遇嚴兵之鋒，可爲怖慄。宜斷之心胷，參之有識。」邯得書，沈吟十餘日，乃謝士衆，歸命洛陽，拜爲太中大夫。於是囂大將十三人，屬縣十六，衆十餘萬，皆降。

《後漢書》卷一三《公孫述傳》 明年，隗囂稱臣於述。述騎都尉平陵人荆邯見東方將平，兵且西向，説述曰：「后者，帝王之大器，古今所不能廢也。昔秦失其守，豪桀並起，漢祖無前人之迹，立錐之地，起於行陣之中，躬自奮擊，兵破身困者數矣。然軍敗復合，創愈復戰。何則？前死而成功，踰於却就於滅亡也。隗囂遭遇運會，割有雍州，兵强士附，威加山東。遇更始政亂，復失天下，衆庶引領，四方瓦解。囂不及此時推危乘勝，以争天命，而退欲爲西伯之事，尊師章句，賓友處士，偃武息戈，卑辭事漢，喟然自以文王復出也。令漢帝釋關隴之憂，專精東伐，四分天下而有其三；使西州豪傑咸居心於山東，發間使，招攜貳，則五分而有其四；若舉兵天水，必至沮潰，天水既定，則九分而有其八。陛下以梁州之地，内奉萬乘，外給三軍，百姓愁困，不堪上命，將有王氏自潰之變。臣之愚計，以爲宜及天下之望未絶，豪傑尚可招誘，急以此時發國内精兵，令田戎據江陵，臨江南之會，倚巫山之固，築壘堅守，傳檄吴、楚，長沙以南必隨風而靡。令延岑出漢中，定三輔，天水、隴西拱手自服。如此，海内震摇，冀有大利。」述以問羣臣。博士吴柱曰：「昔武王伐殷，先觀兵孟津，八百諸侯不期同辭，然猶還師以待天命。未聞無左右之助，而欲出師千里之外，以廣封疆者也。」邯曰：「今東帝無尺土之柄，驅烏合之衆，跨馬陷敵，所向輒平。不亟乘時與之分功，而坐談武王之説，是效隗囂欲爲西伯也。」述然邯言，欲悉發北軍屯士及山東客兵，使延岑、田戎分出兩道，與漢中諸將合兵并執。蜀人及其弟光以爲不宜空國千里之外，決成敗於一舉，固争之，述乃止。延岑、田戎亦數請兵立功，終疑不聽。

《後漢書》卷六〇下《蔡邕傳》 桓帝時，中常侍徐璜、左悺等五侯擅恣，聞邕善鼓琴，遂白天子，敕陳留太守督促發遣。邕不得已，行到偃師，稱疾而歸。閑居翫古，不交當世。感東方〔朔〕《客難》及楊雄、班固、崔駰之徒設疑以自通，乃斟酌羣言，韙其是而矯其非，作《釋誨》以戒厲云爾。

有務世公子誨於華顛胡老曰：「蓋聞聖人之大寶曰位，故以仁守位，以財聚人。然則有位斯貴，有財斯富，行義達道，士之司也。故伊摯有負鼎之衒，仲尼設執鞭之言，寧子有清商之歌，百里有豢牛之事。夫如是，則聖哲之通趣，古人之明志也。夫子生清穆之世，稟醇和之靈，覃思典籍，韞櫝《六經》，安貧樂賤，與世無營，沈精重淵，抗志高冥，包括無外，綜析無形，其已久矣。曾不能拔萃出羣，揚芳飛文，登天庭，序彝倫，埽六合之穢慝，清宇宙之埃塵，連光芒於白日，屬炎氣於景雲。時逝歲暮，默而無聞。小子惑焉，是以有云。方今聖上寬明，輔弼賢知，崇英逸偉，不墜於地，德弘者建宰相而裂土，才羨者荷榮禄而蒙賜。盍亦回塗要至，俛仰取容，輯當世之利，定不拔之功，榮家宗於此時，遺不滅之令蹤？夫獨未之思邪，何爲守彼而不通此？」

胡老傲然而笑曰：「若公子，所謂覩曖昧之利，而忘昭哲之害；專必成之功，而忽蹉跌之敗者已。」公子謖爾斂袂而興曰：「胡爲其然也？」胡老曰：「居，吾將釋汝。昔自太極，君臣始基，有羲皇之洪寧，唐虞之至時。三代之隆，亦有緝熙，五伯扶微，勤而撫之。于斯已降，天網縱，人紘弛，王塗壞，太極阤，君臣土崩，上下瓦解。於是智者騁詐，辯者馳説，武夫奮略，戰士講鋭。電駭風馳，霧散雲披，變詐乖詭，以合時宜。或畫一策而綰萬金，或談崇朝而錫瑞珪。連衡者六印磊落，合從者駢組流離。隆貴翕習，積富無崖，據巧蹈機，以忘其危。夫華離蔕而萎，條去幹而枯，女冶容而淫，士背道而辜。人毁其滿，神疾其邪，利端始萌，害漸亦牙。速速方轂，夭夭是加，欲豐其屋，乃蔀其家。是故天地否閉，聖哲潛形，石門守晨，沮、溺耦耕，顔歜抱璞，蘧瑗保生，齊人歸樂，孔子斯征，雍渠驂乘，逝而遺輕。夫豈傲主而背國乎？道不可以傾也。」

《後漢書》卷七〇《孔融傳》 融幼有異才。年十歲，隨父詣京師。時河南尹李膺以簡重自居，不妄接士賓客，敕外自非當世名人及與通家，皆不得白。融欲觀其人，故造膺門。語門者曰：「我是李君通家子弟。」門者言之。膺請融，問曰：「高明祖父嘗與僕有恩舊乎？」融曰：「然。先君孔子與君先人李老君同德比義，而相師友，則融與君累世通家。」衆坐莫不歎息。太中大夫陳煒後至，坐中以告煒。煒曰：「夫人小而聰了，大未必奇。」融應聲曰：「觀君所言，將不早惠乎？」膺大笑曰：「高明必爲偉器。」【略】

是時荆州牧劉表不供職貢，多行僭僞，遂乃郊祀天地，擬斥乘輿。詔書班下其事。融上疏曰：「竊聞領荆州牧劉表桀逆放恣，所爲不軌，至乃郊祭天地，擬儀社稷。雖昏僭惡極，罪不容誅，至於國體，宜且諱之。何者？萬乘至重，天王至尊，身爲聖躬，國爲神器，陛級縣遠，禄位限絶，猶天之不可階，日月之不可踰也。每有一豎臣，輒云圖之，若形之四方，非所以杜塞邪萌。愚謂雖有重戾，必宜隱忍。賈誼所謂『擲鼠忌器』，蓋謂此也。是以齊兵次楚，唯責包茅；王師敗績，不書晉人。前以露袁術之罪，今復下劉表之事，是使跛牂欲闚高岸，天險可得而登也。案表跋扈，擅誅列侯，遏絶詔命，斷盜貢篚，招呼元惡，以自營衛，專爲羣逆，主萃淵藪。郜鼎在廟，章孰甚焉！桑落瓦解，其埶可見。臣愚以爲宜隱郊祀之事，以崇國防。」

《後漢書》卷七三《公孫瓚傳》 中平中，以瓚督烏桓突騎，車騎將軍張温討涼州賊。會烏桓反畔，與賊張純等攻擊薊中，瓚率所領追討純等有功，遷騎都尉。張純復與畔胡丘力居等寇漁陽、河閒、勃海，入平原，多所殺略。瓚追擊戰於屬國石門，虜遂大敗，弃妻子踰塞走，悉得其所略男女。瓚深入無繼，反爲丘力居等所圍於遼西管子城，二百餘日，糧盡食馬，馬盡煮弩楯，力戰不敵，乃與士卒辭訣，各分散還。時多雨雪，隊阬死者十五六，虜亦飢困，遠走柳城。詔拜瓚降虜校尉，封都亭侯，復兼領屬國長史。職統戎馬，連接邊寇。每聞有警，瓚輒厲色憤怒，如赴讎敵，望塵奔逐，或繼之以夜戰。虜識瓚聲，憚其勇，莫敢抗犯。

瓚常與善射之士數十人，皆乘白馬，以爲左右翼，自號「白馬義從」。烏桓更相告語，避白馬長史。乃畫作瓚形，馳騎射之，中者咸稱萬歲。虜自此之後，遂遠竄塞外。

瓚志埽滅烏桓，而劉虞欲以恩信招降，由是與虞相忤。初平二年，青、徐黄巾三十萬衆入勃海界，欲與黑山合。瓚率步騎二萬人，逆擊於東光南，大破之，斬首三萬餘級。賊弃其車重數萬兩，奔走度河。瓚因其半濟薄之，賊復大破，死者數萬，流血丹水，收得生口七萬餘人，車甲財物不可勝筭，威名大震。拜奮武將軍，封薊侯。【略】

建安三年，袁紹復大攻瓚。瓚遣子續請救於黑山諸帥，而欲自將突騎直出，傍西山以斷紹後。長史關靖諫曰：「今將軍將士，莫不懷瓦解之心，所以猶能相守者，顧戀其老小，而恃將軍爲主故耳。堅守曠日，或可使紹自退。若舍之而出，後無鎮重，易京之危，可立待也。」瓚乃止。紹漸相攻逼，瓚衆日蹙，乃却，築三重營以自固。

《後漢書》卷八七《西羌傳》 初，累姐種附漢，迷唐怨之，遂擊殺其酋豪，由是與諸種爲讎，黨援益疎。其秋，迷唐復將兵向塞，周鮪與金城太守侯霸，及諸郡兵、屬國湟中月氏諸胡、隴西牢姐羌，合三萬人，出塞至允川，與迷唐戰。周鮪還營自守，唯侯霸兵陷陳，斬首四百餘級。羌衆折傷，種人瓦解，降者六千餘口，分徙漢陽、安定、隴西。迷唐遂弱，其種衆不滿千人，遠踰賜支河首，依發羌居。明年，周鮪坐畏愞徵，侯霸代爲校尉。安定降羌燒何種脅諸羌數百人反叛，郡兵擊滅之，悉没入弱口爲奴婢。

時西海及大、小榆谷左右無復羌寇。隃麋相曹鳳上言：「西戎爲害，前世所患，臣不能紀古，且以近事言之。自建武以來，其犯法者，常從燒當種起。所以然者，以其居大、小榆谷，土地肥美，又近塞內，諸種易以爲非，難以攻伐。南得鍾存以廣其衆，北阻大河因以爲固，又有西海魚鹽之利，緣山濱水，以廣田蓄，故能彊大，常雄諸種，恃其權勇，招誘羌胡。今者衰困，黨援壞沮，親屬離叛，餘勝兵者不過數百，亡逃棲竄，遠依發羌。臣愚以爲宜及此時，建復西海郡縣，規固二榆，廣設屯田，隔塞羌胡交關之路，遏絶狂狡窺欲之源。又殖穀富邊，省委輸之役，國家可以無西方之憂。」於是拜鳳爲金城西部都尉，將徙士屯龍耆。後金城長史上官鴻上開置歸義、建威屯田二十七部，侯霸復上置東西邯屯田五部，增留、逢二部，帝皆從之。列屯夾河，合三十四部。其功垂立。至永初中，諸羌叛，乃罷。迷唐失衆，病死。有一子來降，户不滿數十。

《三國志》卷六《魏志·袁術傳》 董卓之將廢帝，以術爲後將軍；術亦畏卓之禍，出奔南陽。會長沙太守孫堅殺南陽太守張咨，術得據其郡。南陽户口數百萬，而術奢淫肆欲，徵斂無度，百姓苦之。既與紹有隙，又與劉表不平而北連公孫瓚；紹與瓚不和而南連劉表。其兄弟攜貳，舍近交遠如此。引軍入陳留。太祖與紹合擊，大破術軍。術以餘衆奔九江，殺揚州刺史陳温，領其州。以張勳、橋蕤等爲大將軍。李傕入長安，欲結術爲援，以術爲左將軍，封陽翟侯，假節，遣太傅馬日磾因循行拜授。術奪日磾節，拘留不遣。

時沛相下邳陳珪，故太尉球弟子也。術與珪俱公族子孫，少共交游，書與珪曰：「昔秦失其政，天下羣雄争而取之，兼智勇者卒受其歸。今世事紛擾，復有瓦解之勢矣，誠英乂有爲之時也。與足下舊交，豈肯左右之乎？若集大事，子實爲吾心膂。」珪中子應時在下邳，術並脅質應，圖必致珪。珪答書曰：「昔秦末世，肆暴恣情，虐流天下，毒被生民，下不堪命，故遂土崩。今雖季世，未有亡秦苛暴之亂也。曹將軍神武應期，興復典刑，將撥平凶慝，清定海內，信有徵矣。以爲足下當勠力同心，匡翼漢室，而陰謀不軌，以身試禍，豈不痛哉！若迷而知反，尚可以免。吾備舊知，故陳至情，雖逆于耳，骨肉之惠也。欲吾營私阿附，有犯死不能也。」

《三國志》卷一三《魏志・王朗附王肅傳》 帝嘗問曰：「漢桓帝時，白馬令李雲上書言：『帝者，諦也。是帝欲不諦。』當何得不死？」肅對曰：「但爲言失逆順之節。原其本意，皆欲盡心，念存補國。且帝者之威，過於雷霆，殺一匹夫，無異螻蟻。寬而宥之，可以示容受切言，廣德宇於天下。故臣以爲殺之未必爲是也。」帝又問：「司馬遷以受刑之故，内懷隱切，著《史記》非貶孝武，令人切齒。」對曰：「司馬遷記事，不虚美，不隱惡。劉向、揚雄服其善敘事，有良史之才，謂之實録。漢武帝聞其述《史記》，取孝景及己本紀覽之，於是大怒，削而投之。於今此兩紀有録無書。後遭李陵事，遂下遷蠶室。此爲隱切在孝武，而不在於史遷也。」

正始元年，出爲廣平太守。公事徵還，拜議郎。頃之，爲侍中，遷太常。時大將軍曹爽專權，任用何晏、鄧颺等。肅與太尉蔣濟、司農桓範論及時政，肅正色曰：「此輩即弘恭、石顯之屬，復稱説邪！」爽聞之，戒何晏等曰：「當共慎之！公卿已比諸君前世惡人矣。」坐宗廟事免。後爲光禄勳。時有二魚長尺，集于武庫之屋，有司以爲吉祥。肅曰：「魚生於淵而亢於屋，介鱗之物失其所也。邊將其殆有棄甲之變乎？」其後果有東關之敗。徙爲河南尹。嘉平六年，持節兼太常，奉法駕，迎高貴鄉公于元城。是歲，白氣經天，大將軍司馬景王問肅其故，肅答曰：「此蚩尤之旗也，東南其有亂乎？君若脩己以安百姓，則天下樂安者歸德，唱亂者先亡矣。」明年春，鎮東將軍毌丘儉、揚州刺史文欽反，景王謂肅曰：「霍光感夏侯勝之言，始重儒學之士，良有以也。安國寧主，其術焉在？」肅曰：「昔關羽率荆州之衆，降于禁於漢濱，遂有北向争天下之志。後孫權襲取其將士家屬，羽士衆一旦瓦解。今淮南將士父母妻子皆在内州，但急往禦衛，使不得前，必有關羽土崩之勢矣。」景王從之，遂破儉、欽。

《三國志》卷二五《魏志・辛毗傳》 辛毗字佐治，潁川陽翟人也。其先建武中，自隴西東遷。毗隨兄評從袁紹。太祖爲司空，辟毗，毗不得應命。及袁尚攻兄譚於平原，譚使毗詣太祖求和。太祖將征荆州，次于西平。毗見太祖致譚意，

太祖大悦。後數日，更欲先平荆州，使譚、尚自相弊。他日置酒，毗望太祖色，知有變，以語郭嘉。嘉白太祖，太祖謂毗曰：「譚可信？尚必可克不？」毗對曰：「明公無問信與詐也，直當論其勢耳。袁氏本兄弟相伐，非謂他人能閒其閒，乃謂天下可定於己也。今一旦求救於明公，此可知也。顯甫見顯思困而不能取，此力竭也。兵革敗於外，謀臣誅於内，兄弟讒鬩，國分爲二；連年戰伐，而介胄生蟣蝨，加以旱蝗，饑饉並臻，國無困倉，行無裹糧，天災應於上，人事困於下，民無愚智，皆知土崩瓦解，此乃天亡尚之時也。兵法稱有石城湯池帶甲百萬而無粟者，不能守也。今往攻鄴，尚不還救，即不能自守。還救，即譚踵其後。以明公之威，應困窮之敵，擊疲弊之寇，無異迅風之振秋葉矣。天以袁尚與明公，明公不取而伐荆州。荆州豐樂，國未有釁。仲虺有言：『取亂侮亡。』方今二袁不務遠略而内相圖，可謂亂矣；居者無食，行者無糧，可謂亡矣。朝不謀夕，民命靡繼，而不綏之，欲待他年；他年或登，又自知亡而改脩厥德，失所以用兵之要矣。今因其請救而撫之，利莫大焉。且四方之寇，莫大於河北；河北平，則六軍盛而天下震。」太祖曰：「善。」乃許譚平，次于黎陽。明年攻鄴，克之，表毗爲議郎。

《三國志》卷二七《魏志・王基傳》 高貴鄉公即尊位，進封常樂亭侯。毌丘儉、文欽作亂，以基爲行監軍、假節，統許昌軍，適與景王會於許昌。景王曰：「君籌儉等何如？」基曰：「淮南之逆，非吏民思亂也，儉等誑脅迫懼，畏目下之戮，是以尚羣聚耳。若大兵臨偪，必土崩瓦解，儉、欽之首，不終朝而縣於軍門矣。」景王曰：「善。」乃令基居軍前。議者咸以儉、欽慓悍，難與争鋒。詔基停駐。基以爲：「儉等舉軍足以深入，而久不進者，是其詐僞已露，衆心疑沮也。今不張示威形以副民望，而停軍高壘，有似畏懦，非用兵之勢也。若或虜略民人，又州郡兵家爲賊所得者，更懷離心；儉等所迫脅者，自顧罪重，不敢復還，此爲錯兵無用之地，而成姦宄之源。吴寇因之，則淮南非國家之有，譙、沛、汝、豫危而不安，此計之大失也。軍宜速進據南頓，南頓有大邸閣，計足軍人四十日糧。保堅城，因積穀，先人有奪人之心，此平賊之要也。」基屢請，乃聽進據㶏水。既至，復言曰：「兵聞拙速，未覩工遲之久。方今外有彊寇，内有叛臣，若不時決，則事之深淺未可測也。議者多欲將軍持重。將軍持重是也，停軍不進非也。持重非不行之謂也，進而不可犯耳。今據堅城，保壁壘，以積實資虜，縣運軍糧，甚非計也。」景王欲須諸軍集到，猶尚未許。基曰：「將在軍，君令有所不受。彼

得則利，我得亦利，是謂争城，南頓是也。」遂輒進據南頓，儉等從項亦争欲往，發十餘里，聞基先到，復還保項。時兗州刺史鄧艾屯樂嘉，儉使文欽將兵襲艾。基知其勢分，進兵偪項，儉衆遂敗。欽等已平，遷鎮南將軍，都督豫州諸軍事，領豫州刺史，進封安樂鄉侯。上疏求分户二百，賜叔父子喬爵關内侯，以報叔父拊育之德。有詔特聽。

《三國志》卷四二《蜀志・譙周傳》 建興中，丞相亮領益州牧，命周爲勸學從事。亮卒於敵庭，周在家聞問，即便奔赴，尋有詔書禁斷，惟周以速行得達。大將軍蔣琬領刺史，徙爲典學從事，總州之學者。

于時軍旅數出，百姓彫瘁，周與尚書令陳祗論其利害，退而書之，謂之《仇國論》。其辭曰：「因餘之國小，而肇建之國大，並争於世而爲仇敵。因餘之國有高賢卿者，問於伏愚子曰：『今國事未定，上下勞心，往古之事，能以弱勝彊者，其術何如？』伏愚子曰：『吾聞之，處大無患者恆多慢，處小有憂者恆思善；多慢則生亂，思善則生治，理之常也。故周文養民，以少取多，勾踐卹衆，以弱斃彊，此其術也。』賢卿曰：『曩者項彊漢弱，相與戰争，無日寧息，然項羽與漢約分鴻溝爲界，各欲歸息民；張良以爲民志既定，則難動也，尋帥追羽，終斃項氏，豈必由文王之事乎？肇建之國方有疾疢，我因其隙，陷其邊陲，覬增其疾而斃之也。』伏愚子曰：『當殷、周之際，王侯世尊，君臣久固，民習所專；深根者難拔，據固者難遷。當此之時，雖漢祖安能杖劍鞭馬而取天下乎？當秦罷侯置守之後，民疲秦役，天下土崩，或歲改主，或月易公，鳥驚獸駭，莫知所從，於是豪彊並争，虎裂狼分，疾博者獲多，遲後者見吞。今我與肇建皆傳國易世矣，既非秦末鼎沸之時，實有六國並據之勢，故可爲文王，難爲漢祖。夫民疲勞則騷擾之兆生，上慢下暴則瓦解之形起。諺曰：「射幸數跌，不如審發。」是故智者不爲小利移目，不爲意似改步，時可而後動，數合而後舉，故湯、武之師不再戰而克，誠重民勞而度時審也。如遂極武黷征，土崩勢生，不幸遇難，雖有智者將不能謀之矣。若乃奇變縱横，出入無間，衝波截轍，超谷越山，不由舟楫而濟盟津者，我愚子也，實所不及。』」

《三國志》卷五二《吴志・諸葛瑾傳》 瑾爲人有容貌思度，于時服其弘雅。權亦重之，大事咨訪。又別咨瑾曰：「近得伯言表，以爲曹丕已死，毒亂之民，當望旌瓦解，而更静然。聞皆選用忠良，寬刑罰，布恩惠，薄賦省役，以悦民心，其患更深於操時。孤以爲不然。操之所行，其惟殺伐小爲過差，及離間人骨肉，以爲酷耳。至於御將，自古少有。丕之於操，萬不及也。今叡之不如丕，猶丕不如操也。其所以務崇小惠，必以其父新死，自度衰微，恐困苦之民一朝崩沮，故彊屈曲以求民心，欲以自安住耳，寧是興隆之漸邪！聞任陳長文、曹子丹輩，或文人諸生，或宗室戚臣，寧能御雄才虎將以制天下乎？夫威柄不專，則其事乖錯，如昔張耳、陳餘，非不敦睦，至於秉勢，自還相賊，乃事理使然也。又長文之徒，昔所以能守善者，以操笮其頭，畏操威嚴，故竭心盡意，不敢爲非耳。逮丕繼業，年已長大，承操之後，以恩情加之，用能感義。今叡幼弱，隨人東西，此曹等輩，必當因此弄巧行態，阿黨比周，各助所附。如此之日，姦讒並起，更相陷懟，轉成嫌貳。一爾已往，羣下争利，主幼不御，其爲敗也焉得久乎？所以知其然者，自古至今，安有四五人把持刑柄，而不離刺轉相蹄齧者也！彊當陵弱，弱當求援，此亂亡之道也。」

《三國志》卷五八《吴志・陸遜傳》 黄武元年，劉備率大衆來向西界，權命遜爲大都督、假節，督朱然、潘璋、宋謙、韓當、徐盛、鮮于丹、孫桓等五萬人拒之。備從巫峽、建平連圍至夷陵界，立數十屯，以金錦爵賞誘動諸夷，使將軍馮習爲大督，張南爲前部，輔匡、趙融、廖淳、傅肜等各爲別督，先遣吴班將數千人於平地立營，欲以挑戰。諸將皆欲擊之，遜曰：「此必有譎，且觀之。」備知其計不可，乃引伏兵八千，從谷中出。遜曰：「所以不聽諸君擊班者，揣之必有巧故也。」遜上疏曰：「夷陵要害，國之關限，雖爲易得，亦復易失。失之非徒損一郡之地，荆州可憂。今日争之，當令必諧。備干天常，不守窟穴，而敢自送。臣雖不材，憑奉威靈，以順討逆，破壞在近。尋備前後行軍，多敗少成，推此論之，不足爲戚。臣初嫌之，水陸俱進，今反舍船就步，處處結營，察其布置，必無他變。伏願至尊高枕，不以爲念也。」諸將並曰：「攻備當在初，今乃令入五六百里，相銜持經七八月，其諸要害皆以固守，擊之必無利矣。」遜曰：「備是猾虜，更嘗事多，其軍始集，思慮精專，未可干也。今住已久，不得我便，兵疲意沮，計不復生，掎角此寇，正在今日。」乃先攻一營，不利。諸將皆曰：「空殺兵耳。」遜曰：「吾已曉破之之術。」乃敕各持一把茅，以火攻拔之。一爾勢成，通率諸軍同時俱攻，斬張南、馮習及胡王沙摩柯等首，破其四十餘營。備將杜路、劉寧等窮逼請降。備升馬鞍山，陳兵自繞。遜督促諸軍四面蹙之，土崩瓦解，死者萬數。備因夜遁，驛人自擔，燒鐃鎧斷後，僅得入白帝城。其舟船器械，水步軍資，一時略盡，尸骸漂流，塞江而下。備大慚恚，曰：「吾乃爲遜所折辱，豈非天邪！」

《三國志》卷六〇《吴志・周魴傳》 魴因别爲密表曰：「方北有逋寇，固阻河洛，久稽王誅，自擅朔土，臣曾不能吐奇舉善，上以光贊洪化，下以輸展萬一，憂心如擣，假寐忘寢。聖朝天覆，含臣無效，猥發優命，敕臣以前誘致賊休，恨不如計。令於郡界求山谷魁帥爲北賊所聞知者，令與北通。臣伏思惟，喜怖交集，竊恐此人不可卒得，假使得之，慢不可信，不如令臣譎休，於計爲便。此臣得以經年之冀願，逢值千載之一會，輒自督竭，竭盡頑蔽，撰立牋草以誑誘休者，如别紙。臣知無古人單複之術，加卒奉大略，公蒙狼狽，懼以輕愚，忝負特施，豫懷憂灼。臣聞唐堯先天而天弗違，博詢芻蕘，以成盛勳。朝廷神謨，欲必致休於步度之中，靈贊聖規，休必自送，使六軍囊括，虜無孑遺，威風電邁，天下幸甚。謹拜表以聞，并呈牋草，懼於淺局，追用悚息。」被報施行。休果信魴，帥步騎十萬，輜重滿道，徑來入皖。魴亦合衆，隨陸遜横截休，休幅裂瓦解，斬獲萬計。

魴初建密計時，頻有郎官奉詔詰問諸事，魴乃詣部郡門下，因下髮謝，故休聞之，不復疑慮。事捷軍旋，權大會諸將歡宴，酒酣，謂魴曰：「君下髮載義，成孤大事，君之功名，當書之竹帛。」加裨將軍，賜爵關内侯。

《晉書》卷一《宣帝紀》 漢建安六年，郡舉上計掾。魏武帝爲司空，聞而辟之。帝知漢運方微，不欲屈節曹氏，辭以風痹，不能起居。魏武使人夜往密刺之，帝堅臥不動。及魏武爲丞相，又辟爲文學掾，敕行者曰：「若復盤桓，便收之。」帝懼而就職。於是使與太子游處，遷黄門侍郎，轉議郎、丞相東曹屬，尋轉主簿。

從討張魯，言於魏武曰：「劉備以詐力虜劉璋，蜀人未附而遠争江陵，此機不可失也。今若曜威漢中，益州震動，進兵臨之，勢必瓦解。因此之勢，易爲功力。聖人不能違時，亦不失時矣。」魏武曰：「人苦無足，既得隴右，復欲得蜀！」言竟不從。既而從討孫權，破之。軍還，權遣使乞降，上表稱臣，陳説天命。魏武帝曰：「此兒欲踞吾著爐炭上邪！」答曰：「漢運垂終，殿下十分天下而有其九，以服事之。權之稱臣，天人之意也。虞、夏、殷、周不以謙讓者，畏天知命也。」

《晉書》卷二《景帝紀》 〔正元〕二年春正月，有彗星見於吴楚之分，西北竟天。

鎮東大將軍毌丘儉、揚州刺史文欽舉兵作亂，矯太后令移檄郡國，爲壇盟于西門之外，各遣子四人質于吴以請救。二月，儉、欽帥衆六萬，渡淮而西。帝會公卿謀征討計，朝議多謂可遣諸將擊之，王肅及尚書傅嘏、中書侍郎鍾會勸帝自行。戊午，帝統中軍步騎十餘萬以征之。倍道兼行，召三方兵，大會于陳許之郊。

甲申，次于㶏橋，儉將史招、李續相次來降。儉、欽移入項城，帝遣荆州刺史王基進據南頓以逼儉。帝深壁高壘，以待東軍之集。諸將請進軍攻其城，帝曰：「諸君得其一，未知其二。淮南將士本無反志。且儉、欽欲蹈縱横之迹，習儀秦之説，謂遠近必應。而事起之日，淮北不從，史招、李續前後瓦解。内乖外叛，自知必敗，困獸思鬬，速戰更合其志。雖云必克，傷人亦多。且儉等欺誑將士，詭變萬端，小與持久，詐情自露，此不戰而克之也。」乃遣諸葛誕督豫州諸軍自安風向壽春，征東將軍胡遵督青、徐諸軍出譙宋之間，絶其歸路。

帝屯汝陽，遣兗州刺史鄧艾督太山諸軍進屯樂嘉，示弱以誘之。欽進軍將攻艾，帝潛軍銜枚，徑造樂嘉，與欽相遇。欽子鴦，年十八，勇冠三軍，謂欽曰：「及其未定，請登城鼓譟，擊之可破也。」既謀而行，三譟而欽不能應，鴦退，相與引而東。帝謂諸將曰：「欽走矣。」命發鋭軍以追之。諸將皆曰：「欽舊將，鴦少而鋭，引軍内入，未有失利，必不走也。」帝曰：「一鼓作氣，再而衰，三而竭。鴦三鼓，欽不應，其勢已屈，不走何待？」欽將遁，鴦曰：「不先折其勢，不得去也。」乃與驍騎十餘摧鋒陷陣，所向皆披靡，遂引去。帝遣左長史司馬璉督驍騎八千翼而追之，使將軍樂綝等督步兵繼其後。比至沙陽，頻陷欽陣，弩矢雨下，欽蒙楯而馳。大破其軍，衆皆投戈而降，欽父子與麾下走保項。儉聞欽敗，棄衆宵遁淮南。安風津都尉追儉，斬之，傳首京都。欽遂奔吴，淮南平。

《晉書》卷五四《陸機傳》 以孫氏在吴，而祖父世爲將相，有大勳於江表，深慨孫皓舉而棄之，乃論權所以得，皓所以亡，又欲述其祖父功業，遂作《辯亡論》二篇。其上篇曰：

昔漢氏失御，姦臣竊命，禍基京畿，毒徧宇内，皇綱弛頓，王室遂卑。於是羣雄蜂駭，義兵四合。吴武烈皇帝慷慨下國，電發荆南，權略紛紜，忠勇伯世，威稜則夷羿震盪，兵交則醜虜授馘，遂掃清宗祊，蒸禋皇祖。于時雲興之將帶州，猋起之師跨邑，哮闞之羣風驅，熊羆之族霧合。雖兵以義動，同盟勠力，然皆包藏禍心，阻兵怙亂，或師無謀律，喪威稔寇。忠規武節，未有如此其著者也。

武烈既没，長沙桓王逸才命世，弱冠秀發，招攬遺老，與之述業。神兵東驅，奮寡犯衆，攻無堅城之將，戰無交鋒之虜。誅叛柔服，而江外底定；飭法修師，則威德翕赫。賓禮名賢，而張公爲之雄；交御豪俊，而周瑜爲之傑。彼二君子皆弘敏而多奇，雅達而聰哲，故同方者以類附，等契者以氣集，江東蓋多士矣。將北伐諸華，誅鉏干紀，旋皇輿於夷庚，反帝坐於紫闥，挾天子以令諸侯，清天步而歸舊物。戎車既次，羣兇側目，大業未就，中世而殞。【略】

大皇既没，幼主莅朝，姦回肆虐。景皇聿興，虔修遺憲，政無大闕，守文之良主也。降及歸命之初，典刑未滅，故老猶存。大司馬陸公以文武熙朝，左丞相陸凱以謇諤盡規，而施績、范慎以威重顯，丁奉、鍾離斐以武毅稱，孟宗、丁固之徒爲公卿，樓玄、賀邵之屬掌機事，元首雖病，股肱猶良。爰逮末葉，羣公既喪，然後黔首有瓦解之患，皇家有土崩之釁，曆命應化而微，王師躡運而發，卒散于陣，衆奔于邑，城池無藩籬之固，山川無溝阜之勢，非有工輸雲梯之械，智伯灌激之害，楚子築室之圍，燕人濟西之隊，軍未浹辰而社稷夷矣。雖忠臣孤憤，烈士死節，將奚救哉！

夫曹劉之將非一世所選，向時之師無曩日之衆，戰守之道抑有前符，險阻之利俄然未改，而成敗貿理，古今詭趣，何哉？彼此之化殊，授任之才異也。

《晉書》卷六一《華軼傳》 時天子孤危，四方瓦解，軼有匡天下之志，每遣貢獻入洛，不失臣節。謂使者曰：「若洛都道斷，可輸之琅邪王，以明吾之爲司馬氏也。」軼自以受洛京所遣，而爲壽春所督，時洛京尚存，不能祇承元帝教命，郡縣多諫之，軼不納，曰：「吾欲見詔書耳。」時帝遣揚烈將軍周訪率衆屯彭澤以備軼，訪過姑孰，著作郎干寶見而問之，訪曰：「大府受分，令屯彭澤，彭澤，江州西門也。華彦夏有憂天下之誠，而不欲碌碌受人控御，頃來紛紜，粗有嫌隙。今又無故以兵守其門，將成其釁。吾當屯尋陽故縣，既在江西，可以扞禦北方，又無嫌於相逼也。」尋洛都不守，司空荀藩移檄，而以帝爲盟主。既而帝承制改易長吏，軼又不從命，於是遣左將軍王敦都督甘卓、周訪、宋典、趙誘等討之。軼遣別駕陳雄屯彭澤以距敦，自爲舟軍以爲外援。武昌太守馮逸次于湓口，訪擊逸，破之。前江州刺史衛展不爲軼所禮，心常怏怏。至是，與豫章太守周廣爲内應，潛軍襲軼，軼衆潰，奔于安城，追斬之，及其五子，傳首建鄴。

《晉書》卷九七《四夷傳・南蠻林邑國》 林邑國本漢時象林縣，則馬援鑄柱之處也，去南海三千里。後漢末，縣功曹姓區，有子曰連，殺令自立爲王，子孫相承。其後王無嗣，外孫范熊代立。熊死，子逸立。其俗皆開北户以向日，至於居止，或東西無定。人性凶悍，果於戰鬬，便山習水，不閑平地。四時暄暖，無霜無雪，人皆倮露徒跣，以黑色爲美。貴女賤男，同姓爲婚，婦先娉壻。女嫁之時，著迦盤衣，横幅合縫如井欄，首戴寶花。居喪翦鬢謂之孝，燔尸中野謂之葬。其王服天冠，被纓絡，每聽政，子弟侍臣皆不得近之。

自孫權以來，不朝中國。至武帝太康中，始來貢獻。咸康二年，范逸死，奴文篡位。

文，日南西卷縣夷帥范椎奴也。嘗牧牛澗中，獲二鯉魚，化成鐵，用以爲刀。刀成，乃對大石嶂而呪之曰：「鯉魚變化，冶成雙刀，石嶂破者，是有神靈。」進斫之，石即瓦解。文知其神，乃懷之。隨商賈往來，見上國制度，至林邑，遂教逸作宫室、城邑及器械。逸甚愛信之，使爲將。文乃譖逸諸子，或徙或奔。

及逸死，無嗣，文遂自立爲王。以逸妻妾悉置之高樓，從己者納之，不從者絶其食。於是乃攻大岐界、小岐界、式僕、徐狼、屈都、乾魯、扶單等諸國，并之，有衆四五萬人。遣使通表入貢於帝，其書皆胡字。至永和三年，文率其衆攻陷日南，害太守夏侯覽，殺五六千人，餘奔九真，以覽尸祭天，鏟平西卷縣城，遂據日南。告交州刺史朱蕃，求以日南北鄙横山爲界。

初，徼外諸國嘗齎寶物自海路來貿貨，而交州刺史、日南太守多貪利侵侮，十折二三。至刺史姜壯時，使韓戢領日南太守，戢估較太半，又伐船調枹，聲云征伐，由是諸國恚憤。且林邑少田，貪日南之地，戢死絶，繼以謝擢，侵刻如初。及覽至郡，又耽荒於酒，政教愈亂，故被破滅。

既而文還林邑。是歲，朱蕃使督護劉雄戍於日南，文復攻陷之。四年，文又襲九真，害士庶十八九。明年，征西督護滕畯率交廣之兵伐文於盧容，爲文所敗，退次九真。其年，文死，子佛嗣。

升平末，廣州刺史滕含率衆伐之，佛懼，請降，含與盟而還。至孝武帝寧康中，遣使貢獻。至義熙中，每歲又來寇日南、九真、九德等諸郡，殺傷甚衆，交州遂致虚弱，而林邑亦用疲弊。

佛死，子胡達立，上疏貢金盤椀及金鉦等物。

《晉書》卷一〇〇《譙縱傳》 〔義熙〕九年，劉裕以西陽太守朱齡石爲益州刺史，寧朔將軍臧熹、下邳太守劉鍾、蘭陵太守蒯恩等率衆二萬，自江陵討縱。初謀元率，僉難其人，齡石資名素淺，裕違衆拔之，授以麾下之半。臧喜，裕妻弟也，位出其右，又隸焉。齡石次於白帝，縱遣譙道福重兵守涪。齡石師次平模，去成都二百里，縱遣其大將軍侯暉、尚書僕射譙詵屯平模，夾岸連城，層樓重柵，衆未能攻。齡石謂劉鍾曰：「天方暑熱，賊今固險，攻之難拔，祇困我師。吾欲蓄銳息兵，伺隙而進，卿以爲何如？」鍾曰：「不然。前揚聲言大將由內水，故道福不敢捨涪，今重軍逼之，出其不意，侯暉之徒已破膽矣。正可因其兇而攻之，勢當必克。克平模之後，自可鼓行而前，成都必不能守。若緩兵相持，虛實相見，涪軍復來，難爲敵也。進不能戰，退無所資，二萬餘人因爲蜀子虜耳。」從之。翌日，進攻皆克，斬侯暉等，於是遂進。縱之城守者相次瓦解，縱乃出奔。其尚書令馬耽封倉庫以待王師。及齡石入成都，誅縱同祖之親，餘皆安堵，使復其業。

《晉書》卷一〇四《載記第四・石勒上》　勒將圖浚，引子春問之。子春曰：「幽州自去歲大水，人不粒食，浚積粟百萬，不能贍恤，刑政苛酷，賦役殷煩，賊害賢良，誅斥諫士，下不堪命，流叛略盡。鮮卑、烏丸離貳于外，棗嵩、田矯貪暴于內，人情沮擾，甲士羸弊。而浚猶置立臺閣，布列百官，自言漢高、魏武不足並也。又幽州謡怪特甚，聞者莫不爲之寒心，浚意氣自若，曾無懼容，此亡期之至也。」勒撫几笑曰：「王彭祖真可擒也。」浚使達幽州，具陳勒形勢寡弱，款誠無二。浚大悦，以勒爲信然。

勒纂兵戒期，將襲浚，而懼劉琨及鮮卑、烏丸爲其後患，沈吟未發。張賓進曰：「夫襲敵國，當出其不意。軍嚴經日不行，豈顧有三方之慮乎？」勒曰：「然，爲之奈何？」賓曰：「彭祖之據幽州，唯仗三部，今皆離叛，還爲寇讎，此則外無聲援以抗我也。幽州飢儉，人皆蔬食，衆叛親離，甲旅寡弱，此則內無强兵以禦我也。若大軍在郊，必土崩瓦解。今三方未靖，將軍便能懸軍千里以征幽州也。輕軍往返，不出二旬。就使三方有動，勢足旋趾。宜應機電發，勿後時也。且劉琨、王浚雖同名晉藩，其實仇敵。若修牋于琨，送質請和，琨必欣于得我，喜于浚滅，終不救浚而襲我也。」勒曰：「吾所不了，右侯已了，復何疑哉！」

《晉書》卷一一七《載記第一七　姚興上》　興以司隸校尉郭撫、扶風太守强超、長安令魚佩、槐里令彭明、倉部郎王年等清勤貞白，下書褒美，增撫邑一百户，賜超爵關内侯，佩等進位一級。

使碩德率隴右諸軍伐乞伏乾歸，興潛軍赴之，乾歸敗走，降其部衆三萬六千，收鎧馬六萬匹。軍無私掠，百姓懷之。興進如枹罕，班賜王公以下，偏於卒伍。

興之西也，没奕于密欲乘虛襲安定，長史皇甫序切諫乃止。于自恨失言，陰欲殺序。

乞伏乾歸以窮蹙來降，拜鎮遠將軍、河州刺史、歸義侯，復以其部衆配之。

興下書，將帥遭大喪，非在疆埸嶮要之所，皆聽奔赴，及朞，乃從王役。臨戎遭喪，聽假百日。若身爲邊將，家有大變，交代未至，敢輒去者，以擅去官罪罪之。遣晉將軍劉嵩等二百三十七人歸于建鄴。

魏人襲没奕于，于棄其部衆，率數千騎與赫連勃勃奔于秦州。魏軍進次瓦亭，長安大震，諸城閉門固守。魏平陽太守貳塵入侵河東。興於是練兵講武，大閱于城西，幹勇壯異者召入殿中，引見羣臣于東堂，大議伐魏。羣臣咸諫以爲不可，興不從。司隸姚顯進曰：「陛下天下之鎮，不宜親行，可使諸將分討，授以廟勝之策。」興曰：「王者正以廓土靖亂爲務，吾焉得而辭之！」

《晉書》卷一二二《載記第二二・呂光傳》　光荒耄信讒，殺尚書沮渠羅仇、三河太守沮渠麴粥。羅仇弟子蒙遜叛光，殺中田護軍馬邃，攻陷臨松郡，屯兵金山，大爲百姓之患。蒙遜從兄男成先爲將軍，守晉昌，聞蒙遜起兵，逃奔貲虜，扇動諸夷，衆至數千，進攻福禄、建安。寧戎護軍趙策擊敗之，男成退屯樂涫。呂纂敗蒙遜于忽谷。酒泉太守壘澄率將軍趙策、趙陵步騎萬餘討男成于樂涫，戰敗，澄、策死之。男成進攻建康，説太守段業曰：「呂氏政衰，權臣擅命，刑罰失中，人不堪役，一州之地，叛者連城，瓦解之勢，昭然在目，百姓嗷然，無所宗附。府君豈可以蓋世之才，而立忠於垂亡之世！男成等既唱大義，欲屈府君撫臨鄙州，使塗炭之餘蒙來蘇之惠。」業不從。相持二旬而外救不至，郡人高逵、史惠等言於業曰：「今孤城獨立，臺無救援，府君雖心過田單，而地非即墨，宜思高算，轉禍爲福。」業先與光侍中房晷、僕射王詳不平，慮不自容，乃許之。男成等推業爲大都督、龍驤大將軍、涼州牧、建康公。光命呂纂討業，沮渠蒙遜進屯臨洮，爲業聲勢。戰于合離，纂師大敗。

光散騎常侍、太常郭麘明天文，善占候，謂王詳曰：「於天文，涼之分野將有大兵。主上老病，太子沖闇，纂等凶武，一旦不諱，必有難作。以吾二人久居内要，常有不善之言，恐禍及人，深宜慮之。田胡王氣乞機部衆最强，二苑之人多其故衆。吾今與公唱義，推機爲主，則二苑之衆盡我有也。克城之後，徐更圖之。」詳以爲然。夜燒光洪範門，二苑之衆皆附之，詳爲内應。事發，光誅之。麿遂據東苑以叛。光馳使召纂，諸將勸纂曰：「業聞師迴，必躡軍後。若潛師夜還，庶無後患矣。」纂曰：「業雖憑城阻衆，無雄略之才，若夜潛還，張其姦志。」乃遣使告業曰：「郭麿作亂，吾今還都。卿能決者，可出戰。」於是引還。業不敢出。纂司馬楊統謂其從兄桓曰：「郭麿明善天文，起兵其當有以。京城之外非復朝廷之有，纂今還都，復何所補！統請除纂，勒兵推兄爲盟主，西襲吕弘，據張掖以號令諸郡，亦千載一時也。」桓怒曰：「吾聞臣子之事君親，有隕無二，吾未有包胥存救之效，豈可安榮其禄，亂增其難乎！吕宗若敗，吾爲弘演矣。」統懼，至番禾，遂奔郭麿。麿遣軍邀纂于白石，纂大敗。光西安太守石元良率步騎五千赴難，與纂共擊麿軍，破之，遂入于姑臧。麿之叛也，得光孫八人于東苑。及軍敗，恚甚，悉投之于鋒刃之上，枝分節解，飲血盟衆，衆皆掩目，不忍視之，麿悠然自若。

《晉書》卷一二五《載記第二五・乞伏乾歸傳》 元興元年，熾磐自西平奔長安，姚興以爲振忠將軍，興晉太守。尋遣使者加乾歸散騎常侍、左賢王。遣隨興將齊難迎吕隆于河西，討叛羌党龍頭于滋川，攻楊盛將苻帛于皮氏堡，並克之。又破吐谷渾將大孩，俘獲萬餘人而還。尋復率衆攻楊盛將楊玉于西陽堡，克之。既而苑川地震裂生毛，狐雉入于寢内，乾歸甚惡之。姚興慮乾歸終爲西州之患，因其朝也，興留爲主客尚書，以熾磐爲建武將軍、行西夷校尉，監撫其衆。

熾磐以長安兵亂將始，乃招結諸部二萬七千，築城于嵻崀山以據之。熾磐攻克枹罕，遣使告之，乾歸奔還苑川。鮮卑悦大堅有衆五千，自龍馬苑降乾歸。乾歸遂如枹罕，留熾磐鎮之。乾歸收衆三萬，遷于度堅山。羣下勸乾歸稱王，乾歸以寡弱弗許。固請曰：「夫道應符曆，雖廢必興，圖籙所棄，雖成必敗。本初之衆，非不多也，魏武運籌，四州瓦解。尋、邑之兵，非不盛也，世祖龍申，亡新鳥散。固天命不可虚邀，符籙不可妄冀。姚數將終，否極斯泰，乘機撫運，實係聖人。今見衆三萬，足可以疆理秦隴，清蕩洮河。陛下應運再興，四海鵠望，豈宜固守謙沖，不以社稷爲本！願時即大位，允副羣心。」乾歸從之。義熙三年，僭稱秦王，赦其境内，改元更始，置百官，公卿已下皆復本位。

《晉書》卷一二六《載記第二六・秃髮烏孤傳》 隆安元年，自稱大都督、大將軍、大單于、西平王，赦其境内，年號太初。曜兵廣武，攻克金城。光遣將軍竇苟來伐，戰于街亭，大敗之。降光樂都、湟河、澆河三郡，嶺南羌胡數萬落皆附之。光將楊軌、王乞基率户數千來奔。烏孤更稱武威王。後三歲，徙于樂都，署弟利鹿孤爲驃騎大將軍、西平公，鎮安夷，傉檀爲車騎大將軍、廣武公，鎮西平。以楊軌爲賓客。金石生、時連珍，四夷之豪雋；陰訓、郭倖，西州之德望；楊統、楊貞、衛殷、麴丞明、郭黄、郭奮、史暠、鹿嵩，文武之秀傑；梁昶、韓疋、張昶、郭韶，中州之才令；金樹、薛翹、趙振、王忠、趙晁、蘇霸，秦雍之世門，皆内居顯位，外宰郡縣。官方授才，咸得其所。

烏孤從容謂其羣下曰：「隴右區區數郡地耳！因其兵亂，分裂遂至十餘。乾歸擅命河南，段業阻兵張掖，虐氏假息，偷據姑臧。吾藉父兄遺烈，思廓清西夏，兼弱攻昧，三者何先？」楊統進曰：「乾歸本我所部，終必歸服。段業儒生，才非經世，權臣擅命，制不由己，千里伐人，糧運懸絶，且與我鄰好，許以分災共患，乘其危弊，非義舉也。吕光衰老，嗣紹沖闇，二子纂、弘，雖頗有文武，而内相猜忌。若天威臨之，必應鋒瓦解。宜遣車騎鎮浩亹，鎮北據廉川，乘虚迭出，多方以誤之，救右則擊其左，救左則擊其右，使纂疲於奔命，人不得安其農業。兼弱攻昧，於是乎在，不出二年，可以坐定姑臧。姑臧既拔，二寇不待兵戈，自然服矣。」烏孤然之，遂陰有吞并之志。

《晉書》卷一二七《載記第二七・慕容德傳》 初，寶之至黎陽也，和長史李辯勸和納之，和不從。辯懼謀洩，乃引晉軍至管城，冀德親率師，於後作亂。會德不出，愈不自安。及德此行也，辯又勸和反，和不從。辯怒，殺和，以滑臺降于魏。時將士家悉在城内，德將攻之，韓範言於德曰：「魏師已入城，據國成資，客主之勢，翻然復異，人情既危，不可以戰。宜先據一方，爲關中之基，然後畜力而圖之，計之上也。」德乃止。德右衛將軍慕容雲斬李辯，率將士家累二萬餘人而出，三軍慶悦。德謀於衆曰：「苻廣雖平，而撫軍失據，進有强敵，退無所託，計將安出？」張華進曰：「彭城阻帶山川，楚之舊都，地嶮人殷，可攻而據之，以爲基本。」慕容鍾、慕輿護、封逞、韓諱等固勸攻滑臺。潘聰曰：「滑臺四通八達，非帝王之居。且北通大魏，西接强秦，此二國者，未可以高枕而待之。彭城土曠人稀，地平無嶮，晉之舊鎮，必距王師。又密邇江淮，水路通浚，秋夏霖潦，千里爲湖。且水戰國之所短，吴之所長，今雖克之，非久安之計也。青齊沃壤，號曰『東秦』，土方二千，户餘十萬，四塞之固，負海之饒，可謂用武之國。三齊英傑，蓄志以待，孰不思得明主以立尺寸之功！廣固者，曹嶷之所營，山川阻峻，足爲帝王之都。宜遣辯士馳説于前，大兵繼進于後。辟閭渾昔負國恩，必翻然向化。如其守迷不順，大軍臨之，自然瓦解。既據之後，閉關養鋭，伺隙而動，此亦二漢之有關中、河内也。」德猶豫未決。沙門朗公素知占候，德因訪其所適。朗曰：「敬覽三策，潘尚書之議可謂興邦之術矣。今歲初，長星起於奎婁，遂掃虚危，而虚危，齊之分野，除舊布新之象。宜先定舊魯，巡撫琅邪，待秋風戒節，然後北轉臨齊，天之道也。」德大悦，引師而南，兖州北鄙諸縣悉降，置守宰以撫之。存問高年，軍無私掠，百姓安之，牛酒屬路。

《宋書》卷八七《殷琰傳》　叔寶本謂臺軍停住歷陽不辦進，順等至，無不瓦解，唯齎一月日糧。既與勔相持，軍食盡，報叔寶送食，叔寶乃發車千五百乘載米餉順，自以五千精兵防送之。勔聞之，軍副吕安國曰：「劉順精甲八千，而我衆不能居半，相持既久，强弱勢殊，苟復推遷，則無以自立，所賴在彼糧將竭，我食有餘耳。若使叔寶米至，非唯難可復圖，我亦不能持久。今唯有間道襲其米車，出彼不意，若能制之，將不戰走矣。」勔以爲然，乃以疲弱守營，簡選千百精手，配安國及軍主黄回等，間路出順後，於横塘抄之。安國始行，計叔寶尋至，止齎二日熟食，食盡，叔寶不至，將士並欲還。安國曰：「卿等旦已一食，今晚米車不容不至。若其不至，夜去不晚。」叔寶果至，以米車爲函箱陣，叔寶於外爲遊軍，幢主楊仲懷領五百人居前，與安國、回等相會。仲懷部曲並欲退就叔寶，并力擊安國。仲懷曰：「賊至不擊，復欲何待？且統軍在後，政三二里間，比吾交手，何憂不至。」即便前戰，回所領並淮南楚子，天下精兵，衆力既倍，合戰，便破之，於陣殺仲懷，仲懷所領五百人死盡。叔寶至，而仲懷及士卒伏尸蔽野，回等欲乘勝擊之，安國曰：「彼將自走，不假復擊。」退軍三十里止宿，夜遣騎參候，叔寶果棄米車奔走。安國即復夜往，燒米車，驅牛二千餘頭而還。劉順聞米車見燒，叔寶又走，五月一日夜，衆潰，奔還壽陽，仍走淮西就常珍奇。勔於是方軌而進。

《宋書》卷九五《索虜傳》　燾遣軍屢敗，乃自率大衆攻之。吴又上表曰：

臣聞天無貳日，地無貳主。昔中都失統，九域分崩，羣凶丘列於天邑，飛鴞鳴目於四海。先皇慈懷内發，愍及戎荒，翦僞羌於長安，雪黎民之荼炭，政教既被，民始寧蘇。天未忘難，禍亂仍起，獫狁侏張，侵暴中國，使長安爲豺狼之墟，鄴、洛爲蜂蛇之藪，縱毒生民，虐流兆庶，士女能言，莫不歎憤。傾首東望，仰希拯接，咸同旱苗之待天澤，赤子之望慈親。

臣仰恩天時，以義伐暴，輒東西結連，南北樹黨，五州同盟，迭相要契。仰馮威靈，千里雲集，冀廓除榛莽，以待王師，義夫始臻，莫不瓦解。虜主二月四日傾資倒庫，與臣連營，接刃交鋒，無日不戰，獲賊過半，伏屍蔽野。伏願特遣偏師，賜垂拯接。若天威既震，足使姦虜潰亡，遺民小大，咸蒙生造。

太祖詔曰：「北地蓋吴，起衆秦川，華戎響附，奮其義勇，頻煩克捷，屢遣表疏，遠效忠款，志梟逆虜，以立勳績。宜加爵號，褒奬乃誠，可以爲使持節、都督關隴諸軍事、安西將軍、雍州刺史、北地郡公。使雍、梁遣軍界上，以相援接。」

燾攻吴大小數十戰，不能剋。太祖遣使送雍、秦二州所統郡及金紫以下諸將印合一百二十一紐與吴，使隨宜假授。屠各反叛，吴自攻之，爲流矢所中，死。吴弟吾生率餘衆入木面山，皆尋破散。

其年，太原民顔白鹿私行入荒，爲虜所録，相州刺史欲殺之，白鹿詐云「青州刺史杜驥使其歸誠」。相州刺史送白鹿至桑乾，燾喜曰：「我外家也。」使其司徒崔浩作書與驥，使司徒祭酒王琦齎書隨白鹿南歸。遣從弟高梁王以重軍延驥入太原界，攻冀州刺史申恬於歷城，恬擊破之。杜驥遣其寧朔府司馬夏侯祖歡、中兵參軍吉淵馳往赴援，虜破略太原，得四千餘口，牛六千餘頭。尋又寇兖、青、冀三州，遂及清東，殺略甚衆。

《南齊書》卷一《高帝紀上》　泰始三年，沈攸之、吴喜北敗於睢口，諸城戍大小悉奔歸，虜遂（退）〔進〕至淮北，圍角城，戍主賈法度力弱不敵。諸將勸太祖渡岸救之，太祖不許，遣軍主高道慶將數百張弩浮艦淮中，遥射城外虜，弩一發數百箭俱去，虜騎相引避之，乃命進戰，城圍即解。遷督南兖徐二州諸軍事、南兖州刺史，持節、假冠軍、督北討如故。五年，進督兖、青、冀三州。六年，除黄門侍郎，領越騎校尉，不拜。復授冠軍將軍，留本任。

明帝常嫌太祖非人臣相，而民間流言，云「蕭道成當爲天子」，明帝愈以爲疑，遣冠軍將軍吴喜以三千人北使，令喜留軍破釜，自持銀壺酒封賜太祖。太祖戎衣出門迎，即酌飲之。喜還，帝意乃悦。七年，徵還京師，部下勸勿就徵，太祖曰：「諸卿闇於見事。主上自誅諸弟，爲太子稚弱，作萬歲後計，何關佗族。惟應速發，事緩必見疑。今骨肉相害，自非靈長之運，禍難將興，方與卿等勠力耳。」拜散騎常侍、太子左衛率。時世祖以功當別封贛縣，太祖以一門二封，固辭不受，詔許之。加邑二百户。

明帝崩，遺詔爲右衛將軍，領衛尉，加兵五百人。與尚書令袁粲、護軍褚淵、領軍劉勔共掌機事。又別領東北選事。尋解衛尉，加侍中，領石頭戍軍事。

明帝誅戮蕃戚，江州刺史桂陽王休範以人凡獲全。及蒼梧王立，更有窺窬之望，密與左右閹人於後堂習馳馬，招聚亡命。元徽二年五月，舉兵於尋陽，收略官民，數日便辦，衆二萬人，騎五百匹。發盆口，悉乘商旅船舫。大雷戍主杜道欣、鵲頭戍主劉僧期告變，朝廷惶駭。太祖與護軍褚淵、征北張永、領軍劉勔、僕射劉秉、游擊將軍戴明寶、驍騎將軍阮佃夫、右軍將軍王道隆、中書舍人孫千齡、員外郎楊運長集中書省計議，莫有言者。太祖曰：「昔上流謀逆，皆因淹緩，至於覆敗。休範必遠懲前失，輕兵急下，乘我無備。今應變之術，不宜念遠，若偏師失律，則大沮衆心。宜頓新亭、白下，堅守宮掖、東府、石頭以待。賊千里孤軍，後無委積，求戰不得，自然瓦解。我請頓新亭以當其鋒；征北可以見甲守白下；中堂舊是置兵地，領軍宜屯宣陽門爲諸軍節度；諸貴安坐殿中，右軍諸人不須競出，我自前驅，破賊必矣。」因索筆下議，並注同。中書舍人孫千齡與休範有密契，獨曰：「宜依舊遣軍據梁山、魯顯閒，右衛若不出白下，則應進頓南州。」太祖正色曰：「賊今已近，梁山豈可得至。新亭既是兵衝，所以欲死報國耳。常日乃可屈曲相從，今不得也。」座起，太祖顧謂劉勔曰：「領軍已同鄙議，不可改易。」乃單車白服出新亭。加太祖使持節、都督征討諸軍、平南將軍，加鼓吹一部。

《南齊書》卷四二《蕭坦之傳》 高宗謀廢少帝，既與蕭諶及坦之定謀。帝腹心直閤將軍曹道剛疑外間有異，密有處分，諶未能發。始興內史蕭季敞、南陽太守蕭穎基(遷都尉)〔並應還都〕，諶欲待二蕭至，藉其勢力以舉事。高宗慮事變，以告坦之，坦之馳謂諶曰：「廢天子古來大事。比聞曹道剛、朱隆之等轉已猜疑。衛尉明日若不就事，無所復及。弟有百歲母，豈能坐聽禍敗，政應作餘計耳！」諶遑遽，明日遂廢帝，坦之力也。

海陵即位，除黄門郎，兼衛尉卿，進爵伯，增邑爲六百户。建武元年，遷散騎常侍，右衛將軍，進爵侯，增邑爲千五百户。明年，虜動，假坦之節，督徐州征討軍事。虜圍鍾離，春斷淮洲，坦之擊破之。還加領太子中庶子，未拜，遷領軍將軍。永泰元年，爲侍中、領軍。

東昏立，爲侍中、領軍將軍。永元元年，遭母喪，起復職，加右將軍，置府。江祏兄弟欲立始安王遥光，密謂坦之，坦之曰：「明帝取天下，已非次第，天下人至今不服。今若復作此事，恐四海瓦解。我其不敢言。」持喪還宅。宅在東府城東，遥光起事，遣人夜掩取坦之，坦之科頭著褌踰牆走，從東冶僦渡南渡，間道還臺，假節督衆軍討遥光，屯湘宫寺。事平，遷尚書右僕射，丹陽尹，右〔將〕軍如故。進爵公，增邑千户。

《梁書》卷一一《吕僧珍傳》 建武二年，魏大舉南侵，五道並進。高祖率師援義陽，僧珍從在軍中。長沙宣武王時爲梁州刺史，魏圍守連月，間諜所在不通，義陽與雍州路斷。高祖欲遣使至襄陽，求梁州問，衆皆憚，莫敢行，僧珍固請充使，即日單舸上道。既至襄陽，督遣援軍，且獲宣武王書而反，高祖甚嘉之。事寧，補羽林監。

東昏即位，司空徐孝嗣管朝政，欲與共事，僧珍揣不久安，竟弗往。時高祖已臨雍州，僧珍固求西歸，得補邔令。既至，高祖命爲中兵參軍，委以心膂。僧珍陰養死士，歸之者甚衆。高祖頗招武猛，士庶響從，會者萬餘人，因命按行城西空地，將起數千間屋，以爲止舍，多伐材竹，沈於檀溪，積茅蓋若山阜，皆不之用。僧珍獨悟其旨，亦私具櫓數百張。義兵起，高祖夜召僧珍及張弘策定議，明旦乃會衆發兵，悉取檀溪材竹，裝爲艫艦，葺之以茅，並立辦。衆軍將發，諸將果爭櫓，僧珍乃出先所具者，每船付二張，爭者乃息。

高祖以僧珍爲輔國將軍、步兵校尉，出入臥內，宣通意旨。師及郢城，僧珍率所領頓偃月壘，俄又進據騎城。郢州平，高祖進僧珍爲前鋒大將軍。大軍次江寧，高祖令僧珍與王茂率精兵先登赤鼻邏。其日，東昏將李居士與衆來戰，僧珍等要擊，大破之。乃與茂進軍於白板橋築壘，壘立，茂移頓越城，僧珍猶守白板。李居士密覘知衆少，率鋭卒萬人，直來薄城。僧珍謂將士曰：「今力既不敵，不可與戰；亦勿遥射，須至塹裏，當並力破之。」俄而皆越塹拔柵，僧珍分人上城，矢石俱發，自率馬步三百人出其後，守隅者復踰城而下，內外齊擊，居士應時奔散，獲其器甲不可勝計。僧珍又進據越城。東昏大將王珍國列車爲營，背淮而陣。王茂等衆軍擊之，僧珍縱火車焚其營。即日瓦解。

《梁書》卷三九《羊侃傳》 太清元年，徵爲侍中。會大舉北伐，仍以侃爲持節、冠軍，監作韓山堰事，兩旬堰立。侃勸元帥貞陽侯乘水攻彭城，不納；既而魏援大至，侃頻勸乘其遠來可擊，旦日又勸出戰，並不從，侃乃率所領出頓堰上。及衆軍敗，侃結陣徐還。

二年，復爲都官尚書。侯景反，攻陷歷陽，高祖問侃討景之策。侃曰：「景反迹久見，或容豕突，宜急據采石，令邵陵王襲取壽春。景進不得前，退失巢窟，烏合之衆，自然瓦解。」議者謂景未敢便逼京師，遂寢其策，令侃率千餘騎頓望國門。景至新林，追侃入副宣城王都督城內諸軍事。時景既卒至，百姓競入，公私混亂，無復次第。侃乃區分防擬，皆以宗室間之。軍人爭入武庫，自取器甲，所司不能禁，侃命斬數人，方得止。及賊逼城，衆皆恟懼，侃僞稱得射書，云「邵陵王、西昌侯已至近路」。衆乃少安。賊攻東掖門，縱火甚盛，侃親自距抗，以水沃火，火滅，引弓射殺數人，賊乃退。加侍中、軍師將軍。有詔送金五千兩，銀萬兩，絹萬匹，以賜戰士，侃辭不受。部曲千餘人，並私加賞賚。

《陳書》卷一九《虞荔附弟虞寄傳》　〔寄諫曰〕自天厭梁德，多難荐臻，寰宇分崩，英雄互起，不可勝紀，人人自以爲得之。然夷凶翦亂，拯溺扶危，四海樂推，三靈眷命，揖讓而居南面者，陳氏也。豈非歷數有在，惟天所授，當璧應運？其事甚明，一也。主上(入)〔承〕基，明德遠被，天綱再張，地維重紐。夫以王琳之彊，侯瑱之力，進足以搖蕩中原，爭衡天下，退足以屈強江外，雄張偏隅。然或命一旅之師，或資一士之說，琳則瓦解冰泮，投身異域，瑱則厥角稽顙，委命闕廷。斯又天假之威，而除其患。其事甚明，二也。今將軍以藩戚之重，東南之衆，盡忠奉上，勠力勤王，豈不勳高竇融，寵過吳芮，析珪判野，南面稱孤？其事甚明，三也。且聖朝棄瑕忘過，寬厚得人，改過自新，咸加敘擢。至於余孝頃、潘純陁、李孝欽、歐陽頠等，悉委以心腹，任以爪牙，胷中豁然，曾無纖芥。況將軍釁非張繡，罪異畢諶，當何慮於危亡，何失於富貴？此又其事甚明，四也。方今周、齊鄰睦，境外無虞，并兵一向，匪朝伊夕，非劉、項競逐之機，楚、趙連從之勢，何得雍容高拱，坐論西伯？其事甚明，五也。且留將軍狼顧一隅，亟經摧衄，聲實虧喪，膽氣衰沮。高瓖、向文政、留瑜、黃子玉，此數人者，將軍所知，首鼠兩端，唯利是視；其餘將帥，亦可見矣。孰能被堅執鋭，長驅深入，繫馬埋輪，奮不顧命，以先士卒者乎？此又其事甚明，六也。且將軍之彊，孰如侯景？將軍之衆，孰如王琳？武皇滅侯景於前，今上摧王琳於後，此乃天時，非復人力。且兵革已後，民皆厭亂，其孰能棄墳墓，捐妻子，出萬死不顧之計，從將軍於白刃之閒乎？此又其事甚明，七也。歷觀前古，鑒之往事，子陽、季孟，傾覆相尋，餘善、(石)〔右〕渠，危亡繼及，天命可畏，山川難恃。況將軍欲以數郡之地，當天下之兵，以諸侯之資，拒天子之命，彊弱逆順，可得侔乎？此又其事甚明，八也。且非我族類，其心必異。不愛其親，豈能及物？留將軍身縻國爵，子尚王姬，猶且棄天屬而弗顧，背明君而孤立，危急之日，豈能同憂共患，不背將軍者乎？至於師老力屈，懼誅利賞，必有韓、智晉陽之謀，張、陳井陘之勢。此又其事甚明，九也。且北軍萬里遠鬬，鋒不可當，將軍自戰其地，人多顧後。梁安背向爲心，修旿匹夫之力，衆寡不敵，將帥不侔，師以無名而出，事以無機而動，以此稱兵，未知其利。夫以漢朝吳、楚，晉室穎、顒，連城數十，長戟百萬，拔本塞源，自圖家國，其有成功者乎？此又其事甚明，十也。

《魏書》卷二《太祖紀第二》　〔天賜〕五年春正月丁丑，慕容熙遣將寇遼西，虎威將軍宿沓干等拒戰不利，棄令支而還。帝聞姚興將寇邊，庚寅，大簡輿徒，詔并州諸軍積穀于平陽之乾壁。戊子，材官將軍和突破黜弗、素古延等諸部，獲馬三千餘匹，牛羊七萬餘頭。辛卯，蠕蠕社崙遣騎救素古延等，和突逆擊破之于山南河曲，獲鎧馬二千餘匹。班師。賞賜將士各有差。

二月癸丑，征西大將軍、常山王遵等至安定之高平，木易于率數千騎與衞辰、屈丐棄國遁走，追至隴西瓦亭，不及而還。獲其輜重庫藏，馬四萬餘匹，駱駝、氂牛三千餘頭，牛、羊九萬餘口。班賜將士各有差。徙其民於京師。沙門張翹自號無上王，與丁零鮮于次保聚黨常山之行唐。夏四月，太守樓伏連討斬之。

五月，姚興遣其弟安北將軍、義陽公平率衆四萬來侵，平陽乾壁爲平所陷。六月，治兵于東郊，部分衆軍，詔鎮西大將軍毗陵王順、長孫肥等三將六萬騎爲前鋒。

秋七月戊辰朔，車駕西討。八月乙巳，至於柴壁，平固守，進軍圍之，姚興悉舉其衆來救。甲子，帝渡蒙坑，逆擊興軍，大破之。

冬十月，平赴水而死，俘其餘衆三萬餘人。語在《興傳》。獲興征虜將軍、尚書右僕射狄伯支，越騎校尉唐小方，積弩將軍姚梁國，建忠將軍雷星、康官，北中郎將康猥，平從弟伯禽已下、四品將軍已上四十餘人。獲先亡臣王次多、靳勲，並斬以徇。興頻使請和，帝不許。羣臣勸進平蒲坂，帝慮蠕蠕爲難，戊申，班師。十有一月，車駕次晉陽。徵相州刺史庾岳爲司空。遣左將軍莫題討上黨羣盜秦頗、丁零翟都於壺關。丁丑，上黨太守捕頗，斬之，都走林慮。十有二月辛亥，至自西征。蠕蠕社崙犯塞，詔常山王遵追之，不及而還。越勤莫弗率其部萬餘家內屬，居五原之北。

是歲，禿髮鹿孤病死，弟傉檀統任，遣使朝貢。

《魏書》卷一一《出帝平陽王紀》　詔曰：「大魏得一居宸，乘六馭宇。考風雲之所會，宅日月之所中。自北而南，東征西怨，后來其蘇，無思不偃。而句吳負險，久遺度外。世祖太武皇帝，握金鏡以照耀，擊玉鼓以鏗鏘，神武之所牢籠，威風之所轥轢，莫不雲徹霧卷，瓦解冰消。長江已北，盡爲魏土。頃天步中圮，國綱時屯，凶竪因機，互窺上國，疆場侵噬，州郡淪胥。乃眷東顧，無忘寢食。自非五牛警旆，七萃按部，何以復文武之舊業，拯塗炭於遺黎？朕將親總六軍，徑臨彭、汴。一勞永逸，庶保無疆。內外百僚，便可嚴備。出頓之期，更聽後敕。」時帝爲斛斯椿，元毗、王思政、魏光等諂佞間阻，貳於齊獻武王，託討蕭衍，盛暑徵發河南諸州之兵，天下恠惡之。語在《斛斯椿傳》。丙申，以使持節、侍中、大司馬，開府，司州牧，廣陵王欣爲左軍大都督，太傅，録尚書事長孫稚爲中軍四面大都督。丁酉，帝幸華林都亭，集京畿都督及軍士三千餘人，慰勉之。庚子，又幸華林都亭納訟。壬寅，又以長孫稚爲後軍大都督。

《魏書》卷四七《盧玄附孫盧淵傳》　及高祖議伐蕭賾，淵表曰：

臣誠識不周覽，頗尋篇籍。自魏晉以前，承平之世，未有皇輿親御六軍，決勝行陳之間者。勝不足爲武，弗勝有虧威德，明千鈞之弩不爲鼷鼠發機故也。昔魏武以弊卒一萬而袁紹土崩，謝玄以步兵三千而苻堅瓦解。勝負不由衆寡，成敗在於須臾，若用田豐之謀，則坐制孟德矣。魏既并蜀，迄于晉世，吳介有江水，居其上流，大小勢殊，德政理絶。然猶君臣協謀，垂數十載。逮孫皓暴戾，上下攜爽，水陸俱進，一舉始克。今蕭氏以篡殺之燼，政虐役繁，又支屬相屠，人神同棄。吳會之民，延踵皇澤，正是齊軌之期，一同之會。若大駕南巡，必左衽革面，閩越倒戈，其猶運山壓卵，有征無戰。然愚謂萬乘親戎，轉漕難繼，千里饋糧，士有飢色，大軍之後，必有凶年。不若命將簡鋭，盪滌江右，然後鳴鑾巡省，告成東岳，則天下幸甚，率土戴賴。

臣又聞流言，關右之民，自比年以來，競設齋會，假稱豪貴，以相扇惑。顯然於衆坐之中，以謗朝廷。無上之心，莫此之甚。愚謂宜速懲絶，戮其魁帥。不爾懼成黄巾、赤眉之禍。育其微萌，不芟之毫末，斧斤一加，恐蹈害者衆。臣世奉皇家，義均休戚，誠知干忤之愆實深，然不忠之罪莫大。

《魏書》卷五八《楊播附子楊昱傳》　孝昌初，除征虜將軍、中書侍郎，遷給事黄門侍郎。時北鎮饑民二十餘萬，詔昱爲使，分散於冀、定、瀛三州就食。後賊圍豳州，詔昱兼侍中，持節催西北道大都督，北海王顥，仍隨軍監察。豳州圍解。雍州蜀賊張映龍、姜神達知州內空虛，謀欲攻掩，刺史元脩義懼而請援，一日一夜，書移九通。都督李叔仁遲疑不赴。昱曰：「長安，關中基本。今大軍頓在涇豳，與賊相對，若使長安不守，大軍自然瓦散，此軍雖往，有何益也！」遂與叔仁等俱進，於陳斬神達及諸賊四百許人，餘悉奔散。詔以昱受旨催督，而顥軍稽緩，遂免昱官。乃兼侍中催軍。尋除征虜將軍、涇州刺史。未幾，昱父椿出爲雍州刺史，徵昱還，除吏部郎中、武衛將軍，轉北中郎將，加安東將軍。及蕭寶夤等敗於關中，以昱兼七兵尚書，持節、假撫軍將軍、都督，防守雍州。昱遇賊失利而返。除度支尚書，轉撫軍、徐州刺史，尋除鎮東將軍、假車騎將軍、東南道都督，又加散騎常侍。

《魏書》卷七一《裴叔業傳》　叔業少有氣幹，頗以將略自許。仕蕭賾，歷右軍將軍、東中郎將諮議參軍。蕭鸞見叔業而奇之，謂之曰：「卿有如是志相，何慮不大富貴。深宜勉之。」鸞爲豫州，引爲司馬，帶陳留太守。鸞輔政，叔業常伏壯士數百人於建業。及鸞廢昭文，叔業率衆赴之。鸞之自立也，以叔業爲給事黄門侍郎，封武昌縣開國伯，食邑五百户。高祖南巡，車駕次鍾離。鸞拜叔業持節、冠軍將軍、徐州刺史，以水軍入淮。去王師數十里，高祖令尚書郎中裴聿往與之語。叔業盛飾左右服玩以夸聿曰：「我在南富貴正如此，豈若卿彼之儉陋也。」聿云：「伯父儀服誠爲美麗，但恨不晝遊耳。」徙輔國將軍、豫州刺史，屯壽陽。【略】

叔業遲遲數反，真度亦遣使與相報復。乃遣子芬之及兄女夫韋伯昕奉表內附。景明元年正月，世宗詔曰：「叔業明敏秀發，英款早悟，馳表送誠，忠高振古，宜加褒授，以彰先覺。可使持節、散騎常侍、都督豫雍兗徐司五州諸軍事、征南將軍、豫州刺史，封蘭陵郡開國公，食邑三千户。」又賜叔業璽書曰：「前後使返，有敕，想卿具一二。寶卷昏狂，日月滋甚，虐遍宰輔，暴加戚屬，淫刑既逞，朝無孑遺，國有瓦解之形，家無自安之計。卿兼茲智勇，深具禍萌，翻然高舉，去彼危亂。朕興居在念，深嘉乃勳。前即敕豫州緣邊諸鎮兵馬，行往赴援。楊大眼、奚康生鐵騎五千，星言即路；彭城王勰、尚書令肅精卒十萬，絡繹繼發。將以長驅淮海，電擊衡巫。卿其并心勠力，同斯大舉。殊勳茂績，職爾之由，崇名厚秩，非卿孰賞？并有敕與州佐吏及彼土人士，其有微功片效，必加褒異。」

《魏書》卷七四《尒朱榮傳》　初，榮之將討葛榮也，軍次襄垣，遂令軍士列圍大獵。有雙兔起於馬前，榮乃躍馬彎弓而誓之曰：「中之則擒葛榮，不中則否。」既而並應弦而殪，三軍咸悦。及破賊之後，即命立碑於其所，號「雙兔碑」。榮將戰之夜，夢一人從葛榮索千牛刀，而葛榮初不肯與。此人自稱我是道武皇帝，汝何敢違。葛榮乃奉刀，此人手持授榮。既寤而喜，自知必勝。

又詔曰：「我皇魏道契神元，德光靈範，源先二象，化穆五才，玉歷與日月惟休，金鼎共乾坤俱永。而正光之末，皇運時屯，百揆咸亂，九宮失敍，朝野撫膺，士女嗟怨，遂使四海土崩，九區瓦解。逆賊杜周，虔劉燕代；妖寇葛榮，假噬魏趙。常山、易水，戎鼓夜驚；冰井、叢臺，胡塵晝合。朔南久已丘墟，河北殆成灰燼。宗廟懷匪安之慮，社稷急不測之憂。大丞相、太原王榮道鏡域中，德光區外，神昭藏往，思實知來，義踵先動，忠資曩烈。遂能大建義謀，收集忠勇，熊羆競逐，虎豹争先，軒翥南溟，搏風北極，氣震林原，勢動山岳，弔民伐罪，殲此鯨鯢。戮卒多於長平，積器高於熊耳。秦晉聞聲而喪膽，齊莒側聽而讋息。中興之業是乎再隆，太平之基兹焉更始。雖復伊霍宣翼之功，桓文崇贊之道，何足以髣髴鴻蹤，比勳盛烈。道格普天，仁沾率土，振古以來，未有其比。若不廣錫山河，大開土宇，何以表大義之崇高，標盛德之廣遠？可以冀州之長樂、相州之南趙、定州之博陵、滄州之浮陽、平州之遼西、燕州之上谷、幽州之漁陽等七郡，各萬户通前滿十萬户爲太原國邑。」又進位太師，餘如故。

《魏書》卷八三下《外戚傳下·高肇》 肇出自夷土，時望輕之。乃在位居要，留心百揆，孜孜無倦，世咸謂之爲能。世宗初，六輔專政，後以咸陽王禧無事構逆，由是遂委信肇。肇既無親族，頗結朋黨，附之者旬月超昇，背之者陷以大罪。以北海王詳位居其上，構殺之。又説世宗防衛諸王，殆同囚禁。時順皇后暴崩，世議言肇爲之。皇子昌薨，僉謂王顯失於醫療，承肇意旨。及京兆王愉出爲冀州刺史，畏肇恣擅，遂至不軌。肇又譖殺彭城王勰。由是朝野側目，咸畏惡之。因此專權，與奪任己。又嘗與清河王懌於雲龍門外廡下，忽忿諍，大至紛紜。太尉、高陽王雍和止之。高后既立，愈見寵信。肇既當衡軸，每事任己，本無學識，動違禮度，好改先朝舊制，出情妄作，減削封秩，抑黜勳人。由是怨聲盈路矣。延昌初，遷司徒。雖貴登台鼎，猶以去要快快形乎辭色。衆咸嗤笑之。父兄封贈雖久，竟不改瘞。三年，乃詔令遷葬。肇不自臨赴，唯遣其兄子猛改服詣代，遷葬於鄉。時人以肇無識，哂而不責也。

其年，大舉征蜀，以肇爲大將軍，都督諸軍爲之節度。與都督甄琛等二十餘人俱面辭世宗於東堂，親奉規略。是日，肇所乘駿馬停於神虎門外，無故驚倒，轉臥渠中，鞍具瓦解，衆咸怪異。肇出，惡焉。

《魏書》卷九八《蕭衍傳》 〔檄曰〕夫安危有大勢，成敗有恒兆，不假離朱之目，不藉子野之聽，聊陳刺心之説，且吐伐謀之言。今帝道休明，皇猷允塞，四民樂業，百靈效祉。雖上相云亡，而伊陟繼事，秉文經武，虎視龍驤。驅日下之俊雄，收一世之英鋭，擊刺猶雷電，合戰如風雨，控弦躍馬，固敵是求。蠕蠕昔遭離亂，輻分瓦裂，匹馬孤征，告困於我。國家深敦隣附，愍其入懷，盡憂人之禮，極繼絶之義，保衛出於故地，資給唯其多少，存其已亡之業，成其莫大之基。深仁厚德，鏤其骨髓，引領思報，義如手足。吐谷渾深執忠孝，膠漆不渝，萬里仰德，奏款屬路，並申以婚好，行李如歸。蠕蠕境斜界黄河，望通幽夏，飛雪千里，層冰洞積。北風轉勁，實筋角之時；沍寒方猛，正氈裘之利。吐谷渾疾彼凶逆，强兵歲舉，傾河及鄯，塵通隴峽。驅龍池之種，藉常勝之氣，二方候隙，企其移踵。加以獨孤如願擁衆秦中，治兵劫脅。黑獺北備西擬，内營腹心，救首救尾，疲於奔命。豈暇稱兵東指，出師函谷。且秋風揚塵，國有恒防，關河形勝之際，山川襟帶之所，猛將精兵，基跱岳立。又寶炬河陰之北，黑獺芒山之走，衆無一旅，僅以身歸。就其不顧根本，輕懷進趣，斯則一勞永逸，天贊我也。言之旦旦，日月經天，舉世所知，義非徒語。持此量之，理有可見，則侯景遊辭，莫非虚誕。

夫景繩樞席牖之子，阡陌鄙俚之夫，遭風塵之會，逢馳騖之日，遂位在三吏，邑啓千社，揣身量分，久當止足。而乃周章去就，離跂不已，夫豈徒爾，事可推揚。度其衆叛親離，守死不暇，乃聞將棄懸瓠，遠赴彭城。老賊姦謀，復將作矣。固揚聲赴助，計在圖襲，吞淵明之衆，招厭虐之民，舉長淮以爲斷，仍鵶張歲月，南面假名，死而後已。此蓋蚌鷸之禍，我承其弊。

《魏書》卷一一一《刑罰志》 孝昌已後，天下淆亂，法令不恒，或寬或猛。及尒朱擅權，輕重肆意，在官者，多以深酷爲能。至遷鄴，京畿群盗頗起。有司奏立嚴制：諸强盗殺人者，首從皆斬，妻子同籍，配爲樂户；其不殺人，及贓不滿五匹，魁首斬，從者死，妻子亦爲樂户；小盗贓滿十匹已上，魁首死，妻子配驛，從者流。侍中孫騰上言：「謹詳，法若畫一，理尚不二，不可喜怒由情，而致輕重。案律，公私劫盗，罪止流刑。而比執事苦違，好爲穿鑿，律令之外，更立餘條，通相糾之路，班捉獲之賞。斯乃刑書徒設，獄訟更煩，法令滋彰，盗賊多有。非所謂不嚴而治，遵守典故者矣。臣以爲升平之美，義在省刑；陵遲之弊，必由峻法。是以漢約三章，天下歸德；秦酷五刑，率土瓦解。禮訓君子，律禁小人，舉罪定名，國有常辟。至如『眚災肆赦，怙終賊刑』，經典垂言，國朝成範。隨時所用，各有司存。不宜巨細滋煩，令民豫備。恐防之彌堅，攻之彌甚。請諸犯盗之人，悉准律令，以明恒憲。庶使刑殺折衷，不得棄本從末。」詔從之。

天平後，遷移草創，百司多不奉法，貨賄公行。興和初，齊文襄王入輔朝政，以公平肅物，大改其風。至武定中，法令嚴明，四海知治矣。

《北齊書》卷八《後主等紀論》　觀夫有齊全盛，控帶遐阻，西苞汾、晉，南極江、淮，東盡海隅，北漸沙漠，六國之地，我獲其五，九州之境，彼分其四。料甲兵之衆寡，校帑藏之虛實，折衝千里之將，帷幄六奇之士，比二方之優劣，無等級以寄言。然其太行、長城之固自若也，江淮、汾晉之險不移也，帑藏輸税之賦未虧也，士庶甲兵之衆不缺也；然而前王用之而有餘，後主守之而不足，其故何哉？前王之御時也，沐雨櫛風，拯其溺而救其焚，信賞必罰，安而利之，既與共其存亡，故得同其生死。後主則不然，以人從欲，損物益己。彫牆峻宇，甘酒嗜音，廛肆遍於宮園，禽色荒於外內，俾晝作夜，罔水行舟，所欲必成，所求必得。既不軌不物，又暗於聽受，忠信不聞，萋斐必入，視人如草芥，從惡如順流。佞閹處當軸之權，婢媪擅迴天之力，賣官鬻獄，亂政淫刑，刳剒被於忠良，禄位加於犬馬，讒邪並進，法令多聞，持瓢者非止百人，摇樹者不唯一手。於是土崩瓦解，衆叛親離，顧瞻周道，咸有西歸之志。方更盛其宮觀，窮極荒淫，謂黔首之可誣，指白日以自保。馳倒戈之旅，抗前歌之師，五世崇基，一舉而滅，豈非鐫金石者難爲功，摧枯朽者易爲力歟？

抑又聞之：皇天無親，唯德是輔；天時不如地利，地利不如人和。齊自河清之後，逮于武平之末，土木之功不息，嬪嬙之選無已，征税盡，人力殫，物產無以給其求，江海不能贍其欲。所謂火既熾矣，更負薪以足之，數既窮矣，又爲惡以促之，欲求大厦不燔，延期過曆，不亦難乎！由此言之，齊氏之敗亡，蓋亦由人，匪唯天道也。

《北齊書》卷一六《段榮附子段韶傳》　周冢宰宇文護母閻氏先配中山宮，護聞閻尚存，乃因邊境移書，請還其母，並通鄰好。時突厥屢犯邊，韶軍於塞下。世祖遣黄門徐世榮乘傳齎周書問韶。韶以周人反覆，本無信義，比晉陽之役，其事可知。護外託爲相，其實王也。既爲母請和，不遣一介之使申其情理，乃據移書，即送其母，恐示之弱。如臣管見，且外許之，待後放之未晚。不聽。遂遣使以禮將送。

護既得母，仍遣將尉遲迥等襲洛陽。詔遣蘭陵王長恭、大將軍斛律光率衆擊之，軍於邙山之下，逗留未進。世祖召謂曰：「今欲遣王赴洛陽之圍，但突厥在此，復須鎮禦，王謂如何？」韶曰：「北虜侵邊，事等疥癬，今西羌窺逼，便是膏肓之病，請奉詔南行。」世祖曰：「朕意亦爾。」乃令韶督精騎一千，發自晉陽。五日便濟河，與大將共量進止。韶旦將帳下二百騎與諸軍共登邙阪，聊觀周軍形勢。至大和谷，便值周軍，即遣馳告諸營，追集兵馬。仍與諸將結陣以待之。韶爲左軍，蘭陵王爲中軍，斛律光爲右軍，與周人相對。韶遥謂周人曰：「汝宇文護幸得其母，不能懷恩報德，今日之來，竟何意也？」周人曰：「天遣我來，有何可問。」韶曰：「天道賞善罰惡，當遣汝送死來耳。」周軍仍以步人在前，上山逆戰。韶以彼徒我騎，且却且引，待其力弊，乃遣下馬擊之。短兵始交，周人大潰。其中軍所當者，亦一時瓦解，投墜溪谷而死者甚衆。洛城之圍，亦即奔遁，盡棄營幕，從邙山至穀水三十里中，軍資器物彌滿川澤。車駕幸洛陽，親勞將士，於河陰置酒高會，策勳命賞，除太宰，封靈武縣公。天統三年，除左丞相，永昌郡公，食滄州幹。

《北齊書》卷二一《封隆之附子封子繪傳》　子繪，字仲藻，小名搔。性和理，有器局。釋褐祕書郎中。尒朱兆之害魏莊帝也，與父隆之舉義信都，奉使詣高祖。至信都，召署開府主簿，仍典書記。中興元年，轉大丞相主簿，加伏波將軍。從高祖征尒朱兆。及平中山，軍還，除通直常侍、左將軍，領中書舍人。母憂解職，尋復本任。太昌中，從高祖定并、汾、肆數州，平尒朱兆及山胡等，加征南將軍、金紫光禄大夫。魏武帝末，斛斯椿等佞倖用事，父隆之以猜忌，懼難潛歸鄉里，子繪亦棄官俱還。孝静初，兼給事黄門侍郎，與太常卿李元忠等並持節出使，觀省風俗，問人疾苦。還，赴晉陽，從高祖征夏州。二年，除衛將軍、平陽太守，尋加散騎常侍。晉州北界霍太山，舊號千里徑者，山坂高峻，每大軍往來，士馬勞苦。子繪啓高祖，請於舊徑東谷別開一路。高祖從之，仍令子繪領汾、晉二州夫修治，旬日而就。高祖親總六軍，路經新道，嘉其省便，賜穀二百斛。後大軍討復東雍，平柴壁及喬山、紫谷絳蜀等，子繪恒以太守前驅慰勞，徵兵運糧，軍士無乏。興和初，自郡徵補大行臺吏部郎中。

武定元年，高仲密以武牢西叛，周文帝擁衆東侵，高祖於邙山破之，乘勝長驅，遂至潼關。或諫不可窮兵極武者，高祖總命羣僚議其進止。子繪言曰：「賊帥才非人雄，偷竊名號，遂敢驅率亡叛，送死伊瀍。天道禍淫，一朝瓦解。雖僅以身免，而魂膽俱喪。混一車書，正在今日，天與不取，反得其咎。時難遇而易失，昔魏祖之平漢中，不乘勝而取巴蜀，失在遲疑，悔無及已。伏願大王不以爲疑。」高祖深然之。但以時既盛暑，方爲後圖，遂命班師。

《北齊書》卷四一《元景安傳》 時初築長城，鎮戍未立，突厥强盛，慮或侵邊，仍詔景安與諸軍緣塞以備守。督領既多，且所部軍人富於財物，遂賄貨公行。顯祖聞之，遣使推檢，同行諸人贓汙狼藉，唯景安纖毫無犯。帝深嘉歎，乃詔有司以所聚斂贓絹伍百疋賜之，以彰清節。

又轉都官尚書，加儀同三司，食高平郡幹，又拜儀同三司。乾明元年，轉七兵尚書，加車騎大將軍。皇建元年，又兼侍中，馳驛詣鄴，慰勞百司，巡省風俗。

肅宗曾與羣臣於西園讌射，文武預者二百餘人。設侯去堂百四十餘步，中的者賜與良馬及金玉錦綵等。有一人射中獸頭，去鼻寸餘。唯景安最後有一矢未發，帝令景安解之，景安徐整容儀，操弓引滿，正中獸鼻。帝嗟賞稱善，特賚馬兩疋，玉帛雜物又加常等。【略】

初永兄祚襲爵陳留王，祚卒，子景皓嗣。天保時，諸元帝室親近者多被誅戮。疏宗如景安之徒議欲請姓高氏，景皓云：「豈得棄本宗，逐他姓，大丈夫寧可玉碎，不能瓦全。」景安遂以此言白顯祖，乃收景皓誅之，家屬徙彭城。由是景安獨賜姓高氏，自外聽從本姓。

《周書》卷四一《庾信傳》 既有盛才，文竝綺豔，故世號爲徐、庾體焉。當時後進，競相模範。每有一文，京都莫不傳誦。累遷尚書度支郎中、通直正員郎。出爲郢州别駕。尋兼通直散騎常侍，聘于東魏。文章辭令，盛爲鄴下所稱。還爲東宮學士，領建康令。

信雖位望通顯，常有鄉關之思。乃作《哀江南賦》以致其意云。其辭曰：

粤以戊辰之年，建亥之月，大盜移國，金陵瓦解。余乃竄身荒谷，公私塗炭。華陽奔命，有去無歸，中興道消，窮於甲戌。三日哭於都亭，三年囚於别館。天道周星，物極不反。傅燮之但悲身世，無所求生；袁安之每念王室，自然流涕。昔桓君山之志事，杜元凱之生平，竝有著書，咸能自序。潘岳之文彩，始述家風；陸機之詞賦，多陳世德。信年始二毛，即逢喪亂，藐是流離，至于暮齒。《燕詞》遠别，悲不自勝；楚老相逢，泣將何及。畏南山之雨，忽踐秦庭；讓東海之濱，遂飡周粟。下亭漂泊，皐橋羈旅，楚歌非取樂之方，魯酒無忘憂之用。追(惟)〔爲〕此賦，聊以記言，不無危苦之辭，唯以悲哀爲主。

日暮途遠，人間何世。將軍一去，大樹飄零；壯士不還，寒風蕭瑟。荆璧睨柱，受連城而見欺；載書横階，捧珠盤而不定。鍾儀君子，入就南冠之囚；季孫行人，留守西河之館。申包胥之頓地，碎之以首；蔡威公之淚盡，加之以血。釣臺移柳，非玉關之可望；華亭唳鶴，豈河橋之可聞。

孫策以天下爲三分，衆裁一旅；項羽用江東之子弟，人唯八千。遂乃分裂山河，宰割天下。豈有百萬義師，一朝卷甲，芟夷斬伐，如草木焉。江、淮無涯岸之阻，亭壁無藩籬之固。頭會箕斂者，合從締交；鉏耰棘矜者，因利乘便。將非江表王氣，應終三百年乎？是知并吞六合，不免軹道之災；混一車書，無救平陽之禍。嗚呼！山嶽崩頽，既履危亡之運；春秋迭代，必有去故之悲。天意人事，可以悽愴傷心者矣。況復舟檝路窮，星漢非乘槎可上；風飇道阻，蓬萊無可到之期。窮者欲達其言，勞者須歌其事。陸士衡聞而撫掌，是所甘心；張平子見而陋之，固其宜矣。

《隋書》卷二一《天文志下》 凡軍營上，十日無氣發，則軍必勝。而有赤白氣，乍出即滅，外聲欲戰，其實欲退散。黑氣如壞山墮軍上者，名曰營頭之氣，其軍必敗。軍上氣昏發連夜，夜照人，則軍士散亂。軍上氣半而絶，一敗，再絶再敗，三絶三敗。在東發白氣者，災深。軍上氣中有黑雲如牛形，或如猪形者，此是瓦解之氣，軍必敗。敵上氣如粉如塵者，勃勃如煙，或五色雜亂，或東西南北不定者，其軍欲敗。軍上氣如羣羊羣猪在氣中，此衰氣，擊之必勝。軍上有赤氣，炎降於天，則將死，士衆亂。赤光從天流下入軍，軍亂將死。彼軍上有蒼氣，須臾散去，擊之必勝。在我軍上，須自堅守。軍有黑氣如牛形，或如馬形，從氣霧中下，漸漸入軍，名曰天狗下食血，則軍破。軍上氣或如羣鳥亂飛，或如懸衣，如人相隨，或紛紛如轉蓬，或如揚灰，或雲如卷席，如匹布亂穰者，皆爲敗徵。氣乍見乍没，乍聚乍散，如霧之始起，爲敗氣。氣如繫牛，如人卧，如敗車，如雙蛇，如飛鳥，如決堤垣，如壞屋，如人相指，如人無頭，如驚鹿相逐，如兩雞相向，皆爲敗氣。

《隋書》卷三八《皇甫績傳》 周武帝爲魯公時，引爲侍讀。建德初，轉宫尹中士。武帝嘗避暑雲陽宫，時宣帝爲太子監國。衛刺王作亂，城門已閉，百僚多有遁者。績聞難赴之，於玄武門遇皇太子，太子下樓執績手，悲喜交集。帝聞而嘉之，遷小宫尹。宣政初，録前後功，封義陽縣男，拜畿伯下大夫，累轉御正下大夫。【略】

高智慧等作亂江南，州民顧子元發兵應之，因以攻績，相持八旬。子元素感績恩，於冬至日遣使奉牛酒。績遣子元書曰：「皇帝握符受籙，合極通靈，受揖讓於唐、虞，棄干戈於湯、武。東踰蟠木，方朔所未窮，西盡流沙，張騫所不至。玄漠黄龍之外，交臂來王，葱嶺、榆關之表，屈膝請吏。曩者僞陳獨阻聲教，江東士民困於荼毒。皇天輔仁，假手朝廷，聊申薄伐，應時瓦解。金陵百姓，死而復生，吴、會臣民，白骨還肉。唯當懷音感德，行歌擊壤，豈宜自同吠主，翻成反噬。卿非吾民，何須酒禮？吾是隋將，何容外交？易子析骸，未能相告，況是足食足兵，高城深塹，坐待强援，綽有餘力。何勞踵輕敝之俗，作虚僞之辭，欲阻誠臣之心，徒惑驍雄之志。以此見期，必不可得。卿宜善思活路，曉諭黎元，能早改迷，失道非遠。」子元得書，於城下頓首陳謝。楊素援兵至，合擊破之。拜信州總管、十二州諸軍事。

《隋書》卷四八《楊素傳》　帝遣素弟修武公約齎手詔勞素曰：

我有隋之御天下也，于今二十有四年，雖復外夷侵叛，而内難不作，修文偃武，四海晏然。朕以不天，銜恤在疚，號天叩地，無所逮及。朕本以藩王，謬膺儲兩，復以庸虚，纂承鴻業。天下者，先皇之天下也，所以戰戰兢兢，弗敢失墜，況復神器之重，生民之大哉！

賊諒苞藏禍心，自幼而長，羊質獸心，假託名譽，不奉國諱，先圖叛逆，違君父之命，成莫大之罪。誑惑良善，委任奸回，稱兵内侮，毒流百姓。私假署置，擅相誅戮，小加大，少淩長，民怨神怒，衆叛親離，爲惡不同，同歸於亂。朕寡兄弟，猶未忍及言，是故開關門而待寇，戢干戈而不發。朕聞之，天生蒸民，爲之置君，仰惟先旨，每以子民爲念，朕豈得枕伏苫廬，顛而不救也！大義滅親，《春秋》高義，周旦以誅二叔，漢啟乃戮七藩，義在兹乎？事不獲已，是以授公戎律，問罪太原。且逆子賊臣，何代不有，豈意今者，近出家國。所歎荼毒甫爾，便及此事。由朕不能和兄弟，不能安蒼生，德澤未弘，兵戈先動，賊亂者止一人，塗炭者乃衆庶。非唯寅畏天威，亦乃孤負付囑，薄德厚恥，愧乎天下。

公乃先朝功臣，勳庸克茂。至如皇基草創，百物惟始，便匹馬歸朝，誠識兼至。汴部、鄭州，風卷秋籜，荆南、塞北，若火燎原，早建殊勳，夙著誠節。及獻替朝端，具瞻惟允，爰弼朕躬，以濟時難。昔周勃、霍光，何以加也！賊乃竊據蒲州，關梁斷絶，公以少擊衆，指期平殄。高壁據嶮，抗拒官軍，公以深謀，出其不意，霧廓雲除，冰消瓦解，長驅北邁，直趣巢窟。晉陽之南，蟻徒數萬，諒不量力，猶欲舉斧。公以稜威外討，發憤於内，忘身殉義，親當矢石。兵刃暫交，魚潰鳥散，僵屍蔽野，積甲若山。諒遂守窮城，以拒鈇鉞。公董率驍勇，四面攻圍，使其欲戰不敢，求走無路，智力俱盡，面縛軍門。斬將搴旗，伐叛柔服，元惡既除，東夏清晏，嘉庸茂績，於是乎在。昔武安平趙，淮陰定齊，豈若公遠而不勞，速而克捷者也。朕殷憂諒闇，不得親御六軍，未能問道於上庠，遂使劬勞於行陣。言念於此，無忘寢食。公乃建累世之元勳，執一心之確志。古人有言曰：「疾風知勁草，世亂有誠臣。」公得之矣。乃銘之常鼎，豈止書勳竹帛哉！功績克諧，哽歎無已。稍冷，公如宜。軍旅務殷，殊當勞慮，故遣公弟，指宣往懷。迷塞不次。

《隋書》卷五三《史萬歲傳》　開皇末，突厥達頭可汗犯塞，上令晉王廣及楊素出靈武道，漢王諒與萬歲出馬邑道。萬歲率柱國張定和、大將軍李藥王、楊義臣等出塞，至大斤山，與虜相遇。達頭遣使問曰：「隋將爲誰？」候騎報「史萬歲也」。突厥復問曰：「得非敦煌戍卒乎？」候騎曰：「是也。」達頭聞之，懼而引去。萬歲馳追百餘里乃及，擊大破之，斬數千級，逐北入磧數百里，虜遁逃而還。楊素害其功，因譖萬歲云：「突厥本降，初不爲寇，來於塞上畜牧耳。」遂寢其功。萬歲數抗表陳狀，上未之悟。會上從仁壽宫初還京師，廢皇太子，窮東宫黨與。上問萬歲所在，萬歲實在朝堂，楊素見上方怒，因曰：「萬歲謁東宫矣。」以激怒上。上謂爲信然，令召萬歲。時所將士卒在朝稱冤者數百人，萬歲謂之曰：「吾今日爲汝極言於上，事當決矣。」既見上，言將士有功，爲朝廷所抑，詞氣憤厲，忤於上。上大怒，令左右摽殺之。既而悔，追之不及，因下詔罪萬歲曰：「柱國、太平公萬歲，拔擢委任，每總戎機。往以南寧逆亂，令其出討。而昆州刺史爨翫包藏逆心，爲民興患。朕備有成勑，令將入朝。萬歲乃多受金銀，違勑令住，致爨翫尋爲反逆，更勞師旅，方始平定。所司檢校，罪合極刑，捨過念功，恕其性命，年月未久，即復本官。近復總戎，進討蕃裔。突厥達頭可汗領其兇衆，欲相拒抗，既見軍威，便即奔退，兵不血刃，賊徒瓦解。如此稱捷，國家盛事，朕欲成其勳庸，復加褒賞。而萬歲、定和通簿之日，乃懷姦詐，妄稱逆面交兵，不以實陳，懷反覆之方，弄國家之法。若竭誠立節，心無虚罔者，乃爲良將，至如萬歲，懷詐要功，便是國賊，朝憲難虧，不可再捨。」死之日，天下士庶聞者，識與不識，莫不寃惜。

《舊唐書》卷一八上《武宗紀》　〔會昌〕三年春正月，以宿師于野，罷元會。

敕新授銀州刺史、本州押蕃落、銀川監牧使何清朝可檢校太子賓客、左龍武大將軍，令分領沙陀、吐渾、党項之衆赴振武，取劉沔處分。

二月，先詔百官之家不得於京城置私廟者，其皇城南向六坊不得置，其閑僻坊曲即許依舊置。太原劉沔奏：「昨率諸道之師至大同軍，遣石雄襲迴鶻牙帳，雄大敗迴鶻於殺胡山，烏介可汗被創而走。已迎得太和公主至雲州。」是日，御宣政殿，百僚稱賀。制曰：

夫天之所廢，難施繼絶之恩；人之所棄，當用侮亡之道。朕每思前訓，豈忘格言。迴鶻比者自恃兵強，久爲桀驁，淩虐諸部，結怨近鄰。黠戛斯潛師彗掃，穹居瓦解，種族盡膏於原野，區落遂至於荆榛。今可汗逃走失國，竊號自立，遠踰沙漠，寄命邊陲。朕念其衰殘，尋加賑卹。每陳章表，多詐譎之詞；接我使臣，如全盛之日。無傷禽哀鳴之意，有困獸猶鬬之心。去歲潛入朔川，大掠牛馬；今春掩襲振武，逼近城池。可汗皆自率兵，首爲寇盜，不恥破敗，莫顧姻親。河東節度使劉沔料敵伐謀，乘機制勝，發胡貉之騎以爲前鋒，搴翎侯之旗伐彼在穴。短兵麾於帳下，元惡抶於轂中。況乘匪六飛，衆纔一旅，儲備已竭，計日可擒。太和公主居處不同，情義久絶。懷土多思，亟聞《黄鵠》之歌；失位自傷，寧免《緑衣》之歎。念其羈苦，常軫朕心。今已脱於豺狼，再見宫闕，上以摅宗廟之宿憤，次以慰太皇太后之深慈，永言歸寧，良用欣感。其迴紇既以破滅，義在翦除，宜令諸道兵馬使同進討。河東立功將士已下，優厚賞給，續條疏處分。應在京外宅及東都修功德迴紇，並勒冠帶，各配諸道收管。其迴紇及摩尼寺莊宅、錢物等，並委功德使與御史臺及京兆府各差官點檢收抽，不得容諸色人影占。如犯者並處極法，錢物納官。摩尼寺僧委中書門下條疏聞奏。

《舊唐書》卷二〇下《哀帝紀》　史臣曰：悲哉！土運之將亡也，五常殆盡，百怪斯呈，宇縣瓜分，皇圖瓦解。昭宗皇帝英猷奮發，志憤陵夷，旁求奇傑之才，欲拯淪胥之運。而世途多僻，忠義俱亡，極爵位以待賢豪，罄珍奇而託心腹。殷勤國士之遇，罕有託孤之賢，豢豐而犬豕轉獰，肉飽而虎狼逾暴。五侯九伯，無非問鼎之徒；四岳十連，皆畜無君之迹。雖蕭屏之臣扼腕，巖廊之輔痛心，空銜毁室之悲，寧救喪邦之禍？及扶風西幸，洛邑東遷，如寄珠於盜跖之門，蓄水於尾閭之上，往而不返，夫何言哉！至若川竭山崩，古今同歎；虎爭龍戰，興替無常。縱胠篋之不仁，亦攫金之有道。曹操請刑於椒壺，蓋迫陰謀；馬昭拒命於淩雲，窘於見討。誠知醜迹，得以爲詞，而全忠所行，止於殘忍。況自岐遷洛，天子塊然，六軍盡斥於秦人，四面皆環於汴卒。冕旒如寄，纖芥爲疑，迎鑾未及於崇朝，傳刃已聞於塗地。立嗣君於南面，斃母后於中閨，黄門與禁旅皆殲，宗室共衣冠並殪。復又盜鐘掩耳，嫁禍於人。何九六之數窮，偶天人之道盡，目擊斯亂，言之傷心。哀帝之時，政由凶族。雖揖讓之令，有類於山陽；而淩逼之權，過踰於侯景。人道寖薄，陰騭難徵，然以此受終，如何延永！

贊曰：勛華受命，揖讓告終。逆取順守，仁道已窮。暴則短祚，義則延洪。虞賓之禍，非止一宗。

《舊唐書》卷五三《李密傳》〔傳書曰〕今者順人將革，先天不違，大誓孟津，陳命景亳，三千列國，八百諸侯，不謀而同辭，不召而自至。轟轟隱隱，如霆如雷，彪虎嘯而谷風生，應龍驤而景雲起。我魏公聰明神武，齊聖廣淵，總七德而在躬，包九功而挺出。周太保、魏公之孫，上柱國、蒲山公之子。家傳盛德，武王承季歷之基；地啓元勳，世祖嗣元皇之業。篤生白水，日角之相便彰；載誕丹陵，大寶之文斯著。加以姓符圖緯，名協歌謡，六合所以歸心，三靈所以改卜。文王厄於羑里，赤雀方來；高祖隱於碭山，彤雲自起。兵誅不道，《赤伏》至自長安；鋒鋭難當，黄星出於梁、宋。九五龍飛之始，天人豹變之初，歷試諸難，大敵彌勇。上柱國、司徒、東郡公翟讓功宣締構，翼亮經綸，伊尹之佐成湯，蕭何之輔高帝。上柱國、總管、齊國公孟讓，柱國、歷城公孟暢，柱國、絳郡公裴行儼，大將軍、左長史邴元真等，並運籌千里，勇冠三軍，擊劍則截蛟斷鼇，彎弧則吟猿落鴈。韓、彭、絳、灌，成沛公之基；寇、賈、吴、馮，奉蕭王之業。復有蒙輪挾輈之士，拔距投石之夫，驥馬追風，吴戈照日。

魏公屬當期運，伏兹億兆，躬擐甲胄，跋涉山川，櫛風沐雨，豈辭勞倦。遂起西伯之師，將問南巢之罪，百萬成旅，四七爲名，呼吸則河、渭絶流，叱咤則嵩、華自拔。以此攻城，何城不陷；以此擊陣，何陣不摧。譬猶瀉滄海而灌殘熒，舉崑崙而壓小卵。鼓行而進，百道俱前，以今月二十一日届於東都。而昏朝文武、留守段達等，昆吾惡稔，飛廉姦佞，久迷天數，敢拒義兵，驅率醜徒，衆有十萬，迴洛倉北，遂來舉斧。於是熊羆角逐，貔虎争先，因其倒戈之心，乘我破竹之勢，曾未旋踵，瓦解冰銷，坑卒則長平未多，積甲則熊耳爲小。達等助桀爲虐，嬰城自固，梯衝亂舞，徒設九拒之謀；鼓角將鳴，空憑百樓之險。燕巢衛幕，魚遊宋池，殄滅之期，匪朝伊暮。

《舊唐書》卷七三《薛收傳》　秦府記室房玄齡薦之於太宗，即日召見，問以經略，收辯對縱橫，皆合旨要。授秦府主簿，判陝東道大行臺金部郎中。時太宗專任征伐，檄書露布，多出於收，言辭敏速，還同宿構，馬上即成，曾無點竄。

太宗討王世充也，竇建德率兵來拒，諸將皆以爲宜且退軍，以觀賊形勢。收獨建策曰：「世充據有東都，府庫填積，其兵皆是江淮精鋭，所患者在於乏食，是以爲我所持，求戰不可。建德親總軍旅，來拒我師，亦當盡彼驍雄，期於奮決。若縱其至此，兩寇相連，轉河北之糧以相資給，則伊、洛之間戰鬬不已。今宜分兵守營，深其溝防，即世充欲戰，慎勿出兵。大王親率猛鋭，先據成臯之險，訓兵坐甲，以待其至。彼以疲弊之師，當我堂堂之勢，一戰必克。建德即破，世充自下矣。不過兩旬，二國之君，可面縛麾下。若退兵自守，計之下也。」太宗納之，卒擒建德。

東都平，太宗入觀隋氏宫室，嗟後主罄人力以逞奢侈。收進曰：「竊聞峻宇雕牆，殷辛以滅；土階茅棟，唐堯以昌。秦帝增阿房之飾，漢后罷露臺之費，故漢祚延而秦禍速，自古如此。後主曾不能察，以萬乘之尊，困一夫之手，使土崩瓦解，取譏後代，以奢虐所致也。」太宗悦其對。及軍還，授天策府記室參軍。

太宗初授天策上將、尚書令，命收與世南並作第一讓表，竟用收者。太宗曾侍高祖遊後園中，獲白魚，命收爲獻表，收援筆立就，不復停思，時人推其二表贍而速。從平劉黑闥，封汾陰縣男。武德六年，以本官兼文學館學士，與房玄齡、杜如晦特蒙殊禮，受心腹之寄。又嘗上書諫獵，太宗手詔曰：「覽讀所陳，實悟心膽，今日成我，卿之力也。明珠兼乘，豈比來言，當以誠心，書何能盡。今賜卿黄金四十鋌，以酬雅意。」

《舊唐書》卷八五《張文瓘傳》　時初造蓬萊、上陽、合璧等宫，又征討四夷，廄馬有萬匹，倉庫漸虚。文瓘因進諫曰：「人力不可不惜，百姓不可不養，養之逸則富以康，使之勞則怨以叛。秦皇、漢武，廣事四夷，多造宫室，使土崩瓦解，户口減半。臣聞制化於未亂，保邦於未危，人罔常懷，懷於有仁。陛下不制於未亂之前，安能救於既危之後？百姓不堪其弊，必構禍難，殷鑒不遠，近在隋朝。臣願稍安撫之，無使生怨。」上深納其言，於是節減廄馬數千匹，賜文瓘繒錦百段。【略】

文瓘性嚴正，諸司奏議，多所糾駁，高宗甚委之。或時卧疾在家，朝廷每有大事，上必問諸宰臣曰：「與文瓘議未？」奏云未者，則遣共籌之；奏云已議者，皆報可從之。其後新羅外叛，高宗將發兵討除。時文瓘疾病在家，乃輿疾請見，奏曰：「比爲吐蕃犯邊，兵屯寇境，新羅雖未即順，師不内侵。若東西俱事征討，臣恐百姓不堪其弊。請息兵修德以安百姓。」高宗從之。

《舊唐書》卷八七《魏玄同傳》　累遷至吏部侍郎。玄同以既委選舉，恐未盡得人之術，乃上疏曰：

臣聞製器者必擇匠以簡材，爲國者必求賢以莅官。匠之不良，無以成其工；官之非賢，無以致於理。君者，所以牧人也；臣者，所以佐君也。君不養人，失君道矣；臣不輔君，失臣任矣。任人者，誠國家之基本，百姓之安危也。方今人不加富，盗賊不衰，獄訟未清，禮義猶闕者，何也？下吏不稱職，庶官非其才也。官之不得其才者，取人之道，有所未盡也。【略】

且魏人應運，所據者乃三分；晉氏播遷，所臨者非一統。逮乎齊、宋，以及周、隋，戰争之日多，安泰之時少，瓜分瓦裂，各在一方。隋氏平陳，十餘年耳，接以兵禍，繼以饑饉，既德業之不逮，或時事所未遑，非謂是今而非古也。武德、貞觀，與今亦異，皇運之初，庶事草創，豈唯日不暇給，亦乃人物常稀。天祚大聖，享國永年，比屋可封，異人間出。咸以爲有道恥賤，得時無怠，諸色入流，歲以千計。羣司列位，無復新加，官有常員，人無定限。選集之始，霧積雲屯，擢敍於終，十不收一。淄澠雜混，玉石難分，用捨去留，得失相半。撫即事之爲弊，知及後之滋失。

《舊唐書》卷一四三《李懷仙傳》　李懷仙，柳城胡人也。世事契丹，降將，守營州。禄山之叛，懷仙以裨將從陷河洛。安慶緒敗，又事史思明。善騎射，有智數。朝義時，僞授爲燕京留守、範陽尹。寶應元年，元帥雍王統迴紇諸兵收復東都，朝義渡河北走，乃令副元帥僕固懷恩率兵追之。時羣凶瓦解，國威方振，賊黨聞懷恩至，望風納款。朝義以餘孽數千奔範陽，懷仙誘而擒之，斬首來獻。屬懷恩私欲樹黨以固兵權，乃保薦懷仙可用；代宗復授幽州大都督府長史、檢校侍中、幽州盧龍等軍節度使，與賊將薛嵩、田承嗣、張忠志等分河朔而帥之。既而懷恩叛逆，西蕃入寇，朝廷多故，懷仙等四將各招合遺孽，治兵繕邑，部下各數萬勁兵，文武將吏，擅自署置，貢賦不入於朝廷，雖稱藩臣，實非王臣也。朝廷初集，姑務懷安，以是不能制。懷仙大曆三年爲其麾下兵馬使朱希彩所殺。

《舊唐書》卷一七九《蕭遘張濬等傳論》　史臣曰：嗚呼！李氏之失馭也，宇沴之氣紛如，仁義之徒殆盡。狐鳴鴟嘯，瓦解土崩。帶河礪嶽之門，寂無琨、逖；奮挺揭竿之類，唯劾敦、玄。手未捨於棘矜，心已萌于問鼎。加以囂浮士子，闖茸觚儒，昧管、葛濟時之才，無王、謝扶顛之業，邀功射利，陷族喪邦。濬、緯養虎於前，胤、瓈剥廬於後。逐徐、薛於瘴海，置綮、朴於巖廊。殿廷有哭制之夫，輔弼走破輿之黨。九疇既紊，百怪斯呈。木將朽而蠹蝎生，厲既篤而夔魖見。妖徒若此，亡國宜然。何必長星，更臨衰運？

《新唐書》卷二《太宗紀》 〔貞觀〕二十年正月辛未，夏州都督喬師望及薛延陀戰，敗之。丁丑，遣使二十二人，以六條黜陟于天下。庚辰，赦并州，起義時編户給復三年，後附者一年。

二月甲午，從伐高麗無功者，皆賜勳一轉。庚申，賜所過高年鰥寡粟。

三月己巳，至自高麗。庚午，不豫，皇太子聽政。己丑，張亮謀反，伏誅。

閏月癸巳朔，日有食之。

六月乙亥，江夏郡王道宗、李世勣伐薛延陀。

七月辛亥，疾愈。李世勣及薛延陀戰，敗之。

八月甲子，封孫忠爲陳王。己巳，如靈州。庚辰，次涇州，賜高年鰥寡粟帛。丙戌，踰隴山關，次瓦亭，觀馬牧。丁亥，許陪陵者子孫從葬。

九月辛卯，遣使巡察嶺南。甲辰，鐵勒諸部請上號爲「可汗」。辛亥，靈州地震。

十月，貶蕭瑀爲商州刺史。丙戌，至自靈州。

十一月己丑，詔：「祭祀、表疏，藩客、兵馬、宿衛行魚契給驛，授五品以上官及除解，決死罪，皆以聞，餘委皇太子。」

《新唐書》卷一六三《柳子華傳》 子華，公綽諸父也。始辟嚴武劍南府，累遷池州刺史。代宗將幸華清宫，先命完葺，欲以子華爲京兆少尹，尹惡其剛方，沮解之，遂爲昭應令，檢校金部郎中、脩宫使。設棘圍於市，徇邑中曰：「民有得華清瓦石材用，投圍中，踰三日不還者死。」不終日，已山積矣，營辦略足。宰相元載有别墅，以奴主務，自稱郎將，怙勢縱暴，租賦未嘗入官。子華因奴入謁，收付獄，劾發宿罪，杖殺之，一邑震伏。載不敢怨，遣吏厚謝。預知其終，自爲墓銘。

《新唐書》卷一六八《柳宗元傳》 俄而叔文敗，貶邵州刺史，不半道，貶永州司馬。既竄斥，地又荒癘，因自放山澤間，其堙厄感鬱，一寓諸文，倣《離騷》數十篇，讀者咸悲惻。【略】

又詒京兆尹許孟容曰：

宗元早歲與負罪者親善，始奇其能，謂可以共立仁義，裨教化。過不自料，勤勤勉勵，唯以忠正信義爲志，興堯、舜、孔子道，利安元元爲務，不知愚陋不可以彊，其素意如此也。末路厄塞臲卼，事既壅隔，狠忤貴近，狂疎繆戾，蹈不測之辜。今其黨與幸獲寬貸，各得善地，無公事，坐食奉禄，德至渥也，尚何敢更俟除棄廢痼，希望外之澤哉？年少氣鋭，不識幾微，不知當否，但欲一心直遂，果陷刑法，皆自所求取，又何怪也？

宗元於衆黨人中，罪狀最甚，神理降罰，又不能即死，猶對人語言，飲食自活，迷不知耻，日復一日。然亦有大故。自以得姓來二千五百年，代爲冢嗣，今抱非常之罪，居夷獠之鄉，卑濕昏霧，恐一日填委溝壑，曠墜先緒，以是怛然痛恨，心骨沸熱。煢煢孤立，未有子息，荒陬中少士人女子，無與爲婚，世亦不肯與罪人親昵。以是嗣續之重，不絶如縷，每春秋時饗，孑立捧奠，顧眄無後繼者，懍懍然欷歔惴惕，恐此事便已，摧心傷骨，若受鋒刃。此誠丈人所共閔惜也。先墓在城南，無異子弟爲主，獨託村鄰。自譴逐來，消息存亡不一至鄉閭，主守固以益怠。晝夜哀憤，懼便毁傷松柏，芻牧不禁，以成大戾。近世禮重拜掃，今闕者四年矣。每遇寒食，則北向長號，以首頓地。想田野道路，士女徧滿，皁隸庸丐，皆得上父母丘墓，馬醫、夏畦之鬼，無不受子孫追養者。然此已息望，又何以云哉？城西有數頃田，樹果數百株，多先人手自封植，今已荒穢，恐便斬伐，無復愛惜。家有賜書三千卷，尚在善和里舊宅，宅今三易主，書存亡不可知。皆付受所重，常繫心腑，然無可爲者。立身一敗，萬事瓦裂，身殘家破，爲世大僇。是以當食不知辛鹹節適，洗沐盥漱，動逾歲時，一搔皮膚，塵垢滿爪，誠憂恐悲傷，無所告愬，以至此也。

《舊五代史》卷二《梁書・太祖紀二》 〔開平二年〕十一月癸卯，鄜帥李周彝統兵萬餘人屯于岐之北原，與城中舉烽以相應。翼日，帝以周彝既離本部，鄜畤必無守備，因命孔勍乘虚襲下之。甲寅，鄜州平。周彝聞之，收軍而遁。茂貞既失鄜州之援，愕然有瓦解之懼，繇是議還警蹕，誅閹寺以自贖焉。

《舊五代史》卷三一《唐書・莊宗紀第五》 同光二年春正月庚子朔，帝御明堂殿受朝賀，仗衛如式。壬寅，南郊禮儀使、太常卿李燕進太廟登歌酌獻樂舞名，懿祖室曰《昭德之舞》，獻祖室曰《文明之舞》，太祖室曰《應天之舞》，昭宗室曰《永平之舞》。甲辰，幽州上言，契丹入寇至瓦橋。以天平軍節度使李嗣源爲北面行營都招討使，陝州留後霍彦威爲副，率軍援幽州。己巳，故宣武軍節度副使、權知軍州事、檢校太傅王瓚贈太子太師。丁未，詔改朝元殿復爲明堂殿，又改崇勳殿爲中興殿。戊申，以振武軍節度使、檢校太傅、同平章事李存霸權知潞州留後。以知保大軍軍州事高允韜爲檢校太保。庚戌，以涇原節度使、充秦王府諸道行軍司馬、開府儀同三司、檢校太尉、兼侍中李從曮爲檢校太尉，兼中書令，依前涇原軍節度使，充秦王府諸道行軍司馬。詔改應順門爲永曜門，太平門爲萬春門，通政門爲廣政門，鳳明門爲韶和門，萬春門爲中興門，解卸殿爲端明殿。

是日，詔曰：「皇綱已正，紫禁方嚴，凡事内官，不合更居外地。詔諸道應有内官，不計高低，並仰逐處并家口發遣赴闕，不得輒有停滯。」帝龍潛時，寺人數已及五百，至是合諸道赴闕者，約千餘人，皆給賜優贍，服玩華侈，委之事務，付以腹心。唐時宦官爲内諸司使務、諸鎮監軍，出納王命，造作威福，昭宗以此亡國。及帝奄有天下，當知戒彼前車，以爲殷鑒，一朝復興玆弊，議者惜之。新羅王金朴英遣使朝貢。

《舊五代史》卷七三《唐書・段凝傳》 段凝，開封人也。本名明遠，少穎悟，多智數。初爲澠池簿，脱荷衣以事梁祖，梁祖漸器之。開平三年十月，自東頭供奉官授右威衛大將軍，充左軍巡使兼水北巡檢使。凝妹爲梁祖美人，故稍委心腹。四年五月，授懷州刺史。

乾化元年十二月，梁祖北征迴，過郡，凝貢獻加等，梁祖大悦。梁祖復北，凝迎奉進貢，有加於前。梁祖次相州，刺史李思安迎奉疏怠，梁祖怒，貶思安。制云：「懷州刺史段明遠，少年治郡，庶事惟公，兩度祗奉行鑾，數程宿食本界，動無遺闕，舉必周豐，蓋能罄竭於家財，務在顯酬夫明奬。觀明遠之忠勤若此，見思安之悖慢何如！」其見賞如此。其後，遷鄭州刺史，監大軍於河上。梁末帝以戴思遠爲北面招討使，行師不利，用王彦章代之，受任之翌日，取德勝之南城，軍聲大振。張漢倫等推功於凝，凝掎摭彦章之失以間之。梁末帝怒，罷彦章兵權。凝納賂於趙、張二族，求爲招討使，敬翔、李振極言不可，竟不能止。凝以衆五萬營於高陵津，裨將康延孝叛歸莊宗，延孝具陳梁軍虚實，莊宗遂決長驅之計。

未幾，莊宗入汴，凝自滑率兵而南，前鋒杜晏球至封丘，解甲聽命。翌日，凝率大軍乞降於汴郊，莊宗釋之，復以凝爲滑州兵馬留後，賜姓，名紹欽。有頃，正授節度，改兖州節度使。凝初見莊宗，因伶人景進通貨於宫掖。凝天性姦佞，巧言飾智，善候人意。其年，契丹寇幽州，命宣徽使李紹宏監護諸軍，以禦契丹，凝與董璋戍瓦橋關。凝巧事紹宏，紹宏嘗乘間奏凝蓋世奇才，可以大任，屢請以兵柄委之。郭崇韜曰：「段凝亡國敗軍之將，姦諂難狀，不可信也。」凝在藩鎮，私用庫物數萬計，有司促償，中旨貰其負。同光三年四月，移授鄧州節度使。四年二月，趙在禮據鄴城，李紹宏請用凝爲大將，莊宗許之，令具方略條奏。凝所請偏裨皆取其己黨，莊宗疑之，乃止。明宗至洛陽，霍彦威怒其前事，與温韜同收下獄，詔釋之，放歸田里。明年，竄於遼州，竟與温韜同制賜死。

《舊五代史》卷一三六《僭僞傳・王衍》 衍，建之幼子也。建卒，衍襲僞位，改元乾德。六年十二月，改明年爲咸康。秋九月，衍奉其母、徐妃同遊於青城山，駐於上清宫。時宫人皆衣道服，頂金蓮花冠，衣畫雲霞，望之若神仙，及侍宴，酒酣，皆免冠而退，則其髻髽然。又構怡神亭，以佞臣韓昭等爲狎客，雜以婦人，以恣荒宴，或自旦至暮，繼之以燭。僞嘉王宗壽侍宴，因以社稷國政爲言，言發涕流，至於再三。同宴佞臣潘在迎等並奏衍云：「嘉王好酒悲。」因翻恣諧謔，取笑而罷。自是忠正之臣結舌矣。

時中國多故，衍得以自安。唐莊宗平梁，遣使告捷於蜀，蜀人恟懼，致禮復命，稱「大蜀國主致書上大唐皇帝」，詞理稍抗，莊宗不能容，遣客省使李嚴報聘，且市宫中珍玩，蜀人皆禁而不出。衍既沖騃，軍國之政，咸委於人。有王宗弼者，爲六軍使，總外任；宋光嗣者，爲樞密使，總内任。洎嚴至蜀，光嗣等曲宴，因言中國近事，嚴亦引近事折之，語在嚴傳。光嗣等聞嚴辯對，畏而奇之。及嚴使還，奏莊宗曰：「王衍騃童耳，宗弼等總其兵柄，但益家財，不卹民事，君臣上下，唯務窮奢。其舊勳故老，棄而不任，蠻蜑之人，痛深瘡痏。以臣料之，大兵一臨，望風瓦解。」莊宗深然之，遂蒐兵括馬，有平蜀之志。唐師未起時，僞東川節度使宋承葆獻計於衍云：「唐國兵強，不早爲謀，後將焉救。請於嘉州沿江造戰艦五百艘，募水軍五千，自江下峽；臣以東師出襄、鄧，水陸俱進，東北沿邊，嚴兵據險。南師出江陵，利則進取，否則退保硤口。又選三蜀驍壯三萬，急攻岐、雍，東據河、潼，北招契丹，啗以美利，見可則進，否則據散關以固吾圉，事縱不捷，亦攻敵人之心矣。」衍不從。

《宋史》卷二八八《孫沔傳》 景祐元年，禮院奏用冬至日册后，沔奏：「喪未祥禫而行嘉禮，非制也。」同安縣尉李安世上書指切朝政，被劾，沔奏：「加罪安世，恐杜天下言者，請勿治。」黜知衡山縣。道上書言時事，再貶永州監酒。移通判潭州、知處州。復爲監察御史，再知楚州。所在皆著能迹。召爲左正言，論事益有直名。遷尚書工部員外郎，提舉兩浙刑獄，遂以起居舍人爲陝西轉運使。

時宰相呂夷簡求罷，仁宗優詔弗許。沔上書言：「自夷簡當國，黜忠言，廢直道，及以使相出鎮許昌，乃薦王隨、陳堯叟代己。才庸負重，謀議不協，忿爭中堂，取笑多士，政事寖廢。又以張士遜冠台席，士遜本乏遠識，至褻國事。蓋夷簡不進賢爲社稷遠圖，但引不若己者爲自固之計，欲使陛下知輔相之位非己不可，冀復思己而召用也。陛下果召夷簡還，自大名入秉朝政，于茲三年，不更一事。以姑息爲安，以避謗爲智。西州將帥累以敗聞，契丹無厭，乘此求賂。兵殲貨悖，天下空竭，刺史牧守，十不得一。法令變易，士民怨咨，隆盛之基，忽至於此。今夷簡以病求退，陛下手和御藥，親寫德音，乃謂『恨不移卿之疾在于朕躬』，四方義士傳聞詔語，有泣下者。夷簡在中書二十年，三冠輔相，所言無不聽，所請無不行，有宋得君，一人而已，未知何以爲陛下報？天下皆稱賢而陛下不用者，左右毁之也；皆謂儉邪而陛下不知者，朋黨蔽之也。比契丹復盟，西夏款塞，公卿忻忻，日望和平。若因此振紀綱，修廢墜，選賢任能，節用養兵，則景德、祥符之風，復見於今矣。若恬然不顧，遂以爲安，臣恐土崩瓦解，不可復救。而夷簡意謂四方已寧，百度已正，欲因病默默而去，無一言啓沃上心，别白賢不肖，雖盡南山之竹，不足書其罪也。」

書聞，帝不之罪，議者喜其謇切。

《宋史》卷四一一《朱貔孫傳》 丁大全在臺，勢燄熏灼，天久陰雨，貔孫貽書政府，言回積陰之道，去姦邪，罷手實，蠲米税。姦邪，指大全也。丞相董槐得書嘉歎。主管尚書刑、工部架閣文字。

宦者董宋臣寵幸用事，貔孫發策試胄子，極論宦寺專權之患，宋臣諷言者論罷之。光祖辟添差江東安撫司機宜文字，擢史館校勘。時大全執政，使其黨許以驟用，貔孫力拒之，且謁告歸省。遷太學博士，屬帝親擢監察御史兼崇政殿説書，首疏論大全權姦誤國之罪，倡言學校六士之寃。又以翕聚人才，凝固人心，精擇人言；增禁旅以壯帝畿，擇良守以牧内郡，選全才以守江面，嚴舟師以防海道；因地募兵，以應突至之敵，并力合勢，以援必守之地。時有建議遷都四明者，貔孫亟上疏言：「鑾輿若動，則三邊之將士瓦解，而四方之盜賊蠭起，必不可。」遂止。貔孫在講筵，言及宋臣撓政事忤旨。遷大理少卿，又遷司農少卿兼太子右諭德，詔許乘馬赴講。貔孫諭導得體，衍説經義，有關於君道者必委曲敷暢，陰寓警戒，太子每爲之改容。兼國史院編修官、實録院檢討官兼權直舍人院。

《遼史》卷三〇《天祚帝紀贊》 贊曰：遼起朔野，兵甲之盛，鼓行寰外，席卷河朔，樹晉植漢，何其壯歟？太祖、太宗乘百戰之勢，輯新造之邦，英謀叡略，可謂遠矣。雖以世宗中才，穆宗殘暴，連遭弑逆，而神器不摇。蓋由祖宗威令猶足以震疊其國人也。

聖宗以來，内修政治，外拓疆宇。既而申固鄰好，四境乂安。維持二百餘年之基，有自來矣。

降臻天祚，既丁末運，又觖人望，崇信姦回，自椓國本，羣下離心。金兵一集，内難先作，廢立之謀，叛亡之迹，相繼蠭起。馴致土崩瓦解，不可復支，良可哀也！耶律與蕭，世爲甥舅，義同休戚。奉先挾私滅公，首禍構難，一至於斯。天祚窮蹙，始悟奉先誤己，不幾晚乎！

淳、雅里所謂名不正，言不順，事不成者也。大石苟延，彼善於此，亦幾何哉？

《金史》卷二七《河渠志》 宣宗貞祐三年十一月壬申，上遣參知政事侯摯祭河神於宜村。

三年四月，單州刺史顔盞天澤言：「守禦之道，當決大河使北流德、博、觀、滄之境。今其故堤宛然猶在，工役不勞，水就下必無漂没之患。而難者若不以犯滄鹽場損國利爲説，必以浸没河北良田爲解。臣嘗聞河側故老言，水勢散漫，則淺不可以馬涉，深不可以舟濟，此守禦之大計也。若曰浸民田，則河徙之後，淤爲沃壤，正宜耕墾，收倍于常，利孰大焉。若失此計，則河南一路兵食不足，而河北、山東之民皆瓦解矣。」詔命議之。

《元史》卷一九〇《儒學傳二・胡長孺》 長孺初師青田余學古，學古師王夢松，夢松亦青田人，傳龍泉葉味道之學，味道則朱熹弟子也。淵源既正，長孺益行四方，訪求其旨趣，始信涵養用敬爲最切，默存静觀，超然自得，故其爲人，光明宏偉，專務明本心之學，慨然以孟子自許。唯恐斯道之失其傳，誘引不倦，一時學者慕之，有如饑渴之於食飲。方嶽大臣與郡二千石，聘致庠序，敷繹經義，環聽者數百人。長孺爲言：「人雖最靈，與物同産，初無二本。」皆躍躍然興起，至有太息者。爲辭章有精魄，金舂玉撞，壹發其和平之音，海内來求者，如購拱璧，碑版焜煌，照耀四裔，苟非其人，雖一金易一字，毅然不與。鄉闈取士，屢司文衡，貴實賤華，文風爲之一變。

晚寓武林，病喘上氣者頗久。一旦具酒食，與比鄰别，云將返故鄉，門人有識其微意者，問曰：「先生精神不衰，何爲遽欲觀化乎？」長孺曰：「精神與死生，初無相涉也。」就寢，至夜半，喘忽止，其子駒排户視之，則正衣冠坐逝矣。年七十五。所著書有《瓦缶編》、《南昌集》、《寧海漫抄》、《顔樂齋藁》行于世。

《明史》卷一二七《李善長傳》 李善長，字百室，定遠人。少讀書有智計，習法家言，策事多中。太祖略地滁陽，善長迎謁。知其爲里中長者，禮之，留掌書記。嘗從容問曰：「四方戰鬬，何時定乎？」對曰：「秦亂，漢高起布衣，豁達大度，知人善任，不嗜殺人，五載成帝業。今元綱既紊，天下土崩瓦解。公濠産，距沛不遠。山川王氣，公當受之。法其所爲，天下不足定也。」太祖稱善。從下滁州，爲參謀，預機畫，主饋餉，甚見親信。太祖威名日盛，諸將來歸者，善長察其材，言之太祖。復爲太祖布款誠，使皆得自安。有以事力相齟齬者，委曲爲調護。郭子興中流言，疑太祖，稍奪其兵柄。又欲奪善長自輔，善長固謝弗往。太祖深倚之。太祖軍和陽，自將擊雞籠山寨，少留兵佐善長居守。元將諜知來襲，設伏敗之，太祖以爲能。

太祖得巢湖水師，善長力贊渡江。既拔采石，趨太平，善長預書榜禁戢士卒。城下，即揭之通衢，肅然無敢犯者。太祖爲太平興國翼大元帥，以爲帥府都事。從克集慶。將取鎮江，太祖慮諸將不戢下，乃佯怒欲置諸法，善長力救得解。鎮江下，民不知有兵。太祖爲江南行中書省平章，以爲參議。時宋思顔、李夢庚、郭景祥等俱爲省僚，而軍機進退，賞罰章程，多決於善長。改樞密院爲大都督府，命兼領府司馬，進行省參知政事。

太祖爲吴王，拜右相國。善長明習故事，裁決如流，又嫺於辭命。太祖有所招納，輒令爲書。前後自將征討，皆命居守，將吏帖服，居民安堵，轉調兵餉無乏。嘗請榷兩淮鹽，立茶法，皆斟酌元制，去其弊政。既復制錢法，開鐵冶，定魚税，國用益饒，而民不困。吴元年九月論平吴功，封善長宣國公。改官制，尚左，以爲左相國。太祖初渡江，頗用重典，一日，謂善長：「法有連坐三條，不已甚乎？」善長因請自大逆而外皆除之，遂命與中丞劉基等裁定律令，頒示中外。

《明史》卷二五四《孫居相傳》 孫居相，字伯輔，沁水人。萬曆二十年進士。除恩縣知縣。徵授南京御史。負氣敢言。嘗疏陳時政，謂「今内自宰執，外至郡守縣令，無一人得盡其職。政事日廢，治道日乖，天變人怨，究且瓦解土崩。縱珠玉金寶亙地彌天，何救危亂！」帝不省。誠意伯劉世延屢犯重辟，廢爲庶人，錮原籍。不奉詔，久居南京，益不法，妄言星變，將勒兵赴闕。居相疏發其奸，并及南京勳臣子弟暴横狀。得旨下世延吏，安遠、東寧、忻城諸侯伯子弟悉按問，强暴爲戢。税使楊榮激變雲南，守太和山中官黄勳嗾道士毆辱知府，居相皆極論其罪。

時中外多缺官，居相兼攝七差，署諸道印，事皆辦治。大學士沈一貫數被人言，居相力詆其奸貪植黨，一貫乃去，居相亦奪禄一年。連遭内外艱。服闋，起官，出巡漕運，還發湯賓尹、韓敬科場事。廷議當褫官，其黨爲營護，旨下法司覆勘。居相復發敬通賄狀，敬遂不振。故事，御史年例外轉，吏部、都察院協議。王時熙、魏雲中之去，都御史孫瑋不與聞。居相再疏劾尚書趙焕，焕引退。及鄭繼之代焕，復以私意出宋槃、潘之祥於外，居相亦據法力争。吏部侍郎方從哲由中旨起官，中書張光房等五人以持議不合時貴，擯不與科道選，居相並抗章論列。

當是時，朋黨勢成，言路不肖者率附吏部，以驅除異己，勢張甚。居相挺身與抗，氣不少沮。於是過庭訓、唐世濟、李徵儀、劉光復、趙興邦、周永春、姚宗文、吴亮嗣、汪有功、王萬祚輩羣起爲難。居相連疏搘拄，諸人迄不能害。至四十五年，亦以年例出居相江西參政，引疾不就。

《明史》卷二八一《循吏傳序》 明太祖懲元季吏治縱弛，民生凋敝，重繩貪吏，置之嚴典。府州縣吏來朝，陛辭，諭曰：「天下新定，百姓財力俱困，如鳥初飛，木初植，勿拔其羽，勿撼其根。然惟廉者能約己而愛人，貪者必朘人以肥己，爾等戒之。」洪武五年下詔有司考課，首學校、農桑諸實政。日照知縣馬亮善督運，無課農興士效，立命黜之。一時守令畏法，潔己愛民，以當上指，吏治焕然丕變矣。下逮仁、宣，撫循休息，民人安樂，吏治澄清者百餘年。英、武之際，内外多故，而民心無土崩瓦解之虞者，亦由吏鮮貪殘，故禍亂易弭也。嘉、隆以後，資格既重甲科，縣令多以廉卓被徵，梯取臺省，而龔、黄之治，或未之覯焉。神宗末年，徵發頻仍，礦税四出，海内騷然煩費，郡縣不克修舉厥職。而廟堂考課，一切以虚文從事，不復加意循良之選。吏治既以日媮，民生由之益蹙。仁、宣之盛，邈乎不可復追，而太祖之法蔑如矣。重内輕外，實政不修，謂非在上者不加之意使然乎！

雜録

劉安《淮南子·泰族訓》所謂有天下者，非謂其履勢位，受傳籍，稱尊號也；言運天下之力，而得天下之心。紂之地，左東海，右流沙，前交趾，後幽都。師起容關，至浦水，士億有餘萬。然皆倒矢而射，傍戟而戰。武王左操黄鉞，右執白旄，以麾之，則瓦解而走，遂土崩而下。紂有南面之名，而無一人之德，此失天下也。故桀、紂不爲王，湯、武不爲放。周處酆、鎬之地，方不過百里，而誓紂牧之野，入據殷國，朝成湯之廟，表商容之閭，封比干之墓，解箕子之囚，乃折枹毁鼓，偃五兵，縱牛馬，搢笏而朝天下。

王充《論衡·藝增》《尚書》曰：「祖伊諫紂曰：『今我民罔不欲喪。』」罔，無也，我天下民無不欲王亡者。夫言欲王之亡，可也；言無不，增之也。紂雖惡，民臣蒙恩者非一，而祖伊增語，欲以懼紂也。故曰：「語不益，心不惕；心不惕，行不易。」增其語，欲以懼之，冀其警悟也。蘇秦説齊王曰：「臨菑之中，車轂擊，人肩摩，舉袖成幕，連衽成帷，揮汗成雨。」齊雖熾盛，不能如此，蘇秦增語，激齊王也。祖伊之諫紂，猶蘇秦之説齊王也。賢聖增文，外有所爲，内未必然。何以明之？夫《武成》之篇，言「武王伐紂，血流浮杵」。助戰者多，故至血流如此。皆欲紂之亡也，土崩瓦解，安肯戰乎？然祖伊之言「民無不欲」，如蘇秦增語。《武成》言「血流浮杵」，亦太過焉。死者血流，安能浮杵？案武王伐紂於牧之野，河北地高，壤靡不乾燥，兵頓血流，輒燥入土，安得杵浮？且周、殷士卒，皆賫盛糧，無杵臼之事，安得杵而浮之？言血流杵，欲言誅紂，惟兵頓士傷，故至浮杵。

朱熹《朱子語類》一〇八《朱子五·論治道》問：「後世封建郡縣，何者爲得？」曰：「論治亂畢竟不在此。以道理觀之，封建之意，是聖人不以天下爲己私，分與親賢共理，但其制則不過大，此所以爲得。賈誼於漢言『衆建諸侯而少其力』。其後主父偃竊其説，用之於武帝。」端蒙。

諸生論郡縣封建之弊。曰：「大抵立法必有弊，未有無弊之法，其要只在得人。若是箇人，則法雖不善，亦占分數多了；若非其人，則有善法，亦何益於事！且如説郡縣不如封建，若封建非其人，且是世世相繼，不能得他去；如郡縣非其人，却只三兩年任滿便去，忽然换得好底來，亦無定。范太史《唐鑑》議論大率皆歸於得人。某初嫌他恁地説，後來思之，只得如此説。」又云：「革弊須從原頭理會。」燾。

「柳子厚《封建論》則全以封建爲非；胡明仲輩破其説，則專以封建爲是。要之，天下制度，無全利而無害底道理，但看利害分數如何。封建則根本較固，國家可恃；郡縣則截然易制，然來來去去，無長久之意，不可恃以爲固也。如役法亦然。荆公只見差役之害，而免役之利。」先生云：「差役時皆土著家户人，州縣亦較可靠；免役則皆浮浪之人。靖康間州縣亦有守令要守，而吏民皆散去，無復可恃。然其弊亦不勝其多。」揚。

先生言論間猶有不滿於五峰論封建井田數事。嘗疏其説以質疑。先生云：「封建井田，乃聖王之制，公天下之法，豈敢以爲不然！但在今日恐難下手。設使强做得成，亦恐意外别生弊病，反不如前，則難收拾耳。此等事，未須深論。他日讀書多，歷事久，當自見之也。」枅。

因論封建，曰：「此亦難行。使膏粱之子弟不學而居士民上，其爲害豈有涯哉！且以漢諸王觀之，其荒縱淫虐如此，豈可以治民！故主父偃勸武帝分王子弟，而使吏治其國，故禍不及民。所以後來諸王也都善弱，蓋漸染使然。積而至於魏之諸王，遂使人監守，雖飲食亦皆禁制，更存活不得。及至晉懲其弊，諸王各使之典大藩，摠强兵，相屠相戮，馴致大亂。」僩云：「監防太密，則有魏之傷恩；若寬去繩勒，又有晉之禍亂。恐皆是無古人教養之法，故爾。」曰：「那箇雖教，無人柰得他何。」或言：「今之守令亦善。」卓録起此，作郭兄問。曰：「却無前代尾大不掉之患。只是州縣之權太輕，卓録作「無權」。卒有變故，更支撑不住。」僩因舉祖宗官制沿革中，説祖宗時州郡禁兵之額極多，又有諸般名色錢可以贍養。及王介甫作相，凡州郡兵財，皆括歸朝廷，而州縣益虚。所以後來之變，天下瓦解，由州郡無兵無財故也。曰：「只祖宗時，州郡已自輕了。如仁宗朝京西羣盗横行，破州屠縣，無如之何。淮南盗王倫破高郵，郡守晁仲約以郡無兵財，遂開門犒之卓録作：「斂金帛賂之。」使去。富鄭公聞之大怒，欲誅守臣，曰：『豈有任千里之寄，不能拒賊，而反賂之！』范文正公争之曰：『州郡無兵無財，俾之將何捍拒？今守臣能權宜應變，以全一城之生靈，亦可矣；豈可反以爲罪耶？』然則彼時州郡已如此虛弱了，如何盡責得介甫！」僩。卓録今附于下：「介甫只是刮刷太甚，凡州郡禁兵闕額，盡令勿補填。且如一州有千人禁軍額，闕五百人，則本郡不得招填，每歲樁留五百名之衣糧，并二季衣賜之物，令轉運使掌之，而盡歸於朝廷，如此煞得錢不可勝計。」陳丈云：「記得先生説，教提刑掌之，歸朝廷，名曰『封樁闕額禁軍錢』。」又云：「也怪不得州郡，欲添兵，誠無糧食給之，其勢多招不得。某守南康，舊有千人禁軍額，某到時纔有二百人而已，然歲已自闕供給。本軍每年有租米四萬六千石，以三萬九千來上供，所餘者止七千石，僅能贍得三月之糧。三月之外，便用別擘畫措置，如斛面、加糧之屬。又盡，則預於民間借支。方借之時，早穀方熟，不得已出榜，令民先將早米來納，亦謂之租米。俟冬，則折除其租米，亦當大米之數，如此猶贍不給。壽皇數數有指揮下來，必欲招滿千人之額。某申去云：『不難於招，只是無討糧食處。』又行下云：『便不及千人，亦須招填五百人。』雖聖旨如此，然終無得錢糧處，只得如此挨過日子而已！想得自初千人之額，自來不曾及數。蓋州郡只有許多米，他無來處，何以贍給之？然上供外所餘七千石，州郡亦不得用。轉運使每歲行文字下來約束，只教樁留在本州，不得侵支顆粒。那裏有？年年侵使了，每監司使公吏下來檢視，州郡又厚賂遺之，使去。全無顆粒，怪不得。若更不得支此米，何從得贍軍？然亦只贍得兩三月，何況都無！非天雨鬼輸，何從得來！某在彼時，顏魯子王齊賢屢行文字下來，令不得動。某報去云：『累政即無顆粒見在。雖上司約束分明，柰歲用支使何？今求上司，不若爲之豁除其數。若守此虛名而無實，徒爲胥吏輩賂賄之地。又況州郡每歲靠此米支遣，決不能如約束，何似罷之？』更不聽，督責愈急。顏魯子又推王齊賢，王齊賢又推顏魯子。及王齊賢去，顏依舊行下約束，却被某不能管得，只認支使了。若以爲罪，則前後之爲守者皆一樣，又何從根究？其勢不柰何，只得如此處。」卓。

居今之世，若欲盡除今法，行古之政，則未見其利，而徒有煩擾之弊。又事體重大，阻格處多，決然難行。要之，因祖宗之法而精擇其人，亦足以治，只是要擇人。范淳夫《唐鑑》其論亦如此，以爲因今郡縣，足以爲治。某少時常鄙之，以爲苟簡因循之論。以今觀之，信然。僩。德明録云：「問：『今日之治，當以何爲先？』曰：『只是要得人。』」

朱熹《朱子語類》卷一三三《本朝七・盜賊》 方臘起，向薌林時爲小官。言今無策，只有起劉元城陳了翁作相，則心不戰而自平。揚。

伊川嘗説，今人都柔了。蓋自祖宗以來，多尚寬仁，不曾用大利之屬，由此人皆柔軟，四方無盜賊。後來靖康時多盜，蓋虜難方急，朝廷無暇治之耳。且如紹聖之後，山東河北連年大饑而盜作，也皆隨即仆滅。但見長上云，若更遲四五年，虜人不來，盜亦難禁止，蓋是饑荒極了。義剛。

方臘之亂，愚民望風響應。其閒聚黨刼掠者，皆假竊臘之名字，人人曰「方臘來矣」！所至瓦解。臘之婦紅裝盛飾，如后妃之象。以鏡置胸懷閒，就日中行，則光采爛然，競傳以爲祥瑞。儒用。

王世貞《弇山堂別集》卷二九《史乘考誤十》 《戚編修瀾墓誌》，王文肅與所志不一及之，豈子不語神意耶？近見楊用修《丹鉛餘録》所紀甚詳，云公餘姚人，字文湍，以編修服闋上。東渡錢塘江，風濤大作，有絳紗燈數百對，照江水通明，丈夫九人，帕首袴韡，帶劍乘白馬，飛馳水面如平地。舟人大恐，戚公曰：「毋懼，吾知之矣。」推窗看之，九人皆下馬跪，公問曰：「若輩非桑石將軍九弟兄耶？」曰：「然。」曰：「去，吾諭矣。」皆散。公命舟人返棹，曰：「有事，吾當還。」遂歸。抵家，謂家人曰：「某日吾將逝矣。」及期，沐浴朝服坐，嚮九人率甲士來迎，行踐屋瓦，瓦皆碎，戈矛旌幟，晃耀填擁。有頃，公卒後，車騎騰踔，前後若有所呵衛者，隱隱入空而滅。後丘文莊公夫人自南海浮江而上，過鄱陽湖，夜夢達官呵擁入舟，曰：「吾乃翰林編修戚瀾也，昔與丘先生同官，義不容絶，特報耳。三日後有風濤之險，隻帆片櫓無存，可亟還於岸。」夫人驚覺，如其言，移止寺中。未幾，江中果有風濤，衆舟盡溺。至京，夫人白其事於文莊公，公以聞於朝，遣官諭祭。文莊又爲文祭之，云：「於乎文湍，剛勁之質，豪放之氣，高義激切，直上薄乎雲天，巨眼空闊，每下視乎塵世。凡衆人之嗜欲，舉不足以動其中。一時之交游，少足以當其意。時發驚筵之辨，臧否罔不稱情。間若罵坐之狂，毀譽皆有所試。醉言無異於醒，面折不違於背。僕也於君，若有宿契，始落落以難合，終偲偲而交勵。奈何命與心違，中道而逝，老我後死於十二祼。孰知冥冥之中，猶有舊交之誼。老妻北來，舟次江澨，夢中彷彿如見，報以風濤將至，預告以期，使知趨避，既而果然，幸免顛躓。於乎，人傳君之爲神，涖胥濤而享祀，即今所過而驗之，無乃秉司乎江湖之事。由其生也不盡用於明時，故其死也見録於上帝。於乎，友道之廢也久矣，曰友曰朋，如兄如弟，指金石以爲盟，刑雞犬而設誓。頭角稍殊，情態頓異。雲泥隔則易交，勢位判則相忌，對面如九疑之峯，跬步有千丈之勢。半臂纔分，遇諸塗則掩面而過，宿酲未醒，踰其閾則騰口以刺。過門不入室，反爲操戈之舉，落穽不援手，忍拋下石之計。親於其身也遑恤，况伉儷乎？生爲人也尚然，况下世乎？於乎文湍，生死無二心，始終同一致。不忝爲聰明正直之神，真可謂英邁特傑之士。緬想舊遊，稠人廣會，一飯百十鍾，揮毫數千字。故以平生之素好，用答故人之陰惠。詩以寫不盡之情，酒以侑有從之淚。具別紙以焚燎，就宿草以澆酹。靈神如在，來鑒於是，不鄙世人之凡言，特歆御醞之醇味。詩曰：「幽顯殊途隔死生，九原猶有故人情。曼卿真作芙蓉主，太白常留翰苑名。念我冥冥來入夢，哀君惻惻每吞聲。朝回坐對黃封酒，悵歎雞壇負舊盟。」其辭不甚雅，第見公之果爲神，且以補志之闕云爾。

王世貞《弇山堂別集》卷八五《詔令雜考一·高帝平僞周榜》　高皇聖旨。吳王令旨。總兵官準中書省咨敬奉令旨：予聞伐罪救民，王者之師，考之往古，世代昭然。軒轅氏誅蚩尤，殷湯伐葛伯，文王伐崇侯，三聖人之起兵也，非富天下，本爲救民。近覩有元之末，生居深宮，臣操威福，官以賄求，罪以情免，臺憲舉親而劾讎，有司差貧而優富，廟堂以爲慮。方添冗官，又改鈔法，役數十萬民湮塞黃河，死者枕籍于道途，哀苦聲聞于天下。不幸小民，誤中妖術，不解其言之妄誕，酷信彌勒之真有，冀其治世，以蘇困苦，聚爲燒香之黨，根蟠汝、潁，蔓延河、洛。妖言既行，兇謀遂逞，焚蕩城郭，弒戮士夫，荼毒生靈，無端萬狀。元以天下兵馬錢糧，大勢而討之，略無功效，愈見猖獗，然事終不能濟世安民。是以有志之士，旁觀熟慮，乘勢而起，或假元世爲名，或託香車爲號，以孤兵自立，皆欲自爲，由是天下土崩瓦解。予本濠梁之民，初列行伍，漸至提兵，灼見妖言不能成事，又度胡運難以立功，遂引兵渡江，賴天地祖宗之靈及將相之力，一鼓而有江左，再戰而定浙東。陳氏稱號，據土上游。爰興問罪之師，彭蠡交兵，元惡授首，父子兄弟，面縛輿櫬，既待以不死，又封以列爵，將相皆置于朝班，民庶各安于田里。荆襄湖廣，盡入版圖，雖化理未洽，而政令頗修。惟兹姑蘇張士誠，爲民則私販鹽貨，行劫于江湖，兵興則首聚凶徒，負固于海島，其罪一也。恐海隅一區，難抗天下全勢，詐降于元，坑其參政趙璉，囚其待制孫撝，二也。厥後掩襲浙西，兵不滿數萬，地不足千里，僭號改元，三也。初寇我邊，一戰生擒其親弟，再犯浙省，揚兵直擣其近郊，首尾畏縮，四也。又詐謀害楊左丞，五也。占據浙江，錢糧十年不貢，六也。知元綱已墜，公然害其丞相迭失帖木兒、南臺大夫普花帖木兒，七也。恃其地險食足，誘我叛將，掠我邊民，八也。凡此八罪，又甚于蚩尤、葛伯、崇侯，雖黃帝、湯、文與之同世，亦所不容，理宜征討，以靖天下，以濟斯民。爰命中書左相國徐達，總率馬步舟師，分道並進，攻取浙西諸處城池。已行戒飭軍從，征討所到，殲厥渠魁，脅從罔治，備有條章。凡逋逃臣民，被陷軍士，悔悟來歸，咸宥其罪。有爾張氏臣寮，果能明識天時，或全城附順，或棄刃投降，名爵賞賜，予所不吝。凡爾百姓，果能安業不動，即我良民，舊有田產房舍，仍前爲生，依額納糧，以供軍儲，餘無科取，使汝等永保鄉里，以全室家，此興師之故也。敢有千百相聚旅拒王師者，即當移兵剿滅，遷徙宗族于五溪、兩廣，永離鄉土，以禦邊戎。凡予之言，信如皎日，咨爾臣庶，毋自惑疑。敬此。除敬遵外，咨請施行，準此。合就備出榜文曉諭，教依令旨事意施行。右文榜須議出給者。

龍鳳十二年五月二十一日太守荆營許士傑齎到。

孫承澤《春明夢餘録》卷二四《内閣二》　兵部員外華允誠可惜可憂疏：竊見三、四年來，皇上焦勞于上，羣百工執事鞅掌拮据于下，匆匆孜孜，日不暇給。而法令滋章，臣民解體，人材蕩盡，根本受傷，此臣所謂可惜可憂者也。以皇上聖德，加之勵精，何難手握大權，坐躋至治。乃當事者借皇上剛嚴而佐以舞文擊斷之術，借皇上綜核而騁其訟逋握筭之能，遂使和恒之世，競尚刑名，清明之躬，浸成叢脞。以皇上圖治之盛心，爲諸臣鬬智之捷徑，可惜者一。人臣典幹展采，止此精氣，今但以窺瞯微指爲盡心，抉摘細瑕爲快意，乃至率屬大僚，驚魂于回奏認罪，封駁重臣，奔走于接本守科，直指風裁，徒徵事件，長吏考課，惟問錢粮，遂使官守言責，止歸牒牘之繁，吏治民生，盡成鉤較之務，以多士修職之精神，爲小夫趨辦之能事，可惜者二。今何時乎，非大小臣工同舟遇風之時乎？而廟堂不以人心爲憂，政本不以人才爲重，四海漸成土崩瓦解之形，諸臣但有角户分門之見，意見互觭，議論滋煩，遂使倏勦倏撫，等于築舍，忽用忽舍，有若舉碁，以興邦啓聖之日時，爲即聾從昧之舉動，可惜者三。國家所據以總一天下者，法也。今雷霆所及，幾莫知其方矣。喪師誤國之王化貞，何以與楊鎬異辟，潔己愛民之余大成，何至與孫元化並逮，甚而一事偏誤，一言偶咈，執訊隨之，反使輕猾者不以扞罔爲懼，而矜嬌者且以對吏爲榮。刑罰不中，鈇鉞無威，可憂也。國家所恃以爲元氣者，公論也。今直言敢諫之士一鳴立斥，指佞薦賢之章非訏(訐)則黨，不惟不用其言，并錮其人，不惟錮其人，又加之罪，遂使諸臣相戒拱嘿，喑塞求容，是非共蔽，忠讒互淆，可憂也。國家所賴以爲防維者，廉恥也。今大臣握重權，大官而有徒隸之心，小臣惟望所占風，而鮮特立之操。近者中使一遣，妄自尊倨，與之抗衡者僅二三人耳，其餘奔走期會，惟恐後時，諂曲趨承，猶虞獲戾。皇上以爲近臣可倚，而不知倖竇已開；以爲内臣可惟吾操縱，而不知其屈辱士大夫已如此矣，貪競成風，羞惡盡喪，可憂也。國家所藉以進賢退不肖者，銓衡也。古者宰相之職，實兼今之閣部，權太重而易以爲奸。國家罷設丞相，于是用人之職吏部掌之，而閣臣不得侵焉。今次輔與冢臣以同邑爲朋比，惟異己之驅除，閣臣兼操吏部之權，吏部惟阿閣臣之意，線索呼吸，機關首尾，造門請命，夜以爲常。統均大臣，甘作承行之吏，加膝墮淵，惟其所欲，黜陟大柄，祇供報復之私。卿貳美官，兩手握定，而私人遍布脉暗，通乎南北；封疆重寄，一味游移，致覆轍相尋，憂獨遺于君父。甚至庇同鄉，則逆黨可公然保舉，而白簡翻爲罪案；排正類，則講官可借題逼逐，而薦剡遂作爰書。皇上惡諸臣之欺，欺莫大于此矣；皇上怒諸臣之擅，擅莫專于此矣；皇上厭諸臣之黨，黨莫固于此矣。威福下移，舉錯倒置，權焰薰灼，正氣消靡，可憂也。臣區區之心，願皇上尚德緩刑，用賢去佞，勿以至聖至神之資爲臣下所誤，勿以治人治法之大爲奸回所牽，勿過用嚴而使士氣人心日趨于頑懦，勿偏爲任而使名流善類永錮于清時。使臣言得行，即加臣以出位僭言之罪，有餘榮矣。

王士禛《池北偶談》卷六《談獻二·段復興》 段公復興，兖州陽穀人，明末爲秦中監司，有威惠。崇禎癸未冬，李自成入關，西安陷，諸郡瓦解。賊檄至慶陽，公怒裂之，斬其使，誓以死守。十一月十六日，賊陷慶陽，公巷戰，力竭死之。母夫人、妻楊氏、妾劉氏、宗氏、張氏、子瑞、女成，暨婢僕七人，皆自焚死。秦人立祠，春秋饗祀，有禱輒應。以比唐段太尉，關中人稱二段云。

瓷器總部

#《瓷器總部》提要

隨着選料和製陶技術的進步，原始瓷器在商代開始出現。與陶器相比，原始瓷器用瓷土做坯料，表面塗施釉層，燒成温度高達一二〇〇度左右，因而器具硬度增加，表面光滑，不易滲水和污染。經歷了夏商周三代和秦西漢後，到東漢中晚期，開始出現近現代意義上的瓷器。瓷器雜質少，燒成温度高達一三一〇度，瓷胎燒結堅密，不吸水，胎體透光性良好，釉層光澤透明，無剥釉現象。此後，中國古代的瓷器經歷了漢晉時期的青瓷、黑瓷、白瓷，隋唐時期的南青瓷北白瓷，其中尤以唐中後期的浙江越窑青瓷爲代表，其顔色如障巒疊峰，翠色無比，其胎質如和田美玉，晶瑩剔透，號稱秘色瓷。五代時越窑繼續發展，出現了專供皇室官府使用的秘色瓷器，稱之爲「官窑」。兩宋時期，中國瓷器南北争豔，高度繁榮，終於形成了北方的河北定窑、磁州窑，陝西耀州窑，河南鈞窑、汝窑、汴京官窑等，南方的江西景德鎮窑，南宋官窑、哥窑，浙江龍泉窑，江西吉州窑，浙江越窑，福建建窑、泉州窑等著名窑系，其燒製工藝和造型藝術都達到了令人嘆服的水平。元初世祖忽必烈於至元十五年（一二七八年）在景德鎮設立浮梁瓷局，對景德鎮製瓷工業進行控制和管理，從而使該鎮青花瓷的生産有了更大的發展，爲瓷都地位的建立奠定了基礎。明清時期，景德鎮生産的白底藍花的青花瓷就以瓷質細潔色白，釉下彩的藍繪幽菁可愛不易褪脱，圖案裝飾雅俗共賞，工藝過程相對簡化，成本降低便於生産而佔據了中國瓷業的主流。其他瓷窑則從宋代的百花齊放到相形見絀，無論品種還是數量都無法與景德鎮相抗衡，景德鎮由此成爲中國的瓷都。中國瓷器發展淵源流長，其文獻資料龐雜分散，如果以製造工藝分類則較爲困難，因此本總部下設《瓷器製造部》、《瓷器鑒賞部》、《一般瓷器部》三個部，部下不再設分部，根據資料實際情況設題解、綜述、傳記、紀事、著録、藝文、雜録等緯目，對古籍文獻資料進行分類，以便讀者檢索。

目録

瓷器製造部

題解

宮夢仁《讀書紀數略》卷五〇　匋有五：匋古窑字，《通雅》。柴，柴世宗進御器，王元美以爲非是。葉《垣齋筆衡》曰：「祕色窑器，世言吴越王燒。」據陸龜蒙詩，唐已有之。汝，青窑宋時汝州造，河北唐鄧悉有之，汝爲魁。官，政和間京師自製，邵成章置内窑，澄泥爲範，爲世所珍。哥，淺白斷文，號百圾碎。宋有章氏兄弟二人，生二所陶青器純粹如玉，生一所陶色淡，故名哥窑。定，白瓷有芒，宋製。又倣定窑，有蟹爪紋曰象窑。彭君寶效古定制，折腰樣曰彭窑。高麗窑似龍泉，大食窑以銅作身，用藥燒成五色。

綜述

宋應星《天工開物》卷中《白瓷附青瓷》　凡白土曰堊土，爲陶家精美器用。中國出惟五六處，北則真定定州、平凉華亭、太原平定、開封禹州，南則泉郡德化、土出永定，窑在德化。徽郡婺源、祁門。他處白土陶範不粘，或以掃壁爲墁。德化窑惟以燒造瓷仙、精巧人物、玩器，不適實用。真、開等郡瓷窑所出，色或黄滯無寶光。合併數郡，不敵江西饒郡産。浙省處州麗水、龍泉兩邑燒造過(銹)〔釉〕杯碗，青黑如漆，名曰處窑。宋、元時龍泉(華琉)〔琉華〕山下有章氏造窑，出款貴重，古董行所謂哥窑器者即此。若夫中華四裔馳名獵取者，皆饒郡浮梁景德鎮之産也。此鎮從古及今爲燒器地，然不産白土。土出婺源、祁門兩山。一名高梁山，出粳米土，其性堅硬。一名開化山，出糯米土，其性粢軟。兩土和合，瓷器方成。其土作成方塊，小舟運至鎮。造器者將兩土等分入臼舂一日，然後入缸水澄。其上浮者爲細料，傾跌過一缸。其下沉底者爲粗料。細料缸中再取上浮者，傾過爲最細料，沉底者爲中料。既澄之後，以磚砌方長塘，逼靠火窑，以借火力。傾所澄之泥于中吸乾，然後重用清水調和造坯。凡造瓷坯有兩種，一曰印器，如方圓不等瓶、甕、爐、合之類，御器則有瓷屏風、燭臺之類。先以黄泥塑成模印，或兩破或兩截，亦或囫圇，然後埏白泥印成，以(銹)〔釉〕水塗合其縫，燒出時自圓成無隙。一曰圓器，凡大小億萬杯、盤之類，乃生人日用必需。造者居十九，而印器則十一。造此器坯先製陶車。車竪直木一根，埋三尺入土内，使之安穩。上高二尺許，上下列圓盤，盤沿以短竹棍撥運旋轉，盤頂正中用檀木刻成盔頭(冒)〔帽〕其上。凡造杯、盤無有定形模式，以兩手捧泥盔(冒)〔帽〕之上，旋盤使轉。拇指剪去甲，按定泥底，就大指薄旋而上，即成一坯碗之形。初學者任從作(費)〔廢〕，破坯取泥再造。功多業熟，即千萬如出一範。凡盔(冒)〔帽〕上造小坯者，不必加泥，造中盤、大碗則增泥大其(冒)〔帽〕，使乾燥而後受功。凡手指旋成坯後，覆轉用盔(冒)〔帽〕一印，微曬留滋潤，又一印，曬成極白乾。入水一汶，漉上盔(冒)〔帽〕，過利刀二次。過刀時手脉微振，燒出即成雀口。然後補整碎缺，就車上旋轉打圈。圈後，或畫或書字，畫後噴水數口，然後過(銹)〔釉〕。凡爲碎器與千鍾粟與褐色杯等，不用青料。欲爲碎器，利刀過後，日曬極熱，入清水一蘸而起，燒出自成裂文。千鍾粟則(銹)〔釉〕漿捷點，褐色〔杯〕則老茶葉煎水一抹也。古碎器，日本國極珍重，真者不惜千金。古香爐碎器不知何代造，底有鐵釘，其釘掩光色不鏽。凡饒鎮白瓷(銹)〔釉〕，用小港嘴泥漿和桃竹葉灰調成，似清泔汁，泉郡瓷仙用松毛水調泥漿。處郡青瓷(銹)〔釉〕未詳所出。盛于缸内。凡諸器過(銹)〔釉〕，先蕩其内，外邊用指一蘸塗弦，自然流遍。凡畫碗青料總一味無名異，漆匠煎油，亦用以收火色。此物不生深土，浮生地面。深者堀下三尺即止，各省直皆有之。亦辨認上料、中料、下料，用時先將炭火叢紅煅過，上者出火成翠毛色，中者微青，下者近土褐。上者每斤煅出只得七兩，中下者以次縮減。如上品細料器及御器龍鳳等，皆以上料畫成。故其價每石值銀貳拾肆兩，中者半之，下者則十之三而已。凡饒鎮所用，以衢、信兩郡山中者爲上料，名曰浙料。上高諸邑者爲中，豐城諸處者爲下也。凡使料煅過之後，以乳鉢極研，其鉢底留粗，不轉(銹)〔釉〕。然後調畫水。調研時色如皂，入火則成青碧色。凡將碎器爲紫霞色杯者，用臙脂打濕，將鐵線紐一兜絡，盛碎器其中，炭火炙熱，然後以濕臙脂一抹即成。凡宣紅器乃燒成之後出火，另施工巧微炙而成者，非世上硃砂能留紅質于火内也。宣紅元末已失傳，正德中歷試復造出。凡瓷器經畫過(銹)〔釉〕之後，裝入匣鉢。裝時手拿微重，後日燒出即成坳口，不復周正。鉢以粗泥造，其中一泥餠托一器，底空處以沙實之。大器一匣裝一個，小器十餘共一匣鉢。

鉢佳者裝燒十餘度，劣者一二次即壞。凡匣鉢裝器入窑，然後舉火。其窑上空十二圓眼，名曰天窗。火以十二時辰爲足。先發門火十個時，火力從下攻上。然後天窗擲柴燒兩時，火力從上透下。器在火中，其軟如棉絮。以鐵叉取一以驗火候之足。辨認真足，然後絶薪止火，共計一杯工力，過手七十二方克成器，其中微細節目尚不能盡也。

宋應星《天工開物》卷中《附窑變、回青》 正德中，内使監造御器。時宣紅失傳不成，身家俱喪，一人躍入自焚，托夢他人造出，競傳窑變，好異者遂妄傳燒出鹿、象諸異物也。又回青乃西域大青，美者亦名佛頭青。上料無名異出火似之，非大青能入洪爐存本色也。

李調元《童山文集》卷五《梟塘集序》 人喜則思陶陶斯咏，故咏詩主陶情，而作詩由陶甄。今之善爲陶者莫過於饒，然有八法焉。一曰采石，饒窑陶土以祈門爲上品，若用高嶺則質不純正矣。二曰鍊泥，以缸浸泥細濾入絹，以作胚胎，若不澄淨，則色不滋潤矣。三曰配釉，釉貴純粹，無灰不成，灰出平樂，鍊以鳳尾草，和泥成漿，泥十灰一，若泥少灰多則光不鮮瑩矣。四曰護匣，瓷坏宜淨，一粘泥滓即成斑駁，揀黑黄沙，畧加鏃削，燒過護坏，若不護入火，則柔不受治矣。五曰定模，埏埴之法，器中膊，豆中縣，即今模子，必須與原樣相似，若無規範，則式不畫一矣。六曰車圓，器制不一，圓者如盤、盌、鐘、楪，埏泥置盤，以竹撥輪，隨手拉坯，自然如意。如手法稍滯，則形不圓轉矣。七曰琢器，方者如瓶、罍、尊、彝，凡有稜角壓成，刀截爲段，當角者廉之，當折者挫之，然後選式付匠，若彌縫不周，則工不渾成矣。八曰選青，瓷器悉藉青料，采紹興金華諸山，名曰「頂圓子」。黑綠潤澤，全者爲上。若選料不精，則器不完全矣。非陶有之，作詩亦然，詩尤甚於陶也。采之《三百》，漢、魏、六朝騷選，以立其基。此詩中之「采石」也，加以淘磨、精液、簡鍊、鎔鑄以利其用。此詩中之「鍊泥」也。本乎《左傳》、《史記》、莊老諸子以擷其精。此詩中之「配釉」也。去其粗率俚俗，不切陳言，以嚴其範。此詩中之「護匣」也。參于陶、謝、徐、庾、李、杜、韓、蘇以立其格。此詩中之「定模」也。凡悲、懽、愁、樂、鳥、獸、草、木，各肖其題而不粘滯。此詩中之「車圓」也。凡雕詞琢句，長篇短什，必極其巧而不傷雅。此詩中之「琢器」也。詩以氣爲主，而尤貴有色。老杜曰：「昔聞洞庭水，今上岳陽樓。」氣也。小杜曰：「高摘屈宋艷，濃薰班馬香。」色也。此詩中之「選青」也。五色雕鏤而無奇氣以行之，名曰餖飣。一氣呵成而無采色以麗之，名曰淡薄。淡薄者容有味，而餖飣者必無神。與其餖飣不如其淡薄也。梟塘之詩，深知詩者也，自少而壯，自朝廟而江湖，律則戛玉敲金，古則横空盤硬，喜則和風甘雨，悲則嘯雪咀霜。有王孟韋柳之醇古澹腴，無盧李孟賈之險僻古怪。蓋其天資學力，二者兼到。陶鎔于諸大家而又加以鼓鑄萬彙。每有吟詠，無不振之以聲氣，敷之以彩色，譬之于陶，則八法皆備。求所謂不純正，潤滋光瑩，受治畫一，圓轉渾成完全者殆無一焉。又何有淡薄餖飣之誚乎。是能陶彙萬物者也，故與之説陶知陶者可與讀此詩矣。

朱琰《陶説》卷一《説今》 饒州窑

皇朝順治十一年，造龍缸、欄板等器，未成輒止，恐累民也。康熙十九年，始遣内務府官駐廠監督。向有上工夫派饒州屬邑者，悉罷之。每開窑，鳩工庀材，動支内府。按時給直，與市賈適均。運器亦不預地方，一切不妨吏政事，官民稱便，所造益精。邇年以來，古禮器尊、罍、彝、鼎、卣、爵之款製，文房硯屏、墨牀、書滴、畫軸、秘閣鎮紙、司直，各適其用。而於中山毛穎，先爲之管，既爲之洗，臥則有牀，架則有格，立則有筒。仿漢人雙鉤碾玉之印章，其紐法爲駝爲龜，爲龍虎，爲連環，爲瓦。印色之池，或方，或圓，或稜，可助翰藻。養花之室，二寸、三寸至五六尺。圜如壺，圜而下垂如膽，圜而侈口庳下如尊，廉之成角如觚，直如筩，方如斗。而口或弇，形或扁，截方、圜，稜之半而平其背，可挂壁，爲式不一。書畫清防之版，有枕屏，有牀屏，爪杖、鉢塞，黑白子閒適之具。百摺，分襠，鰍耳，索耳，戟耳，六稜，四方，直脚，石榴足，橘囊諸款，蠟茶、鎏金、藏經諸色，燒香之鑪，可備燕賞。飯匕、茶匙、齊筯之器，蠟斗、醋滴、澡盤、鐙錠、方圓之枕，盆盎甕鉢柈案，可充日用。搔頭、簪導、合歡之璫，大小合子，香澤粉黛之所儲藏，可供閨幨。至于闘茶、曹飲、饋食之所需，壺尊盌楪，爲類更繁，難以枚舉。其規範，則定、汝、官、哥、宣德、成化、嘉靖、佛郎之好樣，萃於一窑。其彩色，則霽紅、礬紅、霽青、粉青、冬青、紫緑、金銀、漆黑、雜彩，隨宜而施。其器品，則規之，萬之，廉之，挫之。或崇或卑，或侈或弇，或素或采，或堆或錐。又有瓜瓠、花果、象生之作。其畫染，則山水、人物、花鳥、寫意之筆，青緑渲染之製，四時遠近之景，規橅名家，各有元本。于是乎戧金、鏤銀、琢石、髹漆、螺甸、竹木、匏蠡諸作，無不以陶爲之，倣傚而肖。近代一技之工，如陸子剛治玉，吕愛山治金，朱碧山治銀，鮑天成治犀，趙良璧治錫，王小溪治瑪瑙，蔣抱雲治銅，濮仲謙雕竹，姜千里螺甸，楊塤倭漆，今皆聚於陶之一工。以之洩造化之秘，以之佐文明之瑞。有陶以來，于兹極盛。此無他，人心優裕，人力寬閒，地產物華，應運而起，有必然矣。

陶冶圖説

乾隆八年五月，内務府員外郎、管理九江關務唐英，遵旨由内廷交出《陶冶圖》二十張，次第編明，爲作《圖説》，進呈御覽。謹就所編，録其大畧，附以管見，用誌一時陶器之所由盛云。

其一曰采石製泥

石産江南徽州祁門縣坪里谷口二山，距窑廠二百里。開窑采取，剖之，中有黑花如鹿角菜者，土人藉溪流設輪作碓，舂細淘净，製如土鏄，名曰白不。敦上聲，凡造瓷泥土，皆從此名，蓋景德土音也。色純質細，用製脱胎、填白、青花、圓琢等器。別有高嶺、玉紅、箭灘數種，皆出饒州府屬境内，采製法同白不。止可參和製造，於麤器爲宜。

按：饒窑陶土，初采於浮梁新正都麻倉山。萬曆時，麻倉土竭，復采於縣境内吴門托，至祁門，而三易其地矣。《考工記》言五材之飭曰：「凝土以爲器」，凝訓堅，堅其土而後可爲器。故治土曰摶埴之工。黏土爲埴，摶之言拍，則夫白不之製，是摶埴之始。

其二曰淘鍊泥土

淘鍊之法：以水缸浸泥，木鈀翻攪，漂起渣滓，過以馬尾細籮，再入雙層絹袋，始分注過泥匣鉢，俾水滲漿稠。用無底木匣，下鋪新鏄數層，覆以細布大單，將稠漿傾入。緊包，鏄壓吸水。水去成泥，移置大石片上，用鐵鍬翻撲令實，以便成器。凡各種坯胎，不外乎此。惟分類按方加配材料，以別其用。

按：「陶」字，从阜，从匋，匋即窑字。淘亦从匋，窑之初事，始乎淘土，得水而柔也。宋瓷，修内司所造，澄泥爲範，極其精緻，淘所以澄之也，故《格古要論》於定器，曰土脉細白滋潤，於汝器，曰土脉滋潤。《蓉槎蠡説》言：陶器土骨紫白，爲料法在水法、火法、畫法之上，淘鍊之功重矣。

其三曰鍊灰配釉

釉無灰不成。釉灰出樂平縣，在景德鎮南百四十里，以青白石與鳳尾草製鍊，用水淘細而成。配以白不細泥，調和成漿，按器種類，以爲加減，盛之缸内。用曲木横貫鐵鍋之耳，以爲滲注之具，其名曰盆。泥十盆，灰一盆，爲上釉。泥七八，灰二三，爲中釉。若平對，或灰多，爲下。

按：昔稱陶器曰油色瑩澈，油水純粹，無油水曰骨，油即今之釉也。油，讀去聲，通用。後之製字者，主於分別，《俗書刊誤》曰：瓷漆光曰⿰光由，或作釉字。初起不脱油字，加光爲異，嫌其筆墨之繁，省从由，偏旁从采，采即光義，六書之例合矣。《正字通》又出泑字，曰：窑器色光滑者，俗曰泑。泑本崑崙澤名，亦假借爲用。志書作砪，古無此字，想亦俗之所改。一字而轉輾變易，迄無所定。從古則油爲是，通俗則釉爲近。釉之利用在於光，油含光義，采言光采，泑砪皆失此旨。⿰光由字累重，今从《圖説》作釉。後卷引書有从泑、从砪者，悉改从釉，以歸畫一。

其四曰製造匣鉢

瓷坏宜净，一沾泥滓，即成斑駁。且窑風火氣，衝突傷坏，此所以必用匣鉢也。匣鉢之泥，出景德鎮東北里淳村，有黑、白、紅三種。又寶石山有黑黄沙一種。配合成泥，入火燒鍊。造法用輪車，與拉坏之車相似。不必過細，微乾畧加鏇削，入窑空燒一次，方可應用，名曰鍍匣。而造匣鉢之匠，亦嘗用此泥造砂盌，爲本地鄉村坯房人匠家常使用。

按：舊制：窑有六，匣窑居一，作有二十三，匣作居一。火烈土柔，匣所以護坏者，故必專事而後可應用。鑄銅者先用蠟作模，加以款識，再入桶中。桶外以澄泥和水，日澆之。旋乾旋澆，令厚足以遮護，于是去桶板留竅，以入銅汁。其具不同，其理則一。土未入火則柔，非護不受冶。銅初出火則流，非護不受鎔。曲成萬物，造化之心也。

其五曰圓器修模

圓器之造，每一款式，動經千百。不有模範，斷難畫一。其模子必須與原樣相似，但尺寸不能計算。生坏，泥鬆性浮，經火則鬆者緊，浮者實。一尺之坏，止七八寸，伸縮之理然也。欲求立坏之準，必先模子，故模匠不曰造，而曰定。一器非修數次，尺寸款式，出器時定不能脗合。必熟諳火候泥性，方能計算加減，以定模範。此匠一鎮推名手者，不過三兩人。

按：《考工記》：摶埴之工，器中膊，豆中縣。鄭氏注云：膊讀如車輇之輇。既拊泥而轉其均，尌膊其側，以擬度端。其器縣縣繩，正豆之柄。今之模子，其亦中膊中縣之遺意與。《記》之篇首云：國有六職，百工居其一焉。而審曲面勢，以飭五材，敘於王公坐論、士大夫作行之下。鄭司農云：審察五材曲直、方面、形勢之宜以治之，此工良不易矣。

其六曰圓器拉坏

器之制不一，方瓣稜角者，則有鑲雕印削之作。圓器就輪車拉坏，盤、盌、鍾、楪等器，大小分二作。大者主一尺至二三尺，小者主一尺以下。車如木盤，下設機軸，俾旋轉無滯，則所拉之坏，無厚薄偏側之患。故用木作，隨時整治。又有泥作，摶泥融結，置車盤。拉坏者坐車架，用一竹杖撥車走輪。雙手按泥，隨其手法之屈伸收放，以定圓器款式。

按：《通雅》云：古于宋于，四羅六羅景德鎮盌楪式也。即此以推，器不一式。而式之同者，必責畫一，有模子以定其規制，有輪車以使之整齊。條理之始，精密如此。王充《論衡》云：陶者用土爲簋廉，器形已成，不可小大。夫欲其小大之不可，所以營度於未成之時者當何如。簋廉者，漢時成土器之具也。凡器之成，各有依準。《通俗文》云：以土曰型，以金曰鎔，以木曰模，以竹曰笵。

其七曰琢器做坏

缾、罍、尊、彝，皆名琢器。其圓者，如造圓器之法，用輪車拉坏。候乾，仍就輪車刀鏇。定樣後，以大羊毫筆蘸水洗磨，俾極光潔。然後吹釉入窑，即成白器。如畫料罩釉，即爲青花。其鑲方稜角之坏，用布包泥，以平板壓之成片，以刀裁之成段，用原泥調和黏合。又有印坏一種，從模中印出，製法與鑲方同。鑲印二種，洗補磨擦，與圓琢器同。凡有應錐拱、雕鏤者，候乾定付樣，與專門工匠爲之。

按：《事物紺珠》云：窑器方爲難。方何以難也，出火後，多傾欹拆裂之患，無疵者尠。造坏之始，當角者廉之，當折者挫之，當合者彌縫之。隱曲之處，慮其不和，上下前後左右，慮其不均，故曰方爲難。若圓器渾成，固由手法之準，而車已當人力之大半，不如方稜之全資乎人巧也。印坏有模，「唐盌脱」見高宗時民謡，爲造盌之模。土室爲甌脱，謂土室如甌之脱。甌脱，亦造甌之模也。其外有堆器，有錐器。堆者，用白泥堆坏上，以筆堆成花樣。錐者，坏上用錐錐成花樣。印作、錐作，各有專工。

其八曰采取青料

瓷器青花霽青大釉，悉藉青料，出浙江紹興、金華二府所屬諸山。采者入山得料，於溪流漂去浮土。其色黑黄、大而圓者爲上青，名頂圓子。攜至鎮，埋窑地三日，取出，重淘洗之，始出售。其江西、廣東諸山産者，色薄不耐火，止可畫麤器。

按：晉曰縹瓷，唐曰千峰翠色，柴周曰雨過天青，吴越曰秘色。其後宋瓷雖具諸色，而汝器宋燒者，淡青色。官窑以粉青爲上，哥窑、龍泉窑，色皆青。陶器青爲貴也。白地青花，亦資青料。明宣德用蘇泥勃青，嘉靖用回青。青非不佳，然産地太遠，可得而不可繼。工匠之弊，又不勝防也。

其九曰揀選青料

青料揀選，有料户專司其事。黑綠潤澤，光色全者爲上選。仿古霽青、青花，細器用之。雖黑綠，而欠潤澤，祇供麤瓷。至光色全無者，一切選棄。用青之法，畫坏上罩以釉水。入窑燒成，俱變青翠。若不罩釉，其色仍黑。火候稍過，所畫青花，亦多散漫。青中有韭菜邊一種，獨爲清楚。入火不散，細器必用之。

按：明用回青法：先敲青，用搥碎之。揀有硃砂斑者爲上，有銀星者爲次，約可得十分之二。其奇零瑣碎，碾之入水澄定，約可得二十分之一，所得亦甚少。選料不精，出器減色，故必屬之料户專司。

其十曰印坏乳料

拉成之坏，候乾定，用修過模子套上，以手按拍，使周正匀結，然後退下，陰乾，以備鏇削。至畫瓷所需之料，宜極細，麤則起刺不鮮。每料十兩爲一鉢，專工乳研，經月始堪應用。乳法：用研鉢，貯矮凳。凳裝直木，上横一板，鏤空以受乳鉢之柄。人坐凳，握槌乳之。每月工直三錢，亦有乳兩鉢，夜至二更者，倍之。老幼殘疾，藉此資生焉。

按：畫器調色，與畫家不同。器上諸色，必出火而後定。配合調劑，前人有經驗之方，毫釐不得差。又須極細極匀，則色透骨而露彩。古瓷五彩，成窑爲最，其點染生動，有出於丹青家之上者。畫手固高，畫料亦精。今增洋彩一種，絢豔奪目，而於象生及倣古銅器、紫檀、雕竹、螺甸各種，惟妙惟肖，畫料得法之明效可驗也。

其十一曰圓器青花

青花圓器，一號動累百千，若非畫款相同，必致參差，難以識别。故畫者，學畫不學染，染者，學染不學畫，所以一其手，不分其心也。畫者、染者，分類聚一室，以成畫一之功。至如邊綫青箍，出鏇坏之手，識銘書記，歸落款之工。寫生以肖物爲上，仿古以多見能精，此青花之異於五彩也。

按：《考工記》設色之工五：畫、繢、鍾、筐、㡃。鍾染羽，㡃湅絲，筐人闕，畫、繢則合稱之曰畫繢之事。賈公彦《疏》云：二者别官同職，共其事者，畫繢相須也。畫，即畫也。繢，爲染采之事，即染也。分爲二作，聚處一室，其即古「别官同職」之義與。

其十二曰製畫琢器

琢器有方、圓、稜、角之殊，製畫有彩繪、雕鏤之異。仿舊須宗雅則，肇新亦有淵源。或相物而賦形，亦範質而施采。

按：古器，仰曰山文，俯曰葉文，而以雲回爲之盤旋。有款有識，三代已然。《漢貢禹傳》云：杯案畫文，畫金銀飾，則凡日用之具爛然也。陶器彩畫盛於明，其大半取様於錦段。寫生仿古，十之三四。今瓷畫樣十分之，則洋彩得四，寫生得三，仿古二，錦段一也。愚竊謂《三禮圖》、《博古圖》、《古玉圖》畫法畧備，鍾鼎款識，具載於薛尚功之書。能仿古爲之，當較定轢汝，馳官驟哥，而與尊彝並重矣。

其十三曰蘸釉吹釉

圓琢青花，與仿古官、哥、定、汝等器，均須上釉入窑。上釉舊法，將琢器之方。長稜角者，用羊毛筆蘸釉上器，失之不匀。至大小圓器，渾圓琢器，俱在缸内蘸釉。有輕重，且多破，故全器難得。今於圓器之小者，仍於缸内蘸釉，其琢器與圓器大者，用吹釉法。截徑寸竹筒，長七寸，口蒙細紗，蘸釉以吹。吹之徧數，視坏大小與釉之等類，爲多寡之差。多至十七八徧，少亦三四。

按：《蓉槎蠡説》以堊澤爲水法，堊澤，即釉也。定窑滋潤，汝窑厚如堆脂，官窑瑩澈。舊器釉重，大抵蘸釉，不急能匀，重復蘸之，故瑩厚者多也。昔人論稜眼蟹爪，以别舊器則云爾。其實亦堊中心小疵，正坐此耳。吹釉之法，補從前所未有，用之良便。又《博物要覽》云：有一種復燒者，取舊官哥瓷器，如鑪欠耳足，缾損口稜，以舊補舊，加以釉藥。一火燒成，與舊製無二。但補處色渾然，得此更勝新者。愚謂用今吹釉之法補舊，補處可使無迹。

其十四曰鏇坏挖足

圓器尺寸定於模，而光平必資於鏇，故有鏇坏之作。鏇車與拉坏車相等，中心多一木椿，視坏爲麤細。其頂渾圓，包以絲綿，恐損坏裏也。鏇時，坏合椿上，撥輪轉旋。用刀鏇之，則内外光平。其麤細分於鏇手高下，故鏇作爲重。挖足者，拉坏時足下留一泥靶，長二三寸。畫坏吹釉，便於執持。工竣去靶，挖足書款。

按：鏇坏爲摶埴之終，至此而坏成矣。舊製以足載器，多取沉重。柴窑，足多麤黄土，官、哥、龍泉，皆鐵足，至明永樂窑壓手杯，沙足滑底，宣德窑壇琖，釜底綫足，嘉靖窑魚扁琖，饅心圓足，踵事而精矣。陶器出窑，底足可驗火法。

其十五曰成坏入窑

窑制：長圓如覆甕，崇廣並丈許，深倍之。上覆瓦如屋，曰窑棚。煙突立其後，崇二丈餘，在窑棚外。坏成裝匣，付窑户入窑，分行列之。中間稍疎，以通火路。火有前、中、後之分：前火烈，中火緩，後火微。量器之宜稱，配合窑位。器滿發火，鑄塗塞窑門。留一方孔，投松片不得停。候匣鉢作銀紅色，止火。又一晝夜，開窑。

按：陶器入窑，初曰溜火，欲習於火而無羸。既曰緊火，欲熟於火而無縮。風火之窑，審候爲難。《通志》云：「造坏彩畫，始條理也。入窑火候，終條理也。」

其十六曰燒坏開窑

入窑至出窑，以三日爲率。第四日晨開窑，器匣尚帶紫紅色，不能近。開窑匠用布十數層，製手套，蘸冷水護手。復用溼布包裹頭面肩背，然後入窑取器。器盡，乘熱安頓新坏。因新坏帶潮，就熱窑供炙，可免火後坼裂、穿漏之患。

按：火候得失，開窑而知。故《志》稱：瓷器入窑，必詳視胚胎堪否，然後蓋匣，封固起火。如繪畫小器，亦細看上下四周，有無疵謬。必體質完美，方可入窑。如是而開窑，可專驗火候矣。火弱則窳，火猛則僨。

其十七曰圓琢洋彩

圓琢白器，五彩繪畫，仿西洋曰洋彩。選畫作高手，調合各種顏色，先畫白瓷片燒試，以驗色性火候，然後由麤入細，熟中取巧，以眼明、心細、手準爲佳。所用顏色，與佛郎色同。調法有三：一用芸香油，一用膠水，一用清水。油便渲染，膠便搨刷，清水便堆填也。畫時或倚卓，或手持，或側眠低處就器，各隨其宜，以取運筆之便。

按：大食窑與佛郎嵌相似。《通雅》云：佛菻能爲之，廣語讀菻爲郎，故曰佛郎，亦曰拂郎，今「發藍」也。然所謂佛郎嵌者，以銅作身，用藥燒成五色花，其鮮潤不及瓷也。洋彩祗仿其彩法，器品實出其上。《宣和畫譜》載日本畫山川小景，設色甚重，多用金碧。宋鄧椿記高麗扇畫所染青緑奇甚，與中國不同，專以空青海緑爲之，近年尤精。明楊塤工倭漆，得縹霞彩漆法。山水人物，神氣飛動，描寫不如，海外往往有此。昔黄山谷題高麗畫有曰：「海外人煙來眼界，全勝《博物》注魚蟲」，吾於此亦云。

其十八曰明鑪暗鑪

白器燒成，始施彩畫。畫後復燒，使顔色入器，因有明鑪、暗鑪之別。器之小者，用明鑪。口門向外，周圍炭火，器置鐵輪，上下托以鐵叉，送入鑪，旁用鐵鉤旋轉其輪，以匀火氣，采色光亮爲度。器之大者，用暗鑪。鑪高三尺，徑二尺六七寸，周圍夾層貯炭火，下留風眼，器貯鑪膛，人執圓板以禦火氣。鑪頂蓋板，黄泥固封，燒一晝夜爲度。凡澆黄、紫、緑等器，燒法相同。

按：宣鑪造法，蠟茶色以水銀浸，擦、薰、洗爲之，鎏金以金爍爲泥，數四塗抹，火炙成赤，亦於出鎔之後加色，而復用火成之，同一法也。

其十九曰束草裝桶

瓷器出窑，分類揀選。有上色、二色、三色、脚貨之名，定直高下。三色、脚貨，即在本地出售。其上色圓器與上色、二色琢器，用紙包裝桶，有裝桶匠專司其事。二色圓器，每十件爲一筒，用草包紮裝桶，各省通行。麤器用茭草包紮，或三四十件爲一仔，或五六十件爲一仔。一仔猶云一馱。茭草直縛於内，竹篾横纏於外。水陸轉搬，便於運送。其匠衆多，以茭草爲名目。

按：《稗史類編》云：官窑開窑之日，反復比量而美惡辨。蓋以器品有定，而火候必開窑始見也。《志》稱窑乾、坏乾、柴乾，則少拍裂沉暗之患。土細，料細，工夫細，則無麤糙汙滓之患。又必火候均匀，釉色光熒，器自完好。上色必能備此，以次而降。釉澤不具曰骨，罅折曰蔑，邊毀剥曰茅，當在脚貨中矣。

其二十曰祀神酬願

景德鎮袤延僅十餘里，山環水繞，僻處一隅，以陶來四方商販。民窑二三百區，工匠人夫不下數十萬，藉此食者甚衆。候火如候晴雨，望陶如望黍杜，故重報賽。有神童姓者，窑户也，前明燒龍缸，連歲不成，中使督責甚峻，窑民苦累。神爲衆蠲生，躍入窑突中以死，而龍缸即成。司事者憐而奇之，建祠廠署祀焉，稱風火仙。屢著靈異，窑民歲祀惟謹，擬之社方也。

按：明初中官督造，其後議裁，用同省府佐輪值。又遠近不均，移饒州府佐駐鎮專理。而中官借上供之名，分外苛索。隆慶五年，都御史徐栻疏稱：内承運庫太監題奏，缺少各樣瓷器，要造裏外鮮紅盌、鍾、甌，并大小龍缸、方盒，共十萬五千七百七十。其龍缸體式，底濶肚凸，多致墜裂。五彩缸樣重過大，色多係驚碎。萬歷十一年，工科都給事中王敬民題稱：今據該監所開盌、楪、鍾、琖之類，皆上用必需，而祭器尤不可缺。中間如圍碁、碁盤、碁罐無益之具，屏風、筆管、缾罐、盒鑪不急之物，總九萬六千有奇。苛索如此，風火仙之事，不知何時，大率類此。當兹惠民通商，利工便俗之世，其效靈宜也。

朱琰《陶説》卷二《説古》　原始

《周書》：神農作瓦器。

《物原》：神農作甕。

《紺珠》：瓶、缾同，神農製。

按：《禮運》：後聖有作，然後治火之利，范金合土，不詳何代。《左傳》云：炎帝以火紀官。然則治火之利者，必炎帝也。故瓦器託始於神農，必舉一以實之，鑿矣。《説文》：缾或从瓦，二字通用。如《紺珠》言：甕罋、瓿錇、甖罌，皆二器耶。《路史》又云：燧人爲釜。

《呂氏春秋》：黄帝有陶正，昆吾作陶，亦見《尸子》。

《説文》：古者，昆吾作匋。

《古史考》：神農時食穀，加米於燒石之上食之。黄帝時有釜甑。

《物原》：軒轅作盌楪。

按：黄帝陶正，設官之始。《古史考》食穀燒石之上，當是燧人時事，神農時當有釜甑也。盌楪之名後起，《物原》亦附會之言。

《春秋正義》：少皞有五工正，摶埴之工曰鶅雉，職東方。注：服虔曰，雉，夷也，夷，平也，使度量器用平也。

按：此依旁《考工記》而新其名，恐屬附會。

《考工記》：有虞氏上陶。注：舜至質，貴陶器，甒大，瓦棺是也。

《禮記·明堂位》：泰，有虞氏之尊也。

《韓非子》：虞舜作食器。

《史記·五帝本紀》：舜陶河濵，河濵器皆不苦窳，作什器於壽邱。

按：陶，始於炊器，大抵如今黄沙之質。至虞而泰尊、甒大，詳及禮器，其制畧備，當有精麤之别，故曰上陶。其後虞閼父入周爲陶正，陳敬仲奔齊爲工正，亦或以上陶之裔故也。

《禮記·曲禮》：天子之六工，典制六材。陶旊之工曰土工。

按：《曲禮》，天子建官，先六大。以下數條，鄭注皆謂殷時制。

《考工記》：摶埴之工，陶，旊。旊，鄭司農讀若甫，鄭康成讀若放。又陶人爲甗、盆、甑、鬲、庾，旊人爲簋、豆。甗，魚輦反，一音彦。鬲音歷。又凡陶旊之事，髻、墾、薜、暴不入市。鄭司農，髻，讀刮。薜，讀蘖。暴，讀剥。鄭康成，髻讀刖。又器中膞豆，中縣。膞，市專反。

按：周制：陶、旊分職。陶人所掌，皆炊器，惟庾是量名。旊人所掌，皆禮器。其制度必有精麤不同，後世分窑，分作因之。《注》云，摶之，言拍埴黏土，又與采石、錬泥、造坏相似。《注》又云，墾，頓傷。薜，破裂。暴，墳起，不堅致。髻，先鄭讀刮，後鄭讀刖，亦傷意，是忌骨、忌蔑、忌茅之説也。《注》又云，封膞其側，以儗度端，其器縣繩，正豆之柄，是模子拉車鏇車之事也。椎輪之始，規模已具。愚謂陶之由來，詳於虞，而備於周。

古窑考

唐越州窑　夏少康封少子無餘于會稽，號曰於越。秦於此立會稽郡，隋改爲越州，唐復爲會稽郡，後又爲越州，今浙江紹興府。

陸羽《茶經》：盌，越州上，鼎州次，婺州次，岳州次，壽州次，洪州次。或以邢州處越州上，殊爲不然。邢瓷類銀，越瓷類玉，邢不如越一也，邢瓷類雪，越瓷類冰，邢不如越二也，邢瓷白而茶色丹，越瓷青而茶色緑，邢不如越三也。

《樂府雜録》：唐大中初，有調音律官大興縣丞郭道源，善擊甌。用越甌、邢甌一十有二，以筯擊之。

陸龜蒙詩：九秋風露越窑開，奪得千峰翠色來。如向中宵承沆瀣，共嵇中散鬬遺桮。

按：唐越窑實爲錢氏秘色窑之所自始。後人因秘色爲當時燒進之名，忘所由來。《負暄雜録》據陸龜蒙詩，謂越陶唐世已有，《四六法海》得柳宗元代人《進瓷器狀》，謂欲補《負暄雜録》之遺，然亦存其説而已，未得越窑明據。晉杜毓《荈賦》云：器擇陶揀，出自東甌。甌，亦越也。今《茶經》曰越州，已有其地，証之當時顧況《茶賦》云：越泥似玉之甌，孟郊詩云：越甌荷葉空，鄭谷詩云：茶新换越甌，韓偓詩云：越甌犀液發茶香。言越瓷者，不一而足，遂特表而出之曰唐越州窑，爲之一快。又唐《國史補》云：内邱白瓷甌、端溪紫石硯，天下無貴賤通之。考唐《地理志》：邢州鉅鹿郡縣内邱。是邢瓷亦爲時所重，故郭道源擊甌，邢、越並用。《杜工部集》有《於韋處乞大邑瓷盌詩》云：大邑燒瓷輕且堅，扣如哀玉錦城傳。大邑在唐屬邛州，又出《茶經》所數諸州之外，陶至唐而盛矣。《瓶花譜》亦云：古無瓷瓶，皆以銅爲之，至唐始尚窑器。

吴越秘色窑　錢氏有國時，越州燒進。

《高齋漫録》：越州燒進，爲供奉之物，臣庶不得用，故云秘色。

按：王蜀報朱梁信物有金棱椀，致語云：「金棱含寶椀之光，秘色抱青瓷之響」,則秘色是當時瓷器之名。不然吴越專以此燒進,而王蜀亦取以報梁耶。

後周柴窑　柴世宗時燒者,故曰柴窑。相傳當日請瓷器式,世宗批其狀曰:雨過天青雲破處,者般顔色作將來。作,讀做。

《夷門廣牘》:柴窑出北地,天青色。滋潤細媚,有細紋,足多麤黄土,近世少見。

《博物要覽》:昔人論柴窑曰,青如天,明如鏡,薄如紙,聲如磬。

《事物紺珠》:柴窑製精色異,爲諸窑之冠。

《清秘藏》:論窑器必曰柴、汝、官、哥、定。柴不可得矣,余向見殘器一片,製爲縧環者,色光則同,但差厚耳。

按:後周都汴,唐屬河南道。考《唐書・地理志》:河南道貢瓷石之器,是其地本宜於陶也。宋政和官窑,亦起於汴,汝亦唐河南道所轄之州,柴窑當即在其都内。高澹人《宋均窑瓶歌注》云:近人得柴窑碎片,皆以裝飾玩具,蓋難得而可貴也。王漁洋《香祖筆記》謂:貴人得盌一枚,其色正碧,流光四照。何其幸與。

宋定窑　出定州,今直隸真定府。

《格古要論》:古定器,土脉細。色白而滋潤者貴,質麤而色黄者價低。外有淚痕者是真。劃花者最佳,素者亦好,繡花者次之。宋宣和、政和間窑最好,但難得成隊者。有紫定,色紫,有黑定,色黑如漆。

《留青日札》:似象窑色。有竹絲刷紋者,曰北定窑。南定窑有花者,出南渡後。

《博物要覽》:定器有劃花、繡花、印花三種,多因牡丹、萱草、飛鳳三種。時造式多工巧。

《清秘藏》:定窑有光素、凸花二種。以白色爲正,白骨而加以泑水,有如淚痕者佳。間有紫色、黑色者不甚珍也。

按:定器以北定爲貴,北定以政和、宣和間窑爲最好。然如東坡《試院煎茶詩》所云:定州花瓷琢紅玉,不在宣和政和前與,且云花瓷,亦非必有花者出南渡後也。又有元朝戧金匠彭均寶者,效定器作折腰様,甚整齊,曰彭窑,時稱之爲新定。《格古要論》云:土脉細白者,與定器相似,比青口欠滋潤,極脆。又《博物要覽》謂:新倣定器,始文王鼎鑪、獸面戟耳彝鑪,不減定人製法,可以亂真。若周丹泉初燒爲佳。愛古者能分别南北定,而又不爲後來仿效者所惑,庶幾不媿鑒賞家矣。

宋汝窑　時以定州白瓷器有芒,命汝州建青器窑,屑瑪瑙爲油。

《留青日札》:唐、鄧、耀悉有之,而汝爲冠。色如哥而深,微帶黄。

《格古要論》:宋時燒者淡青色,有蟹爪紋者真,無紋者尤好。土脉滋潤,薄,亦甚難得。

《博物要覽》:汝窑色卵白,汁水瑩厚,如堆脂。然汁中棕眼,隱若蟹爪,底有芝蔴花、細小掙釘。

《清秘藏》:汝窑,較官窑質製尤滋潤。

按:汝本青器窑,《留青日札》云,色微帶黄,《博物要覽》云色卵白,似立異論,然合之可得淡青色也。辨蟹爪紋,如端溪石子辨鸜鵒眼,眼本石病,得此可驗真水坑,故曰無紋者尤好。

宋官窑　宋政和間,京師自置窑燒造,曰官窑。

《留青日札》:文色上白而薄如紙者,亞於汝,其價亦然。

《博物要覽》:官窑品格,大率與哥窑相同。色取粉青爲上,淡白次之。油灰色,色之下也。紋取冰裂、鱔血爲上,梅花片、墨紋次之,細碎紋,紋之下也。

宋修内司官窑　宋南渡有邵成章提舉,號邵局。襲舊京遺制,置窑於修内司,造青器,曰内窑,亦曰官窑。

《格古要論》:官窑器,宋修内司燒者,土脉細潤,色青帶粉紅,濃淡不一。有蟹爪紋,紫口鐵足,好者與汝窑相類。

《留青日札》:模範極精,油色瑩澈,爲世所珍。

《博物要覽》:官窑在杭鳳凰山下,其(上)[土]紫,故足色若鐵,時云紫口鐵足。紫口,乃器口上仰,釉水流下,比周身較淺,故口露紫痕。此何足貴,惟尚鐵足,以他處之土,咸不及此也。

《稗史類編》:後郊壇下别立新窑,亦曰官窑。比之舊窑,大不侔矣。

按:古窑,柴、汝最重,次及官、定。柴、汝之器,傳世絶少,而官、定猶有存者,非官、定易得也。定有北定、南定,而彭窑亦曰新定。官有舊京、修内司之别,而郊壇下新窑,亦曰官窑。新定不如南定,南定不如北定。舊京官窑爲時未久,當以修内司所造爲最,新窑爲下,其時已有差等。而《博物要覽》謂新仿定器,有不減定人製法者,有製作極工不入清賞者。《格古要論》謂官窑器有黑色，謂之烏泥窑。僞者皆龍泉所燒，無紋路。《六研齋筆記》謂：南宋餘姚秘色瓷，今人率以官窑目之，不能別白，間見疊出，以亂其真又如此。好事者指某器曰定，某器曰官，安知不爲贋鼎所惑也。

又按：內窑器，葉寘《筆衡》云：沉泥爲範，極其精緻，其妙處當在體質。而世之論者，曰紫口鐵足，皮毛之見也。《博物要覽》辨之是矣。《五雜俎》云：定、汝難於完璧。宋時宫中所有，率銅鈐其口，以是損價。而今之求定、汝者，即以銅鈐口爲真。骨董家之論古，往往如此。

宋哥窑　本龍泉琉田窑，處州人章生一、生二兄弟於龍泉之窑，各主其一。生一以兄故，其所陶者曰哥窑。

《格古要論》：舊哥窑色青，濃淡不一，亦有鐵足紫口，色好者類董窑，今亦少有。

《稗史類編》：土脉細薄，油水純粹者，最貴。哥窑則多斷紋，號「百圾碎」。

《春風堂隨筆》：哥窑，淺白，斷紋。

《博物要覽》：官窑質之隱紋如蟹爪，哥窑質之隱紋如魚子，但汁釉不如官窑。

《五雜俎》：柴窑之外，定、汝、官、哥，皆宋器也。流傳至今，惟哥窑稍易得，蓋質重耐藏。定、汝難於完璧。

宋龍泉窑　即章生二所陶者。時以哥名兄窑，弟仍龍泉之舊，曰龍泉窑。

《格古要論》：古龍泉窑，今曰處器、青器、古青器。土脉細且薄，翠青色者貴。有粉青色者。有一等盆底有雙魚，盆外有銅掇環。體厚者，不甚佳。

《稗史類編》：龍泉窑，至今温處人稱爲章窑。

《博物要覽》：龍泉窑妙者與官哥爭豔，但少紋片紫骨耳。器質厚實，極耐摩弄，不易茅篾。

《清秘藏》：古宋龍泉窑器，土細質厚，色甚葱翠。妙者與官窑爭豔，但少紋片，紫骨鐵足耳。且極耐摩弄，不易茅篾。第工匠稍拙，製法不甚古雅。有等用白土造器，外塗泑水，翠淺，影露白痕，乃宋人章生所燒。號曰章窑，較龍泉製度，更覺細巧精緻。

《春風堂隨筆》：弟所陶青器，純粹如美玉，爲世所貴，即官窑之類。兄所陶色淡。

按：《稗史類編》論章生一、生二窑云：其色皆青，濃淡不一。其足皆鐵色，亦濃淡不一。舊聞紫足，今少見。而《格古要論》亦云：舊哥窑色青，濃淡不一，亦有鐵足紫口。古龍泉青器，土脉細且薄，翠青色者貴。曰舊，曰古，蓋指生一、生二之所製，原不甚殊也。惟有紋無紋，爲兄弟之别。必曰兄所陶色淡，弟所陶質厚，皆非章氏之初也。哥窑在元末新燒，土脉麤燥，色亦不好。龍泉窑在明初移處州府，青色、土堊、火候漸不及前矣。方密之《通雅》云：假哥窑碎紋不能鐵足，鐵足則不能聲，龍泉不能得其淡，色淡則無聲。此亦鑑古之精者也。

又按：《博物要覽》云：官、哥二窑出器，時有窑變，狀類蝴蝶、禽魚、麟豹。於本色釉外，變色或黄或紅紫，肖形可愛。火之幻化，理不可解。然窑變時有，尚不足異。《蘇東坡集》載《瓶笙詩》，有引云：庚辰八月二十八日，劉幾仲餞飲中觴，聞笙簫聲，杳杳若在雲霄間，抑揚往返，麤中音節。徐而察之，則出於雙瓶，食頃乃已。《春渚紀聞》載萬延之《瓦缶畫冰》云：赴銓都下，銅禁嚴甚，以十錢市之，代沃盥之用。時當凝寒，注湯頮面。既覆，有餘水留缶，成冰，視之桃花一枝也。明日成雙頭牡丹一枝，次日又成寒林滿缶，水村竹屋，斷鴻翘鷺，宛如圖畫。後以白金爲護，什襲而藏。遇寒則約客張宴以賞之，未嘗一同。此二事，幻之又幻矣。

吉州窑　在今吉安府廬陵縣永和鎮。

《格古要論》：色與紫定器相類，體厚而質麤，不甚直錢。宋時有五窑，書公燒者最佳。有白色，有紫色。花缾大者直數金，小者有花，又有碎器，最佳。相傳宋文丞相過此，窑變爲玉，遂不燒。

《矩齋雜記》：宋時江西窑器，出廬陵之永和市。有舒翁工爲玩具，翁之女，尤善，號曰舒嬌。其爐瓮諸色，幾與哥窑等價。余嘗得一盤、一盎，質蒼白而光黝，然以注水，經月不變，望之知爲古物。相傳陶工作器，入窑變成玉，工懼事聞于上，封穴逃之饒。今景德鎮陶工，故多永和人，見吉安太守吴炳遊記。

象窑　在今寧波府象山縣。

《格古要論》：有蟹爪紋、色白而滋潤者高，色黄而質麤者低，俱不甚直錢。

董窑

《格古要論》：淡青色，細紋，多有紫口鐵足，比官窑無紅色，質麤而不細潤。

按：吉窑、象窑似定，董窑似官。其不同者，質麤欠滋潤耳。《留青日札》云：象窑又次彭窑。

均州窑　今河南禹州。

《留青日札》：稍具諸色，光彩太露，有兔絲紋，火燄青。

《博物要覽》：有硃砂紅、葱翠青，俗名鸚哥緑、茄皮紫者。紅如燕支，青若葱翠，紫若墨黑。三者，色純無少變露者爲上品，底有一二數目字號爲記。豬肝色、火裏紅，青緑錯雜，若垂涎，皆上三色之燒不足者，非别有此樣。俗取鼻涕、豬肝等名，是可笑耳。此窑惟種菖蒲盆底佳甚，他如坐墩、爐、合、方缾、罐子，俱黄沙泥坏，故器質不佳。近年新燒，皆宜興砂土爲骨，釉水微似，製有佳者，但不耐用。

《清秘藏》：均州窑，紅若臙脂者爲最。青若葱翠，紫若墨色者，次之。色純，而底有一二數目字號者佳。其雜色者，無足取。

《通雅》：均州有五色，窑變則時有之。報國寺觀音，窑變也。

瓷州窑　在河南彰德府瓷州。

《格古要論》：好者與定器相似，但無淚痕。亦有劃花、繡花、素者，價高於定。新者不足論。

建窑　在福建泉州府德化縣。

《格古要論》：盌琖多是甃口，色黑而滋潤。有黄兔斑、滴珠，大者真，但體極厚，少見薄者。舊建瓷有薄者，絕類宋器。佛像最佳。

按：宋時茶尚甃盌，以建安兔毫琖爲上品，價亦甚高。《留青日札》云：建安烏泥窑，品最下。豈今昔不同耶。然《缾花譜》以烏泥與龍泉、均州、章生諸窑並重。《博物要覽》謂烏泥質麤不潤，而釉水燥暴，溷入官、哥，今亦傳世，則當差肩象、董。《留青日札》最下之品目，未可傳信也，因論建窑及此。

山西窑　在太原府榆次縣、平定州、平陽府霍州。霍州所出曰霍器。

高麗窑　在高麗國。

《格古要論》：色粉青，似龍泉，上有白花朵兒者，不甚直錢。

按：高麗窑器與饒相似，有細花髣髴北定者，故附雜窑之後。島夷之玻瓈窑，大食國之佛郎嵌，皆非瓷石所成，不概録。

朱琰《陶説》卷三《説明》　饒州窑

饒州府浮梁縣西興鄉景德鎮，水土宜陶。鎮設自宋景德中，因名。置監鎮，奉御董造，饒州窑自此始。《容齋隨筆》云：彭器資尚書文集有《送許屯田詩》曰「浮梁巧燒瓷，顔色比瓊玖」，謂此也。元更監鎮爲提領，本路總管，監陶。宋、元皆有命則供，否則止。《格古要論》云：「御土窑，體薄而潤，色白花青，較定器少次。」此言宋窑也。又云：「元朝燒小足印花，内有『樞府』字號者最高。」此言元窑也。又云：「新燒大足素者，欠潤。有青色及五色，花且俗。又有青黑色戧金者，多是酒壺、酒琖，甚可愛。」此言明初窑也。江西窑，唐在洪州，今南昌，見《茶經》。弋陽縣太平鄉處州，民瞿志高等來創造，亦有窑。其後，民飢爲「亂」，嘉靖間，即横峯窑鎮地，改立興安縣，遂廢。弋陽之湖西馬坑，以陶爲業，所造缾、罐、缸、甕、盤、盌之器甚麤，給工匠之用。

洪武窑　明洪武三十五年，始開窑燒造，解京供用，有御器廠，廠東爲九江道，有官窑。窑之名六，曰風火窑，色窑，大小爁熿窑，大龍缸窑，匣窑，青窑。

按：志稱：官窑除龍缸外，青窑燒小器，色窑燒顔色，圓而狹，每座祇容小器三百餘件。民間青窑長而濶，每座容小器千餘件。民窑燒器，窑九行。前一行，麤器障火，三行間有好器，雜火中間。前四、中五、後四皆好器，後三、後二皆麤器，視前行。官窑重器一色，前以空匣障火。官窑器純，民窑器雜。官窑塗欲密，砌欲固，使火氣全，而陶器易熟，不至鬆泄。官窑之異於民窑如此。

永樂窑

《事物紺珠》：永樂、宣德二窑，皆内府燒造。以椶眼、甜白爲常，以蘇麻離青爲飾，以鮮紅爲寶。

《博物要覽》：永樂年造壓手杯，中心畫雙獅滚毬，爲上品，鴛鴦心者次之，花心者又次。杯外青花深翠，式樣精妙。若近時仿效，殊無可觀。

《南村隨筆》：明景德鎮所造，永樂尚厚，成化尚薄。宣德青尚淡，嘉靖青尚濃。成青未若宣青，宣彩未若成彩。《通雅》：永樂窑貴厚，成化窑貴薄，前後規制殊異。

按：古窑重青器，至明而秘色已絶，皆純白，或畫青花，或加五彩。永窑亦足貴重，在宣、成之下，嘉之上。

宣德窑　宣德中，以營造所丞專督工匠。

《博物要覽》：宣德年造紅魚靶杯，以西紅寶石爲末，魚形自骨内燒出，凸起寶光。又如竹節靶罩蓋滷壺、小壺，此等發古未有。他如妙用種種小巧之物尤佳，描畫不苟。又有白茶琖，光瑩如玉，内有絶細暗花，花底有暗款，隱隱橘皮紋起。雖定瓷何能比方，真一代絶品。

《南村隨筆》：宣德祭紅，以西紅寶石末入泑，凸起者，總以汁水瑩厚，如堆脂，汁紋雞橘，質料膩實，不易茅蔑。正、宏、隆、萬間，亦有佳者。

《清秘藏》：宣廟窑器，質料細厚，隱隱橘皮紋起。冰裂鱔血紋者，幾與官汝窑敵。即暗花者，内燒絶細龍鳳暗花，底有「大明宣德年製」。

《妮古録》：宣廟時，蟋蟀澄泥盆，最爲精絶。

按：此明窑極盛時也。選料、製樣、畫器、題款，無一不精。青花用蘇泥勃青。至成化，其青已盡，只用平等青料。故論青花，宣窑爲最。

成化窑

《博物要覽》：成窑上品，無過五彩葡萄斮口扁肚靶杯式，較宣杯妙甚。次若草蟲子母雞勸杯、人物蓮子酒琖、五供養淺琖、草蟲小琖、青花紙薄酒琖、五彩齊箸小楪、香合、各製小罐，皆精妙可人。

高澹人《成窑雞缸歌注》：成窑酒杯，名式不一，皆描畫精工，點色深淺，瑩潔而質堅，雞缸上畫牡丹，下畫子母雞，躍躍欲動。

按：成窑以五彩爲最，酒杯以雞缸爲最。神宗時，尚食御前，成杯一雙，直錢十萬，當時已貴重如此。前人評宣成高下，《留青日札》謂宣與汝敵，永樂成化亦以次重。《蓉槎蠡説》謂勝朝官窑，首成，次宣，次永，次嘉。《博物要覽》則謂青花成不宣。若宣窑五彩，深厚堆垜。成窑用色淺深，頗有畫意。三家之論不同。總之，明器無能過宣成者，而一時有一時聚精之物，則《博物要覽》之言是也。

正德窑　正德初，置御器廠，專管御器。

《事物紺珠》：正德間，大璫鎮雲南，得外國回青，以鍊石爲僞寶，價倍黄金，已知其可燒窑器，用之色愈古。

《通雅》：回青以重色貴。

按：宣德中，以營膳所丞專督工匠，即專督御器廠之工匠。正統初罷之者，《志》所稱以兵興，議寢陶息民之事也。《豫章大事記》云：景泰五年，減饒州歲造瓷器三之一。是既罷督造之官，又減歲造之數也。故宣宗後幾二十年，窑事不著。天順復辟，丁丑仍委中官燒造，則御器之監造如故矣。《大事記》又云：成化二十二年，裁饒州燒造官，此憲宗末年，必孝宗初政。故終孝宗十八年，不言窑事。正德初置御器廠，專管御器者，復用中官也，故至嘉靖又裁之云。

又按：當日用回青，工匠恣爲奸利。浮梁朱令，爲劑量之法，其弊稍息。用青，亦回青與石青相兼。十雜一爲上，四六爲中。嘉窑惟御器給之。《志》云：回青行，而石子遂廢者，非也。

嘉靖窑　嘉靖初，裁革中官，于各府佐輪選一員管理。四十四年，添設饒州府通判，駐廠督造，尋止。

《事物紺珠》：嘉靖窑回青盛作，鮮紅土斷絶，燒法亦不如前，惟可燒礬紅色。

《博物要覽》：嘉靖青花、五彩二窑，製器悉備。奈饒土漸惡，較之往日，大不相侔。有小白甌，世宗經籙醮壇用器亦曰壇琖。製度質料，迥不及宣德。如魚扁琖，紅鉛小花合子，亦爲世玩。

按：青器，宣青尚淡，嘉青尚濃。回青之色，幽菁可愛。鮮紅土絶，而回青效靈，亦一時之會也。然當麻倉土將次告竭之時，體質不及宣器遠甚。壇琖色以正白如玉爲最。堊嫩則近青，堊不浄則近黄，皆無足取。《通雅》謂嘉靖時有填白壇琖，指此。

隆慶萬曆窑　隆慶六年，復起燒造，仍於各府佐輪選管理。萬曆初，以饒州督捕通判改駐景德鎮，兼理窑廠。《江西大志》：舊用浮梁縣麻倉等處白土，每百觔給直七分。萬曆十一年，同知張化美見麻倉土膏已竭，掘乞甚難，每百觔加三分。近用縣境吴門托新土，有糖點者尤佳。

《豫章大事記》：窑變極佳，非人力所可致。人亦多毁之，不令傳。萬曆十五六年間，詔燒方筋屏風，不成，變而爲牀，長六尺，高一尺，可卧。又變爲船，長三尺，其中什器，無一不具。聞主者於饒州，郡縣官皆見之，後搥碎，不敢以進。

按：明瓷至隆萬，製作日巧，無物不有。然隆窑之秘戲，殊非雅裁。他物汁水瑩厚如堆脂，有粟起若雞皮者，有發椶眼若橘皮者，亦可玩也。《通雅》云：官窑土骨坏乾經年，重用車碾薄，上釉候乾，數次出火釉。漏者，碾去上釉，更燒之。故汁水瑩厚如堆脂，不易茅篾。此亦民窑之不得同者。

又按：明時江南常州府宜興縣歐姓者，造瓷器曰歐窑。有倣哥窑紋片者，有倣官、均窑色者。采色甚多，皆花盤、匳架諸器，舊者頗佳。附記於此。饒窑倣定器，用青田石粉爲骨，曰粉定。質麤理鬆，不甚佳。

造法

雜采諸書，爲之條理，不復更詳原出書名。

陶土，出浮梁新正都麻倉山，曰千户坑，曰龍坑塢，曰高路坡，曰低路坡。土埴壚，均有青黑界道，灑灑若糖點。瑩若白玉，閃爍若金星者爲上土，每百觔給直七分。萬曆間，坑深膏竭，鏤空穿穴，民力維艱，管廠同知張化美，議百觔加直三分。其後因縣境内吴門托新土有糖點如麻倉者，尤佳。取土於彼，路倍於前，給直如故，不能多運。造龍缸用餘干婺源土及石末、坏屑，參和爲之。以下采料。

石末，出湖田一二圖，以和官土造缸，取其堅也。

釉土，出新正都。曰長嶺，作青黄釉，曰義坑，作澆白器釉。二處皆有柏葉斑。又出桃樹塢，青花白器通用之。

砂土、黄土，用造匣鉢。砂土募夫挑取，每百觔給直二分。黄土撥本廠上工夫挑取。

鮮紅土，未詳出何地，燒煉作紅器，正嘉間斷絶，燒法亦不如前，僅可作礬紅色。

西紅寶石，宣窑造紅魚靶杯，粉寶石塗堊，紅鮮奪目。

硃砂，宣窑作小壺、大盌，色紅如日。

青，用陂塘青，産樂平一方。嘉靖中，樂平格殺，遂塞。用石子青，産瑞州諸處。

蘇泥勃青，宣窑青花器用此，至成化時已絶。

回青，正德時大璫鎮雲南，得此於外國。嘉窑御器用此，其後亦不能繼。

黑赭石，出廬陵新建，一曰無名子，用以繪畫瓷器。

御器廠分二十三作，曰：大盌作，酒鍾作，楪作，盤作，鍾作，印作，錐龍作，畫作，寫字作，色作，匣作，泥水作，大木作，小木作，船木作，鐵作，竹作，漆作，索作，桶作，染作，東碓作，西碓作。以下工役。

正嘉之際，官匠凡三百餘。畫工另募，蓋繪事難也。

陶夫，砂土夫，僱用。上工夫，派饒州千户，所編派七縣，解徵工食。

回青，搥碎有硃砂斑者曰上青，有銀星者曰中青，每觔可得青三兩。敲青後，取奇零瑣碎，入注水中，用瓷石引雜石澄定，每觔可得真青五六錢。以下製料。

浮梁令朱賢議除匠匿回青之弊。打青用三人，各付青一觔，當官鎚鍊，再加研淘，令各計得青若干。有能多滿一錢者，賞銀。較三人所得，酌多寡之中，爲之劑量，定得青之數。

回青淳，則色散而不收，石青加多則色沉而不亮。每回青一兩，加石青一錢，謂之上青。四六分加，謂之中青。中青用以設色，則筆路分明。上青用以混水，則顔色清亮。油色，用豆青油水、鍊灰、黄土合成。紫金色，用罐水、鍊灰紫金石合成。翠色，用鍊成古銅水硝石合成。黄色，用黑鉛末一觔，碾赭石一兩二錢合成。金緑色，用鍊過黑鉛末一觔，古銅末一兩四錢，石末六兩合成。金青色，用鍊成翠一觔，石子青一兩合成。礬紅色，用青礬鍊紅，每一兩加鉛粉五兩，用廣膠合成。紫色，用黑鉛末一觔，石子青一兩，石末六兩合成。澆青，用釉水鍊灰，石子青合成。純白，用釉水鍊灰合成。

祭紅，以西紅寶石爲堊。又有硃砂點，翠青花點，色不同。堊肥乃有橘皮紋起。

瓷器用苧麻灰淋汁塗之，黄色者赤。土汁塗坏燒之，用芝麻稭淋汁染色，則成紫。

畫青，每晨午二次，集工役分青染漬，擇愿樸者二人，一繪大，一繪小。看畫完，差其多寡同異，付窑帶燒，合格者爲樣器，給畫工。凡繪器顔料加減，色澤程度，悉以此器爲準。以下畫染。

黑赭石磨水畫坏上，初無色，燒之便成天藍，呼之爲畫燒青。

畫法，如成窑酒器，高燒銀燭照紅妝，一美人持燭照海棠也。錦灰堆，折枝花果堆四面也。高士，一面畫周茂叔愛蓮，一面畫陶淵明對菊也。娃娃，五嬰兒相戲也。其他龍鳳、魚藻、花草、瓜瓠、八吉祥、西番蓮等式，各有成樣。畫名，如嘉靖八年燒造，募工給直。其畫有趕珠龍、一秤金、娃娃、昇降戲龍、鳳穿花、滿地嬌、雲雀、萬歲藤、搶珠龍、靈芝捧八寶、八仙過海、飛雀牡丹、獅子滚繡毬、轉枝寶相花、鯖鮊鯉鱖、水藻、江下八俊、巴山出水、飛獅、水火捧八卦、竹葉靈芝、雲鶴穿花、花様龍鳳、轉枝蓮托八寶、八吉祥、海水蒼龍捧八卦、三仙煉丹、耍戲娃娃、四季花、三陽開泰花、天花捧雲山福海字、二仙、出水雲龍、龍穿西番蓮、穿花鳳、雙雲龍、青纏枝寶相花、穿花龍、如意團鸞、鳳穿花、鸞鳳團龍、羣仙捧壽、蒼獅龍、耍戲鮑老、昇鳳擁祥雲、乾坤六合花、博古龍、松竹梅、鸞鳳穿寶相花、四季花等名，不可勝計。

堆器，以筆醮白泥堆坏上，成各樣龍鳳花草，加釉水鍊灰燒成。以下堆琢五彩。

錐器，各樣坏上，用鐵錐錐成龍鳳花草，加釉水鍊灰燒成。

描金，用燒成白坏上貼金，過色窑。如礬紅過鑪火二次，餘色不上全黄。

金花定盌，用大蒜調金描畫，再八窑燒，永不復脱。

五彩，用燒過純白瓷器，繢彩，過鑪火燒成。

造匣，用黄土砂土，參和爲之，大小不一。以下製匣。

匣窑，除龍缸大匣外，其餘大小匣，可燒七八十件，燒成計薪五十五擔。有一用即損者，有再用方坏者。每窑燒缸匣六層，大樣二樣，或蓋或圈，皆燒香一炷，旁以小匣培之。三樣缸匣，小則燒香二炷，培亦如之，薪視前加十之一贏。溜火三日夜，緊火一日夜，止火三日，出窑。

坏入窑，上下四角，周詳審視，有無疵謬。必體質完美，然後蓋匣封固，起火。以下裝窑。

窑座，前寬六尺。後如前，饒五寸。入身六尺，頂圓。龍缸大樣、二樣者，容一口。三樣者，一窑結砌二臺，容二口。青窑比缸窑畧小，前寬五尺，後五尺五寸，入身四尺五寸。每座燒盤楪中樣器二百有奇，稍大者一百五十有六。大盌二十有四，尺盌三十，大罈十六七，小酒杯五六百。

缸窑，溜火七日夜。溜火如水滴溜，續續然、徐徐然不絶而已。使水氣收，土氣和，然後可以揚其華也。起緊火二日夜，視缸匣色變紅，轉而白，前後洞然矣，可止火封門。又十日開窑。

青窑溜火對日，緊火一日夜，候火色，如缸窑。火止封門，則窑易冷。遇陰雨，加十之一。以下火候。首尾五日，可出器。每窑用薪六十擔，器大加十之二。遇久雨窑溼，又加十之二。秋陽烈日，即大器，薪可不加。

六窑之中，風火窑匠最勞，溜火一日之前，細心而已，無所用力。第二日緊火之後，晝夜添薪，不使忽爁忽燄，炎涼不均。倦睡不能應機，神昏不能辨色。火有破壘走烟之失，器即有折裂陰黄之患。

朱琰《陶説》卷四《説器上》　唐虞器

缶。

《吕氏春秋》：堯命質以麋輅，置缶而鼓之。

按：缶本汲器、飲器，兼可節樂。堯命以麋輅置之者，生革曰輅，謂以麋革冒之也。法「築土爲鼓」之意而變之，與後世擊缶不同。《風俗通》云：缶者，瓦器，秦人鼓之以節歌。《史記》載趙王與秦王會澠池事。秦王酒酣，令(秦)〔趙〕王鼓瑟，藺相如前進缶，請秦王擊缶。則擊缶，原秦人舊俗。然匪獨秦人，坎其擊缶，見於陳風，即事有漸，當以堯之鼓缶爲擊缶之始。《山堂考索》云：缶如覆盆，古西戎之樂，以四杖擊之。又一擊缶之法。

土塯。一作土簋。

土刑。一作土型。

《韓子》：堯舜飯土塯，啜土刑。如淳曰：刑，飯器。《廣韻》：塯，瓦飯器。

《韓詩外傳》：舜飯乎土簋，啜乎土型。

按：《考工記》旊人爲簋，原是陶器。然簋之爲名，或其形與簠簋之簋相似，而後人加之，其初則名塯也。簋字从竹，得稱當從竹器始。刑，型省文，器之模曰型。刑者，侀也。侀者，成也，一成而不可變，亦有模意。啜土型者，事從簡畧，即成器之型，爲啜具也。

泰尊

《禮記·明堂位》：泰尊，有虞氏之尊也。《注》：泰用瓦。

按：《世本》云：儀狄始作酒。《孟子》趙岐注云：儀狄作酒，禹飲而甘之，遂疏儀狄而惡旨酒。是儀狄爲夏禹時人，然虞已有泰尊，有虞氏養老以燕禮，又見《王制》，酒不始於儀狄可知。

甒大、瓦棺

《考工記》：有虞氏上陶。《注》：舜至質，貴陶器。甒大、瓦棺是也。甒大詳周器。

按：《檀弓》，有虞氏瓦棺，《注》：始不用薪也。《古史》舜作瓦棺土堲，則夏后氏之堲周，亦始於舜。《卮言》云：史系天監五，年丹陽山南得瓦物，高五尺，圍四尺，上鋭下平，如盒。沈約云，此罋盂也，死則坐葬之，《檀弓》夏后氏堲周是也。然鄭注謂火熟曰堲，燒土冶以周於棺，與此大異。此當是虞之瓦棺。

甑盆

《韓詩外傳》：舜甑盆無膻。《注》：膻，即今甑箄，所以盛飯，使水火之氣上烝，而後飯可熟。謂之膻，猶人身之膻中也。

按：《考工記》，陶人爲甗，《注》：無底甑。昔傳宋太宗時，長安民得甗，其狀下爲鼎，三足，上爲方甑，中設銅箄，可以開闔。無底，故設銅箄。則此甑盆，亦無底甑，而又不設甑箄，故曰無膻。

又按：《研北雜志》謂得古陶器，或言舜時物。《通雅》謂宋人言河南土中有羽觴，無色澤者，舜之陶。虞帝去今遠，未敢盡信。吾子行以爲秦鑄金人之後，合土爲陶，殆不然矣。

周器

瓦旊

《禮圖》：祭天用瓦旊。

按：《郊特牲》器用陶匏，不詳何器。《禮圖》瓦旊，亦統言之曰陶旊之事而已。《山堂考索》記周之郊，謂王以匏片爲爵，酌瓦甒之泛齊以獻，是瓦甒其一也。禮器有木簋，又有瓦簋，有木豆，又有瓦豆。疏家謂祭天地之器尚質，若宗廟則以木爲之。是凡禮器之從瓦者，或皆在瓦旊之列也。

大尊大音泰。

《周禮》：司尊彝，掌六尊、六彝之位。凡四時之間祀，追享、朝享，其朝踐，用兩大尊。

《山堂考索》：大尊受五斗，口圓。徑一尺，脛高三寸，中横徑九寸，脰下大横徑一尺二寸，底徑八寸。腹上下空徑一尺五分，厚半寸。底平厚寸。兩大尊，一盛元酒，一成體齊。

大罍

《周禮》：鬯人，凡祭祀社壝用大罍。《注》：瓦罍。《疏》：旊人爲瓦簋，據外而言。罍亦用瓦，取質畧之意。

瓦甒

缶

壺

《禮記·禮器》，君尊瓦甒，門外缶，門内壺。《注》：甒五斗，壺大一石，缶大小未聞。以小爲貴，則近小遠大。缶在門外，則大於壺。

《山堂考索》：大尊與甒，形制容受同。

按：瓦甒即虞尊。缶、壺，俱所以盛酒。《爾雅》郭注：謂缶即盆。《考工記》，盆實二鬴，四區爲鬴，鬴六斗四升，缶大於壺矣。又《易》坎卦爻辭王弼本，樽酒句、簋貳句、用缶句，《注》云：一樽之酒，二簋之食，瓦缶之器，納此至約，自進於牖，是謂樽簋，皆瓦缶之器也。

瓦大

《儀禮·燕禮》：公尊瓦大，兩用豐。《注》：瓦大，有虞氏尊。

甕

《周禮》：醢人，王舉則共醢六十甕，賓客之禮，共醢五十甕。醢人，王舉則共齊，菹醯物六十甕。賓客之禮，共醯五十甕。膳夫，凡王之饋食，醬用百有二十甕。《注》：醬，謂醯、醢也。

《山堂考索》：甕高一尺，受三斗，口徑六寸五分，腹徑九寸五分，底徑六寸五分，腹下漸殺六寸。

甗、盆、甑、鬲、庾

《考工記》：陶人爲甗，實二鬴，厚半寸，脣寸。盆，實二鬴，厚半寸，脣寸。甑，實二鬴，厚半寸，脣寸，七穿。鬲，實五觳，厚半寸，脣寸。庾，實二觳，厚半寸，脣寸。《注》：量六斗四升曰鬴。鄭司農云：甗無底甑。觳，讀爲斛，受三斗。元謂豆實三而成觳，則觳受斗二升，豆實四升。甗，魚輦反，一音彥。鬲，音歷。

《爾雅》：䰝謂之鬵，鬵，鉹也。《注》：凉州呼鉹。

按：甗，在陶人，周制也。《博古圖》所載，則饕餮、垂花、雷紋、盤雲、偃耳、直耳，極雕飾。亦有銘，驗其款識，則曰父己、父乙、祖己。考古器，鼎有父乙、父甲、父丁、祖戊，彝有父癸、祖乙、父乙、父丁、父己、父辛、母乙，爵有父丁、祖辛、父癸、父辛、父戊、祖己、父己，卣有父甲、祖癸、父己，匜有祖戊，盉有父丁，觚有父庚，皆商器。則此《博古圖》所載，是商甗。周文商質，不應商有雕飾之形，周反守渾樸之素。而《博古圖》又有丁父、父己、父戊，商鬲亦如甗然。或者陶人亦爲雕飾之文，未詳言之也。又《左傳》，齊賂晉紀甗，《釋文》以爲玉甑。甗有以玉爲者，古器蓋不一其制云。

又按：《器用指歸》云：甑所以炊飯。古甑瓦器，陶者爲之。《爾雅》：甑，作䰝，从瓦从鬲，一也。《説文》：瓦、缶、鬲、䰜四部，本以類從。䰜即鬲，鬵鬴，从鬲，鬵又从䰜，作鬵，甑，又作鬵鬲，是炊器無疑。《博古圖》謂甗之爲器，上古甑，可以炊物，下若鬲，可以飪物，又一器兼甑鬲之用。鄭康成注「老婦之祭」云：瓶盆炊器，盆亦主炊。是陶人所掌，皆炊器，庾何爲也。

又按：庾是量名，雜之甑、甗、盆、鬲，不於其倫。《左傳》疏云：杜據《儀禮》今文，以庾爲十六斗。《考工記》陶人爲庾，其下文旊人之豆，實三而成觳，則觳受斗二升。庾實二觳，則受二斗四升也。彼陶所作，是瓦器甕之類，非量。

簋、豆

《考工記》：旊人爲簋，實一觳，崇尺，厚半寸，脣寸。豆實三而成觳，崇尺。

按：旊人簋，豆，當是禮器。《爾雅》：木豆謂之豆，竹豆謂之籩，瓦豆謂之登。登，《注》：膏登，非旊人之豆，故別見於後。《通雅》謂古器有祖癸豆、姬奐豆，是禮器又有銅豆也。《山堂考索》云：旊人不言簠，簠、簋是相將之物，亦應制在旊人。然經無明文，不敢於簋豆之間雜出簠名，故附其說於此。

登

《爾雅》：瓦豆謂之登。注：膏登。

按：《楚辭》：蘭膏明燭華鐙錯。《注》：鐙，錠也。徐鉉曰：錠中置燭，故謂之鐙。《博古圖》有錠銘曰：「王氏銅虹燭錠。」李賀詩「曉虹屏中碧」，本此。唐人詩又有用銀釭者，本作登，後人以銅爲之。从金，作鐙，今俗作燈。古人焚膏必有器，故從郭注膏登之説，以著後來「華鐙」「銅虹」之託始於登矣。

瓴、甈

《爾雅》：甌瓿謂之瓴。《注》：瓿甊小罌，長沙謂之瓴。又康瓠謂之甈。《注》：瓠，壺也。

按：《博古圖》：方斜瓿無銘，文飾極精妙，肩作黿形，環腹之飾，皆取象於雷。肩脰之間，文鏤相錯，如盤絲髮，微起乳形，而中作黄目狀。魚瓿無銘，肩腹之間，飾以魚形。蟠螭瓿，飾以蟠螭。饕餮瓿，飾以饕餮，或間之以雷紋，形模典雅。瓿字从瓦，《爾雅》甌瓿，出自陶人。山罍木器，鄭元謂亦刻而畫之，爲山雲之形。則陶器或亦有文飾，然無所考。

汲缶

《易》比卦有孚盈缶。《注》：井之水，人所汲，汲用缶。

《左傳》：具綆缶，備水器。

挈壺

《周禮》：挈壺氏，挈壺以令軍井。注：鄭司農曰壺，所以盛飲。

缾

《左傳》：雖有挈缾之智，守不假器。

《禮記・禮器》夫奧者，老婦之祭也，盛於盆，尊於缾。

按：《説文》：壺，昆吾圜器。《禮》注：一石曰壺，本是飲器，故門外列缶，門内列壺，以飲器而通爲汲器。《周禮》之挈壺令井，猶《左傳》之具綆缶也。缶、壺、缾，總一類，只小大不同。壺小於缶，缾更小於壺。《方言》：缶，謂之瓿甊，其小者謂之缾甇。《説文》：甇，備火長頸缾也，缾，甕也。缾，重文曰瓶，並薄經切。《玉篇》：瓶，蒲并切，缾，蒲丁切，皆汲器。爲器既同，何必異音，从《説文》爲是。老婦之祭，尊於缾，其備火之甇與。故《注》曰炊器。然此已爲後代酒缾之始。《唐書・李大堯傳》：太宗賜胡缾一，曰：雖非千鎰，乃朕所自御。《政要》作壺缾，《通鑑釋文》以爲汲器，胡三省《辨誤》曰：酒器，太宗有自御之言，非汲器可知。《賢奕編》云：今人呼酌酒器曰壺缾。

夫子書罋魯器。

《鍾離意別傳》：意爲魯相，修夫子廟堂，道有罋，召守廟孔訢問曰：此何等罋，訢曰：夫子罋，背皆有書。夫子亡後，無敢發者。意乃發，得素書。

灌罋楚器。

《莊子》：子貢入楚，過漢陰，見一丈人，方爲圃畦，鑿隧而入，抱罋而灌。

經程齊器。

《韓詩外傳》：齊桓公飲諸臣酒，令曰：後者罰一經程。《注》：酒器之大者曰經程。

瓦卮韓器。

《韓非子》：堂谿公謂韓昭侯曰：今有白玉之卮，無當，瓦卮有當，君寧何取。曰：取瓦卮。

按：齊之經程，不詳何器。《侯鯖録》云：陶器有酒經，晉安人盛酒，似瓦壺之制。小頸，環口，修腹。凡饋人牲，兼以酒器。書云酒一經，或二經，至五經焉。齊桓公之經程，當即此器。應劭《漢書注》云：卮，飲酒禮器，古以角。據《韓非子》堂谿公之語，是當時有瓦卮也，故附於後。列國器名，載在《方言》，參錯互異，且不詳何制，僅采一二可據者，以備考覽。陶出三代，世所傳甓器是也。《筆衡》云：今土中得者，其質渾厚，不務色澤。

漢器

桂酒尊

泰尊

《郊祀歌》：《練時日》一，尊桂酒，賔八鄉，《注》：晉灼曰：尊，大尊，元帝時大宰丞李元記云：以水漬桂爲大尊酒。又《景星》十二，百末旨酒布蘭生，泰尊柘漿析朝酲。

按：《周禮》六尊，大尊用於宗廟。四時之朝踐，祭天地，則曰器用陶匏而已。其用大尊與否，經典未有明文。漢《郊祀歌·景星》則曰泰尊，《練時日》則曰尊桂酒，《注》亦以爲大尊。既兩見之，吾從其實，列之爲二，於《練時日》之尊則曰桂酒尊。

盂

《東方朔傳》：置守宫盂下。《注》：盂，食器，若盋而大，今盋盂也，讀作鉢。

按：《稗史類編》謂：鉢，本天竺國器，故語謂之「鉢多羅」，晉宋間始爲中夏所有。《演繁露》據《漢書注》「若盋而大，今之盋盂語」，以爲古有此名。盋鉢字本通。《注》曰：若作譬況之詞曰今，明非昔之器，《稗史類編》之言是也。《廣韻》箋缶云：瓦器，鉢也，當亦如注《漢書》者以今明昔之義。

康瓠

賈誼《弔屈原》：（斡）〔斡〕棄周鼎兮寶康瓠。

甂、甌、甀

《淮南子》：蓼菜成行，甂、甌有隄，稱薪而爨，數米而炊，可以治小，而未可以治大。又狗彘不擇甂、甌。又抱甀而汲。

瓿

《揚雄傳》：吾恐後人之覆醬瓿也。

瓨

《史〔記〕·貨殖傳》：醯醬千瓨。

儋

《蒯通傳》：受儋石之禄。《注》：應劭曰：「齊人名小罌爲儋，受二斛。」

按：《漢書注》：康瓠，瓦盆底。《爾雅》：康瓠謂之甈。《注》：壺也。《釋文》云：康，《埤蒼》作甗，《字林》作甈。《説文》云：甈，破罌。《方言》云：瓿、甗，罌也，靈桂之間謂之瓬。《玉篇》云：瓬，大罌也。甈、甗、瓬，音近，其一類也。《説文》云：甌，小盆也，甂似小瓿，大口而卑，用食。《方言》云：甈謂之盎，自關而西謂之盆，其小者謂之升、甌、甂。又云：甂，陳、魏、宋、楚之間，謂之題，其大者謂之甌，今河北人呼小盆爲題子。然則甌、甂皆小盆，而甂又小於甌也。甀，《説文》作𦈢，云小口罌也。《列子》云：狀若甑甀。《國策》云：醯壺、醬甀。甀云者，今之小口罌，故可抱而汲。瓿，音部，亦罌之小者。瓨，《説文》云似罌，長頸，受十升，亦作缸。缾之長頸者，《方言》謂罃，又云：周、洛、韓、鄭之間，謂之甀，齊之東北，海岱之間，謂之甔。甔、儋，通用。然則甀也，瓿也，瓨也，儋也，皆小口罌也。《通雅》云：今俗曰壜，曰埕，繇此言之，瓬大而缸小，今俗又以大者爲缸也。

琖

《池北偶談》：宋荔裳觀察，藏漢瓷琖二，内有魚藻文，云在秦州耕夫得於隗囂故宫。

按：琖屬飲器，从酉作醆。夏琖飾以玉，遂从玉，亦从角，作觴。今俗作盞，从皿。數字通用。唐琖，紫金、白玉、銀鏊落、水晶、玻璃製，甚華美，專以佐飲。至宋，則瓷琖爲鬬茶之勝具矣。

漆烏瓦盤

《修復山陵故事》：武帝悼后元宫，漆烏瓦盤一枚。

按：《周禮》：玉府，合諸侯則供珠盤，盤之始也，亦作槃。《説文》：槃，承盤也。中山王《文木賦》：製爲槃杅，亦作柈。《古樂府》，奉藥一玉柈。盤、槃、柈通，古文作鎜。《集韻》云：今曰托盤。

安哉

《太平御覽》：李尤《安哉銘》：安哉令名，甘旨是盛。埏埴之巧，甄陶所成。

按：《通雅》云：古，哉與裁、載通。《説文》：𩚬，設飪也，从丮从食。才讀若載。慎之曰，見《石鼓文》。考石鼓，𩚬鹵𩚬北，謂載西載北也。安哉爲安𩚬近是。銘詞有埏埴甄陶之語，窑器無疑。

魏器

陶尊

《晉·禮志》：魏景初元年，營洛陽南委粟山以爲圓邱。祀之日，以始祖帝舜配，房俎生魚，陶尊元酒。

按：漢郊祀用泰尊，此但言陶尊，陶言其質，泰言其制，一也。

晉器

縹瓷

潘岳賦：披黃苞以授甘，傾縹瓷以酌酃。

按：左思《蜀都賦》注：翠微，山氣之輕縹也。《説文》云：縹帛，青白色。潘賦曰縹瓷，當時即以淺青相尚。後來峯翠、天青，於此開其先矣。

東甌荈器

杜毓《荈賦》：器擇陶揀，出自東甌。

按：杜賦云器擇陶揀，當時亦不止一窑，此乃其精焉者耳。甌亦越地，是先越州窑而知名者也。

南北朝器

鶴觴罌

《洛陽伽藍記》：河東人劉白墮善釀。六月中以罌貯酒，暴日中，經旬酒味不動，飲之香美，朝貴千里相餉，謂之「鶴觴」。

軍持

《寄歸傳》：軍持有二，瓷瓦者淨用，銅鐵者濁用。

《庶物異名疏》：梵語軍持，一云軍遲。此云缾也。

按：《西域記》捃稚迦，即澡缾也。然則軍持之名，捃稚譌文，又省迦字。釋家以之洗手，故曰澡缾，亦曰淨缾。《詞林海錯》云：蒙古人謂淨缾曰羊訛。佛教東漢入中國，至六朝而盛，故附於此。

隋器

緑瓷琉璃

《隋書·何稠傳》：稠博覽古圖，多識舊物。時中國久絶琉璃之作，匠人無敢措意，稠以緑瓷爲之，與真無異。

按：琉璃出黄支、斯調、日南諸國。大秦出者，赤、白、黑、黄、青、緑、紺、縹、紅、紫十種。琉璃，本自然之物也。顔師古《漢書注》云：今俗所用，銷冶石汁，加以衆藥，灌而爲之，虚脆不貞。鑄之之法，北魏太武時，有大月氏國人，商販來京，自云能鑄石爲琉璃，於是採礦爲之。既成而光色妙於真者，遂傳其法至今，想隋時偶絶也。然中國鑄者質脆，沃以熱酒，應手而碎。惜乎月氏之法傳，而稠之法不傳也。琉璃，漢西域傳作流離。

朱琰《陶説》卷五《説器中》　唐器

大尊

《唐六典》：凡尊彝之制，十有四，祭祀則陳之，一曰大尊。《禮樂志》：陳設則祀上帝，大尊二，在壇上東南隅，五帝。日月各大尊二，在第一等。宗廟，大尊二在堂下。進熟，則上帝以大尊實汎齊。五方帝從祀於圓邱，以大尊實汎齊。日月以大尊實醍齊。從祀於圓邱，以大尊二實汎齊。地祇從祀於方邱，以大尊二實汎齊。宗廟祫享，大尊實沈齊。

按：大尊，周用於宗廟，漢用於郊祀，皆可據者。唐則郊祀宗廟並用之，蓋以周祭天地用陶，必大尊也，故師其意如此。

進瓷

《柳柳州集·代人進瓷器狀》畧云：「稟至德之陶蒸，自無苦窳。合太和以融結，克保堅貞。且無瓦釜之鳴，是稱土鉶之德。」

按：狀不言何器，亦不言何人進。唐之造陶器者不一地，考《地理志》言貢瓷石之器者，祇見河南道。河南、河東，地本接壤，豈即河南歲進之瓷，而柳州代爲之狀與。

紫瓷盆渤海貢器

《杜陽雜編》：會昌元年，渤海貢紫瓷盆，容半斛。内外通瑩，色純紫。厚半寸許，舉之若鴻毛。

按：《唐書》：渤海本粟靺鞨，附高麗者，其燒瓷當即高麗法也。何以後之傳高麗窑器，未聞有此瑩而輕者。《唐書》又云：寶應元年，詔以渤海爲國，地有五京，十五府，六十二州，距京師八千里而遠。朝貢至否，史家失傳，故「叛」附無考。若然，則《杜陽雜編》之所紀，可以補史之缺。

越盌

陸羽《茶經》：盌，邢不如越。越盌，上口脣不卷，底卷而淺，受半升。詳越州窑下。

内邱白瓷盌

《國史補》：内邱白瓷盌，端溪紫石硯，天下無貴賤通之。

大邑瓷盌

《杜工部集·於韋處乞大邑瓷盌詩》：大邑燒瓷輕且堅，扣如哀玉錦城傳。君家白盌勝霜雪，急送茆齋也可憐。

按：《説文》：盌，小盂也，字或作椀。《漢淮南王傳》注：食器杯椀之屬。楊升菴述宋林少穎語，謂案古盌字，張平子青玉案，即青玉盌，南京人謂傳盌爲案酒，可證。《樞要録》言：元載家冷物用硫黄盌，熱物用冷水瓷盌。瓷盌，自唐時盛行。内邱屬邢州，如《國史補》所云邢盌亦重於天下。大邑屬邛州，色白而堅且輕，扣之有韻，味工部詩，瓷盌之上品矣。《茶經》

并不列之下次中，獨有取於越州者何也。《格古要論》云：古人喫茶，多用甆，取其易乾，不留滓。《茶經》言越盌上口脣不卷，底卷而淺，甆盌是已。而況似玉、似冰、色青之有助於茶者，邢不如也。宋人取兔毫琖，亦於鬬茶爲宜。九經無茶字，前人論茶，遂謂自晉宋以降始盛，然《晏子春秋》有茗茶之食，漢王褒《童約》有買茶之語，《吴志·韋曜傳》有孫皓賜茶荈當酒之事，此皆在晉以前。《說文》：茶，苦茶即今之茶。荈檟、苦茶見於《爾雅》，郭注云：早采爲茶，晚采爲茗，一名荈，蜀人名之爲苦茶。《茶經》云味甘，檟也，不甘而苦，荈也，啜苦咽甘，茶也，分别如此。自初采而製造，而收藏，而烹點，有條有理。水則某上水，某中水，某下水，火則時一沸，時二沸，時三沸。育湯之華，薄不爲沫，厚不爲餑，而有取於輕且細之花。擇焉精，語焉詳，其用器必審辨於歷試之後，非率然也。

緑瓷桮

季南金詩：聽得松風並澗水，急呼縹色緑瓷桮。

按：《方言》：盃、音雅。閜、呼雅反。盪、音章。𥂵音麼。皆桮也。秦晉之間謂之盃，伯盃是也。自關而東，趙魏之間曰槭，或曰琖，或曰盌，其大者謂之閜。吴越之間曰盪，齊右平原以東，或謂之𥂵，桮，其通語也。桮，棬見《孟子》。《禮記·玉藻》久有此名，古人以此爲酒器。如季南金所詠，用以試茗，恐後代茶鍾，即起於此。

瓷罌

老瓦盆

杜工部詩：瓷罌無藉玉爲缸。又：莫笑田家老瓦盆，自從盛酒長兒孫，傾銀注玉驚人眼，共醉還同臥竹根。

琖托

《演繁露》：臺琖始於琖托，托始於唐。蜀相崔寧女飲茶，病琖熱熨指，取楪子融蠟，象琖足大小，而環結其中，寘琖於蠟，無所傾側，因命工髹漆爲之。寧喜其爲，名之曰托。

按：《周禮》：彝下有舟。鄭司農曰：舟乃尊下臺，若今之承盤。是臺琖之象，畧見於周，而已具於漢。《通雅》云：有鬲塞者，乃楪子環蠟遺制。黄伯思曰：北齊畫圖已有之。是《演繁露》謂琖托始於唐，《格古要論》謂古無勸盤，非也。或者瓷盌之托，自唐蜀相崔寧女始。《通雅》又云：陶穀曰：劉張有魚英托鏤，言以魚魫爲酒臺琖也。又有襯茶盌者，《資暇録》云：貞元初，青鄆油繒爲葉形，以襯茶盌，又是一家之製。

越甌、邢甌

《樂府雜録》：唐大中初，有調音律官、大興縣丞郭道源，善擊甌。用越甌、邢甌十有二，以筯擊之，其音韻妙於方響。

八缶後唐器。

《紺珠》：八缶，如水琖，凡八，置之卓上擊之，後唐司馬滔作。

按：擊甌之風盛於唐，其法：甌中用水加減，以調宫商也，習於音而聰者能之。甌取質緊而聲清，此非如點茶佐酒。其窑法佳否，上手立驗。《温尉集》中有《郭處士擊甌歌》，即道源也。又有馬處士者，善此技，建擊甌樓，張曙有賦。武公業妾步非烟，亦以此名，見《非烟傳》。此本因乎擊缶，以十二甌主音律，則擊甌變法。後唐司馬滔以八缶置卓上擊之，又以擊甌新意，參擊缶古風也。楊升菴曰：今人水琖本此。

陶硯十國前蜀器。

米元章《硯史》：陳文惠家，收一蜀王衍時陶硯，連蓋。蓋上有鳳坐一臺，餘雕雜花草，涅之以金泥紅漆，有字曰「鳳凰臺」。

按：昔人論硯曰：細潤爲德，發墨爲材，端州水坑所以貴也。歙石發墨而難細潤，澄泥細潤而難發墨，陶硯在澄泥之次。舊有以玉、水晶、五金作硯者，更出其下矣。《硯史》又云：杭州龍華寺，收梁傅大夫瓷硯一枚。甚大，褐色，心如鏃，環水如辟雍之製，下作浪花。近足處，磨墨處，無瓷油。是梁亦有之也。

高足盌十國南平器。

周羽沖《三楚新録》：高從誨時，荊南瓷器皆高足，公私競置用之，謂之高足盌。

宋器

白定仁和館餅

哥窑餅

《妮古録》：余秀州買得白定餅一。口有四紐，斜燒成「仁和館」三字，如米氏父子所書。又於項元度家，見哥窑餅。紙槌、鵞頸、茄袋、花尊、花囊、蓍草、蒲槌等式餅。

袁宏道《缾史》：江南人家所藏舊觚，青翠入骨，砂斑垤起，可謂花之金屋。其次官、哥、象、定等窰，細媚滋潤，皆花神之精舍齋。缾宜矮而小，窰器如紙槌、鵝頸、茄袋、花尊、花囊、蓍草、蒲槌形製，短小方入清供。

吉州窰白紫色大小缾

《格古要論》：吉州宋時有五窰，書公燒者最佳，有白色、紫色花缾。大者直數兩，小者有花。

筯缾官哥定窰。

《香箋》：筯缾，吴中近製短頸細孔者，插筯下重不仆。官、哥、定窰者，不宜日用。

瑪瑙釉小罌

《六研齋筆記》：汝窰用瑪瑙爲末作釉，當時止供御，絶難得。余倅汝僅見温指揮使家一小罌。

按：古器，缾、罌，屬汲器、酒器而已。釋子有所謂「頻伽缾」者，用以洗手，故佛氏有供花之説，《名義》謂未聞用缾。《秘閣閒談》謂：巴東下巖僧得一青瓷盌，折花供佛也。至定、官、哥窰，而花缾之款遂多。至明而講清供者，花缾最重。張謙德《缾花譜》云：「貯花先須擇缾。春冬用銅，夏秋用瓷，因乎時也。堂厦宜大，書屋宜小，因乎地也。貴瓷銅，賤金銀，尚清雅也。忌環，忌對，象神明也。口欲小，足欲厚，取其安穩不泄氣也。」其論精矣。支廷訓爲之作傳，曰《涵春君傳》，其畧云：「借交於姚魏，受知於陶令，折節於董奉師門，披衷於六郎西子。姓湛氏，名擷英，移芳其字云。」又按：《考槃餘事》：養蘭蕙，須用瓢，牡丹則用蒲槌瓶，方稱。瓶内須打錫套管，收口作一小孔，以管束花枝，不令斜倒。又可注滚水，插牡丹芙蓉等花。冬天貯水插花，則不凍損瓶質。亦安置花瓶之良法，不可不知。

陶硯

《麈史》：郭惟濟得陶器，體圓，色白，中虚，徑六七寸。酌水於輪廓間，隆起處磨墨甚良，古硯也。

哥窰硯

《曝書亭集・古林哥窰硯銘》：叢臺澄泥鄴宫瓦，未若哥窰古而雅，緑如春波渟不瀉，以石爲之出其下。

哥窰三山、五山筆格。

白定臥花哇哇筆格

《考槃餘事》：筆格有哥窰三山、五山者，製古，色潤。有白定臥花哇哇，瑩白精巧。

按：《説文》：哇，小兒笑聲。《禮記》：哇而名之，是也。《孟子》：孩提之童，注：知孩笑。唐司空圖文：女則牙牙學語。《通雅・諺原》：赤子曰孖兒，逐字轉注爲小兒，聲則同哇哇，如所云牙牙也。《廣韻》：哇，小兒聲。

水中丞

官、哥窰，圓式、鉢盂式、儀稜肚式、水中丞。

青冬瓷菊瓣水中丞。

定窰缾式水中丞，又束口圓肚三足者。

龍泉窰細花紋水中丞。

官、哥窰方圓壺，立瓜、臥瓜壺。

官、哥窰雙桃注，雙蓮房注，牧童臥牛注，方注，筆格内貯水作注。

定窰瓜壺，茄壺，駝壺，又可格筆。

定窰蟾注。

青冬瓷天雞壺。

《考槃餘事》：水中丞，陶者有官、哥窰瓮肚圓式，有鉢盂小口式者，有儀稜肚者，有青冬瓷、菊瓣、瓮肚、圓足者。有定窰印花長樣如缾，但口敞可以貯水者，有圓肚束口三足者。有龍泉瓮肚，周身細花紋。近用新燒均窰，俱法此式，奈不堪用。水注，陶者有官、哥方圓壺，有立瓜、臥瓜壺，有雙桃注，有雙蓮房注，有牧童臥牛者，有方者，有筆格内貯水用者。有定窰枝葉纏擾瓜壺，有帶葉茄壺，有駝壺，可格筆。有蟾注。有青冬瓷天雞壺，底有一竅者。工緻精極，俱入格。

按：《西京雜記》：廣川王有玉蟾蜍一枚，以盛書滴。秦嘉妻與嘉書：「今奉金錯盌一枚，以盛書水」，即後之所謂硯滴也。水中丞，本宋可山林洪「文房十八官」。酒壺，古稱注子。唐太和中，中官惡其名同鄭注，改偏提。水注沿注子之名也。《硯北雜志》載：南唐金蟾蜍硯滴，有銘，篆書腹下，甚古，附記於此。左足心曰舍月窟，右足心曰伏棐几，左後足曰爲我用，右後足曰貯清泚，頷下左右各三字，曰端溪石，澄心紙，腹兩傍各三字，曰陳元氏，毛錐子，腹下兩旁各七字，曰同列無譁聽驅使，微吾潤澤烏用女。

官、哥、龍泉、定筆洗

《考槃餘事》：陶者有官、哥元洗、葵花洗、磬口洗、元肚洗、四捲荷葉洗、捲口蔗段洗、長方洗，但以粉青紋片朗者爲貴。有龍泉雙魚洗、菊花瓣洗、鉢盂洗、百折洗。有定窑三箍元洗、梅花洗、絛環洗、方池洗、柳斗元洗、元口洗、稜洗。有中盞作洗、邊盤作筆覘者。有定窑匾坦小碟最多，俱可作筆覘。

哥窑蟠螭鎮紙

青冬瓷獅鼓鎮紙、

哇哇狻猊鎮紙

見《考槃餘事》。

按：《硯北雜志》云：薛道祖與米元章爲書畫友，其筆硯間物云，鎮紙宜金虎蓋取重也。

官、哥、青冬窑瓷印

《考槃餘事》：印章有哥窑、官窑、青冬窑者，製作巧，紐色之妙，不可盡述。

按：秦以前，金玉爲印，其後乃鑄銅，最講紐色。至元末，會稽王冕以花乳石代之，而鐙明鐙光，質温色雅。筆意得盡，最相宜也。昌化、壽山，相繼而起，爲品多矣。陶印亦瑩潤可喜。竊恐工於冶，未必工於篆，即覓工篆者爲之，入火後未必能絲髮不走。莫若仿古銅章，鈕色燒成，用鋼刀鍥之，更帶生趣。

官、哥窑方印色池，八角、委角印色池

定窑、印花紋、方印色池。

《考槃餘事》：印色池，官、哥窑，方者佳。尚有八角、委角者，最難得。定窑方池外，有印花紋，佳甚，亦少者。

按：《考槃餘事》又云：有陸子岡做周身連蓋滚螭，白玉印池，工緻侔古，近多效製。有三代玉方池，内外土銹，血侵四裹，不知何用。今以爲印池，似甚合宜。又云：諸玩器，玉當較勝於瓷。惟印色池，以瓷爲佳，玉亦未能勝也。此言良是。愚謂近製多工華麗，如陸子岡白玉印池之式，當令陶人仿而爲也。

官、哥、定窑、龍泉彝鑪、乳鑪

《香箋》：香鑪，官、哥、定窑，龍泉彝鑪、乳鑪，大如茶杯，而式雅者爲上。亦見《考槃餘事》。

按：《博物要覽》云：宣鑪之式，多仿宋瓷，其款多佳，惜乎存世者少也。古無香鑪，古銅器爲香鑪用者，皆尊、彝、卣、鼎禮器。後之爲鑪者，亦即仿此爲式。古博山鑪是燒香之器，其制與今香鑪迥異。長安丁緩作者，九層，鏤爲奇禽怪獸，窮諸靈異，皆自然運動。合德遺飛燕金博山五層鑪，見《西京雜記》，此制今不見矣。

定窑香盒

《香箋》：有宋剔梅花蔗段盒，有定窑、饒窑者，有倭盒、三子、五子者。必須子口緊密，不泄香氣，方妙。亦見《考槃餘事》。

按：香貴燥溼得宜，合和入窨，須蠟紙封固，埋地下半月餘，用香室瓷盒最宜。盒亦作合，亦稱合子。合中小合子曰義子，即《香箋》所云倭盒之三子、五子也。《博物要覽》云：均窑有鑪合，黄沙泥坏，不佳。

糊斗

《考槃餘事》：有建窑外黑内白長罐，定窑元肚并蒜蒲長礶，哥窑方斗如斛，中置一梁。俱可作糊斗。

書鐙

《考槃餘事》：有定窑三臺燈檠，有宣窑兩臺燈檠，俱堪書室取用。

瓷簫

《南村隨筆》：德化瓷簫，色瑩白，式亦精好，但百枝中無一二合調者。合則其聲凄朗，遠出竹上。

瓷枕

《考槃餘事》：舊窑枕，長二尺五寸，濶六寸者，可用。長一尺者，謂之尸枕，乃古墓中物。雖宋瓷白定，亦不可用。有瓷石者，如無大塊，以碎者琢成枕面，下以木鑲成枕，最能明目益睛，至老可讀細書。

《居易録》：德州趙侍郎宅，掘得古冢。有一瓷枕，枕上有杜詩「百寶裝腰帶」四句。

按：《豐寧傳》云：益眼者無如瓷石爲枕，可老而不昏，寧皇宫中多用之。

官窑花澆

《曝書亭集·官窑花澆銘》：赬兮若魚尾之散餘霞，潤兮若海棠之過朝雨。

按：羅虬花九錫，三曰甘泉浸。《清異録》謂潤花雨爲花沐浴。花澆可以代潤花之雨，而備九錫之一矣，其製當託始於抱罋之灌。

定窑兔毛花

許次紓《茶疏》：茶甌，古取定窑兔毛花者，亦鬬碾茶用之耳。

定州花瓷

《蘇東坡集·試院煎茶詩》：潞公煎茶學西蜀，定州花瓷琢紅玉。

建安兔毫琖

蔡襄《茶録》：茶色白，宜黑琖。建安所造者，紺黑，紋如兔毫。其坏微厚，熁之久，熱難冷，最爲要用。出他處者，皆不及也。其青白琖，鬬試家不用。

鷓鴣斑

《清異録》：閩中造茶琖，花紋鷓鴣斑點，試茶家珍之。

按：《方輿勝覽》云：兔毫琖，出甌寧，下注云，黄魯直詩「建安瓷盌鷓鴣斑」，是鷓鴣斑即兔毫琖。鬬試之法：以水痕先退者爲負，耐久者爲勝，故較勝負曰一水、兩水。茶色白入黑琖，水痕易驗，兔毫琖之所以貴也。又《茶録》云：凡欲點茶，先須熁琖令熱，冷則茶不浮。兔毫坏厚，久熱用之適宜。稱兔毫者，皆曰建安，而許次紓謂定州兔毛花爲鬬碾之宜，定州先有之耶。東坡《試院煎茶詩》云「定州花瓷琢紅玉」，又不獨貴黑琖。《送南屏謙師詩》云「道人曉出南屏山，來試點茶三昧手，忽驚午琖兔毛斑，打出春罋鵝兒酒」，又以兔毫琖盛鵝兒酒矣。

小海甌

《清異録》：耀州陶匠，創造一等平底深盌，號小海甌。

卵盌

蘇東坡《食槐葉冷淘詩》：青浮卵盌槐芽餅。

紫盌

《蘇東坡集》：興隆節侍宴前一日微雪，與子由同訪王定國，小飲清虚堂，詩云：銀餅瀉油浮蟻酒，紫盌鋪粟盤龍茶。

銅葉湯甃

《演繁露》：《東坡後集·從駕景靈宫詩》云：病貪賜茗浮銅葉。按今御前賜茶，皆不用建琖，用大湯甃，色正白，但其制様似銅葉湯甃耳。銅葉色黄，褐色也。

按：壽州瓷黄，茶色紫，洪州瓷褐，茶色黑，《茶經》以爲不宜茶也。銅葉以形名，不以色名。然邢瓷白，越瓷青，陸謂越在邢上，宋人又尚建安黑琖，不取白者，大抵宜於鬬試耳。飲器自然以白爲上，故當日御前茶器用白。

東坡茗盌

《蘇東坡集·贈杜介詩》：「仙葩發茗盌，翦刻分葵蓼。」《注》：《東坡十八羅漢頌後跋》，軾家藏十八羅漢像，每設茶供，則化爲白乳，或凝爲花木、桃李、芍藥，僅可指名。

益公湯琖

《夷堅志》：周益公以湯琖贈貧友，歸以點茶，纔注湯其中，輒有雙鶴飛舞，啜盡乃滅。

按：此二事甚奇，然亦如窑變之類，時或有之。蓋陶出於土，又聚水火之精華也。《吴船録》云：蜀眉郡治軍資庫中，有一水罋，滿貯石子，每月朔祠之，仍增水石各一器，不知幾年，而至今不滿。《幽雅志》云：曹著爲建康小吏，忽有廬府君，見府門前有大罋，可受五百石，風雲出其中。事亦相類，故附記於此。

定窑勸槃

《格古要論》：定勸槃，古之洗也。古人用湯缾、酒注，不用壺缾及有觜折盂。茶鍾臺盤，殆於元朝，古定官窑無此器。

官窑人面桮

《妮古録》：余於項元度家，見官窑人面桮、哥窑合巹雙桃桮，有承槃。

《妮古録》：項希憲言，司馬公哥窑合巹雙桃桮，一合一開，即有哥窑槃承之，盤中一坎正相容，亦奇物也。後入劉錦衣家。

按：承槃，漢時已有之，見《禮》注，《格古要論》以定勸槃爲古之洗，非也。《周禮祭器圖》：洗，形如罍。洗罍，受一斛。罍形似壺，與勸槃不相似，且《妮古録》載哥窑合巹桮，已有承槃，彰彰如此矣。合巹，見《儀禮·昏禮》曰：尊于房户之東，無元酒，篚在南，實四爵，合巹。《注》：破匏也，四爵兩巹凡六，爲夫婦各三酳。《釋文》、《字林》作𧯷，蠡也。古制用匏，亦用蠡。胡應麟《甲乙剩言》云：都下高郵守楊君家，藏命巹玉桮一器，以兩桮對峙，中通一道，使酒相過。兩桮之間，承以威鳳，鳳立蹲獸之上，高不過三寸許。製作甚妙，可與此匹。

哥窑八角把桮

《妮古録》：余於項元度家，見哥窑八角把桮。

按：《南史》：齊徐孝嗣議王侯貴人昏，連卺以真銀桮，蓋出近俗。今除金銀連環，自餘新器，悉用埏陶。是桮之用陶，在六朝已然矣。酒桮亦曰酒鍾，東坡詩，薄薄酒飲兩鍾。

酒榼

《清異録》：瓷宫，謂耀州青榼。

按：《孔叢子》云：昔有遺諺，堯舜千鍾，孔子百觚，子路嗑嗑，尚飲十榼。酒器有鍾，有榼，其來已久。揚雄《酒箴》云：鴟鵝滑稽，腹大如壺，盡日盛酒，人復借酤。應劭《注》：鴟鵝，榼形，是榼又名鴟鵝也。後又單名之曰鴟。黄魯直詩，時送一鴟開鎖眉，蘇東坡詩，金錢百萬酒千鴟。

饒州花青盌

《格古要論》：饒州御土窑，體薄而潤，色白，花青，較定器少次。

按：此饒器之始。

筯餅

《香箋》所引，亦出《考槃餘事》。

浙甕

《太平寰宇記》：杭州亭市山餘石鄉亭市村，多陶户，善作大甕。今謂之浙甕，在南渡後。

秘色瓷

《六研齋筆記》：南宋餘姚有秘色瓷。

按：此即錢氏秘色窑之遺也。今未得見秘色窑器，豈筆記所謂臝樸耐久，似均窑者。前之秘色，亦如此與。

元器

饒州小足印花盌

饒州青黑色戧金酒壺，酒琖。

《格古要論》：元朝燒，小足印花，内有「樞府」字者最高。又有青黑色戧金者，多是酒壺、酒琖，甚可愛。

按：饒窑在宋元時，有命則開，停即止，故所傳者少。今祇據《格古要論》以存大概。

朱琰《陶説》卷六《説器下》　明器

緑瓷燎鑪

《春明夢餘録》：圜邱外圍方墻，門四，内靈星門。南門外東南，砌緑瓷燎鑪，旁毛血池。

按：古炊器用陶，周陶人甑、盆、甗、鬲，皆炊器也。此因祭天地尚質之義，法古用陶之製。

大尊、犧尊、著尊。

小罍。

大羹、和羹盌。

毛血籩豆槃。

扁壺、方罐。

看餅、牡丹餅、壺餅。

拜罇。

以上嘉窑祭器，見《江西大志》。

按：古祭器用陶，大尊而外，甒大、壺、缶、簠、豆，用之於祭，未有經證，明陶器既盛，乃充其類而爲之，又雜以後代之製。拜罇者，當拜之地。《漢官儀》：明光殿省中，以丹朱漆地，故曰丹墀，尚書伏其下奏事。此拜地之飾也。王仁裕《入洛記》：含元殿龍尾道，各上六七十步，方達第一級，皆花罇。此飾地之罇也。今移殿省之制於廟，故用瓷罇。嘉窑所燒，而列之於前者，祭器也。

壓手桮永樂窑。

《博物要覽》：壓手桮，坦口折腰，沙足滑底。中心畫雙獅滚毬，毬内篆大明永樂年製六字，或四字，細若粒米，此爲上品。鴛鴦心者次之，花心者又其次也。杯外青花深翠，式樣精妙，傳世可久，價亦甚高。

按：此即撇也，坦口折腰，手把之，其口正壓手，故名。

白壇琖以下宣德窑。

《博物要覽》：琖心有壇字白甌，所謂壇琖是也。質細，料厚，式美，足稱文房佳器。

按：漢竹宫紫泥爲壇，齊梁《郊祀歌》，稱紫壇。其後經籙醮事，皆曰壇。此琖當是壇中供器。

白茶琖

《博物要覽》：較壇琖少低，瓮肚，釜底綫足，光瑩如玉。內有絶細龍鳳暗花，底有大明宣德年製暗款，隱隱橘皮紋起。雖定瓷何能比方，真一代絶品。

紅魚靶桮

《博物要覽》：以西紅寶石爲末，圖畫魚形，自骨内燒出，凸起，寶光，鮮紅奪目。若紫黑色者，火候失手，似稍次矣。

按：靶，轡靶也，从革。弓弝，从弓。刀欛，又从木，从覇。劒，又稱鐔。《急就章》注云：鐔，劒刃之本入把者也。總之，皆手把處。《稗編》刀靶，《古鏡記》劍靶，皆借靶，原可通用。然《妮古録》哥窑八角把桮作把，靶桮从手，作把爲是。

青花龍、松、梅花靶桮。

青花人物、海獸酒靶桮。

竹節靶罩蓋。

《博物要覽》：此發古未有。

輕羅小扇撲流螢茶琖。

徐應秋曰：人物毫髮具備，儼然一幅李思訓畫。

五采桃注，石榴注，雙瓜注，雙鴛注，鵝注。

《考槃餘事》：雙瓜注，采色類生。雙鴛注，鵝注，工緻精極。磬口洗，漁藻洗，葵洗，螭洗。

按：古禮器有洗。此以洗筆之器，亦名洗也。《考槃餘事》云：筆書後，即入筆洗中，滌去滯墨，則毫堅不脱，可耐久用。洗完即加筆帽，免挫筆鋒。若有油膩，以皁角湯洗之。此可備用筆法。又東坡以黄連煎湯，調輕粉蘸筆頭，候乾收之。山谷以川椒黄蘖煎湯，磨松烟染筆藏之。《文房寶飾》謂：養筆以硫黄酒舒其毫，此收新筆法也。

硃砂大盌，硃砂小壺

《博物要覽》：色紅如日，用白鎖口。

滷壺，小壺

《博物要覽》：此等皆發古未有。

按：馮可賓《岕茶牋》云：茶壺，窑器爲上，又以小爲貴。每一客，壺一把，任其自斟自飲，方爲得趣。壺小則香不渙散，味不躲閣。愚謂茶器以罩蓋爲上，罩蓋亦以小爲貴。然罩蓋之大者，不過如小壺而止。若茶壺愈大，其失香變味愈甚，下之下矣。

敞口花尊

按：尊與缾異。缾，口小於腹，尊，腹小於口。缾高，尊庳。尊，仿古尊也。

漏空花紋填五彩坐墩

五彩實填花紋坐墩

填畫藍地五彩坐墩

青花白地坐墩

冰裂紋坐墩

《博物要覽》：漏空花紋，填以五采，華若雲錦。又以五彩實填花紋，絢豔悦目。二種皆深青地子。有藍地填畫五采，如右青剔花，有青花白地，有冰裂紋者。種種式様，非前代曾有。

按：宋學士王珪召對蕋珠殿，設紫花坐墩，命坐。墩，音頓。《爾雅》：邱一成爲邱敦，又如覆敦者。敦邱注，敦，盂也。敦，音堆。《詩》：「至于頓邱」，《毛傳》：「邱一成爲頓邱」。敦轉爲頓，坐墩亦如覆盂形，故以是名。从土者，《爾雅》注云：江東呼地高堆爲敦，墩是敦俗字，相仍用之也。墩與杌子異，杌子有足，俗又以杌之小者曰凳。均窑亦有坐墩。《博物要覽》云：黄沙泥坏，器質麤厚，未佳。

扁罐、蜜食桶罐

《博物要覽》：甚美，多五采燒色。

按：釋氏有澡灌。《西域志》載：月支國佛澡灌青石，名羅勒。《蕙遠法師澡灌銘序》云：得摩羅勒石澡灌，皆作灌，以水可灌濯也。後人从缶，作罐。凡盛物小器，皆曰罐。又《急就章》注云：橢，小桶，以盛鹽豉、蜜食。桶，古之橢也。

燈檠

雨臺

幡幢雀食缾

蟋蟀盆

按：戧金宣盆最重，亦有戧金蟋蟀盆，《吴梅村集》有歌。又蘇州陸鄴二姓所造，極工巧，雕鏤精緻，出之大秀、小秀者尤妙。大小秀，鄒氏二女也。當時重促織之戲，勝負至千百，不惜重直購盆，故精巧如此，匪獨陶器。

五彩靶桮以下成化窑。

《博物要覽》：成窑上品，無過葡萄斝口五彩扁肚靶杯，式較宣桮妙甚。

雞缸

《高江村集·成窑雞缸歌注》：成窑酒桮，種類甚多。皆描畫精工，點色深淺，瓷質瑩潔而堅。雞缸上畫牡丹，下有子母雞，躍躍欲動。

按：《野獲編》云：窑器初貴成化，次則宣德。桮琖之屬，初不過數金。頃來京師，成窑酒桮，每對至博銀百金，爲吐舌不能下。《曝書亭集》云：嘗以月之朔望，觀京師慈仁寺集。貴人入市，見陳瓷盌，争視之。萬曆窑器，素白金數兩。宣德、成化款者，倍蓰。至雞缸，非白金五鎰市之不可，有力者不少惜。以陶器而得玉之上價，其貴重如此。

寶燒盌

硃砂槃

《高江村集·均窑餅歌注》：成窑雞缸、寶燒盌、硃砂槃，最精緻，價在宋瓷上。

按：寶燒，以西紅寶石末燒也。

人物蓮子酒琖

青花紙薄酒琖

草蟲小琖

五供養淺琖

五彩齊筯小楪

香合

各樣小罐

《博物要覽》：皆精妙可人。

高燒銀燭照紅粧酒桮

錦灰堆

鞦韆、龍舟、高士、娃娃桮

滿架葡萄、香草、魚藻、瓜茄、八吉祥、優鉢羅花、西番蓮桮

《高江村集·成窑雞缸歌注》：成窑酒桮，有名高燒銀燭照紅粧，一美人持燭照海棠也。錦灰堆，折枝花果堆四面也。鞦韆，士女戲鞦韆也。龍舟，鬭龍舟也。高士，一面畫周茂叔愛蓮，一面畫陶淵明對菊也。娃娃，五嬰兒相戲也。滿架葡萄，畫葡萄也。其他香草、魚藻、瓜茄、八吉祥、優鉢羅花、西番蓮，皆描畫精工，色瑩而堅。

按：《考槃餘事》，有定窑哇哇狻猊鎮紙。哇，小兒聲，故以此稱嬰孩，詳見前。明器，皆从女作娃。吴楚之間謂好曰娃，吴有館娃宫，揚雄賦：資娵娃之珍髢。師古曰：美女也。指嬰孩，作哇哇爲是。

壇琖以下嘉靖窑。

《博物要覽》小白甌，内燒茶字、酒字、棗湯、薑湯字者，乃世宗經籙醮壇用器，亦曰壇琖，不及宣德。

按：壇琖有大、中、小三號。内有茶字者佳，薑湯字爲下。琖色以正白如玉爲最，較之宣窑不及，其佳者亦足重也。

磬口、饅心、圓足、外燒三色魚，扁琖。

紅鉛小花合子，大如錢。

《博物要覽》：二品爲世珍，小合子花青畫美，向後官窑，恐不能有此。

趕珠龍、外一秤金、娃娃花盌

裏外滿地嬌花盌

竹葉、靈芝、團雲龍、穿花龍鳳盌

外海水蒼龍捧八卦、裏三仙鍊丹花盌

外龍鳳鸞雀、裏雲龍盌

外鯖鮊鯉鱖、裏雲雀花盌

外天花捧壽山福海字、裏二仙花琖

外雙雲龍、裏青雲龍花酒琖

外雲龍、裏昇龍花琖

外博古龍、裏雲鶴花酒琖

外雙龍、裏雙鳳花琖

外四季花、耍娃娃、裏出水雲龍、花草甌

外出水龍、裏獅子花甌

外乾坤六合、裏昇龍花甌

福壽康寧花鍾
裏外萬花藤、外有控珠龍茶鍾
外耍戲娃娃、裏雲龍花鍾
外團龍菱花、裏青雲龍茶鍾
外雲龍、裏花團鍾
松竹梅酒尊
裏外滿地嬌花楪
裏外雲鶴花楪
外龍穿西番蓮、裏穿花鳳花楪
外結子蓮、裏團花花楪
外結子蓮、裏龍鳳楪
外鳳穿花、裏昇降戲龍楪
靈芝捧八寶罐
八仙過海罐
耍戲鮑老花罐
孔雀牡丹罐
獅子滚繡毬罐
轉枝寶相花托八寶罐
滿地嬌、鯖鮊鯉鱖、水藻、魚罐
江下八俊罐
巴山出水、飛獅罐
水火捧八卦罐
八瓣海水飛龍花樣罐
蒼獅龍花餅
靈芝四季花餅
外四季花、裏三陽開泰花槃
外九龍花、裏雲龍海水槃
海水飛獅龍捧福壽字花槃
外畫四仙、裏雲鶴花槃
外雲龍裏八仙捧壽花槃

雲鶴龍果盒
青蒼獅龍盒
龍鳳、羣仙捧壽字花盒
雙雲龍花缸
裏雲龍花缸
轉枝蓮托八寶、八吉祥、一秤金、娃娃花罈
轉枝蓮托百壽字花樣罈

右器皆青花白地。

按：《法華經》：是人甚希，有過於優曇華。《疏》：優曇華，鉢名，省文曰曇鉢，遂有曇之名。而罋之小者，亦以曇稱。《羣碎録》云：今人呼藏酒器曰曇，又从土作壜，陸龜蒙《謝山泉詩》云「石壜封寄野人家」是也。壜、罈古今字耳，亦作甔。皮日休詩「酒甔香竹院」，陸游詩「美醞緑盈甔」。甔之名，由來已古，或以此轉而爲罈也。

青盌，天青色盌，翠青色盌
外穿花鸞鳳、裏青如意團鸞鳳花膳盌
青酒琖
外荷花魚水藻、裏青穿花龍、邊穿花龍鳳甌
青茶鍾
青楪，天青色楪，翠青色楪
暗鸞鶴花楪
轉枝寶相花、回回花罐
暗龍花罐
純青裏海水龍、外擁祥雲地、貼金三獅龍等花盤
雙雲龍缸
外青雙雲龍、寶相花缸
頭青素缸
雙雲龍穿花罈
青瓷磚

右器皆青瓷。

雙雲龍花盌

雙雲龍、雀琖

四季花琖

右器皆裏白外青。

暗薑芽海水花盌

暗鸞鶴花酒琖、爵琖

磬口茶甌

暗龍花茶鍾

甜白酒鍾

甜白壺缾

甜白盤

暗薑芽，海水花罈

右器皆白瓷。

暗龍紫金盌、金黄色盌

暗龍紫金楪、金黄色楪

右器皆紫色。

鮮紅改礬紅色盌、楪

翠緑色盌、楪

青地閃黄、鸞鳳穿寶相等花盌

黄地閃青、雲龍花甌

青地閃黄、鸞鳳穿寶相花琖、爵

黄花、暗龍鳳花盒

紫金地閃黄、雙雲龍花盤、楪

素穰花鉢

右器雜色。以上俱見《江西大志》。

按：《魏志》：賜女倭以絳地交龍錦。《通雅》云：凡錦皆有地。絳地，裴松之不知，欲改爲綈，可笑也。又宋仁宗景祐詔，以青羅繪龍麟，飾冕筩，補空地以雲龍鈿窠。《通雅》云：鈿窠，錦上雲龍之地也。五彩瓷，如製錦之法，故有青地、黄地、紫金地之名，畫花亦如之。走龍、雲鳳、麒麟、獅子、鴛鴦、萬金、盤龍對鳳、孔雀、仙鶴芝草、大窠獅子、雙窠雲雁、大薑芽，雲鸞，宜男百花、穿花鳳、聚八仙、滴珠龍、獅子盤毬、水藻戲魚，皆古錦名。陶人畫染之作，約畧相似。

雙雲龍、鳳霞穿花、喜相逢、翟雉、朵朵菊花、纏枝寶相花、靈芝、葡萄桌器以下隆慶窑。

按：《清異録》：五代時，貴勢以筵具更相尚。至方丈之案，不能勝，旁挺二案翼之。參差數百，謂之綽楔臺盤。又《北轅録》：淳熙丙申，待制張子政，賀金國生辰。抵館供晚食，先設茶筵具瓦壠。此云桌器，即筵具也。古約一桌之器，而整齊之瓷色花樣，俱以類從。明窑始見於此，今亦盛行。古人用几筵，今之桌，所以代几也。楊億《談苑》云：咸平景德中主家造檀香倚卓，借倚卓字。後人从木，作椅桌。又桌字加木傍作棹，俗書也。

外穿花龍鳳、五彩滿地嬌、朵朵花、裏團龍鸞鳳、松竹梅、玉簪花盌

外雙雲龍鳳、九龍海水、纏枝寶相花、裏人物、靈芝、四季花槃

外雙雲龍鳳、竹葉、靈芝、朵朵雲龍、松竹梅、裏團龍、四季花楪

外雙雲龍、芙蓉花、喜相逢、貫套海石榴、回回花、裏穿花翟雉、青鶉鶒荷花、人物、獅子、故事、一秤金、全黄、暗龍鍾

外穿花龍鳳、八吉祥、五龍淡海水、四季花捧乾坤清泰字、八仙慶壽、西番蓮、裏飛魚、紅九龍、青海水魚、松竹梅、穿花龍鳳甌

雙穿雲龍花鳳、獅子滚繡毬、纏枝牡丹花、青花果翎毛、五彩雲龍、寶相花、草蟲罐

穿花龍鳳、扳枝娃娃、長春花、回回寶相花缾

外梭龍、靈芝、五彩曲水、梅花、裏雲龍、葵花、松竹梅、白暗雲龍琖

外雲龍、五彩滿地嬌、人物、故事、荷花、龍、裏雲龍曲水、梅花盆

雙雲龍、回回花果翎毛、九龍淡海水、荷花、紅雙雲龍、纏枝寶相花香鑪

雙雲梭龍、松竹梅、朵朵菊花香盒

雙雲龍花鳳、海水獸、獅子滚繡毬、穿花喜相逢、翟雞相斗

按：《廣韻》：相，煎藥滓。凡食有滓者，亦稱相。斗，所以盛之也，俗作渣。

雙雲龍花鳳、海水獸、穿花翟雞、獅子滚繡毬、朵朵四季花醋滴

雙雲龍鳳、草獸、飛魚、四季花、八吉祥、貼金孔雀、牡丹花罈，有蓋，獅子樣

右器皆青花白地，見《陶書》。

外雙雲、荷花、龍鳳、纏枝西番蓮、寶相花、裏雲團龍、貫套八吉祥、龍邊、薑

芽海水、如意、雲邊、香草、曲水、梅花盌以下萬歷窰。

外雲龍、荷花、魚、耍娃娃、篆福壽康寧字、回回花、海獸、獅子滚繡毬、裏雲鶴、一把蓮、萱草花、如意雲、大明萬歷年製字盌

外團雲龍、鸞鳳、錦地八寶、海水、福禄壽、靈芝、裏雙龍捧壽、長春花、五彩鳳穿四季花盌

外壽意、年鐙、端陽節、荷花、水藻魚、裏底青、正面雲龍、邊松竹梅盌

外雙雲龍、八仙過海、盒子心、四季花、裏正面龍、篆壽字、如意、葵花、邊竹葉、靈芝盌

外穿花雲龍鸞鳳、纏枝寶相、松竹梅、裏朶朶四季花、回回様、結帶、如意、松竹梅、邊竹葉、靈芝盤

外荷花龍、穿花龍鳳、松竹梅、詩意、人物、故事、耍娃娃、裏朶朶雲邊香竹葉、靈芝、暗雲龍寶相花盤

外團螭虎、靈芝、如意、寶相花、海石榴、香草、裏底龍捧永保萬壽、邊鸞鳳寶相花、永保洪福齊天、娃娃花盤

外纏枝蓮托八寶、龍鳳、花果、松竹梅、真言字、折枝四季花、裏底穿花龍、邊朶朶四季花、人物、故事、竹葉、靈芝、壽意、牡丹花盤

外穿花鸞鳳、花果、翎毛、壽帶花、滿地嬌、草獸、荷葉、龍、裏八寶、蒼龍、寶相花捧真言字、龍鳳、人物、故事楪

外纏枝牡丹花托八寶、萱芽海水、西番蓮、五彩異獸、滿地嬌、裏雙雲龍、暗龍鳳、寶相花、獅子滚繡毬、八吉祥、如意雲、靈芝、花果楪

外長春、轉枝寶相花、螭虎、靈芝、裏五彩龍鳳、邊福如東海、八吉祥、錦盆堆、邊寶相花、結帶八寶楪

外纏竹葉、靈芝、花果、八寶、雙雲龍鳳、裏能穿四季花、五彩壽意、人物、仙桃、邊葡萄楪

外雙雲龍、貫套海石榴、獅子滚繡毬、裏穿花雲龍、如意雲、邊香草、紅九龍、青海水、五彩鸂鶒荷花、徧地真言字鍾

外蟠桃結篆壽字、纏枝四季花、真言字、裏雲鶴、火燄寶珠、暗雙雲龍、荷花魚、青海水鍾

外穿花龍鳳、八仙慶壽、回回纏枝寶相花、裏團雲龍、荷花魚、江芩、子花、捧真言字甌

外團龍、如意雲、竹葉、靈芝、五彩水藻魚、裏篆壽字、如意、牡丹花、五彩如意甌

外雲龍、長春花、翎毛、士女、娃娃、靈芝捧八吉祥、裏葡萄、朶朶四季花、真言字、壽帶花琖

外穿花雙雲龍、人物故事、青九獸、紅海水、裏如意香草、曲水梅花、穿花翟雞、白薑芽紅海水琖

外雙雲龍鳳、裏黄葵花、轉枝靈芝、五彩菊花琖

如意雲龍、穿花龍鳳、風調雨順、天下太平、四鬅頭捧永保長春字、混元八卦、神仙捧乾坤清泰字盒

異獸朝蒼龍、如意雲錦、滿地嬌、錦地葵花、方勝、花果、翎毛、草蟲盒

萬古長春、四海來朝、面龍、四季花、人物故事盒

天下太平、四方香草如意、面回紋人物、五彩方勝盒

人物故事、面雲龍、娃娃面、四季花、五彩雲龍、花果、翎毛、靈芝捧篆壽字盒

外海水飛獅、纏枝四季花、長春、螭虎、靈芝、石榴、裏葵花牡丹、海水寶相花桮

外牡丹、金菊、芙蓉、龍鳳、四季花、五彩八寶、葡萄、蜂趕梅花、裏葵花牡丹、篆壽字、五彩蓮花、古老錢桮槃

外雲龍海水、裏頂粧雲龍筯槃

纏枝金蓮花托篆壽字酒海

乾坤八卦、靈芝、山水、雲龍香鑪

外蓮花香草如意、頂粧雲龍、回紋香草、雲龍、靈芝、寶相玲瓏、靈芝、古老錢鑪

穿花龍鳳、草獸銜靈芝、錦雉、牡丹、雲鶴、八卦、麻葉西番蓮餅

團龍、四季花、西番蓮托真言字、鳳穿四季花、葡萄西瓜瓣、雲龍捧聖壽字、杏葉、五彩水藻金魚壺餅

雲龍、蘆雁、松竹梅、半邊葫蘆花餅

花果、翎毛、香草、草蟲、人物故事花餅

鳳穿四季花、滿地嬌、五彩龍穿四季花、靈芝托八寶瓔珞、香草花餅

山水、飛獅、雲龍、孔雀、牡丹、八仙過海、四陽捧壽、陸鶴乾坤、五彩人物故事罐

雙雲龍穿花、喜相逢柤斗
雲龍、回紋、香草、人物故事、花果、靈芝柤斗
雙雲龍、纏枝寶相花醋滴
雲龍棋槃

按：紋楸，棋槃也，故曰楸枰。《棊天洞覽》云：元頤本枰棋聲與律呂相應，蓋用響玉棋盤，非有異術。得瓷爲槃，所以助丁丁者，當與響玉比勝矣。

海水雲龍、四季花、金菊芙蓉槃臺
陸鶴乾坤、靈芝、八寶、寶相花、如意、雲龍燭臺
寶山海水、雲龍團座、攀桂娃娃、芘菰、荷葉、花草燭臺
雲龍鳳穿四季花翦燭罐
錦地花果、翎毛、邊雙龍捧珠心屏
錦地、雲穿寶相花、靈芝、河圖洛書筆管

按：王羲之《筆經》云：昔人或以琉璃、象牙爲筆管，麗飾則有之，然筆須輕便，重則躓矣。近有以綠沉漆竹管及鏤管見遺，斯亦可玩，何必金玉。斯言參書家三昧，瓷管恐亦嫌重。

八寶團龍筆沖

按：王獻之有斑竹筆筒，名「裘鍾」，世無其匹。《考槃餘事》以筆筒必湘竹爲雅品，似亦不然。如近日陶器，頗多妙製。若此八寶團龍，恐非清玩所宜。

麒麟、盒子心、纏枝寶相花、廻紋、花果、八吉祥、靈芝、海水、梅花香奩

按：《急就章》：芬薰脂粉膏澤筩。注：筩，本用竹，其後轉用金玉雜物，寫竹狀而爲之，皆所以盛膏澤者也。愚謂香奩陶器，可仿古製，寫竹狀，大小高下，隨器變易，亦是雅玩。

雲龍回紋扇匣
海水、頂粧玲瓏三龍山水筆架
蹲龍、寶象、人物硯水滴
人物故事、香草蓮瓣檳榔盝
錦地、盒子心、龍穿四季花冠盝
外盒子心、錦地、雙龍捧永保長壽、四海來朝、人物故事、四季花、裏靈芝、松竹、梅蘭巾盝
玲瓏雙龍捧珠、飛龍獅子、海馬涼墩
慶雲、百龍百鶴、五彩百鹿、永保乾坤罈
水藻魚、八寶、香草、荷花、滿地嬌、海水、梅花缸

右器皆青花白地。

雲龍棋盤
昇降海水雲龍筆管
海水龍、盒子心、四季花筆沖
貫套如意、山水、靈芝花尊
寶山海水、雲龍、人物故事、香草蓮瓣燭臺
雲龍鳳穿四季花翦燭罐
穿花山水、昇降龍、青雲鸞鳳缸
香草玲瓏、松紋錦、四季花香奩
錦地、盒子心、四季花果翎毛、八寶罐
雲龍回紋扇匣
玲瓏山水筆架
四季花巾盝
雲龍、回紋、四季花柤斗
昇轉雲龍、回紋、香草缸

右器皆五彩。

裏白外青，貫套海石榴甌
裏白外青，對雲龍、獅子滚繡毬、纏枝金蓮、寶相花缸
青地白花，白龍穿四季花筆沖
青雙雲龍捧篆壽字、飛絲龍穿靈芝、草獸、人物故事、百子圖罈
五彩荷花雲龍、黃地紫荷花涼墩
暗花雲龍寶相花、全黃茶鍾
黃地五彩，裏白、外螭虎、靈芝、四季花、香草回紋香鑪
暗花鸞鳳寶相花白瓷缾
裏白、外紅綠黃紫、雲龍膳槃

右器雜彩。以上皆見《陶書》。

仿白定長方印池

《考槃餘事》：近日所燒有蓋白定長方印池，并青花白地，純白者，古未有，宜多蓄之。且有長六、七寸者，佳甚。

仿定器文王鼎鑪、彝鑪

《博物要覽》：新仿定器，如文王鼎鑪、獸面戟耳彝鑪，不減定人製法，可用亂真。若周丹泉初燒爲佳，亦須磨去滿面火氣，可玩。若繼周而燒者，合鑪桶鑪，以鎖子甲、毬門錦、龜紋、穿挽爲花地者，製作極工，不入清賞，較丹泉之造遠甚。

流霞琖

《池北偶談》：近日一技之長，如雕竹則濮仲謙，螺甸則姜千里，嘉興銅鑪則張鳴岐，宜興泥壺則時大彬，浮梁流霞琖則吴十九，皆知名海内。

卵幕杯

《居易録》：萬曆時，浮梁吴十九所製瓷器，妙極人巧。嘗作卵幕杯，瑩白可愛，一枚重纔半銖。

按：吴十九，自號壺隱道人，隱於陶。《居易録》稱其能詩，書法趙承旨。性不嗜利，所居席門瓮牖而已。此一雅人，不僅以一技鳴矣。樊玉衡贈詩云：宣窑薄甚永窑厚，天下知名吴十九。更有小詩清動人，匡廬山下重回首。李日華詩云：爲覓丹砂鬭市廛，松聲雲影自壺天。憑君點出流霞琖，去汎蘭亭九曲泉。余亦追贈一詩，記於末云：龍泉兄弟知名久，甄士新裁總後塵。獨有流霞在江上，壺中高隱得詩人。

藍浦、鄭廷桂《景德鎮陶録》卷一《圖説》 景德鎮屬浮梁之興西鄉，去城二十五里，在昌江之南，故稱昌南鎮。其自觀音閣、江南雄鎮坊，至小港嘴，前後街，計十三里，故又有「陶陽十三里」之稱。水土宜陶，陳以來土人多業此。至宋景德年始置鎮，奉御董造，因改名景德鎮。元置本路總管，監鎮陶。明洪武二年《江西大志》作三十五年，就鎮之珠山設御窑廠，置官監督，燒造解京。國朝因之，沿舊名。

廠跨珠山，周圍約三里許。中爲大堂，堂後爲軒，爲寢。寢北有小阜，即珠山所由名，舊建亭其上。堂兩旁爲東西序。又東迤南，各有門。又東，爲官署，爲東西大庫房，爲儀門，爲鼓亭，爲督工亭，爲獄房，今廢。爲陶務作二十有三：曰大器作，曰小器作，曰倣古作，曰雕鑲作，曰印作，曰畫作，曰創新作，曰錐龍

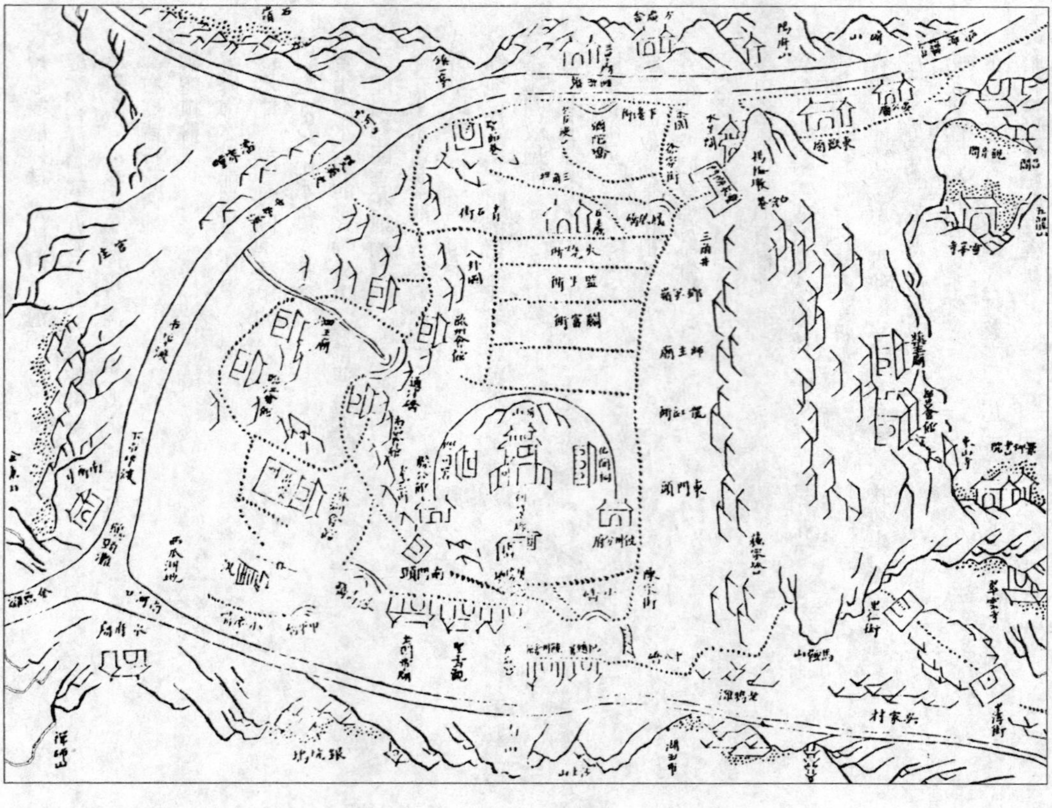

景德鎮圖

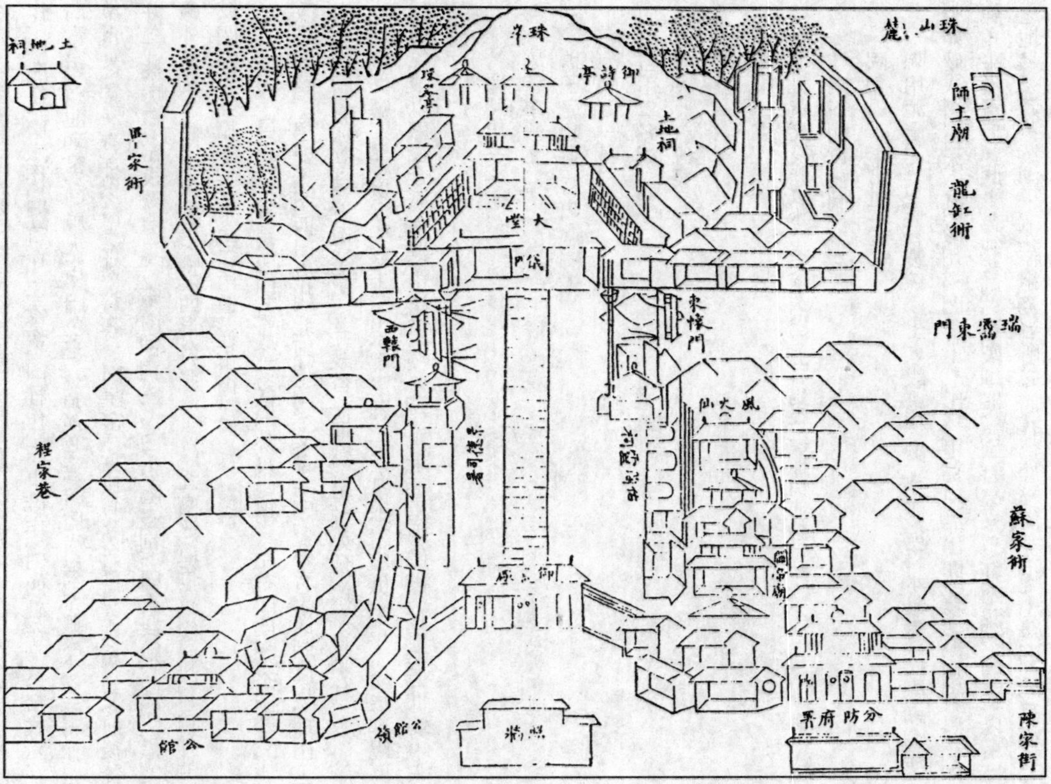

御窑廠圖

陶成圖

作，曰寫字作，曰色繰作，曰漆作，曰匣作，曰染作，曰泥水作，曰大木作，曰小木作，曰船作，曰鐵作，曰竹作，曰索作，曰桶作，曰東碓作，曰西碓作。爲窑式六：曰青窑，曰龍鋼窑，曰風火窑，曰色窑，燒煉顔色者。曰燈熿窑，窑制大小不一，廠坯上泑，用火燈烘。有漏泑者，再上泑入窑燒。曰匣窑。廠匣皆先空燒，再裝坯燒。又前後甃井二，柴房二，窑役歇房二。廠内神祠三：曰佑陶靈祠，曰真武殿，曰關帝廟。廠外神祠一，曰師主廟。廠之西爲公館，東爲饒九南巡道行署。今饒州府同知署。頭門外樹屏牆一，有東西二甬道，通市街。

桂案：邑志廠大堂舊題曰「秉成」。儀門外爲廠場。左右四門：東曰熙春，旋改爲迎曦。南曰阜安，西曰澄川，北曰待詔。又阜安門。外有秉節制度坊，珠山上有朝天閣，有冰立堂，有環翠亭，今并改替。惟廠署規制如舊，環翠亭猶存。

廠供應，舊志撥浮梁縣十三里，鄱陽縣三十五里，附廠供應正派。後鄱陽縣知縣徐俊以廠役合派七縣，申請還縣，惟在鎮十三里中供役。其七邑惟聽事人答應。

管廠總事一名，

副管事一名，

檔子房聽事一名，

聽事吏一名，

書手二名，

機兵十六名，

門役二名，

庫役二名，

上班衆匠役。以水、火、金、木、土五行別役，報開民族輪供。

桂案：此皆舊制。

國朝沿革，謹詳二卷。

陶用泥土，皆須採石製練。土人設廠採取，藉溪流爲水碓舂之，澄細淘淨，製如磚式，曰白不。以徽州祁門爲上。出坪里葛口二山開窑採取，剖有黑花如鹿角菜形者佳。此土色純質細，可製細器。別有高嶺玉紅箭灘數種，皆以所産之地名。若黃不泑果，尤作粗瓷者所必需，其採製法同。幅中爲開採，爲碓舂，大略如是。

練泥

造瓷首需練泥，必以精純爲上。其法以缸浸泥，用木鈀攪翻，摽渣汱過。以馬尾細籮再澄，夾層細絹袋過泥。匣内俾水滲漿稠。復以無底木匣，下鋪磚，細布緊包，更以磚壓之。水乾成泥，用鐵鍬翻撲結實。若泑水，必煉灰配合。灰出邑南鄉，幅中以曲木貫小鐵鍋耳者，調泑者也。以鍬翻撲者，練泥者也。

瓷坯入窑，必裝匣燒，方不粘裂，且能免風火冲突。坯有黃黑之患，匣缽亦土作，土出景德鎮馬鞍山里村官莊等處，有黑紅白三色，更以寶石地所產砂土配合，則入火經燒。其造法，用輪車與拉坯同，土不必過細。匣成陰乾，略鏇平正。先入窑空燒一次，再裝坯燒，名曰鍍匣。若造作則有廠居，幅中從略。

鍍匣

圓器之造，每一器必有一模，大小款式，方能畫一。其模子必須與原樣相似，但尺寸不能計算。大抵一尺之坯，經燒後得七八寸，亦收縮之理然也。故模子必須先修，模不曰造而曰修者。一模必修數次，然後無大小參差之異。鎮修模匠另有店居，名手有數，蓋必熟諳土性窑火者，乃推能事。幅中情形頗肖。

修模

青料爲畫瓷之用，而霽青、東青各釉色亦需料配合，以浙江出者爲上，雲南、廣東及本省各處亦產此。商販採買來鎮，投行發賣，必先自揀選，其大而圓者，色以黑黄明亮爲最。再以小黄土匣裝入窑煉熟，方可用。其用料之法，研乳極細，調水畫坯，罩以白泑，經燒則現青翠。若不罩泑，則見火飛散，亦大奇也。幅中揀洗之事特詳。

圓器之製，其方稜者，則有鑲雕印削之作。而渾圓之器必用輪車拉成，大者拉一尺以上，坯小者拉一尺以內。坯車如圓木盤，下設機局，旋轉甚便。拉者坐於車上，以小竹竿撥車，使疾轉。雙手按泥，隨拉之千百，不差毫黍。若琢器，其渾圓者，亦如造圓器法。其方稜者，則用布包泥，以平板拍練成片，裁方粘合，各有機巧。幅中兩擬其狀。

印坯

圓器拉成坯，必俟陰乾，不可令見日色，恐日曬則有拆裂之患，故有印坯一行。坯稍乾，則用修就模子，以手拍按，使泥坯周正匀結。其法以小輪車旋轉印拍，褪下模子，陰乾以備鏇削。幅中略具其狀。又有乳料之工，用矮櫈貯料缽上，裝直木安瓷槌乳之。有雙手乳者，有左右乳者，疾瞽老幼多資生焉。

鏇坯

坯之尺寸定於模，而光平必需鏇削。鏇工亦用輪車，惟中心立一木樁。樁視坯之大小，其頂渾圓，名曰頂鍾，裹以絲緜，恐損坯也。將坯扣合樁上，撥輪使轉，用刀鏇削，則器之裏外皆光平矣。拉坯之時，坯足必留一靶，長二三寸，便於把握。以畫坯蘸釉，工畢始鏇，去其柄，挖足寫款。幅中鏇挖并列。

青花畫坯，圓琢器皆有之。一器動累什百。畫者則畫而不染，染者則染而不畫，所以一其手，而不分其心也。其餘拱錐雕鏤，業似同而各習一家。釉紅寶燒技實異，而類近於畫。至如器上之邊線青箍，原出鏇坯之手，底心之識銘書記，獨歸落款之工。花鳥蟲魚寫生，以肖物爲上。宣成嘉萬倣古，以多見爲精。幅中畫染分處，以爲畫一。

凡青花與觀汝等器，均須上洳。舊法長方稜角者，用毛筆搨洳，弊每失於不勻。渾圓之器，俱在缸內蘸洳，弊又失於體重多破，故全器難得。今圓器之小者，仍於缸內蘸洳。其圓琢大件，俱用吹釉法。以竹筒蒙細紗吹之，俱視器之大小與洳之厚薄別，其吹之遍數，有三四遍至十七八遍者。幅中備著其製。

窑制。長圓形如覆瓮，高寬皆丈餘，深長倍之。上罩窑棚，其煙突圍圓高二丈餘。在窑棚之外，瓷坯既成，裝匣入窑，分行排列，中間疎散以通火路。其窑火有前中後之分。安放坯匣，皆量泑之軟硬以定窑位。發火時，隨將窑門磚封，留一方孔入柴，片刻不停。有試照者，熟則止火。窨一晝夜始開，幅中滿燒備具。

瓷器之成，窑火是賴。開窑類以三日，其窑中瓷匣尚帶紫紅色，惟開窑工匠用布數十層製成手套，蘸以冷水護手，復用濕布裹頭面肩背，入窑搬匣。瓷器既出窑，熱窑安放新坯。因新坯潮濕，就熱窑烘焙，可免入火坼漏之病。幅中搬運收理者，爲出窑瓷器，肩柴者、收籌者，爲現在燒窑。

圓琢白器，五綵繪畫，摹仿洋彩，須將各種顏料研細調合，必熟諳顏色火候之性，以眼明心細手準爲佳。其用顏料法有三：一用芸香油，一用膠水，一用清水。蓋油便於渲染，膠便於搨抹，而清水調色則便於堆填。幅中有就棹者，有手持者，有眠側於低處者，各因器之大小，以就運筆之便。

白瓷加彩後，復須燒煉，以固顏色。爰有明暗爐之制。小器則用明爐，口門向外，週圍炭火，置鐵輪其下。托以鐵叉，以鈎撥輪使轉，以勻火氣。大件則用暗爐，高三尺，徑二尺餘，週圍夾層貯炭火下。留風眼，將瓷器貯於爐。人執圓板以避火氣，爐頂泥封，燒一晝夜爲度。幅中形情備悉。

以上諸說，多採唐雋公《陶冶圖說》。

鄭琇蘊山繪

藍浦、鄭廷桂《景德鎮陶録》卷二《國朝御窑廠恭紀》 國朝建廠造陶，始於順治十一年。奉造龍缸，面徑三尺五寸，牆厚三寸，底厚五寸，高二尺五寸。經饒守道董顯忠、王天眷、王锳等督造未成。十六年奉造欄板，濶二尺五寸，高三尺，厚五寸，經守道張思明、工部理事官噶巴、工部郎中王日藻等督造，亦未成。十七年巡撫張朝璘疏請停止。康熙十年奉造祭器等項陶成，始分限解京。十九年九月始奉燒造御器，差廣儲司郎中徐廷弼、主事李廷禧來鎮駐廠監督，悉罷向派饒屬夫役額徵，凡工匠物料動支正項銷算公帑，俱按工給值。陶成之器，每歲照限解京。二十二年二月差工部虞衡司郎中臧應選、筆帖式車爾德來廠，代督，器日完善，其後漸罷。雍正六年復奉燒造，遣内務府官駐廠協理，以榷淮關使遥管廠事。政善工勤，陶器盛備。乾隆初，協理仍内務人員。八年改屬九江關使，總管其内務，協理如故。五十一年裁去駐廠協理官，命榷九江關使總理。歲巡視以駐鎮饒州，同知景德巡檢司共監造督運。

今上御極以來，詔崇節儉，每年陶器需用無多，而陶工益裕矣。

廠器歲解運數例：附

《陶成紀事》載：廠器陶成，每歲秋冬二季，僱覓船隻夫役解送。圓琢器皿六百餘桶，歲例盤盌鍾碟等上色圓器由一二寸口面以至二三尺口面者一萬六七千件，其選落之次色尚有六七千件，一併裝桶解京，以備賞用。其瓶罍罇彝等上色琢器由三四寸高以至三四尺高大者，亦歲例二千餘件，尚有選落次色二三千件不等，一併裝桶解京，以備賞用。

廠給工食人役：附

九江關總管事一名，九江關幕。

内檔房書辦二名，

選瓷房總頭目一名，

副總頭一名，在關辦事。

頭目七名，一名長住，其餘十日一輪上宿。

玉作二名，帖寫一名，畫樣一名，

圓器頭一名，雕削頭一名，青花頭一名，

滿窑一名，守坯房一名，挑夫一名，

聽差一名，買辦一名，把門一名。

以上二十八名計工給食，其餘工作頭目雇倩，俱給工價，於九江關道款内開報。

鎮器原起：

景德器：仿於元即北宋時鎮窑。

宋器：仿於明，即景德後之鎮窑，曾經内府發器樣，故又呼發宋器。

湘湖器：仿于唐窑，本宋之湘湖市窑。

湖田器：仿于明，即元之近鎮窑。

洪器：仿於唐窑，本明之洪武廠器。

永樂器：仿於唐窑。

宣德器：仿于年窑。

成化器：仿于年窑。

正德器：仿于唐窑。

嘉靖器：仿于唐窑。

隆萬器：仿於唐窑，以上皆明廠器。

歐器：亦仿於唐窑，即明宜興歐氏窑。

廣器：仿于唐窑，即廣之江陽瓷。

均器：仿于宋末，即宋初之禹州窑。

碎器：仿于元，即宋之吉州分窑。

紫金釉器：仿于明廠窑。

官古器：此鎮窑之最精者，統曰官古，式樣不一，始於明選。諸質料精美細潤，一如廠官器，可充官用，故亦稱官。今之官古有混水青者，有淡描青者，有兼仿古名窑泑者，若疑爲宋之汴杭官窑，則誤。

假官古器：始于明亦非倣汴杭官窑，乃鎮瓷之貌，爲精細而假充官古式者，質料不及官古器，花式則同。有專造此種户，所謂充官古也。

上古器：始於明鎮窑，之次精者統稱上古，質料工作頗佳。其曰古者，以時尚古器，非倣宋代器式，或曰精細，似過於景德窑。

中古器：明以來鎮窑統曰中古，精而又次之器也。質料不及上古，故云中，其稱古意則同前。

泑古器：此假中古器。近今所造花式泑色，不異中古，而質胎不美。自有泑古器面，真中古遂貴。

常古器：鎮窑稍粗器也，統曰常古，質料工作無可品，但供日用之。常其以古稱，别乎飯冒等器耳。泑古器户、常古器户，皆互兼造。

小古器：此鎮窑專造。小圓器者，如琖杯盌碟等類，質料工作如中古，較之常器又高一籌，俗亦古之云爾。

飯器：鎮器最粗下者。厚實其質，拙略其工，統呼飯貨，人以渣冒等字目之。

子法器：有專作此器户。大小畢有精粗，各具内兼梨式，所謂子式。上寬直下而鋭平法式，口微撇寬，折而下直，子式勢稍長，法式勢稍匾。

子梨器：今鎮子法器有改子梨器者。大小精粗皆造子，即子式。所謂梨式，口平而勢圓，樣微似梨，又或兼磬式。

脱胎器：鎮窑專造，此者有半，脱胎極薄。有真脱胎更如紙薄，爲最精美器。所謂脱胎，脱去胎質，純以泑成也。

填白器：此種器與脱胎皆昉於明。廠工作亦分精粗。所謂填白，蓋純白器，可填畫彩者，古作甜白，殆甜净之意。

洋器：洋器專售外洋者，商多粤東人，販去與洋鬼子，載市式，多奇巧，歲無定樣。

東青器：鎮窑專倣東青户，亦分精粗，有大小式，惟官古户兼造者尤佳。或訛冬青，或訛凍青，要其所倣泑色則一。

霽紅器：陶户能造霽紅者少，無專家，惟好官古户倣之。

霽青器：亦官古户兼倣造，鎮陶無專作。霽青器者得其精美，可推上品。俗與好霽紅並重，今訛作濟青。

龍泉器：鎮初有專造龍泉器户，今惟官古中倣之。碎器户亦倣龍泉泑，然無論專造兼倣，皆具精粗大小淺深色。

白定器：陶户專倣白定者，盌碗杯碟等具外又多小件玩器，精粗各在造户爲之。亦有青花。

汝器：鎮陶官古大器等户，多倣汝窑泑色，其佳者俗亦以雨過天青呼之。

官窑器：自來有專倣户，今惟兼倣碎器户亦造，若廠倣者尤佳。

哥器：鎮無專倣者，惟碎器户兼造，遂充稱哥窑户。以前户能辨本原，今仿哥者只照式仿造，究不知哥何由稱矣。

藍浦、鄭廷桂《景德鎮陶録》卷三《陶務條目》 陶有窑：俗呼曰燒窑，統名風火窑。

燒柴窑，或圇燒，或搭燒。

燒槎窑，有圇燒，亦有搭燒。

包青窑，惟燒柴窑，廠器盡搭此等窑燒，民户亦有搭燒者，亦或自造燒。

大器窑，有自造燒者，有搭他户坏燒者。

小器窑，有自造燒者，亦搭他户坏燒。

窑有户：俗統呼曰窑户。

燒窑户，有燒柴窑，有燒槎窑，又號叫坏窑户。

搭坏窑户，或搭柴窑，或搭槎窑。

燒圇窑户，即自燒自造户，或自造燒亦搭一二他户坏燒。

槎窑户。亦有燒户、搭户、圇窑户。

柴窑户，有燒户、搭户、圇窑户。

户有工：列紀各工人數不一，外有挑貨工及管債人，皆不列入。

淘泥工，即兼練泥工。

拉坏工，俗呼做坏。

印坏工，俗呼拍模。

鏇坏工俗呼利坏挖坏。

畫坏工，

舂灰工，或兼合灰。

合泑工，有配灰者，有合色者。

上泑工，有醮上者，有吹上者。

挑槎工，柴窑不用，惟槎窑有之。

擡坏工，又呼挑坏。

裝坏工，裝坏入匣，重疊待滿。

滿掇工，有滿窑工，滿窑則召之，不在常傭内。開窑又有出窑工。

燒窑工，俗呼把莊，然分三手：有事溜火者、事緊火者、事溝火者。

開窑工，有外伴專業此務，開窑則召來者，有管債人兼作此務者。

乳料工，

舂料工，

砂土工。
彩之工：附
乳顏料工，
畫樣工，
繪事工，
配色工，
填彩工，
燒爐工。
工有作：作者一户所作器也，各户或有兼作，統名曰作。
官古器作，
上古器作，
中古器作，
泑古器作，
小古器作，
常古器作，
粗器作，
冒器作，
子法器作，
脱胎器作，
大琢器作，
洋器作，
雕鑲作，
定單器作，
仿古作，
填白器作，
碎器作，
紫金器作。
作有家：凡精粗分畫，各有家數，曰家。
青花家，
淡描家，
各彩家。
陶所資各户：
柴户，
槎户，
匣户，
磚户，
白土户，
青料户，
篾户，
木匠户，
桶匠户，
鐵匠户，
修模户，
盤車户，
乳鉢盞口户，
打籃户，
煉灰户，
鏇刀户。其刀如㠯字已字形。
陶餘資用：陶中所餘物有可資於用者。
窑磚，
窑槎，
窑煤。
鎮瓷花式：
官古式，
上古式，
中古式，
泑古式，
小古式，
常古式，
子式，

法式，
梨式，
爐式，
撇式，
宮式，
冒式，
鍋式，
宋式，
蘭竹式，
白器式，
盌式，
蓋式，
湖窑式，
古式，
三級式，
折邊式，
花桶式，
大琢式，
宣德民式，
匙托式，
正德民器式，
套器式，
雕鑲小器式。

以上各器式又分多式，其爲某式則有某式之花樣，未另列。

做古各泑色：

鐵骨大觀泑，有粉青、月白、大緑三種。
銅骨無紋汝泑，有人面洗色澤。
鐵骨哥泑，有米色、粉青二種。
銅骨魚子紋汝泑，
白定釉，有粉定土定廠，止仿具粉定一種。
均泑，有玫瑰紫、海棠紅、茄花紫、梅子青、騾肝馬肺新紫、米色、天藍、窑變十種。
宣窑霽紅泑，有鮮紅、寶石紅二種。
宣窑霽青泑、濃紅泑，有橘皮棕眼。
廠官窑泑，有鱔魚黄、蛇皮緑、黄斑點三種。
龍泉泑，有淺深三種。
東青泑，有淺深二種。
湘窑宋泑，有米色、粉青二種。
油緑泑，色如窑變，如碧玉光彩，中斑駁古雅。
爐均泑，色如東窑宜興掛釉之間，而花紋流淌變化過之。
歐窑泑，有紅紋藍紋二種。
廣窑泑，青點一種。
月白無紋泑，有淺深二種，微類大觀泑，係白泥胎器。
宣窑寶燒泑，有三魚、三果、三芝、五福四樣。
龍泉泑寶燒，新製有三魚、三果、三芝、五福四種。
翡翠泑，有素翠、青點、金點三種。
吹紅泑、吹青泑。
永窑脱胎素白錐拱等器皿，
萬正窑五彩器皿，
成窑五彩器皿，
宣花黄地器皿，
法青泑，係新試得較霽青濃紅深翠等泑，無橘皮棕眼。
西洋雕鑄像生器皿，畫法渲染悉倣西洋筆意。
澆黄澆緑錐花器皿，
澆紫器皿，有素花、錐花二種。
錐花器皿，有各種泑色。
抹紅彩紅等器皿，
西洋黄色器皿，紫色器皿，
抹銀抹金器皿，
彩水墨器，係新製。
新製山水人物花卉翎毛，仿筆墨濃淡意。

宣窑填白器，有厚薄大小不等。

嘉窑青花，成窑淡描青花。

米色泑，有淺深二種，與宋米色不同。

泑裏紅器皿，有通用紅泑繪畫者，有青葉紅花者。

紫金泑，有紅黄二種。

澆黄五彩器皿，係新試得。

澆緑器皿，有素地錐花二種。

洋彩器皿，新仿西洋法瑯畫法，山水人物花卉翎毛無不精細入神。

拱花器皿，各種泑色俱有。

西洋紅色、緑色器皿。

烏金泑，有黑地白花、黑地描金二種，係新製。

西洋烏金器皿，係新製。

東洋抹金抹銀器皿。

配合釉料：

紫金釉，用罐水煉灰，紫金石水合成。

翠色釉，用煉成古銅水硝石合成。

金黄釉，用黑鉛末碾赭石合成。

礬紅釉，用青礬煉紅加鉛粉廣膠合成。

紫色釉，黑鉛末加石子青、石末合成。

澆青釉，用釉水煉灰，石子青合成。

澆緑釉，用煉過黑鉛末加古銅末、石末合成。

豆油釉，用豆青油水煉灰，黄土合成。

純白釉，用釉水煉灰合成，即純白器。

澆黄釉，用牙硝赭石合成。

霽紅釉，用紅銅條紫英石合成，兼配碎器，不寶石瑪瑙。

霽青釉，用青料配泑合成。

東青釉，用紫金釉水合成。

龍泉釉，用紫金釉微搀青料合成。

爐均釉，用牙硝晶料配釉合成。

碎器釉。用碎器不出三寶掤者，細淘則成碎器，粗淘則成大紋片。

陶彩需用色料：

鉛粉，

焰硝，

青礬，

黑鉛，

松香，

黛，

白炭，

金箔，

古銅，

赭石，

乳金銀，

石子青，

紫金石，

五色石英。

藍浦、鄭廷桂《景德鎮陶録》卷四《陶務方略》 景德鎮陶業俗呼貨料，操土音登寫器物花式，字多俗省，其不見於字書。字如⿰石由、音又，俗當泑字。埞音篤，俗指坏足。之類，其見於字書。而俗借用者如靶、字典音霸，轡革也，俗借爲柄靶用。琢、字典音捉，治玉也，俗借爲瓶罍器名。不字典岸入聲，《説文》櫱同蘖木，曲頭不出也。俗借釉不音近，敦字上聲。之類，他如飯作反，撇作丿，同作冂，盜作才，壺 作乎，圾作件之類。雖土著，猶參問乃得也。

鎮陶字樣又有通用者，如缸或作堈、鋼等字，窑或作窑、塤等字，泑或作釉、⿰石由、油等字。羣書雜記，亦多互見。

在鎮陶作器，質粗細不一，有用官古不者，有用上古不者，有用中古不者，有用滑石者，有用釉果配高嶺者，有用滑石配白石者，有用餘干不配高嶺者，有用黄泥不者，有用撿渣者，各視所造器采用。

瓷土，自來以麻倉爲著，俗呼麻村。窑裏又呼洞裏，屬邑東鄉。明末土竭後，復出造成⿰石由果，則大隖嶺爲上。性硬白而微汗，造瓷不挫古器，中多用作骨胎。他處亦有硬白土，或不免有油，又或白而性軟耳。

釉果，凡佳器全用作質，次品亦半用之，粗器則止和水合灰以當水泑。嘉慶三年，鄱邑樂平亦出此，爲婺人起廠舂造，塊式大於窑裏所造，陶户試用頗不低。先是造户裝至南港口，賄邑東人駕東港船接裝入鎮埠，貨充窑里釉果。今則明貨於陶家矣。

高嶺，本邑東山名，其處取土作不，初止土著汪何馮方四姓業此。今則婺邑多充户，然必假四姓名號，刻印高領塊上。如曰何山玉，曰汪某、方某者。近邑西李家田大州上亦出土可用，不大下於東土，但造佳瓷者，必求東埠出者耳。

高嶺上者，麻布口次者，糖口最下。瓷器口，何謂瓷器口，試照擘驗土塊，口如破瓷片，滑平無紋，雨不糙，若刀切然。此土必無健性，造坏經燒，必軟挫。舊有紅高嶺出邑東方家，山塊色粉紅，經燒則仍白色。後其姓以土竭近祖塋，遂請禁絶。

高嶺不用碓舂，取土起棚，不過淘練成泥，印塊而已。若䃋不土，雖亦名土，實則取石，必先洗去石上浮土，再用錐碎成小塊，然後杵臼一晝夜，成土始淘練印造。大約上春水大，每棚碓可全舂。下年水小力微，必減幾支碓舂。水急力匀，舂土稠細，水緩力輕，舂土稍粗，故所出不䃋。上春者佳，作坏亦比下年者勝。

同一不也而有紅黄白之分，紅白不皆器之細者用，黄不則惟粗器用之。然有一種淡黄帶白色者頗佳，又不止粗器用也。

黄不土塊大而堅，舂之杵舂亦必堅大。白不土稍鬆細，碓式亦次於舂黄不者。邑東王港以上有二十八灘，每灘皆有水堆，舂土作不。昔舂黄不户半於白不，今則舂造黄不者只五六處，餘俱改舂白不。

不之絶佳者惟壽溪塢所産，他處載來鎮市，必曰我壽溪不，亦多可用。

瓷土，洪家坳舊出者與金家山所産同妙，後因與祁邑連界屬一，勢宦祖塋來脉興訟，永禁。

坪里土葛口土皆祁門縣所産，自餘干土出而坪里葛口之土用者少矣。近邑南有小里土亦可用，舂户多合用之，然不及餘干土也。

不之名類不一，而玉紅提紅二種爲上。然二種不性軟，必多合高嶺方可用。餘干不性頗健，少以高嶺配合便可用。近日高嶺所出已不如前，陶户遂多用餘干不。

水泑號爲百家貨，陶户用罩坏外，惟蘭宋白飯砂宫等坏不用，惟研合䃋果和水罩外，大抵槎窑粗器多以釉果當水泑。

滑石作器胎惟質佳耳，所襯出釉色反不如不泥上釉，尤瑩澤耐看。故官古不多用，洋器半用，惟雕鑲小琢器肯用。然滑石瓷器畫作亦不及好官古。

撿渣作質，頂粗之器，如冒宫冒飯冒盂冒令蓮子大碗大草撇砂古大砂爐二及小雕削禽魚人物之類。撿渣者何，蓋大窑户所淘泥不傾去粗沉之土，渣也。凡用撿渣户，僱工收撿於外，復加淘汰練成，泥方可用。

青料以黑緑而潤澤有光色者爲上品，仿霽青器必用之。若青花淡描用青之法，先定花様畫(坏)〔坯〕上，然後罩上䃋水，乾入窑燒陶成，遂現青翠色。若不用釉罩，其色仍黑。或先上釉再畫䃋外，則料多燒飛。

鎮有彩器，昔不大尚。自乾隆初官民競市，由是日漸著盛。俗呼紅店，其自稱曰爐户，皆不用古法明暗爐之制。但以磚就地圍砌如井様，高三尺餘，徑圍三兩尺。下留穴中，置彩器上，封火而已，謂之燒爐，亦有期候。若問以明爐暗爐，多不知爲何。

凡器之高大件，最難燒造。如二尺四大盤、頂皮大碗、千圾五百圾大地瓶、五百圾大缸、三百圾花桶等器，口面既大，圾數又高，造時必倍其坏式。較劣取優者送窑經燒，難保不有蹻扁損挫之患。

脱胎器薄，起於永窑。永窑尚厚，今俗呼半脱胎。另有如竹紙薄者一式，俗以真脱胎别之。此種真脱胎起自成窑，暨隆萬時之民窑。但隆萬尚蛋皮式，止一色，純白者不似今多畫青花。其浄白尤澆美過之也。

上古中古器，昔無琢類，不造小圓器，止有大碗宫碗七寸五寸四大器之稱，今則小圓式亦造矣。

洋器有滑洋器泥洋器之分，一用滑石製作器骨，工值重，是爲滑洋器。一用不泥作器質，工值稍次，是爲粗洋器。

小琢器户亦呼雕削，如造湯匙挂瓶茶托等具。畫青花淡描等花，或兼倣東青器。近聞倣造東青新試得一法，用䃋果作質，陶成則泑色益襯出而美，過於前倣東青器。

滿窑一行另有店居，凡窑户值滿窑日則召之，至滿畢歸。店主顧有定，不得亂召。俗傳先是樂平人業此，後挈鄱陽人爲徒。此康熙初事，其後鄱邑人又挈都昌人爲徒，而都邑工漸盛。鄱邑工所滿者反遜之。今則鎮分二幫，共計滿窑店三十二間，各有首領，俗呼爲滿窑頭。凡都鄱二幫滿柴槎窑，皆分地界。

窑内各有把庄頭，亦爲燒夫。燒夫中又分緊火工、溜火工、溝火工，火不緊洪則不能一氣成熟，火不小溜則水氣不由漸乾成熟，色不漂亮。火不溝疏則中後左右不能燒透，而生瓺所不免矣。燒夫有潑水一法，要火路周通，使燒不到處能回燄向彼，全恃潑火手段。凡窰皆有火眼，照來燄潑去，頗爲工巧。

柴窰多燒細器，槎窰多燒粗器。前代廠制，一窰兼用，柴槎四六配燒。今悉搭民窰，分柴槎爲二幫，故有柴窰槎窰之稱。其中又分大器窰、小器窰、包青窰諸號。

五曹，滿器五行之名。都邑人呼爲五乎，幾曹幾乎，皆行路之數。又傳五乎，實四担坏匣，共計三十二前手，亦有論柱數燒者。

燒窰户搭燒坏瓷，其滿燒之規，當窰門前一二行。皆以粗器障搪怒火，三行後始有細器。其左右火眼處則用填白器擁燎搪燄，正中幾行則滿官古東青等器，尾後三四行又用粗器擁燄。若窰冲，惟排磚靠砌而已。

自燒自造者謂之燒圇窰。或不搭他户燒，或亦搭一二户燒。窰門前用空匣滿排以障火，如昔廠官窰滿法者。三行後始用坏器，尾後亦滿粗器以搪火燄。

廠昔有大匣窰，專滿空匣，今悉入民窰。先燒惟包青窰，乃可搭燒。何謂包青，蓋凡搭坏入其窰，必陶成，皆青品。有苦窳不青器，則另償。包燒者不獨廠官器搭如此，即諸户搭燒亦然也。

瓷器固須精造，陶成則全賴火候。大都窰乾坏乾柴乾，則少坼裂色晦之患。土細料細工夫細，則無麄糙滓斑之虞。

結砌窰巢昔不可攷。自元明來，鎮土著魏姓世其業。若窰小損壞，只需補修。今都邑人得其法，遂分業補窰一行。然魏族實有師法薪傳。余嘗見其排砌磚也，一手挨排粘砌。每粘一磚只試三下，即緊粘不動。其排泥也，雙手合舀一拱泥，向排砌一層磚，中間兩分之，則泥自靠結。磚兩路流至腳，砌磚者又一一執磚排粘。其製泥，稠如糖漿，亦不同泥水工所用者。

渣餅有平正細白者，是白不造成。有粗樣者，是泥土打成，大小視坏足爲度。凡坏裝匣內，必用渣餅墊足，經燒後其坭乃不粘匣。底又有用黄砂渣墊坭，亦不粘匣者。五代周燒柴窰器，所謂足多粗黄土蓋此。

陶户收買砷不，先於船中提少許揑成塊，上劃各土客字號。燒窰日置之火眼內，待燒熟，用鐵鉤探出驗辨貨色，謂之試照。

本燒户亦有自試火照之法。蓋坏器入窰，火候生熟，究不可定。因取破坏一大片，中穵一圓孔，置窰眼內，用鉤探驗生熟。若坏片孔内皆熟，則窰漸陶成，然後可歇火。

陶户坏作人衆，必用首領轄之，謂之坏房頭，以便稽查口類出入僱人。其有衆坏工多事，則令坏房頭處平。有惰工壞作，亦惟彼是讓。

坏房發給人工，其爲地下印利做坏等工，則皆四月内給值。十月栽滿年終，再給少許。其爲畫作上工，則按五月端節、七月半、十月半及年竣分給。至供飯一例，則闔鎮皆三月朔起，有發市錢。

窰磚暘阜灘，沿河所造。其法埏埴泥土，用方木匣印成長七八寸、濶三四寸，先貯窰燒熟，方可用。初燒者爲新磚，燒數次者爲老磚，老磚結窰佳。

俗有估堆之説。凡陶户提同口有剩下零瓷或稍茅驚色雜者，則另堆聚一處，新舊大小不等。有此路行家覓户估買，昔多有估堆致富者。今則有外佳内窳弄巧者矣，俗謂做堆。

商行買瓷，牙儈引之，議價批單，交易成。定期挑貨，必有票計器數爲憑。其挑去瓷器有色雜茅損者，亦計其數，載票交陶户，換補佳者，謂之換票。其瓷票換票皆素紙爲之，或印行號户號，加寫器數字，或全用墨寫。

商雇茭草工紮瓷，值有常規，照議如一。其稻草篾片皆各行長雇之，茭草頭已辦。稻草出吾邑者好用，而邑北尤佳。篾則婺界所析，今里村鎮市亦有。

把庄一行，凡諸路客至，必雇定把庄頭，挑收窰户瓷器。發駁則把庄頭雇夫給力送下河。又有類色頭，匯清同口包紙裝桶，茭草跟欖皆有定例，俗又呼油灰行。

磨補瓷器，鎮有勤手之徒，挨陶户零估，收聚茅糙者、磨之缺損者補之，俗呼爲磨茅堧店。

過光瓷器皆暗損未壞者，此詐僞之流，賤市而塗固之，然沾熱湯即破，只可盛乾冷物，俗呼爲過江器。

黄家洲蘇湖會館，近河洲地，爲小本商擺瓷攤所，一大聚場也。面河距市，中方廣約二里許，徧地皆瓷器攤，任來往鄉俗零買，不拘同口個數。

瓷器街頗寬廣，約長二三百武，距黄家洲地半里。餘街兩旁皆瓷店張列，無器不有，悉零收販户。整治擺售，瓷有精粗上中下之分。

潘家疃在鎮之中，秀渡對岸。疃内多潘姓，自國初已陶，然只坏坊陶窰多處，陶户仍居鎮中。時至疃内省視燒造，其窰則皆燒槎。其坏亦有由鎮載入疃窰燒者，亦有疃坏載送鎮窰燒者。故中渡口一帶河中多有陶户裝坏船、裝瓷器船。

鎮又有小本旅伴，手提大籃採販陶户諸瓷器。走黄家洲上，及覓趁各瓷行零賣其器，稍有茅疵，亦或時得佳器，俗呼爲提洲籃者。

藍浦、鄭廷桂《景德鎮陶録》卷五《景德鎮歷代窑攷》 陳至德元年詔鎮以埏礎，貢建康。

唐

陶窑：

唐初器也，土惟白壤，體稍薄，色素潤，鎮鍾秀里人陶氏所燒造。邑誌云：唐武德中，鎮民陶玉者載瓷入關中，稱爲假玉器，且貢於朝，於是昌南鎮瓷名天下。

霍窑：

窑瓷色亦素，土墡膩質薄，佳者瑩縝如玉，爲東山里人霍仲初所作。當時呼爲霍器。《邑志》載：唐武德四年，詔新平民霍仲初等製器進御。

宋

景德窑：

宋景德年間燒造，土白壤而埴質薄膩，色滋潤，真宗命進御。瓷器底書「景德年製」四字，其器尤光緻茂美。當時則效著行海内，於是天下咸稱景德鎮瓷器，而昌南之名遂微。

湘湖窑：附

鎮東南二十里外有湘湖市，宋時亦陶土墭埴。其體亦薄，有米色粉青二色。蔣記云：器雅而澤，在當時不足珍。然唐公《陶成紀事》則曰：廠倣米色粉青，宋釉二種得於湘湖，故窑款色蓋。其地村市尚寥落有存，窑址自明已圮。

元

改宋監鎮官爲提領，至泰定後又以本路總管監陶，皆有命則供，否則止，稅課而已。故惟民窑著盛，然亦無多傳名者。蔣記云：景德鎮埏埴之器，潔白不疵，據此則元瓷尚白可知。又云江湖川廣器用青白，出於鎮之窑者也，據此則元瓷俱有青白色。又云印花畫花雕花之有其技，據此則元瓷已工巧畫鏤矣。又云窑有尺籍私之者刑，據此又非稅課之一証乎。蔣公名祈，元人也。

樞府窑：

元之進御器，民所供造者，有命則陶土必細白埴膩，質尚薄，式多小足印花，亦有戧金五色花者。其大足器則瑩素。又有高足盌、蒲唇弄弦等碟，馬蹄盤要角盂各名式器，内皆作樞府字號。當時民亦倣造，然所貢者俱千中選十，百中選一，終非民器可逮。

湖田窑：附

鎮河南岸口有湖田市，元初亦陶。土塙壚質粗，多黄黑色，即澆白者亦微帶黄黑。當時浙東西行之器頗古雅，蔣記云：浙東西之器，尚黄黑，則出於昌水南之湖田窑者也。今窑市已墟，湖田郭落尚在，其窑器猶有見者。

明

洪窑：

洪武二年設廠於鎮之珠山麓，製陶供上，方稱官瓷，以别民窑。除大龍缸窑外，有青窑色窑風火窑匣窑爁熿窑共二十座。至宣德中，將龍缸窑之半改作青窑廠，官窑遂增至五十八座，多散建廠外。民間迨正德始稱御器廠。

洪器土骨細膩體薄，有青黑二色，以純素爲佳。其製器必坏乾經年，重用車碾，薄上釉，候乾入火。釉漏者碾去，再上釉更燒之。故汁水瑩如堆脂，不易茅篾，此民窑所不得同者。若顔色器中，惟青黑戧金壺琖甚好。

永窑：

永樂年廠器也。土埴細，質尚厚，然有甚薄者，如脱胎素白器，彩錐拱樣始此。唐氏《肆攷》云：永器有壓手杯，中心畫雙獅滚毬爲上品，鴛鴦心者次之，花心又次之。杯外青花深翠，式樣精妙，若後來倣製者，殊差。永器鮮紅最貴。

宣窑：

宣德間廠窑所燒，土赤埴壤，質骨如硃砂。諸料悉精，青花最貴，色尚淡，彩尚深厚。以甜白棱眼爲常，以鮮紅爲寶，器皆膩實，不易茅篾。唐氏《肆攷》云：宣廠造祭紅紅魚靶杯，以西紅寶石爲末，入泑漁形。自骨内燒出凸起，寶光汁水瑩厚，有竹節靶罩蓋。滷壺小壺甚佳，寶燒霽翠尤妙。又白茶琖光瑩如玉，内有絶細龍鳳暗花，花底有暗款：「大明宣德年製。」隱隱雞橘皮紋。又有冰裂鱔血紋者，幾與官汝窑敵。他如蟋蟀澄泥盆，最爲精絶。按：宣窑器無物不佳，小巧尤妙，此明窑極盛時也。祭紅有兩種，一爲鮮紅，一寶石紅。唐氏所記乃寶石紅，槩以祭紅言之，似誤。宣青是蘇泥勃青，故佳。成化時已絶，皆見閩溫處。叔陶紀今宣窑瓷尚有存者。

成窑：

成化廠窑燒造者。土膩埴，質尚薄，以五彩爲上青，用平等青料，不及宣器，惟畫彩高軼，前後以畫手高彩料精也。郭子章《豫章陶誌》云：成窑有雞缸杯爲酒器之最，上繪牡丹，下畫子母，雞躍躍欲動。五彩蒲萄，擎口扁肚，靶杯式，較宣杯妙甚。次若人物蓮子酒琖，草蟲小琖，青花紙薄酒琖，名式不一，色深淺瑩潔而質堅，五彩齊著。小碟香盒小罐，皆精妙可人。唐氏《肆攷》云：神宗尚食，御前有成杯一雙，直錢十萬。明末已貴重如此。按：昔論明瓷者，首宣次成次永次嘉，然宣彩未若成彩，其點染生動，有非丹青家所能及也。

正窑：

正德中廠器，土埴細，質厚薄不一，色亦分青彩，惟霽紅尤佳。嗣有大璫鎮雲南，得外國回青，價倍黄金。知其可燒窑器，命用之，其色古菁，故正窑青花多有佳品。按：回青以重色爲貴，當日廠工恣爲姦利，出售民埏。迨嘉靖間，邑令朱景賢設法調劑，其弊稍息。霽紅即鮮紅、寶石紅兩種。

嘉窑：

嘉靖中廠器。土墡埴，質膩薄。時鮮紅土絶，燒法亦不如前，僅可造礬紅色，惟回青盛作，幽菁可愛。故嘉器青花亦著，五彩略備，然體制較之宣成器則遠甚。郭紀云：世宗經籙醮壇用器，用小白甌，名曰壇琖，正白如玉，絶佳。唐民《肆攷》亦載嘉窑青尚濃，其廠器如壇琖魚扁琖紅鉛小花盒子，足爲世玩。

隆萬窑：

穆宗神宗年間廠器也。土埴墳，質有厚薄，色兼青彩，製作益巧，無物不有，汁水瑩厚如堆脂。有粟起若雞皮者，有發棕眼若橘紋者，亦可玩。唐氏《肆攷》云：明瓷至隆萬時，回青已絶，不及嘉窑青花。麻倉土亦告竭，饒土漸惡，器質較前多遜。又以淫巧爲務，其秘戲器一種，殊非雅品，鎮埏作俑自此，惟祭紅器尚有佳者，然亦非鮮紅寶石紅之祭紅矣。

龍鋼窑：

明廠有龍鋼窑，稱大龍鋼窑，亦曰鋼窑。窑制，前寬六尺，後如前饒五寸，入身六尺。頂圓魚鋼大樣二樣者止燒一口，瓷鋼三樣者一窑，給砌二臺則燒二口。鋼多畫雲龍或青花，故統以龍鋼窑名之。燒時溜火七日夜，溜緩小也。如小滴流緩緩起火，使水氣漸乾漸熟，然後緊火二日夜。鋼匣既紅而復白色，前後通明亮，方止火封門。又十日，窑冷方開。每窑約用柴百三十擔，遇陰雨或有所加。有燒過青雙雲龍寶相花鋼、青雙雲龍鋼、青雙雲龍蓮瓣大鋼、青花白瓷鋼、青龍四環戲潮水大鋼、青花魚鋼、豆青色瓷鋼等式。

崔公窑：

嘉隆間，人善治陶，多仿宣成窑遺法製器，當時以爲勝，號其器曰崔公窑。瓷四方争售，諸器中惟盞式較宣成兩窑差大，精好則一，餘青彩花色，悉同爲民陶之冠。

周窑：

隆萬中人名丹泉，本吴門籍。來昌南造器，爲當時名手，尤精仿古器。每一名品出，四方競重購之。周亦居奇自喜，恒攜至蘇松常鎮間，售於博古家，雖善鑒别者亦爲所惑。有手仿定鼎及定器、文王鼎鑪與獸面戟耳彝，皆逼真無雙，千金争市，迄今猶傳述云。

壺公窑：

神廟時燒造者號壺隱道人。其色料精美，諸器皆佳。有流霞盞卵幕杯兩種最著。盞色明如朱砂，杯極瑩白可愛，一枚纔重半銖，四方不惜重價求之。亦雅製壺類，色淡青如官哥器，無冰紋。其紫金壺帶朱色，皆仿宜興時陳樣。壺底款爲壺隱老人四字，相傳爲昊十九，而籍不可知矣。李日華贈詩云：「爲覓丹砂鬭市塵，松聲雲影自壺天，憑君點出流霞琖，去泛蘭亭九曲泉。」

小南窑：附

鎮有小南街，明末燒造窑，獨小制如蛙伏，當時呼蝦蟇窑。器粗整，土埴黄，體頗薄而堅。惟小盌一式，色白帶青，有青花。花止蘭朵竹葉二種，其不畫花惟盌口，周描一二青圈者，稱白飯器。又有撆坦而淺全白者，倣宋盌，皆盛行一時，國初猶然。

國朝：

陶至今日，器則美備，工則良巧，色則精金，仿古法先，花樣品式，咸月異歲不同矣。而御窑監造，尤爲超越前古，謹録其特著者。

康熙年臧窑：

廠器也，爲督理官臧應選所造。土埴膩，質瑩薄，諸色兼備。有蛇皮緑、鱔魚黄、吉翠黄、斑點四種尤佳。其澆黄、澆紫、澆緑、吹紅、吹青者亦美，迨後有唐窑猶倣其釉色。唐公風火神，傳載臧公督陶，每見神指畫呵護於窑火中，則其器宜精矣。

雍正年年窑：

廠器也。督理淮安板閘關年希堯，管鎮廠窑務，選料奉造，極其精雅。駐廠協理官每月於初二、十六兩期解送色樣至關，呈請歲領關帑。琢器多卵色，圓類瑩素如銀，皆兼青彩或描錐暗花，玲瓏諸巧樣，仿古創新實基於此。《文房肆攷》云：雍正初，楚撫嚴公希堯燒造廠器，以年爲嚴，又稱楚撫，殆誤。《邑志》載年公重修風火神廟碑記，碑尚存。

乾隆年唐窑：

廠器也，内務府員外郎唐英督造者。唐公以雍正戊申來駐廠協理，佐年著美。迄乾隆初榷淮，八年移理九江鈔關，皆仍管陶務。公深諳土脈火性，慎選諸料，所造俱精瑩純全。又倣肖古名窑諸器，無不媲美，倣各種名釉，無不巧合。萃工呈能，無不盛備。又新製洋紫法，青抹銀彩水墨。洋烏金法瑯畫法，洋彩烏金黑地白花、黑地描金、天藍窑變等釉色器皿。土則白壤而埴，體則厚薄惟膩。廠窑至此集大成矣。既復奉旨恭編《陶冶圖》二十頁，次第作《圖説》進呈。臨川李巨來先生序公集云：獨斟酌華實，間有得於心，而龍鋼均窑追絶業，復古制，翡翠玫瑰更出新奇。是公之陶，即公之心，爲之也。

藍浦、鄭廷桂《景德鎮陶録》卷六《鎮仿古窑攷》 定窑：

宋時所燒，出直隸定州，有南定器北定器。土脈細膩質薄，有光素凸花劃花印花繡花諸種，多牡丹萱草飛鳳花式。以白色而滋潤爲正白，骨而加以泑水，有如淚痕者佳。俗呼粉定，又稱白定。其質粗而微黄者低，俗呼土定。東坡《試院煎茶》詩云：定州花瓷琢紅玉。蔣記云：景德鎮陶器有饒玉之稱，視真定紅瓷足相競，則定器又有紅者，間造紫定黑定，然惟紅白二種當時尚之。唐氏《肆攷》云：古定器以政和、宣和間窑爲最好，色有竹絲刷紋，其出南渡，後者爲南定。北貴於南。劃花最佳，光素亦好。昌南窑倣定器，用青田石粉爲骨，質粗理鬆，亦曰粉定。其紫定色紫，黑定色若漆，無足重也。

汝窑：

汝亦汴京所轄。宋以定州白器有芒不堪用，遂命汝州建青器窑。土細潤如銅，體有厚薄，色近雨過天青，汁水瑩厚若堆脂，有銅骨無紋、銅骨魚子紋二種。《格古要論》云：汁中棕眼隱若蟹爪者尤佳。《輟耕録》云：河北唐鄧耀州悉效之，而汝窑爲魁。底有芝麻花，細小掙釘，當時珍尚。

唐氏《肆攷》云：汝器土脉質製較官窑尤滋潤，薄者爲貴，屑瑪瑙爲油，如哥而深，微似卵白，真所謂淡青色也。然無紋者尤好。

官窑：

宋大觀政和間，汴京自置窑燒造，命曰官窑。土脈細潤，體薄色青，帶粉紅濃淡不一，有蟹爪紋紫口鐵足。大觀中，釉尚月白粉青大緑三種，政和以後，惟青分濃淡耳。

案：南渡時，有邵成章提舉後苑，襲舊京遺制，置窑於修内司，燒造曰内窑，亦名官窑。澄泥爲範，極其精緻，釉色亦瑩澈，爲當時所珍。後郊壇下别立新窑，亦曰官窑，式制不殊，比之舊窑内窑大不侔矣。

唐氏《肆攷》云：古官器，其妙處當在體質油色，色帶白而薄如紙者，頗亞於汝。僞者皆龍泉所造，無紋路。南宋餘姚秘色瓷，今人率以官窑目之，不能别白，間見亂真。

東窑：

北宋東京民窑也，即今開封府陳留等處。土脈黎細，質頗粗厚。淡青色，亦有淺深。多紫口，鐵足無紋，比官窑器少紅潤。唐氏《肆攷》誤以爲董窑，又云：核之董窑似官，其不同者，質粗欠滋潤。蓋東董聲相近，唐氏半採《格古要論》，乃傳聞之訛也。

案：古東器雖有紫口鐵足，無蟹爪紋，不逮官窑多矣，唐氏何得云似。《陶成記事》亦稱東窑，載東青有淺深二種。唐氏於東青色則書冬青，何不自知東之訛董也。且今所倣東青器併無紫口鐵足，或更加彩矣。

龍泉窑：

宋初處州府龍泉縣琉田市所燒，土細埴，質頗粗厚，色甚葱翠，亦分淺深，無紋片。有一等盆，底有雙魚，盆外有銅掇環器。質厚實者耐摩弄，不易茅蔑。第工匠稍拙，製法不甚古雅耳。景德鎮唐窑有倣龍泉寶燒一種，尤佳。《格古要論》以爲亦有薄式。

唐氏《肆攷》云：古龍泉器色甚葱翠，妙者可與官哥争豔，但少紋片，紫骨鐵足耳。

哥窑：

宋代所燒，本龍泉琉田窑，處州人章姓兄弟分造。兄名生一，當時别其所陶曰哥窑。土脈細紫，質頗薄，色青，濃淡不一。有紫口鐵足，多斷紋，隱裂如魚子。釉惟米色、粉青二種，汁純粹者貴。

唐氏《肆攷》云：古哥窑器，質之隱紋如魚子。古官窑，質之隱紋如蟹爪。碎器紋，則大小塊碎。案：哥窑在元末新燒，土脉粗燥，色亦不好。又云汁油究不如官窑。見《格古要論》，舊呼哥哥窑，亦取土於杭。

章龍泉窑：

即生一之弟章生二所陶者，仍龍泉之舊，又號章窑，或曰處器青器。土脉細膩質薄，亦有粉青色翠青色，深淺不一。足亦鐵色，但少紋片。較古龍泉制度更覺細巧精緻，至今温處人猶稱爲章窑。

唐氏《肆攷》云：兄弟二窑，其色皆青，有濃淡，皆鐵足。舊聞有紫足，少見，惟哥窑有紋，弟章窑無紋爲別。《春風堂隨筆》云：章窑所掏青器，純粹如美玉，爲世所貴，即官窑之類。案：白壤所造，外塗泑水，翠淺露白痕者，真明初窑。移處州青器，土堊火候漸不及前矣。

均窑：

宋初所燒，出鈞臺。鈞臺宋亦稱鈞州，即今河南之禹州也。土脉細，釉具五色，有兔絲紋。紅若臙脂，硃砂爲最，青若葱翠，紫若墨者次之。三者色純無少變，雜者爲上。底有一二數目字號爲記者。佳若青黑，錯雜如垂涎，皆三色之燒不足者，非別有此樣。俗取梅子青茄皮紫海棠紅猪肝騾肺鼻涕天藍等名。蔣記云：近年新燒皆砂土爲骨，釉水微似，製有佳者，俱不耐久。

唐氏《肆攷》云：均窑始禹州，禹州昔號鈞臺。均合書鈞，今通作均，沿寫已久。此窑惟種菖蒲盆底佳甚，他如坐墩鑪合方餅罐子，多黄沙泥坯，則器質不佳。案：唐説特就古均器言之耳，若今鎮陶所倣均器，土質既佳，餅鑪尤多美者。

碎器窑：

南宋時所燒造者，本吉安之廬邑永和鎮。另一種窑土粗堅體厚質重，亦且米色粉青。樣用滑石配釉，走紋如塊碎。以低墨土赭搽薫，既成之器，然後揩净，遂隱含紅黑紋痕，冰碎可觀。亦有碎紋素地加青花者。

唐氏《肆攷》云：吉州宋末有碎器，亦佳，今世俗訛呼哥窑。其實假哥窑雖有碎紋，不同魚子，且不能得鐵足。若鐵足則不能有聲，惟仍呼碎器爲稱。案：所謂紫口鐵足，今鎮陶多可僞設，即魚子紋亦不必定屬汝哥類。凡圓琢小件，皆有精倣者矣。

藍浦・鄭廷桂《景德鎮陶録》卷七《古窑攷》 東甌陶：

甌，越也，昔屬閩地，今爲浙之温州府。自晉已陶其瓷青，當時著尚。杜毓《荈賦》所謂器澤陶揀，出自東甌者是也。陸羽《茶經》云：甌越器青，上口脣不卷，底卷而淺，受半斤已下。

關中窑：

元魏時所燒，出關中，即今西安府咸陽等處，陶以供御。

洛京陶：

亦元魏燒造，即今河南洛陽縣也。初都雲中，後遷都此，故亦曰洛京。所陶皆供御物。

壽窑：

唐代所燒，江南之壽州也，瓷色黄。《茶經》以壽瓷爲最下，云：黄則茶色，紫不相宜。

洪州窑：

洪州燒造者，亦見唐代洪州，今南昌府。《格古要論》云：江右洪州器，黄黑色。《茶經》云：洪州瓷褐，令茶色黑，品更次壽州。陸佃曰：褐色黄黑。

越窑：

越州所燒，始唐代，即今浙江紹興府，在隋唐曰越州。瓷色青，著美一時。《茶經》云：盌，越州爲上，其瓷類玉類冰，青而益茶。茶色緑，邢瓷不如也。陸龜蒙詩云：九秋風露越窑開，奪得千峯翠色來。孟郊詩云：越甌荷葉空。顧况《茶賦》云：越泥如玉之甌，觀此則越窑亦唐時韻物矣。

唐氏《肆攷》云：越窑，實爲錢氏秘色窑之所自始。

鼎窑：

唐代鼎州燒造，即今西安府之涇陽縣也。陸羽《茶經》推鼎州瓷盌次於越器，勝於壽洪所陶。

婺窑：

亦唐時婺州所燒者，今之金華府，是《茶經》又以爲婺器次於鼎瓷，非壽洪器所能及。

岳窑：

湖南岳州府，唐代亦陶瓷，皆青。《茶經》謂又次於婺瓷，然青固宜茶。茶作白紅之色，悉勝於壽州洪州者。

蜀窑：

唐時四川邛州之大邑所燒，體薄而堅緻，色白聲清，爲當時珍重。杜少陵《集韋處乞大邑瓷盌》詩云：「大邑燒瓷輕且堅，扣如哀玉錦城傳。君家白盌勝雪盌，急送茅齋也可憐。」首句美其質，次句美其聲，三句美其色，蜀窑之佳已可想見。案《輟耕録》引《筆衡》，載有續窑，疑續即蜀誤。唐氏又以大邑瓷隸越窑下，説尤誤矣。

秘色窑：

吴越燒造者。錢氏有國時，命於越州燒，進爲供奉之物，臣庶不得用，故云秘色。其式似越窑器而清亮過之。

唐氏《肆攷》云：蜀王建報朱梁信物，有金稜椀。致語云：金稜含寶椀之光，秘色抱青瓷之響。則秘色乃是當時瓷器之名，不然吴越專以此燒進，何蜀王反取之以報梁耶。案：《垣齋筆衡》謂秘色唐世已有，非始於錢氏。大抵至錢氏始以專供進耳，豈王蜀遂無唐之舊器哉。又徐寅有《貢餘秘色茶盞》七律詩，可見唐有之辨非謬，特《輟畊録》疑爲即越窑，亦誤。南宋時秘色窑已移餘姚，迄明初遂絶。

秦窑：

唐代燒造，今甘肅之秦州也。相傳器皆碗杯之屬，多純素，亦有凸魚水紋者。

柴窑：

五代周顯德初所燒，出北地河南之鄭州。其地本宜於陶，以世宗姓柴，故名。然當時亦稱御窑，入宋始以柴窑别之。其瓷青如天，明如鏡，薄如紙，聲如磬。滋潤細媚，有細紋，製精色異，爲古來諸窑之冠。但足多粗黄土耳。

唐氏《肆攷》云：柴窑起於汴，相傳當日請器式，世宗批其狀曰：雨過天青雲破處，者般顔色作將來。今論窑器者必曰柴、汝、官、哥、定，而柴久不可得矣。得殘器碎片製爲冠飾縧環玩具，亦足珍貴。世傳柴瓷片寶瑩射目，光可卻矢。寶瑩則有之，卻矢未必然，蓋難得而重言之也。

唐邑窑：

宋時燒造，即今南陽府唐縣。昔稱青瓷，質泑不及汝器。

鄧州窑：

亦宋所燒，即南陽府之鄧州，皆青瓷，未若汝器滋潤。

耀州窑：

耀州，今屬西安府，亦宋燒青器，色質俱不逮汝窑。後燒白器頗勝，然陶成皆不堅緻，易茅損，所謂黄浦鎮窑也。

烏泥窑：

建寧府建安所燒，始於宋。厥土黑墳，質粗不潤，泑水燥暴，色面亦青。《餅花譜》以烏泥與龍泉均章諸窑並重。《博古要覽》則謂當差肩象東。

《〔拾〕〔留〕青日札》云：建安烏泥窑器，品最下，未可傳信，抑今昔之不同耶。

餘杭窑：

亦宋時燒造，乃杭州府之餘杭縣也。色同官瓷，無紋，不瑩潤。

葉〔寘〕《垣齋筆衡》云：郊壇下新窑已比舊官内窑大不侔，他如烏泥窑、餘杭窑，更非官窑比矣。

麗水窑：

亦宋所燒，即處州麗水縣，亦曰處窑。質粗厚，色如龍泉，有濃淡，工式尤拙。

蕭窑：

出徐州府蕭縣之白土鎮，一曰白土窑，亦宋代燒造。厥土白，壤質頗薄，澤皆白器，製式規范，頗佳。

《夷堅志》云：蕭縣白土鎮，造白器几三十餘窑，窑户多鄒姓，有總首。其陶匠約數百人，製作頗佳。

吉州窑：

宋時吉州永和市窑，即今之吉安府廬陵縣。昔有五窑。具白色紫色，紫有與紫定相類者。五窑中惟舒姓燒者頗佳。舒翁工爲玩具，翁之女名舒嬌，尤善陶。其罏瓮諸色，幾與哥窑等價。花瓶大者值數金，小者有花。《格古要論》云：體厚質粗，不甚足品。

唐氏《肆攷》云：吉窑頗似定器，出今吉安之永和鎮。相傳陶工作器入窑，宋文丞相過時，盡變成玉。工懼事聞於上，遂封穴不燒，逃之饒，故景德鎮初多永和陶工。按：此亦元初事，若明陶以後，則皆昌南土著。

建窑：

古建州窑也，出宋代，爲今之建寧府建陽縣。始於建安，後遷建陽，入元猶盛。

盌琖多是擎口，體稍薄，色淺黑而滋潤，有黄兔斑滴珠，大者真。宋時茶尚擎盌，以建安兔毫琖爲上。

唐氏《肆攷》云：舊建瓷有薄者，絶類宋器。

象窑：

宋南渡後所燒，出處未詳。有蟹爪紋，以色白滋潤爲貴。其黄而質粗者品低。

唐氏《肆攷》云：或言象器出今寧波府象山縣，核之，象窑似定，但多質粗，其滋潤者亦終遜定器，且次於霍州鎮之彭窑。

俞次窑：

此西窑也，即太原府榆次縣。自唐已陶，土粗質厚，厥器古樸。

平陽窑：

亦西窑也，平陽府所燒。唐宋皆陶，有甎窑，大而容器多。有土窑，小而容器少。土壤白，汁水欠純，故器色無可傳者。

宿州窑：

宋代燒造，爲今鳳陽府之宿州也。器仿定色，當時行尚頗廣。自定窑器減後，而北地且多，市充定器，然固不及真定瓷也。

泗州窑：

江南之泗州，宋代亦陶。悉仿定窑器色，但不著於時。貪其值賤者，多市充定器。或云泗器實與宿窑相埒。

彭窑：

元時，彭均寶於霍州燒造。土脈細白埴膩，體薄尚素。倣古定器製折腰樣，甚整齊，當時以彭窑稱焉。其佳者與定相埒，因亦呼新定器。

《格古要論》云：元彭均寶效古定窑制器，創折腰樣。其土脉細白，絶類真定，往往爲牙行指作定器。以燒於霍州，又名霍窑。

唐氏《肆攷》云：元之戧金匠户彭均寶燒仿定器，與白定相似，但比青口欠滋潤，極脆難以傳久。市肆賣古瓷多充爲定器，非真，賞家莫辨。

宣州窑：

元明燒造，出宣州，土埴質頗薄，色白。

臨川窑：

元初燒造，即今撫州府之臨川縣。土埴細，質薄，色多白，微黄，有粗花者。

南豐窑：

出盱江之南豐縣，元代燒造。土埴細，質稍厚，器多青花，有如土定等色。

蔣記云：夫何昔之課，斯陶者日舉，今則州家多掛欠，原其故有五。臨川建陽南豐，産有所奪，三也。按：此是説，鎮陶之利爲三邑陶所奪，可見臨窑、南窑在元時亦盛。

隴上窑：

隴東所陶，始於明，即平涼府華亭縣等處。或稱白器，或曰類西窑，大抵質粗工拙，不足貴。蔡九霞《誌》云：平涼華亭之間，明産瓷器，古隴東地也。

歐窑：

明代燒造，爲江南常州府宜興人，以其姓歐，皆呼爲歐窑。有仿哥窑紋片者，有仿官均窑色者，彩色甚多，俱花盤奩架諸器，其紅藍紋釉二種尤佳。昌南唐窑曾仿之。

唐氏《肆攷》云：宜興窑又有專造紫砂壺一式。《陽羨茗壺系》云：壺品，著名大家有時大賓、李仲芳、徐友泉、陳仲美、陳俊卿等。按：宜興壺窑雖屬陶成，然不類瓷器，此編只紀瓷陶，故不列入。

横峰窑：

横峰，今廣信府興安，昔屬弋陽縣之大平鄉。明處州人瞿志高來創造窑器。嘉靖間因民饑亂，乃即横峰窑鎮地改立興安縣，移窑於弋之湖西馬坑，俗猶呼横峰窑，亦曰弋器。所造缾罐缸甕盤盎之類甚粗。

以上古陶，惟自晉紀起，東甌闗洛諸作在當時原祇泛稱陶器，故仍以陶紀之，餘悉稱窑。蓋陶至唐而盛，始有窑名也。

藍浦、鄭廷桂《景德鎮陶録》卷七《各郡縣窑攷附》

邢窑：

出直隸之順德府邢臺縣，自唐已燒造。土細質膩，色尚素，昔稱白瓷，今亦有描青雜式者。《茶經》云：世以邢州瓷處越器上，然邢瓷類銀類雪，邢瓷白而茶色丹，似不如越。按：《茶經》弟就品茶言瓷耳，邢器亦足觀。

瓷州窑：

始瓷州昔屬河南彰德府，今屬北直隸廣平府，稱瓷器者蓋此。又本瓷石，製泥爲坏，陶成所以名也。器之佳者，與定相似，但無淚痕，亦有劃花綉花，其素者價高於定。在宋代固著，今人訛以陶窑瓷品槩呼爲瓷器，不知另有是種窑。

德化窑：

自明燒造，本泉州府德化縣，德化今改屬永春州。盌琖亦多撆口，稱白瓷，頗滋潤。但體極厚，間有薄者，惟佛像殊佳。今之建窑在此，蓋不類舊建瓷矣。

處窑：

浙之處州府，自明初移章、龍泉窑於此，燒造至今，遂呼處器。土粗堊，火候汁水皆不得法。或猶有以龍泉稱者，要非古章窑比也。

許州窑：

明河南許州燒造，製瓷石爲之，亦瓷器也。色樣皆有花素，較瓷州新近者爲優。或曰窑始於宋。

河北窑：

燒造由宋始，青瓷也，即今河南衛輝府，昔稱河北地。器同汝製而色質不及，只可與唐、鄧、耀等窑爲伍。

懷慶窑：

出河南懷慶府，自明迄今，尚燒造。

宜陽窑：

明陶，即河南宜陽縣，今尚燒造。

登封窑：

亦自明始，即河南府登封縣，今尚陶。

陝州窑：

河南之陝州也，燒造始於明，今尚陶。

兖州窑：

明以來燒造者，即兖州府鄒、嶧等處，今尚陶。

平定窑：

今之西窑也，自宋已陶。土黎質粗而色白，微黑，器皆厚大。盆盌殊無可觀，人呼之曰僞器，即平定州燒者。

霍州窑：

亦今之西窑，始於唐宋。土細壤，質膩體薄，色多白，比平陽所造爲佳。當時別之曰霍器。

廣窑：

始於廣東肇慶府陽江縣，所造蓋倣洋瓷燒者。故《志》云：廣之陽江縣産瓷器，嘗見爐、瓶、琖、碟、碗、盤、壺、盒之屬，甚絢彩華麗，惟精細雅潤不及瓷器，未免有刻眉露骨相，可厭，然景德鎮唐窑曾倣之。雅潤足觀，勝於廣窑。此與瓷州、許州等器，皆非瓷土所成者也。

《陶成紀事》云：一倣廣窑釉色及青點釉一種，按此亦唐廠所倣。

藍浦・鄭廷桂《景德鎮陶録》卷七《外譯窑攷附》　高麗窑：

即高麗國所燒造者，不知起於何代。質頗細薄，釉色與景德鎮微類。有粉青者似龍泉器，有細花者髣髴北定器。若上有白花朵兒者，彼國不甚值錢，大約與越窑、秘色窑、汝窑諸式相類，惟瓜、尊、狻猊、罏頗著異。

大食窑：

大食國所造。以銅作骨，用藥燒成，五色華絢。有見其碗、盞、壺、盒者，謂與佛郎嵌器頗相似，不知著始何代。

佛郎嵌窑：

亦呼鬼國窑，即今所謂發藍也，又訛法瑯。其窑甚狹小，制如罏器，亦以銅作胎。用色藥嵌燒，頗絢采可玩。

唐氏《肆攷》云：今雲南人在京多作酒琖，倣佛郎嵌，俗謂之鬼國嵌。

洋瓷窑：

西洋古里國造，始者著代莫攷。亦以銅爲器骨，甚薄，嵌瓷粉，燒成有五色，繢彩可觀。椎之作銅聲，世稱洋瓷。澤雅鮮美，實不及瓷器也。今廣中多倣造。

唐氏《肆攷》曰：洋瓷等器，雖甚絢采華麗而欠雅潤精細，僅可供閨閣之用，非士大夫文房清玩也。

藍浦、鄭廷桂《景德鎮陶録》卷八《陶説雜編上》　浮於饒，稱望邑，景德一鎮，屹然東南一雄觀。業陶者於斯，貿陶者聚於斯，天下之大，受陶之利，而舉以景鎮名。王澤《洪記》。

浮處萬山之中，而景德一鎮，則固邑南一大都會也。殖陶之利，五方雜居，百貨具陳，熙熙乎稱盛觀矣。《陳淯集》。

昌南鎮，陶器行於九域，施及外洋，事陶之人，動以數萬計。海樽山俎，咸萃於斯，蓋以山國之險，兼都會之雄也。沈懷《清記》。

景德，江右一巨鎮也，隸於浮。業制陶器，利濟天下，四方遠近挾其技能以食力者，莫不趨之如鶩。謝旻《外紀》。

昌江之南，有鎮曰陶陽，距城二十里，而俗與邑鄉異。列市受廛，延袤十三里許，烟火逾十萬家。陶户與市肆當十之七八，土著居民十之二三。凡食貨之所需求無不便，五方藉陶以利者甚衆。黃墨舫《雜志》。

浮梁提封僅百里，土宜於陶，以致陶之業。陶之人及陶中所有之事，幾皆半於浮，則景德一鎮，洵浮之要區矣。《楊竹亭集》。

唐褚綬字玉衡，晉州人。景隆初爲新平司務，會洪州督府奉詔需獻陵祭器甚迫，綏馳戟門力陳歲歉，户力凋殘，竟獲止。《襄陵名宦志》。

窑之長短，率有相瓦數籍稅，而火堂火棧火尾火眼之屬，則不入於籍。燒時窑牌火照迭相出試，謂之報火。蔣祈《陶略》。

凡窑家作輟，與時年豐凶相爲表裏，聞鎮之巨户，今不如意者十八九。同上。

進坑石，製泥精細。湖坑，嶺背界田之所産，已爲次矣。比壬坑、高砂、馬鞍山，厥土赤石，僅可作匣。攸山石垩，燒灰雜以槎葉。木柿，火而加煉之，必劑以釉泥而後用。同上。

彭器資《尚書文集》有《送許屯田詩》序云：浮梁父老言，自來作知縣不買瓷器者一人，君是也。作饒州不買瓷器者一人，今程少卿嗣宗是也。惜乎不載許君之名。《容齋隨筆》。

吾聞陶之爲道也。擣金石之屑，拔草木之精，埏之坯之，皖之繪之，沕之煅之。別土胍火色，尋蟹爪魚子，自霍景柴汝定官哥均以來，至今日而其器益精。謝濟世敘。

宣窑冰裂鱔血紋者，與官哥同。隱紋如橘皮紅花青花者，俱鮮彩奪目，堆垜可愛。永窑細款青花杯、成窑五彩葡萄杯及純白薄如琉璃者，今皆極貴。又有元代樞府字號窑者，亦可取。文震亨《長物記》。

宣窑有魚藻洗、葵瓣洗、磬口洗、鼓樣洗、五彩桃注、石榴注、雙瓜注、雙鴛注、暗花白香橼盤、蘇麻泥青、香橼盤、朱砂紅、香橼盤諸件，又香合之小者有饒窑蔗段串鈴二式。同上。

宣廟有尖足茶盞，料精式雅，質厚難冷，潔白如玉，可試茶色，盞中第一。世廟有壇盞，中有茶湯果酒，後有金籙大醮壇用等字者亦佳。又一種名崔公窑，差大，可置果實。同上。

玩好之物，以古爲貴，惟今代則不然。永樂之剔紅、宣德之銅、成化之窑器，其價遂與古敵。先是宣窑品最貴，近日又重成窑。蓋兩朝天縱留意曲藝，宜其精工，如此花樣，皆作八吉祥、五供養、一串金、西番蓮，以至鬭雞百鳥及人物故事，至嘉靖窑則又倣宣成二種，而稍勝之。惟崔公窑加貴，然其值亦茀宣成之什一耳。明沈氏《敝帚齋餘談》。

幼曾於二三中貴家，見隆慶窑酒杯茗碗，俱繪男女私褻之狀。蓋穆宗好内，以故奉造此種。然春畫之起，始於漢廣川王畫屋。又書載漢時發塚，則鑿磚畫壁，俱有此種杯碗，正不足怪也。同上。

宣德時，最嫻蟋蟀戲，因命造蟋蟀盆。今宣窑蟋蟀盆猶甚珍重，其價不減宋宣和盆也。同上。

吴門周丹泉，巧思過人，交於唐太常。每詣江西之景德鎮，倣古式製器以眩耳食者。紋款色澤咄咄逼真，非精於鑒別，鮮不爲魚目所混。一日從金閶買舟往江右，道經毘陵，晉謁太常，請閲古定鼎。以手度其分寸，仍將片楮摹鼎紋袖之，遂別。之鎮半載而旋，仍謁唐，袖出一鼎云，君家白定爐鼎，我又得其一矣。唐大駭，以所藏古鼎較之，無纖毫疑，又盛以舊罏底蓋，宛如輯瑞之合也。詢何所自來，周云：余疇昔借觀，以手度者再，蓋審其大小輕重耳。實倣爲之，不相欺也。太常歎服，售以四十金，蓄爲副本，並藏於家。神廟末年，淮安杜九如浮慕唐之古定鼎，形諸夢寐，從太常孫君俞，强納千金，得周之仿鼎以去。《韻石齋筆談》。

陶辨器足，永樂窑壓手杯滑底沙足，宣窑壇琖釜底綫足，嘉靖窑魚扁琖鏝心圓足。凡陶器出窑，底足可驗火法。《留青日札》。

饒州景德鎮陶器，所自出大觀間，有窑變色紅如朱砂，僉謂熒惑纏度，臨照而然，物反常爲妖，窑户亟碎之。時有玉牒防禦使仲戢，年八十餘，居於饒，得數種，出以相視云：比之定州紅瓷，色尤鮮明。《清波雜志》。

髹漆螺蜔嵌器，垢舊若洗拭，法用無糨軟絹包香蛤粉滿撲過，另將軟絹細細揩抹，其黑處自光如鏡，而所嵌物則明顯。《雲谷卧餘》。

成化間，朱元佐監陶。登朝天閣冰立堂觀陶火，詩云：來典陶工簡命膺，火林環視一欄凭。朱門近與千峰接，丹闕遥從萬里登。霞起赤城春錦列，日生紫海瑞光騰。四封富焰連朝夕，誰識朝臣獨立冰。《愛日堂抄》。

明有昊十九者，浮梁人。能吟，工書畫。隱於陶輪間，所製精瓷雅壺俱妙絶。人巧，自號壺隱老人。《紫桃軒雜綴》。

鎮瓷無色不備，惟明廠有鮮紅。其純白器或畫青花，或加五采。永窑亦足貴多厚，成窑薄，宣窑青淡，嘉窑青濃，前後規制殊異。永在宣成之下，嘉之上。南村謂宣青成彩，以宣窑五彩深厚堆垜，不若成彩用色淺深，殊有畫意也。惟宣花是蘇泥勃青，至成化其青已盡，只用平等青料，則論青花宣爲勝。然正嘉用回青亦足品，但宣窑選料製樣繪畫題款無一不佳耳。總之明瓷無能過宣成者。《明瓷合評》。

凡用佳瓷，不先制之，遇熱湯水無有不損裂，必須先以米泔水温，温漸煮，出再以生薑汁及醬塗器底下，入火稍煨，頓可保。《墨娥小録》。

粘碗盞法。用未蒸熟麪筋入篩净細，石灰少許，杵數百下，忽化開如水。以之粘定縛牢，陰乾自不脱，勝於釘鋦，但不可水内久浸。又凡瓷器破損，或用糯米粥和雞子青，研極膠粘，入粉少許，再研，以粘瓷損處，亦固。同上。

陶器貢自京師，歲從部降，式造特多，以龍鳳爲辨。王宗沐《陶書論》。

江陰周高起曰：明有陳仲美，婺源人。初造瓷於景德鎮，尤善諸玩類鬼工。以業之者多不足成其名，棄之而來陽羡，好配壺土，心思殫竭，可列神器。《陽羡茗壺系》。

水盞子者，樂器也，古猶瓦缶爲之。明姑蘇樂工謀易以鐵不成，乃購食器之能聲者，得内府監製成化瓷器若干。則水淺深分下上清濁，叩以犀匙，幾□八而音周，絶勝古之，擊缶者因强名曰水盞子。毛奇齡《水盞子記》。

陶器以青爲貴，彩品次之。瓷之青花霽青粉青，悉藉青料。其倣汝窑官窑哥窑龍泉窑，其色青者亦資青料。唐氏《肆攷》。

宣窑青花，一名蘇麻離青，成化時已少。正德間得回青，嘉窑御器遂用之。搥碎有硃砂斑者爲上，銀星次也。純用回青則色散不收，必用石青和之，或什之一，或四之六，設色則筆路分明，混水則顔色明亮。同上。

窑變，一説火之幻化所成，非徒釉色改變，實有器異成奇者。東坡集載《瓶笙詩》引云：劉仲幾飲餞，聞笙簫聲，察之出於爐上雙瓶。明詔景德鎮燒屏風，變其二爲牀船。余家有鎮瓷宋盌一，暑天盛腥物不臭腐。若官均哥窑於本色釉外變而爲淡黄，或灰紫錯雜類諸物態，此不足異，時亦有之。同上。

瓷、瓷字不可通。瓷乃陶之堅緻者，其土埴壤。瓷實石，名出古邯鄲地，今瓷州。州有陶，以瓷石製泥爲坏燒成，故曰瓷器，非是處陶瓷皆稱瓷也。聞景德鎮俗槩從瓷字，書稱余所見商侶，亦多以瓷爲瓷，真可一噱。瓷州今尚燒造。同上。

自鎮有陶，而凡戧金鏤銀琢石髹漆螺甸竹木匏蠡諸作，今無不以陶爲之，或字或畫仿嵌維肖。同上。

洪熙間，少監張善始祀祐陶之神，建廟廠内。曰師主者姓趙名慨字叔朋，嘗仕晉朝，道通僊秘，法濟生靈，故秩封萬碩，爵視侯王，以其神異足以顯赫今古也。成化中，太監鄧賢而知書，謂鎮民多陶，悉資神佑，乃徙廟於廠東門外之通衢。東比百武許，即今所也。《詹珊記》。

唐光啓中，有靈官華光者，神明赫著，民居横田社者奉之。嘉靖辛酉，部使者以驗器至，改廟爲公署。越歲，兵憲塗任齋公涖鎮宿公署，夜寐若有牖其衷者。明日進太府，觀海顧公節推城山饒公議更創之。於是議以廠東曠地建署，而廟地仍歸民，聽復建奉如舊。隆慶五年，陶務日急，禱於神得寬牒。民乃請於明府，協更新之，工竣，耆老來告余。余曰：豫范型於土，人力可爲，既入冶中，煙燎變幻，不可陶測造化，甄陶有默司焉。匪神之爲，靈至是耶，厥功亦與有力，宜永祀志。《曹天祐記》。

唐公英中秋後三日詩云：慙愧甄陶漢使槎，幾番佳節在天涯。西風一夜吹鄉夢，寒雨連朝溼桂花。又留别陶署詩云：半野半官棲八載，誰賓誰主寄孤情。梁間燕壘分辛苦，檻外花枝負約盟。又云：西江八載賦皇華，淮海乘春又放槎。又云：古亭翠擷心裁句，珠阜香留手植花。《陶人心語》。

佑陶靈祠堂西側有青龍缸一，徑三尺，高二尺强，環以青龍，四下作潮水紋。牆口俱全，惟底脱。明萬曆造。先是累造弗成，督者益力，神童公憫同役之苦，獨舍生殉火，缸乃成。此則成中落選之損器也，久棄寺隅。余見之，遣兩輿夫舁至神祠之堂側，飾高臺以薦焉。此器之成，沾溢者神膏血也，團結者神骨肉也。清白翠璨者，神精忱猛氣也。唐英《龍缸記》。

年公希堯云：予自雍正丁未之歲，曾按行至鎮。越明年而員外郎唐侯來，偕董其事，工益舉而制日精。予仍長其任，一歲之成，選擇包匭，由江達淮，咸萃予之使院，轉而貢諸内廷焉。《風火神廟碑記》。

從鎮東南去二十里餘，地名湘湖，有故宋窑址。嘗覓得瓷礫舊器不完者，質頗薄，卻是米色粉青二式。《陶成示諭稿》。

陶固細事，而物料火候與五行丹永同。其功兼之，摹古酌今，侈弇崇庳之式，抽添變通之理，今可出其意旨，唯諾夫工匠矣。《示諭稾序》。

釉水謂之垔澤，昔出新正都長嶺者，作青黄釉，出義坑者，作澆白釉，二處皆有柏葉斑。又出桃花塢者，青花白器通用之。《陶成紀事》。

神廟時，詔景德鎮燒造屏風不成，變而爲牀，長六尺高一尺。又變爲船一隻，長三尺，舟中什物，無一不具。郡縣官皆見之，乃椎碎，不敢以進也。《豫章大事記》。

瓷器以宣窑爲佳，中有窑變者極奇，非人力所可致，人多毁藏不傳。同上。

琢器之式，有方圓稜角之殊，製畫之方，別采繪鏤雕之異。仿舊須宗其典雅，肇新務審其淵源。器自陶成，規矩實遵古制。花同錦簇，采色勝上春臺。觀哥汝定均抔汙之儀，則非遠水火金木土。洪鈞之調劑維神，或相物以賦形，亦範質而施采，功必藉夫埏埴。出自林泉，制不越夫罇罍重均彝鼎，爐煙焕色，雖瓦缶亦參橐籥之權。彩筆生花，即窑瓷可驗文明之象。唐雋公《陶冶圖説》。

陶土出浮梁新正都麻倉山，以千户坑、龍坑塢、高路坡、低路坡四處爲上。其土埴壚勻，有青黑縫糖點白玉金星色。石末出湖田一二圖，釉土出新正都，最上爲長嶺，爲義坑。長嶺作青黄釉，義坑作澆白釉，俱有柏葉斑。《江西大志》。

明神宗十一年，管廠同知張化美，報麻倉老坑土膏漸竭。《邑志》。

嘉靖二十六年，上取鮮紅器，造難成。御史徐紳奏以礬紅代。隆慶五年，詔造裏外鮮紅器。都御史徐栻疏請轉查，改礬紅例。同上。

明神宗十一年，給事王敬民奏罷燒造燭臺、屏風、棋盤、筆管等件。同上。

康熙十六年，邑令張齊仲，陽城人，禁鎮户瓷器書年號及聖賢字跡，以免破殘。同上。

沈懷清《窑民行》詩云：景德産佳瓷，産器不産手。工匠來八方，器成天下走。陶業活多人，産不與時偶。又云：食指萬家烟，中外賈客藪。坏房蟻垤多，坰火觸牛斗。都會可比雄，浮邑抵一拇。同上。

鎮南有馬鞍山，舊取土作燒瓷匣，後以景鎮來脈禁止。山之西麓，唐有雲門教院。同上。

顔魯公，建中時守郡行部，新平陸士修與公友善。來遊新平，同止雲門教院數日。中宵茗飲聯咏，有「素瓷傳静夜，芳氣滿閒軒」之句。載雲門斷碑。《昌南記》。

廠内珠山獨起一峯巒，俯視四境。相傳秦時番君登此，謂立馬山。至唐因地繞五龍脈，目爲珠山。元末于光據之爲行臺，號蟠龍山。明稱纛山，後以爲御器廠鎮山。同上。

唐有監務廳，宋設司務廳。宋元皆置湘湖務，元有湖田市。同上。

以上皆鎮陶舊説，概未編次書名前後。

藍浦、鄭廷桂《景德鎮陶録》卷九《陶説雜編下》 虞閼父爲周初陶正，武王賴其利器用，與其神明之後，妻而封於陳。《左傳》。

文彩纂組者，燔功之窑也。《管子》。

寧封子爲黄帝陶正，有一人過之，請爲之掌火，能出五色烟。久則以教封子，封子積火自燒，遂能隨烟氣上下。《列仙傳》。

《何稠傳》：稠博覽古圖，多識舊物。時中國久絶琉璃之作，匠人無敢措意。稠以緑瓷爲之，與真無異。《隋書》。

李洪山人博知，嘗謂成式瓷器，壂者可以棄。昔遇道流言，雷蠱鬼魅多遁其中。《酉陽雜俎》。

天寶内庫有青瓷酒杯，紋如亂絲，其薄如紙。以酒注之，温温然有氣，相次如沸湯，乃名自煖杯。《雲仙雜記》。

徐寅《貢餘秘色茶盞》詩云：巧剜明月染春水，輕旋薄冰盛緑雲。古鏡破苔當席上，嫩荷涵露别江濆。《唐咏物詩選》。

秦觀詩：月團新碾瀹花瓷。陳師道詩：價重十冰瓷。孫抃詩：花瓷旋封裹。王世貞詩：瀉向宣州雪白瓷。《詩選》。

巴東下岩院僧，偶於水際得一青瓷碗，式若斗磬，折花及米其中，皆滿。以金銀與錢試之，亦然。僧寶之。後年老，乃擲此碗江中，不欲以累法衆。《韻府羣玉》。

南人習鼻飲。有陶器如杯盌，旁植一小管若瓶嘴，以鼻就管吸酒漿。暑月以飲水，謂之鼻飲杯。云水自鼻入咽，快不可言。邕州人已如此，記之以發一胡盧。《桂海虞衡志》。

花腔腰鼓，陶鼓也，出臨桂職田鄉。其土特宜鼓腔，村人專作窑燒之。腔上油畫紅花紋以爲飾。同上。

袁宏道曰：嘗見江南人家所藏舊觚，青翠入骨，砂斑垤起，可謂之金屋。其次官哥象定等窑，佳瓶皆細媚滋潤，尤花神之精舍也。《瓶史》。

《史考》：堯飯於土簋，飲於土硎。《漢書》：南山有漢武舊甸。潘岳賦：傾縹瓷以酌醽。《齊職儀》曰：左右甄官署掌瓦缶之作。《正字通》。

會昌元年，渤海貢紫瓷盆。容量半斛，内外通瑩，其色純紫，厚可寸許。舉之又甚輕，如拈鴻毛然。《杜陽雜編》。

馬祖常詩：貢篚銀貂金作藉，官窑瓷盞玉爲泥。蘇軾詩：劉生望都門，病羸寄空窑。王令詩：大匠陶百窑，不問履下泥。張耒詩：碧玉琢成器，知是東窑瓷。吴澄詩：登閣望芙蓉，麻烟起蒸窑。《韻藻》。

孟銑小敏悟，見劉禕之金椀，驚曰：此藥金燒其上，有五色氣。《朝野僉載》。

高麗陶器色青者，國人謂之翡色。近年已來，製作之巧，色澤尤佳。酒尊之狀如瓜，上有小蓋，而爲荷花伏鴨之形。復能作盌碟桮甌花瓶湯琖，皆竊倣定器制度。故略而不圖，惟酒尊著異耳。《宣和奉使高麗圖經》。

高麗燕飲器皿多塗金或銀，而以青陶器爲貴。有狻猊香爐亦翡色也，上蹲獸，下爲仰蓮以承之。諸器惟此物最精絶，其餘則越州古秘色、汝州新窑器，大槩相類。徐兢《高麗圖經》。

〔高〕麗人陶器又有大水瓮，廣腹斂頸。其口差小敞，高約六尺，濶四尺五寸，容三石二升。凡山島海道來，舟中水或缺，則用此載水售之。同上。

元載飲食，冷物用瑠黄碗，凡熱物則用泛水瓷器。器有三千事，皆邢雪越冰之類。《樞要録》。

張德謙云：凡插花先須擇瓶，若夏秋用瓷瓶。堂厦宜大，書屋宜小。忌其環，忌其對。貴瓷賤金銀，尚清雅也。口欲小而足欲厚，取其安穩而不泄氣也。《瓶花譜》。

東坡詩云：病貧賜茗浮銅葉。案今御前賜茶，皆不用建窑盞。用火湯甃，其樣似銅葉湯甃耳。銅葉色黄，褐色也。《演繁露》。

諸名窑古瓷，如爐欠耳足，缾損口稜，有以舊補舊，加以釉藥，一火燒成，與舊製無二，但補處色渾然，得此更勝新者。若用吹釉之法補舊，補處更可無迹。如有茅者，聞蘇州虎邱有能修者，名之曰緊。《留青日扎》。

定窑釉滋潤，汝窑釉厚如堆脂，官窑釉色瑩澈，舊器釉厚故也。同上。

王械曰：余友劉君幕遊潁州，聞邑紳劉吏部家藏古瓷碗四，内繪彩蝶。貯以水，蝶即浮水面，栩栩欲活。索觀者衆，遂秘不示。《凝齋叢話》。

品茶用甌白瓷爲良。所謂素瓷傳静夜，芳氣滿閒軒也。《茶經》重青瓷，云盌越州上，鼎州次，婺州次，岳州次，壽州洪州又次，邢亦不如越。抑何所尚不同耶。《陽羨茗壺系》。

凡窑皆有變相，匪夷所思，若宜興砂壺亦然。如傾湯貯茶，則雲霞綺閃，直是神之所爲，此億千或一見耳。同上。

柴窑器最貴，世不一見。聞其製青如天，明如鏡，薄如紙，聲如磬。官哥汝等窑以粉青色爲上，淡白次之，油灰則下。紋取冰裂鱔血爲上，梅花片墨紋次之，細碎紋最下。均窑色如胭脂爲上，青若葱翠紫若墨者次之，雜色不貴。又官窑隱紋如蟹爪，哥窑隱紋如魚子，龍泉窑器甚厚，工稍拙。文震亨《長物志》。

花瓶須用官、哥、定等窑。古膽瓶、一枝瓶、小著草瓶、紙槌瓶，餘如閨花青花茄袋葫蘆細口扁肚瘦足藥罈及新建窑等瓶，俱不入清供，其鵞頸壁瓶尤不雅。《長物志》。

龍泉窑、均州窑之瓶，有極大二三尺者，以插古梅最相稱。凡花瓶用錫膽，皆可免冬月凍裂之患。同上。

白定筆格有三山、五山及卧花娃等式。筆筒之製，古白定窑竹節者最貴，然難得大者。東青細花式亦可用。若鼓樣中有孔插筆及墨者，雖舊物不雅。官、哥窑筆洗有葵花洗、磬口洗、四捲荷葉洗、捲口蔗段洗諸式。定窑筆洗有三箍洗、梅花洗、方池洗諸式。龍泉窑筆洗有雙魚洗、菊花洗、百折洗諸式。官、哥、白定等窑水注有方圓立瓜卧瓜雙桃蓮房帶葉茄壺諸式。印池以官窑、哥窑方式爲貴，定窑及八角委角者次之，青花白地有蓋長樣者俱不雅。同上。

水中丞用銅。銅性猛，貯水則有毒易脆筆，故以陶瓷爲佳。陶瓷水中丞，有官窑、哥窑之瓮肚小口鉢盂諸式。筆覘，定窑龍泉窑之小淺碟俱佳。糊斗定窑有蒜蒲長礶式，哥窑有方斗如斛中置一梁者。同上。

國初，有發隗囂墓者。官覺而追之，得陶器數十。見酒琖於京師，色如龍泉窑之淡黄者，外皆自然蕉紋，内有團花砂底，豐上斂下，口徑三寸許。劉體仁《識小録》。

柴窑無完器，近復稍稍出。馬布庵見示一洗，圓而橢面，徑七寸，黝然深沈，光色不定，雨後青天尚未足形容。布菴曰：余目之爲絳霄，蓋實罕覯云。七頌堂《識小録》。

官窑螭耳洗，宋修内司窑杯。直如筒，色如猪肝，皆比海物。浮月杯，陶杯也。口微缺，以金錮之，酒滿則一月皛皛浮酒面。先朝中州王邸物，後不知所歸。同上。

越窑矮足爵，栗殼浮青，轉側皆翡翠。吳越王錢氏取供後，當時民間禁不敢用，故今存者極少。同上。

李鳳鳴，字時可，家富事侈靡。楊廉夫聞其名訪之，時可爲設荷花宴。有水晶几十二，上列器皆官窑瓷，一時豪麗罕有其比。《都公譚纂》。

輝出疆時，見燕中所用定器，色瑩浄可愛。近年所用乃宿泗近處所出，非真定也。越上祕色器，始錢氏有國日供奉之物，不得臣下用，故曰祕色。《清波雜志》。

嘗見北客言，耀州黄浦鎮燒瓷名耀器，白者爲上。河朔用以分茶。出窑一有破碎，即棄於河，一夕化爲泥。同上。

汝窑，宫禁中燒者，内有瑪瑙末爲油，惟供御。揀退方許出賣，近尤艱得。同上。

哥窑，宋時舊物。留傳雖久，真贋相雜，人間頗多。求其真宋而精美者絶少。秀之嘉善巨族曹瓊獲一香爐，高可二寸餘，濶稱是。以美玉鏤海東青捉天鵞爲蓋，真絶美者也。漸聞於鎮守麥太監，麥因瓊索之，其子不得已，遂獻焉。後爲司禮監之有力者奪去。正德間，盗竊而貨於吴下。上海瀫山張信夫以二百金易之，歸復重貨於好事者，而内府竟亦不追此真古哥器矣。《北窗瑣語》。

犂縣有瓷偶人號陸鴻漸，買十茶器必得一鴻漸。市人沽茗不利，輒灌注之。鴻漸，昔嗜茶而此遭困辱。《梁谿漫志》。

先子主長葛簿時，與李屏山、張仲傑會飲。座中有定瓷酒甌，因爲聯句，先子首唱云：定州花瓷甌，顔色天下白。屏山則曰：輕浮妾玻璃，頑鈍奴琥珀。張乃曰：器質至堅脆，膚理還悦澤。云云。《歸潛志》。

官窑燒於宋修内司中，爲官家所造也。窑在杭之鳳皇山下，其土紫，故足色若鐵，時云紫口鐵足。其哥窑燒於私家，取土亦俱在此地。官質隱紋如蟹爪，哥質隱紋如魚子，但汁料不如官器佳耳。《文房清玩》。

定窑器，北宋定州始也。其色白，間有黑紫，然俱白骨質胎，加之泑水有如泪痕者爲上。又有南渡定器。同上。

汝窑器，其色卵白。汁水瑩厚若堆脂，底有芝麻細小掙釘。同上。

汝窑出汝州，宋時燒者。淡青色，有蟹爪紋者真，無紋者尤好。土脈細潤薄，甚難得。柴窑出北地鄭州，周世宗姓柴，故名。天青色，細紋器，滋潤細膩，惟是粗黄土足。古龍泉窑，土脈細且薄者貴，今曰處器青器。《格古要論》。

成宏間，吾邑河莊孫氏曲水山房藏定窑鼎一，乃宋器之最精者。體圓而足三，有耳。有李西涯篆銘鐫於爐座。嘉靖倭變，兹鼎爲京口靳尚寶所得。毘陵唐太常凝庵從靳購之，遂歸唐。唐雖奇窑器多，此鼎一至，諸品避席。自是海内評窑器者，必首推唐之白定窑鼎云。唐不輕示人。《韻石齋筆談》。

萬延之赴銓都下，以十錢市一瓷缶沃盥。既傾，有餘水留缶。時寒凝冰，視之則桃花一枝也。明日成雙頭牡丹，次日又成水村斷鴻翹鷺，滿缶宛如寒林圖畫。因什襲珍藏，遇寒則約客賞觀，此窑之至幻者乎。《春渚紀聞》。

宋葉寘《坦齋筆衡》云：陶器自舜時便有，三代迄於秦漢，所謂甓器是也。此必葉公僅依《周禮·考工記》：有虞氏上陶。《禮記·明堂位》：泰，有虞氏之尊也。《韓非子》：虞舜作食器。《史記·五帝本紀》：舜陶河濱，作什器於壽邱。諸書等句而云然耳。予嘗閲汲塚《周書》有云：神農作瓦器。《路史》有云：燧人爲釜。《物原》有云：神農作甕，軒轅作盌碟。《紺珠》有云：瓶缾同神農制。《吕氏春秋》有云：黄帝有陶正，昆吾作陶。《説文》：昆吾作陶。《春秋正義》：少皞有五工正，摶埴之工曰鶅雉(之文)，則陶窑上古已有，不自舜始也。意《考工》、《禮記》、《韓非》、《史記》皆稱有虞氏者，蓋以上古太樸，陶器只如今黄沙土之質。至舜而制度略備，精粗有别，故有泰尊食器之作爾。其稱上陶者，上與尚通，謂舜至質，貴陶器也。當訓好尚之尚，不作上下之上解。唐氏《肆攷》。

稽唐虞三代以迄秦漢魏晋六朝，著於經、史、子、集者，惟曰缶、曰土塯、曰土刑、曰泰尊、曰瓬大瓦棺、曰甑盆、曰瓦旒之類。名凡數十而窑無所考，至唐始著窑名。同上。

宋時官中所有定、汝器，率銅鈐其口，以是損價。而今之求定、汝者，即以銅鈐口爲真。骨董家論古往往如此。同上。

唐秉鈞曰：古瓷柴汝最重，柴周之外，次及官、定。蓋定、汝、官、哥皆宋器也。然柴汝之器傳世絶少，而官、定猶有者，非官、定易得也。以定有北定、南定，而霍州鎮彭窑亦曰新定。官有舊京修内司之别，而郊壇下新窑亦曰官窑。新定不如南定，南定不如北定。舊京官窑著時未久，當以修内司所造爲上，新窑爲下，其時已有差等。後有新仿定器，有不减定人製法者，有製作極工不入清賞者。好事者指某器曰定，某器曰官，安知其不爲贋鼎所惑耶。今流傳者惟哥窑稍易得，蓋緣質厚耐藏。定、汝體薄難於完留故也。《古瓷合評》。

關洛間有人耕地，常掘出古瓷器杯棬錠柎之屬，千形萬變，並是綵繪秘戲之狀。耆老相傳，是五胡亂華時，元魏懼其地有王氣，瘞此爲厭勝之具，皆供御物也。《獪園》。

宋臬使荔裳，康熙中分巡秦州時，城北寺基忽裂丈餘，得古瓷一窑，同人索取殆盡。癸卯入都，僅餘碗二，杯一。一碗濶五寸，内外純素。一碗差小，波紋動盪，似吴道子畫。杯貯水可一合許，有魚四頭，亦凸起游泳宛然。商邱宋中丞牧仲見之，歎爲異物。載入説部，此真古器，足貴者矣。《凝齋叢話》。

粘官窑器皿法：用雞子清匀糝石灰，捉清另放。以青竹燒取竹瀝，將雞子清與竹瀝對停，熬和成膏，粘官瓷破處。用繩縛緊，放湯内煮一二沸，置陰處三五日。去繩索，其牢固異常，且無損痕。《墨娥小録》。

金谿鄆路亭胡姓有甲乙，入山見白兔，追而射之，兔不見，乃誌其處發之，則古塚也。旁有大缸中貯素瓷瓶二，古硯一。甲碎其一瓶，乙止之，取以爲養花器。硯乃澄泥硯。瓶置几上數日，覺有氣自内浮出，氤氲若雲氣之蒸，不測其故。試折花木貯其中，無水而花卉不萎，且抽芽結實，若附土盤根者。然始訝瓶蓋窑變類也。一日風雨大作，忽霹靂一聲，瓶竟震碎，乙甚惋惜。《耳食録》。

定窑器皿有破損者，可用楮樹汁濃塗破處，紮縛十分緊，俟陰乾永不解。《雲谷卧餘》。

高從誨時，荆南尚使瓷器，皆高其足，而公私競置用之，謂之高足盌。《三楚新録》。

耀州陶匠創造一等平底深椀，狀簡，古號曰小海甌。《清異録》。

破碗上下作兩截斷而齊者，名無底碗，大吉。往往以上截書古語於其中，懸東壁，謂祥瑞也。《田家雜占》。

印色池，官哥窑方者，尚有八角，委角者最難得。定窑方池外有印花紋甚佳，此亦少者。諸玩器玉當較勝於瓷，唯印色池以瓷爲佳，而玉亦未能勝也。故今官哥定窑者貴甚。近日新燒有蓋白定長方印池，并青花白地純白者，此古未有，當多蓄之。且有長六七寸者甚佳。《考槃餘事》。

印章有哥窑官窑東青窑者，其製作之巧，紐式之妙，不可盡述。同上。

吴門周丹泉，能燒陶印文或辟邪龜象連環瓦紐，皆由火范而成，色如白定而文亦古。《妮古録》。

窑器方爲難，今製方窑器爲盛。《事物紺珠》。

余秀州買得白定，缾口有四紐，斜燒成仁和館三字，字如米氏父子所書。《妮古録》。

余於項元度家，見哥窑一枝缾、哥窑八角把杯、哥窑乳爐。項希聖言：司馬公哥窑合沓雙桃杯，一合一開，即有哥窑盤承之。盤中一坎正相容，亦奇物也。後入劉錦衣家。同上。

官哥二窑時有窑變，狀類蝴蝶禽鳥麟豹等像。於本色泑外變色，或黄或紅紫，肖形可愛。乃火之幻化，理不可曉。《博物要覽》。

古人喫茶多用擎，取其易乾不留滓。飲酒用琖，故無勸盤。今所見定器勸盤，乃古之洗也。古人用湯缾酒注，不用壺缾及有嘴折盂。臺盤用始元朝，古定、官窑俱無此器。《格古要論》。

金花定碗，用大蒜汁調金描畫，然後再入窑燒，永不復脱。同上。

賣花顧媪，持一舊瓷器求售。似筆洗而略淺，四周内外及底皆有泑色。似哥窑而無紋，中平如硯，獨露瓷骨。邊線界畫甚明，不出入毫髮，殊非剥落，不知何器，以無用還之。後見《廣異記》、《逸史》等所載，乃悟。唐以前無朱硯，凡點勘文籍，則研朱於杯琖。大筆濡染貯朱於缽。杯盞略小而口哆，以便掭筆。缽稍大而口斂，以便多注濃瀋也。顧媪所持蓋即朱盞，向來賞鑒家未及見耳。急呼之來，問此瓷器何往。曰本以三十錢買得，云出自井中。今以無用，二十錢賣諸雜物攤上，久不能復問所在矣，余深爲惋惜。世多以高價市贋器，而真古瓷反往往見擯如此。《槐西雜志》。

平陽，陶唐氏之故都也。其俗勤儉，舊多窑居。新安趙給諫吉士《竹枝詞》咏之云：三月山田長麥苗，村莊生計日蕭條。羡他豪富城中户，住得甎窑勝土窑。其鎮署三堂後，尚有甎窑五圈。《壽園夜譚録》。

自古陶重青品，晉曰縹瓷，唐曰千峰翠色，柴周曰雨過天青，吴越曰秘色。其後宋器雖具諸色，而汝瓷在宋燒者淡青色，官窑、哥窑以粉青爲上，東窑、龍泉其色皆青，至明而秘色始絶。《愛日堂抄》。

有客攜柴窑片瓷，索數百金，云嵌於冑，臨陣可以辟火器，然無由知確否。余曰：何不縋懸此物，以銃發鉛丸擊之。如果辟火不碎，價數百金不爲多。如碎，則辟火之説不確，理不能索價也。客不肯曰：公於賞鑒非當行，殊煞風景，急懷之去。後聞鬻於貴家，竟得百金。夫君子可欺以其方，難罔以非其道。礮火横衝如雷霆下擊，豈區區瓷片所能禦。且雨過天青不過泑色精妙耳，究由人造，非出神功，何破裂之餘片尚有靈如是耶。《如是我聞》。

以上皆陶事舊説，或全篇或一二語，悉撮録以資聞見。

藍浦、鄭廷桂《景德鎮陶録》卷一〇《陶録餘論》 陶有遥逃二音，燒造塼埴，皆可稱也。《正字通》。陶，與匋同。又陶即窑字，通作窑㘥匋等字。《説文》：匋瓦器，从缶，包省聲。蓋古字雙音並義，後始陶窑分稱。

舜陶河濱。《類書纂要》注：河濱，即今定陶縣西北。《輿圖直指》則謂在館陶、陶邱之間。考陶邱即定陶，然定陶與館陶相去甚遠。又作什器於壽邱。《輿圖直指》言：壽邱在兖州府東，則館陶、定陶皆於兖甚遠，未知河濱所在。近考

《括地志》云：陶城在蒲州河東縣北三十里，爲舜所都，南去歷山不遠。按：此或即其地。

閻温處叔《陶制序》，深得陶事三昧。其略云：淘先濯之，使定淪矣，尤必澄也。擾之欲調而掣之欲堅，不然，恐其宛也。此數句蓋言淘練泥泑之工。又云：作之力須均，扶欲畲，弗均則側，弗畲則泐也。此是言拉坏之難。又云：入範而搏之，疏數須得其平也。力欲轉而滑滯則裂，按之而實斯痕也。此是言印模不易。又云：漭之括之拭之，必詳悉求其類，不則疵也。此是言鏇坏過泑之艱。又云：裏堅白而表凝素者，上也，雖加之以繪，佳也。此言陶成器質貴精潔。又云：表容青雖繪事弗及，次也。此言器品質虧非所貴。又云：筆紋期如絲紋，豐而沴，亦次也。此言畫描之工。又云：一品爲之功數，易一弗善，不能良也。此總言陶作之難。蓋觀於温序所言，從可知陶事曲折矣。

鎮瓷在唐宋不聞有彩器，元明來則多青花，或倣他處青瓷矣，然非今之所謂青也。今俗又以器之上品者爲青，如呼頭青、提青、三色青之類，昔只以上色次色三色分之。

在鎮官窑瓷器有三，一廠官器，一倣宋代汴杭官窑器，其一則居俗所稱官古器也。廠官器非民間所有，官古器則盛行於今，宋官器倣製不多矣。

陶瓷有所謂口者，即器上圜員口，俗呼盤口、盌口、盤坻、盌坻是也。所謂足者即器底圈邊，俗呼椀堤杯堤是也。所謂骨子即器具土質，俗呼泥胎兒是也。

陶瓷有以圾稱者，俗作件。自五圾起以至百圾、五百圾、千圾，如尊罍盆缸之類。按《字書》：圾與岌通，危也。則以圾稱，謂其危而成難也。故圾數愈增，則愈難陶成。

陶瓷有茶托酒托，疑即古禮器之舟也。《周禮》：祼用鳥彝黄彝，皆有舟。鄭注：舟，樽下臺，若今承盤子。由是考之，舟托非一物乎。

均紅器，古作者土質粗疏，微黄。泑色雖肖，究非佳品。今鎮陶選用浄細白埴土，範胎爲之，再上均紅泑，故紅色襯出愈滋潤。所謂玫瑰、海棠、騾肝、馬肺等樣，皆勝於往古所造。

一霽紅也，《肆考》紀明廠窑作祭紅，瀋陽唐公記今廠器作霽紅，而陶俗皆作濟紅，其實祭紅爲是。蓋宣窑造此，初爲祭郊日壇用也。唐窑紀霽紅，由宣窑霽青推寫耳。

龍鋼大窑，明廠原係三十二座。後因青窑數少，龍缸窑空閒，將大龍缸窑改砌青窑十六座，仍存龍缸大窑十六座。自國初燒造龍缸未成，至唐窑始復其制，搭民窑燒。廠東街有龍缸衖，相傳爲舊搭燒龍缸處。按：隆萬時廠器除廠内自燒官窑若干座外，餘者已散搭民窑燒。邑志載有賞給銀兩定燒賠造等語，然今則廠器盡搭燒民窑，照數給值，無役派賠累也。

鎮在唐代瓷陶之外，又有琉璃窑，爲市埠橋盛姓所業。有盛鴻者，登乾元第，爲利州司馬，擢行人。其族人以勅造不稱獲罪，鴻疏辨免。不欲族裔承匠籍，遂廢其業。見《昌南記》。

《責備餘談》云：汪黄爲相，宦官邵成章劾其誤國，被斥。欽宗思其忠直，召赴行在，或復沮之，乃命止於洪州。及洪州陷，金人授以職，堅不從。金曰忠臣也，不可殺之。按：欽宗時汪黄未爲相，當是高宗之譌。然邵成章當南渡時，實嘗提舉修内司官窑，足爲陶中生色矣。

《正字通》載：景德鎮瓷器，用苧麻灰淋汁塗之黄色者，赤土汁塗坏燒之。用芝麻稭淋汁染色，則成紫。此言非也。按：今配青白泑，止用煉灰。黄色紫色本有是種，配泑亦不用芝麻稭汁。若赤土所配，乃紫金泑，稍黄一種，非黄色者。

《正字通》又載：婺源縣界麻倉窑，有土可泑。按：麻倉爲邑東村名，或訛麻村或呼梅村。窑出官土，只可作不，非釉也。

《正字通》又載：廬陵新建産黑赭石，磨水畫瓷坏，初無色，燒之成天藍，蓋今青料也。按：赭乃赤色，云黑又云赭，則不得名青料，且新建從未聞産料。

《正字通》又載：景德鎮取婺源所産料，名畫燒青，一曰無名子。按：鎮所用乃浙料廣料或雲南料，昔則蘇泥勃青、回青、樂平陂塘青、瑞州石青，從未聞取用婺邑料。凡料之佳者，名老圓子、韮菜邊，亦無畫燒青、無名子之稱。廖公蓋以傳聞誤注耳。

景德鎮自明設御器廠，因有廠官窑，今仍其舊稱。《格古要論》載：古饒器出今饒州浮梁之御土窑，體潤而薄，訛御器廠爲御土窑。且景德鎮所産而必曰饒器，即云饒州所轄，豈饒器盡爲御土窑燒造者，是又不知有民窑官窑之分也。

劉言史《詠茶》詩云：湘瓷浮輕花。此湘瓷，不知即岳州器歟，抑爲本鎮附紀之湘湖窑器歟，當俟攷定。

陶庵老人《夢憶》云：嘉興王二之漆竹，洪漆之漆，張銅之銅，徽州吴明官之窑，皆以一工與器而名家起家，其人且與搢紳先生列坐抗禮。按：徽州距景德鎮甚近，吴明官或亦嘗陶吾鎮，著名當時者歟，不然徽地無窑也。然莫可詳確，亦俟考。

《長物志》載：舊窑枕有長二尺五寸、濶六寸者可用。是昔尚瓷枕，暑月用之，必佳。今鎮只有孩兒枕。

《邑乘》載：繆宗周《兀然亭》詩云：陶舍重重倚岸開，舟帆日日蔽江來。工人莫惜天機巧，此器能輸郡國材。志：兀然亭在鞍山，爲祖無擇所題，云亭近河濱。然鞍山附近無陶，實去河甚遠。按：兀然亭有二，當是題肇建之兀然亭耳。肇地濱河建中，昔多世陶。有峰曰肇山，舊傳有兀然亭，其址猶存。繆詩殆非泛指也。

明末又有陳仲美、周丹泉，俱工仿古窑器，攜售遠方，鎮人罕獲。周窑甚傳，若陳來去無定，仿造亦不多，今罕有知之者矣。

真古窑器得之無價。嘗記少時，見有人持湖田窑大方罏一，色素而古雅可愛。云家世珍藏，可驗晴雨，請鬻於里淳富宅。富家不辨，數争價往反，忽失手墮碎，深爲可惜。

古瓷尚青，宜品茗酒耳。若肴饌則素瓷，青花白質瓷爲佳。鄱陽賦：醪醲既成，緑瓷是啓。陸羽《〔茶〕經》：越瓷青而茶色緑，七啓盛以翠樽。季南金詩：聽得松風并澗水，急呼縹色緑瓷杯。東坡詩：青浮卵盌香觀數，公句可知尚青止。杯盞之類，亦非如柴汝之青色也。

同一青瓷也，而柴窑汝窑云青，其青則近淺藍色。官窑内窑哥窑東窑湘窑等云青，其青則近淡碧色。龍泉章窑云青，其青則近翠色。越窑岳窑云青，則近縹色。古人説陶，但通稱青色耳。

景德鎮諸窑稱青亦不同，有云青者乃白地青花也，淡描青亦然。其青皆近藍色，分濃淡。有倣古窑稱青者，則亦如古窑之青。若霽青之青，亦近深藍色。

汝窑瓷色鎮廠所倣者，色青而淡帶藍光，非沂碧之粉青也。《肆考》謂汝窑瓷色如哥而深，則誤認青爲近碧解矣。不知汝瓷所謂淡青色，實今之好月藍色。鎮廠蓋内發真汝器所倣，俗亦呼爲雨過天青。又仿粉定有甚佳者，亦不聞是青田石。

《肆考》又以大邑瓷註於越窑下，未考大邑爲邛州屬縣，竟以爲越瓷，是不知有蜀窑也。又以東甌爲越窑，未考東甌地屬温州，是不知别有東甌陶也。《廣輿記》載温州城外尚有東甌王墓。

舊越窑自宋末已不復見，《輟耕録》載葉坦齋引陸詩疑爲秘色，而《肆考》越窑實另見，謂茀爲秘色之所自始，殆其然乎。

秘色古作祕色，《肆考》疑爲瓷名。《輟耕録》以爲即越窑，引葉真唐已有此語，不思葉據陸詩並無祕色字也。按：祕色特指當時瓷色而言耳，另是一窑，固不始於錢氏，而特貢或始於錢氏，以禁臣庶用。故唐氏又謂蜀王不當有，不知祕字，亦不必因貢御而言。若以錢貢爲祕，則徐寅祕盞詩亦標貢字，是唐亦嘗貢，何不指唐所進御。云祕豈以唐雖貢，不禁臣庶用，而吴越有禁，故稱祕耶。《肆考》又載祕色至明始絶，可見以瓷色言爲是。

《高齋漫録》亦載祕色瓷器。世言錢氏有國日，越州燒造爲供奉物，臣庶不得用。似祕色窑又實起於吴越矣。

雨後天青止柴窑器色，如是汝窑所仿已不類。宋長白誤以爲祕色窑器且稱雨後晴天色，訛青爲晴。又注《茶經》所云越州爲上，是指龍泉窑器，皆載其柳亭詩話中。按：祕色窑青色近縹碧，與越窑同，即越窑亦非龍泉窑。一是紹興一屬處州地，亦相殊也。宋又云秘色晴天，柴皇氏重之，是並不知世傳五窑之自來矣。

《格古要論》謂舊哥哥窑色青濃淡不一，好者類董窑。今亦少有成羣隊者，是元末新燒，欠佳。按：東窑色淡青，亦有紫口鐵足。未聞董窑何昉，殆東董音相近，各操土音，遂以東訛董。而《肆考》亦誤，沿董字也。

魚子紋，《格古要論》以爲哥器紋，而《陶成記》載汝泑亦有魚子紋，合之無紋汝釉，蟹爪紋汝釉，可知汝器古有三種泑式。

《陶成記》：仿宋器有銅骨無紋，汝泑猫食盤係人面洗，色澤今鎮所仿。汝器並未聞此名式，即銅骨泥絶少，不見有人面洗色澤者。此種真汝式，想尤佳妙。

大觀，北宋年號，即有官窑時也。宋本稱官字，唐雋公不書。官紀觀，稱大觀釉，蓋以鎮陶有廠官器。民俗有官古器，故用觀字以别之。其實大觀即宋官釉，或疑官觀爲二，皆謬。

霍器有三：一爲宋霍州本來窑，一爲元彭君寶仿造窑，其一則唐昌南鎮霍仲初窑也。彭爲上，仲品次之，霍州本來者又次之。

窑變之器有三：一爲天工，一爲人巧。其由天工者，火性幻化，天然而成。如昔傳屏風變爲床舟，冰缶凍爲花卉村景，宋盌經暑不腐腥物，乃世不多覯者也。又如均、哥本色泑，經燒忽退變他色，及成諸物狀，是所時有者也。其由人巧者，則工故以泑作幻色物態，直名之曰窑變，殊數見不鮮耳。

陶處多者自來莫過於汴，其次爲浙。然汴自柴、東、汝、官、均而外，著名者少。越窑秘色官内龍泉哥章及東甌，今亦莫繼其美。

江西窑器昔亦多處，惟景德鎮著久。《肆考》：饒州窑亦註浮梁鎮器，而不列景德鎮名，何耶。又云江西窑器唐在洪州，宋時出吉州，明見弋陽，何以既註鎮器，尚言江西窑器某代止在某處乎。

瓷石製泥爲器，非吸鐵引鍼之瓷石，亦非燒料爲瓷粉之類，乃别一種石。其色光滑而白，其性埴而鬆，其器美而不緻，實與瓷土異。惟瓷州許州有之。

楚之長沙屬有醴陵，土椀器質甚粗，體甚厚。釉色淡黄而糙，或微黑。椀中心及底足皆無釉，蓋其入窑時必數椀叠裝，一匣燒故也。此乃鄉土窑所在多有，正如吾昌南在漢時，只供邇俗粗用也。

「素瓷傳静夜」本王修詩，《昌南記》以爲顔陸二公聯句，殊誤。《陽羡茗壺系》引之，謂品茶尚素瓷，然亦不載誰句，而尚素又與《茶經》相反。

《廣輿記》止載登封宜陽産瓷器，而不知洛陽已陶於元魏時。止載平凉華亭産瓷器，而不知秦州已陶於唐代。《肆考》載秘戲器作俑於隆、萬，而不知元魏之闕洛窑已有此種。

蘸泑之法，欲其瑩匀，大抵貴手法輕快。《肆考》謂不急能匀，重複蘸之則瑩厚，謬矣。按：當蘸濕時若不急起，縱使泑周不幾酥破乎。瑩厚亦不必重複，如重蘸色反不匀。今惟大琢器大圓器用吹釉法，有重複多徧者，餘小器及常粗器蘸泑則不然。

《肆考》説定器出定州，即真定。按：定州係直隸州，在真定之西南，非真定也。真定爲常山定州，爲中山。宋蘇東坡知定州，其時即爲邊郡，真定固屬遼不屬宋也。

《肆考》謂古人以足載器，器足多取沉重。柴窑足每粗黄土、官、哥、龍泉皆鐵足，此非也。按：周之柴窑其時鮮佳不，故胎質用黄土，足亦黄土，非另造續成者。即鐵足亦因鐵骨泥作質，故坏足露鐵色，非另造鐵足安上。唐氏不知坏裝匣燒，匣内尚有渣餅砂渣墊足，只疑另有器足承載器燒，故有古取沈重之説。

《通志》曰：造坏彩畫，始條理也。入窑火候，終條理也。即以火候言之，火有前中後之分。有緊溜之候，或對日或一晝夜。大器或溜七日夜，緊二日夜。火弱則窳甀，俗呼糟坏，火猛則僨暴。溜者，欲習於火而無嬴緊者，如燎於原而無縮，若倦睡不應機，神昏莫辨色。火有破壘走燄之失，所燒器必多鋝墾陰罌黑黄之患矣。則所謂條理者，正須縷析也。

金溪王仁圃先生成《江西攷古録》，無一言及陶務，豈謂陶器不足録。良由人地遠隔，知有不逮也。陶器自古資利用，景德鎮陶歷代名天下，實江西土産之最，非惟好古之士在所必詳，即有心國計民生者，亦未可畧也。桂幸生長於斯，耳目所習，雖猶不盡，謹就所知者攷辨之，或亦可爲博雅君子之一助。

從來紀陶無專書，其見於載籍者，或因一事而引及一器，或因一器而引及一事，或因吟賦而載一二名。惟蔣祈《陶畧》及瀋陽唐公《陶成記示諭稿》説景德鎮陶事頗詳。其他如練水唐氏《窑器肆考》，詳天下古窑頗悉，而於鎮陶多本傳聞，往往出蔣唐諸集之外，其實不無謬誤，謹遵師説攷辨之。

《龍成秘書》有朱桐川先生《陶説》。説分三，則惟説鎮器多簡略。録中所引用皆注原書名，非不采其説也。

是編陶務土，宜多得於訪問。若都昌江大光、程鎮安、曹惠浦、胡思策、劉文炳、劉伯和，鄱陽金大禮、劉啓祥，皆習知其事而能言其製作之詳者。而檢閲書籍，相與商攷，則古黟余有庠穉畯，鄱陽金正儀夢橋，樂平石鍾理虁堂，同邑黄達良澹菴，李璣有政、鄧世疇壽田，成美功咸爲不少。書成，例得書名，遂以識之。

佚名《南窑筆記》 新平之景德鎮，在昌江之南，其治陶始於季漢，埏埴朴素，即古之土脱碗也。陳至德元年，相傳有貢陶礎者，不堪用。而至隋大業中，始作獅、象大獸二座，奉於顯仁宫，令太原陶工製造，入火而裂。迨李唐繼起，陶日以工，始有素瓷上釉之法。而景德陶之著名，則在于宋，蓋因陶工製景德年號于器底，故天下咸知有景德之窑。至景德之上相去二十餘里，舊有湘湖、瑩田、湖田等窑，由五代及宋、元、明，出映花素瓷，其邊口無釉者爲是，蓋覆口而燒也。今之舊瓷，有澁胎口鑲以銅邊者，即湘湖、瑩田、湖田三窑所出之器。繼以三窑處於山僻，挽運維艱，故不久傳。惟景德舟車物力通便，爲兩江都會，而業陶者多於是居焉。有明以來，始命官監督，立廠珠山，興作供御諸器。歷成、宣、嘉、萬，製作漸佳。大概宣窑始有青花，成窑加以彩色，碗、碟、尊、罍之外，復有龍缸、欄板、帶盒等項巨器興作，費繁而成，官民受累，遂使童姓火師殉窑死焉。迨我朝定鼎之後，即於鎮廠倣作，諸窑畢備，更得洋色一種，誠一代巨觀。陶製之精，於斯爲盛云。其離鎮五里，有官莊作窑者，但出粗瓷而已。

柴窑

周(武)〔顯〕德年間，寶庫火，玻璃、瑪瑙、諸金石燒結一處，因令作釉，其釉色青如天，明如鏡，薄如紙，響如磬，其妙四如，造於汝州，瓷值千金。

汝窑

北宋出汝州，有深、淡月白色二種，有有紋片者，有無紋片者。紫泥骨子，釉水肥厚瑩潤，骨肉泛紅色，間有橘皮、棕孔。今景德倣做，用里樂釉入青料少許，以(不)〔𣎴〕泥爲骨，多魚子紋者，略得遺意矣。(不)〔𣎴〕泥者，(不)〔𣎴〕子素泥也。

觀窑

出杭州鳳凰山下，宋大觀年間，命閹官耑督，故名修内司。紫骨青釉，出於汝窑。有月白色、粉青色，紋片有名金絲、鐵線、蟹爪諸紋者。多瓶、尊玩器，獨少碗、碟之屬。釉澤肥厚，内泛紅色爲佳。今倣觀窑，咸用磓子、瑪瑙等料，配之里樂釉爲之，亦可混真，但紋片久則零斷碎爛不堪，氣味與古遠甚。骨子則用白石紅土爲上。

哥窑

即名章窑，出杭州大觀之後。章姓兄弟，處州人也，業陶，竊倣於修内司，故釉色彷彿觀窑。紋片粗硬，隱以墨漆，獨成一宗。釉色亦肥厚，有粉青、月白色、淡牙色數種，又有深米色者，爲弟窑，不堪珍貴。間有溪南窑、商山窑，髣髴花邊，俱露本骨，亦好。今之倣哥窑者，用女兒嶺釉，加椹子石末，間有可觀。鐵骨則加以粗料，配其黑色。

定窑

出北宋定州造者，白泥素釉，有涕淚痕者佳。有印花、拱花、堆花三種，名定州花瓷是也。尊、爵、盤、碟、佛象及各種玩器，雕琢精巧，靡不全具，間有花紋内填采緑色者。又有土定一種，(藿)〔霍〕窑一種，建窑似乎定制，又有歐窑多碎紋者，不堪賞鑒。今南昌倣者，滑石合泥作骨子，純用磓子釉，不制古釉花樣，精緻過之。

龍泉窑

出宋處州，即名處州青。傳錢王時造者名越窑，秘色，王甚寶之，用以爲貴。其土質堅白，釉色葱翠，所謂粉骨龍泉是也。蓋龍泉由來久矣，唐陸龜蒙詩有「九秋風露越窑開，奪得千峰翠色來」，此詠龍泉窑詩也。龍泉釉色有梅子青、冬青色者，可與觀窑争艷，間有紋片者，俱堪珍賞。又有吉州窑一種，今南昌倣龍泉，深得其法，用麻油釉入紫金釉，用樂平緑石少許，肥潤翠艷，亞于古窑。

均窑

北宋均州所造，多盆、匳、水底花盆器皿。顔色大紅、玫瑰紫、驢肝、馬肺、月白、紅霞等色，骨子粗黄泥色，底釉如淡牙色，有一二數目字樣于底足之間，蓋配合一副之記號也。釉水葱蒨肥厚，光彩奪目。明有寧青窑倣均一種，顔色薄暗，五色雜沓。廣窑亦有一種青白相間蔴點紋者，皆瓶鉢之類，胎骨輕脆，不堪賞鑒。宜興掛釉一種，與廣窑相似，今所造法，用白釉爲底，外加釉裹紅、元子少許，罩以玻璃、紅寶、石晶料爲釉，塗于胎外，入火，藉其流淌，顔色變幻，聽其自然，而非有意預定爲某色也。其覆火數次成者，其色愈佳，較之古窑何多讓焉。

永樂窑

有永樂甜白脱胎撇碗，此最輕者。有最厚者，有青花厭手杯，底内俱有篆書「永樂年製」四字，多澁足。今倣造者多青花爲上，脱胎脆薄，造作維艱，且不適用。

宣窑

青窑雖出于永樂，而宣德爲盛，故青花有三種，龍鳳、人物、詩句，俱成宣窑一種，極其精雅古朴。用料有濃淡，墨勢渾然而莊重，青花有滲青鐵皮繡者，盤足内澁胎無釉。又有霽紅、霽青、甜白三種，尤爲上品。今倣宣間亦有可觀，霽紅釉用白釉，麻倉釉爲主，入紅銅、米紫、英石配合，加樂平緑石、火青少許，宜燒于秋冬風霜窑，百不得一，故一切釉水，以霽紅爲難。舊紅名鮮紅，又名宣燒，蓋珍重之也。霽青用元子料配釉，甜白以麻倉爲主，俱爲難得者。

成宏窑

宏治多素白，素花者少。成窑淡描五采，精雅絶倫，有雞缸杯、高士杯、錦卉堆各種，其内用澹青鑲方款。今倣造者增入洋色，尤爲鮮艷。

正德窑

多黄地緑龍、青花龍鳳，不如宣成遠矣。今倣造有黄緑數種。

嘉萬窑

嘉窑料用回青，故濃翠紅艷，多龍鳳、梵書、魚鳥花樣，但畫工精重，不能比於宣成窑，萬歷窑又次於嘉窑。今倣造，祇能依其款範花樣，雖有青料，不逮於回青遠矣。

廠官窑

其色有鱔魚黄、油緑、紫金諸色，出直隸廠窑所燒，故名。廠官多缸缽之類，釉澤蒼古，配合諸窑，另成一家。今倣造者，用紫金雜釉，白土配合，勝於舊窑。

釉爐

其製用桶匣，爲爐腹間，匣五六寸許，環砌窑磚以衞匣。磚之内爲納炭藏火之路，大概形如太極，足開八門，即八卦爐也有中小數種。入彩瓷匣中，泥封其頂，開一火眼，視瓷色之生熟，周圍燃炭炙之，火遍於匣而内瓷漸紅，則彩色變動，斯爲爐熟之候。燒法必須遛火緩燒，漸次上頂，更無驚裂泛紅之病。爐忌潮氣，冲著色即剥落矣。計燒一日乃成。有滿爐工、燒爐工。近有明爐一種，出自西洋，其製，用匣横臥，圍磚炙炭，先燒匣紅，而後用車盤，置瓷盤上旋轉，漸次進入匣中，俟瓷色變即出爐，用他匣覆之，俟瓷冷透，揭匣出焉。此法止可用燒脱胎小件，且資人力，費事，尤多坼裂之患。

彩色

成、正、嘉、萬，俱有鬬彩、五彩、填彩三種。先於坯上用青料畫花鳥半體，復入彩料，湊其全體，名曰鬬彩。填者，青料雙鈎花鳥人物之類，於胚胎成後，復入彩爐，填入五色，名曰填彩。其五彩，則素瓷純用彩料畫填出者是也。彩色，有礬紅，用皂礬煉者，以陳爲佳，黄色，用石末、鉛粉入礬紅少許配成，用鉛粉、石末入銅花爲緑色，鉛粉、石末入青料則成紫色，翠色則以京翠爲上，廣翠次之。以上顔色，皆諸朝名。今之洋色，則有胭脂紅、羌水紅，皆用赤金與水晶料配成，價甚貴，其洋緑、洋黄、洋白、翡翠等色，俱人言，硝粉、石末、硼沙、各項煉就，其鮮明嬌艷，迥異常色，使名手倣繪古人，可供洗染點綴之妙。又有水墨一種，尤爲逸品也。匠工有描紅工、填色工、吹色工、燒爐工、滿罏工、乳料工。

黄緑

宣德有青花填黄地者，正德則純用黄緑二色，如堆花雲龍等様，多緑龍黄地者，名曰「澆黄緑」。今倣者多虎皮粗瓷。匠有澆工、燒黄緑爐工、填掃工。

金銀

描金始於宋湖田窑，有素瓷描金一種，世不多見。成窑有炙金一種，隨用即落，每於五彩酒器上見之。今描金最爲得法。復有掀金一種，又有抹金一種，抹銀諸器，其配金銀法，每金一錢，鉛粉一分。

法藍

法藍、法翠二色，舊惟成窑有，翡翠最佳。本朝有陶司馬駐昌南，傳此二色云出自山東琉璃窑也。其製，用滋胎上色，復入窑燒成者。用石末、銅花、牙硝爲法翠，加入青料爲法藍。今倣者甚夥。

官窑

柴、汝、觀、哥、定、龍泉、宣、成、嘉、萬，爲宋、明十大窑，蓋以諸器畢製、命官耑督者，俱名官窑。其均窑、廠官不在大窑之内。

大觀窑　紫骨粉青釉，紋有金絲、銀絲、鐵線、蟹爪紋。

定窑　滑石骨白釉，有映花、拱花、堆花、素者，以鼻涕釉爲上。

龍泉窑　以骨紋龍泉官爲上，冬青、梅子爲次，香色最下者。暗花與定同。

永樂窑　甜白脱胎，青花二種。

宣窑　青花，滲青爲上。

霽紅、霽青、甜白，俱宣窑。

寶窑　宣窑内有霽紅龍魚一種，白釉紅魚紅龍者。

成窑五彩　圓琢俱多。

吹青、吹紅　二種，本朝所出。

月白釉、藍色釉、淡米色釉、米色釉、淡龍泉釉、紫金釉六種，宣成以下俱有。

以上各種，俱係窑内所出釉之正色，仍有淺深變色，種類甚多。

吹洋紅、吹礬紅、吹月白、吹松色、吹黄、吹緑、吹青、吹翡翠、吹粉青、吹紫、吹宫粉、吹洋青、吹油緑、吹古銅等色，皆係爐内顔色，非窑内釉比也。

其均窑及法藍、法翠，乃先於窑中燒成無釉滋胎，然後上釉，再入窑中復燒乃成。惟藍翠一火即就，均釉則數火乃得，流淌各種天然顔色。

爐均一種，乃爐中所燒，顔色流淌中有紅點者爲佳，青點次之。

不子

取山中深坑石骨，舂碎，淘澄爲素泥，做成方塊，晒乾，即名(不)〔不〕子。上中下三品。諸凡瓷器胚胎，用(不)〔不〕子泥骨，其性軟。其石出祁門縣，有祁山、容口、高沙、東埠，平里爲佳，次則郭口，婺源之開化，浮梁縣之茶塘、牛坑皆出，名作(不)〔不〕子。此時鎮中所用者多平里，平里有柏葉紋青色者爲佳，在石者擇焉。又有箭灘(不)〔不〕子一種，用作粗瓷，品之最下者。

高嶺

出浮梁縣東鄉之高嶺山。挖取深坑之上，質如蚌粉，其色素白，有銀星、入水帶青色者佳。淘澄做方塊，晒乾，即名高嶺。其性硬，以輕鬆不壓手者爲上。近有新坑，色白堅重，如〔不〕〔不〕子狀。

合泥

〔不〕〔不〕子性軟，高嶺性硬，用二種配合成泥，或〔不〕〔不〕子七分，高嶺三分，或四六分，各種配搭不同。入水淘澄極細，其粗渣取漂，賦者和勻，如濕麵相似，凡一切瓷器坯胎骨子，俱用合泥做造。又有踹泥一種，用做頂大器皿，如缸盆之類，不用澄淘，存其粗渣，以造大器，取其有骨也。造觀、哥骨子，另有紅泥一種，出鎮之鷄脚嶺、白石林者佳，以滑石代高嶺配合，名鐵骨泥。

釉

選平里石春者佳，鎮之小港水春者爲上，色澤光潤如明鏡，易顯料色，宜描青花。祁邑之昌水春者爲次，惟甜白宜之，因其肥而耐火，做古釉色多用之，取其無浮滑之色，殊有舊意。蓋釉之本質取之於石，色澤則發以水也。如溶口、祁山、開化、里樂、女嶺、銀坑、東埠、郭口各種石，俱可春釉，在配者取合不同，各有耑秘之妙。別有紫金釉一種，色黃紫，性耐火堅實，出景鎮山土春成，宋明碗碟用以鑲口，適用不茚邊，深則爲紫金，淡則成米色。凡配龍泉、冬青、宋釉、廠官及觀、哥等釉，俱入紫金少許。蓋他釉純白，以紫金稍變其色耳。有麻倉釉一種，多用於倣古釉，宣釉爲最，甜白亦用此種釉，肥潤有橘皮紋，出浮梁麻倉窑。凡釉多陳，貯久愈妙。

灰

出浮梁之長山，取山之堅石，火鍊成灰，復用蕨煉之三晝夜，春至細，以水澄之，用入釉内，以發瓷之光氣。蓋釉無灰則枯槁無色澤矣。凡一切釉俱入灰爲本，如銷銀不離於硝也。

配釉

其法，將釉與灰淘洗極細，各注一缸，或合甜白釉，用釉十五盆，入灰一盆，如合成窑釉，用釉八盆，入灰一盆。灰多則釉色青，灰少則釉白，青者入火易熟，白者入火難熟。蓋釉之青白不同者，在灰之添減多寡。凡配各種釉約數十餘種，俱以灰爲主，如調百味，必須鹽也。夫釉水配法，非有書傳，亦無定則，法多配試，自有獨得之妙，五金八石皆可配入，色之詭怪奇異，不一而足，千變萬化，俱成文章，神而明之，存乎其人。

坯胎

坯有圓、琢、雕削、鑲、印五種，在精選土料，掄擇匠工，宜於夏秋，勤於購製，此陶業之本也。至於雀口窑攔、拆底裂足、欹斜驚破諸病，出於坯胎不齊之故，第不能枚舉耳。若調度得人，能匠充斥，斯爲佳器之基矣。土型泥範，未經入火者，皆名曰坯胎。

圓器

一切碗、盤、酒杯、碟，俱名圓器。工匠則有拉坯工、印坯工、鑢坯工、剮坯工、煞合坯工、淘泥工、擦坯工、吹坯工、打雜工、吹青工、寫款工、削坯工。

琢器

一切大小花瓶、缸、盆圓式者，俱名琢器。工匠有拉坯工、煞合坯工、吹釉工、淘泥工、打雜工、寫款工、鑢坯工。

雕削

凡人物、鳥獸各種玲瓏之類，俱名雕削。工匠有淘泥、雕削、上釉等工。

印器

凡腰匾式樣及小件瓶、爵之類，俱名印器。工匠有淘泥工、印坯工、補洗上釉工。

鑲器

凡六方、八方花瓶之類，爲鑲器。工有淘泥、打餅、鑲方、吹釉等工。

畫作

匠工有人物工、花鳥工、印板工、宣花工、揵花工、濕水工、錐花工、拱花工、堆花工。瓷器成，細者工計七十二道，粗者六十四道。

匣鉢

用以裝護坯胎入火之具。匣土出景鎮左右十里之内，有白土、黑土、沙土數種，配合作匣。凡匣，極宜選土做造，務令堅厚爲上。瓷内渣滓、硫黄點等疵，皆匣不選土做之故，最忌油土太多，以致鬆脆不能耐火，多有脫底漏籠之害。每一廠土摻入鑢坯泥百餘斤，其匣自然堅固，亦一法也。匣廠開於景德鎮之裏村、官莊二處，有鋼匣、鎮墁匣、皮墁匣、桶匣、碗盤匣、鼓兒匣二十餘種。做匣有配土工、拉匣工、踹底工。

窑

窑形似臥地葫蘆，前大後小，如育嬰兒鼎器也。其制，用磚周圍結砌，轉篷如橋洞，其頂有火門、火窗、庫口，對口引火處，牛角抄平，風起未牆火眼，過橋處鷹嘴、餘堂、靠背，以至煙沖。深一丈五尺，腹闊一丈五尺，架屋以蔽風雨，煙沖居屋之外，以騰火焰。凡坯入窑，俱盛以匣，上下四圍，俱滿粗瓷，衛火，中央十路位次，俱滿細瓷。火用文武，經一晝夜，瓷將熟時，凡有火眼處，極力益柴，助火之猛烈十餘刻，名曰「上熜」。用鐵鍬從火眼出坯片，驗其生熟。然後歇火，緩去門磚，俟冷透開之，便無風裂驚破之患矣。每窑計柴三百餘擔。蓋坯胎精巧，成於各工，物料，人力可致，而釉水色澤，全資窑火。或風雨陰霾，地氣蒸濕，則釉色黯黃、驚裂種種諸疵，皆窑病也。必使火候、釉水恰好，則完美之器十有七八矣。又有窑變一種，蓋因窑火精華凝結，偶然獨鍾天然奇色，光怪可愛，是爲窑寶，邈不可得。抑窑有位次，釉有盆口，試准得宜，方得全器，其責在滿窑工人。再窑之傾倒爽毒、疎密失宜，其任乃把樁之匠，故窑以把樁火候位次爲主，次則裝坯工、駝坯工、掇坯工、進火工，俱能妥協，器皿必有可觀者矣。景鎮結窑，係魏姓世代耑業，他姓不傳。窑經數火，必須重結。再窑變乃白釉變色者次，顏色釉變者爲希有。

料

料有數種，産於浙江、江西、兩廣，以出於白土者爲上品，紅土次之，沙土最下。其製法，選擇好者，洗净入窑，燥一晝夜，乳極細，去其土繡，即今畫碗之青花料也。其浙料有元子、紫料、天青各種，而江西有筠州、豐城，至本朝則廣東、廣西俱出料，亦屬可用，但不耐火，繪彩入爐則黑矣，故總以浙料爲上。重則濃紅，輕則淡翠，入爐不辨老少，頭出者稀少難滿，新山出者次之。若江西料，差次於浙料，而廣料又次於江西矣。配料之法，浙料爲主，佐以紫料，然不若元子獨用爲全耳。嘉窑有回青料石，胭脂胎、鐵胎二種，俱出西洋，今不能得。

傳記

《隋書》卷六八《何稠傳》　何稠字桂林，國子祭酒妥之兄子也。父通，善斲玉。稠性絶巧，有智思，用意精微。年十餘歲，遇江陵陷，隨妥入長安。仕周御飾下士。及高祖爲丞相，召補參軍，兼掌細作署。

開皇初，授都督，累遷御府監，歷太府丞。稠博覽古圖，多識舊物。波斯嘗獻金緜錦袍，組織殊麗，上命稠爲之。稠錦既成，踰所獻者，上甚悅。時中國久絶瑠璃之作，匠人無敢厝意，稠以緑瓷爲之，與真不異。尋加員外散騎侍郎。

朱彝尊《明詩綜》卷一〇〇《浮梁謡》　浮梁人吴十九，善製瓷器，士大夫多與之游，時人語云：

成窑太薄永窑厚，天下馳名吴十九。

光緒《高嶺馮氏宗譜》卷三《馮光發傳》　光發，乳名星【略】歿于乾隆壬子。因土名麻石坳等處之山，被婺邑在山搭有篷廠數百，人數千，强取瓷土，傷害數村龍脈，并傷田租二萬八千零，强横無敵，事延三載。系星舍身喪命以救數村人烟居住之生，蒙本省大人樂，又蒙縣憲田，同南昌張審結究辦，嗣后奉示嚴禁，不許挖取。

光緒《龍泉縣志》卷三　瓷窑昔屬劍川，知析鄉立慶元縣，窑地遂屬慶元，去龍邑幾二百里。明正統時，顧仕成所制者已不及生二章甚遠。化治以后，質粗色惡，難充雅玩矣。

《中國陶瓷古籍集成・婺源嵩峽齊氏宗譜》卷首《護公行實》　護公（指齊宗蠖）字咸英，生于宋真宗咸平元年戊戌八月朔旦時，世居德興體泉。仁宗景祐三年丙子，以《春秋》明經請浙江舉人仕。初任景德鎮窑丞，九載無失。慶曆五年乙酉八月十五日，因部御器經婺源下槎，土名金村段，行從誤毀御器。護嘆曰：『余奉命，願死，從者何辜！』即吞器亡。【略】皇佑元年己丑，三月初七日，詔封新安元帥掣麾侯。

《中國陶瓷古籍集成・里村童氏宗譜》卷首　（童賓）生于隆慶丁卯年五月初二日午時，祖匠籍，于萬曆年間燒造御器，恐龍缸不成，將身赴窑。

《中國陶瓷古籍集成・里村童氏宗譜》卷六　神姓童氏，名賓，字定新【略】由雁門遷浙西，又遷江右。神爲饒之浮梁縣人【略】浮地業陶，自唐宋及前明其役益盛。

《中國陶瓷古籍集成・里村童氏宗譜》卷一三　（童賓）于己亥十一月初八日子時，將身赴火【略】娶劉氏，立志守節，享年八十有六【略】康熙四十九年庚寅司馬許公復建廟祀。

紀事

《隋書》卷二六《百官上》　少府卿，位視尚書左丞，置材官將軍、左中右尚方、甄官、平水署、南塘邸税庫、東西冶、中黄、細作、炭庫、紙官、柒署等令丞。

《唐六典》卷二三 甄官署，令一人，從八品下。

《周禮》摶埴之工二，謂陶與旊也。後漢將作大匠屬官，有前後中甄官令丞。晉少府領甄官署，掌磚瓦之任。宋齊有東西陶官瓦署，督令各一人。北齊太府寺，統甄官署，甄官又別領石窟丞。後周有陶工中士一人，掌爲罇彝簠簋等器。隋太府寺，統甄官署令丞二人，皇朝改屬將作。

丞二人，正九品下。

後漢前後中三甄官，各丞一人。晉有旊旊當作甄。官丞，後周有陶工下士一人，隋甄官丞二人，皇朝因之。

監作四人，從九品下。

甄官令，掌供琢石陶土之事，丞爲之貳。凡石作之類，有石磬石人石獸石柱碑碣碾磑，出有方土，用有物宜。凡磚瓦之作，瓶缶之器，大小高下，各有程準。凡喪葬，則供其明器之屬。

杜佑《通典》卷二七《少府監》 少府，秦官。漢因之，是爲九卿，掌山海池澤之税，以給供養。應劭曰：「山海池澤之税，名曰禁錢，以給私養，自別爲藏。少者，小也，故稱少府。」顔師古曰：「大司農供軍國之用，少府以養天子也。」天子曰少府，諸侯曰私府，漢時官有私府長，掌禁錢。後光武改屬司農也。王莽曰共工。後漢少府卿一人，掌中服御之諸物，衣服、寶貨、珍膳之屬，朝賀則給璧。後漢東平王蒼爲驃騎，正月朔朝，蒼當入賀。故事，少府給璧。時陰就爲少府，貴傲不奉法，漏將盡，而求璧不得。蒼掾朱暉，遥見少府主簿持璧，乃往紿曰：「試請覩之。」既得而馳奉之，就復以他璧朝。紿，徒改反。凡中書謁者，尚書令、僕，侍中，中常侍，黄門，御史中丞以下皆屬焉。孔融字文舉，以將作大匠爲少府。晉制，銀章青綬，五時朝服，進賢兩梁冠，絳朝服，佩水蒼玉。哀帝末，省并丹陽尹，孝武復置。宋少府領左右尚方、御府、東冶、南冶、平準等令、丞。齊又加領左右銀鍛署。梁少府爲夏卿，位視尚書左、右丞。陳因之。後魏少府謂之六卿，以少府、宗正、太僕、廷尉、司農、鴻臚爲六卿。至孝文太和中，易制官品，遂改少府爲太府。北齊無少府，其尚方等署皆隸太府。至隋煬帝大業五年，又分太府爲少府監，置監及少監，復領尚方、織染等署，後又改監、少監並爲令。大唐武德初，置軍器監，廢少府監。貞觀元年五月，分太府中尚坊、織染坊、掌冶坊署，置少府監。龍朔二年，改爲内府監，咸亨元年復舊。光宅元年，改爲尚方監，神龍元年復舊。監一人，總判。少監二人，通判。初少監一人，太極元年加一人。

領中尚、左尚、右尚、織染、掌治等五署。開元十年五月，於北都置軍器監，至二十六年五月廢。

杜佑《通典》卷二七《將作監》 今將作，亦少皞氏以五雉爲五工正，以利器用。雉有五種，故曰五雉。唐虞共工，《周官》考工之官，蓋其職也。秦有將作少府，掌治宫室。漢景帝中元六年，更名將作大匠。後漢位次河南尹，中元二年省，以謁者領之。章帝建初元年，復置。初以任隗爲之，掌修作宗廟、路寢、宫室、陵園木土之功，并樹桐梓之類列於道側。《後漢志》注曰：「古者制以表道。」《續漢書》曰：「李固字子堅，遷大匠，常推賢貢士。孔融以將作大匠遷少府。」魏晉因之，江左至宋、齊，皆有事則置，無事則省。而梁改爲大匠卿，陳因之。後魏亦有之。北齊有將作寺，其官曰大匠。兼領功曹、主簿、長史、司馬等官屬。後周有匠師中大夫，掌城郭宫室之制；又有司木中大夫，掌木工之政令。隋與北齊同，至開皇二十年，改寺爲監，大匠爲大監，初加置副監。煬帝改大監、少監爲大匠、少匠，五年，又改爲大監、少監；十三年，又改大令、少令。大唐復皆爲匠。龍朔二年，改將作爲繕工監，大匠、少匠隨監名改。咸亨元年復舊。光宅元年，改爲營繕監，神龍元年復舊。大匠一人，總判。少匠二人。通判。初一人，太極元年加置一人。天寶中，改大匠爲大監，少匠爲少監，領左校、右校、甄官、中校四署。

丞：漢有二人，後漢一人，魏晉因之。東晉以後，有事則置，無事則省。梁又置一人，陳因之。後魏有之。北齊四人。後周曰匠師中士。隋二人。大唐四人。

主簿：晉置，自後與丞同。隋二人，大唐因之。

左、右校署：秦及漢初有左、右、前、後、中五校令，後唯置左、右校令。後漢因之，掌左、右工徒。後漢度尚自右校令擢拜荆州刺史。魏併左校、右校於材官。晉左、右校屬少府。宋以後並有左校令、丞。北齊亦有之。隋左右校令、丞屬將作，大唐因之。左校署令、丞二人，掌營構、木作、採材等事。右校署令、丞二人。掌營土作、瓦泥并燒石灰、厠溷等事。

甄官署：令、丞一人。後漢有前、後、中甄官令，屬將作。晉有甄官署，掌甎瓦之事。宋、齊、北齊、隋悉有之。大唐因之，掌營甎石瓷瓦。

中校署令：秦漢有，自後無。大唐置令、丞各一人，掌舟車、雜兵仗、廄牧。

東園主章令：漢有之，武帝更名木工。如淳曰：「章謂木材也。舊將作大匠主材史名章曹掾。」顔師古曰：「今所謂木鍾者，蓋章聲之轉耳。東園主章掌材以供東園匠。」東園匠，官名，主作陵内器物，屬少府。大唐無。

高承《事物紀原》卷七《二窑務》 後漢有甄官署，至歷代皆有之，掌塼瓦之事，即今窑務之掌也。《宋朝會要》曰：舊有東西二務，景德四年廢，於河陰置受納場，大中祥符二年復置東窑務，受納場爲西窑務，或云太祖建隆中始置二窑務云。

《新唐書》卷四八《百官志三・兩京郊社署》 令各一人，從七品下；丞各一人，從八品上。令掌五郊、社稷、明堂之位，與奉禮郎設樽、罍、篚、冪，而太官令實之。立燎壇，積柴。合朔有變，則巡察四門，以俟變過，明則罷。

有府二人，史四人，典事五人，掌固五人，門僕八人，齋郎百一十人。齋郎掌供郊廟之役。太廟九室，室有長三人，以主樽、罍、篚、冪、鎖鑰，又有罍洗二人；郊壇有掌坐二十四人，以主神御之物。皆禮部奏補。凡室長十年、掌座十二年，皆授官。祭饗而員少，兼取三館學生，皆絳衣絳幘。更一番者，户部下蠲符，歲一申考諸署所擇者，太常以十月申解於禮部，如貢舉法，帖《論語》及一大經。中第者，録奏，吏部注冬集散官，否者番上如初。六試而絀，授散官。唐初，以郊社、太樂、鼓吹、太醫、太官、左藏、乘黄、典廄、典客、上林、太倉、平準、常平、典牧、左尚、右尚爲上署，鉤盾、右藏、織染、掌冶爲中署，珍羞、良醖、掌醢、守宫、武器、車府、司儀、崇玄、導官、甄官、河渠、弩坊、甲坊、舟楫、太卜、廩犧、中校、左校、右校爲下署。

《新唐書》卷四八《百官志三・掌冶署》 令一人，正八品上；丞二人，正九品上。掌范鎔金銀銅鐵及塗飾琉璃玉作。銅鐵人得採，而官收以税，唯鑞官市。邊州不置鐵冶，器用所須，皆官供。凡諸冶成器，上數于少府監，然後給之。監作二人。

有府六人，史十二人，典事二十三人，掌固四人。

《新唐書》卷四八《百官志三・甄官署》 令一人，從八品下；丞二人，正九品下。掌琢石、陶土之事，供石磬、人、獸、碑、柱、碾、磑、瓶、缶之器，敕葬則供明器。監作四人。

有府五人，史十人，典事十八人。

《宋史》卷一六五《職官志五・將作監》 舊制，判監事一人，以朝官以上充。凡土木工匠之政，京都繕修隸三司修造案；本監但掌祠祀供省牲牌、鎮石、炷香、盥手、焚版幣之事。

元豐官制行，始正職掌。置監，少監各一人，丞、主簿各二人。監掌宫室、城郭、橋梁、舟車營繕之事，少監爲之貳，丞參領之。凡土木工匠板築造作之政令總焉。辨其才幹器物之所須，乘時儲積以待給用，庀其工徒而授以法式；寒暑蚤暮，均其勞逸作止之節。凡營造有計帳，則委官覆視，定其名數，驗實以給之。歲以二月治溝渠，通壅塞。乘輿行幸，則預戒有司潔除，均布黄道。凡出納籍帳，歲受而會之，上于工部。熙寧初，以嘉慶院爲監，其官屬職事，稍用舊典，已而盡追復之。元祐七年，詔放將作監修成《營造法式》。八年，又詔本監營造檢計畢，長貳隨事給限，丞、簿覆檢。元符元年，三省言：「將作監主簿二員，乞將先到任一員改充幹當公事，候成資替罷。」從之。崇寧五年，詔將作監，應承受前後特旨應副外，路并府、監修造差撥人工物料，遵執元豐條格，不得應副。宣和五年，詔罷營繕所歸將作監。

分案五，置吏二十有七。所隷官屬十：修内司，掌宫城、太廟繕修之事。東西八作司，掌京城内外繕修之事。竹木務，掌修諸路水運材植及抽算諸河商販竹木，以給内外營造之用。事材場，掌計度材物，前期樸斲，以給内外營造之用。麥麴場，掌受京畿諸縣夏租麴麰，以給圬墁之用。窑務，掌陶爲塼瓦，以給繕營及缾缶之器。丹粉所，掌燒變丹粉，以供繪飾。作坊物料庫第三界，掌儲積材物，以備給用。退材場，掌受京城内外退棄材木，掄其長短有差，其曲直中度者以給營造，餘備薪爨。簾箔場，掌抽算竹木、蒲葦，以供簾箔内外之用。

建炎三年，詔將作監併歸工部。紹興三年，復置丞，仍兼總少府之事。十年，置主簿一員。十一年，詔依司農、太府寺，置長貳一員。隆興初，宫室無所營繕，職務簡省，百工器用屬之文思院，以隷工部；本監惟置丞一員，餘官虚而不除。乾道以後，人材甚多，監、少、丞、簿無闕，凡臺省之久次與郡邑之有聲者，悉寄徑于此，自是號爲儲才之地，而營繕之事，多俾府尹、畿漕分任其責焉。

《宋史》卷一八六《食貨志下八》 〔元豐〕五年，詔外内市易務所負錢，寬以三歲，均月限以輸，限内罰息並除之。先是，王安禮在開封日，有負市易錢者，累訴於庭。安禮既執政，言於帝曰：「市易法行，取息滋多，而輸官不時者有罰息，民至窮困。願詔蠲之。」帝曰：「羣臣未有爲朕言者，其令民以限輸，免其罰息。」安禮退，批詔加「内外」字。蔡確曰：「方帝有旨，無外内字，公欲增詔邪？」安禮曰：「亦不止言内字。」卒加之。八月，置饒州景德鎮瓷窑博易務。

《金史》卷五六《百官志二・甄官署》 令，從六品。丞，從七品。直長，正八品。掌剗石及埏埴之事。

馬端臨《文獻通考》卷五七《職官一一・將作監》 今將作亦少皞氏以五雉爲五工正，以利器用，雉有五種，故曰五雉。唐虞、共工、周官、考工之官蓋其職也。秦有將作少府掌治宮室，漢景帝中元六年更名將作大匠。後漢位坎河南尹，中元二年省以謁者領之。章帝建初元年復置，初以任隗爲之，掌修作宗廟路寢宮室陵園木土之工，并樹桐梓之類列於道側。《後漢志》注曰：「古列樹以表道。」魏晉因之，江左至宋齊皆有事則置無事則省。而梁改爲大匠卿，陳因之，後魏亦有之，北齊有將作寺，其官曰大匠。兼領功曹、主簿、長史、司馬等官屬。後周有匠師中大夫，掌城郭宮室之制，又有司木中大夫掌木工之政令，隋與北齊同。至開皇二十年改寺爲監，大匠爲大監，初加置副監。煬帝改大監少監爲大匠少匠，五年又改爲大監少監，十三年又改大令少令。唐復皆爲匠，龍朔二年改將作爲膳工監。大匠少匠隋監名改。咸亨元年復舊，光宅元年改爲營繕監，神龍元年復舊。大匠一人，總判少匠二人。通判初一人，太極元年加置一人。天寶中改大匠爲大監，少匠爲少監，領左校、右校、甄官、中校四署。

丞，漢有二人，後漢一人，魏晉因之。東晉以後，有事則置無事則省，梁又置一人，陳因之，後魏有之，北齊四人。後周有匠師中士，隋二人，唐四人。

主簿晉置，自後與丞同，隋二人，唐因之。

左右校署，秦及漢初有左右前後中五校令，後唯置左右校令。後漢因之，掌左右工徒。魏併左校右校於材官，晉左右校屬少府。宋以後並有左校令丞，北齊亦有之。隋左右校令丞屬將作，唐因之，左校署令丞二人，掌營搆、木作、採材等事。右校署令丞二人。掌營土、作瓦泥并燒石灰、厠溷等事。

甄官署令丞一人，後漢有前後中甄官令，屬將作。晉有甄官署，掌磚瓦之事。宋齊北齊隋悉有之，唐因之，掌營磚石瓷瓦。

中校署令，秦漢有，自後無。唐置令丞各一人，掌舟車雜兵仗廄牧。

東園主章令，漢有之，武帝更名木工。如淳曰：「章謂木材也，舊將作大匠主材史，名章曹掾。」顔(思)〔師〕古曰：「今所謂木鍾者，蓋聲之轉耳。」東園主章掌材以供東園匠，東園匠官名，主作陵内器物，屬少府。唐無。

宋將作監，判監事一人，以朝官以上充。凡土木匠工之政，隸三司修造，案本監但掌祠祀、供省牲、牌鎮、石炷、香焚、版幣之事。【略】窑務掌陶土爲磚瓦以給繕營及缾缶之用，監官三人，諸司使副充。丹粉所掌燒變丹粉以供繪飾，監官一人，内侍充。作坊物料庫掌儲積財物以備給用，監官三人，以京朝官及内侍三班使臣充。退材場掌受京城内外退棄材木，掄其長短曲直中度者以給營造及薪爨，監官一人，以京朝官充。箔場掌抽算竹木以供簾箔之用，監官二人，以京朝官充。建炎初與少府俱併歸工部，紹興三年置將作監，少府事總焉。隆興初宫室無所營繕，職務簡省，百工器用屬之文思院，上下界隸工部。本監惟置丞一員，餘官虚而不除。乾道以後人才盛多，監少丞簿無闕，凡臺省久次與郡邑之有聲者，悉借徑於此，號爲儲才之地，而營繕之事多俾府尹畿漕分任其責。寄禄官將作監丞，後爲宣議郎主簿，後爲承務郎。

《元典章・户部八・洞冶・瓷窑二八抽分》 至元五年七月初五日，制國用使司來申均州管下各窑户合納課程，除民户瓷窑課程依例出納外，軍户韓玉、馮海倚賴軍户刑勢，告劉元帥文字攔當，止合將燒到窑貨三十分取一，乞施行制府照得先欽奉聖旨節文「瓷窑石灰礬錫榷課斟酌定立課程，欽此」。兼瓷窑舊例二八抽分辦課，難同三十分取一。除已移咨樞密院行下合屬，將合納課程照依舊例辦課外，仰照驗欽依施行。

《北京故宫博物院藏元代琉璃香爐銘款》 左耳刻「歲次大元國至大元年四月初拾日」十四字，右耳刻「汾陽琉璃待詔任塘成造」十字銘文。

《南京三國吴墓出土陶器銘》 赤烏十四年會稽上虞師袁宜造□。

《某地出土宋治平四年陶器銘》 潮州水東中窑甲弟子劉扶同妻陳氏十五娘，發心塑釋迦牟尼佛，永充供養，爲父劉用，母李二十娘闔家男女乞保平安。治平四年丁未歲九月三十日，題匠人周明。

《元史》卷八五《百官志一》 平則門窑場，提領一員，大使一員，副使一員，給從六品印。至元十三年置。

光熙門窑場，提領一員，大使一員，副使一員，給從八品印。至元二十五年置。

《元史》卷八八《百官志四》 將作院，秩正二品。掌成造金玉珠翠犀象寶貝冠佩器皿，織造刺繡段匹紗羅，異樣百色造作。至元三十年始置。院使一員，經歷、都事各一員。三十一年，增院使二員。元貞元年，又增二員。延祐七年，省院使二員。後定置院使七員，正二品；同知二員，正三品；同僉二員，正四品；院判二員，正五品；經歷一員，從五品；都事一員，從七品；照磨管勾一員，正八品；令史六人，譯史、知印各二人，宣使四人。【略】

浮梁瓷局，秩正九品。至元十五年立。掌燒造瓷器，并漆造馬尾椶藤笠帽等事。大使、副吏各一員。

《元史》卷九〇《百官志六》 大都四窑場，秩從六品。提領、大使、副使各一員。領匠夫三百餘户，營造素白琉璃磚瓦，隸少府監。至元十三年置。其屬三：

南窑場，大使、副使各一員。中統四年置。

西窑場，大使、副使各一員。至元四年置。

琉璃局，大使、副使各一員。中統四年置。

上都採山提領所，秩從八品。提領、副提領、提控各一員。至元九年，以採伐材木，鍊石爲灰，徵發夫匠一百六十三户，遂置官以統之。

凡山宛平等處管夫匠所，提領二員，同提領二員，管領催車材户提領一員。至元十五年置。

《明英宗實録》卷九三 〔正統七年六月庚子〕工部以有司所造九龍九鳳膳亭及龍鳳白瓷罐俱不及式，治調官罪，復令改造。上恐勞民，詔勿改造，提調俱宥之。

《明憲宗實録》卷二六三 〔成化二十一年三月乙丑〕南京吏部尚書陳俊等言：江西浮梁縣景德鎮有內官監造瓷器，其買辦供給夫役之費歲用銀數千餘兩，俱出饒州廣信撫州之民，計其所費已敵銀器之價，宜暫停三五年，以蘇民困。【略】一浮梁燒造瓷器，民困已極，宜暫停免，後令饒州等三府量出財力，自造進京。

《明孝宗實録》卷一〇 〔弘治元年閏正月乙亥〕南京工部請設主事一員，管鎮江至九江沿江蘆洲。命本部簡司屬一員奉勑理之，官不必增設，於是工部奏差其屬郎中毛科。賜之勑曰：「南京自鎮江至九江一帶俱有蘆洲，近江州縣并巡檢司每年斫辦本色蘆柴及折收銀兩解送南京工部，燒造買辦應用已有定額。洲場年久坍漲不一，或因淤塞而新生，或因移徙而重出，多被富豪軍民人等占爲已業。又或投獻官豪勢要之家，以一包十，恣意霸占，而舊額洲場日見侵削。所在有司因而交通富民阿順勢要，息慵不理，甚至不獲取蘆于洲，但科民陪償。又有不近大江縣分原無蘆洲處所，亦一槩科取，積弊多端，以致小民受害連年告訐不已。國課虧少，遇有南京工部燒造修理等項工程緊急，未免拘併。各該鋪行窑頭人等，揭借應用累及無辜。今特命爾不妨司事，提督清理沿江一帶蘆洲，禁約富豪軍民人等及官豪勢要之家强占侵奪，有司科擾小民之弊。舊額洲場如有坍塌，即將新佃柴課依數輳補。本處舊額見存或有新生別洲，許令撥補。附近坍塌之數，俱要丈量明白。令各該府州縣具造文册，申繳該部及存留本處備照。其餘一應積弊勑不該載者，悉照本部所奏而行。所在府州縣官員人等敢有故違不遵，六部以下聽爾徑自提問，五品以上及軍職參奏處治。爾受兹委任，尤須持廉秉公，毋暴毋刻，俾事妥民安，國課不虧。斯爲爾能如或纖毫不謹，以致擾人壞事，事發一體治罪不宥，故勑。

《明神宗實録》卷六 〔萬曆元年正月丁卯〕户部奏定做工軍夫糧數，神木、黑窑二廠每軍月糧四斗，其冬衣布花不分，二廠苑海每軍各布二疋，一本邑一折鈔，綿花各一斤八兩。有逃故者即行開除，仍嚴行薊家昌永四鎮，但有衛所册籍開□神木、黑窑并上海子等軍名邑，盡數開除，以絶後弊。

《明神宗實録》卷四三二 〔萬曆三十五年四月甲寅〕江西巡按史弼劾稅監潘相、李道等，不報。潘相之在江右激變者屢矣，以督瓷出景德鎮，議造瓷船，倣蘇杭馬快事，爲有司所持，已對撫臣自悔其誤。又爲參隨所誑，復執前事，詆及按臣。按臣疏言馬快之設只行于江左，不行于江右。江右由湖涉江，沿二千里始抵瓜步，道迂而甚險，故留都之袍段以便水而之水，江西之瓷型以便陸而之陸。今以脆薄之型瓷犯波濤之顛播，一運有虞，必令地方賠補，窑户更造，竭膏髓而誤上供，誰任其咎。且以馬快等船五造三修，一船之費計三百金，十船之費餘三千金，又有水手工食編派，須加于何徵給。況陸地之搬運固云勞人，而水次之牽輓亦須用衆，陸運罷而陸地之夫難裁，水運行而水次之夫必倍，是徒有節損之名，反受勞擾之實也。於時李道監稅湖口諸糧舩以驗放差池鎖纜江中，一夕風起，漂没五艘，殞數十命，沉糧五千餘石，又或爲貨艘衝失，史弼於是連疏劾道，瓷運乃停，而道亦不敢復駐湖口，通政使沈子木乞休，不允。

沈時行《〔萬曆〕明會典》卷一七二《律例一三・營造》 擅造作

凡軍民官司，有所營造，應申上而不申上，應待報而不待報，而擅起差人工者，各計所役人雇工錢，坐贓論。若非法營造及非時起差人工營造者，罪亦如之。其城垣坍倒、倉庫公廨損壞，一時起差丁夫軍人修理者，不在此限。若營造計料，申請財物及人工多少不實者，笞五十。若已損財物或已費人工，各併計所損物價及所費雇工錢重者，坐贓論。

虛費工力採取不堪用

凡役使人工、採取木石材料及燒造磚瓦之類，虛費工力而不堪用者，計所費雇工錢，坐贓論。若有所造作及有所毀壞，備慮不謹而誤殺人者，以過失殺人論。工匠提調官，各以所由爲罪。

造作不如法：

凡造作不如法者，笞四十。若成造軍器不如法，及織造段疋麤糙紕薄者，各笞五十。若不堪用及應改造者，各併計所損財物，及所費雇工錢，重者坐贓論。其應供奉御用之物，加二等。工匠各以所由爲罪，局官減工匠一等。提調官吏又減局官一等，並均償物價工錢還官。

一各處軍器局，造作各項軍器不如法者，將管局委官參問降級，都布按三司、堂上委官及府衛掌印官，各治以罪。

冒破物料

凡造作局院、頭目工匠，多破物料入己者，計贓以監守自盜論，追物還官。局官并覆實官吏知情符同者，與同罪，失覺察者減三等，罪止杖一百。

一各處巡按御史、都布按三司、分巡分守官查盤軍器，若有侵欺物料、那前補後虛數開報者，不論官旗軍人，俱以監守自盜論。贓重者，照侵欺倉庫錢糧事例擬斷。衛所官三年不行造冊，致誤奏繳者，降一級。各該都司守巡等官怠慢誤事，參究治罪。

沈時行《(萬曆)明會典》卷一九四《窑冶》 窑冶，舊有甎瓦石灰，今歸營繕司，其燒造鑄造諸器物，皆官府取用。制錢與鈔兼行民間，故詳載焉。鑿石取煤，具有禁令，今列于後。

正統間，令都察院出榜禁約官員軍民人等，不許於蘆溝橋以東及西一帶鑿山取石，但曾掘成坑坎者，責令填平，今後取石俱于蘆溝橋河西一帶取用。還差人巡視，如有故違，仍於河東一帶取石者，治以重罪。成化元年，令都察院申明渾河大峪山煤窑禁約，錦衣衛時常差人巡視，敢有私自開掘者，重罪不宥。正德元年議准，渾河山塲與皇陵京師相近，恐傷風水，申嚴禁約，不許勳戚勢要之家鑿石取煤。嘉靖七年，以居庸關官軍無處樵採，白羊口鎮煤窑，准照舊開取。

沈時行《(萬曆)明會典》卷一九四《陶器》 洪武二十六年定，凡燒造供用器皿等物，須要定奪樣制，計算人工物料。如果數多，起取人匠赴京，置窑興工。或數少，行移饒處等府燒造。凡在京燒造，天順三年題准，琉璃窑瓷缸，十年一次燒造。舊例，缸土釉土，派行真定府。白釉堿土，派行開封府。絹布白麻，派行順天府。各辦解，木柴召買。嘉靖三十一年，各宫殿膳房及御酒房花園等處，料造瓷缸。隆慶五年，内官監傳造琉璃間色、雲龍花樣、盒盤缸罈，皆工部辦料，送該監官匠自行燒造。

凡儀真、瓜洲二廠燒造，每年南京工部委官一員，駐劄儀真，燒造酒缸十萬箇。完日，就於糧船内運帶來京，徑送光禄寺交收應用。仍將燒運過數目，按季造册呈部，送司備照。嘉靖七年奏准，寧國府原造送南京光禄寺酒瓶，内一十萬五千箇，令儀真廠帶運至光禄寺。又一萬五千箇，照舊解南京光禄寺各供應。

凡河南及真定府燒造，宣德間題准，光禄寺每年缸罈瓶，共該五萬一千八百五十隻、箇。分派河南布政司鈞、瓷二州：酒缸二百三十三隻，十瓶罈八千五百二十六箇，七瓶罈一萬一千六百箇，五瓶罈一萬一千六百六十箇，酒瓶二千六十六箇。真定府曲陽縣：酒缸一百一十七隻，十瓶罈四千二百七十四箇，七瓶罈六千一百箇，五瓶罈六千二百四十箇，酒瓶一千三十四箇。每年燒造，解寺應用。嘉靖三十二年題准，通行折價，每缸一隻，折銀二錢。瓶罈一箇，折銀一分。鈞州缸一百六十隻，瓶罈一萬八千九十箇，共該銀二百一十二兩九錢，外增脚價銀一百九十七兩一錢，又大户幫貼銀六十兩。瓷州缸七十三隻，瓶罈一萬五千七百六十二箇，共該銀二百七十二兩二錢二分，外增脚價銀一百三十二兩五錢八分五釐。曲陽縣缸瓶罈共一萬七千七百六十五件，該銀一百九十九兩八錢八分，外增脚價銀一百八十五兩九錢九分三釐，總該銀一千一百四十兩六錢五分八釐。通行解部，召商代買。如遇缺乏，止行瓷州、真定燒造，免派鈞州。四十二年奏准，鈞州脚價幫貼，盡行除豁。

凡江西燒造全黄并青碌雙龍鳳等瓷器，送尚膳監供應，其龍鳳花素圓匾瓶、罐、爵、盞等器，送内承運庫交收，光禄寺領用。宣德八年，尚膳監題准，燒造龍鳳瓷器，差本部官一員，關出該監式樣，往饒州燒造各樣瓷器四十四萬三千五百件。弘治十八年詔：「江西饒州府燒造瓷器，自本年以後暫停三年。」(江西燒造，嘉靖中改隸都水司，其瓷缸瓶罈等件，仍隸本司。)

凡停減燒造，正統元年奏准，供用庫瓷罈，每歲止派七百五十箇。景泰五年奏准，光禄寺日進月進内庫，并賞内外官瓶罈，俱令盡數送寺備用，量減歲造三分之二。天順三年奏准，光禄寺素白瓷龍鳳椀楪，減造十分之四。成化四年奏准，光禄寺瓷器，仍依四分例減造。十七年奏准，光禄寺歲用瓶罈，仍照舊例，或二年或三年，一次奏造。令廚役關領，如有損失，責令照數陪償。二十三年詔：

「凡燒造瓷器，差去人員，悉令回京。」弘治十五年奏准，光禄寺歲用瓶、罈、缸，自本年爲止，已造完者，解用。未完者，量減三分之一。本寺該管人員輕易毀失者，科道官查究送問陪償。萬曆十年，傳行江西燒造各樣瓷器，九萬六千六百二十四箇，副、對、枝、口、把。後奏准，屏風、燭臺、棋盤、筆管減半造。又奏准，屏風、棋盤、燭臺、花瓶、新樣大缸未燒者，停免。又奏准，不係緊要瓷器，減一千四百箇，副。

沈時行《（萬曆）明會典》卷一九五《顏料》 洪武二十六年定：凡合用顏料專設顏料局，掌管淘洗青緑，將見在甲字庫石礦按月計料支出，淘洗分作等第進納。若燒造銀硃，用水銀、黄丹、黑鉛俱一體按月支料，燒煉完備逐月差匠進赴甲字庫收貯。如果各色物料缺少定奪，奏聞行移出産去處採取，或給價收買鈔法。紫粉所用數多止用蛤粉，蘇木染造時常預爲行下本局，多爲備辦。用度如缺蛤粉，一體收買。

黑鉛一斤，燒造黄丹一斤五錢三分三釐。

水銀一斤，燒造銀硃一十四兩八分，二硃三兩五錢二分。

次青碌石礦一斤，淘造浄有碌一十一兩四錢三分。

暗色碌石礦一斤，淘造浄石碌一十兩八錢七分六釐。

蛤粉一斤，染造紫粉一斤一兩六錢。

硐沙一斤，燒造硐砂碌一十五兩五錢。

凡修建顏料舊例內外宫殿、公廨房屋該用青碌顏料，俱先行內府甲字等庫關支，不足方派各司府。嘉靖三十六年以大工題行雲南採解買辦。

凡寶色尚寶司每年該銀硃九十斤，行內庫關支。正德十二年加硃三十斤，派行四川收買，涪州水花銀硃一百二十斤，解部轉發，器皿廠淘洗送用。嘉靖三十六年題准：以後動支節慎庫料銀，照數召買，淘洗送用，每歲該銀六十三兩六錢。

凡各衙門年例印色，工部題行順天府宛、大二縣買辦。

宗人府紫粉一十二斤，銀硃二斤四兩。

左軍都督府紫粉二十四斤。

右軍都督府紫粉一十八斤。

中軍都督府紫粉二十四斤。

前軍都督府紫粉一十八斤。

後軍都督府紫粉三十六斤，白芨一十斤十四兩五錢。

吏部紫粉一十二斤，銀硃三斤，白芨二斤。

户部紫粉二十四斤，二硃三斤，白芨六斤。

禮部紫粉一十八斤。

兵部紫粉一十二斤，銀硃三斤，白芨二斤。

刑部紫粉一十斤，銀硃四斤，白芨二斤。

工部紫粉一十八斤，二硃二斤，白芨四斤。

都察院紫粉二十斤，銀硃四斤，白芨一斤。

通政司紫粉二十四斤。

大理寺紫粉一十斤，銀硃二斤，白芨一斤。

吏科二硃一斤一兩三錢三分三釐。

户科二硃一斤十兩。

禮科二硃一斤十兩。

兵科二硃二斤三兩。

刑科二硃二斤。

工科二硃一斤八兩。

凡禁令：洪武年間聖旨：「如今營造合用顏料，但是出産去處，便著有司借倩人夫採取來用。若不係出産去處，著百姓怎麼辦，那當該官吏又不明白具奏，只指著朝廷名色，以一科百，以十科千，百般苦害百姓。似這等無理害民官吏，拏來都全家廢了不饒。若那地面本出産，却奏説無，以後著人採取，得有時那官吏也不饒。雖是出産去處，也須量著人的氣力採辦，似這等百姓也不艱難生受，官民兩便。若有司家因而生事，擾害他的，拏來全家廢了不饒。」永樂二十二年聖旨：「古者土賦隨地所産，不强其所無，比年如丹漆、石青之類，所司更不究産物之地，一槩下郡縣徵之，逼迫小民，鳩斂金幣，詣京師博易輸納，而商販之徒乘時射利，物價騰踴數十倍。加不肖官吏寅緣爲奸，計其所費，朝廷得其千百之什一，其餘悉肥下人，今宜切戒此弊。凡合用之物，必於出産之地計直市之，若仍蹈故習，一槩科派以毒民者，必誅不宥。」成化二年令內官監促辦累年未納物料，急用者以官銀收買，不急者停止。

沈時行《（萬曆）明會典》卷二〇一《器用》 洪武二十六年定，凡供用器物，及祭祀器皿，并在京各衙門合用一應什物，行下該局，如法成造。若金銀銅鐵等器，隸寶源局。皮革隸皮作局，竹木隸營繕所，疋帛隸文思院，皆須度量所料物色委官覆實相同，不許多支妄費。永樂中，設器皿廠，工部添設郎中一員，後改註選主事。專管廠内十二作，曰戧金、油漆、木、竹、銅、錫、捲胎、蒸籠、桶、鏇、祭器、鐵索，每年光禄寺坐出該用器皿數目，題送工部奏准，劄付本廠，修造完備，該寺差人領用。

凡祭祀器皿，洪武元年，令大廟器皿，易以金造。乘輿服御諸物，應用金者，以銅代之。二年定，祭器皆用瓷。十七年，製祔廟册寶，以檀香爲之，册文填以金。正德元年，令修造孝陵祭器，行南京工部，轉行各衙門備辦。嘉靖七年，添造文廟秋祭冰盤一百八十九件，皆硃表錫裏。九年，定四郊各陵瓷器。

圜丘青色，方丘黄色，日壇赤色，月壇白色，行江西饒州府如式燒解。計各壇陳設，太羹盌一，和羹盌二，毛血盤三，著尊一，犧尊一，山罍一，代簠簋籩豆瓷盤二十八，飲福瓷爵一，酒鍾四十，附餘各一。十七年，饒州府解到燒完。

長陵等陵白瓷盤爵共一千五百一十件，附餘一百五十件，行太常寺收貯。四十三年議准，修造各壇祭器，責令器皿廠鋪户買辦，完日，一體出給實收，免行一一具題。

凡供用器物，光禄寺年例器皿，一年一題，行器皿廠修理成造。成化十二年奏准，歲造一萬件，工部七千件，南京工部三千件。弘治二年奏准，增添歲造一萬二千件，工部八千四百件，南京工部三千六百件。嘉靖二十四年，添造七千一百五十件。二十五年，令歲造三萬二千三百件，工部二萬八千七百件，南京工部三千六百件，其二十四年新添之數減去。二十六年，令工部增造新添之數，南京工部仍舊，共歲造三萬九千四百五十件。隆慶元年，令照弘治舊額，歲造一萬二千件，仍於額外多造三千件，預備缺乏，其續添之數，盡行裁革。

工部修理并成造共八千四百件，

珍羞署三千七百件，

大官署一千二百七件，

良醖署一千一十件，

掌醖署二千四百八十三件，

南京工部成造三千六百件，

珍羞署一千四百七十七件，

大官署四百四十三件，

良醖署四百一十八件，

掌醖署一千二百六十二件。

嘉靖二年，令江西燒造瓷器，内鮮紅改作深礬紅。

潘季馴《潘司空奏疏》卷六《清查回青招由疏》 題爲急缺上用各樣瓷器事。

據江西布政使司呈詳，壹問得壹名馬志大，年叁拾伍歲，河南開封府陳州項城縣人，由吏員見任江西布政司廣濟庫大使。狀招，嘉靖肆拾壹年間，在官文堯，不合投充本庫書手，經管一應收支卷簿，瞞官作弊，向未事露。嘉靖肆拾伍年叁月内，蒙工部照會本司燒造瓷器。咨呈本部，請發回青壹千斤，差舍人盧錦齎解到司。除將柒百斤發饒州府瓷器廠委官收用外，餘青叁百斤貯庫。隆慶伍年捌月内，本司又奉文燒造，將前餘青内支貳百斤，解廠收用，餘青壹百斤在庫。又因缺青接用，咨呈本部，請發回青柒百斤，差千户馮綱齎解到司。連前支剩，共青捌百斤貯庫。本月拾陸等日，陸續支青肆百斤，解廠交用訖。隆慶陸年伍月貳拾貳日，又支青貳百壹拾斤，發廠接濟，止存青壹百玖拾斤在司。俱係文堯經手登記。數日役滿未到，攢典陳以通承行，在官庫子涂秀、羅祖、陳奉、周栢看守。明知回青貴重之物，自合稟官，收入銀庫，如法安置，造入交盤册内，稽查爲當。各就不合擡入銅錢庫内收貯。本年捌月内，奉詔停止燒造，隨該管廠委官九江府同知洪一夔將前發回青貳百壹拾斤解回本司，貯收銀庫。連前共該實在餘青肆百斤。萬曆貳年貳月内，蒙巡按御史燕行司查，將前數呈院報部訖。本年叁月内，因雨連綿，錢庫墻垣倒塌，以致原貯回青壹百玖拾斤壓埋在下。比文堯與陳以通及去任庫官王之屏，各不合不行稟明，修理盤檢。陳以通役滿回家訖。萬曆叁年捌月内，奉巡撫都御史楊議，行錢法。蒙司令文堯與王之屏，及今役滿在官攢典曾鎮輔，督押涂秀等到庫盤錢發用。因見回青壓埋在地，涂秀等止將成塊青揀出，用桶裝盛，仍貯錢庫，其餘散碎，俱溷在土渣内。比文堯與涂秀等各不合不照原數檢足秤收，王之屏、曾鎮輔各亦不合不行覺查。萬曆伍年叁月初玖日，志大到任管事。本月内本司奉文燒造。至貳拾伍日，蒙司署印參政盧仲佃行庫，要將回青查發該廠，令文堯查數。間涂秀、羅祖、陳奉、周栢思得錢庫檢出青斤收貯既久，未經秤驗，造入交盤册内。及見志大新任，與在官攢典楊相撥參未久，不知首尾，要得買匿，乘機侵盜。各又不合共將銀陸兩伍錢送與文堯，又不合故違司衙門書筭久戀衙門，事發有顯跡情重者，民發附近充軍事例，枉法接受入已。就將錢庫收貯回青隱匿不報，希圖日後侵分，止將該廠轉回收貯銀庫青貳百壹拾斤開具揭帖。志大與楊相各亦不合不行查明，據憑文堯開揭送堂，陸續支發該廠聽用訖。比因參政盧仲佃陞任，缺官署印，通呈詳允，咨行本司，參議王問臣於肆月初肆日到任，暫署印務。查得青斤僅供目前頭運之用，責令造作科吏書查數，具稿咨呈，係在官吏計成密、書手宫隆承行。各不合不行細查文卷的數，遂憑本庫前報數目，於本月初陸日具稿送堂判案。至初拾日給文批，差承差李福咨呈本部。隨蒙查得先該巡按御史燕原呈餘剩回青肆百斤，見貯司庫，今開止存貳百壹拾斤，先今開報數目不一。題奉欽依，咨行巡撫都御史潘備案，行司通提查究，將文堯查審。又不合不行從實供報，致蒙吊取節年收放回青底簿，查出前青壹百玖拾斤原貯銅錢庫内。隨蒙親詣查閲，委存壹桶在庫。當即秤兑，共計壹百柒拾捌斤拾叁兩，尚該餘青壹拾壹斤叁兩，溷在土渣，未經淘洗。文堯、涂秀等各又不合不行明白聲説。隨蒙行委南昌縣知縣李得祐、理問所理問石世安會審，文堯、涂秀等各又不合隱下買求受贓實情，不行供出。問擬文堯、涂秀、羅祖、陳奉、周栢安置不如法，通減貳等徒罪，志大與楊相、計成密、曾鎮輔、宫隆各不應減等杖罪。具招呈司，轉詳本院。奉批：據招尚多未究。回青係殊方難得之物，不以收入銀庫，各役已懷圖便侵盗之心。及至行查，匿不以報，其情狀益露矣。據云庫屋倒塌，要見是何年月，揀尋秤兑，又不即將檢足，恐亦遮飾之詞，不足憑也。計成密等不查卷案，信憑該庫文移，中間似有通同情弊。仰司再審明確，具招解院，以憑覆審實在回青，仰行劉布政會同徐布政，逐一淘洗潔净，躬親秤驗具數，并結報查。

蒙本司左布政使劉繼文、右布政使徐中行親詣錢庫，督令本司經歷陳汶、理問丁汝翼、南昌縣典史童艮押同庫子，將前青逐一盤檢。尤恐辯驗不真，復拘景德鎮官廠淘青匠在官方創捌，用吸青瓷石於土渣内細加磨揀，吸出回青壹拾壹斤叁兩，連前揀出，共足壹百玖拾斤之數，收庫聽用，具結繳報。又蒙行委知縣李得祐、理問石世安將志大等會審，文堯、涂秀等各又不合仍前隱情不供，止認失於如法安置。照依原擬徒杖，具招呈司，連人呈解本院覆審。奉批：據招，回青俱在，似與安置不如法，致有損壞律文欠合。及審文堯等俱係積年戀庫人役，擬徒未盡其辜，仰司再議詳奪。蒙司仍行理問石世安會同南昌縣知縣李得祐，吊取志大等重覆鞫審，文堯方纔供認違例受贓，匿數不報，涂秀等用財買匿，希圖侵分等情。致蒙看得文堯經管收支，涂秀等役專看守，始以漫置錢庫。各犯委有圖便侵盗之心，繼而用財買求，匿數不報，則其姦欺情狀可見。青雖見在，罪則難逭，引擬遣配，方爲盡法。計成密、楊相、曾鎮輔、宫隆，俱有主典承行之責，不但失於覺察，尤屬怠玩，俱應問革，以示懲戒。馬志大委係新任，相應擬罪還職。將志大等取問罪犯外，結得每銀壹兩值鈔捌拾貫，招結是實。壹議得馬志大等所犯，文堯除違制，與涂秀等俱除不應各罪不坐外，文堯合依受財枉法者無禄人壹百貳拾貫之上，罪止律絞，係雜犯，准徒伍年。涂秀、羅祖、陳奉、周栢，俱依有事以財行求得枉法者計所與財坐贓論，伍百貫之上，罪止律各杖壹百，徒叁年。馬志大、計成密、楊相、曾鎮輔、宫隆，俱依不應得爲而爲之事理重者律，各杖捌拾。馬志大等有《大誥》，與文堯俱遇蒙恩例，通減貳等。文堯減去壹年，止徒肆年，涂秀等肆名各杖捌拾，徒貳年，馬志大等伍名各杖陸拾。馬志大係官，計成密、楊相、曾鎮輔俱吏，各照例納米。宫隆係書手，審稍有力，折納工價。涂秀等肆名係庫子，俱無力，查照近例，發該縣收管做工。文堯免徒，定發附近衛所充軍，終身拘僉，妻解發遣，招達兵部知會。馬志大等各贖完日，查發馬志大還職，計成密、楊相、曾鎮輔革役，宫隆、涂秀、羅祖、陳奉、周栢俱革退。照出文堯枉法接受涂秀等贓銀陸兩伍錢，係彼此俱罪之贓，合入官。原隱匿未報回青壹百玖拾斤，招稱先後檢淘，已足原數，候燒造支用，通取庫收管。繳計成密、楊相、曾鎮輔吏劄，塗抹附卷。合問未到陳以通、王之屏，另行提結具招。到臣據此，案照萬曆伍年陸月初捌日，准工部咨，該本部題：據江西布政司咨呈，前事該本部看得，該司呈請乞要倍加給發回青，以備急用一節，爲照回回青料貢自外夷，藏之内庫，乃貴重之物，原非民間所有。既查上年巡按御史燕呈稱餘剩回青肆百斤，見貯司庫，今據該司呈稱，止餘貳百壹拾斤。先今開報數目不一，係干錢糧，相應查究。所據該司今請回青，事在緊用，相應酌給，恭候命下。本部移文内承運庫，揀選回回青捌百斤，領出裝箱封固，差官齎付江西布政司交割。連前餘存回青收貯嚴密，聽候該廠委官親行支領，監放應用，仍備查。原存回青肆百斤，緣何今開止存貳百壹拾斤，務查的確改正。如有情弊，徑自究問。以後凡遇運解瓷器到京，仍要查筭某項某器該用回青若干，共器若干，共用過回青若干，明白造册，繳報查考等因。題奉聖旨：「是，這青斤支剩不明，著撫按官即便查明具奏。欽此。」欽遵。除差武功中衛千户李鐸齎送回青，該布政司交割外，合咨查照施行等因。到臣隨經備行該司，一面遵照原行酌量秤發，督令委官嚴加驗放。以後凡遇運解瓷器到京，仍要逐件查筭用過青料總散數目，造册報部查考，并究舊剩青數有無侵盜情弊，招詳及節經駁查去後。今據前因，除先報回青已行左布政使劉繼文、右布政使徐中行躬親秤驗，具結報臣，委足原數。臣又復經吊取人卷，逐一研審外，該臣看得文堯等戀庫多年，狡詐百出，慢藏錢庫，已有圖便之心，隱匿回文，益露扣侵之狀。論青雖未入己，原情實有可疑。坐贓遣配，更復何辭。計成密、楊相、曾鎮輔、宮隆，俱係承行吏書，自宜查覈明實，雖無通同之弊，難逭玩愒之愆，擬杖似輕，允宜黜革。馬志大到任甫及浹旬，原情尚可末減。再照原任左參政今陞雲南按察使盧仲佃、右參議王問臣，各有署理之責，俱乏秤查之明。但因司官之署代無常，以致案牘之倉皇易舛。仲佃未及呈部，遽以擢行，問臣署僅越辰，輙從成案，俱非原經首尾之官，罔知支剩多寡之數，合無姑從矜貸，惟復量加罰治。除批行該司，將馬志大等監羈，恭候題請，至日施行外，伏乞勅下該部，再加議覆。如果原擬允當，將各犯查照遣配發落。盧仲佃、王問臣，擬議上裁。

王宗沐纂修，陸萬垓增修《江西省大志》卷七《陶書》 建置

陶廠景德鎮在今浮梁縣西興鄉，水土宜陶，宋景德中始置鎮，因名。置監鎮一員。元更景德鎮稅課局，監鎮爲提領。國朝洪武初，鎮如舊，屬饒州府浮梁縣。正德初，置御器廠專筦御器。先以兵興議寢陶息民，至是復置。其地之析屬詳見饒州府《浮梁縣志》。周屬楚。敬王十六年屬吴。元王三年屬越。顯王三十五年復屬楚。秦始皇二十五年置楚郡。二十七年改九江郡，始置鄱陽縣，漢高帝四年改隸豫章郡，五年郡縣屬長沙王國。十二年又屬吴王國。元封五年屬揚州。建安十五年析豫章置鄱陽，郡治鄱陽縣。三國屬吴，晉因之。孝建二年爲鄱陽王國，隋開皇九年改郡爲饒州，大業初復改鄱陽郡，後屬林士弘。唐武德二年，復爲饒州，始析鄱陽縣爲新平縣。貞觀初屬江南道，開元四年置新昌縣，天寶初始改浮梁，併改州爲鄱陽郡。乾元初復爲州，屬浙江西道節度使。廣德末改號江南西道。乾符七年地屬鍾傳。保大三年建安化軍于饒州置節度使，未幾復爲州屬，鎮南如故。宋改屬江南東路安撫司及提點刑獄司。元改州爲路，屬江浙行中書省及江南諸道御史臺，江東建康道提刑觀察司，後改肅政廉訪司，元貞初，陞縣爲州。元末爲鄱陽府，屬江西行省。

國朝建置：饒州府浮梁縣，前鎮屬焉。天文屬斗六分。

續按：唐武德二年，里人陶王獻假玉器，由是置務設鎮，歷代相因。宋以奉御董造，元泰定本路總管監陶，皆有命則供，否則止。洪武三十五年，始開窑燒造解京供用，有御廠一所，官窑二十座。宣德中以營繕所丞專督工匠，正統初罷，天順丁丑仍委中官燒造，嘉靖改元詔革中官，以饒州府佐貳督之。

廨宇

續按：《陶政録》載：

御器廠中爲堂，正廳三。後爲軒、穿堂一。爲寢，後堂三。寢後高阜爲亭。扁曰兀然，今改爲紀績。堂之旁爲東西序，各廂房三。東南有門。三堂之左爲官署，大門三，廳堂三，東西廊房六。堂之前爲儀門，三爲鼓樓，三爲東西大庫房。各六，內外庫八。爲作，二十三。曰大碗作、房七間，小泥房七間。曰酒鍾作、房三間。曰碟作、房八間，小泥房四間。曰盤作、房七間，小泥房四間。曰鍾作、房七間，小泥房四間。曰印作、房十間，小泥房四間。曰錐龍作、房一間。曰畫作、房一間。曰寫字作、房一間。曰色作、房七間。曰匣作、房三十三間。曰泥水作、房一間。曰大木作、房五間。曰小木作、房五間。曰舡木作、房二間。曰鐵作、房四間。曰竹作、房二間。曰漆作、房三間。曰索作、房一間。曰桶作、房一間。曰染作、房一間。曰東碓作、四十六乘。曰西碓作。一十六乘。爲督工亭，三改爲椽舍。爲獄房。一廠之西爲公館，東爲九江道。爲窑，六。曰風火窑，曰色窑，曰大小爁熿窑，連色窑共二十座。曰大龍缸窑，十六座。曰恒窑，曰青窑。四十四座。廠內神祠三，曰玄帝，曰仙陶，曰五顯。廠外神祠一，曰師主。甃井二。一在南門內，一在碓龍作。爲廠二，曰船柴廠，屋十間。曰水柴廠。屋九間。放柴房，八十七間。燒窑人役歇房。八間。

砂土

陶土出浮梁新正都麻倉山，曰千户坑、曰龍坑塢、曰高路坡、曰低路坡，四處爲上土。土埴壚勻，有青黑縫糖點白玉金星色。他如寺前綿花土、東步、石牛、石南、李塢、墩口、鄱陽縣儀城土相類，無諸色樣，係假土，不堪用。麻倉官土，每百斤值銀七分。淘净泥五十斤，曝得乾土四十斤。至鎮若干里而近。艇運：冬秋水涸，四日；春水一日半。餘干不土八十斤值二錢，婺源不土九十斤值八分，淘過净泥四十二斤。至鎮若干里而遥。石末出湖田一二圖。和官土，造龍缸取其堅也。里長交納，每十斤，給米二升。凡上砂土百斤，篩净土八十斤。黄土百斤，篩净土九十斤。煉灰百斤，淘五十斤值八分。釉土百斤值四分八厘，坯屑百斤值八分。俱造瓷器用。釉石即釉土出新正都，曰長嶺，作青黄釉；曰義坑，作澆白器釉。二處爲上有栢葉斑，他如石牛山李家塢有黑縫者，不堪。艇運至鎮，與官白土同。

續按：本廠燒造瓷器，舊用浮梁縣新正都麻倉等處白土，每百斤價銀七分。萬曆十一年間，該管廠同知張化美見得麻倉老坑土膏已竭，掘(穵)〔挖〕甚難，每百斤添銀三分。近用該縣地名吴門托新土有糖點者尤佳，但離鎮百六十餘里，價仍照給一錢。造龍缸參用餘干、婺源(不)〔音墩〕土及石末坯屑相兼匀和，取其泥質堅勁，以便成造。䃃土俱桃樹塢，澆青、〔青〕花、白器通併用之，止白器䃃稍加煉灰相合爲美。價銀照原定，則給發造。匣用砂土、黄土相兼。砂土募夫挑擔，每百斤給工食銀二分。黄土係本廠原額上工夫内量數撥赴月山取用。

續：坯土實用數：

大樣魚缸，每隻約用官土百八十斤、餘干不土百三十斤、坯屑五十斤、石末一升、石斛紙五十張、䃃土五十斤、煉灰三十斤造成。缸坯約重二百斤。二樣魚缸，每隻約用官土百四十斤、餘干不土百斤、坯屑三十五斤、䃃土三十五斤、石斛紙四十張、石末一升、煉灰二十斤造成。缸坯約重一百五十斤。大樣瓷缸，每隻約用官土百三十斤、餘干不土八十斤、坯屑三十斤、石斛紙三十張、石末一升、䃃土三十斤、煉灰二十斤造成。缸坯約重一百二十斤。二樣瓷缸，每隻約用官土百斤、餘干不土七十斤、坯屑二十五斤、石斛紙二十五張、石末八合、䃃土二十五斤、煉灰一十五斤造成。缸坯約重百斤。三樣瓷缸，每隻約用官土六十五斤、餘干不土四十斤、坯屑一十五斤、石斛紙一十五張、石末五合、䃃土一十五斤、煉灰十斤造成。缸坯約重六十斤。碗、碟、盤、鍾、盞、盂、罇、爵各項器皿，大小高下不等，大約各項已成坯器，約重一百斤，該用官土百五十斤，淘得浄土六十斤。又婺源不土五十斤，淘得浄土四十斤，共百斤外加䃃土五十斤、煉灰二十斤，剩土作底餅。

查得各作造坯，原出工匠臆度，致令厚薄不等，輕重頓殊。近該饒州府通判方叔猷管廠設造木天平，分與各匠作，類稱由是。器皿大小輕重適匀，無有厚薄輕重之不同矣。

人夫

陶夫原派饒州千户所，每年四季徵解軍。匠雇役銀三十三兩六錢。鄱陽縣上工夫九十七名，砂土夫六十四名，餘干縣上工夫五十八名，砂土夫三十六名。後該縣告府，免砂土夫。樂平縣上工夫七十二名，砂土夫三十八名。浮梁縣上工夫五十名，砂土夫一十八名。萬年縣上工夫三十名，砂土夫七名。安仁縣上工夫三十名，砂土夫十名。德興縣上工夫三十名，砂土夫一十七名。每名解徵工食銀七兩，共銀三千八百九十九兩，各縣追解，本府驗發。浮梁縣貯庫官廠興工扣筭各夫赴縣給領，餘銀仍貯縣庫。嘉靖三十七年，管廠臨江府推官范永官查各色包泊冒領之弊，上工夫三百六十七名，減一百七名，實役二百六十名。鄱陽六十名、安仁二十六名、樂平四十二名、浮梁三十六名、德興三十五名、餘干三十七名、萬年二十五名，每月各作輪撥，不許專定一作以革包泊，三十名給各作匠作及真武司廟者裝香油道人。實徵銀七十七名，該銀五百五十四兩四錢。砂土夫原額：各縣共一百九十名，除免餘干縣三十六名，實用三十名，減一百二十四名，徵銀八百九十二兩八錢，皆貯庫以備燒造他用。

續按：《總會文册》載：一燒造公費，查得每年除降到器皿物料價值臨時估計申請使司，動支貯庫官銀給發外，於饒州所屬有雇役夫之徵，雇役以備。雇匠派自饒州千户所，夫役以挑砂土、黄土。上工夫編各作，俱派饒州七縣。饒州千户所每年分爲四季，共徵解軍匠雇役銀三十三兩六錢。原議解廠給雇匠人等。萬曆六年内該管廠同知蔣建見得該所軍匠疲困，相應俯恤盡行停徵。鄱陽縣上工砂土夫共一百六十一名，工食銀共一千一百五十九兩二錢。各縣二夫工食銀每名俱准七兩二錢。餘干縣上工砂土夫共九十四名，工食銀共六百七十六兩八錢，已經該縣申允，取回砂土夫訖。樂平縣上工砂土夫共一百一十名，工食銀共七百九十二兩。浮梁縣上工砂土夫共六十八名，工食銀共四百八十九兩六錢。萬年縣上工砂土夫共三十七名，工食銀共二百六十六兩四錢。安仁縣上工砂土夫共四十名，工食銀共二百八十八兩。德興縣上工砂土夫共四十七名，工食銀共三百三十八兩四錢。

按：上工夫該工食銀四千四十四兩，俱行七縣於丁糧四差銀内追徵解廠，查給各夫。近該管廠通判潘元度徑呈裁減。奉巡撫陸巡按趙均批夫役照舊備用。裁革頭站，繳仍遵舊額分發各作，上工償造時，加查點不到者扣追曠工還官。至於包泊冒領情弊，務當嚴覈。其合用砂土夫數除餘干縣原議衝繁取回，協濟不派外，今止派鄱陽縣四十八名、樂平縣三十六名、浮梁縣十六名、安仁縣八名、德興縣九名、萬年縣七名。每名七兩二錢，共銀八百九十二兩八錢，亦在各縣糧差内徵解本廠，專備一年，起解兩運挑擔。造匣砂土夫工食并擡器短槓夫價，造箱油、鐵、麻(硃)〔砂〕各作炊飯夫銀，解官酒席，過京路費，祭槓猪、羊，護槓快手盤纏，朔望祭祀，造册書手工食等項支用，待運完日筭。有剩餘，連前曠工，俱備造文册申報，留作下運正項支用。又舊載，三十名給各作匠作并真武廟裝香道人。今查二項並未派給，緣係前項上工夫內之數，但本廠完解一運瓷器，止於前項派徵砂土夫銀內，支三十兩給各作炊飯夫銀。爲照原册内除用外，尚多砂土夫三十名，一向停免，並無派徵。

按：隆慶五年，通判陳學乾議稱，上工夫三百六十七名多被在官人役包占，甚至一人包二三名者，遇點閘倉皇雇請答應，點畢隨去。其賣閑包泊之弊多矣。查得部限用夫少，欽限用夫多，合無將鄱陽縣革去二十七名、餘干縣革去八名、浮梁縣革去五名、樂平縣革去十名，四縣共革去夫五十名。行令各縣追銀解饒州府貯庫。遇欽限到日，本廠牒發雇募，則無事之日，一年可積三百六十兩，以備燒造支用。其砂土夫原一百九十名，除餘干請回三十六名，裁免追銀夫一百二十四名外，實役夫三十名，先年各縣追完各夫工食解府驗發，浮梁縣貯庫聽給夫役。近年各夫自赴各縣告領，其解府發。廠給發者十之一二耳。

設官

陶監有官，先是中官一員專督。嘉靖九年裁革，以饒州府佐一員管督。錢糧奸弊屬守巡焉。是後，饒州府佐常缺，分委雜而不專，官職懈嫚。知縣朱賢議請差工部主事一員專莞，議不行。至巡撫馬公森，巡按徐公紳議，於各府佐選委。其後給事中徐公浦嘗官江西，疏言景德鎮利之所在，郡奸併集，有不可言者如回青打之無法，散之無方，真青每插于雜石，姦徒恒盜於衣囊，料價則各府解數每盈，而支數不及。上限之物料，而以竢之下限。舊管之銀不清，而人託交代，故多冒破。夫頭作頭朋合爲姦，於上工、砂土夫妄開虛數。又如魚缸，御器細膩脆薄，最爲難成。官匠因循，管廠之官乃以散之民窑，歷歲相仍，民窑賠貱，習以爲常。凡此皆本廠之宿弊。欲舉之而難悉，欲革之而難盡去也。爲今之計，欲革弊，莫要於擇官，欲擇官尤在於專任。乞勑吏部將吉安府推官裁革一員，於本府添設推官一員，即以原委之官舍人役，令其駐劄本廠，專理窑政，釐革奸弊，務於進士出身者除補，以爲銓規，不許撫按上司別項差委事下。撫按官勘議行。布政司查議未報。

續按：管廠官自正德至嘉靖初，中官一員專督，九年奉文裁革，於各府佐輪選一員管理。四十四年添設本府通判，專駐本廠燒造。後因停止取回，赴京別選。隆慶六年復起燒造，仍於各府輪選。先是南康府通判陳學乾議得燒造事關通省合無除南贛二府極遠外，於附近府佐内遴選，委管一年，交代將經手錢糧、工料并解過器皿數目造册通詳。如果節約，依期廉能稱職，呈詳兩院，先行旌奬，仍列薦。劾其有措索冒破，事跡顯著者，亦聽參革。若遇欽限緊急供用，仍聽本官申呈守道咨司那借應急不致缺乏掣肘。撫按各批允行。復查景德鎮四縣接壤，諸省商民流寓叢聚，雜處中間，善惡難分。該鎮巡捕事務原屬附近桃樹鎮，巡檢職卑，官小，不足彈壓。嘉靖四十二年，饒州府通判方叔猷建議本鎮統轄。浮梁縣里仁、長香等都一十三里居民與所屬鄱陽、餘干、德興、樂平、安仁、萬年及南昌、都昌等縣雜聚，窑業傭工爲生。聚居既多，盜賊間發。舊規設有巡檢專管巡捕事外，又於一十三里，每里設約副保總四名，就本里人户僉點，半年更換，其捕盜事宜委管廠官總理。如各附近縣分不服勾攝鈐束者，許本官指實呈道重責問遣。萬曆十年以來，會議將本府督捕通判改駐景德鎮，兼理燒造。誠爲妥便，永宜遵守。

回青

陶用回青，本外國貢也。嘉靖中遇燒御器，奏發工部，行江西布政司貯庫時給之。每槓重百斤。舊陂塘青産于本府樂平一方。嘉靖中，樂平格殺塞。石子青産于瑞州諸處。回青行，石子遂廢。屬者官按職閉匿，爲市收開廂喜錢，散青常例。至于敲青、首用鎚碎，内硃砂斑者爲上青，有銀星者爲中青，每斤可得青三兩。淘青、敲青後取其奇零瑣碎碾碎，入注水中，用瓷石引雜石，真青澄定，每斤可得五六錢。畫青，每日辰、午二次集工役分青染漬。懈嫚容隱，止令匠師巡視，匠師翼奸，熟惡衆夥竊取，每斤報青多不過一兩二錢，扈漏鼠穴，頒給回青，祗資盜囊耳。後議敲青時，各置小桌，加以尺高紗罩，當面一方用布爲之，開鑿二孔，縫綴袖襱二個，逮匠人手入，即以袖綴帶繫肘後，不得伸縮竊取。及稱定回青若干，鎚敲揀取，純青置盞底，什手淘青，於各桌揀出渣滓，入碾淘汰。二項陸續量數，傾入乳鉢，當堂研乳，仍作鉢匣，似天平架樣，以乳槌木柄貫於横木之中，使無傾散狼戾之患，匣邊釘置小門二扇，鍵鑰不時啓閉，使無闕防收拾之煩。研乳三日，每兩加石子青十分之四同研，是謂中青；十分之一是謂混水。候極細傾入各罐，緘篋。畫青之日，預懸圖軸，分立天地玄黄席號序坐。各坯匠類置各樣土坯桌上，次早照號點名入席，行若魚貫，列若鴈序坐定，匠師鬮櫃出罐，當衆用匙序次分青。先申青，次混水分列。皂快升桌，瞭望周遭巡邏。食時散工出入搜察，防帶入石青偷出回青之弊。畫完坯，用在官回青當堂各畫樣器一件，書名。待後裝窑，雜置前後，及其燒出，查比青色異同。在畫役用辯有無侵换之姦，在窑役用辯看火勤怠之實。樣品既完，置號簿一扇記數，照原定坐席序次出號，堂上逐一唱名。畫坯者交坯，與各作坯匠照前數收檢，報有無污損，即時登記。混水者交青，與畫作檢報有無餘剩，即時傾入各礶，仍加封號入櫃，事畢方退。前項舉行，敲青一斤可得三兩；畫青舊用一兩，僅用六錢。

按：驗青法，回青淳則色散而不收，石青加多則色沉而不亮。每兩加石青一錢，謂之上青，四六分加謂之中青。笑青者，止記回青數而不及石青也。中青用以設色，則筆路分明。上青用以混水，則顔身清亮。真青混在坯上，如灰色，然石青多則黑，真青澄底，匠憤不得匿，則堆畫堆混，則器亮而不青如徽墨色。

續：器皿估數估銀估青

大樣魚缸，高二尺八寸，闊三尺，每口估銀五十五兩。原畫青一兩，并附燒，共估青二兩二錢。二樣魚缸，高一尺八寸，闊二尺五寸，每口估銀四十六兩。原畫青八錢，并附燒，共估青二兩。三樣魚缸，高一尺六寸，闊一尺五寸，每口估銀三十兩。原畫青五錢，并附燒，共估青一兩八錢。大樣瓷缸，高一尺三寸，五分闊二尺九寸，每口估銀三十五兩。原畫青七錢，并附燒，共估青一兩八錢。二樣瓷缸，高一尺三寸，闊二尺六寸，每口估銀二十三兩。原畫青五錢，并附燒，共估青一兩六錢。三樣瓷缸，高一尺二寸五分，闊二尺二寸五分，每口估銀一十八兩。原畫青四錢，并附燒，共估青一兩四錢。大樣碗，闊九寸五分，并附燒，估銀六錢，青一錢。中樣碗，闊七寸五分，并附燒，估銀二錢，青五分。小樣碗，闊四寸五分，并附燒，估銀一錢六分，青二分。毛血盤，闊一尺五分，并附燒，估銀五錢，青一錢二分。大酒罈，高一尺五寸，并附燒，估銀一兩五錢，青一錢五分。中酒罈，高一尺三寸，并附燒，估銀一兩，青一錢三分。小酒罈，高一尺，并附燒，估銀八錢五分，青一錢二分。拜磚，長六尺一寸五分，闊三尺五寸，并附燒，估銀四十三兩二錢，青一兩二錢七分，每副計五十四塊。案酒碟，闊六寸五分，并附燒，估銀二錢六分四厘，青六分。果碟，闊六寸，并附燒，估銀二錢，青五分五厘。菜碟，闊五寸五分，并附燒，估銀一錢六分五厘，青五分。小碟，闊五寸，并附燒，估銀一錢三分，青五分。大樣碗，闊七寸，并附燒，估銀二錢，青七分。中樣碗，闊六寸，并附燒，估銀一錢九分，青五分。小樣碗，闊五寸，并附燒，估銀一錢六分，青三分。茶鍾，闊四寸，并附燒，估銀一錢二分，青四分。酒盞，闊二寸八分，并附燒，估銀五分，青二分二厘。醋注，高四寸五分，并附燒，估銀八分，青四分。柤斗高四寸四分，并附燒，估銀一錢，青六分。大樣蓋碟，闊七寸，并附燒，估銀一錢，青六分。中樣蓋碟，闊六寸五分，并附燒，估銀一錢五分，青五分。小樣蓋碟，闊六寸，并附燒，估銀一錢二分，青四分。看瓶，高一尺五寸，并附燒，估銀七錢四分，青一錢四分。牡丹瓶，高七寸五分，并附燒，估銀四錢，青一錢。大樣圓罐，高八寸，蓋全，并附燒，估銀二錢，青四分。二樣圓罐，高七寸，蓋全，并附燒，估銀一錢五分，青三分。三樣圓罐，高六寸，蓋全，并附燒，估銀一錢二分，青三分。四樣圓罐，高四寸，蓋全，并附燒，估銀一錢，青二分五厘。大樣方罐，高七寸，蓋全，并附燒，估銀一錢六分，青四分。中樣方罐，高五寸，蓋全，并附燒，估銀一錢二分，青三分五厘。小樣方罐，高四寸，蓋全，并附燒，估銀一錢，青三分五厘。大樣盒，闊六寸，并附燒，估銀二錢，青五分。中樣盒，闊五寸，并附燒，估銀一錢五分，青四分五厘。小樣盒，闊四寸，并附燒，估銀九分，青四分。大樣盤，闊一尺一寸，并附燒，估銀四錢，青五分。中樣盤，闊九寸，并附燒，估銀三錢，青四分五厘。小樣盤，闊八寸，并附燒，估銀二錢二分，青四分。飛魚大罈，蓋全，并附燒，估銀一兩二錢，青三錢二分。大樣膳碗，蓋全，并附燒，估銀一錢七分二厘，青四分。中樣膳碗，闊四寸五分，并附燒，估銀一錢四分二厘，青三分五厘。小樣膳碗，闊四寸，并附燒，估銀一錢一分三厘，青三分。大樣靶鍾，并附燒，估銀二錢五分，青五分。中樣靶鍾，并附燒，估銀二錢一分，青四分小樣靶鍾，并附燒，估銀一錢八分，青三分五厘。磬口瓶，并附燒，估銀一錢八分，青四分。續燒部限內大樣碗，闊一尺五寸，并附燒，估銀二兩，今量減去銀二錢，實用銀一兩八錢，青二錢四分。大樣碗，闊一尺，并附燒，估銀七錢二分八厘，青一錢二分。中樣碗，闊七寸五分，并附燒，估銀二錢，青四分。小樣碗，闊四寸五分，并附燒，估銀一錢六分，青三分。

按：大樣瓷缸每口原估價銀五十八兩八錢，二樣瓷缸每口原估價銀五十兩。續：管該廠推官范永官燒造除官廠外，定給民窑每二樣一口給賞銀二十兩。又該管廠通判王允武定給大樣缸每口給銀二十兩，二樣缸每口給銀一十八兩。據民窑户告稱貧苦，難以賠造。續：該管廠推官錢復初議呈每大樣缸一口給銀二十三兩，二樣缸一口給銀二十兩。蒙允，議行。

按：上估青特據節年估議成數耳，近來所降器皿高闊不等，則所估料價或加多減少不一，至於各樣色器用青書底或巨細不侔，隨器酌量，難以預議。邇來管廠者以節省爲令名，以速完爲奇績，如部運所議回青遞求減少，遇窑火不利；或畫混不敷，皇皇私市於民窑。然竟憂讒畏譏，惟求塞責，殆非中正經久之道，周詢别議，尚有待焉。

按：畫混水器，每日止分青六匙，大器量加一匙或半匙足矣。每匙不濃不淡，焙乾約有一分五六厘。以器之大小定混畫之多寡，以件數之多寡，計用青之輕重，方免分青濫費之弊。至若寫字打箍，費青尤甚，分籌給領日不過三四次可也。又如設出入搜檢之法，嚴民皂巡視之規，舊例固云善矣，然皂快未易得人，苟畫工啗之以利，則巡視搜檢之役不過虛設，而匠之偷青者自若也。今則巡搜雖嚴乎皂快，然又以混畫之濃淡統督乎作頭，蓋畫作作頭向有四人，今編二人專督繪畫，二人專察混青工匠，有弊許其登時聲稟，如花樣不真，則督繪畫者之責也。混青淡薄，則督混青者之責也。庶事有統領，工有責成，官仍時時躬自驗察，則奸臣掩襲偷竊可以漸革矣。

按：知縣朱賢議，欲除回青之弊，每於打青之際，三人各付一斤，下令有能多出一錢者賞銀若干，當官鎚打，揀外又行研淘，隨令三人各淘計各若干，較三人之常取多寡之中而爲之劑量，以登其數，則揀淘之人雖欲爲奸不可得矣。若夫畫青之際，照依估約之數，隨其器之大小給以青之多寡，令其繪畫，擇其純朴者二人，一以繪大，一以繪小，嚴爲之防，明爲之察。畫完本器，有無同異，如是而三試之，則畫工之真僞，顔色之濃淡，有不知者否也。即將畫成之器，附窑帶燒，即爲樣器。以後分畫工以繪器也，視此以爲顔料之多寡，責畫工以成器也，視此以驗顔色之濃淡，如此而程能，如此而課工，則雖不必人爲之防，官爲之稽，而欲顔色之淺淡不可得矣。

窑制

陶窑官五十八座，除缸窑三十餘座燒魚缸外，内有青窑，係燒小器，有色窑造顔色，制員而狹，每座止容燒小器三百餘件，用柴八九十槓。民間青窑約二十餘座，制長濶大，每座容燒小器千餘件，用柴八九十槓，多者不過百槓。官民二窑，藁柴一之，埴器倍之。民窑燒器，自入窑門始九行，前一行皆粗器障火，三行間有好器，雜火中間，前四、中五、後四皆好器，後三後二皆粗器，眎前行。官窑燒造者，重器一色，前以空匣障火。官窑之器純，民窑之器雜，制繇異也。官窑砌欲固，塗欲密，使火氣全而陶氣易熟，不至鬆泄，其爨料多寡亦眎民窑廣狹差等耳。官民業已不同，官作趣辦塞責，私家竭作保傭，成毁之勢异也。今遇燒造，官窑户輙布置民窑，而民窑且不克事也。斯官匠獨習慣其制，懸高賈以市之，而民窑益困匱矣。

續按：窑五十八座，每座前寬六尺，後如前饒五寸，入身六尺，頂圓。魚缸大樣、二樣者止燒一口。瓷缸三樣者一窑結砌二臺則燒二口。溜火七日夜。溜火者，小火也，如水滴溜，小小起火使水氣漸乾漸熟云。然後起緊火二日夜，見缸匣既紅而復白，色前後皆明亮方可止火封門。又十日窑冷方開。每窑約用柴百二十損。遇陰雨或加十損。龍缸大窑原係三十二座，近因青窑數少，龍缸空閑，將龍缸大窑改砌青窑十六座，仍存龍缸大窑十六座，以備燒造龍缸之用。青窑比紅窑署小，前寬五尺，後五尺五寸，入身四尺五寸。每座燒盤、碟中樣器止燒一百多件，稍大者一百五十六件，大碗二十四件，尺碗三十件，大罈止燒十六七件，小酒杯五六百件。溜火對日，緊火一日一夜。其看火色亦如龍缸窑法。火住，封門，則去頂，故窑易冷。首尾五日，可出器。每窑用柴六十損，若係大碗、大罈、拜磚等大器，須量加柴十損，或遇久雨窑濕，又宜加十損。秋陽烈日，六十損，裕如矣。匣窑，大小不一，所費柴火與青窑相等。每窑除龍缸大匣外，其餘大小匣可燒七八十件，用柴五十五損，各燒成匣。有一用即損者，有再用方壞者，參差不一。惟龍缸匣，則匣既大，用柴亦多。每窑燒缸匣六層，大樣、二樣，或蓋或圈，皆燒香一炷。旁以小匣培之。三樣缸匣小，則燒二炷，培亦如之，須用柴六十損。溜火三日，夜緊火一日一夜，住火三日，方可出窑。大都窑乾、坯乾、柴乾，則少拆裂沉暗之患。土細、料細、工夫精細，則無粗糙污滓之虞。又必火候均匀，無太過不及，且釉行光瑩，器自完美。釉土不特宜真，亦宜春淘精熟，此燒造之大端也。

按：累年欽降方圓大盤，竭力燒造難成。蓋圓盤大者，尚可車鏇，方盤大者，安能鏇成！坯晒日中，必至碎裂，晾之屋内待其自乾，則時日難計。況燒造多裂，累經解送驗明。蒙題准，將大圓盤准展限，大方盤改圓盤進用。盤底字樣，着在盤邊書寫「永爲定式」。舊規：本廠凡遇部限瓷器，照常燒造，不預散窑。惟欽限瓷器，數多，限逼，一時凑辦不及，則分派散窑，擇其堪用者凑解，固一時之權法也。但分派燒造，宜於本廠附近里仁鎮市及長鄉三都，其餘遠鄉窑户，惟召集高手匠作赴廠幫工，與召募人役一體計工償價，方爲得體。但民窑狡詐，人百其心，乘限期緊併，多以歪斜淺淡瓷器塞責。廠官事逼，姑收凑解。欽限器皿，屢至愆期。職此之故，不若多設窑座，雇倩高手，廠内自造自燒，尤爲速便。

供億

陶廠有官，則有政事役使。舊制：撥浮梁縣一十三里、鄱陽縣三十五里附廠，答應正派之外，二縣不得雜徵。後鄱陽知縣徐俊，以廠役合派七分，申請還縣，惟在鎮一十三里，至今應役。廠額：用門子二名，徭銀各一兩，新報各二兩。庫子二名，徭銀各四兩，新報各二兩。答應使客廩給并雜用銀二十五兩，管廠官供應銀二十兩，陶政開載四十兩。鄱陽、萬年二縣各編二十兩編派。雇小船銀三兩，監造府館冬夏案桌、帷各一副，銀二兩一錢九分八厘五毫，廠門神桃符中六副、府館一副，銀三錢五分，小副府館衙庫廟門四副，銀八分，造册紙張書寫裝釘工食銀一兩五錢，迎餞京差并解運前站等官，銀五兩五錢。聽事吏一名，書手二名，陰陽生一名，里長十三名，老人十三名，機兵十六名，鋪兵一名，禁子一名。以上俱浮梁縣應用。皂隸八名，轎傘夫五名，吹鼓手六名，常川接用往來使客一十三名，〔新報係地方臨時雇倩〕。每日巡邏守衙地方夫二十名，聽用馬三匹。凡此，俱十三里應用。饒州府撥用工房吏一名，書手一名。六縣撥送聽事吏各一名。

續：原有供應里長并七縣聽事人役，俱嘉靖四十年革免。書手工食每月每名原議銀四錢，歷年俱於砂土夫銀内動支。

按：饒州知府陳議稱，景德鎮廠委官專管燒造，向係本府佐貳，不係出差，不煩供給。今蒙選委隔别府佐，似屬出差人員，今一切飯膳自行買辦，先事後食，雖本官靖共之素心而程解授餼，乃當道激勸之盛典。查得規則文册，開載里甲項下，浮梁縣每年派官，廠支應使客銀二十五兩，均徭項下，鄱陽、萬年二縣每年各編供應銀二十兩，向因本府佐貳管廠，未曾編解合行。令鄱陽、萬年二縣，自嘉靖三十七年始，查復舊額編徵徭銀解給管廠官員，以爲供應之資，蒙議允施行。

匠役

陶有匠，官匠凡三百餘名，而復召募，蓋工緻之匠少而繪事尤難也。曰編役，〔正德間，梁太監開報民户占籍在官〕曰雇役，〔本廠選召白徒寫手，燒造及色匠未備，而敲青、彈花、裱褙匠等役〕曰上班匠。〔籍匠户，例派四年一班，赴南京工部，上納班銀一兩八錢，遇蒙燒造，構集各廠上工，自構工食〕畫役，今各作募人，日給銀三分五厘。各窑募役，龍缸大匠、敲青匠日給銀三分五厘，置不論知編役。自梁太監召募三十餘年，傭作與官匠同，而無分毫雇直，根著代役，不能則轉傭他人，苦於自任力罷，不能支吾，官匠利財，連挂有司，占數循舊，不爲開豁。既非租庸本差，又不得受工匠浮食，實不勝困。上班匠役：嘉靖八年，蒙劉太監題行工部，移咨南京工部，照會本布政司，劄府帖縣，將在廠上班人匠候燒造完日造册繳部，准正班各匠服役；今二十餘年未得停止，告部檄查，又因燒造未完，未造册繳部；身服庸役又納班銀，亡所控訴。今議編民匠：查浮梁縣在廠答應，十三里内窑座除見廠役官匠窑座外，諸凡軍民新舊窑座核實占數署册，窑三座共編一名，不論前項編役諸色户名，窑存匠存，窑去匠去，見在更番應役，庶勞逸適均。其上班官匠，自南京取還燒造，奉部劄候燒造完日，造册繳查，准作正班。今燒造未擬完工，班銀又係額辦，縣凡奉上役，俱支月糧。今獨不需工食，合查單貧者，與分上下班次應役；家力給足者，仍舊全班。俱考繁簡，上下其食或全給或半給；候奏免南京班銀，方除庶匠，稍得緩恤。

續：召募工食

各作應募諸役并敲青、淘青等匠，除給賞外，每日各給雇工銀二分五厘，緊急之時加五厘。各窑應募諸役，惟龍缸印器大罈諸器難造大器，每日各給銀三分五厘，其餘各作雇役，日給銀二分五厘。彈綿花匠、裱箱紙匠，每日各給米二升五合，該銀一分。畫作雇匠一、畫青一、混水二人各一，工每日各給銀二分五厘。今議高手三分，中手二分五厘，如欽限緊急，工夫勤勞，每高手日給銀四分，中手給銀三分。以上工食俱係料價内支給。

各作匠數

風火窑，頭四名，匠三十九名。色窑，頭二名，匠十名。大碗，作頭四名，匠二十二名。碟作，頭三名，匠十六名。盤作，頭三名，匠二十名。印作，頭二名，匠十六名。鍾作，頭二名，匠一名。錐龍，作頭四名，匠十一名。畫作，頭四名，匠十九名。寫字作，頭五名。色作，頭三名，匠十三名。匠作，頭三名，匠二十四名。泥水作，頭一名，匠十八名。大木作，頭四名，匠三十五名。小木作，頭二名，匠十九名。船木作，頭二名，匠十三名。鐵作，頭三名，匠三十名。竹作，頭一名，匠九名。漆作，頭一名，匠三名。索作，頭一名，匠八名。桶作，頭一名，匠八名。染作，頭一名。

造坯工程

大龍缸，每一名造坯五口，每日加泥一次，計十八日可成缸坯，候乾。又利坯二日，洗補二日，上泥漿二日，共計一月可成坯五口。大約計工如此。至於缸有大小，則工有遲速，要不可一律齊也。大樣小器，每日一人造坯十件，一日利坯，一日洗補，一日上泥漿，計三日可成坯十件。二樣小器，每人一日造坯五十件，一日利坯，一日洗補，一日上泥漿，計三日可成坯五十件。三樣小器，每人一日造坯一百件，一日利坯，一日洗補，一日上泥漿，計三日可成坯一百件。大樣印器，每人一日印坯十件，一日利坯，一日洗補，一日上泥漿，計三日可成坯十件。二樣印器，每人一日印坯三十件，一日利坯，一日洗補，一日上泥漿，計三日可成坯三十件。三樣印器，每人一日印坯六十件，一日利坯，一日洗補，一日上泥漿，計三日可成坯六十件。

續按：各作工匠倘技藝精熟，則燒造之功亦易告成。查得鍾、碟、盤、匣各作猶有堪用之匠，至大碗、酒鍾，工匠類多頹罷不堪以故燒造後期，合無於起工之日多雇堪用民匠分補。而畫匠、錐龍二作，工製尤少，亦須召募高手，庶器不苦窳矣。至于六作之中，惟風火窑匠最爲勞苦，方其溜火，一日之前，固未甚勞，惟第二日緊火之後，則晝夜省視，添柴時刻不可停歇，或倦睡失於添柴，或神昏悮觀火色，則器有苦窳拆裂陰黄之患。蓋造坯彩畫始條理之事也，入窑火候終條理之事也。火弱則窳，火猛則債。今查每窑作頭僅四人，燒火一人，人力既少，精神有限，欲其無倦悮也，難矣！合無用看火作頭四五名，燒火匠二名，每夜廠官親臨窑邊巡督，編立更夫并民快各五名，分定更籌遞相巡警，以察勤隋。至開窑時，器皿完美，厚賞旌勞；儻有不堪，量其輕重懲戒。他如工匠損擡大器坯胎，須令謹慎，若加怒責，則畏懼相欺。雖知撞搕亦蒙蔽不言，故自洗補。至入窑必看坯胎堪否，然後蓋匣封固起火燒造。如繪畫中小器亦須細看上下四週有無疵繆，必體質完美方可入窑，不然則徒費罔功矣。

柴料

陶廠藁柴爲用最多，其弊亦夥。有船柴船載松柴。每百斤值四分，有水柴大松木鋸劈二片、四片成排，曳水至鎮。每百斤，值四分。窑用船柴六、水柴四。船柴傳焰則易，水柴擁燎則久，有交收之弊。承委吏胥，稱兑亡數，兼濕木雜木皆足壞陶，有支領之弊。或給值三分，損一中多濕藁暴乾，搬移虚費，值亦不轂。秋冬水涸船慳，賈舶騰踴，柴價亦貴，給值四分。或不能損一，且交柴領價，柴户畏責，貰貸得不償費。後議柴價，發浮梁縣隨宜交收。柴有定數，價有預支，至柴料烘煁之用，往窑一座用柴一百八十損，筦廠官親驗，一窑止用一百六損，乃諭竈役日給柴一百七損，有能數内減省，即以賞給，仍于官巷晝夜巡警，以防盜取。密塗窑孔以全火氣，大抵一窑取燒柴料約計一百二十損數。

續按：每次燒造，柴費居三分之一，少亦不下數千餘兩，故本廠原設有船柴、水柴二行。船柴當六，水柴當四，自行運赴柴廠堆積。但遇燒窑，廠官親自查驗，乾者照窑秤發，每百斤爲一損，不論貴賤定給官價四分。後因船柴行人盛，水柴行人乏，告鳴覆議，二人均，當今各輪服解納價銀，俱於布政司發下料銀，當堂支給。待器皿起運完日將銷筭，文册通行，申報查考。所給柴價并燒柴數，悉照成規，並無增減。交收支領亦無别項情弊，并查發柴到窑之際，自有燒窑人匠同看火作頭，不分晝夜巡直看守，難容竊盜。

顏色

陶設色料：鉛粉，一斤，價銀四分。焰硝，一斤，價銀二分。青礬，一斤，價銀三厘。黛赭石，每斤價銀二分二厘。黑鉛，一斤，價銀二分八厘。松香，一斤，價銀五厘。白炭百斤，價銀一錢。金箔，一百帖，價銀二錢五分。古銅，一斤，價銀六分。成色之種：油色，用豆青油水、煉灰、黄土合成。紫金，用礶水煉灰、紫金石水合成。翠色，用煉成古銅水、硝石合成。金黄，用黑鉛末一斤碾成，赭石一兩二錢。金緑，用煉過黑鉛末一斤、古銅末一兩四錢，石末六兩合成。金青，用煉成翠一斤，石子青一兩合成。礬紅，用青礬煉紅，每一兩用鉛粉五兩，用廣膠合成。紫色，用黑鉛末一斤、石子青一兩、石末六兩合成。澆青，用砌水煉灰、石子青合成。純白，用砌水煉灰合成。描金，用燒成白胎上金黄，過色窑，如礬紅過爐火，貼金二道，過爐火二次，餘色不上金黄。堆器，用白泥加坯上，以筆堆成各樣龍鳳花草，加砌水煉灰燒成。錐器，各樣坯上用鐵錐錐成龍鳳花草，加砌水煉灰燒成。五彩，用燒過純白瓷器，續彩過爐火燒。

續：色料實用數

大碗，闊一尺，每十個澆色料二斤。中碗，闊六寸，每十個澆色料一斤二兩。小碗，闊五寸，每十個澆色料一斤。案碟，闊七寸，每十個澆色料一斤。果碟，闊六寸，每十個澆色料十兩。小碟，闊四寸，每十個澆色料八兩。罇每十件澆石子青一斤。爵盞，每十個澆石子青六兩。

貼金實用數估價附焉

爵盞，每隻并附燒，估銀四分，金龍二條，或金獸面，用金箔二張。大罇，每隻并附燒，估銀八錢。青瓷貼金，腰線口底用金箔二十張，雙耳肚貼金牛。著罇，每隻并附燒，估銀八錢。青瓷貼金，腰線口底雙耳肚貼金牛，用金箔二十二張。山罍，每隻并附燒，估銀八錢。青瓷貼金，腰線口底雙耳肚貼金山，用金箔二十二張。犧罇，每隻并附燒，估銀八錢。青瓷貼金，腰線口底雙耳肚貼金牛，用金箔二十二張。牡丹花罈，每隻并附燒，估銀一兩二錢。天青貼金孔雀牡丹花用金箔七十張。

彩畫需用數舊載者不書

畫、描、填色、水掃、打抹等筆，每百枝價銀五分。竹紙，每百張價銀一分。筆，每十枝價銀一分五厘。墨，每塊銀五厘。金箔，每百帖銀二錢五分。水硝，每斤銀一分。夏布，每丈價銀二分，漆匠用。青瓦，每百片銀二分。潤車香油，每斤價銀一分四厘。兆柴，每百斤價銀二分五厘，各作烘坯用。石斛紙，每百張價銀一分五厘。鐵線，每斤價銀三分。

續：器用

木器

碓柱、碓軸、碓嘴，每副銀三分。碓索，每條價銀三分。擡水桶，每隻價銀二分五厘。吊桶，每隻價銀一分。大釉盆，每隻價銀三分。水盆，每隻價銀一分。模朴，每個價銀五分。車架，每乘價銀二分五厘，坯、色、畫匠用。車椿，每條價銀一分。車脚，每副價銀四厘。車盤，每個價銀七分。挑坯板，每條價銀七厘。平架，每乘價銀二錢，坯作用。匣板，每塊價銀一分五厘。匣桶簣，每個價銀一分。曬坯架，每乘價銀三分。龍缸架，每個價銀二分五厘。盛龍缸松木圓板，每個價銀六厘。桁木，每條一分，須九寸至一尺者，若八寸以下則漸減之。窑搭門，每塊價銀八分。乳料凳，每條價銀七分五厘。盪口頂椿，每個銀五厘。畫青桌凳八十副，每副價銀一錢。

鐵器

淘泥鐵鍋，每口價銀四分。土槌，每把重六斤，生鐵，價銀四分九厘八毫。泥鏟，每把重二斤，生鐵，價銀二分四厘九毫。泥鈀，每把重三斤，生鐵，價銀二分四厘九毫。小鐵條，每把重一斤八兩，生鐵，價銀一分一厘四毫五絲。大鐵鉗，每把用生鐵五斤，價銀四分一厘五毫。小鐵鏟，每把用生鐵一斤八兩，價銀一分二厘四毫五絲。利坯刀，每把用生鐵八兩，價銀四厘一毫五絲。剮坯刀，每把用生鐵八兩，價銀四厘一毫五絲。刀銼，每把用生鐵一斤，價銀八厘三毫。熒盤，每隻用生鐵六斤，價銀四分九厘八毫。照鈎，每把用生鐵十斤，價銀八分三厘。大鐵條，每條用生鐵一斤八兩，價銀一分二厘四毫五絲。中鐵鉗，每把用生鐵三斤，價銀二分四厘九毫。鋤頭，每張用生鐵三斤，價銀二分四厘九毫。

竹器

蓋窑竹簞，每條價銀六厘。盆桶箍，用皮竹篾，一百一條，價銀一錢。糞箕，每雙價銀一分。土篩，每個價銀八厘。

瓷器

閣泥大方磚，每百塊價銀三錢。修砌窑磚，每百塊價銀三分五厘。淘泥缸，每口價銀三分。乳砵乳硾，每副價銀七分。

石器

碓臼，每個價銀六分。

按：成造器皿瓷磚，工匠所用之器，往往於各瓷器價内兼估，如所用車架、土槌、木盤、利坯刀等物，俱係本鐵製造，堅固可久，豈一朝一夕能壞？奈何燒造完日，前後所用作器，俱未開載，見存何處，中間損壞者固有，堪存者尚多，毫忽官錢，豈應侵匿，合議將一應所用之器，每樣若干登簿收貯廠庫。凡遇燒造，視器之大小，用之多寡，令各作頭開數領出，間有損壞，驗明給價脩整。稍有遺失，責令賠償。完日照數交還貯庫，庶可杜匠作侵匿之弊，絶該役冒破之由矣。

解運

陶成每分限運，一歲數限，一限差官費不可定。然至少者，不下千金，而夫力裝具不與焉。陸運資、損箱費亦有經定：箱架損罩絲之數，杉木一尺一寸，價銀二分五厘，一尺二寸價銀三分五厘；雜木箱架每截長四尺，價銀一分；苗竹每根，價銀七厘；今議加三厘。苧每斤價銀二分五厘；黄棕每斤價銀八厘；箬葉每十斤價銀一分；黄藤每斤價銀八厘；黄麻每斤價銀一分；魚膠每斤價銀六分；槐子每斤價銀一分；蘆衣每斤價銀三厘；白礬每斤價銀五厘；包釘用福鐵，每斤價銀八厘三毫；銲銅每斤價銀七分；煤炭每石價銀三分；燒紙每斤價銀四厘；皮紙每十張價銀五厘；油漆箱損用灰麵每斤價銀六厘；石灰每石價銀四分；桐油每斤價銀一分五厘；爐底每斤價銀一分五厘，漆布每一丈價銀二分五厘；黄丹每斤價銀三分；廣膠每斤價銀四分一厘入；漆銀硃每斤價銀四錢八分；礬紅每斤價銀二分；裝箱用棉花每十斤價銀四錢；大黄紙每百張價銀八錢；中黄紙每百張價銀一錢二分；糊箱口箱面斗方紙每百張價銀七分；解運黄紅綾包袱每尺價銀三分；漉鉛絹每尺價銀六分；藍綾册殼每尺價銀三分；黄紅夾板木，漆作造用，不用價；硃紅册匣，木漆作造用，不用價；黄紅絨繩二條，每條長一丈八尺，重一兩五錢，共銀二錢二分。起運每損損解銀一兩六錢三分六厘，解官領頭、站官盤纏銀一十五兩，解官盤纏銀一十兩，護解匠作每名盤纏銀一十兩，祭損猪羊銀二兩二錢，短損夫每名給夫價銀二錢三分三厘三毫。損至池州府建德縣交遞。以上銀舊俱支本府貯庫。料價銀兩，頃於浮梁縣貯庫。砂土、上工夫工食，餘剩銀兩内支用，但工銀各縣逋欠未完，凡遇起運，本府貯庫料價内借支，器損稀稠費難預定。中間損解名色實備，内府交收糜費。匠作熒惑，以爲利孔，丁夫冒領價值。如浮梁至建德，短損夫價，往年小器箱重不過五六十斤，用夫二名，後二名，四名，前塗費可例推。查往陶廠皆自水運達京，由陸運者中官裁革後始也。今廠見有大小船木三作，匠作八十名，爲水運設。廠官議闢策工部，是後凡欽依瓷器陸運。至如部限瓷器，照南京、浙江解運冬夏龍衣事例預行。驛傳道揀堅固座船，至饒州府河裝載，由裏河直達京師，委官乘傳管解，刻期交卸。斯奉詔不至愆期，而夫馬煩費，南北均息矣。

箱損料數

大龍缸箱每隻，用杉木二根，一圍一尺五寸，一圍一尺四寸。該銀一錢四分五厘。箱架，用雜木二截，價銀二分。箱罩，用長短槓竹二根半，價銀一分七厘五毫。絮罩，用黃棕一斤八兩，價銀一分八厘。箬葉，二斤，該銀二厘。打鐵煤炭，二十五升，該銀七厘五毫。灰麵，八兩，該銀三厘。石灰，四斤，該銀一厘六毫。包釘箱架環鎖等項，用鐵三斤七兩。銲鎖，用銅二錢。魚膠，二兩。桐油，一斤十二兩。黃丹，一兩六錢。爐底，一兩六錢。銀硃，八錢。漆布，八尺。造坯底布，五尺。廣膠，二兩四錢。礬紅，四兩。槐子，一兩。白礬，三錢。蘆衣，四錢。黃藤，二兩四錢。黃麻，一十六斤。表箱，用中黃紙十三張。包裹，用大黃紙十張。棉花，十三斤。小器箱每隻，用杉木二根，一圍一尺五寸，一圍一尺一寸，造箱並箱架，護箱全該銀一錢五厘。箱罩，并損用竹一根半該銀一分五厘。絮罩，黃棕一斤八兩，該銀一分四厘。箬葉，二斤，該銀二厘。打鐵煤炭，二斗五升，該銀七厘五毫。灰麵，八兩，該銀三厘。石灰，四斤，該銀一厘六毫。包釘箱架環鎖等項，用鐵二斤十五兩。銲鎖銅，二兩。魚膠，二兩。桐油，一斤十兩。黃丹，一兩六錢。爐底，一兩六錢。漆布，四尺五寸。銀硃，五錢。廣膠，二兩五錢。礬紅，四錢。苧麻，三兩二錢四分。槐子，八錢。白礬，三錢。蘆衣，四錢。黃藤，二兩四錢。黃麻，二斤。包裹：每碗碟二件，用小黃紙一張。包裹至十件，却用中黃紙一張。總包之計，每箱裝小器一百二十件者，則用中、小黃紙共七十二張矣。蓋器多即用紙多，器少則用紙少，以此類推之耳。棉花，九斤四兩。

按：本廠見奉燒造瓷器，一年完解兩運。裝器造箱物料遵照陶政册規，估計合用油、鐵、麻、硃等項價銀申詳行廠，於料銀并砂土夫銀內動給。箱所用包器棉花、黃紙照依舊額數目甲司派行南昌府辦解。黃紙，南康、九江辦解。棉花及照詳解運一節，自嘉靖年間以來，俱由陸路進京，每損原議：損擡短損夫三名，該工食銀七錢。近蒙裁減，止給銀五錢五分，亦於砂土夫銀內照損支給。每損用損解銀一兩六錢三分六厘，例於司庫照損給發解官，以作鋪墊交器之費。邇年，知府顧章志建議，燒造事關通省，不止一府，今錢糧取諸使司，廠官輪於各府，饒州幸不偏受其累矣。但解器之差，止於該府屬官取用，而別府不與，則官少未必得人而承委，或至悞事。路費雖官有常額，而齎送未免擾民，合無照依管廠事例，仍於十三府屬縣中輪差，不獨累一府，又可遴選得人。除袁、臨、吉、贛、南、安隔赴不便遴差外，惟南、瑞、撫、建、廣、南康、九江各府首領并屬縣佐貳中選取年力精壯、才識通達官員輪流差解，庶上供不致有悞，官職亦無獨曠矣。儻解運官員回，日查無違悞，例依廠官一體獎勵；若有失事，別議者亦行參究。

續按：逐年存貯器皿，堆積日多，庫役皂快乘機盜竊，董事者且揀擇餽送，是以公家之物，徒濟貪鄙之私。隆慶五年春，蒙撫院議行，將存留器皿委官查解折俸，因驗得東西庫房存貯各器，體質精糲，花色暗黑，類多不堪。近年如此，遠可類推，節經建議發賣，或兑民窑迄，無成兑者，非此之故歟。然官去吏更，册籍漫無可考。今議將燒造附餘次堪不堪器皿，攢造文册，一樣三本，二本新舊，廠官交執一本，給庫子收查，庶數目明而稽考嚴，少杜竊取移那之弊云。御供陶專供御，嘉靖七年以前，案燬不可考。八年燒造瓷器二千五百七十件。九年青色瓷磚四百五塊。十年瓷碟、鍾一萬一千、盌一千、爵三百。十三年青花白地甌碗三千、紫色碟一千、紫色碗五百。十五年青花白地趕珠龍外一秤金娃娃花碗三千二十、青花白地福壽康寧花鍾一千八百、青花白地裏昇降戲龍外鳳穿花碟一千三百四十。十五年降發瓷器樣一十件。十六年白瓷盤六百七十八、爵盞二百七十。十八年降發瓷器式樣四十三件。二十年白地青花裏外滿地嬌花樣碗一千三百、白地青花裏外雲鶴花碟六千七百、白地青花裏外萬歲藤外搶珠龍花茶鍾一萬九千三百。二十一年青花白地靈芝捧八寶罐二百、碎器罐三百、青花白地八仙過海罐一百、青花白地孔雀牡丹罐三百、青花白地獅子滾繡毬罐三百、青花白地轉枝寶相花托八寶罐三百、青花白地滿池嬌鯖鮊鯉鱖水藻魚罐二百、青花白地江下八俊罐一百、青花白地巴山出水飛獅罐一百、青花白地水火捧八卦罐一百、青花白地竹葉靈之團雲鶴穿花花樣龍鳳碗五百九十、青花白地轉枝蓮托八寶、八吉祥、一秤金、娃娃花罈二百四十。二十二年青碗二千、青盤一千、青碟二千、青靶鍾一千、青瓷茶鍾二千、青酒盞一萬、祭器毛血盤二十、碟一百四十、大羨碗四，酒鍾一百、和羨盌十、爵二十三、籩豆盤八十、大尊六、犧尊六、著尊二、山罍四、又五罇。二十三年，青花白地外海水蒼龍捧八卦「壽比南山久」、「福如東海深」，裏三仙煉丹花碗二千六百、青花白地外耍戲娃娃裏雲龍等花鍾九千六百、外四季花裏三陽開泰花盤一千七百、外天花捧壽山福海字裏二仙花盞三千五百、外四季花耍娃娃裏出水雲龍花草甌二千四百、外龍穿西番蓮、裏穿花鳳花碟四千六百。又燒成桌器一千三百四十桌，每桌計二十七件，内案酒碟、五果碟、五菜碟、五碗、五蓋碟、三茶鍾、酒盞、楂斗、醋注各一；裏青雙雲龍等花樣三百八十桌；暗龍紫金等花樣一百六十桌。金黄色一百六十桌，天青色一百六十桌，翠青色一百六十桌。鮮紅改作礬紅一百六十桌；翠緑一百六十桌；外青雙雲龍寶相花缸一百二十口，青雙雲龍穿花樣罈二百五十，青雙雲龍鸞鳳樣罐一萬。二十四年，青花白地轉枝蓮托百壽字花樣罈四百九十、青花白地八瓣海水飛龍花樣罐一千四百三十。二十五年，青花白瓷青雙雲龍等花缸三百口、青纏枝寶相花回回花罐(有蓋)一千、裏外青穿花龍花碗二萬二千、裏青如意團鸞鳳外穿花鸞鳳花膳碗一萬一千五百、青花白瓷裏雲龍海水外九龍花盤三萬一千、青花白瓷裏外青雙雲龍花碟一萬六千、青花白瓷裏青雲龍外團龍菱花茶鍾三千、青花白瓷裏青雲龍外雙雲龍花酒盞一萬八千四百。二十六年，青花白地海水飛獅龍捧福壽字花盤一萬一千二百五十、白地暗鸞鶴花酒盞九千五百一十、白色暗薑芽海水花碗二千九百二十、青色暗鸞鶴花碟七千七百八十、白色暗龍花茶鍾三千、黄色暗龍鳳花盒二千四百四十、青色暗龍花罐一千四十、白色暗薑芽海水花罈一千三百五十、青雙雲龍缸五百口、青花白瓷花瓶一千對、青花白瓷青蒼獅龍盒三千五百五十、裏青雲外穿花鸞鳳花甌二萬一千、裏白外青雙雲龍雀盞一千五百、裏白外青雙雲龍花各樣碗二萬一千五百、純青素酒盞三千、純青碟一萬四千、青花白瓷拜磚二十副、素穰花鉢四千、青花白瓷葫蘆一萬。二十七年，青花白地海水蒼龍等罐四千二百、青花白地龍鳳羣僊捧壽字花盒五千。二十九年，青花白地罈一千。三十年，青花白地外四畫神仙裏雲鶴花盤一百、青花白地外結子蓮裏花團花碟四千八百、青花白地蒼獅龍花瓶三十、青花白地耍戲鮑老花罐七百、青花白地外雲龍裏昇鳳花盞一千三百、青花白地外鯖鮊鯉鱖裏雲鶴花碗二千三百、青花白地出水龍裏獅子花甌一千五百。三十一年，純青裏海水龍外擁祥雲地貼金三獅龍等花盤一百、爵一百八十、白地青花裏八仙捧壽外雲龍花盤二百五千、裏龍鳳外結子蓮碟三千、裏雲龍外龍鳳鸞鶴碗三千四百、裏昇龍外乾坤六合花各樣甌二千二百、裏花團外雲龍花鍾三千七百、裏雲鶴外博古龍花酒盞一千七百、裏雙鳳外雙龍花盞二百五十、甜白色酒鍾三萬。三十三年，青雙雲龍花碗二萬六千三百五十、青花雙雲龍碟三萬五百、裏白外青四季花盞六千九百、青花魚缸六百八十、磬口青白瓷甌九千、裏青穿花龍邊穿花龍鳳外荷花魚水藻碗一萬二百、裏青穿花龍邊穿花龍鳳外荷花魚水藻甌一萬九千八百，歇爵山盤青雙雲龍海水六百、白瓷壺六千。三十四年，白瓷罐一千四百一十。三十五年，燒瓷磚七千二十一、青花白瓷缸五百四十、豆青瓷素缸三十、青花白瓷膳碗一萬、磬口白瓷茶甌一千八百、青花白酒盞一萬五千、青花壺瓶(連瓣蓋)五百。三十六年，各樣祭器籩、豆、罍、爵、罇、匾壺、大羹碗六千三百六十、拜磚六副、各樣桌器二百桌，每桌五十三件，各樣膳碗五千二百三十、青花白瓷茶碗四百五十，酒碟、果碟一千一百，看瓶、牡丹瓶、壺瓶七百八十，罐四千七百，蓋全方罐一千九百，盒二千四百，盤三千三百，酒海青花白瓷五十四，大缸青雙雲龍連瓣十。三十八年，青地閃黄鸞鳳穿寶相等花碗共五千八百，青花白地松竹梅酒罇一百八十，紫金地閃黄雙雲龍花盤碟六千，黄地閃青雲龍花甌一千四百六十，青地黄鸞鳳穿寶相花盞、爵一萬三千五百二十，青花白地靈芝四季花罐、瓶共一千五百，青花白地雲鶴龍果盒共八百。

續：查得嘉靖四十三年被燼，以前卷案無存。隆慶五年燒造：青花白地，雙雲龍鳳、霞穿花喜相逢、翟鷄朵朵菊花纏枝寶相花、靈芝葡萄桌器共五百桌，内百三十桌，桌計六十一件；百八十桌，桌計三十六件；百九十桌，桌計二十七件。青花白地，外穿花龍鳳五彩滿地嬌、朵朵花；裏團龍鸞鳳、松竹梅、玉簪花碗三萬一千八百五十。青花白地，外雙雲龍鳳、九龍海水、纏枝寶相花；裏人物、靈芝、四季花盤一萬六千五百。青花白地，外雙雲龍鳳、竹葉靈芝、朵朵雲龍、松竹梅；裏團龍、四季花碟三萬三千三百。青花白地，外雙雲龍、芙蓉花、喜相逢、貫套海、石榴、回回花；裏穿花翟鷄、青鸂鶒荷花、人物、獅子故事、一秤金、金黄暗龍鍾九千七百。青花白地，外穿花龍鳳、八吉祥、五龍、淡海水、四季花捧乾坤清泰字、八仙慶壽、西番蓮；裏飛魚、紅九龍、青海水魚、松竹梅、穿花龍鳳甌三千九百五十。青花白地，雙穿雲龍花鳳、獅子滚繡毬、纏枝牡丹花、青花果翎毛、五彩雲龍、香草、寶相花草蟲罐，一千四百六十。青花白地，穿花龍鳳、扳枝娃娃、長春花、回回、寶相花瓶三百七十。青花白地，外梭龍、靈芝、五彩曲水梅花；裏雲龍、葵花、松竹梅、白暗雲龍盞六千五十。青花白地，外雲龍、五彩滿地嬌、人物故事、荷花龍；裏雲龍、曲水梅花盆七百一十。青花白地，雙雲龍、回回花果、翎毛、九龍淡海水、荷花、紅雙雲龍、纏枝寶相花香爐一百八十。青花白地，雙雲梭龍、松竹梅、朵朵、菊花香盒三百三十。青花白地，雙雲龍、花鳳、海水獸、獅子滚繡毬、穿花喜相逢、翟鷄相斗二百七十。青花白地，雙雲龍、花鳳、海水獸、穿花翟鷄、獅子滚繡毬、朵朵、四季花醋滴二百七十。青花白地，雙雲龍鳳、草獸飛魚、四季花、八吉祥、貼金、孔雀、牡丹花罈，蓋獅子樣，三百三十。

萬曆五年：青花白地，雙雲龍、朵朵雲、團龍、菱花、寶相穿花、喜相逢、翟鷄、松竹梅，人物故事器皿，共五百五十桌，內一百五十桌，桌計六十一件。又二百桌，桌計三十六件。又二百桌，桌計二十七件。青花白地，外雙雲、荷花、龍鳳纏枝、西番蓮、寶相花；裏雲團龍、貫套、八吉祥、龍、邊薑芽海水、如意雲、邊香草、曲水梅花碗，四萬五十。青花白地，外穿花雲龍、鸞鳳、纏枝、寶相、松竹梅；裏朵朵、四季花、回回樣結帶如意，松竹梅、邊竹葉靈芝盤二萬三千一百。青花白地，外穿花鸞鳳、花果、翎毛、壽帶花、滿地嬌、草獸、荷葉、龍；裏八寶、蒼龍、寶相花捧真言字、龍鳳、人物故事碟四萬二千三百。青花白地，外雙雲龍，貫套海、石榴、獅子滾繡毬；裏穿花雲龍、如意雲、邊香草、紅九龍、青海水、五彩𪆟鶒、荷花、遍地真言字鍾一萬二千五百五十。青花白地，外穿花龍鳳、八仙慶壽、回回、纏枝、寶相花；裏團雲龍、荷花、魚、江芩子花捧真言字甌二萬七百。青花白地，外雲龍、長春花、翎毛、士女、娃娃、靈芝捧八吉祥；裏葡萄、朵朵、四季花、真言字、壽帶花盞九千。青花白地，雙雲龍穿花喜相逢相斗，二百。青花白地，雙雲龍、纏枝寶相花醋滴，二百。十一年，降發瓷器式樣，四百四十三件。青白瓷暗花雲龍羮碗、籩、盤、酒罇、爵、盞、山壘壺瓶，各樣祭器，共四千二百九十。青花白地，外雲龍、荷花、魚、耍娃娃、篆「福壽康寧」字、回回花、海獸、獅子滾繡毬；裏雲鶴、一把蓮、萱草花、如意雲，「大明萬曆年製」字碗，二萬八千七百五十。青花白地，外荷花、龍穿花、鸞鳳、松竹梅、詩意人物故事、耍娃娃；裏朵朵雲、邊香竹葉靈芝、暗雲龍、寶相花盤，四千九百。青花白地，外纏枝牡丹花托八寶、江牙海水、西番蓮、五彩異獸、滿地嬌裏雙雲龍、暗龍鳳、寶相花、獅子滾繡毬、八吉祥、如意雲、靈芝、花果碟，一萬五千六百五十。青花白地，外蟠桃結篆壽字、纏枝、四季花、真言字；裏雲鶴、火焰寶珠、暗雙雲龍、荷花、魚、青海水鍾，三千三百四十。裏白外青，貫套海、石榴甌，二百。青花白地，外穿花雙雲龍、人物故事、青九獸、紅海水；裏如意香草、曲水梅花、穿花翟鷄、海獸、白薑芽、紅海水盞，五千九百。青花白地，如意雲龍、穿花龍鳳、風調雨順、天下太平、四鬅頭捧「永保長春」字、混元八卦、神仙捧「乾坤清泰」字盒，二萬。青花白地，纏枝、金蓮花托篆「壽」字酒海，二百。青花白地，乾坤八卦，靈芝、山水、靈龍香爐，八百。青花白地，穿花龍鳳、草獸啣靈芝、錦鷄、牡丹、雲鶴、八卦、麻葉、西番蓮瓶，四千一百六十。青花白地，山水、飛獅、雲龍、孔雀、牡丹、八仙過海、四陽捧壽、陸鶴乾坤、五彩人物故事罐，五千八百九十。青花白地，五彩雲龍棋盤，一百六十。青花白地，正面龍、葵花、梅花棋子二十四。青花白地，海水雲龍、四季花、金菊、芙蓉檠臺，一百八十。青花白地，白陸鶴乾坤、靈芝、八寶、寶相花、如意雲龍燭臺，一百八十。青花白地，錦地花果、翎毛、邊雙龍捧珠心屏，一百八十。青花白地，龍穿四季花、五彩海水雲龍、錦地雲穿寶相花、靈芝、河圖洛書、五彩昇降海水雲龍筆管，三百六十。青花白地，八寶團龍、五彩海水龍盒子心、四季花，青地白花，白龍穿四季花筆冲，六十。裏白外青，對雲龍、獅子滾繡毬、纏枝、金蓮、寶相花、五彩穿花、山水、昇降龍、青雲鸞鳳缸，六百二十。青雙雲龍捧篆「壽」字、飛絲、龍穿靈芝、草獸、人物故事百子圖罈，五百。青花白瓷，玲瓏、雙龍捧珠、飛龍、獅子、海馬、五彩荷花、雲龍、黃地紫荷花凉墩，二百八十。十七年，青花白地，龍穿四季花、五彩海水雲龍、錦地龍穿寶相花、靈芝、河圖洛書、五彩昇降海水雲龍筆管一百八十。搊筆管一百八十。青花白地，八寶團龍、五彩海水龍盒子心、四季花、青地白花龍穿四季花筆冲，六十。十九年，降發瓷器式樣，四百六十一件。青花白地，外團雲龍、鸞鳳、錦地八寶、海水、福禄壽、靈芝；裏雙龍捧「壽」、長春花、五彩鳳穿四季花碗，二萬八千一百。青花白地，外團螭虎、靈芝、如意、寶相花、海石榴、香草；裏底龍捧「永保萬壽」，邊鸞鳳、寶相花、「永保洪福齊天」、娃娃花盤，二萬四千三百五十。青花白地，外長春轉枝、寶相花、螭虎、靈芝；裏五彩龍鳳，邊福如東海八吉祥、錦盆堆、邊寶相花、結帶八寶碟，五萬六千二百五十。青花白地，外團龍、如意雲、竹葉靈芝，五彩水藻魚；裏篆「壽」字、如意、牡丹花、五彩如意甌，三萬一千一百。暗花雲龍、寶相花全黃茶鍾，一千二百。青花白地，外海水飛獅、纏枝、四季花、長春、螭虎、靈芝，石榴；裏葵花、牡丹、海水、寶相花杯，四千六百。青花白地，外牡丹、金菊、芙蓉、龍鳳、四季花、五彩八寶、葡萄、蜂趕梅花；裏葵花、牡丹、篆「壽」字、五彩蓮花古老錢杯盤，一千八百。黃瓷地，五彩，裏白外螭虎、靈芝、四季花、香草、廻文香爐，八百。青花白地，麒麟盒子心、纏枝寶相花、廻文花果、八吉祥、靈芝、海水、梅花五彩香草玲瓏松紋錦、四季花香奩，四百四十。青花白地，慶雲、百龍、百鶴、五彩百鹿、永保乾坤罈，五百。青花白地，異獸朝蒼龍、如意雲錦、滿地嬌、錦地、葵花、方勝、花果、翎毛、草蟲盒，一千二百四十。暗花鸞鳳，寶相花白瓷瓶，五百。青花白地，海水雲龍、長春、八寶、龍、鳳、如意、五彩龍鳳、耍娃娃、蓮托八吉祥、海水蒼龍、滿池嬌、結子石榴罐，三千九百七十。青花白地，慶雲、蒼龍、回回花、錦地盒子心、福禄朝天、邊錦地、蘆鴈、曲水梅盆，一千二百四十。青花白地，團龍、四季花、西番蓮托真言字、鳳穿四季花、葡萄、西瓜瓣、雲龍捧聖壽字、杏葉、五彩水藻、金魚壺、瓶，共三千四十。青花白地，雲龍、蘆鴈、松竹梅、半邊葫蘆花瓶，四百。

二十年，降發瓷器式樣，一十五件。青花白地，外壽意年燈，端陽節、荷花水藻魚；裏底青，正面雲龍，邊松竹梅碗，一萬六千一百。青花白地，外纏枝蓮托八寶、龍鳳花果、松竹梅、真言字、析枝四季花；裏底穿花龍，邊朵朵，四季花、人物故事、竹葉靈芝、壽意牡丹花盤，一萬三千一百四十。青花白地，外纏竹葉、靈芝、花、果八寶、雙雲龍鳳，裏龍穿四季花、五彩壽意人物、仙桃，邊葡萄碟，二萬三千八百六十。青花白地，外壽意年節，裏正面雲龍、水蓮，一萬六千。青花白地，外雙雲龍鳳，裏黄葵花、轉枝靈之，五彩菊花盞，八百。青花白地，花果翎毛、香草、草蟲、人物故事花瓶，二百五。彩錦地盒子心、四季花果、翎毛、八寶祥，四季花罐，四百六十。青花白地，萬古長春、四海來朝，面龍、四季花、人物故事盒，三千七百八十。青花白地，外雲龍海水，裏頂粧雲龍觔盤一百六十。青花白地，外蓮花、香草、如意頂粧雲龍，回紋、香草、雲龍、靈芝、寶相、玲瓏靈芝、古老錢水頂粧玲瓏，三龍山水、五彩玲瓏山水筆架，五百。青花白地，蹲龍寶象、人物五爐，二百四十。青花白地，寶山海水、雲龍圓座、攀桂娃娃、茈菰、荷葉、花草、五彩硯水滴，二百。青花白地，雲龍、回紋、香草龍雲、人物故事、花果、靈芝、五彩彩寶山海水、雲龍人物故事，香草、蓮瓣燭臺，二百。青花白地，五彩人物故事、香草、蓮瓣、檳榔盝，一百。青花白地，五彩雲龍、回紋扇匣，六十。青花白地，海雲龍、回紋、四季花杻斗，三百。青花白地，錦地盒子心、龍穿四季花冠盞，一十。又，裏白外紅，緑、黄紫雲龍膳碗，一千八百。青花白地，外盒子心錦地，雙龍捧「永保長春」，四海來朝人物故事，四季花，裏靈芝、松竹梅，□五彩四季花巾盝，二百。以上膳碗，巾盝原非年例取解之數。二十一年，青花白地，天下太平、四方香草、如意面，回紋、人物，五彩方勝盒，三百。青花白地，貫套如意靈芝、香草、海水龍穿四季花，五彩貫套如意山水、靈芝花罇，一千二十。青花白地，外雙雲龍、八仙過海盒子心，四季花，裏正面龍，篆「壽」字、如意、葵花，邊竹葉靈芝碗，一千二百。青花白地，水藻魚、八寶、香草、荷花、滿池嬌、海水、梅花、五彩昇轉雲、龍回紋香草缸，二百七十。二十二年，青花白地，人物故事面，雲龍、娃娃面、四季花、五彩雲龍、花果、翎毛、靈芝捧篆「壽」字盒，五千六百二十。青花白地，鳳穿四季花、滿池嬌、五彩龍穿四季花、靈芝托八寶、瓔珞、香草花瓶，二百五十。青花白地，雲龍鳳穿四季花、五彩雲龍鳳，穿四季花剪燭罐，八十。

料價

陶有料價。先年係布政司公帑支給。嘉靖二十五年，燒造數倍十百加派，闔省隨糧帶徵銀一十二萬兩，專備燒造，節年支盡。嘉靖三十三年，又加派銀二萬兩，亦燒造支盡。自後止於本司庫帑銀借支，然煩費歲鉅萬，如魚缸及磚，則又不止是。公私方苦匱，鬻罪加賦之説，殆紛紛矣。

續：附：請改陶疏抄

按：隆慶五年，都御史徐題，稱該内承運庫太監崔敏題，爲缺少上用各樣瓷器，單開要燒造裏外鮮紅盌、鍾、甌并大小龍缸、方盒各項，共十萬五千七百七十桌個對。其龍缸降發體式：底闊，肚凸，多致墜裂；五彩缸樣重過火色多係驚碎；三層方匣等器式樣巧異，一時難造。且頭運瓷器一萬五百九十七桌個對，限本年九月；二運一萬七百五桌個對，限本年十二月；欽限一萬四千五百五十個，把限明年二月，其餘八運，逐年解進。但今窑作坯房傾壞日久，新經修完又兼物料細膩，式樣精巧，難以措辦。見遭洪水馬患，土料踈散，成坯甚艱，冬月水冰土凍，尤難造作，況係火中取物，必須假以時日，多作坯胎，入窑百中選一，呈乞轉達，查例將鮮紅改作礬紅。

欽限龍缸、方匣減數，一二運并八運，寬限以甦民困。續：該工科都給事中龍光等題稱：江西物力瘠薄，災荒頻仍，先經奉詔停止燒造，工匠多遷别業，兹忽傳燒造瓷器十萬五千七百有零，較先年之數，幾增一倍，且規制花樣精細。恐措辦不前，乞勅，該監擇緊要者，□文燒造，其餘可減者，量裁十之三四，仍乞寬限分運解進。今年九月起解一運，十二月起解一運，以後八運每年造解一運，俱限十月以裏。隨又巡按御史劉思問議照前項瓷器，係供上用，今既缺乏，見奉欽依造解，臣等遵依，屢督所司及期燒造，臣何敢復言。但據各司道官會呈及地方工匠人等嗚告，欲將鮮紅比照嘉靖九年及二十六年事例，改造礬紅，龍紅、方匣等項難造式様，得爲量減一運，二運。續：奉欽限運數及以後八運，均乞題請俯容遞爲寬限，兑致違悞一節，臣爲之反覆圖惟，委屬有據。蓋物料細膩，色樣精巧者，一時果難措辦，而水火幻化，卒難取，必須假以時日，多作坯胎，燒煉精選，百中一三，其事理固然。況該府自兵燹之後，閭里蕭條，今歲突被水災，人民困苦，流移載道，是災傷之苦，似無妨于營作之興。而營作之勢，寔必資于民力之裕。乃民遭時艱，畎畝陸沉，顆粒罔措，俯仰無資，大小工匠約有五百，奔走力役之人不下千計。日費百斛，皆當區處供給，且水溢則土易踈，土易踈，則坯易散，於物理尤不容。强臣等待罪地方，目擊艱苦，又期限嚴迫，懼致後時，夙夜疚心，烏敢不吐瀝於君父之前乎，伏望皇上軫念工力孔艱，民隱當恤。

勅下該部詳議，將鮮紅瓷器，查照前例改造礬紅，龍缸、方□等項，量減數目，并頭運、二運。續：奉欽限運數稍爲寬限，以後八運酌分間年一運，或二年一運，以紓造作之苦，轉運之勞，斯我皇上於供用之中，寓樽節之意，自足以寬養民力，江西一路莫不欣欣鼓舞，銜戴聖德於無涯，而地方亦有攸賴矣。續：又撫按會題：前事俱奉聖旨，是，欽此。

查得嘉靖二十五年六月，內該本部題行江西燒造各樣瓷器，分作五限，至二十六年二月內，據江西布政司咨呈開稱，大樣盤、碗原非常造之器，猝難完解，乞要多寬限期。本部議准，寬限至嘉靖二十六年十二月終完。報題，奉世宗皇帝聖旨是准，如限完解。又查得嘉靖二十六年二月，內據江西布政司咨呈開稱，鮮紅桌器，拘獲高匠，重懸賞格燒造未成，欲照嘉靖九年日壇赤色器皿，改造礬紅。該本部查有嘉靖九年事例，題奉世宗皇帝聖旨：這鮮紅瓷器，准照先年例，用礬紅燒造，只要鮮明，如法着作，速燒造解進。

按：萬曆十一年，該內承運庫署庫事、御馬監太監孔成等，題爲急缺上用各樣瓷器事，奉聖旨，這瓷器着該地方，照數如式燒造，分運解進，不許違悞。內燭臺、屏風、筆管減半造。工部知道，欽此。工科都給事中王敬民等題稱，竊惟器惟取其足用，不必於過多也；亦惟取其適用，不必於過巧也。今據該監所開，如碗、碟、鍾、盞之類，皆上用之所必需，而祭器，若籩、豆、盤、罍等項，充有不可缺者，是豈容以不造耶？但中間如圍碁、別碁、碁盤、碁罐，皆□益之器也，而屏風、筆管、缾、罐、盒、爐，亦不急之物也，且各樣盒至二萬副，各樣缾至四千副，各樣罐至五千副，而總之至九萬六千有奇，不幾於過多乎！況龍鳳花草，各肖其形，容而五彩玲瓏，務極其華麗，又不幾於過巧乎！此誠草茅之臣所爲，駭目而驚心者也。我皇上蓋亦洞見其用之不急數之太多，故於燭臺、碁盤、屏風、筆管之數，而令其減半造之。臣等於此，有以仰窺克儉之盛心，而恭頌至仁之聖德矣！顧犬馬之微忱，猶有所覬，於聖明而不容已焉。昔舜造漆器，諫者七人；禹雕其俎，諫者不止。我皇上之心是即舜、禹之心也，而燒造數多，所費無筭，是不止漆器、雕俎之微也。蠲不急之役，省無益之費，裁過多之數，禁淫巧之工，我皇上得無加之意乎！矧方今寰宇荒歉頻仍，而江西地方物力尤瘠，一朝以九萬有奇之器用，而取辦於一方，其勞費豈細□哉。伏乞皇上愈恢儉德，益廣仁恩，酌其緩急，槩從省約，而於碁盤等物，尤盡數裁減之。臣見省一分，則民受一分之賜，惠一方則四方之民舉安，抑且慎德之光，轉環之美，真足以侈史册而垂裕萬世矣。奉聖旨：是，欽此。

附：臬史氏曰：治天下之故莫大於風俗，風俗之成日猶高屋建瓴水也，儉而就之奢，慎而就之肆，勤而就之宴，彼方可以娛志，意適肢足，雖士人通書知道者猶爲之，一人倡始百人和之，更相誇詡，後不給者用以爲羞。毀決隄防，無所底止，故古聖王之蒞天下，拳拳於立法，制明界限，使不得有所違越者。懼其一成之不可反，則其勢非嚴刑罰無以禁之，刑嚴而以奪其欲則怨，與縱之而不禁則貧，二者同歸於亂而已。唐虞以還，以金玉犀象之不可以餙，而陶之爲器，水土際薄，至爲約費，故曰：「羮土鉶，飯土簋」，依稀！太古之朴而《周禮》設色。塼埴之工，載在六官，其具可通。於上下無慮侈鏤奇刻也。然習奇異觀而時多競尚，陶所爲費，大都如前書所載，其度余不知於古人鉶簋何如也！利厚計工，市者不憚價，而作者爲奇釣之則，至有數盂而直一金者，他諸花草、人物、禽獸、山水屏、瓶、盆、盎之觀，不可勝計，而費亦輙數金，如碎器與金色甕、盤，又或十餘金，當中家之產而相競以逞。其所被自燕雲而北，南交趾，東際海，西被蜀，無所不至，皆取於景德鎮，而商賈往往以是牟大利，無所復禁。此豈非形號爲儉，而實爲侈，亦法制隄防之有未備哉！今器貢自京師者，歲從部降式造，特以龍鳳爲辨，然青色狼籍，有司不能察，流於民間，其制無復分，每歲造爲費累鉅萬計，其直當不至是。然民間竊青色，與董陶官不能節縮諸經費，縣官方苦征辦，不給而商與匠户顧取其贏，以市於民，姦窑歷足，乃還縣官，於是利不在官，而民以料價困矣。賈誼告文帝曰：「今民賣僮者爲之繡衣絲履，偏諸緣內之閑中，是古天子后服，所以廟而不宴者也，而庶人得以衣。婢妾白縠之表，薄紈之裏，緁以偏諸，美者黼繡，是古天子之服。今富人大賈嘉會召客者以被牆。古者以奉一帝一后而節之；今庶人屋壁得爲帝服，倡優下賤得爲后餙，然而天下不屈者殆未有也。以彼其時誼尚□慮如此，而至於論貯積猶欲毆民而歸之農，皆著於本使。天下各食其力，末技游食之民轉而緣南畝。今景德鎮民以陶爲業，彈凡之地，商人賈舶與不逞之徒，皆聚其中，而所業入竊，縣官無制度，如此余所爲慮，非細故也。今縣官每部檄下輙告病，然上方定天地分祀，以禮樂蒸變，和洽天下，無金玉、珠璣、犀象、紈綺之娛，而獨精意湮薦。朝日大享之祭，其器與拜磚皆辨於陶，視古人陶匏脊茅，格于神明。即一歲費雖數萬，猶當爲之，而諸盤盂、樽俎、碗碟亦皆朝會宴賜，宮御之所需，不可缺。今庶民皆得被用之，則竭一省之力以供御，何慮不辦。而輒云不給，頗欲加賦，何也？余嘗按行列郡，民惟饒州積富，彼亦以其地出陶，民得利厚，而傍列郡皆民貧土瘠。每一額派，縣官嚴刑法箠逼之猶不能，輸户疲甚，往往逃寄食於四方，至令他隣姓代之賠，賠而其家不能給，亦相繼去。平居稍收租，相與妻子具饘粥，不敢爲不肖，一有水旱不能，束手待斃。今天下淮浙被寇，真、保定患水，遼東人相食，至煩天子發帑銀市穀以賑，而有司不能承天子哀痛元元之意，輒議加賦，余所謂舛也。官出箕斂之政，於偷安之日，下畜無聊之志於不忍之時，則往年東鄉華林之難，將相緣而起其勢，又非得國家數十萬金不能了此，此亦需時爾。往唐大曆之間，兵事倥偬而陸贄之告其君曰：凡厥疲人已嬰其弊，就加保育，猶懼不支，況復亟繚棼絲，重傷宿痏，其爲擾病，聊又甚焉。其後懿宗以來，天下奢侈日甚，用兵不息，賦斂愈急，關東連年水旱，(不)〔百〕姓相聚爲盜，王仙芝、黄巢相繼而起。范祖禹謂自古國家之敗、盗賊之起，未有不由暴賦重斂而民之失職者衆。今吴、浙、閩、揚之間，賦已十倍，初額猶以兵興爲解，江西僅一隅稍得息肩，而輒以陶故加賦，然則萬一有他水旱與枹鼓之警，又何以待之也。民疾耕而亟蠶不足衣食，剥膚而殘體不當官賦，率以經制不定風俗奢侈之故，徒治美於服□。方被其患而有司又不能深長思慮，欲蹈鄰省之轍，余未嘗不瞿然痛心焉。幸天子一旦思易舊俗、定制限，使民間不得僭逾而悉罷不急，禁陶事，無以觀美耗生計，則有司將謂之何，其亦無以辭於百姓矣。

陳有年《陳恭介公文集》卷二《欽奉聖旨事疏》 欽差巡撫江西等處都察院右僉都御史臣陳有年題爲欽奉聖旨事。據江西布政使司呈奉，臣等案驗清查燒造上用瓷器，内有難成器皿具數詳報，以憑會題等因奉行。據饒州府知府劉惠喬并管廠通判賈希顔各呈稱，查得原奉欽降式樣并單開燒造瓷器共九萬六千六百二十四個、副、對、面、坐、枝、口、把，内除各運解進及節奉明旨停免裁減外，尚有燒造難成鮮紅硃砂古盌、大紅魚盌、紅五龍靶鍾；紅魚酒盞年久失傳，大玲瓏方圓手盒面徑闊大，鼓腔凉墩自來未經燒造，計一千五百六十個、副、對。節奉催督，廣詢博諏，經心設法，重懸賞格，召募智巧匠人，采擇泥土，廣造坏胎，入窑屢次試燒，百無一成，悉皆坼裂，虚費錢糧，徒竭心力，工人束手，法無可施。至如檠臺龍缸、玲瓏凉墩、酒海龍罈、二樣花餅、大龍盌、白薄酒盞、龍盒等器，共二千二百二十九個、副、對、枝、口，内多奇巧，妝實五彩，或口面闊大，或上大下小底尖口撇，或口罄肚凸，均屬難成。雖經造解，然皆百選一二，錢糧靡費，回青耗損，伏乞轉達，速爲題豁等因到司。據此，除將奉旨停減各瓷器數目造册具由另報外，該本司看淂前項難成各器體制色相委異常器，作坏出于人力，固可責其盡心，而入火聽其天成，誠難措手。節經呈請未蒙具題，重加選匠，無人應募，多方燒造，委果難成。兹奉明旨清查，呈乞會題請免，以紓造作之艱，少甦陶民之困等因。到臣據此案照萬曆十一年六月十九日準工部咨爲急缺上用各樣瓷器事，該内承運庫署御馬太監孔成等題奉聖旨：「這瓷器着該地方照數如式燒造，分運解進，不許違誤。内燭臺棊盤屏風筆管減半造，工部知道，欽此。」該本部覆議，分爲十運，每年解進二運。覆奉欽依移咨前來并單，開各器共九萬六千六百二十四個、副、對、面、坐、枝、口、把，就經備行該司道府管廠等官欽遵燒造間，萬曆十三年四月内準本部咨爲天時亢旱，推廣聖明，欽恤德意，以圖實政，以溥皇仁。事該河南道監察御史鄧鍊題奉聖旨：「朕方敬畏天戒，軫恤民艱，這瓷器既燒造難成，内屏風棊盤燭臺花瓶新樣大缸燒成有好的，着揀進。不堪的，聽彼變賣，未燒的停止，以省費息民。其餘供用不可缺的，照舊燒進。該部知道，欽此。」又準本部咨爲欽奉聖旨事。本年三月内該内閣大學士申時行等題本部覆奉聖旨：「這織造袍段未完數内，準減一萬疋。瓷器燒造難成及不係緊要的，着該衙門查明裁減，欽此。」欽遵。俱各移咨前來，備查燒造難成瓷器數目，徑自題請裁減施行等因準此，就經轉行該司道府管廠等官欽遵，清查册報去後。今據前因，除將原奉停止裁減之數另行造册咨報該部外，該臣會同巡按江西監察御史孫旬覆查，淂該司呈稱燒造難成，鮮紅硃砂古盌、大紅魚盌、紅伍龍靶鍾、紅魚酒盞、大玲瓏方圓手盒、鼓腔凉墩等器，從來燒無一成，所當請免。其檠臺龍缸、玲瓏凉墩、酒海龍罈、二樣花瓶、大龍盌、白薄酒盞、龍盒等器百選一二，亦屬難成，乞併行請減各一。節爲照臣子之於上供未有敢不競効者，但力有殫而莫就則困，財有靡而無益則窮。臣謹據該司疏稱燒造難成之數，詢之人言，揆之物理，蓋良有繇焉。夫絲可計縷而累織，金可相液而立鑄，無他謬巧。迺若陶事則人所能者，搏埴爲(坏)〔坯〕耳，及閑陶而煅之，成碣變幻目不及睹，手不及扶。迨日至啓陶盻盻然，視器成則喜，不成則有徬徨愁嘆而已。就中而論，製鉅則難，狀奇則難，色莫知所傳則難。即今所聞大抵不出三者，厥初肇造尚諉曰工未習與，募未廣與，二三年來環陶之官役晝訪夕惟，幾倖逭責，何所不至。工非不習也，募非不廣也，所造既已不少，所費亦且不貲，而陶冶未獲觀一器之成，內府未獲收一器之用。若前所稱鮮紅古盌等項其爲竟不可成明甚，其次雖嘗間成解進，寔皆出自天幸。識者謂縈臺涼墩之類，百不淂一。龍缸花瓶之類，百不淂五。謂之難成，亦非飾詞。夫捐不可計之供億，耗不易繼之顔料，而以陶爲壑，以竟難成之器爲委，財力俱詘，公私偕病，江右嗷嗷，慮此久矣。幸今聖明，敬天憫民，愛人節用，特允閣臣之請，行令臣等查奏，臣敢不仰承聖德，俯察下情，謹將難成器皿數目開坐上請，伏乞勑下該部，再加查議，將鮮紅朱沙古盌等器自未燒成者，特賜豁免。縈臺龍缸等器難以燒成者，一併賜免或酌量請減。其經用不可缺，及人力有可成者，容臣等嚴督造解。則聖德之所沾被，易傍徨爲歌舞，轉虛靡爲實用，而上供亦不致愆期矣。惟復別有定奪，緑係欽奉聖旨，事理未敢擅便，爲此開坐具本，專差承差蔣相親賫謹題請旨。

計開

燒造難成器皿共三千七百八十九個、副、對、枝、口，一鮮紅失傳玲瓏難成器皿一千五百六十個、副、對，裏外朱沙古磬口茶盌一百個，裏白暗如意雲外鮮紅魚盌二百個，裏白暗雲龍外紅五龍青海水靶茶鍾五十個，裏白暗雙龍外淡紅魚白薑芽青海水靶茶鍾五十個，裏青大明萬曆年製外鮮紅魚靶酒盞一百個，青山水雲龍面錦地雲龍長春八寶邊玲瓏圓盒五十副，潤一尺六寸。青山水雲龍面雲龍錦地靈芝邊玲瓏圓盒五十副，潤一尺六寸。青山水龍穿四季花面錦地龍穿四季花方勝邊玲瓏圓盒五十副，潤一尺四寸。青古老錢長春花七團雲龍面雲龍錦地靈芝邊玲瓏圓盒五十副，潤一尺二寸。青霞雲山水蒼龍古老錢面海水雲龍錦地邊玲瓏一字方盒五十副，一尺六寸。青盒子心山水龍穿四季花面雲龍香草邊玲瓏一字方盒五十副，一尺六寸。青霞雲山水蒼龍面娃娃香草邊玲瓏一字方盒五十副，一尺四寸。青霞雲靈芝山水蒼龍面靈芝托八寶香草邊玲瓏一字方盒五十副，一尺四寸。青盒子心山水龍穿四季花果面龍香草邊玲瓏一字方盒五十副，一尺二寸。青盒子心山水雲龍四季花面雲龍香草邊玲瓏一字方盒五十副，一尺二寸。青萬古長春雲龍面錦地雲龍靈芝梅花海水邊玲瓏圓手盒五十副，一尺四寸。青雲龍面錦地靈芝八吉祥牡丹瓣邊玲瓏圓手盒五十副，一尺四寸。青山水八寶靈芝雲龍面雲龍錦地廻紋邊玲瓏一字方手盒五十副，一尺六寸。青山水八寶雲龍面雲龍錦地廻紋邊玲瓏一字方手盒五十副，一尺六寸。青盒子心雲龍八寶面雲龍錦地方勝邊玲瓏一字方手盒五十副，一尺四寸。青盒子心雲龍八寶面雲龍錦地牡丹瓣邊玲瓏一字方手盒五十副，一尺四寸。青盒子心山水蒼龍錦地花果面雲龍錦地香草邊玲瓏一字方手盒五十副，一尺二寸。青盒子心山水雲龍錦地花果面雲龍錦地香草邊玲瓏一字方手盒五十副，一尺二寸。青萬古長春雲龍面錦地雲龍靈芝梅花海水邊上涼下煖圓手盒五十副，一尺四寸。青雲龍面錦地靈芝八吉祥牡丹瓣邊上涼下煖圓手盒五十副，一尺二寸。青四季花龍邊玲瓏雙龍捧珠鼓腔樣涼墩十五對，青四季花龍邊玲瓏雙龍捧珠滾邊樣涼墩十五對，五彩玲瓏雲龍面二龍捧珠滾邊樣涼墩十五對。前件查得前項瓷器鮮紅盌鍾酒盞年遠失傳，嘉靖隆慶等年降式燒造無成題奉欽依改造礬紅進用遵行在卷，今查前器自奉文以來，屢次重懸賞格召匠，擇土成工入窑，或黃或黯或紅白均半或色褪下流，並無一件與來式相似。方圓手盒涼墩，皆係玲瓏面潤，土泥印成，用刀雕削，揀選完美，描畫用釉，內係虛空，形勢潤大，入窑燒出俱凹塌碎裂，工力已竭，計無可施。節據該府呈報，燒造難成，乞要題豁。今奉明旨行查，相應題請豁免，伏乞聖裁。

五彩奇巧重過灰色驚損難成器皿一百六十八個、對、口，五彩荷花龍大樣涼墩十五對，五彩荷花龍小樣涼墩十五對，五彩玲瓏獅子涼墩二十對，五彩龍盒子心雲龍穿西番蓮花果翎毛花餅三十對，五彩穿花雲龍花餅解剩十六對，五彩雲龍花果靈芝八寶縈臺解剩十五對，五彩海水雲龍靈芝八寶盒子心寶相花縈臺解剩十五對，五彩正面海水雲龍穿四季相花金菊芙蓉寶甌縈二十對，裏白外黃靈芝青博古龍大樣缸解剩八口，裏白外青荷花龍黃靈芝緑荷葉大樣缸解剩三口，裏白外五彩四正面山水雲龍六樣缸解剩十一口。前件查淂前項瓷器，俱係五彩奇巧燒成，青花復填五彩，重過色火二三次，驚損改色十無一二完全，雖經造有成器解過，靡費錢糧甚多，委屬難成，節據該府呈乞酌量裁減。今奉明旨行查，相應題請，伏乞聖裁。

上大下小欹斜碎裂難成器皿九百二十三個、副、對、口，裏白外青雙雲龍大樣缸解剩五口，青纏枝金蓮花托篆壽字酒海解剩一百二十二個，青雙龍捧篆壽字罈解剩五十八個，青飛獅龍穿靈芝罈解剩九十個，青穿花雲龍瓶解剩十八個，白穿花雲龍花瓶三十對，青龍盒子心雲龍穿西番蓮花果翎毛花瓶鮮剩二十五對，白龍盒子心雲龍穿西番蓮花果翎毛花瓶解剩二十五對，青穿花龍三樣看瓶解剩十五對，四樣看瓶解剩十五對，青草獸銜靈芝四樣看瓶解剩十五對，青寶相花三樣看瓶三十對，四樣看瓶三十對，青娃娃面錦地雲龍廻紋邊一字方盒五十副，長一尺。青霞雲山水蒼龍面娃娃廻紋邊玲瓏一字方盒五十副，長一尺。青霞雲山水蒼龍面花果翎毛香草邊玲瓏一字方盒解剩三十副，長八寸。青花果翎毛面花果廻紋邊玲瓏一字方盒解剩四十五副，長八寸。青娃娃面龍鳳錦地邊一字方盒解剩一百九十副，長一尺。青雲龍花果檠臺解剩十五對，青盒子心雲龍寶相花檠臺解剩十七對，青海水雲龍四季花金菊芙蓉寶瓶檠臺解剩十五對，白盒子心寶相花檠臺解剩十三對，白雙龍捧珠四季花果八寶金菊芙蓉寶瓶檠臺解剩十五對。前件查得前項瓷器或口面潤大，或上大下小，用泥稍輭則欹斜不圓，用泥稍硬則碎裂不全，雖經造解，十取一二，靡費錢糧，亦屬難成，節據該府呈乞酌量裁減。今奉明旨行查，相應題請，伏乞聖裁。

器大口撇及口罄肚凸細薄并失傳難成器皿一千一百三十八個、副、對、枝，裏底青雲龍邊龍鳳外荷花魚大盌解剩五十四個，裏青一把蓮外纏枝寶相花大盌解剩五十六個，裏白外青雲鶴大盌五十個，裏白外青松竹梅菊篆福壽康寧字大盌五十個，裏白外白雙龍青海水廠口盌解剩八十個，白瓷素撇口盌解剩八十個，青西番蓮托八吉祥蓋盌一百個，裏白外紫雲龍酒盞二百個，白瓷暗寶相花酒盞二百個，青海水雲龍團棋罐二十個，青龍穿寶相花團棋罐二十個，五彩博古龍團棋罐二十個，五彩海水雲龍團棋罐二十個，五彩龍穿寶相花團棊罐二十個，五彩花果翎毛團棊罐二十個，青靈芝團龍別棊罐二十個，五彩盒子心四季花人物故事別棋罐二十個，白龍穿四季花三樣筆管二十枝，五彩海水雲龍二樣筆管二十枝，白錦地靈芝盒子心四季花三樣搊筆管二十對，白海水雲龍四季花三樣搊筆管二十對，青地白花白龍小樣棊子一副，青地白花白葵花小樣棊子一副，青地白花白梅花大樣棊子一副，青地白花白梅花小樣棊子一副，紅地白花白龍小樣棊子一副，紅地白花白葵花小樣棊子一副，紅地白花白梅花大樣棊子一副，紅地白花白梅花小樣棊子一副。前件查得前項盌盞或器大口廠，或口罄肚凸，或躰式細薄，或年久失傳，況來樣俱係弘治宣德等年製造，即今本山土膏已竭，雖行擇土召匠燒出，百中選一，靡費錢糧。無筭與夫筆管筆冲棊罐棊子，燒造均屬難成，節據該府呈乞酌量裁減。今奉明旨行查，相應題請，伏乞聖裁。

陳有年《陳恭介公文集》卷三《燒造艱難懇乞聖明軫念特免十分難成瓷器以甦困苦事疏》 欽差巡撫江西等處都察院右僉都御史臣陳有年題爲燒造艱難懇乞聖明軫念特免十分難成瓷器以甦困苦事。據江西布政使司呈奉，臣等牌案行司，即查上用瓷器內原報一應難成器皿，奉旨免造外，其餘屢經督行燒造。中間已成若干，垂成若干，難成若干。一面備查開報，一面遵照原行，懸賞募匠務在必成解進。如果力詘技窮，十分難成者，亦要覈實明白，開具詳報，毋得朦朧怠違等。因依奉行，準分守九江道右參政王橋，咨據饒州府管廠通判賈希顏呈稱原奉欽降式樣，燒造瓷器九萬六千六百二十四個、副、對、面、座枝、口、把，分爲十運造解。欽奉明旨停免屏風、棋盤、燭臺、花瓶九百五十二座、面、對、口。又奉旨減去果圓等盒及爐瓶一千四百個、副、對。續題奉御筆勾免方圓玲瓏盒、別棊罐筆管共十二項，計五百九十五個、副、對、枝，及已完解過七運共六萬六千三百四十八個、副、對、枝、口、把，未完二萬七千三百二十九個、副、對、枝、口、把，內二萬五千七百六十五個、副、對、枝、口、把。見在併造分運起解，仍有難成器皿一千五百六十四個、副、對、口。內或古製，年遠失傳，或新製木樣，玲瓏奇巧。屢經重懸賞格，募匠作成坏胎，描畫妝色，極其精緻，異圖可成。及至入窑燒出，率皆黃黑碎裂，多方燒試，百無一成，乞賜轉達豁免等。因就經批府逐款再加查議，的確詳報，去後隨據回稱。該知府劉惠喬看得前項難成之器，自頭運以至今運，無一運不成造燒試，希望萬一有可解進。先是屢燒無成，猶且姑待後運。而今七運已竣，八運將解，前器仍無一成。人力既已殫竭，錢糧靡費亦不爲不多矣。繼此止餘九運十運，計不能復有神妙智巧，異於往時，尚復何待可望成所未成耶。

及今不預議上請，則末運何所辭罪。謹將該廠開報難成各款，逐一再加查看，委果無異，合照議詳等因到道，又該本道親詣本廠，查驗八運瓷器并將屢燒百無一成各器附驗。委果人力工巧之所不能，及徒費不貲終無成就，合無俯從所議，速爲轉達。具題庶便，遵守等因，備咨到司。該本司看得道府并管廠官，各稱奉造各樣瓷器。除奉明旨停免及完解并見造外，尚有難成器皿一千五百六十四件。內如鮮紅朱沙古盌，大紅魚盌，紅五龍靶鍾，紅魚酒盞，年久失傳。又有玲瓏方圓手盒、鼓腔凉墩皆面徑潤大，泥土印成。用刀雕削，中無竹木可依，多至碎裂。至於檠臺原係木樣，今用泥土爲之，輭則欹斜，硬則斷裂，雖經造解，十難選一。查與燭臺，仍高二三寸不等。又有大樣龍缸，高潤難成。及五彩雲龍六樣缸，率多奇巧，妝置五彩，重覆過火，多致驚坼節經，燒造俱難成就。乞要及時題請，豁免各一。節爲照前項難成器皿，體製色相迥與各器不同。屢經管廠官懸賞募匠造坏入火，屢燒屢壞，鮮紅盌盞、玲瓏等盒從無一成，檠臺龍缸十難選一，徒費工貲，委果力詘技窮，計無所出。況查燒造將竣，相應呈乞會議，題請俯念燒造之艱，少甦陶民之困，將前項難成各器，統賜豁免。等因呈詳，到臣據此案照，萬曆十一年六月十九日。準工部咨爲急缺上用各樣瓷器事。該内承運庫署庫事御馬監太監孔成等題：奉聖旨「這瓷器着該地方照數如式燒造、分運、解進，不許違誤。内燭臺、棊盤、屏風、筆管減半造，工部知道，欽此。」該本部覆議，分爲十運解進，題奉欽依移咨前來，并單開各器共九萬六千六百二十四個、副、對、面、座、枝、口、把。就經備行，該司道府管廠等官欽遵。燒造間續，準本部咨爲天時亢旱，推廣聖明欽恤德意，以圖實政，以溥皇仁事。該河南道監察御史鄧錬題：奉聖旨「朕方敬畏天戒，軫恤民艱。這瓷器既燒造難成，内屏風、棊盤、燭臺、花缾、新樣大缸，燒成有好的着揀進，不堪的聽就彼變賣。未燒的停止，以省費息民。其餘供用不可缺，照舊燒進。該部知道，欽此。」又準咨爲欽奉聖旨事。該内承運庫查將未完瓷器，細開數目具奏。奉旨減去果圓等盒及爐缸，俱各移咨前來。該臣會同前任巡按御史孫旬，遵照清查。除將節次奉旨停止裁減數目造册報部外，備將查過難成器皿共三千七百八十九個、副、對、枝、口，列款開坐具本，題請豁免，去後隨準本部咨奉聖旨，「這本内瓷器有勾了的，準暫停止。其餘照舊燒解，不許違誤。工部知道，欽此。」欽遵。計開御筆勾過瓷器共二項，計五百九十五個、副、對、枝。等因備咨前來，就經備行。該司道府及管廠等官，欽遵將前項瓷器除奉旨免造外，其餘俱要加意設法燒造。仍重懸賞格，廣募巧匠，竭智殫工，務期成造完解。去後今據前因，該臣會同巡按江西監察御史朱鴻謨看得。該司呈稱鮮紅盌盞顏色，年久失傳。玲瓏手盒、涼墩，屢燒碎裂。槳臺與大様龍缸，高濶難成。及五彩雲龍六様缸，重覆過火，俱難成就。呈乞會議，題請統賜豁免。一節爲照前項難成瓷器，類皆奇麗異巧。自奉旨燒造以來，所捐功靡費，而歷年莫能就。姑無論也，即頃臣等會請免不獲，諸器欽遵督造，又幾一年矣。一不成則再，再不成則三。令頻技窮，司道府廠同聲告難。臣等熟慮周訊，皆言始者懸賞募工，工雖心知其難，猶津津應也。焦慮極能，求加其前者之巧，且多爲之數，以備冶成。擇取良者而無所得轉，益懊且畏。其繼應者日趦趄，度巧無可加，猶微有幸心焉。俛成俛碼，惶惶忡忡，以比冶之啓，乃無所得，猶前也。又其繼應益哀，少至於今，幾莫應矣。迫之而後赴，不得已而操作，無俟入冶而已，預知其無幸矣。夫工仰機利而食，無所待追集督過也，亦必不遺力而讓糈也。今若此者何則？其技誠窮而其器本不可成也。且據今所報，難者厘一千五百有奇，於原奉額數曾不及百二耳。果爲可成，豈其勸應於九仞而怠違，於一簣必不然矣。或謂前可成，則今亦可成。不知偏至之藝，有所不可傳。棊工之術，有所不可繼。世非乏弓也，弓獨稱和，必有不能爲和者；世非乏竹矢也，竹矢獨稱垂，必有不能爲垂者。即以瓷器言，則嘉隆之年，鮮紅業不得不改而爲礬紅矣。今日可知也，即一鮮紅他器亦可知也。是諸器之難成，工知之，管冶者知之，臣等亦知之。上知其難成也，而謬以督下，何施詞令。下知其難成也，而謬以應上，何施心力。臣竊計自今以往，空使環冶之人聚肆而嘆，交衢而議，而器迄無可成也。且陛下無以區區瓷器爲細。臣請無言其最費者，試言一金之器，累十而不得一，則委金者十矣。累百而不得一，則委金者百矣。竟之而迄不得一，則委金者無筭矣。此猶自一器言耳，進而十百，則十百此矣。進而一千五百，則一千五百此矣。

此其貲皆出自陛下赤子，素所撫綏而保育者之脂膏也，若之何其委之也。昨之歲江省重被水災，仰賴聖恩蠲賑，百姓更生，而今者又告薦災矣。方是時，食之而當其饑，則升斗可以續一命。賙之而當其困，則錙銖可以濟一家。然而計一器之貲，鉅者不啻足食數百饑，賙數十困，微者猶將十之一也。假令不得已費此而收成器之用，猶或可耳。乃迄委諸溝壑，使災民指曰吾誠得溝中尾屑，即老弱可寄命無恐，而柰何委之也。此臣所爲陛下惜也。臣又惟江省謡俗，大都著於本，獨冶廠所居景德鎮，云者往往無俚之輩，不逞之夫，浮食陶中，流傭無隸藉，此其地，不可使有悲歎譁議，擾市而震師。今難成之器一日不免，則督造一日不可輟。督造既不可輟，而器又迄不可成。間不能無生悲嘆譁議，此亦臣之私憂過計也。恭惟皇上慎德貞度，節用愛民。此數器者，曾何足以繕聖情縈聖嗜，而偶未之免，無亦未深見其斷然難成，聊爲之耳。臣濫叨重寄，地方利病所在，知之不敢不言，亦不敢不盡，惟聖明幸垂察焉。倘蒙俯聽臣言，伏乞勅下該部，各坐十分難成瓷器一切報罷。則目今七運已竣，八運垂發，遺下諸器不多。臣請得爲陛下計日而成，及期而進，以俟旨額告盈，宴饗足供。請陛下暫弛燒造之令，使景德間得稍息肩，而百姓皆知大聖人之作爲，不以奇麗異巧而輕委民脂也。即嗷嗷孑餘，其誰不歌舞而戴聖德者哉。地方幸甚，臣等幸甚。緣係燒造艱難，懇乞聖明軫念，特免十分難成瓷器以甦困苦。事理未敢擅便，爲此開坐具本，專差承差張錦親齎謹題請旨。

計開

燒造難成器皿共一千五百六十四個、副、對、口：裏外朱砂古罄口茶盌一百個，裏白暗如意雲外鮮紅魚盌二百個，裏白暗雲龍外紅五龍青海水靶茶鍾五十個，裏白暗雙雲龍外淡紅魚白薑芽青海水靶茶鍾五十個，裏青大明萬曆年製外鮮紅魚靶酒盞一百個。前件看得五項鮮明瓷器，年久失傳，嘉靖、隆慶等年降樣，燒造無成。題奉欽依改造礬紅解進，遵行在卷。今本廠重懸賞格，召集高手工匠，造成妝色入窑，燒出或黄或黑，或紅白相半，或色褪下注。殫竭心力，靡費錢糧，百無一成。相應題請豁免，伏乞聖裁。

青山水雲龍面、雲龍錦地、靈芝邊、玲瓏圓盒五十副，濶一尺六寸。青山水龍穿四季花面、錦地、龍穿四季花方勝邊、玲瓏圓盒五十副，闊一尺四寸。青古老錢長春花七團雲龍面、雲龍錦地、靈芝邊、玲瓏圓盒五十副，濶一尺二寸。青盒子心、山水龍穿四季花面、雲龍香草邊玲瓏一字方盒五十副，長一尺六寸。

青霞雲、靈芝山水蒼龍面，靈芝托八寶香草邊，玲瓏一字方盒五十副，長一尺四寸。

青盒子心、山水龍穿四季花果面、龍香草邊、玲瓏一字方盒五十副，長一尺二寸。

青霞雲山水蒼龍面、娃娃廻紋邊，玲瓏一字方盒五十副，長一尺。青萬古長春雲龍面、錦地雲龍靈芝梅花海水邊，玲瓏圓手盒五十副，濶一尺四寸。青雲龍面、錦地靈芝八吉祥牡丹瓣邊，玲瓏圓手盒五十副，濶一尺二寸。

青山水八寶靈芝雲龍面、雲龍錦地廻紋邊，玲瓏一字方手盒五十副，長一尺六寸。

青山水八寶雲龍面，雲龍錦地廻紋邊，玲瓏一字方手盒五十副，長一尺六寸。青盒子雲龍八寶面、雲龍錦地方勝邊，玲瓏一字方手盒五十副，長一尺四寸。青盒子心、雲龍八寶面，雲龍錦地牡丹瓣邊，玲瓏一字方手盒五十副，長一尺四寸。青盒子心、山水蒼龍錦地花果面，雲龍錦地香草邊，玲瓏一字方手盒五十副，長一尺二寸。青盒子心、山水雲龍錦地花果面，雲龍錦地香草邊、玲瓏一字方手盒五十副，長一尺二寸。青萬古長春雲龍面、錦地雲龍靈芝梅花海水邊、上凉下煖圓手盒五十副，濶一尺四寸。青雲龍面、錦地靈芝八吉祥牡丹瓣邊、上凉下煖圓手盒五十副，濶一尺二寸。

青四季花龍邊、玲瓏雙龍捧珠鼓腔樣凉墩十五對，青四季花龍邊、玲瓏雙龍捧珠滚邊樣凉墩十五對，五彩玲瓏雲龍面、二龍捧珠鼓腔樣凉墩十五對，五彩玲瓏雲龍面、二龍捧珠滚邊樣凉墩十五對。

前件看得前器二十一項，皆係玲瓏面，徑濶大，泥土印成，用刀雕削。中無竹木可依，多致破碎，僅能成坯。描畫用砷，入窑燒出凹陷碎裂，又非膠添可整，屢燒難成。相應題請豁免，伏乞聖裁。

青雲龍花果檠臺，解剩十五對。青盒子心、雲龍寶相花檠臺，解剩十七對。白團龍八寶相、花花果如意檠臺，解剩十六對。青海水雲龍四季花、金菊芙蓉寶餅檠臺，解剩十五對。

白雙龍捧珠、四季花果八寶、金菊芙蓉寶餅檠臺，解剩十五對。白盒子心、寶相花檠臺，解剩十三對。五彩雲龍、花果靈芝、八寶檠臺，解剩十五對。五彩海水、靈芝雲龍、八寶盒子心、寶相花檠臺，解剩十五對。五彩正面、海水雲龍、穿四季寶相花、金菊芙蓉寶餅檠臺，二十對。

前件看得九項檠臺，奉降新製，用木雕刻成樣。今用泥土爲之，輭則攲斜，硬則斷裂，雖經造解，十難選一。查與燭臺，仍高二三寸不等，燭臺已奉旨減免。相應比例，題請豁免，伏乞聖裁。

裏白外青雙雲龍大樣缸，解剩五口，濶二尺二寸五分，高一尺二寸五分。裏白外黄靈芝青博古龍大樣缸，解剩七口，濶一尺八寸，高一尺六寸。裏白外五彩、四正面山水雲龍六樣缸，解剩十一口，高濶俱一尺八寸。

前件看得三項大缸，俱體製高濶。用泥稍輭則斜攲不圓，用泥稍硬則碎裂不全，亦屬難成。雖經造解，十難選一，相應題請豁免，伏乞聖裁。　萬曆十五年七月初一日。

陳有年《陳恭介公文集》卷三《止無益之作捐不費之惠以濟重困事疏》　欽差巡撫江西等處都察院右僉都御史臣陳有年，題爲災方仰戴蠲卹，再丐天慈，止無益之作，捐不費之惠，以濟重困事。萬曆十五年十一月初七日，準户部咨爲地方重大水災，懇乞天恩亟賜蠲賑，以濟民艱以安地方事。該本部議覆巡按江西監察御史朱鴻謨題，勘過所屬寧州南昌等一十九州縣災傷，分數照例蠲免存留錢糧及留抵蠲銀兩。緣由奉聖旨「是應免應抵錢糧，俱依擬，以蘇民困，欽此」。欽遵。臣祗誦宸音，肅將德意，當行屬遵照蠲免抵補并刊發災户由票，散之災鄉，使人人沾聖天子實惠，莫不扶羸揞罷，幸須更無死者。於賑卹事宜先該臣與按臣行令被災府縣，酌議賙給并寬牛種之償，實倉庾之積，興堤圩之工，并多方拊卹，期以仰宣皇仁，俯蘇民困。然而上猶凛凛焉，未知攸濟，下猶閔閔焉，未匡以生。良以積詘之儲，難爲賑業；薦瘥之民，難與圖全。臣待罪地方，深爲此懼。竊計比年以來，皇上之惠綏江民□矣，江民之徼福厚矣，敢復不自揣量，妄有非望。伏又念之，君天也，病者之籲，天不知其煩也。元后，父母也，疾子之呼，父母不知其數也。臣是以敢請。然臣非敢乏軍國之需也，又非敢干千億之澤也。微獨是即民賴之，而臣職得便宜從事，不敢請也。即請之而不足以光聖德，依於王政亦不敢陳也。臣所爲請者，蓋所謂無益之作，不費之惠也。是臣所以推廣仁恩，而願忠於陛下之分也，惟陛下垂念焉。夫所謂無益之作者何，則難成瓷器是也。臣查得御用瓷器，原奉旨額造九萬六千六百二十四個、副、對、面、座、枝、口、把，屢奉旨減造二千九百四十七個、面、座、副、對、枝、口，陸續解進七運共六萬六千三百四十八個、副、對、枝、口、把，又續解第八運九千九百三十六個、副、對、口、把，未完一萬七千三百九十三個、副、對、枝、口、把，內朱砂鮮紅及玲瓏等器難成者一千五百六十四個、副、對、口。近該臣會同按臣查開請豁，未奉明旨。夫諸器之斷斷難成，具在前疏中，不敢再瀆，臣姑言其關災務者。凡器非能徒造也，其物料人工種種皆官錢也，而官錢又非若川流常繼也。費於東則西闕，縻於前則後窮，其事理固然也。方今遺瘠嗷嗷，慮以爲青黄不接，無所續命焉。頹圩漫漫，慮以爲耒耜隨作，無所索畎焉。兹之日假令造一器得一器之供，費一錢得一錢之用，臣猶以爲陛下必不忍以區區器易生靈養也。若之何其以斷斷難成者耗之也。陛下誠以其費移之於發賑，賑一瘠得一輪稅之夫，移之於修築，築一圩得一供稅之土。又使百姓曉然仰慎德，而驩然頌至仁。陛下何愛焉，其不以千五百必不可冀之空器爲百姓德也？此一者爲役甚耗，而止之足以慰災民，且光聖德者也。所謂不費之惠者何則？長河魚課是也。臣查得南昌府長河歲解額課四百七十八兩有奇，饒州府長河歲辦進淮府魚鮮銀九十四兩有奇，舊皆課甲輸課而專其利，餘民無敢入者。自去年災傷，權弛南昌河禁，官爲解課而恣災民取其間。垂首枵腹皆得操器而漁，纖鯫庶鮮皆得易粟而食。捐一濟百，人頗賴以生。今歲又災，該臣與按臣議如去年例，因併行之饒州府。議者謂依古澤梁無禁之義，遂永蠲之便。臣請先言目前者。夫長河漁利，業已公之惸黎，無可徵矣。除淮府魚鮮行饒州府查議解進外，其南昌府額課例當補解。然臣竊念解之內府，不啻滄海之一毛，留之災方，或可備饑時之一口，又使百姓知秋毫總出鴻造，而一息皆賴迓續。陛下又何愛焉，其不以四百七十餘金不腆之賦爲百姓德也？此一者爲利甚微，而捐之是以食災民，且依於王政者也。夫瓷器臣頃既言之矣，重言之近於瀆。漁課臣曩年既解之矣，屑屑丐之近於細，然而臣不敢避也。臣竊從數千里外，見皇上慮周海寓，念軫彫瘵，至發內帑，實貲捐鉅萬大積，而復惓惓壓聖衷，若恐不逮其生者，此何心哉。豈其輕施乎實且大者，而重靳乎空且小者，臣有以知皇上之必不然也，臣是以敢請，是臣所以推廣仁恩而願忠於陛下之分也。陛下更垂察焉。如蒙敕下該部，將難成瓷器盡行免造，其南昌漁課暫免今歲解補，地方幸甚，愚臣幸甚。臣冒干天慈，無任悚息，祈懇待命之至，緣係災方仰戴蠲卹，再丐天慈，止無益之作，捐不費之惠，以濟重困。事理未敢擅便，爲此具本專差承差程四通親賫，謹題請旨。萬曆十五年十一月二十四日。

陳懋仁《泉南雜志》卷上　德化縣白瓷，即今市中博山佛像之類是也。其(坏)〔坯〕土産程寺後山中，穴而伐之，綆而出之，碓極細滑，淘去石渣，飛澄數過，傾石井中以漉其水，乃塼埴爲器石，爲洪鈞，足推而轉之。薄則苦窳，厚則綻裂，土性然也。初似貴，今流播多，不甚重矣。或謂開窑時，其下多藏白瓷，恐傷地脉，復掩之。

徐學聚《國朝典彙》卷一九八《工部一三·燒造》　宣德二年，內官張善往饒州監造瓷器，貪黷酷虐，下人不堪。所造御用器多以分饋其同列，事聞，上命斬於都市，梟首以徇。

正統七年，江西所造九龍九鳳膳亭及龍鳳白瓷罐俱不及式，工部請治提調官罪，復令改造。上恐勞民，詔勿改造，提調官宥之。

天順六年，光祿寺以供用龍鳳花素瓷器萬餘件皆損敝，請勅工部移文有司成造，上以其勞民，已之。

成化二十一年，直隸巡撫王恕上言：朝廷差內臣往浮梁縣景德鎮燒造御用瓷器，今已年久，僱覓夫匠買辦柴土顔料及供給監燒官員人等，每年用銀不下數千餘兩，俱是饒州等三府小民出備，雖曰瓷器，計其所費不減銀器之價。近聞原差內臣隨陞太監鎮守江西，往來提督，而家人常川在彼生事尤甚，供給益侈，即今三府之民疲敝，困苦不可勝言。況所燒瓷器年積月累，其數必多，合無暫停數年，以蘇民困，待缺用再燒，亦未爲晚。

弘治十五年十一月，順天巡撫洪鍾奏毀永平陶窑，以息軍民横役之苦，從之。

正德十一年五月，遣中官監督燒造瓷器。

十五年十月，巡按江西御史唐龍請革燒造太監，不報。詳中官

嘉靖八年十月，太監劉良奉旨督造弘治、正德中未完瓷器三十餘萬，給事中陳皐謨言：先年止是饒州府委官燒造，近時乃遣中官，大爲民害，請罷之。疏下工部，覆如皐謨言。上曰：燒造非自今始，且日用亦不可缺，爾等既有所見，何待言官論及，廼爲此議，不過畏人言耳，如旨行。

三十四年，江西進瓷器，上以色淺不堪，命查經管人員。及回奏，下監督同知楊錫文、通判陳煉於撫臣逮問，巡按御史吳遵并司府官俱奪俸有差。

明年詔江西燒造瓷器十餘萬，給事中龍光等請暫停止以蘇窮民，即不可已，亦宜量減十之三四，仍寬其程限，毋重困一方，報聞。

談遷《國榷》卷二四 （英宗正統三年十二月）丙寅，中書舍人邢恭、推官趙敬、知縣羅經、主簿劉景爲監察御史。

禁江西窑場燒造青花白地瓷器，貨賣餽送，違者正犯論死，全家戍口外。

談遷《國榷》卷二六 （英宗正統十二年十二月）甲戌，禁饒州私造黃紫紅緑青藍白地青花等瓷器，冒者首犯磔死，籍家貲，丁男戍邊，知不告者，連罪坐。

《中國陶瓷古籍集成・〈崇禎十年碑御器廠〉》 浮之景德鎮，以陶爲業，集八方烏合之衆【略】朝廷御用於是乎出。

唐武德二年建有陶廠，【略】

我太祖高皇帝三十五年，改陶廠爲御器廠，欽命中官一員，特董燒造。肅皇帝革中官，而任復歸於輔臣。顯皇帝二十七年，復命中官爲政，三十六年輟燒造，而撤中官。因革無常【略】高皇帝以淳樸開基，敦大貽訓，土硎可啜，奇巧不尚，有古帝王風度。沿及列祖以迄今上，聖人迭出，力行節愛，燒造不興，與民休息。

張岱《石匱書》卷六《英宗本紀上》 （英宗正統三年）十二月命御史巡視淮浙鹽課，禁江西窑場燒造青花白地瓷器，貨買餽送。違者正犯處死，全家戍口外。

閻鎮珩《六典通考》卷四 刮摩之工玉柳雕矢磬。後漢尚方令掌上手工作，御刀劍玩好器物及寶玉作器，宦者蔡倫爲尚方令監作。祕劍及諸器械莫不精工堅密，爲後代法。唐冶署令掌琉璃玉作等事。宋凡天子器玩、后妃服飾、雕文錯彩、工巧之事，分隸于文思院後苑造作所。金文司署令丞各一，掌造分印合傘浮圓金銀等物。元將作院有玉局提舉司，大都有減鐵局、銷金局、雕木局，各提領。明工部統文思院内監，置銀作局，各有大使副使。摶埴之工陶旊。後漢將作大匠，屬官有前後中甄官令。晉少府領甄官署，掌磚瓦之任。宋齊有東西陶官瓦署，督令各一人。北齊太府寺統甄官署，又別領石窟丞。後周有陶工中士一人，掌爲尊彝簠簋等器。隋甄官署屬太府，供琢石陶土及作磚瓦瓶缶，改屬將作。又有右校署令丞二人，掌管土作瓦泥，并燒石灰厠溷等事。宋窑務掌陶土爲磚瓦，以給營繕及缾缶之用，監官三人。金甄官署置令丞及直長，掌劚石埏埴之事。元工部有光熙門窑場提領，又有大都四窑場提領、大使、副使，營造琉璃磚瓦，隸少府監。明工部營繕司所轄有黑窑場、琉璃廠以陶瓦器。

《中國陶瓷古籍集成・〈奉憲永禁碑〉》 提督江西通省學政按察使司僉事加一級王批，仰兩院暨各司道批示繳；又奉護理江西按察使司分巡饒九道，本府正堂加一級李批，瓷器書字，破碎即同瓦礫，今（原空）案（原空）到廳，奉此合行勒石永禁，爲此碑。仰合鎮窑户工匠人等知悉：嗣後燒造瓷器，無論大小精粗（下缺）聖之心，共相勸戒，永遠遵行。倘視虛套，陽奉陰違，一經查出，定拿枷責不貸。須至碑者。

康熙三十八年七月立。

查慎行等《（康熙）西江志》卷二七 窑座（缸窑制）前寬六尺，後如前，饒五寸，人身六尺，頂圓魚缸大様、二様者，止燒一口，瓷缸三様者，一窑結砌二臺，則燒二口，溜火七日夜。溜火小火也，如水滴滴，小小起火，使水氣漸乾漸熟，然後起緊火二日夜。見缸匣既紅，而復白色，前後皆明亮，方可止火封門。又十日窑冷方開。每窑約用柴百二十扛，遇陰雨或加十扛。龍缸大窑，原系三十二座，近（後）因青窑數少，龍缸空閑，將龍缸大窑改砌青窑十六座，仍存龍缸大窑十六座，以備燒造龍缸之用。

青窑比缸窑略小，前寬五尺，后五尺五寸，人身四尺五寸。每座燒盤碟中様器，止燒二百多件，稍大者一百五六十件，大碗二十四件，尺碗三十件，大壇止燒十六七件，小酒杯五六百件。溜火對日，緊火一日夜，看其火色，亦如龍缸窑法。火住封門，則去頂，故窑易冷，首尾五日，可出器。每窑用柴六十扛，若系大碗大壇拜磚等大器，須量加柴十扛，或遇久雨窑濕，又宜加十扛，秋陽烈日六十扛裕如矣。

匣窑大小不一，所費柴火與青窑相等。每窑除龍缸大匣外，其余大小匣，可燒七八十件，用柴五十五扛，各燒成匣，有一用即損者，有再用方壞者，參差不一。惟龍缸匣則匣既大，而用柴亦多。每窑燒缸匣六層，大様二様，或蓋或圈，

皆燒香一炷，旁以小匣培之。三樣缸匣，小則燒一炷，培亦如之，須用柴六十扛，溜火三日夜，緊火一日一夜，住火三日，方可出窑。大都窑乾坯乾柴乾，則少坼裂沉暗之患，土細料細工夫精細，則無粗糙污滓之虞。又必火候均勾，無太過不及，且釉行光瑩，器自完美。釉土不特宜真，亦宜舂淘精熟；此燒造之大端也。

《明史》卷七二《職官志一》 工部。尚書一人，正二品。左、右侍郎各一人，正三品。【略】

尚書掌天下百官、山澤之政令。侍郎佐之。

營繕典經營興作之事。凡宮殿、陵寢、城郭、壇場、祠廟、倉庫、廨宇、營房、王府邸第之役，鳩工會材，以時程督之。凡鹵薄、儀仗、樂器，移內府及所司，各以其職治之，而以時省其堅潔，而董其窳濫。凡置獄具，必如律。凡工匠二等：曰輪班，三歲一役，役不過三月，皆復其家；曰住坐，月役一旬，有稍食。工役二等，以處罪人輸作者，曰正工，曰雜工。雜工三日當正工一日，皆視役大小而撥節之。凡物料儲偫，曰神木廠，曰大木廠，以蓄材木，曰黑窑廠，曰琉璃廠，以陶瓦器，曰臺基廠，以貯薪葦，皆籍其數以供修作之用。

虞衡典山澤採捕、陶冶之事。凡鳥獸之肉、皮革、骨角、羽毛，可以供祭祀、賓客、膳羞之需，禮器、軍實之用，歲下諸司採捕。水課禽十八、獸十二，陸課獸十八、禽十二，皆以其時。冬春之交，罝罛不施川澤；春夏之交，毒藥不施原野。苗盛禁蹂躪，穀登禁焚燎。若害獸，聽爲陷穽獲之，賞有差。凡諸陵山麓，不得入斧斤、開窑冶、置墓墳。凡帝王、聖賢、忠義、名山、岳鎮、陵墓、祠廟有功德於民者，禁樵牧。凡山場、園林之利，聽民取而薄征之。凡軍裝、兵械，下所司造，同兵部省之，必程其堅緻。凡陶甄之事，有歲供，有暫供，有停減，籍其數，會其入，毋輕毀以費民。凡諸冶，飭其材，審其模範，付有司。錢必準銖兩，進於內府而頒之。牌符、火器，鑄於內府，禁其以法式洩於外。凡顏料，非其土產不以征。

《明史》卷八二《食貨志六》 採造之事，累朝侈儉不同。大約靡於英宗，繼以憲、武，至世宗、神宗而極。其事目繁瑣，徵索紛紜。最鉅且難者，曰採木。歲造最大者，曰織造，曰燒造。酒醴膳羞則掌之光祿寺，採辦成就則工部四司、內監司局或專差職之，柴炭則掌之惜薪司。而最爲民害者，率由中官。

明初，上供簡省。郡縣貢香米、人參、葡萄酒，太祖以爲勞民，却之。仁宗初，光祿卿井泉奏，歲例遣正官往南京採玉面狸，帝叱之曰：「小人不達政體。朕方下詔，盡罷不急之務以息民，豈以口腹細故，失大信耶！」宣宗時，罷永樂中河州官買乳牛造上供酥油者，以其牛給屯軍。命御史二人察視光祿寺，凡內外官多支及需索者，執奏。英宗初政，三楊當軸，減南畿孳牧黃牛四萬，糖蜜、果品、腒脯、酥油、茶芽、粳糯、粟米、藥材皆減省有差，撤諸處捕魚官。即位數月，多所撙節。凡上用膳食器皿三十萬七千有奇，南工部造，金龍鳳白瓷諸器，饒州造，硃紅膳盒諸器，營膳所造，以進宮中食物，尚膳監率乾沒之。帝令備帖具書，如數還給。景帝時，從于謙言，罷真定、河間採野味、直沽海口造乾魚內使。【略】

燒造之事，在外臨清甎廠，京師琉璃、黑窑廠，皆造甎瓦，以供營繕。宣宗始遣中官張善之饒州，造奉先殿几筵龍鳳文白瓷祭器，瓷州造趙府祭器。踰年，善以罪誅，罷其役。正統元年，浮梁民進瓷器五萬餘，償以鈔。禁私造黃、紫、紅、綠、青、藍、白地青花諸瓷器，違者罪死。宮殿告成，命造九龍九鳳膳案諸器，既又造青龍白地花缸。王振以爲有璺，遣錦衣指揮杖是督官，敕中官往督更造。成化間，遣中官之浮梁景德鎮，燒造御用瓷器，最多且久，費不貲。孝宗初，撤回中官，尋復遣。弘治十五年復撤。正德末復遣。

自弘治以來，燒造未完者三十餘萬器。嘉靖初，遣中官督之。給事中陳皐謨言其大爲民害，請罷之。帝不聽。十六年新作七陵祭器。三十七年遣官之江西，造內殿醮壇瓷器三萬，後添設饒州通判，專管御器廠燒造。是時營建最繁，近京及蘇州皆有甎廠。隆慶時，詔江西燒造瓷器十餘萬。萬曆十九年命造十五萬九千，既而復增八萬，至三十八年未畢工。自後役亦漸寢。

嵇璜等《續通典》卷三一《職官九・甄官署》 唐置令一人，丞二人，掌琢石陶土。宋窑務掌陶爲塼瓦，以給營繕及缾缶之器。金甄官署有令丞直長等官，掌劚石及埏埴之事，屬工部。元大都留守司所屬大都四窑場，提領一人，大使一人，副使一人。領匠夫三百餘户，營造素白琉璃磚瓦。其南窑場、西窑場、琉璃局各設大使一人，副使一人。明黑窑廠、琉璃廠以陶瓦器，屬工部虞衡司。

嵇璜等《續文獻通考》卷二四《征榷七》 〔至元〕五年七月，定瓷窑以二八抽分，著爲例。

《中國陶瓷古籍集成・常德壽〈查訊安尚義燒造瓷器摺〉》 〔雍正三年四月初三日〕江西布政使奴才常德壽謹奏，爲據實奏明事。

竊奴才前恭請訓旨，蒙皇上面諭：着訪查安尚義在景德鎮燒瓷有無招摇等因，欽此。欽尊。奴才到任之後，遵即密委經歷王聯勞至景德鎮地方細查。據該員回稱：安尚義之子現在揚州行鹽，自康熙五十九年起，差伊家人馬自弘、楊宗，伙計俞登朝三人，每年用銀九千兩，在景德鎮置買材料，雇工燒瓷。所燒瓷器盡行載到揚州轉送進京。歷年以來所用材料以及工匠價值，俱預行給發，並無短少，亦無招摇生事等語。奴才猶恐所訪未實，又調浮梁縣知縣吴邦基到省，細加面詢，據稱安姓家人，在鎮燒瓷，從前未知確實，自邦基到任，三年以來，並無招摇生事克扣窑户，亦無片紙到官，甚屬安静等因。出具印結存案，爲此據實繕摺恭奏以聞。

朱批：知道了。

《中國陶瓷古籍集成·〈唐公仁壽碑記〉》 恭祝榮誕。

人以蓬島之群，□宇内之壽意，比題於錦軸屏聯之上，而鼓樂喧賀者，不□巨觀其舊套而已矣。惟唐公之壽，咸從心感。願鼎□於千秋之不朽，乃真壽也。故闔鎮之商賈與窑户，□是。大人臨鎮以來，年年豐熟；大衆採買物料，在在公平；瘋顛孤客，得丹救而還鄉；水陸行夫，免當差而逸樂；大人敬奉火神，而保衆姓之清泰；虔供窑仙，而廣瓷玩之增華；且蒙窑價公發之外，添增酒食；窑火老嫩之失，示諭解迷，是以我等感仁感諭，而願公於三多之祝，非邀蓬島諸奇之比套云耳。

通廠工匠頌曰：

大人體皇上之仁；教衆工之善，每見匠有未悟者，授指致精，而進其終身之益；勤能體諭者，額外奬賞而勵其諸作之專；匠有疾病者，延醫製藥而急救；匠居窘急者，買房賞住而安身；年邁匠人，另賜衣帛食肉；衆餐餘積，呼來童叟均分；兼惜匠之至親，量才亦用；冬閏匠有債急，預叫領銀；空囊而旅喪無依者，濟以買棺買葬；將娶而未能團聚者，周其宜室宜家，於是共稱我輩之佛爺，欽命南方福壽主也。

共祝共歌，共具感戴之千秋銘頌，共喜記曰。竟不叙文，共寫公之實惠。

敬祝大人唐公諱英之仁誕。

雍正十三年五月端節。

沐恩衆等同立。

謝旻《〔雍正〕江西通志》卷二七《饒州府》 按《江西大志·陶書》云：陶廠，景德鎮，在今浮梁縣西興鄉，水土宜陶。宋景德中始置鎮，因名，置監鎮一員。元更景德鎮税課局，監鎮爲提領。洪武初，鎮如舊，屬饒州府浮梁縣。正德初置御器廠，專筦御器。先以兵興，議寢陶息民，至是復置。

唐武德二年，里人陶(王)〔玉〕獻假玉器，由是置務設鎮，歷代相因。宋以奉御董造。元泰定，本路總管監陶，皆有命則供，否則止。洪武三十五年，始開窑燒造，解京供用。有御廠一所，官窑二十座。宣德中，以營膳所丞專督工匠，正統初罷，天順丁丑仍委中官燒造，嘉靖改元，詔革中官，以饒州府佐貳督之。

御器廠，中爲堂，後爲軒，爲寢。寢後高阜，爲亭。堂之旁爲東西序。東南有門。堂之左爲官署，堂之前爲儀門，爲鼓樓，爲東西大庫房。爲作二十三，曰：大碗作、酒鍾作、碟作、盤作、鍾作、印作、錐龍作、畫作、寫字作、色作、匣作、泥水作、大木作、小木作、船木作、鐵作、竹作、漆作、索作、桶作、染作、東碓作、西碓作。爲督工亭，爲獄房。廠之西爲公館，東爲九江道。爲窑六，曰：風火窑、色窑、大小爁熿窑、大龍缸窑、匣窑、青窑。廠内神祠三，廠外神祠一。甃井二，爲廠二，曰：船柴廠、水柴廠。放柴房，燒窑人役歇房。

本廠燒造瓷器，舊用浮梁縣新正都麻倉等處白土，每百觔價銀七分。萬歷十一年，管廠同知張化美見麻倉老坑土膏已竭，掘窆甚難，每百觔加銀三分。近用該縣地名吴門托新土，有糖點者尤佳。但離鎮百六十餘里，價仍照給一錢。造龍缸，參用餘干婺源土及石末坯屑，相兼匀和，取其泥質堅勁，以便成造。䃭土出桃樹塢，青花白器通用之。白器䃭稍加煉灰。匣用砂土黄土相兼。砂土募夫挑擔，每百觔給工食銀二分，黄土係本廠原額，上工夫内量數撥用。

按：《饒州府志》：陶土出新正都麻倉山，曰千户坑，曰龍坑塢，曰高路陂，曰低路陂，四處爲上。又餘干婺源皆出。湖田一二圖出䃭石，即䃭土。又新正都長嶺出青黄䃭，義坑出澆白器䃭，二處爲上，有栢葉斑。他如石牛山李家塢，有黑縫者不堪。又吴門托新土，有糖點者亦佳。土皆民業，每土一擔，所費不過數分，而掘洞穿穴，貲財傷命不少。

按：管廠官，自正德至嘉靖初，中官一員專督。九年裁革，于各府佐輪選一員管理。四十四年，添設本府通判，專駐本廠燒造。後因停止，取回赴京別選。隆慶六年，復起燒造，仍于各府輪選。先是，南康府通判陳學乾議得，燒造事關通省，合無除南贛二府極遠外，于附近府佐内遴選，委管一年，交代將經手錢糧工料，并解過器皿數目，造册通詳。如果節約依期，廉能稱職，詳院旌奬，仍列薦剡。其有措索冒破，事跡顯著者，亦聽參革。若遇欽限緊急供用，仍聽本官申道咨司，那借應急，不致缺乏。掣肘撫按各批允行復查。景德鎮四縣接壤，諸省商民流寓，叢聚雜處，中間善惡難分。該鎮巡捕事務原屬附近桃樹鎮巡檢，不足彈壓。嘉靖四十二年，饒州府通判方叔猷建議，本鎮統轄浮梁縣里仁、長香等都一十三里居民，與所屬鄱陽、餘干、德興、樂平、安仁、萬年及南昌、都昌等縣，雜聚窑業，傭工爲生。聚居既多，盜賊間發。舊規設有巡檢，專管巡捕事外又于一十三里每里設約、副、保、總四名，就本里人户僉點，半年更換。其捕盜事宜，委管廠官總理。如附近縣分不服勾攝鈐束者，許本官指實呈道，重責問遣。萬歷十年以來，會議將本府督捕通判改駐景德鎮，兼理燒造。

陶用回青，本外國貢也。陂塘青産于本府樂平，石子青産于瑞州諸處。回青行，石子遂廢。至于敲青，首用鎚碎，内硃砂斑者爲上青，有銀星者爲中青。每斤可得青三兩。敲青後，取其奇零瑣碎，碾碎入注水中，用瓷石引雜石，真青澄定，每斤可得五六錢。畫青，每日辰午二次，集工役分青染漬。驗青法，回青淳則色散而不收，石青加多則色沉而不亮。每兩加石青一錢，謂之上青，四六分，謂之中青。中青用以設色，則筆路分明，上青用以混水，則顔(身)〔色〕清亮。真青混在坯上如灰色，然石青多則黑。真清澄底，匠憒不得匿，則堆畫堆混，則器亮而不青，如徽墨色。知縣朱賢議除回青之弊，每于打青之際，三人各付一觔，下令有能多出一錢者，賞銀若干。當官搥揀外，又行研淘，隨令三人各淘，計各若干。較三人之常，取多寡之中而爲之劑量，以登其數。則揀淘之人雖欲爲奸，不可得矣。若夫畫青之際，照依估約之數，隨其器之大小，給以青之多寡，令其繪畫。擇純朴者二人，一以繪大，一以繪小，嚴爲之防，明爲之察。畫完本器，有無同異，如是而三試之，則畫工之真僞，顔色之濃淡，有不知者否也。即將畫成之器，附窑帶燒，即爲樣器，分畫工以繪器也。視此以爲顔料之多寡，責畫工以成器也。視此以驗顔色之濃淡。如此而程能，如此而課功，則雖不必人爲之防，官爲之稽，而欲顔色之淺淡，不可得矣。

官窑五十八座，除缸窑三十餘座燒魚缸外，内有青窑，係燒小器，有色窑，造顔色。制員而狹，每座止容燒小器三百餘件，用柴八九十擔。民間青窑約二十餘座，制長濶大，每座容燒小器千餘件，用柴八九十擔，多者不過百擔。官民二窑，槀柴一之，埴器倍之。民窑燒器，自入窑門始九行。前一行，皆粗器，障火三行，間有好器，雜火中間。前四、中五、後四皆好器，後三、後二皆粗器，睬前行。官窑燒造者，重器一色，前以空匣障火。官窑之器純，民窑之器雜，制繇異也。官窑砌欲固，塗欲密，使火氣全，而陶器易熟，不至鬆泄。其爨料多寡，亦睬民窑廣狹差等耳。官窑業已不同，官作趨辦塞責，私家竭作保傭，成毁之勢異也。窑座前寬六尺，後如前，饒五寸。入身六尺，頂圓。魚缸大樣、二樣者，止燒一口。瓷缸三樣者，一窑結砌二臺，則燒二口。溜火七日夜。溜火，小火也，如水滴溜，小小起火，使水氣漸乾漸熟。然後起緊火二日夜，見缸匣既紅而復白色，前後皆明亮，方可止火封門。又十日窑冷方開。每窑約用柴百二十擔。遇陰雨，或加十擔。龍缸大窑，原係三十二座，近因青窑數少，龍缸空閑，將龍缸大窑改砌青窑十六座，仍存龍缸大窑十六座，以備燒造龍缸之用。青窑比(紅)〔缸〕窑略小，前寬五尺，後五尺五寸，入身四尺五寸。每座燒盤碟中樣器止燒二百多件，稍大者一百五十六件，大碗二十四件，尺碗三十件，大罈止燒十六七件，小酒杯五六百件。溜火對日，緊火一日夜。其看火色亦如龍缸窑法。火住封門，則去頂，故窑易冷。首尾五日可出器。每窑用柴六十擔。若係大碗、大罈、拜磚等大器，須量加柴十擔。或遇久雨窑濕，又宜加十擔。秋陽烈日，六十擔裕如矣。匣窑大小不一，所費柴火與青窑相等。每窑除龍缸大匣外，其餘大小匣可燒七八十件，用柴五十五擔。各燒成匣，有一用即損者，有再用方壞者，參差不一。惟龍缸匣則匣既大，而用柴亦多。每窑燒缸匣六層，大樣二樣，或蓋或圈，皆燒香一炷，旁以小匣培之。三樣缸匣，小則燒二炷，培亦如之。須用柴六十擔。溜火三日夜，緊火一日一夜，住火三日，方可出窑。大都窑乾、坯乾、柴乾，則少拆裂沉暗之患，土細、料細、工夫精細，則無粗糙污滓之虞。又必火候均勻，無太過不及，且釉行光瑩，器自完美。釉土不特宜真，亦宜舂淘精熟，此燒造之大端也。

各作工匠，倘技藝精熟，則燒造亦易成。六作之中，惟風火窑匠最爲勞苦。方其溜火一日之前，固未甚勞，惟第二日緊火之後，則晝夜省視添柴，時刻不可停歇。或倦睡失于添柴，或神昏悞觀火色，則器有楛窳、拆裂、陰黄之患。蓋造坯彩畫，始條理之事也，入窑火候，終條理之事也。火弱則窳，火猛則僨。今查每窑作頭僅四人，燒火一人，人力既少，精神有限，欲其無倦悞也難矣。合用看火作頭四五名，燒火匠二名。每夜廠官親臨窑邊巡督，編立更夫并民快各五名，分定更籌，遞相巡警，以察勤惰。至開窑時，器皿完美，厚賞旌勞，倘有不堪，量其輕重懲戒。他如工匠損壞大器坯胎，須令謹慎，若加怒責，則畏懼相欺，雖知撞搕，亦蒙蔽不言。故自洗補至入窑，必看坯胎堪否，然後蓋匣封固，起火燒造。如繪畫中小器，亦須細看上下四週，有無疵繆，必體質完美方可入窑，不然則徒費罔功矣。

按：隆慶五年，都御史徐栻疏，題稱該內承運庫太監崔敏題爲缺少上用各樣瓷器，單開要燒造裏外鮮紅盌、鍾、甌，并大小龍缸、方盒各項，共十萬五千七百七十桌、個、對。其龍缸降發體式，底濶肚凸，多致墜裂。五彩缸樣，重過火，色多係驚碎。三層方匣等器，式樣巧異，一時難造。且頭運瓷器一萬五百九十七桌、個、對，限本年九月，二運一萬七百五十桌、個、對，限本年十二月，欽限一萬四千五百五十個、把，限明年二月，其餘八運，逐年解進。但今窑作坯房，傾壞日久，新經修完，又兼物料細膩，式樣精巧，難以措辦。見遭洪水爲患，土料疎散，成坯甚難。冬月水冰土凍，尤難造作。況係火中取物，必須假以時日，多作坯胎入窑，百中選一。呈乞轉達。查例，將鮮紅改作礬紅。欽限龍缸、方匣，減數一二運，并八運寬限，以甦民困。續該工科都給事中龍光等題稱，江西物力瘠薄，災荒頻仍。先經奉詔停止燒造，工匠多遷別業。茲忽傳燒造瓷器十萬五千七百有零，較先年之數，幾增一倍。且規制花樣精細，恐措辦不前。乞敕該監擇緊要者，移文燒造，其餘可減者，量裁十之三四，仍乞寬限分運解進。今年九月起解一運，十二月起解一運，以後八運，每年造解一運，俱限十月以裏。隨又巡按劉思問議，照前項瓷器，係供上用，今既缺乏，見奉欽依造解。臣等遵依，屢督所司及期燒造，臣何敢復言。但據各司道官會呈，及地方工匠人等鳴告，臣爲之反覆圖維，委屬有據。蓋物料細膩，色樣精巧者，一時果難措辦。而水火幻化，卒難取，必須假以時日，多作坯胎，燒煉精選，百中二三，其事理固然。況該府自兵燹之後，閭里蕭條，今歲突被水災，人民困苦，流移載道。是災傷之苦似無妨于營作之興，而營作之勞實必資于民力之裕。乃民遭時艱，畎畝陸沉，顆粒罔措，俯仰無資。大小工匠，約有五百，奔走力役之人，不下千計，日費百斛，皆當區處供給。且水溢則土易疎，土易疎則坯易散，于物理尤不容强。臣目擊艱苦，又期限嚴迫，懼致後時，夙夜疚心，烏敢不吐瀝于君父之前。伏望軫念工力孔艱，民隱當恤，敕部詳議，將鮮紅瓷器查照前例，改造礬紅，龍缸、方匣等項，量減數目，并頭運、二運、續奉欽限運數，稍爲寬限。以後八運，酌分間年一運，或二年一運，以紓造作之苦，轉運之勞。斯我皇上於供用之中，寓樽節之意，自足以寬養民力。江西一路，莫不欣欣鼓舞，戴聖德于無涯，而地方亦有攸賴矣。又查得嘉靖二十六年二月內，江西布政司呈稱，鮮紅桌器，拘獲高匠，重懸賞格，燒造未成。欲照嘉靖九年日壇赤色器皿改造礬紅。該部查有嘉靖九年事例，題奉聖旨，鮮紅瓷器准照先年例，用礬紅燒造。

萬曆十一年，內承運太監孔成等題爲急缺上用各樣瓷器事，奉旨，瓷器着照數燒造，分運解進，不許違悞。內燭臺、屏風、筆管減半造。工科都給事中王敬民等題稱，竊惟器惟取其足用，不必于過多也，亦惟取其適用，不必于過巧也。今據該監所開，如碗、碟、鍾、盞之類，皆上用之所必需，而祭器若籩、豆、盤、罍等項，尤有不可缺者，是豈容以不造耶。但中間如圍碁、别碁、碁盤、碁罐，皆無益之器也，而屏風、筆管、缾、罐、盒、罏，亦不急之物也。且各樣盒至二萬副，各樣缾至四千副，各樣罐至五千副，而總之至九萬六千有奇，不幾於過多乎。況龍鳳花草，各肖其形容，而五彩玲瓏，務極其華麗，又不幾於過巧乎。此誠草茅之臣所爲駭目而驚心者也。我皇上蓋亦洞見其用之不急，數之太多，故于燭臺、碁盤、屏風、筆管之數而令其減半造之。臣等于此有以仰窺克儉之盛心，而恭頌至仁之聖德矣。顧犬馬之微忱猶有所覬于聖明而不容已焉。昔舜造漆器，諫者七人，禹雕其俎，諫者不止。我皇上之心，是即舜禹之心也，而燒造數多，所費無算，是不止漆器雕俎之微也。矧方今寰宇荒歉頻仍，而江西地方物力尤瘠。一朝工，我皇上得無加之意乎。蠲不急之役，省無益之費，裁過多之數，禁淫巧之以九萬有奇之器用而取辦于一方，其勞費豈細故哉。伏乞愈恢儉德，益廣仁恩，酌其緩急，槩從省約，而于碁盤等物，尤盡數裁減。臣見省一分則民受一分之賜，惠一方則四方民舉安。抑且慎德之光、轉圜之美，直足以侈史册而垂裕萬世矣。奉旨：是。

按：郭子章《豫章大事記》：景泰五年五月，減饒州歲造瓷器三之一。成化二十三年九月，裁饒州燒造官。嘉靖十一年春二月乙巳，逮饒州知府祁敕下獄，以稽圜邱瓷器也。尋降邊方雜職。十七年春正月壬午，謫江西巡按御史陳袞爲韶州府推官，以燒造瓷器違限也。二十五年二月戊子，停今年燒造，從光禄卿孫禬奏也。三十四年己丑，下饒州府同知楊錫文、通判陳煉于撫臣逮問，以瓷器不堪也。萬曆十年秋七月，詔饒州造陶器計九萬六千六百餘件。二十九年冬十二月，逮饒州府通判陳奇可。署浮梁稅使潘相至景德鎮，鎮民訌，潘疏奇可不護，上怒，逮奇可。瓷器以宣窑爲佳，蓋宣德間器也，中有窑變者，極佳，非人力所可致，故人亦多毁之，不令傳。萬曆十五六年間，詔景德鎮燒方筯、屏風，不成，變而爲牀，長六尺，高一尺，可臥。又變爲船一隻，長三尺，舟中什物，無一不具。聞主者藏其船，至饒州郡縣官皆見之後乃椎碎，不敢以進也。

國朝順治十一年，奉旨燒造龍缸、欄板等件，差官監督燒造，未成，停止。康熙十九年九月内，奉旨燒造御器，差廣儲司郎中徐廷弼、主事李延禧，工部虞衡司郎中臧應選、筆帖式車爾德，于二十年二月内駐廠督造。每製成之器，實估價值，陸續進呈。凡工匠物料，動支正項錢糧，按項給發。至于運費等項，毫不遺累地方，官民稱便。陶器則有缸、盆、盂、盤、尊、爐、瓶、罐、碟、碗、鍾、盞之類，而飾以夔雲、鳥獸、魚水、花草，或描，或錐，或暗花，或玲瓏，諸巧具備。陶夫有雇夫、砂土夫，原派自饒州千户所，上工夫，編派饒屬七縣。解徵工食，俱奉造照徵，停造免編。康熙十年，燒造祭器等項，俱估值銷算正項錢糧，並未派徵。陶成，分限解京。

謝旻《（雍正）江西通志》卷一一七蕭近高《參内監疏》 題爲一省兩監，疲累已極，懇乞乾斷歸併，以廣皇仁，以奠民生事。臣昨閲邸報，有江西太監潘相一本，爲稅額徵收有歸窑務，允宜親歷專駐劄以効涓埃事。大約謂各礦封撤，稅包有司，相於額稅外無所事事，遂欲駐劄景鎮，專理窑務。又一本爲遵奉聖諭事，大約謂描畫瓷器須用土青，土青之中惟題準浙青爲上等，堪爲上供，其餘盧陵縣錫瓦山、永豐玉山二縣徐鳳等山土青顔色淺淡，皆中下等，無當御用，欲變價隨稅恭進，職以爲潘相此舉過矣。查得武宗皇帝時曾欽遣内臣督理窑務，至世宗皇帝英明遠矚，旋即革去，專令饒州府官一員督造，于時歲進，未嘗不如額也，器用未嘗不精好也。節年遵守，至今便之，即或間有粗糙，嚴責成於有司，有司奉法急公，未必在内監之後也，何爲潘相未奉明旨而逕往駐劄乎。謂之駐劄，相蓋欲爲久駐之計，營三窟之安，非特一時巡歷之比也。夫不待奏請而逕行駐劄，是曰自擅，既已駐劄而始爲題知，是曰要君，相罪至此，可勝原哉。況相一出必且弘剏衙門，繁侈供張必且多帶參隨，另作一番威福，區區一鎮何能堪此魚肉。往年相曾出巡一次，據所奏云：臣將抵鎮，民張樂焚香導臣三十里之外。嗟乎，聞有簞食壺漿以迎撫我之王師矣，未聞前歌後舞以導虐我之寇讐也。卒之到鎮數日，遂激變土民楊信三等，陷繫通判陳奇可等，以致燒燬御廠，焚刼御器，潘相僅以身免，至今鎮民欲甘心焉，相猶欲蹈其覆轍乎。臣聞鎮上傭工皆聚四方無藉游徒，每日不下數萬人，稍一騷動，嚮者四應，苟復激變如曩時，當此皇恩浩蕩之日，覩此景象，相一身何足惜，其壅遏明詔，虧累聖德，良非渺矣。臣愚以爲窑務責成有司，便若潘相者可報撤也，至於土青誠燒造所必資者，然潘相未開採之先不聞匱乏也，相之欲開採者，不過藉口上供耳。夫浙青既稱上等，以代回青之用，留之以描畫御器，誠非得已，至如永豐、玉山、盧陵三邑所出者，相亦評之爲中下品矣，此何當於御用而必欲採之乎。詔書曰：一切山洞封閉，以固天地之元氣。計徐鳳錫瓦等山之在皇輿内一小培塿耳，皇仁溥博，無微不被，何三邑山靈不得與敷天率土共邀新澤哉。且據相所奏不過欲取此中下之青，變價進上。夫既等之爲中下矣，所變之價能幾何哉，不啻九牛之一毛耳，皇上豈有賴焉，又何過聽仍遺此不了之禍於民間也。臣愚以爲浙青係供上用者，誠不可已彼三邑者，終當報罷不可復採也。大都江右土瘠民貧，無他奇産，民皆仰食餬口於四方，加以頻年水旱相仍，幾不聊生，而李道雄據於湖口，潘相咆哮於省會，十數年來苦此兩監，欲籲天而無從也。幸宸衷默啓，聖政維新，礦既撤矣，稅責有司矣，歸併於一稅監理之綽有餘裕，相何所事事，誠不宜一日留爲地方禍者。伏望聖明大奮乾斷，將潘相撤回，正其擅行駐劄之罪，庶少一監則地方少一監之害，其窑務專行有司督造，責令及時解進，其土青之在永豐、玉山、盧陵者，務遵詔旨盡行封閉，諭令有司不必採解，將令江右之民生如出水火而維新之德政益光史册矣。

謝旻《（雍正）江西通志》卷一三五唐英《陶務叙畧碑記》 事有至微且末而儲爲國用利於民生者，陶之爲器是也。上陳俎豆之列，下供飲食之需，由來非一日矣。稽其制，始乎漢而傳於歷代，異其地而盛於南昌。自前明設廠珠山之麓，命官督造，旋至奉行不善，費國帑荼，工匠役於是者幾不聊生。孰謂陶爲細務，而董其事者可不審慎乎哉！英，關東之瀋陽人也，世受國恩，從龍日下，隸籍内務府，幼即供役於養心殿二十餘載。我皇上御極之元年，仰蒙高厚殊恩，拔置郎署。方恐報稱無由，迺復於雍正六年秋八月，怡賢親王口宣天語，命英督監江西窑務，且有工匠疾苦宜恤，商户交易宜平之。諭大哉，皇言何其恩之周而慮之深也！英祇承出都，於本年十月間抵廠，一應工匠商户造辦交易之事，靡不仰遵聖諭，惕厲戰兢。凡出納毫釐器皿數目俱係造册，報銷於内務府總管年處，按月核算，迄今乙卯，七載於兹矣。雖勉竭駑駘，不敢苟忽，然才識鄙淺，舛誤實多，荷蒙聖慈，不加罪斥，且歲賜薪水之費五百金，舉家佩德飽恩，功難抵罪，自揣微陋。小臣平生，過分倖事，實爲未有。因念陶固細務，自一身以及工役，皆邀皇上周卹，敢不具述始末，以宣揚德意。且汙尊土簋，國家之儉德攸關，則陶器爲世所必需，而製造亦爲後所難免，得其道則事半功倍，失其道則公廢人勞。苟茫無稽於後，何如略志述於今？英雖不敢謂陶之微奧確信深知，然既習且久，其於製造之器皿條目款釉尺寸、工匠錢糧暨夫賞勤勸惰之大略，不無一得之愚。爰舉而條列於後，鐫石珠山之陽，俾後之繼英董理者知所考稽審慎，共體我皇上恤民勸工之至意，庶無糜費擾衆之弊。用述梗槩，以自志感惕，并示後之君子。倘所謂耕問僕、織問婢者，其或不失此意乎？

燒造各色條款

歲用淮安板閘關錢糧八千兩。

應工價、飯食、泥土、釉料，俱照民間時價公平採買，毫無當官科泒之累。再，衆工之婚喪勸賞以及醫藥置產之用并在於內。

在廠工匠、辦事人役支領工值食用者，歲有三百餘名。

每歲秋冬兩季，僱覓船隻夫役，解送圓琢器皿六百餘桶，歲例盤碗鍾碟等上色圓器由二三寸口面以至二三尺口面者一萬六七千件，其選落之次色尚有六七萬件不等，一併裝桶解京以備賞用。其缾罍罇彝等上色琢器，由三四寸高大以至三四尺高大者，亦歲例二千餘件。尚有選落次色二三千件不等，一併裝桶解京以備賞用。至於每月初二、十六兩期解送淮關總管年處，呈樣或十數件或六七件不等在外。

廠內所造各種釉水，款項甚多，不能備載，茲舉其仿古採今，宜於大小盤碗鍾碟瓶罍罇彝歲例貢御者五十七種，開列於後，以志大槩。

鐵骨大觀釉有月白、粉青、大绿等三種，俱仿內發宋器色澤。

鐵骨哥釉有米色、粉青二種，俱仿內發舊器色澤。

銅骨無紋汝釉仿宋器猫食盆、人面洗色澤。

銅骨魚子紋汝釉仿內發宋器色澤。

白定釉止仿粉定一種，其土定未仿。

均釉仿內發舊器，玫瑰紫、海棠紅、茄花紫、梅子青、驢肝馬肺五種外，新得深紫、米色、天藍、窑變四種。

仿宣窑霽紅有鮮紅、寶石紅二種。

宣窑霽青色澤濃紅，有橘皮椶眼。

仿廠官釉有鱔魚黄、蛇皮绿、鷰黄斑點三種。

龍泉釉有淺深二種。

東青釉有淺深二種。

仿米色宋釉係從景德鎮東二十里外地名，湘湖有故宋窑址，覓得瓦礫，因仿其色澤款式。

粉青色宋釉其款式色澤同米色宋釉一處覓得。

仿油绿釉係內發窑變舊器，如碧玉，光彩中斑駁古雅。

爐均釉色在廣東窑與宜興掛釉之間，而花紋流淌變化過之。

歐釉仿舊歐姓窑，有紅藍紋二種。

青點釉仿內發廣窑舊器色澤。

月白釉色微類大觀釉，白泥胎，無紋，有淺深二種。

仿宣窑寶燒有三魚、三果、三芝、五福四種。

仿龍泉釉寶燒本朝新製有三魚、三果、三芝、五福、四種。

翡翠釉仿內發素翠、青點、金點三種

吹紅釉

吹青釉

仿永樂窑脱胎青白錐拱等器皿

仿萬曆正德窑五彩器皿

仿成化窑五彩器皿

宣花黄地章器皿本朝新製。

法青釉係新試配之釉，較霽青濃紅深翠，無橘皮椶眼。

仿西洋雕鏤像生器皿伍拱盤碟瓶盒等項畫之，渲染亦仿西洋筆意。

仿澆黄錐绿花器皿

仿澆黄器皿有素地錐花二種。

仿澆紫器皿有素地錐花二種。

錐花器皿各種釉俱有。

堆花器皿各種釉水俱有。

抹紅器皿仿舊。

彩紅器皿仿舊。

西洋黄色器皿本朝新製。

西洋紫色器皿本朝新製。

抹銀器皿本朝新製。

彩水墨器皿本朝新製山水、人物、花卉、翎毛，仿筆墨濃淡之意。

仿宣窑填白器皿有厚薄大小不等。

仿嘉窑青花

仿成化窑淡描青花

米色釉與宋米色釉不同，有淺深二種。

釉裏紅器皿有通用紅釉繪畫者，有青葉紅花者。

仿紫金釉有紅黄二種。

澆黄五彩器皿此種係新試所得。

仿澆緑器皿有素地錐花二種。

洋彩器皿本朝新仿西洋法瑯畫法，人物、山水、花卉、翎毛，無不精細入神。

拱花器皿各種釉水俱有。

西洋紅色器皿本朝新製。

仿烏金釉黑地白花黑地描金二種。

西洋緑色器皿本朝新製。

西洋烏金器皿本朝新製。

抹金器皿仿東洋。

描金器皿仿東洋。

描銀器皿仿東洋。

廠官釉大缸口面徑三尺四五寸至四尺，高一尺七八寸至二尺，釉色有鱔魚黄爪皮。緑黄緑點三種。

謝旻《〔雍正〕江西通志》卷一三五唐英《陶冶圖編次》 一採石製泥

惟陶利用範土作胎，其土須採石煉製。石産江南徽郡祁門縣，距窑廠二百里，山名坪里，谷口二處皆産白石。開窑採取，剖有黑花如鹿角菜形，土人藉溪流設輪作碓舂細淘浄，製如磚式，名爲白不，不音敦，上聲。凡造瓷之泥土皆以此爲名。蓋景德鎮人土音也。色純質細，製造脱胎，填白青花圓琢等器。别有高嶺、玉紅、箭灘數種，各就産地爲名，皆出江西饒州府屬各境，採製法同白不，止可供攙合製造之用，於麤厚器皿爲宜。幅中爲開採、爲舂碓、爲畚煉採石製泥之法，不越於是云。

二淘練泥土

造瓷首需泥土，淘練尤在精純。土星石子定帶瑕疵，土雜泥鬆必至拆裂。淘練之法，多以水缸浸泥，木鈀翻攪，標起渣沈，過以馬尾細籮，再澄雙層絹袋，始分注過泥匣鉢，俾水滲漿稠，用無底木匣下鋪新磚數層，内以細布大單將稠漿傾入，緊包，磚壓吸水。水滲成泥，移貯大石片上，用鐵鍬翻撲結實，以便製器。凡各種坯胎，不外此泥。惟分類按方加配材料以别其用。幅中所載器具，人工描摹淘練情形悉備。

三煉灰配釉

陶製各器，惟釉是需，而一切釉水無灰不成其釉。灰出樂平縣，在景德鎮南百四十里。以青白石與鳳尾草迭壘燒煉，用水淘細即成釉灰，配以白不細泥，與釉灰調和成漿，稀稠相等，各按瓷之種類以成方加減，盛之缸内，用曲木横貫鐵鍋之耳，以爲舀注之具，其名曰盆，如泥十盆、灰一盆爲上品瓷器之釉泥；七八而灰二三爲中品之釉，若泥灰平對或灰多於泥，則成麤釉。圖中缸内所浮之鍋即盆是也。

四製造匣鉢

瓷坯入窑，最宜潔浄。一沾泥渣，便成斑駁。且窑風火氣沖突，易於傷坯，此坯胎之所必用匣鉢套裝也。匣鉢之泥土，産於景德鎮之東北里淳村，有黑紅白三色之異，另有寶石山出黑黄沙一種，配合成泥，取其入火禁煉造，法用輪車與拉坯之車相似。泥不用過細，俟匣坯微乾，畧鏇入窑，空燒一次，方堪應用，名曰鍍匣。而造匣鉢之匠亦常用麤泥拉造砂盌，爲本地鄉村坯房人匠等家常之用。

五圓器修模

圓器之造，每一式款，動經千百，不有模範式款，斷難畫一。其模子必須與原樣相似，但尺寸不能計算，放大則成器必較原樣收小，蓋生坯泥鬆，性浮，一經窑火，鬆者、緊浮者實一尺之坯止得七八寸之器，其抽縮之理然也。欲求生坯之準，必先模子是修。故模匠不曰造而曰修。凡一器之模，非修數次，其尺寸式款燒出時定不能脗合。此行工匠務熟諳窑火泥性，方能計算加減，以成模範。景德一鎮，羣推名手不過兩三人。

六圓器拉坯

圓器之制不一，其方瓣稜角者，則有鑲雕印削之作；而渾圓之器，又用輪車拉坯。就器之大小分爲二作，其大者拉造一尺至二三尺之盤盌鍾碟等，小者拉造一尺以内之盤盌鍾碟等。車如木盤，下設機局，俾旋轉無滯，則所拉之坯方免厚薄偏側，故用木匠隨時修治。另有泥匠摶泥融結，置於車盤，拉坯者坐於車架，以竹杖撥車，使之輪轉，雙手按泥，隨手法之屈伸收放以定圓器款式，其大小不失毫黍。

七琢器做坯

鉼罍鐏彝，皆名琢器。其渾圓者，亦如造圓器之法，用輪車拉坯，俟其晒乾，仍就輪車刀鏇定樣之後，以大羊毛筆蘸水洗磨，俾光滑潔净，然後吹釉入窑，即成白器。如於坯上畫料罩釉，即爲青花，其鑲方稜角之坯，則用布包泥，以平板拍練成片，裁成塊段，即用本泥調糊粘合。另有印坯一種，係從模中印出，製法亦如鑲方鑲印二種，洗補磨擦與圓琢器無異。凡此坯胎，有應錐拱雕鏤者，俟乾透定稿，以付㟙門工匠爲之。

八採取青料

瓷器無分圓琢，其青花者，有宣、成、嘉、萬之別，悉藉青料爲繪畫之需，而霽青大釉亦賴青料配合。料出浙江紹興、金華兩郡所屬諸山，採者赴山穵取於溪流，洗去浮土，其色黑黄、大而圓者爲頂選，統名爲頂圓子，俱以産地分別名目。販者攜至燒瓷之所，埋入窑地，煅煉三日，取出淘洗，始售賣備用。其江西、廣東諸山間有産者，色澤淡薄，不耐煅煉，止可畫染市賣粗器。圖中所繪，特詳採取，其於製煉則未及焉。

九揀選青料

青料煉出後，尤須揀選，有料户一行，專司其事。料之黑綠潤澤光色俱全者，乃爲上選。於仿古霽青青花細瓷用之，色雖黑綠而鮮潤澤者爲市賣粗瓷之用，至光色全無者，性薄煉枯，悉應選棄。至用料之法，畫於生坯，罩以釉水，過窑燒出，俱成青翠。若不罩釉，仍是黑色。如窑火稍過，則所畫青花多致散漫。惟青花中有韮菜邊一種，獨爲青楚，入窑不改，故細描必用之。圖内筐盛匣缽，乃屬點綴，非選料正意。

十印坯乳料

大小圓器，拉成水坯，俟其潮乾用修，就模子套坯其上，以手拍按，務使泥坯周正匀結，始褪下陰乾，以備鏇削。其濕坯不宜日晒，晒即拆裂。至畫瓷所需之料，研乳宜細，粗則起刺不鮮。每料十兩爲一缽，專工乳研經月之後，始堪應用。乳用研缽貯於矮凳，凳頭裝有直木，上横一板，鏤孔以裝乳槌之柄。人坐於凳，握槌乳之，工價每月三錢。亦有兩手乳兩缽，夜至二鼓者，工值倍之。老幼殘疾多藉此資生焉。

十一圓器青花

青花繪於圓器，一號動累百千，若非畫款相同，必致參差互異。故畫者止學畫而不學染，染者止學染而不學畫，所以一其手而不分其心。畫者、染者各分類聚處一室，以成其畫一之功。其餘拱錐雕鏤業似同而各習一家，釉紅寶燒技實異而類近於畫。至如器上之邊綫青箍，原出鏇坯之手，其底心之識銘書記，獨歸落款之工。花鳥禽魚寫生以肖物爲上。宣、成、嘉、萬倣古以多見方精，此青花之異於五采也。

十二製畫琢器

琢器之式，有方圓稜角之殊，製畫之方別采繪鏤雕之異，仿舊須宗其典雅，肇新務審其淵源。器自陶成，矩規悉遵古制。花同錦簇，采色勝上春臺。觀哥汝定均，抔汙之儀則非遠，水火木金土，洪鈞之調劑維神。或相物以賦形，亦範質而施采，功必藉夫埏埴，出自林泉，制不越夫鐏罍，重均彝鼎。爐烟煥色，雖瓦缶亦參橐籥之權，彩筆生花，即窑瓷可驗文明之象。

十三蘸釉吹釉

圓琢各器，凡青花與觀哥汝等，均須上釉入窑。上釉之法，古制將琢器之方長稜角者，用毛筆搨釉，弊每失於不匀。至大小圓器及渾圓之琢器，俱在缸内蘸釉，其弊又失於體重多破，故全器倍爲難得。今圓器之小者，仍於缸内蘸釉；其琢器與圓器大件，俱用吹釉法，以徑寸竹筒截長七寸，頭蒙細紗，蘸釉以吹，俱視坯之大小與釉之等類別其吹之遍數，有自三四遍至十七八遍者，此吹蘸所由分也。

十四鏇坯穵足

圓器尺寸既定於模，而光平必需於鏇，故復有鏇坯之作。作内設有鏇坯之車形，與拉坯車相等，惟中心立一木椿。椿視坯爲粗細，其頂渾圓，包以絲綿，恐損坯裏也。將坯扣合椿上，撥輪轉旋，用刀鏇削，則器之裏外皆得光平，其式款粗細關乎鏇手之高下，故鏇匠爲緊要之工。至穵足一行，因拉坯之時下足留一泥靶，長二三寸，便於把握以畫坯吹釉。俟吹畫工竣，始鏇去其柄，穵足寫款。圖中工匠鏇穵並列。

十五成坯入窑

窑制長圓形如覆瓮，高寬皆丈許，深長倍之，上罩以大瓦屋名爲窑棚，其烟突圍，圓高二丈餘，在後窑棚之外。瓷坯既成，裝以匣缽，送至窑户家，入窑時以匣缽叠累，罩套分行排列，中間疎散以通火路。其窑火有前中後之分。前火烈、中火緩，後火微。凡安放坯胎者，量釉之軟硬以配合窑位，俟坯器滿足，始爲發火，隨將窑門磚砌，止留一方孔，將松柴投入，片刻不停。俟窑内匣缽作銀紅色時，止火，窨一晝夜始開。

十六燒坯開窑

瓷器之成，窑火是賴。計入窑至出窑，類以三日爲率。至第四日清晨開窑，其窑中套裝瓷器之匣缽尚帶紫紅色，人不能近，惟開窑之匠用布十數層製成手套，蘸以冷水護手，復用濕布包裹頭面肩背方能入窑搬取瓷器。瓷器既出，乘熱窑以安放新坯，因新坯潮濕，就熱窑烘焙可免火後坼裂穿漏之病。圖内據案包紮者，爲出窑瓷器；肩運柴片者，爲現在燒窑。其搬運出窑情形未詳繪也。

十七圓琢洋彩

圓琢白器，五彩繪畫摹仿西洋，故曰洋彩。須選素習繪事高手，將各種顔料研細調合，以白瓷片畫染燒試，必熟諳顔料火候之性，始可由粗及細，熟中生巧，總以眼明心細手準爲佳。所用顔料與法瑯色同，其調色之法有三：一用芸香油，一用膠水，一用清水。蓋油色便於渲染，膠水所調便於搨抹，而清水之色則便於堆填也。畫時有就桌者，有手持者，亦有眠側於低處者，各因器之大小以就運筆之便。

十八明爐暗爐

白胎瓷器於窑内燒成，始施采畫。采畫後，復須燒煉，以固顔色，爰有明暗爐之設。小件則用明爐，爐類法瑯所用，口門向外，週圍炭火，器置鐵輪，其下托以鐵叉。將瓷器送入爐中，傍以鐵鉤撥輪令其轉旋，以匀火氣，以畫料光亮爲度。大件則用暗爐。爐高三尺，徑二尺六七寸，週圍夾層以貯炭火，下留風眼，將瓷器貯於爐膛，人執圓板以避火氣，爐頂蓋版，黄泥固封，燒一晝夜爲度。凡燒澆黄緑紫等器法亦相同。

十九束草裝桶

瓷器出窑，每分類揀選，以别上色、二色、三色、脚貨等名次，定價值高下。所有三色、脚貨，即在本地貨賣；其上色之圓器與上色二色之琢器，俱用紙包裝桶，有裝桶匠以專其事。至二色之圓器，每十件爲一筒，用草包紮裝桶，以便遠載。其各省行用之粗瓷，則不用紙包裝桶，止用茭草包紮，或三四十件爲一仔，字書云：仔，任也。一仔猶俗云一馱。或五六十件爲一仔，茭草直縛於内，竹篾横纏於外，水陸搬移便易結實，其匠衆多，以茭草爲名目。

二十祀神酬願

景德一鎮，僻處浮梁，邑境週袤十餘里，山環水繞，中央一洲。緣瓷産其地，

商販畢集，民窑二三百區，終歲烟火相望，工匠人夫不下數十餘萬，靡不藉瓷資生。窑火得失，皆尚禱祀。有神童姓，爲本地窑民。前明製造龍缸，連歲弗成，中使嚴督，窑民苦累。神躍身窑突中，捐生而缸成。司事者憐而奇之，於廠署内建祠祀焉，號曰風火仙，迄今屢著靈異，窑民奉祀維謹，酬獻無虚日，甚至俳優奏技，數部簇於一場。

謝旻《（雍正）江西通志》卷一三五唐英《龍缸記》 青龍缸，邑志載前明神廟間造。先是累弗成，督者益力。火神童公憫同役之苦，激而舍生乃成事，詳《神小傳》。此則成後落選之損器也，棄置僧寺牆隅。余見之，遣兩輿夫舁至神祠堂西，飾高臺與碑亭，對峙以薦之。或者疑焉，以爲先生好古耶，不完矣；惜物耶，無用矣。於意何居？余曰：否，否！夫古之人之有心者，之於物也，凡聞見所及，必考其時代，究其款式，追論其製造之原委，務與史傳相合，而一切荒唐影響之説，不得而附和之。或以人貴，或以事傳，或以良工見重，每不一致，要不敢褻昵云爾。故子胥之劍，陳之廟堂，揚雄之匜，置之墓口，甄邯之威斗，殉之壽藏。蓋其人生所服習，死所裁決，雖歷久殘缺，而靈所憑依將在是矣。況此器之成，沾溢者，神膏血也；團結者，神骨肉也；清白翠璨者，神精忱猛氣也。其人則神，其事則剏，其工則往古奉御之所遺留，而可不加之寶重乎？由志所云，萬歷己亥到今雍正庚戌，相去凡一百三十二年，其不淪於瓦礫者，必有物焉實呵護之。令非有心人也，神或召之耳。故記之：缸徑三尺，高二尺强，環以青龍，四下作潮水紋，牆口俱全，底脱。雍正庚戌歲　月　日記。

《中國陶瓷古籍集成・唐英〈遵旨赴景德鎮窑廠專司陶務摺〉》（乾隆四年正月二十三日）内務府員外郎奴才唐英謹奏：爲恭謝天恩事。

竊照兩淮鹽臣三保，於乾隆三年十一月十七日奉旨協辦淮關，奴才隨將到任日期奏報在案。續於十二月初八日，接户部札付奉上諭：「準泰既不能前往淮關，淮關税務即令三保署理，唐英單管宿遷關税務兼燒造瓷器。欽此。欽遵。移明鹽臣三保欽遵。」三保於十二月十九日到淮任。奴才於十二月十八日交印卸事訖。今正月二十日準署淮安關兩淮鹽臣三保咨，準户部札付内開，内務府總管海望議奏：「宿遷關税務，暫令辦理淮安關税務三保兼理。燒造瓷器事務，令唐英專司，等因。奉旨：知道了。欽此。欽遵。」奴才恭設香案，望闕叩頭謝恩訖。一面即將宿遷關書役文卷等件，於乾隆四年正月二十日移送三保交收管理在案。

伏案奴才犬馬愚賤，荷蒙天恩優渥，異命叠頒，感激之私，不禁涕零。奴才惟有竭力燒造，悉心辦理，以仰報高厚於萬一。奴才現將江西解淮上色瓷器九千三百七十五件，業於正月十二日由陸路運送進呈。尚有次色瓷器二萬一千餘件，奴才攢造册籍，收拾裝桶，由水路運送進京。奴才俟水運瓷務一竣，星赴江西辦理窑務。除到廠日期另摺奏報外，所有奴才感激微忱，恭摺奏謝天恩，并將淮關、宿關交代日期一并奏聞，伏乞聖鑒。謹奏。

朱批：知道了。

《中國陶瓷古籍集成·唐英〈奏請改由九江關動支銀兩經辦陶務摺〉》（乾隆四年正月二十日）内務府員外郎奴才唐英謹奏：爲奏明請旨事。

竊照江西窑廠燒造瓷器，於淮關贏餘内每年留辦公銀二萬兩，以爲窑工并辦差等用。奴才前於乾隆三年十一月内循照往例，奏請乾隆四年分窑工仍在淮關辦公銀内動支。經内大臣海望議復，每年於淮關留存銀内支領一萬兩，以爲燒瓷之用。如有不敷，再行奏請添支等因，奏淮行知在案。

奴才再加思維，竊以從前動用淮關銀兩，緣江西所造瓷器，先至淮關署内配成匣座，轉運至京，所以動用淮關銀兩，庶覺便易。但配座解運諸事，年希堯經辦數年，得以諳熟。奴才自雍正六年出差窑廠，兩三年到淮一次，面與年希堯講究配座、解運諸事，是以乾隆元、二、三等三年，奴才在淮料理匣座、收拾解運不致有誤。今奴才荷蒙天恩，畀令專司窑務，凡燒造之器，配座、裝桶、解運，奴才俱在江西一手辦理，直送京師，以免由淮繞道，耽延時日。既不在淮配座解運，似不必專需淮關銀兩。況淮關去江西二千餘里，從前淮關解銀到廠，俱咨明兩江總督臣沿江撥兵護送，夜則寄貯地方官庫，未免文案聲揚，且恐傳造器多，每年一萬兩不敷所用，奏淮之後，再移淮請領，往返動經數月，匠作人等不能停工以待。且今再用淮關銀兩，不無遠不及濟之虞。奴才思江西有九江一關，附近窑廠二百四十里，移取甚便，或於九江關贏餘内每年動支一萬兩，如不敷用，再行奏請添支，年滿報銷。淮安、九江兩關均屬贏餘錢糧，一轉移之間，不獨於公事有濟，且免護送聲揚之繁。

奴才犬馬下愚，因公籌劃，冒昧瀆陳，是否可行，仰懇皇上聖明訓示。抑或敕議，請旨欽定，俾知遵守，奴才頂戴鴻慈於靡既矣，奴才無任悚惶之至，謹奏。

朱批：有旨命汝管九江關税。望汝即照此奏辦理可也。

《中國陶瓷古籍集成·唐英〈奏到景德鎮窑廠日期摺〉》（乾隆四年三月初六日）内務府員外郎奴才唐英謹奏：爲恭報到廠日期事。

竊奴才荷蒙皇上隆恩，俯鑒宿關與窑廠相距遥遠，製造不能兼顧，恩允奏請，俾得專司窑務。奴才欽遵諭旨，將淮、宿、海三關事務，於正月二十一日與署淮關兩淮鹽臣三保陸續交待清楚，并將先造之瓷器，分作水陸兩運前後送京。奴才即於二月初二日自淮起身，至本月二十八日抵江西窑廠，隨於三月初一日開工。所有應造各種器皿，現在挨次攢造。但奴才自乾隆元年正月内離廠管理淮關，迄今三載，凡廠中一切事宜，另應悉心料理，容奴才逐一清理，敬謹造辦，陸續攢運呈進外，所有到廠日期，謹恭摺奏聞，伏祈聖鑒。謹奏。

朱批：知道了。

《中國陶瓷古籍集成·唐英〈奏請赴窑廠經理陶務由九江知府照管關務摺〉》（乾隆四年六月二十五日）内務府員外郎管理九江關務奴才唐英謹奏：爲預籌辦公事宜，恭請聖裁，以便遵行事。

竊照窑廠諸務，奴才承辦有年，久所熟悉。其最關緊要之時，在春則於二、三兩月，秋則於八、九等月。蓋二、三月間，當開工之始，所有器皿，各樣俱須定準。至調停釉水、配搭顔料，皆於此時料理。其八、九月之候，風日高燥，於坯胎火候均爲合宜，正當陶成各器之時。揀選講究，尤在熟諳之人親身經理。今奴才管理九江關務，原爲就近窑廠，可以及時照看。除今歲三月間，奴才在廠親自辦理外，擬於八月内届窑工正盛之時，奴才再行赴廠，以經理其事。惟是關、廠往返，兼之揀選講究，須在廠數天，計以半月爲率。在關務日有標單、收兑、放關諸事，勢必需員經管，方免疏虞。奴才伏念關署緊傍府城，若奴才赴廠之日，得委九江府知府就近暫爲照管，彼此俱無廢事，而於廠務、關務亦均有裨益。

奴才爲公事起見，預籌及此，可否？仰邀聖恩俯準奴才所請，俾嗣後赴廠以例欽奉遵行。奴才不勝悚惶待命之至。謹奏。

朱批：告之岳浚，照汝所請行。

《上海博物館藏清乾隆青花觚銘款》養心殿總監造，欽命督理江西陶政，兼管江南淮、宿、海三關，暨江西九江湖口大孤塘關税課，内務府慶豐司員外郎兼佐領加五級，沈陽唐英敬制五供全分，虔獻東直門外壩北長店村四道街東口，天仙聖母殿前永遠供奉。

大清乾隆五年十月朔日。

《中國陶瓷古籍集成·唐英〈遵旨敬謹辦理陶務摺〉》（乾隆六年五月二十

四日〕內務府員外郎管理九江關務奴才唐英謹奏：爲恭謝天恩，仰祈睿鑒事。

竊奴才於乾隆六年五月二十日接到怡親王諭字內開：「乾隆六年四月十二日奉旨：唐英燒造上色瓷器甚糙，釉不好，瓷器內亦有破的，着怡親王寄字唐英，欽此。」欽遵。相應傳去等因。奴才欽承之下，不勝戰栗栗惶。

伏查上年秋間，正值監造催總默爾森額抱病之時，奴才又距廠三百餘里，不能逐件指點，以致所得瓷器不無粗糙。至遠解到京，一路换船前進，幾經扛抬搬運，未免動摇磕觸，致有破損之件。此皆奴才料理未周，疏忽之咎，實難自逭。蒙皇上隆恩，不加嚴譴，惟命怡親王寄字教導，奴才犬馬感激之衷與惶懼之念，并刻凛靡寧。今奉差協造之內務府員外郎六十三，從前由藥房筆帖式同奴才在廠協辦三年，頗爲熟諳，昨到九江，奴才又與彼細加講究，嗣後奴才自當與六十三協盡心力，欽遵恩旨，小心敬謹辦理燒造，以仰酬皇上格外隆恩於萬一。

謹望闕叩頭，繕折恭謝，伏祈皇上睿鑒施行，謹奏。

朱批：不但去年，數年以來所燒者，遠遜雍正年間所燒者，且汝從未奏銷。旨到，可將雍正十、十一、二、三等年所費幾何，所得幾何，乾隆元年至五年所費幾何，所得幾何，一一查明，造册奏聞備查，仍繕清單奏聞。

《中國歷史博物館藏清乾隆青花供瓶銘款》 養心殿總監造，欽差督理江南淮、宿、海三關，兼管江西陶政，九江關稅務，內務府員外郎，乃管佐領加五級，沈陽唐英敬制。

獻東霸天仙聖母案前，永遠供奉。

乾隆六年春月谷旦。

《中國陶瓷古籍集成・唐英〈六十三赴廠辦理陶務摺〉》〔乾隆六年五月二十四日〕內務府員外郎管理九江關務奴才唐英謹奏：爲奏聞事。

竊奴才於乾隆五年十一月內，因江西瓷廠監造乏員，具摺奏請前往燒造。欽奉朱批：「向海望處有旨。欽此。」欽遵在案。嗣於乾隆六年三月初四日，按準廣儲司來文內開，本年二月初二日，內務府總管海望將員外郎六十三，催總永泰帶領引見。奉旨：「江西燒造瓷器，着員外郎六十三去。欽此。」等因。行知到關。今內府員外郎六十三於本年五月十五日來至九江關，奴才將燒造一切事宜與伊細行講究，隨於十八日自九江起程，前赴廠署。

除嗣後燒造瓷器或有未盡妥協處，奴才再爲講究外，所有該員外郎六十三業經前赴廠署緣由，理合恭摺奏聞，伏祈皇上睿鑒。謹奏。

朱批：有旨調回矣。

《中國陶瓷古籍集成・唐英〈窑工燒造費用摺〉》〔乾隆六年六月十七日〕內務府員外郎管理九江關務奴才唐英謹奏：爲奏聞事。

竊奴才荷蒙皇上隆恩，接管九江關務。自乾隆五年四月二十七日起，連閏扣至乾隆六年三月二十六日止，一年期滿，共繳過正、耗等銀三十五萬二千九百四十四兩四錢零。奴才細行查核，較四年分繳收各數實多一千二百餘兩。今除正額銀十七萬二千二百八十一兩五錢零，按季解部交收外，下存盈餘銀十五萬二千八百二十兩二錢八分零，火耗銀二萬七千八百三十八兩九錢零，其盈餘銀內叠經奏準，每年動支一萬兩爲窑工燒造之用。所有四年分窑工銀兩，當係淮關三年分盈餘項內扣存辦公銀兩撥解以充燒造，故未動九江關盈餘之項。嗣因不敷製造，於九江關四年分盈餘項下動支一千十七兩七錢零，以爲添補之費，業經造册報明內務府在案。今五年分窑工銀一萬兩，悉於九江關五年分盈餘項下動支。除俟五年分窑工告竣，另册報銷內務府查核外，應存盈餘銀十四萬二千八百二十兩二錢八分零。

奉朱批：該部核議具奏，欽此。

《中國陶瓷古籍集成・唐英〈遵旨呈報歷年動支錢糧及陶務清册摺〉》〔乾隆六年十一月初七日〕內務府員外郎管理九江關務奴才唐英謹奏：爲奏聞事。

竊奴才前以燒造瓷器粗糙，荷蒙皇上隆恩，命怡親王寄字教導，奴才隨恭摺奏謝，於乾隆六年七月十五日欽奉朱批：「不但去年，數年以來，所燒者遠遜雍正年間所燒者，且汝從未奏銷。旨到，可將雍正十、十一、二、三等年，所費幾何，所得幾何，乾隆元年至五年所費幾何，所得幾何，一一查明，造册奏聞備查。仍繕清單奏聞。欽此。」欽遵。

伏查得奴才自雍正六年出差江西燒造瓷器，至雍正十三年，每年燒造錢糧，皆係淮安關監督年希堯自淮關陸續運解來廠。計燒造所費，歲不過八千餘兩，例於一年工竣，將窑工款項用銀細數各清册，匯送年希堯處查收。每年所得瓷器，分别上、次各色，亦陸續運送淮安關，聽年希堯裝配匣座，解運至京。其解廠燒造及運京各費等項錢糧曾否奏銷，奴才實無從查奏。今僅將雍正十年至十三年淮安關解廠燒造銀兩，并每年造送淮安關瓷器各實數，按年分列，遵旨繕單恭奏。至乾隆元年，奴才欽奉諭旨，停止窑工，管理淮安關，旋於六月內奉發脱胎圓琢瓷樣，着令奴才照式燒造，遂差人赴廠料理。維時瓷器之數既屬無多，所用錢糧亦甚有限。自乾隆二年催總默爾森額到廠之後，於二月初一日始開大工。其燒造錢糧并解瓷各費，悉於淮關火耗項下動支。嗣因火耗銀兩不敷各項支用，經奴才奏準，於淮安關贏餘項下，每年存留二萬兩，爲窑工、南匠及傳辦公事等用。如有餘存，留作次年充用。仍於每年將用過銀兩實數，册報内務府核銷，久經欽遵辦理，故未敢擅自奏銷。至乾隆四年，奴才雖欽奉恩命管理九江關稅，所有四年分窑工，尚屬淮關項下留存二萬兩内剩之銀給發，既於四年六月内接到户部來文，行令嗣後每年於九江關贏餘銀内動支一萬兩，爲辦理窑工之用，故四年分不敷窑工銀兩，并五年分各費，均在九江關項下動支，業於題報五年分關稅疏内奏明在案。現在遵旨將乾隆元年至乾隆五年各年分用過燒造及解費銀兩，逐款分晰，并將每年所得瓷器各數目一并繕造黄册，仍另繕清單，恭呈御覽。再，查每年解廠燒造銀兩，係官平足紋，合之瓷務行市平色，每銀一百兩，即出有平色銀八兩，此皆燒造内節省之項。奴才即以此爲窑廠雇募各行辦事人等辛力月工之用，合并匯册奏陳。

至五年以來所得瓷器，分歲計算，不能畫一定數。蓋緣瓷器之多寡，由於火候之旺衰；火候之旺衰，視乎歲時之陰晴。且自坯胎以及入窑，破損又非一例，不能按數成器，所有揀選齊全上色，十中難得四五。除破損廢棄外，其選落瓷器，俱入次色，估計送京。數年以來，悉照例辦理，茲當匯册奏銷。謹將各年動支錢糧及燒造緣由，據實奏聞，伏乞皇上睿鑒施行。謹奏。

朱批：怡親王、訥親、海望核奏。

《中國陶瓷古籍集成·唐英〈乾隆六年分九江關税課奏銷摺〉》〔乾隆七年九月初一日〕内務府員外郎管理九江關務奴才唐英謹奏：爲奏聞事。

竊奴才欽奉朱批，接管九江關務，自乾隆六年三月二十七日至乾隆七年三月二十六日止，一年期滿，共征過正、耗等銀三十六萬七千六百二十六兩六錢三分九厘零。奴才細行查核，較五年分征收各數，實多銀一萬四千六百八十六兩一錢零。今除正額銀一十七萬二千一百八十一兩三錢零，按季解部交收外，下有盈餘銀十六萬六千八百五十五兩三錢零，火耗銀二萬八千四百九十兩零。其盈餘銀兩照例動支六年分窑工銀一萬兩，除俟該年窑工告峻，另册報銷内務府查核，應有盈餘銀十五萬六千八百五十五兩三錢零。**【略】**

奉朱批：該部核議，欽此。

《中國陶瓷古籍集成·唐英〈遵旨燒造詩文轎瓶摺〉》〔乾隆七年十一月十七日〕奴才唐英跪奏：爲奏明事。

奴才荷蒙皇上天恩，管理九江關税，仍兼窑廠燒造事宜。今於九月二十日將關務暫交九江知府臣施廷翰查管，奴才親身赴廠查核一年造作，以便循例於十月初一日停工，在廠一月有餘，查核事竣，於十月二十五日回關。二十七日行之途中，遇奴才家人欽捧御製詩一首，隨於奴才家信中，傳奉御旨：「將此交與唐英燒造在轎瓶上，用其字并寶。爾酌量收小其安詩地方，并花樣亦酌量燒造，欽此。」奴才跪接之下，於二十九日即復回到窑廠，時各作匠人只留得一二十名在廠，收拾未完之坯胎。重復傳唤衆多好手，奴才率領催總老格，敬謹監看。仰賴皇上洪福，天氣晴暖，人情踴躍，坯胎、窑火、設色、書畫，種種順遂。轎瓶之樣不一，奴才遵將睿藻敬安瓶上。字分四體，與瓶式配合，以避雷同。謹先成六對，進呈御覽，伏冀皇上教導改正。謹叩請仍將御制詩箋暫留窑廠收貯，以便奴才於來年春到廠，開工時另酌款式，再製轎瓶對看書寫。告成，一并恭繳。至節次奉發之四團畫山水膳碗，青龍方瓶，以及紙木樣杯盤等件，亦現在陸續攢造。奴才隨得隨差家人星速送京，一定總在歲内恭進。

爲此具摺上聞，謹奏。

朱批：所辦甚好，知道了。

《中國陶瓷古籍集成·唐英〈奏請專辦陶務摺〉》〔乾隆七年十一月二十九日〕内務府員外郎管理九江關務奴才唐英謹奏：爲奏明事。

竊奴才於今歲十月間在廠料理，按照每年歲例停工，是月之二十七日自廠回關，途次接得奴家中來信，敬録傳旨一道，并欽奉御制詩一首，命奴才製造轎瓶。奴才欽遵之下，隨復回廠，傳集工匠敬謹攢造。當得轎瓶六對計一十二件，於十一月十七日謹繕折賫京奏進。因是時天氣晴暖，泥釉融和，坯胎易就，且乘奴才在廠，得與監造之催總老格指點研究。隨將節次奉發之四團畫山水膳碗、青龍六方瓶，以及紙木樣杯盤等件，一并造就。今將現得前項各種瓷件并奴才近日在廠擬造之新樣各器，敬謹賫京，恭呈御覽，仰祈皇上教導指示。奴才於前項瓷器造成之後，業於十一月二十一日回關。

惟是奴才荷蒙皇上高厚殊恩，管理九江關税，已經四載，今當三季之期，現遵成例，預行報滿。奴才伏念榷理關務，惟得循謹之員，即可勝任。若燒造瓷器，工作瑣屑，必熟諳泥土、火候之性者，始能通變辦理。況造成瓷器上供御用，辦理之員尤宜專一。今奴才管理九江關，計距廠三百餘里，雖每年可以赴廠兩次，并得九江知府暫管關務，奴才每次赴廠，可以多住時日，料理瓷務，但道里往返，一年工作，只得一兩月監看，究不能逐件檢點，殊非專一敬事之意。奴才爲慎重瓷務起見，謹跪請聖慈，俯準奴才所請，另差管關之員，俾奴才得於來年三月關務任滿之日，俟新差交代，即前赴窑廠專司燒造，協同現在監造之催總老格敬謹辦理，或於瓷務稍有裨益。倘蒙聖恩俞準，其燒造錢糧，仍於九江關贏餘項下，照例每歲撥解，則就近支發，於燒造事務得以便宜料理，而奴才亦得盡其駑駘餘力，悉心專辦，以期仰報皇上隆恩於萬一。

謹將奴才蟻悃恭摺奏聞，伏祈皇上睿鑒施行。謹奏。

朱批：仍令照管關務，窑上多住幾日亦可。

《中國陶瓷古籍集成・唐英〈請定次色瓷器變價之例以杜民窑冒濫摺〉》〔乾隆八年二月二十日〕内務府員外郎管理九江關務奴才唐英謹奏：爲請定次色瓷器變價之例，以杜民窑影造僭越之端，備瀝蟻忱，仰祈聖訓事。

竊奴才於雍正六年奉差江西，監造瓷器，自十月内到廠，即查得有次色脚貨一項，係選落之件。從前監造之員，以此項瓷器向無解交之例，隨散貯廠署，聽人匠使用，破損遺失，致燒成之器皿與原造之坯胎，所有數目俱無從查核。奴才伏念廠造瓷器上供御用，理宜敬謹辦理，雖所造之器出自窑火之中，不能保其件件全美，每歲每窑均有選落之件，計次色脚貨及破損等數，幾與全美之件數相等。此項瓷器必須落選，不敢上供御用。但款式制度有非民間所敢使用者。奴才輾轉思維，實不便遺存在外，以蹈褻慢不敬之咎。隨呈商總管年希堯，將此次色脚貨，按年酌估價值，造成黄册，於每年大運之時一并呈進，交貯内府。有可以變價者，即在京變價；有可供賞賜者，即留備賞用。自奴才到廠之後，於雍正七年爲始迄今，總屬如此辦理。

今於乾隆七年十二月十二日接到養心殿造辦處來文，内有傳奉本年六月二十三日諭旨：「嗣後脚貨，不必來京，即在本處變價。欽此。」奴才跪讀之下，自應欽遵辦理。惟是國家分别等威，服物採章，俱有定制。故廠造供御之瓷，則有黄器及錐拱彩繪，五爪龍等件。此等器皿，非奉賞賜，凡在臣下不敢珍藏擅用，以滋違制之戾。至如觀、哥、汝、定、宣、成等釉，以及無關定制之款式花様等器，亦有官窑、民窑之别。官窑者，足底有年號字款，民窑則例禁書款，久經奉行查禁。此奴才於始行監造之日，即不敢將此次色脚貨存留於外之由也。今若將每年之次色脚貨於本地變價，則有力之窑户，皆得借端影造，無從查禁，恐一二年間，不但次色脚貨一項其影造之，全美者亦得托名御器以射利。俾僞造之廠器充盈海内，無論官器日就濫觴，而廠内選落之器轉致壅滯，而不能變價，則每年之次色約計價值不下二三千兩，更恐難按年變交。是官器與錢糧兩無裨益。奴才戰兢惕栗，不得不鰓鰓計及者也。至於黄器及五爪龍等件，尤爲無可假借之器，似未便以次色變價，致本處窑户僞造僭越，以紊定制。奴才愚昧之見，請將此選落之黄器、五爪龍等件照舊酌估價值，以備查核，仍附運進京，或備内廷添補副餘，或供賞賜之用，似可以尊體制而防褻越。至如餘外選落之款釉花様等件，凡屬官造，向亦在查禁之列，不許民窑書款仿造，然於國家之制度等威，尚無關涉，似不妨在外變價。奴才請將此項次色脚貨，仍按年估計造册，呈明内務府。俟核復到日，聽商民人等之便，有願領銷者，許其隨處變價，仍不許窑户影射僞造，以杜濫觴壅滯，則此選落之無關定制者既易銷售，而黄器、五爪龍之選落者亦得所用，不致流布民間，以滋褻越矣。

奴才爲預杜影造僭越起見，冒昧瀝陳，是否有當，伏祈皇上訓示遵行。謹奏。

朱批：黄器如所請行。五爪龍者，外邊常有，仍照原議行。

《中國陶瓷古籍集成・唐英〈恭進奉發及新擬瓷器摺〉》〔乾隆八年閏四月二十一日〕内務府員外郎管理九江關務奴才唐英謹奏：爲奏聞事。

竊奴才管理九江關務，於乾隆七年十二月内，因差期將届，預行具摺奏報，并另折恭請差員更换，容奴才前赴窑廠專司瓷務，於乾隆八年二月初七日欽奉朱批：「仍令汝管關務，窑廠多住幾日亦可。欽此。」欽遵。奴才不勝感激惶悚。除於預行報滿折内，奉到朱批「汝再管一年」之諭旨，業經俯伏欽遵，恭折謝恩訖。隨於二月二十六日，將關務移交九江府知府施廷翰暫行管理，奴才即前赴廠署，與協造之催總老格料理開工，將奉發制造各器敬謹辦理，漸次入成造。

今自三月初二日開工之後，奴才在廠攢造得奉發各色錦地四團山水膳碗、杯盤并六方青龍花瓶等件，奴才又新擬得夾層玲瓏交泰等瓶共九種，謹恭折送京呈進。其新擬各種係奴才愚昧之見，自行創造，恐未合適，且工料不無過費，故未敢多造，伏祈皇上教導改正，以便欽遵，再行成對燒造。餘外尚有新擬瓷器數種，亦係奴才自行擬造，已與催總老格詳細研究，囑其如式辦理，俟得時隨後陸續呈進。奴才於四月十四日自廠回關，八月内當再赴窑廠，另容料理新様呈進。

所有現在恭進各瓷，謹繕折奏聞，伏祈皇上睿鑒。謹奏。

朱批：覽。

《中國陶瓷古籍集成·唐英〈遵旨編寫陶冶圖説呈覽摺〉》〔乾隆八年五月二十二日〕內務府員外郎管理九江關務奴才唐英謹奏：爲欽遵諭旨事。

竊奴才於乾隆八年閏四月二十二日，接到養心殿造辦處移會，內開乾隆八年四月初八日，由內廷交出《陶冶圖》二十張，奉旨：「着將此圖交與唐英，按每張圖上所畫係何技業，詳細寫來，話要文些。其每篇字數要均匀，或多十數字，或少十數字亦可。其取土之山與夫取料、取水之處，皆寫明地名。再將此圖二十幅，按陶冶先後次第編明送來。欽此。」於四月十一日，將繕寫得《陶冶圖》上諭折片一件持進呈覽。奉旨：「將此改正折片與《陶冶圖》俱交唐英。欽此。」欽遵。相應移會前去等因。

奴才接到來文，隨欽遵諭旨，敬謹辦理。按每幅圖同所做技業，并取土取料之山，逐一編明，并將圖幅先後次第，另編總幅，恭呈御覽。至陶務爲瑣屑工作，圖既未備，編亦不能詳列。惟謹就圖中所載，遵旨編次，伏祈皇上睿鑒。

再，奴才近日造得奉發之樣件并新擬樣瓷，一并呈覽，敬請皇上教導改正，以便欽遵燒造，謹奏。

朱批：覽。

《中國陶瓷古籍集成·唐英〈乾隆七年分九江關税課奏銷摺〉》〔乾隆八年九月初一〕內務府員外郎管理九江關務奴才唐英謹奏：爲奏聞事。

竊奴才欽奉朱批，接管九江關務，自乾隆七年三月二十七日起，至乾隆八年三月二十六日止，一年期滿。所有征收錢糧，除江西撥運物，如備賑米石，其過關料銀三千八百三十六兩九錢，現俟部議，未經賫交關庫外，實在征收過正、耗銀三十五萬二千五百十一兩三錢一分六厘零二，共計銀三十五萬六千三百四十八兩二錢零，奴才細行查核，較乾隆六年征收各數少一萬一千二百七十餘兩，而較四、五兩年實多銀三千四百至四千七百餘兩。其較六年分短少之由，實象爲七年分二、三、尾三季之候，江廣米貴，商販稀少，所征料銀，不無有減於上年。今年正額一十七萬二千二百八十一兩三錢零，按季解部交收外，下有實在盈餘一十五萬三千七百四十八兩五錢零，火耗銀二萬六千四百八十一兩四錢零。其盈餘內照例動支七年分窑工銀一萬兩，除俟該年窑工告竣，另册報銷內務府查核外，應盈餘銀十四萬三千七百四十八兩五錢零。惟是九江關一年吏役工飯、部科飯銀、添平、解費、心紅等項雜費，以及解交藩庫充公，并奴才一年的支用等費，皆取給於火耗銀內。所有七年分火耗銀三萬六千四百八十一兩四錢零，不敷各項之用，遵例於盈餘項下動支銀一萬五千二百四十兩四錢零，以爲添補各費之用，實净存解部盈餘銀十二萬八千五百八兩一錢九厘一毫一絲五忽四微。今奴才現將七年分第四季額銀并實存盈餘銀兩，申請撫臣遴委干員管解，并簽差吏役賫押一應册檔，前赴户部交收。仍遵例另疏具題外，合將征解數目以及動支緣由，恭摺奏聞。

伏祈皇上睿鑒施行，謹奏。

奉朱批：該部核議具奏，欽此。

《中國陶瓷古籍集成·唐英〈恭進御制詩瓶及自擬新樣瓷器奏摺〉》〔乾隆八年九月十七日〕內務府員外郎管理九江關務奴才唐英謹奏：爲奏聞事。

竊奴才仰蒙恩命，管理九江關務，仍監造瓷器。奴才恭摺奏明，每歲於春秋二季，將關務暫交九江知府管理，奴才親赴廠署經理瓷務，歲爲常例。嗣復於乾隆七年十一月內，奴才具折辭關就廠，欽奉朱批：「仍令汝管關務，窑廠多住幾日亦可，欽此。」奴才雖欽遵諭旨，每次到廠，得以多住幾日，將瓷器逐細從容辦理。今正當秋季赴廠之期，於八月二十四日接到養心殿造辦處來文，恭録御制詩一首，欽奉諭旨，交奴才照前造挂瓶款式製造數件。奴才欽遵之下，隨前赴窑廠與協造之催總老格，敬謹製造。現得挂瓶四對，共計八件，恭賫呈進。所有廠內應造瓷器，亦與老格逐件細加講究，現在製造外，奴才因欽奉前旨，仍得在廠多住時日，料理寬裕，復出螻蟻臆見，自行畫樣製坯，又擬造得新樣瓷件一種，一并進呈，恭請皇上教導指示。

再，奴才自舊年十月內以及本年三月間，與今在廠節次擬造得之新樣，悉係奴才愚昧之見，并非有成式摹仿。恐未能適用，上合聖意，且燒造錢糧歲有定額，復不敢擅用，以致靡費，故所有新樣，皆奴才自出工本，試造進呈，仰祈鑒定。如有適用，應行照式製造者，嗣後當與奉發各瓷一體欽遵造辦。

謹繕摺奏聞，伏祈皇上睿鑒施行。謹奏。

朱批：覽。

《中國陶瓷古籍集成·唐英〈遵旨賠補燒造瓷器損失等事摺〉》〔乾隆八年九月十七日〕內務府員外郎管理九江關務奴才唐英謹奏：爲恭謝天聞，仰祈睿鑒事。

竊奴才於乾隆八年六月内，接到和碩怡親王、果毅公訥、内大臣海望來文，將奴才報銷乾隆元、二兩年燒造瓷器錢糧查核。以所造瓷器釉水、花紋遠遜從前，又破損過多，因分條核減，共銀二千一百六十四兩五錢五分三厘三絲五忽二微，奏令賠補。奉旨：「依議。欽此。」欽遵。行知到關。除敬謹遵照，現在將前項銀兩陸續賫交養心殿造辦處查收外，奴才伏念從前管理淮安關税，與窑廠迢隔二千餘里，不能與協造之員及時見面，細加講究，致瓷器未盡妥協，實有鞭長莫及之勢。但奴才既係經管之人，咎實難辭。今荷蒙皇上隆恩，不嚴加處發，惟準令核減賠補，奴才感激蟻忱，難以名狀。謹望闕叩頭謝恩訖。現在奴才不時赴廠，與協造之催總老格謹遵核減各條内指駁之處，一概小心更改，務期較從前之花紋、釉水細致鮮艷。其做坯、滿窑，亦必敬謹查看，不致破損過多，以仰報皇上隆恩於萬一。

惟是前議賠補各條内，有核減工價、物價兩項，伏查立廠之初，一應派累當官舊弊全行革除。凡工價、物價，俱以粗細、高下定爲等次，照本地窑民雇工買物之例畫一辦理，久經著爲成規，即闔鎮之工匠、鋪户，通行相安。今雖核減於元、二兩年，若於援此以爲定例，恐於製造、民情多有掣肘，故不但從前節年以來循照辦理，即現嗣後，均有不能更改之處。至次色一項，原爲火中取物，不能概登上選。今議以照上色之工費加倍核減，亦似難援爲常年定例。奴才現將乾隆三年與四年、五年分各瓷册呈送内務府查核，并將此三項未能遵改各情，據實聲明内務府在案。

今將奴才感激蟻忱，恭摺奏謝，伏祈皇上睿鑒施行。謹奏。

朱批：原議之大臣等議奏。

《中國陶瓷古籍集成・唐英〈恭進上傳及自擬新樣瓷器摺〉》（乾隆八年九月十七日）内務府員外郎管理九江關務奴才唐英謹奏：爲奏聞事。

竊奴才仰蒙恩命，管理九江關務，仍監造瓷器。奴力恭摺奏明，每歲於春秋二季，將關務暫交九江府知府管理，奴才親赴廠署經理瓷務，歲爲常例。嗣復於乾隆七年十一月内，奴才具析辭關就廠，欽奉朱批：「仍令汝管關務，窑廠多住幾日亦可。欽此。」奴才隨欽遵諭旨，每次到廠，得以多住幾日，將瓷器逐細從容辦理。

今正當秋季赴廠之期，於八月二十四日接到養心殿造辦處來文，恭録御制詩一首，欽奉諭旨，交奴才照前造挂瓶款式製造數件。奴才欽遵之下，隨前赴窑廠，與協造之催總老格敬謹製造。現得挂瓶兩件，共計八件，恭賫呈進。所有廠内應造瓷器，亦與老格逐件細加講究，現在製造外，奴才因欽奉前旨，仍得在廠多住時日，料理寬裕，復出螻蟻臆見，自行畫樣製坯，又擬造得新樣瓷件一種，一并進呈，恭請皇上教導指示。

再，奴才自舊年十月内以及本年三月間，與今在廠節次擬造得之新樣，悉係奴才愚昧之見，并非有成式摹仿，恐未能適用上合聖意。且燒造錢糧歲有定額，復不敢擅用，以致靡費，故所有新樣，皆奴才自出工本，試造進呈，仰祈鑒定。如有適用應行照式製造者，嗣後當與奉發各瓷一體欽遵造辦。

謹繕摺奏聞，伏祈皇上睿鑒施行。謹奏。

朱批：覽。

《中國陶瓷古籍集成・唐英〈恭進萬年甲子筆筒摺〉》（乾隆八年十二月初一日）内務府員外郎管理九江關務奴才唐英謹奏：爲奏聞事。

竊奴才於十月内在窑廠辦理瓷務，因是時工匠尚皆齊集，復敬謹造得萬年甲子筆筒一對，循環如意，輻輳連綿，工匠人等以開春正當甲子萬年之始，悉皆歡騰踴躍。更逢天氣晴和，坯胎、窑火、設色、書、畫各皆順遂，不日告成。奴才即於十一月初二日回關辦事，今專差奴才家人賫捧筆筒恭進，伏祈皇上睿鑒。謹奏。

朱批：覽。

《中國陶瓷古籍集成・唐英〈恭進上傳及偶得窑變瓷器摺〉》（乾隆九年二月初八日）内務府員外郎管理九江關務奴才唐英謹奏：爲奏聞事。

竊奴才於乾隆八年十一月二十一日接到内大臣海望寄字欽奉上諭：「着唐英照此挂瓶花紋、釉水、顔色，燒造些各款式、各色鼻烟壺，着其中不要大了，亦不要小了。其鼻烟壺蓋不必燒來。欽此。」欽遵。寄字到奴才處，着令欽遵辦理。

奴才接字之日，正值泥土凝凍，歲例停工，各匠俱已回家，窑火亦皆停歇。奴才伏念鼻烟壺尚屬小件坯胎，可以烘烤制造，亦便於包裹賫送，因差人至各匠家傳集九江關署，奴才親自指點，恭擬坯胎數種，并畫定顔色、花樣，即於新正賫赴廠署，在民户燒造粗瓷之茅柴窑内攢行燒制，并令星夜彩畫。今攢造得各款式鼻烟壺四十件，着奴才家人賫京恭進。惟是時屆停工，攢造匆劇，恐釉水、款式未能仰合聖意，故不敢多造，亦未敢擅動燒造錢糧。奴才暫行捐制，恭請皇上教導改正，以便欽遵，俟開工之後，再行動項製造。

再於八年十二月二十五日，接到養心殿造辦處來文，内開乾隆八年十一月初五日，内廷交出青花蠟臺二對，奉旨：「仍交與唐英各配香爐一件，花瓶二件，配成送來。其蠟盤中層，仿好蠟阡樣式，香爐、蠟臺、花瓶燒造幾分。比此樣放大些，亦燒造香爐、蠟臺、花瓶幾分送來。欽此。」欽遵。奴才伏查蠟臺、瓶爐各種器件稍大，必俟泥土融和，始不致坯胎坼裂、靡費錢糧。當於三月内開工，奴才親往窑廠辦理攢造，再行呈進。恐遲延時日，合先奏聞外，於八年十一月内，奴才在廠製造霽紅瓷器，得窑變圓器數種，計共二十六件。雖非霽紅正色，其釉水變幻，實數十年來未曾經見，亦非人力可以製造，故窑户偶得一窑變之件，即爲祥瑞之征，視同珍玩。至霽紅一種，出窑之後，除正色之外，類皆黑暗不堪，從未有另變色澤生疏鮮艷者。今現得霽紅窑變各種，理合一并奏進，伏祈皇上睿鑒。謹奏。

朱批：覽。

《中國陶瓷古籍集成·唐英〈奏辦奉發蓋罐情形摺〉》（乾隆九年七月十三日）内務府員外郎管理九江關務奴才唐英謹奏：爲欽遵諭旨事。

乾隆九年六月十九日，由養心殿造辦處發到缺釉成窑天字蓋罐一件，并傳奉諭旨：「着將缺釉的天字蓋罐一件，着交唐英補釉。如補得，補好送來；如補不得，不必補，仍舊送來。欽此。」欽遵。

奴才伏查發到天字蓋罐，係屬成窑，迄今年久，火氣銷退，若將缺釉之處補色，必須入爐復火。恐爐火攻逼，於舊窑質地實不相宜，是以不敢冒昧補釉，謹賫至窑廠，仿照原罐款式大小，造成三對，恭摺送京，并奉發原罐一并賫進，伏祈皇上睿鑒。謹奏。

朱批：覽。

《中國陶瓷古籍集成·唐英〈乾隆八年分九江關税課奏銷摺〉》（乾隆九年八月二十二日）内務府員外郎管理九江關務奴才唐英謹奏：爲奏聞事。

竊奴才欽奉朱批，接管九江關務。自乾隆八年三月二十七日起，連閏扣至乾隆九年二月二十六日止，一年期滿。計其征收過、正、耗等銀三十五萬八千八十四兩六錢六分五厘零。奴才細行核算，較七年分征收各數，多銀五千五百七十餘兩。今除正額銀一十七萬二千二百八十一兩三錢零，按季解部交收外，下有盈餘銀一十六萬一千六百二十二兩九錢零，火耗銀二萬四千一百七十兩三錢六分零。其盈餘銀内照例動支八年分窑工飯銀一萬兩，除俟該年窑工告竣，另册報銷内務府查核外，應有盈餘銀一十五萬一千六百三十三兩九錢零，惟是九江關一年吏役工飯、添平、解費、心紅等項雜費，以及解交藩庫、充公并奴才一年支用等費，皆取給於火耗銀内，所有八年分火耗銀二萬四千一百七十兩零，實不敷各項之用，遵例於盈餘項下動支銀一萬六千六百五十六兩五錢零，以爲添補各費之用，實净存盈餘銀一十三萬四千九百七十六兩四錢一分一厘六絲八忽一微。今奴才現將八年分第四季額銀并實存盈餘銀兩，申請撫臣遴員管解，并簽吏役賫押一應册檔，前赴户部交收。仍遵例另疏具題外，合將征解數目及動支緣由，恭摺奏聞。伏祈皇上睿鑒施行，謹奏。

奉朱批：知道了，欽此。

《中國陶瓷古籍集成·唐英〈奏請老格留廠協造摺〉》（乾隆十年二月二十五日）内務府員外郎管理九江關務奴才唐英謹奏：爲請旨事。

竊奴才於雍正六年奉差江西，監造瓷器，一切燒造事宜，俱係奴才經管。另有筆帖式一員，止司買辦物料并錢糧出入之事。維時以奴才常在廠署職司監造，而筆帖式無燒造之責，可不必經久熟練，故例得三年更調。嗣因奴才欽奉恩命管理關務，雖窑廠燒造仍係奴才兼管，但不能常在廠内料理，是以將筆帖式掣回，改換協造之員。是協造之員即有監造之責，必得經久熟練，方知泥土、物料之性，火候、釉水之宜，始於瓷器有益，而錢糧亦不致靡費。此協造之員似難引筆帖式之例三年更換者也。

今查協造之催總老格，於乾隆六年十二月到廠，初管瓷務，未諳燒造；奴才每歲於春秋二季自九江關赴廠兩次，除查看釉水、顏色、出樣、定款之外，與彼細加講究。老格亦留心學習，頗能領會，迄今三年，漸就熟諳，故奴才雖不能常在窑廠，而近年瓷務亦得稍免歧誤。今老格已滿三年，若引從前筆帖式三年更換之例，再換生手，則火候物性，工作細事，茫無知覺，又須從頭學習，於瓷務難免貽誤。奴才伏念瓷器上供御用，理宜敬慎辦理。老格在廠三年，爲人安静，辦事謹飭，不但燒造錢糧經手無誤，而於造作事宜亦漸致嫻熟，在窑廠實有裨益，況與止司置買錢糧之筆帖式不同。奴才爲瓷務起見，仰懇聖恩，可否免其更調，仍留窑廠協造，容奴才再爲逐一指點，則於現在之瓷器，不致以生於貽誤，而於日後之造作，亦可得一熟諳之員矣。

謹繕摺請旨，伏祈皇上睿鑒施行。謹奏。

朱批：老格着再留三年，該衙門知道。

《中國陶瓷古籍集成・唐英〈遵旨攢造青花白地瓷五供摺〉》〔乾隆十年四月初八日〕內務府員外郎管理九江關務奴才唐英謹奏：爲奏聞事。

乾隆九年十月二十三日，奴才接養心殿造辦處來文傳旨，雅滿達賴壇仙樓上，着奴才「製造青花白地瓷五供三堂，其瓶內配燒瓷芩芝花。欽此。」欽遵。維時因窑廠止工，天氣寒冷，泥釉凝凍，不能攢造。今春開工，始得陸續製成。今造得宣窑青花白地五供三堂，配造得青花五彩瓷芩芝二種，以備採用。敬謹差人賫進，伏祈睿鑒。謹奏。

朱批：覽。

《中國陶瓷古籍集成・唐英〈恭進上傳及新樣瓷器摺〉》〔乾隆十年四月初八日〕內務府員外郎管理九江關務奴才唐英謹奏：爲奏聞事。

乾隆十年三月初六日，奴才在九江關署接到養心殿造辦處來文，并奉發銅胎紅珐琅蓋一件，藍珐琅蓋一件，傳旨着奴才「照樣燒造霽紅、霽青蓋各一件，里子燒白的。」又奉發青花白地無蓋小梅瓶一件，旋成瓶蓋木樣一件，傳旨着奴才「按小梅瓶花樣大小燒造瓷蓋一件。欽此。」欽遵。

奴才正當春季查看窑工之候，隨於三月初十謹賫奉發各件，自九江關起身赴廠，親自督催，遵照木蓋樣製造得瓶蓋一件。但恐照造之瓶蓋火氣未退，與奉發之青花白地梅瓶究有新舊之別，奴才又按照原瓶花樣大小，配造得有蓋梅瓶一樣，以成一對。其奉到之銅胎珐琅蓋，亦照得霽紅、霽青蓋各一件外，於二月初七日，先奉到渣斗木樣一件、象牙座一件，傳旨着交奴才「按牙座大小照樣燒造哥窑瓶一件，仿舊做，不要款，如仿得舊更好。欽此」欽遵。今製造得哥窑渣斗一件，又仿配得連座富餘一件，以成一對。謹將前項各件，差人一并賫進，恭呈御覽。所有奉到各瓷木原樣，與象牙座一同恭交。

再，奴才在廠擬造新樣轎瓶與陳設小件數種，謹隨摺恭進，伏祈皇上教導指示。應否照此新樣再行製造，恭候聖裁鑒定，以便欽遵。謹奏。

朱批：覽。

《中國陶瓷古籍集成・唐英〈乾隆十年分九江關税課奏銷摺〉》〔乾隆十一年十月十八日〕內務府員外郎管理九江關務奴才唐英謹奏：爲奏聞事。

竊奴才欽奉朱批，接管九江關務。自乾隆十年二月二十七日起，至乾隆十一年二月二十六日止，一年期滿。共征過、正、耗等銀三十七萬二千七百四十二

兩五錢一分七厘一毫四絲五忽。奴才細行核算，較九年分征收各數，實多銀二千八百三十一兩四錢零。今除正額銀一十七萬二千二百八十一兩三錢零，按季解部交收外，下存盈餘銀二十七萬四千四百四十三兩五錢零，火耗銀二萬六千一十七兩六錢四分零。其盈餘內照例動支十年分窑工銀一萬兩，除俟該年窑工告竣，另册報銷內務府查核外，應有盈餘銀一十六萬四千四百四十三兩五錢零。惟是九江關一年吏役工飯、部科飯銀、添平、解費、心紅等項雜費，以及解交藩庫充公并奴才一年支用等費，皆取於火耗銀內。所有十年分火耗銀二萬六千一十七兩六錢零，實不敷各項之用。遵例於盈餘項下動支銀一萬六千三百七十二兩七錢四分零，以爲添補各費之用。實凈存盈餘銀一十四萬八千七十一兩八錢一分四厘五毫七忽。今奴才現將十年分四季額銀并實存盈餘銀兩，申請撫臣遴員管解，并簽差吏役賫押一應册檔，前赴户部交收。仍遵例另疏具題外，合將征解數目及動支緣由，恭摺奏聞。伏祈皇上睿鑒施行。謹奏。

奉朱批：該部核議具奏。欽此。

《中國陶瓷古籍集成・唐英〈乾隆十一年分榷務期届奏請解任摺〉》〔乾隆十一年十月十八日〕內務府員外郎管理九江關務奴才唐英謹奏：爲差期將届，預行請旨更換事。

竊奴才欽遵朱批諭旨，於乾隆十一年二月二十七日接管九江關務，計扣至乾隆十二年正月二十六日，又一年期滿。奴才伏念從前關差，歲一更换，防家人長隨與書役漸熟，易於作奸滋弊也。今奴才以內務府微末之員，荷蒙皇上殊恩，榷司九江關務，叠邀連任之榮。每當欽奉接管，即悚惕靡寧，恐口岸遼闊，悉在長江大河之中，非若他關易於考察，倘一時耳目不周，則上負聖恩，奴才即捐靡頂踵，亦無補於萬一。況奴才每歲例須赴窑廠兩次，雖有九江知府代爲暫管，究恐偶有疏忽，奴才咎所難免。榷課爲錢糧重務，實非駑駘久負荷。今計十一年分奴才勉竭犬馬心力，已届第三季，仰沐皇上恩澤充周，商般鱗集，税課當爲充裕。但奴才冰兢之念，終不敢一時稍釋。兹當預行報滿之期，謹具情奏聞。恭請皇上另點賢員，届期更換。奴才螻蟻微軀，猶可別當差事；或競赴窑廠，專司瓷務，以勉圖報稱，則仰沐聖慈於靡涯矣！

伏祈皇上睿鑒施行。謹奏。

奉朱批：汝再留一年，咨部知之，欽此。

《中國陶瓷古籍集成・唐英〈到任九江接管九江關務、陶務奏摺〉》〔乾隆

十七年三月二十一日〕内務府員外郎管理九江關務奴才唐英謹奏：爲恭報接管關務日期，并交待窑廠瓷務緣由，仰祈睿鑒事。

竊奴才蒙恩命復行調任九江關，將粤海關税務交待清楚，於乾隆十七年正月十七日，自粤起程，業經恭折奏聞在案。兹奴才於三月初三日，已抵九江關新任，遂準前監督惠色將該關税務交奴才接受管理，奴才即於是日接管任事。謹率同兒子寅保，照例秉公征收，悉心經理，以期課裕民安。其窑廠瓷務及動用錢糧數目，必須奴才眼同協造老格，照册逐項交盤收受。現在始得陸續交待清楚，奴才即赴廠料理燒造。合將奴才接管關務日期并交待窑廠瓷務緣由，一并恭摺奏聞，叩謝天恩。

伏乞皇上睿鑒。謹奏。

朱批：知道了。

《中國陶瓷古籍集成・唐英〈爲惠色乾隆十六年分九江關任内税課奏銷摺〉》〔乾隆十七年九月十五日〕内務府員外郎管理九江關務奴才唐英謹奏：爲奏銷前任關税事。

竊照九江關征收正、耗、盈餘，例應按年具折奏報。兹奴才查乾隆十六年分，前監督惠色管理九江關任内，自乾隆十六年三月初九日起，連閏扣至乾隆十七年二月初八日止，一年期滿。共征過正、耗等銀三十九萬零二百四十二兩二錢零，内剔除火耗銀三萬零一百六十六兩九錢零。止就所收正銀三十六萬零七十五兩三錢零，與乾隆十五年分所收正銀三十五萬一千四百八十三兩三錢零按照比較，則十六年分計多收銀八千五百九十二兩零。即遵例與雍正十三年分比較，亦屬有盈無絀。今除正額銀一十七萬二千三百八十一兩三錢零，按季解部交收外，下存盈餘并火耗銀二十一萬七千九百六十兩九錢零。其盈餘銀内向例每年動支窑工銀一萬兩，十六年分惠色兼管窑工任内，實止於盈餘項下動支銀七千兩，另在窑工案内自行册報内務府核銷。仍存盈餘并火耗銀二十一萬零九百六十兩九錢零。計九江關一年吏役工飯、部科飯銀、添平、解費、心紅等項雜費，以及解交藩庫充公并惠色一年支用等費，皆取給於火耗銀内，所有十六年分火耗銀三萬零一百六十六兩九錢零，不敷各項支用。遵例於盈餘銀内動支二萬三千四百五十一兩七錢九分零，以爲添補各費之用，另造清册送部核銷。計净存盈餘銀一十五萬七千三百四十二兩二錢九分零，應與該年尾季額銀一并委員解部。緣惠色奉命調任張家口，所有前項盈餘并該年尾季額銀及收支册檔，移交奴才接收委解，代爲奏銷。今奴才業經申請撫臣遴員到關，分批解部，并照例恭疏具題訖。合將乾隆十六年分惠色管關一年期内移交征收正、耗、盈餘及支銷解部各數，并比較有盈無絀緣由，一并代爲查明奏銷。

伏乞皇上睿鑒，敕部查核施行。謹奏。

朱批：該部核議，具奏。

《中國陶瓷古籍集成・唐英〈乾隆十八年分九江關税課奏銷摺〉》〔乾隆十九年十一月二十一日〕内務府員外郎管理九江關務奴才唐英謹奏：爲奏銷事。

竊照九江關征收正、耗、盈餘，例應按年具摺奏報。奴才荷蒙聖恩，接管九江關税務，計自乾隆十八年二月初九日扣至乾隆十九年二月初八日止，一年期滿。共征過正、耗等銀三十八萬三千一百五十四兩二錢零。内剔除火耗銀二萬八千九百二十五兩七錢零，止就所收正銀三十五萬四千二百二十八兩四錢零，與乾隆十七年分所收正銀三十五萬三千六百一十四兩八錢零，按照比較，則十八年分計多收銀六百一十三兩六錢零。今除正額銀一十七萬二千二百八十一兩三錢零，按季解部交收外，下存盈餘并火耗銀二十一萬零八百七十二兩九錢零。其盈餘銀兩内照例動支十八年分窑工銀一萬兩，俟該年窑工告竣，另在窑工案内自行册報内務府核銷，仍存盈餘并火耗銀二十萬零八百七十二兩九錢零。計九江關一年吏役工飯、部科飯銀、添平解費、心紅等項雜費，以及解交藩庫充公，并奴才一年支用等費，皆取給於火耗銀内。所有十八年分火耗銀二萬八千九百二十五兩七錢零，不敷各項支用，遵例於盈餘銀内動支二萬零六十一兩一錢零，以爲添補各費之用，另造清册送部核銷。計净存盈餘銀一十五萬一千八百八十六兩零，現同該年季額銀一并申請撫臣委員到關，分批解部，仍照例恭疏具題訖。合將乾隆十八年分，奴才接管關務一年期内，征收支銷，解部各數，并比較上屆有盈無絀緣由恭摺奏銷。

伏乞皇上睿鑒，敕部察核施行。謹奏。

朱批：該部核議具奏。

《中國陶瓷古籍集成・唐英〈乾隆十九年分九江關税課奏銷摺〉》〔乾隆二十年十一月十五日〕内務府員外郎管理九江關務奴才唐英謹奏：爲奏銷關税事。

竊照九江關征收正、耗、盈餘，例應按年具摺奏報。奴才荷蒙聖恩，接管九江關税務，計自乾隆十九年二月初九日起，連閏扣至二十年正月初八日止，一年期滿。共征收過正、耗等銀三十七萬五千四百二十八兩二錢零，內剔除火耗銀二萬七千六百九十三兩二錢零，止就所收正銀三十四萬七千七百三十五兩零，與乾隆十八年分所收正銀三十五萬四千二百二十八兩四錢零，按照比較，則十九年分計少收銀六千四百九十三兩四錢零。查係該年首季內以及三、尾兩季內過關船只稍遜於上年，所收科稅因之減少，是以比較致有參差。今除正額銀一十七萬二千二百八十一兩三錢零，按季解部交收外，下有盈餘并火耗銀二十萬零三千一百四十五兩九錢。其盈餘銀內，照例動支十九年分窑工銀一萬兩，俟該年窑工告竣，另在窑工案內自行册報內務府核銷。仍存盈餘并火耗銀一十九萬三千一百四十六兩九錢零，計九江關一年吏役工飯、部科飯銀、添平解費、心紅等項雜費，以及解交藩庫充公，并奴才一年支用等費，皆取給於火耗銀內。所有十九年分火耗銀二萬七千六百九十三兩二錢零，不敷各項支用，遵例於盈餘銀內動支二萬三千九百八十四兩八錢零，以爲添補各費之用，另造清册送部核銷。計净存盈餘銀一十四萬一千四百六十八兩八錢零，現同該年尾季額銀一并申請撫臣委員到關，分批解部，仍照例恭疏具題訖。合將乾隆十九年分，奴才接管關務一年期內，征收，支銷，解部各數，并比較多寡緣由，一并查明具摺奏銷。

伏乞皇上睿鑒，敕部察核施行。謹奏。

朱批：該部核議具奏。

《中國陶瓷古籍集成·唐英〈恭報回九江關任事摺〉》〔乾隆二十一年三月十七日〕奉宸苑卿管理九江關務奴才唐英謹奏：爲恭報奴才回任日期事。

竊奴才於本年正月十九日，在圓明園叩謁天顔，荷蒙特恩，賞給卿銜，業經具折奏謝天恩訖。奴才嗣於正月二十七日叩請聖訓。二月初一日出京，今於三月十三日抵九江原任，理合恭折奏報。再奴才荷蒙聖訓，着奴才教導兒寅保學習瓷務，奴才回關之日，當將諭旨傳與寅保，寅保不勝歡欣感激。奴才現在遵旨教導，將一切燒造事宜，俾寅保用心學習，漸就純熟，以盡奴才父子犬馬報主之誠於萬一。

合并奏聞。謹奏。

朱批：閲。

《中國陶瓷古籍集成·唐英〈次色瓷器變價銷售不能年清年款摺〉》〔乾隆二十一年四月二十四日〕奉宸苑卿管理九江關務奴才唐英謹奏：爲次色瓷器不能按年銷售變價，銀兩不能年清年款，奏明恭請聖訓事。

竊照江西窑廠燒造瓷器，每年選落次色器皿，於乾隆七年按照燒造成本估計，即在本處變價。所得變價銀兩，例應按年解送內務府，年清年款。惟是選落變價器皿，名雖次色，究係官窑瓷件，釉料既高，工價亦倍，非比民間常用器皿易於銷售。奴才前一任管理窑務，承辦變價次色，自乾隆七年起至十四年調任粤海關止，此八年內變價次色器皿，不能按年銷售，以致變價銀兩不能年清年款。遲至乾隆二十一年，始將奴才前一任內次色變價銀兩完繳清款訖。

所有奴才由粤海關復調九江關，自乾隆十七年至今應行變價次色器皿，又已積下四五年。伏查次色器皿，悉係動支錢糧燒造，則變價銀兩，即與正項錢糧無异。今因各器不能按年銷售，以致變價銀兩不能年清年款。奴才目擊實在情形，夙夜實深惴懼，又不敢因循坐視，遲誤錢糧。爲此繕摺奏明，恭請皇上教導。謹奏。

朱批：內務府大臣議奏。

《中國陶瓷古籍集成·唐英〈恭繳次色黄器及次色祭器摺〉》〔乾隆二十一年七月初七日〕奉宸苑卿管理九江關務奴才唐英謹奏：爲恭繳次色黄器事。

竊查窑廠燒造瓷器，除上色進呈外，所有選落之次色，於乾隆七年六月內欽奉諭旨：「嗣後脚貨器皿，不必送京，即在本處變價，欽此。」欽遵在案。嗣經奴才以選落之次色內有黄器，并五爪龍等件，民間未便使用，似宜仍運進京添補副裕等由，奏請聖訓。於乾隆八年三月欽奉朱批：「黄器如所請行，五爪龍者，外邊常有，仍照原議行。欽此。」欽遵。亦在案。今查奴才前一任管理燒造瓷器，動用錢糧，以乾隆年分爲始，於乾隆十一年經內務府奏定則例章程，着令永遠遵行。計自乾隆七年分起，至十四年止，節年動支錢糧，均各照例奏銷完案。應行變價之次色亦已按例估計，各年變價銀兩亦經清交養心殿造辦處，總收完訖。至嬌黄次色自應遵旨恭繳。查自乾隆七年分至乾隆十四年，次色黄器總共一萬一千七十九件，理應分年開造清册，照例交廣儲司，按册查收。

再查乾隆十三年分奉文燒造各種祭器，除將上色繳收外，所有各種次色祭器一百六十四件，謹匯同黄器恭獻。

合并陳明，謹奏。

朱批：閲。

《中國陶瓷古籍集成·唐英〈奉發燒造釉里紅瓷器奏摺〉》竊奴才在京時十月二十五日，太監胡世杰奉釉里紅挂瓶一件，畫樣一張，傳旨：「看明瓷器釉色，照紙樣花紋燒造幾件送來，務要花紋清真，并將古瓷樣式好者揀選幾種，亦燒造釉里紅顏色，俱寫乾隆年款送來呈覽。」欽遵。奴才看明釉色，只領紙樣，恭捧到關，即遵旨揀選古瓷畫樣内好者數種一并發交窑廠協造葆廣等敬謹燒造。并諭俱造釉里紅顏色，務要花紋清真，釉水肥潤，顏色鮮明。俟造得時奴才揀選送京，恭呈御覽。

《中國陶瓷古籍集成・尤拔世〈奏請將養廉辦理窑務摺〉》〔乾隆二十一年閏九月十五日〕九江關監督辦理窑務奴才尤拔世謹奏，爲奏明恭請聖訓事。

竊奴才荷蒙恩命，管理九江關，兼辦窑務，於本年閏九月初一日到任。查得本關并封平餘，每兩約有三分，每年收税三十六七萬兩不等，約可出平餘一萬兩有零。又監督養廉，每年例支一萬一千兩。奴才將經二項，均照鳳陽關一體辦理，據實報銷，業經具折奏聞在案。

今查江西景德鎮御器廠燒造瓷器，每年動支九江關贏餘銀一萬兩，以爲燒造之用。一年工竣，揀選上色瓷器呈進，選落次色瓷器，估計變價，分晰造册報銷。如有餘剩，即同次色變價銀兩一并解交内務府查收。唐英管關任内，兼理窑務，悉係如此辦理。奴才伏查窑廠瓷務上係欽工，燒造錢糧攸關國課，雖窑務則例章程久經奏準定案，但得於國課欽工不致糜費貽誤，亦不妨量爲變通，以歸實用。查奴才前在鳳陽關，因有道府本任養廉銀二千兩，是以未將監督養廉支用。今奴才蒙皇上特恩，著管理九江關，辦理窑務，謹擬將監督養廉銀一萬一千兩，奴才仍照從前道府任内支用養廉銀二千兩，其余九千兩即移爲燒造瓷器之用，每年陸續撥交窑廠協造老格，照例支發。奴才仍按期赴廠稽查監造，俟一年窑工告竣，將所得上色揀選恭進，選落次色亦一并運京，以備皇上賞人之用，并將一年造過上、次各器工價以及例給協造老格養廉銀，并一年所出平色，例給在廠辦事人等辛金飯食各項用過實數，一并由老格查明造册，奴才復核，恭呈御覽。如有餘剩，即同平餘銀兩添補辦貢及一年公私用度，仍於年終據實報銷。至贏餘項下每年例支窑工銀一萬兩，仍照數支出，另批解送内務府查收。如此辦理，在燒造瓷器既可無庸動支正項，糜費錢糧，而以餘剩養廉移爲窑廠欽工實用，且次色亦同上色恭進，一切據實辦理，按册可查，不必更改章程，而亦可免銷算周章矣。

奴才管見如此，理合奏明，恭請聖訓遵行。謹奏。

乾隆二十一年十月初七日奉朱批：此皆細事，不足較至。汝在鳳陽關將部駁普福不應免之項沽譽寬免，且又不預奏請旨，是屬何心？汝其明白奏來。欽此。

《中國陶瓷古籍集成・尤拔世〈奏恭交次色黄器摺〉》〔乾隆二十四年五月二十二日〕九江關監督辦理窑務奴才尤拔世謹奏，爲恭交次色黄器事。

竊照江西窑廠燒造瓷器，除上色呈進外，所有選落之次色，前任九江關監督唐英於乾隆七年六月内欽奉諭旨：「嗣後脚貨，不必來京，即在本處變價。欽此。」欽遵在案。嗣經唐英以選落之次色内，有黄器并五爪龍等件，民間未便應用，似宜仍運進京，以備内廷添補富裕等由奏明，恭請聖訓。乾隆八年三月欽奉朱批：「黄器如所請行。五爪龍者，外邊常有，仍照原議行。欽此。」欽遵各在案。

奴才荷蒙恩命，監督九江關税，辦理窑務。所有乾隆二十二年分燒造圓琢瓷器，除上色各件業於乾隆二十三年照例恭進訖，至乾隆二十二年分選落應交之次色嬌黄圓器一千七百四十件，除循例開造清册，具文交送廣儲司按册查收外。爲此恭摺奏聞，伏乞皇上聖鑒。謹奏。

朱批：覽。

《中國陶瓷古籍集成・惠色〈奏繳嬌黄次色瓷器摺〉》〔乾隆二十年三月二十七日〕奴才惠色謹奏，爲恭繳嬌黄次色瓷器事。

查前任九江關監督唐英，前於乾隆七年六月内欽奉諭旨：「嗣後次色不必來京，即在本處變價。欽此。」欽遵在案。嗣經唐英以選落之次色内，有黄器并五爪龍等件，民間未便擅用，似宜仍運進京，以補内庭添補富餘等因，奏請聖訓，於乾隆八年三月内欽奉朱批：「黄器如所請行。五爪龍者，外邊常有，仍照原議行。欽此。」欽遵亦在案。

今查監督唐英於乾隆十五年調任粤海關，奴才接管燒造。十五、十六兩年瓷器，將上色者進呈，其應行變價之次色，亦經按例估計銀二千四百一十兩零，於乾隆十八年十二月照數清交養心殿。至嬌黄次色，自應遵旨恭繳。計乾隆十五年分次色黄器一千八百零三件，十六年分次色黄器一千八百零三件，理合分别開造清册，交送廣儲司照册查收。爲此奏聞。

乾隆二十年四月初二日奉旨：知道了。欽此。

《中國陶瓷古籍集成・惠色〈奏請加銜老格摺〉》〔乾隆十六年七月十八日〕聞恭懇聖裁事，竊奴才荷蒙皇上隆恩，管理九江關税，兼管窑廠事務，於乾隆十五年三月初九日，到任之後，隨繕摺奏明，在每年春秋兩季開工、止工之候，奴才親自赴廠查辦。欽奉諭旨，遵行在案。其分發錢糧，置辦物料，監司造作，則有協造之催總老格常年駐廠，以司其事。

奴才伏查從前瓷廠，除欽差監造之員專司廠務外，另派筆帖式一員在廠協造。其筆貼式例得三年，更調升轉。嗣因監造之員外郎唐英奉旨，管理九江關税，仍管窑務，廠内乏人監視，於乾隆六年經内務府總管臣海望，將催總老格保奉引見，派令來廠協造，至乾隆十年，業已三年屆滿。前監督唐英，以老格爲人安静，辦事謹飭，且於瓷務漸就熟諳，具奏恭請將老格留廠。欽奉朱批：「老格着再造三年，該衙門知道。欽此。」欽遵在案。

嗣於乾隆十三年又經唐英在京，面奏請旨，將老格仍留窑廠，迄今又復三年。計其在廠辦事，前後已經十載。奴才兼管窑務以來，細加留心察看，凡製造御器，老格悉能敬謹辦理，於錢糧并無貽誤。即在廠工作不一，匠役衆多，亦皆駕馭有方，俾各愛戴懾服，實屬安静勤慎之員，若令仍在窑廠，於瓷務洵爲有益。但從前協造之員，例得三年更調，今老格以七品催總在廠辦事，業經十年，若不循例更調，未免阻其上進之階！惟是御器亦甚關緊要，非生手所能辦理，可否仰懇聖恩，念其當差年久，且才具可用，就催總升品級，賞以職銜，以示鼓勵，俾仍留窑廠辦事，則老格得沐高厚之殊恩，倍深奮勉以圖報效，而於瓷務亦收得人之益矣。奴才爲瓷務起見，謹繕摺恭奏，伏祈皇上睿鑒施行，謹奏。

朱批：知道了。

《中國陶瓷古籍集成・海福〈奏請老格留廠協造摺〉》〔乾隆二十八年十月初七日〕内務府郎中兼佐領管理九江關税兼管窑務奴才海福謹奏：爲奏明窑務情形，并在廠人員分別去留，以專責成事。

竊照景德鎮窑廠燒造，大運上用瓷器向派協造一員在廠，有經管收發窑工錢糧并約束工匠之責。現在窑廠協造七品庫掌老格，於乾隆六年唐英兼管窑務任内奏請，揀發來廠協理燒造事務，歷年久遠，辦理無誤，迨乾隆二十四年舒善兼管窑務任内，將造辦處柏唐阿百歲奏准發往窑廠學習窑務，奴才荷蒙恩命出差九江兼管窑務，到任之後，親赴窑廠查勘窑工，并講究燒造事務，竊見窑務工程其大端全在講究泥土、釉料、火候、窑位，并約束工匠細心辦理，俾無曠誤。老格於一切燒造事宜俱經熟悉，且辦事勤焕，約束有方，惟柏唐阿百歲現在患病半年有餘，不能當差，奴才查窑廠差事有協造一員，足敷辦理。今老格在廠年久，明白熟練，且精力尚未就衰，應請仍留在廠協理燒造事務，以專責成。其柏唐阿百歲既患病，不能當差，應令回京，病痊之日，仍赴造辦處當差。奴才未敢擅便，謹此奏明，伏候聖訓遵行。再奴才直廠查看本年大運瓷器，現在已得八成，冬底即可造竣。合并陳明謹奏。

《中國陶瓷古籍集成・伊齡阿〈查訊留廠様品瓷奏摺〉》〔乾隆三十三年八月初四日〕爲據實奏聞事。

竊於乾隆三十三年八月初四日，奴才接得暫管關務驛鹽道瑭琦一扎，因景德鎮瓷器廠向存有歷任大小様品八千四百餘種，計一百一十餘桶，於三十二年二月間，經前監督舒善調取存貯。

因念事關留存様品，隨檄該廠監造查催取回備様。不期舒監督總以業經呈進，餘者破損無存爲辭，合將廠存瓷册一本，咨送查照前來。

奴才伏思此種様瓷，雖非全美，但屬歷任留存，以備日後仿照製造，不致失傳之意，未便移調離廠，以滋損壞。該監督果否呈進？餘者是否破碎？現存何處？必須研訊明確。

奴才一面咨明撫臣，就近查訊處，理合據實奏聞。

《中國陶瓷古籍集成・伊齡阿〈清查海福督陶賬目奏摺〉》〔乾隆三十四年二月十六日〕臣伊齡阿跪奏，爲奏明事。

臣承准大學士公傅恒等抄寄海福任内自發銀兩成造貢瓷及傳辦活計，行查協造并廠之人一案，先經臣飭查，據協造老格復稱：海福任内自貢瓷并傳辦活計，俱係另行發銀造辦，并未開銷錢糧，計陸續發過銀四千餘兩是實情。及查其實銷款項數目，因經手承辦之人提質在省，賬目未能詳細。臣當即據實奏明，於本年正月十四日奉到朱批：「覽。欽此。」臣一面專差赴省，俟其案情訊明，復將承辦之人提回查辦。隨據該協造及承辦人等將開銷工料數目造册，呈臣詳加核對。雖有款目，并無活計尺寸，未便遽信。復嚴加駁飭，令其將尺寸、款目逐一詳細查明，不得絲毫捏飾，致干查究去後。

茲據復稱，海福任内奉旨傳辦瓷器，俱係按照則例尺寸核定制價。至捐貢瓷器，係海福自行核銷，廠中未存尺寸底案，只有原用工料賬目可查，謹按工料核計價值，分晰造册，呈請復核前來。臣復加逐款確核，其傳派活計款項、尺寸、銀兩，均屬與例相符。至捐辦貢獻，委無檔案尺寸可稽。就該廠所開件數查核，與海福原供清單亦屬相符。其所需銀兩，既係照前發給，似無遁飾。

理合據實奏明，并照呈送價值原册繕銀清單，同原發清單一并恭呈御覽，伏乞聖主睿鑒，敕交原辦大臣查核施行。謹奏。

朱批：原辦大臣查奏。欽此。

《中國陶瓷古籍集成・〈勒石嚴禁開挖瓷土〉》　調浮梁縣正堂加五級紀録十次田。

爲勒石嚴禁開挖瓷土，以護土墓，以杜事端。

照得浮邑境内山場多産瓷土，每有棍徒鑽謀開挖，無知業主貪利租售，以致侵礙良田，損傷墳脉，訟端繁興，貽累無休。

近有婺源民人洪光祖等，謀挖高嶺、天寶堂等土，釀成人命，業經本縣勘明，封禁在案。

兹據【略】職員馮日淳【略】等，以興義、錦義、義合、豐田等都，所有山場田地，皆係龍脉攸關，從未開挖【略】今公衆議明立約，東自五花尖，西至大石塢，南自分水嶺【略】北自黄茅嶺【略】至李黄(坊)陂□下爲界【略】嗣後各宜恪遵約載四界，不論大小山場，俱須照契□蓄，不許租挖瓷土致礙田墓。即有將山出賣，亦不論附近有無田墓，務於契内載明買主不得挖土字樣，仍着立約人等互相稽察。倘有無知業户聽信棍徒鑽謀租挖，許即呈約指名赴縣禀報，以憑拏察，慎勿徇隱以及借端誣累，各宜凛遵毋違，特示。

〔乾隆五十九年〕

永瑢《歷代職官表》卷一四　琉璃窑監督滿洲、漢人各一人，掌陶琉璃器具，按其模式辨其等差，以供大工之用。順治初專差漢人司官，康熙元年改差滿洲漢人司官各一人，一年而代。

永瑢《歷代職官表》卷一五　〔宋〕窑務掌陶爲磚瓦，以給營繕及缾缶之器。

修内司監官二人，以朝官及内侍充。東西八作司勾當官各三人，以京朝官諸司使副充。竹木務勾當官一人，以京朝官充。事材場監官二人，以京朝官三班使臣充。麥麴場監官一人，以三班使臣充。窑物監官三人，諸司使副充。丹粉所監官一人，内侍充。作坊物料庫監官三人，以京朝官及内侍三班使臣充。退材場監官一人，以京朝官充。簾箔場監官二人，以京朝官充。

文煜《工部則例》卷一二九《通例》　工料銀兩全數給發

乾隆三十一年奉旨：「據工部議覆御史鄭廷楫條奏《扣留工程銀兩十分之一二以備核減追賠》一摺，所議未爲妥協。各省建修工程，既經核實確估，自應照數支給，以便辦料興工。承修之員如果潔己奉公，帑歸實用，自不致有駁減追賠之事，倘不肖官員浮冒侵帑，貽誤工程，即當照例治罪，著落追賠。若慮日後賠繳無著於估工時，預爲核減起見，酌留以備扣抵，殊非政體。且實估實銷者既不應責其先期墊用，而侵冒之員轉得因此藉口，至以不堪物料搪塞，或短發價值累民。種種流弊皆所不免，所有該御史原奏，應毋庸議，欽此。」

禁扣工料價值

乾隆元年欽奉上諭：「朕惟撫安百姓，必先嚴察吏胥，而修築工程之地，弊端尤多，關係更屬緊要。直隸永定河每夏秋間時有衝決，修築堤岸夫役物料不能不取辦於民間，胥吏朋比作奸，其人工物料價值肆意中飽，毫無忌憚，且將物料令民運送工所，往返動經百里，或數十里不等，脚價俱係自備，種種擾累吾民，其何以堪。嗣後河工諸臣與協辦河務州縣官皆宜實心籌畫，嚴行稽察，無論歲修搶修，凡民夫物料應給價值，務照數給發，不得聽任胥吏絲毫扣尅，以致貽累百姓。如有漫不經心，仍蹈前轍者，或經朕訪聞，或被人題參，必從重處分，特諭，欽此。」

工價全給民夫

乾隆四年欽奉上諭：「國家興修工作，雇募人夫，原欲使小民實受價值，以爲□養身家之計，至於荒歉之年，於賑濟之外修舉工程，俾窮民赴工力作，不致流移，更非平時可比，其安全撫恤之心，亦良苦矣。凡爲督撫大吏及地方有司，自當承宣德意，敬謹奉行，使閭閻均霑實惠，方不愧父母斯民之職。朕訪聞得各省營造修築之類，其中弊端甚多，難以悉數，或胥役侵漁，或土棍包攬，或昏庸之吏限於不知，或不肖之員從中染指，且有夫頭扣尅之弊，處處皆然。即如桃濬河道一事，民夫例得銀八分者，則公然扣除二分。應做工一丈者，則暗中增加二尺。或分就工程用夫一千名者，實在只有八九百人。以國家惠養百姓之金錢，飽貪官污吏、奸棍豪强之慾壑，其情甚屬可惡，是不可聽其積弊相沿而不加意釐剔者。嗣後凡有興作之舉，著該督撫□□該管官員實力稽查，務使工價全給民夫，無絲毫扣尅侵蝕之弊，倘該管官員稽查不力，督撫即行嚴參，如徇庇屬員或失於覺察，朕必於該督撫是問，欽此。」

官用物料給價

地方有司遇有修理衙署及一應官事所用工料器物，務照時價給發。鋪户工役買備，其出票官買、派工伺候之處，嚴行禁止。倘有不□官員肆行科斂擾累小民者，該管上司即指名題參，從重治罪。如該上司隱匿徇庇，或別經發覺，或被旁人首告，或被科道糾參，將該上司一併交部議處。

程廷濟《（乾隆）浮梁縣誌》卷五下《陶政》 計開燒造各色條款：

歲用淮安板閘關錢糧八千兩。

應工價飯食、泥土釉料，俱照民間時價公平採買，毫無當官科派之累。再衆工之婚喪、勸賞以及醫藥、置産之用，并在於內。

在廠工匠、辦事人役支領工值食用者，歲有三百餘名。

每歲秋冬二季，僱覓船隻夫役，解送圓、琢器皿六百餘桶。歲例盤、盌、鍾、碟等上色圓器，由二三寸口面以至二三尺口面者，一萬六七千件。其選落之次色尚有六七萬件不等，一併裝桶解京以備賞用。其瓶、罍、罇、彝等上色琢器，由三四寸高以至三四尺高大者，亦歲例二千餘件。尚有選落次色二三千件不等，一併裝桶解京，以備賞用。至於每月初二、十六兩期解送淮關總管年處呈樣，或十數件，或六七件不等，在外。

廠内所造各種釉水、款項甚多，不能備載。茲舉其仿古、采今，宜於大小盤、盌、盅碟、瓶、罍、罇、彝，歲例貢御者五十七種，開列於後，以志大槩：

仿鐵骨大觀釉，有月白、粉青、大綠等三種，俱仿内發宋器色澤。

仿鐵骨哥釉，有米色、粉青二種，俱仿内發舊器色澤。

仿銅骨無紋汝釉，仿宋器貓食盤、人面洗色澤。

仿銅骨魚子紋汝釉，仿内發宋器色澤。

仿白定釉，止仿粉定一種，其土定未仿。

均釉，仿内發，舊器梅桂紫、海棠紅、茄花紫、梅子青、螺肝馬肺五種外，新得新紫、米色、天藍、窑變四種。

仿宣窑霽紅，有鮮紅、寶石紅二種。

仿宣窑霽青，色澤没紅，有橘皮棕眼。

仿廠官窑，有鱔魚黄、蛇皮綠、黄斑點三種。

仿龍泉釉，有淺深二種。

仿東青釉，有淺深二種。

仿米色宋釉，係從景德鎮東二十里外，地名湘湖，有故宋窑址，覓得瓦礫，因仿其色澤款式。粉青色宋釉，其款式色澤同米色宋釉，一處覓得。

仿油綠釉，係内發窑變舊器，色如碧玉，光彩中斑駁古雅。

爐均釉，色在東窑與宜興掛釉之間，而花紋流淌變化過之。

歐釉，仿舊歐姓釉，有紅、藍紋二種。

青點釉，仿内發廣窑舊器色澤。

月白釉，色微類大觀釉，白泥胎無紋，有淺深二種。

仿宣窑寶燒，有三魚、三果、三芝、五福四種。

仿龍泉釉寶燒，本朝新製，有三魚、三果、三芝、五福四種。

翡翠釉，仿内發素翠、青點、金點三種。

吹紅釉。

吹青釉。

仿永樂窑脱胎、素白、錐拱等器皿。

仿萬歷正德窑五彩器皿。

仿成化窑五彩器皿。

仿宣花黄地章器皿。

新製法青釉，係新試配之釉，較霽青濃紅深翠，無橘皮棕眼。

仿西洋雕鑄像生器皿，伍拱、盤、碟、瓶、盒等項，書之渲染，亦仿西洋筆意。

仿澆黄燒綠錐花器皿。

仿澆黄器皿，有素地、錐花二種。

仿澆紫器皿，有素花、錐花二種。

錐花器皿，各種釉水俱有。

堆花器皿，各種釉水俱有。

抹紅器皿，仿舊。

彩紅器皿，仿舊。

西洋黄色器皿。

新製西洋紫色器皿。

新製抹銀器皿。

新製彩水墨器皿。

新製山水、人物、花卉、翎毛，仿筆墨濃澹之意。

仿宣窑填白器皿，有厚薄大小不等。

仿嘉窑青花。

仿成化窑澹描青花。

米色釉，與宋米色釉不同，有淺深二種。

釉裏紅器皿，有通用紅釉繪畫者，有青葉紅花者。

仿紫金，釉有紅、黃二種。

澆黃五彩器皿，此種係新試所得。

仿澆緑器皿，有素地、錐花二種。

洋彩器皿，新仿西洋法瑯畫法，人物、山水、花卉、翎毛，無不精細入神。

拱花器皿，各種釉水俱有。

西洋紅色器皿。

西洋緑色器皿。

新製仿烏金釉，黑地白花、黑地描金二種。

新製西洋烏金器皿。

新製抹金器皿。

仿東洋抹金器皿。

仿東洋抹銀器皿。

又陶政示諭稿自序：余於雍正六年奉差督陶江右，陶固細事，但爲有生所未經見，而物料火候與五行丹汞同，其功兼之，摹古的今，侈弁崇庳之式，茫然不曉，曰惟諾於工匠之意旨，惴惴焉惟辱命悞公之是懼。用杜門謝交遊，萃精會神，苦心戮力，與工匠同其食息者三年。抵九年辛亥，於物料火候生尅變化之理，雖不敢謂全知，頗有得於抽添變通之道。向之唯諾於工匠意旨者，今可出其意旨，唯諾夫工匠矣。因於泥土釉料坯胎窑火諸務研究探討，往往得心應手，至於賞勤警怠、矜老恤孤、與夫醫藥、棺槥拯災濟患之事，則又仰體皇仁，寓賑貸於造作中之至意，此微末小臣盡力宣勞之職也。更歷五寒暑，器不苦窳，人不告瘁，迄雍正十三年，計費帑金數萬而製進圓琢等項不下三四十萬件，幸免縻帑悞公之咎。

今上龍飛，之乾隆元年承命榷淮陶務告竣，爰將歷年來事宜示諭諸稿，除散軼外，檢其存者彙繕成帖，以志九載辦理之梗槩云。

御窑昉自宋景德中，而民窑更多，蔣祈所稱三百餘座是也。而窑之高卑、濶狹，大小、淺深，暨夫火堂、火栻、火眼、火尾之規制，種種不一，精其工而供其役者，爲景鎮魏氏專其業，而得其傳，元明以來無異也。投砂土無常工，而羣窑之結砌、補葺，則業有專厲，他族無與也。

國朝康熙十三年，吴逆煽亂，景鎮民居被燬，而窑基盡圮。大定後，燒造無從，又魏氏子弟各出其工，分承窑脚，盡爲整理，而圮壞如新。

故御廠有役，則供工食視尋常加倍，厥後御器燒向氏窑，供役雖停而結砌補葺，則仍魏氏所世守，此皆陶政所關，而亦民業所係，因備記於簡編。

按：浮物産雖不乏，亦僅自足矣。稼穡維寶，無慮石田矧固國官宜稻之區乎。果蔬禽魚，少助生計，其他仰需於外多矣，何謂不乏哉！惟陶之産，天下莫儷，然程能競巧，流爲玩好，豈古飯土簋、飲土鉶意耶？且民以陶利，亦以陶病，殆非一端。大抵明之上供間監爲窑最酷，而舊獨以解費不記額數，乃曰衆擎易舉，無煩奏銷，長者之言，不宜如是。今考《江西大志》，已將前世解運補入，若我朝特著良規。

御器每遣，京員督理，即解項亦定爲經制，悉動公帑，全無遺累。備覽所紀，過曩代遠矣。（舊志）

《中國陶瓷古籍集成·劉坤一〈窑廠工作不良據情量請補造摺〉》（同治九年六月初七日）奏爲景德鎮窑務缺乏良工，以致燒造瓷器未能如前精細，據情代奏，仰祈聖鑒事。

竊據九江關監督景福詳稱：「準造辦處辦理綉活處咨開，同治八年十二月二十二日奏事處楊長春傳旨：『所有前次九江關監督景福解交大婚禮瓷器等項，共一萬零七十二件，均燒造粗糙，不堪應用，著傳知該九江關監督景福照數補賠。各項瓷器，總要端正，毋得歪斜，其裏外花釉以及顔色，均著燒造一律精細鮮明，勿使稍有草率。仍著景福趕緊辦理，照數賠補，迅即解京。欽此。』跪讀之下，莫名惶悚！查景德鎮地方，迭遭兵燹，官民窑廠，停歇十有餘年。同治四年始經前署監督蔡錦青開廠燒造，老匠良工散亡殆盡，配製顔料，多半失傳，新匠不惟技藝遠遜前人，即人數亦較前減少。凡有一長之匠，俱已募入官窑，物以少而見珍，工值轉爲增貴，限於時勢，不得不暫爲將就。所幸連年均係按例大運暨傳辦常件，尚無新奇花樣，加謹摹仿，得以無誤。六年六月，準内務府綉活處移知，上傳預備皇后前需用瓷器活計共圓琢器一萬餘件，限七年内燒齊解京，盡係彩畫填黄釉者，工作較細，花樣亦新。明知廠内工少技疏，恐難合式，本欲先事據實奏明，特以事關大婚吉禮，開億萬年瓜瓞之祥，景福恭逢盛典，理應黽勉興工，何敢稍存畏難之心，瑣屑陳瀆。當即傳集各匠，竭力講求燒造，時閱三年之久，始克竣工，於七、八兩年陸續解京驗收。兹以未能鮮明精細，奉旨照數賠補，自應欽遵趕辦，隨即束裝赴廠，飭令工匠趕緊加工燒造，不得延誤；并許加給賞項，以期踴躍從事。當據各工匠禀稱：『匠等雖係小民，亦各天良具在，頻年厚受傭值，供役官窑，承辦上用瓷器，實已竭盡技能，無奈窑廠停歇多年，諸事多失傳授。後來學習，藝劣人稀。前次添造大婚禮瓷器，件數既多，填黄尤非素習，彩畫事在釉後，顔色易於鮮明，填黄又在彩畫之後，花間隙地，均須密填，輕重難期匀稱，花色每爲黄釉侵蓋。加以窑内火逼烟熏，釉輕則露地，釉重則含包，燒造粗糙，顔色晦暗，胥由於此。委屬限於技拙，非敢掉以輕心。且前項瓷器計萬餘件，每造一器，必先造坯胎數件，從中選取。今若概行另辦，非燒造數萬件不能選擇如數。前歷三年，尚屬粗糙，倘再迫以期限，誠恐坯胎不乾，窑火參差，萬一更不如前，匠等獲咎愈重。自知止此手藝，與其徒費工料，仍滋貽誤，曷若預爲禀明』等語。景福面問再三，衆口一詞，似非虚語。伏念大婚吉期伊邇，照數重加燒造，勢必趕辦不及，且亦無從另選良工。可否邀免補造，抑或飭下造辦處將前解大婚禮瓷器，擇其尤爲粗糙不堪應用者，提出若干件，開單發下，庶件數較少，俾得加工精造，借贖前愆之處出自逾格鴻慈，并請將景福先行交部議行，以示懲儆』等情，詳情代奏前來。

臣復加確覈，均屬實在情形，理合恭摺代奏，伏乞皇太后、皇上聖鑒訓示。謹奏。

劉坤一《九江關監督承辦新樣瓷器懇請展限片》 再，據九江關監督沈保靖詳稱：同治十三年八月十四日，承準造辦處辦理綉活處札開：『同治十三年三月三十日，據太監劉得印交下畫魚缸、花盆、花瓶紙樣十五件，合牌花盆、水仙盆樣十八件，傳旨：『着傳九江關監督按照畫樣，合牌樣上粘連黄簽數目，照式加細燒造，統限於本年九月内呈進，欽此。』同日又承準札開：「同治十三年四月十五日總管太監孟忠吉交下畫仙鶴樣三件，梅鹿紙樣三件，傳旨：『着照仙鶴樣三件，分雌雄形式燒造二十對；照梅鹿紙樣三件，分雌雄形式燒造二十對；鶴鹿俱帶山子，傳交九江關監督燒造。欽此。』」各等因到關。

伏查燒造瓷器，向係二月春融開工，八月收工，一交冬令，水寒土凍，不能製造坯胎，并不能加以彩畫。又查製造瓷器，先用泥土做成白坯，另用沙土匣鉢裝盛入窑，猛火燒煉三日夜，以滿窑紅透爲度；出窑候冷，再加彩畫，又入小爐用炭火燒煉一日夜，始成器皿。又查景德鎮廠署御窑，乾隆年間即已塌毁，數十年來均係附於民窑搭燒；而民窑均不甚大，窑門按瓷尺僅寬二尺四寸，瓷尺只合營造尺八折，匣鉢過此尺寸，即不能進窑。此燒瓷器之大概情形也。該監督於接奉傳辦前項各式瓷器，當即傳集各工匠看視，據稱黄單内各項花色，均能燒造，惟二尺六寸魚缸及仙鶴、梅、鹿恐難如式造就。該監督飭將鶴、鹿兩項照樣試燒白坯，詎連燒數對，歪斜曲折，眉目不分，蓋由身重脚高，頸又長細，上下輕重不匀，一經窑火燒煉，遂致傾側團縮。復飭將頸、足與身分段拆燒，而接合又不能泯無痕迹。其二尺六寸魚缸，口面較大，限於窑門狹小，當飭廠匠先照窑門大小試燒，不意連續白坯數件，亦皆歪斜裂口。因兵燹之後，從前名匠類皆流亡，現在工匠俱後學新手，造作法度諸多失傳。今令造此十餘年未辦之件，俱形束手。且本年奉文較遲，轉瞬即交冬令，不能製坯加彩，實已趕辦不及。惟有詳請奏懇展俟來年二月春融開工，招集名手工匠，博採製造成法，督飭敬謹設法燒造，不敢畏難延諉等情前來。

臣復加體察，尚屬實在情形。合無仰懇天恩，俯準展俟來年二月招匠設法燒造解京交納，斷不敢任其推諉延誤。理合附片陳明，優乞聖鑒訓示。謹奏。

《中國陶瓷古籍集成·〈奉憲永禁碑〉》 賜進士出身，特授浮梁縣正堂劉顧憲大老爺，準示。

古來舊章，十年一界放脚，顧人挑送，不許裝坯籮筬。次年請求開禁帶徒。傭工三年圓滿，造臺封禁。今遵唐宋以來古例，切不可擾亂章程。

今蒙錢憲準示：同治六年二月開禁帶徒，至於三年圓滿，點名造臺封禁，不得私亂行規。自從我師傳教，各遵舊規。此乃人仁君子乎！

勒石記迹，永遠存鎮。

五府十八幫裝小器衆等。

今將造臺五府首士開列

《中國陶瓷古籍集成·〈次色瓷器專賣碑〉》 欽加六品銜，特授浮梁景德鎮分司，兼管窑務，加五級，紀録五次，爲出示嚴禁曉諭，以便商賈事。照得景德鎮遁陶産之區，向來各規所有破壞瓷器，俱歸黄家洲各小店販賣。其四色中脚瓷器，各客買辦自便，旁人不得阻攔。兹於八月初五日據客民陳文輝稱：「伊馬口幫買有四色瓷器一擔，被黄家洲各店阻攔，禀請□□情到司。」竊思四色中脚瓷器，向來任客各處自行買辦。其破爛由黄家洲買賣，何得攔阻滋事。本應徹底根究，姑念爾等初犯從寬，免其既往不咎外，合行出示曉諭。爲此示仰各色人等。知示之後，爾等務要各照舊章買賣，不得借端阻撓。倘將四色中□爲破爛滋閙者，一經查覺，或被告發，定即從嚴究辦，勿謂言之不□也。各宜禀之毋違。特示。

同治辛未年八月吉日

（方德榮、胡宏立、陳文輝、吴大立）立　告示

盛元等《（同治）南康府志》卷四

據都昌縣民廠户徐坤牲、徐卜昌、余和謨、王南正、徐世騰、項森大、萬光元、馮旺金，星子縣民廠户夏錫忠、張福興、陳崇喜、項家福、胡傳明、夏爾瑜、夏錫敏、夏錫光、余向才、余海浪、徐振啓等同供：

伊等在大排嶺、七溪壠、夏家壠、余家斜、五福港等處開挖白土，共有四十九廠，俱在貼近港堰處所開池，堵水洗土，做成土塊，運往景鎮售賣，所有洗出沙泥，或順水流入港内，或堆積港邊，水自上首大排嶺發落，流入龍門趙家等堰，與白鹿洞澗水匯入猛虎澗合流，至大堰龍潭橋等處入湖，港邊兩岸，均系軍民田畝。道光十七年，星子合邑士民因伊等洗土淘沙，冲入港堰，有礙農田，挖山穿嶺，傷害墳墓，控府飭縣封禁，拆毁篷廠，復奉道府示禁。伊等因無生理，是以復行上控，推求勘明詳復，分别取禁，俾伊等不致歇業，即感恩典。

又訊據舉人汪自清、劉熙敬，貢生張樹德、歐陽步升，生員彭鳳文、宗謙、彭鳳朝、吴焕、彭鳳喈，監生詹銘等供稱：

廬山白土，歷來無人開挖，自夏家壠夏姓在景德鎮燒窑，始取白土運赴景鎮售賣，獲利數倍，以後即有星都兩縣民人徐坤牲等陸續在大排嶺、七溪壠、五福港、余家斜等處，開設數十廠。所挖之土，必須用水淘洗，做成土塊，方可售賣。各廠俱在貼近港堰處所開池，堵水淘洗，三分成土，七分成沙，土渣堆積成山，一遇天雨冲激下流，不但港堰俱塞，兩岸田畝亦俱被淤。如遇天旱，因廠户堵水，各田無水戽蔭，禾苗盡槁，佃户無租完納，業主控追亦屬無益。各廠附近之處，俱有民間墳墓廬舍，該廠户挖洞取土，綿亘數里，年深月久，山崩土裂，墳墓傷殘，牲畜跌斃。曾有農民胡文滔家祖墳被挖傷冢，耕牛牧放在山跌斃洞間之事，控具有案。是以道光十七年間，合邑士民稟請王前府示禁開挖。

查高嶺窑土，系出産鄱陽、浮梁、祁門三縣交界處所，取用不竭。廬山并無高嶺之名，景鎮即無星邑白土，亦於官民兩窑毫無妨礙，斷不致有誤欽工。只以星邑白土價賤，出售獲利數倍，各廠户惟利是圖，是以串商各窑户紛紛呈請復開。即使分别取禁，該廠户勢必陽奉陰違，仍然肆行開挖，將見一廠累十，十廠累百，百廠累千，後日即欲再請封禁，勢所不能。星邑彈丸，何堪遭此殘害！惟有懇求勘明詳復，照舊禁止，保全地方各等供。

兹據廠户徐坤牲等，窑户馮大升等控，奉本道檄飭查勘取禁，經卑府於［道光］二十年三月間傳集兩造紳民地保，督同署星子縣朱懋勛親詣該處，勘得總名大排嶺上，有吴姓墳山一障。墳山之左，有徐時英土廠一處，廠左山土俱已掘挖崩塌。墳山之右，貼近山澗，有余芳謨、項家福土廠各二處。該山南下路東有陸隆啓土廠一處，西有徐坤謨、項家福土廠一處，徐卜昌土廠一處，廠下均系田畝，田旁有水堰一道，自熊文嶺流入梅溪湖。又勘得夏家壠、余家斜、猪頭山三處，毗連有自北至南水堰一道，俱被沙土壅塞，兩旁俱系田畝。堰東一帶山脚下，有夏錫敏等土廠共計三十二處，均貼近田邊。自余家斜至猪頭山，毗連兩山，俱已崩塌成洞，綿延數里。其七溪壠、五福港兩處，開設土廠，先經星子縣袁令履勘，與夏家壠等處情形相同。各處土廠周圍俱有田地墳山，迥非荒山可比，一經開挖，實與地脉田廬大有關礙。若復準各廠户開挖白土，則農田受害，水旱皆憂。蓋大水則田被沙壅，大旱則堰被沙塞，將見田地盡成荒土，民生日促，賦課難輸。星邑彈丸，何堪遭此殘害？且各土廠遷移靡定，此山土盡，又至他山開挖，即使分别取禁，該廠户皆嗜利亡命之徒，勢必陽奉陰違，肆行挖取。各廠工作之人，日聚日多，一經出阻，小則斗毆殺傷，大則釀成人命，地方受害匪淺。

查嘉慶十二年都昌縣民鄭文哲呈請開採該縣石流嘴官山白土，奉前本道廣批府飭縣嚴查示禁，迄今三十余年，并未復開。【略】況廬山白土只可造作粗胚，不能配製細瓷。景鎮各窑制造瓷器所需窑土，向産徽、浙等省，取用不竭。即浮梁本地出産窑土，亦不缺乏，無需廬山白土配用。且自道光十七年禁止開挖廬山白土以來，迄今五載，各窑相安如故，并無乏土配用之説，與御窑製造上用瓷器毫無格礙。至所謂高嶺白土，系在鄱陽、浮梁、祁門三縣交界地方，廬山并無高嶺之名，更不干涉。只因廬山白土價賤，出售獲利頗厚，各窑户等以牟利之故，争願開採。

南康府爲詳請批示立案事。

道光二十年六月二十日，奉前本道福批，據星子縣民項家福、李正皆等呈稱：高嶺土缺，浮主知之最悉，歷經詳報有案，并非虚捏。本年因土乏用，各窑關閉數十家，現存不及一半，轉瞬一兩年，歇業自必殆盡。民窑既盡，官窑從何燒造？此理易明。且景鎮靠窑謀生者，不止數十萬人，一經歇業，此輩從何安

置？其禍不可勝言！民等因此土上關御用，下裕民生，是以租山開採。不料星主經承串通紳民，勒索不遂，聳縣將自行投到之徐坤牡杖責一百，關押班房，至今不釋。又先行勒結，及至詣勘，并不秉公勘斷，又不全行踏勘，僅聽經書揑圖詳復，希冀了事，竟舍國用民生於不問。現在浮主聞得此山封禁，焦急萬分，亟應具文詳請。(切)〔竊〕此土果有礙於該處田園廬墓，或應封禁；今無礙而稱有礙，任承揑詳，死不甘心，只得照繪實在山圖，哭叩大人臺前，俯準親臨踏勘，或另委公正大員詣勘詳復。如民等繪圖不實，情甘坐罪，并懇札飭將徐坤牡釋放，沾恩萬代，上叩等情。

〔星子〕據都昌縣民廠户徐坤牡、徐卜昌、余和謨、王南正、徐世騰、項森太、萬光元、馮旺金，星子縣民廠户夏錫忠、張福興、陳崇喜、項家福、胡傳明、夏爾瑜、夏錫敏、夏錫光、余向才、余海浪、徐振啓等同供：

伊等在排嶺、七溪壠、夏家壠、余家斜、五福港等處開挖白土，共有四十九廠，俱在貼近港堰處所開池，堵水洗土，做成土塊，運往景德鎮售賣。道光十七年，星子合邑士民因伊等洗土淘沙，冲入港堰，有礙農田，挖山穿嶺，傷害墳墓，控府飭縣封禁，拆毀篷廠。伊等因無生理，是以復行上控，惟求勘明詳復，分別取禁，俾伊等不致歇業，即感恩典。

又訊據舉人汪自清等供稱：

廬山白土，歷來無人開挖，自夏家壠夏姓在景德鎮燒窑，始取白土運赴景鎮售賣，獲利數倍，以後即有星都兩縣民人徐坤牡等陸續在大排嶺、七溪壠、五福港、余家斜等處，開設數十廠。所挖之土，必須用水淘洗，做成土塊，方可售賣。各廠俱在貼近港堰處所開池，堵水淘洗，三分成土，七分成沙，土渣堆積成山，【略】是以道光十七年間，合邑士民禀請王前府示禁開挖。【略】查高嶺窑土，系出産鄱陽、浮梁、祁門三縣交界處所，取用不竭。【略】只以星邑白土價賤，出售獲利數倍，各廠户惟利是圖，是以串商各窑户紛紛呈請復用。即是分別取禁，該廠户勢必陽奉陰違，仍然肆行開挖，將見一廠累十，十廠累百，百廠累千，後日即欲再請封禁，勢所不能。

茲據廠户徐坤牡等，窑户馮大升等控，奉本道檄飭查勘取禁，經卑府「南康府」於「道光」二十年三月間傳集兩造紳民地保，督同署星子縣朱懋勛親詣該處，勘得總名大排嶺上，【略】有徐時英土廠一處，【略】貼近山洞，有余芳謨、項家福土廠各二處，該山南下路東有陸隆啓土廠一處，西有徐坤牡土廠一處，徐卜昌土廠一處。又勘得夏家壠、余家斜、猪頭山三處，【略】堰東一帶山脚下，有夏錫敏等土廠共計三十二處。其七溪壠、五福港兩處，開設土廠，先經星子縣袁令履勘，與夏家壠等處情形相同。且各土廠遷移靡定，此山土盡，又至他山開挖，即使分別取禁，該廠户皆嗜利亡命之徒，勢必陽奉陰違，肆行挖取。各廠工作之人，日聚日多，一經出阻，小則斗毆殺傷，大則釀成人命，地方受害匪淺。只因廬山白土價賤，出售獲利頗厚，各窑户等以牟利之故，争願開採。

《中國陶瓷古籍集成·〈奉憲示禁碑〉》 欽賜花翎署理饒州景德鎮鹽法督捕分防府，兼管窑務(下缺)出示嚴禁，遵照舊章事。

案據監生曹會勝，貢生(下缺)經誠，職員詹日升，職員邵福元，監生陳訓，貢生(下缺)，治鎮開燒二白粗料爐窑，立有舊章。收帶彩工徒(下缺)擇誠實之人，隨時收學，任憑主薦，并無定期。首(下缺)前縣錢示禁在案，從無更易。近有刁棍吴道謨等人，心(下缺)刊刷議單，索詐錢文，凡遇爐窑收帶徒弟，阻攔(下缺)薦，要知會伊等，違者罰戲備酒，否則糾衆生事。商(下缺)禁等情到府。

據此，除批示外，合行給示嚴禁：

爲(下缺)人等知悉，嗣後凡遇爐窑收徒，務須仍照舊章，既無(下缺)憑主薦，不得阻攔，毋許索詐酒、面、錢文，倘敢再私立(下缺)索滋事，許該爐窑人等指名具禀，本分府定即拘禁，照例究辦，決不姑寬。自示之後，恪守舊章(下缺)

右仰知悉

光緒三年五月初二日示

告示發

《中國陶瓷古籍集成·〈勒石永禁〉》 欽加同知銜，調署浮梁縣事，瑞金縣正堂加十級，紀録十次鄭，爲出示嚴禁事。

據民人李開廣、劉永忠、程世昌、曹世廣、程尚義、姚嘉永、方學時、張大時、詹永昌、張正一、湯世振、詹信三、詹永盛、舒敬義、詹仲三、吴開泰、詹萬春、葉世芳、詹世恩、張炳立等禀稱，伊等世居東鄉新正都，全賴瓷土營生，無瓷土則官窑無有燒；無山材，則瓷土無有舂，故國有民生之裕，悉取資於山材。而山材之荒，則以鋸柴燒炭爲易竭。自來都内公山、己山，概行蓄養成材，以瞻瓷用。迭經請示，禁止鋸材燒炭在案，數十年來遵守無异。近因人心不古，積久易忘，誠恐貪利違禁，貽害於後，禀請照案示禁等情到縣。據此，除批示外，合行示禁。爲此示仰新正都并遠近居民業户人等知悉：「嗣後都内各處山場，聽憑業主蓄植樹木，毋得鑽謀私採，起棚燒炭鋸柴，倘敢故違，許該處地保及都内業主人，指各赴縣具禀，以憑提案，決不寬貸，各宜凛遵毋違。特示。

光緒十九年十一月初八日示。

右仰示知

《中國陶瓷古籍集成·柯逢時〈開辦江西瓷器公司摺〉》 仰祈聖鑒事：竊照江西浮梁之景德鎮，製造瓷器，已歷數朝，曩年售價約值五百萬金，乃近歲不及半。論者以爲製法不精，税厘太重之故。臣初亦信以爲然。自來豫章悉心考察，乃知此項製作，實勝列邦。其選料也，則合數處之土以成坯，故其質堅，而其聲清越；其上釉也，則取各省之物配色，故其光澤，而其彩鮮明；又復講求火候，考驗天時，備極精微，遂成絶藝。其創始者，深通化學之理。今分門授受，各不相師，非若他技之淺而易明也。

始由朝鮮學製，漸達於東西各洋，詫爲瑰寶，經營仿造，乃克有成。較之華瓷，終有未逮。往者該鎮工匠，曾赴東瀛，見其詣力求深，爽然若失。即外洋各國，亦以爲弗如也。

至於征榷，則税重而厘輕。江西瓷厘不及原價十分之一。而洋關納税，則全其輕重，別其精粗，辨其花色，幾逾十倍。故商人辦運，皆取道内地，繞越海關，獨與它貨异轍。然中國之銷數日絀，而外洋之漫灌日多。揆厥所由，實緣窑廠資本未充，不能與之相競。蓋該鎮自軍興以後，元氣未復，又一僭於火，再淪於水，資産久已蕩然，勉力支持，益多苟簡。運商復從盤剥，時當其厄，則倍息亦所甘心。於是年復一年，利日以微，貨日以窳，其行銷内地者，即通都大邑，亦少精微之品。迄無人經持而補救之，遂一蹶而不可復振。

然而工匠之精能者，至今實未嘗乏也。往臣嘗見署中陳設珍玩，於尊、罍、鼎、彝之屬，及宋、元之舊制，皆有仿作，假者幾可亂真。因購雲洋式大小盤匜，迄之照樣製成，實無稍遜，而堅韌且過之。惜窑户恐不易售，不肯舍舊謀新。上年乃招集紳商，議創公司，久之亦無應者，良由此事，固無人知，即知之亦不能悉，遂不免望而却步。

臣周諮博訪，查有湖北候補道孫廷林，器識宏通，辦事精審，自其先世承辦御廠事務，工匠商賈，信服尤深。當即電調來江，與之考察一切事宜，悉能洞中窾要，其於此事，確有心得，而精核罕有其倫。即經委辦瓷器公司，籌撥銀十萬兩，以爲之創，餘由該道自行集股。據稱已得五萬金，於三月間，在該鎮建設窑廠，招集工人，專造洋式瓷器，必精必良，約計秋間，即可出貨。當預備各色，敬謹進呈，所有章程，均循商例，應完厘税，一律抽收，且不敢援專利之條，致爲商人所款沮。

臣查外人游歷江西，於該鎮無不迂道往觀，多購粗瓷，歸貽親友。偶得佳製，則懸之座隅，珍爲秘玩。日本且歲購白坯回國，加以繪飾，轉運西洋。蓋西洋富人所用器物，以手製者爲良，非以機器所製爲珍重也。

近年洋商屢思來此設廠製造，而奸商或挾外人之勢，冀免税厘，歷經臣隨宜拒絶。倘再不圖變計，將此區區利權，不能自保。

矧該鎮聚工匠數十萬人，性情獷悍，或致別滋事端，隱憂尤大。

今計設立公司，精求新制，以後當可大開風氣，廣浚利源，與其振興他項工藝，收效難期，不若因其固有者而擴充之，爲事半而功倍也。

該鎮銀根緊迸，百物騰貴，此次并分設官銀錢號，以利轉輸，此外通商惠工之政，自應隨時察看情形，借資補助，是否有當，除咨外務部督辦政務處、户部外，合將江西創設瓷器公司緣由，會同南洋通商大臣、兩江總督臣魏光燾，恭摺具陳，伏乞皇太后、皇上聖鑒訓示。

光緒二十九年五月二十四日

曾國藩等《〔光緒〕江西通志》卷九三《經政略一一·陶政》 新平治陶相傳始於漢世，陳至德元年大建宫殿，於建康詔新平以陶礎貢，巧而弗堅，再製不堪用，乃止。唐武德四年，謝志作二年。陶玉獻假玉器，謝志作里人陶玉，《縣志》同《饒州府志》作陶人，未知其審。由是置務，霍仲初最知名。宋景德中置鎮，始遣官製瓷貢京師。應宫府之需，命陶工書「建年景德」於器。元泰定本路總管監陶，皆有命則供，否則止。元蔣祈《陶記》略云：景德鎮陶昔三百餘座，埏埴之器潔白不疵，故鬻於他所皆有饒玉之稱，其視真定紅瓷、龍泉青祕相競奇矣。窑之長短率有嵑數，官籍丈尺，以第其税，而火堂、火棧、火尾、火眼之，屬則不入於籍。陶畂食土，不受藝傭，埽賃窑主，以相附合，謂之䅧。土坯既匣，垛而别之，審厥窑位，以謹布置，謂之障窑。興燒之際，按籍納金，窑牌、火歷迭相出入，謂之報火。一日二夜，窑火既歇，商争取售，而上者擇焉，謂之揀窑。交易之際，牙儈主之，同異差互，官則有考，謂之店簿。運器入河，肩夫執券，次第件具，以憑商算，謂之非子。其窑之綱紀，大略有如此者。若夫淛之東西，器尚黄黑，出於湖田之窑者也。湖、川、廣器尚青白，出於鎮之窑者也。盌之類：魚水、高足、碟之發暈、海眼、雪花此川、廣、荆、湘之所利。盤之馬蹶、檳榔，盂之蓮花、要，角盌碟之繡花、銀繡、蒲脣、弄弦之類，此江、浙、福建之所利，必地有擇焉者。鑪之別：曰猊、曰鼎、曰彝、曰鬲、曰朝天、曰象腿、曰香奩、曰桶子，瓶之別：曰觚、曰膽、曰壺、曰淨、曰梔子、曰荷葉、曰葫蘆、曰律管、曰獸環、曰琉璃。與夫空頭細名，考之不一而足，惟販之所需耳。兩淮所宜，大率江、廣、閩、浙澄澤之餘。土人貨之者，謂之黄掉。黄掉云者，以其色澤不美而在可棄之域也。所謂器之品數，大略有如此者。至若冬泥凍脆不可以燒，坯陶既就，復不易操，則有火房。火事將畢，器不可度，探坯窑眼，以驗生熟，則有火照。進坑石泥，製之精巧。湖坑、嶺背、界田之所産已爲次矣。比壬坑、高砂、馬鞍山、瓷石堂，厥土、赤石，僅可爲匣模，工而雜之以成器，則皆敗惡不良，無取焉。攸山、山槎灰之製釉者取之。而製之之法，則石堊煉灰，雜以槎葉、木柿，火而燬之，必劑以嶺背釉泥而後可用。或覆、仰燒焉。陶工、匣工、土工之有其局，利坯、車坯、釉坯之有其法，印花、畫花、雕花之有其技，秩然規製，各不相紊。窑有尺籍，私之者刑。釉有三色，冒之者罪。凡利於官者，一涉欺瞞，則牙、商、擔夫，一例坐罪，其周防可謂密矣。夫何昔之課賦優裕，而今之事於此者常懷不足之慮也，憲之頭子，泉之率分，統制之供給，經總之移用，州之月椿，支使、醋息，鎮之吏俸、孤遺、作匠，總計月錢凡三千餘緡。而春秋軍旅、聖節、郊祀賞賚、試闈、結葺，猶不與此，通融計之，月需百十五緡，則權官可以逭責，反是則譴至矣。予觀數十年來，官斯去者，無不有州家挂欠之籍。蓋嘗推求其故，則有由矣：窑家作輟，與時年豐凶相爲表裏，一也。臨川、建陽、南豐他産有所奪，二也。上司限期稍不如約，則牙校踵門以相蠹蝕，三也。獄失其校，權官散分，邇來猾商狡獪，無所憚怖，四也。土居之吏，牢植不拔，殆有漢人倉、庫氏之風，五也。官之槽者，吏掣其肘，一有强明自任，則吏結豪駔之民，詭辭上官，必使懲之，更而後已。官不少察，事勢輕矣，此重可爲太息者也。嘗記《容齋隨筆》載：昔之守令不市陶器，父老所傳僅二人焉。嗚呼！何遼絶邪？「容齋」所記可以盡信否邪？何今未有繼也！又聞鎮之巨商今不如意者十八九，官之利羨，乃有倍蓰之虧，時邪？山川脈絡不能静於焚燬之餘，而土風日以蕩邪。「一里窑，五里焦」之諺語其龜鑑矣！或者謂博易之務廢矣，窑巡之職罷矣，今之不可復故矣。然河濱之陶，昔人爲盛德所感，故器不苦窳，庸詎知今日董陶之器不可以復古邪？是又非予所得而知也。明洪武三十五年，始燒造歲解。宣德中以營繕所丞專督工匠，正統初罷，天順丁丑仍委中官燒造。正德初置御器廠，專筦御器。嘉靖九年革中官，以饒州府佐管理，四十四年設通判駐廠燒造，尋罷。隆慶六年復於各府選員管理，萬歷十年以饒州府督捕通判駐鎮，兼理燒造。

陸心源《唐文拾遺》卷四《禁兩都燒窑取土勅》　京洛兩都，是惟帝宅，街衢坊市，固須修築。城內不得穿掘，爲窑燒造磚瓦。其有公私修造，不得於街巷穿坑取土。《唐會要》八十六。

沈家本《歷代刑法考·充軍考中》　盜園陵樹木：禁山盜砍樹株爲從，取土取石開窑燒造放火燒山爲從。邊衛首比照盜大祀神御物，斬，爲從應減流，本律滿徒。神烈山鋪舍以外開山取石，安插墳墓，築鑿池臺。邊衛上層比律擬斬，此層蓋比本律滿徒。

《中國陶瓷古籍集成·〈茭草工價碑〉》　欽加同知銜、賞戴花翎總辦、景德鎮巡警、調代浮梁縣正堂毛，爲給示勒石永資遵守事。

據鄂幫同慶社瓷商黄春生、張永盛、陳廣順、嚴安記、王口源、胡益昌、童義泰、聞隆順、邵源順、廖銓昌、熊復順、周恒泰、李椿山、張益順、嚴鳴發、牛松記等禀稱：伊等在鎮販運瓷器，歷有年所，於茭草一行，所有茭草扎篾凳價，向有定章，毫無異議。突於今年夏間，茭草工頭，不明大義，惟知利己，欲翻舊章加價，兩造開具節略，呈請商會，議訂草篾皮數，每條凳加錢三百文，兩造均各遵允，禀請給示勒石，俾垂久遠等情到縣。

據此批示外，合行給示，爲此示仰該茭草人等知悉：嗣後爾等工價，務須遵照此次商會議訂章程辦理，不得稍有違背争競，倘敢故違，一經查出，或被告發，定即拘案嚴懲。本縣執法如山，決不稍從寬貸。其各凛遵無違，特示。

計開　華幫草篾章程

可爐大　每一條凳八十仔，每仔扎篾二十三皮。

可二　每一條凳八十仔，每仔扎篾二十三皮。

可工　每一條凳一百仔，每仔扎篾二十皮。

可反　每一條凳一百仔，每仔扎篾、打幫二十二皮，扎仔十九皮，續議反碗幫仔，每件均係二十一皮。

茶中　每一條凳一百三十四仔，每仔扎篾、打包大十九皮，小十五皮。

茶中　每一條凳茭切草三同五，每仔切九皮，續議茶中，每仔八皮。

續蓮光花　大碗，每條凳八十仔，每仔扎篾二十三皮。

冬青各樣

又工碗　每一條凳一百仔，每仔扎篾二十皮。

又湯碗　每一條凳一百仔，每仔扎篾十八皮，幫二十二皮，續議湯碗，幫仔每件均二十二皮。

又反碗　每一條凳一百仔，每仔扎篾十九皮，幫二十二皮，□□□□雙幫單仔，每件均二十一皮。

彩丁二碗　每一條凳三草，每仔扎篾二十二皮。

彩大碗　每一條凳八十仔，每仔扎篾二十三皮。

各色滿尺、九寸、八寸、三草，每條凳、每仔扎篾十五皮。

各樣琢器，悉照舊章。

每卷草衣者，加草結四個，作申草一仔。每逢大碗不卷草衣者，計草結八個；卷草衣者，計草結六個，以結爲度。每草結計草二十四根，不得減少。如間有折斷二三根，出於無心，客號亦不究詰，照根數過少，則係茭草有心偷減，查出通同改拆補足。各包三件瓶，搭寶珠壇一個，每仔扎篾十二皮，申草二仔半。續議減少三皮。如卷草衣，内加扎篾六皮，申茭草三仔半，

各式反古壇子草篾申草，均照三百件瓶様。其餘各琢件茭草者，作申草二仔。

以上所開茭草章程，係兩面在商會當面議訂，草結照舊不得偷減外，扎篾悉照開明皮數，自後永爲定案，不得偷減翻异。

各樣琢器，聽客自挪，有願茭草者，任客自便。

右仰知悉　告示

縣正堂　宣統元年十二月二十二日　示

實刊湖北書院曉諭

著録

宋應星《天工開物・卷序》　天覆地載，物數號萬，而事亦因之曲成而不遺，豈人力也哉？事物而既萬矣，必待口授目成而後識之，其與幾何？萬事萬物之中，其無益生人與有益者，各載其半。世有聰明博物者，稠人推焉。乃束梨之花未賞，而臆度「楚萍」；釜鬵之範鮮經，而侈談莒鼎；盡工好圖鬼魅而惡犬馬，即鄭僑、晉華，豈足爲烈哉？幸生聖明極盛之世，滇南車馬，縱貫遼陽；嶺徼宦商，衡遊薊北。爲方萬里中，何事何物不可見見聞聞？若爲士而生東晉之初、南宋之季，其視燕、秦、晉、豫方物，已成夷産，從互市而得裘帽，何殊肅慎之矢也。且夫王孫帝子，生長深宫。御厨玉粒正香，而欲觀耒耜；尚宫錦衣方剪，而想像機絲。當斯時也，披圖一觀，如獲重寶矣！年來著書一種，名曰《天工開物》卷。傷哉貧也！欲購奇攷證，而乏洛下之資；欲招致同人，商畧贗真，而缺陳思之館。隨其孤陋見聞，藏諸方寸而寫之，豈有當哉？吾友涂伯聚先生，誠意動天，心靈格物，凡古今一言之嘉，寸長可取，必勤勤懇懇而契合焉。昨歲《畫音歸正》，繇先生而授梓。兹有後命，復取此卷而繼起爲之，其亦夙緣之所召哉！卷分前後，乃「貴五穀而賤金玉」之義。《觀象》《樂律》二卷，其道太精，自揣非吾事，故臨梓刪去。丏大業文人，棄擲案頭！此書於功名進取毫不相關也。時崇禎丁丑孟夏月奉新宋應星書于《家食之問堂》。

裘曰修《陶説・序》　嗜古之士，類及鐘鼎尊彝之屬，多有記録。董逌、劉敞、洪邁諸君子而外，《宣和博古圖》致爲大備，獨窑器竝無專書。近世《格古要論》一編，亦寥寥數則，觀者莫能饜飫。海鹽朱子桐川乃以《陶説》六卷見示，説今、説古、説器，犁然秩然，獨致詳焉。顧官、哥、定、汝，其爲窑也，不一其地。自有明以來，惟饒州之景德鎮獨以窑著。在明代以中官莅其事，往往例外苛索，赴役者多不得直，民以爲病。我國家則慎簡朝官，給緡與市肆等，且加厚焉，民樂趨之。仰給於窑者，日數千人，窑户率以此致富，以故不靳工，不惜費，所燒造每變而日上，較前代所豔稱、與金玉同珍者，有其過之無不及也。不有所紀載，後世其何述焉。桐川此書，謂之爲陶人之職志可也，謂之爲本朝之良史可也。後之視今，因器以知政，固不獨爲博雅君子討論之資矣。是爲序。新建裘曰修。

朱文藻《陶説・跋》　右《陶説》六卷，吾宗笠亭先生之所著也。先生聞見廣博，而著論務裨實用。客遊饒州，饒産之巨，莫如景德鎮之瓷，而其器尤爲日用不可缺，乃以親見之事，參諸舊聞。其説不誣，洵可傳也。文藻不敏，性好涉獵典籍。若陶器一類，實前人所未備，此書允推刱製。而鄙意聞見所及，尚有數事，可資采擇者。若吾杭新平鎮素瓷，唐貞觀時名於天下，今其地久廢，其説猶存。他若宜興洪春所製之茶壺，流傳海内，例所宜廣。武林繡谷吴氏所藏百八酒器，一時名宿，各有詩歌，亦可臚陳其形式，而備其説。楊中丞雍建嘗監窑事，其酌定事宜，見於文集者，亦有可采。至書瓷一節，仁和邵遠平嘗禁絶之，以爲敬聖惜字之一端。而世宗時亦有請書年號，以垂永久者。

諭旨不允其請，凡巨細各條，當俟暇時，稍爲輯録，以正有道。先生勤學好古，文藻契慕已久，未獲親炙丰采。而今者讀先生之書，輒有所獻。知大雅虚懷，必不以鄙猥而斥其妄也。

乾隆三十九年，歲次甲午，春仲，文藻謹跋。

鮑廷博《陶説・跋》 典籍於今大備矣。考工之書，漢隋唐宋諸志，撰述寥寥。若朱遵度《漆經》、杜鎬《鑄錢故事》之類，不過數種而已。《宣和博古圖》、呂與叔《考古圖》，大率詳列彝器款識，無關民間日用之器具。前明則呂棠之《宣德彝器譜》，傅浚之《鐵冶志》，汪砢玉之《古今鹺略》，皆莅其官，親其事，纂輯成書。而陶器一藝，古今曾未聞述作。海鹽朱笠亭先生，經世才也。丁亥歲，館於江西大中丞吴公憲署，因得悉景德窑器之製，撰成《陶説》六卷。考古驗今，燦然具陳。草野編氓，目不覩先王禮器法物，而瓦盆土缶，無人不資爲飲食之用。此書流傳，天下之樂聞其説者廣矣，豈特補古人未備已哉。先生需次就詮，屬博讎校，付之梓氏。既竣，因書數語於後。

乾隆甲午三月朔，新安後學鮑廷博識於知不足齋。

黄錫蕃《陶説・跋》 笠亭先生，吾鄉博雅君子也。平生著述甚富，其未梓者，如《説文録》、《异韵學》、《琴學》、《古文清英》、《唐百家詩選》。已刻者，《金華詩録》、《明人詩鈔》、《唐詩律箋》、《詞林合璧》、《律賦夏課》、《學詩津逮》、《笠亭詩選》、《陶説》其一也。

夫陶之爲器，切於日用，前人未有專書，僅見於《格古要論》、《清秘藏》諸書，亦寥寥數則而已。先生詳考新制，博采舊聞，一名一器，無不摭拾，爲類四，爲卷六。以視《格古》諸書，不啻一粟千囷也。

錫蕃生也晚，不獲親炙几杖。與先生令嗣青逵游，得登先生著作之室，曰樊桐山房，曰書畫船，曰泊櫓山房，曰友石居。于畫筒書棍間讀先生書畫，神采奕奕，益嘆先生學殖淵雅，并慶青逵能讀父書也。

乾隆丁未三月既望，同里后學黄錫蕃，識于醉經樓。

劉丙《景德鎮陶録・序》 自海鹽朱桐川著《陶説》，於是陶器有專書，用補前賢所不逮。而説古自唐虞以來説器詳官、哥、定、汝，博考羣書，足無挂漏。獨説今景德鎮陶，惜猶多所未備，蓋其製器之委曲精詳，誠有非採訪紀録可得而盡也。余承乏浮梁，鎮隸於籍。案籍：鎮，廣袤數十里，業陶數千户。其人五方錯雜，賢不肖並處。編審固有司之責，又公事偶間，輒微行入陶肆，以察良莠，以稽勤怠，而其製器之委曲精詳亦遂熟於耳目，欲爲鎮陶成專書而未暇。鄭生廷桂，余始至邑，觀風所得士也。招館東軒，課余次兒學，一日以其師藍濱南文學《陶録》遺稿來質於余，其所記載則又多余耳目所未逮。蓋生乎其地，自少而長，習知其事，隨時而筆之於書，良非採訪紀録偶焉旁涉者可同日語也。雖其稿本文詞草創，卷帙有未竟，然譬諸梓材，既勤樸斲，惟其塗丹雘矣。遂亟屬鄭生，因仍而增損之。成書十卷，中亦博考羣書，旁及諸陶，而以其專爲鎮陶而有事也，總題曰《景德鎮陶録》。夫古聖人製器尚象，以利生民，其切於飲食日用者，固非必智巧具而功能備也。自我國家惠工給值，供役無擾，民安而物阜，工勤而器良。鎮人日以盛，鎮陶日以精，莫不奮興鼓舞，用副時會之隆，有不知其所由然矣。是録之成，其不又補桐川所不逮，而爲有心時務者所亟賞乎。爲之序。時嘉慶二十年小春月朔，知浮梁縣事廣德劉丙。

鄭廷桂《景德鎮陶録・書後》 鎮陶自陳以來名天下，歷代著録家多稱述。吾師耕餘先生惜其無專書也，博考衆家之説，實而驗諸當時之制，輯爲是録。卷帙未終而逝，蓋湮廢敗篋中垂二十年矣。廷桂受業門牆最久，慟吾師敦行力學，齎志以殁。又遺腹子殤殞無嗣，師母氏汪孑然孀居，抱遺書而無所與謀。欲請以校勘而續成之藉，爲吾師存一日而廷桂又落拓無力蔵事，其若吾師何哉。嘉慶十有六年辛未，廣德劉克齋先生來莅邑事，招廷桂館署中。風政之暇，時及文辭，亦往往以鎮陶無專書爲憾。廷桂出此奉質，則躍然而起，命亟續之與付剞劂。噫，此固廷桂日夜禱祠之而不得者。今庶幾爲吾師慰也，雖至愚魯，不敢不勉。録舊六卷，今訂爲十，惟卷首《圖説》、卷尾《陶録餘論》爲吾師所未逮。其中八卷則皆仍吾師之書，分門而附益之。謹闕其所不知，不敢妄有增損。蓋於鎮陶之原流，工作之勤勞，器用之美利，雖不備悉，然已可得其大畧矣。吾師其又謂廷桂何哉。嘉慶二十年，歲在乙亥，秋八月朔。門人同里鄭廷桂謹識。

王廷鑑《重刻景德鎮陶録序》 夫象形製器，賴利用於前民，鴻寶成篇，資餉遺於後載。然而秦灰易燼，魯壁僅存，幾同三篋之亡，猶藉一編之守。雖晏楹其可納，恐唐肆以難求。非仗茂先博物之蒐，疇爲高密遺書之訂，此《景德鎮陶録》之所爲重刻也。昌江有陶，肇於陳代。景德名鎮，著於宋時。兑矢和弓，熟則生巧，宋斤魯削，遷弗爲良。世歷千餘年，莫之改也。利通十數省，無以加焉。轂擊肩靡，四方雲集，巷連鱗接，萬户星稠，誠江右一大都會也。文學藍濱南先生，向有《陶録》一書，輯成於鄭問谷副車，鑒定於劉克齋明府。繪其狀於圖，而復申以説，紀其原於卷，而又析以條。遠稽古制，以證夫羣書，旁引鄰封，以通夫外譯。雜記皆筆鍼墨炙，餘編亦書雋言鯖。事可實徵，悉屬耳濡目染，辭殊夸尚，均關土俗民風。作貢尚沿夏后之規，《考工》足補《周官》之闕。曾經剞劂，久奉臯圭。逮遭冠擾枌榆，遂致災延梨棗。藍仙已嗟夭長逝，鄭志衹述夫小同。幸一䜌以堪嘗，慮雙鳴之莫借。《蘭亭》真本，空思蕭翼賺來，《薦福》殘碑，誰代率更摹出。則有丹徒張少嵒司馬，讀書讀律，亦吏亦仙。燕公擅著作之才，白傅得江山之趣。留心時務，廣搜有用之書；廑念民依，永垂不朽之業。爰捐鶴俸，復事校讎。俾播雞林，益騰聲價，洽聞殫見，博涉曹倉，脛走翼飛，貴增洛紙。應識殳蟲戈鳥，咸登甲庫之編，從教月斧星盤，胥列《西陽》之俎。憫艱難於兆姓，如陳座右幽風，藉鼓鑄於羣倫，幾鍊爐中丹火。網羅散佚，還合浦之珠光，拂拭重新，吐豐城之劍氣。廷鑑識荆有幸，慕藺維殷，思利器於仁賢，夙懷攻錯，承舊傳於弓冶，敢懈鑽研，鉢托元沙，壺傾寶液。愛春風之槖籥，樂夏喝之帡幪，景提槧於前徽，仰扶輪於大雅。感君高誼，廣收枯竹焦桐，索我弁言，聊效匏宣瓦奏。是爲序。

時大清同治九年歲次庚午，小春月朔，賜進士出身、誥授奉政大夫、欽加同知銜、直隸即用知縣，古番愚弟王廷鑑拜撰。

雜録

洪邁《容齋隨筆》卷四《浮梁陶器》 彭器資尚書文集有《送許屯田詩》，曰：「浮梁巧燒瓷，顔色比瓊玖。因官射利疾，衆喜君獨不。父老爭嘆息，此事古未有。」注云：「浮梁父老言，自來作知縣不買瓷器者一人，今程少卿嗣宗是也。」惜乎不載許君之名。

周密《癸辛雜識》續集卷上《治物各有法》 金花定碗，用大蒜汁調金描畫，然後再入窑燒之，永不復脱。凡玉工描玉，用石榴皮汁描之，則見水不去。壘珠想思子磨汁綴之，白芨亦可。則見火不脱，凡事皆有法。

富大用《古今事文類聚新集》卷三三《諸監部・少府監》 歷代沿革，少昊氏五雉爲五工正，唐虞、共工、周官、考工皆其職也。秦有將作少府，掌治宫室。又别有少府掌山海池澤之税，以給共養。漢因之，將作少府掌修飾宗廟路寢宫室陵園木土之工，而少府則掌山澤陂池之税，實爲二官。景帝中，改將作少府爲將作大匠。世祖中興，以謁者領其官。章帝建初，又置少府卿一人，掌中服御諸物衣服寶貨珍膳之屬，統尚方畫家織室等令。晉少府亦爲列卿，統材官校尉中左右三尚方甄官等令。宋少府領左右尚方御府等令丞。齊梁陳皆有，北齊不置。少府其三尚方司染諸治及細作甄官等署，並隸太府寺。至隋煬帝大業中，始分太府少府監。唐武德九年分將作爲少府監，龍朔二年改少府監爲内府監，咸亨復舊。光宅元年改爲尚方監，神龍復舊。開元初分甲鎧弓弩，别置軍器監，十二年省歸少府。少府監掌百工伎巧之政令，總中尚左尚右尚織染，掌治五署。將作監掌土木工匠之政，總左右中校甄官等署、百工等監，少監爲之貳。宋少府置監少掌百工伎巧之事，將作亦置監少掌城壁宫室橋梁街道舟車。凡營造之事，中興後將作少府未置。建炎三年始併歸工部，紹興三年復置將作監，而少府監併歸文思院。元省將作監，止置少府監少監各一人，丞二人，掌邦國百工營造之事，管轄文思、尚方、圖書、裁造、文繡、織染、甄官七署。

富大用《古今事文類聚新集》卷三三孫祖壽《將作監廳壁記》 漢九卿將作大匠，沿襲秦官，亦少皡氏以五雉爲五工正，以利器用，唐虞、共工、《周官・考工》之職也。歷代雖因革不一，大率典司皆營繕土木之事。隋開皇中始定以寺爲監，唐天寶中始定以長貳爲監。少丞自漢置，主簿自晉置，員之多寡亦不同焉。本朝蓋因唐制，主上再造丕基承平，官府寖亦如舊。紹興三年冬十月復監置丞，十年冬十月置主簿，明年夏四月置長貳官。適少府未復，文思軍器兩監分領其所繇。自監設官，二十寒暑因循苟且，題名未立，吏書枌版不足示後。祖壽監掌勾稽，與丞信安徐宗愈爲寮，議立石未遂。徐既補外，臨安錢端英繼丞事，始克就。因叙梗槩以揭其首云：紹興二十三年秋七月庚戌，右朝奉郎行將作監主簿廣陵孫祖壽記將作監題名。紹興癸酉始鋟木以易枌版，慮其易蠹，不足垂久，既伐堅珉未暇，今也繇隆興而末，上法慈訓，躬履儉約，宫室無所營繕，器用不作，車服從給，職務益省矣。於是長貳久闕，勾稽之職亦復不除，壽以丞兼治其事。歲在戊子，峴由太府丞以嫌自列，乃獲踵伯父伯氏後。陳懼無以稱，明年二月礱石改舊刻，歷考所載名氏，凡三十年間，由簿而上執國政者二人，持從槖者九人。今之有列於朝者陳公，少常伯楊公，次對朱公，貳外府張公，奉内祠伯氏爲尚書郎，亦可謂盛矣。顧峴之不肖，亦得濫次其間，有榮耀焉。碑既具，乃以舊記，冠其首而私著其事，以告來者。乾道五年三月八日，右通直郎將作監丞蘇峴謹述。

陶宗儀《南村輟耕録》卷二九《窑器》 宋葉寘《坦齋筆衡》云：陶器自舜時便有，三代迄于秦漢，所謂甓器是也。今土中得者，其質渾厚，不務色澤。末俗尚靡，不貴金玉而貴銅瓷，遂有祕色窑器。世言錢氏有國日，越州燒進，不得臣庶用，故云祕色。陸龜蒙詩，九秋風露越窑開，奪得千峯翠色來，如向中霄盛沆瀣，共嵇中散鬬遺桮。乃知唐世已有，非始於錢氏，本朝以定州白瓷器有芒，不堪用，遂命汝州造青窑器，故河北唐鄧耀州悉有之，汝窑爲魁。江南則處州龍泉縣，窑質頗麄厚。政和間，京師自置窑燒造，名曰官窑。中興渡江，有邵成章提舉後苑，號邵局，襲故京遺制，置窑于修內司，造青器，名內窑，澄泥爲範，極其精緻，油色瑩徹，爲世所珍。後郊壇下別立新窑，比舊窑大不侔矣。餘如烏泥窑、餘杭窑、續窑，皆非官窑比。若謂舊越窑，不復見矣。

陶宗儀《說郛續》四六卷一八《二酉委譚》 江西饒州府浮梁縣科第特盛，離縣二十里許爲景德鎮，官窑設焉，天下窑器所聚，其民繁富甲於一省。余嘗以分守督運至其地，萬杵之聲殷地，火光燭天，夜令人不能寢，戲目之曰四時雷電鎮。民既富，子弟多入學校。然爲窑利所奪，絶無登第者。惟嘉靖間，萬年賊起，鎮人逃匿，停火三月，是秋遂中吴宗吉一人，亦竟不成進士，後爲吾郡倅，陞黎平守而卒。宗吉前後終無一人舉者，吁，亦異矣。乃知遐方異域多産奇寶，必乏人才，理當如是。又况擊撼穿鑿地脉，安得不損此堪輿之説，所爲不可廢也。

王鏊《〔嘉靖〕姑蘇志》卷一四 《窑作》出齊門陸墓，堅細異他處，工部興作多于此燒造。

陸容《菽園雜記》卷一四 青瓷初出於劉田，去縣六十里。次則有金村窑，與劉田相去五里餘。外則白鴈、梧桐、安仁、安福、緑遶等處皆有之。然泥油精細，模範端巧，俱不若劉田。泥則取於窑之近地，其他處皆不及。油則取諸山中，蓄木葉燒煉成灰，并白石末澄取細者，合而爲油。大率取泥貴細，合油貴精。匠作先以鈞運成器，或模範成形。候泥乾，則蘸油塗飾，用泥筒盛之，寘諸窑內，端正排定，以柴篠日夜燒變。候火色紅焰無烟，即以泥封閉火門，火氣絶而後啓。凡緑荳色瑩浄無瑕者爲上，生菜色者次之。然上等價高，皆轉貨他處，縣官未嘗見也。【略】

已上五條，出《龍泉縣志》。銀銅青瓷，皆切民用，而青瓷尤易視之，蓋不知其成之之難耳。苟知之，其忍暴殄之哉！蕈字原作葚，土音之譌，今正之。又嘗見《本心齋蔬食譜》作蕈，尤無據。蓋《說文》、《韻會》皆無蕈字，《廣韻》有之。

馮琦《宗伯集》卷五三《爲考察䟽》 查得各省撫按，據布按二司開到考語事跡，內惟江西饒州府通判沈榜最多。無論內行淫亂，骨肉傷殘，爲士論所斥。即如在廠一事不理，民有小事亦淹禁半年。窑户領銀家人皆以低銀易換，本官每兩仍扣二錢，一年不止千金，甚而將官窑瓷器偷盗運至安慶，開鋪發賣。此不但攘民間之財，而兼盗公家之財，據法當從重處。本官先陞王官，奉旨留用，臣等不敢混入於衆官之中，以明臣等毫不敢欺，毫不敢擅也。而明白請裁於皇上，亦以本官蔑人倫，干國紀，貪汙苟賤，非士類所有，故不欲以士類之例繩之也。伏惟聖裁，或將本官照貪例斥逐，或行江西巡按提問施行。奉聖旨：着照貪例革職爲民。

王士性《廣志繹》卷四 官、哥二窑，宋時燒之，鳳凰山下，紫口鐵脚，今其坭盡，故此物不再得。間有能補舊窑者，如一爐。耳碎覓他，已毀官窑之器，搗篩成粉，塑而附之，以爛坭別塗爐身，止留此耳，入火遂相傅合，亦巧手也。近惟處之龍泉盛行，然亦惟舊者質光潤而色葱翠，非獨摩弄之久，亦其製造之工也，新者色黯質鷄，火氣外凝，殊遠清賞。【略】

浮梁景德鎮雄村十里，皆火山發焰，故其下當有陶埴應之。本朝以宣、成二窑爲佳，宣窑以青花勝成窑，以五彩宣窑之青，真蘇浡泥青也，成窑時皆用畫，故成不及宣。宣窑五彩堆垜深厚，而成窑用色淺淡，頗成畫意，故宣不及成。然二窑皆當時殿中畫院人遣畫也。世廟經醮壇琖，亦爲世珍。近則多造濫惡之物，惟以制度更變，新詭動人，大抵輕巧最長，古朴盡失，然此花白二瓷，他窑無是。偏國中以至海外彝方，凡舟車所到，無非饒器也。近則饒土入地漸惡，多取于祁婺之間。婺人造土成磚，磨磚作漿，澄漿作塊，計塊受錢，饒人買之以爲瓷料。

顔世清《約章成案匯覽》乙篇卷一一下《護贛撫柯奏開辦景德鎮瓷器公司以振工藝而保利權摺光緒二十九年》 奏爲開辦景德鎮瓷器公司派員經理以振工藝而保利權，恭摺仰祈聖鑒事。竊照江西浮梁縣之景德鎮，製造瓷器已歷數朝。曩年售價約值五百萬金，近乃愈趨愈下，歲不及半。論者以爲製法不精，稅釐太重之故。臣初亦信，以爲然。自來豫章悉心考察，乃知此項製作實勝列邦。其選料也，則合數處之土以成坯。故其質堅而其聲清越。其上釉也，則取各省之物而配色，故其光澤而其彩鮮明。又復講求火候，考驗天時，備極精微，遂成絶藝。其創始者實深通化學之理，至今分門授受，各不相師，非若他技之淺而易明也。始由朝鮮學製，漸達東西各洋，詫爲瓌寶，經營仿造，乃克有成。較之華瓷，終有未逮。往者，該鎮工匠曾赴東瀛，見其詣力未深，爽然若失。即外洋各國，亦以爲弗如也。至於徵榷，則稅重而釐輕。江西瓷釐不及原價十分之一，而洋關納稅則權其輕重，別其精粗，辨其花色，幾逾十倍。故商人辦運皆取道內地，繞越海關，獨與他貨異轍。然中國之銷數日絀，而外洋之浸灌日多，揆厥所由，實緣窑廠貲本未充，不能與之相競。蓋該鎮自軍興以後，元氣未復，又一燔於火，再淪於水，資産久已蕩然，勉力支持，益多苟簡。運商復從而盤剥，時當其阨，則倍息亦所甘心。於是年復一年，利日以微，貨日以窳。其行銷内地者，即通都大邑，亦少精緻之品。迄無人維持而補救之，遂一蹶而不可復振。然而工匠之精能者，至今實未嘗乏也。臣嘗見肆中，陳設珍玩，於尊罍鼎彝之屬及宋元舊製，皆有仿作，佳者幾可亂真。因購洋式大小盤匜，令之照樣製成，實無稍遜，而堅韌或且過之。惜窑户恐不易售，不肯舍舊謀新。上年乃招集紳商議創公司，久之亦無應者。良由此事固無人知，即知之亦不能悉，遂不免望而卻步。經臣周諮博訪，查有湖北候補道孫廷林器識宏通，辦事精審。自其先世皆承辦御窑廠事務，工匠商賈信服尤深。當即電調來江，與之考究，一切事宜悉能洞中竅要。其於此事確有心得，而精核罕有其倫。即經委辦瓷器公司籌撥銀十萬兩，以爲之創，餘由該道自行集股。據稱，已得五萬金，於三月間在該鎮建設窑廠，招集工人專造洋式瓷器，必精必良，約計秋間即可出貨，當預備各色敬謹進呈。所有章程，均循商例。應完釐税，一律抽收。且不敢援專利之條，致爲商人所疑沮也。臣查外人游歷江西於該鎮，無不迂道往觀，多購粗瓷，歸貽親友。偶得佳製，則懸之座隅，珍爲秘玩。日本且歲購白坯，回國加以繪飾，轉運西洋。蓋西洋富人所用器物，以手製者爲良，非以機器所製爲珍重也。近年洋商屢思來此設廠製造，而奸商或挾外人之勢，冀免税釐，歷經臣隨宜拒絶。儻再不圖變，計將並此區區利權不能自保，矧該鎮聚工匠數十萬人，性情獷悍，或致别滋事端，隱憂尤大。今既設立公司，精求新製，以後當可大開風氣，廣濬利源。與其振興他項工藝收效難期，不若因其固有者而擴充之，爲事半而功倍也。該鎮銀根緊逼，百物騰貴。此次並分設官銀錢號，以利轉輸。此外，通商惠工之政，自應隨時察看情形，藉資補助是否有當。除咨外務部、督辦政務處、户部外，合將江西創設瓷器公司緣由會同南洋通商大臣兩江總督臣魏光燾恭摺具陳，伏乞皇太后、皇上聖鑒訓示，謹奏。

杞廬主人等《時務通考》卷一三《礦務四》 含金之礦，或硫礦鉀硫等，煅之則其金存於其煅質之内，而爲極細之粉。布拉得那試此各種礦，用大小各熱度煅之，又以時之長短而煅之，始知煅工愈快，則金之耗靡愈多。又知純金或合養之金，不因加熱而化散，惟因他質化散，而金之微點隨之而散。愛特路云：「燒煅鎔化，金類賞不能自散。」沮可辣云：「所有金之耗靡，在小試燒煅含金之礦知之，每百分約耗三分半至四分。」蔡費昆云：「凡燒煅含金與銀之鎔化質，無論成堆而煅之，或在倒焰爐煅之，其金耗至百分之三十二分至百分。其銀耗至百分之二分半至二十八分。」奧司那將金一塊，置於有釉之瓷面，而在燒瓷之窑内受大熱，則瓷面見黄色之小粒。以顯微鏡窺之，知爲金點。因知金能自散。

瓷器鑒賞部

綜述

陸羽《茶經》卷上　一、茶之源

茶者，南方之嘉木也。一尺、二尺迺至數十尺。其巴山峽川，有兩人合抱者，伐而掇之。其樹如瓜蘆，葉如梔子，花如白薔薇，實如栟櫚，蔕如丁香，根如胡桃。瓜蘆木出廣州，似茶，至苦澁。栟櫚，蒲葵之屬，其子似茶。胡桃與茶，根皆下孕兆，至瓦礫，苗木上抽。其字，或從草，或從木，或草木并。從草，當作茶，其字出《開元文字（者）〔音〕義》。從木，當作梌，其字出《本草》。草木并，作（茶）〔荼〕，其字出《爾雅》。其名，一曰茶，二曰檟，三曰蔎，四曰茗，五曰荈。周公云：檟，苦（茶）〔荼〕。楊執戟云：蜀西南人謂茶曰蔎。郭弘農云：早取爲（茶）〔荼〕，晚取爲茗，或一曰荈耳。其地，上者生爛石，中者生（櫟）〔礫〕壤，下者生黄土。凡藝而不實，植而罕茂。法如種瓜，三歲可採。野者上，園者次。陽崖陰林，紫者上，緑者次，笋者上，牙者次，葉卷上，葉舒次。陰山坡谷者，不堪採掇，性凝滯，結瘕疾。茶之爲用，味至寒，爲飲，最宜精行儉德之人。若熱渴、凝悶、腦疼、目澁，四支煩、百節不舒，聊四五啜，與醍醐、甘露抗衡也。採不時，造不精，雜以卉莽，飲之成疾。茶爲累也，亦猶人參。上者生上黨，中者生百濟、新羅，下者生高麗。有生澤州、易州、幽州、檀州者，爲藥無效，况非此者。設服薺苨，使六疾不瘳。知人參爲累，則茶累盡矣。

二、茶之具

籯，加追反。一曰籃，一曰籠，一曰筥。以竹織之，受五升，或一㪷、二㪷、三㪷者，茶人負以採茶也。籯《漢書》音盈，所謂「黄金滿籯，不如一經」。顔師古云：籯，竹器也，受四升耳。

竈，無用突者。釜，用脣口者。

甑，或木或瓦，匪腰而泥。籃以箄之，篾以系之。始其蒸也，入乎箄，既其熟也，出乎箄。釜涸，注於甑中。甑，不帶而泥之。又以榖木枝三（亞）〔椏〕者制之，散所蒸牙笋并葉，畏流其膏。

杵臼，一曰碓，惟恒用者佳。

規，一曰模，一曰棬。以鐵制之，或圓，或方，或花。

承，一曰臺，一曰砧。以石爲之。不然，以槐桑木半埋地中，遣無所摇動。

檐，一曰衣。以油絹或雨衫、單服敗者爲之。以檐置承上，又以規置檐上，以造茶也。茶成，舉而易之。

芘莉，音杷離。一曰籯子，一曰筹筤。以二小竹，長三尺，軀二尺五寸，柄五寸。以篾織方眼，如圃人土羅，闊二尺，以列茶也。

棨，一曰錐刀。柄以堅木爲之，用穿茶也。

撲，一曰鞭。以竹爲之。穿茶以解茶也。

焙，鑿地深二尺，闊二尺五寸，長一丈。上作短墻，高二尺，泥之。

貫，削竹爲之，長二尺五寸，以貫茶焙之。

棚，一曰棧。以木構於焙上，編木兩層，高一尺，以焙茶也。茶之半乾，昇下棚，全乾，昇上棚。

穿，音釧。江東、淮南剖竹爲之，巴川峽山紉榖皮爲之。江東以一斤爲上穿，半斤爲中穿，四兩五兩爲小穿。峽中以一百二十斤爲上穿，八十斤爲中穿，五十斤爲小穿。字舊作釵釧之「釧」字，或作貫「串」。今則不然，如磨、扇、彈、鑽、縫五字，文以平聲書之，義以去聲呼之，其字以穿名之。

育，以木制之，以竹編之，以紙糊之。中有隔，上有覆，下有床，傍有門，掩一扇。中置一器，貯煻煨火，令煴煴然。江南梅雨時，焚之以火。育者，以其藏養爲名。

三、茶之造

凡採茶，在二月、三月、四月之間。茶之笋者，生爛石沃土，長四五寸，若薇蕨始抽，凌露採焉。茶之牙者，發於蘗薄之上，有三枝、四枝、五枝者，選其中枝穎拔者採焉。其日，有雨不採，晴有雲不採。晴，採之，蒸之，擣之，拍之，焙之，穿之，封之，茶之乾矣。茶有千萬狀，鹵莽而言，如胡人鞾者，蹙縮然，謂文也。犎牛臆者，廉襜然，浮雲出山者，輪囷然，輕飈拂水者，涵澹然。有如陶家之子，羅膏土以水澄泚之。謂澄泥也。又如新治地者，遇暴雨流潦之所經。此皆茶之精腴。有如竹籜者，枝幹堅實，艱於蒸擣，故其形籭簁然。上离下師。有如霜荷者，莖葉凋沮，易其狀貌，故厥狀委（萃）〔悴〕然。此皆茶之瘠老者也。自採至於封，七經目。自胡鞾至於霜荷，八等。或以光黑平正言嘉者，斯鑒之下也，以皺黄坳垤言佳者，鑒之次也，若皆言嘉及皆言不嘉者，鑒之上也。何者，出膏者光，含膏者皺，宿製者則黑，日成者則黃，蒸壓則平正，縱之則坳垤。此茶與草木葉一也。茶之臧否，存於口訣。

陸羽《茶經》卷中　四、茶之器

風爐灰承　筥　炭檛　火筴
鍑　交床　夾　紙囊
碾　羅合　則　水方
漉水囊　瓢　竹筴　鹺簋(楬)〔揭〕
熟盂　盌　畚　札　滌方
滓方　巾　具列　都籃

風爐灰承

風爐，以銅鐵鑄之，如古鼎形，厚三分，緣闊九分，令六分虛中，致其圬墁。凡三足，古文書二十一字，一足云「坎上巽下離于中」，一足云「體均五行去百疾」，一足云「聖唐年號某年鑄」。其三足之間，設三窗。底一窗以爲通飇漏燼之所。上並古文書六字，一窗之上書「伊公」二字，一窗之上書「羹陸」二字，一窗之上書「氏茶」二字，所謂「伊公羹、陸氏茶」也。置墆(埭)〔埭〕於其內，設三格，其一格有翟焉，翟者，火禽也，畫一卦，曰離。其一格有彪焉，彪者，風獸也，畫一卦，曰巽。其一格有魚焉，魚者，水蟲也，畫一卦，曰坎。巽主風，離主火，坎主水，風能興火，火能熟水，故備其三卦焉。其飾以連葩、垂蔓、曲水、方文之類。其爐，或鍛鐵爲之，或運泥爲之。其灰承，作三足鐵柈檯之。

筥

筥，以竹織之，高一尺二寸，徑闊七寸。或用藤，作木楦如筥形織之，六出圓眼。其底蓋若利篋，口鑠之。

炭檛

炭檛，以鐵六稜制之，長一尺，鋭(一)〔上〕豐中，執細頭，系一小鍰，以飾檛也，若今之河隴軍人木吾也。或作鎚，或作(釜)〔斧〕，隨其便也。

火筴

火筴，一名筯，若常用者，圓直，一尺三寸，頂平截，無葱臺、勾鏁之屬。以鐵或熟銅製之。

鍑音輔，或作釜，或作鬴。

鍑，以生鐵爲之。今人有業冶者，所謂急鐵，其鐵以耕刀之趄鍊而鑄之。內(摸)〔模〕土而外(摸)〔模〕沙。土滑於內，易其摩滌，沙澁於外，吸其炎焰。方其耳，以正令也。廣其緣，以務遠也。長其臍，以守中也。臍長則沸中，沸中則末易揚，末易揚則其味淳也。洪州以瓷爲之，萊州以石爲之。瓷與石皆雅器也，性非堅實，難可持久。用銀爲之，至潔，但涉於侈麗。雅則雅矣，潔亦潔矣，若用之恒，而卒歸於銀也。

交牀

交牀，以十字交之，剜中令虛，以支鍑也。

夾

夾，以小青竹爲之，長一尺二寸。令一寸有節，節已上剖之，以炙茶也。彼竹之篠，津潤於火，假其香潔以益茶味，恐非林谷間莫之致。或用精鐵熟銅之類，取其久。

紙囊

紙囊，以剡藤紙白厚者夾縫之。以貯所炙茶，使不泄其香也。

碾拂末

碾，以橘木爲之，次以梨、桑、桐、柘爲之。內圓而外方。內圓備於運行也，外方制其傾危也。內容墮而外無餘。木墮，形如車輪，不輻而軸焉。長九寸，闊一寸七分。墮徑三寸八分，中厚一寸，邊厚半寸，軸中方而執圓。其拂末以鳥羽製之。

羅合

羅末，以合蓋貯之，以則置合中。用巨竹剖而屈之，以紗絹衣之。其合以竹節爲之，或屈杉以漆之，高三寸，蓋一寸，底二寸，口徑四寸。

則

則以海貝、礪蛤之屬，或以銅、鐵、竹七策之類。則者，量也，准也，度也。凡煮水一升，用末方寸七。若好薄者，減之，嗜濃者，增之，故云則也。

水方

水方，以椆木、槐、楸、梓等合之，其裏并外縫漆之，受一斗。

漉水囊

漉水囊，若常用者，其格以生銅鑄之，以備水濕，無有苔穢腥澁意。以熟銅苔穢，鐵腥澀也。林棲谷隱者，或用之竹木。木與竹非持久涉遠之具，故用之生銅。其囊，織青竹以捲之，裁碧縑以縫之，(細)〔紐〕翠鈿以綴之。又作緑油囊以貯之，圓徑五寸，柄一寸五分。

瓢

瓢，一曰犧杓。剖瓠爲之，或刊木爲之。晉舍人杜毓《荈賦》云：「酌之以匏」。匏，瓢也，口闊，脛薄，柄短。永嘉中，餘姚人虞洪入瀑布山採茗，遇一道士，云：「吾，丹丘子，祈子他日甌犧之餘，乞相遺也。」犧，木杓也。今常用以梨木爲之。

竹筴

竹筴，或以桃、柳、蒲葵木爲之，或以柿心木爲之。長一尺，銀裹兩頭。

鹺簋

鹺簋，以瓷爲之。圓徑四寸，若合形，或瓶，或罍，貯鹽花也。其撽，竹制，長四寸一分，闊九分。撽，策也。

熟盂

熟盂，以貯熟水，或瓷，或沙，受二升。

盌

盌，越州上，鼎州次，婺州次，岳州次，壽州、洪州次。或者以邢州處越州上，殊爲不然。若邢瓷類銀，越瓷類玉，邢不如越一也。若邢瓷類雪，則越瓷類冰，邢不如越二也。邢瓷白而茶色丹，越瓷青而茶色緑，邢不如越三也。晉杜毓《荈賦》所謂：「器擇陶揀，出自東甌。」甌，越也，甌越州上。口脣不卷，底卷而淺，受半升已下。越州瓷、岳瓷皆青，青則益茶，茶作白紅之色。邢州瓷白，茶色紅，壽州瓷黃，茶色紫，洪州瓷褐，茶色黑，皆不宜茶。

畚

畚，以白蒲捲而編之，可貯盌十枚。或用筥。其紙帊以剡紙夾縫，令方，亦十之也。

札

札，緝栟櫚皮，以茱萸木夾而縛之，或截竹束而管之，若巨筆形。

滌方

滌方，以貯滌洗之餘。用楸木合之，制如水方，受八升。

滓方

滓方，以集諸滓，製如滌方，處五升。

巾

巾，以絁布爲之，長二尺，作二枚，互用之，以潔諸器。

具列

具列，或作床，或作架。或純木、純竹而製之，或木，或竹，黃黑可扃而漆者。長三尺，闊二尺，高六寸。具列者，悉斂諸器物，悉以陳列也。

都籃

都籃，以悉設諸器而名之。以竹篾內作三角方眼，外以雙篾闊者經之，以單篾纖者縛之，遞壓雙經，作方眼，使玲瓏。高一尺五寸，底闊一尺、高二寸，長二尺四寸，闊二尺。

陸羽《茶經》卷下 五、茶之煮

凡炙茶，慎勿於風燼間炙，熛焰如鑽，使炎涼不均。持以逼火，屢其翻正，候炮普教反。出培塿，狀蝦蟇背，然後去火五寸。卷而舒，則本其始又炙之。若火乾者，以氣熟止，日乾者，以柔止。其始，若茶之至嫩者，蒸罷熱搗，葉爛而牙笋存焉。假以力者，持千鈞杵亦不之爛。如漆科珠，壯士接之，不能駐其指。及就，則似無穰骨也。炙之，則其節若倪倪，如嬰兒之臂耳。既而承熱用紙囊貯之，精華之氣無所散越，候寒末之。末之上者，其屑如細米，末之下者，其屑如菱角。其火用炭，次用勁薪。謂桑、槐、桐、櫪之類也。其炭，曾經燔炙，爲膻膩所及，及膏木、敗器不用之。膏木爲柏、桂、檜也，敗器謂朽廢等也。古人有勞薪之味，信哉。其水，用山水上，江水中，井水下。《荈賦》所謂：「水則岷方之注，挹彼清流。」其山水，揀乳泉、石池慢流者上，其瀑湧湍漱，勿食之，久食令人有頸疾。又多別流於山谷者，澄浸不洩，自火天至霜郊以前，或潛龍蓄毒於其間，飲者可決之，以流其惡，使新泉涓涓然，酌之。其江水取去人遠者，井水取汲多者。其沸如魚目，微有聲，爲一沸。緣邊如湧泉連珠，爲二沸。騰波鼓浪，爲三沸。已上水老，不可食也。初沸，則水合量調之以鹽味，謂棄其啜餘。啜，嘗也，市稅反，又市悅反。無迺䀋齸而鍾其一味乎。上古暫反，下吐濫反。無味也。第二沸出水一瓢，以竹筴環激湯心，則量末當中心而下。有頃，勢若奔濤濺沫，以所出水止之，而育其華也。凡酌，置諸盌，令沫餑均。字書并《本草》：餑，均茗沫也。滿笏反。沫餑，湯之華也。華之薄者曰沫，厚者曰餑。細輕者曰花，如棗花漂漂然於環池之上，又如迴潭曲渚青萍之始生，又如晴天爽朗有浮雲鱗然。其沫者，若緑錢浮於水渭，又如菊英墮於樽俎之中。餑者，以滓煮之，及沸，則重華累沫，皤皤然若積雪耳。《荈賦》所謂「煥如積雪，曄若春藪」，有之。第一煮水沸，而棄其沫，之上有水膜，如黑雲母，飲之則其味不正。其第一者爲雋永，徐縣、全縣二反。至美者曰雋永。雋，味也，永，長也。史長曰雋永。《漢書》：蒯通著《雋永》二十篇也。或留熟〔盂〕以貯之，以備育華救沸之用。諸第一與第二、第三盌次之。第四、第五盌外，非渴甚莫之飲。凡煮水一升，酌分五盌。盌數少至三，多至五。若人多至十，加兩爐。乘熱連飲之，以重濁凝其下，精英浮其上。如冷，則精英隨氣而竭，飲啜不消亦然矣。茶性儉，不宜廣，則其味黯澹。且如一滿盌，啜半而味寡，況其廣乎。其色緗也，其馨歠也。香至美曰歠，歠音使。其味甘，檟也，不甘而苦，荈也，啜苦咽甘，茶也。一本云：其味苦而不甘，檟也，甘而不苦，荈也。

六、茶之飲

翼而飛，毛而走，呿而言。此三者俱生於天地間，飲啄以活，飲之時義遠矣哉。至若救渴，飲之以漿，蠲憂忿，飲之以酒，蕩昏寐，飲之以茶。茶之爲飲，發乎神農氏，聞於魯周公。齊有晏嬰，漢有揚雄、司馬相如，吴有韋曜，晋有劉琨、張載、遠祖納、謝安、左思之徒，皆飲焉。滂時浸俗，盛於國朝，兩都并荆（俞）〔渝〕間，以爲比屋之飲。飲有觕茶、散茶、末茶、餅茶者，乃斫、乃熬、乃煬、乃舂，貯於瓶缶之中，以湯沃焉，謂之痷茶。或用葱、薑、棗、橘皮、茱萸、薄荷之等，煮之百沸，或揚令滑，或煮去沫。斯溝渠間棄水耳，而習俗不已。於戲，天育萬物，皆有至妙。人之所工，但獵淺易。所庇者屋，屋精極，所著者衣，衣精極，所飽者飲食，食與酒皆精極之。茶有九難：一曰造，二曰别，三曰器，四曰火，五曰水，六曰炙，七曰末，八曰煮，九曰飲。陰採夜焙，非造也，嚼味嗅香，非别也，羶鼎腥甌，非器也，膏薪庖炭，非火也，飛湍壅潦，非水也，外熟内生，非炙也，碧粉縹塵，非末也，操艱攪遽，非煮也，夏興冬廢，非飲也。夫珍鮮馥烈者，其盌數三，次之者，盌數五。若坐客數至五，行三盌，至七，行五盌，若六人以下，不約盌數，但闕一人而已，其雋永補所闕人。

七、茶之事

三皇：炎帝，神農氏。周：魯周公旦，齊相晏嬰。漢：仙人丹丘子，黄山君，司馬文園令相如，楊執戟雄。吴：歸命侯，韋太傅弘嗣。晋：惠帝，劉司空琨，琨兄子兖州刺史演，張黄門孟陽，傅司隸咸，江洗馬統，孫參軍楚，左記室太冲，陸吴興納，納兄子會稽内史俶，謝冠軍安石，郭弘農璞，桓揚州温，杜舍人毓，武康小山寺釋法瑶，沛國夏侯愷，餘姚虞洪，北地傅巽，丹陽弘君舉，〔樂〕安任育長，宣城秦精，燉煌單道開，剡縣陳務妻，廣陵老姥，河内山謙之。後魏：瑯琊王肅。宋：新安王子鸞，鸞（弟）〔兄〕豫章王子尚，鮑照妹令暉，八公山沙門（譚）〔曇〕濟。齊：世祖武帝。梁：劉廷尉，陶先生弘景。皇朝：徐英公勣。

《神農食經》：茶茗久服，令人有力、悦志。

周公《爾雅》：檟，苦荼。《廣雅》云：荆巴間採葉作餅，葉老者，餅成，以米膏出之。欲煮茗飲，先炙令赤色，搗末置瓷器中，以湯澆覆之，用葱、薑、橘子芼之。其飲醒酒，令人不眠。

《晏子春秋》：嬰相齊景公時，食脱粟之飯，炙三弋、五卵，茗菜而已。

司馬相如《凡將篇》：烏喙、桔梗、芫華、款冬、貝母、木蘗、蔞、芩草、芍藥、桂、漏、蘆、蜚廉、雚菌、荈詫、白斂、白芷、菖蒲、芒消、莞椒、茱萸。

《方言》：蜀西南人謂茶曰蔎。

《吴志·韋曜傳》：孫皓每饗宴，坐席無不率以七升爲限，雖不盡入口，皆澆灌取盡。曜飲酒不過二升，皓初禮異，密賜茶荈以代酒。

《晋中興書》：陸納爲吴興太守時，衛將軍謝安常欲詣納，《晋書》云：納爲吏部尚書。納兄子俶怪納無所備，不敢問之，乃私蓄十數人饌。安既至，所設惟茶果而已。俶遂陳盛饌，珍羞畢具。及安去，納杖俶四十，云：「汝既不能光益叔父，奈何穢吾素業。」

《晋書》：桓温爲揚州牧，性儉，每讌飲，惟下七奠拌茶果而已。

《搜神記》：夏侯愷因疾死，宗人字苟奴察見鬼神，見愷來收馬，并病其妻。著平上幘，單衣，入坐生時西壁大牀，就人覓茶飲。

劉琨《與兄子南兖州刺史演書》云：前得安州乾薑一斤，桂一斤，黄芩一斤，皆所須也。吾體中（潰）〔憒〕悶，常仰真茶，汝可置之。

傅咸《司隸教》曰：聞南（方）〔市〕有（以困）蜀嫗作茶粥賣，爲羣吏打破其器具，嗣又賣餅於市。而禁茶粥以〔困〕蜀姥，何哉。

《神異記》：餘姚人虞洪入山採茗，遇一道士，牽三青牛，引洪至瀑布山曰：「吾，丹丘子也，聞子善具飲，常思見惠。山中有大茗，可以相給。祈子他日有甌犧之餘，乞相遺也。」因立奠祀，後常令家人入山，獲大茗焉。

左思《嬌女詩》：吾家有嬌女，皎皎頗白皙。小字爲紈素，口齒自清歷。有姊字惠芳，眉目粲如畫。馳騖翔園林，果下皆生摘。貪華風雨中，倏忽數百適。心爲茶荈劇，吹嘘對鼎鑠。

張孟陽《登成都樓》詩云：借問楊子舍，想見長卿廬。程卓累千金，驕侈擬五侯。門有連騎客，翠帶腰吴鉤。鼎食隨時進，百和妙且殊。披林採秋橘，臨江釣春魚。黑子過龍醢，果饌踰蟹蝑。芳茶冠六情，溢味播九區。人生苟安樂，兹土聊可娛。

傅巽《七誨》：蒲桃宛柰，齊柿燕栗，峘陽黃梨，巫山朱橘，南中茶子，西極石蜜。

弘君舉《食檄》：寒温既畢，應下霜華之茗。三爵而終，應下諸蔗、木瓜、元李、楊梅、五味、橄欖、懸豹、葵羹各一杯。

孫楚《歌》：茱萸出芳樹顛，鯉魚出洛水泉。白鹽出河東，美豉出魯淵。薑、桂、茶荈出巴蜀，椒、橘、木蘭出高山。蓼蘇出溝渠，精稗出中田。

華佗《食論》：苦茶久食，益意思。

壺居士《食忌》：苦茶久食，羽化，與韮同食，令人體重。

郭璞《爾雅注》云：樹小似梔子，冬生，葉可煮羹飲。今呼早取爲（茶）〔荼〕，晚取爲茗，或一曰荈，蜀人名之苦（茶）〔荼〕。

《世説》：任瞻，字育長，少時有令名，自過江失志。既下飲，問人云：「此爲茶，爲茗。」覺人有怪色，乃自分明云：「向問飲爲熱爲冷。」

《續搜神記》：晉武帝〔時〕，宣城人秦精，常入武昌山採茗。遇一毛人，長丈餘，引精至山下，示以藂茗而去。俄而復還，乃探懷中橘以遺精。精怖，負茗而歸。

《晉四王起事》：惠帝蒙塵還洛陽，黃門以瓦盂盛茶上至尊。

《異苑》：剡縣陳務妻，少與二子寡居，好飲茶茗。以宅中有古塚，每飲輒先祀之。二子患之曰：「古塚何知，徒以勞意。」欲掘去之。母苦禁而止。其夜夢一人云：「吾止此塚三百餘年，卿二子恒欲見毁，賴相保護，又享吾佳茗，雖潛壤朽骨，豈忘翳桑之報。」及曉，於庭中獲錢十萬，似久埋者，但貫新耳。母告二子，慙之，從是禱饋愈甚。

《廣陵耆老傳》：晉元帝時，有老姥每旦獨提一器茗，往市鬻之。市人競買，自旦至夕，其器不減。所得錢散路傍孤貧乞人。人或異之，州法曹縶之獄中。至夜，老姥執所鬻茗器從獄牖中飛出。

《藝術傳》：燉煌人單道開，不畏寒暑，常服小石子。所服藥有松、桂、蜜之氣，所（餘）〔飲〕茶蘇而已。

釋道該説《續名僧傳》：宋釋法瑶，姓楊氏，河東人。（永）〔元〕嘉中過江，遇沈臺真，臺真在武康小山寺，年垂懸車，飯所飲茶。（永）〔大〕明中，勑吴興禮致上京，年七十九。

宋《江氏家傳》：江統，字應〔元〕，遷愍懷太子洗馬，常上疏諫云：今西園賣醯、麪、藍子、菜、茶之屬，虧敗國體。

《宋録》：新安王子鸞、豫章王子尚詣曇濟道人於八公山，道人設茶茗，子尚味之曰：「此甘露也，何言茶茗。」

王微《雜詩》：寂寂掩高閣，寥寥空廣厦。待君竟不歸，收領今就檟。

鮑照妹令暉著《香茗賦》。

南齊世祖武皇帝遺詔：我靈座上慎勿以牲爲祭，但設餅果、茶飲、乾飯、酒脯而已。

梁劉孝綽《謝晉安王餉米等啓》：傳詔李孟孫宣教旨，垂賜米、酒、瓜、（荀）〔筍〕、菹脯、酢、茗八種。氣苾新城，味芳雲松。江潭抽節，邁昌荇之珍，疆場擢翹，越茸精之美。羞非純束野麏，裛似雪之驢，鮓異陶瓶河鯉，操如瓊之粲。茗同食粲，酢類望柑。免千里宿舂，省三月種聚。小人懷惠，大懿難忘。陶（泓）〔弘〕景《雜録》：苦茶輕換（膏）〔骨〕，昔丹丘子、（青）〔黄〕山君服之。

《後魏録》：瑯琊王肅仕南朝，好茗飲、蓴羹。及還北地，又好羊肉、酪漿。人或問之：「茗何如酪。」肅曰：「茗不堪與酪爲奴。」《桐君録》：西陽、武昌、廬江、晉陵好茗，皆東人作清茗。茗有餑，飲之宜人。凡可飲之物，皆多取其葉。天門冬、（扶）〔拔〕揳取根，皆益人。又巴東别有真茗茶，煎飲令人不眠。俗中多煮檀葉并大皁李作茶，並冷。又南方有瓜蘆木，亦似茗，至苦澁，取爲屑茶飲，亦可通夜不眠。煮鹽人但資此飲，而交廣最重，客來先設，乃加以香芼輩。

《坤元録》：辰州溆浦縣西北三百五十里無射山，云蠻俗當吉慶之時，親族集會歌舞於山上。山多茶樹。

《括地圖》：臨（遂）〔蒸〕縣東一百四十里有茶溪。

山謙之《吴興記》：烏程縣西二十里有温山，出御荈。《夷陵州圖經》：黄牛、荆門、女觀、望（州）等山，茶茗出焉。

《永嘉圖經》：永嘉縣東三百里有白茶山。

《淮陰圖經》：山陽縣南二十里有茶坡。

《茶陵圖經》云：茶陵者，所謂陵谷生茶茗焉。《本草·木部》：茗，苦茶。味甘苦，微寒，無毒。主瘻瘡，利小便，去痰渴熱，令人少睡。秋採之苦，主下氣消食。注云：春採之。

《本草·菜部》：苦（茶）〔菜〕，一名（茶）〔荼〕，一名選，一名游冬，生益州川谷，山陵道傍，凌冬不死。三月三日採，乾。注云：疑此即是今茶，一名茶，令人不眠。《本草》注：按《詩》云「誰謂荼苦」，又云「堇荼如飴」，皆苦菜也。陶謂之苦茶，木類，非菜流。茗春採，謂之苦搽。途遐反

《枕中方》：療積年瘻，苦茶、蜈蚣並炙，令香熟，等分，搗篩，煮甘草湯洗，以末傅之。

《孺子方》：療小兒無故驚蹶，以苦茶、葱鬚煮服之。

八、茶之出

山南，以峽州上，峽州生遠安、宜都、夷陵三縣山谷。襄州、荊州次，襄州生南(鄭)〔漳〕縣山谷，荊州生江陵縣山谷。衡州下，生衡(州)〔山〕、茶陵二縣山谷。金州、梁州又下。金州生西城、安康二縣山谷，梁州生(襄)〔褒〕城、金牛二縣山谷。淮南，以光州上，生光山縣黃頭港者，與峽州同。義陽郡、舒州次，生義陽縣鍾山者與襄州同，舒州生太湖縣潛山者與荊州同。壽州下，盛唐縣生霍山者與衡山同也。蘄州、黃州又下。蘄州生黃梅縣山谷，黃州生麻城縣山谷，並與荊州、梁州同也。浙西，以湖州上，湖州，生長城縣顧渚山谷，與峽州、光州同，生烏瞻山、天目山、白茅山懸脚嶺，與襄州、荊(南)〔州〕、義陽郡同，生鳳亭山伏翼閣飛雲、曲水二寺、啄木嶺，與壽州、常州同，生安吉、武康二縣山谷，與金州、梁州同。常州次，常州義興縣生君山懸脚嶺北峰下，與荊州、義陽郡同，生圈嶺善權寺、石亭山，與舒州同。宣州、杭州、睦州、歙州下，宣州，生宣城縣雅山，與蘄州同，太平縣生上睦、臨睦，與黃州同。杭州，臨安、於潛二縣生天目山，與舒州同，錢塘生天竺、靈隱二寺。睦州生桐廬縣山谷，歙州生婺源山谷，與衡州同。潤州、蘇州又下。潤州江寧縣生傲山，蘇州長(州)〔洲〕縣生洞庭山，與金州、蘄州、梁州同。劍南，以彭州上，生九隴縣馬鞍山至德寺、棚口，與襄州同。綿州、蜀州次，綿州，龍安縣生松嶺關，與荊州同，其西昌、昌明、神泉縣西山者並佳，有過松嶺者，不堪採。蜀州青城縣生文人山，與綿州同。青城縣有散茶、木茶。邛州次，雅州、瀘州下，雅州百丈山、名山，瀘州瀘川者，與金州同。眉州、漢州又下。眉州丹校縣生鐵山者，漢州綿竹縣生竹山者，與潤州同。浙東，以越州上，餘姚縣生瀑布泉嶺曰仙茗，大者殊異，小者與襄州同。明州、婺州次，明州鄮縣生榆莢村，婺州東陽縣東(自)〔白〕山與荊州同。台州下。台州豐縣生赤城者，與歙州同。黔中，生(恩)〔思〕州、播州、費州、夷州。江南，生鄂州、袁州、吉州。嶺南，生福州、建州、韶州、象州。福州生閩方山之陰縣也。其(恩)〔思〕、播、費、夷、鄂、袁、吉、福、建、泉、韶、象十一州未詳，往往得之，其味極佳。

九、茶之略

其造具，若方春禁火之時，於野寺山園，叢手而掇，乃蒸，乃舂，乃煬，以火乾之，則又棨、撲、焙、貫、棚、穿、育等七事皆廢。其煮器，若松間石上可坐，則具列廢。用槁薪、鼎鑩之屬，則風爐、灰承、炭檛、火筴、交床等廢。若瞰泉臨澗，則水方、滌方、漉水囊廢。若五人已下，茶可末而精者，則羅〔合〕廢。若援藟躋嵒，引絙入洞，於山口炙而末之，或紙包合貯，則碾、拂末等廢。既瓢、盌、筴、札、熟盂、(醝)〔鹺〕簋悉以一筥盛之，則都籃廢。但城邑之中，王公之門，二十四器闕一，則茶廢矣。

十、茶之圖

以絹素或四幅，或六幅，分布寫之，陳諸座隅，則茶之源、之具、之造、之器、之煮、之飲、之事、之出、之略，目擊而存，於是《茶經》之始終備焉。

陶宗儀《説郛》卷九三宋徽宗《大觀茶論・盞》　盞色貴青黑，玉毫條達者爲上，取其煥發茶采色也，底必差深而微寬，底深則茶宜立而易于取乳，寬則運筅旋徹不礙擊拂，然須度茶之多少，用盞之大小。盞高茶少則掩蔽茶色，茶多盞小則受湯不盡，盞惟熱則茶發立耐久。

陶宗儀《説郛》卷九三宋徽宗《大觀茶論・缾》　缾宜金銀，小大之制惟所裁給，注湯害利獨缾之口嘴而已。嘴之口差大而宛直，則注湯力緊而不散，嘴之末欲圓小而峻削，則用湯有節而不滴瀝。蓋湯力緊則發速，有節不滴瀝則茶面不破。

曹昭等《新增格古要論》卷七《古窑器論・柴窑》　柴窑器，出北地河南鄭州，世傳周世宗姓柴氏，時所燒者，故謂之柴窑。天青色，滋潤細膩，有細紋，多是粗黃土足，近世少見。

曹昭等《新增格古要論》卷七《古窑器論・汝窑》　汝窑器，出汝州。宋時燒者，淡青色，有蟹爪紋者真，無紋者尤好。土脉滋潤，薄亦甚難得。

曹昭等《新增格古要論》卷七《官窑》　官窑器，宋修内司燒者。土脉細潤，色青帶粉紅，濃淡不一。有蟹爪紋，紫口鐵足色好者，與汝窑相類。有黑土者，謂之烏泥窑。僞者，皆龍泉所燒者，無紋路。

曹昭等《新增格古要論》卷七《董窑》　董窑出，淡青色，細紋，多有紫口鐵足，比官窑。無紅色，質粗而不細潤，不逮官窑多矣，今亦少見。

曹昭等《新增格古要論》卷七《哥哥窑》　舊哥哥窑出，色青，濃淡不一，亦有鐵足紫口，色好者類董窑，今亦少有。成群隊者是元末新燒，土脉粗燥，色亦不好。

曹昭等《新增格古要論》卷七《象窑》 象窑器皿出，有蟹爪紋，色白而滋潤者高，色黄而質粗者低，俱不甚直錢。

曹昭等《新增格古要論》卷七《高麗窑》 古高麗窑器皿，色粉青，與龍泉窑相類，上有白花朵兒者不甚直錢。

曹昭等《新增格古要論》卷七《大食窑》後增。 大食窑器皿出，以銅作身，用藥燒成，五色花者，與佛郎嵌相似。嘗見香爐、花瓶，合兒盞子之類，但可婦人閨閣之中用，非士大夫文房清玩也。又謂之鬼國窑。今雲南人在京多作酒盞，俗呼曰「鬼國嵌」。内府作者，細潤可愛。

曹昭等《新增格古要論》卷七《古定窑》 古定器，俱出北直隸定州。土脉細，色白而滋潤者貴，質粗而色黄者價低。外有淚痕者是真，劃花者最佳，素者亦好，綉花者次之。宋宣和、政和間窑最好，但難得成隊者。有紫定色色紫，有黑定色黑如漆，土俱白，其價高於白定。東坡詩云：「定州花瓷琢紅玉」，凡窑器有茅篾骨出者，價輕。蓋損曰茅路，曰篾，無油水曰骨，此乃賣骨董市語也。

曹昭等《新增格古要論》卷七《吉州窑後增》 吉州窑，出今吉安府廬陵縣永和鎮。其色與紫定器相類，體厚而質粗，不甚直錢。宋時有五窑，書公燒者最佳，有白色，有紫色，花瓶大者直數兩，小者有花。又有碎器最佳。相傳云：「宋文丞相過此窑，變成玉，遂不燒焉。」今其窑尚有遺迹在人家。永樂中，或掘有玉杯盞之類，理或然也。自元至今猶然。

曹昭等《新增格古要論》卷七《古瓷器》 古瓷器出河南彰德府瓷州。好者與定器相似，但無淚痕，亦有劃花綉花，素者價高於定器，新者不足論也。

曹昭等《新增格古要論》卷七《古建窑》 建碗器出福建。其碗盞多是擎口，色黑而滋潤，有黄免班滴珠。大者真，但體極厚，俗甚少見薄者。

曹昭等《新增格古要論》卷七《古龍泉窑》 古龍泉窑在今浙江處州府龍泉縣，今曰處器、青器、古青器，土脉細且薄，翠青色者貴。有粉青色者。有一等，盆底有雙魚。盆外有銅掇環。體厚者不甚佳。

曹昭等《新增格古要論》卷七《古饒器》 古饒器出今江西饒州府浮梁縣。御土窑者，體薄而潤，最好。有素折腰樣。毛口者，體雖薄，一作厚。色白且潤，尤佳，其價低於定器。元朝燒小足印花者，内有樞府字者高。新燒大足素者欠潤。有青色及五色花者，且俗甚。今燒此器，好者色白而瑩，最高。又有青黑色戧金者，多是酒壺、酒盞，甚可愛。

曹昭等《新增格古要論》卷七《霍器》 霍器出山西平陽府霍州。

曹昭等《新增格古要論》卷七《彭窑》 元朝戧金匠彭均寶，效古定器製折腰樣者，甚整齊，故名曰彭窑。土脉細白者與定器相似，比青口欠滋潤，極脆不甚直錢。賣骨董者稱爲新定器，好事者以重價收之，尤爲可笑。

折腰樣。

曹昭等《新增格古要論》卷七《古無器皿》 古人吃茶，俱用擎，取其易乾不留滓。飲酒用盞，未嘗把盞，故無勸盤。今所見定器勸盤，乃古之洗。古人用湯瓶酒注，不用壺瓶，及有觜折盂茶鍾臺盤，此皆胡人所用者。中國人用者，始於元朝。古定、官、窑俱無此器。

李日華《味水軒日記》卷二 （萬曆三十八年正月）二十一日，雨，夏賈從金陵回，持示成窑鐙籠酒杯一隻，五采把杯二隻，古銅青緑水滴一件，作伏彪形。又帝青寶耳環柱二枚，大如母指，狀如腰鼓，照之深青，中有五色流珠。此海南番舶所攜，乃夷國煉化物也。世間琉璃、玻瓈之屬，皆西洋諸夷銷石爲之，非天然八寶也。夏誤以此爲柴窑，不知柴窑者，柴世宗時吴越錢氏燒「祕色窑」以充貢獻，後其法絶不傳，即唐末詩人所詠：「林煙漠漠越窑開，奪得千峯翠色來」者，其精祕可想。然亦陶瓦之屬耳，宋元好奇者拾其碎片，碾就嵌妝具，亦深惜其難得，故爾非此物也。夏聞余言，胡盧而已。

一十二日雨

二十三日，雨，夏復持緑玉盤螭帶鉤一枚，長三寸。乾黄漢玉鉤一枚，長寸餘。哥窑印池一枚，形制古樸，皆郡中一巨姓家物也。帶鉤素爲主人所珍，每言欲以爲殉，屬纊時猶繫，腰間氣斷，遂爲人竊出，因相與玩視，歎息而去。

李日華《味水軒日記》卷二 （萬曆三十八年七月）十三日，盛德潛卒於王家橋坊從子之居。至是，其從子以所遺哥窑洗一，圍徑五寸。倭漆香鑪一，木外砂填裏，甚輕，黑漆金描浪紋水花形製頗雅。倭地木堅而輕，海砂匀細，所以爲佳，以是質錢勉應之。

唐順之《荊川稗編》卷八六《筆衡論古窑器》 宋葉寘《坦齋筆衡》云：「陶器自舜時便有，三代迄於秦漢，所謂甓器是也。」今土中得者，其質渾厚，不務色澤。末俗尚靡，不貴金玉而貴銅瓷，遂有秘色窑器。世言錢氏有國日，越州燒進，不得臣庶用，故云「秘色」。陸龜蒙詩「九秋風露越窯開，奪得千峯翠色來。如向中霄盛沆瀣，共嵇中散鬭遺桮」，乃知唐世已有，非始於錢氏。本朝以定州白瓷器有芒不堪用，遂命汝州造青窯器。故河北唐、鄧、耀州悉有之。汝窯爲魁，江南則處州龍泉縣窯質頗麤厚。政和間，京師自置窯燒造，名曰官窯。中興渡江，有邵成章提舉後苑，號邵局，襲故京遺制，置窯于脩内司，造青器，名内窯。澄泥爲範，極其精緻，油色瑩徹，爲世所珍。後郊壇下別立新窯，比舊窯大不侔矣。餘如烏泥窯、餘杭窯、續窯，皆非官窯比，若謂舊越窯，不復見矣。

張應文《清秘藏·論窯器》　論窯器必曰柴、汝、官、哥、定。柴不可得矣。余聞其制云：「青如天，明如鏡，薄如紙，聲如磬。」此必親見，故論之如是其真。余向見殘器一片，製爲縧環者，色光則同，但差厚耳。又曹明仲云：柴窯足多黄土，未知然否。汝窯，余嘗見之，其色卵白，汁水瑩厚，如堆脂。然汁中椶眼隱起，若蟹(瓜)〔爪〕。底有芝蔴花、細小掙釘者乃真也。較官窯質製尤滋潤。官窯品格與哥窯大約相同。其色則俱以粉青色爲上，淡白色次之，油灰色最(上)〔下〕。紋取冰裂、鱔血爲上，梅花片、墨紋次之，細碎紋最下。必鐵足爲貴，紫口爲良。第不同者，官窯質之隱紋亦如蟹爪，哥窯質之隱紋如魚子，其汁料稍不如官窯之尤佳耳。定窯有光素、(凹)〔凸〕花二種，以白色爲正，白骨而加以泑水，有如淚痕者佳。間有紫色者、黑色者，不甚珍也。

均州窯，紅若臙脂者爲最。青若葱翠色，紫若墨色者次之。色純，而底有一二數目字號者佳。其雜色者，無足取。均州窯之下有龍泉窯。古宋龍泉窯器，土細質厚，色甚葱翠。妙者與官窯争豔，但少紋片、紫骨、鐵足耳。且極耐磨弄，不易茅蔑。第工匠稍拙，製法不甚古雅。有等用白土造器，外塗泑水，翠淺，影露白痕，乃宋人章生所燒，號曰章窯，校龍泉制度，更覺細巧精緻。我朝宣廟窯器，質料細厚，隱隱橘皮紋起。冰裂、鱔血紋者，幾與官、汝窯敵。即暗花者、内燒絶細龍鳳暗花，底有「大明宣德年製」暗(花)〔款〕六字。紅花者、以西紅(窑)〔寶〕石爲末，圖畫花鳥魚蟲等形，骨内燒出，凸起寶光，鮮紅奪目。青花者，用蘇浡泥青圖畫龍鳳花鳥蟲魚等形，深厚堆垛，可愛。皆發古未有，爲一代絶品，〔迥〕出龍泉、均州之上。又有元燒「樞府」字號器、永樂細款青花杯、成化五彩葡萄杯，各有可取，然亦尚在龍泉、章窯之下。

谷泰《博物要覽》卷五《論官窯器皿》　官窯品格大率與哥窯相同，色取粉青爲上，淡白次之，油灰色，色之下也。紋取冰裂鱔血紅爲上，梅花片墨紋次之，細碎紋，紋之下也。論製器如商庚鼎、純素鼎、葱管空足冲耳乳爐、商貫耳之大獸面花紋用貫壺、漢耳環壺、父已尊、祖丁尊，皆法古圖，進呈物也，當爲官窯第一妙品。又如葱管脚鼎爐、環耳汝爐、小竹節雲板脚爐、冲耳牛奶足小爐、戟耳彝爐，盤口束腰桶肚大鉼，一觚，立戈觚，周之小圜觚，觚低槌鉼，胆鉼，雙耳匙筯鉼，筆筒，筆格，元葵洗，桶樣大洗，甕肚鉢盂二種，水中亟二色雙桃水注，立爪、卧爪、卧茄水注，匾淺磬口棊盤方印色池，四八角矮角印色池，有紋圖書戟耳彝爐，小方蓍草鉼，小製漢壺，竹節壁鉼，凡此皆官窯之上乘也。桶爐六稜鉼，盤口紙槌大蓍草鉼，鼓爐菱花壁鉼，多嘴花罐，肥腹漢壺，大碗、中碗、茶盞、茶托、茶洗、抱包茶壺，六稜酒壺，爪壺，蓮子壺，方圓八角酒甃、酒杯，各製勸杯，大小圓碟，河西碟，荷葉盤，淺碟，桶子箍碟，縧環水池中大酒海，方圓花盆，菖蒲盆，龜背縧環六角長盆，觀音彌勒洞賓神像，鷄頭罐，查斗圓硯，筯槼二色紋篆圖書，象棊子，齊筋小碟，螭虎鎮紙，凡此皆官窯之中乘也。又若大雙耳高大鉼，經尺大盤，夾底骰盆，大撞梅花瓣泰勝合子，棋子罐，大扁獸耳彝敦鳥食罐，匾龍小花鉼，大小平口藥鉼，眼藥合製小鉼，肥皂罐，中菓合子，蟋蟀盆，内中事件佛前供水碗，束腰大角小架，各色酒案盤碟，凡此皆官窯之下品也。要知古人用意無所不到，此余概論如是。

谷泰《博物要覽》卷五《論哥窯器皿》　宋時官窯，乃宋修内司設窯燒于杭州之鳳凰山下，其土紫，故足色若鐵，時云紫口鐵足。紫口乃器上仰泑水流下，比周較淺，故口露紫痕，此何足貴，惟尚鐵足，以它處之土咸不及此。哥窯亦燒于杭，乃民間私家燒造者，取土俱在此地。官窯盤之隱紋如蟹爪，哥窯質之隱紋如魚子，但汁料不如官窯佳耳。哥窯燒出時器皿多有窯變者，其間紋片顔色狀類蝴蝶禽獸麐豹等象，布於泑外，變色或黄黑或紅紫，形肖可愛，是皆火之文明幻化，否則理不可曉，似更難得。後有仿燒哥窯者名董窯、烏泥窯，俱法其泑水式樣，但質粗不潤，而泑水燥暴溷入哥窯，今亦傳世，後若元末新燒，究不及此。近年諸窯美者亦有可取，惟紫骨與粉青色不相似耳。若今新燒去諸窯遠甚，亦有粉青，乾燥無華，即光潤變爲綠色，且營大價愚人。更有一種復燒，取舊官哥窯器如爐火足耳瓶損口稜者，以舊補舊，加以泑藥，裹以泥合，入窯一火燒成，如舊製無異，但補處色渾而本質乾燥，不甚精采，得此更勝新燒，奈何哥窯如葱管脚鼎爐在海内僅存一二，乳爐、花觚曾計十數，彝爐或以百計，四品爲鑒家至寶，無怪價之。

谷泰《博物要覽》卷五《論定窑器皿》 定窑者乃宋時北定州燒造窑器也，其色白，間有紫有黑，然俱白骨加以泑水，有如淚痕者爲最。其紋有畫花、有繡花、有印花三種，以繡花爲上，其花紋多牡丹、萱草、飛鳳，其所造器具式多工巧，至佳者如獸面彝爐、子父鼎爐、獸頭雲板脚桶爐、膽瓶花尊花觚，畧似古意，多用已製，此爲定窑上品。餘如合子，有内子口者，有内替盤者，自三四寸以至寸許，式亦甚多。枕有長三尺，製甚可觀，余得一枕式，用哇哇手持荷葉，覆身葉形，前偃後仰，枕首通適，奇巧莫與並。瓶式之巧百出而碟製萬狀，余有數碟，長樣兩角如錠槽高起，旁有四拙，又有方式四出角樣，如蓮瓣而旁若蓮卷，或中作水池，旁作凋邊，可作筆洗、筆硯，此皆上古所無。亦燒人物，但人哇哇居多，而(禿)〔兜〕頭觀音、彌勒，像貌形體、眉目衣摺之美，克有生動。其小物妙如中丞，各色餅罐，自五寸以至一二寸高，余見何止百十而製無雷同。更有燈擎、大小碗甆、酒壺、茶注，式有多種，巧者多心思不及。其水注之式用蟾蜍及瓜茄、鳥獸，種種入妙。若巨舩巵匜盂斝抑斗抑升抑已，其編緣穿線摸塑，絲毫不斷。又如菖蒲盆底、大小水底，儘有可觀。更有坐墩式雅花囊，元腹口坦如棗盤，中孔徑二寸許，用插多花。酒囊圓腹撇口，如一小碟光淺，中穿一孔用以勸酒，式雅類多，莫可名狀，諸窑中無與比並。雖然，但製出一時工巧，殊無古人遺意，以巧勝古，則可以製，勝古則未也。如宋宣和、政和時燒造者，色白質薄，土色如玉，物價甚貴，其色黄質厚者下品也。後吴門有周泉仿燒各種定器，俱可亂真。元時仿定窑者有彭君寶，燒于霍州者，名霍窑，又名彭窑，與古定器無二，最爲佳品。

谷泰《博物要覽》卷五《論古龍泉窑器》 定窑之下而龍泉窑次之，古宋龍泉窑器土細質薄，色甚葱翠，妙者與官、哥争艷，但少紋并紫骨鐵足耳。其製若瓶若觚，若蓍草方瓶，若格爐桶爐，有耳末腰小爐。菖蒲盆底有圓者、八角者、葵花菱花者，各樣酒甆骰盆，其水盤之式有百摺者，有大圓徑二尺外者，此與菖蒲盆相同。有深腹草邊盥盆、酒海大小藥罈，有上凸起花紋甚精，有武鼓高墩，有大獸蓋香爐燭臺并立地插梅大瓶，俱諸窑所無，但製不甚雅，僅可適用。種種器具，製不法古，而工匠亦拙，然器質厚實，極耐磨，弄不易。

谷泰《博物要覽》卷五《論均窑器皿》 均州窑有硃砂紅葱翠，俗名鸚哥绿茄皮，紫紅若胭脂，青若葱翠，紫若墨黑，三者色純無可變露者爲上品，底有一二三四數目字號爲記。猪肝色、火裏紅、青翠錯雜，若垂涎色者，皆上三色之燒，不〔足〕者，非特有此色様，俗即取作鼻涕、涎猪肝等名，是可笑耳。此窑惟種菖蒲盆底佳甚，其它如生墩爐、合方罐、餅子俱以黄沙泥爲坯，故器質粗厚，爲不佳。

谷泰《博物要覽》卷五《論古建窑器皿》 古建窑器多甆口碗盞，色黑而滋潤有質，兔毫班滴珠大者爲真，但體極厚，薄者可見。

谷泰《博物要覽》卷五《論大食窑器皿》 大食窑者本出大食國，器用銅身藥料，燒成五色，有香爐、花餅、合子之類，窑之至下者也。

谷泰《博物要覽》卷五《論玻璃窑器皿》 玻璃窑出島夷，惟粤中有之，其製不一，奈無雅品，惟瓶之小者有佳趣，它如酒鍾、高罐盤盂、高脚勸杯等物，無可取。色有白纏絲、鴨绿天青、黄鎖口三種，俱可觀，但不耐用耳。

谷泰《博物要覽》卷五《論各種饒窑器皿即今江西窑》 古之饒窑進御用者，體薄而潤，色白花青，較定窑少次。元時燒小足印花，内有樞府字號者價重，且不易得。我朝永樂年造壓手杯，坦口折腰，沙足滑底，中心畫有雙獅滚毬，毬内篆書「永樂年製」四字，細若粒米，爲上品，鴛鴦心者次之，花心又其次也。杯外青花深翠，式樣精妙，傳用可久，價亦甚高。若近時仿效，規製蠢厚，火底火足，畧得形似，殊無可觀。

谷泰《博物要覽》卷五《論宣德窑器皿》 宣德燒造各種窑器，以祭紅爲上，又有紅魚靶杯，以西紅寶石爲末，塗畫魚形，自骨内燒出凸起，寶光鮮明，紅班奪目，若紫黑色者火候失平，似稍次矣。青花如龍松梅花靶杯，人物海獸酒靶杯，硃砂紅小壺，紅色大碗，如日用口鎖口，又竹節靶罩蓋酒壺，此等器物從古未有，它如妙用種種，不可盡述，而爐瓶盤罐，無不製雅式美，更有五彩者，世亦罕有矣。又有一種心有壇字白甌，所謂壇盞是也，質細料厚，式美足用，真文房佳器。又等細白茶盞較壇盞少低，而甕肚釜底線足光瑩如玉，内有絶細龍鳳暗花，底有「大明宣德年製」，暗類隱隱，橘皮紋起，雖定瓷何能比，方真一代絶品，惜乎外不多見。又若坐墩之美，如漏空花紋填以五色，華若毫錦。有以五彩寔填花紋，細艷悦目，二種皆深青地子。又有填五彩，種種增妙，不可盡述。

谷泰《博物要覽》卷五《論成化窑器皿》 成窑上品無過五彩蒲桃，甆口扁肚，把杯式較宣杯妙甚。次若草虫可口子母鷄勸杯、人物蓮子酒盞、五供養淺盞、草虫小盞、青花紙薄酒盞、五彩齊筋小碟、香合，各製小罐，皆精妙可人。余意青花成窑不及宣窑五彩，宣德不如成化，宣窑之青乃蘇勃泥青也，後俱畫，至成窑時皆青矣。宣窑五彩深厚堆垜，故不甚佳，而成窑五彩用色淺深且用染色，頗爲畫意，故佳。

谷泰《博物要覽》卷五《論弘治正德嘉靖窑器皿》 弘治窑料細質薄，可仿永樂，而緑龍、紅龍、沙龍盤碗猶貴重。有一種名嬌黄窑者，色如初圻秋葵花，嬌倩無比，亦爲世寶，其正德青花少下于宣五彩，隱文各種，器具俱佳。嘉窑青花、五彩二窑製悉備，奈何饒窑之土入地漸無，較之宣成時代不相侔。有小白甌内燒茶字、酒字、姜湯字，乃世宗徃籙醮壇用器，亦曰壇盆。又有磬口饅心圓，凡外燒三色魚匾盞、紅鉛小花合子，其大如錢，亦爲世珍。

徐應秋《玉芝堂談薈》卷二八《紫窑秘色》 王弇州《宛委餘編》曰：舜爲陶器，迄于秦漢，今河南土中有羽觴無色澤者，即此器也。陸龜蒙詩所謂「九秋風露越窑開，奪得千峰翠色來」，最爲諸窑之冠，至吴越有國，日愈精，臣庶不得用，謂之秘色，即所謂柴窑也。或云製器者姓，或云柴世宗時始進御，云宋以定州白瓷器有芒不堪〔用〕，遂命汝州造青窑器，唐鄧、耀州悉有之，而汝爲冠，處州之龍泉建安烏泥品最下。政和間，京師自寘窑燒造曰官窑，文色亞于汝、鈞州，稍具諸色，光彩太露，器極大。中興渡江有邵成章提舉號邵局，于修内司造青器名内窑，模範極精，油色瑩徹，爲世所珍。又宋時處州章生兄弟皆作窑，而兄所作者視弟色稍白而斷紋多，號曰圾碎，故曰哥窑。我明有永樂窑、宣德窑、成化窑，則皆純白，或回青石青畫之，或加彩色，宣德之貴今與汝敵，而永樂、成化亦以次重矣。秘色在當時已不可得，所謂内窑亦未見也。謝在杭曰：陶器柴窑最古，今人得其碎片亦與金璧同價，蓋色既鮮碧而質復瑩薄，可以粧飾玩具，而成器者不可復見矣。世傳柴世宗時燒造，所司請其色，御批云：「雨過青天雲破處，這般顔色做將來」，惜今人無見之耳。柴窑之外又有定、汝、哥、官四種，今惟哥窑有傳者。本朝宣窑不獨款式端正、色澤細潤，即其字畫亦精絶，嘗見一茶盞乃畫輕羅小扇撲流螢，其人物毫髪具備，儼然一幅李思訓畫也。今景德鎮所造嘗有窑變，「云不依式造，忽爲變成，或現魚形，或浮果影傳。聞初開窑時必用童男女，活取其血祭之，故精氣所結凝爲怪耳。近不用人祭，故無復窑變。《筆精》載饒州府神庫中有窑變香爐一、花瓶二，相傳舊爲回青所畫變成赤色，今花紋或濃或淡，宛然錦繡，永樂四年造也。

凡辨古陶者，柴陶色青以淡，其理膩以滋，其文細，其足黄以質。定陶有劃花者、綉花者、素質者，有紫定、黑定、白定凡三種。汝陶其文蟹爪，其色淡以青。處陶土脈細以薄，有翠青者、粉青者。官陶之質細以潤，其色青紺，其文蟹爪，其口紫，其足鐵色。内陶質緻而色青，動陶青而不紺，紫口鐵足而麤質。哥陶紫口鐵足，其色白，其文斷碎若折。凡陶物所忌者三，础澤不具曰骨罅折者，蔑邊毁剥曰第。

高濂《遵生八牋》卷一四《論官哥窑器》 高子曰：論窑器，必曰柴、汝、官、哥，然柴則余未之見，且論製不一。有云「青如天，明如鏡，薄如紙，聲如磬」，是薄瓷也。而曹明仲則曰「柴窑足多黄土」，何相懸也。汝窑，余嘗見之，其色卵白，汁水瑩厚如堆脂，然汁中棕眼，隱若蟹爪，底有芝蔴花、細小掙釘。余藏一蒲蘆大壺，圓底，光若僧首，圓處密排細小掙釘數十，上如吹塤收起，嘴若筆帽，僅二寸，直槊向天，壺口徑四寸許，上加罩蓋，腹大徑尺，製亦奇矣。又見碟子大小數枚，圓淺瓮腹，磬口泑足，底有細釘。以官窑較之，質製滋潤。官窑品格，大率與哥窑相同，色取粉青爲上，淡白次之，油灰色，色之下也。紋取冰裂、鱔血爲上，梅花片、墨紋次之，細碎紋，紋之下也。論製，如商庚鼎、純素鼎、葱管空足冲耳乳爐、商貫耳弓壺、大獸面花紋周貫耳壺、漢耳環壺(文)〔父〕(巳)〔己〕尊、祖丁尊，皆法古圖式進呈物也。俗人凡見兩耳壺式，不論式之美惡，咸指曰「茄袋瓶」也。孰知有等短矮肥腹無矩度者，似亦俗惡。若上五製，與欲姬壺様，深得古人銅鑄體式，當爲官窑第一妙品，豈可槩以茄袋言之。又如葱管脚鼎爐、環耳汝爐、小竹節雲板脚爐、冲耳牛奶足小爐、戟耳彝爐、盤口束腰桶肚大瓶、子一觚、立戈觚、周之小圜觚、素觚、紙槌瓶、膽瓶、雙耳匙筯瓶、筆筒、筆格、元葵筆洗、桶様大洗、瓮肚盂鉢二種水中丞、二色雙桃水注、立爪卧爪卧茄水注、匾淺磬口橐盤、方印色池、四(入)〔八〕角委角印色池、有文圖書戟耳彝爐、小方蓍草瓶、小製漢壺、竹節段壁瓶，凡此皆官、哥之上乘品也。桶爐、六稜瓶、盤口紙槌瓶、大蓍艸瓶、鼓爐、菱花壁瓶、多嘴花罐、肥腹漢壺、大椀、中椀、茶盞、茶托、茶洗、提包茶壺、六稜酒壺、爪壺、蓮子壺、方圓八角酒甏、酒杯、各製勸杯、大小圓碟、河西碟、荷葉盤淺碟、桶子箍碟、絛環水池、中大酒海、方圓花盆、菖蒲盆底、龜背絛環六角長盆、觀音彌勒洞賓神像、鷄頭罐、楂斗、圓硯、筯搠、二色文篆隸書象棋子、齊筯小碟、螭虎鎮紙，凡此皆二窑之中乘品也。又若大雙耳高瓶、徑尺大盤、夾底骰盆、大撞梅花瓣春勝合、棋子罐、大匾獸耳彝敦、鳥食罐、編籠小花瓶、大小平口藥罈、眼藥各製小罐、肥皂罐、中菓盒子、蟋蟀盆内中事件、佛前供水碗、束腰六脚小架、各色酒案盤碟，凡此皆二窑之下乘品也。要知古人用意，無所不到，此余槩論如是。其二窑燒造種種，未易悉舉，例此可見。所謂官者，燒於宋修内司中，爲官家造也。窑在杭之鳳凰山下，其土紫，故足色若鐵，時云「紫口鐵足」。紫口，乃器口上仰，泑水流下，比周身較淺，故口微露紫痕。此何足貴，惟尚鐵足，以他處之土咸不及此。哥窑燒於私家，取土俱在此地。官窑質之隱紋如蟹爪，哥窑質之隱紋如魚子，但汁料不如官料佳耳。二窑燒出器皿，時有窑變狀，類蝴蝶、禽、魚、麟、豹等象，布於本色，泑外變色，或黄黑，或紅紫，形肖可愛。是皆火之文明幻化，否則理不可曉，似更難得。後有董窑、烏泥窑，俱法官窑，質粗不潤，而泑水燥暴，溷入哥窑，今亦傳世。後若元末新燒，宛不及此。近年諸窑美者，亦有可取，惟紫骨與粉青色不相似耳。若今新燒，去諸窑遠甚。亦有粉青色者，乾燥而無華，即光潤者，變爲緑色，且索火價愚人。更有一種復燒，取舊官、哥瓷器，如爐欠足耳，瓶損口稜者，以舊補舊，加以泑藥，裹以泥合，入窑一火燒成，如舊製無異。但補處色渾而本質乾燥，不甚精采，得此更勝新燒。奈何二窑如葱脚鼎爐，在海内僅存一二，乳爐、花觚，存計十數，彝爐或以百計，四品爲鑒家至寶。無恡價之忘值，日就增重，後此又不知凋謝如何。故余每得一覩，心目爽朗，神魂爲之飛動，頓令腹飽。豈果躭玩痼僻使然，更傷後人聞有是名，而不得見是物也，慨夫。

高濂《遵生八牋》卷一四《論定窑》 高子曰：定窑者，乃宋北定州造也。其色白，間有紫，有黑，然俱白骨，加以泑水，有如淚痕者爲最。故蘇長公詩云：定州花瓷琢(如)〔紅〕玉。其紋有畫花、有繡花、有印花紋三種，多用牡丹、萱草、飛鳳時製。其所造器皿，式多工巧，至佳者，如獸面彝爐、子父鼎爐、獸頭雲板脚桶爐、膽瓶、花尊、花觚，皆畧似古製，多用己意，此爲定之上品。餘如盒子，有(四)〔内〕子口者，有内替盤者，自三四寸以至寸許，(大)〔式〕亦多甚。枕有長三尺者，製甚可頭。余得一枕，用哇哇手持荷葉覆身，葉形前偃後仰，枕首適可，巧莫與並。瓶式之巧百出，而碟製萬狀。余有數碟，長樣，兩角如錠皺起，傍作四摺。又如方式，四角聳若蓮瓣，而傍若蓮捲。或中作水池，傍作潤邊，可作筆覘。此皆上古所無。亦燒人物，仙人、哇子居多。而兕頭觀音、羅漢、彌勒像貌、形體、眉目、衣摺之美，克肖生動。其小物，如水中丞、各色瓶礶，自五寸以至三二寸高者，余見何止百十，而製無雷同。更有燈檠、大小椀甆、酒壺、茶注，式有多種，巧者俱心思不及。其水注，用蟾蜍，用爪茄，用鳥獸，種種入神。若巨觥、承盤、卮匜盂斝、柳斗、柳升、柳巴，其編條穿線模塑，毫絲不斷。又如菖蒲盆底，大小水底，儘有可觀。更有坐墩式雅花囊，元腹口坦如槖盤，中孔徑二寸許，用插多花。酒囊，圓腹僦口，如一小碟，光淺，中穿一孔，用以勸酒。式類數多，莫可名狀，諸窑無與比勝。雖然，但製出一時工巧，殊無古人遺意。以巧惑今則可，以製勝古則未也。如宣和、政和年者，時爲官造，色白質薄，土色如玉，物價甚高。其紫黑者亦少，余見僅一二種。色黄質厚者，下品也。又若骨色青溷如油(皮)〔灰〕者，彼地俗名「後土窑」，又其下也。他如高麗窑，亦能綉花盞甌，式有可觀，但質薄而脆，色如月白，甚不佳也。近如新燒文王鼎爐，獸面戟耳彝爐，不減定人製法，可用亂真。若周丹泉，初燒爲佳，亦須磨去滿面火色，可玩。若玉蘭花杯，雖巧，似入惡道，且輪廻甚速。又若繼周而燒者，合爐，桶爐，以鎖子甲毬，門錦龜紋穿挽爲花地者，製作極工，不入清賞，且質較丹泉之造遠甚。元時，彭君寶燒於霍州者，名曰霍窑，又曰彭窑。效古定折腰製者，甚工。土骨細白，凡口皆滑，惟欠潤澤，且質極脆，不堪真賞，往往爲牙行指作定器，得索高資，可發一哂。

高濂《遵生八牋》卷一四《論諸品窑器》龍泉窑　章窑　古瓷窑　大食窑　吉州窑　建窑　均州窑　玻璃窑

定窑之下，而龍泉次之。古宋龍泉窑器，土細質薄，色甚葱翠，妙者與官窑争艶，但少紋片、紫骨鐵足耳。其製若瓶、若觚、若蓍草方瓶、若高爐、桶爐、有耳束腰小爐。菖蒲盆底有圓者、八角者、葵花菱花者。各樣酒斃、骰盆。其冰盤之式，有百稜者，有大圓徑二尺者，外此與菖蒲盆式相同。有深腹單邊盥盆，有大乳鉢，有葫蘆瓶，有酒海，有大小藥瓶，上有凸起花紋，甚精。有坐鼓高墩，有大獸蓋香爐，燭臺，花瓶，并立地插梅大瓶，諸窑所無，但製不甚雅，僅可適用。種種器具，製不法古，而工匠亦拙。然而器質厚實，極耐磨弄，不易茅蔑。〔行語，以開路曰蔑，捐失些少曰茅。〕但在昔，色以不同，有粉青，有深青，有淡青之别。今則上品僅有葱色，餘盡油青色矣。製亦愈下。有等用白土造器，外塗泑水翠淺，影露白痕，此較龍泉製度，更覺細巧精緻，謂之章窑。因姓得名者也。有吉州窑，色紫，與定相似，質粗不佳。建窑，器多(窑)〔甆〕口碗盞，色黑而滋潤，有黄兔毫斑、滴珠，大者爲真，但體極厚，薄者少見。有大食窑，銅身，用藥料燒成五色，有香爐、花瓶、盒子之類，窑之至下者也。又若玻璃窑，出自島夷，惟粤中有之。其製不一，奈無雅品，惟瓶之小者有佳趣。他如酒鐘、高礶、盤盂、高脚勸杯等物，無一可取。色有白纏絲、鴨緑天青、黄鎖口三種，俱可觀，但不耐用耳，非鑒賞佳器。若均州窑，有硃砂紅、葱翠青，俗謂鶯哥緑、茄皮紫。紅若臙脂，青若葱翠，紫若墨黑，三者，色純無少變露者爲上品。底有一二數目字號爲記。猪肝色，火裏紅，青緑錯雜，若垂涎色，皆上三色之燒不足者，非别有此色樣。俗即取作鼻涕涎、猪乾等名，是可笑耳。此窑惟種蒲盆底佳甚。其他如坐墩、爐、盒、方瓶、礶子，俱以黃沙泥爲坯，故器質粗厚不佳。雜物，人多不尚。近年新燒，此窑皆以宜興沙土爲骨，泑水微似，製有佳者，但不耐用，俱無足取。

高濂《遵生八牋》卷一四《論饒器新窑古窑》 古之饒器，進御用者，體薄而潤，色白花青，較定少次。元燒小足印花，内有「樞府」字號者，價重且不易得。若我明永樂年造壓手杯，坦口折腰，沙足滑底，中心畫有雙獅滚毬，毬内篆書「永樂年製」四字，細若粒米，爲上品，鴛鴦心者次之，花心者又其次也。杯外青花深翠，式樣精妙，傳用可久，價亦甚高。若近時倣效，規製蠢厚，火底火足，畧得形似，殊無可觀。宣德年造紅魚靶杯，以西紅寶石爲末，圖畫魚形，自骨肉燒出，凸起寶光，鮮紅奪目。若紫黑色者，火候失手，似稍次矣。青花如龍松梅茶靶杯、人物海獸酒靶杯。硃砂小壺、大椀，色紅如日，用白鎖口。又如竹節靶罩蓋滷壺、小壺，此等發古未有。他如妙用種種，惟小巧之物最佳，描畫不苟。而爐、瓶、盤、碟最多，製如嘗品。若罩蓋匾礶、僘口花尊、蜜漬桶礶，甚美，多五彩燒色。他如心有「壇」字白甌，所謂壇琖是也，質細料厚，式美足用，真文房佳器。又等細白茶盞，較壇盞少低，而瓮肚釜底線足，光瑩如玉，内有絶細龍鳳暗花，底有「大明宣德年製」暗款，隱隱橘皮紋起，雖定瓷何能比方，直一代絶品，惜乎外不多見。又若坐墩之美，如漏空花紋，填以五色，華若雲錦。有以五彩實填花，絢艷恍目。二種皆深青地子。有藍地填畫五彩，如石青剔花，有青花白地，有冰裂紋者，種種樣式，似非前代曾有。成窑上品，無過五彩蒲萄撇口匾肚靶杯，式較宣杯妙甚。次若草虫可口子母雞勸杯、人物蓮子酒盞、五供養淺盞、草虫小琖、青花紙薄酒琖、五彩齊筋小碟、香盒、各製小礶，皆精妙可人。余意青花成窑不及宣窑，五彩宣廟不如憲廟。宣窑之青，乃蘇浡泥青也，後俱用盡，至成窑時，皆平等青矣。宣窑五彩，深厚堆垜，故不甚佳。而成窑五彩，用色淺淡，頗有畫意。此余評，似確然允哉。

世宗青花、五彩二窑，製器悉備。奈何饒土入地漸惡，較之二窑往時，代不相侔。有小白甌，内燒茶字、酒字、棗湯薑湯字者，乃世宗經籙醮壇用器，亦曰壇盞，製度質料，逈不及茂陵矣。嘉窑如磬口饅心圓足外燒三色魚匾盞、紅鉛小花盒子，其大如錢，二品亦爲世珍。小盒子花青畫美，向後恐官窑不能有此物矣，得者珍之。

高濂《遵生八牋》卷一五《筆格》 有玉爲山形者，爲卧仙者，有珊瑚者，有瑪瑙者，有水精者，有刻犀者，匪直新製，舊做亦多。有宣銅鎏金雙螭挽格，精甚。余見哥窑五山、三山者，製古色潤。又見白定卧花哇哇，瑩白精巧。舊玉子母六猫，長七寸，以母横卧爲坐，以子猫起伏爲格，真奇物也，目中罕見。有古銅十二鋒頭爲格者，有銅螭起伏爲格者。余見友人有一老樹根枝，蟠曲萬狀，長止七寸，宛若行龍，鱗甲爪牙悉備，摩弄如玉，此誠天生筆格。余齋一石，蟠曲狀龍，不假斧鑿，亦奇物也。可架筆三矢。

高濂《遵生八牋》卷一五《筆牀》 筆牀之製，行世甚少。余得一古鎏金筆牀，長六寸，高寸二分，闊二寸餘，如一架然，上可卧筆四矢。以此爲式，用紫檀、烏木爲之，亦佳。

高濂《遵生八牋》卷一五《筆屏》 宋人製有方玉、圓玉花板，内中做法肖生，山樹禽鳥人物，種種精絶。此皆古人帶板、燈板，存無可用，以之鑲屏插筆，覺甚相宜。大者長可四寸，高三寸者。余齋一屏如之，製此似無棄物。有大理舊石，儼狀山高月小者，東山月上者，萬山春靄者，皆余目見，初非扭捏，俱方不盈尺，天生奇物。寶爲此具，作毛中書屏翰，似亦得所。

高濂《遵生八牋》卷一五《水注》 有玉爲圓壺、方壺者，其花紋甚工。又見吴中陸子岡製白玉辟邪，中空貯水，上嵌青緑石片，法古舊形，滑熟可愛。有玉蟾蜍注，擬寶晉齋舊式者。古銅有青緑天雞壺，有金銀片嵌天禄，妙甚。有半身鸕鷀杓，有鎏金鴈壺，其類生無二，以兩足立地，口中出水。有江鑄眠牛，以牧童騎跨作注管。瓷有官、哥方圓水壺，有立爪、卧爪壺，有雙桃注，有雙蓮房注，有筆格内貯水兩用者，有牧童卧牛者，有方者。定窑之注奇甚，有枝葉纏擾爪壺，有蒂葉茄壺，有駝壺，又可格筆，有蟾注，有青東瓷天雞壺、底有一竅者。宣窑五采桃注、石榴注、雙(爪)〔瓜〕注、采色類生。有雙鴛注，有鵝注，工緻精極，俱可入格。

高濂《遵生八牋》卷一五《筆洗》 銅有古鎏金小洗，有青緑小盂，有古小釜，有小巵、匜，其五物，原非此製，今用作洗。玉有鉢盂洗、長方洗、玉環洗，或素或花，工巧擬古。瓷有官哥圓洗、葵花洗、磬口圓肚洗，有四捲荷葉洗，有捲口蔗段洗，有縧環洗，有長方洗，類多，但以粉青、紋片朗者爲貴。古龍泉有雙魚洗，有菊瓣洗，有鉢盂洗，百折洗。定窑有三箍圓桶洗，梅花洗，有中盞作洗、邊盤作筆覘者，有縧環洗，有方池洗，有柳斗圓洗，有圓口爪稜洗，菊瓣洗，惟定洗多甚。宣窑有魚藻洗，有葵瓣洗，有磬口洗，有鼓樣青剔白螭洗。近人多以洗爲杯，孰知厚捲口而匾淺者，洗也，豈杯有此製。外此新作商銀流金銅洗，諸窑假均州紫綠二色洗與水中丞，多甚，製亦可觀，俱不入格。

高濂《遵生八箋》卷一五《水中丞》　銅有古小尊罍，其製有敞口圓腹細足，高三寸許，墓中葬物，今用作水中丞者。余有古玉中丞，半受血侵，圓口瓮腹，下有三足，大如一拳，精美特甚，古人不知何用。近有陸琢玉水中丞，其碾獸面錦地，與古尊罍同，亦佳器也。瓷有官、哥瓮肚圓者，有鉢盂小口式者，有爪稜肚者，青東瓷有菊瓣瓮肚圓足者，定有印花長樣如瓶，但口敞可以貯水者，有圓肚束口三足者，有古龍泉窑瓮肚周身細花紋者。有宣銅雨雪沙金，製法古銅瓿者，樣式美甚。近有新燒均窑，俱法此式，奈不堪用。

高濂《遵生八箋》卷一五《研山》　研山始自米南宫，以南唐寶石爲之，圖載《輟耕録》後，即效之。不知此石存否。大率研山之石，以靈壁、應石爲佳，他石紋片粗大，絶無小樣曲折，屼峍森聳峰巒狀者。余見宋人靈壁研山，峰頭片段，如黄子久皴法，中有水池，錢大，深半寸許，其下山脚生水，一帶色白，而起磥砢，若波浪然，初非人力僞爲，此真可寶。又見一將樂石研山，長八寸許，高二寸，四面米粞包裹，而巒頭起伏作狀，此更難得。他如應石，近有佳者，天生四面，不加斧鑿，透漏花皺俱好，但少層疊巒頭、水池深邃，望之一拳石也。又若燕中西山黑石，狀儼應石，而峷屼巉巘紋片皺裂過之，可作研山者頗多，但石性鬆脆，不受激觸，多以此亂應石。有僞爲者，將舊磚雕鏤如寶晉齋式，用錐鑿成天生紋片，用芡實浸水，煮如墨色，持以愚人，每得重價。然以刀刮石底，磚質即露。有等好事者，以新應石、肇慶石、黑石加以斧鑿，修琢巖竇，摩弄瑩滑，名曰硯山，觀亦可愛。

靈壁石研山圖

靈壁研坐

山色淡青，峰巒四起，邃有二層，中一水池大若小錢，深可半寸，爲天生成，傍一小池高二寸八分，長六寸，厚二寸許，下有元章二字。

山足天生水波一帶，若浸山於中，其水脚色白黄相映，四面皆然。

將樂石研山圖附左

將樂研山

色白如米（栖）〔粞〕磥砢，兩面皆然。長八寸，高二寸許，巒頭五起，下簇小乳二三，似亦奇矣。

高濂《遵生八箋》卷一五《印色池》　印色池以瓷爲佳，而玉亦未能勝也，故今官、哥窑者貴甚。余見二窑印池，方者尚有十數，四八角并委角者，僅見一二，色亦不佳。余齋有三代玉方池，内外土銹，血侵四裹，不知何用，今以爲古玉文具中印池，似甚合宜。又見定窑方池，佳甚，外有印花紋，此亦少者。有陸子岡做周身連蓋滚螭白玉印池，工緻侔古，今多效製。近日新燒有蓋白定長方印池，并青花白地純白瓷者，此古未有，當多蓄之。且有長六七寸者，甚佳。

高濂《遵生八箋》卷一五《糊斗》　用銅者爲佳，以便出洗。有古銅小提卣，如一拳大者，上有提梁索服，有蓋，盛糊可免鼠竊。又有古銅圓瓮，肚如酒杯式，下乘方座，且體厚重，不知古人何用，今以爲糊斗，似宜。有建窑外黑内白長罐，定窑圓肚并蒜蒲長罐，俱可作糊斗。又見哥窑方斗如斛，中置一梁，亦可充此。又見古銅三（哥）〔箍〕長桶，下有三足，高二寸許，甚宜盛糊。

高濂《遵生八箋》卷一五《鎮紙》　有古銅青緑蝦蟆虚置銅坐，重有斤餘，又有虎蹲銅坐，一塑鑄者，乃上古物也。且見必成對，壓紙妙甚。有古銅坐卧哇哇，亦佳。有古銅蹲螭、眠龍，有鎏金辟邪、卧馬，有大銅虎，遍身青緑，重三二斤者，用以壓書。玉有古彘，古人用以掙肋殉葬者，每見二條。有白玉獵狗，有卧螭，有大樣坐卧哇哇，有玉兔、玉牛、玉馬、玉鹿、玉羊、蟾蜍、日月瑪瑙石鼓、柏枝瑪瑙蹲虎、水晶石鼓酒、黄水晶牴牛、捧瓶波斯，其做法精妙如畫，皆宋物也。有哥窑蟠螭，有青東瓷獅鼓，白定哇哇、狻猊。余自燕中得玉蟾二枚，其背斑點如洒墨，色同玳瑁，無黄暈，儼若蝦蟆背狀，肚下純白，其製古雅如生，用爲鎮紙，摩弄可愛。又見紅緑瑪瑙二大蟹，可爲絶奇。有白玉瑪瑙辟邪，長三四寸者，皆鎮紙佳品。

董其昌《筠軒清閟録》上《論窑器》 論窑器必曰柴、汝、官、哥、定。柴不可得矣，聞其製云：「青如天，明如鏡，薄如紙，聲如磬，此必親見，故論之如是其真。余向見殘器一片，製爲縧環者，色光則同，但差厚耳。又曹明仲云：「柴窑足多黄土。」未知然否。汝窑余嘗見之，其色卵白，汁水瑩厚如堆脂，然汁中棱眼隱起若蟹爪，底有芝麻花細小掙釘者乃真也。較官窑質製尤滋潤。官窑品格與哥窑大約相同，其色俱以粉青色爲上，淡白色次之，油灰色最下。紋取冰裂鱓血爲上，梅花片墨紋次之，細碎紋最下。必鐵足爲貴，紫口爲良。弟不同者官窑質之隱紋亦如蟹爪，哥窑質之隱紋如魚子，其汁料稍不如官窑之尤佳耳。定窑有光素、凸花二種，以白色爲正，白骨而加以泑水有如淚痕者佳。間有紫色者、黑色者不甚珍也。

均州窑紅若臙脂者爲最，青若葱翠色、紫若墨色者次之，色純而底有一二數目字號者佳，其雜色者無足取。均州窑之下有龍泉窑，古宋龍泉窑器，土細質厚，色甚葱翠，妙者與官窑爭豔，但少紋片、紫骨、鐵足耳。且極耐磨弄，不易茅蔑。第工匠稍拙，製法不甚古雅，有等用白土造器，外塗泑水，翠淺影露白痕，乃宋人章生所燒，號曰章窑，校龍泉製度更覺細巧精緻。我朝宣廟窑器質料細厚，隱隱橘皮紋起，冰裂鱓血紋者幾與官汝窑敵。即暗花者，內燒絶細龍鳳暗花，底有「大明宣德年製」暗款六字。紅花者，以西紅寶石爲末，圖畫花鳥魚蟲等形，骨內燒出凸起，寶光鮮紅奪目。青花者，用蘇浡泥青圖畫龍鳳、花鳥、蟲魚等形，深厚堆垜可愛。皆發古未有，爲一代絶品，迥出龍泉均州之上，又有元燒樞府字號器，永樂細款青花杯，成化五彩葡萄杯，各有可取，然亦尚在龍泉章窑之下。

顧起元《説略》卷二三 舜爲陶器，迄於秦漢。今河南土中有羽觴無色澤者，即此類也。陸龜蒙詩所謂「九秋風露越窑開，奪得千峰翠色來」，最爲諸窑之冠。至吴越王有國日愈精，臣庶不得通用，謂之「秘色」，即所謂柴窑也。或云製器者姓，或云柴世宗時始進御云。宋以定州白瓷器有芒不堪，遂命汝州造青窑器。北唐、鄧耀州悉有之，而汝爲冠。處州之龍泉與建安之烏泥品最下。政和間京師自實窑燒造，曰官窑。文色亞於汝，價亦然。鈞州稍具諸色，光彩太露，器極大。中興渡江有邵成章提舉號邵局，於修内司造青器，名「內窑」。模範極精，油色瑩徹，爲世所珍。又宋時處州章生兄弟者，皆作窑。兄所作者視弟色稍白，而斷紋多，號白圾碎，故曰哥窑。我明有永樂窑、宣德窑、成化窑，則皆純白。或回青石青畫之，或加綵色。宣德之貴，今與汝敵，而永樂成化亦以次重矣。秘色在當時已不可得。所謂内窑，亦未見有售者。

顧起元《客座贅語》卷八《賞鑒八則》 賞鑒家以古法書名畫真蹟爲第一，石刻次之，三代之鼎、彝、尊、罍又次之，漢玉杯、玦之類又次之，宋之玉器又次之，窑之柴、汝、官、哥、定及明之宣窑、成化窑又次之，永樂窑、嘉靖窑又次之。留都舊有金靜虚潤，王尚文徽，黄美之琳，羅子文鳳，嚴子寅賓，胡懋禮汝嘉，顧清甫源，姚元白淛，司馬西虹泰，朱正伯衣，盛仲交時泰，姚叙卿汝循，何仲雅淳之，或賞鑒，或好事，皆負雋聲。黄與胡多書畫，羅藏法書名畫金石遺刻至數千種。何之文王鼎、子父鼎最爲名器。它數公亦多所藏，近正伯子宗伯元介出，而珍祕盈笥，盡掩前輩。伯時元章之餘風，至是大爲一煽矣。

袁宏道《袁中郎全集》卷一五《三器具》 養花瓶，亦須精良，譬如玉環、飛燕，不可置之茅茨。又如嵇、阮、賀、李，不可請之酒食店中。嘗見江南人家所藏舊觚，青翠入骨，砂斑垤起，可謂花之金屋。其次官、哥、象、定等窑，細媚滋潤，皆花神之精舍也。大抵齋瓶宜矮而小，銅器如花觚、銅觶、尊罍、方漢壺、素温壺、匾壺，窑器如紙槌、鵝頸、茹袋、花樽、花囊、蓍草、蒲槌皆須形製短小者，方入清供，不然與家堂香火何異，雖舊亦俗也。然花形自有大小，如牡丹、芍藥、蓮花，形質既大，不在此限。嘗聞古銅器入土年久，受土氣深，用以養花，花色鮮明如枝頭，開速而謝遲，就瓶結實，陶器亦然。故知瓶之寶古者，非獨以翫，然寒微之士，無從致此。但得宣成等窑瓷瓶各一二枚，亦可謂乞兒暴富也。冬花宜用錫管，北地天寒，凍冰能裂銅，不獨瓷也。水中投硫黄數錢亦得。

袁宏道《袁中郎全集》卷一六《時尚》 古今好尚不同，薄技小器皆得著名。鑄銅如王吉、姜娘子，琢琴如雷文、張越，窑器如哥窑、董窑，漆器如張成、楊茂、彭君寶，經歷幾世，士大夫寶玩欣賞，與詩畫并重。當時文人墨士、名公鉅卿，炫赫一時者，不知湮没多少。而諸匠之名，顧得不朽，所謂五穀不熟不如稊稗者也。近日小技著名者尤多，然皆吴人。瓦瓶如龔春、時大彬，價至二三千錢。龔春尤稱難得，黄質而膩，光華若玉。銅鑪稱胡四，蘇松人，有效鑄者皆不能及。扇面稱何得之。錫器稱趙良璧，一瓶可值千錢，敲之作金石聲，一時好事家争購之，如恐不及。其事皆始於吴中猥子，轉相售受，以欺富人公子，動得重貲，浸淫至士大夫間，遂以成風。然其器實精良，他工不及，其得名不虛也。千百年後，安知不與王吉諸人并傳哉。

沈德符《飛鳧語略·瓷器》 本朝窑器用白地青花，間裝五色，爲古今之冠。如宣窑，品最貴，近日又重成窑，出宣窑之上，蓋兩朝天縱留意曲藝，宜其精工如此。然花樣皆作八吉祥、五供養、一串金、西番蓮，以至鬭鷄、百鳥及人物故事而已。至嘉靖窑則又倣宣、成二種，而稍遜之，惟崔公窑加貴，其亦值第宣、成之十一耳。幼時曾於二三中貴家，見隆慶窑酒杯茗椀，俱繪男女私褻之狀，蓋穆宗好内，以故傳，奉命造此種。然漢時發冢則鑿磚畫壁俱有之，且有及男色者，書册所紀甚具，則杯盌正不足怪也，以後此窑漸少，今絶不復睹矣。

王路《花史左編》卷八《瓶花三説》 瓶花之宜。 瓶花之具有二用，如堂中插花，乃以銅之漢壺大古尊罍，或官哥大瓶如弓耳壺、直口廠瓶，或龍泉蓍草大方瓶，高架兩傍，或置几上，與堂相宜。折花須擇大枝，或上茸下瘦，或左高右低，右高左低，或兩蟠臺接，偃亞偏曲，或挺露一幹中，出上簇下，蕃鋪蓋瓶口，令俯仰高下，疎密斜正，各具意態，得畫家寫生折枝之妙方，有天趣。若直衣鬖頭花朵，不入清供。花取或一種兩種，薔薇時即多種亦不爲俗。冬時插梅必須龍泉大瓶、象窑廠瓶、厚銅漢壺，高三四尺已上，投以硫黄五六錢，砍大枝梅花插供，方快人意。近有饒窑白瓷花尊，高三二尺者，有細花大瓶，俱可供堂上插花之具，製亦不惡。若書齋插花，瓶宜短小，以官哥膽瓶、紙槌瓶、鵝頸瓶、花觚、高低二種八卦方瓶、茄袋瓶、各製小瓶、定窑花尊、花囊、四耳小定壺、細口匾肚壺、青東瓷小蓍草瓶、方漢壺、圓瓶、古龍泉蒲槌瓶、各窑壁瓶，次則古銅花觚、銅觶、小尊罍、方壺、素温壺、匾壺，俱可插花。又如饒窑宣德年燒製花觚、花尊、蜜食罐、成窑嬌青蒜蒲小瓶、膽瓶、細花一枝瓶、方漢壺式者，亦可文房充玩。但小瓶插花，折宜瘦巧，不宜繁雜。宜一種，多則二種，須分高下合插，儼若一枝天生二色方美。或先凑簇像生，即以麻絲根下縛定插之。若彼此各向，則不佳矣。大率插花須要花與瓶稱，花高於瓶四五寸則可。假如瓶高二尺，肚大下實者，花出瓶口二尺六七寸，須折斜冗花枝，鋪撒花右，覆瓶兩傍之半則雅。若瓶高瘦，却宜一高一低雙枝，或屈曲斜裊，較瓶身少短數寸似佳。最忌花瘦于瓶，又忌繁雜。如縛成把，殊無雅趣。若小瓶插花，令花出瓶，須較瓶身短少二寸，如八寸長瓶花，止六七寸方妙。若瓶矮者，花高於瓶二三寸亦可。插花有態，可供清賞。故插花、挂畫二事，是誠好事者本身執役，豈可託之僮僕爲哉。客曰：「汝論僻矣，人無古瓶，必如所論，則花不可插耶。」不然，余所論者，收藏鑒賞家積集既廣，須用合宜，使器得雅稱云耳。若以無所有者，則手執一枝，或採滿把，即插之水盆、壁縫，謂非愛花人歟。何俟論瓶美惡，又何分於堂室二用乎哉。吾懼客嘲孰矣，具此以解。

方弘静《千一録》卷二六 近時往往土窑中得古窑器，蓋遭亂不能徙，故埋之耳。然陶瓷於今精絶，錢氏秘色恐未足比也。宋季不貴金玉而貴銅瓷，瓷之可貴，宜勝金玉，以其質也，銅則以其古也。分宜末年，金既積滿，於時貴玉，玉貴於金。江陵貴銅，銅貴於玉。夫玉也、金也、銅也、瓷也，總之爲貨也。《中庸》言：《九經》曰：「賤貨貴德。」仲虺之誥曰：「不殖貨利，齊宣好貨則自知其疾。」孟子曰：「足用爲善，有以哉。」瓷本雅器，近乃有以銀鑲其裏者，以漆塗其外者，此與削方竹梜，漆斷紋琴者何異哉。

慎懋官《華夷花木鳥獸珍玩考》卷八《窑器》 宋《葉寘坦齋筆衡》云：陶器自舜時便有，三代迄于漢所謂甓器是也。今土中得者，其質渾厚，不務色澤，末俗尚靡，不貴金玉，而貴銅瓷，遂有祕色窑器。世言錢氏有國日，越州燒進，不得臣庶用，故云「祕色」。陸龜蒙詩：「九秋風露越窑開，奪得千峯翠色來。如向中霄盛沆瀣，共稽中散鬭遺杯。」乃知唐世已有，非始於錢氏。本朝以定州白瓷器有芒不堪用，遂命汝州造青窑器，故河北唐、鄧、耀州悉有之，汝窑爲魁。江南則處州龍泉縣窑，質頗麤厚。政和間，京師自置窑燒造，名曰官窑。中興渡江，有邵成章提舉後苑，號邵局。襲故京遺製，置窑于修内司，造青器，名内窑。澄泥爲範，極其精製，油色瑩徹，爲世所珍。後郊壇下別立新窑，比舊窑大不侔矣。餘如烏泥窑、餘杭窑、續窑，皆非官窑比。若謂舊越窑不復見矣。

永和人有舒翁者爲玩器，而舒嬌尤精，翁之女也，其爐甕諸色與哥窑等價。

慎懋官《華夷花木鳥獸珍玩考》卷一一《柴窑》 柴窑器出北地，河南鄭州世傳周世宗姓柴氏時所燒者，故謂之柴窑。天青色，滋潤細膩，有細紋，多是粗黄土足，近世少見。

慎懋官《華夷花木鳥獸珍玩考》卷一一《汝窑》 汝窑器出汝州，宋時燒者淡青色，有蟹爪紋者真，無紋者尤好，土脉滋潤，薄亦甚難得。

慎懋官《華夷花木鳥獸珍玩考》卷一一《官窑》 官窑器，宋修内司燒者，土脉細潤，色青，帶粉紅，濃淡不一。有蟹爪紋，紫口、鐵足，色好者與汝窑相類，有黑土者謂之烏泥窑，僞者皆龍泉所燒者，無紋路。

慎懋官《華夷花木鳥獸珍玩考》卷一一《董窑》 董窑器，淡青色，細紋多，有紫口鐵足，比官窑無紅色，質麤而不細潤，不逮官窑多矣，今亦少見。

慎懋官《華夷花木鳥獸珍玩考》卷一一《哥哥窑》 舊哥哥窑，器色青，濃淡不一，亦有鐵足紫口，色好者類董窑，今亦少有。成群隊者是元末新燒，土脉麄燥，色亦不好。

慎懋官《華夷花木鳥獸珍玩考》卷一一《古定窑》 古定器俱出北直隸定州，土脉細，色白而滋潤者貴，質粗而色黄者價低。外有淚痕者是真，劃花者最佳，素者亦好，綉花者次之。宋宣和、政和間窑最好，但難得成隊者。有紫定色，色紫墨，定色黑如漆，土俱白，其價高於白定。東坡詩云：「定州花瓷琢紅玉」，凡窑器有茅篾骨出者價輕。蓋損曰茅，路曰篾，無油水曰骨，此乃賣骨董市語也。

慎懋官《華夷花木鳥獸珍玩考》卷一一《吉州窑》 宋時有五窑，書公燒者最佳，有白色，有紫色，花瓶大者值數兩。

慎懋官《華夷花木鳥獸珍玩考》卷一一《古龍泉窑》 古龍泉窑在今浙江處州府龍泉縣，今曰處器、青器。古青器土脉細且薄，翠青色者貴，有粉青色者有一等盆底有雙魚，盆外有銅掇環，體厚者不甚佳。

黄一正《事物紺珠》卷二二《器用部・古窑器類》 自舜時已有陶器，迄秦漢所謂甆器也，但其質渾厚，不務色澤耳。柴窑，窑同，製精色異，爲諸窑之冠，或云柴世宗時始進御，今不可得。秘色瓷窑，越州燒進御用，臣庶不得用，故云秘色，唐世已然，或云即柴窑。古定窑，白色。定州花瓷，白色。鄧窑，北唐。耀窑，北唐。汝窑，宋以定州白瓷有芒不堪用，遂命於汝州造青色，冠絶鄧耀二州者。哥窑，宋時處州章生一與弟生二皆作窑，兄所作者視弟色稍白而斷紋多，號白圾碎，曰哥窑，爲世所珍。官窑，宋政和間汴京置窑，章生二造青色，純粹如玉，雖亞於汝，亦爲世所貴。鈞州窑，器大稍具諸色，光采太露。內窑，宋邵成章爲提舉，於汴京修内司置窑造，模範極精，油色瑩徹，爲世所珍。古龍泉窑，出處州龍泉縣，質粗厚，品下。建安烏泥窑，宋造，品下。象窑，黄白色。越窑，色翠，最奇。古建窑，色紫黑。古饒器，雜色。彭窑，霍窑，縹瓷，餘杭窑，宋續窑，吉州窑，高麗窑，大食窑，輕且堅。泛水瓷。古羽觴河南上中常得之，質渾厚，無色澤，三代遺物也。

黄一正《事物紺珠》卷二二《器用部・今窑器類》 國朝專於景德鎮置窑造，自今窑器興而古銅幾廢，蓋以其能易味也。永樂窑，宣德窑，二窑皆内府燒造，以鬃眼甜白爲常，以蘇麻離青爲飾，以鮮紅爲寶。今宣窑與汝敵，而永樂窑亦漸重矣。成化窑，純白或石青畫之，或加五彩。正德窑，正德間大璫鎮雲南，得外國回青，以煉石爲僞寶，價初倍黄金，已，知其可燒窑器，用之色愈古器。嘉靖窑，回青盛作，鮮紅土斷絶，燒法亦不如前，惟可燒礬紅色。方窑器，窑器方爲難，今製爲盛。

方以智《通雅》卷三三《器用》 小甌曰𥁕，即卣也。《説文》：𥁕于救切，或作𥁕。按：即《博古圖》之卣，卣之中尊也。吴慎之作酉，古人不知茶甌之稱，所謂甌小盆盎之類也。

匋即窑，柴、汝、官、哥、定固不若永宣成嘉之盡善也。宋人言河南土中有羽觴，無色澤者舜之陶也，此或是秦漢物耳。元美云：柴窑，柴世宗進御，未也。宋葉寘《坦齋筆衡》曰：秘色窑器，世言吴越王錢鏐燒。陸龜蒙詩「九秋風露越窑開，奪得千峰翠色來」，乃知唐世已有，非始于錢鏐。宋朝以定州白瓷器有芒，遂命汝州造青窑器，故河北唐、鄧、耀州悉有之，汝窑爲魁，江南則處州龍泉縣窑質麤厚。政和間京師自置官窑，中興渡江邵成章提舉，襲故京遺製，置内窑號邵局，澄泥爲範，爲世所珍，後别立新窑，大不侔矣，餘如烏泥、餘杭續窑，皆非官窑比。陸文裕曰：哥窑淺白，斷文號百圾碎。宋時有章生一、生二兄弟皆處州人，主龍泉之琉田窑，生二所陶青器純粹如美玉，爲世所貴，即官窑之類。生一所陶者色淡，故名哥窑，正類董窑。其曰均州，有五色，即汝窑一類也。窑變則時有之，報國寺觀音窑變也，今假哥窑碎文不能鐵足，鐵足則不能聲。倣定曰象窑，有蟹爪紋，色白者亦非。龍泉，不能得其淡色，淡則無聲。《格古録》：霍器出霍州，元朝剌金匠彭君寶效古定制折腰樣，故又曰彭窑。高麗窑則似龍泉古饒器，有樞府字者，毛口者，低于定。大食窑則以銅作身，用藥燒成五色，與拂郎嵌相似，今發藍。或曰佛菻能爲之，廣語呼林爲郎。永樂窑質貴厚，成化窑質貴薄，或淡青或燒寶石爲綵色。宣德有散青者，蘇勃泥青也。嘉靖時有填白壇琖，約宣、嘉、萬回青，以重色貴古，于宋于四羅、六羅則景德呼甌碟式也。官窑土骨坯乾經年，重用車碾，薄上泑，候乾數次出火，泑漏者碾去上泑，更燒之，故汁水瑩厚如堆脂，其紋雞橘，質料膩實，不易茅蔑也。磨弄歲深，火色退浄，果然妙于前代。

方以智《物理小識》卷八《窑器本末》 柴、汝、官、哥、定，宋窑之名也。元美曰：柴窑，柴世宗進御。葉寘言：錢鏐燒。陸龜蒙咏越窑「奪得千峰翠色來」，則唐有矣。定州白瓷有芒，遂命汝州造青窑器，均州五色皆汝之類也。江南處州龍泉有窑，政和間京師自置官窑，南宋邵成章提舉内窑，號邵局，最佳，餘則有烏泥餘杭續窑、樞府窑之類。陸文裕曰：宋處州章生一、生二兄弟至龍泉之琉田窑，而生一陶者百圾碎而色淡，故名哥窑，以鐵足有聲爲驗，倣定者曰象窑，亦苦無聲。《格古録》曰：霍州器元剌金匠彭君寶所制，高麗窑似龍泉，大食窑則拂菻藥燒五色者也。麟洲《窺天外乘》曰：我朝專設于浮梁景德鎮，永樂、宣德內府燒造以騌眼甜白爲常，以蘇麻離青爲飾，以鮮紅爲寶。成化尚五色炫爛而回青未有也，回青出外國，正德間大璫鎮雲南得之，煉石爲寶者也。嘉靖間回青雖盛，鮮紅土斷絕，而上忽命燒大缸，圍至六七尺。穆宗登極詔發宣德鮮紅式造，撫臣徐栻言此土已絕，只可采礬紅，今上時且添造棋局矣。楙爲九江分守，曾督運二缸，云吉州永和窑宋時開，至今有舒翁、舒嬌之器，土人傳文山時窑變遂廢。建窑今在德化縣，土産程寺後山中，穴而取之，乃大塊白石，舂碎爲粉，澄傾石井，始埴爲器。白土性急，加泑不得滿，滿則璺，惟佛像滿泑者，以下空也。于司直曰：永樂壓手杯、宣德霽紅杯、盤發古未有，以西紅寶石末之入泑凸起者也。茶靶滷壺、匾礶爐瓶盤碟、敞口花尊、暗花坐墩皆精。成窑，草蟲可口子母雞勸杯曰雞缸，神廟、光宗皆尚前窑，故價最貴。嘉窑泡杯、壇、琖甚佳，蓋永尚厚，成尚薄，宣青尚淡，嘉青尚濃，成青未若宣青蘇渤泥青也。宣彩未若成彩淺深入畫也，其同者汁水瑩厚如堆脂，汁紋雞橘也，質料膩實不易茅蔑也，磨美歲深，火色退净也。西番有乾提窑無泑，作飲水器。中履曰：鮮紅止燒二缸十二盤，今盤片一塊值百金，紅光四射。

瓷器之泑，草木汁也。愚者譏饒人皆從袁州市麻燒，而淋其灰汁即泑也，其餘瓨窑亦取蘆萁柴燒之，而淋取其汁，但有精粗耳。瓨礶等泑或取草灰汁，其黃色瓨泑則常土坯而取赤土汁，上之者也。中道曰：燒芝麻稭而淋其汁以染色，則成紫，淋灰以浣，亦取其滑也。楫曰：景德鎮燒器土皆自婺源來，細埴而灰色，燒成乃白。吴彊曰：麻倉窑有土可作泑，在婺源界。

窑器之青乃石土所畫也。廬陵安福新建出黑赭石，磨水以畫瓷坯，初畫無色，入窑燒之則成天藍。景德窑嘗取諸婺源，名曰畫燒青，一曰無名子，蘇渤泥青則外國來者。

琉璃窑：北京燒琉璃磚瓦在陽德門、登豐門，用坩子土爲牙石入黑鉛燒成，劉晴川魁當嘉靖建雷殿時曾以此事費用入諫，南京報恩寺琉璃塔中具五色，則方山岡琉璃門昵土所作也。

黏瓷器：白芨石灰爲末，用雞子白調勾，碎處縛定待乾，但不可見雞湯粘。官窑以青竹燒瀝，合雞卵青，縛窑破處，湯内煮一二沸，放陰處三五日，其牢如釘。定窑則濃楮汁可粘。中履曰：生麪筋入石灰久杵，忽化水可粘瓷器，但不可於水内久浸。

張岱《夜航船》卷一二《玩器》 柴窯：柴世宗時所進御者。其色碧翠，賽過寶石。得其片屑以爲網圈，即爲奇寶。

定窯：有白定、花定，製極質樸。其色汞白，毫無火氣。

汝窯：宋以定州白瓷有芒，不堪用，遂命於汝州造青色諸器，冠絶鄧、耀二州。

哥窯：宋時處州章生一與弟章生二皆作窑器。哥窑比弟窑色稍白而斷紋多，號「白級碎」。哥窑爲世所珍。

官窯：宋政和間，汴京置窑。章生二造，青色，純粹如玉，雖亞於汝，亦爲世所珍。

鈞州窑器稍大，具諸色，光彩太露，多爲花缸、花盆。

内窑：宋邵成章爲提舉，于汴京修内司置窑造，模範極精細，色瑩澈，不下官窑。

無錫瓷壺，以龔春爲上，時大彬次之。其規格大略粗蠢，細泥精巧，皆是後人所溷。

成窑，大明成化年所製。有五彩雞缸、淡清花諸器。茶甌、酒杯俱享重價。

宣窑，大明宣德年製。青花純白，俱踞絶頂，有雞皮紋可辨。醮壇茶杯有值一兩一隻者，有酒字、棗湯、薑湯等類者稍賤。

靖窑，大明嘉靖年所製。青花白地，世無其比。

萬曆初窑，萬曆之官窑，以初年爲上，雖退器無不精妙，民間珍之。

廠盒，盒古延廠，永樂年間所造。重枝疊葉，堅若珊瑚。稍帶沉色。新廠，宣德年間所造。雕鏤極細，色若硃砂，鮮豔無比。有蒸餅式，甘蔗節二種。愈小愈妙，享價極重。

宣銅，宣德年間三殿火災，金銀銅鎔作一塊，堆垛如山。宣宗發内庫所藏古窑器，對臨其款，鑄爲香爐、花瓶之類，妙絶古今，傳爲世寶。

張潮《宣爐歌註》小引 物之佳者，或以人名，或以地名，或以代名，名雖不同，其爲物之佳一也。如時之壺，哥之窑，張之爐，顧之繡皆以人名者也。如并州之剪，蒙山之茶，歙州之硯，湖州之筆，皆以地名者也。至于商彝、周鼎、秦璽、漢碑則以代名者矣。夫以一物之微而致煩一代之名名之，及其久也，代以亡而物尤不朽，豈物以代重耶，抑代以物傳耶。有明三百年間，物之佳者，不可勝數，而宣爐一種，則誠前無所師，後莫能繼，豈非宇宙間一絶妙骨董乎？所恨贋鼎紛陳，不可勝詰，非巨眼莫能辨之。良由愛之者多，則其值益貴，則贋者日繁，甚且一爐剖而爲二，半真半僞，若兩截人物。噫，抑何巧也。矛博稽載籍，如《博古圖》、《古玉圖》、《泉志》、《硯譜》、《墨譜》之屬，莫不各有其書，唯宣爐獨無譜，雖其妙處實不可以譜傳，然鐘、鼎、尊、彝之屬，其陸離葱翠，寧獨可以繪畫畢之乎哉。冒辟疆先生作《宣爐歌》以贈方坦菴先生，而特自爲注：「予甚愛之，較之酈之于《水經》、裴之于《三國志》，誠可鼎足而立也夫。」心齋張潮譔。

冒襄《宣爐歌》註　宣爐最妙在色，假色外炫，真色內融，從黯淡中發奇光，古今人品文章判斷略盡。正如好女子肌膚柔膩可掐，爇火久，燦爛善變，久不着火即納之汙泥中，拭去如故。曹谿禪。假者雖火養數十年，脱則枯槁矣。

宣廟時，傳內佛殿火，金、銀、銅像渾而液。又云：「寶藏焚，金銀珠寶與銅俱結。命鑄爐。」

宣廟詢鑄工：「幾煉始精。」工對：「以六火，則珠光寶色現。」上命煉十二火，條之，復用赤火鎔，條于鋼鐵篩格，上取其極清先滴下者爲爐，存格上者製他器。爐式不規規三代鼎鬲，多取宋瓷爐式倣之。《可想十年垂拱》。

宣爐以百摺彝、乳足、花邊、魚鰍、蜒蚰諸耳，薰冠、象鼻、石榴足、橘囊、香奩、花素方圓鼎爲最，索耳、分襠判官耳、角端、象鬲、雞脚扁番環、六稜四方直脚、漏空桶竹節法盞等樣爲下。

宣爐倣宋燒班，初年沿永樂爐製。中年謂其掩爐本質，用番滷浸擦薰洗，易爲茶蠟。末年愈顯本色，着色更淡。《至文真詩》。後人評宣爐五等色，栗殼、茄皮、棠梨、褐色，而藏經紙色爲第一。金鎏腹下爲湧祥雲，金鎏口下爲覆祥雲，鷄皮色、覆手色，火氣久而成也。

嘉靖後之學道，近之施家，皆北鑄。北鑄間用宣銅器改鑄。銅非清液，又小冶，寒儉無精采，且施不如學道多矣。南鑄以蔡家勝，甘家蔡之魚耳可方學道。真宣鑪本色之厄有二：嘉隆前，尚燒班有取本色真者，重燒有過求本色之露，如末年淡色，取本色真爐磨治一新，甚有歲一再磨。景泰、成化之獅頭、彝爐等，後人僞易鑿宣款以重其價。宣爐又有呈樣無款最真妙者，後人得之，以無款恐俗眼生疑，取宣別器有款者鑿嵌，畢竟痕跡難泯。皆真宣爐之厄也。凡事只爲周旋，俗人壞了。

「懺閣」乃毗陵鄒臣虎先生供吴道子觀音真蹟處，每與先生閣前鑒賞宣爐，自天雞圓鼎外，凡六七種，余有別記，惟余最妙，一二統散失于甲申乙酉。杜茶村曰：「昔澄江友人周伯高，嘗著《壺茗二系》」，以明時壺岕茗之所繇來，淵原文派甚悉。余爲之序，以爲要緊必傳之書，獨恨宣爐無紀耳。今得巢民此歌及註，正與二系可以合行。爲吾黨真切受用。中《本紀》、《列傳》其功不小，惜乎周著今不見，有傳者當徐徐物色之，然其行文出入。《世説》、《水經》、《三國志》三註筆意，故遠不逮冒。

附《宣銅爐歌》爲方坦菴先生賦：

龍眠先生鬚髯皤，兩朝鼎貴稱鳴珂。絲綸世堂遭播棄，邗江賣字書壁窠。生平嗜古入骨髓，玩好不惜三婆娑。有爐光怪真異絶，肌膩肉好神清和。窄邊蚰耳藏經色，黄雲隱躍窮琱磨。窪隆豐殺中規矩，紅榴甘黛粉雷蝌。我時捧視驚未有，精光迸出呼奈何。恭聞此爐始宣廟，制器尚象勤搜羅。宮闈風雅厭奇巧，爐煠精妙無偏頗。或云流烏一夜鎔寶藏，首陽銅枯汁流酡。或云煉銅十二取清液，式倣官瓷非鬲犧。彝乳花邊稱最上，魚蚰諸耳無相過。博山睡鴨真俗醜，宋燒江製咸差訛。工倕撥蠟昭千古，香籠火煖浮金波。宜香宜火宜几席，本色受用淺人說不出。寧惟鑒賞堪吟哦。百金重購擬和璧，旃檀函貯文犀馱。後來北鑄并南鑄，道南施蔡皆幺魔。亂真火色終枯槁，磨治雕鑿蛟龍呵。徹底眼力。平生真賞惟懺閣，同我最好沈江河。撫今追昔再三歎，憐汝不異諸銅駝。一爐非小關一代，列聖德澤相漸摩。我今爲公作此歌，萬事一往何其多。包括深廣。歌成乞公書大字，明日且換山陰鵝。杜茶村曰：「一部宣爐掌故，以韻語行之，如少陵題馬諸歌，隻字不虛下也。詩格尤絶，似昌黎《石鼓歌》。」

跋

宣德距崇禎纔二百餘年，耳其時宣爐已極貴重，若再二百餘年，不益更難得耶。夫爐之爲物，苟不煅于火，固宜流落人間，不當少于前也。第不知當年鎔鑄之數，亦可得而考歟。巢民先生鑒賞自當不謬，聞其家所珍藏者亦俱散失，不亦深可慨哉。心齋居士題。

王士禛《帶經堂詩話》卷二二　常見一貴人買得柴窑盌一枚，其色正碧，流光四照，價餘百金。始憶陸魯望詩：「九秋風露越窑開，奪得千峯翠色來。」可謂妙于形容。唐時謂之「秘色」也。《香祖筆記》。

宗柟《附識曝書亭集》詞注：後周時，請瓷器式，世宗批其狀曰：「雨過天青雲破處，者般顔色作將來。」又《南宋雜事詩》注：柴窑之外，有定、汝、官、哥四種，皆宋器也，傳流至今者，唯哥窑稍易得。蓋其質厚，頗奈藏耳。定、汝白如玉，難于完璧。宋時宮中所用，率銅鈐其口，以是損價。《稗編》：渡江後，修内司造青器，名「内窑」，澄泥爲範，極其精緻，油色瑩徹爲世所珍。後郊壇下別立新窑，餘如烏泥窑、餘杭窑、續窑皆非官窑。比所謂舊越窑不復見矣。《四部稾》：南宋時處州章生兄弟皆作窑，兄所作者，視弟色稍白而斷紋多，號「白芨碎」，又考古括遺芳，稱兄所作爲哥窑。《六研齋筆記》：南宋時，餘姚有秘色瓷，麄樸而耐久，今人率以官窑目之，不能別白也。又兄寒坪云：高江邨《宋均窑缾歌》注：世傳柴窑色如天，聲如磬，今人得其碎片，皆以裝飾玩具。又宋以白定有芒不堪用，命汝州建青窑器，以瑪瑙末爲油。又南渡後，邵成章提舉後苑，號邵局，法政和間京師舊製，名官窑，進奉之物，臣庶不敢用。又南宋時處州章生，兄陶者爲哥窑，弟陶者爲龍泉。足皆鐵色，哥窑多斷紋，名「百圾破」，更見重于世。又「鷄缸」，寶燒碗硃砂盤最爲精緻，價在宋瓷上。成窑《鷄缸歌》注：成窑酒杯，種類甚多，有名「高燒銀燭照紅粧」者，一美人持燭照海棠也。「錦灰堆」者，折枝花果堆四面也。「鞦韆杯」者，士女戲鞦韆也。「龍舟杯」者，鬥龍舟也。「高士杯」者，一面畫周茂叔愛蓮，一面畫陶淵明對菊也。「娃娃杯」者，五嬰兒相戲也。「滿架葡萄」者，畫葡萄也。其餘香草、魚藻、瓜茄、八吉祥、優鉢羅花、西番蓮、梵書，名式不一，皆描畫精工，點色深淺，瓷色瑩潔而質堅。又「鷄缸」上畫牡丹，下有子母鷄，躍躍欲動。又「梅邨」作宣宗戧金蟋蟀盆歌，以「鷄缸」爲宣窑。又云楊致軒先生曾語余：「祭紅」亦作「霽紅」，或作「際紅」，惜不及問其出處。又《蓉槎蠡説》：窑器所傳柴、禹、官、哥、鈞、定可勿論矣，在勝朝則有永、宣、成、宏、正、嘉、隆、萬官窑，其品之高下，首成窑，次宣、次永、次嘉，其正、宏、隆、萬間亦有佳者，其土骨紫白，料法也；堊藥，水法也；底足，火法也；花青彩，畫法也。所忌者三：釉澤不具曰「骨」，罅折曰「蔑」，邊毀剥曰「茅」。成窑之草蟲可口、子母鷄勸杯、人物蓮子酒盞、草蟲小琖、青花小盞，其質細薄如紙。葡萄靶杯、五色敞口匾、肚齊箸小碟、香合小罐，皆五采者。成杯茶貴于酒，采貴于青，其最者鬬雞可口，謂之「雞缸」。神宗時尚食。御前成杯一雙已值幾十萬。成、宣靶杯皆非所貴。宣窑之祭紅杯盤，有通體紅者，有紅魚者，百果者，有西紅寶石堊塗燒者，其實光凸起，紫黑者，火候失也。青花有茶靶杯，畫龍及松、梅。有酒靶杯，畫人物、海獸。硃砂祭紅少大器，壺物有色紅鮮白鎖口者，有竹節滷壺，小壺匾罐，皆罩蓋者。鑪缾杯碟，敞口花尊、蜜漬桶罐，多五采者，白壇盞心有壇字暗花，白茶琖瓮肚釜底線足裏有龍鳳暗花，底有大明宣德年製暗款。坐墩有漏花填采，皆深青地，有藍地填采，有白地青花，有冰裂紋，其形以拱面爲上，凹面次之，爲其積水故也，又以花款青堊光素品者次之。水注有五采桃注、石榴注、采色雙爪注、雙鴛注、鵞注。筆洗有魚藻洗、葵洗、磬口洗、螭洗、雨臺鐙檠幡幢雀食罐、蟋蟀盆。徐應秋曰：「宣窑不獨款式端正，色澤細潤，即其字畫亦精絶。」嘗見一茶盞，乃畫「輕羅小扇撲流螢」，其人物毫髮具備，儼然一幅李思訓畫。永窑之「壓手杯」，傳用可久，摯口折腰，沙足滑底，外深青花，内雙獅毬，毬内篆書永樂年製，細如粟米，鴛鴦心次之，近仿蠢厚，約略形似耳。嘉窑泡杯，其極低小磬口者，有三青花者稱最，水藻者次之，芝草者又次之。壇琖大、中、小三號内「茶」字者爲最，「橄欖」字、「酒」字、「棗湯」字次之，「薑湯」字又次之。琖色以正白如玉斯美，堊嫩則近青，堊不浄則近黃，其青花、五色二窑，器製悉備。有三色魚匾殘磬，口饅心圓，足紅鉛小花合子等。有大如錢，有青花，有紅花，蓋永尚厚，成尚薄，宣青尚淡，嘉青尚濃。成青爲蘇渤泥，宣青名麻葉青，宣采未若成采淺深入畫也。嘉萬之回青，特爲幽菁鮮紅土絶色正礬紅，而回青盛作。隆窑之秘戲不入鑒藏。他物汁水瑩厚如堆脂汁，故名「雞皮、橘皮」，質料厚實，不易茅蔑也。官窑坯器乾經年，方用車碾薄上堊水，候乾數次，故入骨最堅而厚，出火口，足堊不滿者，則碾去土堊更燒之，故有「雞、橘」紋起，用久口不茅，身不蔑，其發椶眼蟹爪紋者，堊中心小疵，反以諗火候之，到亦如宣鑪熱銃，他鑄無及者。至于別見他産者，略疏于後。彭窑，元時戧金匠彭均寶效古定器制折腰樣者，甚佳，土脉細白者與定器相似，青口欠滋潤，極鬆脆，稱爲新定。近景德倣者用青田石粉爲骨燒造，名爲粉定，堊麄骨鬆更不佳。龍泉窑出浙江處州龍泉縣，與哥窑共一地道，宋時名曰：「青瓷。」明窑移處州府，處州青色土堊，火候較舊龍泉質劣，古器質薄，一種盤底有雙魚，外有銅掇，環體厚者不佳。象窑出浙江寧波府象山縣，似定而粗，色帶黃，有蟹爪紋，色白滋潤者高，俱不貴。歐窑出南直常州府宜興縣，明歐姓者燒造，有倣哥窑紋片者，有倣官鈞窑色者，采色甚多，皆花盤匳架，諸器不一，舊有頗佳。建窑出福建泉州府德化縣，其色有甜白青色，深淺不同，古建瓷薄者絶類宋瓷，盌盞多是摯口，色黑滋潤，有黃兔斑，滴珠大者，真體厚者多，少見薄者，唯佛像最佳。饒器出江西饒州府浮梁縣景德鎮，及廣信府弋陽縣，宋時器色樣甚繁，其淋堊甚肥靈透，與定相近而稍有異。明官窑皆出於此，其官造窑小，而器不多，甚至一窑止燒一器者，蓋取火候和勻周密，而無欹斜走烟破罍之失。祭紅以西紅寶石爲堊，又有硃砂點翠青花點色不同，堊肥俱有橘皮紋甜白一種色，如羊脂者尤可愛，重堊不到磨去，復上入窑再燒，故椶紋甚厚，久用而不茅蔑。御土窑體薄而潤最好，素折腰樣茅口者，體薄色潤，瑩白尤佳，其值低于定器。元時燒小定印花者，内有「樞府」字者高，新燒大足素者欠潤，有青色及五色花者，今燒北器佳者，色白而瑩。最高青黑色戧金者，多是酒壺酒盞之屬。吉窑出江西吉州府廬陵縣永和鎮，色與紫定相類，體厚而質麄，不足貴。宋時有五窑，書公燒者佳，有白紫二色，花缾大者直數金，小者有花，又有碎器，亦佳。相傳文丞相過此，窑器盡變成玉，遂止不燒。山西窑出太原府榆次縣，平定州平陽府，霍州又出霍器。陝窑出平涼府平涼華亭兩縣。廣東窑出潮州府，其器與饒器類。高麗窑器類饒産，有甜白色而堊乾燥，微近黃皮，麄骨輕花素不等，細花竟似北定，印花青色者似龍泉，上有白花朵者，不甚佳。大食國器以銅骨爲身，起線填五采藥料燒成，俗謂法瑯是也。宋官窑色鮮菁可愛，明官窑亦佳。又謂之「鬼國」窑。古瓷器出河南彰德府瓷州，與定器相似，但無淚痕，亦有劃花、繡花、素者，值昂於定，新者不足論也。

孫承澤《硯山齋雜記》卷四《宣鑪注》

如皋冒辟疆，博雅嗜古，嘗爲桐城方詹事拱乾賦《宣鑪歌》，自爲之注，甚精核。云：宣鑪最妙在色。假色外炫，真色内融，從黯淡中發奇光。爇火久，燦爛善變。久不著火，即納之汙泥中，拭去如故。假者雖火養數十年，脱則枯槁。宣廟時，内佛殿火，金銀銅像渾而液。又云：寶藏焚，金銀珠寶與銅俱結。命鑄鑪。宣廟詢鑄工：「銅幾煉始精？」工對以六火則殊光寶色現。上命煉十二火條之，復用赤火鎔條於鋼鐵節格上，取其極清先滴下者爲鑪，存格上者製他器。鑪式不規規三代鼎鬲，多取宋瓷鑪式仿之。宣鑪以百摺彝、乳足、花邊、魚鰍、蜒蚰諸耳，薰冠、象鼻、石榴足、橘囊、香奩、花素方員鼎爲最；索耳、分襠判官耳，角端、象鬲、雞脚扁番環、六稜四方直脚、漏空桶、竹節等爲下。

宣鑪仿宋燒斑，初年沿永樂鑪製。中年嫌其掩鑪本質，用番鹵浸擦薰洗，易爲茶蠟。末年愈顯本色，著色更淡。後人評宣鑪五等色，栗殼、茄皮、棠梨、褐色，而藏經紙色爲第一。金鎏腹下爲湧祥雲，金鎏口下爲覆祥雲。鷄皮色、覆手色，火氣久而成也。

嘉靖後之學道，近之施家，皆北鑄。北鑄間用宣銅器改鑄。銅非清液，又小冶，寒儉無精采，且施不如學道多矣。南鑄以蔡家勝，甘家蔡之魚耳，可方學道。

真宣鑪本色之厄有二：嘉隆前尚燒斑，有取本色真者重燒，有過求本色之露，如末年淡色，取本色真鑪磨治一新，甚有歲一再磨。景泰、成化之獅頭彝鑪等，後人僞易鏨宣款以重其價。宣鑪又有呈樣無款最真妙者，後人得之，以無款恐俗目生疑，取宣别器有款者鏨嵌，畢竟痕跡難泯。皆宣之厄也。

明宣廟銅器，鑪爲首，其製不一，有彝鑪、乳鑪、花邊、天雞、橘囊、壓經、香奩、角端、象鬲、匾鑪、番環、六稜、纓絡、梵書、太極、桶鑪、竹節、馬蹄、法盞、盔盂、馬槽、熏冠等式。

口有燈草、邊花、觚直口、平口、瓮口井。

耳有橋耳、魚耳、冲天魚耳、鰌耳、鵬耳、番象冲天、番象海獅、龍鳳、天鷄、夔龍、螭虎結耳、如意風箱索耳、寬緊鸚鵡耳、環耳、朝冠戟耳、蜒蚰、香草、壽帶、鳥獸吞口。

肩有金蓮、寶相、雲肩、線肩。

所取者，橋耳乳足，魚耳石榴足，鰌耳圈足，番象及鵬耳天鷄海獅獸耳亦圈足或裙足，香草高乳高戟耳石榴足，橋耳有三丁戈足，其品最上。

次取者，法盞波斯足，鸚鵡象首湯盬足，壓經環耳低乳足，香餅足索耳有寬緊、足有高低者，寬昂於緊。

最下，桶鑪雲板足，湯盬足，薰冠馬槽盔盂。

鑄耳多仿宋瓷款識，有身耳逼近無餘地者，乃另鑄耳。磨治釘入釘耳多僞，蓋宣鑪鑄耳不稱率捒出更鑄，十不存一。

色種種皆仿宋燒斑者，初年色也，永樂燒斑本此。

蠟茶本色者，中年色也。謂燒斑掩銅質之精華，乃尚本色，用番硇同醋浸擦爲之。

本色愈淡者，末年色也。純用本質燒成，色愈淡而愈精采。

其色有赤金色三種、石榴皮、棠梨、秋白梨、栗殼、海棠紅、山查白、棗皮紅、淺深藏經、紙茄皮、羯色。

其最淺，藏經、山查、白海棠、紅秋、白梨。

其次鎏金色，鎏左肩爲覆祥雲，腹以下爲涌祥雲。

至於雞皮色，則火氣久而自成。跡似雞皮，摸之無跡，即今所謂橘皮紋也。

本色之厄有二：嘉隆前有燒斑色，時尚燒斑，故取本色鑪重加燒斑。

近則磨新厄。過求色淺，磨治一新，至有歲再磨者。

款識：陰印、陽文、真書，大明宣德年製，字完整、地明潤，與鑪色同，非經彫鏨熏造者。

後有僞造者北鑄，嘉靖初之學道前，近之施家。施不如學道前，間用宣銅别器改鑄。然别器銅質原次於鑪，且小冶單鑄，氣寒儉乏精華。蘇鑄蔡家、南鑄甘家，甘不如蔡，惟魚耳一種可方學道。

有舊鑪僞款者，永樂之燒斑。彝耳多寬，索腹多分襠。景泰、成化間之獅頭彝等，厚赤金化雲鳥片帖鑄，原款用藥燒景泰年製等字。

有真鑪真款而嵌釘者，當年監造每種成，不敢鑄款，呈上準用，方依款鑄。後謂有款易售，取宣别器款色配者嵌入，其合縫在款隅邊際，但從覆手審視，自得痕影。故首視官造民造。官造，任其花素，無不工雅，華而不妖，樸而不陋，極草率處偏耐看玩。官鑄分兩無零剩錢數，民鑄不然，純是琢磨車碾之精，雖窮極工巧，自乏大家規則。

宣鑪惟色不能僞，黯然奇光，在裏望之如至柔之物，可以挼搯廹視，如膚有肉色，蘊火爇之精采善變。僞者外光奪目，内質理槁然矣。傳宣廟時，佛殿災，金銀銅像液，因用鑄器，非也。宣廟欲鑄鑪，問工何法煉而佳，工奏煉至六用鑪甘石點，則現寶光殊色，異恒用矣。上曰：「煉十二。」煉足條之，置鋼鐵篩格上，用赤炭鎔之，清者先滴備鑄，存格上者作他器。

孫承澤《硯山齋雜記》卷四《窑器》　窑器所傳柴禹官哥鈞定可勿論矣。在勝朝，則有永、宣、成、弘、正、嘉、隆、萬官窑。其品之高下，首成窑，次宣，次永，次嘉，其正、弘、隆、萬間亦有佳者。其土骨紫白，料法也；堊藥，水法也；底足，火法也；花青，彩畫法也。所忌者三：釉澤不具曰骨，罅折曰蔑，邊毀剥曰茅。

成窑之草蟲可口、子母鷄勸杯、人物蓮子酒盞、草蟲小琖、青花小盞，其質細薄如紙。蒲萄靶杯、五色敞口匾、肚齊箸小碟、香合小罐，皆五采者。成杯茶貴於酒，采貴於青，其最者鬭鷄可口，謂之鷄缸，神宗時尚食。御前成杯一雙已值錢十萬，成宣靶杯皆非所貴。

宣窑之祭紅杯盤，有通體紅者，有紅魚者，百果者，有西紅寶石堊塗燒者，其寶光凸起紫黑者，火候失也。青花有茶靶杯，畫龍及松梅。有酒靶杯，畫人物海獸。硃砂祭紅少大器，壺物有色紅鮮白鎖口者，有竹節滷壺、小壺匾罐皆罩蓋者，鑪餅杯碟、敞口花尊、蜜漬桶罐多五采者，白壇盞心有壇字暗花，白茶琖瓮肚釜底線足裹有龍鳳暗花，底有「大明宣德年製」暗款，坐墩有漏花填采，皆深青地，有藍地填采，有白地青花，有冰裂紋，其形以拱面爲上，凹面次之，爲其積水故也。又以花款青堊光素品者次之，水注有五采桃注、石榴注、采色雙爪注、雙鴛注、鵞注。筆洗有魚藻洗、葵洗、磬口洗、螭洗，兩臺鐙檠幡幢雀食罐、蟋蟀盆。徐應秋曰，宣窑不獨款式端正、色澤細潤，即其字畫亦精絶。嘗見一茶盞，乃畫輕羅小扇撲流螢，其人物毫髮具備，儼然一幅李思訓畫。

永窑之壓手杯傳用可久，撆口折腰，沙足滑底，外深青花，内雙獅毬，毬内篆書「永樂年製」，細如粟米，鴛鴦心次之。近倣蠢厚，約略形似耳。

嘉窑泡杯，其極低小罄口者，有三青花者稱最，水藻者次之，芝草者又次之。薑壇琖大中小三號内茶字者爲最，橄欖字、酒字、棗湯字次之，薑湯字又次之。薑湯不恒有琖色，以正白如玉斯美，堊嫩則近青，堊不净則近黄。其青花、五色二窑，器製悉備。有三色魚匾殘罄，口饅、心圓、足紅鉛小花合子等，有大如錢，有青花，有紅花，蓋永尚厚、成尚薄、宣青尚淡、嘉青尚濃。成青爲藴渤泥，宣青名麻葉，青宣采未若成采淺深入畫也。嘉萬之回青，特爲幽菁鮮紅土絶正礬紅，而回青盛作。

隆窑之秘戲不入鑒藏，他物汁水瑩厚，如堆脂汁，故名鷄皮、橘皮，質料厚實，不易茅蔑也。官窑坯器乾經年，方用車碾薄上堊水，候乾數次，故入骨最堅而厚。出火口足堊不滿者，則碾去土堊更燒之，故有鷄橘紋起。用久口不茅，身不蔑，其發棱眼蟹爪紋者，堊中心小疵，反以誇火候之到，亦如宣鑪熱銃，他鑄無及者。至於别見他産者，略於後。

彭窑，元時戧金匠彭均寶效古定器製折腰樣者甚佳。土脈細白者與定器相似，青口欠滋潤，極鬆脆，稱爲新定。近景德倣者，用青田石粉爲骨燒造，名爲粉定，堊粗骨鬆，更不佳。

龍泉窑出浙江處州龍泉縣，與哥窑共一地。道宋時名曰青瓷，明窑移處州府處州。青色土堊，火候較舊龍泉質劣。古器質薄，一種盤底有雙魚，外有銅掇環，體厚者不佳。

象窑，出浙江寧波府象山縣。似定而粗，色帶黄有蟹爪紋，色白滋潤者高，俱不貴。

歐窑，出南直常州府宜興縣，明歐姓者燒造。有倣哥窑紋片者，有倣官、均窑色者，采色甚多，皆花盤匳架，諸器不一，舊者頗佳。

建窑，出福建泉州府德化縣。其色有甜白青色，深淺不同。古建瓷薄者絶類宋瓷，盌盞多是撆口，色黑滋潤，有黄免斑，滴珠大者真，體厚者多，少見薄者。惟佛像最佳。饒器，出江西饒州府浮梁縣景德鎮及廣信府弋陽縣。宋時器色樣甚繁，其淋堊甚肥，靈透與定相近而稍有異。明官窑皆出於此，其官造窑小而器不多，甚至一窑止燒一器者，蓋取火候和匀周密而無皵斜走烟破罌之失。祭紅以西紅寶石爲堊，又有硃砂點翠，青花點色不同，堊肥，俱有橘皮紋，甜白，一種色如羊脂者尤可愛。重堊不到磨去，復上入窑再燒，故棱紋甚厚，久用而不茅蔑。御土窑體薄而潤最好，素折腰樣茅口者，體薄色潤瑩白尤佳，其值低於定器。元時燒小定印花者，内有樞府字者高。新燒大足素者欠潤，有青色及五色花者。今燒此器，佳者色白而瑩，最高青黑色戧金者，多是酒壺酒盞之屬。

吉窑，出江西吉州府廬陵縣永和鎮，色與紫定相類，體厚而質粗，不足貴。宋時有五窑，書公燒者佳，有白紫二色花餅，大者直數金，小者有花又有碎器，亦佳。相傳文丞相過此窑，器盡變成玉，遂止不燒。

山西窑，出太原府榆次縣、平定州平陽府，霍州又出霍器。

陝窑，出平涼府平涼、華亭兩縣。

廣東窑，出潮州府，其器與饒器類。

高麗窑，器類饒産。有甜白色而堊乾燥，微近黄，皮粗骨輕，花素不等，細花竟似北定，印花青色者似龍泉，上有白花朵者不甚佳。

大食國器，以銅骨爲身，起線填五采藥料燒成，俗謂法瑯是也。宋官窑色鮮菁可愛，明官窑亦佳，又謂之鬼國。古瓷器出河南彰德府瓷州，與定器相似，但無淚痕，亦有劃花繡花素者，值昂於定，新者不足論也。

《居易録》：萬曆間浮梁人昊十九者，自號壺隱，隱於陶，能詩書，似趙承旨。所居席門甕牖而已。所製瓷器，妙極人巧。嘗作卵幕杯，瑩白可愛，一枚重纔半銖。性不嗜利，所居席門甕牖而已。樊玉衡贈詩云：「宣窑薄甚永窑厚，天下知名昊十九。」更有小詩「清動人匡廬，山下重回首」。李日華詩云：「爲覓丹砂到市廛，松聲雲影自壺天。憑君點出流霞盞，去汎蘭亭九曲泉。」宋牧仲中丞最好古銅器，在江右，予嘗寄訊訪昊所製，不可得矣。

高江村《酬蒼林宋均窑餅歌》：「古來窑器崇樸質，瓦甖土缶無奇特。越窑傳自李唐開，陸魯望詩云：「九秋風露越窑開，奪得千峯秘色來。」則唐時已有窑器矣。青瓷共寶柴皇式。世傳柴窑色如天，聲如磬，今人得其碎片皆以裝飾玩具。雅具偏從趙宋多，錦邊白定嫌芒棘。宋以白定有芒，不堪用，命汝州建青窑，器以瑪瑙末爲油。勅使新窑建汝州，熊熊瑪瑙流光澤。渡江邵局襲故京，澄泥範土何輕明。燒成惟獻至尊用，鄭重特以官窑名。南渡後邵成章提舉後苑，號邵局，法政和間京師舊製，名官窑，進奉之物，臣庶不敢用。處州二章巧更過，生一新興百圾破。南宋時處州龍泉章生一、生二各主一窑，兄陶者爲哥，弟陶者爲龍泉，足皆鐵色。哥窑多斷紋，名百圾破，更見重於世。寶椀一器爭酬數十緡，阿弟龍泉名並播。近來纖美説宣城，麗彩寒芒照四坐。雞缸盤積音祭紅，市中論價稱奇貨。雞缸寶燒碗，硃砂盤最爲精緻，價在宋瓷上。僧寮偶見雙耳瓶，黛色濃淡光冷冷。異哉均州舊時造，幾經兵燹猶完形。蒼公爲言出內府，亂離遺棄等塵土。當今所寶惟蒸民，焚裘裂錦輕圖譜。不爾搜求焉得存，此物早同篋簏尊。宣和間內府尚古器，搜求民間，無敢隱者。禪家本意絶貪愛，贈君持去娱朝昏。雨過秋天白露時，小齋颭颭凉颸吹。題詩燈前記佳話，紙窻木榻生陸離。京師地鹵艱花木，花開花謝空寒燠。得此大足消清愁，殷勤滿插東籬菊。」

《成窑鷄缸歌》：「世人耳目貴所少，龍勺鷄彝競愛寶。杯樽本是太古風，近時誰信趨奇巧。趙宋花瓷價最高，玉腴珠潤堅不佻。永樂以來制稍變，宣瓷益復崇纖妖。血色硃盤日輪射，小盞青花細描畫。後來埏埴日更精，五采紛綸數成化。紅粧嬝娜蠟泪垂，萬花錦谷揚葳蕤。春陰隔院鞦韆動，濃香滿架葡萄披。亦有嬰兒與高士，鬢眉栩栩神相似。成窑酒杯種類甚多，有名高燒銀燭照紅粧者，一美人持燭照海棠也。錦灰堆者，折枝花果堆四面也。鞦韆杯者，士女戲鞦韆也。龍舟杯者，鬬龍舟也。高士杯者，一面畫周茂叔愛蓮，一面畫陶淵明對菊也。娃娃杯者，五嬰兒相戲也。滿架葡萄者，畫葡萄也。其餘香草、魚藻、瓜茄、八吉祥、優鉢羅花、西番蓮、梵書名式不一，皆描畫精工，點色深淺，瓷色瑩潔而質堅。留與人間作秘珍，什襲真堪琬琰比。尤其著者推鷄缸，陸離寶色揺睛牕。鼠姑灼灼老鷄唤，鷄缸上畫牡丹，下有子母鷄躍躍欲動。將雛抱鷇三兩雙。梅邨老翁稱解事，錯道宣宗製此器。梅邨作《宣宗餞金蟋蟀盆歌》，以鷄缸爲宣窑。此器豯來見者稀，更有何人討源始。相公愛玩逾圖球，長安好事勤徵搜。綈函封固獻閣下，千緡一器爭相酬。我從平津得暫見，兩手摩挲眼光眩。歸來倒盡老瓦盆，一醉那分貴與賤。」

《漢書》：「南山有武帝舊匋。」匋即窑也，當以此爲正書。

潘永因《宋稗類鈔》卷三二　陶器自舜時便有，三代迄於秦漢所謂甓器是也。今土中得者，其質渾厚，不務色澤。末俗尚靡，不貴金玉而貴銅瓷，遂有秘色窑器。世言錢氏有國日，進奉之物，臣庶不得用，故云「秘色」。陸龜蒙詩云：「九千風露越窑開，奪得千峰秘色來。」乃知唐世已有，非始於錢氏。本朝以定州白瓷器有芒不堪用，遂命汝州造青窑器。故河北唐、鄧、耀州悉有之，以瑪瑙末爲油，唯供御，揀退方許出賣，世尤艱得。故汝窑爲魁，江南則處州龍泉窑，質頗麤厚。政和間京師自置窑燒造名曰「官窑」。中興渡江，有邵成章提舉後苑，號「邵局」，襲故京遺製，置窑於修內司，造青器，名「內窑」，澄泥爲範，極其精緻，油色瑩徹，爲世所珍。後郊壇下別立新窑，比舊窑大不侔矣。餘如烏泥窑、餘杭窑、續窑，皆非官窑比，若謂舊越窑，不復見矣。

窑器俱謂之瓷器者，蓋河南瓷州窑最多，故相沿名之。柴窑最古，成器不可得，今人得其碎片，俱用以裝飾玩具。世傳世宗燒造時，所司請其色，御批云：「雨過天青雲破處，這般顏色做將來。」柴窑之外，有定、汝、官、哥四種，皆宋器也。哥窑與龍泉窑皆出處州龍泉縣。南宋時有章生一、生二弟兄，各主一窑。生一所陶者爲哥窑，以兄故也。生二所陶者爲龍泉，以地名也。其色皆青，濃澹不一，其足皆鐵色，亦濃澹不一。舊聞紫足，今少見焉。惟土脈細薄，油水純粹者最貴。哥窑則多斷文，號曰「百圾破」。龍泉窑至今温處人稱爲章窑。

饒州景德鎮，陶器所自出大觀間。窑變一旦色如丹砂，説者謂熒惑纏度照臨而然，物反常爲妖，窑户亟碎之不敢以進御，以非可歲供物也。供上之瓷器惟取其端正合制，瑩無瑕疵，色澤如一者耳。民間燒瓷舊聞有一二變者，大者亦毁之。盞甖小者，藏去鬻諸富室，價與金玉等。窑變雖珍奇，上之不得用於宗廟朝廷，而下之使人不敢用。不免毁裂，竟同瓦礫，而瑣瑣者以供富室私玩，奚以變爲哉。

王蜀報朱梁信物，有金稜碗、越瓷器。致語云：「金稜含寶碗之光，秘色抱青瓷之響。」乃吴越錢鏐事梁所燒秘瓷，相沿以奉。柴世宗所謂「柴窑」者，其色如天，其聲如磬，精妙之極，今不可復覩矣。

姜紹書《定窑鼎記》 定窑鼎，乃宋器之最精者，成宏間藏于吾邑河莊孫氏曲水山房。有李西涯篆銘，鐫于爐座。曲水七峯昆仲，乃宋陽賞鑑家，與楊文襄、文太史、祝京兆、唐解元稱莫逆，西涯亦其友也。孫氏嘉靖間值倭變，産日益落，所蓄珍玩俱已轉徙，兹鼎爲京口靳尚寶伯齡所得。毗陵唐太常凝菴負博雅名，從靳購之，遂歸于唐。唐雖哥窑充牣，此鼎一至，諸品避席。自是海内評窑器者，必首推唐氏之白定窑鼎云。吴門周丹泉，巧思過人，交于太常。每詣江西之景德鎮，仿古式製器，以眩耳食者。紋款色澤，咄咄逼真，非精于鑒别，鮮不爲魚目所混。一日，從金閶買舟往江右，道經毗陵，晉謁太常，借閱此鼎。以手度其分寸，仍將片楮摹鼎紋，袖之。傍觀者未識其故。解維以往，半載而旋，袖出一爐，云：「君家白定爐，我又得其一矣。」唐大駭，以所藏較之，無纖毫疑義，盛以舊爐底蓋，宛如輯瑞之合也。詢何所自來，周云：「余疇昔借觀，以手度者再，蓋審其大小輕重耳。實倣爲之，不相欺也。」太常歎服。售以四十金，蓄爲副本，並藏于家。萬曆末年，淮安杜九如賈而多貲，以鈎奇爲名高，出累千金，購求奇玩。董元宰之漢玉章，劉海日之商金鼎，咸歸之。浮慕唐氏之定爐，形于寤寐。太常之孫君俞，豪華好客。杜齎千金爲壽，必求兹鼎一觀，以慰生平。君俞出贋鼎戲之，杜謂得未曾見，如見帝青天寶。强納千金，以二百金酬居間者，攜鼎以去。君俞雖尚俠氣，而居心頗厚，良不忍欺。遣門下士告之曰：「吾子所取者，贋鼎也，真者尚在，遵太常公戒，不輕以示人。子既捐千金而保贋品者，若雖不知，余寧不媿于心乎。」杜反護前，以爲悔盟，持之愈堅。客曰：「子如不信，請列二鼎並觀，可乎。」杜猶疑信者半。唐出真鼎示之，若虬髯之遇文皇，雖各具龍虎之表，而神彩焕發，自與常異也。由此知九如不過葉公之好，原非真賞。君俞襟度過人遠矣。九如殁，傳于伊子生之。有王廷珸者，字越石，慣居奇貨，以博刀錐。眮杜生遊平康，以八百金供纏頭費，逆料其無以償，且示意不欲酬金，而欲得爐也。爐竟歸之。詭稱其值萬金，求售于徐六岳。徐惡其譎，拒之不納。乃轉質于人。十餘年間，旋質旋贖，紛如舉碁。又求其族屬之相肖者，方圓數種，並置篋中，多方壟斷。泰興季因是，企慕唐爐，廷珸以一方者誑之，售直五百，季君以爲名物而愉快焉。毗陵趙再思，舊遊于唐，稔知此鼎，偶過泰興，晤季，季云：「近得一奇器，乃唐氏名物，方期請政而適來，誠良緣也。」趙生唯唯。季問：「唐家定窑方鼎，君曾見否。」趙大笑，曰：「唐之定鼎，體圓而足三，公云方鼎何居。」季廢然入内，久不出。趙生屏息以俟，至暮乃出，謂生曰：「此獠欺我。南科屈静源，吾中州所取士，今致書静源，道其事，當爲我處之。」屈君屬有司追理，廷珸抱頭鼠竄，挽人講解，另以僞物償季，僅免犴狴焉。而黄黄石之事起。黄石名正賓，以貲郎建言廷杖，憑藉聲氣遊于搢紳。頗蓄鼎彝書畫，與廷珸同籍徽州，稱中表，互博易骨董以爲娱。正賓有倪雲林山水一幅，估價百廿金，託廷珸轉售，仍暗記花押于隱處。廷珸心艷倪畫，屬高手臨摹，待正賓取時，即换摹本還之，殊不知其有默記也。正賓遣蒼頭王佛元取畫，裝池宛然，唯失花押。佛元黠人也，謬云主人不惟遣來取畫，兼欲觀定爐，且議價耳。廷珸方授爐佛元，而正賓亦至，謂廷珸曰：「畫久不售，應以原物歸我，奈何作狡獪伎倆。」廷珸搏顙發誓。正賓詰之曰：「吾有私記，今安在。」正誚讓間，佛元從旁執鼎，兼以左右指摳鼎耳以示無還理。廷珸奪之，鼎墮地，如裂瓦。廷珸恨絶，頭撞正賓，傷脅。時正賓被逐于南都，方鬱鬱不樂，又遭廷珸之侮，越夕奄逝。廷珸宵遯，潛踪于杭。爾時潞藩寓杭，聞定爐名，遣承奉俞啓雲諮訪。遇廷珸于湖上，出贋鼎誇耀，把臂甚歡，恨相見晚。引謁潞藩，酬以二千金。承奉私得四百，以千六百金畀廷珸。潞藩時在播遷，乏主藏吏，命一廚役司其筦鑰。其人頗椎鹵。居無何，王欲觀鼎，廚役啓盒取鼎，戛然有聲，忽折一足。廚役懼，投水死。大兵入杭，潞王赴北，承奉沉廢鼎于錢塘江中。

野史氏曰：「鼎乃重器，以備清廟明堂之儀。商周以來，典型具在。若夫越窑祕色，昉于後周，而三代無傳焉。奈何以瓦缶之微，無天球宏璧抗衡耶。」或曰：「虞之陶，不在商周上乎。」然土硎汙樽，昭其儉也，非以示珍。今宣成之器，又將與定瓷競勝，好事者趨之若狂，良不可解。

陳元龍《格致鏡原》卷十二《瓷像》 《廣異記》：「盧贇善家有一瓷新婦子，經數載，其妻戲謂曰：『與君爲妾。』盧因爾惘惘，恒見一婦人卧於帳中，積久意是瓷人爲祟，送往寺中供養。有童人，曉於殿中掃地，見一婦人，問其由來，云是盧贊善妾，爲大婦所妒，送來在此。其後見盧家人至，因言見妾事。贊善窮覆本末，所見服色是瓷人，遂命擊碎，心頭有血，大如雞子。」

陳元龍《格致鏡原》卷三六《古窰器》　總論：「白六帖禮範金合土謂陶器也。」《考工記》：「凡陶旊之事，髻墾薜暴不入市。」注：「髻，薄也。墾，傷也。薜，破裂也。暴，爆起也。」《研北雜志》：「古陶器，或言舜時物。按三代銅器至今存者多不完，舜時更遠。陶益難完，吾子行謂當是秦鑄金人之後合土爲器耳。」《葉寘筆衡》：「陶器自舜時便有，三代迄於秦漢，所謂甓器是也。今土中得者，其質渾厚，不務色澤。末俗尚靡，不貴金玉而貴銅瓷，遂有秘色窰器。」《缾花譜》：「古無瓷缾，皆以銅爲之。至唐始尚窰器，厥後有柴、汝、官、哥、定、龍泉、均州、章生、烏泥、宣成等窰，而品類多矣。尚古莫如銅器，窰則柴、汝最貴，而世絶無之。官、哥、宣、定爲當今第一珍品，而龍泉、均州、章生、烏泥、成化等缾亦以次見重矣。」《觚不觚録》：「窰器當重哥、汝，而十五年來忽重宣德，以至永樂成化，價亦驟增十倍。」《事物紺珠》：「國朝專於景德鎮置窰造，自今窰器興而古銅幾廢，蓋以其能易味也。」《正字通》：「窰器色光滑者，俗曰泑饒。景德鎮瓷器用苧蔴灰淋汁塗之，黃色者赤土汁塗坯燒之，用芝蔴稭淋汁染色則成紫。又婺源縣界麻倉窰有土可泑，廬陵新建産黑赭石磨水畫瓷坯，初無色，燒之成天藍。景德鎮取諸婺源名畫燒青，一曰無名子。」《稗史類編》：「江浙官窰燒造供上瓷器，其始搏作塗飾，求其精緻一也。開窰之日，反覆比量，而美惡辨矣。其中有同是質而遂成異質，有同是色而特爲異色者，水土所合，人力之巧不復能與，是之謂窰變。蓋數十窰中千萬品而一遇焉。」《博物要覽》：「官、哥二窰燒出器皿，時有窰變，狀類蝴蝶、禽鳥、麟、豹等像，於本色泑外變色，或黃、或紅紫，肖形可愛。乃火之幻化，理不可曉。」《博物要覽》：「官窰質之隱紋如蟹爪，哥窰質之隱紋如魚子，但汁泑不如官窰。後有董窰、烏泥窰，質麤不潤，而泑水燥暴，溷入官、哥窰，今亦傳世。若元末新燒，遠不及此。近年諸窰美者亦有可取，惟紫骨與粉青色不相似耳。若今新燒，去諸窰遠甚。亦有粉青色，乾燥無華，即光潤者變爲緑色，且索大價。愚人更有一種復燒者，取舊官、哥、瓷器，如爐欠耳足、缾損口稜者，以舊補舊，加以泑藥，一火燒成，如舊製無二。但補處色渾而本質乾燥，不甚精，然得此更勝新者。」《格古要論》：「古人喫茶多用擊，取其易乾不留滓。飲酒用琖，未嘗把琖，故無勸盤。今所見定器勸盤，乃古之洗也。古人用湯缾、酒注，不用壺缾及有觜折盂、茶鍾、臺盤，此皆胡人所用者，中國人用者始於元朝，古定、官窰俱無此器。」《事物紺珠》：「窰器方爲難，今製方窰器爲盛。」《春渚紀聞》：「萬延之家蓄一瓦缶蓋，初赴銓時遇都下銅禁嚴甚，因以十錢市之以代沃盥之用。時當凝寒，注湯頮面，既覆缶出水，而有餘水留缶，凝結成冰。視之，桃花一枝也。衆人觀異之，以爲偶然。明日用之，則又成雙頭牡丹一枝，次日又成寒林，滿缶水村竹屋、斷鴻翹鷺，宛如圖畫遠近景者。自後以白金爲護，什襲而藏，遇凝寒時則預約客張宴以賞之，未嘗有一同者。

秘色窰：曾慥《高齋漫録》：「秘色瓷器，錢氏有國時越州燒進爲供奉之物，臣庶不得用，故云秘色。」《筆衡》：「世言秘色窰器乃錢氏有國日越州燒進，然陸龜蒙詩：『九秋風露越窰開，奪得千峰翠色來。如向中宵承沆瀣，共嵇中散鬭遺桮。』則越陶唐世已有，非始於錢氏。

柴窰：《夷門廣牘》：「柴窰出北地，世傳柴世宗時燒者，故謂之柴窰。天青色滋潤細媚，有細紋，足多麤黃土，近世少見。」《博物要覽》：「昔人論柴窰，曰青如天、明如鏡、薄如紙、聲如磬。」《事物紺珠》：「柴窰製精色異，爲諸窰之冠。

定窰：《格古要論》：「古定器俱出北直隸定州，土脉細，色白而滋潤者貴，質麤而色黃者價低。外有淚痕者，是真劃花者，最佳，素者亦好，繡花者次之。宋宣和、政和間窰最好，但難得成隊者。有紫定色紫，有黑定色黑如漆。東坡詩云：『定州花瓷琢紅玉。』凡窰器有茅篾骨出者價輕，蓋損曰茅，路曰篾，無油水曰骨，乃骨董市語也。」《留青日札》：「定州，今真定府，似象窰色。有竹絲刷紋者曰北定窰。南定窰有花者出南渡後。」《博物要覽》：「定器有畫花、繡花、印花三種，多因牡丹、萱草、飛鳳三種時造，式多工巧。近如新仿定器如文王鼎爐、獸面戟耳彝爐，不減定人製法，可用亂真。若周丹泉初燒爲佳，亦須磨去滿面火氣可玩。又若繼周而燒者，合爐桷爐以鎖子甲毬門錦龜紋穿挽爲花地者，製作極工，不入清賞，較丹泉之造遠甚。」《稗史類編》：「金花定碗，用大蒜汁調金描畫，然後再入窰燒，永不復脱。」《妮古録》：「余秀州買得白定缾，口有四紐，斜燒成『仁和館』三字，字如米氏父子所書。」

《老學菴筆記》：「故都時，定器不入禁中，惟用汝器，以定器有芒也。」《格古要論》：「元朝戧金匠彭均寶效古定器制折腰樣者甚整齊，故名曰彭窰。土脉細白者與定器相似，比青口欠滋潤，極脆，不甚直錢。賣骨董者稱爲新定器，好事者以重價收之，尤爲可笑。」

汝窑：《格古要論》：「汝窑器出汝州，宋時燒者，淡青色有蟹爪紋者真，無紋者尤好。土脉滋潤，薄亦甚難得。」《留青日札》：「宋以定州白瓷器有芒不堪用，遂命汝州造青窑器。北唐、鄧、耀州悉有之，而汝爲冠。色如哥而深，微帶黄。」《博物要覽》：「汝窑色卵白，汁水瑩厚如堆脂，然汁中棕眼隱若蟹爪，底有芝蔴花細小掙釘。」

官窑：《留青日札》：「政和間，京師自置窑燒造，曰官窑。文色上白，而薄如紙者，亞於汝，其價亦然。」《博物要覽》：「官窑品格大率與哥窑相同，色取粉青爲上，淡白次之，油灰色，色之下也。紋取冰裂鱔血爲上，梅紋、片墨紋次之，細碎紋，紋之下也。」《格古要論》：「官窑器，宋修内司燒者土脉細潤，色青帶粉紅，濃淡不一。有蟹爪紋紫口鐵足，好者與汝窑相類，有黑土者謂之烏泥窑。僞者皆龍泉所燒者，無紋路。」《博物要覽》：「官窑在杭鳳皇山下，其土紫，故足色若鐵，時云紫口鐵足。紫口乃器口上仰、泑水流下，比周身較淺，故口露紫痕，此何足貴，惟尚鐵足，以他處之土，咸不及此也。」《稗史類編》：「後郊壇下別立新窑，亦曰官窑，比之舊窑大不侔矣。」《留青日札》：「宋南渡有邵成章提舉，號邵局，襲故京遺制，置窑於修内司，造青器名内窑。模範極精，油色瑩徹，爲世所珍。」

哥窑：《稗史類編》：「哥窑與龍泉窑皆出處州龍泉縣南，宋時有章生一、生二弟兄各主一窑，生一所陶者爲哥窑，以兄故也。生二所窑爲龍泉，以地名也。其色皆青，濃淡不一，其足皆鐵色，亦濃淡不一。舊聞紫足，今少見焉。惟土脉細薄，油水純粹者最貴。哥窑則多斷紋，號曰『百圾碎』。」《春風堂隨筆》：「哥窑淺白斷紋，宋時有章氏兄弟，皆處州人，主龍泉之琉田窑。弟所陶青器，純粹如美玉，爲世所貴，即官窑之類。兄所陶色淡。」《格古要論》：「舊哥窑色青，濃淡不一，亦有鐵足紫口色好者，類董窑。今亦少有成羣隊者，是元末新燒，土脉麤燥，色亦不好。」《妮古録》：「余於項玄度家見哥窑一枝餅、哥窑八角把杯、哥窑乳爐，項希憲言司馬公哥窑合巹雙桃杯一合一開，即有哥窑盤承之，盤中一坎正相容，亦奇物也。後入劉錦衣家。」

龍泉窑：《博物要覽》：「龍泉窑妙者與官、哥窑爭豔，但少紋片紫骨耳。器質厚實，極耐摩弄，不易茅篾。」《稗史類編》：「龍泉窑至今温處人稱爲章窑。」《格古要論》：「古龍泉窑今曰處器、青器。古青器土脉細且薄，翠青色者貴。有粉青色者，有一等盆，底有雙魚，盆外有銅掇，環體厚者不甚佳。」

吉州象、董等窑：《格古要論》：「吉州窑出今吉安府廬陵縣永和鎮，其色與紫定器相類，體厚而質麤，不甚直錢。宋時有五窑，書公燒者最佳。有白色，有紫色，花餅大者直數兩，小者有花又有碎器最佳。相傳云宋文丞相過此，窑變成玉，遂不燒焉。今其窑尚有遺迹在人家。永樂中或掘有玉杯琖之類，理或然也。」《留青日札》：「象窑有蟹爪紋，色白而滋潤者高，色黄而質麤者低，俱不甚直錢。」《格古要論》：「董窑淡青色細紋，多有紫口鐵足，比官窑無紅色，質麤而不細潤，不逮官窑多矣。今亦少見。」《留青日札》：「均州窑稍具諸色，光彩太露，器極大。今河南新改禹州其器有兔絲紋火焰青者。」《博物要覽》：「均州窑有硃砂紅、葱翠青，俗名鸚哥緑。茄皮紫者紅如胭脂，青若葱翠，紫若墨黑，三者色純、無少變露者爲上品。底有一二數目字號爲記，豬肝色、火裏紅，青緑錯雜，若垂涎色，皆上三色之燒不足者，非別有此色樣，俗取鼻涕、豬肝等名，是可笑耳。此窑惟種菖蒲盆底佳甚，他如坐墩爐、合方餅罐子，俱是黄沙泥坯，故器質麤厚不佳。近年新燒此窑皆宜興砂土爲骨，泑水微似，製有佳者，但不耐用耳。」《留青日札》：「建安烏泥窑品最下，蘇州翠窑又下。」《格古要論》：「古瓷器出河南彰德府瓷州，好者與定器相似，但無淚痕，亦有劃花、繡花，素者價高於定器，新者不足論也。建窑碗琖多是撆口，色黑而滋潤，有黄兔斑滴珠大者真，但體極厚，俗甚少見薄者。霍器出山西平陽府霍州。」

饒窑：《格古要論》：「饒器出今江西饒州府浮梁縣御土窑者，體薄而潤，色白花青，較定器少次。元朝燒小足印花，内有『樞府』字號者最高。新燒大足，素者欠潤，有青色及五色花，且俗甚。又有青黑色戧金者，多是酒壺、酒琖，甚可愛。」《江西大志》：「景德鎮在今浮梁縣西興鄉，水土宜陶。宋景德中始置鎮，因名，以奉御董造。元泰定本路總管監陶，皆有命則供，否則止。洪武三十五年始開窑燒造，解京供用。有御廠一所、官窑二十座。窑之名有六，曰風火窑，六作之中惟風火窑匠最勞苦，方其溜火，一日之前固未甚勞，惟第二日緊火之後則晝夜省視添柴，時刻不可停歇。或倦睡失於添柴，或神昏悮觀火色，則器有苦窳拆裂陰黄之患。蓋造坯彩畫，始條理之事也。入窑火候，終條理之事也。火弱則窳，火猛則僨。曰色窑，造顔色，制圓而狹，每座止容燒小器三百餘件。曰大小㶠熿窑，曰大龍缸窑，曰匣窑，大小不一。曰青窑。燒小器。陶土出浮梁新正都麻倉山，曰千户坑，曰龍坑塢，曰高路坡，曰低路坡，四處爲上土。土埴壚勻有青黑縫、糖點、白玉、金星色。他如寺前綿花土、東步石牛山南李塢墩口、鄱陽縣儀城土相類，無諸色樣，係假土，不堪用。石末出湖田一二圖，和官土造龍缸，取其堅也。釉土出新正都，曰長嶺，作青黃釉。曰義坑，作澆白器釉。二處爲上，有柏葉斑。他如石牛山李家塢有黑縫者不堪。陶用回青，本外國所貢，嘉靖中燒御器時給之舊陂塘青，產於本府樂平一方。嘉靖中樂平格殺，遂塞。石子青產於瑞州諸處。回青行，石子遂廢。用回青法，先用鎚碎內硃砂斑者爲上青，有銀星者爲中青，每斤可得青三兩。敲青後取其奇零瑣碎，碾入注水中，開瓷石、引□石，真青澄定，每斤可得五六錢。驗青法：回青淳則色散而不收，石青加多則色沈而不亮。每回青一兩加石青一錢，謂之上青，四六分加謂之中青。中青用以設色，則筆路分明。上青用以混水，則顏色清亮。至於各種設色，有油色，用豆青油水煉灰黃土合成；紫金色，用礶水煉灰紫金石水合成；翠色，用煉成古銅水硝石合成；金黃色，用黑鉛末一斤碾成赭石一兩二錢；金綠色，用鍊過黑鉛末一斤、古銅末一兩四錢、石末六兩合成；金青色，用鍊成翠一斤、石子青一兩合成；礬紅色，用青礬煉紅每一兩用鉛粉五兩，用廣膠合成；紫色，用黑鉛末一斤、石子青一兩、石末六兩合成；澆青，用釉水煉灰石子青合成；又純白，用釉水煉灰合成；又描金，用燒成白胎上全黃，過色窑如礬紅，過爐火貼金二道，過爐火二次，餘色不上全黃；又堆器，用白泥加坯上以筆堆成各樣龍鳳花草加釉水煉灰燒成；又錐器，各樣坯上用鐵錐錐成龍鳳花草加釉水煉灰燒成；又五彩，用燒過純白瓷器繢彩過爐火燒成。以上總論。

《留青日札》：「明永樂窑、宣德窑、成化窑皆純白或回青、石青畫之，或加彩色。宣窑之貴今與汝敵，而永樂、成化亦以次重矣。秘色在當時已不可得，而內窑亦未見有售者。」《事物紺珠》：「永樂、宣德二窑皆內府燒造，以騌眼、甜白爲常，以蘇麻離青爲飾，以鮮紅爲寶。」《博物要覽》：「永樂年造壓手杯，坦口、折腰、沙足、滑底，中心畫雙獅滚毬，毬內篆書『大明永樂年製』六字或四字，細若粒米，此爲上品。鴛鴦心者次之，花心者又其次也。杯外青花深翠，式樣精妙，傳世可久，價亦甚高。若近時仿效，規製蠢厚，火底火足，略得形似，殊無可觀。宣德年造紅魚靶杯以西紅寶石爲末，圖畫魚形，自骨內燒出，凸起寶光鮮紅奪目。若紫黑色者火候失手，似稍次矣。青花者如龍松梅花靶杯、人物海獸酒靶杯、硃砂小壺、大碗，色紅如日，用白鎖口。又如竹節靶罩蓋、滷壺、小壺，此等發古未有。他如妙用種種，惟小巧之物尤佳。描畫不苟，而爐、缾、盤、碟最多。製如常品，若罩蓋、扁罐、廠口花尊、蜜食桶罐甚美，多五彩燒色。他如琖心有壇字白甌，所謂壇琖是也，質細料厚，式美足用，真文房佳器。又有等白茶琖，較壇琖少低而瓮肚，釜底線足，光瑩如玉，內有絶細龍鳳暗花，底有大明宣德年製暗款隱隱。橘皮紋起，雖定、瓷，何能比方，真一代絶品。又若坐墩之美如漏空花紋，填以五彩，華若雲錦，又以五彩實填花紋，絢豔恍目。二種皆深青地子，有藍地填畫五彩如石青剔花，有青花白地有冰裂紋者，種種式樣似非前代曾有。成化窑上品無過五彩葡萄撇口扁肚靶杯，式較宣杯妙甚。次若草蟲子母雞勸杯、人物蓮子酒琖、五供養淺琖、草蟲小琖、青花紙薄酒琖、五彩齊筋小碟、香合、各製小罐，皆精妙可人。余評青花，成窑不及宣窑，五彩，宣廟不如憲廟。蓋宣窑之青乃蘇泥勃青也，後俱用盡，至成化時皆平等青矣。宣窑五彩深厚堆垛，故不甚佳，而成窑五彩用色淺淡，頗有畫意。」以上永樂窑、宣德窑、成化窑。

《事物紺珠》：「正德窑，正德間大璫鎮雲南得外國回青，以煉石爲僞寶，價初倍黃金。已知其可燒窑器，用之色愈古。嘉靖窑回青盛作鮮紅，土斷絶，燒法亦不如前，惟可燒礬紅色。」《江西大志》：「嘉窑所燒青花白地陶器有趕珠龍外一秤金娃娃花碗、福壽康寧花鍾、裏昇降戲龍外鳳穿花碟、裏外滿池嬌花樣碗、裏外雲鶴花碟、裏外萬歲藤外搶珠龍花茶鍾、靈芝捧八寶罐、八仙過海罐、孔雀牡丹罐、獅子滚繡毬罐、轉枝寶相花托八寶罐、滿池嬌鯖鮊鯉鱖水藻魚罐、江下八俊罐、巴山出水飛獅罐、水火捧八卦罐、竹葉靈芝團雲鶴穿花花樣龍鳳碗、轉枝蓮托八寶八吉祥一秤金娃娃花鐔、外海水蒼龍捧八卦壽比南山久福如東海深裏三仙煉丹花碗、外耍戲娃娃裏雲龍等花鍾、外四季花裏三陽開泰花盤、外天花捧壽山福海字裏二仙花琖、外四季花耍娃娃裏出水雲龍花草甌、外龍穿西番蓮裏穿花鳳花碟、轉枝蓮托百壽字花樣鐔、八瓣海水飛龍花樣礶、雙雲龍等花缸、裏雲龍海水外九龍花盤、裏青雲龍外團龍菱花茶鍾、裏青雲龍外雙雲龍花酒琖、海水飛獅龍捧福壽字花盤、青蒼獅龍盒、龍鳳羣仙捧壽字花盒、外四畫神仙裏雲鶴花盤、外結子蓮裏團花花碟、蒼獅龍花缾、耍戲鮑老花罐、外雲龍裏昇鳳花琖、外鯖鮊鯉鱖裏雲鶴花碗、出水龍裏獅子花甌、裏八仙捧壽外雲龍花盤、裏龍鳳外結子蓮碟、裏雲龍外龍鳳鸞鶴碗、裏昇龍外乾坤六合花甌、裏花團外雲龍花鍾、裏雲鶴外博古龍花酒琖、裏雙鳳外雙龍花琖、松竹梅酒罇、靈芝四季花缾、雲鶴龍果盒。青陶器有青色瓷磚、青碗、青盤、青碟、青靶鍾、青瓷茶鍾、青酒琖、青雙雲龍穿花樣鐔、青纏枝寶相花回回花罐、暗鸞鶴花碟、暗龍花罐、雙雲龍缸、純青裏海水龍外擁祥雲地貼金三獅龍等花盤、外青雙雲龍寶相花缸、裏青如意團鸞鳳外穿花鸞鳳花膳碗、裏青穿花龍邊穿花龍鳳外荷花魚水藻甌、天青色碟碗、翠青色碟碗、豆青瓷素缸。裏白外青陶器有雙雲龍雀琖、雙雲龍花碗、四季花琖。白陶器有白瓷盤、白爵琖、暗鸞鶴花酒琖、暗薑芽海水花碗、暗龍花茶鍾、暗薑芽海水花罈、白瓷壺罐、磬口白瓷茶甌、甜白色酒鍾。又紫色碟碗、暗龍紫金碟碗、金黃色碟碗、鮮紅改作礬紅色碟碗、翠緑碟碗、黃色暗龍鳳花盒、素穰花鉢、青地閃黃鸞鳳穿寶相等花碗、紫金地閃黃雙雲龍花盤碟、黃地閃青雲龍花甌、青地黃鸞鳳穿寶相花琖爵。又祭器毛血盤、大羹碗、和羹盌、籩豆盤、大尊、犧尊、著尊、山罍匾壺、看餅、牡丹瓶壺餅、方罐拜磚。」《博物要覽》：「嘉窑青花五彩二窑，製器悉備，柰饒土漸惡，較之二窑往時大不相侔。有小白甌内燒茶字、酒字、棗湯、薑湯字者，乃世宗經籙醮壇用器，亦曰壇琖，製度、質料迥不及宣德矣。嘉窑如磬口饅心員足外燒三色魚扁琖、紅鉛小花合子，其大如錢，二品亦爲世珍。小合子花青畫美，向後恐官窑不能有此物矣，得者珍之。」以上正德、嘉靖窑。

《陶書》：「隆慶燒造青花白地陶器有：雙雲龍鳳、霞穿花喜相逢、翟雞朵朵菊花纏枝寶相花、靈芝葡萄桌器，外穿花龍鳳五彩滿池嬌、朵朵花、裏團龍鸞鳳、松竹梅、玉簪花碗，外雙雲龍鳳、九龍海水、纏枝寶相花、裏人物、靈芝、四季花盤，外雙雲龍鳳、竹葉靈芝、朵朵雲龍、松竹梅、裏團龍、四季花碟，外雙雲龍、芙蓉花、喜相逢、貫套海、石榴、回回花、裏穿花翟雞、青鸂鶒荷花、人物、獅子故事、一秤金、全黃暗龍鍾，外穿花龍鳳、八吉祥、五龍、淡海水、四季花捧乾坤清泰字、八仙慶壽、西番蓮、裏飛魚、紅九龍、青海水魚、松竹梅、穿花龍鳳甌，雙穿雲龍花鳳、獅子滾繡毬、纏枝牡丹花、青花果翎毛、五彩雲龍、香草、寶相花草蟲罐，穿花龍鳳、扳枝娃娃、長春花、回回、寶相花餠，外梭龍、靈芝、五彩曲水梅花、裏雲龍、葵花、松竹梅、白暗雲龍琖，外雲龍、五彩滿池嬌、人物故事、荷花龍、裏雲龍、曲水梅花盆，雙雲龍、回回花果、翎毛、九龍淡海水、荷花、紅雙雲龍、纏枝寶相花香爐，雙雲梭龍、松竹梅、朵朵、菊花香盒，雙雲龍、花鳳、海水獸、獅子滾繡毬、穿花喜相逢、翟雞相斗，雙雲龍、花鳳、海水獸、穿花翟雞、獅子滾繡毬、朵朵、四季花醋滴，雙雲龍鳳、草獸飛魚、四季花、八吉祥、貼金、孔雀、牡丹花罈蓋獅子樣。萬曆燒造青花白地陶器有：外雙雲、荷花、龍鳳纏枝、西番蓮、寶相花、裏雲團龍、貫套、八吉祥、龍、邊薑芽海水、如意雲、邊香草、曲水梅花碗，外雲龍、荷花、魚、耍娃娃、篆「福壽康寧」字、回回花、海獸、獅子滾繡毬、裏雲鶴、一把蓮、萱草花、如意雲、『大明萬曆年製』字碗，外團雲龍、鸞鳳、錦地八寶、海水、福禄壽、靈芝、裏雙龍捧壽、長春花、五彩鳳穿四季花碗，外壽意年燈，端陽節、荷花水藻魚、裏底青、正面雲龍、邊松竹梅碗，外雙雲龍、八仙過海、盒子心、四季花、裏正面龍篆壽字、如意、葵花、邊竹葉、靈芝碗，外穿花雲龍、鸞鳳、纏枝、寶相、松竹梅、裏朵朵、四季花、回回樣結帶如意、松竹梅、邊竹葉靈芝盤，外荷花、龍穿花、龍鳳、松竹梅、詩意人物故事、耍娃娃、裏朵朵雲、邊香竹葉、靈芝、暗雲龍、寶相花盤，外團螭虎、靈芝、如意、寶相花、海石榴、香草、裏底龍捧「永保萬壽」、邊鸞鳳、寶相花「永保洪福齊天」、娃娃花盤，外纏枝蓮托八寶、龍鳳花果、松竹梅、真言字、折枝四季花、裏底穿花龍、邊朵朵、四季花、人物故事、竹葉靈芝、壽意牡丹花盤，外穿花鸞鳳、花果、翎毛、壽帶花、滿池嬌、草獸、荷葉、龍、裏八寶、蒼龍、寶相花捧真言字、龍鳳、人物故事碟，外纏枝牡丹花托八寶、薑芽海水、西番蓮、五彩異獸、滿池嬌、裏雙雲龍、暗龍鳳、寶相花、獅子滾繡毬、八吉祥、如意雲、靈芝、花果碟，外長春轉枝、寶相花、螭虎、靈芝、裏五彩龍鳳、邊福如東海八吉祥、錦盆堆、邊寶相花、結帶八寶碟，外纏竹葉、靈芝、花果、八寶、雙雲龍鳳、裏龍穿四季花、五彩壽意人物、仙桃、邊葡萄碟，外雙雲龍、貫套海、石榴、獅子滾繡毬、裏穿花雲龍、如意雲、邊香草、紅九龍、青海水、五彩鸂鶒、荷花、遍地真言字鍾，外蟠桃結篆壽字、纏枝、四季花、真言字、裏雲鶴、火焰寶珠、暗雙雲龍、荷花、魚青海水鍾，外穿花龍鳳、八仙慶壽、回回、纏枝、寶相花、裏團雲龍、荷花、魚、江芩子花捧真言字甌，外團龍、如意、雲竹葉、靈芝、五彩水藻魚裏篆壽字、如意、牡丹花、五彩如意甌，外雲龍、長春花、翎毛、士女、娃娃、靈芝捧八吉祥、裏葡萄、朵朵、四季花、真言字、壽帶花琖，外穿花雙雲龍、人物故事、青九獸、紅海水、裏如意香草、曲水梅花、穿花翟雞、海獸、白薑芽、紅海水琖，外雙雲龍鳳、裏黃葵花、轉枝靈芝、五彩菊花琖，如意雲龍、穿花龍鳳、風調雨順、天下太平、四鬅頭捧「永保長春」字、混元八卦、神仙捧「乾坤清泰」字盒，異獸朝蒼龍、如意雲錦、滿池嬌、錦地、葵花、方勝、花果、翎毛、草蟲盒，萬古長春、四海來朝、〔正〕面龍、四季花、人物故事盒，天下太平、四方香草、如意面、回紋、(五)〔人〕物、五彩方勝盒，人物故事、(面)雲龍、娃娃面、四季花、五彩雲龍、花果、翎毛、靈芝捧篆「壽」字盒、外海水飛獅、纏枝、四季花、長春、螭虎、靈芝、石榴、裏葵花、牡丹、海水、寶相花杯外牡丹、金菊、芙蓉、龍鳳、四季花、五彩八寶、葡萄、蜂趕梅花、裏葵花、牡丹、篆「壽」字、五彩蓮花古老錢杯盤，外雲龍海水、裏頂粧雲龍筯盤，纏枝金蓮花、托篆「壽」字、酒海乾坤八卦、靈芝、山水雲龍香爐，外蓮花、香草、如意頂粧雲龍、回紋、香草、雲龍、靈芝、寶相、玲瓏靈芝、古老錢爐，穿花龍鳳、草獸銜靈芝、錦雞、牡丹、雲鶴、八卦、麻葉、西番蓮餅，團龍、四季花、西番蓮托真言字、鳳穿四季花、葡萄、西瓜瓣、雲龍捧聖壽字、杏葉、五彩水藻、金魚壺、餅，雲龍、蘆鴈、松竹梅、半邊葫蘆花餅，花果翎毛、香草、草蟲、人物故事花餅，鳳穿四季花、滿池嬌、五彩龍穿四季花、靈芝托八寶、瓔珞、香草花餅，山水飛獅雲龍、孔雀、牡丹、八仙過海、四陽捧壽、陸鶴乾坤、五彩人物故事罐，雙雲龍穿花喜相逢相斗，雲龍回紋、香草、人物故事、花果靈芝相斗，雙雲龍、纏枝寶相花醋滴，雲龍棊盤，海水雲龍、四季花、金菊、芙蓉檠臺〔白〕，陸鶴乾坤、靈芝、八寶、寶相花、如意雲龍燭臺，寶山海水雲龍、團座攀桂、娃娃𤭢抓、荷葉、花草燭臺，雲龍鳳穿四季花剪燭罐，錦地花果、翎毛、邊雙龍捧珠心屏，錦地雲穿寶相花、靈芝、河圖洛書筆管，八寶團龍筆冲，麒麟盒子心、纏枝寶相花、迴紋花果、八吉祥、靈芝、海水梅花香奩，雲龍回紋扇匣，海水頂粧玲瓏、三龍山水筆架，蹲龍寶象人物硯水滴，人物故事、香草、蓮瓣檳榔盝，錦地盒子心、龍穿四季花冠盝，外盒子心錦地，雙龍捧「永保長春」、四海來朝人物故事、四季花、裏靈芝、松竹梅蘭巾盝，玲瓏雙龍捧珠、飛龍、獅子、海馬涼墩，慶雲百龍百鶴五彩百鹿永保乾坤罈，水藻魚八寶、香草、荷花、滿池嬌、海水梅花缸。五彩陶器有：雲龍棊盤，昇降海水雲龍筆管，海水龍、盒子心、四季花筆冲，貫套如意山水靈芝花罇，寶山、海水雲龍、人物故事、香草、蓮瓣燭臺，雲龍鳳穿四季花、剪燭罐，穿花山水、昇降龍、青雲鸞鳳缸，香草玲瓏、松紋錦、四季花香奩，錦地盒子心、四季花果、翎毛八寶罐，雲龍回紋扇匣，玲瓏山水筆架，四季花巾盝，雲龍回紋四季花相斗，昇轉雲龍回紋香草缸。又有裏白外青貫套海石榴甌，裏白外青對雲龍、獅子滚繡毬、纏枝金蓮寶相花缸，青地白花白龍穿四季花筆冲，青雙雲龍捧篆「壽」字、飛絲龍穿靈芝、草獸人物故事、百子圖罈，五彩荷花雲龍、黃地紫荷花凉墩，暗花雲龍寶相花全黃茶鍾，黃瓷地五彩裏白外螭虎、靈芝、四季花、香草、回紋香爐，暗花鸞鳳寶相花白瓷餅，裏白外紅綠黃紫雲龍膳碗。」以上隆慶、萬曆窑。

高麗等窑：《格古要論》：「古高麗窑器皿色粉青，與龍泉窑相類。上有白花朵兒者不甚直錢。」《博物要覽》：「玻璃窑出自島夷，惟閩中有之，其製不一，柰無雅品，惟餅之小者有佳趣。色有白纏絲、天青、黃鎖口三種，俱可觀，但不耐用耳。」《格古要論》：「大食窑器皿以銅作身，用藥燒成。五色花者與佛郎嵌相似。嘗見香爐、花餅、合兒琖子之類，但可婦人閨閣之中用，非士大夫文房清玩也。又謂鬼國窑，今雲南人在京多作酒琖，俗呼曰『鬼國』，嵌『内府作』者，細潤可愛。」

陳元龍《格致鏡原》卷四〇《文具類四・印章》

總論：陸文量曰：古人於圖畫書籍，皆有印記某人圖書，今人遂以其印呼爲圖書。都玄敬曰：古人私印，有曰某氏圖書，蓋惟以識圖畫書籍，而其他則否。今人於私刻印章，槩以圖書呼之，可謂誤矣。衛宏曰：秦以前，民皆以金玉爲印，龍虎鈕，唯其所好。秦以來，天子始用璽，獨以玉。《考槃餘事》：古玉章用力精到，篆文筆意，不爽絲髮，此必昆吾刀刻也。即漢人雙鈎碾玉之法，亦非後人可擬。故玉章更爲賞鑒家珍重。近刻玉章，並無昆吾刀、蟾酥之説，惟用真菊花鋼，煅而爲刀，闊五分，厚三分，刀口平，磨取其平尖鋒頭爲用。將玉章書篆文，以木架鈐定，用刀隨文鐫之，一刀弗入，再鍥一刀，多則三鍥，玉屑起矣。但不可以力勝之，則滑而難刻。運刀以腕，更置礪石於旁，時時磨刀，使鋒鋩堅利，無不勝也。《七脩類藳》：圖書古人皆以銅鑄，至元末，會稽王冕以花乳石刻之。今天下盡崇處州燈明石，果温潤可愛也。《考槃餘事》：青田石中有瑩潔如玉，照之燦若燈輝，謂之「燈光石」，取其質雅易刻，而筆意得盡。《妮古録》：吴門丹泉周子，能燒陶印，以堊土刻印文，或辟邪、龜、象、連、環、瓦、鈕，皆由火范而成，色如白定，而文亦古。《考槃餘事》印：章有哥窑、官窑、青冬窑者，其製作之巧、鈕式之妙，不可盡述。《初學記》道：士刻棗心作印，方四寸。《學古編》：圖書久爲油硃所熾者，先於燈琖内浸一宿，次日取出，蘸香爐内灰，用硬椶刷乾洗之。若硃未盡，蘸刷以盡爲度。不損印文而清麗若新。《考槃餘事》圖書匣，有宋剔、新剔者，有填添者，有紫檀鑲嵌玉石者，有豆瓣楠者。近有退光素漆者，何文如之。

古印：米元章《書史》畫：可摹，書可臨而不可摹，惟印不可僞作，作者必異。王詵刻「勾德元圖書」記，亂印書畫，余辨出「元」字脚，遂伏其僞。木印、銅印自不同，皆可辨。《七脩類藳》：司馬昌、徐某二印，形式如釘，其大頭刻文，小頭作眼，長一寸四分，四面刻草獸。此印極古，微小太甚，不知何處用，乃私印之又一變矣。長利印，制匾而無鈕，孔亦隨形而匾，前後直通，蓋印式又一變矣。長利必是字印，其一面作二人持蓋，形如商器上款識。臣午，古印稱臣者多兩面有文，此印特一面朱文。王疾已，臣疾已，印兩面有文，一兼姓一只名，先用姓印，後只用名印。公孫弘印，舊譜有公孫弘黃玉印，却是柳葉篆文，此印篆文高古，龜鈕精緻，印趺四面皆如秦璽，上蟲鳥文隱約不甚明。韓輔白記，辟邪鈕，篆文平正。白記者，用之書記者也。鈕中空半朽，猶有子母形，漢印文此最佳。漢印二名者，姓獨居右，名俱在左。此以韓輔爲一行，白記爲一行，故知非二名，而單用記字也。公孫賈印，龜鈕左顧，漢人朱文印式也。毛寶放龜去而左顧，後佩之印乃左顧。右人私印亦有如此者。秦循之印，之字作朱文。古人用意亦巧，取姸之濫觴也。常山南行唐陳鴦印信，三行九字，極小，甚奇。此印當在東漢列。字文篆法可愛，名印中具邑里，漢人已如此。凉檢印信，辟邪紐，左蟠，其勢欲動。

《硯北雜志》：陳思王讀書堂，在冀州，有人於其側得一小玉印，文曰「曹植私印」。《書史》：貞觀、開元皆小印，便於印縫。弘文之印，一寸半許。開元有二印，一印小者，印書縫，大者圈刓角，一寸已上，古篆，於《鶺鴒頌》上見之，他處未嘗有。我太祖秘閣圖書之印，不滿二寸，圈文皆細，上閣圖書印亦然。仁宗後，印經院賜經用上閣圖書，字大印麤，文若施於書畫，古紙素字畫，多有損於書帖。近三館秘閣之印文雖細，圈乃麤如半指，亦印損書畫也。王詵見余家印記與唐印相似，始盡换作細圈，仍皆求余作篆。如填篆自有法，近世填皆無法。《七脩類藁》：有印古文不可識，四邊仍有線紋，中分界路，亦古印一法。然字行刻界道自此始。有印邊作欄，復環以鳥獸形，其中方刻字。古印又有鼻鈕，覆斗鈕，三繩鈕，四連環鈕，瓦鈕。

《雲煙過眼録》：明昌七印，一曰内府葫蘆印，二曰羣玉秘珍，三曰明昌珍玩，四曰明昌御覽，五曰御府寶繪，六曰明昌中秘，七曰明昌御府。《雲烟過眼録》：李伯時《草堂十志》有劉娘子諸印記。《畫史》：余家最上品書畫，用姓名字印、審定真跡字印、神品字印、平生真賞印、米芾秘篋印、寶晉書印、米姓翰墨印、鑒定法書之印、米姓秘玩之印。又玉印六枚：辛卯米芾、米芾之印、米芾氏印、米芾印、米芾元章印、米芾氏，已上六枚白字，有此印者皆絶品。玉印唯著於書帖，其他用米姓清玩之印者，皆次品也。無下品者。

篆刻：《漢書注》：八體書，五曰摹印。吾衍《學古編》：漢有摹印篆，其法只是方正，篆法與隸相通。後人不識古印，妄意盤屈，且以爲法，大可笑也。多見故家藏漢印，字皆方正，近乎隸書，此即摹印篆也。王球《嘯堂集古録》所載古印，正與相合。凡屈曲盤回，唐篆始如此。今碑刻有顏魯公官誥，尚書省印，可考其説。徐官《古今印史》：刻之印章者，古文第一，籀文第二，小篆第三。後世多用小篆而遺倉史，大不敬也。《學古編》：學篆書，必須博古。能識古器，則其款式中古字神氣敦朴，可以助人。若看模文，終是不及。篆法，匾者最好，謂之蝠音果匾。徐鉉謂非老手，莫能到石鼓文字也。《漢禮儀志》：漢武時據土數五，故五字爲印文，若印文不足五字，則以之字足之。《學古編》：三代時無印，《周禮》有璽節及揭而璽之，注曰：印，其實手執之卩音節也。正面刻字，如秦氏璽，而不可印，印則字皆反矣。古人以之表信，不問字反，淳朴如此。漢晉印章皆用白文，大不過寸許。朝爵印文皆鑄，蓋擇日封拜，可緩者也。軍中印文多鑿，急於行令，不可緩者也。唐用朱文，古法漸廢。凡名印，或姓名相合，或加印、章等字，或兼用印章字，曰姓某印章，不若只用印字最爲正也。二名者可回文寫，姓下著印字在右，二名在左是也。單名者，曰姓某之印，却不可回文寫。表字印，只用二字爲正式。漢張長安，字幼君，有印曰「張幼君」，右一字，左二字。唐吕温，字化光，有印曰「吕化光」，亦三字，表德印式也。《學古編》：白文印，皆用漢篆，平方正直，字不可圓，縱有斜筆，亦當取巧寫過。凡印文中有一二字，忽有自然空缺，不可映帶者，聽其自空。古印多如此。諸印文下有空處，懸之最佳，不可妄意伸開，或加屈曲，務欲填滿。若寫得有道理，自然不覺空也。《學古編》：三字印，右一邊一字，左一邊兩字者，以兩字處與爲一字處相等，不可兩字中斷，又不可十分相接。四字印，若前二字交界略有空，後二字無空，須當空一畫地别之。字有有脚、無脚，故言及此。不然，一邊見分，一邊不分，非法度也。凡印章，以名以字，所以示信也。如刻曰某官，施之公文則可，若古之關内侯是也。凡寫詩文，名印當在上，字印當在下，道號又次之。蓋先有名，而後有字、有號故也。宋元諸儒真蹟中用印皆然。若謂印有小大，小印用於上，大印用於下，庶幾相稱，此世俗之見也。《學古編》：軒齋等印，古無此式，唯唐相李泌有「端居室」三字印，白文玉印。或可照例，終是白文，非古法，不若只從朱文。《書史》：印文須細，圈須與文等。《學古編》：白文印必逼於邊，不可有空，空便不古。朱文印不可逼邊，須當於字中空白得中處爲相去，庶免印出。與邊相倚，無意思耳。字宜細，四旁有出筆，皆滯邊，邊須細於字邊，若一體。印出時，四邊虛紙昂起，未免邊肥於字也。非見印多，不能曉此。《考槃餘事》：今之鍥家以漢篆刀筆自負，將字畫殘，缺刻損邊旁，謂有古意，不知顧氏《印藪六》帙，可謂徧括古章，内無十數傷損，即有傷痕，廼入土久遠，水銹剥蝕，或貫泥沙，剔洗損傷，非古文有此。欲求古意，何不法古篆法、刀法，而竊其傷損形似乎。

印色：余寅《同姓名録》：唐陳茂爲尚書郎，每書信印記，搗硃礬，澆麝酒，匣以鎮犀，養以透雲香，印書達數千里，香不斷。《學古編》：香油浸皁角，於瓷器內煎過，放冷，和熟艾成劑。次加銀硃，以紅爲度。入絹袋中，用瓷玉器盛之，數日一翻。忌銅錫器。若日久油乾，復用煎下油滴取盛器內。以印色置其上，使自沁，又不可自上澆下。此法不蒸不煉，久而益佳。曹昭《格古論》：印色不須用帽紗、生絹之類襯隔，自然不沾塞印文，而又不生白醭，雖十年不熾。一法用蜜調硃最善，紙素雖久，色愈鮮明。今內府用寶以蜜。《楊慎外集》：今之紫粉，古謂之芝泥，今之錦砂，古謂之丹臒，皆濡印染籀之具也。古方用蓖麻油，或用煎糊油，皆未爲佳，近傳用川山甲油，取其不滲，試之良妙。《古今印史》：印色通用朱，予嘗見宋儒簡札中間有墨者，元人則有用青者。攷之，皆制中，不忍用朱，故易之耳。《考槃餘事》：印色池，官、哥窑方者，尚有八角、委角者最難得。定窑方池外，有印花文，佳甚，此亦少者。諸玩器，玉當較勝於瓷，唯印色池以瓷爲佳，而玉亦未能勝也。故今官、哥、定窑者貴甚。近日新燒有蓋白定長方印池，并青花白地純白者，此古未有，當多蓄之。且有長六七寸者，佳甚。玉者，有陸子岡做周身連蓋滾螭白玉印池，工緻侔古，近多效製。有三代玉方池，內外土銹，血侵四裹，不知何用，今以爲印池，似甚合宜。

陳元龍《格致鏡原》卷四〇《文具類四·筆架》

《樹萱録》：梁簡文答徐摛書：特設書幌，下置筆牀。筆四管爲一牀，或云筆牀即筆架。《東宮舊事》：皇太子初拜，給漆筆，銅博山筆牀副焉。《考槃餘事》：筆牀有古鎏金者，長六七寸，高寸二分，闊二寸餘，如一架然，上可卧筆四矢，以此爲式。《致虛閣雜俎》：王羲之有巧石筆架，名扈斑，世無其匹。《開元遺事》：學士蘇頲有一錦文花石，鏤爲筆架，嘗置於硯席間，每天欲雨，則此石津出如汗，逡巡而雨。頲常以此爲雨候，無差。《野客叢談》：少陵詩曰：「筆架沾窗雨」，謂筆架爲窗雨所沾耳。《紺珠》：石架閣名卓，號小山真隱，謂筆架也。庾肩吾《謝銅筆格啓》：管插銅龍，還笑王生之壁。《海墨微言》：李白遊慈恩寺，僧用水松牌刷以吳膠粉，捧去乞詩，白爲題訖，僧獻檀香筆格。《歸田録》：錢思公性儉約，子弟非時不得取一錢。公有珊瑚筆格，平生珍惜，子弟欲錢即竊之，公乃以十千購之，子弟佯爲求得以獻公，一歲中率五六如此。《硯北雜志》：宋宣和中，翰林學士王寓一夕草四制，翼日遣中使至玉堂，賜以上所常御筆硯等十三事，有金筆格一。《歸田録》：永叔以銅綠筆格爲蔡君謨潤筆。《考槃餘事》玉筆格，有山形者，有卧仙者。有舊玉子母猫，長六七寸，白玉作母，橫卧爲坐，身負六子，起伏爲格，有純黃純黑者，有黑白雜者，有黃黑爲玳瑁者，因玉玷污取爲形體，扳附眠抱，諸態絶佳，真奇物也。銅者有鎏金雙螭挽格，精甚。有古銅十二峰頭爲格者，有單螭起伏爲格者。窑器，有哥窑三山五山者，製古色潤，有白定卧花哇，瑩白精巧。木者有老樹根枝，蟠曲萬狀，長止五六七寸，宛若行龍，鱗角爪牙悉備，摩弄如玉，誠天生筆格。有棋楠沉速不俟人力者，尤爲難得。石者，有峰嵐起伏者，有蟠屈如龍者，以不假斧鑿爲妙。《雲烟過眼録》：趙松雪乙未自燕回，有所收古玉筆格一。《妮古録》：子昂得靈壁石筆格，狀如鑽雲螭虎。

劉廷璣《在園雜志》卷四

瓷器始於柴世宗，迄今將近千年，徒傳柴窑片之名，所謂「雨過天青」者，已不可問矣。嗣後惟官、哥、汝定其價甚昂，間亦有之，然而不易多得。若成窑五彩暗花而體薄者，「鷄缸」一對，價值百金亦難輕購，本無多也。再之，宣窑最佳，一時稱盛，而真者固少，以其嘉、萬之間本朝便倣本朝，極易溷淆。至國朝御窑一出，超越前代，其款式、規模造作精巧，多出于秋官主政伴阮兄之監製焉。近復郎窑爲貴，紫垣中丞公開府西江時所造也。倣古暗合，與真無二，其摹成、宣黝水、顏色、橘皮、鬃眼、款字酷肖，極難辨别。予初得描金五爪雙龍酒杯一隻，欣以爲舊，後饒州司馬許玠以十杯見貽，與前杯同，訊知，乃郎窑也。又於董妹倩齋頭見青花白地盤一面，以爲真宣也，次日董妹倩復惠其八。曹織部子清始買得脱胎極薄白碗三隻，甚爲賞鑒。費價百二十金，後有人送四隻，云是郎窑，與真成毫髮不爽，誠可謂巧奪天工矣。瓷器之在國朝，洵足淩駕成宣，可與官、哥、汝、定媲美。更有熊窑，亦不多讓。至於瓷牀，瓷燈，又近日之新興也。

服飾器用有一時之好尚，即戲弄小物，亦因時制宜，而窮工極巧者。明時內官家以鬭促織爲能事，其養促織之盆稍小於鬭促織之盆，一盆皆價值十數金。又喜畜猫，各編以美名，如純白者名「一塊玉」，身黑而腹白者名「烏雲罩雪」，黃尾白身者名「金鈎挂玉瓶」之類，甚有染色大紅者。其飼猫之器皿用上號銅質製造，今宣罏內有名猫食盆者是也。價更重於促織小盆，即養畫眉翎毛籠內所用食水小瓷礶，亦價值數金。近今惟尚鬭鵪鶉，鵪鶉口袋有用舊錦、蟒緞、粧花、刻絲、猩氈、哆囉呢。而結口之束子有漢玉、碧玉、瑪瑙、琿琚、蜜珀、琺瑯、金銀犀象。而所用烟袋荷包更復式樣更新，光彩炫耀。邇來更尚鼻烟，其裝鼻烟者，名曰鼻烟壺，有用玉、瑪瑙、水晶、珊瑚、玻璃、縷金琺瑯、象牙、伽楠各種雕鏤纖奇，款式各别，千奇百怪，價不一等，物雖極小而好事者願倍其價購之以自炫，然轉眼間所好更變，又不知何如矣。

程哲《窑器説》 窑器所傳柴禹官哥鈞定，可勿論矣。在勝朝則有永宣成宏正嘉隆萬官窑，其品之高下，首成窑，次宣，次永，次嘉。其宏正隆萬間，亦有佳者。其土骨紫白料法也，堊藥水法也，底足火法也，花青彩畫法也。所忌者三，釉澤不具曰骨，罅折曰蔑，邊毁剥曰茅。

成窑之草蟲可口、子母雞勸杯、人物蓮子酒盞、草蟲小琖、青花小琖，其質細薄如紙。葡萄靶杯、五色敞口匾、肚齊箸小碟、香合小罐，皆五采者。成杯茶貴於酒，采貴於青，其最者鬭雞可口，謂之雞缸。神宗時尚食，御前成杯一雙，已值錢十萬。成宣靶杯，皆非所貴。

宣窑之祭紅杯盤，有通體紅者，有紅魚者、百果者，有西紅寶石堊塗燒者。其寶光凸起紫黑者，火候失也。青花有茶靶杯，畫龍及松梅。有酒靶杯，畫人物海獸。硃砂祭紅少大器。壺物有色紅鮮白鎖口者，有竹節滷壺、小壺匾罐，皆罩蓋者。罏缾杯碟、敞口花尊、蜜漬桶罐，多五采者，白壇盞心有壇字暗花。白茶盞瓮肚釜底線，足裏有龍鳳暗花，底有大明宣德年製暗款，坐墩有漏花填采，皆深青地。有藍地填采，有白地青花，有冰裂紋。其形以拱面爲上，凹面次之，爲其積水故也。又以花款青堊光素品者次之。水注有五采桃注，石榴注，采色雙瓜注，雙鴛注。筆洗有魚藻洗，葵洗，磬口洗，螭洗，兩臺鐙，槩幡幢，雀食罐，蟋蟀盆。徐應秋曰：宣窑不獨款式端正，色澤細潤，即其字畫亦精絶。嘗見一茶盞，乃畫輕羅小扇撲流螢，其人物毫髮具備，儼然一幅李思訓畫。

永窑之壓手杯，傳用可久。撆口折腰，沙足滑底，外深青花，内雙獅毬。毬内篆書永樂年製，細如粟米。鴛鴦心次之。近仿蠢厚，約略形似耳。

嘉窑泡杯，其極低小磬口者，有花三友者稱最，水藻者次之，芝草者又次之。壇琖大中小三號，内茶字者爲最，橄欖字酒字棗湯字次之，薑湯字又次之。薑湯不恒有。琖色以正白如玉斯美，堊嫩則近青，堊不浄則近黄。其青花五色二，窑器製悉備。有三色魚匾、殘磬、口饅、心圓、足紅鉛、小花合子等，有大如錢，有青花，有紅花。

蓋永尚厚，成尚薄，宣青尚淡，嘉青尚濃。成青爲蘇渤泥青，宣青名麻葉青。宣采未若成采，淺深八畫也。嘉萬之回青，特爲幽菁，鮮紅土緑色止礬紅，而回青盛作。

隆窑之祕戲，不入鑒藏，他物汁水瑩厚如堆脂汁，故名雞皮、橘皮，質料厚實，不易茅蔑也。

官窑土骨坯乾經年，方用車碾，薄上堊水，候乾數次，故入骨最堅而厚。出火口足堊不滿者，則碾去土堊，更燒之。故有雞橘紋起，用久口不茅身不蔑。其發椶眼蟹爪紋者，堊中心小疵，反以驗火候之到，亦如宣罏冷熱，充補他鑄無及者。至於别見他産者，略疏於後。

彭窑，元時戧金匠彭君寶效古定器，制折腰様者甚佳。土脈細白者與足器相似，青口欠滋潤，極鬆脆，稱爲新定。近景德倣者，用青田石粉爲骨燒造，名爲粉定，堊粗骨鬆更不佳。

龍泉窑出浙江處州龍泉縣，與哥窑共一地道，宋時名曰青瓷。明窑移處州府，處州青色土堊火候，較舊龍泉質劣。古器質薄，一種盤底有雙魚，外有銅掇環，體厚者不佳。

象窑出浙江寧波府象山縣，似定而粗，色帶黄，有蟹爪紋。色白滋潤者高，俱不貴。

歐窑出江南常州府宜興縣，明歐姓者燒造。有倣哥窑紋片者，有倣官、鈞窑色者。采色甚多，皆花盤匳架，諸器不一，舊者頗佳。

建窑出福建泉州府德化縣，其色有甜白青色，深淺不同。古建瓷薄者絶類宋瓷，盌盞多是撆口，色黑滋潤，有黄兔斑。滴珠大者，真體厚者，多少見薄者，唯佛像最佳。

饒器出江西饒州府浮梁縣景德鎮及廣信府弋陽縣。宋時器色様甚繁，其淋堊甚肥，靈透與定相近而稍有異。明官窑皆出於此，其官造窑小而器不多，甚至一窑止燒一器者，蓋取火候和匀周密而無攲斜、走煙、破罌之失。祭紅以西紅寶石爲堊，又有硃砂點、翠青花點，色不同，堊肥，俱有橘皮紋，甜白。一種色如羊脂者尤可愛。重堊不到，磨去復上，入窑再燒，故椶紋甚厚，久用而不茅蔑。御土窑體薄而潤最好，素折腰様茅口者，體薄色潤瑩白尤佳，其值低於定器。元時燒小定印花者，内有樞府字者高。新燒大足素者欠潤，有青色及五色花者，今燒此器佳者，色白而瑩最高。青黑色戧金者，多是酒壺、酒盞之屬。

吉窑出江西吉州府廬陵縣永和鎮，色與紫定相類，體厚而質粗，不足貴。宋時有五窑，書公燒者佳，有白紫二色花缾。大者直數金，小者有花，又有碎器亦佳。相傳文丞相過此窑，器盡變成玉，遂止不燒。

山西窑出太原府榆次縣，平定州平陽府，霍州又出霍器。

陜窑出平涼府平涼、華亭兩縣。

廣東窑出潮州府，其器與饒器類。

高麗窑器類饒産，有甜白色而堊乾燥，微近黄。皮粗骨輕，花素不等，細花竟似北定印花。青色者似龍泉，上有白花朵者不甚佳。

大食國器以銅骨爲身，起線填五采，藥料燒成，俗謂法瑯是也。宋官窑色鮮菁可愛，明官窑亦佳，又謂之鬼國窑。

古瓷器出河南彰德府瓷州，與定器相似但無淚痕，亦有劃花繡花素者。值昂於定，新者不足論也。

附明沈德符《敝帚齋餘譚》：本朝窑器用白地青花，間裝五色，爲古今之冠。如宣窑品最貴，近日又重成窑，出宣窑之上。蓋兩朝天縱，留意曲藝，宜其精工如此。然花樣皆作八吉祥、五供養、一串金、西番蓮，以至鬬雞百鳥人物故事而已。至嘉靖窑則又倣宣成二種，而稍勝之。惟崔公窑加貴其值，亦第宣、成之什一耳。幼時曾於二三中貴家見隆慶窑酒杯茗椀，俱繪男女私褻之狀，蓋穆宗好内，以故傳命造此種。然漢時發冢，鑿甎畫壁俱有之，且有及男色者。書册所紀甚具，則杯盌正不足怪也。以後此窑漸少，今絶不復睹矣。

國朝張宗柟《帶經堂詩話》附《讀曝書亭集詞》註：後周時請瓷器式，世宗批其狀曰：雨過天青雲破處，者般顔色做將來。

《五雜俎》：柴窑之外有定、汝、官、哥四種，皆宋器也。傳流至今者，惟哥窑稍易得，蓋其質厚，頗耐藏耳。定、汝白如玉，難於完璧。宋時宫中所用率銅鈐其口，以是損價。

《稗編》：渡江後，修内司造青器名内窑，澄泥爲範，極其精緻，油色瑩徹，爲世所珍。後郊壇下别立新窑，餘如烏泥窑、餘杭窑、續窑皆非官窑比，所謂舊越窑不復見矣。

《四部稾》：南宋時，處州章生兄弟皆作窑，兄所作者，視弟色稍白而斷紋多，號白芨碎。又《考古括遺芳》稱：兄所作爲哥窑。

《六研齋筆記》：南宋時餘姚有祕色瓷，麤樸而耐久。今人率以官窑目之，不能别白也。

又兄寒坪曰：高江村宋均窑瓶歌註，世傳柴窑色如天聲如磬，今人得其碎片，皆以裝飾玩具。又宋以白定有芒不堪用，命汝州造青窑器，以瑪瑙末爲油。又南渡後，邵成章提舉後苑，時號邵局，法政和間京師舊製，名官窑，進奉之物，臣庶不敢用。又南宋時，處州章生兄陶者爲哥窑，弟陶者爲龍泉，足皆鐵色。哥窑多斷紋，名百圾破，更見重於世。又雞缸寶燒碗硃砂盤，最爲精緻，價在宋瓷上。

《成窑雞缸歌》註：成窑酒杯種類甚多，有名高燒銀燭照紅妝者，一美人持燭照海棠也。錦灰堆者，折枝花果堆四面也。鞦韆杯者，士女戲鞦韆也。龍舟杯者，鬬龍舟也。高士杯者，一面畫周茂叔愛蓮，一面畫陶淵明對菊也。娃娃杯者，五嬰兒相戲也。滿架葡萄者，畫葡萄也。其餘香草、魚藻、瓜茄、八吉祥、優鉢羅花、西番蓮、梵書，名式不一，皆描畫精工，點色深淺，瓷色瑩潔而質堅。又雞缸上畫牡丹，下有子母雞，躍躍欲動。

又梅村作《宣宗餞金蟋蟀盆歌》，以雞缸爲宣窑。又云楊致軒先生曾語余，祭紅亦作霽紅，或作際紅，惜不及問其出處。

劉廷璣《在園雜志》：瓷器起於柴世宗，迄今將近千年。徒傳柴窑片之名，所謂雨過天青者，已不可問矣。嗣後惟官、哥、汝、定，其價甚昂，間亦有之，然而不易多得。若成窑五彩暗花而體薄者，雞缸一對價值百金，亦難輕購，本無多也。再則宣窑最佳，一時稱盛而真者甚少。以嘉、萬之閒，本朝便倣本朝，極易溷淆。至國朝御窑一出，超越前代。其款式規模，造作精巧，多出於秋官主政伴阮兄之監製焉。近復郎窑爲貴，紫垣中丞公開府西江時所造也。倣古暗合，與真無二，其摹成、宣黝水顔色橘皮椶眼款字酷肖，極難辨别。予初得描金五爪雙龍酒杯一隻，欣以爲舊。後饒州司馬許玠以十杯見貽，與前杯同，詢之乃郎窑也。又於董妹倩齋頭見青花白地盤一面，以爲真宣也。次日妹倩復惠其八曹織部。子清始買得脱胎極薄白碗三隻，甚爲賞鑒，費價百二十金。後有人送四隻，云是郎窑，與真成毫髮不爽，誠可謂巧奪天工矣。瓷器之在國朝，洵足淩駕成宣，可與官、哥、汝、定媲美。更有熊窑亦不多讓，至於瓷牀瓷燈，又近日之新興也。

阮葵生《茶餘客話》：御窑瓷器超越前代，規模款識多出刑部主事劉伴阮監製，伴阮名源。又有郎窑，巡撫廷極所造，仿古酷肖。今之所謂成、宣者，皆郎窑也。又熊窑亦不多讓，近則年窑、唐窑皆入賞鑒。

《窑器説》跋

窑器源流，載在朱笠亭《陶説》者特詳，惜卷帙頗鉅，難於入選。而吴石倉《浮梁陶政記》，又不獲寓目，因從《蓉槎蠡説》中採録此條。餘散見他書者，俱類列附後，本末畧備，以之參互考訂，思過半矣。癸酉仲冬震澤楊復吉識。

孫中梓爰琴校字

陸廷燦《續茶經》卷上之二　二、茶之具

《陸龜蒙集・和茶具十詠》：

茶塢

茗地曲隈回，野行多繚繞。向陽就中密，背澗差還少。遥盤雲髻慢，亂簇香篝小。何處好幽期，滿巖春露曉。

茶人

天賦識靈草，自然鍾野姿。閒來北山下，似與東風期。雨後探芳去，雲間幽路危。唯應報春鳥，得共斯人知。

茶筍

所孕和氣深，時抽玉笤短。輕烟漸結華，嫩蘂初成管。尋來青靄曙，欲去紅雲煖。秀色自難逢，傾筐不曾滿。

茶（籝）〔籯〕

金刀劈翠筠，織似波紋斜。製作自野老，攜持伴山娃。昨日斸煙粒，今朝貯緑華。争歌調笑曲，日暮方還家。

茶舍

旋取山上材，架爲山下屋。門因水勢斜，壁任巖隈曲。朝隨鳥俱散，暮與雲同宿。不憚採掇勞，秖憂官未足。

茶竈經云：竈無突。

無突抱輕嵐，有烟映初旭。盈鍋玉泉沸，滿甑雲芽熟。奇香襲春桂，嫩色凌秋菊。煬者若吾徒，年年看不足。

茶焙

左右擣凝膏，朝昏布烟縷。方圓隨樣拍，次第依層取。山謡縱高下，火候還文武。見説焙前人，時時炙花脯。紫花焙人，以花爲脯。

茶鼎

新泉氣味良，古鐵形狀醜。那堪風雨夜，更值烟霞友。曾過赬石下，又住清溪口。赬石、清溪，皆江南出茶處。且共薦臯盧，臯盧，茶名。何勞傾斗酒。

茶甌

昔人謝塸埞，徒爲妍詞飾。《劉孝威集》有《謝塸埞啓》。豈如珪璧姿，又有煙嵐色。光參筠席上，韻雅金罍側。直使于闐君，從來未嘗識。

煮茶

閒來松間坐，看煮松上雪。時於浪花裏，併下藍英末。傾餘精爽健，忽似氛埃滅。不合别觀書，但宜窺玉札。

《皮日休集・茶中雜咏・茶具》

茶（籝）〔籯〕

筤篣曉攜去，驀過山桑塢。開時送紫茗，負處沾清露。歇把傍雲泉，歸將挂煙樹。滿此是生涯，黄金何足數。

茶竈

南山茶事動，竈起巖根傍。水煮石髮氣，薪燃杉脂香。青瓊蒸後凝，緑髓炊來光。如何重辛苦，一一輪膏粱。

茶焙

鑿彼碧巖下，恰應深二尺。泥易帶雲根，燒難碍石脉。初能燥金餅，漸見乾瓊液。九里共杉林，皆焙名。相望在山側。

茶鼎

龍舒有良匠，鑄此佳樣成。立作菌蠢勢，煎爲潺湲聲。草堂暮雲陰，松窗殘月明。此時勺複茗，野語知逾清。

茶甌

邢客與越人，皆能造前器。圓似月魂墮，輕如雲魄起。棗花勢旋眼，蘋沫香沾齒。松下時一看，支公亦如此。

《江西志》：餘干縣冠山有陸羽茶竈，羽嘗鑿石爲竈，取越溪水煎茶於此。

陶穀《清異録》：豹革爲囊，風神呼吸之具也。煮茶啜之，可以滌滯思而起清風。每引此義，稱之爲水豹囊。

《曲洧舊聞》：范蜀公與司馬温公同遊嵩山，各攜茶以行。温公取紙爲帖，蜀公用小木合子盛之。温公見而驚曰：「景仁乃有茶具也。」蜀公聞其言，留合與寺僧而去。後來士大夫茶具，精麗極世間之工巧，而心猶未厭。晁以道嘗以此語客，客曰：「使温公見今日之茶具，又不知云如何也。」

《北苑貢茶别録》：茶具有銀模、銀圈、竹圈、銅圈等。

梅堯臣《宛陵集・茶竈詩》：山寺碧溪頭，幽人緑巖畔。夜火竹聲乾，春甌茗花亂。茲無雅趣兼，薪桂煩燃爨。

又《茶磨詩》云：楚匠斲山骨，折檀爲轉臍。乾坤人力内，日月蟻行迷。

又有《謝晏太祝遺雙井茶五品茶具四枚》詩。

《武夷志》五：曲朱文公書院前溪中，有茶竈。文公詩云：仙翁遺石竈，宛在水中央。飲罷方舟去，茶烟裊細香。

《羣芳譜》黄山谷云：「相茶瓢與相筇竹同法，不欲肥而欲瘦，但須飽風霜耳。」

樂純《雪菴清史》：陸叟溺於茗事，嘗爲茶論并煎炙之法，造茶具二十四事，以都統籠貯之。時好事者，家藏一副。於是若韋鴻臚、木待制、金法曹、石轉運、胡員外、羅樞密、宗從事、漆雕祕閣、陶寶文、湯提點、竺副帥、司職方輩，皆入吾（籯）〔籝〕中矣。

許次杼《茶疏》：凡士人登山臨水，必命壺觴。若茗椀薰爐，置而不問，是徒豪舉耳。余特置游裝精茗，茗香同行。異室茶罌、銚注、甌洗、盆巾，諸具畢備，而附以香奩、小爐、香囊、匙箸。

未曾汲水，先備茶具，必潔必燥。瀹時壺蓋必仰置，瓷盂勿覆案上，漆氣、食氣皆能敗茶。

朱存理《茶具圖贊序》：飲之用必先茶，而制茶必有其具。錫具姓而繫名，寵以爵，加以號，季宋之彌文，然清逸高遠，上通王公，下逮林野，亦雅道也。願與十二先生周旋，嘗山泉極品以終身。此閒富貴也。天豈靳乎哉。

審安老人茶具十二先生姓名：

韋鴻臚文鼎 景暘 四窗閒叟
木待制利濟 忘機 隔竹主人
金法曹研古 元鍇 雍之舊民
　　　鑠古 仲鑑 和琴先生
石轉運鑿齒 遄行 香屋隱君
胡員外惟一 宗許 貯月仙翁
羅樞密若藥 傳師 思隱寮長
宗從事子弗 不遺 掃雲溪友
漆雕祕閣承之 易持 古臺老人
陶寶文去越 自厚 兔園上客
湯提點發新 一鳴 温谷遺老
竺副帥善調 希默 雪濤公子
司職方成式 如素 潔齋居士

高濂《遵生八牋》：茶具十六事，收貯於器局内，供役於苦節君者，故立名管之，蓋欲歸統於一，以其素有貞心雅操，而自能守之也。

商象 古石鼎也，用以煎茶。
降紅 銅火筯也，用以簇火，不用聮素爲便。
遞火 銅火斗也，用以搬火。
團風 素竹扇也，用以發火。
分盈 挹水杓也，用以量水觔兩，即《茶經》水則也。
執權 準茶秤也，用以衡茶。每杓水二觔，用茶一兩。
注春 瓷瓦壺也，用以注茶。
啜香 瓷瓦甌也，用以啜茗。
撩雲 竹茶匙也，用以取果。
納敬 竹茶橐也，用以放盞。
漉塵 洗茶籃也，用以瀞茶。
歸潔 竹筅箒也，用以滌壺。
受污 拭抹布也，用以潔甌。
静沸 竹架，即《茶經》支鍑也。
運鋒 劗果刀也，用以切果。
甘鈍 木碪墪也。

《王友石譜》竹爐并分封茶具六事：

苦節君 湘竹風爐也，用以煎茶，更有行省收藏之。
建城 以篛爲籠，封茶以貯庋閣。
雲屯 瓷瓦瓶，用以杓泉，以供煮水。
水曹 即瓷缸瓦缶，用以貯泉，以供火鼎。
烏府 以竹爲籃，用以盛炭，爲煎茶之資。
器局 編竹爲方箱，用以總收以上諸茶具者。
品司 編竹爲圓撞提盒，用以收貯各品茶葉，以待烹品者也。

屠赤水《茶箋》茶具：

湘筠焙 焙茶箱也。

鳴泉煮茶瓷罐。

沉垢古茶洗。

合香藏日支茶瓶，以貯司品者。

易持用以納茶，即漆雕祕閣。

屠隆《考槃餘事》：構一斗室相傍書齋，内設茶具，教一童子專主茶役，以供長日清談。寒宵兀坐，此幽人首務，不可少廢者。

灌園史盧廷璧嗜茶成癖，號茶庵。嘗蓄元僧詎可庭茶具十事，具衣冠拜之。

王象晋《羣芳譜》：閩人以粗瓷膽瓶貯茶，近鼓山支提新茗出，一時盡學。新安製爲方圓錫具，遂覺神采奕奕不同。馮可賓《岕茶牋》論茶具茶壺，以窑器爲上，錫次之，茶杯汝、官、哥、定，如未可多得，則適意爲佳耳。

李日華《紫桃軒雜綴》：昌化茶大葉如桃枝柳梗，乃極香。余過逆旅，偶得手摩其焙甑，三日龍麝氣不斷。

臞仙云：古之所有茶竈，但聞其名，未嘗見其物，想必無如此清氣也。予乃陶土粉以爲瓦器，不用泥土爲之，大能耐火，雖猛焰不裂。徑不過尺五，高不過二尺余，上下皆鏤銘頌箴戒之。又置湯壺於上，其座皆空，下有陽谷之穴，可以藏瓢甌之具，清氣倍常。

《重慶府志》：涪江青蠯石爲茶磨，極(隹)[佳]。

《南安府志》：崇義縣出茶磨，以上猶縣石門山石爲之，尤佳。蒼礬縝密，鐫琢堪施。

聞龍《茶箋》：茶具滌畢，覆於竹架，俟其自乾爲佳。其拭巾只宜拭外，切忌拭内。蓋布帨雖潔，一經人手，極易作氣。縱器不乾，亦無大害。

陸廷燦《續茶經》卷中　四、茶之器

《御史臺記》：唐制，御史有三院，一曰臺院，其僚爲侍御史，二曰殿院，其僚爲殿中侍御史，三曰察院，其僚爲監察御史。察院廳居南，會昌初監察御史鄭路所葺。禮察廳謂之松廳，以其南有古松也，刑察廳謂之魘廳，以寢於此者多夢魘也，兵察廳主掌院中茶。其茶必市蜀之佳者，貯於陶器，以防暑濕。御史輒躬親緘啓，故謂之茶瓶廳。

《資暇集》：茶托子始建中。蜀相崔寧之女以茶杯無襯，病其熨指，取楪子承之。既啜而杯傾，乃以蠟環楪子之央，其杯遂定。即命工匠以漆代蠟環，進於蜀相。蜀相奇之，爲製名而話於賓親，人人爲便，用於當代。是後傳者更環其底，愈新其製，以至百狀焉。

貞元初，青鄆油繒爲荷葉形，以襯茶椀，别爲一家之楪。今人多云托子始此，非也。蜀相即今昇平崔家，訊則知矣。

《大觀茶論·茶器》：羅碾，碾以銀爲上，熟鐵次之。槽欲深而峻，輪欲鋭而薄。羅欲細而面緊，碾必力而速。惟再羅，則入湯輕泛，粥面光凝，盡茶之色。

盞須度茶之多少，用盞之大小。盞高茶少，則掩蔽茶色，茶多盞小，則受湯不盡。惟盞熱則茶發立耐久。

筅以觔竹老者爲之，身欲厚重，筅欲疎勁，本欲壯而末必眇，當如劍脊之狀。蓋身厚重，則操之有力而易於運用，筅疎勁如劍脊，則擊拂雖過而浮沫不生。

瓶宜金銀，大小之製惟所裁給。注湯利害，獨瓶之口嘴而已。嘴之口差大而宛直，則注湯力緊而不散，嘴之末欲圓小而峻削，則用湯有節而不滴瀝。蓋湯力緊則發速有節，不滴瀝則茶面不破。

杓之大小，當以可受一盞茶爲量，有餘不足，傾杓煩數，茶必冰矣。

蔡襄《茶録·茶器》：茶焙，編竹爲之，裹以蒻葉，蓋其上，以收火也，隔其中，以有容也。納火其下，去茶尺許，常温温然，所以養茶色香味也。

茶籠，茶不入焙者，宜密封，裹以蒻，籠盛之，置高處，切勿近濕氣。

砧椎，蓋以碎茶，砧以木爲之，椎則或金或鐵，取於便用。茶鈐，屈金鐵爲之，用以炙茶。

茶碾，以銀或鐵爲之。黄金性柔，銅及鍮石皆能生鉎，音星。不入用。

茶羅，以絶細爲佳，羅底用蜀東川鵞溪絹之密者，投湯中，揉洗以羃之。

茶盞，茶色白，宜黑盞。建安所造者紺黑，紋如兔毫，其坯微厚，熁之久熱難冷，最爲要用。出他處者，或薄或色紫，不及也。其青白盞，鬬試自不用。

茶匙，要重，擊拂有力，黄金爲上。人間以銀鐵爲之。竹者太輕，建茶不取。

茶瓶，要小者，易於候湯，且點茶注湯有準。黄金爲上。若人間以銀鐵或瓷石爲之。若瓶大啜存，停久味過，則不佳矣。

孫穆《雞林類事》：高麗方言，茶匙曰茶戍。

《清波雜志》：長沙匠者造茶器極精緻，工直之厚，等所用白金之數。士大夫家多有之，寘几案間，但知以侈靡相夸，初不常用也。凡茶宜錫，竊意以錫爲合，適用而不侈。貼以紙，則茶味易損。

張芸叟云：吕申公家有茶羅子，一金飾，一棕櫚。方接客，索銀羅子，常客

也，金羅子，禁近也，棕欄，則公輔必矣。家人常挨排於屏間，以候之。

《黃庭堅集·同公擇咏茶碾》詩：要及新香碾一杯，不應傳寶到雲來。碎身粉骨方餘味，莫厭聲喧萬壑雷。

陶穀《清異録》：富貴湯，當以銀銚煮之，佳甚。銅銚煮水，錫壺注茶，次之。

《蘇東坡集·揚州石塔試茶》詩：坐客皆可人，鼎器手自潔。《秦少游集·茶臼詩》：幽人耽茗飲，刳木事擣撞。巧製合臼形，雅音伴柷椌。

《文與可集·謝許判官惠茶器圖》詩：成圖畫茶器，滿幅寫茶詩。會説工全妙，深諳句特奇。

謝宗可《咏物詩·茶筅》：此君一節瑩無瑕，夜聽松聲漱玉華。萬里引風歸蟹眼，半瓶飛雪起龍芽。香凝翠髮雲生脚，濕滿蒼髯浪卷花。到手纖毫皆盡力，多因不負玉川家。

《乾淳歲時記》：禁中大慶會，用大鍍金甃，以五色果簇飣龍鳳，謂之繡茶。

《演繁露》：《東坡後集二·從駕景靈宫》詩云：病貪賜茗浮銅葉。按：今御前賜茶，皆不用建盞，用大湯甃，色正白，但其制樣似銅葉湯甃耳。銅葉色，黃褐色也。

周密《癸辛雜志》：宋時長沙茶具精妙，甲天下。每副用白金三百星或五百星，凡茶之具悉備，外則以大纓銀合貯之。趙南仲丞相帥潭，以黃金千兩爲之，以進尚方。穆陵大喜，蓋内院之工所不能爲也。

楊基《眉庵集·咏木茶爐》詩：紺緑仙人煉玉膚，花神爲曝紫霞腴。九天清淚沾明月，一點芳心託鷓鴣。肌骨已爲香魄死，夢魂猶在露團枯。孀娥莫怨花零落，分付餘醺與酪奴。

張源《茶録》：茶銚，金乃水母，銀備剛柔，味不鹹澀，作銚最良，製必穿心，令火氣易透。

茶甌以白瓷爲上，藍者次之。

聞龍《茶牋茶鍑》：山林隱逸，水銚用銀，尚不易得，何况鍑乎。若用之，恒歸於鐵也。

羅廩《茶解》：茶爐，或瓦或竹皆可，而大小須與湯銚稱。凡貯茶之器，始終貯茶，不得移爲他用。

李如一《水南翰記》：韻書無甃字，今人呼盛茶酒器曰甃。《檀几叢書》：品茶用歐白瓷爲良，所謂「素瓷傳静夜，芳氣滿閒軒」也。製宜弇口邃腸，色浮浮而香不散。

《茶説》：器具精潔，茶愈爲之生色。今時姑蘇之錫注，時大彬之沙壺，汴梁之錫銚，湘妃竹之茶竈，宣、成窑之茶盞，高人詞客、賢士大夫，莫不爲之珍重。即唐宋以來茶具之精，未必有如斯之雅致。

聞雁齋《筆談》：茶既就筐，其性必發於日，而遇知己於水。然非煮之茶竈、茶爐，則亦不佳。故曰：飲茶，富貴之事也。

《雪庵清史》：泉冽性駛，非扃以金銀器，味必破器而走矣。有饋中泠泉於歐陽文忠者，公訝曰：「君故貧士，何爲致此奇貺。」徐視饋器，乃曰：「水味盡矣。」噫，如公言，飲茶乃富貴事耶。嘗考宋之大小龍團，始於丁謂，成於蔡襄。公聞而嘆曰：「君謨士人也，何至作此事。」東坡詩曰：「武彝溪邊粟粒芽，前丁後蔡相籠加。吾君所乏豈此物，致養口體何陋耶。」此則二公又爲茶敗壞多矣。故余於茶瓶而有感。

茶鼎，丹山碧水之鄉，月澗雲龕之品，滌煩消渴，功誠不在芝朮下。然不有似泛乳花浮雲脚，則草堂暮雲陰，松窗殘雪明，何以勺之野語清。噫，鼎之有功於茶大矣哉，故日休有「立作菌蠢勢，煎爲潺湲聲」，禹錫有「驟雨松風入鼎來，白雲滿盌花徘徊」，居仁有「浮花原屬三昧手，竹齋自試魚眼湯」，仲淹有「鼎磨雲外首山銅，瓶攜江上中濡水」，景綸有「待得聲聞俱寂後，一甌春雪勝醍醐」。噫，鼎之有功於茶大矣哉。雖然，吾猶有取盧仝「柴門反關無俗客，紗帽籠頭自煎喫」，楊萬里「老夫平生愛煮茗，十年燒穿折脚鼎」。如二君者，差可不負此鼎耳。

馮時可《茶録》：芘莉，一名籝筤，茶籠也。犧，木杓也，瓢也。

《宜興志》：茗壺，陶穴環於蜀山，原名獨山，東坡居陽羨時，以其似蜀中風景，改名蜀山。今山椒建東坡祠以祀之，陶煙飛染，祠宇盡黑。

冒巢民云：茶壺以小爲貴，每一客一壺，任獨斟飲，方得茶趣。何也。壺小則香不渙散，味不耽遲。况茶中香味不先不後，恰有一時。太早或未足，稍緩或已過，箇中之妙，清心自飲，化而裁之，存乎其人。

周高起《陽羨茗壺系》：茶至明代，不復碾屑，和香藥，製團餅，已遠過古人。近百年中，壺黜銀錫及閩豫瓷，而尚宜興陶，此又遠過前人處也。陶曷取諸？取其製以本山土砂，能發真茶之色香味。不但杜工部云「傾金注玉驚人眼」，高流務以免俗也。至名手所作，一壺重不數兩，價每一二十金，能使土與黃金爭價。世日趨華，抑足感矣。考其創始，自金沙寺僧，久而逸其名。又提學頤山吳公讀書金沙寺中，有青衣供春者仿老僧法爲之，栗色闇闇，敦龐周正，指螺紋隱隱可按，允稱第一。世作龔春，悮也。萬曆間有四大家：董翰、趙梁、玄錫、時朋，朋即大彬父也。大彬號少山，不務妍媚，而樸雅堅栗，妙不可思，遂於陶人擅空羣之目矣。此外則有李茂林、李仲芳、徐友泉，又大彬徒歐正春、邵文金、邵文銀、蔣伯荂四人，陳用卿、陳信卿、閔魯生、陳光甫。又婺源人陳仲美，重鏤叠刻，細極鬼工。沈君用、邵蓋、周後溪、邵二孫、陳俊卿、周季山、陳和之、陳挺生、承雲從、沈君盛、陳辰輩，各有所長。徐友泉所自製之泥，色有海棠紅、朱砂紫、定窑白、冷金黄、淡墨、沉香、水碧、榴皮、葵黄、閃色、梨皮等名。大彬鐫款，用竹刀畫之，書法閒雅。

茶洗，式如扁壺，中加一盎鬲而細竅其底，便於過水漉沙。茶藏，以閉洗過之茶者。陳仲美、沈君用各有奇製。水杓、湯銚，亦有製之盡美者。要以椰瓢錫缶爲用之恒。

茗壺宜小不宜大，宜淺不宜深，壺蓋宜盎不宜砥，湯力茗香，俾得團結氤氳，方爲佳也。

壺若有宿雜氣，須滿貯沸湯滌之，乘熱傾去，即没於冷水中，亦急出水瀉之，元氣復矣。

許次杼《茶疏》：茶盒以貯日用零茶，用錫爲之，從大壜中分出，若用盡時再取。

茶壺，往時尚龔春，近日時大彬所製極爲人所重。蓋是粫砂製成，正取砂無土氣耳。

臞仙云：茶甌者，予嘗以瓦爲之，不用瓷。以筍殼爲蓋，以檞葉攢覆於上，如箬笠狀，以蔽其塵，用竹架盛之，極清無比。茶匙以竹編成，細如笊籬，樣與塵世所用者大不凡矣，乃林下出塵之物也。煎茶用銅瓶，不免湯鉎，用砂銚，亦嫌土氣，惟純錫爲五金之母，製銚能益水德。

謝肇淛《五雜組》：宋初閩茶，北苑爲最，當時上供者，非兩府禁近不得賜，而人家亦珍重愛惜。如王東城有茶囊，惟楊大年至，則取以具茶，他客莫敢望也。

《支廷訓集》有《湯藴之傳》，乃茶壺也。

文震亨《長物志》：壺以砂者爲上，既不奪香，又無熟湯氣。錫壺有趙良璧者，亦佳。吴中歸錫、嘉禾黄錫，價皆最高。

《遵生八牋》：茶銚、茶瓶，瓷砂爲上，銅錫次之。瓷壺注茶、砂銚煮水爲上。茶盞惟宣窑壇爲最，質厚白瑩，樣式古雅。有等宣窑印花白甌，式樣得中而瑩然如玉。次則嘉窑，心内有茶字小盞爲美。欲試茶色黄白，豈容青花亂之。注酒亦然，惟純白色器皿爲最上乘，餘品皆不取。

試茶以滌器爲第一，要茶瓶、茶盞、茶匙生鉎，致損茶味，必須先時洗潔則美。

曹昭《格古要論》：古人喫茶湯用擎，取其易乾不留滯。

陶繼儒《試茶詩》有「竹爐幽討」「松火怒飛」之句。竹茶爐，出惠山者最佳。

《淵鑒類函》：茗盌，韓詩：茗盌纖纖捧。

徐葆光《中山傳信録》：琉球茶甌，色黄，描青緑花草，云出土噶喇。其質少麤，無花，但作冰紋者，出大島。甌上造一小木蓋，朱黑漆之，下作空心托子，製作頗工。亦有茶托、茶帚。其茶具、火爐，與中國小異。

葛萬里《清異論録》：時大彬茶壺有名「釣雪」，似帶笠而釣者，然無牽合意。

《隨見録》：洋銅茶銚來自海外，紅銅盪錫，薄而輕，精而雅，烹茶最宜。

沈宗敬《駢字類編》卷一三七

白瓷：《宋史・食貨志》：開寶四年，置市舶司于廣州，後又於杭、明州置司。諸蕃並通貨，易以金銀緡錢、鉛錫雜色、白瓷器，市香、藥、犀、象、珊瑚、琥珀、珠琲、鑌鐵、鼊皮、瑇瑁、瑪瑙、車渠、水精、蕃布、烏樠、蘇木等物。《本草》注：白瓷器定州者良，餘皆不如。《筆衡》論古窑器：本朝以定州白瓷器有芒，遂命汝州造青窑器。《雲笈七籤》：鍊雲母當以五月，久茅屋漏水于白瓷器中，漬之百日漉出。白居易《睡後茶興詩》：「白瓷甌甚潔，紅爐炭方熾。」

白定：于鑒之《白瓷桐葉洗詩》：「却笑剪珪兒戲事，明窗書罷對連城。」

白甌：李頎《贈張旭詩》：「荷葉裹江魚，〔白甌〕貯香秔。」白居易《過李生詩》：「白瓷青竹箸，儉潔無羶腥。」齊己《逢鄉友》詩：「竹影斜青蘚，茶香在白瓷。」

白盌：椀同。杜甫《又于韋處乞大邑瓷盌詩》：「君家白瓷勝霜雪，急送茅齋也可憐。」王建《詶楊侍御答酒》詩：「萊萸酒法大家同，好是盛來白瓷中。」

白盤：韓愈《月蝕》詩：「月影如白盤，完完上天東。」

王棠《燕在閣知新録》卷二五《窑器各種》

舜爲陶器，迄於秦漢，今河南土中有羽觴無色澤者，即此類也。陸龜蒙詩所謂：「九秋風露越窑開，奪得千峰翠色來」，最爲諸窑之冠。至吴越王有國日愈精，謂之秘色，即柴窑也。相傳柴世宗燒造，所司請其色，御批曰：「雨過青天雲破處，這般顔色做將來。」或曰製器者姓，或曰柴世宗時始進御云。宋以定州白瓷有芒不堪用，造青窑器，北唐、鄧、耀州悉有之，而汝爲冠，處州之龍泉、建安之烏泥品最下。政和間京師自置窑燒造，名曰白官窑，文色亞於汝價，然鈞州稍具諸色，火彩太露，器極大。中興渡江有邵姓號邵局，於修內司造青器，名內窑，摸範極精，爲世所珍。又宋時章生兄弟作窑，兄所作色白而斷紋多，號曰哥窑，即白圾碎也。明朝有永樂、宣德、成化，皆純白，或回青或加綵色，宣德之貴亦與汝敵，而永樂以次重矣。

王棠《燕在閣知新録》卷二五《明代窑器》 《蓉槎蠡説》云：窑器所傳柴、禹、官、哥、鈞、定，可勿論矣。在勝朝則有永、宣、成、弘、正、嘉、隆、萬官窑，其品之高下，首成窑，次宣次永次嘉，其正、弘、隆、萬間亦有佳者，其土骨紫白料法也，埡藥水法也，底足火法也，花青彩畫法也。所忌者三：油澤不具曰骨，罅折曰蔑，邊毀剥曰茅。成窑之艸蟲可口、子母雞勸杯、人物蓮子酒盞、艸蟲小琖、青花小盞，其質細薄如紙。蒲萄靶杯、五色敞口匾、肚齊箸小碟、香合小罐，皆五采者。成杯茶貴於酒，采貴於青，其最者鬬雞可口，謂之雞缸，神宗時尚食，御前成杯一雙已值錢十萬，成宣靶杯皆非所貴。宣窑之祭紅杯盤有通體紅者，有紅魚者、百果者，有西紅寶石埡塗燒者，其寶光凸起紫黑者，火候失也。青花有茶靶杯，畫龍及松梅。有酒靶杯。畫人物海獸。硃砂祭紅少大器，壺物有色紅鮮白鎖口者，有竹節滷壺、小壺匾罐皆罩蓋者，鑪餅杯碟、敞口花尊、蜜漬桶罐多五采者。白壇盞心有壇字暗花，白茶琖瓮肚釜底線足裏有龍鳳暗花，底有大明宣德年製暗款，坐墩有漏花填采，皆深青地，有藍地填采，有白地青花，有冰裂紋，其形以拱面爲上，凹面次之，爲其積水故也。又以花款青埡光素品者次之。水注有五采桃注、石榴注、采色雙爪注，雙鴛注、鵝注。筆洗有魚藻洗、葵洗、磬口洗、螭洗。兩臺鐙檠幡幢雀食罐、蟋蟀盆。徐應秋曰：宣窑不獨款式端正，色澤細潤，即其字畫亦精絶。嘗見一茶盞，乃畫輕羅小扇撲流螢，其人物毫髮具備，儼然一幅李思訓畫。永窑之壓手杯傳用可久，撆口折腰，沙足滑底，外深青花，内雙獅毬，毬内篆書「永樂年製」，細如粟米，鴛鴦心次之。近倣蠢厚，約略形似耳。嘉窑泡杯，其極低小磬口者，有三友花者稱最，水藻者次之，芝草者又次之。壇琖大中小三號，内茶字者爲最，橄欖字、酒字、棗湯字次之，薑湯字又次之。薑湯不恒有。琖色以正白如玉斯美，埡嫩則近青，埡不凈則近黃。其青花五色二窑器製悉備，有三色魚匾、殘磬、口饅、心圓、足紅鉛小花合子等。有大如錢，有青花，有紅花，蓋永尚厚，成尚薄，宣青尚淡，嘉青尚濃，成青爲蘇渤泥，宣青名麻葉青。宣采未若成采淺深入畫也。嘉萬之回青，特爲幽菁鮮紅土絶色正礬紅，而回青盛作。隆窑之秘戲不入鑒藏，他物汁水瑩厚，如堆脂汁，故名雞皮、橘皮，質料厚實不易茅蔑也。官窑坯器乾經年，方用車碾薄上埡木，候乾數次，故入骨最堅而厚。出火口足埡不滿者則碾去土埡更燒之，故有雞橘紋起，用久口不茅，身不蔑。其發椶眼蟹爪紋者，埡中心小疵，反以諗火候之到，亦如宣鑪熱銃，他鑄無及者。至於別見他産者，略疏於後。彭窑，元時戧金匠彭均寶效古定器制折腰樣者甚佳，土脉細白者與定器相似，青口欠滋潤，極鬆脆，稱爲新定。近景德倣者，用青田石粉爲骨燒造，名爲粉定，埡粗骨鬆，更不佳。龍泉窑出浙江處州龍泉縣，與哥窑共一地，道宋時名曰青瓷。明窑移處州府處州，青色土埡，火候較舊龍泉質劣，古器質薄，一種盤底有雙魚，外有銅掇環，體厚者不佳。象窑出浙江寧波府象山縣，似定而粗，色帶黃，有蟹爪紋，色白滋潤者高，俱不貴。歐窑出南直常州府宜興縣，明歐姓者燒造，有倣哥窑紋片者，有倣官鈞窑色者，采色甚多，皆花盤匳架，諸器不一，舊者頗佳。建窑出福建泉州府德化縣，其色有甜白、青色，深淺不同。古建瓷薄者絶類宋瓷，盌盞多是撆口，色黑滋潤，有黃兔斑，滴珠大者真，體厚者多，少見薄者，惟佛像最佳。饒器出江西饒州府浮梁縣景德鎮及廣信府弋陽縣，宋時器色樣甚繁，其淋埡甚肥，靈透與定相近而稍有異，明官窑皆出於此。其官造窑小而器不多，甚至一窑止燒一器者，蓋取火候和匀周密而無欹斜走烟破釁之失。祭紅以西紅寶石爲埡，又有硃砂點、翠青花點，色不同，埡肥，俱有橘皮紋，甜白，一種色如羊脂者尤可愛。重埡不到，磨去復上，入窑再燒，故椶紋甚厚，久用而不茅蔑。御土窑體薄而潤最好，素折腰樣茅口者，體薄色潤瑩白尤佳，其值低於定器。元時燒小定印花者，内有樞府字者高，新燒大足素者欠潤。有青色及五色花者，今燒此器，佳者色白而瑩最高。青黑色戧金者，多是酒壺、酒盞之屬。吉窑出江西吉州府廬陵縣永和鎮，色與紫定相類，體厚而質粗，不足貴。宋時有五窑，書公燒者佳，有白紫二色花餅，大者直數金，小者有花又有碎器，亦佳。相傳文丞相過此，窑器盡變成玉，遂止不燒。山西窑出太原府榆次縣、平定州平陽府，霍州又出霍器。陜窑出平涼府平涼、華亭兩縣。廣東窑出潮州府，其器與饒器類。高麗窑器類饒産，有甜白色而埡乾燥，微近黃，皮粗骨輕，花素不等，細花竟似北定，印花青色者似龍泉，上有白花朵者不甚佳。大食國器以銅骨爲身，起線填五采，藥料燒成，俗謂法瑯是也。宋官窑色鮮菁可愛，明官窑亦佳，又謂之鬼國窑。古瓷器出河南彰德府瓷州，與定器相似，但無淚痕，亦有劃花繡花素者，值昂於定，新者不足論也。

袁枚《小倉山房文集》卷二二《玩古者説三篇》　人老而尊，物古而玩，宜也。人壽不如物，而以物之壽者，爲娱人之情也。罍盧澡盤，古而麤者也，不妙于目。山河日月，古而虚者也，不私于我。于是求之于玉、于銅、于瓷、于硯、于琴、于竹漆、于紙墨、于書畫，此必至之勢也，非好事者之爲也。或曰是非聖人之道歟，余曰：不然，魯糖、衛柯、夏璜、殷琥、封父之繁弱、鍾叔之離磬，此見于三代前者也。任后爭罍尊，欒大辨齊器，竇憲取仲山父鼎，此見于三代後者也。古物之興，由來尚矣。然則物古皆足玩歟，曰：亦非也。未古貴真，已古貴精。有古玉焉，其得于天者如截肪，成于良工者，如切泥，然後開其渠眉，礲以礛諸，而又不渫于壤，不燀于火，不齧于鉏銚，不攕揳于後起者之錐刀，然後絶耀其精，樸屬其形，稱至寶矣。猶人有絶德雋才，長于朱門，遇于聖明，推排于世故，而又不爲萋非之所傷，然後器成而品尊，非徒以齒尚也。其他物例是。今訾𪎭之人，率弄古物爲娱，靳拳膠目，絶欲得之。然而或寶康瓠，或欽燕石，呰窳行濫，鬬然自以爲信矣。及至瞑于知音，斥于内府，奇賞不得，僂售不可，乃不速睒其目，醜其手，而反相與憑怒啐詬，以爲世物無古也。古物聞之笑，識古者聞之悲。

或曰古物之遇不遇果有數乎，曰：不遇者其常也，遇者其偶也。雖然，世之人不求不珍，于古物無懵也。求之而不以誠，珍之而不甚至，于古物亦無懵也。何也，不求不珍，其可求可珍者自在也。一旦而求之珍之，不可知也。惟其求之誠，珍之至，自以爲無所不用其極，而卒與舜且馳，則所謂瞽而字伯明者也。于是果于自信，輕于誣物，而古物當其前，或拉雜摧燒之矣。其病一在于好其名，一在于强爲解。

夫「漢」之爲言「含」也。古以美玉爲死者之含。莊子所謂「死何含珠」是也。或曰「汗」也，玉入土久則汗出而斑頳，今訛其音以爲「漢」，豈非漢則無玉乎。商之訓嵌也，刻鐫也，鄭箋所謂鶬金飾貌是也。今昧其義以爲「商」，豈非商則不飾金銀乎。碧瓷見鄱陽賦，花瓷見宋廣平語越窑翠色見陸魯望詩。今鈞奇者以爲始于柴世宗，誤矣。瓦無硯理，而詃而托之，曰「未央宫」，曰「銅雀」，宣德無庫焚鑄鑪事，而眸而見之曰「宣鑪」，又悞矣。此所謂好其名也。《括異志》曰：「銅入土千年而青。」今見啓、禎、嘉、萬錢才百年，已如翠曾者何？《青箱志》曰：「書畫千年而絶迹。」今見韓滉畫五牛，顔魯公《自書告身》，雖千年赫然新者何？《志林》曰：「世無真玉，勿熯于火者方是。」然《尚書》云「火炎崑崗玉石俱焚」者何？此所謂强爲解也。夫古器非什百爲沓者也，非折閲不市者也，又非鮨人使好鉥人使解者也。既好矣解矣，而又似好非好，似解非解，好不如不好，解不如不解，不病乎其所不知，而病乎其所已知。然則古器之坻伏不出，甘心朽壞以終也宜哉，宜哉。

或曰：「古物奚用而子若是其重之。」曰：有用之用小，無用之用大。鳳不司晨，麟不服軛，周鼎不烹飪，固不可賤也。且陳彝敦，而見升降裼襲之禮焉。佩環珮，而想采齊肆夏之度焉。對翰墨，而忘塵氛温嫚之攖焉。其重之也，亦猶行夫古之道也。曰：「士大夫既不知古，盍假長耳飛目以矩之？」曰：愛古者非富即貴，富則陜輸，貴則很用。賈者牟大利以羼其僞。識者娱餘人以赫其獨，夫古不古，于理無所闕也。今之于理有所闕者，欲求一操，執款款之小丈夫而不得也。而古物之爲銅、爲玉、爲瓷、爲竹、爲紙墨、爐硯、書畫者又不能門扇户吹，嘐嘐然自命曰：「我良也，彼楛也。」則奈何？曰：尚以潢治，五采惠之，彼夐求者，必交貿相競矣。曰：此所謂文而不采，如俔之見風，不終日定也。」曰：「博古有圖書，畫有譜，其將循是以迹之歟？」曰：此函冶氏所謂獨知之貨，輪扁所謂糟粕之書也，其不可傳也，死矣。圖譜造于宣和南渡後，物已淪于沙漠。烏乎循？然則子何獨玩之？」曰：「好生解，解生悞，悞生悔，悔生懼，懼生辨，辨生疑，疑生虚，虚生明。八者缺一焉不可也。然則今之升奥渫皮華几者，皆非古歟？」曰：「是何言也，制科百年，而謂其中必無才也，固不然，然則古物存者幾何？」曰：物隨年古，今與古環流無窮，則物亦環流無窮也。然而古弃今削，古繁重今輕訬，古嶹而廉今庛而挐，古奇侅而攫網今薛暴而堙替。今以往其侊巧儇變，又不知其何所極也。

唐秉鈞《文房肆考圖説》卷三《澄泥硯》　虢州澄泥，唐人硯品以爲第一，而今人罕見矣。今所謂陶人以河海沙土如磚瓦，配合入窑燒成，最上者曰「鱔黄」，其次「绿頭砂」，再次「玫瑰紫」。其黄上見斑點，大者爲豆瓣砂，細者爲菉豆砂。

唐秉鈞《文房肆考圖説》卷三《家先生桐園公澄泥硯説》　嘗聞論硯者云端石、歙石、澄泥三者並重，而澄泥之最上者爲鱔魚黄，其次绿頭青，再次玫瑰紫。其黄上見斑點大者爲豆瓣砂，小者爲菉豆砂，有二砂者善。有者皆發墨，然多麄燥，損筆不堪，難爲士林珍重，僅可供俗吏字匠之用耳。

唐秉鈞《文房肆考圖説》卷三《古窑器攷》　陶窑上古已作，非虞帝始。宋葉寘《垣齊筆衡》云：「窑器自舜時便有，三代迄於秦漢所謂甓器是也。」此必葉公僅依《周禮·考工記》：「有虞氏上陶。」《禮記·明堂位》：「泰，有虞氏之尊也。」

《韓非子》：「虞舜作食器。」《史記·五帝本紀》：「舜陶河濱，作什器於壽邱。河濱器皆不苦窳。」諸經史之句而云然耳。鈞嘗閱《汲古周書》有云：「神農作瓦器。」《路史》有云：「燧人爲釜。」《物原》有云：「神農作甕，及軒轅作盌楪。」《紺珠》有云：「瓶，缾同。神農製。」《呂氏春秋》有云：「黄帝有陶正，昆吾作陶。」《説文》亦云：「昆吾作陶。」《春秋正義》：「少皞有五工正，搏埴之工曰鶌雉之文。」則陶窑上古已有，不自舜始也。意《考工》、《禮記》、《韓非》、《史記》皆稱有虞氏者，蓋以上古太樸，陶器衹如今黄沙之質。至舜而制度略備，精粗有別，故有泰尊禮器之作爾。其稱上陶者，「上」與「尚」通，謂舜至質，貴陶器也。當訓好「尚」之「尚」，不作「上」下之「上」解。然稽唐虞三代，以迄秦、漢、魏、晉、六朝著於經、史、子、集者，如曰缶、曰土墦、曰土刑、曰泰尊、曰甒大瓦棺、曰甑盆、曰瓦旊之類，名凡數十，而窑無所攷。至唐而始著窑名。鈞念先王禮器、法物、金玉、犀象、寶具，艸野編氓，不特家未嘗藏，且更目未嘗覩。若窑陶瓷器，廼生民飲食日用之不可缺，寧可不辨精麤，不知高下乎？故并攷而詳之。

唐秉鈞《文房肆考圖説》卷三《古今諸窑》 越州窑：越州窑，唐代所燒，越州即今浙江紹興府也。夏后氏會諸侯，計功於此，命曰「會稽」，少康封少子無餘，奉禹祀其地，號曰「於越」。春秋爲越國，秦置會稽郡屬吳，隋唐曰「越州」，宋曰「紹興」。陶至唐而盛，始尚窑器。按：《唐越陶實》：爲錢氏「秘色」，窑之所自始。陸羽《茶經》推爲最上。謂邢瓷類銀，越窑類玉，邢瓷類雪，越瓷類冰，邢瓷白而茶色丹，越瓷青而茶色緑。陸龜蒙詩云：「九秋風露越窑開，奪得千峰翠色來。」韓偓詩云：「越甌犀液發茶香。」孟郊詩云：「越甌甌，小盆也，盌深者爲甌。荷葉空。」鄭谷詩云：「茶新換越甌。」柳柳州《河東集·代人進瓷器狀》云：「藝精埏埴，制合規模。」晉杜毓《荈賦》云：「器擇陶揀出自東甌。」東甌閩中地。甌亦越地。顧況《茶賦》云：「越泥似玉之甌。」稱美越瓷者，不一而足。越窑之爲重於時如此。《杜少陵集·韋處乞大邑瓷盌詩》云：「大邑燒瓷輕且堅，扣如哀玉錦城傳。君家白盌勝霜雪，急送茅齋也可憐。」首句美其質，次句想其聲，三句羡其色，説得珍重可愛。然後冀其急送茅齋，可知越州瓷器爲唐時韻物矣。

秘色窑：吳越秘色窑，錢氏有國時，於越州燒進，爲供奉之物，臣庶不得用，故云「秘色」。然蜀王建報朱梁信物有金稜椀，致語云：「金稜含寶椀之光，秘色抱青瓷之響。」則秘色乃是當時瓷器之名。不然，吳越專以此燒進，何王蜀反取之以報梁耶。

柴窑：柴窑後周柴世宗所燒，以其姓柴，故名。後周都汴，出北地河南鄭州，其地本宜於陶也。宋政和官窑，亦起於汴，汝亦唐河南道所轄之州。柴窑青如天，明如鏡，薄如紙，聲如磬，滋潤細媚，有細紋。相傳當日請瓷器式，世宗批其狀曰：「雨過天青雲破處，者般顔色作將來。」足多麤黄土，製精色異，爲諸窑之冠。論窑器者，必曰：柴、汝、官、哥、定，而柴不可得矣。得殘器碎片，製爲絛環玩具，蓋難得而貴重之也。

定窑：古定器，宋時所燒，出定州，今直隸真定府也。似象窑，色有竹絲刷紋者曰北定。以政和宣和間窑爲最好。然難得成隊者，有花者乃南定窑，出南渡後。然按東坡《試院煎茶詩》云：「定州花瓷琢紅玉。」則有花者非至南渡後而出也。北貴於南，定窑土脉細，有光素、凸花、劃花、印花、繡花等種。多因牡丹、萱艸、飛鳳，式多工巧，劃花最佳，素者亦好。以白色而滋潤爲正，白骨而加以泑水有如淚痕者佳。質麤而色黄者低，土俱白者，其價高於白定。間有紫定，色紫。黑定，若漆。不甚珍也。

汝窑：宋時以定州白瓷器有芒不堪用，遂命汝州建青器窑，屑瑪瑙爲油，如哥而深，微帶黄，有似卵白，真所謂淡青色也。汁水瑩厚如堆脂。《格古要論》云：汁中棱眼隱若蟹爪者真。又云無紋者尤好。説似互異，此如端溪石子辨鸜鵒眼，眼本石病得，此可驗真水坑也。故曰無紋者尤好。底有芝蔴花，細小掙釘，土脉質製，較官窑尤滋潤，薄者難得。時唐、鄧、耀諸州悉有窑，而以汝爲冠。

官窑：宋政和間，徽宗於京師置窑燒造，曰官窑。土脉細潤，色青，帶粉紅，濃淡不一。有蟹爪紋，紫口鐵足，文色上白而薄如紙者，頗亞於汝，其價亦然。有黑土者謂之烏泥窑，僞者皆龍泉所造，無紋路。中興渡江，有邵成章提舉後苑，襲舊京遺製，置窑於修内史，造青器，號曰「邵局」，又曰「内窑」，亦曰「官窑」。澄泥爲範，極其精緻，其妙處當在體質，油色又瑩徹，爲世所珍。後郊壇別立新窑，亦曰「官窑」，比之舊窑大不侔矣。南宋餘姚秘色瓷，今人率以官窑目之，不能別白，間見亂真。

按：《缾花譜》以烏泥與龍泉、均州、章生諸窑並重。《博物要覽》謂烏泥質麤不潤，而釉水燥暴，溷入官窑，今亦傳世，則當差肩象董矣。《留青日札》云：「建安烏泥窑，品最下。」未可傳信，抑今昔之不同耶。

哥窑：亦宋時所燒，本龍泉琉田窑。處州人章生一、生二兄弟於龍泉之窑，各主其一。生一以兄故，其所陶者曰「哥窑」，色青，濃淡不一，土脉細薄，亦有鐵足紫口。多斷紋，號「百圾碎」。油水純粹者最貴。色好者類董窑，今亦少有。官窑質之隱紋如蟹爪，哥窑質之隱紋如魚子，但汁釉不如官窑。

龍泉窑：古龍泉窑，土細質厚，色甚葱翠，妙者與官哥争艷。但少紋片、紫骨、鐵足耳。有一等盆底有雙魚，盆外有銅掇環，器質厚實，極耐摩弄，不易茅蔑。第工匠稍拙，製法不甚古雅，若用白土造器，外塗泑水，翠淺，影露白痕，即章生二所陶者。時以哥名兄窑，弟仍龍泉之舊，亦曰龍泉窑，又號章窑。土脉細且薄，翠青色者貴。又有粉青色者，較龍泉製度更覺細巧精緻。至今温處人猶稱爲章窑，人或曰處器、青器。《春風堂隨筆》云：「弟所陶青器，純粹如美玉，爲世所貴，即官窑之類。」

按兄弟二窑，其色皆青，濃淡不一，足皆鐵色，亦濃淡不一。舊聞紫足今少見，惟兄窑有紋，弟窑無紋爲別。哥窑在元末新燒，土脉麤燥，色亦不好。龍泉窑在明初移處州，青器土堊，火候漸不及前矣。假哥窑碎紋不能得鐵足，鐵足則不能聲，龍泉不能得其淡色，淡則無聲，此通雅鑑古之精者也。

吉州窑：出今吉安州永和鎮，宋時江西窑器出吉安，屬廬陵縣永和市。有白色，有紫色者，與紫定相類。宋時有五窑，舒翁工爲玩具，燒者最佳。翁之女號舒嬌，尤善其爐瓮諸色，幾與哥窑等價。花瓶大者直數金。小者有花又有碎器更佳。今世俗訛稱哥窑體厚質麤者，不甚直錢。相傳陶工作器入窑，宋文丞相過，變成玉，工懼，事聞於上，遂封穴不燒，逃之饒。故景德鎮陶工多永和人。

彭窑：元朝戧金匠彭均寶，效古定器，製折腰樣者，甚整齊，故以彭窑得稱。土脉細白者與定相似，比青口欠滋潤。極脆，難以傳世，不甚直錢。市肆賣骨董者竟稱爲定器，非真賞家嘗以重價收之。

象窑：或云出今寧波府象山縣，有蠏爪紋，色白而滋潤者高，黄而質麤者低，俱不甚直錢。

董窑：淡青色，細紋多，有紫口鐵足。比官窑無紅色，質麤而不細潤，不逮官窑多矣，今亦罕見真者。

按象、董二窑，不詳出處朝代，核之，象窑、吉窑似定，董窑似官，其不同者，質麤欠滋潤耳。象窑又次彭窑。

均州窑：均即今河南禹州均窑，具五色，光彩太露，有兔絲紋，紅若臙脂硃砂爲最。青若葱翠，紫若墨黑者次之。三者色純，無少變露者爲上品。底有一二數目字號爲記者佳。青緑錯雜若垂涎，皆上三色之燒不足者，非別有此樣。俗取「茄皮紫、豬肝紅、鼻涕」等名，是可笑耳，皆無足取。此窑惟種菖蒲盆底佳甚。他如坐墩、鑪合、方缾、罐子，俱黄沙泥坯，故器質不佳。近年新燒皆宜興砂土爲骨，釉水微似，製有佳者，俱不耐用。

瓷州窑：瓷器出古邯鄲地瓷州，故名瓷器。昔屬河南彰德府，今屬北直隸廣平府。好者與定器相似，但無淚痕，亦有劃花、綉花、素者，價高於定，新者不足論。瓷乃石名，此瓷器以所出地而名也。今人訛以陶窑瓷瓦器概書爲瓷器，真可笑耳。

建窑：出福建泉州府德化縣，盌琖多是撆口，色黑而滋潤，有黄兔斑滴珠大者真。但體極厚，舊建瓷有薄者，絶類宋器，而今罕矣。佛像最佳。按宋時茶尚撆盌，以建安兔毫琖爲上品，價亦甚高。

山西窑：出太原府榆次縣平定州，平陽府霍州，霍州者曰霍器。

高麗窑：出高麗國，與饒相似，色粉青者似龍泉，有細花者髣髴北定，上有白花朵兒者不甚直錢。

饒州窑：出江西饒州府浮梁縣西興鄉景德鎮，水土宜陶。宋景德中設鎮，置監鎮奉御董造饒窑，因名其鎮曰景德。鎮袤延僅十餘里，山環水繞，僻處一隅，民窑二三百區，工匠人夫不下數十萬，藉此飲食。候火如候晴雨，望陶如望黍稷。元更監鎮爲提領本路総管監陶。宋元皆有命則供，否則止。宋時燒鄉土窑，體薄而潤，色白花青，較定器少次。元朝燒小足印花，内有「樞府」字號者最高。新燒大足，素者欠潤，色白而瑩者亦好。有青花及五色花者俗。明初燒者，有青黑色戧金者，多是酒壺、酒琖，甚可愛。

按：江西窑，唐在洪州，今南昌。見《茶經》。弋陽縣太平鄉處州民瞿志高來創造。亦有窑，其後民饑爲亂。嘉靖間即横峯窑鎮地改立興安縣，遂廢。弋陽之湖西馬坑，以陶爲業。所造缾、罐、缸、甕、盤、盌之器甚麤，給工匠之用。饒窑倣定器，用青田石粉爲骨，曰粉定，質麤理鬆，不甚佳。

洪武窑：明洪武二十五年，始開燒造，解京供用。有御器廠，廠東爲九江道。有官窑，除大龍缸窑外，青窑燒小器，色窑燒顔色。官窑器純，民窑器雜。官窑土骨坯乾經年，重用車碾薄上釉，候乾數次，出火，釉漏者碾去，再上釉，更燒之，故汁水瑩如堆脂，不易茅篾。此民窑之不得同者。官窑之異於民窑如此。官窑塗欲密，砌欲固，使火氣全而陶器易熟，不至鬆泄。

永樂窑：永窑造壓手杯，中心畫雙獅滾毬爲上品，鴛鴦心者次之，花心者又次，杯外青花深翠，式樣精妙，若後來仿效，殊無可觀。

宣德窑：宣窑造祭紅紅魚靶杯，以西紅寶石爲末，入泑，魚形自骨内燒出，凸起寶光，總以汁水瑩厚如堆脂，又有竹節靶罩蓋滷壺、小壺，此等創古未有。又有白茶琖，光瑩如玉，内有絶細龍鳳暗花，花底有□款：「大明宣德年製。」隱隱雞橘皮紋起，質料膩實，不易茅蔑，雖定瓷何能比方。真一代之絶。冰裂鱔血紋者，幾與官、汝窑敵。祭紅正、宏、隆、萬間，亦有佳者。他如妙用種種小巧之物尤佳，描畫不苟。蟋蟀澄泥盆最爲精絶，此明窑極盛時也。

成化窑：成窑以五彩爲上，酒杯以鷄缸爲最，上畫牡丹，下畫子母鷄，躍躍欲動。五彩葡萄擘口扁肚靶杯，式較宣杯妙甚。次若人物、蓮子、酒琖、艸蟲、小琖、青花、紙薄、酒琖，名式不一，點色深淺瑩潔而質堅。神宗尚食，御前成杯一雙，直錢十萬，當時已貴重如此。五彩齊箸小楪、香合，各製小罐，皆精妙可人。

正德窑：正德間，大璫鎮雲南，得外國回青以鍊石爲僞寶，價倍黄金，已知其可燒窑器用之。色愈古，按回青以重色貴，當日工匠恣爲姦利，浮梁朱令剩量之法，其弊稍息，用青，以回青與石青相兼，十雜一爲上，四六爲中，嘉窑惟御器給之。

嘉靖窑：宣德中，以營造所丞專督御器廠工匠。嘉靖初，裁草中官，於各府佐輪選一員，管理靖窑，回青盛作，幽菁可愛，鮮紅土絶，燒法亦不如前。僅可燒礬紅色，惟回青效靈，亦一時之會也。青花五彩二窑，製器畧備，然當麻倉土將次告竭，饒土漸惡，體質較之宣器大不相侔，製度亦不及宣德遠甚。世宗經籙醮壇用器，有小白甌名曰壇琖，正白如玉爲最。如魚扁琖，紅鉛小花合子，亦爲世玩。

按宣德中，以營造所丞專督御廠，正統初罷之者，志稱以兵興，議寢陶息民之事也。景泰五年，減饒州歲造瓷器三之一，是既罷督造之官，又減歲供之數也。故宣宗晚後幾二十年，窑事不著。天順復辟，丁丑仍委中官燒造，而御器之監造如故矣。成化二十二年，又裁饒州燒造官，此憲宗末年，孝宗初政，故終孝宗十八年，不言窑事。正德初，置御器廠專管御器者，復用中官也。故至嘉靖又裁之云。

隆萬窑：隆慶六年，復起燒造，仍於各府佐輪選管理。萬曆初，以饒州督捕通判改駐景德鎮，兼理窑廠。按明瓷至隆萬製作日巧，無物不有，然隆窑之秘戲，殊非雅裁。他物汁水瑩厚如堆脂，有粟起若雞皮者，有發椶眼若橘者，亦可玩也。

宜興窑：明時我江南之常州府宜興縣歐姓者，造瓷器曰歐窑。有仿哥窑紋片者，有仿官、均窑色者。彩色甚多，皆花盤、匜架諸器，舊者頗佳。又有時大賓以紫泥燒茶壺，款式澗樸整齊精雅，爲賞家清玩。

皇朝窑：順治十一年，造龍缸欄板等器未成，旋止。康熙十九年，始遣内務府官駐廠監督，悉罷向派饒州屬邑夫工。每開窑，鳩工庀材，動支内帑，按時給直。與市賈適均，且格外加厚，窑户率以致富，樂於趨事，運器亦不預地方，一切不妨吏政事，官民懽忭。雍正初，楚撫嚴公名希堯，選料燒造，極其精美。乾隆八年，内務府員外郎管理九江關務，唐公名英遵旨，由内廷交出《陶冶圖》二十張，次第編明，爲作《圖説》進呈御覽，謹奉製造，所燒益精。古禮器尊、罍、彝、鼎、卣、爵之款製，文房硯屏、墨牀、書滴、畫軸、秘閣、鎮紙，司直各適其用。而於中山毛穎，先爲之管，既爲之洗，卧則有牀，架則有格，立則有筒，仿漢人雙鉤碾玉之印章，其紐法或爲龍虎，或爲龜駝，或象，或獅，或牛，或馬，爲連環，爲覆瓦。印色之池，或方，或圓，或稜，可助翰藻。養花之室，一二寸至五六尺，圓如壺圜，而下垂如膽圜，而侈口庳下如尊，廉之成角如觚，直如筩，方如斗，而口或弇形或扁，截方圜稜之半而平其背。可挂壁，其式不一。書畫清防之板有枕屏、有牀屏，爪杖，鉢塞，黑白子閑適之具，百摺，分襠，鰍耳、索耳、戟耳，六稜，四方，直脚，石榴足，橘囊諸款，蠟茶，鎏金，藏經諸色燒香之爐，可備燕賞。飯匕、茶匙、齊筯之器，蠟斗、醋滴、澡盤、鐙錠，方圓之枕、盆、盎、罋、鉢、柈案，可充日用。搔頭、簪導、合歡之璫、大小合子、香澤粉黛之所儲藏，可供閨幨。至于鬭茶、曹飲、饋食之所需壺、尊、罍、楪爲類更繁，難以枚舉，其規範則定、汝、官、哥、宣、成、嘉靖、佛郎之好樣，萃於一窑。其彩色則霽紅、礬紅、霽青、粉青、冬青、紫、緑、金、銀、漆黑雜彩，隨宜而施。其器品則規之、萬之、廉之、挫之，或崇、或卑、或侈、或弇，或素，或彩，或堆，或錐，又有瓜、瓠、花、果、象生之作。其畫染則山水人物，花鳥寫意之筆，青緑渲染之製，四時遠近之景，規橅名家，各有元本。於是乎戧金鏤銀，琢石髹漆，螺甸竹木，匏蠡諸作，無不以陶爲之。仿做而肖，則兹陶之一事，謂之洩造化之秘也可，謂之佐文明之瑞也可，有陶以來，未有今日之美備。此無他。聖德覃深，民情樂利，人情優裕，人力寬閒，不靳工，不惜費，地産物華，應運而起，日變而日上，所以直邁千古也。

唐秉鈞《文房肆考圖説》卷三《陶器青爲貴》 《考工記》曰：設色之工五，首列畫繢之事。畫即畫也，繢爲染彩也。而陶器以青爲貴，五彩次之。夫瓷器之青花，霽青，大釉，悉藉青料，晉曰「縹瓷」，唐曰「千峰翠色」，柴周曰「雨過天青」，吴越曰「秘色」。其後宋瓷雖具諸色，而汝器宋燒者淡青色，官窑以粉青爲上，哥窑，龍泉窑，其色皆青，白地青色，亦資青料。料出浙江金、紹二府所屬諸山，采者入山得料，於溪流淘去浮土，其色黑黄，大而圓者名頂圓子，爲上青。携至鎮，埋窑地，三日取出，重淘洗之，始出售，其黑緑潤澤光色全者爲上選。仿古霽青青花細器用之，雖黑緑而欠潤澤，祇供麤瓷，光澤全無者傾棄之。用青之法，畫坯上，罩以釉水，入窑燒之，俱變青翠。若不用釉，其色仍黑，火候稍過，青花多散漫矣。明宣窑青花器用蘇泥勃青，成化時已絶。正德朝，大璫鎮雲南，得外國回青。嘉窑御器用回青，搥碎，有硃砂斑者曰上青，有銀星者曰中青，淳回青，則色散而不收。石青加多，則色沈而不亮。每回青一兩，加石青一錢，謂之上青。四六分加，謂之中青，用以設色，則筆路分明。上青用以混水，則顔色明亮。然産地太遠而不可繼。若廣東江西諸山産者，色薄不耐久，用陂塘青，産樂平一方。嘉靖中，樂平格殺遂塞。用石子青，産瑞州諸處，畫青每晨午二次。

唐秉鈞《文房肆考圖説》卷三《陶器畫彩盛於明》 古瓷畫彩，成窑爲最，畫手高，畫料精，其點染生動，有出於丹青家之上者。調法有三：一用香油，油便渲染。一用膠水，膠便搨刷。一用清水，水便堆填也。大半取樣於錦段，寫生仿古十之三四。今瓷畫樣十分之，則彩居四，寫生居三，仿古二，錦段一也。洋彩者五彩繪畫，仿西洋也，絢艷奪目，而於象生，及仿古銅器、紫檀、雕竹、螺甸各種，惟妙惟肖。總之寫生以肖物爲上，仿古以多見能精，此五彩之異於青花也。其調合諸種顔色，先畫白瓷片，鑪火燒試，以驗色性火候，然後由麤入細，以眼明心細手準爲佳。雖曰洋彩，秖仿其法，而器品實出其上。堆器以筆蘸白泥堆坯上，成各樣龍、鳳、花、艸，加釉水鍊灰燒成。錐器各樣坯上，用鐵錐錐成龍鳳花艸，加釉水，練灰燒成。

唐秉鈞《文房肆考圖説》卷三《釉水》 釉水謂之堊澤，出新正都，曰長嶺，作青黄釉，曰義坑，作澆白器釉。二處皆有柏葉斑。又出桃花塢，青花白器通用之。釉無灰不成，釉灰出樂平縣，在景德鎮南四十里。以青白石與鳳尾艸製鍊，用水淘細而成，配以白細泥，調和成漿，按器種類，以爲加減，盛之缸內，用曲木横貫鐵鍋之耳，以爲滲注之具。其名曰「盆」。泥十盆灰一盆，爲上釉。泥七八，灰二三，爲中釉。若平對或灰多爲下釉。重曰瑩澈，曰純粹，無釉水，曰骨。定窑滋潤，汝窑厚如堆脂，官窑瑩澈，舊器釉重故也。圓琢青花，與仿古官、哥、定、汝等器，皆須上釉，入窑上釉舊法，將琢器之方長稜角者，用羊毛筆蘸釉上器，每失之不勻，至大小圓器，渾圓琢器，俱在缸內蘸釉，每有輕重且多破，故全器難得。今於圓器之小者，仍於缸內蘸釉。其琢器，與圓器之大者，用吹釉法，截徑寸竹筒長七寸，口蒙細紗，蘸釉以吹，吹之徧數視坯大小與釉之等類爲多寡之差，多至十五八徧，少亦三四，大抵蘸釉不急能勻，重複蘸之，則瑩厚必矣。故吹釉之法，補從前所未有，用之良便。所謂琢器者缾、罍、尊、彝之屬，器有方圓稜角之殊，畫有彩繪雕鏤之異。

唐秉鈞《文房肆考圖説》卷三《火候窑變》 《通志》曰：造坯彩畫，始條理也。入窑火候，終條理也。火有前、中、後之分。陶器入窑，初曰溜火，欲習於火而無贏。既曰緊火，欲熟於火而無縮，青窑溜火對日，緊火一日夜，候匣鉢銀紅色止火。又一晝夜開窑，器大則加，若缸窑則溜火七日夜，緊火二日夜，又十日開窑。故風火窑匠最勞，火弱則窳，火猛則僨，溜火之日，細心而已，無所用力。緊火之日，晝夜添薪，慎弗忽爐忽燄，炎涼不均。倦睡不能應機，神昏不能辨色，火有破璺走烟之失，器即有折裂陰黄之患矣。至若出器，時有窑變，非人力所可致。官、哥二窑，於本色釉外，變或黄、或紅紫，狀類蝴蝶、禽魚、麟豹，肖形可愛。火之幻化，時或有之。《東坡集》載：《瓶笙詩引》云「劉幾仲餞飲，聞笙簫聲，察之，出於雙瓶。」萬曆十六年，詔燒方筋屏風不成，變而爲牀，又變爲船，其中什物，無一不具。《春渚紀聞》載：「萬延之赴銓都，下銅禁，嚴甚。以十錢市瓦缶。沃盥頮面，既傾，有餘水畱缶。時寒凝冰，視之，桃花一枝也。明日成雙頭牡丹，次日又成水村竹屋，斷鴻翹鷺，滿缶宛如寒林圖畫。因以白金爲護，什襲而藏，遇寒則約客以賞之，此窑變之至幻者。」

唐秉鈞《文房肆考圖説》卷三《以舊補舊》 官、哥、汝、定等瓷器，如爐欠耳、足，缾損口稜，以舊補舊，加以釉藥，一火燒成，與舊製無二。但補處色渾然，得此更勝新者，若用吹釉之法補舊，補處更可無迹。有茅路者，蘇州虎邱有能修者，名之曰緊。

唐秉鈞《文房肆考圖説》卷三《製瓷器不裂法》 凡用瓷器不先制之，遇熱湯水無有不裂者。故新置碗盞盆碟，必須先以米泔水温温煮出，再以生薑汁及醬塗底下，入火煨頓，永可不裂。

唐秉鈞《文房肆考圖説》卷三《古瓷合評》 按古窑，柴、汝最重，柴周之外，次及官、定。蓋定、汝、官、哥，皆宋器也，然柴、汝之器傳世絶少。而官、定猶有存者，非官、定易得也，以定有北定南定，而彭窑亦曰新定。官有舊京修内司之别，而郊壇下新窑，亦曰官窑。新定不如南定，南定不如北定。舊京官窑，爲時未久，當以修内司所造爲最，新窑爲下，其時已有差等，後有新仿定器，有不减定人製法者，有製作極工不入清賞者，好事者指某器曰定，某器曰官，安知其不爲贋鼎所惑耶。今流傳者，惟哥窑稍易得，蓋緣質厚耐藏，定汝體薄難於完璧故也。宋時宫中所有，率銅鈐其口，以是損價，而今之求定汝者，即以銅鈐口爲真。骨董家之論古，往往如此。古人以足載器，器足多取沉重。柴窑足每麤黄土，官、哥、龍泉皆鐵足。至明永樂窑壓手杯，沙足滑底。宣窑壇琖釜底綫足，靖窑魚扁琖，饅心圓足，陶器出窑，底足可驗火法。

唐秉鈞《文房肆考圖説》卷三《明窑合評》 古瓷重青器，至明而秘色已絶，皆純白，或畫青花，或加五彩，永窑亦足貴重。樂德二窑，皆内府燒造，以椶眼甜白爲常，以蘇麻離青爲飾，以鮮紅爲寶。永樂尚厚，成化尚薄，宣德青尚淡，嘉靖青尚濃，前後規制殊異。永在宣成之下，嘉之上。《南村》謂成青未若宣青，宣彩未若成彩，以宣窑五彩深厚堆垛。成窑用色淺深，頗有畫意也。然宣窑選料製樣，繪畫題款，無一不精。青花用蘇泥勃青，至成化其青已盡，只用平等青料。故論青花，宣窑爲最。昔有論窑者，首成、次宣、次永、次嘉。論雖不同，總之明器，無能過宣成者。要知一時有一時聚精之物，故稍有高下之等。

大食窑：大食窑器，出大食國，以銅作身，用藥燒成五色，與佛郎嵌相似，佛郎嵌即今發藍也，其鮮潤不及瓷器，又謂之鬼國窑，今雲南人在京多作酒琖，俗呼曰鬼國嵌。内府作者，精細可觀，從兩廣來者，世稱爲洋瓷。亦以銅作骨，嵌瓷燒成，嘗見爐、瓶、盞、楪、澡、盤、壺、盒等器。雖甚絢彩華麗，而欠光潤，僅可供閨閣之用，非士大夫文房清玩也。志云：廣東陽江縣産瓷器，是此歟？俟咨攷。其確然此，及後之玻瓈窑，審之，皆非瓷石所成，故爲諸窑之殿。

玻瓈窑：玻瓈，西國寶名，因頗黎國所出，故名。《王篇》云：水玉也。瑩如水，堅如玉，碾開有雨點花色者真，乃千年冰化，在島夷已爲難得之寶。後西國有燒者，則有氣眼而輕。明三寶太監出西洋，攜燒玻瓈人來中國，故中國玻瓈頓賤，作鏡内外瑩潔，向明視之，不見其質。《元中記》云：大秦有五色頗黎，又有瑠璃。《博雅》曰：珠也，出黄支斯調日南諸國。大秦出者，有赤、白、黑、黄、青、緑、縹、紺、紅、紫十種。本自然之物。《隋書·何稠傳》云：稠博覽古圖，多識舊物，時中國久絶琉璃之作，匠無措手，稠以緑瓷爲之。顔師古《漢書注》云：今俗所用，銷冶石汁，加以衆藥灌，而虚脆不貞。北魏太武時，有大月氏國人商販來京，自云能鑄石爲琉璃，於是採礦爲之。既成，而光色妙於真者，遂傳其法至今，想隋時偶絶也。然中國鑄者質脆，沃以熱湯，應手而碎，蘇鑄者更不及廣鑄。惜乎月氏之法傳，而稠之法不傳也，山東青萊鑄登，明踰羊角，薄過竹紙，運至京中，元宵賣之云。有大者可作屏障，但脆而不能致遠，小兒玩耍叫子，亦此類之最下小器也。

梁同書《古窑器攷·古今諸窑》 越州窑 越窑，唐代所燒。越州，即今之浙江紹興府也。隋唐曰越州，宋曰紹興。陶至唐而盛，始尚窑器。按：唐越陶，實爲錢氏秘色窑之所自始。陸羽《茶經》推爲最上，謂邢瓷類銀，越窑類玉，邢瓷類雪，越瓷類冰。邢瓷白而茶色丹，越瓷青而茶色緑。陸龜蒙詩曰：「九秋風露越窑開，奪得千峰翠色來。」韓偓詩云：「越甌犀液發茶香。」孟郊詩云：「越甌小盆也，盌深者爲甌。荷葉空。」鄭谷詩云：「茶新换越甌。」柳柳州《河東集·代人進瓷器狀》云：「藝精埏埴，制合規模。」晉杜毓《荈賦》云：「器擇陶揀，出自東甌。」東甌，閩中地。甌亦越地。顧況《茶賦》云：「越泥似玉之甌。」稱美越瓷者，不一而足。越窑之爲重於時如此。《杜少陵集·韋處乞大邑瓷盌》詩云：「大邑燒瓷輕且堅，扣如哀玉錦城傳。君家白盌勝霜雪，急送茅齋也可憐。」首句美其質，次句想其聲，三句羡其色，説得珍重可愛，然後冀送茅齋。可知越州瓷器爲唐時韵物矣。

秘色窑 吴越秘色窑，錢氏有國時於越州燒進。爲供奉之物，臣庶不得用，故云秘色。然蜀王建報朱梁信物，有金稜椀，致語云：「金稜含寶椀之光，秘色抱青瓷之響。」則秘色乃是當時瓷器之名。不然吴越專以此燒進，何王蜀反取之以報梁耶。

柴窑 柴窑，後周柴世宗所燒。以其姓柴，故名。後周都汴，出北地河南鄭州。其地本宜於陶也。宋政和官窑，亦起於汴，汝亦唐河南道所轄之州。柴窑青如天，明如鏡，薄如紙，聲如磬，滋潤細媚，有細紋。相傳當日請瓷器式，世宗批其狀曰：「雨過天青雲破處，者般顔色作將來。」足多麤黄土，製精色異，爲諸窑之冠。論者必曰：柴、汝、官、哥、定，而柴不可得矣。得殘器碎片，製爲縧環玩具，蓋難得而貴重之也。

定窑 古定器，宋時所燒。出定州，今直隸真定府也。似象窑色，有竹絲刷紋者，曰北定，以政和、宣和間窑爲最好，然難得成隊者。有花者乃南定，窑出南渡後。然按東坡《試院煎茶》詩云：「定州花瓷琢紅玉」，則有花者非至南渡後而出也。北貴於南。定窑土脉細，有光素、凸花、劃花、印花、繡花等種，多因牡丹、萱艸、飛鳳，式多工巧。劃花最佳，素者亦好。以白色而滋潤爲正，白骨而加以泑水，有如淚痕者佳，質粗而色黄者低。土俱白者，其價高於白定。間有紫定，色紫，黑定，若漆，不甚珍也。

汝窑　宋時，以定州白瓷器有芒，不堪用，遂命汝州建青器窑。屑瑪瑙爲油，如哥而深，微帶黄，有似卵白，真所謂淡青色也。汁水瑩厚如堆脂。《格古要論》云：汁中棱眼，隱若蟹爪者真。又云：無紋者尤好。説似互異，此如端溪石子辨鸜鵒眼，眼本石病，得此可驗真水坑也，故曰無紋者尤好。底有芝蔴花、細小挣釘。土脉質製較官窑尤滋潤，薄者難得。時唐、鄧、耀諸州悉有窑，而以汝爲冠。

官窑　宋政和間，徽宗於京師置窑燒造，曰官窑。土脈細潤，色青，帶粉紅，濃淡不一。有蟹爪紋，紫口鐵足。文色上白而薄如紙者，頗亞於汝，其價亦然。有黑土者，謂之烏泥窑。僞者皆龍泉所造，無紋路。中興渡江，有邵成章，提舉後苑，襲舊京遺製，置窑於修内史，造青器，號曰邵局，又曰内窑，亦曰官窑。澄泥爲範，極其精緻。其妙處當在體質，油色又瑩澈，爲世所珍。後郊壇别立新窑，亦曰官窑，比之舊窑，大不侔矣。南宋餘姚秘色瓷，今人率以官窑目之，不能别白，間見亂真。

按：《缾花譜》以烏泥與龍泉、均州、章生諸窑並重。《博物要覽》謂：烏泥質麤不潤，而釉水燥暴，溷入官窑，今亦傳世。則當著肩象、董矣。《(壟)〔西〕青日札》云：建安烏泥窑品最下。未可傳信，抑今昔之不同邪。

哥窑　亦宋時所燒。本龍泉琉田窑，處州人章生一、生二兄弟於龍泉之窑各主其一，生一以兄故，其所陶者曰哥窑。色青，濃淡不一，土脉細薄，亦有鐵足紫口。多斷紋，號「百圾碎」。釉水純粹者最貴。色好者類董窑，今亦少有。官窑質之隱紋如蟹爪，哥窑質之隱紋如魚子，但汁釉不如官窑。

龍泉窑　古龍泉窑土細質厚，色甚葱翠，妙者與官、哥争豔，但少紋片、紫骨、鐵足耳。有一等盆，底有雙魚，盆外有銅掇環，器質厚實，極耐摩弄，不易茅蔑。第工匠稍拙，製法不甚古雅。若用白土造器，外塗泑水，翠淺，影露白痕，即章生二所陶者。時以哥名兄窑，弟仍龍泉之舊，亦曰龍泉窑，又號章窑。土脉細且薄，翠青色者貴。又有粉青色者，較龍泉製度，更覺細巧精緻。至今温、處州猶稱爲章窑，人或曰處器、青器。《春風堂隨筆》云：弟所陶青器，純粹如美玉，爲世所貴，即官窑之類。

按：兄弟二窑，其色皆青，濃淡不一，足皆鐵色，亦濃淡不一。舊聞紫足，今少見，惟見窑有紋，弟窑無紋爲别。哥窑在元末新燒，土脉麤燥，色亦不好。龍泉窑在明初移處州，青器、土堊、火候漸不及前矣。假哥窑碎紋，不能得鐵足，鐵足則不能聲，龍泉不能得其淡，色淡則無聲。此《通雅》鑒古之精者也。

吉州窑　出今吉安州永和鎮。宋時，江西窑器出吉安，屬廬陵縣永和市。有白色，有紫色者，與紫定相類。宋時有五窑，舒翁工爲玩具，燒者最佳。翁之女號舒嬌，尤善其爐甃，諸色幾與哥窑等價。花瓶大者直數金，小者有花，又有碎器，更佳。今世俗訛稱哥窑，體厚質麤者，不甚直錢。相傳陶工作器入窑，宋文丞相過，變成玉，工懼事聞於上，遂封穴不燒，逃之饒。故景德鎮陶工多永和人。

彭窑　元朝戧金匠彭均寶，效古定器，製折腰様者，甚整齊，故以彭窑得稱。土脉細白者與定相似，比青口欠滋潤，極脆，難以傳世，不甚直錢。市肆賣骨董者竟稱爲定器，非真賞家嘗以重價收之。

象窑　或云出今甯波府象山縣。有蟹爪紋，色白而滋潤者高，黄而質麤者低，俱不甚直錢。

董窑　淡青色，細紋多，有紫口鐵足，比官窑無紅色，質麤而不細潤，不逮官窑多矣。今亦罕見真者。

按：象、董二窑，不詳出處、朝代。核之，象窑、吉窑似定，董窑似官，其不同者，質麤欠滋潤耳。象窑又次彭窑。

均州窑　均即今河南禹州。均窑具五色，光彩太露，有兔絲紋。紅若臙脂、硃砂爲最，青若葱翠、紫若墨黑者次之。三者色純無少變露者爲上品。底有一二數目字號爲記者佳。青緑錯雜，若垂涎，皆上三色之燒不足者，非别有此様。俗取茄皮紫、豬肝紅、鼻涕等名，是可笑耳，皆無足取。此窑惟種菖蒲盆底佳甚，它如坐墩、鑪、合、方缾、罐子，俱黄沙泥坯，故器質不佳。近年新燒，皆宜與砂土爲骨，釉水微似，製有佳者，俱不耐用。

瓷州窑　瓷器出古邯鄲地瓷州，故名。瓷器昔屬河南彰德府，今屬北直隸廣平府。好者與定器相似，但無淚痕。亦有劃花、繡花、素者，價高於定。新者不足論。瓷乃石名，此瓷器以所出地而名也，今人訛以陶窑，瓷瓦器概書爲瓷器，真可笑耳。

建窑　出福建泉州府德化縣。盌琖多是擎口，色黑而滋潤。有黄兔斑、滴珠，大者真，但體極厚。舊建瓷有薄者，絶類宋器，而今罕矣。佛像最佳。按宋時茶尚擎盌，以建安兔毫琖爲上品，價亦甚高。

山西窑　出太原府榆次縣、平定州，平陽府霍州。霍州者曰霍窑。

高麗窑　出高麗國。與饒相似，色粉青者似龍泉，有細花者髣髴北定。上有白花朵兒者，不甚直錢。

饒州窑　出江西饒州府浮梁縣西興鄉景德鎮。水土宜陶。宋景德中設鎮，置監鎮，奉御董造饒窑，因名其鎮曰景德鎮。袤延僅十餘里，山環水繞，僻處一隅。民窑二三百區，工匠□夫不下數十萬，藉此飲食，候火如候晴雨，望陶如望黍稷。元更監鎮爲提領本路總管監陶。宋元皆有命則供，否則止。宋時燒鄉土窑，體薄而潤，色白花青，較定器少次。元朝燒小足印花，内有「樞府」字號者最高。新燒大足素者，欠潤，色白而瑩者亦好。有青花及五色花者，俗。明初燒者有青黑色(戧)〔戧〕金者，多是酒壺、酒琖，甚可愛。

按：江西窑，唐在洪州，今南昌，見《茶經》，弋陽縣太平鄉，處州民瞿志高來創造，亦有窑。其後，民饑爲亂。嘉靖間，即横峯窑鎮地改立興安縣，遂廢。弋陽之湖西、馬坑以陶爲業，所造缾、罐、缸、甕、盤、盌之器甚麤，給工匠之用。饒窑倣定器，用青田石粉爲骨，曰「粉定」，質麤理鬆，不甚佳。

洪武窑　明洪武三十五年，始開燒造，解京供用。有御器廠，廠東爲九江道，有官窑。除大龍缸窑外，青窑燒小器，色窑燒顏色。官窑器純，民窑器雜。官窑土骨坯乾經年，重用車碾薄上釉，候乾，數次出火。釉漏者，碾去再上釉，更燒之。故汁水瑩如堆脂，不易茅蔑。此民窑之不得同者。官窑塗欲密，砌欲固，使火氣全，而陶氣易熱，不至鬆泄。官窑之異於民窑如此。

永樂窑　永窑造壓手杯，中心畫雙獅滚毬爲上品，鴛鴦心者次之，花心者又次。杯外青花深翠，式樣精妙。若後來仿效，殊無可觀。

宣德窑　宣窑造祭紅紅魚靶杯，以西紅寶石爲末入泑，魚形自骨内燒出，凸起寶光，總以汁水瑩厚如堆脂。又有竹節靶罩蓋滷壺、小壺，此等創古未有。又有白茶琖，光瑩如玉，内有絶細龍鳳暗花，花底有暗款「大明宣德年製」，隱隱雞橘皮紋起，質料膩實，不易茅蔑，雖定瓷何能比方，真一代之絶。冰裂、鱔血紋者，幾與官、汝窑敵。祭紅，正、宏、隆、萬間亦有佳者。它如妙用種種小巧之物尤佳，描畫不苟。蟋蟀澄泥盆最爲精絶。此明窑極盛時也。

成化窑　成窑以五彩爲上。酒杯以雞缸爲最，上畫牡丹，下畫子母雞，躍躍欲動。五彩葡萄擎口扁肚靶杯，式較宣杯妙甚。次若人物蓮子酒琖、草蟲小琖、青花紙薄酒琖，名式不一，點色深淺，瑩潔而質堅。神宗尚食，御前成杯一雙，直錢十萬，當時已貴重如此。五彩齊箸小楪、香合、各製小罐，皆精妙可人。

正德窑　正德間，大璫鎮雲南，得外國回青，以鍊石爲僞寶，價倍黄金，已知其可燒窑器，用之色愈古。按：回青以重色貴。當日工匠恣爲姦利，浮梁朱令劑量之法，其弊稍息。用青，以回青與石青相兼，十雜一爲上，四六爲中。嘉窑惟御器給之。

嘉靖窑　宣德中，以營造所丞專督御器廠工匠。嘉靖初，裁革中官，於各府佐輪選一員管理。靖窑回青盛作，幽菁可愛。鮮紅土絶，燒法亦不如前，僅可燒礬紅色。惟回青效靈，亦一時之會也。青花、五彩二窑，製造略備，然當麻倉土將次告竭，饒土漸惡，體質較之宣器，大不相侔，製度亦不及宣德遠甚。世宗經籙醮壇用器有小白甌，名曰「壇琖」，正白如玉爲最。如魚扁琖、紅鉛小花合子，亦爲世玩。

按：宣德中，以營造所丞專督御廠。正統初罷之者，《志》稱以兵興，議寢陶息民之事也。景泰五年，減饒州歲造瓷器三之一。是既罷督造之官，又減歲供之數也。故宣宗晚後歲二十年，窑事不著。天順復辟，丁丑仍委中官燒造，而御器之監造如故矣。成化二十二年，又裁饒州燒造官，比憲宗末年、孝宗初政。故終孝宗十八年，不言窑事。正德初，置御器廠，專管御器者，復用中官也，故至嘉靖又裁之云。

隆萬窑　隆慶六年，復起燒造，仍於各府佐輪選管理。萬曆初，以饒州督捕通判改駐景德鎮，兼理窑廠。按：明瓷至隆、萬，製作日巧，無物不有，然隆窑之秘戲，殊非雅裁。它物汁水瑩厚如堆脂，有粟起若雞皮者，有發椶眼若橘者，亦可玩也。

宜興窑　明時，我江南之常州府宜興縣歐姓者造瓷器，曰歐窑。有仿哥窑紋片者，有仿官、均窑色者，彩色甚多，皆花盤、奩架諸器，舊者頗佳。又有時大彬，以紫泥燒茶壺，款式渾樸，整齊精雅，爲賞家清玩。

皇朝窑　順治十一年，造龍缸、欄板等器，未成旋止。康熙十九年，始遣內務府官駐廠監督，悉罷向派饒州屬邑夫工。每開窑，鳩工庀材，動支內帑，按時給直，與市賈適均。且格外加厚，窑户率以致富，樂以趨事。運器亦不預地方，一切不妨吏政事，官民懽忭。雍正初，楚撫嚴公名希堯，選料燒造，極其精美。乾隆八年，內務府員外郎、管理九江關務唐公名英，遵旨由內廷交出《陶冶圖》二十張，次第編明，爲作《圖説》，進呈御覽。謹奉製造、所燒益精古。禮器尊、罍、彝、鼎、卣、爵之款製，文房硯屏、墨床、書滴、畫軸、秘閣、鎮紙、司直，各適其用。而於中山毛穎，先爲之管，既爲之洗，臥則有床，架則有格，立則有筒。仿漢人雙鉤碾玉之印章，其紐法或爲龍虎，或爲龜駝，或象，或獅，或牛，或馬，爲連環，爲覆瓦。印色之池，或方，或圓，或稜，可助翰藻。養花之室，一二寸至五六尺，圓如壺，圜而下垂如膽，圜而侈口庳下如尊，廉之成角如觚，直如筩，方如斗，而口或弇，形或扁，截方、圜，稜之半而平其背，可挂壁，其式不一。書畫清防之板，有枕屏，有床屏，爪杖、鉢塞、黑白子閑適之具，百摺、分襠、鰍耳、索耳、戟耳、六稜、四方、直腳、石榴足、橘囊諸款，蠟茶、鎏金、藏經諸色燒香之爐，可備燕賓。飯匕、茶匙、齊飭之器，蠟斗、醋滴、澡盤、鐙錠，方圓之枕、盆、盎、罋、鉢、柈、案，可充日用。搔頭、簪導、合歡之襠，大小合子，香澤粉黛之所儲藏，可供閨幨。至于鬬茶、曹飲、饋食之所需壺、尊、盌、楪，爲類更繁，難以枚舉。其規範，則定、汝、官、哥、宣、成、嘉靖、佛郎之好樣，萃於一窑。其彩色，則霽紅、礬紅、霽青、粉青、冬青、紫緑、金銀、漆黑、雜彩，隨宜而施。其器，則規之、萬之、廉之、挫之。或崇或卑，或侈或弇，或素或彩，或堆或錐。又有瓜瓠、花果、象生之作。其畫染，則山水、人物、花鳥、寫意之筆，青緑渲染之製，四時遠近之景，規模名家，各有元本。於是乎戧金、鏤銀、琢石、髹漆、螺甸、竹木、匏蠡諸作，無不以陶爲之，仿傚而肖。則兹陶之一事，謂之洩造化之秘也可，謂之佐文明之瑞也可。有陶以來，未有今日之美備。此無它，聖德覃深，民情樂利，人情優裕，人力寬閒，不靳工，不惜費，地產物華，應運而起，日變而日上，所以直邁千古也。

梁同書《古窑器攷・陶器青爲貴》　《考工記》曰：設色之工五，首列畫繢之事。畫即畫也，繢爲染彩也。而陶器以青爲貴，五彩次之。夫瓷器之青花、霽青大釉，悉藉青料。晉曰縹瓷，唐曰千峰翠色，柴周曰雨過天青，吴越曰秘色，其後宋瓷雖具諸色，而汝器宋燒者淡青色，官窑以粉青爲上，哥窑、龍泉窑其色皆青。白地青色，亦資青料。料出浙江金、紹二府所屬諸山。采者入山得料，於溪流淘去浮土，其色黑黄大而圓者名頂圓子，爲上青。携至鎮，埋窑地三日，取出，重淘洗之，始出售。其黑緑潤澤、光色全者爲上選，仿古霽青、青花細器用之。雖黑緑而欠潤澤，祗供麤瓷。光澤全無者，傾棄之。用青之法，畫坯上，罩以釉水，入窑燒之，俱變青翠。若不用釉，其色仍黑，火候稍過，青花多散漫矣。明宣窑青花器用蘇泥勃青，成化時已絶。正德朝大璫鎮雲南，得外國回青，嘉窑御器用回青。搥碎，有硃砂斑者曰上青，有銀星者曰中青。淳回青則色散而不收，石青加多則色沈而不亮。每回青一兩，加石青一錢，謂之上青。四六分加，謂之中青，用以設色，則筆路分明。上青用以混水，則顔色明亮。然産地太遠而不可繼。若廣東、江西諸山産者，色薄不耐久。用陂塘青，産樂平一方。嘉靖中，樂平格殺，遂塞。用石子青，産瑞州諸處。畫青，每晨午二次。

梁同書《古窑器攷・陶器畫彩盛於明》　古瓷畫彩，成窑爲最，畫手高，畫料精，其點染生動，有出於丹青家之上者。調法有三：一用香油，油便渲染。一用膠水，膠便搨刷。一用清水，水便堆填也。大半取樣於錦段，寫生、仿古，十之三四。今瓷畫樣十分之，則彩居四，寫生居三，仿古二，錦段一也。洋彩者，五彩繪畫仿西洋也。絢豔奪目，而於象生及仿古銅器、紫檀、雕竹、螺甸各種，惟妙惟肖。總之，寫生以肖物爲上，仿古以多見能精，此五彩之異於青花也。其調合諸種顔色，先畫白瓷片，鑪火燒試，以驗色性火候，然後由麤入細，以眼明、心細、手準爲佳。雖曰洋彩，祗仿其法，而器品實出其上。堆器，以筆醮白泥堆坯上，成各樣龍鳳花草，加釉水鍊灰燒成。錐器各樣，坯上用鐵錐錐成龍鳳花草，加釉水鍊灰燒成。

梁同書《古窑器攷・釉水》　釉水謂之堊澤，出新正都，曰長嶺，作青黄釉，曰義坑，作澆白器釉。二處皆有柏葉斑。又出桃花塢，青花、白器通用之。釉無灰不成。釉灰出樂平縣，在景德鎮南四十里，以青白石與鳳尾草製鍊，用水淘細而成。配以白术細泥，調和成漿，按器種類，以爲加減。盛之缸內。用曲木横貫鐵鍋之耳，以爲滲注之具，其名曰盆。泥十盆，灰一盆，爲上釉。泥七八，灰二三，爲中釉。若平對，或灰多，爲下。釉重曰瑩澈，曰純粹。無釉水曰骨。定窑滋潤，汝窑厚如堆脂，官窑瑩澈，舊器釉重故也。圓琢青花，與仿古官、哥、定、汝等器，皆須上釉入窑。上釉舊法，將琢器之方、長、稜、角者用羊毛筆蘸釉上器，每失之不匀。至大小圓器，渾圓琢器，俱在缸内蘸釉，每有輕重，且多破，故全器難得。今於圓器之小者，仍於缸内蘸釉，其琢器與圓器之大者，用吹釉法。截徑寸竹筒，長七寸，口蒙細紗，蘸釉以吹。吹之徧數，視坯大小與釉之等類，爲多寡之差，多至十五六徧，少亦三四。大抵蘸釉，不急能匀，重複蘸之，則瑩厚必矣。故吹釉之法，補從前所未有，用之良便。所謂琢器者，缾、罍、尊、彝之屬，器有方圓稜角之殊，畫有彩繪雕鏤之異。

梁同書《古窑器攷・火候窑變》　《通志》曰：造坯、彩畫，始條理也，入窑、火候，終條理也。火有前、中、後之分。陶器入窑，初曰溜火，欲習於火而無贏。既曰緊火，欲熟於火而無縮。青窑溜火對日，緊火一日夜，候匣鉢銀紅色，止火。又一晝夜，開窑。器大則加。若缸窑，則溜火七日夜，緊火二日夜，又十日開窑。故風火窑匠最勞。火弱則窳，火猛則僨。溜火之日，細心而已，無所用力。緊火之日，晝夜添薪，慎弗忽爣忽餤，炎涼不均。倦睡不能應機，神昏不能辨色。火有破璺走烟之失，器即有折裂陰黄之患矣。至若出器時，有窑變，非人力所可致。官、哥二窑，於本色釉外，變或黄或紅紫，狀類蝴蝶、禽魚、麟豹，肖形可愛。火之幻化，時或有之。《東坡集》載《瓶笙》詩引云：「劉幾仲餞飲，聞笙簫聲，察之出於雙瓶。」萬曆十六年，詔燒方筋屏風，不成，變而爲床，又變爲船，其中什物，無一不具。《春渚紀聞》載：萬延之赴銓都下，銅禁嚴甚，以十錢市瓦缶沃盥。頮面既傾，有餘水留缶，時寒，凝冰，視之桃花一枝也，明日成雙頭牡丹，次日又成水村竹屋、斷鴻翹鷺，滿缶宛似寒林圖畫。因以白金爲護，什襲而藏。遇寒則約客以賞之。此窑變之至幻者。

梁同書《古窑器攷・以舊補舊》　官、哥、汝、定等瓷器，如爐欠耳足，缾損口稜，以舊補舊，加以釉藥，一火燒成，與舊製無二，但補處色渾然，得此更勝新者。若用吹釉之法補舊，補處更可無迹。有茅路者，蘇州虎邱有能修者，名之曰緊。

梁同書《古窑器攷・制瓷器不裂法》　凡用瓷器，不先制之，遇熱湯水，無有不裂者。故新置碗、盞、盆、碟，必須先以米泔水温温煮出，再以生薑汁及醬塗底下，入火煨頓，永可不裂。

梁同書《古窑器攷・古瓷合評》　按：古窑，柴、汝最重。柴周之外，次及官、定。蓋定、汝、官、哥，皆宋器也，然柴、汝之器，傳世絶少，而官、定猶有存者。非官、定易得也，以定有北定、南定，而彭窑亦曰(定新)(新定)。官有舊京、修内司之别，而郊壇下新窑，亦曰官窑。新定不如南定，南定不如北定。舊京官窑爲時未久，當以修内司所造爲最，新窑爲下，其時已有等差。後有新仿定器，有不減定人製法者，有製作極工不入清賞者。好事者指某器曰定，某器曰官，安知其不爲贋鼎所惑邪。今流傳者惟哥窑稍易得，蓋緣質厚耐藏，定、汝體薄，難於完璧故也。宋時宫中所有，率銅鈐其口，以是損價。而今之求定、汝者，即以銅鈐口爲真。骨董家之論古，往往如此。古人以足載器，器足多取沉重。柴窑，足每黶黄土，官、哥、龍泉，皆鐵足，至明永樂窑壓手杯，沙足滑底，宣窑壇琖，釜底綫足，靖窑魚扁琖，饅心圓足。陶器出窑，底足可驗火法。

梁同書《古窑器攷・明窑合評》　古瓷重青器，至明而秘色已絶，皆純白，或畫青花，或加五彩。永窑亦足貴重。樂、德二窑皆内府燒造，以椶眼、甜白爲常，以蘇麻離青爲飾，以鮮紅爲寶。永樂尚厚，成化尚薄，宣德青尚淡，嘉靖青尚濃，前後規制殊異。永在宣、成之下，嘉之上。《南村》謂成青未若宣青，宣彩未若成彩。以宣窑五彩深厚堆垜，成窑用色淺深，頗有畫意也。然宣窑選料、製樣、繪畫、題款，無一不精。青花用蘇泥勃青，至成化其色已盡，只用平等青料。故論青花，宣窑爲最。昔有論窑者，首成，次宣，次永，次嘉。論雖不同，總之明器無能過宣、成者。要知一時有一時聚精之物，故稍有高下之等。

大食窑　太食窑出大食國。以銅作身，用藥燒成五色，與佛郎嵌相似。佛郎嵌，即今發藍也。其鮮潤不及窑器。又謂之鬼國窑。今雲南人在京，多作酒琖，俗呼曰「鬼國嵌」。内府作者，精細可觀。從兩廣來者，世稱爲洋瓷，亦以銅作骨，嵌瓷燒成。嘗見爐、瓶、盞、碟、澡盤、壺、盒等器，雖甚絢彩華麗，而欠光潤，僅可供閨閣之用，非士大夫文房清玩也。《志》云廣東陽江縣産瓷器，是此歟，俟咨攷。其確然此，及後之玻璃窑，審之，皆非瓷石所成，故爲諸窑之殿。

玻璃窑　玻璃，西國寶名，因頗黎國所出，故名。《玉篇》云，水玉也。瑩如水，堅如玉。碾開有雨點花色者真。乃千年冰化，在島夷已爲難得之寶。後西國有燒者，則有氣眼而輕。明三寶太監出西洋，攜燒玻璃人來中國，故中國玻璃頓賤。作鏡，内外瑩潔，向明視之，不見其質。《元中記》云，大秦有五色頗黎。又有瑠璃。《博雅》曰珠也。出黄支、斯調、日南諸國。大秦出者有赤、白、黑、黄、青、緑、縹、紺、紅、紫十種，本自然之物。《隋志・何稠傳》云，稠博覽古圖，多識舊物。時中國久絶琉璃之作，匠無措手，稠以緑瓷爲之。顔師古《漢書注》云，今俗所用，銷冶石汁，加以衆藥灌，而虚脆不貞。北魏太武時，有大月氏國人，商販來京，自云能鑄石爲琉璃。於是採礦爲之，既成，而光色妙於真色。遂傳其法至今。想隋時偶絶也。然中國鑄者，質脆，沃以熱湯，應手而碎。蘇鑄者更不及廣鑄。惜乎大月氏之法傳，而稠之法不傳也。山東青、萊鑄登，明踰羊角，薄過竹紙。運至京中，元宵賣之。有大者，可作屏障，但脆而不能致遠。小兒玩耍叫子，亦此類之最下器也。

許之衡《飲流齋説瓷·概説第一》 吾華美術，以製瓷爲第一。何者？書畫、織繡、竹木、雕刻之屬，全由人造，精巧者可以極意匠之能事，獨至於瓷，雖亦由人工，而火候之淺深、釉胎之粗細，則兼藉天時與地力，而人巧乃可施焉。故凡百工藝，歐美目吾華皆若土苴等視，獨瓷則甘拜下風，尊爲瓌寶。誠以瓷貨之美冠絶全球，雖百圖仿效，終莫能及，蓋得於天地者厚也。宜夫「釵拿」之名，代表國號，釋其義則「支那瓷」之省文也，其聲名洋溢，固已久矣。

瓷質之貴，在於瓷泥。瓷泥也者，以地質學語釋之，乃一種富於粘性之冲積土也，大抵由山水冲激，積而成砂；砂復濾細，則成爲泥。是種土砂非隨處所恒有，復分各色，有紫有黄，有褐有白，而以白爲最貴。紫也，黄也，褐也，均無法使之白；而白之一種，千百年來獨尊景德鎮之所製焉。

吾華製瓷，可分爲三大時期：曰宋，曰明，曰清。宋最有名之窑有五，所謂柴、汝、官、哥、定是也。更有（均）〔鈞〕窑，亦甚可貴。其餘各窑則統名之曰小窑。（詳後《説窑》章）而元之一代，歷年較短，與宋末不甚相遠，亦可附於宋焉。明之最盛在永樂、宣德、成化、嘉靖、萬曆數朝。清又可分爲五期：康熙、雍正、乾隆、道光、光緒，均爲一代製作之傑出者，此時代之大較也。至於宋以前，雖隋唐時代有作者，然皆於故録識其名，罕得目覩其物。兹編故斷自宋代爲始。

陶之爲物，發明最古，自有虞氏已見經籍，此後漢晉瓦器、六朝偶俑，近年築路出土者填溢市肆，可見吾華歷朝製作之大概焉。若瓷之發明，自晉始見於記載，其後元魏、隋、唐，駸駸漸盛。觀陸羽《茶經》所載，則唐時茶具已極精美，可知唐代以越窑者稱。陸龜蒙詩云：「九秋風露越窑開，奪得千峯翠色來。」孟郊詩云：「越甌荷葉空。」顧況《茶賦》云：「越瓷如玉之甌。」詩人屢見諸吟咏，其妙品當可想見，然代遠年湮，流傳極罕，雖近時出土間有發現，然已在存疑之列，殊難一一考證。清高宗《題鷄缸》詩云：「李唐越器人間無，趙宋官窑晨星看。」清初已如此，今更可知矣。

至於彩色之發明，亦頗久遠。陸羽《茶經》謂甌越器青，壽州瓷色黄，洪州瓷色褐。又謂（盌）〔碗〕越州爲上，其瓷類玉、類冰，青而益茶；邢瓷類銀、類雪，白而茶丹。《杜甫集·韋處乞大邑瓷盌》詩云：「君家白盌勝霜雪，急送茅齋也可憐。」至如吴越，錢鏐時有所謂「秘色」者，蜀王建時又有所謂「金棱椀」者，觀於此則唐時已有青色，有黄色，有褐色，有白色，有金色，幾於五光十色矣。近人覩宋代均、哥諸器，製作古樸，色亦簡單，遂遇形式古樸者，概以宋元賅之，烏知乎唐代製器已力求華美如是哉。

至於瓷而有花，就余所見，則宋時已極精美。宋瓷花之佚麗者，莫如粉定。粉定雕花者，窮妍極麗，幾於鬼斧神工。而哥瓷亦有加彩者。若元窑，余亦見有暗花者。余曾見一半瓷半瓦之盤，雕凹花加五彩者，其彩與花異常古拙，是否宋以前物未敢決定。可知瓷之有花，其濫觴爲已古矣。至於明代，則各種花繪窮態極妍。《佩文齋書畫譜》載明代嘉靖官窑花瓷有五十餘種之多，其彩畫之詭奇、繪事之偉麗，幾於不可方物。所惜者，上方貴品既罕流及人間，而歷年既多殘缺，不少重以賈胡輂載搜及巖穴，遂令朱明遺器粗僞者充塞市廛，精真者珍同拱璧。然間或一遇，亦足攷見前代美術之一斑焉。西哲有言：「世愈近則愈進化。」以此原則衡之華瓷，乃大不然。觀於宋瓷汝、均、哥諸器，製作凝重古雅，而瓷質之腴潤、釉色之晶瑩，歷千載而常新。粉定則精麗妍巧，與清乾隆同臻極軌。至於元則反古拙，有類於土缶、硎羹。明永樂「影青」一種，迥非康乾之所能及。明宣「祭紅」，天下稱爲瓌寶，而天啓、崇禎甚至卑無聞焉。康熙花卉人物似華秋岳、陳老蓮，雍正花卉純似惲南田，而人物則遜於康熙。至乾隆研鍊，瓷質勝於康雍，而繪畫則除古月軒外稍未之逮。其官窑多作錦地，參入泰西幾何畫法，雖窮妍極巧、錯采鏤金，然視康雍之渾雅高古，雅人視之殆不如矣。道光則別開一派，雖屬小家法，亦有足觀者焉。若夫咸、同，殆卑之無甚高論。而光緒近年仿康乾諸製，往往逼真，魚目混珠，識者憎之，然不能不謂其美術之精進也。律以統觀諸朝，或盛或衰，殆無常軌，衡以世愈近則愈進化之説，乃迥不相侔。「人存政舉，人亡政熄」之言，則庶幾相近。蓋瓷雖小道，而於國運世變亦隱隱相關焉。

宋代製瓷，雖研錬極精，瑩潤無比，而體製端重雅潔，猶有三代鼎彝之遺意焉。粉定妍巧極矣，而花紋源出秦鏡，純白一色仍極雅淨也。至宋末而加彩興，始稍稍趨於華美。元瓷間有花彩，然大都步宋規模，且不及宋製之精，時露古拙氣象。大抵蒙古歷年既短，故製品稍遜於宋代歟。有明肇興，製作漸備，潤色承平，乃及瓷業。龍鳳之文最古，殆沿宋制，由是而花卉，而衆獸，而人物，增華飾美，然其時繪事猶見古樸疏宕之氣焉。至清康熙，專以名工製瓷，名手繪畫，殆純入於美術範圍，而高穆渾雅之氣猶未盡掩。入雍正則專以佚麗勝矣。至乾隆則華縟極矣，精巧之至，幾於鬼斧神工，而古樸渾厚之致蕩然無存。故乾隆一朝爲有清極盛時代，亦爲一代盛衰之樞紐也。政治文化如是，瓷業亦然。嘉慶雖猶存典型，然僅虎賁中郎之似。道光畫筆出以輕倩，而物料美盛遠遜前朝。咸、同一蹶不振，雖美術退化，亦時勢使然也。光緒稍稍復興，但有形式而乏精神矣。故觀於瓷業之盛衰，與歷史世代變遷之局成正比例，然由樸以趨華，由簡以趨賾，乃必循之軌也。

古瓷尚青，凡緑也，藍也，皆以青括之。故「縹瓷」入潘岳之賦，緑瓷紀鄴陽之編。陸羽品茶，青盌爲上。東坡吟詩，青盌浮香。柴窑則「雨過天青」，汝窑、哥窑、龍泉東窑均主青色，此宋以前尚青之明證也。至均窑始尚紅色，元瓷於青中每發紫色。至明宣德「祭紅」則爲紅色之極軌。康熙郎窑遞衍遞嬗，而「豇豆紅」、「胭脂水」尤爲時代所尚。故青色以後，紅色繼興，至於今益盛，足見由樸趨華之顯徵也。而西人於重紅之外，兼重黑色，青色則稍稍擯棄，此種心理不解其由，或者物以希爲貴歟？由是言之，青爲過去之色，紅爲極盛之色，而黑爲異軍特起之色。若夫白色者，則除粉定外，不甚見重於世。殆貴華而賤素，固人情所同耶？試以瓷比之詩家。宋代之汝、均、哥、定，則謝宣城、陶彭澤也，淡而彌永，淵淵作金石聲，殆去三百篇猶未遠也。元瓷者，其晉人之古樂府歟？質直而有致，樸拙而不陋。若明瓷，則初唐之四傑也，壯昇華貴，開盛唐之先聲，而疏處往往不〔及〕來者。至於康熙，殆如李、杜，無美不臻而波瀾老成，純乎天馬行空不可羈勒矣。若雍正，頗似王龍標、岑嘉州，高華而清貴者也。若乾隆，則似元、白、温、李，極妃青儷白之能事，所謂千人皆愛、雅俗共賞者矣。嘉慶者，有如晚唐之皮、陸，矩矱不失而聲價遠遜。道光品格較小，而饒有别趣，揆之詩家，其殆宋代之姜堯章歟？若夫光緒，則明之七子也，刻意摹擬古人，其功力亦有獨到處，然比之盛唐，則不啻上下床之别矣。瓷者工之美術，詩者辭之美術。不類而類，亦足資一噱也。

吾華諸美術以論書畫之書爲最多，以其與文人氣習近也。若刻印、若範銅則稍罕矣，而論瓷之書尤寥寥若晨星。蓋工藝爲自來文人所弗習，而美術又非專家莫解也。明代品瓷作者較夥，屠隆之《考槃餘事》、黄一正之《事物紺珠》、張應文之《清秘藏》、谷應泰之《博物要覽》，源源本本，勒爲專書，後世猶可考見。至項子京《瓷器圖説》，則彬彬美備，譯有英、法各國文字，西人考瓷者皆以是爲藍本焉。有清以來朱琰之《陶説》、程哲之《窑説》、唐英之《窑器肆考》、藍浦之《景德鎮陶録》亦復有名於時，然多詳於遠代而略於近也。寂園《陶雅》，贍博極矣，然自謂未嘗釐訂體例、區别部分，初學者殊有望洋之歎，則美猶有憾也。譾陋如余敢言述作，然篤志所嗜，研究遂勤，日筆月識，居然成帙。竊慨乎吾華絶業不絶如縷，生瓷國而不解言瓷，則工廨而不能知工，吾黨之恥也。於是乎本其一得，發爲兹編。世多博雅，烏足邀其一哂，然抱殘守缺之思，鑿險縋幽之想，則固已鍥而不舍矣。以新體之懸談，作孝標之自序，跫然足音，似人而喜，或者其許我乎？

許之衡《飲流齋説瓷・説窑第二》 柴、汝、官、哥、定一語爲瓷學家之恒言，皆宋窑名也。兹編斷自宋始，則五窑不可以不詳，其餘有名各窑亦當遞述也。説之如下：

柴窑　在河南鄭州，即柴世宗所創也。相傳當日請器式，世宗批其狀曰：「雨過天青雲破處者，般顔色作將來。」二語可以想見。《陶録》謂其「青如天、明如鏡、薄如紙、聲如磬」，然薄如紙一語乃指釉汁言，非指瓷胎言也。「青如天」一語亦不盡然，柴窑固以天青爲主色，但據《博物要覽》，則尚有蝦青、豆青、豆緑等色，不止天青一色也。釉中有細文開片，見於豆緑色者較多。無釉之處悉呈黄土色，然滋潤細媚爲古來諸窑之冠。在明代已不易見，近築路掘出陶器頗多，間有類此者，嘗於某公座上見之，或者天壤奇寶不肯終秘人間耶？

汝窑　在河南汝州，北宋時所創設也。土細潤，如銅體，有厚薄，汁水瑩潤，厚若堆脂。有銅骨無紋者，有銅骨魚子紋者，有棱眼隱若蟹爪文者尤佳。豆青、蝦青之色居多，亦有天青、茶末等色。無釉之處所呈之色類乎羊肝，底有芝蔴花細小掙釘，乃真物也。其色純静深穆，余前云儼有三代鼎彝氣象者，即感於此而言。

官窑　宋大觀、政和間在汴京所造，體薄色青，有帶粉紅色者，濃淡不一，有色帶白而釉薄如紙者。大觀中，尚月白、粉青、大緑三種，有蟹爪文、紫口鐵足，蓋其胎本紫色也。然宋官窑有數種，南渡後邵成章於修内司燒造，曰「内窑」，亦名「官窑」。其後，郊壇下别立新窑，亦曰「官窑」。是宋時已有舊京、修内司、郊壇下三種。唐代秉鈞謂舊京著時未久，當以修内司所造爲上，新窑爲下。當時已分差等矣。南宋餘姚「秘色瓷」，後人亦目之爲官窑，大抵皆仿汴京遺製，遞衍遞嬗也。

哥窑　宋處州龍泉縣人章氏兄弟均善治瓷業。兄名生一，當時别其名曰「哥窑」。其胎質細，性堅，其體重，多斷紋隱裂如魚子，亦有大小碎塊文，即「開片」也。釉以米色、豆緑二種居多，有紫口鐵足。無釉之處所呈之色，其紅如瓦屑，其釉極厚潤純粹，歷千年而瑩澤如新。元末明初暨清唐英屢有仿製，然遠不逮宋製之精矣。但近年以來不甚爲時人所重，因之價值稍貶。

定窑　在直隸定州所造者名曰「北定」，宋初所建設也。南渡後在景德鎮製者名曰「南定」，以其釉似粉，故通稱曰「粉定」。北定，其質極薄，其體極輕，有光素凸花、劃花、印花、暗花諸種，大抵有花者多、無花者少。花多作牡丹、萱草、飛鳳、盤螭等形，源出秦鏡，其妍細處幾疑非人間所有，乃古瓷中最精麗之品也。開片者，其開片皆係「柳文」，白骨而加以釉水有如淚痕者亦爲佳品。口底率漏胎，故其口往往有以銅鑲之者。南定之胎質極細，色極白，其釉亦係白玻璃釉，而惟澄清之處略閃豆緑色耳。釉中有鼓花者，有不鼓花者，其形式與北定相同，而胎釉微有小異。凡粉定之真者，其釉光而且潤，與舊象牙同。釉中多有柳文開片，與僞造之開片不同。僞者之釉或太混，或太乾，或太透亮，或太闇淡，萬難如舊者之潤亮也。粉定種類不一，胎有厚薄，色以閃紅者爲貴，閃黄者次之，閃黄即牙色也。有開片，有不開片。明代成化仿者亦佳，乾隆以後遂無仿之者矣。

章龍泉窑　宋龍泉人章生二所陶器名曰「章龍泉窑」，又名「弟窑」。前所述章生一之「哥窑」，即其兄也。章窑與哥别者，哥有紋，弟無紋，以是爲特異之點。有粉青色、翠青色，深淺不一，足亦鐵色。龍泉不自章始，古龍泉不易見，章所仿製大致同古而較精緻耳。今人但稱章製爲龍泉，古製已爲所掩矣。明仿龍泉與宋無甚大異，惟其色略淡，其釉略薄耳。清唐英在景德鎮所仿釉乃迥乎不同，大抵豆緑色有暗花者即唐所仿也。龍泉豆緑者與汝窑大致相同，往往易於相混，今爲析之：汝胎粗而略糠，龍泉堅而且細，汝釉薄而清，龍泉釉厚而混；汝無釉之處色如羊肝，龍泉無釉之處色如瓦屑，汝釉上有光透脱如料，龍泉釉上無光滋潤若玉；汝多有魚子文，少有蟹爪文，龍泉間有蟹爪文，絶無魚子文。其相異之點在此。

均窑　宋初禹州所造。禹州昔號「鈞台」，「鈞」訛作「均」，相沿已久。胎質細，性堅，其體略重。釉具五色，渾厚濃潤，有兔絲文。紅若胭脂、硃砂者爲最，青若葱翠、紫若墨者次之。初製者色純無少變雜，後製有青紫相錯如垂涎者，皆燒不足之故。而世人往往尊視此種，猶之佳硯本不宜有鴝鵒眼，而人反以鴝鵒眼爲貴也。其釉分爲兩種，一曰細平釉，一曰橘皮釉。橘皮釉亦屬後起者，故兼有紫斑者居多，平釉有紫斑者絶少也。均窑之底有一、二、三、四等數目字爲識，或謂紅色等器以一、三、五、七等單數爲識，青色等器以二、四、六、八等雙數爲識，此説乃不盡然，惟六角花盆必如是耳，餘器則不拘此例。均釉厚而且潤，若蠟淚之成堆。惟純色者混而且勻，釉中多有蟹爪文，無釉之處呈羊肝色或芝蔴醬色，乃真物也。僞者釉薄而不勻，其色非偏於藍則偏於灰，與純正天藍色迥異，無釉漏胎之處亦不能呈羊肝色，縱有之，亦是先抹後燒者也。均窑與元瓷輒易相混，然實大有别也：均釉厚而勻，元瓷釉厚而垂；均之胎釉皆細，元瓷之胎釉皆粗；均之釉無論深淺、濃淡皆混然一律，元瓷之釉濃處有時或起條文，淺處有時仍見水浪。均窑之天青色者，肆人呼爲「月白」，蓋仿柴之雨過天青也。紫(油)〔釉〕而無蚯蚓走泥紋者，殆不如月白而能瑩潤，然人恒往往重紫而輕月白，所謂痼習者非耶？

平陽窑　在山西平陽，宋時所建。其胎與釉皆白中閃黄，微具土色，而製皆仿北定居多，故又稱曰「土定」。平陽真者，其胎之色純似黄土，其質在半瓷半瓦之間，其釉光而且潤，細而發黄，多有蛇文開片。僞者色稍閃紅，而性略糠，其釉亦粗而且暗，乾且發白也。

耀窑　在西安耀州，亦宋時所建。初燒青器，仿汝而略遜，後燒白器較佳。初製者其釉透亮如玻璃，其色微黄，略似蝦青色。後製者其釉略混，其色甚白，有似牛乳之白，有似粉油之白，有似熟菱米之白不等。耀窑有一種細胎細釉者，胎極薄而帶有暗花，釉極細而帶有開片。不知者往往以定呼之，其實非也。蓋其胎雖薄而仍比定略厚，其釉雖細而仍比定略粗，其色雖白而仍比定略閃黄也。而暗花、開片亦與定微有不同。

瓷窑　出瓷州昔屬河南，今屬直隸。宋時所建。瓷石引針之瓷石即産是州。「取石鍊陶」，瓷器之名乃專指此，今人輒誤以瓷與瓷混用矣。器有白釉，有黑釉，有白釉黑花不等，大率仿定居多，但無淚痕，亦有劃花、凸花者。白釉者儼同牛乳色，黑釉中多有「鐵繡花」，黑花之色與貼殘之膏藥無異。

建窑　在福建，初設於建安，後遷建陽，始自宋代。古製者質粗不潤，釉汁乾燥，又名「烏泥窑」。後製者出德化，色甚白而頗瑩亮，亦名「福窑」。因有「紫建」、「烏泥建」、「白建」三種。白者頗似定，惟無開片，佳者瓷質頗厚，而表裏能映見指影焉，以白中閃紅色者爲貴。有凸花及雕字者，然花多不甚工細，比之粉定則小巫見大巫矣。故價值亦遜，至今閩省製器尚盛。

廣窑　宋南渡後所建，在廣東肇慶陽江。胎質粗而色褐（即灰色），所製器多作天藍色，惟不甚勾耳。釉厚之處或作靛藍，釉薄之處或作灰藍，無釉處所呈之色或如黄醬，或如蔴醬。大致仿均而無紅斑與蟹爪文，則與均異也。廣窑又名「泥均」，蓋以胎骨係以烏泥製成而仿宋均青色之釉汁也。然多淡青帶灰，於灰釉之中露出深藍色之星點，或如雲斑霞片，頗呈異采，視彼「窑變」、「淚痕」者猶似勝之。或以泥、宜音相近，遂將宜興所仿之均窑與廣窑混合，其訛實甚。宜興瓷胎與廣窑瓷胎似同而實異，至釉汁雖形似而實大殊。（詳下歐窑一段）縱有彼此仿製者，不難一望而知，何至因音相近而混合耶？廣窑在粤名曰「石灣」，蓋南海縣佛山鎮之一村名也。自明時已遷於此，宋陽江舊窑今日早已消滅矣。清初頗有良工數人，其仿均見稱於世，自日本嗜之，謂其國人所授，價遂倏漲，然實無稽之談也。至今日製器尚盛，實則胎質粗下，遠不及潮陽、合浦，潮陽、合浦其瓷質甚白，類似醴陵，然名不出於省外，無良工故也。吾粤殊賤視之。徒以其歷史甚古，曾出良工，省外遂頗重視，諺所謂「物離鄉貴」者非歟？前所述諸窑，柴、汝、官、哥、定暨章窑、均窑，皆鼎鼎有名者也。若建、廣二窑，則別成系統，亦足自樹一幟焉。平陽、耀窑、瓷窑亦雜窑之有名者。此外尚有諸窑，統名「雜窑」，亦曰「小窑」。茲約舉之：仿柴者曰東窑，宋建於東京，東青所由得名也。仿汝者曰唐邑，曰鄧州，曰河北。仿官者曰餘姚。仿龍泉者曰麗水。仿定者曰吉州，曰宿州，曰泗州。總之，宋代雜窑不外取法諸大窑，輾轉仿效，其佳者每致亂真，而胎質、釉汁精粗，明眼人不難判別也。雖同一宋器，而價值則遠遜矣。

元瓷　元代製瓷亦有多窑，然其名不著，統稱曰元瓷而已。近流行之元瓷，皆元時山西、河南一帶所製者。若南省所製，縱有發現大都以宋末目之。而元瓷之名殆專屬之仿均帶紫之品矣。此製品多作天藍色，兼帶紫斑，而成魚、蝶、蝠等形者爲貴，不帶紫者常品也。河南製者係元代初年之物，胎釉、色澤與宋均所差無幾。潞安製者係元代中年之物，其胎係半瓷半瓦，釉比初年略覺透亮。蒲州製者亦元代中年之物，釉亦略透亮，惟紅斑之中帶有葡萄紫色耳。元瓷之天藍色者與均大致相同，然亦有別也。元瓷之釉厚而垂，均釉則厚而勻；元瓷之紫聚成物形，宋均之紫彌漫全體；元瓷之釉濃處或起條文，淺處仍見水浪，宋均則濃淡深淺皆混然一律。此其所以異也。

元瓷真者，無論瓷胎、瓦胎，其體皆重，其性極堅。瓦（瓷）〔質〕者，其色雖似瓦而仍帶半瓷質。資質者，其質雖似瓷而仍略帶瓦質。僞造之胎，則或純乎瓷，或純乎瓦，與真者迥不侔矣。

歐窑　歐窑一名「宜均」，乃明代宜興人歐子明所製，形式大半仿均，故曰宜均也。製品雖出宜興，然與陽羨名陶一系微有區別，與清代紫砂掛釉各器亦微有不同。大抵製造時仍參入瓷質，非純用紫砂者歟。瓶、盂等物皆有，而尤以洗類爲多。歐窑與廣窑同一仿均，外觀厚重，形極相似而實不同。今略析之：廣窑以青發藍斑者爲最多，此外他色雖有，然總不脱灰、墨一類釉也。歐窑則色澤較多，除青、藍外，有仿均深紫者，又有雲豆、茄皮等色，且藍斑亦不若廣窑之濃，其別一也。廣窑之底露胎較多，歐窑之底露胎處甚少，其別二也。廣窑之製純乎渾樸，歐窑之製於渾樸中見妍整，其別三也。至清代唐英亦曾於景鎮仿製歐窑，但明歐窑多橘皮釉而唐仿無之，其釉又與乾隆時器無異。孰明孰清，固不難一望而知。

自宋以來已有官窑、民窑之分。官窑者，由官監製以進上方備賞賚者也。民窑又名「客貨」，民間所通用者也。清代於官窑之中更有御窑，專備御用而下不敢僭。若官窑則貴人達官亦得用之，設專官以監督其工，發内帑以支銷其用，故所製物品日益精美。御窑畫龍必作五爪，尤其顯著之識別歟？

郎窑　近人最重視之品，厥惟郎窑，然所稱實有誤。蓋通稱郎窑者，大抵乃明祭紅之寶石釉者也，不必純爲郎製。郎爲郎廷極，康熙朝監督瓷業之官，而肆人誤爲郎世寧。世寧，意國人，善畫，雍乾間供奉内廷，未嘗監督造瓷。郎廷極官至江西巡撫，其製瓷之事實頻見於藍浦《陶録》、陶葵生《茶餘客話》各書中，則必爲廷極而非世寧也明矣。此種製品以深紅寶石釉爲主體，肇於明代宣、萬，仿於清初。今之所爲郎窑者，實混明清而一之，然沿誤已成習慣，余亦從衆也云爾。今俗所分別者，凡深紅寶石釉之品概呼郎窑，紅色玻璃釉橘皮釉之品概呼積紅。積紅有款識，郎窑無款識云。郎窑有先後所製之分，凡裏外皆有開片而底足有燈草旋文，其色深紅如初凝之牛血，此先製者也。若後製則微有不同。先製者口底微黄，所謂「米湯底」者是也。後製者口底或作豆青色，或作蘋果青，所謂「蘋果底」者是也。先製者釉色深紅，後製者釉色鮮紅，惟釉尚透亮，不似「窑變」之肉耳。又有所謂「緑郎窑」者，其色深緑，葱蒨可愛，滿身細碎紋片，實則明仿弟窑之品也，雍、乾時代亦有仿者。

窯變　窯變者，乃燒窯時火候不匀、偶然釉汁變色之故。大抵欲作深紅之色，非一種顔料所能造，必參以他種顔料，而火候深淺之處紅色失而他色露，變成種種形狀不等，頗爲特異。因之踵作，蓋本偶然者，後遂成爲故然矣。窯變先後所製亦各有不同，若康熙末年之窯變，其藍色與雍正時同，惟其紅色則發黑。若雍正初年之窯變，紅、藍二色均不發黑，其釉與郎窯之釉略同。若雍正末、乾隆初之窯變，其釉與色均與郎窯迥異，且有帶款者，蓋純乎人工故意製成者也。

年窯、臧窯　年窯者，雍正時年大將軍羹堯督造之瓷也，青花、五彩皆有之。而市肆中人但以一種積紅小瓶、小杯等物呼爲年窯，其他則不省也。年窯之紅比郎窯之紅較黑而實，且不開片，其聲價亦遠遜於郎矣。又有臧窯者，爲雍、乾間臧應選所督造，然無甚特異之點，故人罕有知之者。

許之衡《飲流齋説瓷·説胎釉第三》　欲識瓷之美惡，必先辨胎。胎有數種：有瓷胎，有漿胎，有缸胎，有石胎，有鐵胎。瓷胎者，輾石爲粉，研之使細，以成胚胎者也，凡普通之瓷器均屬之。漿胎者，擷瓷粉之精液，澄之使清，融成泥漿，以成胚胎，凡極輕而薄之器屬之。缸胎亦名瓦胎，謂胎質粗如瓦器也，凡凝重粗厚之器屬之。石胎非真石也，質凝重而堅，略似大理石琢成之器物焉，康熙有「石胎三彩」是已。鐵胎非真鐵也，瓷質近黑，有如鐵色，其胎之厚薄輕重亦不一致也。

(瓦)〔瓷〕器有紋者謂之開片，有大開片，有小開片。小片之細碎者曰魚子紋，大片之稀疏者曰牛毛紋，曰柳葉紋，曰蟹爪紋，不外形容其所似也。

瓷之開片，其原因有二：一曰人爲之開片，一曰自然之開片。人爲之開片多屬漿胎，當入窯燒時已定使之開片，或開大，或開小，配合藥料燒之，則出窯時成開片形，一如人意之所欲出。是等開片，形似龜坼，開在胚胎者也。自然之開片則歷年既久，其片漸漸内裂，或成魚子，或成牛毛諸形，其坼也純，與胚胎無涉，是等開片痕不深入，開在釉汁者也。

牛毛紋微帶黄色，魚子亦然。凡年久自然開片者，其釉似坼而未坼，在若隱若現之間。若人爲開片者，則軒豁呈露矣。人爲開片始於宋代哥窯，其後因遞仿之。

漿胎質輕而鬆，缸胎質重而堅，瓷胎音清而脆。瓷胎之「沙底」者，謂其底露胎不塗釉也。沙底貴白、貴細，以細砂底爲上。缸胎大半缸底，色貴亮，聲貴響。年久之缸胎多有銅音，故鑒别家往往叩其聲而知是物歷年之久暫也。

「脱胎」一種，其薄類於雞卵之殼，故又謂「卵幂」，純乎見有釉不見有胎者也。映日光照之，表裏能見手影。有花者，於其表照見内之款字。此等製器始於永樂，仿於康、雍，乾隆以後遂不能仿，蓋奪造化之天工、極製作之能事矣。

開片仿哥之粗糙者，謂之冰紋，粤人謂之「襞裂」。開片青花而瓷色發黄者統稱漿胎，滬人謂之「煨瓷」。開大片而瓷色發紅者，廠人謂之「格瓷」。有一種釉汁翠地紫斑細碎若魚子或若雞翅木之文理者，肆人謂之「均釉」。

製瓷上釉有二法：一曰蘸釉，以皿入缸，盪匀其汁。蘸釉者，其釉厚，故均、哥諸器往往有若堆脂，所蘸不止一次也。一曰吹釉，截竹爲筒，嘘氣匀之。吹釉者，其釉薄，故舊瓷中有「玻璃釉」等名目，而薄者甚至有同卵膜也。

宋元古瓷，釉厚者有如堆脂，謂之「密淋釉」。其掛釉至底之處往往垂若蠟淚，任其滲出，謂之「鼻涕釉」。又，古瓷中常有釉不到底、露出胎骨，大小片段不等，甚至有半有釉半無釉者，若是者謂之露胎。其小者謂之「縮釉」。但以是爲宋元之證則不盡然。蓋宋汝、均諸器固多露胎、縮釉，然官窯極精之品亦有無是者，即有之，亦片段甚小。至於元瓷，則有露胎頗多者。若康、雍間仿宋之品，則又縮釉處甚小矣。至咸、同間仿宋諸器，吾輩目爲贋鼎者，則密淋、鼻涕等狀又必全似於宋釉。是在明眼人辨之而已。

均窯之釉，捫之甚平，而内現粗紋垂垂而直下者，謂之「淚痕」；屈曲蟠折者謂之「蚯蚓走泥」印，是均窯之特點也。廣窯之釉，捫之甚平，而中現藍斑，大者謂之「霞片」，小者謂之「星點」。是廣窯之特點也。均窯以紫勝，廣窯以藍勝。

凡罩釉一次者，謂之「一道釉」。無論青、黄、紅、黑種種諸色，得其一者謂之純色釉，若白色者則謂之本色釉。

今之所貴於世者，其寶石釉乎？凡深紅、鮮紅皆有寶石釉在内，不惟紅而已。若緑、若藍、若茄紫各色亦皆有之，而世俗則專屬於深紅一種也。清初顔料大都明代所遺，其大紅、大緑均非後來所有意者，其亦糝入寶石等料乎？寶石釉之品莫貴於「亮釉」，其明如鏡，其潤如玉，其赤如鷄血，其通如石之凍，《博物要覽》所謂鮮紅寶石者是也。亮釉又名玻璃釉，乃薄釉也。薄釉而能備種種諸美，其胎之精細不待言矣。寶石釉亦有一種厚釉者，有樓眼、橘眼及滿開小片等文，然比之薄釉，其價值則稍遜。

釉質之厚者，堆脂、密淋、鼻涕之外，又有所謂「疙疸釉」者。此等釉，捫之畧有不平，有如結痂之初落，故謂之疙疸也。又有釉汁中含最細之黑點稍凹下者，謂之「麻癩」，蓋燒時爲火力所縮、黏有黑炭故也。

有明祭紅釉汁較厚，成一種木紋，有若尖峯重起，又似疊浪，望之蔚然而深。是等木名爲「野雞翅」，是等文名爲「雞翅木紋」。又有一種祭紅，釉中露白本色之釉，微微凸起，有若魚、蝶等形，名曰「露骨」。更若塗以抹花之釉而虛其中，若爲空白也者，頗似乎陰文之花紋，名曰「蓋雪」。雞翅、露骨、蓋雪，皆釉質之奇者也。

青、紅各器，其口際有白釉一線，形若燈草，底足之處又必有圈線一圍，二者皆名曰「燈草邊」。以質極滑線極齊者爲貴，市人所謂「規矩」者也。彼僞製之品往往不能規矩，賞鑑家每於此辨別之。若雍正仿宣紅之品，近燈草邊處色亦較淡，然淺深雖稍有間，亦必極規矩，固不能以僞製目之矣。

燈草邊而圓者固貴矣，若方者則尤貴。蓋口際捫之若平面者謂之方邊，康、乾乃有之。後則圓邊，有仿製絶精者，而方邊則甚罕仿製也。

紫口鐵足，謂口際有邊，深黃而近紫，足則鐵色也。宋瓷多數有之，哥窑尤夥。明成化窑暨康熙光素青花諸瓶，有鐵口、鐵足又兼鐵脣者，口際大半雕有凹花。而雍正官窑紫口鐵足亦不(尠)〔鮮〕。此等物品，其款字亦多凹雕掛鐵色釉。紫黑之釉，滿現星點，其光瑩亮如鐵者謂之「鐵鏽花」。星點痕稍長，其光閃爍不定者謂之「蝗股紋」，又謂之「蚱蜢腿」，又謂之「蜻蜓翅」。同一名詞皆形容其所似也。凡紫黑之釉，苟無是等紋者，則不足觀矣。

脱胎之製始於明代永樂、宣德，亦精製器。有名者爲昊十九，紫桃軒極稱之。其薄者能映見手指之螺紋，真絶品也。康、雍所製雖亦極薄，然多能映見花與字耳。至道光瓷尚薄胎，亦有類脱胎之製，識者辨其色澤而知之。

紅釉中有緑者，謂之「苔點」。苔點渾成一片者，謂之「蘋果緑」。蘋果緑有似老苔盪漾水中，微放金光者，乃真奇品也。又有一二片段忽呈鮮紅奇采者，兼有金星，尤爲可貴，是以品紅者恒以苔點、金星爲幟志也。

漿胎必輕，缸胎必重，此恒例也。若缸胎而輕且薄者，則宋代之貴品矣。瓷胎則視物之大小而定其輕重之所宜，凡極輕與極重之品，皆有研究價值者也。辨器之底而察新舊，此瓷學家所必要也。宋元諸器，底際率多露胎。明器有款者底必掛釉，而無款露胎者亦不尠。康、雍仿明製亦如之。若露胎而有印字款者，昔時所輕、今之所罕也。底際款有釉而外無釉者，明代暨康熙亦間有之。若有釉無款者，則當細辨釉質之新舊矣。色微黄者曰「米湯底」，色稍黄而似烙痕者曰「炒米底」，色微近豆青者曰「蘋果底」，辨郎窑者輒於此三致意焉。緑裏緑底之器，肆人謂之「九江瓷」，此稱殊誤，然沿訛襲謬久矣。緑底之器恒露本色釉以容款字，款作篆書者多，若作楷書者，非常品也。自款字興而底露胎者少，乾隆以後底露胎之器日漸少見矣。

古瓷之底有釘痕者，古人思想較拙，以鐵籤支皿底入窑而燒，燒成則撤去鐵籤，故底有釘痕也。又有一種底露胎而印花紋，或作花形，或作物形，或深入如釘痕而作轆轤旋形者，亦古瓷之特色也。若作螺旋文，則明瓷常有，清初底掛釉之器亦每有螺旋文。

釉汁中凹而縮者曰「樓眼」，亦曰「鬉眼」。淺大而滋潤者曰「橘眼」。隱含黑點而不凹下者曰「犀塵」。點形較大而微發老米色者曰「褐斑」。白中有黑者曰「塵星」。有小沫凝如水泡者曰「泡沫星」。不起泡沫而含水暈者曰「水浪」。塵星之暈成黄色者曰「鷓斑」，又曰「兔毫」。

「釉裏藍」一種，其作法係先上一層白釉，再上一層藍色，復上一層薄釉，最後又畫金花。多作龍身夭矯、青雲繚繞之畫。釉裏紅之作法亦然。釉裏藍以康熙爲最精，新仿者粗惡可厭。釉裏紅乾隆間尚精，後亦間有仿者，然不足觀矣。

釉之舊者謂之「寶光」，釉之新者謂之「浮光」。所謂「失之毫釐，謬以千里」者也。但以闇淡無光者謂爲歷年久遠之證，則大不然。彼佳瓷未有無光者，或則曾經入土，光氣淨盡，名曰「失亮」，則又當辨「土繡花」之有無矣。若僞者乃用漿砣磨去浮光，易於掩蔽一時，終難逃識者之明鑑也。

辨浮光之有無，此易事也。若新製之極精者，不惟毫無浮光，且能露出寶光，而舊瓷之種種特色，幾於具體若是者，則難辨矣。然有花彩則細辨花彩，無花彩則細辨質地。花彩之精者幾足與舊製頡頏，惟質地則剖析毫芒，自形判別，然其間亦有微乎其微者矣。

玻璃釉之製，蓋甚古矣。自宋迄清初，凡帶有玻璃釉者，雖皆透脱如玻璃，然總有渾融氣象，自成一種特色。譬如琥珀、水晶，雖亦如玻璃之瀏亮，而與玻璃之質究有別也。若夫新造之釉，由無論厚薄，其色雖亦類似玻璃，然終不能混融，仍露迹象也。

宋元之釉極厚，而咸、同間仿宋元者，其釉之厚亦同也。雍、乾之釉極薄，而光、宣間仿雍、乾者，其釉之薄亦同也。然其厚同、其薄同，而其間自有不同者在也，以皮相則失之矣。

器小而開大片，器大而開小片，皆足貴也。晚近以來則不貴哥窑之開片，而貴郎窑之開片，大抵開片瓷品，概以捫之無痕者乃爲可貴也。

辨胎釉之道，蓋亦夥矣。手而捫之，審其澤也；指而扣之，聽其聲也；目而察之，辨其色也。更有附於耳際而聽其有無微響以驗火氣之曾否退落者，然不甚足恃，故雅人弗取之。

有一種香瓷能於座間發出香氣，惲南田有「甌香館」，即指此也。蓋宋瓷製胚胎往往雜以香料，歷年既久，異香噴溢，最爲珍罕之品。有土胎香者，有泥漿胎香者，有瓷胎香者。漿胎香者較多，瓷胎較少。更有「藏香胎」、「沈香胎」等等。若小合之屬，古時奩具載梳頭油，久亦能浸溢成香，是又入於韻事者矣。

香瓷之香，乃在胎骨。宋製器皿，釉不到底，恒稍露胎骨於外，故能發香。若釉汁滿掛，則縱有香料入胎，而亦不能噴溢芬馥矣。是以香胎間於古瓷中有之，後代則甚罕也。

掛釉之法古時以筆搨釉，病在不匀。後改爲以皿入缸，用蘸釉法匀矣，而屢有不到底者。嗣改爲吹釉之法，有三四遍吹至十餘遍不等，則既匀且净，蓋進化之理然也。

常見一種混合五色之釉，其文繚繞紛綸，有如五色之瑪瑙，又似海濱文蛤之殼，名曰混釉，又曰雲釉，謂其如雲蒸霞蔚也。施之於小瓶類爲多，是亦乾隆間一種好奇之新發明。

乾隆有專仿木製各皿，遠望儼然如木，而實爲瓷者，名曰仿木釉。有仿漆器者，名曰仿漆釉。有仿景泰法瑯者，名曰仿景泰釉。此外，更有玳瑁釉、石釉、花釉等等。驟視絶不類瓷，細辨始知。皆釉汁變化，神奇之至也。

許之衡《飲流齋説瓷・説彩色第四》 以淺深數種之青色交繪成文，謂之「青花」。本色地而繪以五色花者，謂之「五彩」。繪三色花者，謂之「三彩」。彩地而傅以彩花者，謂之「夾彩」。先施圈闌，內繪花文，外填色釉或錦文者，謂之「開光」。黑白等地而繪緑、黄、紫三色花者，謂之「素三彩」。（素三彩亦有連地統計者）由窑變而成紅、緑、紫三色者，謂之「天然三彩」。裏外皆有花者，謂之「兩面彩」。

本色地加彩蓋始於宋，或謂始於明者，非也。《陶説》載宋學士王珪召對蕊珠殿，設紫花坐墩，是其有力之證。以余所見哥窑加彩之器，古物保存所有之。而友人所藏復有一具，確爲宋物無疑。花彩古氣盎然，殊不類後加者。至元瓷法花之品，法花詳下章。花與底不一，已開夾彩之權輿。元時既有夾彩，則本色地加彩必在其先斷可知矣。

五彩之器，明永樂製作始盛，證以《博物要覽》所載，則窮妍競巧，花樣漸多。或謂五彩間有洪武款者，皆屬明末清初之所託，殆或然歟？明代瓷彩發明足以夐絶奕世，震鑠一代者殊不淺尠，綜其遷變可得而言。

永樂影青一種，瓷質極薄，雕暗龍花，表裏可以映見花紋，微現青色，故曰影青。《陶雅》稱爲絶品，迥非雍、乾所及。或又謂此等影青決非永樂，乃嘉靖瓷而書永樂款者，亦有雍窑書永樂款。要之，永樂於明代，實彩瓷始盛之時也。宣德發明祭紅，乃祭郊壇用品所剏之色也。又稱霽紅，謂如朝霞霽色。一名積紅，一名醉紅，復名雞紅，則因瓷無專書，市人以音相呼，遂成種種異名耳。成化五彩、青花均極工緻，青花藍色深入釉骨，畫筆老横，康熙猶當却步也。正德發明一種「蛋青」，淺緑色，其釉極厚極透，其色極豔極鮮，迥非後來所能及。嘉靖則錦紋開光之器益夥，萬曆祭紅侔於宣德，而雕瓷碗白間緑色，雕萬不斷花紋亦始於是時。

明代發明彩色極多，不勝覼指。大抵康、雍時所有之色，殆幾無不沿於明代者。若釉裏紅、豇豆紅、抹紅、秋葵緑等新艷可喜之色，明已有之。若豆彩一種，成化亦微露端倪。故就彩色論，朱明一代已極紛紜璀璨，清初益推衍其波瀾耳。

有明彩料多採自外國，如青花初用蘇泥勃青，繼用回青。紅色則有三佛齊之紫𥓓、渤泥之紫礦胭脂石。是以彩色濃厚，輝映奕世。而清初採用猶多前朝內府所遺。

清代彩瓷變化繁賾，幾於不可方物。康熙硬彩、雍正軟彩。硬彩者，謂彩色甚濃，釉傅其上，微微凸起也。軟彩又名粉彩，謂彩色稍淡，有粉匀之也。

硬彩華貴而深凝，粉彩豔麗而清逸，青花幽靚而雅潔。硬彩、青花均以康熙爲極軌，粉彩以雍正爲絶美。乾隆夾彩最盛，鏤金錯采，幾於鬼斧神工。三朝鼎盛，殆歎觀止矣。

粉彩易於剥落，爲其粉質鬆軟故也。然硬彩歷年既久，亦時有剥落者。但使完好精美，則雍正之粉彩亦何讓康熙之硬彩耶？

康熙官窑、客貨概無粉彩，惟御製料款之盌則有之。其粉紅爲地，雜以彩繪者尤爲珍罕。市人不察，輒以胭脂水堆料款呼之，實不知紅粉與脂水迥乎不同也。或謂此等堆料盌乃雍正物而書康熙款者，亦屬非是。

康熙硬彩藍、綠二色堆起甚厚，歷年既久時亦有裂坼之患。紅爲深色之抹紅，且較他色釉質有平凸之差，故亦易於褪落。

五色五章繁雜紛綸，窮極變化。而細爲尋繹，又似有系統之可言。通稱五色，青、黄、赤、白、黑而已。遞衍遞嬗，迅至不可名狀。則紅之一色不下百餘種，其次爲青，青衍而爲綠與藍，三者一系不下數十種也。黄者較少，著名者亦十餘種。黄與綠之範圍時有出入。黑者最少，僅數種耳。蓋黑爲最難變化之色也，而白亦有數種。

今就最流行之色，而試以系統别之：

紅：附紫。祭紅、霽紅、積紅、醉紅、雞紅、寶石紅、朱紅、大紅、鮮紅、抹紅、珊瑚、胭脂水、胭脂紅、粉紅、美人祭、豇豆紅、桃花浪、桃花片、海棠紅、娃娃臉、美人臉、楊妃色、淡茄、雲豆、均紫、茄皮紫、葡萄紫、玫瑰紫、乳鼠皮、柿紅、棗紅、橘紅、礬紅、翻紅、肉紅、羊肝、豬肝、蘋果青、蘋果綠。二色皆紅色所變，故不入綠類而入紅類。青：（附藍綠）天青、東青、豆青、豆彩、梨青、蛋青、蟹甲青、蝦青、氈包青、影青、青花夾紫、新橘、瓜皮綠、哥綠、果綠、孔雀綠、翠羽、子母綠、菠菜綠、鸚哥綠、秋葵綠、松花綠、葡萄水、西湖水、積藍、灑藍、寶石藍、玻璃藍、魚子藍、抹藍、海鼠色、鼈裙、褐綠、粉色褐。

黄：鵝黄、蛋黄、密蠟黄、雞油黄、魚子黄、牙色淡黄、金醬、芝蔴醬、茶葉末、鼻煙、菜尾、鱔魚皮、黄褐色、老僧衣。

黑：黑彩、墨彩、烏金、古銅、墨褐、鐵棕。

白：月白、魚肚白、牙白、填白。

以言系統千緒萬端，然概括之不外淺、深二字。爲之歸匯，均紫最古，然已有葡萄、玫瑰紫之分。至元紫釉，有近豬肝者，有類葡萄者。明代祭紅亦分爲二。一寶石紅，又曰大紅，肆人混稱郎窑者也。一鮮紅，項子京《瓷器圖説》别之爲積紅者也。大紅衍而爲抹紅，爲棗紅，爲橘紅，爲豬肝、羊肝，爲茄皮紫，爲雲豆。鮮紅衍而爲胭脂水、美人祭、豇豆紅、桃花片、娃娃臉、楊妃色。皆由一深一淺，競分派别焉。豇豆紅變而成蘋果，深者謂之蘋果綠，淺者謂之蘋果青，黯敗者謂之乳鼠皮。至於橘紅，又有廣橘、福橘之殊。茄紫又有深茄、淡茄之别。條葉益繁，支派百出，蓋矜奇而競巧，亦逞異而標新也。

晉縹唐綠，敻乎遠矣。柴周之「雨過天青」實接其軌，汴京之「東青」繼之，汝窑之「豆青」承之，是數者皆青之先河也。哥窑衍而爲豆綠，弟窑衍而爲果綠，至於瓜皮、孔雀、子母、菠菜、鸚哥諸綠，又其後之孳乳也。其淺色者，有秋葵、松花、葡萄水、西湖水諸種；其黯色者，有蟹甲、鼈裙、氈包青諸種。推之藍色，深者有寶石藍、灑藍等名，淺者有天藍、灰藍諸類。此外黄也、黑也，亦莫不有深淺諸色。吾故謂淺深二字可分兩大支流，而爲概括之總滙也。

今就世人所寶貴之色擇要以説明之，俾辨色者稍得厓略，非以求備也。其别如左：

寶石紅　祭紅之寶石釉者，俗呼之曰郎窑，今爲行文之便，以寶石紅别之。始於宣德，盛於萬曆，康熙仿者已稍不如前，此後遂絶響矣。此種器皿大都亮釉，其色深紅，如初凝之牛血，裏外皆有開片，而捫之無痕，開在釉汁之内，若隱若現。底足燈草邊（艮）〔異〕常齊整。底概無款，有米湯底、蘋果底兩種，稍黄者曰米湯，稍青者曰蘋果，均有小開片。以純紅者爲極難得，滿帶苔點綠者次之。其不純紅者，則變爲其他名稱矣（與《説窑》章《郎窑》節參看）。

積紅　祭紅之鮮紅釉者，據項氏子京説以積紅别之。凡朱紅、紛紅及變爲青、綠等色，無開片而有款者概屬於此類。亦始於宣德，其他明代諸朝暨康、雍、乾、嘉均有之。與寶石紅之祭紅本爲一物，其所異者，特一深紅，一鮮紅，一有小開片，一不開片耳。其燈草邊之齊整亦同，惟因其不如寶石紅之透亮，價值遂遠遜云。

豇豆紅　此色亦由祭紅變化而來，以類於豇豆，故以豇豆紅呼之。釉中多有綠苔點或大片綠斑，亦有純紅者，以康熙款者爲最多。若雍正款者，則其釉雖與豇豆紅無異，人亦輒以「雍正祭紅」呼之矣。豇豆之黯敗者俗稱「乳鼠皮」，價值殊貶。稍深則入雲豆色，近紫又入茄皮色。豇紅之所以可貴者，在瑩潤無比，居若鮮若黯之間，妙在難以形容也。

胭脂水　胭脂水一色發明於雍正，而乾隆繼之，以其釉色酷似胭脂水，因以得名也。始製者胎極薄，其裏釉極白，因爲外釉所照，故發粉紅色。乾隆所製則胎質漸厚，色略發紫，其裏釉尤白，於燈草邊處如白玉一道焉。至乾隆末葉，喜滿雕陰文細花，繪以雜彩，比之初年，殆不啻上下床之别。而近今僞製，尤以此類爲多。客貨多係疙疸釉而明豔鮮麗，釉亦極薄。至嘉、道以後，雖有此色，然已比之自檜矣。

美人祭　美人祭又曰美人霽，祭紅之淡粉色者也。西人又呼爲桃花色。此種市夥不解其名，或呼爲淡豇紅，或呼爲淡祭紅，孰若美人祭名稱之嬌豔也耶？餘若娃娃臉，楊妃色，桃花片、桃花浪諸名，均屬於此類。稍深稍淺，吹萬不同，而歧名異名因之遂夥。一言以蔽之，則祭紅之淡粉色而不發緑斑者即此類也。

蘋果緑　積紅所變之色，緑者成點，謂之「苔點」，緑者成片，則謂之蘋果緑，其淡紅者謂之蘋果青，皆積紅之巧化者也。凡積紅、豇豆紅而帶緑成片者，均以是呼之。成化始興，康熙爲盛。而宣德則但有苔點未成緑片也。近人品積紅，每每以緑片、緑點爲貴，無者輒疑爲贋鼎，烏知當日有緑斑者反爲棄材耶？自窑變偶成此色，後遂踵作，且成專名，而價值亦侔於深紅者。市人競利，搜者好奇，不其然歟？

均紫　均紫最秾麗，爲古今所豔稱。初製較濃，有類長熟之葡萄。後製則近鮮，有類開透之玫瑰，故有葡萄紫、玫瑰紫等名也。全器純紫者，近已不易一見。末葉藍、紫相間，成垂涎紋，如蔚藍水光中泛出片片之紫浪，洵異彩也。元紫成魚、蝠、蝶等形，釉能深入胎骨，故亦可貴。至明迄清，仿均之品如「塗塗附」，大抵淺紫尚可形似，而深紫已渺不可追。或則紫中發紅，或則紫中發黑，殆非正紫矣。

茄皮紫　茄紫一色始於明末，康熙繼之，皆係玻璃釉，淡者比茄皮之色略淡，深者比煮熟茄皮之色又略重，故有淡茄、深茄之分。淡茄尤爲鮮豔，介於豇豆、雲豆之間。自雍正至乾隆，雖間有茄紫，然已不甚多見，蓋其色甚難摹擬故也。最近仿製者紫中發紅，且不勻浄，不難一望而知，真僞立判。又此色器皿大半有雕花者。

各種紅紫　紅有百餘種，至繁賾矣。除上所述諸種外，其他亦可略述也。粉紅爲鮮紅之化身，亦即積紅之最淡者，或呼爲娃娃臉，或呼爲牡丹，芍藥，或呼爲桃花片、海棠紅，總不外形容其豔麗而已。硃紅色若正朱，康、乾之製鮮明奪目，以後則比之自檜。抹紅釉質極薄，參入夾彩，以乾隆間爲多。其間又有柿紅、橘紅、棗紅之別。橘紅與硃紅判別，又在微(秒)〔妙〕之間。抹紅帶黄者又謂之「杏子衫」矣。珊瑚一種，釉汁極薄，乾窑最精，此後殆如塗附。至「羊肝」、「猪肝」則殊不足輕重。蓋紅之爲色，變化至夥，而近之所重，則偏在於祭紅一脉云。

天青　天青一色，肇端北宋。柴周遺製，敻乎渺矣。自宋迄明，代有作者，至康、雍集其大成。幽雋淡永，兼而有之，往往於淡雋中有秾蒨之小點，尤爲可喜。其釉色變遷略有不同，康熙初年之天青，其釉極厚，其色微青，釉色混融，有同魚腦。康熙末年之天青，其釉略混，其色略藍。雍正時之天青，其釉略混，其色殆與天藍無甚大别。此時製器，又往往書成化款也。自康至乾，無論天青、天藍，其釉皆厚而且潤。新者釉混而且粗，魚腦之説渺不可復追矣。

豆青、豆緑　此二色宋哥、弟窑爲最盛。哥窑多作豆緑，弟窑多作豆青，皆滋潤瑩澤，至爲可愛。弟窑留傳比哥窑較夥。明暨清初亦倣弟窑爲多。雍正倣製之品，滬上名曰「果緑」，莫解其由，謂是「哥緑」轉音，以弟爲兄，未必謭陋至此。謂是「蘋緑」省文，則色澤殊亦不類。殆沿訛襲謬不可究詰耳。明以前之豆青微近黄色，至清則純近緑色。雍、乾以後往往加以彩繪，素地者遂處於平淡無奇。此色易製，沿襲過多，世人淡漠置之，殆如老去秋娘，無復當年聲價矣。

瓜皮緑　瓜皮緑如西瓜之皮，因以得名，康窑有一種罐，作西瓜狀，蓋上有瓜藤，彌可珍貴。釉上滿開小片，其紋略如牛毛。雍正所製，釉厚而且潤，色緑而略黄，或如春時之柳葉，或如秋末之葱心。乾隆製者緑色略深，開片亦較前略粗，然皆滋潤瑩澤，紋内亦不發黑。若新製則燥而不潤，緑而發黑，故不足珍也。

各種青緑　深色諸緑以孔雀緑爲最可愛，葱翠奪目，製亦近罕。其次則蟹甲青，古氣盎然，撲人眉宇。新橘滿含樓眼，亦有足多。若鼈裙者，俗謂之「忘八緑」，殆非雅品。大抵青緑之色不貴深而貴淺，以淺者鮮豔可愛，變化無窮也。葡萄水如新長之葡萄，西湖水、松花緑亦不甚相遠。淡緑而微發黄者名曰秋葵緑，青而略同蝦肉色者名曰蝦青。數者均標新領異，殊可珍貴。至色微近淺藍之鸚哥緑與發黄較多之梨青，則稍近於平庸矣。

洒藍、積藍　康窑於洒藍中加繪金彩雲龍，奕奕有生氣。其作法係先上一層白釉，再上一層藍色，復上一層薄釉，最後乃畫金花。積藍又名霽藍，作法與洒藍有别，乃將藍色與釉水融和，掛於瓷釉之上，並不先上白釉，因此之故，其釉比洒藍爲厚，而色則大略相同也。

至若青色之較濃者曰天藍，淺藍而近於緑者曰翠藍，深藍而有芝麻星者曰魚子藍，殆謂其形有類似，非謂其色同魚子也。至於藍紫相和而藍尤濃厚者曰氈包青，亦好奇之所嗜云。

豆彩　何謂豆彩？蓋所繪花紋以豆青色爲最多，占十分之五六，故曰豆彩也。或稱鬥彩，謂花朵之攢簇有類鬥争。或稱逗彩，(爲)〔謂〕彩繪之駢連有同逗併。實則市人以音相呼，輾轉訛述，殊非正詮。是彩康、雍至精，若人物、若花卉、若鳥獸，均異采發越，清蒨可愛。至乾隆以後喜作團彩，稍欠風致矣。然於華麗之中別饒葱蒨之致，足爲清供雅品，彌可寶貴也。

各種黃色　黃亦宣德時所尚之色，其時色深，有同密蠟，故有「宣黃」之稱。至嘉靖始夾青花，色同魚子，深者又別之爲「雞油黃」矣。康熙以後專尚淡黃，統稱蛋黃也。其稍深者謂之熟蛋黃，稍淺者謂之生蛋黃。若和黑、緑二色者，則名「茶葉末」。茶末導源最古，一爲純正之茶末，一爲不純之茶末。不純正者或偏於黃，或偏於緑。純正者如將茶葉研成細末，調於釉中，其色古雅幽穆，足當清供焉。其黑色稍濃而有黃色碎點周遭圍繞於底足間者謂之「鱔魚皮」，亦象形語也。若「鼻煙」，若「菜尾」，若「老僧衣」，皆茶葉末之變體。鼻煙最濃，菜尾較淡，至如黃、黑、紫相和砌成斑點，則謂之虎皮斑，在昔偶然風尚，今則無復問津矣。金醬而加金花，亦乾隆間所尚，然皆小品居多，究未足當鼎彝之鉅製也。

素三彩　紫、黃、緑三色繪成花紋者，謂之素三彩。以黑地爲最貴，亦有淺黃、淺緑等地，而花則黃、緑較深者。亦有間露白地者。茄紫爲地殆稍罕見，有則花僅緑、黃二色耳。殆合地統計爲三色也，緑套緑，黃套黃，於淺深中分先後，故有實四五彩而亦稱素三彩者。西人嗜此，聲價極高，一瓶之值輒及萬金。以怪獸最爲奇特，人物次之，若花鳥價亦不貲也。同一年代，而素三彩之品視他彩乃騰踴百倍，且其瓷質較粗，底多沙眼，而視同拱璧，殆有解人難索者矣。

黑彩、墨彩　黑彩以質地言，墨彩以繪事言。凡黑地而花，或五彩或三彩者皆稱黑彩。墨彩則以淡墨繪諸白地而已。墨彩視同常品，不外備鑑家之一格。若黑彩則聲價甚昂。素三彩而兼黑彩者尤爲殊絶。五彩兼黑彩者次之。烏金者，黑彩之尤瑩亮者也。古銅者，茶末之和深黑者也。鐵繡花者，近古銅而色深紫者也。鐵棕者，茄紫之和深黑者也。墨褐者，墨彩之彌漫全體者也。四者皆黑之支流也。

月白、魚肚白，乃色之最淡者。牙白則稍閃黃色矣。若稍閃紅色者又稱爲蝦肉白。填白者，係以粉料堆填瓷上，再蘸釉汁，或訛甜白，失之遠矣。以素瓷而論白，亦有種種之別焉。

洋彩　雍、乾之間，洋瓷逐漸流入，且有泰西人士如郎世寧輩供奉内廷，故雍、乾兩代有以本國瓷皿摹仿洋瓷花彩者，是曰洋彩。畫筆均以西洋界算法行之，尤以開光中繪泰西婦孺者爲至精之品。至於花鳥，亦喜開光，又有不開光者，所用顔色純似洋瓷，細辨之則顯然有別，且底内往往有華字款也。

洋瓷　洋瓷有兩種，一爲泰西流入之洋瓷，本不入考古家賞鑑，然清初流入之品有極精者，如繪女神像、自由神之屬，恢詭可喜。至舊至精者亦堪藏庋一二也。一爲吾國所造銅胎掛瓷之品，市人通稱亦曰洋瓷，實則此類彩繪大半本國華風，尤以繪西廂等故事爲多。其兼仿洋彩者反居少數，則呼曰洋瓷，稱名殊嫌不當。大抵互市伊始，洋瓷流入有銅胎者，遂印市人之腦。由是凡瓷之銅胎者，不問其爲本國製與否，概以洋瓷呼之，相沿成習，牢不可破耳。

紅之一色，康不同於雍，雍不同於乾，乾又不同於嘉、道以後。故後仿者惟紅最難摹擬。康熙之藍，夐絶一代，而近來新發明藍，亦能得八九，超軼於光緒初年所仿者多矣。若緑與黃略得四五，亦易於魚目混珠。惟紫則新仿者甚少。若紅、若白，最難逃識者之眼。然純色釉之器，紅亦有仿製極精，不止四五成者。惟白較難追步前朝，而判別乃在微之又微云。

許之衡《飲流齋説瓷·説花繪第五》　瓷之有花，宋代已漸流行。蘇東坡詩：「定州花瓷琢紅玉」。仁宗召見學士王珪，設紫花坐墩是已。今則宋定流傳遞衍尚夥，若耀窑、瓷窑，均宋器之仿定者也。花多作盤螭、飛鳳、牡丹、萱草等形，其精者幾與玉琢細器無異，與乾隆御窑後先媲美，殆於異曲同工。自明迄清初，仿定之品亦足爲世重。乾隆後則無復仿者矣。章龍泉窑亦多花紋，其可貴遜於粉定一等，明清仿者價亦視代之遠近爲差。耀窑間有黑花者，但不甚爲世所重。至紫花宋瓷暨有紅緑花彩者，殆如威鳳祥麟不易一見，然亦間有之也。

定窑、章龍泉窑之花皆雕花也，定雕較深，章雕較淺。然亦有種種名目之殊，有平雕，謂花紋與地平，釉罩其上，捫之不覺也。有凸雕，謂花皆陽文凸起也。有凹雕，謂花皆陰文凹入也。凹雕亦名劃花，凸雕亦名法花，平雕亦名暗花。《博物要覽》謂定器有劃花、繡花、印花三種，劃花者最佳，繡花者次之，可見當時製作之盛矣。劃花用刀刻，繡花用針刺，印花用版印，更有錐花，乃用錐尖鑿成花紋。又有堆花，以筆揩粉成凸堆形，堆花又名填白。繡花、錐花二種，後世罕有仿者。

印花，肆人亦謂之法花，或又謂之鼓花，蓋皆市聲也。

前所云凸雕、平雕、凹雕云者，又與雕瓷無涉。雕瓷盛於乾隆，所雕之花尤爲深入顯出，市人既名是爲雕瓷，彼宋之雕法則用暗花、劃花等名以別之。

近人亦能取景德鎮素瓷以針或刀刺成種種花紋，花成以墨填之，俗稱刻瓷。其用針、用錐、用刀也，固與宋法無涉。

素瓷甚薄，雕花紋而映出青色者，謂之影青。鏤花而兩面洞透者謂之玲瓏瓷。花紋堆起高於質地，乃用筆抹成者，謂之堆料花。

填白之堆花，花紋之疏落者也。堆料花者，花紋之繁密者也。增一「料」字，亦有别矣。

釉裏紅之花亦爲花之别派，大抵此等繪花須費兩番手法也。若兩面彩而映光照之花紋一一相對者，亦奇雋之品。

以上所云皆由瓷之本身出花者也，若不由本身出花而别刻花嵌入者，則又當謂之嵌花。

影青固甚薄之瓷也。乃有瓷質頗厚，僅能一面影出青色雕花者，此則名爲隱青。蓋雕花後微傅以青色，再加釉汁云爾，製亦始於明代云。

法花之品萌芽於元，盛行於明，大抵皆北方之窑。蒲州一帶所出者最佳，藍如深色寶石之藍，紫如深色紫晶之紫，黄如透亮之金珀，其花以生物花草爲多。平陽、霍州所出者，其胎半屬瓦質，藍略發紫，緑略發黑，殆非精品。西安、河南所出者較平陽、霍州略爲鮮亮，蓋屬瓷胎也。至清初始有景德仿造，則純是玻璃釉，花既玲瓏，地尤細净，人物衆獸，毫髮畢現矣。雍正以後間有仿造，已失良工，故乾窑雖精，亦趨入雕瓷一途，罕見法花之製，其他更無論矣。脱胎與影青之别何在乎？曰其薄如紙，映光照見指紋者是謂脱胎。此昊十九卵幕之製，所以獨絶於明代也。筆細如髮，表裏花紋發青者是謂影青，此永樂雲龍小盌所以超前軼後也。

明瓷花樣繪事亦既争妍鬬巧。觀朱琰《陶説》所載不下百餘種，書不勝書。兹但就其創始特别之點紀載一二，亦足見前代美術之一斑焉。

永樂壓手杯底中心畫雙獅滾球，球内篆款字爲最奇之品，鴛鴦心者次之，花心者又其次，此爲底内繪花之始。至康、雍諸器，底内亦有繪花者，皆沿其遺製也。乾隆以後，底内只有款字，縱有花亦非精品。

宣窑之美爲有明一代冠，不但宣紅、宣黄彪炳奕葉已也。即青花、五彩各器亦發明極多，咸爲後代所祖。如《輕羅小扇撲流螢》等畫，詩句入瓷，實開其先。若海獸、人物靶杯亦極奇肆可喜。至於漏空花紋填五彩，又五彩實填花紋，皆絢豔悦目。又有藍地填畫五彩者，則夾彩之製盛興矣。戧金之製亦始宣德，吴梅村有《戧金蟋蟀盤歌》，可知當時瓷業美術之發達震古鑠今也。

雞缸始於成化，畫石山、牡丹，下有子母雞躍躍欲動，小兒揚袂其側。又器之中心往往和、合二仙也。《高江村集》有《成窑雞缸歌》。此後乾、嘉、道歷朝均有雞缸之製，款稱仿古，成化云。今日乾隆之雞缸亦已珍同拱璧，若成化者又在景星慶雲之列，莫之或覿矣。

成窑如畫鞦韆士女、鬬龍舟、周茂叔愛蓮、五子相戲、八吉祥、西番蓮、錦灰堆等，皆開清康、乾之先路，尤以畫人物各器足爲世珍也。

嘉靖繪事，喜内外夾花，喜錦地，漸趨於華縟一派。其特色有數種，如外龍鳳鸞雀、内雲龍，外出水龍、内獅子花之類，即所謂兩面彩也。如海水蒼龍捧八卦、天花捧「壽山福海」字。捧字一種，謂花上夾以圓圈，書字其内。此製當興於是時，清代萬壽無疆等捧字盤即仿此也。惟清製多捧四字，明製於器中間多有僅捧一字，或福或壽者。

嘉靖八仙捧壽或羣仙捧壽等盤，以視龍鳳捧壽、海水飛獅捧壽者，尤爲可貴。壽字居盤中，餘花圍之。龍鳳較易配置，八仙、羣仙則頗費匠心矣。轉枝蓮托百寶，或轉枝蓮托百壽字，此種奇製，配置極難，而大體又過於瑣碎，是以後代罕有倣者。

萬曆瓷踵嘉靖法而益務華麗，兩面彩、夾彩之品甚多，花樣奇巧絢爛，不勝枚舉。捧字一種尤其所尚。當時回回字、西藏喇嘛字已入中國，故花内捧回回字者亦始於是時。喇嘛字亦稱藏經字，與篆書之壽字彷彿相似，當時謂之「真言字」，插入五采花朵中，亦頗可觀。

明代繪事，人物雖不甚精細，而古趣横溢，儼有武梁畫像遺意。若繪仕女，又似古槧之《列女傳》圖也。成化人物，多半意筆高古疏宕，純似程孟陽。若花卉有極整齊者，雖開錦紋夾花之權輿，然色澤深古，一望而知爲朱明之物矣。若繪龍鳳衆獸，則顏色深入釉骨，時露古拙之致，却非庸手所能及。若萬曆之九龍盤、盌，五龍四鳳盤等，古澤撲人眉宇，雖儷紅妃緑，亦同於夏鼎商彝。康熙畫筆爲清代冠，人物似陳老蓮、蕭尺木，山水似王石谷、吴墨井，花卉似華秋岳，蓋諸老規模沾溉遠近故也。雍正花卉純屬惲派，没骨之妙可以上擬徐熙，草蟲尤奕奕有神，幾於誤蠅欲拂。人物、山水則稍不如康，然先正典型，猶未之墜。乾隆大興錦地花，參入泰西界畫法，俗謂之規矩花。鏤金錯彩，歎觀止焉。人物細微，毫髮畢現，翎毛尤極工緻，均以「古月軒」爲極。則又與蔣南沙、沈南蘋等把臂入林矣。道光精者亦如改七薌、王小梅。此蓋一代畫筆與一代名手相步趨，故一望其畫，已知爲某朝某代之器也。

近日仿康熙青花之品亦有極精者，其藍色竟能仿得七八。至一觀其畫，乃流入吴友如、楊伯潤之派，不問而知爲光緒器矣。若仿乾隆人物至精者頗突過道光，雖明知新製，價亦不貲。蓋與乾窑已具體而微，其所差者乃在幾希耳。

成化五彩人物，其工細者係以藍筆先繪面目、衣褶，繼乃加填五色。清初康、雍猶沿此例，其用紅筆繪面目者，大抵皆粗材耳。至乾隆以後，則無不用紅筆者矣。

乾隆繪人物面目，其精細者用寫照法，以淡紅筆描面部凹凸，恍若傳神阿堵者。然嘉、道以後無復斯製。若康熙繪美人，亦用淡紅筆塗雙臉微赭，乃愈覺其嫵媚也。

明瓷人物以淡描青花者爲精，描青而加填五彩者亦殊可喜。至純粹五彩不雜描青者，大抵瓶、罐爲多，於生野中彌見俊逸。而贋製最夥，即屬此種。明瓷所繪故事，若周茂叔愛蓮、陶淵明賞菊、竹林七賢、流觴曲水之屬，均極俊逸雅倩之致。康熙人物無一不精，若飲中八仙，若十八學士、十八羅漢與夫種種故事，皆神彩欲飛，栩栩欲活，以視道光之畫《無雙譜》必書人名小傳者，殆有仙凡之别。

人物故實標新領異，波瀾推衍，窮極詼詭，大抵皆導源於小説稗官，然皆與歷代丹青畫法相合也。至雍正小品始有繪劇場裝者，其鬚必爲掛鬚，或作小丑狀，盤辮於頂。又有作清朝袍帽裝者，皆入惡道。然康熙仕女已有繪纖趺弓鞋之惡習，則又不自雍正始矣。乾隆亦間有繪劇場裝者，然甚罕見。至小兒游戲作清朝裝，微拖小辮，而畫筆工細，乃反不覺其可厭也。

康熙仕女其繪弓鞋纖趺者，雅人所鄙，而價值輒累千金。乾隆貢品繪碧瞳卷髮之人精妙無匹，西商爭購，值亦奇鉅也。若繪八蠻進寶、羣蠻校獵等巨盤，雖稍次之，近亦如鳳毛麟角矣。

乾隆以「古月軒」聲價爲最鉅。古月軒所繪乃於極工緻中饒極清韻之致，以人物爲最難得，即繪杏林春燕，聲價亦騰噪寰區，疏柳野鳧亦殊絶也。當時由景鎮製胎入京，命如意館供奉畫師繪畫，於宫中開爐烘花。或謂曾見有「臣董邦達恭繪」者，然尋其畫筆派别，殆出諸蔣廷錫、袁江、焦秉貞之流。〔參款識章〕

繪戰爭故事者謂之「刀馬人」，無論明清瓷品皆極爲西人所嗜。至卦刀騎馬而非戰爭者，亦準於刀馬人之列也。康窑大盤有兩陣戰争過百人者，尤爲奇偉可喜。又有青花加紫，其皿絶大，而僅一人一馬者，筆端恣奡，亦非恒品。康窑所畫怪獸最爲生動，噓氣噴霧，毛毿毿欲躍，真神品矣。若繪翔鳳、孔雀，則稍不如繪燕雀、小鳥，以小鳥易有神致。至花卉畫筆以白地者爲佳，老横無匹，儼然華秋岳也。雍正粉彩花鳥逸麗過於乾隆，若人物則青花勝於五彩，蓋猶循康熙前軌也。乾隆花鳥除古月軒外，殆不能比跡康、雍，惟人物仕女工緻秀媚，乃殊尤耳。

康窑畫松樹，蒼翠欲滴，古幹森鬱，其粉本純由宋畫而出。若李思訓、趙大年殆其私淑者也。配以人物高士，亦飄飄有仙氣。

素彩海馬之盌，聲價極鉅。以九獸者爲最佳，其餘有五獸，亦有一獸者，蓋視盌之大小爲多寡也。海濤作圈紋，多深緑色，兼泛梅花。獸或緑、或紫、或黄，作騰躍蹲踞狀，亦有參繪八寶於其間者。

瓷花之有龍，蓋自宋定始。明代繪龍者指不勝屈。大抵龍象至尊，爲中國歷代以來之古説久矣。近者繪龍瓷品頗爲世人所不喜，實則此類微嫌陳俗則有之，若謂龍爲有清國徽之故，則殊傖父之見也。

所不喜於龍者，如五彩盤龍之屬，無甚特色者，乃嫌陳俗耳。若教子升天之杯，古人且至興大獄。若九龍，若海水飛獅龍，若龍捧八卦之類，又皆明瓷之卓卓有名者也。康、雍釉裏紅之品雲龍夭矯，尤以不見全身或兼釉裏藍雲者爲佳。至乾窑胭脂水堆料花之龍，亦非恒品。大抵繪龍貴夫特别，若板滯無奇，不外穿雲趕珠之屬，則誠不足貴。至出乎習見之外，而戛戛獨造者，是又烏能以陳俗目之？

瓷之繪一龍一鳳者，大抵皆歷代君主大婚時所製，以誌紀念者也。宣德青花最有名，近則康、乾之品亦足爲世重矣。至所繪不止一龍一鳳者，則大都取御用之意，而不關乎大婚紀念也。

繪小兒游戲之畫亦自明始，謂之「耍娃娃」。有五子，有八子，有九子，有十六子，有百子。百子之製，道光時尤爲盛行。近所見百子舞龍燈，十六子在魚缸邊游戲之類，則新製甚夥，殊不足貴。九子穿串枝蓮之瓶，若乾窑者，價值殊鉅。至五子奪魁或九子奪魁之屬，則稍近於平庸矣。

繪桃實九顆連帶枝葉者，謂之九桃。康窑大瓶，價亦不資。此後九桃瓶、罐、盤、盌，代有踵作。雍正九桃盤多作豆彩，又兼外繪團鶴者亦足珍也。又有八桃及二十餘桃者。

過枝花杯、盌雅稱雋品。過枝者，自彼面達於此面，枝葉連屬之謂也。成化開其先，雍正繼其軌。雍窑多畫翠竹、碧桃，又有兼繪采鳳者。至道光時，盛行過枝癩瓜及過枝葡萄，雍窑已多遜色，然較勝於尋常繪花卉者。

瓷品之畫以繪人物爲上，繪獸次之，花卉山水又次之。至錦灰堆者即俗所謂規矩花，在答見頗爲不取。然乾隆之精品於極華縟之中饒有清空之處，不盡填滿也。精者華腴富麗，恍見党太尉貂裘羊酒之風，夫亦足以自豪矣。「仙女乘槎」之杯，雍、乾、嘉、道均有之，海水往往淺雕乃在後葉。其初，海水以極細之筆繪之，更勝於淺雕者。又，此杯器之中心繪一紅日，彩雲繞之，覺亦秀倩可寶。

「耕織圖」爲康熙官窑精品，兼有御製詩，楷亦精美，聲價殆侔於雞缸也。若乾隆之繪田家樂者，亦猶耕織遺意。又有漁家樂兼繪仕女者，則不禁誦漁洋「青荷中婦鏡，黄竹女兒箱」之句，爲之神往不置。

乾隆人物工緻絶倫，故事則舉漢晉以來暨唐人小説，幾於應有盡有。下至《西廂》、《三國》、《水滸》之倫，亦窮秀極妍，並稱佳妙。至末葉乃益曼衍，如水浸金山等不經之事實，亦入繪事。蓋争奇鬬巧，踵事增華，勢必至也。然明末清初已有採取《封神演義》繪千里眼、順風耳者，則又不自乾隆始矣。

康雍瓷品所繪八仙帶有水波紋者，吕洞賓旁立一人，頭戴柳枝，狀殊怪異，俗謂之柳樹精。乾、道諸窑仿者亦同斯製。若八仙而無水波紋配以他景者，則不帶柳樹精也。又康瓷八仙盤具，其中必兼繪南極老人及麻姑、童子、仙鹿，亦有但繪南極、童子等而不繪麻姑者。

厭勝瓷品頗爲猥褻。明穆宗好内，故隆慶杯、碗始有之。康、雍、乾、道諸朝亦有遞作者。旁及花囊、屏、枕諸器，風斯靡矣。然漢廣川王畫屋已有此種，則濫觴爲已古矣。若但寫風懷含蓄不露者，猶爲彼勝於此。

繪百蝠者殊嫌呆滯。百鹿、百子較勝，而新製亦最多，故百鹿不如十鹿也。是等彩繪皆有康乾精製，然繼者踵作，未免陳陳相因。至二十一鳥、二十喜鵲、十二肖生之類較爲可喜。若三羊開泰、五鷄鶺鴒之屬，精妙者亦殊足珍。然尚不及異獸朝龍與怪獸獅熊之尤爲奇偉也。

十二肖生之物以入瓷畫者，乾隆、道光均有之。乾隆瓷燈有錦地開光三圓幅，每幅繪生物二者，配景楚楚，殊有新趣。燈一對則十二生物適齊矣。康熙十二月花卉酒杯，每花各配以一生物。然是等生物又不按地支生肖者也。雍正花卉兼草蟲者，多畫絡緯娘、蜻蜓、蚱蜢、蝸牛之屬。道光草蟲最喜畫螳螂，其花卉多作碎花，以視雍正之善繪折枝者，真如小巫見大巫矣。惟繪五毒差堪鑒録。五毒而兼人物者乃稗官故事也，亦道光窑之别開生面者。瓷品滿畫花朵種種色色形狀不一者謂之萬花，以黑地者爲最貴，即白地者亦可珍。若中有五蝠者，則乾隆「五福堂」物也。雖嘉、道仿製之品，價值亦鉅。花之形狀大小偏反，各盡其致，繁密之極，蓋幾不見有地矣。

嘉道之間所畫樓臺之畫書有地名者，大約繪西湖景爲多，繪廬山十景者亦有之。至有繪海珠景者，乃粤人向景德窑定製之品，而非出於廣窑所自製也。又有羊城八景之類亦然。

雕瓷之巧者有陳國治、王炳榮諸人，所作品精細中饒有畫意。其仿木、仿竹、仿象牙之製尤極神似，故謂此等釉爲仿木象牙之釉也。至於仿漆之器精雕花紋，所塗之釉又極似漆，或謂有竟髹以漆者。

嵌花之製，清初已盛行，康窑筆洗嵌龍螭者常有。若嵌九螭之杯尤佳，九螭聚於一處，蜿蜒浮突，有一尾口銜小螭，餘螭繞之成杯耳形，雋品也。乾窑胭脂水瓶有一螭盤繞瓶身，概屬脂水釉，亦稱罕覯。若上方貢品，或數小兒作牽索狀之瓶，或小兒游戲突出全身之瓶，或十八羅漢一一突嵌之瓶，皆可寶貴。

雍正豆彩花果之盤，其所繪花枝有若字形者，虬結連蜷，不甚可識。或謂乃藏、滿、蒙文於其内也。此後道光亦有之。

「百鳥歸巢」繪百鳥一一不同，極飛翔動静之致。後仿者頗多，神采殊失。若繪喜鵲三十隻者有一紅月，名曰「一月三十喜」，又名「日日見喜」，皆吉祥語也。若不足三十者即以其數名之曰若干喜，雜以紅梅，亦頗不俗。

道光所繪人物亦有極精者，惟好於人物之旁位置琴棋書畫之屬，又題詩於其間，或書傳於其後。雖存論世知人之意，而乏配景布局之觀，故鑑家抑之。

明瓷之畫也，用筆粗疏而古氣横溢，且有奇趣。其地之色，釉濃厚深穆，却非後來所有。康熙畫花於肆奡之中，而行其縝密於工緻之中，而寓其高古。雍正則逸麗而秀倩。若乾隆則繁密富麗之極，而時露清氣。其顔料之色澤，又一代有一代特色，而不容以相掩。要而言之，皆非後來所及而已。

許之衡《飲流齋説瓷・説款識第六》 瓷皿有款肇始於宋。宋瓷有内府二字者，書法與大觀錢相類，閒有政和年製字樣者。至均窑底内有一、二、三、四、五、六等數目字，或謂紅朱色者用單數，青藍色者用雙數。於花盆則然，餘器則不盡然也。又，均窑器底有横鐫數字，直鐫數字上罩以芝麻醬釉者，尤爲希世之珍。

元瓷款識惟官窑有樞府二字款，其餘民窑底有字者甚少，縱有字亦不卦釉，在器底隨意刓成，若可識不可識之間。刓成花紋及轆轤形者亦間有之。明代瓷品款識蓋有種種。有凹雕款字而掛以黑釉者，有印花者，有繪花者，有雕花者。最奇者以永樂窑底繪獅子滚球，球内藏款字，至爲罕覯。其次則嘉靖官窑，底款有書作環形者，又有於器之中心書字者，亦殊特别。若底之螺旋紋，乃當時製器手法之事，與款識固無涉耳。

明代官窑題某某年造字樣，亦有用「製」字者，清代則概用「製」字，罕見有用「造」字。

題款位置以在底足内居中者爲最普通。若高足者，或題於足内層之邊際，亦有題於足外層邊際者，皆横款也。又有題於口上或腰腹際者，亦屬横款。横款最爲珍罕，始於明代，至清嘉慶而遂替矣。

有清瓷品之最高貴者厥惟「料款」。料款有兩種，曰某某年製，曰某朝御製，大抵皆四字爲多，間有六字。書法似歐、王，間亦有似虞永興及宋槧者。有竟作宋體書者。乾隆末葉間有作鐵線篆者。

凡料款之字，皆釉汁凸起，雙圈方邊，至爲名貴。康、雍、乾、嘉四朝皆有之，嘉慶已極罕，道光殆未之有矣。

古月軒彩爲有清一代最珍貴之品，價值奇鉅，而同時仿者值亦相等也。古月軒爲内府之軒名，當時選最精畫手爲之繪器。所繪有題句，上下有胭脂水印章，引首印一，文曰佳麗，或曰先春，下方印二，文曰金成，曰旭映，大抵即繪畫之人名歟？當時所製不多，同時即須飭工仿製，故仿古月軒彩者亦係乾隆之物，其價略與之相埒。若直書古月軒三字者，乃屬後來僞製，而近亦罕見。故精者亦頗不貲也。

或謂古月軒乃胡姓人，精畫料器，所畫多煙壺、水盛等物，畫工之精細，一時無兩。其曾否畫瓷器未可臆斷，而乾隆御製乃取其料器精細之畫而仿製入瓷耳。又謂胡氏之款凡三種，有古月軒三字者，有乾隆年製者，有大清乾隆年製者。皆指料器而言。是有古月軒三字者亦非僞託，與前説異。然謂爲精畫料器則甚有據，謂爲胡姓人者則又傳聞異詞矣。

至市人凡屬堆料款之器，無論雍、康、乾諸朝，概謂之古月軒。其説則謂歷代此種最精之瓷品藏庋於此軒，故以得名也。

是古月軒凡三説：一謂古月軒屬於乾隆之軒名，畫工爲金成、字旭映者也。一謂古月軒係胡姓人精畫料器，而乾隆御製瓷品仿之也。一謂古月軒爲清帝軒名，不專屬乾隆，歷代精製之品均藏於是軒也。三説者所聞異詞，所傳聞又異詞。要之無論其孰確，一言以蔽之，則凡屬堆料款畫極精細而饒有清氣往來者，皆爲最名貴、最瓌寶之品也。

堆料款之器始於康熙末年，終於嘉慶初年。康熙末年者，款多用粉紅釉。雍正至嘉慶皆用藍料釉。又康熙御製堆料款小飯盌，有用紅紫、天青、湖水各色以書款字者。四字堆料，筆法端整，是又不止粉紅一色矣。

乾隆堆料而天藍色用鐵線篆者，所畫花卉多團簇成錦黄地五彩，視白地之疏落秀倩者，雖同係料款，其價值乃少遜。

乾隆時之寧晉齋、寧静齋、寶嗇齋款亦係用堆料者。二寧爲親貴諸王之製品，寶嗇乃李姓製品也。此種名之曰私家堆料款，視官家御製之堆料，其聲價又遠遜云。

辨款識之是非，以定瓷品之新舊，此僅鑑别之一端，似可憑而不盡可憑也。官窑無款而客貨有款，此歷朝所恒有。且新製之字有極工而舊製有極率者。至近年仿乾隆之品，字之整齊工雅，殆不止十得七八。故但憑是以判斷，往往有毫釐千里之差。

順治僅一度開窑燒瓷，故順治瓷品極少，有之則楷書也。

有開元年製四字者，非唐代物也，乃康窑之仿古銅者，並仿其年號耳。

康熙一代款識形式最夥，兹彙録之如下：

單圈、雙圈、無圈闌、雙邊正方形、雙邊長方形、凸雕、凹雕、地掛白釉字掛黑釉、地與字統掛一色釉、白地寫藍字、白地寫紅字、緑地寫紅字、楷書、篆書、半行楷、虞永興體、宋槧體、歐王體。六字分兩行每行三字、六字分三行每行二字、四字分兩行省去大清二字、紅紫色款、天青色款、湖水色款、沙底不掛釉而凹雕、天字、方闌内不可識之字、滿清文、回回文、喇嘛文。以上爲有字者。

雙圈、秋葉、梅花、團龍、團鶴、團螭、花形、物形、完全無字。（以上爲無字者）

有書景鎮康熙年製六字者，康窑之客貨也。用景鎮二字，雍乾以下殆未之見矣。

雍正一代形式較之康熙爲少，然亦遞變屢易也。綴録如左：

六字雙圈、四字無邊闌、四字方邊、六字凹雕、四字凹雕、六字單圈、雙邊正方形、雙邊長方形、地挂白釉字挂黑釉、地與字統掛一色釉、白地寫紅字、白地寫藍字、楷書、篆書、虞永興體、宋槧體、圖書款、方闌内不可識之字、滿清文、回回文、喇嘛文。以上爲有字者。

花形、物形、完全無字。以上爲無字者。

雍正之無字者除雙圈、秋葉、團龍、團鶴、團螭外，其餘大抵與康製不甚相遠。蓋花形、物形皆承明代之舊派也。康熙、雍正皆曾禁用款字，未幾旋復用焉。康熙、雍正又多不書本朝代款而書明代款者，康書宣德者爲多，雍書成化者爲多，蓋宣、成爲明代瓷品最盛之時期，而清初所製猶以之爲軌範也。

雍正外脂水内粉彩之杯，花繪極細，其底畫一桃形，内藏雍正年製四字，蓋沿明花藏款字之法也，在清代瓷品亦爲罕見。

乾隆朝之款識又微有小異，述之如左：

六字雙圈、六字單圈、六字無邊闌、四字無邊闌、四字方邊、雙線正方形、凹雕、地與字統掛一色釉、白地藍字、白地紅字、緑地紅字、緑地黑字、楷書、篆書、歐王體、宋槧體、宋體書、圖書款。沙底不掛釉凹雕，滿清文、回回文、喇嘛文、西洋文。以上有字者。

印花、團花、完全無字。以上無字者。

凡六字分三行，每行二字。或六字分兩行，每行三字。四字分兩行，省去大清二字。三種歷朝皆有之。六字分兩行者，大都官窑。若分三行者，則有官窑有客貨也。字以端楷莊重整飭者爲美。若字形較大，方横四五分者，尤爲可貴。方圈内不可識之字者，非字也，亦非回回、喇嘛、西洋等文也，乃一種花押之類耳。此製明代有之，故康、雍亦有仿者。

嘉、道以後，大率沿前朝諸式，有減而無增，漸有趨於一致之勢。間有楷書，即前所云六字分兩行、分三行二種也。至四字楷書省去大清二字者，嘉、道甚爲罕見，惟篆書有之耳。篆書之款自乾隆至同治均居其大部分。篆書有兩種，一種無邊闌，字或紅或藍不等。一種有雙邊，紅字居多，即俗所謂「圖書款」也。

圖書款以道光末年暨咸、同間爲最盛行，鄙見所雅不喜。間有雍正、乾隆款者，雖不敢謂其必無，然屬於贋鼎者殆八九也。

同治一朝流行客貨，凡篆書者幾無不圖書款，且省去大清二字爲尤多。

就大概而論，康、雍兩朝爲楷書盛行時期，篆書者偶或一見。自嘉慶至同治爲篆書盛行時期，而楷書亦偶一見也。乾隆篆、楷兼有，而篆究多於楷。至光、宣二代，除仿古外，則又楷多於篆矣。

瓷品有但書大清年製不書何朝號者，乃同光間肅順當國時所製品也。當時肅順勢焰熏天，將有非常之舉，監督官窑者慮旦夕有改元事，故闕朝號以媚肅順。物雖近代而有一段故實，亦瓷學家所不可不知。

瓷款之堂名、齋名者，大抵皆用楷書。製品之人有四類：一爲帝王，一爲親貴，一爲名士而達官者，一爲雅匠良工也。

有清仁廟、純廟兩代君主好講理學，故所命堂名多理學語。康熙則有乾惕齋、中和堂，乾隆則有静鏡、養和、敬慎諸堂，皆内府堂名也。由是親貴諸王亦趨重於理學，成爲風氣，如拙存齋、紹聞堂在康熙間；敬畏堂、正誼書屋在雍、乾間；寧静、寧音、寧遠、德誠諸齋在乾、嘉間；慎德堂、植本堂、有恒堂均嘉、道間。大抵多屬親貴諸王之製品。

若不以理學語名者，乾隆有彩華、彩秀二堂，皆内府物也。雍正爲東園、文石山房，雍、乾間爲紅荔山房。乾隆爲友棠浴硯書屋、瑶華道人。道光爲十硯齋、籲竹主人、文甫珍玩。大抵皆親貴也。若名士而達官者，則乾隆時之雅雨堂製，盧雅雨故物也。玉杯書屋者，董蔗林也。聽松廬者，張南山也。雅匠名工則有寶畬齋，有陳國治，有王炳榮，有李裕元。

「榷陶」者，即唐英，即著《窑器肆攷》之唐雋公也。亦有題唐英款，下鈐「榷陶」二字印章者。

「若深珍藏」爲康熙製品。又有略園、荔莊、坦齋、明遠堂、百一齋等，皆乾、嘉間製品。聽雨堂、惜陰堂乃道光製品，其主製者未詳。

親貴中雅製之品以慎德、紹聞、籲竹爲最有名。餘則東園、文石、瑶華、十硯、紅荔等，亦堪珍玩也。慎德瓶類近極罕見，有之則價值甚昂。紹聞、籲竹皆以杯、盤、盂、盌等類爲多。

款字之最多者以道光間有恒堂爲最，曰「道光某年定府行有恒堂珍賞」，凡十餘字，奇品也。本以行有恒堂四字連屬成文，而市肆輒簡稱有恒堂，姑仍之。

中和堂款書「康熙辛亥中和堂製」八字帶干支者，亦屬瓷話一種故實。

稱堂稱齋者，帝王、親貴、達官、名匠皆有之。若稱書屋、山房者，稱珍藏、珍玩、雅製、雅玩者，親貴、達官有之，而帝王無是也。故此類款概謂之私家款。

「曉嵐雅製」之品，字作四五分大楷，分列上下左右，以四圓圈圈之，緑地開光紅字，概無花繪，質極瑩潤，似乾、嘉間物。驟覩之，幾疑爲紀曉嵐製也。及閲底多有同治年款，不禁啞然。

大雅齋者，清孝欽后所製品也，以豆青地黑線雙鈎花者爲最多，五彩者亦有之，所繪多牡丹、萱花、繡毬之屬。豆青地者，橫題大雅齋三字，旁有「天地一家春」印章，底有「永慶長春」四字。亦有大雅齋字在底者，雖甚近代，而值亦頗昂。

康、雍、乾三朝但繪畫不題字之品爲最多，有題字者較少。若題字必精楷，又以御製詩爲至珍貴，其次則長篇成文也。若行草數字，乃客貨之隨意者，殊不足賞。且所製亦不多。盛時大率無題字者矣。道光畫《無雙譜》題識最夥。如畫數人物，則每人繫以一小傳，分占其器之半。若樓臺景者，又必於其旁書明西湖各地名勝，雖非甚可厭，比較爲差矣。若同、光間客貨之粗者，輒題行章短句，至可憎惡。而近年所作各器又必無題字，頗合於有清盛時矩矱也。書長篇成文者，如《赤壁賦》、《聖主得賢臣頌》、《歸去來辭》、《蘭亭序》、《出師表》，皆全篇録齊，筆法出入虞、褚，均康窑之錚錚者。《赤壁賦》一邊繪畫，一邊寫字，尤爲珍品。其餘則有字無畫。後代殊不敢仿製。一則無此善書之手，一則製近古樸，難博俗人之嗜好耳。

康熙書《聖主得賢臣頌》及《歸去來辭》等文，施之大筆筒爲多，且有四體書者，底款有《熙朝傳古》四字。

康熙《耕織圖》爲瓷界可珍之品，所作以盤、盌爲多。圖凡多幅，每幅各繫以御製詩一，詩乃短五古也。青花、五彩均有之，五彩尤爲罕覯。

《耕織圖》畫意既媲美宋人，其題句楷法亦足與虞永興抗手。若彩盤於所題詩句又有作篆書者。

雞缸爲成化精品，康熙、乾隆暨嘉、道各朝均有之，以乾隆者爲尤精。上題御製詩有「乾隆丙申御題」字樣，款識爲篆書「大清乾隆仿古」六字，其後各朝亦俱稱仿古也。所題詩字體有兩種，一種字較小，體近虞、王之間；一種字較大，楷法凝重，又頗似顏魯公矣。缸亦有兩種，一種較小，尤爲難得。

雞缸之可貴固已騰溢人口，然乾隆同時貢品駕軼於雞缸者不可縷指，何獨於是而驚心動魄耶？道光之仿乾隆，與同治、光緒之仿道光者，亦較他種瓷品值漲倍蓰，大抵因御製一詩增其聲價耳。

乾隆間有種杯盌，專録御製詩於上而無畫者，詩乃五古，詩末有某朝御題字樣，下有胭脂小方印，其楷法之精美者亦殊可珍。

嘉慶官窑蓋杯有外題御製詩，而器與蓋中心繪花者，詩乃五律，詠品茶者也。康窑十二月花卉之酒杯，於題句下有印章，文係二「賞」字。雍正料款之器，瓷面有印二，一曰「月古」，一曰「香清」。同時文石山房製品亦於瓷面作兩印，分列「文石」「山房」四字。乾隆題御製詩之品，句末乾隆二字分爲兩印，乾字作三畫卦文。

慎德堂以三字直款者爲可貴，款多係抹紅色，亦間有描金色。若有題句者，下書一印作橢圓形，篆道光二字。慎德所以鼎鼎有名，蓋其瓷質之白、彩畫之精，固足頡頏御製也。

簳竹主人亦道光瓷之精者，固以質白畫美爲其特長，然亦有尋常粗品。若紅地雙鈎畫竹之類是也。小杯最精，盌亦不俗，然其所製頗少鉅大之品。

「若深」以小品茶杯爲多，或謂製者乃一嗜茶雅士也。有不書若深而書一「玉」字者，亦是同一人所製。

敬畏堂所製器具多係豆青一色，彩華、彩秀則雅好作豆彩花，養和堂、靜鏡堂所繪花鳥有極精者。寧遠、寧晉諸齋，寧字不避諱，亦在道光以前之一證。道光名旻寧。其質極潤細，而花彩則規矩花、三品球之類爲多。寶嗇瓷花獨出新意，尤好作堆料也。雅雨堂人物畫工一時妙手，騷壇盟主自是不凡。

簳竹喜作八寶碎花及團鶴之屬，至繪折枝而饒有雅致者，慎德堂當推妙選矣。「文甫雅玩」之器多畫金魚，乃殊不覺其可喜。

藍款、紅款與作楷、作篆大有涇渭分流之象。大抵乾隆以前多係楷書，又兼多係藍字也。乾隆以後多係篆書，又兼多係紅字也。底雜色釉而款寫黑字者，惟乾隆有之，此外殆未之見。

瓷品之有回回、喇嘛、西洋等文者，回回文或於花地開光處書之，或有全體書回回文而不繪花者。喇嘛文多於繪花之上書之，即明瓷所謂「花捧真言字」者也，或作圓形，字如八卦之圜列。西洋文則於畫空隙處書之，或於器底書之。又一種舊洋瓷，表面純係洋式，器底有華字某某年製者，字作宋體書，亦奇品也。若寫洋文款兼有基督紀年者，乃當日舶來流入之品耳。

許之衡《飲流齋説瓷·説瓶第七》 古人製器載酒，用以饗神。犧尊、象尊，導源至遠，此尊之權輿也。尊一變而爲瓶，用以插花、清供，殆緣後起。腹口相若者謂之尊，口小腹大者謂之瓶。其後市人任意相呼，瓶與尊遂混而爲一矣。袁宏道撰《瓶史》，遂爲著録專書，所論以銅器爲多，亦兼及瓷製。然其時形式名目猶不若今之紛紜璀璨也。同是一瓶，而形式争奇鬭巧，千變萬化，稍有差別，遂呈異觀。故瓶之種種色色最有研究興味。就不佞所知，綴述於下，雖未堪作《瓶史》之補録，亦頗足窺製作之一斑焉。

吾華製器，初乏名學之思，概由市人象形臆造，久之遂成習慣，莫之能易。下列瓶、尊諸名，悉從市肆沿稱，固不必盡以雅馴繩之也。

太白尊　太白尊亦名漁父尊，形似漁父之魚罾，故得名也。底平腹巨，口小而微哆，項極短而縮。此等尊無巨大者，通體不過數寸耳。以豇豆紅色，或帶蘋果綠、蘋果青色爲多。腹有三團螭暗花，乃淺凹雕也。除康窑外，歷朝甚罕仿製，故價值之昂，等於拱璧。

觀音尊　有大觀音尊、小觀音尊兩種，大者高二尺餘，小者高數寸。口侈，項較短，肩寬博至脛，則以次漸殺，脛及於底又稍加豐。自肩至脛約占全體五分之三，項與脛相若，口與底相若。此等觀音尊以祭紅及郎窑最爲奇珍，蓋郎窑喜製此式也。若康熙青花、五彩，亦稱殊品。至小觀音尊，以蘋果綠者爲最昂，其餘種種花彩均有。

牛頭尊　牛頭尊，口稍巨，直下至肩，無項，腹較肩尤鉅，至底稍殺。旁有雙耳者居多，以其形似牛頭，故名。大者高二尺餘，寬一尺餘，小者高亦及尺，鉅製也，歷朝均有之，以康熙青花者爲上。

百鹿尊　百鹿尊有兩種，大者高二三尺，小者僅二三寸。大者其式亦類似牛頭，惟有兩鹿頭爲耳，彩繪百鹿，故以是得名。小者或同前式，或有作棒錘式無耳者，然既以百鹿抽象得名，則不問其作何式，亦概呼爲百鹿云。

硬棒錘　身如截筒，肩聳而雍腫。自肩至底同一直下，口有凸邊一道者名硬棒錘。有青花、五彩各種，亦有開長光兩面彩畫，餘爲錦地者，大小不一，其製。

軟棒錘　形與硬棒錘相仿，惟肩彈、口哆、足稍斂。明朝祭紅概無棒錘，惟康窑青花、五彩有之。大棒錘初年較鉅，晚年較小。康熙此類畫草蟲及粗疏花卉爲多，蓋客貨也。

如意尊　如意尊高約六七寸，上殺下豐，口巨軀短。清初多作青花，若純色釉及暗花者，亦爲雅製。

美人肩　略似如意尊，項與脛均苗條，口與足相等，腹稍巨。彎折處有姿致，故曰美人肩也。大小不一，雍正官窑彩瓶有畫紅白桃花者，生動嬌艷，冠絕等倫。乾隆多畫人物，精者每有頰上添毫之妙。

油錘瓶　自口至項均甚細瘦，直至腰腹而突然膨脝者，名曰「油錘」。有大有小，而大者爲尤多。積紅、積藍、青花、五彩均有之。康窑多係純色釉及青花者，尤以畫龍爲多。乾隆畫龍，畫釉裏藍或釉裏黃、黑而兼胭脂水波紋者，亦恒有之。

餑餑凳　形似油錘而項甚肥，直下若截筒者曰餑餑凳，亦尋常式也。純色釉者以積紅、積藍、茶葉末等爲多。若五彩者多帶錦地，或錦地開光，或錦邊。

馬蹄尊　馬蹄尊有兩種，高者爲瓶，矮者爲盂。高者項與脛均長，腹短而微皤，形類馬足，故名。康熙青花最多此種。矮者名矮馬蹄，口巨而無項，康窑有釉裏紅花朵者，亦殊足珍。

天球瓶　天球口與項相若，腹爲渾圓，肩與足又相若也。雍正瘦身抹紅者品格殊美，若乾隆青花夾紫或豆彩者亦佳。

膽瓶　膽瓶形如懸膽，口徑直下，腹微橢圓，形式有大有小。古時銅瓶此式尤盛行，瓷製以乾隆爲多。

錐把　大致同於膽瓶而口微哆者，市肆別其稱曰錐把，謂同錐子之柄也。實亦膽瓶之闊口者耳。

雞心　腹略同於膽瓶，而項甚短者，謂之雞心。以小品爲多。積紅、積藍、瓜皮綠等色尤多此式也。

梅瓶　梅瓶口細而項短，肩極寬博，至脛稍狹，折於足則微豐。口徑之小僅與梅之瘦骨相稱，故名梅瓶也。宋瓶雅好作此式，元明暨清初歷代皆有斯製。紅色者仿均爲最多，豆青、天青、茄紫、豇豆紅等諸色均有之。

蘿蔔尊　式如梅瓶而通體近瘦，肩不甚寬博，項同白蘿蔔也。豇豆紅、蘋果綠、蘋果青爲最佳。乾隆有堆料款者繪水仙、月季、蠟梅之屬，亦爲內府之珍品。

玉壺春　玉壺春口頗哆，項短腹大，足稍肥，亦雅製也。天青、積紅者尤居多數。此式大半官窑，甚少客貨，而客窑又大半純色釉也。

截筒瓶　截筒之瓶形如木筒，近口處微凹，明製最多，青花尤夥，花甚粗率而殊有野趣。清初仿者亦然。

燈籠罩　燈籠罩不止一種，有形若巨筒而上下口與足凸起若盤底之一覆一仰者，亦有同上式而腹際截分數段者，有上半段與前式同而腹際下半有脛至足底稍散開者，是亦謂之燈籠式也。此等式乾隆乃有之。

藏草瓶　口直而長，項有兩截，中凸起如球，腹渾圓，脛短稍縮，至足而大展，大體甚似洋油之坐燈。緣初特製以賜藏僧，藏中有草，取以供佛，故得名也。惟乾隆有之，嘉、道數代藏僧既罕來朝，此式遂不復製。花彩以珊瑚紅釉繪西番蓮者爲多，亦取「西土莊嚴」之意也。

鳳尾瓶　鳳尾足長而豐，底處益散開，略同鳳尾，故名。此外，身段無甚特異。以大鳳尾五彩者爲最佳，若硬緑三彩者尤爲環寶。此式多康窑客貨，而彩畫雄奇之極，洵爲偉觀。

象腿瓶　式頗特别，自口至足直下，無紆曲，但非圓式，乃三瓣之海棠式也。口際凸起厚邊，近口稍粗，近足稍窄。市人呼曰象腿，亦象形語也。雲豆、淡茄、乳鼠等色爲多。

蝙蝠瓶　自口至足均作蝙蝠形，肩稍寬博。宋時哥窑、龍泉已有斯製，往往有紫口鐵足兼有冰紋者。明清所仿亦大抵相同。數寸高者最多，大者頗罕。

海棠瓶　自口至足均作三瓣海棠式，惟不直下，口與項同至腹，則突皤而仍分三瓣，頗爲雅觀。以茶葉末、鱔魚皮等色爲多。

石榴尊　腹絶巨，口巨而張，項短而縮，足微斂，形同石榴，故名也。雍正天青色而底有篆書凸雕款者，乃當時官窑雅品。豆青一種較小，有有蓋者，乃作罐用也。

佛手尊　口徑稍斂，脛之將近足處倏縮而瘦，純似佛手柑狀，故名。形不甚鉅，大小略同佛手柑。所稍異者，近口際無指爪形耳。青花夾紫居多，製亦雅飭。

葫蘆瓶　形純似葫蘆，有大有小，以東青、積紅等色爲多。東青有凹雕暗花者，窑變之屬亦偶一見，而僞製甚夥。

橄欖尊　口與足俱小，無項無脛，全體似橄欖形，故名。此式以廣窑爲最多。大抵溯原於均，市肆所稱均釉者，亦好施之此製也。

荷包瓶　形扁圓，口腹均大，類如荷包，故名。宋定始有斯式，故此式又大都有凹雕暗花也，以純色釉者爲多。

蘋果尊　蘋果尊有兩種，有縮項者，有巨口而無項可縮者。縮項者口徑不及寸，巨口者口徑可二寸。大者高幾及尺，小者約五寸餘，往往有凸雕荷花瓣者，小者底足稍嫌不穩。又有天青、釉裏紅兩種，滿身苔點，至可珍玩，其聲價之大足與郎窑媲矣。

轉心瓶　瓶之腹際玲瓏剔透，兩面洞見，而瓶内更有一瓶，兼能轉動，似美術雕刻之象牙球者然。若是者名曰轉心，乃内府珍賞殊品也。《陶雅》名爲「套環轉動之瓶」，頗嫌名稱煩贅，古物保存所則標其名曰轉心，今從之。

塔瓶　口哆而平，項數折至腹，圓而不甚巨，脛略縮，旋散開至足，略如平頂之塔形，故號塔瓶也。乾隆始有此製，東青色者尤多。

柳葉尊　口較身稍大，項短而身長，膊略與口相等，至足而愈小，纖趺瘦削，幾難立穩，惟須檀座夾輔之耳。形似柳葉，故名。以豇豆紅者爲貴。

筩桶瓶　口與足直下相齊，惟通身如海棠狀而六瓣、七瓣不等，與三瓣之正海棠微有别焉。足略斂，故非帽架也，名曰筩桶，亦市人取象之稱。

絡子尊　絡子尊略似紹興酒罈，於下半截有繩圈紋，如包絡之狀，故名。製自雍正，有地與絡一色者，有白色錦絡者。錦絡略同古錦紋，璀璨可觀。大者高二尺餘，小者高一二三寸，紋皆凸起也。

方瓶　方瓶種式不一，有體方口圓，類舊時之轎燈者，亦名方燈籠，以東青色凸雕八卦形爲多。有口體俱方、身分兩截者，略如神前之香案，以黄地青花爲多。有扁方形口底俱方而腹膨脝、項旁有兩耳可以穿帶者。有如目字形而口微凸起者。其他種種形狀不勝枚舉。

穿帶　穿帶之製有方有圓，方者如前條所述，圓者大體似天球，而左右兩耳可以穿帶，則方圓悉同也。〔耳與口之孔同一平行視線，與尋常垂雙耳者異〕此製仿古禮投壺之壺。又有足際兩横孔，仍於孔内掛釉者，亦名穿帶。皆純色釉爲多，概係官窑甚少客貨也。

背壺　此式腹扁而渾圓，於體中又凸起一圓線若篆書回字者，然口横而方，底亦相若，絶似行軍之背壺，故名也。有口際飄雙帶者，有無帶者，東青、羊肝等色爲多。

百環　百環之壺，亦仿古銅器（製）也。（製）扁方或長方形，以純色釉爲多，或白，或天青、古銅等色，多無花彩，乃道光以前式也。

六角　六角亦有數種，有略如棒鎚式、項短無脛而身直下者，有口張項稍長而腹巨者，有有項有脛略如花籃式者，皆好奇之趨尚競異標新也。

三孔　三孔者，口際同樣突出，三孔如品字形，有大有小，以東青、豆青等色爲多。有豆青而夾五彩花者，製自乾隆，蓋其時西風漸漸輸入，已與西餐桌中插花之器略有相同矣。

五孔　五孔者，又名「五岳朝天」，亦市人炫異之名稱也。有五彩，有素三彩。式樣不一，有類洋燈者，有類甚長之石榴者，口既詭異，體亦（環）〔瑰〕奇。

九孔　體製愈出愈奇，遂有九孔，亦五孔之推衍者也。豆青地碎花爲多，乃道光朝競異争奇之製。

蒜頭、蓮蓬、荷葉諸口　蒜頭者，口似蒜頭而體段則近油錘，宋製已有之，後此尤夥。純色、青花多有之。蓮蓬者，口上作一蓮蓬式，有數小口，僅能插折枝梅菊耳，身段亦不一致。荷葉者，口際之邊翻出向下如荷葉，然身段多棒錘之屬。數者皆好奇之創製也。

仿古各式　仿古之式不一，其製仿周秦罍缶者名曰「雲罍尊」，有仿漢魏葬器者名曰虵虎瓶，大抵仿古尊、罍之器必有雙耳居多。又或凹雕，掛鐵色釉，或古銅彩，或鐵繡花，此並色澤而仿之者也。若青花、若五彩、若素三彩，但仿式樣而不仿色澤者亦各有之。

花觚　口大腹小者謂之花觚。明製者身段直下，絶無波折。康熙以後則腰際凸起，略如香案中插花之具矣。康仿明製粗五彩花者爲多，於粗率中更見老横。至乾、嘉則有鏤金錯采、錦堆成片者，有一種口絶侈而身甚瘦，直下無曲折而身際盤有凸螭一條者，係素三彩，乾、嘉均有之，仿製者尤夥。

渣斗　觚之小者曰渣斗。明製已有之，至清逾夥，五彩或黄地碎花者均有之。渣斗之小者，則入於漱具之屬，非清供品矣。

花澆　花澆者，澆花之壺也。脛略似如意尊，惟僅有一耳，亦可作插花用。若彩色精者，頗足當清供也。

花薰　花薰之用如花囊，貯花其内而透香於外也，故必透雕。形式種種不一，有似瓶者，有似罐者，有大有小。大者高約及尺，小者僅二三寸耳。花澆、花薰皆花神之伴侣，亦庭几之清供，故附瓶類而兼及之。

天字罐　製出康熙，以底有一「天」字款，故名。青花居多，所繪以山水爲貴。康窑底有「天」字者，瓶罐均有，而罐尤爲時所稱。

日月罐　有一種圓罐，高可及尺，肩之左右各有凸雕半圈形，名曰日月罐。康熙積紅者頗足珍。若東青暗花者，底輒有朝代款也。

梅花罐　週身繪冰紋，藏梅花片片，製始康熙，歷代均有之。形不甚大，在當時亦粗材耳。然此等物料已非後世所有，故邇來聲價亦頗騰踴五都。

花鼓罐　形作鼓式，豆青者居多，乃貯茶之品也。旁有雙耳，凸雕獸環狀，底往往有乾隆款。

巨德堂罐　形式不大，多作粉彩，底有「巨德堂製」四字，乃雍正時物也。所繪花卉明麗，固自可賞。

瓜罐　形如西瓜，上蓋有瓜蒂，色即瓜皮緑，而釉中開片俗又謂之「緑郎窑」也。康朝最佳，乾隆亦有製者，以不失原蓋爲貴。

福隆罐　罐之口際一邊凸雕龍形，一邊凸雕蝠形，名曰福隆，亦義取諧聲，兼寓頌禱之意，蓋乾隆時代物也。天青、東青等純色釉爲多，底有篆款。

罐之形式不若瓶變化之多，故名稱較少，大抵可按其所繪花彩或因彩色而名之也。明製已極瑰麗，至清代華貴裔皇，不一而足。而尤以人物爲最佳，雍窑繪美人尤好施之於罐也。

罐之陳設以大爲貴，以同樣爲貴，以白地五彩爲貴。高至尺餘，檀架盛之，列於廳事，排行整列，殊有富貴氣象，不同於島瘦郊寒者矣。

説杯盤第八

宋製杯式多撇口，故大杯亦名甆，即取撇口之義也。又名壓手杯，亦作押手杯，壓、押一聲之轉，義亦相通，謂其口較鉅，便於手托也。

酌酒之器口徑較鉅，便於酒人，以助其鯨吸百川之勢。絶巨者謂之海方，而巨者謂之斗，略小者謂之斝，口大而身高者謂之琖。匪惟銅器，亦有瓷品，要皆可以杯括之。

陸羽《茶經》論列瓷品之高下，當時茶具精美當可想見。近均、汝、哥、定等器，時亦流露人間，而定尤爲絶美。蓋定器必雕花，必較薄、較鉅，尤可寶也。

宋定壓手大杯，漿胎開片，容量極大。雕有魚藻細花紋，略閃黄色，乃酒器之宏瑰者。

汝窑托杯製與時式不甚相遠，而蚓紋深黝，釉汁瑩潤，後世殆無其匹。仿者甚夥，然終不能神似。

均窑杯式瘦小，名曰蓮子杯。全紫者不易一見，淚痕者近亦同於拱璧，即元明所仿亦殊足珍。

成化仿宋八角大杯，平雕荷花紋，胎質清剛，釉汁極白，底有螺旋文，亦屬希有之(瓌)[瑰]寶。

宣德白壇琖於器心有一「壇」字，乃當時經籙醮事壇中供品也，質細料厚，式美足稱珍品。又有一種白茶琖，甕肚釜底線足，光瑩如玉，内有細龍鳳暗花，底有「大明宣德年製」暗款，一代殊品直超定器而上之。

靶杯之製，以其足有柄可把，本名把杯，後訛作靶，沿誤久矣。宋哥窑有八角之製，瑩美可玩。然宣德祭紅者尤爲奇珍。

盌形而下有柄者名曰靶盌，俗稱高足盌。浮屠喜於佛前貯供品，故又稱佛盌也。宣德祭紅光照四座，其他青花、五彩，清代不少良製，然已一覽衆山小矣。

杯式之變遷雖不若瓶式之多，然歷代標新領異，各呈奇構，以饜衆人眼福，綜其遷變可得而言。

壓手之製亦有數種，口絶撇而甚小者名之曰甆，口大而身高者名之曰琖，此不折腰者也。口撇而身高者名曰仰鐘式，口撇而身矮者名曰馬鈴式，口撇而大、底矮而闊者名曰草帽式，此皆略有折腰者也。

口徑與底徑相差不甚遠、身直而高者名曰箭子杯，似箭子而身矮者名曰墩子杯，口下斂縮至底足而頗小者名曰蓮子杯，口與底相懸無幾、身粗而矮者名曰栗子杯，蓮子、栗子皆以盛果實得名，非謂其形似也。

杯底有深窩，圓而略深，以次遞鋭者名曰鷄心。形小而圓，似半渾圓形者名曰牛眠。杯有四角者，有四角之邊各有深凹綫一道，名曰海棠式。有六角者，有八角者，而四角又有雙耳、單耳、無耳諸式。

雙耳之杯有方有圓。康窑蛋黄包凹雕暗花者，耳作龍形，乃御窑也。若尋常雙耳，則以耳小者爲貴。乾隆金醬色小杯上繪金花，亦有雙耳，頗具輕盈之致。

昊十九之卵幂杯，胎質之薄，有同卵膜，在明季錚錚有名，李日華太僕所豔稱者也。康、雍之間所製影青一種，雖稍不如昊製，然雲龍精細，款似蠅頭，固自人間罕有。

康窑有九螭斝，方式而高身，諸螭沓繞其旁，即兼作耳之用，雅製也。又有一種形似爵杯而無觚與高足，有單耳，旁黏四螭，作引頸吸水狀，乃素三彩也，身繪有虎頭，形亦殊詭異。

吸杯，形式作蓮蓬、蓮葉交互相連狀，别有蓮莖，莖之中有孔，可以吸飲。又有但作蓮葉而不帶蓮蓬、底綴三小螺中狀一蝦蟆者，飲處亦有蓮莖吸孔，皆康窑素三彩也。或有作鴨形者，向鴨口吸飲，皆不外争奇鬥異、競爲新式而已。

酒令杯者，於杯内作人形，略似不倒翁狀，一瓷罩覆之，中有圓孔，恰能露其頂。注酒滿則人形浮出，無酒則否。蓋視人形之向對以爲行酒令之用也。《梁谿漫志》呼此人形謂曰陸鴻漸，然鴻漸善品茶，不善品酒，此器即代酒糾事之用，而蒙以茶博士之名，無亦有誤認顔標之嫌也耶？

套杯之製，一至十，小至大，歷朝均有之。雍正人物者稍遜於花卉，至乾隆有繪厭勝畫者，雖猥褻甚於鞋杯，然精妙乃無匹也。

口徑頗巨而身段甚矮者，謂之奶子盌，清宫以盛牛乳者也。然宋製已有此式，則又未必盛牛乳。名取通俗，不必數典矣。青花、五彩均有之，又有凸雕花紋仿漢銅夔螭者，名曰博古花，上掛色釉，亦殊足珍。

正德官窑五彩盌，地爲蛋清淺緑色，極豔極鮮。當時發明此色，後竟絶響，猶在秋葵孔雀之上也。中畫盤螭四，口邊、足邊均有花紋，穠華工麗，實導康、雍之先軌者矣。

宣德小杯有仰鐘式、馬鈴式，有鷄心式，皆寶石紅也。又有釉裏紅小杯，想釉裏紅即發明於是時，若淡紅珠斑者，即朱紅之變化者也。

明瓷五彩，宣、成已臻美麗。宣德有「輕羅小扇撲流螢」茶琖，成化有「高燒銀燭照紅粧」酒杯，皆詩句入瓷之祖。若成化之周茂叔愛蓮、梅婦鶴子、青女鞦韆等杯，皆開康、雍之先軌。視畫折枝、八吉祥、西番蓮等尤遠勝矣。

素三彩之盤、盌以嘉靖海馬爲最殊，尤繪一團龍，旁列衆獸七八，所謂衆獸朝龍者也。衆獸中固有海馬，亦有海馬居中者。大者獸多，小者獸少，統名海馬，便俗稱耳。緑波翻湧，梅蕊粉披，兼畫小八寶，康熙所仿已非恒品，而况於嘉靖也耶？

近來宋元盤盌出土頗多，尋常汝、哥、龍泉暨平陽、澤潞各項雜窑無甚特色者不甚難得，人亦輕視之，聲價不及康乾之大也。試就特别者約紀之：一爲黑定、紫定兩盌，粉定雖屬難得，然仿者最多，人縱不能得見真定，亦知定之規模無不白質者居多也。紫定已不易一見，黑者更絶無僅有矣。一爲宋官窑之牙色薄盌，開片形狀頗似郎窑，而釉汁之薄、胎質之輕，則殆同冰片，所謂「如冰如雪」者，今見之矣。一爲哥窑加彩碗，彩釉濃厚，色澤深古，决非真（坏）〔坯〕假彩之物，可以考見宋代彩色之一斑焉。一爲紫蝠元瓷盌，元瓷貴紫，貴成物形固矣，此器成蝠七八隻，各有恣態而不流於穿鑿，迥非矯揉造作者比。以視但成一二尾魚形者，抑遠勝也。一爲暗花元瓷盌，元瓷暗花者絶少，此器暗花精細，底有「樞府」二字款，確非宋非明而爲奇渥温朝之官窑，則物希爲貴矣。數者信可補子京之别録，增笠亭之遺書，若夫蚓紋、魚藻、蟹爪諸宋器，亦已置諸卑無高論之列，奚待悉數也哉！

有明一代珍具駢闐，亦云盛矣。就錚錚有名者而論，如永樂之影青盌，質薄如紙，花紋精細如髮，此鬼工也。如永樂之壓手杯，底繪有花，款字藏於花内，細若粒米。如嘉靖之紅魚靶杯，自骨燒出魚形，凸起寶光。如成化之鷄缸，歷朝争仿其製，純廟題詩，江村作歌，均盛稱之。如吳壺隱之流霞琖，天下知名。若周丹泉之仿古各器，直造堂奧。此皆馳名藝苑，寶若琳琅者也。若遞求其次，則宣德之祭紅，成化之人物，正德之蛋青，嘉靖之海馬，萬曆之九龍、五毒，亦有足珍者焉。其他盤、盌流入規矩花一路者，則如塗塗附，雖確屬朱明之器，亦等諸自檜以下矣。

成化粉定小碟有夾彩者，碟形正圓而底足並無邊墻，置處稍平，不自傾跛，殊奇製也。亦有雍正所仿者。

康窑素有名者，莫如堆料款御製盌，有青，有黄，有紅，有綠彩，地夾彩。顏色填滿，所繪多繡毬、牡丹、番蓮之屬，亦有花際嵌字者。至繪耕織圖之杯、盤，繪百餘人列陣之大盤，繪飲中八仙之酒器，繪十二月花之全副酒盞，暨六旬萬壽之官窑彩盤，亦均錚錚有名。

康熙雞杯，式不一律，有高二寸弱、對徑三寸弱者，有高寸弱、徑寸强者，有深如斗者。至乾隆以後，形式始趨一致耳。

康窑杯有口對徑不及二寸而高四寸餘者，乃仿明製也。至乾隆後則身高者口徑亦鉅，決不如前之狹矣。

郎窑大盤有正圓者，有六角者，直徑七八寸居多，過一尺者尤爲奇珍。

歐窑之盤最喜六角、八角者，或作戰鼓形，以天青、天藍、雲豆等色居多，間有葡萄紫者。

宣德紅地青花大盤，紅色甚深，而青不如康熙，就紅而論，非此時無此色也。雍正黄地青花果盤亦頗不俗。

大盤有面積對徑二尺餘者，置諸方桌中則已占滿一桌之地位，清初有之。此等鉅品決非恒人所用，意者宫廟供佛，佛像常有高數丈者，非是不足以相稱耶？

康熙大盤多屬雙底足。雙底足者，足圈内有深溝一道，溝之内又復起足，然後乃至底也。乾隆以後無復斯製矣。

康熙大盤與乾隆大盤，五彩者均極精美，然古茂與時趨，則顯分派別。康熙之製稍窩，乾隆之製稍平，此面積之不同也。康所畫硬彩而高古，乾所畫粉彩而華縟，此用彩之不同也。康人物面部施藍筆，乾人物面部施紅筆，此繪事之不同也。其相異之點尚不止此，然各爲世所重，所謂異曲同工者非耶？菊花形之皿具始於雍正，但僅施諸小碟耳。至乾、嘉、道諸朝則盤（盅）［盂］均有之，並有蓋與托亦同兹式者，瓷質益薄而巧。

橢圓式之盌用以養水仙，至爲雅飭。籜竹、慎德亦喜作此。道光之品佳者亦可接迹雍、乾。

過枝花之杯、盌，乾隆者尤綿密，癩瓜牽藤，間夾翠竹，而翠竹又往往影青也，繁麗之中殊有玲瓏剔透之致。

洋彩盌具，精者殊夥，有整圓者，有長方者，凹凸邊者，形式不一。大抵開光者居多，尤以大圓盤爲貴。而開光又有作扇形、瓜形、菊形種種格式也。

承杯之器謂之琖托，亦謂之茶船。明製如舟形，清初亦然。又有作盤形，中間圓圈或凸起，或陷入，以便承器而不虚其中者。嘉、道以後則大抵虚中矣。清製杯、盤、盌、碟各具，悉數之不能盡更，僕之不能終，僅能略舉一斑耳。大抵康瓷之特色如御製款，如郎窑，如素三彩，如青花，皆獨絶一代者也。至雍正則暗花，影青之品，瓷質極薄，粉彩鮮豔欲滴，又足自樹一幟焉。至乾隆則古月軒盌、杏林春燕盌、五福堂盌、丙申小缸等類，均足炫耀一時，震鑠奕世。此外若萬花，若合家歡，若勝鴿圖，諸名品亦皆五光十色，娱目賞心，固無俟一一悉數者矣。

許之衡《飲流齋説瓷·説雜具第九》 宋製印合以粉定爲最精，式樣極扁，内容印泥處甚平淺也。若哥窑，若泥均，亦佳。哥窑印合胎，釉視常器較薄。泥均有渾圓者，有六角者，藍暈濃點，亦殊足珍。印合之式曰饅頭，曰戰鼓，曰磨盤，曰荸薺，曰平面，（平面中仍有子口）曰六角，曰正方，曰長方，曰海棠，曰桃形，曰瓜形，曰果形，遞衍遞嬗，製愈變形愈巧矣。明製粉定印合概無款識，荸薺式者甚（匾）［扁］，製頗特别。其他有作戰鼓形者，有作磨盤式者，種種不一。又有粉定而描以青花者，穠郁麗密，一時無兩。

印合巨者圓徑或七八寸，長方形者尤巨，乃當時鈐御璽之用也。蓋繪龍形，雲霞繚繞，上方珍品自殊凡近矣。小者乃僅如栗底，器窩而深，無足而有微凹圈，堪以安置不欹。蓋之中間亦微凹，視恰如栗子狀也，滿繪青花雲龍，亦精美可貴。

宣德、成化、嘉靖、萬曆皆有龍鳳青花印合，而以宣德爲最美，成化次之。清初康熙繪花亦足雄視一代，官窑必繪龍，其尋常客貨，山水居多。有極老壯蒼蔚者，雖多率筆，然自不俗。

乾隆官窑印合以豆青地五彩規矩花爲多，豆彩團花亦恒有之，若作疏蒨之花者頗爲罕見。

康熙大筆筒圓徑宏偉，所繪花彩以人物爲最奇瑰，花卉次之。若書《滕王閣賦》、《歸去來辭》、《蘭亭序》等類，書法出入虞、柳，亦饒有別趣也。藏家往往代作花盆之用，可謂別有匠心。此等筆筒底必有露胎闊圓圈一道，其正中處圓徑又往往凹下焉。

筆筒雕瓷者輒喜仿象牙、竹木之釉，所雕花以竹林七賢、東坡赤壁、垂楊繫馬之類爲多。良工陳國治、王炳榮頗善斯製。又有一種雕瓷純不塗釉者名曰「反瓷」，則多屬李裕元所製云。

乾隆小筆筒好作海棠、四方等形，開光者居多。地或作古錦夔紋狀，質瑩畫細，雖小品亦自足珍。

筆筒反瓷而墨彩者，固常有之，若反瓷而胭脂水彩者，誠爲罕覯之寶。

洗也者，在古時以之屬盆(雙)〔類〕，魚洗之類是也。近世屬之筆洗，即水中丞之類是也。浣筆之器淺者曰洗，深者曰盂。

康窑豇豆紅、蘋果綠筆洗最爲殊尤，若胭脂水者亦爲珍品。窑變或泥均者亦頗可珍，積紅則視其年代而定上下也。

有一種積紅水盂，口處微陷，乃天然缺口用以置水匙者也，雍窑居多。若口斂腹皤者則康、乾均有之。而底又必平而巨，類似太白尊而無項者。

洗之口邊輒喜作凸螭形，歷代皆有之，以有款者爲貴。

水中丞又謂之水盅，形狀不一，或方或圓，或高或矮，各隨其意匠也。若作荷花含苞形者，則不免稍欠大方矣。

畫碟有數種，尋常梅花形者以深而內外俱有花者爲貴，多係青花或豆彩也。至分爲各件者，則形式尤夥，有肖種種物形者，有分每格如高盒者，有作荷花瓣九片者，尤以荷花瓣者爲輕豔可愛。

文房之品，墨床以堆花及釉裏紅者爲佳，五彩山水尤有尺幅千里之勢。筆架以宜均爲雅，若玲瓏瓷者，殊稚氣耳。鎮紙，明製尚方，清初亦然，至乾隆則盤螭凸起，長方瘦削，而花極工細，堆花者亦比比也。漿合一種亦以乾隆爲精。

琢石爲屏，尚矣。亦有以瓷製者，有長方形，有扁方形，有圓形，明製已有之，清初至末葉其製尤盛。乾隆有仿洋畫繪泰西美人者，或作樓台界畫狀，至於山水、人物，尤多不可勝紀。

(窑)〔瓷〕屏有仿珊瑚箋者，書「吉祥」金字二，遠視之幾疑爲宜春帖也。

筆管亦有瓷製者，明時有錦地穿寶相花、靈芝、八寶、團龍等花。然筆管用瓷究嫌笨重，故後葉不甚尚之。

水滴，象形者，其製甚古。蟾滴、龜滴，由來舊矣。古者以銅，後世以瓷，明時有蹲龍、寶象諸狀。凡作物形而貯水不多者，則名曰滴，不名曰盂。

花盆以均窑爲最佳，其座謂之盆連，有圓者，有海棠式者，有六角者，近則折足磨邊，亦珍逾拱璧，蓋均之可貴極矣。均盆與盆連，其底必有數目字，紅紫者單數，青藍者雙數，蓋因盆與座取其有識別易於配合，不致混亂鑿枘故也。

康熙青花花盆有極鉅者，圓與六角均有之。繪松者尤蒼蔚可愛。乾隆五彩者異常精美，盆座之邊有高至寸者，繪開光各景，尤具奇麗之觀。

(窑)〔瓷〕缸大者養魚，小者置之案頭，可作清供之用，不必其定養魚也。口徑數寸至數尺不等，若案頭清供，大抵口徑數寸爲最流行。均製最難得，仿者亦自不俗。明製有裏白外青、雲龍、獅子滚球諸花，亦頗堪供清賞。郎窑瓷缸裏與底作蘋果色，口邊則炒米色，外體深紅，寶光逼人，奇偉之品也。若釉裏紅或淺彫雲龍者亦頗足貴。若青花、紅魚繪魚藻者，雖康窑亦恒品耳。

燭臺之製，宋時已有之，至明萬曆有雲龍、人物、香草、蓮瓣諸花彩。清製形式不一，最特別者乃作象背馱一壺，文繡蔽體，而背馱者恰以承燭，洵雅製也。

常見宋製香爐一具，色之瑩潤固無倫比，而底與足之釉異常勻淨，表面通體不見有露胎之處。蓋此種渾身掛釉，其入窑時係以鐵鈎鈎爐之裏面，弔器而燒，謂之弔燒，故表面全無露胎處者，職是之故。

香爐在明代喜作法花獸形，鼓起者尤爲可喜。至康熙則大而扁者往往無足，其式稍入時矣。若人物、八仙之屬，亦有佳品。乾窑大者有仿古鼎形，宫廟中尤多鉅製。五彩錦地，莊嚴絢爛，此等又俱横款居多也。

扇匣亦有用瓷製者，明萬曆有雲龍回文扇匣，至清製頗罕，用洋瓷銅胎者則有之。

瓷燈有仿漢雁足者，其釉色則仿汝之類，大抵明代雜窑也。至清乾、嘉貴尚五彩，製雖華腴而乏樸茂，式亦趨時不古矣。清中葉所製竟有如洋油燈罩者，亦可以點燭罩之，有錦地開光及影青花不等。

瓷塔有極鉅者，高三四尺，層層疊疊，又可一一拆卸。小者亦分數層，高可及尺之譜，亦能一一拆卸也。又有兼作香爐用者，最下一層可以焚香；而上數層均有孔以出香煙，製亦精巧。若不拆卸者則作佛龕形，中坐一佛，作合十狀。塔頂則五寶紛紜，舍利璀璨，一望而知爲清宫供奉之器也。

圓盒有口徑闊幾及尺者，五彩盤龍錦紋繚繞，大抵宮禁間以盛果餌者歟？中葉以後，洋瓷銅胎者興，不易碰損，純瓷之盒遂罕有過鉅者。

果盒亦謂之饌盒，乃合數個盤格，星羅碁布於中，略似七巧之版，而置種種食品於其內也。康窑最喜三彩，有由九格而至十餘格者。乾隆所製尤多。有洋瓷采繪花鳥者，有紫砂掛釉繪山水者，彩色精美，冠絶等倫。

嗽具有數種，有上下分作兩器者，有似兩器而實渾爲一器者，均謂之痰盂。有如盒形，下爲底而上爲蓋，蓋有孔略似環形者，謂之痰盒。康之青花較鉅，乾之五彩較小，均極精美可觀。

酒壺式亦遞變，其高身長耳者謂之提梁壺，綵繪至精。喜於豆青地夾五彩錦花，或錦地開光繪五色人物，於洋瓷尤多精製，皆宮府所用品也。亦有仿均者，龍泉壺亦間有之，大抵仿明者居多。

桃形而無蓋有嘴者名曰醋壺，亦曰醋滴，明製已有之，豆青、東青、地青花夾紫者爲多。其所以無蓋者，底有孔以納水，而不至淌出，製頗巧妙，乃防蠅蚋之侵入。

有一種壺形甚特別，略如直截之竹筒，惟於上半截旁出一嘴，嘴作龍形。其蓋在頂處甚平，不露蓋也。頂略同僧帽形，向嘴一邊較高，向背一邊斜矮，身有數截，純竹筒形，惟每截均繪花，乃素三彩、龍螭、海馬之屬，名曰多穆壺，蓋内府以之盛牛乳者，其製乃滿蒙遺俗也。(多穆二字當係滿語)

鼻煙壺，宋定者已有之，殆當時作藥瓶用耳。嘗見一宋定鼻煙壺，作一人形，劉海仙狀，面目衣褶一一欲活。尤妙者頭戴一帽，揭帽則挑烟之匙隨之而起，殊有巧思。約高三寸餘，真宋朝物，信屬可貴。

鼻煙壺佳者多至不可勝紀。大抵雍正者多渾圓而長，亦有六角。或青花，或夾紫，或釉裏紅，種種不一。而形體較巨者亦可兼作小瓶用也。乾隆之製形式較扁，種種均有，而以雕瓷五彩人物者爲尤多。

四方之盂，邊稍凹似海棠式。有豆青夾碎花，亦有全體金花、四圍作博古式者，又往往淺雕也。乾、嘉、道數朝屢屢有之。

純廟時有瓷製祭品，形極奇麗，腰扁細而足豐，旁有兩耳，而耳又作飄帶狀也。上有蓋形，蓋之上則盛供具者，名之曰豆，恐尚非確稱耳。

羹匙有極別致者，匙之兩旁作鋸齒狀，柄瘦削而柄頭稍巨，略似如意形。又有匙作橄核形而極深者，有匙甚長略似船，皆不外好奇之使然。

瓷製佛像，有立者，有坐者，半臂袒裼，持寶塔諸法具，各有意態，亦頗足參禪悦。五彩莊嚴之佛像多屬乾隆朝貢品，佛趺坐而垂目者，乃真官窑進御者也。

素三彩佛像，面部及手足多不塗釉，有極莊嚴者，有極瀟灑者。若廣窑、歐窑，面部露胎者往往黑色，其衣服多藍色，達摩、彌勒之屬皆然。

觀世音之像以粉定者爲最殊尤，餘則明清製品亦有極精者。大抵以純白爲貴，若五色華美者，似非大士本色矣。建窑之觀音以手揑者爲最佳，其手指間往往能透見背面也。

福禄壽三星之屬，五彩斒斕，多作廳堂供品，然未免有傖俗氣象。

瓷品作小兒欹卧等狀置之案頭，亦屬清玩之一，並堪作壓紙之用。

無論人物，鳥獸，概謂之像生器具，若仿均雙鹿雙馬，奕奕如生，雋品也。至雙獅亦頗可玩，而稍嫌於笨重，不如雙象之名貴。雙鶴亦矯矯可觀，至五彩雙雞則品斯下矣。

象亦有單個者，乾窑馴象身作米色，體五采文繡，至精美也。背馱一器，可作插香之用，案頭清供亦殊雅玩。

鹿也，馬也，兔也，狗也，有雙者，亦有單者，雙者不可必得，則單者亦足清玩。馬有三彩者，狗有紅黑者，雍、乾間品頗屬可喜。

瓷狗在清中葉嘗喜製之，小者往往混於洋瓷，蓋乾、嘉當時泰西已有流入者矣。

嘗見有一瓷品作蹲獸狀，不知其爲獅歟？狻猊歟？狗歟？但極怪而已，底甚平，背有一孔，意者亦作插香之用，爲獸罏之别派耶？

許之衡《飲流齋説瓷·説疵僞第十》　物有純必有疵，有真必有僞，知其純者、真者而不知其疵者、僞者，非真知也。惟能知其疵與僞，而不至爲疵僞所欺，斯純與真者出焉矣。凡物皆然，於瓷尤甚，故特闢一門以作照夜之燈、然犀之鏡也。

疵者易見，僞者難知。剖析毫芒，微之又微，往往謬以千里，失之毫釐。惟經驗之久，歷斯準繩之不訾耳。

彩色之沿革，代有不同；繪事之流派，世有各別。非深明乎彩色之沿革、繪事之流派，未易窮其真際也。且素瓷之質同一白地，底足之色同一露胎，亦有年代遠近、物質變遷之殊，非洞達其源流而燭以巨眼，烏能不目迷五色耶？繪事之流派固不易知，然易於欺常人，頗難於欺吾輩。蓋翰墨與六法沆瀣一氣故也。

若彩色則尤難辨矣。吾人於彩色之研究，雖洞知其變遷，而近年發明之藍、黃、緑均得八九，但紅與紫稍不及耳。故一遇此等物，屢易炫惑吾人之眼，殆由賈胡懸金以旌，價值日漲。遂益淬厲工料以應其求，恒有光緒初所不能仿者，而近年竟能仿之，不得不謂爲美術進步，然認作廬山真面則非矣。

有雖疵而不得謂之疵者，曰縮釉，曰短釉，曰麻癩，曰黏釉。縮釉者，謂入窑之際火候驟緊，往往斂釉露出胎骨也。短釉者，謂隨意掛釉，不到底足，此等蘸釉法病在不匀。黏釉者，謂釉汁未乾，兩器相並而爲一，擘之使開，若黏片礫然。麻癩者，謂入窑時黏有火炭，釉汁稍縮成堆垛形。此數者皆宋元所常有，且有因是而證製作之確據者，故曰雖疵而不得謂之疵也。

有小疵而不掩大醇者，曰窑縫，曰冷紋，曰驚紋，曰爪紋。窑縫者，謂(坏)〔坯〕質偶鬆，爲火力所迫，土漿微坼，厥有短縫。冷紋者，謂器皿出窑之頃，風力偶侵，一線微裂，不致透及他面。驚紋者，謂瓷質極薄，偶緣驚觸，内坼微痕，表面却無傷損。爪紋者，謂器有裂痕，略如爪狀，或由沸水所注，或由窑風所侵。是數者皆疵纇極微、無傷大體者也。

有視其疵病之淺深以定有礙無礙者，曰串烟，曰傷釉，曰崩釉，曰暴釉，曰冲口，曰毛邊，曰磕碰。串烟者，謂燒瓷之頃偶爲濃烟熏翳，或類潑墨之狀，或呈果熟之形，若是者視其濃淡、多少以定優劣。傷釉者，謂器用日久，案磨布擦，細紋如毛，色呈枯闇。崩釉者，謂硬彩歷年既久，遂至崩坼，彩色剥落，墜粉殘紅。暴釉者，謂釉質凸起，形如水泡，手法欠匀，火力逼之，遂呈斯狀。若是者視其地位、多寡以判低昂。冲口者，謂器皿之口或觸或震，口際微裂成直縫形。毛邊、磕碰均謂器皿口邊微有傷損處，傷處甚小而捫處略有稜者曰毛邊，傷處較多而胎骨少缺但邊際尚未露稜者曰磕碰。若是者亦觀其受病之大小以定其價值之增減焉。

有人工造作而成疵者，曰磨邊，曰磨底。磨邊者，謂瓶具口際曾經缺損頗巨，因將邊磨平或鋸去頸項，改成罐形。價值所失，十折八九矣。磨底者，因嫌底款年代不久，磨去其款，託於遠代，然物品果美，亦有得善價者。

有人工造作而成僞者，曰假底，曰真(坏)〔坯〕假彩。假底者，取舊瓷之底嵌於新瓷，僞物真款以欺一時。然工勞而計拙，易於識破，不常有也。真(坏)〔坯〕假彩者，謂取舊瓷之白質無花者加以彩繪，胚質則確屬古物，彩繪則後來所加。緣舊瓷之光素者價值甚廉，且景鎮積年遺物頗多，一經加彩，則冀得數倍之善價，此種甚夥，易售其欺也。至於補耳、補項、補足、補口等病，則尤不勝覼指。但小心檢視，察及細微，則此種疵病亦不難於洞燭，惟當勿掉以輕心耳。

更有將光素破瓶用藥粘緊，復於裂痕之處加畫硬彩花繪於其上，此等作僞乃合真(坏)〔坯〕假彩及黏補兩者而一之，亦不易猝爾識破，尤不可不慎者矣。余初不解有一種新製之瓷異常精細，不但毫無浮光，且能發出寶光，價甚不貲。其何以能發寶光，及詳攷之，乃知係用重貲定製。一切物料悉以舊物爲標本，毫髮無異，故有明知新製者亦出重價以購之。聞某西人以數百金定製瓶一對，即此類也。

近年此種最精之新製，仿康熙者以純色釉爲多，尤以豇豆紅者爲最精，青花亦佳，但花卉耳。仿雍正者竟作堆料款，然終易於判別。仿乾隆者以五彩爲多，人物有極精者，必以舊日貢品爲標本者矣。惟康、雍人物無論青花、五彩，均不能悉肖，康彩尤不易仿也。

又，近年仿康、雍之品，肆夥每對鑑藏家言謂是乾隆、道光所仿，此「君子欺以其方」之術也。然老眼無花者，則目笑存之耳。

瓷質之地，其變遷亦夥矣。康之與乾，乾之與道，皎然可見者也。同、光間之與前數代，亦皎然可見者也。所難者，近年精製之品直逼乾隆，若道光更有過無不及。所不逮者，獨康、雍耳。此則最易炫人者歟？

款字之鑑別亦不易易。道光至光緒初所仿前代款字猶不甚篤似，若近年之款字，恒有與乾隆時官窑絲毫無二者。但憑是以辨真僞，殆不僅皮相之譏，故藉繪事以察新舊，而繪事之精者足以頡頏前代也。藉瓷質以察真僞，而瓷質之精者又足魚目混珠也。論款字則絲毫無二，論彩色則十得八九，所略欠之一二成，亦容易忽略也。然則執何術以察之？曰：所終遜於前代者，但胎、釉上之研究耳，然非極細心鉅眼猶未能以察別之也。

精製作僞之瓷品，必有一二特點與舊物相同之證，乃用手術以惑人者也。鑑家偶不留意，見此一二特點即深信不疑。殊不知一二特點之外，仍有圖窮七見之處。或瞀於内觀，或震於外鑠，或炫於標榜，遂至熟視無覩，以訛傳訛。此所以往往有棄周鼎而寶康瓠者。

仿製之品，自來所有。而工料不侔，或但摹形式，或但書舊款者，則謚之曰僞。此殆萌芽於道、咸間，至同、光間而漸盛，至光緒末則滿坑滿谷。其作僞而尚精者皆近數年所製品也。道、咸製器間冒雍、乾款耳，獨至光緒以來則康、雍、乾以上溯明代無不有冒託之款矣。

有取新製之瓷去却釉面浮光之法，係先用漿砣輕輕擦磨，更慮所磨之處存有細痕，復用牛皮膠砣沾油磨之，使更平而且潤。但此等去光之法驟視或足亂真，然細微察之，終有迹象也。

磨釉退光，一在求舊，一在掩新，其術恒易售。凡仿舊之物萬不能色色俱佳，毫無破綻。惟將光亮退，去使色之新舊無由辨，而後物之真僞乃無由分，斯誠術之巧者矣。不知古物原來失亮係被土氣所侵，故雖失亮之中仍有透亮之處。若夫新物失亮，乃用物磨去，無論細痕有無，而識者終不難於判別也。

紅爲最難仿之色，光緒初，中葉所仿者惟薄施淡抹而已，至近年則大紅、深紅與夫胭脂水、豇豆紅諸難仿效之色均無一不有。仿效亦能頗得六七，雖專家亦往往售其欺。然是等物品色澤縱足炫人，而瓷質、瓷胎，細辨之終有不類耳。綠色之難仿更甚於紅。純色釉之綠色者，則頗足亂真，然仍乏深黝之致。至於仿康熙彩之硬綠，則最難形似。釉每混而不清，或則發黑，或則發黄，參入洋料，其迹顯然。故新物凡有硬綠之處，莫不用砣去光以掩其迹。

黄色之新者，其匀也足，與舊相類，而病在過鮮。若夫深黄，其釉亦略混，與天然之金珀黄其光潤透亮迥乎不同。至蛋黄色與舊者較，亦未免有差池之別。

紫色亦爲最難仿之色，薄則色淡，厚則發混。且其色亦紫中發紅，或紫中發黑，顯由他色配合而成。比於舊瓷之紫，瞠乎遠矣。

藍之一色，乃近年仿舊之最有成效者也。光緒中所仿者，或藍而帶黑，或藍而帶灰，均不難於判別。至近年摹仿康熙藍，竟得七八，最足亂真，且亦能深入胎骨。所尚能認別者，恃質地及畫片耳。

白者本質，研究最要，而講别又甚難。大抵新者其釉近糠，火氣宛然，求如舊瓷之美質，渺不可復得。或者就發青發黄之點以判時代之高下，是又不盡然也。最近新發明者，光緻之極，幾似乾隆矣，獨稍欠缺者，一則光由内發，一則光由外鑠，相去終有逕庭也。

新製黑色與舊者最難相混。舊瓷之黑釉與彩渾成一片，新者之黑不但浮光宛然，且細辨之，釉與彩顯有迹象，未能水乳交融。

凡新仿之品以光緒之朝爲最多，若咸、同間仿者皆易於識别。蓋彼時一朝有一朝之面目，雖仿舊製，亦不脱當時面目也。惟光緒則不然，襲歷朝之形式，無所不仿，且亦一一皆得近似。今於仿製中可分其沿革先後焉：初年所仿者以宋、元及純色釉等品爲多，蓋當時清初物品不甚難得，而當朝士夫一二好古者，喜講宋、元藉供攷訂，故宋、元物仿者最多。中葉所仿殊屬尋常，彩繪既不甚精，遂遜入仿明一派。蓋以明畫粗率，易於藏拙也。自末葉以至近日，所仿至爲進步。一由官窑良工四散，禁令廢弛，從前所不敢仿之貢品，今則無所不敢矣。一由近年西人輦金重購，業此者各自競爭，美術因之進步。研料選工仿舊，精者輒得八九，而五彩冒乾隆款者爲尤多，以其易投時好也。至純色釉冒明代暨康、雍款者，亦極仿舊之能事，雜出其途，以相炫焉。前所云最精最難辨者，大率皆近日之品歟？

寂園叟《匋雅》上卷

印合，盒通。謂之「印池」。以盛印泥者也。

水盂之小者謂之「水丞」，曰「水盛」者誤。又謂之「水中丞」，大者曰「洗」。

康熙彩硬，雍正彩軟。沿用廠人通行之名稱。

軟彩者，粉彩也。彩之有粉者，紅爲淡紅，綠爲淡綠，故曰軟也。惟藍、黄亦然。

康彩恢奇，雍彩佚麗；戈甲恢奇，花鳥佚麗。

五采華貴，青花幽靚；朱紅華貴，粉定幽靚。

藍色之最淡者曰「天青」，青色之較濃者曰「天藍」。青花也者，係以淺深數種之青色交繪成文，而不雜以他采，亦猶畫山水者之專用墨筆也。

天青也者，幽靚中之佚麗者也；胭脂紅也者，華貴中之佚麗者也。

乾隆有一種金醬色之釉，其汁漿之薄，有似於胭脂水，而往往描以金彩。

豆青、東青、茶葉末、蟹甲青數者，又各有古雅之氣韻，而不能以相掩。若美人祭、蘋果綠，則又佚麗中之佚麗者也。蘋果綠猶時或遇之，而所謂美人祭者，則真景星慶雲，莫之能覯者也。

五采能力最大，縱横變化，層出而未有窮也。而所謂一道釉者，凡係高尚之品，又各各不相侔，並如一花之有一世界，莫之能名言者也，豈非不可思議之尤者乎？細入毫芒，苦心分别，久之又久，雖暗中摸索，而亦能辨之，斯可以窮天地之精微，洩造化之秘鑰矣。

粉定與建窑均以肉紅色爲貴，而閃黄者次之。閃黄者謂之「牙色」。

宋瓷中雨過天青一種，葱蒨靚麗，中有蚯蚓走泥迴紋，非康雍朝所能摹仿，去柴周近也。明窑一道釉之瓶罐，青色較濃，間有牛毛直紋，甚有類於道光窑。

論其式樣，則又頗蠢劣，不及康雍之淡而雋也。

成化粉定夾彩一種，以小碟爲最佳。定窑仿宋碟，形正圓而有底足，周圍並無邊墻，殆如一片厚瓷也者。制度之妙，乃不可方物。

式樣絶矮而口徑頗巨者，謂之「奶子盌」，以盛牛乳者也。奶子盌大氐凸雕者居多，以西湖水色仿漢銅夔紋者爲佳。

定窑素碟中有凹雕之陰文花紋，所謂「劃花」者也。惟印合之上蓋亦然。

宣德青花圓印合，以六字三行款、花作一龍一鳳、鱗羽細緻而生動者爲上品。一鳳者亦難得，一龍則較爲尋常矣，草蟲人物又次之，山水爲下。

(盔)〔盋〕鉢也。鉢本作鉢。

宣德、康熙積紅器皿，紅中之有緑點者無論已，其不化爲緑者，則變爲深色之紅瘢，紅瓷之中有紅瘢，亦猶天青中之有藍星色。然不足貴也。

水丞謂之「水滴」，又謂之「蟾注」。

有蟾滴，有黽滴，皆水滴也。凡滴各有水管，安插於黽、蟾等物之背上，用時以食指按其管，吸水而注之於硯，故曰「滴」也，而又曰「注」也。

古之尊與壺皆酒器也，今人不之辨，而一切强名之曰「瓶」。

古以瓶貯酒，今以瓶插花。

水丞之高者，鋭上而豐下，俗謂之「田雞簍」。

積紅小盂而有天然之缺口，以擱水挑者，惟雍正官窑有之。是乃製坏時特別之營經，故其缺處亦塗有釉質，並非因損壞磨礱而致此缺也。筆架，謂之「筆格」。

鎮紙，謂之壓尺，銅與瓷玉皆有之，亦多肖生物者。

臂擱，剖巨竹之半成之，亦有製以瓷品者。

琖托，謂之「茶船」。

明製如船，康雍小酒盞則托作圓形而不空其中，宋窑則空中矣，略如今製而頗樸拙也。粔籹餦餭，俗謂之糕點。謂之「寒具」。而星()〔羅〕棋布於瓷品之中，狀如七巧之版，則謂之「盤格」，即俗所謂「果盒」者也。以乾窑爲最多。有洋瓷采繪花鳥者，筆意絶工緻。有通體瓷質豆青地金繪夔龍者，篆書金款，典重高皇。

官窑器皿，下以之貢獻於上，上以之賞賜於下。故同一顔色式樣之物，官窑必頗貴於客貨者半倍，或且倍蓰之。

客貨有有款者，官窑有無款者。

印合饅頭式，以扁如荸薺者爲佳。其下層頗高，底足斂縮者，又謂之「饅頭抓」。

鉢式亦以渾圓而略扁者爲貴。

瓷之黄黑相間者謂之「茶葉末」。其黑色較濃而又有黄色碎點於底足内外，圍繞一遭，姿致活潑者，則謂之「鱔魚皮」，以成化仿宋者爲上。緑多而無碎點者，厥爲「蟹甲青」。有唾沫星若水眼或如樓眼者，名曰「新橘」，其緑色亦較濃也。

雍正積紅之最淡者謂之「粉紅」，其尤艷者謂之「美人霽」，有如牡丹花瓣之嬌嬈，極爲難得。

蘋果緑也者，積紅之巧化即窑變之謂。者也。豇豆紅也者，蘋緑之熏甗即串烟之謂。者也。

蘋果緑亦謂之「蘋果青」，其不變爲緑色者，則謂之「美人霽」。所謂美人霽者，積紅之淡粉色最嬌豔者也。積紅即明之祭紅，「祭」、「霽」音通，故又謂之「美人霽」。

明瓷青花龍小印合，以大如栗者爲可愛。

小合而開大片者貴，大合而開小片者劣。

宣德積紅盤，兩面皆作丹砂色，寶光逼人，而又滿帶濃豔之苔點緑，波磔甚偉，足與康熙蘋青方轡而聯鑣也。

胭脂雙螭水盂，爪握靈芝，沿口皆畫雲頭，形如荸薺式之紅盂而稍大，瓷地白如雪，而紫釉凸起，若堆料者然，聲望甚偉，蓋雍正官窑之無款者也。

雲頭略似如意頭，其製嫌俗，而雍盂有之。

雍正年代不多，而官窑款式凡三變：初年大氐雙圈六字楷書款，中葉則不用款識，蓋以瓷器易毁，不願將一代年號委諸糞土中康熙初亦曾禁用款識。也，晚季仍復著款，誠以國初瓷品之美，上掩朱明，闕而不書，後世何徵。惟再變而用篆書，蓋駸駸乎入乾隆矣。乾隆篆書款十居六七，然亦有用楷書者。雍正之季始改用篆書款，而在康熙朝亦偶一見之。惟係雕款之罩釉者，則真絶無僅有者也。或曰是雍正之仿康熙者。

胭脂紅亦粉彩之亞。粉彩以雍正朝爲最美，前無古人，後無來者，鮮妍奪目，工緻殊常。骨董家每矜言康熙硬彩，而薄雍正之粉彩爲軟彩，實則娱目怡懷，粉彩正不多讓。聞明代有彩料存庫中，世人只知有蘇泥勃青及回青。康雍猶取以燒瓷，至乾隆朝而已不可復得矣。

廠人昔輕粉彩，謂其易於殘蝕，不能耐久。其實硬彩性剛，正亦時虞剥落也。世有鑒家當不論彩之軟硬，但能完全無缺，則硬者固甚耐看，軟者亦殊美觀。

東青小盂亦有大如栗者，望之蔚然深秀，亦雍正之無款者也。若宣德款如栗之小盃，又有青花夾紫之三魚，紫釉中且現有苔點緑也。

官窑畫片之與款識，其底面對徑，兩兩居中，不稍偏斜，取其正也，乃所以謹貢獻也。

曷貴乎康熙之青花？其色豔也。曷取乎有明之青花？其畫工也。而西商重畫之心不如其重色，是以康窑梅花罐頗有聲價。

宣德、成化、嘉靖、隆慶青花之穠豔者，又非康熙所及。有明截筒之瓶，其式最蠢，形如竹筒，沿口微凹。而彩畫恢奇極矣，望而知爲勝朝物也。

乾隆窑變半青半紫，金彩雙獅凝去聲。於釉裏，乃小水丞之美者。

天青一種以康雍官窑爲最美，所謂「卵色天」者也。

底足内之篆書雕款，先刻年號，後乃罩釉，以康雍天青爲多。雕法有凸有凹，乾隆天青三足之爵，則係凸雕。蟹甲器皿之雕款則皆雍正窑。亦有仿成化者，乃篆書黑款罩釉者也。雍正凹雕又頗有細沙底不罩釉者。

紅郎窑華而不俗，郎廷極之所仿製者也，色正朱。若黯敗似豬肝者，即不足寶貴矣。大盤以直徑過一尺者爲佳，有正圓者，有六角圓者。

粉定開片大盤亦以徑尺許者爲佳。

康熙彩畫手精妙，官窑人物以《耕織圖》爲最佳，其餘龍鳳、番蓮之屬，規矩準繩，必恭敬止，或反不如客貨之奇詭者。蓋客貨所畫多係怪獸老樹，用筆敢於恣肆，西人多喜購之。若康熙六旬萬壽節所製彩盤，邊係淡抹紅色之錦紋，中有「萬壽無疆」四篆字，花卉翎毛畫法精絶，一空前古。

國初官窑之大瓶，多係一道釉之倣古者。今世所貴之大鳳尾瓶、大棒錘瓶、大觀音尊，皆客貨之施彩者。官窑以雅飭爲貴，客貨彩畫則不嫌其詼詭也。是以康雍五彩之官窑，以盤盌爲多，而有款大瓶甚不易見。康窑豆彩人物大瓶又多仿成化款也。

古銅彩獨推乾隆朝，花紋皆凸雕夔龍雲雷，青緑殊可珍玩。款皆篆書六字，或凸雕，或以金寫之。

康熙客貨彩盌有畫四五水鴉或飛或起，一田父張兩手欲捕之者，神情生動，樹石蒼秀，真傑構也。康熙朝畫手佳矣，然客貨所畫類皆《水滸》、《西廂》之故實爲多，似此荒率野趣之筆，更不易覯也。

康熙畫龍，其眼較長，乾隆朝之龍，眼則正圓矣。西人之論中國貢物，均以雕繪龍形爲至尊貴，而畸人逸士之嗜瓷品者，又往往不喜龍也。

人物之太纖細者，往往面貌模糊，無所可觀。新瓷釉汁較麤，尤易剥落。道光間有一精於畫瓷之良工，能將名人書畫摹入瓷茶杯之上，一方寸間輒畫五六人，眉目如生，工緻殊絶，較之《秋聲賦》諸圖，彌復精妙，亦異寶也。杯底篆有作者别號，惜余忘之矣，今則不能輒見也。

蘋果緑之品凡十種：曰大瓶，高尺許，下半截多有荷花瓣；曰小瓶，口亦如大瓶之微侈，高不及尺而甚瘦，底足小而深，置諸几上，每患其不穩，唯應横陳於綾匣之中，以供賞玩；曰筆筒，釉汁滋潤極矣，顔色亦淡雅可愛也；曰花盆，有圓有方，既高且深；曰蘋果尊，狀如蘋果，口與項縮隱於其肩之下，或有巨口者，則亦不縮項矣；曰太白尊，口小不及寸，項長不及半寸，肩腹及足愈趨下亦愈大，足之圜徑尺餘矣，有平雕團螭三面，以供折枝梅，可以入畫；曰盤，有極厚而極巨者；曰盌，以狀如草帽者爲佳，即壓手大杯也；曰盂，即荸薺扁也，腹較皤，口與足略殺；曰印合，當時殊不貴印合，蓋印合以宋之粉定、明之青花爲最良，取其瓷頗舊而不壞印泥也，未有新製印盒以爲珍秘者，是以蘋緑小合既見輕於當時，亦遂不增重於來葉。余初入京時，水盂、太白尊之價值皆遠過於印合，余寧以四十金購青花龍鳳之印合，不以三十二金留蘋緑之印合，蓋有由也。自後西人發明蘋緑之説，而印合較少，閲時亦浸久，價乃比盂尊尤貴。且御窑只尚朱紅，其化爲緑者，窑官以爲變成他色，即挑出斥去，不得入於貢箱，孰知西人之貴重變化，若此其甚哉。吴嬰公嘗誦洪北江詠蘋果句，曰：「緑如春水初生日，紅似朝霞欲上時。」以况瓷之蘋果緑最爲神妙。官窑只有朱紅一種，一變爲蘋果緑，再變爲豇豆紅，皆朱紅之化身，古無此名稱也。蘋果緑一合值千金，余猶屢見之，而青花龍鳳合璧之印合，竟不能再見，亦一奇也。豇豆紅昉於明，而康熙末年則往往有之，製小而色敗，俗所薄爲「乳鼠皮」者是已。然亦頗有蒼潤可喜之品，其甚劣者則黯敝似灰。大氐豇色瓷類，有緑則潤，無緑則枯，有緑則真，無緑則贋，緑而不潤，燕石居多，潤而不緑，俗所謂「美人霽」者非歟？

粉紅之微帶灰色者謂之「豇紅」，其不帶灰色者則謂之「美人霽」，若色灰而又滯暗者，鼠雛之腊也。

真坏假彩，俗謂之「後上彩」，以過枝盤盌爲最多，固也。若彩瓷之傷釉者，亦可用後上彩之法以補之，則謂之「補彩」。

印合以方爲貴，以大爲貴，以白爲貴，以凸雕爲貴。

茶葉末中有綠色一種，瓷質甚細，異於常品，而與新橘、蟹甲、鼈裙三者又迥不相侔。

明粉定印合有形如戰鼓者，上蓋面平，而與下底又各皆微殺，是以頗貴於磨盤式也。磨盤之與戰鼓，毫釐之差，千里之謬，式樣之不可苟也如此夫。

宣德祭紅色勻而釉厚，光采動人，底足之釉垂垂如漆，所謂「大紅寶石釉」者也。

瓷品最重畫工，繡品亦然，刻玉、刻木，莫不皆然。明瓷畫手皆奕奕有神，康熙青花、五彩亦頗仿明瓷，至雍正則畫益美，然以花卉爲最工，人物則不及康熙遠甚，尤以畫美人之瓶罐不能見重於後世。康熙彩畫，鈎勒面目亦用藍筆，久而彌彰。雍正易以淡赭，於畫理則甚合矣，而易於糢糊，往往髻鬟高聳，衣裳如新，而目已不復可辨矣。其纏足作新月形者，社會惡狀爲外人所笑，且仕女文弱之態千篇一律，無詼詭尚武之精神，是以其人物較遜於往代也。至如花卉之妙，巧奪造化，尤以秋海棠爲獨步，鮮紅嫣潤，真絶代尤物，足以超前古越來今矣。

豆青釉浄而色美。雍正官窑所製兩耳之瓶，若《禮記·投壺》之壺式，底有兩眼，可以穿帶也。

西人重豆青不重東青，東窑所造之青色。以東青多有牛毛紋，乃謂釉質之不勻，由於瓷力之不稱。是以哥窑雖古，幾無過而問者。吾華重東青，先亦不甚重豆青，重之則近年事也，始於日本人，而歐美傚之。

康熙初年之太白尊，滿身多有牛毛紋，其式樣亦較晚年加大。晚年之太白尊，製小色劣，肩頗削垂而不甚聳起也。

青花畫片以一鷹一熊爲佳，瓶曰「英雄瓶」。罐曰「英雄罐」。亦有作三獸者，獸之佳者嘘氣爲雲，毛毶毶欲動，又五采之所不能及也。

碟之簷淺而直上者，不作邊墻坡陀之形，俗謂之「糖鑼洗」。

洗者，洗筆者也。斂口而巨者謂之「洗」，而面盆近之，盆以洗手且洗面者也。其口斂而加小者謂之「水丞」，則盂之屬也。

瓷品書畫，鑑家品評精審，往往逾越市人。至其收藏家，魄力雄厚，亦遠勝於肆廛。一皿之小，一帙之微，一爲考究淵流，每津津其樂道之。是以徵求典籍，必於耆舊之門，搜剔珍奇，頗笑暴富之子。

蘋果綠小瓶，每枚只數寸，而在美洲之聖魯意斯會場，則值美金五千，今且倍之。圓印合亦值美金千圓也。

美國賽會稅重及物價五分之二，故獲值亦昂。西人雖甚重吾華舊瓷，然以之赴賽則嗤之以鼻。抱殘守缺骨董家，所謂賣一件即少一件，於工商新學毫無進步思想。彼其賽勝宗旨，亦盲人騎馬而已，並不能如矮子觀場也。

庚子後所出五彩過枝之盤盌甚夥，有桃實八枚綴於枝上者，素價亦甚鉅。過枝云者，自此面以達於彼面，枝幹相連，花葉相屬之謂，皆雍正官窑也。桃實雖華腴，而究少風趣，較之癩葡萄之茗盌、抹紅櫻桃之杯碟，三者皆道光窑之過枝者也。又有霄埌之殊。持比紅梅鵪鶉雍正過枝盌，則又自慚形穢矣。

廠人所謂硬片云者，蓋指瓷品而言。又目字畫爲軟片，猶之硬彩、軟彩之别，皆市聲也。

成化彩盌，表裏各畫葡萄果一枝，果凡五六朵，朵紫而葉碧，光景常新，枝藤蚪結處，婀娜欲動。最難得者，内外彩色花紋不走一絲，映日光照之，不知其爲兩面彩畫也。又有抹紅青花畫龍者，盌式有如押手杯，四角各有凹痕一道。此種式樣，有影青龍物薄如紙者，又於過枝、夾彩兩種外别樹一幟，真明窑也。以意揣之，仙葩珍卉，當時蓋無奇不有，決不止此數種。昔人每謂成化款皆康雍所仿，而使今世之人抱有生晚之悲者，非確論也。殆因嘉靖、萬曆采畫太麤，遂謂成化之精美者，盡出自摹本。青勝于藍，而豈其然哉？

康熙抹紅，其色正朱，鮮明奪眼，斷非雍乾所能及。若官窑彩盌，尤爲佳絶。

永樂影青脱胎盌最爲可貴。脱胎乃瓷質極薄之謂，若畫之没骨者，盌形往往不能正圓，亦脱胎歲久所致。其所影之花，兩面瑩澈，可以互鑑，惟款識亦然。康熙且無從學步，足見勝朝盛時工業精良，亦頗陵越奕禩也。

草帽式之盌，狀似押手杯而大，以康熙三彩爲最多，釉質、畫片均嫌麤糙。

魚子藍表裏一色，要亦不甚可貴。其宣德六字款者，書法絶佳，豇紅苔綠，又多水眼，乃希世之珍。

兩面蘋綠之果盤有直徑七寸者。宣德以華貴勝，成化以幽靚勝，康熙在二者之間，雍正則望塵莫及矣。

釉裏紅一種，以康熙朝爲獨擅勝場，雍正朝亦間有，之後此則廣陵散矣。蘆菔尊、蘋果尊二者，尺寸頗小，幾與蘋緑争價。大魚缸可容五斗油，葫蘆瓶高不及尺，價相若也。器不論大小，小者之價或且逾於大者數倍焉。

彩瓷先上底釉，後畫花采。

釉裏紅之製法，係以花采融入底釉之中，白地紅龍者居多，亦有作雙螭及串枝蓮者，紅之中又往往有苔點緑，純廟以來所不能仿也。

蘆菔尊似梅瓶而瘦，形如白蘆菔。梅瓶小口寬肩，長身短項，足微斂而平底。

歷代瓶式不相沿襲，遞嬗遞變，可得而言。明之祭紅，廠人誤爲郎窑者也，其瓶式有觀音尊，有油錘，有餑餑凳，而無大棒錘。康窑青花、五采略同明祭，而皆有大棒錘。其大棒錘一種，初年較巨，晚年較小，晚年之青花棒錘又多有畫草蟲者。下逮雍正朝，五采則多軟棒錘，純釉則多仿古。至乾隆又一變，其花瓶式樣則在觀音尊、軟棒錘之間。望見其式樣即可決爲某朝之物，不必於彩色、畫筆中求之，而况於款識也耶？乾隆九江瓷大瓶，多有形如竹筒而製特寬博，上下收縮作圓式，若盤之一覆一仰者，俗謂之“燈籠罩”，亦尋常式樣耳。

明瓷花觚與康雍迥别，康雍觚式腰際凸起，而明瓷直下無波折也。

乾隆東青窑變各瓶，有勾配三羊頭於肩際者，有無羊頭者，形式又在餑餑凳、玉壺春之間，其較小者更有積紅、積藍、茶葉末諸色。

康熙人物衣褶最爲生動，樹則老幹槎枒，花則風枝嫋娜，而作者姓氏湮佚無聞，可嘆也。

永樂款之器皿有長方盂、橢圓盂及瓶盌，順治款則甚不易見。

舊瓷款識有滿文、有洋文、有喇嘛文。

款有有邊者，有無邊者，有方圈者，有圓圈者，有長方圈者，而扁方圈線甚不多見。

雍正官窑彩盤外層若係花卉，其內層之底亦往往有彩花一二朵，或茉莉，或蘭，更有畫櫻桃數枚者，則三果盌也。康窑亦時一有之。

慎德堂羹匙以畫鶴二十四隻者爲上，一二三四鶴者次之，一兒捧桃者又次之，荷花瓣爲下。慎德堂係道光官窑，而價侔雍乾之高品，亦一時風尚使然，以三字直款者爲貴。

廣窑羹匙極别致，惜柄太短耳。明建亦然。

宋瓷水盌高足細腰，質如千年之玉。

豆彩人物大瓶康熙之仿成化款者，畫稿甚美，而多録華文於瓶上，西人遂不甚重之。

羹匙絶少佳品。觧竹主人所製，在嘉慶、道光間。每畫甚蠢之彩蝠，殊不足貴也。

均窑獨花盆爲多，秘色葱蒨，雍正仿之且猶不能逼肖，况其後耶？康熙彩繪人物多用藍筆勾出面目，甚爲耐久，美人兩頰又往往暈以淡赭，亦頗嬌嬈。

康窑最善畫松，茄色之幹，墨色之鍼，渲以硬緑，濃翠欲滴。其壯彩老筆，有足令人驚歎者，起石谷地下，作意爲之，殆無以復過也。人物精妙恢詭，亦匪夷所思。

補彩之法詭矣，五彩之涉繪事者易補，純色之上一道釉者較爲難補。

康雍天青淡而彌雋，且中有穠蒨之小點，殊可喜也。惟廣窑亦然。

乾隆窑變瓶罐，口際每有蟠螭一條，乃全身凸起者。

太白尊腹有團螭三個，係淺凹雕也，康窑而後遂無倣製者。

軟棒錘之式，口略撇，肩略垂，底足略斂而無脛，此其所以異於硬者。

成化、萬曆五彩皆畫戲齣之習戰鬭者，洋商所謂刀馬人者也，波譎雲詭，牛鬼蛇神，又似宋代法畫，一一有故實可指。

青花又名淡描，同一色也見深見淺，有一瓶二罐而分至七色九色之多者，嬌翠欲滴。西人甚重梅花罐，畫筆雖甚粗劣，而容光姣麗，一涉灰黯則索然寡味矣。其畫獸也，毛細於髮，竦然直立，有繪水繪聲之妙，雍正朝已卻步，而况於乾嘉以後耶？

康熙積紅大碗厚有過二分者，雍正胭脂紅小碗薄有如卵幕者。

乾隆大瓶有以白粉塗地而上繪《九秋圖》者，花枝生動，最有書卷氣，彩釉亦鮮艷異常。其豆青地而夾以彩繪者，又不如尋常白地之足珍也。粉地雖甚美觀，惟易於剥蝕，亦一病也。

康窑大梅瓶有豆青地而暈以釉裏紅龍者。

康熙青花觀音尊，其有人物工細者，又皆官窑之仿成化款者也。

瓶底可作小盂，碎瓷可作帶版。其尤碎者以裝畫蹤。

大筆筒可作花盆，小筆筒可代酒杯。

日本喜素潔之瓷，若豆青、若建窑、若廣窑、若茶葉末，皆謂之「日本莊」。法商則尚五采，雖極破碎亦不甚計較。英商愛青花，近則價鋭減，而上品者仍不減。美商則以紅色、天青色官窑之有款者爲上，俗謂之「一道釉」，尤重瓶罐。德人又喜氈包青之瓶罐也。

豆青地而加以彩繪，以乾窑爲多，康熙朝亦時一見之。

世界之瓷以吾華爲最，吾華之瓷以康熙爲最。舊世界之瓷以質樸爲貴，新世界之瓷以彩畫爲貴。學術不同，文章因之而變。今吾華瓷業蓋甚凋瘵矣，工既弗良，質亦粗劣，此喪其本有者也；守常蹈故，銷路阻滯，此懵於今情者也。

康窑有青花大盤，橢圓而長，長可二尺，寬及尺，蓋西餐所用。顏色美好，筆法工細，爲國初教士所特製，或即南懷仁、湯若望之流亞歟？盤中畫皇冕徽章，旁有兩翼之獅狗分擎於其上，載有臘丁古文、陽曆年月，吾華業瓷者宜知所取材焉。詳見《世界瓷鑑》。

洋瓷種類亦不一，康乾以來輸入良多，大氏爲粤海關監督所定製，精細絶倫。或謂近世洋瓷亦頗退化，非譽言也。

洋瓷亦分粗細兩種，其乾隆貢品頗有華字年識，侔於料款，東西人皆争購之，尤以女神像之屬爲極珍秘。

康熙有瓜皮緑一種，滿開小片，以大罐形如西瓜、蓋上有瓜藤者爲佳，其他瓶類轉無足貴也。道光窑喜於茶杯或鼻煙壺上畫極小之人物、樹木、樓臺、船隻、旗幟，頗參用泰西畫法，人大如蚊，樹小於薺，纖毫畢現，亦奇品也。

明瓷大采盒，底與蓋、表與裏各畫故事一則，有若宋畫也。

康瓷青花《耕織圖》大盌，婦孺雞犬，神情宛宛，五彩尤奇美，中外珍之。

雍正粉彩大盤亦多《畫西廂》風景，盤製最淺，宜於張挂。大氏粉彩人物每苦面目漫漶，若釉汁完美，無少缺蝕，而古妝女子又不作社會惡態者，亦能於康畫之外獨樹一幟。惟客貨多係錦邊，殊覺麤糙。

圓印合之式樣，無論高矮，以上蓋作饅頭形者佳，磨盤式圓形而底面皆平者謂之「磨盤」。爲下，其上蓋爲平面瓷片而有子口平面瓷片内有圈口一圍，形如底足，以作闔闢者，謂之「子口」。者，亦殊不見其佳也。

或謂宋瓷有以香質入料，久則異香噴發，且香氣隨年代而改變，嗅而知爲某代之物，其説非也。蓋瓷胎浄細，閲歲浸久，自發古香，書籍亦然，非另有香料也。

附録

瓷香館記

昔南田草衣有甌香館，居常不得其解説，云茶香者，非也。辛卯歲，余家草帽胡同，得一蘋果緑之印合，盛以檀匣，襄以錦囊。已而發異香，非蘭非麝，蓋瓷香也，嘻，異哉！或曰是檀匣之香，其説非也。余所藏檀匣夥矣，有與斯合之匣同一檀材，而别製爲數匣者，胡他匣之寂寂無聞也？且檀梨之檀非沉檀之檀，檀質不同，臭味迥别，其芬芳郁烈浮現於錦囊之際者，悠然以清，至爲微妙，異乎木質所發之香，蓋可評量而得之也。或曰宋瓷胚胎原質，往往雜以香料，時或噴溢，嗅而知爲某代之物。其説近是，而亦非也。瓷質之浄細而優美者，積年既多，乃吐幽馥，亦如名書法帖，古香醰醰，自在流露，並非别有藥料羼入土坏中而始有此異也。蓋料屑黴末，離其本體，漸即漫滅，非若瓷質所發之香，久而彌濃。鼻觀參詳，心知其故，一經識者道破，世之鈍根人猶莫不點首會意，斯爲無上上乘禪矣。余蓄古瓷日益富，香各不同，瓶、盂、尊、罍往往而有，而以此合爲第一。余二十年來所見蘋果緑印合以百十計，均係康熙六字三行横款，此合獨雙行直款，定爲仁廟初年物。顏色妍麗，當世殆無其倫比，一若流霞倒映白波中，碧苔數十點，容與其際，西人所謂天然之三彩，在康熙三彩中最爲貴重者也。洪北江詠蘋果句云：「緑如春水初生日，紅似朝霞欲上時」，足以形容其百一矣。館三楹，花木深秀，以嘉名寵之，復詮次其説而爲之記。

瓷器之畫龍者雅不足爲奇，惟釉裏紅官窑，無論大小器皿，皆爲絶品，且又雜有苔點也。其施諸彩畫者亦略分兩種，譬如同一康窑，有挐空夭矯、狀態恢奇者，有獃板拙滯、無足挂眼者，有抹紅描金、典重名貴者，其抹紅釉中亦雜泥金，故釉帶黄光。有一紅亦係抹紅，但釉色深滯，祇取厭耳。一緑、觸處多有者，大氏物稀爲貴，而畫筆靈蠢之辨，又微乎其微。

印合之一龍一鳳者，以青花爲絶品，惟宣德有之，成化尚避三舍，雍窑直是麤材。若盤盌之一龍一鳳者，雖曰官窑，康彩亦適嫌其俗耳，明窑亦然。

青紅瓶盌之口際，有白釉一綫，狀如燈草，謂之「燈草邊」。

瓶、罐、盤、盌之類皆有底，且有圈形之足，故廠人號稱之曰「底足」。器皿之作方式者，其底足亦方。又底足著物之處必有圈線一圍，亦謂爲「燈草邊」，鑒家於此辨别土坏之精粗焉。

瓷質有漿泥漿也。胎、瓷石粉也。胎之别，宋之粉定、明之青花印合多係漿胎，其開片也較易然。至於漏油，印泥之油從開片處浸出，謂之「漏油」。則又患其刓敝矣。

某朝某代署款者必於底足之内，足高者或且題字於垂跗内層之邊際，亦有在口上及腰腹者。年號、堂名、人名之外，大小罐頭多有在底足内題一「天」字，盛行於康熙朝，是爲「天字罐」。康熙客貨非御窑所造謂之「客貨」。有但畫雙圈者，於雙圈内但畫一葉者，命曰「秋葉底」。雍正亦有天字小罐。凡罐以不失原蓋爲可貴也。

粉定印合都無款識，而合蓋之内往往有焦黄似烙痕者，亦頗有淡墨細點，望之若塵星然。

雍正官窑大小盤盌，白勝霜雪，既輕且堅，上畫彩花數朵，每一朵横斜縈拂，嫋娜多姿，筆法絶不板滯。花作茄紫、蛋黄、天青各色，皆非乾隆朝所能幾及，尤以粉紅秋海棠爲絶豔。

豆彩豆青色之彩畫也。串枝蓮中盌，雜以抹紅之點畫，精采逼人，章法工緻，亦絶代奇品也。小酒盌略作壓手式，尤爲可愛。

客貨有款，官窑無款，已甚奇矣，乃有明明官窑而畫稿了無意味者，有的真客貨而筆意工細絶倫者。瓷雖小道，亦微乎微矣。

圓印合之最大者，對徑一尺弱，雙鈎「懋勤殿」三字，左右蟠二龍，金彩爲貴，青花夾彩者次之，底有嘉慶六字藍篆款。

康熙朝酒器多畫飲中八仙，類皆恢奇恣肆，惟賀知章騎馬落井一幅最爲可鄙。按少陵原詩，語意諧妙，謂爾如眼花，必且落井而眠於水中矣。畫手呆著跡相，輒於馬前畫一井，已不可通矣，又忌諱落井二字，特畫一極小之井於馬前，以示不至作溺鬼之意，尤堪齒冷。

康雍蛋黄器皿，顔色俱極鮮明。康窑小酒杯皆有雙耳，款字精細，凹雕龍螭，亦有凸雕者。茶葉罐甚精，然頗罕見。

雍窑青花盤盌乃極能耐久之品。

明之粉定押手大杯，槧有陰文暗花，若魚若蝶，類仿宋製，漿胎大開片，質亦甚輕。若大筆洗、大水丞，又有凸雕花卉或古紋者。印合所槧筆錠之屬，雖甚麤簡，而無傷大雅。

早年軟彩一種殊不足貴，近則雍正粉彩聲價陡增，惟豆彩亦然，然均以畫筆之優劣爲軒輊。雍正絡子罇甚有名望，豆青色者篆款六字甚精美，高不及尺，狀類紹興酒罈而殊無底足，腹亦微皤，又似惠泉山所製之不倒翁也。肩花作本色，繩圈凸紋數道，具有條理。另有一種雪地彩絡者，較豆青大及數倍，有兩耳，有底足，其絡紋如帶，寬及半寸，墨緑相間，雜以他彩，若古錦所裁，有雙圈六字款，甚可寶也。

胭脂水酒杯有「雍正御製」款者，往往夾以花彩。或謂不若浄地之佳，然畫筆工整，吾見亦罕，收藏家每視爲珍品。

胭脂水爲康熙以前所未有，釉薄於蛋膜者十分之一，匀净明豔，殆亡倫比，紫晶遜其鮮妍，玫瑰無其嬌麗。客貨雖係疙疸釉，而鮮妍古潤，聲價亦高。乾嘉以後每下愈況，不堪入目。若乾隆初年御製之品，亦尚有追踪雍窑者，然而僅矣。雍正套杯，有粉彩花卉或人物，有黄地而夾繪花蝶者。其夾彩一種，官窑、客貨又不甚懸殊也。套杯小至大，一至十。

瓶罐亦有漿胎者，仍以粉定與青花爲多，彩繪則偶一遇之耳。

漿胎青花以畫獸者爲最細，不僅以色勝也。

青花之漿胎者必開片，西人甚重之。

青花開片之花瓶，尺寸每不甚高大，又俱無款識，朱明、康雍皆有之，亦有下逮乾窑者。若雍窑鼻烟壺，形式雖劣，畫片殊佳，殆皆當時藥瓶耳。雍窑胭脂水夾彩之小盌，遜於御製小酒杯遠甚，蓋畫筆粗也。乾窑又多係緑裏，嘉慶仿之，畫筆均劣，亦殊可憎。

吾華瓷品尚矣，而今不古若者，原因甚繁複也。曰胚胎，昔之土質細膩，今則麤劣矣；曰手工，昔之模范精整，今則苦窳矣；曰釉質，昔之堊澤瑩潤，今則枯燥矣；曰彩色，昔之顔料鮮明，今則黯敗矣；曰式樣，昔之古意深厚，今則俗惡矣；曰畫手，昔之寫生雅緻，今則蠢謬矣；曰火候，昔之出窑完美，今則薛暴矣。居今稽古，度越前修，要其大(恉)〔旨〕，厥有二端。康雍兩朝瓷業空前絶後，乾隆雕繡最工，獨於瓷器退化。唐英著説，朱(玫)〔琰〕述文，或詳當時之制度，或攷往代之流傳。彩繪弗彰，惟矜樸素，非其文字之不工，亦時世有以限之也。先乎康雍而生者不知有康雍之昌明，後乎康雍而生者不能臻康雍之絶詣，不先不後而生於康雍之朝者，雖文美之可觀，而又無古雅之足言。瓷猶園也，富人潤屋廣厦萬間，終不若舊家池館、衰柳殘荷之别饒野趣也。又況佳山勝水，巖壑萬千，異草奇葩，珍禽怪獸，如遊艮嶽，如入山陰，絶非經營拳石、拂拭盆松者所能夢見也耶。積三百餘載之菁華，一旦大暴於世，先朝美術觸手如新，斯其難得者歟？華瓷冠絶全球，而華人初不知其可寶，殆真所謂聖不自聖，民無能名者也。列强交通，東西角勝，而吾華獨占最優之名譽，于是歐美斐澳恐後争先，一金之值，騰涌千百，茗甌酒盞，歎爲不世之珍，尺瓶寸盂，視爲無上之品。且又爲之辨别妍媸，區分色目，探賾索隱，造精詣微。豇紅蘋緑，則析及毫芒，御窑客貨，則嚴其等第。浣紗貧女一入吴宫，射鈎賤士遂爲齊相，容光焕發，熏沐有加，吹嘘判其菀枯，顧盼增其聲價。波斯碧眼，隔重譯而輸將，虀飯酸儒，擲重金而弗吝。椎埋發塚之子，弓玉盜庫之夫，鑿險縋幽，以真换贋。或豪奪虞劒，或巧賺蘭亭。教子升天之杯，實爲禍苗，清明上河之圖，且興大獄。己亥丙午，輦致避暑山莊法物於都下凡數十萬件，以每件三五百金計之，至謂可抵甲午、庚子兩次大賠款，其較爲藴藉者，亦謂創設一大博物院，足以輝映五洲。萬口同聲，有由來矣，其難得者又一也。嗟嗟寂翁，平生已矣，緇塵憔悴，雪刺盈顛，遠念故邱，百無可説，獨此區區眼福，在現在世界中亦幾幾乎登峯造極。斯亦京華二十載之薄有所得也。偶憶宗伯船娘事，毋亦啞然失笑也耶？

舊瓷疵纇百出，足爲盛德之玷，駔儈奸商，譸張爲幻，彌復出人意表。今者摘隱抉伏，幾於禹鼎鑄形，又攷古者所宜知也。揣形劑色，諳苦心孤，羼贋迷真，抽新换舊，潤者而使之枯，整者而使之缺，薰礱百道，瘞浸三年，虚冒仿古之稱，陰施作僞之技，此其較然易曉者也。純色即所謂「一道釉」者是也。之皿，案磨布擦，細紋如毛，或若枯腊，則謂之「傷釉」；硬彩大緑，年久坼裂，粉墨亦然，厥價鋭減，則謂之「崩釉」。崩釉者可施描補，傷釉者獨無挽救。瓶盂口徑微有剥落，大醇小疵，不虧全體，則謂之「毛邊」；亦謂之「茅邊」。瓶頸跌損，截之使齊，配以它蓋，改而爲罐，則謂之「磨邊」。毛邊者十折二三，磨邊者十折八九。沸漿注盌，瀋不及半底遂迸裂，狀如雞爪，則謂之「爪紋」；瀋滿其盌，口乃驚破，或觸或震，亦成直縫，則謂之「冲口」。腹紋亦有冲裂者。爪紋者無足重輕，冲口者須分長短。嘉道之物嫌於近代，或艱摹擬，僞去其款，則謂之「磨底」；破盌之底嵌于新瓶，款真物假，天衣無縫，則謂之「假底」。磨底者(問)〔間〕有值鉅金，假底者一文不值。火候(驟)緊，斂釉露骨，既稀且微，若斷若續，則謂之「縮釉」；隨意挂釉，不令到底，宋元器皿往往有之，則謂之「短釉」。縮釉者苦心鑒别，短釉者一覽而知。壞質偶鬆，土漿不匀，火力拆之，厥有短縫，則謂之「窑縫」；釉初離火，冷氣驟襲，驚紋不透，止在一面，則謂之「冷紋」。冷紋者瓷質未傷，窑縫者不爲虧缺。釉汁未乾，兩皿相並，黏而爲一，擘之使開，則謂之「黏釉」；物相擊觸，幸未嘯裂，但損釉質，或及胎骨，則謂之「磕碰」。黏釉者病在先天，磕碰者不至瓦解。良釉經火變爲他色，濃烟熏翳乃如潑墨，則謂之「串烟」；釉汁星星，光未發亮，火氣蒙罩，如錫如飴，則謂之「麻癩」。串烟者濃淡攸分，麻癩者精神頓減。其有素瓷真款，加繪彩釉，重復入窑，烘之使乾，命曰「真坯假彩」，尤爲翻空出奇。他若補耳、補足、配頸、配嘴、换梁、换蓋、義環、用義髻之例。義柄，則又百出不窮，莫之能究詰者已。

近出雍正仙女小盌，樹葉爲衣，眉目佼好，手攜鋤藥之鑱，魯之讒鼎也。

雍正豆彩酒杯，仿明成化六字款，多畫極精緻之人物，每隻各有故事一則，若陶淵明、林和靖、米元章、周茂叔之類，不可枚舉。以視道光《無雙譜》，有仙凡之别，精麤雅俗，蓋不可以道里計。且彩色式樣，無一相同者，款字神似隋碑，尤令人歎爲妙絶。

明祭有椶眼厚釉、滿開小片而深紫者，有無眼無紋片之薄釉，而明如鏡、赤如血者，則謂之「亮釉」，尤爲希世之珍。

明祭薄釉又有赤色中微帶金黄色者，紋如牛毛，亦頗雅飭也。

雍正小瓶，色似白非白，鐫有暗螭，燈下輒露異光，所謂「影青」一作「隱青」。者也。

均窑筆洗，紫蒨彌望，中作曲蟮走泥紋，底有數目號碼，糊以芝麻醬釉，其底上鐫有横直字樣者，皆非人世間物也。

胭脂紅盌碟，多係内層潔白，薄幾如紙。其小碟有作兩面脂紅者，四角凹圓，尤爲難能可貴。

脂紅小盌，以荷包式六字圓款者爲佳，其盌口微侈者謂之「栗子杯」，時或槧有暗龍，係四字方款，色亦較深，各有妙趣也。

蘋果緑瓶盂等件，有似老苔盪漾積水中，微放金色毫光者，洵爲鳳毛麟角，不易經眼者也。

雍正官窑葵緑小碗，亦係楷書方款，高二寸，口徑寸半，底微弱，俗謂之「篙子杯」。

篙(于)〔子〕杯高，墩子杯矮，而上下分寸相懸無幾。若口下斂縮，至底足而頗小者，則謂之「蓮子杯」。

蓮子杯以盛蓮子得名，亦猶之栗子杯，蓋果盌之小者，非謂其狀如蓮子也。

蓮子杯也者，又即所謂荷包式小盌者也。以胭脂紅荷包式之小盌厠諸葵緑箭子杯之列，則真秀美無倫矣。

日本頗貴重廣窑，目爲泥均，價或逾於真均，亦可詫也。

乾窑如來寶相，金碧莊嚴，窮工極巧，其素瓷觀音像容色沈沈，亦能使人肅然起敬。大氏窑燒佛像亦推雍乾兩朝爲絶詣，後有作者，蔑以復加，歎觀止矣。

康窑客貨瓷塊亦多畫單個人物，大氏小説家言。

今之螭虎，其古者夔龍之流亞歟？歐人重鷹狗，華人則重鷹熊，獨至於獅，中西兼重之，雕繡皆然，此不第畫之瓷品也。

康熙無款豆青大盌，中現四魚，釉裏紅之仿元瓷者也。雍正小碗，白地紅魚，又有四蝠三果三菱者，皆釉裏紅也，係官窑六字款。三果以畫桃子、荔支、石榴者爲多，亦有雜以他果，不拘一格者。

康熙御製款小飯盌，款係紅、紫、天青、湖水各色，四字堆料，筆法整飭，古月軒款所由昉也。盌地各色俱備，而以粉紅、淡黄、天青、深紫爲最嬌美。盌上夾繪彩花，有四巨朵者，有整枝花朵者，價頗不貲，所謂「夾彩」者也。其花朵中嵌有「萬壽長春」等字者，價爲之稍減，近亦不能多覯云。

有一種采盤，直徑不及尺，四圍絶寬展，高約二寸强，係淡色胭脂水，細膩熨貼，極平而極匀，在雍正朝宜推爲特色。每盤亦各畫鶺鴒、梅竹之屬，紅碧鮮豔，望而決爲憲廟時代物。余自睹眼力百不失一，瓷界推爲名宿者也，及翻視款識，則天青堆料「乾隆年製」四字，書法工整，與雍正精繪之杏林春燕盌款字正復相似，所謂古月軒料款者也。翻覆端詳，不禁駭歎。康熙有硬彩，無粉彩，有軟棒錘此式惟雍正以後始有之。瓶，周身硬彩，僅於肩上畫雲氣一遭，鈎以粉彩，余定爲雍正初年所製，聞者歎服。此種彩盤當是世宗末年造坏繪彩，追純廟臨御始填款耳。世宗御宇十三載，寫此款者當即是康熙時人，惟康熙款似虞永興，此款略似伊闕佛龕，不知是否一人。若尋常官窑之楷款，康熙初年爲一人，末葉至雍正爲一人，雍正篆款與乾隆初年又爲一人。余所見胭脂水佳者，皆雍正官窑，而乾隆以後客貨居多，雖有款識，往往頽敗似肝，頗深厭其堆垛疙疸，了無意味。實則乾隆朝之胭脂水，官窑絶少經見者，豈顯晦不時，前此未嘗發現耶？抑過此以往，彩色全非，不僅一胭脂水耶？學問之道，至無窮盡，頑兒謂骨董家學無所謂畢業，真有味乎其言之也。官盤彩色奇麗，不但脂水神肖雍正，即粉、墨、紅、緑各彩，亦無一不肖者，惟畫手亦然。余定爲乾隆元年所填款，豈虚語哉？有識者不當以乾隆朝物目之也。詳見《世界瓷鑑》。

蘋青尊盂往往有緑片漫闊，甚屬難得，而一串濃煙則顔色黯敗，聲價爲之貶損矣。

康雍彩畫瓶件，以花鳥或野獸爲最上，以人物論，則袍笏不如甲胄，若美女之纖纖玉筍，則品斯下矣。

乾隆積紅水盂，有似康熙茅薺扁而頗巨者，但無款耳。

雍正官窑有一種天青小鉢，顔色較深，直徑五寸弱，無底足而有六字篆款，釉質甚細，其絶佳處正在不開紋片。

豆青小石榴尊，雍正六字楷款，向來衆人遇之，今不然矣。但使項無殘缺，雖失去上蓋，猶爲奇貨可居。

雍正御製盌之抹紅夾彩者，亦殊精絶。

康熙六字藍款茅薺扁之水盂，有天青薄釉者，表裏一色，聲價一如蘋果緑。其天青小觀音尊，口内亦上色釉，康熙六字款，狀式亦如蘋果緑之小瓶。價又相若也。康窑天青如意尊，並係内外薄釉，且有凹雕篆款，底上亦罩以天青色釉者。

雍正橄欖罐茶葉末之深緑者，上鋭下豐，有凹綫三道，係墨色篆款，其内外及底三者皆一色，與天青如意尊正復相同。

郎窑仿成化之豆彩大瓶，有畫花鳥者，彩色筆法，皆有矩度，以視尋常人物，尤爲可寶。

像生器皿，色目非一，人物鳥獸，指不勝屈。

乾窑白兔，微現青色，雍窑洋狗，疙疸釉也。較白。

康窑之狗，有黑有紅，乾隆瓷佛，珍於笵銅。

天青雍正款小花盆，另有盆底，北音讀如「臉」，疑當作「連」，謂底之連盆者，即盆墊也，與盆之瓷座略同。表裏及底皆一色，較之積紅各盆，彌堪貴重。

有一種豆青色之小豆，蓋祭品也，細腰豐趺，旁有小圓耳二，上有蓋，式極殊特，雍正雙圈六字款，款在豆蓋之内，持比青花乾隆篆款者，又有上下牀之別矣。

茄紫色頗鮮艷，有一種小盤，表裏一色，外雕暗龍，雍正六字款，愜心悦目，良足欣賞，近已不多見矣。

豆青凸螭圓洗及小筆筒諸物，有嘉靖、雍正各款，釉光、刀法並爲後來所不及。

均窑渣斗，亦分青紫二色，式巨而價亦不廉。

康熙款之天青雲疊尊，雕紋精細而古雅，惜其兩耳帶有銅環也。爲銅鑲盌口，宋明御用物始有之，粉定也，明之祭紅也，數見不怪。但去其銅片，直如磨口，爲可惜耳。而順治官窑之淡描大茶盌，亦有磨口，似曾經銅鑲者。

官窑、客貨，界限絶嚴，其必嚴之故，所分在款識，而亦不盡在款識也。蓋官窑畫工雅緻，價亦大增。若一道釉者，蘋果緑、胭脂水而外，不易區别，但貴品釉汁，又非客貨所能辨，譬如天青小瓶，客貨沿口多作黄黑色，則又顯分軒輊矣。

康熙黑釉之大瓶，上畫梅花，筆意麤惡，西人目爲三彩，每一隻動輒萬餘金。其硬緑鳳尾大瓶或棒錘開光，仿古錦紋，中夾圓式、長式、扇面式，別繪人物、花卉於其中，則謂之「開光」。亦往往一瓶五七千金，非必士夫之所嗜也，士夫亦尠有此種物力者。

康熙朝之紅色尊盂，當時一有緑斑即應貶損其價值，可見古昔不重窑變。市儈競趨西商，投其所好，巧立名目，爭相諛媚，久之又久，亦遂成爲定評。是非好惡，貴賤美醜，而豈有真哉！然康雍以前，客貨無有朱紅者，是純色之釉，亦頗有精粗之不同，不獨彩畫然也。

宋哥茗具，盌上各有蓋，滿身皆褐色細斑，盌邊作老黄色，或即所謂「紫口」者歟？

道光彩筆筒，畫《秋聲賦》，一翁燈下讀書，童子秉燭開門，側耳而聽，雜樹環屋，筆意良美，雖不及雍窑豆彩人物之精，亦可賞也。其畫入鼻煙壺者較遜一籌，篇幅太小故也。

嘉慶窑畫手最俗，不如道光窑遠甚。

康窑人物恢詭似陳老蓮，道光畫手則如改七薌之工緻矣。

乾隆豆青凸花方杯，旁有兩耳，製甚古奧，款係墨彩，作「寶嗇」二字，筆意秀整。其抹紅杯碟而描畫金龍者，殊不足觀也。

豆青三孔小瓶，乾隆六字款，口頗侈而大，釉汁粒粒如細珠，所謂「唾沫星」者也。別有東青牛毛紋一種，形式較巨，腹且愈扁而愈博，尤爲可貴。雍正豆青各式花盆，面面作凸花，六字篆書藍款，頗落落大方。其花中微泛藍色者，又較遜也。豆青金彩，乾窑瓶罐多有之，慎德堂此種花盆即係金款。

慎德堂爲道光窑中無上上品，足以媲美雍正，質地之白，彩畫之精，正在伯仲間。然亦有劣下者，直不如道光尋常官窑本色也。

有以瓷製爲溲溺器，蓋酒具也，且皆繪畫猥褻，亦太傷雅哉。

套環之瓶，奇巧能轉動，或於瓶上嵌列小兒，乃捏成兒形，黏諸瓶上，非畫也。内府所珍，價亦不貲，然不爲吾黨所重。

乾隆古銅彩筆筒，凸雕雙龍，塗以泥金，六字篆書金款，極爲難得。

近日宜均絶昂貴，大印合有渾圓者，有四方者，蓋内藍暈有甚美麗者。

瓷器之有裂紋者，未出窑爲窑縫，出窑後則爲沖口。

雍正粉彩小碟，直徑約二寸，各畫紅白秋海棠數枝，嬌潤欲滴，平底，而周遭作壓手杯式，有有款者，有無款者，皆官窑也。

抹紅瘦身之天球瓶，品格絶佳，乃雍正朝物，雖無款識，而所值不貲，乃逾於積紅也。

凡所謂均窑筆洗者，皆盆連耳。

雍正豆青色渾圓小缽，亦謂之「圓罐」。平雕串枝蓮而無款識，亦頗古雅。凡小罐，口際稍一侈突，或綫邊凸起，即無足觀者，而明祭往往犯此病。

洋商喜購瓷佛，大小彩素，層出不窮，京内外廟宇，遂爲之一空。

器皿之佳者，曰瓶、曰盂、曰罐、曰合、曰罏、曰盎、曰杯、曰盤之屬，至於不可勝紀，而以瓶之種族爲最多。瓶之佳者，曰觀音尊、以下均另有圖式。曰天球、曰餑餑凳、曰油錘、曰大鳳尾、曰膽〔瓶〕、曰美人肩、曰棒錘、曰投壺之壺、曰背壺之壺、曰荷包、曰如意尊、曰石榴尊、曰蘿蔔尊、曰牛頭尊、曰雞心、曰絡子尊、曰梅瓶、曰仿周秦罍缶，若玉壺春，若軟棒錘，抑其次也。凡諸名稱，皆沿用市俗之語，無足深論。此外罏罐等類亦不一其式，蓋未可一二數也。古窑之存於今世者，在宋曰均、曰汝、曰定、曰官、曰哥、曰龍泉、曰建，曰元之紫釉，曰明之祭紅、積紅、雞油黄、青花、五彩、鱔魚皮。六朝及唐瓷猶偶一遇之，柴則無可徵考，官哥雖甚古茂，而不甚見重於當世，蓋仿製較多，真者千不得一。上所臚列，釉質之潤，顔料之美，既已各擅勝場矣。本朝在康熙曰硬彩、曰青花、曰青花夾紫、曰豇豆紅、曰蘋果緑、曰雨過天青、曰茄皮紫、曰鼈裙、曰葡萄水、曰朱紅、曰抹讀如摩，上聲。紅、有柿紅、棗紅之别。曰抹藍、曰瓜皮緑、曰魚子藍、曰秋葵緑、曰蛋黄，在雍正曰美人祭、曰胭脂水、曰西湖水、曰松花緑、曰東青、曰豆青、曰仿均、曰仿龍泉、曰茶葉末、曰魚肚白、曰蟹甲青、曰氈包青、曰鸚哥緑、曰新橘、曰各色豆瓣、曰金醬、曰芝麻醬、曰豆彩、曰墨彩、曰粉彩、曰鐵繡花，在乾隆曰古月軒料彩、曰古銅彩、曰窑變，在道光曰慎德堂彩。若此之倫，更僕難罄。嘉咸兩朝，罕足稱述。

手工之佳妙者，畫家寫生而外，曰平雕、曰凸雕、曰雕款、曰套環轉動之瓶罐、曰影青、曰釉裏紅，亦皆以康雍爲最精。

天家府庫尚矣，此外則熱河之避暑山莊、陪京殿座，實爲仙都靈域；兩藏喇嘛，頒賜駢闐，氈裹殷富，頗入龍動；譯音。曲阜孔門，囤擁亦厚；滿蒙藩邸，被賞無鼻。下此則琳宫紺宇、戚畹主第，窖藏繁阜，飄散何窮。髮捻之亂，所至殘破，東南諸省，尤患其貧。比歲以來，輸出彌夥，晉秦舊邦，羅掘殆盡，毀屋發瓦，剖墓求珍，足使神荒其居，鬼泣其宅。于是尸脚漆燈，厠於宫熏之次，玉几陳列，乃有黄腸之器，噫足異矣。

雍正白瓷水仙盆，長方而作横式者。六字篆款，凸雕花卉翎毛，亦有作松花緑者。若墨彩六方大花盆，花卉竹樹雜以題跋，各佔一面，乃書畫大家筆墨也。

乾隆初年積紅器皿，每多無款者，有一種圓鉢，大如西瓜，又有美人肩大瓶，滿身牛毛紋，皆色鮮而釉潤，所可寶貴藏弆者也。

康窑儲秀宫款之三采淡黄、大緑、茄紫爲三采，黑、白、緑及紅、白、緑之屬，亦皆謂之三采，有畫果者，有畫梅者，有窑變者。大盤，畫桃、榴、佛手三果，果各三枚，枝葉襯之，中畫香櫞亦三枚，直徑可四尺，堪庋西瓜十數枚。近出青花及粉桃大盤與儲秀宫盤相埒者，又比比是也，皆宫内以盛各種鮮果者。

雍窑大盤，厚及三四分，直徑不及二尺，六字雙圈楷書款，中畫滕王閣諸圖，雉堞風檣，交互若織，儼然一幅石谷畫也。又客貨面盆，中畫十六子，衣著如一，乃雍正最鮮之粉彩，蓋匳具也。

均窑壓手大杯，細腰豐趺，亭亭玉立，並有蚯蚓走泥印，内青而外紫，鮮妍罕匹，真宋物也。

有雍款飯盌，上畫蠟梅過枝，下繪牡丹之屬，蓋真胚而假彩者，余能於緑釉辨之。

沖北音讀去聲。口，一作「衝口」。

宋土定壺盂，亦甚古雅，而色較黄，質較麤，下於粉定一等。

乾窑蘿蔔尊，式樣絶佳，高不及尺，上畫水仙、天竹豆、月季、蠟梅之屬，月季含苞吐萼，秀美天成，底係「乾隆年製」四字，爲堆料藍款，畫筆亦與古月軒無異。古月軒之小瓶，才二寸耳，花彩頗相若，價亦不資。詳見《世界瓷鑑》。

款識字數之最多者有粉彩小罇，雜畫羣卉，凹雕楷書「道光某年定府行有恒堂珍賞」十餘字，外罩釉質，殊可把玩。定府又有扁豆紅之如意尊，抹紅寫款，字數亦較多，下於豇豆紅一等。

雍正仿均，紫釉散漫，雖不及真均之美麗，而顔色蒼渾，亦别有一種剛勁之氣，其所摹式樣又皆古雅絶倫。

雍正官窑小瓶，青花緑螭，二者之外，有豆彩花卉，上畫二鳥，一緑而一紫，瓶係鐙籠式，圓身而方口，不甚可貴也。

驚紋多在盌之内層，而外層曾未穿透，細審盌邊，亦復無所覺察，又謂之「冷紋」，與沖口迴不相同，其曲折有致者，可以目爲開片。

粉彩及釉裏紅亦有串煙之病。

明窑影青壓手杯，其薄如紙，即萬曆吴十九之卵幂杯也。

康熙青花酒杯，畫十二個月花卉，一杯一花，銖兩頗輕，其施彩繪者，價尤昂貴。大抵以有黄兔者爲殊尤，菊花、荷花爲較遜，餘皆平等視之。余初入京時，十二杯若缺其一，即不易售出，已而成對或得四枚、六枚者，亦頗視爲難得，近則一枚、二枚且不能輒遇之矣。

汝窑小杯，堊澤雖不甚瑩潤，而下有瓷座，紋如蚯蚓走泥，亦堪寶重。

雍正積紅花澆，牛毛紋酷似宣祭之佳品，篆款亦與小花盆相似，分列上下左右，若有眼之錢文也。

明瓷仿哥之鮮豔者，廠人俗稱謂之「緑郎窑」，滬瀆謂之「果緑」。

均窑盆連，大都圓式八角，邊墻陂陀，數見不鮮，身價轉巨。有一種均窑筆洗，長方六角，簷圍較深，稍稍直下，有似《相人經》所謂顴骨插天倉者，極爲别致，不得竟以盆連目之也。釉質青葱紫蒨，若蠟淚之成堆，椶眼含水，底有陰文數目字之號碼，糊以芝麻醬，真宋物也。古物之美者，以釉質、手工、時代三者爲最要，三者畢精，約而彌珍，不必觥觥大器，始足驚心動魄也。均洗高約二寸許，寬不過三寸，長不及五寸。馬脚船脣，便於行匣，寂娱清秘，亦殊可貴。

乾隆青花之提梁酒壺，畫片、式樣均尚有可取。乾隆豆青花鼓式之茶罐，雙耳作獸頭，亦尋常式樣也，六字篆款，價不甚貴，近亦不能多見。

内平外凸之雕花豆青海盌，雍乾皆有之，式樣絶巨，而甚爲精緻，價亦甚廉。

雍乾積紅大碗，底足約高寸許，各有六字款。乾窑鮮麗，雍窑渾厚，而有牛毛紋，一經庚子之變，價值乃驟加數倍。

以刀刻畫花紋於未經糊釉之先，陽文爲凸雕，陰文爲平雕，隱於瓷質之内。而瓷質極薄者，上釉之後，内外皆平，以手指按摩之，故不能覺也。若向日光或燈光照之，始見花紋，則謂之「影青」。大氐小盌隱龍者居多，而龍往往作青色。

宣德、康熙又均尚白色，地薄於紙，雍正仿之，有楷書方圓款而外抹以燕支水者。

輾石爲粉，不易開片者，命曰「瓷胎」；泥漿之質，易於開片者，命曰「漿胎」。

漿胎開片開在胚胎，代遠年湮，垩澤亦因之而迸開。

有小開片，有大開片，開有先後，片有新舊，翳後開之新片，證歷年之久遠。

小片之細碎者曰「魚子紋」，大片之稀疏者曰「牛毛紋」。魚子紋最爲劣下，不以厠諸作者之列。牛毛紋微帶黄色，若隱若現，毫釐未拆其釉質也。

積紅佳皿係屬瓷胎，而康雍兩朝之積紅多有牛毛紋也。雍窑之緑不如康窑遠甚，亦頗含有緑意也。

紅中有緑謂之「苔點」，其最佳者暈成一片，則謂之「蘋果緑」。

白中有黑謂之「塵星」，苔點之中亦雜塵星。

彼積紅牛毛之紋，釉似坼而未坼，攬塵星其如墨戛，不可以拂拭。

漿胎大片，年久龜坼，魚子細紋，烘坏而拆。

龜坼者坼及胚胎，若魚子與牛毛，其坼也於胚胎無涉也。

哥窑瓷胎大片入骨，出窑經風，隨時迸裂，其裂也乃具有殊特之性質。胚胎與釉澤而俱坼，渺不關乎經年與累月，是以西人重其古而嫌其拙。

哥窑之真者，光采照人，式樣亦最古雅，今所以見輕於世人者，皆贋作也。

邇來青花大開片之瓶罐，所在多有，亦並不見其古舊，蓋作僞之技，晚近彌工。記者於此，可以觀世變矣。

宣紅小盌，以兩面紅者爲佳，若苔點枯黄，竟可憎矣。

壓手杯，或作「押手杯」，於義亦通，一音之轉也。

印池之透油者，自内片以達於外片，雖足爲歷年久遠之確證，然真體已虧，不適於用，聲價亦爲之稍貶。

印池漿胎者居多，開片之後，時或透油，且有底足透油者。

大凡透油之印池，其印泥中所研之硃砂往往隨油質以浸入釉質，時作肉紅色。故印池一種，無論宋瓷、明瓷、青花、粉定，均以大開片肉紅色而又未至透油時代者，乃如初寫《黄庭》，恰到好處。

釉質之厚者曰「堆脂」，即寶石釉。曰「疙疸釉」，薄者曰「胭脂水」，曰「抹紅」、「抹藍」，曰「淡刷天青」。

疙疸釉之白者較爲可貴，惟雍正以前始有之。若胭脂水而疙疸者，則乾隆以後之劣品也。黄釉亦然。

釉汁之美者曰「水眼」，其次曰「椶眼」，曰「橘眼」；若「唾沫星」，又其次也。

至若康熙天然之三彩，乃造化偶作游戲，不可必得者也，其自在活潑之妙，直使後人無從摹仿，仙乎！仙乎！

魚子藍舊者惟康熙有之。小油錘油錘似天球，腹作渾圓形，但口及項較細。瓶，開圓光三個，彩畫花卉蟲鳥；大棒錘瓶則開長光兩面，彩畫人物，並皆精妙。

淡描乃青花之疏簡者，簡其詞曰「描青」。

傷微而多者曰「毛邊」，傷少而較大者曰「磕碰」。

鷓鴣斑不能仿製，若犀塵與褐斑，猶時一遇之。白瓷釉汁中滿含最細之墨點，而不凹下者，最爲可貴，命曰「犀塵」。大氐雍正以前物，宋明粉定多有之。其凹下者，係釉質爲火力所縮，黏有黑灰，近於麻癩，所在多有，適足爲累也。或點形較大，而於白汁中泛出老米色一簇，如牛脂之垛成碎末者，命曰「褐斑」，亦惟乾隆時物間或有此特色。其底釉、裏釉暈作圈綫，似皺非皺，且有淡黄似烙痕者，則謂爲「炒米釉」，亦多歷年所之一證，僞爲者須以明眼辨之。

乾窑積紅小水丞，口斂底平皤其腹，六字雙圈款，方之天然缺口之雍窑小紅盂，不啻婢見夫人，而價值頗昂。

郎窑無所謂之緑也，乃明瓷之葱翠者耳。

康熙客貨之彩瓶，大鳳尾式有梅鵲，棒錘式有《十美圖》，弓鞵高髻，分琴棋書畫與笙管笛簫兩種，又有采蓮者，大氐俗不可耐，而每隻輒數千金。

東青顔色幽靓，冰紋亦極古雅，非近代所能仿製，雖有官窑款識，而西人亦不知寶貴之也。

敬畏堂所製器皿，俱係豆青，以視觧竹彩瓷，較爲雅飭。

雍窑有一種藍瓶，較廣窑爲匀細，而色比天青稍深，底足高半尺，六字篆款，極精美，式方而分作兩截，若花盆垛於觚斗之上，亦異品也。

塗以抹紅之釉而虚其中，若爲空白也者，又似乎陰文之花紋，謂之「蓋雪」，亦錦紋之亞，余亦甚不喜之。別有一種盤盌，以抹紅寫生，繪爲細碎花枝者，猶爲彼勝於此。

近出雕藍、雕丹之奶子小盌，内塗以金，大氐麤糙而質厚，亦無足述者。

廣窑也者，仿均之淺藍者也；窑變也者，仿均之深紫者也。窑變往往有藍色，而廣窑不見紫釉，抑獨何歟？

雞缸款識爲「大清乾隆倣古」六字，蓋篆書也，而字體特巨。

雞缸小兒，淡紅衣，黄褲，左脚揚起，右手亦然，而手藏袖内，其袖覆右手而下垂。乾隆仿製者已稱爲奇貨，成化故物渺不可以一見，而何萬曆五彩之觸眼紛拏也耶？

紫黑之釉滿現星點，燦然發亮，其光如鐵，則謂之「鐵繡花」。

漢唐故物出自邱墓，滿身土斑，瓷無釉汁，則謂之「土花繡」。

鐵繡花大盂，高約六七寸，口徑三寸許，底徑不及尺，口皤一螭，雍正物也。其官窑方圈耳之方式大瓶，高約二尺，亦均無款識也。

雍款東青大方瓶，豐上而殺下，雙如意飄帶耳，式極古雅，滿身牛毛紋，較之鐵繡花方瓶，不翅奴隸命騷。

雍窑積紅瓶，細沙底，惟乾隆以前始有之。蓋無款時代物，狀似天球，而項彌短，腹彌皤，顔色深厚而鮮明。或者謂均窑紅硃二色以一、三、五、七、九單數爲號碼，藍青二色以二、四、六、八、十雙數爲號碼，著之篇章，視爲祕訣。今以宋物證之，殊不必皆然。蓋六角花盆往往如或者所言，自餘均器，大都青其裏而紫其外，及翻閲底足之號碼，則又單數、雙數無甚區别。廠人誤呼天青爲月白，點金成鐵，沿而不改，無如之何。

康窑彩畫往往官窑不如客貨，亦一奇也。官窑力求工細，下筆不肯苟率，自其所長，客貨信手揮灑，老筆紛披，時或有獨到之天趣，令人不可方物。

康窑青花亦雖頗有天趣，而筆意老辣，終不如彩畫之奇。

康窑彩畫時亦工細絶倫，而獸毛毿動，口噴雲氣，又不如青花之妙。

雍窑黑地萬花中碗，光采奪目，價值奇鉅，蓋雍正彩之最有精神者。

宋均之紫汗漫全體，元瓷之紫聚於二魚。

宋均之紫汗漫全體，倣均雍窑也。之紫漫暈其半。

宋均之紫多在外層，倣均之紫内外各半。

宋均之紫汗漫全體，倣均之紫自成片段。

龍泉哥窑，代有倣製，坏質泥鬆，物多罅窳。

雍窑有一種小瓶，式極修雅，上畫八卦太極，色亦幽蒨；下畫海水，則係釉裏紅，苔點緑，是爲青花夾紫之特色，蓋雍正初年物也。

雞缸爲酒器中珍品，昉於成化，今惟有乾隆仿古之作，詳見朱笠亭所撰《陶説》。今缸有純廟御製七言古風一章，是其殊特之旌幟也。庚子以前，每對不過百金，今且二三倍矣，然猶不易見，收藏家所宜究心者也。僞品充斥，要亦煞費苦心，卒之摹儗艱辛，難逃鑒家之眼。正未知成化舊物，其生動穎妙，又當何如也。缸之真者，字蹟亦分兩種：一派爲簪花格蠅頭小楷，筆筆韶秀而美緻；一派較爲古拙。至價值之高低，以小孩眉目之獝佼爲斷，此則千夫之所易辨者也。

海鹽朱笠亭琰所撰《陶説》，援古證今，詳贍博洽，雖亦有藍本，要於宋元以前研究頗審。笠亭生長乾隆，彼時康雍瓷品尚未發明，即明瓷亦多簡略。後有藍浦者，篡襲諸家之説，悤以惡札，輒易其名曰《景德鎮陶録》，體例極爲蕪謬。

以皿入缸，淘盪其汁，是爲「蘸釉」。蘸釉者厚若堆脂。截竹或角，噓氣匀之，是爲「吹釉」。吹釉者薄於卵冪。

昔惟大器用吹釉之法，次數多至十餘起，取其匀也。釉汁旋吹而旋添，其告成也緩，其程功也易。後則小器用吹釉之法，遍數亦有三四次，欲其匀且薄也。釉質但吹而不添，其運腕也速，其奏效也難。

釉薄者，火候稍差，則有滲黄之患；釉厚者，手法一鈍，輒多乾枯之虞。乾枯之理由有三：火力過平聲。則枯，手法鈍則枯，釉汁有渣滓則枯。

有漿胎，有瓷胎。

漿胎質鬆，瓷胎音脆。雍乾瓷胎之細膩者謂之「細沙底」，頗不亞於漿胎也，而剛勁過之。

有沙底，有鋼底。

沙底貴白，鋼底貴亮；光亮也。沙底貴細，鋼底貴響。聲響也。

今之雍正豆青，仿龍泉之最美麗者也。而乾隆以後，往往間以金繪夔龍古文，價稱昂貴。

釉質凸起，形如水泡，手法未匀，火力鼓之，此暴與爆同，見《周禮》。釉也。若在士女眉目之間，則幾乎毁矣。仁廟六旬萬壽所製瓷品頗多，盤盌碟盞，花鳥蟲魚，幾於無美不備。迨純廟時代，屢次舉行盛典，物力之厚、名匠之多、取材之宏、歷時之久，又不斤斤於瓷品一種求之，是以瓷品轉遜於往代也。

廠肆通稱，嫌於俚謬，而相沿相襲，竟不能改也。口小腹大者謂之「瓶」，口腹相若者謂之「尊」，今則尊之於瓶，混合爲一，呼馬呼牛，由來舊矣。其口大腹小者謂之「花觚」，亦謂之「花插」。觚之小者曰「渣斗」，渣斗之小者則漱具也。漱具亦分二種：一爲似觚者，唾水於地，不分兩層，或者腹微皤耳，此中西之所通也；一爲分兩層者，噙净水於小盌，而唾其沫液於下層之小罐，盌安罐上，合而爲一，推鑿讀若槽。合縫，乃成套之物，此則西人之所哂，皆漱具也。

花澆也者，澆花之壺也。

官窑痰合，惟嘉慶獨多，合式有二：一紫地彩花，一淡茄地金彩花。紫地者較大，分爲兩屜，覆以瓷蓋，中凹而置孔；淡茄色者似面盆而小，句盆有蓋，句蓋有頂，似罐蓋也。

魚缸以距京不遠之長辛店長和窑爲最佳，缸面對徑二尺强，底微殺，沿邊四面有獸頭二，篆文「壽」字二，餘則鼓釘十數個而已。

瓷缸自數寸以至四五尺，式樣不一，有仿尋常水缸者，有狀類荸薺扁、而容水石餘者。以釉裏紅龍官窑爲貴，釉裏紅魚而雜青花水草者次之，廣窑又次之，然皆不若長和陶器之與魚相得也。詳見《世界瓷鑑》。

銅鳥瓷品，安於篾籠之内，如水罐、粟罐，皆小於銀杏，而有胭脂紅、天青諸色。其穿篾系處各有圈形二，句圈各有小眼，亦可借作水中丞也。大氏最精極細之佳皿，如豇紅、胭脂水之類，亦只小品爲多，無饋饋巨器者。

桃形而有嘴與柄，無上蓋也，底足内有一圓孔，可以灌水於其中，則謂之「醋壺」，所以防蟲蝎之入也。以深緑及茄色者爲佳，然不見有款識者。明瓷青花人物，以筆筒、花觚爲甚詼詭。

料款分兩種，曰「某某年製」，曰「某朝御製」。康雍暨乾隆初葉皆有之。料款「某某年製」之盤盌，素地精繪，往往勝於色釉夾彩者，不可不知。御製款亦分兩種，曰「堆料」，曰「描青」。

雍正料款之精品，遠在康熙之上。康窑色釉夾彩者多係黄地，或作番蓮四朵，甚且花朵中分嵌篆字，頗皆有可議。雍窑色釉夾彩若胭脂水、秋葵緑之質地，皆美麗無倫，畫筆殊覺生動。

康熙御製盌有寶相花三朵，大小不一，陰陽向背，偏反穠豔，生香活色，純合乎西法，亦殊非後世所能幾及。若連枝帶幹，律以惲派，或又不如雍窑耳。

料款至貴重，康雍精品皆畫以粉彩，孰謂粉彩不足重耶？

料款之盤盌有題句，上下有胭脂印章三，雍窑曰「月古」、曰「香清」，乾窑曰「金成」、曰「彤映」，皆方印也，在題句之下；其引首長方曰「佳麗」，在題句之上，則雍乾之所同也。

慎德堂款之器皿，若采花之旁有墨彩題句者，其下必有小印「道光」二字，多作橢圓形。

康熙十二月花之酒杯，無論官窑、客貨，皆於描青題句下印一篆書「賞」字，殊不足賞也。

胭脂水夾彩之雍窑大盤，有仿康熙五采花籃者，奇麗無比，直可與乾隆鶴鶉盤方軌而齊鑣也。

宣德龍鳳之青花印合，名望甚偉，近今仿製者，畫筆工緻而生動，幾於突過雍乾，王公貴人頗亦飾爲陳設。寂者年垂半百，老眼無花，要難逃鑒家之犀照也。

都下有琉璃窑，專製黄緑甎瓦，以供殿座之用，螭頭、鴟吻、麟鳳、獅狗等物，大氏殿瓦邊脊皆有之。又偶造坐礅以餉朝貴，其尤爲適用者莫如冰桶，各色俱備，且甚美觀。冰桶制方而蓋分兩半，各有錢竅五孔者二枚。木桶有銅箍兩道，瓷桶亦摹仿箍式，横現凸文。瓷價過鉅，抑亦不如窑瓦之悦目也。詳見《缽庵憶語》及《世界瓷鑑》。

紅有百餘種，就抹紅一種而論，有柿紅、棗紅、橘紅之别；就橘紅一種而論，又有廣橘、福橘、甌橘之殊。深淺顯晦，細入毫芒，巧曆之所，不能算也。琴歸生謂寂者曰：「君與北山瘿公品評瓷器，争妍鬬麗，細入毫芒，無非本其好色之天性而益發揮之耳。」曰：「然哉！然哉！天地之道，一生二，二生四，縱横變化，無有窮竟，參伍錯綜，是成文理。文理之美者，宜莫畫若也，故一切形形色色，惟畫師爲能狀其微妙，惟文人爲能闡其精深。畫師而不通文學者，直命之曰匠而已矣，有道之士所夷然不屑者也。」瘿公曰：「豈獨吾土爲然哉，歐美大畫家亦多善屬文者。」琴歸初不研究瓷學，近則造精詣微，爲當代所希。

一切官窑等諸祕色上方珍品，寶貴甚至，自非近籞侍從、貴戚巨邸，不能蒙被恩澤，賞賚頻仍。若彼窮縣酸儒、風塵騷客，雖或生逢並世，躬際聖明，罔覩靈威，莫窺禁籞。近則遠人弋篡，不惜重金，於是宵小生心，遂多竊屨盜簪之士；故家中落，不少典琴賣劍之人。有此數因，鬱之瘉久，洩之瘉奇。骩髒一翁有此眼福，亦云幸矣。

有以唐詩贊均窑者曰：「夕陽紫翠忽成嵐」，此可以知其釉汁之美矣。

盤盌佳品不少概見，今世所存者，磨邊缺足之盆連而已。「奪我胭脂山，婦女無顔色」，可爲今世之盆連悲也。而今世磨邊缺足之盆連，且猶紛紛超越太平洋而西邁矣。

康雍瓷品照燿四裔，而獨於紫均一種不能仿製，夫亦有所限於天者歟？有一種果盤五寸，其紫透骨，並無號碼及蚯蚓走泥之紋片，乃真正宋物，曰廣窑者非。唐英曾於景德鎮倣製。廣窑是否烏泥爲坏，未從考證。

仿哥之麤糙者，片紋入骨，亦謂之「冰紋」。

瓷有瓷骨，釉有釉骨，青花能入釉骨，而抹紅不能。

青花能入釉骨，釉裏紅則更入釉骨。

近出癩瓜過枝小盌，皆道光官窑，亦殊不足貴，祇取憎耳。

雍正倣明之壓手小杯，一邊采鳳，一邊翠竹，亦頗照過枝畫法，但略勝於道光窑之癩瓜耳，非奇品也。

酒壺之佳者，歷代少有，亦不知其曷故。雍窑有篆款倣均者，有提梁豆彩者，有葵緑開光墨彩者，差堪入目。龍泉壺亦甚古雅。近日壺價翔貴，曰以東鄰之故。

瓷器式樣，守常蹈故，無可省覽。若力求新奇，又適形其俗。此中妙諦，有匪可名言者也。

笵銅爲質，嵌以銅絲花紋，空洞雜填彩釉，昔謂之「景泰藍」，今謂之「珐瑯」當作「佛郎」，一作「法藍」，蓋此種藍彩以巴黎爲最美。大氏朱碧相輝，鏤金錯采，頗覺其富貴氣太重。若真係明器，亦殊古趣盎然。

近日窑變甚貴，乾隆朝則頗有佳品，式樣亦較嘉道爲優。

蘋果尊有兩種，式樣相若，惟口徑不同。縮項者口徑不及寸，巨口者口徑可二寸。

余所見成化彩之佳妙者，大都雍正朝所仿製，即仿已不易得。近則真蹟流傳者不少，若萬曆彩，若嘉靖青花，若宣德祭紅、與積紅，眼福亦未爲慳也。

雍正倣均之品，紫色較褪而暈成一片，細若犀塵，瓷質清剛，雅非後來所能及。

康熙有抹紅金彩十六子大碗，三兒在魚缸捉魚，一兒攜松鼠，尤有神致。而嘉道兩朝俱能倣之，價亦不甚相遠也。

五采三果礅式中碗，昉於乾隆，而道光仿之亦無甚區别，若雍正之三果大碗，則波峭有味矣。筩杯、酒杯，畫法板滯，亦殊尋常也，近乃價值昂貴。

畫紙絹者不屑於畫瓷也，而能畫瓷者又往往不能畫紙絹。國初刻玉笵銅之儔，率皆姓氏流芳，表揚奕禩，而畫瓷者多湮没不彰，致可慨喟。畫者且不能傳，又況於製坏掌火者乎？其實絶技通神、藝進於道，若明季陶人吴十九者，不可以其手工而少之也。成化彩瓷，吾見亦罕矣，證以康雍兩朝所臨仿者，筆意生動活潑，宜高出乎嘉靖、萬曆之上。康熙彩之顔料，固非後世所常有，論其畫手高妙，不但官窑器皿，髣髴王、惲，即平常客貨，亦莫不出神入化、波瀾老成。雍正花卉殊尤，又頗饒書卷氣。乾隆而後，雖有縝栗奇麗之品，而匠心所運，未能脱去町畦。近歲以來，海市交通，摹擬古畫，精誠團結，時或迷離撲朔，幾致亂真，洵可以淩轢咸同，抗衡嘉道，亦云桀矣。康雍國家閒暇，乾隆不惜工本，其製作之精美豪宕，由於朝命，專官監督，其任百爾執事，媢兹一人。今則列雄富商，漲力旁魄，區區藏(弃)〔弆〕，不足以供無盡之取求，巧僞繁興，倖色揣稱，殫竭工緻，矻矻窮年，非夫在上位者有以宏獎而提倡之也，營利之心亟，因而攷古之詣深也。嘉靖、萬曆之五彩，粗枝大葉，畫筆草草。宣德官窑之青花印合，龍翔鳳翥，細意熨貼，較諸嘉靖雙螭，殊爲穠纖絶特。自餘朱明之無款淡描人物，心細於髮，筆亦足以達之。所畫多故事，頗似宋人翰墨，直是突過康熙。或曰是雍正之倣製者，殆不然矣。世傳明代青料，當時已不給於用，雍乾兩朝之青花，蓋遠不逮康窑。然則青花一類，康青雖不及明青之穠美者，亦可以獨步本朝矣。

瓷畫之結作團彩者，最無風趣。豆彩團花，固非佳品，若釉裏紅之團鶴，亦甚惡劣，轉不若串枝蓮之爲愈也。五彩團龍亦未能免俗。惟團螭較爲生動，或者彼善於此耳。

木之有肌理者尖峰重疊，頗似浪紋，名爲「野雞翅」，略分黄、黑、赤三色。有明祭紅，釉汁較厚，其火力、煙氣參差覯會，往往有雞翅木之紋理，望之蔚然而深。此亦如犀之有星、玉之有纇、樹之有癭，而西商重之。

祭紅瓶盌之底略分二色：微緑者，蘋果底，曰宣德也；混白者，米湯底，曰萬曆也。又有開片不開片之别，大氐蘋果底罕有不開片者，惟皆無款識，即仿亦然。

康熙白瓷酒盞，口徑二寸弱，沿口畫紅蝠百隻，曰「洪福齊天」。盤碟亦有作此式者，中央凸雕四字，乃篆書也。而雙圈六字款特爲精美。

瓷有瓷學，父不得傳之子，廠肆徒夥，有終身由之而不得其道者。彼顓悟之學者，亦必先見真蹟，始能辨别贋器。一貴人以販瓷起家，至圭頓之富，因緣姦利，匪可窮詰。其子亦掌管花月，於此道蓋茫然也。

黄地青花，雍正官窑之所重視者，匪獨盤盌然也，大瓶亦有之。

熱河藏瓷之所，有御題曰「梨花伴月」，曾刻有界畫山莊之圖，精美絶倫。厥中佳皿充斥，以盤碟一宗而言，最下層之盤，直徑四尺許，五采璀璨，以次遞小，垛至殿脊，有如瓷塔。它物稱是，皆康雍窑也。乾隆以後之貢品，大都未嘗開箱，堆積廡下。余友守承德時尚未輦運入都。賈胡之游歷至境者，時或華商與俱，故官吏防之綦嚴。而軟紅窟中，往往於無意中見奇品，蓋邸第所自出也。其迸溢口岸者，則又不可勝紀矣。

茄紫甚難摹擬，往往不能仿製。

康窑大盤，直徑三尺強，彩畫《左傳》五霸戰争之事，兩陣有多至二百餘人者，光華眩睛，亦殊怪特。

唐瓷縹青小瓶，高才及尺，顔色幽蒨，形式甚佳，在馬蹄尊、餑餑凳二者之間，而瓷質彌復堅厚，殊可寶也。

明祭大瓶，有鮮紅如雞血者，或即鷄紅之稱之所由來歟？

新瓷之不甚細者，亦間有疙疸釉，但釉質發青，不難辨也。

釉汁中有小沫起泡如碎珠者，謂之「唾沫星」，邊圈不起沫泡而若含淚盈眶者，謂之「水眼」，凹而縮者曰「椶眼」，淺大而滋潤者曰「橘眼」。

康窑青花三獸瓶罐，有渾寫大意者，周身但作雲片，並不以毛細如髮爲工緻，語其嬌翠，雖蔚藍灑雨，無其麗也。

康窑客貨大彩盤，所畫人物每詼詭可怖，怪怪奇奇，千態萬狀，余不諳戲曲，不能名其妙。

百禄尊上畫百鹿，又名「百鹿尊」。

雍正倣均大瓶，有掌大秘色釉數塊，殊爲奇特，惜滿身小片耳。

百鹿罇以抹紅鹿頭爲兩耳，畫鹿百尾，雜以樹石，蓋無足紀者，且新製甚夥，幾不挂鑒家之眼。淡黄色之釉微微發緑者，謂之「秋葵緑」。

乾隆以後之胭脂紅，往往釉質粗厚，顔色黯晦。明窑無所謂胭脂水，康窑亦然。惟康熙御製飯盌有脂水寫款。或有粉紅爲地，雜以采繪者，其尋常康瓷，無粉彩之説也。

脂水之雜以粉料者，是爲粉紅，命曰「粉彩」。若淡紅寶石爲末，則又不雜粉料矣。

墨彩之濃厚而發亮者，廠夥異其名曰「黑彩」，黑彩之淡薄而無光者，又區而別之曰「墨彩」。其實一物而已，曰墨、曰黑，雖分猶之不分也。

墨彩專指畫筆而言，黑彩則兼及質地矣。

康熙十二月花卉酒杯，一杯一花，有青花，有五采，質地甚薄，銖兩自輕。采花以有黄色小兔者爲最美，菊與荷鴛者爲下。昔者十二杯不過十數金，所在多有，今則黄兔者一隻已過十笏矣。若欲湊合十二月之花，誠戛戛乎其難。青花價值且亦不甚相懸也。

定窑之牙色者，魚藻紋，有似漿胎也；其白色者質地較脆，大開片，乃瓷胎也。

蛇、蠍、蜈蚣、癩蝦蟆、守宫，謂之「五毒」。萬曆、道光頗雜以人物，康窑但有花草，畫法尤詼詭。

雍窑白瓷大尊，凸雕仿漢六字楷款，甚精美。

秋葵緑小瓶，乃無康雍官窑者，今世所覯，大氐道光窑耳。葵緑至道光，雖官窑小盌，亦殊不覺其可喜。

點作米形而放大者，攢凑成團，在豆彩中殊爲低劣。其有凹雕影青仿作此等花樣者，填以淡碧，亦下駟也。

康熙官窑彩盌，上畫過海八仙，而並無海水，面目秀異，身段靈活，乃歎康窑畫手非後世所及。吕巖有一弟子捧書立吕旁，俗呼柳樹精，頂上生柳枝，殊怪特也。又有一鶴一鹿，鹿旁立一童子，鹿前一女，當是麻姑。後一翁腦絶巨，當是南極老人。壽星與麻姑何時成一家眷屬，世俗祝嘏者輒爲之撮合，使人啞然。此則六旬聖壽貢品也，衣褶皆係淡色抹紅，亦頗不惡。此後畫筆益工，而殊嫌板滯，且一蟹不如一蟹。

釉汁忌攙粉質，亦忌礬質，二者黏合力不足，時或徑行蜕落，如泥金然，非磨擦之病也。粉質太厚，久而剥蝕，礬質過薄，自然飄散，均於手工、火力不相干涉。

塗粉爲地，上繪雜花，粉固易於殘褪，花亦因之不牢。若將粉質羼於它色釉汁之中，則爲粉彩，或且較本質尤形嬌豔，而露冷蓮房亦殊可惜也。

礬質少而他汁多者，又或上釉較厚，尚不至有自蜕之虞。

康窑彩畫，紅爲深色之抹紅，不知何故，且與它色釉質有平凸之殊，容易褪落，直如泥金。雍正以後，紅釉凸起，而又皆係粉彩，與明祭之大紅寶石釉、積紅之鮮紅釉又均不相侔，豈大紅、鮮紅二種迄不能施之於彩畫耶？今無所謂大紅、鮮紅者矣，恨不得起古人而問之。

釉裹紅即是鮮紅釉，而顔色略淡，豈鮮紅之釉僅能施之釉裹耶？近世紅釉之劣，殆無與倫比。粉彩云者，不專指紅色而言，黃、緑、茄、紫亦皆有粉也。

攙粉之釉不獨彩繪爲然，所謂一道釉者亦莫不有粉也。

有濃深之釉，有淺淡之釉，有和以粉質而成淺淡者，有不和粉質而自來淺淡者，有和以他汁而亦成淺淡者。

同一手也，用之此釉則鮮明，用之彼釉則黯敗，則釉質之有美惡也。同一釉也，此人畫之則鮮明，彼人畫之則黯敗，則畫手之有優劣也。畫瓷者之用釉，猶之書家之用墨、繡工之用鍼，此就絨光墨采言之，尚未及美術之作用也。

優劣相去萬里，其發端甚微。此人之結構，巧亦恢奇也，拙亦恢奇也；彼人則無巧無拙，均墮入惡劣一派。一則顰笑皆工，一則笑嚬皆非，東施捧心，未免唐突夷光矣。書畫家之與瓷品，大氐不甚遠耳。

宋元器皿，不厭古拙，近世官窑，胎骨以薄爲貴，宋元亦有甚薄者。以輕爲貴，釉汁以匀爲貴，以潤爲貴。先掛紺色厚釉，再掛微黃、淡墨之緑釉，則爲鼈裙。罩釉一次者命曰「純色」，所謂「一道釉」者是也。而鼈裙一種，係以此一色之釉，蒙而罩之彼一色之釉，則仍謂之純色也。

紅、黃、藍、黑、緑，是分五色，得其一色者，謂之「色釉」，參伍而錯綜之，則成彩矣。凡挂一色之釉者，皆謂之「純色釉」。白釉謂之「本色」，若茄色、葵色，皆間色也。

先畫彩花，後填色釉，則謂之「夾彩」。先施圈闌，內繪花彩，外填色釉，則謂之「開光」。開光器皿亦有不填色釉，而於界闌之外滿畫各色錦紋者。錦紋類仿宋製，色目繁多，名稱不一，而以「卐」字與串枝番蓮爲較多。

釉汁中含有水星，如小珠歷歷可數，曰「水眼」。若起泡沫與膜質，則不得冒此名稱矣。椶眼較巨，縮而凹，亦謂之「鬉眼」。

豇豆紅與淡茄不甚相遠，而較之淡茄，尤覺雅馴，以滿含水眼者爲最難得。若稍涉灰敗，則命之曰「鼠腊」，俗謂之「耗子皮」，斯其劣下者矣。

宣德以紅勝，有似康熙；成化以彩畫勝，有似雍正。成彩固不易多見，近則宣紅之佳者亦寥寥如晨星矣。

明瓷青花筆筒，往往沿口凹雕一圍，填以影青，畫筆工緻，無款識。瓶觚亦然。而官窑之有款者，筆意轉廲，抑何也？

瓶中之觀音尊一種，高二尺以外，三尺以內，式樣佳妙，羣相推重，以青花、五彩爲最多。其較小者，高不過一尺，青花猶時一遇之，五彩則罕覯矣。紅色厥誇明祭，大小畢備，再小者不過數寸，頎瘦而纖趺，所謂豇紅、蘋緑者也。棒錘爲通常格式，青花、五彩與觀音尊略同，惟盈尺小瓶亦頗多彩畫耳。

粉定種類不一，胎有厚薄，色有牙黃、粉白二種，花紋分凸雕、平雕、彩畫三種，有開片，有不開片。宋爲上，明次之，至乾隆而止。

永樂窑有一種素盌，儼露瓷骨，瓷骨云者，未上釉之白瓷也。以質薄如紙而內有影青雕花者爲上品。

有一種積紅瓶，高才及尺，色頗鮮豔，尋常白釉底，而有青花一「天」字，然又甚小，不得以康熙朝之天字罐爲比例，其式樣蓋在餑餑凳、玉壺春之間，乾隆東青、茶葉末兩種，多有作此式者，則仍乾隆時物也。

雍正窑變達摩像，高尺餘，袈裟寬博，兜風尤巨，似步行江風中，飄飄欲動，赤脚草履，頭上戴有軟兜，面貌秀野，無猙獰之態，面及手足未上釉，刻工精妙。一物隱肩後，係以蘆幹絡草帽而扛之肩上者。

乾窑如來趺坐像，亦高尺餘，金身藍髻，座湧蓮花，袒一臂，披袈裟，係乾隆初年之胭脂水，亦頗鮮艷也。

協理窑務筆帖式六十四人名也。所塑神像，奕奕有精彩，輒用青色題名於神之背後，蓋雍正以前之官窑也。六十四乃窑官之監塑者，非工人也。

郎世寧係法國人，康熙年間所製之郎窑，乃江西巡撫郎廷極所仿，亦不止祭紅一種，非世寧也。世寧游於雍乾間，善用中國筆作畫，嘗爲純廟造像，亦頗參用泰西界畫法。今之廠人以明祭爲郎窑，荒矣。又以郎廷極爲郎世寧，尤爲可哂。

近日官窑之劣，不如摹古假僞者遠甚。通常器皿，大小二千餘件，銷價至六萬金，尚屬減之又減，核實開報，亦云鉅矣。

日本甚重廣窑，大氐盂、罐、瓶、罏，頗稱珍秘，而以灰地之暈藍色者爲貴。若紫黑之大魚缸，狀如荸薺，灰白之大瓶，狀又如方式之魚缸，皆容水數石，頗饒古趣，乃無過而問者。

瓶之絕大者，高與人齊，西人置諸樓梯之側，以爲陳設。其二尺上下者，云以安頓電燈於几案之間。若五六寸者，視爲最合格之珍品，以多爲貴，既供玩賞，且插花也。

寂園叟《匋雅》下卷

明永樂有凹雕款、青花楷款兩種。成化楷法峭勁，姿態飛動。嘉靖、萬曆款字蒼拙，惟官窑有之。宣德款如宋槧書，最有意味，其客貨署年者，又頗瘦硬倜儻也。宋盌有政和款字，亦未窮其究竟。

康熙小瓶盂，皆青花六字款，不加雙圓圈，筆意渾成，絶似宣德青花印合款也。若盤盌則皆加雙圈，亦仿宣窑，但楷法清剛耳。雍窑大楷，時復瘦硬通神，論其工整有姿骨，或且過於康熙時。其康雍之仿成化者，康極飛動，雍極雅雋。

康熙方圈楷款則未之見也。仿明之外，又有開元年號，殆仿唐時銅器而題此款耳。

雍正各款自以雙圓圈六字楷書爲最多，亦有作方圈小楷者，皆藍款也。其凹雕篆款而罩以釉汁者，甚爲名貴。

乾隆款識多係青花六字篆書，俗所謂「圖書款」者也。初年亦多雙圈楷書者，若堆料楷款、凸雕篆款，彌足珍貴。其緑底抹紅之篆款，亦官窑也。乾隆又有抹紅款而非緑底者，較爲希罕。

「慎德堂製」四字楷款，款外不畫方圓之圈，筆法工穩，以抹紅爲最多，亦有泥金者。

嘉慶以後官窑亦係抹紅篆書款，殊不足貴。

康雍青花彩瓶，客貨無款者居多，而盤盌之采畫者，又類皆官窑，若官窑有款之瓶件，以一道釉爲最夥。

嘉靖壇廟供盌，黄地紅龍，細腰高足，盌内青花篆書一「壽」字，筆意飄瞥。

康窑之粗者，以黄、緑、茄三色爲素三采。近出蓮實三采吸杯蓮實、蓮葉各居其半數，於蓮葉、蓮實之外，别有蓮莖，莖細而中空，以口就莖而吸酒以飲，謂之「吸杯」。甚多，既非官窑，又未經人用，不知所自來。惟一種不帶蓮實，但作蓮葉式，底綴三小螺，中蹲一小蟆者，亦别有蓮莖，以通吸飲，較爲細潤。近又出鴨子吸杯頗多。

均窑有紫、青兩種。青者俗謂之「月白」，實淵源於柴周之雨過天青。康雍兩窑青色益淡，再淡則爲魚肚白矣。其較深者厥稱「東青」。至乾窑而有紋片，實月白天青之化身也，後此則絶響矣。新製崛起，頗有可觀，亦僅能仿天青而已。月白一種演爲兩派，天青、東青，雙標聳峙。東青一派又分而爲二，近於緑色者曰「豆青」，近於藍色者曰「積藍」。緑之種類益繁，枝條百萬，輩作朋生，而鎖鑰於雍乾之窑變。藍紫交匯而成章，紫之黯晦者爲墨彩、爲黑彩，稍稍鮮明者爲祭紅、爲積紅。自白而黑與自紅而白，相距逕庭，循環合軌，塗轍四出，五采混同，理有固然，無足怪者。

慎德堂十六子中盌，筆法甚俗，彩色亦劣。

咸豐官窑款之中盌，有大有小，各畫十八羅漢，雖未能免俗，亦殊爲精緻，多係恩侯家故物，揣其年歲，當在洪楊倡亂以前，維時距道光甚近，瓷地雪白，乃與慎德堂不相上下。

瓷品之畫花鳥者，鳥不可甚大，花不可甚小，反是則於畫理欠合。有畫龍不宜於寫正面，蟲魚鳥獸，又莫不然也。

海鹽朱氏《陶説》謂吕愛山冶金，朱碧山冶銀，蔣抱雲冶銅，趙良璧冶錫。今則銅器且不得一見，所謂金銀器、錫器，更屬無從寓目。大氏金銀各器，典守頗嚴，不至遺失，其流落人間者，又必鎔化兑用，銷歸烏有。此金銀不如瓷銅之一證也。市肆之頗巨者，以薩閣學之尚古齋爲最早，國老之尚德堂爲最久。若顧少洲之永珍齋，穆老恩禄。之瑞珍齋，亦其次也。亂後，賈氏兄弟瓷品尚多，而海王村則日益蕭瑟，自延清堂外，或幾乎息矣。大吉祥齋弢光匿景，西商猶頗蹤跡之。西人之販古瓷者，美曰陸安格，即紅客也，英曰大巴，法曰小郎，猶太曰討飯鬼，皆商販耳。若法之樊國樑、美之畢德格，則一爲教士，一爲舌人。庚子後，日本商漸多，亦滬客之流亞耳。

古之瓷學家，吾不得而見之矣。紹興倪小舫署正與大宗伯延煦同時，一則貯儲較儉，一則散亡略盡。此後則胡葵甫方伯湘林。暨張樵野尚書並有聲於時。史人史某、謳伶余紫雲亦薄有藏弆。粤東通商最久，漸染歐風，一時研究瓷學者時或多於他省。張故粤人，風流遞衍，于是黎顔兩君涉獵藩籬，窺見奥窔，小車入雒，各擅勝場。若香山尚書、新會中丞，皆鑑别精審，擺脱凡近，以視某相、某大臣、某侍郎，兄弟出身秘苑，殆尤過之。鄭部郎識力亦佳，第微近市道。市道之極者，莫如某卿矣。某大臣以監守自盜起家，貴後不肯居其名。某卿彰明較著，惟利是視，而風騷衰歇矣。市儈習與西人居，乃爲效顰之態，殆不可以一二數。潯有兩太史，又頗知措意斯道，惜魄力稍弱，復不能專精一致耳。陶氏附庸風雅，近更稍稍蓄瓷。嬰公比部，昔唯以石雄於世，藏瓷甚不多，而品格殊妙。琴歸端居研究，所詣頗深。渭南眼界如何，雖不得而知，本其素藴以發爲詩歌，自是雅人深致。老夫閲歷三十年，當代瓷學家蓋無一不知名者，倦游人海，著述自娱，可喟也已。

美術尊重畫工，古人錦、玉、瓷、銅四者迭互臨摹，此錦紋開光之瓶罐之所自也。踵事增華，精仿宋元絹畫人物故實，幾於筆筆有來歷。後之客貨推波助瀾，圖繪小説、演義，汜濫及于戲齣，雖曰荒唐不經，要其態度俶詭，足以發揚蹈厲，使人忘倦。蓋自朱明以來而已然矣。

崩釉者，暴也。色釉、五彩皆患之。

瓷玉瓶件，模範式樣亦都規橅漢銅，不獨畫片然也。余所見白玉器皿，多與《西清古鑑》所繪之罍、缶、斝、卣形狀相侔，每件動值千數百金不可。覼縷記述，類多純廟時物，物力良厚，西人亦頗以重價購之。余每覺玉器趣味頗少減於古瓷，故亦略而不詳。其實周漢銅器，又皆淵源於有虞氏之陶工，由陶而銅，由銅而玉，復由玉而瓷，更迭循環，終亦合而爲一，不過精麤工拙，大有不同耳。

釉裏紅雖甚希罕，而人多知之，釉裏藍知者蓋尠。此種康窑大瓶，龍身夭矯，青雲繚之。

磨底之物，證以細沙，定爲雍正朝所造作，亦甚有特識矣。浮梁縣境土膏告竭，層累而降，益屬粗材而不盡可憑也，此非後世亦有細沙底之謂也。有一種粉白小罐，口上蟠有胭脂紅凸螭，細沙磨底，蓋雍正小瓶之絶脰者，運以真坏假彩之法，脂紅、粉白悉係僞爲，螭亦新坏黏合，沿口薄上釉汁，皆贋製也。物希爲貴，而太不經見者必有可疑，蓋匪獨罐也，瓶亦有之。

近日雍正粉彩小罐數見不鮮，脖有細項，似有蓋而遺失者，以「巨德堂製」四字藍款爲較多，彩色、畫工亦似雍正時物，余以底足之沙眼甚粗，決爲贋本也。仙女之杯，粉紅爲衣，繞以彩雲，款係墨彩，如坦齋之類。杯陰或書「富貴神仙杯」字樣，大同小異，多係贋作。瓢公持論主寬，特具極新極舊之識，宵民之作奸者多也。余惟刻苛峭深，日抱極舊極新之思，姦人之作僞者盛也。

近日僞製風行，胭脂紅幾勝嘉道，但微閃黄色，渣滓（末）〔未〕清，頗欠澄静，究遠遜於雍正，望而知爲新釉。其淡刷天青一種，彌足奪真。粉彩最有揣摩，瓷地潔白，質亦極薄，底沙甚細膩，而碧色不鮮，頗似菜緑。語其茄黄，又皆黯寝不颺，能辨之者微乎微矣。

康熙彩盤，上繪山水人物，有似斬然未經人用者，殆一瓢所謂極新極舊者也。太陽一輪，金彩奪睛，決非近代所能仿製。盤係客貨，不得輒疑爲禁品，豈真三晉舊家藏庋至二百餘年之久，而不一開箱籠者耶？

玫瑰紫盤，直徑約五寸，表裏如一，圈足抹以芝麻醬，雖無蚯蚓走泥印，亦宋物也。以廣窑呼之，枉矣。

雍正官窑款之素瓷杯盌，較之未經上釉之明瓷瓶罐，尤爲繁夥，一入精於僞製者之手，而素者彩矣，杯則現極精之花鳥，盌則一例過枝。最喜用紫墨、淡赬，不甚習見之彩料，猝然相遇，難以辨别。若責以硃紅、硬緑，則圖窮而匕首見矣。雍乾料款精品，多畫月季、薔薇諸名卉，穠纖繁豔，鑒家寶之。畫者（白）〔自〕署印曰「金成」，然則瓷界中之作手，亦有偶傳其姓氏者矣。

寶嗇主人與詩人李鷹青鍇交頗密，故製瓷不俗。

彩瓷册頁，以康窑爲最精，花樹几榻，色色奇妙，顔料亦極爲鮮明，其畫手之高，直有匪夷所思，之於不可思議者。惟嫌於褻嬻，搢紳先生難言之。詳見《世界瓷鑑》。

近時發現雍正款積紅瓶甚夥，皆玉壺春式，顔色嶄新，經售者常悚然不寧，不敢以眎明眼人也，今亦十不存一矣。

監守自盜者以新换舊，以贋换真，雖有削瓜者之嚴明，而亦末從研詰者也。

蘋緑花瓶，滿身苔點，泛泛於桃花春浪間，豈不美哉！惜大者下刻荷瓣，小者底足不穩耳。其略似油錘而哆口者，殊不經見。

雍正天青大瓶有能容五斗米者，狀似玉壺春，而口逾侈，腹逾皤。又有豆青小瓶，高不及尺，狀亦如之，而價相若也。

雍正官窑款茶葉末大扁瓶，有凸紋甚巨，係仿漢銅者，式既修飭，色尤殊豔。官窑款識之采瓶，甚不經見。雍窑粉彩大瓶，雙圈六字款，高二尺，式樣絶美，頗似美人肩而略肥，上畫白桃花一枝，紅桃花兩枝，所謂碧桃者也。畫筆生動，嬌麗無匹，使南田命筆，難以復過。惜不著畫者姓名。以視「蝴蝶落英」四字雍正款者，不啻海若之於河伯矣。蝴蝶落英瓶自項至口，每作竹節式。

雍窑鼻煙壺多渾圓而長，有青花，有夾紫，有開片人物、戲齣，皆奕奕有神。道光窑鼻煙壺以蟈蟈著名，以有篾絲籠及葫蘆冬月養蟈蟈之具。花草者爲最佳。其彩畫二女各彈琵琶者，大氐一滿裝，一漢裝，雖未能免俗，而神采如生。

元瓷大盤，中暈紫色一大片，殊爲豔絶，不必其爲魚也。邊墻淺而直，與今式迥異。其宋瓷無紫釉者，紋片雅靚，光色幽沈，尤足傾倒輩流，蓋哥哥窑也。

康熙棒錘式黑瓶，金彩山水，密林陡壑，甚似黄鶴山樵。

均窑紫色與月白並重，後人則尤重紫色。其實紫釉之乾澀而無蚯蚓走泥紋者，遠不及月白瑩潤者也。月白而能瑩潤，則仿柴之雨過天青者也。

蚓走泥之直下者又謂之「淚痕」，蓋淚痕之潤者亦可稱爲蚓走泥，非若蚓走泥之乾枯者，不得概以淚痕目之也。

瓷器之别致而殘缺者，使人可惜，玉器之完全而惡劣者，使人可嫌。世之君子，寧使人可惜，毋使人可嫌。

山魈木客，猙獰可怖者也，蜃蟲糞蛆，齷齪可憎者也。余所見瓷畫標本多矣，有可怖之鬼怪而無可憎之蜃蛆。

骨董家最重别致，一變而爲俶詭，再變而爲華貴，華貴不已，流於糜費，誤入歧趨，遂成惡劣而不可救藥矣。雅鄭之辨，理本循環，清濁之殊，造於一念，差之毫釐，謬以千里矣。園蔬逾珍饈，瓦缶勝金玉，所謂别致者也。披蘿帶荔，吞刀吐火，俶詭之謂也。金題玉躞，威鳳祥麟，華貴之説也。翠羽飾於屏幄，白玉鏤爲楹聯，則糜費矣。珊人之面目皆紅，玉女之眉髮盡白，則惡劣矣。大氐山川人物、花鳥蟲魚，不寫生於畫師，而乞靈於珊玉，此惡劣之所自也。卧游代車馬之勞，尺幅有千里之勢，則寫生之妙也。綾絹之壽不如紙幅，紙幅之壽不如瓷品，瓷品太脆，又嬌於紙絹。素紙素絹，不如素瓷，純色之釉，更僕難數，較之彩紙彩絹，其爲優劣，何翅霄垠。且瓶可插花，鑪可焚香，杯壺盡斟酌之歡，盂合佐書畫之興，又非若紙絹二者僅能張之粉壁、裝潢卷册而已也。然則騷人墨客，矜爲畫師而恥爲瓷工，果何故耶？寄託在筆墨之表，傳神於阿堵之中，固非紙絹不足以發其奇也。紙絹之與瓷品，其能巍然並存而不至偏廢者，其在斯乎？中西畫法迴異，故西人之重紙絹，初不逮於瓷品。晶玉之陋於瓷品，亦猶之錦繡之亞於紙絹也。以人物言之，紙絹瓷品而外，檀梨木也，脂翠玉也。淺雕者添配陳設花木之類，即稍瘉於透雕，搜空者謂之透雕。透雕者又頗遜於單個。即佛像一尊之謂。單個者不乏華貴之姿，而鑲嵌譬如雕檀梨爲山水，而别以玉人鑲嵌其上。者實茹惡劣之毒。水晶、羊脂，弗及檀梨、紫銅之較爲雅馴也。銅壽最久，而敷采設色，難比瓷絹，遂讓一籌。至以珊瑚、翠玉雕爲士女，則至惡極劣，莫之能醫者矣。彼以刻工爲能事者，刻士女不若刻樵牧，刻樵牧不若刻佛像，刻佛像不若刻鳥獸，刻鳥獸不若刻夔龍。蓋夔龍頗仿古文，不棘於目也。蛟螭勝於龍鳳，錦紋勝於蛟螭，花木勝於山水，鱗介勝於人物，此檀梨雕刻之大凡也。就瓷品而論，青花則取其沈静，五彩則喜其豪宕，士女之文秀，莫如甲士之尚武，亦各有所取材，難以限於方隅者也。几之四足而琢爲琴劍之式，樹之花葉而綴以象貝之珍，摹雅而愈形其俗，求華而適以得窘，此之謂惡劣。今因説瓷而牽連及之。

康熙青花大瓶，西人亦甚重開片，若下半有牛毛紋者，不以開片論。蓋西人之所擯也。

康窑青花人物，以身段較巨、詼詭尚武者爲可喜。

近代官窑莫非景德鎮物産，而市人每以彩瓶之緑裏緑底、乾紅即抹紅。款識者，不論官窑、客貨，輒别其稱謂曰「九江瓷」，可哂孰甚焉。瓷之緑裏緑底及黑邊、黄邊者，皆取人憎厭，未能免俗者也。喇嘛廟中所出之先朝供品，式樣花紋，亦頗嫌其俗，又多係緑裏緑底者。

宋均之「均」通作「鈞」，以其出自鈞臺也。惟均字沿用已久，是以今世新窑款稱「鈞窑」、「均製」，實不可通也。若書作「宋鈞」，人反不知所謂矣。

乾隆款小盌，畫墨彩喜鵲二十隻，妍麗無匹，又雜繪他色花木，較之慎德堂黄地羣鶴飯盌，有聾昭之别。

土坏而發現金碧之光彩者，殆亦歲久使然。近出奇式甚夥，如盌有横柄，非圓非方；杯有兩翼，既平且長。此外，屋形、塔形並猪、鴨、狗、馬肖生之像，均甚古拙，大氐塚中物居多。

一切器皿皆謂之「陳設」。

盌開圓光，各畫一歐羅巴人，且有盤外塗以胭脂水，盤内畫一西國裝束者，皆係乾隆客貨，畫筆較麤，殊不足珍也。

乾隆官窑瓶件，有畫極精美之洋人，更有牽一洋狗，而狗臉塗粉，神采奕奕者。

康窑抹紅地之彩瓶，往往開有圓光，紅既殘褪，彩亦黯淡，而大腹賈寶之。

唾沫星之所以異於水眼者，則以釉汁中所凝之水質有無泡沫爲别。

唾沫星之起沫者，其泡質中空，水汁不匀，有似卵幕。即蛋膜也。若水汁暈於四圍，逼成無數圓形之小點，而星星不散者，則精華之所凝沍也。故水眼爲曠代一遇之絶品。

窑變仿均，青紫交匯，如殘燭之淚，涓涓下垂。

茶葉末紋理之佳妙，有若乾音甘。泥團之疏散於水中者，且其漸漸暈開，匯於底足，圍繞周遭，直如鱓魚腹皮之姿態流動，又於窑變外得少佳趣。若廣窑釉汁，本係青灰質地，而有極豔之藍色，暈成紋片，亦足爲蘋果色之歕緑霧者助其後勁。

茶葉末以滋潤、鮮明、活潑三者爲貴。廣窑蘋果緑亦然。若蘋緑而乾枯板滯，雖宣德名窑，亦適足爲累矣，而況於廣窑乎？況於茶葉末乎？

茶葉末黄雜緑色，嬌嬈句而不俗，豔於花，美如玉，笵爲瓶，最養目。

嘉慶窑小酒杯，抹紅六字款，至無足貴，而能備赤金、茄紫、粉紅、抹紅、天青、蛋青、鵝黄、硬緑及赭、墨諸色，畫筆亦甚有可喜者。詳見《鬬杯堂札記》。

乾窑瓷品，不但畫碧睛樱髮之人，其於樓臺花木，亦頗參用界算法，命曰「洋彩」。

笵銅爲質，嵌以銅絲，製爲花紋，中填色釉，厥爲景泰藍；笵銅爲質，不嵌銅絲，滿澆釉汁，加以彩繪，厥爲洋瓷。質係華瓷，筆法迥異，參用西算，有類界畫，厥爲洋彩。銅地而瓷畫者，洋瓷也；瓷地而界畫者，洋彩也。

道光窑人物喜畫《無雙譜》，甚不見佳。

康窑無款小采瓶，作美人肩式，長不過三寸，雜畫草蟲，沙底螺紋十數道。雍正官窑小采瓶，式樣甚多，以馬蹄尊畫二緑螭者爲較美。

豇豆紅之黯敗如乳鼠皮者，指康熙小瓶、太白尊、扁盂而言。積紅之黯敗似豬肝者，指康雍乾三朝盤、盌、瓶、罐而言。雖有官窑六字款，而價亦甚低。若仿製之寶石釉，果其顔色鮮艷，雖嶄新皿物，值又頗昂。公卿輿臺，本無種子，人貴自立，豈不信哉！是以道光彩畫之殊絶者，且與康彩比貴也。

某一朝之玉器，其形式狀態亦略與某一朝之瓷器相仿佛。有黄玉蓋盌，遥而望之，知爲乾隆時代物，蓋於其式樣決定之也。

乾隆墩子式之三果彩盌，語其式樣則寬博敦厚，衡其畫法則整飭工緻，論其采色則鮮腴停匀，亦普通之佳品也。道光仿製乃不差絫黍，非翻視款識，幾莫之能辨。嘉道之抹紅地十六子彩盌，直追康窑，是以價值亦不甚相懸。

新瓷式樣以仿舊爲能事，而舊瓷式樣又以翻新出奇爲盡態極妍。於是乎一代有一代之制度，一朝有一朝之精神。

雍窑東青鉢缸，厥底渾圓，余所擬爲不倒翁者是也。上有圓蓋，蓋内有雙圈六字楷款，其與豆青瓷豆正復相同。

青花夾紫，盛於康窑，釉汁之最能耐久者也。或青雲而紫龍，或青幹而紫花，或青爪而紫翎，或青字而紫印。《賢臣頌》之筆筒是也。此種紫釉多夾緑點，直與釉裏紅無異。

洋瓷以乾隆朝有款者爲最精，盒則錦地開光，小瓶則黄地花朵，皆係妙品，然不如女神像之珍祕也。

洋瓷款識亦以胭脂紅爲佳品，天青次之。

乾隆堆料款有天藍鐵線篆，筆意精美絶倫，惟所畫花卉團簇繁麗，略如古之錦灰堆，且多係黄地，不如白地者之疏落纖秀也。白地花卉以有翎毛或草蟲者爲彌旨，而西人固不重白地也。

遠鏡與電話二者，使吾華古人聞之，必以爲妖異也。有思想而後有形式，而後有世界，理想所有皆實象所有。明瓷大瓶，每多彩畫《封神榜》之千里眼、順風耳，何其與今世紀不謀而同符耶？是故以理想入畫者，終當徵諸實驗，余言豈妄哉？

一瓶之式樣，千變萬化，無有窮期，故瓶獨尊於他品。

籞内瓶破，若溝中紅葉，流出人間，瓷片作淺青色，質厚而粗，蓋唐窑也。較之霜雪輕堅，扣如哀玉者，殊不侔矣。

均窑方式坐礅，紫色，亦美，而坏質泥鬆，同符朱説。

宋紫最穠麗，至元世猶有魚釉之稱，然已婢學夫人，後此竟絶響矣。康紅最嫣，超軼有明，雍窑亦頗能嗣音，乾隆以來，江河日下。故好紫者必推宋元，怡紅者止於雍乾。

粉定至沈静，而邊有三魔，一犯之則蹉跌矣。曰黑邊，曰黄邊，所謂紫口者也，曰銅邊。之三邊者，古之所重，今之所輕。

黑釉狻猊，身如獅而角如羊，極有威猛。

釉之剥落者，彩繪之釉，其釉易補，純色之釉，其釉難補。

蘋果緑者，三百年物也。苔衣成片，雜以霞珠，寂坐叢篁怪石間，瀹茗焚香，眷言相對，較之明祭華貴，粉定幽嫻，益覺雋而彌旨。

紅瓷奇彩眩眼，不能逼視者，蓋明祭也。

祭紅不始於郎廷極，廠人乃誤爲郎世寧，且以雍正、乾隆間之歐羅巴人爲明人，又況郎廷極所仿者以成化彩爲最多，何獨以祭紅屬之郎窑耶？明瓷紅碗類多銅鑲其口，雍乾時代何嘗有此制度？或曰郎窑乃南窑之訛，譬彼緑色底裏者曰九江瓷也。官窑品物，無論采繪與色釉，今孰不自景德鎮來者，而必於緑底緑裏之瓷，乃區而别之曰九江耶？南之於郎，亦恐蹈望文生義之誚。今遇朱紫偉厚之器皿，若蘋果底，若米湯底者，倘不以郎窑之名名之，則市人皆弗詳所指，且鮮不詫爲倒繃孩兒者，呼馬呼牛，余惟從衆云爾。

明祭之鮮紅而亮者爲玻璃釉，其黯晦者爲橘皮釉。

明祭之鮮紅而亮者，亦有厚釉、薄釉之分。

紅之中有緑，亦窑變耳。其細碎而凝結者曰「苔點緑」，其散散若煙霧者曰

「蘋果緑」。

瓶高約二尺，口有雙邊，項較細而頗短，自肩及踵佔七分之五，直若截筒，圍徑二尺弱，曰「硬棒錘」。上殺下豐，口巨軀短，長約六七寸者，曰「如意尊」。二十餘倍如意尊之大，而有兩鹿頭爲耳，彩繪百鹿者，爲「百禄尊」。

似如意尊而肩長及項，項長及口，由瘦以入肥而又苗條有姿致者，曰「美人肩」。似太白尊而口大數寸，狀如馬蹄者，曰「矮馬蹄」，蓋水中丞也。

狀似美人肩，而項短腹大，口頗侈者，曰「玉壺春」。狀似美人肩，而自口至項均甚細瘦，並不以次遞加，直至腰腹而突然膨脝者，爲「油錘」。

形如油錘而項甚肥，直下若截筒者，曰「餑餑凳」。瓶高二尺許，口侈，項較短，肩圍寬博，下及於脛，以次稍稍遞減，自肩至脛佔五分之三，脛與項相若也，口與底相若也，脛及於底又稍稍加豐，則謂之「觀音尊」。

器無論方圓，周遭量之謂之「圍徑」，對直量之謂之「直徑」，亦謂之「對徑」。

康窑藍緑皆濃厚，故曰「硬彩」。雍窑則淺淡而美觀，有粉故也，其無粉者亦羼以他質之淡汁，在著色中推爲妙品。乾隆初年，去雍未遠，倡條冶葉，不乏奇麗之觀；中葉以後，深厚固不如康熙，美麗亦不及雍正，惟以不惜工本之故，猶足以容與中流。嘉道而降，畫工、彩料直愈趨愈下，而極精之品，猶自有不可埋没處。

萬曆五彩，草昧初開，往往顯其拙相。康窑畫筆老横，雍正一出以峭麗，皆非尋常匠手所能幾及。乾隆惟以工緻擅場，殆少奇趣。此事雖細，亦頗關氣數，不可强也。嘉道以後，循規蹈矩，未嘗不黽勉學步，而出神入化之絶藝，(武)〔或〕幾乎息矣。康雍彩盤，邊作古錦紋而開光三五，中繪花枝者，皆客貨也，式樣極淺，宜於張挂。論盤中之畫，花卉更劣於人物，而雜繪牡丹、錦雞。此種康窑，畫筆尤爲粗率，千篇一律，所在多有，且贋品至多，極爲可憎。若雍窑之面盆，往往並無款識，而作彩花數朵，疏密相間，美麗殊倫，其盆又皆細沙底也。

康窑佳式之瓶，以觀音尊、大棒錘爲最多，然多係客貨。有雙圈底，有雙圈秋葉底，亦有無圈無葉者。偶遇有款之瓶，大都仿題成化，或且於款之四周彩繪龍物，要皆一例豆彩，無所謂硬彩也。其所謂硬彩者，蓋往往無款識也。豆彩成化款者，郎窑也。

康彩小棒錘瓶，畫筆尤粗，若小觀音尊，則不經見也。

粉定盂洗，凸雕花卉，而以雙魚爲名貴。其雙魚之中雕有篆書「富貴大吉祥」或「宜子孫」「宜侯王」等字者，彌復難得。若康熙以前之白瓷大開片而又有雙魚者，亦足珍也。

洗面者謂之「洗」，即面盆也。其次洗手，其次洗筆，亦皆謂之「洗」。小至荸薺扁式之紅盂，乃水丞耳，而亦謂之「洗」。故洗之大者曰「盆」，洗之小者曰「盂」。

乾隆積紅略分三時代，初葉似康雍，末葉似嘉道，嘉道之積紅，已屬亡賴之尤，再後即無所謂積紅者矣。

何以謂之豆彩？豆者，豆青也，謂釉色之青如青豆者也。豆之青者有深有淺，厥色亦至有不齊，大氐淡於康窑之硬緑也。純色曰「豆青」，雜以他色曰「豆彩」。康窑之仿明人物，頗多繪畫豆彩者，大氐雜彩花紋，獨以豆青一色佔其多數，故别其名曰「豆彩」。豆彩始於康熙，盛於雍正，而式微於乾隆，嘉道以後，殆未之見也。或謂豆彩聲價遠遜粉彩，蓋又不盡然。豆彩花樣如果與硬彩無異，誠不能及硬彩之昂貴，至與粉彩相較量，更當以畫手之工拙爲論斷，非僅就彩色言之也。彼次等官窑之盤盌，往往點繪花紋，無所取義，近似攢湊，觀者視如劣品，遂有目豆彩爲「逗彩」者，言其彩色碎點姘逗而成者也。亦名之曰「鬭彩」，言雜彩鱗比，若鬭者之争競激烈也。古者瓷學迄少專書，遼村賈胡望文生義，洵可哂也。豆彩言人人殊，大氐市儈俗流轉相附會。古書散佚，久而闕傳。近代績學之士，又都有力者尠也，其稍稍有力者，亦見不及此，騖遠談高，罕有專家之考据。自笠亭傳本外，此調乃成絶響矣。至祭紅、積紅均以寶石爲埅澤，笠亭猶不免自歧其説，矧其下焉者乎？

塵星之暈成黄色，自爲片段，若炒米釉者，或亦謂之「鵪斑」，不獨兔毫琖可與媲美。近出建窑烏泥甃盌，類多有兔毫者。

有釉裏紅，有釉裏藍，有紅藍相間者，有獨爲藍色者。

乾隆之釉裏紅亦偶有苔點緑，然退化甚鋭，後此則真黯淡無聊者矣。苔點緑始於宣德，而迄於康熙，若雍窑之粉色積紅，偶雜苔點，亦殊患其有塵星也。

塵星在白瓷中爲歷年久遠之證，若羼入苔點緑中，殊爲減色。

宣窑之苔點大而鮮，雍窑之苔點細而暗。

若暈成一片之蘋果緑，惟康窑有之，此其所以獨絶也。近世歐美所發明之新理，必非亡謂矣。雍窑之美人祭，乃祭紅之淡而豔者，美人霽其俗稱也。康熙實只有蘋果緑，初無所謂美人霽。滬濱以美人祭屬之蘋果緑，不誤而誤也。祭紅之淡而豔者，有似牡丹之嫩蕊，熹微朝露而又光采焕發，至爲匀浄，絲毫不雜以他色。

豇豆紅與茄皮紫之所以分别，辨色甚易，而名言其難。豇紅在若鮮若黯之間，過鮮則爲茄皮紫，稍黯又成乳鼠皮。語其難能可貴，至於不能形容。宜乎世之重蘋緑者，相提而並論之也。

登峯造極，各有獨到之處，而不能以相掩也，曰均紫、曰寶石紅、即有明之紅祭，國初之紅郎窰也。曰蘋果緑、曰豇豆紅、曰美人祭、皆積紅也。曰胭脂水、曰(兩)〔雨〕過天青、曰粉定、曰吴十九之卵幕杯，至於硬彩、粉彩，則又争妍競勝，各出其奇，不可執一端以爲名言者也。

别致而有特色者，曰粉定夾彩、曰胭脂水夾彩、曰凸雕粉定、曰葡萄水。

若積紅、西湖水、秋葵緑、茄皮紫、新橘、抹藍、生蛋黄、雞油黄、窰變、仿均，抑其次也。若茶葉末、鱔魚黄、古銅彩、東青、豆青、影青，又其次也。下至積藍、魚子藍、抹紅、建瓷之屬，又次之次也。惟青花一種，優劣相去萬萬，亦正與五彩同。

有一種盤碟，表裏皆如濃深之積藍，而釉質發亮，亦名曰「玻璃釉」，康雍乾三朝皆有之，略有似於氈包青也。

料質煙壺有倭瓜即俗所謂北瓜也。瓤、西瓜水紅色。各色，而瓷質曾不經見。余不貴料質煙壺，而有時亦頗蓄之者，則以瓷品瓶件所未備之色，不得不借料質烟壺以彌其缺憾也。

乾隆古月軒料器，彩畫之工，曠世一遇，若瓷器之填料款者，亦祇曰仿古月軒款耳，不必其軒中藏庋之品也。

明祭之與郎製，後先暉映。橘釉不如亮釉，薄釉不如厚釉。

宣紅橘釉近紫，雖甚黯晦，實頗高於郎製。

紅瓷大觀音尊及盤盌之屬，無論蘋果底、米湯底，皆有仿哥冰紋，大氏朱明故物。其白釉塗底而並無冰紋者，或又郎製爲多。

雍正朝年希堯所製青花小罐絶夥，彩瓶亦精緻。今世肆中惟一種積紅小瓶，目爲年窰，他不之省也。

雍正官窰大瓶，式樣略似如意尊，所畫紅梅、水仙、山石、草地，與雍窰過枝彩盌甚相似，有天竺豆而無翠竹，此其小異者也。水仙精妙絶倫，葳蕤墊角，盡態極妍。梅樹下鶺鴒厥數有九，三隻在地覓食物，二隻交翅宛頸，兩吻相接，其一高張兩翼飛且行，又非脂水宮盤所能幾及者矣。後周雨過天青，不可得而見之矣。趙宋所仿之青瓷，即今所謂東青者也。宋哥弟窰之雅靓者，殊耐人咀味。

日本絶重廣窰，謂其國某氏來華所製，聲價乃過於宋均，亦好事者欺人之語耳。

積紅器皿，紅釉中雜現白花，微微凸起，乃本色之釉，命曰「露骨」，而以蝶形爲雅飭，即《博物要覽》所載西紅寶石燒出魚形者也。

影青雙龍小杯，凹雕「大明宣德年製」楷款，而款上又頗罩有釉汁也。純廟御筆所鈐極小璽章，上圓而下方，圓者陽文，即朱文也。曰「乾」，用卦文作三畫。方者陰文，即白文也。曰「隆」，亦多有施之瓷品者。

康熙彩瓷之畫人物，女不如男，文不如武。

胭脂水兩面色釉之器皿最爲殊特，實與夾彩珍品同稱罕覯。雍窰海棠圓式小碟，直徑可四寸，六字雙圈楷款，四角各有凹直線一道，鮮豔殊絶。

凡所謂六字款者，皆「大清某某年製」六字。凡所謂雙圈款者，皆大字楷書，圈作圓形兩道。其方圈兩道皆小楷也。篆書六字方式者，俗謂之「圖書款」。

萬曆小酒杯，四字楷款，畫兩兒於上，一衣抹紅，一衣豆緑，緑彩尤鮮明，亦希罕之品。

康窰影青雙龍杯，雖不如吴十九卵幂之精，亦頗稱難得。雍窰豆彩番蓮杯，嵌有喇嘛奇字者，式樣尤極可愛。

雍窰天青酒缸，高五六寸，口徑三寸弱，底徑二寸强，底係六字篆書凹雕款，上蒙色釉，亦貴品也。

雍窰積紅酒杯，内作雞心窠杯心圓而略深，以次遞鋭，謂之雞心。者，式樣絶美，六字雙圈款，沿口泛白色，在積紅釉中亦最爲鮮妍，式樣最小，宜斟汾釀。予在王城二十餘年，特僅一遇耳。

成化四字款酒杯，冰紋入骨，顏色葱翠，俗之所謂「緑郎窰」者，紫口鐵足，世人乃不知寶貴。

六字款横者三行，直者雙行。

東青唾具，雍正六字篆款，高尺餘，口徑半尺强，牛毛紋，絶雅飭，又神似甚矮之花觚也。

雍正仿均花盆，狀如靈芝，大如摺箑，而有四足，篆款，極優美。

雍正仿均，以淡色東青爲質地，和以紫釉，散如雜星，亦頗夾灰墨小點，而青紫交暈，天然渾合，甚難覓也。

釉質甚平而內現麤紋，屈曲蟠折，若蚯蚓之走沙泥中，均窑、汝窑皆有之。均窑之瑩潤而直下者，則謂之「淚痕」，鑑家辨乎此，恒決爲真宋物也。雍窑扁瓶，腹之左右兩端作圓形，口横而方，較腹爲小，底相若也，雙耳式若飄帶，東青色，牛毛紋，古趣盎然，耐人尋味。

圓罐之稍長者，高及尺，肩聳博，左右各有半圈形，蓋凸雕而罩以釉汁者，俗謂之「日月罐」，以東青色乾隆篆款者爲多，惟康窑始有積紅耳。

深緑之有櫻眼者謂之「新橘」，橘之未黄者也。近墨者爲「鼈裙」，近黄者爲「蟹甲」，此三者爲一類。

瓜皮緑分二種，一小開片，一無片，而皆有光彩。雍窑新橘小缸，表裏一色，周身鬘眼，細沙底，刻篆款其上。

抹紅款甚不足貴，而慎德堂獨爲穠豔，楷法亦不惡。

廣窑凹稜小酒杯，中有藍暈，外有極淡色之硃砂斑，若指螺所印者，價值奇昂。

乾隆積紅美人肩式花瓶，六字篆款，顔色微紫而有金彩梅花，筆法良美，其特色也。

緑瓷造端於青瓷，緑之濃厚者爲瓜皮緑，爲新橘，其微黄者爲蟹甲，青稍黑者爲鼈裙。若鸚哥緑則近於淺藍，亦殊葱翠，然不爲時論所重。若葡萄水，若蘋果緑，則超超玄箸矣。彼秋葵緑與西湖水二者，亦頗足珍也。此外，茶葉末又分深淺數種，且有鼻煙與菜尾之殊，殆難可一二數也。惟豆青一門，宜以緑色當之，若東青、魚肚白，則漸遠漸淡，入於素瓷本色矣。蘋果緑不在諸緑之中，而獨超然於諸緑之上，不亦奇耶？

積藍、玻璃藍即亮釉之藍。最深，有芝麻星者爲魚子藍，天青乃藍色之甚淺者，東青色頗淡，而可入於藍，可入於緑。

積紅夾彩一種，宣窑時一見之，較勝於祭紅之夾彩者，何也？一開片，一不開片耳。

明祭有玻璃釉，積藍有玻璃釉，窑變亦有玻璃釉。

有一種小罐，釉質略似芝蔴醬，底係螺紋十餘道，中微凹而有光線一道，閃鑠活潑，在若隱若現之間，名曰「指南鍼」。無論如何擺動，光線所指方位不移，特晃漾如空際金蛇，不可捉摸耳。此等絶藝，云只一人能爲之，蓋在雍正年間云。余曾於某先生座上一覩其異。

雍窑粉彩盤碟，於牡丹一門無美不備，徑寸者、三寸者、五寸者、七寸者，三寸又分二種，或平底，或凹底，各極其妙，不相掩也。

有一種小蟲，翠羽紅襟，纖麗波峭，頭尖如舵尾，兩眼微細，生於鋭額之頂，上雙鬚較短，能飛而不能鳴也。余兒時輒聞塾童呼其名曰「桂花賣胭脂」，蓋隨俗沿傳無關典要者也。此蟲入畫者絶少，絹繡頗不經見。道光淺藍款之中盌繪有此蟲，又雜以豆花蟈蟈之屬，光采甚都。

鸚哥緑甚不似鸚哥也，色微近於淺藍，宜正名曰「翠羽」，然較其穠豔，又弗若真翠，且新製奪古，無足貴也。

有一種翠地紫紋之堊質，細碎若魚子，或若雞翅木之文理，市儈强名之曰「均釉」，殊可憎也。

宜興砂皿，上罩釉汁多甜白、淡青二色，乃歐氏所仿，曰「宜均」也。或以屬之甌越，誤矣。歐氏原製尚有可觀者，後人轉相摹擬，紋片日益鎖細，亦殊可厭。

廣窑謂之「泥均」，其藍色甚似灰也。日本以爲其古先國人來至吾華，手所創製，特寶貴之，實無根之談。近則方寸小品幾於媲價蘋青，亦自有説以處此也。於灰釉之中旋渦周遭，頗露異采，較之雨過天青，尤極穠豔，目爲雲斑霞片，不足以方厥體態。視彼窑變淚痕，若零雨之直下者，匪可相提並論。《洛神賦》曰：「神光離合，乍陰乍陽。」彼其瀠洄繚繞之姿致，以蘋青之珠暈例之，斯其流亞者歟？又有時於灰釉中露出深藍色之星點，亦足玩也。

以緑裏瓷即俗所别爲九江瓷者也。僞具作爲酒器，至猥極褻，萬於輭杯，而西人嗜之，蔑矣。

葡萄水甚似西湖水，而市俗所名爲西湖水者，色又近於松花石，並不似西湖水也，且有略泛藍色者。

藍與紫相和，而藍色濃厚者，謂之「氈包青」，德人嗜之。

余他書所載青花，不註時代，皆康熙之無款者，大氏雙圈或圈內有秋葉者。

乾隆大字篆款天球瓶，青花夾紫，桃實嫣然。

雍彩花卉，幹作墨彩，久而褪落。面盆畫有絡緯娘，意態生動，不減康雍之蟈蟈也。盆底有指螺印數叢，是其特色。

康窑七寸碟，四圍淡赭錦紋，分嵌「萬壽無疆」篆字，蓋六旬慶典所製，以賜大小臣工者也。畫筆各體皆工，人物、鳥獸、山水、博古，乃無一不備，而以花卉草蟲爲絶生動，且賢於雍窑彩盆也。

康窑青花粥罐，左右各有兩眼以穿銅環，故不甚可貴。而畫筆生動顔色鮮艶者，亦頗爲鑑家所珍。

雍窑天青渣斗與圓盂，皆堪寶貴。供盤細腰而豐趺，趺之内層六字横楷款，筆法整飭。近出天青中盌，表裏一色，質薄而色麗，故可藏也。

供盌作魚肚白者，裏外凸雕古紋，精美無倫，亦雍窑也。

雍窑天青高酒缸，質絶厚而色殊淺淡，高半尺許，直徑三寸弱，底徑二寸弱，外容與底一色，底有陰文雕篆六字，罩以釉汁，亦有作魚肚白者。小花澆之似爵者，可用爲酒器也。

道光窑墨牀，每畫一人牽懶驢過橋，極有神態。若茗盌所畫騎驢少年，頽拖辮髮，則康雍所未有也。〔康雍所未有也〕康雍所畫風雪尋梅之一翁一僮，又非道光窑所能幾及者矣。

蟹甲青以雍窑爲最美，有瓶、罏、盆、缸之屬。

古瓶何以無底？晉人賽會，以媚偶像，壯夫(义)〔叉〕手於腰，短衣健步，用示威猛。復以鐵絙圍於腰際，繞臂膊而出諸肩上，肩有瓶，鐵絙從瓶底上出瓶口，則敲碎瓶底以貫穿之。更飾彩衣小兒立瓶上，大抵裝點戲曲，命之曰「臺閣」。鐵絙至末漸細瘦，又縛於兒之腰際，兒賴以不墜。於是以臺閣媚神者，歲必壞多瓶，不問其爲康窑爲雍窑也。嘻，其僿矣。

康熙硬彩蟀蟋罐，每畫故事一則，山水樹木俱有精神，蓋上亦畫人物内容，沙痕細膩，底則隱隱現有螺紋，皆康窑確證。題識係青色楷書「紹聞堂」三字横款，筆法渾成，最有别趣。倘用作印泥巨合，亦殊奇特。

硬彩草蟲大盤，青花窄邊，「拙存齋」三字直款，亦康窑也。

「静鏡堂」三字直款之天青小酒盌，乾隆窑也，内有青花番蓮，畫筆亦甚古雅。

豇豆紅之於茄皮紫，差别在幾希微忽之間。茄皮紫之於氈包青也亦然。

玉仿銅，錦仿玉，瓷仿錦，四者迭互爲用，而銅器之式樣又出於陶。

乾隆六字脂紅大篆款之洋瓷巨盤，對徑幾二尺，四周黄地碎錦紋，約及四寸，工細殊絶，背面亦然。盤心畫海屋添籌之屬，仙山樓閣，縹緲凌虚，蓋參用泰西界畫法也。敷彩之精，用筆之奇，有匪夷所思者，吾恐孟頫、十洲均當望風低首，惜當時不著作者姓名耳。

粉定夾彩小罐，漿(貽)〔胎〕極輕，色又潔白，蓋乾窑未開片者，仿成化四字款，墨彩殊豔，蓋上亦有彩花一團也。

雍窑積紅大小花盆，皆係圓式四字款，其有三足小盆座，句底係色釉六字款，尤爲纖穠可喜。西人於青花篤嗜番蓮，康窑則有小渣斗、小觀音尊，流光正碧，獨稱妖冶。小觀音尊高及尺，其細頸而博肩者，尤爲奇特。

康熙無款采盤有畫《後赤壁賦》者，筆意蒼雅，又非武裝人馬所能雁行聲價者矣。

盌有作仰鐘式者，謂如鐘之倒置几上者也。

祭紅夾彩，振古所希，惟寶石釉之開小片者，尤不宜於人物。

均窑洗外紫内青，蚓紋呈露，底抹芝麻醬，有横鐫「永安寺」、直鐫「悦生殿用」七字者，殆圓明之役流出人間者歟？

海王村舊名燕下鄉，遼御史大夫李内貞之墓在焉。

甌窑之冰紋古靚者，又非歐氏陽羡砂所能摹擬。

胭脂水有款小瓶，絶不經見，其有似如意尊而稍大者，高及尺，兩耳頗肥如象鼻，然釉汁不甚鮮美，且略有疙疸，蓋雍正客貨也。脂水只有小盌碟，偶遇水丞，詫爲異寶，可見此種彩料之難得。

奶子盌之青花無款者，蓋卑之無高論。

宋瓷亦有奶子盌，簷矮而質厚，當時不必以盛牛乳也，而滿現紫黑色之淡斑，且有細碎紋片，或曰安南瓷也。

積紅即祭紅，同爲祭品中貴重之器皿也。祭藍亦然。今惟以積藍稱之。自項子京《古瓷圖説》出，遂以有紋無款之寶石紅爲祭紅，而以無紋有款之鮮紅爲積紅。俗亦有以積紅作醉紅者，又謂之「雞紅」，不知語其血、其冠、其羽也。大氐隨其品色以定名稱，望文生義，通人嘲之。

乾隆初葉，款係楷書，中年以後，始用篆書。

雍正初葉，款係圓圈，季葉乃改用方圈。

康熙小紅合，非用以盛印泥也。私家仿製，每與官窑無别，亦以盛荳蔻、砂仁之屬。

茶葉末一種，雍正乾隆皆凹雕篆款。新橘則係細沙底，而雕款不罩以釉汁。

茶葉末一種，本合黄、黑、緑三色而成，以雍正仿成化者爲貴，然則成化之有茶葉末也明矣。倣明者略偏於黑，雍正官窑則偏於黄矣，而尤以緑色獨多者最稱希罕，蓋乾隆窑也。嘉道以後，取人憎厭，亦莫名其所以然。大氐色黯敗而板滯，釉汁不潤，質又頗麤。顧康熙一代，不見有茶葉末之瓷品，抑獨何歟？

瓶之碎者，瓶底可作小盂，瓶身可改帶版，其尤碎者以裝畫蹬也。盤盌之屬亦然。

筆筒之大者宜作花盆，其小而矮者，亦可代酒杯也。

雍正小酒杯，口侈底斂，式樣極美，六字楷書款，以素地無花者爲真品，然不甚可貴。其有彩畫鵪鶉、蘆葦者，景色甚佳。僅墨粉、淡赭數色不可多得，惟慮有後上彩者。所謂真胚假彩者也。

雍乾青花官窑多作串枝蓮者，顔色較濃，畫亦少味，故聲價亦爲之不揚。

雍正官窑紅梅過枝盌，雙圈六字天青款，斜枝遠出，亦畫有鵪鶉二隻，雜以草石，與脂水夾彩宫盤，蓋出自一人之手，益足信宫盤之爲雍坏乾款矣。詳見《缽庵憶語》。

康窑大筆筒乃有淡描媟嬻之畫，可以爲褻矣。康窑白罐，蓋有頂如桃，週身疙疸釉，頗稱雅靚，蓋德化建窑也。之舊者。今德化所出白瓷花盆，瓷質雪白，價廉而式様不俗。

康窑無粉采，而御製料款之盌則有粉彩，而又渾成耐久，不似雍乾之易於褪落。且有粉紅爲地、夾繪他彩花卉者，尤爲難得。蓋脂之水醲醶者也。孰謂康熙朝無粉紅并無脂水耶？亦惟見之於御製飯盌而已。

萬曆朝多彩瓷筆管，上畫雲氣，且有藍款，而康雍無之，憎其笨重也。至若五色龍之筆格，則又詆爲粗材矣。

雍正凸螭豆青大盤，雙圈六字款，近出最夥，皆官窑之仿龍泉者也。

康熙彩畫，其紅爲深色之抹紅，易於磨擦，乃反謂之硬彩，蓋指藍緑各色，不雜以粉質也。其藍緑二彩堆起甚厚，時亦有暴與凸泡之爆釉略有不同。裂之患，若龜坼者然是又釉汁太浄，黏力減少故也。素瓷有四種：一爲粉定，以漿胎爲正宗，瓷胎者次之；一爲白釉而内有影青雕花者；亦有劃花者。一爲白釉而内無影青雕花者，而吴十九之卵幕杯，犀麈肉色，略有紅意。薄無可薄，則又貴於粉定；一則顯露胎骨未上釉汁者也，其於卵幕各有影青、不影青之別，大氐影青者質必加薄。粤若填白，蓋堆花之屬，作甜白者非。則凸雕印花、繡花之類是也。之亞也。

乾窑背壺式之瓶，多畫串枝蓮及花鳥果品，亦殊可賞也。

有一種泥金釉之瓷品，厥狀類鐘而無追蠡，且頂上有孔。又一物形如巨缽而渾圓，其底並無圈足，仰而置諸几上，則東西摇曳，乃真箇不倒翁也。上繪雜彩，釉汁甚美，皆純廟時物，然不知其何用。以意揣之，金釉者當係漿糊之蓋碟，碟已失而蓋尚存。其似缽者或係墨罩、菜罩之流亞歟？然不透空氣，甚不宜於夏也。蓋雍正東青缽多有作此式者，上有蓋，蓋内有款，可以盛棋子，錦座或檀架宜可以承之，不必其有底足也。此則狀式過巨，必非盛棋子之用。

乾隆款積紅中盌，以有雞心窩者爲貴，小酒杯之有窩者爲尤貴。

宋定、明祭及仿哥皆有紋片，而夾以彩畫，甚亡謂也。紋片而施於觀世音之面部，則彌爲無理。彩地、彩花謂之「夾彩」，要貴於相因相避。如粉紅地者，花必天青，天青地者，花必茄紫。

康熙馬蹄尊式之尺許小瓶，長項巨足，兩面各畫巨蝠，厥狀極蠢。蝠色有似釉裏紅，亦雜現緑點，雖有官窑六字款，而聲價不高。其有釉裏紅花朵而名爲矮馬蹄者，滌去長項粗劣之狀態，堪與小酒罈式之水盂並重。

康熙官窑六字款之小罐，短項小口，只緑葉數片，釉裏紅花一兩朵，厥名曰小酒罈，價稍遜於矮馬蹄，狀則罐也，用則盂也。

馬蹄尊有二種，一爲瓶，一爲盂。盂口巨，瓶項長；瓶價低，盂價昂；瓶有項，盂無項。盂之畫似小罈，别其名曰「矮馬蹄」，紅花碧葉，固優於兩蠢蝠也。

歷朝瓷畫人物，其面目神采大氐相同，緣當時畫手不過一二人，惜姓氏不傳耳。至運筆不同，代有宗派，不獨石樹花鳥頗分王惲也。

北人呼鼈爲忘八，色釉之有鼈裙，俗乃謂之「忘八緑」。北音讀「緑」若「慮」。宜乎吾宗劍潭之嘲爲不雅馴也。康窑御製飯盌，有淡紅作粉色者，非客貨所能有也。廠夥皆知康熙無粉彩，烏知康熙之粉彩絶無暴裂褪落之虞，以視雍正官窑，尤爲難能可貴。第尋常康熙官窑已不見有粉紅之影響，況客貨耶？志之以窮其變。

窑變器皿有碧色玻璃釉堆厚若緑晶者，殊可寶也。近雖僞製絶夥，而能仿雍乾之窑變者，則未之一見。

宣祭之變緑者，惟盂獨多，醜其詞曰「翻紅」，要亦大有不同。譬如盂緑而沿口泛紅，若線一圈者，邊簷寬博，口徑甚小，質多麤劣，蓋嘉道以後所製之劣品。若盂緑而中心泛紅，乃窑變之奇特者，式如康窑之荸薺扁，釉汁精美而滋潤。國初佳皿僅一見之，未宜漫加菲薄。其有芳烈拂拂，發爲古香者，尤足與頻香館之康窑紅合並傳不朽，皆絶品也。近日贋鼎紛陳，被欺者衆，又非嘉道以後之劣品所可同語者矣。或曰「翻紅」乃「礬紅」之轉音，解人不在兹乎？

宣祭小盂，蘋果底，而底有紅釉一片者，亦希世珍也。

康熙仿明款之豆彩，大抵郎製爲多，往往綠色中含有渣滓，蓋餘賸次等之料汁也。雍正官窑則不然，特用甚佳之釉質以供其揮灑，故精粗美惡萬有不同，所謂鬭勝者非歟？至其餘賸之料汁，或時作次等器皿之用，亦不盡係上品，所謂姘逗之彩點者也。以「鬭」釋「豆」，以「逗」解「豆」，均之一音之轉而已。

青花大筆筒，或者用以種花，可謂善於作用。康窑四體書筆筒，多寫王鐵蕭《聖主得賢臣頌》，款係釉裏紅篆書，作「熙朝傳古」四字，頗雜綠點，行楷又有多作《聖教序》者。

乾隆胭脂水酒杯，係海棠方式，內外與底皆一色，四角各有深凹線一道，質地甚平，而釉汁深紫，沿口燈草邊，底沙絶細膩，亦可貴也。置諸海棠式小碟中，直是一家眷屬。

海棠式成窑壓手大杯，有紫垣仿製，有真成化窑，但真者絶少。

有寶石紅，即祭紅也。有朱紅，即積紅也，又曰鮮紅。有美人祭，即粉紅也。有豇豆紅，近於茄紫也。有胭脂水，有抹紅。即珊瑚釉也。抹紅亦分兩種，其帶黃色者，直同於杏子衫矣。若蘋果綠則鮮紅之化身，不可方物者也。

康窑山水似王石谷，雍窑花卉似惲南田，康窑人物似陳老蓮，道光窑人物似改七薌。

菜盤有四季花果，而果盤則數止一雙。果盤之畫鳥，盤各二尾者，乃具有飛鳴食宿之態，此其明徵也。

有紫建，有烏泥建，有白建。

明建窑之白地者，瓷質頗厚，而映日照之，能見指影在外閃動者，非贋鼎也。

近世有以真正粉定用後上彩之法者，其彩必不鮮，非不能鮮也，不敢鮮也。鮮則露其爲贋矣。青花印合，以宣德爲上，成化次之，正德、嘉靖之畫法皆不能及也，若雍乾官窑，瞠乎後矣。

粉定而描以青花者，印合爲獨多，他器亦有之，亦夾彩之遺意也，而惜乎粉定印合之絶無夾彩者也。

宋定圓斗式之小盂，紋亦凹凸如藤斗。

民間所賣之瓷器，廠人則謂之曰「客貨」，凡所以別於官窑也。官窑之尤精者命曰「御窑」。御窑也者，至尊之所御也，官窑也者，妃嬪以下之所得用者也。

曰饅頭，曰餑餑，北音讀勃曰「波」。皆廠人象形語也，即餺飥之類。

梵音謂脂盇爲「多羅」，疑即鉢也。

宣紅之有款者，廠人亦沿項子京之説，呼之曰「積紅」，其無款而寶石釉者，則誤呼之曰「郎窑」。

萬曆有所謂寶石紅，而無所謂積紅者，康熙有所謂積紅，而無所謂寶石紅者，惟宣德兼之。

廠者，琉璃廠也，京師骨董市場也。是曰「遼村」，遼之海王村也。亦曰「燕鄉」，燕下鄉之海王村也。

西商青花重仿古，五彩則重武裝。

明彩之不如康彩者，瓶式劣也。

宣萬無款寶石釉，亦有嬌嬈如娃娃臉者，又皆謂之美人祭也。

雍正蟹甲青之器皿有黑色篆款者。

廠人所稱廣窑以沙泥爲胎，故謬曰「泥均」，其産於宜興者又曰「宜均」。「泥」、「宜」音相近，而陽羨砂遂與廣窑混合矣。

成化而有篆款，乃凹雕上釉者也，以鱔魚皮色爲較多，或曰雍正仿也。

康熙末葉，彩畫盤碟有中央藻繪，四圍空白者，蓋已浸入雍正矣。故驗其采色確係康熙，而款識則雍正也。

宋官窑絶不經見鐵足鱔血紋之押手杯，則異寶也，世人罕能識之者。若廠村所謂哥與龍泉，大抵明仿爲多。

雍正粉彩之倣成化者，其盤碟之屬，類皆中央藻繢，四周空白，且於空白內雕有影青螭虎。

康熙蘋綠小合，以盛荳蔻、檳榔之屬，不必其爲印泥池也。若屬之於匙箸三件，則小劈沈檀，此其部聚。有瓶有合，何獨無小爐也耶？殆不然矣。印合重哥窑，若泥均亦可喜也。雍正之倣哥者，聲價不在東青下。

宋龍泉之佳者，日本人謂之「砧手」。手者，式樣之謂。

磨盤式之印合，古所謂「甘蔗段」也。

宋窑粉定圓印合，式樣極扁，殆如兩片厚瓷，周遭鬭筍合縫，內容微凹，其底下一片略有圈形之足而已。

綠者謂之蘋果綠也，而廠人於竟體朱紅者亦以蘋果綠呼之。粉紅者謂之美人祭也，而滬商之於竟體變綠者，亦以美人祭呼之。

綠點者謂之苔點綠，其歕若綠霧者則謂之蘋果綠，廠人則不知有苔點也，而概以蘋果呼之。無款寶石釉之宣祭、萬祭，與宣康兩朝之積紅其淺淡似桃花者，則皆謂之美人祭。西人又呼美人祭爲桃花色也。牡丹、芍藥亦無非形容其粉紅而已。

九江瓷者，景德鎮窑之通稱也。官窑胥於是乎？出此外，若越、若建、若廣、若均、若汝、若定，或幾乎息矣。

康熙蘋綠六字款之印合，初年兩行，行三字，中年三行，行二字，皆無圓方邊綫者也。

慎德堂瓷器，皆抹紅楷款，亦有金款者。

宋之粉定凸雕者，翔鳳固不如魚藻也。其作桐油色者，又不必皆爲瑪瑙釉。

俗以泥均爲廣窑，實則二物也。有細紋者宜與砂居多。

廣窑有似景德鎮者，嘉道間十三行開辦。初築有阿芙蓉館，其所設茗盌，皆白地彩繢，精細無倫，且多用界畫法，能分深淺也。

棒錘名稱，俗惡已極，再有輭硬之別，可謂至蠢極鄙。然廠人象形，相沿已久，亦實無以易之也。瓜皮綠有綠裏者，其乾隆窑歟？

宣祭中有葡萄水一種，外碧而内紫，句釉垂垂(加)〔如〕漆，光亮而滿含唾星，其香尤烈。

康窑有以魚子藍爲質地，而夾填釉裏紅三果者。

古窑釉汁往往露其瓷骨，其露出質地之較小者謂之「縮釉」。第縮釉形相亦有長短粗細之不同，大抵明瓷較長，康窑較細，雍乾官窑已絶少縮釉者矣。

宋元釉汁往往不到底足，其露出瓷骨處，皆大塊片段，且多半有釉、半無釉者。

抹紅之盤，厥色甚深，間以青花串枝番蓮，古雅名貴，真明瓷也。

庚子後流出蛋黄果盤，觸眼若新。有弘治款，有雍正款，雍正又皆夾有青花也。

有以細眼如塵爲瓷地之粟紋者，殆不然也。

宣紅之有紋無款者，曰「寶石釉」，無紋有款者，曰「美人祭」。

宋土定紋如魚子，然不害其佳。

有一種正德款龍鳳印合，香味甚濃，非瓷質所發香也。蓋當時以盛髮澤即梳頭油也。者，曰油香也。有一種漿胎青花龍鳳之祭品，若豆登之屬，其底足露骨處往往有異香，若藏香也者。

紅花澆非用以致祭也，仿其色焉耳。

別致云者，廠人語也，猶言逸趣也。此二字雖俗，故可以傳世。

明代祭紅分兩種，寶石釉者無款識，或紅或紫，俗所稱郎窑者也。其有款識者，以康雍乾三朝言之，所謂「公懋卿、卿懋長」者也，若宣德精品，則又崔顥題詩矣。

寶石釉之祭紅，乃有似於小開片。

康彩飲中八仙酒杯，小者多係官窑，畫筆特爲生動，彩亦精美，極爲難得。其高數寸者，皆民窑也。

日本人重泥均，而以有紋者爲賤，細如魚子者爲下。蓋紋片細碎，乃陽羨砂之上釉者，歐氏之所仿也，要不得以廣窑目之。

西洋亦重東青與天青，而皆以無紋片者爲貴。嘉靖青花有絶穠豔者，畫筆亦美，蓋官窑久藏内府，近始流出者也。若用之經久，則光采就晦矣。

宣德有款之積紅大盤，有質厚而式巨者，尋是以推，則大瓶、大壺之屬，當時必所在多有。

近世亦偶見越窑小盌，其色微青，兩面透映，所謂越瓷如冰者也，其殆唐窑歟？盌有斷線紋甚多，惟捲口不捲口與古説有異耳。

紋如襪線，短細而屈曲者，謂之「斷線紋」，唐窑有之。堊澤垂垂直下者，謂之「淚痕」，蟠屈蠹拙者，曰「蚯蚓走泥印」，宋窑有之。若水眼、若椶眼，宣紅有之。

粟紋蓋即橘眼、椶眼之類，曰如灰、如麵者，殆非也。

歙縣程哲字聖跂者，所著《窑説》類與朱琰《陶説》相同，而不及朱説之富。朱説亦有藍本，政不知其孰先孰後也。惟程説内有「宣青爲麻葉青」一語，乃朱説所無，餘皆與朱説無少區別。練川唐氏《窑器肆考》於朱説互相出入，較朱説尤多。

項子京《瓷器圖説》爲西人所重，繙有英國文字。其稱祭紅爲積紅，自後乃有鮮紅、寶石紅之別。《南村隨筆》以祭紅爲祭品所用，理故可通，必當有所本，項説或仍音之轉耳。

隆慶、順治瓷品絶少。隆慶青色穠豔，畫筆幽靚。順治淡描美人，其衣帶裙褶，飄飄然有凌雲之氣。

杯之坦口折腰者，古謂之「壓手杯」，今之所謂「馬鈴式」俗謂之「鈴鐺杯」。者也。後人以壓手杯專屬之於甆盌，正不必其折腰也。

《南村隨筆》謂正德、弘治、隆慶三朝，皆有寶石釉之祭紅，而滬人專以屬之宣德、萬曆，其於郎紫垣之所仿者，正復相悤。笠亭《陶説》亦不詳祭紅與積紅之區别，至祭紅何以無款，朱氏更未叙及。

朱説所載隆慶藏器美不勝收，今則青花琖托一枚，好事者亦珍同拱璧。

兔毫琖即鷓鴣斑，第鷓斑痕寬，兔毫針瘦，亦微有不同。或稱近有閩人掘地所得古琖頗多，質厚，色紫黑。茶盌較大，山谷詩以之鬭茶者也。酒杯較小，東坡詩以之盛酒者也。證以蔡襄《茶録》，其爲宋器無疑。曰甌寧産，曰建安所造，皆閩窑也。底上偶刻有陰文「供御」楷書二字。《格古要論》謂琖多甆口，則不折腰之壓手杯也。

《博物要覽》謂宣盌紅魚係寶石爲末，宜即今之釉裏紅也。釉裏紅又與項説之積紅無異，然則子京所説之積紅與南村所説之祭紅，自是一物，但造法與胎骨不同耳。若《事物紺珠》所稱鮮紅土絶一語，寶石果得以土視之耶？

有明祭紅之胎骨，瓷之本質曰胎骨。最爲堅緻而潔白。「西」、「玒」音同，西紅寶石或即碧霞玒耳。

宋均之無紫而有異光發現者，蓋仿柴天青之佳品也，何必玫瑰紫始爲悦哉。今以月白俗名污之，謬妄甚矣。蓋市人俚語，不知世有柴窑者也。

私家製作，以堂名、人名爲佳，不宜用公司字樣。粉彩有天然生成之淡紅石質，不必皆以白粉料羼入紅釉之内。

大紅、鮮紅，皆寶石釉也。今則專以寶石釉屬之明祭。一道釉之器皿最爲珍貴。康窑非御製飯盌，不肯輕以寶石釉施諸彩畫，其明徵也。御製盌上之胭脂水顔色，或即碧霞玒之類。康之硬彩，雍之粉彩，其紅、緑、藍、黄、茄、紫各品，大氐寶石釉爲多，寶石無美不備，不專屬之於大紅也。或曰：彼時民窑之所以能發異采者，亦盗用官料，攙入石汁中也。國初庫存顔料，多係勝朝留貽，雖不必盡爲寶石，亦斷非後來所能有。重以土膏穠膩，工作堅緻，畫法精妙，歷年久遠，安得不馳譽寰球，爲我曹著作生色耶？

成廟喜鴿，而貴嬪喜小狗，故當時瓷盌多畫此二物。

瓶盌之黑邊、黄邊者，祇取人憎耳。而宋瓷紫口鐵足，又頗異常名貴。

乾窑有以胭脂紅製成荷花瓣，九片外紅而内白，偏反掩映，姿態横生，莖作葵緑色，迎面另有一瓣，作爲上蓋，子口胎質極細膩，乃畫碟也。

胭脂紅一種，在乾隆初葉亦神似雍窑之細膩鮮豔，蓋仍雍正朝製肧罩釉，追乾隆御極始填款耳。末葉漸入嘉慶，其官窑脂水品物，類皆邊圍閃黄，堊澤粗黯，滿雕陰文細花，繪以雜彩。中間相隔五十年，直不可以道里計。嘉慶尚有此種小瓶，緑底緑裏，抹紅篆款，而聲價不少貶損。康窑雙耳黄酒杯，雙龍耳固不易得，其尋常雙耳以小如豇豆仁者爲佳，款字以如蠅頭者爲貴。

柴窑所謂「青如天、明如鏡、薄如紙」，三者均指釉汁而言，不指胎骨而言。元以前之瓷皿，雖亦偶有薄胎者，要亦不能如明瓷脱胎之薄也。此言薄如紙者，蓋謂所上之釉，其薄如紙也。《清祕藏》所述絲環一片，竟以紙薄屬之於胎骨，殆不其然。

項子京元汴。《瓷器圖説》所載瓷燈甚多，大氐摹仿兩漢銅器。

西人以康熙黄、茄、緑三色之瓷品爲素三采，聲價極高，實則中才以下之粗材也，特波磔老到、顔料渾樸耳，非精品也。所畫花卉亦尋常式樣，絶少恢奇飛動之趣。西商又以此種素三彩爲明彩，明明康熙款識，而謂之爲勝朝物，嘻，其異矣！

緑色瓶罐，西商亦以明製爲貴，實則乾隆無款者居多。

嘉靖款字似嚴分宜，萬曆樹葉似沈石田，皆一時風尚使然。

成化亦有描金瓷品，康雍仍之，乾隆亦尚名貴，嘉道以後，雖尋常器皿，殆無不描金者，殊使人可憎。

雍窑有一種菊瓣小盤，各彩具備，邊若鋸齒，余雅不喜之。

天生之淡紅石質，非攙以粉質者，黏合力較足，固不易於殘褪也。若粉紅色寶石爲末，又非淡紅石質所可比擬者矣。青緑亦然。

《事物紺珠》謂嘉靖間鮮紅土斷絶，蓋寶料之鮮紅者，烏得以尋常紅土視之。

盌有外緑内紅，緑如湖水、紅如火者，蓋宣祭窑變之怪偉者，非祕色也。吴越祕色當屬之青器，仍柴周遺風也。朱説疏證甚詳。

滬瀆呼雍正仿龍泉之品曰「哥緑」，以弟爲兄，以章生一爲章生二也。或又謂之「果緑」，乃哥音之轉，非蘋緑之省文，窘陋殊甚。或又曰哥緑者，鸚哥緑也，於義亦通。

嘉靖黃釉不如成化之尤爲濃厚，康雍只淡黃爲超妙耳。

萬曆彩畫自不如成化之工，要其顔色深厚，畫筆雄昇，亦迥非後世所及。

美人霽之名，羌無故實，市俗同音相呼，以訛傳謬，亦殊不易改變。近人所指目者，約分三種：曰寶石釉俗所稱之「郎窑」。之粉紅者，曰豇豆紅之鮮豔者，緑多及紅色豔者，廠人皆謂之「蘋緑」。曰胭脂水之淺淡者。其實非也。當時呼粉紅爲娃娃臉，華人比之牡丹、芍藥，西人所謂桃花片、海棠紅者也。娃娃臉一變而爲美人臉，俗又謂之「楊妃色」。再變而爲美人祭。霽者，祭之轉音而又祭之訛字，言如美人之開笑臉者也。此種美人臉之祭紅瓷品，只有雍正官窑無款時代，曾特製天球式小瓶一次，高約一尺以内，其嬌豔不可形容，式樣亦極優美。蓋於明祭紅、蘋果緑、胭脂水三者之外，獨樹一幟。以瓶之式樣論，脂水近似橄欖尊，蘋緑則爲小觀音尊，及下半凸雕荷瓣者，明祭紅則大觀音尊及油錘等件。以顔色論，明祭紅有紅瘢、豇紅，蘋緑皆雜以緑色斑點，其無緑色者，窑之名稱亦不能以有無緑色爲區別。胭脂水則色近於紫，且均係至薄之吹釉惟然。而美人祭之顔色，其即項氏所謂積紅者耳，積紅之淺淡美麗者耳。至其容光焕發，自非屑淡紅寶石如碧霞玜之類。爲釉，亦何得驚心動魄至於此極？今未見廬山真面，輒以豇紅、蘋緑之屬當之，正不能日呼途人而一一告語之也。時方以宣、康有款之粉紅爲美人臉之祭紅，而烏知豇、蘋佳皿皆朱紅之化身耶。

永樂款之蓋盌，有青花夾彩、表裏繪龍者，形式絶巨，庚子前一見之，廠人初不知其可寶貴也。「子口」二字，今以鬬筍合縫者爲子口，或曰乃「紫口」之訛音，蓋紫口鐵足，宋瓷所豔稱者也。

宋均滿塗紫釉，元則於青釉中夾以紫色一二片，以成魚形者爲佳。

傳聞漢口人家藏有一柴窑器皿，或即冰玉主人之天青盌歟？盌爲湖北人買去，或即萬航歟？盌爲怡賢親王故物，仍宋器之精美者，未必即爲柴窑也。怡邸自號冰玉，豈藏有越州窑歟？

宋龍泉青器，亦濃淡不一其色。

今之堆花，以手工做成人物，粘於瓶罐之上，與以筆蘸粉堆坏者不同。劃花則凹雕也。印花凹凸皆有，往往於宋定得之。鏤花鏤空玲瓏，殊乏天然之趣，蓋魔道也。錐花以錐尖戳成花紋，繡花針工加細。此種古法，近世已不甚踵用。

粉定凹雕者多，凸雕者少。有一種小合，底蓋均凸雕，牡丹式樣，渾圓而略扁，滿身大開片，亦足藏也。

近世所稱果緑，其色葱翠，有碎冰紋片，而無款識，以小罎爲多。在當時並非精品，近則聲價頗昂。

歐羅巴人之於瓶件，頗喜彩地夾彩者，是以黑地獨尊，黃地次之，若素地五采，則已不甚重視。英商之言如此。

古者蘸釉之法，以器皿置諸釉汁中，一浸而提起，是以厚若堆脂，而短釉處甚多，不似後世塗釉必匀，且有截竹蒙紗，細細吹匀者。

補彩者易，補釉純色之釉，俗所謂一道釉者是也。者難。

黃、茄、紫三彩之盤盌，式樣尋常，畫筆亦較粗略，似儲秀宫之庋果大盤，庚子後流出最夥，幾於坑谷皆滿。每對口索四金，近則漲至百餘倍，實則中下之官窑耳。有一種黃地六方瓶，高不及二尺，式樣惡劣，每方所繪之人物故事，若孤山放鶴，又頗形其鄙，雖亦有康熙款識，祗取憎耳。乃至落釉缺口，聲價猶及數千金，西國嗜好之不可思議，顧如是耶。蓋儲秀大盤，至爲偉大，一二貴人争藏之，久乃不復可得，而尋常大盤聲價十倍矣。又久而尋常小盌亦增利市，市儈忽見破瓶，自必異常居奇，殊堪齒冷。

古月軒所藏之套料鼻煙瓶，款皆「乾隆年製」字樣，其直題「古月軒」款者，贋鼎也。料款之瓷皿亦然。

翻紅乃「礬紅」之訛，瓷無專書，市儈以音相呼而已。

建窑原係建寧，乃黑色兔毫琖也，後以屬之德化，則皆白瓷矣。

有硬棒錘，有輭棒錘，市儈名稱，至爲劣惡。肩聳擁腫，身如截筒，口有凸邊一道者，爲硬棒錘；肩彈口哆，足稍斂者，爲輭棒錘。

蘋緑荷花瓣之瓶，皆凸雕也，宋龍泉撇口盌亦有此式者。

蘋果尊於蘋果緑之外，又有天青、釉裏紅兩種，皆珍玩也。

蘋果尊以形式言，厥分兩種：有縮項者，有巨口而無項可縮者。

康采水中丞有二種：一則口小而腹皤，釉裏紅花數朶，枝葉亦羅羅清疏者，曰「小酒罈」；一則巨口豐下，高約二寸，花葉亦如之，曰「矮馬蹄」。

物希爲貴，固也。然孤高之品，舉世無其儔匹，悠悠者轉莫名其妙。此硬彩、輭彩、黑彩、素三彩之所以轟動一時，而葡萄水一種，世人迄無有知其名者，而况於唐之白器、宋之青器耶？

明人歐子明所製宜興花盆之屬，每有陽文「子明仿古」字樣，是曰「歐瓷」，亦猶之葛明祥也。葛乃乾嘉時人。歐、葛瓷釉略相似，在灰墨藍緑之間。廠人鄙之，以爲溺壺色。日本人美之，以爲海鼠色，且謂四時花光皆與之相宜。

時大彬所製砂壺，紫泥中有白點，若花生果也。陳曼生壺，式樣較爲小巧，所刻書畫亦精，壺嘴不淋茶汁，一美也；壺蓋轉之而緊閉，拈蓋而壺不脱落，二美也。

明瓷釉汁之滋潤者，謂之「蜜淋釉」。

香瓷種類不一，凡泥漿胎骨者發香較多，瓷胎亦偶一有之。要必略磨底足，露出胎骨，而後香氣歕溢。鑒家又安肯一一試之耶？

香瓷最不易得，有土胎香者，有泥漿胎香者，有瓷胎香者，此自然之古香也。有藏香胎者，有沈香胎者，有各種香胎者，此人工之香也。然亦希世之珍。有梳頭油香者，古宫奩具，雖頗傷大雅，却別有一種風流佳話。

太白尊惟康窑有之，各色俱備，惟紅獨多。

乾隆有五福堂，堂中飯盌，内畫紅蝠五隻，外係萬花攢密，若錦灰堆也，款爲堆料鐵線篆。

乾隆末葉，款始改用抹紅，初惟緑底者紅款，繼乃白地者亦寫紅款，遂開嘉道先聲，殊不見其佳。此種白地抹紅乾隆款，有小酒杯，外畫緑色海水，内畫紅魚十數頭，亦尚别致。

「李唐越器人間無，趙宋官窑晨星看。殷周鼎彝世頗多，堅脆之質於焉辨。堅樸脆巧久暫分，立德踐行義可玩。朱明去此弗甚遥，宣成雅具時猶見。寒芒秀采總稱珍，就中雞缸最爲冠。牡丹麗日春風和，牝雞逐隊雄雞絢。金尾鐵距首昂藏，怒勢如聽賈昌唤。良工物態肖無遺，趨華風氣隨時變。我獨警心在齊詩，不敢耽安興以晏。」此乾隆丙申御題仿古雞缸詩也。缸有大有小，小者尤尠。

「揠苗鄙宋人，抱甕慚蒙莊。何如銜尾鴉，倒流竭池塘。穲稏舞翠浪，蘧蒢生晨涼。斜陽耿疏柳，笑歌問女郎」。此康窑《耕織圖・灌溉》詩也。圖凡多幅，有青花，有五彩，以康彩爲最精。官窑盤面有泥金篆款。或者以西商不喜華字，輒將各圖詩字磨刷而去之，殊不知近數年來西人頗研考華文，見有御製原詩者，矜爲完璧。往者彩盤、彩盌觸眼而有，今則青花亦如星鳳矣。海上書籍益尠，求一刻本圖詩而亦不易得，況盤盌也耶？

器弇口謂之雅，明粉定盂多肖之。朱説有所謂「磬口」者，磬亦曲折之義也。

余初著書時，宋均且不見重於西商，今則宋元瓷品聲價陡增，然猶必沾沾於紫釉，猶未得天青之三昧也。

乾隆有五福堂，御製文以記之。堂内所藏盌，萬花攢繞，所畫皆外國奇卉，天青堆料四字篆款，盌係黄地，内畫紅蝙蝠五尾，猶五福之義也。

青器有於粉青上雜繪深青色之古篆，參差錯落若「壽」字者，然其元明間物，而即青花之所自歟？

宋汝有甚薄者，宋定多印花者。

瓷釘有二種：有垂垂如足者，所謂爪者是也；又有以竹籤支撑皿底而入窑者，迨火候圓滿，撤去竹籤，則亦有釉如釘形。即掙釘也。

陽文花紋凡數種，有凸雕者，有印花者，有填白者以粉料堆填瓷上，再罩釉汁，則謂之「填白」。

劃花用刀，繡花用鍼，印花用版，堆花用筆。堆花者，填白也。

鏤花則兩面洞透，所謂「玲瓏瓷」者也。

劃花紋凹，印花紋凸，雕花有凹有凸。

客貨者，民窑也。

官窑别於民窑，御窑别於官窑。

章氏兄弟窑，近世皆謂哥窑，色白而有冰裂紋，實則贋本甚多。哥窑有粉青一種，較弟窑更爲幽艷。弟窑色緑，即龍泉窑也。東西商人以無紋者爲貴，雍正所仿龍泉皆無紋者也，製佳而款精。後起者勝，豈不然歟？

明仿弟窑有一種色極葱蒨，廠人妄呼爲「緑郎窑」，則又滿身紋片，且甚細碎，價乃奇貴，即雍乾所仿，亦珍同拱璧，其實皆粗材也。

口絶奓而無肩，亭亭玉立，腰斂縮直下及於足者，謂之「觚」。此明製也，康雍則腰際凸起，較有不同。

永樂長式横盂，有青花而方者，有仿哥而橢圓者。

康窑御製彩盌有一種薄釉，甚似雍正之胭脂水，惟微作金醬色。若謂康窑無粉紅，亦無脂水，何以御製彩盌中有脂水料款、粉紅花蕊？且釉汁極腴潤，其故何哉？自御製彩盌外，雖康熙官窑，亦不見有粉紅、脂水二色，其所謂硬彩者，抹紅而已矣。

西獅得其真相，華獅出於理想，此爲可鄙耳。然較諸四爪雙角之龍，猶爲此勝於彼，亦瓷畫刻繡之魔也。

康雍乾三朝料款，初似永興，繼似宋槧，後乃作鐵線篆。

太白尊即魚捕尊，蓋漁父罾也。小而瘦者曰「田鷄簍」。

雍正窑極精之脱胎瓷畫有四絶焉：質地之白，白如雪也，一絶也；薄如卵幕，口噓之而欲飛，映日或燈光照之，背面能辨正面之筆畫彩色，二絶也；以極精之顯微鏡窺之，花有露光，鮮豔纖細，蝶有茸毛，且莖莖豎起，三絶也；小品而題極精之楷篆，各款細如蠅頭，四絶也。

深紅淺紅參差相間，而異采發越，若斷若蹙者，曰「桃花浪」，雍正窑爲多，亦桃花片、美人祭之亞匹也。

紋片滋潤活潑，其紋之兩旁閃閃有光者，曰「蜻蜓翅」。

宣德漿胎小盌，内外大開片，有外畫青花三團龍者，有内作釉裏紅石榴一枚者，且帶有青花枝葉也。

抹紅釉質薄如脂水，其微黄者曰「珊瑚釉」。

脂水影青栗子杯猶偶一遇之，若蓮子杯則不易見也。

厭勝瓷畫至猥也，以康彩爲最活潑，雍窑次之，道光以後駭蠢不可名。

以抹紅精畫串枝蓮之盤盌，皆雍正官窑也，論其品格，在才不才之間。

抹紅爲地，内外夾以青花古紋，若串枝蓮之屬，每題爲宣德款，此與蛋黄地夾以青花之雍正款者，正復不甚相遠。若黄地大小盤盌，成花甚濃，嘉靖次之，弘治又次之，似均在康雍之上。康雍以淡勝，明瓷以濃勝。

純色之釉盤盌絶夥，有紅，有藍，分天青、深藍兩種。有黄，有白，惟緑爲較少，黑者更不易見，見之亦不足珍也。

道光窑小盌有淺雕海水、夾繪雜彩人物者，亦魔道也。

康窑御製盌，以畫紅黄寶相花者爲最精，寶相似月季，而蕊片較巨，往往反捲若錦段。

串枝蓮者，西番蓮也。

近有抹紅地青花盤，宣德六字款，紅色頗深。

觀世音有彩畫者，有建窑坐像、立像者，有素衣而藍風兜風兜者，巾帽之屬，兜風者俗謂之「斗篷」。者。像以似美女者爲劣，似美男者爲貴。

青花瓷畫絶幽蒨，儻以藍筆臨摹之，矜爲稿本，亦雅人深致也。

雍乾茶葉末之花澆，高可及尺，而無上蓋，脛肥腰細，無異雍紅。口小柄圓，尤爲波峭。雍窑閃黄，乾窑慘緑。閃黄者賤，慘緑者貴。

有一種黄釉小罐，亦有仿哥紋片，曰「黄郎窑」也。其説亦不經，蓋明製也，當於色，式二者辨之。

采盌之奇者，曰彩夾彩、曰兩面彩、曰料款之古月軒彩。

兩面彩亦分二種，有各繪各彩者，以一面青花爲稍尋常；若兩面同一花紋，映日光照之，不走一絲者，真絶品也。

彩瓷之最薄者，一面本色，一面花彩，映日光照彩瓷之最薄者，一面本色，一面花彩，映日光照之，在本色之一面能分出背面之五色，又與兩面彩有别，蓋卵冪之精者也。

瓷之白且薄者，有二語贊之曰：「只恐風吹去，還愁日炙銷」。花耶？人耶？不可得而名言之矣。

軒中藏弆之煙壺料款亦分年號，大氐皆乾隆年製也。初不直題爲古月軒製，其直題爲古月軒者，贋也。

西湖水又與松花緑不甚相遠。

洪福齊天茶盌亦有彩繪人物者。

弘治有硬彩花鳥七寸盤，凹雕款，蓋郎窑也，賢於黄瓷遠矣。

楷款之似虞永興者，永樂也，宣德也，康熙之初葉也。

官盤者，果盤也，其數只一雙，非若采盤之有四季花果也。於何驗之？以每盤二鳥而具有飛鳴食宿之態也。

脂水之黯淡者，有豇豆紅與雲豆紅之别。雲豆者，扁豆也。

蘋果尊之巨口者，無項頸之可縮也。

乳鼠色淺，雲豆色深，豇紅色潤，淡茄色鮮，四者相似而不相似，區而别之，微之微矣。

名爲矮馬蹄，而有釉裏紅花朵者，滌去長項粗劣之狀態，堪與小酒罈式之水盂並重。

宣德紅中多苔點，而成化則散若緑霧，康熙兼之。

宣祭、萬祭，廠人所謂郎窑者也。祭紅多有橘眼者，其無橘眼之有款官窑，則據項氏之説，以積紅别之。

明祭皆無款識，郎窑亦然。

明祭之破者，其瓷質異常白緻。

鷄缸式樣有二，其一種較小者彌爲尠見。

某貴人之僕者，振雅大獄也，貴人死，與一大府暱，大府爲頓置之戚，而振雅乃蹶。

康窑雞杯不仿古，有深如斗者，有高二寸弱、對徑三寸弱者，有高寸弱、徑寸强者。雍窑粉彩大盌，有如馬鈴式而畫筆甚細者。

盌之緑其外而赤其内者，其赤如火，蓋上釉法如抹藍，而兼之窑變者也。

孰非開闢以來之土與石哉？是故質地之無異於尋常者，其瓷雖頗舊而價值甚卑。

清都祕府藏之千百年，一旦驟入人世，其激賞可知。所謂會也，可以遇而不可以求。

李廌青爲乾隆時人，謂宣德朝有三佛齊之紫硃、琉球之安瀾砂、渤泥之紫礦胭脂石，皆非後世所有。

曰豇豆紅，曰蘋果青，曰蘋果緑，曰紅郎窑，曰美人霽，曰朱紅，曰雞紅，曰醉紅，二説尤無根，乃音之轉也。曰大紅，曰鮮紅，曰寶石紅，曰積紅。兹十有二者，皆《南村隨筆》所謂宣德祭紅，係以西紅寶石末入釉者也。自項氏《天籟閣瓷器圖説》有積紅名稱，遂乃與祭紅區而爲二。今人以寶石釉之無款者爲祭紅，其汁較厚，俗所概稱爲郎窑者也。其鮮紅、朱紅、粉紅或變爲青緑之有款者，紋片不少概見，則皆謂之爲積紅。於是乎同一紅寶石，而有祭紅與積紅之判矣。既决其皆爲寶石末，而《事物紺珠》又以鮮紅爲土質，笠亭仍之，不其謬歟？

廠人以明祭爲郎窑，一誤也，以郎廷極之窑屬之郎世寧，二誤也。郎窑不僅倣宣祭寶石釉一種，五彩、青花之倣明款者，郎窑實居多數，尤以倣成化之粉彩、豆彩爲絶精。亦有硬彩題弘治款者，蓋郎廷極字紫垣一作紫衡。者之所製也。見劉廷璣《在園雜誌》及阮葵生《茶餘客話》。紫垣以康熙四十四年巡撫江西，至五十一年調漕運總督。世知有世寧而不知有紫垣者，世寧界畫盛行於時也。世寧乃雍正時代之西洋人，乾隆初猶供奉内廷。昔有以景德鎮爲南窑者，所以别於定、汝也，今廠人猶呼緑底者爲九江瓷，亦可笑也。瓷少專書，廠人同音相訛，要不足爲異。

以箸叩瓷器，其音悠然無盡者，謂之韻，與聲、音、響三者各有不同。宋以前之瓷，泥土爲胎，然頗多有韻者。「大邑瓷扣如哀玉」、「柴窑聲如磬」，皆是也。明以後之瓷，皆係瓷胎，敲之亦有韻，但不能如古韻之悠長之尤可貴耳。

陶製爲鈴，其大如栗，含丸如豆，振之則響動九幽，數百年物也。

嘉道間鴉片煙館始設於廣東，館中所用茗具皆畫以洋彩，工細殊絶，並於盌上題字，曰「粤東省城十三行」，門曰「靖遠」、曰「荳欄」，又題字曰「粤東海珠」，凡十有五字。其盌蓋之上别題句，曰「美味偏招雲外客，清香可引洞中仙」。或曰廣窑也，非景德鎮所製。

礬紅不詳厥用，亦未究其所自出。或曰即抹紅也，又曰胭脂水也。二説無所依據，大抵鮮紅既絶，而明代有紋無款之祭紅，或即所謂礬紅者歟？第弗省胭脂紅是否即胭脂石耳。且礬紅非紅料也，以青翠之顔料入窑，迨出窑則爲礬紅色。或謂雍正朝胭脂水之吹釉者，與厚膩之疙疸釉不同。乃係茜草汁，真理想語耳。今亦不能再有雍正朝之胭脂水矣。

「⿱敝瓦」、「撇」，通喻其淺也。

廣窑也，宜均也，泥均也，今所盛行者朱明之器也。有小片可憎者，有厚釉無片者，有紋片疏密古雅者，有薄釉灰黯而舊者，惟有款識者較少。此種器皿似非宫府所藏，其新若未觸手者，大抵舊家祠廟什襲珍祕者也。

朱笠亭於本朝瓷品未詳厥説，其於朱明各器要亦語焉弗詳。《陶説》初無所謂廣窑也，老於廠甸者相傳以烏泥胎骨蒙罩灰藍淡色之釉者，厥爲廣窑。自日本人予以重價，遂羣目之爲泥均。蓋此種胎骨係以烏泥摶成，而仿用宋均青色之釉汁，故曰「泥均」。或謂係陽羨砂所製，「泥」、「宜」音本相近，乃宜興所仿之均窑。其説近似有理。或又謂嘉道間廣窑瓷地白色，略似景德鎮所製，廠人所指之廣窑，蓋官宋之官窑也。窑之轉音。斯説也浩無津涯。廣窑亦必有烏胎，當不止白色一種。宋官冰裂鱔血，《博物要覽》謂其色分青白。《格古要論》又謂宋官窑黑色。朱竹垞又謂其頳如餘霞、潤如海棠，似宋官已有紅器。今以灰藍一種之色當之，必不其然。藍浦《陶録》謂廣東之陽江瓷有青點釉一種，亦與今所盛行之灰藍色不同。以胎骨言之，宜興砂紫有似烏泥廣窑，未經實驗，殊難臆斷。且各地窑制古存今廢者何可勝數，無從得明窑之真相。笠亭《説古》有功於瓷學者甚偉，其所謂明時宜興歐氏仿造官、哥、均窑采色甚多，是曰「歐窑」。是宜砂亦不止仿均一種，更不止灰藍一色。時人又訛「歐」爲「甌」，則竟以陽羨爲甌越矣。會稽大郡，邑縣要自不同。東甌色青，故曰「東青」。此種灰藍色之瓷品頗有觥觥大器，瓶、盂、尊、罏各種俱備，要自與時爲變遷。總之市人名稱亦都無掌故可言，宜砂、廣窑不一其製，轉相摹倣，各能亂真，既無專家之書，難以十分穿鑿。廠人師承相傳，其相指爲廣窑者，亦必有説以處此也。若果以有紋片者爲廣製，殊非愜心貴當之語。陽羨、陽江彼此互仿，唐英又在景德鎮兼倣陽江、陽羨兩窑之器，參伍錯綜，益復不易辨析。今茲所風行海外者，或者其唐仿乎？

近今山莊溢出之名瓷，往往走入西人之橐。其康窑而明款者，郎廷極之所進也，匪獨民窑有之。

《歷代瓷器譜》乃嘉道間廠人所述，不著作者姓名，文理譾陋，殊不足觀。其所列各種古窑，自謂出於《景德鎮陶録》。藍浦本與同時，是《譜》勦襲藍説，而於明代祭紅併屬之於郎世寧，則非藍説之所有此，實近世傳訛所由來。嘉慶去古未遠，郎世寧雖確爲雍乾時代人，其入中國或較早。郎廷極雖確爲康熙朝之江西巡撫，安知雍乾時代不尚存於世耶？郎窑雖確在撫贛時，又安知下逮雍乾，郎遂不再摹仿耶？朱琰生長乾隆，藍浦亦在乾嘉間，均於本朝瓷品未加考證，此郎廷極之所以不顯於世也。《譜》載郎世寧所造紅瓷以緑底冰紋爲貴，米湯底次之，白底又次之，豈三底兼仿之耶？抑兩郎俱仿之耶？考古之難如此。

郎世寧倣製寶石釉之祭紅，是説也可以與紫垣之郎窑並存，惟《歷代瓷器譜》初未述明郎世寧所仿之紅器即係有明寶燒之祭紅，則《歷代瓷譜》之闕略也。或曰：蘋果底者，宣德祭紅也，米湯底者，萬曆祭紅也，其尋常白底，則郎世寧所仿者也。然耶？否耶？滬商以蘋果、米湯兩底屬之明代，學識似頗優於廠肆。第明代祭紅亦不止宣德與萬曆兩朝，其正德、成化、宏治、隆慶皆有此等寶石釉之祭紅，當於何辨之？或謂滬人妄以郎窑之緑底者爲宣德，米湯底者爲萬曆，此種寶石釉之祭紅實只郎窑而已，明代無此製也，亦未免太武斷矣。銅鑲盌口豈本朝物哉？孰爲明製？孰爲郎窑？要在鑒者自辨之耳。

米湯底斷爲萬祭，亦苦别無考證，則以近代瓷學之無專書也。郎造紅瓶以觀音尊式爲最多，固明明與康窑之青花相似矣。觀音尊非明代式樣，餑餑凳與油錘則亦皆爲康製矣。或謂此種青花瓶式，乃仿有明之祭紅而爲之者，是又一説也。郎世寧在雍乾間猶供奉内廷，豈所仿紅器僅在初入中國時，後此遂絶筆耶？而亦無人焉以轉相摹倣之耶？是在雅善鑒别者矣。

豇紅大筆筒實爲康熙朝有數之品。

太白尊又名雞爪尊。

永樂款之盌，有青花，有五采，有仿哥，有脱胎暗龍。

黑色瓷皿較少，有烏金釉馬鈴盌，差堪鑒録，惟瓶亦有之。

陽羨壺以時大彬、藍浦誤作賓。李仲芳、徐友泉、陳仲美、陳俊卿爲最著，若陳曼生者，(木)[本]朝一人而已。積紅者，鮮紅也，有款無紋者也。寶石紅者，祭紅也，無款有紋者也。四者其本一也，自項氏積紅之名筆之於書，而後分而爲二。

吸杯者，鼻飲杯也。

建瓷於盌内作人立形，其陸鴻漸耶？下有小孔，酒滿則漏去，曰「平心盌」也。

磬口者，弇口也。磬者折也，弇者内向也。

褐色種類甚多，有墨褐，有緑褐，有黄褐，有粉青褐。

陶人若晉之趙叔明，唐之陶玉、霍仲初，宋之章生一、章生二，元之彭均寶，明之周丹泉、歐子明、瞿志高、吴十九、陳仲美、吴明官數子者，得傳其姓名，若唐之盛姓，明之崔公、舒翁、舒嬌者，則僅傳其姓，或併姓而不傳焉。亦有幸有不幸矣。成、嘉、康、雍之畫瓷者佚而不彰，則大憾事也。雍、乾間之畫墨彩者，紅印曰「陶」，其姓耶？或曰「陶鈞」，乃人名也。乾隆朝畫古月軒彩之金成字彤映者，亦人名耶，有脂水小篆印文在。

或謂明祭之有紋無款者爲礬紅，然則無紋有款者爲鮮紅矣。豈嘉靖以後鮮紅已絶，至康雍而復現耶？康雍而降又益不鮮耶？

六朝瓶往往似葬器，高二尺許，口起厚稜，項頸細而長，附項每作人物形，别黏於瓶上，刀法甚麤，釉作青白色。近亦贋本紛陳矣。

瓶有刻隸書「雲麓」等字者，蓋廟名也。六朝瓶盌每有刻字者，其字往往在正面，不在底足也。

陶爲胎骨，略有灰質之釉汁，盌似甃製，有刀紋如魚，筆法若武梁刻石，曰漢之葬器也。

元以前之瓷無鏇坏之器，但以竹刀鏇之而已。宋瓷天青色之滋潤者，不獨淚痕可愛也，青光中閃有紫光，若隱若現，則謂之「異采」，蓋異寶也。脱胎之最薄者，可以映出指尖之螺紋。

嘉靖官窑素彩之盌，表裏皆大緑即硬緑也。爲地，滿畫圓圈若螺紋、若鳳眼，墨有采，筆有力，贋者墨圈無筆力，無意致。謂之「海濤」。表裏各有怪獸二尾，歕散若扇，頭有鬣，如猛獅也。又各有海馬二，盌心龍有翼，凡四獸四馬一龍。尾鬣蹄爪皆黑色，身則或深紫若墨，或奋音誇，上聲。緑，緑中略泛黄色，若蟹甲也。非官窑不能有此緑，蓋實料也。或碧緑，較硬緑淺翠，俗謂之「三緑」。或蜜蠟黄緑。濤中浪頭皆白，爲玻璃白。沿盌底一圈緑，中有梅花八朵，白質黃心。浪花中又皆有梅花也。此盌有十異焉曰素三彩、實則素七彩也。曰彩夾彩、曰兩面彩、曰緑地、曰緑套緑、曰海馬、曰嘉靖六字官窑款、曰真明瓷、曰恢奇、曰硬札。兼彩色、筆力二者而言。

正德、嘉靖、萬曆青花印合，每畫一龍一鳳，均不及宣德也。

均盎不如均盆。盎者，盆連也，即盆座也。

萬曆有海馬盌，畫四馬，雜以海水，有五彩，有青花，狀似奶子盌。

天青貴於均紫，而均紫貴於鼻涕釉。今之宋均盆盎，其顔色劣者皆鼻涕釉也，非天青也，是以有月白之詭稱。

元代紫魚、紫薑釉之器皿，其質地、顔色亦只能於月白分優劣，而不能如宋均之追摹天青矣，去柴周遠也。

廠人不知宋以前之窑，亦不知明有幾帝，其遇晉唐五代器，則以宋窑賅之，遇永樂、正德、弘治、隆慶諸器，則以明窑賅之，而不知其希貴。

古瓷猶古錢也，不徒論年代之久遠，而又頗珍惜夫享曆短少之帝者之年號也。

元代胭脂石之實料，存者蓋寡，珍惜倍至，是以僅僅作魚形，其劣者作薑形，不能如宋器之滿紫矣。

元瓷之紫釉雙魚，即釉裏紅之所自始也。

釉之薄者曰「脱胎」、曰「吹釉」、曰「卵幕」，其厚者曰「垂漆」、曰「堆脂」、曰「寶石」，釉之絶佳者，南人曰「肥」，北人曰「滋潤」，東人曰「蜜淋」，西人曰「寶光」，皆吾黨所謂古色者也。

緑釉、黑釉之有異采者，映天光視之，閃有紫片、金銀片。

吴音讀雍如「熊」，遂目粉彩爲熊窑。熊何人哉？亡是公矣！

郎窑之仿成化者，有硬彩，有豆彩，而無粉彩。粉彩者贋也。

《歷代瓷器譜》謂晉州王衡以造祭器著名，又謂朱元佐者，成化朝之製瓷者也。

宋以前瓷器有渾身縮釉如蟲書者，然蟲書云者，蟲蠹之謂也。

《歷代瓷器譜》謂郎世寧所製器皿有青、藍、墨繪各種，蓋不僅寶石紅也。又謂永樂時已繪五彩，亦不僅有鮮紅也。

以茄、黃、緑三色暈成雜斑，曰「虎皮斑」也。法國人初頗嗜之，此素三彩之權輿也。近日素三彩騰踊百倍，以怪獸爲上，人物次之，花卉又次之，而所謂虎皮斑者，轉致無人問津。

素三彩亦以大瓶大罐爲上，大盤大盌次之，若肖生之單個人物，較遜一籌。

洪武酒缸有老僧衣一種，亦茶葉末之亞流也。兔毫琖有一種絶小者，口徑寸許，殊可翫也。或謂此種宋器乃閩人掘地所得，亦齏説也。

宋元紫器，朱明官窑，大抵流出蘂溝，散溢海國，豈有世家喬木能歷數朝者耶？虬髯碧眼，重譯來賓，一擲萬金，昌言罔諱。守者蓋藏不謹，很者亡命以求。偶一拜章，輒報聞罷。蓋難言之矣，所從來遠矣。

建瓷以無字無花紋者爲貴，以正圓者爲貴。

罈罐有仿武梁畫象者，或黑質白章，或丹質白章，曰附近中國之小國之沙胎器也。以年考之，殆已在康雍上矣。

中和堂、拙存齋，皆在康熙朝，植本堂之茶葉末蓋在嘉道間，又與彩華堂同時也。

卵幕俗名「雞蛋殼」，兔毫即是鷓鴣斑。

漿胎者，煨瓷也。漿胎所開之片爲細片，仿哥所開之片爲粗片。

葡萄水之外緑而内紅者，粗片垂釉，贋製風行，被賺者夥。某館西人懲羹吹齏，雖遇有明真本，而亦目爲燕石，不足怪也。若康熙初葉之太白尊，式樣既巨，款字仿明，尤不甚經見，亦竟以藕爲茄，則誠有目無珠者矣。又奚詫其於新造之素三彩，愛翫不忍釋手耶？某館頗以販瓷獲利，或者輾轉售僞，匪伊朝夕，彼都貴族争相貢諛，蓋直道不行久矣。區區陳列，品其一端焉耳。

甆托者，琖托也，宋官窑之仿剔紅者也。剔紅漆托始於宋。

柴窑出河南鄭州，《七頌堂識小録》稱其光色黝然，又謂馬布庵目之爲絳霄。曰「黝」、曰「絳」，又不僅一雨過天青矣。

縮釉之蟲書者，又如蛇香灰。海南人以蛇骨研末，和入線香中焚之，則香灰不落，且屈曲蟠繞若蛇形。

泥均、宜均、唐均，各應正其名曰「藍均」。

素三彩之盤盌，各有凹雕暗龍，其淺碧一色最爲鮮豔。

卵幕茗盌，蓋有圓式影青之細紋，較尋常式樣爲尤小，銖兩最輕，光色如良玉，近亦贋本孔多矣。

康熙臧窑，乃臧應選也。

唐時秦窑亦有凸魚杯盌，《歷代瓷譜》謂係純青冰紋，與阮亭所述之隗宫二魚盌迥乎不同。《凝齋叢話》則稱宋安雅得古瓷一窑，隨手散盡，僅餘三器，大小花素皆有之，初未指爲隗盌也。劉體仁《識小録》又言囂墓有陶器數十，見一酒琖於京師，如龍泉之淡黄者，又未嘗有魚藻紋也。《博物要覽》十二卷，明末谷應泰撰。《事物紺珠》四十一卷，明揚州黄一正字定父者撰。萬曆辛卯始成書。《清祕藏》二卷，明崑山人張應文字茂實者撰。其子謙德者潤色之。謙德原名丑。

《格古要論》三卷，明松江人曹昭字明仲者撰。書成於洪武十二年。

《留青日札》三十九卷，明田藝衡撰。

《妮古録》，明陳眉公撰。

《六硯齋筆記》十二卷，明李日華撰。

《考槃餘事》四卷，明屠隆撰。

《輟耕録》，元陶宗儀撰。書成於至正二十六年，載在《津逮祕書》。

《南村隨筆》六卷，國初嘉定人陸廷燦字秩昭者撰。

劉子芬《竹園陶説》

一　述學

鑒別古窑瓷品，如鑒別名人書畫，舊瓷不易倣製，後世作者得其光澤，未能似其瑩潤，得其古拙，未能似其雋雅。如畫家臨摹名跡，雖極盡能事，而前人之神采風韻，固自有别也。瓷書無善本，市肆商人雖能知其一二，未肯以真僞告人。好古之士若能博覽精研，用心體認，胚胎也，釉質也，色澤也，體製也，辨析微芒，審視至熟，久而久之，自能融會貫通，心知其異，真僞之别，新舊之分，了然於胸，雖巧詞異色，不足熒其視而亂其衷也。西方人士用科學分類法研究瓷器，自謂精審過於華人，譏吾人於瓷之界説不甚明晰，不知此道之入在心領神會，古物未能作化分化合用也。寂園叟曰：「吾華瓷品尚矣，而今不若古者，原因甚繁：昔之土質細膩，今則麤劣矣，昔之堊澤瑩潤，今則枯燥矣，昔之顔料鮮明，今則黯敗矣，昔之古意深厚，今則俗惡矣，昔之火候純熟，今則薛暴矣。」其言雖泛舉，一可以三反也。

二　索原

中國有陶，始於神農，至舜而術益進。《路史·神農氏》謂：木器液而金器腥膻，人飲於土而食於土，於是大埏埴以爲器，而人壽。《考工記》：有虞氏上陶。甄，大瓦棺是也。《史記》：舜陶河濱，河濱器皆不苦窳，作什器於壽邱。蓋神農所陶，僅炊器、食具，至舜則用器大備矣。《史記》：桀爲瓦室。《世本》曰：昆吾爲桀作也。由黄帝至周室，皆有陶正，舜及昆吾皆曾爲陶正者也。下至漢魏，葬器以外，製及土偶，然皆陶也。至晉而始有瓷，至唐而瓷窑始盛。潘岳《笙賦》：傾縹瓷以酌醽。陸羽《茶經》：盌越州上，鼎州次，婺州次，岳州次，壽州次，洪州次。或以(刑)〔邢〕州處越上，殊爲不然。又《杜工部集》有「大邑燒瓷輕且堅，扣如哀玉錦城傳」之句。《瓶花譜》亦云：古無瓷瓶，皆以銅爲之，至唐始尚窑器。柴周以後降及宋世，柴、汝、官、哥、定、龍泉、均州、建安等名窑競出，沿明及清，則集於饒州之景德一鎮。形色規制，踵事增華，代有不同，日新月異。祭葬之器，供御之品，蓋已取金玉而代之以瓷矣。

三　説器

古窑瓷品，式樣不一，由銅而瓷，展轉摹倣，千變萬化，不可紀極。但各有專精之品，如天青盌、兔毫盞、紅魚靶杯、雞缸之類，卷帙所載，後先稱美。惟歷年已久，毁滅湮沈者，不知凡幾。項氏之圖、桐川之説，徒存矩範，居今日而欲按圖而索直，百不得一。兹僅就市肆流傳、尚可遇見之品，論其大概，未能詳列備舉也。瓶以定窑、官窑、龍泉、明之祭紅、康熙之郎窑及五彩爲最，廣窑及雍正之倣古亦多佳者。鑪以定窑、哥窑、均窑、龍泉爲最，元瓷、廣窑、建窑亦有佳者。盌以定窑、明之祭紅、康熙之郎窑及美人醉爲最，元瓷亦有佳者。盤以定窑之薄者、龍泉之大者、明祭之寶石紅者、康熙之五彩者爲最，乾隆亦有佳者。罐以均窑、元瓷、明之青花爲最，康熙亦有佳者。花盆以雍正之倣古爲最，宜興亦有佳者。筆筒以明之青花淡描爲最，康熙之五彩、雍正之豆青亦有佳者。印盒以宋定及明之青花爲最，康熙之蘋果緑亦有佳者。水盂以哥窑及康熙之蘋果緑爲最，龍泉亦有佳者。洗以哥窑、明祭、康熙之郎窑、雍正之倣古爲最，廣窑亦有佳者。均洗，世所豔稱，但不易遇見矣。

四　辨色

古瓷不重彩繪，所有之器皆純色，市肆中人呼爲一道釉。五彩始於明，至清而大備，然名貴之品，如祭紅、郎窑及雍正之倣古各器，皆一道釉者。蓋名窑多爲奉進而設之，器或供祭祀，或供御用，君德崇儉，五彩華麗，當時以其不合古訓，故不重視，僅施於杯、盤、盌、碟之屬而已。其實高貴之品，自以一道釉爲古雅，青花亦較五彩雋逸。世風漸薄，彩瓷風行，一世不知，古意既失，價值自低。唐宋人尚青，明清人尚紅，近日西商則重紫，均窑紫器一枚，價值萬金，安得起古人而正之哉。雖然，彼亦有説以處之矣。宋時紫色如熟透之葡萄，濃麗無比，紫定、紫均，其器皆純色。元瓷則於青釉中夾紫釉數片而已。至明及清之康熙，其紫色不及宋時遠甚，施於彩繪之上者，僅能如茄皮之紫色。康熙以後，茄皮紫色亦絶。後之倣者，非失之黯，則過於紅，故近人辨别康熙以前之彩瓷，常以茄皮紫一色爲之證明也。至青色一種，常與藍色相混。雨過天青，均窑、元瓷之青，皆近藍色。明以後之青花色本藍，人亦呼爲青料，惟千峯翠、葱翠、梅子青、豆青乃爲純青耳。天色本藍，有時爲青，草色爲青，可分碧緑，淡藍近青，深青爲緑，濃緑及藍色之豔者則爲翠色。

五　汝窑

古窑以柴、汝爲最重，官、定次之。歷歲已久，流傳絶少。柴窑之器，世不經見。汝窑則近年闢地築路，往往有從土中出者。其質製、色澤與龍泉相似，市肆商人不加辨别，凡遇青色瓷品類似龍泉者，皆以龍泉窑呼之，而「一種天青夾紫片」之宋元雜窑爐、盌，則又以爲汝窑矣。兹引古説辨明於左：

《格古要論》：汝窑淡青色，有蟹爪紋者真，無紋者尤好。土脈滋潤，薄亦甚難得。

《博物要覽》：汝窑色卵白，汁水瑩厚如堆脂，汁中棕眼，隱若蟹爪。

《陶説》：汝本青器窑，《留青日札》云：色帶微黄，《博物要覽》云：色卵白，似立異論，然合之可得淡青色也。辨蟹爪紋，如端溪石子辨鸜鵒眼，眼本石病，得此可驗真水坑，故曰無紋者尤好。

按：《博物要覽》所言汝窑色卵白者，非謂其色如卵之白，乃釉汁瑩潤如卵液耳，卵白即卵液。《陶説》以釉汁爲瓷色，誤也。汝本青器，自無如卵色之白，且黄與白相合，亦不能得淡青色。宋時官中立窑燒造，定、汝、官皆官窑也，所出之器，質製精美，當時民窑，轉相仿效。龍泉，弟窑，大致仿汝，故其器多與汝相似者，然細别之，實不能相混，汝釉薄而清，龍泉釉厚而混，汝釉晶瑩明亮如卵液，龍泉沈實滋潤如蜜蠟，汝釉汁中隱紋如蟹爪，龍泉無紋，此其所以别也。

六　廣窑廣彩

廣窑即石灣窑，在廣州佛山鎮之石灣村。所出之器，爲盆、爐、瓶、罐等，無盌、盞之屬。質粗而鬆，乃灰白色之沙泥所陶成。其土採自鄰邑之東莞縣，屬實陶器上釉者。明時曾出良工，倣製宋均紅藍窑變各色，而以藍釉中映露紫彩者爲最濃麗，粤人呼爲翠毛藍，以其色甚似翠羽也。窑變及玫瑰紫色亦好，石榴紅色次之。今世上流傳廣窑之豔異者，即此類之物也。近因外人争購，佳者既不易得。明以後及新製之品，多灰藍青紫等色，雖斑駁陸離，殊不足取。前人著述大都採自傳聞，所謂陽羡、陽江、宜均、泥均類，皆模糊影響，令人墜入五里霧中。《陶雅》稱廣窑胎骨係烏泥摶成，其實明製廣窑，倣均紅藍之器，先掛黑色裏釉，再加上釉汁，故其底足不露胎骨。寂園叟所見，乃裏釉，非胎骨也。藍浦《陶録》據地志所載廣東之陽江縣産瓷器，遂謂嘗見爐、瓶、盞、碟盤、碗、壺、盒之屬，甚絢彩華麗，蓋倣洋瓷燒者。《陶雅》則稱，或謂嘉道間廣窑瓷地白色，略似景德鎮所製。審其所言，實即粤人所稱之河南彩，或曰廣彩者。海通之初，西商之來中國者，先至澳門，後則逕趨廣州。清代中葉，海舶雲集，商務繁盛。歐土重華瓷，我國商人投其所好，乃於景德鎮燒造白器，運至粤垣，另傭工匠，倣照西洋畫法，加以彩繪，於珠江南岸之河南開爐烘染，製成彩瓷，然後售之西商。蓋其器購自景德鎮，彩繪則粤之河南廠所加者也，故有河南彩及廣彩等名稱。此種瓷品，始於乾隆，於嘉道，今日粤中出售之饒瓷，尚有於粤垣加彩者，因其雜用西洋彩料，與饒窑五彩稍異，間有畫筆極工，彩亦絢爛奪目，與雍乾粉彩類似者。陽江窑早已消滅，亦未聞能製彩瓷也。

七　美人醉

美人醉爲豇豆紅之淡粉色者，蘋果緑亦豇紅之窑變，三者本爲一類。紅釉入窑，隨火力而變化，色純無稍變露，如豇豆之紅潤者，爲豇豆紅，於紅釉中噴散緑霧，或苔衣成片者，爲蘋果緑，白如肌膚，紅如酒暈，容光豔冶，若醉後美人之顔色者，爲美人醉。此類之釉，始於嘉靖，盛於康雍，即所謂礬紅色者。用青礬鍊紅加鉛粉合成，器品種類甚多，大小不等，間有暗雕雲龍紋者，或有款，或無款，皆康雍以前物。釉質瑩潤，有如美玉，色亦淡雋可喜。但有串煙之病，或失之灰白，則不足取矣。釉裏紅亦爲此類，因青礬化緑，故多含緑點。近人著書，如《陶雅》、《説瓷》等，對於此類之記載，異説紛陳，且與明祭、郎窑之寶石釉相混，未能明其所由然也。

八　雜説

古窑瓷品，釉汁滋潤。定窑之釉如淚痕，汝窑之釉如卵液，官窑之釉如魚油，均窑之釉如脂膏，龍泉之釉如蜜蠟，祭紅之釉如凝血，康雍雨過天青之釉如魚腦，美人醉紅瓷之白痕如肌膚。近來出土之器甚多，有一種盌碟，質薄而色白，微似定，市肆中人呼爲映青，以其釉汁微帶青色也，據言出自江西，爲宋時所製，其沿口之際均有釉痕一道，或即前人所謂南定窑歟。

龍泉窑製甚古，宋以前之器，其質如瓦，至宋而質製始精。元明多有暗花及紋片，但青色、土墍、火候均不及前矣。

市上流行與均窑類似之天青夾紫片之器，今人概以元瓷目之，其實多爲宋時所製。元之有國不過數十年，安得如許之物流傳人間。

馬窑不見於前人著述中，市肆中人凡遇倣造均窑釉汁之器，泥均以外，概以馬窑呼之。據言爲元人馬姓所造云。

宋董窑類官，但比官窑無紅色，亦不及官窑之細潤，市肆中人亦以馬窑呼之，然此非所謂馬窑之品可幾及也。

成窑畫筆，古今獨步。當時製器，五彩以外，復重青花。嘗見筆筒一個，高四寸四分，口徑三寸，瓷質細白，釉薄如紙，底口沿邊均有極細錦紋暗雕，筒身繪古戰士二，一人跨馬執刀，一人騎兕彎弓，馬狂奔而兕猛逐，戰士則從容接戰，不露驚恐。意配以浮雲、老樹、碎草、遠山，意氣發揚，筆勢飛動，蓋丹青妙手寄其心力於瓷片之上，故能筆細如髮，用青如用墨，點染描畫，各臻其妙也。明青深翠，康青流麗。明代青花多淡描，康熙青花皆濃抹。惟明青能融入釉汁之內，混化如輕雲宿墨，康青則質料凝聚，稍露筆痕。乾隆以後，青料甚劣，青瓷器品大抵陰沈如鬼臉，故粵人有「鬼面藍」之稱。

紅瓷除紫定、紫均以外，當以明祭、郎窑爲極軌，尤以數尺高大瓶最爲優美，陳於高堂廣厦之中，自有一種雍容華貴、喜氣揚溢氣象。

嘗見康熙青花大瓶，高一尺六寸，形如棒槌。沿口有邊，高寸許，繪以錦紋。瓶身繪以山水畫，山巒重疊，枝柯陰森，峯頭抹青，如日下流雲，青暉照人，流光正碧。蔚藍之天，飾耳之寶，未能似其豔麗。底畫雙圈如線，內有「大清康熙年製」六字三行款。

雍窑珍品多倣古。當時由宮中發出古瓷甚多，交御器廠倣製，製作有本，故其出器甚精。尤以天青一種至爲神化，幽淡雋永，引人入勝，非紅瓷可能望其項背也。五彩過於華麗，殊鮮逸氣，但錦紋則甚有可取，以其繁縟而有古意也。

紀事

王士性《廣志繹》卷四　浮梁景德鎮雄村十里皆火山發焰，故其下當有陶埴。應之本朝，以宣、成二窑爲佳，宣窑以青花勝，成窑以五彩，宣窑之青，真蘇浡泥青也。成窑時皆用畫，故成不及宣。宣窑五彩，堆垛深厚，而成窑用色淺淡，頗成畫意，故宣不及成。然二窑皆當時殿中畫院人遣畫也，世廟經醮壇琖亦爲世珍。近則多造濫惡之物，惟以制度更變，新詭動人，大抵輕巧最長，古朴盡失。然此花白二瓷，他窑無是。徧國中以至海外彝方，凡舟車所到，無非饒器也。近則饒土入地漸惡，多取于祁、婺之間。婺人造土成磚，磨磚作漿，澄漿作塊，計塊受錢，饒人買之以爲瓷料。

張岱《陶菴夢憶》卷三《閔老子茶》　周墨濃向余道閔汶水茶不置口。戊寅九月至留都，抵岸，即訪閔汶水於桃葉渡。日晡，汶水他出，遲其歸，乃婆娑一老。方敘話，遽起曰：「杖忘某所。」又去。余曰：「今日豈可空去。」遲之又久，汶水返，更定矣。睨余曰：「客尚在耶，客在奚爲者。」余曰：「慕汶老久，今日不暢飲汶老茶，決不去。」汶水喜，自起當鑪。茶旋煮，速如風雨。導至一室，明窗淨几，荆溪壺、成宣窑瓷甌十餘種，皆精絕。燈下視茶色，與瓷甌無別，而香氣逼人，余叫絶。余問汶水曰：「此茶何產。」汶水曰：「閬苑茶也。」余再啜之，曰：「莫紿余。是閬苑製法，而味不似。」汶水匿笑曰：「客知是何產。」余再啜之，曰：「何其似羅岕甚也。」汶水吐舌曰：「奇，奇。」余問：「水何水。」曰：「惠泉。」余又曰：「莫紿余。惠泉走千里，水勞而圭角不動，何也。」汶水曰：「不復敢隱。其取惠水，必淘井，靜夜候新泉至，旋汲之。山石磊磊藉甕底，舟非風則勿行，故水之生磊。即尋常惠水猶遜一頭地，況他水邪。」又吐舌曰：「奇，奇。」言未畢，汶水去。少頃，持一壺滿斟余曰：「客啜此。」余曰：「香撲烈，味甚渾厚，此春茶耶。向瀹者的是秋採。」汶水大笑曰：「予年七十，精賞鑑者無客比。」遂與定交。

純生氏曰：啜閔老子茶，思與蒙山僧同入青城訪道。

張岱《陶菴夢憶》卷三《龍噴池》　卧龍驤首於耶溪大池，百仞出其頷下，六十年內陵谷遷徙，水道分裂。崇正己卯，余請太守檄，捐金糾衆，畚插千人，毀屋三十餘間，開土壤二十餘畝，辟除瓦礫芻穢千有餘艘，伏道蜿蜒，偃瀦澄靛，克還舊觀。昔之日不通綫道者，今可肆行舟楫矣。喜而銘之，銘曰：「蹴醒釃龍，如寐斯揭。不避逆鱗，抉其鯁噎。瀦蓄澄泓，煦濕濡沫。夜静水寒，頷珠如月。風雷逼之，楊鬐鼓鬣。純生氏曰，鱗甲怒張，有龍跳天門之勢。」

方以智《浮山文集後編》卷二《遊永和記》　東昌石窟爲兩龍相交，斌山來起盧岡，鷄嶺過江會之。蘇黄清都之舊跡，文山之堆花井，益公之蓮池、讀書堂，蓮社士言之鑿鑿，會鷄嶺之下，就岸建亭，往來息肩。愚者閒遊至此，□鷄嶺洞洞門甚小，蒲伏乃入，中容數百人。永和隱賑，搶撲以藏，故秘之。嗟乎，聚散寒暑也，藏舟于壑，又將何以秘之乎。呼船西渡，止慧燈寺，覽曾鈍子《魯東昌志略》。永樂癸巳，梁潛蕭時中雨太史序之。步經蓮池街，則周益公晚年種蓮自娱之地也。益公之祠，與歐陽監丞祠相望巋然。監丞諱詢，宋南渡後，使命□燕山者也。由米巷入仙關，爲清都觀。至元劉時楙記玉局堂，歐陽中立記逍遥堂，劉三吾記三門。當時飛甍周廊，金碧奂如，今惟殿兩重耳。東坡歸自儋耳，山谷宰西昌，同下永和，游清都。坡公書「清都臺」三字，送道士謝子和詩。爲曾安止書「秧馬歌」，安止之。孫好古爲道士，傳其墨迹，謝凝然刻之于石，至今傳蘇黄戲擲金錢于池中。池中開金錢花，采而視之，乃四葉艸，黄花如錢。此其遺風，令人千載想見者乎。入市有堙井，云坡公墮履于此，穿之得泉。昔坡公韓廟文曰：「公之神在天下，如水在地中，無往而不存。」景行行止，文仲進之咏，其能已乎。三市兩墟，一在本覺，一在智度。智度即唐資福，宋祥符改額焉。胡忠簡從海道歸薌城小寓，寔寓於此，謝矩所記也。本覺寺後，爲静圓禪師之母墓，隣人歲時爲之拜掃。一曰「嚴陽尊者」，謚「静圓」也。自祠在窑□□三里許爲石窟，文山祖居此，長于富田，有堆花井。文山生時，此井溢出爲秀水溝，柴市之後，其井遂竭。崇禎戊辰，文震孟相國發時，此井亦溢。事固有不可知而叶應者，何怪乎里人之口津津耶。其爲窑嶺者六七處，宋時所開，出土明膩，宋末窑變，乃移于饒。或曰「土斷」，近之不見。王□洲云：「饒之鮮紅土斷乎。」今青原殿上所供大净瓷，名曰舒嬌，是永和舒翁之女所畫也。畫水塘尚在，中有金印魚，魚額正方，如金，他處所無。今全市之甃地叠牆，皆累前代之坯。因窑立鎮，置監主之，估商帆集，萬煙駢填，相去五百年蕭條乃爾。閱志所槩劉將孫爲楊思齊記巽□堂，謝子方易菴之卧雲樓，李君美之竹所，葛常魯之守道堂，劉君和之迎薰，□王起予之予隱堂，曾思齊之守約齋，解縉爲蕭尚賓記讀書堂，俱在榛莽瓦礫中矣。惟鳳岡精舍，其顔如故。青原遯叟蕭飛遺筆。仁風文物，遺澤流遠。刀兵水火，澌磨不盡。嗟呼，一盛一衰，人間之勢，其中之不變者安在。遊人目擊，能無怵然。夜坐□順軒而記之。永樂進士蔣翾之兩解「隨順」之義曰：「一帖然于倫脊而安其條達，一儻然于未有天地而泯其得喪，是隨順也。果兩解乎？」已而曰：「山水遺放時不可少」，已而曰：「隨順世緣，即隨順天則也。」何遺何放，客因問愚者，如何是兩解「隨順」之義，愚者曰：「□。」

程哲《蓉槎蠡説》卷一

窑器所傳柴、禹、官、哥、鈞、定可勿論矣，在勝朝則有永、宣、成、弘、正、嘉、隆、萬官窑。其品之高下，首成窑，次宣，次永，次嘉，其正、弘、隆、萬間亦有佳者。其土骨紫白，料法也。堊藥，水法也。底足，火法也。蒼青彩，畫法也。所忌者三：釉澤不具曰骨，罅折曰蔑，邊毁剥曰茅。成窑之草蟲可口、子母鷄勸杯、人物蓮子酒盞，艸蟲小琖、青花小盞，其質細薄如紙。蒲萄靶杯、五色敞口匾、肚齊箸小碟、香合小罐，皆五采者。成杯茶貴于酒，采貴于青，其最者鬬鷄可口，謂之鷄缸。神宗時尚食，御前成杯一雙已值錢十萬。成、宣靶杯皆非所貴。宣窑之祭紅杯盤，有通體紅者，有紅魚者、百果者，有西紅寶石堊塗燒者，其寶光凸起紫黑者，火候失也。青花有茶靶杯，畫龍及松、梅。有酒靶杯畫人物、海獸。硃砂祭紅少大器，壺物有色紅鮮白鎖口者，有竹節滷壺、小壺匾罐，皆罩蓋者。罏、鉼、杯、碟、敞口花尊、蜜漬桶罐，多五采者。白壇盞心有「壇」字暗花，白茶琖瓮肚釜底線，足裏有龍鳳暗花，底有「大明宣德年製」暗款。坐墩有漏花、填采，皆深青地。有藍地填采，有白地青花，有冰裂紋，其形以拱面爲上，凹面次之，爲其積水故也。又以花款青堊，光素品者次之。水注有五采桃注、石榴注、采色雙爪注、雙鴛注、鵝注。筆洗有魚藻洗、葵洗、罄口洗、螭洗。雨臺鐙檠、幡幢雀食罐、蟋蟀盆。徐應秋曰：宣窑不獨款式端正，色澤細潤，即其字畫亦精絕。嘗見一茶盞，乃畫輕羅小扇撲流螢，其人物毫髮具備，儼然一幅李思訓畫。永窑之壓手杯傳用可久，撆口折腰，沙足滑底，外深青花，内雙獅毬，毬内篆書「永樂年製」，細如粟米。鴛鴦心次之，近倣蠢厚，約略形似耳。嘉窑泡杯，其極低小罄口者，有三友花者稱最，水藻者次之，芝草者又次之。壇琖大中小三號，内「茶」字者爲最，「橄欖」字、「酒」字、「棗湯」字次之，「薑湯」字又次之。薑湯不恒有。琖色以正白如玉斯美，堊嫩則近青，堊不净則近黄。其青花五色二窑器製悉備，有三色魚匾、殘罄、口饅、心圓、足紅鉛小花合子等，有大如錢，有青花，有紅花。蓋永尚厚，成尚薄，宣青尚淡，嘉青尚濃，成青爲蘇渤泥，宣青名麻葉青。宣采未若成采淺深入畫也。嘉萬之回青，特爲幽菁鮮紅土絶，色正礬紅，而回青盛作。隆窑之祕戲不入鑒藏。他物汁水瑩厚如堆脂汁，故名鷄皮、橘皮，質料厚實，不易茅蔑也。官窑坯器乾經年，方用車碾，薄上堊水，候乾數次，故入骨最堅而厚，出火口足堊不滿者，則碾去土堊更燒之，故有鷄、橘紋起，用久口不茅、身不蔑。其發椶眼、蟹爪紋者，堊中心小疵，反以諗火候之到，亦如宣鑪〔冷〕熱充補他鑄無及者。至于別見他産者略疏于後。彭窑，元時戧金匠彭均寶效古定器制折腰樣者甚佳，土脉細白者與足器相似，青口，欠滋潤，極鬆脆，稱爲新定。近景德倣者用青田石粉爲骨燒造，名爲粉定，堊粗骨鬆，更不佳。龍泉窑，出浙江處州龍泉縣，與哥窑共一地。道宋時名曰青瓷，明窑移處州府。處州青色土堊火候較舊龍泉質劣，古器質薄，一種盤底有雙魚，外有銅掇環，體厚者不佳。象窑，出浙江寧波府象山縣。似定而粗，色帶黄，有蟹爪紋。色白滋潤者高，俱不貴。歐窑，出南直常州府宜興縣。明歐姓者燒造，有倣哥窑紋片者，有倣官、鈞窑色者。采色甚多，皆花盤匜架，諸器不一，舊者頗佳。建窑，出福建泉州府德化縣。其色有甜白、青色，深淺不同。古建瓷薄者絶類宋瓷，盌盞多是撆口，色黑滋潤，有黄兔斑，滴珠大者真，體厚者多，少見薄者，惟佛像最佳。饒器，出江西饒州府浮梁縣景德鎮及廣信府弋陽縣。宋時器色樣甚繁，其淋堊甚肥，靈透與定相近而稍有異。明官窑皆出於此，其官造窑小而器不多，甚至一窑止燒一器者，蓋取火候和匀周密而無皵斜、走烟、破罊之失。祭紅以西紅寶石爲堊，又有珠砂點、翠青花點，色不同，堊肥，俱有橘皮紋，甜白。一種色如羊脂者尤可愛，重堊不到，磨去復上，入窑再燒，故椶紋甚厚，久用而不茅蔑。御土窑體薄而潤最好，素折腰樣茅口者，體薄色潤瑩白尤佳，其值低于定器。元時燒小定印花者，内有「樞府」字者高，新燒大足素者欠潤。有青色及五色花者，今燒此器佳者色白而瑩最高，青黑色戧金者多是酒壺、酒盞之屬。吉窑，出江西吉州府廬陵縣永和鎮。色與紫定相類，體厚而質粗，不足貴。宋時有五窑，書公燒者佳，有白、紫二色花缾，大者直數金，小者有花，又有碎器亦佳。相傳文丞相過此，窑器盡變成玉，遂止不燒。山西窑，出太原府榆次縣、平定州平陽府。霍州又出霍器。陝窑，出平凉府平凉、華亭兩縣。廣東窑，出潮州府。其器與饒器類。高麗窑，器類饒産，有甜白色而堊乾燥，微近黄，皮粗骨輕，花素不等，細花竟似北定，印花青色者似龍泉，上有白花朵者不甚佳。大食國器以銅骨爲身，起線填五采藥料燒成，俗謂法瑯是也。宋官窑色鮮菁可愛，明官窑亦佳，又謂之鬼國窑。古瓷器，出河南彰德府瓷州，與定器相似，但無淚痕，亦有劃花、繡花，素者值昂于定，新者不足論也。

邵晉涵《南江文鈔》卷八《書桂未谷家藏壽幛後》　曲阜桂君未谷攜其曾祖述菴先生壽幛出示同志，皆康熙初名人贈言也。中如李文貞、杜肇余、田山薑諸作，皆情辭相稱，雖獻酬之作，要非率爾操觚，可想見盛時士大夫之風雅矣。歲丁酉，余在杭州，見許氏所藏朱提酒器十餘事，形製古雅。有若容五升之觵者，有若容三升之觵者，有若爵，有若洗，有若時氏所鎔素瓷者，有若西江藍色瓷者。各鑿姓名於側，曰「湯斌孔伯」、曰「徐乾學原一」、曰「杜臻肇余」、曰「張英敦復」、曰「朱阜即山」、曰「李振裕維饒」、曰「耿介逸菴」，餘多知名士，觀其器知其人。測其酒户之大小，以湯文正爲最尊。諸公詩酒流連，雖瑣事亦可傳也。庚子五月，未谷招飲於翁覃溪學士齋中，偶徵此事，學士曰：「有壽幛不可無侑傷之具，子盍記之。」因牽連書於後。

梁章鉅《浪跡續談》卷八《龍泉窑》　龍泉窑出龍泉縣，以緑色匀净，裂紋隱隱有硃砂底者爲佳。自析置龍泉入慶元縣，窑地遂屬慶元，去龍泉幾二百里。而今人遇新出之青瓷窑，仍稱龍泉，亦可笑也。青瓷窑地在琉田地方。按龍泉舊志載，章生二嘗主琉田窑，凡瓷出生二窑者，必青瑩如玉。今鮮有存者，或一瓶一盤，動博十數金。其兄章生一窑所出之器，淺緑斷紋，號百圾碎，尤難得。世稱其兄之器曰哥窑，稱弟之器曰弟窑，或稱生二章云。

王培荀《鄉園憶舊録》卷三　畢秋帆嘗撫吾東，與曲阜孔府結姻。其嫁女也，欲以宋瓷柴窑所謂「雨過天青」者鑲耳環，或得以獻，費千金。欲得雙鴛鴦隨奩具，生者難致，得其一亦不可養，並獲雌雄更難。惟某地有之，縣令懸賞千金，竟得焉。秋帆没，子某服闋，演優觴客，歌舞方酣，查抄者突至。簿録後，吾邑郭龍川在蘇奉委守視，見散棄於故紙堆中扇面三四，皆名人筆迹。其子於曲房偶啓畫匣，繡履滿中，嵌金錯采，璀燦奪目，而粉白黛緑之人星飛雨散矣。公勳業文章甚著，身後籍没。當時年幼未知其詳，聞皇上眷念舊臣，賞還地畝若干爲公祭田，誠聖朝寬大之恩也。嫁女在蘇州，公子官侍郎。

王培荀《鄉園憶舊録》卷四　孫氏萬緑園在城中。余年少時見平疇瓦礫，惟兔葵燕麥摇動春風，不知所謂園也。及觀學博臧岳園記，如李龍眠白描細入毫髮，一池、一亭、一草一木，曲折幽深，令人應接不暇，坐而生羨，其規模都不記憶。其閒陳設尚記有東坡墨竹一軸，哥窑盤一枚。數年前，縣令喻姓者從孫氏子孫取二物去，自咤云：「畫固至寶，盤之存者海内祇有四，今得其一，此來爲不虚矣。」余未見其盤，如哥窑亦非希有，何至如此鄭重，是必有異。物之有形者易亡，而存園記一篇如話如畫，其境彷佛在目。文人筆墨可與造化争能。古人必倩名人作記，非徒誇耀一時，亦謂園可亡而文字在即園在也。《洛陽名園記》驗天下之盛衰，吾記諸園亦以驗吾邑之盛衰云爾。

金武祥《粟香隨筆》卷六　饒州府景德鎮，自陳至德元年以埏礎貢建康。宋景德年真宗命進御瓷器，底書「景德年製」，于是天下咸稱景德鎮瓷器。元時蔣祈記云：「景德鎮埏埴之器，潔白不疵，印花、畫花、雕花有其技，至今日而製造益精。道光時有鎮人陳國治者，彩畫雕鏤名重一時，又不輕作，每一器值數十金。」蔣矩亭大令贈以聯云「瓦缶勝金玉，布衣傲王侯」。又贈以額曰「陶隱」。余于乙丑歲游浮梁，居景德鎮數月。時有李古董者，亦善繪瓷器，有陶隱之風焉。

今論窑器者必曰柴、汝、官、哥、定。柴窑者，五代周顯德初所燒，在河南之鄭州，以周世宗姓柴，故名。相傳當時請器式，世宗批其狀曰：「雨過天青雲破處，者般顔色作將來」，爲古來諸窑之冠，久不可得矣。汝窑者，宋時河南汝州所造，爲淡青色。官窑者，宋大觀政和間汴京自置窑燒之，曰「内窑」，亦曰「官窑」。有月白、粉青、大緑三種。哥窑者，宋時處州府龍泉縣所燒。龍泉窑本有名，其時處州人章姓兄弟分造，兄名生一，因别之曰「哥窑」。色青濃淡不一，紫骨鐵足。定窑者，宋時直隸定州所燒，有南定器、北定器。白色滋潤，又有紅者，間造紫定、黑定，以紅、白爲尚。

越窑越州所燒，始唐代，今浙江紹興府在隋唐曰「越州」。瓷色青，著美一時。陸龜蒙詩云：「九秋風露越窑開，奪得千峯翠色來」，則唐時亦爲韻物。錢氏秘色窑實始于此。

建窑，古建州窑，出宋代，爲今之建寧府建陽縣，入元猶盛。

均窑始于宋，造于河南之禹州。禹州昔號「鈞臺」、「均合」、「作鈞」，今通作「均」。窑具五色，景德鎮每倣造之。

論明瓷者首宣，次成，次永，次嘉，然宣彩未若成彩，其點染生動，非丹青所能及。

祭紅或作「霽紅」，或作「濟紅」，當以祭紅爲是。蓋宣窑造此爲祭郊日壇用也。

震鈞《天咫偶聞》卷三　余家世代仕宦，皆以清德著稱。水部公監督琉璃窑，值乾清宫災，嚴旨督造甚急，瓦不能繼，出家貲佐之。宫成，家貲遂罄。恭慎公官馬蘭鎮總兵，有内務府司員李某，巨富。歷任無不賄賂交通，惟公一無所受。後李敗交刑部時，有某相國與公不協，必欲李攀引公。李大呼曰：歷任駐陵大臣無不受我賂，惟特大人一無所染，李某雖死不敢誣公也。及公逝後，先伯至於窘乏。先大父福寧公，以福建海防同知權福寧知府，歸來即典衣。先君官户部，日掌山東司印，竟不名一錢。檔房領辦數年，凡奏銷案槩不與聞。及雲南奏銷案出，闔文介逐名指摘，而知公素深，獨無間言。官江南，與沈文肅相忤，及公殁，文肅謂人曰：英守殁矣，江南似此廉吏，恐難再得也。即日致賻千金。

震鈞《天咫偶聞》卷七　大興才女胡慎儀、胡慎容姊妹，皆以詩名。慎儀尤善，早寡。未幾，子亦卒。遂受聘爲閨閣師，歷四十年，女弟子至二十餘人。晚號鑑湖散人，著有《石蘭詩鈔》。其女名思慧，字睿之，爲侍郎劉秉恬室，詩亦能傳家學，著《繡餘吟》。光緒初，京師有陳寅生之刻銅，周樂元之畫鼻煙壺，均稱絶技。陳之刻銅，用刀如筆。入銅極深，而底如仰瓦。所刻墨盒、鎮紙之屬，每件需潤資數金。周之煙壺畫於玻璃之裏面，山水、花果仿名人卷册，極棘猴貫蝨之巧。周年不永，一生所畫不及百枚。殁未幾，一枚已直數十金。自國初罷鐙市，而歲朝之游改集於廠甸。其地在玻璃廠之中，窑廠大門外，百貨競陳，香車櫛比。自初二日至十六日，凡半月。午前游人已集，而勾闌中人輒於此炫客，必竟日始歸。蕩子輩絡驛車前，至夾轂問君家，亦所不禁。門東有吕祖祠，燒香者尤衆。晚歸必於車畔插相生紙蝶，以及串鼓，或連至二三十枚。或以山查穿爲糖壺盧，亦數十，以爲游幟。明日往，又如之。

近來廠肆之習，凡物之時愈近者，直愈昂。如四王吴惲之畫，每幅直皆三五百金，卷册有至千金者。古人惟元四家尚有此直，若明之文、沈、仇、唐，每幀數十金，卷册百餘金。宋之馬、夏視此，董、巨稍昂，亦僅視四王而已。書則最貴成邸及張天瓶，一聯三四十金，一幀踰百金，卷册屏條倍之。劉文清、王夢樓少次，翁蘇齋、鐵梅菴又少次，陳玉方、李春湖、何子貞又次，陳香泉、汪退谷、何義門、姜西溟貴於南而賤於北。宋之四家最昂，然亦僅倍成邸，松雪次之，思白正書次之，然亦不及成、張，行書則不及劉、王。若衡山、希哲、履吉、覺斯等，諸自鄶比，皆時下賞鑒，而賈人隨之。至於瓷器，康熙十倍宣、成，雍、乾又倍康熙，而道光之「慎德堂」一瓶，至數百金。又有「古月軒」一種，以料石爲胎，畫折枝花卉，絶無巨者。瓶高三寸，索直五百金，真瓷妖矣。因憶《野獲編》云：玩好之物，以古爲貴。惟本朝則不然，永樂之剔紅、宣德之銅、成化之窑，其價遂與古敵。蓋北宋以雕漆名，今已不可多得。而三代尊彝法物，又日少一日。五代迄宋，所謂柴、汝、官、哥、定諸窑，尤脆易損，故以近出者當之。又云：沈、唐之畫，上等荆、關。文、祝之書，上參蘇、米。則明人已有此風，然不過方駕古人耳，水如今之超乘而上也。

許起《珊瑚舌雕談初筆》卷二《宣德鑪》　大明宣德鑪，世之争尚者久矣。以宣德時，内佛殿火，金銀銅像融而爲一，遂命鑄鑪。凡銅煉六火則露寳光，上命加火一倍，煉而條之。復用鋼鐵爲篩格，以赤火鎔條，取其極清而滴條下者爲鑪，存格上者製他器，此宣鑪之質也。鑪式略仿宋瓷，其上者曰「百摺彝」、曰「乳足」、曰「花邊」、曰「魚耳」、曰「鰍耳」、曰「蚰蜒耳」、曰「薰冠」、曰「象鼻」、曰「石柳足」、曰「橘囊」、曰「香奩」、曰「花素」、曰「方員鼎」。下者曰「索耳」、「分襠」、曰「判官耳」、曰「角端」、曰「象鬲」、曰「雞腳扁」、曰「番環」、曰「六棱」、曰「四方」、曰「直腳」、曰「漏空桶」、曰「竹節」。其款陰印陽文真書「大明宣德年製」，又有呈樣無款者最爲難得。此宣鑪之式也。宣鑪妙處無色，爇火久則假色外炫，真色內融，燦爛善變，嫩如哀梨，入口即化，凝如魚凍，呵氣即消，須有此種光景，方爲上乘。又有製時空罅，以赤金衝滿之者，名「衝眼」，得火則金色盡顯，益從黯淡中發奇光焉。火候既到，即久不著火，納諸汙泥中，拭而色如故，如是則爲真宣鑪。假者雖火養數十年不能然也。其色有初年、中年、末年之分。初年仿宋燒斑，尚沿永樂鑪舊製。中年用番滷浸擦熏洗，易爲茶蠟，亦間有滲金者。末年乃露本質，著色更澹矣。色凡九，曰：「栗殼」、曰「茄皮」、曰「棠梨」、曰「褐色」、曰「渥赭」、曰「紫泥」、曰「雅丹」、曰「赤兔」，而藏經紙色爲第一。又有所謂雞皮紋者，覆手起粟，迹如雞皮而撫之實無有。又有所謂燭淚痕者，或在腹下，或在口下，在腹下爲湧祥雲，在口下爲覆祥雲。又有所謂象物影者，偶爾觸目，光耀中或有樓臺，或有禽鳥飛舞，或有人物等影，即而審眎，泯無一物，是皆火氣所成，尤不易得。此宣鑪之色也。然此物爲世所珍，頗多贗者。余雅不愛此，憶家傳有大小宣鑪不下二、三十口，豈盡真而無一贗者。自經赭寇後，盡行散失。於近年先後連得兩口，俱與恒鑪有異。一無耳有足，款文「大明宣德年製」，陰印陽文，有雲雷文邊色，所謂「栗殼」者。燒炭斃火較久他鑪兩三箇時刻。一獅耳無足，較大於栗殼，款文「大明宣德五年監督工部官臣吳邦佐製」。得火後有金光，大如錢，小如豆，隱隱顯出，即所謂藏經紙色者。又疑是「衝眼」頗重，見者無不稱悦。余以先府君素有此癖，不期遭亂盡失，至捐館時猶耿耿於懷。當日無獲以慰爲憾，噫今雖購得供諸木主前，如留傳於後不遑問也，而此時在天之靈其能稍慰乎。

鄒弢《三借廬贅譚》卷六《宣爐考》 余於金石家學素不潛心，偶有問者妄應之而已。家向藏宣爐二，一形似爵杯，兩耳三足，中作水紋。一形方，圜廣七寸，無耳無足。供神前爲人竊去，至今惜之。然真僞未能辨也。後閱《鼎彝考》、《顧氏金石録》、《帝京景物略》及方坦菴《宣爐歌》、《遵生八箋》諸記載，頗有詳其製者。近觀《柳南隨筆》亦載一則，因摭録之以備好古之助：「明宣德時，內殿火，金銀銅佛像俱融一處，遂命鑄爲爐。凡銅經六鍊則生寶光，上命加火七鍊，以鋼鐵爲篩格，以赤火鎔條，取其極清而滴條下者爲爐，存格上者製他器。此宣爐之質也。爐制略如宋瓷，其上者曰「百摺□」、曰「乳足」、曰「花邊」、曰「魚耳」、曰「鰍耳」、曰「蚰蜒耳」、曰「薰冠」、曰「象鼻」、曰「石柳足」、曰「橘囊」、曰「香奩」、曰「花素」、曰「方員鼎」。下者曰「索耳」、曰「分襠」、曰「判官耳」、曰「角端」、曰「象鬲」、曰「雞脚扁」、曰「番環」、曰「六棱」、曰「四方」、曰「直脚」、曰「漏空桶」、曰「竹節」。其款陰印陽文真書「大明宣德年製」，又有呈樣無款者最難得，此宣爐之名，即可知其形也。宣爐妙處在□爇火久則假色外炫，真色內融，燦爛善變，嫩如哀梨，入口欲化，凝如魚凍，呵氣便消，須有此兩種光景，方爲佳品。又有製時空隙以赤金衝滿之者，名曰「衝眼」，得火則金色盡顯，黯淡中愈發奇光。火候既到，即久納汙泥中，取出拭去汙，而顏色不改，此辨宣爐之真者也。其僞者雖火薰、火養，終不能然。且爐色又有初、中、末三年之分，初仿宋燒斑，尚沿永樂爐舊製。中年用番滷浸擦薰炙成茶蠟色，亦間有滲金者。末年則露本質，著色更淡矣。其色有五，曰「栗殼」、曰「棠梨」、曰「茄皮」、曰「褐色」，而藏金紙色爲上乘。更有所謂「燭淚痕」者，或在口，或在腹下，在口爲覆祥雲，在腹下爲湧祥雲，皆火氣凝成，更非易得。此宣爐之色也。自兵火頻乘，真鼎漸少，寺儈營利往往以僞混真，好古之士又不多覯。真識益少，真物愈藏，宜其瓦釜雷鳴也，噫。

著録

永瑢等《四庫全書總目》卷一一五 《茶經》三卷。浙江鮑士恭家藏本。唐陸羽撰。羽字鴻漸，一名疾，字季疵，號桑苧翁，復州竟陵人。上元初，隱於苕溪。徵拜太子文學，又徙太常寺太祝，竝不就職。貞元初卒，事迹具《唐書·隱逸傳》。稱羽嗜茶，著經三篇。《藝文志》載之小説家，作三卷，與今本同。陳師道《後山集》有《茶經序》曰：「陸羽《茶經》，家書一卷，畢氏、主氏書三卷，張氏書四卷，內外書十有一卷，其文繁簡不同。王、畢氏書繁雜，意其舊本。張書簡明，與家書合，而多脱誤。家書近古，可考正。曰七之事以下，其文乃合三書以成之。録爲二篇，藏於家。」此本三卷，其王氏、畢氏之書歟，抑《後山集》傳寫多譌，誤三篇爲二篇也。其書分十類，曰一之源，二之具，三之造，四之器，五之煮，六之飲，七之事，八之出，九之略，十之圖。其曰具者，皆採製之用。其曰器者，皆煎飲之用。故二者異部。其曰圖者，乃謂統上九類，寫以絹素張之，非別有圖。其類十，其文實九也。言茶者莫精於羽，其文亦朴雅有古意。七之事所引多古書，如司馬相如《凡將篇》一條三十八字，爲他書所無，亦旁資考辨之一端矣。

永瑢等《四庫全書總目》卷一二三 《清祕藏》二卷。浙江鮑士恭家藏本。明張應文撰，而其子謙德潤色之。應文字茂實，崑山監生，屢試不第，乃一意以古器書畫自娱。謙德即作《清河書畫舫》及《真蹟日録》之張丑，後改名也。是編雜論玩好賞鑒諸物，其曰《清祕藏》者，王穉登《序》謂取倪瓚《清祕閣》意也。上卷分二十門，下卷分十門，其體例略如《洞天清録》。其文則多採前人舊論，如《銅劍》一條本《江淹銅劍讚》之類，不一而足，而皆不著所出，蓋猶沿明人剽剟之習。其中所列香名，多引佛經。所列奇寶，多引小說。頗參以子虛烏有之談，亦不爲典據。然於一切器玩，皆辨別真僞，品第甲乙以及收藏裝褙之類，一一言之甚詳，亦頗有可採。卷末《記所蓄所見》一條，稱所蓄法書惟宋高宗行書一卷，蘇子瞻詩草，元趙子昂《歸田賦》。所蓄名畫惟唐周昉《戲嬰圖》，宋人羅漢八幅，《畫苑雜蹟》一册，元倪雲林小景一幅而已。而其子丑作《清河書畫表》，列於應文名下者乃有三十一種。此書成於應文臨没之日，不得以續購爲詞，然則丑表所列，殆亦夸飾其富，不足盡信歟。此本爲鮑士恭家知不足齋所刊，原附丑《真蹟日録》後，蓋《山谷集》末載《伐檀集》之例。今以各自爲書，仍析出别著録焉。

永瑢等《四庫全書總目》卷一二三 《研山齋雜記》四卷。編修勵守謙家藏本。不著撰人名氏。考研山爲孫承澤齋名，或疑即爲承澤作。然所引查慎行《敬業堂》詩、主士禎《居易録》等書，皆在承澤以後，則必不出承澤手。考承澤之孫炯有《研山齋珍玩集覽》，此書或亦炯所撰歟。首論《六書》，而附以《璽印》及《刊版》，告身表文之屬。次《研說》、《墨譜》，而附以眼鏡。次爲《銅器考》、《窯器考》，皆頗足以資考證。蓋承澤雖人不足道，而於書畫古器則好事賞鑑，兩擅其長。其所收藏，至今爲世所重。炯承其遺緒，耳濡目染，具有淵源。其所論著，一一能詳究始末，細別纖微，固亦不足異矣。

永瑢等《四庫全書總目》卷一一五 《續茶經》三卷，附録一卷。江蘇巡撫採進本。國朝陸廷燦撰。廷燦字秩昭，嘉定人。官崇安縣知縣候補主事。自唐以來，茶品推武夷。武夷山即在崇安境，故廷燦官是縣時習知其說，創爲草槀。歸田後，訂輯成編。冠以陸羽《茶經》原本，而從其原目採摭諸書以續之。上卷續其一之源、二之具、三之造。中卷續其四之器，下卷自分三子卷。下之上續其五之煮、六之飲。下之中續其七之事、八之出。下之下續其九之略、十之圖。而以歷代茶法附爲末卷，則原目所無，廷燦補之也。自唐以來閱數百載，凡産茶之地，製茶之法，業已歷代不同。即烹煮器具亦古今多異。故陸羽所述，其書雖古，而其法多不可行於今。廷燦一一訂定補輯，頗切實用，而徵引繁富。觀所作《南村隨筆》，引李日華《紫桃軒》又綴《五臺山凍泉》一條，自稱此書失載，補録於彼。其搜採可謂勤矣。録而存之，亦足以資考訂。至於陸羽舊本，廷燦雖用以弁首，而其書久已別行，未可以續補之書掩其原目。故今刊去不載，惟録廷燦之書焉。

許之衡《書成自題六十韻・飲流漫稿》 此日知何日，孤懷百感紆。有涯生待遣，何物性能娱？漉酒懷難寫，看花眼倦旴。書淫辭顧怪，畫癖謝倪迂。樹樹聞鶗鴂，山山聽鷓鴣。誤人燕市築，爲客楚庭竿。自障元規扇，誰敲處仲壺？世情蕉裏鹿，鄉夢笋邊鱸。非墨吾尊命，談玄我踞觚。諦參悲乃智，生悟有還無。遇蹇天應恕，憂來古與愉。賞心開異境，瀹性闢奇途。大邑詩吟杜，花瓷句咏蘇。縹題潘岳賦，器列子京圖。紅玉誰初琢？青冰孰此腴？古香邢與越，秘色蜀兼吴。汝定摩挲愛，官哥攷訂劬。天青痕淡抹，雨過潤如酥。泑現魚形幻，紋指蟹爪粗。宣成洵質茂，隆萬亦華敷。勝代崇文物，官窑重楷模。精華四海萃，供億萬緡輸。禁料新頒紫，璿題細點朱。作監專吏設，善畫外臣摹。輦載連車騎，船裝接舳艫。木蘭移別殿，遼瀋入陪都。歲貢徵常例，珍藏別御需。球琳儲百庫，琛賮列千橱。鬼斧精英琢，神工藻績鋪。賽珍馳海國，載寶耀寰區。製作關時會，人文待發攄。攷工疇補記，美術罕周諏。走也風塵賤，研之歲月徂。挈瓶非號智，捫籥未全誣。結習痂成癖，嚶鳴道不孤。近鄰寂園叟，時過鬭杯廬。日下多廛肆，昌南富埴壚。海王村屢過，内史墓頻趨。瑋麗羅千態，恢奇列萬殊。微茫窮絫黍，毫髮判錙銖。水暈疑含眼，沙痕細辨趺。碧應差琭璹，赭已奪珊瑚。蘋緑凝螺黛，豇紅艷絳襦。畫題軒古月，色染水西湖。祕笈搜天籟，遺聞考紺珠。名工喚章弟，雅製憶彭姑。周鼎防遭棄，康瓠莫貢諛。遇秦矜得寶，易趙訝懷瑜。茗椀嵇康門，茶甌陸羽呼。見聞蒐北夢，掌故說西皐。病魔猶堪遣，愁魔或足驅。偶然存賸藁，聊復寫編蒲。隨筆供談藪，零編此說郛。志慚文長物，集媿褚堅瓠。擷粹仍餘粕，存精未汰蕪。殺青宜瓿覆，飲墨且毫濡。淹雅慙歐九，叢殘補繼儒。學原嗤骨董，趣可博胡盧。今古同坏土，乾坤一破盂。千金留敝帚，吾自愛真吾。

寂園叟《匋雅·自序》 江浦寂園叟曰：有虞上匋，器不苦窳。匋之堅緻者，厥名曰瓷。縹瓷酌鄢，賦於潘岳，蓋在西晉初葉，青器所自始也。漁洋謂漢有瓷戔，殆非率爾之詞。隋唐以來，作者蓋夥，緑瓷紫瓷，並入歌詠。柴趙雅製，至元而稍衰。永宣大振，遂重彩畫，終明之世，精光不泯。康雍官窑，窮極美麗，萬國周通，名益大顯。乃元汴繪圖，斷自勝國，朱(珓)〔琰〕撰説，不及本朝，自餘諸子，語焉弗詳，三百年間闕而無徵，其奈之何？又以山僻眊儒，劬攷古制，而物力既罄，聞見亦窘。駔儈貴游，雖略知鑒別，意有所會，尠能筆之於書。則區區著録，烏容已哉！起丙午二月，迄辛亥正月，都凡得書三卷。大氏樸實説理，無取脩飾。兒子輩刊而存之，以省鈔胥云爾。不曰瓷而曰匋者，從其朔也；命之曰雅，蓋有志而未逮也。是書體例蕪雜，初以迫於吏事，今更沈湎杯酒，尚不暇釐析，既已言之矣。

寂園叟《匋雅·原序一》 叙曰：重譯譯華瓷爲支那，蓋即支那瓷之省文也。于是寰球之人遂皆目支那爲瓷國。吾華之瓷業近益凋瘵矣，其猶能以其瓷蜚聲於寰球，而爲寰球之人所稱道弗衰者，則國初之舊瓷也。居中國之人，不能使其國以堅船利砲稱雄於海上，其次又不能以其工業物品競争於商場，而僅憑藉其國初所出之瓷之聲譽以相與夸燿，至使寰球之人目其國爲瓷國者，則有司者之辱也。居瓷國而不通瓷學，又使寰球之人嗤其生長於瓷國，而並不知其國之瓷之所以顯名，則吾黨之恥也。京師者，一國精華之所在也，寂園叟者，江浦之鄙人也。叟居京師二十餘年，若將終其身執胥吏之役而不敢逾越者，軍國之事宜非所留意，所宜留意者，仍吾黨之舊學而已。叟近年以來箸録益多，子京繪圖，笠亭説器，名稱不一，卷帙乃繁。世有考吾華之絶業者，未嘗一窺斯編，蓋亦不能輒讀叟所著之他書也，叟於是乎有《瓷學》之作。光緒丙午十有一月二十三日，寂園叟自序。

寂園叟《匋雅·原序二》 文之高尚者，謀篇爲要。畫家之千巖萬壑，兵家之千乘萬騎，必也大山宫小山，大營包小營，未有不分門類，不序列前後首尾，紛綸糅雜歷歷落落而自成一家言者也。寂園叟之在都下也，竿牘填委，日且僕僕於車塵馬足間，以餬其數十口之生，亦至云憊矣。乃猶與一二耆古之士昌明絶學，爲之剖析毫芒，以彰闡我國工藝之精美，物産之殷富，康雍乾三朝製作之宏偉都麗，足以上掩朱明，彈壓五洲，豈不有卓然可傳者在歟？叟窮蹷著書，一日而得二萬言，析而爲十有二種，演之得十餘萬言，皆説古器者，《瓷學》其一也。其有一則而散見於各種者，詞氣則同而意趣各有屬也。是編綜其大凡，不名一物，乃空談名理之作。顧又以簿書鞅掌之故，思想所屆，縱筆之所如，初未嘗釐訂體例，區別部分，斠斠章法，一以質直簡率爲主，而一切無所潤飾。蓋勞人草草，憂心如擣，詩三百篇，大氏煩怫牢抑不得於時者之所言，固與研都鍊京多得著書歲月者迥不侔矣。嗟乎！嗟乎！海鹽朱氏昔所著録者，今兹所存百不得一焉。叟所目覩而手記之者，亦不能以多覯。則後之讀叟書者，其感喟無聊，又當何如也？吾宗劍潭孝廉見而詫曰：「子抑何言之不雅馴也？」則笑應之曰：「吾宗著作等身，類多經濟，爲世用之書，鄙人硜硜，《説瓷》乃自以爲擇言尤雅，或且過於箋註唐律、校勘各國條約、修正鹽法志之時也。」若夫治絲冶金，梭櫛化合，比而附之，各自爲篇，此則後生小子積日累月之事，恐非叟之所能爲役者矣。宣統庚戌上巳，寂園叟題於雄樹堂。

藝文

寂園叟《斗杯堂詩集·康熙朱盂歌》 蘋果青、蘋果緑，一盂千金意未足，青耶緑耶紅所變，積紅變緑殊怪特，積紅之與寶石紅，同稱祭紅無區別，祭祖告廟至虔敬，瓷器以紅作巠澤，祭天尚青御用黄，祭紅顔色尤奪目，萬歷祭紅米湯底，底似龍泉曰宣德，今以明瓷無款者，訛作本朝郎廷極，有款無款分兩種，一紫寶石一朱赤，元汴藏器世有聲，石瓷圖説實可讀，以有款者爲積紅，祭器專推紫寶石，國初積紅最明艷，往往紅中有緑色，當時窑變官所賤，裝箱入貢勤剔出，其進御者赤若朱，賤視青緑棄不惜，歐洲豪商重窑變，珍之不啻球與璧，點苔噴霧各有妙，流光四照色正碧，貴紅貴緑思想幻，難以常理相揣測，前者宣德而康熙，前古來今迥超越，窑烟熏黑類鼠臘，康熙末葉遭此厄，我昔有盂紅雜粉，雨中桃花鮮若滴，不脛而走不翼飛，渺乎不可以再得，今兹所藏真貢品，圓而且扁荸薺式，朱霞一朵在天半，余波綺麗海王國，薄游遼沈飛將軍，狸奴嗅腥睛灼灼，十有一萬八千圾，三十七次遭劫賊，今存庫者已無幾，空説梨花伴殘月，世間神物豈非寶，老夫嗜古信成癖，莫須持此比鄭灣，海外萬瓶莽狼藉。

寂園叟《斗杯堂詩集·宣紅酒杯行》 寶燒閃黄無足貴，釉汁滋潤殊可欣。龍泉底作蘋果色，亦有滿身牛毛紋。不盈一握世所罕，匪惟罕見且罕聞。固應泥飲美嚴八，莫須持此醉紅裙。

寂園叟《斗杯堂詩集・汝窑托杯行》　汝窑天下無，此杯有盞托，瑪瑙屑無釉，米色甚不惡，异紋蚓走泥，禹均故相苦，沙胎質頗粗，宋瓷之券約，古人重樸拙，制皿不貴薄，柴李去未遠，元后無此作杯形如荷包，態度實婉綽，高可二寸强厚則半指弱，托形分三層，穩將杯庋閣重臺似翼張，四圍瓊寬博，上唇既微爹下又罩裙脚，老夫一遇之，焉能守慳橐，萬愁結隊來，取杯獨斟酌，凉月窺西窗，微飈動烏鵲，生世能幾何，胡爲慘不樂

寂園叟《斗杯堂詩集・越窑雙杯歌》　六角凹形説宋制，趙宋實又仿李唐，有唐名窑世有幾，鼎婺岳壽紛低昂，洪州更在邢州下，内邱聲價無比芒，邢窑類銀復類雪，瓷白茶丹制頗良，豈若越窑古所重，陸羽《茶經》道其詳，我有二杯真越産，芒蘿村女夸同鄉，狀式淺擻宜斗茗，荷葉甏碗故可嘗，惡紋斷綫若古籀，忽斷忽續短且長，沿口釉汁含珠唾，細沙螺底和泥漿。唐之青器色最美，仿佛西子之湖光，西湖水色有真面，莫將藍翠妄揣量，此碗亮地鑒毛發，青里瑩澈猶明珰，后來脱胎所自始，瓷骨紙薄塞生芒，如冰如玉絶代少，傾城傾國只淡妝，卷口卷底休聚訟，定爲唐器應秘藏，魯望賦詩承沆瀣，道源擊甌增悲凉，柴周片瓦已難覓，何况唐朝雙鶴觴，眼中越窑實星鳳，宜軒青瓷殊未忘，五代宋元彈指傾，朱明電謝空愴傷，吁嗟乎！宫井未干瓶粉碎，御溝流出帶花香。

寂園叟《斗杯堂詩集・宣紅六角大盤》　萬歷祭紅米湯底，對徑尺有二寸强，大盤面面寶石釉，典重名貴真喬皇。有明定窑大開片，平雕牡丹價頗昂。紅盤尺寸了無异，天然妃偶宜寶藏。一紅一粉絶都麗，家弟取餉尚書郎。滕以山尊没骨柳，惠泉詩幅夸成王。自后大盤罕再見，今有六角圓且方，二十三年才一瞬，昔人帝鄉今瘴鄉，宣德祭紅胎最厚，龍泉底釉如小章，底似弟窑已難得，薄有紅暈尤莽蒼。盤底紅暈大於掌，一日不厭看千場。釉含唾星發微亮，稍帶烟黦良無傷。四圍濃艷面色黯，亦自匀潤非生芒。六角之盤尺有咫，尺寸更比萬歷長，偉然大器莫與匹，觀音尊者殊尋常。盤堆佛手數過十，謂以古色兼古香。六角復作六凹式，成化碗樣堪端詳。桔皮堆脂起棕眼，毛紋小片不可量。世間古瓷日蕭瑟，老夫築此疑野堂。才力未能廣羅致，往往大破其慳囊。庫中神物會飛去，頻青均柴逾重詳。

寂園叟《斗杯堂詩集・均盆歌》　柴窑不可見，存者惟禹均。均也汝也皆宋器，蚯蚓走泥迹已陳。欹斜屈曲若隱現，以此辨其贋與真，宋后莫能仿制者，造化巧妙何其神，汝窑糊以瑪瑙釉，未若均紫彌可珍。均窑較多汝較少，宋均聲價高無論，均釉有青亦有紫，紫者麗色輝千春，青者俗謂之月白，亦自雅靚而温純，元瓷青者偶夾紫，均紫竟體膩且匀，底間稍堊芝麻醬，單數雙數號碼新，或以單雙判青紫，無乃齊之東野人，花盆有座狀如碗，一枚動值千餅銀，我得一盆大於斗，容顔嬌美盼且頻，仿柴最精世所罕，傳之子孫非長貧，千峰翠色浮幾案，雨過雲破無纖塵，紫者不貴青者貴，世事翻轉猶飈輪，蚓泥變幻哪能揣，泪痕流下方津津，蚓走泪流不一態，一燥一潤各有因，泪痕奇絶傲泥蚓，要以瑩澤勝枯皴，底窾有五碼則四，六角凹形淺淺唇，深藏寶刹七百載。何必瓦璽夸漢秦，

寂園叟《斗杯堂詩集・定窑壓手大杯歌》　彭嫣善哭亦善罵，歌聲直欲摩青空，手携吴瘿入京國，定山欹之朵園中，斗杯堂前杯山積，墨緑金紫青黄紅，一一取視不稱意，獨有定窑清雙瞳，定窑四杯壓君手，魚紋藻紋雕鏤工，各容紹興一斤酒，曰明曰宋將毋同，宋窑閃黄作牙色，漿胎粉質膩且融，杯底粉漿特秾麗，素痕回繞姿無窮，明窑瓷胎亦雜出，粉光依約青濛濛，印池較多酒盞少，康雍以后難爲功，君嫣君嫣具只眼，壓手大杯欺碧筩，傾壺引滿抬素腕，一飲而盡何其雄，座上駊騀兩豪士，主人定山客瘿公，瘿公不能盡此酒，乃以屬之定山翁，此杯流傳自趙家，六百余載何匆匆，此杯來自氐羌内，經過涇洮逾汧潼，定知嗚咽隴頭水，灑入長年憂禍叢，元明兩朝一瞥瞬，寥天哀厲生悲風，瘿公定山且莫悲，聽嫣高唱大江東。

寂園叟《斗杯堂詩集・題秋葵緑筩子杯》　筩子佳杯冠厥曹，狀如蓮子亦稍高，嬌黄欲奪秋葵艷，嫩緑還傾碧玉醪，凡處鵝兒浮野水，何人春草似宫袍，花前引滿真堪老，休妒元龍一世豪。

寂園叟《斗杯堂詩集・題西湖水奶子碗》　仿漢夔龍未覺勞，草痕一道似裙腰，稍稍青色兼藍色，淺淺凹雕又凸雕，奶子府中朝哺乳，涌金門外晚通潮，可憐六字描圓款，零落山椒幾欲窑。

寂園叟《斗杯堂詩集・題鬘因所藏仿郎窑鈴碗》　西江大府郎廷極，字曰紫垣善制瓷，仿明成化最神似，郎窑大名天下知。宣德祭紅寶石釉，碗底濃厚如堆脂，小有紋片無款識，萬歷后起猶堪追。遼村賈胡苦不學，數典忘祖洵足嗤，誤以郎窑呼明祭，一唱千和辨者誰。郎世寧者供奉久，雍乾之間老畫師，歐羅巴人入中國，懷仁若望皆纓緌。賈胡説古太武斷，李代桃僵妄自欺，又以世寧作廷極，一誤再誤岐之岐。郎窑仿明亦多術，大者瓶罐小酒卮，青花五彩靡不有，不獨祭紅光陸離。祭紅郎窑二而一，誤中有誤胡弗思，《在園雜志》既詳審，《茶余

客話》述未疲，琴歸室中有兩碗，折枝花果紛葳蕤，千紅萬紫看不盡，穿花蝴蝶雙翅垂，此古之錦灰堆也，莫認折枝爲過枝，謂是郎窑仿成化，彩繪精妙時所推。紫垣撫贛凡八載，以年考之在康熙。只有硬彩與豆彩，粉彩仿明滋我疑，莫非紫垣去贛后，轉相摹仿無窮期。此碗粉彩題明款，不在紫垣撫贛時，是郎非郎辨已確，再將碗式疏證之，壓手杯形肇自宋，撆碗淺撇各有宜，《博物要覽》頗考古，坦口折腰圓中規，古以折腰稱壓手，朱琰《陶説》不异辭，馬鈴之名一發現，新説舊説相推移。

寂園叟《斗杯堂詩集・題吴十九卵幕杯》 詩人壺隱戀丘樊，萬歷佳瓷細討論。龍影薄於鷄卵幕，犀塵略似鷓斑痕。脱胎薄釉今難再，壓手奇觚世所尊。贏得鬘君夸絶品，兜羅綿掌幾回温。

雜録

趙德麟《侯鯖録》卷六 今之秘色瓷器，世言錢氏有國，越州燒進，爲供奉之物，不得臣庶用之，故云：「秘色」。比見唐《陸龜蒙集・越器》詩云：「九秋風露越窑開，奪得千峯翠色來。好向中宵盛沆瀣，共嵇中散鬭遺杯。」乃知唐時已有秘色，非自錢氏始。

曾慥《類説》卷一五《秘色瓷器》 今之秘色瓷器，世言錢氏有國越州燒進，不得臣下用之，故云「秘色」。比見《陸龜蒙集・越器》云：「九秋風露越窑開，奪得千峯翠色來。好向中宵盛沆瀣，共嵇中散鬭遺杯。」乃知唐已有秘色，非錢氏爲始。

周煇《清波雜誌》卷五 煇出疆時，見彼中所用定器色瑩浄可愛。近年所用乃宿泗近處所出，非真也。饒州景德鎮陶器，所自出於大觀間。窑變色紅如朱砂，謂熒惑躔度，臨照而然，物反常爲妖，窑户亟碎之。時有玉牒防禦使仲檝年八十餘，居于饒，得數種，出以相示云：「比之定州紅瓷器，色尤鮮明。」越上祕色器，錢氏有國日供奉之物，不得臣下用，故曰祕色。又嘗見北客言耀州黄浦鎮燒瓷，名耀器，白者爲上，河朔用以分茶。出窑一有破碎，即棄于河，一夕化爲泥。又汝窑宫中禁燒，内有瑪瑙末爲油，唯供御，揀退方許出賣，近尤艱得。

趙彦衡《雲麓漫抄》卷一〇 李太白詩：「吴姬壓酒唤客嘗。」説者以謂工在「壓」字上，殊不知乃吴人方言耳。至今酒家有「旋壓酒子相待」之語。青瓷器皆云出自李王，號祕色。又曰出錢王。今處之龍溪出者，色粉青，越乃艾色。唐陸龜蒙有進越器詩云：「九秋風露越窑開，奪得千峰翠色來。好向中宵盛沆瀣，共嵇中散鬭傳杯。」則知始於江南與錢王皆非也。近臨安亦自燒之，殊勝二處。

孔齊《静齋至正直記》卷二《饒州御土》 饒州御土，其色白如粉堊，每歲差官監造器皿以貢，謂之「御土窑」。燒罷即封土，不敢私也，或有貢餘土作盤、盂、碗、碟、壺、注、杯、盞之類，白而瑩色可愛，底色未着油，藥處猶如白粉，甚雅薄難愛護，世亦難得(住)〔佳〕者，今貨者皆别土也，雖白而堊得耳。

孔齊《静齋至正直記》卷四《莫置玩器》 先人嘗勸人莫置玩好之物，莫造華麗之居，每以訓戒子弟，予聞之耳熟，猶未能深省也。義興王仲德老先生，平日誠寔喜静，惟好蓄古，定、官、窑，剔紅、舊青、古銅之器，皆不下數千緡。及唐宋名畫亦如之。獨無書册法帖耳。至正壬辰，紅巾陷城，定窑青器皆爲冦擊毁。冦亦不識，無取者也。此一失也。後乙未復陷，所存者又無幾，惟附篋隨身之物，乃畫之高品，銅之古器，剔紅之舊製，寄藏友人，渡江浙。時苗獠據杭州，因寄托之主喪，乃取歸西山，不一宿，盡爲苗獠所掠。畫卷轉賣于市。凡剔紅小柈咸以刀砍毁，無完器也，此再失也。時仲德翁已死一載，明年又不能保其餘矣。所見多蓄者，皆不能保。非獨亂世，尋常傳子孫者，誠空耳。居室亦然。亂離之後，恨蕩無遺。使人人知有此患，惟檢身之不及，何暇玩于物哉。《李易安居士序》：「其人之好蓄書卷」，戒之甚詳，先人之訓蓋日見耳闞者多矣。嘗云：諺曰：「與人不足，攛掇人起屋。與人無義，攛掇人置玩器。」攛掇者方言猶從臾也。蓋華屋玩器皆能致禍。向有一人爲玩器因得罪于時官，遂破家喪身。又有一人因華屋招訟不已，直至蕩産，此皆予所日見者，耳聞者，又不知其幾矣，可爲明戒。

孔齊《静齋至正直記》卷四《窑器不足珍》 嘗議舊定器，官窑等物皆不足爲珍玩，蓋予真有所見也。在家時表兄沈子成自餘干州歸，携至舊御土窑器徑尺肉碟二個，云是三十年前所造者，其質與色絶類定器之中等者，博古者往往不能辨。乙未冬在杭州時市哥哥洞窑器者，一香鼎，質細雖新，其色瑩潤如舊造，識者猶疑之。會荆溪王德翁亦云近日哥哥窑絶類古官窑，不可不細辨也。今在慶元見一尋常青器菜盆，質雖粗。其色亦如舊窑，不過街市所貨下等低物，使其質更加以細膩，兼以歲久，則亂真矣。予然後知定器官窑之不足爲珍玩也。所可珍者，真是美玉爲然。記此爲後人玩物之戒。至正癸卯冬記。

陶宗儀《説郛》卷九六上《樣品》 晉硯見於晉顧愷之畫者，有於天生疊石上刊人面者，有十蹄圓銅硯中如鏉者，余嘗以紫石作之。有上圓下方於圓純上刊兩竅置筆者，有如鳳字兩足者，獨此甚多，所謂鳳凰池也。蓋以工並晉製，見于晉人圖畫，世俗呼爲風字，蓋不原兩足之製，謂之鳳足。至今端州石工，以兩眼相對於足傍者，謂之鳳足。鳳之義取，五色英文，燦然成章也。今人有收得右軍硯，其製與晉圖畫同，頭狹四寸許，下濶六寸許，頂兩純皆綽慢，下不勒成痕，外如內之製，足狹長，色紫，類溫巖，中凹成臼。又有收得智永硯，頭微圓，又類箕象，中亦成臼矣。又有人收古銅硯，一龜銜一硯，如蓮葉兩足龜腹圓，墨水不可出，以筆頭就之則出。又參政蘇文簡家收唐畫《唐太宗長孫后納諫圖》，宮人於瑪瑙盤中托一圓頭鳳池硯，似晉製，頭純直，微凸如書「鳳」字，左右純料，刊下不勒痕，摺向頂亦然。不滯墨，其外隨內勢簡易。其後至隋唐，工稍巧，頭圓身微瘦，下濶而足或圓爲柱，已不逮古。至本朝，變成穹高腰瘦，刃濶如鉞斧之狀。仁廟已前硯多作此製，後差少。資政殿學士蒲傳正收真宗所用硯，與仁廟賜駙馬都尉李公昭鳳池硯，形製一同，至今尚方多此製。國初已來，公卿家往往有之。仁宗已前賜史院官硯，皆端溪石，純薄上狹下濶，峻直不出足，中坦夷猶有鳳池之象。或有四邊刊花，中爲魚、爲龜者，凡此形製多端，下巖奇品也。嘉祐末，硯樣已如大指麤，心甚凸意求渾厚，而氣象蓋不古，純斗故勒深，滯墨難滌，心凸故點筆不圓，常如三角簇，蓋古硯皆心凹，後稍正平，未有凸者。始自侍讀學士唐彥猷，作紅絲辟雍硯，心高凸，至作馬蹄樣，亦心凸，至磨墨溜向身出。觀墨色，則凸高增浮泛之勢，援毫則非便也。其晉銅硯雖如鏉，然頂殊平，以便援毫。今杭州龍華寺收梁傅大夫瓷硯一枚，甚大，瓷褐色，心如鏉環水，如辟雍之製，下作浪花擢環近足處，而磨墨處無瓷油。然殊著墨。古墨稱螺，亦恐不若近世堅，不然殆不可磨也。又丹陽人多於古塚得銅硯，三足蹄，有蓋，不鏤花，中陷一片陶，今人往往作硯於其中，翻以爲匣也。唐墓中間有得，如蓮葉中凹，兩足如鳳池之製，甚薄，足或如棗也。今歙人最多作形製，士人尤重，而端樣以平直斗樣爲貴。得美石無瑕，必先作此樣，滯墨，甚可惜也。大抵石美無瑕，方可施工，璞而厚者，士人多識其藏，疾不復巧製，人或因其渾厚而美之。余嘗惡歙樣俗者，凡刊改十餘硯，纔半指許，便有病見，頓令人減愛。其端人不斲成，衹持璞賣者，亦多如是。陳文惠丞相家，收一蜀王衍時皇太子陶硯，連蓋，蓋上有鳳坐一臺，餘雕雜花草，涅之以金泥紅漆，有字曰「鳳凰臺」，此製方直上狹，笋在硯上，中甚平也。唐之製，見《文房四譜》，今之製，見《歙州硯圖》，故不重出。此人力所爲也。吾收一青翠疊石，堅響，三層，傍一嵌磨墨，上出一峯，高尺餘，頂復平，嵌巖如亂雲，四垂以覆硯。以水澤頂，則隨葉垂珠滴硯心，上有銘識，事見唐莊南傑賦，乃歷代所寶也。又收一正紫石，四疊，下有坐有足，巧於瘦盂，足上起一枝，細狹，枝上盤兩疊，長七寸餘，濶四寸餘，如靈芝。首鋭下濶，天然鳳池之象。中微凹，點水磨墨，可書十幅紙。石理在方城之右，此非人力所成，信天下之瓌寶也。

郎英《七修續稿・事物類・二窑》 哥窑與龍泉窑皆出處州龍泉縣，南宋時有章生一、生二弟兄各主一窑，生一所陶者爲哥窑，以兄故也。生二所陶爲龍泉，以地名也。其色皆青，濃淡不一，其足皆鐵色，亦濃淡不一。舊聞紫足，今少見焉，惟土脉細薄、油水純粹者最貴。哥窑則多斷文，號曰百圾破。龍泉窑至今溫處人稱爲章窑，聞國初先正章溢乃其裔云。

王世貞《觚不觚録》 畫當重宋，而三十年來忽重元人，乃至倪元鎮以逮明沈周，價驟增十倍。窑器當重哥、汝，而十五年來忽重宣德，以至永樂、成化，價亦驟增十倍，大抵吴人濫觴而歙人導之，俱可怪也。今吾吴中陸子剛之治玉，鮑天成之治犀，朱碧山之治銀，趙良璧之治錫，馬勳治扇，周治治商嵌及歙，呂愛山治金，王小溪治瑪瑙，蔣抱雲治銅，皆比常價再倍。而其人至有與縉紳坐者。近聞此好流入宮掖，其勢尚未已也。

王世貞《弇州四部稿》卷一七〇 舜爲陶器，迄於秦漢。今河南土中有羽觴無色澤者，即此類也。陸龜蒙詩所謂「九秋風露越窑開，奪得千峰翠色來」，最爲諸窑之冠。至吴越王有國日，愈精，臣庶不得通用，謂之秘色，即所謂柴窑也。或云製器者姓，或云柴世宗時始進御云。宋以定州白瓷器有芒不堪，遂命汝州造青窑器，北唐、鄧、耀州悉有之，而汝爲冠，處州之龍泉與建安之烏泥品最下。政和間，京師自寘窑燒造曰官窑，文色亞於汝，價亦然。鈞州稍具諸色，光彩太露，器極大。中興渡江有邵成章提舉，號邵局，於脩內司造青器，名內窑。模範極精，油色瑩徹，爲世所珍。又宋時處州章生兄弟者皆作窑，兄所作者，視弟色稍白而斷紋多，號白圾碎，故曰哥窑。我明有永樂窑、宣德窑、成化窑，則皆純白或回青石青畫之，或加綵色。宣德之貴，今與汝敵，而永樂、成化亦以次重矣。秘色在當時已不可得，所謂內窑亦未見有售者。

蔡君謨論云：「茶色白宜黑盞，建安所造。紺黑紋如兔毫，而厚熁之。久熱難冷，最爲要用。出他處者，或薄或色紫，皆不及也。青白盞鬬試家，皆不用。」余偶獲一建窑與君謨所傳合，而價不能當汝十之一。問之拾遺，人不知也。然試茶則宣窑白而尤妙，今烹法亦與君謨不同矣。

屠隆《陳眉公考槃餘事》卷三《香爐》　官、哥、定窑、龍泉、宣銅、潘銅、彝爐、乳爐，大如茶杯而式雅者爲上。

屠隆《陳眉公考槃餘事》卷三《香盒》　有宋剔梅花簾段盒，金銀爲素，用五色膝胎，刻法深淺隨粧露色，如紅花緑葉、黄心黑石之類，奪目可觀。有定窑、饒窑者，有倭盒、三子、五子者，有倭撞可携遊，必須子口緊密，不泄香氣方妙。

屠隆《陳眉公考槃餘事》卷三《筯瓶》　吴中近製短頸細孔者，插筯下重不仆，古銅者亦佳，官、哥、定窑者，不宜日用。

屠隆《陳眉公考槃餘事》卷三《筆格》　玉筆格有山形者，有卧仙者。有舊玉子母猫，長六七寸，白玉作母，横卧爲坐身，負六子，起伏爲格。有純黄、純黑者，有黑白雜者，有黄黑爲玳瑁者。因玉玷污，取爲形體，扳附眠抱，諸態絶佳，真奇物也。銅者，有鏒金雙螭，挽格精甚。有古銅十一峯頭爲格者，有單螭起伏爲格者。窑器有哥窑三山、五山者，製古色潤。有白定卧花哇，瑩白精巧。木者有老樹根枝，蟠曲萬狀，長止五、六、七寸，宛若行龍，鱗角爪牙悉備，摩美如玉，誠天生。筆格有棋楠，沉速不俟人力者，尤爲難得。石者有峰嵐起伏者，有蟠屈如龍者，以不假斧鑿爲妙。

屠隆《陳眉公考槃餘事》卷三《筆洗》　玉者有鉢盂洗、長方洗、玉環洗，或素或花，工巧。擬古銅者，有古鏒金小洗，有青緑小盂，有小釜，小卮匜。此五物原非筆洗，今用作洗。最佳陶者，有官、哥元洗，葵花洗，磬口元肚洗，四捲荷葉洗，捲口簾段洗，縧環洗，長方洗，但以粉青紋片朗者爲貴。有龍泉雙魚洗，菊花瓣洗，鉢盂洗，百折洗。有定窑三箍元洗，梅花洗，縧環洗，方池洗，柳斗元洗，元口儀稜洗。有中盞作洗，邊盤作筆覘者。有宣窑魚藻洗，葵瓣洗，磬口洗，鼓樣青剔白幍洗。近日新作甚多，製亦可觀，似未入格。

屠隆《陳眉公考槃餘事》卷三《筆覘》　有以玉碾片葉爲之者，古有水晶淺碟，有定窑匾坦小碟最多，俱可作筆覘。更有奇者。

屠隆《陳眉公考槃餘事》卷三《水中丞》　玉者，有陸子岡製，其碾獸面錦地，與古尊罍同，亦佳器也。有古玉如中丞，半受血侵，元口瓮腹，下有三足，大如一拳，精美特甚，迺殉葬之物。古人不知何用，今作中丞極佳。銅者，有宣銅，雨雪沙金製，法古銅瓿者樣式，甚美。有古銅小尊罍，□口元腹，細足高三寸許，以作中丞特佳。陶者，有官哥瓮肚元式，有鉢盂小口式者，有儀稜肚者，有青東瓷菊瓣瓮肚元足者，有定窑印花長樣如瓶，但口僘可以貯水者，有元肚束口三足者，有龍泉瓮肚，周身細花紋。近用新燒均窑，俱法此式，柰不堪用。

屠隆《陳眉公考槃餘事》卷三《水注》　玉者，有元壺、方壺，有陸子岡製，白玉辟邪，中空貯水，上嵌青緑石片，法古蕉形，滑熟可受。有蟾蜍注，擬寶晉齋舊式，亦佳。銅者，有古青緑天鷄壺，有金銀片嵌天鹿，妙甚。有半身鸕鷀杓，有鏒金鴈壺，有江鑄眠牛，以牧童騎蹲作注管者，亦佳。但銅性猛烈，貯水久則有毒，多脆筆毫。又滴上有孔受塵，所以不清。今所見犀牛、天禄之類，口啣小盂者，皆古人注油點燈，非水滴也。陶者，有官哥方圓壺，有立瓜卧瓜壺，有雙桃注，有雙蓮房注，有牧童卧牛者，有方者，有筆格内貯水用者，有定窑枝葉纏擾瓜壺，有蒂葉茄壺，有駝壺，可格筆。有蟾注，有青冬瓷，天鷄壺底有一竅者。有宣窑，五采桃注，石榴注，雙瓜注，彩色類生。有雙鴛注，鵝注，工緻精極，俱可入格。

屠隆《陳眉公考槃餘事》卷三《印章》　有古之鏒金、塗金、細錯金銀及商金、青緑銅辛。有金者、玉者、瑪瑙、琥珀、寶石者，有哥窑、官窑、青冬窑者，其製作之巧、鈕式之妙，不可盡述。古玉章用力精到，篆文筆意不爽絲髮，此必昆吾刀刻也。即漢人雙鈎碾玉之法，亦非後人可擬，故玉章更爲賞鑒家珍重。青田石中有瑩潔如玉，照之燦若燈輝，謂之燈光石。今頓歸貴價，重于玉，蓋取其質雅，易刻而筆意得盡也。今亦難得。近刻玉章，並無昆吾刀蟾酥之説，惟用真菊花鋼煅而爲。刀闊五分，厚三分。刀口平磨，取其平尖鋒頭爲用，將玉章書篆文以木架鈐定，用刀隨文鐫之。一刀弗入，再鍥一刀，多則三鍥，玉屑起矣。但不可以力勝之，則滑而難刻，運刀以腕更置礪石於傍，時時磨刀使鋒鋩堅利，無不勝也，别無他術。今之鍥家以漢篆刀筆自負，將字畫殘缺，刻損邊傍，謂有古意，不知顧氏印藪六帙，可謂偏括古章，内無十數傷損。即有傷痕，迺入土久遠，水銹剥蝕，或貫泥沙，剔洗損傷，非古文有此。欲求古意，何不法古篆法刀法，而竊其傷損形似，可發大噱，若諸名家，自無此等。

屠隆《陳眉公考槃餘事》卷三《印色池》　官、哥窑方者，尚有八角、委角者，最難得。定窑方池外有印花文佳甚，此亦少者。諸玩器玉當較勝于瓷，惟印色池以瓷爲佳，而玉亦未能勝也，故今官、哥、定窑者貴甚。近日新燒有蓋白定長方印池并青花白地純白者，此古未有，當多蓄之，且有長六七寸者佳甚。玉者有陸子岡做，周身連蓋滚螭，白玉印池，工緻侔古，近多效製。有三代玉方池，内外土銹，血侵四裹，不知何用，今以爲印池似甚合宜。

屠隆《陳眉公考槃餘事》卷三《糊斗》 有古銅小提卣一如拳大者，上有提梁索股，有蓋盛糊，可免鼠竊。有古銅元瓮，肚如酒杯式，下乘方座且體厚重，不知古人何用，今以爲糊斗似宜。有古銅三箍長桶，下有三足，高二寸許，甚宜盛糊。陶者，有建窑外黑内白長罐，定窑元肚并蒜蒲長罐。有哥窑方斗，如斛中置一梁，俱可充作糊斗。銅者便于出洗，價當高於瓷石。

屠隆《陳眉公考槃餘事》卷三《鎮紙》 銅者有青緑蝦蟆，有遍身青緑蹲虎、蹲螭、眠龎，有坐卧哇哇，有鎏金辟邪卧馬，皆上古物也。玉者有古兔，古人用以挣肋殉葬者。有白玉獵狗，有卧螭，有大樣坐卧哇哇，有玉免、玉牛、玉馬、玉鹿、玉羊、玉蟾蜍，其背斑點如洒墨色，同玳瑁無黄暈，儼若蝦蟆背狀，肚下純白，其製古雅肖生，用爲鎮紙，摩弄可愛。瑪瑙有日月瑪瑙，石鼓有栢枝瑪瑙，蹲虎辟邪有紅緑瑪瑙，蟹可爲奇絶。水晶者有石鼓海黄眠牛，捧瓶波斯。陶者有哥窑蟠螭，有青東瓷獅鼓，有定哇哇狻猊。

屠隆《陳眉公考槃餘事》卷三《書燈》 有古銅駝燈、羊燈、龜燈、諸葛軍中行燈、鳳龜燈，有元燈，有青緑銅荷一片，檠駕花朵於上，想取古人金蓮之意，用亦不俗。陶者有定窑三臺燈檠，有宣窑兩臺燈檠，俱堪書室取用。

屠隆《陳眉公考槃餘事》卷三《香櫞盤》 香櫞出時山齋最要一事，得官、哥、定窑大盤、青冬瓷龍泉盤、古銅青緑盤、宣德暗花白盤、蘇麻尼青盤、朱砂紅盤、青花盤、白盤數種，以大爲妙。每盆置櫞二十四頭，或十二十三頭，方足香味，滿室清芬。其佛前小几上置香櫞一頭之橐，舊有青冬瓷架，龍泉瓷架最多，以之架玩，可堪清供，否則以舊硃雕茶橐亦可，惟小様者爲佳。

屠隆《陳眉公考槃餘事》卷三《花尊》 古銅花瓶，入土年久，受土氣深，以之養花，花色鮮明。或就瓶結實，陶、玉器亦然，其式以膽瓶、小方瓶爲最。若養蘭蕙，須用觚，牡丹則用蒲搥瓶方稱。瓶内須打錫套管收口，作一小孔以管束花枝，不令斜倒。又可注滚水，插牡丹、芙蓉等花。冬天貯水插花，則不凍損瓶質。

許次紓《茶疏・甌注》 茶甌古取建窑兔毛花者，亦鬬碾茶用之宜耳。其在今日，純白爲佳，兼貴於小。定窑最貴，不易得矣。宣、成、嘉靖，俱有名窑，近日倣造，間亦可用。次用真正回青，必揀圓整，勿用呰窳。茶注以不受他氣者爲良，故首銀次錫。上品真錫，力大不減，慎勿雜以黑鉛。雖可清水，却能奪味。其次内外有油瓷壺亦可，必如柴、汝、宣、成之類，然後爲佳。然滚水驟澆，舊瓷易裂，可惜也。近日饒州所造，極不堪用。往時龔春茶壺，近日時彬所製，大爲時人寶惜。蓋皆以粗砂製之，正取砂無土氣耳。隨手造作，頗極精工，顧燒時必須火力極足，方可出窑。然火候少過，壺又多碎壞者，以是益加貴重。火力不到者，如以生砂注水，土氣滿鼻，不中用也。較之錫器，尚減三分。砂性微滲，又不用油，香不竄發，易冷易餿，僅堪供玩耳。其餘細砂，及造自他匠手者，質惡製劣，尤有土氣，絶能敗味，勿用勿用。

許次紓《茶疏・盪滌》 湯銚甌注，最宜燥潔。每日晨興，必以沸湯蕩滌，用極熟黄麻巾帨向内拭乾，以竹編架覆而庋之燥處，烹時隨意取用。脩事既畢，湯銚拭去餘瀝，仍覆原處。每注茶甫盡，隨以竹筯盡去殘葉，以需次用。甌中殘瀋，必傾去之，以俟再斟。如或存之，奪香敗味。人必一杯，毋勞傳遞，再巡之後，清水滌之爲佳。

張萱《疑耀》卷七《瓷器》 宣和《格古論》：古人稱瓷器，皆曰某窑器，某窑器，不稱瓷也。惟河南彰德府瓷州窑器，乃稱瓷耳。今不問何窑所製，而凡瓦器俱稱瓷。誤矣。

何喬遠《閩書》卷一五〇《茶盞》 茶色白，宜黑盞。建安所造者，紺黑紋，如兔毫，其坏微厚，熁之久熱難冷，最爲要用。出他處者，或薄，或色紫皆不及也。其青白盞，□試家自不用。

茶匙　茶匙要用擊拂有力，黄金爲上。人間以銀鐵爲之，竹者輕，建茶不取。

湯瓶　瓶要小者，易候湯，又點茶注湯有準，黄金爲上。人間以銀鐵或瓷石爲之。

《歐陽公跋》：茶爲物之至精，而小團又其精者，《録序》所謂上品，龍茶者是也。蓋自君謨始造，而歲貢焉。仁宗尤所珍惜。雖輔相之臣未嘗輒賜，惟南郊大禮致齋之夕，中書樞密院各四人，共賜一餅。宫人剪金爲龍鳳花草，貼其上。兩府八家分割以歸，不敢碾試。宰相家藏以爲寶，時有佳客出而傳玩爾。嘉祐七年親享明堂，齋夕，始人賜一餅，余亦忝與，至今藏之。余自以諫官供奉仗内，至登二府，二十餘年，纔一獲賜。而丹成龍駕舐鼎莫及。每一捧翫清血交零而已。因君謨著録，輙附于後。庶知小團自君謨始，而可貴如此。而蘇東坡又有《葉嘉傳》，若韓文公傳毛穎者，□蔡忠惠所録建安之茶，而蘇文忠傳則武夷茶也。按宋時貢茶製造品式多端，而皇朝武夷不過貢茶斤耳。嘉靖中又變價造解，列聖不貴遠物之意，不跨千古以上哉。又有茶油之茶，建劍汀邵多有之，而連城爲第一。

許次紓《茶疏》姚紹憲《題許然明茶疏序》 陸羽品茶，以吾鄉顧渚所産爲冠，而明月峽尤其所最佳者也。余闢小園其中，歲取茶租，自判童而白首，始得臻其玄詣。武林許然明，余石交也，亦有嗜茶之癖。每茶期，必命駕造余齋頭，汲金沙、玉竇二泉，細啜而探討品隲之。余罄生平習試自秘之訣，悉以相授。故然明得茶理最精，歸而著《茶疏》一帙，余未之知也。然明化三年所矣，余每持茗碗，不能無期牙之感。丁未春，許才甫携然明《茶疏》見示，且徵於夢。然明存日，著述甚富，獨以清事托之故人，豈其神情所注，亦欲自附於《茶經》不朽與。昔鞏民陶瓷肖鴻漸像，沽茗者必祀而沃之。余亦欲貌然明於篇端，俾讀其書者，并挹其丰神可也。

萬曆丁未春日，吴興友弟姚紹憲識於明月峽中。

謝肇淛《五雜組》卷一二 陶器柴窑最古，今人得其碎片，亦與金翠同價矣。蓋色既鮮碧而質復瑩薄，可以妝飾玩具，而成器者杳不可復見矣。世傳柴世宗時燒造所司請其色，御批云：「雨過青天雲破處，這般顔色做將來。」然唐時已有秘色，陸龜蒙詩：「九天風露越窑開，奪得千峰秘色來。」惜今人無見之耳。余謂洛中人有掘得漢唐時墓者，其中多有陶器，色但浄白而形質甚粗，蓋至宋而後其製始精也。

柴窑之外有定、汝、官、哥四種，皆宋器也，流傳至今者，惟哥窑稍易得，蓋其質厚頗耐藏耳。定、汝白如玉，難於完璧，而宋時宫中所用率銅鈐其口，以是損價。

今龍泉窑世不復重，惟饒州景德鎮所造徧行天下。每歲内府頒一式度紀年號於下，然惟宣德款製最精。距迄百五十年，其價幾與宋器埒矣，嘉靖次之，成化又次之。世宗末年所造金籙大醮壇用者，又其次也。

宣窑不獨款式端正，色澤細潤，即其字畫亦皆精絶。余見御用一茶盞，乃畫輕羅小扇撲流螢者，其人物毫髮具備，儼然一幅李思訓畫也。外一皮函亦作盞樣，盛之小銅屈戌，小鎖尤精，蓋人間所藏宣窑又不及也。

蔡君謨云：「茶色白，故宜於黑盞，以建安所造者爲上。」此説余殊不解。茶色自宜帶緑，豈有純白者。即以白茶注之黑盞，亦渾然一色耳，何由辨其濃淡。今景德鎮所造小壇盞，倣大醮壇爲之者，白而堅厚，最宜注茶。建安黑窑間有藏者，時作紅碧色，但免俗爾，未當於用也。

今俗語窑器謂之瓷器者，蓋河南瓷州窑最多，故相沿名之。如銀稱朱提，墨稱隃麋之類也。

景德鎮所造，常有窑變云。不依造式，忽爲變成。或現魚形，或浮果影。傳聞初開窑時，必用童男女各一人，活取其血祭之，故精氣所結凝爲怪耳。近來禁不用人祭，故無復窑變。一云恐禁中得知，不時宣索，人多碎之。

茶注，君謨欲以黄金爲之，此爲進御言耳。人間文房中即銀者，亦覺俗，且誨盜矣。嶺南錫至佳，而製多不典。吴中造者紫檀爲柄，圓玉爲紐，置几案間，足稱大雅。宜興時大彬所製瓦缾，一時傳尚，價遂踊貴，吾亦不知其解也。

項元汴《蕉窗九録・香録》

甛香

惟宣德年製清遠，味幽可愛，燕市中貨者罐黑如漆，白底上有燒造年月，每罐二三斤，有錫罩蓋，罐子一斤一罐者方真。

香爐

官、哥、定窑，龍泉、宣銅、潘銅、彝爐、乳爐，大如茶杯而式雅者爲上。

香盒

有宋剔梅花蔗段盒，金銀爲素，用五色漆胎，刻法深淺隨妝露色，如紅花、緑葉、黄心、黑石之類，奪目可觀。有定窑、饒窑者，有倭盒、三子、五子者，有倭撞，可攜遊，必須子口緊密，不泄香氣方妙。

隔火

銀錢、雲母片、玉片、砂片俱可以火。浣布如錢，大者銀鑲周圍作隔火，猶難得。凡蓋隔火則炭易滅，須於爐四圍用筯直搠數十眼以通火氣周轉方妙。爐中不可斷火，即不焚香，使其長温方有意趣。且灰燥易然，謂之靈灰。其香盡，餘塊用瓷盒或古銅盒收起，可投入火盆中薰焙衣被。

筯瓶

吴中近製，短頸、細孔者，插筯不動不仆，古銅者亦佳。官、哥、定窑者，不宜日用。

爐火

以紙錢灰一斗加石灰二升，水和成團，入大竈中燒紅取出，又研絶細入爐用之，則火不滅。忌以雜火惡炭入灰，炭雜則灰死不靈，入火一蓋即滅。有好奇者用茄蒂燒灰等説太過。

香炭墼

以鷄骨炭輾爲末，入葵葉或葵花，少加糯米粥湯，和之成餅。或爛棗入石灰，和炭造者亦妙。

陳繼儒《妮古録·序》 予寡嗜，顧性獨嗜法書名畫及三代秦漢彝器瑗璧之屬，以爲極樂國在是。然得之於目，而貯之心，每或廢寢食不去，思則又翻成清净苦海矣。夫癖于古者，發胠篋，推冢墓，帝王而巧賺僧藏，文士而俛奪人好。及其究也，至化爲飄風冷煙而不可得。夫至於化爲飄風冷煙而不可得也，則收藏家緘扃封閉，傳之後世，可謂古人之功臣。賞鑒家批駁其真僞醜好，窮秋毫之□情，振夏蟲之積瞶，可謂古人之直臣。余無長能，見而輒記之，此雖托之空言，亦不可謂非古人之史臣也。楊用修云：「六書中有『妮』字，軟纏之謂。」乃笑以「妮古」名録。

陳繼儒《妮古録》卷一 余於項玄度家見官窑人面杯，哥窑一枝缾，哥窑八角把杯，又哥窑乳爐，又白玉蓮花臙脂盒，又白玉魚盒，又倭厢倭几，又宋紅剔桂花香盒，又水銀青緑鼎，銅青緑提梁卣，蓋底皆有款，又金翅壺，又商金鵬尊，有四螭，上下蟠結，而青緑比他器尤翠，皆奇物也。是日爲乙未八月二十有五日。

胡震亨《唐音癸籤》卷一九 越窑：許渾詩：「沉水越瓶寒。」又「越瓶秋水澄。」陸龜蒙詩：「九秋風露越窑開，奪得千峯翠色來。」越窑爲諸窑之冠，至錢王時愈精，臣庶不得通用，謂之祕色，即所謂柴窑者。是俗云：「若要看柴窑，雨過青天色。」與許陸詩正同。《留青日札》。暖簧、笙簧必用高麗銅爲之，艷以緑臘，簧暖則字正而聲清越，故必用焙而後可。陸天隨詩曰：「妾思冷如簧，時時望君暖。」樂府亦有簧暖笙清之語。《齊東野語》。

文震亨《長物志》卷七《香鑪》 三代、秦漢鼎彝，及官、哥、定窑、龍泉、宣窑，皆以備賞鑒，非日用所宜。惟宣銅彝鑪稍大者，最爲適用。宋姜鑄亦可，惟不可用神鑪、太乙及鎏金白銅雙魚、象鬲之類。尤忌者雲間潘銅、胡銅所鑄八吉祥、倭景、百釘諸俗式，及新製建窑、五色花窑等鑪。又古青緑博山，亦可間用。木鼎可置山中，石鼎惟以供佛，餘俱不入品。古人鼎彝，俱有底蓋，今人以木爲之。烏木者最上，紫檀、花梨俱可，忌菱花、葵花諸俗式。鑪頂以宋玉帽頂及角端、海獸諸樣，隨鑪大小配之，瑪瑙、水晶之屬，舊者亦可用。

文震亨《長物志》卷七《香合》 宋剔合，色如珊瑚者爲上。古有一劍環、二花草、三人物之説，又有五色漆胎，刻法深淺，隨妝露色，如紅花緑葉、黄心黑石者次之。有倭盒三子、五子者，有倭撞金銀片者，有果園廠，大小二種，底蓋各置一廠，花色不等，故以一合爲貴。有内府填漆合，俱可用。小者有定窑、饒窑蔗段、串鈴二式，餘不入品。尤忌描金及書金字，徽人剔漆并瓷合，即宣成、嘉隆等窑，俱不可用。

文震亨《長物志》卷七《筯瓶》 官、哥、定窑者雖佳，不宜日用，吴中近製短頸細孔者，插筯下重不仆，銅者不入品。

文震亨《長物志》卷七《筆格》 筆格雖爲古製，然既用研山，如靈壁、英石，峰巒起伏，不露斧鑿者爲之，此式可廢。古玉有山形者，有舊玉子母猫，長六七寸，白玉爲母，餘取玉玷或純黄純黑玳瑁之類爲子者。古銅有鎏金雙螭挽格，有十二峯爲格，有單螭起伏爲格。窑器有白定三山、五山及卧花哇者，俱藏以供玩，不必置几研間。俗子有以老樹根枝，蟠曲萬狀，或爲龍形，爪牙俱備者，此俱最忌，不可用。

文震亨《長物志》卷七《筆筒》 湘竹、栟櫚者佳，毛竹以古銅鑲者爲雅，紫檀、烏木、花梨亦間可用，忌八稜菱花式。陶者有古白定竹節者，最貴，然艱得大者，冬青瓷細花及宣窑者，俱可用。又有鼓樣，中有孔插筆及墨者，雖舊物，亦不雅觀。

文震亨《長物志》卷七《筆洗》 玉者有鉢盂洗、長方洗、玉環洗，古銅者有古鎏金小洗，有青緑小盂，有小釜、小卮、〔小〕匜，此五物原非筆洗，今用作洗最佳。陶者有官哥葵花洗、磬口洗、四捲荷葉洗、捲口蔗段洗，龍泉有雙魚洗、菊花洗、百折洗，定窑有三箍洗、梅花洗、方池洗，宣窑有魚藻洗、葵瓣洗、磬口洗、鼓樣洗，俱可用。忌緣環及青白相間諸式。又有中盞作洗，邊盤作筆覘者，此不可用。

文震亨《長物志》卷七《筆覘》 定窑、龍泉小淺碟俱佳，水晶、琉璃諸式，俱不雅，有玉碾片葉爲之者，尤俗。

文震亨《長物志》卷七《水中丞》 銅性猛，貯水久則有毒，易脆筆，故必以陶者爲佳。古銅入土歲久，與窑器同，惟宣銅則斷不可用。玉者有元口瓮，腹大僅如拳，古人不知何用，今以盛水，最佳。古銅者有小尊罍小甑之屬，俱可用。陶者有官哥瓮，肚小口鉢盂諸式。近有陸子岡所製獸面錦地與古尊罍同者，雖佳器，然不入品。

文震亨《長物志》卷七《水注》 古銅玉俱有辟邪、蟾蜍、天鷄、天鹿、半身鸕鷀杓、鏒金鴈壺諸式滴子，一合者爲佳，有銅鑄眠牛，以牧童騎牛作注管者，最俗。大抵鑄爲人形，即非雅器。又有犀牛、天禄、龜、龍、天馬口啣小盂者，皆古人注油點燈，非水滴也。陶者有官、哥、白定、方圓立瓜、卧瓜、雙桃、蓮房、蒂、葉、茄、壺諸式，宣窑有五采桃注、石榴、雙瓜、雙鴛諸式，俱不如銅者爲雅。

文震亨《長物志》卷七《糊斗》 有古銅有蓋小提卣，大如拳，上有提梁索股者。有瓮肚如小酒杯式，乘方座者。有三箍長桶，下有三足。姜鑄回文小方斗，俱可用。陶者有定窑蒜蒲長罐，哥窑方斗如斛中置一梁者，然不如銅者便於出洗。

文震亨《長物志》卷七《蠟斗》 古人以蠟代糊，故緘封必用蠟斗熠之，今雖不用蠟，亦可收以充玩，大者亦可作水杓

文震亨《長物志》卷七《鎮紙》 玉者有古玉兔、玉牛、玉馬、玉鹿、玉羊、玉蟾蜍、蹲虎、辟邪、子母螭諸式，最古雅。銅者有青緑蝦蟆、蹲虎、蹲螭、眠犬、鎏金辟邪、卧馬、龜、龍，亦可用。其瑪瑙、水晶、官、哥、定窑，俱非雅器。宣銅馬、牛、猫、犬、狻猊之屬，亦有絶佳者。

文震亨《長物志》卷七《書燈》 有古銅駝燈、羊燈、龜燈、諸葛燈，俱可供玩，而不適用。有青緑銅荷一片檠，架花朵於上，古人取金蓮之意，今用以爲燈，最雅。定窑三臺、宣窑二臺者，俱不堪用。錫者取舊製古朴矮小者爲佳。

文震亨《長物志》卷七《香櫞盤》 有古銅青緑盤，有官、哥、定窑冬青瓷、龍泉大盤，有宣德暗花白盤，蘇麻尼青盤，朱砂紅盤，以置香櫞，皆可。此種出時，山齋最不可少。然一盆四頭，既板且套，或以大盆置二三十，尤俗。不如覓舊硃雕茶橐架一頭，以供清玩，或得舊瓷盆長樣者，置二頭于几案間，亦可。

文震亨《長物志》卷七《花缾》 古銅入土年久，受土氣深，以之養花，花色鮮明，不特古色可玩而已。銅器可插花者曰尊，曰罍，曰觚，曰壺，隨花大小用之。瓷器用官、哥、定窑古膽缾，一枝缾，小蓍草缾，紙槌缾，餘如闇花、青花、茄袋、葫蘆、細口、匾肚、瘦足、藥罈，及新鑄銅缾，建窑等缾，俱不入清供，尤不可用者，鵝頸壁瓶也。古銅漢方瓶，龍泉、均州缾，有極大高二三尺者，以插古梅，最相稱。缾中俱用錫作替管，盛水可免破裂之患。大都瓶寧瘦無過壯，寧大無過小，高可一尺五寸，低不過一尺，乃佳。

文震亨《長物志》卷七《枕》 有書枕，用紙三大卷，狀如碗，品字相疊，束縛成枕。有舊窑枕，長二尺五寸，闊六寸者，可用。長一尺者，謂之尸枕，乃古墓中物，不可用也。

文震亨《長物志》卷七《琴臺》 以河南鄭州所造古郭公磚，上有方勝及象眼花者，以作琴臺，取其中空發響，然此實宜置盆景及古石。當更制一小几，長過琴一尺，高二尺八寸，闊容三琴者，爲雅。坐用胡牀，兩手更便運動。須比他坐稍高，則手不費力。更有紫檀爲邊，以錫爲池，水晶爲面者，於臺中置水蓄魚藻，實俗製也。

文震亨《長物志》卷七《研》 研以端溪爲上，出廣東肇慶府。有新舊坑上、下巖之辨，石色深紫，襯手而潤，叩之清遠，有重暈、青緑、小鸜鵒眼者爲貴。其次色赤，呵之乃潤，更有紋慢而大者，乃西坑石，不甚貴也。又有天生石子，温潤如玉，摩之無聲，發墨而不壞筆，真希世之珍。有無眼而佳者，若白端、青緑端，非眼不辨。黑端出湖廣辰、沅二州，亦有小眼，但石質粗燥，非端石也。更有一種出婺源歙山龍尾溪，亦有新舊二坑，南唐時開，至北宋已取盡，故舊硯非宋者，皆此石。石有金銀星，及羅紋、刷絲、眉子，青黑者尤貴。黎溪石出湖廣常德、辰州二界，石色淡青，内深紫，有金線及黄脈，俗所謂紫袍金帶者是。洮溪研出陝西臨洮府河中，石緑色，潤如玉。衢研出衢州開化縣，有極大者，色黑。熟鐵研出青州，古瓦研出相州，澄泥研出虢州。研之樣製不一，宋時進御有玉臺、鳳池、玉環、玉堂諸式。今所稱貢研，世絶重之，以高七寸，闊四寸，下可容一拳者爲貴。不知此特進奉一種，其製最俗。余所見宣和舊研有絶大者，有小八稜者，皆古雅渾朴。别有圓池、東坡瓢形、斧形、端明諸式，皆可用。葫蘆樣稍俗，至如雕鏤二十八宿、鳥、獸、龜、龍、天馬，及以眼爲七星形，剥落研質，嵌古銅玉器於中，皆入惡道。研須日滌，去其積墨敗水，則墨光瑩澤，惟研池邊斑駁墨跡，久浸不浮者，名曰墨繡，不可磨去。研用則貯水，畢則乾之。滌硯用蓮房殼，去垢起滯，又不傷研。大忌滾水磨墨，茶酒俱不可，尤不宜令頑童持洗。研匣宜用紫黑二漆，不可用五金蓋，金能燥石。至如紫檀、烏木及雕紅、彩漆，俱俗不可用。

文震亨《長物志》卷七《筆》 尖、齊、圓、健，筆之四德。蓋毫堅則尖，毫多則齊，用檾貼襯得法，則毫束而圓，用純毫附以香狸、角水得法，則用久而健，此製筆之訣也。古有金銀管、象管、玳瑁管、玻瓈管、縷金緑沈管，近有紫檀、雕花諸

管，俱俗不可用。惟斑管最雅，不則竟用白竹。尋丈大筆，以木爲管，亦俗，當以筇竹爲之，蓋竹細而節大，易於把握。筆頭式須如尖筍，細腰、葫蘆諸樣，僅可作小書，然亦時製也。畫筆，杭州者佳。古人用筆洗，蓋書後即滌去滯墨，毫堅不脱，可耐久。筆敗則瘞之，故云敗筆成塚，非虚語也。

文震亨《長物志》卷七《印章》 以青田石瑩潔如玉、照之燦若燈輝者爲雅，然古人實不重此，五金、牙、玉、水晶、木、石皆可爲之，惟陶印則斷不可用，即官、哥、冬青等窑，皆非雅器也。古鏒金、鍍金、細錯金銀、商金、青緑、金玉、瑪瑙等印，篆刻精古，鈕式奇巧者，皆當多蓄，以供賞鑒。印池以官、哥窑方者爲貴，定窑及八角、委角者次之，青花白地、有蓋、長樣俱俗。近做周身連蓋滚螭白玉印池，雖工緻絶倫，然不入品。所見有三代玉方池，内外土銹血侵，不知何用，今以爲印池，甚古，然不宜日用，僅可備文具一種。圖書匣以豆瓣楠、赤水、欏〔木〕爲之，方樣套蓋，不則退光素漆者亦可用，他如剔漆、填漆、紫檀鑲嵌古玉、及毛竹、攢竹者，俱不雅觀。

文震亨《長物志》卷七《海論銅玉雕刻窑器》 三代秦漢人製玉，古雅不煩，即如子母螭、卧蠶紋、雙鈎碾法，宛轉流動，細入毫髮，涉世既久，土繡血侵最多，惟翡翠色、水銀色，爲銅侵者，特一二見耳。玉以紅如鷄冠者爲最，黄如蒸栗、白如截肪者次之，黑如點漆、青如新柳、緑如鋪絨者又次之。今所尚翠色，通明如水晶者，古人號爲碧，非玉也。玉器中圭璧最貴，鼎彝、觚尊、杯注、環玦次之，鈎束、鎮紙、玉璏、充耳、剛卯、瑱珈、珌琫、印章之類又次之，琴劍觹佩、扇墜又次之。銅器鼎、彝、觚、尊、敦、鬲最貴，匜、卣、罍、觶次之，簠、簋、鍾、注、歃血盆、奩花囊之屬又次之。三代之辨，商則質素無文，周則雕篆細密，夏則嵌金銀，細巧如髮，款識少者一二字，多則二三十字，其或二三百字者，定周末先秦時器。篆文夏用鳥跡，商用蟲魚，周用大篆，秦以大小篆，漢以小篆。三代用陰款，秦漢用陽款，間有凹入者，或用刀刻如鐫碑，亦有無款者，蓋民間之器，無功可紀，不可遽謂非古也。有謂銅氣入土久，土氣濕蒸，鬱而成青。入水久，水氣滷浸，潤而成緑，然亦不盡然，第銅氣清瑩不雜，易發青緑耳。銅色褐色，不如硃砂，硃砂不如緑，緑不如青，青不如水銀，水銀不如黑漆，黑漆最易僞造，余謂必以青緑爲上。僞造有冷冲者，有屑凑者，有燒斑者，皆易辨也。窑器柴窑最貴，世不一見，聞其製青如天、明如鏡，薄如紙，聲如磬，未知然否。官、哥、汝窑以粉青色爲上，淡白次之，油灰最下。紋取冰裂、鱔血、鐵足爲上，梅花片、墨紋次之，細碎紋最下。官窑隱紋如蟹爪，哥窑隱紋如魚子。定窑以白色而加以泑水如淚痕者佳，紫色黑色俱不貴。均州窑色如胭脂者爲上，青若葱翠、紫若墨色者次之，雜色者不貴。龍泉窑甚厚，不易茅蔑，第工匠稍拙，不甚古雅。宣窑冰裂、鱔血紋者，與官、哥同，隱紋如橘皮、紅花、青花者俱鮮彩奪目，堆垛可愛。又有元燒樞府字號，亦有可取。至於永樂細款青花杯，成化五彩葡萄杯及純白薄如琉璃者，今皆極貴，實不甚雅。雕刻精妙者，以宋爲貴，俗子輒論金銀胎，最爲可笑。蓋其妙處在刀法圓熟，藏鋒不露，用朱極鮮，漆堅厚而無敲裂，所刻山水、樓閣、人物、鳥獸，皆儼若圖畫，爲佳絶耳。元時張成、楊茂二家，亦以此技擅名一時。國朝果園廠所製，刀法視宋尚隔一籌，然亦精細。至於雕刻器皿，宋以詹成爲首，國朝則夏白眼擅名，宣廟絶賞之。吴中如賀四、李文甫、陸子岡皆後來繼出高手，第所刻必以白玉、琥珀、水晶、瑪瑙等爲佳器，若一涉竹木，便非所貴。至於雕刻果核，雖極人工之巧，終是惡道。

文震亨《長物志》卷一二《洗茶》 先以滚湯候少温洗茶，去其塵垢，以定碗盛之，俟冷點茶，則香氣自發。

文震亨《長物志》卷一二《茶罏湯瓶》 有姜鑄銅饕餮獸面火罏及純素者，有銅鑄如鼎彝者，皆可用。湯瓶鉛者爲上，錫者次之，銅者(不)〔亦〕可用。形如竹筒者，既不漏火，又易點注。瓷瓶雖不奪湯氣，然不適用，亦不雅觀。

文震亨《長物志》卷一二《茶壺》 壺以砂者爲上，蓋既不奪香，又無熟湯氣。供春最貴，第形不雅，亦無差小者。時大賓所製又太小，若得受水半升而形製古潔者，取以注茶，更爲適用。其提梁、卧瓜、雙桃、扇面、八棱細花、夾錫茶替、青花白地諸俗式者，俱不可用。錫壺有趙良璧者亦佳，然宜冬月間用。近時吴中歸錫，嘉禾黄錫，價皆最高，然製小而俗，金銀俱不入品。

文震亨《長物志》卷一二《茶盞》 宣廟有尖足茶盞，料精式雅，質厚難冷，潔白如玉，可試茶色，盞中第一。世廟有壇盞，中有茶湯果酒，後有「金籙大醮壇用」等字者，亦佳。他如白定等窑，藏爲玩器，不宜日用。蓋點茶須熁盞令熱，則茶面聚乳，舊窑器熁熱則易損，不可不知。又有一種名崔公窑，差大，可置果實，果亦僅可用榛、松、新笋、鷄豆、蓮實，不奪香味者。他如柑橙、茉莉、木樨之類，斷不可用。

劉仲達《劉氏鴻書》卷八一《酒壚・茶具・窑漆器》 瑯琊王濬冲爲尚書令，時着公服，乘軺車，經黄公酒壚下過，顧謂後車客曰：「吾昔與嵇叔夜、阮嗣宗諸人共酣飲於此壚，竹林之遊，亦預其末。自嵇生夭，阮公亡以來，便爲時所羈紲，今日視此雖近，邈若山河。」《初潭集》。

范蜀公與温公同遊嵩山，各携茶以行，温公以紙爲具，蜀公用小黑木合子盛之。温公見之驚曰：「景仁乃有茶具。」蜀公聞其言，留合與寺僧而去。《宋書》。

古窑器出北地，世傳柴世宗時燒者，故謂之「柴窑」。天青色，滋潤細媚，有細紋，足多麄黄土，近世少見。古漆器出南蕃、西蕃、雲南、莎羅樹子内，綿織者與剪㺨相似，濶五六尺多，作被亦可作服。《夷門廣牘》。

張岱《陶菴夢憶》卷六《朱氏收藏》 朱氏家藏如「龍尾觥」、「合巹杯」，雕鏤鍥刻，真屬鬼工，世不再見。餘如秦銅漢玉、周鼎商彝、哥窑倭漆、廠盒宣爐、法書名畫、晉帖唐琴，所畜之多，與分宜埒富，時人譏之。余謂博洽好古，猶是文人韻事，風雅之列，不黜曹□，賞鑑之家，尚存秋壑。詩文書畫未嘗不擡舉古人，恒恐子孫效尤，以袖攫石、攫金銀以賺田宅，豪奪巧取，未免有累盛德。聞昔年朱氏子孫，有欲賣盡「坐朝問道」四號田者，余外祖蘭風先生謔之曰：「你只管坐朝問道，怎不管垂拱平章」，一時傳爲佳話。

純生氏曰：「龍尾觥」真贗不一，購辯若狂，寧止費辭説耶。所不同於擇端「金明池」者幸矣。

張岱《陶菴夢憶》卷六《仲叔古董》 葆生叔少從渭陽游，遂精賞鑒。得白定爐、哥窑瓶、官窑酒匜，項墨林以五百金售之，辭曰：「留以殉葬。」癸卯，道淮上，有鐵梨木天然几，長丈六，濶三尺，滑澤堅潤，非常理。淮撫李三才百五十金不能得，仲叔以二百金得之，解維遽去，淮撫大恚怒，差兵躡之，不及而返。庚戌，得石璞三十觔，取日下水滌之，石罅中光射如鸜哥、祖母，知是水碧。仲叔大喜，募玉工倣朱氏龍尾觥一、合巹杯一，享價三千，其餘片屑寸皮皆成異寳。仲叔贏資巨萬，收藏日富。戊辰後，倅姑熟，倅姑蘇，尋令盟津。河南爲銅藪所得，銅器盈數車。美人觚一種，大小十五六枝，青緑徹骨，如翡翠，如鬼眼青，有不可正視之者。歸之燕客，一日失之，或是龍藏收去。

純生氏曰：「葆生非特賞鑑，畫山水秀潤有致。余從趙菉森見之，採入韻山堂亥既珠音一書，陳章侯其壻也。」

陳貞慧《秋園雜佩》 窑器前朝如官、哥、定等窑最有名，今不可得矣。余家藏白定百折杯，誠茶具之最韵，爲吾鄉吴光禄十友齋中物，屢遭兵火，尚巋然魯靈光也。國朝窑器最精者，無逾宣、成二代，宣乃不及成，宣則鷄紋粟起，佳處易見。成則淡淡穆穆，饒風致，如食橄欖，頗有回味。余友吴問卿家藏鸜鵒啄金杯，高足磬口，亭亭玉立，一名四妃十六子，又名太平雙喜，淡白中見殷碧離離之色，真如撒水嵌空，櫻桃的歷，寳光欲浮，使人不能手近。每過雲起樓，促膝飛觥，出成杯勸酒，醉眼婆娑，睹此太平遺物，不勝天寳琵琶之感。

時壺名遠甚，即遐陬絶域猶知之。其制始于供春，壺式古樸風雅，茗具中得幽野之趣者。

後則如陳壺、徐壺，皆不能仿佛大彬萬一矣。

一云供春之後四家：董翰、趙良、袁錫，其一則大彬父時鵬也。

彬弟子李仲芳，芳父小圓壺。李四老官號養心，在大彬之上，爲供春勁敵。今罕有見者，或淪鼠菌，或重鷄彝，壺亦有幸有不幸哉。

李漁《閒情偶寄》卷一一《酒具》 酒具用金銀，猶粧奩之用珠翠，皆不得已而爲之，非宴集時所應有也。富貴之家，犀則不妨常設，以其在珍寳之列，而無炫燿之形，猶仕宦之不餙觀瞻者。象與犀同類，則有光鈋太露之嫌矣。且美酒入犀杯，另是一種香氣。唐句云：「玉碗盛來琥珀光」。玉能顯色，犀能助香，二物之于酒，皆功臣也。至尚雅素之風，則瓷杯當首重已。舊瓷可愛，人盡知之，無如價值之昂，日甚一日，盡爲大力者所有，吾儕貧士，欲見爲難。然即有此物，但可作骨董收藏，難克飲器。何也，酒後擎杯，不能保無墜落，十損其一，則如鴈行中斷，不復成羣。備而不用，與不備同。貧家得以自慰者，幸有此耳。然近日冶人，工巧百出，所製新瓷，不出成、宣二窑下，至于體式之精異，又復過之。其不得與舊窑争值者，多寡之分耳。吾怪近時陶冶，何不自愛其力，使日作□杯，月製一盞，世人需之不得，必待善價而沽，其利與多製濫售等也。何計不出此。曰：不然。我高其技，人賤其能，徒讓壟斷于捷足之人耳。

李漁《閒情偶寄》卷一一《碗碟》 碗莫精于建窑，而苦于太厚。江右所製者，雖竊建窑之名，而美觀實出其上，可謂青出于藍者矣。其次則論花紋。然花紋太繁，亦近鄙俗，取其筆法生動，顔色鮮艶而已。碗碟中最忌用者，是有字一種，如寫《前赤壁賦》、《後赤壁賦》之類。此陶人造孽之事，購而用之者，獲罪于天地神明不淺。請述其故。「惜字一千，延壽万紀」，此文昌垂訓之詞。雖云未必果驗，然字畫出于聖賢，蒼頡造字而鬼夜哭，其關乎氣數，爲天地神明所寳惜可知也。用有字之器，不爲損福，但屬之不久而損壞，勢必傾委作踐，有不與造孽陶人中分其咎者乎。陶人但司其成，未見其敗，似彼罪猶可原耳。字紙委地，遇惜福之人，則收付祝融，因其可焚而焚之也。至于有字之廢碗，堅不可焚，一似入火不爇，入水不濡之神物，因其壞而不壞，遂至傾而又傾。道旁見者，雖有惜福之念，亦無所施。有時抛入街衢，遭千萬人之踐踏。有時傾入混厠，受千百載之欺凌。文字之罹禍，未有甚于此者。吾願天下之人，盡以惜福爲念，凡見有字之碗，即生造孽之慮。買者相戒不取，則賣者計窮。賣者計窮，則陶人視爲畏途而弗造矣。文字之禍其日消乎。此猶救弊之末着。倘有惜福縉紳，當路于江右者，出嚴檄一紙，徧諭陶人，使不得于碗上作字，無論赤壁等賦，不許書瓷，即成化、宣德年造，及某齋某居等字，盡皆削去。試問有此數字，果得與成窑、宣窑比值乎。無此數字，較之常值曾減半文乎。有此無此，其利相同，多此數筆，徒造千百年無窮之孽耳。制撫藩臬以及守令諸公，盡是斯文宗主，宦豫章者，急行是令，此千百年來造之福，留之以待一人。時哉，時哉，乘之勿失。

周亮工《閩小記》卷二《德化瓷》 閩德化瓷茶甌，式亦精好，類宣之填白，予初以瀉茗，黯然無色，責童子不任茗事，更易他手，色如故。謝君語予曰：以注景德甌，則嫩緑有加矣。試之良然，乃知德化窑器，不重於時者，不獨嫌其胎重，粉色亦足賤也。相傳景鎮窑取土于嶽之祁門，而濟以浮梁之水，始可成，乃知德化之陋劣，水土制之，不關人力也。

劉體仁《七頌堂識小録》 柴窑無完器，近復稍稍出焉。布菴見示一洗，圓而橢面，徑七寸，黝然深沉，光色不定。「雨後青天」未足形容，布菴曰：「予目之爲絳霄。」

朱彝尊《曝書亭集》卷三六《感舊集序》 見新而遺舊者，人之情也。然時方日趨于新，未必盡愜吾意，所存往往不若出于舊者之無敝，則新者反陳，而舊者祗覺其可慕焉。彝尊兒時見先王父母治酒食，燕賓客，瓷盌多宣德、成化款識，近亦嘉靖年物。酒杯則畫芳草、鬭雞其上，謂之「雞缸」。若萬曆窑所製，至或下勞傔從見聞所習，無足異也。既遭兵火，往時之桮棬盡失，而景德鎮近日瓷盌頗極精巧，或謂可勝曩昔。惟有識者，輒以爲不然。蓋嘗以月之朔望觀于京師慈仁寺，比日中，天下之貨咸集，貴人入市，見陳瓷盌，争視之，萬曆窑。一器索白金數兩，而宣德、成化款識者，倍蓰焉。至于「雞缸」，非白金五鎰市之不可，有力者購之不少惜。既得之，惟有咨嗟歎賞而已。是可取以喻天下之才焉。少日，所見先人執友往來譚藝，每多博通六經、二十一史。及年二十餘，識海內知名士，叩其學年齒均者恒不若父事兄事之人。今年且半百，歷游燕、晉、齊、魯、吴、楚、閩、粤之交，覺後生可畏而不足畏，轉戀舊游，則唱和之篇、贈酬之作，蓋已零落無存矣。新城王先生阮亭，以詩名天下久，其交友較予尤廣，感時懷舊，輯平生故人詩，存没兼録，凡五百餘首，而以哲昆考功終焉。入是集者，山澤憔悴之士居多。故皆予舊識，其詩或往日所見，謂爲無足異，兹諷咏之，而信其可傳，傳之更久。後之咨嗟歎賞宜如何矣。或曰先生仕爲郎，一時巖廊翰苑、朝會、燕喜、應制投贈之作，咸樂得先生甄綜之顧，寥寥數人，外多置而不收。何居曰獨不覩夫市瓷盌者邪。黄者、縹者、碧者、百子圖者、龍文五采者，皆昔日皇居帝室之所尚也。而有識者莫或顧焉。然則先生亦取夫芳草、鬭雞之酒缸，足以傳乎後斯已爾。

朱彝尊《曝書亭集》卷五四《書王叔明畫舊事》 京師故家有藏《黄鶴山樵畫》者，俾縫人持以售諸市，予適見之，許以錢三十緡。挂於寓居之壁，觀其勾皴之法，若下筆係草書，全不修飾而結束入細。華亭董尚書大書其額云：「天下第一王叔明畫。」其裝護亦精，用粉緑色，官窑軸子堅栗如玉，留之旬日，囊空羞澀，終無以應。俄而棠村梁尚書，以白金五鎰購之，神物化去，見之魂夢不可弭忘也。尚書以宰相歸里，聞其身後墨寶散失，偶憶舊事，書之。

王士禛《居易録》卷一七 萬曆間浮梁人吴十九者，自號壺隱，隱于陶。能詩書似趙承旨，所製瓷器妙極人巧，嘗作卵幕杯，瑩白可愛，一枚重纔半銖。性不嗜利，所居席門甕牖而已。樊玉衡贈詩云：「宣窑薄甚永窑厚，天下知名吴十九。更有小詩清動人，匡廬山下重回首。」李日華詩云：「爲覔丹砂到市廛，松聲雲影自壺天。憑君點出流霞盞，去汎蘭亭九曲泉。」宋牧仲中丞最好古銅、玉、陶器，在江右予嘗寄訊訪吴所製，不可得矣。

王士禛《居易録》卷二四 《袁中郎集·時尚》一篇與予説略同，并録之云：「古來薄技小器皆可成名。鑄銅如王吉、姜娘子，琢琴如雷文、張越，瓷器如哥窑、董窑，漆器如張成、楊茂、彭君寶。士大夫寶玩欣賞，與詩畫並重。當時文人墨士、名公鉅卿不知湮没多少，而諸匠之名顧得不朽，所謂五穀不熟，不如稊稗者也。近日小技著名者尤多，皆吴人。瓦壺如龔春、時大彬，價至二三千錢。銅爐稱胡四，扇面稱何得之，錫器稱趙良璧，好事家争購之。然其器實精良，非他工所及，其得名不虚也」云云。予又曾觀《顧東江集》：弘、正間，舊京製扇骨最貴李昭。《七修類纂》：天順間，有楊塤妙於倭漆，其漂霞山水人物，神氣飛動，圖畫不如。常上疏明李賢、袁彬者也。

王士禛《古夫子亭雜録》卷三　柴窑於陶器中最古，流傳至今者，碎片與金翠同價。亡友劉吏部公㦷體仁，每自詡其詩文爲「柴窑片」，雖謔語亦有所本也。

王士禛《帶經堂詩話》（二）卷二二《記載門·古器類》　萬曆間浮梁人昊十九者，自號「壺隱」，隱於陶。能詩書，似趙承旨，所製瓷器妙極人巧。嘗作卵幕杯，瑩白可愛，一枚重纔半銖。性不嗜利，所居席門甕牖而已。樊玉衡贈詩云：「宣窑薄甚永窑厚，天下知名昊十九。更有小詩清動人，匡廬山下重回首。」李日華詩云：「爲覓丹砂到市廛，松聲雲影自壺天。憑君點出流霞盞，去汎蘭亭九曲泉。」宋牧仲中丞最好古銅玉陶器，在江右予嘗寄訊訪昊所製，不可得矣。

附録《居易録前卷》言：一藝之工，足以成名，而歎士人有不能及。偶觀《袁中郎集》時尚一篇與予説畧同，并録之云：「古來薄技小器皆可成名，鑄銅如王吉、姜娘子，琢琴如雷文、張越，瓷器如哥窑、董窑，漆器如張成、楊茂、彭君寶。士大夫寶玩欣賞與詩畫並重，當時文人墨士，名公鉅卿，不知湮没多少，而諸匠之名顧得不朽。所謂五穀不熟，不如稊稗者也。近日小技著名者尤多，皆吳人。瓦壺如龔春、時大彬，價至二三千錢。銅鑪稱胡四，扇面稱何得之，錫器稱趙良璧。好事家争購之。然其器實精良，非他工所及，其得名不虛也云云。予又曾觀《顧東江集》：弘正間，舊京製肩骨最貴李昭。《七修類纂》：天顧間有楊塤妙于倭漆，其漂霞山水人物，神氣飛動，圖畫不如，常上疏明李賢、袁彬者也。又《池北偶談》：近日一技之長如雕竹則濮仲謙，螺甸則姜千里，嘉興銅鑪則張鳴岐，宜興泥壺則時大彬，浮梁流霞盞則昊十九，□壺昆□人，江寧扇則伊莘野、仰侍用，□□書畫□□希叔，皆知名海内。如陶南邨所記朱碧山製銀器之類。所謂雖小道，必有可觀者歟。又《香祖筆記》：弇州載吳中陸子剛之治玉，鮑天成之治犀，朱碧山之治銀，趙良璧之治錫，馬勳治扇，周之治商嵌，呂愛山治金，王小溪治瑪瑙，蔣抱雲治銅，皆比常價再倍，其人或與士大夫抗禮。

吳景旭《歷代詩話》卷五二《越窑》　《雲麓漫抄》曰：青瓷器皆云出自李王，號「祕色」，又曰出錢王，今處之龍溪出者，色粉青，越乃艾色。唐陸龜蒙有《進越器詩》云：「九天風露越窑開，奪得千峰翠色來。好向中宵盛沆瀣，共嵇中散鬬傳杯。」則知始於江南，與錢王皆非也，近臨安亦自燒之，殊勝二處。

吳旦生曰：「虞有陶器，三代秦漢謂瓷器，其後有「祕色」窑器，言臣庶不得用也。按周世宗姓柴氏，時所造曰「柴窑」，天青色，細紋。宋汝州造者曰「汝窑」，淡青色，蟹爪紋，河北唐、鄧、耀州悉有之，汝爲魁。江南則處州龍泉窑。政和間，京師自置窑燒造，曰「官窑」，色青帶粉紅，有蟹爪紋，紫口鐵足。中興渡江，邵成章倣故京遺製，置窑於修内司，名「内窑」。他如烏泥窑、餘杭窑、續窑皆不逮官窑。有章生一、生二兄弟主龍泉之琉田窑。生二所陶青器純碎，生一所陶者色澹。哥乃勝，故曰「哥窑」。鐵足紫口，今羣隊者是元末新燒爾。宣和、政和間出定州曰「定窑」，色白，外有淚痕者是真，劃花者佳，素與繡花次之。亦有紫定、墨定，東坡詩：「定州花瓷琢紅玉。」蓋定蚤出，後以定之白瓷器有芒不堪用，始命汝造青窑器。

凡窑器，有茅篾骨出者，價輕。蓋損曰「茅」，路曰「篾」，無油水曰「骨」。市語也。祕色一作貢色。韓中孚過朱龍圖，平生愛一貢色酒壺，因宴出示之是也。

吳景旭《歷代詩話》卷七九《宣廟器》　張士昌《觀宣爐歌》云：「吁嗟乎，此爐不可狀，南鑄北鑄徒多樣。」曰：「除獸面，象鼻與分襠，戟耳魚耳斯爲上。」又倪天樞《宣瓷謡》云：「燦然者，瓷識宣皇。當年盛時陶器良，饒土凝雪骨薄剛，如水泑光火則降。」又《金聲觀宣廟漆器歌》云：「人工化工二俱有，百年收藏長在手。奴驅倭漆兄剔紅，請爲宣皇記考工。」

鄭方坤《五代詩話》卷一《周世宗》　楊文公《談苑》載：周世宗嘗爲小詩示竇儼，儼言：「今四方僭僞主，各能爲之。若求工則廢務，不工則爲所窺。」世宗遂不復作。度當時所作詩必不甚佳，故儼云爾。非世宗英偉，識帝王大畧，豈得不以儼言爲忤，又安能即棄去。信爲天下者在此不在彼也。《避暑録話》。

陶器柴窑最古，今人得其碎片亦與金翠同價矣。蓋色既鮮碧，而質復瑩薄，可以妝飾玩具，而成器者杳不可復見矣。世傳柴世宗時燒造，所司請其色，御批云：「雨過青天雲破處，這般顔色做將來。」然唐時已有秘色。陸龜蒙詩：「九天風露越窑開，奪得千峰秘色來。」惜今人無見之耳。《五雜組》。

陸世儀《思辨録輯要》卷一〇　今人多寶愛骨董，鋪張陳設，以供玩賞。此真所謂玩物喪志，殊爲無謂。予向惡之。近日思得此種器物，亦有用處。蓋古者宗廟祭器，必用貴重華美之物，如瑚璉簠簋之類。雖有家與有國不同，然古人祭器，必用重物無疑。今世士大夫金玉之器，充滿几席，祖宗祭器，則僅取充數，殊非古人致孝鬼神致美黻冕之意也。愚以爲士大夫家凡有家傳重器，如古銅爐、鼎及哥窑、定窑之類，當即以爲祭器。貧者則以精潔之器爲之斷，不可以濫惡之物進御鬼神也。用重器爲祭器，有三善焉：致尊敬之意，一善也；赫赫煌煌動人瞻仰，二善也；滌器進饌之時，執是器者，咸有執玉捧盈之心，則無往而不可致吾尊敬之意，三善也。

汪價《中州雜俎》卷二〇《鈞窑汝窑柴窑》　舜爲陶匏，迄於秦漢，今河内土中有羽觴無色澤者即此器也。鈞州瓷器謂之鈞州青，最爲海内所重，久不製造，自寇燹後，已如彝鼎不可復得。又汝州元至正間造青瓷極美，久廢，民間亦或於地中偶掘得之。《輟耕録》云：本朝以定州白瓷器有芒不堪用，遂命汝州造青窑器，故河北唐、鄧、耀州悉有之，汝窑爲魁是也。其文蟹爪，其色淡青。政和間，京師自置窑燒造曰官窑，其文色亞於汝窑。柴窑出鄭州。世傳周世宗姓柴時所燒者，故名柴窑。天青色，滋潤細膩，有細文粗黄土足，近絶無之矣。

汪價《中州雜俎》卷二〇《郭公磚》 河南最多琴磚，一名郭公磚，有各色花紋，以海馬爲貴。其中空，虚兩頭，有孔以之奠琴，其聲清越。今中州人家多有之，瑩淨可愛，置之庭中以坐客，甚至砌堦壘牆，比比而是，皆出之古墓中。東都將相陪葬邙山，故寢堂之磚多爲土人掘取。或云：郭公古之富而高隱，作此磚遍埋土中云滄桑後當必出人間，此未必然。昔劉子政謂：「丘壠彌高，掘必速。」張廷尉亦云：「使其有可欲，雖錮南山猶有隙，」誠然哉。此明堂之制竹不成用，瓦不成味，所以爲智士無窮之計，而古設守冢家，嚴樵採禁，又仁人所以衞枯骨也。

汪價《中州雜俎》卷二〇《瓷州窑》 今俗語「窑器」謂之「瓷器」者，蓋河南瓷州窑最多，故相沿名之。如銀稱「朱提」，墨稱「隃麋」之類也。

孔尚任《享金簿》 官窑小洗，葵邊，深陡，澹白色，濃厚而滋潤。紋片冰裂，間似兔毫隱紋。底有鐵色支釘，真南宋器。閔義行所贈，今爲龐雪崖太守攜去。

哥窑魚耳彝罏，雙層夾造，油灰色，大片冰紋，火氣消盡，明潤欲滴。但無柴骨鐵足，此官、哥之別也。

宜興時大彬瓷壺，予有三執。其極大者，閔義行贈。口柄肥美，體膚稍糙，似初年所製。底有刻款「戊午年日時大彬製」。時字與日字連，可疑也。其小者得自陳健夫。扁如柿餅，不得容杯水。柄下刻「大彬」二字。紫質堅厚，亦可寶也。中者色澹紫，而胞漿明潤，敦樸穩稱，非他手可能得之。羊山朱天錦云，此名寶頃時壺，藏之兩代矣。

嵇曾筠《浙江通志》卷一〇七龍泉縣志《瓷器》 章生二不知何時人，嘗主琉窑，凡瓷器之出於生二窑者，極其青瑩，純粹無瑕，如美玉。然一瓶一缽動博十數金，其兄名章生一，所主之窑，其器皆淺白，斷文，號「百圾碎」，亦冠絶當世。今人家藏者尤爲難得。《七修類稿》：哥窑與龍泉窑皆出處州龍泉縣。南宋時有章生一、生二弟兄，各主一窑，生一所陶者，爲哥窑，以兄故也。生二所陶爲龍泉，以地名也。其色皆青，濃淡不一，其足皆鐵色，亦濃淡不一。惟土脉細薄，油水純粹者最貴。至今處人稱爲章窑。《萩園雜記》：青瓷出於劉田，去龍泉縣六十里，次有金村等窑，泥油精細，模範端巧不及劉田。《龍泉縣志》：龍泉昔産窑器，青瓷窑在琉田道，泰大其垟安福蛤湖，因溪垟官田，俞溪大浪坑。烏瓷窑在宏山陳灣，磚窑在大沙塘田里，山南坑直衕大口。蘆陂沛田缸窑在劍池湖，惟瓷窑昔屬劍川，自析鄉立慶元縣，窑地遂屬焉。近亦窑户稀絶矣。

袁枚《隨園食單》卷一《器具須知》 古語云：美食不如美器。斯語是也。然宣、成、嘉、萬窑器太貴，頗愁損傷，不如竟用御窑，已覺雅麗。惟是宜碗者碗，宜盤者盤，宜大者大，宜小者小，參錯其間，方覺生色。若板板于十碗八盤之説，便嫌笨俗。大抵物貴者器宜大，物賤者器宜小。煎炒宜盤，湯羹宜碗，煎炒宜鐵鍋，煨煮宜砂罐。

鄭方坤《五代詩話》卷一〇《秘色窑器》 陶器始舜時，三代迄秦漢所謂甓器是也。近世不貴金玉而貴銅瓷，遂有秘色窑器。乃錢氏有國日，越州燒進，臣庶不得用，故云「秘色」。然陸龜蒙詩云：「九秋風露越窑開，奪得千峯翠色來。如向中宵承沆瀣，共嵇中散鬭遺杯」，則越窑又非始錢氏。《筆衡》。

于敏中《西清硯譜》卷二二《宋哥窑蟾蜍硯説》 硯爲蟾蜍形，高四寸四分許，寬三寸七分許，厚一寸一分。宋哥窑製釉文冰裂，胎質紫黝，蟾背無釉。爲受墨處上方爲墨池，周側隱起，如股脚結曲形。蟾腹爲覆手，深五分許，中鐫永壽二字篆書，周鐫御題詩一首。楷書鈐寶，一曰德充符，匣蓋内並鐫是詩。鈐寶二曰會心不遠。曰德充符，考瓷硯，古今硯譜皆未著録，惟宋米芾《硯史》稱杭州龍華寺收梁傅大士瓷硯一枚，磨墨處無瓷，油殊著墨，是硯似仿其意爲之。又考宋時有生一生二弟兄，皆以窑器著，而生一所製尤良，當時號曰哥窑云。

御製題宋哥窑蟾蜍硯

書滴曾聞漢廣川，翻然爲硯永其年。若論生一陶成物，自合揮毫興湧泉。

澄泥墨硯正面圖

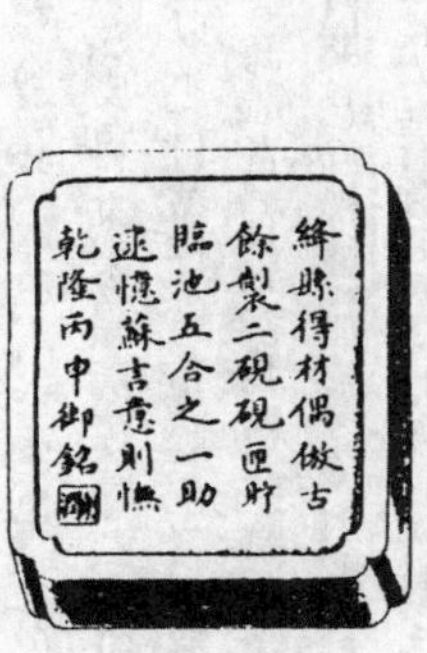

澄泥墨硯背面圖

澄泥墨硯説

硯尺度體製並與硃硯同覆手鐫

御題銘一首，楷書鈐寶，一曰朗潤。謹案硃墨二硯，並貯文具格中，上披閱封章，發揮天藻，乙夜行厨常侍，翰席需筆雨而霈墨華，可爲硯石慶榮遇云。

御製澄泥墨硯銘

絳縣得材偶倣古，餘製二硯硯匣貯。臨池五合之一助，逮憶蘇言意則憮。

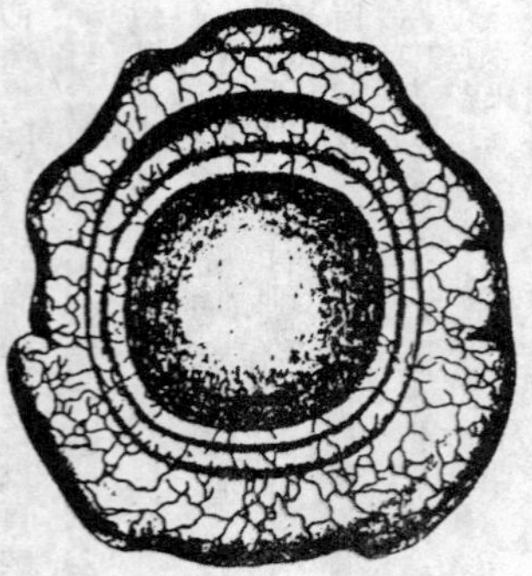
宋哥窑蟾蜍硯正面圖

宋哥窑蟾蜍硯背面圖

陸廷燦《南村隨筆》卷二《窑》 柴窑，相傳柴世宗時燒造。此外，汝、官、哥、定皆宋器也。宋時處州龍泉窑及象窑，世不甚重。明時饒州景德鎮所造，永樂尚厚，成化尚薄，宣德青尚淡，嘉靖青尚濃，成青未若宣青，宣彩未若成彩。宣德祭紅以西紅寶石末入泑，凸起者總以汁水瑩厚，如堆脂汁，紋雞橘，質料膩，實不易茅篾，正、弘、隆、萬間亦有佳者。宋瓷定州白、汝州青，其均州五色，汝之類也。政和間京師自置爲窑，故名官窑。處州章一生、二生兄弟至龍泉之硫田窑，而生一陶者百圾碎而色淡，故名哥窑。以鐵足有聲爲驗，又有董窑，見《居易録》。

陸廷燦《南村隨筆》卷三《柴窑酒椀》 《張桐城集》有《柴窑酒椀歌》，曹頌嘉齋中同嚴存菴、沈康臣、趙武昔、周緘齋、曹升六、汪蛟門、喬石林作。

陸廷燦《南村隨筆》卷四《古瓷》 世言錢氏有國日，越州燒瓷爲供奉之物，不得臣庶用之，故云秘色。《侯鯖録》。柴窑於陶器中最古，流傳至今者，碎片與金翠同價。《夫于亭雜録》汝窑用瑪瑙爲末作黝，當時止供御，絕難得。余倅汝僅見温揮使家一小罍。《六硯齋筆記》。

陸廷燦《南村隨筆》卷五《宣爐》 宣銅爐，款百摺彝爐，乳爐，戟耳，魚耳，蚰耳，薰冠象鼻，獸面石榴足，橘囊香奩，花素，方圓鼎，上也。角端象頭鬲，判官耳，雞腿脚，扁爐，翻環六稜四方直脚爐、漏空桶爐、竹節分襠索耳等，下也。其色仿宋燒斑者，初年色也，尚沿永樂爐。製蠟茶本色，中年色也。本色愈淡者，末年色也。後人辨宣爐色五等，栗色、茄皮色、棠梨色、褐色，而藏經紙色爲最，鎏金色者，鎏腹以下，爲湧祥雲，鎏口以下，日覆祥雲。鷄皮色者，火氣久而成也。其款陽文真書「大明宣德年製」。僞造者，有施家北鑄，蔡家蘸鑄，甘家南鑄。有舊爐僞款者，有真爐真款，而釘嵌者，乃樣爐，無款。後人取宣銅別器款鑿嵌，其縫合在款隅邊際，但從覆手審視，覺有微痕耳。相傳宣廟時，内佛殿災，金銀銅像流液，因用鑄爐。非也，宣廟欲鑄爐，問工銅以何法煉而佳，工奏煉至六次則現殊光寶色，異恒銅矣。上曰：「煉十二次。」煉已條之，置鐵鋼篩格，赤炭鎔之。其清者先滴，則以鑄爐，存格上者，以作他器云。《帝京景物畧》。

陸廷燦《南村隨筆》卷五《窑變》 《清波雜志》：窑變色紅如硃砂，謂熒惑星，躔度臨照而然。紫桃軒又綴云：泖湖旁白牛涇張姓，有窑變酒斝，色沉沉如純漆，内有黄葉一片，雨凋蟲蝕宛如真者。相傳窑變，窑户所不喜，一窑中忽變成他物，反以爲妖。更聞有變成牀者，工巧幻異，非人力所能爲也。

陸廷燦《南村隨筆》卷五《窑變佛像》 《北墅緒》言：「都門報國寺毘盧閣内，祀有觀音，蓋窑變也。明神宗時，李太后崇禮大士，欲得一瓷相奉之。舉念間，景德鎮窑中諸器化一莊嚴法像，绿衣披體，晏坐支頤，兩膝佰昂，左偃，右植手輪，梵字篆法宛然，獻之闕下。懿旨命供於寺，俾都人咸知敬禮。」又《筠廊偶筆》載：「常熟方塔寺内窑變羅漢，高五六寸，瘦甚，跣足趺坐，頂上骨縫隱然，兩齒出唇外，如生人，慈悲之意可掬。」

項樟《玉山文鈔》卷一《題青來弟印譜小序》 粤自鳥跡象形，肇興文字，蝌蚪之書，其最始也。至秦漢則爲篆隸，私印多用之。或金或玉，水土剥蝕之餘，間有存者，率皆古意，磅礴盡六文八體之變，而不失乎其初。迨世遠趨靡，古篆寖失，而當世之存焉者蓋少，辨之者抑又少矣。家弟青來，淹博古今，寄情山水，善詩畫，尤工篆刻，於楊志、王厚之、顔叔夏、姜夔、吾衍、趙孟頫諸君子之書，研究精詳，而且旁搜兼蓄，凡秦章漢印，以及宋元以來玉石、瓷窑、塚磚、宫瓦、竹根、匏蒂之屬，有一字一筆可考証者，靡不重趼購求，期於必得而後已。乙卯夏，晤余於邗上，出銅章印譜示余。其體度渾噩、章法古勁，無一畫爲近今所有，余不勝驚歎，謂此爲未絕之廣陵散也。夫滄桑易變，物理大抵如斯。

況篆書更歷數千年以迄於今，而能辨其真僞，得心應手如有鐵兵拂拂出十指間，俾嗜古之士尋其篆文，布置之精妙與刀法運用之神奇，以仰見前人之氣象，非偶然也。其殆精光不可掩，而偏與嗜古者遇，以成其志，與余歆於所見，而更服青來之能與古爲徒，爰書數言於是編云。

明《六書源流》詳印章譜系，故言之親切有味，非同泛作訣語。倪近顔。

迮朗《繪事瑣言》卷七 瓷印上古無瓷印，唐、宋始用爲私印。燒成硬不易刻，若未燒以前就土坯刻之，又太鬆而易碎。入窑一燒，平正者十不得五。其文類玉稍粗，其制有龜紐、瓦紐、鼻紐，舊者佳，新次之，亦堪賞鑒。《考槃餘事》云：「印章有哥窑、官窑、青冬窑者，其制作之巧，紐式之妙，不可盡述。」《妮古録》載：吴門丹泉周子能燒陶印，以土堊刻印文。或辟邪、龜象、連環、瓦紐，皆由火范而成，白如白定，而文亦古。

紫砂印宜興紫砂作印，頗有可觀。

迮朗《繪事瑣言》卷八 印色池注：印色惟瓷器最宜，得古窑尤妙。若瓦器耗油，銅錫有銹，玉與水晶及燒料俱有潮濕，大害印色。近有青田石印池，亦不可用，如用必以白蠟，蠟其池內，度不喫油。印色池官、哥窑方者，尚有八角、委角者最難得。定窑方池外，有印花文佳甚，此亦少者。諸玩器玉當較勝於瓷，惟印色池以瓷爲佳，而玉亦未能勝也，故今官、哥、定窑者貴。近日新燒有蓋白定長方印池，并青花白地純白者，此古未有，當多蓄之。且有長六七寸者，佳甚。玉者有陸子岡作周身連蓋滚螭白玉印池，工緻侔古，近多效制。有三代玉方池，內外土繡，血侵四裹，不知何用，今以爲印池似甚合宜。

或曰研油沙時，微加丁香油，取其性熱，可使冬日不凍。又曰合成之後，微入洋紅拌勻，色更紫厚。一説近是。若夫乳寶石以代沙，曰取其紅碎，珊瑚以作粉，曰取其淡明，珠琥珀屑玉泥金，曰取其光明，謂之八寶。合八寶印色者朱一兩，油三錢，艾絨四五分，外加珊瑚末一錢，真珠末一分，金箔十張，雲母石二分，愈久愈紅，光彩射日。宣和內府印色純用珊瑚屑，鮮如朝日，歷久不變。又一法用飛淨銀朱十兩，加朱沙五兩，珊瑚末三、四錢，紅瑪瑙二、三錢，琥珀、真珠各幾分，俱研極細，水飛去脚曬乾，木砒石砒各二三分，金箔二三分，油四兩八錢，共入瓷鉢內研勻，凡朱一兩以半日爲度，曬一日，然後加艾六錢四分，白蠟八分，明礬三錢，細□，再曬兩三日即可用。不知印泥以紅爲貴，雜以金珠，反減沙色，猶造墨而和以珠麝，光彩皆變，可不必也。曹昭《格古論》云：印色不須用帽紗、生絹之類襯隔，自然不沾塞印文，而又不生白醭，雖十年不滋。一法用蜜調朱，最善紙素，雖久色愈鮮明。

阮葵生《茶餘客話》卷一〇《記名瓷》 御窑瓷器，超越前代，規模款識，多出刑部主事劉伴阮監製。伴阮名源，「亦異人也。」又有郎窑，巡撫廷佐所造，仿古酷肖，今之所謂成、宣者，皆郎窑也。又熊窑，亦不多讓。近則年窑、唐窑，皆入賞鑒。

成窑酒杯，有名高燒銀燭照紅粧者，一美人持燈看海棠也。錦灰堆者，折枝花果堆四面也。雞窑者，上畫牡丹，下畫子母雞也。鞦韆杯者，士女秋千也。龍舟杯者，鬬龍舟也。高士杯者，一面畫茂叔愛蓮，一面畫淵明對酒也。娃娃杯者，五嬰相戲也。其餘滿架葡萄及春草、魚藻、瓜茄、八吉祥、優鉢羅花、西蕃蓮、梵書，名式不一，皆描畫精工，點色深淺，瓷色瑩潔而堅。雞缸寶燒碗、硃砂盤最貴，價在宋瓷之上。朱竹垞稱芳草雞缸，當亦牡丹之類。余舊藏酒器，皆雞冠花下子母雞，凡五，其式必多，當不止此數種也。

阮葵生《茶餘客話》卷一〇《陽羨名陶録》 供春壺式，茗具中逸品。其後復有四家：董翰、趙良、袁錫，其一則時鵬，大彬父也。大彬益擅長，其後有彭君實、龔春、陳用卿，徐氏壺皆不及大彬。彬弟子李仲芳，小圓壺製精絶，又在大彬之右，今不可得。近時宜興砂壺，復加饒州之鎏，光采射人，却失本來面目。陳其年詩云：「宜興作者推龔春，同時高手時大彬。碧山銀槎濮謙竹，世間一藝皆通神。」高江村詩云：「規製古樸復細膩，輕便堪入筠籠攜。山家雅供稱第一，清泉好瀹三春荑。」昔杜茶村稱：「澄江周伯高著《茶茗》三系表，淵源支派甚悉。」

紀昀《閱微草堂筆記》卷八 有客攜柴窑片瓷，索數百金。云嵌於胄，臨陣可以辟火器。然無由知確否。余曰：「何不縋懸此物，以銃發鉛丸擊之，如果辟火，必不碎，價數百金不爲多。如碎，則辟火之説不確，理不能索價數百金也。」鬻者不肯，曰：「公於賞鑒非當行，殊殺風景。」急懷之去。後聞鬻於貴家，竟得百金。夫君子可欺以其方，難□以非其道，□火横衡，如雷霆下擊，豈區區片瓦所能禦。且雨過天青，不過□色精妙耳，究由人造，非出神功，何斷裂之餘，尚有靈如是耶。余作《舊瓦研歌》有云：「銅雀臺址頽無遺，何乃剩瓦多如斯。文士例有好奇癖，心知其妄姑自欺。」柴片亦此類而已矣。

孔繼浩《篆鏤心得・盛印色器皿》 印色盒、印色碟，總以舊窑古瓷爲上，其次則玉及瑪瑙、水晶皆可用。惟玻璃、化石之類，禁用之。蓋因其火氣太重，致傷印色，兼而洩油也。再印色無論用與不用，日每以牙匙畨一次，令其上下油性調勻，不致油浮硃沉，自無滯粘之患，且可耐久。然印色倏合不同，其用法亦各有異。如玉筋爛銅等文，宜用重油。陰陽鐵綫等文，宜用輕油。圖章深淺，印色乾濕，用得其宜，自然兩擅其美矣。

顧堃《覺非盦筆記》卷七 明彭鄰初輅著《客座贅語》云：賞鑒家以古法書名畫真蹟爲第一，石刻次之，三代鼎彝尊罍又次之，漢玉杯玦之類又次之，宋之玉器又次之，窑之柴、汝、官、哥、定及明之宣窑、成化窑又次之，永樂窑、嘉靖窑又次之。留都舊有金静虚潤、王尚文徽、黄美之琳、羅子文鳳、嚴子寅賓、胡懋禮汝嘉、顧清甫源、姚元白、浉司馬西虹泰、朱正伯衣、盛仲交時泰、姚敘卿汝循、何仲雅淳之，或賞鑒，或好事，皆負雋聲。黄與胡多書畫，羅藏法書名畫、金石遺刻至數千種，何之文王鼎、子父鼎最爲名器，他數公亦多所藏。近正伯子、宗伯、元介出，而珍祕盈箱盡掩前輩。伯時、元章之餘風，至是大煽矣。愚按：前明南京風尚最爲華美，亦可想見昇平之盛。然而雲烟過眼，視寓意而不留意者何如哉。

陳克恕《篆刻鍼度》卷一《瓷印・宜興紫砂印》 上古無瓷印，唐、宋始用以爲私印。硬不易刻。其文類玉稍粗，其製有龜紐、瓦紐、鼻紐，舊者佳，新者次之，亦堪賞鑑。近有好事者，以宜興紫砂作印，頗有可觀。

《妮古録》載：吴門丹泉周子，能燒陶印。以堊土刻印文，或辟邪、龜象、連環、瓦紐，皆由火范而成。白如白定，而文亦古。

《考槃餘事》云：印章有哥窑、官窑、青冬窑者，其製作之巧，紐式之妙，不可盡述。

俞蛟《夢厂雜著》卷一〇 工夫茶烹治之法，本諸陸羽《茶經》，而器具更爲精緻。爐形如截筒，高約一尺二三寸，以細白泥爲之。壺出宜興窑者最佳，圓體扁腹，努嘴曲柄，大者可受半升許。杯盤則花瓷居多，内外寫山水人物，極工致，類非近代物。然無款誌，製自何年，不能考也。爐及壺、盤各一，唯杯之數，則視客之多寡。杯小而盤如滿月。此外尚有瓦鐺、棕墊、紙扇、竹夾，製皆樸雅。壺、盤與杯，舊而佳者，貴如拱璧，尋常舟中不易得也。先將泉水貯鐺，用細炭煎至初沸，投閩茶於壺内冲之，蓋定，復遍澆其上，然後斟而細呷之，氣味芳烈，較嚼梅花更爲清絶，非拇戰轟飲者得領其風味。余見萬花主人於程江月兒舟中題《吃茶詩》云：「宴罷歸來月滿闌，褪衣獨坐興闌珊。左家嬌女風流甚，爲我除煩煮鳳團。小鼎繁聲逗響泉，篷窗夜静話聯蟬。一杯細啜清於雪，不羨蒙山活火煎。」蜀茶久不至矣。今舟中所尚者惟武彝，極佳者每斤需白鏹二枚。六篷船中食用之奢，可想見焉。

梁紹任《兩般秋雨盦隨筆》卷八《柴窑》 「雨過天青雲破處，者般顔色作將來。」想見當日出樣之巧。陸魯望詩：「九秋風露越窑開，奪得千峰翠色來。」此尚在柴窑之先，不知何時所作。漁洋山人言：「曾見一貴人買一柴窑盌，其色正碧，流光四溢。」余昔見何夢華丈爲芸臺宫保辦貢，得柴窑一片，鑲作墨牀，色亦葱倩可愛，而光采殊晦，或尚是均窑混真，然價已二十金矣。

俞樾《茶香室叢鈔》卷一一《吴十九》 國朝劉鑾五石瓠云：浮梁人吴十九，善製瓷器。樊玉衡贈以詩云：「宣窑太薄永窑厚，天下馳名吴十九。」今不知何色爲吴十九製也。

俞樾《茶香室叢鈔》卷一一《龔春》 明張岱《夢憶》云：「宜興罐以龔春爲上，時大彬次之。」按龔春即供春，吴頤山家僮，頤山名仕，字克學，宜興人。供春龔姓，故或書爲龔春。詳見《國朝吴騫陽羨名陶録》。

《名陶録》引周容《宜興瓷壺記》曰：「今吴中較茶者，壺必言宜興。」瓷云始萬曆間大朝山寺僧傳供春。供春者，吴氏小史也，至時大彬以盛。原注云：大朝山寺當作金沙寺。又引周《澍臺陽百詠注》云：「供春者，吴頤山婢名。」製宜興茶壺者，則又以爲婢矣，未知孰是。

俞樾《茶香室叢鈔》卷一一《舒嬌》 國朝施閏章《矩齋雜記》云：宋時江西窑器出廬陵之永和市，有舒翁工爲玩具，翁之女尤善，號曰舒嬌，其壚甕諸色幾與哥窑等價。

俞樾《茶香室叢鈔》續鈔卷二二《眼鏡》 明郎瑛《七修類稿》云：「少嘗聞貴人有眼鏡，老年觀書，小字看大，出西海中，虜人得而製之，以遺中國，爲世寶也。」霍都司子麒送予一枚，質如白瑠璃，大可如錢，紅骨鑲成二片若圓燈，翦然可開合而折疊之。問所從來，則曰：舊在甘肅，夷人貢至而得者。予喜甚，置之眉間，未若人言也。疑而問人，豐南禺曰：乃活大車渠之珠囊製之者，常養之懷中，勿令乾死，然後可照字。予意未必然。得已廿年，寶之無用，書而傳之，博識者必有以告我。按：此則明時眼鏡製，與今同而其質絶異也。

俞樾《茶香室叢鈔》續鈔卷二二《芳草鬭鷄缸》 國朝洪亮吉《北江詩話》云：「明宣德時，芳草鬭鷄缸即仿漢時春草鷄，翹織刺以爲之者。」史游《急就篇》：「春草鷄，翹鳧翁濯。」顔師古注云：「春草，象其初生纖麗之狀也。鷄翹，鷄尾之曲垂者，言織刺爲春草鷄翹之形。一曰染衣色，如之蓋，漢人施於絹素者，明則用之瓷器耳。」

俞樾《茶香室叢鈔》續鈔卷二二《雲南棋子》 國朝趙吉士《寄園寄所寄》引《南中雜説》云：「滇南皆作棋子，而永昌爲第一。其色以白如蛋青、黑如鴉青者爲上，若鶩黄鴨緑，中外洞明者，雖執途人贈之不受也。燒棋之人以郡庠生李德章爲第一，世傳火色，不以授人。」按：雲南棋子至今猶擅名，李德章之名，則無知者矣。

俞樾《茶香室叢鈔》三鈔卷二六《卵幕杯》 明李日華《紫桃軒雜綴》云：「浮梁人吴十九所製精瓷，妙絶人巧，嘗作卵幕杯，薄如鷄卵之幕，瑩白可愛，一枚重半銖。」

俞樾《茶香室叢鈔》三鈔卷二六《郭公塼》 國朝朱彝尊《静志居詩話》云：「嘉靖元年，河南巡撫何天衢命百户亓修月隄，發一古冢，塼上朱書云：郭公塼，郭公墓，郭公逢著亓百户，巡撫差爾修月隄，臨時讓我三五步。」塼空其中，人以爲琴几。

不著撰者《百寶總珍集》卷九《古定》 古定從來數十様，東京喬位最爲良。近者粉色皆不好，舊者多是不圓全。

古定上脉好，唯京師喬娘子位者最好。底下珠紅，或碾或燒成，喬字者是也。器物底有蚩虎者，多好。如有淚痕者，多是紹興年器物，不甚舊。

不著撰者《百寶總珍集》卷九《青器》 汝窑上脉偏滋媚，高麗新窑皆相類。高廟在日煞直錢，今時押眼看價例。

汝窑土脉滋媚，與高麗器物相類。有鷄爪紋者認真，無紋者尤好。此物出北地，新窑修内司自燒者；自後僞者，皆是龍泉燒造者。

一般瓷器部

題解

焦竑《俗書勘誤》卷一〇《字同音義異・瓷・缸》 瓷瓦器也，別作瓷，乃石器。缸罌也，別作釭，乃銀釭之釭。

嵇璜等《續通志》卷一二二《器服略一・歷代陶器》 臣等謹按范金合土謂之陶器。《考工記》有陶旊諸職，三代迄秦漢謂之甓。而《周書》載神農作瓦器物，原神農作甕，則前民利用。肇自三皇，大尊瓦缾用之享祀。實與鼎彝敦卣同爲法物之傳。今謹考摭羣書，凡陶器之可考證者，以類甄敘並詳其規模形製，以補鄭志之闕焉。

嵇璜等《續通志》卷一二二《器服略一・食器》 神農作甕及缾缶，黄帝作釜甑，軒轅作盌楪，有虞氏作瓦大。《儀禮疏》：瓦大，有虞氏尊。土簋土型，《周官陶人》作甗盆缶壺簋豆。《考工記》：簋實一觳，崇尺厚半寸，脣寸。豆實三而成觳，崇尺。甂甈，《爾雅》：甌瓿謂之甂康，瓠謂之甈。挈壺，灌甕經程。《韓詩外傳》：齊桓公飲諸臣，酒令曰後者罰一。經程蓋酒器之大者。瓦卮，漢豆康瓠甗甌甎瓿瓨。《貨殖傳》：醯醬千瓨。儋琖安哉。《太平御覽》：李尤《安哉銘》：安哉令名，甘旨是盛，埏埴之巧，甄陶所成。晉縹瓷，東甌荈器，鶴觴罌。《洛陽伽藍記》：河東人劉白墮善釀，以罌貯酒，千里相餉，謂之鶴觴。唐紫瓷盆越盌。陸羽《茶經》：越盌上口脣不卷，底卷，而淺受半升。内邱白瓷盌，緑瓷梧，瓷罌，越甌，邢甌，高足盌。《三楚新録》：荆南瓷器皆高足，謂之高足盌。宋瑪瑙釉小罌，汝窑壺，汝窑方圓瓶。《清秘藏》：汝窑較官窑質尤滋潤。官哥窑方圓壺，立瓜卧瓜壺，定窑瓜壺、茄壺、駝壺，青冬瓷，天雞壺，建安兔毫琖。蔡襄《茶録》：黑紋如兔毫。小海鷗紫盌，銅葉湯甏，哥窑八角把梧、酒樣，饒州花青盌，浙甕。元饒州小足印花盌，酒琖。明永樂窑壓手梧，宣德窑白壇琖、白茶琖、紅魚靶梧、硃砂大盌、硃砂小壺。成化窑雞缸，嘉靖窑小白甌壇琖，魚扁琖。

嵇璜等《續通志》卷一二二《器服略一・祭器》 有虞氏作泰尊。《禮記疏》：泰用瓦。周作大罍瓦旗。《禮圖》：祭天用瓦旗。漢大尊，《山堂考》：索大尊與甒，形制、容受同。魏陶尊，唐大尊，犧尊，著尊，象尊，壺尊，概尊，散尊，山尊，靈尊。山罍，大羹和羹盌，看缾，牡丹缾，壺缾。

嵇璜等《續通志》卷一二二《器服略一・日用器》 周作登，《爾雅》：瓦豆謂之登。缾，《禮記》：尊於缾。漢康瓠，晉軍持，《庶物異名疏》云：梵語軍持，此言缾也。五代八缶，《紺珠》：缶如水琖，置桌上。陶硯。《硯史》：硯連蓋，蓋上有鳳餘，雕雜花。宋三山五山筆格，《考槃餘事》：哥窑所製。青冬瓷，菊瓣水中丞，細花紋水中丞，雙桃注，雙蓮房注，蟾注。《考槃餘事》：皆宋時定官哥窑所製。官哥龍泉定筆洗，《考槃餘事》：陶者有官哥元洗，葵花洗，磬口洗，元肚洗，四捲荷葉洗，捲口蔗段洗，長方洗，以粉青紋片朗者爲貴。又有龍泉雙魚洗，菊花瓣洗，鉢盂洗，百折洗。又有定窑三箍元洗，梅花洗，縧環洗，方池洗，柳斗元洗，元口洗稜洗。鎮紙，《硯北雜志筆硯間物》曰：鎮紙。印色池，《考槃餘事》：官哥窑方者佳，入角委角者難得。彝鑪乳鑪，《考槃餘事》：官哥定窑、龍泉彝鑪乳鑪，大如茶杯，而式雅者爲上。香盒糊，《考槃餘事》：方斗如斛，中置一梁。書燈瓷簫，《南村隨筆》：德化瓷簫色瑩白，聲淒朗，遠出竹上。瓷枕，明敞口花尊，尊與瓶異，瓶口小於腹，尊腹小於口。坐墩，《博物要覽》：五采各色。

郝懿行《證俗文》卷三《瓷》 《説文》：「瓦器也。」案《説文》瓦土器，已燒之總名。《史記・龜筴傳》桀爲瓦室注云：「世本曰昆吾作陶。」《吕氏春秋》高誘注亦云：「桀作瓦蓋，是昆吾爲桀作也。」《類篇》：「陶器堅緻者。」案：今之瓷器，漢時未有，故《説文》但云瓦器蓋是搏埴之精緻者。如今世所存漢未央、魏銅雀瓦耳，方之今瓷，譬猶頑土也。宋葉寘《筆衡》：「陶器始舜時，三代迄秦漢所謂甓器是也。近世不貴金玉而貴銅瓷，遂有秘色窑器，乃錢氏有國日越州燒進，臣庶不得用，故云秘色。」《老學庵筆記》二云：「耀州出青瓷器，謂之越器。似以其類，餘姚縣秘色也。然極粗樸，不佳，惟食肆，以其耐久，多用之。」然陸龜蒙詩「九秋風露越窑開，奪得千峰翠色來。如向中宵承沆瀣，共嵇中散鬭遺梧。」則越窑又非始錢氏。案：《晉書》曰：「戴安道少時，取雞卵汁溲白瓦屑，作鄭𠂌碑文。手刻字，文既綺藻，器亦妙絶。又案白瓦屑即白瓷屑也。」又晉潘岳《笙賦》：「傾縹瓷以酌醽醁。」《説文》「縹青白色是則縹瓷」，即今之青白瓷器。蓋自晉時已有矣。而《文選》司馬相如《長門賦》：「緻錯石之瓴甓兮，象瑇瑁之文章。」注云：「錯石雜衆石也，言累衆石令之密緻，以爲瓴甓，采色間雜，象瑇瑁之文章也。」《爾雅》郭璞注：「今江東呼甓爲瓻甎，據此説，即如今世造琉璃甎瓦。」《穆天子傳》：「天子東征，有采石之山。升山取采石，鑄以成器，則鑄石爲琉璃。蓋自周已有之。」案：《玉篇》作「瑠璃」，《博雅》作「琉璃」，珠也。《古詩爲焦仲卿妻作》：「移我琉璃榻，出置前窗下。」又或作「流離」。《漢書·西域傳》注師古曰：「大秦出赤白黑黄青緑縹紺十種流離，此自然之物。今所用皆銷冶石汁，加以衆藥灌而爲之，始於元魏月氏人。商販至京，採礦鑄之。」《韻會》：「玻璃亦西國寶，此云水玉，千年冰化，亦書作頗黎。」案：今之造瓷器，即與造琉璃無異，但中間石汁爲胎，然後加瓷色或圖畫之。是則瓷器，疑漢時已有之，而它書别無可據，蓋此賦是後人僞作，非相如所著。今瓷實非漢所有爾，至於近代，乃有哥窑、定窑之選矣。《老學庵筆記》二云：「故都時定器不入禁中，惟用汝器，以定器有芒也。」今世豪家富室，貴於古瓷，鑑色察形，即知久近。土皴石駁，寶若鼎彝，乃至一盌之直，價論百金。《香祖筆記》七云：「常見一貴人買得柴窑盌一枚，其色正碧，流光四照，價餘百金。」魯以贗往齊，復求真。烏虖茂陵玉盌，遂出人間。晉殿銅駝，會藏荊棘。又況於瓦釜雷鳴，壽非金石者哉。

胡紹煐《文選箋證》卷二〇潘安仁《笙賦》 「傾縹瓷以酌酃」注善曰：《字林》曰瓷白瓶，長瓻，大果切。段氏玉裁曰：瓷當作瓻，注當作《字林》曰瓻白瓶，長頸，大果切。紹煐按：段因注有「大果切」三字，故疑是「瓻」字，然注連引鄒陽《酒賦》「緑瓷既啟」，明釋正文「瓷」字。六臣本注作「瓷瓶也」，無《字林》曰以下十一字，諸本亦皆作「瓷」。《御覽》九百六十六正引作「瓷」，顧野王《虎邱山序》：「傾縹瓷而酌旨酒」句當本此，亦作「瓷」。

俞樾《茶香室叢鈔》四鈔卷二七《窑器稱瓷之誤》 明張萱疑耀云：「宣和格古論古人瓷器，皆曰某窑器，不稱瓷也，惟河南彰德府瓷州窑器，乃稱瓷耳。今不問何窑所製，而凡瓦器俱稱瓷，誤矣。」

按《舊唐書·地理志》：「慈州元魏曰南汾州，隋改爲耿州，武德元年改爲汾州，八年改爲慈州，以郡近慈烏戍故也。」《廣韻》七之《部慈》下云：「因慈氏縣名之。」二説不同，要其舊名是慈也。《宋史·地理志》：「河北西路有瓷州，舊名慈，政和三年改作瓷，貢瓷石。」殆以其地出瓷石，故以此得名邪，則與窑器固不相涉。瓷州之窑曰瓷窑，亦猶汝州曰汝窑，定州曰定窑耳，豈可以爲瓷器之名乎。

又按《宋志》：「信德府貢白瓷盞。」信德與瓷州雖同屬河北西路，究爲兩地。白瓷盞之貢，不於瓷州而於信德，則疑瓷器之得名，亦不因瓷州。按《玉篇·瓦部》：瓷在思，切瓷器也。《缶部》：窑在咨，切亦作瓷。則窑器稱瓷，亦稱窑，後人以同聲之「瓷」字代之耳。

综述

高濂《遵生八牋》卷一六《燕閑清賞牋下·瓶花三説》 瓶花之宜

高子曰：瓶花之宜有二，用如堂中插花，乃以銅之漢壺，太古尊罍，或官、哥大瓶，如弓耳壺，直口敞瓶，或龍泉蓍草大方瓶，高架兩傍，或置几上，與堂相宜。折花須擇大枝，或上茸下瘦，或左高右低，右高左低，或兩蟠臺接，偃亞偏曲，或挺露一幹中出，上簇下蕃，鋪蓋瓶口，令俯仰高下，疏密斜正，各具意態，得畫家寫生折枝之妙，方有天趣。若直枝鬔頭花朵，不入清供。花取或一種兩種，薔薇時即多種，亦不爲俗。冬時插梅，必須龍泉大瓶，象窑敞瓶，厚銅漢壺，高三四尺已上，投以硫黄五六錢，砍大枝梅花插供，方快人意。近有饒窑白瓷花尊，高三二尺者，有細花大瓶，俱可供(聖)〔堂〕上插花之具，製亦不惡。若書齋插花，瓶宜短小，以官、哥膽瓶、紙槌瓶、鵝頸瓶、花觚、高低二種八卦方瓶、茄袋瓶、龍泉窑瓶、定窑花尊、花囊、四耳小定壺、圓口匾肚壺、青東瓷小蓍草瓶、方漢壺、圓瓶、古龍泉蒲槌瓶、各窑壁瓶。次則古銅花觚、銅觶、小尊罍、方壺、素温窑、匾壺，俱可插花。又如饒窑宣德年燒製花觚、花尊、蜜食礶、成窑嬌青蒜蒲小瓶、膽瓶、細花一枝瓶、方漢壺式者，亦可文房充玩。但小瓶插花，折宜瘦巧，不宜繁雜，宜一種，多則二種，須分高下合插，儼若一枝天生二色方美。或先凑簇像生，即以麻絲根下縛定插之。若彼此各向，則不佳矣。大率插花須要花與瓶稱，花高於瓶四五寸則可。假如瓶高二尺，肚大下實者，花出瓶口二尺六七寸，須折斜冗花枝，鋪撒左右，覆瓶兩傍之半，則雅。若瓶高瘦，却宜一高一低雙枝，或屈曲斜裊，較瓶身少短數寸似佳。最忌花瘦於瓶，又忌繁雜。如縛成把，殊無雅趣。若小瓶插花，令花出瓶，須較瓶身短少二寸，如八寸長瓶，花止六七寸方妙。若瓶矮者，花高於瓶二三寸亦可，插花有態，可供清賞。故插花挂畫二事，是誠好事者本身執役，豈可托之僮僕爲哉。客曰：「汝論僻矣，人無古瓶，必如所論，則花不可插耶？」不然，余所論者，收藏鑒家積集既廣，須用合宜，使器得雅稱云爾。若以無所有者，則手執一枝，或採滿把，即插之水鉢壁縫，謂非愛花人歟，何俟論瓶美惡，又何分於堂、室二用乎哉。吾懼客嘲熟矣，具此以解。

瓶花之忌

瓶忌有環，忌放成對，忌用小口甕肚瘦足藥罈，忌用葫蘆瓶。凡瓶忌雕花粧彩花架，忌置當空几上，致有顛覆之患。故官、哥古瓶，下有二方眼者，爲穿皮條縛於几足，不令失損。忌香烟燈煤燻觸，忌猫鼠傷殘，忌油手拈弄，忌藏密室，夜則須見天日。忌用井水貯瓶，味鹹，花多不茂，用河水并天落水始佳。忌以插花之水入口，凡插花水有毒，惟梅花、秋海棠二種毒甚，須防嚴密。

瓶花之法

牡丹花：貯滚湯於小口瓶中，插花一二枝，緊緊塞口，則花葉俱榮，三四日可玩，芍藥同法。一云以蜜作水插牡丹不悴，蜜亦不壞。

戎葵：鳳仙花，芙蓉花。凡折枝花。

已上皆滚湯貯瓶，插下塞口，則不憔悴，可觀數日。

梔子花：將折枝根槌碎擦鹽，入水插之，則花不黄。其結成梔子，初冬折枝插瓶，其子赤色，儼若花蕊，可觀。

荷花：採將亂髮纏縛，折處仍以泥封，其竅先入瓶中，至底後灌以水，不令入竅，竅中進水則易敗。

海棠花：以薄荷包枝根水養，多有數日不謝。

竹枝、瓶底加泥一撮。松枝：靈芝同吉祥草，俱可插瓶。

後録《四時花紀》：俱堪入瓶，但以意巧取裁花性，宜水宜湯，俱照前法，幽人雅趣，雖野草閑花，無不採插几案，以供清玩。但取自家生意，原無一定成規，不必拘泥。

靈芝仙品也，山中採歸，以籮盛置飰甑上，蒸熟曬乾，藏之不壞。用錫作管套根，插水瓶中，伴以竹葉、吉祥草，則根不朽，土盆亦用此法。

冬間插花，須用錫管，不惟不壞，瓷瓶即銅瓶，亦畏冰凍，執質厚者尚可，否則破裂。如瑞香、梅花、水仙、粉紅山茶、臘梅，皆冬月妙品，插瓶之法雖曰硫黄投之不凍，恐亦難敵。惟近日色南牕下置之，夜近卧榻，庶可多玩數日。一法用肉汁去浮油入瓶，插梅花則萼盡開而更結實。

張謙德《缾花譜・品缾》 凡插貯花，先須擇缾。春冬用銅，秋夏用瓷，因乎時也。堂廈宜大，書室宜小，因乎地也。貴瓷銅，賤金銀，尚清雅也。忌有環，忌成對，像神祠也。口欲小而足欲厚，取其安穩而不泄氣也。

大都缾寧瘦，毋過壯，寧小，毋過大。極高者不可過一尺。得六七寸、四五寸瓶，插貯佳。若太小，則養花又不能久。

銅器之可用插花者，曰尊、曰罍、曰觚、曰壺，古人原用貯酒，今取以插花，極似合宜。

古銅缾鉢入土年久，受土氣深，以之養花，花色鮮明如枝頭，開速而謝遲，或謝則就缾結實。若水秀傳世，古則爾，陶器入土，千年亦然。

古無瓷缾，皆以銅爲之，至唐始尚窑器，厥後有柴、汝、官、哥、定、龍泉、均州、章生、烏泥、宣成等窑，而品類多矣。尚古莫如銅器，窑則柴、汝最貴，而世絶無之。官、哥、宣、定爲當今第一珍品，而龍泉、均州、章生、烏泥、成化等缾，亦以次見重矣。

瓷器以各式古壺、膽、缾、尊、觚，一枝缾爲書室中妙品，次則小蓍草缾、紙搥缾、圓素缾、鵝頸壁瓶，亦可供插花之用。餘如闇花、茄袋、葫蘆樣，細口、匾肚、瘦足、藥罈等缾，俱不入清供。

古銅壺、龍泉、均州缾有極大，高三二尺者，别無可用，冬日投以硫黄，斫大枝梅花，插供亦得。

徐應秋《玉芝堂談薈》卷一二《入珊瑚林》 「塔者」梵名「塔婆」，此云「方墳」，或云「支提」，翻爲「滅惡生善處」。西梵正音名曰「窣堵波」，此云「廟廟者貌」也。又塔西國浮圖也，此翻聚相戒壇國經云：依梵本座佛骨，所名曰「塔婆」。有舍利者名「塔」，無舍利者名「支提正法」。念經云四種人得樹，偷婆漢言家四種人者：輪王、羅漢、辟支、如來也。佛經治故塔者，生白身天，其身鮮白。入珊瑚林掃塔者，生意燥天，其身浄潔，猶如明鏡。去塔中草水者，生先音天，衆寶宫殿光明，是不可計量。以花香供塔者，生兜率，夫諸毛孔有栴檀香，具三明六通及八解，脱道嚴供養塔廟，壽一百五歲。道卓建塔，三龍護之，拾得龍毛長三尺許。修空慧寺塔有金甕相對，修檀臺山古塔有古窑熟甎三十餘，所臨黄塔有水底蓮花彌滿，三日長千塔有石匣中爪髮，髮引施如螺。雍州塔有夜雨，寶屑，天花、芭蕉、椶櫚皆滿。魏州塔有降金銀花，小者如火精，大者如榆筴。靈鷲寺塔有羣燕共啣繡像。智門寺塔有神龜、黑蜂、連理木、甘露降。閑居寺塔有白雲如大蝀，色似青琉璃，翺翔而下。栖岩寺塔有火照二百里，遠望者皆言燒山。鳳泉塔有棋石子，漸變盡如水晶，諸凡載在佛藏中，功德難以具悉。《魏書》：乾陀國，城東南七里有佛塔，高七十丈，周三百步，所謂「雀離佛圖」也。《唐・玄奘傳》健馱國有「雀離浮圖伽藍」記，此浮圖天火七燒，佛法當滅，《道鑒傳》云：「王修浮圖，木工既訖，猶有鐵柱無能上者，王于四角起大高樓，在上燒香散花，至心精神然後，轆轤絞索一舉，便到故國。人皆云四天王助之。」塔内事物悉是金玉，旭日始開，則金盤晃朗；微風漸發，則寶鐸和鳴。西域浮圖，此爲第一。《廣弘明集》：瑜珈之建寶塔，百鬼助以日工；雀離之起浮圖，四王扶其夜力。又藍莫國王得佛一分舍利，奉歸起塔，即名「藍莫塔」。塔邊有池，池中有龍，常守護此塔。晝夜供養，拘夔竭城。城北雙樹間，希連河邊，世尊于此北首。而般泥洹及須跋最後得道處、以金棺供養世尊七日處、金剛力士放金杵處、八王分舍利處，皆起塔。

孫廷銓《顔山雜記》卷四《物産》 蓋民之爲道，本業不足，然後有貨殖，貨殖非古也。不耕而食，則長游惰；不織而衣，則生僭侈。皆風俗之敝，而仁義之碣也。然有異焉，孝鄉山多田少，而生齒日益繁，生齒繁則食粟多，山多田少則得粟難，若是而不疾作也，則饑甚，故其民力力焉。鑿山煮石，履水蹈火，數犯難而不息，凡爲饑驅也。此雖不耕不織，猶夫自食其力也。顧燒琉璃者多目災，掘山炭者遭壓溺，造石礬者有喑疾，炒丹鉛者畏内重，縱謀而獲，亦孔勞矣。然則孝鄉之多藝也，以其民貧也，其無棄貨也，以其土瘠也。矧錐刀之幾何，而强半在官中也。是用瑣綴，俾來者知其故焉。

石炭 炭，山灰也，義從土，然土得水而泥，此不泥，宜從石，然石引火而不然，此則然，宜從薪木，然木遇金而柔，此不柔，故一物而德具焉者，炭爲多。

凡炭之在山也，辨死活。死者脈近土而上浮，其色蒙，其臭平，其火文以柔，其用宜房闥圍爐。活者脈夾石而潛行，其色晶，其臭辛，其火武以剛，其用以鍛金治陶，或謂之煤，或謂之炭。塊者謂之硔，或謂之砟，散無力也。煉而堅之謂之礁，頑于石，重于金鐵，緑焰而辛酷，不可爇也。以爲礬，謂之銅磧。故礁出于炭而烈于炭，磧棄于炭而寶于炭也。

凡脈炭者，視其山石，數石則行，青石、砂石則否。察其土有黑苗，測其石之層數，避其沁水之潦，因上以知下，因遠以知近，往而獲之，爲良工。

凡攻炭，必有井幹焉，雖深百尺而不撓。已得炭，然後旁行其隧，視其炭之行，高者倍人，薄者及身，又薄及肩，又薄及尻。鑿者跂，運者馳，鑿者坐，運者傴，鑿者蝡卧，運者鼈行，視其井之幹，欲其確爾而堅也，否則削，入其隧，欲其燥以平也，否則跰。凡井得炭而支行，其行隧也如上山，左者登，右必降，左者降，右必登，降者下堿，登者上堿。循山旁行，而不得平，一足高，一足下，謂之「仄堿」。脈正行而忽結磻石阻其前，非曲鑿旁達，不可以通，謂之「盤鋼脈」。乍大乍細，窠窠螺螺，若或得之而驟竭，謂之「雞窩」，二者皆井病也。

凡行隧者，前其手必燈，而後入。井則夜也，燈則日也，冬氣既藏，燈則炎長，夏氣强陽，燈則閉光。是故鑿井必兩，行隧必雙，令氣交通，以達其陽，攻堅致遠，功不可量，以爲「氣井」之謂也。

鐵冶 采石黑山，鑄而爲鐵。百石之罏，三合之屑。火烈石礁，風生地穴。清氣如珠，玄精爲液。得柔斯和，過剛或折。作爲劍器，蛟龍可截。以鋼性易脆，生不若熟也。

瓷器 孝鄉之瓷，出于山頭務店者，碗、鉢爲多，出于邀光者，礶爲多，出于八陡者，缾、罍爲多，出于西河者，魚缸、醯甕爲多，然皆疏土也。夫物無美惡，乘時爲貴；器無雕樸，適用爲宜。故雲靁之鼎，以之適野，不若瓦缶之便也；犧象之尊，以之饟師，不若陶匏之給也。且物之美好者，生民之大累也。孝鄉之瓷，疏土也，其用農甿也，而不爲貴也，廢者亦幸，不爲賤者累也。今夫天之生物，其爲奇麗者一，其爲朴野者常百，則不以一廢百也。先民制器，其爲淫巧者一，其爲拙簌者且萬，則不以一廢萬也。何也，生人之道，始於飲食，飲食天下之大欲也。則飲食之器，天下之大用也。今夫農甿之爲食，脱粟麥飯也，及其驩然一飽，則脱粟麥飯固無以異于脯脩羶薌也。農甿之食之爲器，瓦缶陶匏也，而及其屬饜，則瓦缶陶匏固無以異于犧尊靁鼎也。且農甿之食有其脱粟麥飯焉，則間有其酒漿醯醬焉。夫酒漿醯醬則非獨農甿之食也，既富之家共此矣。農甿之器有其瓦缶陶匏焉，則又有其壺尊甕瓿焉。夫壺尊甕瓿則非獨農甿之器也，大貴之家又共此矣。今舉富貴之家而進之以農甿之食，如所謂脱粟麥飯者，不屑也，而至于酒漿醯醬，不能絶也，此固嚮者農甿之食也。今舉富貴之家而奉之以農甿之器，如所謂瓦缶陶匏者，不屑也，而至于壺尊甕瓿，不能舍也，此固嚮者農甿之器也。孝鄉之瓷，疏土也，貧且賤者用之，而富且貴者不能違聖人「不貴異物賤用物」，以此也。

黄丹 炒鉛爲之，丹重則鉛爲丹，鉛急則丹復爲鉛。炒多鉛氣，中人令人中垂而死。臨丹竈者，必塞其鼻，實其腹，令中氣常勝鉛氣，不能入也，然後可久。

白礬 白礬者，夾炭石屑也，取以爲礬，晶晶者冰，皚皚者雪也。當其爲石，墨墨者鐵也。取而變之，存乎冶也。凡燒礬，必即嶔巖之半，削其高以爲壁，斥其平以爲臺，壁斬斬，臺板板也。于其旁也，塹土而堲周之，以爲池。闕地及泉，幹爲井，底爲釜，築之污之，旁通火焉，以爲灶。布甕以爲盎。編荆而塗之，以爲廩。其行火也，移石就臺，負壁而築之，若連床之方焉。陂陀其脚而微綱之，烈火而焚之，由内以攻外，火盡取屑傅之，又盡又傅之，每盡傅之。斬斬之壁，則易以爲高也；板板之臺，則易以爲廣也。陂陀微綱以行水潦，則行火者易以爲養也。故燒礬者久與巖齊，雖雨三日而不浸，火三月而不滅也。乃取其燒，以納于塹，擊之汰之，得其滋焉。乃取其汰，以納于灶，熬之煎之，流其液焉。乃取其液，以納于甕，澄之凝之，泛其屑焉。體魄既成，精魂未盈，非硝不爲功。取而和之，復納于灶，火氣竭矣，其精乃生。取而漉之，以納于廩，水氣竭矣。沉緊浮鬆，外强中空，鑿其瓌瓏，冰雪冲冲，此礬之終也。

绿礬　紅土　绿礬者，炭中銅磧也。法如白礬，減其工半，精爲绿礬，滓爲紅土。按：礬之初，皆黑質而辛螫也，及其變也，或白或碧，其滓則皆紅，以染則碧復爲黑，其醮水又爲黄，蓋具五焉。夫天下之臭味過差，而善變者固若斯之亟也。君子之用物也，亦善其變哉。

淄石硯　淄石坑在城北庵上村倒流河側。千夫出水，乃可以入。西偏則硬，東偏則薄，惟中坑者堅潤而光。映日視之，金星滿體，暗室不見者，爲最精，大星者爲下。米元章曰：淄石理滑易乏，在建石之次。蘇子瞻曰：淄石號韞玉，發墨而損筆。端石非下嵓者宜筆而褪墨。二者當安所去取。用褪墨硯，如騎鈍馬，數步一鞭，數字一磨，不如騎羸，用瓦硯也。不知淄石顧有發墨而不損筆者，惜二公之未見也。

琉璃　琉璃者，石以爲質，硝以和之，礁以鍛之，銅鐵丹鉛以變之。非石不成，非硝不行，非銅鐵丹鉛則不精，三合然後生。白如霜，廉削而四方，馬牙石也。紫如英，札札星星，紫石也。稜而多角，其形似璞，凌子石也。白者以爲幹也，紫者以爲軟也，凌子者以爲瑩也。是故白以爲幹則剛，紫以爲軟則斥之爲薄而易張，凌子以爲瑩則鏡物有光。硝，柔火也，以和内，礁，猛火也，以攻外。其始也，石氣濁，硝氣未澄，必剥而争，故其火烟漲而黑。徐惡盡矣，性未和也，火得紅。徐性和矣，精未融也，火得青。徐精融矣，合同而化矣，火得白。故相火齊者，以白爲候。其辨色也，白五之，紫一之，凌子倍紫，得水晶。進其紫，退其白，去其凌子，得正白。白三之，子一之，凌子如紫，加少銅及鐵屑焉，得梅萼紅。白三之，紫一之，去其凌，進其銅，去其鐵，得藍法。如白焉，鈎以銅磧，得秋黄法。如水晶，鈎以畫碗石，得映青法。如白加鉛焉，多多益善，得牙白法。如牙白加鐵焉，得正黑法。如水晶加銅焉，得绿法。如绿退其銅，加少磧焉，得鵝黄。凡皆以餤硝之數爲之程。

琉璃之貴者爲青簾。取彼水晶，和以回青。如箸斯條，若水斯冰，緯爲幌薄，傅于朱櫺。瑞烟徐起，旭日始升，影動几筵，光浮御屏，棲神象(玄)〔玄〕以合窈冥。用之郊壇焉，用之清廟焉，隸于司空，以稱國工。

其次爲珮玉丁當，連珠綴纓，絳紗作盛，弁冕盈廷，乃球鏘鳴。古者百僚朝祭之法服也。

其次爲華燈、屏風、礶合、果山，皆穿珠之屬。錯采雕龍，口則無功。

其次爲棋子、風鈴、念珠、壺頂、簪珥、料方，皆實之屬。圍棋滴之，風鈴範之，料方亦如之。條珠纏之，細珠寫之，大珠纏之戞之。簪珥惟「錯車礫」者雜二色，蘗而糅之。瑪瑙者珐瑯點之。纏絲者，以蘗夾絲，待其融也，引而旋之。

其次爲泡燈、魚餅、葫蘆、硯滴、佛眼、軒轅鏡、火珠、響器、鼓瑺，皆空之屬。

凡製琉璃，必先以琉璃爲管焉，必有鐵杖、剪刀焉，非是弗工。石之在冶，涣然流離，猶金之在鎔。引而出之者，杖之力也，受之者，管也。授之以隙，納氣而中空，使口得爲功，管之力也。乍出于火，涣然流離，就管矣，未就口也。急則流，緩則凝，旋而轉之，授以風輪，使不流不凝，手之力也。旋氣焉，壯則裂，弱則偏，調其氣而消息之，氣行而喉舌皆不知，則大不裂，小不偏，口之力也。吹圓毬者抗之，吹膽餅者墜之，一俯一仰，滿氣爲圓，微氣爲長，身如朽株，首如鼗鼓，項之力也。引之使長，裁之使短，拗之使屈，突之使高，抑之使凹，剪刀之力也。凡爲葫蘆，先得提，後得腹，接處爲腰。爲含子葫蘆，先得子，次得提，納子焉，後得腹。凡爲魚餅，先得口，次得腔，次得山，後得果枝。凡爲花簪，先得莖，後得頂，斷而殊之，易手而燎之，後得蜂末。凡爲響器，先得下口，後得上口。凡爲硯滴，先得頂口，次得腹，次得提，後得吐水。凡爲燈碗，先得圓毬，吸其下，按其上，斷其臍而坐之，上反爲底，下反爲面。凡爲鼓瑺，先得葫蘆，旋燒其底而四流之，以均其薄，欲平而不平，使微杠焉，以隨氣之動乃得鳴。鼓瑺者，響葫蘆也，言微氣鼓之而瑺鳴也。辟之爲鼓也，聲者其面也，響之應者其腔也，實則其空也，故大空則大鳴，小空則小鳴。此老氏之説也：當其無有，有之用也。凡爲空者，先養其氣，氣圓而體圓。此學書之説也，心正則筆正也。

按：《通鑑》：唐代宗初誅元載，召江西判官李泌入見，語及載事，曰：「朕面屬卿于路嗣恭，而嗣恭取載意，奏卿爲虔州别駕。嗣恭初平嶺南，獻琉璃盤徑九寸，朕以爲至寶。及破載家，得嗣恭所遺載琉璃盤徑尺。俟其至，當與卿議之。」胡三省注曰：程大昌曰：《漢・西域傳》：罽賓國有琥珀、流離。師古注曰：《魏略》云：大秦國出赤、白、黄、黑、青、緑、縹、組、紅、紫十種流離。此蓋自然之物，采澤光潤，踰于衆玉。今俗所用皆消冶石汁，加以衆藥，灌而爲之，虚脆不耐，實非真物。按：「流離」，今書附玉旁，爲「琉璃」字。師古之記是矣，亦未得其詳也。《穆天子傳》：天子東征，有采石之山，凡好石之器于是出。升山取采石，鑄以成器。注云：采石，文采之石也。則鑄石爲器，古有之矣，顔氏謂爲自然之物，恐不詳也。《北史・大月氏傳》：魏太武時，月氏人商販京師，自云能鑄石爲五色琉璃。於是采曠石于山中，即京師鑄之。既成，光澤乃美于西方來者。自是琉璃遂賤。用此言推之，則雖西域琉璃，亦用石鑄，無自然生成者。兼外國奇産，中國未始無之，獨不聞有所謂真琉璃。然中國所鑄有與西域異者，鑄之中國，色甚光鮮，而質則輕脆，沃以熱酒，隨手破裂。其來自海舶者，製差鈍樸，而色亦微暗，其可異者，雖百沸湯注之，與瓷銀無異，了不復動，是名「番琉璃」也。番琉璃之異于中國，其別蓋如此，而未嘗聞以石琢之也。余謂路嗣恭所獻者，蓋師古所謂大秦琉璃自然之物，否則代宗何以謂之至寶哉。程大昌考之不詳耳。

陳元龍《格致鏡原》卷五一《碗附甌、甃》

《物原》：「軒轅作碗楪。」椀、盌、碗同《説文》：「盌，小盂也。」《方言》：「楚魏宋之間，盌謂之盂。」《藝文類聚》：「曹植、應瑒、徐幹俱有《車渠椀賦》，江總有《瑪瑙椀賦》。秦嘉妻與嘉書，分奉金錯椀一枚，可以盛書，水琉璃椀一枚，可以服藥酒。」《窮神秘苑》：「梁昭明墓爲人所開，取其琉璃椀、紫玉杯，攜入大航，有燕雀數萬擊之，因爲所司覺悟，縛之。」《事物原始》：「隋文帝時，突厥獻七寶椀。」李肇《翰林志》：「翰林學士給銅觜椀。」《珍珠船》：「柳公權有銀杯盂，爲主藏豎海鷗所竊。一日鷗白公言不測，其失之由公，曰銀盌應解飛，不復更言。」《酉陽雜俎》：「馬侍中常寶一水精盌，夏蠅不近，盛水經月不腐不耗，或目痛含之，立愈。」《九國志》：「楚馬希振天佑初，殷爲娶汝州鍾侍女，資從甚厚。有紅玉椀、照夜珠，希振以非人臣所玩，皆納之於殷。」《樞要録》：「元載凡飲食冷物，用硫黄盌，熱物用泛水瓷器，有三千事。」

周羽冲《三楚新録》：「高從誨時，荆南尚使瓷器，皆高其足，而公私競置用之，謂之高足椀。」《清異録》：「耀州陶匠創造一等平底深椀，狀簡古，號小海鷗。」陸羽《茶經》：「盌，越州上，鼎州次，婺州次，岳州次，壽州、洪州次，或者以邢州、處、越州上，殊爲不然。若邢瓷類銀，越瓷類玉，邢不如越一也。若邢瓷類雪，則越瓷類冰，邢不如越二也。邢瓷白而茶色丹，越瓷青而茶色緑，邢不如越三也。晉杜毓《荈賦》所謂「器擇陶揀，出自東甌甌越」也。甌越州上口唇不卷，底卷而淺，受半升已下。越州瓷、岳瓷皆青，青則益茶，茶作白紅之色。邢州瓷白，茶色紅。壽州瓷黄，茶色紫。洪州瓷褐，茶色黑，悉不宜茶。」吴淑《秘閣閑談》：「巴東下岩院主僧水際得一青瓷碗，攜歸折花供佛。明日花滿其中，更置少米，經宿米亦滿碗，錢及金銀皆然。」婁元禮《田家雜占》：「破碗上下作兩截，斷而齊者名曰無底碗，大吉，往往以上截書古語於其中，懸東壁，謂祥瑞也。」洪皓《松漠紀聞》：「蒲路虎受命治渤海城，有僧以榛柃瘿盂遮道獻之，曰可以酌酒」。注：「榛柃木文縷可愛，多用爲椀。」

甌　許次紓《茶疏》：「茶甌，古取定窑兔毛花者，亦鬭碾茶用之宜耳。其在今日，純白爲佳，兼貴。於小定窑最貴，不易得矣。宣、成、嘉靖，俱有名窑。近日倣造，間亦可用。次用真正回青，必揀圓整，勿用呰窳。」

甃　程大昌《演繁露》：「《東坡後集・從駕景靈宫》詩云：『病貪賜茗浮銅葉。』按今御前賜茶，皆不用建琖，用大湯甃，色正白，但其制樣似銅葉湯甃耳。銅葉色黄，褐色也。」

陳元龍《格致鏡原》卷五一《諸食器》

《韓非子》：虞舜作爲食器，斬山木而財之，削鋸修之，迹流漆墨其上，輸之於宫以爲食器。《庶物異名疏》：秦二世曰：吾聞之韓子曰堯舜采椽，不刮茅茨，不翦飯，土熘啜土形，雖監門之養，不觳於此。如淳曰：土形飯器之屬，瓦器也，按土熘亦瓦飯器。《南史》：毗騫王嘗遺扶南王純金五十人，食器形如圓盤，又如瓦塸，名爲多羅，受五升，又如椀者受一升。《品物類聚記》：郭代公愛姬薛氏貯食物以散風奩。《稗史類編》：遊山食具竹爲之，二槅并底、蓋爲四，食盤楪子三四，每盤果子楪十，矮酒樽一，可容數升，以備沽酒。匏一杯，三漆合子貯脯脩、乾果、佳蔬各數品，餅餌少許，以備飲食。不時猝應，惟三食盤相重爲一槅，其餘分任之。暑月亦可備冷肴、鮮果、熏魚、臘肉不畏大暑之物，一肩竹槅二，下爲匱，上爲虚，槅左槅上層書廂一，紙筆、墨硯、剪刀、韻略、雜書册，匱中食椀、楪箸各六七，各備生果數物，亦要削果小刀。右槅上層琴一，竹匱貯之，展摺棋局一，匱中棋子、茶碾二品，蠟茶即碾熟者，琖各托三四及盂匏等，及附帶雜物小斧子、砟刀、劚藥、鉏子、腊燭、二拄杖、釘鞋靴、木屐、棕鞋、雨衣、油衫、箬笠、棕帽、繖笠、油披肩、食銚、虎子、急須子、油筒。今世又有大漆葫蘆，隔以三酒下果，中皿上以青絲絡負之。

陳元龍《格致鏡原》卷五一《盆附缶》

《考工記》：「盆實二鬴，厚半寸，脣寸。」《禮記》：「竈者，老婦之祭，盛於盆，尊於缾。」《稗史類編》：「餘姚一達官，家有古銅盆，大如火爐，而周圍有十二環。婺州馬舖領人家掘得古銅盆，有兩環，在腹之下，足之上。此二器文字所不載，或以環低者，謂之歃器。」《博古圖》：「漢獸耳盆，高四寸一分，深三寸四分，口徑七寸五分，足徑四寸四分。兩獸面鼻串圜環，環徑各一寸二分。容五升，純素無紋，自然之色，青碧相間，以銅爲之。」

陳元龍《格致鏡原》卷五二《缶》

《漢書·五行志》：「穿井得土缶。」師古注：「缶，盎也，即今之盆。」《稗史類編》：《吕氏春秋》曰：「堯命質以麋鞈，置缶而鼓之」，則缶已用於堯世矣。《爾雅》：「盎謂之缶。」郭璞注：「盆也。」邢昺疏：「缶是瓦器，可以節樂。如今擊甌，又可以盛水、盛酒，即今之瓦盆也。」《易·坎卦六四》：「樽酒簋貳用缶。」《易·比卦》：「有孚盈缶。」注：「井之水，人所汲，汲用缶。」《記禮》：「器五獻之尊，門外缶，門内壺，君尊瓦甒，以小爲貴也。注壺大一石，甒五斗，缶大小未聞，以小爲貴。則近者小，遠者大，缶在門外，則大於壺。」《左傳》：「具綆缶，備水器。」《事物紺珠》：「盎，大腹小口，缶也。盆缶，歛底寬上，周制。」

陳元龍《格致鏡原》卷五二《甕附罌、瓿、缸》

《物原》：「神農作甕。」《羣書考索》：「醢人，醢人云王舉則供醢，六十罋供醢，六十罋致饗餼。於賓客之禮，供醢五十罋，供醢五十罋，是罋以盛醢醢也。高一尺，受三斗，口徑六寸五分，腹徑九寸五分，底徑六寸五分，腹下漸殺六寸。罋、瓮、甕同。」《鍾離意别傳》：「意爲魯相，修夫子廟、孔子堂道。有瓮，意召守廟孔訢問曰：『此何等瓮？』訢曰：『夫子瓮，背皆有書，自故夫子亡後，無敢發者。』意乃發，得素書焉。」《拾遺記》：「黄帝時，丹丘之國獻瑪瑙甕，以盛甘露。堯時猶存，時淳則露滿，時澆則露竭。」《瑞應圖》：「王者宴不及醉，刑罰中人不爲非，則銀罋出。」《瑞應圖》：「玉罋者，聖人之應也，不汲自盈。王者飲食，有節則出。」《左傳》：「齊人伐北燕，燕人賂以瑶瓮。」《拾遺記》：「秦始皇通汨羅之流，爲小溪逕。從長沙至零陵，掘地得赤玉罋，可容八斗，以應八方之數。在舜廟之堂前，後人得之，不知年月。至後東方朔識之，朔乃作《寶罋銘》。」《淮南萬畢術》：「取沸湯著銅瓮中，堅塞之，納於井中，作雷鳴，聞數十里。」《酉陽雜俎》：「安禄山所賜，有八斗金鍍銀酒罋。」孟熙《霏雪録》：「元朝萬歲山廣寒殿内設一黑玉酒瓮，玉有白章隨其形，刻魚獸出没波濤之狀，其大可貯酒三十餘石。」《長安志》：「唐明皇時，津陽門左右有石罋，故鄭嵎詩：『石罋崓底百尋井，銀牀下卷絲綆遲。』」《襄沔記》：「率道縣大堤東南六里，有雙石甕，相去三十步，製作雕奇，彩色鮮翠，高三尺，中有清水數斗。冬温夏冷，而不盈溢，旱無減耗，每天欲雨，口上必起白碧色烟，鄉以爲候也。」范成大《吴船録》：「蜀中眉郡治軍資庫中有一水罋，滿貯石子，每月朔祠之，仍增水石各一器，不知其幾年，而至今不滿。」《幽雅志》：「曹著爲建康小吏，忽有盧少府君見府門前有大罋，可受五百石，風雲出於其中。」《河東記》：「汝陽王璡飲葉静能，静能曰，有一生徒能飲，當令來謁。翌日有過謁者曰，常持滿，見之侏儒也。談胚腪之道，飲以酒五斗，醉倒，乃是一罋耳。」劉攽《詩話》：「近有獻策，築吴江爲罋堤。士人欲以巨瓮實土，稍稍下之，不思土實則瓮重，不可致，虚致水中，則泛泛，曷可止，雖執政亦惑之。然治河皆有罋堤，形似罋耳，不用陶器也。」《漢·蒯通傳》：「守儋石之禄者，闕卿相之位。」注：「應劭曰：齊人名小罋，爲儋受二斛。」《事物紺珠》：「瓬者，罋，似缾，有耳。」《羣碎録》：「今人呼藏酒器曰曇，《抱朴子》曰：『曇，是鴆鳥之别名也。』」

罌：《方言》：「瓿甊，罌也，靈桂之郊謂之㼚，其小者謂之瓶。周魏之間謂之甒，秦之舊都謂之甄，淮汝之間謂之䍃，江湖之間謂之瓮。自關而西，晉之舊都，河汾之間，其大者謂之甀，其中者謂之瓿甊。自關而東，趙魏之郊，謂之瓮，或謂之甖。東齊海岱之間，謂之甇甖，其通語也。陳、魏、宋、楚之間曰甂，或曰瓶。燕之東北朝鮮洌水之間，謂之瓺。齊之東北海岱之間，謂之甔。周洛、韓鄭之間，謂之甄，或謂之甇。甇謂之瓶，㼜謂之甈，缶謂之瓿㼻，其小者謂之缾，甇甀謂之盎。自關而西謂之盆，或謂之盎，其小者謂之升、甌、甂。陳、魏、宋、楚之間謂之題，自關而西謂之甂，其大者謂之甌。」《博古圖》：「湯罌有蓋，無銘，温水器也。狀如匏，圜而純素，有一耳作綯紐，若屈巵。舉而置之爐竈，間以烹水也。形制純雅無紋，而氣韻自古，非近世所有。」《韓信傳》：「以木罌缶度軍。」注：「服虔曰：以木柙縛罌缶，以度也。師古曰：罌缶，謂缾之大腹小口者也。」《襄陽耆舊傳》：「辛仲宣居士，截竹爲罌，以酌酒。曰吾性甚愛竹及酒，欲令二物並耳。」《南史》：「梁天監中，于闐獻琉璃缾罌。」《事物原始》：「罌：《説文》云：『盛酒器，即缶，屬唐左相，有酒名曰醽醁翠濤，貯以金罌，十年不敗。』」歐陽修《歸田録》：「余家有玉罌，梅聖俞以爲碧玉。有老内臣鄧保吉識之，曰：『此寶器也，謂之翡翠。』余偶以金環於罌中磨之，金屑紛紛而落，始知翡翠能碎金也。」《漢・蘇武傳》：「匈奴賜武服匿。」注：「孟康曰：『服匿如罌，小口、大腹、方底，用受酒酪。』晉灼曰：『河東北界人呼小口罌，受二斗，所曰服匿。』」《南史》：「竟陵王子良得古器，小口、方腹而底平，可容七八升，以問陸澄，澄曰此名服匿，單于以與蘇武子。良詳視器底有字，彷彿可識，如澄所言。」《演繁露》：「南唐張僚使高麗，記其所見。曰麗多銅，田家饁具皆銅爲之。有温器名服席，狀如中國之錯，其底方，其蓋圓，可容七八升。服席即北狄之所謂服匿者也，語有訛轉，其實一物。」

瓿：《爾雅》：「甌瓿謂之瓵。」郭注：「瓿甊小罌，長沙謂之瓵。」《漢書・揚雄傳》：「吾恐後人用覆醬瓿也。」顔注：「瓿音蔀，小甖也。」《博古圖》：「方斜瓿，無銘文，飾極精妙，肩作電形，環腹之飾皆取象於雷。肩脰之間，文鏤相錯，如盤絲髮，微起乳形，而中作黄目狀魚。瓿無銘，肩腹之間飾以魚形。蟠虬瓿飾以蟠虬，饕餮瓿飾以饕餮，或間之以雷紋，形模典雅。」

缸：《事物原始》：「缸：《漢書》注：『長頸罋也。』唐詩：『花撲玉缸春酒香。』」《七修類藁》：「缸裂縫，先用箍定，置烈日中，仍用炭燒縫處極熱。以好瀝青末糝於縫處，令其融液入縫，待滿，更用火烘塗開，永不漏矣。近用鹽生補亦妙。」

陳元龍《格致鏡原》卷五二《缾》 《事物紺珠》：「瓶、缾同神農制。」《博古圖》：「蟠螭缾，腹作蟠螭，首尾糾結，形若麟缾。麟缾有蓋無銘，口兼流用，坐無繁飾，周身甲錯若麒麟。然螭首缾有流無銘，純素，唯流作螭首。」《北史》：「楊素平江南羣盜，隋文帝賜素銀缾，實以金錢。」《唐・秦瓊傳》：「叔寶功多，帝賜以黄金缾。」《五代史》：「唐廢帝欲擇宰相，以盧文紀、姚顗有人望，悉書名，納琉璃缾中，焚香祝天，以筯挾之，首得文紀，欣然相之。」《芸窗私志》：「北胸國獻吸火水晶缾，縱烈火野外，攜缾口向之，頃刻數頃之火皆吸入缾中，缾亦不熱，亦無餘烟，自是宫中無火患。惠文與華陽夫人滅燭，皆用之。」《唐書》：「回紇入朝，帝坐秘殿，陳十部樂。殿前設高坫，置朱提缾，其上潛泉浮酒，自左閣通坫趾注之，缾轉受百斛鐐盎，回紇數千人飲畢，尚不能半。」《清異録》：「五位缾，自同光至開運盛行以銀銅爲之，高三尺，圍八九寸，上下直如筒樣。安嵌蓋，其口有微窪，可以傾酒。春日郊行，家家用之。」李幼武《名臣言行録》：「韓世忠與烏珠相持於黄天蕩，世忠以所佩金鳳缾傳酒，縱飲示之。」《賢奕編》：「今人呼酌酒器爲壺缾。按《唐書》，太宗賜李大亮胡缾，史炤《通鑑釋文》以爲汲水器。胡三省辯誤曰：「胡缾蓋酒器，非汲水器也。」缾、瓶字通，今北人酌酒以相勸酬者，亦曰胡缾，然『壺』字正當作『胡』耳。」《辟寒録》山谷戲詠：「暖足缾即湯媪也。」《首楞嚴經》：「譬如有人取頻伽缾，塞其兩孔，滿中擎空，千里遠行，用餉他國。」《庶物異名疏》：「梵語軍持，一云軍遲，此云缾也。賈島詩：『我有軍持憑弟子，岳陽江裏汲寒流。』《寄歸傳》云：『軍持有二瓷，瓦者浄用，銅鐵者濁用。《西域記》云：『捃稚迦，即澡缾也，舊云軍持，訛略也。』」祖廷《事苑》：「軍持常貯水，隨身用以浄手也。」《詞林》：「海錯蒙古氏謂浄缾曰羊訛。」《名義考》：「佛氏有供花之説，亦未聞用缾。缾似罋，用以汲水。」《樹萱録》：「中居有涯，放曠雲泉，常攜一缾，時躍身入缾中，時號缾隱。」《太平廣記》：「唐貞元中，揚州市坊有丐者，自稱媚兒，姓胡。懷中出琉璃缾，可受半升，表裏通明，如不隔物，曰施滿此聖缾子，則足矣。缾項如葦管，人與之百錢投之，琤然有聲，見缾間大如粟粒，衆異之，復與千錢，亦如此，以至萬錢亦然。好事者以驢與之入缾，如蠅大，動行如故。俄有度支綱至，數十事綱人駐車觀之，綱主戲曰：『爾能令諸車入缾中乎？』媚兒曰可，乃微側缾口，令車悉入，歷歷如行蟻。然有頃漸不見，媚兒即跳入缾，綱官大驚，以梃撲缾破，一無所有，從此失媚兒所在。後月餘，有人於清河北逢媚兒，部領車乘，趨車平而去。」

李紱《穆堂别稿》卷二四《陶人心語序》 《考工記》謂：「夏后氏上匠，殷人上梓，周人上輿，而有虞氏獨上陶。」豈誠如《史記》所稱：舜陶河濱，作什器于壽丘，蓋其身所習者，有得于心，因欲以甄陶天下也耶。陶亦重矣哉。內務府唐公少負奇質，工詩文書畫，心悟絶人，侍直廬，出入禁籞三十餘年，歲丙午奉命至饒，督陶政于浮梁。我朝家法，以堯之樸、禹之儉，世世相承。而陶器上供宗廟朝廷之用，瑚、璉、簠、簋以瓷器易金玉，非可以過陋者。公斟酌華實間。龍鋼均窑追絶業、復古制，而未嘗稍近于奇技淫巧，蓋公之陶政，即公之心爲之也。心正則器亦正矣。公暇不廢翰墨，詩文盈帙。余門人顧震滄爲選録成集，而公自標目曰《陶人心語》。公嘗司榷兩淮，今又榷九江，不專督陶，而陶爲專職。十年以來，珠山昌水見之筆墨者爲多，故曰「陶人」也。河道總督高公，自幼與君同學同仕，最爲知公之心者，既爲之序矣，又寓書千里，屬余序焉。余展諷周環，讀起蛟行，及甲寅五月，詩見公憂國愛民之心。讀《除夕憶禁中直宿詩》，見公不忘君恩之心。讀《悼亡詩》四章，及憶兩兄詩，見公篤于人倫之心。讀崔節孝詩、施貞孝贊，見公重節孝，端風化之心。讀《龍鋼記》，見公好古之心。蓋公之詩文，皆公之心所發見者也。命曰「心語」，豈不宜哉。雖然「心語」是矣，「陶人」之目其果以其職耶。公嘗爲人作詩序，其論古今詩人，獨推淵明一人，爲品高道勝。公治陶之地，故鄱陽爲淵明祖居，安知公之自稱，其非職之謂，其謂淵明後之一人歟？書以復公，果且以爲然否也。

傳記

李肇《唐國史補》卷中　竟陵僧有于水濱得嬰兒者育爲弟子。稍長，自筮得蹇之，漸繇曰：「鴻漸于陸，其羽可用爲儀。」乃令姓陸名羽字鴻漸。羽有文學，多意思，恥一物不盡其妙，茶術尤著。鞏縣陶者多爲瓷偶人，號「陸鴻漸」，買數十茶器得一「鴻漸」。市人沽茗不利，輒灌注之。羽于江湖稱竟陵子，于南越稱桑苧翁，與顔魯公厚善，及玄真子張志和爲友。羽少事竟陵禪師智積，異日在他處聞禪師去世，哭之甚哀。乃作詩寄情，其略云：「不羨白玉盞，不羨黄金罍。亦不羨朝入省，亦不羨莫入臺。千羨萬羨西江水，曾向竟陵城下來。」貞元末卒。

姚燧《牧庵集》卷二六《金故甄官署令魏府君墓碣》　燧還吴中，過廣陵日，今嘉議大夫、行臺御史中丞初請曰：「吾祖靖肅公顧言，以吾曾祖甄官署令，即死所藏，亂離失其處，他日必虚爲丘。先塋者載其事，無使吾先人魂遊徬徉，無所于歸，而一善故或遺也，子義爲銘。」隨又遣其少子可亨拏舟廣陵五千里，追之襄陽不及，返而及之鄂，授其考所輯家塾，記曰掇是事銘。嗚呼確哉！遠而勞焉。　迺本之曰魏氏，由唐相知古子林刺朔州，子孫居桑乾。桑乾爲今弘之順聖，遼有延恕者生中奉夫，夫守成。中奉生通奉，大夫餘慶通奉生登多爾。館酒使子貞登多爾實生甄官署令。君諱允元，改德元，字信之。甄官生進士，特賜及第，笏特賜生思廉，即記家塾者。思廉生初，初生翰林修撰必，復可系者是九世，其大于金，由登多爾弟資德大夫、參知政事、柱國、郡鹿郡開國公子平相世宗，致治隆平祖考中奉、通奉再世官，皆以公貴，贈登多爾及子隴右令，景元甄官，與逸其偉一人再世官，皆以公貴廕君。始監順聖酒，改弘洲酒使、鄧州榷使，抽税設防有方，與宜平不增斂，姦無走匿，額有贏籌，民不苛之。入副堂厨庫，又爲使，改文繡、上林兩署令，同知易州，入令裁縫署，改令甄官署，以卒年六十三，官止廣威將軍。夫人高氏七男，笏、琉、瑜、琦、玠、璠、玉，琦太中大夫，刑部侍郎。玠朝列大夫，延安司獄。璠翰林修撰，今益靖肅公與特賜皆以明經進士，官琉懷遠大將軍，耀州庫使。瑜監豐利酒，皆廕官。玉進士，未禄卒，二女一歸同知荆州節度使事秦德美。一歸其鄉右孫姓氏。君究心本富，計田疇、第舍、牛馬、雜樹直可爲錢千者，五萬歲入粟爲石者，三萬歲抽五十一爲七子求師，取友須令節休。旬大集衣冠，令枚誦所業，覈其進隋，已則雁序立前侍，飲則修聲輝耳目，漸涵化，淪其心，由是成德達才，多萃其門。章宗甚嬖李妃夫人，視妃母王姑也，數召通籍，禁中不可復。後秋獵易州，君方降道橋諸水，復召曰：「吾思與若舅弟語久矣，終不能一致，今行之所是在，而夫子倅是，便宜時也，無終見避之深。」夫人以君出，不敢專行，俾子瑜請之，亦不可，曰是家膏也。親將污人，人有爲不善者，不憚取戾府縣，惟憚君知兵興，下令甚急。敢有舍奴婢亡命不告者，罪及其鄰人，猶利其傭，輕私役之，覺則殺以滅迹，或致大獄。君時鄉居，聞有出入非常者，召問得情，嚴其錮防，書致，其主歸之，約示薄威，以懲其再，無殘其生，終不語其主以獲之誰舍所也。比卒，免家僮久故者，民之作詩與新世訣，沐浴冠衣，揆日而逝。君之孝友天得非學，其使堂厨以鉅鹿公子叔元未仕曰：「大臣子故屯其膏澤，不見及耶？三求推所居官，縣官以故事，無有不可。」又恤其無子，以靖肅後之靖肅，又無子，顧言後初，則甄官子孫世世圖報。鉅鹿者，何如也，其家塾自序曰：由吾季曹鉅鹿輔政，茲降修仁潔義，可謂曰久仕之達者，列品而九，不過中中，天嗇爲報，將待夫後之人取。最初之仕外僉提刑司事，爲副爲使，入爲監察御史，治書侍御史、侍御史、御史中丞。三十年間，風憲之官無不揚歷司清，議者猶大有期，曰將不已是。于今嗚呼自序，君其知子哉。矧必復於靖肅公先世，其官可大可久，與亨學行，嶷嶷可述，銘曰：

反覆觀先，民吁可哀。積元報衍，身期後來。門令容駟，馬堂三槐。必責於天，者如取懷。惟中奉亦然，詳用獄至，鉅鹿再傳。既鈞軸官，不私其子。甄官承承，三遜其季。叩莫膺又，仁厥乏祀。修撰繩官，以祀比言。祀則大以，今修撰孫。後者再小，宗既顛蕃，大宗賴藏，偶失故所，魂依依招之，從先墓來，如歸膴膴桑乾，原終天地，碣孰華其文。太史燧。

沈葆楨等《光緒重修安徽通志》卷一七八《人物志·宦績·蔣建傳》　蔣建字舒江，懷寧舉人。知建昌縣守官，清慎，遷饒州府同知。饒有瓷窑，權要購求無已，建一切禁罷。清軍弭盜，幹濟有聲，饒民德之，立祠祀焉。《安慶府志》

沈葆楨等《光緒重修安徽通志》卷二〇〇《人物志·宦績·劉丙傳》　劉丙字克齋，廣德人，宛平籍，嘉慶壬戌進士。知上高縣，調浮梁。浮梁瓷器甲天下，丙自上供外不私一甌。律身清潔，斷獄精明，升寧都州知州。丙寄籍宛平時，涇縣趙良霨以名進士官中書，丙從之游，故學行似之。廣德州志以上舊志

紀事

《舊唐書》卷八一《盧承慶傳》　承慶美風儀，博學有才幹，少襲父爵。貞觀初，爲秦州都督府户曹參軍，因奏河西軍事，太宗奇其明辯，擢拜考功員外郎。累遷民部侍郎。太宗嘗問歷代户口多少之數，承慶敍夏、殷以後迄于周、隋，皆有依據，太宗嗟賞久之。尋令兼檢校兵部侍郎，仍知五品選事。承慶辭曰：「選事職在尚書，臣今掌之，便是越局。」太宗不許，曰：「朕今信卿，卿何不自信也？」俄歷雍州別駕、尚書左丞。

永徽初，爲褚遂良所構，出爲益州大都督府長史。遂良俄又求索承慶在雍州舊事奏之，由是左遷簡州司馬。歲餘，轉洪州長史。會高宗將幸汝州之温湯，擢承慶爲汝州刺史，入爲光禄卿。顯慶四年，代杜正倫爲度支尚書，仍同中書門下三品。尋坐度支失所，出爲潤州刺史，再遷雍州長史，加銀青光禄大夫。

總章二年，代李乾祐爲刑部尚書，以年老請致仕，許之，仍加金紫光禄大夫。三年，病卒，年七十六。臨終誡其子曰：「死生至理，亦猶朝之有暮。吾終，斂以常服；晦朔常饌，不用牲牢；墳高可認，不須廣大；事辦即葬，不須卜擇；墓中器物，瓷、漆而已；有棺無槨，務在簡要；碑誌但記官號、年代，不須廣事文飾。」贈幽州都督，謚曰定。

《舊唐書》卷一〇五《韋堅傳》　天寶元年三月，擢爲陝郡太守、水陸轉運使。自西漢及隋，有運渠自關門西抵長安，以通山東租賦。奏請於咸陽擁渭水作興成堰，截灞、滻水傍渭東注，至關西永豐倉下與渭合。於長安城東九里長樂坡下、滻水之上架苑牆，東面有望春樓，樓下穿廣運潭以通舟楫，二年而成。堅預於東京、汴、宋取小斛底船三二百隻置於潭側，其船皆署牌表之。若廣陵郡船，即於栿背上堆積廣陵所出錦、鏡、銅器、海味；丹陽郡船，即京口綾衫段；晉陵郡船，即折造官端綾繡；會稽郡船，即銅器、羅、吳綾、絳紗；南海郡船，即瑇瑁、真珠、象牙、沉香；豫章郡船，即名瓷、酒器、茶釜、茶鐺、茶椀；宣城郡船，即空青石、紙筆、黄連；始安郡船，即蕉葛、蚺虵膽、翡翠。船中皆有米，吴郡即三破糯米、方文綾。凡數十郡。駕船人皆大笠子、寬袖衫、芒屨，如吴、楚之制。先是，人間戲唱歌詞云：「得丁紇反体都董反紇那也，紇囊得体耶？潭裏船車鬧，揚州銅器多。三郎當殿坐，看唱《得体歌》。」至開元二十九年，田同秀上言「見玄元皇帝，云有寶符在陝州桃林縣古關令尹喜宅」，發中使求而得之，以爲殊祥，改桃林爲靈寶縣。及此潭成，陝縣尉崔成甫以堅爲陝郡太守鑿成新潭，又致揚州銅器，翻出此詞，廣集兩縣官，使婦人唱之，言：「得寶弘農野，弘農得寶耶！潭裏船車鬧，揚州銅器多。三郎當殿坐，看唱《得寶歌》。」成甫又作歌詞十首，自衣缺胯綠衫，錦半臂，偏袒膊，紅羅抹額，於第一船作號頭唱之。和者婦人一百人，皆鮮服靚妝，齊聲接影，鼓笛胡部以應之。餘船洽進，至樓下，連檣亘數里，觀者山積。京城百姓多不識驛馬船檣竿，人人駭視。

《新唐書》卷三九《地理志三》　邢州鉅鹿郡，上。本襄國郡，天寶元年更名。土貢：絲布、瓷器、刀、文石。户七萬一百八十九，口三十八萬二千七百九十八。縣八。龍岡，上。武德元年析龍岡、内丘，置青山縣，開成五年省入焉。沙河，上。武德元年置温州，四年州廢，來屬。有鐵。南和，緊。武德元年置和州，四年州廢，來屬。鉅鹿，上。武德元年置起州，并析置白起縣。四年州廢，省白起，以鉅鹿隸趙州。貞觀元年來屬。有大陸澤。有鹹泉，煮而成鹽。平鄉，上。武德元年置封州，四年州廢，來屬。貞元中，刺史元誼徙漳水，自州東二十里出，至鉅鹿北十里入故河。任，中。武德四年置。堯山，上。本柏仁。武德元年置東龍州，四年州廢，隸趙州，五年來屬。天寶元年更名。内丘。上。武德四年隸趙州，五年來屬。有鐵。

《新唐書》卷四一《地理志五》　越州會稽郡，中都督府。土貢：寶花、花紋等羅，白編、交梭、十樣花紋等綾，輕容、生穀、花紗，吴絹，丹沙，石蜜，橘，葛粉，瓷器，紙，筆。有蘭亭監鹽官。户九萬二百七十九，口五十二萬九千五百八十九。縣七。有府一，曰浦陽。有義勝軍、静海軍，寶應元年置。大曆二年廢静海軍，元和六年廢義勝軍。中和二年復置義勝軍，乾寧三年曰鎮東。會稽，望。有南鎮、會稽山，有祠。東北四十里有防海塘，自上虞江抵山陰百餘里，以畜水溉田，開元十年令李俊之增修，大曆十年觀察使皇甫温、大和六年令李左次又增修之。有錫。山陰，緊。武德七年析會稽置，八年省，垂拱二年復置，大曆二年省，七年復置，元和七年省，十年復置。北三十里有越王山堰，貞元元年，觀察使皇甫政鑿山以畜洩水利，又東北二十里作朱儲斗門。北五里有新河，西北十里有運道塘，皆元和十年觀察使孟簡開。西北四十六里有新逕斗門，大和七年觀察使陸亘

置。有鐵。諸暨，望。有銀冶。東二里有湖塘，天寶中令郭密之築，溉田二十餘頃。餘姚，緊。武德四年析故句章縣置，以縣置姚州，七年州廢，來屬。有風山、四明山。剡，望。武德四年以縣置嵊州，并析置剡城縣，八年州廢，省剡城，以剡來屬。蕭山，緊。本永興，儀鳳二年置，天寶元年更名。上虞。上。貞元中析會稽置。西北二十七里有任嶼湖，寶曆二年令金堯恭置，溉田二百頃。北二十里有黎湖，亦堯恭所置。

《舊五代史》卷八四《晉書·少帝紀第四》 開運三年六月庚申朔，登州奏，文登縣部内有銅佛像四、瓷佛像十，自地踴出。狼山招收指揮使孫方簡叛，據狼山歸契丹。案《遼史》：五月庚戌，晉易州戍將孫方簡請内附。蓋方簡歸契丹自在五月，至六月晉人始奏聞也。歐陽《史》從薛《史》，作六月。

吴任臣《十國春秋》卷七八《吴越二·武肅王世家下》 寶大元年春二月癸卯，金吾衛大將軍置同正員、檢校司空、明州刺史、王子傳璟卒。

秋九月，王遣使錢詢貢唐方物，銀器、越綾、吴綾，及龍鳳衣、絲鞵履子，又進萬壽節金器、盤龍鳳錦織成紅羅縠袍襖衫段、秘色瓷器、銀裝花櫚木厨子、金排方盤龍帶御衣、白龍瑙紅地龍鳳錦被、紅藤龍鳳箱等。王既厚貢獻，復賂唐權要，求金印、玉册，賜詔不名，稱國王。有司言：「故事惟天子用玉册，又非四裔，無封國王者。」唐主皆曲從王意。

吴任臣《十國春秋》卷七八《吴越二·武肅王世家下》 應順元年春正月壬午，葬安國縣衣錦鄉茅山之原，是年建廟於東府。按《備史》載：唐敕建廟在清泰三年，蓋先立廟而後奏允也。越二年，奉真像入廟。皮光業《吴越國武肅王廟碑》文曰：粤以唐長興三載壬辰春季蓂凋十三莢，天下兵馬都元帥、尚父、守尚書令、吴越國王棄捐宫館，以是歲明宗皇帝降太常博士段顒定謚，議曰武肅。尚書工部侍郎楊凝式撰神道碑文，宣翰林待詔張季恭至吴越，書於刊石。後二年，歲在敦牂，天下兵馬元帥、嗣吴越王建廟貌於始封之越國，禮與境内，樂之罔極，孝思也。蓋聞神道設教，莫大於郊社嚴禋；明德惟馨，無逾於祖考孝享。是以百代相襲，六籍盛稱。報劬勞則天保是徵，展欽若則王假是訓。況建除難靜亂之業，揚武烈之威名；振剛德尅敵之風，成肅恭之懿號。陳力四紀，光奉八朝，生爲有土之君，薨爲象朝之廟。足可睢盱召畢，齷齪桓文，聲華永而日月齊，簡册編而今古在。矧夫堂成王搆，家繼國肥，壓璧寶以知來，出玉林而嗣位。高陽號里，無愧前賢；夏屋登山，常遵治命。爰自鄭緇始襲，晉墨未除，不忍一日之離，遂立千年之祀。金鎔陽邁，已成像於吴宫；香刻旃檀，復祔神於越國。恭惟先天下兵馬都元帥、吴越國武肅王，殷朝籛祖，仙萼分枝。唐代鄮公，靈源真派。簪纓軒冕，禮樂詩書。叠慶連華，交光翊葉。應劬七世，累爵重官；羅企一門，惟忠及孝。其降神也，亘飛蜀國，始見殊祥，魚躍汾河，是生奇表。赤光耀室，黃氣浮空。石龜殞下於官山，□人來歸於寶器。其英姿也，鳳文龍藻，奂出精神，白琥蒼珪，琢爲標格。加之薛璘整峻，謝安風華，俯仰可觀，進退有度。慕容德偃日月角，光影鑠人；李子賢匿犀龜文，威儀鎮俗。其辭韻也，音容灑落，智辯鏗鍧，元善抑揚，張暢詳雅。至若討論國計，談畫兵籌，接對使伻，撫御將下，所謂五湖奔注，百谷奔騰，玉虹起而雲霧鎖，金虎嘯而風飈動。揣摩勝負，赫連勃口授懷慚；捭闔興亡，蘇季子舌端有愧。其氣度也，志高建木，量等大瀛，含垢匿瑕，罔知邊際。求賢接士，無怠寅昏。重仁義若邱山，視玉帛如咳唾。翹翹車乘，惟在得人；憧憧往來，皆鍾和氣。所以臯皮豹舃，鶴列犀渠，咸願殺身，用酬大惠。變家爲國，誠由萬化生身；以德聚民，所謂八風從律。其英雄也，能知否泰，善俟雲雷，動必有成，舉無遺策。蛟龍得雨，莫測變通；鵰鶚出林，可知意度。其間文武迭用，仁義宏敷。常平之列戟持矛，並能取舍；元勰之搦蛇騎虎，不覺艱難。奄有具區，廓成霸業。設使庾翼復出，必不妄譽以桓温；阮籍重生，安敢輕言於廣武。其文學也，家承儒範，世尚素風，侍絳紗帳於先生，授白綸巾於神女。才通夢寐，鳳吐是來；志在典經，龍鬭不顧。所以博覽七緯，精究三元，盡得津涯，皆昇堂奥。其於篇詠，尤著功夫。思風起而繡段飄，言泉淘而金沙見。其札翰也，花隨腕下，星逐毫飛，靄若游雲，細疑垂露。鈎刀向背，未饒素肉，芝筋點畫，方圓高掩。崔肥趙瘦，就中濡染，牌額益見，呈露鋒鋩，四方仰其神蹤，一代稱爲墨寶。王逸少若見，甘避雁行；蕭子雲如逢，大慚蟬翼。其建大功也，唐季乾符之末，中和之初，海梟乍揚，天鼈初伏。塵飛野馬，四郊之壘漸多；霧暗騰蛇，五賊之機共搆。其始者，王仙芝結釁中土，首搆禍階，雖已誅夷，猶殘支黨。自此藂林烏合，草澤蜂飛，儇薄者因是披攘，謹厚者亦爲慓悍。江南則朱直叛亂於唐山，孫端寇孽於安吉，西侵宛水，東患苕溪，郡縣則終日登陴，生民則長時伏莽。王時郊居葛圃，嘉遁茅山，方當枕石漱泉，尚是裒衣博帶，覩兹多事，慨然究懷，顧謂朋友曰：「丈夫尚須撥亂平奸，豈可懷安端坐！」是日乃奮戎服，挂彼儒冠，大散家財，廣招勇士。中令纔舉，行伍肅然。手仗義旗，身當勍敵。一月之内，二寇殄平，靜千里之山川，救兩郡之塗炭。是王之初立功也。其次黄巢來從五嶺，直下三衢，展梟翅則雹布星離，張鯨牙則山連岳峙。所遭蹂踐，並作塵灰。王乃獨領偏師，横行險地，既逢大憝，遂設奇兵。敵望草木叢林，皆是干矛旌幟；我則左右翼陣，點化如神。當下追奔，尚賈餘勇，長蛇封豕，便出他疆。新市下江，保安數邑。是王之功也。其次彭城漢宏，據南鎮之重地，守東越之名區。黄巢既犯兩京，僖皇乃巡二蜀，漢宏不思奔問，便廢貢輸，恃險阻於浙河，欲覬覦於浙岸。先於漁浦鼋口，翼張下營，蕭山西陵，鱗次列砦。烽燧交應，鼙鼓相聞。時我諸軍，實有難色。王乃潛趨間道，夜濟長江，仰告昊天，乞昏朗月。當下寒雲布野，殺氣凝空，楚廟陰兵，旁隨霧合；晉臣黑幔，闇與山連。我師忽震於雷霆，彼砦俄驚於魂夢。風號貔虎，争傳破竹之聲；陣卷龍蛇，競集建瓴之勢。賊將殷輪不暇，漂杵有餘，僅身免以奔歸，乃塞門而自守。邇後大小百戰，首尾四年，方清鏡水之波，始有蘭亭之地。弔其生聚，大布仁慈，誅彼渠魁，不煩天討。是王之功也。次則有薛朗逐出周寶，自據朱方，南襲毘陵，西侵建業，恣其剽掠，務在殺傷，將乘中國之危，擬扼長江之險。王乃命二麾上將，期一月報功，指其山川，授以韜略。蹄轂並舉，水陸兼行，曾不旬時，討平窟穴。裹南宮萬於犀革，視以囚人；梟崔慧景於鰌艦，彰其叛主。是王之功也。次則有徐約，比是六合鎮使，遠忝三吴郡符，玉帛是求，徵斂無度。長時習戰，齊民因被雕黥；比屋爲軍，魯儒亦遭翦刺。惟王聞其暴虐，奮激神威，發上谷之精兵，命下江之賢將，授以九天九地之訣，傳以訓辭訓典之規。扼斷咽喉，清其郊野。任約之龍果睡，王彌之豹徒飛。食窘朝饑，無由撫士；計窮宵遁，遂至潰圍。松陵之烟水重清，香徑之黎元再活。是王之功也。次則有孫儒恃有數萬兵甲，不守淮南，直欲別遷土疆，遂奔江左。封人民爲糧食，墮舍宇爲薪蘇。餓鶻饑鷹，飛揚京口；貪狼乳虎，踐踏吴門。漸逼由拳，將窺霅水。王乃張天網於險阻，闢地穽於要衝，發水犀之驍雄，設燧象之奇計。青雀摩壘，赤免致師。將持久以待之，俟勢窮而必取。守陴皆器，無食何爲，鳴鼓而攻，脱身遂去。向使不施神略，不振王威，則翼翼最靈，皆成膏血，茫茫勝概，盡作烟煤。所謂劬勞爲時，廣大及物者，是王之功也。次則有董庶人始鎮石鎮，便牧杭州，因破漢宏，遂居越土，自形成象，從纖至洪。並是王之環甲執兵，左提右挈，以至手持旄節，身爵王侯。既滅頂於彝倫，乃垂涎於神器。銅符金匱，祥瑞亂興，玉璽珠袍，妖訛競起。王以早同楚歃，夙共晉盟，書尚緘縢，血猶濡劍，牋函旁午，誘勸交馳。諫既閉於屬垣，禍遂成於覆族。是時兩河倔强，三輔紛紜，萬象雖拱於北辰，一人不遑於南顧。王請奉行天討，所統便是國兵，不費上供資財，不役諸道將帥。果見桓玄計窘，抽玉簪以求生；王莽勢窮，轉銅斗而厭勝。喉既舂於富父，骨復專於會稽。瀦其故宫，焚其法物，復我正朔，清我寰瀛。五石補而天鏡明，六合完而地維正。是王之功也。王以平妖立霸時之業，戡難建蓋世之功，律吕宫商，鏘洋史籍，丹青金玉，奂爛國華。所以僖宗天子，仰我文昭，睠我武烈，龍光壓壘，急使星馳，綸綍便藩，大王風起。尋以耿純試理，盧植兼才，披錦衣以耀家鄉，握珪符而光松梓。洎於昭皇，飛昇大寶，禮遇元勳，龍悦居雲，凫忻得藻。嘉功賞德，金鳳之詔連飛；表異旌優，玉麟之符遂刻。移南徐之藩翰，就錢塘之江山。節竦靈犀，帳開神虎。三千珠甲，光爛星辰；十二牙旗，文生組繡。碧幢繞建，黄閣又開。乃兼鎮於越藩，遂對持於漢節。中天辰像，雖分牛斗之疆；夾岸烟嵐，映出東西之宅。四縣既食，萬户累加。棨戟立門，赤油羅列。山河誓券，金字熒煌。生祠之籩豆鏘鏘，衣錦之城隍黯黯。而又特逾漢制，封我吴王，茅分夏社之鄉，桐翦周王之手。昔也龍蛇起陸，蹈湯火以戰争，此際山川出雲，見君臣之際會。逮夫濟陰王既傳天寶，梁太祖遂應元苞。於王不易范張之故情，請結秦晉之嘉好，恨無殊禮，得展異恩。於是追吕望之高風，擬山甫之美躅，師尚父統攝三老，作帝股肱；尚書令總務萬機，爲天喉舌。仍頒瑞節，復陟高壇，建牙兼鎮於揚州，分閫遥臨於楚甸。尋命兵部尚書姚洎躬持鳳册，遠泛鯨波，備周官之典儀，封越國之土宇。八鸞四馬，耀鏤鍚以振鉤膺；三節一王，秉桓圭而垂玄玉。及龍德嗣君即位，禮稱伯舅，尊曰父師，寅敬列光，益虔顧命。是遣吏部李尚書燕奉持綸誥，繚遠湖湘，授天下兵馬都元帥。洞庭彭蠡，漸無不順之臣；北狄西戎，將有後予之歎。昔韓信對漢高祖曰：「陛下能將將，臣能將兵。」是知元帥非人臣之職曹，蓋帝王之兵柄。推之前代，隋煬帝自晉王淮南行臺尚書令爲行軍元帥，而無天下之號；國朝肅宗皇帝駐蹕靈武，因命代宗皇帝自廣平王而爲之，德宗皇帝自魯王而爲之，梁太祖授九錫後而爲之；斯天下元帥之故實也。其後龍德帝復命兵部崔侍郎協齎持簡册，浮汎風帆，揚往典於明庭，促及時而建國。奉召康公之命，得以專征；授唐叔虞之封，良由吉夢。未久，金行運息，土德中興，莊宗皇帝鵬起并汾，龍飛宋汴，當寧不逾於旬朔，臨軒宣諭於公卿，曰：「吴越國王五十年來，常作楮天之柱；三千里外，每爲捧日之雲。今若將致小康，實在敬尊元老。」於是鸞臺進擬，麟趾摛詞。典瑞獻功，琢白圭而册文燦爛；職金供命，鎔紫磨而印篆盤珊。重封吴越國王，再授天下元帥。馬遷十代，史内固是絶倫；柳詧萬卷，書中必無往例。其建國也，大君有命，明試以功。自癸未而至壬辰，備戰器而修王道。先是中朝名士，在野遺人，或負笈擔簦，來投霸府；或折襦爲袴，而詣軍門。奮袖於嘉納堂中，曳履於靈鈞臺上。至此水鏡裁鑒，金秤等量，並列庭臣，皆居省署。簪裾列侍，文物齊光。張伯仁陳宗廟之儀，鄭子産獻公侯之禮。豈謂難窮者大數，莫究者彼蒼，俄脱履於具區，遽徹縣於正寢。金山霧掩，誰知帝召王喬；玉海波空，實痛神辭李廣。況十三州疆場，百萬户黔黎，咸長養於恩膏，悉生成於化澤。淚灑而晴空散雨，愁凝而杲日沉雲。鳥獸悲哀，草木慘怛。明宗皇帝宣太常而定謚法，詔貳卿而撰誄文。鸞輅龍旂，贈禮優於鄧禹；梓宫黄屋，異數等於霍光。得謂盡始盡終，極榮極貴，享九九之仙壽，近帝位於一爻；感萬萬之人心，歆神道於千祀。有後如此，又何缺焉。我天下兵馬元帥吴越王，當燕族之多奇，承趙宗之後世，嵩衡泰華，秀氣俱騰；淮濟江河，榮光並結。是時胤主，誕我國祥，紹經文緯武之基，襲積德累仁之業。開襟奮臆，伏雄傑於周瑜；誓衆臨戎，統人豪於張袞。風儀則懸星溢眥，紫電楊矑，霜雪凝肌，魚龍入髮，仙應有分，貴不可知。宋弁聲姿，尤閑進對；竇融詞氣，惟是卑恭。加以青雲常在於言談，畏日不離於顧眄。徐行緩步，褚彦回却是趨蹌；散幘斜簪，王文憲殊非蘊藉。智略則鮑叔錐矢，應手而來；德器則顧和珪璋，遇機方露。遠者大者，一剛一柔，静則心照鏡而貌懷冰，含和六氣；動則火炎山而湯沸海，慴懼萬人。機變則管葛才高，孫吴術妙。身文虎豹，隱見不常；義府戈矛，短長迭用。三雋才既爲己任，六奇策固是無遺。郤縠詩書，經綸國計；項羽雷電，振動兵籌。徐睇而莫測金泉，旁窺而罔知珠岸。詞藻則青霜皓月，絡繹綵牋，芳草落花，飄颻鏤管。織成夢錦，散出神霞。英變屢奇，張融之言信矣；凌顔鑠謝，元葉之論宜然。札翰則早受羲方，曾傳掣筆，鸞回鵲反，氣勢驚人。金錯銀鈎，縱横入木。桉牘無非墨陣，宫室争耀寶碑。崔宏之本草無光，張育之折蒲失色。立功則我王初離太學，始統親兵，鄭世子方欲平齊，汝陽王正思安漢。屬鄰國侵軼，命將曰李濤，僅二萬兵，下百里砦，圍逼安國，涎啄餘杭。我王虔奉訓辭，遂昇上將，清風受式，黄石傳書。親蒙韓奕之黄熊，躬伏封文之白虎。攻東南而備西北，事在機先；掩五壘而出三門，别馳神筭。於是崩摧大陣，擒獲萬人，道路隘於俘囚，山川積於戈甲。餘敵作氣既竭，方遁於潛；我則乘勝追奔，又平廣德。未出一百里之境，復降五千乘之戎。唱凱歌而喜氣連郊，整班師而雄風掠地。尋即大統龍艦，遠泛鰲溟，巡江陰而收東州，入海門而觀北固。彼境遂陳舟楫，遠出枝梧，我則陳二廣於浪港沙前，設三覆於石牌灣内。零陵石灰風便，争投於蛟蜃窟中；沁水火栰油燃，倏葬於鯨鯢腹裏。一戰定霸，二紀無虞。寰海具瞻，將相迭耀。聲光丕顯，裴松爲廊廟之人；功業升聞，段襄居骨鯁之任。爰自嗣承國構，纘奉王基，況當跪箭之初，又在寢苫之内。芝蘭龍鳳，二千餘口之家風；鐵石虎貔，二十萬人之軍府。誠難撫御，豈易輯綏。我王以孝爲模，用仁作範，無所不可，惟言是從。嘉惠寵靈，供承花蕚。油雲膏雨，潤澤閨門。此外習武益兵，輕刑慎罰，德無脛而遠屆，名無翼而遐飛。果動大朝，繼踵異寵。三年之内，兩册連封，雙龍之金節齊行，四馬之寶車並輾。玉佩冠劍，見王者之尊崇；織文旂常，覩國容之貴盛。我王因兹顯赫，益動孝思，無以答先后之恩，無以報昊天之德，且曰武肅王有大功及天下，大名振寰中，庇生民則百萬有餘，築城壘僅五十來處，豈可不建廟貌，不像真容，爲星紀之福宫，作地户之神主。爰命興武忠直都虞候姚敬思於馬臻湖畔，勾踐城中，選闉闍形勢之中區，得顯敞高平之勝址。於是鍬杵俱下，畚鍤齊興，隱隱雷聲，轟轟岳振。不十旬而展役，布千丈之隆基。大梓文柟，非自秦山伐得；宏梁巨棟，非由漳水漂來。雕鐫者王母元圖，甃砌者赫連繡石。斤揮斧運，削出銀葩，水蹔沙磨，方成玉碣。符玄武之嘉兆，應神蓍之吉辰。始乃架險梯虛，雲搆山矻，陰虬廻抱，陽馬奔趨。虎牙銜而枅栱連，龍脊裹而欒櫨轉。瓊瑶耀壁，丹漆明簷。鴛鴦之瓦縫界成，芙蓉之塼文印出。即以丙申歲秋八月十有七日，我王備鹵簿鼓吹，車輅旂常，北司侍臣，南班舊列，奉迎真像，而入祠宫。白檀雕出聖容，黄金鏤成寶座。儀形酷類，神彩如生。鳳目龍章，顔猶不改；垂旒被衮，人見興悲。禮器則俎豆犧斝，軒懸則柷敔鐘磬。前則廣厦交陰，芳亭對搆。紫石伏狻猊之影，朱欄交菡萏之光。正啓重門，並立神將。侍衛兵仗，矛戟森然。文武官班，簪裾肅列。直出甬道，千步有餘。河枕投醪，波通射的。蓮芰遶於水閣，桐桂夾於星橋。左則廻抱粉廊，連延綺棟，並圖曹署，各列司存。乃至早世勛臣，無禄公子，皆塑儀像，並配薦羞。右則修廡飛甍，緑窓丹牖，陰兵神馬，見雷電而没風雲，明牢浄厨，備粢盛而烹肥腯。景物則高山矮桂，粉竹金松，夾砌名花，連階瑞草。烟嵐蓊蔚，便是陰宫；雲霧濛籠，居然神府。我王昔以致君之業，累殄寇戎；今立顯考之祠，而修孝敬。所以天朝繼封王爵，以耀國章，金印輝煌，丹書赫煜。元帥帥天下侯伯，拱戴中朝，位冠諸藩，勳高列辟。卓絶殊猷鴻業，懋哉兩地參天。設使書剡川九萬之牋，不能盡紀；勒華山五千之仞，亦恐難窮。光業也詞不容於王椽，才匪量於曹斗。擬奚斯之頌，或恣粗心；對豫章之碑，豈合惜手。但以二紀幕客，十載廷臣，不求孫綽擅名，豈望楊修絶妙。所希編述，用答恩知。追感先王，恭爲銘曰：崧高嶙峋，是生哲人；上天獅子，出澤麒麟。籛尊殷祖，鄒胤唐臣。衣冠表裏，文武經綸。廣運將新，大盜斯起。雁象欻驚，梟毛亂委。紫蓋蒙塵，黄金多壘。既戮憲章，又裂文軌。武肅英王，提劍東方。龍行雲雨，虎變文章。孛氣沃酒，妖雪歸湯。洗滌星紀，整頓天常。告功狼居，圖形麟閣。桐珪聯編，茅土續索。三道犀幢，八朝鳳幄。丹券家門，錦衣城廓。元帥天下，國王具區。六瑞琢册，三品鑄符。尚父四履，尚書萬樞。峗峨高壽，曦赫霸圖。我王奉天，爲時而出。傳寶應金，繼輝照日。國士無雙，風華第一。削樹平戎，夢禾受秩。功既挺世，德又動天。襲封二册，嗣位三年。金應國寶，元帥兵權。忠無瑕類，孝絶雕鐫。未褫墨縗，乃建清廟。臣龍之城，會稽之嶠。嵐界廻廊，粉明周繚。廣殿霞開，重門岳峭。瑞玉禮器，香檀聖容。民之祀主，我之神宗。秉翟報禴，特磬編鐘。然蕭焫膟，奠幣輸琮。於穆祠中，煥然陰府。五齊恒馨，六佾常舞。餚薦房蒸，歌隨路鼓。令子懿孫，光今顯古。

王歷事四朝，累加定亂安國啓聖昌運同德守道翊戴功臣、天下兵馬都元帥、開府儀同三司、尚父、尚書令、兼中書令、上柱國、吴越國王，賜劍履上殿，詔書不名。凡功臣、諸子領節制，皆署而後請命。王居處務期節儉，衣衾雜用細布，常膳惟瓷、漆器，寢帳敝，恭穆夫人欲易以青繒，不許。《十國紀年》云鏐居室服御窮極侈靡，末年荒恣尤甚，似未確。常歲除夜，會子孫，鼓琴未數曲，遽止之，曰：「聞者以我爲長夜之飲。」

少在軍中，夜未嘗寐，倦極則就圓木小枕，或枕大鈴寐，輒欹而寤，名曰「警枕」。置粉盤於卧内，有所記則書盤中。又時彈銅丸於樓牆之外，以警直更者。一夕，微行，叩北城門，吏不肯啓關，曰：「大王來亦不可啓。」明日，召吏厚賜之。稍暇，則命諸子孫諷誦詩賦，或以所製詩賜丞相、將吏，亦間能書寫、畫墨竹，然不以呫嗶廢正務。或有述李頻詩於王，曰：「只將五字句，用破一生心。」王曰：「此心何所不用，而破於詩句，惜哉！」反復議論，由是往往達旦。天福中，近侍李詠因監契丹，驛中有判官謂詠曰：「武肅王常夜不睡。」詠詰其所知，答曰：「嘗聞五臺王子太師言浙中『不睡龍』，今已歸矣。」訪其所聞，乃壬辰之後也。《僧贊寧傳》載，略云：武肅王常時詣諸院。孫敏利者，老姥監，直聽吏。一宵，銀枝燈有大蜥蜴沿油缸而吸，視之將竭，倏然不見。明日，王曰：「昨夜夢麻膏充腸而飽，是何祥也？」宫中或有對者，王亦微哂而已。

又幼時倜儻有大度，志氣雄傑，機謀深遠，每處衆中而神采有餘。居家庭，極盡人子禮，純孝本於天性，開國後遇春秋薦享，必嗚咽流涕，曰：「今日貴盛，由積善所致，但恨祖母不能見耳！」

是時中原多事，西川王氏稱蜀，廣陵楊氏稱吴，南海劉氏稱漢，長溪王氏稱閩，皆竊大號。或通姻戚，或達聘好，咸以龍衣、玉册勸王自帝，王笑曰：「此兒輩自坐爐炭之中，又踞吾於上邪！」却之不納，而諸國主亦無不以父兄事之。王負知人之鑒，尊賢下士，惟日不足。名其居曰握髮殿，取周公吐餔握髮之意。後人謞爲惡發殿。常使畫工數十人居淞江，號鸞手校尉，伺北方流移來者，咸寫貌以聞，擇清俊福厚者用之。胡岳方渡江時，畫工以貌奏，王覩而歎曰：「面有銀光，奇士也。」即時召見。幕客羅隱雅好譏評，雖及王微時事，怡然不怒，人咸稱其寬大。後庭有鄭姬者，父坐法當死，左右冀其獲宥，且言斯人有息女預侍，王曰：「豈可以一婦人亂我法！」出其女而斬之。其公正不私，又多此類也。

吴任臣《十國春秋》卷八〇《吴越四・忠獻王世家》 天福七年春正月，閩人來祭我先王。

二月癸卯，晉敕葬先王於龍山之南原。

三月，晉遣太中大夫李鶚來歸先王之賵。乙丑，中吴建武等軍節度使、廣陵郡王、王世父元璙薨，子文奉嗣。壬申，晉加王食邑七千户，仍改賜保邦宣化忠正翊戴功臣。

秋七月，王以内牙指揮使章德安、李文慶爲内牙上右都監使。按《册府元龜》：是月，晉詔改州縣名與高祖諱相犯者，杭州錢塘縣爲錢江縣，唐山縣爲横山縣，台州唐興縣爲台興縣。然《吴越備史》載：開平二年，改唐山爲吴昌，唐興爲天台。《順存録》又言：龍德二年，割錢塘、鹽官之半爲錢江縣。與此不同，有説見《地理表》。

冬十月，以都指揮使闞璠，《備史》作「燔」，今從《通鑑》。胡進思爲内牙上右統軍使。

十一月，王遣使貢晉鋌銀五千兩、絹五千疋、絲一萬兩，謝封國王恩；又進細甲弓弩箭、扇子等物；又貢蘇木二萬斤、乾薑三萬斤、茶二萬五千斤，及秘色瓷器、鞵履、細酒、糟薑、細紙等物。

十二月，命右武衛大將軍蔣璠使於唐。己巳，以龍山武功堂爲文穆王廟。是時，晉太常卿龍敏來聘，長揖不拜。

吴任臣《十國春秋》卷八二《吴越六・忠懿王世家下》 開寶二年秋八月，宋遣使至，賜生辰禮物并御衣紅袍一副、金鎖甲一副，及鞍馬百頭。是時王貢秘色窑器於宋。錢氏有國日供奉之物，不得臣下用，故曰「秘色」。又云越州燒進。

祝穆《方輿勝覽》卷一一 福建轉運提舉置司： 兔毫琖出甌寧之水吉。 黄魯直詩曰：「建安瓷碗鷓鴣班。」又《君謨茶録》：「建安所造黑琖，紋如兔毫，然毫色異者，土人謂之毫變琖，其價甚高，且艱得之。」

李燾《續資治通鑑長編》卷九一 〔真宗天禧二年二月〕戊辰，以壽春郡王友張士遜、崔遵度並爲昇王府諮議參軍，左正言、直史館晏殊爲記室參軍。

詔右諫議大夫樂黄目，比部員外郎、知制誥陳知微於常參官中舉公清彊明、材任御史者各一人，從中丞趙安仁所請也。

是夜，北宅蔡州團練使德雍院火，延焚數百間。詔遣御史張廓鞫劾。火起德雍子供奉官承亮舍，因婢陳所遺燼。詔免死，杖脊，配窑務卒爲妻，承亮停官。德雍奉表待罪，詔釋之。

李燾《續資治通鑑長編》卷一〇一 〔仁宗天聖元年閏九月〕甲午，詔裁造院所招女工及軍士妻配隸南北作坊者，并放從便自今當配婦人以妻窑務或軍營致遠務卒之無家者。

李燾《續資治通鑑長編》卷三二三 〔元豐五年二月〕丙辰，文思使、文州刺史、内侍押班李舜舉爲照管涇原路經略制置司一行軍馬兼參議軍吏大事。

權知開封府王安禮言：「本府奏斷公案，御史臺一例取索。竊以公事已奉旨斷，方更點檢，於體不順。欲乞自今不許取索。」從之。并十五日。

詔：「殿前、馬步軍司，軍前逃回首身人免決。嘗出界，降料錢，填開封府界、京東西將下，節級降長行，仍押赴軍前宣效；六軍分配車營、致遠務、東西窑務。未嘗出界人，並分配陝西五百里外，内禁軍充本城宣效，六軍充牢城。」

李燾《續資治通鑑長編》卷三二九 〔元豐五年八月〕甲寅，詔知潁昌府、資政殿學士韓維再任。爲丁巳日曾鞏罰銅書。

賜蕃官皇城使訛麥以下二十五人物帛有差。

熙河蘭會路都大經制司言：「本路汝遮川、乩洛宗二城堡未築，已相度因今防秋興工，省財力而辨事，已牒李察合團結河東、京西廂軍九千接續應副。」從之。

詔：「河東轉運判官蔡燁專管勾每年入中，或移税糴從便計置軍糧十萬石，於吴堡寨、永寧關封樁，斗不得過五百十。其價錢，於絳州垣曲監撥還。仍令陝西轉運司計置運入米脂寨，即不得兑充吴堡寨、永寧關經費。」

饒州景德鎮置瓷窑博易務。從宣義郎、都提舉市易司勾當公事余堯臣請也。

李燾《續資治通鑑長編》卷三四〇 〔元豐六年十月〕甲戌，皇第十一子佶爲鎮寧節度使、寧國公。《新紀》不書節度使。

召輔臣觀稻於後苑。

權發遣河北路轉運副使李南公專提舉鹽事，宣德郎張適爲轉運判官、同提舉。

詔西京作坊使劉初管勾洪州玉隆觀，令居桂州，準備緩急邊界呼使。初治邊頗有勢，以病乞致仕，而是時交趾方理辨疆界，故有是詔。

承事郎、監饒州商税茶務余舜臣言：「臣兄堯臣獻饒州景德鎮瓷窑博易務，蒙朝廷付以使事，推行其法，方且就緒，以勤官而死，乞委臣勾當。」詔令赴闕，中書審其人材可否以聞。已而舜臣至，乞上殿，乃復詔令歸本任。

梁克家《淳熙山志》卷一四 東窑場，江陰里鐵沙場，紹興二十三年發佃户歲納錢七百四十六千七百五十三文省。

《宋史》卷八五《地理志一》 河南府，洛陽郡，因梁、晉之舊爲西京。熙寧五年，分隸京西北路。崇寧户一十二萬七千七百六十七，口二十三萬三千二百八十。貢蜜、蠟、瓷器。縣十六：河南，赤。洛陽，赤。熙寧五年，省入河南，元祐二年復。永安，赤。奉陵寢。景德四年，升鎮爲縣。偃師，畿。慶曆三年廢，四年復，熙寧五年，省入緱氏，八年，復置，省緱氏縣爲鎮隸焉。潁陽，畿。慶曆三年，廢爲鎮，四年，復。熙寧二年，省入登封，元祐二年，復置。鞏，畿。密，畿。崇寧四年，割隸鄭州，宣和二年，還隸府。新安，畿。熙寧五年，省入壽安，元祐元年，復爲縣。伊陽，畿。熙寧二年，割欒川治鎮入虢州盧氏縣。五年，廢伊闕縣爲鎮，入河南，六年，改隸伊陽。澠池，畿。景祐四年，改鐵門鎮曰延禧。永寧，畿。長水，畿。壽安，畿。慶曆三年，廢爲鎮，四年，復。河清，畿。開寶元年，移治白波鎮。熙寧八年閏四月，置鐵監。登封。畿。監一，阜財。熙寧七年置，鑄銅錢。

《宋史》卷八七《地理志三》 耀州，緊，華原郡。開寶五年，爲感義軍節度。太平興國初，改感德軍。崇寧户一十萬二千六百六十七，口三十四萬七千五百三十五。貢瓷器。縣六：華原，上。富平，望。三原，望。雲陽，上。同官，上。美原。中。

《宋史》卷一二二《禮志二五》 有司言：「改卜陵寢，宣祖合用哀册及文班官各撰歌辭二首。吉仗用大駕鹵簿。凶仗用大升輿、龍輴、鵝茸纛、魂車、香輿、銘旌、哀謚册、寶車、方相、買道車、白幰弩、素信幡、錢山輿、黄白紙帳、暖帳、夏帳、千味臺盤、衣輿、拂纛、明器輿、漆梓宫、夷衾、儀椁、素翣、包牲、倉瓶、五穀輿、瓷甀、瓦甀、辟惡車。進玄宫有鐵帳覆梓宫，藉以樓棡褥，鐵盆、鐵山用然漆燈。宣祖衮冕，昭憲皇后花釵、翬衣，贈玉。十二神、當壙、當野、祖明、祖思、地軸及留陵刻漏等，並制如儀。」

《宋史》卷一八五《食貨志下七》 紹熙三年，以福建舶司乳香虧數，詔依前博買。開禧三年，住博買。嘉定十二年，臣僚言以金銀博買，洩之遠夷爲可惜。乃命有司止以絹帛、錦綺、瓷漆之屬博易，聽其來之多寡，若不至則任之，不必以爲重也。

《宋史》卷一八六《食貨志下八》 〔元豐〕五年，詔外内市易務所負錢，寬以三歲，均月限以輸，限内罰息並除之。先是，王安禮在開封日，有負市易錢者，累訴於庭。安禮既執政，言於帝曰：「市易法行，取息滋多，而輸官不時者有罰息，民至窮困。願詔蠲之。」帝曰：「羣臣未有爲朕言者，其令民以限輸，免其罰息。」安禮退，批詔加「内外」字。蔡確曰：「方帝有旨，無外内字，公欲增詔邪？」安禮曰：「亦不止言内字。」卒加之。八月，置饒州景德鎮瓷窑博易務。

《宋史》卷四八〇《世家三・錢惟治傳》 王師討江南，惟治從俶率兵下常州，策勳改奉國軍節度。俶入朝，命惟治權發遣軍國事。俶還，令奉幣入貢，撫諭命賜甚厚。惟治又獻塗金銀香師子、香鹿鳳鶴孔雀、寶裝髹合、釦金瓷器萬事、吴繚綾千匹。辭日，賜襲衣玉帶、塗金鞍勒馬、金銀器、繒綵踰萬計。

太宗嗣位，進檢校太尉。太平興國三年，俶再入覲，又權國事。一夕廐中火，惟治率兵臨高下視，令親信十數輩仗劍申令，敢後顧者斬，頃之火息。妻族有隸帳下者恃親犯法，惟治命杖背於府門。俶既納土，朝廷命考功郎中范旻知杭州，惟治奉兵民圖籍、帑廩管籥授旻，與其弟惟渲、惟灝歸朝。次近郊，遣内侍護諸司供帳迎勞至京師，即日召對長春殿，賜衣服、金帶、鞍勒馬、器幣，改領鎮國軍節度。五年八月，車駕幸俶第，召見惟治，賜白金萬兩。

惟治善草隸，尤好二王書，嘗曰：「心能御手，手能御筆，則法在其中矣。」家藏書帖圖書甚衆，太宗知之，嘗謂近臣曰：「錢俶兒姪多工草書。」因命翰林書學賀丕顯詣其第，遍取視之，曰：「諸錢皆效浙僧亞栖之迹，故筆力軟弱，獨惟治爲工耳。」惟治嘗以鍾繇、王羲之、唐玄宗墨跡凡七軸爲獻，優詔褒答。

《宋史》卷四八九《外國傳五・三佛齊國》 三佛齊國，蓋南蠻之别種，與占城爲鄰，居真臘、闍婆之間，所管十五州。土産紅藤、紫礦、箋沉香、檳榔、椰子。無緡錢，土俗以金銀貿易諸物。四時之氣，多熱少寒，冬無霜雪。人用香油塗身。其地無麥，有米及青白豆，鷄魚鵝鴨頗類中土。有花酒、椰子酒、檳榔酒、蜜酒，皆非麴糵所醖，飲之亦醉。樂有小琴、小鼓，崑崙奴踏曲爲樂。國中文字用梵書，以其王指環爲印，亦有中國文字，上章表即用焉。累甓爲城，周數十里，用椰葉覆屋。人民散居城外，不輸租賦，有所征伐，隨時調發，立酋長率領，皆自備兵器糧糗。汎海使風二十日至廣州。其王號詹卑，其國居人多蒲姓。唐天祐元年貢物，授其使都蕃長蒲訶栗立寧遠將軍。

建隆元年九月，其王悉利胡大霞里檀遣使李遮帝來朝貢。二年夏，又遣使蒲蔑貢方物。是冬，其王室利烏耶遣使茶野伽、副使嘉末吒朝貢。其國號生留，王李犀林男迷日來亦遣使同至貢方物。三年春，室利烏耶又遣使李麗林、副使李鶚末、判官吒吒璧等來貢，迴，賜以白氂牛尾、白瓷器、銀器、錦線鞍韉二副。開寶四年，遣使李何末以水晶、火油來貢。五年，又來貢。七年，又貢象牙、乳香、薔薇水、萬歲棗、褊桃、白沙糖、水晶指環、瑠璃瓶、珊瑚樹。八年，又遣使蒲陁漢等貢方物，賜以冠帶、器幣。

太平興國五年，其王夏池遣使茶龍眉來。是年，潮州言，三佛齊國蕃商李甫誨乘舶船載香藥、犀角、象牙至海口，會風勢不便，飄船六十日至潮州，其香藥悉送廣州。八年，其王遐至遣使蒲押陁羅來貢水晶佛、錦布、犀牙、香藥。雍熙二年，舶主金花茶以方物來獻。端拱元年，遣使蒲押陀黎貢方物。淳化三年冬，廣州上言：「蒲押陀黎前年自京迴，聞本國爲闍婆所侵，住南海凡一年，今春乘舶至占城，偶風信不利，復還。乞降詔諭本國。」從之。

咸平六年，其王思離咮囉無尼佛麻調華遣使李加排、副使無陁李南悲來貢，且言本國建佛寺以祝聖壽，願賜名及鐘。上嘉其意，詔以「承天萬壽」爲寺額，并鑄鐘以賜，授加排歸德將軍，無陁李南悲懷化將軍。大中祥符元年，其王思離麻囉皮遣使李眉地、副使蒲婆藍、判官麻河勿來貢，許赴泰山陪位于朝覲壇，遣賜甚厚。天禧元年，其王霞遲蘇勿吒蒲迷遣使蒲謀西等奉金字表，貢真珠、象牙、梵夾經、崐崘奴，詔許謁會靈觀，游太清寺、金明池。及還，賜其國詔書、禮物以慰獎之。

天聖六年八月，其王室離疊華遣使蒲押陀羅歇及副使、判官亞加盧等來貢方物。舊制遠國使人貢，賜以間金塗銀帶，時特以渾金帶賜之。

汪大淵《島夷誌略・淡邈》 小港去海口數里，山如鐵筆，迤邐如長蛇，民傍緣而居。田地平，宜穀粟，食有餘。氣候暖，風俗儉，男女椎髻，穿白布短衫，繫竹布梢，民多識山中草藥，有疵癘之疾服之，其效如神。煮海爲鹽，事網罟爲業。地產胡椒，亞於八都馬。貨用黃硝珠、麒麟粒、西洋絲布、粗碗青器、銅鼎之屬。

汪大淵《島夷誌略・尖山》 自有宇宙，兹山盤據於小東洋，卓然如文筆插霄漢，雖懸隔數百里，望之儼然。田地少，多種薯，炊以代飯。氣候熕熱，風俗纖嗇，男女斷髮，以紅絹纏頭，以佛南圭布纏身。煮海爲鹽，釀蔗漿水米爲酒。地產木綿、花竹布、黃蠟、粗降真沙地所生，故不結實。貿易之貨，用牙錠銅、鐵鼎、青碗、大小埕甕、青皮、單錦、鼓樂之屬。

汪大淵《島夷誌略・八節那間》 其邑臨海，嶺方木瘦，田地瘠，宜種粟麥，俗尚邪，與湖北道澧州風俗同。男女椎髻，披白布縵，繫以土布。一歲之間三月內，民户採生，以祭鬼酬願，信不生災害。民煮海爲鹽，有酋長，地產單皮花印布，不退色。木綿花、檳榔。貿易之貨，用青器、紫鑛、土粉、青絲布、埕甕、鐵器之屬。

汪大淵《島夷誌略・嘯噴》 繇監毗吉陀以東，其山旋延袤數千里，結茅而居，田沃宜種粟。氣候常暖，俗陋，男女椎髻，以籐皮煮軟，織粗布爲短衫，以生布爲梢。地產唯蘇木，盈山他物不見。每歲與打網，國相通，貿易通舶人，貨用五色硝珠、瓷器、銅鐵鍋、牙錠、瓦甕、粗碗之屬。

《元史》卷一六八《何榮祖傳》 時桑哥專政，亟於理算錢穀，人受其害。〔何〕榮祖數請罷之，帝不從，屢懇請不已，乃稍緩之。而畿内民苦尤甚，榮祖每以爲辭，同僚曰：「上既爲免諸路，惟未及在京，可少止勿言也。」榮祖執愈堅，至於忤旨不少屈，竟不署其牘。未踰月，而害民之弊皆聞，帝乃思榮祖言，召問所宜。榮祖請於歲終立局考校，人以爲便，立爲常式，詔賜以鈔萬一千貫。榮祖條中外有官規程，欲矯時敝，桑哥抑不爲通。榮祖既與之異議，乃以病告，特授集賢大學士。未幾，起爲尚書右丞。

桑哥敗，改中書右丞。奏行所定《至元新格》，請改提刑按察司爲肅政廉訪司，而立監治之法。又上言：「國家用度不可不足，天下百姓不可不安。今理財者弗顧民力之困，言治者弗圖國計之大。且當用之人恒多，而得用之人恒少。要之，省部實爲根本，必擇材而用之。按察司雖監臨一道，其職在於除蠹弊、安斯民，苟有弗至，則省臺又當遣官體察之，庶有所益。」帝深然之。屢以老疾乞解機務，詔免署事，惟預議中書而食其禄。尋拜昭文館大學士，預中書省事，又加平章政事。以水旱請罷，不允。【略】

榮祖身至大官，而僦第以居，飲器用青瓷杯。中宮聞之，賜以上尊，及金五十兩、銀五百兩、鈔二萬五千貫，俾置器買宅，以旌其廉。所著書，有《大畜》十集，又有《學易記》、《載道集》、《觀物外篇》等書。

《元史》卷二〇五《姦臣傳・盧世榮》 〔盧〕世榮居中書纔數月，恃委任之專，肆無忌憚，視丞相猶虛位也。左司郎中周戭與世榮稍不合，坐以廢格詔旨，奏而殺之，朝中凛凛。監察御史陳天祥上章劾之，大概言其「苛刻誅求，爲國斂怨，將見民間凋耗，天下空虚。考其所行與所言者，已不相副：始言能令鈔法如舊，弊今愈甚；始言能令百物自賤，今百物愈貴；始言課程增至三百萬錠，不取於民，今迫脅諸路，勒令如數虚認而已；始言令民快樂，今所爲無非擾民之事。若不早爲更張，待其自敗，正猶蠹雖除而木已病矣。」世祖時在上都，御史大夫玉速帖木兒以其狀聞，世祖始大悟，即日遣唆都八都兒、秃刺帖木兒等還大都，命安童集諸司官吏、老臣、儒士，及知民間事者，同世榮聽天祥彈文，仍令世榮、天祥同赴上都。

壬戌，御史中丞阿剌帖木兒、郭佑，侍御史白秃剌帖木兒，參政撒的迷失等，以世榮所伏罪狀奏曰：「不白丞相安童，支鈔二十萬錠。擅升六部爲二品。效李璮令急遞鋪用紅青白三色囊轉行文字。不與樞密院議，調三行省萬二千人置濟州，委漕運使陳柔爲萬户管領。以沙全代萬户寧玉戍浙西吴江。用阿合馬黨人潘傑、馮珪爲杭、鄂二行省參政，宣德爲杭州宣慰，餘分布中外者衆。以鈔虚，閉回易庫，民間昏鈔不可行。罷白酵課。立野麵、木植、瓷器、桑棗、煤炭、匹段、青果、油坊諸牙行。調出縣官鈔八十六萬餘錠。」丞相安童言：「世榮昔奏，能不取於民，歲辦鈔三百萬錠，令鈔復實，諸物悉賤，民得休息，數月即有成效。今已四閱月，所行不符所言，錢穀出者多於所入，引用憸人，紊亂選法。」翰林學士趙孟傳等，亦以爲「世榮初以財賦自任，當時人情不敢預料，將謂别有方術，可以增益國用。及今觀之，不過如御史所言。更張之機，正在今日。若復恣其所行，爲害非細。」

吕震等《宣德鼎彝譜》卷一 禮部一本爲欽奉上諭事：太子太傅禮部尚書臣吕震，於宣德三年三月初三日接到司禮監太監臣吴誠賫出聖諭一道，着臣會同太常寺卿臣周瑛、司禮監太監臣吴誠彙查本部祠祭册籍，以及太常寺禋祀署司禮監内豐積庫册籍，所載郊壇、太廟、内廷供用鼎彝等件，已經會同諸臣參酌，遵旨於《博古圖録》、《攷古》諸書中，遴選款式典雅者紀得八十有八種，其柴、汝、官、哥、均、定，中亦選得二十有九種，二共一百一十七種，謹寫圖形進呈御覽可否，伏候上裁。臣等誠惶誠恐，稽首頓首，隨册謹疏。

宣德三年四月初十月司禮監太監臣吴誠賫出聖諭一道，勅諭禮部，朕覽鼎彝諸款，深合古制，可着工部照式鼓鑄，該用物料，即着照册奏聞給付。欽此。

工部一本爲欽奉上諭事，太子太保工部尚書臣吴中，接到禮部移會遵旨開冶鼓鑄鼎彝以供郊壇、太廟、内廷之用，共計一百一十七款，通計三千三百六十五件，照依原降款式，謹遵欽限鑄造，該用金、銀、銅、鐵、鉛、藥，遵旨明白開載具册上聞，伏候聖裁頒發。宣德三年四月疏。

《鑄冶須知》黄册一本，鈐印「進呈御覽」，所應頒發各項物料須至册者：

計開

暹羅國洋銅三萬九千六百觔，赤金八百兩，白銀二千六百兩，倭源白水鉛一萬七千觔，倭源黑水鉛八千觔，日本國生紅銅一千觔，賀蘭國花洋斗錫八百觔，天方國番礦砂三百六十觔，三佛齊國紫硃石三百觔，渤泥國紫礦石三百觔，渤泥國臙脂石三百觔，金絲礬二百觔，晉礬二百四十觔，黄明礬一百二十觔，白明礬二百觔，寒水石二百觔，出山水銀一千八百觔，辰州府硃砂三十觔，梅花片石青三十觔，石緑三十觔，古墨二十觔，銅緑三十觔，黄丹五十觔，硼砂三十觔，方解石二十觔，白蠟一百三十觔，黄蠟八百觔，血竭二十觔，無名異二十觔，赤石脂二十觔，光砂一千觔，雲南黑白棋子二萬個，雲南料石一百二十觔，煤炭十萬八千觔，櫟木炭十萬八千觔，松木柴十二萬觔，蘆柴三萬觔，楊木烰炭六百觔，石灰四十石，皇磚四萬口，黄砂三石，玉田砂三石，大毛桱竹三百莖，鐵力木十六根，杉木一百二十根，官瓦六萬片，大風箱二十具，大小陽罐二萬個，大小烊銅鐵罐四百個，烊銅大鐵篩十具圍徑一，丈一尺勾管爐冶鼓鑄局官二員，提舉爐冶鼓鑄局官二員，鼓鑄局匠人六十四名，鼓鑄局風箱夫二十名，鼓鑄局水夫十名，鼓鑄局火夫十名。

臣吴中等誠惶誠恐，稽首頓首，遵旨謹奏所列應用金銀、銅鐵、藥料、什物、大小臣員、工匠，俱已估計明白，真實無虚，謹於宣德三年四月二十日率本部大小臣員恭詣乾清宫具本隨册，上達天聽。倘蒙俞允，乞命司禮監太監臣到臣部限同勘校虚實，以便具本恭詣内府及各衙門領取應用物料施行，庶可依限鑄成上進。伏祈賜垂睿覽，臣等無任榮遇之至，宣德三年四月疏。

李賢等《明一統志》卷二八《河南衛輝府・土産》 青鐵，珉石，俱汲縣，蒼山出。括蔞根，胙城縣出仙茅，新鄉縣魯包村出。官粉，知母，竹，俱輝縣出錫，碾石，青瓷，俱淇縣出。

《明英宗實録》卷四九 〔正統三年三月丙寅〕命都察院出榜，禁江西瓷器窑場燒造官樣青花白地瓷器於各處貨賣，及饋送官員之家。違者正犯處死，全家謫戍口外。

《明英宗實録》卷七九 〔正統六年五月〕己亥，行在光禄寺奏：「新造上用膳亭器皿共三十萬七千九百餘件，除令南京工部修造外，其金龍、金鳳、白瓷罐等件，令江西饒州府造，硃紅、膳盒等件，令行在營繕所造。」從之。

《明英宗實録》卷八六 〔正統六年閏十一月〕己丑，巡按福建監察御史鄭顒等奏：「琉球國通事沈志良、使者阿普斯古駕船載瓷器等物往爪哇國，買胡椒、蘇木等物，往東影山遭風桅折，進港修理，妄稱進貢，今已拘收人船，將前項物貨肴、護船器械發福州府大儲庫收頓聽候。上曰：「遠人宜加撫綏，況遇險失所，尤可矜憐。其悉以原收器物給之，聽自備物料修船，完日催促起和，回還本國。命江西贛縣知縣李棄復任陞正六品俸，素九年秩滿當遷。巡按御史爲邑民奏請復任，吏部移文布政司覈實，故有是命。

《明英宗實録》卷一五八 〔正統十二年九月戊戌〕禁約兩京并陝西、河南、湖廣、甘肅、大同、遼東沿途驛遞、鎮店、軍民、客商人等，不許私將白地青花瓷器皿賣與外夷使臣。

《明英宗實録》卷一五九 〔正統十二年十月丁丑〕河南郟縣民奏：「本縣舊有瓷窑三十，基址見存，乞復其舊。」事下工部案税，言：「地土粗惡，不堪造瓷器，止可令燒磚瓦，依例輸課。」從之。

《明英宗實録》卷一六一 〔正統十二年十二月甲戌〕禁江西饒州府私造黄紫、紅緑、青藍、白地、青花等瓷器。命都察院榜諭其處，有敢仍冒前禁者，首犯凌遲處死，籍其家貲，丁男充軍邊衛。知而不以告者連坐。

《明英宗實録》卷二七四 〔天順元年正月〕庚寅，掌太常寺事禮部尚書蔣守約奏：「大祀天地社稷，舊制皆用瓷爵，景泰間易之以玉。今將祀社稷，乞賜裁處。」上曰：「事神固在誠敬，器亦不可不美，仍用玉爵。」

《明英宗實録》卷二八一 〔天順元年八月壬寅〕增寧河王美埥歲禄三百石，米鈔兼支，并窑户一户。從王請也。

《明英宗實録》卷三四五 〔天順六年十月壬戌〕光禄寺以供用龍鳳花素瓷器萬餘件皆損敝，請勑工部移文有司成造。上以勞民命，姑已之。

《明憲宗實録》卷一三 〔成化元年正月庚午〕監察御史楊琅言：「邇者皇上躬祀南郊，先日狂風大作，至日天氣晴朗，及夫大駕還宮，而風雨如故。天意昭格，豈偶然哉。蓋皇上即位之始，大降明詔，如罷花木、鳥獸、水陸品物之貢，是節嗜慾以厚民也。罷江浙燒造瓷器之役，是薄自奉以恤民也。罷緝訪官校，知其擅威福以害民也。罷各處鎮守内外官，知其憑寵靈以虐民也。凡此皆皇上恭儉仁恕之所形，是以人心和於下，而天下應於上，不誣也。然作法非難，守法爲難，謹始非難，保終爲難。皇上既作之於始矣，願保其終。」上曰：「御史言是，朕當慎焉。」

《明憲宗實録》卷八二 〔成化六年八月〕癸丑，詔曰：「朕以眇躬君臨海宇，惟上天付畀之重，祖宗創守之艱，常懷惕勵，罔敢怠遑。所冀民物康阜，協于至治，而志勤道遠，厥效未彰。比者災沴薦臻，畿甸尤甚，三時不雨，一雨連旬。旱澇相仍，民食缺乏，循省厥咎，在予一人。百姓何辜，罹兹艱厄。興言及此，良用惻然。夫篤近舉遠者古之規，視遠猶邇者朕之志。爰推憂勤之念，普施寬恤之仁，所有合行事宜，條例于後。一内外衙門見監問罪囚，除真犯死罪不宥外，其餘徒罪以上降等發落。杖罪以下，悉皆寬宥。有已發做工、運磚、運灰、納米等項未完者，悉皆宥免。内有貪淫官吏監生、知印承差贓證明白者，發回原籍爲民。一成化六年，順天等八府并各處奏報災傷。曾經官司踏勘明白者，該徵税糧，子粒、馬草悉與除豁，其有薄收者，照依分數減免。一各處軍民有先軍拖尺税糧、馬草、子粒、户口食鹽鈔錠，并派買厨料、果品等物，順天等八府自成化五年十二月以前俱免追徵，其南北直隸并各布政司，自成化四年十二月以前悉皆蠲免。一在京各營在外各邊騎操馬匹，并順天、南北直隸、河南、山東被災去處，軍民孳牧寄養馬騾并駒，自成化六年八月初一日以前一應倒失虧欠等項，并有例停候買補及遇例漏報者，所司查勘明白，悉與蠲免。其上林苑監蕃育、良牧等署，今年有因水患虧損牲口，曾經具奏查勘明白者，悉免追倍。一南北直隸、山東、河南等布政司被災州縣，有拖欠内外衙門坐派採買松木、長柴、椴木、楊木、榆槐、雜木椽子、窑柴、口稭、蘆葦、蒲草、荆條、糠麩、麥穩、稻皮、土硝、瓷末、墨煤、麻觔、牛觔、金箔、銀硃、二硃、白綿羊毛、白硝羊皮、紅真黄牛皮、白甸驢皮、前截藍靛、紅黄熟銅、生漆、香油、片腦、三枝條、西碌、硼砂石、大等青、燒造罈缾、紅土、青土、薰皮草、歲皮翎、採捕野味、白山羊角、黑鉛、紅花、黄蠟、生銅、貓竹、水牛底皮、鹿皮等料，自成化四年十二月以前未徵者，盡行停免。已徵在官者，仍令解納，不許因而侵尅。一各處起解糧草等項，中途有遇水火盜賊，曾經所在官司告勘明白，申達到部者，悉免追倍。敢有栗機作弊，侵欺入己者，事發治以重罪。一順天等八府、山東、河南等處被災軍民，有承佃住種各王府、各公主府及内外官員之家田地莊園，拖欠租米，自成化五年十二月以前并今年見有災傷無妝去處免追。一成化六年分各處户口、食鹽糧鈔盂數蠲免。有已徵在官者，准作下年之數，以後只徵鈔貫，不許折收銀米等物。一成化六年七月初一日以前各處失班人匠，并免罰工。止當正班，及内外衙門皂隸馬夫有在逃曠役者，並免補役，不許一概勾擾。一長蘆鹽運司被災場分，今年該徵鹽課即與驗實除豁。一北直隸、河南、山東、清軍御史俱暫取回。被災去處清出軍丁，俟明年秋成起解。無災去處，仍令司府州縣委官清解，不許扶同作弊，違者罪之。一天順八年以後，官軍有爲事調發兩廣等處不曾到衙者，文職有爲事問發爲民累訴寃枉者，限十日以裏赴通政司首告。官軍改調北邊衛分差操文職無贜者，令冠帶原籍閑住，俱不許潛住京師，違者聽四鄰舉首，押發極邊地面充軍，容留之家一體治罪。一各處人民但有被災缺食者，有司設法賑濟，流移者招撫復業。務體朝廷仁恤之心，不許坐視民患。一各處預備倉糧，本以賑濟饑民，近來有司通同下人作弊多端，民不受惠。今後務要驗實放支，抵豐收受，不許通取合干。上司宜用心提調督察，毋事虚文。一荆襄、南陽等處流民，抛棄卿土，良可矜憫。詔書到日，凡一應罪犯，悉宥不問，該管官司，用心撫諭，願回原籍者，照例優恤。已住成家不願回者，聽令附籍當差。一凡民間利有當興，弊有當革，及一切便民之事，許所司具實開奏，毋有容隱。於戲，朕體上天好生之德，用嘉惠于吾民。爾中外大小臣僚，尚體朕恤民之意，務求臻于實效，故兹詔示，咸使聞之。

《明憲宗實録》卷八六〔成化六年十二月甲辰〕丙午，陞直隸定州知州李諤爲南京刑部河南司郎中，河南鄧州知州朱貞爲南京刑部雲南司郎中。諤、貞皆以進士除知州，頗有政績，故擢用之。迤西鎖魯檀阿力王貢馬，奏求忽撥思箏鼓鑼、粘鐙、高麗布、將樂布、繡線等物。上以前賜未久，不與。哈密等地面使臣馬黑麻等請以所帶玉石、大黄、硇砂，易買紗、羅、段、并布、絹、瓷器、銅、錫、藥餌、鞍轡等物。禮部言：「鞍轡及鐘、器不可許，其餘宜准於會同館開市，令與民交易。」從之。

《明憲宗實録》卷九九〔成化七年十二月庚寅〕刑科等科都給事中白昂等言：「頃因上天垂戒，彗見天田。皇上修德納言，齋沐禱告，變異宜自消矣。然累経旬日，還度無常，揆厥所由，實乃臣等不能盡言供職所致。誠以刑政不善賢否，混淆是非，交進財用無経，營繕頻煩，征科無藝，皆不能先見而預言之。省躬思咎，雖萬死不足以贖尸曠之罪。伏蒙勅令交修已，嘗從大臣具疏時政，今復條陳數事，用補缺遺，將欲以實應天是，或弭災之一道也。一内外法司問擬囚犯已有定例，今宜戒彼不當法外妄加黍語，故入罪人，庶使政令均一，人無嗟怨。一官店輸納税錢以供國用，今皆歸于權要之家，宜仍還官，以省民財。一水旱爲災，宜免被災之民食鹽鈔貫，以甦困苦。一淮揚以北軍民困於夫役，宜驗每歲進貢船數多寡，定與夫數。一天下鎮守官并採造諸物之人，除舊例如常，餘宜悉依天順八年詔旨召還，以全大信。一邊軍艱難，陪納官馬不許勢豪之家興販，逼令買補。一朝覲官至京，宜令各陳所在軍民利病，會官詳議可否，以通天下之情。一南京百官有司具在，宜勅文武大臣同科道官議彼時政得失，軍民利病，仍宜勅守備等官撫恤，軍民操練士卒，嚴加防範，期庶政允修，有備無患。一浙江并直隸田地，有坍入江湖而税糧猶存者，及各府縣燒造瓷器，有地土不宜者。四川等處鹽井有枯竭者。松潘等處運糧有不循舊例累及邊民者。凡此宿弊，宜悉量爲減免。一官軍除團營已有文武大臣協同提督，其三營多被管軍之人私役擅放，或軍士懶惰而逃，宜推舉文臣二人，遇操練之日赴營嚴考其數，以修武備。一兩京文武大臣分理庶政，委任有年，宜令吏部具其年甲，疏其名績奏聞。其中有老疾妨政及才不充任者，罷歸。如才行超卓，政跡顯著，乞加奬勵，以勉其效職。一漕運軍士不勝疲敝，良由督運之人刻削科歛。或附載私貨，分運官糧，以致漕運稽緩。宜令巡河御史并治水利官同加盤檢禁革，事覺者即與追給究問，以除姦弊。」奏上，命司其事者各知之，於是吏部等衙門各議擬條上。自今内外法司問刑宜遵天順即位初詔，不得法外妄加參語。官店自景泰以後者，一一還官。被災之民户口鹽鈔亦宜蠲免。漕運官科歛財物，裝載私貨，及分糧與別船代運者，移文總漕都御史申明禁約，酌其輕重，降調處治。兩京文武大臣具疏名御以請黜陟。三營私役之弊，令科道官仍視舊例點閘。減免坍塌田糧，燒造瓷器，及鹽井枯渴，松潘運糧等事，各下所司勘報。召還鎮守官。伏乞聖裁。奏入，上從其議。惟黜陟大臣、召還鎮守、點閘三營、取回官店四事，俱命已之。

《明憲宗實録》卷一六六〔成化十三年五月辛巳〕掌太醫院事左通政方賢謫戍遼東。先是西廠未罷時，太監汪直惡賢，遣人就其家搜撿，得片腦、沉香等藥，并以爲盗之官庫者。且家藏御墨并龍鳳瓷器，俱屬違法，故得罪。御醫史斌以附賢，亦發爲民。是日，賢奏辯以百户韋瑛嘗從索藥不得，爲此以報私怨，請加推問。不允。

《明憲宗實録》卷一九五〔成化十五年十月戊子〕戊子，户科都給事中張海等以災異上言五事。一南北直隸、河南、山東、陝西、江西、湖廣、四川、福建等處水旱頻仍，軍民饑饉。管糧官迫于往俸，催徵轉急，民不堪命。乞勅該部，凡災重地方軍衛有司，該徵并拖欠糧草、子粒、諸色顔料及關過賑濟，悉爲寬免。江西之地被災尤甚，所造瓷器宜暫停止。及凡無災地方，宜通行巡撫、巡按等官嚴督有司及時措置，預備倉糧，四時造册奏報。一天順二年英廟有勑，禁革皇親大臣强占軍民田地，侵奪公私之利。成化四年户科請禁求討莊田者，皇上有旨，内外官豪勢要之家，不許求討莊田。近來内外親倖不遵勑旨，仍憑信姦民投獻，求討無厭。民生窘迫，恐致他虞。乞令户部申明禁約。一健訟之徒，起滅詞訟，蝟興大獄，濫及無辜。往年因災，差官審録，每有辯明，俱蒙恩宥。況今災傷尤甚，寃獄必多。乞勅各處巡按、御史會官審録重囚，如有矜疑，明白敷奏，不必差官，免致紛擾。一今天災薦至，地道欠寧，皆由寅亮燮理者不職所致。今南京兵部尚書薛遠年加衰憊，才愈荒疏。先年總理京儲，曾被劾退。今復寄以留務，豈能勝任。南京吏部侍郎錢溥素之清譽，屢見彈劾，老悖不明，藻鑑安在。太子少保、户部尚書楊鼎才非經國，職業未修。太子少保、工部尚書王復年齡已老，精力亦衰。此數臣者，上不能和陰陽，下不能安百姓。地道示戒，天意可知。乞將溥罷歸田里，遠等俱令致仕。一近年海賊劫掠福建地方，交趾屢犯雲南邊境，巡撫缺官，未經添設。乞暫遣大臣巡視福建，命都御史巡撫雲南。時十三道監察御史李介等亦以是爲言。上批答曰：「災重地方追徵糧草、顔料并停。倖官吏所司即爲查照，斟酌奏聞。燒造瓷器將完，不必停止。關過賑濟，悉從寬免。求討莊田嚴加禁約。恤刑獄准行。楊鼎等仍留治事，福建巡視、雲南巡撫官俱不必用。」

嚴從簡《殊域周咨録》卷八《暹羅》　〔嘉靖〕三十二年，國王遣使坤隨離等貢白象及方物。白象已斃，遺象牙一枝，長八尺。牙首鑲金石榴子十顆，中鑲珍珠十顆，寶石四顆。尾置金剛錐一根，又金盒内貯白象尾爲證。三十七年，又貢方物，眡舊頗不同，迄今貢使不絶。其國山形如白石峭礪，周千里外山崎嶇，内嶺深邃，田平而沃，稼穡豊熟，氣候常熱。風俗勁悍，專尚豪强，侵掠鄰境。削檳榔木爲標鎗，水牛皮爲牌，藥鏃等器，慣習水戰。王宫壯麗，民樓居，其樓密聯檳榔片，藤繋之，甚固，籍以藤席竹簟，寢處於中。王白布纏首，腰束嵌絲，帨加錦綺，跨象或乘肩輿。男女椎髻，白布纏頭，穿長衫，腰束青花手巾。其上下謀議、刑法輕重、錢穀出入，大小事悉决於婦人。其志量在男子上，其男一聽，苟合無序。遇中國男子，甚愛之，必置酒飲待，歡歌留宿。男陽嵌珠玉，富貴者範金盛珠，行有聲。婚則群僧迎送，婿至女家，僧取女紅貼男額，稱利市。婦人多爲尼姑，道士能誦經，持齋服色略似中國，亦造庵觀。能重喪禮，人死氣絶，必用水銀灌養其屍，而後擇高阜之地，設佛事葬之。釀秫爲酒，煮海爲鹽，以海肌代錢，每一萬個准中統鈔二十貫。貨用青白花瓷器、印花布、色絹、色段、金銀、銅鐵、水銀、燒珠、雨傘之屬，其産羅斛香、味極清遠，亞于沉香。大風子、油蘇木、其賤如薪犀、象、犀角、象牙、翠毛、黄蠟、花錫，其貢象、象牙、犀角、孔雀尾、翠毛、龜筒、六足龜、寶石、珊瑚、金戒指、片腦、米腦、糠腦、腦油、腦柴、檀香、安息香、黄熟香、降真香、羅斛香、乳香、樹香、木香、烏香、丁香、阿魏、薔薇、水丁皮、琬石、柴梗、藤竭、藤黄、硫黄、没藥、烏爹、泥肉、豆蔻、白豆蔻、胡椒、蓽撥、蘇木、烏木、大楓子、苾布、油紅布、白纏頭布、紅撒哈剌布、紅地絞節智布、紅杜花頭布、紅邊白暗花布、乍連花布、烏邊葱白暗花布、細棋子花布、織人象花文打布、西洋布、織花紅絲打布、織雜絲打布、剪絨絲雜色紅花被面、紅花絲手巾、織人象雜色紅花文絲縵。其里至占城之極南，其道由廣東。占城七晝夜至其國。按《禹貢》曰：「島夷卉服。」召公曰：「明王慎德，四夷咸賓，畢獻方物，惟服食器，用蓋民生，不可裸形而立，則衣服之需，日用急焉。」故先王制貢，不貴珠玉而貴布帛。若是我　朝，四夷所獻，如朝鮮之苧布，哈密之氈布，交趾之白絹，皆重服用也，然暹羅海島異俗，而能諳於織作。絲之貢數品，布之貢十有三品，如此可謂知所重矣。今天下惟浙東諸郡頗能盡力蠶桑，其他各省多不識繅繭。江淮雖多綿花，而不事紉織，是何異於暹俗之勤敏哉。

《明神宗實録》卷二〇　〔萬曆元年十二月〕丙辰，户科都給事中賈三近以肅王奏乞折禄莊田，疏論：「肅王初持一輔國將軍耳，以叔繼姪，以旁支繼大宗，於令甲皆不合。准襲王爵，實出光皇帝持恩，故仍令支輔國俸，其他折糧莊田，從諸臣條奏，扣抵軍餉。王宜安分守職，不當復有覬覦。如曰歲用浩繁，尚有甸子川等莊田及蘭州東川等處園囿，水磨、店房、絨機、瓷窑等項，亦自足用。且請封之初，有云縉貴儻獲襲封，尤原止給輔國原禄。此蓋出肅王本意。況土田財賦止有此數，一概任其奏討，饕餮有地，請乞成風，致使四海黎亦日不聊生，九塞戍卒嗷嗷待哺，甚非所以恤疲民、裕邊餉也。」章下吏部。

《明神宗實録》卷一七七　〔萬曆十四年八月庚午〕江西巡撫陳有年題減瓷器。上傳諭票擬，炤舊燒造。輔臣奏言：「陳有年非無故請□。原因先次奉有明旨，燒造難成及不係緊要者，查明裁減，故有此奏。今又擬旨不□，則與前承明旨全不照應，非所以重王言、信海内也。鮮紅等項器皿，從來燒無一成。況今江西見報災傷，人情洶洶，燒造一事，實難督責。臣等謂宜將燒造有成者，責令鮮進，從來無成者，姑准停止。然後詔令可信，人心允服。謹擬栗進覽。

《明神宗實録》卷一九三 〔萬曆十五年十二月壬午〕壬午，江西巡撫陳有年請將雖成瓷器盡行免造，南昌漁課暫免，今歲解補。從之。

《明神宗實録》卷三四一 〔萬曆二十七年十一月〕丁卯，先是江西税監潘相疏稱：「欽頒瓷器式様於五月内工部題，差序班蔡余祥賫銀至今未到，原任饒州府通判今陞榮府審理沈榜，有窑户連名保留乞令以原官專管燒造。」得旨：蔡余祥看該部參看來説，沈榜准添註通判管事，兼本鎮捕務。吏科左給事中程韜言：「沈榜以不肖劣轉工官，其才與守不問可知矣。今潘相奉命燒造，一切有司之事毫不得干，乃公然侵奪撫按之職掌，擅留不肖之王官。且不繇部覆，竟得陞降之旨。是撫按爲贅疣，而銓曾爲虚設。二百年之祖制，一旦壞于閹寺之手，胡可訓也。」吏部亦拯論之。俱不報。

林堯俞《禮部志稿》卷二八《凡陵寢禁例》 洪武二十六年，令車馬過陵者及守陵官民入陵者，百步外下馬，違者以大不敬論。正統二年諭：天壽山祖宗陵寢所在，敢有剪伐樹木者治以重罪，家屬發邊遠充軍，仍令錦衣衛官校巡視，工部同欽天監官環山立界，界外聽民樵採。成化十五年令：鳳陽皇陵、皇城并泗州祖陵所在，應禁山場地土，巡山官軍務要用心巡視，不許諸色人等伐木取土石、開窑燒造燒山及于皇城内外耕種牧放作践，有犯者正犯處死，家口俱發邊遠充軍。巡山官軍有科斂銀兩餽送、不行用心巡視及守備留守等官貪圖賄賂、不嚴加約束以致下人恣肆作弊、不能禁治者，一體治罪。弘治十三年議準：西山一帶密邇京師地方，内外官豪勢要之家私自開窑賣煤、鑿山賣石、立廠燒灰者問罪，枷號一箇月，發邊衛充軍，干礙内外官員參奏提問。嘉靖十二年令錦衣衛選差百户一員，督令原差校尉于純德山嚴加巡視，有偷砍樹木作践等項應提問應參奏者，照例舉行。其差委官校與軍衛有司俱無統屬，不許濫理詞訟，囑托公事及賣放犯人生事擾害故違者，聽撫按官究實，照例施行。二十七年令于天壽山前後龍脉相關處所大書禁地界石，有違禁偷砍樹木者，照例問擬斬絞等罪，若止是潛行拾柴拔草，比照家屬事例問發遼東地方充軍。巡山官軍妄拿平人、擾告居民者，事發一體治罪。

《明熹宗實録》卷五七 〔天啓五年三月丁丑〕法司會讞李承恩，言：「承恩蔑視禮法，擅用至尊服御滌盒、瓷器上皆龍，藉口先公主之遺尚可言也。赭黄五爪之龍袍，共驗爲新鮮之色，是何物乎。若依僭用龍鳳文者，律似爲太輕，合從重論，引盗乘輿服御物，例則盡法矣。伏念承恩實肅皇帝親甥，雖犯大辟，亦有八議之條。臣等耿不奏請。」得旨：是但既擬重辟，如何又引八議？該司官姑不究。

傅維鱗《明書》卷八 〔英宗正統〕十二年丁卯春正月，也先移牧近邊，命嚴備之。二月癸巳朔，日有食之，頒佛道兩藏經于天下寺觀。三月，獎襄陵王沖炑孝行，遣官册封琉球。夏四月，免蘇州等四府糧八十八萬有奇。閏四月、五月，賑江北、山東。丙午，修南奉先殿及帝王功臣廟。思機發叛，討敗走之。秋七月，于謙起役，册封占城。逮南京都御史周銓及十三道御史范霖等悉下獄，以堂詬詈，銓死獄中，餘遣謫有差。八月庚申朔，日有食之。九月，命天下生四十以上者赴京收考，禁瓷器與外彝交易。冬十月，思機發請降。十一月庚寅，皇長子生，是爲憲宗皇帝。瓦剌貢馬四千餘匹，嚴私茶禁。

傅維鱗《明書》卷六五 立工部部尚書一人，準古冬官掌天下工役、農田、山川、澤藪、河渠之政，令凡制命敷奏，率其屬奉其職，經制規畫，以贊于天子。侍郎二人爲之貳，其屬清吏司四，曰營繕、曰虞衡、曰都水、曰屯田。營繕掌經營興造之事，凡大内宫殿、陵寢城壕、壇場祠廟、廨署倉庫、營房之役，鳩力會財而以時督程之，王邸亦如之，郡王而下與邸資有差。凡鹵簿、儀仗、樂器移内府及所司，各以其職治之，而以時省其堅潔，董其窳濫。凡置獄具必如律，凡工匠二等曰輪班、曰住坐，凡工四二等曰正工、曰雜工，雜工三日當正工一日。凡省工視役繁簡而節其財力，凡會有無移内府。虞衡掌山澤採捕，厲禁陶冶之事，凡採捕禽獸及革骨羽毛，以供祭祀賓客精膳羞。凡軍器、軍裝移内府及所司歲造，或三歲二造，必程其堅，緻以給邊。凡獵政以時，冬春之交，罝罛不施山澤，春夏之交，毒藥不施原野。苗盛禁蹂躪，穀登禁焚燎，若害苗稼獸，聽爲陷穽獲之，賞有差。凡禽獸水課，禽十八，獸十二，陛課獸十八，禽十二，凡諸陵山麓，不得入斧斤、開窑冶、置墓墳，凡帝王、聖賢、忠義、名山嶽鎮、陵墓祠廟有功德于民者，禁樵牧。凡山場園林之利，聽民取而薄徵，凡陶冶瓷甓，籍其常造年造之數計，其入慎藏之，無輒毁以費民。凡鑄造，審其模範，計銅鐵而鎔之，金牌、信符鑄之内府。凡鑄錢當十當五當三折二小錢凡五等，鼓鑄于京師及重鎮。凡顔料，徵土産不强其所無，否徵其直。都水掌川□陂池、泉濼洪淺、道路橋梁、舟車織造、券器衡量之事，凡水利曰轉漕、曰灌溉，歲儲其金石、木竹、卷埽，以時修其閘擺碰、淺堰圩、隄防，謹蓄洩以備旱潦，無使壞田廬、墳隧、禾稼、舟楫、磑碾，不得與灌田爭利，灌田者不得與轉漕爭利。凡水役，以農隙急則驟理之。凡水要會京朝官專領之，以督有司。凡鱗介萑蒲之利，聽民取之而薄徵之。凡道路，塞其坑坎。上巡幸，若大喪大禮，治而新之。凡橋梁，曰舟梁、曰石梁，計工力而創修，其大津不能梁，官給舟人，量其大小難易而食之。凡舟七等，曰黄船、曰馬快船、曰海運船、曰洋船、曰備倭船、曰戰船、曰糧船，糧船之用最急，費最大，皆會其財用，下諸司酌其多寡久近勞逸而均劑之。凡車三等，曰大車、曰小車、曰戰車，亦如之。凡織造，冕服、誥勅、制帛、祭服、净衣、諸幣布移内府，南京諸省供之，周知其數而慎節之。凡公、侯、伯鐵券，差其廣高，凡祭器、册寶、乘輿、牌符、雜器，會則于内府，凡衡量，謹其較勘而頒之，懸式于市。屯田掌屯農，墳塋、抽分、薪炭、夫役之事，凡屯田，腹邊公田、閑田、没田，給衛所耕，劑其地力人力而徵其子粒，官軍省餽餉。凡在邊牛犂諸器，官給之，凡墳塋，宗室勳歲、文武官各有差，堂碑碣獸亦如之。凡抽分徵諸商，率三十分取十五、取六、取五、取四、取三、取二、取一，凡七等。凡薪炭南取洲汀，北取山麓，徵諸民，有本折色，酌其多寡而樽節之。凡夫役，伐柴轉柴皆役，周知其數而時蠲之。首領部曹官如夏官諸，皆以贊尚書，若營繕所所正一人，正七。副二人，正八。丞四人。正九。文思院軍器局、皮作局、寶源局、鞍轡局、廣積、通積、通州、白河抽分竹木局、織梁所、雜造局、蘆溝橋抽分竹木局，各大使一人，副使或一人或二人、三人。大通關提舉一人，正八。典史一人，未入流。隸焉。

文秉《先撥志始》卷上 萬曆四十一年九月，有武弁王曰乾告變。説有女大姐嫁與皇貴妃宫中内相姜麗山，時在阜城門外莊上歃血爲盟，必報鄭貴妃厚恩。要結心腹好漢，共圖大事，將皇上并皇太子弑毒，得立福王，必大陞賞富貴，非小立。有妖書一册，會填姓名，令宗舜男趙思聖妝掌。二月初，宗舜孔學等設席，請妖人王三詔等至家，書寫聖母同皇上聖號、皇太子生辰，在學後花園内擺設香紙數分。又用黑瓷射魂瓶一個，被髪仗劍，念咒燒符。又剪紙人三個，將新鐵針四十九隻釘在紙人目上，七日方焚化。收壇相聚約乞，只在聖節前後下手，等云。疏進，神廟憤怒不堪，遶案而行者半日，左右俱辟易，莫敢近。輔臣葉白高揭奏：「往年妖書出于匿名，無可究治，故難于處置。今告者與被告者人皆現在，一下法司鞫審，其情立見。皇上但静以處之，不必張惶，一或張惶，則中外紛擾，其禍有不可言者矣。」又揭奏：「此疏若下，上必驚動聖母，下必惶怖東宫，而皇貴妃與福王皆不自安。不如姑且留中勿行，宣布所有奸徒，當于别疏批出。或另傳聖諭，中有干礙事情不必盡露，要以正國法、尊國體，兩盡而無傷。且速乞福王明春之國吉期，以息羣喙，則天下恬然無事矣。」揭入，漏已下四鼓，神廟尚未就寢，覽揭怒始霽。既而怡然曰：「我父子兄弟得安矣。」明日下曰乾于法司，斃之獄，而諭禮部擇福王之國吉期以聞。

顧炎武《天下郡國利病書》(二)《嶧縣志》 吾嘗觀於古今之際而知嶧民之所由貧也。考《元和志》，唐貞觀中，丞地有陂十三所，歲灌田數千頃，青徐水利，莫與爲匹。及觀元大德間，嶧州孟掌正所撰《許池泉記》，猶稱泉水散漫四郊，灌溉稻田，魚處萬頃，民受其利。繼考王圻《通考》，彭城以北利國監及丞縣並有鐵官，宋吴居厚爲京東轉運判官，即其地鑄鐵錢，民得仰鼓鑄爲業，今縣治及丞水上有遺鐵存焉。勝國時州西北四十里有陶數千家，歲以陶器致富饒。《一統志》猶稱嶧産黑瓷。此在往昔章章特著者也。自元末兵亂以來，數罹傷殘，人民轉徙，河渠故道歲久堙滅。且接濟漕渠，國家亦有明禁焉，方今小民一切罷陶鑄諸業，而獨仰給于農。百畝之田，計贍父母妻子，而更徭征賦出其中，一遇旱乾水溢，則征徭逋負，流亡繼之矣。流亡者衆則田不受犁者愈多，榛莽彌望，常數十里無炊烟。鄰邑有司猶謂嶧人利茂草，市厚利，此何説也。《通志》云嶧土曠人稀，一望荒落。在嘉靖初已然，况今日乎。户口土田日凋于前，而更徭雜賦日增於舊。辟之負戴者，十人各百鈞焉，一人委而去，舉而加諸九人，未累也。三人委而去，舉而加諸七人，亦已甚矣。五人委而去，舉而叢諸五人之身，不亡何待。嶧之往事，何以異此。急之則病遺黎，緩之則虧國課，調停撫恤，閔閔然若不得已而後動者，則幸有今之牧民者在也。

顧炎武《日知録之餘》卷二《禁瓷器》 《實録》：「正統三年十二月丙寅，命都察院出榜，禁江西瓷器，窑場燒造官様青花白地瓷器，于各處貨賣及饋送官員之家，違者正犯處死，全家謫戍口外。」

「十二年九月戊戌，禁約兩京及江西、河南、湖廣、甘肅、大同、遼東(沿)〔沿〕途驛遞、鎮店、軍民、客商人等，不許私將白地青花瓷器賣與外(夸)〔夷〕使臣。」

「十二月甲戌，禁江西饒州府私造黄紫紅緑青藍白地青花等瓷器。命都察院榜諭其處，有敢仍冒前禁者，首犯凌遲處死，籍其家資，丁男充軍邊衛。知而不以告者，連坐。」

張潮《虞初新志》卷一四毛奇齡《瘞水盞子誌石銘》 水盞子者，越器也，其器不知造于何代，亦莫按其製。相傳隋萬寶常析鐘律，能叩食器應絃，後人即以水盞入樂。或曰：古有編磬，與水盞同。古金以鐘，不以鉦。今以鉦易金，云鉦即編鐘也。編鐘一變而爲方響，再變爲鉦。水盞子雖不必以瓦，然由變而推，則易石以瓦，或亦非無然者與。陳詩云「坎其擊缶」。《史記》秦王爲趙王擊瓦缶，而莊周子乃鼓盆而歌。雖或以節音，非以倚音，專聲赴奏，有如柷然。然而猶瓦爲之。明興平伯從子高通，畜婢住子，能叩食器爲《幽州歌》，箏師搊箏在傍，能曲折倚其聲。姑蘇樂工謀易以鐵，不成。乃購食器之能聲者，得内府監製成化法器如干，則水淺深，分下上清濁，叩以犀匙，凡器八而音周，强名曰「水盞子」。順治乙酉，王師陷安平，江都隨破。家人之在文樓者，皆散去，住子投射陂死。康熙甲辰，予遇通于淮陰城，託鎮淮將軍食。食頃，懷二盞出，供奉器也。中拉水級，叩之泠泠然，語其事而三嘆。鎮淮將軍命瘞之淮城東唐程將軍咬金墓側，如瘞住子者，而使予誌于石。其文曰：

編竹爲簫，編石成磬。方響不傳，水盞可聽。破十六葉，更爲八瓷。中流深淺，高下因之。玉邸漸安，犀槌自撚。戛即函胡，挑將宛轉。試斟渌酒，遥倚素曲。半袖縈錦，五指琢玉。既越薤板，亦邁徵弄。中曲掯扑，能使神動。吹角出陣，鳴笳在疆。北鄙好殺，南風不揚。鳥啼失林，雹裂震地。官渡戰亡，安西軍潰。已奪都尉，將邀昭妃。錦車翠幕，驅馳何爲。昔者杞梁，妻赴淄水。朝鮮有婦，墮河而死。或援箜篌，或形操暢。彼美善懷，與之相向。身同波澄，技乃響絶。殘金斷絲，方寸不滅。爰歸黄土，仍歌青臺。英雄粉黛，千秋同埋。昭華之琯，藏于幽隴。元康阮咸，乃鬩古塚。鼓缶無路，招魂有詞。彼美而在，尚其依斯。

張山來曰：八音中惟土無新製，予嘗欲以瓷器補之。今讀此，乃知素有其器也。

顧祖禹《讀史方輿紀要》卷八五《江西三・景德鎮》 縣西南三十里，水土宜陶。宋景德中置鎮于此，因以景德爲名。明初因元舊置税課局，正德初始置御器廠于是，有官窑、民窑之分。志云：「瓷器出景德者，最佳。」鎮東南湖田市次之，麻倉洞又次之。

姜紹書《韻石齋筆談》卷上《定窑鼎記》 定窑鼎乃宋器之最精者，成弘間藏於吾邑河莊孫氏曲水山房，有李西涯篆銘鐫於爐座。曲水七峰昆仲乃朱陽賞鑑家，與楊文襄、文太史、祝京兆、唐解元稱莫逆，西涯亦其友也。孫於嘉靖間值倭變，産日益落，所蓄珍玩俱已轉徙。兹鼎爲京口靳尚寶伯齡所得，毘陵唐太常凝庵負博雅名，從靳購之，遂歸於唐。唐雖奇玩充牣，此鼎一至，諸品遜席。自是海内評窑器者，必首推唐氏之白定鼎云。吴門周丹泉，巧思過人，交於太常，每詣江西之景德鎮，倣古式製器，以眩耳食者。紋款色澤，咄咄逼真，非精於鑒别，鮮不爲魚目所混。一日從金閶買舟往江右，道經毘陵，晋謁太常，借閲此鼎，以手度其分寸，仍將片楮摹鼎紋袖之，旁觀者未識其故。解維以往，半載而旋袖出一爐，云君家白定爐，我又得其一矣。唐大駭，以所藏較之，無纖毫疑義，盛以舊爐底蓋，宛如輯瑞之合也。詢何所自來，周云：「余疇昔借觀，以手度者再，蓋審其大小輕重耳，實倣爲之，不相欺也。」太常歎服，售以四十金，蓄爲副本，並藏於家。萬曆末年，淮安杜九如賈而多貲，以釣奇爲名，高出累千金購求奇玩，董玄宰之漢玉章、劉海日之商金鼎，咸歸之。浮慕唐氏定爐，形於寤寐。太常之孫君俞豪華好客，杜賫千金，爲壽必求兹鼎一覿，以慰生平。君俞出贗鼎戲之，杜謂得未曾見，如見帝青天寶，强納千金，以二百金酬居間者，攜鼎以去。君俞雖尚俠哉，而居心頗願，良不忍欺，遣門下士告之曰：「吾子所取者，贗鼎也，真者尚在，遵太常公戒不輕以示人。子既捐千金而保贗品，若雖不知，余寧不愧於心乎？」杜反護前，以爲悔盟，持之愈堅。客曰：「子如不信，請列二鼎，並觀可乎？」杜猶疑信者半。唐出真鼎示之，若虬髯之遇文皇，雖各具龍虎之表，而神彩焕發，自與常異也。由此知九如不過葉公之好，原非真賞，君俞襟度過人遠矣。九如没，傳於伊子生之有。王廷珸者字越石，慣居奇貨，以博刀錐瞷。杜生游平康，以八百金供纏頭費，逆料其無以償，且示意不欲酬金而欲得爐也。爐竟歸之，詭稱其值萬金，求售於徐六岳。徐惡其譎，拒不納，乃轉質於人，十餘年間，旋質旋贖，紛如舉棋。又求其族屬之相肖者，方圓數種並置篋中，多方壟斷。泰興季因是企慕唐爐，廷珸乃以一方者誑之，售直五百，季君以爲名物而愉快焉。毘陵趙再思舊游於唐，稔知此鼎，偶過泰興晤季，季云：「近得一奇器，乃唐氏名物，方期請政而子適來，誠良緣也。」趙生唯唯，季問唐家定窑方鼎，君曾見否？趙生大笑曰：「唐之定鼎，體圓而足三，公云方鼎，何居？」季廢然入内，久不出。趙生屏息以俟，至暮出，謂生曰：「此獠欺我南科屈静源，吾中州所取士，今致書静源，道其事，當爲我處之。」屈君屬有司追理，廷珸抱頭鼠竄，挽人講解，另以僞物償季，僅免犴狴焉。而黄石之事起黄石名，正賓以貲郎建言廷杖，憑藉聲氣，游於縉紳，頗蓄鼎彝、畫畫，與廷珸同籍徽州，稱中表，互博易骨董，以爲娱。

正賓有倪雲林山水一幅，估價百廿金，托廷珸轉售，仍暗記花押於隱處。廷珸心艷倪畫，屬高手臨換，待正賓取時，即以橅本還之，殊不知其有默記也。正賓遣蒼頭佛元取畫，裝潢宛然，惟失花押。佛元黠人也，謬云主人不惟遣來取畫，兼欲觀定爐，且議價耳。廷珸方授爐佛元，而正賓亦至，謂廷珸曰：「畫久不售，應以原物歸我，奈何作狡獪伎倆。」廷珸搏顙發誓，正賓詰之曰：「吾有私記，今安在？」正誚讓間，佛元從傍執鼎兼以左右，指摳鼎耳以示無還理。廷珸奪之，鼎墮地如裂瓦，廷珸恨絶，頭撞正賓，傷脅。時正賓被逐於弘光帝，鬱鬱不樂，又遭廷珸之侮，越夕奄逝。廷珸宵遯，潛蹤於杭，爾時潞藩寓杭，聞定爐名，遣承奉俞啓雲諮訪。遇廷珸於湖上，出贗鼎誇耀，把臂甚歡，恨相見晚，引謁潞藩，酬以二千金，承奉私得四百，以千六百金畀廷珸。潞藩時在播遷之時，主藏吏命一厨役司筦鑰，其人頗椎鹵。居無何，王欲觀鼎，厨役啓匣取鼎，戛然有聲，忽折一足，厨役懼，投水死，已而有一承奉沉廢鼎於錢塘江中。野史氏曰：「鼎乃重器，以備清廟明堂之儀。商周以來，典型具在，若夫越窑秘色，昉於後周，而三代無傳焉，奈何以瓦缶之微，與天球弘璧抗衡邪？或曰虞之陶，不在商周上乎，然土硎汙樽，昭其儉也，非以示珍。今宣成之器，又將與定瓷競勝，好事者趨之若狂，良不可解。」

宋犖《西陂類稿》卷三九《咨河南撫院送文廟祭器文》 爲照文廟祭器，載在典制，必燦然美備，始稱偉觀。巾州兵燹之後，祭器殘缺甚多。本都院叨撫西江，適見南昌府文廟内陳設祭器，用瓷燒造，式樣精工，宛如前代法物。隨捐資照式燒造，大小共計一百六十八件，裝一十六箱。敬送歸德府文廟陳設，以仰佐貴都院振興文教盛心。相應咨會，爲此合咨貴都院，請煩查照轉行，敬謹收貯，以垂永遠施行。

計開

第一甯：象尊一件，簠四件，小燈臺四件，爵四件。

第二甯：犧尊一件，簠四件，大燈臺二件，小燈臺十件，爵四件。

第三甯：簠七件，爵四件。

第四甯：簠八件，爵九件。

第五甯：登一件，簠六件。

第六甯：簋一件，簠五件，鉶二件。

第七甯：簠六件，鉶二件。

第八甯：簠六件，鉶二件。

第九甯：太尊一件，雲雷尊三件，簠一件，鉶一件。

第十甯：雲雷尊一件，著尊一件，壺尊二件，鉶二件。

第十一甯：雲雷尊一件，著尊二件，壺尊一件，鉶二件。

第十二甯：太尊一件，著尊一件，壺尊一件，鉶一件，香爐四件。

第十三甯：太尊一件，著尊一件，壺尊一件，香爐七件。

第十四甯：香爐十六件。

第十五甯：香爐十六件。

第十六甯：香爐七件。

《清聖祖實録》卷二〇一 〔康熙三十九年九月至十月〕辛酉，先是上以皇太后六袠聖壽，命皇四子胤禛整備進獻禮物，至是恭進佛三尊，御製萬壽無疆賦屏一架，御製萬壽如意太平花一枝，御製龜鶴遐齡花一對，珊瑚進貢一千四百四十分，自鳴鐘一架，壽山石羣仙拱壽一堂，千秋洋鏡一架，百花洋鏡一架，東珠、珊瑚、金珀、禦風石等念珠一九，皮裘一九，雨緞一九，哆囉呢一九，璧機緞一九，沉香一九，白檀一九，絳香一九，雲香一九，通天犀、珍珠、漢玉、瑪瑙、雕漆、官窑等古玩九九，宋元明畫册卷九九，攢香九九，大號手帕九九，小號手帕九九，金九九，銀九九，緞九九，連鞍馬六匹，并令膳房數米一萬粒，作萬國玉粒飯，及肴饌果品等物進獻。

《總管府現行則例·廣儲司》卷一 康熙十九年十月遵旨，【略】動用江西藩庫正項錢糧，燒造瓷器，以供内用。所用錢糧，由工部奏銷。

〔雍正〕五年二月奏准，停用正項錢糧，于淮關盈餘銀兩内動支燒造。【略】所用錢糧，歲底呈銷内務府。

〔嘉慶〕十一年十一月奉旨，現在庫存各款瓷器甚多，自明年爲始，九江關呈進大運瓷器，著減半燒造，務須揀選上好精細瓷器呈進。

嘉慶四年十二月議復奏准，九江關燒造瓷器，每年動支該關盈餘項下銀一萬兩，約用銀七千餘兩，餘剩銀兩解交造辦處。擬請嗣後該監督每年燒造瓷器，統以五千兩爲率，其餘節省銀兩，交請解交造辦處。

十五年十二月奉旨，九江關十六年分燒造盤碗鐘碟，著暫行停止燒造，改燒瓷磚等項，酌核工價不得過二千五百兩之數，俟將來需用盤碗鐘碟時，再行照例燒造，欽此。

道光二十七年五月，本府「内務府」奏准，嗣後每年九江關燒造，大運瓷器，除琢器尊瓶壺罐，照舊燒造，其圓器盤碗鐘碟，減成燒造。所需工價銀兩，不得過二千兩，仍將用過錢糧細數，照例造具清册，咨送内務府查核。其餘銀兩，盡數解交造辦處。

秦蕙田《五禮通考》卷一九《崔亮傳》 洪武二年，亮言：「《禮運》曰：禮行于郊，則百神受職。今宜增天下神祇壇于圜丘之東，方澤之西。」又言：「《郊特牲》：器用陶匏，《周禮疏》：外祀用瓦。今祭祀用瓷，與古意合。而盤盂之屬，與古尚異，宜皆易以瓷，惟籩用竹。」皆允行。帝嘗謂亮：「先賢有言：見其生不忍見其死，聞其聲不忍食其肉。今祭祀省牲于神壇甚邇，心殊未安。」亮乃奏考古省牲之儀，遠神壇二百步。帝大喜。時仁祖已配南北郊，而郊祀禮成後，復詣太廟恭謝。亮言宜罷，惟先祭三日，詣太廟以配享告。詔可。帝以日中有黑子，疑祭天不順所致，欲增郊壇從祀之神。亮執奏：漢、唐煩瀆，不宜取法。乃止。帝一日問亮曰：「朕郊祀天地，拜位正中，而百官朝參則班列東西，何也？」亮對曰：「天子祭天，升自午陛，北向，答陽之義也。祭社，升自子陛，南向，答陰之義也。若羣臣朝參，當避君上之尊，故升降皆由卯陛，朝班分列東西，以避馳道，其義不同。」亮倉卒占對，必傳經義，多此類。自郊廟祭祀外，朝賀山呼，百司箋奏，上下冠服，殿上坐墩諸儀及大射軍禮，皆亮所酌定。惟言「大祀帝親省牲，中祀、小祀之牲，當遣官代」，帝命皆親省。

《明史》卷一五《孝宗紀》 〔弘治三年〕冬十一月甲辰，停工役，罷内官燒造瓷器。十二月辛亥，以彗星見，敕羣臣修省，陳軍民利病。己未，京師地震。壬戌，減供御品物，罷明年上元燈火。

是年，琉球、安南、哈密、撒馬兒罕、天方、土魯番入貢。

《明史》卷二〇《神宗紀一》 〔萬曆〕十二年春二月丁卯，京師地震。己巳，釋建文諸臣外親謫戍者後裔。三月己亥，減江西燒造瓷器。

《明史》卷六八《輿服志四》 器用之禁。洪武二十六年定，公侯、一品、二品，酒注、酒盞金，餘用銀。三品至五品，酒注銀，酒盞金，六品至九品，酒注、酒盞銀，餘皆瓷、漆。木器不許用硃紅及抹金、描金、雕琢龍鳳文。庶民，酒注錫，酒盞銀，餘用瓷、漆。百官，牀面、屏風、槅子，雜色漆飾，不許雕刻龍文，並金飾朱漆。軍官、軍士，弓矢黑漆，弓袋、箭囊，不許用朱漆描金裝飾。建文四年申飭官民，不許僭用金酒爵，其椅棹木器亦不許朱紅金飾。正德十六年，定一品、二品，器皿不用玉，止許用金。商賈、技藝家器皿不許用銀。餘與庶民同。

《明史》卷七九《食貨志三》 弘治中，江西巡撫林俊嘗請建常平及社倉。嘉靖八年乃令各撫、按設社倉。令民二三十家爲一社，擇家殷實而有行義者一人爲社首，處事公平者一人爲社正，能書算者一人爲社副，每朔望會集，别户上中下，出米四斗至一斗有差，斗加耗五合，上户主其事。年饑，上户不足者量貸，稔歲還倉。中下户酌量賑給，不還倉。有司造册送撫、按，歲一察覈。倉虚，罰社首出一歲之米。其法頗善，然其後無力行者。

兩京庫藏，先後建設，其制大略相同。内府凡十庫。内承運庫，貯緞匹、金銀、寶玉、齒角、羽毛，而金花銀最大，歲進百萬兩有奇。廣積庫，貯硫黄、硝石。甲字庫，貯布匹、顔料。乙字庫，貯胖襖、戰鞋、軍士裘帽。丙字庫，貯棉花、絲纊。丁字庫，貯銅鐵、獸皮、蘇木。戊字庫，貯甲仗。贓罰庫，貯没官物。廣惠庫，貯錢鈔。廣盈庫，貯紵絲、紗羅、綾錦、紬絹。六庫皆屬户部。惟乙字庫屬兵部。戊字、廣積、廣盈庫屬工部。又有天財庫，亦名司鑰庫，貯各衙門管鑰，亦貯錢鈔。供用庫，貯秔稻、熟米及上供物。以上通謂之内庫。其在宫内者，又有内東裕庫、寶藏庫，謂之裏庫。凡裏庫不關於有司。其會歸門、寶善門迤東及南城瓷器諸庫，則謂之外庫。若内府諸監司局，神樂堂，犧牲所，太常、光禄寺，國子監，皆各以所掌，收貯應用諸物。太僕則馬價銀歸之。明初，嘗置行用庫於京城及諸府州縣，以收易昏爛之鈔。仁宗時罷。

《明史》卷一三六《崔亮傳》 洪武元年冬，禮部尚書錢用壬請告去，起亮代之。初，亮居禮曹時，即位、大祀諸禮皆其所條畫，丞相善長上之朝，由是知名。及爲尚書，一切禮制用壬先所議行者，亮皆援引故實，以定其議。考證詳確，逾於用壬。

二年，議上仁祖陵曰英陵，復請行祭告禮。太常博士孫吾與以漢、唐未有行者，駁之。亮曰：「漢光武加先陵曰昌，宋太祖亦加高祖陵曰欽，曾祖陵曰康，祖陵曰定，考陵曰安，蓋創業之君尊其祖考，則亦尊崇其陵。既尊其陵，自應祭告，禮固緣人情而起者也。」廷議是亮。頃之，亮言：「《禮運》曰『禮行於郊，則百神受職。』今宜增天下神祇壇於圜丘之東，方澤之西。」又言：「《郊特牲》『器用陶匏』，《周禮疏》『外祀用瓦』，今祭祀用瓷，與古意合。而槃盂之屬，與古尚異，宜皆易以瓷，惟籩用竹。」又請大祀前七日，陪祀官詣中書受誓戒，戒辭如唐禮。又依《周禮》定五祀及四時薦新、裸禮、圭瓚、鬱鬯之制，并言旗纛月朔望致祭，煩而瀆，宜止行於當祭之月。皆允行。帝嘗謂亮：「先賢有言『見其生不忍見其死，聞其聲不忍食其肉』，今祭祀省牲於神壇甚邇，心殊未安。」亮乃奏考古省牲之儀，遠神壇二百步。帝大喜。

帝慮郊社諸祭，壇而不屋，或驟雨沾服。亮引宋祥符九年南郊遇雨，於太尉廳望祭，及元《經世大典》壇垣内外建屋避風雨故事，奏之。遂詔建殿於壇南，遇雨則望祭。而靈星諸祠亦皆因亮言建壇屋焉。時仁祖已配南北郊，而郊祀禮成後，復詣太廟恭謝。亮言宜罷，惟先祭三日，詣太廟以配享告。詔可。帝以日中有黑子，疑祭天不順所致，欲增郊壇從祀之神。亮執奏漢、唐煩瀆，不宜取法，乃止。

帝一日問亮曰：「朕郊祀天地，拜位正中，而百官朝參則班列東西，何也？」亮對曰：「天子祭天，升自午陛，北向，答陽之義也。祭社，升自子陛，南向，答陰之義也。若羣臣朝參，當避君上之尊，故升降皆由卯陛，朝班分列東西，以避馳道，其義不同。」亮倉卒占對，必傳經義，多此類。

《明史》卷一三八《劉敏傳》 劉敏，肅寧人。舉孝廉，爲中書省吏。嘗暮市蘆龍江，且載於家，俾妻織席，鬻以奉母，而後入治事。性廉介，或遺之瓷瓦器，亦不受。爲楚相府録事，中書以没官女婦給文臣家，衆勸其請給以事母。敏固辭曰：「事母，子婦事，何預他人。」及省臣敗，吏多坐誅，敏獨無所預。帝賢之，擢工部侍郎，改刑部。出爲徽州府同知，有惠政，卒於官。

《明史》卷一六八《劉吉傳》 弘治二年二月旱，帝令儒臣撰文禱雨。〔劉〕吉等言：「邇者奸徒襲李孜省、鄧常恩故術，見月宿在畢，天將陰雨，遂奏請祈禱。覬一驗以希進用。倖門一開，争言祈禱，要寵召禍，實基於此，祝文不敢奉詔。」帝意悟，遂已之。五月以災異請帝修德防微，慎終如始。八月又以災異陳七事。代王獻海青，吉等言登極詔書已却四方貢獻，乞勿受。明年三月偕同列上言：「陛下聖質清羸，與先帝不同。凡宴樂游觀，一切嗜好之事，宜悉減省。左右近臣有請如先帝故事者，當以太祖、太宗典故斥退之。祖宗令節宴游皆有時，陛下法祖宗可也。」土魯番使者貢獅子還，帝令内閣草敕，遣中官送之。吉等言不宜優寵太過，使番戎輕中國。事遂寢。既又言：「獅子諸獸，日飼二羊，歲當用七百二十，又守視校尉日五十人，皆縻費。宜絶諸獸食，聽自斃。」帝不能用。十二月，星變，又言：「邇者妖星出天津，歷杵臼，迫營室，其占爲兵，爲饑，爲水旱。今兩畿、河南、山西、陝西旱蝗，四川、湖廣歲不登。倘明年復然，恐盜賊竊發，禍亂將作。願陛下節用度，罷宴游，屏讒言，斥異教，留懷經史，講求治道。沙河修橋，江西造瓷器，南海子繕垣牆，俱非急務，宜悉停止。」帝嘉納之。帝惑近習言，頗崇祈禱事，發經牌令閣臣作贊，又令擬神將封號。吉等極言邪説當斥。

《明史》卷二〇九《楊繼盛傳》 疏入，帝已怒。嵩見召問二王語，喜謂可指此爲罪，密搆於帝。帝益大怒，下〔楊〕繼盛詔獄，詰何故引二王。繼盛曰：「非二王，誰不懾嵩者！」獄上，乃杖之百，令刑部定罪。侍郎王學益，嵩黨也。受嵩屬，欲坐詐傳親王令旨律絞，郎中史朝賓持之。嵩怒，謫之外。於是尚書何鰲不敢違，竟如嵩指成獄，然帝猶未欲殺之也。繫三載，有爲營救於嵩者。其黨胡植、鄢懋卿怵之曰：「公不覩養虎者耶，將自貽患。」嵩頷之。會都御史張經、李天寵坐大辟。嵩揣帝意必殺二人，比秋審，因附繼盛名並奏，得報。其妻張氏伏闕上書，言：「臣夫繼盛誤聞市井之言，尚狃書生之見，遂發狂論。聖明不即加戮，俾從吏議。兩經奏讞，俱荷寬恩。今忽闌入張經疏尾，奉旨處決。臣仰惟聖德，昆蟲草木皆欲得所，豈惜一迴宸顧，下垂覆盆。倘以罪重，必不可赦，願即斬臣妾首，以代夫誅。夫雖遠禦魑魅，必能爲疆場效死，以報君父。」嵩屏不奏，遂以三十四年十月朔棄西市，年四十。臨刑賦詩曰：「浩氣還太虛，丹心照千古。生平未報恩，留作忠魂補。」天下相與涕泣傳頌之。

初，繼盛之將杖也，或遺之蚺蛇膽。却之曰：「椒山自有膽，何蚺蛇爲！」椒山，繼盛別號也。及入獄，創甚。夜半而蘇，碎瓷盌，手割腐肉。肉盡，筋掛膜，復手截去。獄卒執燈顫欲墜，繼盛意氣自如。朝審時，觀者塞衢，皆歎息，有泣下者。後七年，嵩敗。穆宗立，卹直諫諸臣，以繼盛爲首。贈太常少卿，謚忠愍，予祭葬，任一子官。已，又從御史郝杰言，建祠保定，名旌忠。

《明史》卷二一八《沈潅傳》 沈潅，字銘縝，烏程人。父節甫，字以安。嘉靖三十八年進士。授禮部儀制主事，歷祠祭郎中。詔建祠禁内，令黄冠祝釐，節甫持不可。尚書高拱恚甚，遂移疾歸。起光禄丞。會拱掌吏部，復移疾避之。萬曆初，屢遷至南京刑部右侍郎。召爲工部左侍郎，攝部事。御史高舉言節甫素負難進之節，不宜一歲三遷。吏部以節甫有物望，絀其議。節甫連上疏請省浮費，核虚冒，止興作，減江、浙織造，停江西瓷器，帝爲稍減織造數。中官傳奉，節甫持不可，且上疏言之。又嘗獻治河之策，語鑿鑿可用。父憂歸，卒。贈右副都御史。天啓初，潅方柄用，得賜謚端清。

《明史》卷二二〇《萬士和傳》 士和成嘉靖二十年進士，改庶吉士，授禮部主事。父喪除，乞便養母，改南京兵部。累遷江西僉事，歲裁上供瓷器千計。遷貴州提學副使，進湖廣參政。撫納叛苗二十八砦，以功賚銀幣。三殿工興，採木使者旁午。士和經畫備至，民賴以安。遷江西按察使，之官踰期，劾免。【略】

神宗立，起南京禮部侍郎，署國子監事。萬曆元年，禮部尚書陸樹聲去位。張居正用樹聲言，召士和代之。條上崇儉數事。又以災祲屢見，奏乞杜倖門、容戇直、汰冗員、抑干請，多犯時忌。俺答及所部貢馬，邊臣請加官賞。士和言賞賚有成額，毋徇邊臣額外請，從之。方士倚馮保求官，士和持不可。成國公朱希忠歿，居正許贈王，士和力争。給事中余懋學言事得罪，士和言直臣不當斥。於是積忤居正。給事中朱南雍承風劾之，遂謝病去。

《明史》卷二二六《呂坤傳》（萬曆）二十五年五月疏陳天下安危。其略曰：

竊見元旦以來，天氣昏黄，日光黯淡，占者以爲亂徵。今天下之勢，亂象已形，而亂勢未動。天下之人，亂心已萌，而亂人未倡。今日之政，皆播亂機使之動，助亂人使之倡者也。臣敢以救時要務，爲陛下陳之。自古幸亂之民有四。一曰無聊之民。飽温無由，身家俱困，因懷逞亂之心，冀緩須臾之死。二曰無行之民。氣高性悍，玩法輕生，居常愛玉帛子女而不得，及有變則淫掠是圖。三曰邪説之民。白蓮結社，遍及四方，教主傳頭，所在成聚。倘有招呼之首，此其歸附之人。四曰不軌之民。乘釁蹈機，妄思雄長。惟冀目前有變，不樂天下太平。陛下約己愛人，損上益下，則四民皆赤子，否則悉爲寇讐。

今天下之蒼生貧困可知矣。自萬曆十年以來，無歲不災，催科如故。臣久爲外吏，見陛下赤子凍骨無兼衣，饑腸不再食，垣舍弗蔽，苫藁未完；流移日衆，棄地猥多；留者輸去者之糧，生者承死者之役。君門萬里，孰能仰訴。今國家之財用耗竭可知矣。數年以來壽宫之費幾百萬，織造之費幾百萬，寧夏之變幾百萬，黄河之潰幾百萬，今大工、採木費，又各幾百萬矣。土不加廣，民不加多，非有雨菽湧金，安能爲計。今國家之防禦疏略可知矣。三大營之兵以衛京師也，乃馬半羸敝，人半老弱。九邊之兵以禦外寇也，皆勇於挾上，怯於臨戎。外衛之兵以備征調資守禦也，伍缺於役占，家累於需求，皮骨僅存，折衝奚賴。設有千騎横行，兵不足用，必選民丁。以怨民鬪怨民，誰與合戰。

人心者，國家之命脈也。今日之人心，惟望陛下收之而已。關、隴氣寒土薄，民生實艱。自造花絨，比户困趣逼。提花染色，日夜無休，千手經年，不成一匹。他若山西之紬，蘇、松之錦綺，歲額既盈，加造不已。至饒州瓷器，西域回青，不急之須，徒累小民敲骨。陛下誠一切停罷，而江南、陝西之人心收矣。

《明史》卷二二七《朱鴻謨傳》 朱鴻謨，字文甫，益都人。隆慶五年進士。授吉安推官。識鄒元標於諸生，厚禮之。擢南京御史。元標及吴中行等得罪，鴻謨疏救，語侵居正，斥爲民。

鴻謨歸，杜門講學，不入城市。居正卒，起故官，出按江西。奏蠲水災賦，請減饒州瓷器，不報。又疏薦建言削籍者，忤旨，奪俸。擢光禄少卿。由大理少卿擢右僉都御史，提督操江。改撫應天、蘇州十府。引二祖節儉之德，請裁上供織造，報聞。吴中徭役不均，令一以田爲準，不及百畝者無役，縣爲立籍，定等差。貴游子弟瓷里中，無賴者與共爲非，遠近訛言謂有不軌謀。鴻謨盡捕之，上疏告變。朝議將用兵，兵部主事伍袁萃亟言於尚書石星，令覆勘，乃解。鴻謨尋入爲刑部右侍郎，卒官。不能斂，僚屬醵金以辦。贈刑部尚書，謚恭介。

《明史》卷二四二《蕭近高傳》 蕭近高，字抑之，廬陵人。萬曆二十三年進士。授中書舍人。擢禮科給事中。甫拜官，即上疏言罷礦税、釋繫囚、起廢棄三事，明詔已頒，不可中止。帝怒，奪俸一年。頃之，論江西税使潘相擅刑宗人罪不報。既而停礦分税之詔下，相失利，擅移駐景德鎮，請專理窑務。帝即可之，近高復力争。後江西撫按並劾相，相以爲近高主之，疏詆甚力。近高疏辨，復劾相。疏雖不行，相不久自引去。

屢遷刑科都給事中。知縣滿朝薦、諸生王大義等皆忤中使，繫獄三年。近高請釋之，不報。遼東税使高淮激民變，近高劾其罪，請撤還，帝不納。又以淮誣奏逮同知王邦才、參將李獲陽，近高復論救。會廷臣多劾淮者，帝不得已徵還，而邦才等繫如故。無何，極陳言路不通，耳目壅蔽之患。未幾，又言王錫爵密揭行私，宜止勿召；朱賡被彈六十餘疏，不當更留。皆不報。故事，六科都給事中内外遞轉。人情輕外，率規避，近高自請外補。吏部侍郎楊時喬請亟許，以成其美。乃用爲浙江右參政，進按察使。以病歸。起浙江左布政使。所至以清操聞。

《明史》卷三〇五《宦官傳二・潘相》 江西礦監潘相激浮梁景德鎮民變，焚燒廠房。饒州通判陳奇可諭散之，相反劾逮奇可。相檄上饒縣勘礦洞，知縣李鴻戒邑人敢以食物市者死。相竟日饑渴，憊而歸，乃螫鴻，罷其官。

《明史》卷三〇六《閹黨傳・王紹徽》天啓四年冬，魏忠賢既逐去左光斗，即召紹徽代爲左僉都御史。明年六月進左副都御史。尋進户部侍郎，督倉場，甫視事，改左都御史。十二月拜吏部尚書。忠賢爲從子良卿求世封，紹徽即爲奏請良卿封伯。請推崇其三世，紹徽亦議如其言。至忠賢遣内臣出鎮，紹徽乃偕同官陳四不可。王恭廠、朝天宫並災，紹徽言誅罰過多。忤忠賢意，得譙讓。已復上言：「四方多事，九邊缺餉，難免催科，乞定分數，寬年限，以緩急之宜付撫按。正殿既成，兩殿宜緩，請敕工部裁省織造、瓷器諸冗費，用佐大工。奸黨削除已盡，恐藏禍蓄怨，反受中傷。逮繫重刑，加於封疆、顯過，三案巨奸，則人心悦服，餘宜少寬貸。」復忤忠賢意。

初，紹徽在萬曆朝，素以排擊東林爲其黨所推，故忠賢首用居要地。紹徽倣民間《水滸傳》，編東林一百八人爲《點將録》，獻之，令按名黜汰，以是益爲忠賢所喜。既而奸黨轉盛，後進者求速化，妬諸人妨己，擬次第逐之。孫杰乃謀使崔呈秀入閣，先擊去紹徽，令御史袁鯨、張文熙詆紹徽朋比。鯨再疏列其鬻官穢狀，遂落紹徽職，而以周應秋代。逆案既定，紹徽削籍論徒。

《明史》卷三二三《外國傳四・文郎馬神》文郎馬神，以木爲城，其半倚山。酋蓄繡女數百人。出乘象，則繡女執衣履、刀劍及檳榔盤以從。或泛舟，則酋趺坐牀上，繡女列坐其下，與相向，或用以刺舟，威儀甚都。民多縛木水上，築室以居，如三佛齊。男女用五色布纏頭，腹背多袒，或著小袖衣，蒙頭而入，下體圍以幔。初用蕉葉爲食器，後與華人市，漸用瓷器。尤好瓷甕，畫龍其外，死則貯甕中以葬。其俗惡淫，奸者論死。華人與女通，輒削其髮，以女配之，永不聽歸。女苦髮短，問華人何以致長，紿之曰：「我用華水沐之，故長耳。」其女信之，競市船中水以沐。華人故靳之，以爲笑端。女或悦華人，持香蕉、甘蔗、茉莉相贈遺，多與之調笑。然憚其法嚴，無敢私通者。

其深山中有村名烏籠里憚，其人盡生尾，見人輒掩面走避。然地饒沙金，商人持貨往市者，擊小銅鼓爲號，置貨地上，即引退丈許。其人乃前視，當意者，置金於旁。主者遥語欲售，則持貨去，否則懷金以歸，不交言也。所產有犀牛、孔雀、鸚鵡、沙金、鶴頂、降香、蠟、藤席、莉藤、蓽撥、血竭、肉荳蔻、獐皮諸物。

鄰境有買哇柔者，性兇狠，每夜半盜斬人頭以去，裝之以金。故商人畏之，夜必嚴更以待。

始，文郎馬神酋有賢德，待商人以恩信。子三十一人，恐擾商舶，不令外出。其妻乃買哇柔酋長之妹，生子襲父位，聽其母族之言，務爲欺詐，多負商人價直，自是赴者亦稀。

《明史》卷三二四《外國傳五・占城》占城居南海中，自瓊州航海順風一晝夜可至，自福州西南行十晝夜可至，即周越裳地。秦爲林邑，漢爲象林縣。後漢末，區連據其地，始稱林邑王。自晉至隋仍之。唐時，或稱占不勞，或稱占婆，其王所居曰占城。至德後，改國號曰環。迄周、宋，遂以占城爲號，朝貢不替。元世祖惡其阻命，大舉兵擊破之，亦不能定。

洪武二年，太祖遣官以即位詔諭其國。其王阿答阿者先已遣使奉表來朝，貢象虎方物。帝喜，即遣官齎璽書、《大統曆》、文綺、紗羅，偕其使者往賜，其王復遣使來貢。自後或比歲貢，或間歲，或一歲再貢。未幾，命中書省管勾甘桓、會同館副使路景賢齎詔，封阿答阿者爲占城國王，賜綵幣四十、《大統曆》三千。三年遣使往祀其山川，尋頒科舉詔於其國。

初，安南與占城搆兵，天子遣使諭解，而安南復相侵。四年，其王奉金葉表來朝，長尺餘，廣五寸，刻本國字。館人譯之，其意曰：「大明皇帝登大寶位，撫有四海，如天地覆載，日月照臨。阿答阿者譬一草木爾，欽蒙遣使，以金印封爲國王，感戴忻悦，倍萬恒情。惟是安南用兵，侵擾疆域，殺掠吏民。伏願皇帝垂慈，賜以兵器及樂器、樂人，俾安南知我占城乃聲教所被，輸貢之地，庶不敢欺陵。」帝命禮部諭之曰：「占城、安南並事朝廷，同奉正朔，乃擅自搆兵，毒害生靈，既失事君之禮，又乖交鄰之道。已咨安南國王，令即日罷兵。本國亦宜講信修睦，各保疆土。所請兵器，於王何吝，但兩國互搆而賜占城，是助爾相攻，甚非撫安之義。樂器、樂人，語音殊異，難以遣發。爾國有曉華言者，其選擇以來，當令肄習。」因命福建省臣勿徵其稅，示懷柔之意。

六年，貢使言：「海寇張汝厚、林福等自稱元帥，剽劫海上。國主擊破之，賊魁溺死，獲其舟二十艘、蘇木七萬斤，謹奉獻。」帝嘉之，命給賜加等。冬，遣使獻安南之捷。帝謂省臣曰：「去冬，安南言占城犯境；今年，占城謂安南擾邊，未審曲直。可遣人往諭，各罷兵息民，毋相侵擾。」十年與安南王陳煓大戰，煓敗死。十二年，貢使至都，中書不以時奏。帝切責丞相胡惟庸、汪廣洋，二人遂獲罪。遣官賜王《大統曆》及衣幣，令與安南修好罷兵。

十三年遣使賀萬壽節。帝聞其與安南水戰不利，賜敕諭曰：「曩者安南兵出，敗於占城。占城乘勝入安南，安南之辱已甚。王能保境息民，則福可長享；如必驅兵苦戰，勝負不可知，而鷸蚌相持，漁人得利，他日悔之，不亦晚乎。」十六年貢象牙二百枝及方物。遣官賜以勘合、文册及織金文綺三十二、瓷器萬九千。十九年遣子寶部領詩那日忽來朝，賀萬壽節，獻象五十四，皇太子亦有獻。帝嘉其誠，賜賚優渥，命中官送還。明年復貢象五十一及伽南、犀角諸物，帝加宴賚。還至廣東，復命中官宴餞，給道里費。

真臘貢象，占城王奪其四之一，其他失德事甚多。帝聞之，怒。二十一年夏，命行人董紹敕責之。紹未至，而其貢使抵京。尋復遣使謝罪，乃命宴賜如制。

時阿答阿者失道，大臣閣勝懷不軌謀，二十三年弑王自立。明年遣太師奉表來貢，帝惡其悖逆，却之。三十年後，復連入貢。

《明史》卷三二四《外國傳五・真臘》 真臘，在占城南，順風三晝夜可至。隋、唐及宋皆朝貢。宋慶元中，滅占城而并其地，因改國名曰占臘。元時仍稱真臘。

洪武三年遣使臣郭徵等齎詔撫諭其國。四年，其國巴山王忽爾那遣使進表，貢方物，賀明年正旦。詔賜《大統曆》及綵幣，使者亦給賜有差。六年進貢。十二年，王參答甘武者持達志遣使來貢，宴賜如前。十三年復貢。十六年遣使齎勘合文册賜其王。凡國中使至，勘合不符者，即屬矯僞，許縶縛以聞。復遣使賜織金文綺三十二、瓷器萬九千。其王遣使來貢。十九年遣行人劉敏、唐敬偕中官齎瓷器往賜。明年，敬等還，王遣使貢象五十九、香六萬斤。尋遣使賜其王鍍金銀印，王及妃皆有賜。其王參烈寶毗邪甘菩者遣使貢象及方物。明年復貢象二十八，象奴三十四人，番奴四十五人，謝賜印之恩。二十二年三貢。明年復貢。

永樂元年遣行人蔣賓興、王樞以即位詔諭其國。明年，王參烈婆毗牙遣使來朝，貢方物。初，中官使真臘，有部卒三人潛遁，索之不得，王以其國三人代之，至是引見。帝曰：「華人自逃，於彼何預而責？償且語言不通，風土不習，吾焉用之？」命賜衣服及道里費，遣還。三年遣使來貢，告故王之喪。命鴻臚序班王孜致祭，給事中畢進、中官王琮齎詔封其嗣子參烈昭平牙爲王。進等還，嗣王遣使偕來謝恩。六年、十二年再入貢。使者以其國數被占城侵擾，久留不去。帝遣中官送之還，并敕占城王罷兵修好。十五年、十七年並入貢。宣德、景泰中，亦遣使入貢。自後不常至。

其國城隍周七十餘里，幅員廣數千里。國中有金塔、金橋、殿宇三十餘所。王歲時一會，羅列玉猿、孔雀、白象、犀牛於前，名曰百塔洲。盛食以金盤、金椀，故有「富貴真臘」之諺。民俗富饒。天時常熱，不識霜雪，禾一歲數稔。男女椎結，穿短衫，圍梢布。刑有劓、刖、刺配，盜則去手足。番人殺唐人罪死；唐人殺番人則罰金，無金則鬻身贖罪。唐人者，諸番呼華人之稱也，凡海外諸國盡然。婚嫁，兩家俱八日不出門，晝夜燃燈。人死置於野，任烏鳶食，俄頃食盡者，謂爲福報。居喪，但髡其髮，女子則額上剪髮如錢大，曰用此報親。文字以麂鹿雜皮染黑，用粉爲小條畫於上，永不脱落。以十月爲歲首，閏悉用九月。夜分四更。亦有曉天文者，能算日月薄蝕。其地謂儒爲班詰，僧爲苧姑，道爲八思。班詰不知讀何書，由此入仕者爲華貫。先時項掛一白線以自别，既貴，曳白如故。俗尚釋教，僧皆食魚、肉，或以供佛，惟不飲酒。其國自稱甘孛智，後訛爲甘破蔗，萬曆後又改爲東埔寨。

《明史》卷三二四《外國傳五・暹羅》 暹羅，在占城西南，順風十晝夜可至，即隋、唐赤土國。後分爲羅斛、暹二國。暹土瘠不宜稼，羅斛地平衍，種多穫，暹仰給焉。元時，暹常入貢。其後，羅斛强，併有暹地，遂稱暹羅斛國。

洪武三年命使臣吕宗俊等齎詔諭其國。四年，其王參烈昭毗牙遣使奉表，與宗俊等偕來，貢馴象、六足龜及方物，詔賜其王錦綺及使者幣帛有差。已，復遣使賀明年正旦，詔賜《大統曆》及綵幣。五年貢黑熊、白猿及方物。明年復來貢。其王之姊參烈思寧别遣使進金葉表，貢方物於中宫，却之。已而其姊復遣使來貢，帝仍却之，而宴賚其使。時其王懦而不武，國人推其伯父參烈寶毗邪哩哆囉禄主國事，遣使來告，貢方物，宴賚如制。已而新王遣使來貢，謝恩，其使者亦有獻，帝不納。已，遣使賀明年正旦，貢方物，且獻本國地圖。

七年，使臣沙里拔來貢。言去年舟次烏猪洋，遭風壞舟，飄至海南，賴官司救護，尚存飄餘兜羅綿、降香、蘇木諸物進獻，廣東省臣以聞。帝怪其無表，既言舟覆，而方物乃有存者，疑其爲番商，命却之。諭中書及禮部臣曰：「古諸侯於天子，比年一小聘，三年一大聘。九州之外，則每世一朝，所貢方物，表誠敬而已。惟高麗頗知禮樂，故令三年一貢。他遠國，如占城、安南、西洋瑣里、爪哇、浡泥、三佛齊、暹羅斛、真臘諸國，入貢既頻，勞費太甚。今不必復爾，其移牒諸國，俾知之。」然而來者不止。其世子蘇門邦王昭禄羣膺亦遣使上箋於皇太子，貢方物。命引其使朝東宫，宴賚遣之。八年再入貢。其舊明臺王世子昭孛羅局亦遣使奉表朝貢，宴賚如王使。

十年，昭禄羣膺承其父命來朝。帝喜，命禮部員外郎王恒等齎詔及印賜之，文曰「暹羅國王之印」，并賜世子衣幣及道里費。自是，其國遵朝命，始稱暹羅；比年一貢，或一年兩貢。至正統後，或數年一貢云。

十六年賜勘合文册及文綺、瓷器，與真臘等。二十年貢胡椒一萬斤、蘇木一萬斤。帝遣官厚報之。時温州民有市其沉香諸物者，所司坐以通番，當棄市。帝曰：「温州乃暹羅必經之地，因其往來而市之，非通番也。」乃獲宥。二十一年貢象三十、番奴六十。二十二年，世子昭禄羣膺遣使來貢。二十三年貢蘇木、胡椒、降香十七萬斤。

《明史》卷三二六《外國傳七・錫蘭山》　錫蘭山，或云即古狼牙修。梁時曾通中國。自蘇門答剌順風十二晝夜可達。

永樂中，鄭和使西洋至其地，其王亞烈苦奈兒欲害和，和覺，去之他國。王又不睦鄰境，屢邀劫往來使臣，諸蕃皆苦之。及和歸，復經其地，乃誘和至國中，發兵五萬劫和，塞歸路。和乃率步卒二千，由間道乘虚攻拔其城，生擒亞烈苦奈兒及妻子、頭目，獻俘於朝。廷臣請行戮，帝憫其無知，并妻子皆釋，且給以衣食。命擇其族之賢者立之。有邪把乃那者，諸俘囚咸稱其賢，乃遣使齎印誥，封爲王，其舊王亦遣歸。自是海外諸蕃益服天子威德，貢使載道，王遂屢入貢。

宣德五年，鄭和撫諭其國。八年，王不剌葛麻巴忽剌批遣使來貢。正統元年命附爪哇貢舶歸，賜敕諭之。十年偕滿剌加使者來貢。天順三年，王葛力生夏剌昔利把交剌惹遣使來貢。嗣後不復至。

其國地廣人稠，貨物多聚，亞於爪哇。東南海中有山三四座，總名曰翠藍嶼。大小七門，門皆可通舟。中一山尤高大，番名梭篤蠻山。其人皆巢居穴處，赤身髡髮。相傳釋迦佛昔經此山，浴於水，或竊其袈裟，佛誓云：「後有穿衣者，必爛其皮肉。」自是，寸布掛身，輒發瘡毒，故男女皆裸體。但紉木葉蔽其前後，或圍以布，故又名裸形國。地不生穀，惟啖魚蝦及山芋、波羅密、芭蕉實之屬。自此山西行七日，見鸚哥嘴山。又二三日抵佛堂山，即入錫蘭國境。海邊山石上有一足跡，長三尺許。故老云，佛從翠藍嶼來，踐此，故足跡尚存。中有淺水，四時不乾，人皆手蘸拭目洗面，曰「佛水清浄」。山下僧寺有釋迦真身，側卧牀上。旁有佛牙及舍利，相傳佛涅槃處也。其寢座以沉香爲之，飾以諸色寶石，莊嚴甚。王所居側有大山，高出雲漢。其顛有巨人足跡，入石深二尺，長八尺餘，云是盤古遺跡。此山産紅雅姑、青雅姑、黄雅姑、昔剌泥、窟没藍等諸色寶石。每大雨，衝流山下，土人競拾之。海旁有浮沙，珠蚌聚其内，光彩瀲灩。王使人撈取，置之地，蚌爛而取其珠，故其國珠寶特富。

王，瑣里國人。崇釋教，重牛，日取牛糞燒灰塗其體，又調以水，遍塗地上，乃禮佛。手足直舒，腹貼於地以爲敬，王及庶民皆如之。不食牛肉，止食其乳，死則瘞之，有殺牛者，罪至死。氣候常熱，米粟豐足，民富饒，然不喜啖飯。欲啖，則於暗處，不令人見。遍體皆毫毛，悉薙去，惟髮不薙。所貢物有珠、珊瑚、寶石、水晶、撒哈剌、西洋布、乳香、木香、樹香、檀香、没藥、硫黄、藤竭、蘆薈、烏木、胡椒、碗石、馴象之屬。

《明史》卷三二六《外國傳七・榜葛剌》　榜葛剌，即漢身毒國，東漢曰天竺。其後中天竺貢於梁，南天竺貢於魏。唐亦分五天竺，又名五印度。宋仍名天竺。榜葛剌則東印度也。自蘇門答剌順風二十晝夜可至。

永樂六年，其王靄牙思丁遣使來朝，貢方物，宴賚有差。七年，其使凡再至，攜從者二百三十餘人。帝方招徠絶域，頒賜甚厚。自是比年入貢。十年，貢使將至，遣官宴之於鎮江。既將事，使者告其王之喪。遣官往祭，封嗣子賽勿丁爲王。十二年，嗣王遣使奉表來謝，貢麒麟及名馬方物。禮官請表賀，帝勿許。明年遣侯顯齎詔使其國，王與妃、大臣皆有賜。正統三年貢麒麟，百官表賀。明年又入貢。自是不復至。

其國地大物阜。城池街市，聚貨通商，繁華類中國。四時氣候常如夏。土沃，一歲二稔，不待耔耘。俗淳龐，有文字，男女勤於耕織。容體皆黑，間有白者。王及官民皆回回人，喪祭冠婚，悉用其禮。男子皆薙髮，裹以白布。衣從頸貫下，用布圍之。曆不置閏。刑有笞杖徒流數等。官司上下，亦有行移。醫卜、陰陽、百工、技藝悉如中國，蓋皆前世所流入也。

其王敬天朝。聞使者至，遣官具儀物，以千騎來迎。王宫高廣，柱皆黄銅包飾，雕琢花獸。左右設長廊，内列明甲馬隊千餘，外列巨人，明盔甲，執刀劍弓矢，威儀甚壯。丹墀左右，設孔雀翎傘蓋百餘，又置象隊百餘於殿前。王飾八寶冠，箕踞殿上高座，横劍於膝。朝使入，令拄銀杖者二人來導，五步一呼，至中則止；又拄金杖者二人，導如初。其王拜迎詔，叩頭，手加額。開讀受賜訖，設毯毯於殿，宴朝使；不飲酒，以薔薇露和香蜜水飲之。贈使者金盔、金繫腰、金瓶、金盆，其副則悉用銀，從者皆有贈。厥貢，良馬、金銀琉璃器、青花白瓷、鶴頂、犀角、翠羽、鸚鵡、洗白苾布、兜羅緜、撒哈剌、糖霜、乳香、熟香、烏香、麻藤香、烏爹泥、紫膠、藤竭、烏木、蘇木、胡椒、粗黄。

《明史》卷三三二《西域傳四·失剌思》 失剌思，近撒馬兒罕。永樂十一年遣使偕哈烈、俺的干、哈實哈兒等八國，隨白阿兒忻台入貢方物，命李達、陳誠等齎敕偕其使往勞。十三年冬，其酋亦不剌金遣使隨達等朝貢，天子方北巡。至明年夏始辭還，復命誠偕中官魯安齎敕及白金、綵緞、紗羅、布帛賜其酋。十七年遣使偕亦思弗罕諸部貢獅子、文豹、名馬，辭還。復命安等送之，賜其酋絨錦、文綺、紗羅、玉繫腰、瓷器諸物。時車駕頻歲北征，乏馬，遣官多齎綵幣、瓷器，市之失剌思及撒馬兒罕諸國。其酋即遣使貢馬，以二十一年八月謁帝於宣府之行宫。厚賜之，遣還京師，其人遂久留内地不去。仁宗嗣位，趣之還，乃辭去。

宣德二年貢駝馬方物，授其使臣阿力爲都指揮僉事，賜誥命、冠帶。嗣後久不貢。成化十九年與黑婁、撒馬兒罕、把丹沙諸國共貢獅子，詔加優賚。弘治五年，哈密忠順王陝巴襲封歸國，與鄰境野乜克力酋結婚。失剌思酋念其貧，偕旁國亦不剌因之酋，率其平章鎖和卜台、知院滿可，各遣人請頒賜財物，助之成婚。朝議義之，厚賜陝巴，并賜二國及其平章、知院綵幣。嘉靖三年與旁近三十二部並遣使貢馬及方物。其使者各乞蟒衣、膝襴、瓷器、布帛。天子不能却，量予之。自是，貢使亦不至。

《明史》卷三三二《西域傳四·敏真城》 敏真城，永樂中來貢。其國地廣，多高山。日中爲市，諸貨駢集，貴中國瓷、漆器。産異香、駝、馬。

《明史》卷三三二《西域傳四·日落國》 日落國，永樂中來貢。弘治元年，其王亦思罕答兒魯密帖里牙復貢。使臣奏求紵、絲、夏布、瓷器，詔皆予之。

唐執玉等《畿輔通志》卷五七《瓷器》 《唐書·地理志》：邢州土貢瓷器。《宋史·地理志》：邢州貢白瓷琖。《金史·地理志》：正定府産瓷器。《定州志》：窑器珍於天下，江南好事者往往蓄之，索諸定，蔑如也。《瓷州志》：彭城鎮燒造甕、缶、盆、碗、罏、缾諸種，有黄、緑、翠、白、黑各色，然質厚而粗，只可供市肆莊農之用。

唐執玉等《畿輔通志》卷五七《硝》 《金史·地理志》：大名府産硝。《畿輔舊志》：有樸硝焰硝，多産斥鹵中。《大名府志》：出硝河。

郝玉麟《〔雍正〕福建通志》卷一一《邵武府》 穀之屬：稻、粟、黍、麥、豆、脂麻。

帛之屬：苧布，四縣俱有而泰寧爲多。葛布。出建寧縣永城開山二保。

貨之屬：銅出邵武縣，今無。鐵出邵武、光澤二縣，罏今廢。鐵絲亦名鐵條。苧漆俱出泰寧縣竹紙　楮衾即紙被，俱出邵武縣。茶光澤、泰寧二縣爲多。茶油邵武、光澤、建寧三縣尤多。蕨粉歲饑，人多賴以濟。椶毛光澤，即武二縣爲多。銀硃《舊志》云：「故老相傳潭山出朱紅，得三樵水濯之，其色尤鮮。」今無煎煉者。白瓷器出邵武青雲窑，泰寧際口窑，建寧蘭溪窑，而以泰寧際口者爲勝。琉璃邵武舊有一、二家能造之，法用黄石、焇之類煉成。今無。石灰煉石爲之。薑黄出邵武縣一都。

梁同書《頻羅庵遺集》卷一一《黄文僖公機墨蹟跋》 十年前，以數金易得故家敗簏中物，内有文僖公字卷一紙，款爲「槎度者」，不知何人。適聞公五世孫晴江上舍濤自禾中移家會城，因訪而贈之，以還其世家手澤。晴江裝潢成卷，跋其卷尾云云。惜所謂宋瓷印章未得一寓目爲憾耳。有友人曾見之者曰，官窑非哥窑也。并記於此。黄跋云：右高祖父文僖公遺墨，即公手著《家鑑》中語也。舊爲山舟梁侍講所藏，先大父時因鄰人不戒於火，累代手澤一空。今年正月，晤侍講之嗣君曜北，詢公筆札，具以實告。曜北聞之侍講，遂以此見歸。卷尾雲中白鶴印，出宋哥窑，公所愛玩。海鹽陳宋齋先生評爲公長孫埔好之，不敢請，公知其意，遂畀焉。去年獲觀於陳氏，并讀宋齋先生珍藏記，不一載。復得此卷，卷尾復有此印，珠還璧合，事非偶然，用記此以詒子孫。乾隆五十六年三月。

王初桐《奩史》卷四二 二月中和節，宫中排辦挑菜御晏。先是，預備朱緑花斛，下以羅帛作十卷，書品目於上，繫以紅絲，上植生菜、薺花諸品。俟晏酬樂作，自中殿以次，各以金篦挑之，后妃、貴人、婕妤等皆有賞無罰。以次每斛十號，五紅字爲賞，五黑字爲罰。上賞則成號真珠、玉杯、金器、北珠、篦環、珠翠、領抹，次以鋌銀、酒器、冠鋜、翠花、緞帛、龍涎、御扇、筆墨、定窑、定器之類。罰則舞唱、吟詩、念佛、飲冷水、吃生薑之類，用此以增戲笑。《乾淳歲時記》。

阿桂《八旬萬壽盛典》卷二一 〔乾隆四十四年〕十二月二十一日，廓爾喀頭目巴拉巴都爾、喀哇斯哈哩薩野等恭奉表貢壽經入覲，（御製《詠廓爾喀所進貝葉經》詩及番使名目，分載《典禮門·慶祝類》）廓爾喀微臣拉特納巴都爾同、微臣之叔巴都爾薩野合掌誠心其表：「天下萬國大皇帝、萬歲三寶佛駕前，微臣祖父在日，即有心要向大皇帝前進表，總未得進，若當時進呈，已受了大恩典，不但今世，并子子孫孫都受恩施，至微臣之身亦要誠心進表。總以道遠，無由自達。上年曾具表懇求進貢，又有阻抑。今蒙欽差大人差員到廓爾喀地方宣布大皇帝如此德意，微臣實中心悅服，再不肯歸順別國，只虔心歸順大皇帝。微臣自祖父以來要行之事，如今都已如願。微臣所住廓爾喀之地在京師西南方，從前有甲噶爾普拉各處部落曾發兵前來，都被微臣截堵回去。仰賴佛天保佑，微臣等已謹慎，未曾被彼侵佔。此等情事，前此未荷大皇帝鑒照，茲得一併上達，微臣心中愈加欣幸。今恭進表文，懇求恩典，願乞大皇帝賞微臣勅旨一道，沾恩無既，微臣不勝激切屏營之至。」恩封拉特納巴都爾爲額爾德呢王，及其叔巴都爾薩野爲圖薩拉克齊公。賜之勅諭，其入覲之頭目番衆籲遵國制薙髮，分別賞給頂帶，並屢賜宴賚遣歸。奉天承運，皇帝制曰：「爾廓爾喀與唐古忒素相和好，交通貿易往來已久。去歲朕聞爾等驟起爭端，即欲發大兵，命將軍大臣等嚴懲爾罪。迨將軍大臣等查詢明白，乃知噶布倫索諾木旺扎勒、第巴桑噶等私加稅額，妄行尅取各情，爾等不勝苦累，故呈遞駐藏大臣，欲求進表納貢。詎索諾木旺扎勒等匿不稟聞，駐藏大臣又未查出代奏，以致負屈未伸，激成事端。念爾尚非有心抗拒，今索諾木旺扎勒已故，其台吉職銜革退不准承襲，並將桑噶治罪，更換能事大臣二員駐藏辦事。爾聞大兵一至，即竄回退避，叩懇將軍大臣等具疏奏聞，前來進貢。朕念爾能返躬悔過，是以恕爾妄肆滋擾之罪，且鑒爾誠心歸命，遣大頭目哈哩薩野等奉表乞恩，殊堪嘉獎，即將哈哩薩野等數人優賜筵賞。茲特勅封爾拉特納巴都爾爲額爾德呢王，賜以寶石帽頂、四團龍補褂、密臘朝珠、佩帶荷包等物；封爾叔巴都爾薩野爲圖薩拉克齊公，賜以珊瑚帽頂、蟒袍補褂、密臘朝珠、佩帶荷包等物；大頭目瑪木薩野、哈哩烏巴第哇等授爲戴奉，賜三品帽頂、蟒袍朝珠、佩帶荷包等物。仍降勅與爾拉特納巴都爾，併賞給爾叔巴都爾薩野各色大緞三十疋、花緞四疋、閃緞二疋、金線緞二疋、粧緞二疋、倭緞坐褥面五件、五十兩重銀茶桶一件、五十兩重銀盆一件、琺瑯瓶一對、玻璃瓶一對、玻璃碟二對、把瓷碗二對、瓷碗二對、盛奶茶瓷碗二對，交與哈哩薩野等帶回，俟彼到日按件查收。入覲頭目哈哩薩野、巴拉巴都爾、喀哇斯等俱授爲第巴，賜四品帽頂、貂皮補褂、狐皮蟒袍、朝珠、佩帶、荷包等物，並賞戴孔雀領，每人賞錦三疋、倭緞三疋、八絲緞五疋、五絲緞五疋、銀五十兩、玻璃器三件、瓷器五件、大荷包一對、小荷包四對、鼻煙壺一對、火燫二件、茶葉二瓶。小頭目怎達克德哩等六人，每人賞錦一疋、倭緞一疋、八絲緞三疋、五絲緞三疋、銀二十兩、玻璃器一件、瓷器二件、小荷包二對、鼻煙壺一個、火燫一件、茶葉二瓶，並將現來怎達克德哩等二十三人各賜戴金頂，賞給灰鼠褂、皮袍、佩帶、荷包等物，令伊等隨閱烟火。方今藏內庶事，嚴立章程，貨稅亦定成額。朕乃統治天下萬國之君，諸務莫不秉公，毫無偏倚。爾等誠能恭順循法，朕必從厚加恩。如違科條，亦必重懲。今爾拉特納巴都爾受朕渥恩，當思圖報，皈依達賴喇嘛等，守分安常，仍與唐古忒等互相和好，公平貿易，約束屬下，各安樂利，庶得永承恩眷。特諭。」臣等謹按：衛藏爲振興黃教之地，歲有常員駐兵防守，與廓爾喀界址甚明，貿易相資，祇以邊番素性重利，且易積小嫌，非敢不慓赫。濯之聲威而跡阻夐幽，末由自達，致勞我王師申討其蠢愚無識使然耳。皇上天日照臨，赦過宥罪，導之以所易從，示之以所允服，遂乃獻經設誓，錫爵加榮，襲王會之衣冠，與奉觴於萬歲，可謂誠無不格矣。而御製詩猶以我往彼逊、我歸彼至爲慎，再三申誡。大聖人知微知彰，誠所謂不逆億而自先覺者。洎辛亥七月，廓爾喀果以與唐古忒私債微嫌，復滋擾札什倫布么麿之族，固不值掃穴擒渠，始揚國武。然邊番狡黠，非威不懾，唐古忒怯懦，非兵力不寧，爰於是年冬十一月命福康安、海蘭察等統率勁旅進勦，以次年六月進兵，所向無前，摧枯拉朽，旬日間連克擦木邦杏瑪噶爾轄爾甲諸地，方收復濟嚨，攻奪碉卡石寨數十座，殲獲無算。徑渡熱索橋，入廓爾喀境，克東覺山梁。廓爾喀窮蹙乞降，經福康安等嚴檄駁斥，復進兵攻取雍雅堆補木集，木集以至帕朗古，深入七百餘里，七戰七勝，殲擒不下五六千人，距其巢穴僅百里許，一舉即可蕩平。於是廓爾喀遣大小頭人賫稟三四通，匍叩軍門，乞求降順，瀝陳與唐古忒爭端，搆衅實不敢有，書字一包併付臣等。臣等見班禪額爾德呢爲恭慶聖主七旬萬壽之儀，意甚誠懇，隨照所稱，將寄去蒙古唐古忒書字移交駐藏大臣，令將隨達賴喇嘛使臣同來之舞童勿致遲誤，轉咨後藏，俟明年同達賴喇嘛使臣照例辦理，遣來爲此。謹奏。奉硃批：好，知道了。

阿桂《八旬萬壽盛典》卷四二〔乾隆四十五年〕十月，班禪額爾德呢隨駕至京師。初三日，命於保和殿再賜筵宴一次。節次賞賚班禪額爾德呢儀物金幣，初次命散秩大臣萬福、署侍郎保泰等，至塔爾寺迎接班禪額爾德呢。賞東珠、朝珠一盤，雕鞍一副，白馬一匹，三十兩重銀茶桶一，銀壺一，銀盞一，各色大緞二十疋，大小哈達各十。二次命乾清門行走、副都統烏爾圖那遜迎至歸化城，賞上用車轎傘儀仗二十對，蒙古包一分，黃布城一分。三次命皇六子章嘉呼圖克圖、尚書永貴迎至岱漢，賞嵌東珠帽一，頂嵌東珠袈裟一件，東珠朝珠一盤，頭等玉鞍一副，白馬一匹，五十兩重鍍金銀茶桶一，銀壺一，銀盞一，各色大緞五十疋，大小哈達各二十。班禪額爾德呢至熱河行在，初次瞻仰天顏，恭進伯勒克回。賞三十兩重金滿達一，三十兩重銀滿達一，玉鞍一副，金座瓷把盌一，金水壺一，金盒一，金碟一，金香爐一遵。旨加添玻璃盌十，玻璃盤十，玻璃瓶十，瓷盌十，瓷盤十，瓷瓶十，哈達五百。初次萬樹園筵宴，賞嵌東珠斗篷等衣一，分雕鞍一，副哈達二十，金五百兩，銀一萬兩，各色大緞五十疋，玻璃盌十，玻璃盤十，玻璃瓶十。隨從班禪徒衆入宴者十五名，每名賞大錁子三個，錦二疋，漳絨二疋，玻璃器四，瓷器四。二次萬樹園筵宴。

《清仁宗實録》卷二七九〔嘉慶十八年十一月下戊子〕諭內閣：那彥成等奏：官兵截勦輝縣竄匪，全數殄滅，殲斃逆首李文成及賊首劉幗明一摺，所辦可嘉之至。本年九月十五日之事，逆首林清與李文成二人，內外勾結，約定同日起事，適李文成在原籍滑縣，強克捷訪拏刑訊，其黨與見事已敗露，不能待九月十五日之期，即劫獄戕官，揭竿倡亂。林清在京謀逆，外援不至，迅就捕誅。而李文成在豫省指揮逆黨，四出焚劫，直隸長垣東明、山東定陶曹縣等處，同時蜂起，戕害生靈。經朕簡派領兵大員，調集數萬官兵，會同勦捕，該逆李文成潛伏滑城，見官兵連獲勝仗，於未經合圍之先，賊黨劉幗明等乘夜將該逆擁護出城，另糾夥衆數千人，由封邱延津修武竄至輝縣，希圖入山奔逸。若使遂其奸謀，則滋蔓難圖，朕之良民受其荼毒者，又不知幾千萬人。正在廑念，適朕前派之吉林黑龍江馬隊官兵，星馳到豫，那彥成等派令德寧阿、色爾袞帶領遄追，又有楊芳、特依順保二人管帶蘭州固原勁兵前往合勦，追至輝縣司寨山中，殲戮賊匪二千餘人，首逆李文成率同賊目劉幗明等數百人，負嵎死守。本日接那彥成六百里加緊奏報，德寧阿楊芳等統率滿漢官兵奮力攻擊，不避鎗石，拆毀寨牆，一擁而登，生擒賊匪二百餘名。李文成避入樓房，楊芳、特依順保、色爾袞、德寧阿率衆直入，該逆等無可逃避，劉幗明自稱其名，持刀躍出，被官兵用鎗擊斃，李文成亦對衆稱名，舉火自焚，經官兵搶出，業已壓斃，查驗屍身，刑傷痕跡顯然。其餘賊目及從逆夥黨五六百名，全行殲戮，並無一名漏網，實足以彰國憲而快人心。該將領及滿漢官兵等，倍常奮勇，宜加優獎。色爾袞、德寧阿著加恩，各賞加都統銜，楊芳、特依順保著加恩，各賞加提督銜，即先換一品頂帶，該四員仍俱賞給雲騎尉世職。其本有世職者，准其再兼一雲騎尉。乾清門三等侍衛伊勒通阿，身受六傷，賈勇力戰，著加恩，超升爲乾清門頭等侍衛，仍賞給勁勇巴圖魯名號，再加賞四喜玉搬指一個，花大荷包一對，小荷包二個。又發去玉柄小刀十把，砝碼翎管十個，瓷翎管十個，瓷搬指套十個，分賞出力官弁。一兩重銀錁二百個，五錢重銀錁二百個，一兩重銀牌一百面，五錢重銀牌一百面，分賞出力兵丁。仍著那彥成等，秉公查明官弁兵丁內奮勇出力、應行獎擢者，據實保奏，候朕施恩。陣亡之吉林委參領福林德，著加等照參領例賜卹。逆首李文成，著於剉屍後傳首河南、直隸、山東滋事地方示衆。劉幗明，亦著剉屍梟示。其餘擒獲賊目韓得衆等，審明即於該處正法。此股竄匪洗蕩淨盡，殲厥渠魁，滑城長圍已合，餘賊聞風喪膽，著那彥成等迅速進攻，佇俟捷音，再加懋賞。將此通諭中外知之。」

《清仁宗實録》卷三七〔嘉慶四年正月上〕甲戌，申禁呈進貢物，諭內閣：朕恭閲皇考硃筆，有嚴禁內外大臣呈進貢物諭旨二道，聖訓煌煌，垂誡至爲明切。夫貢之爲義，始於《禹貢》，原指任土作貢而言，並非崇尚珍奇，所謂不貴異物賤用物也。我皇考頒諭飭禁，至再至三，祇因和珅攬權納賄，凡遇外省督撫等呈進物件，准遞與否，必須先向和珅關白，伊即擅自准駁，明示有權。而督撫等所進貢物，在皇考不過賞收一二件，其餘盡入和珅私宅，是以我皇考雖屢經禁止，仍未杜絶。試思外省備辦玉銅瓷書畫插屏掛屏等件，豈皆出自己資，必下而取之州縣，而州縣又必取之百姓，稍不足數，敲撲隨之，以閭閻有限之脂膏，供官吏無窮之朘削，民何以堪。況此等古玩，飢不可食，寒不可衣，真糞土之不若，而以奇貨視之可乎。國家百數十年來，昇平昌阜，財賦豐盈，內府所存陳設物件，充牣駢羅，現在幾於無可收貯之處。且所貢之物，斷不勝於大內所藏，即或較勝，朕視之直如糞土也。朕之所寶者，惟在時和年豐，民物康阜，得賢才以分理庶政，方爲國家至寶耳。至應進土貢，原爲日用所必需，如吉林、黑龍江將軍每年所進貂皮、東珠、人葠，係該處所産之物，其他如川廣之藥材，九江之瓷器，江浙之綢緞，及徽墨、湖筆、牋紙、茶葉、瓜果等項，原不外任土作貢之義，仍准按例呈進。所有如意玉銅、瓷書畫、掛屏、插屏等物，嗣後概不許呈進。至在京王公大臣每年所得分例，尚不能敷當差之用，豈有餘資，亦不許呈進貢物。若內廷翰林所録御製詩文冊頁及自作書畫等件，尚可呈進，斷不許增入古玩。至各省鹽政織造關差等，並無地方理民之責，其應交盈餘銀兩，現令户部查明，方擬酌減，伊等辦公更可裕如，應進貢物，准其照例呈進。再年節王公大臣督撫等所進如意，取兆吉祥，殊覺無謂，諸臣以爲如意，而朕觀之，轉不如意也，亦著一併禁止。經朕此次嚴諭之後，諸臣等有將所禁之物呈進者，即以違制論，決不稍貸，特此明白宣示，通諭中外知之。

王昶等《〔嘉慶〕直隸太倉州志》卷五九《雜綴紀事》 《金鴻縣志》云：萬曆末年景德鎮窑化一瓷牀，極精巧。守土者擬入貢，時王在晉爲江右藩長，命舁之至，立碎之，衆大駭。公曰：「此偶爾幻化，非假人工。今入貢，異日再徵，何以爲繼？且非常之物近怪，不毁何爲。」衆乃服。

周壽昌《思益堂日札》卷四《成哲親王五十歲賜壽物單》 嘉慶六年二月初六日臣永瑆五十生辰，上賜御筆匾一面，御筆對聯一副，御製詩挂屏一張，無量壽佛九尊，瓷像。金番字經一部，五彩瓷七珍八寶一分，五彩瓷輪一對，銀曼達一件，藏香九束，薰貂帽一頂，珊瑚朝珠一盤，青金石佛頭，松石記念，碧霞砒背雲大小墜角。石青段繡金龍貂皮補褂一件，金黃段繡金龍貂皮蟒袍一件，隨月白紬綿襖。石青段白狐膁皮褂一件，醬色二則段白狐膁皮袍一件，隨月白紬綿襖。石青段銀鼠皮褂一件，藍二則段銀鼠皮袍一件，隨月白紬綿襖。石青段織金龍綿補褂一件，金黃段織金龍綿蟒袍一件，隨月白紬袷襖。石青段綿褂二件，醬色段綿袍一件，隨月白紬袷襖。藍段綿袍一件，隨月白紬袷襖。石青紗繡金龍袷補褂一件，金黃紗繡金龍袷蟒袍一件，隨紡絲衫。石青紗袷褂二件，醬色紗袷袍一件，隨紡絲衫。藍紗袷袍一件。隨紡絲衫。金如意九柄，元寶二十七錠，鑲玉竹嵌玻璃如意九柄，玉壽生一件，玉硯屏一件。玉鑪一件，玉連環蓋卣一件，玉蟠螭三喜花插一件，玉四環蕉葉瓶一件，玉出戟方瓶一件，玉卮一件，玉四螭杯一件，五彩瓷壽星一件，定窑鑪一件，汝窑蟠桃洗一件，哥窑蔡花瓶一件，冬青釉觚一件，均窑大吉瓶一件，宣窑龍紋把盌一件，成窑青花鋬壺一件，成窑紫花雙管瓶一件。雕漆圓盒一對，雕漆海棠盒一對，雕漆方盒一件，雕漆筆筒一對，雕漆茶盤二件，玻璃插瓶二對，嵌玉插屏一對，嵌鸂鶒木插屏一對，嵌玉挂屏三對，緙絲挂屏一對，納紗挂屏一對。吴鎮墨竹一軸，申時行書天池詩一軸，陸治秋山攜杖一軸，婁堅自書詩一軸，文伯仁草芝堂圖一軸，陳道復杏林春燕一軸，周道行歲朝圖一軸，陳鶴花卉一軸，吴歷溪山無盡一軸。錦九匹，石青一，金黃一，藍二，緑五。片金九匹，石青二，紅三，藍四。上用段九匹，石青四，醬色二，藍二，駝色一。官用段九匹，醬色四，藍三，香色二。大捲寧紬九匹，石青四，醬色三，灰色二。小捲寧紬九匹，石青五，醬色一，藍二，灰色一。春紬九匹，縐紬九匹，綾九匹，紡絲九匹。

右爲成哲親王五十　賜壽物單也。王自用白摺紙小楷書之，書仿率更體極工緻，徐叔鴻户部樹鈞裝潢成卷，予借録出。當時仁廟友于之愛，國家承平物力之豐阜，俱可想見。又案：朝廷賜壽，必年届六十，惟滿大臣不論。近日漢大臣五十得賜壽者，同治朝前雲貴總督劉嶽昭藎臣、光緒朝工部尚書翁同龢叔平，皆異數。

周壽昌《思益堂日札》卷四《和相籍没》 乾隆末，和珅當國，貪横無比，睿廟新政，暴其罪，籍没之，天下稱快。其家藏寶物，有内廷所無者。嘗見其籍没單一紙，録之：

正屋十三進七百三十間，東屋七進三百六十間，西屋七進三百五十間。欽賜花園一所，亭屋二十座。新添十六座圍式一所，新屋六百二十間。花園一所，亭屋六十四座。私設檔子房一所，七百三十間。銀號十處，本銀六十萬兩。當鋪七處，本銀八十萬兩。赤金，四萬八千兩。元寶銀，五萬五千六百個。鏡錁銀，五千三百八十萬個。蘇錁銀，三百一十五萬個。番錢，五萬八千元。制錢，一百五十萬串。玉鼎三座，高三尺五寸又十三座。玉如意，一百三十柄。鑲玉如意，一千六百零一柄。玉碗，十三卓。銀碗，七十卓。金鐘，十二座。玉磬八十面。玉觀音，一尊高六尺三寸。玉鼻煙壺，二十四對。玉盤八十面，玉佛，一尊高六尺三寸。玉圍屏一座，二十四扇。玉卓屏，三十座。大小玉碗，九十三架，不計件。龍眼大珠，十枚。金珠手串，二百三十挂。英紅寶石，十塊重二十八斤。小英紅寶石，四十塊。黃藍寶石，四十塊。珊瑚樹，七枝高三尺六寸。珊瑚頂，八一枚。紅寶石頂金盤，八十枚。縷金八寶牀，四座。縷金八寶屏，十架。縷金八寶鑪，二十架。大自鳴鐘，十架。卓鐘，三百架。小自鳴鐘，一百五十六架。洋表，八十件。金鑲筯，二百副。銀唾盂，一百八十個。金杯匙，六十個。金砝碼，四十個。銀砝碼，八十個。銀杯匙，三百八十副。古銅鼎，十三座。漢鼎，一座。古銅瓶，三十一個。寶石硯，十方。古銅梅表，共二十三副。端硯，七百餘方。古劍，二柄。皮服，一千三百件。綿夾單紗衣服，共五千六百二十四件。冬帽箱，十三個，計帽五十四頂。各韡箱六百個，計一百二十四雙。綢段庫，十三批，共計一萬四千副。瓷器庫，二十批，九萬六千百餘件。洋貨庫，大呢八百板，五色呢四百餘板，羽毛六百板，五色嗶嘰二千餘板。銅錫庫，六百批，三十六萬九千三百餘件。珍饈庫，共三十六批。皮張庫，六十批，玄狐五十張，白狐五百張，白貂五十張，紫貂八百張，其餘粗細五萬六千百餘張。應用庫，内紫檀、琉璃各物共九千四百五十餘件。内用庫，金銀珠寶，花飾簪鐲共二萬八千百餘件。文房庫，二十三批，不計件。方地八千頃。

案趙甌北《感事》詩云「聞道鈐山簿録時，世間無此擁高貲。窖金已錮藏金塹，琢玉兼裝浴玉池」，則更有出於此録外者矣。又有詩題云：「連日大僚多暴亡，相傳失奥援，懼株累也。」趙當時目擊，傳必不虚。

《清宣宗實録》卷三四〇〔道光二十年十月乙丑〕諭軍機大臣等：「有人奏湖北候補知縣楚鏞創造刑具，名曰飛禽椅，墊以沙石瓷鋒，跪人於上而架其兩膀，瓷鋒壓入膝蓋，勒取供招。該員訊鞫之犯，解至臬司，往往翻異，雖駁令再審，而因傷身死者已累累相望。且豫取該犯病結，使屍親無可如何等語。州縣爲親民之官，遇有案件自應細心研鞫，務得實情。若濫用非刑，勒逼供吐，三木之下，何求不得。著吴其濬等詳細訪查，如果有各項違例刑具及濫用非刑等事，即一面將該員提訊，一面據實奏聞，毋稍徇隱，將此諭令知之。」

《清宣宗實録》卷三四八〔道光二十一年三月辛卯〕又諭：「裕謙奏，查明夷船遊奕情形，並鑄炮籌備火藥各一摺，覽奏均悉。該夷船未經全出浙境，甚屬叵測，現在定海兵力甚厚，昨又降旨，飭令裕謙駐劄定海，督兵防守，著仍遵前旨，嚴密防範，毋稍疏虞。所有鑄炮及籌備加工火藥，均著照所議辦理，惟製炮在於適用，儻斤兩過重，取料未能純净，鎔鑄未盡得宜，恐一經轟擊，易於炸裂，轉致害事。著該大臣督工選造，認真講求。至火藥爲行軍要需，著即飭劉韻珂多爲豫備，務期如法配合，加工舂煉，勿使有名無實。朕聞暎夷前在定海，曾向伊里布索取瓷器，追經送去，該夷因不合意退還。又伊里布與暎夷有無往來通信，及私相饋送之事，著裕謙密查，據實具奏，不可隱瞞，代人受過。至另片奏，周開麒已赴定海等語，昨曾降旨飭令該大臣查明該藩司是否辦公得力，據實具奏，俟奏到，再降諭旨。本日楊芳具奏摺片三件，鈔給閲看，將此由六百里諭令知之。」

《清文宗實録》卷一二九〔咸豐四年五月己亥〕緩江西九江關瓷貢。

《清穆宗實録》卷一三〔咸豐十一年十二月戊辰〕諭内閣：「綿森、春佑奏：遵旨會勘避暑山莊工程，覈實銷算，並綿森查明各處陳設各一摺。熱河園庭工程，現據綿森等估算，應銷銀二十一萬一百十兩，計溢領銀五萬四千六百四十兩，著刑部會同内務府嚴訊明確，照數著追。該商劉元魁前在刑部供稱熱河廠内，尚存銀四萬餘兩，何以該商夥傳炳南等僅繳出八千五百五十兩，覈其帳目諸多牽混，恐有暗通信息，冒開隱匿情事。商夥傳炳南、沈四、劉永福、崔大均著解交刑部歸案審辦，毓泰於認修工程銀兩並不交出，輒託商人劉元魁代墊，直至該大臣等查算時，始行供出。並擅將園内收存瓷器三十餘件，借給肅順使用，又不即時追回，亦未於查訊之前據實聲明，顯有蒙混隱飾情事。毓泰著即革職，著春佑派員押解來京，交刑部質訊。前任熱河副總管鍾英隨同毓泰，將所存瓷器交給肅順借用，於查訊之先亦未聲明，均屬疏忽，鍾英著即解任，聽候傳質。」

《清德宗實録》卷三五二〔光緒二十年十月下甲午〕又諭：「本月恭逢慈禧端佑康頤昭豫莊誠壽恭欽獻崇熙皇太后六旬萬壽，各國使臣齎遞慶賀國書，和好益敦，雍容成禮，朕心實深欣悦。所有俄國使臣喀希呢，英國使臣歐格訥，著各頒給大卷江紬二疋，大卷庫緞二疋，瓷器二件，荷包一匣。美國使臣田貝，德國使臣紳珂，法國使臣施阿蘭，瑞國使臣柏固，義國使臣巴爾迪，均著頒給二等第一寶星。比國使臣陸彌業，日國署使臣梁威理，和國使臣費果蓀，均著頒給二等第二寶星，以示優待。」

《清德宗實録》卷三七七〔光緒二十一年十月癸酉〕又諭：「巡視東城御史文博等奏：拏獲偷盜内府瓷器賊犯，並買贓人犯，請交刑部審辦一摺。所有拏獲之賊犯孟順兒、劉墨林、胡明海等，三名買贓人犯吕得山、段二、張繼堂等，三名均著交刑部嚴行審訊。在逃之怯李四王姓等犯，仍著嚴拏務獲，送部究辦。瓷庫屢被偷竊，該管司員等漫無覺察，著總管内務府大臣查明，嚴行參辦。並著刑部將偷竊日期，知照前鋒護軍統領等，查明直班官兵，分别參辦。」

《清德宗實録》卷三八一〔光緒二十一年十二月上己巳〕又諭：「御史王鵬運奏：盗竊瓷庫案内要犯崇古山房鋪夥樊姓，攜贓遠颺，迄今未獲，外間傳説該鋪爲總管内務府大臣立山所開，樊姓蹤迹與所買庫瓷運販何處，該大臣不容不知，請飭指拏到案，以成信讞等語。著立山明白回奏。尋奏：該鋪不知何人所開，鋪夥遠颺，更難確指，報聞。」

《清德宗實録》卷三八一〔光緒二十一年十二月上辛未〕又諭：「所有盗竊瓷庫案内之崇古山房鋪夥樊姓一犯，著步軍統領衙門嚴拏務獲，送交刑部究辦。」

《清德宗實録》卷三八五〔光緒二十二年二月上戊辰〕署兩江總督張之洞奏：江西紳商稟請創辦内河小輪、西式瓷器、蠶桑學堂以擴商務，下所司議。尋總理各國事務衙門奏：該省紳商所請創辦内河小輪一節，事屬可行，應准開辦，其如何併卡收釐之處，由江西撫臣酌定辦理，至仿照外國瓷器及開設蠶桑學堂新出繭絲銷運出口，應准暫免釐税三年，俟銷路既廣，再行酌量徵收。從之。

《清德宗實録》卷五三三〔光緒三十年七月乙未〕皇太后懿旨：「户部奏内務府傳辦九江關瓷器一摺，當時局多艱，財用匱乏，本年萬壽慶典，業經降旨不准鋪張，所有傳辦瓷器，著即停止。」

《清德宗實録》卷五七二 〔光緒三十三年四月丁丑〕兩江總督端方奏：候選道曾鑄等集股設立江西景德鎮商辦瓷業公司，用機器仿造外瓷，請予立案，下所司知之。

《清德宗實録》卷五七三 〔光緒三十三年五月上甲午〕東陵大臣載瀛等奏：查明陵道樹蟲輕重情形，飭屬拶拏。得旨：「著即認真捕拏，毋留餘孽。」又奏：裁撤石門工部窑户，原撥地租，留充學費，下部知之。

乾隆《大清會典則例》卷一三〇 〔雍正〕十三年題準，乾清宫應用琉璃瓦料黑鉛，令河南山西辦解，其各官應用瓦料黑鉛，由部令鋪户辦買，照時給價。

乾隆《大清會典則例》卷一三〇 〔康熙十年〕陶器：順治初年，定正定府曲陽縣歲徵瓷罈，折價並水脚銀一千一百四十兩六錢五分八釐，解部移送光禄寺。三年，定河南省歲解本色瓷罈六百，石磨一副，解部備用。八年，題準外解瓷罈改折召買。康熙三年，定錢糧歸并户部，如遇需用瓷罈等項，由部辦給。又定白口缸鰍、沿缸及地缸大小瓷盆，如遇各處取用，皆按口徑、身高、大小、尺寸，覈價買給。

乾隆《大清會典則例》卷一三〇 乾隆十七年議準，官車馬匹繫供木倉簾子庫運送物件之用，應照舊存留，應差其聽事，馬二匹，各部院皆無應。一例裁去，繳還馬價，停支草豆。並減餧馬人役一名，計額存車九兩，馬十有八匹，餧馬人役九名。

雜料價直。銅器大馬杓，口徑一尺，重一斤，銀三錢三分。小馬杓口徑五六寸，重八兩，銀一錢六分五釐。紅銅鍋，繫鐵口、耳環，每斤銀二錢三分。紅銅銚子，每斤銀三錢三分。銅滑車，拖轆，每斤銀二錢七分。大小銅法馬，每斤銀二錢七分。銅鎖重一斤，每把銀四錢，重十兩，銀二錢五分。重六兩，銀一錢五分，燭剪每把重二兩，銀五分。燭罐每個重六兩，銀一錢五分。匙長一尺，重四兩，每個銀一錢。炙硯重一斤三兩，每個銀四錢。角硯每個重四兩，銀一錢。紅銅帽頂重六錢，每個銀一分八釐。樺皮槍帽、銅托圓徑六寸六分，每個銀六分。銅火筯，長七寸，每副銀五分。打造熟銅器皿，銅本工料每斤銀三錢八分。鑄造銅器浄銅百斤，連工料，銀二十五兩六錢九釐。紅黄銅絲，每斤銀三錢八分。紅黄銅葉，每斤銀二錢三分。銅飾件，每斤銀二錢三分。小釘每百個銀一錢一分七釐。生銅每斤銀一錢八分。熟銅每斤銀二錢三分。白銅每斤銀一兩四錢。色不足者，按成遞減。鐵器扳沿鍋，口徑三尺四寸，每口銀二兩二錢九分五釐，口徑三尺，銀二兩二分五釐。口徑二尺四寸，銀一兩六錢二分，口徑二尺，銀一兩三錢五分。大西鐵鍋，口徑三尺五寸，銀一兩二錢二分五釐。口徑三尺，銀一兩五。銀六分三釐。鏨子每個重八兩，銀九分。鐵拍子每個銀四分五釐，鐵馬蹄每副銀一錢八釐。五毫馬蹄鋼刀重三斤，每把銀六錢三分。有鞘小刀長八寸，每把銀二錢七分。鐵犁鐵鏵各重三斤，每個銀九分。鐵剪每把銀四分五釐，鐵鍊每斤銀五分。生鐵每斤銀四釐。熟鐵每斤銀二分七釐。平常熟鐵每斤銀二分二釐五毫。打造鐵料，每百斤工料銀四兩五錢。鑄造鐵器如槍鈴。壽山、福海、細小物件，每百斤工料銀二兩。如二百斤以上鐵鼎、鐵鍋並鐵缸、牐槅、檻框，每百斤工料銀三兩五錢。高錫每斤銀二錢。碗錫每斤銀一錢八分。中等粗錫器皿，每斤銀一錢四分五釐。細錫器皿，每斤銀一錢八分。黑鉛每斤銀七分五釐。鑄造鉛子每百斤工料銀九兩二錢五分七釐。鑄造鉛炮子，每百斤工料銀八兩六錢二分七釐九毫三絲四忽七微。煤炸每斤銀二釐八毫。瓷器大，白口缸，高三尺一寸，口徑二尺八九寸，銀一兩五錢。大缸高二尺八寸，口徑二尺五寸，銀九錢。二號缸，口徑一尺八九寸，銀五錢四分。小缸口徑一尺二三寸，銀二錢七分。緑瓷盆，口徑二尺，每個銀四錢五分。大瓷盆，口徑一尺八九寸，銀一錢六分二釐。二號盆，口徑一尺四五寸，銀一錢。小盆，口徑一尺，銀四分。花瓷盆，徑七寸，銀七分。種花瓦盆，每個高徑各一尺二寸，銀九分。大瓷罈，高三尺五寸，圍圓七尺，口面九寸，銀七兩。小瓷罈，高一尺九寸，圍圓四尺，口面六寸，銀三兩。高一尺五寸，中徑一尺，每個銀三錢。有蓋瓷罈，高一尺三寸，每個銀二錢七分。砂罈每個銀一錢六分，瓷花缾高一尺，每對銀六錢，粗瓷缾，高六寸，每個銀五分四釐。花瓷罐，高二尺，徑九寸，每個銀九錢。高一尺五寸，每個銀三錢一分五釐。小花瓷罐，高一尺三寸，每個銀二錢七分。有耳瓷罐，每個銀五分四釐。化銅罐，每個徑二寸八分，高三寸七分，銀五分二釐。砂鍋每套計五個，銀一錢。大砂鍋徑八寸，銀二分五釐。砂銚徑四寸，每個銀一分三釐。網城每塊，線麻重一斤十兩，結網工銀九分。釘繩每條重一斤八兩，腰繩每條重二斤，榆木椿長二尺四寸，徑一寸八分，每個銀四分四釐九毫。駱駝氈屜，每副三塊，直屜長六尺，闊二尺，彎屜長六尺五寸，闊二尺，計四層，每副銀二兩九錢。稻草屜，每副二塊，銀九分。樺木板鞍，每副銀七錢二分。楊木板鞍，每副銀四錢九分五釐。榆木鞍架，長四尺，每副銀二錢五分，兑千兩天平架。銅盤、銅梁、鐵索全每架銀三兩，兑百兩天平架。銅盤、銅梁、銅索全每架銀一兩六錢，百斤至五百斤大秤，每杆銀八錢。十斤至五十斤小秤，每杆銀二錢五分。小盤秤每杆銀一錢五分。等子五十兩至百兩，每把銀五錢。十兩至三十兩，每把銀一錢八分。杉木斛連鐵料，每個銀九錢。斗每個銀三錢六分九釐，升每個銀一錢八釐。星每個銀九分九釐九毫。算盤每面銀一錢八分。裝千兩木鞘、鐵箍、鐵鍋全每個銀三錢七分五釐。竹席、葦箔、苗竹長二丈四尺，徑四寸，每根銀三錢。薰竹竿長二丈至二丈五尺，徑一寸五六分，每根銀四分。筀竹長二丈，徑寸二分，每根銀八分一釐。細竹竿，每根徑三分，銀一分五釐。岡竹，每根銀一錢五分。細紫竹，每根銀一錢，黄花竹，每根銀八分一釐。實心竹，每根銀七分。玉竹，每根銀一錢七分。花竿竹，徑五分長一丈三尺，每根銀一分九釐。有枝青竹，每根銀一錢。風阻竹，長二丈，徑一寸二分。每根銀六分五釐。薰竹篙，長丈七尺，每根銀二錢。纛竿長丈三尺，徑一寸八分，每根銀五分。小旗竿長八尺，徑七分，每根銀三分。葦席長九尺五寸至一丈，闊五尺，每領銀八分。長七尺五寸至八尺，闊四尺，每領銀六分。葦箔長一丈，闊五尺，每塊銀五分。長一丈，闊七尺，每塊銀七分。合紋細席，長闊一丈，每領銀六錢五分。雙紋粗席，長闊一丈，每領銀三錢六分。牀席長二丈五尺六寸，闊五尺七寸，每領銀四錢八分。南細竹席，見方六尺五寸，每領銀一兩三錢。竹席長六尺，闊四尺，每領銀四錢。仔細箔，見方一丈，銀三錢八分。麻繩、線麻，每斤銀六分。線麻繩每斤銀七分。細線麻繩每斤銀一錢六分。綵麻每斤銀一分六釐二毫。綵麻大繩、綮縛繩每斤銀二分一釐六毫。綵麻連二繩每斤銀二分二釐五毫。麻刀每斤銀一分五釐。紅黄線麻繩每斤銀八分，紅黄綵麻連二繩每斤銀二分七釐。綮縛繩每斤銀二分六釐。繩絡每個銀三分六釐。麻經每斤銀一分八釐。麻搭每把銀三分六釐。紅黄錢貫每斤銀五分。苧麻每斤銀一錢四分五釐八毫。苧麻線每斤銀五錢。鳥槍火繩長二丈，每條銀一分八釐。細椶繩每斤銀一錢二分。毛綆繩長四丈，每根銀二錢五分。席竿繩，運價丈席二百五十領一車，八尺席三百領一車，竹竿五百根一車，葦箔二百塊一車，繩一千三百斤一車。京城内每車給制錢二，百出城十里内給制錢三百，十里外照每里銀二分例算給。

來寶等《大清通禮》卷一四 右祭后土，司工迎吻祭窑神門神之禮，各遣官一人將事。豫日，工部官設壇於琉璃窑及迎吻所經之門，以織葦爲殿，圖繪結綵。祭日，五鼓和聲署設樂於各壇前，設導迎樂於窑門外，太常寺官具祝版。祝文翰林院隨事撰擬。設神位，陳羊豕、餅餌、果實、香帛、尊爵、鑪鐙，設洗。與祭司工儀同承祭官暨禮部太常寺有職事、工部内務府管工各官咸朝服簪花披紅，乃陳吻於窑前。和聲署樂作辭曰：和氣嘉祥應聖日，華耀明仰方泰紫。俯奠泰寧繚廓紘，瀛此惟表正食神。德蒙神慶享明禋，億萬齡。琉璃窑及各門辭同。太常寺贊禮郎引琉璃窑承祭官詣窑神位前行禮，引各門承祭官詣門神位前行禮，均與祭司工儀同，祭畢，導迎樂作辭曰：皇作宫殿，因地順天。如竹苞矣，美哉輪奂。鳥翼飛松，桷梴芋且。寧居萬年，鑾儀衛校。舁吻禮部太常寺官、前導承祭官從所經諸門，承祭官迎於門前，及工所管工官列班恭迎以入，俟安吻事竣，各退右迎吻祭窑神門神。

周家楣等《(光緒)順天府志》卷一〇 瓷庫在中左門外迆西之西，配房及武英殿前影壁後，連及内務府册。

周家楣等《(光緒)順天府志》卷一〇 瓷器庫在西華門内，武英殿之南。今古地理述二。

周家楣等《(光緒)順天府志》卷一三 瓷器庫非一内務府所屬瓷器庫在南池子東，地因以名。燕史内承運庫在東下馬門，職掌庫藏。在宫内者曰東裕庫、寶藏庫，謂之裏庫，其會極門、寶善門迆東一帶。及南城瓷器等庫，則謂之外庫。舊聞考緞疋庫，庫神廟東地名。瓷器庫，巷口石獅二。臨河巷有南北兩漢，内有黑琉璃瓦房，蓋即庫房未毁者。

周家楣等《(光緒)順天府志》卷一六 初寺有二松，金時舊植。東者可三四丈，有三層。西則僅高二丈，杖柯盤屈横斜，蔭數畝。其最修而壓地者，以數十紅架承之。移榻其下，梳風羃翠，一庭寒色，今久無存。新種三株，一枝斜出，仍有畫意。松前有門，通顧處士祠。道光癸卯，平定張穆建屋數楹，祀崑山顧炎武。後穆卒，同人亦坿祀其室，歲時舉行春秋二祭。荃孫與祭畢，即與諸友徘徊松下。清風謖謖，灑人襟袖，孫枝若此，愈令人慨想當年矣。又舊有毘盧閣三十六級，閣下通廊還行一週，俯視西山，若在襟袖，今亦圮。閣内祀有觀音，蓋窑變也。明神宗時李太后崇禮大士，欲得一瓷相奉之。舉念間景德鎮窑中諸器化一莊嚴法像，緑衣披體，晏坐支頤，兩膝低昂，左偃右植，手輪梵字，篆法宛然。獻之闕下，命供于寺。今瓷觀音奉於正殿之後北向，龕座周鐫高宗御製窑變觀音像記。又有海棠院海棠幹數圍，亦元時物，今已廢爲染衣之所。寺院册其殿庭之右恭立御製重修報國寺詩碑，對立者爲明成化御製碑。每月朔望及二十五日，舊有市。一統志其寺左有槐樓，一統志久廢。又左爲廣德寺，太監王勤爲僧德觀，請白金千兩修造。殿階東有匡山釋宗林碑，又寺西北隅有小報國寺。寺中有遼乾統三年石幢，今無考。《析津日記》。

周家楣等《〔光緒〕順天府志》卷七一　部郎趙公振紱於都市購得一瓷盞，紺色而有光，置案頭以代水中丞。公子輩戲以蓮實投之，逾夕，抽荷蓋如錢，異焉。戒勿動，信宿則出小菡萏數朵，次第開放，姿態亭亭，清芬滿座。久之花瓣褪落，結蓮房如豆，數日始萎。易以桃杏諸核，亦萌芽含秀，本粗於韭花葉，皆稱是，但不實耳。若梅菊之屬，隨意插植，彌月猶鮮，遂珍同拱璧。冬日偶插蠟梅一枝，爲冰所凝，劃然中裂，公扼腕累日。《秋燈叢話》十五。

沈家本等《〔光緒〕重修天津府志》卷二四《公廨》　天津衛中所燒造官窑五座。在馬家口左所燒造官窑五座。在馬家口右所燒造官窑五座。在西門外，三窑燒磚修城，基址猶存。

徐康《前塵夢影録》卷下　吴子苾先生所得紫泥封最多，不下數十百種。余昔在藝海瘦及吴冠英翁□兩處見過拓本。標按：近來此物出土不少，余藏有七枚，文皆極精。吴白華云：年希堯爲九江監督時，燒窑多倣尊罍古式，其色青名「雨過天青」。壬申、癸酉間，在九江唐榷使英幕，唐所造窑色亦精，著有《陶説》一卷，所載法頗備。按：希堯爲羹堯之弟。朱笠亭大令琰亦著《陶説》二册，鮑渌飲刊，仿袖珍式。

韓善徵《後蒙古紀事本末》卷下《烏巴錫返牧伊犂》　初和鄂爾勒克至額濟勒時，人户微，牲畜少。至烏巴錫嗣爲汗時，土爾扈特西徙，已閲七世，百七十有餘年矣。休養生息，户口日蕃，其隨烏巴錫居於額濟勒南岸者，四十六萬餘户，北岸所居數亦相當。當是時，俄羅斯察罕汗屢徵土爾扈特兵與鄰國戰，敗績，土爾扈特部衆死者七八萬人。察罕汗思雪其恥，復徵兵於土爾扈特。土爾扈特諸部落人人憂懼，烏巴錫計無所出。其自伊犂逃來之舍稜等，因説烏巴錫曰：「伊犂等處，舊居之綽羅斯特和碩特輝特，皆爲大清兵剿滅。萬里之地，空虚無人，可據而有也。」烏巴錫惑焉，遂與台吉喇嘛密議東徙，約定北岸所居人户，於河冰凍結後，同赴伊犂。舍稜言於衆曰：「察罕汗今又徵兵，令十六歲以上者，盡數赴敵，是欲殲滅土爾扈特之人也。」衆皆洶懼。烏巴錫乃集大小宰桑，諭以逃走伊犂之利。衆喜，皆爲遠行之計，時乾隆三十五年十月也。是歲冬温，河冰不凍。烏巴錫不能待河北人户，遂殺俄羅斯匠役千人及貿易人等，擒四十餘萬部衆東走。沿途劫掠，攻破俄羅斯城池四處。察罕汗聞之，使其濟納拉喇領兵數萬追襲。烏巴錫人衆已踰坑格勒圖剌而南，已入中國地界，濟納拉喇乃引兵還。烏巴錫既入中國，乃由巴爾噶什淖爾而進。其間經過之戈壁，五日行，雖有水泉，寸草不生，牲畜倒斃無算。行至青可斯察漢，哈薩克汗阿布賚及阿布勒必斯，阿布勒班畢特與之戰。又有台吉額勒里納拉里要劫之，相持二十餘日。向沙喇伯勒而進，至沙喇伯勒南界。布魯特聞之，人各喜躍相慶，聚集十餘萬騎，星飛雲擁。烏巴錫避入沙喇伯勒北界，而千餘里戈壁無滴水寸草。時際三月，天氣温煖，人皆取牛馬之血而飲。瘟疫大作，死者三十萬人，牲畜十存三四，經十餘日，狼狽逃去。而布魯特久候於戈壁之外，或前或後，或聚或散，日夜追殺搶奪，被劫之男婦子女牲畜什物，數倍於哈薩克。直至他木哈地，與大清内地卡倫相近，布魯特始斂兵退。烏巴錫至他木哈，所屬男婦大小，猶有二十七八萬口。大清伊犂將軍伊勒圖遣侍衛等至問來意，烏巴錫與其台吉喇嘛計議六七日，始定以投誠大清皇帝爲辭。時與烏巴錫同來之台吉策伯克多爾濟，先已遣格隆訥木庫巴勒珠爾宰桑集布贊等，赴將軍前請安，備陳投順之情。各委員等乃引烏巴錫謁見將軍，因獻玉器、自鳴時表、定宣窑瓷器、自來火鳥鎗、拉古爾木椀、金錢等物，并獻其先世所受明永樂八年漢篆封爵玉印一顆。於是伊勒圖先將其衆安置伊犂隙地，馳驛以其事上聞。先是高宗純皇帝聞土爾扈特將至，慮伊勒圖一人不能經理得宜，特命舒赫得前往視事，遵旨收撫安戢，所至如歸。

著録

永瑢等《四庫全書總目》卷七一　《島夷志略》一卷。浙江范懋柱家天一閣藏本。元汪大淵撰。大淵字焕章，南昌人。至正中，嘗附賈舶浮海越數十國，紀所聞見成此書。今以明馬觀《瀛涯勝覽》互勘，如觀所稱占城之人頂三山金花冠，衣皆紫綵帨，産伽南香、觀音竹、降真香之屬。爪哇之斷村、沽灘新村、蘇馬魯隘、港口諸處，風俗各異。又其國人有三等。其土産有白芝蔴、緑豆、蘇木金剛子、白檀、肉荳蔻、龜筒、玳瑁、紅緑鸚鵡之屬。舊港有火鷄、神鹿之屬。皆爲此書所未載。又所載《真臘風土記》亦僅十之四五。蓋殊方絶域，偶一維舟，斷不能周覽無遺。所見各殊，則所記各別，不足異也。至云爪哇即古闍婆，考《明史》明太祖時爪哇、闍婆二國竝來貢。其二國國王之名亦不同。大淵併而爲

一，則傳聞之誤矣。然諸史外國列傳，秉筆之人皆未嘗身歷其地。即趙汝适《諸

永瑢等《四庫全書總目》卷一二三 《韻石齋筆談》二卷。浙江鮑士恭家藏本。國朝姜紹書撰。紹書有《無聲詩史》，已著録。是書仿周密《雲煙過眼録》，記所見古器書畫及諸奇玩。惟密書以收藏之人標題，此書即以其物標題。密書但記其名，此書併詳其形模及諸家授受得失之始末，其體例小異耳。其《天成太極圖》一條，不過石中圓理偶爾黑白相間，遂執以駁朱子太極無形之説，殊爲迂謬。《延陵十字碑》一條，力辨孔子未嘗至吴之説，引後世書墓誌者不必皆至墓門爲證。然墓之建碑，自是漢以下事。越國數千里，乞人表墓，自是唐宋以下事。以例三代，殆恐不然。至其辨黄氏文王鼎附會《博古圖》，辨天啓甲子所得玉璽非秦物，辨河莊《淳化帖》爲宋人所重刊，非王著原摹。辨句容崇明寺藏經有宋元祐五年張暉、潘澤題名，無斗神幻書之事。辨宋徽宗《山居圖》董其昌誤以爲王維，辨宋藏經多仿蘇黄字體，非必二人真蹟，皆鑿然有理。其他亦多可資考證，猶近代説部之可觀者。其上卷《祕閣藏書》、《永樂大典》、《名賢著述》、《朝鮮人好》書四條，下卷《晚季音樂》、《白兔》、《沙雞》、《文臣玉帶》四條，雜説他事，於全書爲不類。蓋隨筆記録，偶失刊削。以原本所有，仍竝存之焉。

永瑢等《四庫全書總目》卷八二 《欽定皇朝禮器圖式》二十八卷。乾隆二十四年奉敕撰。乾隆三十一年又命廷臣重加校補，勒爲此編。凡分六類，一曰祭器，二曰儀器，三曰冠服，四曰樂器，五曰鹵簿，六曰武備。每器皆列圖於右，系説於左。詳其廣狹長短圍徑之度，金玉璣貝錦段之質，刻鏤繪畫組繡之制。以及品數之多寡，章采之等差，無不縷析條分，一一臚載。《考禮圖》世稱治始鄭元，而鄭志不載，蓋傳其學者爲之也。阮諶以後，踵而作者凡五家，聶崇義匯合爲一，而諸本盡佚。然諸家追述古制，大抵皆約略傳注之文，揣摩形似，多不免於失真。是編所述，則皆昭代典章，事事得諸目驗。故毫釐畢肖，分刌無譌。聖世鴻規，燦然明備。其中儀器、武備二類，舊皆别自爲書。今乃列之於禮器，與古例稍殊。然周代眡祲、保章、馮相所職皆天象，而隸於春官。禮有五目，軍禮居三，而所謂前朱雀而後元武，左青龍而右白虎，招摇在上，急繕其怒者，戰陳之令乃載於曲禮。蓋禮者理也，其義至大。其所包者亦至廣故凡有制而不可越者皆謂之禮。《周官》所述皆政典，而兼得周禮之名，蓋由於此。今以儀器、武備併歸禮器，正三代之古義，未可以不類疑也。若夫酌古宜今之精意，奉天法祖之鴻規，具見御製序文之中。尤萬世臣民所宜遵道遵路者矣。

唐英《陶人心語》卷六《重修浮梁縣志序》 浮梁江右，饒郡之屬邑也。邑侯沈君重修邑之志，乘迄成，請叙于余，蓋以余嘗有事於陶，歷兹土者久，風俗人情能一一道之也。顧余何知，知陶而已。陶之業，陶之人，以迄陶中所有之事，幾皆半于浮。則一言陶而浮之風土人情，未始不可以概知耳。憶余自雍正六年奉督陶之命，駐節邑之景德鎮，鎮去縣治三十里，其人居之稠密，商賈之喧闐，市井之錯綜，物類之薈萃，幾與通都大邑等。及按之從前《邑志》所載，山川、風俗、文章、宦蹟猶若可稽，獨於陶不曰賦役繁興，則曰誅求無已；不曰藏奸納污，則曰逃亡逋竄。若陶有甚不利于浮者，豈志載之不足徵與，抑何殊於所見之甚也。因進父老而深究其故，始知前明遺官督造，間及中涓擅威福、張聲勢，以魚肉斯民。一逢巨作，功不易成，致重臣數臨，郵驛騷動，令疲于奔走，民苦於箠楚，卒之大耗帑藏之金，重困閭閻之力，而于巨作迄無成。遂使饒郡數邑供應不遑，而浮邑之吏民更不堪命，是害在陶而實在浮矣。迨我朝定鼎，深悉浮邑之苦，盡革前明之弊，陶業稍復，而邑治稍安。既復爲逆氛所擾，致是邑之户口蓋藏盡墟于兵燹，此康熙十二年以迄十六年事也，至今相距又復六十餘年。列聖之德政所垂，休養生息，而浮之爲浮，遂得有今日。余始信從前志載爲非誣，而所見之全盛有由也。獨惜聖朝滋培之厚，是邑富庶之休，尚未臚于志，乘爲闕如耳。維時沈侯亦初下車，方極意釐剔，以上副郅隆之治。未暇遽及於此，而余復固陋無文，且職不在是，惟鑒前此董理陶事者之失，冰兢自持，勸懲並用，雖歲糜帑項幾及萬金，而所得之大小瓷器，則歲亦不下數十萬件。間有巨作，亦從未驚擾民間，而器卒以成。計躬親其事者八載，幸而工輯民安，陶所無事，固不能于沈侯之政治有所補益，而未嘗以陶務于司土民生，波及秋毫。至于胼胝督理之餘，就耳目所及，勉思所以，推廣朝廷德志，蠲助婚喪，施予棺槥。俾鎮之人在而相忘、去而見思者，實賴侯左右之力居多。今雖仍領陶務而榷淮榷潯，去邑鎮者越五年，間一過之，見其物阜民安之象較前更勝，則沈侯實心實政，有以致之也。兹侯且以卓薦入覲，其推擢有日矣。猶復以重修《邑志》爲己任，而于陶務三致意焉，亦欲使後之君子一按《邑志》，務因陶之利，杜陶之害，以奠安斯民於億萬年耳。獨以余之所有事者，詳言以復諸侯。

唐英《陶人心語》卷六《瓷務事宜示諭稿序》 予于雍正六年奉差督陶江右，陶固細事，但爲有生所未經見，而物料火候，與五行丹汞同，其功兼之，摹古酌今，侈弃崇庳之式，茫然不曉，日唯諾于工匠之意旨。惴惴焉，惟辱命誤公，之是

懼用。杜門謝交游，聚精會神，苦心竭力，與工匠同其食息者三年。抵九年辛亥，于物料火候、生尅變化之理，雖不敢謂全知，頗有得于抽添變通之道。向之唯諾于工匠意旨者，今可出其意旨，以唯諾夫工匠矣。因於泥土、釉料、坯胎、窑火諸務，研究探討，往往得心應手，至于賞勤儆怠、矜老恤孤、與夫醫藥、棺槥拯災、濟患之事，則又仰體皇仁，寓賑貸於造作中之至意，此微末小臣盡力宣勞之職也。更歷五寒暑，器不苦窳，人不憚勞，迄雍正十三年計費帑金數萬兩，製進圓琢等器不下三四十萬件，其間倖免糜帑誤公之咎者。上沐聖明之寬恤，下矢駑駘之心耳。茲于今上龍飛之乾隆元年，承命榷淮陶務告竣，爰將歷年來事宜示諭諸稿，除散軼外檢其存者，彙繕成帙，以志九載辦理之梗概。緣以良工心苦，慘澹經營，並未扑責一人，貽誤一事，卒之陶務得以有成者，實非偶然。使後之董是役者，或有所採擇，未必不備竹頭、木屑之用，至於吾之子孫，尤宜什襲藏之，不惟識此胼胝九載之心，且堪備異日奴畊婢織之問，未可知也。

楊振綱《景德鎮陶歌·跋》 官歌定州宣成之窑盛傳，前代尚矣。今但視爲古玩，不適民用。國朝景德一鎮，業陶中外，咸資爲用。陶之利亦普矣哉！先生格物窮理於陶業一端，悉其原委，著爲詩歌。使人皆知窑瓷攻苦不易，并得於備物致用時，隨處可以見道。真有陶鎔一世、模範千古之思矣。即以之並陶正之官，補陶經之缺可也。歌云乎哉！道光四年甲申 小陽月 成都楊振綱立之甫謹誌

藝文

陳元龍《歷代賦彙》卷一〇〇鄒陽《酒賦》 清者爲酒，濁者爲醴。清者聖明，濁者頑騃。皆麴湒丘之麥，釀野田之米。倉風莫預，方金未啓。嗟同物而異味，歎殊才而共侍。流光醳醳，甘滋泥泥。醪醴既成，緑瓷既啓，且筐且漉，載篘載齊。庶民以爲歡，君子以爲禮。其品類，則沙洛渌酃，程鄉若下，高公之清，關中白薄，清渚縈停。凝醳醇酎，千日一醒。哲王臨國，綽矣多暇。召皤皤之臣，聚肅肅之賓。安廣坐，列雕屏。綃綺爲席，犀璩爲鎮。曳長裾，飛廣袖。奮長纓，英偉之士，莞爾而即之。君王憑玉几，倚玉屏。舉手一勢，四座之士，皆若餔梁焉。乃縱酒作倡，傾盌覆觴。右曰宮申，旁亦徵揚。樂只之深，不狂[不吳]。於是錫名餌，祛夕醉，遺朝酲。吾君壽億萬歲，常與日月争光。

陳元龍《歷代賦彙》卷九三潘岳《笙賦》 河汾之寶，有曲沃之懸匏焉。鄒魯之珍，有汶陽之孤篠焉。若迺綿蔓紛敷之麗，浸潤靈液之滋，隅隈夷險之勢，禽鳥翔集之嬉，固衆作者之所詳，余可得而略之也。徒觀其制器也，則審洪纖，面短長，剫生幹，裁熟簧。設宮分羽，經徵列商。泄之反謐，厭焉迺揚。管攢羅而表列，音要妙而含清。各守一以司應，統大魁以爲笙。基黄鍾以舉韻，望儀鳳以擢形。寫皇翼以插羽，摹鸞音以厲聲。如鳥斯企，翾翾歧歧。明珠在咮，若銜若垂。修檛内辟，餘簫外逶。駢田獵攦，鉀鯀參差。於是迺有始泰終約，前榮後悴。激憤於今賤，永懷乎故貴。衆滿堂而飲酒，獨向隅而掩淚。援鳴笙而將吹，先嗢噦以理氣。初雍容以安暇，中拂鬱以怫惆。終嵬峨以蹇諤，又颯還而繁沸。罔浪孟以惆悵，若欲絶而復肆。懰憀纙以奔邀，似將放而中匱。愀愴測減，虺韡煜熠。汎淫汜豔，霅燁岌岌。或案衍夷靡，或竦勇剽急，或既往不返，或已出復入。徘徊布濩，涣衍葺襲。舞既蹈而中輟，節將撫而弗及。樂聲發而盡室歡，悲音奏而列坐泣。播纖翮以震幽簧，越上筩而通下管。應吹噏以往來，隨抑揚以虛滿。勃慷慨以憀亮，顧躊躇以舒緩。輟《張女》之哀彈，流《廣陵》之名散。詠園桃之天天，歌棗下之纂纂。歌曰：「棗下纂纂，朱實離離。宛其落矣，化爲枯枝。人生不能行樂，死何以虛謚爲！」爾迺引飛龍，鳴鵾雞，雙鴻翔，白鶴飛。子喬輕舉，明君懷歸。荆王喟其長吟，楚妃歎而增悲。夫其悽唳辛酸，嚶嚶關關，若離鴻之鳴子也；含啁嘽諧，雍雍喈喈，若羣雛之從母也。郁捋劫悟，泓宏融裔，哇咬嘲唽，壹何察惠。訣厲悄切，又何磬折。若夫時陽初暖，臨川送離。酒酣徒擾，樂闋日移。疏客始闌，主人微疲。弛絃韜籥，徹壎屏篪。爾乃促中筵，攜友生，解嚴顔，擢幽情。披黄包以授甘，傾縹瓷以酌醽。光歧儼其偕列，雙鳳嘈以和鳴。晉野悚而投琴，況齊瑟與秦箏。新聲變曲，奇韻横逸。縈纏歌鼓，網羅鍾律。爛熠爚以放艷，鬱蓬勃以氣出。秋風詠於燕路，天光重乎朝日。大不踰宮，細不過羽。唱發章夏，導揚韶武。協和陳宋，混一齊楚。邇不逼而遠無攜，聲成文而節有叙。彼政有失得，而化以醇薄。樂所以移風於善，亦所以易俗於惡。故絲竹之器未改，而桑濮之流已作。惟簧也，能研羣聲之清；惟笙也，能總衆清之林。衛無所措其邪，鄭無所容其淫。非天下之和樂，不易之德音，其孰能與於此乎。

顔真卿《顔魯公文集》卷一五《五言月夜啜茶聯句》 泛花邀坐客，代飲引情

言。〔陸士修〕醒酒宜華席，留僧想獨園。〔蔦〕不須攀月桂，何假樹庭萱。〔蕚〕御史秋風勁，尚書北斗尊。〔崔萬〕流華净肌骨，疏瀹滌心原。〔真卿〕不似春醪醉，何辭緑菽繁。〔書〕素瓷傳静夜，芳氣滿閑軒。〔士修〕

郭知達《九家集注杜詩》杜甫《又於韋處乞大邑瓷盌》 大邑燒瓷輕且堅，扣如哀玉一作「寒」錦城傳。君家白盌勝霜雪，急送茅齋也可憐。趙云：大邑卭州屬縣，出瓷器，今猶然也。「哀玉」一作「寒玉」，非。

釋皎然《杼山集》卷七《飲茶歌誚崔石使君》 越人遺我剡溪茗，採得金芽爨金鼎。素瓷雪色縹沫香，何似諸仙瓊蘂漿。一飲滌昏寐，情來朗爽滿天地。再飲清我神，忽如飛雨灑輕塵。三飲便得道，何須苦心破煩惱。此物清高世莫知，世人飲酒多自欺。愁看畢卓甕間夜，笑向陶潛籬下時。崔侯啜之意不已，狂歌一曲驚人耳。孰知茶道全爾真，唯有丹邱得如此。

《全唐文》卷五二八顧況《茶賦》 稽天地之不平兮，蘭何爲兮早秀，菊何爲兮遲榮。皇天既孕此靈物兮，厚地復糅之而萌。惜下國之偏多，嗟上林之不生。至如羅玳筵，展瑶席，凝藻思，開靈液，賜名臣，留上客。谷鶯囀，宫女嚬。汎濃華，漱芳津。出恒品，先衆珍。君門九重，聖壽萬春。此茶上達於天子也。滋飯蔬之精素，攻肉食之羶膩，發當暑之清吟，滌通宵之昏寐。杏樹桃花之深洞，竹林草堂之古寺。乘槎海上來，飛錫雲中至。此茶下被於幽人也。《雅》曰：「不知我者，謂我何求。」可憐翠澗陰，中有碧泉流。舒鐵如金之鼎，越泥似玉之甌。輕煙細沫靄然浮，爽氣淡煙風雨秋。夢裏還錢，懷中贈橘，雖神祕而焉求。

王安石《唐百家詩選》卷一四劉言史《與孟郊洛北野泉上煎茶》 粉細越笋牙，野煎寒谿濱。恐乖靈草性，觸事皆手親。敲石取鮮火，撇泉避腥鱗。熒熒爨風鐺，拾得墜巢薪。潔色既爽别，浮氳亦殷勤。以兹委曲静，求得正味真。宛如摘山時，自歠指下春。湘瓷泛輕花，滌盡昏渴神。此遊愜醒趣，可以話高人。

《全唐詩》卷三八〇孟郊《憑周況先輩於朝賢乞茶》 道意勿乏味，心緒病無悰。蒙茗玉花盡，越甌荷葉空。錦水有鮮色，蜀山饒芳藂。雲根纔翦緑，印縫已霏紅。曾向貴人得，最將詩叟同。幸爲乞寄來，救此病一作窮劣躬。

祝穆《古今事文類聚續集》卷一二劉禹錫《石園蘭若試茶歌》 山僧後檐茶數叢，春來映竹抽新茸。宛然爲客振衣起，自傍芳叢摘鷹觜。斯須炒成滿室香，便酌砌下金沙水。驟雨松聲入鼎來，白雲滿椀花徘徊。悠揚噴鼻宿醒散，清峭徹骨煩衿開。陽崖陰嶺各殊氣，未若竹下莓苔地。炎帝雖嘗未解煎，桐君有録那知味。新芽連拳半未舒，自摘至煎俄頃餘。木蘭墜露香微似，瑶草臨波色不如。僧言靈味宜幽寂，采采翹英爲嘉客。不辭緘封寄郡齋，甎井銅鑪損標格。何况蒙山顧渚春，白泥赤印走風塵。欲知花乳清泠味，須是眠雲跂石人。

白居易《白氏長慶集》卷三〇《睡後茶興憶楊同州》 昨晚飲太多，嵬峨並上聲連宵醉。今朝飱又飽，爛熳移時睡。睡足摩挲眼，眼前無一事。信脚遶池行，偶然得幽致。婆娑緑陰樹，斑駮青苔地。此處置繩牀，傍邊洗茶器。白瓷甌甚潔，紅鑪炭方熾。沫下麴塵香，花浮魚眼沸。盛來有佳色，嚥罷餘芳氣。不見楊慕巢，誰人知此味。

王志堅《四六法海》卷五柳宗元《代人進瓷器狀》 藝精埏埴，制合規模。禀至德之陶蒸，自無苦窳；合太和以融結，克保堅貞。且無瓦釜之鳴，是稱土鉶之德。器慚瑚璉，貢異砮丹。既尚質而爲先，亦當無而有用。

《負暄雜録》云「陶冶自舜時便有，三代迄於秦漢，所謂甓器是也。末俗尚靡，不貴金玉而貴銅瓷，遂有秘色窑器。世言錢氏有國日，越州燒進，不得臣庶用，故云秘色」。陸龜蒙詩：「九秋風露越窑開，奪得千峰翠色來。如向中宵盛沆瀣，共嵇中散鬬遺杯。」乃知唐世已有，非始於錢氏。按子厚此狀，可以補負暄之遺，故録之。

《全唐詩》卷五二八許渾《晨起二首》 桂樹緑層層，風微煙露凝。簷楹銜落月，幃幌映一作「耿」殘燈。蘄簟曙香冷，越瓶秋水澄。心閑即無事，何異住山僧。

殘月皓煙露，掩門深竹齋。水蟲鳴曲檻，山鳥下空階。清鏡曉看髮，素琴秋寄懷。因知北窗客，一作「臥」日與世情乖。此首一題作「山齋秋晚」

祝穆《古今事文類聚續集》卷一二盧仝《走筆謝孟諫議寄新茶》 日高丈五睡正濃，軍將打門驚周公。口云諫議送書信，白絹斜封三道印。開緘宛見諫議面，手閲月團三百片。問道新年入山裏，蟄蟲驚動春風起。天子須嘗陽羨茶，百草不敢先開花。仁風暗結珠琲瓃，先春抽出黄金芽。摘鮮焙芳旋封裹，至精至好且不奢。至尊之餘合王公，何事便到山人家。柴門反關無俗客，紗帽籠頭自煎喫。碧雲引風吹不斷，白花浮光凝椀面。一椀喉吻潤，二椀破孤悶。三椀搜枯腸，唯有文字五千卷。四椀發輕汗，平生不平事，盡向毛孔散。五椀肌骨清，六椀通仙靈。七椀喫不得也，唯覺兩腋習習清風生。蓬萊山在何處，玉川子乘此清風欲歸去。山下羣仙，司下土地，地清高，隔風雨，安得知百萬億蒼生，命墮巔崖受辛苦。便爲諫議問蒼生：到頭還得蘇息否？

《全唐詩》卷六二〇陸龜蒙《酒壚》 錦里多佳人，當壚自沽酒。高低過反坫，大小隨圓瓿。數錢紅燭下，滌器春江口。若得奉君歡，十千求一斗。

《全唐詩》卷六二〇陸龜蒙《酒甕》 候暖麴糱調，覆深苫蓋浄。溢處每淋漓，沉來還濞瀅。常聞清涼酎，可養希夷性。盜飲以爲名，得非君子病。

《全唐詩》卷六二〇陸龜蒙《茶竈經云茶竈無突》 無突抱輕嵐，有煙映初旭。盈鍋玉泉沸，滿甑雲芽熟。奇香襲春桂，嫩色凌秋菊。煬者若吾徒，年年看不足。

《全唐詩》卷六二〇陸龜蒙《茶甌》 昔人謝塸埞，徒爲妍詞飾。《劉孝威集》有《謝塸埞啟》豈如珪璧姿，又有煙嵐色。光參筠席上，韻雅金罍側。直使于闐君，從來未嘗識。

《全唐詩》卷六二〇陸龜蒙《秘色越器》 九秋風露越窑開，奪得千峰翠色來。好向中宵盛沆瀣，共嵇中散鬭遺杯。

貫休《禪月集》卷六《讀唐史》 我愛李景伯，内宴執良規。君臣道昭彰，天顔終熙怡。大簸怡清風，粃糠遼亂飛。洪爐烹五金，黄金終自奇。大哉爲忠臣，捨此何所之。

貫休《禪月集》卷六《樵叟》 樵父貌飢帶塵土，自言一生苦寒苦。檐頭檐箇赤瓷罌，斜陽獨立濛籠塢。

《全唐詩》卷六一一皮日休《酒篘》 翠篾初織來，或如古魚器。新從山下買，静向甔中試。輕可網金醅，疏能容玉蟻。自此好成功，無貽我罍恥。

《全唐詩》卷六一一皮日休《酒甕》 堅浄不苦窳，陶於醉封疆。臨溪刷舊痕，隔屋聞新香。移來近麴室，倒處臨糟牀。所嗟無比鄰，余亦能偷嘗。

《全唐詩》卷六一一皮日休《酒杯》 昔有嵇氏子，龍章而鳳姿。手揮五弦罷，聊復一樽持。但取性澹泊，不知味醇醨。瓷器不復見，家家唯玉卮。

《全唐詩》卷六一一皮日休《茶甌》 邢客與越人，皆能造瓷器。圓似月魂墮，輕如雲魄起。棗花勢旋眼，蘋沫香沾齒。松下時一看，支公亦如此。

祝穆《古今事文類聚續集》卷一二范仲淹《和章岷從事鬬茶歌》 年年春自東南來，建溪先暖水微開。溪邊奇茗冠天下，武夷仙人從古栽。新雷昨夜發何處，家家嬉笑穿雲去。露芽錯落一番榮，綴玉含珠散嘉樹。終朝采掇未盈襜，唯求精粹不敢貪。研膏焙乳有雅製，方中圭兮圓中蟾。北苑將期獻天子，林下雄豪先鬬美。鼎磨雲外首山銅，瓶攜江上中濡水。黄金碾畔緑塵飛，碧玉甌中翠濤起。鬬茶味兮輕醍醐，鬬茶香兮薄蘭芷。其間品第胡能欺，十目視而十手指。勝若登仙不可攀，輸同降將無窮恥。吁嗟天産石上英，論功不愧階前蓂。衆人之濁我可清，千日之醉我可醒。屈原試與招魂魄，劉伶却得聞雷霆。盧仝敢不歌，陸羽須作經。森然萬象中，焉知無茶星。商山丈人休茹芝，首陽先生休采薇。長安酒價減千萬，成都藥市無光輝。不如仙山一啜好，泠然便欲乘風飛。君莫羡花間女郎只鬬草，贏得珠璣滿斗歸，多不足貴如刈麻。建安太守急寄我，香蒻包裹封題斜。泉甘器潔天色好，坐中揀擇客亦嘉。新香嫩色如始造，不似來遠從天涯。停匙側盞試水路，拭目向空看乳花。可憐俗夫把金錠，猛火炙背如蝦蟆。由來真物有真賞，坐逢詩老頻咨嗟。須臾共起索酒飲，何異奏雅終淫哇。

劉敞《公是集》卷一八《戲作青瓷香毬歌》 藍田仙人採寒玉，藍光照人瑩如燭。蟾肪淬刀昆吾石，信手鐫花何委曲。濛濛夜氣清且嫮，玉縷噴香如紫霧。天明人起朝雲飛，髣髴疑成此中去。

蘇軾《東坡全集》卷一九《獨酌試藥玉滑盞有懷諸君子明日望夜月庭佳景不可失作詩招之》 鎔鉛煮白石，作玉真自欺。琢削爲酒杯，規模定州瓷。荷心雖淺狹，鏡面良渺瀰。持此壽佳客，到手不容辭。曹侯天下平，定國豈其師。一飲至數石，温克頗似之。風流越王孫，詩酒屢出奇。喜我有此客，玉杯不徒施。請君詰歐陽，問疾來何遲。呼兒掃月榭，扶病及良時。

蘇軾《東坡全集》卷三《試院煎茶》 蟹眼已過魚眼生，颼颼欲作松風鳴。蒙茸出磨細珠落，眩轉遶甌飛雪輕。銀瓶瀉湯誇第二，未識古人煎水意。君不見昔時李生好客手自煎，貴從活火發新泉。又不見今時潞公煎茶學西蜀，定州花瓷琢紅玉。我今貧病常苦飢，分無玉盌奉蛾眉。且學公家作茗飲，塼爐石銚行相隨。不用撑腸拄腹文字五千卷，但願一甌常及睡足日高時。

蘇軾《東坡全集》卷二五《汲江煮茶》 自臨釣石取深清，活水仍須活火烹。大瓢貯月歸春瓮，小杓分江入夜瓶。雪乳已翻煎處腳，松風忽作瀉時聲。枯腸未易禁三椀，卧聽山城長短更。

張豫章《御選宋詩》卷六七秦觀《秋日》 霜落邗溝積水清，寒星無數傍船明。菰蒲深處疑無地，忽有人家笑語聲。

月團新碾瀹花瓷，飲罷呼兒課楚詞。風定小軒無落葉，青蟲相對吐秋絲。

彭汝礪《鄱陽集》卷三《送許屯田》 君嘗治浮梁，德愛均父母。黎明令一出，百里無敢侮。黠吏竄狐鼠，惠愛沾農畝。浮梁巧燒瓷，顔色比瓊玖。因官射利疾，衆喜君獨不。父老争歎息，此事古未有。浮梁父老言：「自來作知縣不買瓷器者一人，君是也。作饒州不買者一人，今程少卿嗣宗是也。」君嘗速我飲，瀰薄秖村酒。君舉長滿觴，我畏不濡口。京師晚相值，相笑俱老醜。我欲提君名，四方爲奔走。君立掉頭去，自謝吾無取。移舟去都門，待水三月久。不一詣權貴，掛蓆隨南斗。廬陵據艱險，獄訟成淵藪。君以一目視，無惡亦無苟。三年最課上，坐冠江西部。我來君及瓜，欲薦嗟掣肘。有才使如君，未見終不售。即聽宣室詔，莫愛潮陽守。廣東薦君潮陽。

張耒《柯山集》卷一〇《謝黄師是惠碧瓷枕》 犂人作枕堅且青，故人贈我消炎蒸。持之入室涼風生，腦寒髮冷泥丸驚。夢入瑶都碧玉城，仙翁支頤飯未成。鶴鳴月高夜三更，報秋不勞桐葉聲。我老耽書睡苦輕，遶牀惟有書縱横。不如華堂伴玉屏，寶鈿敧斜雲鬢傾。

謝逸《溪堂集》卷六《虞美人前調》 角聲吹散梅梢雪，疏影黄昏月落英，點點拂欄干。風送清香，滿院作輕寒。花瓷羯鼓催行酒，紅袖摻摻手。曲聲未徹寶杯空，飲罷香醺翠被錦屏中。

李彭《日涉園集》卷六《中秋遇雨夜將半素月流天可愛感予賦詩》 雲將長空斮絮晴，膚寸而合雨建瓴。阿香推車不知倦，雅意望舒無復明。地行賤臣未辨訴，斜漢左界俄無聲。雖非西園清夜樂，起予縹瓷來酌醽。舉觴嬋娟聽我語，樽下藉汝攻愁城。長令屏翳當令節，莫遣楚氛蔽明月。

李綱《梁谿集》卷九《吴親寄瓷枕香罏頗佳以詩答之》 遠投瓦枕比瓊瑜，方暑清涼愜慢膚。瑩滑色侵蘄竹簟，玲瓏光照博山罏。便便何必書爲笥，栩栩方將蝶夢吾。枕上片時聊適志，黄粱未熟到東吴。

李綱《梁谿集》卷九《右瓷枕》 華藏初遊願力堅，寶罏已現佛陀前。神通何似維摩詰，熏習聊同白樂天。沉水香焚煙縷細，卷雲花透月輪圓。愧煩遠示將何用，聊伴虚堂晏坐禪。

李綱《梁谿集》卷九《右瓷罏》 芳花遺我比瓊瑰，慚愧幽人自擁培。名字曾於佛書見，色香今入寓軒來。旋妝彫檻修清供，更促繁英使早開。須信莊嚴資衆力，道場化作雨華臺。

李綱《梁谿集》卷二〇《酌酒》 山禽唤覺不成眠，興若長鯨吸百川。滿酌瓷甌當金盞，陶然便作酒中仙。

李綱《梁谿集》卷二〇《烹茶》 安眠飽食更何求，只欠雲腴茗一甌。龍鳳不須誇北苑，槍旗且與試中州。

高元濬《茶乘》卷三陳淵《和尚和卿嘗茶》 俗子醉紅裙，羶葷敗人意。花瓷烹月團，此樂天不畀。諸公各英姿，淡薄得真味。聊爲下季隱，不替江湖思。輕雲落杯醆，飛雪灑腸胃。笑談出冰玉，毫末視鼎貴。我作月旦評，全勝家置喙。傳聞茶後詩，便得古人配。誰能三百餅，一洗玉川睡。御風歸蓬萊，高論驚兒輩。

陳焯《宋元詩會》卷三四沈輿求《錢塘賦水母》 疾風吹雨回江城，艑牙嘔啞潮欲平。客居喜無人事攖，相與環坐臨前楹。眼中水怪狀莫名，出没沙觜如浮罂。復如緇笠絶兩纓，渾沌七竅俱未形。塊然背負羣鰕行，嗟其巧以怪自呈。凝目矎視相將迎，老漁旁睨笑發聲。曰此水母官何驚，江流如奔絶滄瀛。潮汐往來月爲程，藏納衆汚無滿盈。浮埃沉滓溷九清，結成此物宜昏盲。使鰕導迷作雙睛，乃能接迹蚌與蟶。亦猶巨蛩二體并，離則無目爲光精。江天八月霜葉鳴，罟師得鰕供水徵。水母棄擲羅縱横，試令收拾輸庖丁。絳礬收涎體紆縈，飛刀鏤切武火烹。花瓷飣餖粲白英，不殊冰盤堆水晶。稻醯齏寒芼香橙，入齒已復能解酲。遺漁止矣勿復評，嗟哉此性愚不更。定矜故態招三彭，且摩枵腹甘藜羹。

揚無咎《逃禪詞·朝中措》 杯盤狼藉燭參差，欲去未容辭。春雪看飛金碾，香雲旋湧花瓷。雍容四座矜誇，一品重聽新詞。歸路清風生腋，不妨輕撚吟髭。

又熟水

打窗急聽口然湯，沉水剩熏香。冷暖旋投冰碗，葷羶一洗詩腸。酒醒酥魂茶添，勝致齒頰生涼。莫道淡交如此，於中有味尤長。

揚無咎《逃禪詞·點絳唇紫蘇熟水》 寶勒嘶歸，未教佳客，輕辭去姊夫屢竄，笑聽殊方語。清入回腸，端助詩情苦。春風路、夢尋何處，門掩桃花雨。

又

瓦枕藤床，道人勸飲，雞蘇水清雖無比，何似今宵意。紅袖傳詩，别是般情味，歌筵起、絳紗影裏，應有吟鞭墜。

吴之振《宋詩鈔》卷五二范浚《張生夜載酒相過》 夜卷一鈎簾，衣寒覺露霑。未驚風割面，且看月磨鐮。玉椀鵝兒酒，花瓷虎子鹽。張公雞黍舊，歡笑了無嫌。

史浩《鄮峰真隱漫録》卷四二《祭窑神祝文》 比者憲臺有命，埏埴是營。鳩工彌月，巧歷必呈。惟是火齊，造化杳冥。端圓縹碧，乃氣之精。兹匪人力，實緊神明。是用奔走，來輸其誠。有酒既旨，有肴既馨。惟神克享，大侈厥靈。山川輯瑞，日月降晶。俾無苦窳，以迄有成。

喻良能《香山集》卷四《以春盂送茂恭蒙以古詩爲謝次韻奉酬》 我家古甆彭亨腹，十年貯酒色如玉。傾瀉惟須老瓦盆，精器便成蛇著足。花瓷脆薄誰能攜，遣送君家保不虧。雖然金盌未伯仲，儻與椰樽相等夷。

楊萬里《誠齋集》卷三二《道傍店》 路傍野店兩三家，清曉無湯況有茶。道是渠儂不好事，青瓷瓶插紫薇花。

樓鑰《攻媿集》卷一一《戲題膽瓶蕉》 垂膽新瓷出汝窑，滿中幾莢浸雲苗。瓶非貯水無由磬，葉解流根自不凋。露綴疑儲陶令粟，風摇欲響許由瓢。相攜同到緑天下，別是閩山一種蕉。

趙蕃《乾道稿·淳熙稿》卷五《鑑山主以天聖宣賜行道者五百金裝羅漢青瓷香爐爲示復用韻》 高林杲杲日欲出，却視諸山雲自入。道人導我啓圓龕，五百金仙争突兀。耀州燒瓷撲不朽，獅子座中蓮葉繞。亂餘得此鎮山靈，莫恨當時賜田少。世人變滅隨空雲，至人來往繇念根。長眉下生會有辰，摩抄笑視默與論。

戴復古《石屏詩集》卷三《壬寅歲旦景明子淵君玉攜酒與詩爲壽次韻》 捨我白瓷椀，把君金屈巵。判爲元日醉，共賦早春詩。冰泮魚龍起，花開蜂蝶知。爲予扶病脚，賴有古藤枝。

周南《山房集》卷一《山家》 小麥連湖熟，黄梅作彈飛。穿林青犢過，觸柁白魚肥。子男輸絹急，姑婦插秧歸。枳花茶似雪，留客共湘瓷。

周南《山房集》卷一《偕蹈中過書塢歸二十韻》 我塢須君到，兹行説幾時。喜來衣裏少，勇出岸頭維。篙節探渠溜，燈籠上酒甀。亂蛙嘈沮洳，警犬候笆籬。闕白瞻林罅，排蒼架月規。滁絺檽易透，潔榻帚難施。落彈如梅熟，抛簪似筍遺。橘包收夕潤，杉彩漾朝曦。漆椀湖魚瑩，瓷甌釜粥糜。弛肩高木蔭，安膝下亭茨。散地今兹見，荒蹊過者誰。詭求諸老記，留下故人詩。僊幹宵中復，佳眠旦起遲。衣篝寬女送，藥劑切兄毉。僕點昏來宂，船樁泊定移。句材當面逼，天巧古人窺。還往楓橋路，低徊泰伯祠。比君多數歲，把卷憶吾師。八月登秔稻，西風理釣絲。未嫌墟曲小，來赴野塘期。

陳焯《宋元詩會》卷五七葛長庚《茶歌》 柳眼偷看梅花飛，百花頭上東風吹。壑源春到不知時，霹靂一聲驚曉枝。枝頭未敢展鎗旗，吐玉綴金先獻奇。雀舌含春不解語，只有曉露晨烟知。帶露和烟摘歸去，蒸來細搗幾千杵。捏作月團三百片，火候調匀文與武。碾邊飛絮捲玉塵，磨下落珠散金縷。首山黄銅鑄小鐺，活火新泉自烹煮。蠏眼已没魚眼浮，飈飈松聲送風雨。定州紅玉琢花瓷，瑞雪滿甌浮白乳。緑雲入口生香風，滿口蘭芷香無窮。兩腋颼颼毛竅通，洗盡枯腸萬事空。君不見孟諫議送茶，驚起盧仝睡。又不見白居易餽茶，唤醒禹錫醉。陸羽作茶經，曹暉作茶銘。文正范公對茶笑，紗帽籠頭煎石銚。素虚見雨如丹砂，點作滿盤菖蒲花。東坡深得煎水法，酒闌往往覓一呷。趙州夢裏見南泉，愛結焚香瀹茗緣。吾儕烹茶有滋味，華池神水先調試。丹田一畝自栽培，金翁姹女採歸來。天爐地鼎依時節，煉作黄芽烹白雪。味如甘露勝醍醐，服之頓覺沉疴甦。身輕便欲登天衢，不知天上有茶無。

方夔《富山遺稿》卷四《右川芎》 老松踰百圍，名爲棟梁材。孤根雖故在，不復萌條枚。生意無處泄，浩浩還根荄。結爲千歲苓，膚色狀瓊瑰。洗曝不遺力，藥裹手自開。羊棗出河北，胡麻來天台。蒸以白砂蜜，盛以紅瓷杯。一朝服食盡，玉色還嬰孩。

方夔《富山遺稿》卷四《以白瓷爲酒器中作覆杯狀復有小石人出没其中戲作以識其事》 彼美白瓷盞，規模來定州。先生文字飲，獨酌無獻酬。咄哉石女兒，不作蛾眉羞。憐我老寂寞，赤手屢拍浮。子頑不乞火，我醉不驚鷗。無情兩相適，付與逍遥遊。

方夔《富山遺稿》卷四《秋夜有感》 西窗枕清溪，流水日夜響。孤眠夜無寐，離夢苦摇蕩。自我辭家來，弦月屢下上。消息不曾真，百念墮滉瀁。憶昔心氣雄，躍躍盛年想。窺奇故牧儲，溪堂先生曾任淮西漕，其家多書。借重宗棗賞。山搜富金沙，澤淤耀琨簜。天池露孤飛，闕山紛獨往。下視夸奪子，蠓蠛鳴甕盎。區區凡楚争，逐逐臧穀網。蹉跎改素摽，零落收宿莽。平生矜與夸，榮爲謝外獎。惟餘不盡心，耿耿猶疇曩。譬如老獵獖，聞呼齒足癢。清江三百里，西風颯菰蔣。明朝泝歸舟，鴉軋鳴雨槳。

沈嘉轍等《南宋雜事詩》卷一 野溪亭市列柴門，陶户家家作酒罇。縱有龍紋白芨碎，新窑青器已無倫。《太平寰宇記》：「杭州亭市山餘石鄉亭市村多陶户，善作大甕，今謂之浙甕。」《四部稿》：「南宋時處州章生兄弟皆作窯，兄所作者視弟色稍白而斷紋多，號白芨碎。又《考古括遺芳》稱兄所作爲哥窯。」《稗編》：「渡江後修内司造青器，名内窯。澄泥爲範，極其精緻。油色瑩徹，爲世所珍。後郊壇下別立新窯，餘如烏泥窯、餘杭窯、續窯，皆非官窯，比所謂舊越窯不復見矣。」《五雜俎》：「柴窯之外有定、汝、官、哥四種，皆宋器也。傳流至今者惟哥窯稍易得，蓋其質厚，頗奈藏耳。定、汝白如玉，難於完璧，宋時宫中所用率銅鈐其口，以是損價。」《六研齋筆記》：「南宋時餘姚有秘色瓷，粗樸而耐久，今人率以官窯目之，不能別白也。」

沈嘉轍等《南宋雜事詩》卷六 汝瓷古觶秘深宫，修内司窑范更工。提舉昨朝新進入，青花不與外間同。《梧溪集》有宋高皇壽成殿汝瓷觶引。《輟耕録》：南渡邵成章提舉，於修内司造青器，名内窑。模範極精，油色瑩徹，爲世所珍。

高元濬《茶乘》卷四《詠茶》 春深養芽鍼鋒芒，沆瀣養膏冰雪香。玉斧運風寶月滿，密雲候雨蒼龍翔。惠山寒泉第二品，武定烏瓷紅錦囊。浮花元屬三昧手，竹齋自試魚眼湯。

張豫章等《御選金詩》卷一九蔡松年《高麗館中二首》 蛤蜊風味解朝酲，松頂雲癡雨不晴。悄悄重簾斷人語，碧壺春筍更同傾。

晚風高樹一襟清，人與縹瓷相照明。謝女微吟有深致，海山星月總關情。

趙秉文《滏水集》卷六《汝瓷酒尊》 秘色創尊形，中泓貯醁醽。縮肩潛蝘蜓，蟠腹漲青寧。巧琢晴嵐古，圓嗟碧玉熒。銀杯猶羽化，風雨慎緘扃。

張豫章等《御選元詩》卷六二王士熙《省中書事》 玉京長夏裏，晝省五雲邊。終日身無事，清時職是仙。縹瓷分馬乳，銀葉薦龍涎。細草煙籠闕，垂楊雪妒綿。容懷天外鶴，農事雨餘田。染翰逢歌扇，揮金向酒船。鼇峰孤絶處，閑坐似當年。

吴萊《淵穎集》卷二《觀唐明皇羯鼓録後賦歌》 上皇天寶全盛年，花奴抱鼓踏御筵。頭如青山屹不動，手似白雨敲圓棬。大聲嘈嘈忽放肆，都曇答臘矧敢前。小聲籠籠復嘌殺，耶婆色雞最可憐。風吹宫墻欲罷笛，月照邏逤徒揮絃。纖蘿不起見秋爽，萬杏争發催春妍。雅琴清商却爾叱，蕃部坐伎還相宣。招來燕薊有巨盗，打破河渭無人烟。古先聖人本淡薄，堂上堂下俱宿縣。音和氣順遽感召，鳥獸率舞殊蹁躚。後世辟王寢靡靡，朝歌北里因師延。迷魂淫思苦宛轉，鐘磬散亂終沉淵。吁嗟西京正宸極，騁望兩海際幅員。金甌一缺遂不補，寶鼎大震幾於遷。心貪音技日蝕甚，坐剷藩限空茫然。一時戎夷共袵席，滿耳鼓樂皆戈鋋。宋公守正好宰相，魯山花瓷聞獻玍。百年治亂總由天，羯鼓遺聲傳不傳。

王逢《梧溪集》卷六《汝瓷觶引同張耘老薛古心倪自明三道叟賦有序》 觶本宋高皇壽成殿花瓶，御書遺刻尚在，既破而工人裁爲觶，故人某購得之，數出以宴予，後某以憤卒，觶今見於他氏，感歎不已，形諸短引。

汝州瓷治灰久寒，壽成宸翰猶龍鸞。黄金爲相號曰觶，酒面絪縕舊花氣。我嘗酹月江動摇，故人掀髯把風袂。君不見周鼎遷，秦缶歇，露盤傾，唾壺缺。嗚呼髯兮死憤嫉，一鄉之翁得珍物，親朋交歡勸酬密，席端淚落哀慵筆。

貝瓊《清江詩集》卷七《謝賈齊臣惠碧盌》 萬里堅昆來碧盌，青蓮十葉類天成。于闐蒼玉本同色，韶州白瓷空得名。馬湩可能羞北饌，駝蹄且復薦南烹。茅齋此日足家具，一詩爲報故人情。

王紱《王舍人詩集》卷四《黄廣文席上詠白瓷杯》 愁把相逢一笑開，廣文今夕試新杯。淺深自是甄陶出，製作應從模範來。清夜舉時宜問月，初春擕處好尋梅。摩挲醉眼燈前看，玉質娟娟絶點埃。

王洪《毅齋集》卷四《羯鼓歌》 開元厭聽南風琴，宫中別制龜茲音。檀板驟擊碧雲外，白雨亂落青山陰。一曲山香猶未了，萬紫千紅競春曉。臨軒大笑稱天公，斡旋造化須臾中。魯山花瓷那有此，歲歲歡娱殊未已。誰知忽作秋風高，渭水一夕生波濤。金鈴琅琅雨聲急，回首劍門歸未得。春風滿路紅槿開，却憶花奴淚沾臆。乃知自古戒鄭聲，不獨顔色能傾城。

王洪《毅齋集》卷四《酒罏行與魯侍講同賦》 長安城中多酒家，當罏少女顔如花。少女年纔十五餘，肌膚綽約紅羅襦。金杯當户留客醉，玉顔一笑傾城隅。城門初開曉鐘罷，貴客喧喧動車馬。看花或自上苑來，儤直時從建章下。三三五五坐綺筵，驊騮繫在垂楊邊。東風吹春入歌笑，餘音杳靄飛青天。共言佳人不易得，黄金如山亦不惜。城頭日落歡未闌，更促張燈重開席。君不見東家少婦貧無粧，日日垂簾不下堂。

偶桓《乾坤清氣》卷七甘茂實《碎瓷盆歌》 河伯捲土歸河水，相瓷窑没神工廢。此盆貢入蓬萊宫，監官篆記開元字。中和外澤潔且明，滿腹文章遍身碎。初疑明月墜秋波，白兔翻身毬寒毳。又疑花底斷蛛絲，蟬翼蜂鬚巧相綴。秀山獨抱荆山輝，温姿欲吐藍田氣。當時載酒沉香亭，海棠絶艶生精神。玉環微醉三郎醒，暖風吹散梨園春。白頭拾遺浣花老，蹇驢破帽東西村。却羡田家歌老瓦，茅簷醉倒卧竹根。富貴賤貧同逆旅，地老天荒盆解語。茅簷土屋化瓊樓，花落玄都成菜圃。大家奴僕封公侯，蓋世英雄散墟墓。銅彝寶鼎不復出，翠釜冰盤竟何去。自憐壽考自珍奇，玩弄乾坤逃劫數。可以浮醴泉，猶勝許由瓢挂樹。可以盛羔豚，猶勝金銅人捧露。我觀古器思古人，古人已矣難招魂。千載興亡又今日，人不識寶天應惜。通玄道人聞見多，君家舊物重相過。後五百年且莫問，急呼斗酒爲盆歌。

馬中錫《馬東田漫稿》卷五《七月一日花下獨酌》　晚凉花下瀹花瓷，的歷花光照鬢絲。紅槿嫣穠終俗態，白蓮雅淡却仙姿。秋來浹月逢今酒，病入殘年減舊詩。獨有醉餘猶故習，笑稱嵇阮是吾師。

馬中錫《馬東田漫稿》卷五《東莊》　門對寒臯路隔溪，茅茨高爽土墻低。碧槐映户日初上，黄菊繞籬風已西。多病故人踈似孟，絶交當世懶於嵇。秋來酒熟連朝醉，咀盡牀頭一甕虀。

費宏《太保費文憲公摘稿》卷四《和趙侍御煎茶韻呈巡按陳崇之》　榻煙輕颺鬢絲虚，紗帽籠頭睡起初。手掬小團憐破鳳，誰饕美味欲兼魚。花瓷琢玉看頻洗，松壑翻濤聽漸疏。啜罷書生還自笑，腸惟文字更無餘。

試探篘籠出先春，敲臼仍呼隔竹人。火擬丹燒分進退，泉將符調别新陳。對花任殺風前景，當藥能醒醉後神。客至莫愁疲捧盌，生平清味最相親。

楊慎《升庵集》卷五二《青案緑瓷》　古詩青玉案即盤也，今以案爲卓，非孟光舉案，即盤也。若今之卓子，豈可舉乎？緑瓷酒器，見鄒陽《酒賦》。

錢穀《吴都文萃續編》卷三七吴堂《湖莊即事》　十五嫁來時，東墻桑壓枝。早禾低處熟，盛飯滿花瓷。自從潦爲沴，常見水平隄。燒桑餉東菑，桑濕火力衰。兒飢苦啼晝，車踏我足胝。東圩苗泛青，西圩渺瀰瀰。云是連夜雨，海潮漫前陂。出門搔首望，歲計嗟安支。不愁寒與飢，但愁官租遲。

陳耀文《花草萃編》卷七周紫芝《湯詞》　門下青驄月下嘶，映堦籠燭晝簾垂。一曲陽關聲欲盡，不多時。鳳餅未殘雲脚亂，水沉催注玉花瓷。忍看捧甌春笋露，翠鬟垂。

王世貞《弇州四部稿》卷五一《用晦寄四種杯仍係以詩走筆二絶爲謝》　劉生自昔誇三雅，何似君家四種杯。罰處已贏金谷數，飛時不怕玉山頹。

其二

饒瓷宣盌白於霜，鸚鵡螺兼翡翠觴。我欲按來成一鉢，大羅天上貯三漿。

《御定歷代賦彙補遺》卷一〇湯顯祖《浮梁縣新作講堂賦有序》　饒陽浮梁有講堂焉，隆然兩溪之上，合大易麗澤之義。基宋南渡，營於元季前後廉訪之使。兵燹迫於兹。閩周侯新之，甫成，而以能治劇徙南昌。湖錢侯嗣之，益嚴以炯。友人黄君龍光謂余曰：講院發氣色於流峙，備體勢於規隨。於以居賢求章，邇所未有，盛美不宣，無以照耀於後。敬爲賦之。

遡名流於匯澤，陪德鎮於匡垠。匪江湖之氣急，緊農桑之業勤。俗劬勞而憂善，地偏安而樂貧。鄉老提朝夕之塾，遊童遵出入之倫。國游藏於經解，家韞席於儒珍。道山東其證聖，里江西而近仁。凡兹宦遊，適若期契，莫不欣其風土，安其氣味，引諸生以怡懌，法講堂而蔽芾，相慕用以良然，有代興而靡廢。若夫芝城浮梁，通乎大彰。處江山之清絶，入吴楚之空窅。人喜儒而化鄙，吏好學而明臧。乃至勝國之長，餘燼之良，猶能歎青衿之道缺，感桑椹之味長。慨焉始基，逮彼搶攘。近華風而逖遠，在門牆而雅亡。喜孔顔之像在，覩皇明之道昌。皇道明兮孔昌熾，萬歷斯兮卜年世。聲明燀兮文物沸，牛女精兮江海澨。物有沉而俶暉，事有龐而載懿。有溪有堂，孰揆孰嗣。我閩周侯，經營其位。祠亭翼翼，橋閣跂跂。中田有廬，以教以食。六月南徙，物有其備。我湖錢侯，崇增厥制，繚以墉援，飾以欄綴。徒觀其四達之爲勢也，北起乎覆鍾之山，西揖乎鳴琴之治，東陂阤而折北，道如帶以迤邐。遶三方乎曲隅，面長風於水際。兩岡相衡，楗以木石，中有歸塘，樹以荷菂。延演漫汗，焕炫羃歷。收委潤於閶祈，度霓梁而振掖；隱玉几以横陳，拔蒼岑乎遠碧。鏡晏嘔而寫旭，罩晡煙而吐魄。風霆雲漢之所迴，澗沚蘋蘩之所滌。白鷺飛而有容，潛龍見而時惕。對學海以津梁，宛天成其泮璧。山陽兮崪崒，振衣兮下視。邈靚秀於洲衢，逖喧囂於闤市。右爲堂兮，友仁嶔炯，敞而巨麗。義有取乎燕居，鬱嘉客之所戾。友仁之左徑，以葱青傑閣倪天，是曰尊經。靈峰在前，寶積在後，其朝迴溪，其夕孔阜。若登山而魯小，似酌海而星覆。典則斯有，闕佚是購。豈禪枝静閣之藏，迺孔林曲阜之副。統一真以定尊，積數仞而云富。噫嘻！此堂美好備矣，四方之遊目其暨矣！今夫浮梁之茗聞於天下，惟清惟馨，係其揉者，浮梁之瓷瑩於水玉，亦係其鈞，火候是足。然則無清英之意者不可以及遠，鮮陰陽之力者不可以致用。故夫通人學士坐進此道，鑿户牖以爲室，則思其人以居之；觀埏埴以爲器，則思其人以儀之。必且撰杖履儕，衣冠診同，衣發更端，舉聞見而歷落，依性命以盤桓。珠無燧而不引，響有叩而必還。蓋將以映發於天人之際，流通乎師友之間。濟濟祁祁，便便反反。課規程而測美，執文句以攻堅。講太極而中隱，賞良知而物捐。是皆擬日用於仁智，轉天機於釋玄，等疑虛而借實，鮮遺邊而遇全。體用合而理正，粗妙函而事安。惟尊經而正業，得在意以酬詮。慨學人之多致，攝堂奥以良難。有同聲而響隔，有殊風而意傳。嘿則神而有信，辨且存而勿論。將樂羣兮攻玉，豈譁衆以連環。或風以雩，或遊於觀，度楹以几，適館而餐。式飲食兮庶幾，亦歌舞兮笑言。則必助流雅頌之化，肄廣中和之篇。仡孔容而徙倚，矚周道以迴旋。載濯於溪，乃挹其源。紫莖屏風，紋紆以漣。菡萏始華，被以秋蘭。幽香杳靄，清華嬋娟。庶懷虛而會遠，足抱素以明躅。若夫燕息橋梁之上，光陰魚鳥之前，見漁樵之莞爾，覺士女之悠然。君子既愛其日，小人亦愛其年。悔聞道兮不早，返端居兮景賢。賦陳其志，歌永其言。歌曰：惟芝以東，是曰浮梁。龍棲鳳遊，絃歌在堂。廣毘學宫，波陰粤陽。經閣峨峨，振衣相望。有源有都，視其歸塘。汝穀以貽，好學無荒。中有新田，外有長薌。迺作於茲，休其烈光。今以慈湖，訓以紫陽。汝父汝師，來遊來康。莫美爲報，崇經重道。道有隆夷，性無粗妙。尚有典刑，惟忠惟孝。雍雍者祠，有槐有柳。桃李蘭蓮，春秋户牖。其西崇功，其東惠後。俟其來巡，載笑飲酒。我歌不忘，貞於孔阜。

袁宗道《白蘇齋類集》卷一《壽亭舅贈我宜興瓶茶具酒具一時精美喜而作歌》 吾舅贈我宜興瓶，色如羊肝堅如石。吾家復有古銅鐺，蓮子枯硬土花赤。茗品長興弟虎丘，釀法薊州兄三白。酒苦茶香是我事，從此瓶鐺不虛設。虛堂□寂門下楗，慚無一技送晨夕。讀書覺眉重，臨池嫌腕拙。世間百事百不能，乍可衡茆甘跼蹐。雲心齋前一片地，斑駁苔錢紅間碧。珊瑚漆几博山爐，拂竹捎花巧排列。左置鐺，右置瓶，大奴燒松根，小奴滌瓷罌。坐愁湯老手自瀹，纔聞酒響涎不禁。三杯好顔色，七椀生寒栗。清冷頃覺肝腸换，磊塊都從毛孔出。劉伶頌酒不頌茗，屈生愛醒不愛醒。醒醒中間安置我，日日挈鐺與挈瓶。況我此間蓬蒿宅，褊性畏人稀見客。此物湖海清狂流，能攻吾短躅吾癖。鐺也老友瓶小友，竹也此君丈也石。日與四子相周旋，共我山房呼五一。紛紛交態何須數，誰似爾我真莫逆。

袁宗道《白蘇齋類集》卷四《過淇縣同年蔣令邀飲》 看竹淇園好，况逢地主留。人今同蔣翊，興欲滕王猷。玉釀青瓷甕，金盤紫石榴。寒風凄月夜，篝火話交遊。

曹學佺《石倉歷代詩選》卷四一四程敏政《病中夜試新茶簡二弟戲用建除體》 建溪新茗如環鈎，生人食之除百憂。呼童滿注雪乳脚，使我坐失平生愁。朝來定與兩難弟，執手共瀹青瓷甌。腹稿已破五千卷，舉身恨不登危樓。玉川成仙幾百載，清氣渺渺散不收。典衣開懷只沽酒，閉門却笑長安遊。

李流芳《檀園集》卷一二《題畫卷與子薪》 三月十八日，余自吴門還。翌日，與子薪相聞且招之，子薪報云彦逸亦在此，質明當與偕來。是日輕陰，風氣蕭爽，集伯氏從子輩於寶尊堂。既酣，子薪、彦逸遂留宿山雨樓。頭晨起，登樓看雨，焚香啜茗，頗適。飯罷，兩君便欲别去。予曰：「家釀頗冽，尚堪小飲，當爲稍淹，已維舟於門矣。」既飲酒，白于玉，芳於桂，甘於泉，新緑映檻，雨潤欲滴，門外屐聲不至，鼎足而談。或笑，或歌，或泣，皆生平懷而不盡者，遂不能去。肴既盡，佐以笋蕨。重滌酒器，出所藏哥窑舊玉二杯陳案上，呼五木得異采者飲一杯。童子時摘花來供。蕙既芳，薔薇視人而笑，虎茨數樹，著花如雪，掩映齋壁。子薪往往叫絶，因相牽入慎娱室，索墨汁屬予畫，且畫且談，竟盡此卷，欲題一詩，已醉不能。聊紀此以資它日譚柄。相知如閑孟，孟陽者，可一示之，勿以示俗人也。己未三月廿二日，泡庵道人題。

錢公善《三華集》卷九《東林》 湖州沈思，字持正，隱君子也。居東林，因號東老能醖十八仙白酒。熙寧中，吕仙至其家，題詩云：「西鄰已富憂不足，東老雖貧樂有餘。白酒釀來延好客，黄金散盡爲妝書。」 苕霅溪頭麴米春，緑瓷新釀白於雲。明朝欲買扁舟去，來訪東鄰沈隱君。

陳田《明詩紀事》庚籤卷三〇下茅維《友人寄餉岕茶》 坐久碧窗下，幽燈散林影。故人有芳訊，特餉一函茗。山僮見採摘，重趼歷巖頂。陽巖抽碧枝，土瘦香倍猛。澤蘭沃其根，氣韻幽以静。瀉之白玉瓷，乳花浮耿耿。乍傾色若無，稍貯味逾迴。七椀清風飏，一啜胸滓冷。何用金沙泉，自陋建陽餅。世以方虎丘，品置豈平等。不願封雲溪，願得岕一頃。紫筍日作供，水厄呼不醒。大笑毁茶論，空傳竟陵井。

陳田《明詩紀事》庚籤卷三〇下茅維《試岕茶》 夏雲鱗鱗花木霽，曉坐北窗繞花氣。阿顔攜茶至岕巔，采焙皆云親手製。裛露朝采山之陽，篝燈夜焙不盈器。香味略有數種殊，活火新泉請君試。急量雪水貯花瓷，矗矗槍旗鼎邊濞。乍傾縹碧殊氤氲，亂瀉荷珠盌中墜。舌本未辨清甘迴，鼻端但覺奇香殢。洞山廟後相等夷，小岕一罌尤絶異。問之老梗抽紫芽，沙瘦崖高衆皆棄。阿顔叩頭服主人，請出諸茶盡品次。大馮開之常嘆茶道嚴，玉川未解此中秘。古人品茶重花乳，細碾龍團如餅餌。今人品茶重色香，縹緲虛無第一義。松蘿如入法官厨，天池如過五都市。龍井顧渚差蘊藉，一再啜之少餘思。虎丘天然冰玉姿，藐姑仙人見者避。不如明月峽中岕，落落穆穆高韻士。隱囊揮麈支許倫，居然名理饒玄致。吴儂四月櫻筍熟，桑柘映空撲衣翠。草堂無事日讀書，自領山童課茶事。企腳呼點蟹眼湯，蕙蘭九畹澆胸脺。欲草茶志無煩言，庶惟澹者標其意。

沈德符《清權堂集》卷八《新茶竹枝詞》 劑香碾餅味中枯，國艷翻將粉澤汚。嫩葉柔枝隨意瀹，今人韻事古人無。

一從顧渚開園後，無復天池問早春。穀雨吴山采掇頻，筠籠紫筍又呈新。

夏初新界到偏慳，茗客年來壓載還。兩地犬牙風味别，故鄣山勝義興山。

葉未旗槍荈始芽，滌瓶斛水稱山家。與君耐久朋相結，不著茶經不毀茶。

鐍室封園似緑囚，吴髡毒手避誅求。珍茶忽作和家李，薪枿盈車下虎丘。

此近年事。

膩碗腥甌試胯花，朱門文鼎但豪華。窗明几滑新泉活，輸與茅檐好事家。

野服江南負俊聲，使君傖父漫相輕。瓷神博士叨茶報，何物人間李季卿。

松齋活計茗旗中，醉飽煩冤仗掃空。清福一生纔七碗，玉川元未策茶功。

蟹眼初翻正焙香，瓶笙聲裏日初長。携將二十四都統，來品君家十六湯。

園柳初花沼乍荷，棋軒茶閣費招呼。大蟲也屈名爲草，何況文楸木野狐。

宋朝士多以棋茗被彈，因呼茶爲「草大蟲」，棋枰爲「木野狐」。

秘色豪杯列畫奩，擎來恨少玉摻摻。茶煙難學炊烟直，不是儂家突不黔。

古云茶竈無突。

芳苞陽羡舊知名，比歲松蘿重帝京。肥麗可能勝弱艷，玉環飛燕任君評。

季疵仙去皎然窮，執器呼名總未工。自理茶租披鈞褐，吾師甫里陸龜蒙。

久啜真令病骨甦，乍嘗舌本也敷腴。已捹犢鼻臨茶灶，解笑文君但酒壚。

王肅逋臣不自慚，枉勞索虜議江南。酪漿妄欲奴呼茗，與茗爲奴我未甘。

水厄從嘲亦自嘉，小齋獨理淡生涯。狂僧休詫驚雷莢，不挈油囊赴汝茶。

團龍小樣創新模，飛騎星馳早入都。應奉後來歸宰相，令人錯誚蔡君謨。

成窑靖琖價千鍰，瑞草全呈玉面顔。山谷未曾諳茗戰，建瓷却詫鷓鴣班。

啄木金沙盼雨州，茶場包貢比琳璆。宋朝事事輸唐代，廢却苕溪索建州。

啄木嶺金沙泉在今長興，唐時常守會湖守於此，造貢茶。

消渴頻年苦未痊，一杯沆瀣敵登仙。衛公水遞争如我，兩舍前頭第二泉。

田藝蘅《香宇續集》卷七《山寺試茶歌》 蟄雷忽動陽山陽，新茶頓茁春風香。山僧破曉爲我摘，夸羡一旗并一槍。青箬白雲殊肉食，活火炒成碧玉色。旋入深林汲乳泉，松風竹雨聲啾唧。石鼎烹來雪作花，瓷甌分出月生華。味如甘露初凝液，氣若芳蘭乍吐芽。天地有寶不愛寶，却向山中生瑞草。八十一椀能飛昇，何必交梨與火棗。渴心如井起波瀾，椒漿桂醑真衙官。奇英清格自成趣，不數泥封龍鳳團。

錢謙益《列朝詩集》甲集卷六楊基《贈别龔行義》 楚龔風雲姿，璞素玉不瑑。隻身躡雙屐，十載食破研。麻衣閲冬春，睥睨狐貉賤。胸中何所蓄，經史子集傳。酒酣文思湧，強弩機發箭。清真謝鉛錉，越女巧笑倩。紆盤珠九曲，精粹金百鍊。粲如星森羅，勇若軍後殿。吾黨多英雄，氣索皮肉戰。西風忽歸來，塵土吹滿面。從容問所歷，摇首不復辯。但云秋水清，吴松净如練。方同華表鶴，遽作幕上燕。去住何太輕，弗得絆以線。君材匪樗櫟，名字已交薦。淵泉暫蠖屈，霧雨終豹變。賢達坎坷多，豪傑窮乏先。嗟予書中蠹，髀消兩目眩。朝騎瘦馬出，夕飽藜與莧。志慚點爾狂，質匪由也喭。猥遭周秦厄，不識舜禹禪。因君動遐想，翅塌足若罥。螺卮白瓷罌，聊爲江渚餞。回首芙蓉花，紛紛落紅片。

錢謙益《列朝詩集》甲集卷六楊基《賦得净瓶送衍上人》 虚瓶湛靈泉，行住一鉢友。紅簪天女花，碧插大士柳。中圓涵真虚，外潔照萬有。自盛甘露漿，不貯聲聞酒。衍師時出定，提挈每在手。詞鋒當建瓴，禪寂宜守口。

錢謙益《列朝詩集》丁集卷八胡翰《姚山人携酒同過□梅花》 十畮芳園傍水涯，藥闌莎□□山斜。緑瓷小甕携春酒，烏角高巾對玉花。漠漠暗香留月色，蕭蕭白髮醉年華。如何甫里天隨宅，却是西湖處士家。

錢謙益《列朝詩集》丁集卷一六張民表《同獻孺過損仲寶觥齋得觥字》 二毛森向鏡中明，猶逐逢場作戲行。已乞彼姝欣鑷白，更煩吾友爲窮清。燈燒菡萏膏烟結，餅沸笙簧水火争。頳玉詎須卭竹杖，傾銀不及定瓷觥。

吴偉業《吴詩集覽》卷四下《宫扇》 《戒庵漫筆》端午賜京官宫扇。〔藜牀瀋餘〕宣廟文武天縱，書畫人帝王能品器物靡不精好，銅窑二種，今已參重彝鼎，他如扇緣箋漆等，累朝莫逮。〔按《明詩綜》〕陳三島字鶴客，川扇詩：「險絶蠶叢地，繇來宫扇傳。」〔又何大復詩〕端「陽綵扇百官傳，每歲宫臣賜獨偏。」可作此題注脚也。 宣皇清暑幸離宫，碧檻青疏十二重。七寶鑄銅薰鴨貴，千金瓷翠鬭雞紅。玳瑁簾開南内宴，沉香匣啓西川扇。蟬翼描來雲母輕，冰紈製就天孫艷。丹霞滃起駕雲軿，王母雙成絳節還。玉管鳳銜花萬壽，銀濤龍蹴海三山。猶存蛺蝶圖空箱，尚記霓裳疊蠹粉。黄侵瓊樹花麯塵，香損紫鸞車珠衣。五翟悲秦女玉墜，雙魚泣漢家莫嘆。君恩長斷絶比來，舒卷仍鮮潔乍可。襟披宋玉風不堪，袖掩班姬月。

王士禛《感舊集》卷六冒襄《宣銅爐歌爲方坦庵先生賦》　龍眠先生髩髮皤，江東故里稱鳴珂。平生嗜古入骨髓，玩好不惜三婆娑。有爐光怪更奇絶，肌膩肉好神清和。窄邊蚰耳藏經色，黄雲隱躍窮琱磨。窪隆豐殺中規矩，紅榴甘黛紛霱蚪。我時捧視驚未有，精光迸出呼奈何。恭聞此爐始宣廟，制器尚象勤搜羅。宫閨風雅厭奇巧，爐鞲精妙無偏頗。或云流鳥一夜鎔寶藏，首陽銅枯汁流酡。或云煉銅十二取清液，式倣宫瓷非鬲犧。彝乳花邊稱最上，魚蚰諸耳無相過。博山睡鴨真俗醜，宋燒江製咸差訛。工倕撥蠟照千古，香籠火暖浮金波。宜香宜火宜几席，豈惟鑒賞堪吟哦。百金重購擬和璧，旃檀函貯文犀馱。後來北鑄并南鑄，道南施蔡皆幺麽，亂真火色終枯槁，磨治雕鑿蛟龍呵。平生真賞惟懺閣，同我最好沈江河。撫今追昔再三歎，憐汝不異諸銅駝。一爐非小關一代，列聖德澤相漸摩。我今爲公作此歌，萬事一往何其多。歌成乙公書大字，明日更换山陰鵝。

周星《九煙先生遺集》卷三《友人以瓷鞋杯行酒宛然纖纖一瓣因向座客徵詩約字字帖切瓷杯不得移入真鞋座客多閣筆余漫成六首》　誰琢瓊筵月一弓，渾疑響屧墮吴宫。高擎便欲臨頤畔，細酌還堪舞掌中。　暖玉滿浮雲液白，真珠微滴鳳頭紅。莫言瓦缶無風味，醉倒金蓮勝碧筒。

静夜傳香愛素瓷，製成巧匠惹相思。生花未許潘妃著，承露應教漢帝持。玉椀但盛紅琥珀，春雲誰裹碧琉璃。酒人願化陶家土，合共淵明化履絲。

勸飲曾窺纖指痕，屈卮争似此銷魂。四香捧足宜蓮印，七寶同心勝桂樽。量大翻嫌金葉小，酒寒應想玉趺温。若將繡履評高下，輸卻雕盤鄭重恩。

漫向雲端比窅娘，盈盈三寸笑瑶觴。杯傾白墮元同色，玉瀉黄流别有香。蓮瓣慣看凝瑪瑙，桃絲遥擬奇鴛鴦。雖非裙底淩波物，醉想淩波興更狂。

纔説纖鉤便可憐，青絲未勝縹瓷妍。神飛霜屐鴉頭外，心醉霞觴鳳味邊。仙掌漫教移别殿，妓鞋何必卸當筵。定州正是甄妃里，莫羨臨邛大邑堅。

想像弓鸞製自佳，休論官汝與哥柴。一鉤引興非羅襪，三寸銷魂即錦鞋。蓮葉黄金羞學步，花瓷紅玉愛投懷。寧封若遣爲陶正，不屬軒轅屬女媧。

曹溶《静惕堂詩集》卷二六《安道貽酒杯二首》　宣瓷歸内庫，近製亦稱珍。嵇阮雖難作，酣眠尚有人。山城寒倚劍，草閣静留春。不負投瓊意，呼童理葛巾。

勑使何時出，饒陽秘色傳。貢餘留入市，分到喜從天。妙繪花猶濕，新聲玉未妍。野亭堪雜坐，準擬罄囊錢。

吴綺《林蕙堂全集》卷一〇《姜仲子宣窑脂粉箱題詞》　萊陽姜仲子，博學而好奇，多藏而服古。所寶宣瓷一器，質素文青，體堅制妙。詢之宫監，知爲翡翠香奩，置以書牀，用等琉璃硯匣。姜子既獨珍之，什襲三君，乃競美以篇章，物兼華實，以咸工詞，備抑揚而盡變。嗟乎！燕來漢殿，夜珠時照露華；獺補吴宫，春暈還添玉屑。仙如秦女，方塗一轉之丹；寵似昇平，特賜兩輪之磑。昔之口脂面藥，不知何處恩光；今則粉白縹青，但許名流把玩。其爲物也，君子傷之矣。而況昭陵玉匣已出人間，漢殿金盤盡歸天上。考工零落，久無大邑之供；大雅凋殘，非復宣和之舊。人事見其盛衰，物力因而消長。其爲感慨，可勝言哉！仲子其韞櫝以藏之，異日可執型而考也。

戴肇辰《學仕録》卷一魏象樞《寒松堂集》　儉，美德也。余謂仕路諸君子崇尚尤急。數椽可以蔽風雨，不必廣厦大庭也。痴奴可以應門户，不必舞女歌童也。繩牀可以安夢魂，不必花梨螺鈿也。竹椅可以延賓客，不必理石金漆也。新瓷可以供飲食，不必成窑宣窑也。五簋可以敘間闊，不必盛席優觴也。經史可以悦耳目，不必名瑟古畫也。去一分奢侈，便少一分罪過；省一分經營，便多一分道義。慎之哉。

一味疾人之惡，小人之禍。君子者，十有八九終日揚人之善。君子之化小人者，十有二三。

今人見科目仕路中人，謂某某有功名矣。余不敢信。問客，客曰：「列高榜，登甲第，得顯官，居要路，非功名而何。」余始知今人之功名異於古人也。古人之功，或在社稷，或在封疆，或在匡君，或在養民。古人之名，或在尸祝，或在口碑，或在文教，或在史傳。一代之有功名者，不數人。一人之有功名者，不數事也。何今人功名之多也。

見居官者，不問職掌盡否，興利除害幾何，百姓安危何似，輒問何時陞轉，何日出差，地方好否，宦囊有無，遷移者有誰照管，淹滯者是誰阻抑。凡問及此，即爲薄待天下之人。

人君以天地之心爲心，人子以父母之心爲心。天下無不一之心矣。臣工以朝廷之事爲事，奴僕以家主之事爲事，天下無不一之事矣。

居大臣而德不純，才不粹，不如下僚。居下僚，而政不平，刑不中，不如素士。居素士，而理不明，學不正，不如庶民。吳芾云：「與其得罪於百姓，不如其得罪於上官。」李衡云：「與其進而負於君，不若退而合於道。」二公皆宋人也。合之可作出處銘。陝西進士劉璽云：「與其得罪於赤子，寧得罪於鄉士。」夫此其令烏程時禁投私書告條也。樞云：「與其得罪於寒門素士，寧得罪於要路朝紳。」此樞與陝西督學王功成書也，合之亦可作教養銘否。

恭謹忍讓是居鄉之良法，清正儉約是居官之良法。

顧景星《白茅堂集》卷九《代公惠古文鐫瓷琖支提茶》 浮粱藥瓷不易得，叩之哀玉聲琅琅。光如葩鶩初被□，澤似乳豚新割肪。支提老僧特好事，學窮金石古文字。貝葉謄經積幾□，芭蕉縱筆稱三昧。購奇賞古愛此瓷，重之不啻鼎與鼒。良工鐫識技尤絶，懸鍼黍露分毫釐。脆敳琉璃堅勝玉，崑潁蟾酥不得琢。一日一畫眂猶璞，眼光細與刀鋒角。大食鏤金不足珍，定州淚痕那可倫。籙壇樞府傳已濫，青花五彩人間遍。老僧雅意能創奇，一出此瓷諸品賤。不數彭君實，豈説周丹泉。鷓斑鱔血世多有，貴此蝌蚪同銘槃。嘉窑暗印雖可寶，棱郭邪輪恒不好。錦緹高價向市誇，款字粗知重薑棗。我時肺渴思雲芽，公持贈我兼贈茶。谿來真物有真賞，肯對尋常鬬試家。

顧景星《白茅堂集》卷一〇《初夏竹塢看内子烹陽羨茶步子瞻煎茶歌韻》 山杯烏筍已成斑筍生，紫椹半落黃鸝鳴。雨前試手雀舌嫩，雲脚照鬢鴉雛輕。山杯石磴列一二，謝家風味林下意。陽羨焙手粱谿煎。建安黑盌蘭溪泉。中州素瓷學西蜀，更誇定窑紅琢玉。漢文園令渴勝饑，遠山真對文君眉。柴扉不啟啄木叩，竹雞飛過提壺隨。酒能消渴茗亦醉，松風欲定雨生時。

鄒祗謨《倚聲初集》卷四董斯張《閨情》 君還不到春將去，君歸無處尋春補。梁燕落紅泥，打斜簪髮犀。 鄰家癡姊妹，笑語撩人淚。供得一瓶花，低頭呆看他。

鄒祗謨《倚聲初集》卷四單恂《夜景》 秋銅冷滴金螢歇，繡窗影淡薇梢月。趁步採嬌涼，蟬衫茉莉香。 夜闌嗔渴酒，素綆牽花牖。玉溼定州瓷，爲郎纖手持。阮亭云：史言王夷甫捉玉麈尾，與手都無差別，髣髴如見。

鄒祗謨《倚聲初集》卷二〇《秋雨感懷用僧仲殊傷春韻》 書幌長清，簾衣漸□，火罷爐灰生暈。小山畔桂花遲放，曲欄外海棠偏嫩。愛青瓷栽滿菖蒲，恰稱得幽人碎愁零恨。 怪滿耳蛩聲，凄凄切切，叫得雄心都盡。病入悲秋渾未損，況劍寂琴虛，一毛偏近。答賓戲支離自笑，送窮鬼揶揄誰問。十年事偏上心頭，便青鳥飛來，總虛佳信。只賦號愁霖，詩名苦雨，權寄眼前孤悶。曹植、應瑒、陸雲俱有《愁霖賦》，杜甫有《苦雨》詩。阮亭云：借題抒寫，或爲隱結，或爲飛越，語愈覶縷愈無能竟矣。

陳維崧《迦陵詞全集》卷二《酒泉子》 咏畫上香櫞爲祖仁淵賦 拌蠟勻檀，搓得軟羅圓皺。西風抛打赭黃毬，墮高樓。 翠瓷紅架貯清幽，分外宜秋。憑皓腕劈春絨，和麝粉絡床頭。

陳維崧《迦陵詞全集》卷六《五月詞仍用前韻》 五月荆南梅雨至，好貯天泉，競滌空齋器。豕腹龍頭堆滿砌，庭前新改瓶罍肆。 濺沫傾珠差足喜，亟喚樵青，活火須先熾。道是茶聲還不是，依稀松籟挐風戲。

五月荆南饒好味，筍脯茶油，都上蛟橋市。細切黃瓜涼欲嚏，厨香正熟長腰米。 飽飯風前貪美睡，剥啄誰歟，佳客催人起。庫裏葛衣新歲質，迎賓且學披裘戲。

五月荆南花未已，各色戎葵，濃淡摇軒砌。聞道街南花更麗，殷勤乞取三升子。 待得明年栽滿地，簇繡舖茵，便作花城矣。此是貧家真富貴，人間富貴還如戲。

五月荆南新漲至，一片茭蘆，總把川光翳。閣外溪風來也未，陰陰先作鏗鎗勢。 水郭漣漪逾十里，買件簑衣，走入漁翁隊。日落笛聲篷背起，封侯不換垂綸戲。

五月荆南蒸濕翠，墻脚苔生，礎潤垣衣膩。院静日長沉水費，瞢騰兀坐思陳事。 憶看京江江萬里，爛若銀盤，倒插金山寺。雪片崩濤飛彩幟，妙高臺下龍舟戲。

五月荆南佳節至，角黍堆盤，嫩緑窗前醉。絳縷絲絲斜纏臂，釵符顫罷簾痕碎。 五毒羅囊裙帶繫，始信人生，騎虎非難事。折得海榴紅染袂，蒲根鏤作葫蘆戲。

五月荆南多酒會，蜜蟹糟蟶，新自江船寄。杏酪攪酥偏沁肺，梔膏紅透冰瓷内。 萬事蒼茫休問矣，餔啜吾生，此舉强人意。閑看雨絲蛛網綴，分明空裏穿珠戲。

五月荆南秧早蒔，黃紙飛來，温語從天至。見説東南民力敝，秋租減半明年事。 比星歡騰還雪涕，只恐來年，還似常年例。我語村農休過計，官家自古言無戲。

陳維崧《迦陵詞全集》卷一〇《鶴冲天·題鄒生巽□小像像坐萬山梅花中一童子煮茶於側》 寒崖緑染，石竇低於甑。極目總蕭林，堆蒼艷。更梅花作海，綻香雪飄千點。幽人巾自墊。趺坐苔陰，杳靄水明山店。 瑶翻碧灔，磵底泉澄湛。童子潑茶，光連幽簟。翠花瓷注茗，花沸乳珠成紺。風情何澹澹。乍展吴綾，廻味略如橄欖。

陳維崧《迦陵詞全集》卷一〇《勸金船·茶花》 緑紗窗底幽姿嫃，鞸白花盈寸。玉娥小剪明羅暈，遞顧渚佳信。檀心暗蹙，悄向膽瓶安頓。最喜粧樓小撚，偏解春困。 茶娘家與春山近，雨過香成陣。不知名處花尤俊，好傍人蟬鬢。懊惱滇茶，長把紅芳相混。誰似伊行素雅，並没脂粉。

曹亮武《南耕詞》卷一《點絳唇·無題》 驀地相逢，此生早識愁滋味。衣香鬢膩，儘轂牽人意。 消息沉沉，詩句憑誰寄。心何似，亂絲難理，不共春蠶死。

又

竹院蕉軒。晝眠殘醉風吹醒。疏簾清映，没個人兒影。 剩有閑情，脉脉須重省。爐煙静，素瓷斟茗，賺得香肩並。

又

丰韻天然，淡粧輕抹新梳掠。花柔柳弱，帶病身材削。 偏是多情，慣與緣相錯。無人覺，小亭西角，密締他生約。

又

一卷新詞，也曾直到粧臺畔。微聞稱善，嬌眼孜孜看。 知否柔腸，日似車輪轉。閑庭院，芳心誰見，只有梁間燕。

嚴繩孫《秋水集》卷三《茉莉》 南陸朱華盡，翻然見雪姿。却移炎障地，所得晚凉時。和睡抛青簟，分香覆緑瓷。無因答幽眷，不敢戀芳枝。

毛奇齡《西河集》卷一五九《試茶歌》 東吴種茶白石株，建州數處皆不如。漸西漸東總甘辣，會稽日鑄天下無。春雷殷殷雨花薄，瓜蘆小頭暗生肉。風吹枝亞甲拆長，鵲唇鶯嘴捎雲凉。我來試茶值社後，少婦入雲緑洗手。山頭爛石膏沐多，雪礫霜崖絶枯朽。青絲籠子翦香葉，箬裹焙成卷銀鬣。不需木桀共桑砧，何用銅匙并鐵鋏。相攜且試耶水濱，青黄黑白甘苦辛。粗柑細蘖似難較，雞蘇狗棘非其倫。須臾地罏活火起，沸向花堦石蘿裏。半杓疑分乳窟泉，滿船剛載南泠水。傾來清瑩作冰雪，掃却黄瓷細漚沫。分明眼底見幽蘭，驟使胸中斷消渴。昨年曾向顧渚回，一槍試後棠梨開。宣州瑞草雜紫笋，蒙山石花猶緑苔。今朝會稽新茶真莫並，揭腹頓教肺腸静。亭前風落增永摇，山頭日色皆清冷。今朝歸去踏葛蘿，明朝飢渴知如何。喉焦舌燥且勿苦，聽我開口歌茶歌。

毛奇齡《西河集》卷一六三《宣德窑青花脂粉箱歌爲萊陽姜仲子賦》 君不見宣皇宫中脂粉箱，青花素瓷出上方。陶模笵埴好形像，燒胚燿膊非尋常。曼身穴腹判兩截，一道坎中周四旁。融脂瀹粉恐膠結，洄漩複壁流温湯。宛若麗華鬭粧罷，宫溝淺膩縈苑牆。何年此物坐棄擲，竟置姜郎硯塘側。隔奩微聞金粉香，開奩尚帶臙脂色。摩抄日劇但把弄，未審甄人定何用。賈人欲認不辨名，盧女相看宛如夢。連昌宫監老不堪，落花時節來江南。見此忽爾驚嘆息，云是先朝舊承值。曾賜昭陽繫臂紅，玉函脂粉在其中。盤問花貯甘泉露，鏡裏衣穿仁壽銅。良人少使望春樹，百子池前早祠去。額畫銷硃點暈重，指尖碾玉當窩處。由來摘揥最煩紆，惟此當窗好匀注。紫水開唇恍瀉丹，紅綿撲粉如飛絮。誰知因之瓦甂獨見親，珠械寶柙皆非倫。履箱銀鑰擎奴子，鈿合金釵付貴嬪。誰知世事頗難測，金狄銅仙雨中拆。拾得皇孫繡褓錢，抛來魏后緗紋尺。昭華翠琯摧井榦，道傍團扇遮彌寒。庫名宜聖總散失，獨留金盌傳人間。承恩當日授佳器，前後紛綸尚能記。花箱雖好何代貽？知爲宣德年間事。我來吴會當歲除，東湖水落西流魚。姜郎酒後出示我，令我抱之長欷歔。黄鐘土釜本反覆，幾見桑田變成谷。半世紅顔委道途，上陽白髮誰膏沐。箱空脂盡粉未調，當前若個真娥媌。君家陳寶世無算，爲汝一歌宣德窑。

朱彝尊《曝書亭集詞註》卷三李良年《前題》 燕月微黄，〔元好問詩〕滿面黄沙對燕月。〔蘇軾詩〕午夜朧朧淡月黄。繞到竹間，淡著江南影，箔卷半窗。〔薛奇童詩〕珠箔卷，輕寒。露點凉波，書屋短於煙艇，〔鄭谷詩〕煙艇憶莎陂。底問青旗，〔元稹詩〕賣壚高掛小青旗。笑臘釀秋厨猶賸。「臘釀」見卷五《雪》。紅凝鬬，古色甌香，汝哥官定。〔方言〕自關而西，盎之小者謂之甌。〔岑參詩〕甌香茶色嫩。〔宛委餘編〕朱以定州白瓷器有芒，不堪用，遂命汝州造青窑器。唐鄧耀州悉有之，而汝爲冠。政和間京師自置窑燒造，曰官窑，文色亞於汝。又宋時處州張生兄弟皆作窑，而兄所作視弟稍白而斷紋多，號白圾碎，故曰哥窑。 還記舊雨梅邊，「舊雨」見後題《査浦》。又一葉飄梧，見卷二《寄酬李》。者番清景，吴根夢去，〔杜牧詩〕封壤盡吴根。「蟹簖」魚牀。「蟹簖」見卷六《蟹》，「魚牀」見卷六《蛤蜊》。西風暗吹笭箵，〔大唐新語〕漁具曰笭箵，陸龜蒙《□具詩序》所載之舟曰舴艋，所貯之器曰笭箵。旅話今宵，都忘了，五湖歸興，見卷一《計甫草》。更静，便挑盡燭花也肯。

王士禛《感舊集》卷六蔣超《採茶歌》 少婦提青籃，結伴上茶山。山高仰面上，手接如飲猿。新茶共努長纔寸，垂頭槪株痛難論。採茶歸，爇火吹，候紫緑，辨槍旗，青金之皮勤錮之，竹筴都籃長耳馳。瓷辨官哥薪辨桂，售與貴人消肉膩。昨日夫信至，時尚摸茶好。家茶眼前種，野茶深谷討。猛虎在前不得輟，採茶易米心力竭。米不來，妾心哀，兒嗷嗷，姑觫觫，茶客揮金青樓宿，妻子糠覈常不足。

董元愷《蒼梧詞》卷一《望江南·啜茶十詠》 茶塢勝，陽羨鬱層巒。月峡澗流，生雀舌石巖。霧曉出龍團，仙掌片峰寒。

又

茶筍別，羅岕勝烏程。廟後結花，垂緑脚渚前。分露種紅英，秀色帶烟輕。

又

茶籯滿，葉葉占先春。翠靄擷齊，雙鬢冷青絲。籠就兩槍新，衣惹暗香塵。

又

茶舍小，石徑臥雲斜。斑駁苔生，青嶂影婆娑。樹老緑陰遮，竹裏看煎茶。

又

茶竈冷，溪鳥逐烟光。瑟瑟波沉，霞脚碎輕輕。色泛乳花香，翠釜合先嘗。

又

茶焙暖，沆瀣碧波融。編竹候隨，文武火開緘。葉裹建城籠，一紙隔春風。

又

茶泉沸，第二擅中泠。旋沫翻成，魚眼動騰波。聲作老龍聽，潤底覔樵青。

又

茶甌潔，碧盌醉春醪。翠影香浮，盧氏碗素瓷。圓勝謝家窑，絲柳拂長條。

又

茶品絶，綴玉復含珠。三十綾文，酬博士兩篇。茶録問君謨，疏月下庭梧。

又

茶候静，簾捲日初長。片甲味分，蟬翼薄丹丘。陰益簟紋凉，應唤醒羲皇。

阮亭曰：「宋人工作茶詞，無如此十闋得茶三昧。」

天石曰：「綜錯茶事，虛實畢該。鎸之嶺上，是謂茶銘。藏之洞中，即云茶史。」

董元愷《蒼悟詞》卷二《茶瓶兒·王半叟江樓留飲岕線》 新製凌家岕線，一名凌家茶碾玉塵月團千片。傾瓊蓝色香兼擅，映入幽蘭葱蒨。寒泉濺，乳花泫，冰瓷春滿。松風小啜過陽羨，月冷空江聲斷。

屈大均《翁山詩外》五律四《飲武夷茶作》 武夷新茗好，一啜使神清。色以真泉出，香因活火生。摘來從折笋，烹處正啼鶯。白白瓷杯裏，花枝照愈明。武夷茶以折笋峰茶□種者爲佳。

陳恭尹《獨漉堂詩集》卷一四《霜橘》 嘉果生交甸，飛香始素秋。一官曾命秩，千樹擬封侯。緑葉霜彌翠，金衣晚未收。玲瓏明夕照，磊落亞枝頭。浥露姿常潔，摇風蒂自柔。厥包神禹錫，作頌楚臣優。偶入金盤採，蒙兼玉饌羞。甘酸消宿酒，清冷破牢愁。小瓣輕鐳柚，微紅妒石榴。光凝珠的的，聲入齒颼颼。水玉深潛壑，堅冰滿貯甌。近之清内熱，聞者亦涎流。有目應同賞，非時莫暗投。苞中仙對弈，江上鶴成樓。實以踰淮變，花從到鄴休。貞操元自固，衆卉豈其儔。藥品皮爲上，醫師舊是求。青黄分所治，沉痼賴能瘳。色味稱俱美，驅除力更尤。有如詞翰士，兼善甲兵謀。筋核皆堪取，蟲魚不是讐。一身無棄斥，萬里極車舟。橘譜原多種，詩篇亦滿眸。醉來渾忘却，何處更旁搜。

陳恭尹《獨漉堂詩集》卷一四《小魚缸惠州王子千使君席上咏》 古之五窑哥官定，有明所寶唯嘉靖。五窑近者亦千年，舊物僅存希不病。肅皇臨御久且寧，元修内醮期清净。中官監製下浮梁，供奉雖多誰敢諍。無論大器小亦精，雞缸魚缸最得名。君之酒杯無乃是，朱魚上下缸心明。缸之所受不容吸，四魚與酒遞出入。滿時或躍酒池中，乾時不作枯魚泣。摇鬐鼓鬣若毫芒，掉尾昂頭似人立。昔聞釀者有玉缸，此缸清妙古無雙。拊不留手柔無骨，虛明瑩徹當銀缸。質輕如紙内外見，酒淺酒深人自勸。良宵高會此何時，當杯不醉將遺恨。吾聞水者魚所依，以酒澆之良已非。如何涸轍令心悲，如魚得水今望誰。魚乎魚乎使我思。

梅文鼎《績學堂詩鈔》卷三《穀雨試茶應督學侍讀李公教》 桃花爛熳水萍生，桑田緑滿鳴倉庚。遲日山園乘野興，縹瓷小啜心脾清。由來詞客多煩慮，每恨酒醒無麗句。聊嘗苦茗勝醇醪，閑愁澣滌歸何處。天生靈草性神奇，烹之有法采有時。氣如蘭蕙質松柏，風霜荆棘從相欺。君不見陽羨之茶中冷水，物類相須各千里。一逢鴻漸著爲經，修名天地齊終始。

張英《文端集》卷六《柴窑酒椀歌》 長安晴日秋窗暖，曹郎酒客秋窗滿。持出牀頭舊酒巵，篋中碧色柴窑椀。大樸不屑争離奇，翡翠斑剥空爾爲。製如半截青蓮子，土花色暗蒼玉姿。懸知此物已千載，滄桑幾換今猶在。人間歲月老糟牀，瓦缶田家同不壞。由來珍異豪家爭，玻璃七寶徒縱横。苦伴珠玉委塵土，那能常對秋山清。吾儕持此發詩思，舉手摩挲復頻視。問爾千年閱幾人，幾人對爾能沉醉。

張英《文端集》卷八《江南憶十首》 《長慶集》中有《憶江南》詞，注云：「此曲亦名《謝秋娘》，章五句。樂天，秦人也。遊宦於南，深用相憶。況予生長玆土者乎。」因廣其意，遂成十章。

江南憶，最憶小亭前。送暑迎涼桐葉雨，怯寒偎暖杏花烟。風景勝當年。

江南憶，最憶近城山。曲曲清泉垂石乳，層層翠岫疊烟鬟。數武隔塵寰。

江南憶，最憶小池隈。近舍傍城三畝許，水花木卉四時開。薄薄有亭臺。

江南憶，最憶是湖邊。賽社家家秔稻熟，嘗新處處鱖魚鮮。十里白花蓮。

江南憶，最憶是江頭。楊柳岸藏沽酒肆，桃花港泊釣魚舟。春水泛輕鷗。

江南憶，最憶筍櫻時。碧玉萬竿抛錦籜，火珠千點壓高枝。烹摘小花瓷。

江南憶，最憶是梅花。幾樹傍谿園草閣，一枝凝雪近窗紗。多少盡堪誇。

江南憶，最憶是春深。花謝海棠紅似雨，葉藏梅子緑成陰。黄鳥惜春心。

江南憶，最憶竹林中。迴環白石陰陰路，宛轉清谿澹澹風。穿破碧玲瓏。

江南憶，最憶桂花叢。深苑黄垂千點粟，小城香滿一秋風。人在月輪中。

田雯《古歡堂歌》卷三《謝友人餽茶餅》 破睡思毀茶，六安不傷脾。霍山小峴春，穀雨吐槍旗。妙絶官焙法，落磑何葳蕤。忽餉三百片，豈殊頭綱遺。上有赤泥印，軡以青箬皮。火爐聽煮湯，一二鐺足敧。須臾蟹眼沸，薑鹽非所宜。土花鷓鴣班，柴窑兼定瓷。灌頂下跟肘，兩腋清風吹。年來寡嗜好，抱痾難撑支。腸枯不須搜，舌乾秖自知。感爾分數餅，似遇和扁毉。

田雯《古歡堂歌》卷三《棲霞山》 攝山一名繖，天闕相伯仲。中峰不可辨，元氣迷澒洞。蒙密竹樹交，綿邈烟嵐動。沿徑防欹石，跨磵作飛鞚。或俯如運甓，或立如抱甕。或如猛獸奔，或如行髤衆。穗實青豆垂，風作紅鶴哢。雨疏如散花，雲奇如吐鳳。岩腰白鹿泉，活活清乳涷。人代弔齊梁，飛鴻以目送。

邵長蘅《邵子湘全集・青門簏槀》卷五《留蔣頴揆信宿草堂》 握手留君三日住，別離已是隔年看。同舟江漢開懷久，卧病親交見面難。出岕焙茶瓷盌碧，經春竹葉玉缸寒。極知供給貧家儉，紅藥蒼苔滿石欄。

邵長蘅《邵子湘全集・青門簏稿》卷七《青門五真圖詩序》 圖青門子像，凡五裝滿成册。圖之次，首展卷，次課耕，次遊嶽，次垂竿，最後蕉團圖。各縱廣尺衡，廣如縱而贏寸者二，像高不盡縱三之一有差。圖中器之類十有二，爲壺、爲石几、爲茶竈、爲椀、爲羽扇、爲杖、爲拂、爲蒲團、爲舟。凡九爲釣筒，爲緑瓷甖，爲幔，則載於舟。禽獸竹樹之類七，牸一頭，白鷺三，竹十餘個，梧桐一，楊柳一，松一，藤蔓一。他樹無名者以指計，葭菼以勾股計。童子二，一剩泉烹茗，一驅犢。遊嶽之像立，餘則否。遊嶽其形傴而杖，其巾角巾，其袍褐，其履屨。蕉團之坐趺，其髮鬖，其衣色薄青，其帶垂，其履並脱置前。垂竿之坐欹，其笠箬，其衣淺緑色，一手自撚其鬚。課耕之坐箕不冠，其衣白，單綃，袒胸，左膝竪，右膝前展。其左手反據柳根，展卷之，坐以石。手卷書，横著膝上。畫者梁谿、朱生旭，補圖者生之父芾，寧都魏禧作記。諸名人各有詩，而青門邵長蘅自爲序。

張塤《竹葉庵文集》卷二一四《程東冶舍人招看手插缾鞠》 雨風晴霽一枝枝，正直横斜並有之。絶好花光扛邨落，縮將陂逕入軍持。素瓷貯水如明月，焦墨微吟寫淡詩。尚道玉栝不相稱，主人情重醉歸遲。

潘江《木厓集七》五言古《壽張如三姑丈五十初度次令弟敦復宮諭韻》 勺園好亭榭，四時饒花枝。竹樹吴小仙，山水黄大癡。牡丹十二欄，楊柳九曲池。良辰美景備，朋好競追隨。之子居其間，如坐菉水涯。永懷委時運，任真無崄巇。城市宛山林，清福天所私。憶昔識君初，坦腹方佩觿。秦淮花月佳，文酒與棲遲。猋風一朝至，吹返舊茅茨。丁年各壯盛，不敢狎羣嬉。結隊執槃敦，文采紛陸離。獻策比江都，賦詩凌陳思。人情多翻覆，世路飽傾敧。令弟拔螯弧，揮手謝東籬。協亢本齊名，乘韋乃先之。猶記鳩茲櫂，目送仙舟移。高門列丹戟，宮袍拜丹墀。自顧惜流年，益增壯志悲。君獨治園亭，不顧時俗嗤。門開三徑曲，樓聳百尺危。翻笑老兜鍪，耿耿嘆數奇。子如耕下潠，吾亦燒東菑。桑柘接衡宇，桔槔流清漪。引鏡照容顏，都非少壯時。老嫗不自量，猶欲綳嬰兒。拂衣遊薊門，送我臨路岐。雖上春明書，但霑京洛緇。何若隆中人，且與林泉期。疇昔所著書，名已藝苑馳。我歸成老醜，鬑鬑霜有髭。舍旃圖千秋，安能駐奔曦。自謀適不臧，羡君亦奚爲。逝將結末契，擺落塵務羈。所嗟室中友，同失戾廖炊。君有好明珠，髫齔愛文詞。定知備粱棟，寧止充耘耔。仙果海上來，鵷雛更莫疑。試觀眉目間，矯矯非常儀。信知丹穴内，必産鸞鳳姿。仲夏日初長，園居良足怡。臘酒浮春甕，新茶傾縹瓷。坐卧緑陰中，侑以新黄鸝。朝呼竹林友，暮和松陵詩。令弟工五字，遠寄絶妙辭。想見鑾坡暇，珥筆咏重熙。薰風動虞絃，殿閣彈桐絲。嗟我衰老餘，拜祝何所貽。載和鶺鴒篇，爲君勸滿巵。百歲勺園中，風雅賴總持。

魏憲《百名家詩選》卷八吴梅村《宣宗御用戧金蟋蟀盆歌》 宣宗在御昇平初，便殿進覽豳風圖。暖閣才人籠蟋蟀，晝長無事爲歡娱。定州花瓷賜湯沐，玉粒瓊漿供飲啄。戧金髹漆隱雙龍，果廠雕盆錦香褥。佽飛着翅逞腰身，玉砌軒髻試一鳴。性不近人須耿介，才堪却敵在慓輕。君王暇豫留深意，棘門壩上皆兒戲。鬬鷄走狗謾成功，今日親歡戰場利。坦顙長身張兩翼，鋸牙植股鬚如戟。漢家十二羽林郎，蟲達封侯功第一。臨淮真龍起風雲，二豪螟蛉張與陳。草間竊伏竟何用，竈下廝養非吾羣。大將中山獨持重，却月城開立不動。兩目相當振臂呼，先聲作勢多操縱。應機變化若有神，慓突彷彿常開平。黄鬚鮮卑見股栗，垂頭折足亡精魂。獨身跳免追且急，拉折扳翻只一擲。蠮螉塞外蠕蠕走，使氣窮搜更深入。當前拔柵賭先登，奪采争籌爲主人。自分一身甘瓦注，不知重賞用黄金。君王笑謂當如此，楚漢雌雄何足齒。莫嗤超距浪輕生，横草功名須致死。二百年來無英雄，故宫瓦礫吟秋風。一寸山河鬬蠻觸，五千甲士化沙蟲。灌莽微軀一何有，捉生誤落兒童手。蟻賊穿墉負敗觜，戰骨雖香嗟速朽。涼秋九月長安城，黑鷹指爪愁雙睛。錦韝玉絛競馳逐，頭鵝宴上争輸贏。鬬鴨欄空舞馬死，開元萬事堪傷心。秘閣圖書遇兵火，廠盒宣窑賤如土。名都百戲少人傳，貴戚千金向誰賭。樂安孫郎好古癖，剔紅填漆收藏得。我來山館見雕盆，蟋蟀秋聲增歎息。嗚呼！漆城蕩蕩空無人，哀蟄切切啼王孫。貧士征夫盡流涕，惜哉不過飛將軍。

魏憲《百名家詩選》卷六二成仲謙《暮春夢闇招飲園中》 與君幾日不相晤，東風吹遍庭前樹。白雪紅霞色炤天，氤氳馥郁香凝霧。潦倒那知花信過，韶華幾被塵緣誤。良朋歡會未易得，脱帽解衣删禮數。湘簾高捲烏几明，檀槽新滴素瓷輕。詼諧曼倩金門隱，詞賦枚生梁苑清。須臾落照映樓臺，相攜花底重徘徊。主人指點當堦柏，云是尚書親手栽。我祖文穆知同志，城隅亦有幽棲地。雲石蒼凉舊草堂，鼯啼鴟叫空留記。君家兄弟何賢豪，文彩歷落青雲高。已見九賓享白璧，還能一醉揮金貂。金貂白璧去復來，莫負尊前花正開。君不見沁水園林狐兎宅，平泉花木總塵埃。人生百年草頭露，低眉局促何爲哉。

陸進《巢青閣集》卷五《汪蛟門招晤舟中率爾言别口占送之》 愁絶經年别，欣逢綵鷁來。岸花臨榜放，檣燕掠風廻。茶潑青瓷椀，香飄古鼎灰。長年催去急，目送錦帆開。

陸進《巢青閣集》卷五《宿沈京仲山莊》 夕陽歸路遠，借宿到山家。新釀縹瓷酒，初開石徑花。坐移星影密，漏起月痕斜。撫景殊忘寐，臨窗水一涯。

錢芳標《湘瑟詞》卷一《大有和片玉詞》 繡屧辭春，綃衣迎夏，學嬋娟庭篠偏瘦。碧旗槍，花瓷茗，椀初鬬蝦鬚半捲。杏梁暖，姤紅襟，並棲佳偶。午夢倏，逐風吹，依然一舸江口。花飛盡，無可咒，最苦□鰥鰥。金魚共守，細數芳辰，總是憶歡追舊。争奈入清和後，更添却風僝雨僽。積多少静裏思量，喧時尚有。

錢芳標《湘瑟詞》卷三《蝶戀花》 午酒微醺貪睡好，短夢惺忪，不意凌波到。蘭麝滿懷腰一搦，定瓷親遞雲芽小。 密雨重簾聲息悄，半餉遲留，生怕人知道。撩鬢收裙渾草草，臨行更索盤龍照。

劉源長《茶史》卷二《古今名家茶咏》 日高五丈睡正濃，軍將扣門驚周公。口云諫議送書信，白絹斜封三道印。開緘宛見諫議面，手閲月團三百片。聞道新年入山裏，□蟲驚動春風起。天子未嘗陽羨茶，百草不敢先開花。□風暗結珠琲蕾，先春抽出黄金芽。摘鮮焙芳旋封裹，至精至好且不奢。至尊之餘合王公，何事便到山人家。柴門反關無俗客，紗帽籠頭自煎喫。碧雲引風吹不斷，白花浮光凝碗面。一碗喉吻潤；二碗破孤悶；三碗搜枯腸，惟有文字五千卷；四碗發輕汗，平生不平事，盡向毛孔散；五碗肌膚清；六碗通仙靈；七碗喫不得也，惟覺兩腋習習清風生。蓬萊山在何處，玉川子乘此清風欲歸去。山上群仙司下土，地位清高隔風雨。安得知百萬億蒼生命，墮在巔崖受辛苦，便從諫議問蒼生，到頭還得蘇息否。盧仝《謝孟諫議寄新茶》。

劉源長《茶史》卷二 婆娑緑陰樹，斑駁青苔地。此處置繩床，旁邊洗茶器。白瓷甌甚潔，紅爐炭方熾。末下麴塵香，花浮魚眼沸。盛來有佳色，嚥罷餘芳氣。不見楊慕巢，誰人知此味。白樂天《睡後煎茶》詩，楊慕巢亦當時善茶者。

劉源長《茶史》卷二 山僧後檐茶數叢，春來映竹抽新茸。宛然爲客振衣起，自傍芳叢摘鷹嘴。斯須炒成滿室香，便酌砌下金沙水。驟雨松聲入鼎來，白雲滿盌花徘徊。悠揚噴鼻宿醒散，清峭徹骨煩襟開。陽崖陰嶺各殊氣，未若竹下莓苔地。炎帝雖嘗未解煎，桐君有籙那知味。新芽連拳半未舒，自摘自煎俄頃餘。木蘭沾露香微似，瑶草臨波色不如。僧言靈味宜幽寂，采采翹英爲嘉客。不辭緘封寄郡齋，甎井銅鑪損標格。何況蒙山顧渚春，白泥赤印走風塵。欲知清冷花蘂味，須是眠雲卧石人。劉禹錫《西山蘭若試茶》詩。

劉源長《茶史》卷二　敲石取鮮火，撇泉避腥鱗。熒熒爨風鐺，拾得墜巢薪。恐乖靈草性，觸事皆手親。宛如摘山時，自歠指下春。湘瓷泛輕花，滌盡昏渴神。茲遊愜醒趣，可以話高人。劉言史《與孟郊洛北野泉上煎茶》詩。

劉源長《茶史》卷二　簇簇新英摘露光，小紅園裏火初嘗。吴僧謾説鴉山好，蜀叟休誇鳥嘴香。入坐滿甌輕泛緑，開緘數片淺含黄。鹿門病客不歸去，酒渴更知春味長。鄭谷《峽州煎茶》詩。

汪筠《謙谷集》卷六《受銘歸自西江以花瓷酒器見貽賦謝》　自來墨客愛豪飲，必矜酒具羅几筵。阿除金玉貴陶埴，仿古遠載浮梁船。酒清器潔朋復冷，更戒餖飣蒙葷羶。知音嗜麴若嗜荈，腋風豈不輕如仙。故人昨返豫章櫂，赫蹏導以尊壺先。青花玉質瑩而緻，贈我貯酒梅花前。殷勤重自素心手，物微未可狂呼傳。官哥柴汝此其亞，摩挲短畫三回旋。蓬萊盞寶適之汰，君房或苦螺蜿蜒。那如雲罍山觚銅有臭，玻瓈琥珀徒紛然。鴟夷皮相巨能受，葫蘆竹根精可憐。那如雲英親捧物，儉方養德洗滌便。林鴉無聲溪欲雪，拏音休阻冰灘堅。牀頭甕雲暖同撥，爲君細誦庄廬篇。

張雲章《樸村文集》卷三《霍山廣文陸行菴寄惠梅花片茶賦詩爲謝并示令子綸署》　世間百事判清濁，肉食者流耽壑谷。何人品茶復品泉，擾擾胸中但五欲。靈芽瑞艸不絶生，半棄窮岩雜野蔌。中泠一杓不分江，二泉亭畔供盥沐。小團水遞縱多事，終勝權門臭酒肉。行庵吾友冰雪姿，一官廣文寄遐躅。如丘學舍都講餘，終日吟哦霍山麓。偏愛清風兩腋生，七椀呼來猶不足。當春蓓蕾遍山中，一旗一槍鬭净渌。蕊尖揀選貢天家，雀舌丁香紛標目。梅花小片摘來稀，須趁咸池日未浴。入雲深處得芳叢，衣霧濛濛眩轉矚。青瓊緑髓滿筤篣，浥露含煙貯芬馥。焙處銀盆蒸若嵐，采時銀甲裁如幅。縱輕纖指不輕拈，況是銅爐尤憎俗。煬者須知火是文，鮮新不使炙來熟。陽烏飛出署光開，收拾輕籠裹藏速。山下流泉滑且甘，煎烹入鼎菌蠢縮。松風庭院蟹眼生，定州古瓷白勝玉。雪花雨脚半浮沉，冷蕊暗香噴案牘。始知開壓百花頭，頗似此茶空百族。蒙君憐我嗅味同，遠寄一瓶緘封肅。開緘爲爾滌心源，煎成令我舞茅屋。郎君昨開詠蓼軒，陸子軒名連宵疏瀹煩腸沃。斬新詩句似家尊，數甌頻傾快一讀。許我年年餉雨前，不信此言言可復。玉泉仙掌已悠悠，陽羨月團殊碌碌。爲謝山神產最靈，寧慚漢武稱南嶽。吾今珍重過雙轂，不羨步兵三百斛。盤筵羶腥堪洗濯，鴻漸茶經君早成，又新水記吾還續。更裁雜咏寄天隨，茶事十章酬唱數。

孔尚任《湖海集》卷四《盆蘭》　誰採芳蘭江上村，蕭齋取供緑瓷盆。齊抽紫幹藏肥葉，旋長青苔培舊根。曾否幽人堪作佩，淡濃香味果消魂。閑曹遲起春猶冷，静譜琴聲午閉門。定九云詩情静幽，殆吹氣如蘭矣。

查慎行《敬業堂詩集》卷四《浮梁縣》　苦霧吞江去，茫茫出遠津。長程催短晷，白骨散青燐。城小初經亂，民愚久疾貧。琵琶臨老妓，容易嫁商人。

查慎行《敬業堂詩集》卷四《景德鎮觀御窑瓷器歌》　浮梁縣西開畫棟，御廠燒瓷供輦送。江天漠漠生黑雲，百竈烟浮日光動。初看兩眼炫青紅，夜入孤舟夢龍鳳。文成璀錯羽毛活，勢健開張牙爪弄。畫彩新添寶石釉，異光欲走黄金汞。頗聞中使出三年，十斛缸成選難中。至尊服御崇節儉，珍錯屢却遐方貢。即看嗜好非異物，器象雖精本日用。同時玉瓚注黄流，古玩金魚配清供。君不見宣成嘉萬舊官窑，散落民間價自高。博古圖成曾進御，猶容款識倣前朝。

查慎行《敬業堂詩集》卷四《登饒州鄱陽樓八韻》　東北山根削，西南地軸摧。豫章帆不斷，彭蠡雁初迴。再見孤城闢，翻憐往日災。江湖銷戰伐，荆棘妬亭臺。旅望天邊豁，雄心亂後灰。殺霜冬旭暖，釀雪曉雲開。欲去猶延佇，無聊奈獨來。未除豪氣盡，飄蕩愧詩才。

沈季友《檇李詩繫》卷二三《兎毫琖歌報陳若水》　建安黑窑天下奇，土質光怪欺琉璃。內含紋澤細毫髮，傳是窑變非人爲。宋家茶焙首北苑，必須此琖相鼓吹。銀絲冰芽潔莫比，取白注黑乖所宜。誰知往哲嗜淳雅，目繫彩翠心不怡。求器求才兩無異，力斥炫燿追純熙。太素將窮秘文出，中山之顥開威儀。六百年間幾灰劫，兵喧火烈仍孑遺。歲加斑駁異常制，砂痕蝕盡參敦彝。陳公知我饒古癖，拏舟割愛來見貽。栴檀作室法錦囊，啓視端可輝鬚眉。涼軒酌水敢輕試，覩物想像元祐時。緩火筠籠點新鍔，拱揖歐蔡瞻清姿。陳公脱屣名利場，亦如此琖堅自持。席上新珍浮薄子，修飾猶恨青黄遲。先民矩矱世難識，祝公高蹈慎勿疑。

沈季友《檇李詩繫》卷二三《匏杯歌》　酌酒嘗用黄金樽，近年以來貴陶瓦。物巧生新定莫窮，易以堅匏更淳雅。尚象恒思謀始難，西楚東吴無作者。禾里遺風差不俗，逸客栽匏滿原野。累累結實飽霜霧，夏秀秋貞互傾寫。鉅者嘗聞濟險津，酒易溺人此其亞。鑒古足藉自流湎，目前寓意在杯斝。光踰栗玉謝雕鐫，歲月摩挲賤聊且。我里魴魚尾赬赤，甲乙之間嘶戰馬。故家筐篚無一存，插羽徵求到松檟。猶餘匏器侑麯蘗，賓筵秩秩見瀟灑。小製翻爲四海珍，鳳凰鸚鵡徒土苴。乃知治器等治國，羣材精物趨良治。不然棄擲老田廬，蟲吟雀啄誰能持。

郎遂《杏花邨志》卷七方邕《茗飲華嚴庵後經黄公井》 良辰景物總堪圖，此日欣無吏詬租。茶椀留人參半偈，風帆入望下三吴。湘潭放逐惟餐菊，秋浦登臨好佩萸。徙倚井欄帘影寂，汲泉猶憶舊當罏。

郎遂《杏花邨志》卷七方邕《晚歸自杏花邨》 茶泛花瓷酒泛樽，藏鈎射覆送黄昏。交情古處歸前輩，即事新詩擬外孫。鐵佛洪爐誰補鑄，石牛孤渡那追奔。憑將空色商儀狄，一指天龍在杏邨。

納蘭性德《通志堂集》卷四《病中過錫山》 潤州山盡路漫漫，天入蓉湖漾碧瀾。彩鷁風檣連塔影，飛鴻雲陣度峰巒。泉烹緑茗徐蠲渴，酒汎青瓷漸却寒。久愛虎頭三絶譽，今來仍向畫中看。

又

櫂女紅妝映茜衣，吴歌清切傍斜暉。林花刺眼蓬窗入，藥裹關心蠟屐違。藕蕩波光思澹永，碧山嵐氣望霏微。細莎斜竹吟還倦，繡嶺停雲有夢依。

納蘭性德《通志堂集》卷四《曲阜》 萬騎新過五父衢，玉鑾停御璧池初。絃歌疑尚聞興闋，荆棘還看自翦除。秘笈琳瑯懷裏玉，寶光騰躍壁中書。小臣久已瞻麟角，何幸趨承俎豆餘。

納蘭性德《通志堂集》卷四《和唐李昌谷惱公詩原韻》 洞户層層碧，雕闌處處紅。屏山開孔雀，綺石綴芳叢。麝曆安黄小，蛾眉點黛濃。纖腰欺柳帶，慧思展蕉筒。粉盒調湘芷，瓷缾插水萁。宿枝尋曉蝶，書葉愛春蟲。被浪翻靈粟，帷雲颺紫茸。晝眠妝復整，晚浴汗初融。羅襪宜乘霧，仙裾可趁風。寄詩搴芍藥，擘紙砑芙蓉。硯拂琉璃匣，香熏翡翠籠。媚花簪蔓鶴，心果剥荷蜂。乍見波先注，徉羞意若蒙。投梭嗤北里，抱布炫南賓。華燭然青鳳，文茵藉緑熊。柔攜荑様手，笑映月如弓。詎信爲行雨，還疑化彩虹。夢中遊洛浦，意外到崆峒。只合巫山住，何須石窌封。但期常比翼，即似驂乘龍。續續更催綺，丁丁漏盡銅。誓要長久約，密訂往來蹤。漢渚明星隱，咸池旭日烘。霞光生綺縠，樹色辨青葱。喜氣膠投漆，離情淚染楓。王昌聯井舍，宋玉隔牆墉。露浥桃初綻，風披李正穠。異香專寄壽，射鳥莫過馮。鸞影昏秦鏡，鵾絃解蜀桐。白頭吟早就，黄耳信無從。苔滿斜紋砌，塵凝刻瑣櫳。暗添瑤瑟怨，漸減雪肌豐。郎性翩秋蒂，儂操勵晚菘。選歌嗔傅婢，買卜倩騶僮。水面窺金鯉，樓頭望玉驄。自憐江柳態，誰憶海棠容。盡日懷將仲，無時見子充。贈遺傳陌上，期送説桑中。四葉裁新袖，三花翦細鬟。笑言知宴宴，棄置嘆卬卬。鸚鵡聲猶唤，鴛鴦夢少通。夜將愁共永，春與意俱融。寫恨盈千疊，思君不再逢。挑燈增懊惱，依枕即惺忪。鏡聽何曾吉，瓢占併是凶。凄凉憐永夜，寂寞類深宫。獨寤悲青女，燒香問碧翁。合歡虚舊繡，連理悔重縫。薄命嗟秋扇，傷心泣曙鐘。代題閨裏怨，未覺錦囊空。

曹寅《楝亭詩鈔》卷二《菊露和酒》 甘菊黄白花，嚼之駐玉顔。方書雖足徵，服食愧巉巒。重鉛以爲郭，鼎器通玄關。蒸芼得物理，采掇良非艱。日出筐筥香，夕火聞潺湲。泊然結爲露，側注歸彎環。久飲目絶翳，腦滿髮不斑。將遺山澤臞，鑿坏同石頑。還念高陽舊，苦辣摧肺肝。攪和久有法，解熱需清寒。連瓶傾一杯，新意衆已歡。固緘比大藥，執守命小鬟。何辭倒渴烏，用是光盤餐。逍遥北樓上，壓飯當陽山。

曹寅《楝亭詩鈔》卷二《瓷枕》 小睡長天勝静持，東齋清秘枕中瓷。嫩凉一息應誰較，除是蘧然自得知。

張廷瓚《傳恭堂詩集》卷一《輦下竹枝詞》 慈仁寺裏市開時，許史金張並轡馳。錦匣標題窑器好，金錢十萬買青瓷。

其二

白草黄沙雪未殘，上林花卉怯春寒。五侯温室花如錦，元日搴幃看牡丹。

其三

翎飄孔雀羽林裝，一路傳聲紫陌長。滚滚紅塵齊下馬，雲駢玉女是天潢。

其四

詔求博學舉多聞，班馬經年誦讀勤。象緯一編忙檢閲，試題恰恰是天文。

其五

龍旂雙引到滄浪，洗象城南夏日長。噴起水波飛作雨，紅裝兩岸盡沾裳。

其六

紅藥豐臺爛熳開，看花連臂蹋歌來。香車寶馬如流水，深緑陰中緩舉杯。

其七

繫馬垂楊石徑旁，金魚池上好風光。憑欄細數魚兒影，老樹濃陰夏日長。

其八

赤日官街暑氣蒸，午餘揮扇力難勝。紅塵欲解相如渴，玉宇晶宫正賣冰。

陶季《舟車集》卷二《雞黍山堂贈許介壽》 天風吹無垠，倏忽雲靉靆。殘陽罥西極，歷歷映山背。主賓能兩忘，雜坐去苛碎。方塘小如鑑，錦鱗泳其內。庭前有嘉樹，紛錯不相配。固知居者賢，疏鑿豈常態。素瓷可屢啜，美釀亦余愛。展席當南榮，縱横實良對。伊余久滯留，所賴朋好在。願與二三子，交勉永勿退。

王相《友聲集・待蘭軒存稿》卷上《遊慈仁寺觀窑變觀音像》 我聞文殊菩薩隨地能示現，千萬化身不可見。欲從火宅度衆生，慈容忽向官窑變。變成瓦礫爲金仙，珠冠緣帔殊莊嚴。慈悲爲世憫苦惱，支頤危坐如參禪。觀空得象來何處，陰陽爲炭神工鑄。三十二相皆天然，精奇不數劉鑾塑。昔者帝釋遊天宮，栴檀雕像尤玲瓏。刻畫縱能備諸巧，已經斧鑿非天工。或謂寶象若圖寫，恐非造化運爐冶。豈知佛慧妙無端，不見木菩提與竹尊者。古來女皇稱聖神，摶土猶作愚下人。矧彼怯力至廣大，寸莖能作丈六之金身。爲想妙容初化出，紅雲一朵趺雙足。圓光應觸𣯶摩天，甘露難澆火地獄。茫茫人海孽無邊，蟻擾紅塵熱可憐。誰解清涼散煩燠，火中原可種青蓮。山僧爲我談遺事，相傳變自前明世。當年頂禮在宮庭，後來勅供慈仁寺。寺松繚繞拂雲煙，石碣猶書成化年。仁廟祝釐豈出深宮意，虚縻朝廷百萬錢。有明中葉誇工作，雕漆模銅各精絶。香泥厰前以後瓷貢繁，戧金畫彩神光奪。内廷秘色多青蕉，宣窑精彩輪成窑。忍將珠玉作泥列萬炬，燔肌炙體皆民膏。幾處琳宫輝日下，綺寮秘閣都精雅。土木困敝兼民勞，五行之變能爲妖。佛如現身爲説法，至今炯戒思前朝。

汪文柏《柯庭餘習》卷三《碧雲寺》 松林掩映碧雲寺，傑閣雙飛如展翅。范金古像極莊嚴，繪彩天龍窮綺麗。耽耽寮舍鎖寒煙，只有殘僧數鉢寄。當年耶律始經營，小庵點綴多佳致。何物中涓擅權時，竭盡民膏作檀施。萬馬車輪運大材，千夫畚鍤開巖地。昂宵聳壑架香臺，鏤鳳雕龍圍玉砌。勢餤薰天只一時，自思更屑金銀儘塗塈。前有于經後忠賢，兩璫盡力增深邃。生民憔悴國旋亡，慈氏無情身死無遺類。故藉蓮宫廣福田，實爲丙舍全私計。尚餘厰漆見禪牀，得翫宣瓷存法器。殿後累累六璫墳，彷彿陵寢同規制。松楸密蔭石虎羊，隧道幽深鐵門閉。未令忠賢磔屍彌數年，餘孽尚覓衣冠瘞。清河侍御新抗章，僅平馬鬣剗碑字。我來特趁清秋涼，金粟舒英香觸鼻。若依竺國付茶毘，便與山靈除垢膩。餘塚穢骨移，略解百年怨氣積。已擠席地與幕天，再扯碧雲爲卧被。

屈復《弱水集》卷二《試天闕茶》 秦皇營八極，干戈各自媚。往往劉阮途，沉醉以忘世。天闕槍旗開，安知有高士。素瓷一入手，清風滌胸次。幽意撰佳辰，適兹太初味。結成無心雲，江流渺天際。嘗慕巢與由，悠然箕潁意。酒不如茶，此論未確，然別有會心處。

張永銓《閑存堂詩集・豫章十七・江西景德鎮出瓷器擬製先祠祭器若干種刺史李公命工成之賦此志感》 祭器成新製，當爲祀事陳。但期能世守，即便是家珍。盥薦齋三日，明禋備十倫。懸知先代祖，歆格降蒼旻。

其二

標題殊別器，留與後人知。國號尊君德，堂名誌孝思。薦羞同簠簋，倣古類鍾彝。僾見愾聞日，捧盈慎所之。

其三

莫笑瓦尊陋，還將土簋誇。丹黄總不事，清白好傳家。韭麥登宜恪，魚豚進孔嘉。能思勤報本，厥後慶方賒。

其四李刺史復製一爐見貽

刺史情原重，工師製獨良。博山形並古，郜鼎式同莊。珍重祖宗祀，叮嚀子姓藏。春秋霜露下，一瓣慎毋忘。

其五

耿耿生平願，而今未得然。薦先家有廟，贍族義名田。牢落慚天地，蹉跎感歲年。歸時聊自慰，有器列几筵。

其六

我本清河後，希蹤君子儒。學同無實鼎，行類有稜觚。譜載宗人蹟，碑鐫世墓圖。應知斯器重，還與挈瓶殊。

徐豫貞《逃葊詩草》卷四《沈子敏齋以徽茗筍腊相餉賦此奉酬》 封題字濕識新安，手啓芳函逸興添。春筍腊餘青玉味，雪芽香入素瓷銜。清資羹糝長齋便，雅勝熊魚二美兼。剩欲報君唯覓句，不堪才盡老江淹。

胡吉豫《四六纂組》卷七《〔浙江〕處州府・揚州之域斗分野》 亭志緑波，嶺名黄鶴。山稱吏隱，溪號盧栖。南朝勒米芾之書，步虚爲陽冰所隱。括蒼有嶺，水環棠赤之溪；羅漢名峰，筆立唐山之頂。女仙昇百丈，鏡臺與裙帶留蹤；瓷器産琉華，哥窑同生生並著。玉巖白馬，並有山名；噴雪拂雲，皆遺亭號。

胡文學《適可軒詩集》卷一《招沈斯誂李杲堂游天童寺還宿杲堂別業各賦》 超興及嘉辰，逍遥每連輿。雜花發長林，芳草覆蒙楚。時邁況暮春，中律將仲吕。素襟依晨開，散帶從風舉。輕觴時汎汎，華篚亦胥胥。游魚思戲淵，栖禽望出籞。果有齊契交，山游約來許。絲管載蘭舟，行厨兼栗芋。初霽試春衣，重綈亦在褚。車騎使後來，恐雜鸝黄語。遠跡曠周旋，緩舟得款叙。時一揚新波，吴音轉白紵。源盡始連輿，山迴雲搆鉅。長松靄交陰，肅肅若遥佇。豁然闢寺門，澹瀲當前貯。玲瓏愛山栖，清闕慕水處。藉草坐久之，氤氲別調咀。翛然喜遠公，蕭散兩無拒。須臾供桑門，伊蘭薦嘉俎。夜静傳素瓷，品味有桑苧。飛花散梵筵，放悲會中女。興盡辭虎谿，集我故人墅。水流匝閑門，樹景拂堦序。欣然數朝夕，懷此同心侶。高嚮既唱余，微吟亦酬汝。鄰曲競相招，奏樂然華炬。契闊惜人情，坐久傾雅醑。歸來各紀游，文章出妙杼。元音寄同歡，宿契結巖溆。何當返故褐，垂絲老烟渚。

胡文學《適可軒詩集》卷三《静夜宿西山別業作》 閉門萬竹裏，獨處亦悠哉。似此空山夜，幾人幽抱開。素瓷酌未已，小座月將來。彷彿爐烟外，餘香出定灰。

聶先《百名家詞鈔・玉鳧詞》董俞《前調贈會稽劉生婦雲和子四絶》 麗戢晴窗花影垂，新茶潑乳瀉縹瓷，偶拈銀管蘸琉璃。　青族晚山輕似髻，緑浮春水細於絲，江南小景勝徐熙。画

聶先《百名家詞鈔・藥庵詞》吕洪烈《滿江紅琰青偕紅友、蓴庵、升公、禹金、九錫六君子遊七星巖，惟余兀坐衙齋，獨不與會，竊有憾焉。歸示前調則尤令人妬，顧余即不可附竹林之數，詎不能效陽春之和耶。信手漫成，用記其事》 嶺鎖秋陰，拂千頃平湖曉鏡。遥羨煞雙雙蠟屐，抹雲流影。謝墅堪攜歌舞伎，賀池好放烟波艇。阻登臨無限故鄉思，孤遊興。　星七聚，峰争勝，人六逸，名傳永。恨無緣不共，眼前佳景。豪客應開蟹榼酒，衰翁聊吸青瓷茗。總歸來餘興度笙歌，無心聽。

聶先《百名家詞鈔・庵畫詞》蔣景祁《瀑蘭香》 盛來玉盌，叠就金丸，清供畫堂徽席。博山爐冷，湘水簾垂，依約晚烟江驛。憶當時曾識青青，新黄暗翻輕摘。　一剪秋風漸老，茂陵歸客。　却笑輪他雋味，柑子纔分。水瓜剛瀉，爲誰酸澁，只甚團圞脉脉。有人憐惜，付深閨、髣作單綃。隨意方圓入格，冰蔗好，點取花瓷，雪香初積。

塞爾赫《曉亭詩鈔》卷三《阿琛亭以御賜官窑雙管花器見貽三首》 秘府縹瓷官樣新，光華今見被陶鈞。日邊瑩澤融冰雪，内使分持賜大臣。

華堂皎潔列瑶琨，珍重應知玉未温。滿貯清泉養花日，長看雨露湛新恩。

一物猶能廣君惠，深知割愛感殷勤。竹窗木几研山側，雨過天青無片雲。

塞爾赫《曉亭詩鈔》卷三《伏日謝圖隱居月坡送古研蘇靈芝墨刻并易州茶罏》 漢研唐碑來十洲，茶罏雪色如白鷗。家雞名蹟龍堪奪，雲液春生石外流。仙客長懷羨門子，花瓷瀹茗擅清幽。期君共坐涼風夕，潞水炎天預借秋。

鄂爾泰等《詞林典故》卷一《御製是日復得詩四首并示諸臣》 歡騰芸署小陽春，此日崇文引席珍。顧我慚爲房杜主，豈伊獨數馬鄒臣。石渠典故應增舊，壁宿光華更覿新。影麗花磚争到八，儘教沾醉酒三巡。

瑞旭曈曨靄扇鸞，筵開翰墨會衣冠。五車四庫從來紀，劉井柯亭取次看。玉版揮毫盈鳳沼，花瓷賜茗擘龍團。濟川自古資舟楫，便欲因尋學海瀾。

昌辰天禄集鵷聯，欣詠斯干小雅篇。鳥草翬飛躋君子，誦詩講易共高賢。光凝黼座垂華藻，篆繞猊爐散瑞烟。咫尺玉堂清切地，底誇瀛島説登仙。

百年禮樂慶昭融，保泰常持惕若衷。漫以新詩鳴豫大，誰將忠告贊欽崇。傅巖夢賚應無藉，唐室賡歌訝許同。心喜百僚知我意，不將高議詡升中。

御注：按《唐書》張説倡封禪議，帝召説與禮官學士，置酒集仙殿云云。故其時諸臣詩中有高議待升，中又將陪玉檢泥之句。夫以崇儒之雅舉，隱遂滿盈之私志，非朕所取。惟是兢兢業業，與日俱長，頌不如規。我君臣其共勉之。

錢陳群《香樹齋詩集》卷八《唐榷使英監造景德鎮瓷器告成爲陶成圖以紀其職屬余題之》 唐公命意師洪鈞，職總埏埴江之漘。火母土子調劑匀，質堅文緻何彬彬。螭龍蜿蜒飛鳥震，碧天雨過開秋雯。魦魚皮嫩橘柚紋，大邑寒玉多傳神。如汝柴官哥定均，各肖其式繁其倫。縱有好古鑒最真，豈以得舊遺其新。琳琅滿目維國珍，貢船到日香案陳。盛以方物餉賚頻，憶昔召對趨南薰。三拜上器荷皇仁，歸薦祖考肅明禋。包匭封識歲與辰，受恩未報足逡巡。經時一展雙淚痕，斯圖紀績非無因。陶之利用溥八垠，誰其成之王藎臣。秋花羅列無纖塵，籬邊几上色不分。化工在手物在甄，願公煦煦如三春，宣播德意陶斯民。

錢陳群《香樹齋詩集》卷一二《十五夜喜雨畫壁遣興漫題四絶句》 晚涼散步到庭閑，鏁院深沉似閉關。一陣天香簾外落，江雲銜雨過西山。

黄柑貢北有飛艭，分賜年年拜一雙。今日定瓷盛顆顆，中丞開公餉柑十枚先嘗特地到章江。

老眼重揩最易昏，百花洲畔擷芳蓀。夜來不作持螯興，郭索聲傳秋樹根。每逢佳節感鬅鬙，饋遺賓筵雜俎胥。童僕兩三無賴甚，飽分餅餡剥紅菱。方伯觀察諸公，頻餉時鮮，悉圖於壁，以志其意。

錢陳群《香樹齋續集》卷九《觀採茶作歌》 采茶寒女家家喜，曉起粧梳照水理。傳聞皇帝親來觀，一鎗一旗皆天然。移時雲罕轉山路，跋馬經行採茶處。山前山後多種茶，種茶採茶樂且劬。叶採得盈筐還細挑，焙茶騎火趁明朝。年年採茶皆似此，今年幸得覩鳴鑣。今日雨前真不僞，皇心早寓勤民意。富家烹法試花瓷，尚嫌舌本少滋味。

唐英《陶人心語·自序》 予集江右十余年之殘紙敗墨，繕寫成帙，名之爲《陶人心語》，志興會也。客有不得其詳而問者，曰：「陶爲勞力之事，陶人勞力之人，其事其人概可想見，又何所取於其心，更及於其心之所語哉？」予曰：「然，客亦知夫人各有心，心各有語乎？統富貴貧賤而莫之或异也。夫存於内者爲心，發於外者爲語，此固夫人而同之，又夫人而不同者也，蓋富者心侈而語奢，貴者心傲而語夸，貧賤者心卑戚而語寒蹇。大都因境而移其心，違心而异其語者，比比皆是。至有摭拾浮言鋪張聲勢，語是而心非者，則又出於欺世盗名之流，皆有所爲而爲之，非所論於胼手胝足、不識不知之陶人也。陶人有陶人之天地，有陶人之歲序，有陶人之悲歡離合，眼界心情，即一飲一食，衣冠寢興，與夫俯仰登眺交游之際，無一不以陶人之心發之於語以寫之也。故有時守其心而無語，固澹澹漠漠，渾然一陶人也。有時借其語以達其心，每似耕而食，鑿而飲，熙熙怡怡，一陶人也。或陶人而語陶，固陶人之本色；即陶人而不語，亦未始不本陶人之心，化陶人之語而出之也。其故奈何？生逢盛世，陶鑄成金，薰陶漸摩於其中者，蓋十年於陶矣。此《陶人心語》義也。客之覽《心語》者脱以詩目之，是不知陶人之心，無惑乎陶人之語，而反爲予陶人誹笑耳。」蝸寄唐英自識於潯陽使署。

唐英《陶人心語·春暮送吴堯圃之均州》 絮落花飛春已暮，幾欲留春春不住。離筵黯黯趁春開，春風引客均州路。山山水水幾許長，帆檣雲樹愁蒼茫。谷城黄石峴首泪，酒材詩料携輕裝。丈夫出門各有道，知己情深在懷抱。此行陶冶賴成功，鐘鼎尊闘罍國寶。玫瑰翡翠倘流傳，搜物探書尋故老。君不見，善游昔日太史公，名山大川收胸中。陶熔一發天地秘，神工鬼斧驚才雄。文章制度雖各别，以今仿古將毋同。不惜驪駒三疊唱，内顧無憂行色壯。荆襄一水游有方，不比天涯成孟浪。荷香蒲緑棹歸舟，倚閭白髮顒顒望。

唐英《陶人心語》卷一《爲方亮書廣文畫百歲撫孫圖》 雪霽簷溜鳴，春和回萬里。山鳥喧南枝，披衣人早起。晴日半窗紅，天涯鬱客喜。三五集虚堂，團圞列床几。説鬼訝荒唐，談玄厭譎詭。惟此筆墨癡，與日争寸晷。筆彩吐奇葩，墨香結芳芷。世眼重燕支，真賞察神髓。方君天下才，春風來泗水。亮書原任泗州教諭。傾蓋天作緣，陶冶佐分理。巨眼鑒小毫，篋中出片紙。索我寫生面，娓娓請不已。雖非顧長康，鈍拙敢自恥。唯君瑶臺鶴，豈等斥鷃比。廿年歷世艱，困頓羈燕市。誰分司業錢，詎索監河米。向平志尚違，婚嫁敢言侈。元方與季方，繞膝兩賢子。桐老望孫枝，含飴欠麟趾。春秋花甲週，俯視泰猶否。爲寫撫孫圖，更祝期頤祉。杖頭攜青蚨，跟跟着朱履。侍遊三尺童，朵頤芙蓉蘂。炯炯珠爲眸，瑩瑩玉作齒。大父與雛孫，愉婉相依倚此。日羡瑶環它，年兆朱紫畫。母筆端求寓，意尋畫裏頬。上無三毛是，爾不是爾爾。後四十年披圖應識此。

唐英《陶人心語》卷一《南湖行春訪蔡笑翁茶話題壁留贈》 晴日命籃輿，行春南湖右。過訪蔡笑翁，廿載我老友。茶話斗室寬，醉心不在酒。盆盎花木清，几案無宿垢。苜蓿長闌干，琴書四壁有。老我賦皇華，使節此持久。相看皆皤然，談雄互抖擻。泉石與風塵，天地留二叟。不讓平原歡，重把浮梁手。宛爾虎溪人，相逢兩笑口。春自滿江州，爾我春不負。興會識他年，丁夘春王首。

唐英《陶人心語》卷一《遊陽府廢寺題壁》 陽府古寺陽山隈，探幽曲徑揮雲開。蒼蘚老木忘歲月，頹垣離立經風雷。青燐夜燄瑠璃火，香廚野鳥銜花來。捫碑刓缺字半蝕，古墨神護存樓臺。名臣賢士感陳迹，寺有岳夫子羅彝正先生手書對聯。滿目今古成悲哀。

唐英《陶人心語》卷一《畫蘭吟有小序》 蘭草四盆入秋以來箭茁花馨，頗饒逸致，小窗閑暇，濡墨揮毫，繪之藤牋，因綴數語，兼以寄意。

蘭爲王者香，幽芬自空谷。大美不終閟，服媚衆草獨。品向瀟湘清，色脱穠豔濁。紉佩逢騷人，操縵聽古樂。素心無俗韻，甘露忽滋濯。蕭艾亦叢生，資禀各厚薄。何意九畹芳，却借郎官握。《漢書》尚書郎懷香握蘭，口含鷄舌。墨瀋灑藤牋，傳真在素樸。拳石藉培護，根柢慮削剥。揚徽戒當門，寧僅來謡諑。

唐英《陶人心語》卷一《歙醫程知二索堂額率以壺中人三字贈之并綴以歌》

壺中人，壺中人，壺中世界斬然新。未遇長房縮地去，市上混跡懸壺身。壺中有日月，不是烏兔倫。壺中有龍虎，何常牙爪鱗。嬰兒配姹女，漫猜慾界因。黄芽點白雪，寧止成金銀。坎離分水火，生化勘虛真。駐顔不藥藥，悟旨自神神。壺中藏紫氣，壺外飛紅塵。壺中有活水，派遠伊洛濵。未即作霖雨，且溢上池春。壺中人，壺中人，壺中萬有人寰貧。

唐英《陶人心語》卷一《長至日聞龍眠方泳亭生子丹爲其尊人亮書寫撫孫圖并題長歌奉寄》 古署離筵花下酒，斟酌阿翁言在口。嗟爾元方與季方，饑駈同父天涯走。前年送別歸宜家，共祝含飴慰衰叟。今朝長至冬是庚，回首别時春在西。犀錢裹向弄璋書，蓮幕侵晨歡到手。董糖吴餅邀同人，試問撫孫圖驗否。阿翁謝祖復謝天，斂手回身拜老友。老友喜，婆娑君意當如何，因君六十子生子，撩我年來歌復歌。君不見，龍眠挺秀多奇士，人文代起推方氏。斷事太僕迄宫詹，節義文章在青史。泰極否生遭世艱，望重門高動天子。廿年青鬢染京塵，歸仍白髮抛桑梓。漁濵兩載相陶工，伴余同飲西江水。矍鑠此翁松柏姿，剥復天心良有以。三代一堂萬事全，瑶環異日兆朱紫。翁也拍手和我歌，歌罷臨窗舒剡紙。狂毫怪墨我不辭，又寫翁孫圖畫裹。彷彿長文侍太邱，次第六龍寧止此。前圖已是撫孫符，斯圖百歲券如彼。更有微言勗泳亭，無聲無形即聽視。春花秋實安石榴，累累多子從兹始。泳亭泳亭念之哉，人子今爲人父矣。

唐英《陶人心語》卷一《和答李仙蟠監司琵琶亭書懷之作》 潯陽江水流今古，琵琶亭子江之滸。斷碑圮岸剩荒基，荻花瑟瑟楓葉舞。彈絲寫淚傷心秋，一夕秋動千秋愁。亭側我歷十寒暑，閑鷗野鷺同悠悠。頭童齒豁不知倦，書山墨海恣遨遊。隨地隨緣隨分足，耕牛無力甘蝸牛。蝸角有國鬬蠻觸，我厭煩囂但留殼。循墻畫壁逐方圓，未能免俗聊隨俗。馬足車塵五十年，磨湼未損性中天。東西朔南足跡遍，翠華豹尾隨盤旋。恩沐陶鑄三朝重，廿載西江五色煙。蕭騒白髮垂肩背，活活潑潑童心堅。童心活潑何妨老，分量志行自探討。于耜舉趾方寸田，嚼墨含毫未云飽。君不見，樂天風雅傳至今，偶然謫宦愁何深。逆旅過客雲聚散，獨留勝迹供豪吟。准潯兩地君共我，一彈丹鼓憐知音。久要脈脈無終極，蝸仙亭合千年心。

唐英《陶人心語》卷二《中秋前珠山晚坐二首》 徙倚寒初夜，高亭四望幽。山昏迷噩夢，月好照離愁。陶火明斜漢，流螢入破樓。何當歸路雁，天外一聲秋。

唐英《陶人心語》卷二《仲春珠山陶署即事》 久客渾忘客，浮家且當家。捲簾通燕壘，洗耳報蜂衙。有限寒隨雨，無邊春到花。陶漁成宦隱，鬚鬢任年華。

唐英《陶人心語》卷二《秋日庾樓懷古二首》 城角危樓聳，千年勝迹存。荒庭明野色，古瓦繡苔痕。且飲潯陽酒，難招庾亮魂。西風吹粉堞，颯颯向黄昏。

其二

也動元規興，登臨到上頭。清宵依舊月，晉代可憐秋。事業空典午，風流尚庾樓。污人塵在否，寂寞古江州。

唐英《陶人心語》卷二《秋杪稽閲陶工駐莭景鎮浮梁沈明府懷清招飲歸途口占》 十年徙倚地，此日過匆匆。樹杪舞霜葉，草根吟候蟲。秋容千嶂淡，夕照一江紅。無限故人意，西風往復中。

唐英《陶人心語》卷二《深秋于役浮梁道中即事》 榷使兼陶使，昌南于役頻。景鎮故名昌南。秋山黄葉路，茅店夜燈人。雲氣侵衣薄，霜華染鬢匀。蹔時樵牧伍，不覺在風塵。

唐英《陶人心語》卷二《己巳季春巡視陶工鄱陽道中新晴口占》 于役春風道，隨緣心境通。遠沙閑鷺白，古渡野花紅。興味陰晴外，形神陶冶中。雙旌東指處，五色瑞烟籠。

唐英《陶人心語》卷二《書懷》 庸碌無他技，遭逢分已過。心田培雨露，宦海静風波。花甲年如此，生成報若何。陶烟與榷水，白髮任婆娑。

其二

何事垂垂老，天涯羈旅臣。風塵中學者，冠蓋裹陶人。才拙將勤補，詩觕發性真。向榮同草木，霑被總陽春。

其三

勞勞六十年，盡已敢求全。繼志書貽子，存心命信天。隨緣隨地足，不受不知憐。迂拙憑人笑，枯榮自坦然。

其四

此生何憒憒，謀志不謀身。人豈難知我，我寧敢負人。花輪時艷冶，梅契古精神。天鑒猶憐處，迂疏抱寸真。

唐英《陶人心語》卷二《四月十六日窑廠發行回九江山行即事》 五日昌南道，歸途放眼寬。童山簪獨樹，活水響高灘。雲過蒸衣濕，風來帶雨寒。清燈茅店酒，引興任甜酸。

唐英《陶人心語》卷二《和伊翼庭江州榷舍即席原韻》 榷陶銜命遠，良友絶音聞。志苦曾憐我，情多實感君。三秋來舊雨，廿載賦停雲。嗅味芝蘭合，爐空柏子焚。

唐英《陶人心語》卷二《九日偕王少尹章縣尉暨幕中諸友觀音閣登高即事》　九日同爲客，登高喜共邀。天涯成快聚，地主半寅僚。昌水澄新碧，陽山鏁寂寥。舒懷憑傑閣，樂志放輕橈。空憶籬頭菊，聊尋谷口樵。丹楓明夕照，秋漲落荒橋。影斷西風雁，聲寒老木蜩。霜螯傾緑酒，倦眼入長宵。忙減題糕興，年頽戲馬驕。賦才敢擬宋，歸計尚慚陶。逐此龍山會，辭難勝友招。茱萸隨衆插，心事獨蕭條。

唐英《陶人心語》卷三《九月廿八日和方老宦初度自壽原韻三首》　懶向重陽把菊看，愁來自解覺難寬。蔣生未合荒三徑，陶令何須戀一官。錦瑟音稀殘月暗，斷鴻聲切暮天寒。白衣恰送南山酒，强與方干破涕歡。

其二

黄菊西風戲馬臺，天涯茆序遞相催。三秋旅夢因心幻，萬里鄉愁逐雁來。雞肋功名人賺老，瓶藩身世首慵回。自知不是烟霞骨，敢説山隈與水隈。

其三

紅葉黄花落帽天，西江銜命又經年。甄陶選上明堂器，桑梓空餘負郭田。鶴老西風雙翮健，尊深北海旅愁捐。憐予蒲艾稱觴日，稚子閨人望眼懸。端午日爲予誕辰，三十年來未得家庭一度。

唐英《陶人心語》卷三《夜雨秋興二首》　數椽陶署抱山中，把卷公餘蠟炬紅。雨過寒蛩鳴地籟，夜深疏竹撼天風。但思力爲君親竭，不分心因老病空。指日登高重九近，飛騰雲表羨冥鴻。

其二

迢迢山漏欲敲殘，箕踞攤書興未闌。窗外雨侵燈暈暗，庭前風落葉聲寒。漫誇蔗境濃於酒，未必秋山淡似官。犬馬酬知心正切，非關五斗易漁竿。

唐英《陶人心語》卷三《初冬蝸亭漫興》　過眼秋風萬事新，陶漁江上一孤臣。久停緑酒歡延客，剩有黄花冷伴人。勞爲君恩頻作病，澹由真性不知貧。晨窗夜火攤書讀，擬作天涯梁父吟。

唐英《陶人心語》卷三《景鎮視陶工歸棹過雨舟中口占》　花點輕裝雨送行，風塵眼界一時明。烟中賈舶帆檣影，樹裏人家鷄犬聲。鬢髮慚輪芳草緑，襟懷喜對碧流清。尋幽探勝匆匆去，恐惹漁樵問姓名。

唐英《陶人心語》卷四《重臨鎮廠感賦志事有小序》　余於己巳冬奉命由潯榷量移粤海，逾二載，歲壬申復調回潯，於三月初三日蒞任九江，即於月之廿五日由陸路巡視窑工。抵鎮日渡昌江，闔鎮士民工賈羣迓於兩岸，靡不咨嗟指點，歎余之龍鍾老憊者，且歡騰鼓舞，頗有故舊遠歸之意。余不禁憮然，口占里言，聊志情事。

重來古鎮匪夷想，粤海渾如覺夢鄉。山面水心無改換，人情物態有存亡。依然商賈千方集，仍見陶烟五色長。童叟道旁争識認，鬢眉雖老未頽唐。

唐英《陶人心語》卷四《癸酉仲春望後一日送李仙盤監司予告歸鄂渚二首》

瀟瀟風雨黯江春，折柳歌驪互愴神。林壑優游歸綉豸，漁濱烟火剩陶人。仙舟飛渡青雲去，鄂渚遥看紫氣新。盤谷昔賢今蔡店，蔡店新卜居之别墅也。山長水遠夢魂頻。

其二

世路難如公渡河，荒唐歲序古稀過。書空咄咄非無字，對景休休且放歌。塵夢渾如春夢短，浮雲幻似夏雲多。自君去矣誰知己，脈脈離情枕上哦。

唐英《陶人心語》卷五《重蒞廠署有感》　十年宦隱昌南鎮，三載重來眼一新。疑信道傍渾不識，去時不是白頭人。

唐英《陶人心語》卷五《秋巡窑廠道中口占馳呈諸同事》　潯江昌水輕來去，矍鑠龍鍾遮莫嘲。身似春秋社燕子，畫梁情重舊時巢。

其二

序屬三秋菊綻籬，當年陶令賦歸時。自慚白髮青衫吏，黄葉空山行役詩。

唐英《陶人心語》卷五《浮梁訪友晚歸即景二截句》　訪舊浮梁緩緩歸，蒼茫暮景逗吟機。雙旌喝殿溪山過，驚起閑鷗幾點飛。

其二

雨足山農愛日長，玉田鏡水插針秧。夕陽西下未歸去，不似風塵俗吏忙。

張照等《石渠寶笈》卷一五《官之陶皿》　汝窑瓶洗各一，官窑□爐一，色瑩如玉。

厲鶚《樊榭山房續集》卷五《宣德窑青花脂粉箱歌次毛西河太史韻爲汪伯子作》　我聞列仙寶玩碧瑶箱，惟有旐人秘色可比方。絶無髻墾但精瑩，花壺茗琖猶家常。前朝妝具今尚在，函藏帖妥楕兩旁。方池圓窞各位置，泄寶似挹華清湯。春風慣見閉上苑，曉月每看低繚牆。曉月春風等閑擲，芳姿誰侍君王側。

鉛華狼藉秣陵秋，脂流縈漲秦川色。幾爲傾城失家弄，黄金不惜蛾眉用。太平天子説宣皇，求賢時發胥靡夢。三楊枋國老能堪，聲教曾聞暨朔南。萬歲多暇偶燕息，尚宫司飾呼當直。小衩芙蓉十隊紅，亦有朝鮮女侍中。御筆描來摺疊扇，熏爐賜與合歡銅。廣寒殿影玲瓏樹，晨興須奉宸游去。回眸笑語並房人，舊是蕭娘梳掃處。卷簾對鏡復開箱，酥滴檀心自研注。傳成豔雪和丹霞，映就飛花黏落絮。青瓷可愛還可親，饒州燒出真超倫。依稀玉鳳親承寵，彷彿金奩乍作嬪。明明逝水恩叵測，眉萼連娟吹不拆。畫堂涿館得咿啞，椒寢長門翻咫尺。咫尺梧桐墜井幹，洗妝只著羽衣寒。宫中決絶皆如此，故物何人想象間。慢學龍眠圖古器，吴趨李子工爲記。向爲姜學在物，李子客山有記前姜後汪相乘除，嗜好如以蚓投魚。毛公長歌劇哀麗，我欲繼和應嗟歔。黄巾蜂起坤靈覆，掠盡昭陽慨陵谷。尋常兒女豈能銷，合贈輕盈助朝沐。底處重將脂粉調，吴王苑内買娙婳。只今細看交枝樣，壓倒官哥汝定窑。

厲鶚《秋林琴雅》卷三《鳳凰臺上憶吹簫》瓷簫　紫竹猶多，白牙翻賤，別有哀玉清圓。盡奪得、千峰翠色，寄與秦仙。一夜秋生指下，通宛轉、星孔勻鐫。瓊枝瘦、脆管似鵝，輕翳如蟬。　誰知越窑古製，好吹出、氤氳五色飛烟。莫負却、青鸞素約，冷倚襟前。風外花甌共戛，修新譜、悠咽逾妍。空明境，依約赤壁回船。

厲鶚《秋林琴雅》卷四《高陽臺成窑九十九子瓷合同袚江壽田作》　秘翠分峰，凝花出土，依稀粉滴脂函。鈿合前塵，宫羅冷却荑尖。浮梁猶有當時月，向夜深、孤照秋奩。怨長門，夢斷蒼龍，字漬眠蠶。　戲嬰圖子誰描得，恰臨妝試仿，黛筆重添。數比螽斯，未曾盈百休嫌。從今舊價卑哥汝，宛青娥、紅淚偷掩。莫銷魂，漢苑瑶箱，久落江南。明時瓷器進御者皆出浮梁之景德鎮。

鄭燮《板橋集》詩鈔卷一《李氏小園》　小園十畝寬，落落數間屋。春草無穢滋，寒花有餘馥。閉户養老母，拮据市粱肉。大兒執鸞刀，縷縷切紅玉。次兒拾柴薪，細火煨陸續。煙飄荳架青，香透疏籬竹。貧家滋味薄，得此當鼎餗。弟兄何所餐，宵來母剩粥。

晨起縫破衣，鍼線不成行。母年七十四，眼昏手又僵。裝綿苦欲厚，用線苦欲長。綫長衣縫緊，綿厚耐雪霜。裝成令兒暖，母衣單薄涼。不衣逆母懷，衣之情内傷。

兒病母煮藥，老淚滴爐灰。幾死復得活，爲母而再來。終養理之順，哭兒情至哀。老天有矜憐，復使歸母懷。

兒起掃黄葉，弟起烹秋茶。明星猶在樹，爛爛天東霞。杯用宣德瓷，壺用宜興砂。器物非金玉，品潔自生華。蟲遊滿院涼，露濃敗蒂瓜。秋花發冷豔，點綴枯籬笆。閉户成羲皇，古意何其賒。

鄭燮《板橋集》詩鈔卷一《雨中》　終日苦應酬，連陰得閉門。清涼滿心肺，草木向我言。新竹倚屋簷，緑沁窗紙昏。梁燕坐不出，蝸生滿苔痕。犬跡踏沙軟，躡屐恐泥翻。廻廊足散步，把書行且温。家釀亦已熟，呼僮傾盎盆。小婦便爲客，紅袖對金尊。

鄭燮《板橋集》詩鈔卷一《骨董》　末世好骨董，甘爲人所欺。千金買書畫，百金爲裝池。缺角古玉印，銅章盤龜螭。烏几研銅雀，象牀燒金猊。一杯一尊斝，按圖辨款儀。鈎深索遠求，到老如狂癡。骨肉起訟獄，明友生猜疑。方其富貴日，價直千萬奇。及其貧賤來，不足换餅□。我有大古器，世人苦不知。伏羲畫八卦，文周孔繫辭。洛書者洪範，夏禹傳商箕。東山七月篇，斑駁何陸離。是皆上古物，三代即次之。不用一錢買，滿架堆離披。乃其最下者，韓文李杜詩。用以養德行，壽考百歲期。用以治天下，百族歸淳熙。大古不肯好，逐逐流俗爲。東家宣德爐，西家成化瓷。盲人寶陋物，惟下愚不移。

杭世駿《道古堂詩集》卷七《並蒂蘭次奏事官張寶善韻》　碧盌青瓷判曉光，一枝分幻兩重香。笑開楚澤同心臭，立並春風競體芳。露眼泫啼便采摘，月華交影費評量。宜男好與紅閨佩，定有雙珠叶夢祥。

杭世駿《道古堂詩集》卷九《題金礜野亭玩月圖四首》　鏡湖巖壑野亭春，況復盤盤瀉爛銀。我妒姮娥少公道，不應偏照苦吟人。

玩月由來見古情，苦無胸次寫空明。羡君真到蟾蜍窟，敲着玻璃便有聲。

才上層霄萬象融，能來難得晚烟空。只須倚樹團圞望，名字居然在月中。

碧天真個浄纖埃，放眼空亭亦快哉。一派清光描不得，無人解識謝莊才。

杭世駿《道古堂詩集》卷九《飲梁通守翥鴻寓用歐公聖俞會飲韻呈趙鴻臚之垣李愿包祚永楊朝鼎三侍御》　天晴洒伴相牽拂，翩然出飲馳彫談。哨壺枉矢樂賓具，固辭與請紛皆三。八尺燈檠不嫌短，光閃瑶席無洪纖。雄辭騰踔破詰窘，窄量宛轉開機緘。簾端香氣時掩冉，檻外秋色尤紅酣。鄒平食憲次第列，熊魚嗜好能相兼。珍珠槽醉琥珀滴，甕口不用紅泥鈐。百觚騰處玉鱗動，一切苛令皆除芟。嗟余亦與捉臥甕，三咤三啐徒貽慚。劍鐔青熒照短髮，花蘂瑣碎飄輕衫。諸公乘興索微咏，包括雅意何能咸。歸途緩轡指河漢，燈火不隔斜街南。

杭世駿《道古堂詩集》卷九《三用前韻説餅》 林昏雨黑客打户，岸然高睨而大談。問以晚食百不要，寒具劣可進二三。雲碓屑粉膩復黏，重羅濾麪白且纖。霜熬徐飛海水沫，蔗漿乍解閩山緘。川椒蜀薑百末和，去活火炙釜力厚酣。花瓷盛爾軟美恰，頭綱配爾甘脆兼。吾雖牙齒老未缺，畢生不見紅綾鈐。趙岐吳均兩寂寞，公羊經義誰能芟。并刀快截差不惡，虛堂細嚼夫何慚。搓酥轉恐涴名畫，浣手起著古樣衫。上九肥遯無不利，筮者布卦將爲咸。明當期子賣餅肆，千人石畔吳山南。

杭世駿《道古堂詩集》卷九《張員外嗣衍見餉佳菊數本用前韻奉謝》 燕土惟黑墳，兆坼如龜焦。瓦盎種野菊，惜少佳名標。張侯餉數本，濯濯無枯條。微吟動高興，獨酌成康謡。愛之詎能狎，呼之不須招。月來逾澹蕩，風起徐刁調。多傲少俗媚，此格天然超。亭砦竹窗裏，昔昔抽新苗。日以露華洗，兼用清泉澆。持螯恐難繼，亟緯風中蕭。

杭世駿《道古堂詩集》卷九《金吉士重過書堂有詩見投次韻奉答》 爲有田家濁酒盆，不教秋色臥籬根。霜螯露韭清難飽，凍蜨癡蜂咽不喧。吸井有香泉繞户，枕屏如畫月侵門。巖居便是延齡術，合向山靈酹一尊。

杭世駿《道古堂詩集》卷一三《同人集寄巢梅花下作》 雪後寒威未肯降，探梅有客倒雞缸。隔溪數朵臥臨水，映日一枝横在窗。頻遣異香酬妙句，欲將清景老家江。諸公且索巡檐笑，莫待飛英滿石矼。

杭世駿《道古堂詩集》卷一三《瓶花齋百八酒器歌》 延陵世嬗詩壇將，留客高齋開宿釀。紫藤飄墮畫檐深，捧出尊罍非一狀。傾銀注玉恐被俗眼驚，別具陶匏表清尚。秘瓷一百八事向夥頤，法式時呈折腰樣。側聞司彝朝踐用，太尊犧象不飾太朴存。有虞所尚絶苦窳，秪今聖跡留河濱。明堂位泰有虞氏之尊也，《考工記》有虞氏尚陶。考工陶旊不解造飲器，遂令梓人爵觚勺觶成專門。後來埏埴各求勝，象董誇張哥弟競。燒烟摶土遍方州，近數饒瓷遠汝定。我生不識閑杯鐺，摩挲百過增古情。宣和王楚少繪象，紹興張掄缺考評。彭窑質粗新定脆，高麗大食郵致艱塗程。未若君家世寶一一鑒別精。交光鬭采紛縱横，大觀龍泉非異物，劣猶俯視洪宣成。諸公入手莫褻視，以人。閲世年壽焉得如汝觥，近郎與年方盛行。惜哉但博摹仿名，吾寧慭置羞取盈瓶花，齋清闃亞蟬華嗟逐銀杯化。手澤猶存口澤兼，滿注黄流趁清暇。座中半是紀羣交，感舊思今意難謝。一杯二杯復一杯，細數應盡百八迴。下堦茗芋惜揮手，紞如有鼓街頭催。

周長發《賜書堂詩鈔》卷二《送沈懷清卓薦回浮梁》 帶圍自昔重休文，紗帽同看畫棟雲。十載絃聲留逸調，一城花影本清芬。玉珂朝後雙騶馬，宮錦頒時五色紋。勞向梅巖勤撫字，緑莎佳氣漸氤氲。

金兆燕《棕亭詩鈔》卷三《琴魚歌有序》 涇縣逆旅主人以琴魚點茶，巨首小身，浮動水面，有呴沫摇尾之狀，余感之而作是歌。

冰瓷馥馥乳花香，蟾背初入蟹眼湯。主人捧甌客擎將，巨鰓纖尾鬐鬣張。紛如喁喁戲迴塘，隊隊撥刺翻菰蔣。金匙到手不敢嘗，恐是咒龍鉢中藏。神物肯入凡夫腸，噓氣一怒不可當。吾聞琴溪波渺瀰，傾城三月縱水嬉。仙人驅魚出百穴，十里層罩喧淪漪。風乾日炙入包貢，青山緑水無歸期。揮杯輟飲三嘆息，仙踪杳渺尋無極。七弦泠泠不可聞，三十六鱗空相憶。吁嗟微物爾何知，虛名一誤難終匿。君不見翳藻潛苔老歲年，春波何限洿池鯽。

金兆燕《棕亭詩鈔》卷三《諸同人集飲寓齋分賦得酒鱗二首》 酒龍心事托微波，偶學揚鬐向玉盉。甕底自能噓氣上，筵前且喜受風和。蛆明碎影紅皴縠，蟻泛輕紋碧皺鞾。莫飲款中燒後散，浮沉尺素此中多。

崑崙觴昔羨如池，魚服年來困不辭。涸轍誰能潤升斗，醉鄉聊復而作之。金船浸月生微浪，玉盌含風疊淺猗。蛇影半生驚未定，休教杯底更相疑。

金兆燕《棕亭詩鈔》卷三《自新安赴姑孰使院呈雙有亭學使六十韻》 嶽仰生中瑞，星瞻降傅光。傳家隆黼黻，華國富文章。綵仗烟無際，花磚日未央。彯纓軼枚叟，題柱邁田郎。特眷金閨彥，頻操玉尺量。淮壖卿月麗，江步使星煌。

陸廷燦《藝菊志》卷八《朱彝尊》 南陽菊水最延齡，遍種陶公柳下庭。日永山齋無俗事，更牋墨史譜茶經。

其二

畷城花石愛堆槃，定武紅瓷尺半寬。爭似王郎寫横幅，滿籬秋色恣君看。

汪灝等《御定佩文齋廣羣芳譜》卷五二許仲企《水仙花》 定州紅花瓷，塊石藝靈苗。芳苞茁水仙，厥名爲玉霄。適從閩越來，緑綬擁翠條。十花冒其顛，一一振鷺翹。粉蕤間黄白，清香從風飄。回首天台山，更識膽瓶蕉。

紀邁宜《儉重堂詩》卷一《以洋瓶養朱魚几上》　虛明一片界窗稜，得問魚兒到未曾。夢冷海天看浴日，影依屏畫訝篝燈。燦花筆亦生鱗甲，拄板頤堪嚼雪冰。尋憶池塘舊春草，祗愁濺沫濕吳綾。

紀邁宜《儉重堂詩》卷一《月下歸自夢菊軒》　雲窟含清光，如鈎月纖纖。永巷得幽碧，徐風避熇炎。行歌懷佳人，眉黛拂夕奩。倚欄自長歎，柔腸不可砭。我屋樹扶疏，幽景情所忺。好月愛孤寂，亦復來窺簾。歸卧效微吟，如覺喉舌甜。苦茗捧花瓷，惜無女手摻。月轉風漸涼，相伴仍牙籤。清福屢飽諳，節取慈爲廉。

紀邁宜《儉重堂詩》卷一《雨夜書懷》　窗外濕雲流水聲，微雨猶帶龍風腥。我燒短燭披蠹簡，隔簾烟氣疏熒熒。愧向書齋聞急瀑，疾趨泥滑不可停。踉蹌蹶倒衣履濕，扶起有如鶴戢翎。回視吾弟亦沾污，相携大笑暫倚扃。及茲蕭蕭聞打檣，閑思鷗鷺没遠汀。安得一泛江南舲，或者南浦或西泠。卧聽蓬滴宿酒醒，應不悔身如飄萍。兀坐一室屋瓦漏，淅淅瀝瀝幃與屏。此亦何異愁爲囹，兼者自愧德不馨。令儀令望聖丁寧，涵養不遂天所刑。勉哦七字謹座銘，漏長風颯破遥青。

紀邁宜《儉重堂詩》卷七《感興八首》　邢襄東南境，處處皆流泉。潆洄相灌注，可以膏民田。橋梁通往來，溝塍互延連。穫稻空雲水，晚霞亂紅鮮。何待上督責，美利出自然。若復矯揉之，鷄犬安得眠。嗟彼賢哲人，成見守殘編。西北興水利，欲使遍秦燕。可省漕輓方，益裕水衡錢。不知土攸分，南北亦各天。吳越多春霖，冀野方暵乾。何以資灌溉，四郊生埃烟。及乎夏秋交，陰雨愁聯綿。四顧無洩處，平地飛舟船。智力無所施，豐歉仍聽年。求如邢洺者，十無二三焉。見謂霧縠美，遂欲廢裘毡。駃騠非不駿，難使涉大川。地各有所宜，俗各有所便。大智莫如民，耕鑿祖父傳。一旦强改作，勞費空喧闐。何如仍舊貫，格言垂先賢。黍稷薦馨香，爾雅有遺篇。我忽思故人，山陰偶乘興。相迎話疇昔，五載真一夢。當時同舟人，利涉今誰共。碩果惟餘君，白髮青袍映。君才搆大廈，可以資梁棟。温温玉尺潤，皎皎冰壺瑩。忠悃上官喜，慈愷輿人頌。胡爲老一官，推擠終不動。君聞三太息，此事洵有命。念彼新硎刃，詎果中肯綮。捷步乃争先，枉矢或命中。我本樗櫟材，不譴即爲幸。所嗟事孔棘，造化相簸弄。欲去竟不能，負進公私重。何若君自由，赤霄騰鵠鳳。余也聆斯言，持杯不能罄。當頭領棒喝，三日猶餘痛。此行何所爲，周流同歷聘。奔馳瘁腰膂，干請傷直性。菈職尚思退，既罷奚求用。物情尤可見，循環有衰盛。去去歸故園，忘機甘抱甕。

紀邁宜《儉重堂詩》卷七《花有名晚香玉者文邑向無其種偶于外來擔上購得數本植之盆盎中花開亭亭玉立芳香襲人不愧其名與玉簪茉莉洵堪伯仲連夕賞翫漏下二鼓方就寢因爲賦之》　碧瓷叢蕚吐秋葩，庭砌無聲露脚斜。風峭不辭深夜坐，鈎簾看煞晚香花。

綽約冰膚姑射姿，晚涼苔滑露凝枝。開當茉莉香殘後，正好隱囊斜倚時。

紀邁宜《儉重堂詩》卷一〇《水仙》　濯濯出塵質，渾疑水府仙。鮫綃裁帔冷，翠羽鬭粧妍。數本緑瓷列，餘芳紙帳傳。夢迴猶髣髴，羅襪步前川。

錢載《蘀石齋詩集》卷一四《慈仁寺禮瓷觀音像》　秋風吹鬢袍撲埃，元年一來今再來。毘盧閣高摧更摧，殘僧尚指蒼松臺。蒼松已枯臺則那，龍去鶴飛碑字大。殿西砌，康熙壬子毘陵毛會建，擘窠書「龍吟鳳舞」四字，并所作《報國寺古松歌》刻石。佛殿陰深雨淋座，大士鬆龕雀泥涴。慈容希有合十瞻，白毫光透窗櫺纖。貧無立錐了不嫌，寶冠緑帔猶莊嚴。庭蒿何知興廢忽，懶向人間乞檀越。菩薩面如三五月，照以青天妙香發。

錢載《蘀石齋文集》卷一八《知時草賦》　際中天之景運，挹瑞草於堯庭。超蓂莢之開落，僅晦朔以虧盈。惟一日十二時，能時時以偃仰。緊一本百千葉，信葉葉之忪惺。聖德洽扶輿，妙上下之合撰；瑶英涵慧識，通陰陽以昭靈。維海外之所鍾，列墀間而有韡。人來天北，獻花豈曰無因；貢自泰西，問譯不知其幾。呈治象於山川，納珍姿於包篚。貯以黄瓷之斗，比藝蘭於上林；類於緑玉之莖，獲依雲乎羣卉。爾其柔枝裛露，纖蕚凝煙。色只恒春，異周模之又元又白；形方叶晷，同漢柳之三起三眠。手以披之，瞥高低之輕赴；心乎寫矣，恰正側之俄傳。既宛轉以投機，欲止則止；乃繽翻而逞態，疑仙而仙。矧夫銅壺遞響，璇館徐暄。葉乍拂於午前，則先一刻而已標其穎；葉重收於午後，則緩半刻而猶蔭其根。順圭測以彰明，初弗矯揉其本性；喻烏翔而協應，尤難斟酌於無言。日中之甎影平分，譬調六律而六吕；草際之風光旋動，實關二曜與一元。且其几案堪羅，葳蕤似畫。亭亭布翠，山櫻攢而夏靄霏；瑣瑣舒香，園菊釘而秋陽曬。玲瓏簾近，或月上而還攲；匼匝花當，非雨垂而自拜。懿乎植物曲肖天苞，允矣知時方逢。

錢載《蘀石齋詩集》卷二五《盆梅》　蔭此寒苔色，盛將定武瓷。翦多真老榦，紮久半横枝。書屋避風處，紙窗延月時。孤根蟠最得，卻愛著花遲。

韋謙恒《傳經堂詩鈔》卷八《除夕前三日筠心復招飲盆梅花下賦詩見示次韻答之》 匆匆又是歲闌時，索笑尊前手共持。消受春風無限好，燈紅酒緑鬢如絲。

王士禛《感舊集》卷一二彭楚伯《太白樓》 我來河北凡幾日，日日縱飲消離憂。眼中狂客竟何限，攜我任城城上樓。平野淒清洸濟直，朔風栗烈海岱秋。落日蒼茫滿天地，黄河蕩潏當中流。離離羣鶴叫河漢，欲躡元氣登浮丘。而我何爲無羽翼，鬚眉仰愧青冥色。古來歷落吾輩人，雲車風馬知何極。即如此地樓中人，星辰已没徒悽惻。憶昔全盛開元中，天下詞客多雄風。賀監清狂綬尚墨，李侯跌蕩錦欲紅。相從汗漫老賓客，把袖一傾天西東。濟西小伎白玉卮，當筵唱盡丹邱翁。珊瑚欲折瑶甕倒，遂令此樓突兀千秋空。一自人歸鑑湖雨，公猶躑躅巫黔路。青門祖餞事已非，夜郎流落年垂暮。無論二公在黄土，開元天子驪山露。華清宫中生草萊，興慶池頭走烟霧。當年美人人不見，至今惟愛沉香句。海水栽桑去復廻，欲寄精靈與詞賦。我今太息城南隅，翹首四顧胡爲乎。

王士禛《感舊集》卷一二曹貞吉《柴窑椀歌》 峨眉齋頭少俗物，秦銅漢瓦參差張。中有一椀最奇古，蒼然影帶玻瓈光。扣之無聲色剥蝕，非金非石誰能測。徘徊共作千年想，命曰柴窑理亦得。四座且勿囂，聽我説柴窑。顯德當年垂制作，九秋風露涼蕭蕭。想像青天雨過色，千峯縹緲翠痕交。錢塘國主充常貢，舳艫北上輕帆送。二百年前什襲珍，官定汝哥皆不重。于今片瓦等璠璵，何幸吾曹得摩弄。懸知此椀閲人多，幾人曾作柴窑歌。周宋元明如電走，歷落神光還不磨。古來誰見河濱器，致此亦足供婆娑。主人好客常清嘯，坐我高齋領衆妙。黄金叵羅鸚鵡卮，柴窑不屑稱同調。勸君美酒君莫辭，不飲乃爲椀所笑。

乾隆《御制樂善堂全集定本》卷一五《冬夜煎茶》 清夜迢迢星耿耿，銀檠明滅蘭膏冷。更深何物可澆書，不用香醅用苦茗。建城雜進土貢茶，一一有味須自領。就中武夷品最佳，氣味清和兼骨鯁。葵花玉銙舊標名，接笋峰頭發新穎。燈前手擘小龍團，磊落更覺光炯炯。水遞無勞待六一，汲取堦前清渫井。阿僮火候不深諳，自焚竹枝烹石鼎。蟹眼魚眼次第過，松風欲作還有頃。定州花瓷浸芳緑，細啜漫飲心自省。清香至味本天然，咀嚼回甘趣逾永。坡翁品題七字工，汲黯少戇寬饒猛。飲罷長歌逸興豪，舉首窗前月移影。

乾隆《御制詩初集》卷二〇《咏花瓷書燈》 誰將大邑瓷，相並九華枝。繼晝明爲用，無塵静與宜。消閑覓句際，伴影讀書時。何必昭陽殿，徒誇金玉爲。

乾隆《御制詩初集》卷三四《宋瓷琴》 齟額恢恢太古器，形模不假雷霄製。易漆以陶豈無爲，我於重華窺其義。諫者十人争小事，不如渭汭初所試。焦尾斷紋渾可棄，五絃七絃惟汝置。元音澹泊從兹嗣，譬如佺羡面之粹，況以内養無火氣。

乾隆《御制詩三集》卷四三《題文徵明松堂吟賞小軸》 結宇茨荒草，向簷依老松。延將幽籟颯，覆處翠陰濃。芸簡堪娱目，茶甌藉洗胸。個中尋獨樂，不擬客來逢。

乾隆《御制詩三集》卷四三《鏡清齋》 冰牀原輾鏡中來，據榻廻看鏡面開。自有一方呈照鑒，本無半點惹塵埃。延虚恰喜欄邊竹，入影猶疑缶裏梅。收得臘前雪盈盎，三清便與試茶杯。

乾隆《御制詩三集》卷四三《詠哥窑瓷枕》 瓷枕出何代，哥哥類董窑。金絲鋪荇藻，鐵節茆箛簌。文並柟榴重，珍非翡翠澆。贈宜漆園吏，夢蝶恣逍遥。

乾隆《御制詩四集》卷一《瓶菊佛手》 秘色净瓶，供養菊朵。佛手擎之，是何因果。調御無語，迦葉破顔。如喫崖蜜，甜徹中邊。畫師繪形，亦以指實。色香俱净，入寥天一。

乾隆《御制詩四集》卷一《詠宣德窑無當尊》 製與商父乙尊頗同，而兩端皆坦似槖盤，略如遵生八牋所云坐墩花囊者。其中孔無底，則又未盡合，因以韓非語名之，而系以詩。

官汝之次稱宣成，世代愈降製愈精。輪輅拙巧遞變更，欲返其初嗟孰能。是器本擬尊罍瓶，胡爲無當水難盛。抑别具義得試評，堂谿公對昭侯曾。賤者瓦卮貴玉瑛，注漿漏或不可乘。則用瓦矣玉在屏，叶三復絜矩將毋驚。瓷無款識留標名，中含銅膽生緑青。底書宣德貽大明，相依表裏如弟兄。閲數百歲猶聯并，神物守之語信誠。可以貯水簪羣英，掞辭繹義静六情。

乾隆《御制詩四集》卷一《題和闐玉鏤九鶺鴒小屏》 和闐玉河産瓊玖，春秋包貢天閶走。孕精育華土氣受，較於炎漢歲應久。相質製器施琢剖，專諸巷益出妙手。蘇州玉工多居專諸巷，世其業。小屏砟硌拖巖阜，翼翼彀穗易長畝。圖以鶺鴒其數九，飛鳴宿食無不有。奔奔曲盡神情紐，是具義焉忖知否。賈長沙語熟讀口，久安長治基業守。其責仔肩在元后，慎哉敢不孚盈缶。工執藝諫吾所取，詎曰一再珍瑶琇。

乾隆《御制詩四集》卷四二《詠宋龍泉無當尊》 憶經無當去聲詠宣窑，見舊詩誰識龍泉肖宋朝。宋瓷既有此，則宣德乃倣爲也。鐵足周圍非半器，或見無底，疑爲折其半，兹鐵足具存，知爲舊製也。絃紋層疊在中腰。玉巵漏水誚恒凛，銅膽插花韻自饒。嘗倣景泰珐瑯製膽，於宣窑無當尊中，此器亦置膽其中。屢見舊瓷屢有什，愧哉太保訓曾昭。

乾隆《御制詩四集》卷四二《題均窑椀》 青器欣存北宋傳，閲年八百尚完全。圜匡底用以銅鎖，古窑器多有以銅鎖口足者，圖其堅也。此椀獨無而完全，實可珍也。口足原看似鐵堅。摩撫天成豈茅蕞，萬規月樣鎮團圓。柴瓷罕見兹稱古，望古因之意罣然。

乾隆《御制詩四集》卷六四《題官窑膽瓶》 壯士膽非紫，仙人骨是青。規圓銅鎖口，列五鐵餘釘。鱔血纈紋細，鴨頭撥色停。春蘭秋菊外，無可試簪馨。

乾隆《御制詩四集》卷七二《詠官窑三足洗》 紫土陶成鐵足三，寓言得一此中函。易辭本契退藏理，宋詔胡誇切事談。《楓窗小牘》載道君□八寶，爲九王初察，草詔曰太極函。三運神功於八索，可謂切事云。

乾隆《御制詩四集》卷七四《詠宋哥窑蟾蜍硯》 書滴曾聞漢廣川，翻然爲硯永其年。硯作蟾蜍形，仰腹承墨處無釉，背印篆書「永壽」二字。若論生一陶成物，自合揮毫興湧泉。

乾隆《御制詩四集》卷七五《詠定窑素鍑》 形如漢素鍑，應是釜之屬。釜當受炊爨，越器那堪燠。瓷器見火必裂。二甌俯仰合，頗類博古籙。叶有名乃乏實，烹魚用不足。稍勝髯翁詩，白也非紅玉。定窑皆白，從無見他色者。東坡詩云：定州花瓷琢紅玉，豈當時原有各色者乎。

乾隆《御制詩四集》卷七六《詠官窑四弦缾》 邵局窑工法政和，惟供御用號官科。四絃縱匪宮商寓，一意應期祥瑞羅。列子命官而總四絃，則景風翔，慶雲浮。寶露古曾貯有幾，晨星令亦見無多。簪花雅稱去聲拈毫對，不謝偏欣馥籟過。古瓷缾簪花，能久不謝。

乾隆《御制詩四集》卷八一《題陶器周宜壺》 □陶虞氏範銅周，何乃宜壺有器留。享巳雖然出宋族，讀詩原是述公劉。「陶復陶穴」，《公劉》章句也。

乾隆《御制詩四集》卷八一《詠柴窑如意瓷枕》 過雨天青色，八牋早注明。遵生八牋稱柴窑有青如天，明如鏡云云。睡醒總如意，流石漫相評。晏起吾原戒，華祛此最清。陶人具深喻，厝火積薪成。

乾隆《御制詩四集》卷八二《詠定窑蓮葉椀》 趙宋傳來白定名，爾時却以有芒輕。即今火色全消盡，一朵玉蓮水面擎。

乾隆《御制詩四集》卷九二《詠官窑温壺》 通體純青纈細紋，用圜旅食古攸聞。難爲兄固有其事，生二精陶實出羣。見《春風堂隨筆》。

乾隆《御制詩五集》卷一三《詠官窑筆筒》 缾椀官窑亦恒見，筆筒一握見殊常。宣和書畫曾經伴，南渡兵戈幸未亡。火氣全消文氣蔚，今人如挹古人芳。不安銅膽插花卉，拈筆吟當字字香。

乾隆《御制詩五集》卷一六《詠官窑方罏》 陶器如立身，圓易方難爲。張禹圓融流，朱雲方正持。以此品其第，高下原堪知。瓷罏實官窑，成於修内司。爾時蔡與王，（謂蔡京、王黼尚不如張禹，童貫、梁師成輩更不必言矣。）較張禹猶差。論器寓論世，用人可弗思。圓缾已屢見，方者惟見斯。久置檀架間，未詠誠孤其。炷檀烟直上，氣求念在兹。

乾隆《御制詩五集》卷一六《漢建安甎太極硯歌》 晉唐硯已稱最古，未央銅雀以九數。内府所有晉硯二、唐硯七，又漢未央瓦硯三、銅雀瓦硯六，兹建安甎硯色黝，墨池刻作太極圖，硯背有「建安十五年造」隸書六字。兹乃漢甎識建安，想亦銅雀之侣伍。墨池刻作太極形，陰以爲凹陽爲凸。宜贈深於易者人，綈几瞠乎慚相輔。用《周易・泰卦大象》語。

乾隆《御制詩五集》卷五三《詠官窑雙耳小缾》 修内精陶因號官，淡青細圾滿身盤。却無髻墾誠全璧，爲想重宣伴上闌。且以耳雙提則便，奚妨口一守之難。隨時隨物堪窮理，寓意長吟作静觀。

乾隆《御制詩五集》卷六四《詠官窑方缾》 官窑爲甲哥窑乙，修内定評出宋瓷。生一何妨遜生二，宋時章生一、生二兄弟，皆龍泉窑工。生二所陶青器純粹如美玉，是爲官窑。生一所陶淺白斷紋，號百圾碎，是爲哥窑。評者以爲遜於官窑。獻之曾是勝徽之。方難圓易如人品，凡製陶器，範方難於規圓，以方者難於均齊平正。若火候微過，易形其窳。以是方器佳者流傳甚少。取美棄瑕亦理宜。瓷器難於經久，故舊窑率覺可貴。雖有微瑕，亦當即取其美。置几簪花芳滿室，却饒觸目引清思。

乾隆《御制詩五集》卷七四《詠宋均窑硯》 越器曾希見，宋窑今始題。宋瓷所詠雖多，硯則今始見此。石堪匹老洞，硯石以採自端溪水洞者最佳，次即以澄泥爲貴。是硯雖出於埏埴，而質本澄泥，發墨與洞石同。瓷本是澄泥。磨已興雲蔚，呵如帶露凄。文房珍别品，蘇語漫須提。

乾隆《御制詩五集》卷七六《題均窑乳耳罏》 貯火恐傷質，薰香久罷馨。曰罏名徒甲，大内玩器一等者爲甲題什實相丁。耳兩乳爲拱，足三鐵作釘。均稱甄氏具，信未負其形。

乾隆《御制詩五集》卷九〇《題均窑硯》 趙宋均窑製硯臺，面平去釉有池限。瓷釉不生墨，去釉則與澄泥無異，可磨墨矣。老坑佳品應難得，别裁去聲澄泥用作陪。

周煌《海山存稿》卷三《恭和御製喜雪元韻十二月十一日》 糝葉粘條樹樹嘉，瓊田喜復叠銀沙。符將天上三巡白，開盡人間五出花。金碧瓦中烟管直，水晶簾外月鈎斜。不須更説連雲麥，便是□盤蓼已芽。

周煌《海山存稿》卷三《恭和御製重華宫集廷臣及内廷翰林等三清茶聯句復得二首元韻・正月初六日》 珠斗初旋淑氣迴，九重詔宴紫宸開。中天日月垂衣近，上界夔龍接書陪。湛露未晞含照地，需雲先護向榮才。情欣鵷鵲餘殘雪，點點芳塵不動埃。

琢玉花瓷候火烹，團團采月照來清。簪旛隊裏千靈集，千羽階前九奏成。喜近人辰宣入謁，占從元日見宜晴。吉雲天遠皇威暢，佇有書飛萬里旌。

周煌《海山存稿》卷一八《定州懷古》 戰國羣雄日，中山亦啓封。已無狼鬣焰，猶有兔毫豐。雪浪誰曾賞，花瓷自不供。惟應千日酒，一醉散疏慵。

韋謙恒《傳經堂詩鈔》卷一一《慈仁寺窑變觀音像》 天人妙相從何來，莊嚴兼具慈愍意。塼埴之工那有此，造化無端逞游戲。烈火熖中湧金蓮，寶冠緑帔現靈異。似憐軟紅太匆匆，要人盡登歡喜地。我來瞻禮日卓午，非色非空絶思議。平生未解參貝葉，迷津往往墮涕淚。安得到處依慈雲，八萬四千得了義。黄花翠竹本無象，莫尋般若向文字。

定瓷珍重護新芽，那許繁葩鬥物華。爐火不勞相暖熱，十分春已到君家。兩兩同心耐歲寒，藏鈎深夜酒杯乾。道場合有天花現，漫作尋常瘦影看。

查禮《銅鼓書堂遺稿》卷二《謝趙功千徵君惠龍井茶》 薰風南至白晝長，驟炎天氣梅子黄。小齋幽處鳥聲寂，午倦攲腳傲羲皇。北窗一枕夢初覺，煩渴思吸紅瓷漿。恰好封題來日下，麥顆寄我翠筠筐。開籠頓喜清香發，藍英簇簇含芬芳。産自龍井信靈卉，摘焙工細超尋常。武林山川割秀氣，龍泓泉石標旗槍。茶人飽食紫花脯，茶鼎詎愁皐盧荒。我急爲滌甌様具，呼童汲泉手足忙。松聲蝌眼文武火，法案經訣意周詳。啜之一椀至七椀，翛然兩腋生清涼。清溪頳石何足數，品第顧渚差堪方。漫説輕身與换骨，還憐破悶兼搜腸。令人少眠始見真，茗分五等此最彊。感君知予嗜茶癖，不待致書貽頭綱。何以報之夜旁皇，吟興笑减醉歌狂。浣花牋帶珠蕾色，遥將滋味共君嘗。擬垂清塵傲天壤，莽以當酒今何妨。

盧文昭《常郡八邑藝文志》卷九董大翮《春遊蒹葭莊梅花谷下三閲晝夜》 春風澹未暄，素友謀幽始。遵郭訪孤山，地僻人雙似。肅客過寒橋，列坐緣清涘。亭亭姑射姿，高巖絶衆邇。微飈動遠枝，入嗅孤芳起。芥葉點山泉，青瓷供石几。流觴間一飛，元言陶俗滓。迴睇羽霓客，冶笑紛旖旎。千香併一風，肥瘦朝昏徙。皎皎月華生，艷素增綦履。輕煙迴化霜，浩影空於水。宿就竹樓低，魂夢依彼美。四更青鳥鳴，起望遥千里。飛雪滿空山，處處眠高士。還從玉嶠行，縹緲尋園綺。草露溼芒鞵，孤懷殊未已。長教鶴鷩人，詩思清無擬。

程晋芳《勉行堂詩集》卷一〇《光堯玉盌歌》 疇昔曾讀梧溪詩，建炎酒觶詠汝瓷。浮青滴翠但想像，何來玉盌光陸離。文曰光堯法大篆，遍體瑩潔如凝脂。當唇一寸獨純赤，晴雪影裏紅霞披。六陵夜發異寶出，製造想自淳熙時。貍奴一蹴癯者帝，雖非己出誠佳兒。老作閑人謝機務，忘憂便面時自怡。是時戎馬稀游牧，不厭偏安保南服。魚脆初陳安嫂羹，雪香更進梅花粥。料應此盌列長筵，翠釜銀盤錯彩鮮。不知侑食徵歌夕，可憶冰山雪窖天。吁嗟壽皇真令主，一飯何曾忘中土。岳韓去後更無人，怪底金甌缺難補。即看孝養備情文，尊號堂堂媲放勳。蘭棧紅鵑芳掩冉，軀兒雁翅舞繽紛。君不見杯羹且望分强敵，擁篲迎門何跼蹐。又不見南内悽涼蜀道歸，自調龍笛教張徽。豈如聚景園中風景異，引觴遥挹蓬萊翠。玩好先呈德壽宫，山陵雜置温明器。沉歎重華積草痕，瓊卮墮後缺晨昏。老臣淚浥雲衣濕，天道悠悠未可論。

汪學金《婁東詩派》卷二五汪延璵《惇惠井爲廣陵宗人賦》 王政重養人，井象取水木。木德含芳滋，水氣普滲漉。東南天一窟，川渠富洩蓄。豈知物情幻，滄潦易盈縮。昨年濬邗溝，築堰事畚挶。遶郭積塗泥，一勺委鵝鶩。闤闠爭挈瓶，銀牀竭升斛。君家惇惠堂，層閎頗深曲。古井藏莓苔，寒泉冽空谷。一朝汲而甘，素瓷漾冰玉。何事蜀岡隅，遠謝金山麓。即堂錫嘉名，瓢飲給羣欲。庶協九三占，待時而受福。顯晦固無常，利用成功獨。更筮上六爻，其道貴勿幕。推諸同井義，廣惠在□睦。挹彼以注此，井養無不足。吾言如可銘，請爲斯堂祝。

劉墉《劉文清公遺集》卷四《村樂圖次韻》 一重一掩村之頭，既平且衍亦復幽。人家兒女更雞犬，欣欣南陌連西疇。一村幾姓聚族處，不分異縣還他州。天時並與人事好，只有雨露無蝗蟊。洗腆自致聖所許，家家秫稻供新篘。今年村中大作社，賽神已罷還相酬。百日之勞一日澤，情親何必繁文稠。競將菽粟媚翁媪，木柈漆箸青瓷甌。方言土語共爾汝，顛倒盆盎傾筐簍。日斜醉飽各歸屋，亦有場圃眠即休。延師門館教論語，提兒學舍同拘囚。龍豬未可今日辨，冬烘且勸今年留。但稱識字便已足，況能應考何多求。皇家科名判文武，或持弓矢操戈矛。長刀巨石不嫌重，鮮衣怒馬殊難周。幾人得意盼芹藻，大喜躁躍如猿猴。婚姻以時六禮具，淑姬不羨東門漚。媒來誇説某氏女，是家非我無能謀。尊章已懷嗣續慶，阿母尚切豐匳憂。敲鏗鑼鼓聞鐃管，奔馳童孺超樊邱。郎看馬上美無度，婦窺簾内容難儔。生男出仕耀閭里，生女作配封公侯。歡娛已極復壽考，淳風不覺年華流。是誰爲此巧盤礴，景物似寫豐年秋。嚚塵正爾隔城市，錢刀那復争持籌。丹青不記歲月古，試看百尺松梧楸。桃源避世本非樂，仇池入手偏多尤。無懷葛天在今日，蕩平正直遵王猷。日星輝煌麗珠璧，秔稌充羡蟠蛟虬。斸租賜復遍天下，高原下隰均鋤耰。農安畎畝士學校，工勤廛肆商車牛。山川光芒出瓌寶，草木鮮好無瘡瘤。千樹萬村接煙火，關河襟帶還咽喉。衢歌巷舞樂復樂，躄痿起步瘖聾瘳。堯民圖畫傳萬世，天長地久同悠悠。

戴文燈《静退齋集》卷一《焦尾春歌并序》 揚州以釜底飦造酒，味厚而香逈，出諸釀之上，俗稱鑊巴酒。嫌其名不雅馴，爰易是名，且以詩繫之。

梅黄昏雨何廉纖，晝眠懶惰當風簷。欲招紅友爲針砭，木瓜春釀味則甜。京口雖美無苦嚴，我非大户意頗嫌。沽來淺酌豈所忺，小奚提榼尋青帘。槽牀紅滴珍珠簾，三重色厚香味漸。白瓷一瀉滑不沾，芳辛突欲過藾蘞。栴檀作氣芬鼻尖，石湖居士涎排髯。怪來方法不可覘，奇功乃自邑中黔。人棄我取價亦廉，蒸之浮浮活火燅。一丸青泥甕口鈐，沉浸醲郁妙理兼。三蕉欲醉蘇子瞻，一壺待餉栗里潛。酒德揚頌惟應添，新聲更譜竹枝鹽。當杯藉爾消曦炎。

戴文燈《静退齋集》卷三《贛江雜興六首》 花瓷吉貝嶺南行，雜聽吴傖賈客聲。願得北風吹五兩，抽帆飛度虎頭城。

竹簰踏浪舞纖纖，竿木扠魚似鐵銛。數與青錢渾不賣，自來只换廣南鹽。

三板高桅發豫章，黄頭年少棹船郎。生來不解攜鄉里，枉説航頭余大娘。唐時西江船户也。

綿津山前烟樹萋，綿津灘下布帆低。晚風吹浪客燈颭，獨聽子規相對啼。

僂指今過十八灘，舟師洒酒祝江竿。不因石險經惶恐，那得行人説萬安。

亂雲不斷遠峰蒼，目倦看山過易忘。行遍江程三百里，沿洄惟有孟襄陽。孟浩然詩：「贛石三百里，沿洄青嶂間。」

戴文燈《甜雪詞》卷上《臺城路・枰後茶香》 楸紋玉子殘花影，小團蜜雲初破。活火然松，新泉汲竹，漫點薑鹽些個。圖書位左，早斂手推枰。雲烟吹過，爲語山童，定瓷紅玉琢來可。山居清供亦頗。只疏簾静賞，贏恰瓜果。紫筍園林，青梅節序，閑夢家山飄墮。日長更課，仗雪椀冰甌，破除炎火。恰笑坡翁，不諳誰似我。

戴文燈《甜雪詞》卷下《洞仙歌・又憶芡》 須眉刺蝟，恰晶丸如玉。小葉圓荷訝同族，打鴛鴦，十五嬌小船頭。纖手摘，分得菱歌一曲。風光真細膩，壓酒煎茶，持比明珠勝千斛。竹裏載行厨，青箬花瓷，看此際，嫩湯微漉。自别後，秋風老横塘，憶盪槳、西泠水摇山緑。

張九鉞《紫峴山人詩集》卷二《番行篇》 廣州舶市十三行，雁翅排城蜂綴房。珠海珠江前浩淼，錦帆錦纜日翱翔。蜃銜珊樹移瑶島，鮫織冰綃畫白洋。别起危樓濠鏡倣，别營奥室賈胡藏。危樓奥室多殊式，瑰卉奇葩非一色。靺鞨丹穿箔對圓，玻璃緑嵌窗斜勒。莎羅綵纛天中裊，碧玉闌干雲外直。迎來舶主不知名，譯得舌人是何國。何國虬髯鵰眖兒，金衣借問欲騙誰。平價能諳吴越語，留賓也識漢唐儀。銀錢鑄肖番王面，玻鏡裝分花女姿。繞檻紈牛和露犬，委階瑣袱與駝尼。駝尼瑣袱焉足數，篤耨奇南隨意取。蓮花鐘測日東西，百寶表懸針子午。亂擲帉巾蘇合膏，倒傾黄紫蒲萄乳。水樂教成小鳳凰，風琴彈出紅鸚鵡。别有妜徒連臂躍，吉貝纏身髈縛窄。懷中短□大西洋，袖裏機鎗法蘭錫。黑水龍奴荷銃嬉，紅毛鬼子蟠刀拭。紅毛鬼子黄浦到，納料開艙争走告。蜈蚣鋭艇槳横飛，婆蘭巨捆山籠罩。相呼相唤各不聞，或喜或嗔詎能料。舶商色喜洋商快，合樂張筵瓶椀賽。何船火齊木難多，何地駝雞佛鹿怪。散入民廛旅賈招，居中駔儈公行大。公行陽奉私飽橐，内外操贏智相若。湖絲粤緞彩離披，甌茗饒瓷光錯落。頃刻檀棃走九州，一作「頃刻珠璣走大官」待時琛玩籌奇作。此時公子擁花遊，此際妖姬倚舫謳。願學鴛鴦繡羽帨，願爲嬌鳥挂金鉤。那得秦瑠都壓鬢，生憎火浣不纏頭。永清臺上鼓打急，山動波翻雷雨立。鎮海將軍洗炮歸，征蠻都尉收旗入。轅門犒勞立斯須，澳口回船查引給。回船只順北風去，灑淚休辭淵室寓。但述天朝榷税輕，但誇中國農桑富。沉香官是吴刺史，却賂吏同孔節度。鯨鯢無窟颶無氛，聖德柔懷萬萬春。明年好換新房様，更有遐方來問津。

張九鉞《紫峴山人外集》卷二《沁園春・水仙花》 是耶非即，立而望之，姍何來遲。看淩波徐步，翩翩羅襪。微塵不動，嬝嬝纖袿。芳吐蘭心，豔舒蓮萼，認取瀟湘阿縞姿。屏山護，映玉囊金盞，越顯柔肌。幽房曲室尤宜。配瑶石檀臺定武瓷。便坐時也得，紅鴛錦襯，眠時也得，碧玉簪欹。笑語生香，嬝娜颭影，百遍燈前憐愛隨。儘品第，梅兄礬弟，都讓芳規。

王鳴盛《西莊始存稿》卷一二《秋夜與婦話舊事因念江村卜築悵然有贈四首》 蠟淚成堆照不眠，琴絲鬢影總堪憐。滿階霜葉秋如夢，四壁寒蟲夜似年。病後情懷抛繡線，瘦來梳裹廢花鈿。悼殤憶母都無那，望斷江南薊北天。

數載東華不自聊，緑窗並坐感蕭騷。寒衣刀尺陪宵讀，瓦鼎茶湯待早朝。馬磨勞生還憶共，犬臺餘恨可能招。却嗤割肉容臣朔，但把清齋學細腰。酒漿機絞每親攜，不似金坡學士妻。摒擋頻煩搜蓋篋，諸持多愧蓄鹽虀。於陵聞説曾逃聘，萊氏原甘共灌畦。回首白沙村畔路，木棉開處鷓鴣啼。

睡鴨香銷玉漏窮，流塵深掩小房櫳。何妨放誕時卿婿，聽唱風波欲惱公。天畔登樓長客裏，燈前擁髻總愁中。一龕底處雙棲穩，水北花南結托同。

王鳴盛《西莊始存稿》卷一二《題蔣心餘詩卷二首》 盤空佳語大河横，碧海無雲夜月明。捨筏登厓君自遠，羚羊挂角衆偏驚。

送別登臨壯且哀，華嚴彈指現樓臺。好詩不是人間學，骨性中間帶得來。

王鳴盛《西莊始存稿》卷一二《家澹人上舍菊莊圖》 高人不耐車馬喧，名花不稱盆盎種。池邊野外苦竹籬，雨倒煙欹任疏縱。得全于天轉有態，花之知己惟君共。絶勝錦幕十層遮，胭脂牡丹世所重。君家莊窠最佳處，瀟灑江村傍章貢。兩牀茄席一□門，獨速蓑衣臥茭葑。每從農叟和田歌，不怕少年窺屋棟。弁陽嘯翁有遺方，黄梅雨過香泥鬆。此時菊秧乍可分，幾簇陳根手培壅。低叢掩冉覆小棚，轉眼繁枝裂霜縫。圓釘個個金鈴齊，濁酒時時白衣送。冷瓷或課跛奚澆，宿萼還資膽瓶供。大類天隨舊宅荒，頹垣缺處花補空。可憐如此好家居，何事輕抛蹇驢控。秋花正開悔遠遊，秋卷頻年嗟不用。愛君結習狂未除，那羨侏儒一囊俸。豐臺淺墢市新栽，客舍得閑仍抱甕。攜將横看對花披，仿佛鄉園來入夢。落英無言人澹如，詩品高寒恣吟弄。風塵留滯跡雖孤，笠屩登臨飲猶痛。乃知寄興迴自殊，逸氣昂藏漫驚衆。古來達士多高躅，托物流連忍飢凍。香留晚節每延賓，餌得身輕欲騎鳳。此圖寓意良可尋，好配茶經追橘頌。

紀昀《紀文達公遺集》卷八《侍宴》 重華宫聯句賦詩，蒙賜三清茶琖，恭紀二首。

曲宴蓬山最上層，擇毫紫殿暖雲蒸。金莖□露和杯賜，消渴相如得未曾？

紅泌丹沙白膩脂，越窑風露滿花瓷。凡茶不敢輕煎注，上有君王自製詞。

紀昀《紀文達公遺集》卷八《賜硯恭紀八首》 曲宴傳柑侍壽杯，柏梁聯句遞相催。自憐詰屈如方朔，也捧君王賜硯回。

一片雲根暈淡清，羣仙傳玩遍槐廳。宫中原自珍龍尾，未信東坡鳳咮銘。

秘殿濃香入綵毫，蓬山曲宴此重叨。軒轅墨海親頒賜，絶勝詩成得繡袍。

筆札從來似墨楮，擘牋慚對御筵書。情知難押蘭亭縫，且照青藜校魯魚。

紫殿吟詩簇管絃，三年三度聽鈞天。歸途騎馬人争看，墨涴宫袍似米顛。

奎章頃刻燦天葩，未盡三清一琖茶。賡和愧無青鏤管，祇將賜硯對人誇。

捧來宫硯拜彤庭，片石堪爲座右銘。歲歲容看温室樹，惟應自戒口如瓶。

香案聯吟第六回，又分宫硯到蓬萊。細看石上天然畫，正似春流灩灩來。

陳昌圖《南屏山房集》卷一《酒家》 紅板橋頭賣酒家，一叢春篠壓欄斜。數上錢十五當鑪女，自説村名是杏花。

裙屐風流記昔時，青帘低處輊青絲。重來杜牧春情減，不賭黄河遠上詞。

陳昌圖《南屏山房集》卷一《七夕咏筵中果實分得棗》 應嫌八月剥來遲，早值墻頭纂纂時。賺得小姑拜牛女，百校紅綴進冰瓷。

秋筵紫實門兒家，羊角雞心一例誇。聞道銀槎通有路，何人曾見大如瓜。

王昶《湖海詩傳》卷一程夢星《雨後雨明軒看盆荷再用山谷韻》 雨明軒子風月俱，種樹自翻老圃書。荷葉田田花柄柄，午時驟雨跳新珠。素瓷五十紛雪腴，三十六陂紅不如。晚天吟賞不歸去，小窗清興同江湖。

王昶《湖海詩傳》卷三汪由敦《常山峪行宫蒙賜佛手柑恭紀》 佳實曾陳玉案傍，冰瓷擎出沐恩光。賜從紫塞風霜老，貢自炎天道路長。名美並標仙掌秀，色深遥映御衣黄。縹囊什襲歸裝穩，留對秋花共晚香。

王昶《湖海詩傳》卷二三吴泰來《讀少華傀酒歌戲贈》 新詩百篇酒一斗，羨君雄才世希有。我生不飲三蕉葉，自笑玉山頹已久。一醒一醉各陶然，流俗紛紛誇好醜。大千巨細本相形，謾以云亭羞培塿。至人熟視將無同，蓮社竹林均不朽。讀君新詩論酒趣，似遇麯車涎挂口。我非酒人得酒意，愛詠君詩當擊缶。

清秋涼雨洗孤桐，遥夜疏星挂高柳。緑蛆浮甕香噴唇，紅玉花瓷長在手。百觚痛飲是我師，千載渴羌宜尚友。相看臭味詎差池，夢到華胥真樂藪。拍浮晨夕潤枯腸，未許峥嶸起堆阜。醉鄉日月自蕭閑，坐覺浮雲變蒼狗。破除萬事得此君，小築槽邱鎮相守。兀兀俱成無漏仙，不須更乞聲聞酒。

王昶《國朝詞綜》卷八朱彝尊《燕山亭》　新雨横街，竹屋晚凉，曲徑憐初掃。深淺素瓷，雪藕調冰，添撲半竿紅棗。抹麗叢香，問甚日、吴船携到。秋早。漾一片明河，兔華圓了。　何用擫笛彈絲，有骰子、玲瓏玉舟催倒。檐牙罥網，燈蕊捎蛾，坐久露濃風小。除却樽前，數詞客、幾人同調。諧笑。渾不計，過申犯卯。

王昶《國朝詞綜》卷一〇李良年《摸魚子》　記年時，千絲縈釜。名泉催汲寒溜。紅尖細糝花瓷滑，竹下厨烟清晝。鹽下後，問此味，雲間小陸還知否。酪漿枉鬥，但酥樣釵莖，難粘雙筯，説甚剪松韭。　家山遠，鏡面拖藍依舊。浮名何似杯酒。木蘭艇子牽情處，摘得滿籠消受。秋八九。又不比、春三二月青青候。書傳素手，道越客遲歸，吴鮮早賣，輪與釣魚叟。

王昶《國朝詞綜》卷一二萬樹《浣溪沙》　魚子蘭香曉露滋，起來移近繡簾絲，嫩黄初翦兩三枝。　唤得雪兒教捧去，葵花小合豆青瓷，謝娘剛好曉妝時。

王昶《國朝詞綜》卷一五龔翔麟《華胥引》　餘寒禁柳，淡日烘花，翠簾不卷。半枕瞢騰，香魂只戀鴛被暖。別路芳草萋萋，向個中尋慣。却恨金衣，一聲聲唤人轉。　慵展情瀾，撥紅瓷，未消沉倦。小姑催起，真珠無心細綰。刺繡綳邊强坐，也拈針線。忽又廻身，流蘇早見雙掩。

王昶《春融堂集》卷一〇《驛旁梅花》　蠻村臘尾東風早，雪後溪山未枯槁。石橋西畔見寒梅，數樹扶疏向蒼昊。嵐深已覺暗香滋，石瘦還憐春蓓小。細雨如珠有淚垂，濕雲似夢無人曉。未逢晴旭趁黄蜂，半帶朝霏嘑翠鳥。先生京國打包來，直泝湘沅擷芳草。舉頭蒼翠亂楠樠，放脚青黄蔓蘿蔦。邂逅何緣對佼人，忽揩病眼開幽抱。吴趨春信想銅坑，斗轉參横水雲渺。畫舫藍輿日日停，香林酒舍重重繞。都城九九尚銷寒，唐花厭擔横枝裊。粉葯參差照碧瓷，銀燈迴合傾清醥。兩地凄涼正憶君，移根豈意來蠻獠。仙衣零落枳籬間，丰格依然出塵表。肯依池館鬬穠花，自向溪泉甘窈窕。横篴誰知怨寂寥，簪巾我亦慚衰老。停輿欲去更咨嗟，漫與新詩慰悽悄。

王昶《春融堂集》卷一〇《下凌》　非霧非霰還非霜，如烟如雨空中颺。著草著樹白於肪，冰綫縷縷垂簾宧。問之曰凌不可詳，凌人伐凌垂經常。似此蕭屑何能藏，在木爲介霧爲淞。方言偶爾異蠻硐，九溪以南炎瘴重。飛雪稀聞滕六送，得之陰陽斂其用。客程不畏薄寒中，衹喜農家歌飯甕。

錢大昕《潛研堂詩集》卷三《平定準噶爾告捷禮成恭紀一百韻》　聖武恢三略，皇謨運六奇。成功惟獨斷，制勝在乘時。蒲海沙重沓，葱山路險巇。從來稱倔强，自古厪羈縻。耆定先猷遠，威稜祖烈垂。洗兵幹難水，飲馬朮居湄。繼序思皇考，宣靈憺赫曦。電矛明煜煜，鐵騎騁騤騤。解網邀寬典，包蒙廓聖規。烟銷光禄塞，戍撤拂雲祠。望氣旄頭暗，交争蝸角岐。控弦多不靖，鳴鏑競相持。遂有瓜分勢，真成瓦解危。五原齊納款，百部各陳詞。贊謁呼韓服，朝正突利隨。龍顔瞻咫尺，鴈序列逶迤。倉葚鴞音革，遷喬鷽羽樊。感恩咸蹈舞，效力願驅馳。枕席過師穩，山川聚米知。阽危情正迫，待拯踵方跂。天意誠多助，宸衷决在兹。非常承廟算，定識破羣疑。鵝鸛堂堂陣，蛟虵正正旗。身璋諮典瑞，竹矢問工倕。燕頷元無匹，龍驤本不羈。材官揮黑稍，都尉夾長鈚。鄉導諸當户，前茅左谷蠡。指撝驅阿跌，籌策用烏黎。獻歲旃蒙紀，中星鶉火移。初消鹽澤凍，漸解雪山澌。兩路分鑣進，曾峰入阻罙。柳垂青冉冉，草長碧猗猗。鼓角從天下，旌旄帀地麾。儲胥雲晝護，敕勒曲宵吹。斥堠風無警，飛芻士不疲。懸梯緣崱屴，拔幟出厜㕒。聞説王師至，還如化雨霈。市皆安帟幕，農自樂耕耔。羌女供華鬘，傖童和竹枝。官茶嘗蠟面，挏酒醉醇醨。風定時聞柝，沙平可畫錐。受降來款款，慕德舞僛僛。自是欽威信，奚煩剖質劑。投戈胥帖伏，折箠足鞭笞。巴罕峰回互，伊犂水渺瀰。長驅猶破竹，飛渡自浮箄。壯士争探穴，殘兵盡倒旋。何曾遺矢鏃，底事缺錸錡。空幕巢烏樂，求林班馬悲。兔投徒趯趯，鹿丞漫伎伎。五技真窮矣，三軍果赫斯。金身擒賀魯，赤谷縛昆彌。豨突逃無地，鯨奔氣已衰。渠魁施械杻，苞蘖逮妻兒。厹疾真能盡，除殘靡有遺。三年鬼方伐，六月太原師。在昔猶夸大，于今況倍蓰。氛霾澂絶徼，掃蕩滌纖疵。一月聞三捷，崇朝達九逵。摧枯堪比佀，壓卵信如之。寮寀羣加額，君王屢頷頤。如神歸睿算，用命在戎綏。異數施保渥，酬庸賞不訾。大勳惟豫順，至德憂謙撝。保泰恒兢業，承乾盍儆咨。明禋答蒼昊，毖祀展黄祇。列聖神靈祐，重光基緒丕。孫謀念詒厥，祖武庶繩其。弓劍橋陵鞏，球刀手澤詒。戊辰書祝册，丁巳卜神蓍。琴撫空桑響，卮當宥坐攲。告成陳汋賚，述德溯豐郊。重廣尊親義，還明教孝思。大安崇懿號，長樂晉純禧。鸞詔頒三殿，鴻恩溥八夤。康衢頻擊壤，編户慶含飴。振旅軍容壯，遄歸士氣怡。山莊親駐輦，曲宴各揚觶。饌出紅螺椀，湯擎白雪瓷。芳醪浮鑿落，捄匕載留犁。上將櫜鞬服，名王熊豹姿。需雲占宴樂，兑澤布含孳。紫微通千障，黄圖拓四維。版章連漆齒，正朔被長鼓。黄赤雙環極，璣衡六合儀。土圭測分寸，句股算毫釐。豎亥東西步，羲和昏旦推。廣輪窮道里，準望定高卑。銅柱銘勳地，橋門飲至期。摩厓鐫篆籀，勒石負贔屭。倬彼瞻雲漢，昭兹拓色絲。湯盤孔鼎仡，金檢玉符基。天錫仁兼勇，神符軒與羲。六轄歸掌握，萬里中機宜。方略璇圖炳，編摹柱史爲。高文垂誓誥，鉅筆染淋漓。王會陳緐露，昆侖貢織皮。上林栽苜蓿，大予舞侏儷。鴻業昌而熾，明堂坐以治。鐃歌擬朱鷺，願侑萬年卮。

吴省欽《白華前稿》卷二六《觀景德鎮所造内窑瓷器》

鄱湖鬼吐青紅烟，火龍十里無停鞭。百蟲將軍告薪盡，多錢巨賈徠鳴舷。街衢洞達萬家聚，人不得顧車難還。人間伎巧繫天象，兹直熒惑星文懸。居民燒瓷謝龐雜，瓷其禾菽窑其田。龍鸞花果鬬新様，内窑入手尤精專。叢祠遍迎春秋社，桑主羣題風火仙。維國六職工居一，埏埴製僅同杯棬。越窑奪翠昉唐代，燒進遂著婆留錢。十三州割據猶爾，矧乃趙宋金甌全。官哥汝均定繼起，到今應換車渠千。有明作者論時會，景陵茂陵歸我妍。鬬雞缸教白波卷，鬬蟀盆候金風旋。侯家廟市間有此，萊陽粉盝吟争傳。方今聖德邁三五，豈數衣皁焚裘賢。汝倕稽首匠心巧，聊以官守申卷卷。白芨斷紋妙鉤鎖，青天缺雲映嬋嬛。孰中慎選當方物，色甌藉用兜羅綿。其餘入肆尚高價，合貯廣夏鋪細茄。我稽五行演疇範，生於其地良弗遷。瑶流祇挹浮粱水，青料選購金華巔。祁門採石擣泥細，淳邨披沙結胎堅。伐毛洗髓理太酷，如人去滓來虚元。入窑而還善千變，火候那許毫釐偏。又如學士造道法，急火慢火心頭然。遂令法物照青眼，赤手扶出璚枝鮮。盛朝醲化浹區宇，日月骴竃歸陶甄。異物不貴貴用物，苦窳間作非勤宣。禮云考工易尚象，將偕匏器郊格天。如珍商瑚寶軒鼎，金石貞吉隨摩編。

吴省欽《白華前稿》卷二六《聞時齋副憲遷秩少司寇喜賦即寄》

一紙除書下赤墀，欣聞汪澈復台司。向來不肯因人熱，垂老終看結主知。解網時當疏節目，新詔斷獄不得律外加重。簪毫家本備論思。支端師在政地最久。佇看畫接承恩渥，曳履從容入鳳池。

子公氣力可推輪，不傍權門自致身。遲却十年爲宰相，要教兩世作名臣。崇班漸近中台地，宿望今推老輩人。莫怪江村聞信喜，師門調燮有傳薪。民窑歷碌御窑奇，雲破天青著意爲。判卻踢穿雙不借，九峰寺裏看唐碑。九峰寺在雙劍峰下其碑榷使唐英燒瓷爲之。

江夜檀槽淚似麻，青衫淪謫怨天涯。延枝已把臙脂誤，莫把枇杷改琵琶。琵琶亭今在湓浦之右，按劉貢父《中山詩話》，亭前臨江左枕湓浦，則故址當在今水府、白馬兩廟間。延枝山在府治左，今訛臙脂枇杷，事見《靳史》。

辟塵珠勝壁塵犀，古寺三門鐵佛棲。願獻寶冠安佛頂，不教燕子壘芹泥。能仁寺舊名承天危，素有三門，記殿相傳有辟塵珠鐵佛，北宋時浮至，又大士象寶冠，近日燕泥累成之。

家住城隈復浦隈，龍豬新到夕筵開。銅盆徑尺休教洗，怕惹乖龍攫爪來。湓浦見《漢郡國志》，今以名城西門。《府志》：「湓」亦作「盆」，昔人洗盆墮水，有龍負出，因名。

落星潭底鐵冠人，雄鴨飛飛解化身。可惜柳莨更生後，不將綵筆記搜神。長興中，漁人於落星潭引一鐵冠人，旋遯於水。周昉宿宫亭廟，見白頭老化雄鴨飛去。柳莨葬三年後復甦。

細柳繁花霸業休，木蘭船過木蘭洲。惟餘天上麒麟句，傳説清泉寶盌流。木蘭洲，闔閭植木蘭於此。寶盌泉名，徐陵詩：泉流寶盌，遥憶湓城。

大行山與吕梁洪，須趁人間一帆去風。爲過馬當剖魚腹，一雙金錯玉玲瓏。陸龜蒙有《馬當山銘》：魚腹錯刀，王龍標事。見《博異記》。

黄牛洑口破長風，親斬神蛟濁浪紅。太息鼎湖弓劍杳，蟂磯從此横江東。黄牛洑在湖口東南十里，即漢武射蛟處。

神武將軍脱墨衰，甕門深夜颭靈旗。淒涼白鶴鄉前路，幾樹冬青偃墓碑。岳忠武在鎮守母喪，營葬白鶴鄉之太陽山，或云株嶺北門，今名岳師討李成時出師處。

二蔡孤惸禁網張，小人飽暖仗蘇黄。安民鬬内家迢遞，祇合移居琢玉坊。《揮麈録》：崇寧間刊元祐黨人碑，九江石工仲寧請于太守曰：某以鐫蘇黄詞翰得飽暖，詎不忍下手。寧所居琢玉坊，山谷題。

越紵吴綾私篋操，姜家被冷雁行高。布衣兄弟偏蹄齧，惶愧蒲亭百犬牢。私篋事見《才鬼録》，陳氏百犬牢在德安西北六十里。

千騎紅巾賊熾氛，清齋施供素殷勤。笑將撮土傳仙訣，不見山家見白雲。明季萬生撮土避賊事，見徐岳《見聞録》。

彭澤豪華見未曾，逢場竿木夜牽繩。阿婆更語耶兒子，看放蓮華救苦燈。彭澤、張御史達泉侈聲伎，見阮亭冶《春詞》注，耶兒子，九江呼小兒之稱。

鳳凰飛去景星消，古院濂谿也寂寥。不及豐儲坊下土，漆工攜畚日招邀。

景星書院祀李渤，今廢郡城濂谿書院，有二在豐儲坊者，土可入膝。

七仙昇後九仙昇，梅福劉綱取次登。閑殺廬山張道士，遠攜手版謁延陵。《列仙傳》：匡俗生周武王時，兄弟七人。謝顯《廣福觀碑》以爲成烈王時人。《府志》：晉建元初，延陵季子廟中井浮木簡，文曰「廬山道士張陵拜謁」。

吴省欽《白華前稿》卷二六《爲馬上舍題其尊人𢈼畫菊》　淘溝阻車轍，有客來敂門。借問客誰子，臭味争荃蓀。自言五常後，望雲念晨昏。硯頭置横幅，展對明所尊。渲染絶塵世，落花了無言。人以淡乃成，交以淡乃敦。此訓重詩禮，觸手芳澤存。殷勤待題句，遠寄陶南邨。自來梅蘭竹，畫者超衆根。菊花亦流亞，没骨非高論。聞君嗜金石，二隸窮肘跟。丁頭及釵脚，筆勢驚偏反。降體狀草木，如流從探源。平生嗜沖隱，嘉植怡心魂。清渠覆時菊，標格堪捫搎。譬彼形影神，贈答期勿諼。束縛謝瓷斗，侑譙揮金樽。非不念繁豔，守道須邱園。客行且毋遽，戒養希酬恩。他年采三逕，爲壽登崧崑。

吴省欽《白華前稿》卷四〇《論瓷絶句》　煉土塗油製絶殊，尚陶風教本先虞。縹瓷捧與潘郎手，曾奪千峰翠色無。潘岳《笙賦》：傾縹瓷以酌醽。陸魯望詩：九秋風露越窑開，奪得千峰翠色來。

雨過天青一抹浮，薄如繭紙響如球。平生不識柴窑面，黄土漥中度鄭州。《竹坨詞》注：周世宗批劄：雨過天青雲缺處，者般顔色做將來。古玩品柴窑出鄭州，潤膩有細紋，多粗黄土足。《博物要覽》：柴窑薄如紙，響如磬。

官汝天然蟹爪紋，内司紫口價空羣。流傳别有烏泥種，壓倒龍泉贋器紛。《格古要論》：汝窑有蟹爪紋，宋修内司官窑所燒紫口鐵足者，與汝器相類，黑者謂之烏泥窑，龍泉僞爲之而無紋。

南北班班異品題，每從黄白判高低。誰知紫墨花紅樣，祇要雙痕滴淚齊。《格古要論》：定窑有南北，古玩品定器，細白者貴，粗而黄者賤。又有紫定白定，有淚痕者佳。蘇詩：定州花瓷琢紅玉。

戧金官匠樣偷描，重價争收號折腰。太息寒芒坐輕露，不將秘器進先朝。《格古要論》：元戧金匠彭均實效古定器折腰樣者，甚整齊，故名彭窑。好事者以重價收之，至爲可笑。《老學庵筆記》：故都時以定器有芒，不入禁中。

琉田鐵足屬章生，淡白濃青畫不成。輸與阿兄新製好，斷紋百圾碎庚庚。《春風堂隨筆》：宋時章氏兄弟主龍泉之琉田窑。《稗史類編》：章生兄弟所造窑皆色青，濃淡不一，足皆鐵色。《輟耕録》：哥窑淺白斷紋，號曰圾碎。

燒瓷射利説浮梁，樞府名同御廠强。試看六窑開設處，金星糖點採麻倉。《容齋隨筆》：彭器資詩：「浮梁巧燒瓷」，又因官争射利，古玩品元饒器小足印花者，有樞府字者高。《江西通志洪》：武三十五年開御廠及二十座官窑，窑名凡六，其土出麻倉山，有糖點、白玉、金星色。

空青堆飾錯紅鮮，玉箸雙鉤認永宣。粉盎酒缸零落盡，醮壇茶醆卻流傳。《事物組珠》：永宣二窑皆以蘇麻雜青爲飾，以鮮紅爲寶。吴梅村有《宣窑脂粉箱歌》。《博物要覽》：宣窑白琖心有「壇」字者曰壇琖，嘉窑小白甌有「薑」、「棗」、「茶」、「酒」等字者乃醮壇所用，亦曰壇琖，制度質料迥不及矣。

粉青花朵説高麗，大食銅胎傳藥奇。料理纏絲兼鎖口，一時航海重玻璃。《格古要論》：古高麗器粉青似龍泉，有白花朵者不甚值錢。大食窑以銅作身，以藥燒成五色花。《博物要覽》：玻璃窑出島夷，有白纏絲、天青、黄鎖口三種。

宜壺妙手數龔春，後輩還推時大彬。一種粗砂無土氣，竹鑪饞殺鬭茶人。《茶疏》：龔春茶壺以粗砂製之，正取砂無土氣。

候火開窑色色同，忽驚窑變玉玲瓏。不須更話文丞相，多少觀音點化中。《稗史類編》開窑時，有同是質同是色而特美異者，謂之窑變。《格古要論》：吉州窑書公燒者最佳，相傳文丞相過此，窑變成玉，遂不燒焉。《通雅》：報國寺有窑變觀音。

唐窑近出抵璠璵，持較年窑或未如。笑我兩年滯賓幕，不將雙眼挂陶書。年羹堯所製曰年窑，予壬申、癸酉間在九江唐榷使英幕，唐所造曰唐窑，其《陶書》一卷，載陶法頗備。

朱休度《壺山自吟稾》卷上《將卧題缾菊八韻寄和兒》　一口青花瓷，三五亭菊朵。静意耐欲忘，佳色淡彌妥。采榮伯仲間，薰若商量可。辟風寒吹汝，燈影□對我。瑟居擠響入，深夜憐幽頗。廢書小跮踱，回睇重整顆。密爾假細娱，恍子悄孤坐。阿同知奈何，送旅夢阿爹。時遣南歸

李調元《童山詩集》卷一二《宿鐵門苦寒》　雪堆深處露茆茨，送日羲和怯不窺。最是啾啾簷下雀，飛翻也欲向微曦。

紙格油窗自補函，圍爐祇似坐水坣。可憐門外瓷車客，臘月嚴寒尚夾衫。

董誥《皇清文潁續編》卷四二《駕幸惠山賦》　重岡邐迤，九龍蜿蜒，苞孕林壑，渟滀氿泉。撫錫山之右阪，控吴會之中權。爾其崋嵬巃嵸，磊砢旁薄。横亘百里，斜袤城郭。紛紛滇滇，往來翕霍。下屬陂陀，屈注盤渦。商賈雜遝，颿舶所過。夕發申浦，朝達雙河。五方霧合，九市星羅。榜人唱櫂，女歌蓋翹。企於南薰之至，而共媄夫惠風之和也。爾乃趨石徑，踐松關，攀石磴，披重巒。其上則有招提靈境栖神之所，慧照居焉。架百尺之華榱，建凌霄之窣堵。舒丹氣以

成霞，雜天花而作雨。鏗烟際之華鐘，響林間之法鼓。內則金蓮之池，離離披披，凌波倒景，含華揚甤。游鯈唼乎綠芷，翠羽翾以參差。周覽四隅，石幢是搆。或列門左，或居棖右。尊勝名經，首楞神咒。垂露涌波，神機互湊。遂永莫乎層阿，將垺名乎岣嶁。其洞則水簾若水，匌匝砅砰，日躔南陸，炎沸不興。此焉清暑，微風泠泠。其塢則桃花白石，爛漫玓瓅。藉草鋪茵，牽蘿成壁。日照烟煴，月來明瑟。下有花宮，厥號聽松。沿繡嶺之故址，步仄徑而微通。茂虬枝於陰磵，蔭黛色於寒空。既苔侵而蘚蝕，亦雨潤而霜封。聳孤標而獨秀，掩大壑之長風。於前則寄暢之園，百卉所植，水木空青，樓臺金碧，黃鳥好音，朱櫻渥色，蘭茝蘠蘼，芙蕖的皪。族茂宗生，不可殫悉。若夫循厓而東，至於其麓，乃有源泉出於湯谷，始涓滴而成流，漸奔騰而引瀑。其入於耳也，琮琮琤琤，若斷若續。則鈞天之奏琅璈、空山之響竽筑也。近而矚之，激湍瀠洄，或漩或洑，則鮫室之迸明珠、崑渠之流寒玉也。爰是分池接潤，置竹疏欄。淄澠左右，瀰汋方圓。覆以反宇，甃以朱闌。上承陽馬，下列井幹。雕鐫碝碱，剞劂槐檀。轆轤輕引，銀牀易安。加以新岕纔登，頭綱初舉。細碾月團，輕翻雪乳。蟹眼爲魚，文火而武。雞缸黝碧，花瓷定汝。寫浣沼之清渠，流梁溪之枉渚。入龍吻而歕薄，際晴旭而飛雨。此所以品亞於中泠，而名標於陸羽者也。洪維皇祖，六巡江汜，銀甕流膏，玉泉出醴。吾皇載纘，宸翰絢美。品泉漪瀾，聖相嗣。舉山石之磷磷，渟涓流之齒齒。再至三至，是之取爾。爾乃竹罏茶具，製自精廬。編嶰谷之篔簹，準旅人之範模。刳黃鐘之厚竅，應離火而中虛。置缾笙而穩稱，嗤石鼎其焉如。初性海之清供，乞孟端爲補圓。嗣楚亡而楚得，疑蜚廉其守諸。幸呈材於皇覽，妙咏物於元珠。奎文溢於卷軸，狀天一之委輪；詔宗蒼爲摹繪，永作鎮於菰蘆。於時置之硯几之間，移傍堂皇之下。榆火纔烹，松濤暗瀉。譬中衢之設尊，等松明之照夜。馨烈醍醐，甘先藷蔗。將以陳蘭，陔斟瑤斝。調六膳之芳馨，樂萬幾之餘暇。漱華池之清泠，灑麴塵之堀堁。運甓詎足方，陶輪莫能駕。信乎！玉漿不下於崟山，而蓮井未輸於太華也。顧乃軫下土之病濁，詔渴者而飲斯。非投醪之能給，甃勿幕而可爲。雖一勺之清甘，與吾民其共之。

董誥等《欽定清涼山志》卷四《雪水茶》 山中雪水煮三清，大邑瓷甌入手輕。水以最輕者爲佳，此處水較京都玉泉爲重，惟雪水比玉泉猶輕云。屏去薑鹽嫌雜和，招來風月試閑評。□添今夕燈前趣，宛憶當年霽後程。丙寅秋巡五臺時，迴程至定興遇雪，曾於氈帳中有《烹三清茶》之作。只有一端差覺遜，三希即景對時晴。

翟灝《無不宜齋未定稿》卷一《缾中芍藥和俞槐谷舍人》 長安三月不見春，春風處處吹香塵。倏忽已傳花事了，卻留婪尾償鮮新。豐臺地僻南門外，土人種花如種菜。連畦接畛望無邊，縟繡真成萬花會。城中花市擁價高，花前錯落金錯刀。朝開暮翦不得惜，日移萬本隨擔挑。我方欲作豐臺賞，俗事蹉跎廢幽往。賣花聲過市梢來，有腳陽春如就訪。膽瓶買得定州瓷，活水新添插數枝。深紅淺白巧相間，石屏竹几橫參差。良書獨擁簾晝垂，花氣濛濛撲面吹。微參鼻觀可終日，穿檽不許狂蜂窺。昔聞花性隨風土，廣陵名重三家譜。如何冀北花更繁，翻令江南不足數。燈前相對倍關情，同自江南達畿輔。玉堂堦下好追尋，莫忘此日衡門侶。

翟灝《無不宜齋未定稿》卷二《咏花糖三首和汪西顥徵士》 小摘方憐嫩蕊殘，忍將零艷委霜寒。回春賴有團花印，範出依然朵朵看。

釧聲搖戛夜窗春，慎取花瓷上蠟封。採得百花甜口腹，細腰人亦等游蜂。

充粻瑤蕊屑層城，餐菊猶聞碎落英。略遺投甘從世尚，不教況味太孤清。

翟灝《無不宜齋未定稿》卷二《集杭堇浦新居分咏金瀾酒》 玉爲膏，珠爲汁，不抵金漿滿壺挹。三人莫欠明月邀，一川須作長鯨吸。先朝法酒賢聖稱，銀缾賜出雙龍升。封開黃紙香散席，洞庭波溢琉璃澄。此美百年能幾遇，麴生懶向青州住。灩海杯乾滄變速，吸江口在潮來暮。擁絮開爐今夕偶，寒燈照琖不辭手。醉倒曹騰百不知，金運消亡說何有。周麟之《海陵集》云金瀾者，金運其將闌也。明朝酒復仗君沽，澆書不定金瀾需。但視門闌喜氣殊，尚得雨露傳宮壺。

翟灝《無不宜齋未定稿》卷四《上元日琉璃廠觀百戲作俳體五十韻示同遊諸子》 春明官廠設，十種造琉璃。鴛瓦供無缺，羊燈代亦宜。東華遷舊市，太乙奉佳時。《燕都遊覽志》：燈市在東華門崇文街，今在琉璃廠。上元張燈，始漢祀太乙，見《太平御覽》。祥雪新開霽，勞塵暫脫羈。屢豐家給足，百戲俗恬怡。含利工呈幻，黎軒盡出奇。喬人高續脛，見郭璞《山海經註》。立馬驟磨旗。見《魏志·甄皇后傳》註。板繫千秋索，毬裁八片皮。演書宗黑子，宋藝流供奉有李黑子善演史。弄鉢賽容兒。張祐有《咏容兒弄鉢頭》詩。天僑騰絙僊，翩翾鬬木熙。旋空掛跟肘，距地擲腰肢。勢仄懸梯透，音繁縛角吹。《抱朴子》：禰衡爲鼓吏搖鼗擊鼓，縛角於柱口，就吹之。異聲並舉，聞者不知其一人也。今有打十不閑者，乃其遺意。連廂供耍令，踏鼓唱京詞。瞽女商弦撥，丫童越器持。胡涼紛假面，神鬼醜蒙魌。馴獸看料虎，奇蟲見叠黿。奇蟲見《鹽鐵論》。粤拳角觝社，賣口祝褶醫。白索輪光曳，烏銅倩影窺。借指西洋景。黄花雙犢並，絳樹兩歌岐。絳樹能一聲歌兩曲，黄華雙管並下，見《鄉嬛記》。爠爠揮丸劍，亭亭累卵棋。踰鋒誇捷足，籌骨證頑肌。革冒通同拍，《宣政雜録》：靖康初，民間以革冒竹鼓成節奏，取其聲似曰通佝部，今唱道情所拍者是。冰膠滑澾馳。郎當牽鮑老，宛轉習優施。立幟分千道，圍場判一規。饞顔工眠娗，險譁雜兆離。吴市瞻西子，揚州仰獻之。《孟子疏》：「西施至吴市，觀者各輸金錢一文。」王獻之自論書云：「揚州一老母，惠臣一餐，作一字答之，令就市價。近觀三錢，遠觀二錢。」未攜標下綵，稍費杖頭貲。油壁緣源出，青驄銜尾隨。堵觀雲路合，香襲綺叢毗。星貨排廛積，春書應節貽。鬧蛾攢繡纈，風鷂引晴絲。土稗鄜州樣，唐花浙水姿。晁説之鄜州，排悶莫言，無妙麗土，稗動金門。以鄜州田玘造泥孩兒，名天下也。土窑烘花之法，始於浙之馬塍。金絨挑毽子，紅蠟綴椒枝。素女圖礬絹，文魚豢碧瓷。輝煌嗤蘂玉，突兀詫糖獅。鳥哢錫簫奏，環鳴扇鼓移。酒樓横榜署，茶社軟帘欹。蔬果均分局，臺盤各有司。熚豚陳厚膊，籠餅蘸烏飴。禁鑰三衢緩，歸鞭五夜遲。竹聲交劈裂，燈影又敷披。西漆南油彙，星橋火樹蕤。畫屏光凹凸，像綵勢蹬跜。烟火梨花散，壺觴竹葉垂。咿啞吟鳳曲，磅礴響犀椎。細瑣書難遍，婆跚樂不支。纏腰羞澁縮，過眼任參差。節物鄉情遠，年光世路疲。追尋優笑地，點綴太平詩。試舉同游客，當筵定解頤。

孔繼涵《紅櫚書屋詩集》卷二《水仙》 髹几黄瓷斗，拳峰小石宫。沙明知水滸，葉痠覺花祟。本大疑胡蒜，稾肥是鹿葱。祇宜梅罄口，金醆勸醇醲。

王汝璧《銅梁山人詩集》卷七《觸熱行》 觸熱觸熱車載馳，燭龍掣電鞭火螭。雨工蜎縮雲將匿，大地一色紅玻璃。釜中有蟲火有鼠，物各適適天爲隨。而况長嬴扇大冶，變其毛骨心肝脾。我行中野日方午，炎炎赤繖如卓錐。僕夫頳面馬汗血，歊歔翕赫交相炊。蠅蝱撲緣利嗜嘬，此瑣瑣者何足揮。道旁老柳鬥奇怪，陀羅牛鬼鱗之而。天綿地密潑濃緑，迷人如酒如修眉。饑蟬百千叫不歇，脇枯羽敝聲嘶嘶。不知所謂但助譟，蛙黽狼藉翻羹匙。野花斑斑暈猩血，日脚下射生紅絲。何人摶取十丈土，散作滿地瓊玫瑰。羵羊閃目竄鼫鼬，石虎怒欲吞穹黿。叢祠古莽人迹絶，瓦缾繘井清漣漪。道人豈識壬癸訣，玄冰一勺生玉池。槐陰笑看蟻旋磨，百二十刻長如期。塵埃萬象自吹息，錦囊摹索真兒嬉。

王汝璧《銅梁山人詩集》卷七《瓶中荷花二首》 湘竹簾垂笛簟舒，脩然遠思在江湖。誰將太乙青藜杖，縮入仇池碧玉壺。坐久嬌雲移翠佩，夜深香雨下仙姝。研硃點易還觀象，一片秋心正仰盂。

月魂邂逅此淹留，不用褰裳賦遠遊。太華已看落吾手，高花真個過人頭。涼生白袷塵初净，雲在青天水不流。絶好花瓷如鴨緑，悄悄澹貯一江秋。

王汝璧《銅梁山人詩集》卷二一《雪夜盆中牡丹再疊前韻》 水光照澈恒河沙，静收蝶夢恬蜂衙。何人鍊火作雲物，元冬開出三春花。微風暗吹黍谷琯，新恩來自東皇家。乍驚黄裏簇火齊，直欲夜半騰金雅。青娥剪綵弄紅纈，素女搗玉揚霜葩。神工妙手不相下，仙人般七爲捽爬。冰瓷錦帳伴珍供，寒泉雪盌烹團茶。青陽漏泄艸根中，臘鼓動地兒童撾。緑華爲妃水仙媵，孤山孤絶休咨嗟。晶簾月曉幺鳳叫，頃刻吐綬如丹霞。

沈赤然《五研齋詩鈔》卷一二《十二月二十六日五研草堂漉酒》 斗米釀初熟，甕面蛆尚浮。欣然漉越葛，滓去精華留。指掌黏如漆，口角涎欲流。愛此淺碧色，貯以青瓷甌。試酌一瓢飲，甘滑香滿喉。何來索逋子，打門聲喧啾。揮手令姑去，吾方營糟丘。

沈赤然《五硯齋詩鈔》卷一三《青鞋集·人日早起視庭中雙水甕凍裂急覓槌鑿穴冰如椀許大投小木數段以殺冰力口號示兒穎乙卯》 庭前兩瓷甕，積水終年盈。開歲苦寒甚，冰作鏡面平。遂令甕口壘，紋理紛縱横。急覓小槌鑿，檐高聲丁丁。濺衣霏玉屑，墮地鏘水精。纔喜竅容指，豈料水逆行。過顙濕袍袖，兒子笑且驚。俄成椀大穴，照見鬚麋清。投以咫尺木，稍殺冰力勍。人日多樂事，煎餅七種羹。老翁獨爲此，無乃非人情。貧家愛器具，瓦缶同瓊瑶。不惜十指苦，聊以示後生。

沈赤然《五研齋詩鈔》卷一八《至武林與老姊燈下圍棋局竟歡飲惜吾妹不與俱也》 燈前老眼一般花，黑白縱横整復斜。五十年來無此樂，余幼時常與姊對枰。天倫韻事可容誇。

勝固欣然敗亦歡，暮年難得此團欒。推枰莫算無情劫，且盡花瓷半尺寬。

恨不兹行與妹俱，兩人雪髮我霜鬚。便教壞局哄然起，也勝旁觀一局輸。妹不解弈故云。

吴壽昌《虚白齋存藁》水衡集上《盆梅·全穆齋夫子命賦》 冷蘂疏香著意栽，定州瓷内絶纖埃。一枝正及寒時貯，十月曾從嶺上開。儘許横窗風暗襲，不辭出窖火新催。玉堂相對陪清賞，調鼎他年未易才。

吴壽昌《虚白齋存稿·驛程雜詠·涿州道中》 河道琉璃指涿州，虹隄百尺亘中流。樓桑村裹童童蓋，及見居人舊姓劉。

吴壽昌《虚白齋存稿·驛程雜詠·定州道中》 形勢中山冀野雄，慕容竊據舊營空。居人解唱安陽好，千載風流韓魏公。

白瓷聲價並官哥，小器流傳值幾多。我愛率更修褉石，不分肥瘦且摩挲。

吴壽昌《虚白齋存稿·細吟續集·冰紋》 裂作千絲與萬條，斜斜整整凍難消。空明特向壺心貯，界畫誰將粉色描。竺國經來多卍字，海人織罷半鮫綃。不須雪窖深藏却，繭紙花瓷新樣饒。

趙懷玉《亦有生齋集》詩卷二三《謝姜秀才靈煦惠水》 吾聞昏叩門，求水無弗與。豈知漁灣水，味鹹濱斥鹵。所恃汲井華，聊以供烹煮。頃來值久旱，井渫亦何補。徒令我心惻，敢冀並受祐。有客遺長鬚，貽我水石許。云是三春時，貯此兩斛雨。如人病投藥，似兒啼得乳。轍竟縱涸鮒，河已飲鼷鼠。甌宜選越瓷，茶急煎顧渚。須臾腋生風，飄然身欲舉。我渴雖已解，民飢恐猶阻。我閑覺清涼，農瘁困煩暑。安能遍施澤，一溉欲焦土。他年君作霖，應念散人語。

黄鉞《壹齋集》卷二〇《丙寅九日鄰泉夫子招集知恥齋看菊以韓魏公雖慚老圃秋容淡且看黄花晚節香分韻賦詩命鉞爲圖鉞得雖字》 天公成就邠老詩，年年風雨重陽時。不顧黄花逞顔色，一任泥皺東籬姿。吾師愛菊廣藝菊，佳種一一標黄瓷。先期召游崇效寺，及暮歸賞淵明卮。我時冒雨最先至，薄寒欲衣羔羊皮。人聲雨聲互相亂，花氣酒氣酣淋漓。須臾衆中我大醉，欹倒更比花支離。眵昏醉眼眩紅緑，仿佛有月明花枝。出門登車瘦僵仆，兩手似賴人交持。可知四海盡兄弟，不用永嘆良朋離。《爾雅》每有雖也。況茲同鄉又同譜，本若遭雁行肩隨。竭朝酒醒問兒子，時初民侍行。慚愧不出思自答。畫圖鬮韻事皆忘，爾時狂語知爲誰。急塗此卷當悔過，醉人恕否從吾師。

石韞玉《獨學廬初稿》卷一《山塘種花人歌》 江南三月花如烟，莳花人家花裹眠。翠竹織籬門一扇，紅裙入市花雙鬟。山家築舍環山寺，一角青山藏寺裹。試劍陂前石髮青，談經臺下巖花紫。花田種花號花農，春蘭秋菊羅千叢。黄瓷斗中沙的皪，白石盆裹山玲瓏。山農購花尚奇種，種種奇花盛筬籠。貝多羅樹傳天竺，優鉢曇花出蠻洞。司花有女賣花郎，千錢一花花價昂。錫花乞得先生册，醫花世傳不苑方。雙雙夫婦花房宿，修成花史花陰讀。松下新泥種菊秧，月中艷服栽鶯粟。花下老人號花隱，愛花直以花爲命。譜藥年年改舊名，莳蘭月月頒新令。桃花水暖泛清波，載花之舟輕如梭。山日未上張青蓋，湖雨欲來披緑簑。城中富人好遊冶，年年載酒行花下。青衫白帢少年郎，看花不是種花者。

石韞玉《獨學廬初稿》卷一《新製碧桃筬題五絶句其上效王鐵夫體》 緗青縹碧乳冰瓷，尺一澄心畫折枝。文起中央周四角，葉當花對代烏絲。

阿柔慧性是天生，頃刻江花腕下成。豈有浣溪詩句好，蠻箋虚負薛濤名。

蘊將春色入毫端，信手淋漓墨未乾。急就成章先奪錦，夜深簾外露生寒。

言薄曹劉愧未工，建安名士雪天鴻。玻璃研匣珊瑚筆，併入文房肆考中。

香草騷人擘蕙蓀，生天靈運孕靈根。如何丈室維摩詰，直恁桃花作飯噴。

石韞玉《獨學廬初稿》卷一《西番蓮賦》 猗靈山之異卉，号託嘉名于芳蓮。自西域以徙植兮，對南薰而舒妍。攬羣芳之舊譜兮，文簡略而未全。彼詞臣之寫生兮，亦訛狀之旁連。惟聖人之摛藻兮，夫乃得其真詮。爾其爲狀也，修蔓縈青，芳苞孕紫。漸吐白華，初含碧蘂。五葉瓜分，三珠丸綮。方素桐華，齊綿葛藟。乍扶疏以結繁，亦紛敷以積委。若幺鳳其將翔，差曇花之可擬。於焉！向景風以吐蕚，擇净土以移根。扶以湘竹之架，植以宣瓷之盆。慈雲分潤，慧日凝暄。紺絲交結，縹帶偏翻。迎夕陽而斂影，被湛露而懷恩。斯禁林之嘉植，豈庶草而同蕃。瓊葩密綴，翠莖孤茁。啓秀仙墀，迎薰温室。鐵線貌似而殊種，玉井名同而異質。皇情爲之休暢，詈藻于焉詳述。狀奇形于圖經，參奥義于禪律。遡三藏之秘文兮，證一花於初祖。喻五葉之微言兮，發三乘之創詁。梵筴引而可通，花史闕而能補。試稽古于祇林，亦標新于藝圃。

王芑孫《淵雅堂全集·編年詩稿》卷一四《庭鶴》 鶴非庭除物，孑孑行于庭。蟲蟻素不食，啄苔瘦伶俜。羽毛猶自惜，對影梳其翎。平生萬里心，翹然望青冥。寧嫌俸糧薄，妄冀肥子形。所懷珠樹棲，驂鸞傍仙靈。太倉非吾志，而況粟覆瓶。荒黄半庭月，夢與梅花醒。

王芑孫《淵雅堂全集·編年詩稿》卷一四《盆松》 孤松拔霄漢，風雷戰高危。屈身盆盎中，猶帶岱華姿。剪拂登畫堂，種之紅玉瓷。硯屏金博山，臚陳几烏皮。移來軒墀下，蟻蠹穴流脂。蒿蕭傲其傍，珠露罥珠絲。鄰牆銀杏樹，垂惘低其枝。謂將芃芃葉，蔭此蒼髯髭。

王芑孫《淵雅堂全集·編年詩稿》卷一四《瓶花》 何以媚幽獨，案上花扶疏。膽瓶受清冷，護養兼蓴酎。寄命此一勺，等諸沉瀣濡。與君永今夕，來歲將何如。飄零盍其分，抱香戀斯須。猶然挺楂枒，無奈遭剪除。當時雨露滋，豈甘耳目娱。誰能更栽植，枯株長根鬚。

王芑孫《淵雅堂全集·惕甫未定稿》卷一《木犀醬賦有序》 吴語謂桂爲木犀，收其華，浸柘霜梅實以爲醬，壜封之，色香不變，可以寄遠。昔人未見著録，因爲之賦云。

招摇之英，偃蹇之叢。一枝獨秀，三秋正中。紛辭條而欲雪，儼承蓋以當風。于是張幔小山，置筐隙地，乍倚帚以堆黄，復緣梯而折翠。待膏露之交融，養甘芳而成味。則有曲房櫛士，別院針神。傾玉盤之大小，拂羅袖之繽紛。鋪以桃笙之簟，羃以苧絲之巾。抽簪抉剔，布席横陳，遂斗量其輕重，旋簁簸而均匀。爾迺汲井華之瀣，漉神瀵之漿，浸越梅之久曝，糝閩柘之新霜。點鹽華而入盌，浴礬水而泛觴。酸能固色，澀善留香，忽生肥而流膩，洵茹馥而含光。名之以醬，別謚爲糖，由是貯以花瓷，薦于銀盎。併衆芳爲一氣，紛殊態而異狀。尋餘味之曲包，護秋光于無恙。恍三醳而成醽，經百和而若釀。方諧合于人工，宛酌斟於天匠。涣如凝蠟，沃若浮脂，得清腴于涵泳，何臭味之差池。秀可餐兮玉蘂，粻有寄乎瓊枝。既色香味之皆備，歷春夏冬而咸宜。因而病起，慵來茗前。酒末裝出，紅墮銷殘。黄雪一甌，天香半匙。秋色存不壞之金身，領風霜之高潔。嘉本始之克完，况中邊之俱徹。誠漱潤于花瓢，訝承杯於月魄。彼有露馨薇浣，餖豔櫻傳。笑穠纖而不韻，又遜此之新鮮。賦浮生之薄嗜，譜食品之外編。緊金粟而可糧，逝掃花以送年。

王芑孫《淵雅堂全集·惕甫未定稿》卷一《建窑印色盒銘》 定窑僞酬一縑，建窑真直百錢，同一白名相懸。

乾隆辛亥自編初集，自春徂冬以次畢録，并山妻《寫韻軒小稿》作一囊以貯之，而銘其背。時臘月廿有三日。

歲云徂，書滿牀。既畢録，以次裝。醉司命，製此囊。誰爲質，我自藏。儒之富，多文章。繼自今，歲穰穰。婦與夫，偕樂康。詒子孫，大吉昌。

曾燠《賞雨茅屋詩集》卷三《謝胡香海贈宋瓷洞簫歌》 我家鐵龍久鰥處，徹骨之寒吹不煦。胡公詩律如春温，一見優作冰人語。請以昭華爲匹配，和鳴十二應中吕。香海爲余賦《鐵簫》詩云：請公配以昭華琯，和鳴十二聲雌雄。求之不得幾三年，今日欣然來踐言。援引玉山主人例，白鸞飛向華陽仙。温其如玉豔如雪，中抱虚靈外簾節。問姓來從天水家，長年鍊得安公訣。劫灰無處認前朝，好古徒誇定汝窑。此器不歸陶正掌，當時何取爨中焦。誰人吹落汴州月，幾度驚起錢塘潮。我笑鐵龍聲太厲，剛腸正要柔情濟。傳薪有指樂未亡，鼓缶而歌占亦利。胡公詩泫三唐音，宋人變調非賞心。伶工偏奏下里曲，畫壁旗亭請聽吟。

曾燠《賞雨茅屋詩集》卷三《再詠宋瓷洞簫》 汝窑開後柴窑掩，官哥色共天水染。變爲御土印花點，趙家火德滅餘焰。此器誰造誰匣檢，唱簫和簫兩難辨。景祐樂記無前伴，是何瑩滑不能玷。吹氣宜有露珠泫，當時幸不同紀甗。路師遠入燕山崦，亡國之音官孰典。石火光陰真荏苒，而今此器亦已鮮。客有吹之吾請免，如怨如慕誰能遣。

曾燠《江西詩徵》卷一五李南金《茶聲》 砌蟲唧唧萬蟬催，忽有千車捆載來。聽得松風并澗水，急呼縹色緑瓷杯。

曾燠《江西詩徵》卷六五陳允衡《買花歌爲學士李閬翁賦》 學士磊砢歷落之畸人，一船買盡江南春。江南春色年年早，二月看花春已老。半塘十里種花田，賈客賣花如賣稻。宋元寫意態更奇，五嶺梅横一尺瓷。價值青錢十數萬，使人瞥見冷心脾。并州兒，笑欲死，騎馬還看廣陵市。廣陵市上塞氊裘，馬蹄能使春風愁。碙鹵廣袤三十六，黄金巨艦作販牛。嗚乎人生富貴何足數，天下學士奔波苦。千樹流鶯唤不醒，夢牽黄犬猶栩栩。夢栩栩，亦何有，不見歐臺之叟七十餘，手鋤荆棘種楊柳。柳條不待春半柔。引人清興到筌篌。入門便聽歌聲沸，閉户還貪花樹幽。今春陡然雪三尺，閩海徵兵動阡陌，官吏捉船急豆芻。有船不裝買花客，我未見兵愁已生。但聞滿城弓箭盡，南征起看一人〔花裏〕行。

曾燠《江西詩徵》卷六五陳允衡《四弟子展》 忽別韓臺下，三年淚不乾。朋來無一字，汝病有千端。歲閲干戈戲，心傷俎豆歡。嗟余更飄泊，長夜路漫漫。

孫原湘《天真閣集》卷三六《望梅·席上賦蜜梅》 酒邊唇渴，喜晶盤別薦，翠珠圓滴。怪舊時、風味全殊，帶些子燒春，半攙崖蜜。到口先消，更何惜、齒牙餘力。似相思見了，釋盡心酸，一味甘絶。 回思雨中望得，帶青枝摘下，清脆如雪。費緑窗妙手，圓搓浸白，定宣瓷蠟封嚴密。笑謝吴鹽，已不是和羹才質。笑文君未諳此味，遠山翠結。黄山谷詩：相如病渴應須此，莫與文君蹙遠山。

阮元《定香亭筆談》卷三 戊午六月既望，予與泰州宫芸欄詔、元和張淥卿詡爲月夜之遊，自金沙港策騎，過十里松濤，月色浩潔，深林無人，夜鳥相應，至冷泉亭將二更矣。泉聲泠然，塔影自直，宿補梅軒，聽揚州偶然上人彈琴。接榻小夢，東方達曙而歸，淥卿填《步月》一闋以記之。

步月　張詡

碧巘雕雲，玉壺卷暑，老蟾夢醒瑶闕。露華潑翠，濺廣寒冰屑。俯流泉、一掬秋心，移晚鏡、滿林晴雪。松陰静、蠏眼乍翻，素瓷凝滑。朱絲清弄發。疑唤起姮娥，環珮葉葉。璚田萬頃，更新凉萬疊。問裝就、七寶樓臺，記留我、桂叢香窟。徜徉處、休裊醉鄉倦蜨。

歲寒厓在孤山俞公祠後，石壁間横刻正書「歲寒厓」三字，逕一尺四寸。下刻郭令公歷中書二十四，考廣成子，居空同萬八千年。隸書二行分列，字徑七寸。西湖遊覽志皆以爲出東坡手筆，隸法尤古勁，惜無名款可考。今厓下左側爲秦小峴觀察建蘇公祠。

西湖並無蘇文忠公專祠。嘉慶戊午，秦小峴觀察始得地於平湖秋月范公祠後，專設栗主祀蘇公，屬余書扁並爲楹語。余作聯句云：「願其水仙薦秋菊，長留學士住西湖。」蓋宋時杭人呼公爲學士，不稱姓也。謝蘇潭方伯有詩紀事云：「杭人思公七百載，築祠乃在嘉慶年。」

蘇公祠西堂無扁，余在山左曾拓得熙寧十年坡公爲張龍圖掞所書「讀書堂」三字碑，因即雙鉤其字，爲扁公之祠。扁得公自書，一時稱快。

嘉慶三年西湖始建蘇公祠誌事　阮元

蘇公一生凡九遷，笠屐兩到西湖前。十六年中夢遊遍，況今寥落七百年。西湖之景甲天下，惟公能識西湖全。公才若用及四海，德壽不駐湖山邊。區區明聖一掌耳，易補缺陷開塞填。長隄十里老葑捲，北峰頓與南峰連。雨雲雪月入吟袖，裝抹濃淡皆鮮妍。水枕競與山俯仰，百吏散後登風船。可憐紗縠歸不得，欲歸陽羨愁無田。江頭班白説學士，碑在口上無勞鐫。三百六十寺興廢，竟無一屋祠公焉。前載我飾書院像，聊以山水娱四賢。柏堂竹閣今尚在，一祠究竟公當專。淮海秦公世交後，謂小峴觀察。辦此醵出清俸錢。歲寒巖下百弓地，宅有花樹池多蓮。讀書堂字公手蹟，一扁横占屋十椽。吁嗟乎公神之來如冰仙，靈風拂拂雲娟娟。樓臺明滅衣蹁躚，萬珠跳雨生白煙。琉璃十頃清光圓，水樂驚起魚龍眠。我歌公詩冰絲絃，薦秋菊以孤山泉。神歸來兮心超然，望湖樓下湖連天。

嘉慶戊午九月二日，予棄筍輿過保叔塔後山沿西溪秦亭山入河渚，泛小舟至茭蘆庵。數十里中松竹梢槮，桑麻黄落，豆花瓜蔓，映帶秋水，風景迥與西湖不同。庵内古梅二株，枝幹横斜，高出簷際。老僧梅嶼震山無俗韻，詩亦清遠，與此庵相稱。董香光書庵榜爲「茭蘆」。予謂《楞嚴經》云：「中間無實性，是若交蘆。」此禪家謂性虚妄，若交蘆耳。書交爲茭，失其旨矣。梅嶼手翻經，證予言而悦之，且言其師太虚能詩，以「交蘆」對「舉葉」。舉葉者，張得天書維摩經義以名其堂也。庵之西里許爲秋雪庵，北高峰正當其南。蘆田千畝，白英初生，此地荒寒有隱趣，人罕至者。歸舟書此紀遊，且貽梅嶼。

余嘗以八月既望觀潮於海寧，浙潮海寧爲大，至錢塘已減半矣。故予詩云：「錢塘江潮秋最巨，未抵鹽官十之五。」海潮之説自來不一，海寧俞思謙有《海潮輯説》，於盈縮消長之理，頗多發明，余爲序之。

阮元《淮海英靈集》丙集卷四鄭燮《除夕前一日上中尊汪夫子》　瑣事貧家日萬端，破裘雖補不禁寒。缾中白水供先祀，窗外梅花當早餐。結網縱勤河又沍，賣書無主歲偏闌。明年又值掄才會，願向秋風借羽翰。

阮元《淮海英靈集》丙集卷四鄭燮《送都轉運盧公》　揚州自古風流地，惟有當官不自怡。鹽筴米囊銷歲月，巖花澗鳥避旌旗。一從吏議三年謫，得賦淮南百首詩。昨把青鞵踏隋苑，壺漿獻出野田兒。

清詞頗似王摩詰，復以精華學杜陵。吟撼夜窗秋紙破，思凝寒澗曉星澄。樓頭古瓦疏桐雨，牆外清歌畫舫燈。歷盡悲歡並喧寂，心絲裊入碧雲層。

塵埃吹去又生塵，汩盡英雄爲要津。世外烟霞負漁釣，胸中經濟念君臣。去毛折項葫蘆熟，豁齒蓬頭婢僕真。兩世君家有清德，即今風雅繼先民。

何限鵷鸞供奉班，慚予引對又空還。舊詩燒盡重謄稿，破屋修成好住山。自寫簪花教幼婦，閑拈玉笛引雙鬟。吹噓更不勞前輩，本是江南一老頑。

阮元《淮海英靈集》丙集卷四鄭燮《骨董》　末世好骨董，甘爲人所欺。千金買書畫，百金爲裝池。缺角古玉印，銅章盤龜螭。烏几研銅雀，象牀燒金猊。一杯一尊斝，按圖辨款儀。鉤深索遠求，到老如狂癡。骨肉起訟獄，朋友生猜疑。方其富貴日，價直千萬奇。及其貧賤來，不足换餅餈。我有太古器，世人苦不知。伏羲畫八卦，文周孔繫辭。洛書著洪範，夏禹傳商箕。東山七月篇，斑駁何陸離。是皆上古物，三代即次之。不用一錢買，滿架堆離披。乃其最下者，韓文李杜詩。用以養德行，壽考百歲期。用以治天下，百族歸淳熙。太古不肯好，逐逐流俗爲。東家宣德爐，西家成化瓷。盲人寶陋物，惟下愚不移。

阮元《淮海英靈集》壬集卷一徐德音《亞清夫人以詩集畫梅香櫞見惠賦謝》

放鶴亭邊積雪時，衝寒花發最相思。幾年鄉夢迷疏影，一幅吴綾見折枝。浄洗鉛華留皓質，獨將墨暈繪清姿。朝來相對成幽賞，漫吮吟毫賦小詩。

玉臺新詠重雞林，一卷攜來百番吟。若欲酬償須白璧，何當持贈比南金。

竹西遠憶憐同調，冀北相逢愜素心。從此論文師喆匠，問奇肯許數招尋。

霜後千林金顆圓，感君分餽意纏綿。攜來驛騎筠籠裏，留伴芸窗緗帙前。論品定高盧橘價，誦詩擬效木瓜篇。素瓷清供無如爾，徐拂芬芳到几筵。

阮元《兩浙輶軒録》卷一嚴沆《丙申夏讀北海先生退谷志賦贈》 西山冥冥水蕭蕭，退谷幽人誰見招。馬蹄蹴踏狹斜路，塵飛日暗咸陽橋。北海先生結廬處，山風歷歷檐前樹。自有圖書屋裏藏，不勞車轍門邊駐。晉人法書唐人畫，周鼎宋瓷不論價。宣和御印硃鮮新，景陵署款翠相射。石狀垛積書架平，竹光巖需繚縱横。昔人已遠物亦貴，懷古撫今無限情。請看滚滚東西南北人，奔走富貴勞終身。一官寄跡山林興，翻似烟霞鄭子真。

阮元《兩浙輶軒録》卷五方象瑛《昌江舟次景德鎮》 窈折無如此，江聲峭壁中。村紅瓷屋火，春白石埏風。舟轉隨湍疾，人閑理柁工。秋深寒夜雨，薄醉倚疏篷。

阮元《兩浙輶軒録》卷一〇沈季友《宣窑歌》 宣宗昔日開宫庖，雕薪獅炭燒古窑。陶正紛紛製新式，花瓷五色如瓊瑶。紅縷蹴翎銜鳳尾，緑紋盤甲畫龍腰。便殿春盤初進宴，內家争捧昭陽膳。深深酒盞注蘭陵，窄窄茶鐺點陽羡。君王笑拂軟金輿，秘色宫窑獻玉除。長生院裏看調鹿，太液池邊喚打魚。有時賜餔臨宣室，侍臣各餌生花筆。席上離離如玉甖，玻璃七寶無顔色。只今分散出離宫，流落人家破篋中。猶識當時南内物，迴龍小盞鬬鷄鍾。

阮元《兩浙輶軒録》卷一八商盤《宣德窑脂粉箱歌并序》 明宣德窑脂粉箱二，具本宫中物，散落民間，向爲萊陽姜學在所得。貽其姬陳素素，今歸新安汪伯子氏。釉白花青，形製妍雅，真舊器也。長洲李碩夫作記甚詳，余檃括成詩，廣諸好事者。

有明八代擅瓷器，就中可愛稱宣窑。六宫粉黛已塵土，留此奩具堪魂銷。高廣二寸長則倍，四隅兩竇其中枵。青花小朵顔色潤，柔荑手澤難殘凋。萊陽公子昔好古，重貲購得貽嬌嬈。廣陵女兒陳素素，施朱施粉皆親調。梁氏鸞甖太纖膩，沈郎犀合徒鏤雕。凝粧一笑增百媚，往往把玩連昏朝。故物復新新復故，玉人何處聞吹簫。安知遷轉落誰手，豪家勝國同蕭條。多羅款式始何代，太平御覽名曾標。純金製自扶南國，毗騫投報如璚瑶。小器流傳有顯晦，市衢閨閣真難料。粉碓膏池恩賜盡，香篝脂盝繁華消。姱容浩態憶惝怳，百年憑藉能爲妖。不如買取鬬雞盞，醉倒花下春光韶。

阮元《兩浙輶軒録》卷三一周宗梗《半舫齋合體同心蘭分韻得心字》 冰瓷秀茁小庭陰，舊譜無聞見始今。緑玉琢花重五出，紫絲紉佩雨同心。謝家才美芳聯體，燕姞祥多夢並妊。位置綺窗應更好，影燈雙印翠幃深。

阮元《兩浙輶軒録》卷三一周宗梗《分韻得詩字》 往歲值人日，故人遠别離。遥情思故鄉，空詠常侍詩。今歲值人日，故人歸先期。爲歡及此辰，相約醉酒卮。新居碧溪上，清風動漣漪。京華三載塵，既澣不復緇。撰杖有詩老，盍簪唯心知。初日麗晴昊，春在梅花枝。冰融土脈蘇，百草生漸滋。顧瞻郊原勝，引我江湖思。結鄰未可期，出郭欣自兹。

鄭炎《雪杖山人詩集》卷四《集騰桂堂》 葭潭化桃潭，安步可當櫂。三顧因問奇，七迷同訪道。樹暄鳥放歌，風和花整貌。佳兒茁蘭芽，之無不重教。楊梅對未奇，曹戈可相較。釁沐誰堪師，或者嘯樓嘯。相宅見小咸，春杯付大覺。

鄭炎《雪杖山人詩集》卷四《月蝕米斷瘧詩》 齊侯患痁期未已，醫和跪進月蝕米。聊攝姑尤詛不靈，公竟食新嚣固喜。晦淫漸損明淫消，爰命晏嬰問所以。和曰此米耑已瘧，傳自仙方非古法。雷驚蝌斗字生脚，蟆精所竊嫦娥藥。銀盤餂破兔杵成，嗇夫馳走鼓用牲。玉山嘉禾夜含彩，瓷甌滿貯圓且平。米飛隨月月同减，月蝕當天米蝕碗。天月重圓米不圓，月蝕幾分米中竄。三秋寒疾火沴金，病久六氣陰陽淫。短兵百日寒熱戰，乾蟹懸門豈能斷。和聞稻乃百穀王，白帝吐花朝太陽。少采妃日金令當，三五二八遥相望。火精水精凝妙合，地隔中分月光滅。土爰稼穡味作甘，遂與純陰共盈缺。我身呼吸通天地，五行通復調元氣。穀强脾土月補陰，蟆舌雷飛鬼潛避。神烏猶驚救月弓，目空邱索明醫意。况逢皿蟲爲蠱穀之飛，實沉臺駘何所依。晉收四姬惑同姓，公有和羹味平正。和也來自秦，不吝良方著爲令。每當月蝕米登牆，能使青齊無瘧症。平仲無言厚賂歸，惟請寬征去關禁。

孫爾準《泰雲堂詩集》卷一六《飲芸舫中丞杏花村酒賦謝》 杏花村枕汾水濱，村中風氣含古春。春光駘蕩何所著，散入汾酒清而醇。世人題品誇勁痒，其間真僞誰能分。我生小户氣先攝，聞名蹙額愁沾唇。先生一笑爲洗謗，特傾家釀來娱賓。定瓷滿瀉色無别，梨花遜白梅遜芬。揚州雪液未堪擬，劉家白墮安足珍。一酌面皺舒，再酌骨髓醺，三酌華胥在人世，太和盎盎還其真。元忠豈知僕射樂，陶潛本是羲皇人。麴生風味有如此，世間耳食猶紛紛。先生辨酒如辨士，淄澠一滴區醨淳。杜康千載尚冥感，富世郇有銜冤民。君不見洛陽糟邱心莫逆，太白詩寄元參軍。東坡吟索六從事，北海百榼言津津。愧無好句答嘉貺，使我未醉顔先赬。十日願追河朔飲，餘瀝肯祭勾芒神。行沽倘許向西笑，錦坊豔拂青帘新。濡頭腐脇無不可，莫待落花亂打劉伶墳。

斌良《抱冲齋詩集》卷七《蒙陰道中》 舊傳蒙嶺産春芽，貯月分香俗共誇。寄語人間玉川子，花瓷切莫浪評茶。

斌良《抱冲齋詩集》卷七《蒙陰道中邨店間瓦盆植小桃妍媚可愛率題一絶》 穠桃一穗翦塵氛，瓦鉢泥香湧絳雲。絶似臨邛村店裏，當壚恰值卓文君。

嚴元照《柯家山館遺詩》卷四《飲倪三所餉新茗賦寄》 道人餉我龍井茶，色香雙絶言難誇。匧藏三月惜不試，箬裹未破封題斜。春風浩浩吹鬢華，坐令春思如亂麻。午窗睡起眼生纈，竹間支鼎烹井花。更煩素手潔茗具，甌以白瓷壺紫砂。天關摇動雲液入，不假寸鐵驅睡蛇。支離倦骨一斗藪，如鍼起廢符袪邪。書生福分豈有涯，故人情重無以加。題詩遠寄非報嘉，更乞山中爛石芽。

沈欽韓《幼學堂詩稿》卷七《新秋沈上舍招同熊介兹員外郭曉泉太史胡元謹袁又愷徐季雅諸人集虎邱野芳浜分體得五十韻》 蟲語明妝閣，簫聲引畫船。騎秋綿雨潤，抹曉絮雲妍。熟醖承槽瀉，文鴛對渚眠。兩鬟花市裏，雙槳柳塘邊。晴日陪高會，鴻文憶昔賢。獠奴馳折簡，佳客敞華筵。竹箭南州箸，圭璋上國傳。論才皆繡虎，講學或銜鱣。此地推羅綺，清時沸管弦。蘭馨含液醉，蝳軟舞風顛。聊浪多菁服，由敖必盛鬋。賈人銜看槅，姹女數金錢。雜沓王珣笑，風流顧越專。吾宗追勝賞，諸彦續前緣。落蕊筠簾卷，游絲彩纜牽。瓜槃徵逸事，茗盌鬥新聯。篋舫分曹泛，芒鞵幾輛穿。美人愁去燕，老衲語鳴蟬。石骨涵金氣，松梢散玉烟。洗苔捫古刻，吹葉打寒泉。白傅祠堂近，何求精舍連。蝦須紅灼灼，鳳尾緑娟娟。應有花間伎，同參海上仙。匳窗眉掠鏡，紈扇額低鈿。駐櫂菰蒲浄，擕籃茉莉鮮。意隨流水遠，吟向夕陽前。林復嚶山鳥，谿迴馥野蓮。縹瓷圍密座，白紵集凉天。袂舉歌塵合，波翻鬢影偏。彄環大垂手，犀撥小比肩。已接車公雅，猶思定子憐。呼來行苒苒，唱出態嬛嬛。香霧迷三里，華鬘現四禪。玉瓏玲細響，珠絡索輕纏。急醆腸應轉，繁燈心共煎。鮫綃休織字，雁柱莫稱年。襲體條颸悄，回頭桂月懸。興酣誰作達，飲罷獨茫然。曲檻桃笙冷，疏籬豆莢蔫。螢囊承露重，奄網漏星圓。烏鵲棲驚樹，魚龍嘯涌川。難將懷夢草，一試衍波牋。氣似霜鐘覺，音隨布鼓捐。束薪歸仰屋，端册坐移氈。挾術嗟文摯，蒙讒戒正先。良宵誠繾綣，壯歲但迍邅。契慕苔岑結，轗憂萍梗遷。隤唐康老帽，感激祖生鞭。二等金釭列，通中寶枕鐫。井梧終夜緊，銀漢耿潺湲。

黄本騏《三十六灣草廬稿》卷二《田家》 偶過田家飲，依稀樸俗留。山花眠病犬，春雨課童牛。燒藁塵生甑，吹泥酒瀝甌。窺門忘避客，插柳婦蓬頭。

黄本騏《三十六灣草廬稿》卷二《倣張大笠漁香奩雜詠二十四首》 綺疏八面影玲瓏，人住香雲綵霧中。渡口波吹桃葉雨，樓頭春鑠楝花風。迴眸緑水知傾國，印辭紅潮認守宫。天上兒郎情種子，夜深露立宋墻東。

奩開翡翠硯玻璃，花露濃磨强賦詩。漠北書遲嗔錦雁，遼西夢破駡黄鸝。朝雲有恨迎桃葉，夜月何心舞柘枝。尺半紅綃偷拭淚，癡情生恐侍兒知。

消瘦東陽減帶圍，含情不忍撥金徽。葳蕤鎖住青樓夢，楊柳門遮白板扉。錦壓夗央裁繡枕，花翻鸂鶒畫羅衣。天涯只尺紅墻遠，昨夜珊珊是也非。

南柯空化蝶蘧蘧，寬褪裙腰一尺餘。復帳濃香燒睡鴨，緗簾寒雨濕鰥魚。江頭楓荻吟司馬，門裏枇杷老校書。記否王昌新嫁得，碧桃花擁六萌車。

縹碧蟬衫響六銖，秋娘舞袖影踟蹰。傳情花底妨鵜鶘，借別枝頭拜鷓鴣。脱却五紋秦女珮，量來十斛石郎珠。愁絲繚繞如牽綆，翻雪銀瓶轉鹿盧。

銀荷影虵漏聲低，鵯鵊催明小閣西。鏡裏緑鬟歌阿也，阿也黄，唐教坊曲。帳中紅淚舞虞兮。春回錦瑟攏鸚嘴，花趁珊鞭款馬蹄。踏曉冶兒多薄倖，惱儂偏唱白銅鞮。

簫鼓華筵迤邐開，登場低唱紫雲迴。鵝梨香漬青綃幔，鶯粟花環緑玉杯。我見猶憐春旖旎，誰能遣此月徘徊。唾壺滴盡相思血，疑是前身薛夜來。

焚香粧閣唤真真，修福前緣伴美人。賽月嬌癡常愛俏，妬花心性慣生嗔。松釵顫翠簪蟬髻，擪管勻黄畫蝶顰。相約踏青蘇小墓，鈿車滚遍六橋春。

流蘇錦障水沉薰，樂部横陳夜漏分。夗瓦雙飛三峽雨，鸞緘半劈五花雲。愁歌北里紅羅襖，唐教坊曲。笑演南朝白練裙。想到媚香樓上恨，春風綵扇李香君。

坐擁圍屏綴木難，仙肌柔膩韻珊珊。紅巾未許啣青鳥，翠帳何曾駕彩鸞。千字迴文裁蜀錦，三秋別怨製齊紈。濃情倘入温卿筆，定補金荃第二刊。

畫堂軟舞學弓彎，嬝娜紅雲嚲翠鬟。風動纏頭花匒匼，春浮袙腹錦斒斕。海棠好睡名來夢，隋宫人有來夢兒。楊柳多情是小蠻。休唱江南遊冶曲，經年書斷鳳凰山。

懶厭紅牙紫玉簫，吴孃夜雨怨瀟瀟。合歡未折雙釵鳳，問卜空投六簙梟。

秋色滿簾開菡萏，芳心一軸卷芭蕉。何時夢到郎邊去，油壁經過廿四橋。

催花羯鼓未停敲，綠約東風上柳梢。歡處恰逢蘇五醉，生時莫被魏三嘲。搗來兔杵纔調藥，彈斷鵾絃又續膠。親與阿郎栽衩衵，夜闌金粟隔窗抛。兒家門外水週遭，紅柱橋通綠半篙。助艷有香開茉蘼，深情如酒釀葡萄。藜牀繡疊千花簟，蕙幄絲懸四角條。後會慇懃重訂約，郎聽午夜廣陵濤。鞦韆風漾紫繩拖，倦靠芳茵滿院莎。瘦骨憐卿如碧鸛，癡心助我整青螺。曾尋舊雨遊雲夢，莫踏新春到苧蘿。絮語忽驚花影動，鶯捎鳳子掠墻過。鵲鏡熒熒趖粉香，斜紅繞頷綠蛾長。鞋幫濕濺莓苔露，裙帶濃薰荳蔻湯。花市曼歌唐四姐，教坊曲。毬場沉醉李三郎。藍橋我亦通仙約，願乞雲英玉杵霜。

銀漢迢迢一線橫，仙雲環珮許飛瓊。難尋紅豆相思子，絶似黃花太瘦生。涎涎舞裾梯月去，琅琅響屧踏風行。自從檐雨喧鈴索，愁聽蝦蟆夜六更。

千金不惜買娉婷，肉竹中宵隔座聽。夜月銀箏羅黑黑，春風玉板李青青。水仙暗綰雙珠結，雲母斜傌六扇屏。別有溫柔天尺五，何須蘭枻迓湘靈。

層軒依舊障吳綾，懶把瓊鉤絡綵繩。姽嫿香襦團絳雪，惺忪春黛濕紅冰。杜鵑啼破三更月，蝙蝠飛鳴四壁燈。太息自君之出矣，妝臺粉黦髮鬅鬙。

背坐孤檠動遠愁，生憎隔院笑藏鉤。寒衣夢寄漁陽戍，冷幕塵封燕子樓。伴我寂寥惟絡緯，攪人心緒又箜篌。明朝擬趁蘅蕪路，燒楮江邊祭石尤。

西風蕭瑟遠聞砧，薌澤䤈䤈邃閣深。汗曆如花含罄口，蹄䩞對月撥琴心，黃金縷唱愁無那。白紵衣裁怨不任，願得化爲幺鳳影，收香倒挂美人參。

深閨弱質性嬌憨，也奉旃檀禮佛龕。蜀葉香團翔紫燕，竿花影簇睡紅蠶。迷藏帳底風情暢，捉搦窗前笑語酣。觸忤私懷常背立，黃瓷汲水灌宜男。

林梢光射吐銀蟾，綉帕斜垂玉笋纖。風態二分傳眼角，春愁一縷壓眉尖。仙緣莫問油花卜，芳訊徒憑錦字占。惱煞蹇修消息斷，嫁裳偷製綵絲添。畫幔幽香落枕函，紅襟粱燕語呢喃。華粧細點梅花額，彩褏新裁杏子衫。插遍銀幡移飲榼，搴開珠箔數歸帆。年年繡閣春如綺，留住東風草未芟。

黃本騏《三十六灣草廬稿》卷九《水月禪林納涼次李蘇門少府文雲巢同年聯句詩韻二首》 橫塵霏譚屑，天花落坐餘。秋遲三日到，月上一弦初。香灺銅猊火，經翻墨蟻書。吟深忘夜永，齒籟滿箖箊。

微風遞城柝，續續生新涼。依樹鳥魂醒，隔蓮僧語香。瓷花清瀹露，簟竹冷鋪霜。儘好漆高詠，淋漓寫練裳。

鄧廷楨《雙硯齋詩鈔》卷二《齋中供紅白芍藥二種同人讌集賦詩禁使玉盤金帶浩態狂香嬌紅醉粉諸字》 天彭百馱倏忽老，婪尾又被東風催。政如明月向空盡，自有夜珠餘光來。惜花惟恐花事了，折供棐几陳尊罍。膽瓶甕壺雜盆盎，以水灌莖火灼荄。斗室爛作朝霞色，左欹右捧紛相偎。散花天女太狡獪，撒手羞煞千玫瑰。就中一種更嫵媚，蛾眉淡掃肌皚皚。白描乃是吳道子，玉毫妙相超氛埃。東皇作意示矜寵，米囊玉蘂真輿儓。賓朋聚觀滿四座，縱談劇飲銜深杯。酒酣大笑歡如雷，而我對此心徘徊。憶昔簪毫躡蓬萊，詞頭封送花口開。宣南坊前暫休沐，招邀名士遊豐臺。有時擔頭百錢買，蜂蜨亂逐輕車回。攜壺挈榼折短柬，伸紙奮筆争新裁。自從綰符去香案，塵俗早被花神咍。何期深山更相值，如逢舊雨重追陪。花瓷小閣聊復爾，鸞飄鳳泊吁可哀。客起酌我前致語，人事自古相排推。此邦久頌魏公蹟，今君來繼甘棠栽。廣陵舊事差足擬，祝君他日登三臺。我聞謝客勿復道，此語毋乃疑嘲詼。對花且放玉山倒，亟呼大斗傾新醅。

鄧廷楨《雙硯齋詩鈔》卷二《山靜日長賦此遣興二首》 雙旌萬里一官粗，回首蓬瀛事已虛。吏俗何曾居有竹，山深不但食無魚。句稽易了寧留牘，結習難忘且讀書。日月關心惟好雨，東臯引領待興鋤。

五月纔披白袷衣，閑花落盡暗塵飛。一琴姑說此間樂，三徑每懷他日歸。勸課農桑差不厭，送迎冠蓋幸猶稀。名藍多在清涼界，便擬攜壺上翠微。

鄧廷楨《雙硯齋詩鈔》卷一四《和沈竹坪重過海豐道中即事原韻》 往返搴帷忽匝旬，涼風瑟瑟汚輕塵。偶逢半日秋霖潤，便覺千家野色新。問俗可堪牛尚佩，觀民未必雉能馴。與君瀹茗西窗語，孤負黃花玉甕春。

鄧廷楨《雙硯齋詩鈔》卷一四《海豐行館供白菊二盆竹坪疊前韻見示疊韻奉和》 鉛華謝後色逾真，止染清霜不染塵。彭澤衣香攜酒至，定州瓷好助花新。蝶勻輕粉尋來瘦，鶴愛修翎立處馴。老圃經秋容本淡，未須晚節鬥芳春。

鄧顯鶴《沅湘耆舊集》卷七二彭仕商《和石庵六安茶元韻》 荊揚接壤處，厥土曰泥塗。庭堅之封國，沃衍天下無。種茶者誰氏，一家數百株。筠籠累千萬，不入禹貢書。雨前競採擷，深嫌節候逾。負販來江夏，精粗任意沽。石庵獨醒士，七椀頗所需。呼童汲清泉，活火烹徐徐。松濤吼倏忽，石瀨水跳珠。注之以哥瓷，煙雲何鬱紆。掌露應無別，上池未必如。客邸三五輩，同啜興不孤。清風生腋下，神爽心亦俱。茶經筌蹏耳，道性返厥初。揭來尋白社，佳品肯餉吾。

鄧顯鶴《沅湘耆舊集》卷七二彭仕商《九日雨中即事》 滿貯陶公酒，穩繫孟嘉帽。擬上寶石山，彌望發長嘯。卻循赤壁歸，熟誦大江調。今朝天微黯，亦云秋面貌。須臾雨翻盆，則非吾所料。荷殘困淅瀝，菊黄染泥淖。圂豕毛蹜躣，溜飲溝可蹈。牖破通斜點，幕垂想遥照。適讀東坡文，龍山補逸調。同官陳翼雲，手録撮其要。原注：東坡有《補龍山會文》，陳君過齋頭，手録之。我愧青氈寒，厨煙不出竈。呼童搗茱萸，饑腸怯辛燥。屋瓦鳴萬籟，秋風夢已覺。開卷見黄虞，東晉何足道。莫嫌籬冷落，於此得深奥。

鄧顯鶴《沅湘耆舊集》卷一八九歐秀松《瓶蓮》 别有蓮花界，飛身入净瓶。開來香冉冉，插處影亭亭。錦水平生地，冰瓷鍊後形。井眉供位置，湖目謝飄零。鉢異圖澄咒，船非太乙星。此中憑供養，分外見娉婷。白羽摇朱幌，紅衣映畫櫺。茶煙縈冷豔，香霧助芳馨。守口新盟結，回頭昨夢醒。有心陪謝客，無語别湘靈。翡翠何從覓，鴛鴦未許停。自隨銀錯落，長伴玉瓏玲。幕府真堪託，泥塗更不經。園應同錦幛，護足待金鈴。妥帖烏皮几，端相白石屏。濂溪東閣裏，相對眼波青。

鄧顯鶴《沅湘耆舊集》卷一八九歐秀松《白蓮》 雕飾天然去，盈盈一樹蓮。秖應完净果，不屑鬬芳妍。水净琉璃國，雲開玳瑁天。阿誰招幕客，之子是瓊仙。影耀銀河畔，香消羽扇邊。薄煙添冉冉，涼雨襯娟娟。月下冰魂現，泥中玉骨全。應須朱作幛，何用翠爲鈿。錦水無塵染，瑶池有夢牽。繁華空綺業，冷澹自前緣。盡謝明粧豔，彌增素質鮮。縞衣來洛浦，羅襪步湘川。漫結洲間佩，宜參社裏禪。紅蕖休並話，碧藕自相聯。掩映横塘外，低徊曲檻前。鴛鴦三十六，長伴白雲眠。

屠倬《是程堂二集》卷一《陳曼生同年贈新製陶壺數事各系以銘刻畫精好攜置行篋中終日瀹茗相對賦詩却謝》 篷窗啜茗終日坐，自出風爐煎活火。偏提手自斟酌之，重自陳侯昔貽我。知君胸有太古春，土坯摶出粟玉温。規模自足撰壺史，肯訪龔春時大彬。沉沉閃色兼栗色，貫耳提梁具精式。東坡石銚故自佳，我却少戇宜汲直。石銚、汲直，皆君所贈壺名。其餘古樣皆樸緻，陶寶圖中出新意。選泥合是趙莊山，秘傳尚説金沙寺。雕鎪五字銘敔姬，讀君款識尤瓌奇。陳三獃子仿鍾帖，明陳用卿製陶壺，款仿鍾太傅帖，人呼「陳三獃子」。何似先生沙畫錐。錦綈包裹光螯眼，手注春芽不須揀。桃花水試歷下泉，壓倒碧瓷官字殘。

屠倬《是程堂二集》卷一《開甕得佳釀獨酌舟中無日不醉》 取醉不盡器，痛飲裁一升。或當比小户，未可成獨醒。白傅終日飲，醉吟迭相仍。不知其量何，而以醉吟稱。蘇公三蕉葉，過此已不勝。自分欺淺懦，肯以醉求名。坡詩有「自分酒杯欺淺懦」。又云「江左風流人，醉中亦求名」。我兹日無事，所樂惟杯鐺。舟行逾半歲，纍纍積瓶甖。十日盡一甖，一日應幾觥。積多故自少，由漸以取贏。念彼爲善者，正以積累成。過又豈不然，敢使毫髮增。今日新開罈，芳烈遠彌馨。辛辣與軟熟，只合醉老傖。吾酒今何如，聖賢分濁清。嘉王悲可憐，次公狂可憎。庶幾公瑾醇，使我心和平。

唐仲冕《陶山詩録》卷二八《青瓷菊枕》 黄妳向芸窗，曲肱讓瓦枕。中有傳延年，遊仙香可飲。毋須警爲名，老人要安寢。

桂超萬《養浩齋詩續稿》卷一《呈制軍訥近堂先生爾經額四首》 皓皓素瓷土，闇淡名山藏。陶者範成器，藻飾昭文章。用之列宗彝，挈之登明堂。回首在山時，榛莽蔽英光。自顧一撮微，尊榮豈所望。常恐堅白姿，置彼糞土場。安得長江水，盈盈化酒漿。願爲尊與罍，酌言祈壽康。

北方有長城，民社資保障。城内儲甲兵，布置周以詳。海寇連帆來，望風而遠颺。豈徒張先聲，實能扼彼吭。所願我國家，愛護此金湯。金城長不傾，萬年固苞桑。

悠悠衛河水，象壑赴汪洋。水深清見底，上映天蒼蒼。渾河歸其中，濁波不相妨。入焉久自化，濁激而清揚。水雲釀霖雨，崇朝遍幾疆。潁川細侯潤，渺矣焉能方。養賢及萬民，德水誠泱泱。

夜起望星斗，三臺何煌煌。臺星是恩星，照我燕山岡。其下子星明，雙輝相頡頏。紫電儲武庫，朱衣現文昌。文昌我先睹，東壁連光芒。願言子孫星，長侍太微旁。

馮雲鵬《掃紅亭吟稿》卷四《牡丹臺觀菊爲緑漪園主人作》 緑漪園在興仁鎮，去州城東二十里，李春圃别駕所居。九秋時，牡丹臺室移植菊花數百本，參差五色，高與檐齊，時曹竹人李紅橋適至，遂拈此題同賦。

秋霜羃地秋華失，惟有黄花耀秋日。湖山一夕秋風香，貴人避席幽人出。漪園别駕費心裁，奇花盈圃手自栽。定窑花瓷玩不盡，餘珍移上牡丹臺。曾向景德鎮定造五色瓷盆配栽各色菊，菊高大者上牡丹臺。五色幻爲數百變，緋黄朱碧淺深排。或爲金絡索，或爲倒鳳釵。或似獅子舞，或作夔龍猜。大紅孔雀銀紅鶴，美女宫粧美女腮。皆菊名，詳載第十卷。千金一本購難得，齊向青娥門顔色。回頭更向鏡中看，炫轉雲霞不相識。憶昔看花隨父老，八大參差兼八小。數年洋種續續添，萬態千姿角奇巧。若使淵明逢此時，此花焉肯寄人籬。綴以瓌瓏石，高與雕簷齊。紅氍毹，碧玻瓈，對之以酒酹以詩。主人爲菊開生面，賓客各賦短長詞。松竹蕭疏作儕伍，富貴場中開洞府。夜深燃燭醒花魂，花亦有情欲飛舞。

馮雲鵬《掃紅亭吟稿》卷一〇《碧琉璃花碧色，中層細管叠出，管梢破，作六出花》 輕雲一片細鑽研，玉琯參差籠碧煙。一管一花皆六出，琉璃世界幻三千。

馮雲鵬《掃紅亭吟稿》卷一〇《雨過天青徐州種》 者般顔色更清幽，雨過天青在上頭。我欲渾融無辨別，紫窑瓶供一枝秋。柴世宗愛造瓷器，有司奏請顔色，世宗批其本云：「雨過天青雲破處，者般顔色着將來。」

吴清鵬《笏庵詩》卷二〇《胡琅圃比部偕其弟招同人集古歡室出所藏國初宫僚酒器勸飲高小垞孝廉得新城王尚書杯即用秋柳詩韻賦詩寄示次答四首并簡琅圃》 花草豐姿玉骨魂，鐫摩匠巧出多門。即看手澤留諸老，如向春明記夢痕。槎上張騫小長蘆杯催合席，甕頭畢卓即新城杯勸沽村。及時行樂休孤負，此器猶存好細論。

胡郎歸後鬢成霜，家住臨河水繞塘。泥飲客來常滿坐，舊藏器在爲傾箱。當時酒户推文正，湯文正杯最大。並代詩名有二王。考功尚書。今日弟兄還雅集，風流先世本宫坊。琅圃尊甫學士公。

高郎尚未著宫衣，四十頭顱太息非。待孝廉船吾望久，和尚書句子能稀。清才肯爲前人讓，健翮終看迅鳥飛。明歲慈恩當賜宴，上林春色莫相違。

十載南還自可憐，蕪城春事又如煙。坐深漸放詩懷淡，病久難憑酒力綿。碧洗養花供盡日，紅瓷瀹茗送餘年。聊書近事爲君報，心在歸雲去鳥邊。

馮詢《子良詩存》卷七《景德鎮窑雜言有序》 鎮舊名昌南，朱景德年間，真宗命進御瓷器，底書「景德年製」四字。海内則效，咸稱景德鎮瓷器，而昌南之名易矣。鎮地延袤十三里許，煙火逾十萬家，五方藉陶以利者，不知其幾千萬億也。時移事變，迭有廢興。浮梁父老言，嘉慶年間尚有三百餘窑，今則百數十窑耳。然入鎮葱葱鬱鬱，氣固佳哉。窑技日以巧，窑利日以微，豈制器之不古若歟，抑人心之不古也。古制即淆，古意不可失也。考邑志稽《陶政》，又取邑藍濱南文學所著《陶録》參核之，訪之窑人以徵其實。略舉大曰，各系以詩，窑俗一二事附焉，以示勸懲，得《景德鎮窑雜言》十五章，採風陳詩，辭達而已。

御窑

聖以火德，玉食萬方。地不愛寶，工呈其良。然而聖心，恐爲民殃。有力必卹，有值必償。甄之陶之貢廟堂。眼見泥沙作珍璧，吁嗟聖朝無棄物。

窑户

柴窑槎窑，細窑用柴，粗窑用槎。圇燒搭燒，自做自燒曰圇燒，搭窑曰搭燒。分行別市塵隘囂。一業同操萬心苦，安得成名立門户。崔公琖，《陶録》：崔公明嘉隆間人，多倣宣成窑遺法，爲民陶之冠。製琖尤精好。壺公壺，即壺隱老人。或幸不幸名有無。章家兄弟並奇異，世人但識哥窑器。《陶録》：哥窑宋代所燒，處州章姓兄弟分造，兄名生一，當時別其所陶曰「哥窑」。

取土

有明神宗時，已告土膏竭。《邑志》：明神宗十一年，管廠同知張化美報，麻倉老坑土膏漸竭。今又三百年，攻取日不輟。有人此有土，有土難有人。取土養人滅人墳，生生死死，伊于胡底。死人骨殖生人毁，今日生人明日鬼。鄉人每以取土傷墳搆訟。

練泥

舂之犁之，漚之糜之。囊以壓之，籮以飾之。揣摩簡練微乎微，練石亦熟何況泥。滓渣去盡精光來，吐。精益求精苦不足，博得市頭稱假玉。《邑志》：唐武德中，鎮民陶玉者載瓷入關中，稱爲假玉器，且貢於朝，於是昌南瓷名天下。

做坯

拉之欲其圓，印之欲其均。方者拍板圓轉輪，剛柔燥溼薄□匀。坯乍脱手如寶珍，懸懸入市行辟人。市途險窄慎馳走，成器不成在汝手。坯工多都昌人，人衆性剛。坯成入市，載以極薄板，板極狹，僅容一器，長數尺或丈，列數十器。坯工一手托板出肩上，危欲傾，行路悍不顧人，人皆避之。或避不及，碰坯致破，破一坯則全坯皆擲地，怒執碰者入肆中，罰請合鎮坯工一茶，非數十千緡不辦也。不允罰，則聚毆無算。市人側目焉。聞官過市，坯工亦不避道，執事人役有碰之者，仍怒執肆鬧，官慰以好語乃解。予到浮數月，親詣都昌會館，集首事及坯工數百人於堂下，喻之曰：「汝載多器入市，誠難避人，若不示罰，則日破汝坯，何以爲計。然官則固汝所當避者。今與汝等約，官過市前，道有旗鑼，汝耳目所早及也，宜預避道左。官過乃行，自無相碰之患。倘不避道，執事人役或破汝坯，咎在汝。或在夫役尚未可知，而汝先有闖道之罪，則責汝，仍罰汝賠業主坯勿悔。」喻罷，聞堂下喁喁，小作笑語，似謂官長亦有情理者。遂再喻之曰：「汝等同在鎮作工賈，即有同里之誼，出入相讓，禮則然耳。恃衆悍而令一市側目，恐非汝等之福，且官亦何能任汝悍乎。」今又年餘矣，未聞以破坯受罰、受打、控告者。或市人忍隱，予固未之聞耶。窑有此俗，頗爲地方之害，故附記之。

修模

準今酌古，義各有取。盈則除，縮則補，修之修之，不差銖黍。明明先民有規矩，越者遂流爲苦窳。

雕刻

洒龍詩虎亦入器，刀筆一枝如此利。半世刀殘，五夜燈寒。竭己之精，悦人之觀。窮工極巧鬭心力，元氣削盡所不惜。

蕩泑

土之精，石之髓，消融如水乳。吹以青，吹以紅，寶相光玲瓏。漸摩可以變氣質，泥也而有銅鐵骨。泑有銅骨泥、鐵骨泥之目。

裝匣

細土製瓷粗製匣，大器小器珍什襲。做匣有大器廠、小器廠。風火摧殘力不及，瓷得匣而功始集。瓷如玉分，匣如璞合。得玉者喜，抱璞者泣。吁嗟乎，未成器賴汝蓋藏，器成置汝在路旁。

彩器

觸手生春春可憐，輕紅重碧相新鮮。東家巧奪西家先，今年花樣勝去年。千辛萬苦採五色，陶人所得惟鬢白。

燒爐

大窑滿，窑成謂之滿窑。小爐暖。既染且烘，由塞而通。用明用暗何者可，早晚殷勤聽報火。有明爐、暗爐之分。

仿古

土硎土簋無陶輪，古人尚質不尚文。去古愈遠名愈分，官哥汝定何紛紛。無端爐鼎曰盤椀，仿古器與古相反。近日製食器者輒作爐形，謂是仿古。煙瘢沙瘦豈可傳，贋器特假古紀年。

窑變

制器尚象象有定，變者恐非器之正。屏風作牀牀作船，《豫章大事記》：神廟時詔景德鎮燒造屏風，不成，變而爲牀，又變爲船。此理豈復常可言。嗚呼，窑能變好亦變醜，畫虎不成反類狗。

瓷販

市人市利，何所不至，黄家洲前賣零器。損者粘以灰，汚者飾以翠，能以玩物喪人志。蚩蚩鄉里小兒郎，但喜物高價不昂。甚者營私作私鬻，陶冶易鹽不易粟。奸民輒以零瓷换賣私鹽。

客幫 景德鎮地屬浮梁，而業窑者都昌人爲本幫，浮梁人爲客幫。

士農工賈各一藝，勸汝居民勉生事。既生其土食其利，胡爲有貨棄於地。人亦有言，各私其鄉。咄哉土著，乃號客幫。若云産器不産手，《邑志》沈懷清《窑民行》詩云：「景鎮産佳瓷，産器不産手。」壺隱老人何處叟。《紫桃軒雜綴》：明吴十九者，浮梁人。能吟，工書畫。隱於陶輪間，製精瓷雅壺，俱妙絶。人自號「壺隱老人」。

雜言既舉其概，而鎮窑逸事甚多，偶書所聞復得絶句十首。

入手功先着眼窺，如何位置得相宜。窑人求火如求雨，先我公田後我私。廠器無專窑，皆就民窑分燒也。凡器入窑，先相火路，火色最佳處先置廠器，而民器次之。故廠器較民器瓷色特佳。

千里霞彩萬重煙，偏借心燈一點傳。能否子孫長火食，入窑先問魏家磚。相傳鎮中魏姓始爲窑，至今做窑者必求魏姓人先砌一磚，否則不成。

見缸休問做缸人，説到缸成淚滿巾。拼擲脂膏作鱗甲，青龍爲鬼定爲神。國朝御窑廠監督唐英《火神傳》載：神姓童，名賓，浮梁人。明萬曆間内監潘相奉御董造，派役於民。時造大器屢不完，頗極慘累。神惻然傷之，願以骨作薪。匋器之成，遽躍入火。自是器無弗完者。陶人感其誠，立火神廟於鳳凰山祀之。至今廟中有青龍缸一具，俗傳即神入火所製，真贋不可知也。

鐵筆陳生擅刻雕，雕殘自賞自矜驕。棄妻屏子拋衣食，何事無成豈但窑。陳國治，安徽人，雕工擅絶一時。無妻子，亦不謀衣食。性孤僻，動與俗忤，與之談雕刻，則詡詡自得，故其詣專而特精。

器纔着手便堪誇，處處争傳窑變家。數點硃砂瘢錯落，少爲疵纇老聲華。有窑變者汪姓，安徽人，工彩器，又妙出式樣。器一經手，價輒倍，面有紅痣，頗碍觀。或戲爲窑變呼之，遂得名。

古來創述幾傳聞，薄技微名也自珍。卻笑撥泥挑水火，出門誇是廠中人。廠中匠役往往傲氣凌人，其實良工不多也。

客貨銷售客路分，規模一一問陶人。不知淫巧懲奇技，只喜洋裝式樣新。洋瓷甚不佳，而客喜仿之。

珠槃玉敦鬬精瑩，多少工夫做得成。六十餘人齊太息，富兒一笑墮筵聲。窑人云，每一器自始至終，經六十餘手乃成。

逐利紛紛客懋遷，豈知利以客爲先。離鄉一步休輕易，恐有人争頂脚錢。

窑業如把樁、茭草、彙色等類，行市甚多，皆瓷客所必需。客人鎮每定一行，即不能另易他行，而操行業者可以將客互相授受，亦復估值，謂之「頂腳錢」，客竟不能自主。

一邑循聲萬古馳，許公佳話至今思。能教父老長留戀，豈獨區區不買瓷。相傳浮梁父老言：「作知縣不買瓷器者，許令君一人耳。」

馮詢《子良詩存》卷八《因送瓷答詩》 入春三月兩月雨，冒雨奔馳走溼土。稍息正坐愁滿懷，詩來忽感吴侯語。侯也卓犖少不羣，約我把臂投風塵。卻得先歸歸有母，母昔望汝官爲人。十年一官以窮勝，吁嗟窮倘稱善政。俸錢斗米日不給，十萬軍儲檄供應。官廚冷落烽烟氛，家書到家驚老親。不得封侯豈可餓，縱官富亦輸家貧。聞君一去不回顧，太息咨嗟滿行路。度支何暇及山資，准折猶煩罄家具。犬令去官，日以市逋，盡棄所有作抵。春風習習飄春衣，春花緩緩君可歸。歸歟拂袖乃如此，往者絶裾將何爲。送君歎君無長物，向我索瓷供母食。定州青花雪顔色，還汝阿母清白質。

袁翼《邃懷堂詩集》前編卷一《家藏麻衣山人酒壺歌》 山人名珙，號柳莊，明永樂中追贈太常寺少卿，余十四世祖也。善相人，世人比諸華山麻衣僧，故號曰「麻衣山人」。

麻衣山人吾祖吾知之，青鞵布襪遊燕陲。燕王真氣驚户牖，低頭獨拜潛龍姿。西山老佛未遜國，北平病虎方披緇。君臣締構在藩邸，將有大志窺端倪。唐文唐舉可與共把臂，田辨許負不足爲其師。周公輔成家事定，山人宣詔來丹墀。客星毋乃犯帝座，羊裘無恙霜盈髭。孤雲野鶴自疏懶，再拜乞身帝曰咨。梓人爲卿鑄酒器，若耶之銅光陸離。雲雷饕餮不必仿周魯，虬蟠鳧飾不必誇劑劚。五分六分之金錫居一，一升一豆之底無參差。厚唇大腹并弇口，兩耳略似偏提持。賜卿日飲壽無量，曾孫百福惟汝貽。酒家貰酒官給值，壺腹小篆鐫敕詞。金牌奉詔吏皆識，竹符調水使不欺。山人一斗而醉石亦醉，壺中日月真遲遲。氏非壺涿與壺挈，器非蝕蘚與罍蠡。輕踰小花鑾，鴟夷榼堅勝。定州紅瓷越白瓷，滄桑兵燹五日載。子孫世守同宗彝，金則太腥木則液。此壺手澤新鑱治，叔夜酒杯竟陵飲。魏暮故笏文貞遺，我今摩挲述祖德。以壺祀祖盛酴醾，暖以婺州鵓鴿炭。斟以克用鸂鶒卮，藏壺且勒銅壺詩。

袁翼《邃懷堂詩集》前編卷三《秦淮水榭即事示鮑子山徐戟門朱小園》 漫愁紫玉化成烟，鳳紮鸞筊各一天。窗外南朝舊時月，杳孃管領十三年。衫子輕盈雪藕絲，傳生才調卞生姿。花瓷收得薔薇露，細碾丹砂注楚詞。

袁翼《邃懷堂詩集》後編卷二《昌江舟次》 鯉魚橋接白鷗陂，樓閣高低枕水湄。山雨欲來雲氣溼，湖波微縮碓聲遲。驛亭隔岸猶傳鼓，窑户迎年不賣瓷。繫得扁舟天又雪，桃符初換試燈時。

袁翼《邃懷堂詩集》後編卷二《龍缸歌》 龍缸徑三尺，高二尺强。環以青龍，四下作潮水紋。牆口俱全，底脱瓷色，青翠欲滴。邑志載前明萬曆己亥，神宗敕造是器，累月弗成，督匠益力。有浮人童賓憫同役之苦，願以骨作薪，躍入火中，缸乃成。自是器無弗完者，窑人建祠以酬其德，號風火仙，與晉之趙萬碩並爲佑陶神焉。此缸成後落選，舊置僧寺牆隅。乾隆間唐雋公觀察爲榷陶使，遺與夫舁至神祠堂西，飾以高臺，與碑亭對峙。道光己酉余權令浮梁，至景德鎮謁風火仙祠，得觀此缸，作歌示幕中諸友。

君不見夫婦躍入洪爐中，鑄成干莫雌與雄。人精劍氣合爲一，風雨變化騰雙龍。大閹監廠造奇器，欽限稽遲役夫斃。童公自誓骨作薪，火宅湧現蓮花地。玉卮無當棄牆角，後人猶仿神宗窑。此缸非重人足重，覆以七寶層臺高。吾聞景德鎮窑起，宋代圖琢青紅出。新態萬肩官土劚，麻倉百里昌江轉。雲碓吁嗟秕政萬曆年，貴妃内相持朝權。一缸縻費十萬錢，義士膏血同熬煎。湖山已入滄桑劫，草野争傳風火仙。摩抄今日如銅狄，潮水生紋翠痕滴。御窑廠枕珠山隈，聖皇不貴珍奇物。仙乎控鶴重歸來，對此龍缸增歎息。

袁翼《邃懷堂詩集》後編卷二《景德鎮》 昌南無復舊繁華，但買冰瓷不買茶。百里碓聲傳爆竹，四圍天色染朝霞。載薪舴艋三千櫓，近水樓臺一萬家。誰唱竹枝新樂府，笙簫報賽集神鴉。

袁翼《邃懷堂詩集》後編卷五《景德窑硯山筆架歌》 硯山，南唐李氏舊物也。余在浮梁偶閲陶九成《輟耕録》中硯山圖，命景德窑匠仿其峰巒，製爲筆架，玲瓏吕潔，不輕贈人。今昌南壘遭烽火，高手窑人零落殆盡。此物不能復製，而余篋中所藏亦遺失無存。文房雅玩聚散若關世故，可嘆也。

南唐舊家山，環遶秦淮碧。家山破已久，况此一卷石。曲名《念家山破》，李後主宫中喜歌之，識者以爲不祥。流落江淮間，幸歸海岳室。摩挲整冠拜，癖過衛公癖。峰巒隱細竅，縷縷煙痕濕。將毋漢銅仙，遷徙或垂泣。東京復喪亂，棄擲同磚礫。陶家有遺圖，形似存髣髴。迄今五百載，考古未遑及。老夫發奇想，摶土範岩骨。活潑風火爐，鍛鍊瓊瑶質。宛然五指山，化作文房物。陶楮兩先生，蕭齋伴晨夕。羲之扈斑架，思公珊瑚格。未敢竊嘉名，愧彼凌雲筆。越窑重翡翠，我自守我白。謝仙倘鸞游，見若舊相識。當時出新樣，湖上共傳説。硯山遂馳名，贋鼎亂真迹。作俑袁彦道，饒舌鳩摩什。陶神廟中僧云，窑匠仿製數十枚售賣，質粗而峰竅不全。昌南繁華逝，彈指感銅狄。十里珠岡垠，夜月光蕭瑟。中書偃息牀，今我僅藏一。勿再借人觀，如秦留趙璧。

翁心存《知止齋詩集》卷四《盧生祠》 一枕瞢騰入夢時，邯鄲又拜吕翁祠。睡鄉真味吾能説，祇恐先生轉未知。投筆封侯萬里天，蓬萊何處有神仙。如何一覺黄粱夢，換卻功名四十年。雙眼摩挲鎮日醒，深山閉户誦黄庭。何當玉簡朝金闕，廣奏鈞天六日聽。鈴鐸聲聲替戾岡，槐陰一樹對斜陽。從君乞取青瓷枕，日作游仙夢一場。

羅汝懷《緑漪草堂詩集》卷六《審疾圖爲石朋明府賦》 黄土摶人形絶奇，胚胎太極根兩儀。傑魁龐固少疾疢，稟負元氣完無虧。後來婚嫁繁且速，生物二氣分鍾疲。愈繁孕育愈婚嫁，輾轉跂喙充九圍。埏埴乏泥器苦窳，取譬試較今窑瓷。花紋疏陋彩釉薄，脆如夊片柔如絲。虚邪賊風競凌肆，動入骨髓銷毛皮。自來國手貴先著，控制勿使瀕傾危。無論中邊總一體，股肱心腹安能移。況乃多方取牀伐，腥羶煙火燔膏脂。北邙送往等閑事，眼中幾輩逢龐眉。豈惟壽耇渺鶤得，沴厲憂復生豺貍。如疽潰爛體幾遍，此患直欲窮軒岐。气餘是火語鶤信，欲施攻下先調脾。局方沿襲久無效，縱有秘笈誰尋思。院醫審疾苦不早，把君此卷增吁嘻。

姚燮《復莊詩問》卷二六《供花》 綺石文瓷一色青，閑姿娱我夢初醒。彌天雨露歸春甕，繞閣江山入畫屏。良友申將蘭杜思，微風索作珮環聽。不嫌瘦弱能超潔，與爾真同影戀形。

姚燮《復莊詩問》卷二六《看雲》 四嵐演漾碧琉璃，盡日憑闌意與遲。變幻易窮人海窄，衣鬘可覩佛天卑。頗愁汎梗無歸宿，苦向空風借合離。泡電生涯同一霎，莫論蒼狗共青螭。

姚燮《復莊詩問》卷二八《雨中》 我滌青瓷泛乳茶，客攜翠七剖晶瓜。船如屋漏無茅蓋，枕得凉深有樹遮。水逆艱於鮎上竹，愁來紛似蠏爬沙。遥看别溆開新霽，不盡蜻蛉颭蓼花。

姚燮《復莊駢儷文榷》卷六《鷗波館寫蘭圖題辭》 夫息神自邈，寂如弦停。胎心向敫，細若絲裹。飲六瀼之沆瀣，擷九畹之芊蕙。蘭香毓之杜家夫爲張碩，香艸擿於湘楚女之靈均。紫泥連環，絢以玉臺之印；烏絲一角，上寫金荃之辭。吾友潘星齋，同年蘇臺公子，席胄相門，河陽儁才，蜚聲洛下。峻岸者其度森乎栝峙，超絜者其骨瑟乎玉雕。高文草，餘纘事。汎及夫人陸琇卿，孕才邯鄲，吹秀勃海。繡佛盧媚，肖彼静專。續史班昭，頏其漪淑。厭飾鉛黛，好弄丹青。斯風疋萃於一門，才調偁夫雙絶矣。迺開秘館，顔曰鷗波，冰蒜押簾，水漆髹几，星榭步鸐，風廊縣琴，遠岫平眉，澹扛煙杪，晴淥照鬟，縶以柳枝。管領春明華闥萬花之府，金翠天半高梧雙瑪之巢。方其鑾楮，乍裁湘毫，互染雲根，赪其纖茁。修葉蕤其斜專，月華避燈瓏璁。翡影凉露溽，研咀吮荔熏，綺石黄瓷，妥以位置。芳蘅蘪苧，芟其緐妖。一箭兩箭，等交柯之珊瑚；長幅短幅，抵千金於縑疋。詩之秦孔，仙之綱翅，鬈頭不枯，鈐尾斯押。蓋其慧因夙稟，靈以傘修，婢亦知書，春都入管。與傳佳訊，櫳鸚慣窺。未受矜寵，屏花欲妒。横波夫人曾羡尚書之媵，白蓮女士宜爲兩峰之妻。則是圖之仡，固不僅寫良婉而傳賓敬己也。結之並蒂，如讀璇閨本事之詩；綰以同心，願補畫苑小名之録。

黄燮清《國朝詞綜續編》卷三孫錫《玉燭新白鳳花》 玉娥窺素牖。正窄樣桐花，褪翎時候。翠瓷細搗，宵幃静、一掐酥融纖手。鉛華謝久，訝小字女兒呼就。幾回欲挂釵梁，染葉底新霜，冷光飛溜。 心事傍、白鶴臺邊，西風互憐清瘦。人歸也、浣斷紅塵能否。珍珠論斗，喚不起寂寥宫袖。旋學取、碎灑秦樓聚首。金膏，寒生臂藕。《花史》：宋宫中避光宗后小字，呼鳳仙爲好女兒花。《北磵》詩：飛花只合秦樓去，羣芳譜名旱珍珠。又《謝長裾》：侍兒以金膏灑鳳仙，明年花開，金色不去。

黄燮清《國朝詞綜續編》卷九倪淵《天香・試茶》 雨沁新香，苔封嫩玉，峰頭猶恁春淺。側側餘寒，遲遲長日，不放一旗輕展。筠籃試覓，引多少、盈盈結伴。消息清明近也，村歌乍聞隄畔。 南窗未舒午倦，最縈懷、碧雲千片。閑領湖天風味，素瓷宜薦。詩思而今漸澀，賴吹入、清芬興俱遠。好屬樵青，殷勤細辨。

魏燮均《九梅村詩集》卷一二《報國寺瞻禮窑變觀音像》 我聞觀音度世神變化，千手千眼無休暇。大道一本散萬殊，佛法無窮令人訝。家家虔禮觀世音，觀音幻作女兒身。抛却慈航本面目，兼度善男善女人。行深般若波羅蜜，幻相非空亦非色。遂令皈依救苦人，三千世界猶一室。修祠建閣極八垓，莊嚴法相蓮花臺。範金刻木或泥塑，仿佛三十二相求如來。諸相皆空忽窑變，自在别開一生面。寶冠戴首緑帔身，似露真形與世見。怪哉善才龍女從，忽然擔送來漁翁。疑從南海一分散，幻身同落官窑中。三像各高二尺許，如出一窑。相傳窑變時，惟一自在像，陶人不敢毁，貢進京師。後忽有漁人擔善才、龍女二像售於市，爲寺僧所購，命送寺中，及償其直，已失漁人所在。 燕游自昔聞奇異，今來瞻禮開智慧。瞿曇老衲説最靈，如活菩薩在人世。世人懺悔念彌陀，觀音靈感薩婆訶。清涼寶山萬菩薩，無如大士慈悲多。君不見碧雲黄匏大如斗，牟珠華巖石不朽。幻形各據一洞天，仿彿分身此中守。又不見蛤中佛蚌中珠，衣冠瓔絡無毫殊。細微竟至到蠶繭，唐家雞卵儼跏趺。種種離奇不可測，婆心到處留形模。吁嗟乎！一切衆生亦變相，變相由心幻生妄。不肯同登般若船，竟化邪魔千萬狀。可憐苦海波茫茫，無由度入湼槃鄉。若使拜瞻窑變相，應居火宅生清涼。

杜文瀾《采香詞》卷二《桂枝香・賦桂用周草窗韻》 濃枝孕緑，乍崖樹早涼，偷送奇馥。影逐冰輪漸滿，翠峰卅六。中庭露白棲鴉冷，逗西風、珠淚難掬。雙絳雲飛盡，孀娥怨起，暗魂銷足。 漫憶延秋舊屋，楸半畝香塵，吹碎黄玉。泛榛甌，釵朵看攢金粟。而今羞問天涯月，伴青瓷空畫涼燭。小山人老，靈波殿遠，信沉幽谷。

龔鉽《景德鎮陶歌》 余居浮梁幕四年，浮梁去景德鎮二十里，每常往返必過鎮，爾時謁御窑廠，探坯房、窑户，看滿窑，輒經日。二三朋好多土著，爲指窑瓷攻苦，皆一一窮其原委。余爲譜之歌詩，得百首，間及風俗。既泛舟江淮，乃失之時。隔七庚，率從友人處拾得前稿，爰録出六十首，題曰：《陶歌》。業之十一云耳。道光三年癸未夏五，南昌龔鉽季適父謹識。

江南雄鎮記陶陽，絶妙花瓷動四方。廿里長街半窑户，贏他隨路喚都昌。

武德年稱假玉瓷，即今真玉未爲奇。尋常工作經千指，物力艱難那得知。

在山石骨出山泥，水碓舂成自上溪。要是高莊稱好不，不船連載任分携。

方方窨子濾澄泥，古語兒童莫壞坯。煉到極稠捶極熟，一歸模範即佳瓷。

幾家園器上車盤，到手坯成宛轉看。杯堞循環隨兩指，都留長柄不雕鏝。

出手坯成板上鋪，新坯未削等泥塗。鈞陶自古宗良匠，怪得呈材要楷模。

坯乾不裂更須車，刀削圜光不少差。此是修身正心事，一毫欠闕損光華。

畫坯上泑蘸兼吹，一體匀圓糝絮宜。只有青花先畫料，出新花樣總逢時。

青花濃淡出毫端，畫上瓷坯面面寬。織得衛風歌尚絅，乃知罩泑理同看。

白泑青花一火成，花從泑裏吐分明。可系造物先天妙，無極由來太極生。

看他吹泑似吹簫，小管蒙紗蘸不澆。坯上周遮無糝漏，此中元氣要人調。

畫坯罩泑事完全，乾定仍車碗足絃。蓋線交他圖記手，總題宣德大明年。

挖足仍須刷泑齊，又看車脚露胎泥。好承渣餅安渣鉢，出貨從君便取携。

青料惟誇韭菜邊，成窑描寫淡彌鮮。正嘉偏尚濃花色，最好穿珠八寶蓮。

痀瘻自古善承蜩，瘸拐癰□孰肯招。却與坯房供乳料，盡推王政到熙朝。

如椽大筆用羊毫，顛旭能書莫漫操。看他含泑如含墨，一樣臨池起雪濤。

官古人家泑果多，合成胎質鏡相磨。非如飯器酥研甲，果泑多將灰水和。

澆泑看來似易皺，一般團轉總均匀。倘留棕眼兼魚子，却使微瘢玷美人。

灘過鵝頸是官莊，沿岸人家不種桑。手搏砂泥燒匣鉢，笑他盆子滿桑郎。

匣鉢由來格不同，一般層叠着砂工。更多平匣排清器，遥望饅頭正出籠。

匣鉢燒皺破不妨，倩他薄篾盡箍藏。一經紅火同鑌鐵，格物誰能理共詳。

魏氏家傳大結窑，曾經苦役應前朝。可知事業辛勤得，一樣兒孫勝珥貂。

滿窑晝夜火冲天，火眼金精看碧烟。生熟總將時候審，此中丹訣要親傳。

窑火如龍水似雲，火頭全仗水頭分。羡他妙手頻揮潑，氣滿紅爐萃曉氛。

開封火窑尚炎炎，搶掇紅窑手似鉗。莫笑近前熱炙手，齊威不似相公嚴。

窑邊排凳撿茅瓷，器正聲清出匣時。最喜宫商成一片，未誇擊鉢與催詩。

白胎燒就彩紅來，五色成窑畫作開。各樣霏花與人物，龍眠從此向瓶罍。

記得唐賢咏越窑，千峰翠色一時燒。槎惟帶葉柴盈馬，却笑松間拾墮樵。

明爐重爲彩紅加，彩料全憑火色華。我愛雞缸比雞子，珍珠無纇玉無瑕。

瓶盎尊罍博古真，珊瑚翡翠色鮮新。雕鏤蟲篆堆螭虎，未讓銷金輿範銀。

六方四角樣新增，菱葉荷花各擅能。不上車盤隨手制，雕鐫印合笑模棱。

大器難成比踐形，自非拆挫總竛竮。要知先立功夫在，不止爐中火候青。

龍缸有供自前朝，風火名仙爲殉窑。博得一身烟共碧，至今青氣總凌霄。

官古窑成重霽紅，最難全美費良工。霜天晴晝精心合，一樣搏燒百不同。

晉窑碎器非冰裂，要認龍泉魚子紋。另有廬陵永和市，莫將真假聽傳聞。

白定要分南北宋，青瓷汝越鄧唐柴。千峰翠色添新霽，紅玉爭傳試院佳。

驢肝馬肺釉名奇，鼻涕天藍仿色宜。此是均窑餅缶好，鈞臺會與辨純疵。

市上今傳釉裹紅，唐窑獨著百年中。闇然淡簡温而理，都識先生尚古風。

雕作從來枉作勞，更嗤桃核刻牛毛。聖朝器服惟堅樸，不使矜奇到若曹。

瓷有窑驚等政龐，未如硬口足摧撞。飲羊俗革關風教，莫更欺人賣過江。

佳器售人自有真，客來換票不辭頻。把莊類色家家定，放水還愁管債人。

坯板夯坯八尺長，後街小衖十分强。碰翻未許稱賠字，偏請坯房麵一堂。
做到砂工稱大作，尊呼窑户爲錢多。細瓷十一粗千百，布帛從來勝綺羅。
釉如密水亦如漿，船載人挑上釉行。記得蓋岡元獻宅，十分龍脈九分傷。
陶成子弟集昌南，畫院崇開一坐談。坯甎早肖甄土日，滿窑和氣足清酣。
徵説形家是火龍，水星一閣鎮高峰。商民熙穰紛如織，消受清凉五夜鐘。
年年七月中元節，幾處坯房議事來。每到停工總生事，好官調護要重開。
冒宫冒飯廣行消，厚質粗坯水釉澆。道是撿渣同滯穗，利歸小户不須穀。
王家洲上多茅器，買賣偏多倔强人。比似携籃走洲客，只能消假不消真。
坯路看清滿五曹，誰排空匣試搪燒。圇窑原不關人事，贏得包青向客包。
昨日會經試照回，窑中生熟費疑猜。憑他一片零坯塊，驗得圓融百圾來。
坯工多事問坯頭，首領稽查口類周。三月有錢稱發市，年終棧滿惰工愁。
當年宫器傳杯碗，蝶褻描成隆萬窑。笑口穆宗耽秘戲，本來春畫出劉朝。
雲門院裏讀殘碑，静夜閑庭品素瓷。記得新平行部日，魯公詩酒建中時。
嫩荷涵露透琉璃，縹色何如秘色瓷。昨夜月團新試碾，宣州雪白鳳洲詩。
坯工并日作營生，午飯應遲到二更。三五群抨肉領飯，怪他夜市禁非情。
熙朝崇儉尚堅完，不要民供不設官。御廠遥惟關上領，一般工作御窑看。
御窑諸作辮欽單，宫式全頒自内官。坯就搭燒民户領，不賠龜甎聖恩寬。
御器因時送大關，亦銷官帑幾千鍰。朝廷尚樸屏奇巧，勝國龍床早奉删。
百年風雅一峰青，幾次携琴環翠亭。看到壁間蝸寄字，也搜心語著陶經。

俞樾《春在堂詩編》卷一八《繆悠詞》 語皆俚俗，意涉荒唐，殊非雅正之音，是謂繆悠之説。

孟姥亭邊酒一杯，阿貓阿狗各投胎。十方善信開緣薄，四海英雄打擂臺。
寶塔竟將天戳破，夜叉真把海擡來。隔簾花影分明看，福有根苗禍有荄。
烏頭莽起一天風，吹醒人間渴睡蟲。買得乾魚争死活，拖將老虎看雌雄。
草依兔子窠邊長，水向龍王廟裏衝。莫把骨頭敲大鼓，大家都在鼓當中。
無端六賊戲彌陀，咄咄人間怪事多。欲躲雷公偏霹靂，難當小鬼況閻羅。
投明有路蠅鑽紙，避熱無方蟻走鍋。只有蝦蟆心不死，陰溝裏想喫天鵝。
花對還愁葉不當，從來鷄遠要繩長。有鑼有鼓成臺面，無酒無漿豈道場。
已見鬼迷鍾進士，又聞狗齩吕純陽。粉牆竟倩何人打，一面須教兩面光。
幾個忙家幾會家，同談苦話喫甜茶。瞎跑終露雲端馬，亂打徒驚草内蛇。
杠費凉棚千里搭，竟無錦被一牀遮。死棋盤裏尋仙著，著錯還防滿局差。
一陣狂風一陣煙，八哥飛到畫堂前。竟無大鑊煎乾海，肖有長人頂住天。
臂上幾曾能走馬，腹中真見會撑船。何時劉海來相助，脚踏金蟾手耍錢。
欲憑懞懂破陰陽，太歲臨頭不可當。安得三杯銷塊壘，但聽兩椀響玎瑙。
通衢大道蛇攔路，白日青天鬼打牆。畢竟半斤還八兩，莫將黄雀笑螳螂。
燈籠黑漆太模糊，六六幺幺信口呼。即使拾回甜橄欖，終難打破悶葫蘆。
觀音勉力齋羅漢，醜婦羞顔見舅姑。莫倚牡丹稱國色，名花也要葉來扶。
萬花筒裏看多時，眼飽誰憐腹自飢。已歎運衰常見鬼，敢期病退便逢醫。
金剛有力難擡理，强盗何心肯發慈。地久天長只如此，彩雲易碎況琉璃。
分明不是蜃中樓，一段風光一段愁。卧榻側容人熟睡，矮簷底要客低頭。
戴將石日跳難好，打破砂鍋問未休。幸有肚皮彌勒大，送來都向袋中收。
兩舍三家小小村，也將戲法教猢猻。螺螄殼裏排場大，鴨蛋頭邊菩薩尊。
兔弱那禁螂去搏，蝶微也有虎來吞。一枝錫杖輕提起，竟可敲開地獄門。
花落安能再上枝，近來世事十稀奇。偷雞已悔徒拋米，藥虎何當自服砒。
膽小常防雷劈頂，心粗又惹火燒眉。何堪再作回頭看，張果驢兒莫倒騎。

俞樾《春在堂詩編》卷一八《花農以康熙年瓷杯二枚見贈爲賦一詩》 昭代人才古無偶，一技之長皆不朽。濮仲謙以雕竹鳴，時大彬以砂壺壽。張鑪伊扇各知名，嘉興張鳴岐銅鑪、江寧伊莘野紙扇。海内風行不脛走。誰知瓷器亦成家，更有浮梁昊十九。以上皆本王漁洋《池北偶談》。然李日華《紫桃軒雜綴》已有昊十九之名。疑其人在明末國初也。昊十九，精選材。剛不甎，柔不坏。巧妙得未有，莫如卵幕杯。薄如雞卵幕，潔浄無纖埃。借問重幾許？半黍當一枚。以上見《紫桃軒雜綴》惜哉絶技無人逮，彩雲易散玻璃脆。將無此器久銷沉，未必留貽逾百載。乃承遠寄從京師，更看題識爲康熙。儼如内府珍藏物，想見康熙全盛時。聖祖削平諸大亂，武功文治超唐漢。已開鴻博聚羣英，更集圖書成鉅觀。商憧工樸俗敦厖，物阜財豐世清宴。即如一器偶流傳，亦復千秋同愛玩。入手幾同蟬翼輕，膩人更比鵝肪軟。我疑此即卵幕杯，神物護持長不蝦。康熙至光緒，二百有餘年。二百餘年來，萬事如雲煙。人官與物曲，隨世俱推遷。西洋奇巧日日出，流霞妙器無人傳。昊十九流霞器，亦見《池北偶談》。我作此歌君莫和，柄鑿方圓吾自左。思古傷今涕淚多，一時都向杯中墮。

譚獻《篋中詞》卷二陳維松《滿庭芳・宣德窑青花脂粉箱爲萊陽姜學在

賦》 龍德殿邊，月華門内，萬枝鳳蠟熒煌。六宫半夜，齊起試新妝。詔賜口脂面藥，花枝裊，笑謝君王。燒瓷翠，調鉛貯粉，描畫兩鴛鴦。當初，温室樹，宫中事秘，世上難詳。但銅溝漲膩，流出宫牆。今日天家故物，門攤賣、冷市閑坊。摩挲怯，内人紅衷，慟哭話昭陽。與《御香歌》並美。

潘衍桐《兩浙輶軒續録》卷一三應澧《明嘉靖醮壇酒琖歌》 越州秘色無人造，後有麻倉燒者妙。明用浮梁縣麻倉土燒瓷，成化後土乃竭。明初陶正領饒陽，器用先教習淫巧。降及嘉隆紅土竭，色尚回青時樣別。回青出外洋，用以點瓷。天地精力有時疲，蓮盌鷄缸亦罕匹。就中填白稱佳瓷，瑩潔如玉膚凝脂。以事上帝貴純樸，滿注茶酒無纖緇。我行市肆揩老眼，喜得靈壇雙酒琖。琖心有「酒」字。典此是神明所飶馨，摩抄不敢污鯖鸞。當年方士盛兩朝，憲宗有李孜省世廟陶。典貴金丹烈禍毒不解，太乙親祠福繼邀。宫中大醮修金籙，夜半拜章燎貢燭。相臣希寵進青詞，天子輕身裁霧縠。想見齊明日朝帝，注酒此中醍盌備。雲漿赤甕比來同，玉瓚黄流遜此貴。豈知一物落人間，劫换紅羊淚不乾。前身造是劉伶土，神鬼默相無摧殘。我捧此甌重慷慨，世廟垂衣四十載。不知顧畏在民碞，那有精誠格上宰。南倭北虜正紛紜，帝眷何曾靖寇氛。得毋廣殿觴穆公，鈞天樂奏華胥夢。

潘衍桐《兩浙輶軒續録》卷二四王丹墀《清明》 風俗江南最繫情，家家女伴説挑青。俗以清明日食螺螄，名挑青。碧螺瓷桉其團坐，玉手銀鍼相映明。

墓田多半近兒孫，歲歲年年祭掃勤。一樣春風吹草緑，紙錢不到沈家墳。沈珩字昭子，號耿巖，康熙甲辰科二甲一名進士，己未試鴻詞科，授編修。墓去余居宅東半里，四十年來無到祭者。

潘衍桐《兩浙輶軒續録》卷二四錢豫豐《九日偕友人登陶然亭》 侵曉出城南，天衢碾車輻。沙水散青靄，氛埃淡紅旭。蒼崖出清泉，涓涓吐石腹。羣魚蘆間棲，一鷺水中浴。我來步層梯，林密翠可掬。江亭傍禪林，軒窗豁遊目。僧徒煮香茗，花瓷列紅玉。朋簪啟高會，賓筵設林麓。陶令千載人，逸韻寄糟麴。劉郎一世豪，題餻尚瑟縮。吾曹暢清游，閑散即爲福。石闌罨碧草，松徑綴黄菊。涼風吹客衣，到處香馥郁。亭西夕陽麗，鐘魚響佛屋。倘問歸何遲，陶然得所欲。

潘衍桐《兩浙輶軒續録》卷三一謝申烈《題青藤道人雙芍圖并序》 圖中墨芍藥兩枝，題六言一絶云。芍藥揚州第一，瓊花又道無雙。集翠罈供真賞，如逢西子、毛嬙，詩意或别有寄託耶。

先生數奇才不偶，只有翰墨不脛走。櫻桃館裏一揮灑，翠罈直壓黄瓷斗。何年訪勝烟花天，揚州芍藥真嬋娟。含顰欲奪西子寵，解語不讓毛嬙妍。毛嬙西子誰復見，卻寫花容當人面。花耶人耶總莫知，紙上東風香一片。我後先生三百秋，騷壇常拜孕山樓。漁洋月旦頗精鑒，底事雅俗勞吹求。《帶經堂詩話》云：「予向喜青藤詩，久乃不然，只是欠雅馴耳。」君不見英雄悲笑向誰吐，天池光動青虯舞。淋漓旁溢只餘情，破帽殘衫自千古。櫻桃館、孕山樓、天池，皆在青藤書屋内。

潘衍桐《兩浙輶軒續録》卷三七董景沛《夏日偕應四避暑金山庵贈巨林上人》 溽暑不可耐，側身將焉投。信步得蘭若，風景恍已秋。疏桐蔭碧瓦，飛泉潄石湫。褰裳覓河朔，消夏此孰優。上人識我意，下榻招句留。棲遲累旬日，科跣長自由。門無襏襫客，案有素瓷甌。鎮日淡相對，神與清曠謀。印心到水月，忘形同蜉蝣。要知離垢地，錢辛楣宫詹所題軒額。林鳥皆悠悠。造物不輕畀，留以貽清修。吾徒暫假憩，長享人知不。

丁紹儀《國朝詞綜補》卷四李孚青《柳梢青》 十笏窗晴。春山樓上，旭日初明。纔點花瓷，輕翻銀葉，且諷黄庭。枝頭百囀雛鶯，向花底、攜尊細聽。飄入溪光，吹來沙際，楊柳梢青。

丁紹儀《國朝詞綜補》卷一二沈光熙《洞仙歌盆梅》 東風無賴，儘瓊芳吹盡。香雪菲菲杳難問。剩碧紗窗外，尺半苔枝，驚愁眼，留得天涯春信。紅瓷攢秀石，一樣横斜，玉貌看來轉清潤。何處舊蟠根，金翦分開，渾未損、歲寒心性。待移近、屏山細端詳，只幾點、疏花也添詩興。

丁紹儀《國朝詞綜補》卷一二王廷魁《浣溪紗》 纔折櫻桃養素瓷，茶煙輕颺午晴時。絃時讀畫一臨池。未出岫雲難作雨，不開花樹是空枝。無聊人易鬢成絲。

樊增祥《樊山集》卷一《秋夜同索生煮茶》 屋山月上霜滿庭，虚廊謖謖風葉争。明燈紙閣澹相對，菊枝墮影當秋屏。夜寒讀書宜得飲，起吹活火安銅瓶。我力豈能致官焙，薄有草茗聊慰情。篋中羽扇久封置，此時功與寒鑪并。乍見金蛇出復没，旋聽蚯蚓嚶嚶鳴。斯須點出更芳洌，露芽淺碧花瓷青。潛人點茶入鹽豉，庸知清濁須分明。佛苛甘菊以類至，心脾無事常和平。語生慎莫用鹺簋，此君高潔非虚名。獨憐飲多每破睡，中宵望月心屏營。起尋破硯頌森伯，詩骨當與寒泉清。

樊增祥《樊山集》卷七《和韻答子珍人日寄懷一首》 雁書貽我歲朝時，紙閣香温事事宜。幾葉緑箋人日雨，一痕紅萼定州瓷。惠連池畔能無夢，桃葉燈前更解詩。欲待鴨頭新水滿，挂帆來和冶春詞。

樊增祥《樊山集》卷二一《二郎神·用徐幹臣韻贈子珍》 半鉤淡月，又照見、玉階人影。記楚佩輕捐，吴箋遥遞，天際，芳音伫冷。鈿暈羅衫如煙薄，怎禁得、相如秋病。除燕子再來，嬌棠全放，始堪臨鏡。　尋省當時别酒，蘭襟猶凝。甚葉上題詩，花間擫笛，離夢從頭唤醒。妻鏡新書，歌瓷淡莽，消領晚春光景。又卻是、深夜簾櫳下了，睡鳧煙静。

文廷式《雲起軒詞鈔》《感皇恩·中秋》 梧葉碎秋光，小窗眠醒。自理琴書碧天静。文園病減，尚怯西風清勁。秘瓷聊試水，煎春茗。　故人何在，曲闌空凭。料損多情舊心性。冰奩愁展，今夜月明如鏡。斷腸楓落也，吴江冷。

雜録

李昉《太平廣記》卷二七七《奚陟》 奚侍郎陟，少年未從官，夢與朝客二十餘人，就一廳中喫茶。時方甚熱，陟東行首坐，茶起西，自南而去。二盌行，不可得至，奚公渴甚，不堪其忍。俄有一吏走入，肥大，抱簿書近千餘紙，以案致筆硯，請押。陟方熱又渴，兼惡其肥，忿之，乘高推其案曰：「且將去」。濃墨滿硯，正中文書之上，並吏人之面，手足、衣服無不沾污。乃驚覺，夜索紙筆細録，藏于巾笥。後十五年，爲吏部侍郎。時人方漸以茶爲上味，日事修潔。陟性素奢，先爲茶品一副，餘公卿家未之有也。風爐越甌，盌托角匕，甚佳妙。時已熱，飡罷，因請同舍外郎就廳茶會。陟爲主人，東面首坐。坐者二十餘人。兩甌緩行，盛又至少，揖客自西面始，雜以笑語，其茶益遲。陟先有痟疾，加之熱乏，茶不可得，燥悶頗極。逡巡，有一吏肥黑，抱大文簿，兼筆硯，滿面瀝汗，遣押。陟惡忿不能堪，乃於階上推曰：「且將去」。並案皆倒，正中令史，面及簿書盡污。坐客大笑。陟方悟昔年之夢，語於同省。明日，取所記事驗之，更無毫分之差焉。出《逸史》。

李昉《太平廣記》卷三六八《柳崇》 越州兵曹柳崇，忽瘍生於頭，呻吟不可忍，於是召術士夜觀之。云：「有一婦女緑裙，問之不應，在君窗下，急除之。」崇訪窗下，止見一瓷妓女，極端正，緑瓷爲飾，遂於鐵臼擣碎而焚之，瘡遂愈。出《朝野僉載》

李昉《太平廣記》卷三七二《盧涵》 開成中，有盧涵學究家於洛下。有莊于萬安山之陰。夏麥既登，時果又熟，遂獨跨小馬造其莊。去十餘里，見大柏林之畔，有新潔室數間而作店肆。時日欲沉，涵因憩馬。覩一雙鬟，甚有媚態。詰之，云是耿將軍守塋青衣。父兄不在。涵悦之，與語，言多巧麗，意甚虚襟。盼睞明眸，轉資態度，謂涵曰：「有少許家醖，郎君能飲三兩杯否？」涵曰：「不惡。」遂捧古銅罇而出，與涵飲極歡。青衣遂擊席而謳，送盧生酒曰：「獨持巾櫛掩玄關，小帳無人燭影殘。昔日羅衣今化盡，白楊風起隴頭寒。」涵惡其詞之不稱，但不曉其理。酒盡，青衣謂涵曰：「更與郎君入室添杯去。」秉燭挈罇而入。涵躡足窺之，見懸大烏蛇，以刀刺虵之血滴于樽中，以變爲酒。涵大恐慄，方悟怪魅，遂擲出户。解小馬而走。青衣連呼數聲，曰：「今夕事須留郎君一宵。且不得去。」知勢不可，又呼東邊方大，且與我趁，取遮郎君。俄聞柏林中有一大漢，應聲甚偉。須臾，廻顧有物如大枯樹而趨。舉足甚沉重，相去百餘步。涵但疾加鞭。又經一小柏林，中有一巨物隱隱雪白處。有人言云：「今宵必須擒取此人。不然者，明晨君當受禍。」涵聞之，愈怖怯。及莊門，已三更。扃户閴然。唯有數乘空車在門外。群羊方咀草次，更無人物。涵棄馬。潛跧于車箱之下。窺見大漢徑抵門，牆極高，只及斯人腰跨。手持戟，瞻視莊内。遂以戟刺莊内小兒，但見小兒手足撈空于戟之巔，只無聲耳。良久而去。涵度其已遠。方能起扣門。莊客乃啓關。驚涵之夜至，喘汗而不能言。及旦，忽聞莊院内客哭聲，云三歲小兒因昨宵寐而不蘇矣。涵甚惡之。遂率家僮及莊客十餘人，持刀斧弓矢而究之。但見夜來飲處空，逃户環屋數間而已，更無人物。遂搜柏林中。見一大盟器婢子，高二尺許。傍有烏蛇一條，已斃。又東畔柏林中，見一大方相骨。遂俱毁拆而焚之。尋夜來白物而言者，即是人白骨一具，肢節筋綴，而不欠分毫。鍛以銅斧，終無缺損，遂投之于壍而已。涵本有風疾，因飲蛇酒而愈焉。出《傳奇》。

李昉《太平廣記》卷三七二《張不疑》 南陽張不疑，開成四年宏詞登科。授秘書。遊京，假丐於諸侯。廻以家遠無人，患其孤寂，寓官京國。欲市青衣，散耳目於閭里間。旬月内，亦累有呈告者，適憎貌未偶。月餘，牙人來云，云原作去。據明鈔本改。有新鬻僕者，請閲焉。不疑與期於翌日，及所約時至，抵其家，有披朱衣牙笏者，稱前浙西胡司馬，揖不疑，就位與語，甚爽朗。云：「某少曾在名場，幾及成事。曩以當家使於南海，蒙攜引數年，記明鈔本記作職。於嶺中偶獲婢僕等三數十人，自浙右已歷南荆。貨鬻殆盡。今但有六七人，承牙人致君子至焉。」語畢，一青衣捧小盤各設於賓主位。俄攜銀罇金盞，醪醴芳新，馨香撲鼻。不疑奉道，常御酒止肉，是日不覺飲數杯。余命諸青衣六七人，並列於庭，曰：「唯所選耳。」不疑曰：「某以乏於僕使，今唯有錢六萬，願貢其價。却望高明，度六萬之直者一人以示之。」朱衣人曰：「某價翔庳，各有差等。」遂指一鵶鬟重耳者曰：「春條可以償耳。」不疑覩之，則果是私目者矣，即日操契付金。春條善書録，音旨清婉，所有指使，無不愜適。又好學，月餘日潛爲小詩，往往自於户牖間題詩云：「幽室鏁妖艷，無人蘭蕙芳。春風三十載，不盡羅衣香。」不疑深惜其才貌明慧。如此兩月餘，不疑素有禮奉門徒尊師，居旻天觀。相見，因謂不疑曰：「郎君有邪氣絶多。」不疑莫知所自。尊師曰：「得無新聘否？」不疑曰：「聘納則無。市一婢婢原作子。據明鈔本改。耳。」尊師曰：「禍矣。」不疑恐，遂問計焉。尊師曰：「明旦告歸，慎勿令覺。」明早尊師至，謂不疑曰：「喚怪物出來。」不疑召，春條泣於屏幕間。亟呼之，終不出來。尊師曰：「果怪物耳。」斥於室内，閉之。尊師焚香作法。以水向東而噀者三。謂不疑曰：「可往觀之何如也。」不疑視之，曰：「大抵是舊貌，但短小尺寸間耳。」尊師曰：「未也。」復作法禹步。又以水向門而噴者三。謂不疑可更視之何如也。不疑視之，長尺餘，小小許，殭立不動。不疑更前原本「更」上有「可」字。無「前」字。今據明鈔本改。視之，乃仆地，撲然作聲。視之，一朽盟器，器原作耳。據黃本改。背上題曰「春條」。其衣服若蟬蜕然。繫結仍舊。不疑大驚。尊師曰：「此雖然，明鈔本「雖然」作「妖物」。腰腹間已合有異。」令不疑命刀劈之，腰頸間果有血。浸潤於木矣。遂焚之。尊師曰：「向使血遍體，則郎君一家，皆遭此物也。」自是不疑鬱悒無已。豈有與明器同居而不之省，殆非永年。年字原闕，據黃本補。每一念至，惘然數日，如有所失。因得沉痼，遂請告歸寧。明年，爲江西辟。至日使淮南。中路府罷。又明年八月而卒。卒後一日。尊夫人繼歿。道士之言果驗。原闕出處。明鈔本與下條相連，云出《博異志》。

又

一説張不疑常與道士共辨往來，道士將他適，乃誡不疑曰：「君有重厄，不宜居太夫人膝下。又不可進買婢僕之輩。某去矣，幸勉之。」不疑即啓母盧氏。盧氏素奉道，常日亦多在別所求静，因持寺院以居。不疑旦問省。數月，有牙僧言，有崔氏孀婦甚貧，有妓女四人，皆鬻之。今有一婢曰金釭，有姿首，最其所惜者。今貧不得已，將欲貨之。不疑喜，遂令召至，即酬其價十五萬而獲焉，寵侍無比。金釭美言笑，明利輕便，事不疑皆先意而知。不疑愈惑之。無幾，道士詣門。及見不疑，言色慘沮，吁嘆不已。不疑詰之。道士曰：「嘻，禍已成，無奈何矣。非獨於君，太夫人亦不免矣。」不疑驚怛，起曰：「別後皆如師教，尊長寓居佛寺，某守道殊不敢怠。不知何以致禍，且如之何？」哀祈備至。道士曰：「皆皆原作家。據明鈔本改。無計矣。但爲君辨明之。」因詰其別後有所進者，不疑曰：「家少人力，昨唯買二婢耳。」道士曰：「可見乎？」不疑即召之。金釭不肯出，不疑連促之，終不出。不疑自詬之，即至。道士曰：「即此是矣。」金釭大罵曰：「婢有過，鞭撻之可也；不要，鬻之可也。一百五十千尚在，何所憂乎？何物道士，預人家事耶？」道士曰：「惜之乎？」不疑曰：「此事唯尊師命，敢不聽德？」道士即以拄杖擊其頭，沓然有聲，如擊木。遂倒，乃一盟器女子也，背書其名。道士命掘之，五六尺得古墓，柩傍有盟器四五。制作悉類所焚者。一百五十千。在柩前儼然。即不疑買婢之資也，復之。不疑惝怳發疾，累月而卒。親盧氏，旬日繼歿焉。出《博異記》。又出《靈怪集》。

蔡襄《蔡襄集》卷三《雜著》 東州固多奇石，始得紅絲研，後又得黑角研、黃玉研，今得褐石硯。黑角石尤精好，如紅斑、黑斑，可作茶器，而不堪爲研。如東州豆斑、青角，不足道也。向者但知有端巖龍尾，求之不已，遂極品類。僕之所好，有異於人乎！青州石末研，受墨而費筆；龍尾石得墨遲，而久不燥；羅文石起墨過龍尾。端溪龍窟巖紫石又次之。古瓦類石末，過此無足議也。

蔡襄《蔡襄集》卷三五《茶録・點茶》 茶少湯多則雲脚散，湯少茶多則粥面聚。建人謂之雲脚、粥面。鈔茶一錢匕，先注湯，調令極勻，又添注之，環回擊拂。湯上盞，可四分則止，視其面色鮮明，着盞無水痕爲絶佳。建安鬥試，以水痕先者爲負，耐久者爲勝。故較勝負之説，曰相去一水兩水。

蔡襄《蔡襄集》卷三五《茶録・茶盞》 茶色白，宜黑盞。建安所造者紺黑，紋如兔毫。其坯微厚，熁之久熱難冷，最爲要用。出他處者，或薄，或色紫，皆不及也。其青白盞，鬥試家自不用。

蔡襄《蔡襄集》卷三五《茶録・湯瓶》 瓶要小者，易候湯，又點茶注湯有準。

黃金爲上，人間以銀、鐵或瓷石爲之。

蘇軾《東坡志林》卷一柳公權《論研》 甚貴青州石，末云：「墨易冷。」世莫曉其語。此研青州甚易得，凡物爾，無足珍者。蓋出陶竈中，無潤澤理。唐人以此作羯鼓腔，與定州花瓷作對，豈研材乎。研當用石，鏡當用銅，此其材本性也。以瓦爲研，如使鐵鏡耳。人之待瓦研、鐵鏡也，微而責之也。輕粗能磨墨、照影，便稱奇物，其實豈可與真材本性者同日而語哉。

邵伯温《聞見録》卷二 仁宗一日幸張貴妃閤，見定州紅瓷器。帝堅問曰：「安得此物？」妃以王拱辰所獻爲對。帝怒曰：「嘗戒汝勿通臣僚饋送，不聽，何也？」因以所持拄斧碎之。妃愧謝久之，乃已。妃又嘗侍上元宴於端門，服所謂燈籠錦者，上亦怪問。妃曰：「文彦博以陛下眷妾，故有此獻。」上終不樂。後潞公入爲宰相，臺官唐介言其過，及燈籠錦事。介雖以對上失體遠謫，潞公尋亦出判許州，蓋上兩罷之也。或云燈籠錦者，潞公夫人遺張貴妃，公不知也。唐公之章與梅聖俞書竄之詩，過矣。嗚呼，仁宗寵遇貴妃先於六宮，其責以正禮尚如此，可謂聖矣。

蔡絛《鐵圍山叢談》卷六 伯父君謨嘗得水精枕，中有桃花一枝，宛如新折，茶甌十，兔毫四，散其中，凝然作雙蛺蝶狀，熟視若舞動，別本並作「生動」。每寶惜之。

洪邁《夷堅志甲》卷二《九龍廟》 潼州白龍谷陶人梁氏，世世以陶冶爲業，其家極豐腴。乃立十窑，皆燒瓦器，唯一窑所成最善，餘九所每斷火取器，率窳邪不正，及粥於市，則人争售之。凡出盡然，固莫知其所以也。谷中故有祠曰「白龍廟」，蓋因谷得名，靈響寂寂，不爲鄉社所敬。梁夢龍翁化爲人來見曰：「吾有九子，今皆長立，未有攸處，分寄身於汝家窑下，前此陶甄時，往往致力陰助於汝。」梁曰：「九窑之建初，未嘗得一好器物，常以爲念，何助之云？」龍曰：「汝一何不悟，器劣而獲厚利，豈非吾兒所致邪？」梁方竦然起拜謝。龍曰：「汝苟能與之創廟，異時又將大獲福矣。」許之而覺，即日呼匠治材，立新祠於舊址，塑老龍像正中坐東，西列九位以奉其子。迨畢工，居民遠近知會瞻禮，歡悦其後，以亢陽禱祈，雨不擇日而降，梁之生理益於昔云。

陸遊《老學庵筆記》卷二 故都時定器不入禁中，惟用汝器，以定器有芒也。遂寧出羅，謂之越羅，亦似會稽尼羅而過之。耀州出青瓷器，謂之越器，似以其類餘姚縣秘色也。然極粗樸不佳，惟食肆以其耐久，多用之。

施宿《會稽志》卷一九《雜記》 越州秘色瓷器，世言錢氏有國日作之輒用，故云「秘色」。按《陸魯望集·越器》云：「九秋風露越（寒）〔窑〕開，奪得千峰翠色來。好向中霄盛沆瀣，共嵇中散鬭遺杯。」乃知唐已有秘色，非錢氏爲始，今耀州陶器名曰越器。

費衮《梁谿漫志》卷一〇《陸鴻漸爲茶所累》 人不可偏有所好，往往爲所嗜好揜其他長。如陸鴻漸，本唐之文人達士，特以好茶，人止稱其能品泉別茶爾。所著書甚多，曰《君臣契》三卷、《源解》三十卷、《江表四姓譜》十卷、《南北人物志》十卷、《吴興歷官記》三卷、《潮州刺史記》一卷、《茶經》三卷、《占夢》三卷，然世所傳者，特《茶經》，他書皆不傳。蓋爲《茶經》所揜也。鞏縣有瓷偶人，號「陸鴻漸」，買十茶器得一「鴻漸」，市人沽茗不利，輒灌注之。鴻漸嗜茶而終遭困辱，嗜好之弊至此，獨不可笑乎。

羅大經《鶴林玉露》卷三 余同年李南金云：「《茶經》以魚目湧泉連珠爲煮水之節。然近世瀹茶，鮮以鼎鑊，用瓶煮水，難以候視。則當以聲辨一沸、二沸、三沸之節。」又陸氏之法，以未就茶鑊，故以第二沸爲合量而下，未若以今湯就茶甌瀹之。則當用背二涉三之際爲合量，乃爲聲辨之。詩云：「砌蟲唧唧萬蟬催，忽有千車梱載來。聽得松風并澗水，急呼縹色緑瓷杯。」其論固已精矣。然瀹茶之法，湯欲嫩而不欲老，蓋湯嫩則茶味甘，老則過苦矣。若聲如松風澗水而遽瀹之，豈不過於老而苦哉。惟移瓶去火，少待其沸止而瀹之，然後湯適中而茶味甘。此南金之所未講者也，因補以一詩云：「松風檜雨到來初，急引銅瓶離竹爐。待得聲聞俱寂後，一甌春雪勝醍醐。」

祝穆《古今事文類聚》卷一二齊劉繪《茶·水品附》 《羣書要語》：茶者南方嘉木，自一尺二尺至數十尺，其巴川峽山有兩人抱者，伐而掇之，樹如瓜蘆，葉如梔子，花白如薔薇，實如栟櫚，帶如丁香，根如胡桃。其名一曰茶，二曰檟，三曰蔎，四曰茗，五曰荈。《茶經》劍南有蒙頂石花，湖州有顧渚紫筍，峽州有碧澗月。《國史補》。郭璞云：早取爲茶，晚取爲荈。《茶經》。凡茶少湯多則雲脚散，湯少茶多則乳面聚。同上。沫餑者湯之華也，如晴天爽朗，有浮雲則鱗鱗然華之，薄者曰沫，厚者爲餑，輕細者爲花。陸羽《茶經》。釋滯消壅，一日之利漸佳。瘠氣浸精，終身之累，斯大獲益，則歸功茶力。貽患則不謂茶災，豈非福近，易知禍遠，難見者乎。母景休《茶飲序》。

詩句：破睡見茶功，白春風啜茗時。杜閬實東吴秀，茶稱瑞草魁。杜揀芽分雀舌，賜茗出龍團。坡銀瓶貯浪水一掬，松雨聲來乳茶熟。崔玨湯添勺水煎魚眼，未下刀圭攪麯塵。白集思公煮茗共湯鼎，蚯蚓竅生魚眼珠。山谷香包解盡寶帶胯，黑面碾出明窗塵。山谷然松煮鼎山泉冽，槍旗一水分優劣。鳳餅推開雪照人，花瓷啜罷甘潮舌。劉彦沖《古今事實》。

祝穆《古今事文類聚》卷一二齊劉繪《作瓷人沽茗》 鞏縣爲瓷偶人，號「陸鴻漸」，買十器得一鴻漸，市人沽茗不利輒灌之。

祝穆《古今事文類聚》卷一二齊劉繪《恥於煎茶》 有常伯熊者，因羽論復廣著茶之功。御史大夫李季卿宣慰江南，次臨淮，知伯熊善煮茶，召之。伯熊執器前，季卿爲再舉杯。季卿至江南，又有薦羽者，召之。羽衣野服，挈具而入，公心鄙之。茶畢，命奴子取錢三十文酬煎茶博士，羽愧之，更著《毀茶論》。《語林》。

祝穆《古今事文類聚》卷一二齊劉繪《嗜顧渚茶》 甫里先生陸龜蒙，嗜茶荈。置小園於顧渚山下，歲入茶租，薄爲甌蟻之費。自爲《品第》一篇，繼《茶經》、《茶訣》之後。

周密《癸辛雜識》前集《長沙茶具》 長沙茶具，精妙甲天下。每副用白金三百星或五百星，凡茶之具悉備，外則以大縷銀合貯之。趙南仲丞相帥潭日，嘗以黄金千兩爲之，以進上方，穆陵大喜，蓋內院之工所不能爲也。因記司馬公與范蜀公游嵩山，各攜茶以往。溫公以紙爲貼，蜀公盛以小黑合。溫公見之，曰：「景仁乃有茶具耶？」蜀公聞之，因留合與寺僧而歸。向使二公見此，當驚倒矣。

周密《癸辛雜識》續集卷上《治物各有法》 金花定碗用大蒜汁調金描畫，然後再入窑燒之，永不復脱。凡玉工描玉，用石榴皮汁描之，則見水不去。疊珠相思子磨汁綴之，白芨亦可。則見火不脱。凡事皆有法。

周密《癸辛雜識》續集卷上《金鳳染甲》 鳳仙花紅者用葉擣碎，入明礬少許在內，先洗浄指甲，然後以此付甲上，用片帛纏定過夜。初染色淡，連染三五次，其色若胭脂，洗滌不去，可經旬，直至退甲，方漸去之。或云此亦守宮之法，非也。今老婦人七八旬者亦染甲。今回回婦人多喜此，或以染手并猫狗爲戲。

周密《志雅堂雜鈔》卷五 李公略所藏雷咸百衲琴，雲和樣瑟。瑟徽製作甚精，內外皆細斷文。其中亦皆用髹漆腹之，兩傍可容三指側，而聲極清莊。腹內兩傍題云：「大宋興國七年歲壬午六月望日，殿前承旨監越州瓷窑務趙仁濟再修補。」吴越國王百衲卜雷成琴，至今壬午恰三百六十年，儼然如新。

周密《武林舊事》卷二《燈品》 燈品至多，蘇、福爲冠。新安晚出，精妙絶倫。所謂無骨燈者，其法用絹囊貯粟爲胎，因之燒綴，及成去粟，則混然玻璃毬也。景物奇巧，前無其比。又爲大屏，灌水轉機，百物活動。趙忠惠守吴日，嘗命製春雨堂五大間，左爲汴京御樓，右爲武林燈市，歌舞雜藝，纖悉曲盡。凡用千工。外此有魫燈，則移鏤犀珀玳瑁以飾之。珠子燈則以五色珠爲網，下垂流蘇，或爲龍船、鳳輦、樓臺故事。羊皮燈則簇縷精巧，五色粧染，如影戲之法。羅帛燈之類尤多，或爲百花，或細眼，間以紅白，號萬眼羅者，此種最奇。外此有五色蠟紙，菩提葉，若沙戲影燈，馬騎人物，旋轉如飛。又有深閨巧娃，剪紙而成，尤爲精妙。又有絹燈剪寫詩詞，時寓譏誚，及畫人物，藏頭隱語，及舊京諢語，戲弄行人。有貴邸嘗出新意，以細竹絲爲之，加以彩飾，疏明可愛。穆陵喜之，令製百盞，期限既迫，勢難卒成。而內苑諸璫恥於不自己出，思所以勝之，遂以黄草布剪縷，加之點染，與竹無異，凡兩日，百盞已進御矣。

周密《武林舊事》卷二《挑菜》 二月一日，謂之中和節，唐人最重，今惟作假，及進單羅御服，百官服單羅公裳而已。二日，宮中排辦挑菜御宴。先是內苑預備朱緑花斛，下以羅帛作小卷，書品目於上，繫以紅絲，上植生菜薺花諸品。俟宴酬樂作，自中殿以次，各以金篦挑之。后妃、皇子、貴主、婕妤及都知等，皆有賞無罰。以次每斛十號，五紅字爲賞，五黑字爲罰。上賞則成號真珠、玉杯、金器、北珠、篦環、珠翠、領抹，次亦鋌銀、酒器、冠鋜、翠色段帛、龍涎、御扇、筆墨、官窑、定器之類。罰則舞唱、吟詩、念佛、飲冷水、吃生薑之類。用此以資戲笑，王宮貴邸亦多倣之。

周密《武林舊事》卷二《進茶》 仲春上旬，福建漕司進第一綱茶，名「北苑試新」。皆方寸小卷。進御止百卷，護以黄羅軟盝，藉以青箬，裹以黄羅夾複，臣封朱印，外用朱漆小匣，鍍金鎖，又以細竹絲織笈貯之，凡數重。此乃雀舌水芽所造，一卷之直四十萬，僅可供數甌之啜耳。或以一二賜外邸，則以生線分解，轉遺好事，以爲奇玩。茶之初進御也，翰林司例有品嘗之費，皆漕司邸吏賂之。間不滿欲，則入鹽少許，茗花爲之散漫，而味亦灕矣。禁中大慶會，則用大鍍金甃，以五色韻果簇飣龍鳳，謂之「繡茶」，不過悦目。亦有專工者，外人罕知，因附見於此。

周密《武林舊事》卷二《賞花》 禁中賞花非一。先期後苑及修內司分任排辦，凡諸苑亭榭花木，粧點一新，錦簾綃幕，飛梭綉毬，以至裀褥設放，器玩盆窠，珍禽異物，各務奇麗。又命小璫内司列肆關撲，珠翠冠朵，篦環繡段，畫領花扇，官窑定器，孩兒戲具，鬧竿龍船等物，及有賣買果木、酒食、餅餌、蔬茹之類，莫不備具，悉倣西湖景物。起自梅堂賞梅，芳春堂賞杏，花桃源觀桃，粲錦堂金林檎，照粧亭海棠，蘭亭修禊，至於鍾美堂賞大花爲極盛。堂[前]三面，皆花石爲臺三層，各植名品，標以象牌，覆以碧幕。臺後分植玉繡毬數百株，儼如鏤玉屏。堂内左右各列三層，雕花彩檻，護以彩色牡丹畫衣，間列碾玉水晶金壺及大食玻璃官窑等瓶，各簪奇品，如姚魏、御衣黄、照殿紅之類幾千朵，别以銀箔間貼大斛，分種數千百窠，分列四面。至於梁棟窗户間，亦以湘筒貯花，鱗次簇插，何啻萬朵。堂中設牡丹紅錦地茵，自中殿妃嬪以至内官，各賜翠葉牡丹、分枝鋪翠牡丹、御書畫扇、龍涎、金合之類有差。下至伶官樂部應奉等人，亦霑恩賜，謂之「隨花賞」。或天顔悦懌，謝恩賜予，多至數次。至春暮，則稽古堂、會瀛堂賞瓊花，静侣亭、紫笑净香亭采蘭挑筍，則春事已在緑陰芳草間矣。大内宴賞，初坐、再坐，插食盤架者，謂之「排當」。否則但謂之「進酒」。

周密《武林舊事》卷七《德壽宫起居注》 淳熙六年三月十五日，車駕過宫，恭請太上、太后幸聚景園。次日皇后先到宫，起居入幕，次换頭面，候車駕至供泛索訖，從太上、太后至聚景園。太上、太后至會芳殿降輦，上及皇后至翠光降輦，並入幄，次小歇。上邀兩殿至瑶津少坐，進泛索。太上、太后並乘步輦，官裏乘馬，遍遊園中，再至瑶津。西軒入御筵，至第三盞，都管使臣劉景長供進新製《泛蘭舟曲》、《破吴興祐舞》，各賜銀絹。上親捧玉酒船上壽酒，酒滿玉船，船中人物皆能舉動如活。太上喜見顔色，散兩宫内官酒食，并承應人目子錢。遂至錦壁，賞大花。三面漫坡牡丹約千餘叢，各有牙牌金字，上張碧油絹幕，又别剪好色樣一千朵安頓。花架並是水昌、玻瓈、天晴一作天青。汝窑、金瓶，就中間沉香卓兒一隻安頓。白玉碾花商尊，約高二尺，徑二尺三寸，獨插照殿紅十五枝。進酒三杯，一應隨駕官人，内官並賜兩面翠葉滴金牡丹一枝，沉香柄金絲御書扇各一把。是日知閤張掄進《壺中天慢》云：「洞天深處，賞嬌紅，輕玉高張雲幕。國艷天香，相競秀，瓊苑風光如昨。露洗妖妍，風傳馥郁，雲雨巫山約。春濃如酒，五雲臺榭樓閣。　聖代道洽功成，一塵不動，四境無鳴柝。屢有豐年，天助順，基業增隆山嶽。兩世明君，千秋萬歲，永享昇平樂。東皇呈瑞，更無一片花落。」太上喜，賜金杯盤、法錦等物。此詞或謂是康伯可所賦，張掄以爲己作。又進酒兩盞，至清輝少歇。至翠光登御舟，入裏湖，出斷橋。又至真珠園。太上命買湖中龜魚放生，并宣唤在湖買賣等人。内侍用小綵旗招引，各有支賜。時有賣魚羮宋五嫂對御，自稱東京人氏，隨駕到此。太上特宣上船起居，念其年老，賜金錢十文，銀錢一百文，絹十疋，仍令後苑供應泛索。時從駕官丞相趙雄、樞密使王淮、參政錢良臣並在顯應觀西齋堂侍班，各賜酒食、翠花扇子。至申時，御舟梢泊花光亭，至會芳少歇。時太上已醉，官裏親扶上船，並乘轎兒還内。都人盡出觀瞻，贊嘆聖孝。

周密《武林舊事》卷九《高宗幸張府節次略》 紹興二十一年十月，高宗幸清河郡王第，供進御筵節次如後。

安民靖難功臣太傅、静江軍武靖海軍節度使、醴泉觀使、清河郡王臣張俊進奉

繡花高飣一行八果壘：

香圓，真柑，石榴，橙子，鵝梨，乳梨，榠查，花木瓜。

樂仙乾果子义袋兒一行：

荔枝，圓眼，香蓮，榧子，榛子，松子，銀杏，梨肉，棗圈，蓮子肉，林禽旋，大蒸棗。

鏤金香藥一行：

腦子花兒，甘草花兒，硃砂圓子，木香，丁香，水龍腦，史君子，縮砂花兒，官桂花兒，白朮，人參，橄欖花兒。

彫花蜜煎一行：

雕花梅球兒，紅消兒，彫花筍，蜜冬瓜魚兒，彫花紅團花，木瓜大段兒，彫花金橘，青梅荷葉兒，彫花薑，蜜筍花兒，彫花橙子，木瓜方花兒。

砌香酸鹹一行：

香藥木瓜，椒梅，香藥藤花，砌香櫻桃，砌香萱草拂兒，紫蘇奈香，砌香葡萄，甘草花兒，梅肉餅兒，薑絲梅，水紅薑，雜絲梅餅兒。

脯腊一行：

線肉條子，皂角鋌子，蝦腊，雲夢豝兒，肉腊，妳房，旋鮓，金山鹹豉，酒腊肉。

垂手八盤子：

棟蜂兒，番葡萄，香蓮事件念珠，巴欖子，大金橘，新椰子象身板，小橄欖，榆柑子。

再坐切時果一行：

春藕，甘蔗，紅柿，鵝梨餅子，切橙子，切綠橘，乳梨月兒，生藕鋌兒。

時新果子一行：

金橘，葴楊梅，新羅葛，切蜜蕈，切脆橙，榆柑子，新椰子，切宜母子，甘蔗柰香，梨五花兒，藕鋌兒，新柑子。

彫花蜜煎一行：同前。

砌香鹹酸一行：同前。

荔枝甘露餅，荔枝寥花，荔枝好郎君，龍纏桃條，酥胡桃，纏棗圈，纏梨肉，香蓮事件，香藥葡萄，纏松子，糖霜玉蜂兒，白纏桃條。

脯臘一行：同前。

下酒十五盞：

第一盞　花炊鵪子，荔枝白腰子。

第二盞　妳房簽，三脆羹。

第三盞　羊舌簽，萌牙肚胘。

第四盞　肫掌簽，鵪子羹。

第五盞　肚胘膾，鴛鴦煠肚。

第六盞　沙魚膾，炒沙魚襯湯。

第七盞　鱔魚炒鱟，鵝肫掌湯齏。

第八盞　螃蟹釀棖，妳房玉蕊羹。

第九盞　鮮蝦蹄子膾。

第十盞　洗手蟹。

第十一盞　五珍膾。

第十二盞　鵪子水晶膾，猪肚假江鰩。

第十三盞　蝦棖膾，蝦魚湯齏。

第十四盞　水母膾，二色繭兒羹。

第十五盞　蛤蜊生，血粉羹。

插食：

炒白腰子，炙肚胘，炙鵪子脯，潤雞，潤兔，炙炊餅，不炙炊餅臠骨。

勸酒果子庫十番：

砌香果子，雕花蜜煎，時新果子，獨裝巴欖子，裝大金橘，小橄欖，鹹酸蜜煎，獨裝新椰子，對裝揀松番葡萄，四色時果，對裝春藕陳公梨。

厨勸酒一味：

江鰩煠肚，江鰩生，蝤蛑簽，薑醋香螺，香螺煠肚，薑酸假公權，煨牡蠣，牡蠣煠肚，蟑蚷煠肚。

準備上細壘四卓：

又次細壘二卓：內蜜煎、鹹酸、時新脯臘等。

對食十盞二十分：

蓮花鴨簽，繭兒羹，三珍膾，南炒鱔，水母膾，鵪子羹，鯚魚膾，三脆羹，洗手蟹，煠肚胘。

對展每分時果五盤兒：

知省，御帶，御藥，門司，直殿官。

晚食五十分名件：

二色繭兒，肚子羹，笑靨兒，脯鴨，小頭羹餅，脯臘雞。

直殿官大煠下酒：

鴨簽，水母膾，鮮蝦蹄子羹，糟蟹，野鴨，五珍膾，紅生水晶膾，蛤蜊羹。

直殿官合子食：

脯雞，油包兒，二色薑豉，野鴨，雜熝，入糙雞，麻脯雞臟，煉魚，炙魚，片羊頭，菜羹一胡蘆。

直殿官果子：

時果十隔楪。

準備：

薛方瓠羹。

備辦外官食炙：

第一等並簇送

太師、尚書左僕射、同中書門下平章事秦檜：

燒羊一口，滴粥，燒餅，食十味，大碗百味羹，餻兒盤勸，簇五十饅頭血羹，燒羊頭雙下，雜簇從食五十事，肚羹，雙下火膀子，羊舌託胎羹，三脆羹，鋪羊粉飯，大簇飣，鮓餻鵪子，蜜煎三十楪，時果一合，切榨十楪酒三十瓶。

少保、觀文殿大學士秦熺：

燒羊一口，滴粥，燒餅，食十味，蜜煎一合，時果一合，切榨酒十瓶。

第二等

参知政事余若水，
簽書樞蜜巫伋，
少師恭國公殿帥楊存中，
大尉兩府吴益，
普安郡王，
恩平郡王，
各食十味，蜜煎一合，切榨一合，燒羊一盤，酒六瓶。

第三等

侍從七員：
左朝散郎、禮部侍郎兼權吏部尚書陳誠之，
左中大夫、刑部侍郎兼權吏部侍郎韓仲通，
右丞議郎、權吏部侍郎李如岡，
右奉議郎、起居舍人湯思退，
右朝散大夫、太府卿兼户部侍郎徐宗説，
右宣教郎、樞密院檢詳諸房文字兼兵部侍郎陳相，
右宣教郎、中書門下省檢正諸房公事兼給事中陳夔。
管軍二員：
馬軍太尉成閔，
步軍太尉趙密。
知閤六員：
保信軍節度使、領閤門使兼客省四方館事、提點皇城司鄭藻，
昭化軍承宣使、領閤門使兼客省四方館事、提點皇城司錢，
成州團練使、領閤門事兼客省四方館事、提點皇城司趙愷，
貴州團練使、領閤門事兼客省四方館事、提點皇城司宋，
武節大夫、吉州刺史領閤門事兼客省四方館事、提點皇城司孟，
武節大夫、惠州刺史領閤門事兼客省四方館事、提點皇城司蘇，
御帶四員：
降授郢州防禦使帶御器械潘端卿，
忠州防禦使帶御器械石清，
武功大夫遥郡防禦使帶御器械龔彦明，
武功大夫兼閤門宣贊舍人帶御器械李彦實。
宗室三員：
安慶軍承宣使同知太宗正事士街，
建州觀察使士劆，
瓊州觀察使居廣。
外官六員：
建寧軍節度使提舉萬壽觀韋謙，
崇慶軍節度使提舉萬壽觀韋，
慶遠軍節度使提舉萬壽觀吴蓋，
崇信軍承宣使提舉佑神觀劉光烈，
永寧軍承宣使提舉佑神觀朱孝莊，
武慶軍承宣使提舉佑神觀王安道。
各食七味，蜜煎一合，時果一合，酒五瓶。

第四等

環衛官九員：
右監門衛大將軍、貴州刺史居閑，
右監門衛大將軍、福州防禦使士輻，
右監門衛大將軍、榮州團練使士，
右監門衛大將軍、貴州團練使士歆，
右監門衛大將軍、宣州刺史士銖，
右監門衛大將軍、宣州刺史士赫，
右監門衛大將軍、吉州刺史士陪，
右監門衛大將軍、吉州刺史士諳，
右監門衛大將軍、吉州刺史士闇。
宣贊舍人十八人：
王漢臣　陳清　王肯　郭蔓之　許彦洪　鄭應之　裴良弼　陳迪　李大有　王拜昌　張彦圭　梁份　鄭立之　李邦傑　蔡舜臣　谷壔　王德霖　張安世
閤門祇候二十人：
李丙　李唐誼　鄭明　范涉　周譚　張令綽　張拱　楊介　賈公正　陳

仲通　劉堯咨　張耘　何忱　李偁　王謙　董原　劉伉　劉康祖　何超祖

朱邦達

看戲祗候八人：

梁振之　王誼　董珩　司馬純　潘思夔　張赫　馮倚　劉堯卿

提點兼祗應五人：

李觀　邊思聰　逯鎬　鄭孝禮　常士廉

三省樞密房副承旨六人：

劉興仁　劉興賢　韓師文　武璹　邊俊民　嚴經安

隨駕諸局幹辦監官等十八人：

成州團練使、幹辦皇城司馮持，

右武郎、幹辦皇城司劉允升，

中義郎、幹辦御廚潘邦，

保義郎、幹辦御廚馮藻，

保義郎、幹辦翰林司王喜，

修武郎、幹辦儀鸞司郭公既，

保義郎、幹辦祗候司黎安國，

武翼郎、閤門宣贊舍人兼翰林幹辦御輦院邵璿，

忠翊郎、幹辦左右騏驥院班彥通，

武忠郎、幹辦左右騏驥院張淳，

承信郎、閤門祗候兼幹辦左右騏驥院裴良從，

武功大夫、幹辦行在左藏庫石瑜，

右朝散大夫、幹辦行在左藏庫劉份，

武功大夫、幹辦行在左藏庫吳璹，

忠翊郎、閤門祗候兼幹辦行在左藏庫趙節，

承節郎、閤門祗候兼幹辦行在左藏庫劉懃，

忠翊郎、主管軍頭司兼祗應杜淵，

保義郎、主管軍頭司兼祗應徐宗彥。

各食五味，時果一盒，酒二瓶。

第五等

閤門承受十人，

知班十五人，

御史臺十六人，

各食三味，酒一瓶。

聽叫喚中官等五十人，

各食五味，斬羊一片，饅頭五十個，角子一個，鋪薑粉飯，下飯鹹豉，各酒一瓶。

進奉盤合

寶器：

御樂帶一條，玉池面帶一條，玉獅蠻樂仙帶一條，玉鶻兔帶三條，玉璧環二，玉素鍾子一，玉花高足鍾子一，玉枝梗瓜杯一，玉瓜杯一，玉東西杯一，玉香鼎二蓋全，玉盆兒一，玉椽頭楪兒一，玉古劍璏等十七件，玉圓臨安樣楪兒一，玉靶獨帶刀子二，玉並三，靶刀子四，玉犀牛合簪兒一，金器一千兩，翠毛二百合，珠子十二號共六萬九千五百九顆，珠子念珠一串一百九顆，馬價珠金相束帶一條，白玻瓈圓盤子一，玻瓈花瓶七，玻瓈碗四，瑪瑙碗大小共二十件。

古器：

龍文鼎一，商彝二，高足商彝一，周盤一，商父彝一，周敦二，周舉罍一，有蓋獸耳周罍一。

汝窑：

酒瓶一對，洗一，香爐一，香合一，香球一，盞四隻，盂子二，出香一對，大奩一，小奩一。

合伏

螺鈿合一十具，織金錦褥子全。犀皮合一十具。織金錦褥子全。

書畫：有御寶十軸

曹霸五花驄，馮瑾霽煙長景，易元吉鶴生花，黃居寶雀竹，吳道子天王，張萱唐后竹叢，邊鸞萱草山鷓鴣，黃筌萱草山鷓鴣，宗婦曹氏蓼岸，杜庭睦明皇斫鱠。

無寶有御書九軸：

趙昌躑躅鵪鶉，梅行思躑躅母雞，杜霽撲蝶，巨然嵐鎖翠峰，徐熙牡丹，易元吉寫生枇杷，董源夏山早行二軸，僞主李煜林泉渡水。

人物

無寶無御書二軸：

荆浩山水，吴元俞紫氣星。

四帛：

撚金錦五十疋，素緑錦百五十疋，木錦二百疋，生花番羅二百疋，暗花婺羅二百疋，樗蒲綾二百疋。

進奉犒設：

隨駕官知省御帶御藥門司直殿官：

紫羅五百疋，雜色纈羅五百疋，馬下目子錢一萬貫文。

禁衛一行祇應人等：

錢二萬貫文，炊餅二萬箇，熟猪肉三千斤，燒爆三十合，酒三千瓶。

本家親屬推恩：

弟，拱衛大夫張保，

男，右奉議郎、直敷文閣主管臺州崇道觀，賜紫金魚袋張子正，

孫，承事郎、籍田令、賜紫金魚袋張宗元，

姪，龍神衛四廂都指揮使、清海軍承宣使、添差兩浙西路馬步軍副總管張子蓋，

姪，右朝請大夫，直徽猷閣主管神佑觀，賜金魚袋張子儀，

姪，承奉郎張子安，

姪，忠翊郎張子文，

姪孫，保義郎張宗旦，

姪孫，保義郎張宗亮，

姪孫，登仕郎張宗説，

姪孫，成忠郎張宗益，

姪孫，登仕郎張宗穎，

妻，秦國夫人魏氏，

妾，咸寧郡夫人章氏，

妾，碩人潘氏，

妾，碩人沈氏，

妾，碩人曹氏，

妾，碩人周氏，

弟婦，太碩人王氏，

弟婦，恭人任氏，

第二女，孺人張氏，

第三女，孺人張氏，

第四女，孺人張氏，

男子，顔婦王氏，

男子，正婦王氏，

姪子，蓋婦碩人趙氏，

姪子，儀婦宜人郭氏，

孫宗，元婦王氏。

紹興二十一年十一月日，和州防禦使幹辦府事差提點排辦一行事務張青具。

吴自牧《夢粱録》卷一三《諸色雜賣》 凡宅舍養馬，則每日有人供草料。養犬，則供餳糠。養猫，則供魚鰍。養［魚］則供雞蝦兒。若欲唤錮路釘鉸，修補鍋銚、箍桶、上鞋、修幞頭帽子、補修魫冠、接梳兒、染紅緑牙梳、穿結珠子、修洗鹿胎冠子、修磨刀剪、磨鏡，時時有盤街者，便可唤之。且如供香印盤者，各管定鋪席人家，每日印香而去，遇月支請香錢而已。供人家食用水者，各有主顧供之。亦有每日掃街盤垃圾者，每支錢犒之。其巷陌街市，常有使漆修舊人，荷大斧斫柴間，早修扇子，打蠟器，修竈，捉漏，供香餅炭墼，并［炭］挑擔賣油，賣油苕，掃帚、竹帚、筅帚、鵓籠擔、聖堂拂子、竹柴、茹紙、生薑、薑芽、新薑、瓜、茄、菜蔬等物，賣泥風爐、小竈兒、天窗砧頭、馬杓，銅鐵器如銅銚、湯瓶、銅銼、熨斗、火鍬、火筯、火夾、鐵物、漏杓、銅沙鑼、銅匙筯、銅瓶、香爐、銅火爐、簾鈎，鑞器如尊榼、果盆、果盒、酒盞、注子、偏提、盤、盂、杓，酒市急需馬盂、屈卮、澤斗、筯瓶，家生動事如卓、凳、涼床、交椅、兀子、長朓、繩床、竹椅、柎笄、裙廚、衣架、棋盤、面桶、項桶、脚桶、浴桶、大小提桶、馬子、桶架、木杓、研槌、食托、青白瓷器、甌、碗、碟、茶盞、菜盆、油杆杖、椙轆、鞋楦、棒槌、烘盤、雞籠、蟲蟻籠、竹笊籬、蒸籠、糞箕、甑箄、紅簾、斑竹簾、酒絡、酒籠、筲箕、瓷甏、炒銼、砂盆、水缸、烏盆、三脚罐、枕頭、豆袋、竹夫人、懶架、涼簞、藁薦、蒲合、席子，及士具物件如硯子、筆、墨、書架、書鎮、裁刀、書剪、簿子、連紙，又有鐃子、木梳、篦子、刷子、刷牙子、減裝、黑洗、漱盂子、冠梳、領抹、針線，與各色麻線、鞋面、領子、脚帶、粉心、合粉、胭脂、膠紙、託葉、墜紙等物，又有挑擔抬盤架，買賣江魚、石首、鯌魚、時魚、鯧魚、鰻

魚、鱘魚、鯽魚、白鰱魚、白蟹、河蟹、河蝦、田雞等物，及生熟猪羊肉、鷄、鵝、鴨，及下飯海腊、鮝膘、鴨子、炙鰍、糟臟大魚鮓、乾菜、乾蘿蔔、菜蔬、葱薑等物，又有早間賣煎二陳湯，飯了提瓶點茶，飯前有賣饊子，小蒸糕，日午賣糖粥、燒餅、炙焦饅飳、炊餅、辣菜餅、春餅、點心之屬。四時有撲帶朵花，亦有賣成窠時花，插瓶把花、柏桂、羅漢葉，春撲帶朵桃花、四香、瑞香、木香等物，夏撲金燈花、茉莉、葵花、榴花、梔子花，秋則撲茉莉、蘭花、木樨、秋茶花，冬則木春花、梅花、瑞香、蘭花、水仙花、臘梅花，更有羅帛脱蠟像生四時小枝花朵，沿街吟叫撲賣。及買賣品物最多，不能盡述。及小兒戲耍家事兒，如戲劇糖果之類：打嬌惜、宜娘子、鞦韆稠糖、葫蘆、火齋郎果子、吹糖麻婆子孩兒等、糕粉孩兒鳥獸、像生花朵、風糖餅、十般糖、花花糖、荔支膏、縮砂糖、五色糖、線天戲耍孩兒、雞頭擔兒、罐兒、襟兒、鑞小酒器、鼓兒、板兒、鑼兒、刀兒、鎗兒、旗兒、馬兒、鬧竿兒、花藍、龍船、黄胖兒、麻婆子、橋兒、棒槌兒，皮影戲線索、傀儡兒、獅子、猫兒。又沿街叫賣小兒諸般食件，麻糖、鎚子糖、鼓兒餳、鐵麻糖、芝麻糖、小麻糖、破麻酥、沙團、箕豆、法豆、山黄、褐青豆、鹽豆兒、黄糖、楊梅糖、荆芥糖、榧子、蒸梨兒、棗兒、米食羊兒、狗兒、蹄兒、繭兒、栗粽、豆團、糍糕、蕨糰、湯糰、水糰、湯丸、餶飿兒、炊餅、槌栗、炒槌、山裏棗、山裏果子、蓮肉、數珠、苦槌、荻蔗、甘蔗、茅洋、跳山婆、栗茅、蜜屈律等物，並於小街後巷叫賣。遇（春）新〔春〕，街道巷陌，官府差顧淘渠人沿門通渠，道污泥，差顧船隻搬載鄉落空閑處。人家有泔漿，自有日掠者來討去。杭城户口繁夥，街巷小民之家，多無坑厠，只用馬桶，每日自有出糞人瀽去，謂之傾脚頭，各有主顧，不敢侵奪。或有侵奪，糞主必與之爭，甚者經府大訟，勝而後已。

吳自牧《夢粱録》卷一六《茶肆》　汴京熟食店，張掛名畫，所以勾引觀者，留連食客。今杭城茶肆亦如之，插四時花，掛名人畫，裝點店面。四時賣奇茶異湯，冬月添賣七寶擂茶、饊子、葱、茶，或賣鹽豉湯，暑天添賣雪泡梅花酒，或縮脾飲暑藥之屬。向紹興年間，賣梅花酒之肆，以鼓樂吹《梅花引》曲破賣之，用銀盂杓盞子，亦如酒肆論一角二角。今之茶肆，列花架，安頓奇松異檜等物于其上，裝飾店面，敲打響盞歌賣，止用瓷盞漆拓供賣，則無銀盂物也。夜市於大街有車擔設浮鋪，點茶湯以便遊觀之人。大凡茶樓多有富室子弟、諸司下直等人會聚，習學樂器、上教曲賺之類，謂之「掛牌兒」。人情茶肆，本非以點茶湯爲業，但將此爲由，多覓茶金耳。又有茶肆專是五奴打聚處，亦有諸行借工賣妓人會聚行老，謂之市頭。大街有三五家開茶肆，樓上專安著妓女，名曰「花茶坊」，如市西坊南潘節幹，俞七郎茶坊，保佑坊北朱骷髏茶坊，太平坊郭四郎茶坊，太平坊北首張七相幹茶坊，蓋此五處多有炒鬧，非君子駐足之地也。更有張賣麪店隔壁黄尖嘴蹴毬茶坊，又中瓦内王媽媽家茶肆名一窟鬼茶坊，大街車兒茶肆、蔣檢閲茶肆，皆士大夫期朋約友會聚之處。巷陌街坊，自有提茶瓶沿門點茶，或朔望日，如遇凶吉二事，點送鄰里茶水，倩其往來傳語。耳有一等街司衙兵百司人，以茶水點送門面鋪席，乞覓錢物，謂之齪茶。僧道頭陀（道者）欲行題注，先以茶水沿門點送，以爲進身之階。

劉祁《歸潛志》卷八　正大初，趙閑閑長翰苑，同陳正叔、潘仲明、按仲明名希孟。雷希顔、元裕之諸人作詩會，嘗賦《野菊》，趙有云：「岡斷秋光隔，河明月影交。」荒叢號蟋蟀，病葉挂蠨蛸。欲訪陶彭澤，柴門何處敲？」諸公稱其破的也。又分詠《古瓶蠟梅》，趙云：「苕華吐碧龍文澀，燭淚痕疏雁字横。」後云：「嬌黄唤起昭陽夢，漢苑凄涼草棘生。」句甚工。潘有云：「命薄從教官獨冷，眼明猶喜跡雙清。」語亦老也。後分《憶橙》、《射虎》，題甚多。最後《詠道學》，雷云：「青天白日理分理」，亦爲題所窘也。閑閑同館閣諸公，九日登極目亭，俱有詩。趙云：「魏國河山殘照在，梁王樓殿野花開。鷗從白水明邊没，雁向青天盡處迴。未必龍山如此會，座中三館盡英才。」雷希顔云：「千古雄豪幾人在？百年懷抱此時開。」李欽止云：「連朝倥偬簿書堆，辜負黄花酒一杯。」

凡作詩，和韻爲難。古人贈答皆以不拘韻字。迨宋蘇、黄，凡唱和，須用元韻，往返數迴以出奇。余先子頗留意。故每與人唱和，韻益狹，語益工，人多稱之。嘗與雷希顔、元裕之論詩，元云：「和韻非古，要爲勉強。」先子云：「如能以彼韻就我意何如？亦一奇也。」嘗在史院一作「詩院」。與屏山諸公唱和李唐卿一作呂唐卿。《海藏齋詩》舟字韻，往返十餘首。先子有云：「繡坼舊圖翻短褐，朱書小字記歸舟。」屏山大稱其工用事也。後居淮陽，與劉少宣唱和村字韻，亦往返數十首。最後論詩，有云：「楊劉變體號西崑，竊笑登壇子美村。大抵俗儒無正眼，惟應後世有公言。光生杜曲今千（丈）〔古〕，派出江西本一源。此道陵遲嗟久矣，不才安敢擅專門。」又〔云〕：「樂府虚傳山抹雲，詩名浪得柳連村。九原太白有生氣，千古少陵無閑言。登泰山巔小天下，到崑崙口知河源。如君少進可入室，顧我今衰不及門。」少宣以爲全不覺用他人韻也。

聯句亦詩中難事，蓋座中立書，不暇深思也。南京龍德宫趙閑閑、李屏山、王正之聯句，王云：「棘猴未窮巧，穴蟻已先王。」人多稱之。余先子亦留意。主長葛簿時，與屏山、張仲傑會飲，坐中有定瓷酒甌，因爲聯句，先子首唱曰：「定州花瓷甌，顔色天下白。」諸公稱之。屏山則曰：「輕浮妾玻璃，頑鈍奴琥珀。」張則曰：「器質至堅脆，膚理還悦澤。」後居淮陽，冀京父來過，雪夜聯句，先子有云：「簾疏見飛霙，窗静聞落屑。」又，李欽叔來過，李子遷在座，會合聯句，先子首唱曰：「玉立兩謫仙，鼎峙三敵國。」又云：「三强出奇兵，八戰乃八克。一老怯大敵，三戰即三北。」後自大梁歸陳，與(初)〔祁〕聯句，先子首云：「紅抛汴梁塵，緑吸淮陽酒。」後令葉縣，中秋夜，與郝坊州仲純、王飛伯輩聯句，具載《蓬門集》中。《中州集》云，劉從益字雲卿，大安元年進士，拜監察御史，得罪，去。久之，起爲葉縣令。未幾被召入，授應奉翰林文字。踰月，以疾卒，年四十四，有《蓬門先生集》行於世。

魏初《青崖集》卷五《先君墓碣銘》 先君諱思廉，字廷秀，生於明昌元年之八月五日，壽六十卒於真定無極縣之寓舍。實己酉正月三日也。後二年，葬於房山羊頭原桑乾丘壠固。在房山之塋已三世矣，敢敬附焉。先君業進士，文賦有聲，性愷悌，與物無競，而嚴於家範。嘗撰先世遺德，曰：「家塾記其後序。」曰：「自吾高祖朝列爲一原，曾父酒使，季曾參政，派而兩之，或以文章而升，或以門地而進，舍此之外，不由他道。不苟求，不奔競，未嘗有悖理傷道之過者。以政事觀之，不須觀循吏；以耿介觀之，不須觀獨行；以忠義觀之，不須觀顔氏之弟兄；以讜正觀之，不須觀陸贄之諫論；以文章學問觀之，不須觀《儒林》；以母氏之賢淑觀之，不須觀《列女》。子孫能講誦以味之，不猶愈于慕他人乎。用是自天會歷大定、明昌、真祐、正大，迄于中統至元之間，雖支派分布，而繼繼承承，知有本統者，蓋於是記有考焉耳。先君之曾大父諱子貞用弟，參知政事諱子平之蔭。終於兆答酒館，使以長子景元贈定遠大將軍。始考妣既喪，主管家事，佩無變世守之訓，循循侃侃，鄉里稱焉。曾大母不記其氏，大參其叔也，奉承如賓。大父諱允元，改德元，定遠之仲子也，承叔父大參，蔭仕至甄官署令，嘗謂諸子曰：我家貲可約五萬餘貫，渾有幾不若供汝輩讀書，泰則登第不登第，猶足以學自守。於是館請高公瑞卿，王公冲之，歲不下千餘貫。又與游皆當世名公，鉅卿也，壬辰北渡後襄陰人，王革以書抵我，靖肅君曰：「令先丈任上林署丞時，或三日五日會黨世傑、趙文孺、魏搏霄、張仲淹、楊敏行諸公，禮極豐腆徹膳。令諸昆秀讀賦，教子嚴重，傾動京邑。」大母同邑平地人，西京轉運同知高公之女也，賦性沉厚，内外無貴賤，莫不敬愛。先是署令君以事抵燕，夜過黃嶺，聞異香二十餘里，未幾，大母歸於我。壽八十六，封鉅鹿郡君；父諱珪改諱「笏」，字君玉署令府君有子凡七人，曰琉業，進士弱冠，承父蔭，終於耀州庫使散官，懷遠大將軍。曰瑜業，進士，早卒。曰琦，進士登第，户部郎中，行六部侍郎，散官大中，大哭死於河南郟城之難。曰玠，神童及第，終於延安府司獄散官朝列大夫。曰璠，登進士第，出繼大參之子，法物庫大使諱叔元，之後正大八年，京師戒嚴，擢授翰林修撰。召恒山公武仙入援，及歸德城陷，北還鄉里，名聞天朝，庚戌被徵，是歲卒，享年七十。皇贈謚曰靖肅，曰玉業進士。舉篤志，力學府，會試屢得，上捷因避地唐州比陽縣，與友人苑德茂者入山，不知所終。先君之父，其最長也，虞夏文不勝質，終場時年十有八。後補入太學，聲聞藉甚，爲流輩所稱。春秋私試，三作監魁。與張巨濟、馬至道、馬柔克並驅争先，無得而優劣之，不幸七赴殿選，終於貞祐三年。恩賜而已，用是絶仕進意，養心守道，澹乎其世味也。右丞尹公仲安、尚書曹公仲寬、大司農張公維賢欲薦於朝，不應。母高氏運使，曼卿姪女也。聰慧妙巧，年二十二以卒。先君娶李氏太原公祐之之仲女也，文雅和厚，巧慧孝謹，中表咸稱之。太原公粹於律學，元遺山書其删注《刑統賦》有云：「祐之予鄉曲，在汴梁與之游從，爲人寬博疏通，精於吏事，其爲名輩所推重如此。再娶班氏，本豐州人，其父任至許州録事，有能名。三子，長曰鑑，命繼靖肅公祀。令名初，江西湖廣道提刑按察使李出也。仲曰鈞，湖廣行省令史。性剛直，能自刻苦，不肯俯仰於人。季曰鉉，早卒。二女，長適孫氏，亦早卒。次適延氏，早寡。不以貧窘累其節，皆班出也。孫四人，嫡曰必復，翰林國史院編修官。庶曰可大、可久、可亨。女孫二人，曰文、曰都。曾孫女二人，百壽、秦娥。初伏讀先君之記，有曰：「我魏氏自季曾輔政以來，享禄位者有之，不能盡其實者有之，不知天意將如是而已乎，將有以待於後人乎。」於是於先大父，於先君益有所感泣焉。先大父文章禮法施爲注措，足以建世業於當代朝廷。限以科舉資考，使恢奇磊落之士鬱而不信，其治亂蓋兆於兹矣。先君方刷羽天池而圖南溟，世故已變且壽不能逮，時可哀已。嗚呼，壬辰之變，世族大家，其子孫不零落者有幾。間得存者，復有杞宋不足徵之，歎初輩雖不能肖似，藉賴先世遺澤，知自守而已。歲時伏臘，過家上冢鄉人喜松楸之無恙，則知天意良有在也。謹再拜，銘曰：

紀先世之德業，用照後人。雖不偶於時，其澤孔殷子孫。念之尚毋變，吾先君世守之文。

王惲《秋澗集》卷五四《淇州創建故江淮都轉運使周府君祠堂碑銘》　郡邑之設，因形勝而稱望。雄由變遷，而有併置。至於廢起千載之餘，功垂百世之後。俾存歿懷思，感人心而不忘者，非豪傑經濟之士，未易致也。朝歌殷故都，兩漢縣焉。魏齊來移理衛縣河朔，經途東出鉅橋之西，而朝歌遂墟。天兵南下，鉅橋正途亦廢。自太行東接浚郊，莽爲林灌，行者並山取捷，躡跡於兔蹊鹿町之間。又分當相魏汲三會之郊，盜賊囊橐其間，日禦人爲尋常，邦君邑長顧目前，不遑奚暇遠圖哉。故羣行恣睢，莫敢誰何者。有年於茲壬子秋，國家經略江淮，擢行臺聽事官周侯充諸道轉運軍儲使，仍置司於胙侯。道出朝歌，登鹿臺遺址，顧瞻河山，愛其沃壤，且歎夫梗阻若爾，慨然懷辟易興除之舉。己卯歲公以事北覲，圖利害上之朝廷，爲報可。詔以彰德、大名、衛輝漏版户五千實焉，復其徵三年。因易號曰淇州縣，曰臨淇，特勅公領辦其事。於是推賢擇能，申令講治，設官府，建倉廩，立市廛。外則表疆，理布丘聚。開阡陌梁津，夷險以便行路，置淇澳、思德、南陽、薛村等鎮以間迵曠。耕牛田器及飢貧不自存者，一仰給於官。下至取材於山，陶甓於野，率躬親規畫，略無倦色。西山鐵官瓷竈，公出本資，悉發其伏利，自是四方流徙願受廛胥宇者，日接踵而至。商通工易，貨委闤闠，餘糧畝棲，烟火連甍。鳴雞吠犬相聞，和樂之氣達於四境。侯復以既庶且逸，無教可乎。遂建孔廟，立學師，敦化基而厚薄俗。不五載，內外修治，井井可觀。邑居過客相與咨嗟歎息曰：「曩以荒烟廢堞之墟，化爲樂郊樂國。向也流逋傭耕之民，今爲恒産完美之室。雖天休涵濡，非我公建白興造之力，疇克臻此。」既而公薨於位，子鍇襲職，繼述先志，有光於前者。至元癸亥，轉官制行州，隸於衛。耆舊馬良等謀於衆曰：「公去世逾遠，吾輩生理日完，嗣侯又歷官他郡，其開建本末，卵翼深恩，匪立祠樹碑，奉祀光揚，何以報盛德而圖不朽？」乃相率度治城乾方爽塏地，廟而貌之。十三年秋，適嗣侯自魏府別駕代歸，良等邀過妹邦大合樂以落之，相與請予文以紀其實。走早辱公知，敢以不敏辭，念古之君子，興事造功，率忠愛持心，無一毫功利自私。克成碩大光明之業，故民戴之如父母，仰之如神明宜矣。如公初以轉致之便，興廢棄於荒殘，因丘聚之成養，流布於完實乂。未嘗占據膏腴，營治己私，爲務誠可謂持心忠愛、豪傑經濟者矣。致感人心存歿罔間，耿耿不忘者如是。據禮當祀，在法宜銘。公諱某，字德甫，晉之隰人。孝弟忠信，慷慨尚氣義，蚤以材術，振耀一時。仕至江淮都轉運使，其豐功碩德，具載墓碑，茲不復云。今嗣侯自武德將軍陞嘉議大夫，佩金虎符淮東高郵軍總管，銘曰：

「河山兩戒殷故墟，自昔土壤稱膏腴。千年廢治灌莽區，殆似淵藪藏逃逋。政以規畫無良圖，堂堂周侯烈丈夫。一朝王門牽華裾，利焉思興害思除。南來主漕過此都，顧嗟形勝資豺貙。何忍蒼赤爲肉魚，龍庭入奏爲允俞。一語能沛天恩濡，郊圻中畫開井廬。連甍表植左右閭，日中市集百貨俱。荒榛一旦爲亨衢，流民賴之彫瘵蘇。勞來又復三年租，夫耕婦織圃有蔬。桑無附枝麥兩塗，芃芃翠浪西山隅。昔焉餬口今贏餘，我衣我食公所予。欲報之德父母且，胡不鈞弘秉事樞。天奪之速爲世吁，公去雖遠愛豈殊。身後報謝當何如，閟宫盤盤列綺疏。繪肖公像儼以居，歲時豆籩民駿趨。腯牲在几酒在壺，坎坎鼓擊吹笙竽。睇公風馬乘雲車，神兮歸來意恒愉。風時雨若蛇蟲菹，甌窶滿篝厲鬼驅。我詩劖石誠無諛，採之民謠與同符。大書特書不一書，太行礪兮河帶紆。黃童白叟相攙扶，猶有墮淚沾龜趺。」

陶宗儀《説郛》卷六二《真臘風土記・欲得唐貨》　其地(想)不出金銀，以唐人金銀爲第一，五色輕縑帛次之，其次如真州之錫鑞、温州之漆盤、泉州之青瓷器及水銀、銀硃、紙劄、硫黃、焰硝、檀香、白芷、麝香、麻布、黃草布、雨傘、鐵鍋、銅盤、水珠、桐油、篦箕、木梳、針，其粗重則如明州之席，甚欲得者則菽麥也，然不可將去耳。

陶宗儀《説郛》卷三六陸深《古奇器録》　開元中張説爲宰相，有人惠説一珠，紺色，有光，名曰「記事珠」。或有闕志之事，則以手持弄此珠，便覺心神開悟，事無巨細，渙然明曉，一無所忘。説秘而寶之。

龜茲國進奉一枕，其色如瑪瑙，温温如玉。其製作甚樸素，若枕之則十洲、三島、四海、五湖，盡在夢中所見。玄宗帝因名爲「游仙枕」。後賜與楊國忠。

內庫有一酒杯，青色而有紋如亂絲，其薄如葉，於杯足上有縷金字，曰「自暖杯」。上令取酒，注之温温然，有氣相吹如沸湯，遂取於內藏。

陶宗儀《説郛》卷四〇袁宏道《瓶史》　三品具　養花瓶亦須精良，譬如玉環、飛燕，不可置之茅茨。又如嵇、阮、賀、李，不可請之酒食店中。嘗見江南人家所藏舊觚，青翠入目，砂班垤起，可謂花之金屋。其次宮、哥、象、定等窑，細媚滋潤，皆花神之精舍也。大抵齋瓶宜矮而小，銅器如花觚、銅觶、尊罍、方漢壺、素温壺、匾壺，窑器如紙槌、鵝頸、茄袋、花尊、花囊、蓍草、蒲槌皆須形製短小者，方入清供。不然與家堂香火何異。雖舊亦俗也。然花形自有大小，如牡丹、芍藥、蓮花，形質□大，不在此限。嘗聞古銅器入土年久，受上氣深，用以養花，花色鮮明如枝頭，開速而謝遲，就瓶結實，陶器亦然。故知瓶之寶古者，非獨以玩。然寒酸之士，無從致此，但得宣、成等窑瓷瓶各一二枚，亦可爲乞兒暴富也。冬花宜用錫管，北地天寒，凍水能裂銅，不獨瓷也。水中投硫黄數錢亦得。

四擇水

京師西山碧雲寺水、裂帛湖水、龍王堂水皆可用，一入高梁橋便爲濁品。凡瓶水須經風日者，其他如桑□水、滿井水、沙窩水、王媽媽井水，味雖甘養，花多不茂。苦水尤忌，以味特鹽，未若多貯，梅水爲佳。貯水之法：初入甕時，以燒熱煤土一塊投之，經年不壞，不獨養花，亦可烹茶。

六屏俗

室中天然几一，藤牀一。几宜闊厚，宜細滑。凡本地邊欄漆卓、描金螺鈿牀，及彩花瓶架之類，皆置不用。

十二鹽戒

宋張功甫《梅品》語極有致，余讀而賞之，擬作數條揭于瓶花齋中。花快意凡十四條，明窗净室，古鼎宋研，松濤，溪聲，主人好事能詩，門僧解烹茶，薊州人送酒，座客工畫，花卉盛開，快心友臨門，手抄藝花書，夜深鑪鳴，妻妾校花故實。花折辱凡二十三條，主人頻拜客，俗子闌入。蟠枝庸僧談禪，窗下狗鬭，蓮子衕，歌童弋陽腔。醜女折戴。論升遷，强作憐愛。應酬詩債，未了盛開。家人催算帳，檢《韻府》，狎字破，書狼籍，福建牙人，吴中贋畫，□矢，蝸涎，僮僕偃蹇，令初行，酒盡。與酒館爲鄰，案上有《黄金白雪》、《中原紫氣》等詩。燕俗尤競玩賞，每一花開，緋幕雲集。以余觀之，辱花者多，悦花者少，虚心檢點，吾輩亦時有犯者，特書一通座右，以自監戒焉。

費信《星槎勝覽》卷一《占城國》 永樂七年，太宗皇帝命正使太監鄭和、王景弘等，統官兵二萬七千餘人，駕海舶四十八號，往諸番國開讀賞賜。是歲秋九月，自太倉劉家港開船，十月至福建長樂太平港停泊。十二月於五虎開洋，張十二帆，順風十晝夜，至占城國。其國臨海，有港曰「新州」，西抵交趾，北連中國地。海船到彼，其酋長頭戴三山金花冠，身披錦花手巾，臂腿四腕俱以金鐲，足穿玳瑁履，腰束八寶方帶，如粧塑金剛狀。乘象，前後擁番兵五百餘，或執鋒刃短鎗，或舞皮牌槌鼓，吹椰殼筒。其部領皆乘馬，出郊迎。詔下象膝行，匍匐感恩，奏貢方物。其國所産巨象、犀牛甚多。象牙、犀角廣貨别國，棋楠香在一山所産，酋長差人禁民不得採取，犯者斷其手。烏木、降香樵之爲薪，天無霜雪，氣候常熱如夏，草木長青，隨花隨結。煮海爲鹽，禾稻甚薄，國人惟食檳榔，裹蔞葉，包蠡殼灰，行住坐卧不絶於口。不解正朔，但看月生爲初，月晦爲盡，如此十次盈虧爲一歲。晝夜善槌鼓，十更爲法，酋長及民下非至午不起，非至子不睡，見月則飲酒，歌舞爲樂。酋長所居屋、宇、門、墻，俱甎灰甃及，以堅木雕鏤獸畜之形爲華。外周磚垣，亦有城郭、兵甲之防，藥鏃、刀摽之屬。其部領所居，亦分等第，門高有限，民下編茅覆屋。魚不腐爛不食，釀不生蛆不爲美酒。以米拌藥丸乾和入甕中封固，如法收藏，日久其糟生蛆爲佳醖。他日開封，用長節竹幹三四尺者插入糟甕中，或團坐五人，量人入水多寡，輪次吸竹，引酒入口，吸盡再入水，若無味則止，有味留封再用。酋長歲時採生人膽入酒中，與家人同飲。又以浴身，謂之通身是膽。尸頭蠻者本是婦人，但無瞳，人爲異。其婦與家人同寢，夜深飛頭而去，食人穢物，飛回復合其體，即活如舊。若知而封固其項，或移體别處，則死矣。人有病者，臨糞時遭之，妖氣入腹，必死。此婦人亦罕有，民間有而不報官者，罪及一家。番人戲之，觸弄其頭，必有生死之恨。男女椎髻腦後，花布纏頭，上穿短布衫，腰圍花布手巾。其國無紙筆，以羊皮搥薄熏黑，削細竹爲筆，蘸白灰書字，若蚯蚓委曲之狀。言語燕鳩，全憑通事傳譯。

費信《星槎勝覽》卷一《暹羅國》 自占城順風十晝夜，可至其國。山形如白石峭礪，周千里。外山崎嶇，内嶺深邃，田平而沃，稼穡豐熟。氣候常熱，風俗勁悍，專尚豪强，侵掠鄰境。削檳榔木爲標鎗，水牛皮爲牌，藥、鏃等器，慣習水戰。男女椎髻，白布纏頭，穿長衫，腰束青花手巾。其上下謀議，大小事悉決於婦，其男一聽苟合無序。遇中國男子，甚愛之，必置酒飲待，歡歌留宿。婦人多爲尼姑，道士能誦經持齋，服色略似中國，亦造庵觀。能重喪禮，人死氣絶必用水銀灌養其屍，而後擇高阜之地，設佛事葬之。釀秫爲酒，煮海爲鹽。地産羅斛香、大風子油、蘇木、犀角、象牙、翠毛、黄蠟，以海肌代錢，每一萬個准中統鈔二十貫。貨用青白花瓷器、印花布、色絹、色段、金銀銅鐵、水銀、燒珠、雨傘之屬。其酋感慕天朝遠惠，嘗遣使捧金葉表文，貢獻方物。

費信《星槎勝覽》卷一《交欄山》 自占城靈山起程，順風十晝夜可至。其山高而叢林，藤竹、舵桿、桅檣、蓬箬，無所不備。胡元時，命將高興、史弼領兵萬衆，駕巨舶征闍婆，因遭風，至交欄山下。其船多損，乃登此山，造船百號，復征闍婆，擒其酋長而歸。至今居民有中國人雜處，蓋此時病卒百餘，留養不歸，遂傳育於此。氣候常暑，少米穀，以射獵爲業。男女椎髻，穿短衫，繫巫崙布。地産豹熊鹿皮、玳瑁，貨用米穀、五色絹、青布、銅器、青碗之屬。

費信《星槎勝覽》卷一《舊港》 古名「三佛齊國」，自爪哇順風八晝夜可至。其處自港口入去，田土甚肥，倍於他壤。古云「一年種穀，三年生金」，言其米穀盛而多貿金也，民故富饒。俗囂好淫，水戰甚慣。其處水多地少，部領者皆在岸造屋居之，周匝皆僕從住宿，其餘民庶皆於水筏上蓋屋而居。以木樁拴閘，或水長則筏浮起，不能没也。或欲別居，起樁去之，連屋移徙，不勞財力。今爲爪哇所轄，風俗與爪哇大同小異。地産黄熟香、速香、降香、沉香、黄蠟、鶴頂之類，貨用燒煉五色珠、青白瓷器、銅鼎、五色布絹、色段、大小瓷甕、銅錢之屬。永樂十三年，鄭和等統舟師往諸番國，海寇陳祖義等聚衆於三佛齊國，抄掠番商，欲來犯我舟師。和等伏兵敗之，生擒厥魁，獻俘闕下，由是薄海内外罔不清肅。

費信《星槎勝覽》卷一《吉里地悶》 其國居重迦羅之東，連山茂林，皆檀香樹，無別産。馬頭商，聚十二所，有酋長。田肥穀盛，氣候朝熱暮寒。男女斷髮，穿短衫，夜臥不蓋其體。商舶到彼，皆婦女到船交易。人多染疾病，十死八九，蓋其地瘴氣及其淫污之故也。貨用金銀、鐵器、瓷碗之屬。

費信《星槎勝覽》卷二《滿剌加國》 其處舊不稱國，自舊港順風八晝夜可至。其國傍海，山孤人少，受弱於暹羅。每歲輸金四十兩爲稅，田瘠少收。内有山泉流爲溪，於溪中淘沙，取錫煎成塊，曰「斗錫」。每塊重官秤一斤四兩，及織芭蕉心簟，惟以斗錫通市，無他産。氣候朝熱暮寒。男女椎髻，身膚黑漆，間有白者，唐人種也。俗尚淳厚。民淘錫網魚爲業，屋如樓閣，而不鋪板，但用木。高低層布，連床就榻，箕踞而坐，飲食廚厠俱在上。貨用青白瓷器、五色燒珠、色絹、金銀之屬。永樂七年鄭和等捧詔勅賜銀印、冠帶、袍服，建碑封爲滿剌加國，暹羅始不敢擾。十三年，酋長感慕聖恩，挈妻子涉海入朝，貢方物，賞勞之，使歸國。

費信《星槎勝覽》卷二《龍牙加貌》 其地離麻逸凍順風三晝夜程，内平而外峰，民蟻附而居，氣候常熱，田禾勤熟，俗尚敦厚。男女椎髻，圍麻逸凍布，穿短衫。以親戚尊長爲重，一日不見，則攜酒殺問安。煮海爲鹽，釀秫爲酒。地産沉速、降香、黄蠟、鶴頂、蜂蜜、砂糖。貨用印花布、八察都布、青白花瓷器之屬。

費信《星槎勝覽》卷二《阿魯國》 其國與九州山相望，自滿剌加順風三晝夜可至。其國風俗、氣候與蘇門答剌大同小異。田瘠少收，盛種芭蕉、椰子爲食。男女裸體圍梢布，常駕獨木舟入海捕魚，入山採米腦，香物爲生，各持藥鏃弩防身。地産鶴頂、片米、糖腦以售商船，貨用色段、色絹、瓷器、燒珠之屬。

費信《星槎勝覽》卷三《蘇門答剌國》 古名「須文達那」，自滿剌加順風九晝夜可至。其國傍海，村落田瘠少收，胡椒蔓生，延蔓附樹，枝葉如扁豆，花間黄白，結椒纍垂如椶櫚子，但粒小耳。番秤一播，苛抵我官秤三百二十斤。價銀錢二十個，重銀六兩。金抵納即金錢也，每二十個重金五兩二錢。風俗頗淳，民網魚爲生，朝駕獨木刳舟張帆出海，暮則回舟。男子髮纏白布，腰圍梢布。婦女椎髻裸體，腰圍色布手巾。其瓜茄一種五年，結小再種。橘柚酸甜之果，常花常結。其有一等瓜，皮若荔枝，如瓜大。未剖之時，甚臭，如爛蒜。剖開，如囊味，如酥油，香甜可口。煮海爲鹽，釀茭樟子爲酒。貨用青白瓷器、銅鐵、爪哇布、色絹之屬。永樂十一年，僞王蘇幹剌寇侵本國，酋長遣使赴闕陳訴請救，太宗皇帝命鄭和等就率官兵勦捕，生擒僞王，至永樂十三年歸獻闕下，諸番震服。

費信《星槎勝覽》卷三《花面國王》 其國與蘇門答剌鄰境，傍南巫里洋。逶迤山地，田足稻禾。氣候不常，風俗淳厚。男子皆以墨刺面，爲花獸之狀，猱頭裸體，單布圍腰。婦女圍色布，披手巾，椎髻腦後。地多出牛羊、雞鴨、羅布。强不奪弱，上下自耕而食，富不驕，貧不盜，可謂善地矣。地産香味青蓮花，近布那姑兒一山産硫黄。我朝海船駐札蘇門答剌，差人船於其山採取硫黄。貨用段帛、瓷器之屬。其酋長感慕恩賜，常貢方物。

費信《星槎勝覽》卷三《錫蘭山國》 其國自蘇門答剌順風十二晝夜可至。其國地廣人稠，貨物多聚，亞於爪哇。中有高山參天，山頂産有青美藍石、黄鴉鶻石、青紅寶石。每遇大雨，衝流山下沙中，拾取之。其海旁有珠簾□常以網取螺蚌傾入池中，作爛淘珠貨之。海邊有一盤石，上印足跡長三尺許，常有水不乾，稱爲「先世釋迦佛」從翠藍嶼來，登此山，足躡其迹，至今尚存也。下有寺稱爲「釋迦佛」涅槃真身，側臥在寺，亦有舍利子在其寢處。氣候常熱，民俗富饒，米穀豐足。地産寶石、真珠、龍涎香、乳香。貨用金錢、銅錢、青花白瓷器、色段、色絹之屬。男女繞頭，穿長衫，圍單布。永樂七年鄭和等齎詔勅、金銀、供器、綵粧、織金、寶幡布施於寺，及建石碑，賞賜國王頭目。其王亞烈苦奈兒負固不供，謀害舟師。太監鄭和潛備，先發制之，使衆銜枚疾走，夜半聞砲，則奮擊而入，生擒其王。至永樂九年，歸獻闕下。尋蒙恩宥，俾復舊國，由是西夷畏威懷德，莫不向化矣。

費信《星槎勝覽》卷三《溜山洋國》 自錫蘭山別羅里南去，順風七晝夜可至。其山海中天巧石門有三，遠望如城門，中可過船。溜山有八沙，溜官嶼、溜人、不知溜、起來溜、麻里溪溜、加平年溜、加安都里溜。其八處網捕溜洋大魚作塊，曬乾以代糧食。男子拳髮，穿短衫，圍梢布，風俗囂强。地產龍涎香，貨用金銀、段帛、瓷器、米穀之屬。其酋長感慕聖恩，常貢方物。傳聞又有三萬八千餘溜山，即弱水三千之説也。亦有人聚巢居穴處，不識米穀，但捕魚蝦爲食，裸形無衣，惟紉樹葉遮其前後，若商舶因風落其濵，人船不可復矣。

費信《星槎勝覽》卷三《大葛蘭國》 地與都欄樵相近，厥土黑墳，本宜穀麥。居民懶事耕作，歲賴烏爹之米爲食。商船爲風所阻，不以時到，則波濤激灘，載貨不敢滿，蓋以不可停泊之故也。若過巫里洋，則罹重險之難矣，及有高頭埠沉水羅股石之危。風俗淳厚，男女纏頭，穿單布長衫，圍色布手巾。地產胡椒、椰子、溜魚、檳榔。貨用金錢、青白花瓷器、布段之屬。

費信《星槎勝覽》卷三《柯枝國》 其處與錫蘭山對峙，內通古里國界。氣候常熱，田瘠少收，村落傍海。風俗頗淳，男女椎髻，穿短衫，圍單布，又一種曰「木瓜」。無屋舍，惟穴居巢樹，入海捕魚爲業。男女裸體，紉結樹葉或草遮其前後，行人遇人，則蹲避道旁，俟過方行，蓋避羞也。地產胡椒甚廣，富家俱置板倉貯之，以售商販，行使小金錢名「吧喃」。貨用色段、白絲、青花白瓷器、金銀之屬。其酋長感慕聖恩，常貢方物。

費信《星槎勝覽》卷三《古里國》 錫蘭山起程，順風十晝夜可至。其國當巨海之要嶼，與僧迦密邇亦西洋諸國之馬頭也。山廣地瘠，麥穀頗足。風俗甚厚，行者讓路，道不拾遺，法無刑杖，惟以石灰畫地，乃爲禁令。其酋富居深山，傍海爲市，聚貨通商。男子穿長衫，頭纏白布，婦女穿短衫，圍色布，兩耳懸帶金牌、絡索數枚。其項上真珠、寶石、珊瑚連掛瓔珞，臂腕、足脛皆金銀鐲，手足指皆金銀廂寶石戒指。髮堆腦後，容白髮黑。其有一種裸身之人曰「木瓜」，與柯枝國同。地產胡椒，亞於下里，俱有倉廩貯之，以待商販。有薔薇露、波羅蜜、孩兒茶、印花被面手巾。其有珊瑚、真珠、乳香、木香、金珀之類，皆由別國來。其好馬自西番來，匹價金錢千百。貨用金銀、色段、青花白瓷器、燒珠、麝香、水銀、樟腦之屬。酋長感慕聖恩，常遣使捧金葉表文，貢獻方物。

費信《星槎勝覽》卷四《榜葛剌國》 自蘇門答剌順風二十晝夜可至。其國即西印度之地，西通金剛寶座國，曰「詔納福兒」，乃釋迦得道之所。永樂十三年上命少監侯顯等，統舟師齎詔勑賞賜國王、王妃、頭目。其國海口有港曰「察地」港，立抽分之所。其王知我中國寶船到彼，遣部領齎衣服等禮，人馬千數迎港口，起程十六站至瑣納兒江。有城池街市，聚貨通商，又差人齎禮象馬迎接，再行二十站至板獨哇，是酋長之居處。城郭甚嚴，街市鋪店連楹，接棟聚貨百有。其王之舍皆磚灰甃砌，高廣殿宇，平頂白灰爲之。內門三重，九間長殿，其柱皆黃銅包飾，雕琢花獸。左右長廊，內設明甲馬隊千餘，外列巨漢明盔明甲，執鋒刃弓矢，威儀壯甚。丹墀左右設孔雀翎傘蓋百數，又置象隊百數於殿前。其王於正殿高座，嵌八寶，箕踞坐其上。劍横於膝，乃令銀柱杖二人皆穿纏頭來引道，前五步一呼，至中則止。又金柱杖二人接引如前禮，其王拜迎。詔勑扣頭加額開讀，賞賜受畢，鋪毧毯於殿地，待我天使，宴我官兵，禮之甚厚。燔炙牛羊，禁不飲酒，恐亂性而失禮，以薔薇露和香蜜水飲之。宴畢，復以金盔、金繫腰、金瓶、金盆贈天使，其副使皆以銀盔、銀繫腰、銀瓶、銀盆贈之，其下官員亦贈以金鈴紉、紵絲長衣，兵士俱有銀錢，蓋此國富而有禮者也。其後躬置金筒、金葉，表文，差使臣齎捧，貢獻方物于廷。其國風俗甚厚，男子白布纏頭，穿白布長衫，足穿金線羊皮靴，濟濟然有文字者。衆凡交易，雖有萬金，價定打手，永無悔改。婦女穿短衫，圍色布絲錦，不施脂粉，自然嬌白，耳垂寶鈿，項掛瓔珞，髻堆腦後，四腕金鐲，手足戒指。其有一種曰印度。不食牛肉，飲食男女不同處，夫死不再嫁，妻死不再娶，若孤寡無倚，一村人家輪流養之，不容別村求食，其義氣有足稱者。田沃豐足，一歲二收，不用耘耔，隨時自宜，男女勤於耕織。果有波羅蜜，大如斗，甘甜甚美，庵摩羅香酸甚佳。其餘瓜果、蔬菜、牛馬、雞羊、鳧鴨、海魚之類甚廣。通使海叭，准錢市用，地產細布、撒哈剌毯、絨兜羅錦、水晶、瑪瑙、珊瑚、真珠、寶石、糖蜜、酥油、翠毛、各色手巾、被面。貨用金銀、段絹、青花白瓷器、銅鐵、麝香、銀硃、水銀、草蓆之屬。

費信《星槎勝覽》卷四《卜剌哇國》 自錫蘭山別羅南去二十一晝夜可至其國，與木骨都束國接連山地。傍海而居，壘石爲城，砌石爲屋。山地無草木，地廣斥鹵，有鹽池，但投樹枝於池，良久撈起，結成白鹽。風俗頗淳，無田耕種，捕魚爲業。男女拳髮，穿短衫，圍梢布，婦女兩耳帶金錢，項掛瓔絡。惟有葱蒜，無瓜茄，地產馬哈獸，狀如麝獐，花福禄狀如花。驢、豹、麂、犀牛沒藥，乳香、龍涎香、象牙、駱駝，貨用金銀、段絹、米豆、瓷器之屬。其酋長感慕恩賜，進貢方物。

費信《星槎勝覽》卷四《竹步國》 其處與木骨都束山地連接，村居寥落，壘石爲城，砌石爲屋，風俗亦淳。男女拳髮，男子圍布，婦女出則以布兜頭，不露身面。山地黄赤，數年不雨，草木不生，絞車深井網魚爲業。地産獅子、金錢豹、駝蹄。雞有六七尺高者，其足如駝蹄。龍涎香、乳香、金珀，貨用土硃、段絹、金銀、瓷器、胡椒、米穀之屬。酋長受賜感化，奉貢方物。

費信《星槎勝覽》卷四《木骨都束國》 自小葛蘭順風二十晝夜可至。其國瀕海，堆石爲城，壘石爲屋，四五層，廚厠待客俱在其上。男子拳髮四垂，腰圍梢布，女人髮盤於腦，黄漆光頂，兩耳掛絡索數枚，項帶銀圈，纓絡垂胸，出則單布兜遮，青紗蔽面，足履皮鞋。山連地曠，黄赤土石，田瘠少收，數年無雨。穿井甚深，絞車以羊皮袋水。風俗囂頑，操兵習射。其富民附舶遠通商貨，貧民網捕海魚，曬乾爲食，及餵養駝馬牛羊。地産乳香、金錢豹、龍涎香。貨用金銀、色段、檀香、米穀、瓷器、色絹之屬。其酋長效禮，進貢方物。

費信《星槎勝覽》卷四《阿丹國》 自古里國順風二十二晝夜可至。其國傍海而居，草木不生。田肥，種植粟麥豐盛。壘石爲城，砌羅股石爲屋，三四層高，廚房臥室皆在其上。風俗頗淳，民下富饒。男女拳髮，穿長衫，婦女出則用青紗蔽面，布帽兜頭，不露形貌，兩耳垂金錢數枚，項掛纓絡。地産羚羊。自胸中至尾垂九塊，名爲「九尾羊」。千里駱駝、黑色花驢、駝蹄鷄、金錢豹。貨用金銀、色段、青白花瓷器、檀香、胡椒之屬。其酋長感慕恩賜，躬以方物貢獻。

費信《星槎勝覽》卷四《剌撒國》 自古里國順風二十晝夜可至。其國傍海而居，壘石爲城，連山曠地，草木不生，牛羊駝馬皆以海魚乾啖之。氣候常熱，田瘠少收，惟有麥耳。數年無雨，鑿井絞車，羊皮袋水。男女拳髮，穿長衫。婦女妝點兜頭，與忽魯謨斯國同。壘石築土爲屋，三四層者。其上廚厠臥室待客，其下奴僕居之。地産龍涎香、乳香、千里駱駝。民俗淳厚，喪葬有禮，有事禱於鬼神。其酋長感慕聖恩，遣使捧金葉、表文，奉貢方物。貨用金銀、段絹、瓷器、米穀、胡椒、檀香、金銀之屬。

費信《星槎勝覽》卷四《佐法兒國》 自古里國順風二十晝夜可至。其國壘石爲城，砌羅股石爲屋，有高三四層，若塔之狀，廚厠臥室皆在其上。田廣少收，山地黄赤，亦不生草木。民捕海魚曬乾，大者人食，小者餵養牛馬駝羊。男女拳髮，穿長衫。女人出則以布兜頭，面不令人見，風俗頗淳。地産祖刺法、金錢豹、駝蹄鳥、乳香、龍涎香。貨用金銀、檀香、米穀、胡椒、段絹、瓷器之屬。其酋長感慕　恩賜，遣使奉貢方物。

費信《星槎勝覽》卷四《忽魯謨斯國》 自古里國十晝夜可至。其國傍海居，聚民爲市，爲無草木，牛羊駝馬皆食海魚乾，或言深山中亦有草木。風俗頗淳，壘石爲城，酋長深居，練兵畜馬，田瘠麥廣穀少，民富饒。山連五色，皆是鹽也，鑿之鏇爲盤、碟、碗器之類，食物就用而不加鹽矣。壘石爲屋，有三四層者，其廚厠臥室待客之所俱在上。男子拳髮，穿長衫，善弓矢騎射。女子編髮四垂，黄漆其頂，出則布幔兜頭，面用青紅紗布以蔽之，兩耳輪周掛絡索金錢數枚，以青石磨水妝點眼眶、唇、臉，花紋以爲美飾。項掛寶石、真珠、珊瑚，紉爲纓絡，臂腕腿足皆金銀鐲，此富人也。行使金銀錢，産有真珠、寶石、金珀、龍涎香、撒哈剌、梭腹、絨毯。貨用金銀、青花瓷器、五色段絹、木香、胡椒之屬。其酋長感慕恩賜，躬獻方物。

楊士奇《東里别集》卷一《即位詔》 奉天承運，皇帝詔曰：朕惟上天生民，爰立君主。仁育兆庶，咸底於泰和；統御華夷，同躋於熙皞。我先皇帝奉天撫運，治化高於百王；文德武功，聲教被於四海。比緣邊警，廑龍御以親征，逮及凱還，竟鼎湖之升逝，遺命神器，付予眇躬。顧哀疚之方深，豈遵承之遽忍，宗親、公侯、駙馬、伯、文武臣僚、軍民耆老及四夷朝貢之使，俯伏闕下，奉表勸進，以爲天位不可以久虚，生民不可以無主，長嫡承統，國家常經，陳詞再三，瀝懇勤切。用是仰遵遺命，俯徇輿情，已於八月十五日祗告天地、祖宗、社稷，即皇帝位。奉祖考之洪祐，仰聖神之永圖，屬兹蒞阼之初，宣布維新之命。其以明年爲洪熙元年，所有合行事宜，條示於後：

自永樂二十二年八月十五日昧爽，以前官吏軍民人等有犯除謀反大逆，子孫謀殺祖父母父母，妻妾殺夫，奴婢殺主不赦外，其餘已發覺未發覺，已結正未結正，罪無大小，咸赦除之。敢有以赦前事相告言者，以其罪罪之。

官軍并旗軍將軍、力士、校尉、舍人、餘丁人等，爲事犯罪發遣各處立功哨嘹等項，盡行宥免，復還職役。

軍官有爲事被刑及罷閑者，除謀逆外，其餘見在者復其原職，已故者子孫依例承襲，總小旗革役充軍者各還其原役。

文武官吏、軍民匠作人等，有爲事做工及運磚、拖石、砌城、運糧等項者，悉宥其罪，官吏復還職役，軍還原伍，匠仍當匠，民放寧家，其風憲官有犯贓罪者不復其職，放回原籍爲民當差。

文武官員并總小旗有爲事已復職役、住支俸糧及支半俸者，俱照舊支。

永樂十九年十二月終已前拖欠、虧兑未完税糧、料豆、户口鹽糧及有報數在官未曾送納者，盡行蠲免。永樂二十二年户口鹽糧一年，其各處拖欠草束及柴炭，俱自永樂二十年十二月終以前蠲免。

自永樂二十二年八月十五日以前遞年虧欠農桑諸色課程、倉糧、鹽課、魚課等項，并倒死馬駝、騾驢、牛羊，虧欠孳牲等畜及拖欠蘆柴，各處納欠銅錢、顔料、席麻、竹木等項，并追賠珍珠等物，未納各項贓罰賠追，未完段匹等件，盡行蠲免。

軍官爲事犯罪發遣各處充軍、養馬、種田等項者，盡行宥免復職。

各處軍民有爲事追賠孳生馬匹，受官府逼迫不得已將男女妻妾典賣與人以致流離困苦莫能自存者，詔書到日，官司即爲贖還，毋得托故延緩，如女子年長已成婚者，不在此例。今後倒死孳生馬匹，只照洪武年間例追賠。

天下一應税課照依永樂二十年以前舊額徵收，不許指以鈔法爲由，妄自增添，擾害商民，違者罪之。

各處逃移人户悉宥其罪，許於所在官司首告，發回原籍復業，免其差徭二年，其户下虧欠税糧盡行蠲免。

下西洋諸番等國寶船悉皆停止，如已在福建、太倉等處安泊者，俱回南京，將帶去貨物仍於内府該庫交收，諸番國有進貢使臣當回去者，只量撥人船護送，其去但係所差内外官員即便回京，民稍人等各放寧家。

往迤西賽瑪爾堪、實喇蘇等處買馬等項及哈密取馬者，悉皆停止，將去給賜段匹、瓷器等件，就於所在官司明白照數入庫，馬駝騾疋若係官給者仍交還官，軍民買辦者仍給還原買之人，所有差去内外官員，俱限十日以裏起程赴京，不許托故稽留。

往雲南木邦、緬甸麓川、車里等處採取寶石等項及收買馬疋等件者，悉皆停罷，其給賜之物發與差來進貢使人順帶回去，但係朝廷差去内外官員，限十日以裏即便起程赴京，官軍各回原衛着役，不許稽留。

各處修造往諸番船隻悉皆停止，其各處採辦鐵梨木只照依洪武年間例採辦，餘悉停罷。

但是買辦下番一應物件并鑄造銅錢買辦麝香、生銅、荒絲等物，除見買在官者，即於所在官司庫交收，若未起運者，悉皆停止。

各處買辦諸色紵絲、紗羅、段疋、寶石等項及一應物料、顔料并蘇杭等處績造段疋、抄造紙劄、燒造瓷器、採辦梨木板及造諸品海味、果子等項，悉皆停罷，其差去人員即便回京，敢有指此爲由科歛害民者罪之。

各處閘辦金銀課除已煎銷見收在官外，自今并前停止，敢有不遵法度、私自煎銷者罪之，所差去閘辦人員限十日以内即便赴京，不許托故稽留，但係舊額歲辦課銀并差發金銀不在此例。

交阯採金採珠及採辦香貨之類悉皆停止，交阯一應買辦採取物件，其詔書内該載未盡者亦皆停止，所差去内外監督官員限十日以裏起程赴京，並不許托故稽留，虐害軍民。

各處自爲營造採辦木植，如已起運者隨到所在堆垜，其未採辦者悉皆停止，軍民各放寧家，所差去採辦官員人等限十日以裏即便起程赴京，毋得托故稽留，違者罪之。

浙江、福建官臺山烏峰洞等處有等人民因被府縣及閘辦官吏逼迫，不得已逃命山林，出没爲盜，詔書至日悉宥其罪，各還原籍，安生樂業，永爲良民。

陝西、四川儹運茶課有已起運者，即赴所指茶馬司交收，未起運者悉皆停止。

各處造作除軍需外，其餘不急之務盡皆停罷，今後有司非奉朝廷明文，敢有一毫擅自科擾軍民者罪之。

逃軍、逃囚、逃匠人等，詔書到日爲始，許一月内赴官自首，免其本罪，軍還原伍，民還原籍，匠復本業。

遞年爲事發去買馬當站及充軍遞運驛夫、皂隸、膳夫、軍伴之類，法司即便撥替，放回爲民，不許延緩，違者罪之。

有被水旱缺食貧民，有司即便取勘賑濟。

民間應有事故人户抛荒田土，有司即爲從實取勘開報，以憑覈實除豁，另行召人承佃，中間如係官田即照民田例起科。

軍中有鰥寡孤獨者，所司依例存恤，毋令失所，民年七十以上及篤廢殘疾者，許令一丁侍養，不能自存者官爲賑給，軍民年八十以上者，所司給與絹二疋、綿二斤、肉十斤、米一斗，時加存恤。

孝子、順孫、義夫、節婦，許所司保勘，明白開具實跡奏聞，以憑旌表。

軍民之中有懷材抱德堪爲任用，或屈下僚，或隱山林，所司薦舉，以禮遣送赴京，量材擢用。

有軍民利病，諸人直言無隱。

有貪官污吏蠹政壞法、作弊害民，詔書到後不即改悔、仍前貪虐者，許巡按、監察御史、按察司即便拿問解京。

自後官吏敢有指以催辦爲由，輒自下鄉科斂擾害平民者，許諸人首告所司，即便拿問解京。

諸司官員敢有容隱吏卒、弓兵、皂隸、牢子久占衙門，遞年不替，專浸潤官長，起滅詞訟，説事過錢及稱主文等項名色，各衙門結覽弄法，把持官府虐害良善，諸人首告，其有在按察司及巡按、監察御史，即便擒拿問罪解京。

法司所問囚犯今後一依大明律科斷，不許深文，違者罪之。

於戲軍民一體愛人，必務於寬弘賞罰有經，爲國必彰於明信，尚賴文武賢卿、中外良臣，攄乃忠貞匡輔，不逮用承鴻業，隆國家永遠之基，嘉惠羣黎，廣海宇治平之福。敷告天下，咸使聞知，永樂二十二年八月十五日。

李賢等《明一統志》卷四《順德府土產》 土產白瓷，解玉沙，俱邢臺縣出。玄精石。本府出。

李賢等《明一統志》卷二三《兗州府土產》 土產兔絲子，蛇床，單縣出。全蝎，包金土，俱平陰縣出。阿膠陽穀縣出。鐵，錫，俱嶧縣出，舊有塲，今廢。黑瓷器，嶧縣出。楷木，曲阜縣孔林出，其木似槐，文理縱橫，縉紳多取之爲簡。蒙頂茶，蒙山石上出。蕨菜，曲阜縣出。仙靈脾，紫石英，鍾乳石，沂州出。雲母石，茯苓，滋陽等縣出。天門冬，卷柏。兗州出。

李賢等《明一統志》卷二八《懷慶府土產》 土產竹，地黃，山藥，牛膝，皂角，礬紅，俱河内縣出瓷，河内、修武二縣出，有窑。天門冬，河内、濟源二縣俱出。鐵，萆薢，石緑，俱濟源縣出。硝。孟縣出。

李賢等《明一統志》卷三五《平涼府土產》 土產黑瓷器，平涼、華亭二縣出。甘草，鎮原縣、静寧州出。秦艽，蓯蓉，俱平涼縣出天南星，崇信、華亭二縣出。款冬花，苦參。俱静寧州及莊浪縣出。

李賢等《明一統志》卷四四《處州府土產》 土產銀，鐵，鉛，各縣俱出。青瓷，麗水、龍泉二縣出。黄蓮，天南星。俱各縣出。

周復俊《全蜀藝文志》卷二八許寂《謝信物書》 右件鞍轡、馬、腰帶、甲冑、槍劍、麝臍、琥珀、玳瑁、金稜椀、越瓷器，并諸色藥物等，皆大梁皇帝降使賜。既雕鞍、檻玉、堅甲、爍金十圍，希世之珍，六轡絶塵之用。槍森蛇榦，劍耀龍鋒。金稜含寶椀之光，秘色抱青瓷之響。上藥非蜀都所紀，名香從外國稱奇。遠有珍華，並由惠好，謹酬謝而增愧。仰渥澤以難勝。捧閲品名，實慚祇受。

乾隆《御選明臣奏議》卷一一李東陽《陳政令十失疏》 臣伏念陛下嗣位之初，臣等輔導啓沃，多見施行，少伸報稱。近數月來往往旨從中出，略不預聞，有所擬議，率多改易，詔書不信，政令失中，姑以其重者言之。商人譚景清等附託皇親，奏討殘鹽，既不肯奉詔還官，又不肯領回原價，挾制朝廷，摇撼官府，沮陛下之美政，累母后之盛德，諭其情罪，死有餘辜。且皇親之家既以辭退家人引，自此商人者已不相干，而乃曲爲庇護，寧使帑藏空虛、邊餉匱乏而不知顧，此政令之失一也。大同隨征，所開銜鋒破敵三次當先二項，揆之舊制，俱不當擢，況紀功官原開按狀不係對陣侍郎等官，看得功無顯迹，又無明證，名字不對，多寡不一，而乃循近年弊政，欲遷數百冗員，以官法爲人情，視爵禄如糞土，此政令之失二也。内府冗員奉旨裁節僉書守門及分守、守備等官，減革者百無一二，而南海子净身人又選八十餘名，非惟傷財害民，抑且敗壞風俗，至于蟒龍玉帶濫賞無算，大壞名器，尤不可言，此政令之失三也。御用監書篆缺人，吏部奉旨考選，乃令革退人役通送，本監考校優劣，是不信銓衡之任而信寵倖之臣。況該部查出革退之人俱係夤緣傳奉詔下裁革者，曾不幾時，遽開此例，則匠官術士倣傚成風，以邪路爲當行，視詔書爲故紙，此政令之失四也。他如皇莊田土已令巡撫查數官，又復差官踏勘取者未回，差者繼出，帶領人役騷擾地方，京畿小民何以堪之，此政令之失五也。駕帖出外收人，累經各衙門論奏，恐生詐僞，近因皇親家人奏怨畿民侵佔田土，輒爲給帖提解來京，鎮撫司訊問情節俱與原奏不同，未免仍解本處官司問理，牽連負累，寃苦無伸，此政令之失六也。韋興等人蠱惑先朝，盜空庫府，一則夤緣分守，累效不退，一則奏請追究，止令取回，遷延至今，未能典刑，此政令之失七也。各營執事官軍及内府軍匠俱經奏准，查付團營及各衙門，乞留仍復照舊，廢營伍之籍，供私門之用，此政令之失八也。内承運庫銀兩支銷累數百萬，内府支用不給印票，該庫内官日請查算，竟爾不行司鑰庫銅錢，該部累奏，支用展轉，推延至今未發，此政令之失九也。饒州瓷器奉詔蠲免二年，又令起運來用，此政令之失十也。似此之類，未易悉舉。臣等或傳聞坐視，無可奈何，或封還執奏，不能終止，其爲失職，實所難辭。退思先帝寄託之言，仰念陛下委任之意，若涓埃之力少有所裨，犬馬有知猶當報德，豈忍于主少國疑、四方多事之時，潔身去位，自求便安，但忠不足以格君，才不足以濟世。向者所陳奉有聖諭云：「朕便處治至今，未見施行。」又奉聖諭云「待斟酌施行」，是必言無可采，乃使之照舊輔導，亦不過仍前失職而已。乞特賜罷歸，亟選非常之才，俾任難爲之事，庶可以上回天變，下慰人心，承先帝付託之隆，保祖宗基業之重矣。臣不勝懇迫激切之至。疏入，得旨：「所言事件，著各衙門查奏定奪。卿等盡心職務，以副倚任，該衙門知道。」

陳謨《强齋集》卷三《海月生誌》 江夏黄侯子正，往年治戎南海之上，蛟鱷屏竄，蠻蜒伏藏，戈船泛鷁，夜泊洲嶼。顧見蒼莽之間，光恠耿耿，非火非燐，迫而察之，得瓷巵一。青熒函虚，玉質瑩碧，下有牡蠣十二，拱護旋繞，若靈鰲之戴山者。然吁亦異矣，黄侯於是拂拭，縹薦襲而藏之。對辰賞景，舉以觴客，莫不傳觀交玩，引滿浮白，劇飲盡歡。客曰：「潘岳所賦傾縹瓷，酌『醽渌』是矣。以其初有似海月之函老蚌者，命之曰『海月之色』。」因亦號侯爲「海月生」。吾聞東方之美，有珣玗琪青，徐之貢怪石浮磬，海濱遐敻，人跡所罕至，其寳物珍産不可殫紀。沉伏荒遠，無以自見，而此巵一得所遭，遂爲世葆用。如此豈非幸哉。又況古者陶器之尚，聖如大舜而躬爲之，以薦清廟，以禮上帝。質素之寳而金玉是棄，聖明在上，方去華變侈，削巧還淳，使皆棄金玉而貴陶匏。吾知「海月生」，且益爲今聖人所葆用，以薦以禮，使馨香之福普逮羣黎，不其盛哉，不其盛哉。

徐㶿《徐氏筆精》卷八《窰變》 饒州府學神庫中有窰變香爐一，花瓶二。相傳舊爲回青所畫，變成赤色。今花紋或淡或濃，宛然錦繡，上署「永樂四年造」，但神爐非玩器也。

徐㶿《徐氏筆精》卷八《哥窰》 瓷器有哥窰，壽州有舜哥山，此窰所出，今賞鑒家解「哥」字，謂其兄所製，誤矣。

高濂《遵生八牋》卷七《高子書齋説》 高子曰：書齋宜明静，不可太敞。明净可爽心神，宏敞則傷目力。窗外四壁，薜蘿滿牆，中列松檜盆景，或建蘭一二。遶砌種以翠芸草，令遍茂，則青葱鬱然。傍置洗硯池一，更設盆池。近窗處蓄金鯽五七頭，以觀天機活潑。齋中長卓一、古硯一、舊古銅水注一、舊窰筆格一、斑竹筆筒一、舊窰筆洗一、糊斗一、水中丞一、銅石鎮紙一。左置榻床一、榻下滚脚凳一、床頭小几一。上置古銅花尊或哥窰定瓶一，花時則插花盈瓶以集香氣，閑時置蒲石於上，收期露以清目。或置鼎爐一，用燒印篆清香。冬置暖硯爐一，壁間掛古琴一，中置几一，如吴中雲林几式，佳壁間懸畫一，書室中畫惟二品山水爲上，花木次之，禽鳥人物不與也。或奉名畫，山水雲霞，中神佛像，亦可名賢字幅，以詩句清雅者可共事。上奉烏思藏鏒金佛一，或倭漆龕，或花梨木龕以居之。否用小石盆一，或靈璧應石、將樂石、崑山石，大不過五六寸，而天然奇怪、透漏瘦削、無斧鑿痕者爲佳，次則燕石、鍾乳石、白石、土瑪瑙石，亦有可觀者。盆用白定官哥，青東瓷均州窰爲上，而時窰次之。凡外爐一、花瓶一、匙筯瓶一、香盒一，四者等差遠甚，惟博雅者擇之。然而爐製惟汝爐、鼎爐、戟耳彝爐三者爲佳，大以腹横三寸極矣。瓶用膽瓶花觚爲最，次用宋瓷鵝頸瓶，餘不堪供。壁間當可處懸壁瓶一，四時插花，坐列吴興筍凳六、禪椅一、拂塵搔背棕箒各一、竹鐵如意一、右列書架一，上置《周易古占》、《詩經傍註》、《離騷》、《經左傳林註》、《自傚二編》、《近思録》、《古詩紀》、《百家唐詩》、《王李詩》、《黄鶴補註》、《杜詩説海》、《三才廣記》、《經史海篇直音》、《古今韻釋》等書。釋則《金剛鈔義》、《楞嚴會解》、《圓覺註疏》、《華嚴合論》、《法華玄解》、《楞伽註疏》、《五燈會元》、《佛氏通載》、《釋氏通鑑》、《弘明集》、《六度集》、《蓮宗寶鑑》、《傳燈録》。道則《道德經新註指歸》、《西升經句解》、《文始經宗旨》、《冲虚經四解》、《南華經義海纂微》、《仙家四義》、《列仙通鑑》、《參同分章釋疑》、《陰符集解》、《黄庭經》、《紫金丹正理大全》、《修真十書悟真》等編。醫則《黄帝素問》、《六氣玄珠密語》、《難經脉訣》、《華陀内照》、《巢氏病源證類》、《本草食物》、《本草聖濟方》、《普濟方》、《外臺秘要》、《甲乙經》、《朱氏集驗方》、《三陰方》、《永類鈐方》、《玉機微義》、《醫壘元戎》、《醫學綱目》、《千金方》、《丹方秘書》。閑散則《草堂詩餘》、《正續花間集》、《歷代詞府》、《中興詞選》。法帖真則鍾元常、季直表、《黄庭經》、《蘭亭記》，隸則《夏丞碑》、《石本隸韻》，行則李北海《陰符經》、《雲麾將軍碑》、《聖教序》，草則《十七帖》、《草書要領》、懷素《絹書千文》、孫過庭《書譜》。此皆山人適志備覽，書室中所當置者。畫卷舊人、山水、人物、花鳥，或名賢墨跡，各若干軸，用以充架。齋中永日據席，長夜篝燈，無事擾心，閲此自樂，消遥餘歲，以終天年，此真受用清福，無虚高齋者得觀此妙。

茆亭：以白茆覆之，四搆爲亭，或以棕片覆者更久，其下四柱得山中帶皮老棕本四條爲之，不惟淳樸雅觀，且亦耐久。外護闌竹一二條結於蒼松翠蓋之下，修竹茂林之中，雅稱清賞。

檜柏亭：植四老柏以爲之製，用花匠竹索結束爲頂，成亭惟一簷者爲佳，圓製亦雅，若六角二簷者，俗甚。桂樹可結，羅漢松亦可，若用薔薇結爲高塔，花時可觀。若以爲亭除，花開後荆棘低垂，焦葉蝨蟲撩衣刺面，殊厭經目，無論玩賞。

圜室：臞仙曰圜室之製，人各不同，予所志者，取法於天地範圍之理，上圓下方，經一丈有二，中隔前後二間，前間開日月圓竅於東西，以通日月之光，後間於頂上孔開窗，撑放以取天門靈氣，艮上塞户，令不通達，以閉鬼户之意，此余所製也。

九徑：江梅、海棠、桃、李、橘、杏、紅梅、碧桃、芙蓉，九種花木各種一徑，命曰「三三徑」，詩曰：三徑初開是蔣卿，再開三徑是淵明。誠齋奄有三三徑，一徑花開一徑行。

茶寮：側室一斗相傍書齋，内設茶竈一、茶盞六、茶注二，餘一以注熟水。茶臼一、拂刷净布各一、炭箱一、火鉗一、火筯一、火扇一、火斗一，可燒香餅茶槃一、茶橐二，當教童子專主茶役，以供長日清談、寒宵兀坐，煎法另具。

藥室：用静屋一間，不聞雞犬之處，中設供案一，以供先聖藥王。分置大板卓一，光面堅厚，可以和藥。大鐵碾一、石磨一、小碾一、乳鉢大小二、塹音蠹。筒一，用以擣珠末不飛。擣臼一、大小中稀篩各一、大小密絹篩各一、棕掃箒一、净布一、銅鑊一、火扇一、火鈴一、大小盤秤各一、藥櫃一、藥廂一、葫蘆瓶礶，此藥家取用無算，當多蓄以備用。凡在藥物所需，俱當置之藥室，平時密鎖，以杜不虞。此又君子所先。

高濂《遵生八牋》卷七《高子盆景説》　高子曰：盆景之尚，天下有五地，最盛南都蘇松二郡、浙之杭州、福之浦城，人多愛之，論植以錢萬計，則其好可知。但盆景以几卓可置者爲佳，其大者列之庭樹中物姑置勿論，如最古雅者品以天目松爲第一，惟杭城有之，高可盈尺，其本如臂，針毛短簇，結爲馬遠之欹斜結曲，郭熙之露頂攫拿，劉松年之偃亞層疊，盛子昭之拖拽軒翥等狀，載以佳器，槎牙可觀，他樹蟠結，無出此製。更有松本一根二梗三梗者，或栽三五窠結爲山林排匝，高下參差，更多幽趣。林下安置透漏窈窕崑石、應石、燕石、臘石、將樂石、靈璧石、石筍，安放得體，可對獨本者。若坐岡陵之巔，與孤松盤桓，其雙本者似入松林深處，令人六月忘暑。除此五地所産多同，惟福之種類更夥，若石梅一種，乃天生形質。如石燕、石蟹之類，石本發枝，含花吐葉，歷世不敗。中有美者奇怪莫狀，此可與杭之天目松爲匹，更以福之水竹副之，可充「几上三友」。水竹高五六寸許，極則盈尺，細葉老幹，瀟疏可人，盈盈數竿，便生渭川之想，亦盆景中之高品也。次則枸杞之態多古，雪中紅子扶疏，時有「雪壓珊瑚」之號，本大如拳，不露做手。又如檜柏耐苦，且易蟠結，亦有老本蒼柯，針葉青鬱，束縛盡解，若天生然，不讓他本，自多山林風致。他如虎茨，余見一友人家有二盆，本狀笛管，其葉十數重疊，每盆約有一二十株爲林，此真元人物也，後爲俗人所敗。又見僧家元盆奇古，作狀寶玩，令人忘餐，竟敗豪右。美人蕉盈尺，上盆蕉傍立石，非他樹可比，此須擇異常之石，方愜心賞。他如榆椿、山東青山黄楊、雀梅、楊婆奶、六月霜、鐵梗海棠、櫻桃、西河柳、寸金羅漢松、娑羅松、剔牙松、細葉黄楊、玉蝶梅、紅梅、緑萼梅、瑞香桃、絳桃、紫薇、結香、川鵑、李杏、銀杏、江西細竹、素馨、小金橘、牛奶橘，冬時累累朱實，至春不凋。小茶梅、海桐纓絡、柏樹、海棠、老本黄楊，已上皆可上盆，但木本奇古、出自生成爲難得耳。又如深山之中天生怪樹，種落巖竇，年深木本雖大，樹則婆娑，雖見數本，名不可識，似更難得。又如菖蒲之種有六，金錢、牛頂、臺蒲、劍脊、虎鬚、香苗。看蒲之法妙在勿令見泥與肥爲上，勿澆井水使葉上有白星壞苗、不令日曝、勿冒霜雪、勿見醉人油手數事爲最。種之崑石，水浮石中，欲其苗之蒼翠蕃衍，非歲月不可往見。友人家有蒲石一，圓盛以水底，其大盈尺，儼若青壁，其背乃先時拳石種蒲，日就生意，根窠蟠結，密若羅織，石竟不露，又無延蔓，真國初物也。後爲腥手摩弄，缺其一面，令人悵然。大率蒲草易看，盆古爲難，若定之五色劃花、白定綉花劃花方圓盆，以雲板脚爲美，更有八角圓盆、六角環盆定樣最多，奈無長盆。官窑、哥窑圓者居多，緣環者亦有，方則不多見矣。如青東瓷均州窑，圓者居多，長盆亦少，方盆、菱花、葵花製佳，惟可種蒲。先年蔣石匠鑿青紫石盆，有匾長者，有四方者，有長方四入角者，其鑿法精妙，允爲一代高手，傳流亦少，人多不知。又若廣中白石、紫石方盆，其製不一，雅稱養石種蒲。單以應石置之，殊少風致，亦有可種樹者。又如舊龍泉官窑，盈三二尺大盆有底冲全者，種蒲可愛。若我朝景陵、茂陵所製青花白地官窑，方圓盆底，質細青翠，又爲殿中名筆圖畫，非窑匠描寫。會見二盆，上蘆雁不下絹素，但盆惟種蒲者多，種樹者少也。惟定有盈尺方盆，青東瓷間或有之，均州龍泉有之，皆方而高深，可以種樹。若求長樣，可列樹石雙行者絶少。曾見宣窑粉色裂紋長盆，中分樹水二漕，製甚可愛。近日燒有白色方圓長盆甚多，無俟他求矣。其北路青緑泥窑，俗惡不堪，經眼更有燒成兔子、蟾蜍、劉海荔枝、黨仙，中間二孔種蒲，此皆兒女子戲物，豈容污我仙靈，見之當擊碎撞破，爲菖蒲脱災。山齋有崑石蒲草一，具載以白定劃花水底，大盈一尺三四寸。製川石數十子，紅白交錯，青緑相間，日汲清泉養之，自謂齋中一寶。

高濂《遵生八牋》卷八《焚供天地三神香方》　昔有真人燕濟居三公山石窑

中，苦毒蛇、猛獸、邪魔干犯，遂下山改居華陰縣庵，棲息三年。忽有三道者投庵借宿，至夜談三公山石窑之勝，内一人云：「吾有奇香，能救世人苦難，焚之道得，自然玄妙，可昇天界。」真人得香，復入山中坐燒，此香毒蛇猛獸悉皆遁避。忽一日道者散髮背琴，虚空而來，將此香方鑿於石壁，乘風而去。題名「三神香」，能開天門地户，通靈達聖，入山可驅猛獸，可免刀兵，可免温疫，久旱可降甘雨，渡江可免風波，有火焚燒無火。口嚼從空噴于起處，龍神護助，静心修合，無不靈驗。

沉香、乳香、丁香、白檀、香附、藿香，各二錢。甘松，二錢。遠志，一錢。藁本、三錢。白芷，三錢。玄參，二錢。零陵香、大黄、降真、木香、茅香、白芨、柏香、川芎、三奈。各二錢五分。

用甲子日攢和，丙子搗末，戊子和合，庚子印餅，壬子入合收起。煉蜜爲丸，或刻印作餅，寒水石爲衣，出入帶入，葫蘆爲妙。

臞仙異香：

沉香、檀香，各一兩。冰片、麝香，各一錢。棋楠香、羅合、欖子、滴乳香。各五錢。

丸味爲末，煉蔗漿合和爲餅，焚之以助清氣。

難消炭：竈中燒柴，下火取出罈閉，成炭不拘多少，搗爲末，用塊子石灰化開，取濃灰和炭末加水調成，以毛竹一筒劈作兩半，合脱成錠，晒乾燒用，終日不消。

獸炭：細骨炭十觔，鐵屎塊十觔，用生芙蓉葉三觔，合搗爲末。糯米粥和成劑，塑作麒麟、獅子之形，晒乾，每燃一枚，三日不滅，如不用，以灰掩之。

留宿火法：好胡桃一枚，燒半紅埋熱灰中，三五日不滅。

香櫞盤槖：香櫞出時，山齋最要。一事得官、哥二窑大盤，或青東瓷龍泉盤、古銅青緑舊盤、宣德暗花白盤、蘇麻尼青盤、朱砂紅盤、青花盤、白盤數種，以大爲妙。每盆置櫞二十四頭或十二三者，方足香味，滿室清芬。其佛前小几上置香櫞，一頭之槖舊有青東瓷架、龍泉瓷架最多，以之架玩，可堪清供。否則以舊人珠雕茶槖亦可，惟小樣者爲佳。

插瓶花法：插梅瓶中置硫黄一錢，以熱湯插之芙蓉、牡丹、芍藥、蜀葵、萱草，俱用大滚湯插之，緊塞瓶口則不焦能開。插蓮以泥塞，摘斷孔内，先入瓶底後方加水養之。插梔子將剪斷處敲碎，加鹽些少，於瓶加水，養之則開。茲録草草，後有備細條目。

高濂《遵生八牋》卷一一《四擇品》　凡瓶要小者，易候湯，又點茶注湯相應。若瓶大，啜存停久，味過則不佳矣。茶銚、茶瓶，瓷砂爲上，銅、錫次之。瓷壺注茶，砂銚煮水爲上。《清異録》云：富貴湯，當以銀銚煮湯，佳甚，銅銚煮水，錫壺注茶次之。

茶盞，惟宣窑壇盞爲最，質厚白瑩，樣式古雅。有等宣窑印花白甌，式樣得中，而瑩然如玉。次則（喜）窑心内「茶」字小琖爲美。欲試茶色黄白，豈容青花亂之。注酒亦然。惟純白色器皿爲最上乘品，餘皆不取。

高濂《遵生八牋》卷一一《試茶三要》　一滌器

茶瓶、茶盞、茶匙生鉎，昔星。致損茶味，必須先時洗潔則美。

二熁盞：

凡點茶，先須熁盞令熱，則茶面聚乳，冷則茶色不浮。

三擇果：

茶有真香，有佳味，有正色。烹點之際，不宜以珍果、香草雜之。奪其香者，松子、柑橙、蓮心、木瓜、梅花、茉莉、薔薇、木樨之類是也。奪其味者，牛乳、番桃、荔枝、圓眼、枇杷之類是也。奪其色者，柿餅、膠棗、火桃、楊梅、橙橘之類是也。凡飲佳茶，去果方覺清絶，雜之則無辨矣。若欲用之，所宜核桃、榛子、瓜仁、杏仁、欖仁、栗子、鷄頭、銀杏之類，或可用也。

高濂《遵生八牋》卷一一《茶效》　人飲真茶，能止渴消食，除痰少睡，利水道，明目益思，出《本草拾遺》。除煩去膩。人固不可一日無茶，然或有忌而不飲。每食已，輒以濃茶漱口，煩膩既去，而脾胃不損。凡肉之在齒間者，得茶漱滌之，乃盡消縮，不覺脱去，不煩刺挑也。而齒性便苦，緣此漸堅密，蠹毒自已矣。然率用中茶。出蘇文。

茶具十六器。收貯於器局，供役苦節君者，故立名管之，蓋欲歸統於一，以其素有貞心雅操，而自能守之也。

商象，古石鼎也，用以煎茶。　歸潔，竹筅箒也，用以滌壺。

分盈，杓也，用以量水斤兩。　遞火，銅火斗也，用以搬火。

降紅，銅火筯也，用以簇火。　執權，準茶秤也，每杓水二斤，用茶一兩。

團風，素竹扇也，用以發火。　漉塵，茶洗也，用以洗茶。

静沸，竹架，即《茶經》支腹也。　注春，瓷瓦壺也，用以注茶。

運鋒，劖果刀也，用以切果。　甘鈍，木碪墩也。

吸香，瓷瓦甌也，用以啜茶。　撩雲，竹茶匙也，用以取果。

納敬，竹茶橐也，用以放盞。　受污，拭抹布也，用以潔甌。

總貯，茶器七具

若節君，煮茶作爐也，用以煎茶，更有行者收藏建城，以箬爲籠，封茶以貯高閣。

雲屯，瓷瓶用，以杓泉以供煮也。　烏府，以竹爲籃，用以盛炭，爲煎茶之資。

水曹，即瓷缸瓦缶，用以貯泉，以供火鼎。　器局，竹編爲方箱，用以收茶具者。

外有品司，竹編圓橦提合，用以收貯各品茶葉，以待烹品者也。

高濂《遵生八牋》卷一五《焚香七要》　香爐：官、哥、定窰豈可用之，平日爐以宣銅、潘銅、彝爐、乳爐，如茶杯式，大者終日可用。

香合：用剔紅蔗段錫胎者以盛黃黑香餅，法製香瓷盒用定窰或饒窰者以盛芙蓉萬春甜香，倭香合、三子五子者用以盛沉速、蘭香、棋楠等香外，此香撞亦可，若遊行，惟倭撞帶之甚佳。

爐灰：以紙錢灰一斗加石灰二升，水和成團入大竈中，燒紅取出，又研絶細入爐，用之則火不滅。忌以雜火惡炭入灰，炭雜則灰死不靈，入火一蓋即滅，有好奇者用茄蒂燒灰等，説太過。

香炭墼：以雞骨炭碾爲末，入葵葉或葵花，少加糯米粥湯和之，以大小鐵塑槌擊成餅，以堅爲貴，燒之可久。或以紅花渣代葵花葉，或爛棗入石灰和炭，造者亦妙。

隔火砂片：燒香取味不在取烟香，烟若烈則香味漫，然頃刻而滅取味，則味幽香馥，可久不散。須用隔火，有以銀錢明瓦片爲之者俱俗，不佳且熱，甚不能隔火，雖用玉片爲美，亦不及京師燒破砂鍋底，用以磨片厚半分隔火焚香妙絶。燒透炭墼入爐，以爐灰撥開，僅埋其半，不可便以灰擁炭火。先以生香焚之，謂之發香，欲其炭墼，因香爇不滅，故耳香焚成火，方以箸埋炭墼，四面攢擁，上蓋以灰，厚五分，以火之大小消息。灰上加片，片上加香，則香味隱隱而發。然須以筯四圍，直搠數十眼以通火氣週轉，炭方不滅，香味烈則火大矣。又須取起砂片加灰，再焚其香盡，餘塊用瓦合收起，可投入火盆中薰焙衣被。

靈灰：爐灰終日焚之則靈，若十日不用則灰潤，如遇梅月則灰濕，而滅火先須以別炭入爐，暖灰一二次，方入香炭墼，則火在灰中不滅可久。

匙筯：匙筯惟南都白銅製者適用製佳。瓶用吳中近製，短頸細孔者插筯，下重不仆，似得用耳。余齋中有古銅雙耳小壺，用之爲瓶，甚有受用。瓷者如官、哥、定窰雖多，而日用不宜。

高濂《遵生八牋》卷一五《香都總匣》　嗜香者不可一日去香，書室中宜製提匣，作三撞式，用鎖鑰啟閉，内藏諸品香物。更設瓷合、瓷礶、銅合、漆匣、木匣，隨宜置香，分布於都總管領，以便取用。須造子口緊密，勿令香泄爲佳。俾總管司香，出入謹密，隨遇爇爐，甚愜心賞。

焦竑《國朝獻徵録》卷四四謝丕《榮禄大夫刑部尚書謚莊僖韓公邦問墓誌銘》　嘉靖庚寅秋八月七日，刑部尚書致仕，進階榮禄大夫、宜庵韓公，以疾卒於家。訃聞，上震悼，遣官諭祭者，再命有司治葬事，錫謚莊僖，蓋異數也。公諱邦問，字大經，别號宜庵，宋魏國忠獻公之裔。居會稽，自台州上蔡書院，山長諱懌，府君始曾祖考諱諺，曾祖妣任氏，繼褚氏。祖考諱良可，建寧縣典史，贈奉政大夫，襄府左長史。祖妣張氏，贈宜人，考諱弼，號衡軒。襄府左長史妣璩氏，贈宜人，繼妣王氏，封宜人。衡軒公德學純懿，弗究用，以貽厥後，公其家器也。少穎悟異常，年十六，以官籍充襄陽郡庠生，領成化戊子鄉薦。己丑，登進士第，授大理寺評事，詳慎公清，綽著時譽。乙未，陞寺副奉勑慮囚四川，釋冤獄九十餘人。戊戌，陞寺正。未幾，陞淮安府知府。淮當南北要衝，民苦供役，公隨事節省，雖中貴往來，不敢過需。撫臣至者皆重公。漕務悉與商決。江北四郡多滯獄，泗州官軍嘗誣奏，無辜逮死者衆，屬公辯理，咸得其情。他若集江南之漕卒禁僞券之私醝，不動聲色，而人自畏服。馭吏以法，愛民以仁，淮民至今稱之。丁未，陞陝西左參政，分守關南，士有餘糧，民亦安堵。弘治辛亥，陞江西右布政使。癸丑，陞四川左布政使。時父長史公及繼母王夫人方自襄返越，公每以不得迎養爲恨。甲寅七月，聞繼母夫人喪，冒漲即行，觸險若平地，人以爲孝感。乙卯，繼丁外艱。戊午服除，補廣東，所至有惠政。己未，陞都察院右副都御史。巡撫江西時，洞民負險爲盜歲久，蔓延莫能制。公奏立土官，宣布威德，一方遂寧。時遣宦官駐饒燒造，供御瓷器。公力言小民凋弊之狀可憫，先王恭儉之節當師，上爲感動中止。癸亥，以三載滿考，獲加贈祖考，及考皆如其官。祖妣妣繼妣，皆爲淑人。公雅性直遂，不能與時浮沉，爲當路者所沮，抗章請老，甲子復起巡撫河南，中旨取樂工，公弗遣，上疏至引放鄭聲爲戒，詞甚剴切，亦見俞允。正德丙寅，陞南京大理寺卿。戊辰，陞刑部左侍郎。時逆閹劉瑾惡不通款。陞刑部尚書致仕。欲假他事中傷，而卒不能有所加。初，衡軒公將家於襄，公既貴，丘隴恒在念，而衡軒公歸志亦決，遂别築爲迎養地，至是復取先世雪庵佳話，建瑞白堂，日與耆舊觴詠取娱。今上龍飛兩詔，進階榮禄大夫。公狀貌魁梧，屹若山立，舉止有常，言笑不妄，作字必楷，居遍城市而軒蓋罕出入。然郡邑大夫及過客以國典民隱，就質者則響答忘倦，故識者謂公身雖不出，而表俗澤物之功自不可泯。性善飲，未嘗有醉態，接賓客未嘗有惰容，恭儉清慎，終始一節，望之者知其爲大臣，碩德重望，鎮服鄉閭者，蓋三十年焉。嘉靖庚寅八月一疾而逝，闔郡無貴賤大小，咸思其德，而痛其亡也，奔弔如不及者。距生正統壬戌三月三日，年八十有九矣。撫按諸公及郡守洪公申奏恤典，有所謂發身科第，位在六卿，歷事先朝，忠誠素著，致仕二十餘年，非公事未嘗一入官府，鄰居數十萬户雖燕見未嘗不着衣冠。出言俱有成章，舉步不失尺寸。杜門課畊，深山守静，誠鄉邦之典刑，明時之元老也。此雖未足以盡公之梗概，而公之素行見信於人者，亦略可見矣。

焦竑《國朝獻徵録》卷七一余繼登《光禄寺卿馮公惟訥墓志》 莊皇帝之壬申三月二十又一日，光禄寺卿少洲馮公卒。子子臨輩以其年十一月二十日葬公于堯山之原。□十五年，公仲孫琦官太史，始以公仲兄海浮先生狀來請銘。登謝不敏，而重違太史之命，乃按狀志而銘之。狀稱馮氏之先世爲青州臨朐人，高祖思忠徙家遼左，復歸於青，則公父憲副公始也。憲副公有丈夫子五人，四登科第，並以文章政事擅名于時。東海馮氏遂有聲於天下。公諱惟訥，字汝言，别號少洲。正德癸酉，憲副公爲蕭令，生公于蕭。公生有奇質，豐神秀徹。既長，開敏沉毅，辨悟絶倫。名起齊魯間。一試輒受廪領。嘉靖甲午鄉薦登戊戌進士。庚子除宜興令。宜興多大猾，持吏短長，善逋賦，有逋至數十年者。公至，刺諸猾，搏擊之。按籍而攝逋者。逋賦大集，以數萬計輸之郡。郡守大奇之，謂：「令纔弱冠耳，乃老吏不如，邑中咸惴惴，無敢以少年易公者矣。」公嘗督諸生就試江陰，巡江使者某以其間行縣至邑陽，怒不候已，而陰有所覬。公若爲弗聞也者，弗應也。使者愈怒，摭他事中公調魏令，會邊警沓至，烽火徹郊闕，畿南震恐。公計久遠，調經費爲城雙井鎮以備之。未幾，遷蒲守，魏人擁車下，不得發。乃爲更定牧馬法而去蒲。劇州多宗室，紛遝難治，公治之，甚容與。暇嘗進博士弟子，俾執經問難，爲剖疑義。士爭奮勵，舉於鄉者視昔三倍之。乙巳，晉丞維揚，而公尋以外艱歸，服闋，補松江，遷南京户部員外郎、郎中。壬子丁内艱，復補北駕部，出爲陝西僉事，分巡隴右，兼督學政。在鎮五年，武備文教種種毖飭，邊圉無事，陞河南右參議，分守河北。壬戌，擢浙江提學副使。公念兩浙士風爲海内嚆矢，廣布條教，以示左質右文之意。士習翕然，咸歸於正。癸亥，陞山西右參政，即自其省爲按察使。公既秉憲，一以彊明裁之，吏民見者，語次尋繹，皆得其陰伏，廪然無所受私，三晉號曰「神君」。丙寅，陞陝西右布政使。秦中多豪強，馳騖閭閻，錮屯田之利，令籍不得稽。公乃以法按其豪，大捜諸伏田，得萬餘頃。事聞，受白金文綺之賜。戊辰，轉江西左布政使藩司，總錢穀，日入以巨萬計，吏弊蝟集。公爲立抽名驗收之法，額外無毛髪餘羡，宿弊頓祛。江右歲輸諸瓷器及它經費甚夥，皆當出于民。又吏緣爲奸，公私困耗。公乃議令民畝出一錢，以給諸務。而諸絶簿書盜財物者，率以輕重受刑，遠近便稱焉。辛未入覲，闕下精覈下吏能否無所依違，天官郎亟稱之曰：「諸方伯考覈言事鑿然，有執不存兩可者，獨馮伯也。」是歲，諸方伯去位者過半，公名益起。縉紳大夫咸以公輔期之，而公請老之志堅不可挽矣。疏上，天子惜之，特進光禄寺卿予致仕。云：「既歸，始搆室墾田，習静遠囂，爲終老計。」而天不憖遺，不踰年逝矣。公天性孝友，歷官所至，皆奉太夫人以行。即倥偬夜歸，必徐候户外，問寢食，然後退。其奔喪也，徒跣數千里外，柴毁逾禮。兄弟之間自相師友，友愛備至，教育諸孤，無異所生，以至宗戚閭黨緩急，皆以時周之，咸得其歡心。交游天下，悉當時聞人，相與考德，問業各取所長。然性嚴重不可以私。仕宦三十餘年，圖書詩卷外無長物。督浙學時，大學士袁公遺官致書，謝而不發，其介如此。幼服庭訓，用廉平爲理，所至吏民畏而愛之。在魏有德政碑，在蒲、在隴右有去思碑，在江右則士大夫嘆服謂：「二百年所未見。」若小民，又人人肖像于室，飲食必祝矣。生平嗜書，無所不讀。每政暇，即手一卷不置，博涉而深思，閎積而約取，發爲文章，温淳爾雅。古歌詩取則建安近體，在天寶、大曆之間。所著有《風雅廣逸》、《楚辭旁註》、《選詩約註》、《漢魏六朝詩紀》、《文獻通考纂要》、《唐音翼》、《杜律删註》、《馮光禄詩集》若干卷行于世。史登曰：立功立言，古今勝事，志士杰人畢力而趨者也。然徇俗之士，往往不顧才質之有限，宜無崇卑，必蕲卓詭；業無工拙，必蕲表炫。至强役其心，以争兼能之勝。悁悁然，用力日勞，所至日詘。公少通仕籍，循資累級，數十年始長藩司，而一旦棄去如脱屣。結髪供文詞，淩厲作者，而冲雅和平，無一切瓌奇競勝之氣。舉世所共艷羡者，一不入其心。故操之無所强，而出之常有餘。不求聲而名我隨，不務勝而人我歸，可謂有道者矣。

張鼎思《琅邪代醉編》卷二三《青瓷碗》 巴東下巖院主僧水際得一青瓷碗，携歸，折花供佛前，明日花滿其中，更置少米，經宿米亦滿碗，錢及金銀皆然，自是院中富盛。院主年老，一日過江，懷中取碗擲於中流，徒弟驚愕，師曰：「吾死，爾等寧能謹飭自守，棄之不欲爾增罪戾也。」世果有此物乎，院主之識高矣。吴淑《秘閣閑談》。

張鼎思《琅邪代醉編》卷二三《枕》 偶武孟，吴之太倉人也，有詩名，嘗爲武岡州幕官，因鑿渠得一瓦枕，枕之聞其中鳴鼓起擂，一更至五更，鼓聲次第，更轉不差，既聞鷄鳴，亦至三唱而曉，抵暮復然。武孟以爲鬼怪，令碎之，及見其中設機局以應夜氣，識者謂爲諸葛武侯「鷄鳴枕」也。《客座新聞》。

張謙德《瓶花譜》 品瓶

凡插貯花，先須擇瓶，春冬用銅，秋夏用瓷，因乎先也。堂廈宜大，書室宜小，因乎地也。貴瓷銅，賤金銀，尚清雅也。忌有環，忌成對，像神祠也。口欲小而足欲厚，取其安穩而不泄氣也。

大都瓶寧瘦毋過壯，寧小毋過大，極高者不可過一尺，得六七寸、四五寸瓶插貯佳，若太小，則養花又不能久。

銅器之可用插花者曰尊、曰罍、曰觚、曰壺，古人原用貯酒，今取以插花，極似合宜。

古銅瓶鉢，入土年久，受土氣深，以之養花，花色鮮明如枝頭，開速而謝遲，或謝則就瓶結實，若水秀傳世。古則爾陶器入土，千年亦然。

古無瓷瓶，皆以銅爲之，至唐始尚窑器，厥後有柴、汝、官、哥、定、龍泉、均州、章生、烏泥、宣成等窑，而品類多矣。尚古莫如銅器，窑則柴、汝最貴，而世絶無之。官、哥、宣、定爲當今第一珍品，而龍泉、均州、章生、烏泥、成化等瓶，亦以次見重矣。瓷器以各式古壺、膽瓶、尊、觚、一枝瓶爲書室中妙品，次則小蓍草瓶、紙搥瓶、圓素瓶、鵝頸壁瓶，皆可供插花之用。餘如闇花茄袋葫蘆樣細口匾、肚瘦足藥罈等瓶，俱不入清供。

古銅壺、龍泉均州瓶，有極大高二三尺者，別無可用，冬日投以硫黄，斫大枝梅花插供亦得。

護瓶

冬間別無嘉卉，僅有水仙、蠟梅、梅花數種而已，此時極宜敞口古尊罍插。貯須用錫作替管盛水，可免破裂之患。若欲用小瓷瓶插貯，必投以硫黄少許，日置南窗下，令近日色，夜置臥榻傍，俾近人氣，亦可不凍。一法用淡肉汁去浮油入瓶，插花則花悉開，而瓶略無損。

瓶花有宜沸湯者，須以尋常瓶貯湯插之，緊塞其口，候其既冷，方以佳瓶盛雨水易却，庶不損瓶。若即用佳瓶，沸湯必傷珍重之器矣，戒之。

滌器

一切茶器，每日必時先洗滌，始善。若膻鼎腥甌，非器也。

紅艾法

艾本無紅，良工苦心，能奪造化，藥之五味，各朝其長。艾性温和，紅花生新，俱草本也。艾之力在絨，紅花之精英在脂而不在質。脂非絨不合，工夫必到爲佳，工夫一到，艾便紅矣。

艾必蘄州，不獨多絨，且性又温暖。制絨不宜見水，先揀浄曬乾，稔之篩之，黑點漸少，再曬磨之，以馬尾羅篩，用手搓之，黑盡即絨矣。艾絨一兩，用紅花膏子碗浸艾曬乾，膏既盡，艾絨如末。大紅加膏再浸曬，必如紅寶石爲度。膏子大紅染坊及造紙作坊中俱可買，亦可代北京胭脂。

曬油，曬萆麻油也。按：萆麻子殼黑而仁白，秉卦于坎，得令于金，所以有收腸拔毒之能。昔人用之，豈無意焉。蓋引用佐使諸味，非其大力不能統攝。先以凡火煉之，後呈大陽，真火煅就，故印色十珍，曬油功居其六也。

萆麻子油二十四兩，白芨五錢，蒼朮二錢，川附子三錢，肉果一錢，乾薑二錢，川椒三錢，金毛狗脊二錢，信一錢，斑毛七個，皂角一錢，同入砂鍋熬至滴水成珠，去渣，再加白礬末三錢，無名異末三分，共入瓷瓶曬，以油至十六兩爲度。

合印色法

製砂一兩製油二錢四分先入乳鉢，照前乳砂法，順乳至油不浮、砂不沉。再加製艾絨，五分。仍前順乳三百匝爲度。

用印色法

燒燭兩處，風頭先完。印色十珍，更宜珍重。昔云：「筆硯精良，人生一樂。」此精良之在我也。印色增我印章之光華，豈不更親切于筆硯哉。作用法：

慎收貯，舊瓷第一，晶玉次之，不宜銅錫，最忌漆器，犀象及石尤所忌也。

養色澤，收貯池中，如攢寶塔油在四邊，常令圍養色，則鮮明又能永久。

勤翻調，砂體沉下，油性浮上，翻調既均和，其體性十日半月宜調一次，印出紙上，自然有神。

戒動摇，持正按下，切勿動摇，苟一動摇，白文則細，朱文則粗，甚至模糊，失其本意。

宜拭浄，隨用隨拭，務宜潔浄，苟若不拭，殘物粘滯，能壞印色，更壞印章。

宜薄墊，薄墊則平正，厚則高低。紙以廿四及三十張成一帙，以備文房，不用書卷，又爲敬慎。

宜翻曬，春冬日暖，宜曬一時，夏秋日烈，宜曬一刻。更宜慎密，毋使灰落，久而不動，印色自壞。

慎霾濕，芒種後霾，概宜高閣，冀北風高，防其灰入。南山烟雨，斥鹵卑濕，高藏慎密，又宜常曬。

攜遠

出外不問，涉水登山必須另換一長瓷罐盛之，上虚其四，防沁油也。油沁不惟壞印色，恐油污他物，須再用一錫套護之，安頓妥帖，載之負之，俱無虞矣。

孫枝蔚《溉堂詩集·續集》卷六《舞瓷盤行并序》 古之喻舞態者，或云「翔鸞遊龍」，或云「鴻歸鶴立」，略足盡之矣。然手之所持，率巾扇之屬耳，故能矯纖腰而自如，頓皓足而無礙。且歌兒舞女所擅各殊，未聞子都却能百戲，雖號「仙童」，但工六博而已。丙辰八月既望，侍宴於中丞董公之署中，有二童子年可十四、五，善爲舞瓷盤之戲。晉代杯槃猶疑未巧，羊家荆玉差可同觀，爰命登場以樂永夕。二童則换蛾眉之妝，效垂手之舞，手中之盤，繫以金鈴，如雜珮然。頭上之盞，立以銀燭，如高髻然。且復啣箸在口，箸長出額。初疑此箸何所用之，既乃知其與所戴之盞相擊也。及其對舞，坐卧回轉，無所不可。而盤如翻飛之蝶，盞如人定之僧，遂使二器有動静之異矣。背後排立彈唱者六人，或挾琵琶或執笙簧，以助鈴韻。當其音節相應，復使歌舞無彼此之分矣，此誠劇場絶藝也。是日在坐者，閩中林君晛名峴曾、龍眠劉超宗名鴻儀，及予三人耳。幕中舊有丁彼雲名倬者，亦龍眠人，曾賦此題，長歌爲中丞公所賞。何意今日之樂，乃同山陽之笛，相如逝矣。但對鄒、枚、阮瑀，不存轉憐吴質。撫景愴懷，誰能自已耶。爰慨然有作，非敢云能和丁生高唱也。

二童侍立油幕間，髫鬌雲中六博仙。命着舞衣效嬋娟，迴翔復似雙彩鸞。乍進乍却何翩翩，笄□一身總不閑。瓷盤在手盞在首，盞内銀燈燦若蓮。口啣曲箸箸仰天，與盞相擊聲清圓。惟愁舉動成挂礙，正爾陵危勢更安。腰肢貼地轉如環，手中頭上仍依然。且看晉代舞杯槃，誰誇唐妓戴長竿。興盡悲來涕汍瀾，消渴人今歸下泉。對此如聞山陽笛，多時不聽阮瑀弦。

王士禛《池北偶談》卷一四《談藝四·漢瓷銀槎》 宋荔裳琬觀察藏漢瓷盞二，内有魚藻文，云在秦州時耕夫得之隗囂故宫中。吾兄西樵爲作歌。又有元人所造銀槎，最奇古，腹有文曰：「至正壬寅，吴門朱華玉甫製。」華玉號碧山，武塘人，見陶南村《輟耕録》。

王士禛《池北偶談》卷一四《談藝四·灌嬰廟瓦》 吉水李梅公侍郎元鼎有硯，五瓣如梅花狀，質如黄玉，雜翡翠丹砂之色，累累墳起，云是灌嬰廟瓦。一時文士多賦之。故友鄒程村祗謨作《硯考》，引洪文敏《容齋隨筆》灌瓦硯銘爲證。

王士禛《池北偶談》卷一五《談藝五·宣爐注》 如臯冒辟疆襄，博雅嗜古，嘗爲桐城方詹事拱乾賦宣爐歌，自爲之注，甚精核。云：宣爐最妙在色。假色外炫，真色内融，從黯淡中發奇光。爇火久，燦爛善變。久不著火，即納之汙泥中，拭去如故。假者雖火養數十年，脱則枯槁。

宣廟時，内佛殿火，金銀銅像渾而液。又云：寶藏焚，金銀珠寶與銅俱結。命鑄爐。

宣廟詢鑄工銅幾煉始精？工對以六火則殊光寶色現。上命煉十二火條之，復用赤火鎔條於銅鐵篩格上，取其極清先滴下者爲爐，存格上者製他器。爐式不規規三代鼎鬲，多取宋瓷爐式仿之。

宣爐以百摺彝、乳足、花邊、魚、鰍、蚰蜒諸耳，薰冠、象鼻、石榴足、橘囊、香奩、花素方員鼎爲最；索耳、分襠判官耳、角端、象鬲、雞脚扁番環、六稜四方直脚、漏空桶、竹節等爲下。

宣爐仿宋燒斑，初年沿永樂爐製。中年嫌其掩爐本質，用番鹵浸擦薰洗，易爲茶蠟。末年愈顯本色，著色更淡。後人評宣爐五等色，栗殼、茄皮、棠梨、褐色，而藏經紙色爲第一。金鋈腹下爲湧祥雲，金鋈口下爲覆祥雲。鷄皮色，覆手色，火氣久而成也。

嘉靖後之學道，近之施家，皆北鑄。北鑄間用宣銅器改鑄。銅非清液，又小冶，寒儉無精采，且施不如學道多矣。南鑄以蔡家勝，甘家蔡之魚耳，可方學道。

真宣爐本色之厄有二：嘉隆前尚燒斑，有取本色真者重燒，有過求本色之露，如末年淡色，取本色真爐磨治一新，甚有歲一再磨。景泰、成化之獅頭彝爐等，後人僞易鑿宣款以重其價。宣爐又有呈樣無款最真妙者，後人得之，以無款恐俗目生疑，取宣别器有款者鑿嵌，畢竟痕跡難泯。皆宣之厄也。

王士禛《池北偶談》卷二三《談異四·瓷易經》 益都翟進士某，爲饒州府推官，甚暴横。一日，集窑户造青瓷《易經》一部，楷法精妙，如西安石刻十三經。

式凡數易，然後成。蒲城王孝齋綜官益都令，曾見之。

王士禛《池北偶談》卷二四《談異五・河套喇嘛》 嘉禾譚舟石吉璁《延綏鎮志》云，套中最尚佛教，距榆林三百里外，爲砑抱山，山左有水，曰河泥津古羅，右有泉，曰法兒烏蘇，中有寺曰堵王，延袤可十里，兩水環其前而合流，其地名曰板升社，寺中住持則板地兒得喇嘛也。寺一門二殿，門名哈剌哈，殿亦覆以琉璃瓦。殿名〔撒〕藏，中塑大喇嘛像，傍皆供藏佛。第二殿名堵王，中亦塑大喇嘛像，稱曰補兒罕板弟子，譯言佛與祖師也。楹之東爲蓮花佛，佛身高二尺。頂湧一菡萏，長可五寸許，製甚巧，有機捩之，開便成蓮菂，上坐一三首佛，花瓣中亦各有一佛臥焉。楹之西爲馬頭佛，一佛坐以俟。馬頭佛頸中掛三十六鬼頭數珠，貌甚獰惡，當面飛來若欲撲噬狀。坐佛作歡喜容，仰手舒臂迎之。復以兩足鈎出其後，是曰佛度。而鬼頭者，皆以銀鑿成也。傍皆供小藏佛，設木龕三層，大小參差無數。四壁皆畫天神及諸菩薩。而金剛者，長不過二尺餘，就次於東西墉下，左刀矛，右旛幢。少北皆（虞）〔虡〕，置柱，黄金塗梁間，懸瓔絡結成花勝者四。殿立四柱，空其中，如樓不庋，板垂四阿，而室則十二，開窗牖於上，若重屋然。殿後有塔，名蘇婆兒哈，即大喇嘛蜕骨處。山之半，創一小殿，名蘇没。繚以周垣，南啓一門。東西與北，皆有配殿。殿中供者名瓦窑聖，類牟尼；左供阿赤爾馬儀，類普賢；右供紅勝撥帝蘇，類觀音。其山無石而有石子，套部長以潔白圓潤者，人各集一堆，名阿保，高丈餘，列山上，自王以下皆有。歲之初夏作醮，或三日，或一月，前期以佛頭如盂者，銀足承之，盛水，用酒或白糖供於殿上。佛頭盂骨厚可寸許，不類人之髑髏也。經有三卷，皆梵文，誦或以百計，以千計，亦時時作樂。樂器俱用銀，以人脛骨作管，銀箭承其上下吹之，聲如清角。誦經畢，取佛頭盂中水，人以匙分之。自口至頂，用手娑娑，爲獲福矣。復用柏樹一枝，綴五色小旗，并刻木作刀劍弓矢，植於堆上。或其主有遠行，則以一矢告，反亦如之。皆插於柏樹之傍。其鏃或以金銀爲之，任其朽，人不敢犯。時或旱澇，亦往祈焉。旱則喇嘛首頂以瓷鉢水禱於山，以口噀之，雨如期至。或雨時，喇嘛曰，此中不須雨，亦以頂水噀之，雨即分雲而下。澇則左手指間搯一小紅旗，掌中托一小浄水瓶，右手捻訣而前，至山上，口誦梵語，雨即止。或有病，誦經以禳，兼以小紅丸藥救之即愈。或其人中鬼，以頂骨數珠壓其頂，或繞其中指，是人即發顫，自呼伏，曰某鬼爲祟。頂骨數珠者，以高僧頂骨中取圓厚如棋者爲之，其數亦一百八云。其徒可三百人。戒行亦與浮圖相似，但所飲食者，乳湩牛羊耳。

葉夢珠《閱世編》卷七《食貨六》 圖書石，向出浙江處州青田縣，其精者爲凍石也，各種不一，俱以透明無瑕如凍者爲第一，每兩值銀兩餘。近來老坑填塞，採石者不能入，不可得矣。其次者曰封門。再次者曰豆青。此外惟金、玉、銀、銅、晶石、瓷器，而鐫刻甚難。犀象不入譜。别無他石，可以供玩也。近來閩中有壽山石，其白者如玉，黄者如蜜蠟，紅者如琥珀，精光明透，勝於凍石，而鐫刻亦易，價亦與凍石等。

瓷器，除柴、定、官、哥諸窑而外，惟前朝之成窑、靖窑爲最美，價亦頗貴。崇禎初時，窑無美器，最上者價值不過三、五錢銀一隻，醜者三、五分銀十隻耳。順治初，江右甫平，兵燹未息，瓷器之醜，較甚於舊，而價逾十倍。最醜者四、五分銀一隻，略光潤者，動輒數倍之，而亦不能望靖窑之後塵也。至康熙初，窑器忽然精美，佳者直勝靖窑，而價亦不甚貴，最上不過值銀一錢一隻而已。自十三年甲寅之變，江右盜賊蜂起，瓷器復貴，較之昔年，價逾五倍，美者又不可得。大概移窑於近地，工巧與泥水種種不同，匪但遷乎其地，而弗能爲良也。是時，民間復如順治之初，富者用銅、錫，貧者用竹、木爲製，然而所盛饌餚，不堪經宿，洗滌亦不能潔，遠不如瓷器之便。至二十七年戊午，豫章底定，窑器復美，價亦漸平，幾如初年矣。向來底足下或一盞内，必書某朝某年精製，逮壞後淪落污泥溷塹中，或踐蹈于馬足車塵之下，而朝代年號字畫宛在，見者怵惕，而莫能救挽。至是建言者遂以爲請。奉旨禁革，積年流弊，一朝頓洗，斯真度越百王之盛典，非特窑器之精已也。又有一種素白建窑，昔雖有之，而今爲最廣，體製花巧，價亦不甚貴，酒器最多，亦最宜，所值比楚窑稍浮，用者便之。

王原祁等《萬壽盛典初集》卷三《聖德一・孝德》 康熙四十九年歲次庚寅十月初三日，恭遇皇太后七旬萬壽聖節，先是正月壬午上詣澹泊爲德行宫問安，傳旨諭禮部尚書穆和倫等曰：舞者滿洲歡慶之勝事，向使諸王大臣行之，令歲皇太后七旬大慶之年，朕亦五十有七，欲親舞稱觴。午時上以元宵節設宴於萬樹紅霞，皇太后陞座，諸樂並作。上近前起舞良久，乃進爵。三月丁亥上諭大學士等曰：皇太后今年七秩矣，應行典禮，照六旬時所行之禮行，著交禮部。夏月皇上駐蹕口外，預勑養心殿監造臣趙昌等，謹備儀物，製造精虔。回鑾後特命出内府所藏九州所貢奇珍瓌寶，靡不悉具。先以御製書屏頌祝萬壽，爰及冠袍、簪紱、錦繡、珠玉、彝鼎、圖書、金銀諸物，琳琅充牣，未可枚舉，璇題標識，悉取嘉名。初二日臣趙昌、王道化、張常住、和素奉命齎至寧壽宫，凡百有二十餘案，皇上恭詣寧壽宫，命臣趙昌、和素宣讀儀目，一一皆經聖覽親定，行列珍玩金銀則陳殿中，錦繡文綺陳月臺之左，其所進儀單詳列於後：

無量壽佛一尊，係藏裏班禪喇嘛進。般若母實勝塔一軸，係御書金字《心經》。御製萬壽無疆賦圍屏一架，御製萬壽如意太平花一枝，御製萬壽金簪九對，御製萬仙慶壽自鳴鐘一架，萬壽禎祥玉仙人一座，宋均窑飛戟花罇一座，永樂霽紅花露壺一對，千秋洋鏡一架，念珠一九，冠一頂，皮裘一九，雨緞一九，哆囉呢一九，畢機緞一九，沉香一九，檀香一九，降香一九，雲香一九，古玩九九，畫册卷盆景萬年根盤九九，攢香九九，大手帕九九，小手帕九九，金九九，銀九九，緞九九，連鞍良馬六匹。

王原祁等《萬壽盛典初集》卷五四《慶祝五・貢獻一》 康熙五十二年恭遇皇上六旬萬壽，普天同慶。皇子誠親王胤祉等十三人率皇孫弘昇等二十六人，謹擇吉日，於萬壽節前預祝遐齡，恭進萬壽之觴。三月初九日暢春園淵鑑齋設宴，諸皇子皇孫三十九人稱觴獻壽。十一日暢春園淵鑑齋設宴，諸皇子福晉、皇孫女、皇孫媳共四十三人稱觴獻壽。十三日諸皇子設宴於皇三子花園，皇上臨幸，是日諸皇子作斑衣戲綵之舞，稱觴獻壽。十六日諸皇子、皇孫恭進慶祝萬壽詩屏并慶祝品物。諸皇子福晉、皇孫女、皇孫媳恭進慶祝萬壽繡屏衣服等物。

誠親王進：萬萬壽無量壽佛，《壽星圖》，宋李小仙畫。《祝壽詩》，宋米芾書。《萬壽圖》，明吴偉畫。《南極老人星賦》，宋米芾書。《天保九如篇》，宋高宗書，趙千里繪圖。《律吕管窺》，一套五本。《通典詳節》，二套十六本，宋板。《少微通鑑節要》，四套二十本。壽山金母獻壽，萬歲山呼盆景，萬壽九龍圖章，壽比南山，萬壽文房四寶，石渠閣瓦硯，玉管筆，萬曆窑筆，萬曆雕香筆，瑪瑙水盛，古墨，萬曆八寶筆筒。萬壽無疆六合同慶玉壺，萬年喜慶雙龍捧壽玉杯，萬年太平盤，萬曆雕漆。寶篆漢玉方鼎，萬壽百乳彝，三陽開泰法琅花尊，天顔有喜法琅花瓶，一十二洲拱宸環罍，二儀有象花尊，官窑。龍鳳呈祥花觚，萬曆窑。萬年喜慶花尊，均窑。仙花獻瑞花籃，嘉窑。長生花果盤。宣窑。

誠親王福晉進：萬壽繡金五彩團龍天馬皮掛，石青色。萬壽繡金五彩團龍天馬皮袍，棕色。長春紬綿襖，米色。團龍捧壽銀鼠皮掛，石青色。江山萬年銀鼠皮袍，天藍色。長春紬綿襖，灰色。二龍捧壽青賺皮掛，石青色。二龍捧壽青賺皮袍，香色。長春紬綿襖，米色。五彩團龍捧壽綿掛，石青色。五彩坐龍捧壽綿袍，天藍色。長春紬綿襖，灰色。坐龍捧壽綿掛，石青色。坐龍捧壽綿袍，灰色。長春紬綿襖，米色。坐龍拱壽綿掛，石青色。萬壽無疆綿袍，醬色。長春紬綿襖，灰色。五彩坐龍捧壽夾掛，石青色。五彩坐龍捧壽夾袍，古銅色。長春紬夾襖，米色。坐龍捧壽夾掛，石青色。坐龍捧壽夾袍，棕色。長春紬夾襖，灰色。雙龍慶壽夾掛，石青色。雙龍慶壽夾袍，灰色。長春紬夾襖，米色。衲紗繡五彩金龍捧壽引手靠背坐褥一分。

誠親王長子弘晟進：天禄萬年漢玉圖章，萬壽蟠桃杯，萬壽雙喜白玉花尊，《青鸞金母圖》，宋人畫。《萬壑松濤圖》，宋何浩畫。神仙篇，宋米芾書。青緑夔耳敦，仙果玉壺瓶，宣窑。萬花慶壽盤。龍泉窑。

誠親王長子弘晟福晉進：二龍捧壽綿掛，石青色。二龍捧壽綿袍，灰色。長春紬綿襖，米色。坐龍捧壽綿掛，石青色。坐龍捧壽綿袍，棕色。長春紬綿襖。灰色。

誠親王次子弘曦進：萬壽無疆一人有慶玉磬。

誠親王三子弘景進：萬歲山呼斑衣戲彩筆架。

誠親王長女進：六合同春五行順序花插，《萬年桃實圖》。

誠親王次女進：《東方獻壽圖》。宋刻絲。

雍親王進：萬壽海屋添籌玻璃插屏，萬壽鎏金鑲嵌集錦寶鼎，萬壽法琅四方平安花尊，天然靈芝獻壽仙桃盤，羣仙慶壽壽山法琅盆景，天仙祝壽合景宋瓷花籃，福禄壽三星仙山松竹盆景，萬壽紫金葫蘆獻壽同山嶽花，萬壽百禄仙芝天然盆景，萬壽鸞翎鏤金點翠宫扇，萬壽十錦吉祥四時盆景，九龍捧壽羊脂玉花籃，萬壽香靈芝瑞鶴八仙山，進桃獻壽雕嵌東方朔，仙山珊瑚彩石盆景，天然萬年樹根達摩，萬壽蟠桃葫蘆壽鼎，萬壽無疆雕鑲玻璃鏡，《五老問壽圖》，戴文進畫。《仙山儀鳳圖》，唐寅畫。《蓬萊八仙慶壽圖》，宋刻絲。《靈山祝壽圖》，趙孟頫畫。《瑶池春會圖》，仇英畫。《南極呈祥圖》，仇英畫。《十洲仙侣圖》，唐寅畫。《靈山慶會圖》，仇英畫。仙島方壺十二景人物山水，松鶴圖圍屏。【略】

雍親王長子弘時進：如意麻姑爪，雙螭捧壽鼻烟壺。

恒親王進：無量壽佛四尊，萬壽嵌玉寶座，南極壽星仙山，《羣仙祝壽圖》，趙孟頫畫。鶴鹿長春瑪瑙壺，萬壽白玉彝爐，九龍捧壽璽，漢玉永保萬年章，萬壽白玉盌，萬字白玉花尊，萬年梅瓶，永樂窑。萬年一統尊，霽紅窑。吉祥蓮花洗，宣窑。瑶池萬壽犀觴，萬年青緑銅奩，萬年青緑銅觚，萬壽法琅方瓶，萬年如意雙獅熏冠爐，萬歲花囊，哥窑。《晝錦堂圖》，仇英畫。《仙山樓閣圖》，趙伯駒畫。《泥金道德經》，趙孟頫書。萬年安信，趙孟頫書。《長春帖》行書，蘇軾書。《行樂詞》行書，董其昌書。《朝陽仙鶴圖》，吕紀畫。《海天拱日圖》。宋旭畫。【略】

恒親王長子弘昇進：萬壽白玉蟠桃杯，萬壽漢玉雙喜花尊，碧玉連環圖章，《華封三祝圖》，唐寅畫。《瑶池春會圖》，仇英畫。《萬年靈鶴圖》，吕紀畫。八仙慶壽碗，萬歷窑。萬壽菱花瓶，宣窑。萬壽雙龍洗。

恒親王長子弘昇福晉進：雙龍捧壽綿掛，雙龍捧壽綿袍，長春紬綿襖，團龍捧壽綿掛，團龍捧壽綿袍，長春紬綿襖。

恒親王次子弘晊進：萬壽白玉牌。

恒親王三子弘昂進：八仙慶壽杯。成窑。

恒親王四子進：白玉連環，福禄壽三星。

恒親王五子進：壽桃白玉瓶。

恒親王長女進：萬壽香囊。

恒親王次女進：萬壽火鐮包。

恒親王三女進：白玉竹牌。

恒親王四女進：鑲嵌寶石山。

淳郡王進：萬壽無量壽佛，松鶴獻壽珊瑚盆景，萬壽宣爐，萬壽熏爐，萬壽玉壺，《松月獻壽圖》，趙仲穆畫。《海屋添籌圖》，仇英畫。《萬年靈鶴圖》，吕紀畫。《萬壽海天旭日圖》，《萬年春月交輝圖》，仙鹿玉硯山，漢玉吉慶，萬歲香鉤，萬年藏墨，萬壽玉提梁卣，萬壽玉方瓶，萬壽玉扇器十全，萬壽玉硯壺，萬壽瑪瑙水盛，萬年古銅方爐，萬年玉荷杯，萬壽玉彝爐，萬壽菱花洗，宣窑。萬壽瓷器十全，弘治窑。萬壽鼎，宋瓷。萬壽玻璃鏡屏，海屋添籌靠背引手填漆牀。【略】

淳郡王長子弘曙進：萬壽玉壺，萬壽玉硯，萬壽玉扇器十全，漢玉天雞壽觥，壽意瑪瑙鎮紙，水晶連環圖章，墨晶壽比南山，定窑盤雙進，壽山圖章。

淳郡王長子弘曙福晉進：萬壽團龍補掛，石青色。萬壽團龍袍，香色。寧紬綿襖，月白色。萬壽團龍夾掛，石青色。萬壽團龍夾袍，石藍色。長春紬夾襖。香色。

淳郡王次子弘卓進：萬年竹壽星，龍舟白玉觀，巴兒撒香球。

淳郡王三子進：碧玉仙人。

淳郡王長女進：壽山東方朔，壽意玉扇器。

淳郡王次女進：琥珀壽星，壽玉桃杯。

淳郡王三女進：萬壽玉斗，玉九連環。

淳郡王四女進：瑪瑙壽桃香盒。

八貝勒進：無量延壽諸佛，金書《妙法蓮華經》，《萬壽南極星圖》，《蟠桃獻壽圖》，《羣仙捧日圖》，萬萬壽玉杯，萬壽玉彝爐，萬年如意玉杯，長壽玉瓶，壽意扇器十全，八仙獻壽碗，萬曆窑。萬壽碗，萬曆窑。天然萬年松根筆筒，萬年玉壺春，萬壽龍鳳盤，萬曆窑。福禄壽瓶，嘉窑。海屋添籌把碗，宣窑。萬年青筆洗，均窑。九如爐，萬壽玉蓮壺，觀音五彩瓶，弘治窑。萬年珀書鎮，受天百禄園屏，萬年名繪，《仙鹿圖》，《羣仙慶壽圖》，《百鶴圖》，蟠桃銀晶水盛。【略】

八貝勒長子弘旺進：如意玉壽星，萬壽古銅鼎，竹壽星，獻桃紫晶仙人，仙翁玉水盛，國泰民安玉墨擱。

八貝勒女進：吉慶如意，萬萬壽長春玉墨擱，玉壽星，永壽齊天爐，仙鹿玉書鎮，獻壽銀晶仙人。

九貝子進：無量壽佛，萬壽御座，萬齡百老圖照屏，萬萬壽多成架成對，蟠桃仙鶴萬壽杯，捲荷玉壽杯，宋製。雙壽卮，宋製。萬年青玉方花插，銀晶雙龍拱壽瓶，銀晶萬年葫蘆洗，五嶽晶玉章，三陽開泰鼎，商金萬年藤花尊，雙喜周洗，商金五色瓜小鼎，漢銅壽鼎，商銅大壽尊，彌勒袋瓶，官窑。蟠桃雙喜萬壽卮，宋瓷。祥龍威鳳慶，宣窑。蟠桃洗，宣窑。萬年太古陶瓶，萬年螺，萬年樹根羅漢，竹方朔，天然餘慶，羣仙捧壽盤。【略】

九貝子長子弘暲進：萬壽玉墨牀，八仙如意，仙桃玉扇器，仙鶴玉扇器。

九貝子次子進：瑪瑙海天浴日筆架，桃花洞方朔，萬壽連環玉扇器，萬年合璧玉扇器。

九貝子三子進：漢玉龍馬書鎮，犀角仙人乘槎，飛仙玉扇器，靈芝玉扇器。

九貝子四子進：萬壽紅玉帶環，宜興蟠桃筆洗，萬歲山呼扇器。

九貝子五子進：竹根壽星，碧玉薰風琴，脂玉仙人扇器。

九貝子長女進：壽石老人星，栴檀玉鎮紙，商銅豆，紅瑪瑙蟠桃扇器，紫玉靈芝扇器，祥雲小玉盒。

九貝子次女進：琥珀仙人，瑪瑙石子，萬年松竹梅筆架。

九貝子三女進：天然無量壽佛，脂玉薰風琴盒，銀晶仙棗水盛，蟠桃核扇器。

九貝子四女進：荆州石水盛，萬年木筆捵，萬年青玉扇器。

九貝子五女進：壽意白玉臂擱，壽意紫玉筆架，萬年竹瑞蓮水盛，長春花果盒。

敦郡王進：萬壽無量寶塔，福壽燈瓶，萬年如意吉慶，萬年香山，五龍捧壽瓶，聖壽萬年玉壺，雙龍捧壽玉臺杯，萬壽玉瓶，九龍捧壽宣銅尊，萬壽長春瑞芝盆景，八仙慶壽蟠桃，萬壽玉花插，獻瑞玉雙鹿，天然瑪瑙雙鶴，萬年花澆，宣窑。萬壽龍瓶，宋瓷。萬壽花尊，漢銅提梁卣，漢銅花尊，漢鸚鵡爐，萬壽周鼎，萬壽五彩填漆圍屏，五彩瑪瑙鳩鎮，萬壽御筆洗，萬年玉壺春，墨玉寶鑑，羣仙祝壽寶山。【略】

敦郡王長子進：天然瑪瑙壽仙，壽桃竹根水盛，萬壽碧玉爐。

敦郡王次子進：壽山長庚星，萬壽海棠爐，夔龍玉杯。

敦郡王長女進：玉壽星，漢玉方鼎，雙耳壽瓶。

敦郡王次女進：玉壽星，宣窑蓮子瓶，宣銅瓶。

敦郡王三女進：竹根壽仙，宣銅桃爐，白乳玉杯。

十二貝子進：無量壽佛，《聖人必得其壽賦》，金字，趙孟頫書。《八仙慶壽圖》，宋刻絲。《長松遐齡圖》，仇英畫。《三星瑞鶴圖》，周文炬畫。《華封三祝圖》，唐寅畫。《萬仙慶祝蟠桃宴會圖》，豐興祖畫。《瑶池春曉圖》，趙千里畫。《刻絲壽意書畫》，御製。《萬年松溪圖》，羣仙拱祝博古圍屏，天然靈砂萬歲壽山，填漆萬歲壽長生香盤，嘉靖。法琅松竹梅瓶，景泰。壽仙大花瓶，萬曆窑。天然萬年藤如意，白玉萬壽大執壺，瑪瑙萬年葫蘆杯，瑞龍筆洗，成窑。萬壽御筆筒，宣窑。萬壽竹節爐，宣窑。萬壽玉壺春，宣窑。萬壽天球尊，宣窑。萬年葫蘆瓶，宣窑。萬年石榴瓶，宣窑。壽字把碗，成窑。萬年春花插。【略】

皇十三子進：祝壽八仙，金鑄文殊菩薩，大壽字，朱文公書。珍玩百種全備祝壽箱，萬壽雕漆長生斗，壽山羅漢，萬年靈芝，羣仙慶壽碗，萬曆窑。長春松竹梅薰冠爐，碧玉仙桃瑞芝杯，三仙祝壽文具，萬年多寶瓶，祥龍洗，宣窑。宣銅寶月瓶，向日葵花盤，哥窑。萬歲蓮花瓶，均窑。雙龍捧壽填漆筆筒，宋嵌百獸率舞文具，永保長春碗，嘉窑。松竹梅茶壺，五彩蓮花杯雙進，成窑。祝壽萬年尊，鑲金天雞壺，羣仙聚會圖，雙龍雕漆方盒，百仙引手靠背，宋元名繪，西蓮寶座，《祝壽羅漢圖》，九龍捧聖屏，雙喜夔龍書案，《祝壽圖》。【略】

皇十三子長子弘昌進：萬年木花籃，三代天雞小壺，猩猩珀壽桃仙人。

皇十三子次子進：祝壽靈芝寶盆。

皇十三子長女進：紫英祝壽仙人，宋做牙墜，成窑筆洗。

皇十三子次女進：白玉如意祝壽仙人，五色瑪瑙盤，祝壽黄楊羅漢。

十四貝子進：萬壽圍屏，觀音蓮花經，萬壽雙喜鼎，四喜漢銅爐，百子獻壽玉杯，雙喜祝壽玉杯，萬壽雕漆龍盤，五鶴拱壽盤，壽桃宣爐，三陽開泰汝窑瓶，萬年五穀豐登碗全副，永樂碗雙進，百子獻壽法琅瓶，漢玉壽壺，萬年玉提梁卣，萬年玉壽觥，萬壽玉瓶，瑞壽玉鼎，銀晶九環圖章，文王鼎，哥窑。壽字茶杯雙進，成窑。瑶草琪花瓶，成窑。《十八羅漢圖》，《飲中八仙圖》，《四時長春花果圖》，《五倫圖》，《羣仙拱壽圖》。【略】

十四貝子長子弘春進：銀晶獻壽仙。

十四貝子次子弘明進：漢玉鳴鳳爐。

十四貝子三子弘暎進：漢玉多壽壺。

十四貝子四子弘暟進：漢玉艾葉水盛。

十四貝子長女次女三女四女仝進：八仙祝壽一堂。

皇十五子進：萬萬壽觀世音像，《採芝長生圖》，仇英畫。《岳陽仙跡圖》，仇英畫。《萬壽朝賀詩》，董其昌書。《羣仙高會圖》，王振鵬畫。《海天旭日圖》，李昭道畫。萬年羅漢，海龠畫。《麻姑山仙壇記》，米芾書。萬年繪苑，萬壽白玉桃杯，萬壽白玉壺，萬壽白玉卮，萬壽齊天碗，萬曆窑。三星慶祝瓶，宣窑。太平雙喜杯，成窑。抹紅福禄壽康寧茶杯，嘉窑。八仙慶壽盤，嘉窑。萬壽梵書碗，萬曆窑。黄龍壽字斗，嘉窑。壽桃碗，定窑。古瓷萬壽花尊，萬年梅花瓶，宣窑。霽紅花澆，永樂窑。九龍祝壽端硯，填漆二龍捧壽筆筒，青緑三犧鼎，古青緑百圓瓶，圍屏一架。【略】

皇十六子進：《南極呈祥天女散花圖》，方椿年畫。《仙園安逸圖》，仇英畫。《天馬賦》，董其昌書。《萬壽正朔詩》，宋刻絲，米芾書。《仙山樓閣圖》，仇英畫。《羣仙拱福禄壽圖》，《歷代名蹟》，《三朝翰繪》，五彩八仙慶壽瓶，萬曆窑。琥珀南極壽星，白玉雷紋壽觥，壽字白玉杯，白玉三元杯，八仙慶壽碗，宣窑。八仙捧壽碗，嘉窑。魚躍把碗，嘉窑。長春把碗，宣窑。法琅長春花籃，昇平有象瓶，定窑。萬年果盤，宣窑霽青。芝蘭把杯，宣窑。蟠桃壺，均窑。五彩鬬雎碗，萬曆窑。漢銅青緑百圓尊，漢銅雷紋尊，三代萬壽鼎，天禄花插。【略】

皇十七子進：《萬年楓樹圖》，唐寅畫。《花神獻壽圖》，仇英畫。《蘆鴈圖》，林良畫。《萬壽無疆詩》，黄庭堅書。《瑞雪賦》，趙孟頫書。《蘭亭序》，董其昌書。《書畫合璧》，沈周。百壽花尊，西番瑞蓮慶壽盤，萬曆窑。萬字通蓋爐，哥窑。雙壽花瓶，哥窑。葵花筆洗，哥窑。萬壽花菓插，哥窑。西番瑞蓮鐃碗，定窑。填白暗花瓶，均窑。萬年梅花瓶，均窑。甘露水盛，均窑。霽藍膽瓶，宣窑。萬壽菓盤，正德窑。漢玉壽巵，百乳壽玉杯，宋做。壽字玉杯盤，宋做。蜜珀玲瓏雕花壽壺，壽字玉壺，宋做。萬壽香雕花筆筒，萬年洋漆碗全進。

王原祁等《萬壽盛典初集》卷五五《慶祝五・貢獻二》 三月十五日壬辰，諸王、貝勒、貝子、公以下内外文武大臣官員各進緞疋鞍馬等物，慶祝萬壽，上皆却之。

康熙五十一年十二月初一日，禮部爲通行事查三十九年恭遇皇太后六旬大慶，四十九年恭遇皇太后七旬大慶，俱係欽奉上諭，本部具題和碩親王等以下、八分公等以上，各酌量進獻器皿，鞍馬，蟒緞等物，頭等大臣進獻緞八疋，二等大臣進獻緞六疋在案。四十二年恭遇皇上五旬大慶，本部亦行具題王等大臣官員各酌量進獻，今來歲恭遇皇上六旬大慶，相應通行知會中外，除八旗、各省督撫本部行文外，將軍、提督、副都統、總兵等官移咨兵部，轉行知會可也。

五十二年三月十二日，禮部尚書臣赫碩色等謹奏：恭逢聖主六旬大慶，諸王、貝勒、貝子、公、内外大臣官員各盡臣子之心，進獻緞馬等物，若令自行進獻，恐參差不齊。十八日萬壽正誕閒，散宗室覺羅并内外紳衿、舉人、生員、軍民、商賈、耆老等在午門前行禮者甚衆，若將進獻等物陳設一處，恐致擁擠，臣部傳齊於十五日在暢春園正門外恭設，將所進物件數目另繕摺子具奏，爲此謹具奏聞。本日奉旨：「著停止。」

十二日禮部尚書臣赫碩色等謹奏：恭逢聖主六旬大慶，諸王福晉、格格亦各進獻衣服等物，若令同日進獻，似屬煩雜，臣部傳齊於十六日在暢春園正門外恭設，將所進物件數目另繕摺子具奏，爲此謹具奏聞。本日奉旨：「著停止。」

十五日王以下文武大臣官員咸以停止進獻，雖奉明旨而慶祝大典不能自已，仍齊集暢春園宫門外，陳設恭進，上仍却弗收所進儀物。宗室王以下、八分公以上金銀、珠寶、器皿、蟒粧、緞疋、鞍轡等物，隨便進獻例無一定者，俱細載於後。其不入八分公以下及文武大臣官員所進緞馬，各以品級爲差，悉依官階叙列，不更書名。至奉國將軍以下閑散宗室以上天潢懿親，禮以義起，所進緞馬數亦不等附載。宗室後諸王、福晉、格格，於十六日亦仍各進衣服等物，因已奉「停止」之旨，未有總摺可稽，附載一二，以誌一時典禮，庶每歷十年舉行大慶，有所考焉。

宗室

和碩康親王臣冲安恭進：珊瑚念珠一盤，木米念珠一盤，金爐一座，金箸瓶一副，金香盒一筒，金執壺一對，色緞一百疋，鞍馬六疋。

和碩顯親王臣衍潢恭進：鑲嵌珊瑚一座，青金孔雀石一座，鑲嵌孔雀石金叉拉一箇，金茶桶一箇，金執壺一對，金杯一對，金托碟一對，色緞一百疋，鞍馬四匹。

和碩莊親王臣博果鐸恭進：金鼎一尊，金執壺一對，鍍金銀插瓶一對，鍍金銀叉拉一對，色緞一百疋，鞍馬四匹。

和碩裕新王臣保泰恭進：金執壺一對，金杯一對，金托碟一對，色緞一百疋，鞍馬四匹。【略】

和碩簡親王臣雅爾江阿恭進：珊瑚念珠一盤，鍍金壽壺一對，金杯盤一對，金瓶一個，金盒一個，金叉拉一個，色緞一百疋，鞍馬六匹。

多羅信郡王臣德昭恭進：嵌石金執壺一對，鍍金銀杯一對，鍍金銀托碟一對，鍍金瓶一個，長春玉杯一對，朝天鼎一座，四喜鼎一座，百環瓶一座，白玉壺一座，鶴鹿同春玉筆架一座，碧玉筆筒一座，端溪硯一方，瑪瑙水盛一器，成窑杯一對，弘治嬌黄盤二對，《上林圖》一幅，色緞八十疋，鍍金鑲嵌鞍二副，銅鍍金鞍二副，繡鞍二副，鞍馬六匹。

多羅安郡王臣華玘恭進：珊瑚念珠一盤，金壺一執，鍍金杯盤二副，鍍金銀多木一執，鍍金銀馬爐一座，蟒色緞八十疋，鞍馬六匹。

多羅平郡王臣訥爾蘇恭進：金盤一座，金杯二對，金壺一執，色緞八十疋，鞍馬六匹。

多羅順承郡王臣布穆巴恭進：《軒轅明徽圖》一册，宋版《文章正宗》二套，《治水圖》一卷，《樓閣仙山圖》一卷，《戴晉山水圖》二幅，《翠木圖》一幅，《山陰圖》一卷，唐寅字一卷，董其昌《集錦圖》一册，宋鼎瑶臺一座，宋瑪瑙葵花洗一器，宋瓷秦爐一座，宋均窑洗一器，白玉長春花杯一對，水晶仙桃一座，方玉花尊一座，青金方花尊一座，琥珀仙一座，飛翠八寶瓶一座，琪南香山一座，梅黄瑪瑙一座，玉水盛一器，成窑雙冠瓶一座，汝窑瓶一座，法琅爐一座，花蜜蠟杯一對，金杯一對，金壽星一座，小念珠一串，鍍金銀執壺一對，鍍金銀叉拉一個，萬壽緣環一對，色緞八十疋，鞍馬三對。

多羅貝勒臣克貞恭進：色緞六十疋，鞍馬四匹。

多羅貝勒臣延壽恭進：金壽星一座，金壺一執，金盤一對，色緞四十疋，鞍馬四匹。

多羅貝勒臣滿都護恭進：金壺一對，金杯盤二副，色緞六十疋，鞍馬四匹。

附貝勒夫人滿都護之妻進獻禮物：龍衣一襲，緞衣一襲，扶手二個，靠背一個，坐褥一個。

固山貝子臣蘇努恭進：珊瑚念珠一盤，緑松石念珠一盤，金執壺一對，金杯盤二副，色緞四十疋，鞍馬四匹。

固山貝子臣魯賓恭進：珊瑚念珠一盤，鍍金銀執壺一對，鍍金托碟一對，鍍金杯一對，色緞四十疋，鞍馬四匹。

鎮國公臣經希恭進：色緞四十疋，鞍馬四匹。

鎮國公臣吴爾占恭進：色緞三十疋，鞍馬四匹。

鎮國公臣準達恭進：色緞三十疋，鞍馬四匹。

鎮國公臣登塞恭進：珊瑚念珠一盤，金壺一對，金杯一對，色緞三十疋，鞍馬四匹。

鎮國公臣額爾圖恭進：玉瓶一對，玉杯一對，金盤一對，色緞三十疋，鞍馬四匹。

鎮國公臣呑珠恭進：色緞三十疋，鞍馬四匹。

鎮國公臣德普恭進：色緞三十疋，鞍馬四匹。

鎮國公臣敬順恭進：色緞三十疋，鞍馬四匹。

鎮國公臣楊桑阿恭進：色緞三十疋，鞍馬四匹。

鎮國公臣普貴恭進：蟒粧色緞三十疋，鞍馬四匹，散馬二匹。

鎮國公臣普奇恭進：色緞三十疋，鞍馬四匹，散馬二匹。

鎮國公臣星海恭進：珊瑚念珠一盤，色緞三十疋，鞍馬四匹。

鎮國公臣諾音托和恭進：色緞三十疋，鞍馬四匹。

輔國公臣門度恭進：色緞三十疋，鞍馬四匹。

輔國公臣訥默孫恭進：金瓶一座，金杯盤一副，色緞二十疋，鞍馬四匹，散馬四匹。

輔國公臣塞勒恭進：色緞三十疋，鞍馬四匹。

輔國公臣普照恭進：色緞二十疋，鞍馬四匹。

輔國公臣蘇爾金恭進：色緞二十疋，鞍馬四匹。

輔國公臣阿布蘭恭進：香亭金佛一座，色緞二十疋，鞍馬四匹。

輔國公臣星尼恭進：詩畫古董二十件，色緞二十疋，散馬二匹。

和碩簡親王之子應封宗室臣雍乾恭進：米芾字一卷，董其昌字十幅，李昭道畫一卷，仇英畫一軸，玉磬一座，玉鼎一座，玉尊一座，玉象碁一盤，映青太平車一架，洋漆盒一對，定窑瓷碟一對，哥窑花尊一座，宣窑梅瓶一座，昌窑碗一對，正德瓷碗一對，嘉靖小瓷碟二對。

王原祁等《萬壽盛典初集》卷五六《慶祝五·貢獻三》 是月，親王以下閑散宗室覺羅以上釀金鑄佛慶祝萬壽，詔送栴檀寺。

宗人府摺奏：恭逢皇上萬壽無疆大慶，親王以上閑散宗室以上共一千四十五人，覺羅共一千五百五十六人，宗室覺羅共二千六百一人，公同斂金敬造金佛金滿搭，已經告成，供奉何處，相應請旨。本年三月十三日轉奏，奉旨：「著供奉在栴檀寺。」

是月，內閣及部院衙門諸臣先後進獻古玩書畫詩册等物，慶祝萬壽，上收受書畫詩册有差，餘皆却之。

是時內外文武諸臣各照品級進獻鞍馬緞疋，皇上概却不收。諸臣末由稍展，或形爲歌詠，或施諸藻繪，以自寫其忠愛之心。又各出其家藏所有古玩書畫等物，先後進獻，或以九計，或以十計，或以百計，璀璨羅列，陳於殿陛者殆無虚日，皇上却之如初。隨即宣發本人，無從記注，至於輦下各衙門諸臣公進之物，雖較之天府奇珍萬不逮一，然亦芹曝之忱所寄，且係衙門公摺，尚有檔案可稽，特概爲編次，備著於篇。至滿洲內府諸臣公進儀單無檔可稽，止就其各行進獻者附載一二，以存其概，一時筐篚玉帛之盛，尊親愛戴之誠，於此略見焉。

內閣大學士臣温達、臣松柱、臣李光地、臣蕭永藻、臣王掞。學士臣馬良、臣傅爾呼納、臣舒蘭、臣巴格、臣阿爾法、臣綽奇、臣蔡升元、臣彭始摶、臣鄒士璁、臣沈涵恭進：元板《貞觀政要》一套，宋板《文選類林》二套，舊板《考亭淵源録》一套，舊板《晦庵文抄》一套，舊板《理學語要》一套，宋人手抄《文翰類編》一套，舊板《五音集韻》一套，《横渠易説》一套，《正蒙會稿》一套，《列子》二套，舊板《柳柳州集》一套，舊板《稽古録》一套，舊板《儀禮圖》二套，舊板《自警編》一套，舊板《直音篇》一套，陳賢《良樂書》二套，合刻《考古博古圖》八套，《事類賦》一套，《朱子詩真蹟》一卷，黃庭堅《正書二詩》一卷，米元章《書詩》一卷，米元章《書十紙説》一册，趙孟頫《泥金真蹟》一卷，趙孟頫《書西王母記》一軸，趙孟頫《跋趙大年畫》一卷，趙孟頫《書池山賦》一卷，董其昌《書詩》一卷，董其昌《書天馬賦屏幅》全副，文徵明《行書真蹟》一卷，董其昌《書唐人詩》一軸，董其昌《行書》一軸，趙千里《瑶池春曉圖》一卷，劉松年《瀛洲圖》一卷，黄筌《花鳥》一卷，趙孟頫《春郊牧馬圖》一卷，仇英《太平春社圖》一卷，《百鹿圖》一軸，董其昌《書畫》一卷，黄公望《巒容川色圖》一卷，李成《蕭寺晴巒圖》一軸，趙孟頫《春山聯巒圖》一軸，李辰《虬松圖》一軸，宋製蟠桃玉杯一隻，宋製荷葉玉杯一隻，玉天鹿筆架一座，玉桃杯一隻，宋製夔龍玉水注一具，漢玉書尺二條，玉方印池一具，蓮子玉壺一執，玉花瓶一座，玉筆洗一具，玉龍盤四面，玉水盛一具，玉桃杯一對，向日葵玉盤一面，漢玉圓卮一隻，天雞夔龍玉卣一座，漢玉方卮一隻，銀晶杯一隻，靈鳩石一座，祥雲硯一方，瓷荷花囊一具，宣窑花囊一座，哥窑乳爐一座，正德緑龍盤二面，龍碗二隻，宣窑寶月瓶一座，八仙碗一隻，官窑筆洗一具，正德緑龍盤六面，萬曆福禄壽碗一對，宋粉定窑花盒一對，宋官窑雙耳爐一座，成化窑五彩杯一對，萬曆窑五彩高足杯一對，宣窑把盞二隻，成化窑白瓷爐一座，嘉窑瓷瓶一座，哥窑香爐一座。

翰林院掌院學士臣揆叙、臣湯右曾及侍讀學士、侍講學士、侍讀、侍講、修撰、編修、檢討、庶吉士等官，詹事府少詹事臣王奕清及左右春坊庶子、諭德中允、贊善司經局、洗馬等官恭進：萬壽詩册九套，計九十本。

南書房翰林諸臣恭進：萬壽詩册一套，計二本。

養心殿諸臣恭進：尚書，臣胡會恩：《晉書》十套，《合璧事類》十二套，《續文章正宗》二套，《歐陽修集》二套，《梅聖俞集》一部，《曾鞏集》一部，董其昌《書老人星見詩》一軸，文徵明《書御溝新柳詩》一軸，祝允明《書麥穗雙岐詩》一軸。

侍郎臣王原祁：《考工記解》一部，《張栻集》一部，《祝允明字帖》二套，倪瓚《林亭遠岫圖》，范寛《層巒疊翠圖》，黄公望《翠嶂瑶林圖》，吴鎮《秋山蕭寺圖》，臣畫册頁十幅，臣畫挑山二幅。

侍郎臣宋駿業：宋板書二十四套，唐寅《畫江山萬里圖》一卷，青緑百環漢鼎一座，青緑雷文花尊一座，漢玉荷葉杯一隻，羊脂玉筆洗一隻，漢玉夔龍書鎮一箇，十錦皇扇二十匣，每匣十把。臣畫《嵩山積翠圖》一幅，臣畫《丹臺春曉圖》一幅。

編修臣沈宗敬：《紀瑞》一册，臣父詹事臣荃臨顔帖一幅，録唐人早朝詩一幅，臣宗敬畫山水十二幅。

監造臣趙昌：釋迦如來古佛一尊，金珠自轉寶塔一座，陸晃《五老呈祥圖》一軸，商喜《泥金狻猊圖》一軸，《册府元龜》全部，《潛確類書》全部，成窑寶相茶杯一對，宣窑暗龍把碗一對，金龍全副鞍轡良馬一對。

監造臣王道化：萬壽靈芝獻瑞盆景一座，數珠一盤，敬書《北斗延生尊經》一部。

武備院固山大臣伊篤善：無量壽佛一尊，宋板《史記》一部，宋板《陶淵明集》一部，舊板《朱子大全》一部，朱子書《白鹿泉記》一卷，趙孟頫《泥金書金剛經》一部，董其昌《書天馬賦》一卷，郭熙華《封三祝圖》一卷，宣窑填白暗龍碗十隻，定窑筆洗一件，鞍馬二匹。

原任廵撫臣佟毓秀：《吕祖謙集》一部，文玩六種。

候補待詔臣曹曰瑛：恭書《法華經》全部。

烏林達臣沈崳：恭畫《萬松圖》一軸，明板《性理大全》一部，馬一匹。

附三堂西洋人紀理安蘇霖白進巴多明等進：算法運軸一匣，大規矩一箇，小規矩一套，葡萄酒一箱，鼻煙二瓶，玫瑰醬一瓶，木瓜膏八碗，香餅一匣，保心石數個，巴斯弟略一瓶，如糖果味美。糖果一瓶，撒硼一匣，如胰洗垢。金幾那兩包。

武英殿諸臣恭進：翰林進士舉人貢監生員等萬壽詩册共一套，計二本。

諭德臣吴廷楨：舊板《六臣文選》一部，《藝文類聚》一部，《錦繡萬花谷》一部，韓文《考異》一部，許氏《説文》一部，閔板《莊子》一部。

編修臣廖賡謨、臣吴士玉、臣楊開沅，檢討臣盧軒，庶吉士臣楊士徽，貢生臣郭元釪，布衣臣高不騫：《禮經會元》，《對制談經》，《班馬異同》，《貞觀政要》，《諸史品節》，《南河志攷》，《泉河紀略》，《藏書通》，《博古通雅》，《宣和博古圖》，《漢隸字源》，《周詩遺軌》，《杜甫詩集》，《胡雲峰集》，楊維楨《樂府》。

監造臣和素：玉壺一執，玉杯盤全副，玉琢壽星一座，銀晶水盛一件，大瓷盤一件，沉香油一盒，《萬壽詩》滿漢二册，《萬歲壽譜》一部，十本。《六家文選》一部，十二套六十本。《古文軌範》一部，三本。《廣博物志》四套，二十四本。《唐古詩直解》一套，五本。《彩繡祝壽圖》一册，陳搏書《福禄壽三星墨刻》一軸，盛子昭《人物山水圖》一軸，唐寅畫一軸，董其昌字一卷，沈荃字一軸，鞍馬二匹。

監造臣張常住：南極壽星一座，天然壽山一座，《羣仙拱祝圖》一軸，《白眉雙祝圖》一軸，聖賢百子圖扇二柄，萬壽雕漆龍盤二對，三陽開泰宣爐一座，太平車一件，獻芝玉羅漢一座，三代四喜尊一座，三代銅磬一架，宋凍青玉壺春一件，宋凍青爐一座，集錦盤十面，五色石硯一方，漢玉硯山一件，銀晶硯山一件，銀晶水盛一件，汝窑筆洗一件，天然瑪瑙筆掭一件，碧玉鎮紙一對，玉鎮紙一對，竹筆筒一件，古墨一匣，玉香盒一件，玉香盤一件，九思竹香盒一件，松鶴竹箸瓶一件，均窑盆奩一副，五彩花盆一件，五彩花囊一件，霽青盤一對，瑪瑙盤一面，填白大碗一對，松竹梅把碗一對，磬鈴碗一對，哥窑盤一對，嬌黄盤一對，紫金魚盤一件，紅魚盤十二面，五彩茶杯一對，五彩菓子杯一對，七賢瓶一件，葫蘆瓶一件，梵書香盒一件，洋漆香碟一對，填漆盤一件，雕漆葵花香盤一件，天然鴨一件，鉢盂一件，滓斗一件，洋漆香几一對，洋漆扶手一對，《名人花鳥》一軸，《名人畫册》一部，《米芾山水》一卷，《仇英人物》一卷，舊扇十柄，舊板《尚書註疏》二套，舊板《禮記集說》二套，二十本。《爾雅》一套，十本。《埤雅》一套，七本。《公羊穀梁》一套，十本。劉向《新集》二套，十六本。舊板《梁書》二套，二十四本。天然瑪瑙水盛一件，玉墨牀一件，玉筆掭一件，舊板《學記》二套，二十八本。《何仲默集》二套，十四本。《三蘇文粹》二套，二十本。鞍馬二匹，散馬七匹。

監造臣李國屏：鞍馬一匹，文玩四件，《説郛》一部，《瀛奎律髓》一部，金剛石一件，天然石蘑菇一件，紫檀炕屏一架，上勾摹金書。《御筆老人星賦》，背面油畫山水。

監造臣巴實：《杜詩千家註》一部，《黄文獻公文集》一部，《宣紙對數廣運》全部一册，西洋黑香一匣。

王原祁等《萬壽盛典初集》卷五七《慶祝五・貢獻四》 吏部尚書臣富寧安、臣吳一蜚，侍郎臣孫柱、臣李旭升、臣傅伸、臣王頊齡恭進：《吕氏家塾讀詩記》一部，《柳宗元文集》一部，《通鑑總類》一部，《通鑑考異》一部，《史記摘抄》一部，《源流至論》一部，《大儒學粹》一部，《書史會要》一部，《老子或問》一部，《南唐書》一部，《纂圖互註荀子》一部，《音註揚子法言》一部，《法藏碎金》一部，《格古要論》一部，舊板《九經》一部，蘇軾書唐詩，黄庭堅書《博學道詩》，米芾書《唐詩》，米芾行書《長樂花賦》，米芾書《正月臨朝詩》，趙孟頫書《柳宗元蘇軾詩》，元人楷書《伊洛精義》一册，文徵明書《遊西苑詩》，董其昌臨《顔真卿書》，董其昌書《樂壽堂歌》，董其昌草書《杜甫詩》，董其昌書《白羽扇賦》，董其昌臨《米書天馬賦》，董其昌臨《懷素帖》，董其昌臨《米芾書》，董其昌臨《趙孟頫書》，譚曰選草書漢詩，祝允明書宋詩，李昭道《仙山樓閣圖》，李公麟《羅漢渡海圖》，郭熙《携琴聽鶴圖》，馬遠《溪山雪意》，劉松年《軒轅問道圖》，劉松年《耕織圖》，趙孟頫《泥金海屋添籌圖》，倪瓚《溪亭山色圖》，黄公望《江山勝概圖》，蘇漢臣《購訪蘭亭圖》，林良《蘆雁圖》，吕紀《花鳥圖》，唐寅《墨筆山水》，仇英《山園訪梅圖》，仇英《水閣揮毫圖》，仇英《閬苑仙葩圖》，仇英《宫蠶圖》，仇英《春溪宴集圖》，沈周《谿山無盡圖》，董其昌《江皐圖》，楊宗白《泥金羅漢相》，宋榻米芾《行草墨刻》，《孔子周流圖墨刻》，宋製玉爐，宋製玉杯，碧玉花囊，白玉提梁卣，白玉花卮，碧玉小盞，白玉筆掭，漢玉筆掭，玉聯珮，扇器十件，銀晶水盛，官窑菱花盤，宣窑描金填白把碗，宣窑填白大碗一對，宣窑海馬大碗一對，弘治窑緑龍碗一對，正德窑嬌黄盤四面，正德窑嬌黄盤十面，嘉窑百子碗一對，嘉窑文王鼎，嘉窑雙環瓶，嘉窑花尊，萬曆窑白蓮霽藍碟四面，青緑天雞硯滴，古銅花尊。

户部尚書臣穆和倫、臣張鵬翮，侍郎臣塔進泰、臣王原祁、臣噶敏圖、臣廖騰煃，倉場侍郎臣施世綸恭進：宋板《五經》二套，宋板《周禮》二套，《春秋左傳》一套，《稽古録》一套，元板《易傳義》一套，《古今合璧事類備要》十套，《千家註杜甫詩集》四套，《詩緝》四套，《萬寶詩山》四套，《漢雋》一套，宋板《爾雅翼》一套，宋板《花間集》一套，《事類賦》一套，《蔡邕集》一套，王通《中説》一套，《柳宗元集》二套，《包拯奏議》一套，《蘇洵集》一套，《趙抃集》一套，《博古圖》二套，元板《真篆金剛經》，《朱子字》一册，蘇軾書《四時行樂詩》，米芾書《獅子説》，董其昌《泥金字册》，董其昌楷書《閭闔篇》，董其昌小楷，董其昌草書，董其昌書《應制詩》，陳所翁《雲龍圖》，李唐《江村漁樂圖》，朱瑶《風雲際會圖》，朱瑶《雙鳳朝陽圖》，《宋元明人畫蹟》，王淵《花碟圖》，劉松年《登瀛圖》，趙伯駒《五雲樓閣圖》，趙伯駒《滕王閣圖》，元人《鷹揚圖》，元人《夏景圖》，仇英《溪山深秀圖》，仇英《春景豐樂圖》，仇英《夏景豐樂圖》，仇英《秋景豐樂圖》，仇英《冬景豐樂圖》，仇英《設色山水》，陸治《花卉圖》，唐寅《喬松壽藤圖》，柳休元《喜霑天禄圖》，林椿《花鳥圖》，王牧之《墨梅》，漢製蟠龍玉瓶，漢玉圖章二方，漢製玉斚，宋製玉卮一對，宋製玉芝水盂，宋製夔龍玉爐，宋製福禄連環玉卮，宋製燕喜玉杯盤一副，宋製萬壽蟠桃玉盤，宋製玉蟾水盛，哥窑香墊，哥窑卍字手爐，哥窑香碟，定窑素花筆洗，宣德窑寶青碗六隻，宣德窑龍壽鼎函，宣德窑甜香礶，宣德窑素花盤十隻，宣德窑純素大碗一對，宣德窑團龍盤，宣德窑雲龍把碗一對，成化窑五彩嘉蓮盤，成化窑五彩萬壽杯，嘉靖窑萬福攸同壺，瑪瑙盤龍杯，洋雕漆香盒，洋漆香几，洋漆鍍金爐，《靈雲珮并紀》一卷，朱三松竹刻青牛老子。

禮部尚書臣赫碩色、臣陳詵，侍郎臣二格、臣王思軾、臣馮忠、臣胡作梅恭進：永樂《泥金法華經》，成化《泥金延壽經》，大板《四書五經大全》，大板《書傳》，大板《詩經傳序》，大板《禮記》，《繫辭精義》，《十七史詳節》，《乾坤鑿度》，舊板《白孔六帖》，《樂典》四套，《樂考》一部，《律吕直解》，《律吕解註》，《韻補》一部，《筆叢》三套，《張九齡集》，《司馬光集》，《王十朋集》，《陸龜蒙集》，《顔真卿座位帖》，趙孟頫書《赤壁賦》，蘇軾書《喜雨亭記》，董其昌書《天街曉望詩》，趙孟頫倣陸探《微畫》，倪瓚《荆溪清遠圖》，沈周《擬謝雪邨山水畫》，唐寅《觀海圖》，宋元册頁，董其昌册頁，宋製脂玉萬壽鼎，宋製脂玉龍鳳尊，宋製脂玉壽觥，宋製脂玉雙喜筆洗，脂玉虁龍筆閣，脂玉聯環章一對，脂玉扇器一盒，脂玉香盒，玉東方朔，玉壽字壺，碧玉九螭印章一對，碧玉三喜水盛，成窑五彩太平雙喜碗，成窑九龍盤，成窑雙鳳盤，成窑獅球碗一對，成窑把碗一對，成窑僧帽壺，成窑水盂，成窑膽瓶，萬曆萬壽碗十全，萬曆龍鳳尊，青緑義尊，青緑雷尊，青緑百環尊，青緑提梁卣，青緑筆洗，宣銅宫聯爐，宣銅秋耳爐，銀晶龍瓶，銀晶八方筆洗，銀晶獅子鎮紙，銀晶雙喜杯一對，天然如意，天然羅漢，天然香几，天然石硯山，硃砂寶山，宋琴二張，官窑四喜尊，哥窑菱花洗，哥窑七賢瓶，定窑乳耳爐，定窑雙喜瓶，宣窑王母蟠桃碗，宣窑雙龍捧壽碗，宣窑梵書碗，宣窑一龍九種碗，宣窑霽紅盤，宣窑填白梅瓶，宣窑霽紅把杯。

兵部尚書臣殷特布、臣孫徵灝，侍郎臣覺和托、臣李先復、臣巴顔柱、臣宋駿業恭進：《無量壽佛經》，《九經綱目》，宋板《禮記》，舊板《漢書》，《六書音義》，《文獻通考》，《類書纂要》，《書傳問答》，《杜詩論事》，《杜詩論言》，《博古圖》，《詩傳》一套，《畫紀》一部，《陸贄奏議》，《葉適文集》，《宋三晁文集》，《楊時文集》，孫覿尺牘，宋《百花集》，《天源發微集》，《藝文類聚》，《宋徽宗畫鷹》，《小李將軍人馬圖》，李唐《松溪仙館圖》，趙伯驌《瑶臺上壽圖》，李公麟《十六印證圖》，宋人《羅漢圖》，邊景昭《三喜圖》，吴鎮《墨竹譜》，黄公望《長江萬里圖》，趙孟頫《泥金羅漢》，趙孟頫《溪山行旅圖》，趙孟頫《八駿圖》，趙孟頫人物一幅，趙孟頫《松風流水圖》，吕紀《翎毛》一幅，吕紀《花卉》四幅，王振《鵬大士妙觀圖》，仇英《王母獻壽圖》，仇英《設色山水》，仇英《水閣揮毫圖》，唐寅《邃壑琳宫圖》，文徵明《宫殿圖》，董其昌《設色山水》，張平山《福禄圖》，王羲之《鵞羣帖》，蘇軾大字，米芾行草書，董其昌倣虞歐字，董其昌行書，衞夫人小楷，蘇夫人《織錦廻文》，管夫人《璇璣圖》，仙芝一座，周鼎一座，漢鬲一座，古琴一張，古鏡一圓，古劍一執，古玉珮魚一枚，宋甌瓷硯海，宋瓷蕉葉筆捵，宋硯一方，周嵌筆屏，古瓷水注，脂玉印盒，玉水盛一具，法琅瓶一座，玉桃杯一隻，哥窑葵花盤，永樂填漆盤，永樂雕漆敞盤，宣窑桃杯十隻，宣窑澆鉢，宣窑豆罐，宣爐一座，嘉窑膽瓶，隆慶窑筆洗，紅瑪瑙書鎮，端硯一方，雕漆三星拱照盤。

刑部尚書臣哈山、臣胡會恩，侍郎臣薩爾泰、臣艾芳曾、臣博音岱、臣王企靖恭進：《大學衍義》二套，《昭明文選》四套，《唐文粹》二套，《文獻通考》全部，《事類》一部，《對類》一部，宋板《字彙》一部，宋板《詩韻》一部，柳公權行書一卷，米芾書《天馬賦》，趙孟頫章草，董其昌書唐宋人詩，董其昌臨《英光帖》，董其昌臨《黄庭經》，董其昌大字，董其昌草書，郭熙《春林圖》，劉松年《雪霽圖》，趙孟頫《設色山水》，謝時臣《墨筆山水》，董其昌倣倪瓚《山水》，董其昌倣米芾畫，楊紹卿《雙鶴圖》，《夏景墨竹》，《蘆雁圖》，《雙鴛圖》，唐人畫馬，宋《諸家山水卷》，集宋人畫，元人山水，《花筐圖》，《蟠桃圖》，玉杯一對，玉碗一隻，十錦扇器一匣，舊墨一匣。

工部尚書臣滿都、臣張廷樞，侍郎臣張格、臣阮爾詢、臣馬晉泰、臣劉謙恭進：舊板《九經》，舊板《易經》，大板《詩經》，大板《書經》，舊板《易詩書三經註疏》，舊板《書傳會選》，《易史》二函，《周易傳義》，舊板楊萬里《易傳》，《範衍》二函，舊板《四子書》，大板《四書》，舊板《十七史》，舊板《國策》，《文林綺繡》，舊板《事文類聚》，《兩漢博聞》，舊板《文章正宗》，舊板《事類賦》，舊板《初學記》，宋板《朱子韓文考異》，舊板《五音類聚》，舊板《水經注》，大板《大學衍義》，舊板王通《中説》，舊板周伯琦《六書正譌》，《樂律全書》，舊板朱子校《昌黎集》，舊板《司馬光詩集》，舊板《嘉祐集》，舊板《南豐集》，《真德秀集》，舊板《三蘇文粹》，舊板《蘇軾詩》，舊板《元文類》，《大儒奏議》，《野客叢書》，舊板《廉平録》，《吴萊全集》，舊板《禮部韻畧》，舊板《法書要録》，舊板《漢隸分韻》，《廣韻藻》一套，《六書賦》一函，吴棫《韻補》，趙孟頫楷書，趙孟頫行書，董其昌行書，董其昌臨米書，董其昌臨趙書，董其昌草書，董其昌行草，董其昌大字，董其昌小楷，董其昌《八仙歌》，文徵明楷書，文彭《五言詩》，陳獻章行書，郭熙《松柏長春圖》，徐世昌《仙桃瑞鶴圖》，《壽松百禄圖》，陳居中《春獵圖》，李昭道《仙山樓閣圖》，錢選《蟠桃圖》，趙孟頫《羅漢圖》，趙孟頫竹石，趙伯駒《高士圖》，趙伯駒《羣仙獻壽圖》，冷謙《江山平遠圖》，李公麟《竹木七賢圖》，文徵明《蟠桃圖》，董其昌山水，宋政和年製鎮紙玉尺，宋玉蟠螭水汲，宋官窑一統爐，宋製銀晶筆山，萬窑萬壽盤，宣窑梅瓶，陸子剛製桃紅玉扇器，洋几一具，壽山圖書四方。

王原祁等《萬壽盛典初集》卷五八《慶祝五・貢獻五》 都察院左都御史臣揆叙、臣趙申喬，左副都御史臣瓦爾達、臣明安、臣田從典、臣崔徵璧恭進：宋板《易象大旨》一部，宋板《尚書註疏》一部，宋板《周禮》一部，《嚴氏詩緝》一部，《稽古録》一部，《隆平集》一部，《五經圖》一部，朱載堉《曆書》一部，朱載堉《樂律書》一部，陳則通《春秋提綱》一部，《唐文粹》一部，《三體唐詩》一部，《朱子六經四書圖》一部，《列子》一部，《揚子》一部，重編《廣韻》一部，《杜詩》一部，董其昌臨顔真卿書，趙孟頫書《耕織圖詩》，文徵明書四體《千字文》，祝允明《書梅花詩》，趙孟頫草書《千文》，趙孟頫學書筆法，董其昌倣《懷素帖》，米芾書《天馬賦》，白玉龍荷花杯，宣窑荷花盤一對，宣窑花澆一對，西洋半圈儀，西洋蜜蠟罐，蟠桃玉杯一對，萬年一統玉水滴，萬壽無疆墨，宣窑馬掛瓶，雙螭法琅鼎，澄泥硯，玉香爐，永樂填白碗一對，趙孟頫《八駿圖》，宋元諸名家千金册，勾龍爽《堯民擊壤圖》，仇英《維摩講法圖》，米友仁《春山煙雨圖》，唐小李將軍《僊山樓閣圖》，黄公望《層巒聳翠圖》。

通政使司通政使臣劉相，臣郝惟謂，通政臣羅瞻、臣郝林、臣王景曾、臣張德桂，參議臣蘇伯霖、臣關保、臣陳汝咸恭進：《經濟類編》四套，《通鑑紀事本末》十套，《六臣文選》六套，《近思録》一套，《三蘇文粹》二套，《人物志》一套，《詩學大成》二套，趙孟頫行書《梅花詩》，趙孟頫楷書《蘭亭跋》，解縉大字《遊南嶽贊》，董其昌書《四勿箴》，董其昌書唐柳宗元《觀慶雲圖詩》，劉松年《天保九如圖》，馬遠松《雲瑞鹿圖》，戴嵩《松林虎嘯圖》，趙孟頫《扁舟待月圖》，趙孟頫《湖山秋色圖》，倪瓚《平林詩思圖》，林良碧《梧棲鳳圖》，吕紀《掇錦圖》，仇英《竹溪僊館圖》，仇英《漢宫春曉圖》，唐寅《秋山訪友圖》，藍瑛《千峰雪霽圖》，雙螭捧壽玉鼎，脂玉壽杯一對，水晶筆架，瑪瑙水中丞，哥窑筆洗，宣德五彩盤一對，宣德窑把碗一對，弘治窑盤一對，正德緑龍盤一對，嘉靖窑碗一對，漢玉筆屏，澄泥硯。

大理寺卿仍兼太常寺卿臣荆山，大理寺卿臣孟世泰，太常寺卿臣李敏啟，大理寺少卿臣巴霽納、臣邵觀，太常寺少卿臣佟靄、臣黄叔琳恭進：元刻《五經全文》二函，《二十一史文選》二十四函，元刻《國朝文類》二函，宋刻《南華經》四函，元刻《列子至德真經》一函，元刻王通《中説》一函，宋刻《陶潛集》一函，宋刻《柳宗元集》二函，元刻《翰墨大全》八函，元刻《紺珠集》二函，《太史華句》一函，《金石韻府》一函，米芾行書《聖德詩》，朱子書《錦江春詩》，趙孟頫金書《金剛經》，趙孟頫行書《文賦》，趙孟頫書《逍遥齋記》，董其昌行書《晝錦堂記》，董其昌行書《春晴詩》，董其昌行書《春雨詩》，李公麟《諸天梵象圖》，趙令穰《春江遠眺圖》，趙幹《桃塢春雲圖》，曹雲《西溪山平遠圖》，徐賁《浮嵐暖翠圖》，宋刻絲《蟠桃獻壽圖》，李公麟《瀛洲文會圖》，黄公望《天池石壁圖》，趙伯駒《僊山樓閣圖》，雷瑛《大會慶壽圖》，仇英《春夏秋冬四景圖》，仇英《春和覽秀圖》，瑪瑙福德文星，銀晶壽仙，萬壽玉尊，夔龍玉壺，夔龍玉瓶，夔龍合璧，慶雲玉杯，四喜玉杯，蟠桃玉杯，水仙玉杯，青緑商尊，哥窑乳爐，均窑元壽花尊，官窑飛戟花尊，宣窑青花水盛，宣窑葵花杯二對，宣窑青花盤二對，萬窑彩色慶壽宫碗一對，萬窑龍鳳呈祥盤十面，景星宋硯，龍尾宋硯，名人畫扇二十柄。

内務府包衣昂邦臣赫奕恭進：壽佛一尊，靈芝一本，古書一部，古畫一軸，臣畫炕屏一架，臣畫一軸。

營造司郎中臣佛保恭進：太極寶坐一座，《晉書》一套，古琴一張，萬壽玻璃鏡，《百子拱壽圖》，金剛子念珠，豆瓣楠書架，蟠桃盒，吉慶如意天然葫蘆，百僊拱壽靠背，洪福似海坐褥，芝鶴雙瑞迎手一對。

順天府府尹臣屠沂府丞巨王懿恭進：宋抄《歐陽修全集》，宋板《韻疏》，舊板《古今談薈》，文徵明手録《通鑑》，董其昌書唐張嗣初《春色滿皇州詩》，董其昌畫《千巖競秀圖》，趙孟頫《墨竹》，萬年如意玉壺，夔龍拱壽玉香爐。

太僕寺卿臣阿錫鼐臣周道新恭進：《水經》二套，《喻林》四套，米芾書《閶闔篇》，蘇軾書《四時行樂詩》，戴文進《三星圖》，唐寅《江村漁泊圖》，宋瓷梅瓶，明宣德爐，玉連環壺。

國子監祭酒臣查喇、臣徐日暄，司業臣察爾岱、臣登德、臣魯瑗恭進：《文獻通考》二十函，《朱子經濟文衡》二函，董其昌《廣文字會寶》二函，趙孟頫《學士登瀛圖》，仇英《僊山樓閣圖》，謝小僊《萬年福禄圖》，李公麟《瀛洲會奕圖》，郭熙嵩《山疊翠圖》，魏之璜《瑞芝僊鹿圖》，董其昌《関山初霽圖》，馬遠《仙山瑞靄圖》，漢玉壽桃杯一對，漢銅鼎一座，漢銅尊一座，宋端石宫硯，墨昌獅鎮紙，成窑青瓶，嘉窑紅瓶。

王原祁等《萬壽盛典初集》卷五九《慶祝五・貢獻六》 是月，致仕在籍諸臣先後進獻詩册古玩書籍土宜等物，慶祝萬壽。上收受詩册及書籍土物有差，餘皆却之。是時致仕在籍諸臣詣京慶祝者，江湖魏闕境地雖殊，頌禱謳歌，尊親無二，莫不製爲詩文，寫成卷册，及家藏書畫古玩、土宜物産，與在位諸臣後先進獻，惟是慶祝之後，各旋田里，别無册籍可稽，謹就三品以上耳目見聞所及，略記如左。至滿洲漢軍致仕大臣近居輦轂，貢獻更繁，古玩而外仍照原品，亦進緞馬，僅載一二，以例其餘。其止進詩册者並詳歌頌卷中，不備録焉。

吏部尚書致仕臣宋犖恭進：太平惠民和劑局方一部，歐晁琴趣一部，名人法書四卷，古畫三軸，文玩六件。

經筵日講官、起居注、吏部尚書兼翰林院掌院學士致仕臣徐潮恭進：《漢紀》二套，《小板名山藏》四套，趙孟頫臨《道德經》二種，董其昌臨顔真卿書二種，《壽星圖》一軸，哥窑壽佛一尊，杭綾一百端，杭紬一百端，杭扇二十匣，湖筆三百枝。

原任經筵講官、户部尚書臣王鴻緒恭進：《萬壽頌》一册，銀晶大士一尊，瑪瑙壽星一尊，脂玉雙螭杯一隻，脂玉花觥一品，脂玉筆牀一對，壽字玉水盛一品，嘉窑茶杯一對，萬窑宫碗一對，嘉窑茶撇一隻，壽字嘉窑霽青茶杯四圓，宣銅案爐一座，壽山福海嘉窑茶杯一對，官窑黄壽芝一盆，硯山紫壽芝一座，天仙拱壽宋刻絲畫一軸，萬壽描金箋一百幅，壽山石圖書一對，嘉窑合碗一隻，宋板唐孔穎達《周易義》一部，宋板唐陸德明《詩經重言重意互註》一部，宋板《太學類編成周制度》一部，宋板《吕氏讀詩記》一部，宋板劉敞《七經小傳》一部，宋板《韜略》二本，宋板許慎《説文解字》一部，宋板孫愐《唐韻》一部，宋板王昭禹《周禮詳解》一部，宋板《資治通鑑考異》一部，宋板《大廣益會玉篇》一部，宋板唐《陳子昂集》一部，元板《資治通鑑》一部，計二十套。朝鮮板唐《柳宗元文集》一部，舊板《子彙》一部，明沈度金書《華嚴經》一部，明董其昌審定《戲鴻堂帖》二部，宋高宗御書《杜詩》一卷，北宋燕文貴《秋山蕭寺圖》一卷，北宋李公麟《華嚴變相圖》一卷，元趙孟頫楷書《道德經》一卷，元趙孟頫《浴馬圖》一卷，元錢選《秋江待渡圖》一卷，元錢選《田家聚樂圖》一軸，明文徵明《秋林談道圖》一軸，明董其昌書吕祖《金丹詩》一軸，明仇英大士一軸，明董其昌畫一册，明董其昌書《桃源行》一册，明董其昌書《清静經》《唐詩》一册，明項聖謨花卉一册，官窑水盛一面，定窑水池一面，宣窑霽紅盤一對，宣窑把杯二對，宋製番瑪瑙香盤一面，西洋地平儀一架，西洋察量遠近儀器一個，西洋小規矩一個，西洋吸鐵石一塊，計吸十八觔。西洋鹽露一瓶，西洋流黄露一瓶，西洋象牙塔一件，西洋象牙簫一件，西洋鼻煙二瓶，西洋法琅鼻煙瓶三個，西洋化五金水一瓶，西洋方石一塊，西洋羅斯瑪里諾露四瓶，西洋保心石一塊，西洋巴爾撒木阿餑餑克里的果一盒，西洋顯微鏡一個，西洋寶燒瓶二個，西洋規矩四個，西洋古巴依巴油四瓶，西洋火漆一匣，西洋巴爾撒木油二盒，西洋葡萄酒六瓶，西洋德里亞格二匣，西洋法琅珠子三十三個，西洋香二匣，計二塊。西洋巴爾撒木香珠十掛，西洋法琅珠二掛。【略】

原任兵部尚書臣范承勳恭進：萬壽寶瓶燈一對，蟠桃花實燈一對，八方大理燈一對，六合寶瓶燈一對，百壽博古燈屏一架。

原任刑部尚書臣阿山恭進：舊板《羣書考索》十套，《爾雅註疏》二套，《韓文全集》二套，《歐文全集》四套，《五音集韻》二套，趙孟頫泥金楷書一册，馬遠海《屋漆籌圖》一軸，王鵬梅《五雲樓閣圖》一軸，沈香筆海一座，琪南香山一座，墨晶仙人二座，宋窑花插一件，宣窑萬壽碗一對，青緑古銅瓶一座，鞍馬二匹，緞十聯。【略】

直隸省耆民曹鳳全等恭進：泥金彩屏一架，芳蘭瑞芝八缸，仙花壽石八盆，萬年青一桶，碧桃盆景四種，千葉紅杏盆景四種，宣石盆景四架，時果百盤。

七省旗丁三百餘人隨通州坐糧廳德成格恭進：彩亭四座，彩旗二十四面，壽同天地大蠟一對，宋刻絲《八仙慶壽圖》一軸，萬年龍鼎一座，惠泉酒一百罈，萬年青一桶，吉祥草一桶，古松一盤，蟠桃一樹，海棠一盆，玉蘭花一盆，蘭花一盆，蝴蝶莉花一盆。

江南省江寧府耆民趙椿如等恭進：龍衣一襲，彩亭一座，小菜果品壽燭等八十一盤。

江南省蘇州府耆民張萬春等恭進：繡字萬民衣一件，繡字福壽圖一幅，位禄名壽龍扁一架，龍旂十六面，宣銅五供，全副大紅縐紗珠盤龍壽燭一對，常熟盆景四種，五穀土宜小菜食物一百盤，《萬壽詩》共三十餘册。

江南省松江府耆民莊國興等恭進：萬壽金龍袍掛全襲刻絲龍幛一軸，織金龍旂一對，龍燭臺香爐全副土宜一百盤。

江南省淮揚等府耆民李茂玉等恭進：萬壽無疆幛一架，天子萬年幛一架，五穀果品八十一盤。【略】

浙江省耆民沈玉揚等恭進：萬壽無疆錦幛百幅，《擊壤歌》屏一架，古佛一百尊，嘉興張爐一百箇，嘉興蒲杯一百隻，杭綾一百疋，杭紬一百疋，小菜一百二十瓶，五穀十二盤，《萬壽詩》共五十餘册。【略】

福建、山東、江西、河南、廣東、廣西六省耆民張獻福等恭進：《萬歲嵩呼圖》

一軸，萬壽多寶香山一座，萬民宴八十一桌，土宜九十盤。

山西、陝西、湖廣、四川、貴州、雲南六省耆民田畯等恭進：無量壽藏佛一尊，九如圖一軸，三多頌一卷，土產食物一百二十盤。【略】

湖廣耆民呂永年等隨總督鄂海恭進：土產食物九十盤。

吴允嘉《浮梁陶政志》 景德鎮一隅之地，四方商賈販瓷器者萃集於斯，其業陶者亦不皆土著也。廬舍稠密，煙火相望，其實無一富户，執役最爲勞苦，重以官府之製造，往往疲於供應。蓋民以陶利，亦以陶病久矣。余遊西江，有客從事於陶者，爲余述其源委頗詳且悉，因撮其大要，著爲斯編。守土之官，自能軫恤民艱，以甦其困，亦欲使世之用瓷者知人力所由，盡物產所由來，真所謂一器而百工聚焉，慎毋玩忽視之也。

陶廠自唐武德二年置務，一本云陶人獻假玉器，由是置務。宋景德間始置鎮以奉御，董造元更爲提領，皆有命則供，否則止。明初始燒造歲解，宣德間置御器廠，專管御器，以營繕所丞專督工匠。正德戊寅命中官督造，嘉靖革中官，以饒州府佐督之，後於各府佐選輪管理。萬曆己亥礦稅役興，即委開採内監兼理，而仍以府佐董之。

國朝順治十一等年奉旨燒造龍缸欄板等器，一本此是順治十六年事。差工部理事官喝某郎中王某監督燒造，久而不成，經督撫張朝璘具疏停止。康熙十年燒造祭器等項，俱估值銷筭，正項錢糧並未派徵，陶成分限解京。至康熙十九年九月間奉旨燒造御器，差總管内務府廣儲司郎中徐公廷弼等四臣駐廠督造，每製成之器，實估價值，陸續進呈御覽。凡工匠物料動支正項錢糧，按項給發，至於運費等項，並不貽累地方，經畫多方，官民稱便，而其時維持調護相助有成者，實兼莞陶事郡丞陶公燿一人力也。

陶土出浮梁新正都麻倉山龍塢千户等坑，有青黑、縫糖、點白玉、金星等色，又餘干婺源皆出墩土，湖田等圖出泑石、泑土，又新正都長嶺出青黄泑，義坑出澆白器，泑二處爲上，有柏葉斑，他如石牛山李家塢有黑縫者不堪。又高嶺吴門托新土有糖點者亦佳，煉灰惟長山都者可用，諸土皆屬民業。

按《舊志》云：每土一擔，所鬻不過數分，而掘洞穿穴，深至數里，費財傷命不少。萬曆三十二年鎮土牙戴良等赴内監，稱高嶺土爲官業，[傳]檄採取，知縣周啓元謂曰：朝廷燒造原有土值，何得指民業爲官業，還其檄。

陶用回青，本外國貢也，宣窑瓷器多滲青，正是淳用回青故也。陂塘青產於樂平，石子青產於瑞州諸處，今回青外國未貢，實無此料，所用俱浙料，故色遜於前，其顔料則有鉛粉、硝礬、赭石、紫英、翠藍、黄緑、青紅、紫金等色。

按：驗青之法，回青淳則色散而不收，石青多則色沉而不亮。每兩加石青一錢，謂之上青，四六分加謂之中青，十分之一謂之混水。近時回青少，民間多用純白之器，如蛋皮鍾杯及人物仙佛之類，亦極精巧。

陶器則有缸、盆、盂、盤、尊、罏、瓶、罐、盌、楪、鍾、盞之類，而飾以夔龍、雲雷、鳥獸、魚水、花草，或描或錐，或暗花，或玲瓏，諸巧無不具備。

陶夫有雇夫、砂土夫，原派自饒州千户所，上工夫編派饒屬七縣，解徵工食，俱奉造徵，停造免編。

窑制相類廣狹不同，率窑乾坯乾柴乾，則少拆裂沉陷之患。土細料細，土細則無粗糙污滓之虞。又必火候均匀，無太過不及，則泑行光瑩，器自完美。要在泑真匣潔，此燒造之大端也。

吴允嘉《浮梁陶政志・附録景鎮舊事》 明史四條

正統中特嚴饒州府私造異色瓷器之刑，其事雖出於王振，不可以人廢也。《國史唯疑》。

萬曆三十年景德鎮民變，税監潘相激之也，相誣刧通判陳奇逮下獄。相又掠諸生及輔國將軍，謀託各宗，大鬨抉門入，相走免，誣刧上饒縣知縣李鴻報怨，鴻除名。

三十四年三月，江西礦務太監潘相以停税移景德鎮，請專陶，從之。

四十八年七月神宗晏駕，遺詔罷一切礦税并新增織造燒造等項，奉皇太子令旨，盡行停止，税監潘相等俱撤還。以上見《明史紀事本末》。

昊十九

萬曆年間浮梁人昊十九者能吟書，逼趙吴興隱陶輪間，與衆作息，所製精瓷妙絶人巧，嘗作卵幕杯薄如雞卵之幕，此二「幕」字疑當作「膜」。瑩白可愛，一枚重半銖。又雜作宣永二窑，俱偪真者，而性不嗜利，家索然，席門甕牖也。余以意造五采流霞不定之色，要十九爲之，貽之詩曰：「爲覓丹砂到市廛，松聲雲影自壺天。凴君點出流霞盞，去汎蘭亭九曲泉。」樊御史玉衡亦與之遊，寄詩云：「宣窑薄甚永窑厚，天下馳名昊十九。更有小詩清動人，匡廬山下重回首。」按：《詩綜》止采上二句作「浮梁謡」，且不載樊御史名。昊，《詩綜》作爲吴。十九自號壺隱老人，今猶矍然。李太僕《紫桃雜綴》。

浮梁人吴十九善製瓷器，士大夫多與之遊，時人語云：「成窑太薄永窑厚，天下馳名吴十九。」《明詩綜》。

官不資瓷器

《彭器資尚書文集》有《送許屯田詩》曰：「浮梁巧燒瓷，顔色比瓊玖。因官射利疾，衆喜君獨否。父老争欲息，此事古未有。」注云：浮梁父老言自來作知縣不買瓷器者一人，君是也。作饒州不買者一人，今程少卿嗣宗是也。惜乎，不載許君之名。《容齋隨筆》。

萬文恭士和《故師事》：唐荆川，其莅江西饒州任，唐贈以雙瓷罌，曰饒非乏瓷，而以瓷贈者，知君之不取瓷於饒也，師友雅誼具見。然則程、許之後，又見萬公矣。《國史唯疑》。

明畫瓷器

陶廠景德鎮在今浮梁縣西興鄉，正德初置御器廠，顓管御器陶，有匠官匠凡三百餘而復募，蓋工緻之匠少而繪事尤難也。畫役募人，日給工食。嘉靖七年以前案燬不可考，八年燒造瓷器，其畫有赶龍珠、一秤金、娃娃昇降戲龍鳳、穿花滿池、嬌雲鶴、萬歲藤、搶珠龍、靈芝捧八寶、八仙過海、孔雀牡丹、獅子滚繡毬、轉枝寶相、花鯖鮊鯉鱖水藻、江下八俊、巴山出水、飛獅水火捧八卦、竹葉靈芝、雲鶴穿花、花樣龍鳳、轉枝蓮托、八寶八吉祥、海水蒼龍捧八卦、三仙煉丹、耍戲娃娃、四季花、三陽開泰、花天花捧雲山福海字、二仙出水雲龍、龍穿西番、蓮穿花鳳、雙雲龍青纏枝寶相、花穿花龍如意、團鸞鳳穿花、鸞鳳團龍、羣仙捧壽、蒼獅龍耍戲鮑老、昇鳳擁祥雲、乾坤六合花、博古龍、松竹梅、鸞鳳穿寶相花、四季花等名，其他花草、人物、禽獸、山水、屏、瓶、盆、盎之觀，不可勝計。王宗沐《江西大志》。

瓷易經

益都翟進士某爲饒州府推官，甚暴横，一日集窑户造青瓷《易經》一部，楷法精妙，如西安石刻《十三經》式，凡數易然後成。蒲城王孝齋綜官益都令，曾見之。王阮亭《池北偶談》。

窑變

周煇云：某出疆時，見虜中所用定器，瑩浄可愛，近年所用乃宿泗近處所出，非真也。饒州景德鎮陶器所自出於大觀間，窑變色紅如朱砂，謂熒惑躔度，臨照而然物，反常爲妖，窑户亟碎之。時有玉牒防禦使仲揖，年八十餘，居於餘得數種出以相示，云比之定州紅瓷器尤鮮明。周煇《清波雜誌》。

窑變觀音

明神宗時，李太后崇禮大士，欲得一瓷相奉之。舉念間景德鎮窑中諸器化一莊嚴法像，緑衣披體晏坐，支頤兩膝，低昂左偃，右植手輪，梵字篆法，宛然獻之闕下。懿旨命供於報國寺内，俾都人咸知敬禮，今京師所謂「窑變觀音」是也。《日下舊聞》。

榷陶器

東坡云：近者余安道孫獻策榷饒州陶器，自監榷得提舉死焉。《志林》。

饒州之名

浮梁谿山昔人謂爲一省之冠，饒以饒名，亦由景德之陶焉。陸文裕公《豫章漫抄》。

鄂爾泰等《國朝宫史》卷一七《經費一》

鋪宫

皇太后　玉盞金臺一副，金執壺二，金方一，金盤十五，金碟六，金盌五，金茶甌蓋一，嵌松石金匙一，金匙二，金鑲牙箸一雙，金雲包角桌二，銀方一，銀盂一，銀盤四十，銀碟十，銀碗十五，銀茶甌蓋十，銀匙十五，銀鑲牙箸十雙，銀茶壺三，銀背壺十五，銀銚四，銀火壺二，銀鍋二，銀罐三，銀杓四，銅提爐二，銅八卦爐四，銅手爐二，銅瓦高燈六，銅遮燈二，銅蠟簽十四，銅剪燭罐八副，銅簽盤五，銅舀二，銅簸箕一，錫盆十，錫池二，錫茶碗蓋五，錫茶壺三十四，錫背壺四，錫火壺二，錫坐壺八，錫裹冰箱二，錫屜鈷二，鐵八卦爐一，鐵火爐十，鐵火罩六，鐵坐更燈六，鐵火鐮四，黄瓷盤二百五十，各色瓷盤百，黄瓷碟四十五，各色瓷碟五十，黄瓷碗百，各色瓷碗五十，黄瓷鍾三百，各色瓷鍾七十，各色瓷杯百，瓷渣斗六，洋漆矮桌二，漆合三十，漆茶盤十五，漆皮盤二十五，戳燈三十，香几燈十四，羊角手把燈八。

皇后　玉盞金臺一副，金執壺二，金方一，金盤十五，金碟六，金碗五，金茶甌蓋一，嵌松石金匙一，金匙二，金鑲牙箸一雙，金雲包角桌二，銀方一，銀盂一，銀盤三十，銀碟十，銀碗十，銀茶甌蓋八，銀匙十，銀鑲牙箸八雙，銀茶壺三，銀背壺十三，銀銚二，銀火壺二，銀鍋二，銀罐二，銀杓三，銅提爐二，銅八卦爐二，銅手爐二，銅瓦高燈四，銅遮燈一，銅蠟簽十四，銅剪燭罐六副，銅簽盤五，銅舀二，銅簸箕一，錫盆十，錫池二，錫茶碗蓋四，錫茶壺三十，錫背壺四，錫火壺二，錫坐壺八、錫裏冰箱二、錫屜鈷二、鐵八卦爐一、鐵火爐五、鐵火罩四、鐵坐更燈四、鐵火鑷二、黃瓷盤二百二十、各色瓷盤八十、黃瓷碟四十、各色瓷碟五十、黃瓷碗百、各色瓷碗五十、黃瓷鍾三百、各色瓷鍾七十、各色瓷杯百、洋漆矮桌二、瓷渣斗四、漆合二十六、漆茶盤十五、漆皮盤二十五、戳燈二十、香几燈十、羊角手把燈四。

皇貴妃　銀茶甌蓋二、銀匙一、銀鑲牙箸一雙、銀茶壺一、銀銚一、銀束小刀一、銅手爐一、銅蠟簽六、銅剪燭罐一副、銅簽盤四、銅舀一、銅簸箕一、錫茶碗蓋二、錫茶壺四、錫背壺一、錫銚三、錫火壺二、錫坐壺二、錫噴壺一、錫唾盂二、鍍金鐵雲包角桌一、鍍金鐵鑷一、白裏黃瓷盤四、各色瓷盤四十、白裏黃瓷碟四、各色瓷碟十五、白裏黃瓷碗四、各色瓷碗五十、白裏黃瓷鍾二、各色瓷鍾二十、瓷缸二、漆合四、漆茶盤二、羊角手把燈二。

貴妃　銀茶鍾蓋一、銀匙一、銀鑲牙箸一雙、銀茶壺一、銀銚一、銀束小刀一、銅手爐一、銅蠟簽四、銅剪燭罐一副、銅簽盤四、銅舀一、銅簸箕一、錫茶碗蓋二、錫茶壺四、錫背壺一、錫銚三、錫火壺一、錫坐壺二、錫噴壺一、錫唾盂一、鍍金鐵雲包角桌一、鍍銀鐵鑷一、黃地緑龍瓷盤四、各色瓷盤三十、黃地緑龍瓷碟四、各色瓷碟十、黃地緑龍瓷盌四、各色瓷碗四十、黃地緑龍瓷鍾二、各色瓷鍾十五、瓷缸一、漆合二、漆茶盤二、羊角手把燈一。

妃　銀茶甌蓋一、銀匙一、銀鑲牙箸一雙、銀茶壺一、銀銚一、銀束小刀一、銅蠟簽四、銅剪燭罐一副、銅簽盤四、銅舀一、銅簸箕一、錫茶碗蓋二、錫茶壺四、錫銚三、錫火壺一、錫坐壺二、錫噴壺一、錫唾盂二、鍍金鐵雲包角桌一、鍍銀鐵鑷一、黃地緑龍瓷盤二、各色瓷盤二十、黃地緑龍瓷碟四、各色瓷碟八、黃地緑龍瓷盌四、各色瓷碗三十、黃地緑龍瓷鍾二、各色瓷鍾十二、瓷缸一、漆合二、漆茶盤二、羊角手把燈一。

嬪　銀茶甌蓋一、銀匙一、銀鑲牙箸一雙、銀茶壺一、銀銚一、銀束小刀一、銅蠟簽二、銅剪燭罐一副、銅簽盤二、銅舀一、銅簸箕一、錫茶碗蓋二、錫茶壺二、錫銚三、錫火壺一、錫坐壺一、錫噴壺一、錫唾盂二、鍍銀鐵雲包角桌一、亮鐵鑷一、藍地黃龍瓷盤二、各色瓷盤十八、藍地黃龍瓷碟四、各色瓷碟六、藍地黃龍瓷碗四、各色瓷碗二十、藍地黃龍瓷鍾二、各色瓷鍾十、瓷缸一、漆合二、漆茶盤一、羊角手把燈一。

貴人　銅蠟簽二、銅剪燭罐一副、銅簽盤一、銅舀一、銅簸箕一、錫茶碗蓋一、錫茶壺二、錫銚二、錫火壺一、錫坐壺一、錫噴壺一、錫唾盂一、鍍銀鐵雲包角桌一、亮鐵鑷一、緑地紫龍瓷盤二、各色瓷盤十、緑地紫龍瓷碟二、各色瓷碟四、緑地紫龍瓷碗四、各色瓷碗十八、緑地紫龍瓷鍾二、各色瓷鍾十、漆合一、漆茶盤一、羊角手把燈一。

常在　銅蠟簽一、銅剪燭罐一副、銅茶盤一、銅舀一、錫茶碗蓋一、錫茶壺二、錫銚一、錫唾盂一、銚銀鐵雲包角桌一、亮鐵鑷一、五彩紅龍瓷盤二、各色瓷盤八、五彩紅龍瓷碟二、各色瓷碟四、五彩紅龍瓷盌四、各色瓷碗十、五彩紅龍瓷鍾二、各色瓷鍾六、漆茶盤一、羊角手把燈一。

答應　銅蠟簽一、銅剪燭罐一副、銅簽盤一、銅舀一、錫茶碗蓋一、錫茶壺一、錫銚一、錫唾盂一、鍍銀鐵雲包角桌一、鐵鑷一、各色瓷盤八、各色瓷碟四、各色瓷碗十、各色瓷鍾六、漆茶盤一、羊角手把燈一。

皇子福晉　銅蠟簽八、銅剪燭罐三副、銅簽盤六、銅舀二、銅簸箕一、錫盆二、錫茶碗蓋四、錫茶壺六、錫背壺二、錫銚二、錫火壺二、錫噴壺二、錫水漏一、錫裏冰桶一、鐵爐四、鐵火櫃一、鐵坐更燈二、鐵杓四、鐵鏟一、鐵鑷二、各色瓷盤十四、各色瓷碟八、各色瓷碗六、各色瓷鍾二十、各色瓷罐二、漆合六、漆茶盤一、戳燈二、香几燈二、羊角手把燈二。

皇子側室福晉　銅蠟簽二、銅剪燭罐一副、銅簽盤二、銅舀一、銅簸箕一、錫盆一、錫茶碗蓋一、錫茶壺二、錫銚一、錫背壺一、錫火壺一、錫噴壺一、鐵爐一、鐵杓一、鐵鏟一、鐵鑷一、各色瓷盤八、各色瓷碟四、各色瓷碗四、各色瓷鍾八、漆合二、漆茶盤一、羊角手把燈一。

年例

鄂爾泰等《國朝宮史》卷一八《經費二》

恭進

皇太后聖壽恭進

銀一萬兩、大號小珍珠三百串、小珍珠三百串、大號小珊瑚珠三百串、小珊瑚珠三百串、上用緞紗等六十三疋、內滿地風雲龍緞一疋、龍緞一疋、蟒襴緞二疋、粧緞二疋、織金二疋、閃緞二疋、倭緞四疋、補子緞二疋、金字緞二疋、龍紗一疋、蟒紗一疋、補子紗一疋、各色緞二十疋、素緞七疋、衣素七疋、宮紬二疋、帽緞二疋、紗四疋。官用緞紗等三十七疋內蟒襴緞一疋、粧緞一疋、織金一疋、閃緞一疋、補子緞一疋、各色緞十五疋、素緞三疋、衣素三疋、宮紬二疋、帽緞一疋、楊緞三疋、彭緞三疋、紗二疋。

皇太后大慶恭進

謹按：乾隆十六年辛未十一月二十五日，恭遇皇太后六十大慶，於年例恭進外，每日恭進壽禮九九。自二十一日起，凡五日。

二十一日恭進御筆萬壽頌緙絲圍屏一架、三秀雙清緑玉如意一柄、天和長泰繡迎手靠背坐褥一分、長生智慧佛一尊、無量福德佛一尊、吉祥尊勝佛一尊、華藏莊嚴佛一尊、大通智勝佛一尊、日月燈明佛一尊、妙光普照佛一尊、大慈廣潤佛一尊、蕊香幢王佛一尊，以上佛一九。萬品同輝繡花燈一對、八方綺合繡花燈一對、佛沼層雲繡花燈一對、湘臺四照繡花燈一對、華井舒霞繡花燈一對、鼇山露蕚繡花燈一對、瀛洲駢錦繡花燈一對、緑波明月繡花燈一對、九枝春艷繡花燈一對，以上寶燈一九。龍鳳山河宋瑪瑙花觚一件、雙蟠百福紅瑪瑙花瓶一件、瑞捧雙桃五色瑪瑙花插一件、三壽作朋緑瑪瑙花插一件、瑶圃芝雲五色瑪瑙花插一件、天禄長春五色瑪瑙花罇一件、紅英雪幹二色瑪瑙花插一件、松茂萬年黄瑪瑙花插一件、雙魚兆瑞二色瑪瑙花插一件，以上瑪瑙器一九。百福馨宜白玉鼇磬一架、彩翼雲凫白玉罇一件、八方寧謐白玉杯盤一副、鶴鹿僊齡碧玉壺一件、南極呈符漢玉壽星一座、芝鶴同春青玉雙孔花插一件、拈花集鳳碧玉佛手花插一件、歲寒三友白玉雙孔花插一件、金蘐春茂白玉筆山一件，以上玉器一九。雲雷圓象三足鼎一件、仙葩集瑞大花罇一件、翠雲抱珥雙環罇一件、蓬壺結秀方瓶一件、雙螭蟠彩花囊一件、翠嶠仙罍壺一件、方壺供壽四足鼎一件、沆瀣承天方罇一件、蕉葉敷青美人觚一件，以上古銅器一九。武陵僊種甜桃一盒、洞庭秋色橙子一盒、太平瑞實蘋果一盒、露井含華桃乾一盒、萬紀昇平蘋果乾一盒、嘉慶餘甘李乾一盒、雲液凝酥敖爾布哈一盒、絳雪流輝山梨麪一盒、元珠霏屑英俄麪一盒，以上果盒一九。萬福天全一軸、瑶光焕彩一軸、三星拱照一軸、慶演潮音一軸、壽山福海一軸、萬年吉慶一軸、西池佛果一軸、牟尼現瑞一軸、九畹芝英一軸，以上畫軸一九。雲岫春暉一册、四季長春一册、羣仙祝壽一册、蓬山仙館一册、閬風麗景一册、繡谷呈芳一册、麟洲集慶一册、金英薈秀一册、瑶池輯瑞一册，以上畫册一九。静壽同符五嶽圖五卷、恩波廣潤四瀆圖四卷，以上畫手卷一九。貝闕文繆銀九九、香國祥芬藏香九九、箕疇錫福哈達九九。

二十二日恭進御書受天百禄圖一軸、瑶池星彩玉壽星一尊、安敦葉吉繡迎手靠背坐褥一分、玉燭長調紅玻璃蠟臺一對、篆靄金猊紅玻璃香爐一座、楊枝滴露紅玻璃花瓶一對、黄雲垂慶蠟石磬二架、法圓妙轉鍍金輪二件，以上供獻一九。綏山福永象牙蟠桃大盆景一件、塗林嘉粒象牙石榴大盆景一件、寶掌拈花象牙佛手大盆景一件、華林丹顆象牙柿子大盆景一件、春臺日麗象牙牡丹盆景一件、珠囊啓瑞漢玉石榴盆景一件、安期仙果漢玉棗樹盆景一件、石砌長春象牙月季花盆景一件、瑞實金英象牙桃菊盆景一件，以上盆景一九。陀林慧眼彩漆象眼几一對、瑶池紫蒂彩漆菱花几一對、錦城霞綺黄漆海棠几一對、大素含輝黑漆長几一對、仙山樓閣描金長几一對、緑蕚仙春黑漆梅花几一對、元英泳翠黑漆菱花几一對、金蓮湧現描金長几一對、壇山輳玉南海四方几一對，以上香几一九。藍田挹瑞紫檀白玉如意二柄、紺雪凝華紫檀漢玉如意一柄、春嵐潤秀紫檀碧玉如意一柄、晴波仙藻紫檀緑玻璃如意一柄、朝霞霽景紫檀紅玻璃如意一柄、綺日東升紫檀紅瑪瑙如意一柄、金塘碧水黄楊青玉如意二柄，以上如意一九。瑶池景福蜜蠟金桃一件、瓊枝擢秀蜜蠟瑞芝一件、先春嵩祝蜜蠟松竹梅一件、蟠根仙實蜜蠟壽桃一件、海林珠琲蜜蠟安榴一件、雲圃珍蔬蜜蠟秋茄一件、蒼鱗蔚秀蜜蠟高松一件、兜羅妙相蜜蠟佛手一件、華林赤實蜜蠟柿子一件，以上盤一九。延齡寶炷上沉香一盒、蜜樹凝膏中沉香一盒、南山紫氣降香一盒、仙木瓊枝檀香一盒、金界雲芬芸香一盒、萬年松液藏松香一盒、黄英壽篆香餅一盒、朱霞壽篆香餅一盒、蔚藍壽篆香餅一盒，以上香一九。錦幄春烘彩漆手爐九件，手爐一九。蓬壺遐算壽星一件、夔篆仙匏圓爐一件、九節延年如意一柄、錦英含瑞金花椀四件、秀出琪花六稜缾一件、壺天日永罐一件，以上葫蘆器一九。平安百和竹節盒一件、梧鳳鳴祥桐鳥一件、太和保合哈嗎盒一件、壽徵五福圓盒一件、春永仙葩花籃一對、九如聯頌連環一件、三陽開泰盒一件、壽昌有象人物一件、瑞葉呈符册頁一件，以上象牙器一九。明光五色玻璃器九九、承露延年各色菊花盤九九、龍文鳳藻彩緞九九。

二十三日恭進御筆貝葉春暉報恩經一部、景駐蓮壺自鳴鐘一架、静怡自在繡迎手靠背坐褥一分、繡錯方隅鼎式盒一件、芝蓋雲幢八吉祥八件，以上寶器一九。仁壽呈符水晶硯山一件、瑶臺捧露銀晶花插水盛一件、仙蕚平安銀晶瓶一件、萱庭儀鳳銀晶罇一件、雙環獻瑞水晶罇一件、玉井流華銀晶花插一件、雙螭拱壽銀晶罇一件、燕喜三祝水晶罇一件、四方平泰茶晶瓶一件，以上晶器一九。碧海龍翔萬窑提梁壺二件、錦繡圍春萬窑五彩花觚一件、壺天衍壽哥窑蓍草方瓶一件、昌嶠聯芳萬窑雙耳罐二件、三元祥靄定窑爐一件、秋水光涵霽緑罐一件、絳幘籌添霽紅僧帽壺一件，以上古瓷器一九。瑶池僊樂方屏一架、花散諸天腰長屏二架、羣真獻壽圓屏二架、圓光寶相四角屏二架、昇平耕織四角屏二架、以上插屏一九。火齊枝駢珊瑚朝珠一盤、金粟攢珍蜜蠟朝珠一盤、緗蓮垂露碧玉朝珠一盤、佛髻光懸翠生石朝珠一盤、金星騰耀噶什倫朝珠一盤、瓊島凝香伽楠朝珠一盤、彩貫流霞碧琊玒朝珠一盤、仙葫瑞粒椰子朝珠一盤、黃玉流輝蠟石朝珠一盤、以上朝珠一九。梭龍絳靄薰貂冠一頂、慈雲結蓋薰貂冠一頂、華海元珠海龍冠一頂、袞龍繡藻貂絲金龍貂袍成件、仙機雲錦緙絲團龍貂褂成件、福壽雙臻古銅緞天馬袍成件、萬禩吉光紅青緞天馬褂成件、江山朝拱醬色緞銀鼠袍成件、瑶圃羣芳紅青緞銀鼠褂成件、雲虬擁福繡黃緞金龍棉袍成件、團團集慶繡紅青八團金龍棉褂成件、富貴長春醬色緞棉袍成件、流虹華渚紅青緞棉褂成件、瑞叶仙莖古銅緞棉袍成件、重輪煥彩紅青緞棉褂成件、黃龍應瑞繡龍夾紗袍成件、八寓隆平繡龍夾紗褂成件、花開四照古銅夾紗袍成件、芝雲春繡紅青夾紗褂成件、紫氣東來醬色夾紗袍成件、九天霞彩紅青夾紗褂成件、以上冠服一九。事事如意面簪成分、梅英綵勝面簪成分、景福長綿面簪成分、日永琴書簪成對、日月昇恒萬壽簪成對、仁風普扇簪成對、萬年吉慶邊簪成對、方壺集瑞邊花成對、瑶池清供邊花成對、以上簪飾一九。吉雲香篆鼎一件、四方同軌方鼎一件、太平寰宇三足鼎一件、六合儲祥夔耳鼎一件、兩儀開泰三陽鼎一件、仙蕚長春梅式鼎一件、霜筠獻瑞竹節鼎一件、珥日承鼇朝冠三足鼎一件、瑶光紫氣鼎一件、以上彝鼎一九。慈雲普福洋漆交泰瓶二件、蟠桃福會瓷膽瓶二件、仙芝介壽瓷膽瓶二件、金枝重翠玲瓏花囊二件、羲爻呈瑞交泰瓶一件、以上花瓶一九。丹淵萬歲金九九、英山百鍊銀九九、豐茸春靄貂皮九九。

二十四日恭進御筆萬年寶筏心經塔一軸、萬歲嵩呼沉香仙山一座、山岳同安繡迎手靠背坐褥一分、多寶祥光石塔一座、延壽無量藥師經二部、祥符玉燭洋彩蠟簽二件、寶幢法供滿達二座、放大光明白玻瓈桌燈一對、以上供器一九。應真拱壽山石羅漢十八尊、羅漢二九。厚坤永載白玉五嶽磬一架、珠聯璧合白玉連環合符磬一架、福永仙壺白玉夔福提梁卣一架、福慶長綿蜜蠟夔福磬一架、祥徵儀鳳牛油石夔鳳磬一架、景星效慶温都魯牙磬三架、日報平安雕竹提梁卣一架、以上磬一九。霜筠標翠竹節耳杯盤一副、象叶羲文八卦杯盤一副、瑶草雲敷雙芝耳杯盤一副、秀擢雙莖芝耳杯盤一副、瑞彩璘瑞仙芝螭耳杯盤一副、瑞應雲從雙龍耳杯盤一副、天池騰躍雙夔耳杯盤一副、寰海飛鱗雙螭耳杯盤一副、錦江擷綺葵花式杯盤一副、以上杯盤一九。金絲呈慶蟠桃盤一件、秋英不老菊花盤一件、玉井流香荷花盤一件、滄海游龍五螭盤一件、黃雲茁秀九芝盤一件、向日抒丹葵花盤一件、秋圃霏英海棠盤一件、福慶綿長瓜瓞盤一件、安石敷榮海榴盤一件、以上石盤一九。方諸流映玻璃掛鏡九件、鏡一九。壺天百和玻璃瓶鼻煙九瓶、鼻烟一九。長春萬壽花一件、雲霞散綺花一件、萬彙抒丹花一件、繡谷鶯翔花一件、芝圃羅英花一件、仙蕚敷春花一件、優鉢拈花花一件、富貴披香花一件、金英吐瑞花一件、以上花籃一九。仙蕚含英梅花几盒四對、祥呈疊勝方勝几盒二對、雙芝衍慶如意几盒一對、璧月流輝圓几盒一對、瀛寰承瑞八角几盒一對、以上几盒一九。香參鼻觀鼻煙壺九九、普象春熙宜興瓷九九、玉繭雲機彩緞九九。

二十五日恭進御筆瑶光炳彩壽星一軸、繡谷香濃花卉炕屏一架、福壽康寧繡迎手靠背坐褥一分、四表朝天四足方鼎三件、仙嶠烟霞三足圓鼎三件、金輪抱耳朝冠耳圓鼎三件、以上鼎一九。萬國同春掛屏一面、萬方膏雨掛屏一面、萬笏朝天掛屏一面、萬頃恩波掛屏一面、萬年琪樹掛屏一面、萬壑泉聲掛屏一面、萬松晴雪掛屏一面、萬嶺明霞掛屏一面、萬峰積玉掛屏一面、以上屏一九。祥呈郊藪磬三架、福壽天全磬三架、龍文瑶彩磬三架、以上石磬一九。佛鉢香雲白玉碗一件、春嵐霽色青玉碗一件、銀漢秋澄白玉碗一件、雙龍騰靄青玉碗一件、琪花吐艷青玉碗一件、圓池暈碧碧玉碗一件、璧沼盤花碧玉碗一件、壽域同春碧玉碗一件、瑞卉聯芳青玉碗一件、以上玉碗一九。暖律回春銅手爐九件、手爐一九。露掌高擎白玻璃高足杯一對、瓊脂雲液白玻璃杯一對、沆瀣流慈玻璃刻花法盞一對、彩煥璇杓玻璃刻花把鍾六對、以上杯一九。夔龍奉壽方鼎一件、羣芳彙秀花籃一件、壺嶠長春獸環罐一件、雲表金莖把碗一對、層城仙拱幢盒一對、蓬閬羅珍盆景一對、以上琺瑯器一九。瑶池佳氣東莞香九盒、香一九。百寶莊嚴南漆奩粧三對、五雲耀彩南漆几櫃一對、春臺仁壽南漆奩對一件、諸天妙相無量壽佛九九、萬彙鈞陶瓷器九九、億載泉流千錢九九。

乾隆二十六年辛巳十一月二十五日，恭遇皇太后七十大慶，於年例恭進外，每日恭進壽禮九九。自十六日起，凡十一日。

十六日恭進御筆升恒慶壽安宮銘三屏風寶座成分、人天勝果無量壽佛一九、福田廣濟無量壽佛一九、性徹真如無量壽佛一九、得大歡喜無量壽佛一九、智炬長明無量壽佛一九、玉毫現瑞無量壽佛一九、慧珠妙朗無量壽佛一九、聲聞寶覺無量壽佛一九、華海總持無量壽佛一九、以上佛九百尊。三藏神光塔龕三座、塔龕三座。火樹凝華珊瑚如意一柄、璇霄映碧永昌玉如意一柄、明霞煥彩芙蓉石如意一柄、金芝擢秀龍油珀如意一柄、榮光捧日鶴頂紅如意一柄、黄雲垂蔭蜜蠟如意一柄、南山春黛孔雀石如意一柄、瓊英疊綺花石如意一柄、美韞藍田催生石如意一柄。以上如意一九。

十七日恭進御筆寶籙駢禧匾額一面、慧福同尊擦擦無量壽佛一九、宏濟羣生擦擦無量壽佛一九、光徹大千擦擦無量壽佛一九、法鏡長圓擦擦無量壽佛一九、金乘瑞相擦擦無量壽佛一九、勝幡清净擦擦無量壽佛一九、福被恒沙擦擦無量壽佛一九、慈雲普蔭擦擦無量壽佛一九、調御諸天擦擦無量壽佛一九、以上佛九千尊。般若珍臺掛龕二十八座、掛龍二十八座。松雲金彩龍油珀卧蠶紋如意九柄、如意一九。雲霄飛舞紫檀黄緞繡金龍九屏一座、九天垂拱紫檀縴絲金龍寶座一張。

十八日恭進御筆萬壽聯珠縴絲圍屏一架、福德天全釋迦牟尼佛一尊、長生智慧無量壽佛二尊、龍華闡法彌勒佛一尊、吉祥妙喜喇嘛佛一尊、香海莊嚴觀世音菩薩一尊、法雲普潤白衣救度佛母一尊、大慈廣濟緑衣救度佛母一尊、寶幢尊勝金剛勇識菩薩一尊、以上佛一九。雲捧香臺紫檀木龕九座、佛龕一九。慧日長懸無量壽佛九尊、佛一九。白毫光滿紫檀木龕九座、佛龕一九。大通福慧釋迦牟尼佛三尊、上乘正覺燃燈佛二尊、法輪廣運彌勒佛二尊、十方安樂阿彌陀佛二尊、以上佛一九珠光現瑞楠木葫蘆龕一座、佛龕一。福永須彌瓷無量壽佛九尊、佛一九。華嚴法界楠木葫蘆龕一座、佛龕一。妙明自在觀世音菩薩一尊、智珠普照八大菩薩八尊、以上佛一九。法藏光華楠木葫蘆龕一座、佛龕一。慈航利濟緑衣救度佛母九尊、佛一九。青蓮寶品楠木葫蘆龕一座、佛龕一。瑞容滿月無量壽佛九軸、畫像佛一九。金仙祝聖壽山石羅漢十八尊、羅漢二九。圓光寶相擦擦佛九尊、佛一九。《天人永護長壽經》一部、貝多珍品《長壽灌頂經》一部、《恒河功德無量壽佛經》一部、檀木寶篆《長壽經》一部、法海《潮音長壽成法經》一部、龍藏金函《藥王經》一部、《大乘妙典尊勝儀軌經》一部、《梵夾春暉佛母儀軌經》一部、《菩提真諦長壽成法經》一部、以上經一九。放大光明銅鍍金塔九座、塔一九。多寶祥光銅鍍金塔一座、千花湧現金漆木塔八座、以上塔一九。蓮界環周鍍金滿達一件、沆瀣凝華瓷奔巴壺一件、楊枝灑潤瓷奔巴瓶二件、天雨寶花廣珐瑯六方瓶二件、梵天轉運廣珐瑯輪二件、以上供器一九。四時玉燭廣珐瑯蠟臺一對、博山瑞靄廣珐瑯香爐一件、曼陀散彩廣珐瑯净瓶一對、瑜伽净寶銅鍍金滿達二件、甘露長涵銀鍍金寶瓶二件、以上供器一九。毗耶净域銀鍍金壇城一座、珠林香雨銀鍍金花一件、九葩垂蔭銀鍍金蓋一件、法源仙唄銀鍍金螺一件、寶界圓通銀鍍金輪一件、慈雲廣覆銀鍍金傘一件、蓮臺香遶銀鍍金腸一件、曇華常滿銀鍍金罐一件、梵海黥鏗銀鍍金魚一件、以上供器一九。法幢永護廣珐瑯將軍寶一件、祇園同樂廣珐瑯男寶一件、散花仙侣廣珐瑯女寶一件、陀林大力廣珐瑯象寶一件、檀山龍駟廣珐瑯馬寶一件、智光圓朗廣珐瑯三寶珠一件、照臨香界廣珐瑯輪寶一件、圓光妙轉廣珐瑯輪二件、以上供器一九。光生蓮藏銀珐瑯七珍一分、天花現瑞銀七珍一分、紺席舒華銅鍍金七珍一分、百寶尊嚴銀鍍金七珍一分、珠龕珍器銀八寶一分、法筵清净銀鍍金八寶一分、芝幢梵蓋銀八吉祥一分、天龍供養銅鍍金八吉祥一分、檀海香雲銀九供一分、以上七珍八寶八吉祥九分。寶絡垂雲哈達九九、金地霞芬藏香九九、苕琬雕華紫檀木嵌玉如意九柄、如意一九。絳雪呈華山查糕一盒、瓊琚珍品木瓜糕一盒、紫英絢采酸棗糕一盒、金粟涵芳桂花糕一盒、紺玉流輝玫瑰糕一盒、雲粉含春梅蘇糕一盒、碧芽凝液茶葉糕一盒、黛葉清芬薄荷糕一盒、香蒸珠粒松子糕一盒、以上紅綵漆几盒一九。九重春色紫檀縴絲花鳥九屏一座、昇平端拱紫檀竹式縴絲寶座一張。

十九日恭進御筆萬國共球職貢圖掛屏一件、仙島金霞龍油珀卧蠶紋如意九柄、如意一九。洱海冰絲緬甸國綿布九疋、芝泥獻瑞蘇祿國土九兩、南金貴品安南國銀九錠、珍木瓊脂安南國泡速香九十斤、蓬山銀液琉球國白錫九塊、丹爐百鍊琉球國紅銅九把、貝闕仙機琉球國蕉布九疋、兜羅香輭琉球國綿子九卷、鮫宮百和暹羅國龍涎香九塊、寶樹凝芳暹羅國沉香九塊、栴林仙炷暹羅國白檀香九塊、絳宇祥芬暹羅國降香九塊、瀛島金膏暹羅國藤黄九塊、炎洲石髓暹羅國硫黄九塊、滄波霞綺暹羅國紅布九疋、龍藏瓊綃西洋國布九疋、麟洲寶幣西洋國銀錢八十個、扶桑火浣朝鮮國布九疋、上清玉紵朝鮮國夏布九疋、冰蠶香縷朝鮮國綿紬九疋、紫海豐毫朝鮮國水獺皮九張、五花璀璨朝鮮國龍席九領、桃笙光照朝鮮國涼席九領、冰紋瑞繭朝鮮國頭號紙九卷、銀光澄素朝鮮國三號紙九卷、裔雲織彩土魯番布特他緞一疋、橦華珍貢朝塔爾布一疋、緑波春浣拉達克漢緞一疋、璇霄紫氣布魯克巴阿湯緞一疋、絳霄綺麗阿素瑪緞一疋、明光瑞質阿多里什緞一疋、七襄文錦阿拉擦緞一疋、天梭繡組齊卜彌緞一疋、蘭縑五色達爾路紬一疋、金縠盤花那木湯紬一疋、玉縷成章痕都斯坦銀絲緞九疋、絳綈耀日痕都斯坦盪花紬三疋、香羅疊采痕都斯坦金花手帕三條、織文春麗痕都斯坦五彩金邊布三疋、寶筒光絢痕都斯坦洋漂花布六疋、雲機含藻痕都斯坦金花布三疋、紫闕凝華伊犂花氈九塊、貢陳九特沙爾虎金九條、崑圃琳瑯和闐玉九塊、天方珠粒回子葡萄九匣、祇園仙實藏果九匣、瑯玕珍幅回子紙一百張、錦雯雲縷回子金線九股、漢渚瑶絲回子銀線九股、葩蓋長圓回子囊一盒、錦苞啟秀回子饅圖一盒、芝粉含珍回子綽齊博勒一盒、金酥含彩回子薩穆巴勒蘇一盒、琳液調香回子察勒巴克一盒、紫霄雲片回子哈克察一盒、瓊葉流馨回子格勒得一盒、琪樹交柯回子桑子一盒、丹房仙餌回子托噶赤一盒、以上紅彩漆捧盒一九。瑶池麗景彩漆繡花鳥五屏一座、山岳同安紫檀緙絲寶座一張。

二十一日恭進御筆連藏光明墨刻華嚴心鏡圖一軸、春華秋實各種雕鏤如意一九、康寧永錫繡迎手靠背坐褥一分、金闕榮光黄瑪瑙松椿花插一件、瑶池嘉會紅白瑪瑙仙人桃椿花插一件、萬年長茂花瑪瑙松椿花插一件、九天慶喬紅白瑪瑙流雲洗一件、玉沼明霞瑪瑙盌一件、蓬壺仙掌瀚海石佛手水注一件、松喬錫籙紅白瑪瑙松鹿花插一件、西池翠蓋紅白瑪瑙荷葉洗一件、丹霄糺縵紅白瑪瑙流雲水盛一件、以上瑪瑙器一九。五福駢臻南漆寶蓋掛燈九對、寶燈一九。丹山彩羽掛屏一件、閬苑傳觴掛屏一件、芝田採秀掛屏一件、天禄長春掛屏一件、福應三陽掛屏一件、瀛洲仙境掛屏一件、碧嶂喬林掛屏一件、瑶圃聯芳掛屏一件、諸天花雨掛屏一件、以上彩畫掛屏一九。天球仙樂漢玉璧磬一架、曇華春永漢玉扛頭花囊一件、五雲景福青玉提梁卣一件、瓊漿獻壽青玉瑣子壽字執壺一件、玉井涵芳萊玉蓮花瓶一件、瑶光焕彩黄玉壽星一件、琪圃芝雲青玉流雲夔把花澆一件、上闌珍品碧玉櫻桃陳設一件、觚稜瑞靄青玉出戟方觚一件、以上玉器一九。仙闕琅音青緑乳丁鐸一件、天杓酌酒青緑商斗一件、瑞獻般文青緑獸面高足圓盤一件、寶氣歒雲青緑彝一件、碧牙鏤采青緑商犧獸尊一件、三才法象青緑朝天耳三足鼎一件、錦蕊生香青緑渣斗花囊一件、函關仙騎青緑犧牛尊一件、慶流三祝青緑商三喜豆一件、以上青緑器一九。瀛海驪珠龍眼一盒、上苑瓊瑰栗子一盒、崑圃長春延壽果一盒、玉池珠顆建蓮一盒、仙露明珠葡萄一盒、絳囊仙品荔枝一盒、寶樹銀丸白果一盒、安期珍品白棗一盒、蓬山翠粒松子一盒、以上填漆菊花式捧盒一九。純嘏天長壽字無量壽佛一軸、光炳弧南壽星一軸、海上銖衣宋緙絲仙人一軸、祥光朝斗壽星一軸、瑶天清唳仙鶴一軸、梵相莊嚴祝聖羅漢一軸、金界光明心經寶塔一軸、瓊帔稱觴麻姑一軸、紫庭翔舞鸞鳳一軸、以上畫掛軸一九。《瑶林香雪》一册、《萬壽無疆字畫》一册、《閬風仙景花鳥人物》一册、《智仁同樂山水》一册、《錦圃羅英》一册、《壽岳仙淵》一册、《羣芳集瑞》一册、《琪葩毓秀》一册、以上畫册一九。《天人協慶感應篇》一卷、《仙山樓閣圖》一卷、《溪山春靄圖》一卷、《福禄綿長圖》一卷、《春臺共樂人物》一卷、《絳闕朝元圖》一卷、《玉京仙弈圖》一卷、《清都福會圖》一卷、《壽昌有象人物》一卷、以上手卷一九。紫府精鏐元寶九九、甄陶品彙瓷尊瓶九九、蓬壺仙種葫蘆器九九、雲霞組繡紫檀緙絲十二屏一座、紫極凝禧紫檀緙絲寶座一張。

二十二日恭進御筆萱闈集慶條對一分、西崑呈瑞沉香方朔山子一座、天和禔福繡迎手靠背坐褥一分、瑞綿仙瓞黄楊木嵌青玉如意一柄、錦萼珠英紫檀鑲嵌花卉如意一柄、景福長生象牙嵌瑪瑙如意一柄、玉井舒華白檀香嵌瑪瑙如意一柄、慶衍三多紫檀嵌瑪瑙如意一柄、寶珠長滿白檀香嵌玻璃如意一柄、華林駢瑞黄楊木嵌瑪瑙如意一柄、九芝毓秀沉香嵌瑪瑙如意一柄、華寶同芳沉香鑲嵌花卉如意一柄、以上如意一九。魚藻清音青玉魚磬一架、雲咸叶奏白玉瑣子夔龍流雲磬一架、兩儀同慶白玉雙福磬一架、泰階璧合白玉瑣子合符磬一架、九韶應節白玉瑣子磬一架、箕疇聯錫白玉瑣子夔福雙連磬一架、龍藏儲珍白玉八寶環連雙福磬一架、鈞天玉振白玉瑣子磬一架、升恒合頌白玉福壽磬一架、以上玉磬一九。仙猊率舞水晶獅子蓋罐一件、蓬山永戴水晶鰲魚筆山一件、彤管光生水晶筆筒一件、璇宫朗照水晶軒轅鏡一件、九苞瑞羽銀晶鳳凰雙蓋尊一件、香生寶葉水晶芝草水盛蓋瓶一件、玉樹珍禽粉晶鳳凰桃椿花插一件、瑶蕊留春紫晶玉蘭花插一件、璧水瑶翎銀晶鳧式蓋尊一件、以上水晶器一九。寶露涵英均釉出戟花觚一件、慶占抱珥青花白地吉利瓶一件、萬彙敷榮均釉玲瓏花籃一件、六宇同春三彩瓷六方扁瓶一件、瓊沼仙鱗白瓷木魚壺一件、碧落璇杓定窑柳斗一件、銀塘風蓋均釉荷葉洗一件、仙掌高擎嘉窑八仙高足圓罐一件、璧月長圓官窑盤一件、以上古瓷器一九。碧漢光涵玻璃插屏一件、銀華映采玻璃畫插屏一件、璇臺麗景畫玻璃博古插屏一對、璧海霞峯彩漆鑲玻璃鰲山插屏一件、仙都嘉慶玻璃吉慶插屏一件、上林春霽玻璃花鳥插屏一件、清輝四照玻璃插屏一件、雲嶠流芬堆香插屏一件、以上插屏一九。火齊星懸珊瑚朝珠一盤、翠粒珠聯青金石朝珠一盤、金星粟圓光蜜蠟朝珠一盤、朝霞霽色碧瑶玐朝珠一盤、瓊樹凝香伽楠朝珠一盤、金星澄耀噶什倫朝珠一盤、玉璇暈彩羊睛朝珠一盤、崑林仙粒椰子朝珠一盤、萬年黛色面松朝珠一盤、以上朝珠一九。毳冕春融熏貂冠一頂、玉綖光靄海龍冠一頂、翠雲繡衮緙絲金龍貂皮袍褂成套、吉光珍腋緞面天馬皮袍褂成套、玉毫絢綵緞面銀鼠皮袍褂成套、雲機瑞錦繡緞綿袍褂成套、九華仙組素緞袍褂二套、龍綃五色繡袷紗袍褂成套、蘭綺含風袷紗袍褂二套、以上冠服一九。五福陳疇面簪成分、天開純嘏面簪成分、壺天集慶面簪成分、寶掌拈花簪成對、西池獻壽簪成對、萬年嵩祝簪成對、天保罄宜簪成對、卿雲擁福簪成對、緑雪含芳簪成對、丹臺凝靄南漆鼎式香几八件、層城珍拱南漆子母几盒一件、以上漆器一九。仙島熙春雕象牙花尊一件、寶華含露均釉膽瓶一對、螺峰湧翠霽青觀音瓶一對、蒼虬拱瑞雙耳瓶一對、彤霞映日霽紅觀音瓶一對、以上花瓶一九。璚粒霏香松子餅一盒、桂粉春融南魯酥一盒、銀荷澄露白蓮花酥一盒、錦英香滿黄海棠酥一盒、九苞耀彩粧花酥一盒、絳雪流輝紅元酥一盒、翠雲凝液緑腰酥一盒、素璞凝華白元酥一盒、金蕊含芳葵花酥一盒、以上填漆菊花式捧盒一九。荊南百鍊金九九、朱提珍貢銀九九、紫茸豐靄貂皮九九、錦圃生香紫檀繡詩意花卉九屏一座、清晏迎禧紫檀緙絲寶座一張。

二十六日恭進御筆貝葉長生金字無量壽佛經一部、南極榮光茶晶壽星一尊、垂衣集慶繡迎手靠背坐褥一分、崑岡擢秀碧玉松芝花插一件、寶樹長青碧玉松椿花插一件、上林緗綺碧玉桃花椿插一件、雲虬獻瑞碧玉龍首花插一件、祥徵飛舞碧玉龍鳳蓋罐一件、露井舒華碧玉桃椿水盛花插一件、嶰谷鸞音碧玉鳳竹花插一件、瑤島蟠枝碧玉桃椿花插一件、雪嶺雙清碧玉松梅花插一件、以上碧玉器一九。蜀錦霏香海棠盆景一座、玉樹珊瑚梔子南天竺盆景一座、瓊畹香英水仙盆景一座、春秋並茂梅花芙蓉盆景一座、緋衣春色碧桃虞美人盆景二座、金莖集鳳芝草鳳仙盆景一座、仙都富貴牡丹芝草盆景一座、琪圃延齡枸杞芝草盆景一座、以上銅掐絲珐瑯盆景一九。瑤臺蕚緑南漆梅花式香几二對、金綵宜春南漆方勝式香几二對、霞圃秋芳南漆海棠式香几一對、八紘平泰南漆八角式香几一對、四表光華南漆四方式香几三對、以上香几一九。金華寶蓋青玉菊芝如意一柄、九莖成瑞滑石福禄靈芝如意一柄、璇霄景福青玉雲蝠如意一柄、香臺寶篆紫檀五彩福壽如意一柄、九如永慶鸂鶒木鑲磬如意一柄、瑤巖三秀牛油石芝草如意一柄、德合莖英紫檀嵌玉福芝如意一柄、九光玉葉沉香芝草如意一柄、箕範天全紫檀嵌玉福壽如意一柄、玉池圓照瓷珐瑯面盆一對、銀河璧月瓷珐瑯手盆一對、四維環拱洋瓷四方套環盒一件、赤瑛疊采紅洋瓷套圓盒一對、彤雲綺合五彩瓷油盒一對、以上洋瓷器一九。仙蕚長春黄彩漆梅花式盒一件、金霞湧現黄彩漆八寶盒八件、以上寶盒一九。蘭幄春温漆手爐九件、手爐一九。春壺對捧天然雙葫蘆一件、六瑚焕彩葫蘆六方瓶一對、壺天日永葫蘆雙陸瓶一對、丹臺珍器葫蘆扁罐一件、壺洲挹秀葫蘆把碗一對、蓬山瑞種跎踏葫蘆一件、以上葫蘆器一九。光映蘭膏銅鑲象牙遮燈一件、方輿合慶象牙方盒一對、金枝挺秀象牙出戟瓶一件、四照仙葩象牙鑲嵌玻璃花籃一件、向日敷榮象牙葵花盒一件、清舒協體象牙臂格一件、貝闕懸黎雕象牙架磬一座、廣輪同照象牙鑲千里眼一件、以上象牙器一九。閬苑蟠枝桃一盒、香染金衣朱橘一盒、霜苞秋貢廣橙一盒、玉乳流甘波梨一盒、瓊田雲粉荸薺一盒、瑤林緗顆檳子一盒、建春甘蒂獅柑一盒、華平啓瑞蘋果一盒、露浥珠囊岡榴一盒、以上紅彩漆捧盒一九。雲腴五色玻璃器九九、龍盤仁壽銅鏡九九、玉繭雲機緞九九、絳霄呈瑞紫檀緙絲花卉九屏一座、萬年保泰紫檀緙絲寶座一張。

二十七日恭進御筆萬年介祉大壽字掛屏四件、仙壺駐景自鳴鐘一架、清寧集福繡迎手靠背坐褥一分、瓊華焕采紫檀嵌白玉如意九柄、如意一九。上林燕喜插屏一座、瑤臺仙榦插屏二座、秋英永壽插屏一座、金萱春茂插屏一座、海屋添籌插屏一座、河清海晏插屏一座、金莖玉樹插屏一座、錦圃春濃插屏一座、以上楚石插屏一九。珍符環拱白玉八寶連環磬一架、瑤算春長青玉海屋添籌磬一架、湘陰合璧青漢玉雙磬一架、荊璆含藻青玉花籃磬一架、瑞叶虞球青漢玉夔龍磬一架、瓊珍捧壽白玉夔龍壽字磬一架、龍堂振響漢玉鰲魚磬一架、陳倉獻寶漢玉天鷄珮磬一架、海藏仙音漢玉鰲魚夔龍磬一架、以上玉磬一九。光注流霞瑪瑙杯盤九分、杯盤一九。丹山春永催生石鳳凰松桃花插一件、珠囊含露催生石石榴水盛花插一件、三秀駢英花石芝草水盛一件、龍池集慶漢石雙螭耳磬鈴杯一件、碧筒凝液孔雀石蓮枝洗一件、九霄葩采孔雀石流雲洗一件、坤元合德荊石腰圓盒一件、玉規暈月花石圈一件、崑崙瑞璞黄石子一件、以上石器一九。珍禽效舞楠木鑲斑竹玻璃雀籠盆景一座、琪樹恒春雕沉香花插一件、虬枝擢秀沉香松椿花尊二件、萬年苞茂沉香松竹八仙臺二件、瑯玕鏤采包竹提梁卣二件、萬歲嵩呼沉香八仙慶壽仙山一座、以上木器一九。百和天香鼻烟九玻璃瓶、鼻烟一九。九天珠玉彩漆唾盂九件、唾盂一九。丹心捧日紅漆葵花瓣罩蓋盒一對、八風合律香色漆八角罩蓋盒一對、六花獻瑞緑漆六瓣罩蓋盒一、宜春嘉兆黑漆描金方勝罩蓋盒一對、秋錦增妍黑漆描金海棠式罩蓋盒一對、圓象呈符紅漆雙圓罩蓋盒一對、四照榮敷黄漆菱花式罩蓋盒一對、八表光明黑漆描金八方罩蓋盒一對、瓊枝仙蕚金漆梅花式罩蓋盒一對、以上紅彩漆盒一九。瑤池九熟桃乾一盒、蓬萊文蒂杏乾一盒、崖蜜凝甘甜果乾一盒、桂髓含芳香瓜乾一盒、紫房珍顆檳子乾一盒、瑞應承平蘋果乾一盒、元圓雲津梨乾一盒、玉文仙種李乾一盒、仙畦碧玉冬瓜乾一盒、以上紅彩漆捧盒一九。壺天香靄玻璃鼻煙壺九九、温室春調銅手爐九九、萬象陶成瓷器九九、萬彙同春繡花卉九屏一座、紫微朝拱紫檀緙絲寶座一張。

二十八日恭進御筆瑶樞純蝦扁額一面、御筆壽國舒長對一副、球琳耀采紫檀嵌玉福壽如意九柄、萬年叶吉白玉磬一架、多福罄宜白玉磬一架、神夔獻瑞白玉磬一架、仙掌呈珍白玉磬一架、江山長鞏白玉磬一架、八寶光華白玉磬一架、雲龍際會漢玉磬一架、嘉魚燕衎碧玉磬一架、金英集福碧玉磬一架、以上玉磬一九。瑶光昭朗水晶壽星一件、金鱗蟠瑞水晶龍蓋罐一件、西池駢實水晶雙桃水盛一件、玉葉生香水晶芝草蓋罐一件、秋錦舒英水晶海棠洗一件、崑崙緗蒂水晶桃式洗一件、仙畦瑞瓞水晶瓜式洗一件、珍禽率舞水晶異獸陳設一件、聲教遐宣水晶鐸一件、以上水晶器一九。瓊枝春信碧玉梅椿花插一件、翠蓋鸞迴碧玉松椿鳴鳳花插一件、喬林飛舞碧玉松椿鶴鹿花插一件、嶰谷和鳴碧玉鳳竹花插一件、千春蔚秀碧玉松椿花插一件、琅玕瑞翼碧玉鳳竹芝草花插一件、寶樹仙翎碧玉松椿芝鶴花插一件、翠篠文禽碧玉鳳竹蓋罐一件、祥徵交泰碧玉三陽圓蓋瓶一件、以上玉器一九。金霞注液黄瑪瑙蓋罐一件、仙源春麗紅瑪瑙桃椿花插一件、舞呈鏡彩紅瑪瑙天鷄花插一件、瑶海盤虬紅瑪瑙螭虎龍尾觥一件、九苞對舞粉紅瑪瑙雙鳳耳扁瓶一件、壺天送喜紅瑪瑙雙喜葫蘆鼻煙瓶一件、珠囊晉福紅白瑪瑙榴蝠陳設一件、翠島仙羣花瑪瑙松椿鶴鹿花插一件、向日敷榮花瑪瑙葵花碗一件、以上瑪瑙器一九。星洲麗景廣珐瑯西洋人物瓶一件、雙虬環拱廣珐瑯五福螭虎耳瓶一對、崑閬同登廣珐瑯五彩西洋人物瓶一對、琪葩光絢廣珐瑯五彩花六方瓶一對、錦萼春暄廣珐瑯五彩洋花瓶一對、以上珐瑯瓶一九。金虬湧現廣珐瑯五彩雲龍大碗四件、絳霄鱗鬣廣珐瑯五彩雲龍碗八件、錦繡圍春廣珐瑯五彩洋花碗六件、以上珐瑯碗二九。秋英金燦黄玻璃菊瓣碟二件、玉宇光澄白玻璃菊瓣碟一件、碧染春波緑玻璃菊瓣碟一件、禎玉流輝紅玻璃菊瓣碟一件、西峰濃黛藍玻璃菊瓣碟一件、金波瀲灩黄玻璃菊瓣碟一件、映水天光青玻璃菊瓣碟一件、絳霞散綺紫玻璃菊瓣碟一件、銀河環映白玻璃圓碟十八件、以上玻璃碟三九。銀塘香蒂哥窑菱花碟九件、窑器一九。金掌涵華黄大碗九件、旭日騰輝霽紅碟九件、雲錦呈文五彩碟六件、景福長生紅蝠碟十三件、璇霄霞彩五彩盤八件、以上瓷器五九。珩璜鏤采白玉夔龍連環佩九件、玉佩一九。瑶京祝蝦蠟石羣仙獻壽九件、仙人一九。方壺春藹銅鑲玻璃鼻煙壺九件、鼻烟壺一九。翠羽迎春黄楊木梅雀一件、瑶幹雙清碧玉松梅花插一件、福地仙苗紅白瑪瑙蝠芝花插一件、九天集慶水晶福壽花插一件、瑞彩璘斒催生石獸面花插一件、春雲漾碧霽青膽瓶一件、仙巖獻果漢玉白猿陳設一件、蒼林玉羽金星玻璃松鶴筆山一件、龍池瑞靄紅玻璃螭虎水盛一件、以上南漆綉罩都盛盤陳設一九。琳瑯插架洋漆格二對、彩韞琅函紫檀簡粧一對、寶髻輝懸十錦抿篦九十匣、銀櫛含章木梳九十匣、絳霄錦縷紅頭繩四十九匣、若木澄華紫檀鑲玻璃插屏九件。

二十九日恭進御筆香山九老錦鑲挂屏一件、瑾瑜韞瑞紫檀嵌玉福壽如意九柄、如意一九。仙韶儀舞白玉夔鳳磬一架、祥徵合璧白玉雙連磬一架、素鱗浮采青玉雙魚磬一架、貝闕仙音青玉夔龍磬一架、長樂駢禧碧玉雙如意磬一架、純蝦同臻碧玉福壽磬一架、瑞衍先天白玉太極磬一架、隆祺聯慶白玉雙福磬一架、萬禩珍符白玉萬字磬一架、以上玉磬一九。四維環拱廣珐瑯雙環方瓶一對、仙苑留春廣珐瑯花觚一對、曇華常現廣珐瑯圓罐一對、潤涵寶露廣珐瑯雙耳圓瓶一對、珍囿般文廣珐瑯獸耳方瓶一件、以上珐瑯器一九。崑島蟠枝紅白瑪瑙桃式鼻烟壺一件、瓊罌仙蒂紅白瑪瑙瓜式鼻烟壺一件、壺天春盎瑪瑙天然鼻烟壺一件、寶掌浮瑪瑙佛手鼻烟壺一件、塗林衍慶紅白瑪瑙石榴鼻烟壺一件、瑶蕊含芳瑪瑙玉蘭花鼻烟壺一件、檀木勝果瑪瑙佛手鼻烟壺一件、香繞蓬壺花瑪瑙背壺式鼻烟壺一件、瑞捧仙匏象牙葫蘆鼻烟壺一件、以上鼻烟壺一九。春臺朗照紫檀鑲玻璃插屏九件、插屏一九。祥輪永駐瑪瑙太平車九件、太平車一九。寶鼎長調瑪瑙匙九件、匙一九。碧篆祥芬東莞香九錫盒、香一九。雲華爛漫五彩瓷方碟九件、碟一九。錦文璀璨五彩映朝暾霽紅碟九件、丹霄集祉紅蝠碟九件、榮光長捧黄大碗八件、金翠交輝五彩八仙大碗五件、九霞綺麗五彩盌七件、以上瓷器五九。三霄承露白檀香福壽茶盤十件、瑶池獻瑞彩牙陳設一對、珊架凝華紫檀嵌牙玻璃掛格三對、寶帕香雲羅包頭九十匣、玉珈光耀篦子九十匣、瓊田雲粉豆麪四十五匣。

三十日恭進御筆《嵩呼介景萬壽圖》四卷、慶叶安敦繡迎手靠背坐褥一分、紅雲捧福珊瑚如意一柄、葩蓋長青永昌玉如意一柄、黄中叶吉蜜蠟如意一柄、寶葉呈華花石如意一柄、三秀涵青水晶如意一柄、玉宇星澄金星玻璃如意一柄、瑞旭流丹鶴頂紅如意一柄、琳碧含輝孔雀石如意一柄、金闕芝英龍油珀如意一柄、以上如意一九。苞符呈瑞漢玉龍馬負圖一件、仙瓞綿長碧玉瓜式水盛一件、香靉青猊碧玉獸耳彝爐一件、錦英承露青玉海棠筆洗一件、崑圃遊麐漢玉異獸水滴一件、壺嶠盤龍碧玉蟠螭葫蘆洗一件、金莖毓秀漢玉蓍草花囊一件、方珪輯瑞漢玉方盒一件、閬苑長生漢玉仙人花插筆架一件，以上玉器一九。蓬瀛春靄緙絲掛屏一件、繡嶺珠淵緙絲掛屏一件、紫萼鋪霞緙絲掛屏一件、四序欣榮緙絲掛屏一件、春色長圓緙絲掛屏一件、上苑聯芳緙絲掛屏一件、寶樹仙禽文竹掛屏一件、湘皐清景文竹掛屏一件、琪圃生香南繡掛屏一件，以上掛屏一九。泗濱珍貢黑石磬九架，石磬一九。寶月光圓白玉盌三件、碧霞注液青玉盌六件，以上玉盌一九。陽和回律廣珐瑯手爐九件，手爐一九。璧沼盤雲白玉雙螭耳杯一件、秋嵐滴翠青玉單把巵二件、蟠枝連理白玉連枝桃杯二件、春雲束素白漢玉文帶耳杯二件、金波泛彩漢玉三螭杯一件、翠箔同功青玉蠶紋雙耳杯一件，以上玉杯一九。香茁奇葩廣珐瑯花瓶九對，珐瑯器一九。寶藏氤氳東莞香九錫盒，香一九。春臺雲捧紫檀鑲象牙粧臺一座、百福湘奩紫檀簡粧二對、玉案香清紫檀鑲瓷香几一對、彤華寶筩南漆扶手一對、錦繡重緘南漆迎手一對、九華仙篋黑漆扇面式櫃一對、五雲錦座文竹繡墩四件，以上漆木器一九。上林緗核仙桃一盒、洞庭芳蔕朱橘一盒、丹林霜實廣橘一盒、太谷雲腴波梨一盒、仙畦瓊液荸薺一盒、金囊珍品檳子一盒、仙圃金丸獅柑一盒、緑玉霏香蘋果一盒、錦房晶粒岡榴一盒，以上紅彩漆捧盒一九。龍章鳳藻閃緞九疋、天機獻瑞金壽字緞九尺、蘭組生香宮紬九疋、花縑雲絢春紬九疋、寶縠含章紡紬九疋、春波疊采綢紬九疋、五紋仙縷紗二十七疋，以上彩緞九九。璧月金波白銅盆九九、寶源萬載錢九九、雲綺成章紫檀緙絲九屏一座、康和履福紫檀緙絲寶座一張。

允禄等《皇朝禮器圖式》卷一《祭器一》 天壇正位匏爵 謹按《禮記·郊特牲》，器用陶匏以象天地之性也。宋開寶禮郊祀，初獻以玉斝、玉瓚，亞獻以金斝，終獻以匏斝。 本朝舊制，圜丘用蒼玉爵。 乾隆十三年欽定祭器：

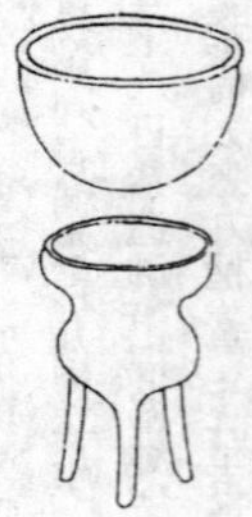
天壇正位匏爵

天壇正位登

皇天上帝、列聖配位俱用匏爵，刳椰實之半不雕刻，取尚質之義。高一寸八分，深一寸三分，口徑三寸七分。金裏承以旃檀香爲之，其下岐出爲三足象爵形，高二寸九分。

天壇正位登 謹按《爾雅·釋器》，瓦豆謂之登。鄭康成《詩箋》：「祀天用瓦豆，陶器質也。」聶崇義《三禮圖》：「以其盛湆，故有蓋。」乾隆十三年欽定祭器：

天壇正位登用青色瓷，通高六寸一分，深二寸一分，口徑五寸，校圍六寸六分，足徑四寸五分。口爲回紋，中爲雷紋，柱爲饕餮，足爲垂雲紋。蓋高一寸八分，徑四寸五分，頂高四分。上爲星紋，中爲垂雲紋，口亦爲回紋。

天壇正位簠 謹按《周禮·地官》舍人注：「方曰簠，盛稻粱器。」聶崇義云：「旅人爲簋及豆，皆以瓦爲之，雖不言簠，以簋是相將之器，亦應制在旊人，亦有蓋。」乾隆十三年欽定祭器：

天壇正位簠用青色瓷，通高四寸四分，深二寸三分，口縱六寸五分，横八寸，底縱四寸四分，横六寸。面爲夔龍紋，束爲回紋，足爲雲紋，兩耳附以夔龍。蓋高一寸六分，口縱横與器同。上有棱，四周縱四寸八分，横六寸四分，亦附以壇龍耳。

天壇正位簠

天壇正位簋

天壇正位簋 謹按《周禮·地官》舍人注：「圓曰簋，盛黍稷器。」《考工記》旅人疏云：「用瓦簋者，祭天地外神，尚質也。」乾隆十三年欽定祭器：天壇正位簋用青色瓷，制圓而橢。通高四寸六分，深二寸三分，口徑七寸二分，底徑六寸一分。口爲回紋，腹爲雲紋，束爲黻紋，足爲星雲紋，兩耳附以夔鳳。蓋高一寸八分，徑與口徑同，面爲雲紋，口爲回紋，上有棱四出，高一寸三分。

允禄等《皇明禮器圖式》卷二《祭器二》

太廟正殿登　謹按《儀禮》少牢饋食禮：「上佐食羞，胾兩瓦豆，有醢亦用瓦豆。」陳鍔曰：「少牢饋食有瓦豆，則宗廟亦用瓦豆矣。」乾隆十三年欽定祭器：太廟正殿登用黄色瓷，上

太廟正殿登

口爲回紋，腹及校足皆爲蟠龍紋，波紋，頂上爲垂雲紋，中爲蟠龍紋，口爲回紋，大小同。

天壇正位

曹廷棟《老老恒言》卷四　瓷器作枕，不過便榻陳設之具。《格古論》曰：「定窑有瓷枕，製極精巧，但枕首寒凝入骨。」東坡詩：「暫借藤牀與瓦枕，莫教孤負北窗凉。」北窗凉氣，已不宜受，况益之瓦枕乎。石枕亦然。

王灝等《佩文齋廣群芳譜》卷四《説林》　立夏日俗尚啖李，時人語曰：立夏得食李，能令顔色美。故是日婦女作李會，取李汁和酒飲之，謂之駐色酒。一曰是日啖李，令不疰夏。《熙朝樂事》：立夏之日，人家各烹新茶，配以諸色細果，餽送親戚比鄰，謂之「七家茶」。富室競侈，果皆雕刻，飾以金箔，而香茶名目若茉莉、林檎、桂蕊、薔薇、丁檀、蘇杏，盛以哥、汝瓷甌，僅供一啜而已。

姚之駰《元明事類鈔》卷一八《昊十九》　《明雜記》：浮梁人昊十九善製瓷器，士大夫多與之遊，時人語云：「成窑太薄永窑厚，天下馳名昊十九。」

姚之駰《元明事類鈔》卷一九《窑變》　《帝京景物略》：報國寺窑變觀音像，可尺許，寶冠緑帔，瞑而右倚。譚元禮贊陶人爲陶，水火土佐烟銷窑開，有觀音座是。觀音來匪窑也，變世化若烟，空際色現。

姚之駰《元明事類鈔》卷三〇《杯》　用青瓷　《元史》：何榮祖身至大官，而僦第以居，飲器用青瓷杯。中宫聞之，賜以上尊及金銀，以旌其廉。

大樽　《元史》：世祖造大樽於殿，樽以木爲質，銀内而外鏤爲雲龍，高一丈七寸。

奔月卮　張雨《奔月卮歌》：「甓社明珠奔入月，脱殼政似風蟬潔。一扇桃核寬有餘，半葉蕉心卷未舒。飲非其人躍入水，怪雨盲風生座隅。」

鞋杯　《雲林遺事》：楊廉夫一日與元鎮會飲，廉夫脱妓鞋置酒杯，其中名曰「鞋杯」。元鎮見之甚怒，連呼齷齪而去。《西湖遊覽志》：鐵崖訪瞿士衡，飲次脱妓鞋置杯，行酒名曰「鞋杯」，謂其姪孫宗吉詠之，宗吉作《沁園春》以進。

成窑如紙　《帝京景物略》：成窑酒盞薄緻如紙，神廟光宗尚前窑器。成窑一雙，值十萬錢矣。吴偉業詩：「故國滿前君莫問，淒凉酒盞鬬成窑。」

宣窑字畫　《觚不觚録》：窑器當重哥、汝，而十五年來忽重宣德，以至永樂、成化。價亦驟增十倍，大抵吴人濫觴，而徽人導之。《謝在杭集》：宣窑不獨款式端正，色澤細潤，即其字畫亦精絶。

瓷杯見朕　《卓異記》：上最寵遇夏原吉，一日賜茶，杯是白瓷，公覺其異，爲一注目。上曰：「以賜卿，令卿子孫世世見朕也。」今杯爲其家世寶，無心視之，内有「永樂」二字，久視不見。

翠甌　《泳化編》：宣宗一日命尚方取一翠甌，賜蹇公，既乃笑曰：「卿夫人得無競乎，加賜一焉。」

見日月　王宇泰《筆塵》：劉貽哲爲海南市舶提舉云：「見一犀杯，注酒晝則日，夜則月，見于酒中，酒盡則隱。」

卵幕杯　《李日華集》：浮梁昊十九，能吟善書，隐陶輪間，所製精瓷妙絶人巧。嘗作卵幕杯，薄如雞卵之幕，瑩白可愛，一杯重半銖。明樊玉衡詩：「宣窑薄甚永窑厚，天下馳名昊十九。」

梛杯不忠　《明通紀》：鐵冠道人結廬鍾山下，藍玉攜酒訪之，道人野服出迎，玉以其輕己，不悦，酒行戲曰：「吾有一語，先生屬對：『脚穿芒履迎賓，足下無禮。』」道人即指玉所持梛杯覆之曰：「手執梛杯作盞，尊前不忠。」玉武人，不悟其意。

壓手杯　《帝京景物略》永窑之壓手杯，傳用可久，價值甚高。

鐫犀玉杯　《明紀事本末》編修吴中行，檢討趙用賢，劾張居正忘親貪位，予廷杖。即日出國門，人不敢候視。庶子許文穆鐫玉杯一曰：「斑斑者何卞生淚，英英者何藺生氣，追之琢之永成器。」以贈。中行鐫犀杯一曰：「文羊一角，其理沉黝，不惜刻心，寧辭碎首，黄流在中，爲君子壽。」以贈用賢。

雞缸　《帝京景物略》：凡成杯，茶貴於酒，采貴於青，其最者鬬雞可口，謂之「雞缸」。吴偉業詞：「廠盒鬬雞鍾。」

匏杯　明巢鳴盛《匏杯詩》：「剖心香自發，刮垢力須攻。」

姚之駰《元明事類鈔》卷三〇《瓶》　大食瓶　吴萊《大食瓶詩》：「西夏有大食，國自波斯傳。兹人最解寶，厥土善陶埏。素瓶一二尺，金碧燦相鮮。晶熒龍宫獻，錯落鬼斧鐫。」

刺篙得瓶　黄大癡居烏程西，每坐湖橋看山，飲罷輒投其瓶於橋下，舟人刺篙多得之。至今呼黄大癡「酒瓶」。

枯根借潤　袁桷，張節婦。《瓶中杏枝著葉詩》：「張氏之壺如截肪，真火練質千年剛。枯根借潤袁貞志，慎勿語怪歸荒唐。」

因時因地　明張謙德《缾花譜》：凡插花，先須擇瓶，春冬用銅，秋夏用瓷。因乎時也，堂厦宜大，書室宜小，因乎地也。

花之金屋　袁宏道《瓶史》：養花，瓶亦須精良。嘗見人家所藏舊觚青翠入骨，斑砂垤起，可謂花之金屋。其次官、哥、象、定等窑，媚細滋潤，皆花之精舍也。

古瓶宜花　《瓶史》：古銅器入土，年久受土氣深。用以養花，花色鮮明如枝頭，開速而謝遲，就瓶結實，陶器亦然。

隱瓶　《獻徵録》：冷謙被逮，乞水飲，守者以瓶汲水與之。謙遽以足入其中，其身漸隱，攜至御前，輒於瓶中奏對，詳見「仙」。

姚之駰《元明事類鈔》卷三〇《盤》　吮紅盤　《帝京景物略》宣窑之「吮紅盤」，乃末西紅寶石塗泑燒出，發古未有。案「吮」亦作「祭」。

景泰盤　明金蒟孫《崇禎宫詞》：賜來觳雨新茶白，景泰盤承宣德甌。

嵇曾筠等《〔雍正〕浙江通志》卷一〇一《物産一・杭州府》　窑器：《輟耕録》：「南渡後，修内司造青器，名内窑，模範極精，爲世所珍。」

浙甕：《太平寰宇記》：「錢塘縣亭市山餘石鄉村人，悉作大甕，今謂之浙甕。」

嵇曾筠等《〔雍正〕浙江通志》卷一〇一《物産一・杭州府》　石灰：《萬曆杭州府志》：「凡近山産石處，皆燒造。其多莫如錢塘上四鄉及富陽之盛。」

磚瓦：《萬曆杭州府志》：「仁和餘杭皆造。」

郝玉麟等《〔雍正〕廣東通志》卷五二　花腔腰鼓以土爲鼓腔，村人專作窑燒之，油畫紅花紋以爲飾。《虞衡志》。

郝玉麟等《〔雍正〕廣東通志》卷五二　陶器出陽春新興，皆閩人效龍泉爲之，然不能精也。《肇慶志》。

王初桐《奩史》卷七八　明寧國大長公主所用一瓷杯，酌酒滿則隱起一龍形，鱗鬣俱備，酒盡不復見。《香祖筆記》。

于敏中等《日下舊聞考》卷五九《御製窑變觀音像記》　報國寺中瓷觀音一座，寶冠緑帔，妙相莊嚴，相傳得之窑變，不假人工，詳孫國敉《燕都遊覽志》。夫埏泥屑石，止于因物付形，自非大具神通，何由寶飾珠裝，頃刻幻成相好？是知靈呈塼埴，體肖本來，千萬億菩薩化身，隨處湧現，有不可思議功德。瞻禮之餘，并識靈蹟，俾人天觀者，知佛海栴檀，原自轉輪無礙耳。

增窑變觀音龕内

御寫慈竹，并題修寺詩跋。報國寺觀世音菩薩，相傳得之窑變，相好莊嚴，信非匠巧所能肖。乾隆二十一年重葺，寺宇題詩紀事，瞻禮之次，命飾龕虔奉，並寫慈竹數竿，録詩其上，以誌緣起。

增明憲宗《大慈仁寺碑略》：恭惟聖母皇太后深仁廣慈，遍覆鞠育，聖善之大，衍慶本支，期被四方萬國。朕日侍左右，稔聞慈訓，服膺有年。今即宣武門外撤舊建佛寺而新之，發内庫之金以市材，鳩工而力役，惟傭不數月而告成焉。其宏敞静深，崇嚴壯麗，與夫像塑繪畫無不盡美，足以起四方萬國之具觀，而極浮屠之盛，莫之能踰也。乃原聖母之志，名曰「大慈仁寺」。廣度僧衆，俾居其中，祝釐迎貺，上資福于聖母，益壽且康；下及海宇生靈，咸獲利濟。庶表朕之仁孝誠敬爾。成化二年五月立。原歸有光《報國寺贈宇上人作》。慈宫崇象教，搆此絶華炫。深嚴閟香火，危峻闢郊甸。鬱鬱虬松枝，低壓繞廣殿。當年帝舅親，削髮住兹院。説經老龍聽，出手五獅現。曾聞長老言，天雨曼陀遍。吾説宇上人，頭陀今突弁。修容置法相，妙悟在論讚。導我畫廊行，指示西方變。晨起供清茗，時共禪説飯。我老欲歸去，世事今已倦。當結塵外緣，山中儻相見。《震川集》。

補吴子孝《慈仁寺詩》：「微鐘卧聽昔年，曾門掩。花香白髪僧。今日重來心轉寂，一函經對佛前燈。」《玉涵堂集》。原高叔嗣《寒食登毘盧閣詩》：高樓晴出帝城南，楊柳千家夜雨含。欲换春衣驚客久，况逢寒食思誰堪。門前歸路愁心繞，檻外羣峰癖性耽。憑報故人應竊笑，微身何事戀朝簪。《蘇門集》。

原楊慎《夏日登毘盧閣詩》：赫曦改東陸，鮮飈轉南薰。炎歊深城府，清泠阻江濆。隱几倦文竹，抽書厭香芸。眷言承明侣，肅此塵外羣。仙梯駕虹出，梵閣排霞分。攀楹低白日，對檻府朱雲。圓方鵠舉見，參差鸞歌聞。意樹鳴天籟，禪枝繞烟芬。斜景斂平靄，飛雨洒高雯。金罍引清酌，玉塵生涼氛。興謡吐雲藻，摇筆揮風斤。香留荀令榻，書染羊欣裙。奇賞真四美，同詠慚五君。《升庵集》。原王崇古《夏日登毘盧閣詩》：佛閣俯層城，登臨極望明。雲連雙闕迥，樹隱四郊平。坐久夜初寂，風回暑欲清。何當卧松窗，烟月愜初盟。《山堂彙稿》。

補唐順之《登毘盧閣詩》：高閣逈臨飛鳥上，丹梯千仞恣攀登。窗邀佛日金繩下，地逼宸居玉殿層。一老擊鐘時放梵，幾人面壁坐傳燈。同行更説前朝事，繡蟒銀魚有故僧。《荆川集》。

原俞允文《秋日登毘盧閣和韻》：金園寶樹含朝爽，寂寞烟蘿象外盤。座上青蓮看欲動，興中白雪和應難。四山暝色依人近，一笛秋聲向夕闌。別有仙壇花未落，更宜留步月中看。《俞仲蔚詩集》。

補《又登毘盧閣詩》：古閣秋氣清，千里滅烟霧。連山開雲氣，頽城斷行路。殘僧守荒齋，寒鳥落高樹。中多古人情，停杯日空暮。同上。

補孟思雨《登毘盧閣詩》：蕭蕭連夕雨，秋意滿長安。碧樹楸梧老，清宵枕簟寒。功名羞短髮，鄉思俯危闌。紫塞紛戎馬，悲歌行路難。《龍川集》。

原陳衎上《報國寺毘盧閣詩》：十丈青蓮朵朵開，毘盧高閣獨崔嵬。欲看山勢連天遠，已見河流帶雨來。宫樹陰濃秋未落，塞鴻聲斷晚猶哀。烽烟直北何時息，處處闗門鼓角催。《大江集》。

原陳鳳《報國寺松》詩：偶共菩提樹，同生般若林。蛟龍各殊狀，霜霰詎能侵。空樂風前度，天花雨外深。閑來再攀賞，三宿愧兹心。《清華堂稿》。

原程嘉燧《除夕踏雲看松作》：久客懷人百事慵，春歸幾日是殘冬。長安雪後無來往，報國門前獨看松。《松圓浪淘集》。

增馬之駿《報國寺松歌》：徂徠一粒遺朝露，倒插横拏不知數。糺蟠直作杯盎觀，皴折似遭鬼神怒。門前車馬日奔騰，門内烟霜如未曾。静眼閲將九朝物，蒼皮留供百年僧。乃知萬物不能久，必有神奇相與守。縱經宿雨上莓苔，豈向斜暉競榆柳。別有兩株高撼風，蕭疏瘦削羞將同。天昏合院舞虬浪，夜報大夫參木公。《馬仲良詩集》。

增施閏章《慈仁寺松詩》：直欲凌風去，翻從拂地看。摧殘經百折，偃仰鬱千盤。老閲山河變，陰兼日月寒。支離爾何意，不厭卧長安。《學餘堂集》。

增王士禛《慈仁寺雙松歌》：我昔登泰山，舉手攀秦松。東南雲海幾千里，夜懸日氣開鴻濛。山人出山已三載，復見金元雙樹在。玃髯石骨青銅姿，古貌荒唐閲人代。長夏蒼蒼秋氣深，風來絶磵蛟龍吟。仙人五粒不可見，但有元鶴來往飛陰森。蚴蟉詰屈宛相向，千曲盤拏氣初放。一任支離拔地生，那須夭矯排雲上。我來高枕石壇邊，耳畔往往聞驚泉。白日沉沉不到地，颯然雷雨生空天。烟色欲暝鐘復起，雄談岸幘波濤駛。千秋萬歲知者誰，閩海奇人許夫子。《漁洋詩集》。

增宋琬《慈仁寺看海棠詩》：並馬來看錦樹林，殿門春盡晝陰陰。雨餘休沐逢花落，病起登臨見客心。隔葉流鶯嬌欲歇，上方哀磬晚逾沉。當年金谷追遊地，松柏丘陵自古今。《安雅堂集》。

增譚元禮《窑變觀音贊》：何以悟世，惟音可觀。滯彼形器，見身無端。陶人爲陶，水火土佐。烟銷窑開，有觀音坐。是觀音來，匪窑也變。世化若煙，空借色現。有冠岌如，有衣褶如，有目濕如，厥情汲如。像法住世，世驚以奇。我作平想，香凝風吹。《帝京景物略》。

洪亮吉《更生齋集・詩續集》卷五《採茶歌》 採茶人，多建昌。三月花時來，木落還故鄉。一年八月山中住，多買山園種茶樹。茶寮要比僧寮多，唤作江西採茶户。蠻童更較蠻女强，堆髻兩兩茶花黄。天然一樣好顏色，真味入葉花無香。房廊處處青煙鎖，雨後焙茶須細火。川湖陝廣客已齊，範錫似銀將茗裹。茶經籠茶何止達八方，衣被已到西南羌。龍媒合隊易鳳餅，到口一滴如瓊漿。茶經此日須重續，顧渚松蘿味都薄。只惜仙人頂上頭，千層鐵索皆傾落。茶以武夷峰頂者爲上，今素斷，不能復采。我來偶到生公房，幾葉却許清晨嘗。沉泥陽羡瓷景德，飲罷兩腋生清涼。乞作采茶歌，采茶人並在。盤盤九曲溪，歲歲三時采。君不見秋茶採後採春茶，三月韶光豔如海。

和珅等《熱河志》卷九六 按：塞外器用之屬見于前史者，《後漢書・烏桓傳》謂：男子能作弓、矢、鞍勒、鍛金、鐵爲兵器。《金史・地理志》載：大定府産螺杯、茱萸、梳、玳瑁、鞍。《元一統志》：利州有細瓷窑一所，在州西南。棠葉務有粗瓷窑一所，在州東南感化莊。興中州有白瓷窑一所，在州北二十里笠子堝。松州西二十里有瓷窑，西北有甎瓦窑。又興中州、建州土産，「紙」是也。塞外服用之屬，見用于前史者，《後漢書・烏桓傳》謂：婦人能刺葦、作文、繡織、氈毼。《北史・契丹傳》以青氊爲上服。《元一統志》：大寧路龍山，縣利州，興中州、建州皆土産絲紬，和衆龍山二縣利惠。二州皆土産布是也。諸産並在熱河府州縣境，内令民間日用所需，或商賈貿遷，或土人造作，非有特著之産，故不復專列。至宋曾公亮《武經總要》，謂幣帛多書白川，州税户所輸。《金史》載：北京歲貢緞疋，今則歲課，亦但輸額賦而已。

張鑑等《雷塘庵主弟子記》卷七 道光十三年癸巳，年七十歲。二月，大兄經直督琦侯奏請，兼署直隸按察使司。二月末抵京，三月初一日到園請安，召見，面謝恩。軍機大臣傳旨賞七十壽辰御筆「亮功錫祜」四字扁，黄絹。御書「福」、「壽」字各一方，塗金佛象一尊，嵌玉如意一柄，蜜蠟朝珠一盤，陳設十件。雕蓋玉香鑪一件、玉香盒一件、玉匙筯瓶一件、玉山子一件、塗金獅子香鑪一件、定瓷盤一件、成化瓷罐一件、竹根麻姑一件、畫琉璃筆筒一件、紅花瓷花瓶一件。緙絲蟒袍一件，大卷江綢四疋，小卷江綢八疋，即在内廷叩頭秪領。初二日具摺謝恩。計自四十歲生辰一日之隱在海塘工次，五十歲在寶應催漕舟次，六十歲在粵撫署竹園，是年正月二十日在湖南舟次，至是時公卿門生來賀，不能隱矣。初二三四皆蒙召見。

鄭光祖《醒世一斑録·雜述》卷四《黄蠟棗子》 嘗觀明代諸書，即黄蠟一物，意或爲燈燭之需，乃歲用至十二萬觔。棗子爲宫中香炭之需，歲徵山東、直隸至八十萬觔。我儕甕牖繩樞，寒酸有素，豈知富貴大體。然物力維艱，供輸匪易。晉承魏代之奢，御牛青絲紖斷，詔以麻易之。讀書至此，不禁欣然喜也。

鄭光祖《醒世一斑録·雜述》卷四《景德鎮燒窑》 江西饒州府浮梁縣，離城二十里有大鎮曰景德，窑器悉産於是，官窑設焉。萬杵之聲，殷其如雷，夜則火光燭天。中原四大鎮，佛山、朱仙、漢口之外，此居其一，人民繁富，甲於一省。嘉靖間萬年賊起，鎮人逃匿，停火三日。是秋明時士之游庠實多，而科第絶無。鄉闈中吴宗吉一人。風水所關，或有驗與。近歲閩地窑器足並，江西景德鎮少衰矣。

鄭光祖《醒世一斑録·雜述》卷五《多藏寶物》 又籍嚴嵩家黄金三萬二千九百兩有奇，白金二百二萬七千兩有奇，玻瓈、瑪瑙、水晶、珊瑚、哥柴官汝等窑、象牙、瑇瑁、檀香等器三千五百五十六件，古銅龍耳等鼎、犧樽獅象寶鴨等爐一千一百二十七件，二王、懷素、歐、虞、褚、蘇、黄、米、蔡、趙孟頫等墨蹟三百五十八册，王維、小李將軍、吴道子等《清明上河圖》、《海天落照長江萬里》、《南嶽朝元》等古名畫三千二百卷册，羊脂玉、碧玉、黑玉等帶二百二條，紅玉杯、漢始建國元年注水卮、白玉永和鎮宅世寶杯盤、玉屏風、玉山、玉船、玉碗、玉佛、玉人、玉馬、玉斗、玉珮、玉罏、玉壺、玉瓢、玉盌、玉杯、玉版、玉節等八百五十七件，金龍壺杯盤等三千五百八件，珊瑚樹六十株，空青四枚，金徽、玉軫等古琴五十四張，沉香五千五十八觔，大理石倭金等屏風一百八座，大理石牀十六張，宋版書籍六千八百五十三部軸，雜嵌螺鈿、瑪瑙、瑇瑁牀六百七十五張，倭刀兵器三百四十一件，象牙、瑇瑁等鑲嵌琵琶、箏、絃子樂器八十件，紫礦、白礦三百九十五兩、辰砂二百五十觔，其餘一切之物不悉記。

又世蓄有金絲帳、金溺器、人雙陸，其餘亦不悉記。

汪鋆《揚州畫苑録》卷三 吴麐，字粟園，歙縣人，山水學黄子久，生平有古君子之風，居揚州汪貽士家。其家有饒州景德土窑，産秘色器，與唐、熊、年三窑並稱，謂之吴窑。同上

張鳴珂《寒松閣談藝璅録》卷四 程雪笠門，安徽歙縣人。工山水花卉，嘗客景德鎮畫瓷器，有得其一杯一盎者皆球璧視之。嘗以七寸瓶畫青花《寒松閣圖》見示，屬題其山水小册，予每頁作五絶一首。後雪笠辭世，其畫册有人出重值購去，亦可謂具大法眼藏矣。

張鳴珂《寒松閣談藝璅録》卷四 朱夢廬偁，晚號「覺未」，同邑人。工花卉、翎毛，仿新羅山人，得其神似。橐筆海上，聲譽赫然。晚年厭苦扇頭小品，雖潤筆日增，而乞者愈盛。蓋經商者，皆思得一箑出入懷袖以爲榮也。

方屋滋，貞吉，湖南平江人。游藝來章門，工鐵筆，善鐫碑，又能影寫書法，摹繪人物、翎毛、花卉於瓷器上，刻之不爽銖黍，真絶技也。

張蔭桓《三洲日記》卷八 初四日己酉，晴美，西風災，山湖泛濫，淹没贊士湯一埠，死萬人以外，湖中木排飄失，值三百餘萬金，美士人謂創國以來無此奇災也。日報又言：停車之地，水亦淹及車中，人各逃生命，有誤墜於水者十餘人，車上儲有石灰水，激而熱氣發，車旋燒滅，聞之焦灼，電綫又斷，續不通。晨令張丁盛至火車房，專電司車人，展轉繞越六點鐘，乃有回信，言前停撇士泊之車，現已移至阿拉蔦打埠蓬，云當能履險如夷，烏約銀行富商挨士藏古瓷甚多，中有郎窑瓶洗六器甚佳，又印合四枚苹果色甚可愛，外一紫檀匣，雕刻乾嘉巨公題識幾滿，又黑瓷瓶一枚，中畫五采麻姑，上繞一蝙蝠，瓶底有「正德年製」篆字印章，挨士云得之英倫，曾劼侯爲之辨政，曰「明武宗年號正德」楷書七字，復署英字押，主人並此紙而寶藏之，端醫生往游歐洲，求書謁劉芝，使陳敬如。

閻鎮珩《六典通考》卷五一 英宗初政，三楊當軸，減南畿孳牧黄牛四萬，糖蜜、果品、腒脯、酥油、茶芽、稉糯、粟米、藥材皆減省有差，撤諸處捕魚官。即位數月，多所撙節。凡上用膳食器皿三十萬七千有奇，南工部造，金龍鳳白瓷諸器，饒州造，硃紅膳盒諸器，營膳所造，以進宫中食物，尚膳監率乾没之。帝令備帖具書，如數還給。

顧湘《篆學瑣著三十種·印章集説》《瓷印》 上古無瓷印，唐、宋始用以爲私印。硬不易刻。其文類玉稍粗，其製有龜鈕、瓦鈕、鼻鈕，舊者佳，新者次之，亦堪賞鑑。

程岱葊《野語》卷六《瓷土地》 城南横塘陳姓者，向於景德鎮販瓷爲業，因範瓷土地神翁媪像供奉於家。一日，有道士蓬首赤脚款門求施，踞坐廳事，傲睨無狀。時陳賈於外，家惟妻及幼子，叱之而去。旋出扃門，則瓷土地忽在院中。令子捧入龕，自是無晝夜時聞拍案移椅聲。土地忽内室，忽門外，屢捧入龕，瞬息自移。馴至夜半，大門自啓，而土地當門立，雖不爲大害，而寢食不寧。延術家禳禁，迄無效。里中與陳有郤者多言：以瓷起家，必以瓷破家。如是者五閲

月。陳聞憤甚，自景德回。甫入門，即舉土地碎之。見有小黄紙畫硃符在神腹中，遂投諸火，自是寂然。

程岱葊《野語》卷六《厭勝》 郡東舊家子好博，家業蕩廢，惟祖遺大厦，以年久頹壞，無售主。生與婦臥牛衣中，夜若有所聞，輒技癢不可遏。婦百計諫之，弗聽。一日，生赴博場，婦篝燈夜績。静中聞擲骰聲，跡之，其聲自梁間出。婦梯而視梁，有孔中置一盌，盌有骰，成幺二三焉。五鼓生返，則嗒然若喪，復大負矣。罄所有不能償，乘婦寢，將投繯。婦固假寐，急起救之，得不死。詰其屢敗之由，則色多幺二三也。問色何若得贏，生曰：「大抵點多者勝，惟幺二三最下。」婦曰：「胡不倒行而逆施之？」生豁如夢醒。遲明，復往顧室，無長物，婦裹一鏡與之。懷至博所，曰：「僕屢負，非現注不敢攫，今從山妻乞得古鏡，若再北，以此質金，許可乎？」即指懷中鏡示之，博者弗疑。生如婦教，約以點少者勝。博者如約入局，生復多幺二三，屢獲全勝。歷一晝夜，夙逋一清。再戰，則同人腰纏盡歸生槖矣。及歸，探鏡還婦，則一瓷甕底耳。婦乃趣生視梁間盌，生始知向爲厭勝所困。舉盌及骰碎之，自是絶意梟盧，勵志耕讀，不十年，舊業盡復。

其他燒製品總部

《其他燒製品總部》提要

中國古代燒製品除陶器和瓷器兩個種類外，還包括琉璃、玻璃、石灰、硫磺、礬石、硝石、砒石等，因爲根據它們的製造工藝，都是内部發生化學變化而形成的。如琉璃和玻璃，古人經常將它們混爲一談，有時把一種玉石誤以爲此，排除這種天然物質，其他都是人工燒製而成。實際上商代原始瓷器上的薄釉層即是一種含有石英、氧化鈣的玻璃質，到了隋代何稠燒成緑琉璃，中國琉璃、玻璃的燒製歷史淵源流長。而石灰、硫磺、礬石、硝石、砒石等的燒製在宋應星《天工開物》中有詳細記述。石灰經燒練而成，是建築等的重要材料。硫磺、硝石是製造火藥的主要原料。礬石燒成白礬，砒石燒成砒霜，它們都是中藥的重要配置，白礬又是食品加工業不可或缺的物質。總之，它們都與人工燒造業有着密不可分的聯繫，因此將之設爲一個總部，下設《琉璃部》、《玻璃部》、《石灰部》、《硫磺部》、《礬石部》、《硝石部》、《砒石部》，部下不再設分部，根據資料實際情況設題解、綜述、傳記、紀事、著録、藝文、雜録等緯目，對古籍文獻資料進行分類，以便讀者檢索。

目録

琉璃部

綜述

歐陽詢《藝文類聚》卷八四《瑠璃》《廣雅》曰：「瑠璃，珠也。」

《集韻》曰：「瑠璃，火齊珠也。」

《廣志》曰：「瑠璃出黄支、斯調、大秦、日南諸國。」

《十洲記》曰：「方丈山上有瑠璃宫。」

《漢書》曰：「武帝時，使人入海市瑠璃。」

《魏略》曰：「大秦國出赤、白、黑、黄、青、緑、紺、縹、紅、紫十種瑠璃。」

《吴歷》曰：「黄武四年，扶南諸外國來獻瑠璃。」

《諸葛恢集》：「詔答恢，令致瑠璃椀。」

《南州異物志》曰：「瑠璃本質是石，欲作器以自然灰治之。自然灰狀如黄灰，生南海濱，亦可浣衣，用之不須淋，但投之中，滑如苔石，不得此灰，則不可釋。」

《世説》曰：「滿奮畏風，在武帝瑠璃窗内坐，實密似疏。奮有疑，帝問之，答曰：『臣猶吴牛見月而喘。』」又曰：「武帝嘗降王武子，供饌盤悉用瑠璃器。」又曰：「王敦尚主，至石崇舍，如厠畢，婢擎金澡盤盛水，瑠璃椀盛澡豆，王取豆著水中飲之，謂之乾飯。」

晉潘尼《瑠璃椀賦》曰：「濟流沙之絶險，越葱嶺之峻危。於是遊西極，望大蒙，歷鍾山，闚燭龍，覲王母，訪仙童。取瑠璃之攸華，詔曠世之良工。纂玄儀以取象，准三辰以定容。光映日曜，圓盛月盈。纖瑕罔麗，飛塵靡停。灼爚旁燭，表裏相形。凝霜不足方其潔，澄水不能喻其清。剛堅金石，勁勵瓊玉。磨之不磷，涅之不濁。」

李昉等《太平御覽》卷八〇八《琉璃》《孝經・援神契》曰：「神靈滋液，則琉璃鏡。」

《廣雅》曰：「琉璃珠也。」

《韻集》曰：「琉璃，火齊珠也。」

《漢書・地理》曰：「武帝使人入海市琉璃。」

《續漢書》曰：「哀牢夷出火精瑠璃。」

《漢武故事》曰：「武帝好神仙，起同神屋扉，悉以白瑠璃作之，光照洞徹。」

又曰：「漢成帝爲趙飛燕造服湯殿，緑瑠璃爲户。」

《魏略》曰：「大秦國出赤、白、黑、黄、青、緑、紺、縹、紅、紫十種琉璃。」

《魏書》曰：「天竺國人商販至京，自云能鑄石爲五色琉璃，於是採礦山石于京師鑄之，既成，光澤美于西方來者。乃詔爲行殿，容百餘人，光色映徹，觀者見之，莫不驚駭，以爲神明所作，自此中國琉璃遂賤，人不復珍之。」

《吴歷》曰：「黄龍、扶南諸外國來獻琉璃。」

《晉書》曰：「王濟侈豪，帝常幸濟宅，供饌甚豐，悉貯琉璃器中，帝甚美之。」

又曰：「汝南王醼公卿，以琉璃鍾行酒，酒及崔洪，洪不肯執，問其故，曰慮有執玉不趍之義。」

《洞冥記》曰：「東方朔得五色露，以琉璃器盛之，獻武帝。」

《拾遺記》曰：「董偃設紫琉璃屏風。」

《世説》曰：「滿奮畏風，在晉帝坐北窗，作琉璃扉，實密似疏，奮有寒色，帝笑奮，答曰：『臣猶吴牛見月而喘。』吴牛，水牛也。南土多暑，而水牛畏熱，見月疑是日，所以喘。奮，太尉之孫寵也。」

《廣志》曰：「琉璃出黄支斯調、大秦、日南諸國。」

《南州異物志》曰：「琉璃本質是石，欲作器以自然灰治之。自然灰狀如黄灰，生南海濱，亦可浣衣，用之不須淋，但投之水中，滑如苔石，不得此灰，則不可釋。」

《十洲記》曰：「方丈山土有琉璃宫。」

杜篤《論都賦》曰：「槌蜯蛤碎琉璃。」

《諸葛恢集》曰：「詔答恢，今致琉璃枕一。」

傅咸《汙卮賦》曰：「人有遺予琉璃卮者，小兒竊弄，墮之不潔，意既惜之。人有感物之汙辱，乃喪其所以爲寶，况君子行身而可以有玷乎。」

左思《吴都賦》曰：「致遠琉璃珂珬。」

孫公達《琵琶賦》曰：「回風臨樂刻琉璃。」

高似孫《緯略》卷八《十種琉璃》 大秦國出青、白、黑、黄、赤、緑、紺、縹、紅、紫十種琉璃。《魏略》。又有五色玻璃，紅色者最貴。《玄中記》。程氏《繁露》引《魏書》：「有天竺國人至京，自言能鑄石爲五色琉璃，於是採石鑄之。所謂琉璃者，謂其如玉也，若以石鑄之，曾何足珍。」按《廣雅》曰：「琉璃珠也。」《韻集》曰：「琉璃火齊珠也，則知琉璃爲玉物也。」晉潘尼《琉璃碗賦》曰：「濟流沙之絶險，越葱嶺之峻危，於是遊西極，望大蒙，歷鍾山，闚燭龍，覲王母，訪仙童。取琉璃之攸華，詔曠世之良工。纂玄儀以取象，准三辰以定容。光映日曜，圓盛月盈，纖瑕罔麗，飛塵靡停。灼爍旁燭，表裏相形，凝霜不足方其潔，澄水不能喻其清。剛過金石，勁勵瓊玉。磨之不磷，涅之不濁。」如潘尼所賦，的非以石鑄之者矣。

謝維新《古今合璧事類備要外集》卷六三《財用門·琉璃》　附水精　玻瓈　車渠　碼碯　琥珀　珊瑚

財貨源流。琉璃本質是石，出大秦國，赤、白、黑、黄、青、緑、紺、縹、紅、紫凡十種，爲器者以自然灰冶之，近世又有火成者，光澤蓋不減也。水精琉璃之類，入火不焚。玻瓈，《本草》作頗梨、水玉，或云是千歲水化爲之。車渠亦玉石類，形似蚌蛤，有文理。碼碯非玉非石，自是一類，似馬腦然，故以爲名。亦云碼碯，珠也，或云馬口中吐出，恐胡人謬言以貴之耳。有紅、白、黑三種，亦有紋，似纏絲者，研本不熱，琥珀，松脂淪入地千年所化，多僞，惟以色如血、熟於布上拭吸得芥子者真也。珊瑚似玉，紅潤中多有孔，亦有無孔者，有縱紋者，有紅油色細縱紋者，有如鉛丹色無縱紋者，有兩枝直上、分十餘岐將至其末交合連理者。初生水底磐石上，白如菌，一歲黄，三歲赤，海人付欲取之，先作鐵網沉水底，珊瑚貫中而生，歲高三二尺，有枝無葉，因絞網出之。或摧折在網中，故難得完者，然失時不取，亦腐犬抵。以樹高而枝柯多者爲勝。

事類：琉璃扉：漢武帝拜方士欒大爲五利將軍，起九間神宫，欲以下神云云，曰琉璃爲扉，真珠爲簾。《漢武故事》。琉璃殿：魏太武時大月氏國人商販至京師，自云能鑄琉璃，既成，光澤美於西來者，乃詔爲行殿，容百餘人，光色映徹，見者震駭，以爲神明，自此中國琉璃甚賤，人不復珍之。琉璃窗：滿奮畏風，在武帝琉璃窗内坐，實密似疏，奮有疑，帝問之，答曰：「臣猶吴牛見光而喘。」《世説》。琉璃杯：晉崔洪良伯手不執珠玉，汝南王亮燕公卿，以琉璃杯行酒，酒至洪，洪不執。《白氏帖》。琉璃椀：王敦初尚主，如厠見金盤盛水，琉璃椀盛澡豆，因倒著水中，飲之。《世説》。琉璃盤：同昌公主以紅琉璃盤盛夜光珠，立堂中，光如晝。《杜陽編》。又元載，代宗曰：平嶺南進琉璃盤面闊九寸，朕以爲寶，及破載家，得一尺面者。《鄴侯家乘》。琉璃帳：黄偃設紫琉璃帳。東方《十洲記》。琉璃瓶：唐貞元中，揚州市坊有丐者自稱媚兒姓胡，懷中出琉璃瓶，可受半升，表裏通明，如不隔物，曰施滿此聖瓶子則足矣。瓶項如葦管，人與之百錢，投之琤然有聲，見瓶間大如粟粒。衆異之，復與千錢，亦如此，以至萬錢，亦然。好事者以驢與之，入瓶如蠅大，動行如故。俄有度支綱至，數十車綱人駐車觀之，綱主戲曰：「爾能令諸車入瓶中乎？」媚兒曰：「可。」乃微側瓶口，令車悉入，歷歷如行蟻然，有頃，漸不見，媚兒即跳入瓶。綱官大驚，以梃撲瓶破，一無所有，從此失媚兒所在。後月餘，有人於清河北逢媚兒部領車乘，趨東平而去。《太平廣記》。又見《薔薇花注》，又盧文紀，廢帝悉書清望官姓名，投於琉璃瓶中，命相中夜焚香祝天，以筋挾之，首得文紀，欣然相之五代。琉璃釵：唐末世俗尚以琉璃爲釵釧，近服妖也，流離播遷之兆。《五行志》。

陶宗儀《説郛》卷一四上《琉璃》

琉璃，自然之物，彩澤光潤踰於衆玉，其色不常。《魏略》云：「大秦國出緑、縹、青、紺、赤、白、黄、黑、紅、紫十種琉璃。」《西京雜記》載：「武帝以白光琉璃爲鞍闇室，照十餘丈，如晝是也。今用青色琉璃，皆銷冶石汁以衆藥灌而成之，始於元魏月氏人商販到京，能鑄石爲琉璃，採礦鑄之，自此賤不復珍，非真物也。」《博雅》：「以琉璃爲珠近之。」

彭大翼《山堂肆考》卷一八六《琉璃》

琉璃本質是石，出大秦國，赤、白、黑、黄、青、緑、紺、縹、紅、紫凡十種。爲器者以自然灰冶之，自然灰狀如黄灰，生南海，亦可浣衣，近世又有火成者，光澤蓋不減也。

琉璃扉

《漢武故事》：「武帝拜方士欒大爲五利將軍，起九間神宫，欲以下神，云以琉璃爲扉，以珍珠爲簾。」

琉璃殿

魏太武時，大月氏國人商販至京師，自云能鑄琉璃，既成，光澤美於西來者。乃詔爲行殿，容百餘人，光色映徹，見者震駭，以爲神明。自此中國琉璃甚賤，人不復珍之。

琉璃帳

漢武帝時，董偃有寵，常卧延清之室，以畫石爲牀。石體甚輕，出郅支國。設紫琉璃帳、火齊屏風，列靈麻之燭。

琉璃燈

《歲時雜記》：「隴西窮州賣藥，朱家燈號天下第一，以琉璃爲諸物之形。」

琉璃盤

唐同昌公主以紅琉璃盤盛夜光珠，立堂中，光如晝。又代宗大曆十三年，上召李泌入見，因言：「路嗣恭初平嶺南，獻琉璃盤徑九寸，朕以爲至寶。又破元載家，得嗣宗所遺載盤徑尺。」

琉璃椀

《世説》：「王敦初尚主如厠，見金盤盛水，琉璃椀盛澡豆，因倒著水中飲之。」

琉璃瓶

《太平廣記》：「唐貞元中，揚州市坊有丐者自稱媚兒，姓胡，懷中出琉璃瓶，可受半升，表裏通明，如不隔物，曰施滿此聖瓶子足矣。瓶項如葦管，與之百錢，投之琤然有聲，見瓶間大如粟粒。衆異之，復與千錢以至萬錢，亦然。好事者以驢與之，入瓶如蠅大，動行如故。俄有度支綱至，數十車綱人駐車觀之，綱主戲曰：『爾能令諸車入瓶中乎？』媚兒曰：『可。』乃微側瓶口，令車悉入，歷歷如行蟻然。有頃，漸不見，媚兒即跳入瓶。綱官大驚，以梃撞瓶破，一無所有。後月餘，有人於清河北逢媚兒，見部領車乘，趨東平而去。」

琉璃釵

《五行志》：「唐末俗尚以琉璃爲釵釧，蓋服妖也，故後有流離播遷之兆。」

顧起元《説略》卷二六 琉璃，《魏略》：「本質是石，乃大秦國出，赤、白、黑、黄、青、緑、縹、紺、紅、紫十種。流離此蓋自然之物，采澤光潤踰於衆玉，其色不恒。今俗所用，皆銷冶石汁加以衆藥灌而爲之，尤虚脆不貞，實非真物也。魏太祖爲琉璃行殿，容百人，晉滿奮坐琉璃窗内，有寒色。元載家有琉璃盤一尺面，小説丐者媚兒有琉璃瓶，唐末尚琉璃釵釧，唐宰相名投於琉璃瓶中。」

何三畏《何氏類鎔》卷二八《珍寶·琉璃》 琉璃爲冰玉之寶，爲火齊之珠黄支斯調日南、西域諸國間，往往皆有。而大秦國之琉璃，或赤或白或黑或黄或青或緑或紺或縹或紅或紫，其種既異，其色尤佳。爲器者以自然灰治之，間用藥火成之，彼其光映日曜，圓盛月盈，飛塵靡停，纖翳無染。信灼爚以旁燭，洞表裏而相形。澄水何能比其清，凝霜未足方其潔。剛堅金石，勁勵琳琅，真磨之不磷，涅之不濁者也。漢帝建元之世，使人入海島市琉璃以歸。吴主黄武之年，外夷來中朝，奉琉璃以獻，蓋亦重之矣。有方外士爲琉璃扉者，忽起九室而珠簾掩映，欲以爲下神之官。有月氏人爲琉璃殿者，可容百人而光色精融，詔以爲行在之所。崔洪預王讌而出琉璃之盞，手不□執，而意若捧盈滿。舊在帝座，而障琉璃之窗，内不自安，而狀如喘月。石季倫厠間，盛澡豆以琉璃之椀。同昌主堂上，貯夜光以琉璃之盤。王武子家中供盤，□似琉璃之器。蓋至裝成紫琉璃帳，競尚碧琉璃釵，而習俗之奢，世風之侈，可知矣。若琉璃之宫在方丈山上者，爲神仙所居。琉璃之瓶在揚州市中者，爲媚兒所弄，斯亦異矣哉。

吴楚材《彊識略》卷二九 琉璃《韻集》曰：火齊珠也，本作瑠璃，似玉。《漢西域傳》：相如賦並作流離。《魏略》大秦國出赤、白、黑、黄、青、緑、紺、縹、紅、紫十種。又琉璃本質是石，欲作器，以自然灰治之。自然灰狀如黄灰，生南海，亦可浣衣，用之不須淋，但投之水中，滑如苔石。又魏太武時大月氏國人自云能鑄琉璃，既成，光澤美於西來者，乃詔爲行殿，自此中國琉璃遂賤云。

顧炎武《歷代帝王宅京記》卷一七《大梁·後周》 大内正門宣德樓列五門，門皆金釘朱漆，壁皆磚石，間甃鐫鏤龍鳳飛雲之狀，莫非雕甍畫棟，峻桷層榱。後以琉璃瓦曲尺朵樓，朱欄彩檻，下列兩闕亭相對，悉用朱紅杈子。入宣德樓正門，乃大慶殿，庭設兩樓，如寺院鐘樓。上有太史局保章，正測驗時，漏逐時刻，執牙牌奏。每遇大禮，車駕齋宿，及正朔朝會於此殿，殿外左右横門曰左右長慶門，内城南壁有門三座，係大朝會趨朝路。宣德樓左曰左掖門，右曰右掖門。左掖門裏乃明堂，右掖門裏西去乃天章、寶文等閣。宫城至北廊約有丈餘，入門東去街北廊乃樞密院，次中書省，次都堂，宰相朝退治事於此。次門下省，次大慶殿。外廊横門北去百餘步又一横門，每日宰執趨朝，此處下馬，餘侍從臺諫，於第一横門下馬，行至文德殿入第二横門。東廊大慶殿東偏門，西廊中書門下後省，次修國史院，次南向小角門，正對文德殿。（常朝殿也。）殿前東西大街，東出東華門，西出西華門，近裏又兩門相對，左右嘉肅門也。南去左右銀臺門，自東東華門裏皇太子宫入嘉肅門，街南大慶殿，後門東西上閤門，街北宣祐門，南北大街西廊面東曰凝暉殿，乃通會通門入禁中矣。殿相對東廊門乃殿殿之外皆知省御藥幕次，快行親從官輦官車，子院、黄院、子内諸司兵士，祗候中省六尚局，御厨殿上常列禁衛兩重，時刻提警，出入甚嚴。近裏皆近侍中貴，宣喚及宫禁買賣進貢，皆由此入。宣祐門外西去紫宸，正朔受朝於此。次曰文德殿，（常朝所御。）次曰垂拱殿，次曰皇儀殿，次曰集英殿。御宴及試舉人於此。後殿曰崇政殿、保和殿，内書閣曰眷（恐是睿字。）思殿，後門曰拱宸門。

顧炎武《歷代帝王宅京記》卷一九《幽州·金》 京城北離宫有大寧宫，大定十九年建，後更爲寧壽，又更爲壽安，明昌二年更爲萬寧宫。瓊花苑有横翠殿，寧德宫西園有瑶光臺，又有瓊花島，又有瑶光樓。皇統元年有宣和門，正隆二年有宣華門，又有撒合門。

《大金國志》曰：「海陵煬王遣左右丞相張浩、張通古，左丞蔡松年，調諸路夫匠築燕京宮室，皇城周九里三十步。自天津橋之北曰宣陽門，中門繪龍，兩偏繪鳳，用金釘之，中門惟車駕出入乃開，兩偏分雙隻日開一門。過門有兩樓曰文、曰武，文之轉東曰來寧館，武之轉西曰會同館。正北曰千步廊，東西對焉，廊之半各有偏門，向東曰太廟，向西曰尚書省。至通天門，後改名應天樓，高八丈，朱門五，飾以金封，東西相去一里餘。又各設一門，左曰左掖，右曰右掖。內城之正東曰宣華，正西曰玉華，北曰拱辰。及殿凡九重，殿凡三十有六樓，閣倍之。正中位曰皇帝正位，後曰皇后正位，位之東曰內省，西曰十六位，乃嬪妃居之。西出玉華門曰同樂園，若瑶池蓬瀛、柳莊杏村皆在焉。都城四圍凡七十五里，城門十二，每一面分三門，其正東門四旁又設兩門，正東(門)〔曰〕宣曜、陽春、施仁，正西曰顥華、麗澤、彰義，正南曰豐宜、景風、端禮，正北曰通元、會城、崇智，史有光泰門。此四城十二門也。此外有宣陽門，即內城之南門也，上有重樓，制度宏大，三門並立，中門常不開，惟車駕出入。通天門即內城之正南門也，四角皆垛樓，瓦皆琉璃，金釘朱門，五門列焉。常扃，惟大禮祫享則由之，宣華乃內城之正東門，玉華則西門也。左掖東偏門、右掖西偏門，各有武夫守衛，拱辰即內城正北門也，又曰後朝門，制度守衛，與玉華、宣華等金碧翬飛，規模宏麗矣。【略】」范石湖《攬轡録》：「興陵見宋使儀衛。戊子，早入見，循東西御廊北行，廊幾二百間，廊分三節，每節一門。將至宮城廊即東轉，又百許間，其西亦然，亦有三出門。中馳道甚闊，兩旁有溝，上植柳。廊脊皆以青琉璃瓦覆，宮闕門户即純用之。北即端門十一間，曰應天之門，下開五門，兩挾有樓，如左右昇龍之制。東西兩角樓，端門內有左右翔龍門日華、月華，門前殿曰大安殿，使人自左掖門入，北循大安殿東廊入敷德門東北行，直東有殿宇門曰東宮，直北西南列三門，中曰書英，是故壽昌殿，母后所居，西曰會通門。自會通北入承明門，又北則昭慶門，東則集禧門，尚書省在門外東，西則左右嘉會門二。有樓即大安殿後門，之後至幕次黑布拂廬待班，有頃入宣明門，即當朝後殿門也。門內庭中列衛士二百許人，貼金雙鳳幞頭，團花紅錦衫散手，入仁政隔門，至仁政殿下，團鳳大花氈可半庭。殿兩旁有朶殿，朶殿上兩高樓曰東西上閤門，兩廊悉有簾幕，中有甲士東西御廊，循簷各列甲士。東立者，紅茸甲，金纏竿槍，黃旗畫青龍。西立者，碧茸甲，金纏竿槍，白旗畫黃龍，至殿下皆然，惟立於門下者錦袍持弓矢。殿西階雜列儀物障節之屬，如道家醮壇威儀之類，使人由殿下東行，上東街却轉南，由露臺北行入殿闕，謂之欄子。金主幞頭紅袍玉帶，坐七寶榻，皆有龍水大屏風，四壁帟幕皆紅繡龍栱斗，皆有繡衣。兩楹間各有大出香，金獅蠻地鋪禮佛毯，可一殿兩旁玉帶金魚或金帶者十四五人相對列立。遥望前後殿屋，崛起甚多，制度不經，工巧無遺力。煬王亮始營此都，規模出於孔彦舟，役民夫八十萬，兵夫四十萬，作治數年，死者不可勝計。」

顧炎武《歷代帝王宅京記》卷一九《幽州·元》 《輟耕録》：至元四年正月，城京師以爲天下本，右擁太行，左注滄海，撫中原正南面，枕居庸，奠朔方，峙萬歲山，浚太液池，派玉泉，通金水，縈畿帶甸，負山引河，壯哉。帝居擇此天府，城方六十里，二百四十步，分十一門。正南曰麗，正南之右曰順承，南之左曰文明。北之東曰安貞，北之西曰健德。正東曰崇仁，東之右曰齊化，東之左曰光熙。正西曰和義，西之右曰肅清，西之左曰平則。大內南臨麗正門正街，曰大明殿，曰延春閣。宮城周回九里三十步，東西四百八十步，南北六百十五步，高三十五尺磚甃。至元八年八月十七日申時動土，明年三月十五日即工。分六門，正南曰崇天，十二間，五門，東西一百八十七尺，深五十五尺，高八十五尺。左右垛樓二，垛樓登門兩斜廡十門，闕上兩觀皆三垛樓，連垛樓東西廡各五間。西垛樓之西有塗金銅幡竿附，宮城南面有宿衛直廬，凡諸宮門皆金鋪朱户，丹楹藻繪彤壁，琉璃瓦飾簷脊。崇天之左曰星拱，三間一門，東西五十五尺，高五十尺。崇天之右曰雲從，制度如星拱，東曰東華，七間三門，東西一百十尺，深四十五尺，高八十尺。西曰西華，制度如東華，北曰厚載，五間一門，東西八十七尺，深高如西華。角樓四據宮城之四隅，皆三垛樓，琉璃瓦飾簷脊。直崇天門有白玉石橋三，虹上分三道，中爲御道，鐫百花蟠龍。星拱南有御膳亭，亭東有拱辰堂，蓋百官會集之所。東南角樓東差北有生料庫，庫東爲柴場夾垣，東北隅有羊圈，西南角樓南紅門外留守司在焉。西華南有儀鸞局，西有鷹房，厚載北爲御苑，外周圍紅門十有五，內苑紅門五，御苑紅門四，此兩垣之內也。大明宮在崇天門內，大明殿之正門也，七間三門，東西一百二十尺，深四十四尺。重簷日精門在大明門左，月華門在大明門右，皆三間一門。大明殿乃登極、正旦、壽節、會朝之正衙也，十一間，東西二百尺，深一百二十尺，高九十尺。柱廊七間，深二百四十尺，廣四十四尺，高五十尺。寢殿五間，東西夾六間，復連香閣三間，東西一百四十尺，深五十尺，高七十尺。青石花礎，白玉石圓碣，文石甃地，上藉重茵丹楹，金飾龍繞其上，四面朱瑣窗，藻井間金繪飾燕石，重陛朱欄，塗金銅飛雕冒，中設七寶雷龍。御榻白蓋，金縷褥並設后位。諸王百僚集，賽官侍宴，坐床重列左右，前貯燈漏，貯水運機，小偶人當時刻捧牌而出。木質銀裹漆甕一，金雲龍蜿蜒繞之，高一丈七尺，貯水可五十餘石。雕象酒卓一，長八尺，闊七尺二寸。玉瓮一，玉漏磬一，巨笙一，玉笙、玉箜篌全備於前。前懸繡緑珠簾，至冬月大殿則黄猫皮壁帳、黑貂褥，香閣則銀鼠皮壁幛、黑貂暖帳。凡諸宫殿乘輿所臨御者，皆丹楹朱瑣，窗間金藻繪設。御榻裀褥咸備，屋之簾脊皆飾琉璃瓦。文思殿在大明寢殿東，三間，前後軒東西三十五尺，深七十二尺。紫檀殿在大明寢殿西，制度如文思，皆以紫檀香木爲之，縷花龍涎香間白玉飾壁，草色髹緑其皮爲地衣。寶雲殿在寢殿後，五間，東西五十六尺，深六十三尺，高三十尺。鳳儀門在東廡中，三間一門，東西一百尺，深六十尺，高如其深，門之外有庖人之室。麟瑞門在西廡中間，制度如鳳儀門。之外有内藏庫二十所，所爲七間。鐘樓又名文樓，在鳳儀南。鼓樓又名武樓，在麟瑞南，皆五間，高七十五尺。嘉慶門在後廡寶雲殿東，景福門在後廡寶雲殿西，皆三間一門，周廡一百二十間，高三十五尺。四隅角樓四間，重簷。凡諸宫周廡，並用丹楹彤壁藻繪，琉璃瓦飾簷脊。延春門在寶雲殿後，延春閣之正門也，五間三門，東西七十七尺，重簷。懿範門在延春左，嘉則門在延春右，皆三間一門。延春閣九間，東西有五十尺，深九十尺，高一百尺三，簷重。屋柱廊七間，廣四十五尺，深一百四十尺，高五十尺。寢殿七間，東西夾四間。後香閣一間，東西一百四十尺，深七十五尺，高如其深，重簷。文石甃地，藉花毳裀，簾帷咸備，白玉石重陛，朱欄銅冒楯，塗金雕翔其上。閣上御榻二，柱廊中設小山，屏林皆楠木爲之，而飾以金。寢殿楠木御榻，東夾紫檀，御榻壁皆張素畫，飛龍舞鳳。西夾事佛像，香閣楠木，寢牀金縷，褥黑貂壁幛。慈福殿又曰東暖殿，在寢殿東，三間，前後軒東西三十五尺，深七十二尺。明仁殿又曰西暖殿，在寢殿西，制度如慈福。景曜門在左廡中，三間一門，高三十尺。清灝門在右廡中，制度如景曜。鐘樓在景曜南，鼓樓在清灝南，各高七十五尺。周廡一百七十二間，四隅角樓四間。玉德殿在清灝外，七間，東西一百尺，深四十九尺，高四十尺，飾以白玉甃，以文石中設佛像。東香殿在玉德殿東，西香殿在玉德殿西，宸慶殿在玉德殿後，九間，東西一百三十尺，深四十尺，高如其深。中設御榻，簾帷裀褥咸備，前列朱欄，左右闢二紅門，後山字門三間。東更衣殿在宸慶殿東，五間，高三十尺，西更衣殿在宸慶殿西，制度如東殿。隆福殿在大内之西，興聖之前。南紅門三，東西紅門宫各一，繚以磚垣，南紅門一，東紅門一，後紅門一。光天門光天殿正門也，五間三門，門高三十二尺，重簷。崇華門在光天門左，膺福門在光天門右，各三間一門。光天殿七間，東西九十八尺，深五十五尺，高七十尺，柱廊七間，深九十八尺，高五十尺。寢殿五間，兩夾四間，東西一百三十尺，高五十八尺五寸，重簷。藻井瑣窗，文石甃地，藉花毳裀，懸珠簾，重陛朱欄，塗金雕冒，楯正殿鏤金雲龍，樟木御榻，從臣坐牀，重列前兩旁。寢殿亦設御榻，裀褥咸備。青陽門在左廡中，明輝門在右廡中，各三間一門。翥鳳樓在青陽南，三間，高四十五尺。驂龍樓在明暉南，制度如翥鳳，後有牧人宿衛之室。壽昌殿又曰東暖殿，在寢殿東，三間，前後軒重簷。嘉禧殿又曰西暖殿，在寢殿西，制度如壽昌，中位佛像，旁設御榻。針線殿在寢殿後，周廡一百七十二間，四隅角樓四間。侍女直廬五所，在針線殿後，又有侍女室七十二間，在直廬後。及左右浴室一區，在宫垣東北隅。文德殿在明暉外，又曰楠木殿，皆楠木爲之，三間，前後軒一間。盝頂殿五間，在光天殿西北，角樓西後有盝頂小殿。香殿在宫垣西北隅，三間，前軒一間，前寢殿三間，柱廊三間，後寢殿三間，東西夾各二間。文宸庫在宫垣西南隅，酒房在宫垣東南隅，内庖在酒房之北。興聖宫在大内之西北，萬壽山之正西，周以磚垣，南闢紅門三，東西紅門各一，北紅門一。南紅門外兩旁附垣，有宿衛直廬，凡四十間，東西門外各三間。南門前夾垣内有省院臺，百司官侍直板屋。北門外有窨花室五間，東夾垣外有宦人之室十七間，凌室六間，酒房六間。南北西門外棊置衛士直宿之舍二十一所，所爲一間，外夾垣東紅門三，直儀天殿弔橋西紅門一，達徽政院門内差北有盝頂房二，各三間。又北有屋二所，各三間，差南有庫一所，及屋三間。北紅門外有臨街門一所，三間，此夾垣之北門也。興聖門，興聖殿之北門也，五間三門，重簷，東西七十四尺。明華門在興聖門左，肅章門在興聖門右，各三間一門。興聖殿七間，東西一百尺，深九十七尺，柱廊六間，深九十四尺，寢殿五間，兩夾各三間。後香閣三間，深七十七尺，正殿四面珠懸瑣窗，文石甃地，藉以毳裀，中設扆屏榻，張白蓋簾，帷皆錦繡爲之。諸王、百僚、宿衛官侍宴，坐牀重列左右，其柱廊寢殿亦各設御榻，裀褥咸備，白玉石重陛朱闌，塗金冒楯，覆以白瓷碧瓦琉璃，飾其簷脊。宏慶門在東廡中，宣則門在西廡中，各三間一門，凝暉樓在宏慶南，五間，東西六十七尺。延顥樓在宣則南，制度如凝暉。嘉德殿在寢殿東，三間，前後軒各三間，重簷。寶慈殿在寢殿西，制度同嘉德。山字門左興聖宫後，延華閣之正門也，正一間，兩夾各一間，重簷，一門脊置金寶瓶，又獨脚門二，周閣以紅板垣。延華閣五間，方七十九尺二寸，重阿十字脊，白琉璃瓦覆，青琉璃瓦飾，其簷脊立金寶瓶，單陛御榻、從臣坐牀咸具。東西殿在延華閣西，左右各五間，前軒一間，圜亭在延華殿後，芳碧亭在延華閣後，圜亭東，三門重簷，十字脊覆以青琉璃瓦，飾以緑琉璃，屋脊置金寶瓶。徽青亭在圜亭西，制度如芳碧亭。浴室在延華閣東南隅，東殿旁有盝頂井亭二間，又有盝頂房三間。畏吾兒殿在延華閣右，六間，旁有窨花半屋，八間。木香亭在畏吾兒殿後，東盝殿在延華閣東版垣外，正殿五間，前軒三間，東西六十五尺，深三十九尺，柱廊二間，深二十六尺，寢殿三間，東西四十八尺。前宛轉置花朱闌八十五扇，殿之旁有盝頂房三間，庖室二間，面陽盝頂房三間，妃嬪庫房一間，縫紉女庫房三間，紅門一，盝頂之制三，椽其頂若笥之平，故名。西盝頂殿在延壽閣西版垣之外，制度同東殿。東殿之旁有庖室三間，好事房二，各三間，獨脚門二，紅門一，妃嬪院四，二在東盝頂殿後，二在西盝頂殿後，各正室三間，東西夾四間，前軒三間，後有三椽半屋二間，侍女室八十三間，半在東妃嬪院左西向，半在西妃嬪院右東向，室後各有三椽半屋二十五間。東盝頂殿紅門外有屋三間，盝頂軒一間，後有盝頂房一間，庖室一區。在凝暉樓後正室五間，前軒一間，後披屋三間，又有盝頂房一間，盝頂井亭一間，周以土垣，前闢紅門。酒房在宫垣東南隅，庖室南正屋五間，前盝頂軒三間，南北軒各三間，西北隅盝頂房三間，紅門一，土垣四周之，學士院在閣後四，盝頂殿門外之西，偏三間。生料庫在學士院南，又南爲鞍轡庫，又南爲軍器庫，又南爲庖人、牧人、宿衛之室。藏珍庫在宫垣西東隅，制度並如酒室，惟多盝頂半屋三間，庖室三間。

萬壽山在大内西北太液池之陽，金人名瓊華島，中統三年修繕之，至元八年賜今名。其山皆叠玲瓏石爲之，峰巒隱映，松檜隆鬱，秀若天成。引金水河至其後，轉機運㪷，汲水至山頂，出石龍口，注方池。伏流至仁智殿後，有石刻盤龍仰首，噴水仰出，然後右東西流入於太液池，山前有白玉石橋，長二百餘尺。直儀天殿後橋之北有玲瓏石，擁木門，五門皆爲石色，内有隙地，對立日月。石西有石棋枰，又有石坐牀，左右皆有登山之徑，縈紆萬石中，洞府出入，宛轉相迷，至一殿一亭，各擅一景之妙。山之東有石橋，長七十六尺，闊四十一尺，半爲石渠，以載金水，而流於山後，以汲於山頂也。又東爲靈圃，奇獸珍禽在焉。廣寒殿在山頂，七間，東西一百二十尺，深六十二尺，高五十尺。重阿藻井，文石甃地，四面瑣窗，版密其裏，編綴金紅雲，而蟠龍矯蹇於丹楹之上。中有小玉殿，内設金嵌玉龍御榻，左右列從臣坐牀，前架黑玉酒瓮一，玉有白章，隨其形刻，爲魚獸出没於波濤之狀，其大可貯水三十餘石。又有玉假山一峰，玉響鐵一懸。殿之後有小石笋二，内出石龍首，以噀所引金水。西北有厠堂一間。仁智堂在山之半，三間，高三十尺。金露亭在廣寒殿東，其制圜，九柱二十四尺，尖頂上置琉璃珠，亭後有銅幡竿。玉虹亭在廣寒殿西，制度同金露。方壺亭在荷葉殿後，高二十尺，重屋八面，重屋無梯，自金露亭前復道登焉。又曰緑珠亭、瀛洲亭，在温石浴室後，制度同方壺。玉虹亭前仍有登重屋復道，亦有緑珠亭，荷葉在方壺前、仁智西北，三間，高三十尺，方頂中置琉璃珠。温石浴室在瀛洲前，仁智西北，三間，高二十三尺，方頂中置塗金寶瓶。圜亭又曰臙脂亭，在荷葉稍西，蓋后妃添粧之所也。八面介福殿在仁智東差北，三間，東西四十一尺，高二十五尺。延和殿在仁智西北，制度如介福。馬湩室在介福前，三間。牧人之室在延和前，三間。庖室在馬湩前，東浴室更衣殿在山東平地，三間。兩夾太液池在大内西，周回若千里，植芙蓉。儀天殿在池中圓坻上，當萬壽山，十一楹，高三十五尺，圍七十尺，重簷，圓蓋頂圓基址，甃以文石，藉以花裀，中設御榻，周闢瑣窗。東西門各一間，西北側堂一間，臺西向列，甃磚龕以居宿衛之士。東爲木橋，長一百二十尺，闊二十二尺，通大内之夾垣。西爲木弔橋，長四百七十尺，闊如東橋。中闕之立柱，架梁於二舟，以當其空，至車駕行幸上都，留守官則移舟斷橋，以禁往來。是橋通興聖宫前之夾垣，後有白玉石橋，乃萬壽山之道也。犀山臺在儀天殿前水中，上植木芍藥。隆福宫西御苑在隆福宫西，先后妃多居焉。香殿在石假山上，三間，兩夾二間，柱廊三間，龜頭屋三間，丹楹瑣窗，間金藻繪，玉石礎琉璃瓦。殿後有石臺山，後闢紅門，門外有侍女之室二所，皆南向並列。又後直紅門並立紅門三，三門之外有太子鄂爾多荷葉殿二，在香殿左右各三間。圓殿在山前圓頂上，置塗金寶珠重簷，後有流杯池，池東西流水圓亭二，圓殿有廡以連之。歇山殿在圓殿前，五間，柱廊二，各三間，東西亭二，在歇山後左右十字脊。東西水心亭在歇山殿池上，直東西亭之南，九柱重簷，亭之後各有侍女房三所，所爲三間，東房西向，西房東向。前闢紅門三，門内立石以屏内外，外築四垣以周之，池引金水注焉。棕毛殿在假山東，偏三間，後置頂殿三間，前啟紅門，立垣以區分之。儀鸞局在三紅門外西南隅，正屋三間，東西屋三間，前開一門。

孫廷銓《琉璃誌》 琉璃者，石以爲質，硝以和之，礁以鍛之，銅鐵丹鉛以變之。非石不成，非硝不行，非銅鐵丹鉛則不精，三合然後生。白如霜廉，削而四方，馬牙石也。紫如英札札星星，紫石也。棱而多角，其形似璞，淩子石也。白者以爲幹也，紫者以爲軟也，淩子者以爲瑩也，是故白以爲幹，則剛紫以爲軟，則斥之爲薄而易張，淩子以爲瑩，則鏡物有光。硝柔火也，以和內，礁猛火也，以攻外。其始也，石氣濁，硝氣未澄，必剥而争，故其火煙漲而黑，徐惡盡矣。性未和也，火得紅，徐性和矣。精未融也，火得青，徐精融矣。合同而化矣，火得白，故相火齊者，以白爲候。其辨色也，白五之，紫一之，淩子倍紫。得水晶，進其紫，退其白，去其淩子，得正白。白三之，紫一之，淩子如紫。加少銅及鐵屑焉，得梅萼紅，白三之，紫一之，去其淩子，進其銅，去其鐵，得藍法如白焉。鉤以銅磧，得秋黄法如水晶，鉤以畫碗石，得映青法如白。加鉛焉，多多益善，得牙白法如牙白。加鐵焉，得正黑法如水晶。加銅焉，得緑法如緑。退其銅，加少磧焉，得鵝黄，凡皆以餤硝之數爲之程。

琉璃之貴者爲青簾，取彼水晶，和以回青，如箸斯條，若水斯冰。緯爲幌簿，傳於朱櫺，瑞煙徐起，旭日始升。影動几筵，光浮御屏，棲神象元，以合窈冥。用之郊壇焉，用之清廟焉，隸於司空，以稱國工。

其次爲佩玉，丁當連珠，綴纓絳紗，作盛弁冕，盈廷乃球鏘鳴，古者百僚朝祭之法服也。

其次爲華燈屏風，礶合果山，皆穿珠之屬，錯彩雕龍，口則無功。

其次爲棋子，風鈴念珠，壺頂簪珥，料方皆實之屬。圍棋滴之，風鈴範之，料方亦如之。條珠纏之，細珠寫之，大珠纏之，戛之簪珥，惟錯車磲者，雜二色藥而糅之。瑪瑙者琺瑯點之，纏絲者以藥夾絲，待其融也，引而旋之。

其次爲泡燈，魚瓶、葫蘆硯、滴佛眼、軒轅鏡、火珠、響器、鼓璫，皆空之屬。凡製琉璃，必先以琉璃爲管焉，必有鐵杖翦刀焉。非是弗工，石之在冶，涣然流離，猶金之在鎔，引而出之者，杖之力也，受之者，管也。授之以隙，納氣而中空，使口得爲功，管之力也。乍出於火，涣然流離，就管矣，未就口也。急則流，緩則凝，旋而轉之，授以風輪，使不流不凝，手之力也。施氣焉，壯則裂，弱則偏，調其氣而消息之氣行，而喉舌皆不知，則大不裂，小不偏，口之力也。吹圓毬者抗之，吹膽瓶者墜之，一俯一仰，滿氣爲圓，微氣爲長，身如朽株，首如蝵鼓，項之力也。引之使長，裁之使短，拗之使屈，突之使高，抑之使凹，翦刀之力也。凡爲葫蘆，先得提後得腹，接處爲腰。爲含子葫蘆，先得子，次得提納子焉，後得腹。凡爲魚瓶，先得口，次得腔，次得山，後得果板。凡爲花簪，先得莖，後得頂，斷而殊之，易手而燎之，後得蜂末。凡爲響器，先得下口，後得上口。凡爲硯滴，先得頂口，次得腹，次得提，後得吐水。凡爲燈碗，先得圓毬，吸其下，按其上，斷其臍而坐之，上反爲底，下反爲面。凡爲鼓璫，先得葫蘆，旋燒其底而四流之，以均其薄，欲平而不平，使微杠焉。以隨氣之動，乃得鳴鼓，璫者，響葫蘆也，言微氣鼓之，而璫鳴也。辟之爲鼓也，聲者其面也，響之應者其腔也，實則其空也，故大空則大鳴，小空則小鳴，此老氏之説也。當其無有，有之用也，凡爲空者，先養其氣，氣圓而體圓，此學書之説也，心正則筆正也。

按《通鑑》：「唐代宗初，誅元載，召江西判官李泌入見，語及載事曰：『朕面屬卿於路嗣恭，而嗣恭取載意，奏卿爲虔州别駕。嗣恭初平嶺南，獻琉璃盤，徑九寸，朕以爲至寶。及破載家，得嗣恭所遺載琉璃盤徑尺，俟其至，當與卿議之。』」胡三省注曰：「程大昌曰：《漢·西域傳》，罽賓國有琥珀瀰離。」師古注曰：「《魏略》云：大秦國出赤、白、黄、墨、青、緑、縹、紺、紅、紫十種流離，此蓋自然之物，采澤光潤，踰於衆玉，今俗所用，皆消冶石汁加以衆藥灌而爲之，虚脆不耐，實非真物。」按：流離，今書附玉旁，爲琉璃字，師古之記是矣，亦未得其詳也。《穆天子傳》：「天子東征，有采石之山，凡好石之器，於是出。升山取采石，鑄以成器。」注云：「采石，文采之石也，則鑄石爲器，古有之矣，顔氏謂爲自然之物，恐不詳也。」《北史·大月氏傳》：「魏太武時，月氏人商販京師，自云自能鑄石爲五色琉璃，於是采礦石于山中，即京師鑄之，既成，光澤乃美於西方來者，自是琉璃遂賤。」用此言推之，則雖西域琉璃，亦用石鑄，無自然生成者。兼外國奇產，中國未始無之，獨不聞有所謂真琉璃，然中國所鑄，有與西域異者。鑄之中國，色甚光鮮，而質則輕脆，沃以熱酒，隨手破裂。其來自海舶者，製差鈍樸，而色亦微暗，其可異者，雖百沸湯注之，與瓷銀無異，了不復動，是名「番琉璃」也。余謂路嗣恭所獻者，蓋番琉璃之異於中國，其別蓋如此，而未嘗聞以石琢之也。師古所謂大秦琉璃，自然之物，否則代宗何以謂之至寶哉。程大昌考之不詳耳。

《琉璃誌》跋：此孫文定公《顔山 物産誌》之一也，文法奇崛，酷肖酈善長《水經注》，間作韻語，又似郭景純《山海經圖贊》，超心錬冶，筆端具有化工。乙丑初夏震澤楊復吉識。

張英等《淵鑑類函》卷三六四《瑠璃一》 原《廣雅》曰：「瑠璃，珠也。」《集韻》曰：「瑠璃，火齊珠也。」增《孝經》援神契曰：「神靈滋液，則瑠璃鏡。」《續漢書》曰：「哀牢出火精、瑠璃。」原《魏略》曰：「大秦國出赤、白、黑、黄、青、緑、紺、縹、紅、紫十種瑠璃。」《吴歷》曰：「黄武四年，扶南諸外國來獻瑠璃。」增《魏書》曰：「天竺國人商販至京，自云能鑄石爲五色瑠璃，于是採礦山石于京師鑄之。既成，光澤美於西方來者，乃詔爲行殿，容百餘人，光色映徹，觀者見之莫不驚駭，以爲神明所作，自此中國瑠璃遂賤，人不復珍之。」《宋書》：「璧瑠璃，王者不隱過，則見。」又曰：「須瀰之山有吠瑠璃焉，火不能燒，金不能破，或云是金翅鳥殼。」

原《十洲記》曰：「方丈山上有瑠璃宫。」《廣志》曰：「瑠璃出黄支斯調、大秦、日南諸國。」《南州異物志》曰：「瑠璃本質是石，欲作器，以自然灰治之。自然灰狀如黄灰，生南海濱，亦可浣衣用之。不須淋但投之中，滑如苔石，不得此灰，則不可釋。」增《歲時雜記》曰：「隴西窮州賣藥，朱家燈號爲天下第一，以瑠璃爲諸物之形。」《續文獻通考》曰：「明古里貢瑠璃椀。」

張英等《淵鑑類函》卷三六四《瑠璃二》　原《漢書》曰：「武帝時，使人入海市瑠璃。」增《漢武故事》曰：「武帝好神仙，起神屋扉，悉以白瑠璃作之，光明洞徹。」又曰：「漢成帝爲趙飛燕造湯殿，緑瑠璃爲户。」《拾遺記》曰：「董偃設紫瑠璃屏風。」原《諸葛恢集》：「詔答恢令，致瑠璃椀。」《世説》曰：「滿奮畏風，在武帝瑠璃窗内坐，實密似疏，奮有疑，帝問之，答曰：臣猶吴牛見月而喘。」又曰：「武帝嘗幸王武子家，供饌盤悉用瑠璃器。」又曰：「王敦尚主至石崇舍，如厠畢，婢擎金澡盤盛水，瑠璃椀盛澡豆，王取豆著水中飲之，謂之乾飯。」增《鄴侯家傳》曰：「唐代宗大曆十三年，上召李泌入見，因言路嗣恭初平嶺南，獻瑠璃盤，徑九寸，朕以爲至寶。又破元載家，得嗣恭所遺載盤徑尺。」《五行志》：「五代廢帝悉書清望官名，投于瑠璃瓶中，夜焚香祝天，以箸挾之，首得盧文紀，欣然相之。」宋蔡絛《鐵圍山叢談》曰：「江湖間，小龍號靈異。崇寧中，發運使以香奩擕至都，天子異之，取大瑠璃盒貯龍，親加封識，降付都門外小龍祠中。封識如故，變化去矣。」

張英等《淵鑑類函》卷三六四《瑠璃三》　增五色　十種上下並詳前一。　投錢《太平廣記》：「唐貞元中，揚州市坊有丐者自稱胡媚兒，懷中出瑠璃瓶，可受半升，表裏通明，如不隔物，曰施滿此聖瓶子足矣。瓶項如葦管，與之百錢投之，琤然有聲，見瓶中大如粟粒，衆異之。復與千錢，以至萬錢亦然。好事者以驢與之入瓶，如蠅大，動行如故。俄有度支綱至，數十車綱人駐車觀之，綱主戲曰：『爾能令諸車入瓶中乎？』媚兒曰：『可。』乃微側瓶口，令車悉入，歷歷如行蟻然。有頃，漸不見，媚兒即跳入瓶。綱官大驚，以挺撞瓶破，一無所有。後月餘，有人于清河北逢媚兒，見部領車乘，趨東平而去。」行酒《晉書》曰：「汝南王藴公卿，以瑠璃鍾行酒。酒及崔洪，洪不肯執，問其故，曰慮有執玉不趨之義。」盛露《洞冥記》曰：「東方朔得五色露，以瑠璃器盛之，獻武帝。」走珠《山堂肆考》：「唐同昌公主以紅瑠璃盤盛夜光珠，立堂中，光如晝。」流離《潛確類書》：「瑠璃，《漢書》爲流離。」清徹《世説》：「王公與朝士共飲酒，舉瑠璃椀謂周伯仁曰：『此椀腹殊空，謂之寶器，何耶。』答曰：『此椀英英，誠爲清澈，所以爲貴耳。』」

張英等《淵鑑類函》卷三六四《瑠璃四》　增詩：「唐元稹《詠瑠璃》詩曰：

『有色同寒冰，無物隔纖塵。象筵看不見，堪將對玉人。』」

《原賦》：「晉潘尼《瑠璃椀賦》曰：『濟流沙之絶險，越葱嶺之峻危，於是遊西極，望大蒙，歷鍾山，闚燭龍，覲王母，訪仙童。取瑠璃之攸華，詔曠世之良工。纂元儀以取象，準三辰以定容。光映日耀，圓成月盈。纖瑕罔麗，飛塵靡停。灼爚旁燭，表裏相形。凝霜不足方其潔，澄水不能喻其清。剛過金石，勁邁瓊玉。磨之不磷，涅之不濁。』」

陳元龍《格致鏡原》卷三三《琉璃》　顔師古《漢書》注：「琉璃蓋自然之物，采澤光潤，異於衆玉，其色不恒。今俗所用，皆消冶石汁加以衆藥灌而爲之，尤虚脆不貞，實非真物。」《漢書》：「武帝時，使人入海市瑠璃。」《廣志》：「琉璃出黄支斯調、大秦、日南諸國。」《魏略》：「大秦國出赤、白、黑、黄、青、緑、紺、縹、紅、紫十種琉璃。」《事物原始》：「琉璃，高麗出者性堅，刀刮不動，其色白，厚半寸，點燈甚明，勝於角煎琉璃遠矣。」《廣雅》：「琉璃，珠也。」《南州異物志》：「琉璃本質是石，欲作器，以自然灰治之。自然灰狀如黄灰，生南海濱，亦可浣衣。用之不須淋，但投之中，滑如苔石，不得此灰，則不可釋。」《北史》：「太武時，大月氏國人商販京師，自云能鑄石爲五色琉璃，于是採礦山中，於京師鑄之。既成，光澤乃美於西方來者，乃詔爲行殿，容百餘人，光色映徹，觀者見之莫不驚駭，以爲神明所作，自此中國琉璃遂賤，人不復珍之。」《北史》：「隋時，中國久絶琉璃作，匠人無敢措意。何稠以緑瓷爲之，與真不異。」《演繁露》：「中國所鑄琉璃，有與西域異者。鑄之中國則色甚光鮮，而質則輕脆，沃以熱酒，隋手破裂。至其來自海舶者，製差樸鈍，而色亦微暗，其可異者，雖百沸湯注之，與瓷銀無異，了不損動，是名番琉璃也。」《廣博物志》：「吠琉璃出須彌山，帝青色，一切寶皆不可破，亦非火焰所能鎔，惟鬼神有道力者能破之，或云是金鳩鳥殼。帝青者，帝釋寶青色也。」《宋書》：「璧琉璃，王者不隱過則至。」《西京雜記》：「武帝以白光琉璃爲鞍，闇室照十餘丈，如晝。」《吴歷》：「黄武四年，扶南諸外國來獻瑠璃，諸葛恢令致琉璃椀一。」《世説》：「武帝嘗降王武子，供饌盤悉用琉璃器。」《五行志》：「唐末俗尚以琉璃爲釵釧，蓋服妖也，故後有流離播遷之兆。」《杜陽編》：「同昌公主以紅琉璃盤盛夜光珠，立堂中，光如晝。」《鄴侯家乘》：「代宗時嶺南進琉璃盤，面闊九寸，元載家有一尺面者。」《稗史類編》：「琉璃，今北方有者不多見，惟大食、高麗有之，青白紫緑，皆塗以金翠，輝焰燦爛。蔡京嘗以大食琉璃酒器獻，淵聖時在東宫，却而不受，蓋已盛於宣政矣。」

陳元龍《格致鏡原》卷五六《鏡・寶鏡》　《洞冥記》：「望蟾閣上有青金鏡，廣四尺，元光中波祇國獻此青金鏡，照見魑魅百鬼，不敢隱形。」《梁四公記》：「扶桑國使使貢觀日玉如鏡，方圓尺餘，明徹如琉璃，映日以觀，見日中宫殿皎然分明。」《孝經》援神契神靈：「滋液百寶，用則璣鏡出。注：大珠有光，可爲鏡者。」《拾遺記》：「周穆王時，渠胥國貢火齊鏡，廣三尺六寸，暗中視如晝，人向鏡中語，則鏡中響應之。」《四公記》：「扶南大舶從西天竺國來，賣碧玻瓈鏡，面廣一尺五寸，内外皎潔，置五色物於其上，向明視之，不見其質。」陸廣微《吴地記》：「通玄寺碑載，則天皇后送珊瑚鏡一面，宣賜供養。」

吴士玉等《駢字類編》卷七〇《琉璃》　琉璃《後漢書・大秦國傳》見「琥珀」下。《晉書・王濟傳》：「性豪侈，帝嘗幸其宅，供饌甚豐，悉貯琉璃器中。」《齊書・張融傳》珊瑚開續琉璃竦華丹文錦色雜照冰霞《宋史・外國傳》：「乾德三年十一月，西州回鶻可汗遣僧法淵獻佛牙、琉璃器、琥珀盞。」《元史・百官志》：「大都四窑場，秩從六品，提領大使、副使各一員，領匠夫三百餘户。營造素白琉璃、磚瓦，隸少府監，至元十三年置。」《十洲記》：「方丈洲在東海中心，西南、東北岸正等方丈方面，各五千里上專是羣龍所聚，有金玉、琉璃之宫。」《洞冥記》：「太初三年起甘泉望風臺，臺上得白珠如花一枝，帝以錦蓋覆之，如照月矣，因名照月珠。以賜董偃，盛以琉璃之篋。」《西京雜記》：「趙飛燕爲皇后，其女弟在昭陽殿，遺琉璃屏風。」《文士傳》：「潘尼與同僚飲主人，有琉璃椀，使客賦之，尼於坐立成。」《九域志》：「唐李德裕築琉璃城於漢源。」《圖繪寶鑑》：「董祥工畫花木，有琉璃瓶，中雜花折枝，人多愛之。」《雲笈七籤》：「輔星天尊，玉帝之星也。星圍九百九十里中，有青華之樹，自有九音之字，上有青鳥、三足鳥。自然琉璃芝映，食之一口，得與玉帝同真。」《明一統志》：「順天府土産琉璃。又琉璃河，在良鄉縣西南四十里。《金史》作劉李河。《舊志》又謂即古聖水，自房山龍泉峪流至霸州，入拒馬河。又琉璃井在河南府城外發祥寺側，宋太祖汲此井，浴後甃以琉璃，至今石壓其上。又琉璃寺在濟南府章丘縣治西。又琉璃泉在平涼府崆峒山。又賽瑪爾堪，土産琉璃。徐陵《諫仁山深法師罷道書》：開織成之帙，見過去之因，擒琉璃之卷，驗當來之果。」又《玉臺新咏序》：「琉璃硯匣，終日隨身；翡翠筆牀，無時離手。」庚信《謝趙王示新詩啓》：「琉璃彫管，鵲顧鸞迴。婉轉緑沈，猿驚雁落。」又《哀江南賦》：「飲其琉璃之酒，賞其虎豹之皮。」王粲《琉璃窗賦》：「彼窗牖之麗者，有琉璃之製焉。」陳時中《碧瀾堂賦》：「濯錦鱗兮琉璃之影，點雪鷺兮雲母之屏。」江淹《遂古篇》：「琉璃瑪瑙，來雜陳兮。」李嶠《屏》詩：「洞徹琉璃蔽，威紆屈膝回。」沈佺期《春閨》詩見「瑇瑁」下。元稹《紅芍藥》詩：「煙輕琉璃葉，風亞珊瑚朵。」又《寺院新竹》詩見「琅玕」下。施肩吾《夜宴曲》見「玉軟」下。鮑溶《懷惠明禪師》詩：「雪山世界此涼夜，寶月獨照琉璃宫。」張喬《題上元許棠所任王昌齡廳》詩：「琉璃堂裏當時客，久絶吟聲繼後塵。」梅堯臣《題滿公僧録西明軒》詩：「飛光斜入了不隔，坐卧一榻琉璃平。」蘇軾《次韻周長官壽星院同餞李少卿》詩：「琉璃百頃水仙家，風静湖平響釣車。」琉精李時勉《北京賦》：「琉璃之闕，瓊華之室，墉城岧嶢，金臺崒嵂。」

紀事

《晉書》卷四二《王渾附子王濟傳》　少有逸才，風姿英爽，氣蓋一時。好弓馬，勇力絶人，善《易》及《莊》、《老》，文詞俊茂，伎藝過人，有名當世，與姊夫和嶠及裴楷齊名。尚常山公主。年二十，起家拜中書郎，以母憂去官。起爲驍騎將軍，累遷侍中，與侍中孔恂、王恂、楊濟同列，爲一時秀彦。武帝嘗會公卿藩牧於式乾殿，顧濟、恂而謂諸公曰：「朕左右可謂恂恂濟濟矣！」每侍見，未嘗不諮論人物及萬機得失。濟善於清言，修飾辭令，諷議將順，朝臣莫能尚焉，帝益親貴之。仕進雖速，論者不以主壻之故，咸謂才能致之。然外雖弘雅，而内多忌刻，好以言傷物，儕類以此少之。以其父之故，每排王濬，時議譏焉。【略】

性豪侈，麗服玉食。時洛京地甚貴，濟買地爲馬埒，編錢滿之，時人謂爲「金溝」。王愷以帝舅奢豪，有牛名「八百里駮」，常瑩其蹄角。濟請以錢千萬與牛對射而賭之。愷亦自恃其能，令濟先射。一發破的，因據胡牀，叱左右速探牛心來，須臾而至，一割便去。和嶠性至儉，家有好李，帝求之，不過數十。濟候其上直，率少年詣園，共啖畢，伐樹而去。帝嘗幸其宅，供饌甚豐，悉貯琉璃器中。蒸肫甚美，帝問其故，答曰：「以人乳蒸之。」帝色甚不平，食未畢而去。

《晉書》卷九七《四夷傳・大秦國》　大秦國一名犂鞬，在西海之西，其地東西南北各數千里。有城邑，其城周迴百餘里。屋宇皆以珊瑚爲棁栭，琉璃爲牆壁，水精爲柱礎。其王有五宮，其宮相去各十里，每旦於一宮聽事，終而復始。若國有災異，輒更立賢人，放其舊王，被放者亦不敢怨。有官曹簿領，而文字習胡，亦有白蓋小車、旌旗之屬，及郵驛制置，一如中州。其人長大，貌類中國人而胡服。其土多出金玉寶物、明珠、大貝，有夜光璧、駭雞犀及火浣布，又能刺金縷繡及織錦縷罽。以金銀爲錢，銀錢十當金錢之一。安息、天竺人與之交市於海中，其利百倍。鄰國使到者，輒廩以金錢。途經大海，海水鹹苦不可食，商客往來皆齎三歲糧，是以至者稀少。

漢時都護班超遣掾甘英使其國，入海，船人曰：「海中有思慕之物，往者莫不悲懷。若漢使不戀父母妻子者，可入。」英不能渡。武帝太康中，其王遣使貢獻。

杜佑《通典》卷一九二《邊防八・大月氏》 大月氏，漢時通焉。理藍氏城，在大宛西可二三千里，居嬀水北，其南則大夏，西接安息四十九日行，北則康居，去長安萬一千六百里。不屬都護。户十萬。東去長史所居六千五百里。土地、氣候、物類、風俗、錢貨與安息同。出一封橐駝。

其國本行國也，隨畜移徙，與匈奴同俗。控弦十餘萬，故恃强輕匈奴。本居燉煌、祁連間，至冒頓單于攻月氏，而老上單于殺月氏王，以其頭爲飲器，乃遠去，過大宛，西擊大夏而臣之，都嬀水北爲王庭。其餘小衆不能去者保南山羌，號小月氏。於大夏分其國五部翖侯。後百餘歲，貴霜翖侯丘就卻攻滅四翖侯，自立爲王，因號貴霜王。又滅僕達、罽賓，悉有其國。復滅天竺。月氏自此之後，最爲富盛。

至後魏代北，與蠕蠕接，數爲所侵，遂西徙都薄羅城，去弗敵沙二千一百里。弗敵沙在藍氏城東。後其王寄多羅勇武，遂興師越大山，南侵北天竺，自乾陁羅以北五國盡役屬之。國人乘四輪車，或四牛、六牛、八牛輓之，在車大小而已。太武時，其國人商販到京師，自云能鑄石爲五色琉璃，於是採礦山中，於京師鑄之。既成，光澤美於西方來者。乃詔爲行殿，容百餘人，光色映徹，觀者驚以爲神明所作。自此琉璃遂賤，人不復珍之。

《舊唐書》卷一九八《西戎傳・泥婆羅》 泥婆羅國，在吐蕃西。其俗翦髮與眉齊，穿耳，揎以竹筩牛角，綴至肩者以爲姣麗。食用手，無匕箸。其器皆銅。多商賈，少田作。以銅爲錢，面文爲人，背文爲馬牛，不穿孔。衣服以一幅布蔽身，日數盥浴。以板爲屋，壁皆雕畫。俗重博戲，好吹蠡擊鼓。頗解推測盈虚，兼通曆術。事五天神，鐫石爲像，每日清水浴神，烹羊而祭。其王那陵提婆，身著真珠、玻瓈、車渠、珊瑚、琥珀、瓔珞，耳垂金鉤玉璫，佩寶裝伏突，坐獅子牀，其堂内散花燃香。大臣及諸左右並坐於地，持兵數百列侍其側。宫中有七層之樓，覆以銅瓦，欄檻楹栱皆飾珠寶。樓之四角，各懸銅槽，下有金龍，激水上樓，注於槽中，從龍口而出，狀若飛泉。那陵提婆之父，爲其叔父所篡，那陵提婆逃難於外，吐蕃因而納焉，克復其位，遂羈屬吐蕃。

貞觀中，衛尉丞李義表往使天竺，塗經其國，那陵提婆見之大喜，與義表同出觀阿耆婆沵池。周迴二十餘步，水恒沸，雖流潦暴集，爍石焦金，未嘗增減。以物投之，即生烟焰，懸釜而炊，須臾而熟。其後王玄策爲天竺所掠，泥婆羅發騎與吐蕃共破天竺有功。永徽二年，其王尸利那連陀羅又遣使朝貢。

《舊唐書》卷七五《蘇世長傳》 武德四年，洛陽平，世長首勸弘烈歸降。既至京師，高祖誅褒而責世長來晚之故，世長頓顙曰：「自古帝王受命，爲逐鹿之喻，一人得之，萬夫斂手。豈有獲鹿之後，忿同獵之徒，問争肉之罪也？陛下應天順人，布德施惠，又安得忘管仲、雍齒之事乎！且臣武功之士，經涉亂離，死亡略盡，惟臣殘命，得見聖朝，陛下若復殺之，是絶其類也。實望天恩，使有遺種。」高祖與之有故，笑而釋之。尋授玉山屯監。【略】

從幸涇陽校獵，大獲禽獸於旌門。高祖入御營，顧謂朝臣曰：「今日畋樂乎？」世長進曰：「陛下遊獵，薄廢萬機，不滿十旬，未爲大樂。」高祖色變，既而笑曰：「狂態發耶？」世長曰：「爲臣私計則狂，爲陛下國計則忠矣。」及突厥入寇武功，郡縣多失户口，是後下詔將幸武功校獵。世長又諫曰：「突厥初入，大爲民害，陛下救恤之道猶未發言，乃於其地又縱畋獵，非但仁育之心有所不足，百姓供頓，將何以堪？」高祖不納。

又嘗引之於披香殿，世長酒酣，奏曰：「此殿隋煬帝所作耶，是何雕麗之若此也？」高祖曰：「卿好諫似直，其心實詐。豈不知此殿是吾所造，何須設詭疑而言煬帝乎？」對曰：「臣實不知。但見傾宫、鹿臺琉璃之瓦，並非受命帝王愛民節用之所爲也。若是陛下作此，誠非所宜。臣昔在武功，幸常陪侍，見陛下宅宇，纔蔽風霜，當此之時，亦以爲足。今因隋之侈，民不堪命，數歸有道，而陛下得之，實謂懲其奢淫，不忘儉約。今初有天下，而於隋宫之内，又加雕飾，欲撥其亂，寧可得乎？」高祖深然之。

後歷陝州長史、天策府軍諮祭酒。秦府初開文學館，引爲學士，與房玄齡等一十八人皆蒙圖畫，令文學褚亮爲之贊，曰：「軍謟諸噱，超然辯悟。正色于庭，匪躬之故。」貞觀初，聘于突厥，與頡利争禮，不受賂遺，朝廷稱之。出爲巴州刺史，覆舟溺水而卒。

《舊唐書》卷一九八《西戎傳・波斯國》 波斯國，在京師西一萬五千三百里，東與吐火羅、康國接，北鄰突厥之可薩部，西北拒拂菻，正西及南俱臨大海。户數十萬。其王居有二城，復有大城十餘，猶中國之離宫。其王初嗣位，便密選子才堪承統者，書其名字，封而藏之。王死後，大臣與王之羣子共發封而視之，奉所書名者爲主焉。其王冠金花冠，坐獅子牀，服錦袍，加以瓔珞。俗事天地日月水火諸神，西域諸胡事火祆者，皆詣波斯受法焉。其事神，以麝香和蘇塗鬚點額，及於耳鼻，用以爲敬，拜必交股。文字同於諸胡。男女皆徒跣。丈夫翦髮，戴白皮帽，衣不開襟，并有巾帔，多用蘇方青白色爲之，兩邊緣以織成錦。婦人亦巾帔裙衫，辮髮垂後，飾以金銀。其國乘象而戰，每一象，戰士百人，有敗衄者則盡殺之。國人生女，年十歲已上有姿貌者，其王收而養之，以賞有功之臣。俗右尊而左卑。以六月一日爲歲首。斷獄不爲文書約束，口決於庭。其繫囚無年限，唯王者代立則釋之。其叛逆之罪，就火祆燒鐵灼其舌，瘡白者爲理直，瘡黑者爲有罪。其刑有斷手、刖足、髡鉗、劓刵，輕罪翦鬚，或繫牌於項以志之，經時月而釋焉。其强盗一入獄，至老更不出，小盗罰以銀錢。死亡則棄之於山，制服一月而即吉。氣候暑熱，土地寬平，知耕種，多畜牧，有鳥形如橐駝，飛不能高，食草及肉，亦能噉犬攫羊，土人極以爲患。又多白馬、駿犬，或赤日行七百里者，駿犬今所謂波斯犬也。出騾及大驢、師子、白象、珊瑚樹高一二尺、琥珀、車渠、瑪瑙、火珠、玻瓈、琉璃、無食子、香附子、訶黎勒、胡椒、蓽撥、石蜜、千年棗、甘露桃。

《舊唐書》卷一九八《西戎傳・拂菻國》 拂菻國，一名大秦，在西海之上，東南與波斯接，地方萬餘里，列城四百，邑居連屬。其宫宇柱櫳，多以水精瑠璃爲之。有貴臣十二人共治國政，常使一人將囊隨王車，百姓有事者，即以書投囊中，王還宫省發，理其枉直。其王無常人，簡賢者而立之。國中災異及風雨不時，輒廢而更立。其王冠形如鳥舉翼，冠及瓔珞，皆綴以珠寶，著錦繡衣，前不開襟，坐金花牀。有一鳥似鵝，其毛緑色，常在王邊倚枕上坐，每進食有毒，其鳥輒鳴。其都城疊石爲之，尤絶高峻，凡有十萬餘户，南臨大海。城東面有大門，其高二十餘丈，自上及下，飾以黄金，光輝燦爛，連曜數里。自外至王室，凡有大門三重，列異寶雕飾。第二門之樓中，懸一大金秤，以金丸十二枚屬於衡端，以候日之十二時焉，爲一金人，其大如人，立於側，每至一時，其金丸輒落，鏗然發聲，引唱以紀日時，毫釐無失。其殿以瑟瑟爲柱，黄金爲地，象牙爲門扇，香木爲棟梁。其俗無瓦，擣白石爲末，羅之塗屋上，其堅密光潤，還如玉石。至於盛暑之節，人厭囂熱，乃引水潛流，上遍於屋宇，機制巧密，人莫之知。觀者惟聞屋上泉鳴，俄見四簷飛溜，懸波如瀑，激氣成涼風，其巧妙如此。

風俗，男子翦髮，披帔而右袒，婦人不開襟，錦爲頭巾。家資滿億，封以上位。有羊羔生於土中，其國人候其欲萌，乃築牆以院之，防外獸所食也。然其臍與地連，割之則死，唯人著甲走馬及擊鼓以駭之，其羔驚鳴而臍絶，便逐水草。俗皆髡而衣繡，乘輜軿白蓋小車，出入擊鼓，建旌旗幡幟。土多金銀奇寶，有夜光璧、明月珠、駭雞犀、大貝、車渠、瑪瑙、孔翠、珊瑚、琥珀，凡西域諸珍異，多出其國。隋煬帝常將通拂菻，竟不能致。

貞觀十七年，拂菻王波多力遣使獻赤玻瓈、緑金精等物，太宗降璽書答慰，賜以綾綺焉。自大食强盛，漸陵諸國，乃遣大將軍摩栧伐其都城，因約爲和好，請每歲輸之金帛，遂臣屬大食焉。乾封二年，遣使獻底也伽。大足元年，復遣使來朝。開元七年正月，其主遣吐火羅大首領獻獅子、羚羊各二。不數月，又遣大德僧來朝貢。

《新唐書》卷四八《百官志三》 掌冶署 令一人，正八品上；丞二人，正九品上。掌范鎔金銀銅鐵及塗飾琉璃玉作。銅鐵人得採，而官收以税，唯鑞官市。邊州不置鐵冶，器用所須，皆官供。凡諸冶成器，上數于少府監，然後給之。監作二人。

有府六人，史十二人，典事二十三人，掌固四人。

《新唐書》卷二二一下《西域傳下・劫》 劫者，居葱嶺中，西及南距賒彌，西北挹怛也，去京師萬二千里。氣常熱，有稻、麥、粟、豆。畜羊馬。俗死棄於山。武德二年，遣使者獻寶帶、玻瓈、水精杯。

《新唐書》卷二二二下《南蠻傳下・驃國》 驃王姓困没長，名摩羅惹，其相名曰摩訶思那。王出，輿以金繩牀，遠則乘象。嬪史數百人。青甓爲圓城，周百六十里，有十二門，四隅作浮圖，民皆居中，鉛錫爲瓦，荔支爲材。俗惡殺。拜以手抱臂稽顙爲恭。明天文，喜佛法。有百寺，琉璃爲甓，錯以金銀，丹彩紫鑛塗地，覆以錦罽，王居亦如之。民七歲祝髮止寺，至二十有不達其法，復爲民。衣用白氎、朝霞，以蠶帛傷生不敢衣。戴金花冠、翠冒，絡以雜珠。王宮設金銀二鍾，寇至，焚香擊之，以占吉凶。有巨白象，高百尺，訟者焚香跽象前，自思是非而退。有災疫，王亦焚香對象跽，自咎。無桎梏，有罪者束五竹捶背，重者五、輕者三，殺人則死。土宜菽、粟、稻、粱，蔗大若脛，無麻、麥。以金銀爲錢，形如半月，號登伽佗，亦曰足彈陀。無膏油，以蠟雜香代炷。與諸蠻市，以江猪、白氎、琉璃罌缶相易。婦人當頂作高髻，飾銀珠琲，衣青娑裙，披羅段；行持扇，貴家者傍至五六。近城有沙山不毛，地亦與波斯、婆羅門接，距西舍利城二十日行。西舍利者，中天竺也。南詔以兵彊地接，常羈制之。

貞元中，王雍羌聞南詔歸唐，有内附心，異年尋遣使楊加明詣劍南西川節度使韋皋請獻夷中歌曲，且令驃國進樂人。於是皋作《南詔奉聖樂》，用正律黄鍾之均。宫、徵一變，象西南順也；角、羽終變，象戎夷革心也。舞六成，工六十四人，贊引二人，序曲二十八疊，舞「南詔奉聖樂」字。舞人十六，執羽翟，以四爲列。舞「南」字，歌《聖主無爲化》；舞「詔」字，歌《南詔朝天樂》；舞「奉」字，歌《海宇修文化》；舞「聖」字，歌《雨露覃無外》；舞「樂」字，歌《闢土丁零塞》。皆一章三疊而成。

《舊五代史》卷四《梁書·太祖紀四》 （開平二年）九月丙子，太原軍出陰地關南牧，寇掠郡縣，晉、絳有備。帝慮諸將翫寇，乃下詔親議巡幸，命有司備行。丁丑，翠華西狩，宰臣、翰林學士、崇政院使、金吾仗及諸司要切官皆扈從，餘文武百官並在東京。壬午，達雒陽。帝御文思殿受朝參，許、汝、孟、懷牧守來朝，澤州刺史劉重霸面陳破敵之策。癸未，西幸，宿新安。丙戌，至陝州駐蹕，蒲、雍、同、華牧守皆進鎧甲、騎馬、戈戟、食味、方物。幽州都將康君紹等十人自蕃賊寨内來投，又幽州騎將高彦章八十人騎先在并州，乃於晉州軍前來降。至是到行在，皆賜分物衣服，放歸本道，以示懷服。《册府元龜》卷二百一十五。丁亥，至陝州，賜宴扈從官。戊子，延州賊軍寇上平關，又太原軍攻平陽，烽火羽書，晝夜繼至。乙丑，六軍統軍牛存節、黄文靖各領所部將士赴行在。甲午，太原步騎數萬攻逼晉、絳，踰旬不克，知大軍至，乃自焚其寨，至夕而遁。福州貢玳瑁琉璃犀象器，并珍玩、香藥、奇品、海味，色類良多，價累千萬。

《舊五代史》卷一二七《周書·盧文紀傳》 文紀形貌魁偉，語音高朗，占對鏗鏘，健於飲啖。奉使蜀川，路由岐下，時唐末帝爲岐帥，以主禮待之，觀其儀形旨趣，遇之頗厚。清泰初，中書闕輔相，末帝訪之於朝，左右曰：「臣見班行中所譽，當大拜者，姚顗、盧文紀、崔居儉耳。」或品藻三人才行，其心愈惑。末帝乃俱書當時清望達官數人姓名，投琉璃瓶中，月夜焚香，禱請於天，旭旦以筯挾之，首得文紀之名，次即姚顗。末帝素已期待，歡然命之，即授中書侍郎、同平章事，與姚顗同升相位。時朝廷兵革之後，宗社甫寧，外寇内侵，强臣在境。文紀處經綸之地，無輔弼之謀，所論者愛憎朋黨之小瑕，所糾者銓選擬掄之微纇。時有蜀人史在德爲太常丞，出入權要之門，評品朝士，多有譏彈。乃上章云：「文武兩班，宜選能進用。見在軍都將校、朝廷士大夫，並請閲試澄汰，能者進用，否者黜退，不限名位高下。」疏下中書，文紀以爲非己，怒甚，召諫議大夫盧損爲覆狀，辭旨蕪漫，爲衆所嗤。

程大昌《演繁露》卷三《流離》 《漢·西域傳》：罽賓國有琥珀流離。師古曰：「《魏略》云大秦國出赤、白、黑、黄、青、緑、縹、紺、紅紫十種流離，此蓋自然之物。采澤光潤，踰於衆玉，今俗所用，皆銷冶石汁加以衆藥灌而爲之，虚脆不耐，實非真物。」案：流離，今書附玉旁爲琉璃字，師古之記，流離是矣，而亦未得其詳也。《穆天子傳》曰：「天子東征，有采石之山，凡好石之器於是出，天子升山取采石焉，使民鑄以成器於采石山之上。」注云：「采石，文采之石也，則鑄石爲器，古有之矣，顔氏謂爲自然之物，恐不詳也。」《北史·大月氏傳》：「魏太武時月氏人商販京師，自云能鑄石爲五色琉璃，於是采礦於山中，即京師鑄之，既成，光澤乃美於西方者，自是中國琉璃遂賤。」用此言推之，則雖西域琉璃亦用石鑄，無自然生成者，若果出於生成，則月氏之賈從何人而受此鑄法也。兼外國奇産，中國未始無之，獨不聞有所謂真琉璃也。東坡作《藥玉盞》詩曰：「鎔鉛煮白石，作玉真自欺。」東坡謂煮即《穆傳》之所謂鑄，顔氏之謂銷冶者也。然中國所鑄有與西域異者，鑄之中國，則色甚光鮮而質則輕脆，沃以熱酒，隨手破裂。至其來自海舶者，製差樸鈍，而色亦微暗，其可異者，雖百沸湯注之，與瓷銀無異，了不損動，是名「番琉璃」也。番流離之異於中國流離，其別蓋如此，而未嘗聞有以石琢者也。如階石之類，古謂之珉，又謂之碔砆，至瑛瑰琇玟皆石之似玉者，使此一種石而入用，自附名於玉，不爲流離矣，故知師古之言爲未審也。

《宋史》卷六五《五行志三》 紹熙元年，里巷婦女以琉璃爲首飾。《唐志》琉璃釵釧有流離之兆，亦服妖也，後連年有流徙之厄。

理宗朝，宮妃繫前後掩裙而長窣地，名「趕上裙」；梳高髻於頂曰「不走落」；束足纖直名「快上馬」；粉點眼角名「淚妝」；剃削童髮，必留大錢許於頂左右「偏頂」，或留之頂前，束以綵繒，宛若博焦之狀，或曰「鵝角」。

咸淳五年，都人以碾玉爲首飾。有詩云：「京師禁珠翠，天下盡琉璃。」

《宋史》卷一〇一《禮志四》 蔡攸言：「明堂五門，諸廊結瓦，古無制度，漢、唐或蓋以茅，或蓋以瓦，或以木爲瓦，以夾紵漆之。今酌古之制，適今之宜，蓋以素瓦，而用瑠璃緣裏及頂蓋鴟尾綴飾，上施銅雲龍。其地則隨所向甃以五色之石。欄楯柱端以銅爲文鹿或辟邪象。明堂設飾，雜以五色，而各以其方所尚之色。八窗、八柱則以青、黄、緑相間。堂室柱門欄楯，並塗以朱。堂階爲三級，級崇三尺，共爲一筵。庭樹松、梓、檜，門不設戟，殿角皆垂鈴。」詔以「玄堂」犯祖諱，取「平在朔易」之義，改爲平朔，門亦如之。仍改敷祐門曰左敷佑，左承天門曰右敷佑，右承天門曰平秩，更衣大次曰齋明殿。七年四月，明堂成，有司請頒常視朔聽朝。詔：「明堂專以配帝嚴父，餘悉移於大慶、文德殿。」羣臣五表陳請，乃從之。

禮制局言：「祀天神於冬至，祀地祇於夏至，乃有常日，無所事卜。季秋享帝，以先王配，則有常月而未有常日。禮不卜常祀而卜其日，所謂卜日者，卜其辛爾。蓋月有上辛、次辛，請以吉辛爲正。」

《明太祖實録》卷二四 〔吴元年八月〕癸丑，圜丘、方丘及社稷壇成。圜丘在京城東南正陽門外鍾山之陽，倣漢制爲壇二成。第一成廣七丈，高八尺一寸，四出陛。正南陛九級，廣九尺五寸，東西北陛亦九級，皆廣八尺一寸。壇面及趾甃以琉璃磚，四面琉璃闌干環之。第二成周圍壇面皆廣二丈五尺，高八尺一寸。正南陛九級，廣一丈二尺五寸。東南北陛九級，皆廣一丈一尺九寸五分。壇面趾及闌干如上成之制，壝去壇一十五丈，高八尺一寸，甃以磚。四面爲靈星門，南爲門三，中門廣一丈二尺五寸，左門一丈一尺五寸五分，右門九尺五寸，東西門各廣九尺五寸，去壝一十五丈。四面爲靈星門，南爲門三，中門廣一丈九尺五寸，左門一丈二尺五寸，右門一丈一尺九寸五分。東西北爲門各一，各廣一丈一尺九寸五分。四面直門外各爲甬道，其廣皆如門。爲天庫五間，在外墻北靈星門外南向，厨房五間西向，庫五間南向，宰牲房三間，天池一所，俱在外牆東靈星門外東北隅。牌樓二，外牆靈星門外横甬道東西。燎壇在内壝外東南丙地，高九尺，闊七尺，開上南出。户方丘在太平門外鍾山之北，爲壇二成。第一成廣六丈，高六尺，四出陛，各廣一丈八級。第二成四面各廣二丈四尺，高六尺，四出陛。南面陛廣一丈二尺八級，東西北面陛各廣一丈八級。壝去壇一十五丈，高六尺，四面爲靈星門。正南爲門三，中門廣一丈二尺六寸，左門一丈一尺四寸，右門一丈六寸。東西北爲門各一，各廣一丈四寸。周圍爲外牆，四面各六十四丈。皆爲靈星門，正南爲門三，門廣一丈六尺四寸，左門一丈二尺四寸，右門一丈二尺二寸。東西北爲門各一，各廣一丈二尺四寸。庫五間在牆外北靈星門外南向，厨房五間、宰牲房三間皆南向。天池一所，在外牆西靈星門外西南隅，瘞坎在内壝外壬地。社稷壇在宫城之西南背北向，社東稷西，各廣五丈，高五尺，四出陛，每陛五級。壇用五色土，色各隨其方，上以黄土覆之，壇相去五丈。壇南各栽松樹，二壇同一壝，壝方廣三十丈，高五尺，甃以磚。四方有門，各廣一丈，東飾以青，西飾以白，南飾以赤，北飾以黑。瘞坎在稷壇西南，用磚砌之，廣深各四尺。周圍築牆開四門，南爲靈星門三，北戟門五，東西戟門各三，東西北門皆列二十四戟。神厨三間在牆外西北方，宰牲池在神厨西，社主用石，高五尺，闊二尺。上鋭微立於壇上，半在土中，近南北向，稷不用主。

《明太祖實録》卷一〇三 〔洪武九年正月己未〕詔禮部：「親王宫殿門廡及城門樓，皆覆以青色琉璃瓦，如東宫之制。」

《明太祖實録》卷一一四 〔洪武十年八月癸丑〕命改建社稷壇。先是，上既改建太廟於雉闕之左，而以社稷國初所建未盡合禮，又以大社大稷分祭配祀，皆因前代之制，欲更建之，爲一代之典，遂命中書下禮部詳議其制。至是，禮部尚書張籌奏曰：「臣等奏詔考社稷配祀合祭分祭之制及社主之設，謹按《通典・顓頊祀》：共工氏子勾龍爲后土，后土爲社烈。山氏子柱爲稷，稷田正也，高辛、唐虞、夏皆因之，周棄亦爲稷。自商以來祀之，此社稷之祀所由始也。商湯以旱而遷社，以后稷代柱，欲遷勾龍，無可繼者，故止。然王肅謂社祭勾龍，稷祭后稷，皆人鬼非地神。而陳氏《禮書》又謂社所以祭五土之祇，稷所以祭五穀之神。鄭康成亦謂社爲五土總神，稷爲原隰之神。勾龍以有平水土之功，故配社祀之。稷以有播種之功，故配稷祀之。二説爲不同。漢元始五年，以夏禹配食官社，后稷配食官稷。唐、宋及元則又以勾龍配社，周棄配稷，蓋本鄭氏之説。此配祀之説緣於古昔，初無一定之論也，至於社稷分合之義，《書・召誥》言「社于新邑」，孔氏註曰：「社稷共牢，又封人掌設王之社壝。」註云：「不言稷者，舉社則稷從之。」如是，則當時社與稷固已合而一之矣。」陳氏《禮書》曰：「稷非土無以生土，非稷無以見生生之效，故祭社必及稷，以其同功均利而養人也。」而《山堂考索》則曰：「土爰稼穡，其本一也。社爲九土之尊，稷爲五穀之長，稷生於上則社與稷固不可岐而二之矣。又曰祭主乎誠而已，誠苟不至分祭，何益是則，社稷之祭合而一之，於古自有明證也。至於壇位，則考之周制，小宗伯掌建國之神位，右社稷左宗廟，起大事動大衆，必先告于社而後出。其制在中門之外，外門之内，尊而親之，與先祖等。漢建官大社大稷，光武立大社稷于洛陽，在宗廟之右。唐因隋制，建于含光門之右，大抵皆本成周左祖右社之意。社主之設，《周禮》大司徒設其社稷之壝而樹之主，各以野之所宜木名其社，小宗伯立軍社。鄭氏注：「社主用石爲之，蓋以石者土地所生，最爲堅實故也。」《論語》哀公問社於宰我，宰我對曰：夏后氏以松，殷人以柏，周人以栗米。子云：觀古人意，正以樹爲主，如今人稱神樹之類。又曰社有主而稷無主，此不可曉，恐不可以己意增添。唐神龍中議立社，韋叔夏引鄭玄議，以爲社主用石。《韓詩外傳》云：天子社主長五尺，方二尺，剡其上以象物生，方其下以象地體，埋其半以象根在土中，而本末均也。宋初祭社稷，正配位用神位版，大社又以石爲主，其形如鍾，長五尺方二尺，剡其上，培其下，半其中，植槐，是則木主石主，前代蓋兼用矣。今擬社稷合祭，共爲一壇，皆設木主。而丹漆之祭則設于壇上，祭畢收藏，仍用石主埋壇之中，如唐宋之制。至於以勾龍配社，以棄配稷，棄雖唐虞農官，而勾龍共工氏之子也，祀之無義。商湯欲遷之而未果，漢嘗易以夏禹，而夏禹今已列祀，帝王之次，棄稷亦配享。光農請罷勾龍與棄配位，謹奉仁祖淳皇帝配享大社大稷，以成一代之盛典，以明祖祀尊而親之之道。上覽奏稱善，遂命改作社稷壇于午門之右，其制社稷共爲一壇，壇二成，上廣五丈，下如上之數而加三尺，崇五尺，四出陛，築以五色土，色如其方，而覆以黄土。壇四面皆甃以甓，石主崇五尺，埋壇之中，微露其末。外壝墻崇五尺，東西十九丈二尺五寸，南北如之。設靈星門於四面壝墻，各飾以方，色東青西白，南赤北黑。外爲周垣，東西廣六十六丈七尺五寸，南北廣八十六丈六尺五寸，垣皆飾以紅，覆以黄琉璃瓦。垣之北向設靈星門三，門之外爲祭殿，以虞風雨，凡六楹，深五丈九尺五寸，連延十丈九尺五寸。祭殿之北爲拜殿，六楹，深三丈九尺五寸，連延十丈九尺五寸。拜殿之外復設靈星門三，垣之東西南三向設靈星門各一，西靈星門之内近南爲神廚，六楹，深二丈九尺五寸，連延七丈五尺九寸。又其南爲神庫，六楹，深廣如神廚。西靈星門之外爲宰牲房，四楹，中爲滌牲池一，井一。

《明太祖實録》卷一二〇 〔洪武十一年十月乙丑〕大祀殿成。初，郊祀之制，冬至祭天於圜丘，在鍾山之陽。夏至祭地於方丘，在鍾山之陰。至是即圜丘舊址建大祀殿，十二楹，中四楹，飾以金，餘飾三采，正中作石臺，設上帝皇祇神座于其上，每歲正月中旬擇日合祭，上具冕服行禮，奉仁祖淳皇帝配享殿中。殿前爲東西廡，三十二楹，正南爲大祀門，六楹，接以步廊，與殿廡通。殿後爲庫，六楹，以貯神御之物，名曰天庫，皆覆以黄琉璃瓦。設厨庫於殿東少北，設宰牲亭井於厨東又少北，皆以步廊通道。殿兩廡後繚以周墻，至南爲石門三，洞以達大祀門内，謂之内壇。外周垣九里三十步，石門三洞南爲甬道三，中曰神道，左曰御道，右曰王道，道之兩旁稍低爲從官之道。齋宫在外垣内之西南東向，於是勅太常曰：近命三公率工部役梓人於京城之南創大祀殿，以合祀皇天后土，冬十月告功已成，特命禮部去前代之祭，期以歲止一祀古人。祀天於南郊，蓋以義起耳，故曰南郊祀天，以其陽生之月。北郊祭地，以其陰生之月。孰不知至陽祭之於陰月，至陰祭之於陽月，於理可疑，且掃地而祭其來，甚遠。蓋言祀地尚實而不尚華，後世執古而不變，遂使天地之享反不及人之享。若使人之享，亦執古而不變，則當汙尊而抔飲，茹毛而飲血，巢居而穴處也。以今言之世，果可行乎，斯必不然也。今命太常每歲合祭天地，於春首正三陽交泰之時，人事之始也，其後大祀殿復易以青琉璃瓦云。

《明太祖實録》卷一三〇 〔洪武十三年二月〕戊申，定六部官制，凡設官吏五百四十八人。官一百五人，尚書六人，侍郎七人，郎中二十四人，員外郎二十四人，主事四十四人，比唐制減三十二人，比舊制減七十一人。吏四百四十三人，都吏二十四人，令史百三十四人，典吏二百八十五人，比唐制減四百二十六人，比舊制減三百四十五人。吏部，尚書、侍郎各一人，總掌天下官吏銓選，勳封考課之政令，其屬有四部焉。曰總部，掌天下文選吏役及開設革并衙門之屬，郎中、員外郎、主事各一人，都吏一人，令史六人，典吏十二人。曰司封，掌天下封爵，凡封贈誥勅承襲禮儀印信之屬，郎中、員外郎、主事各一人，都吏一人，令史二人，典史四人。曰司勳，掌天下文職勳級、月俸陞轉、資格品級、官制貼黄之屬，郎中、員外郎、主事各一人，都吏一人，令史二人，典吏四人。曰考功，掌天下官吏之考課，凡朝覲任滿、給由起復、官吏考其功過、別其善最、奏請黜陟之屬，郎中、員外郎、主事各一人，都吏一人，令史四人，典吏八人，承發典吏一人，架閣兼勾銷典吏一人。户部，尚書一人，侍郎二人，總掌天下户口土田之政令，凡徭賦職貢之方，經費賙給之筭，藏貨贏縮之凖，悉以咨之。其屬有四部焉，曰總部，掌天下貢賦户婚、田土農桑、經理賦役、水旱災傷、賑濟蠲免、過割存恤、會計漕運、時估之屬，郎中、員外郎各一人，主事四人，都吏一人，令史十二人，典吏二十五人。曰度支，掌度支國用、租賦多寡之數，物產豐約之宜，及祿秩賞賜支撥、錢鈔糧鹽料草改革考較雜支之屬，郎中、員外郎各一人，主事三人，都吏一人，令史十三人，典吏二十四人。曰金部，掌天下庫藏出納、金帛、財貨及歲貢、營運、市舶、課程、錢鈔、茶鹽之法，契本贓罰租賃之屬，郎中、員外郎各一人，主事三人，都吏一人，令史十三人，典吏二十七人。曰倉部，掌天下倉廩，徵收稅糧馬草斛斗稱尺之屬，郎中、員外郎各一人，主事二人，都吏一人，令史十二人，典吏二十七人，承發典吏一人，架閣勾銷典吏各一人。禮部，尚書、侍郎各一人，總掌制誥天下禮儀祠祭宴享貢舉之政令，其屬有四部焉。曰總部，掌禮儀、表箋、曆日、贈謚、公式、印信、學校、貢舉、圖籍之屬，郎中、員外郎、主事各一人，都吏一人，令史二人，典吏四人。曰祠部，掌祠祀、享祭及樂律、祭器、犧牲、醫學、釋道、優給之屬，郎中、員外郎、主事各一人，都吏一人，令史二人，典吏四人。曰膳部，掌宴享、牲豆、酒膳及孳牲、器物、雜支之屬，郎中、員外郎、主事各一人，都吏一人，令史二人，典吏四人。曰主客，掌朝聘、進貢及諸蕃來朝，建言、賓客賞勞之屬，郎中、員外郎、主事各一人，都吏一人，令史二人，典吏四人，承發典吏一人，架閣兼勾銷典吏一人。兵部，尚書、侍郎各一人，總掌天下武官勳祿、品命之政令，山川險易之圖，厩牧甲仗之數，其屬有四部焉。曰總部，掌武官勳祿、品命、誥勅及軍户版籍、符驗盤詰、巡防公隸之屬，郎中、員外郎、主事各一人，都吏一人，令史二人，典吏四人。曰職方，掌天下地圖及城隍鎮戍、烽堠之數，關防路引火禁之設，四夷歸化之類，郎中、員外郎、主事各一人，都吏一人，令史二人，典吏四人。曰駕部，掌車輦及鹵簿、儀仗、馬政、驛傳之屬，郎中、員外郎、主事各一人，都吏一人，令史二人，典吏四人。曰庫部，掌軍戎器械甲胄，矛盾及紙劄、藥餌之屬，郎中，員外郎、主事各一人，都吏一人，令史二人，典吏四人，承發典吏一人，架閣兼勾銷典吏一人。刑部，尚書、侍郎各一人，總掌天下之刑法及徒隸勾覆、關禁之政令，其屬有四部焉。曰總部，掌格律及人命、賊盜、歐詈、稱冤、獄具、公式、職制之屬，郎中、員外郎各一人，主事四人，都吏一人，令史十人，典吏二十人。曰都官，掌配没人口及詐僞工役、徒流逋逃、屯户過名、誡諭之屬，郎中、員外郎各一人，主事二人，都吏一人，令史七人，典吏十四人。曰比部，掌贓贖、勾覆及錢糧、户役、婚姻、田土、茶鹽、紙劄、俸給、囚糧、斷獄諸姦之屬，郎中、員外郎各一人，主事四人，都吏一人，令史八人，典吏十六人。曰司門，掌門禁及關渡、郵驛、軍政捕亡、孳牧營造、略誘雜行之屬，郎中、員外郎各一人，主事二人，都吏一人，令史七人，典吏十四人，書狀典吏一人，承發典吏一人，架閣兼勾銷典吏一人。工部，尚書、侍郎各一人，總掌天下百工、屯田、虞衡、川澤之政令，其屬有四部焉。曰總部，掌天下經營興造之衆務，凡城池之修濬，土木之繕葺，工匠之多寡，程式之經度及工匠口給賞勞之屬，郎中、員外郎各一人，主事二人，都吏一人，令史五人，典吏十人。曰屯部，掌天下屯田之事，凡軍馬守鎮之處，其有轉運不給，則設屯以益軍儲，其規辦營造，木植、城磚、石灰、戰衣、耕牛及軍營官屋之屬，郎中、員外郎各一人，主事二人，都吏一人，令史六人，典吏十二人。曰虞部，掌天下虞衡、山澤之事，凡採捕、畋獵及辦造軍器，顏料、黑窑、琉璃、磚瓦、紙劄，鼓鑄爐冶之屬，郎中、員外郎各一人，主事二人，都吏一人，令史五人，典吏十人。曰水部，掌天下川瀆、陂池之事，凡河渠、橋梁、道路、牐壩、舟楫、水利及織造、雜支雜造之屬，郎中、員外郎各一人，主事二人，都吏一人，令史六人，典吏十二人，承發典吏一人，架閣兼勾銷典吏一人。

《明太祖實録》卷一三一 〔洪武十三年四月己亥〕遷工部侍郎劉敏爲刑部侍郎，誥曰：「於戲昔聖人以德化天下，故民樂于從善而天下治，然聖人之心，必欲天下之人皆善而無惡，有不率者，然後有刑。以齊之故，賞當其功，罰當其罪，而民之不從善者無有也。故上曰君聖，中曰臣賢，下曰民良，而天地致和，品物咸亨矣。後世之君臣，乏誠意正心之學，蔑成己及物之善，是以刑罰弗當，仁義倒施，法愈煩而犯愈衆，此爲世之大病也久矣。求君之聖、臣之賢、民之良者幾希，故善治國者必擇仁人以治刑，否則法由此而煩，期於無刑之地，烏可得哉。今以爾敏爲刑部侍郎，特授通議大夫，爾尚敬慎之哉。」敏，河間肅寧縣人，爲中書吏時，暮以小車出龍江市蘆葦，旦載于家而後入隸事。妻以蘆織席鬻以奉母，人或瞰亡，以青瓷器遺其家者，敏懸于梁，俟其復來，竟還之。爲楚相府録事，值中書以没官女婦給文臣家，衆咸勸其請給以事母，敏固辭曰：「事母子婦事，何預他人。」及姦權事敗，敏獨無所與，人稱其有行識云。

《明太祖實録》卷一七五 〔洪武十八年九月〕甲申，上諭禮部臣曰：「諸蕃入貢，朝廷有所賜予，爾禮部同儀禮司以賜物陳設殿庭行禮。」於是禮部定其儀，凡賜諸蕃金帛等物，皆先陳于庭，引受賜者至前列跪，主客以盤盛所賜授之。先受者俯伏興立，俟于傍，餘人以次受，訖復序立，置賜物於拜位之前，五拜三叩頭乃退。若一人，則跪于中受賜，訖就俯伏，以物置地，亦五拜三叩頭而退。女直高那日、捌秃秃、魯不花三人詣遼東都指揮使司來歸，自言高那日乃故元奚關總管府水銀千户所百户，捌秃秃、魯不花乃失憐千户之部人也，皆爲野人獲而奴之，不勝困苦。遼東樂土也，願居之，乞聖朝垂恩，得以琉璃珠、弓絃、錫鑞，遺野人則可贖，八百餘家俱入遼東。事聞，賜高那日等衣人一襲、琉璃珠五百索、錫五斤，弓絃十條。

《明太祖實録》卷一九六〔洪武十八年九月〕癸亥，真臘國遣使貢丁檀、速香、薔薇露、琉璃椒、蠟等物，詔賜其使綺帛鈔有差。

《明宣宗實録》卷二二〔宣德元年十月戊辰〕監琉璃廠内使以鈔令督工指揮買馬，指揮因斂工匠鈔萬貫入己，事覺，悉下法司鞫之。内使論不應杖罪，指揮科斂受財，枉法重罪。上曰：「内使買馬必虧價，故指揮假託科斂，然工匠何從得鈔，近時多逃者皆科斂逼之也。罪之源實内使，杖一百，罰種蔬終身。指揮等治如律，鈔悉給還工匠。」

《明宣宗實録》卷九〇〔宣德七年五月丁丑〕復給工匠月糧一石。時有工匠自陳常年供役琉璃等廠，舊支月糧一石，工部比減五斗，家口衆不能贍養。上命凡工匠常役者，月糧皆如舊給之。

《明英宗實録》卷一〇〔宣德十年十月戊午〕有民匠詐稱校尉，傳旨擒琉璃廠内官李椿，籍其家。事聞，梟首廠前示衆。

《明英宗實録》卷二三〔正統元年十月戊寅〕禁京城外掘土治窑者。初武驤諸衛擅於西直門外河次掘窑，御史劾罪之，以爲京城外自永樂來置陶冶，俱有定方，其西北俱堪輿家當忌。至是，上命行在都察院出榜禁約，京城西北俱不得掘土，其東南許去城外五里，天地山川壇許去垣外三里，違者罪之。行在光禄寺請發軍士，於行在工部廠運柴炭三百四十萬斤，赴寺供用，上從之，且命行在工部自今貯柴炭於東安門外空地，以便給用，毋勞軍士。

《明英宗實録》卷一一九〔正統九年閏七月甲辰〕先是，在京内官軍民人等，侵種良牧署草場及土城外沿河内外舊西琉璃窑廠等處官地凡數百頃，并鳳陽府衛軍民新闢地萬餘頃，俱未起科，至是遣官經量，悉令納税。

《明英宗實録》卷一五二〔正統十二年四月癸卯〕大同總兵官武進伯朱冕言：「大同軍民疲於役税已極，今復爲代王造墳，如腹裏親王之制，誠不能堪。臣見代王生前所居宫殿地不過二頃，飾惟以黑瓦，今已薨逝，墳地反廣而瓦用琉璃，使王有知，亦不忍困軍民以自奉也。乞勅該部將原定墳塋地畝房屋減半，飾用黑瓦，庶工易完而人不困。巡撫少卿于謙亦以爲言，且及代世孫妃墳亦請減省。上皆從之。

《明孝宗實録》卷九二〔弘治七年九月丙申〕禮部尚書倪岳等言：「近日南京風雨驟作，太廟、孝陵等處樹木有拔仆者，且飄落殿宇、廊廡、厨庫、明樓、碑亭等處，琉璃吻獸、垂帶飛仙、勾頭筒瓦及裏城垛墻鋪坐。又今年三月以來，甘肅、遼東、宣府并山東、福建、雲南、四川等處地震，有聲如雷，或震倒城垣房屋，壓死人口。遼東大風吹倒城垣房屋，天色黑暗，吹落黑蟲滿地，大如蠅。自正月至五月不雨，以後霪雨連綿，淹没禾稼。山西天鳴，白日有星如杯，散爲五塊。又有大如斗，墜地化爲白氣。河南白日有星如斗，零散而隕，有聲如雷。又有星大如轆軸，赤光隨之。宣府白日有星如斗，隕地有聲，化爲白氣。四川瘟疫盛行，長寧等縣病死男婦三千餘人。南直隸蘇松等府狂風驟雨，平地水湧丈餘，坍塌官民房屋二萬一千八百九十餘間，城垣鋪舍五十餘處，淹死人口二百八十三人，海潮逆湧，江水泛溢。浙江湖州等府縣天雨連綿，江湖泛漲，居民房屋、橋梁、圩岸類皆浸壞，城垣公廨亦多傾仆。湖廣武昌等府州縣天雨不止，洪水泛漲，四望無涯，軍民房屋俱被淹没，城垣公廨等項俱被崩塌。通衢撑駕小船，老幼移徙山林。廣東肇慶府洪水入城，淹倒城垣、官民公廨倉廒、房屋等項。廣西柳州等府縣江水泛漲，高者丈餘，崩塌城垣、衙門公廨，漂流軍民房屋。臣等謹按《傳》、《記》有曰：『狂恒雨若，蒙恒風若。』又曰：『大星隕下，陽失其位，災害之萌也。』又曰：『流星晝見，民災兵動。』又曰：『陽伏而不能出，陰迫而不能升，於是有地震。』又曰：『百姓愁怨，陰氣盛，則爲大水。』竊見南京祖宗根本重地，甘肅、宣府、遼東、雲南皆邊方重地，其河南、山東、山西、浙江、江西、湖廣、福建、廣東、廣西、南直隸皆藩屏要地。不過六七月間，各官所奏災異如是之多，而又遠近相同，彼此互見，揆之往牒，亦所罕聞，若不痛加修弭，誠恐變生不虞，猝難救藥。伏望皇上惕然致警於中，赫然修正厥事，勤聖學以體天之剛健，廣言路以憲天之聰明，崇儉約節賞賚以裕財，戒姑息嚴刑罰以懲惡，信賢斥佞，以正朝廷。選將飭兵以壯邊圉，罷非額之征科以恤民窮，停不急之工作以蘇民力。杜塞倖門，捐除冗費，凡此修爲，於人事庶幾，仰答於天心。臣等兩京文武群臣，亦須各竭乃心，各恭乃職，振廢弛而革因循，勵廉勤而黜私慝。務盡交修之實，少寬宵旰之憂，仍行各該鎮巡等官，痛加修省，勉力事功。若復循習故常，罔知警省者，必論之以法。」上嘉納之。

《明孝宗實録》卷一六三〔弘治十三年六月〕辛亥，重修雍王府第。初巡撫等官言衡州土性不宜燒造琉璃，乞照吉府例用素白瓦，可以經久，不允。及王之國後，即奏宫宇疏漏，工部移勘，謂土性果不宜琉璃，必如吉府例修葺，庶免後患，從之。

《明孝宗實録》卷一九九〔弘治十六年五月乙未〕巡按江西都御史林俊奏：寧王累乞用瑠璃瓦蓋造宫殿，有旨於各府縣路引錢内支二萬兩給换。緣江西地方公私匱竭，人民滋困，盗賊未息。及益府宫殿，近因蟻妬修蓋，約用銀三萬餘兩，若寧府改换瑠璃，事在可已。〇工部覆奏，上不允，令仍照前旨行。

《明武宗實録》卷一一〔正德元年三月〕壬寅，泰陵成，其制金井、寶山、明樓、琉璃照壁各一所，聖號石碑一通，羅城周圍爲丈一百四十有二，一字門三座，香殿一座，馬室五，左右廂紙爐各二座，宫門一座，馬室三，神厨奉祀房、火房各一所，橋五座，神宫監、神馬房、果園各一所。

《明武宗實録》卷三六〔正德三年三月辛酉〕南京内官監太監劉瑯等奏：「本監工作浩繁，各匠逃故者多，宜如在京例，收取千名及行江西撥諳造瑠璃者，百名分撥於南京諸衛，以備用。」工部議：「南京工作較之在京頗少，况收充舊無例，宜將物故者僉補，在逃者挨拏。其瑠璃匠令在監諳燒者教習，不必取之江西。」得旨：「特許收七百名瑠璃匠，止令本監教習，瑯等擅創例，再來奏擾，必罪之。」

《明世宗實録》卷三三〔嘉靖二年十一月壬申〕南京工部右侍郎吴廷舉，以災異自陳不職，乞罷，因言：「古帝王遇災修德，策免大臣。今兩京堂上官三年間被劾六次者，宜通令致仕，以儆有位。仍望陛下日親師保，訪九卿，進儒臣，温經史，覽章奏，遠女色，防佞倖，斥佛老，早擇宗室，承興國王祚。而兩年以來，戚畹之過分横賞，宦寺之違例叨恩者，追奪改正，所謂應天以實者也。」因條陳本部興革利弊，曰添官分理政務，曰申明罰班事例，曰申明蠲免軍需，曰查處收解皮張，曰查點琉璃甎，曰通融修造軍器，軍議處海運舡隻，曰議處料價還商，曰抽分杉篙折價，曰查處造舡匠作，曰修舉地方遺利，曰處分蘆洲争訟，爲十二事以上。已而工部覆議其所陳十二事，得旨俱如議行。

《明世宗實録》卷二七九〔嘉靖二十二年十月己卯〕吏部覆工部奏，以廟建興工，添註營繕司郎中二員，于大石窩馬鞍山發運灰石。員外郎一員，于琉璃等黨督造磚瓦。推員外郎張珍、葉選，主事熊揖陞補，從之。

《明世宗實録》卷三六二〔嘉靖二十九年閏六月戊子〕先是，上諭工部：「近年各邊奏討祭銀數多，以致庫藏空乏，爾等會官議詳經久節省之計以聞。」至是户科左給事中何光裕、吏科給事中謝登之、山東道監察御史曾佩等，各建白節省事宜。工部尚書胡松議覆四事：「一省加派。舊制，各王府儀衛司羣牧所皆自行修理，後因瀋、代二府破例陳乞，遂開弊端，行勘估計，動至巨萬，甚而墳塋儀仗，亦有奏修造者。郡王府第，有引親王例奏修理者。郡縣等主并儀賓終後例應還官房屋，有重復奏討者。宜申明舊例，通行查革。一清匠役。先年清查軍民匠役，已經量酌存留，邇來招收太濫，復踰額數，遇有興作，輒動支本部官銀雇募。其内官監官匠，雖稱兼造，徒爲虚名，糜費廩粮，漫無實用。宜行科道及户兵二部，會同本部，清查見在食粮若干，應留若干，其餘增收及冒名老弱、藝業不精者，盡行革退。一革冒破。琉璃黑窑裝造甎瓦，合用工料止憑内監官虚估時價，本部概以例減三分之一，名雖裁抑，陰實縱之。自今請行科道官會同本部，從公細估，登記册籍，著爲令。一定年例。謂内府年例物料有各處徵解愆期，本部先爲之借銀買辦者，法當徵銀補庫，不得重派本色。」疏入，允行。

林堯俞等《禮部志稿》卷八二《初定郊壇》 吴元年秋七月癸丑，圜丘、方丘及社稷壇成。圜丘在京城東南正陽門外鍾山之陽，倣漢制爲壇二成。第一成廣七丈，高八尺一寸，四出陛，正南陛九級，廣九尺五寸，東西北陛亦九級，皆廣八尺一寸，壇面及趾甃以琉璃磚，四面琉璃闌干環之。第二成周圍壇面皆廣二丈五尺，高八尺一寸，正南陛九級，廣一丈二尺五寸，東西北陛九級，皆廣一丈一尺九寸五分。壇南趾及闌干如上成之制，壝去壇一十五丈，高八尺一寸，甃以磚，四面爲靈星門。南爲門三，中門廣一丈二尺五寸，左門一丈一尺五分，右門九尺五寸。東西北各爲門一，各廣九尺五寸。去壝一十五丈，四面爲靈星門，南爲門三，中門廣一丈九尺五寸，左門一丈二尺五寸，右門一丈一尺九寸五分。東西北爲門各一，各廣一丈一尺九寸五分，四面直門外各爲甬道，其廣皆如門。爲天庫五間，在外墻北靈星門外南向，厨房五間西向，庫五間南向，宰牲房三間、天池二所，俱在外墻東靈星門外東北隅。牌樓二，在外墻靈星門外横甬道。東西燎壇，在内壝外東南丙地，高九尺，闊七尺，開上南出户。方丘在太平門外鍾山之北，爲壇二成。第一成廣六丈，高六尺，四出陛，各廣一丈，八級。第二成四面各廣二丈四尺，高六尺，四出陛，南面陛廣一丈二尺，八級，東西北面陛各廣一丈，八級。壝去壇一十五丈，高六尺，四面爲靈星門。正南爲門三，中門廣一丈二尺六寸，左門一丈一尺四寸，右門一丈六寸。東西北爲門各一，各廣一丈四寸，周圍爲外墻，四面各六十四丈，皆爲靈星門。正南爲門三，中門廣一丈六尺四寸，左門一丈二尺四寸，右門一丈二尺二寸。東西北爲門各一，各廣一丈二尺四寸，庫五間，在外墻北靈星門外南向，厨房五間、宰牲房三間，皆南向。天池一所，在外墻西靈星門外西南隅，瘞坎在内壝外壬地。社稷壇在京城之西南，皆北向，社東稷西各廣五丈，高五尺，四出陛，每陛五級，壇用五色土，色各隨方上，以黄土覆之。壇相去五丈，壇南各栽松樹二，壇同一壝。壝方廣三十丈，高五丈，甃以磚，四方有門，各廣一丈，東飾以青，西飾以白，南飾以赤，北飾以黑。瘞坎在稷壇西南，磚砌之，廣深各四尺，周圍築壇，開四門，南爲靈星門三，北戟門五，東西戟門各三，東西北門皆列二十四戟。神厨三間在墻外西北方，宰牲池在神厨西，社主用石，高五尺，闊二尺，上微鋭，立于壇上，半在土中，近南北向，稷不用主。

《明神宗實録》卷五三一（萬曆四十三年四月甲申）工部侍郎林如楚疏參提督瑠璃窑内監馬謙包領修窑錢糧，並無完工，乞勑下部會勘虚實，責令如額修補。

施沛《南京都察院志》卷二四《職掌一七·安德小門》 北至馴象門界，南至安德大門界，共長二百七十二丈。本門係後續添，不通要道，原無給有。令牌官廳三間，直房三間，城隍廟一間，盤詰房一間，鎖鑰一副。

按：安德小門原非開創始設，續因燒造運薪不便，始立此門。内有琉璃窑，係陵禁之磚坯，外有華嚴寺，儲花卉之奇妙，雖非衝險之關，更宜防禦之地。

《崇禎長編》卷六（崇禎元年二月）己未，禮科給事中閻可陛疏糾創建三祠者。李蕃迎像行九拜禮，呼九千歲。創建兩祠者李精白，三王之國不行迎送，而海州建祠親詣上梁，聯語云：「至聖至神，中乾坤以立極；多福多壽，同日月以常明。」居然以忠賢爲有道天子矣。朱童蒙延綏建祠用琉璃瓦，劉詔蘇州建祠用冕旒金像，楊邦憲江西建祠毁澹臺、滅明之祠。諸如此輩，上得罪于名教，下得罪于生靈，處以不赦之條，當無同異者也。臣卿陝西省城鄉宦生員，無一請建祠者，豈非馮從吾節義廉恥之教所漸磨者深乎？至若德安知府李行志，爲楊漣贓事設印信簿作募緣，文不避時忌。應山知縣夏之彦捐俸資以助漣懸坐之贓，而保全其妻子。前真定撫臣宋師襄、馬逢皐，京通倉臣楊建烈，皆以不媚忠賢而降處。今逆璫已伏誅，而忤璫之豕使，所當賜還原職者也。聖明在上，邪正業已分明，而尚有譏訕，鄒元標、馮從吾之李正中，非宇宙間一怪事乎。旨嘉其詞，嚴義正，所論薦諸人分别議奏，户部尚書郭允厚、兵部侍郎秦士文俱免。

《崇禎長編》卷一一（崇禎元年七月）壬申，太僕寺少卿安神免，費兆元贈刑部尚書，廕子國子生。御史范復粹巡按江西，晏清補文選司員外。下盗琉璃瓦車户勞繼祖等法司問。

陳宏緒《江城名蹟》卷三《證今一·洪都》 明初壬寅歲，高皇帝定洪都，命都督官朱文正增拓舊城，周二千七十丈有奇，高二丈九尺有奇。建七門，東曰永和，又名澹臺，以門内有澹臺墓，舊名壇頭門，爲仙人黄紫庭臺壇址。東南曰順化，舊名琉璃，以門内延慶寺有晉建武時琉璃佛像在焉。南曰進賢，舊名撫州，俱以道路相通得名。又曰望仙，以漢梅尉故廨。在門外又南曰惠民，輓輪至惠民倉，其路由此舊名寺步以近隆興寺也。西南曰廣潤，舊名柴步，又名橋步。西曰章江，以在江濱故名，舊曰昌門，孫策遣虞翻與郡守華歆交語于此。北曰德勝，舊望雲門，李綱移築于此，又名新城。明初御製《周顛仙碑》云：「朕于南昌東華門道左，見男子一人拜于道傍，朕謂左右曰：『此何人也？』左右皆曰：『顛人。』」按：吾郡城門未聞有東華之名，豈此時永和門，亦稱東華門與。

杜臻《粵閩巡視紀略》卷二 阮詠《縣治記》云：「香山環海孤嶼，昔爲東莞之一鎮，宋元豐建爲縣，繚以土垣，號曰鐵城，但設寨官，即所謂金斗鹽場也。初治七星峰下，元末遷於蓮華峰，是爲今治。瀕海有插笏山，又名獺窟，香山所在縣治。」日南徼外，占城以西，諸國番人雜處，粵省爲日久矣。省城懷聖寺番塔創自唐朝，輪囷十六丈，而宋余靖亦言粵臺之下，胡賈雜居，特不能定其來自何國。

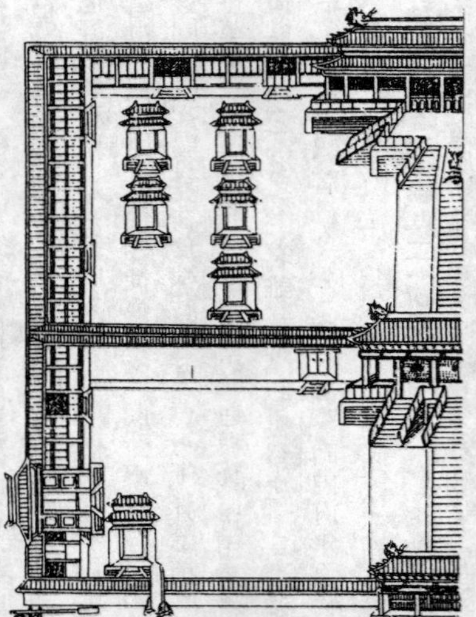

今嶴門諸彝自言大西洋人。明萬曆間，有利瑪竇者始入中國，見嶴門風氣苞固，因請於彼國遣衆聚居，爲互市計。其人多巧思，善製器，亦能治曆，士大夫樂與暱近，相沿往來不絶。初至時，每歲納地稅五百金。本朝弘柔遠之德，謂國家富有四海，何較太倉一粟，特與蠲免，彝益感慕。其所事之神曰天主，高其觀堂，備極華飾，京省皆有之，而在嶴門者爲尤盛也。其像爲女子抱一小兒，被服珍怪，障以琉璃，望之如生。女子曰天母，名瑪利亞，所抱兒曰天主，名耶蘇，漢哀帝時人也。其室之右有風琴臺，懸銅絃琴，時時自鳴。又有鉦鼓管簫諸器，藏機木櫝，聯以絲繩，輪牙紛錯，互相擊撞，旋轉既窮，則諸音自作，如出手口。左爲定時臺，巨鐘覆其上，飛仙立臺隅，操椎擬鐘，亦以機轉之。按時扣擊，子一丑二，以至亥刻，十二擊無少爽。前揭圓槩，書十二辰，日加某時，則蟾蜍銜籌指其位。主其教者道士也，無室家在嶴者。方姓諸編户皆有室家，婦女長裙絲履，男子披髮戴番葉笠，曳高屐，著淺碧繡帔桃布行纏。其交市以夜，婦女主之，男子不出也。故事彼國洋船到布政司驗票收入，其物胡椒、蘇木、哆囉呢洋酒，其來嘗以盛暑，其去嘗以臘底，因風便也。其行賈之地曰大小西洋，小西洋去中國萬里，半年可至，大西洋去中國九萬里，三年始至。禁海時番舶塹阻，嶴人貧困。康熙二十年貢一獅子，求通商以濟遠旅，許之，由是蕃舶復通。予至嶴，彼國使臣率其部人奏番樂以迎，其樂器有觱篥、琵琶，歌聲嗢咿不可辨。使臣手握赤籐杖，質如珊瑚，光潤通明而柔韌可卷，不知何物，爲彼國所甚重，非王賜不敢握，若符節，然嶴中握杖者四人而已。已而迎者益衆，競放鳥鎗，其聲拉雜，將至館，兩臺砲聲大作，山谷爲動。館予之室有三層，作旋螺徑以入，每進益高，斲石爲砌，精工絶倫。牀几皆泥金，地鋪鮮花蕊瓣，厚數寸，紅紫爛然。侍童有白黑二種，白者曰白鬼，質如凝脂，最雅靚，惟羊目不眴，與中國人異。黑者曰黑鬼，絶醜怪，即所謂崑崙波斯之屬也。白鬼爲貴種，大率皆子弟，黑鬼種賤，世僕隸耳。其貯茶用玻瓈甌，承以瓷盤，進果餌數品，皆西産也，甘芳絶異。有頃設食饌，器止四而異香酷烈，燔庖殊製。鷄鳧之臛皆全體無骨，又不見解剥之跡，不知何以能然也。方姓言嶴中彝目，三年一更，皆奉彼國王命。彼國王欽仰聖朝，每遣使必戒以恭順守法，尚逆背叛時，索其兵器，抗勿予，尚逆無以難也。予一宿而行，將行作一詩慰勉之。嶴人出方物數種，爲獻有玻瓈屏一、鏤金錯鈿，備極瑰異。千里鏡一、連筩四五注，所窺之物而徐展之，數十里外可矚毫末。自鳴鐘二，大者高六七寸，小者半之，略倣定時臺之形，扣擊亦同。雙聯鳥鎗二，長尺有咫，可藏袖中，不施燃線，第用燧石，嵌火門而抶以鐵機，機動火發，發必叠雙，夜行用以警備，人不能測。予盡却之，獨取其洋酒一筩。其酒以葡萄釀，色如琥珀，亦貯玻瓈罌，內外澄澈，十二罌共一筩也。按岳倦翁珂《桯史》載南海彝商事云：「番禺獠海雜居，其俗尚鬼，如中國之佛而無像。用金銀爲巨槽，合鮭炙粱米爲一，沃以薔露，散以冰腦，羣聚食之。其餉客則用酒饌燒羊皮，作黃金色酒，醇而甘，與崖密無異。居無溲匽，有樓高百尺，下瞰通流，謁者登之，以中金爲板，施機蔽其下奏，厠鏗然有聲。有池亭方廣數丈，亦以中金通甃，凡用鏗鋌數萬。中堂四柱皆沉香，又有四柱欲狃於朝，舶司以其非常，有恐後不斷，不之許。有窣堵波高入雲，表外圜而加之以堊，望之如銀筆，梯級圜轉如旋螺。每層啟一竇，四五月間舶將至，羣獠臨竇啁哳號呼，以祈南風，亦輒有驗。上施金鷄，用代相輪，其制作瑰異。飲食芬潔，絶類今時，是知前此來通中國，固已有人矣。」又《昌黎集》有《赤藤杖》詩云：「世傳滇神出水獻，赤龍拔鬚血淋漓。」又云：「羲和操火鞭，暝到西極睡。」所遺與予所見亦相近，但云出自滇南，亦不必産於絶域也。存之俟考。

孔毓圻等《幸魯盛典》卷一三

衍聖公臣孔毓圻題爲請旨事。臣前閱邸抄，禮部題覆臺臣任玥疏：「奉旨：『孔子聖集大成，道隆德備，參兩天地，卓冠古今，歷代帝王咸所師法。朕研精經籍，志切欽崇，應勒廟碑，朕俱親行。撰文書寫，以昭景行，尊奉至意，餘依議，欽此。』欽遵。」今碑石運至廟內，則夫頒降御書聖製，以光寵廟庭者，業有成命，無容微臣再請矣。但天章宸翰之重，必得琢月鏤金之手，方能摹勒。山左僻陋，實無其人，而臣又尠見寡聞，知識短少，敢不預行題請。至於御碑建立處，必擇和會爽塏之地，始足以焕日星而式觀。仰此皆事出特典，非微臣所敢擅專，謹題請旨，奉旨：「已有旨了，該部知道。」康熙二十六年丁卯。」二月十二日庚戌，廣儲司員外郎皁保率匠役至曲阜，興工蓋造碑亭，五月初六日癸亥完工，皁保回京覆旨。上以御書《聖廟碑文》發出，令皁保率刻字人往曲阜勒碑，皁保請賫捧御書儀注，并請碑亭用琉璃瓦，皆命廷臣會議，皁保等求列名碑陰，上許之。又命皁保於山東採周公、孟子二廟石碑。員外郎皁保以五月十六日啓奏，上諭曰：「爾來正好，聖廟碑適書就，爾可先帶鐫字人往鐫刻。朕於周公、孟子廟亦欲立碑，此二廟碑石爾可就近在山東採取，俟採得碑石鑿成之時，再來請碑文。」諭畢，上將書就孔廟碑文付皁保領出，皁保又奏云：「臣觀聖廟中自古帝王多有碑刻，然如今日皇上御製御書之碑，乃從來所未有，臣應作何請，去請定儀注。」又碑亭蓋完應用琉璃瓦，山東並無燒造之人，一并請旨。奉旨：「琉璃瓦著該部即速燒造，於回空糧船帶去，其作何請去之處，著與内務府、禮部、工部會同議奏。」阜保又奏云：「臣見漢唐以來聖廟碑刻監造之臣，俱得列名碑陰，今臣等遭逢聖世，親見曠典，真乃人臣罕有之奇遇，臣等名字應否亦附刻碑陰。」奉旨：「爾等名字准刻於碑陰。」阜保奏曰：「皇上御製御書，昭垂萬古，與天地同久，小臣何幸附刻姓名，亦得隨皇上御筆永遠不朽，臣不勝感激，謹奏謝恩。」奉旨：「是工部等衙門題爲請旨事。」本年四月二十二日，廣儲司員外郎阜保將孔子廟碑亭圖樣恭呈御覽，口奏山東地方無燒造琉璃瓦之土，亦無會燒之人，奉旨「琉璃瓦料從此帶去之處，與工部會議，欽此」，欽遵。該臣等會看孔廟圖樣，歷代建立碑亭，俱用緑瓦建造，碑文勅令文臣撰擬。今皇上躬製碑文，又親灑宸翰，勒諸貞珉，爲萬世法寶。合用黃瓦，以宗盛典，相應照依建造碑亭官員所估數目。此處速燒黃色瓦料，交與造碑亭官員可也。奉旨：「仍用緑琉璃瓦。」工部等衙門遵旨會議，得康熙二十六年五月初三日，廣儲司員外郎阜保奏周公、孔子、孟子廟碑文，皇上御製文章，親灑宸翰，關係重大，一應頒行，御書儀制，禮部應有定例，合行請旨。奉旨「工部内務府會同議奏，欽此」，欽遵。該臣等議查典禮，頒送御書，應用黃繖御仗等執事。皇上御製周公、孔子、孟子碑文，賫去應用儀仗，照例迎送。奉旨「依議」。

孔毓圻等《幸魯盛典》卷一四

五月二十六日癸卯，命廣儲司員外郎阜保恭賫御書、聖廟碑文，設御仗黃蓋鼓吹，率鴻臚寺序班朱圭，赴闕里鐫刻。六月初六日壬子，衍聖公孔毓圻率纂修諸臣、五經博士孔毓埏及屬員師生人等，兖州府知府祖允圖率該屬有司，奉迎於汶上縣。二十二日戊辰，御書至於闕里，於是山東巡撫錢珏、布政使黃元驥、濟東道陳俞侯、提學道宮夢仁、督糧道胡介祉、兖東道李煒、監運使鮑復昌、濟寧道董安國及各屬文武官員，咸赴闕里瞻仰御筆，員外郎阜保令朱圭等即摹御書勒石。

山東巡撫錢珏，題爲恭報微臣出省日期等事。臣惟前者聖駕東巡，親詣闕里，尊崇至聖。茲接邸抄，奉旨：「差廣儲司員外郎阜保賫捧御製碑文，馳到曲阜。」臣隨於康熙二十六年六月初二日單騎減從，前往曲阜瞻仰。龍翰至泉林周孟二廟造碑，今臣亦親往督令如式置造，理合題報。奉旨：「該部知道。」

七月二十四日庚子，御碑告成，廣儲司員外郎阜保恭賫摹搨樣本進呈御覽。二十八日甲辰，工部筆帖式昂機圖運送緑琉璃瓦一萬五千至於廟庭。

衍聖公臣孔毓圻奏爲恭謝天恩事。切蒙皇上欽賜聖廟碑石，本年二月内工部等衙門會議，得大成門外左廂、金聲門之右，高明爽塏，可以建立碑亭，動支内帑五百兩，差内務府廣儲司員外郎阜保、工部都水司員外郎卞永式督修等。因奉旨「依議，欽此」，欽遵。隨於二月二十八日礱石蓋亭，一體興工。復蒙皇上命内務府廣儲司員外郎阜保，帶領鴻臚寺序班朱圭前來勒石，於五月二十五日豎碑，於七月初十日鐫完訖復，蒙皇上賜到緑琉璃瓦一萬五千，於九月二十八日碑亭俱已完工。仰惟皇上聖明天縱，學問性成，觀風廣魯，既肇稱親祀之儀，眷注尼山，復重以穹碑之錫，鑿翠琰於恒嶽。秀韞崑岡，騰寶氣於端門，瑞符黃玉，爰賁龍章，直探星宿，並揮鳳藻，上轢瓊霄，至言浩瀚，弘道德之五千。

孔毓圻等《幸魯盛典》卷一五

康熙二十九年庚午，工部議以今年不宜蓋正，請將闕里聖廟修理暫行停止，上命再議，工部等衙門爲請旨事。闕里聖廟估計修理之處，内務府郎中阜保、筆帖式王世遵、工部郎中壽鼒、筆帖式班塔等，俱騎驛馬前往等，因康熙二十八年九月二十三日題本，日奉旨依議工部爲請旨事。衍聖公孔毓圻疏稱闕里聖廟敝壞等，因禮部議覆修理之處暫行停止，奉旨：「闕里聖廟，崇奉先師，萬代瞻仰。今既日漸毀敝，理宜修葺，著差工部内務府官員前往確估，到日再議具奏，欽此。」欽遵，隨差内務府郎中阜保、臣部郎中壽鼒，估計去後于康熙二十八年十二月十三日郎中阜保、壽鼒回來，料估之處，轉奏奉旨，將料估之處交與該部等。因到部查得郎中阜保等估内共需用大小松檄木九千八百餘件，架木一萬三千三百餘根，城磚、方磚、沙滚子磚、斧刃磚共十五萬四千二百餘件，布筒板瓦七萬六千六百餘件，白灰三百九十萬四千二百餘觔，各項匠役九萬三千二百餘工，壯夫四萬六千四百餘工。其大成殿、大成門琉璃瓦脊料全換，并換圍房脊料鑲邊瓦，共琉璃瓦二十萬三千二百餘件等。因該臣等查得郎中阜保等估計内需用琉璃瓦料、松檄木、植架木之數甚多，一時難以挽運，且今年不宜蓋正，將修理闕里聖廟暫且停止，俟修理之日將修理之處再行詳確估計，議覆可也。康熙二十九年二月初二日奉旨：「明年修造之處，再議具奏。」

工部題爲請旨事，先經臣部具奏，修理闕里聖廟據郎中阜保等估册，内需用琉璃瓦料、松檄木、植架木之數甚多，一時難以挽運，且今年不宜蓋正，將修理闕里聖廟暫且停止，俟修理之日將修理之處再行詳確估計議覆等。因繕寫摺子具奏，奉旨「將明年修理之處再議具奏，欽此」。欽遵，隨行欽天監選擇明年修理吉期，去後據欽天監文，内開「康熙三十年四月十二日丁卯宜用，未時修理闕里聖廟吉，先從東南巽方動土起吉」等語。該臣等再議，得先經臣部，以今年不宜蓋正，將闕里聖廟修理之處暫行停止等，因具奏奉旨「將明年修理之處再議具奏，欽此」。查得郎中阜保等估計帶來册開，闕里聖廟大成殿等殿五十四間，大成門等門六十一間，圍房八十八間，内挑換朽爛檁柱望板椽子等木，拆卸瓦片重宽，照原舊油飾彩畫修理等語。其修理所需顔料銅鐵等項于户部支取，不算價值外，共用松檖木植九千八百六十八根，價銀二萬四千三百二十四兩八錢。杉木、椵木、榆木一百三十根，價銀一百八十一兩五錢。琉璃瓦料二十萬三千二百九十七件，價銀三萬一千八百四十五兩。磚瓦二十三萬九百二十八個，價銀三千四百八十九兩六錢九分六釐。白灰三百九十萬四千觔，價銀四千九百十九兩零四分。繩觔蓆片家伙等項價銀一千七百二十兩，打造銅鐵等項、匠役工價并煤炭價銀二千七百六十七兩四錢，各項匠夫工價銀一萬六千七百七十兩零六錢四分五釐。以上共需用物料價值銀、匠夫工價銀八萬六千零十八兩零八分。相應差總管内務府官一員，臣部司官一員，照欽天監所擇于康熙三十年四月十二日開工，所用磚灰瓦繩蓆家伙等物、煤炭價值并各項匠夫工價銀兩，行文山東巡撫，動用司庫錢糧，交與管工官，預行燒造磚瓦灰觔備辦物料。其匠夫開工之時，僱覓修理。查先造闕里聖廟碑亭所用琉璃瓦料，于回空糧船裝載運至濟寧州，今修理需用琉璃瓦料、松木、檖木、杉木等木，顔料等項，預備得日交與倉場侍郎，于回空糧船裝載運至濟寧州。此等物料差出官員前往驗收，會同濟寧道自泗河僱覓運至闕里工所。又查得江南、江西、湖廣、浙江歷年解京架木各一千六百根，此四省所解架木六千四百根，行令各該巡撫將康熙二十九年分應解架木，照數于本年内送至闕里工所。此修理之處令管工官員敬謹堅固修理，工完之日將實用過錢糧細數造册到部，確查銷算，具題可也。康熙二十九年二月十八日奉旨：「修理闕里聖廟，所用物料工價不必動支部内錢糧，照數發内帑銀兩採辦修理，其物料著令回空糧船載運，餘依議。」夏六月，遣内務府廣儲司郎中阜保、工部虞衡司郎中阿爾粺、内務府筆帖式王世遵、工部筆帖式查爾奇昂吉圖監督修理聖廟。八月，阜保等至曲阜，九月回空糧船運琉璃瓦料、松木、檖木、杉木、顔料物料至濟寧州，江南、江西、湖廣、浙江所解架木六千四百根亦至，郎中阜保等驗收，同濟寧道韓作棟等由泗河運至兖州府，由兖州府起車運至闕里。康熙三十年辛未夏四月十二日丁卯，郎中阜保阿爾粺督同濟南府同知金世揚、兖州府通判許嗣華、曲阜縣知縣孔尚愉等起工修理聖廟，康熙三十一年壬申秋八月二十日丁酉告成。

《明史》卷六八《輿服志四》　親王府制。洪武四年定，城高二丈九尺，正殿基高六尺九寸，正門、前後殿、四門城樓，飾以青緑點金，廊房飾以青黛。四城正門，以丹漆，金塗銅釘。宫殿窠栱攢頂，中畫蟠螭，飾以金，邊畫八吉祥花。前後殿座，用紅漆金蟠螭，帳用紅銷金蟠螭。座後壁則畫蟠螭、彩雲，後改爲龍。立山川、社稷、宗廟於王城内。七年定親王所居殿，前曰承運，中曰圜殿，後曰存心；四城門，南曰端禮，北曰廣智，東曰體仁，西曰遵義。太祖曰：「使諸王覩名思義，以藩屏帝室。」九年定親王宫殿、門廡及城門樓，皆覆以青色琉璃瓦。又命中書省臣，惟親王宫得飾朱紅、大青緑，其他居室止飾丹碧。十二年，諸王府告成。其制，中曰承運殿，十一間，後爲圜殿，次曰存心殿，各九間。承運殿兩廡爲左右二殿，自存心、承運，周迴兩廡，至承運門，爲屋百三十八間。殿後爲前、中、後三宫，各九間。宫門兩廂等室九十九間。王城之外，周垣、四門、堂庫等室在其間，凡爲宫殿室屋八百間有奇。弘治八年更定王府之制，頗有所增損。

郡王府制。天順四年定。門樓、廳廂、廚庫、米倉等，共數十間而已。

公主府第。洪武五年，禮部言：「唐、宋公主視正一品，府第並用正一品制度。今擬公主第廳堂九間，十一架，施花樣獸脊，梁、棟、斗栱、簷桷彩色繪飾，惟不用金。正門五間，七架。大門，緑油，銅環。石礎、牆甎，鐫鑿玲瓏花樣。」從之。

百官第宅。明初，禁官民房屋，不許雕刻古帝后、聖賢人物及日月、龍鳳、狻猊、麒麟、犀象之形。凡官員任滿致仕，與見任同。其父祖有官，身殁，子孫許居父祖房舍。洪武二十六年定制，官員營造房屋，不許歇山轉角，重簷重栱，及繪藻井，惟樓居重簷不禁。公侯，前廳七間、兩廈，九架。中堂七間，九架。後堂七間，七架。門三間，五架，用金漆及獸面錫環。家廟三間，五架。覆以黑板瓦，脊用花樣瓦獸，梁、棟、斗栱、簷桷綵繪飾。門窗、枋柱金漆飾。廊、廡、庖、庫從屋，不得過五間，七架。一品、二品，廳堂五間，九架，屋脊用瓦獸，梁、棟、斗栱、簷桷青碧繪飾。門三間，五架，緑油，獸面錫環。三品至五品，廳堂五間，七架，屋脊用瓦獸，梁、棟、簷桷青碧繪飾。門三間，三架，黑油，錫環。六品至九品，廳堂三間，七架，梁、棟飾以土黄。門一間，三架，黑門，鐵環。品官房舍，門窗、户牖不得用丹漆。功臣宅舍之後，留空地十丈，左右皆五丈。不許那移軍民居止，更不許於宅前後左右多占地，構亭館，開池塘，以資遊眺。三十五年申明禁制，一品、三品廳堂各七間，六品至九品廳堂梁棟祇用粉青飾之。

《明史》卷三二五《外國傳六·巴喇西》　巴喇西，去中國絶遠。正德六年遣使臣沙地白入貢，言其國在南海，始奉王命來朝，舟行四年半，遭風飄至西瀾海，舟壞，止存一小艇，又飄流八日，至得吉零國，居一年。至秘得，居八月。乃遵陸行，閲二十六日抵暹羅，以情告王，獲賜日給，且賜婦女四人，居四年。迄今年五月，始附番舶入廣東，得達闕下。進金葉表，貢祖母緑一，珊瑚樹、琉璃瓶、玻璃盞各四，及瑪瑙珠、胡黑丹諸物。帝嘉其遠來，賜賚有加。

《明史》卷三三二《西域傳四·哈烈》　其國在西域最强大。王所居城，方十餘里。壘石爲屋，平方若高臺，不用梁柱瓦甓，中敞，虚空數十間。窗牖門扉，悉雕刻花文，繪以金碧。地鋪氈罽，無君臣、上下、男女，相聚皆席地趺坐。國人稱其王曰鎖魯檀，猶言君長也。男髠首，纏以白布，婦女亦白布蒙首，僅露雙目。上下相呼皆以名。相見止稍屈身，初見則屈一足三跪，男女皆然。食無匕箸，有瓷器。以葡萄釀酒。交易用銀錢，大小三等，不禁私鑄。惟輸税於酋長，用印記，無印者禁不用。市易皆征税十二。不知斗斛，止設權衡。無官府，但有管事者，名曰刀完。亦無刑法，即殺人亦止罰錢。以姊妹爲妻妾。居喪止百日，不用棺，以布裹屍而葬。常於墓間設祭，不祭祖宗，亦不祭鬼神，惟重拜天之禮。無干支朔望，每七日爲一轉，周而復始。歲以二月、十月爲把齋月，晝不飲食，至夜乃食，周月始茹葷。城中築大土室，中置一銅器，周圍數丈，上刻文字如古鼎狀。游學者皆聚此，若中國太學然。有善走者，日可三百里，有急使，傳箭走報。俗尚侈靡，用度無節。

土沃饒，節候多暖少雨。土産白鹽、銅鐵、金銀、琉璃、珊瑚、琥珀、珠翠之屬。多育蠶，善爲紈綺。木有桑、榆、柳、槐、松、檜，果有桃、杏、李、梨、葡萄、石榴，穀有粟、麥、麻、菽，獸有獅、豹、馬、駝、牛、羊、雞、犬。獅生於阿术河蘆林中，初生目閉，七日始開。土人於目閉時取之，調習其性，稍長則不可馴矣。其旁近俺都淮、八答黑商，并隸其國。

《清世宗實録》卷八九　〔雍正七年十二月〕癸丑，大學士九卿等奏：「據督修孔廟工程通政使留保、山東巡撫岳濬等奏報，十一月二十六日午刻，正當孔廟上樑之前二日，慶雲見於曲阜縣，環捧日輪，歷午、未、申三時之久。仰惟皇上尊禮先師孔子，典文周備，又特頒發帑金，興建闕里文廟，凡殿門廊廡，悉倣帝王宫殿之制，易蓋琉璃黄瓦，是以天心昭格，顯示嘉祥，於孔廟告成之日，慶雲呈見，實從古未有之上瑞，伏請宣付史館，垂示萬世。」得旨：「朕平素尊奉先師，至誠至敬。雍正二年，闕里文廟不戒於火，彼時廷臣援明代弘治前事爲言，而朕心悚懼不寧，引過自責，親詣太學文廟，虔申祭告。特發帑金，命大臣等督工修建，凡殿廡制度規模以至祭器儀物，皆令繪圖呈覽，朕親爲指授，遴選良工，庀材興造，虔恪之心，數年以來，無時稍間。今大成殿上樑前二日，慶雲見於曲阜，卿等歸美朕躬之詞，朕不克當。或者上帝先師，鑒朕悚惕誠敬之心，見茲雲物，昭示瑞應，朕不敢矜言祥瑞，但能功過相抵，朕之幸也。應擇日躬詣太學文廟祭告，以申感慶之衷。朕躬被先師之福佑，普天士子誦法服膺，同受聖人之澤。著將明年會試取中額數，廣至四百名。壬子科各省鄉試，每正額十名加中一名。其十名之外，有零數者，亦加中一名。此朕體奉先師樂育之盛心，特行造就人材之曠典，諸士子其各興文敦行，益加勉旃，宣付史館，著照所請行。」

鄂爾泰等《雍正硃批諭旨》卷一七四之一　浙江總督管巡撫事在任守制臣李衛謹奏：爲敬呈廟工圖式恭請聖鑒指示欽遵事。竊照浙屬海寧縣地方，蒙皇上特恩，發帑建造海神廟宇，祈福佑民，臣欽遵籌畫，先將應需專司監督及分派差委各員，具摺奏請，荷蒙俞允。部文到日，隨即分行江南直隸，催令張适、王坦赴工，一面督同司道程元章、朱倫瀚、王斂福、王鈞等先將一應工料事宜預行備辦，間今春正、二月内張适、王坦俱已先後到杭，隨令赴工，上緊辦理。先於三月初一日吉期祀土，將廟基地面根脚清出丈量，四址按照地方寬長之處，宅中定位。所有前後殿宇、寢宫、祠壇、樓閣、廊廡、房屋等項，就勢酌擬大概規模，繪就圖式。誠恐款樣制度未合，謹先進呈御覽，作何改正，恭請聖鑒，欽定到日，即當遵奉而行。惟是工程宏鉅，一切應用木石磚瓦等料，其圍圓徑寸、長短大小，自應悉照廟宇之高下深闊，彼此配合，必有一定成規，方屬妥協。但外省雖有起蓋寺廟，其工程多係逐漸經營，原非預有成竹，止能約略計算，不諳通盤預估定準，必得經歷大工、熟悉往例之人，料估始無舛錯。前經咨明，山東、河南撥發料估人張爾昭、王元清暫行來浙看估，續准山東撫臣岳濬回稱東省工程未竣，張爾昭不能前來。其王元清近准河東督臣田文鏡咨送到浙，但伊出京日久，此際未甚諳曉，先又移咨工部請發料估之人，帶同匠頭前來，亦因有工程事忙，未准撥給。臣思一切物料雖不能目下即有確實數目，而大概必於需用者，如等待料估方往採辦，恐致稽遲。查長杉巨木産在楚豫閩省併浙江之温處等處，若至夏月以後，木植精液發露在外，採辦未宜，故於春間已差員賫價分頭前往，預爲購求。但其中巨木一項，正殿樑柱所需大料，因近年山東各處修建聖廟工程，併沿海一帶成造戰船桅木，歷年採買，既多餘剩，頂號者頗少，已飭承辦各員加意採買。現准江西咨覆，覓無合式之木，隨往湖廣購辦，再俟楚閩覆到另商。又御碑亭應用之黄琉璃瓦，正殿大二門寢宫天妃閣需用之緑琉璃瓦以及各項配用物件，臣差人於鄰省遍訪，衆窑户俱不諳曉，即偶有製造蓋廟者，顔色不明，體質亦脆，一經冰霜凍結，外皮捲起難觀。爲此仰懇聖恩，或可飭部於京廠製就，交與浙省，回空糧船運官裝帶來浙，所需價值併運通脚費，臣當照數備齊，解交工部兑收還項。再查江浙本色筒瓦，其加料製造者頗稱堅固，可否將御碑亭大殿二處用琉璃脊瓦，其餘悉用本色筒瓦，或照南方向來各廟俱多不用琉璃料物。臣未敢擅專，伏乞聖明指示遵行。至於奉祀神祇，最關鉅典，查海寧縣之尖山，康熙五十九年建立海神廟宇，至六十一年欽奉敕封運德海潮之神。雍正三年又蒙皇上欽定江潮諸神，加封吴伍員爲英衛公，唐錢鏐爲誠應武肅王，宋張夏爲静安公，明湯紹恩爲寧江伯，地方官已設位奉祀廟中。又向日有越之上大夫文種、唐昇平將軍胡暹、宋護國弘佑公朱彝、元護國佑民土地明王彭文冀、烏守忠等神，相傳皆有護佑之功，歷來已久，亦皆附祀於廟。今蒙皇上敕建海神廟宇，軫恤民生，保護塘工，似應於正殿專供運德海潮之神，再懇恩綸，加賜封號，以展誠敬。其英衛公等四神於正殿之左右列坐並祀，其越之文種等五神仍於兩廡配享，以昭妥侑。再南省所稱海洋靈神，惟天妃爲最，歷朝俱有褒崇，康熙十九年曾加封號，閩浙土人稱爲媽祖，在洋遇險，祈求隨聲而應，故海船出入之口岸，莫不建廟奉祀，而閩廣蘇州等處，廟貌輝煌。今奉特旨啓建大工，自必更加壯麗，以肅觀瞻，擬於正殿之東另建天妃閣，西築風雲雷雨壇，之後再用水仙樓以配之。是否有當，恭候睿鑒欽定，以昭祀典。惟料估大工之人，至今未得，一切難於懸擬定準，懇求聖主暫將工部料估房經承張道宗賞發來浙，不過三四月之期，一俟估定尺寸式樣，即送回部，方敢放心辦理，庶無舛錯。以上各條，原不敢瑣屑瀆陳，因工程甚鉅，必須再三詳慎，以貽萬年之利。而臣等識見淺陋，恐一有未當，無以壯規模而稱完美，是以冒昧具摺請旨，伏乞皇上批示施行，謹奏。「覽所繪圖式，甚合制度，但據廷臣奏稱，外省祠廟用琉璃瓦者甚少，應照議，毋庸製造。其料估工程之人，該部已發往矣。」

鄂爾泰等《〔乾隆〕雲南通志》卷七《雲南府》 廟學在五華山右，元至元間總管張立道建，兼置學舍，平章沙木斯迪音拓之，後廢。明洪武初，西平侯沐英因舊址建廟學。景泰間，巡撫鄭顒建成德、達材二坊。天順五年，都督沐瓚以次興修。弘治十五年，巡按何琛建講堂、聚奎樓，增置號舍。嘉靖十年，建啓聖祠、敬一箴亭及視、聽、言、動、心五箴碑。萬曆元年，巡撫鄒應龍鑿泮池，十八年知府易以巽重修殿廡，四十年巡按鄧渼、提學黄琮以縣學廟附於府，四十三年巡撫周嘉謨、提學張閶遷建明倫堂。崇禎元年，知府王紹旦建文昌、魁星二閣，丁亥燬於兵，遷建於長春觀。本朝康熙二十九年，總督范承勳以規制未協，同巡撫王繼文請仍改建今地，合府縣廟學爲一，始置祭器、樂器，悉依闕里規制。三十四年，巡撫石文晟建御製至聖先師及四配贊碑亭。五十八年，教授侯以璋建魁星樓，易舊魁樓爲桂香樓，祀文昌。雍正四年，總督鄂爾泰增備祭器。十二年，總督尹繼善、巡撫張允隨、督學吴應枚、布政使陳弘謀重修并易琉璃瓦，添備祭器、樂器。

《清高宗實録》卷三四〇 〔乾隆十四年五月上〕癸丑，上詣北郊齋宫齋宿。諭：「稽古明禋肇祀，郊壇各以其色，地壇方色尚黄，今皇祇室乃用緑瓦，蓋仍前明舊制，未及致詳。朕思南郊大享殿在勝國時，合祀天地山川，故其上覆以青玉葉，次黄次緑，具有深意。且南郊用青，而地壇用緑，於義無取，其議更之。至兩郊壇宇，雖歲加塗塈而經閲久遠，應勅所司省視，所當修整者，敬謹從事。大學士會同各該衙門，詳考典章，具議以聞。」嗣議奏：「明代南北兩郊分祀，而皇祇室編次緑瓦，遍檢禮書，並無考據。查天玄地黄，緑乃青黄間色，今北郊壇甎壝瓦及牲帛幃幄，色俱用黄。乾隆十三年議定籩豆成式，地壇祭器亦用黄，寧神與歆神，不當有異，應請易蓋琉璃黄瓦，庶與黄中之義相符。至壇宇經閲久遠，金碧不鮮，甎甓損缺，及堊赤間有漫漶之處，均應及時修整。」奏上，命和親王弘晝、禮部尚書海望、王安國、工部尚書三和，總理其事。

《清高宗實録》卷九〇二 〔乾隆三十七年二月上壬申〕又諭曰：「御史費南英奏《請官設磚瓦灰觔二廠、動帑辦造以待各工應用》一摺，所見不達事理。上年秋間，因雨水較多，官私房屋，同時購料修葺，所有磚瓦灰觔，市價遂致加昂。然並非常有之事，遲俟一年半載，物料自可漸平，何必鰓鰓過計及此。摺内援引琉璃窑、木倉二處爲例，尤所謂儗不於倫，見理全不明晰。向來官設琉璃窑座，特爲官工所用陶埴式樣，本非民間所當用。即木倉存貯木植，亦由各省運到，如架木等件，儲備各處取支，並非以建造所資，一切巨楹細桷，悉行取給於此也。至磚瓦一項，如官工所用無多，即向民間平價購買，如城工爲數較夥，則管理工程處早已奏明官爲燒造，又何庸慮及官民争購，價值日增耶。至灰觔必由近山地方燒運，若設立官廠，其勢不得不仍取給於窑户。伊等藉口官辦，於民用反致居奇，該御史所言，真乃知其一不知其二，於事皆不可行。原摺著發還，仍將此通諭知之。」

嵇璜等《清朝文獻通考》卷二五八《象緯三》 七政儀，以銅爲之，徑一尺六寸五分，高二尺五分。凡二重，外重平圈爲黄道，列周歲十二月，周天十二宫。斜圈爲赤道，十字圈爲赤道子午卯酉經圈。內重爲七政盤，列十二宫與黄道左右相應，中心爲日體，最近日爲水星，次金星，次月。與地次火星，次木星，最遠土星。（本）〔木〕星旁四小星，土星旁五小星，土星上圓環平之，則星正，圓側之，則星長。圓日體旁爲瓶，置燈以取日影，對日處映以玻璃盤。內皆有機輪，其旁以小盤之軸挈諸輪轉之，承以半圓十字，下歧三足，座心設指南針。十二宫上施遊表，表轉一周爲一日，視諸體之旋轉以測七政，晝夜隱見之象。

嵇璜等《清朝文獻通考》卷二九七《四裔五》 雍正二年十月，貢稻種果樹，賜國王蟒緞玉瓷等器。其船梢目九十六人，本係漢人，求免回籍，得旨：「暹羅不憚險遠，進獻稻種、果樹，恭順可嘉。其運來米石，令地方官以時直售賣，毋許行户低昂隨帶貨物，概免征税。梢目九十六人居住該國，歷經數代，實難勒令歸還，應免回籍，以示寬大之典。六年二月運米入廈門，七年六月載米船艘因風飄泊，其撈回壓船貨物，并免徵税。七月遣使入貢，賞賚如例，又加賜國王蟒緞玉瓷等器。」

嵇璜等《清朝文獻通考》卷二九七《四裔五》 〔乾隆十四年入貢〕特加賜蟒緞、片金、粧緞、閃緞各二疋，錦四疋，緞八疋，玉器六件，瑪瑙器二件，琺瑯器四件，松花、石硯二方，玻璃器十件，瓷器一百四十六件。又因續進黑熊、白猿等物，加賞國王庫緞二十疋。十八年特賜人蔘四觔，緞錦共三十疋，玉器四件，瑪瑙器二件，琺瑯器六件，銅暖硯二方，玻璃器十件，瓷器一百四十件。二十二年入貢，特賜國王蟒緞、錦緞各二疋，閃緞、片金各一疋，八絲緞四疋，玉器、瑪瑙器各一件，松花石硯二方，琺瑯器十三件，瓷器一百四十件。二十七年、三十一年特賜物件俱與二十二年同。

傅恒等《平定準噶爾方略續編》卷六 〔乾隆二十五年九月〕辛巳，賜哈薩克阿布賚勑書：「皇帝勑諭：哈薩克阿布賚，爾遣使人都勒特克勒入覲，經烏里雅蘇台將軍大臣等派員護送，俱安善前來，朕已加恩宴賚，賜爾緞疋、綢綾、玻璃、瓷器、茶芽各若干，交使人齎往。爾其祗受所賜使人孔雀翎、頂帽、衣服、緞疋、綢綾、銀兩、器什各有差，亦諭爾知之。去年爾部落巴魯克巴圖魯搶掠烏梁海，據烏里雅蘇臺將軍大臣奏請發兵，朕未允行，惟令察核所掠之人口什物，命侍衛納旺齊勑諭爾。今據奏稱，爾感戴朕恩，與伊前往搶掠烏梁海之哈薩克等游牧，察核送還，又專使入覲，誠悃可嘉。前事係巴魯克巴圖魯所爲，與爾不相干涉，朕久已洞鑒，此時應已察出送還烏梁海游牧矣。爾游牧從前與厄魯特接壤，被其擾害，嘗遠徙以避，今厄魯特全部皆朕版圖，爾安居游牧已屬寬裕。現在伊犂等處駐兵屯田，國家法令森嚴，決不侵軼爾游牧，但爾所部若不守分安業，妄行越境游牧，則駐劄之將軍大臣等，必不肯從。轉與爾屬人，無益，爾惟加意約束所部，如當年與準噶爾接壤時，即有舊地，向爲準噶爾所取者，亦不得越境游牧。守分安生，則福禄可久，仍以朕德意，通行曉諭爾哈薩克衆游牧知之，特諭。」

于敏中等《日下舊聞考》卷一〇《國朝宫室二》 社稷壇在闕右，北嚮，壇制方二成，高四尺，上成方五丈二，〔下〕成方五丈三尺四，出陛，皆白石，各四級。上成築五色土，中黄東青南赤西白北黑，土由涿、霸二州，房山東、安二縣豫辦解部，同太常寺驗用。內壝四面各一門，楔闑皆制以石，朱扉有櫺門，外各石柱二，壝色亦各如其方。壝北門內西北瘞坎二，北爲拜殿，又北爲戟門，各五間。戟門內列戟七十有二，均覆黄琉璃，崇基三，出陛。壝外西南神庫五間，神厨五間，井一，均東向。壇垣周百五十三丈四尺，內外丹雘，覆黄琉璃，北門三間，東西南門各一間，循垣東北隅東向正門一，左右門各一相對。

于敏中等《日下舊聞考》卷二八《國朝宫室·西宛八》 西天梵境有琉璃牌坊，南臨太液池，南向榜曰華藏界，北向榜曰須彌春，坊北山門榜曰西天梵境。入門爲天王殿，左右石幢二，左刻金剛經，右刻藥師。經殿後爲大慈真如寶殿，殿內恭懸皇上御書，額曰恒河演乘，聯曰：「無住蔭慈雲，葱嶺祇林開法界；真常揚慧日，鷲峰鹿苑在當前。」又北向聯曰：「日月輪高眄七寶城如依舍衛金銀界浄湧千華相正現優曇殿後歷級而登，有大琉璃寶殿，殿二層，榜曰『華嚴清界』，聯曰：『七寶同莊金界普成具足相；三輪共轉玉毫齊放大圓光。』」又曰：「現法化報身分湧真常蓮葉；攝聞思修教並拈微妙曇華。」皆御書。殿四面迴廊，六十七楹，四隅各有樓相接。西天梵境之西，有琉璃墻，墻北爲真諦門，門內爲大圓鏡智寶殿，殿內額曰「法界真常」，聯曰：「歡喜普人天增五福德，莊嚴護龍象現八吉祥。」殿後有亭。

于敏中等《日下舊聞考》卷四二《皇城》　原騰禧殿覆以黑琉璃瓦，明武宗西幸悦樂伎劉良女，遂載以歸居此，俗呼爲「黑老婆殿」。《金鼇退食筆記》。

于敏中等《日下舊聞考》卷五一《内城・西城山》　御碑亭一，殿後祭器庫五楹，均南向。景德門外，其東神庫神厨各三楹，宰牲亭三楹，均西向。井亭一，其西爲承祭官致齋所，廟門内東南鐘樓一，圍垣周百八十六丈三尺八寸，廟門外東西下馬牌各一，景德街牌坊各一。正殿覆黄色琉璃，兩廡青色琉璃。

梁國治《國子監志》卷九　先師廟在都城東北安定門内成賢街，國子監之左，南向，前爲大門，恭懸御書。先師廟額門凡三楹，高三丈，中廣一丈三尺七寸，左右各廣一丈一尺七寸，深一丈九尺，基高二尺四寸。覆黄琉璃瓦，牆飾紅黄色，楹柱門扉皆丹飾，梁棟施五彩。大門外東西立下馬牌各一，樹坊各二，門南屏垣一，高一丈一尺五寸，廣四丈六尺，深四尺，石座高三尺五寸。八字垣二，高九尺一寸，廣二丈四尺，深三尺二寸，石座高三尺，上覆黄琉璃瓦，垂柱等飾以緑琉璃，東西柵欄二道。又屏垣左右垣各一，袤長三十一丈，高六尺七寸，外圍垣袤長九十五丈，高六尺五寸，均覆以版瓦，垣皆丹飾。大門内碑亭二，左爲明英宗新建太學碑，右爲乾隆三十二年重修先師廟諭旨碑。門垣左右分列前明碑七，進士題名碑四十六，皆北向。詳見「金石門」。内爲大成門，恭懸御書「大成」門額，門凡五楹，高四丈九寸，中廣一丈五尺七寸，左右各廣一丈五尺，深三丈二尺，基高六尺五寸，覆黄琉璃瓦，週以石闌。中三門前後三出陛，階各十有四級，門左右翼以牆，飾紅黄色。左右門各一，門外迤東爲神厨，五楹西向，高二丈八尺，中廣一丈三尺，左右各廣一丈二尺，深二丈。神厨南爲井亭，井甃以石，亭高一丈六尺六寸，深廣一丈二尺。又南爲宰牲所，三楹西向，高二丈四尺八寸，中廣一丈一尺，左右各廣五尺，深二丈，均覆緑琉璃瓦。又南爲更房，西向，高一丈七尺六寸，廣一丈二尺，深一丈五尺，覆以版瓦。門外迤西爲神庫，五楹東向，高二丈八尺，中廣一丈三尺，左右各廣一丈二尺。神庫南爲持敬門，西向，高二丈三尺七寸，廣一丈八尺，深二丈。又南爲承祭官致齋所，三楹東向，高二丈八寸，中廣一丈一尺五寸，左右各廣一丈五寸，深二丈，均覆緑琉璃瓦。又南屋一楹，即更衣亭舊址，東向，高一丈七尺六寸，廣一丈二尺，深一丈五尺，覆以版瓦。門外階以下爲外墀，左右分列國朝歷科進士題名碑五十有二，元碑二，元進士題名碑三，明進士題名碑三十一，皆南向。詳見「金石門」。門内左右列戟二十有四，石鼓十，石鼓音訓碣一。詳見「金石門」。中爲大成殿，恭懸御書「大成」殿額，殿凡七楹，高七丈六尺三寸，中廣一丈八尺五寸，次二楹，各廣一丈六尺，又次四楹，各廣一丈五尺，深八丈，基高七尺。圍廊重簷，覆黄琉璃瓦，殿中恭懸聖祖仁皇帝御書額一，曰「萬世師表」，康熙二十四年頒揭。世宗憲皇帝御書額一，曰「生民未有」，雍正三年頒揭。皇上御書額一，曰「與天地參」，御製聯一，曰「氣備四時，與天

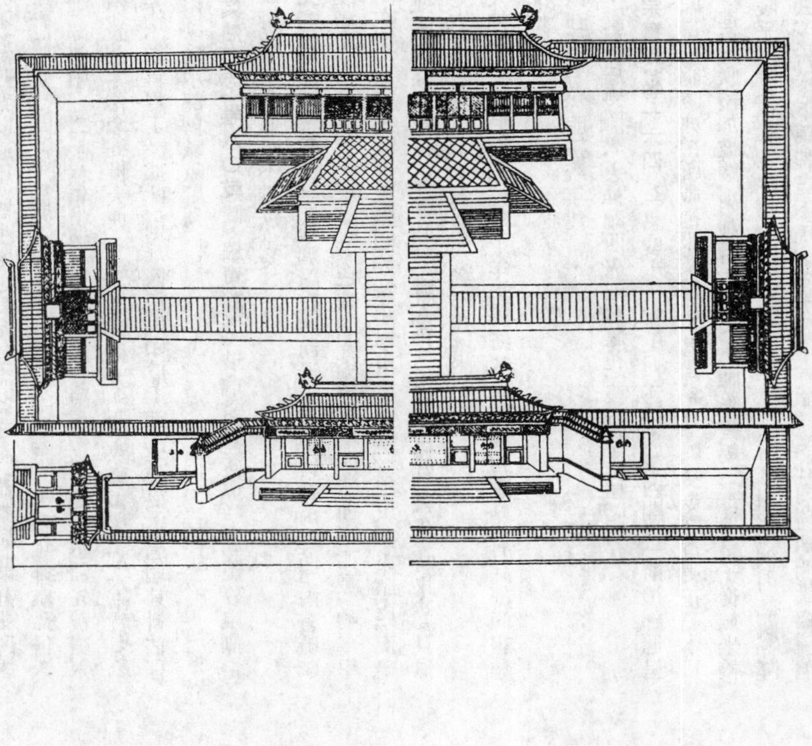
崇聖祠圖

地鬼神日月合其德；教垂萬世，繼堯舜禹湯文武作之師。」乾隆三年上親釋奠御製頒揭。又御製聯一，曰「齊家治國平天下，信斯言也，布在方策；率性修道致中和，得其門者，譬之宫牆」。乾隆三年先師廟工成御製頒揭。殿前月臺一，高六尺五

寸，廣八丈四尺一寸，深四丈三尺九寸，週以石闌。三出陛，前及左右各一階，十有七級。月臺前爲甬路，東西分列碑亭十一座，俱覆以黄琉璃瓦，恭勒聖祖仁皇帝御製至聖先師孔子贊，康熙二十五年。御製顔曾思孟四子贊，康熙二十八年。御製平定朔漠碑，康熙四十三年。世宗憲皇帝御製平定青海碑，雍正三年。御製仲丁親祭詩，雍正六年。皇上御製臨雍紀事碑，乾隆三年。御製平定金川碑，乾隆十四年。御製平定準噶爾碑，乾隆二十年。御製平定回部碑，乾隆二十四年。御製重修文廟碑，乾隆三十三年。御製平定兩金川碑。乾隆四十一年碑文俱恭載御製門。殿東西掖各十楹，南向，高二丈五尺一寸，中一楹廣一丈九尺五寸，深如之，餘各廣一丈二尺七寸，深一丈九尺五寸。東西廡各十九楹，高三丈一尺八寸，各廣一丈二尺五寸，深二丈九尺。兩廡之南，東西列舍各十二楹，北向東爲祭器庫，西爲樂器庫，中一楹，廣一丈九尺五寸，餘各廣一丈二尺二寸，深如之，均覆緑琉璃瓦。西廡南燎爐一，西北瘞坎一，殿後長垣一，有門在西掖後北向，通崇聖祠。

謹案：大成殿向稱先師廟，二門統稱廟門，蓋始于明臣張璁，非禮也。乾隆三十三年皇上因飭工修廟之時，特頒明詔，增廟門額曰「先師廟」，改殿額曰「大成殿」，二門額曰「大成門」云。

崇聖祠在大成殿後，正殿五楹，高三丈二尺八寸五分，中廣一丈六尺五寸，左右各廣一丈三尺三寸，深二丈六尺，基高五尺七寸。前有月臺，一高五尺五寸，廣四丈九尺，深二丈五尺三寸，三出陛，前及左右各一階，十有一級。東西廡各三楹，高二丈四尺四寸，中一楹廣一丈三尺五寸，次二楹各廣一丈一尺五寸，深二丈五尺五寸。東南燎爐一，周繚以垣，中爲門三楹，高二丈六尺八寸，中廣一丈三尺五寸，左右各廣一丈一尺五寸，深一丈八尺。左右門各一，門外西折有門一楹，西向正殿，正門均覆緑琉璃瓦，兩廡甎瓦，門楹丹雘。

謹案：崇聖祠本名啓聖祠，明嘉靖九年建，國朝雍正元年加封先師五代，並爲王爵合祀。祠中奉勅易名崇聖祠，皇上御極之三年，特命崇聖祠易蓋緑琉璃瓦，三十二年大發帑金與先師廟，並事鼎新焉。

永瑢、紀昀等《歷代職官表》卷一四 琉璃窑監督，滿洲、漢人各一人。掌陶琉璃器具，按其模式，辨其等差，以供大工之用。順治初，專差漢人司官，康熙元年，改差滿洲、漢人司官各一人，一年而代。

永瑢、紀昀等《歷代職官表》卷一五 謹案：元之大都留守司，本名宫殿府行工部，至元十九年始改置，是其職。原爲工部分曹，而其後所掌事繁，遂兼有

今内務府步軍統領之職。今以所屬修内司四窑場、木場與今營繕司琉璃窑廠、皇木廠官制相合，故繫之於此。而其他則各從互見，至所云大木局、小木局者，考虞集《經世大典》，謂木工之名則一，而藝有大小，如營建宫室，則大木之職。若舟車以濟不通，几案以適用，皆小木之爲。其命名之意，蓋本諸此，亦史所未及也。及案齊履謙作郭守敬行狀，稱守敬初爲都水監，至元十三年都水監併入工部，遂除工部郎中。二十八年復置都水監，俾守敬領之。是都水監先曾廢入工部，後始復設，而虞集《經世大典·叙録》又稱大德間改修橋梁，都水監計料，工部應付工物，委官督工。據此，則凡興作仍領於工部都水監，不過司其料估程式，故富大用以爲水部舊職歟。

和珅等《熱河志》卷八〇乾隆《藴奇齋》 玻璃窗對簇攢峰，朝靄暮嵐無定蹤。可識萬奇此中出，而齋不識以爲容。

吴長元《宸垣識略》卷一〇 琉璃廠在西河沿南楊梅竹斜街之西，内有琉璃窑。本朝設滿漢監督董其事，燒造五色琉璃瓦，廠地南北狹而東西長，約二里許。燈市向在東安門，今散置正陽門外及花兒市、琉璃廠、猪市、菜市諸處，而琉璃廠爲尤盛，廠前陳設雜伎，鑼鼓聒耳，遊人雜遝市肆，玩好、書畫、時果、耍具無不畢集，自正月初四五至十六七而罷，名曰光廠。

勅建火神廟在琉璃廠東，乾隆十年步軍統領衙門委官重修，有兵部尚書忠勇公福隆安碑。

仁威觀在琉璃廠，明正統年建。

王阮亭寓居在琉璃廠，火神廟西夾道有藤花，爲阮亭手植，尚存。

《清仁宗實録》卷一六四 〔嘉慶十一年七月〕戊午，諭内閣：「前禮部進呈新修則例内，皇子謁陵典禮所載袍服及儀注，有錯誤之處，特令詳查更正。本日經禮部修改進呈，朕覆加披閲，内載「皇子至下馬牌降輿馬」字樣，皇子從無坐轎之事，況謁陵乎，此又係率意混寫。即「降」字亦非皇子所應用，則例内應將「降輿」字面删去，改爲至下馬牌處下馬，以昭國家大體。又註内琉璃門訛寫琉璃門，該部堂司官於遵旨改换書頁，字數無多，竟不細心校勘，不知每日所看何書，所辦何事，太覺疏忽，不以公事爲重矣。禮部堂官著傳旨申飭，並交部察議承辦司員，著交部議處。」

《清仁宗實録》卷一九九 〔嘉慶十三年七月下庚辰〕朕明年恭謁西陵，即當親臨吉地閲視，此後每年二阿哥、三阿哥派往致祭，亦可輪流敬謹查看，伊等不

可不慎重辦理。總期地宫内外，一律十分完整，勿再草率干咎，至工程既分緩急三等，則當日原辦各員做不如法，此次亦當分三等治罪。所有承修地宫内外及穿堂以内各工者，著列爲一等罪。承修方城、二柱門、琉璃花門、配殿、宫門、朝房、神廚庫各工者，著列爲二等罪。承修明樓、大殿、碑亭不如式者，著列爲三等罪。即交長麟等詳查檔案，將承修總辦各員，分析查明。並將某處係何員承修，何員總辦，一一註明單内，奏聞請旨。内除盛住、雙福、鶴齡三人業經分别辦理，無庸再行列入外，其餘務當確查明晰，不可稍有疏漏，即如成文、李如枚、延福三人，本係各工總理，若此時查出各工又有伊等專辦者，仍當據實奏明，不得以伊等業已問罪監禁，欲思代爲開脱，致有不實不盡。

《清仁宗實録》卷二四二〔嘉慶十六年四月己酉〕諭内閣：「觀明等參奏《承修福陵隆恩殿工程各員》一摺，據稱前月十二日晝夜透雨，隆恩殿東間二樑以下方椽墜落，琉璃甎望瓦片一併脱落，將東邊陳設配椅一張，稍有碰損等語。陵寢殿宇，供奉神牌寶座，工程關繫重大，承修官員宜何等小心，乃於購買木料時未能敬謹採擇，輒以市賣杉松充用，致逾時帘椽糟朽，一經透雨，間有脱墜，竟將殿内所設豫備安奉神牌之龍椅，稍有碰損，辦理玩忽已極。幸而脱墜之處係在東間，止於損及龍椅，否則該員等試思當得何罪耶。所有原辦此項工程之副關防達桑阿、郎中奇明額、退任筆帖式德精額，俱著交部嚴加議處，觀明、博慶額未能先事覺察，亦著交部議處。現據該將軍等詳勘中間正殿琉璃甎望，微有離縫，方椽帘椽，亦露糟朽形狀，自應一併急修。其所請將神牌寶座，先行恭移東配殿安奉之處，著欽天監迅速擇吉，行知遵照奉移。現在應修各工，即著穆騰額勘估敬謹辦理，所有動用錢糧，俱著落達桑阿等照數分賠，以示懲儆。」

《清仁宗實録》卷八〔嘉慶二十五年十一月上〕乙丑，上奉皇太后居壽康宫。皇太后乘禮輿至啓祥門内，上跪迎，步隨至壽康宫。更朝服，至慈寧門外，率王大臣官員行禮。諭内閣：「向來親王郡王，派往恭祭東陵、西陵，俱在隆恩門外月臺上行禮。嘉慶二十一年，曾欽奉皇考仁宗睿皇帝諭旨，以儀親王、成親王、慶郡王，支屬切近，令於恭謁裕陵時，在隆恩殿後琉璃門外行禮，以示恩意。嗣後惇親王綿愷、瑞親王綿忻、惠郡王綿愉恭謁昌陵，均著導引官引至隆恩殿後琉璃門外，内廷皇子行禮之處行禮。其致祭裕陵以上，仍各按親郡王班次，於隆恩門外行禮。」

《清宣宗實録》卷二七〔道光元年十二月壬辰〕理藩院奏：本年朝覲蒙古王公等，可否仍照上届賞給，得旨：「外來蒙古王公，暨呼圖克圖喇嘛等，本年中正殿西場子紫光閣兩次應行賞給瓷器、玻璃器皿、貂皮、氆氌等項，著仍照舊例賞給。索特納木多布齋等，均受厚恩，況在京年久，與朝覲蒙古王公不同，此次著毋庸賞給。」

《清宣宗實録》卷三四〔道光二年四月辛酉〕諭軍機大臣等：「長齡等奏《官兵進勦番賊連獲勝仗》一摺。各路將弁帶兵進勦野番，連獲勝仗，殲擒番賊多名，奪獲牛羊、馬匹、器械甚多。該督等督兵自東北趕至青海西南，齊慎等帶兵緊顧西北，向前進勦，該野番等抛棄鍋帳，分投逃竄，勢已窮蹙，調度甚屬妥協，朕心深爲欣慰。著賞給長齡壽字松石翎管一個，四喜白玉搬指一個，黄辮大荷包一對，小荷包四個，以示嘉奬。發去洋瓷翎管十個，鯊魚皮小刀五把、玉柄回子小刀五把，著長齡等分賞出力官弁。其各路已獲牛羊及嗣後續獲牲畜，除犒賞出力官兵外，無庸抵支軍糧，即傳示各蒙古王公扎薩克臺吉等，查明報搶原案，將存剩牛羊均匀給領，俾資生計。各路傷亡弁兵，即著查明咨部，照例議卹。長齡等務督飭各路官兵，趕緊勦捕，剋期蕆事，方爲完善。將此由四百里諭令知之。」

《清宣宗實録》卷三八〔道光二年七月〕丙戌，諭内閣：「綿課等奏《恭建萬年吉地工程》一摺，本日特召戴均元、英和同軍機大臣入見，面諭我朝自開創以來，敦尚淳樸，列祖列宗，黜華崇實，貽謀宏遠，奕禩昭垂。朕紹登大寶，恪遵成憲，特派大學士戴均元等，於東陵界内選擇寶華峪爲萬年吉地，復派綿課、戴均元、英和等，敬謹辦理。節經諭令一切工程，務從樸實，並諭以寶城内月臺碑亭等工程，酌量裁減，地宫内之起脊琉璃黄甎頭停。金券内之經文、佛像及二柱門，俱行裁撤。其石像生一項量爲收小，井上石欄無庸起建亭座。兹據綿課等奏稱，應裁減者俱行裁減，大殿舉架落矮之處，俟採辦木料時，再行覈減。寶城頭停方城紅牆臺基各尺寸，均經酌定，俱著照所議辦理。國家定制，登極後選建萬年吉地，總以地臻全美爲重，不在宫殿壯麗，以侈觀瞻，朕於嘉慶二十三年，隨侍皇考仁宗睿皇帝巡幸盛京，恭謁祖陵，瞻仰橋山規制，實可爲萬世法守。朕敬紹先型，謹遵前制，固不敢稍涉奢靡，失朕初心，亦不敢過從簡陋，有所難言。但恐將來踵事增華，有加無已，是以節經降旨，概從撙節，俾世世子孫，仰體此意，有減無增，永守淳樸家風，從此累次遞減，相傳勿替，實爲我皇清萬世無疆之福也。所有地宫應用錢糧數目，著工部先行估計，交承修各員覈實辦理。此旨著另録一通，交上書房存記。」

《清宣宗實録》卷四九　〔道光三年二月辛酉〕諭軍機大臣等：「上年據文幹等奏，廓爾喀王爲其祖母懇求施恩，當經降旨，朕自必酌加恩賚，俟該國噶箕等來京後，回國交令帶回。今該國貢使噶箕等，於本月初六日，自京起程回國。朕賞該國王祖母玉如意一柄，大卷八絲緞四疋，錦二疋，洋金緞二疋，糙緞二疋，閃緞二疋，玻璃器二件，瓷器二件，大荷包二對，小荷包四個，即交該貢使噶箕等齎回本國，交該國王祇領。文幹等仍於該貢使抵藏時，傳諭該廓爾喀王知悉可也，將此諭令知之。」

《清宣宗實録》卷五八　〔道光三年九月丁卯〕諭内閣：「刑部奏《裕陵琉璃門被竊銅帽釘審明定擬》一摺，此案陳黑子等輒敢於陵寢重地，肆行偷竊，實屬膽大藐法。陳黑子、杜常貴二犯，俱著斬立決。吴牛子一犯，聽糾同竊，在外看人，並未隨同進内，情稍可原，著改爲斬監候。」又諭：「綿岫等於裕陵琉璃門被竊銅帽釘，失於查察，非尋常疏忽可比，綿岫、永康著照宗人府所議，各降三級，折罰世職俸九半年，毋庸查級議抵。嵩年係馬蘭鎮總兵，兼總管内務府大臣，疏於防範，其咎尤重，本應革職。姑念其查拏案内人犯，尚屬迅速，無一漏網，著降爲主事，在萬年吉地工程上效力。前暫行革職之翼長阿爾京阿，著賞給該處領催。」

《清宣宗實録》卷八九　〔道光五年九月下癸卯〕又諭：「晉昌等奏《敬謹會勘永陵啓運殿應修工程》一摺。永陵啓運殿工程，因伏雨連綿，頭停滲漏，椽望間有糟朽，琉璃望甎亦有酥鹻，係必應修整之工。著派常文會同晉昌、齊布森，敬謹興修。所有恭移神牌在東西配殿安奉日期，著欽天監敬謹擇吉，於本年十月内恭移。其動土興工日期，明年正座工程，應否修造，或擇於本年動土之處，并著欽天監奏明行知。所有合龍及恭請神牌安奉啓運殿日期，著擇於明年八月内，亦由欽天監行知，敬謹遵辦。晉昌等即會同估計，開寫丈尺清單，咨送工部，擬定做法，移知到日，造册咨部覈估。除琉璃料件在盛京工部燒造運工應用外，所需錢糧由盛京户部動用。其應需黄松木植，即於現辦木植山廠内派員揀選，仍飭知城守尉通判趕緊截做承運，並飭令就近旗民地方官幫運，本年冬間由陸路運至工次應用。其運脚銀兩，由盛京户部豫發給銀二千兩，俟木植運竣，覈實報銷。其石料灰斤壯夫等項，著遵照歷次成案辦理，該部知道。」

《清宣宗實録》卷一七一　〔道光十年正月〕壬寅，諭内閣：「貴慶等奏：『恭查孝東陵隆恩殿並琉璃花門等處工程，應行分別添換，惟隆恩殿山牆後檐牆，必需拆驗。』著承修大臣敬謹拆見，如有應行添換之處，即交貴慶等再行詳細查勘。」

《清宣宗實録》卷二五七　〔道光十四年九月癸未〕諭内閣：「前據寶興等奏，敬謹詳查永陵、福陵應修各工，請分年修理，以合吉方，當經降旨派奕經帶同派出之司員萬貢珍，前往敬謹相度，並會同寶興等先行勘估具奏。兹據奕經等奏，將敬查水道情形，並勘估各工，分别應修應緩，開單呈覽。永陵柳林内草倉河，因本年山水陡發，河身淤塞，長八十丈，自應挑挖深通，速歸故道。又下馬牌南明堂圓孱下衝出水溝一道，長一百八十丈，現在水已全涸，亦不甚寬深，亦應一體墊平。惟挑挖墊平各河身均在南方，本年方向不宜，礙難辦理。現經奕經等遵照欽天監所擇九月初八日吉期，由盛京工部派員，先將新衝河道，由柳林西與舊河身相近之處，攔歸故道。其新衝河口並斜流向丁方之處，均用荆囤石子設法堵塞，暫行變通辦理。著欽天監於明歲春間選擇吉期，一面挑挖，一面墊平，務於春水漲發以前，迅速蕆事，以復舊規。其挑挖舊河身之土，即就近爲填補新衝溝坎之用，毋庸另行取土。又曹家屯前一帶泊岸御路經過之處，衝刷一段，計長七十丈，著於曹家屯後改修。所有被衝泊岸及改修御路，均在虎沙之外，去陵較遠，並無妨礙，其泊岸工程，著即暫緩一二年，俟明歲夏秋盛漲之後，察看情形，再行奏明辦理。至陵西泊岸間段衝刷，共一百六十丈，情形較輕，著工部於歲修時加意鑲護。

永陵

啓運門正脊，向南歪閃，頭停滲漏，西配殿檐頭周圍滲漏，均應趕緊修理。惟西配殿明歲方向不宜，現已於九月初八日，先將琉璃瓦揭動數處，以應吉期，著於明歲一律辦理。

福陵

隆恩殿三間，頭停滲漏，西間後坡爪柱，亦有沉墜情形，著即照估興修。至永陵方城西北角城身，並福陵二柱門西邊石望柱及欄杆石花版石海墁等工，情形尚輕，均著緩修。所有應修工程，除永陵西配殿外，餘均於本年方向不宜，且趕辦不及，著欽天監於明歲春間敬謹選擇吉期，次第修理。至福陵隆恩殿開工以前，著一併敬擇吉期，恭移神牌在東配殿安奉，以昭敬謹。所有各項工程，著工部覈算錢糧後，奏請欽派大臣前往，敬謹承修。其所需琉璃甎瓦等項，該將軍等即查照成案，飭令各該處，務於今冬趕運工次。所需木植、砍工、運脚等項銀兩，即在盛京户部動用，工竣覈實報銷。

《清文宗實録》卷三〇一〔咸豐九年十一月〕辛卯，諭内閣：「載華等奏《陵寢工程緊要請由永濟庫發給錢糧》一摺，孝陵東西琉璃花門，工程緊要，著准其援照成案，即由永濟庫存款内，照工部奏准工料銀數，按銀錢各半發給。内仍搭用銀票，並大錢二成，以期迅速而重要工。」

《清文宗實録》卷三〇二〔咸豐九年十二月上壬寅〕又諭：「據毓泰等奏，查勘熱河園庭，各處殿座樓閣，均有滲漏傾圮情形，惟文津閣六間，存收書籍，情形較重，請旨辦理一摺。著常清會同該總管等，詳細查看，所藏書卷有無損傷短少，勤加抖晾。其琉璃頭停瓦片脱節及椽望糟朽之處，著設法保護，變通修理，毋稍拘泥。將此諭知常清，並傳諭毓泰、承啟知之。」

《清文宗實録》卷三四四〔咸豐十一年二月下壬午〕又諭：「禮部奏朝鮮國王遣使臣瞻覲，可否帶赴行在等語。朝鮮國王因朕駐蹕熱河，遣使臣奉表詣行在，恭伸起居，具見悃忱，深堪嘉尚。惟朕近日身體違和，若該使臣遠來行在，未獲展覲，轉無以慰其瞻戀之誠。該國使臣到京後，著毋庸前赴行在，禮部仍照例筵宴，並賞給該國王玉如意一柄，藍蟒緞二疋，妝緞二疋，大卷八絲緞二疋，小卷五絲緞二件，瓷器四件，漆器四件。賞給該使臣大緞各一疋，瓷器各二件，漆器各二件，大荷包各二對，小荷包各三對。由禮部交該使臣祇領，以示朕優禮藩封至意。」

《清文宗實録》卷三五三〔咸豐十一年五月下〕癸丑，諭軍機大臣等：「勝保奏：擊退回撲冠縣賊匪，並籌顧臨清、清豐東西兩路情形，請添撥馬隊一摺。冠縣敗匪，復糾堂邑、朝城、莘觀城南路各股，攻撲城關，經勝保派兵分路迎勦，疊獲勝仗，斃賊極多，賊衆奔潰。勝保此次出師，屢獲勝仗，連克城池，辦理尚爲妥速。斷不准徒恃虚聲，漸致驕滿。惟河東捻匪張樂行糾衆在濮范一帶，搶渡河西，圍撲清豐，並有另股由清平縣境之戴家灣官窑等處，撲過運河，是東西兩路賊勢，意在牽掣大軍。該大臣由中路進兵，仍須相機進勦，不可鋭意深入，致有疏失。朝陽雖已肅清，所存馬隊皆非精鋭，調赴軍營，亦恐無益，所請著毋庸議。更換補額之西安馬隊四百名，已據托明阿等，奏報啟程，著勝保派員迎提到營，以資攻勦。至河北會匪情形已鬆，此項馬隊經過懷慶時，著聯捷即飭趕緊前赴勝保大營，不得任意截留，致令兵力不敷。現在捻匪圍撲清豐，勝保已派侍衛祥恩帶隊前往。」

《清穆宗實録》卷三五二〔同治十二年五月〕壬寅，諭内閣：「榮毓等奏《查明緊要工程請派大臣查勘》一摺，泰陵更衣殿、昌西陵琉璃花門内地面、端順固倫公主園寢亨堂等處，均有滲漏酥朽情形，著派宜振前往，將應修各工敬謹查勘具奏。另片奏東口子門内石橋中間石塊沉陷，河身淤塞，著宜振一併敬謹查勘奏明辦理。」

《清德宗實録》卷二九二〔光緒十六年十二月〕辛酉，諭内閣：「朕欽奉慈禧端佑康頤昭豫莊誠壽恭欽獻皇太后懿旨，御前大臣軍機大臣翁同龢、孫家鼐會同禮部奏，遵議醇賢親王廟制及葬祭各事宜，分别條款，請旨遵行一摺。醇賢親王廟，著於新賜邸第建立，其現居邸第，並著另建醇賢親王祠。所擬廟制，著依議行。所有廟中殿宇及正門瓦色，中用黄色琉璃，殿脊四圍及正門四圍，均用緑色琉璃。其祀典應照天子之禮，所有禮節、樂舞、祭品、祭器，由各該衙門詳晰具奏請旨。立廟後，每歲時饗，著於四仲月朔舉行，由承襲王承祭，皇帝是否親行，先期由太常寺請旨。遇醇賢親王忌辰誕辰，皇帝均親詣行禮。葬禮著照親王例辦理，皇帝親製碑文，其碑亭瓦色，著用黄色琉璃。皇帝期年除服，親詣行禮，照大祭禮讀文致祭。至奉安前期，皇帝親詣園寓行禮，照大祭禮讀文致祭。奉安日親詣恭送，看視奉安，次日仍詣園寢行禮。歲時致祭園寢，由該承襲王行禮。所請班諱一節，嗣後凡遇『譞』字，著一律避寫。」

《清德宗實録》卷三一四〔光緒十八年七月〕丁亥，諭内閣：「熙敬等奏醇賢親王園寢，添建神廚庫省牲亭等項房間，是否用緑色琉璃，抑或用布瓦，緑色琉璃減邊一摺。朕欽奉慈禧端佑康頤昭豫莊誠壽恭欽獻——皇太后懿旨，著用布瓦緑，色琉璃減邊。」

《清德宗實録》卷三二四〔光緒十九年五月〕乙酉，諭内閣：「總理海軍事務衙門奏，《琉璃料件逾限尚未解齊請旨飭催》一摺，現在各處工程，應用琉璃瓦料，該窑欠解數目甚多，著工部嚴催該監督飭傳該商，將欠解料件，務於六月内一律解齊，以重要工。儻再藉詞延宕，即著該衙門據實奏參。」

《清德宗實録》卷三四三〔光緒二十年六月甲子〕諭軍機大臣等：「御史烏爾慶額奏，工部琉璃窑有已革虞衡司書吏余翼朝父子盤踞逗遛，蒙捐把持等語，著工部堂官按照原奏各節，查明具奏。」

《清德宗實録》卷三四三〔光緒二十年六月下戊辰〕諭内閣：「前因御史烏爾慶額奏，工部琉璃窑已革書吏余翼朝父子盤踞蒙捐等情，當諭令工部堂官確查。茲據奏稱傳訊該窑商人及書吏等大概情形，請飭拏余翼朝到案質訊等語。著步軍統領衙門，順天府五城御史將該革吏余翼朝一體嚴拏務獲，交部審辦。」

《清德宗實録》卷三八七〔光緒二十二年三月丁巳〕盛京工部侍郎鳳秀奏：琉璃官窑，被倭拆毁，請飭盛京户部速發工料匠夫銀兩，以備興修，免誤要工。允之。

《清德宗實録》卷四四五〔光緒二十五年五月下〕甲戌，諭内閣：「禮部具題萬壽聖節禮儀一本，所有本年六月萬壽，著在勤政殿行禮，停止筵燕。如遇雨，在德昌門門罩下行禮。」現月諭軍機大臣等：「啟秀等奏請飭催解運琉璃料件一摺，端門等處要工，需用琉璃料件，屢經該大臣等咨催運工，尚不足十成之一，殊屬延緩，即著工部嚴飭琉璃窑監督，迅將欠解料件趕緊勒限運工，毋得遲誤。嗣後辦理一切要工，於應用琉璃料件如有延玩誤工之處，併著該部堂官，一體查明參處。」現月又諭：「有人奏津民控告詹思盛等冒稱租界一案，津海關道李岷琛、天津道方恭釗任意延宕，請飭嚴密查辦等語。所奏是否屬實，著裕禄確切查明辦理，原片著鈔給閲看，將此諭令知之。」

《清德宗實録》卷四五四〔光緒二十五年十一月上壬子〕又諭：「奉宸苑奏催琉璃料件一摺，著工部迅速督飭琉璃窑監督，將欠運琉璃料件趕緊燒造運工，以資應用，並著户部迅速指撥款項，毋稍延誤。」現月直隸總督裕禄奏永平、宣化兩屬徵收屯糧，請嚴裁浮費，加增糶價。得旨：「著照所請，仍隨時認真查察，毋任再滋弊端。」

周家楣等《〔光緒〕順天府志》卷五〇《器用之屬・琉璃》《大清一統志》：凡陶甓之制，設立琉璃廠於正陽門之西，以陶琉璃器具，質用澄泥色，有青、黄、翡翠、紫、黑、緑，甎甓異名，各按摸式，吻有大小垂脊之飾，各有等差，以供大臣之用。《日下舊聞考》：琉璃窑，前明以内官司事，乃秕政之尤者。本朝定制琉璃亮瓦二廠，皆隸於工部，差滿漢官二人，筆帖式二人，三年更代。《倚晴閣雜鈔》：《漢書・西域傳》「罽賓國有琥珀流離」，顔師古注：「此蓋自然之物。」考《北史》魏太武時月氏人商販京師，自云能鑄有石五色琉璃，於是采石礦中鑄之，光澤美於西來者，則是西域琉璃亦用石鑄，非自然生成者矣。今京師廠中所煉，大約本月氏人遺法也。

光緒《清會典》卷五八《工部》 皇城其門七，環於皇城之南者，其門三。皇城之制，廣袤三千六百五十六丈五尺，高一丈八尺，下廣六尺五寸，上廣五尺三寸，甃以甎，塗朱，覆黄琉璃瓦。周六門，南曰天安，東曰東安，西曰西安，北曰地安。天安門之内，重以端門，端門之内，東曰闕左門，西曰闕右門。天安門之外環以城，制與皇城同，正中曰大清門，東曰長安左門，西曰長安右門。天安門五闕，上覆重樓九間，彤扉三十六，環以金水河，跨石梁五，門内東西廡各三十六間。端門制與天安門同，門内東西廡各五十間。【略】

皇居，外朝曰太和殿，曰中和殿，曰保和殿。午門内正中爲太和門，九楹三門，崇基石闌，前後陛各三出，左右陛各一出，環以金水河，跨石梁五，左曰昭德門，右曰貞度門，門各三間。内爲太和殿，基高二丈，殿高十一丈，廣十一楹，縱五楹，前後金扉四十，金瑣窗十六。殿前爲丹陛，環以石闌，陛五出各三成。丹墀下甬道左右爲文武官朝賀行禮位，範銅爲山形，東西各二行，行十有八。殿左右各一門，左曰中左門，右曰中右門，皆南向。太和殿後爲中和殿，縱廣各三間，方檐圓頂，金扉瑣窗各二十四，南北陛各三出，東西陛各一出。其後爲保和殿，九楹，前陛各三出，與太和殿丹陛相屬。中和殿左右陛各三成，東西出。保和殿後陛三出，各三成，北向，殿左右各一門，左曰後左門，右曰後右門，皆南向，前後出陛。凡宫殿門廡，皆崇基，上覆黄琉璃瓦，門設金釘，闌柱窗扉丹壁青瑣，咸雕鏤繪采。【略】

社稷。社稷壇在端門外之右，制方，北嚮，二成，高四尺。上成方五丈，二成方五丈三尺，皆四出陛，上成以五色土辨方分築，内壝方七十六丈四尺，高四尺，厚二尺，甃以四色琉璃甎，各隨方色，覆瓦亦如之。門四，内壝西北瘞坎一。壇北爲拜殿，戟門各五間，戟門列戟七十二，皆上覆黄琉璃瓦，前後各三出陛，内壝西南。神庫、神廚各五間，壇垣周二百六十八丈四尺，内外丹雘，覆以黄琉璃瓦。北三門，東西南各一門，壇北門外東北隅正門一，左右門各一，南門外街門五間，左門三間，皆東向。

設壇於四郊，都城之巳爲天壇。天壇在正陽門外東南，中爲圜丘，形圓象天。南向三成，上成徑九丈，高五尺七寸，二成徑十五丈，高五尺二寸，三成徑二十一丈，高五尺。周圍甃石各九重，上成自一九遞加至九九，二成自九十遞加至百六十二，三成自百七十一遞加至二百四十三。每成四出陛，上成石闌七十二，二成百有八，三成百八十。内壝形圓，周百有六丈四尺，高五尺九寸。壝門四壝外東南丙地燔柴鑪一，瘞坎一，燎鑪六，西南燈杆三。外壝形方，周二百十丈一尺，高八尺六寸。門制與内壝同，燎鑪四，分設於壝東西門之左右。壝北門後爲皇穹宇，南向，環轉八柱，圓檐，上安金頂，基高九尺，徑五丈九尺九寸。東西南三出陛，左右廡各五間，一出陛，殿廡門座均覆青琉璃瓦。圍垣形圓，周五十六丈六尺八寸，高一丈八寸，南設三門，崇基石闌，前後三出陛。外壝東門外東北隅神庫、神廚各五間，祭器庫、樂器庫、椶薦庫各三間。壝外内垣門四，東曰泰元，南曰昭亨，西曰廣利，北曰成貞，皆覆緑琉璃瓦。成貞門北爲祈年殿，設圜壇三成，南向，上成徑二十一丈五尺，二成徑二十四丈四尺，三成徑二十八丈三尺，面甃金甎，圍以石。石闌四百二十，南北三出陛，東西一出陛。壇上建祈年殿，制圓，上安金頂，左右廡各九間，均覆青琉璃瓦。前爲祈年門，崇基石闌，前後三出陛。門外東南燔柴鑪一，瘞坎一，燎鑪五，内壝周百九十丈七尺二寸，門四。北門後爲皇乾殿，五間，上覆青琉璃瓦，南向，正面三出陛，東西一出陛，石闌五十九。南設三門，西角門一，內壝東門外長廊七十二間，壝外圍垣東西北三面各有門。西門內稍南爲齋宫，東向，前殿五間，崇基石闌，三出陛，正殿五間，一出陛，均覆緑琉璃瓦。內宫牆方百二十三丈九尺九寸，中三門，左右各一門，東北隅鐘樓一。外宫牆周百九十八丈二尺，環以迴廊百六十三間。廣利門外西北爲神樂所，東向，中爲凝禧殿，後爲顯佑殿，凡奉祀協律各廨舍，分列廊廡中西爲犧牲所，中祀犧牲之神，後爲官署，外垣內西南鐘樓一。圜丘祈年殿各圍垣二重，內垣高丈一尺，址厚九尺，頂厚七尺，周千二百八十六丈一尺五寸。外垣高丈一尺五寸，址厚八尺，頂厚六尺，周千九百八十七丈五尺。西向門二，南北並列，南入圜丘，北入祈年殿，皆三門，角門一。

丑爲地壇。地壇在安定門外，中爲方澤，形方象地，方折四十九丈四尺四寸，深八尺六寸，闊六尺。深中儲水，北向二成，上成方六丈，下成方十丈六尺，均高六尺。上成正中六六，外八方均以八八，積成縱横各二十四路。二成倍上，成八方八八之數，半徑各八路，皆甃以青白石。每成四出陛，二成南左右，設五嶽、五鎮、五陵山石座，鑿山形。北左右設四海、四瀆石座，鑿水形，皆東西向，水形座下鑿池儲水以祭。內壝方二十七丈二尺，高六尺，厚二尺。壝北三門，東西南各一門，壝北門外東北燈杆一，西北瘞坎一，燎鑪五。外壝方四十二丈，高八尺，厚二尺四寸，門制與內壝同，門內從壇瘞坎二。壝南門後皇祇室五間，北向，覆黄琉璃瓦。圍垣正方，周四十四丈八尺，高一丈一尺，外壝西門外神庫神廚祭器庫樂器庫各五間，均覆緑琉璃瓦。西北爲齋宫，東向，正殿七間，崇基石闌，五出陛，左右配殿各七間。內宫門三間，左右門各一，均覆緑琉璃瓦。外宫牆周百有十丈二尺，門三，東向，門東北鐘樓一，西南爲祠祭署。壇內垣周五百四十九丈四尺，西北各三門，東南各一門，外垣周七百六十五丈，西向三門，角門一。

卯爲日壇。日壇在朝陽門外，制方，西向一成，方五丈，高五尺九寸，面甃金甎，四出陛。圓壝周七十六丈五尺，高八尺一寸，厚二尺三寸。壝正西三門，東南北各一門。壝西門外燎鑪一，瘞坎一，西北鐘樓一。壝北門外，東爲神庫、神廚各三間，北爲祭器庫、樂器庫、椶薦庫各三間，鐘樓一。西北爲具服殿，正殿三間，南向，左右配殿各三間，衛以宫牆，宫門三。壇垣周二百九十丈五尺，西北各一門，皆三間，北門西角門一，均覆緑琉璃瓦。

西爲月壇。月壇在阜成門外，制方，東向一成，方四丈，高四尺六寸，面甃金甎，四出陛。方壝周九十四丈七尺，高八尺，厚二尺二寸，壝正東三門，西南北各一門。壝東門北門外燎鑪各一，瘞坎一，東北鐘樓一。壝南門外西爲神庫、神廚各三間，南爲祭器庫、樂器庫各三間，東北爲具服殿，正殿三間，南向，左右配殿各三間，衛以宫牆。宫門三，壇內垣周二百三十五丈九尺五寸，東北各一門，北門東角門一，外垣周三百三十二丈九尺七寸，東南柵門各三，均覆緑琉璃瓦。【略】

先蠶壇則設於西苑。先蠶壇在西苑之東北隅，制方，南向一成，徑四丈，高四尺，四出陛，西北瘞坎一。東南先蠶神殿三間，西向，朱扉，覆緑琉璃瓦，崇基三出陛。北爲神庫，南爲神廚，各三間。東爲觀桑臺，方廣三丈二尺，高四尺，面甃金甎，圍以白石，東西南三出陛。前爲桑園，後具服殿五間，南向三出陛，東西配殿各三間。後殿五間，東西配殿如前。四周迴廊二十間，均覆緑琉璃瓦，衛以宫牆，北抵外垣。垣東西各一門，浴蠶河在宫牆東，自外圍北垣流入，由南垣出，垣下各設水關啟閉。蠶署三間，蠶室二十七間，均西向。壇垣周百六十丈，西南隅正門三，左右門各一。西北隅角門一，圍垣南陪祀室二重，皆西向。

凡廟祠在都城者，中祀羣祀備焉。歷代帝王廟在阜成門內，南向，廟門三間，左右門各一。內景德門五間，崇基石闌，前後三出陛。正中景德崇聖殿九間，崇基石闌，南三出陛，東西一出陛，兩廡各七間，燎鑪各一。殿東西御碑亭四，殿後祭器庫五間，均南向。景德門外神庫、神廚各三間，其西爲承祭官致齋所，東南鐘樓一，圍垣周百八十六丈三尺八寸，正殿覆黄琉璃瓦，門廡庫廚中覆黑琉璃，封檐列脊用緑琉璃瓦。御碑亭覆黄琉璃瓦，各祠廟皆同。先師廟在安定門內太學之左，南向，街門三間，西爲持敬門三間，西向。大成門五間，崇基石闌，中三門，前後三出陛，門內左右列戟二十四，內外石鼓各十，石鼓音訓碣一，左右各一門，內東西列舍十三間，北向。大成殿七間，崇基石闌，三出陛，兩廡各十九間，殿東西列舍各十三間，西廡南燎爐一，西北瘞坎一，甬道左右門外御碑亭十三。大成門外神庫、神廚各五間，承祭官致齋所三間，每科進士題名碑分列左右，外衛重垣，正殿正門皆覆黄琉璃瓦，餘屋均甎瓦，以緑琉璃封檐。後爲崇聖祠，正殿五間，東西廡各三間，燎爐一，廟門三間，圍垣一重，門一，正殿正門均覆緑琉璃瓦，餘均甎瓦。關帝廟在地安門外，南向，廟門三間，左右門各一，正門三間，前殿三間。殿外御碑亭二，東西廡各三間，東廡南燎爐一，廡北齋室各三間，後殿五間，東西廡及燎爐與前殿同。東爲祭器庫，西爲治牲所，各三間，正殿覆黄琉璃瓦，餘均甎瓦。文昌廟在地安門外，南向，大門三間，左右門各三間，正殿三間，東西配殿各三間，魁光閣三間。御碑亭一，鐘鼓樓各一，後殿五間，迴廊二十三間，東西山房各三間，殿外燎爐二。其東爲具服殿三間，配殿六間，殿宇皆覆黄琉璃瓦，餘均甎瓦。顯佑宫在地安門外，南向，廟門三間，重門三間，正殿五間，崇基石闌，三出陛，兩廡各五間，殿東南燎爐一，後殿五間，廟門內東西鐘鼓樓各一，正殿門樓均覆黑琉璃瓦，餘均甎瓦。火神廟在地安門外，廟門三間，東向，左右門各一，內爲牌坊門，正殿三間，南向，西配殿三間，南殿三間，東西廡各三間，燎爐一，正殿後閣五間，東西配殿各三間，閣後羣樓十五間，廟門內鐘鼓樓各一，門樓覆緑琉璃瓦，殿覆黑琉璃瓦。宣仁廟、凝和廟在東安門內，昭顯廟在西安門內，時應宫在西苑，均南向，大門六間，正殿三間，後殿五間，鐘鼓樓各一，兩廡正房六間，耳房二間，羣房十八間，正殿廟門均覆黄琉璃瓦，餘均甎瓦。都城隍廟在宣武門內，南向，廟門三間，內爲順德門，闡威門，皆三間，左右門各一，前殿五間，東西兩廡各三間，迴廊各二十二間，東西御碑亭二，燎爐二，後殿五間。闡威門外東爲治牲所，西爲遺官房，各三間，門內鐘鼓樓各一，正殿中覆甎瓦，以黑琉璃封檐，餘均甎瓦。東嶽廟在朝陽門外，南向，廟門三間，牌坊門五間，瞻岱門五間。門外御碑亭東西各一，燎爐東西各一，正殿七間，兩廡各三間，迴廊各三十六間。後殿五間，兩廡各三間，迴廊各七間，三面環樓三十三間，廟門內鐘鼓樓各一，殿宇門廡均覆甎瓦，以緑琉璃封檐，鐘鼓樓覆黑琉璃瓦。先醫廟在太醫院署左，廟門三間，咸濟門三間，更衣室左右各三間。景惠殿三間，南向，左右步廊六間，東西廡各五間，廟門内燎爐一，正殿門廡皆覆甎瓦。昭忠祠在崇文門内，南向，正門五間，左右門各一，二門三間。左右御碑亭各一，正室七間，左右廊各十四間。其東燎爐一，其後正屋五間，左右屋各三間，羣房十六間，東西燎爐一。其東爲祭器庫，宰牲房、治牲所、遣官房各三間。門及正屋均覆緑琉璃瓦，餘均甎瓦。賢良祠在地安門外，南向，大門二門各三間，左右門各一，正殿三間，東西廡各三間，東廡南燎爐一，後屋五間，兩廡及燎爐如前，左右門各一。東爲治牲所，西爲宰牲房，門外左右御碑亭各一。正殿正門皆覆緑琉璃瓦，餘均甎瓦。雙忠祠在崇文門内，南向，大門三間，左右門各一。正中御碑亭一，左右祭器庫、遣官房各五間，二門三間，正屋三間，東南燎爐一，正屋正門均覆緑琉璃瓦，餘均甎瓦。凡門楹之制，俱飾以丹雘，梁棟五采，功臣專祠，武壯王祠在廣寧門外，恪僖公祠、宏毅公祠均在安定門外。勤襄公祠在朝陽門外，文襄公祠在德勝門外，恪僖公祠在東安門内。俱正屋三間，兩廡各三間，大門三間，均覆緑琉璃瓦，門楹朱飾，繚以朱垣。旌勇祠在地安門外，南向，大門三間，左右門各一。正中御碑亭一，東遣官房五間，西庫房三間，二門三間，界以朱垣，正屋三間，東西廡各三間，燎鑪一，正屋正門均覆黑琉璃瓦，繚以甎垣。睿忠親王祠在朝陽門外，南向，圍以朱垣，大門三間，正中御碑亭一，正屋五間，東西廡各三間，後垣門一，正屋正門均覆緑琉璃瓦。獎忠祠在東安門内，南向，大門三間，正中御碑亭一，正屋三間，東西廡各三間，燎鑪一，均覆黑琉璃瓦。褒忠祠在地安門外，南向，大門三間，正屋五間，東西廡各三間，燎鑪一，覆以黑琉璃瓦。兩翼忠孝祠、節孝祠均在東安門南，各大門三間，内立石牌一，二門三間，正屋三間，兩廡各三間，後屋五間，兩廡各三間，覆以甎瓦。顯忠祠在東安門北，南向，大門三間，祠堂三間，東西配房各三間，六方重檐碑亭一，琉璃門一，燎鑪一。醇賢親王祠在宣武門内，南向，宮門五間，二宮門五間，大殿五間，東西配殿各三間，後殿五間，六方重檐碑亭一，燎鑪一，頭宮門大殿六方重檐碑亭，均覆以黄琉璃瓦，餘覆以緑琉璃瓦。

惟龍神各祠於其所，黑龍潭、龍神祠，在京城西北三十里黑龍潭山頂，東向，正殿三間，崇臺朱闌，殿左燎鑪一，前爲廟門，門外御碑亭二。又前爲牌坊，東北爲龍潭，潭西殿三間，繞潭迴廊三十五間，南祝版房三間，外治牲所齋室各三間。又外爲大門，正殿廟門牌坊，均覆黄琉璃瓦，餘均甎瓦。神廚、治牲所皆在廟外之右，玉泉山、龍神祠在玉泉山之麓，正殿三間，東向覆緑琉璃瓦。殿外燎鑪一，昆明湖、龍神祠在昆明湖之南，正殿三間，覆黄琉璃瓦，殿外燎鑪一。【略】

凡府第，各頒其制。親王府制，正門五間，啟門三，繚以崇垣，基高三尺。正殿七間，基高四尺五寸。翼樓各九間，前墀環護石闌，臺基高七尺二寸。後殿五間，基高二尺，後寢七間，基高二尺五寸。後樓七間，基高尺有八寸，共屋五重。正殿設座，基高一尺五寸，廣十一尺，後列屏三，高八尺，繪金雲龍。凡正門殿寢，均覆緑琉璃瓦，脊安吻獸，門柱丹雘，飾以五彩金雲龍文，禁雕刻龍首，壓脊七種，門釘縱九横七。樓屋旁廡均用甎瓦，其府庫倉廩廚廄及典司執事之屋，分別左右，皆板瓦。黑油門柱，親王世子府制，正門五間，啟門三，繚以崇垣，基高二尺五寸。正殿五間，基高三尺五寸，翼樓皆五間，前墀環以石闌，臺基高四尺五寸。後殿五間，基高二尺，後寢五間，基高二尺五寸。後樓五間，基高一尺四寸，共屋五重，殿不設屏座，梁棟繪金彩花卉四爪雲蟒，金釘壓脊，各減親王七分之二，餘與親王同。郡王府制亦如之。貝勒府制，基高二尺，正門一重，啟門一，堂屋五重，各廣五間，甎瓦壓脊，門柱紅青油漆，梁棟貼金，彩畫花草，餘與郡王府同。貝子府制，基高二尺，正門一重，堂屋四重，各廣五間，脊用望獸，餘與貝勒府同。鎮國公輔、國公府制亦如之。公侯以下至三品官房屋，基高二尺，門柱飾黝堊，中梁飾金，旁繪五彩雜花，惟二品以上房脊得立望獸，公門鐵釘，縱横皆七，侯以下遞減至五。四品以下官及士民房屋，基高一尺，其門柱中梁旁繪彩花，與三品以上官同。【略】

凡致物材，曰陶，琉璃窑設於正陽門之西，以造琉璃器具。臨清窑設於山東臨清州，製造城甎。蘇州窑設於江蘇蘇州府，製造金甎。曰木，皇木廠設於通州，木倉設於大清門内。各省解到木植，由部委員會皇木廠監督驗收，交倉存儲。曰石，石料視近畿州縣諸山産石最良者，委員開採。皆辨其等而定直。燒造琉璃器具有十樣，除第一樣與第十樣，向無需用處，無庸製造外，自第二樣至第九樣各照定式，以琉璃料及鉛斤之輕重，分別定價。其無定式者，除瓦料仍照各樣甎版瓦料給價，其餘物件，以二樣板瓦之長闊較對相同者，照樣給價，短小者以次遞減。有較二樣版瓦長闊至見方二尺者，照七樣博縫例折算價直。雕刻花卉者，照例價外加十分之三，有模式印作者不加。臨清城甎，每塊長一尺五寸，寬七寸五分，厚五寸，以聲音響亮者爲上，啞聲者次之，破碎者又次之。需用，行令山東巡撫如式燒造。蘇州金甎，每正甎十，備副甎三，方二尺二寸者爲上，方二尺者次之，方一尺七寸者又次之。需用，行令江蘇巡撫如式燒造。凡甎料，各分三等定價，如長寬尺寸有不同者，各折實見方尺寸覈算。

琉璃窑監督，滿洲一人，漢一人，由堂官於司員内奏請兼管，一年更代。掌監製陶器。

凡陶器，各辨其質與其色，琉璃質用澄泥，色有黄緑、天青、翡翠、紫黑及素白。瓦料自二樣至九樣，分別鉛斤價直，及琉璃料多寡各有差。頒式於窑户。燒造琉璃甎瓦，尺寸式樣，每件燒造成式，上□年月日期，並式樣名色，永存窑廠，令窑户照定式造辦。凡承充窑户，擇身家殷實之人，仍取具地方官保結著役。凡燒造，皆定以限，工竣，則彙其數以册報。各工需用，令管工官先將應用實數覈算報部，該監督照數請領銀兩黑鉛，豫行備辦。除冬三月及正月停止燒造，餘月以文到日爲始，定限三月燒造，送往工所。管工官親身驗看，隨到隨收，給發實收，完日將用過數目及餘剩數目送部覈銷。

光緒《清會典》卷六一《工部》 東陵曰昭西陵，孝莊文皇后陵爲昭西陵，寶頂高一丈三尺，周二十七丈七尺。寶城高二丈五尺六寸，周三十二丈六尺五寸。前爲方城，高二丈七尺八寸，廣五丈，縱如之。上爲明樓，內碑一座，下爲甕券門，門外月臺前設白石祭臺，上陳石五供一分。南爲隆恩殿五間，內設暖閣三，外有月臺，左右列銅鼎一。崇階石闌五出陛，左右建陵寢門一，兩廡各五間，左右燎鑪各一。南正中建琉璃花門三，前爲隆恩門五間，東西班房二，兩廂各五間。中建神道碑亭一座，東爲神廚五間。神庫南北各三間，宰牲亭一座，迆南設堆撥房三間。又東爲井亭一座，東西下馬石牌各一。神道兩旁均封以樹，十株爲行，各間二丈，每間十五丈，立荷花頭紅柱一，貫以朱繩。內圍牆周長一百八丈一尺五寸，高一丈一尺，外圍牆周長一百三十六丈一尺，高一丈二尺三寸。

曰孝陵，世祖章皇帝陵爲孝陵，寶頂高一丈五尺，周五十四丈九尺。寶城高二丈四尺，周六十三丈。月牙城高二丈三尺，廣十八丈七尺。正中琉璃影壁一座，前爲方城，高二丈八尺七寸，廣六丈四尺二寸，縱如之。上爲明樓，內碑一座，下爲甕券門，門外月臺前爲月牙河，水洞四達，中設石橋。橋南設白石祭臺，上陳石五供一分，前爲二柱門，石柱二。又前琉璃花門三，門外玉帶河一道，中建石橋三。前爲隆恩殿五間，內設暖閣三，外設月臺，左右列銅鼎銅鶴銅鹿各一。崇階石闌五出陛，東西廡各五間，燎鑪各一。前爲隆恩門五間，東西班房二，兩廂各五間。東廂後神廚五間，神庫南北各三間，宰牲亭一座。正中建神道碑亭一座，迆東石橋二，前設蟠龍松架，亭前正中三洞石橋一，又前七洞石橋一，一洞石橋一，東西下馬石牌二。南中爲龍鳳門三，門外左右設班房各三間，前列石刻朝衣冠介胄文武臣像各三對，卧立麒麟獅象馬駝狻猊各一對，望柱二。其前正中建聖德神功碑亭一座，擎天柱前後各二，四周石闌。碑亭前東西班房各三間，南左具服殿三間，前中爲大紅門，門前左右設班房各三間，東西下馬石牌二，又前正中石坊二，神道封樹與昭西陵同。內圍牆周長一百九十七丈一尺五寸，高一丈一尺，外圍牆周長六千四百三十九丈四尺八寸，高一丈三尺。

曰孝東陵，孝惠章皇后陵爲孝東陵，寶頂高一丈二尺，周三十丈五尺。寶城高二丈四尺，周三十五丈九尺五寸。前爲方城，高二丈九尺，廣五丈，縱如之。上爲明樓，內碑一座，下爲甕券門，門外月臺前設白石祭臺，上陳石五供一分。又前琉璃花門三，南正中建隆恩殿五間，內設暖閣三，外設月臺，左右列銅鼎一，崇階石闌五出陛，東西廡各五間，燎鑪各一。前爲隆恩門五間，東西班房二，兩廂各五間，東廂迆南石橋二。橋東神廚五間，神庫南北各三間，宰牲亭一座，井亭一座。正中三洞石橋一，西有石平橋二，橋前蟠龍松架三，神道封樹與昭西陵同，圍牆周長一百八十九丈一尺，高一丈五尺六寸。

曰景陵，聖祖仁皇帝陵爲景陵，寶頂高二丈，周六十二丈八尺。寶城高三丈七尺一寸，周六十七丈七尺一寸。月牙城高二丈二尺，長十六丈。正中琉璃影壁一座，前爲方城，高二丈八尺七寸，廣六丈四尺，縱如之。圍牆周長一百七十九丈四尺五寸，高一丈一尺餘，制與孝陵同。

曰昌陵，仁宗睿皇帝陵爲昌陵，寶頂高一丈五尺，周六十六丈六尺。寶城高二丈六尺，周七十三丈二尺八寸。月牙城高二丈五尺二寸，廣十八丈五尺。正中琉璃影壁一座，高一丈六尺九寸，廣二丈一尺三寸。前爲方城，高二丈九尺，廣六丈三尺三寸，縱如之。圍牆周長二百二十七丈一尺八寸，高一丈二寸，餘制與孝陵同。

園寢皆附焉。昭西陵貴人園寢，琉璃花門一，前正中饗殿一座，其南大門三，東西廂各三間，圍牆周長七十一丈。景陵皇貴妃園寢饗殿門制如前，殿前兩廡各五間，東廡前燎鑪一，大門外東西廂各五間，圍牆周長一百五十五丈。景陵妃園寢，饗殿門廡並如前，大門外石橋一，圍牆周長一百五十五丈七尺。泰陵皇貴妃園寢，饗殿門廡燎鑪橋座並如前，大門外東西廂房各三間，圍牆周長一百三十丈。裕陵皇貴妃園寢，琉璃花門二，饗殿門廡燎鑪橋座如前，圍牆周長一百三十丈六尺。昌陵皇貴妃園寢，饗殿門制燎鑪橋座並如前，大門外東西廂各三間，圍牆周長一百四十五丈四尺。慕東陵莊順皇貴妃園寢，寶頂高一丈二尺四寸，周七丈五尺。定陵皇貴妃園寢，饗殿門制燎鑪橋座如前，大門外東西廂各二間，圍牆周長一百三十二丈。朱華山端慧皇太子園寢，饗殿門廡燎鑪橋座並如前，大門外東西廂各三間，圍牆周長一百三十丈二尺。皇十二子園寢，饗殿門制如前，大門及東西廂各三間，圍牆周長四十九丈。丈營臺榮親王園寢，饗殿門制並如前，大門三間，東西廂各三間，圍牆周長五十二丈六尺。朱華山理密親王園寢，饗殿門制並如前，大門三間，東西廂各三間，圍牆周長七十二丈。張家莊端親王園寢，饗殿門制並如前，大門三間，東西廂各三間，圍牆周長五十一丈四尺。王家莊懷親王等園寢，與端親王園寢同。梁各莊慧愍固倫公主園寢，饗殿並如前，其南大門三間，門外東西廂各三間，圍牆周長五十二丈六尺八寸。許家峪端憫固倫公主園寢，饗殿大門及東西廂並如前，圍牆周長九十一丈。陳門莊端順固倫公主園寢，饗殿大門並如前，東西廂各二間，圍牆周長三十二丈一尺。妙高峰醇賢親王園寢，琉璃花門一，正中饗殿五間，饗殿前抱廈三間，北面燎鑪一座，其南大門三間，門外東西廂各三間，圍牆周長七十一丈九尺四寸。其碑亭一座，四面各爲三間，覆以黃琉璃瓦，恭鐫御製碑文。

光緒《清會典》卷六二《盛京工部》 陵寢之制。永陵在興京啟運山，初，肇祖原皇帝、原皇后、興祖直皇帝、直皇后、景祖翼皇帝、翼皇后、顯祖宣皇帝、宣皇后之陵共一山，在興京城西北十里，稱興京陵。天命九年，奉移景祖翼皇帝、翼皇后、顯祖宣皇帝、宣皇后陵於東京城東北四里之楊魯山，稱東京陵，在盛京城東一百五十里。順治八年，封興京陵山爲啟運山，東京陵山爲積慶山。十五年，奉移東京陵祔於興京。十六年，尊稱爲永陵。寶城高一丈三尺七寸，周長八十六丈一尺六寸，其前爲啟運殿，覆黃琉璃瓦，門四窗八，臺高二尺九寸，周長三十一丈九尺。殿內大暖閣四座，設寶牀以奉神御。小暖閣四座，恭奉神牌八。閣前設龍鳳寶座八，五供案四，殿前礓礤三路，中飾盤龍。東西配殿各三間，西配殿前有焚帛樓一座，南正中爲啟運門。門外東西南三面繚以垣，袤廣共六十六丈二尺。東西紅門二，內正中礓礤三路，東爲果房，西爲膳房。前中並建功德碑亭四座，亭前東西爲祝版房、齊班房、茶膳房、滌器房，其省牲亭果樓，均在西紅門外。南正中爲正紅門，門外之西有木橋，明堂前有下馬碑，周圍界址二千二百八十八丈。太祖高皇帝之陵，在盛京城東二十里，孝慈高皇后祔焉。崇德元年，尊稱爲福陵，順治八年封陵山曰天柱山。寶城高一丈七尺一寸，周長五十九丈五尺，寶頂高二丈，周長三十三丈，月牙城高一丈六尺五寸，周長二十三丈四尺七寸。正中琉璃影壁一座，方城高一丈五尺七寸，周長一百十三丈八尺四寸，上有角樓四座。北正中爲明樓，制重檐，内碑一道，樓下爲洞門，門外石五供案一，前爲石柱門二。其前爲隆恩殿，覆黄琉璃瓦。門四窗八，臺高五尺，周長三十六丈七尺七寸八分。殿内大暖閣一座，設寶牀以奉神御。小暖閣一座，恭奉神牌二，閣前設龍鳳寶座二，福晉椅東西各一，配椅二，五供案一，陳設卓四。殿前礓䃰三路，中飾盤龍。東西配殿各三間，西配殿前有焚帛樓一座，南正中爲隆恩門，檐三重，門前正中礓䃰三路。東西爲茶膳房、果房、滌器房，其南爲省牲亭、齊班房，前正中建神功聖德碑亭一座，亭前礓䃰一百有八層，中有石橋，左右列石獅虎駝馬各二，東西華表柱四，四面繚垣共長五百八十丈。東西紅門二，南正中爲正紅門，門前左右列石獅二，華表柱二，石牌樓二，周圍界址二千九百六十丈。壽康太妃園寢在福陵右，饗殿三間，東西有茶膳房，果房，前爲正門，繚垣共四十七丈。太宗文皇帝之陵，在盛京城西北十里，孝端文皇后祔焉。順治元年，尊稱爲昭陵，八年封陵山曰隆業山。寶城高二丈三尺八寸，周長六十一丈。寶頂高二丈，周長三十三丈。月牙城高二丈二尺七寸，周長二十七丈七尺，正中琉璃影壁一座。方城高二丈三尺三寸，周長七十九丈，上有角樓四座，北正中爲明樓，制重檐，内碑一道，樓下爲洞門，門外石五供案一，前爲石柱門二。其前爲隆恩殿，覆黄琉璃瓦，門四窗八，臺高六尺，周長三十六丈四尺二寸，環以石欄。殿内大暖閣一座，設寶牀以奉神御，小暖閣一座，恭奉神牌二。閣前設龍鳳寶座二，福晉椅東西各一，配椅二，五供案一，陳設卓四，殿前礓䃰三路，中飾盤龍。東西配殿各三間，西配殿前有焚帛樓一座，又東西配樓各一座。南正中爲隆恩門，檐三重，門前正中礓䃰三路，東西爲茶膳房、滌器房，前正中建神功聖德碑亭一座，亭前礓䃰三路，左右列石麟獅虎駝馬各二，東西華表柱，亭前亭後各二，四面繚垣周長四百九十五丈九尺。東西紅門二，南正中爲正紅門，門外東爲更衣亭，西爲省牲亭，饌造房，前有齊班房。南正中石碑樓一，石橋一，橋之南左右華表柱二，下馬碑二，石獅二。陵前立仗石馬二，曰大白小白，周圍界址二千五百六十丈。懿靖大貴妃園寢在昭陵右，規制與壽康太妃園寢同，繚垣共四十九丈。【略】

凡陵工採石畚土燔灰，皆有定所。永陵工程，採石於香鑪山張家口，取土於東一里外。福陵工程，採石於義州南山香鑪山流泉湖屯，取土於西五里外。昭陵工程，採石於遼陽州水峪山場，取土於西四里外。凡三陵需用灰斤，奏准於大磯子山場，東北距永陵二百七十里，中隔蘇子河，西北距福陵一百二十里，距昭陵一百四十里，中均隔渾河，無關風水之地，設立窑座，燒灰供用。

掌永陵塼埴之工，屬下設有窑匠四名，瓦匠六名，豫備燒造永陵甎瓦。又外郎一名，領催七名，聽事人七名，千丁一一三百五十名，供應差務。

六品官，滿洲一人，職掌由左司覈辦。

四品官，滿洲一人，職掌由右司覈辦。

掌埴黄瓦，屬下設有外郎一名，領催六名，黄瓦窑匠四名，塑匠十六名，甎瓦匠四名，鉛匠二名，木匠一名，鐵匠二名，席匠二名，灰匠二名，千丁一千十八名。其黄瓦窑在牛莊析木城，豫備陵寢等處燒造黄瓦，所用土石，皆在本窑附近之處採取。

六品官，滿洲一人。銀庫、司庫，滿洲二人，掌工帑之藏。歲修工料銀，每年行知京師工部題准與修轉行京師户部發給，無定額，並本部徵收葦税估變木植等銀，又千丁歲應交甎瓦土坯六十萬有奇，折徵銀五百八十四兩，俱存庫備用。

藝文

和珅等《熱河志》卷六乾隆《鏡喻》 青銅摩以旃，照形已無遺。近代泰西法，玻瓈更新奇。然均藉人工，水銀塗抹資。其未塗水銀，素片玻瓈輝。可以施窗櫺，外物瞭然窺。山亭偶用此，徒緣觀峰姿。孰知別有得，新趣請言之。亭暗而外朗，承以西峰暉。通軏玻瓈窗，西峰觸影披。不鏡而獲鑑，實匪伊所思。迴廊數上聲人行，喬樹瞰鳥飛。曰幻幻既否，曰真真又非。宫疑廣寒懸，城似乾闥巍。炙轂莫能辨，椎輪誰所爲。宇宙有此素，造物誠無私。

和珅等《熱河志》卷三一乾隆《恭瞻皇祖恩賜御筆感賦》《樂善堂集》。 亭俯玻璃荷芰芳，賜書處名《觀蓮所》。孫枝獲侍聖人旁。寸心已覺趨陪幸，尺幅曾頒翰墨光。羲畫軒書叨賜屢，玉函金笥貯恩長。只今空對宸章麗，瞻仰徒迴九曲腸。分陰宵旰萬幾繁，餘暇精神寄筆端。運腕力如撑海岳，揮毫形似舞龍鸞。當年歡忭承榮賜，此日依遲忍重看。詎止宋臣飛白記，涕流頻拭那能乾。

和珅等《熱河志》卷三四乾隆《素尚齋》 書齋猶在上，便與步丹梯。悦志延新趣，欽心仰昔題。泉聲銀鑿落，樹影緑玻瓈。高嶺夕陽好，看時旋旋去聲低。

和珅等《熱河志》卷三五乾隆《得趣室》 大食玻璃窗牖糊，千巖萬壑景來輸。坐看罨畫無窮趣，得自他乎得自吾。

和珅等《熱河志》卷三六乾隆《水月精舍》 精舍臨石壁，塞湖渟壁根。名之曰水月，崇情寓文言。偶來每即去，夜景非所論。付與玻璃窗，虚明恒此存。別有會心者，輪匡未留痕。

和珅等《熱河志》卷三九乾隆《對畫亭口號》 疏不嫌稀密不遮，玻瓈虚朗勝窗紗。今朝揭爾逢秋雨，畫意從新換米家。

和珅等《熱河志》卷四〇乾隆《松霞室》 迴廊略轉上，書室棲巖邇。索當窮其奥，陳畫况在裏。室内有陳書畫長松圖。數千百年松，正對窗前峙。而窗糊玻璃，神韻相面視。若主若賓間，我亦難爲擬。朝暮蔚煙霞，亦弗分彼此。欲問太古初，大誰餐之矣。

雜録

劉歆《西京雜記》卷六六《斬蛇劍》 漢帝相傳，以秦王子嬰所奏，白玉璽，高祖斬白蛇劍。劍上有七采珠，九華玉以爲飾，雜厠五色琉璃爲劍匣。劍在室中，光景猶照於外，與挺劍不殊。十二年一加磨瑩，刃上常若霜雪，開匣拔鞘，輒有風氣，光彩射人。

酈道元《水經注》卷一 東方朔《十洲記》曰：方丈在東海中央，東西南北岸，相去正等。方丈面各五千里，上專是羣龍所聚，有金玉琉璃之宫，三天司命所治處，羣仙不欲升天者，皆往來也。張華叙東方朔《神異經》曰：崑崙有銅柱焉，其高入天，所謂天柱也。圍三千里，圓周如削，下有迴屋，仙人九府治。上有大鳥，名曰「希有」，南向，張左翼覆東王公，右翼覆西王母，背上小處無羽，萬九千里，西王母歲登翼上，之東王公也。故其柱銘曰「崑崙銅柱」，其高入天，圓周如削，膚體美焉。其鳥銘曰：「有鳥希有，緑赤煌煌，不鳴不食，東覆東王公，西覆西王母，王母欲東，登之自通。陰陽相須，惟會益工。」

李昉等《太平廣記》卷二七八《楚寔》 著作佐郎楚寔大曆中疫癘篤重，四十日低迷不知人。後一日，忽夢黄衣女道士至寔所，謂之曰：「汝有官禄，初未合死。」因呼范政將藥來。忽見小和持琉璃瓶、大角椀寫藥。飲畢便愈。及明，許叔冀令送藥來。寔疾久困，初不開目，見小兒及椀藥皆昨夜所見，因呼小兒爲范政。問之信然，其疾遂愈。出《廣異記》。

李昉等《太平廣記》卷二八六《胡媚兒》 唐貞元中，楊州坊市間忽有一妓明鈔本妓作技。術丐乞者，不知所從來。自稱姓胡，名媚兒，所爲頗甚怪異。旬日之後，觀者稍稍雲集。其所丐求，日獲千萬。一旦懷中出一琉璃瓶子，可受半升，表裏烘明，如不隔物。遂置於席上，初謂觀者曰：「有人施與滿此瓶子，則足矣。」瓶口剛如葦管大。有人與之百錢，投之琤然有聲，則見瓶間大如粟粒，衆皆異之。復有人與之千錢，投之如前。又有與萬錢者，亦如之。俄有好事人與之十萬、二十萬，皆如之。或有以馬驢入之瓶中，見人馬皆如蠅大，動行如故。須臾，有度支兩税綱自揚子院部輕貨數十車至，駐觀之。以其一時入或終不能致將他物往，且謂官物不足疑者，乃謂媚兒曰：「爾能令諸車皆入此中乎？」媚兒曰：「許之則可。」綱曰：「且試之。」媚兒乃微側瓶口大喝，諸車輅輅相繼，悉入瓶。瓶中歷歷如行蟻然，有頃，漸不見。媚兒即跳身入瓶中。綱乃大驚，遽取撲破，求之一無所有。從此失媚兒所在。後月餘日，有人於清河北逢媚兒，部領車乘，趨東平而去。是時李師道爲東平帥也。出《河東記》。

蔡絛《鐵圍山叢談》卷六 相州，古鄴郡。其西有隆慮，名山也。寺則齊禪師道場，亦名刹也。寺大門之前，左右二池，東爲黄龍、西爲白龍所窟宅。政和間適大旱，安陽人禱於池，既大澍，於是一時爲之飛奏，詔加封爵焉。及褒命下，世俗不知厥繇，但迎置諸東池而已。一旦，雲霧四合如墨，天大雷電異常。有頃，衆登寺樓望，則瞭然見白龍與黄龍拏戰，而黄龍敗焉。白龍乃奮迅下取山嶺，將塞東池垂半矣。黄龍既護其居，故屢鬬而屢敗，且不已。其右山谷間，白龍之所據，則水屯於門之外，波浪高踰寺樓也。羣髡大懼，爲焚香諷咒於樓之上，始悟向之大雨，實白龍爲之，而黄龍冒其賞，故一至此競。於是寺髡力爲之講解，仍許再告請上，別本「請」並作「諸」。終日始得平，白龍因收水而退矣。詔復封白龍焉。吾妻家，相人也。有妻兄檢得親見，故特爲吾道之。且龍號稱神物，能變化，誠高遠，乃亦争虚名，角勝負，未免作世俗態，所以貴乎君子。

江湖間小龍號靈異，見諸傳説甚究。崇寧中淮水暴漲，而汴口檣舟不能進。一日昧爽，小龍者出連綱之舟尾，張本「連」作「運」。有柁工之婦不識也，謂是蜥蜴，撥置之則跂跂，又緣柁而上。柁工之婦怒，舉火柴擊其首。隨擊，霹靂大震一聲，而汴口所積舟不問官私舟柁與士大夫家所座船七百隻，舉自相撞擊俱碎，死數十百人。朝廷聞而不樂，第命官爲賑卹焉。會發運使上計，而小龍者又復出。大漕甚窘懼，乃焚香祝之：「願與王偕上計，入覲天子，可乎？」龍即作喜悦狀，因舉身入香匳中不動。大漕遂攜至都輦，先以示魯公，得奏聞。上遣使索入内，爲具酒核以祝之。龍輒躍出匳，兩爪據金杯，飲幾釂。於是天子異之，取大琉璃缶貯龍，爲親加封識焉，降付都城汴水之都門外小龍祠中。一夕，封識宛如故，視缶中龍，則已變化去矣。上喜，加封四字，仍大敞其祠宇。至大觀末，魯公責東南，舟行始抵汴口，而小龍又出迓魯公。然小龍所隸南北當江湖間，素不至二浙也。政和壬辰，魯公在錢塘，居鳳山之下私第，以正月七日小龍忽出佛堂中，於是家人大小咸歎異，亦疑必有故。明日，而魯公召命至，復加六字王。及靖康之初家破，魯公貶嶺外。吾從行至江陵，將遵陸出鼎澧間。公畏暑，因改卜舟，行下江陵，憩渚宮之沙頭一倉官廨舍，纔弛擔，則小龍復出見。魯公爲之涕下，且感念神龍，乃不忘恩舊一如此。吾戲公曰：「固知小龍之必來爾。」公愕詢其故，吾始曰：「此亦出公之門也。苟每加意於是，無世情者則今日必來，使此龍一出，世間有世情當又不來。是烏足辱人懷抱耶？」公乃收淚而笑。且龍，神爾，而義風有古聖賢操烈，因爲書其初末。是亦《春秋》褒貶之餘旨，不敢廢者也。

宣和元年夏五月，都邑大水。未作前，雨數日連夕如傾。及霽，開封縣前茶肆有晨起拭格榻者，睹若有大犬蹲其旁，明視之，龍也，其人大叫而倒。茶肆適與軍器作坊近，遂爲作坊士羣取而食之，屏不敢奏。都人皆圖畫傳玩。其身僅六七尺，若世所繪。龍鱗作蒼黑色，然驢首，而兩頰宛如魚，頭色正緑，頂有角座極長，其際始分兩岐焉，又其聲如牛。考諸傳記，實龍也。後十餘日，大水至，故俗傳謂之龍復讎。

世罕識龍、象、師。薛八丈黄門昂，錢塘人也。始位左轄，其小君因出遊還，適過宜德端門。時郊禋祀近，有司日按象自外旗鼓迎至闕下而馴習之。夫人偶過焉，適見而大駭，歸告其夫曰：「異哉左丞，我儂今日過大内前，安得有此大鼻驢耶！」人傳以爲笑。

周密《癸辛雜識别集》上《汴梁雜事》　羅壽可丙申再游汴梁，書所見梗概。汴學曰文學、武廟，即昔時太學、武學舊址。文廟居汴水南，面城背河，柳堤蓮池，尚有璧水遺意。太學與首善閣五大字石刻，皆蔡京奉勑書。先聖之右爲孟左爲顔，作一字位置，不可曉。北方學校皆然，先聖、先師各有片石，鐫宋初名臣所爲贊，獨先聖太祖御製也。講堂曰「明善」，藏書閣曰「稽古」。古碑數種，如宋初翰苑題名，開封教授題名，《九經》石板，堆積如山，一行篆字，一行真字。又有大金登科題名，女真進士題名，其字類漢篆而不可識。司天臺太歲殿，徽宗草書「九曜之殿」。舊開封府有府尹題名，起建隆元年居潤，繼而晉王、荆王而下皆在焉。獨包孝肅公姓名爲人所指，指痕甚深。樓閣最高而見存者：相國寺資聖閣，朝元宫閣，登雲樓。資聖閣雄麗，五簷滴水，廬山五百銅羅漢在焉。國初曹翰所取者也。朝元宫閣即舊日上清儲祥宫移至，岧嶤半空。登雲樓俗呼爲八大王樓，又稱譚一作潭樓，蓋初爲燕王元儼所居，後爲巨璫譚積有之，其奇峻雄麗，皆非東南所有也。朝元宫殿前有大石香鼎二，製作高雅。聞熙春閣前元有十餘座，徽宗每宴熙春，則用此燒香於閣下，香烟蟠結凡數里，有臨春、結綺之意也。朝元宫虚皇臺亦上清移來，下有青石礎二，刻畫龍鳳團花，極工巧，舊時是朱温内留品字三方素地，云是宣、政内醮時，徽廟立於中，林靈素、王文則居兩傍也。汴之外城，周世宗時所築，神宗又展拓，其高際天，堅壯雄偉。南闕外有太祖講武池，周美成《汴都賦》形容盡矣。梁王鼓吹臺、徽宗龍德宫舊基尚在。開封府衙後有蠟梅一株，以爲奇，遂創梅花堂。北人言河北惟懷孟州，號「小江南」，得太行障其後，故寒稍殺，地暖故有梅，且山水清遠似江南云。南門外有五嶽觀、太乙宫、岳帝殿，極雄壯華麗，宫連跨小樓殿，極天下之巧，俗呼爲暖障。聞汴有大殿九間者五，相國、太乙、景德、五岳，盡雕鏤，窮極華侈，塑像皆大金時所作，絶妙。徽宗定鼎碑，瘦金書，舊皇城内民家因築墻掘地取土，忽見碑石穹甚，其上雙龍，龜趺昂首，甚精工，即瘦金碑也。四方聞之，皆捐金求取，其家遂專其利。蔡京題額「政和定鼎之碑」。或云九鼎，金人未嘗遷，亦只在土中或水中耳。如資聖閣登雲樓覆壓歲久，今其地低陷甚多。曾記佛書言，山河大地凡爲城邑、宫闕、樓觀、塔廟，亦是緣業深重所致。光教寺在汴城東北角，俗呼爲上方寺，琉璃塔十三層，鐵普賢獅子像甚高大。座下有井，以銅波斯蓋之，泉味甘，謂通海潮。旁有五百羅漢殿。又云五百菩薩像，皆是漆胎，莊嚴金碧，窮極精好。《普賢洞記》石碑甚雅，金皇統四年四月一日，奉議大夫行臺吏部郎中飛騎尉施宜生撰并書，所謂方人者也。後爲金相，字步驟東坡。寺入門先經藏殿，殿極工巧，四隅不動，其中運轉，經卷無倫次，皆唐人書也，極精妙。大廟街近城，有古觀音寺，北齊施主姓名碑，佛殿開寶皇后命孫德元畫西方浄土，極奇古精妙，僅存半壁。僧崇化大師爲之讚書，亦有法。相國寺佛殿後壁，有咸平四年翰林高待詔畫大天王，尤雄偉。殿外有石刻，東坡題名云：「蘇子瞻、子由、孫子發、秦少游同來觀晉卿墨竹，申先生亦來，元祐三年八月五日，老申一百一歲。」又片石刻坡翁草書《哨遍》，石色皆如元玉。寶相寺俗呼爲大佛寺，有五百羅漢塑像，甚奇古。又噀水石龍，鐫刻甚精，皆故宫物也。

顧文薦《負暄雜録》　白光琉璃。《西京雜記》載「漢武帝以白光琉璃爲鞍，暗室照十餘丈如晝。此琉璃乃自然之物，彩澤光潤踰于衆玉，其色不常，乃真琉璃也。佛書謂車渠琉璃用以布地，言其廣大，恐未必然。今世率以石汁消治衆藥灌成之，蓋始于月氏國，元魏時來貢。今北方市不多見，惟大食、高麗有之。青白紫緑皆塗以金翠，輝耀焞爛。蔡京嘗以大食琉璃酒器獻淵聖，時在東宫，却而不受，蓋已盛于宣政矣。予得一瓶，以銅爲胚胎，傅之以革，外爲觚觥彩繪，外國之人奇形詭狀，却似琉璃，極其工巧，不知何物。聞是罽賓國物，更當質于博識者。」

軟玻璃　玻璃與琉璃同類，亦分五色。比之琉璃，其質頗厚，亦石銷冶而成。多出西域諸蕃，而夏國爲最。但異于琉璃者，玻璃背青耳。常見齊惠卿家有軟玻璃盞，通天犀火浣布三物得之。廣舶近好事家，亦有軟玻璃。墜兒是五代時大秦國來獻，蓋彼能造，亦是銷冶而成。見火則溶，冷則凝結，世不多見。李賀詩「羲和敲月玻瓈聲」，乃形容耳，非真成聲也。併及此，以資笑噱。

劉基《多能鄙事》卷五《逡巡碑法》　白芨白礬各等細粉倍之右爲末，細羅羅過，以酸醋調，寫字晾乾，以筆蘸墨，滿紙塗墨，再晾乾去粉，用蠟擦。

劉基《多能鄙事》卷五《鍊琉璃法》　黑錫四兩硝石三兩白礬二兩白石末二兩右搗爲極細，以鍋用炭火鎔，前三物和之，欲紅入硃，欲青入銅，青欲黄入雌黄，欲紫入代赭石，欲黑入杉木炭末，並攪勻令成色，用鐵箝夾抽成條，白則不入他物。

劉基《多能鄙事》卷五《水白法》　瓦爐一个，以好灰灰□起，安其火中，上以熱灰蓋之，取熖硝一撮撒上，次以朱砂撒面上，急用瓦盞覆之。四畔以濕泥封定，少時覺烟盡，取下盞，以竹片刮下，即是水白。

劉基《多能鄙事》卷五《硫黄杯》　碗底先以胡桃肉擦過，鵝脂猪脂皆可，乃入明净無砂石，生硫黄，鎔成汁，待化盡加明礬少許，則塵垢悉浮面上，以杖掠去，綿濾過再入碗，鎔成汁傾入模，取出埋土穴中。一宿色旋變，以木賊打光，欲紅入朱砂，欲青入蒲萄，研細，水飛同煮。

陶宗儀《説郛》卷六六劉歆《西京雜記》　《昭陽殿》趙飛燕女弟居昭陽殿中，庭彤朱而殿上丹漆砌，皆銅沓黄金塗，白玉階壁帶往往爲黄金釭，含藍田璧，明珠翠羽飾之。上設九金龍，皆銜九子金鈴，五色流蘇，帶以緑文紫綬，金銀花鑷。每好風日，幡旄光影，照耀一殿，鈴鑷之聲，驚動左右。中設水畫屏風，文如蜘蛛絲縷，玉几玉牀，白象牙簟。緑熊席，席毛長二尺餘，人眠而擁毛自蔽，望之不能見，坐則没膝。其中雜熏諸香，一坐此席，餘香百日不歇。有四玉鎮，皆達照無瑕缺，窗扉多是緑琉璃，亦皆達照，毛髪不得藏焉。椽桷皆刻作龍蛇，縈繞其間，麟甲分明，見者莫不兢慄。匠人丁緩、李菊，巧爲天下第一，締構既成，向其姊子樊延年説之，而外人稀知，莫能傳者。

陶宗儀《説郛》卷六六劉歆《西京雜記》　《盛飾鞍馬》武帝時，身毒國獻連環羈，皆以白玉作之，馬瑙石爲勒，白光琉璃爲鞍。鞍在闇室中，常照十餘丈，如晝日。自是長安始盛飾鞍馬，競加雕鏤，或一馬之飾直百金，皆以南海白蜃爲珂，紫金爲蕚，以飾其上，猶以不鳴爲患。或加以鈴鑷，飾以流蘇，走則如撞鐘磬，若飛幡。葆後得貳師天馬，帝以玟瑰石爲鞍，鏤以金銀鍮石，以緑地五色錦爲候泥，後稍以熊羆皮爲之。熊羆毛有緑光，皆長二尺者，直百金，卓王孫有百餘雙，詔使獻二十枚。

陶宗儀《輟耕録》卷二一《宫闕制度》　至元四年正月，城京師以爲天下本。右擁太行，左注滄海，撫中原正南面，枕居庸，奠朔方，峙萬歲山，浚太液池，派玉泉，通金水，縈畿帶甸，負山引河，壯哉。帝居擇此天府城，方六十里(里)二百四十步，分十一門，正南曰麗正，南之右曰順承，南之左曰文明。北之東曰安貞，北之西曰健德。正東曰崇仁，東之右曰齊化，東之左曰光熙。正西曰和美，西之右曰肅清，西之左曰平則。大内南臨麗正門，正衙曰大明殿，曰延春閣。宫城周回九里三十步，東西四百八十步，南北六百十五步，高三十五尺甎甃。至元八年八月十七日申時動土，明年三月十五日即工。分六門，正南曰崇天，十二間五門，東西一百八十七尺，深五十五尺，高八十五尺。左右朶樓二，朶樓登門兩斜廡十門，闕上兩觀皆三朶樓，連朶樓東西廡各五間。西朶樓之西有塗金銅幡竿，附宫城南面有宿衛直廬。凡諸宫門皆金鋪朱户，丹楹藻繪彤壁，琉璃瓦飾簷脊。崇天之左曰星拱，三間一門，東西五十五尺，深四十五尺，高五十尺。崇天之右曰雲從，制度如星拱。東曰東華，七間三門，東西一百十尺，深四十五尺，高八十尺。西曰西華，制度如東華。北曰厚載，五間一門，東西八十七尺，深高如西華。角樓四據宫城之西隅，皆三朶樓，琉璃瓦飾簷脊。直崇天門有白玉石橋三虹，上分三道，中爲御道，鐫百花蟠龍。星拱南有御膳亭，亭東有拱辰堂，蓋百官會集之所。東南角樓東差北有生料庫，庫東爲柴場夾垣，東北隅有羊圈。西南角樓南紅門外，留守司在焉。西華南有儀鸞局，西有鷹房。厚載北爲御苑外周垣，紅門十有五，内苑紅門五，御苑紅門四，此兩垣之内也。大明門在崇天門内，大明殿之正門也，七間三門，東西一百二十尺，深四十四尺，重簷。日精門在大明門左，月華門在大明門右，皆三間一門。大明殿乃登極、正旦、壽節、會朝之正衙也，十一間，東西二百尺，深一百二十尺，高九十尺。柱廊七間，深二百四十尺，廣四十四尺，高五十尺。寢室五間，東西夾六間，後連香閣三間，東西一百四十尺，深五十尺，高七十尺。青石花礎，白玉石圓碣，文石甃地，上藉重茵，丹楹金飾，龍繞其上。四面朱鎖窗，藻井間金繪飾，燕石重陛，朱闌塗金，銅飛雕冒。中設七寶雲龍御榻，白蓋金縷褥，並設后位，諸王百寮、集賽官侍宴坐牀，重列左右。前置燈漏，貯水運機，小偶人當時刻捧牌而出。木質銀裹漆瓮一，金雲龍蜿繞之，高一丈七尺，貯酒可五十餘石。雕象酒卓一，長八尺，闊七尺二寸。玉瓮一，玉編磬一，巨笙一，玉笙、玉箜、篌咸備于前。前懸繡緣朱簾，至冬月大殿則黄猫皮壁幛，黑貂褥暖帳。香閣則銀鼠皮壁幛，黑貂暖帳。凡諸宮殿乘輿所臨御者，皆丹楹朱鎖，窗間金藻繪設，御榻裀褥咸備，屋之簷脊皆飾琉璃瓦。文思殿在大明寢殿東，三間，前後軒，東西三十五尺，深七十二尺。紫檀殿在大明寢殿西，制度如文思，皆以紫檀香木爲之，縷花龍涎香，間白玉飾壁，草色髹緑其皮爲地衣。寶雲殿在寢殿後，五間，東西五十六尺，深六十三尺，高三十尺。鳳儀門在東廡中，三間一門，東西一百尺，深六十尺，高如其深門。之外有庖人之室，稍南有酒人之室。麟瑞門在西廡中，制度如鳳儀門，之外有內藏庫二十所，所爲七間。鐘樓又名文樓，在鳳儀南。鼓樓又名武樓，在麟瑞南，皆五間，高七十五尺。嘉慶門在後廡寶雲殿東，景福門在後廡寶雲殿西，皆三間一門，周廡一百二十間，高三十五尺，四隅角樓四間，重簷。凡諸宮周廡並用丹楹彤壁藻繪，琉璃瓦飾簷脊。延春門在寶雲殿後，延春閣之正門也，五間三門，東西七十七尺，重簷。懿範門在延春左，嘉則門在延春右，皆三間一門。延春閣九間，東西一百五十尺，深九十尺，高一百尺。三簷重屋，柱廊七間，廣四十五尺，深一百四十尺，高五十尺。寢殿七間，東西夾四間，後香閣一間，東西一百四十尺，深七十五尺，高如其深。重簷，文石甃地，藉花毳裀，簷帷咸備。白玉石重陛，朱闌銅冒楯，塗金雕翔其上。閣上御榻二，柱廊中設小山屏牀，皆楠木爲之，而飾以金。寢殿楠木御榻，東夾紫檀御榻，壁皆張素畫，飛龍舞鳳。西夾事佛像，香閣楠木寢床，金縷褥黑貂壁幛。慈福殿又曰東暖殿，在寢殿東，三間，前後軒，東西三十五尺，深七十二尺。明仁殿又曰西暖殿，在寢殿西，制度如慈福。景耀門在左廡中，三間一門，高三十尺。清灝門在右廡中，制度如景耀。鐘樓在景耀南，鼓樓在清灝南，各高七十五尺，周廡一百七十二間，四隅角樓四間。玉德殿在清灝外，七間，東西一百尺，深四十九尺，高四十尺，飾以白玉甃以文石，中設佛像。東香殿在玉德殿東，西香殿在玉德殿西，宸慶殿在玉德殿後，九間，東西一百三十尺，深四十尺，高如其深。中設御榻，簾帷裀褥咸備，前列朱闌，左右闢二紅門，後山字門三間。東更衣殿在宸慶殿東，五間，高三十尺。西更衣殿在宸慶殿西，制度如東殿。隆福殿在大內之西，興聖之前，南紅門三，東西紅門宮各一，繚以磚垣，南紅門一，東紅門一，後紅門一。光天門，光天殿正門也，五間三門，高三十二尺，重簷。崇華門在光天門左，膺福門在光天門右，各三間一門。光天殿七間，東西九十八尺，深五十五尺，高七十尺。柱廊七間，深九十八尺，高五十尺。寢殿五間，兩夾四間，東西一百三十尺，高五十八尺五寸，重簷，藻井瑣窗，文石甃地，藉花毳裀，縣朱簾，重陛朱闌，塗金雕冒楯。正殿縷金雲龍，樟木御榻，從臣坐牀，重列前兩傍。寢殿亦設御榻，裀褥咸備。青陽門在左廡中，明暉門在右廡中，各三間一門。翥鳳樓在青陽南，三間，高四十五尺。驂龍樓在明暉南，制度如翥鳳，後有牧人宿衛之室。壽昌殿又曰東暖殿，在寢殿東，三間，前後軒，重簷。嘉禧殿又曰西暖殿，在寢殿西，制度如壽昌，中位佛像，傍設御榻。針線殿在寢殿後，周廡一百七十二間，四隅角樓四間，侍女直廬五所，在針線殿後。又有侍女室七十二間，在直廬後，及左右浴室一區，在宮垣東北隅。文德殿在明暉外，又曰楠木殿，皆楠木爲之，三間，前後軒一間。盝頂殿五間，在光天殿西北，角樓西後有盝頂小殿。香殿在宮垣西北隅，三間，前軒一間，前寢殿三間，柱廊三間。後寢殿三間，東西夾各二間。文宸庫在宮垣西南隅，酒房在宮垣東南隅，內庖在酒房之北。興聖宮在大內之西北，萬壽山之正西，周以磚垣，南闢紅門三，東西紅門各一，北紅門一。南紅門外兩傍附垣有宿衛直廬，凡四十間，東西門外各三間，南門前夾垣內有省院臺百司官侍直板屋，北門外有窨花室五間，東夾垣外有宦人之室十七間，凌室六間，酒房六間。南北西門外棋置衛士直宿之舍二十一所，所爲一間，外夾垣東紅門三。直儀天殿弔橋西，紅門一。達徽政院門內差北有盝頂房二，各三間，又北有屋二所，各三間，差南有庫一所及屋三間。北紅門外有臨街門一所，三間，此夾垣之北門也，興聖門興聖殿之北門也，五間三門，重簷，東西七十四尺。明華門在興聖門左，肅章門在興聖門右，各三間一門。興聖殿七間，東西一百尺，深九十七尺，柱廊六間，深九十四尺，寢殿五間，兩夾各三間。後香閣三間，深七十七尺，正殿四面朱縣瑣窗，文石甃地，藉以毳裀，中設扆屏，榻張白蓋，簾帷皆錦繡爲之，諸王百寮宿衛官侍宴坐牀重列左右。其柱廊寢殿亦各設御榻，裀褥咸備，白玉石重陛，朱闌塗金，冒楯覆以白瓷瓦，碧琉璃飾其簷脊。宏慶門在東廡中，宣則門在西廡中，各三間一門。凝暉樓在宏慶南，五間，東西六十七尺。延顥樓在宣則南，制度如凝暉。嘉德殿在寢殿東，三間，前後軒各三間，重簷。寶慈殿在寢殿西，制度同嘉德。山字門在興聖宫後，延華閣之正門也。正一間，兩夾各一間，重簷一門，脊置金寶瓶。又獨脚門二，周閣以紅版垣。延華閣五間，方七十九尺二寸，重阿十字脊，白琉璃瓦覆，青琉璃瓦飾，其簷脊立金寶瓶，單陛御榻，從臣坐牀咸具。東西殿在延華閣西，左右各五間，前軒一間。圓亭在延華閣後，芳碧亭在延華閣後，圓亭東三間，重簷十字脊，覆以青琉璃瓦，飾以緑琉璃瓦，脊置金寶瓶。徽青亭在圓亭西，制度同芳碧亭。浴室在延華閣東南隅東殿後，傍有盝頂井亭二間，又有盝頂房三間。輝和爾殿在延華閣右，六間，傍有窨花半屋，八間。木香亭在輝和爾殿後東，盝頂殿在延華閣東版垣外，正殿五間，前軒三間，東西六十五尺，深三十九尺，柱廊二間，深二十六尺，寢殿三間，東西四十八尺，前宛轉置花朱闌八十五扇。殿之傍有盝頂房三間，庖室二間，面陽盝頂房三間，妃嬪庫房一間，縫紉女庫房三間，紅門一，盝頂之制三椽，其頂若笥之平，故名。西盝頂殿在延華閣西版垣之外，制度同東殿。東殿之傍有庖室三間，好事房二，各三間。獨脚門二，紅門一，妃嬪院四，二在東盝頂殿後，二在西盝頂殿後，各正室三間，東西夾四間，前軒三間。後有三椽半屋二間，侍女室八十三間，半在東妃嬪院左西向，半在西妃嬪院右東向，室後各有三椽半屋二十五間。東盝頂殿紅門外有屋三間，盝頂軒一間，後有盝頂房一間，庖室一區。在凝暉樓後正屋五間，前軒一間，後披屋三間，又有盝頂房一間，盝頂井亭一間，周以土垣。前闢紅門酒房在宫垣東南隅庖室南，正屋五間，前盝頂軒三間，南北房各三間，西北隅盝頂房三間，紅門一。土垣四周之學士院在閣後西盝頂殿門外之西，偏三間。生料庫在學士院南，又南爲鞍轡庫，又南爲軍器庫，又南爲庖人、牧人、宿衛之室。藏珍庫在宫垣西南隅，制度並如酒室，惟多盝頂，半屋三間，庖室三間。萬壽山在大内西北太液池之陽，金人名瓊花島，中統三年修繕之，至元八年賜今名。其山皆疊玲瓏石爲之，峰巒隱映，松檜隆鬱，秀若天成。引金水河至其後，轉機運斠，汲水至山頂，出石龍口注方池，伏流至仁智殿後，有石刻蟠龍昂首噴水仰出，然後由東西流入於太液池。山前有白玉石橋，長二百餘尺。直儀天殿後橋之北有玲瓏石，擁木門五，門皆爲石色，内有隙地對立日月石。西有石棋枰，又有石坐牀，左右皆有登山之徑，縈紆萬石中。洞府出入，宛轉相迷，至一殿一亭，各擅一景之妙。山之東有石橋，長七十六尺，闊四十一尺半，爲石渠，以載金水，而流於山後，以汲於山頂也。又東爲靈圃，奇獸珍禽在焉。廣寒殿在山頂，七間，東西一百二十尺，深六十二尺，高五十尺。重阿藻井，文石甃地，四面瑣窗板密其裏，遍綴金紅雲，而蟠龍矯蹇於丹楹之上。中有小玉殿，内設金嵌玉龍御榻，左右列從臣坐牀，前架黑玉酒瓮一，玉有白章，隨其形刻，爲魚獸出没於波濤之狀，其大可貯酒三十餘石。又有玉假山一峰，玉響鐵一縣。殿之後有小石笋二，内出石龍首，以噀所引金水。西北有厠堂一間，仁智殿在山之半，三間，高三十尺。金露亭在廣寒殿東，其制圓，九柱，高二十四尺，尖頂，上置琉璃珠，亭後有銅幡竿。玉虹亭在廣寒殿西，制度同金露方壺亭，在荷葉殿後，高三十尺，重屋八面，重屋無梯，自金露亭前復道登焉，又曰線珠亭。瀛洲亭在温石浴室後，制度同方壺、玉虹亭，前仍有登重屋復道，亦曰線珠亭。荷葉殿在方壺前、仁智西北，三間，高三十尺，方頂，中置琉璃珠。温石浴室在瀛洲前、仁智西北，三間，高二十三尺，方頂，中置塗金寶瓶。圜亭又曰臙粉亭，在荷葉稍西，蓋后妃添妝之所也，八面。介福殿在仁智東差北，三間，東西四十一尺，高二十五尺。延和殿在仁智西北，制度如介福。馬湩室在介福前，三間。牧人之室在延和前，三間，庖室在焉，湩前東浴室。更衣殿在山東平地，三間兩夾。太液池在大内西，周回若干里，植芙蓉。儀天殿在池中圓坻上，當萬壽山，十一楹，高三十五尺，圍七十尺，重簷，圓蓋頂。圓臺址甃以文石，藉以花茵，中設御榻，周闢瑣窗。東西門各一間，西北厠堂一間，臺西向列甃塼龕，以居宿衛之士。東爲木橋，長一百廿尺，闊廿二尺，通大内之夾垣。西爲木弔橋，長四百七十尺，闊如東橋，中闕之，立柱架梁於二舟，以當其空，至車駕行幸上都，留守官則移舟斷橋，以禁往來。是橋通興聖宫前之夾垣，後有白玉石橋，乃萬壽山之道也。犀山臺在儀天殿前水中，上植木芍藥。隆福宫西御苑在隆福宫西，先后妃多居焉。香殿在石假山上，三間，兩夾二間，柱廊三間，龜頭屋三間，丹楹瑣窗，間金藻繪玉石，礎琉璃瓦。殿後有石臺山，後闢紅門，門外有侍女之室二所，皆南向並列。又後直紅門，並立紅門三，三門之外有太子鄂爾多荷葉殿二，在香殿左右，各三間。圓殿在山前圓頂上，置塗金寶珠，重簷，後有流杯池，池東西流水，圓亭二，圓殿有廡以連之。歇山殿在圓殿前，五間，柱廊二，各三間。東西亭二，在歇山後，左右十字脊。東西水心亭在歇山殿池中，直東西亭之南，九柱重簷。亭之後各有侍女房三所，所爲三間，東房西向，西房東向，前闢紅門三，門内立石以屏内外，外築四垣以周之，池引金水注焉。棕毛殿在假山東，偏三間，後盝頂殿三間，前啓紅門，立垣以區分之。儀鸞局在三紅門外西南隅，正屋三間，東西屋三間，前開一門。史官虞集曰：嘗觀紀藉所載，秦漢隋唐之宫闕，其宏麗可怖也。高者七八十丈，廣者二三十里，而離宫別館綿延聯絡，彌山跨谷，多或至數百所，嘻，真木妖哉。由余有言，使鬼爲之，則勞神矣，使人爲之，則苦人矣。余由當秦穆公之時，爲是俾見後世之侈，何如也。雖然紫宫著乎元象，得無棟宇，有等差之辨，而茅茨之簡，又烏足以重威於四海乎。集佐修經世大典將作，所疏宫闕制度爲詳，於是知大有徑庭於古也。方今幅員之廣，户口之夥，貢税之富，當倍秦漢而參隋唐也。顧力有可爲而莫爲，則其所樂不在於斯也。孔子曰「禹吾無間」，然矣。卑宫室而盡力乎溝洫，重於此則輕於彼，理固然矣。

王鎣《群書類編故事》卷二〇《懷琉璃瓶》 唐貞元中，揚州坊市有丐者自稱媚兒，姓胡，懷中出琉璃瓶，可受半升，表裏通明，如不隔物，曰施滿此聖瓶子則足矣。瓶項如葦管，人與之百錢，投之琤然有聲，見瓶間大如粟粒。衆異之，復與千錢，亦如此，以至萬錢亦然。好事者以驢與之入瓶，如蠅大，動行如故。俄有度支綱至，數十車綱人駐車觀之，綱主戲曰：「爾能令諸車入瓶中乎？」媚兒曰「可」，乃微側瓶口，令車悉入，歷歷如行路然，有頃，漸不見，媚兒即跳身入瓶。綱官大驚，以挺撲瓶破，一無所有。從此失媚兒所在，後月餘，有人於清河北逢媚兒部領車乘，趨東平而去。《太平廣記》

黃訓《名臣經濟録》卷二五林俊《諫寧府用琉璃瓦疏》 臣日者寧殿下累乞琉璃瓦，重荷聖諭，於引錢内支二萬兩給换者。臣有以仰窺陛下聖仁廣大，惇叙九族盛心，而寧王據禮守經，不爲無見，然觀鎮巡議奏，欲俟年豐定奪，是巽言不當與也。工部覆奏，謂規制雖相應，事體實可止，又恐重累地方，作例各府，是正言不當與也。迨寧王又奏，工部又執奏，是申言决不當與也。陛下先可部議，是明示不當與也，後從其半，是婉示不欲與也。寧王讀書明禮，聰察識事，斷不爲此以損賢名，舉，是中外人心皆謂不當與也。士夫及耆壯公論謂寧府多此一偶未之思耳。夫事有可爲，有不可爲，有可已，有不可已。江西公私匱竭，人民滋困，盜賊未息，此何時也。意者引錢無預於民，不知存積，僅二萬七千餘兩，益府宫殿蟻蠹益殿下，見移東寢，萬分驚虞，責將誰任，修蓋之費約三萬餘兩，此不可已者也。淮府造墳，順昌王、崇安王、鎮國將軍起第，已支五千三百餘兩，後來未計，此不可已者也。所存儒學文廟傾頹，問其故，謂科例嚴，所司顧忌不修，以致此，此不可已者也。各處預備倉穀數少，問其故，謂罰贖解部，所司計無自出，此不可已者也。官軍俸糧通融節縮，歲支尚少四萬四千餘石，此不可已者也。臣嘗見楚府殿燬久未蓋，荆府多敝漏，淮府同一江西頹垣朽柱，東拄西撑，飄瓦斷椽，脱落大半，居然廢址，在民庶尚不堪，惟寧府完美堅緻，金碧燦煌，夫於義不可已。有可爲割財，内帑爲之未過也，有可已無可爲，又何必爲此等事哉。古者采椽不斲，茆茨不剪，土堦贊堯，卑宫贊禹。儒服紀河間樂善，紀東平湘州之約儉，鎮西之輕財，聖帝明王所以揚盛休垂後美者，端亦在是。寧府移封之初，親至親也，已不用琉璃再造之會，國至富也，又不用琉璃，豈亦慕采椽茅茨之盛，崇古獨質示樸，以垂憲如此哉。今歷百年、傳數世，一旦無故而遽改之，孝子順孫所以順祖考者，義不當是。夫前之失，後人尚諱之，前之善，後人忍改之耶。改則盡没之矣，没之非孝子，没之非順孫，謂賢王忍爲之耶。臣所謂偶未之思者也，況性習難静易動，難儉易奢，操之猶懼，或放縱之，何往不流。賢王春秋方盛，德業方始，求之身心，自有專務，而規規循常。文具之間，以毁前人法則，臣未知其可。臣數侍賢王，言論多師法古人，又誤被禮愛獨至，臣深感切，若無右於賢王，罪死罪死。臣往年疏府第之制，以不用琉璃美寧先王，義不當以用琉璃諛今王，且小人先合後忤，君子和而不同。臣欲愛德市義，完賢名，不欲貢諛順旨，虧至孝。孟軻曰：「齊人莫如我敬王。」臣拘儒，不識通變，但知報王，道當如此，竭忠盡愚事陛下，道當如此。寧王静思幡悟，必有創於臣言者，伏望聖明篤懿親斷，大義垂善，處使賢王德如純璧，名若完甌，毋涉吴王几杖之賜，叔段京鄙之求，正大明白，恩不掩義，爲世世頌美，幸甚。臣無任隕越，俟罪之至，緣係酌大義以全賢孝事理，謹題請旨。

何孟春《何文簡疏議》卷一《省營繕疏》 奏爲省營繕以光治道事。臣竊見近日司禮監節傳奉聖旨，蓋造乾清宫西七所并添修萬歲山後毓秀亭。該各衙門措辦物料，雇覔工匠，摘撥團營，做工官軍者。臣自聞命，寸衷若驚，端居以思，中夜而歎。陛下即位以來，節儉形於宫闈，仁恩遍於寰宇，積之於心，施之於政，無非爲國愛民。而數年之間，土木頻興，若神樂觀等五處，迄今尚在做工，宫西七所，固難免於蓋造，山後毓秀亭，可以不復添修。今乃前工未訖，後工踵之，此作未成，彼作復繼。費府庫之財，疲軍民之力，恐與陛下初政愛民之心不相類也，臣謹昧死而冒言焉。命下踰月矣，臣未見有爲陛下言者，意者陛下鋭於所爲，言必得罪人，故自危不敢言耶，何宜言而久不言也。雖然臣有懷於此，欲進而退，將陳而止者，亦已屢矣。竊計陛下之聖，豈不能容狂瞽之言，而必罪謇諤之士哉。臣知此之宜言而畏首畏尾，自同緘默，是自欺也。臣歷觀載籍，前代人君未有不惜民力、好厘土功而克善其治者。民之所以勞財，之所以傷國本，之所以易摇國用，之所以不給致之，雖非一端，而土功實甚，聖帝明君故必謹焉。事參緩急，時酌應否，非不得已不輕以爲，而其爲之必皆出於爲民。如大禹之溝洫，文王之臺沼，始下無所病而上安其利。王制，用民之力，歲不過三日，又視歲之所入，以定役數。凶札之歲，則無力政，新甿之治，則無征役，於役民之中，寓愛民之仁。如此今天下所在，差遣如蝟毛，貧孤靡遺，而大者創建王府，供餉軍需，元元之瘵，難以縷數耳。目之所不及，臣不舉以慁天聽也。京師比年土木之功，豈盡同於古之役民者乎。參時酌事，豈皆甚不得已者乎。春秋莊公新延廄，《傳》曰：「言新者有故也，因故而新之，似無大損。而孔子必書之於策，以見其非時而役也。」毓秀亭之添修，何以異於延廄。魯人爲長府，閔子騫曰：「仍舊貫，如之何，何必改作。」長府之作不見經傳，蓋因子騫之言而止。陛下於凡工作，獨不當仍舊耶。《漢書》載文帝即位二十三年，宫室、苑囿、車騎、服御無所增益，有不便輒弛以利民。嘗欲作露臺，召匠計之，直百金，曰：「百金，中人十家之産，吾奉先帝宫室，嘗恐羞之，何以臺爲。」文帝之時，海内富庶，都鄙廩庾皆滿，而府庫餘貲財，京師之錢累鉅萬，太倉之粟，陳陳相因，且惜百金中人十家之産，則他所用，肯復妄費，有加於此者乎。奉先帝宫室，嘗恐羞之，則凡規制一定之外，肯復有所充拓，而侈於舊乎。漢文爲後世嗣統，守成之令主，蓋以是也。陛下志欲齊軌禹文，顧不念漢文帝之言耶。且今之時，視文帝之富庶何如矣。國家無事百三十年，于兹豐亨，豫大之運，宜非漢比，而閭閻之下，愁嘆之聲，窘蹙之態，殊不稱於盛世。昔有子有言：「百姓足，君孰與不足。百姓不足，君孰與足。」臣觀漢文帝在位，賜天下民租之半者，再除之而不收者十餘年，當時豈無一切用度，國有餘蓄故耳。陛下視今之内帑儲峙，果誠有餘，何不間歲，示天下以免租之。詔使天下曉然，知陛下愛民之心，歆感生育，遂油雲霈雨之望，於苗槁之日之爲大哉，而歲必取盈，舉諸筭榷之利以供工作。臣未睹今日之有餘蓄也，陛下試計今日工作，奚翅百倍露臺之費也。二處物料七所之所寄放及該監之所收貯，一有不敷，不免索之於外。索之於外，則工部不免(那)[挪]移，順天等府不免科派。蘆溝橋、張家灣等處局廠應用者，曾不能補料之半，柱礎等石皆要開塘起取，瑠璃、素白磚瓦亦要設窑燒造，凡百所需，無不擾擾。在内者以一糜二，在外者以十供一。如顔料中石大青、大緑，皆每斤值銀數兩，所用無慮數萬斤，需銀亦無慮數十萬兩。木石等匠，除在官人外，雇覔該三百名，每名一日工價七分，一日即該銀二十一兩，略約一年，工價已費七千餘兩矣。陛下方春時，和不爲賑貸之議，奈何有用之財棄之不急之務，有限之入蕩於無藝之支。無漢文帝之富庶，而所爲過之，無乃不可乎。京營官軍統之以三，而簡之以十二，所以肘腋宸居股肱，郡輔潛蓄精鋭，專備倉卒調遣者也。其半外衛，四都司春秋兩班按期輪替，即漢南北軍而兼乎番士，唐左右衛兵而併其府衛，以居重馭輕，從中制外，我祖宗之貽謀存焉，非土木之功所當役也。臣揆之制，軍民二役分自後代，成周役民之法，有爲五兩卒旅者。兵之役也，今之比閭族黨州鄉之中，朋户抽丁，既專役於兵矣，而復不免於他作，不失之重役乎。邇年，神樂觀等五處做工官軍有八千者，有五千者，少亦不下三千。三大營已撥去一萬七千，團營撥去五千，備更番者又該五千。工程浩繁，有一二年者，有二三年者，動輒再閲寒暑。在京土著之家，稍有生理，逐月雇工等項，用銀至一兩餘。外衛而無業者，則行糧糴盡，答應不前，自度難支，多行遠竄，心畏罪罰，不返本衛，亦往往有之。且臣聞之各處管工官員，大較假公濟私，便遷延以規利，務隱射以求閑。工程不急催完，軍士致荒訓練，在營聽操者無幾何矣。營中之弊，殷實私於辦納，精壯私於跟隨，技藝私於造作。教場操點，暫令應名，號令甫畢，四散而去，稽其數目，莫竟所止，由做工有以爲推托之地也。外使祇今入朝，本營人馬送迎擺列，夫人情孰不欲骨肉相保，鄉井相聚，而以行役去其父母妻子，差戍拋其田廬屋産，《采薇》之謂「靡室靡家，載饑載渴」者，不可憫乎！今二處做工團營，又該撥去九千，通計更番即一萬八千之數。繅絲見蛹，勢殆未已，竭澤得魚，後將何繼。已告不足，萬一意外之虞突如叵測，欲一呼十萬，容可得乎。此臣之所爲國家根本慮也。往事不可諫，而臣不惜覼縷之者，願陛下今日之察之也。雖然臣聞之道路之言，又有當爲陛下告者，外間嗷傳陛下添修毓秀亭，而盛厨、廡叢、臺榭，將以極遊觀也。陛下早朝晏罷，厲精圖治，清燕之閑，寧有他念。我太祖高皇帝皇明祖訓，遊翫去處，更不許造，今乃及此，殆爲祖宗之舊，不忍就墮。而人言大謬者，生於疑耳，見影疑形，聞響疑聲，疑之所在，未全無以言之，所生亦必有爲。輦轂之下，衆口沸喧，傳之四方，詎且益甚矣。仰惟我太祖皇帝，沉機先略，創制定規，佑啓後人，纖悉畢具。洪武八年建大内宫殿，詔有司不事華麗，曰：「使吾子孫後世守以爲法」，又曰：「游觀之所，朕決不爲。」嘗指宫中隙地謂皇太子諸王曰：「此非不可起亭館臺榭，今但令内使種蔬。蓋以一人治天下，不以天下奉一人，恐奢侈之易萌，而宴安之易溺也。」陛下允執厥中，監於成憲，『遊觀』二字，臣奚復容臆揣，而外間得於彷彿之迹，終莫釋然。宋蘇軾告其君云：「人言雖未必然，而疑似則有以致謗者。」臣愚故爲陛下惜也。欲人勿疑，莫若勿爲。陛下能如祖訓所戒，於疑何足置喙。宋英宗朝，有請于汴河築堤者，趙抃謂民多不欲奏已。其事築堤以防患，而民不欲尚爲之已，今日之工作異築堤者多矣。我太祖龍興初，自宣至徽，有儒士來見，問曰：「鄧愈築城，百姓怨否？」曰「頗怨」，即命罷之。築城以衛民，因民頗怨而遂罷之，今日之工作異築城者多矣，陛下安能保民之皆欲而無怨耶。無怪乎有是言也，是言殆近於謗，然畏謗而悔過，非陛下之聖不能也。道德之端，淫泆之原，皆起至微。而方寸轉移，天淵懸絶，月令工師之命，無或作爲淫巧以蕩上心，特重言之。一器物之淫巧，而上心乘之以蕩，況所以蕩上心有大焉者，是誠不可不慎也。君之心權輿乎天下之安危休戚者也。慎持之，則財不肯輕費，力不肯輕役，歛於民也薄，動於民也簡。不慎持之，則反是，而天下之安危休戚分焉，此常理也。陛下之聖，臣知無他念矣，彷彿之迹，猶願陛下去之。七所制度，所當有毓秀亭，事理所可緩，陛下倘察臣言，於此參酌而弛其一。凡物料工匠官軍盡得減半，則慶幸在朝廷當何如，禔福在生齒當何如，而外間之所疑亦自釋矣。如或亭已拆動，則可加補葺，不增一楹，使完而已。古者宮室塗而不琱，摩而不刻，人君之孝，固在謹守祖宗之法之訓，而豈在侈土木於前觀哉。陛下幸加早斷，毋以事集而難已也。唐貞觀初，太宗謂公卿曰：「朕欲營一殿，材用已具，鑒秦而止，是也毋惡臣言之戇而難受也。」貞觀四年太宗發卒修洛陽宮，張玄素切諫，比之煬帝，太宗爲罷役。是也臣以陛下之聖，必不罪言者，故敢進此愚忠，未諳事體，甘觸諱忌。草茅耿耿，自不能已，惟陛下少垂察焉。臣伏闕待命，不任惶慄，爲此具本親齎，謹具奏聞，伏候勅旨。

弘治十一年三月十八日。

田汝成《西湖遊覽志》卷三

浄慈禪寺，周顯德元年錢王俶建，號慧日永明院，迎衢州道潛禪師居之。潛嘗欲從王求金鑄十八阿羅漢，未白也，王忽夜夢十八巨人隨行，翌日道潛以請，王異而許之，始作羅漢堂。宋建隆初，禪師延壽以佛祖大意經綸正宗撰《宗鏡録》一百卷，遂作宗鏡堂，太宗改賜壽寧院。熙寧中，郡守陳襄延禪師宗本居之。屬歲旱，湖水盡涸，寺西隅甘泉出，有金色鰻魚遊焉，因鑿爲井，寺衆千餘飲之不竭，名曰圓照井。南渡時燬而復興，僧道容實鳩工焉，五歲始成，塑五百阿羅漢，以田字殿貯之。五百羅漢者，《涅槃經》云：「昔有五百商人出海採寶，值千盜攘去，併剜其目，日夜號痛。有告之曰靈鷲佛氏能救汝苦，與我重寶，引汝見之。商且行且捨至大林精舍，佛爲説法，爲證阿羅漢，果散處山林，分形顯化，作福人間。」蓋示人從生有貪，因貪受苦，因苦得報之意。其時塑像咸出一僧，而儀貌種異，神氣如生，像成而僧化去。其第四百二十二位阿濕毗尊者，獨設一龕，黄羅幕旁置籤筒，側身偃蹇，斜目覰人而笑。婦人祈嗣者必詣此炷香，以手摩腹，黑光可鑒，今龕廢矣。紹興九年改賜浄慈報恩光孝寺，額既而復燬。孝宗賜金成之，御書「慧日閣」，嘉泰四年復燬。嘉定十三年復建，閎勝甲於湖山，故程翰林《珌記文》有「濕紅映地，飛翠侵霄。簷轉鸞翎，堦排雁齒。星垂珠網，寶殿洞乎琉璃；日耀璇題，金椽聳乎玳瑁」之語。時宰臣建議以京輔佛寺推次甲乙，尊表五山爲諸刹綱領，而浄慈與焉。廡壁作五十三參等像，皆名師鍾鼎、丁清溪所畫也，大抵規模與靈隱相若，故二寺爲南北兩山之最。東坡詩云：「卧聞禪老入南山，浄掃清風五百間。」其弘壯在南渡前已然矣。先是，寺僧艱汲負擔湖濱，紹定四年，僧法薰以錫杖扣殿前地，出泉二派，甃爲雙井。嗣是，茗椀齋盂，漱風嘯月，千衲頤哺，永無乏供，丞相鄭清之爲記。淳祐十年建千佛閣，理宗書「華嚴法界」、「正遍知閣」八字賜之。元季時湖寺盡燬而茲寺獨存，皇明洪武間燬，僧法浄建，正統間復燬，僧宗妙建。寺內有永明堂、圓照樓、叢玉軒、一湖軒，並廢鐵鍋，重數千斤，款云「梁貞明二年鑄」。茲寺之建在吳越時，而鍋識「貞明」，或從他寺移來，未可考也。寺北有四眼井，蘇子《瞻謁宗本因和周別駕》詩：「卧聞禪老入南山，浄掃清風五百間。我與世疏宜獨往，君緣詩好不容攀。自知樂事年年減，難得高人日日閑。欲問雲公覔心地，要知何處是無還。」鄭清之《雙井》詩：「水神何時生六翮，飛出雙泉江練白。平湖浸月渺無邊，一笑對之成揖客。轆轤初動曉星横，夜捲寒瓊聲渚渚。千年佛殿礎花乾，十畝空庭蔭修柏。問泉何事趁奇觀，故向庭前作真澤。昔年何塞今何通，泉豈有心猶揀擇。若云泉自井中來，枯甃沿山有龜坼。如言地中泉自見，是年何須穿土脈。幡風胥動兩無干，細詮此證歸禪伯。我方饒舌爲井記，了不相干勞刻畫。寄詩更欲結茶緣，付與宗風自鎚拍。」白廷玉詩：「奎額昭回龍屈盤，入門已覺厭塵寰。何當白髮三千丈，來寄清風五百間。帝子釜摇金瀲灔，家人卦剔翠孱顔。西湖日日船如織，半在南屏第一山。」虞伯生詩：「寒梅的的西來意，翠竹青青劫外春。日出碧鷄山作霧，臺空彩鳳地無塵。八年寫遍湖山好，萬里歸來月色新。我在錦官城裏住，白雲滿屋便爲鄰。」王伯安詩：「卧病空山春復夏，山中幽事最能知。雨晴階下泉聲急，夜静松間月色遲。把卷有時眠白石，解纓隨意濯清漪。吴山越嶠俱堪老，正奈燕雲繫遠思。」姚公綬《方丈詩》：「第一橋頭歸日晡，天風吹酒已全無。人家只隔東西崦，烟水平分裏外湖。自解金魚憐杜甫，誰招白鶴弔林逋。兩峰勝概山僧得，好爲南屏一寫圖。」

閔文振《異物彙苑》卷一四《紫瓷盆》 會昌元年，渤海貢紫瓷盆，容半斛，内外通瑩，其色純紫，厚可寸許，舉之則若鴻毛。《杜陽雜編》

閔文振《異物彙苑》卷一四《琉璃盤》 同昌公主有琉璃盤，盛夜光珠立堂中，其光如晝。《杜陽雜編》唐代宗時，路嗣恭進琉璃盤，徑九寸，帝以爲至寶，及破元載家，得琉璃盤徑一尺。《唐書》

閔文振《異物彙苑》卷一七《琉璃燈》 宋禁中作琉璃燈，高五丈，人物皆用機關活動圓轉，結大綵樓以貯之。又於殿堂梁棟窗户之間爲涌壁，作諸色故事，龍鳳噀水，蜿蜒如生，遂爲諸燈之冠。前後設玉柵簾，寶光花影，不可正視。《武林舊事》

閔文振《異物彙苑》卷一八《玻璃殿》 魏大武時，大月氏國人至京，鑄琉璃，澤美於西來者。乃詔以琉璃爲行殿，容百餘人，光色掩映，見者震駭，以爲神明。《韻府續編》

王世貞《弇州四部稿》卷一七一《説部》 何太宰每宴，不食尚方所食，晉武帝令就其家取之。帝幸王武子第，侍婢數百人各持琉璃器供膳食，蒸豚有異於常問，乃以人乳飲之。齊武帝幸芳林園，就虞悰求味，獻糰及雜肴數十輿，大官不及也。上欲求飲食，方不得，後體不快。悰僅獻醒酒鯖鮓一方而已，當時君臣乃爾，良可笑也。

谷泰《博物要覽》卷一四

紀玻璃所産地

一産西洋國，玻璃本作頗黎，國名也，其瑩如水，其堅如玉，故名水玉，與水晶同名。

一産南番，玻璃國之寶也。玉石之類，生於土中，或云千歲冰所化，或恐未然。有酒色、紫色、白色，瑩徹與水晶相似，碾開有雨點，花者爲直列，丹家亦用之，藥燒者有氣眼而輕。

論玻璃顔色

大食國有五色玻璃，以紅色爲貴，其外有碧、緑、紫、白四色，其價不甚重。

梁武帝時扶南人來賣碧玻璃鏡，廣一尺有半，重四十餘斤，内外皎潔，向明視之，不見其質，當時以爲至寶。

宋御庫中有玻璃母，乃大食所貢，狀若鉄滓，煅之但作珂子狀，青、黄、紅、白數色。

論玻璃器物

大食國有玻璃窑名爲大窑，各種器物俱有，不佳，惟高脚勸杯及大小罐可玩，色惟鴨緑、天青二種爲最，猶以白鎖口者爲佳。

琉璃所産地

琉璃産大秦國及天竺國，本質是石，以自然灰治之，可爲器物。

琉璃出大秦國，有名金銀琉璃，及赤、白、黄、青、緑、緅、紺、紅、紫十色，此乃自然之物，澤潤光彩逾于衆玉，今俗所開皆銷冶汁，以衆藥灌而成之，虚脆不真。

石琉璃出高麗，刀刮不動，色白，厚半寸，明于牛角者。

南天竺諸國出琉璃，狀如雲母，色如紫金，用脚踏可開，拆之則薄如蟬翼，積之則聚，亦琉璃、雲母之類也，今人多以爲燈球，明瑩而能耐久。

徐應秋《玉芝堂談薈》卷二七《琉璃鞍》 《西京雜記》：「武帝時，身毒國進連環羈，皆以白玉作之，瑪瑙石爲勒，白光琉璃爲鞍。鞍在暗室中，嘗照十餘丈，如晝日。自是長安盛飾鞍馬，競加雕鏤，皆以南海白蜃爲珂，紫金爲華，加以鈴鑷，飾以流蘇。後得貳師天馬，常以玫瑰爲鞍，鏤以金銀鍮石，以緑地五色錦爲蔽泥，後以熊羆皮爲之，毛有緑光，長尺餘。」按《魏略》：琉璃本是石質，大秦國出赤、白、黑、黄、青、緑、縹、紺、紅、紫十種流離，蓋自然之物。彩澤光潤，踰于寶玉，其色不恒。今俗所用，皆銷冶石汁加以藥物灌而爲之，尤虚脆，非真物也。漢武又嘗以琉璃夜光珠雜寶爲甲乙帳，甲以居神，乙以自居。又神明臺，其窗扉屏風悉以白琉璃作之，光明洞徹。董偃卧延清之室，以畫石爲牀，上設紫琉璃帳。趙飛燕爲皇后，其女弟遺以雲母屏風、琉璃屏風。吴孫亮作緑琉璃屏風，甚薄而瑩徹，每于月下舒之。魏太祖爲琉璃行殿，容數百人。晉滿奮坐琉璃窗内，有難色，曰：「臣猶吴牛見月而喘。」同昌公主以紅琉璃盤盛夜光珠于堂中，光如晝。唐末有琉璃釵，唐召侍臣食櫻桃，以琉璃盤盛，灌以香酪。魚朝恩有洞房，四壁夾安琉璃板，中貯江水及萍藻諸色魚鰕，號魚藻洞。五季卜相投名于琉璃瓶中。佛攝鬼子、母小子置琉璃鉢中，竭魔力與其魔衆舉此鉢，不得。唐代宗平嶺南，得琉璃盤，面闊九寸，以爲寶，及元載家得一尺面者。李後主召馮延巳于碧落宫，見八尺琉璃屏畫夷光獨立。《圖寶藏編》缺：「琉璃出須彌山，青色，火不能銷，惟鬼神有道力者能破之。又云是金翅鳥殼，今世珠玉犀象珍用之物，不殊于古，而琉璃車渠絶響，不知其故何也。」

謝肇淛《五雜俎》卷一二《物部四》　筆之所貴者，毫中用耳。然古今談咏，多及鏤飾。劉婕妤折琉璃筆管，晉武賜張茂先麟角爲管，袁象贈庾廙象牙筆管，南朝筆工鐵頭者能瑩管如玉，湘州守贈李德裕斑竹管，段成式寄温飛卿葫蘆筆管。《西京雜記》：「天子筆管以錯寶爲跗，雜寶爲匣，厠以玉璧翠羽。」漢末一筆之匣，雕以黄金，飾以和璧，綴以隋珠，文以翡翠。湘東王筆有三等，金玉爲上，銀竹次之。至於王使君以鼠牙刻筆管，作從軍行人、馬毛髮、屋宇、山川無不畢具，噫，精則極矣，於筆何與。譬之擇姝者，不觀其貌而惟衣飾之是尚也，惑亦甚矣。歐陽通能書者也，猶以象牙犀角爲筆管，况庸人乎。右軍謂人有以琉璃象牙爲筆管者，麗飾則有之。然筆須輕便，重則躓矣，惟有緑沉漆竹及鏤管可愛。余謂筆苟中書，即緑沉漆鏤，亦不必可也。

謝肇淛《五雜俎》卷一二《物部四》　董偃卧琉璃帳，張易之爲母製七寶帳，王諲作翠羽帳，元載寵姬處金絲帳，唐武宗玳瑁帳，同昌公主設連珠帳。又大秦國金織成五色帳，有明月夜珠帳，斯條王國作白珠交結帳，侈靡極矣。然琉璃玳瑁玉石之屬，豈堪作帳，當是「鄣」字之誤耳。

徐炬《新鐫古今事物原始全書》卷七《琉璃》　高麗出者，性堅，刀刮不動，其色白，厚半寸。大秦國出者，緑赤黄色，其黑紫點燈甚明，勝于角煎琉璃遠矣。《漢書》云：「罽賓國出赤、白、青、黄、紅、緑、黑、紫、縹、紺十種，其玻璃出南番，有紫、白二色，似水晶者，碾開内有雨點花色是真，或云即火燧珠，向日可以取火。」

慎懋官《華夷花木鳥獸珍玩考》卷八《琉璃》　青色如玉。《魏略》：「大秦國出赤、白、黑、黄、青、緑、縹、紺、紅、紫十種琉璃。」孟康言：「青色，不博通也。」此自然之物，彩澤光潤踰於衆玉，其色不常。今俗所用，皆銷冶石汁以衆藥灌而爲之，脆虚不真實，非其物也。」

慎懋官《華夷花木鳥獸珍玩考》卷八《月下葡萄》　國初沈萬三者，吴人也。居周庄，富盛所藏瑪瑙、酒壺，其質通明，類水晶，一枝葡萄如墨點，就號爲「月下葡萄」。

嘗讀《春緒紀聞》：「有人蓄瑪瑙大硯，注水硯間，則水中有一小鯽游泳可愛，去水則無也。」《夷堅志》亦載：「人有銅盆，凡水注滿，則雙鯽撥刺出水矣，無水無之。」予未之信。後杭醫朱某家造墳，得土中二瓷碗，偶注酒於中，則頃刻有緑苔浮滿酒中，意其不潔所致，及滌凈，復注亦然，飲之又未嘗有物也。

慎懋官《華夷花木鳥獸珍玩考》卷八《自然灰》　琉璃、瑪瑙，先以自然灰令軟，可以雕刻自然。灰生南海。

慎懋官《華夷花木鳥獸珍玩考》卷八《碧玻黎鏡》　扶南大舶從西天竺國來，賣碧玻黎鏡。面廣一尺五寸，重四十觔，内外皎潔，置五色物於其上，向明視之，不見其質。問其價，約錢百萬貫，文帝令有司算之，傾府庫償之不足。其商人言此色界天王，有福樂事，天澍大雨，衆寶如山，納之山藏，取之難得，以大獸肉投之，藏中肉爛黏寶，一鳥銜出，而即此寶焉。舉國不識，無敢酬其價者，以示杰公，公曰：「上界之寶，信矣。」昔波羅尼斯國王有大福，得獲二寶鏡，鏡光所照，大者三十里，小者十里。至玄孫福盡，天火燒宫，大鏡光明，能禦災火，不至焚爇。小鏡光微，爲火所害，雖光彩昧暗，尚能辟諸毒物方圓百步。蓋此鏡也，時王賣得金二千餘觔，遂入商人之手，後王福薄，失其大寶，收奪此鏡，却入王宫。此王十世孫失道，國人將謀害之，此鏡又出，當是大臣所得，其應入於商賈。其價千金，傾竭府庫不足也，因命杰公與之論鏡，由是信服。更問此是瑞寶，王令貨賣，即應大秦、波羅奈國、失羅國諸大國王、大臣所取，汝輩胡客何由得之，必是盜竊至此耳。胡客逡巡未對，俄而其國遣使追訪至梁，云其鏡爲盜所竊，果如其言。

慎懋官《華夷花木鳥獸珍玩考》卷八《鷄鳴枕》　偶武孟，吴之太倉人也，有詩名，嘗爲武岡州幕官。因鑿渠得一瓦枕，枕之，聞其中鳴鼓起擂，一更至五更，鼓舞次第，更轉不差。既聞鷄鳴，亦至三唱而曉，抵暮復然。武孟以爲鬼，令碎之，及見其中設機局以應夜氣，識者謂爲諸葛武侯鷄鳴枕也。

慎懋官《華夷花木鳥獸珍玩考》卷八《重明枕》　元和八年，大軫國貢。長一尺二寸，高六寸，潔白逾於水精。中有樓臺之狀，四方有十道士持香執簡，循環無已，謂之行道真人。其樓臺、瓦木、丹青、真人、簪帔無不悉具，通瑩焉如水。

唐志契《繪事微言》卷上《書畫金湯》　善趣：賞鑒家，精舍凈几，風日清美。瓶花茶笋橙橘時，山水間，二人不矜莊。名香修竹拂曬，天下無事，考證高僧。與奇石鼎彝相傍，睡起病餘，雪漫殿緩收。

惡魔：黄梅天，燈下酒後，研池汁，屋漏水，硬索巧賺輕借。收藏印多胡亂題，代枕傍客催逼。陰雨燥風奪視，無揀料銓次市。談攪油污手曬穢，地上臨摹，污損蠹魚，强作解噴嚏。童僕林立，問價指甲痕，剪裁摺蹙。

莊嚴：玳瑁瑪瑙琉璃，紫磨金白玉文犀。官窑軸頭綉帶，内庫秘閣寶籤。古錦面，五色玉，牌記帝王璽。奇綵裹囊，名賢題跋，金縷珠母，石青栴檀匣。

落劫：入村漢手，質錢獻豪門。剪作練裙襪材，不肖子，換酒食。盜水火，厄殉葬。

陳仁錫《潛確居類書》卷九一《服御部四·酒器·琉璃巵》 傅咸《琉璃巵賦》：「有金商之瑋寶，禀乾剛之淳精。歎春暉之定色，越冬冰之至清。爰甄陶以成器，逞異域之殊形。」

陳仁錫《潛確居類書》卷九一《服御部四·酒器·緑瓷》 緑瓷酒器，見鄴陽《酒賦》。

陳仁錫《潛確居類書》卷九一《服御部四·酒器·五經》 陶人爲器，有酒經焉，以盛酒，似瓦壺之製。小頸環口，修腹，受一斗。晉安人饋人酒書，一經或二經或五經，他境人不達其義，聞五經至，束帶迎于□，乃知是酒，五餅爲五經也。

陳仁錫《潛確居類書》卷九四《服御部七·玻黎》 玻黎出南番，有酒色、紫色、白色者，與水晶相似，器皿碾雨點花兒者是真。其用藥燒者，入手輕，有氣眼，與瑠璃相似。〔《西陽雜俎》〕千歲積冰結爲玻璃，一説獅子乳，以金銀寶器盛之皆漏，惟玻瓈則否。 李白進《清平調》，太真持玻黎七寳杯，酌西涼州蒲萄酒飲白。

彭儼《鐫五侯鯖》卷八《人事門·雜記》 陶人埏埴而爲器，埏，擊也，埴，粘土也。 摶埴，摶團，拍也。

彭儼《鐫五侯鯖》卷一〇《博雅》 孫權時，掘地得銅匣，以琉璃爲蓋，雕刻之布雲母于其上。開之，有白玉如意執處，皆刻龍虎蟬形。胡綜謂始皇以金陵有天子氣，處處埋寶物以當王氣，此殆是乎，人服其博洽。

彭儼《鐫五侯鯖》卷一〇《博雅》 丹陽山得瓦物，高九尺，鋭下平，蓋如合，中得劍一，瓷具。沈約曰：「此甖蓋東夷坐葬，用以代棺。」

吴楚材《彊識略》卷二九《玻瓈》 亦作頗黎，天竺有碧頗黎鏡，面廣尺五寸，重四十斤，梁文帝令有司筭之，約價錢百萬貫。《事物考》云：「出南番，有酒色、紫色、白色，似水晶，器皿背多碾雨點花，見其藥燒者，入手輕，有氣眼，似琉璃。」又《玄中記》：「五色惟紅最貴。」

吴楚材《彊識略》卷二九《琉璃》 《韻集》曰：「火齊，珠也，本作瑠璃，似玉。」《漢·西域傳》：「相如賦並作流離。」《魏略》：「大秦國出赤、白、黑、黄、青、緑、紺、縹、紅、紫十種，又琉璃本質是石，欲作器，以自然灰治之。自然灰狀如黄灰，生南海，亦可浣衣用之，不須淋，但投之水中，滑如苔石。又魏太武時，大月氏國人自云能鑄琉璃，既成，光澤美於西來者，乃詔爲行殿，自此中國琉璃遂賤云。

孫承澤《硯山齋雜記》卷四《眼鏡》 眼鏡初入中國名曰靉靆，惟一鏡之貴，價準匹馬，今則三五分可得，然不過山東米汁燒料玻瓈者貴矣。水晶尤貴，水晶之墨色者貴至七八金，餘值以漸而減，真讀書之一助也。西洋天主教人神奇其説，云自萬曆年中彼教入中國始有者，非也。偶見吴匏翁詩集中有《謝屠公送西域眼鏡》篇曰：「眼鏡從何來，異哉不可詰。圓與莢錢同，凈與雲母匹。又若台星然，兩比半天出。持之近眼眶，偏宜對書帙。蠅頭瑣細字，明瑩類椽筆。余生抱書淫，視短苦目疾。及兹佐吏曹，文案夕未畢。太宰定知我，投贈不待乞。一朝忽得此，舊疾覺頓失。謝却撥雲膏，生白訝虚室。扁鵲見五臟，未必有奇術。隨身或得此，遂使目光溢。世傳離婁明，雙晴不能没。千年黄壤間，化此直百鎰。聞之西域産，其名殊不一。博物有張華，吾當從彼質。觀此鏡之形，模畢具又知。」文定公目近視，所云産西域，則文定之爲吏侍，當在弘治、正德間，彼時中國久有此鏡矣，何待天主教始能造也。

《留青日札》：「提學副使潮陽林公有二物，如大錢形，質薄而透明，如硝子石，如琉璃，色如雲母。每目力昏倦，不辨細書，以此掩目，精神不散，筆畫倍明。中用綾絹聯之，縛於腦後，人皆不識，舉以問余。余曰此靉靆也，出於西域滿剌國，或問公得自南海賈胡，後見張公《方洲雜録》云：「宣廟賜胡宗伯物即此，以金相輪廓而衍之爲柄，紐制其末，合則爲一，岐則爲二，如市肆中等子匣。又孫參政景章亦有一具，云以良馬易得於西域，似聞其名爲僾逮，則其二字之訛也。蓋叆叇乃輕雲貌，言如輕雲之籠，日月不掩其明也，若作曖曃亦可。」

黄宗羲《明文海》卷三七二陳沂《報恩琉璃浮圖記》 南都城之南聚寶門之外有大佛宇，孫吴時云神僧所居，南朝始有寺，因地長干曰長干寺，趙宋改名天禧寺。國朝永樂初大建之，準宫闕規制而差小焉，名大報恩寺，故有浮圖放舍利光。文皇詔天下盡甄工之能者，造五色琉璃，備五材百制，隨質成色，而陶埏爲象品，第甲乙，鉤心鬭角，合而甃之爲大浮圖。下周廣四十尋，重屋九級，高百丈，外旋八面，内繩四方。外之門牖實虚其四，不施寸木，皆埏埴而成連。大宫後叠玉砌數級，上爲五色蓮臺，座高擁尋丈，乃列朱楹八面，闢爲四門，懸十有六牖於八隅。門大神具陀，優鉢曇花，壁刻以天王金剛。四部門大神具頭目手足異相，冠簪纓胄，衣帶瑣甲，異制戈戟輪鐸，器飾異執，種種不類。載以獅象，承以焚橑，井栱翔起，光彩璀璨。覆以碧瓦鱗次，螭頭豹尾，交結上下。又蔽以鏤檻雕楹，青瑣綉闥，于外二級至九級不設瑣闥，惟楹檻皆朱壁，皆黝堊。榱栱則間以玄朱，其花萼旋繞牖户，懸闥之制皆如初綴焉。盡九級之上爲鐵輪盤，盤上相輪叠起數仞，冠以黄金寶珠，頂維以鐵縴，墜以金鈴。每級飛檷皆懸鳴鐸，明牖以蚌螭薄葉障之，買出楹外凡百四十有四，晝則金碧照耀雲際，夜則百四十有四篝燈，如火龍自天而降，騰焰數十里，風鐸相間有聲。浮圖之内懸梯百蹬，旋轉而上，每層布地以金，四壁皆方尺小釋像，各具諸佛，如來因緣凡百種，極致精巧，眉髮悉具，布砌周遍，井栱叠起，皆青碧穹覆如華蓋。列牖設篝燈，處若蝸殼，宛曲一竅，穿出門至絶級，亦洞敞首不低縮。出檷檻外則心神惶怖，不能久佇，四顧羣山大江，闤阻傍達，無遠不在。近觀宮城廨舍、陸衢水道、民居巷市人物，往來動息，罔不畢見，飛鳥流雲，常俯視在下矣。

孫廷銓《顔山雜記》卷四《物産·琉璃》 琉璃者，石以爲質，硝以和之，礁以鍜之，銅鐵丹鉛以變之。非石不成，非硝不行，非銅鐵丹鉛則不精，三合然後生。白如霜，廉削而四方，馬牙石也。紫如英，札札星星，紫石也。稜而多角，其形似璞，凌子石也。白者以爲幹也，紫者以爲軟也，凌子者以爲瑩也。是故白以爲幹則剛，紫以爲軟則斥之爲薄而易張，凌子以爲瑩則鏡物有光。硝，柔火也，以和内，礁，猛火也，以攻外。其始也，石氣濁，硝氣未澄，必剥而争，故其火烟漲而黑。徐惡盡矣，性未和也，火得紅。徐性和矣，精未融也，火得青。徐精融矣，合同而化矣，火得白。故相火齊者，以白爲候。其辨色也，白五之，紫一之，凌子倍紫，得水晶。進其紫，退其白，去其凌子，得正白。白三之，子一之，凌子如紫，加少銅及鐵屑焉，得梅萼紅。白三之，紫一之，去其凌，進其銅，去其鐵，得藍。法如白焉，鈎以銅磧，得秋黄。法如水晶，鈎以畫碗石，得映青。法如白，加鉛焉，多多益善，得牙白。法如牙白，加鐵焉，得正黑。法如水晶，加銅焉，得緑。法如緑，退其銅，加少磧焉，得鵝黄。凡皆以鹸硝之數爲之程。

琉璃之貴者爲青簾。取彼水晶，和以回青，如箸斯條，若水斯冰，緯爲幌薄，傳于朱櫺。瑞烟徐起，旭日始升，影動几筵，光浮御屏，棲神象玄，以合窈冥。用之郊壇焉，用之清廟焉，隸于司空，以稱國工。

其次爲珮玉丁當，連珠綴纓，絳紗作盛，弁冕盈廷，乃球鏘鳴，古者百僚朝祭之法服也。

其次爲華燈、屏風、罐合、果山，皆穿珠之屬。錯彩雕龍，口則無功。

其次爲棋子、風鈴、念珠、壺頂、簪珥、料方，皆實之屬。圍棋滴之，風鈴範之，料方亦如之，條珠纏之，細珠寫之，大珠纏之，戞之。簪珥惟錯車磲者，雜二色藥而糅之。瑪瑙者，琺瑯點之。纏絲者，以藥夾絲，待其融也，引而旋之。

其次爲泡燈、魚瓶、葫蘆、硯滴、佛眼、軒轅鏡、火珠、響器、鼓璫，皆空之屬。

凡製琉璃，必先以琉璃爲管焉，必有鐵杖、剪刀焉，非是弗工。石之在冶，涣然流離，猶金之在鎔。引而出之者，杖之力也。受之者，管也。授之以隙，納氣而中空，使口得爲功，管之力也。乍出于火，涣然流離，就管矣，未就口也，急則流，緩則凝，旋而轉之，授以風輪，使不流不凝，手之力也。施氣焉壯則裂，弱則偏，調其氣而消息之，氣行而喉舌皆不知，則大不裂，小不偏，口之力也。吹圓毬者抗之，吹膽瓶者墜之，一俯一仰，滿氣爲圓，微氣爲長，身如朽株，首如蝕鼓，項之力也。引之使長，裁之使短，拗之使屈，突之使高，抑之使凹，剪刀之力也。凡爲葫蘆，先得提，後得腹，接處爲腰。爲含子葫蘆，先得子，次得提，納子焉，後得腹。凡爲魚瓶，先得口，次得腔，次得山，後得果枝。凡爲花簪，先得莖，後得頂，斷而殊之，易手而燎之，後得蜂末。凡爲響器，先得下口，後得上口。凡爲硯滴，先得頂口，次得腹，次得提，後得吐水。凡爲燈碗，先得圓毬，吸其下，按其上，斷其臍而坐之，上反爲底，下反爲面。凡爲鼓璫，先得葫蘆，旋燒其底而四流之，以均其薄，欲平而不平，使微杠焉，以隨氣之動，乃得鳴。鼓璫者，響葫蘆也，言微氣鼓之而璫鳴也。辟之爲鼓也，聲者其面也，響之應者其腔也，實則其空也，故大空則大鳴，小空則小鳴。此老氏之説也：當其無有，有之用也。凡爲空者，先養其氣，氣圓而體圓，此學書之説也，心正則筆正也。

按：《通鑑》：唐代宗初誅元載，召江西判官李泌入見，語及載事，曰：「朕面屬卿于路嗣恭，而嗣恭取載意，奏卿爲虔州别駕。嗣恭初平嶺南，獻琉璃盤徑九寸，朕以爲至寶。及破載家，得嗣恭所遺載琉璃盤徑尺，俟其至，當與卿議之。」胡三省注曰：程大昌曰：《漢·西域傳》：罽賓國有琥珀、流離。師古注曰：《魏略》云：大秦國出赤、白、黄、黑、青、緑、縹、組、紅、紫十種流離，此蓋自然之物，采澤光潤，踰于衆玉。今俗所用，皆消冶石汁，加以衆藥灌而爲之，虚脆不耐，實非真物。按流離，今書附玉旁，爲琉璃字。師古之記是矣，亦未得其詳也。《穆天子傳》：天子東征，有采石之山，凡好石之器于是出。升山取采石，鑄以成器。注云：采石，文采之石也。則鑄石爲器，古有之矣。顔氏謂爲自然之物，恐不詳也。《北史·大月氏傳》：魏太武時，月氏人商販京師，自云能鑄石爲五色琉璃。於是采（曠）〔礦〕

石于山中，即京師鑄之。既成，光澤乃美于西方來者。自是琉璃遂賤。用此言推之，則雖西域琉璃，亦用石鑄，無自然生成者。兼外國奇産，中國未始無之，獨不聞有所謂真琉璃。然中國所鑄，有與西域異者，鑄之中國，色甚光鮮，而質則輕脆，沃以熱酒，隨手破裂。其來自海舶者，製差鈍樸，而色亦微暗，其可異者，雖百沸湯注之，與瓷銀無異，了不復動，是名「番琉璃」也。番琉璃之異于中國，其別蓋如此，而未嘗聞以石琢之也。余謂路嗣恭所獻者，蓋師古所謂大秦琉璃自然之物，否則代宗何以謂之至寶哉？程大昌考之不詳耳。

水磨柏香：水之爲利，莫大于灌田，是故近水者得天之半焉。孝鄉田高水下，不可灌也。頃有教以水車之法，試而引之，高之上又有高焉，終不可灌也，是失天之半矣。幸可爲水磨，又獨能平輪，不能爲側輪也。平輪者，必爲飛水以飛輪。飛水者，必高其閘，閘已庳，則注水勢弱，水雖大，輪不飛也。飛輪者，必深其坎，下其水而疾去之，水平而去不疾，則輪濡，注水雖高，輪猶不飛也。輪不飛，則其戴石也力薄而功微，是失水之半矣。側輪者，水擊其輞而力横施，可以磑，可以舂也。平輪者，水擊其牙而力上行，是不可舂，徒磑耳，是失磨之半矣。高其閘者，必高其堰，堰已薄，則沙易頹也，已厚，則力不償費也。秋潦爲患，山水暴長，堰之廢者，非潦盡不可以復興，而磨常半歲間，是磨之半又失半矣。是故孝鄉之水磨，常格于天時，費于人力，而不盡乎地利也。

灌長氏曰：吾觀于鄉，而知擇術之必慎，擇業之必精也。當明之末，庚辰辛巳間，江北旱災，琉璃之家死者什九，非以其無用器耶？若其在時和清宴，亦可以觀人情矣。彼瓷、炭，用物也，其行不越數百里，丹礬赤土，用舍半之，其行千里，琉璃，無用器也，然且北至燕，南至百粤，東至高麗，西至河外，其行萬里。彼物情之不齊，亦獨何哉？其用彌寡，其行彌遠。

王原祁等《萬壽盛典初集》卷二三《恩賚一・加恩宗室》 康熙五十二年三月十八日萬壽覃恩詔，賜王以下宗室覺羅，十五歲以上幣帛有差。四月二十七日，户部尚書臣穆和倫等謹題爲欽奉恩詔事。【略】

宗室王以下蒙特賜者，附載於後。

賜和碩莊親王：

御書匾一，對聯一，大條幅字一，扇一，鞍馬一匹，玻璃器皿一席三十六事。

賜多羅平郡王：

御書條幅字一，白玻璃碗四，白金黄紅藍玻璃碟四，金黄色玻璃瓶一，白玻璃花瓶一，白色金黄色玻璃小碟四，盛京古硯一，餞山查二瓶，餞梨二瓶，緑葡萄一瓶，瑣子葡萄一瓶。

賜鎮國公額爾圖：

御書字一幅，藍玻璃碟四，白玻璃碟一，白玻璃瓶二，藍玻璃瓶一，緑玻璃碟一，石硯一，餞山查二瓶，餞梨一瓶，哈密葡萄一瓶，索索葡萄一瓶。

賜鎮國公星海：

白玻璃瓶一，藍玻璃大盤二，玻璃小碟四，花玻璃花瓶二。

賜鑲白旗護軍統領噶渣爾啟、大宗室楚宗衣服等物。

田文鏡等《(雍正)河南通志》卷五二《河南府》 琉璃井在府城外發祥寺側，宋太祖誕時汲此水浴，後甃以琉璃。

嵇璜等《續文獻通考》卷一〇九《樂九・響葫蘆》 魏坤倚《晴閣雜鈔》曰：「琉璃廠原爲燒殿瓦之用，殿瓦之外，所製一曰響葫蘆，小兒口啣嘘吸成聲，俗名倒掖氣。一曰鐵馬，懸之簷以受風戛者也。」

孫廷銓《顏山雜記》曰：「凡製琉璃響器，先得下口，後得上口。凡爲鼓璫，先得葫蘆，提燒其底，而凹流之，以均其薄，欲平而不平，使微杠焉。以隨氣之動，乃得鳴，鼓璫者，響葫蘆也。」

玻璃部

綜述

李昉等《太平御覽》卷八〇八《頗黎》 《梁四公子記》曰：「扶南大舶從西天竺國來，賣碧頗黎鏡，面廣一尺五寸，重四十斤，內外皎潔，置五色物於其上，向明視之，不見其質。問其價約錢百萬貫，文帝令有司算之，傾府庫當之不足。其商人言此色界天王有福樂事，天澍大雨，雨衆寶山納之。山藏取之難得，以大獸肉投之，藏中肉爛類寶，一鳥銜出而得此寶焉。舉國不識，無敢酬其價者。」

《唐書》曰：「高宗上元二年十二月，拔汗船王般碧頗黎及地黃，龜茲白玉，素稽獻銀頗黎。」

《天竺記》曰：「大雪山中有寶山，諸七寶並生，取可得，唯頗黎寶生高峰難得。」

《玄中記》曰：「大秦國有五色頗黎，紅色最貴。」

《十洲記》曰：「崑崙山上有紅碧頗黎宮，色七寶堂是也。」

高似孫《緯略》卷八《十種琉璃》 大秦國出青、白、黑、黄、赤、緑、紺、縹、紅、紫十種琉璃。《魏略》 又有五色玻璃，紅色者最貴。《玄中記》。《程氏繁露》引《魏書》有「天竺國人至京，自言能鑄石爲五色琉璃，於是採石鑄之。所謂琉璃者，謂其如玉也。若以石鑄之，曾何足珍。」按《廣雅》曰：「琉璃，珠也。」《韻集》曰：「琉璃，火齊珠也，則知琉璃爲玉物也。」晉潘尼《琉璃碗賦》曰：「濟流沙之絶險，越葱嶺之峻危，於是遊西極，望大蒙，歷鍾山，闚燭龍，覲王母，訪仙童。取琉璃之攸華，詔曠世之良工。纂玄儀以取象，准三辰以定容。光映日曜，圓盛月盈。纖瑕罔麗。飛塵靡停，灼爍旁燭，表裏相形。凝霜不足方其潔，澄水不能喻其清。剛過金石，勁勵瓊玉，磨之不磷，涅之不濁。」如潘尼所賦的，非以石鑄之者矣。

徐一夔《明集禮》卷四《追尊册寶》 按古册之制，以竹爲之，衆簡相連，長二尺，其次一長一短。兩編下附周漢以來命諸侯、立皇后太子，則用之，寶之制以玉爲之。自秦以璽傳國，故歷世相承而用，唐改璽爲寶，其追尊祖廟册寶之制，則漢以來無文。宋太祖建隆元年，追尊僖、順、翼、宣四祖，御崇元殿備禮，遣使奉册，上四廟諡號，大臣撰册文及書册寶。其册用珉玉，簡長尺二寸，闊一寸二分，厚五分，簡數從文之多少聯以金繩，首尾結帶，前後四枚，刻龍鏤金，若捧護之狀，藉以錦褥，覆以紅羅泥金夾帕。册匣長廣取容，册塗以朱漆，金裝隱起，突龍鳳金鎖蚡錯。匣上又以紅羅繡盤龍蹙金帕覆之，承以金裝長干牀、金龍首、金魚鈎，藉匣以錦緣席、錦褥，又紐紅絲爲條以縈匣。册案塗朱漆，覆以紅羅銷金衣，其寶用玉，篆文廣四寸九分，厚一寸二分，其文曰某祖某皇帝之寶，填以金盤龍紐，繫以暈錦大綬、赤小綬連玉環。玉檢高七寸，廣二寸四分，皆飾以金，裹以以紅錦，加紅羅泥金夾帕，納於小盝。盝以金裝，內設金牀暈錦褥，節以雜色玻瓈、碧鈿石、珊瑚、金精石、碼碯。又盝二重皆裝以金，覆以紅羅繡帕。元册寶並同宋制。國朝追尊四廟，其册寶亦皆用玉，册之長闊、簡數、繩聯，褥藉、帕覆、匣藏并寶之厚廣，龍紐錦綬裏以帕，納以盝，並與宋元同制。其德祖廟之册文曰：「維洪武元年歲次月朔日，孝玄孫嗣皇帝臣某再拜稽首，上言臣聞，尊敬先世人之至情。祖父有天下者傳之於子孫，子孫有天下者追尊於祖父，此古今之通義也。臣遇天下兵起，躬被甲胄，調度師旅，戡定四方，以安人民，土地日廣，皆承祖宗之庇也。諸臣庶推臣爲皇帝，先世考妣未有稱號，謹上皇高祖考府君，尊號曰玄皇帝，廟號德祖。伏惟英爽鑒此，孝思謹言，其寶文曰德祖玄皇帝之寶，玄皇后并懿祖、恒皇帝、恒皇后，熙祖裕皇帝、裕皇后，仁祖淳皇帝、淳皇后陳氏，册文並同其寶文，則各隨諡號。」

徐一夔《明集禮》卷一九《寶》 皇后寶璽。前漢用金璽螭虎鈕，後漢用赤紱玉璽，唐用金，更名寶，宋亦以金爲之。方二寸四分，刻篆文曰皇后之寶，鈕作蟠螭，四厢并背皆鈒螭水地，裏以銷金夾帕，納以朱紅漆匣。匣用金鍍銀裝，匣內金鍍銀檢，檢上勾勒「皇后之寶」四字。又有伴寶環及寶斗，加以三重朱紅漆盝，皆用金鍍銀裝飾，蓋以夾帕，其腰輿行馬檐床竿等，皆用朱紅漆金銀裝。元制以玉爲寶，用蒙古字刻其文，隱起填以金，譯曰「皇后之寶」。其制廣四寸九分，厚一寸二分，蟠龍鈕紱，用暈錦大綬、赤小綬連玉環。又玉檢高七寸，廣二寸四分，皆飾以金，裹以紅錦及紅羅，泥金夾帕納於小盝。盝以金裝，內設金牀，暈錦褥飾以玻瓈、碧鈿、珊瑚、金精石、瑪瑙。又盝二重，皆裝以金，覆以紅羅繡帕，承以鍍金裝長干牀、鍍金魚鈎，藉盝以錦褥。其行馬飾以鍍金寶案，用朱漆，覆以紅羅銷金衣。國朝皇后金寶龜鈕朱綬，文用篆書曰「皇后之寶」，依周尺方五寸九分，厚一寸七分。寶池用金闊取容寶，寶匣二副，每副三重。外匣用木，飾以渾金瀝粉蟠龍紅紵絲襯裏，中匣用金鈒造蟠龍內，小匣仍用木，飾以渾金瀝粉，蟠龍紅紵絲襯裏。小匣內置以寶座，四角雕蟠龍，飾以渾金，座上用小錦褥，褥上一置寶，一置寶池，用銷金紅羅小夾袱裹寶，其匣外各用紅羅銷金大夾袱覆之。臨册日置於紅漆輿案，案頂有紅羅瀝水，用檐床二舉之。

徐一夔《明集禮》卷二〇《寶》　漢制，皇太子用黃金印龜鈕，其文曰「皇太子章」。晉用金璽龜鈕，綬四采赤、黃、縹、紺，宋、齊、梁皆因之。北齊用黃金爲之，方一寸龜鈕，其文曰「皇太子璽」。唐用黃金，方一寸，文曰「皇太子寶」。宋亦用黃金，方二寸，厚五寸，係以朱組大綬連玉環。金斗金檢長五寸，闊二寸，厚二分，悉裹以紅錦，加紅羅泥金帕，納於小盝，盝以金裝，內設金牀。又盝二重皆覆以紅羅銷金帕，盝及腰輿行馬皆銀裝金塗。元用黃金爲之，廣三寸六分，雙龍鈕，用蒙古字刻其文，隱起內，填以金，譯曰「皇太子寶」。紱用暈錦大綬，赤小綬，連玉環。又玉檢高七寸，廣二寸四分，皆飾以金，裏以紅錦及紅羅，泥金夾帕納於小盝。盝以金裝，內設金牀暈錦褥，飾以玻瓈、碧鈿、珊瑚、金精石、瑪瑙，又盝二重皆裝以金，覆以紅羅繡帕，承以鍍金裝長干牀、鍍金魚鉤，藉盝以錦褥。其行馬飾以鍍金寶案，用朱漆，覆以紅羅銷金衣。國朝皇太子金寶龜鈕朱綬，文用篆書，曰「皇太子寶」，依周尺方五寸九分，厚一寸七分。寶池用金闊取容寶，寶匣二副，每副三重。外匣用木，飾以渾金瀝粉，盤龍紅紵絲襯裏。中匣用金鈒造蟠龍，內小匣仍用木，飾以渾金瀝粉，蟠龍紅紵絲襯裏。小匣內置以寶座，四角雕蟠龍，飾以渾金，座上用小錦褥，褥上一置寶，一置寶池。寶復用銷金小夾袱裹之，其匣外各用紅羅大夾袱覆之。臨册日置於紅漆輿案，案頂有紅羅瀝水，用檐床二舉之。

顧起元《說略》卷二六　琉璃，一作頗黎，一作玻瓈，西國寶，千年冰化，故曰冰玉。今有外國所市玻璃杯鏡，乃燒成者，又有五色小瓶，值極高。其質俱自銷冶所成，非所謂冰玉也，恐別是一種耳。【略】

酒器，黃帝時有瑪瑙甕，中有寶露。堯時猶存，時淳則露滿，時澆則露竭。紂爲瓊杯。周穆王時，西域獻常滿杯。漢文時，方士新垣衍獻玉杯。唐高麗國獻紫霞杯。罽賓國獻水晶杯。唐武德二年，西域獻玻璃杯。內庫一杯，青色紋如亂絲，其薄如葉，杯足有鏤金字，曰「自暖杯」。上命以酒置之，温温然有氣相吹如沸。

魏后有瑪瑙榼，容三升，玉縫之人稱爲西域之鬼作。

撒馬罕兒國即漢時之罽賓國也，進一杯名照世杯，光明洞徹，照之可知世事。仙家有碧瑶杯。爵者容一升，周曰爵。觚者鄉飲酒之器也，受二升。角者以角爲之，受四升。觶者適也，當適可也，所以節飲。金屈卮如菜椀，而有手把子。觥者受五升。《毛詩注》七升，罰不敬也。兕觥以兕牛角爲之。斝者畫爲禾稼，象於上，受六升，商曰斝。斗者取象於北斗，受十升。卣者中尊也，受五斗。彝者上尊也，受三斗。罍者，下尊也，受六斗。甒者，紂臣昆吾作，瓦器也，受五斗。罍者，象雲雷，施不窮也，受一石。金罍容一斛。山罍，夏尊也。壺者圜器也，受十斗，乃一石也，重一百二十斤，或曰劉伯倫，乙飲一石五斗。古時斗窄，以今量較之，古一石得三斗，其五斗當一斗五升也。琖者，夏曰琖與，盞同。鍾者，二缶謂之鍾。杯、桮、杯、䑺、缻、㔻六字通用。匜者，亦杯也。鐏本作尊，周禮鐏、𥂡、𤮯、墫、樽通用。韓王元嘉有銅鶴尊，酒滿腹則正立，淺則傾覆。大貝出日南，可爲酒杯，見《爾雅翼》。觴者，卮之總名也，謂之羽觴者，如生爵之形，有頸尾羽翼。瓶、㼦、絣、甀通用，似鍾而頸長。盌者小盂也，椀、盌同。缶者，小瓦盆也，秦人擊之以節歌。杜詩：「莫笑田家老瓦盆，自從盛酒長兒孫。」坎者，小罍也，見《爾雅》。

勺者，挹酒之器，容一升，與杓同有龍勺、蒲勺、疏勺，皆祼爵也。劉表三爵，一曰伯雅，七升。二曰仲雅，六升。三曰季雅，五升。嵇叔夜刻杯爲鸞鳥之形，名曰鸞觴。

烏孫國貢劉章青田核，大如六升瓠，空之注水即如酒，可供二十人。魏正始中，鄭公慤取大蓮葉，以簪刺之，令與柄通，注酒吸之，名碧筩。車渠椀玉屬，織理縟文。出西車渠國。緑文測海蠡，陳後主酒器也。唐寧王有暖玉杯。隋文帝時，突厥獻玻璃七寶杯，唐玄宗以酌李白。晉王導有琉璃盌。張易之有鴛鴦盞。大甕、大勺，晉諸阮之酒器也。李太白詩：「酒飛鸚鵡重。」有鸚鵡鐺九曲杯，以螺爲之，藪穴極灣曲，可以藏酒。古有青螺卮。李適之七品曰蓬萊盞、海山螺、舞仙螺、匏子卮、慢卷荷、金蕉葉、玉蟾兒，皆因象爲名。金鑿落，韓昌黎詩：「酡顔傾鑿落。」宋姜堯章詩：「剪燭屢呼金鑿落。」馮道家有水晶不落一隻。白樂天詩：「銀花不落從君勸。」陳思王有鵲尾杓，李太白詩有鸕鷀杓。唐文宗賜牛僧孺龍杓。昭宗有鸂鶒卮。唐時有蓮子杯，又有注子石偏提。五位瓶，南唐以銅爲之，高三尺，圍八九尺，上下直如桶。宋乾德間，高昌國進琥珀盞。蘇東坡有藥玉盞。黃庭堅有梨花盞。周益公有鶴飛琖，注酒則鶴飛，乾則滅。玉東西、金叵羅皆古飲器。火雞卵杯，注酒自熱。廣州人取大蝦頭爲杯。蟹杯以金銀爲之，飲不得其法，則雙螯鉗其唇，必盡乃脱，其製甚巧。椶杯織成花鳥，可愛。海南出龜，同鶴頂杯。酒船以金銀爲之，内藏風帆十幅，酒滿一分則一帆舉，飲乾一分則一帆落，其鬼工也。服匿其形如罌，小口大腹方底，受酒酪二斗，此匈奴之器。巹，破瓢爲杯也，婚禮婿揖婦，入共牢而食，合巹而酳。汕碗，折酒之大椀也。

玉缸，唐詩：「花撲玉缸春酒香。」雙鳧杯，一名金蓮杯，即鞋杯也。王深輔道有《雙鳧杯》詞云：「時時行地羅裙掩，雙手更擎春瀲灩。傍人都道不須辭，儘做十分能幾點。春柔淺蘸蒲萄暖，和笑勸人教引滿。洛塵忽浥不勝嬌，剗踏金蓮行款款。」則知昔日狂客，亦以鞋杯爲戲也。

吴楚材《彊識略》卷二九《玻瓈》 亦作頗黎，天竺有碧頗黎鏡，面廣尺五寸，重四十斤，梁文帝令有司算之，約價錢百萬貫。《事物考》云：出南番，有酒色、紫色、白色，似水晶器皿，背多碾兩點花，見其藥燒者，入手輕，有氣眼，似琉璃。又《玄中記》：五色惟紅最貴。

方以智《通雅》卷三二 聿即筆，後人加竹。周公綏管，夫子絶筆，蒙恬始爲筆，兔毫筆也。有柱，有被，有心，有副。右軍《筆經》曰：「中山兔肥毫長，故可用。」世傳張芝、鍾繇用鼠鬚筆，嘗謂東晉已失中原，右軍安能必得中山毫。蘭亭用繭紙，鼠鬚筆書，繭紙或泛溟來乎。《博物志》有虎僕毛筆，山嶺外少兔，以雞雉毛亦妙，子瞻所云「三錢雞毛筆」也。又云蜀石鼠，曰鼢毛可爲筆。眉公《妮古録》：「宋時有雞毛筆、檀心筆、小兒胎髮筆、猩猩毛筆、鼠尾筆、狼毫筆，筆有四德，鋭、齊、健、圓。今人毫少而狸絲倍之，安見德乎。古有以金、以銀、斑象、玳瑁、玻瓈、鏤金爲管，或緑沉漆管、椶竹紫檀花梨管，然皆不若白竹之薄標者，最便持用。南朝有姥善作筆。開元中，筆匠名鐵頭，宣州有諸葛高，常州許穎謂柳學士不如右軍父子者，諸葛也。近時陸繼翁、王古用皆湖人，住南京，吉水有鄭伯清，吴興有張天錫，今俱失傳其妙。」

散卓者，毳筆也。《廣川》引《皇象》曰：「欲作草書漫漫落落，宜得精毫毳筆，宛轉不叛散者。張友正草字用筆，過爲鋒長。毳音而兗切，即借作耎字，山谷書吴無星筆，言能作無心散卓，若提筆去紙，則諸葛筆敗矣，侍其瑛亦能之。南陽張又祖喜用郎奇棗心散卓作瘦勁字，此總謂宛轉滿志耳。」彦遠《論書》言「右軍有行草分寸，即縣筆之用也」，其跋《張旭郎官石柱記》言：「倢音樹鋒鱗勒峻礫，抑左升右仰策，輕揭緊趯，音立。闔收。」此君固善形容用筆矣。

倪濤《六藝之一録》卷三〇七《右擬彈駁四友除授集聿即筆後人加竹》 周公綏管夫子絶筆，蒙恬始爲筆，兔毫筆也。有柱、有被、有心、有副右軍筆，《經》曰：「中山兔肥豪長，故可用。」世傳張芝、鍾繇用鼠鬚筆，嘗謂東晉已失，中原右軍安能必得中山毫。蘭亭用繭紙、鼠鬚筆書，繭紙或泛溟。來乎《博物志》：「有虎僕毛筆，山嶺外少兔，以雞雉毛亦妙。子瞻所云『三錢雞毛筆』也。」又云：「蜀石鼠曰鶵毛，可爲筆。」眉公《妮古録》：「宋時有雞毛筆、檀心筆、小兒胎髮筆、猩猩毛筆、鼠尾筆、狼毫筆。筆有四德，鋭、齊、健、圓，今人毫少而狸絲倍之，安見德乎。古有以金以銀斑象、玳瑁、玻瓈、鏤金爲管，或緑沉漆管、椶竹紫檀花黎管，然皆不若白竹之薄標者，最便持用。南朝有姥善作筆，開元中筆匠名鐵頭，宣州有諸葛高，常州許顥，謂柳學士不如右軍父子者，諸葛也。近時陸繼翁、王古用皆湖人，住南京。吉水有鄭伯清，吴興有張天錫，今俱失傳其妙。」

陳元龍《格致鏡原》卷五一《杯》 《稗史類編・禮玉藻》曰：「母没則杯圈不能飲，蓋杯三代之制也。古史考紂爲瓊杯是矣。」《方言》：「盌、問、盪、盬皆桮也，秦晉之郊謂之盌，所謂伯盌者也。其大者謂之問，吴越之間曰盪，齊右平原以東或謂之盬，桮其通語也。」盌音雅。問呼雅反，盪音。章盬音摩。《庶物異名疏》：「問，方言桮也，今燕中大杯亦有問口之目。」《博古圖犧》：「首杯，鼻連環索，無銘，作牛首頸頷狀，角間絡以綯紐，仍以魚骨小索貫其鼻。」《樂史・李太白集・後序》：「太真妃持玻璃七寶杯，酌葡萄酒。」張瀆《宣室志》：「韋弇游蜀郡南鄭氏亭上，遇玉清之女，曰有寶贈君，能使君富敵王侯，乃出一杯，其色碧而光瑩洞徹，曰碧瑶杯也。遂挈還長安，售於廣陵市胡人，見而拜曰玉清三寶，以錢數千萬易之。」《五國故事》：「僞閩王王延慶爲長夜之飲，以銀葉作杯，柔弱爲冬瓜片，名曰醉如泥。」

陳元龍《格致鏡原》卷五一《盞》 蔡襄《茶録》：「茶色白宜黑琖，建安所造者紺黑，紋如兔毫，其杯微厚，熁之久熱難冷，最爲要用。出他處者，或薄或色紫，皆不及也，其青白琖，鬭試家自不用。」

陳元龍《格致鏡原》卷五一《諸飲器》 《韓非子》：「禹作爲酒器，墨染其外而朱畫其內。」《器皿總統》：「飲必有器，其來尚矣。古者鴻荒之世，猶鑿地爲樽杯而飲之也，自是而降，樽罍醆斝之器，不一而足。或以玉，或以金，或以髹。或鏤鳥獸之形，或倣雲雷之象。觚圜有別，大小有制備矣。兕觥，罰爵也，後世僭奢過度，玻瓈、琥珀、蓮花、蕉葉、鴛鴦、鸂鶒，各著其名，求之古人之制，崇侈甚矣。」《禮器注》：「凡觴一升曰爵，二升曰觚，三升曰觶，四升曰角，五升曰散，一石曰壺，五斗曰甒。」《明堂位》：「夏以琖，商以斝，周以爵。」《醉鄉日月》：「飲器大者曰武，小者曰文。」《海録碎事》：「射禮置豐於西階，古豐國之君以酒亡國，故以爲罰。爵圖其人形，於下寓戒也。」《韓詩外傳》：「齊桓公飲諸臣酒，令曰後者罰一經程，注酒器之大者曰經程。」《侯鯖録》：「陶人之爲器，有酒經焉。晉安人盛酒似瓦壺之制，小頸環口修腹，受一斗，可以盛酒。凡饋人牲，兼云以酒器，書云酒一經或二經，至五經焉。他境人有游於是邦，不達其義，聞五經至，束帶迎於門，乃知是酒，五瓶爲五經焉。」

陳元龍《格致鏡原》卷五八《眼鏡》 《稗史類編》：「少嘗聞貴人有眼鏡，老年觀書，小字看大，出西海中，虜人得而製之，以遺中國，爲世寶也。霍都司有眼鏡一枚，質如白琉璃，大可如錢，用骨鑲成，二片若圓燈剪然，可開合而折叠。問其所來，則曰舊任甘肅，夷人貢至而得者。豐萬曰：『乃刮大車渠之珠囊制之，常養露中，勿令乾死，然後可照字。』」《方洲雜言》：「嘗於指揮胡豅寓所，見其父宗伯公所得宣廟賜物，如錢大者二，其形色絶似雲母石，類世之硝子而質甚薄，以金相輪廓而衍之爲柄，紐制其末，合則爲一，岐則爲二，如市肆中等子匣。老人目昏不辨細字，張此物於雙目，字明大加倍。近者又於孫景章參政所再見一具，試之復然。景章云以良馬易得於西域賈胡，滿剌似聞其名爲僾逮。」《名物通》：「靉靆大如錢形，質明而透色，如雲母，用作眼鏡，取名如輕雲之籠日月也。」《庶物異名疏》：「靉靆今俗謂之眼鏡是也，若壯歲目明者用之，則反昏闇傷目，殊不可解。粤之香山澚中有物如大珠，置筒中可視百里外，見人鬚眉，亦具諸賈胡，藉以望海船來，且用防海。而《思問初編》載所謂異器能於六十里外視一尺之物，如在目前，亦此之流亞歟。」《正字通》：「西洋國千里鏡，磨玻瓈所成者，以長筒窺之，見數十里。復制小者，於扇角近視者，能使之遠。」

允禄等《儀象考成》卷首下《御製璣衡撫辰儀説卷下·用法·測太陽時刻》 法以四遊圈東西推轉，窺衡南北低昂，令太陽從衡孔透光圓正，或用薰黑玻璃置於下端衡孔，視上端圓孔十字線，正當太陽中心，則窺衡與太陽參直，乃視四遊圈下，周指時度表臨於天常赤道之某時刻分，即太陽時刻也。若二分前後，日影爲赤道所礙，則用窺衡上面立表測之。常時不爲赤道所礙，亦用此表爲便。若午正及卯酉前後，日影爲子午圈及龍柱所礙，則用窺衡上面平行立表測之。以四遊窺衡對準太陽，令上端表圓孔十字線影從下端表圓孔正中透出，上端表直線影從下端表直縫正中透出。測時刻止用經度，可止取直線影。若測緯度，則必取圓孔十字線影。視指時度表所指，即得太陽時刻，若指時度表爲子午圈所礙，則易用借弧指時度表。次用平行立表測定日影，視借弧指時度表所指時刻加一小時，即得太陽時刻，蓋借弧之長當遊旋赤道之十五度，當天常赤道之一小時。又借表在四遊圈之西，所指時刻在本時前，故加一小時即爲本時刻分也。

吴玉搢《别雅》卷一 頗黎、波黎，玻璃也。《後周書·異域傳》：「波斯國出頗黎、珊瑚，即玻璃也。《玄中記》云：「大秦有五色頗黎。」《梁四公子記》：「扶南人來買頗黎鏡。」又蔡絛云：「御庫有波黎母，頗又作波。」

嵇璜等《續通典》卷六一《禮嘉·君臣玉佩劍綬璽印》 真宗大中祥符六年，詔技術官未升朝，賜紫緋不得佩魚。太祖受禪，即受周廣順中所造二寶，一曰皇帝承天受命之寶，一曰皇帝神寶。又製大宋受命之寶，至太宗又别製承天受命之寶。是後諸帝嗣服皆自爲一寶，以皇帝恭膺天命之寶，爲文凡上尊號有司製玉寶，則以所上尊號爲文寶。用玉篆文，廣四寸九分，厚一寸二分，填以金盤龍鈕，繫以暈錦，大綬赤，小綬連玉環。玉檢高七寸，廣二寸四分，厚四分。玉斗方二寸四分，厚一寸二分。皆飾以紅錦金裝，裹以紅綿，加紅羅泥金夾帕，納于小盝。盝以金裝，内設金牀暈錦，褥飾以雜色玻瓈、碧石、珊瑚、金精石、瑪瑙。又盝二重，皆裝以金，覆以紅羅繡帊，載以腰輿及行馬，並飾以金。又有香爐、寶子、香匙、灰匙、火箸、燭臺、燭刀，皆以金爲之，所謂緣寶法物也。别有三印，一曰天下合同之印，中書奏覆狀，流内銓歷任三代，狀用之。二曰御前之印，樞密院宣命及諸司奏狀，内用之。三曰書詔之印，翰林詔敕用之。皆鑄以金，又以鍮石，各鑄其一。

嵇璜等《續文獻通考》卷九二《王禮六·衣服通制》 金之常服，四帶巾盤領衣烏皮鞾，其束帶曰吐鶻巾，之制以皁羅若紗爲之，上結方頂，折垂於後頂之下際，兩角各綴方羅，徑二寸許。方羅之下各附帶，長六七寸，當横額之上，或爲一縮襞。積貴顯者於方頂循十字縫飾，以珠其中，必貫以大者，謂之頂珠。帶旁各絡珠結綬，長半帶垂之，海陵賜大興國者是也。《大興國傳》：「海陵既立，賜興國真珠、巾玉、鉤帶、玉佩、刀及玉校鞍轡。」其衣色白，多三品，以皁窄袖盤領縫掖下，爲襞積而不缺袴，其胸臆肩袖，或飾以金繡。從春水之服，則多鶻捕鵝、雜花卉之飾。從秋山之服，則以熊鹿山林爲文，其長中骭，取便於騎也。吐鶻玉爲上，金次之，犀象骨角又次之。銙周鞓小者間置於前，大者施於後。左右有雙鉈尾，納方束中，其刻琢多如春水秋山之飾。左佩牌，右佩刀，刀貴鑌柄，尚雞舌木，黄黑相半，有黑雙距者爲上。或三事五事，寶飾以醬瓣樺，醬瓣樺者，謂樺皮斑文色，殷紫如醬中豆瓣也，産其國，故尚之。鐁口飾以鮫，或屑金鍮和漆塗鮫隙而礲平之。

大定十三年，太常寺擬士人及僧、尼、道、女冠有師號并閑官八品以上，許服花紗、綾羅、絲紬。在官承應有出身人帶八品以下官、未帶官亦同許服花紗、綾羅、紵絲、絲紬，家屬同婦人許用珠爲首飾。其都孔目與八品閑官同京府州縣司吏，皆與庶人同。庶人止許服絁紬絹布、毛褐花紗、無紋素羅絲綿，其頭巾繫腰領帕，許用芝蔴羅絛，用絨織成者不得以金玉、犀象、珠寶、瑪瑙、玻瓈之類爲器皿，及裝飾刀把鞘并銀裝釘牀榻之類。兵卒許服無紋壓羅絁紬絹布毛褐，奴婢止許服絁紬絹布毛褐，娼優遇迎接公筵承應，許暫服繪畫之服，其私服與庶人同。

泰和四年，以親王品官既分領緣而復有皁韡之禁，似涉太繁，遂聽親王用銀褐領紫緣，品官皆紫領白緣，餘同明昌制。

嵇璜等《清朝通志》卷一九《天文略二·恒星黄赤經緯度》 仰觀普天之星象，所不能圖不能測者，限於目力，而不能別識其繁多也。往昔嘗法製廣大之窺筩，内安玻璃鏡而兩目並用，窺天則一目而用。雙玻璃遠鏡所視，極其分明，故以之觀列宿天之衆星，較平時不啻多數十倍。而且界限甚明，即如昴宿傳云：「七星而實，則三十六星鬼宿，中積尸氣，相傳爲白氣如雲，用鏡窺之，則又三十五星歷歷可數。」他如牛宿中南星、尾宿東魚星、傅説星、觜宿南星，皆在六等之外，所稱微茫難見者，用鏡窺之，則衆星列次之遠，皆一一見焉。若天漢相傳爲白氣，其實皆無數之小星。從古天文家，大都以可見可測之星，求其形似連合而爲象，因象而命之名，以爲識別。然名星之左右上下，雖有可見之小星，而其象微光不甚顯，難以準測，其度分次第，惟以相近名星之比例，可推而定焉。今照法另列黄赤二道經緯，表而屬之以相近之星座，又以其次第別之，亦可以備夫渾儀之作法，而衆星之全象具昭於斯，安有不快足乎窺天者之心目哉。

嵇璜等《清朝通志》卷五七《器服略二·七政儀》 鑄銅爲之，徑一尺六寸五分，高二尺五寸，凡二重。外重平圈爲黄道，列周歲十二月，周天十二宫。斜圈爲赤道十字圈，爲赤道子午卯酉。經圈内重爲七政盤，列十二宫，與黄道左右相應。中心爲日體，最近日爲水星，次金星，次月與地，次火星，次木星。最遠土星，木星，旁四小星，土星旁五小星。土星上圓環，平之則星正、圓，側之則星長。圓日體旁爲瓶，置燈以取日影，對日處映以玻瓈。盤内皆有機輪，其旁以小盤之軸挈諸輪轉之，承以半圓十字，下岐三足，座心設指南針。十二宫上施遊表，表轉一周爲一日，視諸體之旋轉，以測七政晝夜隱見之象。

嵇璜等《清朝通志》卷六一《器服略六·盥盆》 範金爲之，形圓，十二棱，高四寸五分，口徑一尺五寸，邊鈒花，文飾以雜寶。底徑一尺六寸，鏤雲龍中銜紅玻璃。

紀事

《舊唐書》卷五《高宗紀下》 〔上元二年〕二年春正月甲寅，熒惑犯房。壬戌，支汗郡王獻碧玻璃。丙寅，以于闐爲毘沙都督府，以尉遲伏闍雄爲毘沙都督，分其境内爲十州，以伏闍雄有擊吐蕃功故也。庚午，龜兹王白素稽獻銀頗羅。辛未，吐蕃遣其大臣論吐渾彌來請和，不許。

李昉等《太平御覽》卷七九五《拂菻》 《唐書》曰：「拂菻國，一名大秦，在西海之上，東南與波斯接，地方萬餘里，列城四百，邑居連屬，其宫宇柱櫳多以水精琉璃爲之。有貴臣十二人共理國政，常使一人將囊隨王車，百姓有事即以書投囊中，還宫省發理其枉直。其王無常人簡賢者而立之國中，災異及風雨不時，輒廢而更立。王冠形如鳥舉翼，冠及瓔絡皆綴以珠寶，著錦繡衣，前不開襟。坐金花床，有一鳥似鵝，其毛緑色，常在王邊倚枕上坐，每進食有毒，其鳥輒鳴。其都城疊石爲之，尤絶高峻，凡有十萬餘户，南臨大海，城東面有一大門，其高二十餘丈，自上及下飾以黄金，光輝燦爛，連曜數里。自外至王室，凡大門三重，列異寶雕飾。第二門之樓門中懸一大金秤，以金九十二枚屬於衡端，以候日之十二時焉。爲一大金人立於側，每至一時，其金丸輒落鏗然，後發聲引唱，以紀日時，毫釐無失。其殿以琴瑟爲柱，黄金爲地，象牙爲門，扇香木爲棟梁。其俗無瓦，擣白石爲末，羅之塗屋上，其堅密光潤，還如玉石。於盛暑之節，人厭囂熱，乃引水潛流上，遍於屋宇，機制巧密，人莫之知，觀者唯聞屋上泉鳴，俄見四簷飛溜，懸波如瀑布，激氣成涼風，其巧妙如此。風俗男子剪髮，披帔而右袒，婦人不開衿，錦爲頭巾，家資滿億，封以上位。有羊羔生於土中，其國人候其欲萌，乃築墻以院之，防外獸所食也，然其臍與地連，割之則死，唯人著甲走馬及擊鼓以駭之，其羔驚鳴而臍絶，便逐水草。俗皆繡衣，乘輜軿白蓋小車，出入擊鼓，建旌旄幡幟。土多金銀奇寶，有夜光璧、明月珠、駭雞犀、大真珠、車渠瑪瑙、孔雀翠、珊瑚、琥珀，凡西域諸珍異，多出其國。」

又曰：「貞觀十七年，拂菻王波多力遣使獻赤玻璃、緑玻璃、石緑、金銀等物，太宗降璽書答慰，賜以綾綺。」

又曰：「開元七年正月，其王遣吐火羅大首領獻獅子，不數月，又遣大德僧來朝貢。」

樂史《太平寰宇記》卷一八六《吐火羅國》 吐火羅國，一名土壑宜，後魏時吐呼羅國也，隋通焉。都葱嶺西數百里，在烏滸河南，即嬀水也，勝兵千萬人，皆善戰。隋大業中遣使朝貢，唐初屬西突厥，高宗永徽元年遣使獻大鳥，高七尺，其色玄，足如駝，鼓翅而行，日三百里，能噉鐵，俗謂爲駝鳥。三年，其葉護那使烏濕波奉表告立，高宗遣置門縣使王名遠到其國，以所理阿緩大城爲月氏都督府，各分其小城爲二十四州，以烏濕波爲都督。王名遠請於吐火羅國立碑以記聖德，帝從之。五年，烏濕波遣子伊室達官弩朝貢。龍朔元年，授烏濕波使持節月氏等二十五州諸軍事，月氏都督。麟德二年，遣其弟祖紇多貢馬腦燈兩具，高三尺餘。開元七年，其葉護支邦帝賒上表獻天文人大闇慕，請試驗。八年貢名馬及驢，十二年貢異藥乾陁婆羅等二百餘品。十七年册其首領骨吐禄頓達度爲葉護，葉護遣使貢須那伽帝釋麥。二十六年，遣使貢紅玻瓈、碧玻璃、生馬腦、金精及質汗等藥。天寶八年，其葉護失理忙伽羅遣使上表云：「臣鄰境有一胡號曰羯師，居在深山，恃其險遠，違背聖化，親附吐蕃，於國内置吐蕃城捉勃律要路，與吐蕃擬將兵入臣境，臣每憂懼，思破凶黨，乞請安西兵馬來載，五月到大勃律。伏乞允臣所奏事，若不成，請斬臣爲七截。緣失密王向漢忠赤，特望勑書宣慰。」玄宗覽表許之。十二年遣使來朝貢，乾元元年七月與西域九國遣兵助國討逆，肅宗令赴朔方行營。

徐兢《宣和奉使高麗圖經》卷六《宮殿二·延英殿閣》 延英殿閣在長齡之北，制度小大略如，乾德王於此親試進士。又其北曰慈和，亦爲燕集之處。前建三閣曰寶文，以奉累聖所錫詔書。西曰清燕，以藏諸史子集。嘗構得其《燕記》，文曰：「開府儀同三司、守太保兼門下侍郎兼修國史上柱國、江陵郡開國侯，食邑一千三百户，食實封三百户，臣金緣奉教撰。通奉大夫、寶文閣學士、左散騎常侍、上護軍、唐城郡開國男，食邑三百户，賜紫金魚袋臣洪灌奉教書并篆額。王以聰明淵懿，篤實輝光之德，崇尚儒術，樂慕華風。故於大内之側，延英書殿之北，慈和之南，別創寶文、清燕二閣，以奉聖宋皇帝御製詔勑、書畫。揭爲訓則，必拜稽肅容，然後仰觀之。一以集周、孔、軻、雄以來古今文書，日與老師宿儒討論，敷暢先王之道。藏焉、修焉、息焉、游焉，不出一堂之上，而三綱五常之教，性命道德之理，充溢乎四履之間。越今丁酉夏四月甲戌，有三日特召守太傅尚書令、帶方公臣俌，守太傅尚書公、太原公臣偆，守太保齊安侯臣偦，守太保通義侯臣僑，守太保樂浪侯臣景庸，門下侍郎臣資謙、臣緣，中書侍郎臣仲璋，參知政事臣晙，守司空臣至和，樞密院使臣軌，知樞密院事臣字之，同知樞密院事臣安仁等，置高會于清燕閣。乃從容謂曰：『予顧德類，願天降康，廟社儲祉，金華偃於三邊，文軌同乎中夏。凡立政造事，大小云爲，罔不資稟。崇寧、大觀以來，施設注措之方，其於文閣經筵，求訪儒雅，道宣和之制也。深堂密席，延見輔臣，法太清之宴也。雖禮有隆殺，而優賢尚能之意，則其致一也。今入朝進貢，使資諒賫桂香御酒、龍鳳茗團、珍菓寶皿來歸，嘉與卿等，樂斯盛美，臣僚皆皇駭恐懼，退伏階陛，辭以固陋，不敢干盛禮。』王趣令就坐，溫顔以待之，備物以享之。其供張之設，器皿之列，觴豆之實，菓核之品，則六尚之名珍，四方之美味，無一不具。復有上國玻璃、馬瑙、翡翠、犀兕，瑰奇玩用之物，交錯於案上。塤箎、椌楬、琴瑟、鐘磬，安樂雅正之聲，合奏於堂下。王執爵命近臣監勸曰：『君臣交際，惟以至誠，其各盡量，不辭而飲。』左右再拜，告旨而卒爵，或獻或酬，和樂孔偕，乃觴酒九行，且令退息。續有中貴人押賜襲衣寶帶，以將其厚意焉。既而復召促席而坐，使飲食舉措各自便，或開懷以言笑，或縱目以觀覽。欄楯之外，疊石成山，庭除之際，引水爲沼。嵒崒萬狀，清渟四徹，洞庭吴會，幽勝之趣生而終宴無憚暑之意。盡醉劇飲，夜艾而罷，於是縉紳士大夫舉欣欣然有喜色，而相告曰，吾王以慈儉爲寶，而無肆溢之行。衣不御文繡，器不用雕鏤。猶慮一夫之不得所，一事之不合度。每日焦勞，惻怛於宵旰之中。至於燕羣臣嘉賓，則登内府之寶藏，傾上國之異思，而窮日之力。以火繼之，猶不以爲侈，其尊賢重禮，好善志勢之心，實可謂高出百王之上矣。臣嘗聞昔魯公用天子禮樂以化成風俗，故於泮宮則先王君子與之爲樂，其《詩》曰『魯侯戾止』，在泮飲酒，既飲旨酒，永錫難老。燕於路寢，則大夫庶士與之相宜。其《詩》曰『魯侯燕喜』，宜大夫庶士。邦國是有，既多受祉。今吾君奉天子恩意以寵待臣鄰，故公卿大夫懷天保報上之意。言語法從，賦《我有嘉賓》之詩。瞽史歌工，作君臣相悦之樂。歡忻交通，禮儀卒度當斯時也。人靈之和氣，天地之休應，上下之施報，風俗之化源，皆出於飲食。衎衎載色載笑之間，豈止永錫難老，既多受祉而已耶，必當億萬斯年，享太平之福，而對揚天子，永永無疆之休。臣愚且拙，遭逢萬幸，代匱宰府，不以臣之不材，特有書命之事。辭不獲已，謹拜手稽首，而强爲之記。」

熊克《中興小紀》卷一　上諭宰執：「東京發到内庫寶器有玻璃、碼碯之屬，皆遐方異物，内侍陳列以進朕念，玩物喪志，悉令碎之。」汪伯彦曰：「陛下初即位，便能以道養志，不累於物，中興之功，不足致也。」詔河東、河北：自太原、真定失守之後，列郡被圍，誓以死守，昔有一城，固守不下，則載信史，以耀後世。今數千里之廣，無一人忍負國者，忠義之俗，古所未有。訪聞失職之吏、失次之軍、失業之民，渡河而南，未有所歸，其令帥臣監司悉心措置。

張敦頤《六朝事迹編類》卷下《蔣山太平興國禪寺》　梁武帝天監十三年，以錢二十萬，易定林寺前岡獨龍阜以葬誌公，永定公主以湯沐之資造浮圖五級於其上。十四年即塔前建開善寺，今寺即其地也。唐乾符中，改爲寶公院。南唐昇元中，徐德裕重修開寶，三年後主改爲開善道場。太平興國五年，改賜今額。慶曆二年，府尹葉龍圖清臣奏請爲十方禪院。按《高僧傳》及《寶公實録》：公諱寶誌，宋元嘉中，現於東陽郡古木鷹巢中，朱氏婦聞巢中兒啼，遂收育之，因以朱爲姓，乃施宅爲寺焉。公自少出家，依于鍾山道林寺，常持一錫杖，杖懸刀尺及鏡拂之類，由是知名齊梁間。死而將葬，梁武帝命陸倕製銘，葬已，賜玻瓈珠以飾塔表。南唐保大七年，加號妙覺塔，名應世。本朝太平興國七年，舒民柯蕚遇老僧往萬歲山，指古松下掘之，得石篆，乃寶公記聖祚綿遠之文。於是遣使致謝，謚曰寶公妙覺。治平初，更謚道林真覺大師。按《建康實録》：開善寺有誌公履，唐神龍初，鄭克俊取之以歸，長安今洗鉢池尚在，塔西二里法雲寺基方池是也。寺西有曰道光泉，以僧道光穿斸竹足切斫也。得名。曰宋熙泉，以近宋熙寺基之側。有八功德水，在寺東悟真庵之後，一云泉在寺壯高峰絶頂。寺東山巔有定心石，下臨峭壁。寺西百餘步有白蓮庵，庵前有白蓮池，乃策禪師退居之所。寺後向東有塔曰婁約，即慧約婁禪師之塔。《高僧傳》曰：「葬于獨龍山，寶公之左是也。」舊有寶公及婁約塔碑，梁王筠撰文，今不復存。楊次公詩曰：「今古忙忙利禄間，幾人能此叩松関。猿驚鶴怨不知處，虎踞龍盤空見山。芳草路隨流水遠，老僧心共白雲閑。淮南舊隱抛離久，一誦移文一愧顔。」荆公詩已見「鍾阜」下。

周必大《文忠集》卷一七二　壬午，下元節，朝臨如儀，聽第三，不允。批答以臺諫有文字，乞少緩，拜乞還宫聽政，表内批「依奏」，遂未上第四表。是日，宰執五人就德壽殿，命道士作黄籙，蓋行首司道宫中之意，爲内外諸司之唱也。初入，詣几筵殿，拈香哭盡哀，宫中亦哭。次詣黄籙所，拈香退。劉慶祖、霍汝弼傳旨付下顯仁皇后，送金國遺留物數，且云數目不盡，更取案牘參考。予令學士院取舊本來，乃是金器二千七百兩，二十兩禮物，七百兩精巧之物。銀器二萬兩，又有銀絲合二十四面，貯寶玉、樂器、玻瓈等物，其他象牙、匹帛、香藥等不在數。慶祖等云上意欲增告哀使，所齎禮物與泛使同。

癸未，微雨，朝臨畢，拜第四表。自己卯以後，日詣傳法寺拈香，至是滿散依，顯仁皇后例，進紙贈等物。午未，殿攢，上親行禮，臺諫侍從。巳上入倍位于几筵殿下，自素幄哭，升殿奠斝如儀，内外皆哭。何澹讀祝文，既而移班進名，奉慰皇太后，主上及皇后繼聞宫中大哭，必是上慰皇太后也。劉慶祖等又來傳旨，云今次告哀使既增物如泛使，所有遺留物亦如舊數，更與金二千兩，銀二萬兩，其他皇太后已安排了。但以螺鈿代銀絲，無樂器以玉器、玻璃代，仍不用錦綾，無素馨沉速，易以他可也。

周必大《文忠集》卷一七三　乙丑，晴，朝晡臨。是日埋重于野，樊凶器于田，得留遺，留禮信使顔師魯、高震，以此月二十日回至盱眙。初師魯等正月二十五日過界，二月七日過黄河，衛州已爲水所衝，頓募化村王三郎家。二十一日至燕京燕賓館，宴畢入來寧館，蓋泛使之館也。二十三日朝見，二十七日朝辭。當日館伴以公牒，却遺留内玉器、玻瓈、刀劍。二十八日離燕京，路中設宴，免聽樂簪花，如告哀使云。

趙彦衛《雲麓漫抄》卷一五　《左傳》：襄公在楚，武子使季冶問璽書而與之，此諸侯大夫稱璽也。秦長信侯毒作亂而覺，矯王御璽及太后璽，此天子稱璽也。注：璽者，印信也，天子璽，白玉螭虎紐，惟其所好。云秦得下和所獻玉，命丞相李斯篆書，詔工人孫壽用藍田玉作其文，云「受命於天，既壽永昌」。秦王子嬰獻之高祖，傳至平帝，王莽篡位，從元帝王皇后求璽，莽逼取之，后怒投之地，鼻螭一角與足折，至今一角小缺。至東漢獻帝出奔，璽則失之，後三國鼎立，時有假版天子之語，故皆云得璽。孫堅以謂得之洛陽甄官井，袁術拘堅夫人吴氏，

崔逢譜內所載璽

受命 于天 既壽 永昌

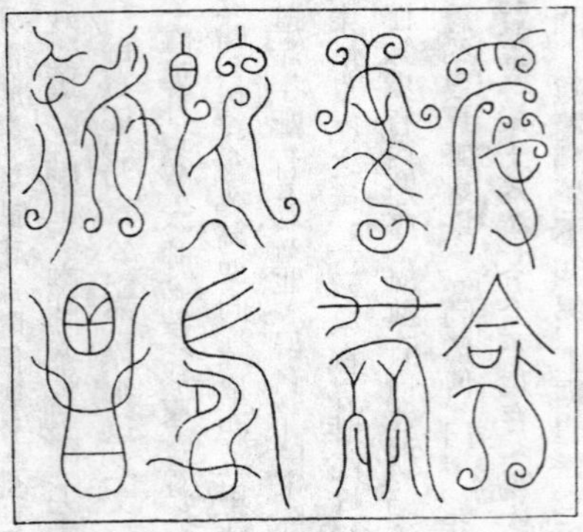

受命 于天 既壽 永昌

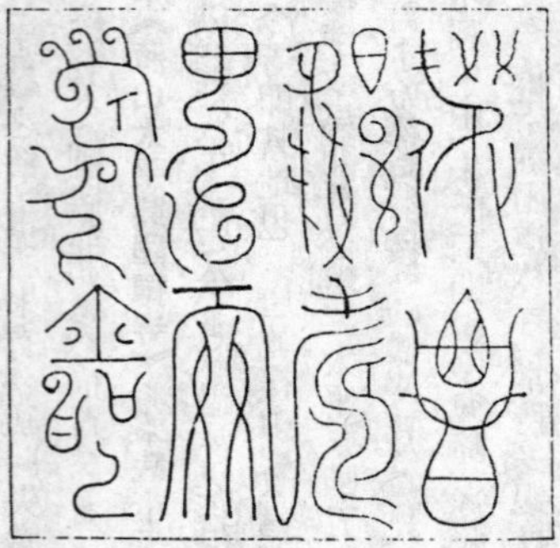

元符所得璽

受命 于天 既壽 永昌

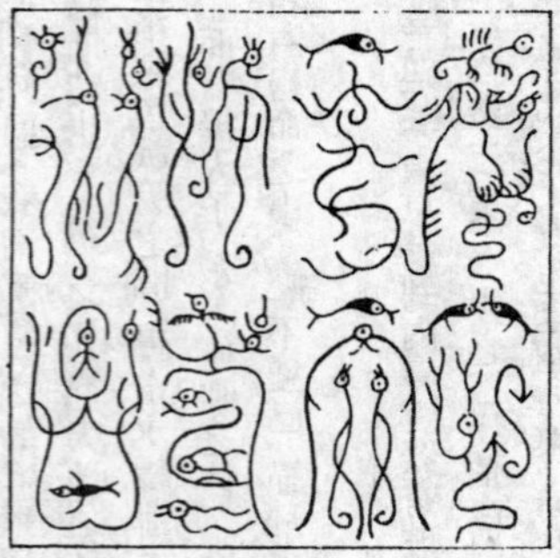

魏璽

受天 之命 皇帝 壽昌

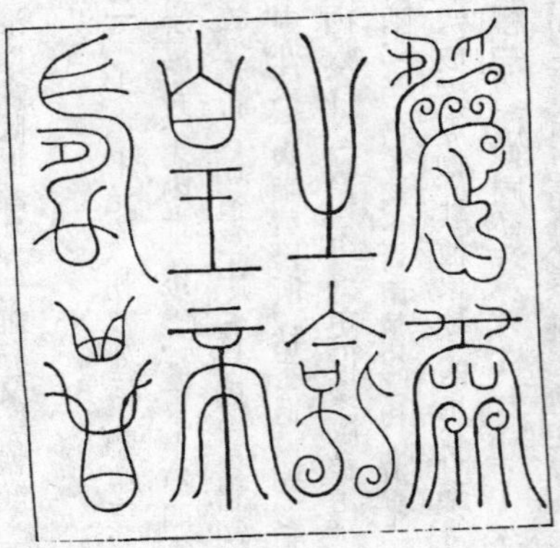

檢

紐

崔逢譜云魏太祖又於側命皇象小篆七字云魏所受漢傳國璽

碑本

受天之命皇帝壽昌

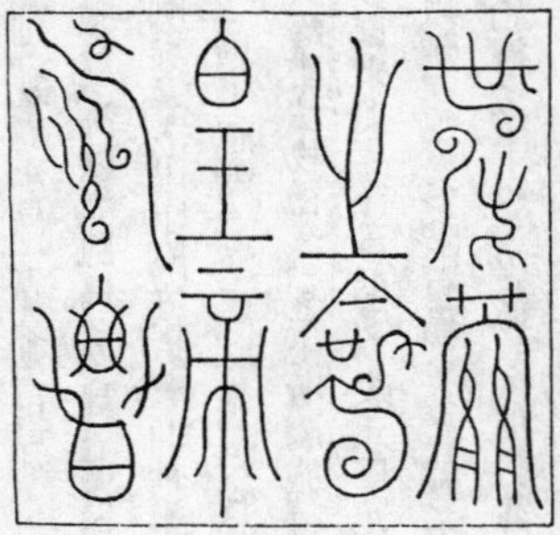

紐

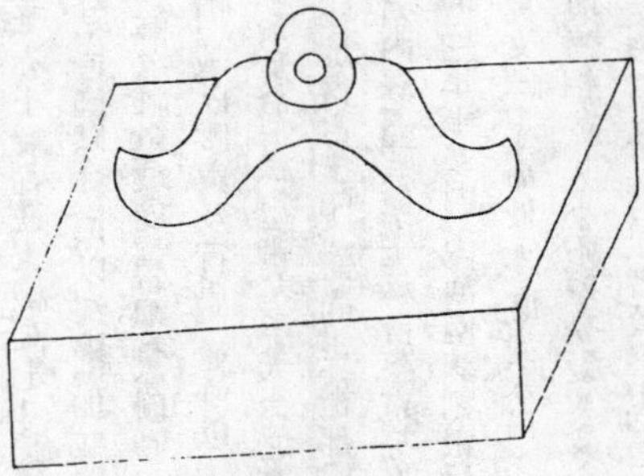

受命于天既壽永昌

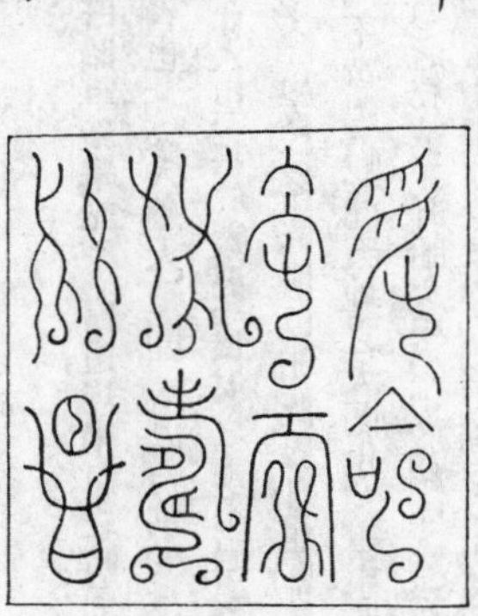

紐

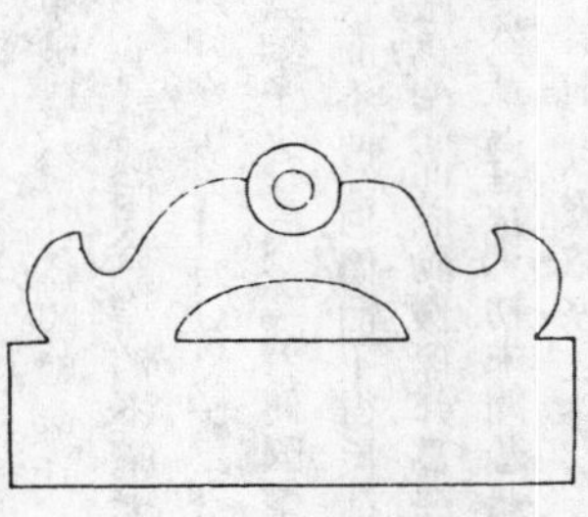

取之不獲。荊州刺史以謂得之袁氏，送之許昌，魏太祖於其側又刻小篆，曰「魏所受漢傳國璽」。晉受魏禪，不聞得璽。劉聰、石勒，往往竊造。魏太武始元七年夏四月，毀鄴城五層浮圖，云於泥像中得玉璽二，文曰「受命於天，既壽永昌」，其一刻其傍曰「魏所受漢傳國璽」，則知此璽乃元魏時爲之。此人不知。考曹操雖爲漢丞相，至子丕方受漢禪，不應操於爲丞相時先取其寶，刻云「魏所受漢傳國璽」，其理甚明。元魏但欲以爲魏有國之符，而又璽上立一雀形，狀不古，則知董卓之亂，焚燒宮室，帝出奔，此璽已亡。至唐高祖得隋禪，亦不言得璽，太宗貞觀十六年，始刻受命璽，白玉螭首，文曰「皇天景命，有德者昌」。詳其文，即是依倣秦璽文爲之。長壽二年改玉璽爲寶，神龍元年復爲璽，天寶十載製八寶。五代之亂，清泰之亡，累朝寶玉秉畀炎火，故邪律德先入汴求璽，少帝云先帝受命，旋令玉工製造，則知後來所造僞璽亦皆亡矣。崔譜又云：「秦璽兩面皆有文，不知何據，文如前周。」廣順中始造二寶，曰「皇帝承天受命寶」、「皇帝神寶」。太祖受命傳其二寶，太宗又別制「承天受命之寶」，用玉，篆文，廣四寸九分，厚一寸二分，填以金盤龍，細係以暈錦大綬、赤小綬。連玉檢高七寸，廣二寸四分，厚四分。玉斗方三寸四分，厚一寸二分，皆飾以金，環以紅錦，加紅羅泥金夾帕，納於小盝，以金裝。內設金床暈錦褥，飾以雜色玻璃、碧鈿石、珊瑚、金精石、瑪瑙，又盝二重，皆裝以金，覆以紅羅繡帕，載以腰輿及行馬，並飾以金，朝會陳於御坐前，大禮則列於仗。真宗又改「皇帝受命」爲「皇帝恭承天命之寶」。元符元年春正月甲寅，永興軍咸陽縣民段義劚地得古玉印，詔尚書、禮部、御史臺、學士院、秘書省、太常寺官定驗以聞。三月丙辰，翰林學士承旨蔡京等奏：「奉勅講議定驗咸陽民段義所獻玉璽，義稱紹聖三年十二月，內河南鄉劉銀村掘土得之，臣等按所獻璽，色緑如藍，温潤而澤，其文曰『受命於天，既壽永昌』，其背皆螭紐五盤紐，間亦有貫組小竅。其面檢文與璽相合，大小不差毫髮，篆文工作皆非近世所爲。臣等以歷代正史考之，璽之文曰『皇帝壽昌』者晉璽也，曰『受命於天』者後魏璽也，『惟德允昌』者石晉璽也，則『既壽永昌』者秦璽可知。今得璽於咸陽，其玉乃藍田之色，其篆與李斯小篆體合，飾以龍鳳鳥魚，其蟲書鳥跡之法，於今傳古書莫可比，擬非漢以後所能作明矣。今陛下嗣守大寶而神璽自出，其文曰『受命於天，既壽永昌』，則天之所畀，烏可忽哉。漢晉以來，得寶鼎瑞物猶告廟改元，肆眚上壽，况傳國之器乎。其緣寶法物禮儀，乞下所屬施行。」詔禮部太常寺考按故事，詳定以聞有司，討論故實來上。擇日祇受，改元日元符，大赦天下，百寮稱賀。《國史補》：「國初創業艱難，諸寶多階石爲之。元豐中，詔依古作天子皇帝六璽，而玉時未成大觀。初始得玉工之善者琢之，但疊篆而已，亦不大良。又元符初得漢傳國璽，實秦璽，乃藍田玉，李斯之魚篆也，其文曰『受命於天，既壽永昌』。然獨得璽而無檢，螭又不缺，疑其一角缺者，乃檢也。自有璽傳，考驗其詳，傳於世上，獨取其文而黜其璽不用，因自刊受命寶，其方四寸有奇。時又得古小玉印，文曰『承天福，延萬億，永無極』者，上又以其文倣李斯魚蟲篆作寶，大將五寸爲螭鈕。蓋魯公命季兄修以意斆之。」《受寶記》言：「有以古篆進者謂是也，名爲鎮國寶與受命寶爲二寶，合天子皇帝六璽，是爲八寶。乃於大觀二年元日受之，上自爲之記焉。」魚蟲篆者始於李斯，以古帝之瑞，若所謂黃帝之大螾，有虞氏之鳳凰，周之赤烏白魚，雜肖其形而爲之篆爾。其後從于闐國求大玉，一日忽有國使奉表至，故事下學士院，召譯者出表語而後爲答。詔其表有云：「日出東方，赫赫火光，照見西方五百國。」五百國條貫主師子黑汗王表上：「日出東方，赫赫大光，照見四天下。四天下條貫主阿舅大官家，你前時要者玉，自家甚是用心，只爲難得似你尺寸底，自家已令人兩河尋訪，纔得似你尺寸底，便奉上也。」當時傳以爲笑，久果得之，厚大踰二尺，色如截肪，昔未始有也。上又制一寶，亦螭紐曰：「範圍天地，幽贊神明，保合大和，萬壽無疆。」凡十六字，實命魯公賦，其文篆亦魚蟲，然韻頗不古，乃梁師成所主，命睿思殿文字外庫人爲之，不知爲何人書也。至於制作之工，則幾於秦璽矣。其寶大九寸，有檢亦九寸，古人所無號，曰定命寶，合前八寶爲九，下詔以乾元用九焉。又於政和八年元日受之，凡兩受寶皆赦天下，上曰八寶者，國之神器也。至於定命寶，乃我受命所自制者也。居常赦文，前後皆翰林學士主之，其間事目與行文，乃中書門下諸房排定進呈。獨大觀八寶赦，乃魯公多自草，故異於常赦。靖康之變，悉不存，隆祐太后遣孟忠厚以大宋之寶奉迎高宗。本朝故事，雖存前代之制，常所用曰書詔之寶，書詔則用之。御書之寶，宸翰則用之。御前之寶，宣命緘封則用之。奏抄則用天下合同之寶，祭祀則用皇帝恭承天命之寶。六謹按：漢官儀，天子不佩璽，侍中組負以從。秦以前爲方寸璽。衛宏亦云：「秦以前爲方寸璽，秦以來天子獨稱璽，璽又以玉，羣下莫得用。」《徐璆傳》：「獻帝還許，璆以廷尉徵，當詣京師，道爲袁術所劫，死軍破璆，得其盜國璽還許，上之司徒趙温，謂曰：「君遭大難，猶存此耶。」璆曰：「昔蘇武困於匈奴，不墜七尺之節，况此方寸印乎。」《吳書》亦云：「方圜四寸，則知秦璽方寸耳，後之璽大若此，其爲僞無疑，後世轉相倣效，不勝其繁。」善乎，昌黎子之言曰：「若傳國璽狂嬴賊，斯童心侈意而爲之。」又曰：「卞玉之璽，何代而不傳，何僞而不得旨哉。」噫，聖人之大寶曰位，苟能畏天修己，不以富貴無敵爲樂，而以勤儉保邦爲務。皇天眷佑，神器永歸，奚用泥於得秦璽哉。享國之久，莫過三代，初未聞憑藉於無情之金石也。偶得元符璽，又并石刻諸璽，文模於前，以證譜家之謬，祛後來之惑，貽博識者云。

袁燮《絜齊集》卷一〇《盱眙軍新學記》 當邊烽未息之時而興崇學校，可謂知務乎，曰此乃知時務之要者也。夫人生天地間，所以自別於禽獸者，惟此心之靈，知有義理而已。義理之在人也，甚於饑渴，饑渴之害不過傷其生，爾義理之忘將無以爲人，害孰大於此乎。學校之設，所以明此義理也，如是而爲忠爲孝，如是而爲姦爲慝，判然殊塗，不啻黑白，此天地之大閑也。軍事雖殷，閑不可廢，人道之所由立也，豈可謂不急之務哉。盱眙之學，創於紹熙之癸亥歲，迨今辛巳代馬南牧墟焉，乾道二年再建而開禧以兵燬，嘉定二年更造，既累歲矣。會太守葛侯洪從郡治於山城，學宫亦將從之，於是校官陳君德、林求可爲新基者，得諸玻璃門之内，其廣五十畝。高君熙績繼之，始營殿址。余君元廙又繼之，鋭欲圖新而力未能也，始即舊學教育諸生。己卯之春捍禦北敵，諸軍攘之，狼籍滋甚。統帥劉侯琸雖在軍旅，不忘俎豆，既攝事奠謁之始，顧瞻咨嗟，亟命專官董新學之役，面勢正平殿宇，崇敞重門復廊，一堂四齋，有職掌之舍，有儲峙之所。夏季經始，孟秋告具。資於郡計者寡取諸軍，給者多廪無餘粟，又助之諸生脱墊隘而由高明。弦誦不輟，業履日新，所居所養，固有移其氣體者矣。侯於是自慰曰：「吾道其昌乎，古者受成於學，獻馘於泮，軍旅之設學，實始終之脉理，固相關也。矧韋布之彦，生長邊陲，天資慷慨，習知軍旅事情，足以爲折衝禦侮之助，正庠序中所當收拾者乎。且三代之學，惟以明倫，君臣父子，人之大倫也。集俊彦以磨勵之，昭揭大倫，俾皆竭忠致死以衛君父。尤今日守封固疆之臣，所不可緩者，宜乎侯之亟爲是舉也。」嗚呼，其真時務之要也。

趙汝適《諸蕃志》卷上《藍無里國》　藍無里國土産蘇木、象牙、白藤，國人好鬬，多用藥箭。北風二十餘日到南毗管下細蘭國，自藍無里風帆將至其國，必有電光閃爍，知是細蘭也。其王黑身而逆毛，露頂不衣，止纏五色布，躡金線紅皮履，出騎象或用軟兜，日啖檳榔，煉真珠爲灰，屋宇悉用猫兒睛及青紅寶珠、瑪瑙雜寶粧飾，仍用藉地以行。東西有二殿，各植金樹，柯莖皆用金花，實并葉則以猫兒睛、青紅寶珠等爲之。其下置金椅，以琉璃爲壁，王出朝早升東殿，晚升西殿。坐處常有寶光，蓋日影照射琉璃與寶樹相映，如霞光閃爍。然二人常捧金盤，從承王所啖檳榔滓，從人日輪金一鎰於官庫，以所承檳榔滓内有梅花腦并諸寶物也。王握寶珠徑五寸，火燒不暖，夜有光如炬，王日用以拭面，年九十餘顔如童。國人肌膚甚黑，以縵纏身，露頂跣足，以手掬飯，器皿用銅。有山名細輪疊，頂有巨人跡，長七尺餘，其一在水内，去山三百餘里。其山林木低昂，周環朝拱，産猫兒睛、紅玻璃腦、青紅寶珠，地産白荳蔻、木蘭、皮粗、細香，番商轉易，用檀香、丁香、腦子、金銀、瓷器、馬、象、絲帛等爲貨，歲進貢於三佛齊。

趙汝適《諸蕃志》卷上《闍婆國》　闍婆國又名蒲家龍，於泉州爲丙巳方，率以冬月發船，蓋藉北風之便，順風晝夜行月餘可到。東至海水勢漸低，女人國在焉，愈東則尾閭之所泄，非復人世。泛海半月至崑崙國，南至海三日程。泛海五日至大食國，西至海四十五日程，北至海四日程。西北泛海十五日至渤泥國，又十日至三佛齊國，又七日至古邏國，又七日至柴歷亭，抵交趾達廣州國。有寺二，一名聖佛，一名捨身。有山出鸚鵡名鸚鵡山，其王椎髻戴金，鈴衣錦袍，躡革履，坐方牀。官吏日謁三拜而退，出入乘象或腰輿，壯士五七百輩執兵以從，國人見王皆坐，俟其過乃起。以王子三人爲副王，官有司馬傑落、佶連共治國事，如中國宰相，無月俸，隨時量給土産諸物。次有文吏三百餘員，分主城池帑廪及軍卒。其領兵者歲給金二十兩。勝兵三萬，歲亦給金有差。土俗婚聘無媒妁，案：「聘」字原脱，今依《宋史》補入。但納黄金於女家以取之。不設刑禁，犯罪者隨輕重出黄金以贖，惟寇盜則置諸死。五月遊船，十月遊山，或跨山馬，或乘軟兜。樂有横笛、鼓板，亦能舞。山中多猴，不畏人，呼以霄霄之聲即出，投以果實則有大猴先至，土人謂之猴王，先食畢，群猴食其餘。國中有竹園，有鬬雞、鬬豬之戲，屋宇壯麗，飾以金碧。賈人至者，舘之賓舍，飲食豐潔。土人被髮，其衣裝纏胸，下至於膝，疾病不服藥，但禱求神佛，民有名而無姓，尚氣好鬬，與三佛齊有讐，互相攻擊。宋元嘉十二年，嘗通中國，後絶。皇朝淳化三年，復修朝貢之禮。其地坦平，宜種植産稻、蔴、粟、豆，無麥，耕田用牛，民輸十一之租。案：「十一」三字，原本誤作土，今依《宋史》改正。煮海爲鹽，多魚鼈、雞鴨、山羊，兼椎馬牛。以食果實，有大瓜、椰子、蕉子、甘蔗、芋。出象牙、犀角、真珠、龍腦、瑇瑁、檀香、茴香、丁香、荳蔻、蓽澄茄、降真香、花簟、番劍、胡椒、檳榔、硫黄、紅花、蘇木、白鸚鵡。亦務蠶織，有雜色綉絲，吉貝綾布，地不産茶，酒出於椰子及蝦猱丹樹之中，此樹華人未曾見，或以桄榔、檳榔釀成，亦自清香。蔗糖其色紅白，味極甘美。以銅銀鍮錫雜鑄爲錢，錢六十準金一兩，三十二準金半兩，番商興販用夾雜金銀及金銀器皿。五色纈絹、皂綾、川芎、白芷、硃砂、緑礬、白礬、鵬砂、砒霜、漆器、鐵鼎，青白瓷器交易此番胡椒，萃聚商舶，利倍蓰之獲，往往冒禁潛載銅錢博換，朝廷屢行禁止興販，番商詭計，易其名曰蘇吉丹。

章如愚《群書考索後集》卷六四　注輦國自古不通中國，水行至廣州。真宗祥符八年九月己酉，國王羅茶羅年遣使婆里三文等來貢真珠、衫帽各一，及真珠、象牙、香藥等。先是有舶商抵其國，告以天子東封西祀，其王曰：「十年來海無風濤，古老傳云如此，則中國有聖人。」故遣使入朝。其使者又以盤捧真珠、碧玻瓈升殿，布於御座前，降殿再拜，譯者道其言曰：「願以青遠人慕化之意。」天禧四年二月乙酉，廣州言注輦國遣使入貢方物，其使者至州死，以其表來。上詔本州宴犒其部下，賜器幣緡錢，遣之。仁宗明道二年十月甲寅，國王尸囉茶印陀囉遣使蒲押陀離等以泥金表進真珠、衫帽及真珠一百五兩，象牙百株，陀離自言數朝貢而海風破船不達。神宗熙寧十年壬午，國貢方物，其使以金蓮花盛真珠、龍腦登階，跪望御座而散之，謂之撒殿。

馬端臨《文獻通考》卷一一三《王禮八》 英宗治平二年，詔袞服如景祐二年制，悉去繪畫龍鱗、紫雲、白鶴、蹙金絲龍，除下裳繡外，袞服並繪而不繡。

知太常禮院李育奏言：「竊以郊廟之祭，本尚純質，袞冕之飾，皆存法象，非事繁侈，重奇玩也。冕則以周官爲本，凡十二旒，間以彩玉，加之以紘綖笄瑱之飾。袞則以虞書爲始，凡十二章，首以辰象，別以衣裳繪繡之彩。東漢至唐史官名儒紀述前制，皆無珠翠、龍錦、犀寶、七星、雲鶴之飾，何則鷸羽蜯胎，非法服所用，琥珀犀瓶，非至尊所冠。龍錦七星已列采章之內，紫雲白鶴近出道家之語，豈被袞戴璪象天則數之義哉。自大裘之廢，顓用袞冕，古樸稍去而法度尚存。夫明水大羹，不可以衆味和，雲門咸池，不可以新聲間。袞冕之服，不宜以珍怪累也。若魏明之用珊瑚，江左之用翡翠，侈靡衰播之餘，豈足爲聖朝道哉。且太祖建隆元年少府監所造冕服及二年博士聶崇義所進三禮圖，嘗詔尹拙竇儀參校之，皆倣虞周漢唐之舊，至四年冬服之合祭天地於圜丘，用此制也。太宗亦嘗命少府製於禁中，不聞改作，及章聖封泰山，禮官請服袞冕，帝曰：『前王服黑裘，尚質也。今則無羔裘而有袞冕，可從近制。』是豈有意於繁飾哉，蓋後之有司率意妄增，未嘗確議，遂相循而用。故仁宗嘗詔禮官章得象等詳議之，其所減過半，然不經之飾重者多去，輕者尚存，不能盡如詔書之意。故至和三年王洙復議去繁飾，禮官畫圖以獻，漸還古禮，而有司所造，復如景祐之前。又案開寶通禮及衣服令冕服皆有定法，悉無《會要》所載寶錦之飾。況天地之德，無物以稱宗廟之薦，不美多品，惟純質之器，法度之服，僅可饗之。其袞冕之服及韠綬佩舄之類，與通禮衣服令三禮圖制度不同者，宜悉改正。」詔太常禮院、少府監參定，遂合奏曰：「古者冕服之用，郊廟殊制。唐典，天子之服有二等，而大裘尚存。顯慶初，長孫無忌等采《郊特牲》之説，獻議廢大裘，自是郊廟之祭一用袞冕，然旒章之數止以十二爲節，亦未聞有餘節也。國朝冕服雖倣古制，然增以珍異巧縟，前世所未嘗有。夫國之大事，莫大於祀，而祭服違經，非所以肅祀容、尊神明也。臣等以爲宜如育言，參酌通禮衣服，令三禮圖及景祐二年減定之制一切改造。孔子曰：『麻冕禮也，今也純儉，吾從衆。』純者絲也，變麻用絲，蓋已久矣，則冕服之制宜依舊，以羅爲之。冕廣一尺二寸，長二尺二寸，約以景表尺。前圓後方，黝上朱下，以金飾版側，以白玉珠爲旒，貫之以五彩絲繩。前後各十二旒，旒各十二珠，相去一寸，長二尺。朱絲組爲纓，黈纊充耳，金飾玉簪，導深青衣，纁裳十二章。八章繪之於衣，日月星辰、山龍華蟲、火宗彝也。四章繡之於裳，藻粉米黼黻也。錦褾領織爲升龍，山龍而下，一章爲一行，重以爲等行十二。別製大帶素表、朱裏、朱綠，終韠紱舄，大小綬亦去珠玉、鈿窠、琥珀、玻璃之飾，其中單革帶玉，具劍玉佩朱襪之制，已中禮令，無復改。爲則法服有稽祭禮增，重復詔禮院再詳明以聞，而內侍省奏謂景祐中已裁定，可因而用也。」乃詔如景祐二年之制。

馬端臨《文獻通考》卷一一五《王禮一〇》 宋制，天子之寶皆用玉，篆文，廣四寸九分，厚一寸二分，填以金，盤龍鈕係暈錦，大綬赤，小綬連玉環。玉檢高七寸，廣二寸四分，厚四分。玉斗方二寸四分，厚一寸二分。皆飾以金，裝裹以紅綿，加紅羅泥金夾帕，納於小盝。盝以金裝，內設金牀暈錦褥，飾以襯色玻瓈、碧鈿石、珊瑚、金精石、瑪瑙。大中祥符初，登封泰山，別製寶盝，皆差小其制。又盝二重皆裝以金，覆以紅羅繡帕，載以腰輿及行馬，並飾以金。又有香爐、寶子、香匙、灰匙、火箸、燭臺、燭刀，皆以金爲之。朝會陳於御前，大禮即列於仗衛中。

馬端臨《文獻通考》卷三三二《四裔九·注輦》 注輦國東距海五千里，西至西天竺千五百里，南至羅蘭二千五百里，北至頓田三千里，自古不通中國，水行至廣州約四十一萬一千四百里。其國有城七重，高七尺，南北十二里，東西七里。每城相去百步，凡四城用磚，二城用土，最中城以木爲之，皆植花果雜木。其第一至第三城皆民居，環以小河，第四城四侍郎居之，第五城主之四子居之，第六城爲佛寺百僧居之，第七城即主之所居，屋四百區。所統有三十一部落，其西十二，其南八，其北十一，今國主相傳三世矣。民有罪即命侍郎一員處治之，輕者縶於木格，撻五七十至一百，重者則斬，或以象踐殺之。其宴則國主與四侍郎膜拜於階，遂共坐，作樂歌舞，不飲酒而食肉，俗衣布，亦有餅餌嘗饌執事。有婦人，其嫁娶先用金銀指環，使媒婦至女家，後三日會男家親族，約以土田、生畜、檳榔酒等，稱其有無爲禮，女家復以金銀、指環、越諾布及女所服錦衣遺壻，若男欲離女，則不取聘財，女欲卻男，則倍償之。其兵陣用象居前，小牌次之，槍次之，長刀又次之，弓矢在後，四侍郎分領其衆。國東南約二千五百里有悉蘭池國，或相侵伐。地產真珠、象、珊瑚、玻璃、檳榔、豆蔻、吉貝布，獸有山羊、黃牛，禽有山雞、鸚鵡，果有餘甘、藤蘿、千年棗、椰子、甘羅、崐崘梅、婆羅蜜之類，花有白茉莉、散絲、蛇臍、佛桑、麗秋、青黃、碧婆羅、瑶蓮、蟬紫、水蕉之類，五穀綠黑豆、麥稻，地宜竹，自昔未嘗朝貢。宋大中祥符八年九月，其國主羅茶羅乍遣進奉使侍郎娑里三文、副使蒲加心、判官翁勿防、援官亞勤加等奉表來貢，三文等以盤捧真珠、碧玻璃升殿，布於御坐前，降殿再拜，譯者導其言曰「願以表遠人慕化之意」。其國主表曰：「臣羅茶羅乍言，昨遇舶船商人到本國，告稱鉅宋之有天下也，二帝開基，聖人繼統，登封太嶽，禮祀汾陰，至德升聞，上穹眷命。臣昌期斯遇，古語幸聞，輒傾就日之誠，仰露朝天之款。臣伏聞人君之御統也，無遠不臻，臣子之推誠也，有道則服。伏惟皇帝陛下，功超邃古，遂建大中，衣裳垂而保合乾坤，劍戟鑄而範圍區宇。神武不殺人，文化成廓明。明之德以臨御下民，懷翼翼之心以昭事上帝。至仁不傷於行葦，大信爰及於淵魚。故得天鑒孔彰，帝臨有赫，顯今古未聞之事，保邦家大定之基。竊念臣微類醯雞，賤如芻狗，世居夷落，地遠華風，虛荷燭幽，曾無執贄。今者竊聽歌頌普及遐陬，限年屬於桑榆，阻躬陳於玉帛，矧滄溟之曠絶，在跋涉以稍難。是敢傾倒赤心，遥瞻丹闕，任土作貢，同螻蟻之慕羶；委質事君，比葵藿之向日。謹遣專使等五十二人奉土物朝貢，凡真珠、衫帽各一，真珠二萬一千一百兩，象牙六十株，乳香六十斤。三文等又獻珠六千六百兩，香藥三千三百斤。初羅茶羅乍既聞商船言，且曰十年來海無風濤，古老傳云如此，則中國有聖人，故遣三文等入貢。」三文離本國舟行七十七晝夜，歷那勿丹山、娑里、西蘭山至占賓國，又行六十一晝夜，歷伊麻羅里山至古羅國，國有古羅山，因名焉。又行七十一晝夜，歷加八山、古不牢山、舟寶龍山至三佛齊國，又行十八晝夜，度蠻山水口，歷天竺山至賓頭狼山，望東西王母家。距舟所將百里，又行二十晝夜，度羊山、九星山至廣州之琵琶洲，離本國凡千一百五十日至廣州焉。詔閤門祇候史祐之館伴几宴，賜恩例同龜茲，使其年承天節。三文等謂於啟聖禪院會僧，以祝聖壽，明年使迴降詔羅茶羅乍，賜物甚厚。天禧四年又遣使琶闌，得麻烈呧奉方物入貢，至廣州病死，守臣以其表聞，詔廣州宴犒，從者厚賜以遣之。明年二年其王遣使以泥金表，進真珠、衫帽及真珠一百五兩，象牙百株。其使自言數朝貢而海風破船不達，願將上等珠就龍牀腳，撒殿頂戴瞻禮以申向慕之誠，乃奉銀盤升殿，跪散珠於御榻下而退。景祐元年，以其使蒲押陀離爲金紫光禄大夫、懷化將軍，還本國。熙寧十年，復遣二十七人來獻豌豆、珠麻、珠瑠璃、大洗盤、生白梅、花腦、錦花、犀牙、乳香、瓶香、薔薇、水金、蓮花、木香、阿魏、鵬砂、丁香，使副以真珠、龍腦登殿跪而散之，謂之撒殿。既降詔遣御藥宣勞之，以使爲懷化將軍、保順郎將，各賜衣服器幣。答賜其王錢八萬一千八百緡，銀五萬二千兩。

按：注輦國水行至廣州約四十一萬一千四百里，凡千一百五十日而至，其去中國最遠，又自古未嘗相通，至大中祥符間始入貢。然其表文叙述有理，詞彩可觀，略無島夷侏離鄙俚之談，有類中土操觚文士之筆，高麗、交阯反所不逮，竊疑史文容有緣飾，非其實也。

馬端臨《文獻通考》卷三三七《四裔一四·罽賓》 罽賓國治循鮮城，去長安萬二千二百里，不屬都護，户口勝兵多，大國也。東北至都護治所六千八百四十里，東至烏秅國二千二百五十里，東北至難兜國九日行，西北與大月氏、西南與烏代山離接。昔匈奴破大月氏，大月氏西君大夏而塞王，南君罽賓塞種，分散往往爲數國，自疏勒以西北休循捐毒之屬，皆故塞種也。罽賓地平温和，有苜蓿、雜草、奇木、檀、櫰、即槐之類，葉大而異。梓、竹、漆，種五穀、葡萄諸果，糞治園田，地下濕生稻，冬食生菜。其民巧雕文刻，鏤治宫室，織罽刺文繡，好治食，有金銀銅鐵以爲器，市列市有列肆，亦如中國也。以金銀爲錢，文爲騎馬，幕爲人面。錢文面作騎馬形，幕面作人面目，幕音漫，謂平而無文也。出犎牛、水牛、象、大狗、沐猴、孔爵、犎牛，項上隆起者也。罽賓大狗大如驢，赤色，數里摇鞉以呼之。沐猴即獼猴也。珠璣、珊瑚、琥珀、璧琉璃，孟康曰：「琉璃，青色如玉。」師古曰：《魏略》云：大秦國出赤、白、黑、黄、青、緑、縹、紺、紅、紫十種琉璃，此蓋自然之物，采澤光潤，異於衆玉，其色不恒。今俗所謂皆銷治石汁，加以衆藥灌而爲之，尤虛脆，不真實，非其物也。他畜與諸國同。自漢武帝始通罽賓，自以絶遠漢兵不能至，其王烏頭勞數剽漢使。烏頭勞死，子代立，遣使奉獻，漢使關都尉文忠送其使，王復欲害忠，忠覺之，乃與容屈王子陰末赴其合謀攻罽賓，殺其王，立陰末赴爲罽賓王，授印綬。後軍候趙德使罽賓，與陰末赴相失，相失意也。陰末赴鎖琅當德，琅當長鎖也，若今之禁繫人鎖。殺副以下七十餘人，遣使者上書謝。孝元帝以絶域不録，放其使者於懸度，絶而不通。成帝時復遣使獻，謝罪，漢欲遣使者報送其使，杜欽説大將王鳳曰：「前罽賓王陰末赴本漢所立，後卒畔逆。夫德莫大於有國，罪莫大於執殺使者，所以不執恩不懼誅者，自知絶遠，兵不至也。有求則卑辭，無欲則驕慢，終不可懷服。凡中國所爲通厚蠻夷、愜快其欲者，爲壤比而爲寇。今懸度之阸，非罽賓所能越也，其向慕不足以定西域，雖不附不能危城郭。城郭總謂西域諸國。前親逆節，惡暴西域，故絶而不通，今悔過來而無親屬貴人奉獻者，皆行賈賤人欲通貨市買，以獻爲名，故煩使者送至懸度恐失實見欺。凡遣使送客者，欲爲防護寇害也，起皮山南更不屬漢之國，四五斥候，士百餘人，五分夜擊，刁斗自守。夜有五更，故分而持之也。尚時爲所侵盜，驢畜負糧，須諸國廩食，得以自贍，國或貧小不能食，或桀黠不肯給。擁强漢之節，餒山谷之間，乞丐無所得，離一二旬則人畜棄捐曠野而不反。又歷大頭痛、小頭痛之山，赤土身熱之阪，令人身熱無色，頭痛嘔吐，驢畜盡然。又有三池盤石阪道，陿者尺六七寸，長者徑三十里。臨峥嶸不測之深，行者騎步相持，繩索相引，二千餘里乃到懸度。畜墜未半阬谷盡靡碎，人墮勢不得相收，視險阻危害不可勝言。聖王分九州制五服，務盛内不求外。今遣使者承至尊之命，送蠻夷之賈，勞吏士之衆，涉危難之路，罷敝所恃，以事無用，非久長之計也。使者業已受節，可至皮山而還。」言已立計遣之，不能即止，可至皮山也。於是鳳白從欽言，罽賓實利賞賜，賈市其後數年而一至，云自後無聞。至後魏始通之都善見城，隋時謂之漕國，在葱嶺之西南，《隋史》曰：「即漢罽賓國。」其王姓昭武，康國之宗族，勝兵萬餘人，國法嚴整，殺人及賊盜皆死，其俗淫祀。葱嶺山有順天神者，儀制極華，金銀爲屋，以銀爲地。祠前一魚脊骨，其孔中通，馬騎出入。國王戴金牛頭冠，坐金馬座。土多稻粟豆麥，有硃砂、青黛、安息、青木等香，石蜜、黑鹽、阿魏、没藥、白附子。北去帆延七百里，東去劫國六百里，南去瓜州六千六百里。大業中遣使貢物，唐武德二年遣使貢寶帶、金鎖、水精、醆玻璃，狀若酸棗。貞觀中獻名馬，遣使厚賫賜其國并撫慰天竺，處羅拔王再拜受命，遣使導至天竺。十六年又入貢，國人共傳王，始祖曰馨孽，至曷頡支傳十二世。顯慶三年，以其地爲修鮮都督府，神龍初拜其王修鮮等十一州諸軍事，修鮮都督。開元七年遣使獻天文及秘文奇藥，其王請以子拂林罽婆嗣，聽之。天寶四載册其子勃匐準襲王，乾元初使者入貢。

馬端臨《文獻通考》卷三三九《四裔一六·大秦》　大秦一名犁軒，軒居言反，一云前漢時犂軒國也。後漢時始通焉，其國在西海之西，亦云海西國，其王治安都城，宫室皆以水精爲柱。從條支西度海曲萬里，去長安蓋四萬里。其國平正，人居星布其地，東西南北各數千里，有四百餘城，小國役屬者數十。西有大海，海西有遲散城，王城有官曹簿領，而文字習胡人，皆髦頭而衣文繡，亦有白蓋小車，旌旗之屬。又十里一亭，三十里一堠，一如中州。地多師子遮害，行旅不百餘人持兵器，輒爲所傷。其王無常人，皆循立賢者，有災異及風雨不時，輒廢而更立，受放者無怨。其人長大平正，有類中國，故謂之大秦，或曰本中國人也。玉有駭鷄犀，《抱朴子》云：「通天犀有一白理如綖者以盛米，置羣鷄中，欲啄米，至輒驚去，故南人名爲駭鷄也。」合會諸香，煎其汁以爲蘇合。土多金銀、奇寶、夜光璧、明月珠、琥珀、琉璃、神龜、白馬、朱髦、瑇瑁、玄熊、赤螭、辟毒鼠、大貝、車渠、《廣雅》云：「車渠石似玉。」瑪瑙。石似玉。賨出西海，有養者似狗，多力獷惡。賨藏宗反。北附庸小邑有羊羔，自然生於土中，候其欲萌，築牆護之，恐獸所食也。其臍與地連，割之絶則死，擊物驚之遂絶，逐水草無羣。又有木難金翅鳥，口中結沫，所成碧色珠也，土人珍之。曹子建詩云：「珊瑚間木難。」有幻人能額上爲炎爐，手中作江湖，舉足而珠玉自墮，開口則旛旄亂出。前漢武帝遣使至安息，安息獻犂軒幻人二，皆蹙眉峭鼻，亂髮拳鬚，長四尺五寸，眊人忘反。有織成細布，言用水羊毛，名曰海西布，作氍毹毾㲪罽帳之屬，其色又鮮於海東諸國所作也。又常利得中國縑素，解以爲胡綾、紺紋，數與安息諸胡交市於海中。西南漲海中，可七八百里行到珊湖洲，水底有盤石珊瑚生其上，大秦人常乘大舶載鐵網，令水工没先入，視之可下網乃下。初生白而漸漸似苗坼甲，歷一歲許出網目間，變作黄色，支格交錯，高極三四尺，大者圍尺餘，三年色乃赤好。復視之，知可採，便以鐵鈔發其根，乃以索繫網，使人於舶上絞車舉出，還國理截，恣意所作，若失時不舉便蠹敗。其國以金銀爲錢，銀錢十當金錢一。其人質直，市無二價，穀食常賤，國用富饒。鄰國使到其界首者，乘驛詣王都至則給以金錢。其王常欲通使於漢，而安息欲以漢繒綵與之交市，故遮閡不得自達。又塗經大海，商客往來皆賫三歲粮，是以至者稀。桓帝元熹初，大秦王安敦遣使自日南徼外獻象牙、犀角、瑇瑁，始乃一通焉，其所表貢並無珍異，疑傳者隱之。至晉武帝大康中，其王遣使貢獻，或云其國西有弱水流沙，近西王母所處，幾於日所入也。《外國圖》云：「從隅巨北有國名大秦，其種長大，身丈五六尺。」杜環《行經記》云：「拂菻國有苦國，西隔山數千里，亦曰大秦。其人顏色紅白，男子悉着素衣，婦人皆服珠錦，好飲酒，尚乾餅，多工巧，善織絡，或有俘在諸國，守死不改鄉風。琉璃妙者，天下莫比。王城方八十里，四面境土各數千里，勝兵約有百萬，常與大食相禦。西枕西海，南枕南海，北接可薩突厥。西海中有市，客主同和，我往則彼去，彼來則我歸，賣者陳之於前，買者酬之於後，皆以其直置諸物傍，待領直然後收物，名曰鬼市。又聞西有女國，感水而生。」又云：「摩鄰國在秋薩羅國西南，度大磧行二千里至其國，其人黑，其俗獷，少米麥，無草木，馬食，乾魚，人食，鶻莽，鶻莽即波斯棗也。瘴癘特甚，諸國陸行之所經。山胡則一種法，有數般，有大食法，有大秦法，有尋尋法。其尋尋蒸報於諸夷狄中，最甚當食不語。其大食法者，以弟子親戚而作判典，縱有微過，不至相累。不食猪狗驢馬等肉，不拜國王父母之尊，不信鬼神，祀天而已。其俗每七日一假，不買賣不出納，唯飲酒放浪終日。其大秦善醫眼及痢，或未病先見，或開腦出蟲。」其國東南通交趾，又水道通益州永昌郡，多出異物。大秦西海水，水西有河，河西南流河，西有南北山，山西有赤水，西有白玉山，玉山西有西王母山。玉爲堂室，云「從安息西界循海曲亦至大秦，迴萬餘里，於彼國觀日月星辰，無異中國」。而前史云：「條支西行百里，日入處，失之遠矣。唐貞觀十七年，拂菻王波多力《新唐書》云：「拂菻即古大秦也。」遣使獻赤玻璃、緑金精，下詔答賚。大食强而伐之，遂臣屬焉。乾封至大定再朝獻，開元七年因吐火羅大酋獻師子、羚羊。」

宇文懋昭《重訂大金國志》卷三三《燕京制度》 國初無城郭，星散而居，呼曰皇帝寨國。相寨太子莊後升皇帝寨，曰會寧府，建爲上京，其遼之上京改作北京。城邑宫室制度草創，居民往來，車馬雜遝自前朝門直抵後朝門，盡爲往來出入之路。每孟春，擊土牛父老士庶無長幼，皆聚觀於殿側。民有訟未決者，多邀駕以訴。至熙宗始有内庭之禁。煬王弑熙宗，築宫室於燕，逮三年而後成。城之四圍，凡九里三十步。自天津橋之北曰宣陽門，中門繪龍，兩偏繪鳳，用金釘釘之。中門唯車駕出入，乃開兩偏，分雙、隻日開一門。過門有兩樓，曰文曰武，文之轉東曰來寧館，武之轉西曰會同館。按范成大《石湖集》云：「會同館，燕山客館也。」周必大《思陵録》云：「來寧館，泛使之館也。」正北曰千步廊，東西對馬廊之半各有偏門，向東曰太廟，向西曰尚書省。至通天門後，改名應天樓，高八尺，朱門五，餙以金釘。東西相去一里餘，又各設一門，左曰左掖，右曰右掖。掖内城之正東曰宣華，正西曰玉華，北曰拱辰。及殿凡九重，殿凡三十有六，樓閣倍之。正中位曰皇帝正位，後曰皇后正位。位之東曰内省，西曰十六位，乃嬪妃居之。西出玉華門曰同樂園，若瑶池、蓬瀛、柳莊、杏村盡在於是。都城四圍凡七十五里，城門十二，每一面分三門，其正門四旁又設兩門，正東曰宣曜陽春施仁，正西曰灝華麗澤彰義，正南曰豐宜景風端禮，正北曰通元會城崇智，此四城十二門也。按此書與張棣《金圖經》皆云燕京十二門。《金史・地理志》：城門十三，北四門，一曰光泰。當以史爲確。此外有宣陽門，即内城之南門也。上有重樓制度宏大，三門並立，中門常不開，唯車駕出入。通天門即内城之正南門也。四角皆垜樓，瓦皆琉璃，金釘朱户，五門列焉。門常扃，惟大禮祫享則由之。宣華乃内城之正東門，玉華正西門也。左掖東偏門，右掖西偏門也。各有武夫守衛，士夫過者不敢瞬目。拱辰即内城正北門也，又曰後朝門，制度守衛一與宣華、玉華等。金碧翬飛，規模壯麗矣。

宇文懋昭《重訂大金國志》卷三三《汴京制度》 汴京制度，宣宗所遷，大概依宋之舊。宋鄭伸之奉使時，同官屬遊故宫。宫墻四角皆有樓，高五尺，每樓一所，兩旁各有屋以裹墻角。自左掖門向西三十步橫入一門，號左昇龍門，入此門即大慶門外。由峻廊上俯瞰城市，正望丹鳳樓後，下樓即右昇龍門。按：左昇龍門，右昇龍門。《金史・地理志》作「左昇平門，右昇平門」。此兩門通左右掖門，横通大慶門外，其門有三，中曰大慶，東曰日精，西曰月華門。旁皆列戟，入此門望見大慶殿，殿前有兩樓對峙，東曰嘉福，西曰嘉瑞。大慶殿屋十一間，龍墀三級，旁朶殿，各三門。峻廊後與兩廡相接，殿壁畫四龍，各長數丈，乃宣宗渡河後畫。中有御畫小龍，用拱斗鬭成。一方井如佛正殿，蓋中有一金龍，以絲網罩之，此正衙也。轉御屏下峻堦數步，一殿曰德儀殿，有三門，中曰隆平，左曰左隆平，右曰右隆平。按《金史・地理志》云：東曰左昇龍門，西曰右昇龍門，正門曰隆德。入此門，東西兩井，望見隆德殿，即宋垂拱殿也。殿庭中東一鐘樓，西一鼓樓。殿屋五大間，旁各殿三間，堦上龍墀一級。東西兩閤，門並樓。屋下有門通往來，此常朝殿也。此殿後又一庭院，有門曰仁安，東西兩門，東出東華門，西出西華門。入仁安門，望見仁安殿，龍墀兩廊，皆如隆德殿規模，即宋集英殿也。自此後兩殿有門，皆有丹軒，連接兩邊廊屋止。是黑漆窗户，意謂必宫人居於此。非内殿，百官不到。前四殿皆琉璃筒瓦，一殿曰德和，按《金史》作「純和」。一曰福寧，後又有一小殿，殿後有直舍，此殿後即内宫墻門，有仁智殿溪中有龍舟。仁智殿下兩巨石，高三丈，廣半之。東一石有小碑刻，勑賜昭慶神運萬歲峰。西一石刻獨秀太平巖，乃宋徽宗御書刻石。填金殿後有石壘成山，高百尺，廣倍之，最上刻石曰香石泉山。山後挽水上，水自上流下至荆玉澗，又流至湧翠峰，下有太山洞。水自洞門飛下，復由本路出德和殿，迤邐至大慶門外，横從右昇龍門出，即宋後朝門，榜曰啟慶之宫。入宫門後，有三門，中曰德昌，左曰文昭，右曰光興，制度宏麗，金碧輝映，不可勝言。出啟慶門，復入右昇龍門，過大慶門外，出左昇龍門，向東行一門，向南榜曰聖壽宫，左安泰門，右明昌門即金國太后宫。入宫門直入一門，榜曰徽音。又一門榜曰光熙，望見徽音殿、長樂殿。入光翼門，繁禧門，有德壽殿，復出此宫即秘閣。在左掖門之西、五門之東，即古待漏院。自五門望南向丹鳳門，中間禁路，兩廊千步，廊盡處向東一屏墻，向南一大門，即太廟門。内三門，門上並畫蟠龍。殿宇二十五間，高大宏麗，兩旁修廊，東西各開一門，與廊相通，蓋百官陪位入此兩門甚便。殿上十二室，盡榜金國祖宗謚號，每一室計三間，東邊一門，西邊一窗，嵌以小石室。上下有石，廣三丈，石門一合可開閉，係藏神主處。遇祭祀，迎神主出石室，祭畢，復藏殿宇。出太廟向西行，向南一門，即社壇，周圍皆墻。外四門，遇祭則開迎四方之氣。宮室制度金國時有更改，大抵皆宋朝之舊也。

佚名《大金集禮》卷一 〔貞元三年十一月〕二十七日，稟訖四年正月七日行禮儀仗用三千人，提點儀仗許霖畢棣。禮部下太常寺，於已行禮數，內增損參詳到下項儀册，用王簡，然總數七十五枚，亦從文之多寡。各長一尺二寸，闊一寸二分，厚五分，聯以金縷，首尾結帶，前後四板，刻龍鏤金，若捧護之狀。藉以錦褥，覆以紅羅泥金夾帕，册匣長廣取容，玉册塗以朱漆，金裝隱起，突龍鳳金鏁。闕匣上又以紅羅繡盤、龍蹙金帕覆之，承以鍍金裝長于床，鍍金龍首，鍍金魚鉤，藉匣以錦緣褥，又紐紅絲爲條以縈匣。係天德二年撿照，到典禮已經成造製度。寶用玉廣四寸九分，厚一寸二分，篆文填以金，盤龍紐係以暈錦，大綬、赤小綬連玉環。又玉檢高七寸，廣二寸四分，皆飾以金，裏以紅錦，加紅羅泥金夾帕，納于小盝。盝以金裝，內設金床暈錦，褥飾以雜色玻璃、碧鈿、石珊瑚、金精石、馬瑙。又盝二重皆裝以金，覆以紅羅繡帕，承以鍍金裝長於床，鍍金魚鉤，藉盝以錦褥。又册寶行馬，並飾以鍍金，册寶案並塗以朱漆，覆以紅羅銷金衣。寶上篆文隱起，其地填以金，册檢並真書鐫訖，內填以金。前三日遣使奏告昊天上帝、皇地祇，並於常武殿拜天臺設褥位牌，昊天上帝當中，皇地祇次西少却。及香茶酒祝版。祝版，少府監成造，學士院撰詞書寓進署訖，付宣徽院差控鶴官用床抬舁，覆以黃羅帕，隨告官詣祠所。告官就所居清齋一日，告日質明宣徽院帥儀鑾司鋪設供具閤門，舍人一員引告官詣神位前再拜，每位上香，跪奠茶奠酒，再拜太祝，讀祝版，告官再拜，退原廟奏告，准上前二日停奏刑罰文字。正月四日六日，習儀於大安殿，奉册及上壽酒并致詞，太師奉寶，太尉讀册，中書令讀寶，侍中進册，中書侍郎進寶，門下侍郎押册，吏部侍郎押寶，禮部侍郎各一舉册，中書舍人舉寶，給事中各二，捧册官、捧寶官各四，行禮侍中二，一奏中嚴外辦及解嚴禮畢，一宣制。太常卿二，一押樂，一行禮。舁册寶官依例省令史充。大樂令協律郎二，一殿上，一殿庭。典儀贊者各二，閤門充太常博士三，二引册寶、奉册寶，引太師太尉還班，一引太師進酒。通事舍人七，二册寶，二引侍中，一引太師進酒，二引中書門下侍郎。舁册案十四、舁寶案六，部令史充。內常侍四人，分引册寶入進。宣徽院差弩手織子百人，抬册寶床及案。前一日尚書省安設及次日行禮，并隨內常侍入進，兵部帥其屬設儀仗於殿門內外，宣徽院帥儀鑾司於前一日設御座於殿中間，設東西房前楹施簾，設香爐、香案於殿下沙墀，設藉册、寶褥位於香案南，設香爐二於殿榻之左右，設册寶、幄次於殿門外稍東西向，册北寶南。設籍册、寶褥位一於榻前，設太師賀褥位於欄子北，設籍册、匣寶、盝案褥位各一於殿上東西間，設籍册床、寶床褥位各一於殿西階下道西，設羣官次於殿門外東上閤門外，設置册寶褥位各一，設中書門下侍郎拜褥各一。所司約量陳繖扇於三墀之左右，宣徽院勒所司排辦御床、菓饌并差簾外執扇五十人，開合如儀。依例供奉官充展紫。大樂令協律郎前二日設宮懸於殿庭，又設協律郎舉麾位二，一于殿上，樂懸西北，一於殿下，樂懸西北。並東向閤門司設百官位於殿庭，如朝會儀。又設贊者位於班前東北，又設典儀位於殿階上，又設行事官位牌，如已定儀，才候上册寶，訖還御幄。又設坐宴羣官位於殿上，如尋常曲宴儀。太常寺其日帥舁册、寶案官先入，置案於殿之東西間籍册寶褥位上。册東寶西。學士院定撰上册寶訖賀詞并上壽詞，宣答制詞及大樂曲名并曲及登歌詞與奏，告祝文書寫進，署中書侍郎進册狀，門下侍郎進寶狀，其狀尚書省禮房寫，良醞令備酒并殿下酹酒如常儀，尚食排菓饌，尚衣進冕服、通天冠、絳紗袍，有司備警蹕、繖扇、曲直華蓋等儀物，符寶郎其日俟文武羣官入奉，八寶置於殿上東西間相向，舁八寶用控鶴門仗官。四員分立寶後，上册寶訖，復還所司。御史臺告報外官刺史已上新除未辭或已辭未發，及諸道使人并外官朝奏在都者，各依本官職序班。少府監造位牌三十面，各長尺二，闊一尺，厚八分，黑油引進。司禮畢，中書侍郎、門下侍郎置册寶、匣盝於床內，常侍四人與引，進可官前導，通事舍人贊引，詣東上閤門，上進上册寶并上壽，並如天德儀册，禮後恭謝原廟，用天德儀，惟不降詔。

《明孝宗實録》卷三九 〔弘治三年六月〕丙申，南京工部奏應天府、直隸太平、鎮江二府所屬蘆州柴課，宜仍照見行願數解辦拆包銀兩并本色蘆柴，其餘直隸、安慶池州、揚州、廬州、江西九江等府并和州隔江邊遠，自弘治二年以後年分本色蘆柴，每來亦連脚耗徵銀四分，并清出數外聽補，坍江等項洲地銀一同解部，以備各窑燒造之用。事下工部覆奏，從之。

《明孝宗實録》卷七二 〔弘治六年二月己亥〕土魯番使臣寫亦滿速兒貢玉石及玻璃盞等物，賜綵幣有差。

徐光啓《新法算書》卷三《督修曆法》 山東布政使司、右參政臣李天經謹題：爲遵旨製器告成懇勅驗明用法并議安置恭進御覽事。案照崇禎五年十月十一日輔臣徐光啓一疏爲月食事，內言定時之法。古有壺漏，近有輪鐘，二者皆由人力遷就，不如求端於日星，以天合天，乃爲本法，特請製日晷、星晷、窺筩三器。本月十五日奉聖旨：「覽卿奏，月食先後各法，不同緣繇，及測驗二法，考據詳悉，朕知道了。即著傳示監局官生，依法占測，務求至當，以稱朕欽若授時之意。日晷等器，如議製成進覽，該部知道，欽此。」欽遵，因取石運重，冶鑄刻鏤，動經歲月，輔臣未臻厥成。臣奉命接管以來，遂督監局，供事官生鳩工依新法製造，今當告成。除支用工價另行奏繳外，臣切惟製器，所以明時而詳法，乃能利用諸儀。雖已就緒待進，然用法頗爲微細，稍有分毫之差，即不便御覽，將以有用疑爲無用，臣茲懼焉。敢祈皇上勑令近侍、內臣一二員到局驗看，容臣等面與詳論所以用之之法，并議所以安置之宜，然後人器相習，方適於用。茲敢先言其略：一爲日晷。礱石爲平面內界線，以按節氣，冬夏二至各一線，春秋二分同一線，其餘日行相等之節氣皆同一線。平面之邊週列時刻線，從各氣節太陽出入爲限，時分八刻，刻列十分。若春秋分平分晝夜，各四十八刻者，準交食所用，以九十六刻爲日行之限也。又取準京師北極出地範爲三角，銅表置其中，表體之全景以指時刻，表中之銳景以指節氣，雖舊法圓晷亦環列時刻，然非地平面，亦無節氣出入之限，似未若新法之兼備，且準此日晷之大略也。一爲星晷。冶銅爲柱，上安重盤，內盤鐫週天度數，列十二宮以分節氣。外盤鐫列時刻，中橫刻一縫，用以窺星法。將內盤本節氣運合於外盤子正初刻，次從背面轉移對照，見得帝星與勾陳大星共在一線之內，即從盤面視銳表所指，即本夜之真時刻。此則古法所未備，而新法獨得其傳，乃星晷之大略也。若夫窺筩，亦名望遠鏡，前奉明問，業已約晷陳之。但其制兩端俱用玻璃，而其中層叠虛管隨，視物遠近以爲短長，亦有引伸之法，不但可以仰窺天象，且能映數里外物如在目前，可以望敵施炮，有大用焉。此則遠西諸臣羅雅谷、湯若望等從其本國携來，而葺飾之以呈御覽者也。至於日晷，宜向南以取日景，星晷宜向北以窺星光，皆須安置得宜，尤必備石預築臺基，以便安頓。又二晷皆重器也，其輿運必須多用人夫，宜從何衙門撥發，統祈皇上勑下內臣驗看奏聞，先定安置之。所以便擇吉恭進，或臨期令臣等率知曆官生審定子午方向，如法安置，則庶於皇上治曆明時之德，意不無小補矣。謹具本預先奏聞，崇禎七年十月二十九日具題。十一月初三日奉聖旨：「據奏，日晷、星晷二器製造已成，即著盧維寧、魏國徵到局驗看，詳試用法。其安置處所及築臺基事宜，著該監會同工部酌議速奏，仍擇吉撥給人夫。恭進窺筩著先進覽，該衙門知道。」

徐光啓《新法算書》卷一二《能力・四條》 天之能力下及每用二器，其一光也，其一施也，光不獨能照天下，亦能作熱，如用窪鏡對日而成返照，則能生火。又用玻瓈圓球對日而成折照，亦能出火。其故爲何？光于天下爲最尊，熱于四大物情中四大情者，一熱，二冷，三燥，四濕。亦爲最尊，以尊生尊，是其理也。其次亦能生冷，亦能生燥，亦能生濕，爲光本。非熱非冷，非燥非濕，而其中有精，足當四情，故能生熱、生冷、生燥、生濕也。如仁中無芽葉，花實而其精足當四物，故能生四物也。夫光之爲體，若其發而及物，何爲施之不盡。若其不發，則一切所受爲從何來，故其體其用，總非人間意量所及。

徐光啓《新法算書》卷二三《鏡》 造法曰：用玻璃製一似平非平之圓鏡，曰筒口鏡，即前所謂中高鏡，所謂前鏡也。製一小窪鏡曰靠眼鏡，即前所謂中窪鏡，所謂後鏡也。須察二鏡之力若何，相合若何，長短若何，比例若何，苟既知其力矣，知其合矣，長短宜而比例審矣，方能聚一物像，雖遠而小者，形形色色不失本來也。

艾儒略《職方外紀》卷二《歐邏巴總説》 天下第二大州，名曰歐邏巴，其地南起地中海北極，出地三十五度，北至冰海，出地八十餘度，南北相距四十五度，徑一萬一千二百五十里。西起西海福島初度，東至阿比河九十二度，徑二萬三千里。共七十餘國，其大者曰以西把尼亞，曰拂郎察，曰意大里亞，曰亞勒馬尼亞，曰法蘭得斯，曰波羅尼亞，曰翁加里亞，曰大尼亞，曰雲除亞，曰諾勿惹亞，曰厄勒祭亞，曰莫斯哥未亞。其地中海則有甘的亞諸島，西海則有意而蘭大諳厄利亞諸島，云凡歐邏巴州內大小諸國，自國王以及庶民皆奉天主耶穌正教，纖毫異學不容竄入，國主互爲婚姻，世相和好。財用百物有無相通，不私封殖，其婚娶男子大約三十，女子至二十外，臨時議婚，不預聘通，國之中皆一夫一婦，無敢有二色者。土多肥饒，産五穀來麥，爲重果實，更繁出五金，以金銀銅鑄錢爲幣。衣服蠶絲者，有天鵝絨織金段之屬，羊羢者，有毯罽鎖哈刺之屬。又有苧蔴之類，名利諸者爲布絶，細而堅，輕而滑，大勝棉布。敝則可擣爲紙，極堅韌，今西洋紙率此物。君臣冠服各有差等，相見以免冠爲禮，男子二十已上概衣青色，兵士勿論。女人以金寶爲飾，服御羅綺，佩帶諸香，至四十及未四十而寡者，即屏去衣素衣。酒悉以葡萄釀成，不雜他物，其酒可積至數十年，當生子之年釀酒，至兒年三十娶婦時用之，酒味愈美，諸種不同，無葡萄處或用牟麥釀之。其膏油之類，味美而用多者曰阿利襪，是樹頭之果熟後即全爲油，其生最繁，又易長平地山岡，皆可栽種，國人以法制之，最饒風味，食之齒頰生津，在橄欖、馬金囊之上，其核又可爲炭滓，可爲醃菓，可食牛羊。凡國人所稱貲産，蓄大小麥第一，葡萄酒次之，阿利襪油又次之，蓄牛羊者爲下。其國俗雖多酒，但會客不以勸飲爲禮，偶犯醉者終身以爲詬辱。飲食用金銀、玻璃及瓷器，天下萬國坐皆席地，惟中國及歐邏巴諸國知用椅卓。其屋有三等，最上者純以石砌，其次磚爲墻，柱木爲棟梁，其下土爲墻，木爲梁柱。石屋、磚屋築基最深，可上累六七層，高至十餘丈，地中亦有一層，既可窖藏，亦可除濕。瓦或用鉛或輕石板，或陶瓦，凡磚石屋皆歷千年不壞。墻厚而實，外氣難通，冬不寒而夏不溽。其工作如木工、石工、畫工、塑工、綉工之類，皆頗知度數之學，製造備極精巧，凡爲國工者皆考選用之。其駕車，國王用八馬，大臣六馬，其次四馬或二馬，乘載騾馬驢互用，戰馬皆用牡騸過，則弱不堪戰矣。又良馬止飼大麥及稈，不雜他草及豆食，豆者足重，不可行。此歐邏巴飲食、衣服、宫室制度之大略也。

歐邏巴諸國皆尚文學，國王廣設學校，一國一郡有大學、中學，一邑一鄉有小學。小學選學行之士爲師，中學、大學又選學行最優之士爲師，生徒多者至數萬人。其小學曰文科，有四種，一古賢名訓，一各國史書，一各種詩文，一文章議論。學者自七八歲學至十七八學成，而本學之師儒試之優者進於中學，曰理科，有三家。初年學落日加，譯言辯是非之法，二年學費西加，譯言察性理之道，三年學默達費西加，譯言察性理，以上之學總名斐録所費亞。學成而本學師儒又試之，優者進於大學，乃分爲四科，而聽人自擇。一曰醫科，主療疾病。一曰治科，主習政事。一曰教科，主守教法。一曰道科，主興教化。皆學數年而後成，學成而師儒又嚴考閲之，凡試士之法，師儒羣集於上，生徒北面於下，一師問難畢，又輪一師，果能對答如流，然後取中。其試一日，止一二人，一人遍應諸師之問，如是取中，便許任事。學道者專務化民，不與國事。治民者秩滿後，國王遣官察其政績，詳訪於民間，凡所爲聽理詞訟，勸課農桑，興革利弊，育養人民之類，皆審其功罪之實，以告於王而黜陟之。凡四科官禄入皆厚，養廉有餘，尚能推惠貧乏，絶無交賄行賂等情。其諸所讀書籍皆聖賢撰著，從古相傳而一，以天主經典爲宗，即後賢有作，亦必合於大道，有益人心，乃許流傳。國内亦專設檢書官，看詳羣書，經詳定訖方準書肆刊行，故書院積書至數十萬卷，毋容一字蠱惑人心、敗壞風俗者。其都會大地皆有官設書院，聚書於中，日開門二次，聽士子入内抄寫誦讀，但不許攜出也。又四科大學之外，有度數之學曰瑪得瑪第加，亦屬斐録所科内，此專究物形之度與數度，其完者以爲幾何大數，其截者以爲幾何多。二者或脱物而空論之，則數者立算法家，度者立量法家，或體物而偕論之，則數者在音相濟，爲和立律吕家，度者在天迭運，爲時立曆法家。此學亦設學立師，但不以取士耳，此歐邏巴建學設官之大略也。

艾儒略《職方外紀》卷三《亞毘心域·馬拿莫大巴者》 利未亞東北近紅海處，其國甚多人，皆黑色，迤北稍有白色，向南漸黑，甚者色如漆矣，惟齒目極白。其人有兩種，一在利未亞之東者，名亞毘心域，地方極大，據本州三分之一，從西紅海至月山皆其封域。産五穀、五金，金不善鍊，恒以生金塊易物。糖蠟極多，造燭純以蠟，不知用油。國中道不拾遺，夜不閉户，從來不知有寇盜。其人極智慧，又能崇奉天主修道者，手持十字或懸挂胸前，極知敬愛西土，篤默聖人爲其傳道，自彼始也。王行遊國中，常有六千皮帳隨之僕從，車徒恒滿五六十里。一種在利未亞之南，名馬拿莫大把者，國土最多，皆極愚蠢，不識理義。其地氣候甚熱，沿海處皆沙，人踐之即成瘡痍，黑人坐卧其中，安然無恙也。所居極穢，如豕牢，喜食象肉，亦食人，市中有市人肉處，皆生齕之，故齒皆銼鋭若犬牙，然奔走疾於馳馬。不衣衣，反笑人衣衣者，或塗油於身以爲美樂，絶無文字。初歐邏巴人到此，黑人見其看誦經書，講説道理，大相驚訝，以爲書中有言語可傳達也，其愚如此。地無兵刃，惟以木爲標鎗，火炙其鋭處，用之極銛利。身有瘴氣，永不可除，性不知憂慮，若鳥獸，然聞簫管琴瑟諸樂音，便起舞，不能止。但其性樸，實耐久，教之爲善事，即盡力爲之。爲人奴極忠於主，爲主用力，視死如歸，遇敵直前，了無避忌。其俗大略不崇魔像，亦知天地有主，但視其王若神靈，亦以爲天地之主，凡陰晴旱澇，皆往祈之，王若偶一噴涕，舉朝皆高聲應諾，又舉國皆高聲應諾，大可笑也。人性喜飲酒易醉，所産雞亦皆黑，獨豕肉爲天下第一美味，病者食之亦無害。産象極大，一牙有重二百斤者。又有獸如猫，名亞爾加里亞，尾後有汗，極香，黑人穽於木籠中，汗沾於木，乾之以刀削下，便爲奇香。烏木、黄金最多，地無寸鐵，特貴重之。布帛喜紅色、斑色及玻璃器，又善浮水，他國名爲海鬼。其亞毘心域屬國有名諳哥得者，夜食不晝食，又止一飡，絶不再食。以鹽鐵爲幣，又一種名步冬，頗知學問，重書籍，善歌舞，亦亞毘心域之類也。

南懷仁《坤輿圖説》卷下《歐邏巴州》 天下第二大州，名曰歐邏巴，南至地中海，北至青地及冰海，東至大乃河、墨阿的湖大海，西至大西洋，共七十餘國。

其大者曰以西把尼亞，曰拂郎察，曰意大里亞，曰熱爾瑪尼亞，曰拂蘭地亞，曰波羅泥亞，曰翁加里亞，曰大泥亞，曰雪際亞，曰諾勿惹亞，曰厄勒祭亞，曰莫斯哥未亞。其地中海有甘的亞諸島，西海有意而蘭、大諳厄利亞諸島。凡大小諸國自國王以及庶民，皆奉天主聖教，纖毫異學，不容竄入。國王互爲婚姻，世相和好，財用百物，有無相通，不私封殖。其婚娶男子大約三十，女子至二十外，臨時議婚，不預聘通，國皆一夫一婦，無有二色者。土多肥饒，産五穀，以麥爲重，果實更繁。出五金，以金銀銅鑄錢爲幣。衣服蠶絲者，有天鵝羢、織金緞之屬。羊羢者，有毯罽鎖哈喇之屬。又有利諾草爲布，細而堅，輕而滑，敝可擣爲紙，極堅韌。君臣冠服，各有差等，相見以免冠爲禮。男子二十以上，概衣青色，兵士勿論。女人以金寶爲飾，服御羅綺，佩帶諸香，至四十及未四十而寡者，即屏去，衣素衣。酒以葡萄釀成，不雜他物，可積至數十年。膏油之類，味美者曰阿利襪，是樹頭果熟後全爲油。國俗多酒會，客不勸酒，偶犯一醉，終身以爲辱。飲食用金銀、玻璃及瓷器。其屋有三等，最上者純以石砌，其次磚爲墻柱，木爲棟梁，其下土爲墻，木爲梁柱。石屋、磚屋築基最深，上累六七層，高至十餘丈。瓦或用鉛或輕石板或陶瓦磚，石屋歷千年不壞，墻厚而實，冬不寒，夏不溽。其工作製造，備極精巧。其駕車，國王用八馬，大臣六馬，其次四馬或二馬。乘載騾馬驢互用，戰馬皆用牡騸過，則弱不堪戰矣。諸國皆尚文學，國王廣設學校，一國一郡有大學、中學，一邑一鄉有小學。小學選學行之士爲師，中學、大學又選學行最優之士爲師，生徒多者至數萬人。其小學曰文科，有四種，一古賢明訓，一各國史書，一各種詩文，一文章議論。學者自七八歲學，至十七八學成。本學師儒試之，優者進于中學，曰理科，有三家，初年學辨是非之法，二年學察性理之道，三年學察性理以上之學。學成，本學師儒又試之，優者進于大學，乃分爲四科，聽人自擇。一曰道科，主興教化。一曰教科，主守教法。一曰治科，主習政事。一曰醫科，主療疾病，皆學數年而後成。學成，師儒又嚴考閱之，一師問難畢，又輪一師，一人遍應諸師之問，如是取中，便許任事。學道者專務化民，不與國事。治民者秩滿後，國王遣官察其政績，廉得其實，以告于王而黜陟之。凡四科，官禄入皆厚，養廉有餘，尚能推惠貧乏，絶無交賄行賂等情。諸國所讀之書皆古聖賢撰著，一以天主經典爲宗，即後賢有作必合大道、益人心，乃許流傳。設檢書官經看詳定，方准刊行，毋容一字蠱人心、懷風俗者。諸國奉天主教，皆愛天主，萬物之上，及愛人如己，故國人俱喜施捨，千餘年來未有因貧鬻子女者，未有饑餓轉溝壑者。在處皆有貧院，專養一方鰥寡孤獨及殘疾之人。又有幼院，專育小兒，凡貧者無力養贍，送至院。院墻穴設有轉盤，内外不相見，扣墻則院中人轉兒入，異日父母復欲收養，按所入之年月便得其子。又有病院，大城多至數十所，有中下院，處中下人，有大人院，處貴人。凡貴人若羇旅，若使客偶患疾病，則入此院。倍美于常屋，所需藥物悉有，主者掌之，預備名醫診視，復有衣衾帷幔、調護看守之人，病愈而去。貧者量給資斧，此乃國王大家所立。或城中併力而成月輪，一大貴人總領其事。各城邑遇豐年多積米麥，饑歲以常價糶之。人遇道中遺物或獸畜之類，必覓其主，還之弗得，主則置之公所，聽失者來取，如符合即送復。國中有天理堂，選盛德宏才、無求于世者主之，凡國家大舉動、大征伐，必先質問合天理否，以爲可然後行。諸國賦税不過十分之一，民皆自輸，無徵比催科之法。詞訟極簡，小事里中和解，大事乃聞官。官設三堂先訴，第三堂不服，告第二堂，又不服，告第一堂，終不服，上之國堂，經此堂判後，人無不聽理。凡官府判事，不先事加刑，必俟事明罪定，招認允服，然後刑之。吏胥餼廩亦出于詞訟，但因事大小多寡，立有定例，刊布署前，不能多取，故官無恃勢剥奪，吏胥無舞文詐害。封内絶無戰鬭，其有邪教異國，恃强侵侮，不可德訓。本國除常設兵政外，復有世族英賢智勇兼備者數千人，結爲義會，以保國護民。初入會時，試果不憚諸艱，方始聽入。遇警則鳩集成師，一可當十，必能滅寇成功。

張英等《淵鑑類函》卷二三四《注輦一》 增《文獻通考》曰：「注輦國，東距海五千里，西至西天竺千五百里，南至羅蘭二千五百里，北至頓田三千里。自古不通中國，水行至廣州，約四十一萬一千四百里。其國有城七重，高七尺，南北十二里，東西七里。每城相去百步，凡四城用磚，二城用土，最中城以木爲之，皆植花果雜木。其第一至第三城，皆民居，環以小河。第四城四侍郎居之。第五城王之四子居之。第六城爲佛寺，百僧居之。第七城即王之所居，屋四百區，所統有三十一部落，其西十二，其南八，其北十一。今國王相傳三世矣。民有罪輕者格笞，重者則斬，或以象踐殺之。其宴則國王與四侍郎膜拜於階，遂共坐，作樂歌舞，不飲酒而食肉，俗衣布，亦有餅餌。其兵陣用象居前，弓矢在後，四侍郎分領其衆國。東南約二千五百里有悉蘭池國，或相侵伐。地産真珠、珊瑚、玻璃、檳榔、豆蔻、吉貝布。獸有山羊、黄牛。禽有山雞、鸚鵡。果有餘甘、藤羅、千年棗、椰子、甘羅、崐崘梅、婆羅蜜之類。花有白末利、散絲、蛇臍、佛桑、麗秋、青黄碧、婆羅瑶、蓮蟬、紫水蕉之類。五穀緑黑豆、麥、稻，地宜竹。自昔未嘗朝貢，宋大中祥符八年九月，其國王羅茶羅乍遣使侍郎三文等，奉表來貢。以盤捧真珠、碧玻璃升殿布於御座前，降殿再拜，譯者導其言曰：「願以表遠人慕化之意，謹遣專使等五十二人，奉土物朝貢。」凡真珠、衫帽，各一，真珠二萬一千一百兩，象牙六十株，乳香六十斤。三文等又獻珠六千六百兩，香藥三千三百斤。初羅茶羅乍既聞商舶言，且曰：「十年來海無風濤，古老傳云如此，則中國有聖人，故遣三文等入貢。」三文離本國舟行七十七晝夜，歷邮勿丹山、婆里西蘭山至占賓國。又行六十一晝夜，歷依麻羅里山至古羅國，國有古羅山因名焉。又行七十一晝夜，歷加八山、古不牢山、舟寶龍山至三佛齊國。又行十八晝夜，度蠻山水口，歷天竺山至賓頭狼山，望東西王母塚，距舟所將百里。又行二十晝夜，度羊山、九星山至廣州之琵琶洲，離本國凡千一百五十日至廣州焉。詔閣門祗候史祐之館伴凡宴賜恩例同龜茲使，明年使迴降詔羅茶羅乍賜物甚厚，天禧四年又遣使奉方物入貢。明年二月其王遣使以泥金表進，真珠、衫帽及真珠一百五兩，象牙百株，其使自言數朝貢而海風破船不達，願將上等珠就龍床脚撒殿，頂戴瞻禮以申向慕之誠。乃奉銀盤升殿，跪散珠於御榻下而退。熙寧十年，復遣二十七人來獻豌豆珠、麻珠、琉璃大洗盤、生白梅花腦、錦花、犀牙、乳香瓶、香薔薇、水金蓮花、木香、阿魏、鵬砂、丁香。使副以真珠、龍腦登殿，跪而散之，謂之撒殿。既降，詔遣御樂宣勞之，以使爲懷化將軍，保順郎將。

張英等《淵鑑類函》卷二三八《邊塞部九》 增《晉書》曰：「其地東西南北各數千里，有城邑，其城周迴百餘里，屋宇皆以珊瑚爲棁栭，琉璃爲墻壁。王有五宮，相去各十里，每旦於一宮聽事，終而復始。若國有災異，輒更立賢人，放其舊王，亦不敢怨。有官曹簿領而文字異習，亦有白，蓋小車旌旗之屬。及郵驛制置，一如中州。其土多出金玉、寶物、明珠、大貝。會合諸香，煎其汁以爲蘇。合有夜光璧、駭雞、犀及火浣布，又能刺金縷繡，及織錦縷罽。以金銀爲錢，銀錢十當金錢之一，安息、天竺人與之交市於海中，其利百倍鄰國，使到者輒廩以金錢。途經大海，海水不可食，商客往來皆齎三歲糧，是以至者稀少。漢時都護班超遣掾甘英使其國，入海船人曰：「海中有思慕之物，往者莫不悲懷。若漢使不戀父母妻子者，可入。」英不能渡。武帝太康中，其王遣使貢獻。《後魏書》曰：「地多獅子，遮害行旅，不百餘人持兵器，輒爲所食。北附庸小邑有羊羔，自生土中，其臍與地連掣，物驚之遂絶，逐水草無羣。又有木難，出翅鳥，口中結沫，所成碧色珠也。土人珍之，有幻人能額上爲炎燼，手中作江湖，舉足而珠玉自墮，開口則旛旄亂出。有織成細布，言用水羊毛，名曰海西布。作氍毹毾毲罽帳之屬，其色鮮於海東諸國所作。西南漲海中可七八百里行到珊瑚洲，水底有盤石，珊瑚生其上。大秦人常乘大舶載鐵網，令水工没，先入視之，可下網，乃下。初生白，漸似苗，坼甲歷一歲許出網，目間變作黄色，枝格交錯，高極三四尺，大者圍尺餘，三年色乃赤好。復没視之，知可採，便以鐵鈔發其根，乃以索繫網，使人以舶上絞車舉出。還國理截，恣意所作。若失時不舉，便蠹敗。其人質直，市無二價，穀食常賤，國用富饒。其王常欲通使於漢，而安息欲以漢繒綵與之交市，故遮閡不得。自達桓帝延熹初，大秦王安敦遣使，自日南徼外獻象牙、犀角、瑇瑁，始乃一通焉。晉武帝太康中，其王遣使貢獻，或云其國西有弱水流沙，近西王母所處，幾於日所入也。」

《清世祖實録》卷九一 〔順治十二年四月己亥〕乾清宫、乾清門、交泰殿、坤寧宫安吻，文官四品以上、武官三品以上及科道官齊集迎於正陽門。遣尚書郭科祭琉璃窑之神，侍郎額黑里祭正陽門之神，侍郎梁清標祭大清門之神，侍郎覺羅額爾德祭午門之神，尚書覺羅巴哈納祭乾清門之神。文武左右隨吻入内至於乾清門，左班官員序立於内官監掌印官之下，右班官員序立於工部尚書之下，祭畢而退。

劉於義《〔雍正〕陝西通志》卷九八 開元中禁中初重木芍藥，即今牡丹，得四本紅紫淺紅通白者，移植於興慶池東沉香亭前。會花方繁開，上乘月夜召太真妃以步輦從，詔特選梨園子弟中尤者，得樂十六色。李龜年手捧檀板，押衆樂前欲歌之，上曰：「賞名花對妃子，焉用舊歌詞爲。」遂命李龜年持金花箋，宣賜翰林學士李白進《清平調》詞三章。白承旨，猶苦宿酲未解，因援筆賦之。龜年以詞進，上命梨園弟子約略調撫絲竹，遂促龜年以歌，太真持玻璃七寶杯，酌西涼州蒲萄酒，笑領歌意。《唐詩紀事》

《清世宗實録》卷五〇 〔雍正四年十一月〕壬辰，上召見琉球國使臣向得功於乾清宫，頒賜該國王尚敬内府玉器、玻璃器皿、端硯、綵緞等物及向得功銀緞，隨賜向得功等宴於禮部。

《清世宗實録》卷九九 〔雍正八年十月〕庚子，諭禮部：「大小官員帽頂，從前定議，未曾分別詳確，著該部再行妥議定制具奏。」尋議，自親王至公侯伯及一品大臣以上，俱照見今所用帽頂，無庸更議外，其二品以下、朝帽頂與平時帽頂，俱按品分晰酌議。輔國將軍及二品官，俱用起花珊瑚朝帽，嵌小紅寶石。奉國將軍及三品官，俱用藍寶石或藍色明玻瓈朝帽，嵌小紅寶石。奉恩將軍及四品官，俱用青金石或藍色涅玻瓈朝帽，嵌小藍寶石。五品官用水晶或白色明玻瓈朝帽，嵌小藍寶石。六品官用硨磲或白色涅玻瓈朝帽，嵌小藍寶石。七品官用素金頂朝帽，嵌水晶石。八品官用起花金頂，九品官及未入流俱用起花銀頂。進士、舉人、貢生仍用金頂，生員、監生仍用銀頂。得旨：「依議，總督未加尚書銜者，著爲正二品。侍郎及外省巡撫，俱著爲從二品。」

《清世宗實録》卷一二二〔雍正十年八月〕庚午，辦理軍機大臣等議奏，據辦理藏務侍郎僧格等奏，巴爾布國雅木布、葉楞、庫庫穆三汗，在西藏極邊，遠處萬里之外，與中國從未相通。今仰慕皇仁，特遣使請安，進貢方物，辭意誠懇，應令來使至京朝見。但天寒路遠，往返務須二年，應行文僧格等宣布皇上體惜遠人之意，轉諭來使，令其旋歸，並加恩賞賚，給與馬匹更換，俾得從容起程。得旨依議，隨敕諭巴爾布國雅木布、葉楞、庫庫穆三汗：「據爾等奏稱，從前不知內地禮儀，未遂觀光之志。今遣使朝覲恭請訓諭，進貢之物不多，略盡恭敬之忱等語。朕爲天下主，一視同仁。爾等汗越在邊遠，自古未通華夏，慕朕仁化，萬里輸誠，朕甚嘉悅。所進方物，悉已收納，第念道路遥遠，往返艱難，爾使臣即由西藏遣回。爾等汗但與西藏貝勒頗羅鼐，協力和衷，維持黄教，以副朕普育羣生之至意。特賜緞疋、玻璃、瓷器各種，一併發往。」

鄂爾泰等《雍正硃批諭旨》卷一二一 雍正元年六月初三日，湖廣提督臣魏經國謹奏：爲恭謝天恩事，本年五月二十七日，臣齎摺標弁家人恭捧皇上恩賜貂皮二張，紅玻璃盒一個到常，臣跪接至署，恭設香案，望闕叩頭謝恩，訖伏念臣蒙聖朝豢養，弘恩迴逾尋常而涓埃未報，時切悚惶，兹叨恩賚，寵榮無極。臣捧對之下，歡忭靡涯，惟有益竭駑鈍，彌增兢惕，勉期無忝職任，以仰答隆恩於萬一耳。理合具摺奏謝，伏乞皇上睿鑒，謹奏。

鄂爾泰等《雍正硃批諭旨》卷一二五之五 雍正五年九月十六日，雲貴總督臣鄂爾泰謹奏爲恭謝聖恩事。雍正五年八月三十日，臣齎摺家奴蒙恩賞給驛馬，齎回御賜臣嵌玻璃紫石夔龍盒硯一方，銅格水火雙硯一盒，蜜荔枝二瓶抵滇。又於九月十四日臣齎兵馬錢糧册承差李燦回滇，復蒙頒賜臣欽定《詩經傳説會纂》全部，臣隨皆郊迎至署，恭設香案，望闕叩頭謝恩，祇領訖。敬啟摺扣，跪誦硃批：「朕躬甚安，卿好麽，來往人朕備細訪問，知卿精神起居甚好，實如獲珍寶之喜，但諸凡量力而爲之，萬不可過强，欽此。」及摺內敬述天語，一公則無事而非是，一私則無往而非不是。復蒙硃批：「但知此何時而非坦蕩之景，真極樂界也。欽此。」臣伏讀之下無可語言，愛臣諄篤，臣之慈父勉臣深切，臣之嚴師，凡有天性皆應悚心，臣敢不益自愛，重期爲成人。但臣竊念我聖主萬幾親理，日昃不暇，心周遠邇，大小靡遺，盡在睿慮之中，總歸至中之宰。而百官羣牧，曾不能仰贊萬一，少紓聖懷。念聖主之勤勞，實臣工之罪戾，臣雖在萬里，心切難安。況臣職司所寄，即竭蹷料理亦止此兩省，而兩省諸事猶多未就緒，乃復屢荷聖慈，諭臣量力不可過强，臣更何以自解。至於臣年來精神實倍健旺，此來往人所共見，惟當念念存公，刻刻去私，常求坦蕩之景，毋敢忘此極樂界也。爲此繕摺恭謝聖恩，伏乞聖主睿鑒，臣謹奏。

覽卿奏謝，知道了。字字出於至誠，句句朕皆動容。覽閲諸王大臣因朕五十大壽，懇請備宴，朕勉從之。此日微雪，一堂和氣，喜溢宫院。念卿在遠省未得入座，特留數種朕親嘗食物寄來，卿食此，如同君臣對面宴會也。特諭。

鄂爾泰等《雍正硃批諭旨》卷一二五之九 雍正六年十月二十日，雲貴總督臣鄂爾泰謹奏爲恭謝聖恩事。雍正六年九月二十八日，臣齎摺家奴蒙恩賞給驛馬，齎回御賜臣玻璃瓶四件，番八緞二聯，重陽糕一匣，松仁糕、佛手糕、青果糕、梅蘇糕各一匣，乳皮酥、乳餅共一匣，白石榴一簍，抵滇。臣隨郊迎至署，恭設香案，望闕叩頭謝恩，祇領訖。又十月十五日，臣標千總施弘遠蒙恩賞給驛馬，齎摺回滇，臣恭迎入署，敬啓摺扣，伏讀先後硃批，奬勵矜憐，如聞天語，裁成指授，如對天顔。臣身居萬里，心戀九重，敬念萬壽令節，不獲與在廷諸臣同侍左右，共效趨蹌。復以苗疆未靖，料理需時，又不敢具奏陳情，恭請陛見。瞻依之私，日久倍切，懇祈聖慈垂鑒，臣於事竣之日，馳驛赴京，俾得以跪覲慈顔，親聆君臣歡會有日，二年之內，何必動此念也。聖訓。計往返不過五月，庶得少伸愚忱，而於地方事務亦不至遲誤，爲此繕摺，恭謝聖恩，伏乞聖主睿鑒，俞允施行，臣謹奏覽。

邁柱等《〔雍正〕湖廣通志》卷八〇 〔衡陽縣〕太平興國寺在城內，六朝時梁海尊者棲止其地，遂爲道場。相傳寺後爲龐居士宅，宅左有靈照井。唐武宗大中四年始創能仁寺，後改爲太平寺。元皇慶七年五月五日雷電交作，空中如有人聲，及霽，見畫圓光於佛像後，題曰：「天神顯現圓光像，太歲庚申五月書。」亦大奇事也。宋黄庭堅《太平寺慈氏閣》詩：「青玻瓈盆插千岑，湘江水清無古今。何處拭目窮表裏，太平飛閣暫登臨。」

趙弘恩《〔乾隆〕江南通志》卷三四 〔安慶府〕紫玻瓈亭在府城雙蓮寺後，明劉若宰讀書處，夢神以紫玻瓈授之，因以名亭。

趙弘恩《〔乾隆〕江南通志》卷四八 〔泗州〕瑞巖觀在盱眙縣玻璃泉南石巖上，宋時女冠朱妙真建，明永樂間修。【略】

〔泗州〕靈瑞塔在州城西，唐景龍中建，宋太平興國七年奉勅重建，塔高十三級，改名雍熙，塔後燬。元延祐二年改建，甎塔高一百五十尺，基廣二十一丈，有《趙孟頫碑記》。

趙弘恩《〔乾隆〕江南通志》卷八九 〔泗州〕盱眙縣儒學，宋時在縣治西，後因兵廢。元泰定間徙縣治於山城，學徙於玻瓈門。明洪武三年仍舊址重建，嘉靖萬曆間修葺。

嵇曾筠等《〔雍正〕浙江通志》卷四七 〔金華府〕玻璃閣《金華雜識》：「在金華山智者寺後。」

覺羅石麟《〔雍正〕山西通志》卷四七《物産》 〔汾州府〕天冰：出廣昌、廣寧等山，塊粒如石，賸理薄似紙，層層剥之，表裏精瑩如玻瓈，水晶狀，然脆而不堅。土人但以映窗，今内外明照云。

《清高宗實録》卷一七 〔乾隆元年四月下〕壬辰，總理事務王大臣等奏言：「布魯克巴部諾顔林沁齊壘喇卜濟，感戴皇恩，親至西藏，恭請聖安，獻珊瑚數珠一串，所部織緞五疋。伏思布魯克巴乃藏外極遠部落，林沁齊壘喇卜濟爲其酋長，恭請聖安，奉獻表文。請以所進物付部賞給如例外，加恩賜粧蟒各二匹，大緞三匹。」得旨「依議，再酌賞玻璃器數事」。

《清高宗實録》卷一二二 〔乾隆五年七月上〕乙亥，賜準噶爾臺吉噶爾丹策零勅：「諭噶爾丹策零，爾使莽鼐齎至奏章，言哈柳奉到勅書内，有云原議以阿爾臺南、哈布塔克、拜塔克、烏蘭烏蘇、羅布諾爾、噶斯口爲界，今既一切俱遵朕旨，更無可議之事，是以蒙諭旨見許。但勅書内係蒙古舊語音，未能盡解，是以屢次遣人入奏，訖未定議，懇再降旨明示等語。朕爲大君，不分内外，一體愛恤。欲邊界民人，不起爭端，長享安樂。所以前歲勅書中言罷兵息民，永歸和好，則定界與否，亦非要事。惟厄魯特毋過阿爾臺游牧，卡倫設立如舊，科卜多不更駐兵，每年應略地時，止遣二三十人巡視。彼此既無牽掣，亦可釋爾疑惑，諭旨甚明。以此臺吉亦喻朕旨，即此定議。去年哈柳來，朕甚嘉之，特以前者賜爾勅中，原有令游牧人等各安所居之言，及爾還奏，並未言及阿爾臺南游牧人等之事。此事雖非緊要，但前既議及，後不一一指明，恐彼此游牧人等不知。或妄行踰越，致起爭端，有乖和好。故朕之大臣，面詢哈柳，據云以阿爾臺山爲界，業已指明，山南游牧之人，仍居舊地，自不待言，復有何議。因此朕亦就此完結；惟諭喀爾喀等，自今無得過扎布堪、齊克濟、哈薩克圖、庫克嶺等處游牧而已。今臺吉又復懷疑，祈朕明降諭旨，朕爲天下大皇帝，豈肯食言，臺吉固無容過慮也。又稱進藏之人，若由肅州赴東科爾，其人悉未出痘，又道遠，恐乏水草。請自備牲畜路費，由庫克、沙什、西喇、喀勒占前進，至進藏時，或馬匹瘦乏，尚懇加恩接濟。爾前請進藏熬茶，百人不敷，乞用三百人，朕已允行。至一切所需，爾本以尊崇佛教、修行善事之故，致誠前往，此事固未便朕爲資助，亦於臺吉聲名有關。但既經奏請，倘由東科爾進藏及由藏回時，途間果有匱乏，量爲接濟，在朕固所不吝也。至請路由庫克、沙什等處，朕邊境大臣已詳詢習知道路者，俱言此路既多戈壁，又缺水草，行走甚難。但爾來人未出痘者，道經内地，誠屬可虞。朕已飭令邊境大臣，擇戈壁少，水草好，有益於爾人畜者，詳悉勘明，導引爾之人赴東科爾，到時朕大臣當已豫爲之備矣。隨勅賜各色緞十端，加賞玻璃瓷器四十事，大緞六端。」

《清高宗實録》卷一九三 〔乾隆八年八月上〕己酉，諭軍機大臣等：「拉達克汗策卜登那木扎爾將，自準噶爾脱出之馬甲卓鼐，辦給口糧馬匹，送至藏内，朕甚嘉予。著賞給各色緞八端，玻璃瓷器八件。」

《清高宗實録》卷二〇八 〔乾隆九年正月上壬午〕幸瀛臺，御大幄次，賜準噶爾使臣圖爾都宴，命尚書班第等引準噶爾使人圖爾都等，立首班大臣末跪迎。上陞座，引進行禮，傳旨諭圖爾都：「以爾極其誠敬，皇上特加恩寵，不以外國異視，與中國臣工一體行禮。」使臣叩謝入宴。復傳諭旨：「因爾臺吉噶爾丹策零恭順，遣爾來請朕安，爾亦誠敬可嘉，故特加恩賜宴。爾於宴所可隨意醉飽，以盡爾歡，勿以大禮所在，致生拘束。所演各藝，爾詳細觀看，俟回時告知爾噶爾丹策零可也。」又召圖爾都近前跪，賜飲三爵，並傳旨賞噶爾丹策零糚緞、漳絨、寧紬各二端，玻璃器六事，琺瑯器四事。使臣圖爾都大緞四端，玻璃器四事，銀二百兩。

《清高宗實録》卷二〇九 〔乾隆九年正月下壬寅〕賜準噶爾臺吉噶爾丹策零勅諭：「爾奏疏内稱，據使者吹納木喀歸奉到諭旨，我屬前赴西藏之人，准由噶斯路行走，賜助牲畜盤費。托爾輝地方每年遣派二三十人前往查閲，是以遣使者圖爾都具奏，恭請聖安。朕欣悦嘉納。又奏稱曾經奉旨，來肅州貿易之人，無論何時，乘便而來。來京貿易之人，願赴京者聽其來京。若以京師遥遠，准在甘州、涼州、蘭州、西安等處，聽其所願貿易。其貿易時，與通事同往街市，購買需用貨物等語。此則與朕原降諭旨迥異。故我國大臣向爾使者圖爾都訊問，據云大皇帝諭旨内，原未論及兹事，吹納本喀等曾向大人言及，以爲大人業已允行，是以歸而誤告噶爾丹策零。噶爾丹策零誤以爲大皇帝諭旨，故寫入奏疏等語。大凡使者往返行走，語言繁多，隻言片語，豈無舛錯，朕亦不咎。既係爾使者誤告，爾宜仍照朕前旨遵行。其來肅州貿易之人於應來年分，無論何時，隨到皆可准其進邊貿易。至來京貿易之年，爾等以京師遥遠，難以前來，欲在肅州貿易亦可。若甘州、涼州等處地方褊小，商賈聚集無多，與爾等交易無益。朕爲大皇帝，事若可行，則施恩準行。和好之事，必慮久遠，既已議定，永遠遵守不爽，始爲有信。今特頒詔旨，付爾使者齎回，隨勅賜佛二尊，並賞各色緞十端，錦緞粧緞各八端，玻璃瓷器十五事。

《清高宗實録》卷二三四 〔乾隆十年二月上甲寅〕勅諭準噶爾臺吉噶爾丹策零：「爾奏稱前往西藏誦經人等，蒙恩賞給牲畜口糧，成全誦經之事，不勝歡欣。並請於土伯特賞給善於經咒喇嘛數人，令經咒之教，可垂久遠，推廣不絶等語。爾尊崇佛道，因立法性教，欲請西藏喇嘛，實一善事。朕觀奏内辭意敬順懇切，甚屬可嘉。但去年爾使臣進藏熬茶，已向郡王頗羅鼐求請喇嘛，彼地喇嘛因念爾等曾在藏内騷擾，不願前往，故頗羅鼐託言無大皇帝旨意，並未發往。亦曾經頗羅鼐具奏，今爾使臣哈柳口奏，頗羅鼐仍念拉藏汗之讐，於爾等進藏熬茶人牲畜路費，並未支給妥協。由此觀之，爾等兩地相疑，未忘舊事。朕爲大君，不分内外，視羣生如一體，撫卹仁愛，即佛道亦以安撫衆生爲要。衆喇嘛皆係佛門弟子，伊第既不情願，朕勒令前往可乎。即使降旨，令發給爾等喇嘛，伊等亦未必肯發給賢能者，此後爾等又不免藉爲口實，反生怨望。頗羅鼐係僻處遠地之人，準噶爾亦係僻處遠地之人，爾等彼此互有違言，朕豈可偏聽，遽罪頗羅鼐乎。爾等地方亦有喇嘛，豈無一善於經咒者。且敬佛廣教，只在於心，亦不必專憑經咒，何必求諸他人。此事朕不必降旨，今特敕付使臣哈柳齎回。爾其善體朕意，隨勅賜各色緞十端，蟒緞、粧緞各八端，玻璃、瓷器各八事。」

《清高宗實録》卷二六一 〔乾隆十一年三月下甲申〕賜準噶爾臺吉策妄多爾濟那木扎爾勅書，曰：「朕總理天下，無分内外，一視同仁，惟期普天生靈，各得其所。臺吉爾奏稱遵照爾父，仰體朕廣教安生之意，朕甚嘉悦。前爾父仰知朕意，定界以來，敬謹遵奉諭旨，朕屢次加恩體恤。今聞溘逝，深爲軫惜。爾奏稱遣人往西藏諷經，先輕騎減從前往懺悔熬茶，回時令諷大經人等續往諷經等語。爲爾父懺悔諷經，理所當行，豈有不准。但分作二次，徒覺繁瑣，爾之人行走艱難，爾亦知之，當一次全往爲妥。朕仍照前施恩，派人照看，賞賜牲畜路費。又爲爾父作布施禮，特恩賞銀滿達、茶桶、察喇各一，紅、黄香一百束，交與使臣哈柳帶往。又大手帕百條，小手帕千條，茶葉千包，令爾諷經之人往藏時，由邊界支取。應往人數，何時起程，何日可至邊界，先期豫行報明。又爾使臣哈柳口奏，延請西藏喇嘛及今年例應來京貿易之人，祈就近在肅州貿易二事。延請西藏喇嘛，前據爾父奏請時，朕即以不便准行，明白降旨矣。至今歲貨物欲於肅州隨便貿易，此可行之事，准爾所請，交與該地方官照看貿易。臺吉爾一切事務，惟當遵照爾父仰體朕廣教安生之意，敬慎奉行，互相和好，愈敦信實，俾邊氓永享安樂。特勅交使臣哈柳齎回，隨勅賜爾各色緞十端，蟒緞、粧緞各八端，玻璃、瓷器、琺瑯器皿十八事，爾其祗領。」

《清高宗實録》卷二八三 〔乾隆十二年正月下乙卯〕賜準噶爾臺吉策妄多爾濟那木扎勒敕書，詔曰：「閲爾奏書，爾能仰體朕加恩之意，諸事俱遵旨辦理，如此恭順，必能安爾屬下，利爾部落，朕深爲嘉悦。所奏往西藏念經人等，有俟貿易後始往念經，有即將貨物帶往念經者，俱懇在哈集爾得卜特爾過冬，俟貿易人由東科爾回，會齊同往之處，已俱照所請行。至爾使臣瑪木特口奏，念經人需用牲畜，祈降旨頗羅鼐，令其協助。東科爾貿易時，俱令以銀兩交易等語。頗羅鼐雖受朕封號，究係遠方部落之人，非内地臣民可比，其資助與否，朕未便降旨。至需用馬匹口糧，朕自加恩，照前賞給。即頗羅鼐此次或多爲資助，亦未可定，至貿易人等銀貨交易，止可各從其便，不便以官法抑勒。但爾既特行奏請，亦非甚難行之事。現在照看爾使臣前往，仍派侍郎玉保，已令玉保與爾使會商計議而行。爾使回時，自能詳告也。嗣後爾宜益加敬慎，永歸和好，以體朕廣教安民之至意。特敕付來使齎回，隨敕賜各色緞十端，粧緞十端，玻璃、琺瑯瓷器十八事。」

《清高宗實録》卷三一二 〔乾隆十三年四月上乙丑〕御乾清宮，賜準噶爾來使茶，並頒賞策妄多爾濟那木扎勒糚緞、蟒緞、漳絨及玻璃瓷器等如例。

《清高宗實録》卷三一三 〔乾隆一三年四月辛未〕賜準噶爾臺吉策妄多爾

濟那木扎勒勅書，曰：「覽奏，知爾感激朕恩，言詞恭順，朕甚嘉之。其欲將年老喇嘛，請派人送歸土伯特，從前並無此議。且喇嘛高年，熟於經典，何故轉欲送回。彼出家之人，隨處安身，又豈必定回原處。即如來京喇嘛，亦從無送歸土伯特者，此事不便准行。再來使懇請另發喇嘛，扶助黃教。佛之一道，惟在誠心，不關念經之人。從前爾父屢次奏請，朕已明白開導，未經准行，爾當稔悉，不必固請也。再請肅州貿易人數，加增一百名，每年貿易一次，此事議有定例，不得更張，姑允所請。肅州貿易人數，准作二百名，仍於兩年中前赴肅州貿易一次。爾宜恪遵前規，克修和好，以圖永受朕恩。特降勅，令來使齎回。隨勅賜各色緞十端，加賞糚緞、蟒緞各八端，玻璃、琺瑯、瓷器十八事。」

《清高宗實録》卷三五九 〔乾隆十五年二月下乙未〕大學士會同禮部議覆，和親王弘晝等奏稱：「圜丘臺面，奉旨仍九五之數，量加展寬，請遵聖祖仁皇帝御製《律吕正義》所載『古尺』，上成取九數用九丈，二成取五數用十五丈，三成仍取九數用十九丈，既合九五天數，而幄次亦可加展廣深。陳設器物，執事人員，得以從容進退，實屬適中」等語。謹按《易·大傳》曰：「天數二十有五，蓋一、三、五、七、九皆奇屬陽，而五爲中數，九爲老陽。」仍用九五之義展寬，至爲精當。今據奏以古尺計度，上成取九數，徑九丈。二成取五數，徑十五丈。應如所奏，惟三成徑十九丈，雖奇數，然非由九而生。謂仍九數，未盡吻合，應將三成臺面，取三七之數。徑用古尺二十一丈，則上成爲一九，二成爲三五，三成爲三七，於天數一、三、五、七、九既全，合計四十五丈，於九五之義尤合。又奏稱「壇面磚塊，奏諭改用金磚，以期經久。考原制上成九重，二成七重，三成五重。上成圍磚，取陽數之極，自一九起遞加環砌，以至九九。二成三成，圍磚不拘。今壇面加廣，上成仍照九九堁砌，計每金塼一塊，應長三尺六寸八分，下寬三尺五寸七分，上寬一尺。查金磚舊式，不過二尺二寸，若依展寬尺寸，燒造維艱。若增用塊數，又於原制取義不符。請改用直隸房山縣所産艾葉青石，質性堅澤，色應法象，祇須琢磨如式，既得寬長隨宜，復垂久遠」等語。查上成磚數，自一九以至九九，其義甚精。至二成、三成，圍磚不拘，未免參差。應請倣上成取義，亦用九重，由八十一之數，遞加環砌。二成自九十至一百六十二，三成自一百七十一至二百四十三，於體制方爲整齊。金磚既難改用，應如所奏，採艾葉青石，敬謹成造。又奏稱「壇制每成四陛之外，各用青色琉璃欄板圍繞，上成每面用九，二成每面十七，取除十用七之義。三成每面積五，用二十五。雖各成均爲陽數，而合計三成總數，並無取義。今請用乾策二百一十有六之數，依九數分配三成。上成每面一九，計三十六。二成每面二九，計七十二。三成每面三九，計一百零八，合爲二百一十有六之數。惟原用琉璃欄板，每塊長一尺三寸有餘，合今分配之數。每塊應長四尺五寸有奇，亦難另爲燒造，並請改用艾葉青石」等器。伏思欄板扇數加多，則尺寸自然減少，應請合三成欄板，共用三百六十扇，應周天度數。上成每面十八扇，四面計七十二扇。二成每面二十七扇，四面計一百八扇。三成每面四十五扇，四面計一百八十扇。臣等逐項悉按古尺合算，略爲增減，皆與九數相合。謹繪圖列數，請旨交承辦衙門，敬謹遵照。」得旨：「是，依議，圖併發。」

《清高宗實録》卷五九七 〔乾隆二十四年九月下乙丑〕又諭「據莊有恭奏，嘆咭唎番商於七月間駛船至定海洋面，已將不准來浙之例禁，嚴切曉諭，并查其有無作弊形蹟，即行懲治」等語，所辦甚爲合宜。現在該番商等呈控滋事，不可不嚴示節制，至該船所帶玻璃，雖查明係户部郎中范清注託該商定辦，但番船狡獪，正欲借此爲赴浙貿易之端。在浙省惟當申明禁令，令其迴粤，方爲妥協。其託辦玻璃之事，竟可付之不知，自有范清注通融辦理，不得少有假借。著將此傳諭莊有恭知之。」

《清高宗實録》卷一〇四七 〔乾隆四十二年十二月下〕壬子，敕諭達賴喇嘛之呼畢勒罕曰：「達賴喇嘛，係西方各寺宇供養之大喇嘛，從前數世，即承受國恩。茲爾呼畢勒罕，勤學經典，朕甚嘉焉。又進獻佛像等物，朕已鑒其誠悃。嗣後宜益加黽勉，安輯衆生，則朕愈加歡慰，而汝亦承朕恩於不替矣。特賜玉如意一柄，珊瑚數珠一串，琺瑯花瓶一對，紅玻璃供器五件，大荷包一對，小荷包四對，紅錦二疋，紅漳絨二疋，玻璃燈一座，坐褥靠背一副，龍緞一疋，蟒緞一疋，各色大緞二十疋，大哈達十條，小哈達四十條，五色哈達十條，交來使堪布囊蘇齎往。爾其祇領，欽遵朕訓，毋忽。」

嵇璜等《續通典》卷一四七《邊防一·和蘭》 和蘭又名紅毛番，地近佛郎機，所恃惟巨舟大炮。舟長三十丈，廣六丈，厚二尺餘。樹五桅，桅下置二丈巨鐵炮，發之可洞裂石城，震十里，世所稱紅夷炮，即其製。其柁後置照海鏡，大徑數尺，能照數百里。其人悉奉天主教，所産有金銀、琥珀、瑪瑙、玻璃諸物，其國甚富。明神宗萬曆二十九年，和蘭駕大艦薄香山，旋引去。三十二年駕艦抵澎湖，熹宗天啟四年，巡撫南居益發兵攻破和蘭，澎湖之警以息。

嵇璜等《續通典》卷一四九《邊防三・呼喇濟》 呼喇濟四圍皆山，鮮草木，水流曲折，亦無魚蝦。城僅里許，悉土屋，酋所居亦卑陋。俗尚佛，明成祖永樂十四年遣使朝貢，命所經地皆禮待。孝宗宏治五年，其地回回布魯完舊作帕魯灣，今改正。等由海道貢玻璃、瑪瑙諸物，不納，賜道里費遣還。

嵇璜等《清朝通典》卷五五《禮・嘉五》 法駕用之禮輿稱質，上爲穹蓋二層，上層八角飾金行龍，下四角飾亦如之。冠金圓頂，鏤金雲承之，銜以雜寶，明黃緞垂幨，繡金雲龍，四柱飾蟠龍，門端及左右闌飾雲龍，皆鏤金。内爲金龍寶座，幃用明黃雲緞紗氊，各惟其時。左右啟櫺，夏用藍紗，冬以玻璨。直轅二，大横杆二，小横杆四，肩杆八，皆髹朱繪以金雲龍，横鑽以銅縱，加金雲龍，首尾异十六人。

嵇璜等《清朝通典》卷六〇《禮・賓》 順治元年定外國朝貢，以方物爲憑，該督撫察驗的實，方准具題入貢。又定貢使到京所貢方物，會同館報部，提督該管司官赴館察驗，撥役管領，由部奏聞。貢物交進内務府，象交鑾儀衛，馬交上駟院，刀及鹿皮、青黍皮等交武備院。五年賜朝鮮國王世子鞍馬、貂冠、貂裘、狐裘、羅袍、段袍、朝鞾通事、外郎貂皮、銀有差。十一年琉球國世子尚質，遣陪臣進貢慶賀方物金飾佩刀、銀飾佩刀、金酒瓶、銀酒瓶、泥金畫屏、泥金扇、泥銀扇、蕉布、苧布、紅花、胡椒、蘇木，又恭進二年一次正貢方物馬、十疋螺殼、三千硫黃、藥二千六百斤。是年賜琉球國王蟒段二，彩段六，藍段三，素段、閃段各二，錦三，綢、羅、紗各四，王妃彩段四，糚段、閃段各一，藍段、錦段各二，羅紗各四，正使彩段、表裏各四，閃段一，羅二，綢紗各四，副使彩段、表裏各三，藍段一，羅綢紗各二，從者彩段、表裏各二，藍段、綢、羅、紗各一，通事從人段綢紗布、銀各有差。十三年荷蘭國王恭進御前方物：鑲金鐵甲，鍍金馬鞍、鑲金刀劒，鳥銃、琉藥，袋鑲銀，千里鏡，玻璃鏡，八角大鏡，珊瑚，珊瑚珠，琥珀，琥珀珠，哆囉絨，嗶嘰段，西洋布，花被面，大氊，毛纓，丁香，番木、蔻五色番花，桂皮，檀香。

嵇璜等《清朝通典》卷九八《邊防二・英吉利》 英吉利一名英圭黎，紅毛番種也，距廣東計程五萬餘里。王姓名世系遠者，不可考，其近者名弗氏京也，治傳子昔斤京也，治又傳子非立京也。治康熙間，英吉利始來通市，後數年不復來，雍正七年後互市不絕。乾隆七年十一月，英吉利巡船遭風飄至澳門海面，廣東撫臣資給回國。二十二年禁英吉利商舶，不准於浙貿易，自是皆收泊廣東。其土產有大小絨嗶嘰、羽紗、紫檀、火石及所製玻璃鏡、時辰鐘表等物，精巧絶倫。二十七年，夷商白蘭等求仍照前通市，兩廣總督蘇昌奏請照東洋銅商絲斤搭配綢緞之例，酌量配買，報可。自是英吉利來廣互市，每船如額配買，歲以爲常。

嵇璜等《清朝通典》卷九九《邊防三・西洋意達里亞》 西洋去中國水程八萬里，其道由地中海，西出大洋，南行過福島，東南行汛利未亞海，過大浪山，折而東行，過西南海，東北行過小西洋，又東行至呂宋，入廣南境，其地名歐邏巴州。意達里亞在歐邏巴州南，境周一萬五千里，三面環地中海，一面臨高山。土田饒沃，州郡繁多，其最大者凡六城，曰羅瑪，曰勿搦祭亞，曰彌朗，曰納波里，曰熱弩亞，曰福楞察。其俗尊奉天主，自國都至閭井咸設天主堂，有掌教者專主教事，稱爲神父。其堂一切供億，皆國王、大臣、民庶轉輸不絕，每七日瞻禮一次，名曰彌撒。出五金，以金銀銅鑄錢爲幣，衣服有天鵝絨織金緞毯罽之屬，有利諾草可爲布，質細而滑敝，可擣爲紙，極堅韌。食用金銀、玻璃及瓷器，用桌椅如中國，工作製造備極精巧。嘗造一渾天儀，十二重層，層相間七政，各有本動，日月五行，列宿運行，遲速與天無異。以玻璃爲之，重重可以透視。尚文學，設學校，分爲四科：一曰醫科，主療疾病。一曰治科，主習政事。一曰教科，主守教法。一曰道科，主興教化。別有度數之學曰瑪得瑪第加。皆設學立師，使其人習之，其國人來者，自述其風俗之概如此。明萬曆間有利瑪竇者，始汛海抵廣州，後入京師，中官馬堂以其方物進獻，嗣後來者益衆，皆祖述其說。明末曆法疏舛，禮臣請以其國新法相參校，書成以上。

本朝建元始採取其說，先後命西洋人湯若望、南懷仁等爲欽天監官，並許自行其教，餘凡直隸各省開堂設教者，嚴行禁止。康熙九年六月國王阿豐肅遣部臣奉表進貢，得旨：「西洋地居極遠，初次進貢，具見慕義之誠，可從優賞賚，尋遣歸國。」

嵇璜等《清朝文獻通考》卷一四四《王禮二〇》 禮輿枅質通高六尺三寸，上爲穹，蓋二層，高一尺三寸。上層八角，飾金行龍。下四角，飾亦如之冠，金圓頂八寸九分，鏤金雲承之，銜以雜寶，簷，縱四尺七寸，横三尺五寸。明黃緞重幨，各深八寸五分，繡金雲龍四。柱各高五尺，縱距三尺九寸，横三尺。飾蟠龍門端及左右闌，飾雲龍，皆鏤金。内爲金龍寶座，高一尺七寸，縱二尺一寸，横二尺七寸，倚高二尺二寸。幃用明黃雲緞紗，氊各惟其時。左右啓櫺，夏以藍紗，冬以玻璨。直轅二，各長一丈七尺六寸五分。大横杆二，各長九尺。小横杆四，各長二尺二寸五分。肩杆八，各長五尺八寸，皆髹朱繪會雲龍，橫鑽以銅，縱加金龍，首尾舁以十六人。

傅恒等《御批曆代通鑑輯覽》卷八八　以上皇崩，遣韋璞如金告哀，復遣頗師魯字幾聖，彭州龍泉人。致太上遺留物于金，金主以其中玉器五、玻璃器二十及弓劍之屬，命師魯歸報，曰：「此皆爾國前主珍玩之物，所宜寶藏，以無忘追慕，今受之，義有所不忍也。」

傅恒等《平定準噶爾方略前編》卷三一　雍正十年秋八月庚午巴勒布國雅木布、葉楞庫、庫木三汗遣使入貢，頒敕賞賚有差。

辦理藏務侍郎僧格等奏言，巴勒布國雅木布、葉楞庫、庫木三汗居西藏極邊，萬里之外，未嘗與中國通。今慕皇帝至德，遣使入貢方物，辭意誠懇，請令來使至京朝見。辦理軍機大臣等議曰：「天寒道遠，使臣往返計二年程，應令僧格等宣布皇上惠恤遠人之意，轉諭來使，令其旋歸，並加賞賚，給與馬匹更換，俾得從容啟行。」奏入，上從之。

敕諭巴勒布國雅木布、葉楞庫、庫木三汗曰：據爾等奏稱「從前不知內地禮儀，未遂觀光之志，今遣使朝覲，恭請訓諭，進貢之物不多，略盡恭敬之忱」等語。朕為天下主，一視同仁，爾等汗越在邊遠，自古未通華夏，慕朕仁化，萬里輸誠，朕甚嘉悅。所進方物，悉已收納，第念道路遥遠，往返艱難，爾使臣即由西藏遣回。爾等汗但與西藏貝勒頗羅鼐協力和衷，維持黃教，以副朕普育羣生之至意，特賜緞疋、玻璃、瓷器各種，一併發往。

傅恒等《平定準噶爾方略前編》卷四七　上諭軍機大臣等曰：「拉達克汗策卜登那木扎爾，將自準噶爾脫出之馬甲卓鼐，辦給口糧、馬匹，送至藏內，朕甚嘉，予著賞給各色緞八端，玻璃瓷器八事。」

傅恒等《皇輿西域圖志》卷三四　《杜環經行記》：劫國，唐武德二年貢玻瓈四百九十枚，大者如棗，小者如酸棗。【略】

《文獻通考》：高昌，宋乾德三年獻佛牙、琉璃器、琥珀琖。于闐，梁武帝時獻方物及琉璃罌，刻玉佛，唐開元時獻馬駝䮧，漢乾祐元年遣使貢珪一，以玉為押。天聖三年遣使貢玉鞍轡、白玉帶、胡錦、獨峰駝、乳香、硇砂。熙寧以來遠不踰一二歲，近則歲再至，所貢珠玉、珊瑚、翡翠、象牙、乳香、木香、琥珀、花蘂布、硇砂、龍鹽、胡錦、玉鞦轡、馬腽、肭臍、金星石、水銀、安息香、雞舌香，其來益多。回紇，宋乾德二年遣使貢白玉團、琥珀四十斤，犛牛尾、貂鼠等，又獻佛牙、琉璃器、琥珀琖。

于敏中等《日下舊聞考》卷七一《官署》　慈寧宮之茶飯房一百五十有一楹，為造辦處。四十八年復增白虎殿後房百楹，所屬玻璃廠在西安門內蠶池口之西，共房三十有六楹。【略】

增茶膳房舊在中和殿東圍房內，乾隆十三年以箭亭東外庫改為御茶膳房，門東向，門內迤北東西黃琉璃瓦房八楹，西南黃琉璃瓦房十有二楹，又南北瓦房九楹。

阿桂等《八旬萬壽盛典》卷一〇《御製眼鏡辛丑》　眼鏡不見古，來自洋船徑。勝國一二見，今則其風盛。玻璃者過燥，水晶溫其性。目或昏花者，戴之藉明映。長上聲年人實資，翻書棐几憑。令四五十人，何亦用斯競？一用不可捨，捨則如瞀定。我茲逮古稀，從弗此物憑。叶雖艱悉蠅頭，余昔年喜作蠅頭細書，今所藏卷冊甚多，近作憶旨詩，仍書冊尾，目力頗覺遜前矣。原可讀論孟。如刻板四書字，視之原如故也。觀袖珍遜昔，然斯亦何病？絜矩悟明四，勿倒太阿柄。言一用眼鏡則不可捨，將被彼摻其權也。

阿桂等《八旬萬壽盛典》卷一〇《御製眼鏡戊申》　眼鏡有二種：水晶與玻璃。玻璃價實廉，水晶貨居奇。水晶雖艱致，用之無害滋。玻璃出冶鍊，熏蒸火氣貽。長上聲年目力衰，視物或可資。令率五旬用，何異同佩觿？予古稀有八，依然弗用斯。蠅頭雖難工，豆顆恒書之。以小可喻大，常理非奇思。藉已明於他，其道乖君師。

和珅等《大清一統志》卷四二三《荷蘭》　土產：馬，珊瑚，哆囉絨，織金氊，嗶吱緞，鏡，丁香，檀香，自鳴鐘，冰片，琥珀，鳥鎗，火石，以上俱入貢。金，銀，瑪瑙，玻瓈，刀，劍，天鵝。

《清仁宗實録》卷一五〇　嘉慶十年九月甲子，諭內閣：據那彥成奏「已革南海、番禺二縣知縣王軾等被劾不甘，稟出百齡在巡撫任內自製聯枷，將犯人枷斃二命，又派伊妾弟任二管門，傳令兩首縣家人代辦供應食物，並一切應用物件，共用銀一萬一千五百餘兩。百齡僅發過銀一百兩，並於離任時將一切紫檀、玻瓈等項什物，搬運下船，價值終未給發。並據那彥成奏，伊與百齡聯銜參劾首縣私設班館及英德縣逼勒銀匠、墊辦錢糧二摺，又百齡具奏巡撫衙門例摺，回粵遲延，詢據摺差稟明，係百齡到湖北後，諭令黃梅縣將該摺差截留，令其由驛齎至武昌省城。百齡將硃批奏摺留下，僅抄録行文移知」等語。殊堪駭異。此案關繫重大，而其最重者，尤在截留硃批奏摺一款。現派直隸總督吴熊光、侍郎托津，馳驛前往查辦，著伊二人先至湖北省城，傳旨訊問百齡。伊已升任湖廣總督，前在廣東與那彦成聯銜各摺，係廣東應辦之事，因何繞道截留。及拆閲後，又不將原奉硃批諭旨交回，此内若有密交那彦成硃諭，伊自必擅行拆閲，殊出情理之外。又伊在廣東任内，派令妾弟任二管門，需索兩首縣供應什物等項，用銀至一萬一千餘兩之多。何以百齡在任僅發價銀一百兩，及升任時，復將紫檀、玻璆及一切什物，概行搬帶下船。伊既參奏南番兩縣私設班館，何以復製造非刑，聯枷凳命。種種貪縱款蹟，令其逐一登答，並將任二嚴行審訊。如訊出確據，即傳旨將百齡革職拏問，將任所貲財查抄。所有湖廣總督印務，交瑚圖禮暫行兼署。一俟審得大概情形，先行具奏，再赴粤東查辦。本日又據佶山奏，湖北襄鄖一帶，晉省私鹽充斥，鹽道海昌諸事因循廢弛，請將該道交部嚴議。另請簡放一摺，亦著吴熊光、托津於到楚時詳悉查明，據實具奏。此旨即著伊二人齎往。

《清仁宗實録》卷二八〇 〔嘉慶十八年十二月上〕丙午，賞平定滑城功，諭内閣那彦成等：「由六百里加緊馳奏，督率官兵攻克滑城一摺，覽奏欣慰。此次逆匪勾結起事，始於滑縣，戕官劫獄，占據縣城。其夥黨在直隸山東邊境者，亦同時竊發，擾害城鎮鄉村，居民被其荼毒。節經派調官兵分路進勦，山東曹定等處賊匪早經撲滅，直隸開州、長垣一帶亦就地掃除。其豫省大股賊匪，先經那彦成等，將道口桃源屯踞之賊，次第攻克。其時逆首李文成率領匪衆竄至輝縣司寨地方，經楊芳等帶兵殲斃凶渠，蕩除餘孽。惟占踞滑城賊匪，負嵎抗拒，圍攻已越四旬。現經那彦成等周環布置，於本月初十日親督兵勇，奮力進攻，城南地雷轟發，震裂牆垣數十丈。那彦成督同楊芳、桑吉斯塔爾冒烟攻上左首，楊遇春等攻上右首。城西地雷繼發，官兵雲梯齊上城垛，高杞同馬元等帶兵進攻各門。分投繼進，殲斃賊匪三四千人。賊衆突圍逃竄，又被官兵擊斃四五千人，生擒賊匪二千餘人。投出難民老幼男婦二萬餘人，全城克復。此皆仰賴上天、祖考垂佑深恩，得以掃除逆惡，迅奏成功，朕與天下臣民同深慶幸。那彦成、高杞、楊遇春統領師干，不辭艱瘁。其在事將領官兵等，亦俱奮勇出力，允宜渥沛恩施，以昭懋獎。那彦成著加太子少保銜，賞給三等子爵，換戴雙眼花翎，在紫禁城内騎馬，並賞給御用荷囊一個。升授伊子容照爲乾清門二等侍衛，所賞荷囊、翎枝即著容照馳驛齎往。又賞給黄面黑狐皮馬褂一件，四喜玉搬指一個，吉祥白玉牌一個，鑲寶石帶扣一副，黄辮大荷包一對，小荷包二個。高杞著賞給頭等輕車都尉，紫禁城内騎馬，並賞給黄面烏雲豹皮馬褂一件，四喜玉搬指一個，鑲寶石帶扣一副，黄辮大荷包一對，小荷包二個。楊遇春著賞給二等男爵，紫禁城内騎馬，並賞給黄面天馬皮馬褂一件，四喜玉搬指一個，鑲寶石帶扣一副，黄辮大荷包一對，小荷包二個。桑吉斯塔爾隨那彦成率先登城，著加恩在御前侍衛上行走。其摺内圈出各員，除那彦成、高杞、楊遇春外，凡攻城出力者，俱著交部從優議叙，兵丁賞給一月錢糧。圍城各官弁，俱著交部議叙，兵丁賞給半月錢糧。並發去四喜玉搬指十個，玉柄小刀十把，花瓷翎管十個，玻璃鼻烟壺五個，瓷鼻烟壺五個，分賞出力官弁。一兩重銀錁二百個，五錢重銀錁二百個，一兩重銀牌二百面，五錢重銀牌二百面，分賞出力兵丁。自九月十二日以後，直隸、豫東等省軍報絡繹，並有突入禁門逆案。軍機大臣等晝夜宣勞，除勒保病假在家，近甫銷假入直外，董誥、盧蔭溥，著交部從優議叙。桂芳自托津出差，派令入直，奉職克勤，著即在軍機大臣上行走，仍交部議叙。松筠、曹振鏞職任綸扉，俱著加恩晉加太子太保銜。劉鐶之、英和督緝認真，俱著加恩賞加太子少保銜。百齡同興辦理防勦事宜，奮勉出力，俱著加恩賞加太子少保銜。軍機章京通政使司參議姚祖，同著交部從優議叙。此外各章京，著軍機大臣查明尤爲出力者，保奏數員交部從優議叙。其餘各員並著交部議叙，所有此次議叙各員，均照軍功例議給。」

《清宣宗實録》卷三四八 〔道光十九年十一月戊戌〕諭軍機大臣等：「御史駱秉章奏，「廣東韶州設立東西二關，凡往江西、浙江、江南等省，則由東關稽查。往湖南、湖北、河南等省，則由西關稽查。現在奸商馬姓，夾帶煙土，由南雄直度大庾嶺，係由韶關偷度，恐該關吏役等，有得規故縱情弊。並聞向來奸商，有以鴉片煙冒作玻璃片報税，請飭查究等」語。現當查拏鴉片喫緊之時，各處關口，尤須認真盤驗。著林則徐、鄧廷楨、怡良，確切查明，如有吏役包庇及冒稱别物報税等弊，即行從嚴懲辦，務使根株永斷，錮弊悉除，是爲至要。將此各諭令知之。尋奏，查南韶連道楊九畹等，拏獲煙匪區老三等九十三名，煙土、煙膏五千四百六十兩有奇。歷經彙奏在案，派員密訪，並無馬老兆其人。關上查税，皆以鐵扦戳探，該道親自看視，現亦無捏報玻璃、偷帶煙土情事。得旨：「隨時認真查辦，切勿一查了事也。」

繆荃孫《藝風堂文集》卷二《元故宫考》 凡諸宫門皆朱户丹楹、藻繪彤壁，琉璃瓦飾檐隙。崇天之左曰星拱，三間一門，東西五十五尺，深四十五尺，崇五十尺。崇天之右曰雲從，制如星拱。東曰東華《輟耕録》：《元・世祖紀》：至元十九年五月，乙酉宮城初建東西華、左右掖門。七間三門，東西一百十尺，深四十五尺，崇八十尺。西曰西華，制如東華。北曰厚載，五間一門，東西八十七尺，深高如西華。角樓四據宮城之西隅，皆三垜樓，琉璃瓦飾檐脊。星拱南有御膳亭，亭東有拱辰堂，《輟耕録》：《元·順帝紀》：至正元年，賜文臣宴於拱辰堂，即此。蓋百官聚會之所。東南角樓東迤北有生料庫，庫東爲柴場夾垣，東北隅有羊圈。西南角樓南紅門外，留守司在焉。【略】寶雲殿在寢殿後，五間，東西五十六尺，深六十三尺，崇三十尺。鳳儀門在東廡中，三間一門，東西一百尺，深六十尺，高如之。門外有庖人室，稍南有酒人室。麟瑞門在西廡中，制如鳳儀門，外有藏庫二十所。鐘樓又名文樓。在鳳儀南，鼓樓又名武樓。在麟瑞南，皆五間，崇七十五尺。嘉慶門在後廡寶雲殿東，景福門在後廡寶雲殿西，皆三間一門，周廡一百二十間，崇三十五尺，四隅角樓四間。凡諸宮周廡並丹楹彤壁藻繪，琉璃瓦飾檐脊。延春門在寶雲殿後，延春閣之正門也，五間三門，東西七十七尺，重檐。懿範門在延春左，嘉則門在延春右，皆三間一門。延春閣《輟耕録》、《昭儉録》：「在興聖宮後。」九間，東西一百五十尺，深九十尺，崇一百尺，三檐重屋，柱廊七間，廣四十五尺，深一百四十尺，崇五十尺。【略】山字門在興聖宮後，延華閣之正門也，正一間，兩夾各一間，重檐一門，置金寶瓶，又獨脚門二，周角以紅版垣。延華閣五間，方七十九尺二寸，重阿十字脊，白琉璃瓦覆，青琉璃瓦飾其檐脊。立金寶瓶，單陛御榻、從臣坐牀咸具。東西殿在延華閣西，左右各五間，前軒一間。圓亭在延華閣後，傍有芳碧亭。圓亭東三間，重檐十字，脊覆以青琉璃瓦，飾以緑琉璃瓦，脊置金寶瓶。徽青亭在圓亭西，制如芳碧。

藝文

釋道宣《廣弘明集》卷二八上隋文帝《於相州戰場立寺詔》 門下昔歲，周道既衰，羣凶鼎沸。鄴城之地實爲禍始，或驅逼良善，或同惡相濟。四海之内，過半豺狼，兆庶之廣，咸憂吞噬。朕出車練，卒蕩滌妖醜，誠有倒戈，不無困戰。將士奮發，肆其威武，如火燎毛，殆無遺燼。于時朕在廊廟，任當朝宰，德慚動物，民陷網羅，空切罪己之誠，唯增見辜之泣。然兵者凶器，戰實危機，節義之徒，輕生忘死，干戈之下，又聞殂落。興言震悼，日久逾深，永念羣生蹈兵刃之害，有懷至道興度脱之業。物我同遇，觀智俱愍。思建福田，神功佑助。庶望死事之臣菩提增長，悖逆之侶從闇入明。並究苦空，咸拔生死。鯨鯢之觀，化爲微妙之龍；臺虵之野，永作玻瓈之鏡。無邊有性，盡入法門。可於相州戰地建伽藍一所，立碑紀事，其營構制度、置僧多少、寺之名目，有司詳議以聞。

李賀《昌谷集》卷一《秦王飲酒》 秦王騎虎遊八極，劍光照空天自碧。羲和敲日玻璃聲，劫灰飛盡古今平。龍頭瀉酒邀酒星，金槽琵琶夜棖棖。洞庭雨脚來吹笙，酒酣喝月使倒行。銀雲櫛櫛瑶殿明，宮門掌事報一更。花樓玉鳳聲嬌獰，海綃紅文香淺清。黄鵝跌舞千年觥，仙人燭樹蠟烟輕，清琴醉眼淚泓泓。

釋貫休《禪月集》卷六《送楊秀才》 北山峨峨香拂拂，翠漲青奔勢巉崒。赤松君宅在其中，紫金爲牆珠作室。玻璃門外仙獤睡，幢節森森絳烟密。水精簾捲桃花開，文錦娉婷衆非一。撫長離坎答鼓花，姑吹簫弄玉起舞。三萬八千爲半日，海涸鼇枯等閑覩。愛共安期棋苦識，彭祖祖有時朝。玉京紅雲擁金虎，石橋亦是神仙住。一作柱。白鳳飛來又飛去，五雲縹緲羽翼高，世人仰望心空勞。

佚名《翰苑新書別集》卷八方秋崖《郡武宴瞿通判》 天子使來，監汝共管溪山，使君於此不凡。且談風月，醉我一壺玉熙然。千里春恭惟府判，大音函胡，老氣硉兀。罨畫溪无邊煙雨，儘有佳遊；退思嵓不盡經綸，聊復小試。未必一官落拍，只今半刺翱翔。長史雖老宰相材，何當驥展；丈夫安能州別駕，遄已雄飛。而我知郡，及爾同寮幸茲合席，西風穲稏，不妨無蟹，有監州北斗闌干，何惜吹龍。將進酒，待歌輿誦，誇與樵人。

肯駕緹屏入古樵，熙春山更緑岧嶤。人如第二泉清冷，路亦無多秋汎寥。碧色玻瓈供笑語，黄雲穲稏入歌謠。山城斗大能留否，見説弓旌有特招。

梅堯臣《宛陵集》卷六《依韻和謝副閣寄新酒》 聞道芳洲景氣新，却輸鷗鷺日相親。小槽酒熟玻瓈色，誰憶高臺共賦人。

梅堯臣《宛陵集》卷三五《依韻酬永叔再示》 前歲守廩京城西，有如勾踐巢會稽。引杯嘗膽未雪恥，怒蛙起揖當涔蹄。海天白日蔽光影，霹靂一過收雲霓。九皐澄明鶴翅濕，欲暮刷羽聲嘶嘶。客來東方美鬚鬣，夜光出袖行無迷。授予照眼已希世，自顧臭辣猶萍齏。文章製作比善塑，物象變怪一以泥。泥雖各用有巧拙，巧之高絶非由梯。又聞東夷蹈水底，騎頸直踞通天犀。曼卿子美摟入室，似使二嫂治朕棲。舜歸在牀不可得，此實素分非能齊。而今我獨向田里，秋稼已熟烹黄雞。自傾白酒坐溪上，誰念往日無粱稊。鄰邦或有寄嘉釀，瓦罌土缶盛玻瓈。昨喜得書書滿紙，官尊職大憐我睽。怪我書亂苦簡略，疲駑豈敢攀駿驪。貴賤交情古來有，胸中不欲置畛畦。世間百事厭著意，但願無病年壽躋。田園未多亦粗給，兒女况足資提攜。終當去問綿上叟，自與野老月下犂。

邵雍《擊壤集》卷七《萊石茶酒器寄邵先生作詩代書》 寶刀切石如春泥，雕剜成器青玻璃。吾嘗閲視得而有，惜不自用長提携。前時過君銅駝陌，門巷深僻無輪蹄。呼兒烹茶酌白酒，陶器自稱藿與藜。愛君居貧趣閑放，一語不涉青雲梯。嗟予都城走塵土，日遠樽杓愁塩虀。緘封不啓置墻角，頓撼時作瓊瑶嘶。爭如特寄邵高士，書帙几杖同幽棲。荷鋤剩治田間穢，抱甕勤灌園蔬畦。明年春酒或共酌，爲我掃石臨清溪。

《代書謝王勝之學士寄萊石茶酒器》 東山有石若瓊玖，匠者追琢可盛酒。君子得之惜不用，慇懃遠寄林下叟。林叟從來用瓦盎，驚惶不敢擎上手。重誡兒童無損傷，緘藏復以待賢友。未知賢友何時歸，男子功名未成就。朝廷先從憂者言，方今急務二敵首。漢之六郡限遼西，唐之八州隔山後。自餘瓜沙甘與凉，中原久而不能有。奈何更餌以金帛，重困吾民猶掣肘。若非堂上出奇兵，安得閫外拉餘朽。直可逐去此曹輩，西出玉門北逾口。城下狐狸既不存，路上豺狼自無走。太陽烜赫耀天衢，氛妖接變匿塵垢。功成不肯受上賞，印解黄金大于斗。乞洛辭君出國門，歸鞍暖拂天街柳。千官如壁遮道留，仰面弄鞭不回首。鄉人夾路迎大尹，醉擁旌幢錦光溜。下車拜墓還政餘，不訪公門訪親舊。始知此器用有時，吾當爲君獻眉壽。

文同《丹淵集》卷一〇《推官惠李庶子鄂州篆字》 天下有奇篆，陽冰書鄂州。異獸呀五口，狂咬掉三頭。磥砢玻瓈盌，詰屈珊瑚鈎。愧無希世寶，何以爲子酬。

鄭獬《鄖溪集》卷二六《次韻程丞相重九日示席客》 湖光飛出洞庭秋，拍手齊看山公遊。墨雲抱日離東海，蒼霞穿漏紅光浮。我公重惜此佳節，擕賓留燕停鳴騶。城角直穿一氣外，碧鱗縹緲飛高樓。晚花纖麗金靨鬧，平莎蒙密緑鬉稠。手把玻瓈笑當坐，飄然逸氣凌雲遒。須臾大卷出新作，鐵網包住鯨與虬。四座傳觀賞佳句，絲管不發清歌留。茱萸著酒紫香透，芙蓉插髻雙眉修。後堂新壓菊花釀，傾在玉盆凝不流。美人再拜勸公飲，一飲可忘今古愁。誰謂長戈可駐景，誰謂萱草能忘憂。斯言寥闊不可考，樂事須向尊前求。霓裳法曲古來絶，小槽琵琶天下尤。只此醉鄉有佳境，此境不與人間侔。

鄭獬《鄖溪集》卷二八《飲醉》 小鍾連罰十玻瓈，醉倒南軒爛似泥。睡起不知人已散，斜陽猶在杏花西。

蘇軾《東坡全集》卷二四《入寺》 曳杖入寺門，輯杖挹世尊。我是玉堂仙，謫來海南村。多生宿業盡，一氣中夜存。旦隨老鴉起，饑食扶桑暾。光圓摩尼珠，照耀玻璃盆。來從佛印可，稍覺魔忙奔。閑看樹轉午，坐到鐘鳴昏。斂收平生心，耿耿聊自温。

蘇軾《東坡全集》卷二五《衆妙堂廣州何道士》 湛然無觀古真人，我獨觀此衆妙門。夫物芸芸各歸根，衆中得一道乃存。道人晨起開東軒，趺坐一醉扶桑暾。餘光照我玻璃盆，倒射窗兒清而温。欲收月魄餐日魂，我自日月誰使吞。

李之儀《姑溪居士前集》卷三《次韻東坡所和滕希靖雪浪石詩古律各一》 風波末路方奔屯，屹然不動誰如尊。豈知胸中暾十日，顧盼不接無重昏。東觀海市俯弱水，南登赤壁凌江村。斯文未喪天豈遠，出没狐鼠徒千門。綸巾羽扇晚自得，已聞漠北幾亡魂。由來好趣入造化，地靈特出雲濤根。生平到處苦再歷，隱隱似有屐齒痕。玻璃鏡裏萬象發，金粟堂中千偈論。會須白玉漱寒水，更借落月傾金盆。 咄嗟菱溪成底物，混沌空夸竅鑿存。

李之儀《姑溪居士前集》卷一〇《同彦本兄弟泛舟過北山》 横截西山一葉輕，曉奩初發鏡中行。異時常作玻璃觀，却恐丹青畫不成。

陸佃《陶山集》卷三《易守建業毅夫有詩贈別次韻五首》 太守無堪久借留，君王恩禮與昇州。親輿自可時來往，漁唱猶能數原註：一作侑。獻酬。原註：公在金陵有《漁家傲》十首。 風色得經揚子渡，月明知在海棠洲。 北山楷木今成列，獨傍師門想見丘。

凌晨寒日弄輝輝，我旆東來子旆西。對此銷魂兩無語，恨初相遇一何稽。梅花可惜空隨驛，鷗鳥多應不下溪。猶有往來魚與雁，好將詩什當書題。

紫案焚香拜敕黄，無因久借蓋公堂。不堪落日離魂斷，賴有薰風引夢長。吹律漸知寒谷暖，賣漿曾值暑天凉。他年果若成功去，乞取南陽作鄧王。

春渚秋潭不可尋，回頭城郭凝高林。但知自白三分鬢，更與誰論一寸心。紅粉淚痕消片玉，故人情分重千金。臨岐不忍醒時別，一任玻瓈酒盞深。

誰信金陵刺史腸，曾懷珠玉夜光芒。一塵侍從才雖短，雙奉君親日更長。得郡免嘗三釜粟，過都容捧萬年觴。遥知南北相望處，風在檀欒月在棠。

鄭俠《西塘集》卷九《次韻太守仁智堂》 堂下玻瓈看碧瀾，天邊圖畫指層巒。崔嵬切漢星辰近，清泚照人毛骨寒。已嘆神明傳政化，仍觀慈惠展杯盤。尊前不爲扶衰病，敢惜酡顔勝渥丹。

華鎮《雲溪居士集》卷四《春日雜興十五首》 季冬歲云暮，玄冥肅寒威。濃雲蔽白日，朔風戾天飛。霜華晝不消，木冰粲瓊枝。河漢凝以沍，松竹慘萎蕤。豺虎有飢色，况乃狐兔微。朝陽汎春光，黄雀鳴華榱。

鳴禽斷殘夢，寒衾有餘温。褰帷覽東窗，朝陽汎晴暾。晨興不知倦，攝衣步南軒。碧瓦無寒霜，芳露浥蘭蓀。東風苦未競，愁見陰雲屯。登高遠四望，極目際郊原。

三眠愁夜久，夙興坐高堂。是時大火中，啓明在東方。曉月俯前楹，列星掩微芒。和風從東來，草木有流芳。欄花浥零露，密影森低昂。咸池浴朝日，照耀上扶桑。輕煙靄簾櫳，盈盈斂餘光。

韶光入南園，芳樹囀珍禽。弄月曉煙際，吟風夕陽林。間關調巧言，玲瓏韻鳴琴。密傳青帝意，説盡陽和心。採之芳林幽，置之華堂深。願言几席間，時聽林中音。朝餐屑崑玉，彫籠飾南金。引盼結綺疏，弄影高梧陰。三旬春欲暮，寫此如簧吟。

緩步出東門，徘徊高城隅。芳郊曉煙霽，極目眺平湖。遲日暖潛魚，東風汎菰蒲。陽和著萬物，動植皆昭蘇。行樂貴及時，流光易云徂。五陵少年客，燕趙傾城姝。憧憧滿金隄，盈盈雜簪裾。華龍儼上駟，冰雪瑩膚腴。帷花啓芳筵，藉草羅樽壺。搴條密相遺，巧笑情有餘。溱洧宛未妍，桑中良不如。

東風入九門，細草有餘緑。長楊散金縷，繚亂青樓曲。緗桃美於錦，素馨純如玉。名園搜未盡，春華已盈目。蘭蕙有天香，乃在山之麓。不與東風發，誰知顧中谷。

姜庯曉相攜，採桑高城東。新粧競姚冶，危鬟較櫳鬆。袿襦無舊製，組繡有餘工。穿林逐流鶯，遵渚學驚鴻。密葉朝露晞，遠揚戾東風。日昃蠶已飢，采采不盈籠。

虚懷湛秋水，拳石枕寒沙。上栽九節蒲，依倚復欹斜。寄懷曲几穩，發秀終年嘉。細根散蒼髯，巨柢蟠青蛇。玉甆瑩故葉，劍鋩長新芽。融怡謝陽光，滋澤非露華。潔貞宛相適，吹嘘曾不賒。乃知元氣游，吻合大道涯。生生無間斷，在在均邇遐。陰騭有異稟，朗應無爾差。故兹靈藥材，見重長年家。寧如溱洧贈，復異洛陽花。臭腐薦高胦，夭冶揚芬葩。栽培劇彫楮，徂謝迅飛霞。韶光瞬息移，不得延豪奢。

東郊接南陌，芳樹繚修隄。疏雨斂輕埃，十里平如坻。雲日弄晴陰，煙花淡低迷。往來多騕褭，躑躅赴東西。紫騮連錢花，青驄碧玉蹄。軒頭剥秋兔，闔臆竦鳴雞。金鑣響玲瓏，玉校光高低。促韁合組繡，修策琢玻瓈。顧影斂逸足，迎風驕長嘶。不逢王武子，與解錦障泥。

晴春厭密處，駕言出林坰。捨車步蘅皋，緩帶遵蘭汀。長林合葱蒨，緑陰透虚明。上有遷谷鶯，下聞求友聲。風和黄舌穩，薄暮耳猶傾。歸轅俯俄景，修路尚安行。華鋪閉深院，嘉樹列前庭。高梧蔭綺窗，媚柳拂朱甍。安得谷中侶，晨昏此飛鳴。

迢遞長江表，崎嶇青障間。瑞草雜野卉，吐秀莫窮看。馥郁誰與奇，細碎如等閑。荆榛共榮悴，樵牧幾摧殘。殊鄉採嘉聲，千里轃名園。輕舟走彫檻，文砌薦朱欄。芳華未盈枝，傾都已酡顔。疏叢之葱蒨，薄采愧朱殷。珍賞占芳時，野客更舊觀。試問蜂和蝶，何如蕙與蘭。

江梅燦瑶琨，緒風未成和。紅藥簇雲錦，韶光已蹉跎。臘寒苦難任，秋陽暴如何。寧知桃李樹，乘春蔚婆娑。二月艷陽天，兩京佳麗多。五陵浮瑞氣，三州翻緑波。宫槐出華闕，御柳夾銀河。玄鳥雜飛舞，黄鸝競鳴歌。芳蹊展平練，繁艷簇香羅。浥露笑金谷，迎風媚銅駝。落英縱紛紛，珍賞已峨峨。莫訝潘河陽，盈城意靡他。

纖纖蘭蕙甲，青青楊柳絲。草木有春華，園林競芳時。粧點貴銓次，高下有推移。連畛已端修，茅蹊盡平治。雕欄被丹雘，文甃合瑠璃。穿薄啓縈迂，拍隄汎漣漪。安排紅藥樹，映帶牡丹枝。蔓草既誅鋤，秋榮亦芟夷。碧蘆斷修幹，丹蓼剪芳蕤。苞杞散不收，叢菊棄如遺。蘆蓼尚云可，杞菊或未宜。神功著西河，嘉聲藹東籬。朱實照金鼎，黄華登玉卮。暄凉雖異序，榮秀各有期。商飈掠春叢，摧折誰能支。

春華雜丹素，芳心馥椒蘭。蝴蝶採其榮，交飛密爲團。輕鬚卷絲緒，弱翅翦冰紈。栩栩婉有容，飛飛閑可觀。深叢密依倚，曲徑恣盤桓。日昃芳氣消，露晞黄粉乾。繁華未零落，幽意已闌珊。

中和嘉會日，名都肆廣筵。華榱蔭簪裾，樽俎森盈前。主賓興方諧，威儀曾未愆。鳳簫密銀黄，瑶琴掩朱弦。衆優湊廣庭，跰躃颭回旋。被服偭古製，咿嗚操方言。鉦鼙雜鳴擊，促數競喧填。歌舞養心耳，心耳今煩悁。恐非君子音，不足延永年。

華鎮《雲溪居士集》卷六《題桃源圖》 枝頭巧語聲高低，波光葱蒨深柔荑。烘熾日暖金鱗動，漁舟蕩漾沿芳隄。淡紅片玉滿流水，中有誰家桃李蹊。刺棹沿洄忌遠近，山重水轉迷東西。金豪瞥見林中犬，玉羽旋聞隴上雞。相逢巾屨如圖畫，驚聞有客争邀攜。穿花行到花盡處，華鋪畫敞同攀躋。簾櫳炫晃鬬金碧，樓閣玲瓏凝紫霓。瓊杯石髓甘如醍，碧桃瑩膩堆玻瓈。慇懃歷問塵寰事，聞説興替聲如嘶。自言疇昔避閭左，鄉鄰負抱謀巖棲。入山惟憂山路淺，穿雲涉水隨麡麛。山深遂與人境絶，回首但見雲萋萋。年年桃花又桃實，不聞劉項鳴鉦鼙。當時祇恨棄桑梓，此日却悟凌丹梯。酒闌歷覽煙霞外，天風淅淅鶤雞啼。思家塵羈世網遠心目，年齡便可乾坤齊。俗緣如瑕滌不去，荆布還念糟糠妻。欲歸歸却悔，憶路重來來已迷。碧砌朱欄無處覓，溪長煙草寒凄凄。玉京雲路今何在，千年圖寫傳繒緹。高堂衆客一經目，盡願乘景騎狻猊。祖龍虐政猛於虎，療飢消渴資黔黎。霜髯黄口不相保，四海慘戚如牢狴。當時人世無居處，往往雲壑爲中閨。竄身幽側寧所樂，骨月苟免資塵泥。種桃爲食不如黍，豈惡芻豢忌烹封。全家避逅登金籙，此事渺忽無端倪。清時汪濊下膏澤，浸潤生齒如孩提。日長不使餔糠秕，飯炊彫胡截駃騠。歲寒豈獨完裋褐，霧縠衣裘雲錦袿。翦除敗類毓良淑，宛若嘉穀純無稊。干羽雍容絶征戍，春來處處操鋤犁。今人不似秦人苦，寄身何用武陵溪。

吴則禮《北湖集》卷四《郁李甚開其花如雪以珍瓶貯之》 玉妃春行不落莫，授館獨有青玻璃。是身未辦墮雜染，高自標致真希奇。

毛滂《東堂集》卷二《對巖桂一首寄曹使君》 玉階桂影秋綽約，天風爲捲浮雲幕。嬋娟醉眠水晶殿，老蟾不守餘花落。蒼巖忽生雲月裔，仙芬淒冷真珠萼。娟娟石畔爲誰妍，香露著人清入膜。夜深碎月寒相就，酴醿却作傷春瘦。弄雪仙人淡紵衣，烟裙不著鴛鴦繡。眼中寒香同誰惜，冷吟徑召梅花魄。小蠻爲洗玻瓈船，晚來秋甕葡萄碧。

葛勝仲《丹陽集》卷一八《次韻王得之方池父子翫月》 先生夜不眠，愛月真癡絶。呼兒飲文字，桃黍聊一雪。清光入酒墮胸次，照見萬卷非涉躐。商容顥氣寒徹骨，况是冰輪圓不缺。中宵影倒萬頃池，上下金盤兩澄徹。廣寒靈媛多飛瓊，煙凝露曖收羣聲。漁冷跳波聞静岸，鵲驚遶樹當前楹。辭直道山來膝上，郎君吟興紛縱横。詩成父子定知己，門有佳兒真寧馨。不須靈液玻璃盌，一夢瑤臺亦非遠。

葛勝仲《丹陽集》卷二三《鷓鴣天·九月十三日攜家遊真意亭燕集二首》 婆律香濃氣味佳，玻瓈仙盌進流霞。凝香清滌高陽醉，靈液甘和正焙芽。香染指，浪浮花。加籩禮盡客還家。貫珠聲斷紅裳散，踏影人歸素月斜。

小榭幽園翠箔垂，雲輕日薄淡秋暉。菊英露浥淵明徑，藕葉風摧叔寶池。酹素景，泥芳卮。老人痴鈍强伸眉。歡娱莫遣笙歌散，歸路從教燈火稀。

王安中《初寮集》卷一《睿謨殿曲宴詩并序》 臣比蒙聖恩，召赴禁殿曲燕。其日垂拱奏事，退俟於睿謨。外次花巾絲履，進自東序，促武再拜，陛即坐席。女樂數十，陳於殿庭南端，袍帶鮮澤，行綴嚴整。酒行歌起，音節清亮，樂作舞入，聲度閑美，俱出於禁坊法部之右。於時臘雪新霽，風日妍暖，已作春意。御榻之前有寶檻，植千葉桃花。陛下指示羣臣曰：「杪冬隆寒，花已盛開。」於是皆頓首曰：「陛下神聖，能回造化，草木實被生成之賜，乃先時呈瑞，以悦聖情。」日既中昃，甫畢初筵，有旨許登景龍樓，由穆清廡外閣道以升，東望艮嶽，松竹蒼然。南視琳宫，雲煙絢爛。其北則清江長橋，宛若物外。都人百萬遨樂，樓下歡聲四起，尤足以見太平屢豐之象。羣臣頌歎。久之既夕，復詔觀燈於穆清，遂侍飲於平成。萬炬層出，彌望不極，如星掛空，而光彩動摇於雲海濤波之上。户牖屏柱，茶牀燎爐，皆五色琉璃，綴以夜光。火齊照曜璀璨，縱觀環繞，則又覩合宫、蕭臺、崇樓、傑閣、森羅布濩。羣臣心目震駭，莫有能測其機緘制作之妙者。已而陪從天步至會寧殿，瓊鋪珠箔，合沓炳焕。其所陳列，則虞敦夏鼎，商盤紀甗，龍文夔首，雲雷科斗，真若邃古三代之物。陛下既御黼坐，親取寶器酌酒臨勸，命宫嬪奏細樂於前。玉食嘉果，南珍海錯，手自分賜。載色載笑，雍容無間。羣臣飲德，莫不霑醉，夜分乃散，歸路觀者如堵。他日稱謝，陛下申諭一二輔臣俾作詩以紀，而臣某預焉。臣猥以凡材，蒙陛下親擢，備位政府曾未閲月，有此非常之遇，形容頌述，雖無詔旨，猶當自效。惟鈞天帝所，昔人夢寐，或至形開而神悟，想象莫及，而臣今者身歷邃嚴，目擊奇勝，顧嘗以文字誤被聖獎，且面命之，其榮至矣。謹齋沐課成百韻五言律詩一首，繕寫上進，冒黷天威，臣不勝震越之至。

上帝通明闕，神霄廣愛天。九光環日月，五色麗雲煙。紫宙開三極，瓊璈列萬仙。希夷塵境斷，髣髴玉經傳。妙道逢昌運，真王撫契賢。龜圖規大壯，龍位正純乾。穹昊親無間，皇居擬自然。剛風同變化，梵氣共陶甄。層觀星潢上，重闉斗柄邊。摩空七雉峻，冠嶠六鼇連。夢想何嘗到，階升信有緣。昕朝初放仗，密燕忽聞宣。清禁來鳴佩，修廊列並肩。獸鋪金半闔，鸞障繡微褰。霽景流庭砌，雷文繪桷梴。宫簾波錦漾，殿榜字金填。花擁巍巍座，香浮秩秩筵。嵩呼稱萬億，韶奏侍三千。華歲稱堯歷，元璣侯舜璿。冰霜知臘後，梅柳認春前。造化應呈巧，芳菲已鬬妍。樛枝瑚檻小，多葉露桃鮮。錯落飛杯斝，鏘洋雜管絃。承雲歌歷歷，回雪舞翩翩。黼幄祥氛合，銅壺永漏延。鎬京方置醴，羲馭自停鞭。乃聖情彌渥，諸臣意更虔。宗藩親魯衛，相芾拱閎顛。側弁恩光浹，中觴詔蹕旋。寶薰携滿袖，御果得加籩。要賞嬉遊盛，俄追步武遄。騰身復道表，送目夾城堧。仰揖蒼龍象，旁臨艮嶽巔。謳謡紛廣陌，簫鼓樂豐年。赫奕攢輪幰，珍奇集市廛。博盧多袒跣，飲肆競蹁躚。蕃衍開朱邸，崔嵬照彩椽。橋虹彎矗矗，江練泮濺濺。擊柝周廬晚，張燈別院先。餘霞摇綺暈，列宿瀉珠躔。浩蕩三山島，稜層十丈蓮。再趨天北極，却立榻東偏。既用家人禮，仍占聖製篇。兕觥從酩酊，蟾魄待嬋娟。轉盼隨親指，環觀得縱穿。曲屏紅浪蹙，巨柱赤虬纏。光透垂葩井，晶銜帶璧錢。蕭臺千級峻，重屋八窗全。就席花墩匝，行尊紫袖搯。交輝方爍爍，起立復闐闐。邃宇會寧過，中宵勝賞專。鋪陳尤有韻，清雅不相沿。户箔明瓊串，欄釭水碧棬。規模商甗鑄，款識魯壺鐫。秦曲移箏雁，唐粧儼鬢蟬。窅襟珠綴領，高朶翠爲鈿。喜氣排寒冱，輕飈洒静便。層牀藉璣組，方鼎炷龍涎。瑪瑙供盤大，玻瓈琢琖圓。暖金傾小榼，屑玉釀新泉。帝子天材異，英姿棣萼聯。頻看揮斗盌，端是吸鯨川。推食俱均逮，攘餐及墮捐。海螯初破殼，江柱乍離淵。寧數披綿雀，休論縮項鯿。南珍誇飣餖，北饌厭烹煎。賜橘懷頳卵，酡顔釂寶船。言歸荷慈惠，末節笑拘攣。放鑰嚴扉啓，籠紗逸足牽。冰輪掛銀漢，夜色映華韉。人識重熙象，功緊獨斷權。五辰今不忒，六氣永無愆。天紀承三古，時雍變八埏。比閭增版籍，疆場罷戈鋋。文軌包夷夏，弦歌遍幅員。恢儒榮藻苑，作士極魚鳶。肯構詒謀顯，多男景祚綿。迓衡常穆穆，遵路益平平。亭障今踰隴，耕耘久際燕。恩漸鯨海漲，威竄犬戎羶。東擬封云岱，西將款澗瀍。琳科宣蕊笈，玉府下雲軿。帝籍勤初播，宫蠶長自眠。繭絲登六寢，稃米秀中田。廟鶴垂昭假，壇光監吉蠲。靈芝滋菌蠢，甘醴湧潺湲。合教罷風革，頒經衆疾痊。雨隨親禱降，河避上流遷。執契皇猷洽，披圖福物駢。太和輪橐籥，妙用絶蹄筌。此會君臣悦，應光簡册編。雅稱魚罩罩，頌述鼓咽咽。詎比千齡遇，猶聞四始箋。羈臣起韋布，陋質愧駑鉛。驟俾陪機政，由來出眷憐。恩方拜綸綍，報未效塵涓。密席叨臨勸，凡蹤第曲拳。雖無三峽水，曾步八花塼。聖諭知難稱，才慳合勉旃。鈞天思盡賦，剩續白雲牋。

李光《莊簡集》卷六《玻璃盌》 僕之謫居澄江也，吴元預適寓水東，時時往來。忽一日告别，仍以玻瓈盌見贈，意則厚矣。然僕方宴坐一室，空諸所有，日食不過飯一盂。爾間或散策郊外，遇田夫野叟，飲輒醉倒，何用是寶器哉。因戲成小詩，復還其盌。

獨醒難招楚些魂，時從蜑叟醉蠻村。興來不假玻瓈盌，自有隨身老瓦盆。

陳直等《壽親養老新書》卷二 東坡《老饕賦》云：「庖丁鼓刀，易牙烹熬。水欲新而釜欲潔，火惡陳而薪惡勞。九蒸暴而日燥，百上下而湯鏖。嘗項上之一臠，嚼霜前之兩螯，爛櫻珠之煎蜜，滃杏酪之蒸羔。蛤半熟以含酒，蟹微生而帶糟。蓋聚物之夭美，以養吾之老饕。婉彼姬姜，顔如李桃。彈湘妃之玉瑟，鼓帝子之雲璈。命仙人之萼緑華，舞古曲之鬱輪袍。引南海之玻瓈，酌凉州之蒲萄。願先生之耆壽，分餘瀝於兩髦。候紅潮於玉頰，驚暖響於檀槽。忽累珠之妙曲，抽獨繭之長繰。閔手倦而少休，疑吻燥而當膏。倒一缸之雪乳，列百柁之瓊艘。各眼灩於秋水，咸骨碎於春醪。美人告去已而雲散，先生方兀然而禪逃。響松風於蟹眼，浮雪花於兔毫。先生一笑而起，渺海闊天而高。」

李綱《梁谿集》卷七《用韻賦梅花三首》 寒梅幾樹開前村，靚粧綽約歸仙魂。横斜影落石溪淺，皓潔色洗煙嵐昏。幽香暗動松竹徑，清格自羞桃李園。窮冬萬里霜雪積，獨得一點陽和温。冰姿最宜夜月白，玉彩更炫朝霞暾。明妃失意去朔漠，阿嬌無寵扃長門。芳容寂寂誰復顧，雅意耿耿今何言。天涯相對且相樂，爲爾吸盡黄金樽。

草木凍死山中村，惟有梅花能返魂。孤根不怕雪霜苦，冷艷似笑風雲昏。披芳獨占歲寒地，擢秀肯待春風園。溪邊寒影自的的，月裏皓色還温温。飄零疏雨夕煙暝，猒浥清露晨光暾。玉妃遊戲隘崑閬，縞衣飛出瑶臺門。幽姿耿介不可狎，欲問所以難爲言。嗅花嚼蕊更奇絶，侑我一醉玻璃罇。

雲山縹緲煙水村，嫣然顧我驚離魂。凝情不語自脉脉，旅愁易感方昏昏。我家梁谿富泉石，雪裏數株開北園。天涯相見一笑粲，玉色不减當時温。爲君清夜不成寐，月落已見東方暾。會栽千樹遍緑野，豈羡五柳垂衡門。臨風三嗅長太息，欲辯此意還忘言。何當歸去老三徑，攜幼入室酒盈樽。

李綱《梁谿集》卷一〇《右衡嶽與邑官會凝翠閣》 屹然高閣虚且通，溪山增秀來薰風。皆云閩境似此少，豈但爲最沙陽中。棟楹顯敞制度巧，飾以黝白非青紅。七峰倒景蘸層碧，十里平津流向東。連山松檜鬱葱蒨，一溪煙雨寒冥濛。沉沉月彩照清夜，漠漠雲影摇蒼穹。眼光到處色皆翠，凝結至今勞化工。幾年落寞顧眄地，拈出始知觀覽雄。開筵置酒共臨賞，正暑景物生秋容。畫船笳吹助清咽，津岸擊鼓聲逢逢。世間萬事非偶爾，成此一段傳無窮。我歸三子子歸我，畢竟假合誰之功。人生會合自可樂，且須吸盡玻瓈鍾。他時追憶如夢寐，一笑勝游囘首空。

李綱《梁谿集》卷二二《蒸栗》 風霜開栗皺，孕此頳虬卵。嘉哉古所贄，飣餖入籩匱。累累紫腰菱，爛爛火鼊繭。甘腴能療病，炎帝所編纂。幽人夜讀書，坐對銅檠短。颼颼石鼎沸，焰焰地爐暖。式將瓦甑炊，剖殼黃玉軟。乘飢進五六，腹已果然滿。吾嘗位將相，日食萬錢饌。荒山啖芋栗，自勝太官鑾。乃知一飽餘，萬品徒過眼。聊持薦杯酒，不假玻瓈盌。憂慨不成眠，夜寒空展轉。

王之道《相山集》卷五《華亭風月堂避暑》 予自無爲來獲，與趙應之市舶親友相從於海上，而吴伯和司理素昧平生，一見蒙傾蓋。暇日，三人避暑風月堂，邂逅王壽茂主簿并鍾幹二公，棋酒終晷，樂可知也。輒成古風，以丐撫掌一笑。

大哉天休何穹窿，惟王配天居域中。東西南北乃四裔，盛德可使車書同。吾皇中興繼商武，小雅不復歌車攻。年來幽障滅烽燧，梯航萬里來夷戎。華亭瀕海古巖邑，商民填委百貨通。雕題交趾在何許，但見巨艦浮蒼龍。國家懷遠固有道，緩征薄税垂無窮。名官市舶司置長，往往所任多名公。洪侯才望在人右，暫此出使良忡忡。使臺雄勝壓湖水，飛橋百尺如垂虹。作堂枕水傍風月，想見浩氣盤高空。我來五月過淫雨，炎雲烈日方爞爞。登臨不獨眼界豁，一洗煩暑清心胸。偕行相遇二三子，吴趙與我并王鍾。高談亹亹到莫逆，圍棋把酒還從容。輕風拂拂動襟袖，明月炯炯窺簾櫳。湖光十頃碧上下，身世恍在玻瓈宫。何人倚檻正横笛，數聲裂石開雲峰。忽然琵琶又繼作，罄此百榼誰能供。夜闌歸去不成寢，卧聽湖外鳴豐隆。

胡寅《斐然集》卷二《和蔡生》 吾生慚松獨，天賦比樗散。學道纔窺藩，聖門未容款。老來憂患集，雖草經濕暵。衣帶垂有餘，樗腹無可坦。跫然喜君至，肯就我乎館。一醉老瓦盆，寧用玻璃盌。春風正駘蕩，柳暗月欲滿。蚩蚩萬物類，混化胎與卵。吾儕幸襟靈，詩書足相伴。浩然天宇内，未暇論修短。揚雄正希顏，魯子豈顧管。希聲非折楊，下士每大莞。

曾慥《類説》卷五六《夜宴詩》 施肩吾《夜宴詩》：曲欄如畫買不眠，王爐夜起沉香烟。青娥一行十二仙，紅顏欲笑桃花然。碧窗弄嬌梳洗晚，户外不知銀漢轉。被郎嗔罰琉璃盞，酒入四肢紅玉軟。

晁公遡《嵩山集》卷八《今秋久雨至八月望夕始晴月色尤清澈可愛置酒月下作》 玉斧琢月玻瓈聲，月中桂樹秋風驚。終年待此一輪滿，不憂蛙食憂鼉鳴。白鼉十日鳴空山，雨師乘雲呼不還。黃塵曉漲三尺潦，明河夜飛千丈瀾。廣寒不復覩霓裳，公子豈解歌秋陽。釜星未滅日已出，風檣雨隙棲清光。須臾紺繒展秋碧，仰見西山銜半璧。青天冥冥星益疏，光芒寒溢千山白。今夕何夕誰與度，舉杯屬月當起舞。陶然相對影凌亂，不覺驚烏起庭樹。樹頭霏霏木葉墜，白露懸空斗垂地。雖無絲竹爲陶寫，亦有鳴蛙當鼓吹。向來悲歌子桑子，饑坐虛憂木生耳。安知上帝思澄清，要令六合無泥滓。

李流謙《澹齋集》卷四《同馮縉雲游無爲以吾獨胡爲在泥滓分韻賦詩得泥字》 人言躍馬妨杖藜，世士不可汚丹梯。人言解牛非割雞，豈信截玉如截泥。山林朝士弧矢睽，一物異用鵠之栖。安生濤瀾分畛畦，我自局狹誰排擠。先生大千一手提，使握鼎鉉如扶犂。豈於喧寂心生翳，朝驅兩輪鹿護麛。暮閱千紙髮變黳，痛者手摩攣者攜。蚊虻膚撓夕夢迷，餒蛟仄目初生羝。血牙未洗遭焬封，天公付公爲旱霓。作三日雨徵可稽，久旱，公至連日得雨。詰朝棧路沿澗溪。夜談隱具窺緗綈，曠然冥蒙徹甕醯。轉變前境塵却犀，我自嘆駭失徑蹊。公如大像頭小低，嗟乎太倉此一稊。不從公來噬其臍，是山冠冕川東西。二大老文光璇題，公不一語意慘悽。是以稽首拜馬蹄，欣然傾倒珠玻璃。飛天寶焰照栱枅，夢中櫂唱驚鳧鷖。挽衣不留恨空齎，悲願苦切哀黔黎。早縛渾厥臣羌氐，快讀大頌崖天齊。把茅歸謝黄金閨，收拾伊傅從阮嵇，爲公再歌歸來兮。

史浩《鄮峰真隱漫録》卷四七《生查子即席韻陸務觀》 雙蛟畫鼓催，一水銀蟾滿。見奪錦標囘，却倚花枝看。　已擘冷金牋，更釂玻瓈椀。歸去託鄉關，不負平生眼。

王炎《雙溪類稾》卷六《陳宰生日》 花枝點綴深淺紅，溪山二月春融融。琴堂清曉氣葱鬱，躡鳧此日來仙翁。姓名已久書絳闕，骨相元自居紗籠。君王厚下爲保障，郎宿垂光臨一同。兩行吏立薄冰上，四境人行明鏡中。三年妙手巧製錦，藉甚治聲聞九重。桃李陰邊共歌舞，勸君飲盡玻瓈鍾。着鞭由此登要路，推轂豈必由諸公。未教曳履侍文石，亦合峨豸乘花驄。中堂朱紱映綵服，瑤池無日無春風。摩挲銅狄閱人世，何止他年方兩瞳。

陸游《劍南詩稾》卷四《凌雲醉歸作》 峨嵋月入平羌水，歎息吾行俄至此。謫仙一去五百年，至今醉魂呼不起。玻瓈春滿琉璃鍾，玻瓈春，眉州酒名。宦情苦薄酒興濃。飲如長鯨渴赴海，詩成放筆千觴空。十年看盡人間事，更覺麴生偏有味。君不見蒲萄一斗換得西涼州，不如將軍告身供一醉。

陸游《劍南詩稾》卷七《錦亭》 天公爲我齒頰計，遣飫黄甘與丹荔。又憐狂眼老更狂，令看廣陵芍藥蜀海棠。周行萬里逐所樂，天公於我元不薄。貴人不出長安城，寶帶華纓真汝縛。樂哉今從石湖公，大度不計聾承聾。夜宴新亭海棠底，紅雲倒吸玻璃鍾。琵琶絃繁腰鼓急，盤鳳舞衫香霧溼。春醪凸盞燭光摇，素月中天花影立。遊人如雲環玉帳，詩未落紙先傳唱。此邦句律方一新，鳳閣舍人今有樣。

羅椅《放翁詩選前集》卷一陸游《蜀酒歌》 漢州鵝黄鸞鳳雛，不鶩不搏德有餘。眉州玻瓈天馬駒，出門已無萬里塗。病夫少年夢清都，曾賜虛皇碧琳腴。文德殿門辰奏書，歸局黄封羅百壺。十年流落狂不除，遍走人間尋酒壚。青絲玉瓶到處酤，鵝黄玻瓈一滴無。安得豪士致連車，倒瓶不用杯與盂。琵琶如雷聒坐隅，不愁渴死老相如。

范成大《石湖詩集》卷三《夜宴曲》 金麟噴香煙龍蟠，玉燈九枝青闌干。明瓊翠帶湘簾斑，風幃繡浪千飛鸞。舞娥紫袖如弓彎，雲中一笑天解顏。銜杯快卷玻瓈乾，花樓促箭春宵寒，二十五聲宫點闌。

范成大《石湖集》卷八《李仲鎮懶窩》 求名當着鞭，訪道亦重趼。二邊俱不住，三昧不如懶。向來南嶽師，自謂極蕭散。收涕且無緒，客至那可款。爭如懶窩高，門外轍常滿。殊不妨嘯歌，秉燭苦夜短。天寒雪欲花，屋角黄雲晚。徑須煩二妙，對洗玻瓈盞。

楊萬里《誠齋集》卷二〇《白紵歌舞四時詞》

春

人生春睡要足時，海波可乾山可移。珠宫宴罷曉星出，不是天上無鳴鷄。昨來坐朝到日落，君王何曾一日樂。上林平樂半蒼苔，桃花又去楊花來。

夏

四月以後五月前，麥風槐雨黄梅天。君王若道嫌五月，六月炎蒸又何說。水精宫殿冰雪山，芙蕖衣裳菱芡盤。老農背脊曬欲裂，君王猶道深宫熱。

秋

星芒欲滅天風急，月輪猶帶銀河溼。青女椎冰作冷霜，吹到璇閨飛不入。苧蘿山下浣紗人，萬妃無色祇一身。嬌餘貴極醉玉軟，强爲君王踏錦裀。

冬

祇愁窮臘雪作惡，不道雪天好行樂。玻瓈琖底回青春，蒲萄錦外舞玉塵。陽春一曲小垂手，勸君一杯千萬壽。今年斛穀才八錢，明年切莫羨今年。

廖行之《省齋集》卷四《和人乞朱櫻十首》 見説朱櫻正及時，眼穿火齊曉雲披。筠籠走送還能否，好帶朝霜摘幾枝。

桃李從渠著斗量，明珠顆顆更含香。紅顔不老如丹渥，笑訖南翁見未嘗。

當年上苑得殊觀，爾許勻圓訝走盤。容易香山白居士，漫同樊素等閑看。

浮沉閑却紫玻瓈，洗盞丁寧已戒兒。會見金盤紅萬顆，爲君痛飲倒酴醾。

侯門珍膳詫猩唇，肉食愚哉鄙若人。安得頳珠洗葷濁，驪龍方寐詎非真。

那須得得列杯盤，不念貧兒逐彈丸。齒頰猶能識珍味，乞渠細咀辨甘酸。

舊聞雲夢澤邊城，飽飫林間主不嗔。薄暮一鞭飛騎迅，歸來盈袖熟紅勻。

族派蟠桃譜牒存，三千歷歲物難羣。黠兒尚許三偷摘，可是年年不見分。

連朝急雨相狂風，愁絶枝頭入望中。不比來禽與青李，端能炯炯照顔紅。

惱亂詩情庾子山，饞涎渾似未朝餐。張頤一飽非難辦，爭得君家伏火丹。

張鎡《南湖集》卷二《冒雨往玉照堂觀梅戲成長篇》 幽人占斷煙波景，不但春風翠紅整。繞堂交互玉崚嶒，月中日下光迷影。連年勾引客來看，傳得梅聲滿世間。西湖處士英爽在，大叫稱屈撾天關。拜言臣生太清苦，孤山昏曉搜寒句。水邊籬畔識疏斜，若説栽梅臣實祖。五湖散人張志和，讀霓不中原夫科。門前水擅南湖號，也種梅花數百窠。貪吟豈悟無閑字，置之度外猶餘事。掩臣梅譽最難堪，薦菊泉荒空廟祀。帝曰往哉女雨師，張園梅開正及時。風標霧鎖兩旬日，今歲且使遊行稀。從來奇觀偏宜罕，何妨別具看花眼。不須緣木及守株，時來一醑玻瓈醆。晴多每厭蜂蝶狂，妖濃不類南枝香。未如就作水仙戲，水精纓珮鮫綃裳。素鱗宫闕龍牙牀，瑤麟琪鳳森騫翔。洗湔塵坌凝冰霜，是名清净富貴鄉。舉瓢無庸酌天漿，芳槽壓酒銀淋浪。桃花流水名漸彰，一醉百榼嗤斗量。和靖此樂恐未嘗，大癡小點聲利場。得失分定休自忙，詩成鯉魚爲傳將。一閱嗔妬俱已忘，却須信我計頗長。

張鎡《南湖集》卷五《五月十六日夜南湖觀月》 良宵觀月豈無人，未必能看到四更。山載塔燈金筆立，水摇亭檻玉簾横。歌從菡萏香中起，酒向玻瓈盞内明。誰信南湖當暑夜，葛衣風透覺寒生。

張鎡《南湖集》卷八《南湖書事五首》 初來作舍少人行，橋外如今滿市聲。繞岸種成桃間柳，一家和氣萬家生。

過午人家起竈煙，被風輕引向晴川。須臾却與雲陰雜，不礙玻璃鏡自圓。

科樹梯斜倚暮暉，犬聲如蛤透疏籬。謝天排出江村景，副我憑欄一望時。

水鳥鳴儔已可聽，湝然分練蹙波聲。成羣争似沙鷗少，别有高閑物外情。

恍看灔灔紫金幢，日脚横瀾萬褶光。吹到檻邊争蕩激，直疑身似水仙王。

高似孫《硯箋》卷一鄭毅夫《紫花硯詩》 耕得紫玻瓈，鑿成天馬蹄。潤應通月窟，洗合就雲溪。

陳文蔚《克齋集》卷一四《廬山雜咏》 我來未試烹茶水，且讀石上涪翁詩。上臥百尺晴蝃蝀，下貯一匣青玻瓈。淵深知是蛟龍宅，風怒似挾熊虎威。自古賢棲知幾許，今有精藍藏翠微。

程公許《滄洲塵缶編》卷四《右詠歸亭》 蔚藍水中天，岧嶢千萬重。樓觀聳煙霞，光景浮星虹。天上老仙伯，萬劫冰雪容。笑下金華山，長歌唳霜鴻。一去五百年，山頭忽重逢。身衣直指繡，神超蓬海東。摇蕩瓊臺光，拍浮玻瓈鍾。瓊臺縱可樂，虞庭渴夔龍。丹鳳銜詔來，入侍甘泉宫。

林希逸《竹溪鬳齋十一稿續集》卷二《謝石塘小孤山惠酒》 好友憐余渴飲溪，醲香每月入緘題。分無内庫黄封賜，似有孤山赤幫支。把盞慚非漿瑪瑙，傾瓶尤勝碧玻瓈。三升美醖何須戀，續也當年可煞癡。

陳景沂《全芳備祖集》卷三《五言古詩》 凡卉與時謝，妍華麗兹辰。欹紅醉濃露，窈窕留餘春。孤賞白日暮，暄風動摇頻。夜窗靄芳氣，幽卧如相親。碌碌溱洧贈，悠悠南國人。柳宗元。

今日忽不樂，折盡園中花。園中亦何有，芍藥繞殘葩。久旱後遭雨，紛披亂泥沙。不折亦安有，折去亦何嗟。棄擲諒未定，送與謫仙家。還將一枝春，插向兩鬟丫。東坡。

何以築花宅，筆直松樹子。何以蓋花房，雪白清江紙。紙將碧油透，松竹畫楝峙。鋪紙便成瓦，瓦色水晶似。金鴨暖未焰，銀竹響無水。汗容漬不温，晴態嬌非醉。盡收香世界，闢作閑天地。風日幾曾來，蜂蝶獨得至。勸春入宅莫歸休，勸花住宅且少留。昨日花開開一半，今日花飛飛數片。留花不住春竟歸，不如折插瓶中看。楊廷秀。

艷艷錦不如，夭夭桃未可。晴霞畏欲散，晚香愁將墮。結根本爲誰，賞心期在我。元稹。

月蛾雙雙下，楚艷枝枝浮。洞裏逢故人，綽約青霄游。孟郊。

有名見鄭風，今賞異疇昔。采花當采根，可能治民疾。宋景文。

斜月正當樓，香霧壓城重。起傍小闌行，花亦方在夢。李泰伯。

花蓓大如拳，花面或徑尺。紫者棲紫鸞，黄者浴黄鵠。或似扶桑枝，推上一輪赤。或似玻璃盆，稍久擎無力。又有似平叔，愛矜素粉白。又有似蜀人，喜染天水碧。或似包緑錦，未放丹砂折。或似浴青囊，未放沉麝發。應須和露剪，莫使見日色。廣陵精神全，免笑花無骨。謝堯仁。

陳景沂《全芳備祖集》前集卷一三《七言古詩》 玉階桂影秋綽約，天香爲卷浮雲薄。嬋娟醉眠水晶殿，老蟾不守餘香落。蒼苔忽生霜月裔，仙芬凄冷真珠萼。娟娟石畔爲誰妍，香霧著人清入幕。夜深醉月寒相就，荼蘼却作傷心瘦。美雲仙女淡紵衣，烟裙不著鴛鴦繡。眼中寒香誰同惜，冷吟經召梅花魄。小蠻爲洗玻璃杯，晚來秋甕蒲桃碧。毛澤民。

西風夜入小池塘，木樨漏泄月中香。一粒粟中香萬斛，君看一梢幾金粟。誠齋。

釋居簡《北磵集》卷六《高秘閣金書心經頌并引》 東禪明覺院比丘妙信創華閣舍，補陀大士判府秘閣高公，年八十九，飛步登閣，早年夢像，若今所造。施玻瓈瓶，承以白金藕花，其餘佛事，一一隨喜。金書心經，欲真大士心中，而身相已具，罔契心初，蚤暮懇切，寶脊耆然。獲本妙心十日，驚嗟嘆此創見。蜀人北磵居簡比丘謬振頌聲一十一章，章四句，嘉熙元年二月初九日。

大般若心，即天地心。區區冥求，滄溟索針。

爰有大智，金書作供。欲充佛身，妙發機用。

佛塵沙身，無乎不在。作如是觀，墮世間解。

離世間解，復何所求。於東招提，一瞬協謀。

塵沙佛身，初湧出海。小白花開，物物三昧。

願以所書，印厥心地。此念始蘖，玄覽斯契。

寶脊耆然，虛鬲以俟。若合符節，如龜從筮。

微此大智，孰考其眹。惟神而明，函蓋相稱。我觀此經，非金非字。而此寶脊，未始啟閉。緊正法明，曰觀世音。澄五濁瀾，如一月臨。臨茲大智，净徹無垢。介以景福，介以眉壽。

潛説友《咸淳臨安志》卷一五楊萬里《慶壽德壽宮十首》 長樂宮前望翠華，玉皇來賀太皇家。青天白日仍飛雪，錯認東風轉柳花。

清曉鞭聲出禁中，驚開剩雨及殘風。金鴉銜取紅鸞扇，飛上玻瓈碧海東。

春色何須羯鼓催，君王元日領春回。牡丹芍葯薔薇朵，都向千官帽上開。

雙金獅子四金龍，噴出香雲繞殿中。太上垂衣今上拜，百王曾有個家風。

帝捧瑤觴玉座前，綵衣三世祝堯年。天皇八十一萬，歲休説莊椿兩八千。

天父晨興未出房，君王忍冷立風廊。忽然鳴蹕珠簾捲，萬歲聲傳震八荒。

花外班行霧外天，何緣子細望龍顔。小窺玉色真難老，底用臞仙九轉丹。

甘露祥風天下來，今回恩數賽前回。都將四海歡聲裏，釀作慈皇萬壽杯。

堯舜同時已甚都，祖孫四世古今無。誰將寫日摹天手，畫作皇王盛事圖。

甲戌王春試集英，小臣曾是老門生。蒼顔華髮鵷行裏，也聽鈞天九奏聲。

金爵觚稜曉色開，三朝喜氣一時回。聖人先御紅鸞扇，天子龍興萬騎來。

霜曉君王出問安，寶香隨輦護朝寒。五雲深處三宮宴，九奏聲中二聖歡。

宴歸還駕七香車，一夕天開六出花。瑞色先凝紫宸殿，春光重到玉皇家。

慈福修齡八十春，微陽纔動寶書新。天家慶事古無有，奕葉重光似顯仁。

萬年觴舉慶重華，百辟需雲始拜嘉。壽宴開時先雪宴，天花舞罷帶宮花。

直前論奏極精神，柱下霜髯侍從臣。歸美意中規諫切，華封人是潁封人。

謝翺《晞髮集》卷六《效孟郊體七首·其七》 閨中玻瓈盆，貯水看落月。看月復看日，日月從此出。愛此日與月，傾寫入妾懷。疑此一掬水，中涵濟與淮。淚落水中影，見妾頭上釵。

俞琰《書齋夜話》卷四 范文正公《虀賦》中間一聯云：「陶家瓮裏，釀成碧緑青黄；措大口中，嚼出宮商徵羽。」予幼作《海[月業]賦》，詩云：「生以鰕爲目，來從水母宫。堆槃凝凍結，停筯便消融。瑩潔玻瓈白，瑞瓓瑪瑙紅。酒邊嘗此味，牙頰響秋風。」句雖粗率，「響」字蓋從范文正公《虀賦》中來。

李俊民《莊靖集》卷七《滿江紅 孟洲長馮巨川誕日》 解愠風來，天氣爽、緑陰庭院。多少話，暫都分付，畫梁雙燕。明月欲隨人意滿，十分未愜姮娥願。但一年，一度壽觴時，身長健。 玲瓏曲，低低唱，玻璃盞，深深勸。任春紅吹上，桃花人面。簪履盡居彈鋏下，烟嵐休恨平嵩遠。待試看，南極老人星，今朝見。

耶律楚材《湛然居士集》卷一《和許昌張彦升見寄》 真人休運應千載，生知神武威中邦。杜絶奇技賤異物，連城玉斗曾親撞。兵出潼關渡天塹，翠華雜映騶虞幢。生民歌舞嘆奚後，壺漿簞食轅門降。偏師一鼓汴梁下，邏騎飲馬揚子江。良臣自有魏鄭輩，死諫安用干與逄。少微昨夜照平水，清河國士真無雙。壯歲遊學力稽古，孜孜繼晷焚蘭釭。新詩寄我有深意，再三舒卷臨幽窗。安得先生贊王室，委倚奚憂庶政厖。堪笑紛紛匹夫勇，徒誇巨鼎千鈞扛。何日安車蒲輪詔，公入北闕蒲萄佳，醖爛飲玻璃缸。西人蒲萄釀皆貯以玻璃瓶。

耶律楚材《湛然居士集》卷六《西域有感》 落日城頭雅亂啼，秋風原上馬頻嘶。雁行南去瀟湘北，萍跡東來鳥鼠西。百尺棟梁誰着價，三春桃李自成蹊。功名到底成何事，爛飲玻璃醉似泥。

郝經《陵川集》卷一〇《沙陀行》 老鼠山陰界墻北，隱隱磷磷起沙磧。泉腴草薦地高寒，王氣瑰雄當斗極。幾回秦漢儘消沉，隔斷中原没行跡。坡陀瀰漫重復重，舊濼新尖宛如一。天傾海倒白浪枯，中有生龍千萬匹。雲屯霧郁無半岸，水灩煙浮川谷溢。騵驔窟宅皺蕩寬，騄駮康莊戛磨密。參差不斷動魚文，汹湧相銜翻蟻隙。噴風掣電脱兔疾，色别羣分鮮錦織。春迴凍裂怒蹄齧，踢碎冰天轟霹靂。分馳茁壯賈餘俊，突兀權奇綰生力。角伏踠促口乂豁，目凸銅毬凹溝脊。鯨鬣瀾翻鳳臆横，山字圓平尾梢直。飄飄舉是萬里足，往往玉立八九尺。隘視雪壓草根脂滿口，不解人間有早櫪。腹腴氣猛穩且馴，不喜牽籠喜迎敵。國初西北河山渾一抹，仰首西風聽鳴鏑。古來伯樂未曾見，天下更無多馬國。國初西北半天紅，房駟光芒遶天策。帳前白馬飛下天，青草年年益蕃息。開國一戰何所須，木鎗五千跨生駒。百萬山崩排堵墻，乘勝逐北過燕都。更得金源四十萬，大青小青絶世無。回戈却取西南夷，奄有渥洼與余吾。長鬚巨鼻入監牧，大宛空羣王作奴。崑崙蹴平飲河源，瑶池月窟皆長驅。沙陀拓境數萬里，驥騄驍騰古無比。金粟堆空漢月沈，馬上真人作天子。釁端不在宴賜年，斗尾堆金勢難止。西域既定右臂舉，皂旗隨風便南指。迅鋒踏破李王城，抄騎直入杏花營。小關透漏潼關敗，嶤峰扶出汴梁驚。黄流見底江漢狹，我馬正渴方横行。中原無人馬有足，殘城破屋不足平。風聲鶴唳皆落膽，但言有馬不問兵。既平西海復南海，馬鳴蕭蕭迴旆旌。歸來罷戰合長圍，令如殺敵誰敢違。包山絡海數千里，兩稍把手隔年期。一朝圍合密鐵匝，馬耳戢戢爲藩籬。百獸擁起自銜蹙，骨牙挂角傷毛皮。先開一面放三日，然後共施弧矢威。黄羊野馬不足數，躪蹴貔兕驅熊羆。赤霧不散肉山赭，乾坤模糊血淋漓。長楊上林莫大誇，舍長露短彼一時。向令見此無復獵，相如枉用多文辭。以戰爲獵國俗然，况乃萬里皆鞭笞。馬多地廣兵力勁，將士能將馬爲命。終身騎射不離鞍，辛苦生獰殆天性。每將饑渴勒狂横，一飽一肥無復病。俊逸都無水草態，變化自有真龍性。鼓鼙聲動便開張，人人據鞍皆王良。直入飲血醫頭顱，查牙生人潤枯腸。所向空闊都無敵，遂令四海皆天王。馲駝錦背高崔嵬，玉帛萬國來梯航。琵琶絃急曳落高，配顔半醉馬乳香。玉脂瀲灔玻璃滑，浮動酥顆金粟黄。供官大羣肉擁腫，揮霍鴻洞如酒漿。馬頭一璞驚孱顔，横截數尺琢玉鞍。絛革編珠排碎錦，繁纓小鈴絡金鐶。前朝不數大無價，九彩奪目誰敢看。五花虎文稱裝束，踏地恐破驕且閑。大官牽來至尊御，馬前拜舞朝百蠻。此時息民立紀綱，泰山四維萬世安，地無與大兵無强，何用更舉秪自殘。天生此馬爲天下，敵盡兵窮亦當罷。五十年來不摘鞍，安得瘡疲被王化。但願沙陀馬無數，會見中原有新户。深宫九重不動塵，永使驊騮脱羈靮。

王惲《秋澗集》卷七七《點絳唇・二壽冢郡房二尊親》 露影庭萱，一枝金綻釵頭鳳。寶花香供，壽席光浮動。懿範閨門，姻族同推重。瓊杯捧，二親安寵，共醉玻璃甕。

張之翰《西巖集》卷三《送張可與御史》 一從作掾烏府中，幾見老柏來春風。年年賀人冠獬豸，歲歲送客騎青驄。舊知散盡新識少，四顧似覺臺爲空。賴君卓犖光吾宗，以義見許心相同。生平所學適所用，所用妙處一一難形容。今朝又作南臺别，坐使塵土堆心胸。西華門前酒正濃，爲我滿吸玻璃鍾。幽懷拍塞送君語，欲吐不吐緣匆匆。

陳孚《陳剛中詩集》卷三《呈承旨忠齋留公以樂只君子遐不眉壽爲韻成詩》

大極生乾坤，萬化一橐籥。孰爲萬化宗，天其付先覺。偉哉百世士，逸響振木鐸。深衣花木間，清風藐獨樂。

皇皇六合間，不朽惟此理。至人妙氣機，乃見混沌始。春風七十年，鶴髮映兒齒。誰知玉雪胸，千載矢天只。

公昔坐黄閣，玉鉉宣殊勳。今居石渠署，袖手看浮雲。出處固有意，豈令俗子聞。但持方寸丹，期以酬明君。

聖明握龍御，六合混文軌。麟閣有老臣，國脉長在是。峨峨太華山，浩浩黄河水。寂寥百年間，今見歐陽子。

仙人白玉闕，踏月戲紫霞。坐閲東海水，秋風捲塵沙。爛柯亦偶爾，人世驚咨嗟。龍漢劫運長，誰能測幽遐。

蓬萊在何許，縹緲烟濤浮。飛仙駕飈輪，徑踞金鼇頭。手攜五色筆，遊戲三千秋。回語枋榆鷃，識此逍遥不。

小草有臭味，願附青松枝。况我三世間，受此露雨滋。家庭有勝事，陶冶非公私。稽首拜牀下，喜色津鬚眉。

神京三月春，光風滿宇宙。曉視紫薇庭，寶烟篆金獸。豈無魯侯詩，昌熾今猶舊。願泛玻璃卮，起舞爲公壽。

艾性夫《剩語》卷上《棠渡初雪》 雪風吹凍冰人鬚，老梅着花明矮籬。黄蘆蕭蕭白雁落，野樹歷歷青猿啼。旗亭有酒味苦短，地爐濕薪烟粗暖。五陵狎客不下樓，紅金火閣玻璃盌。

薩都拉《雁門集》卷一《送友人之京》 霜高木落河始冰，臺郎别我之燕京。朔風迎面飛鳥盡，臘雪打帽鞭馬行。新年捧表拜闕下，春寒詔賜玻瓈觥。朝官如問小參軍，爲言卧病丹陽城。

吾丘衍《竹素山房詩集》卷三《吴仁甫送酒》 雲液輕紅滴露珠，玻璃盞内看如無。秋深不管黄花老，爲引仙人白玉壺。

虞集《道園遺稿》卷三《送文學隱上人》 西江春漲欲浮天，擬覓何妨一味禪。渡海晨鐘雲外寺，乘潮晚飯越中船。鉢分龍腦天香近，茶泛玻瓈雪乳鮮。文采已彰那可隱，芙蓉出水正華年。

陳樵《鹿皮子集》卷二《天香臺》 牡丹百本新栽培，累日爲築天香臺。春風三月花信足，深紅艷紫參差開。五色卿雲色紛郁，九苞舞鳳毛毰毸。也知東皇愛嫵媚，何須羯鼓聲相催。蔗漿初凍瑪瑙碗，酒痕微污玻瓈杯。雙成未逐阿母去，弄玉却伴簫仙回。還憶開元天寶時，沉香亭北君王來。霓旌翠節導雕輦，繡帷綺幄圍香埃。倚欄只許妃子並，徵歌或詔詞臣陪。陳迹如今安在哉，風雨滿地唯蒼苔。相傳尚有清平樂，翰林供奉真仙才。

馬祖常《石田文集》卷三《無題》 瓦溝銀竹曙翻江，閬苑凉風滿石幢。葛令寄來丹臼一，陶公歸去酒瓢雙。梧桐寂寞陳公井，薜荔扶疏玉女窗。天畔帝車呼小鳳，桂花流水夜淙淙。

鶴城十二疊瑶光，琪樹懸秋四面香。蛺蝶染花生粉白，玻璃著酒暖金黄。熏爐舊夢憑荀令，燭釦閑吟屬沈郎。南國雁來書不至，江樓誰爲製荷裳。

三湘瀟洒恨無潮，烏鵲填河願有橋。丹穴鳳來龍樹遠，海門魚去蜃樓遥。已知京兆誇高髻，不信章華鬬細腰。船尾横江春水急，長年無事醉吹簫。

愛酒書生白髮垂，鸞膠獺髓豈能醫。漢宫鬬草端陽節，唐殿穿針七夕時。竹上蠣房真可買，石間芝箭似難移。揚雄擬奏河東賦，但乞君王酒一巵。

馬祖常《架庵集》卷一三《送盧景芳并序》 景芳茂異，吾友盧君達臣子，大參公孫也。好學有志，秀出多士，今沿肅政，檄赴汴梁，勉爲此贈。

白玉堂前白玉枝，風流還許見當時。經尋表裏春秋業，筆挽縱横月蝕詩。閥閲幾家能有子，雲霄此日更先誰。不然滿酌玻瓈酒，聽誦離騷也自奇。

吴萊《淵穎集》卷四《婁約禪師玻瓈瓶子歌秋晚寄一公》 玻瓈瓶子西國來，顔色紺碧量容杯。老婁禪師澡身處，秋水浸空菱葉開。大身無邊小無碍，天地山河等塵壒。收藏霹靂歸泬寥，束縛蛟龍作澎湃。浮屠善幻本犂軒，同泰佞佛多衣冠。壺公樓宇猶魂夢，媚兒綱運絶胝瘢。北山杉檜定湢室，梁皇肉眼徒屈膝。松花玉露洗還香，柏子金烟熏欲漆。靈璨閣前逢一師，手親傳玩到今疑。尚箴膏肓起廢病，稽首乞師楊柳枝。

張翥《蜕菴集》卷一《題李白觀泉圖》 玻瓈杯中春酒緑，醉墨淋漓牡丹曲。何物平生合置七寶牀，白紵烏紗美如玉。阿瞞荒宴百不理，寧記宫花銜野鹿。要留汙襪老媪生此兒，偷向金雞帳中宿。高將軍纔奴隷耳，誤使脱韡吾所辱。翩然却下匡廬踏鯨魚，鼠子何堪煩一蹴。尋常溝瀆不可濯，何處容伸遭汙足。翩然却下匡廬雲，五老峰前看飛瀑。

成廷珪《居竹軒詩集》卷三《和李克約東皋雜興四首》 一春開遍雨中花，幾向東園管物華。老去始知身是客，愁來空擬醉爲家。江樓簾箔飛香霧，野寨旌旗絢彩霞。曳杖歸來還自笑，夕陽原上數殘鴉。

芍藥花開江雨晴，幾時重作看花行。松間攜妓從教俗，竹下留賓也自清。一夜春愁無處著，三分月色爲誰明。貧家亦有琴堪典，好把平生意氣傾。

閉户拙於公是非，似與江湖蹤跡稀。酒中從令客罵坐，爨下却念兒啼饑。松江之鱸固可食，沙苑有烏宜高飛。干戈滿地正如此，萬水千山何處歸。

李家園内好亭臺，老去一春能幾回。街頭酒貴我當買，陌上花開君不來。長繩難繫白日住，清鏡莫掩朱顔催。明朝有約速相就，慎勿打碎玻璃杯。

張憲《玉笥集》卷一《月支王頭杯歌》 朔風凍合諸真水，東方寒日曈曨起。割牲白馬初腥徑路刀，一尺留犂攪金匕。穹廬側坐呼韓邪，谷蠡撫掌賢王歌。刃痕截斷飲血定約束，酒器高擎天闕窩。頂平額深如白玉，月角日庭糟透骨。刃痕截斷伏犀根，疑是晉陽剠智伯。金蓮鑿落玻瓈杯，銀稜闔葉車渠魁。葡萄未闕小馬潼，桃花先染真珠醅。老上單于遺手澤，誰問戎王包馬革。藁街不鏤郅支頭，將謂漢家輕首馘。陳湯血戰未封侯，張猛韓昌何足責。

張憲《玉笥集》卷三《將進酒》 酒如澠，肉如陵。趙婦鼓寶瑟，秦妻彈銀箏，歌兒舞女列滿庭。珊瑚案，玻瓈甖，紫絲步障金雀屏。客人在門主出迎，蓮花玉杯雙手擎。主人勸客客勿停，十圍畫燭夜繼明。但願千日醉，不願一日醒，世間寵辱何足驚。珠萬斛，金千籯，來日大難君須行。胡不飲，此長命。觥劉伯倫王無功，醉鄉深處了平生。英雄萬古瘞黄土，惟有二子全其名。

楊允孚《灤京雜咏》 北顧宫庭暑氣清，神堯聖禹繼昇平。今朝建德門前馬，千里灤京第一程。此以下多述途中之景，行幸上京，蓋云避暑也。

納寶盤營象輦來，畫簾氊暖九重開。大臣奏罷行程記，萬歲聲傳龍虎臺。龍虎臺，納寶地也。凡車駕行幸宿頓之所，謂之納寶，如云巴納。

宫車次第起昌平，燭炬千籠列火城。纔入居庸三四里，珠簾高揭聽啼鶯。

營盤風軟净無沙，乳餅羊酥當啜茶。底事燕支山下女，生平馬上慣琵琶。

羽獵山陰射白狼，太平天子狩封疆。峰巒頻轉丹樓穩，輦輅初停白晝長。

居庸千古翠屏環，飛騎將軍駐兩關。南口、北口。萬里車書來上國，太平弓矢護青山。

穹崖幻出梵王宫，雙塔中間一逕通。四月雨餘山更碧，六龍行處日初紅。至正年間始營雙塔，宫闕巍峨，直通絶嶺。

翎出王侯部落多，香風簇簇錦盤陀。燕姬翠袖顔如玉，自按轅條駕駱駝。轅，條車前横木，按之則輕重、前後適均。

仙峽琴鳴水木多，别離見月奈愁何。題名石壁遼金字，宿雨殘風半滅磨。彈琴峽也。

狼山山下曉風酸，掩面佳人半怯寒。倚户殷勤唤嘗粥，正宜倦客宿征鞍。俗賣豆粥。

榆林御苑柳絲絲，昨夜宫車又黑圍。宿衛一時金帳卷，槍竿珍重白雲飛。此處有御苑。黑圍，地名，大駕經由之所，俗云龍上槍竿，是以御駕不由此處。

斷堤遺址古長城，一逕中分萬柳青。年少每欣春酒美，詩人偏厭綺羅腥。

汲井佳人意若何，轆轤渾似挽天河。我來濯足分餘滴，不及新豐酒較多。

此地慳水故也。

莫道槍竿危復危，有人家住白雲西。兒童采棘顛崖去，杜宇傷春盡日啼。

李老谷前山石癯，何年此土遂民居。老龍若作三更雨，頃刻茆簷數尺餘。

馬上重看尖帽山，山頭無數白雲間。漢家天子真龍種，坏土長陵爲設關。

乃葬后妃之所設衛卒焉。

萬古龍門鎮兩京，懸崖飛瀑一般清。天連翠壁千尋險，路繞寒流百折横。

塞北凝陰無子規，曉看山色不勝奇。堅冰怪石澗邊路，殘月疏星馬上詩。

北去雲州去路賒，馬馱殘夢憶京華。寒風淅瀝山無數，樹影參差月未斜。

東京亭下水濛濛，勅賜遊船兩兩紅。囘紇舞時杯在手，玉奴歸去馬嘶風。

南國鄉音漸漸稀，朔風吹雪上征衣。邊鴻飛過桓州去，更向窮陰何處歸。

窩名擔子果何如，野草黄雲入畫圖。弧矢縱懸仍覓侶，塞前番語笑人迂。

驅車偏嶺客南還，始見燕姬笑整鬟。誰信片雲三十里，寒暄只隔此重山。

行人到偏頭之北面，不可洗頭，不可梳，冷極故也。過此始有暖意，素非高嶺，寒氣止隔於此，良可怪也歟。

李陵臺畔野雲低，月白風清狼夜啼。健卒五千歸未得，至今芳草緑萋萋。

此地去上京百里許。

鴛鴦坡上是行宫，又喜臨岐象馭通。芳草撩人香撲面，白翎隨馬叫晴空。

由黑圖至此始合轍焉，即察罕諾爾白翎草地所産。

夜宿氊房月滿衣，晨餐乳粥椀生肥。憑君莫笑穹廬矮，男是公侯女是妃。

歡喜坡邊望禁城，鸞翔鳳翥卿雲清。舉杯一吸灤陽酒，消盡南來百感情。

此以下叙灤京之景及聖駕往還典故之大概。

鐵幡竿下草如茵，澹澹東風六月春。高柳豈堪供過客，好花留待踏青人。

即鄂爾多踏青人，指宫人也。

先帝妃嬪哈納房，前期承旨達灤陽。車如流水毛牛捷，韂鏤黄金白馬良。

毛牛其毛垂地。　哈納氊房乃累朝后妃之宫車也。

聖祖初臨建國城，風飛雷動蟄龍驚。月生滄海千山白，日出扶桑萬國明。

上京大山傳有龍居之。

北闕東風昨夜囘，今朝瑞氣集蓬萊。日光未透香煙起，御道聲聲駝鼓來。

謂駱駝鼓也。

撒道黄塵輦輅過，香焚萬室格天和。兩行排列金錢豹，奇徹將軍上馬駝。

又是宫車入御天，麗姝歌舞太平年。侍臣稱賀天顔喜，壽酒諸王次第傳。

千官至御天門俱下馬徒行，獨至尊騎馬直入。前有教坊舞女引導，且歌且舞，舞出「天下太平」字樣。至玉階乃止。　内門曰御天之門。

九奏鈞天樂漸收，五雲樓閣翠如流。宫中又放灤河走，相國家奴第一籌。

灤河至上京二百里，走者名桂齊，黎明放自灤河，至御前已初中刻者上賞。

大安閣下晚風收，海月團團照上頭。誰道人間三伏節，水晶宫裏十分秋。

大安閣，上京大内也，别有水晶殿。

得寵親王馬上囘，朱門繡闥一時開。淋漓未了金釵宴，中使傳宣御酒來。

四傑君前拜不名，輪番内直浹辰更。蓬萊山上羣仙集，得似王孫世禄榮。

四傑，即四集賽也。或稱伊克集賽者，即大集賽之稱是之。謂不名，當三問凡所以浹辰一史者也。

北極修門不暫開，兩行宫柳護蒼苔。有時金鎖因何掣，聖駕棕毛殿裏囘。

棕毛殿，在大鄂爾多。

曙色蒼茫閶闔開，相君有奏入蓬萊。須臾雲擁千官出，又帶天邊好雨來。

結綵爲樓不用扃，角聲扶上日初明。龍駒河北王來覲，直入金門下馬行。

相國門前柳未花，不多嫩緑便藏鴉。東風吹得濃陰合，散入都城百萬家。

千官萬騎到山椒，個個金羇雉尾高。下馬一齊催入宴，玉闌干外换宫袍。

每年六月三日詐馬筵席，所以喻其盛事也。千官以雉尾飾馬入宴。

錦衣行處狻猊習，詐馬筵開虎豹良。特敕雲和罷絃管，君王有意聽堯綱。

詐馬筵開，盛陳奇獸，宴享既具，必二三大臣稱青吉，斯皇帝禮撤。於是而後，禮有文，飲有節矣。　雲和署，隸儀鳳司，掌天下樂工。

儀鳳伶官樂既成，仙風吹送下蓬瀛。花冠簇簇停歌舞，獨喜簫韶奏太平。

儀鳳司，天下樂工隸焉，每宴，教坊美女必花冠錦繡，以備供奉。

麗日初明瑞氣開，千官錫宴集蓬萊。黄門控馬天街立，丞相簪花御苑回。

聿來新貢又殊方，重譯寧誇自越裳。馴象明珠龜九尾，皇王不寶壽無疆。

萬歲山有九尾龜。

嘉魚貢自黑龍江，西域蒲萄酒更良。南土至奇誇鳳髓，北陲異品是黄羊。

黑龍江産哈巴爾圖魚。　鳳髓，茶名。　黄羊，北方所産，御膳用。

太平天子重文曹，閣建奎章選俊髦。一自六龍天上去，至今黄帕御牀高。

昔文宗建奎章閣於大内，年深洒掃，覩御榻之巋然，感而賦此。

內人調膳侍君王，玉仗平明出建章。宰輔乍臨閶闔表，小臣傳旨賜湯羊。

御前厨常膳，有曰小厨房、大厨房。小厨房，則內人八珍之奉是也。大厨房，則宣徽所掌湯羊是也。由內及外，外膳既畢，羣臣始入奏事。每湯羊一膳，具數十六餐餘，必賜左右大臣。日以爲常，予常職賜，故悉其詳。

曲曲闌干兔鹿馴，雨肥緑草度青春。生來不避韓盧獵，慣識金衣內貴人。

銀蹄天馬衣氍毹，肉食尋常斗酒俱。可惜東游巡海者，不教騎看試何如。

仙娥隱約上簾鉤，笑倚闌干出殿頭。鸚鵡臨階呼萬歲，白翎深院度清秋。

宮人兩兩凭闌干，又喜新除內監寬。金線蹙花韡様小，免教羅襪步輕寒。

滄墨輕黄淺畫眉，小絨縧子翠羅衣。君王又幸西宮去，齊向花陰鬭草歸。

香車七寶固姑袍，旋摘修翎付女曹。別院笙歌承宴早，御園花簇小金桃。

凡車中戴固姑，其上羽毛，又尺許，拔付女侍，手持對坐車中，雖后妃，駝象亦然。

窈窕仙姝出禁闈，小西門外緑楊堤。五陵公子多豪縱，緩勒驕驄不敢嘶。

鳳樓春暖翠重重，內禁門開曉日紅。寶馬香車金錯節，太平公主幸離宮。

侯王甲第五雲堆，秦虢夫人夜宴開。馬上琵琶仍按拍，真珠皮帽女郎回。

湯羊內膳日差排，紅帖呼名到玉階。底事金吾呵不住，腰間懸得象牙牌。

東城無樹起西風，百折河流遶塞通。河上驅車應昌府，月明偏照魯王宮。

宮妓平明直禁闈，瑶階上馬月明歸。宮花飛落春衫袖，辛苦桑麻入夢稀。

內宴重開馬湩澆，嚴程有旨出丹霄。羽林衛士桓桓集，太僕龍車款款調。

馬湩，馬妳子也。每年八月開馬妳子宴，始奏起程。太僕寺掌馬者。

鑾輿八月政高翔，玉勒雕韋萬騎忙。天上龍歸繞帶雨，城頭夜午又經霜。

每年駕起其夕即霜，異哉。

南坡暖翠接南屏，雲散風輕弄午晴。寄與行人停去馬，六龍飛上計歸程。

南坡乃巴納地也。故遊人罕至焉。

月出王孫獵兔忙，玉驄拾矢戲沙場。皮囊乳酒鑼鍋肉，奴視山陰對角羊。

橘緑羊，或四角六角者，謂之迭角羊。迭義未詳，以其角之相對，故曰對角。毛角雖奇，香味稍別，故不升之鼎俎，于以見天朝之玉食有等差也。良馬驟馳拾墮箭。

雍容環珮肅千官，空設番僧止雨壇。自是半晴天氣好，螺聲吹起宿雲寒。

西番種類不一，每即殊禮燕享大會，則設止雨壇於殿隅。時因所見以發一哂。

正元紫禁肅朝儀，御榻中間寶帕提。王母壽詞歌未徹，雪花片片彩雲低。

此以下多叙一年之景并雜咏之物。

元夕華燈帶雪看，佳人翠袖自禁寒。生平不作蠶桑計，只解青驄韝繡鞍。

試數窗間九九圖，餘寒消盡暖回初。梅花點遍無餘白，看到今朝是杏株。

冬至後，貼梅花一枝於窗間，佳人曉粧時以臙脂日圖一圈，八十一圈既足，變作杏花，即暖回矣。

脫圈窈窕意如何，羅綺香風漾緑波。信是唐宮行樂處，水邊三月麗人多。

上巳日灤京士女競作綵圈，臨水棄之，即修禊之義也。

蒲萄萬斛壓香醪，華屋神仙意氣豪。酬節涼糕猶末品，內家先散小絨縧。

重午節也。

百戲游城又及時，西方佛子閱宏規。綵雲隱隱旌旗過，翠閣深深玉笛吹。

每年六月望日，帝師以百戲入內，從西華門入，然後登城設宴，謂之游皇城是也。

紫菊花開香滿衣，地椒生處乳羊肥。氈房納實茶添火，有女褰裳拾糞歸。

紫菊花惟灤京有之，名公多見題品。地椒草，牛羊食之，其肉香肥。納實，蒙古茶。

爲愛琵琶調有情，月高未放酒杯停。新腔翻得涼州曲，彈出天鵝避海青。

海青，拏天鵝新聲也。

海紅不似花紅好，杏子何如巴欖良。更說高麗生菜美，總輸山後蘑菰香。

海紅花、紅巴欖，皆果名，高麗人以生菜裹飯食之，尖山產蘑菰。

四月東風漸漸和，流波細細出官河。詩人策馬紅橋過，御柳今朝緑較多。

偶因試馬小盤桓，明德門前御道寬。樓下緑楊樓上酒，年年萬國會衣冠。

明德門，午門也。

怪得家僮笑語回，門前驚見事奇哉。老翁攜鼠街頭賣，碧眼黄髯騎象來。

黄鼠，灤京奇品。

一曲琵琶可奈何，昭君青塚恨消磨。可憐滿地黄雲起，不似連天芳草多。

翠樓紫閣盡崔嵬，花落花開不用催。最是多情天上月，照人西去又東來。

承恩留守是何王，錦帳成圍促宴忙。却怪西風渾不顧，一般吹送滿頭霜。

不須白粲備晨炊，乳酪羊酥塞北奇。泥土炕牀銀甕酒，佳人椎髻語侏離。

東風亦肯到天涯，燕子飛來相國家。若較內園紅芍藥，洛陽輸却牡丹花。

內園芍藥彌望，亭亭直上，數尺許，花大如斗。揚州芍藥稱第一，終不及上京也。

賣酒人家隔巷深，紅橋正在緑楊陰。佳人停繡憑闌立，公子簪花倚馬吟。

白白氈房撒萬星，名王酣宴惜娉婷。李陵臺北連天草，直到開平縣裏青。

東風吹暖柳如煙，寄語行人緩著鞭。燕舞巧防雅鶻落，馬嘶驚起駱駝眠。

時雨初肥芍藥苗，脆甘味壓酒腸消。揚州簾捲東風裏，曾惜名花第一嬌。

草地芍藥，初生軟美，居人多采食之。

霜寒塞月青山瘦，草實平坡黄鼠肥。欲問前朝開宴處，白頭宫使往還稀。文宗曾開宴於南坡，故云。

雖然玉宇桂無花，秋比江南分外佳。絃管畫樓人散去，舍郎攜妓勸嘗瓜。俗以月下送瓜果往還，上京不産桂花。

御饌官厨不較餘，金門掌膳意勤如。更分光禄瓶中酒，爛醉歸時月上初。凡御膳及民間者，謂之貢餘。光禄寺掌御酒。

別却郎君可奈何，教坊有令趣興和。當時不信郵亭怨，始覺郵亭怨轉多。興和署迺教坊司屬，掌天下優人。

窈窕誰家女未笄，日高停繡出簾帷。背人笑指青霄上，認得宫庭白鴿飛。

百事關心有許忙，秋風掠削鬢邊凉。曉來爲憶西山雨，怕看行人歸故鄉。

灤京九月雪花飛，香壓荚囊與夢違。雁字不來家萬里，狐裘旋買换征衣。

雪深連月與簷齊，誰把新吟向客題。一字成時筆如鐵，不如載酒畫樓西。

出塞書生瘦馬騎，野雲片片故相隨。凍生耳鼻雪堪理，冷入肝腸酒强支。凡凍耳鼻，即以雪揉之方回，近火則脱。

蒙茸貂帽豁雙眸，欲識渠儂語漫求。土屋人人愁出户，書生日日懶梳頭。

與客飛觴夜討論，夢回猶自酒微醺。一天星斗三更月，白雪飛花何處雲。

宫監何年百念銷，冠簪驚見髩蕭蕭。挑燈細説前朝事，客子朱顔一夕凋。

買得香梨鐵不如，玻瓈椀裏凍潛蘇。書生半醉思南土，一曲燈前唱鷓鴣。梨子受凍，其堅如鐵，以井水浸之，則味回可食。

始我來京一布衣，故人曾見未生時。等閑只作江南别，官有清名卷有詩。

我憶江南好夢稀，江山於我故多違。離愁萬斛無人管，載得殘詩馬上歸。

强欲澆愁酒一卮，解鞍閑看古祠碑。居庸千載興亡事，惟有天中月色知。

塞邊羝牧長兒孫，水草全枯乳酪存。不識江南有阡陌，一犂烟雨自黄昏。

急管繁絃别畫樓，一杯還遞一杯愁。洛中惆悵路千里，塞上凄凉月半鈎。

帝里風光入夢頻，鳳城金闕一般春。故鄉不是無秋雨，聽過穹廬始愴神。

試將往事記從頭，老鬢征衫總是愁。天上人間今又昔，灤河珍重水長流。

玉京慣識别離人，勒馬雲關隔世塵。不比江南花事早，家家兒女解傷春。

汪砢玉《珊瑚網》卷一四沈周《沈石田詞蹟》 誰道金强焦亦稱，兩朵芙蓉浸在玻璃鏡。頭白老翁尋此勝，過江先盡金山興。隔水焦山闌小凭寄語，西風後日來當定。白鶴如期參我乘，一聲獨唳江聲静。

李濂《汴京遺蹟志》卷二二王廷相《梁苑歌三首》 君不見梁王已破六國壘，苑中便起文園臺。黄金白玉架樓閣，綺榻延賓四向開。清泠池上三尺雪，相如新賦傾鄒枚。臨邛美人鬭花朵，挑以琴心禮豈那。漢庭賣賦得千金，白首遊梁計亦左。今人空作古人風，抱策爲儒嘆不逢。嗚呼古來文士不檢豈足病，且覽詞采如長虹。

二

梁苑東連孟諸野，舊國山高水彌下。黄金觸斗不作樂，徒使千年笑達者。君不見漢天子愛弟侈賜空大盈，梁王受之不一驚。合沓金根車，宛轉玻瓈軿。突然馳道流日星，千乘萬騎敵鹵簿，貴熖豪華傾九瀛。百年之後君爲誰，有酒莫惜千金揮。不信試看梁王苑，狐兔草馳鬼火吹。

佚名《無錫縣志》卷四上翁挺《晚坐碧雲塢二首》 夕陽黯將沉，缺月遲未吐。滿眼玻璃堆，翻疑夢中覩。

玉樹秋益明，驪珠夜方吐。繞檻碧雲收，塵踪故難覩。

集趣軒

宇宙同無窮，景物各有趣。心目要領略，未始爲細故。山僧徹障蔽，便得江山助。遠邇入盻睞，左右供指顧。千容與萬態，不約相與遇。何須更登睡，便可休杖屨。一覽既無餘，懷抱良以悟。欲圖無妙筆，欲詠無奇句。聊爲揭佳名，於焉賞心寓。

汪灝等《佩文齋廣群芳譜》卷一《春》 許衡：萬樹春紅羅錦綺，一灣晴碧捲玻璃。

汪灝等《佩文齋廣群芳譜》卷三二《牡丹》 《乾淳起居注》淳熙六年三月，車駕過宫，恭請太上太后幸聚景園，遂至錦壁賞大花。三面漫坡牡丹約千餘叢，各有牙牌金字，上張碧油絹幕。又别翦好色樣一千朵，安頓花架。並是水晶玻瓈，天青汝窑金瓶。就中間沉香卓兒一隻，安頓白玉碾。花商尊約高二尺，徑二尺三寸。獨插照殿紅十五枝，進酒三杯，應隨駕宫人、内官並賜。兩面翠葉滴金，牡丹一枝。翠葉牡丹、沉香柄金絲御書扇各一把。

汪灝等《佩文齋廣群芳譜》卷五六《櫻桃》 辛棄疾《菩薩蠻》：香浮乳酪玻瓈椀，年年醉裏嘗新慣。何物比春風，歌唇一點紅。　江湖清夢斷，翠籠明光殿。萬顆瀉輕匀，低頭愧野人。

唐執玉等《(雍正)畿輔通志》卷一一七陳璉《登崇文閣歌》 巍巍乎高哉，崇文之閣兮，吾不知其幾百尺，突兀直倚蒼冥中。雕簷高飛，近曉日瓊。窗洞啓來清風。前瞻兮帝闕，下顧兮辟雍。京畿鬱兮千里，五雲近兮九重。太行西來兮迤邐，居庸北拱兮龍嵸。峰巒遠近其環峙，削出朵朵金芙蓉。是中奇勝甲天下，何況此地名儒宗。圖書浩瀚紛莫數，文光夜吐猶晴虹。漢家天禄不可以復見，幸喜斯閣之高崇。值校文之多暇，日徙倚而從容。爰扶輿磅礴之奇秀兮，呼吸盡使歸心胸。闌干笑拍飛鳥上，豪氣不減陳元龍。俯視十二衢，車馬塵濛濛。欲招太白老，更約東坡翁。葡萄酒傾瑪瑙甕，日醉三百玻璃鍾。人間亦自有勝境，何必飛度扶桑東。

郝玉麟《〔雍正〕廣東通志》卷五二《物産志》 百粤之會，是爲南海。山澤之沃，鍾爲土毛。禾稻綺錯，秔穧穭穛。塍埒交經，枕海連阜。其布帛則攀枝吉貝，機杼精工。百卉千花，淩亂殷紅。蕉苧雲浮，綢絁冰空。疏絺葛暑，密斜弭風。其材木則梌楠松櫻，楓樟杉榆。檿柘榖梡，榕櫟椿樗。其香藥則沉檀安息，白膠青木。馬牙雞舌，龍腦天竺。卷柏茯苓，青精黃獨。宜男益母，有繁其屬。其果則盧橘楊梅，黃蕉丹荔。柑橙丸金，橼柚幄翠。橄欖餘甘，五斂千歲。人面薦仁，宜濛醞水。其蔬則金虀玉蘛，香菌紫芝。杞吠靈尨，芋眩蹲鴟。樹茄筏蒻，紅葩緑蕤。至於雞豚散野，牛馬量谷。家積薆椒，户映藤竹。魚鹽漆蠟，其集如蔟。火伏孽皃，海絙懷珠。山熂水封，鑿礦攻瑜。島舶之來，有粲其寶。鍇鐐鐼釥，璠璵瑾瑮。璣琲瑟瑟，瑇瑁瑪瑙。玻璃珊瑚，琉璃車渠。木難火齊，陽燧方諸。龜筒鶴頂，犀角象齒。猫睛日耀，鴉鶻霞綺。流黃空青，縹碧紫英。其署如雲，其熿如星。度樾橋至珠江，剌桐木槿，含榮吐芳。素馨茉莉，旖旎芬香。椰漿醉客，侑以檳榔。

循河南岸，市比如櫛。齒革果布，埴鑄髹漆。藤竹諸品，巧逾天出。柯株攢露，篠簜封塵。花梨蒲篷，積猶棘薪。至於狍狗，璀璨豜鰾。紛披握椒，片糖天下。所資今日之民，可謂庶且富矣。東北多山，獸走鳥翔。鳥則鶡鴟山胡，鸐鵒鴟鸐。鷄鵲繡質，鵠鸛綬章。白鷴縞衣，金鵙黃裳。晨風林鬱，時鷸山梁。爰居違暖，賓雁避涼。鸚鵡以言而畏鎩，孔翠因羽而懼戕。獸則麐麂麇麚，犴貘狨猴。麢狼猨㺒，土麝沙牛。甲攢鱗鯉，箭豎毫貗。辣羚角逐，狸兕儦遊。狖鼯繽幡，猰貐蠝虬。飛枝擲於猓，然層崖響乎獾獳。東南多水，韜星浴日。珠池貝闕，鼇宫鮫室。黿鼉鯤鯢於焉。窟宅鰌鬐，聳山鬣脊。揚鈚鱘鰉，龍喙鯊鱫。虎質鱒鯽嘉於丙穴，鱣鮪夥於沮漆。鋸張牙而戟立，鯛窺烏而墨出。蝦寄目於水母，蟹或腹於璅珪。海僧泣而占災，天吴舞而颶颶。罾罛網薄，獲必盈槎。鯿鱒魴鱧，鱒鱸鮆鰕。鵝毛鳳尾，白飯黃花。腰帶橫擲，比目貼沙。蒼茫蒲赤，蒸雲擁霞。鱗介交錯，既物且躍。喣沫涯壖，睢盱瀺灂。蚶蜆蠕蚌，螺蜆蠣蛤。鱟帆海鏡，江瑶沙白。車螯胡鰱，鰌蛑蟛蜎。仙掌瓦屋，石首笥殼。雖汀渚之淵淡，猶露鯆而潛鱷。然則鳥獸魚鼈，亦既咸若矣。黃佐《粤會賦》。舊志於各郡縣之下做有稷有黍有熊有羆之文，止數其名，莫辨其物，復沓晦蒙，故採此篇以挈其綱。厥後分疏，略本於此。

郝玉麟《〔雍正〕廣東通志》卷六〇《藝文志》黃佐《粤會賦》 百粤之會，是爲南海。仰稽璿璣，星紀所在。黃鍾協律，赤熛流形。上燭南斗之精，下凝衡岳之靈。左跨荆揚五嶺之重阻，表以靈洲黃嶺之山；右瞰牂牁溟渤之洪波，帶以桂鬱正肄之川。神鼇奠足，星鶉頫首。睇睞甌閩，若趨若走。前有虎頭之門限隔島彝，來航萬里，沿泝溔瀰，而凡暹羅、真臘之屬，其布猶棋焉。於後則白雲、紫雲迤爲越臺，曹幕地湧，石門天開，蹠以羅浮、璇房、瑶室、穹窿峭崒，巃嵸鬱嵂。朱明靚深，鐵橋業岌，神芝珍禽往往叢集。近郭則會以九曜，縈以三江表，裏回遊，奔峭飛淙，沉珠拾翠，礧砢盪激，入極浦而亹迴，迷不知其所適。於遠則循洸口以荒極，得靜福之寒林，接黃連之巨嶠，信南戒之喉襟，呀峽山而陟韶石，撫神臯而挹粤區，蓋自赤縣之外於焉。重啟堪輿，晞暘光於夜半，揭靈景之扶胥，殆有大章，孺亥所不能遡。林閭梗概，靡得而書者矣。方姬籙之季，嬴秦擇肉，勁越守險，尸尉睢而擢監禄。雖大荒之南，儌風氣則通乎域中。道汙而汙，道隆而隆。東井緯聚，龍戰函夏。季以兆王，佗以基霸。遇吕雉而自君，待漢文而後順。絶潼關以立國，迄獲嘉而始郡。鄧讓貢而漢復炎，區景攘而火終運。郭馬亂吴，盧循覆晉。馮歸隋治，劉據唐衰。至於鋹降真伏，雖百世可知也。宜其可定爲巖邑，實係皇輿之安危。然而議者猥言荒裔，殊異要綏，豈不戾哉。自明代之遹興也，淮飛神龍，陸翦長鯨，薄海内外，罔有不庭。左丞稽首，遂合三城。千雉弘麗，五暈飛驚。增拓黃圖，延納丹溟。媲周法而剗元蕺，陋囂隲之所經營。於是登望則綴珠崖，亘銅柱，跨龍編，揮鱷渚，北通燕薊，吴鈎楚距，萬里帆檣，蠻煙蜑雨，胡賈鼎來，所至成聚，斷虹兆颶，䑸船碆嶼，其氣候之不齊，或瞬息而備寒暑。然而謫徙寖繁，華風日邁，霜雪時降，民不告憊允矣。樂國四方所屆，實泉貨之淵藪，彝夏之都會也。内則閭閻撲地，長衢廣陌。闤闠七門，溝澮六脈。臚列市廛，隧分貿易。連蓋結駟，埃壒相射。莫不奴陶頓僕，翁伯臯張。里臺濁質。囊橐孔夠，觼觓仍溢。夫馬蹴紅腐，緡繦朽赤，仄執牙籤以夜籌。向什一，而今千百山澤之沃，鍾爲土毛。禾稻綺錯，秔穧穭穱。塍埒交經，枕海連阜。秋成豐蔚，富侈相高。賽社祈年，或沉湎而自豪。其布帛則攀枝吉貝，機杼精工。百卉千華，凌亂殷紅。蕉苧雲浮，紬絁冰空。疏絺薾暑，密斜弭風。其材木則椋楠松櫻，楓樟杉榆。檿柘穀梡，榕櫟椿樗。合抱隱岑，千仞排虛。剛柔性異，貞脆質殊。卑高沃瘠，各隨所如。其香藥則沉檀安息，白膠青木。馬牙鷄舌，龍腦天竺。卷柏茯苓，青精黄獨。宜男益母，有繁其屬。其果則盧橘楊梅，黄蕉丹荔。柑橙丸金，櫞柚幄翠。橄欖餘甘，五斂千歲。人面薦仁，宜濛醞水。其蔬則金虀玉藷，香菌紫芝。杞吠靈龙，芋眩蹲鴟。樹笳筏薙，紅葩綠蔹。擢蒨盈園，摇芳映畦。至于雞豚散野，牛馬量谷。家積蔒椒，户映藤竹。魚鹽漆蠟，其集如蔟。豢術廣於齊民之篇，植品侈於桐君之籙。矧又火伏蘗皃，海絙懷珠。山熫水封，鑿礦攻瑜。據險角力，歲罔奠居。賣身狗財，卒謚爲愚。島舶之來，有粲其實。錯鐐鑽鈏，璠璵瑾璪。璣琲瑟瑟，璹瑁瑪瑙。玻璃珊瑚，琉璃車渠。木難火齊，陽燧方諸。龜筒鶴頂，犀角象齒。猫睛日耀，鸦鶻霞綺。流黄空青，縹碧紫英。其署如雲，其熉如星。蓋廣南之富，傳自古昔。苟非上失其道，則亦無致於捐瘠。故其民莫不因歲時事娱嬉，蒲澗越井，弔古探奇，騰吹峻坂弭，蓋清漪遨遨頭以偕樂，導雙旌而前驰。亦有俠客疇人，五豪七貴，揄魚鬭鷄，攤錢角觝。六博五白，弦管流沸。爰長騁以遐眺，挹自然之神麗。循東溪，陟北岡，渡樾橋，至珠江。刺桐木槿，含榮吐芳。素馨茉莉，旖旎芬香。椰漿醉客，侑以檳榔。竹枝金鏤，翠翹明璫。擁亞鬣之蛾眉，萃髗髗之衣裳。蓋處沃土而淫慆，民之常也；方和樂而謳吟，世之昌也。使歌喬木之南，有戒蟋蟀之太康，則雖好樂，又奚傷焉，盍亦覽霸迹以自明乎。昔尉佗之在秦也，力政毒痡，血民干牙，咸陽瓦崩，萬寓璽拏。於是乘黄屋而自王，總朱垠以爲家，乃據秦府庫，殺其長吏，營宫建室，自置神器，謻門曲榭，坻鄂弘閎。虹梁纚連，雲構林植。既崔嵬以弘璉，又寥豁而贔屓。左纛以朝，箕踞魋結。爰立相臣，御史中尉，將軍郎吏。盜竊秦制，閣道圜闕。高甍甲第，上峥嶸而瓌瑋，下金艧而繪繢。避暑離宫，不知其幾。汔莫能名，其一二焉。猝遇陸生築臺，朝漢蒸土，切厓揭孽，隆矸堳霓。承雲立其正連，岫複坂環其畔。視奔星之俯馳，挹流泉之滮浙。國終殄於樛女，歸餘基之漶漫。民生其時，亦孔之悲，工役不息，肉刑且施辟。張羅以絶飛走，又爲豺虎而毆之，漢唐休養施于五季，兵纏紫微蠢及丹裔。劉龑潛據，業承先世，身爲蛟蜃，恣厥吞噬，乃自謂膺乾符，執坤樞。熙鴻名恢，駿圖鑿翠，闢閣繚瀛，作都雙闕。徽道九軌，經塗門千户，萬宿衛周廬。搆乾和之寶殿，法太紫之規摹。抗應龍於閶闔，耀玉題與金鋪。罘罳泂洑以迤邐，藻井狎獵以紛敷。後宫則有禹餘、太一、景福、龍應、玉清、思元。南宫定聖，南薰别殿。北接明光，椒鶴貫魚，袨服靚裝，温室甲帳，永巷迴廊。飾華榱以懸黎，緣繡楣以璧璫。苑囿則有昌華、芳華、甘泉、望春。飛橋跨沼，崇桃映津。泛杯濯足，翼翼鱗鱗。離宫閑館，亘五十里。呼鸞載道，引以蘭錡。蒼虬銜綏，白澤衛軹。時升中於圜丘，或耕耤於中鄙。復通鄰而耀武，啟封疆而自喜，左三湘而右八桂，控賁禺而役交阯。又有玉液之池，明月之峽，含珠之亭，紫雲之閣。棨壁對峙，泛泉旁達。修篁灌木，青翠相發。風露披清于翳薈，日月投光于巖穴。躆名勝而建浮屠，宫于四周者二十有八。叶列宿之景曜，金磬鏜鎝而互答。遵彼北川，迄于西城。層軒疊閣，建鼓揚舲，宫娥競渡，貂璫練兵，招羽人于藥洲，陳不死之丹經，又有三事六官，府署司院。蘭臺石室，濟濟儒彦。虎鶡開幕，闟戟峨弁。張鄘列肆，征榷充羨。金稜供御，紅雲設宴。蟾姬瓊仙，握爵銜憲。學士自宫，以求進才。人調謔而相見，乃設水獄，劍樹刀山，槐棘之貴，就僇猶菅。虐焰散於黄壚，腥德通乎玄間。民亦何辜，罹此凶艱。蒙元方輿，宋社將屋。讖符四廣，厄鍾百六。鸞輿狩于厓門，竟膠舟而不復。百萬王師盡化爲魚。貞后忠臣之氣，恒黤慘而不舒然。經慈元之殿阯，瞻永福之陵墟，徵天道之往復，而奚必詠秀麥之油油與皇矣。太祖德合泰清，命彼征南，掃此欃槍，風丘月窟，款塞來庭。詔幽滯以天光，振潛蟄以仁聲。故雖百粤之遐逖，仰人文而化成。洎列聖丕承，蕩蕩涵育，三辰受撫，四靈在畜。道胡不臻，化胡不穆。天地無爲，鼓其化者橐籥；神功不宰，分其治者岳牧。是以簡賢哲之霦霦，用班布于南服。乃建薇藩，其藩耽耽。乃建霜臯，其臯巖巖。都兹兵閫，並立爲三。驄馬行臺，以察以監。十府七州，雌塗郡閣。縣踰六十，犬牙間錯。駪駪庠序，泮宫俱作。衛所戎行，督鹾理舶。巡警置郵，犴司蓮幕。峨棟宇而萃胥徒，依崇墉而臨巨壑。於是宣天彝，恤民恫，播芳猷，息嚚風，開誠展才，表正景從。思齊處默，抗迹敬宗。使茂德流於有截，而芳訊垂於無窮。函氣之屬，聲教漸浹。雖椎埋之雄、遊俠之客，奇衺之酋，侏儒之域，莫不革面而澡心。沐浴於皇澤，是以邊鄙不聳，海波不揚。男勤稼穡，女務蠶桑。黄耇臺背，遊戲康莊。耳不聞乎枹鼓，目不覩乎牙璋。歌禾麈之既登，談穗石之爲祥。今日之民，可謂康矣。春王初吉，置酒交會。粲昫冠服，鏗鏘劍佩。元夕冶遊，鼇燈絳天。士女如雲，寶馬瑶軿。清明簪柳，椒漿酹墓。端午酌蒲，錦幖競渡。中秋重陽，泛芋題糕。亦既醉止，其樂陶陶。春秋社蜡，椎午釃酒。飲以兕觥，有濡其首。卒歲大儺，伐鼓鳴葭。侲子萬童，帕首讙譁。左斬殪魃，右殪蝼蛇。宸綱爲之蹋跆，況黄父與赤蝦。迄守歲而迎春，俗靡愛乎紛奢。觴茅柴而羹谷董，亦何恤其無家。循河南岸，市比如櫛。齒革果布，埴鑄髹漆。藤竹諸器，巧逾天出。煙雲連騎，羅綺盈室。殊方異類，豪舉猋集。登山取材，則柯株攢露。篠簜封塵，花梨蒲箑。積猶棘薪，煮海爲鹽。則雪濤漂紺，炎甗烹素。神液磊魄，甘鹵布濩。至於狍犳璀璨，豵鰾紛披。握椒片糖，天下所資。每易致而輕視，或塵泥而棄之。今日之民，可謂庶且富矣。且夫世方俶擾，則龍蛇起陸，牂羊在野，山呈古劍，海出丹馬。今也青雲干吕，靈鈃順經。和颸甘澍，疵厲不興。不童不涸，不騫不騰。嶽祇貢祉，川后效靈。城埤隍社，羣公先正。春秋秩其祀事，莫不流肹蠁而飲德馨。然則山川鬼神，又可謂寧矣。東北多山，獸走鳥翔。鳥則鷓鴣山胡，鸜鵒鶡鸐。鷄鶺繡質，鷫鸘綬章。白鷳縞衣，金鵖黄裳。晨風林鬱，時鷭山梁。爰居違暖，賓鴻避涼。鸚鵡以言而畏筊，孔翠因羽而懼戕。映明壑而迴翫，戀赤霄以悠揚。獸則麞麂麖麢，犴玃狨猴。麝狼猨獋，土麝沙牛。甲攢陵鯉，箭豎豪獲。辣羚角逐，狸兕儦遊。狖鼯繽翻，猰貐蝹虯。飛枝擲於猓獥，曾厓響乎獾獳。蹲深谷而騂駃，發密藪而伊呦。東南多水，韜星浴日。珠池貝闕，鼇宮鮫室，黿鼉鯤鯢於焉。宅窟鰌鬐，聳山鷲脊。揚鈊鱘鰉，龍喙鯊鰒。虎質鱒鯽，嘉於丙穴，鱣鮪夥於沮漆。鋸張牙而戟立，鰂窺烏而墨出。蝦寄目於水母，蟹或腹于璅玭。海僧泣而占災，天吴舞而颶颶。罾罛網簿，獲必盈槎。鯿鱭魴鱧，鰽鱸鯊鰕。鵝毛鳳尾，白飯黄花。腰帶横擲，比目貼沙。蒼芒蒲赤，蒸雲擁霞。鱗介交錯，既牣且躍。煦沫涯壖，睢盱瀺灂。蚶蟶蠕蚌，螺蜆蠣蛤。鬻帆海鏡，江瑤沙白。車螯胡鰱，蝤蛑蟛蜞。仙掌瓦屋，石首筍殼。雖汀渚之淜濙，猶露鯆而潛鰐。然則鳥獸魚鱉，亦既咸若矣。噫乎，天之生物也，寒之則凋，暴之則榮。人之居室也，多陰則幽，多陽則明。惟陽明勝夫陰濁，則扶輿淑氣，栽而弗傾。故嶺海炳靈，英俊挺生。鍊金之晶，比玉之貞。樂道好修，晞古振纓。騰其實則爲龍光，蜚其聲則化鶴鳴。邁跡董正，疏源則德詒世程；追蹤羅威，唐頌則孝闡天經。迄馮翼以儀，天朝也。格泰清，奠泰寧，輔皇極，陳丹誠。書罝罝以合紀，力擂擂以承貞。苟非其時，不榮以禄，寧爲嶢嶢，無然碌碌。彼其兆楚相之仙羊，馴涯令之白鹿。司中正於州間，宣威信於蠻俗。又孰與謝湘東以捫蘿，遡甘溪而采菊也哉。若乃囊笏槐位，獻鑑楓垣，海燕托諷，白羽銜恩。從其謨則儲闈靖謐，違其諫則鼙鼓喧闐。張曲江之相開元也，平章綸省，獻納臺司。一介不取，九死不移。安居則非，己有，却賄則畏人知。劉湟川之相懿僖也，鴆池擒藻，鶴駕養正。臺閣品式，禮樂命令。直金華而獻五箴，循秩宗而贊八政。馮道宗之傅天聖也，力辭相樞，疏十三陳。秋圃寒香，頤老海濱。臨邊則敵人失其勇智，登陴則逆卒讋其威神。崔正子之爲千載一人者也，然且躅姬周躋，夏商鰈濬，虞鵜聖唐，駢貫三才。蠲明五常，目肴覈乎。道德期曼，羨其輝光。遡洙泗而洄源，挾伊皐與翱翔。蓋偕昊天而出王，洞化育之洋洋者乎。於是侁侁青衿，番番黄髮，凡窟屏葭葦、與鳥獸羣者，咸稀焉。憤悱而罔闕，旦夕敷言。靡國不達，傴僂俶儻。晻曶昭察，税陷扃而榮鏡。易叨璽而闓澤，乃駢坒而謳曰：猗粵之昌兮，猗俊之章兮，彼紛葩瓌麗曷克當兮，端拱治世儀鳳凰兮，緺繢璘瑞粵爲鄒鄉兮，皇兮唐兮，丕天則以無疆兮。

郝玉麟《〔雍正〕廣東通志》卷六四《澳門》 香山百里外，其山從海濱發支如蓮蓬，插入海中。有城皆番人所居，無漢人。離澳設關，以稽人口出入。其地不產米鹽蔬菜，俱内地運出。城中有西洋官職如侍郎，粵東文書、事件往還，俱用通事。其俗見人以摘帽爲禮。凡内地所用犀象、香珀、哆囉、嗶吱、羽緞、羽紗、蘇木、椒檀、玻瓈種種洋物，皆與之互市。《嶺南雜記》。

吴寶芝《花木鳥獸集類》卷上《柿子》 韓退之詩：友生招我佛寺行，正值萬枝紅葉滿。光華閃壁見神鬼，赫赫炎官張火傘。燃雲燒樹火實駢，金烏下啄頳虬卵。魂翻眼暈忘處所，赤氣冲融無間斷。有如流傳上古時，九龍照耀乾坤旱。二三道士席其間，靈液屢進玻璃盌。

劉屏山詩：秋林黄葉晚霜嚴，熟蔕甘香味得兼。火傘虬珠浪褒拂，風標却似邑中黔。

溈山禪師與仲山遊行，烏啣一紅柿墜前，仲山以水洗浄，與溈山分半。

楊誠齋詩：紅葉曾題字，烏椑昔擅場。凍乾千顆蜜，尚帶一林霜。核有都無底，吾衰喜細嘗。慚無瓊玖句，報惠不相當。

鄂爾泰等《〔乾隆〕貴州通志》卷四五《藝文志》黄龍光《極樂庵》 正有塵勞苦，來尋極樂庵。玻璃千佛照，空寂萬山涵。香染蓮花妙，僧依浄土參。何年仙子跡，吹笛度鸞驂。

姚之駰《元明事類鈔》卷二《江色飛入》 明陶安《江色》詩：竹屋晨起闢，江色直飛入。空碧壓几案，陰陰四壁濕。玻瓈作天地，泠然手可挹。縈紆萬里。

姚之駰《元明事類鈔》卷三〇《遠鏡》 《帝京景物略》：大西洋工奇器，有遠鏡狀如尺許，竹筍抽而出，出五尺許，節節玻璃，眼光過此，則視遠者近、小者大。《啓崇野乘》：薄珏造銅炮擊賊及三十里。又設千里鏡以偵賊之近遠。

謝旻《〔雍正〕江西通志》卷一〇八 〔吉安府〕劉洞廟在府治西南，毛公渡洞係宋開寶時人廟。近有官陶十數造琉璃器，器苦窳，司陶者必禱焉。明熊概記。《芝山集》。

謝旻《〔雍正〕江西通志》卷一五四《藝文志》張栻《題福勝寺》 朝宗秀水琉璃碧，擁縣高山翡翠青。三峽元無天下險，五臺端是地中靈。羊腸紫棧平如砥，魚貫朱甍巧似屏。中有神仙來作牧，斗南夜夜焕臺星。

謝旻等《〔雍正〕江西通志》卷一五五《藝文志》吴炯《百花洲》 灔灔琉璃好面城，飲川虹亘晚波平。春風笑入花叢去，天氣愁將柳絮迎。轉瞬韶光空跌宕，不磨名節自縱横。誰人識得蘇卿意，月印洲前一片明。

岳濬《〔雍正〕山東通志》卷三五之一上《藝文志》于慎行《日觀峰歌》 岱岳峰頭一片石，天光杳杳摇空碧。我來夜掃石上雲，未明看見海中日。日出海東幾千里，茫茫不辨雲與水。天雞啁喔海上啼，天邊霞氣半邊紫。忽然瀲灔玻璃翻，一泓捧出赤玉盤。長繩斜挽不得上，半時方到扶桑巔。扶桑枝葉成五色，海水明滅一線白。日東雲氣如連山，日中欲識鮫人國。平明日高海水乾，滿天翕赩紅氣團。三山金闕流安在，六鰲背骨秋霜寒。憶昔秦帝東封年，欲浮海水游靈仙。驅石作橋不可涉，金支翠羽空西旋。幾時得見海中出日三千丈，脱屣妻子如浮烟。眼前朱生信豪士，側帽大叫石上眠。我亦欲取巨石填東海，揮戈且止義和鞭。六龍不停日如駛，仰天嗚嗚酒熱耳。

梁詩正等《西湖志纂》卷一二《藝文志》周權《次韻湖亭秋望》 紅衣老盡玻瓈國，孤嶼寒煙落秋色。豆花過雨水風凉，落日殘蟬疏樹碧。雁天紺滑秋雲净，光涵炯炯開寒鏡。蟾枝香冷酒微醒，長笛一聲無盡興。

阿桂等《盛京通志》卷一一〇《藝文志》王寂《留題覺華島龍宫寺》 傳開三山駕空虚，珠宫貝闕神仙都。茫茫弱水限舟楫，人迹不到如有無。平生點檢江山好，我有龍宫覺華島。何年經創作者誰，興聖帝師孤竹老。老人絶俗棲金沙，歲久喜捨來天家。懸崖架壑置佛屋，突兀殿閣凌烟霞。一作開明霞。迺知造物開神異，故壓祇園布金地。四顧鯨波翼寶巖，玻璃環擁青螺髻。我生自厭薰羶腥，坐覺兩腋生清泠。夜凉海月耿不寐，幾欲舉手捫天星。明朝收帆落塵土，一夢回頭散風雨。向令坡老此經行，想不願爲天竺主。

梁國治《國子監志》卷六〇陳璉《登崇文閣》 巍乎高哉，崇文之閣兮，吾不知其幾百尺，突兀直倚蒼冥中。雕簷高飛，近曉日瓊，窗洞啟來清風。前瞻兮帝闕，下顧兮辟雍。京畿鬱兮千里，五雲近兮九重。太行西來兮迤邐，居庸北拱兮巃嵸。峰巒遠近共環峙，削出朵朵金芙蓉。是中奇勝甲天下，何况此地名儒宗。圖書浩瀚紛莫數，文光夜吐猶晴虹。漢家天禄之不可復見兮，幸喜斯閣之高崇。闌干值校文之多暇，日徙倚而從容。爰扶輿磅礴之奇秀兮，呼吸盡使歸心胸。笑拍飛鳥上，豪氣不減陳元龍。俯視十二衢，車馬塵濛濛。欲招李謫仙，更拉東坡翁。長此共笑傲，不使心忡忡。葡萄酒傾瑪瑙甕，日醉三百玻璃鍾。人間亦是有勝境，何必遠度扶桑東。願裁上雲樂，進入蓬萊宫。上將萬壽祝天子，文風聖化永與，天地長無窮。

卞永譽《書畫彙考》卷一〇《蘇文忠公書李太白詩卷》 朝披夢澤雲，笠釣清茫茫。尋絲得雙鯉，内有三元章。篆字若丹虵，逸勢如飛翔。還家問天老，奥義不可量。金刀割青素，靈文爛煌煌。嚥服十二環，奄見仙人房。莫跨紫鱗去，海氣侵肌凉。龍子善變化，化作梅花妝。贈我累累珠，靡靡明月光。勸我穿絳縷，繫作裙間璫。挹子以攜去，談笑聞遺香。人生燭上花，光滅巧妍盡。春風繞樹頭，日與化工進。只知雨露貪，不聞零落近。我昔飛骨時，慘見當塗墳。青松靄朝霞，縹緲山下村。既死明月魄，無復玻瓈魂。念此一脱灑，長嘯登崑崙。醉著鸞皇衣，星斗俯可捫。

雜録

梁元帝《金樓子》卷一 齊鬱林王，武帝嫡孫，嗣位之日與妃何氏書，題作一「喜」字，又作三十許細「喜」字繞四邊。

齊鬱林王昭業既嗣位，武帝有甘草杖，宫人寸斷用之。

齊鬱林王嘗取武帝衣箱開之，有金射雉、玻瓈、貫納等，悉賜左右。

李昉等《太平廣記》卷八一《梁四公》 杰公嘗與諸儒語及方域，云東至扶桑，扶桑之蠶長七尺，圍七寸，色如金，四時不死。五月八日嘔黄絲布於條枝，而不爲蠒，脆如綖燒。扶桑木灰汁煮之，其絲堅韌，四絲爲係，足勝一鈞。蠶卵大如燕雀卵，產於扶桑下，齎卵至句麗國，蠶變小，如中國蠶耳。其王宮内有水精城，可方一里，天未曉而明如晝，城忽不見，其月便蝕。西至西海，海中有島，方二百里，島上有大林，林皆寶樹，中有萬餘家，其人皆巧，能造寶器，所謂拂林國也。島西北有坑盤，坳深千餘尺，以肉投之，鳥銜寶出，大者重五斤，彼云是色界天王之寶藏四海。西北無慮萬里有女國，以蛇爲夫，男則爲蛇，不噬人而穴處女爲臣妾。官長而居宮室，俗無書契而信呪咀，直者無他，曲者立死。神道設教，人莫敢犯。南至火洲之南炎崑山之上，其土人食蝑蠏蚺蛇以辟熱毒，洲中有火木，其皮可以爲布。炎丘有火鼠，其毛可以爲褐，皆焚之不灼，汙以火烷。北至黑谷之北有山極峻造天，四時冰雪，意燭龍所居，晝無日，北向更明，夜直上觀北極。西有酒泉，其水味如酒，飲之醉人。北有漆海，毛羽染之皆黑。西有乳海，其水白滑如乳。三海間方七百里，水土肥沃，大鴨生駿馬，大鳥生人，男死女活，鳥自銜其女飛行哺之，銜不勝則負之。女能跬步，則爲酋豪所養，女皆殊麗，美而少壽，爲人姬媵，未三十而死。有兔大如馬，毛潔白，長尺餘。有貂大如狼，毛純黑，亦長尺餘，服之禦寒。朝廷聞其言，拊掌笑謔，以爲誑妄。曰鄒衍九州，王嘉《拾遺》之談耳。司徒左長史王筠難之曰：「《書》傳所載女國之東，蠶崖之西，狗國之南，羌夷之別種，一女爲君，無夫蛇之理，與公說不同。何也？」公曰以今所知女國有六，何者？北海之東方、夷之北有女國，天女下降爲其君，國中有男女，如他恒俗。西南夷板楯之西有女國，其女悍而男恭，女爲人君，以貴男爲夫，置男爲妾媵，多者百人，少者匹夫。昆明東南絕徼之外有女國，以猿爲夫，生男類父而入山谷，晝伏夜遊。生女則巢居穴處。南海東南有女國，舉國惟以鬼爲夫，夫致飲食禽獸以養之。勃律山之西有女國，方百里，山出臺虒之水，女子浴之而有孕。其女舉國無夫，并蛇六矣。昔狗國之南有女國，當漢章帝時，其國王死，妻代知國近百年，時稱女國，後子孫還爲君。若犬夫、猿夫、鬼夫、水之國，博知者已知之矣，故略而不論。俄而扶桑國使使貢方物，有黃絲三百斤，即扶桑蠶所吐、扶桑灰汁所煮之絲也。帝有金爐重五十斤，係六絲以懸鑪，絲有餘力。又貢觀日玉，大如鏡，方圓尺餘，明徹如琉璃，映日以觀，見日中宮殿皎然分明。帝令杰公與使者論其風俗、土地、物產、城邑、山川，并訪往昔存亡，又識使者祖父、伯叔、兄弟，使者流涕拜首，具言情實。閒歲南海商人齎火浣布三端，帝以雜布積之，命杰公以他事召至於市所，杰公遥識曰：「此火浣布也，二是緝木皮所作，一是績鼠毛所作。」以詰商人，具如杰公所說。因問木鼠之異，公曰：「木堅毛柔，是何別也。以陽燧火山陰柘木爇之，木皮改常。」試之果驗。

明年冬，扶南大舶從西天竺國來賣碧玻璃鏡，面廣一尺五寸，重四十斤，内外皎潔。置五色物於其上，向明視之，不見其質，問其價，約錢百萬貫。文帝令有司算之，傾府庫償之不足。其商人言此色界天王，有福樂事，天澍大雨，衆寶如山，納之山藏，取之難得，以大獸肉投之藏中，肉爛黏寶，一鳥銜出，即此寶焉。舉國不識，無敢酬其價者，以示杰公，公曰：「上界之寶信矣，昔波羅尼斯國王有大福，得獲二寶鏡，鏡光所照，大者三十里，小者十里。至玄孫福盡，天火燒宮，大鏡光明能禦災，火不至焚爇，小鏡光微，爲火所害，雖光彩昧暗，尚能辟諸毒物，方圓百步，蓋此鏡也。時王賣得金二千餘斤，遂入商人之手，後王福薄，失其大寶，收奪此鏡，却入王宮。此王十世孫失道，國人將謀害之，此鏡又出，當是大臣所得，其應入於商賈，其價千金，傾竭府庫不足也。」因命杰公與之論鏡，由是信伏，更問：「此是瑞寶，王令貨賣，即應大秦波羅奈國、失羅國諸大國王大臣所取，汝輩胡客何由得之，必是盜竊至此耳。」胡客逡巡未對，俄而其國遣使追訪至梁，云其鏡爲盜所竊，果如其言。後有魏使頻至，亦言黑貂、白兔、鴨馬，女國往往入京梁朝，卿士始信。杰公周遊六合，出入百代，言不虛說，皆爲美談，故其多聞强識，博物辯惑，雖仲尼之詳大骨，子產之說臺駘，亦不是過矣。後魏天平之歲，當大同之際，彼此俗阜時康，賢才鼎盛，其朝廷專對稱人物士流，及應對禮賓，則胥公獨預之，爲問答，皆得先鳴。所以出使外郊，宴會賓客，使彼落其術内，動挫詞鋒，機不虛發，舉無遺策，賢公之力也。魏興和二年遣崔敏、陽休之來聘，敏字長謙，清河東武城人，博學贍文，當朝第一，與太原王延業齊名，加以天文、律曆、醫方、藥品、卜論。既至，帝選碩學沙門十人於御對，百寮與之談論，多屈於敏。帝賜敏書五百餘卷，他物倍之。四公進曰：「崔敏學問疏淺，不足上軫沖襟，命臣胥敵之必死。」帝從之。初江東論學，有十二沙門論以條疏，徵覈有中觀論，以乘寄蕭然，言名理者，宗仰其術。北朝有如實論，質定宗禮，有迴諍論，借機破義。敏總南北二業皆精，又桑門所專，唯在釋氏，若儒之與道，蔽於未聞，敏兼三教而擅之，頗有德色。胥公嘗於五天竺國以梵語精理問論，中分別論、大無畏論、因明論，皆窮理盡妙。胥公貌寢形陋而聲氣清暢，敏既頻勝羣僧，而乃傲形於物。其日帝於浄居殿命胥公與敏談論，至若三光四氣、五行、十二支、十千八宿、風雲氣候、金丹玉液、藥性針道、六性五蘊、陰陽曆數、韜略機權、飛伏孤虛、鬼神情狀，始自經史，終於老釋，凡十餘日，辯揚六藝百氏。與敏互爲主客，立談絶倒，觀者莫不盈量忘歸。然敏詞氣似沮於腎，不自得，因而成病，輿疾北歸未達，中路而卒。出《梁四公記》。

李昉等《太平廣記》卷二一四《應天三絶》　唐僖宗皇帝翠華西幸之年，有會稽山處士孫位隨駕止蜀，位有道術，兼攻書畫，皆妙得筆精。曾於應天寺門左壁上畫天王一座，部從鬼神，奇怪斯存，筆勢狂縱，莫之與京，三十餘年無有敵者。景焕其先亦專書畫，嘗與翰林歐陽學士炯迺忘形之交。一日聯騎同遊茲寺，偶畫右壁天王以對之，渤海在旁觀其逸勢，復書《歌行》一篇以紀之。續有草書僧夢龜後至，又請書之於廊壁上，故書畫歌行，一日而就。傾城人看，闐咽寺中，成都之人，故號爲「應天三絶」。《歌行》今亦録附曰：「錦城東北黃金地，故跡何人興此寺。白眉長老重名公，曾識會稽山處士。寺門左壁圖天王，威儀部從來何方。鬼神怪異滿壁走，當簷颯颯生秋光。我聞天王分理四天下，水精宫殿琉璃瓦。綵仗時驅拂琳裝，金鞭頻策騏驎馬。毗沙大像何光輝，手擎巨塔淩雲飛。谿是有神人，吴道子稱無敵者。奇哉妙手傳孫公，能於此地留神蹤。斜窺小鬼怒雙目，直倚越狼高半胸。寶冠動總生威容，趨蹌左右來傾恭。臂横鷹爪尖纖利，腰纏虎皮斑剥紅。飄飄但恐入雲中，步驟還疑歸海東。蟒蛇拖得渾身墮，精魅掆來雙眼空。當時此藝實難有，鎮在寶坊稱不朽。東邊畫了空西邊，留與後人教敵手。後人見者皆心驚，盡爲名公不敢争。誰知未滿三十載，或有異人來間生。匡山處士名稱朴，頭骨高奇連五嶽。曾持象簡累爲官，又有蛇珠常在握。昔年長老遇奇蹤，今日門師識景公。興來便請泥高壁，亂搶筆頭如疾風。逡巡隊仗何顛逸，散漫奇形皆湧出。交加器械滿虚空，兩面或然如鬭敵。聖王怒色覽東西，劍刃一揮皆整齊。腕頭獅子咬金甲，脚底夜叉擎絡鞮。馬頭壯健多筋節，烏觜彎環如屈鐵。遍身蛇虺亂縱横，遶頷髑髏乾孑裂。眉粗眼豎髮如錐，怪異令人不可知。科頭巨卒欲生鬼，半面女郎安小兒。況聞此寺初興置，地脈沉沉當正氣。如何請得二山人，下筆咸成千古事。君不見明皇天寶年，畫龍致雨非偶然。包含萬象藏心裏，變現百般生眼前。後來畫品列名賢，唯此二人堪比肩。人間是物皆求得，此樣欲於何處傳。嘗憂壁底生雲霧，揭起寺門天上去。」出《野人閑話》。

李昉等《太平廣記》卷二六三《士子吞舍利》　唐洛中，頃年有僧以數粒所謂舍利者，貯於瑠璃器中。晝夜香火，檀越之禮，日無虚焉。有士子迫於寒餒，因請僧，願得舍利掌而觀之。僧遂出瓶授與，遽即吞之。僧惶駭如狂，復慮聞之於外。士子曰：「與吾幾錢，當服藥出之。」僧喜聞，遂贈二百緡。乃服巴豆下瀉，僧洗濯而收之。

李昉等《太平廣記》卷四〇〇《金蛇》　開成初，宫中有黃色蛇，夜則自寶庫中出，遊於階陛間，光明照燿，不可擒獲。宫人擲珊瑚玦以繫之，遂并玦亡。去掌庫者具以事告上，命遍搜庫内，得黃金蛇而玦貫其首，上熟視之。昔隋煬帝爲晉王時，以黃金蛇贈陳夫人後，今不知此蛇得自何處。左右因視額下有「阿麽」字，上蹶然曰：「果不失朕所疑，阿麽即煬帝小字也。」上之博學敏悟，率多此類，遂命取玻璃連環，係蛇於玉彘之前足，其後竟不復有，所見以彘食蛇也。

李昉等《太平廣記》卷四一九《柳毅》　唐儀鳳中，有儒生柳毅者應舉下第，將還湘濱，念鄉人有客於涇陽者，遂往告别。至六七里，鳥起馬驚，疾逸道左。又六七里，乃止。見有婦人，牧羊於道畔。毅怪視之，乃殊色也。然而蛾臉不舒，巾袖無光，凝聽翔立，若有所伺。毅詰之曰：「子何苦而自辱如是？」婦始楚而謝，終泣而對曰：「賤妾不幸，今日見辱於長者，然而恨貫肌骨，亦何能愧避，幸一聞焉。妾洞庭龍君小女也，父母配嫁涇川次子，而夫壻樂逸，爲婢僕所惑，日以厭薄，既而將訴於舅姑。舅姑愛其子，不能禦，迨訴頻切，又得罪舅姑。舅姑毁黜以至此。」言訖，歔欷流涕，悲不自勝。又曰：「洞庭於茲，相遠不知其幾多也，長天茫茫，信耗莫通，心目斷盡，無所知哀。聞君將還吴，密通洞庭，或以尺書寄託侍者，未卜將以爲可乎？」毅曰：「吾義夫也，聞子之説，氣血俱動，恨無毛羽，不能奮飛，是何可否之謂乎。然而洞庭深水也，吾行塵間，寧可致意耶。唯恐道途顯晦，不相通達，致負誠託，又乖懇願。子有何術，可導我邪？」女悲泣且謝曰：「負載珍重，不復言矣，脱獲回耗，雖死必謝。君不許，何敢言，既許而問，則洞庭之與京邑，不足爲異也。」毅請聞之，女曰：「洞庭之陰，有大橘樹焉，鄉人謂之社橘，君當解去茲帶，束以他物，然後叩樹三發，當有應者，因而隨之，無有礙矣。幸君子書叙之外，悉以心誠之話倚託，千萬無渝。」毅曰：「敬聞命矣。」女遂於襦間解書，再拜以進，東望愁泣，若不自勝。毅深爲之戚，乃置書囊中。因復問曰：「吾不知子之牧羊，何所用哉，神祇豈宰殺乎？」女曰：「非羊也，雨工也。」「何爲雨工？」曰：「雷霆之類也。」數顧視之，則皆矯顧怒步，飲齕甚異，而大小毛角，則無别羊焉。」毅又曰：「吾爲使者，他日歸洞庭，幸勿相避。」女曰：「寧止不避，當如親戚耳。」語竟，引別東去，不數十步，回望女與羊，俱亡所見矣。其夕，至邑而別其友，月餘到鄉還家，乃訪於洞庭。洞庭之陰，果有橘社，遂易帶向樹，三擊而止。俄有武夫出於波間，再拜請曰：「貴客將自何所至也？」毅不告其實，曰：「走謁大王耳。」武夫揭水指路，引毅以進。謂毅曰：「當閉目，數息可達矣。」毅如其言，遂至其宮，始見臺閣相向，門户千萬，奇草珍木，無所不有。夫乃止毅停於大室之隅，曰：「客當居此以伺焉。」毅曰：「此何所也？」夫曰：「此靈虚殿也。」諦視之，則人間珍寶，畢盡於此。柱以白璧，砌以青玉，牀以珊瑚，簾以水精。雕琉璃於翠楣，飾琥珀於虹棟，奇秀深杳，不可殫言。然而王久不至，毅謂夫曰：「洞庭君安在哉？」曰：「吾君方幸玄珠閣，與太陽道士講大經，少選當畢。」毅曰：「何謂大經？」夫曰：「吾君龍也，龍以水爲神，舉一滴可包陵谷。道士乃人也，人以火爲神聖，發一燈可燎阿房。然而靈用不同，玄化各異，太陽道士精於人理，吾君邀以聽。」言語畢，而宮門闢，景從雲合，而見一人披紫衣，執青玉。夫躍曰「此吾君也」，乃至前以告之。君望毅而問曰：「豈非人間之人乎？」毅對曰：「然。」毅而設拜，君亦拜，命坐於靈虚之下。謂毅曰：「水府幽深，寡人暗昧，夫子不遠千里，將有爲乎？」毅曰：「毅，大王之鄉人也，長於楚，遊學於秦。昨下第，間驅涇水右涘，見大王愛女，牧羊於野，風環雨鬢，所不忍視。毅因詰之，謂毅曰：「爲夫壻所薄，舅姑不念，以至於此。」悲泗淋漓，誠怛人心，遂託書於毅，毅許之，今以至此，因取書進之。洞庭君覽畢，以袖掩面而泣曰：「老父之罪，不能鑒聽，坐貽聾瞽，使閨窗孺弱，遠罹搆害。公乃陌上人也，而能急之，幸被齒髮，何敢負德。」詞畢，又哀咤良久，左右皆流涕。時有宦人密視君者，君以書授之，令達宮中。須臾，宮中皆慟哭，君驚謂左右曰：「疾告宮中，無使有聲，恐錢塘所知。」毅曰：「錢塘何人也？」曰：「寡人之愛弟，昔爲錢塘長，今則致政矣。」毅曰：「何故不使知？」曰：「以其勇過人耳。昔堯遭洪水九年者，乃此子一怒也。近與天將失意，塞其五山，上帝以寡人有薄德於古今，遂寛其同氣之罪，然猶縻繫於此，故錢塘之人，日日候焉。」語未畢，而大聲忽發，天拆地裂，宮殿擺簸，雲烟沸湧。俄有赤龍長千餘尺，電目血舌，朱鱗火鬣，項掣金鎖，鎖牽玉柱，千雷萬霆，激繞其身，霰雪雨雹，一時皆下，乃劈青天而飛去。毅恐蹶仆地，君親起持之曰：「無懼，固無害。」毅良久稍安，乃獲自定，因告辭曰：「願得生歸。以避復來。」君曰：「必不如此，其去則然，其來則不然，幸爲少盡繾綣。」因命酌互舉，以款人事。俄而祥風慶雲，融融怡怡，幢節玲瓏，簫韶以隨，紅粧千萬，笑語熙熙。後有一人，自然蛾眉，明璫滿身，綃縠參差，迫而視之，乃前寄辭者。然若喜若悲，零淚如系，須臾紅烟蔽其左，紫氣舒其右，香氣環旋，入於宮中。君笑謂毅曰：「涇水之囚人至矣。」君乃辭歸宮中。須臾，又聞怨苦，久而不已。有頃，君復出，與毅飲食。又有一人披紫裳，執青玉，貌聳神溢，立於君左右，謂毅曰：「此錢塘也。」毅起，趨拜之，錢塘亦盡禮相接。謂毅曰：「女姪不幸，爲頑童所辱，賴明君子信義昭彰，至達遠冤，不然者，是爲涇陵之土矣。饗德懷恩，詞不悉心。」毅撝退辭謝，俯仰唯唯。然後回告兄曰：「向者辰發靈虚，已至涇陽，午戰於彼，未還於此。中間馳至九天，以告上帝，帝知其冤而宥其失，前所遣責，因而獲免。然而剛腸激發，不遑辭候，驚擾宮中，復忤賓客，愧惕慚懼，不知所失。」因退而再拜。君曰：「所殺幾何？」曰：「六十萬。」「傷稼乎？」曰：「八百里。」「無情郎安在？」曰：「食之矣。」君憮然曰：「頑童之爲是心也，誠不可忍，然汝亦太草草，賴上帝顯聖，諒其至冤，不然者，吾何辭焉。從此已去，勿復如是。」錢塘復再拜。是夕，遂宿毅於凝光殿。明日，又宴毅於凝碧宮，會友戚，張廣樂，具以醪醴，羅以甘潔。初笳角鼙鼓，旌旗劍戟，舞萬夫於其右。中有一夫前曰：「此錢塘《破陣樂》。」旌鋩傑氣，顧驟悍慄，坐客視之，毛髮皆豎。復有金石絲竹，羅綺珠翠，舞千女於其左。中有一女前進曰：「此貴主《還宮樂》。」清音宛轉，如訴如慕，坐客聽之，不覺淚下。二舞既畢，龍君大悦，錫以紈綺，頒於舞人。然後密席貫坐，縱酒極娯，酒酣，洞庭君乃擊席而歌曰：「大天蒼蒼兮，大地茫茫。人各有志兮，何可思量。狐神鼠聖兮，薄社依墻。雷霆一發兮，其孰敢當。荷真人兮信義長，令骨肉兮還故鄉，齊言慚愧兮何時忘。」洞庭君歌罷，錢塘君再拜而歌曰：「上天配合兮，生死有途。此不當婦兮，彼不當夫。腹心辛苦兮，涇水之隅。風霜滿鬢兮，雨雪羅襦。賴明公兮引素書，令骨肉兮家如初，永言珍重兮無時無。」錢塘君歌闋，洞庭君俱起奉觴於毅，毅踧踖而受爵。飲訖，復以二觴奉二君，乃歌曰：「碧雲悠悠兮，涇水東流。傷美人兮，雨泣花愁。尺書遠達兮，以解君憂。哀冤果雪兮，還處其休。荷和雅兮感甘羞，山家寂寞兮難久留，欲將辭去兮悲綢繆。」歌罷，皆呼萬歲。洞庭君因出碧玉箱，貯以開水犀，錢塘君復出紅珀盤，貯以照夜璣，皆起進毅，毅辭謝而受。然後宮中之人，咸以綃綵珠璧，投於毅側，重疊煥赫，須臾，埋没前後。毅笑語四顧，愧揖不暇，洎酒闌歡極。毅辭起，復宿於凝光殿。翌日，又宴毅於清光閣，錢塘因酒作色，踞謂毅曰：「不聞猛石可裂不可捲，義士可殺不可羞耶？愚有衷曲，欲一陳於公。如可，則俱在雲霄，如不可，則皆夷糞壤，足下以爲何如哉？」毅曰：「請聞之。」錢塘曰：「涇陽之妻，則洞庭君之愛女也，淑性茂質，爲九姻所重，不幸見辱於匪人，今則絶矣。將欲求託高義，世爲親戚，使受恩者知其所歸，懷愛者知其所付，豈不爲君子始終之道者？」毅肅然而作，欻然而笑曰：「誠不知錢塘君孱困如是，毅始聞跨九州，懷五岳，洩其憤怒。復見斷鎖金，掣玉柱，赴其急難。毅以爲剛決明直，無如君者。蓋犯之者不避其死，感之者不愛其生，此真丈夫之志。奈何簫管方洽，親賓正和，不顧其道，以威加人，豈僕之素望哉？若遇公於洪波之中，玄山之間，鼓以鱗鬚，被以雲雨，將迫毅以死，毅則以禽獸視之，亦何恨哉。今體被衣冠，坐談禮義，盡五常之志性，負百行之微旨，雖人世賢傑，有不如者，況江河靈類乎？而欲以蠢然之軀，悍然之性，乘酒假氣，將迫於人，豈近直哉。且毅之質，不足以藏王一甲之間，然而敢以不伏之心，勝王不道之氣，惟王籌之。」錢塘乃逡巡致謝曰：「寡人生長宮房，不聞正論，向者詞述狂妄，搪突高明，退自循顧，戾不容責，幸君子不爲此乖間可也。」其夕復歡宴，其樂如舊，毅與錢塘遂爲知心友。明日，毅辭歸，洞庭君夫人別宴毅於潛景殿，男女僕妾等悉出預會，夫人泣謂毅曰：「骨肉受君子深恩，恨不得展愧戴，遂至睽別。」使前涇陽女當席拜毅以致謝。夫人又曰：「此別豈有復相遇之日乎？」毅其始雖不諾錢塘之請，然當此席，殊有歎恨之色。宴罷辭別，滿宮悽然，贈遺珍寶，怪不可述。毅於是復循途出江岸，見從者十餘人，擔囊以隨，至其家而辭去。毅因適廣陵寶肆，鬻其所得，百未發一，財以盈兆，故淮右富族咸以爲莫如。遂娶於張氏，而又娶韓氏，數月，韓氏又亡。徙家金陵，常以鰥曠多感，或謀新匹。有媒氏告之曰：「有盧氏女，范陽人也，父名曰浩，嘗爲清流宰，晚歲好道，獨遊雲泉，今則不知所在矣。母曰鄭氏，前年適清河張氏，不幸而張夫早亡，母憐其少，惜其慧美，欲擇德以配焉，不識何如。」毅乃卜日就禮，既而男女二姓，俱爲豪族，法用禮物，盡其豐盛，金陵之士，莫不健仰。居月餘，毅因晚入户，視其妻，深覺類於龍女，而逸艷豐厚，則又過之。因與話昔事，妻謂毅曰：「人世豈有如是之理乎？」經歲餘有一子，毅益重之。既産踰月，乃穠飾換服，召親戚相會之間，笑謂毅曰：「君不憶余之於昔也。」毅曰：「夙爲洞庭君女傳書，至今爲憶。」妻曰：「余即洞庭君之女也，涇川之冤，君使得白，銜君之恩，誓心求報。洎錢塘季父論親不從，遂至睽違，天各一方，不能相問。父母欲配嫁於濯錦小兒，某惟以心誓難移，親命難背，既爲君子棄絶，分無見期。而當初之冤，雖得以告諸父母，而誓報不得其志，復欲馳白於君子。值君子累娶，當娶於張，已而又娶於韓，迨張韓繼卒，君卜居於茲。故余之父母，乃喜余得遂報君之意。今日獲奉君子，咸善終世，死無恨矣。」因嗚咽泣涕交下。對毅曰：「始不言者，知君無重色之心，今乃言者，知君有感余之意。婦人匪薄，不足以確厚永心，故因君愛子，以託相生，未知君意如何？愁懼兼心，不能自解，君附書之日，笑謂妾曰：『他日歸洞庭，慎無相避。』誠不知當此之際，君豈有意於今日之事乎？其後季父請於君，君固不許，君乃誠將不可邪？抑忿然邪？君其話之。」毅曰：「似有命者，僕始見君子長涇之隅，枉抑憔悴，誠有不平之志，然自約其心者，達君之冤，餘無及也。以言慎勿相避者，偶然耳，豈思哉。洎錢塘逼迫之際，唯理有不可直，乃激人之怒耳。夫始以義行爲之志，寧有殺其壻而納其妻者邪？一不可也。善素以操真爲志尚，寧有屈於己而伏於心者乎？二不可也。且以率肆胸臆，酧酢紛綸，唯直是圖，不遑避害。然而將別之日，見君有依然之容，心甚恨之，終以人事扼束，無由報謝。吁！今日君盧氏也，又家於人間，則吾始心未爲惑矣。從此以往，永奉歡好，心無纖慮也。」妻因深感嬌泣，良久不已。有頃，謂毅曰：「勿以他類，遂爲無心，固當知報耳。夫龍壽萬歲，今與君同之，水陸無往不適，君不以爲妄也。」毅嘉之曰：「吾不知國客，乃復爲神仙之餌。」乃相與覲洞庭，既至而賓主盛禮，不可具紀。後居南海，僅四十年，其邸第輿馬，珍鮮服玩，雖侯伯之室，無以加也。毅之族咸遂濡澤，以其春秋積序，容狀不衰，南海之人，靡不驚異。洎開元中，上方屬意於神仙之事，精索道術，毅不得安，遂相與歸洞庭。凡十餘歲，莫知其跡。至開元末，毅之表弟薛嘏爲京畿令，謫官東南，經洞庭，晴晝長望，俄見碧山出於遠波，舟人皆側立曰：「此本無山，恐水怪耳。」指顧之際，山與舟相逼，乃有彩船自山馳來，迎問於嘏。其中有一人呼之曰「柳公來候耳」，嘏省然記之。乃促至山下，攝衣疾上，山有宮闕如人世，見毅立於宮室之中，前列絲竹，後羅珠翠，物玩之盛，殊倍人間。毅詞理益玄，容顏益少，初迎嘏於砌，持嘏手曰：「別來瞬息，而髮毛已黄。」嘏笑曰：「兄爲神仙，弟爲枯骨，命也。」毅因出藥五十丸遺嘏曰：「此藥一丸，可增一歲耳，歲滿復來，無久居人世，以自苦也。」歡宴畢，嘏乃辭行，自是已後，遂絶影響，嘏常以是事告於人。世殆四紀，嘏亦不知所在。隴西李朝威敍而嘆曰：「五蟲之長，必以靈者，別斯見矣。人裸也，移信鱗蟲。洞庭含納大直，錢塘迅疾磊落，宜有承焉。嘏詠而不載，獨可鄰其境。愚義之，爲斯文。」出《異聞集》。

張鷟《朝野僉載》卷三　洛州昭成佛寺有安樂公主造百寶香爐，高三尺，開四門，絳橋勾欄、花草、飛禽走獸、諸天妓樂、麒麟、鸞鳳、白鶴飛仙、絲來線去、鬼出神入、隱居鈒鏤、窈窕便娟、真珠、瑪瑙、瑠璃、琥珀、玻瓈、珊瑚、琿璖、琬琰，一切寶貝，用錢三萬，府庫之物盡於是矣。

楊彦齡《楊公筆録》 越州法華山天衣寺有梁舉禪師，金鏤袈裟，玻璃鉢。晉飛雲大師曇翼真身，婁約禪師紅銀無底澡瓶，智者禪師刺血書小字《法華經》。予元豐中作尉山陰，屢往觀之，時守愛長老住持，愛頗能詩，有見贈詩，其間一聯云：「案上應無一宿事，架頭常有百篇詩。」

蜀人好文，雖市井胥吏輩往往能爲文章。熙寧中余隨侍在成都，兄長房生子，爲三日會，有衙前史戴獻詩，其警句云：「月中又長一枝桂，堂上喜生千里駒。」兄弟異之，明日往詣廳房中，觀其所居，皆無他物，唯案上有韻一册，杜詩一集，筆硯而已。

孟元老《東京夢華録》卷一《大内》 大内正門宣德樓列五門，門皆金釘朱漆，壁皆磚石，間甃鐫鏤龍鳳飛雲之狀，莫非雕甍畫棟。峻桷層榱，覆以琉璃瓦，曲尺。朵樓朱欄彩檻，下列兩闕亭相對，悉用朱紅杈子。入宣德樓正門，乃大慶殿。庭設兩樓，如寺院鐘樓。上有太史局，保章正測驗刻漏，逐時刻執牙牌奏，每遇大禮，車駕齋宿及正朔朝會於此殿。殿外左右横門曰左右長慶門。内城南壁有門三座，係大朝會趨朝路。宣德樓左曰左掖門，右曰右掖門。左掖門裏乃明堂，右掖門裏西去乃天章、寶文等閣。宮城至北廊約百餘丈，入門東去街北廊乃樞密院，次中書省，次都堂，宰相朝退治事於此。次門下省，次大慶殿。外廊横門北去百餘步，又一横門，每日宰執趨朝此處下馬。餘侍從臺諫於第一横門下馬，行至文德殿入第二横門。東廊大慶殿，東偏門西廊中書門，下後省，次修國史院，次南向小角門，正對文德殿。常朝殿也。殿前東西大街，東出東華門，西出西華門。近裏又兩門相對，左右嘉肅門也。南去左右銀臺門，自東華門裏皇太子宮。入嘉肅門，街南大慶殿，後門東西上閤門，街北宣祐門，南北大街西廊面東曰凝暉殿，乃通會通門，入禁中矣。殿相對東廊門樓，乃殿中省六尚局。御廚殿上常列禁衛兩重，時刻提警，出入甚嚴。近裏皆近侍中貴，殿之外皆知省御藥。幕次快行，親從官輦、官車。子院黄院子内，諸司兵士祗候宣唤，及宮禁買賣進貢皆由此入。唯此浩穰諸司，人自賣飲食、珍奇之物，市井之間未有也。每遇早晚進膳，自殿中省對凝暉殿，禁衛成列，約欄不得過往。省門上有一人呼喝，謂之撥食家，次有紫衣裹脚子，向後曲折幞頭者，謂之院子家。托一合用黄繡龍合衣、籠罩，左手携一紅羅繡手巾進入。於此約十餘，合繼托金瓜合二十餘面進入，非時取唤，謂之泛索。宣祐門外西去紫宸殿，正朔受朝於此。次曰文德殿，常朝所御。次曰垂拱殿，次曰皇儀殿，次曰集英殿。御宴及試舉人於此。後殿曰崇政殿，保和殿内書閣曰眷思殿，後門曰拱辰門。東華門外市井最盛，蓋禁中買賣在此。凡飲食、時新花果、魚鰕、鱉、蟹、鶉、兔、脯腊、金玉、珍玩、衣着，無非天下之奇，其品味若數十分，客要一二十味，下酒隨索，目下便有之。其歲時果瓜蔬茹新上市，并茄瓠之類，新出每對可直三五十千，諸閣分争，以貴價取之。

蔡絛《鐵圍山叢談》卷六 奉宸庫者，祖宗之珍藏也。政和四年，太上始自攬權，綱不欲付諸臣下，因踵藝祖故事，檢察内諸司。於是，乘輿御馬而從以杖直于馬大内中。諸司局大駭懼，凡數日而止。因是併奉宸俱入内藏庫時，於奉宸中得龍涎香、二琉璃缶、玻瓈母二大篚。玻瓈母者，若今之鐵滓，然塊大小猶兒拳，人莫知其方。又歲久無籍，且不知其所從來，或云柴世宗顯德間大食所貢，又謂真廟朝物也。玻瓈母諸璫以意用火煅而模寫之，但能作珂子狀，青、紅、黄、白隨其色，而不克自必也。香則多分賜大臣、近侍。其模製甚大而質古，外視不大佳，每以一豆大爇之，輒作異花，氣芬郁滿座，終日略不歇。於是，太上大奇之，命籍被賜者，隨數多寡復收取以歸中禁，因號曰古龍涎。爲貴也，諸大璫争取，一餅可直百緡。金玉穴而以青絲貫之，佩於頸時於衣領間摩挱以相示，坐此遂作佩香焉。今佩香，蓋因古龍涎始也。

孫逢吉《職官分紀》卷六 國朝傳其二寶，太宗别製承天永命之寶，寶用玉篆文，廣四寸九分，厚二寸三分，填以金盤龍，紐係以暈錦，大綬赤，小綬連玉環。玉檢高七寸，廣二寸四分。玉斗方二寸四分，厚一寸二分。皆飾以金，裹以紅錦，加紅羅泥金夾帕，納於小盝。盝裝以金，覆以麻暈褥，飾以雜色玻璃、碧鈿石、珊瑚、金精石、馬腦。文盝二重皆裝以金，覆以紅羅繡帕，載以輿及行馬，並飾以金。又有方匙、灰匙、大筯燭臺、燭刀，皆以金爲之。朝會則陳於御坐前，大禮則别於仗衛中。每上尊號，有司製金寶，以尊號爲文。雍熙三年，以天下合同之印爲天下合同之寶，中書奏覆狀，流内銓歷任三代狀，用之御前之印爲御前之寶，樞密院宣命諸司奏狀，用之書詔之寶，翰林詔勅、引録勅，牒榜用之。至道三年，皇帝受命寶以「皇帝恭膺天命之寶」爲文，符寶郎大朝會則遣官攝事。

潘自牧《記纂淵海》卷九三《牡丹》 開元間，禁中初重木芍藥，得四本，紅、紫、淺紅、通白者，上因移植於興慶池東沉香亭前。花開，上乘照夜駒，太真妃以步輦從，遂命李龜年持金花牋，宣賜李白進《清平調》詞三章。辭曰：「雲想衣裳花想容，春風拂檻露華濃。若非羣玉山頭見，會向瑶臺月下逢。」「一枝紅艷露凝香，雲雨巫山枉斷腸。借問漢宫誰得似，可憐飛燕倚新粧。」「名花傾國兩相歡，長得君王帶笑看。解釋春風無限恨，沉香亭北倚欄杆。」上命梨園弟子調撫絲竹，促龜年歌。太真妃持玻瓈七寶盞，酌西涼州蒲萄酒，笑領歌，意甚厚。飲罷，斂繡巾重拜。韓愈外甥能染花，與吏部染白牡丹一叢，云：「來春必作含稜碧，内合有金含稜紅。間暈者，四面各合有一朵五色者。」明年開花，亦如其説。每一葉花中有楷書十四字，曰：「雲横秦嶺家何在，雪擁藍關馬不前。」《廣記》。高宗宴羣臣，賞雙頭牡丹，賦詩惟上官昭容一聯絶麗，云：「勢如連臂友，心似臭蘭人。」宋單父能種藝術牡丹，變易千種。上皇召至驪山，種花萬本。色樣各不同，内人呼爲花師。《異人録》。明皇賞牡丹，問侍臣曰：「牡丹詩何詩爲妙？」奏云李正封詩曰：「國色朝酣酒，天香夜染衣。」帝謂妃子曰：「粧臺前飲一紫金盞酒，則正封之詩可見矣。」《松窗録》。上賜楊國忠木芍藥，國忠以百寶爲欄。沉香亭木芍藥，朝紅暮黄，午碧夜白。帝曰：「此花，木之妖也。」《開元天寶遺事》。唐明皇時，有獻牡丹者，謂之楊家紅，乃楊勉家花。貴妃匀面，口脂在手，印於花上。上詔於仙春館栽，來歲花開，上有指印紅迹，帝名爲「一捻紅」。明皇時，民間貢牡丹，帝未及賞，爲鹿銜去。有佞人奏云：「釋氏有鹿銜花，以獻金仙。」帝私曰：「野鹿遊宫中，非佳兆也。」殊不知應禄山之亂。《青瑣高議》。黎舉常云：「牡丹酴醾，幸爲執友。」《金城記》。

張端義《貴耳集》卷中 廬陵王排岸之女孫，眉目秀麗，能琴棋弄翰墨，失身富家，常鬱鬱不樂，慕名勝而終焉。郡有朱淵未第，其室寢廢，家事不治，經營一妾頗難。其人鄰媪云：「王排岸女孫歸久，試與官人謀之。」朱笑曰：「恐無此理。」行成，以八百券爲質。一至其家，内外之事若素定。七月十二日夜，夢入一宫，有二黄袍中坐，二姬左右，云：「汝去久，何未來耶？」見殿下有判官，抱一簿，寫端平幾年，吉州解試榜。王欲看，判官云：「汝手濁，未可看。」行三四里，過小池塘碧色，掬水濯手，二小金龍繞指不下，始得見簿。前三名某人某人，第三朱某，且云過省及第。二姬堅欲留，黄袍云更展三年。一姬奉玻璃碗，酒一勺，棗二枚。一姬就首上取金鳳釵，插其首，黄袍以一詩絳囊置之胸間，寤也五鼓歷歷，與朱言之，相對驚詫。朱云試已同往仰山炷香，纔至廟，與夢中所見更無少異。玻璃碗見在後殿，二姬如生，但一姬首無金鳳釵，祝者云七月十二三間失去。還舍，越一夕揭曉，朱某第三名，次年過省登第，後三年王一疾而卒，正符黄袍所展之數。其弟夢王來，云今爲仰山第三，姬也。朱爲南雄法曹，自作一傳以紀其本末。

張守《毘陵集》卷六《論大食故臨國進奉劄子》 本部準尚書省劄子節文。據廣南市舶司奏：近據大食故臨國進奉人使蒲亞里等狀申，奉本國蕃首，遣齎表章、真珠、犀牙、乳香、龍涎、珊瑚、梔子、玻璃等物前來進奉。七月十六日，三省樞密院奉聖旨，真珠等物令市舶司估價，回答其龍涎、珊瑚、梔子、玻璃。津發赴行，在劄付本部施行。臣契勘自來舶客，利於分受，回劄誘致蕃商冒稱蕃長姓名前來進奉。朝廷止憑人使所持表奏，無從驗實。又其所貢多無用之物，賜答之費數倍所得，臣竊以謂方朝廷汲汲於自治之時，而又陛下躬履儉素，珍奇之物亦復何用？所有今來大食故臨國進奉，伏望聖慈，令廣州諭旨，却之以示聖明不寶遠物，以格遠人之意，兼免財用之侵蠹，道路之勞費。仍乞自今諸國似此稱貢者，並令帥司諭遣，庶幾漸省無益之事，取進止。

王應麟《玉海》卷一五四《唐罽賓獻名馬　貢寶帶　疏勒獻名馬》 《西域傳·罽賓》，武德二年，遣使貢寶帶、金鎖、水精琖、玻瓈，狀若酸棗。貞觀十一年，獻名馬。太宗語大臣曰：「魏徵勸我修文德，安中夏，令四夷君長皆來獻，此徵力也。」開元七年，遣使獻天文及秘方。疏勒貞觀九年遣使者獻名馬，又四年與朱俱波甘棠貢方物。上謂房玄齡等曰：「朕定四海，遠夷率服，宜相輔弼，毋進諛言。」天寶十二載，疏勒首領裴國良來朝，賜紫袍金魚。

周密《齊東野語》卷一八《琴繁聲爲鄭衛》 往時，余客紫霞翁之門。翁知音妙天下，而琴尤精詣，自製曲數百解，皆平淡、清越，灝然，太古之遺音也。復考正古曲百餘，而異時官譜諸曲，多黜削無餘，曰此皆繁聲，所謂鄭衛之音也。余不善此，頗疑其言爲太過。後讀《東漢書》，宋弘薦桓譚，光武令鼓琴，愛其繁聲。弘曰：「薦譚者，望其能忠正導主，而令朝廷耽悦鄭聲，臣之罪也。」是蓋以繁聲爲鄭聲矣。又《唐國史補》，于頔令客彈琴，其嫂知音曰：「三分中，一分箏聲，二分琵琶，全無琴韻，則新繁皆非古也。」始知紫霞翁之説爲信，然翁往矣。回思著唐衣坐紫霞樓，調手製閑素琴，第一作新。製《瓊林》、《玉樹》二曲，供客以玻瓈瓶洛花，飲客以玉缸春酒，翁家釀名。笑語竟夕不休，猶昨日事，而人琴俱亡，冢上之木已拱矣。悲哉！

周密《武林舊事》卷二《燈品》 燈品至多，蘇福爲冠。新安晚出，精妙絶倫。

所謂無骨燈者，其法用絹囊貯粟爲胎，因之燒綴。及成，去粟則混然玻璃毬也。景物奇巧，前無其比。又爲大屏，灌水轉機，百物活動。趙忠惠守吴日，嘗命製春雨堂五大間。左爲汴京御樓，右爲武林燈市，歌舞雜藝，纖悉曲盡，凡用千工。外此，有魫燈，則移鏤犀珀，玳瑁以飾之。珠子燈，則以五色珠爲網，下垂流蘇，或爲龍船鳳輦樓臺故事。羊皮燈，則簇縷精巧，五色粧染，如影戲之法。羅帛燈之類，尤多或爲百花，或細眼，間以紅白，號萬眼羅者，此種最奇。外此，有五色蠟紙菩提葉，若沙戲影燈，馬騎人物，旋轉如飛。又有深閨巧娃剪紙而成，尤爲精妙。又有絹燈，剪寫詩詞時，寓譏誚及畫人物，藏頭隱語及舊京諢語，戲弄行人。有貴邸嘗出新意，以細竹絲爲之，加以彩飾，疏明可愛。穆陵喜之，令製百盞，期限既迫，勢難卒成。而内苑諸璫，恥於不自己出，思所以勝之，遂以黄草布剪縷，加之點染，與竹無異，凡兩日，百盞已進御矣。

佚名《硯譜・碧玉硯》 許漢陽筆以白玉爲管，硯乃碧玉，以玻瓈爲匣。

劉祁《歸潛志》卷一 章宗天資聰悟，詩詞多有可稱者。《宫中絶句》云：「五雲金碧拱朝霞，樓閣峥嶸帝子家。三十六宫簾盡捲，東風無處不揚花。」真帝王詩也。《命翰林待制朱瀾侍夜飲》詩云：「夜飲何所樂，所樂無諠譁。三杯淡醽醁，一曲冷琵琶。坐久香成穗，夜深燈欲花。陶陶復陶陶，醉鄉豈有涯。」《聚骨扇詞》云：「幾股湘江龍骨瘦，巧様翻騰叠作湘波皺。金鏤小鈿花草鬭，翠條更結同心綬。金殿日長承宴久，招來暫喜清風透。忽聽傳宣須急奏，輕輕褪入香羅袖。」又《擘橙爲軟金杯》詞：「風流紫府郎，痛飲烏紗岸。柔軟九迴腸，冷怯玻瓈盌。纖纖白玉葱，分破黄金彈。借得洞庭春，飛上桃花面。」嘗爲鐵券，行數十韻，筆力甚雄。又有《送張建致仕歸弔王庭筠》，下世詩具載《飛龍記》中。

徐一夔《明集禮》卷三一《貢獻》 黄帝時，南夷乘白鹿來獻鬯。帝舜時，西王母來獻白環、白琯。夏禹之時，渠搜來獻珍裘。武王克商，西旅獻獒，洋水獻名馬。肅慎氏貢楛矢石砮。周室既寧，八方各以其職來獻，作王會。漢南粤獻白璧一雙，翠鳥千，犀角十，紫貝五百，桂蠹一器，生翠四十雙，孔雀二雙。武帝時，西域獻吉光裘。光武建武十三年，日南獻白雉、白兔。章帝元和元年，日南獻生犀、白雉。和帝章和二年，安息遣使獻獅子、扶拔。永元十三年，安息國獻獅子及條支大爵。順帝陽和元年，疏勒獻獅子、封牛。唐武德二年，罽賓遣使貢寶帶、金瑣、水晶琖、玻璃，狀若酸棗。四年，百濟遣使獻果下馬。貞觀四年，林邑獻馴象、鏐瑣、五色帶、朝霞布、火珠。八年又遣使者獻五色鸚鵡。二十一年，詔所司録遠夷所貢方物：葉護獻蒲萄，摩伽獻菩提木，康國獻金桃，伽國獻鬱金香，罽賓獻俱物頭花加失畢獻鉢，羅花達國獻佛土菜，婆羅國獻波稜、酢菜、苦菜、胡芹、渾提葱，薛延陀獻拔蘭鹿，突厥獻馬蹄羊，波斯國獻活褥蛇，咄陸獻金卵鷄，轂胡國獻石蜜，西域獻蒲萄酒，高昌獻玄狐裘，康國獻獅子，百濟獻鐵甲雕斧。宋建隆元年，占城以犀角象齒來貢，表章書于貝多葉。乾德四年，貢犀象、白氎，自後三佛齊獻獅子、象牙、孔雀、鳳，回鶻獻珠玉、貂皮、橐駝、名馬，于闐貢玉圭及玉鞍，勒轡玉帶，高麗獻錦罽、刀劍、漆甲、白氎，高昌貢佛牙、琉璃器、玉琖、虎珀琖，大食貢象齒、錦綉、琉璃鍾，邛州貢文犀、名馬、犀角、象齒、羱羊、封牛，交趾獻黄金器、明珠、沉香、翠羽、綾絹、馬十、象十，契丹獻御衣、名馬、白鶻、金玉帶、玉鞍、勒馬、金銀飾戎仗、馬百匹，龜兹貢玉勒、名馬，獨峰橐駞、寶刀、玻璃器，闍婆貢象齒、珠貝、白鸚鵡，河西獻名馬、蒲端以金版鐫表，貢丁香、白龍腦、瑇瑁、紅鸚鵡，宋安南貢金器、朱砂、紅緑錦、光香、象齒、犀角、玳瑁甲，緬國貢象，占城貢犀、象、海羊、猿、虎豹皮，真珠鶏、金鶏、迦藍木、大理金齒，雲南貢毡、弓、虎豹皮，爪哇進象、黑虎、金絲猿、走獸、鵓鴿、番鶏、金器、白鸚鵡、白鼠、野牛、野人，眈羅貢騍馬。國朝高麗國貢上位方物：鞍子、黄紵絲、黑麻布、白紵絲、簾蓆、方蓆、别紋踏蓆、同紋踏蓆、滿花寢蓆、人參、豹皮，中宫方物黄紵絲、白紵絲、粉紅布、滿花寢蓆、方紋上蓆、同紋踏蓆、方蓆，東宫方物鞍子、白紵絲、黄紵絲、黑麻布、簾蓆、方蓆、别紋上蓆、同紋踏蓆、豹皮、人參，安南國貢銀表函、金酒瓶、金杯盤、金廝羅、銀廝羅、生辰砂、紅緑錦、光香、象牙、玳瑁甲、犀角、木綿、縷絲、他倫皮、藤席、山苧席、椰殻、檳榔核、黄屑、黄藤、南紙，占城貢虎、象。

陶宗儀《説郛》卷四八上 宗楚客造一宅新成，皆是文柏爲梁，沉香和紅粉以泥壁，開門則香氣蓬勃。磨文石爲階砌，及地着告莫韓者。行則仰仆，楚客被建昌王推得賍萬餘貫，兄弟配流。太平公主就其宅看嘆曰：「看他行坐處，我等虚生浪死一年。」追入爲鳳閣侍郎，景龍中爲中書令。韋氏之敗，斬之洛州。昭成佛寺有安樂公主造百寶香爐，高三尺，開四門。絳橋、勾欄、花草、飛禽、走獸諸天妓樂，麒麟、鸞鳳、白鶴、飛仙，絲來線去，鬼出神入，隱居鈒鏤，窈窕便娟。真珠、瑪瑙、瑠璃、琥珀、玻瓈、珊瑚、琿璖、琬琰，一切寶貝，用錢三萬，府庫之物盡於是矣。

陶宗儀《説郛》卷四九 奉宸庫者，祖宗之珍藏也。政和四年，太上始自攬權綱，不欲付諸臣下，因踵藝祖故事，檢察内諸司。於是，乘輿御馬而遍歴内中，諸司大駭懼，經數日而止。因是併奉宸俱入内藏庫時，於奉宸中得龍涎香、二琉璃缶、玻瓈母二大篚。玻瓈母者，若今之鐵滓，然塊大小猶兒拳。人莫知其力，又歲久無籍，且不知其所從來。或云柴世宗顯德間大食所貢，又謂真廟朝物也。玻瓈母諸璫，以意用火煅而模寫之，但能作珂子狀，青紅黄白隨其色，而不克自必也。香則多分錫大臣近侍。其模製甚大，而外視不甚佳，每以一豆大爇之，輒作異花，氣芬郁滿座，終日略不歇。於是，太上大奇之，命籍被賜者，隨數多寡復收取以歸中禁，因號曰古龍涎。爲貴也諸大璫争取，一餅可直百緡，金玉爲穴，而以青絲貫之，佩於頸時，於衣領間摩挲以相示。由此，遂作佩香焉。今佩香，蓋因古龍涎始也。

陶宗儀《説郛》卷五三下 御藥帶一條，玉池面帶一條。

玉獅蠻樂仙帶一條，玉鶻兔帶三條。

玉璧環二，玉素鍾子一。

玉花高足鍾子一，玉枝梗瓜杯一。

玉瓜杯一，玉東西杯一。

玉香鼎二蓋全，玉盆兒一。

玉椽頭楪兒一，玉古劍璏等十七件。

玉圓臨安樣楪兒一，玉靶獨帶刀子二。

玉並三靶刀子四，玉犀牛合替兒一。

金器一千兩，翠毛二百合。

珠子十二號，共六萬九千五百九顆。

珠子念珠一串，一百九顆。馬價珠金相，束帶一條。

白玻璃圓盤子一，玻璃花瓶七。

玻璃碗四，馬腦碗大小共二十件。

古器

龍文鼎一，商彝二，高足商彝一，周盤一，商父彝一，周敦二，周舉罍一，有蓋獸耳周罍一。

汝窑

酒瓶一對，洗一，香爐一，香合一，香毬一，盞四隻，盂子二，出香一對，大奩一，小奩一。

曹昭《格古要論》卷中《罐子玉》 雪白罐子玉，係北方用藥於罐子内燒成者，若無氣眼者與真玉相似，但比真玉則微有蠅脚，久遠不潤，且脆甚。

曹昭《格古要論》卷中《玻瓈》 出南蕃，有酒色、紫色、白色者，與水晶相似，器皿皆多碾雨點花兒者是真，其用藥燒者，入手輕，有氣眼，與琉璃相似。

李濂《汴京遺蹟志》卷一〇 上方寺在城之東北隅安遠門裏夷山之上，即開寶寺之東院也，一名上方院。宋仁宗慶曆中開寶寺靈感塔燬，乃於上方院建鐵色琉璃磚塔，八角十三層，高三百六十尺，俗稱鐵塔寺。舊有漆胎菩薩五百尊，并轉輪藏黑風洞，洞前有白玉石佛，後殿内有銅鑄文殊、普賢二菩薩，騎獅象。蓮座前有海眼井，世謂七絶，元末燬于兵，海眼井亦久失其處，國朝洪武十六年，僧祖全募緣重建。

周密《癸辛雜識》：光教寺在汴城東北角，俗呼爲上方寺。有琉璃塔十三層，鐵普賢獅子像甚高大。座下有井，以銅波斯蓋之。泉味甘，謂通海潮。旁有五百羅漢殿，又云五百菩薩像，皆是漆胎，粧以金碧，窮極精妙。

上方寺塔前有行書碑一，題曰「大宋東京右街重修」等，《覺禪院記》乃咸平戊戌尚書職方郎中、賜紫金魚袋王嗣宗撰，隴西彭太素書，字體流暢，頗類西安《聖教序》。汴城石刻惟此爲最耳。

梁佐《丹鉛余録・總録》卷一九《津陽門詩》 曾子固云白樂天《長恨歌》、元微之《連昌宫》詩、鄭嵎《津陽門》詩皆以韻語紀常事。鄭嵎詩世多不傳，余因子固言訪求得之，其詩長句七言，凡一千四百字，一百韻，止以門題爲名，其實叙開元陳跡也。其叙五王遊獵，云：「五王扈駕夾城路，傳聲校獵渭水湄。彫弓繡韔不知數，翻身滅没皆蛾眉。赤鷹黄鶻雲中來，妖狐狡兔無所依。」自注：申王有高麗赤鷹，岐王有北山黄鶻，逸翮奇姿特異。其叙賜浴云：「暖山度臘東風微，宫娃賜浴長湯池。刻成玉蓮噴香液，漱回烟浪深逶迤。犀屏象薦雜羅列，錦鳧繡雁相追隨。」注：與王建池，底鋪錦事相合。其叙三國姣淫云：「上皇寬容易承事，十家三國争光輝。鳴鞭後騎何躞蹀，宫粧禁袖皆仙姿。」其叙教坊歌舞云：「瑶光樓南皆紫禁，梨園仙宴臨花枝。迎娘歌喉玉窈窱，蠻兒舞帶金葳蕤。」自注：迎娘蠻兒，乃梨園子弟之名聞者。其叙離宫之盛云：「飲鹿泉邊春露晞，粉梅檀杏飄朱墀。金沙洞口長生殿，玉蕊峰頭王母祠。蓬萊池上望秋月，無雲萬里懸清輝。上皇夜半月中去，三十六宫愁不歸。」末四句則世所傳遊月宫事也。其叙幸蜀歸復至華清云：「鑾輿却入華清宫，滿山紅實垂相思。飛霜殿前霜悄悄，迎風亭下風颸颸。雪衣女失玉籠在，長生鹿瘦銅牌垂。象牀塵凝罨颭被，畫簷蟲網玻瓈碑。烟中劈碎摩詰畫，雲間自失玄宗詩。孔雀松殘赤琥珀，鴛鴦瓦碎青瑠璃。」其叙舞馬羽裳云：「馬知舞徹下珠榻，人惜曲終更羽衣。」自注：宫妓梳九枝仙髻，衣孔雀翠羽，七寶纓絡爲霓裳羽衣之舞，舞罷珠翠可掃焉。其事皆與雜録、小説符合，然其詩則警策清越，不及元白多矣。聊舉其略云。

徐𤊹《徐氏筆精》卷四《德壽宫壽詩》 唐無壽詩，有之自宋始，至今則濫觴可厭也。宋高宗爲太上皇，壽日，楊萬里作《慶壽詩》云：「長樂宫前望翠華，玉皇來賀太皇家。青天白日仍飛雪，錯認東風轉柳花。清曉鞭聲出禁中，驚開剩雨及殘風。金鴉銜取紅鸞扇，飛上玻璃碧海東。春色何須羯鼓催，君王元日領春回。牡丹芍藥薔薇朵，都向千官帽上開。雙金獅子四金龍，噴出香雲繞殿中。太上垂衣今上拜，百王曾有個家風。帝捧瑶觴玉座前，綵衣三世祝堯年。天皇八十一萬歲，休説莊椿兩八千。天父晨興未出房，君王忍冷立風廊。忽然鳴珮珠簾捲，萬歲聲傳震八荒。花外班行霧外山，何緣子細望龍顔。竊窺玉色真難老，底用臞仙九轉丹。甘露祥風天上來，今回恩數賽前回。都將四海歡聲裏，釀作慈皇萬歲杯。堯舜同時已甚都，祖孫四世古今無。誰將寫日摹天手，畫作皇王盛事圖。甲戌王春試集英，小臣曾是老門生。蒼顔華髮鵷行裏，也聽鈞天九奏聲。」必如此，方可稱壽也。

陳耀文《天中記》卷四九 白瑠璃。帝起神臺，其上扉屏風，悉以白瑠璃作之，光輝洞澈也。

紫瑠璃。董偃嘗臥延清之室，設紫瑠璃屏風，列靈麻之燭於户外，視屏風若無屏風矣。侍人惟見燈明，以言無碍，乃於屏風外扇偃。偃曰：「玉石豈須扇而後清涼耶。」侍者乃却扇，以手摸之，方知有屏風之碍矣。

石屏。廣川王去疾發魏哀王塚，有石屏風。

雲母屏。趙飛鷰爲皇后，其女弟遺雲母屏風、瑠璃屏風。七尺屏，漢江都王建勁健，嘗跳越七尺屏風。

瑠璃屏。孫亮作琉璃屏風，甚薄而澈，每於月下，清夜舒之。常愛寵四姬，使坐屏風中，外望之，乃若無隔，惟香氣通於外耳。

鏤瑞應圖。孫亮作瑠璃屏風，鏤作瑞應圖，一百二十種瑠璃屏。滿奮，字武秋，體羸惡風。侍坐武帝，屢顧看雲母幌，武帝笑之。奮云：「北窗瑠璃屏風，實而似疏。」帝有難色，答曰：「臣如吴牛見月則喘。」或云是胡質時，魏明帝座《語林》。閉屏風。荀介子爲荆州刺史，荀婦大妬。恒在介子齋中，客來便閉屏風。有桓客者，時爲中兵參軍來謁荀。諮事論事已訖，爲復作餘語。桓時年少，殊有姿容。荀婦在屏風裏，便語桓云：「桓參軍君知作人不，論事已訖，何以不去？」桓狼狽便走。

彭大翼《山堂肆考》卷一一八《因詞譏李白》 唐明皇興慶池東沉香亭前，牡丹盛開。上乘照夜白，貴妃以步輦從詔，選梨園子弟尤者，得樂十六色。李龜年手捧檀板，押衆樂前，將欲歌之。上曰：「賞名花，對妃子，焉用舊詞？」遽命龜年持金花牋，宣賜翰林學士李白，命立進《清平調》三篇。白承旨，猶苦宿酲，因援筆賦之。賦成，龜年捧詞進上，命梨園子弟略約詞調，撫絲竹，遂促龜年以歌。妃子持玻璃盞、七寶杯，酌西涼葡萄酒，笑領歌意。上自是顧李翰林尤異於諸學士，然高力士終以脱靴爲耻。異日，妃子復吟前詞，力士戲曰：「始謂妃子怨李白深入骨髓，何反拳拳於是詩耶？」妃子驚曰：「何學士能辱人如斯？」力士曰：「以飛燕指妃子，賤之甚矣。」妃子深然之，上嘗三欲命李白官，卒爲宫中所捍而止。

彭大翼《山堂肆考》卷一七七《漢陽碧玉》 許漢陽以白玉爲筆管，以碧玉爲硯，玻瓈爲硯匣。

彭大翼《山堂肆考》卷二〇七《虬卵》 韓退之詩：友生招我佛寺行，正值萬株紅葉滿。光華閃壁見神鬼，赫赫炎官張火傘。燃雲燒樹火實駢，金烏下啄赬虬卵。魂翻眼倒忘處所，赤氣沖融無間斷。有如流傳上古時，九龍照耀乾坤旱。二三道士席其間，靈液屢進玻瓈盌。

林堯俞等《禮部志稿》卷二一《樂章》 太清歌：萬國來朝進貢，仰賀聖明主一統華夷，普天下八方四海、南北東西，託聖德勝堯王，保護家國太平。天下都歸一，將兵器銷爲農器，旌旗不動，酒旗招仰，荷天地。上清歌：一願四時，風調雨順，民心喜。攝外國將寶貝，攝外國將寶貝。見君王，來朝寶殿裏。珊瑚、瑪瑙、玻璃，在丹墀。開天門，託長生日月，光天德，萬萬歲。永固皇基，公卿文武來朝會，開玳筵，捧金杯。

林堯俞等《禮部志稿》卷三八《求討》 正統四年，忠順王奏討，與紵絲四表裏。天順四年，王母差來使臣，領去厚榜紙、中夾紙各三百張，心紅三斤，金箔一百帖，胡椒、蓽茇各十斤，桐油十斤，白礬十斤，丁香、乳香、檀香各三斤，良薑、桂皮各五斤，細茶三十斤，洗面銅盆一個。成化十三年，苦峪城使臣奏討，加絹一疋。十三年又準加折衣絹一疋，十五年再加絹一疋。使臣進貢到京者，每人許買食茶五十斤，青花瓷器五十副，銅錫湯瓶五個，各色紗羅、綾段各十五疋，絹三十疋，三梭綿布、夏布各三十疋，綿花三十斤，花毯二條，紙馬三百張，顔料五斤，果品、沙糖、乾薑各三十斤，藥餌三十斤，烏梅三十斤，皂白礬十斤，不許過多。就館中開市五日，除違禁之物并鞍轡、刀箭外，其餘段疋、紗羅等項，不係黄紫色龍鳳花樣者，許官民各色鋪行人等持貨入館，兩平交易。該城兵馬司差人密切關防，及令通事管束，毋得縱容鋪户番人，在外私自交易。如有將違禁等物及通事人等故違者，許各該委官體察，通行拏問。後又奏準未領賞前開市二日，領賞後開市三日，其奏討沿途收買牛羊、鐵鍋、犁鏵者，聽于臨洮府蘭州地方與軍民兩平收買，不許過多。仍令伴送人員及所在官司防範，不許將熟鐵兵器夾賣及因而生事擾人。

哈里等三十八國及天方國、日落國，各賞例與哈密同。

林堯俞等《禮部志稿》卷三八《襲封》 洪武八年，賜嗣王勑書、誥命各一道，織金紵絲衣一套，綵段六表裏，諭祭已故王祭文一道，降香一炷，新鈔一千貫。禮部差通事一員，送請封人至西寧衛，交割本衛凡番貨價值，弘治間定：回回併番使人等進貢寶石等項，內府估驗定價。例赤金每兩值鈔五十貫，足色銀每兩十五貫，錫每斤五百文。琉球八貫，鐵每斤三百文，腰刀每把三貫，番弓每張二貫，番箭每枝一百文，鶴頂每個一貫，玳瑁盒每個一貫，玳瑁盂每個一貫，珊瑚枝每斤三十貫，珊瑚珠每兩二貫大，玻瓈瓶椀每個三貫，小玻瓈瓶椀每個二貫，玻瓈燈甌每個二貫，粟米珠每兩五貫，象牙每斤五百文。暹羅十貫，翠毛五斤三百文，古刺水内大合一貫，小合五百文，回回石青每斤一貫，烏爹泥每斤五百文，油血石每兩二貫，番砂每斤二百文，膽礬每斤二貫，妥剔牙每斤一貫，黄蠟每斤五百文，雄黄每斤五百文，阿魏每斤二貫，蓽茇每斤二貫，没藥每斤五貫。滿剌加十貫，肉荳蔻每斤五百文，暹羅白荳蔻十貫，荳蔻花每斤五百文，蓽澄茄每斤一十貫，悶蟲藥每斤二百文，大楓子每斤一百文。暹羅十貫，木鱉子每斤三百文，血蝎每斤一十五貫，龍涎每兩三貫，蘇合油每斤三貫，乳香每斤五貫。暹羅四十貫，沉香每斤二貫，速香每斤二貫，丁香每斤一貫，木香每斤三貫，金銀香每斤五百文，降真香每斤五百文。暹羅十貫，安息香每斤五百文，梔子花每斤一貫，丁皮每斤五百文。暹羅二貫，蘇木每斤五百文。琉球十貫，暹羅五貫，烏木每斤五百文。暹羅、滿剌加俱四十貫，紫檀木每斤五百文，胡椒每斤三貫。琉球三十貫，暹羅二十五貫，滿剌加二十貫，鹽每斤一百文，藤竭裹襄每斤一貫，夕牙吸答納每斤五百文，八的阿納每斤四百文，三額阿剌必每斤五百文，別模剌每斤五百文，厥枯露每斤二百文，加定每斤五百文，哈都味思每斤五百文，阿思模達塗兒氣每斤五百文，蘇麻達每斤二百文，花氈單每條十貫，大花手巾每條二貫，小花手巾每條一貫，絲手巾每條二貫，紅紋節知被每條五貫，苾布每疋一十五貫，撒哈剌每疋一百貫，兜羅布每段一十貫，油紅布每段一貫五百文，青布每段一貫五百文，花布每段一貫，暗花打布每段一貫，沙連布每段一貫，青查禮布每段一貫，加籠宜布每段一貫，烏連布每段一貫，勿那朱布每段一貫，各樣粗布每段一貫。日本國附進刀劍，每把鈔三貫，内一分與錢九分支絹，每鈔一百貫折絹一疋，其各檀香每十斤銀一兩，折錢七百文。暹羅、滿剌加檀香俱每斤鈔十貫，暹羅藤黄每斤鈔十五貫，紫莖每斤鈔三十貫。琉球、暹羅、滿剌加每鈔二百貫，折絹一疋。

凡折還貨價，弘治間定：各色紵絲每疋折鈔五百貫，各色綾子每疋三百貫，各色紗每疋三百貫，各色絹每疋一百貫，青羢毯子每疋六百貫，駝褐毯子每疋六百貫，青花白瓷盤每個五十貫，椀每個三百貫，瓶每個五百貫，酒海每個一千五百貫，豆青瓷盤每個一百五十貫，椀每個一百貫，瓶每個一百五十貫，麝香每斤一千五百貫，樟腦每斤一百貫，良薑每斤二十五貫，大紅每斤三十貫，鍋三尺闊面每口一百五十貫。

徐光啓《新法算書》卷七〇《日食射光之容》 測日食以最微之孔對照之，西土用緑色玻瓈，僅見日周，俱掩去餘耀。反照則用水盤，欲細則以平面鏡，所接之光反射牆上，可略得分明。第對照水中反照，皆非實測之法，惟射光于牆略近，然因尚容次光，亂其景，猶未足，故前以密室測食之分爲本法，今再全解之。欲光從外入室内，以其形正彷原形畫乎大小之比例，倘孔非最小，幾何稱無分點之小。而圓則太陽食照，必略變其餘光之角形，爲不彷原之一。又太陰掩太陽，其徑略小，即失天上視徑之比例，爲不彷原之二。因徑小，所食之分較天上之真分亦少，爲不彷原之三。三者皆歸一緣，蓋接光之孔稍廣，則從中心攝太陽之形，全顯于牆或紙，亦併周孔邊之每點全進焉。乃每點所進射之形，雖圓其出外，與孔之圓不平行，而每照射形之公界復與之平行，且内抱中心所射之形，亦與之平行。如圖乙丙丁界内爲光，即太陽總形也，其内圈壬庚癸爲孔之廣因圓，故其受光至平面亦圓。第太陽大不可比其光，一入復寛，爲戊巳辛形，與内圈平行，以其中心甲與太陽正對，故以遠近之比例，可推本形甲戊半徑，與太陽視半徑大小之比例。然庚内圈之點射太陽，形爲丙巳辛，較于中圈更以戊丙徑線出外，戊丙與甲庚孔之半徑等。而壬癸及餘點皆射圓形，則外得乙丙丁總圈。其甲丙與太陽半徑無大小之比例，以遠近可推也。又因原形入室内，必借孔形以兩形合，别爲雜形。今測太陽，設圓孔原形，無從可變，除上爲下，左爲右。而食之時，其自變形。露角射于密室内，又與孔之圓形不合，因而損其角似圓矣。如圖，太陽食之餘光，實爲甲乙丙丁，乃從甲孔之心射入，以丙丁乙弧不異于孔形，而丁甲乙角形則異矣。故本界四周以孔半徑展開，甲戊丙巳乙辛丁壬皆半徑。外得戊辛巳壬爲總界，與前圖所解同，則以辛巳壬弧元合于孔形，而壬戊辛亦必彷之。其彷之之規，必依孔半徑，故丁乙各爲心，得壬癸及辛庚弧皆變爲圓角耳。

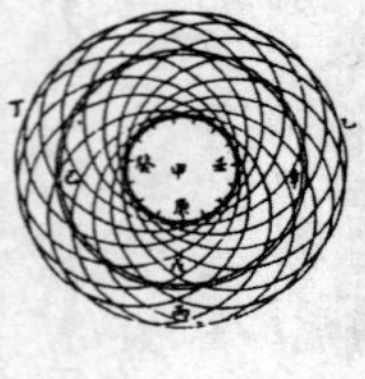

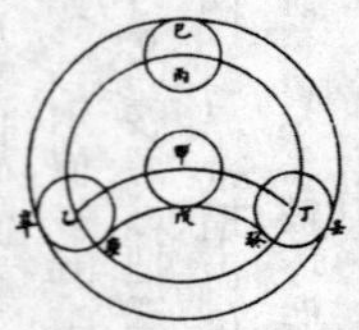

顧起元《説略》卷二二 李石《續博物志》載：「王叡云：有書契以來，便應有筆。世傳蒙恬制，非也。太公陰謀筆：曰毫毛茂茂，陷水可脱。陷文不活，周公綏管，夫子絶筆。《援神契》言孔子作《孝經》，簪縹筆，衣絳單衣，向北辰而拜，筆之來久矣。」或曰當時用漆書竹簡，有點畫而無丿乀。蒙恬始爲兔毫也。《古今注答牛亨》曰：「恬作筆，以枯木爲管，以鹿毛爲柱，羊毛爲被，非兔毫竹管也。」又《博物志》：「恬爲筆，以狐狸毛爲心，兔毛爲副心，即柱也，其不同乃爾。」《西京雜記》：「漢天子筆管以錯寶爲跗，毛皆以秋兔之毫。官師路扈爲之，以雜寶爲匣。揚雄答劉歆書：『把三寸弱翰』。」《會稽典録》：「盛吉拜廷尉持丹筆。」《拾遺記》：「任末削荆爲筆，陸士龍與兄書：『魏武帝劉婕妤以七月七日折琉璃筆管。』」《拾遺記》：「張華造。」《博物志》：「晉武賜麟角筆，以麟角爲筆管，遼西國所獻也。」又《小説》曰：「王右軍得用筆法於白雲先生，先生遺之鼠鬚筆。」又《右軍筆經》云：「世傳張芝、鍾繇用鼠鬚筆，筆鋒勁强，有鋒芒。」余未之信，鼠鬚用未必能佳。甚難得昔人用琉璃、象牙爲管，重則躓矣。近有人以緑沉漆管及鏤管見遺，用之經年，頗可愛。《翫紀閑談》云：「南朝有老嫗善作筆，胎髪者尤佳。又有筆工名鐵頭，能瑩管如玉。梁湘東王紀録名賢，忠孝純全者以金管，德行精粹者以銀管，文章贍逸者以斑竹管，陶隱居燒丹封鼎際用羊鬚筆。紀元瑜夢人贈青鏤管筆。晉王隱《筆銘》云：「豈其作筆，必兔之毫。調利難禿，亦有鹿毛。」《異物志》：「有人鬚筆，蜀有出石鼠，毛可爲筆。鄭公虔云：「麝毛筆一管，寫書直行四十張。狸毛筆一管，界行寫書八百張。」又記載「嶺外有獸似豹，緣木名虎，僕毛可爲筆」。又有鴨毛筆、雞毛筆、雉毛筆。《盧氏雜説》：「王使君有筆管，中間刻從軍、行人、馬、毛髪、屋、木、山行，無不精絶。」《搜神記》呼曰：「一雙筆，一丸墨。」梁簡文帝《答徐摛書》云：「乍置筆床，南朝以四管爲一床，梁令云寫書筆一枚一萬字。」蔡君謨爲歐公寫《集古録序》：「潤筆以鼠鬚栗尾筆，銅緑筆格。」

曹學佺《蜀中廣記》卷一〇三 東坡先生在嶺南言：元祐中，有見李白在酒肆中誦其近詩云：「朝披夢澤雲，笠釣青茫茫。」此非世人語也。少游嘗手録其全篇，敘云：「觀頃在京師，有道人相訪，風骨甚異，語論不凡，自云嘗與物外諸公往還，口誦二篇，云東華上清監清逸真人李白作也。」詩云：「人生燭上花，光滅巧妍盡。春風遶樹頭，日與化工進。昔我飛骨時，慘見當塗墳。青松靄朝霞，縹緲山下村。既死明月魄，無復玻璃魂。念此一脱洒，長嘯登崑崙。醉着鸞鳳衣，星斗俯可捫。」又云：「朝披夢澤雲，笠釣青茫茫。尋流得雙鯉，中有三元章。篆字若月蛇，逸勢如飛翔。歸來問天姥，妙義不可量。金刀割青素，靈文爛煌煌。燕服十二環，想見仙人房。暮跨紫鱗去，海氣侵肌涼。龍子善變化，化作梅花粧。遺我累累珠，靡非明月光。勸我穿絳縷，繫作裙間襠。揖子以疾去，談笑聞餘香。」出《侯鯖録》。

熊三拔《泰西水法》卷四《以水療病法·第二藥露》 凡諸藥係草木、果瓜、穀菜諸部具有水性者，皆用新鮮物料依法蒸餾，得水名之爲露。今所用薔薇露，則以薔薇花作之，其他藥所作皆此類也。凡此諸露以之爲藥，勝諸藥物。何者，諸藥既乾既久，或失本性，如用陳米作酒，酒多無力，小西洋用葡萄乾作酒，味亦薄焉。若以諸藥煎爲湯飲，味故不全，間有因煎失其本性者。若作丸散，并其查滓下之，亦恐未善。凡人飲食，蓋有三化，一曰火化，烹煮熟爛。二曰口化，細嚼緩嚥。三曰胃化，蒸變傳送。二化得力，不勞於胃，故食生食冷，大嚼急嚥，則胃受傷也。胃化既畢，乃傳於脾，傳脾之物，悉成乳糜，次乃分散達於周身。其上妙者化氣歸筋，其次妙者化血歸脈，用能滋益精髓，長養肌體，調和榮衛。所云妙者，飲食之精華也，故能宣越流通，無處不到。所存糟粕，乃下於大腸焉。今用丸散皆乾藥合成，精華已耗，又須受變於胃，傳送於脾，所沁入宣布能有幾何，其餘悉成糟粕下墜而已。病人脾胃有如老弱，秖應坐享見成飲食，而乃令操臼執爨，責以化治乎。今用諸水，皆諸藥之精華，不待胃化脾傳，已成微妙，裁下於咽，即能流通宣越，沁入筋脈，裨益弘多。又蒸餾所得，既於諸物體中最爲上分，復得初力，則氣厚勢大焉，不見燒酒之味醲於他酒乎？西國市肆中所鬻藥物，大半是諸露水，每味用器盛置，醫官止主立方，持方詣肆和藥付之。然且有不堪陳久者，國主及郡邑長吏歲時遣官巡視諸肆，令取過時之藥，是水料者即傾棄之，是乾料者即雜燒之，蓋慮陳久之藥無益於疾或反致損也。其製法先造銅鍋，平底直口，下稍廣上稍斂，不論大小，皆高四五寸。次造錫兜牟，用鉛或銀尤勝也。製如兜牟，上爲提梁，下口適合銅鍋之口，罩在其外。錫口内去口一寸許，周遭作一錫槽，槽底欲平，無令積水。錫口外去口一寸許，安一錫管，管通於槽，其勢斜下，管之底平於槽之底，寧下無高，以利水之出也。次造竈，與常竈同法，安鍋之處用大磚蓋之，四旁以磚甃成一窩，塗之黏土，以銅鍋底爲模。銅鍋底入於竈窩，深二寸，窩底大磚并泥厚二寸。欲作諸露，以物料治净，長大者剉碎之，花則去蔕與心，置銅鍋中，不須按實，按實氣不上行也。置銅鍋入竈，窩内兜牟蓋之，文火燒之，磚熱則鍋底熱，熱氣升於兜牟，即化爲水，沿兜牟而下，入於溝出於管，以器承之。兜牟之上以布蓋之，恒用冷水濕之，氣升遇冷即化水，候物料既乾而易之。所得之水以銀石瓷器貯之，日晒之令減其半，則水氣盡，能久不壞，玻瓈尤勝，透日易耗故也。他凡爲香，以其花草作之，如薔薇、木樨、茉莉、梅蓮之屬。凡爲味，以其花草作之，如薄荷、茶、茴香、紫蘇之屬。諸香與味用，其水皆勝，其物若藥肆多作諸藥露者，則爲大竈，高數層，每層置數器，凡數十器。或平作大竈，置數十器，皆熱火一處，數十器悉得水焉，其薪火人力俱省數倍矣。

注曰：如本圖之甲壬癸子，銅鍋也。乙庚辛，兜牟也。戊，提梁也。庚辛，錫口也。戊已，槽也。丙丁，管也。丑卯辰，竈也。丑寅，竈面也。申酉，窩也。申酉與壬癸相入，甲子與庚辛相入也。午未竈門也，亥角亢大竈也，氐房心尾平竈也。

此外測量水地，度形勢高下，用以決排江河。蓄洩湖淀，開濬溝渠，疆理田畝，捍大患興大利者，別爲一法。或於江湖河海之中，欲作橋梁，欲作城垣，欲作宫室樓臺，令千萬年不致圮壞，別爲一法。

或於山泉溪澗，去城郭數里或數十里，乃至百里，疏引原泉，伏流灌注入於國城，或至大内，或至官府，或至園囿，或至人家，分枝析脈，任意取用，別爲一法。

已上三法，別有備論，茲者專言，取水未暇多及。

徐應秋《玉芝堂談薈》卷一八《日月宫殿》 《起世經》曰天宫殿正方，遥看是圓。一面是天金，一面是天玻璃。所成清浄光明中，有閻浮檀金，以爲妙輦。日天子身壽五百歲，日天身光出照于輦，輦有光明，復照宫殿，已照耀遍四大部洲。五百光明旁行而照，五百光明向下而照，日移六拘盧舍有五種：風吹轉而行，一持，二住，三隨順轉，四波羅呵游，五將行。月天宫殿純以天銀、天香、琉璃而相間錯，亦有五輦。青琉璃所成月，天子壽五百歲，身分光明照覆青輦，其輦光明照月宫殿，宫殿光明照四大洲。有五百光向下而照，有五百光旁行而照，亦爲五風攝持而行。又經稱日城郭，方正二千四十里，其高亦然。日王坐方二十里，導從音樂林、觀浴池如忉利。天月之城郭廣長千九百六十里，其高亦然。二分是銀，一分是琉璃，星宿城郭，天之舍也。以水晶爲城，七寶爲郭，懸在空中，大風持之。大者七百里，中者五百里，小者百二十里。宫室園地，如四天王壽命亦爾。

徐應秋《玉芝堂談薈》卷二三《須彌山》 須彌山，秦言妙高。道經曰人鳥山，又名玄圃山，或曰大地金根山，本無妙玄山，元氣寶洞山，神玄七轉觀天山。又四鐵圍山，翻譯山名砍迦羅，一曰梧伽羅。應法師曰：「此翻輪山，舊云鐵圍法苑，殊林須彌，爲帝釋所居。」鐵圍爲藩垣之城，蓋此山佛經之名有三，道經之名有五，總之，中國所謂崑崙也。《十洲記》曰：「山有三角，其一角正北，干辰之輝，名閬風巔。正西玄圃臺，正東名崑崙宫。」有五城十二樓，其《人鳥經》曰：「山廣三百六十億萬里，自然七寶宫殿爲元始天尊治。」按：因本經稱須彌山頂爲帝釋天所居，入海中、出水上各八萬四千由旬，下根連大金輪，山頂四面峰挺出，各高七百由旬。金銀、琉璃、玻璃、珍珠、車渠、碼碯之所莊校曰天宫殿，繞須彌半，常行不息。南閻浮提日正中時，東佛提日始沒，西瞿陀尼日將出，北鬱單越正夜半。然其上復有諸天，道經所稱人鳥山，在諸天最尊處，似不同也。須彌山半四萬二千由旬，有四大天王，須彌山頂爲帝釋天，上一倍爲夜摩天，下爲兜率陀天，凡三十三天。中央城曰善見，純金所成，高萬由旬半，面各二千五百由旬，周萬由旬。其城體金，但用百一雜寶，嚴飾其地，柔軟如兜羅縣。是城四面，有一萬六千寶柱，寶桴、寶椽、寶簷。四面四門，又有千數門。四門側，五百天子，皆堅服鎧，守護是門。城中有帝釋殿，曰殊勝殿，四方高四百由旬半，面各二百五十由旬，周千由旬。善見東北有如意樹，名波利闍多，亦名圓生樹，根深五十由旬，高百由旬，條支旁布五十由旬，能施欲樂。下有盤石，曰阿嘌摩麗歌，色白如氎，面各五十由旬，周三百由旬。又七寶山者，佉提羅迦山，高四萬二千由旬。次伊沙陁羅山，高二萬一千由旬。次善見山，高六千由旬。次馬半頭山，高三千由旬。次民尼陁羅山，高一千二百由旬。次毗那耶迦山，高二百由旬。以上廣如高，七寶所成。《起世經》。四洲地心，即是須彌山。山外別有八山，其鹹海廣于無際。海外有山，即大鐵圍山。四周圍輪，其須彌山、佉提羅迦山二間闊八萬四千由旬，周匝無量，有優鉢、羅花鉢、頭摩花、拘牟陀花、奔荼利迦花等遍覆水上。外有七海州重林。《西域記》蘇迷盧云：「唐言妙高，舊曰須彌。」《法苑珠林》「三千大千世界之中，四天下以蘇迷盧山爲中，因本經其山四寶合成，在大海中，據金輪山，日月之所迴泊，諸天之所游舍，七山、七海環峙環列，四面各有一色，東黄金，南琉璃，西白銀，北玻璃，隨其方而水同。山色毗曇俱舍，云妙高。七寶所成，故名妙，出七金山，故名高。

《淮南子》：「崑崙有增城九重，其高萬一千里百一十四步二尺六寸。上有木禾，其修五尋珠樹、玉樹、琁樹。不死樹在其西，沙棠琅玕在其東，絳樹在其南，碧樹、瑶樹在其北。旁有四百四十門，間四里。旁有九井，玉横維其西北之隅。横或作彭，受不死藥器也。北門開，以納不周之風，傾宫旋室，縣圃涼風。樊桐在崑崙閶闔之中，是其疏圃。疏圃之池，浸之黄水。黄水三周，其源是謂丹水，飲之不死。赤水出其東南陬，西南注南海丹澤之東。赤水之東弱水，入于流沙。洋水出其西北陬，入于南海，羽民之南。」

徐應秋《玉芝堂談薈》卷二四《紫蓋山金牛》 承天當陽縣有紫蓋山，道書三十三洞天，每遇晦日，輒有金牛出食，光照一山。漢劉綱夫婦於此上昇。海鹽縣有金牛山，《吴地志》：「村民皐伯通見有牛糞金，隨之入此山。」延安安塞縣有古城，城有金蹄犢子殿，《梵書》言：「昔有犢子出於石縫中，金蹄銀角，玻瓈王因此立廟廣德。」金牛廟昔有僧騎金牛至此，牛入洞不見，僧化爲石立洞外，常見神燈。又金崎江有漁人引釣，得金鎖，鎖盡，見一金牛，急引之，牛脱去矣。晉康帝於此立金崎廟。宜興縣張公洞有金牛潭，其水澄泓不竭。舊傳有金牛入此。當塗有金牛渚，《神異記》：「昔有金牛起此山，入於牛渚。」《湘中記》：「長沙西南有金牛岡，漢武時有田父牽赤牛，告漁人求寄渡牛糞於船，漁人怒其汙，以橈撥糞棄水，欲盡，方覺其金。」交州武寧縣有金牛山，唐刺史高駢欲鑿其山，見金牛奔出，遂止。《漢書》稱：「九真郡居風縣有山，出金牛，往往夜見，光輝十里。」梧州府東有金牛山，吴時道士牽牛渡江，語舟人曰：「船内牛溲，聊以爲謝。」視之，皆金也。《竺法真羅山疏》「增城縣南有别情洲，洲有金牛潭，漁人見金牛嘗出水盤石上。義熙中，縣民張安釣此石上，躡金鎖，大如指，長數十尋，牽之不已。俄有在水中引者，力不能禁，以刀斫斷，惟得數尺，遂致大富。」後義興周靈甫亦見此牛，寢伏石上，有金鎖掩之，得二丈，亦以財雄。《述異記》：「洞庭天帝壇山，吴孫權時，令人掘金，化爲牛，走上山，其跡存焉，號爲金牛穴。」《酉陽雜俎》：「大原北有銀牛山，漢建武二十四年，有人騎白牛蹊人田，田父呵之曰：吾北海使者，將看天子登封，遂乘牛上山。田父尋至，惟見牛跡，遺糞皆銀也。」《酉陽雜俎》：「晉僧朗住金榆山，及卒，所乘驢上山。失之時，有人見之，乃金驢矣。土人言：金驢鳴，天下太平。」德清縣金鵝山，後漢東昏侯沈戎葬其下，有金鵝飛集，三鳴而去，後沈氏通顯。顔曰：「金鵝鳴，沈氏興。」廣德金雞山陰，晦之夕輒有火光，曾有金雞徊翔洞中。《岳州風土記》「金雞白石在船場，舊步有金雞翔其上。」黄岡縣亦有金雞山，昔有金雞飛出此嶺，故名。陜西寧羌州白馬山，張衡昇仙時乘白馬，後人遥望山上，往往有白馬，因以爲名。又永春雙髻山，舊傳有仙女於此上昇，每花朝月夕，常有女人騎白馬遊雲中。雲南府有金馬山，世傳金馬隱現於上。又華山牛心谷有雷天王聖跡，雪中望之，則見天王披銀甲、馳白馬之狀，見《蓮峰逸士志》。楚中通山縣西有白羊山，東晉永昌中有人乘白羊入山，故名。至今每有白羊見於山上，則雲雨興。

徐應秋《玉芝堂談薈》卷二八《玻璃甲》 劉蓉史《樂府雜詞》：「蟬翼紅冠粉黛輕，雲和新教羽衣成。月華如雪金堦下，迸却玻璃義甲聲。」彈箏者于指外作繫爪護甲，名曰「義甲」。梁簡文詩「停絃時繫爪，息飲治唇朱」、陳後主詩「促柱點唇鶯欲語，調絃繫爪雁相連」，是也。或以銀，或以玻璃爲之，故李義山詩：「十二學彈箏，銀甲不曾卸。」隋煬帝《湖上曲》：「檀板輕聲銀甲緩，醅浮香米玉蛆寒。」

吴之鯨《武林梵志》卷一〇《勝果寺》 無著禪師，名文喜。嘉興朱氏年七歲，依本邑常樂寺。國清，出家剃染，習律聽教，屬武宗汰教，反服韜晦。宣宗初，再度於鹽官齊峰寺，往五臺禮文殊，遇一老翁牽牛而行，邀師入寺。翁縱牛引師陞堂，翁踞牀，指繡墩命坐。翁曰：「近自何來？」師曰：「南方。」翁曰：「南方佛法如何？」住持師曰：「末法比丘，少奉戒律。」翁曰：「多少衆？」師曰：「或三百，或五百。」師却問此間佛法如何，住持翁曰：「龍蛇混雜，凡聖同居。」師曰：「多少衆？」翁曰：「前三三，後三三。」翁呼童子，均提致茶，又進酥酪。翁拈起玻瓈盞，問曰：「南方還有這個杯。」師曰：「無。」翁曰：「尋常將甚麼喫茶？」師無對，辭别，翁令童子相送。師問童子「前三三、後三三是多少」？童召大德師應諾，童曰：「是多少？」師曰：「此爲何處？」童曰：「此金剛窟般若寺也。」師悦然悟，彼翁者，文殊也。即稽首童子，願乞一言爲别。童説偈曰：「面上無嗔，供養具。口裏無嗔，吐妙香。心裏無嗔，是珍寶。無垢、無染是真常。」言訖，均提與寺俱隱。懿宗咸通三年，師至洪州龍興觀音參仰山寂禪師，頓悟心法。後回浙西，住龍泉寺。杭州錢王奏賜紫衣署。無著禪師至是光化三年十月三日告衆曰：「三界心盡，即是涅盤。」言訖，跏趺而逝，壽八十歲，塔於鷲峰靈隱之西塢。哀帝天祐二年，叛兵發師塔，肉身不壞，髮爪俱長。錢王鏐聞之，遣裨將邵志重加封瘞。宋寧宗嘉定十三年，遷葬大慈山智覺壽禪師塔左。

僧净梵，嘉禾人，姓笪氏。母夢光明滿室，見神人似佛，因而懷娠。生甫十歲，依勝果寺出家祝髮，從湛謙二法師學教，得其傳。初住無量壽院，凡講《法華經》十餘過。大觀中，結二十七僧，修《法華》，懺每期方便正修二十八日，連作三會。精恪上通感普賢，受羯摩法，呼净梵比丘，名聲如撞鐘。時長洲縣宰王公度親目其事，題石爲記。又常夢黄衣人，請入冥，見王者，令檢薄云净梵比丘累經劫數，講《法華經》，即遣使送歸。一日，禪觀中合衆皆見金甲神人，胡跪師前。又在他處，懺期，蒙韋馱天尊點檢大衆中有戒不嚴净者，先以預定，後果懺法不全。時姑蘇守應公有婢，爲祟所惱，請師授戒，其妖即滅。葛氏請施戒薦夫，見夫繞師三匝而去。待制，賈公見師道行，即補爲管内法主，師住持十餘年。亡後焚軀，有舍利五色。

董斯張《廣博物志》卷三九　扶南大舶從西天竺國來，賣碧玻瓈鏡。内外皎潔，置五色物於其上，向明視之，不見其質。問其價，約錢百萬貫。杰公曰：「昔波羅尼斯國王有大福，得獲二寶鏡，鏡光可照大者三十里，小者十里。至玄孫福盡，天火燒宫，大鏡光明皎潔，災火不至。焚爇小者，光微爲火所害，雖光彩昧暗，尚能辟諸毒物方圓百步，蓋此鏡也。時王賣得金二千餘斤，遂入商人之手。後王福薄失，其大寶收奪，此鏡却入王宫。此王十世失道，國人將謀害之，此鏡又出，入於商賈，其價千金，傾竭府庫不足也。」因命杰公與之論鏡，由是信服。

高濂《遵生八牋》卷一四《叙古諸品寶玩》　西毒國獻連環羈，以白玉製之。瑪瑙石爲勒，白琉璃爲鞍。置暗室中，其光如晝。【略】

《西湖志》云：「高宗幸張俊，其所進御物有獅蠻樂仙帶、池面玉帶、玉鶻兔帶、玉璧環、花素玉、高脚鍾子、玉枝梗瓜、玉瓜杯、玉東西杯、玉香鼎、玉盆、玉石劍璏二十七件。玉犀牛、合白玻璃元盤、玻璃花瓶、玻璃枕、瑪瑙物二十件。龍文鼎、商彝、高足彝、商文彝、周盤、周敦、周舉罍、獸耳、周罍、汝窑酒瓶二對。有御寶畫，曹霸《五花驄》、馮瑾《霽烟長景》、易元吉《寫生花黄居寶竹雀》、吴道子《天王》、張萱《叢竹邊鸞萱草山鷓黄筌鷓鴣萱草》、宗婦曹氏《蓼岸》、杜庭珪《明皇斫膾》。圖有趙器《躑躅鵪鶉》、杜竹思《躑躅母鷄》、杜霄《撲蝶》、巨然《嵐鎖翠峰》、徐熙《牡丹》、易元吉《寫生枇杷》、董源《夏山早行》、李煜《林泉渡水人物》、荆浩《山水》、吴元俞《紫氣星》，皆珍品也。

高濂《遵生八牋》卷一五《論筆》　高子曰蒙恬創筆，以枯木爲管，以鹿毛爲柱，以羊毛爲被。所謂毫者，非今之竹兔也。故製筆之法，桀者居前，毳者居後，强者爲刃，軟者爲輔。參之以檾，束之以管。固以漆液，澤以海藻，濡墨而試。直中繩勾中，鈎方圓中規矩。終日握而不敗，故曰筆妙。柳帖云：「近蒙寄筆，出鋒太短，傷于勁硬。所要優柔，出鋒須長，擇毫須細。管不在大，副切須齊，齊則波切有憑。管小則運動有力，毛細則點畫無失，鋒長則洪潤自由。」筆之玄樞，當盡於是。故《筆偈》曰：「圓如錐，捺如鑿，只得入，不得却。」言縛筆須緊，不令一毛吐。出即不堪用。」又曰：「心柱硬，覆毛薄，尖似錐，齊似鑿。故伯英之筆窮神盡意，子雲稱之漢末一筆之匣。雕以黄金，飾以和玉，綴以隋珠，文以弱翠，非文犀之楨，必象之管，豊狐之柱，秋兔之毫，則古人重筆之意殷矣。南朝有姥，善作筆，用胎髪爲心。開元中，筆匠名鐵頭能瑩管如玉，今俱失傳。《右軍筆經》曰：「諸郡毫，惟中山兔肥而毫長。可先用人髪杪數十莖，雜青羊毛并兔毳，裁令齊，以麻紙裹枝根，令治次取上毫，薄布柱上。令柱不見此，皆古人格論。若今之爲筆，所貴在毫。東郡以青羊毛爲之，雉尾爲蓋，五色可觀。有用豐狐毛、虎毛、鼠鬚、羊毛、麝毛、羊鬚、胎髮造者，皆不如兔毫爲佳。香狸毫次之。兔以崇山絶壑中者毫足，秋毫取健，冬毫取堅，春夏之毫，貯不久矣。筆以尖齊圓健爲絶，毫堅則尖，毫多則色紫而齊。用鬃貼襯得法，則毫束而圓。用以純毫，附以香狸、角水得法，則用久而健，此外無法。今人毫少而狸鬃倍之，筆不耐寫，豈筆之咎哉，爲不用料耳。余取杭人舊製，筍尖筆粧最佳，後因湖州紮縛筆頭爲細腰葫蘆樣製，杭亦效之。最爲可恨，初寫似細，宜作小書，用後腰散，便成水筆，即爲棄物。杭筆不如湖筆得法，湖筆又以張天錫爲最。惜乎，近無傳其妙者。然畫筆向以杭之張文貴首稱，而張亦不妄傳人。今則分而爲三，美惡無准，世業不修，似亦可惜。揚州之中管鼠心畫筆，用以落墨、白描佳絶，水筆亦妙。古之王者以金管、銀管、斑管爲筆紀功，其重筆如此。向有牙管、玳瑁管、玻瓈管、鏤金管、緑沉漆管及棕竹、花梨、紫檀等管，此何意也。以其爲可貴耳，如持用何？惟取竹之薄標者爲管，筆之妙用盡矣，又何尚焉。冬月以紙帛衣管，以避寒者，似亦難用，悉不取也。收筆以十月、正二月收者爲佳妙，筆書後即入筆洗中，滌去滯墨，則毫堅不脆，可奈久用。然須洗完，即加筆帽，免挫筆鋒。收筆以黃連調輕粉蘸筆頭，候乾收之，則筆不蛀而毫純。又法川椒黃柏煎湯，磨松烟染筆，藏之亦可遠蛀。古人重筆，用敗則葬。故趙光逢濯足襄漢溪上，見一方磚，上題：「髠友退鋒，郎功成。鬢鬚霜冢。頭封馬鬣，不敢負恩。光後顯獨孤貞節立磚。」上積有苔痕，此蓋好事者葬筆所在。

劉仲達《劉氏鴻書》卷七九《玻瓈》　玻瓈出南番，有酒色、紫色、白色者，與水晶相似。器皿皆多碾雨點花兒者是真，其用藥燒者，入手輕，有氣眼，與琉璃相似。

徐元太《喻林》卷一一九　譬如一瑠璃珠，勝於水精，如須彌山。《大寶積經》卷一百一十二。又如大地是四種寶所生之處，何等爲四，一者無價，二者上價，三者中價，四者下價。《大寶積經》卷一百一十九。

譬如牛麝，身命殄後，雖是無識，而牛有黃，而麝有香，能爲無量無邊，有情作大饒益。《大集地藏十輪經》卷三。【略】

多羅寶樹周匝圍繞，鮮明可愛，七寶合成。其黃金樹，白銀爲葉，及以華果。白銀樹者，真珠爲葉，及以華果。真珠樹者，琉璃爲葉，及以華果。琉璃樹者，玻瓈爲葉，及以華果。玻瓈樹者，瑪瑙爲葉，及以華果。瑪瑙樹者，硨磲爲葉，及以華果。硨磲樹者，赤真珠爲葉，及以華果。赤真珠樹者，珊瑚爲葉，及以華果。珊瑚樹者，真金爲葉，及以華果。《大集菩薩三昧經》卷一。

方以智《通雅》卷三四　靉靆，眼鏡也。《洞天清録》載「靉靆老人不辨細書，以此掩目則明。」此出元人小説，作靉靆，出西域，誤作「靆」耳。《方輿勝略》「滿剌加國出靉靆，今西洋有千里鏡，磨玻瓈爲之，以長筒窺之，可見數十里。又製小者于扇角，近視者可使之遠。」

方以智《通雅》卷四八　玻璃本作頗黎，頗黎國也。《玄中記》云：「大秦有五色頗黎」《梁四公子》記「扶南人來買頗黎鏡，蔡條曰：御庫有波黎母。」《集註》曰：「流璃，火齊珠也。」《魏略》：「大秦國出火齊玫瑰。」《唐書》：「羅刈國有火齊。」《續漢書》云：「哀牢地出火精琉璃。」《演繁露》謂：「天竺有火齊，如雲母，則同名者也。」《説文》：「鎕銻，火齊也。」近三保太監出西洋，攜燒玻瓈人來，故中國玻瓈頓賤。《唐書》：「元載誅，得路嗣恭所遺琉璃盤徑尺。」《北史》言：「月氏人在京師鑄石爲五色琉璃，煮不動，曰蕃琉璃。」又自有如師古所言：「自然琉璃石，大昌勿竟駁也。」陳藏器曰：「自然灰生南海畔，如黃土，灰可澣衣。」玉石、瑪瑙之類以此灰埋之，即軟易雕刻。今益都用礁煮石爲琉璃，詳《小識》。」

郁逢慶《書畫題跋記》卷一一 沈周《石田金山圖調蝶戀花》　誰道金弦焦亦稱，兩朵芙蓉，浸在玻璃鏡。頭白老翁尋此勝，過江先盡金山興。　隔水焦山闌小凭，寄語西風，浚日來當定。白鶴如期忝我乘，一聲獨淚江聲靜。

周嘉胄《香乘》卷二　大食勿拔國邊海，天氣暖甚，出乳香樹，他國皆無。其樹逐日用刀斫樹皮取乳，或在樹上，或在地下。在樹自結，透者爲明乳，番人用玻璃瓶盛之，名曰「乳香」。在地者名塌香。《埤雅》。

周嘉胄《香乘》卷三《龍腦漿》　南唐保大中貢龍腦漿，云：「以縑囊貯龍腦，懸於琉璃瓶中，少頃，滴瀝成冰，香氣馥烈，大補，益元氣。」

周嘉胄《香乘》卷五《古龍涎香》　宋奉宸庫得龍涎香二、琉璃缶、玻瓈母二大篚。玻瓈母者，若今之鐵滓，然塊大小猶兒拳，人莫知其用。又歲久無籍，且不知其所從來，或云柴世宗顯德間大食國所貢，又謂真廟朝物也。玻瓈母諸璫以意用火煅而融瀉之，但能作珂子狀，青、紅、黃、白隨其色，而不克自必也。香則多分錫大臣、近侍。其模製甚大，而外視不甚佳，每以一豆大爇之，輒作異花，香氣芬郁滿座，終日略不歇。於是，太上大奇之，命籍被賜者隨數多寡，復收取以歸禁中，因號古龍涎。爲貴也，諸大璫爭取，一餅可直百緡，金玉爲穴，而以青絲貫之，佩於頸時，於衣領間摩娑以相示，繇此遂作佩香焉。今佩香，蓋因古龍涎始也。《鐵圍山叢談》。

周嘉胄《香乘》卷七《西施異香》 西施舉體異香，沐浴竟，宮人争取其水。積之罌甕，用灑帷幄，滿室皆香。甕中積久，下有濁滓，凝結如膏。宮人取以曬乾，錦囊盛之，佩於寶袜，香踰於水。

周嘉胄《香乘》卷八《百濯香》 孫亮作緑琉璃屏風，甚薄而瑩徹，每於月下，清夜舒之。常寵四姬，皆振古絶色。一名朝姝，二名麗居，三名洛珍，四名潔華。使四人坐屏風内，而外望之了無隔，惟香氣氣不通于外。爲四人合四氣香，殊方異國所出。凡經踐躡宴息之處，香氣沾衣，歷年彌盛，百浣不歇，因名曰百濯香，或以人名香，故有朝姝香、麗居香、洛珍香、潔華香。亮每遊，此四人皆同輿席，來侍皆以香名前後爲次，不得亂之。所居室名「思香媚寢」。

朱鶴齡《禹貢長箋》卷一〇 《琅玕傳》云：「石而似玉，或云似珠。玉，言其質。珠，言其形也。」《山海經》曰：「槐江之山上多琅玕金玉。」又曰：「開明山北有珠樹。」又曰：「赤水之上有三珠樹。」《淮南子》曰：「崑崙山有碧樹，在其北。」又曰：「曾城九重，有琅玕在其東。」珠樹碧樹即琅玕也，乃石之精液凝結成樹形，人截斷其枝，刓之使圓若珠狀，與珊瑚相類。故張揖《廣雅》以珊瑚爲珠。郭璞《爾雅注》云：「琅玕石之似珠者，或言樹之子。」似珠，妄也。」琅玕之狀唯《本草》言之最詳，有石闌干者，生蜀郡。平澤《名醫别録》以爲即琅玕。陶弘景曰：「此《蜀都賦》所稱青珠也。」琅玕是崑崙山上樹名，蘇頌曰：「今秘書中有《異魚圖》載琅玕，青色，生海中，云海人以網於海中取之，初出水紅色，久而青黑，枝柯似珊瑚，而上有孔竅如蟲蛀。擊之有金石聲，蓋石之美者。明瑩若珠之色，而狀森植爾。」寇宗奭曰：「《西域記》云：天竺國出琅玕，蘇恭謂是琉璃之類。琉璃乃火成之物，琅玕非火成者，安得同類？」李時珍曰：「琅玕生於西北山中及海山厓間。」其云生於海底網取者是珊瑚，非琅玕也。在山爲琅玕，在水爲珊瑚，亦有碧色者。今回回地方出一種青珠，與碧靛相似，恐是琅玕所作。又曰珊瑚生海底，五七株成林，出水變紅色者爲上。漢趙佗謂之火樹，是也。碧色者亦良，昔人謂之青琅玕。許慎云：「珊瑚赤色，或生於海，或生於山。」據此説，則生於海者爲珊瑚，生於山者爲琅玕，尤可徵矣。渭按張衡《四愁詩》曰：「何以報之青琅玕。」曹植《美女篇》曰：「腰佩翠琅玕。」琅玕，色青翠。故後人取以名竹。杜甫《哀王孫》曰：「腰下寶玦青珊瑚。」珊瑚之青者，即琅玕也。琅玕又頗與瑟瑟木難相似，瑟瑟即今寶石中之碧色者，木難亦碧色似珠，但瑟瑟出坑井中。寶石山西番回鶻地方諸坑井内、雲南、遼東亦有之。有紅、緑、碧、紫數色，碧者唐人謂之瑟瑟，紅者，宋人謂之紅靺鞨。今通呼爲寶石，以鑲首飾器物。大者如指頭，小者如豆粒，皆碾成珠狀。木難乃鳥沫所成。《美女篇》曰：「明珠交玉體，珊瑚間木難。」善注引《南越異物志》云：「木難，金翅鳥吐沫所成碧珠也，大秦國珍之。」而琅玕則生山厓間，森挺若樹，以是爲别云。

梅文鼎《曆算全書》卷四《論簡平儀亦蓋天法而八線割圓亦古所有》 問西法有簡平儀，亦以平測渾之器，豈亦與周髀相應歟。曰凡測天之器，圓者必爲渾，平者即爲蓋。唐一行以平圖寫星象，亦謂之蓋天，所異者，只用平度，不曾以切線分渾球上之經緯疏密耳。簡平儀以平圓測渾圓，是亦蓋天中之一器也。今考其法，亦可以知一歲中日道發南斂北之行，可以知寒暑進退之節，可以知晝夜永短之故，可以用太陽高度測各地北極之出地，即可用北極出地求各地逐日太陽之高度，推極其變而置赤道爲天頂，即知其地方之一年兩度寒暑，而三百六旬中晝夜皆平。若北極爲天頂，即知其地之能以半年爲晝，半年爲夜。而物有朝生暮穫，凡《周髀》中所言，皆可知之，故曰「亦蓋天中一器」也。但《周髀》云笠以寫天，似與渾蓋較爲親切耳。夫蓋天以平寫渾，必將以渾圓之度按而平之。渾蓋之器如剖渾球而空其中，乃仰置几案，以通明如玻瓈之片。平掩其口，則圓球内面之經緯度分映浮平面，一一可數，而變坳爲平矣。然其度必中密而外疏，故用切線。此如人在天中，則渾天之内面乃正視也，故置北極於中心。簡平之器則如渾球嵌於立屏之内，僅可見其半球，而以玻瓈片懸於屏風前，正切其球，四面距屏風皆如球半徑而無欹，側則球面之經緯度分，皆可寫記而抑突爲平矣。然其度必中闊而旁促，故用正弦。此如置身天外，以測渾天之外面，故以極至交圈爲邊，兩極皆安於外周，以考其出入地之度，乃旁視也。由是言之，渾蓋與簡平異製，而並得爲蓋天遺製審矣。而一則用切線，一則用正弦，非是則不能成器矣。因是而知三角八線之法，並皆古人所有，而西人能用之，非其所創也。伏讀御製《三角形論》，謂衆角輳心以算弧度，必古曆所有而流傳西土，此反失傳，彼則守之不失，且踵事加詳。至哉聖人之言，可以爲治曆之金科玉律矣。

王士禛《池北偶談》卷三《三國貢物》 康熙丁未夏，荷蘭國甲妻吧王油煩嗎綏極遺陪臣卑獨攀呵閏等入貢，内有刀劍八枚，其柔繞指。旃檀樹四株，各長二丈許。西洋小白牛四，高一尺七寸，長二尺有奇，白質斑，文項，有肉峰。

荷蘭馬四，鋭頭卓耳，形態殊異。又玻璃箱、牡丁香、哆囉尼絨之屬。是歲暹羅國王森烈拍臘照古龍、拍臘馬嘑陸坤遺貢使握坤司答喇耶邁低禮，貢六足龜、孔雀、馴象等物。回回國貢牛三、角三目云。

王士禛《池北偶談》卷二一《香山嶴》 嶴門在香山縣大海中，忽起一石埂，廣十餘丈，長六里許，首尾相屬不斷，如蓮之有莖。中途甕城，名關閘，踰之抵嶴門，則如蓮菂。番人依山築城，廣袤四五里，三面皆臨巨浸，惟北通地脉一莖耳。海中諸峰包裹，前十里爲十字門，如兩眉横列而缺其正中。又南十里爲小横琴，塞隘口又南稍折西爲大横琴，重案也。番人之停舶必於灣，灣之所在即名澳香山，故有澳名浪白。諸番互市其中，而今之嶴門，則舊名濠鏡，地有南北二灣，明萬曆中有大西洋人至此，樂之，遂請濠鏡爲澳，而就二灣停舶久之，益自彼國遣衆聚居，歲輸税五百金。

本朝除之番人，安其業者已數世，所居率依山爲樓，三層方者、圓者、三角者、六角八角者，俱爲螺旋形以入。其教曰天主，其寺曰三吧，高十餘丈，於屋側啟門户，石作雕鏤，金碧照耀。寺僧曰法王，以時集男女禮拜，其所奉曰天母，名瑪利亞，抱一嬰兒曰天主，爲耶穌，被服珍怪，障以琉璃，望之毛髮生動，云漢哀帝時人也。寺有風琴，其琴銅絃彈之，以和經唄，并管簫諸樂器，藏機木柜，聯以絲繩，輪牙相錯，一人轉機，則諸音並奏。有定時臺巨鐘覆其下，立飛仙臺，隅爲擊撞，形亦以機轉之，按時發響，起子末一聲至午初十二聲，復起午末一聲至子初十二聲，晝夜循環，無少爽。前揭圓槃，書十二辰。俟某時鐘動，則蟾蜍移，籌指某位。有千里鏡，番人持之登高以望舶械仗颿檣，可矚三十里外。又有玻璃千人鏡，多寶鏡，顯微鏡，小自鳴鐘，自行表以及海洋全圖璇璣諸器，皆極工巧。花有貝多羅丁香，禽有五色鸚鵡，幺鳳倒掛，獸有獴猾短狗。其人昂鼻蜷髮，目深碧不眴，貴女而賤男，晝卧而夜起。男有白黑二種，白者貴，黑者爲奴。衣以多羅尼辟支，曳高屐，戴黑氊笠，相見脱之以爲禮。腰佩長刀，刀著地尺許，間有握赤藤者，則甚貴。

王士禛《池北偶談》卷二六《西洋畫》 西洋所製玻瓈等器，多奇巧。曾見其所畫人物，視之初不辨頭目手足，以鏡照之，即眉目宛然姣好。鏡鋭而長，如卓筆之形。又畫樓臺宫室，張圖壁上，從十步外視之，重門洞開，層級可數，潭潭如王宫第宅。迫視之，但縱横數十百，畫如棋局而已。

王士禛《居易録》卷二一 暢春苑見外國所貢玻瓈瓶二，一貯水，去其蓋覆即有烟自水中出，夜有火燄。一水中貯小木一段，鈎出别以木拭之，可以取火。士禛按《拾遺記》：「西海有浮王山，山下有穴，穴中有水，其色如火，波濤灌蕩，其光不滅，晝則通朧不明，夜則照曜穴外，是謂陰火。木華《海賦》所云『陰火潛然』是也。」《太平寰宇記》曰：「不灰木俗多爲鋌子，燒之成炭而不灰，出膠州，其葉如蒲。」《齊地記》曰：「盧水側有勝火木，方俗音曰樫子，即東方朔《神異經》不灰一作燼。之木也。又徐無山有不灰之木，色黑似炭而無葉，有赤石磨之，則火發以然不灰之木，可以終日。郎瑛自言得不灰之木，須石腦油塗之始然。右見升庵《新語》及方氏《通雅》。又關尹子曰：「兩木摩火，生麥粉不拘多少，用陳醋熬膏貼無名腫毒，神效。」寧都令李聘説。李中麓太常云：「如楊慈湖之《易林》之奇之書，《詩》則王氏《總聞》，《春秋》則木訥《經筌》及魏湜之《禮記集説》，多有高出朱註之上者，此外能發明經旨者，抑又不止四五十家。宋刻已古，鈔册漸訛，再過百年，俱失傳矣，必須題請之。後有京板以及各書坊有鏤板，始可遍行天下，不然則以拘拘背朱爲嫌，而經術不幸，不減秦火矣。又有《與霍渭厓書》云：「解詩者無論漢唐宋儒，如王氏《總聞》、歐陽《本義》、李黄《集解》、錢氏《詩説》、嚴粲《詩輯》、吕東萊《讀詩記》，有高出朱工者，有互相發明者。古人於《詩》之山水、制度、魚蟲、草木詳爲之釋，而意則欲得之言外，故夫虚心活法，斷章取義者，讀《詩》之大約也。譬諸聞人之言而又轉述於人，已不能無訛，乃又强定一主意，是豈逆志之道哉。《詩》之柄者，《詩》之病也，不小序而《詩》柄焉，此世儒之拘見也。」中麓邃於經學，其言如此。

王士禛《居易録》卷二五 坡詩「胡椒銖兩多，安用八百斛」，然建炎初籍王黼家，黄雀鮓乃至八十甕，童貫家劑成理中丸至八百斤。弇州《朝野異聞録》載籍没嚴嵩家有珊瑚樹六十株，玻瓈、瑪瑙、水晶、珊瑚，哥柴官汝窑、象牙、瑇瑁、檀香等器三千五百五十六件，沉香五千五十八斤，空青四枚，古銅龍耳等鼎、犧樽獅象寶鴨等爐一千一百二十七件，大理石倭金等屏風一百八座，金徽玉軫等古琴五十四張，二王、懷素、歐、虞、褚、蘇、黄、米、蔡、趙孟頫等墨蹟三百五十八册，王維、小李將軍、吴道子等《清明上河》、《海天落照》、《長江萬里》、《南岳朝元》等古名畫三千二百卷册，宋版書籍六千八百五十三部軸，大理石牀十六張，雜嵌螺鈿、瑪瑙、瑇瑁等牀六百七十五張，倭刀兵器三百四十一件，象牙、瑇瑁等鑲嵌箏、琵琶、絃子樂器八十件，紫礦、白礦三百九十五兩，辰砂二百五十斤，羊脂、白玉、碧玉、黑玉等帶二百二條，金龍壺、杯、盤等三千五百八件。紅玉杯、漢始建國元年注水扈、白玉永和鎮宅世寶杯盤、玉屏風、玉山、玉船、玉盆、玉佛、玉人、玉馬、玉斗、玉珮、玉罏、玉壺、玉瓢、玉盌、玉杯、玉版、玉節等八百五十七件，黄金三萬二千九百兩有奇，白金二百二萬七千兩有奇，他物稱是。籍没朱寧黄金十萬五千兩，白金四百九十八萬兩，碎金四箱，銀十櫃，玉帶二千五百束，織金仙鶴二對，螺鈿屏風五十座，大理石屏風三十三座，胡椒三千五十石，此物已什倍元栽矣。蘇木七十三扛，祖母緑佛像一尊，白玉琴、琵琶各一，金船二，古畫四十扛，古銅器五十扛，銅獅子四百車，古銅罏八百三十座，巧石八十扛，他物稱是，殆又過前代矣。世蕃又有金絲帳、金溺器、人雙陸之屬。

王士禛《居易録》卷二六　西域南懷仁著《坤輿圖説》，所記西洋諸圖物産多異。其尤奇者有七：一亞細亞州巴必鸞城，瑟彌辣米德王后造。形勢矩方，周迴二百里，城門凡百，皆範銅爲之。城高十九丈，闊四丈八尺，白石砌成，上有園囿，引水爲飛瀑，如溪澗然。一樂德海島銅鑄一巨人，高三十丈，立海口。兩足踏兩石臺，跨下能容海舶往來。其手指逾合抱，右手持燈，估舟望之知泊處。其身中空，自足至手有螺旋梯，造十二年乃成。一亞細亞州嘉略省茅索禄王墓，亞爾德彌細王后爲其夫造。下層矩方，四面各有白石柱二十六株。回廊相通，寬七丈餘，中爲石梯，以達絶頂。頂上銅輦一，銅馬二，茅索禄王象一。工既畢，后遂殉之。一亞細亞州厄弗俗府供月祠。祠建湖中，高四十四丈，闊二十一丈。中有石柱一百五十七株，各高七丈。祠外有白石飛梁四，以通四門。相傳二百二十年乃成。其他不録。又亞墨利加墨是可國都城。四十八里，皆在大湖中。以獨鹿木爲樁，上加板。城郭宫室弘麗精絶。意大理亞在佛郎察東南。西北爲勿搦祭亞國城，建於海中。異木爲樁，入水不朽。其上鋪石，造宫室。衢中皆海，兩旁通陸。行城中，有海艘三萬，橋梁之下可渡風帆。又印度河西百爾西亞國城。百二十門，有苑囿，造於空際。下以石柱承之，上覆土石。樓臺池沼、草木鳥獸皆具。羅瑪國城有名苑，鑄銅爲百鳥，發機皆鼓翼而鳴，如其本音。此不在七事之列。所載鳥獸、草木，略摘録於左。瓜哇島，有無對鳥，無足，腹下生長皮類筋，恒纏於樹，毛羽五彩，服氣，不飲不食。印度國有獨角獸，毛黄，頭有角，能觸師子，解諸毒。印度國有鼻角獸，鼻上一角堅如鋼鐵，能觸象。南印度國有山羊，頂生兩乳。意大理亞國有般第狗，晝潛水中，夜臥於陸。歐邏巴州熱爾瑪尼亞國有獸名撒辣漫荅辣，性寒，能滅火。利未亞州額第約必亞國有狸猿，其身上如狸，下如猿，重腹類囊，遇獵人即藏子於囊中。亞毘心域國有獸名惡西那約，如馬形，足前長後短，頸甚長，自前足至首，高二丈五尺，毛具五彩。亞墨利加州白露國有雞，大常雞數倍，有肉鼻能伸縮，毛羽黑白相間，尾開屏如孔雀。伯西爾有鵲，吻長等身，空明如紙。南亞墨利加州有駱駝，鳥形如鵝，首高如人乘馬。行則張其翼，疾如馬。其腹熱能鎔鐵。意而蘭大有犬，能殺虎。印第亞即天竺五印度有陰樹，夜中開花，晝則否。有菩薩樹，有異象，能通人語。有巨鳥，喙能解毒，一喙直金錢五十枚。其猫有肉翅，能飛。印度河西曰百兒西亞，有塔以黄金鑄成之。亞喇北亞有樹如橡栗，夜露墜其上，即凝爲蜜。得白得以珊瑚爲幣，則意蘭海生珠，河生猫睛，昔泥紅金剛石，亦多水晶國人或琢爲棺。吕宋之南曰木落各，有大龜殼容一人，國人用之爲盾。亞細亞海中曰祭波里島，有蒲桃酒，可度八十年不壞。有火浣布，乃煉石爲之。歐邏巴州有利諾草爲布，細滑堅韌，敝可搗爲紙。佛郎察有藍石，覆屋代瓦。羅瑪西北爲勿搦祭亞，有温泉，女子不育者浴之輒育。哥生濟亞有兩河，一濯髮則黄，濯絲則白。一濯絲髮皆黑。又從納波里至布里城有山，山多洞，洞各主療一疾。西齊里亞有巧工，造百鳥能飛，乃至蠅蚋亦能飛。又有幾墨德者，天文師也。嘗有敵國乘數百艘至，鑄一巨鏡映日注射敵艘，即有火發，衆艘皆燼。又造巨船，千人不能運，幾墨德一舉手，船即入海。又造渾天儀凡十二重，日月星宿運行，遲疾與天無二，以玻璃爲之。哥而西加有犬善戰，一犬可當一騎。拂郎察東北曰熱爾瑪尼亞，工作精巧，能於戒指内納一自鳴鐘。羅得林日亞其國王堂中，以珊瑚琅玕作屏幛。又波羅尼亞屬國有波多里亞海濱出琥珀，是海底脂膏自石罅流出，浮水面見風始凝。翁加里亞在波羅尼亞之南有四水，一從地中噴薄而出即凝爲石。一冬解夏冰，一投以鐵，化爲泥，再鎔又爲精銅。一水色沉緑，凍則成緑玉，不復化。歐邏巴西北有四國，曰大泥亞、諾而勿諸亞、雷際亞、鄂底亞。其南夏至日長六十九刻，其中長八十二刻。夏至日輪横行地面半年爲一晝夜。羅馬泥亞國有島曰厄歐白亞，海潮日七至。哥兒府産橘柚、香橼，更無他樹。亞細亞西盡境曰莫斯哥未亞，其地夜長晝短，冬至日僅二時。地中海有島百千六百曰甘的亞，有草名阿力滿，食之不饑。風浪最大，不可行海島，有亞爾爵虐者，巢於水次，一歲一乳，乳時風浪不作，商船候之以渡海。歐邏巴西北，西海逾北至冰海爲意而蘭大，有湖，插木其中，入土者化爲鐵，水中者化爲石。爲諳厄利亞有聾石，隔石即銃砲不聞。有湖長百五十里，魚味最美，皆無鰭翅。中有小島無根，因風往來，上生林木甚茂。又有三湖相通，其魚不相往來。有海窑，潮時吸水不盈，潮退則噴水如山。其迤北多巨魚，以魚骨爲舟車、宮室，皮爲舟，遇風不溺。又格落蘭得地多火，宛轉作溝以通火，火所至便置甑釜，終古不滅。利未亞州產葡萄，樹極高大。有鳥名亞既刺，爲百鳥王，羽毛黃黑色，高三尺，首有冠，喙如鷹隼。有山狸，臍後一肉囊，香滿其中，如麝病，向石上剔出之乃痊。有馬善走，能鬬虎。國人夜睡不夢。曷噩刺國西南海有大浪山，海船不能渡，有暗礁。利若鋒刃，皆珊瑚。利未亞東北大國曰厄日多，其地自古無雲氣，不雨，有河曰泥琭河，水到處即成膏腴。有巧工作龍尾車，以時蓄洩，贏能生育。殊他國弗撒國王所居，殿長廣三里，開三十門，夜然燈九百盞。亞非利加一麥秀三百四十穗。莫訥木大彼亞國有巨象，一齒重二百斤。有獸類猫，尾有香汗，汗沾木即成奇香。利未亞西北有福島，無雨，百穀自生。中有鐵島，生樹最大。日夕有雲氣抱之，釀成甘露下滴。日出雲散，下作數池皆滿，人畜沾足。南亞墨利加州白露國有羊，可代馬，能絶食三四日。肝生一物如卵，療諸疾，海商貴之。有鳥名厄馬，長頸高足，羽毛珍麗，足若牛蹄，不飛而善走，奔馬不能及，卵可作杯，番船所市龍卵是也。伯西爾國，人皆老壽無疾病，他方病不能療，至其地則瘳。有虎，饑時百夫莫當，飽即犬可斃之。婦人幼即鑿頤唇爲孔，嵌以猫睛、夜光諸寶。有大魚曰白都狼，漁者乘之，以捕他魚。有銀河，河水溢，則布地皆銀沙。智加國人最長大，可一丈許，一齒闊，三指長餘四指。北亞墨利加州墨是可國，工人緝鳥羽作畫，光彩生動，市肆鬻書。西南曰花地，人皆牧鹿，飲其乳若牧羊然。曰瓦革子地多沙，以魚頭布沙中，每頭種穀二三粒，魚腐地肥，穫倍常土。曰古巴有鳥夜舒翼，有光自照。海族有魚名把勒亞，長數十丈，首有二孔噴水仰出，遇海船則昂其首注水船中，水滿舟沉，遇之者以盛酒巨木罌投之，輒吞數罌而逝。又斯得白長二十五丈，性善，能保護人。人或爲鱷魚困者，此魚輒往，鬬解其厄，故國法禁捕之。仁魚性亦慈，嘗負一兒登岸，兒爲鬐觸死，魚亦自觸死。劍魚紫長丈許，齒如鋸，與把勒魚戰，海水盡赤。瓦刺多似鱷魚鱗甲，甚堅，刀箭不能入。足有利爪，性獰惡，入水食魚，登陸人畜食無所擇。口中無舌，不喜食蜜。初生子如鵝卵，漸長至二丈許。吐涎於地，踐之者輒仆，因就食之。見人遠則哭，近則噬。仁魚能以利鬐刺其腹而殺之。有乙苟滿者，鼠屬，大如猫，以泥塗身，令滑入腹，齧其五臟，又能破其卵。有香草曰雜腹蘭，魚畏之，輒避去。又落斯馬長四丈，足短，居海底，罕出。額有二角如鈎，睡則以角挂石，盡日不醒。魚目不瞑，此獨善睡。有獸名海魔，二手二足，力甚獰，遇海船輒顛倒播弄之，多遭沉溺。有飛魚可以占風船，魚介屬有殼而六足，足有皮，以半殼爲舟，以足爲帆，乘風而行。海蟹大踰丈，以螯夾人脰立斷。海女，上體是女子，下體魚形，其骨止血。海人有二種，一通體皆人，鬚眉畢具，特手指相連如鳧爪。西海人有得之獻國王者，不言亦不食。復縱之海，回盻鼓掌大笑而去。又西洋曷蘭達地於海中獲一女子，與之食輒食，亦爲人役，但不能言，自有肉皮，無生地，如長衣。然西人亦莫測其族類。

東西二紅海，水色淡紅，是海底珊瑚所映也。

張英等《淵鑑類函》卷三六四《玻瓈一》 增《天中記》曰：「大雪山中有寶山諸七寶並生，取可得，惟玻瓈寶生高峰難得。」《玄中記》曰：「大秦國有五色玻瓈，紅色最貴。」《十洲記》曰：「崑崙山上有紅碧玻瓈宮。」唐段成式《西陽雜俎》曰：「千歲積冰，結爲玻瓈。一說獅子乳以金銀寶器盛之皆漏，惟玻瓈則否。」宋蔡絛《鐵圍山叢談》曰：「奉宸庫中，玻瓈母二大篚。玻瓈母者，若今之鐵滓，然塊大小猶兒拳，人莫知其用。又歲久無籍，不知其所從來。或云柴世宗顯德間大食所貢，又謂真廟朝物也。諸瑺以意用火煅而模寫之，但能作珂子狀，青、紅、黃、白隨其色，而不克自必也。」《續文獻通考·金》：「庶人不得以玻瓈之類爲器皿。」明徐常《吉事詞類奇》曰：「今朝鮮諸國皆出玻瓈。」

張英等《淵鑑類函》卷三六四《玻瓈二》 增《梁四公記》云：「武帝時，扶南大舶從西天竺國來，賣碧玻瓈鏡。」《唐書》曰：「高宗二年十二月，投汗般玉獻碧玻瓈，龜茲王素稽獻銀玻瓈。《太真外傳》李白進《清平調》，太真持玻瓈七寶杯，酌西涼州所獻葡萄酒。」

張英等《淵鑑類函》卷三六四《玻瓈三》 增酒色　花點《潛確類書》。曰：「玻瓈出南番，有酒色、紫色、白色者，與水精相似。器皿碾雨點花兒者，是真其用藥燒者，入手輕，有氣眼，與瑠璃相似。」　積冰　盛乳並詳前一。

張英等《淵鑑類函》卷三六四《玻瓈四》 增詩　唐李賀詩曰：「羲和敲日聲玻瓈。」

高士奇《金鼇退食筆記》卷下 南花園在西苑門，迤南東向，明時曰灰池，種植瓜蔬于炕洞內，烘養新菜，以備春盤薦生之用。立春日，進鮮蘿蔔，名曰咬春。本朝改爲南花園，雜植花樹，凡江寧、蘇松、杭州織造所進盆景，皆付澆灌培植。又于暖室烘出芍藥、牡丹諸花，每歲元夕賜宴之時，安放乾清宮，陳列筵前，以爲勝于剪綵。秋時收養蟋蟀，至燈夜則置之鼇山，燈内奏樂。既罷，忽聞蛩聲自鼇山中出。每歲正月，進梅花、山茶、探春、貼梗海棠、水仙花。二月進瑞香、玉蘭、碧桃、鸞枝。三月進繡毬花、杜鵑、木筆、木瓜、海棠、丁香、梨花、插瓶牡丹。四月進梔子花、石榴花、薔薇、插瓶芍藥。五月進菖蒲、艾葉、茉莉、黄楊樹盆景。六七月進茉莉、建蘭及鳳仙花，五色斑斕，置玻瓈盤中。八月進巖桂。九月進各種菊花。十月進小盆景松、竹、冬青、虎鬚草、金絲荷葉及橘樹、金橙。十一月、十二月進早梅、探春、迎春、蠟瓣梅。又有香片梅、古幹槎牙，開紅白二色，安放懋勤殿，余曾有詩紀之。石榴紅白二種，花單瓣結實，如盂子大，味甘，曰軟子石榴。棗有弱枝、密雲、瓔珞諸種，甚甘脆，食則漿流于齒。每歲八月初，收棗入錫瓶封口，懸井中。寒冬取出進用，如初從樹摘者。葡萄有馬乳、六月鮮、紫瓊瑤。王瓜有高麗種，狀如香橼，色正黄。扁豆有白花，蜜豆霜後更美。

陳元龍《格致鏡原》卷三三《玻瓈》 《夷門廣牘》：「玻黎出南番，有酒色、紫色、白色者，與水晶相似。器皿皆多碾雨點花兒者是真，其用藥燒者，入手輕，有氣眼，與琉璃相似。」《西陽雜俎》：「頗黎，千歲冰所化。」《庶物異名疏》：「頗黎生天竺大雪山中，有寶山諸寶並生，取可得，唯頗黎寶生高峰，難得。」《玄中記》謂：「大秦國有五色頗黎，紅色最貴，頗黎即玻瓈。」《梁四公記》：「扶南大舶從西天竺國來，賣碧玻瓈鏡，面廣一尺五寸，重四十斤，内外皎潔，置五色物於其上，向明視之，不見其質。」《鐵圍山叢談》：「奉宸庫有玻瓈母，若今之鐵滓塊，大小猶兒拳。或云柴世宗顯德間大食國所貢。又云真廟朝物也，諸璫以意用火煅而模寫之，但能作珂子狀，青、紅、白、黄隨其色，而不克自必也。」《稗史類編》：「玻瓈與琉璃同類，亦分五色，比之琉璃，其質頗厚，亦石汁銷冶而成，多出西域諸番之國，爲最常見。齋惠卿家有軟玻璃琖。」

劉於義等《〔雍正〕陝西通志》卷七二《古迹一・長安沉香亭》 龍池東有沉香亭《長安志》。開元中禁中初種木芍藥得四本，上因移於興慶池東沉香亭前。《松窗録》禁中木芍藥開，上賞之，妃子從。帝曰：「賞名花，對妃子，焉用舊樂詞？」爲命李龜年持金花牋，賜李白爲《清平樂》詞，梨園子弟撫絲竹，李龜年歌之，上親調玉笛以倚曲。每曲遍將换，則遲其聲以媚之，太真以玻瓈七寶杯，酌西涼葡萄酒笑飲。《唐詩紀事》。

方式濟《龍沙紀略》 俄羅斯居有城屋，以板爲瓦，廊廡隆起層叠，望之如西洋圖畫。耕以馬，不以牛。牛千百爲羣，放於野。欲食牛，則射而仆之，曳以歸。邊卒攜一縑值三四金者，易二馬，烟草三四斤易一牛。

秋盡，俄羅斯來互市，或百人，或六七十人。一官統之，宿江之西，官居穹幕，植二旗於門。衣冠皆織罽爲之，禿袖方領，冠高尺許，頂方而約其下。行坐有兵卒監之，所攜馬牛、皮毛、玻璃、佩刀之類，易緞布、烟草、薑椒、餹錫諸物以去。俄羅斯來文二函，一彼國字，一蒙古字，貴官與商賈名悉載。康熙丙申歲來文稱察罕汗一千七百一十六年，蓋遡自有城郭人民始也。署銜具先代官職於前，重世禄也。將軍以其文達兵部理藩院。

江永《數學》卷一《論青蒙氣》 問西人謂近地平有青蒙氣，其高約九里，澤國彌厚彌高，日月在蒙氣内，小可爲大，卑可爲高。其説信然與，曰信也。凡徹體之物，如氣如水，如玻璃、水晶，皆能變物之形，遠可使近，小可使大，直可使曲，深可使淺，卑可使高，遠鏡其顯者也。插篙於水，置錢於盂，無不可驗，是以日月出地與將入地，視徑加大，蒙氣映之故也。不唯加大而已，更能升之使高，實未出地而已出地也，雖已入地而猶未入也，故西人論日食於高卑南北東西三差之外，更有青蒙氣差、青蒙徑差，此爲帶食言之也。有此二差，則旦暮日食以東西差加減之而當食者，蒙氣或升之而不食矣，其不當食者，或升之而見食矣。視徑加大，則能變食限與加時早晚、食分多少矣，此非臺官所能預定，必隨方測候而後可知。前史有書當食不食、不當食而食者，其故或由此。與梅先生未嘗言及青蒙氣，謂湯羅諸公已言之耳，學者固不可不知。《列子》載兩小兒辯日，一謂日初出時如車蓋，日中如盤盂，爲近大而遠小，此未知蒙氣之故耳。日何嘗有遠近，若論遠近之微者，則日近地平時與近天頂時差一地半徑，初出較遠，日中較近，正與此小兒之説反，又非近者熱，遠者涼之謂也。

覺羅石麟等《〔雍正〕山西通志》卷二三〇《雜志三》 人傳温公家舊有一玻璃盞，爲官奴所碎。洛尹怒，令糾録聽温公區處，公判云：「玉爵拂揮，典禮雖聞於往記；彩雲易散，過差宜恕於斯人。」《彥周詩話》。

張照等《石渠寶笈》卷六王淵《蓮塘鸂鶒圖》一卷上等盈一 素絹，本著色，畫隸書款識云：「至正丁亥春，錢唐若水王淵畫。」下有王氏私印一印，卷首有天籟閣虛朗齋項子京家珍藏、清森閣書畫印、何元朗氏諸印，又半印二，存「周氏堂書畫印」六字。卷末有子京墨林、子墨林秘玩、墨林外史、項墨林父秘笈之印諸印，拖尾張雨題云：「緑玉蜂房白玉蟬，折來帶露復含烟。玻璃盆面冰漿底，醉嚼新蓮一百圓。句曲張雨。」又倪瓚書宋人詩云：「貪看翠蓋擁紅粧，不覺湖邊一夜霜。卷却天機雲錦段，從教匹練寫秋光。至正廿一年秋九月，東海倪瓚。」又釋宗泐題云：「平池碧玉秋波瑩，緑雲擁扇青搖柄。水晶仙子鬬紅粧，輕步凌波踏明鏡。吴釋宗泐。」又鄧文原書唐句云：「翠鬣紅毛舞落暉，水禽情似此禽稀。暫分烟島猶迴首，秖過寒塘亦並飛。映霧乍迷金殿瓦，逐梭齊上玉人機。采蓮無限蘭橈女，笑指中流候爾歸。巴西鄧大原。」前有天籟閣神遊心賞元汴之印，項子京家珍藏諸印，後有墨林子墨林秘玩、神遊心賞項墨林父秘笈之印，諸印押縫有子京、墨林子、項子京氏三印，卷高八寸四分，廣三尺九寸。

于敏中等《日下舊聞考》卷三二《宮室・元三》 原至正戊申九月，有一餓鴟鳴端明殿上，帝命善射者射之，終莫能中。俄常遇春等統兵至柳林，去元京甚近，帝召文武百官軍民議戰守之計。遲明，會議端明殿，及開門，忽有二狐自殿上出，帝嘆且泣曰：「宮禁嚴密，此物何由至此，殆天所以告朕，朕其可留哉。」即命北狩。《草木子》 補南麗正門，內曰千步廊，可七百步，建櫺星門，門建蕭牆，周迴可二十里，俗呼紅門。闌馬牆門內數十步許有河，河上建白石橋三座，名周橋，皆琢龍鳳祥雲，明瑩如玉。橋下有四白石龍，擎戴水中，甚壯。遶橋盡高柳，鬱鬱萬株，遠與內城西宮海子相望。度橋可二百步，爲崇天門。門分爲五，總建闕樓，其上翼爲迴廊，低連兩觀。觀傍出爲十字角樓，高下三級，兩傍各去午門百餘步，有掖門，皆崇高閣。內城廣可六七里，方布四隅，隅上皆建十字角樓，其左有門，爲東華，右爲西華。由午門內可數十步爲大明門，仍傍建掖門，繞爲長廡，中抱丹墀之半，左右有文武樓。樓與廡相連，正中爲大明殿，殿基高可十尺，前爲殿陛，納爲三級，繞以龍鳳白石闌，闌下每楯壓以鼇頭，虛出闌外，四繞於殿。殿楹四向皆方柱，大可五六尺，飾以起花金龍雲，楹下皆白石龍雲。花頂高可四尺，楹上分間，仰爲鹿頂，斗拱攢頂，中盤黃金雙龍，四面皆緑金紅瑣。窗間貼金鋪，中設山字玲瓏，金紅屏臺，臺上置金龍牀，兩傍有二毛皮伏虎，機動如生。殿右連爲主廊十二楹，四周金紅瑣窗，連建後宮，廣可三十步，深入半之，不顯楹架。四壁高曠，通用絹素冒之，畫以龍鳳，中設金屏障，障後即寢宮，深止十尺，俗呼爲拏頭殿。龍牀品列爲三，亦頗渾樸。殿前宮東西仍相向爲寢宮，中仍設金紅小屏牀，上仰皆實如方隅，綴以綵雲金龍鳳，通壁皆冒絹素畫，以金碧山水壁間。每有小雙扉，內貯裳衣，前皆金紅推窗，間貼金花，夾以玉板明花油紙，外籠黃油絹幕，至冬則代以油皮內寢屏障，重覆帷幄，而裹以銀鼠。席地皆編細簟，上加紅黃厚氊，重覆茸罩至寢處。牀座每用裀褥，必重數疊，然後上蓋納奇錫，再加金花貼，薰異香，始邀臨幸。宮後連抱長廡以通前門，前繞金紅闌檻，盡列花卉以處妃嬪，而每院間必建三楹，東西向爲牀，壁間亦用絹素冒之，畫以丹青。廡後橫亘長道，中爲延春宮，丹墀皆植青松，即萬年枝也。門廡殿制大略如前，甃地皆用濬州花板石甃之，磨以核桃，光彩若鏡。中置玉臺牀，前設金酒海，四列金紅小連牀，其上爲延春閣，梯級由東隅而升，長短凡三折而後登。雖至幽暗，闌楯皆塗黃金龍雲，冒以丹青絹素，上仰亦皆拱爲攢頂，中盤金龍，四周皆繞金珠瑣窗，窗外繞護金紅闌干，凭望至爲雄傑。宮後仍爲主廊，后宮寢宮大略如前。廊東有文思小殿，西有紫檀小殿，後東有玉德殿，殿楹栱皆貼白玉龍雲花片，中設白玉金花山字屏臺，上置玉牀。又東爲宣文殿，旁有秘密室，西有鹿頂小殿，前後散爲便門，高下分引而入。彩闌翠閣間植花卉松檜，與別殿異，飛甍凡數座。又後爲清寧宮，宮制大略亦如前，宮後引抱長廡，遠連延春宮，其中皆以處嬖幸也。外護金紅闌，各植花卉異石，又後重繞長廡，前虛御道，再護雕闌，又以處嬪嬙也。又後爲厚載門，上建高閣，環以飛橋舞臺，於前回闌引翼，每幸閣上，天魔歌舞於臺，繁吹導之，自飛橋而升市，人聞之如在霄漢。臺東百步有觀星臺，臺旁有雪柳萬株，甚雅。臺西爲內浴室，有小殿在前，由浴室西出內城臨海子，海廣可五六里，駕飛橋於海中。西渡半起瀛洲圓殿，環爲石城，圈門散作洲島，拱門以便龍舟往來。由瀛洲殿後北引長橋上，萬歲山高可數十丈，皆奇石，因形勢爲岩岳。前拱石門三座，面直瀛洲，東臨太液池，西北皆俯瞰海子，由三門分道，東西而升，下有故殿基。金主圍棋石臺，盤山半有方壺殿，四通左右之路，幽芳翠草，紛紛與松檜茂樹蔭映，上下隱然。仙島少西爲吕公洞，尤爲幽邃，洞上數十步爲金露殿，由東而上爲玉虹殿，殿前有石巖如屋，每設宴，必温酒其中，更衣玉虹，金露交馳而繞層闌。登廣寒殿，殿皆繞金珠瑣窗，綴以金鋪，內外有一十二楹，皆繞刻龍雲，塗以黃金。左右後三面則用香木鑿爲祥雲，數千萬片擁結於頂，仍盤金龍。殿有間玉金花玲瓏屏臺牀，四列金紅連椅，前置螺甸酒桌，高架金酒海，窗外出爲露臺，繞以白石花闌。旁有鐵竿數丈，上置金葫蘆三，引鐵練以繫之，乃金章宗所立，以鎮其下龍潭。凭闌四望空闊，前瞻瀛洲，橋與三宮臺殿，金碧流輝。後顧西山，雲氣與城闕翠華高下，而海波迤迴，天宇低沉，欲不謂之清虛之府不可也。山左數十步，萬柳中有浴室，前有小殿，由殿後左右而入，爲室凡九，皆極明透，交爲窟穴，至迷所出路。中穴有盤龍印首，而吐吞一丸於上，注以温泉，九室交湧，香霧從龍口中出，奇巧莫辨。自瀛洲西渡飛橋上，回闌巡紅牆而西，則爲明仁宮。沿海子導金水河，步邃河南行爲西前苑，苑前有新殿，半臨邃河，河流引自瀛洲西邃地，而繞延華閣，閣後達於興聖宮，復邃地西折，咊嘶後老宮而出，抱前苑復東下於海，約遠三四里。龍舟大者長可十丈，繞設紅綵闌，前起龍頭，機發五竅皆通。餘船三五，亦自奇巧，引挽遊幸，或隱或出，已覺忘身，况論其他哉。新殿後有水晶二圓殿起於水中，通用玻璃飾，日光回彩，宛若水宮。中建長橋遠引修衢，而入嘉禧殿，橋旁對立二石，高可二丈，闊止尺餘，金綵光芒，利鋒如斲。度橋步萬花，入懿德殿，主廊寢宮亦如前制，乃建都之初基也。由殿後出掖門，皆叢林，中起小山，高五十丈，分東西延緣而升，皆疊怪石，間植異木，雜以幽芳。自頂繞注飛泉，岩下穴爲深洞，有飛龍噴雨其中，前有盤龍相向，舉首而吐流泉，泉聲夾道交走，泠然清爽，仿佛仙島。山上復爲層臺，回闌邃閣，高出空中，隱隱遙接廣寒殿。山後仍爲寢宮，連長廡，廡後西繞邃河，東流金水。亘長街走東北，又繞紅牆，可二十步許，爲光天門，仍闢左右掖門而繞長廡。中爲光天殿，殿後主廊如前，但廊後高起爲隆福宮，四壁冒以絹素，上下畫飛龍舞鳳，極爲明曠。左右後三向皆爲寢宮，大略亦如前制。宮東有沉香殿，西有寶殿，長廡四抱，與別殿重，闌曲折掩映，尚多莫名。又後爲興聖宮，丹墀皆萬年枝，殿制比大明差小。殿東西分道爲閣門，出繞白石龍鳳闌楯，闌楯上每柱皆飾翡翠，而置黄金雕鳥獅座。中建小直殿，引金水繞其下，甃以白石，東西翼爲仙橋，四起雕窗，中抱綵樓，皆爲鳳翅飛簷。鹿頂層出，極爲奇巧，樓下東西起日月宮，金碧點綴，欲象扶桑滄海之勢，壁間來往，多便門出入，有莫能窮。樓後有禮天臺，高跨宮上，碧瓦飛甍，皆非常制。盼望上下，無不流輝，不覺奪目，亦不知蓬瀛仙島，又果何似也。又少東有流杯亭，中有白石牀如玉，臨流小座散列，數多刻石爲水獸潛躍，其旁塗以黄金，又皆制水鳥浮杯，機動流轉而行勸罰，必盡歡洽，宛然尚在目中。繞河沿流，金門翠屏，回闌小閣，多爲鹿頂，鳳翅重簷，往往於此臨幸，又不能悉數而窮其名，總引長廡以繞之。又少東出便門步邃河上，入明仁殿，主廊後宮亦如前制。後宮爲延華閣，規制高爽，與延春閣相望，四向皆臨花苑，苑東爲端本堂，上通冒素紵絲。又東有棕毛殿，皆用棕毛以代陶瓦。少西出掖門爲慈仁殿，又後苑中有金殿，殿楹窗扉皆裹以黄金，四外盡植牡丹百餘本，高可五尺。又西有翠殿，又有花亭毬閣，環以緑牆，獸闥緑障鮍窗，左右分布，異卉幽芳，參差映帶。而玉牀寶座，時時如浥流香，如見扇影，如聞歌聲，出户外而若渡雲霄，又何異人間天上也。金殿前有野果名紅姑娘，外垂絳囊，中空如桃子，如丹珠，味甘酸可食，盈盈繞砌，與翠草同芳，亦自可愛。苑後重繞長廡，廡後出内牆，東連海子，以接厚載門。繞長廡中皆宮娥所處之室，後宮約千餘人，掌以閹寺，給以日飯，又何盛也。庚申，以荒淫久廢朝政，洪武元年爲諸將叛背，捐棄宗廟社稷而逃走，依西北蓋立彼蒙古之國，逾年不爲所容。思庇翁吉喇特氏，魯王所封之國，以求生即應昌府也，府有西江焉。庚申，心知不可爲已，因泣數行下，未幾，以痢疾崩，子阿裕爾錫哩達喇立。五日我師奄至，阿裕爾錫哩達喇僅以身免，二后阿裕爾錫哩達剌、妻子及三宮妃嬪、扈衛諸將軍將帥、從官悉俘以還，元氏遂滅。至是始驗當初指望説生涯死在西江月下之讖云。《故宮遺録》。按：納奇錫，蒙古語絨錦也，舊作納失失，今譯改。翁吉喇特，舊作翁吉剌，今從八旗姓譜改正。

石灰部

題解

戴侗《六書故》卷二一《穀楮》 穀，古祿切。楮，丑呂切。楮穀兩種，一種高大皮駁，實如楓實，熟則紅，《書》所謂「桑穀並生」者也。一種皮白葉長，實小，似覆盆子，其木不能高大，俗謂扁穀，所謂楮也。楮皮漚之，宜爲紙，穀皮粗，宜爲茵帳，故謂紙楮也。又作柠。又有藤皮，亦可爲紙。後漢蔡倫始用敗網雜樹膚爲紙。今之爲紙者，用楮與竹。竹紙毳而易敗，楮之用多焉。凡治楮，藝而嫥之，三年然後可伐。伐而漚諸水，火取其皮，暴而藏之。將爲紙，則漬而刮之，取其粹白者，鬻之以蜃炭，若石灰，而漾諸清流，以去其灰。出而暴之，而沃之，而再漾之。然後取而熟捶之，囊盛而濯之，去其水而摶之。織竹爲密簾，爲槽，容簾，爲煏，四周皆壁，而炭其中。既治楮，和之以水，投黃葵之根焉。則釋而爲淖糜，酌諸槽，抄之以簾，其薄者單抄再抄，厚者至五抄六抄。既抄則覆諸煏，乾而揭之，蓋紙之成也。其難若是。紙之未興也，書用簡牘刀筆，故三皇五帝三王之典謨訓誥，下逮先秦古書，國不能盡備，而況家乎。遭秦焚滅，書用大缺，雖秦無藏人有，下逮醫卜、星曆、方技之書，皆得其傳。官府之憲章質要，上所以令乎下，下所以復乎上，國人之所以交信者，無不賴其用焉。百官以治，萬民以察，楮之用大矣哉！雖然，由是以來，法令日苛。上以虛文令乎下，下以便文應乎上，錙銖方寸，畢徵於書，老胥宿吏，至不能舉其要。古語云「老吏抱案死」，蓋天下幾困於文法矣。士不務於行而鶩於辭，極志肆口，簧鼓天下之是非，絺章繢句，務以新靡相尚。爰筆書紙，日數萬言，其尤爲義理者，科舉程度之文也。摘列破碎，侮聖人之言以詭世好，其文理悖繆，幾可駭笑。上以是取，下以是應，殫英俊壯鋭之精，鑠其知仁聖義之性，盡舍他業而詰屈從事焉。然後得中有司之選，使天下無一士不出乎此者。考其終，乃無片言隻字之用，而舉世以爲不可改之法，不知其何說也。比年以來，非程文類書，則士不讀而市不鬻，汗牛充棟，塞乎區宇矣，故今世號爲故紙世界。古者祭祀用牲幣，秦俗牲用馬，淫祀浸繁，始用禺馬。唐明皇瀆於鬼神，王璵始鑿紙爲錢以代幣，至于今便之。凡禱祠，必用紙錢，加以畫馬，楮不足，繼以稾秸，負販者肩摩而踵接焉。楮幣興於近世，其始，恃錢以權楮，而其終也，舍錢而任楮。屬徒數百，日造數十萬，楮不産於地，不出諸民，不貢輸於州縣，而巨萬之資成於俄頃。府庫之用十八出焉，幾以楮爲國矣。費鮮而利博，姦民私造，不畏死而爭爲之。公私之楮充斥宇内，楮用大賤。有司數議更楮以救之，每一更楮，上失其信，民失其資，於是貨幣大亂。商旅不行國埜，嗸嗸四民喪業，而國亦甚病之。永終知敝，識者同憂焉。嗚呼！楮之功大矣，而其患若此者，豈楮罪哉！予故具論之，以驗來者，使裁成天物者，無至於暴殄焉。

毛應龍《周官集傳》卷一四 湅帛，以欄爲灰，渥淳其帛，實諸澤器，淫之以蜃，清其灰而盝之，而揮之，而沃之，而盝之，而塗之，而宿之。明日，沃而盝之，晝暴諸日，夜宿諸井。七日七夜，是謂水湅。

鄭鍔曰：上文湅絲，記水湅之法，此文湅帛，記灰湅之法。陳氏曰：渥淳其帛，以灰沃帛而熟之也。既曰渥淳，必有水焉，非特灰而已。鄭鍔曰：實於澤器，欲其不遽以乾熇也。淫之以蜃，「淫」與「善防水者淫之」之「淫」同，謂粉蜃以淫其上。歐陽氏曰：蜃，若今石灰。《周禮》：共白盛之蜃。古者蓋取蚌殼以爲灰，以爲白盛之用也。以欄木灰煮其帛，使熟，又以蜃灰淫之，使埶盛而白也。

王志長《周禮註疏刪翼》卷一〇 掌炭：掌灰物、炭物之徵令，以時入之。

註：灰、炭，皆山澤之農所出也。灰給澣練，炭之所共多。

王氏曰：灰，凡石灰、蜃灰、烟煤之類，以供甃砌、澣練、黝堊之用也。

以權量受之，以共邦之用。凡炭、灰之事。

方苞《禮記析疑》卷六 毋燒灰：灰燼無更燒之理，蓋燒石爲灰也。燕地暑月不燒石爲灰窑者，曰地氣上蒸窑内濕，強燒即粗礦不可用。推此則艾藍暴布亦爲非時，不能爲良，非恐傷時氣、干盛陽也。《後漢書・禮儀志》：日夏至禁舉大火，止炭，鼓鑄消石冶皆絕止，至立秋如故事。

綜述

許洞《虎鈐經》卷一〇《治金瘡第一百四》 金瘡方：右五月五日平旦，使四人出四方，於五里採一方草木莖葉，每種各半把，勿令脱漏一事。日午時，切碎，擣令極爛，仍先揀好石灰一斗同杵之。復選大實樹三兩株，鑿作十竅，令可受藥。內藥於竅中，緊裹之畢，即以麻皮係之。用麻擣石灰，密泥，不令洩氣。更以皮纏定，令牢。到九月九日午時取出，陰乾百日，藥成。擣之，曝，令極乾，更擣，用絹羅之。凡有金瘡傷所出血，用藥封裹，勿令轉動，十日即瘥矣。不膿、不腫，不畏風。若傷後數日始得藥，須先用温水洗，令血出，即傅之。此藥大驗如神，(須)〔預〕多合之，金瘡之要無出此者。　治金瘡中風痓口不語方：赤箭一兩，桂心三分，防風三分，去蘆頭，巴豆二分，去皮及心，然後研之極爛，用紙裹壓。又法：用吴茱萸半兩，湯浸七遍，焙乾，微炒，天南星三分，泡令烈，白附子半兩，泡烈，硃砂一兩，水飛過，乾姜一分，泡烈，附子三分，去尖皮臍，泡烈，乾蝎半兩，生用。右件搗羅爲末，用釅醋三升熬成膏丸，如桐子大。每服三丸，不計時候，熬葱酒下，服後汗出爲效。金瘡辟風止痛方：當歸半兩，剉微炒，川椒半兩，去目及閉口者，微炒出汗，澤瀉半兩，芎藭一兩，附子一兩，去皮臍。右件搗藥羅爲末，若金瘡有出淤血，以温酒調下一錢，日三服止。金瘡出血不止方：龍骨一兩，剉，微炒，芎藭一兩，熟乾地黄一兩，鹿茸半兩，塗蘇，炙，令微黄色，先須去毛，烏樟根三兩，突厥白一兩。右件搗羅爲末，傅在瘡上，血即止。如服以温酒調下二錢，日三服。金瘡内漏方：金瘡通内血者爲内漏，而脇脹者不能食死。瘀血摶在於腹内，腹牢大、脉沉者死耳。以方蚉蟲三十枚，去翅及足，微炒，桃仁一兩，湯浸，去皮尖雙心，麩炒微黄，桂心一兩半，川大黄三兩，剉碎微炒，水蛭三十枚，微炒黄。右件爲末，每服二錢，用童子小便一鍾，煎至五分温，和滓服。日五服，夜三服。如卒無小便，用水并酒代之。服訖，然後以胡粉散傅。上瘡胡粉方：粉二兩，乾姜二兩，生栗子二分，陰乾去皮，爲末，傅瘡上即痊矣。出箭頭方：蜣蜋自死者一枚，狗子三枚，婦人髮灰少許。右先將蜣蜋去壳，取其白肉，與二味同研如泥，用生油塗中箭處，則如膏藥，俟肉作痒，即以兩手蹙之，其箭自出。出骨中箭頭方：雄黄一分，蜣蜋一分，研石灰末一分，牛糞火燒之，令赤色，葳靈仙一分，朝桂鼠一枚，去頭取血。右爲末，入鼠血，并煉蜜和丸，如黄米大，内瘡口中，其箭鏃不拘遠年自出。出肉中箭頭方：巴豆一枚，去皮，膩粉一分，砒霜少許，瓷石半兩，細研，蜣蜋一枚。右爲末，以雞清和丸，如菉豆大。先以針撥開瘡瓣，用生男子乳汁化一丸，撥在破處，上用醋麵紙封貼，常痒，痒極不可忍，其鏃自出也。多年者兩上，當年者一上即出。箭鏃出後服食方：牡丹半兩，鹽半兩，白芨半兩。右爲末，每於食前以温酒調下二分。中(途)〔毒〕箭方：蘆根一兩，藍葉一兩，紫檀半兩，石灰末二兩，以牛糞火燒令赤。右爲末，不拘時候，以藍葉汁調下一錢，粥飲下亦得。中毒箭後皮肉瘀腫方：梨母子一斤，爛研去核，鹽麩子五兩，擣之，爆乾更擣，用絹羅之，凡去粗漬，菉豆三兩，炒熟，石灰末三兩，牛糞火燒令赤，藍子五兩，黄連三兩，去鬚，獨顆栗子三兩，生用，黑豆三兩，炒熟，大黄五兩，赤芍藥三兩。右爲末，煉蜜調爲膏，每服以温酒下一茶匙，日三四服。刀槍破腹腸胃突出方：瓷石三兩，燒紅醋淬七次，搗碎研如粉，滑石三兩，鐵精三兩。右爲末，傅槍腸胃上，後將瓷石末用粥飲調下一錢，一日三四服。腹又縫補方：又若皮肉斷裂，剥取新桑白皮作線縫之，以新桑白皮裹之，又以桑白皮汁塗之，極妙。小療但以桑白皮裹之，如筋斷後，亦封於上，可以續之。付毒箭及馬汁方：蚉蟲取大首者，去翼，於端午日收之，陰乾爲末，每服一錢，撥破瘡口，以藥傅之，然後醋麵糊紙靨子貼之，即出毒也。又方：石灰末二兩，以牛糞火燒令赤色，蜜陀僧一兩，黄柏半兩，剉，膩粉一分。右爲末，每用，先以鹽水洗瘡，後用藥傅之，日一換之。

朱翼中《北山酒經》卷下《煮酒》　凡煮酒，每斗入蠟二錢，竹葉五片，官局天南星九粒，化入酒中，如法封繫，置在甑中。第二次煮酒，不用前來湯，別須用冷水下。然後發火，候甑簞上酒香透，酒溢出倒流，便揭取甑蓋，取一瓶開看，酒滚即熟矣。便住火，良久方取下，置放石灰中，不得頻移。薰白酒須潑得清，然後煮，煮時瓶用桑葉冥之。金波兼使白酒麴，纔榨下糟，略澄折二三日，便蒸，雖煮，酒白色。

宋灼《糖霜譜》第五　糖水入甕兩日後，甕(西)〔面〕如粥文，染指視之如細沙。上元後結小塊，或綴竹梢如粟穗，漸次增大如豆，至如指節，甚者成座如假山，俗謂隨果子結實。至五月，春生夏長之氣已備，不復增大，乃瀝甕。過初伏不瀝，則化爲水，下户急欲前四月瀝。霜雖結，糖水猶在，瀝甕者戽出糖水，取霜瀝乾。其竹梢上團枝，隨長短剪出就瀝。瀝定，曝烈日中，極乾收甕。四周循環連綴生者曰甕鑑，顆塊層出，類崖洞間鍾乳，但側生耳，不可遽瀝，瀝須就甕。曝數日，令乾硬，徐以鐵鏟分作數片出之。凡霜，一甕中器色亦自不同。堆疊如假山者爲上，團枝次之，甕鑑次之，小顆塊次之，沙脚爲下。紫爲上，深琥珀次之，淺黄色又次之，淺白爲下。不以大小，尤貴牆壁密排，俗號馬齒霜面，帶沙脚者刷去之。亦有大塊或十斤，或二十斤，最異者三十斤，然中藏沙脚，號曰含沙。凡霜性易銷化，畏陰濕及風，遇曝時風吹無傷也。收藏法：乾大小麥鋪甕底，麥上安竹筦，密排笋皮，盛貯綿絮，覆筦，篏箕覆甕。寄遠即瓶底著石灰數小塊，隔紙盛貯，厚封瓶口。

陳敬《陳氏香譜》卷一《飛樟腦》 樟腦一兩，兩盞合之，以濕紙糊縫，文武火熁半時取起，候冷用之。《沈譜》 樟腦不以多少，研細，用篩過細壁土拌勻，捩薄荷汁少許，灑在土上，以淨盌相合定，濕紙條固四縫，甑上蒸之，腦子盡飛上盌底，皆成冰片。是齋售用。 樟腦、石灰等分，同研極細末，用無油銚子貯之，瓷盌蓋定，四面以紙固濟如法，勿令透氣，底下用木炭火煆少時，取開，其腦子已飛在盌蓋上。用雞翎掃下，再與石灰等分，如前煆之，凡六七次，至第七次可用慢火煆一日而止，取下，掃腦子，與杉木盒子鋪在內，以乳汁浸兩宿，固濟口，不令透氣，掘地四五尺，窨一月，不可入藥。同上。 韶腦一兩，滑石二兩，一處同研，入新銚子內，文武火炒之，上用一瓷器蓋之，自然飛在蓋上，其味奪真。

司農司《農桑輯要》卷二《苧麻》 《圖經》：苧根，舊不載所出州土，今閩、蜀、江浙有之。其皮可以績布。苗高七八尺，葉如楮葉，面青背白，有短毛。夏秋間著細穗青花。其根黃白而輕虛，二月、八月採。又有一種山苧，亦相似。謹按陸機《草木疏》云：苧，一科數十莖，宿根在地中，至春自生，不須栽種。荆揚間歲三刈，官令諸園種之，剥取其皮，以竹刮其表，厚處自脱，得裏如筋者煮之，用緝。今江浙、閩中尚復如此。孕婦胎損方所須。又主白丹，濃煮，水浴之，日三四差。韋宙療癧疽發背，初覺未成膿者，以苧根葉熟擣傅上，日夜數易之，腫消則差矣。陶隱居云：苧，即今績麻也。新添栽種苧麻法：三四月種子者，初用沙薄地爲上，兩和地爲次。園圃内種之，如無園者，瀕河近井處亦得。先倒斸土一二遍，然後作畦，闊半步，長四步。再斸一徧，用腳浮躡，或(杴)[鍁]背浮按稍實，不然著水虚懸。再杷蒲巴反。平，隔宿用水飲畦，明旦細齒杷浮耬起土，再杷平。隨時用濕潤畦土半升，子粒一合相和勻。撒子一合，可種六七畦。撒畢，不用覆土，覆土則不出。于畦内用極細梢杖三四根，撥刺令平。可畦搭二三尺高棚，上用細箔遮蓋。五六月内炎熱時，箔上加苫重蓋，惟要陰密，不致曬死。但地皮稍乾，用炊箒細灑水于棚上，常令其下濕潤。緣子未生芽，或苗出力弱，而不禁注水徒澆故也。遇天陰及早夜，撤去覆箔。至十日後苗出，有草即拔。苗高三指，不須用棚。如地稍乾，用微水輕澆。約長三寸，卻擇比前稍壯地，別作畦移栽。臨移時，隔宿先將有苗畦澆過，明旦亦將做下空畦澆過。將苧麻苗用刃器帶土掘出，轉移在內。相離四寸一栽。務要頻鋤，三五日一澆。如此將護二十日之後，十日半月一澆。至十月後，用牛、驢、馬生糞蓋厚一尺。預選秋耕，擺熟肥土，更用細糞糞過。來年春首移栽，地氣已動，爲上時，芽動爲中時，苗長爲下時。栽法，掘區成行，方圍相去一尺五寸。將畦中科苗移出，栽于區內。擁土區中，以水湮之。若夏秋移栽，須趁雨水地濕，分根連土。於側近地內分栽亦可。其移栽年深宿根者，移時用刀斧將根截斷，長可三四指。栽時成行，作區方圍，各離一尺五寸。每區臥栽三二根，棋盤相對。擁土畢，然後下水，候三五日，復澆。苗高勤鋤，旱則澆之。若地遠移栽者，須根科少帶元土，蒲包封裹，外復用席包掩合，勿透風日，雖數百里外，栽之亦活栽。培法如前。初年長約一尺便割一鎌，麻未堪用，再候長成所割，即堪績用。至十月，即將割過根楂用驢馬糞蓋厚一尺，不致凍死。至二月初，杷去糞，令苗出，以後歲歲如此。壓條滋茂，如桑法，移栽亦可。第三年，根科交結稠密，不移必漸不旺。即將本科周圍稠密新科，再依前法分栽。每歲可割三鎌，每割時須根傍小芽出土約高五分，其大麻即爲可割。大麻既割，其小芽榮長，便是下次再割麻也。若小芽過高，大麻不割，不唯小芽不旺，又損已成之麻。大約五月初一鎌，六月半一鎌，八月半一鎌。唯中間一鎌長疾，麻亦最好。刈倒時，隨即用竹刀或鐵刀從梢分批開，用手剥下皮，即以刀刮其白瓤，其浮上皴皮自去，縛作小葉，搭於房上，夜露晝曝，如此五七日，其麻自然潔白，然後收之。若值陰雨，即於屋底風道内搭涼，去聲。恐經雨黑漬故也。所剥之麻，春夏秋溫暖時分，績與常法同，若於冬月，用溫水潤濕，易爲分擘，不然乾硬難分。其績既成，纏作纓子，于水甕內浸一宿。紡車紡訖，用桑柴灰淋下水内浸一宿撈出。每纑五兩，可用一淨水盞細石灰拌勻，置于器內，停放一宿。至來日，擇去石灰，卻用黍稭灰淋水煮過，自然白軟。曬乾，再用清水煮一度，別用水擺拔極淨，曬乾，逗成纑。鋪經緯織造，與常法同。此麻一歲三割，每畝得麻三十斤，少不下二十斤。目今陳蔡間每斤價鈔三百文，已過常麻數倍。善績者麻皮一斤，得纑一斤，細者有一斤織布一疋，次一斤半一疋，又次二斤、三斤一疋。其布柔韌潔白，比之常布，又價高一二倍。然則此麻但栽植有成，便自宿根，可謂暫勞永利矣。

宋應星《天工開物》卷中《燔石第十一》 宋子曰：五行之内，土爲萬物之母。子之貴者，豈惟五金哉。金與火相守而流，功用謂莫尚焉矣。石得燔而咸功，蓋愈出而愈奇焉。水浸淫而敗物，有隙必攻，所謂不遺絲髮者。調和一物以爲外拒，漂海則衝洋瀾，粘甃則固城雉。不煩歷候遠涉，而至寶得焉。燔石之功，殆莫之與京矣。至于礬現五色之形，硫爲羣石之將，皆變化于烈火。巧極丹鉛爐火。方士縱焦勞唇舌，何嘗肖像天工之萬一哉。

石灰

凡石灰經火焚煉爲用。成質之後，入水永劫不壞。億萬舟楫，億萬垣墻，窒隙防淫是必由之。百里内外，土中必生可燔石。石以青色爲上，黄白次之。石必掩土内二三尺，堀取受燔，土面見風者不用。燔灰火料，煤炭居十九，薪炭居什一。先取煤炭、泥，和做成餅。每煤餅一層，叠石一層，鋪薪其底，灼火燔之。最佳者曰礦灰，最惡者曰窑滓灰。火力到後，燒酥石性，置于風中，久自吹化成粉。急用者以水沃之，亦自解散。凡灰用以固舟縫，則桐油、魚油調，厚絹、細羅和油杵于下塞艌。用以砌墻、石，則篩去石塊，水調粘合。甃墁則仍用油、灰。用以堊墻壁，則澄過，入紙筋塗墁。用以襄墓及貯水池，則灰一分入河沙、黄土二分，用糯米(粳)〔粇〕、(羊)〔楊〕桃藤汁和匀，輕築堅固，永不隙壞，名曰三和土。其餘造澱、造紙，功用難以枚述。凡温、臺、閩、廣海濱，石不堪灰者，則天生蠣蠔以代之。

蠣灰

凡海濱石山傍水處，鹹浪積壓生出蠣房，閩中曰蠔房。經年久者長成數丈，闊則數畝，崎嶇如石假山形象。蛤之類壓入岩中，久則消化作肉團，名曰蠣黄，味極珍美。凡燔蠣灰者，執椎與鑿，濡足取來（藥鋪所貨牡蠣，即此碎塊。）疊煤架火燔成，與前石灰共法。粘砌城墻、橋梁，調和桐油造舟，功(用)皆相同。有誤以蜆灰（即蛤粉。）爲蠣灰者，不格物之故也。

陸楫《古今説海》卷一二《器用》 尋常人家，房舍之外別無卓凳、盂桶之類，但作飯則用一瓦釜，作羹又用一瓦銚，地埋三石爲竈，以椰子殼爲杓，盛飯用中國瓦盤或銅盤，羹則用樹葉造一小碗，雖盛汁亦不漏。又以茭葉製一小杓，用兜汁入口，用畢則棄之。雖祭祀神佛亦然。又以一錫器或瓦器盛水于傍，用以醮手，蓋飯只用手拏，其粘於手，非此水不能去也。飲酒則用鑞注子，貧人則用瓦鉢子，若府第富室則一一用銀，至有用金者。國之慶賀多用金爲器皿，制度形狀又别。地下所鋪者明州之草席，或有鋪虎豹、麂鹿等皮及藤簟者。近新置矮卓，高尺許。睡只竹席，卧於板。近又用矮床者，往往皆唐人制作也。食品用布罩，國主内中以銷金縑帛爲之，皆舶商所饋也。稻不用礱，只用杵舂碓耳。

陸楫《古今説海》卷一二《舟楫》 巨舟以硬樹破版爲之，匠者無鋸，但以斧鑿之開成版，既費木，且費工也。凡要木成段，亦只以鑿鑿斷，起屋亦然。船亦用鐵釘。上以茭葉蓋覆，却以檳榔木破片壓之，此船名爲新拏，用櫂。所粘之油，魚油也，所和之灰，石灰也。小舟却以一巨木鑿成槽，以火熏軟，用木撐開，腹大，兩頭尖，無篷，可載數人，只以櫂划之，名爲皮闌。

吴士玉等《駢字類編》卷四二《石灰》 《後漢書・楊璇傳》：爲零陵太守，是時蒼梧、桂陽猾賊相聚攻郡縣，賊衆多而璇力弱，吏人憂恐。璇乃特制馬車數十乘，以排囊盛石灰於車上，繫布索于馬尾。又爲兵車，專彀弓弩。尅共會戰，乃令馬車居前，順風鼓灰，賊不得視，因以火燒布，布然馬驚，奔突賊陣，因使後軍弓弩亂發，鉦鼓鳴震，羣盗波駭破散，追逐傷斬無數，梟其渠帥，郡境以清。《元史・河渠志》：仁宗延祐六年二月，都水監計會前後，與元修舊石岸相接。凡用石三百五，各長四尺，濶二尺五寸，厚一尺，石灰三千斤，該三百五工，丁夫五十，石工十。九月五日興工，十一日工畢。又《百官志》：西山煤窑場，提領一員，大使一員，副使二員，俱受徽政院劄。至元二十四年置。領馬安山大峪寺石灰煤窑辦課，奉皇太后位下。《本草》：石灰：《釋名》：石堊、堊灰、希灰、鍛石、白虎、礦灰。《墨經》：凡墨蔭用炭灰、石灰、麥糠三種。炭灰爲上，石灰酷多裂，麥糠慢多曲。《明一統志》：石灰山，在江寧府西北二十里，舊名幕府山。晉元帝初渡江，丞相王導建幕府於此。其上有仙人臺、虎跑泉。又石灰山關，在江寧府石灰山。

吴浩《十三經義疑》卷五《毋燒灰》 或疑灰不可燒，余讀《周禮》、《儀禮》及《左傳》，知灰之爲用多也。「掌炭，掌灰物之政令」，註云：「灰給浣練。」《考工記》：「練帛以欄音鍊，木名。爲灰」，註云：「以欄木之灰，漸釋其帛也。」「掌蜃，共蜃器之蜃，共白盛之蜃」，註云：「蜃可以白器，令色白。盛猶成也，謂飾牆使白之蜃也。」「蟈氏，焚牡蘜，以灰灑之，去鼃黽也。壺涿氏，以焚石投之，除水蟲也。」焚石，即今石灰。《士冠禮》「白屨以魁柎之」，註云：「魁，蜃蛤，柎，注也。」疏云：「以蛤灰塗注於上，使色白也。」鄭氏謂「今東萊用蛤，謂之義灰」云。《左傳》曰：「始用蜃炭」，蓋闔壙以禦濕，且攻蟲豸也。然則欄石、蚌蛤之屬，固燒以爲灰而用之。舊説：灰，火之滅者，仲夏不燒，恐傷火氣。愚謂當暑炎炎，火烈逼人，恐致疾也。

紀事

《後漢書》卷三八《楊琁傳》 琁初舉孝廉，稍遷，靈帝時爲零陵太守。是時蒼梧、桂陽猾賊相聚，攻郡縣，賊衆多而琁力弱，吏人憂恐。琁乃特制馬車數十乘，以排囊盛石灰於車上，繫布索於馬尾，又爲兵車，專彀弓弩，剋（共）〔期〕會戰。乃令馬車居前，順風鼓灰，賊不得視，因以火燒布，〔布〕然，馬驚，奔突賊陣，因使後車弓弩亂發，鉦鼓鳴震。羣盗波駭破散，追逐傷斬無數，梟其渠帥，郡境以清。荆州刺史趙凱，誣奏琁實非身破賊，而妄有其功。琁與相章奏，凱有黨助，遂檻車徵琁。防禁嚴密，無由自訟，乃噬臂出血，書衣爲章，具陳破賊形勢，及言凱所誣狀，潛令親屬詣闕通之。詔書原琁，拜議郎，凱反受誣人之罪。

釋玄奘《大唐西域記》卷二《三國》 若夫邑里閭閻，方域廣峙，街衢巷陌，曲徑槃紆。闤闠當塗，旗亭夾路，屠釣倡優，魁膾除糞。旌厥宅居，斥之邑外，行里往來，僻於路左。至於宅居之制，垣郭之作，地既卑濕，城多疊甎，暨諸牆壁，或編竹木。室宇臺觀，板屋平頭，塈以石灰，覆以甎墼。諸異崇構，製同中夏。苫茅苫草，或甎或板，壁以石灰爲飾，地塗牛糞爲浄，時花散布，斯其異也。諸僧伽藍，頗極奇製，隅樓四起，重閣三層，榱梠棟梁，奇形彫鏤，户牖垣墻，圖畫衆彩。黎庶之居，内侈外儉，奥室中堂，高廣有異，層臺重閣，形製不拘，門闢東户，朝座東面。至於坐止，咸用繩牀。王族大人，士庶豪右，莊飾有殊，規矩無異。君王朝座，彌復高廣，珠璣間錯，謂師子牀，敷以細氎，蹈以寶機。凡百庶僚，隨其所好，刻彫異類，瑩飾奇珍，衣裳服玩，無所裁製。貴鮮白，輕雜彩，男則繞腰絡腋，横巾右袒。女乃襜衣下垂，通肩總覆，頂爲小髻，餘髮垂下，或有剪髭，别爲詭俗。首冠花鬘，身佩瓔珞，其所服者，謂驕奢耶？衣及氎布，等驕奢耶？者野獸蠶絲，也蒭摩衣，麻之類也，頷墟嚴反。鉢羅衣，織細羊毛也。褐剌縭衣，織野獸毛，細軟可得緝績，故以見珍，而充服用。其北印度，風土寒烈，短製褊衣，頗同蕃服。外道服飾，紛雜異製，或衣孔雀羽尾，或飾髑髏瓔珞，或無服露形，或草板掩體，或拔髮斷髭，或蓬鬢堆髻。裳衣無定，赤白不恒，沙門法服，唯有三衣，及僧却崎，泥縛些桒個反。那。三衣裁製，部執不同，或緣有寬狹，或葉有小大。僧却崎，唐言掩腋，舊曰僧祇支，訛也。覆左肩，掩兩腋，左開右合，長裁過腰。泥縛些那，唐言裙，舊曰涅槃，僧訛也。既無帶襻，其將服也，集衣爲襵，束帶以絛。襵則諸部各異，色乃黄赤不同。刹帝利、婆羅門，清素居簡，潔白儉約。國王大臣，服玩良異，花鬘寶冠，以爲首飾，環釧瓔珞，而作身佩。其有富商大賈，唯釧而已。人多徒跣，少有所履。染其牙齒，或赤或黑。齊髮穿耳，修鼻大眼，斯其貌也。夫其潔清自守，非矯其志。凡有饌食，必先盥洗，殘宿不再，食器不傳，瓦木之器，經用必棄。金銀銅鐵，每加摩瑩。饌食既訖，嚼楊枝而爲淨，澡漱未終，無相執觸。每有溲溺，必事澡濯，身塗諸香，所謂栴檀鬱金也。君王將趨，鼓奏絃歌，祭祀拜祠，沐浴盥洗。

釋玄奘《大唐西域記》卷八《摩揭陀國上》 菩提樹東有精舍，高百六七十尺，下基面廣二十餘步，疊以青甎，塗以石灰，層龕皆有金像，四壁鏤作奇製，或連珠形，或天仙像上置金銅阿摩落迦果。亦謂寶瓶，又稱寶壺。東面接爲重閣簷宇，特起三層，榱柱棟梁，户扉寮牖，金銀彫鏤以飾之，珠玉廁錯以填之。奥室邃宇，洞户三重，外門左右各有龕室，左則觀自在菩薩像，右則慈氏菩薩像，白銀鑄成，高十餘尺。精舍故地無憂王先建小精舍，後有婆羅門更廣建焉。初有婆羅門不信佛法，事大自在天，傳聞天神在雪山中，遂與其弟往求願焉。天曰：「凡諸願求有福方果，非汝所祈，非我能遂。」婆羅門曰：「修何福可以遂心？」天曰：「欲植善種，求勝福田，菩提樹者，證佛果處也，宜時速返往菩提樹，建大精舍，穿大水池，興諸供養，所願當遂。」婆羅門受天命，發大信心，相率而返。兄建精舍，弟鑿水池，於是廣修供養，勤求心願，後皆果，遂爲王。大臣凡得祿賞，皆入檀捨。精舍既成，招募工人，欲圖如來初成佛像。曠以歲月，無人應召，久之有婆羅門來告衆曰：「我善圖寫如來妙相。」衆曰：「今將造像，夫何所須？」曰：「香泥耳，宜置精舍之中，并一燈，照我入已，堅閉其户，六月後乃可開門。」時諸僧衆皆如其命，尚餘四月，未滿六月，衆咸駭異，開以觀之，見精舍内佛像儼然，結跏趺坐，右足居上，左手斂，右手垂，東面而坐，肅然如在。座高四尺二寸，廣丈二尺五寸，像高丈一尺五寸，兩膝相去八尺八寸，兩肩六尺二寸，相好具足，慈顏若真，唯右乳上塗瑩未周，既不見人，方驗神鑒。衆咸悲嘆，殷勤請知。有一沙門宿心淳質，乃感夢見往婆羅門而告曰：「我是慈氏菩薩，恐工人之思不測聖容，故我躬來圖寫佛像。垂右手者昔如來之將證佛果，天魔來嬈，地神告至，其一先出助佛降魔。如來告曰：『汝勿憂怖，吾以忍力降彼必矣。』魔王曰：『誰爲明證？』如來乃垂手指地，言此有證。是時第二地神踊出作證，故今像手倣昔下垂。」衆知靈鑒，莫不悲感。於是乳上未周填厠，衆寶珠纓、寶冠、奇珍交飾設賞。迦王伐，菩提樹已欲毀，此像既覩慈顏，心不安忍，迴駕將返命宰臣曰：「宜除此佛像，置大自在天形。」宰臣受旨，懼而歎曰：「毁佛像則歷劫招殃，違王命乃喪身滅族，進退若此，何所宜行。」乃召信心以爲役使，遂於像前横壘甎壁，心慚冥闇，又置明燈甎壁之前，畫自在天，功成報命。王聞心懼，舉身生皰，肌膚攫裂，居未久之，便喪没矣。宰臣馳返，毁除障壁，時經多日，燈猶不滅。像今尚在，神功不虧，既處奥室，燈炬相繼，欲覩慈顏，莫由審察，必於晨朝持大明鏡引光内照，乃覩靈相。夫有見者自增悲感，如來以印度吠舍佉，月後半八日成等正覺，當此三月八日也。上座部則吠舍佉，月後半十五日成等正覺，當此三月十五日也，是時如來年三十矣，或曰年三十五矣。

《舊唐書》卷七二《李百藥傳》 開皇初，授東宫通事舍人，遷太子舍人，兼東宫學士。或嫉其才而毁之者，乃謝病免去。十九年，追赴仁壽宫，令襲父爵。左僕射楊素、吏部尚書牛弘雅愛其才，奏授禮部員外郎，皇太子勇又召爲東宫學士。詔令修五禮，定律令，撰陰陽書。臺内奏議文表，多百藥所撰。時煬帝出鎮揚州，嘗召之，百藥辭疾不赴，煬帝大怒，及即位，出爲桂州司馬。其後，罷州置郡，因解職還鄉里。

大業五年，授魯郡臨泗府步兵校尉。九年，充戍會稽。尋授建安郡丞，行達烏程，屬江都難作，復爲沈法興所得，署爲掾。會沈法興爲李子通所破，子通又命爲中書侍郎、國子祭酒。及杜伏威攻滅子通，又以百藥爲行臺考功郎中。或有譖之者，伏威囚之，百藥著《省躬賦》以致其情，伏威亦知其無罪，乃令復職。

伏威既據有江南，高祖遣使招撫，百藥勸伏威入朝，伏威從之，遣其行臺僕射輔公祏與百藥留守，遂詣京師。及渡江至歷陽，狐疑中悔，將害百藥，乃飲以石灰酒，因大洩痢，而宿病皆除。伏威知百藥不死，乃作書與公祏令殺百藥，賴伏威養子王雄誕保護獲免。公祏反，又授百藥吏部侍郎。有譖百藥於高祖，云百藥初説杜伏威入朝，又與輔公祏同反。高祖大怒。及公祏平，得伏威與公祏令殺百藥書，高祖意稍解，遂配流涇州。

《舊五代史》卷一四一《五行志·水淹風雨》 唐同光二年七月，汴州雍丘縣大雨風，拔樹傷稼。曹州大水，平地三尺。八月，江南大雨溢漫，流入鄆州界。十一月，中書門下奏：「今年秋，天下州府多有水災，百姓所納秋税，請特放加耗。」從之。

三年六月至九月，大雨，江河崩決，壞民田。七月，洛水泛漲，壞天津橋，漂近河廬舍，艤舟爲渡，覆没者日有之。鄴都奏，御河漲於石灰窑口，開故河道以分水勢。鞏縣河堤破，壞倉廒。八月，勅：「如聞天津橋未通往來，百官以舟檝濟渡，因兹傾覆，兼踣泥塗。自今文武百官，三日一趨朝，宰臣即每日中書視事。」　四年正月，敕：「自京以來，幅圓千里，水潦爲沴，流亡漸多。宜自今月三日後，避正殿，減常膳，徹樂省費，以答天譴。應去年經水災處鄉村，有不給及逃移人户，夏秋兩税及諸折科，委諸處長吏切加點檢，並與放免，仍一年内不得雜差遣。應在京及諸縣，有停貯斛斗，並令減價出糶，以濟公私。如不遵守，仰具聞奏。」

《資治通鑑》卷五七《漢紀四九・靈帝光和三年》　蒼梧、桂陽賊攻郡縣，零陵太守楊琁制馬車數十乘，以排囊盛石灰於車上，賢曰：排囊，即今囊袋也。排，音蒲拜翻。盛，時征翻。繫布索於馬尾，索，昔各翻。又爲兵車，專彀弓弩。及戰，令馬車居前，順風鼓灰，賊不得視，因以火燒布然，馬驚，奔突賊陣，因使後車弓弩亂發，鉦鼓鳴震，羣盜波駭破散，波駭者，蓋喻以物擊水，一波動，萬波隨而駭動。追逐傷斬無數，梟其渠帥，梟者，斬首而梟之木上也。梟，堅堯翻。帥，所類翻。郡境以清。荆州刺史趙凱誣奏琁實非身親破賊，而妄有其功；琁與相章奏凱有黨助，遂檻車徵琁，防禁嚴密，無由自訟；乃噬臂出血，書衣爲章，具陳破賊形勢，及言凱所誣狀，潛令親屬詣闕通之。詔書原琁，拜議郎，凱受誣人之罪。琁，喬之弟也。楊喬，見上卷桓帝永康元年。

周去非《嶺外代答》卷三《外國門下・大食諸國》　大食者，諸國之總名也。有國千餘，所知名者特數國耳。有麻離拔國。廣州自中冬以後，發船乘北風去，約四十日到地名藍里，博買蘇木、白錫、長白藤。住至次冬，再乘東北風六十日順風方到。此國産乳香、龍涎、真珠、琉璃、犀角、象牙、珊瑚、木香、没藥、血竭、阿魏、蘇合油、没石子、薔薇水等貨，皆大食諸國至此博易。國王官民皆事天，官豪各以金線挑花帛纏頭搭項，以白越諾金字布爲衣，或衣諸色錦。以紅皮爲履，居五層樓，食麵餅肉酪，貧者乃食魚蔬。地少稻米，所産果實甜而不酸。以蒲桃爲酒，以糖煮香藥爲思酥酒，以蜜和香藥作眉思打華酒，暖補有益。以金銀爲錢，巨舶富商皆聚焉。哲宗元祐三年十一月，大食麻囉拔國遣人入貢，即此麻離拔也。有麻嘉國。自麻離拔國西去，陸行八十餘程乃到。此是佛麻霞勿出世之處，有佛所居方丈，以五色玉結甃成墻屋。每歲遇佛忌辰，大食諸國王，皆遣人持寶貝金銀施捨，以錦綺蓋其方丈。每年諸國前來就方丈禮拜，并他國官豪，不拘萬里，皆至瞻禮。方丈後有佛墓，日夜常見霞光，人近不得，往往皆合眼走過。若人臨命終時，取墓上土塗胸，即乘佛力超生云。有白達國，係大食諸國之京師也。其國王則佛麻霞勿之子孫也。大食諸國用兵相侵，不敢犯其國境，以故其國富盛。王出，張皁蓋，金柄，其頂有玉獅子，背負一大金月，耀人目如星，遠可見也。城市衢陌居民，豪侈多寶物珍段，皆食餅肉酥酪，少魚菜米。産金銀，碾花上等琉璃、白越諾布、蘇合油。國人皆相尚以好雪布纏頭。所謂軟琉璃者，國所産也。有吉慈尼國，皆大山圍遶。鑿山爲城，方二百里，環以大水。其國有禮拜堂百餘所，内一所方十里。國人七日一赴堂禮拜，謂之除或作厨。幭。其國産金銀、越諾布、金絲錦、五色駞毛段、碾花琉璃、蘇合油、無名異、摩娑石。人食餅肉乳酪，少魚米。民多豪富，居樓閣有五七層者。多畜牧駝馬。地極寒，自秋至春，雪不消，寖近西北故也。有眉路骨惇國。居七重之城，自上古用黑光大石疊就，每城相去千步。有蕃塔三百餘，内一塔高八十丈，内有三百六十房。人皆纏頭搭項，寒即以色毛段爲衣，以肉麵爲食，以金銀爲錢。所謂鮫綃、薔薇水、梔子花，摩娑石、鵬砂，皆其所産也。有勿厮離國。其地多名山。秋露既降，日出照之，凝如糖霜，採而食之，清涼甘腴，此真甘露也。山有天生樹，一歲生栗，次歲生没石子。地産火浣，有珊瑚。

周去非《嶺外代答》卷六《器用門・食檳榔》　自福建下四川與廣東西路，皆食檳榔者。客至不設茶，唯以檳榔爲禮。其法，斮而瓜分之，水調蜆灰一銖許于蔞葉上，裹檳榔咀嚼，先吐赤水一口，而後啖其餘汁。少焉，面臉潮紅，故詩人有「醉檳榔」之句。無蜆灰處，只用石灰。無蔞葉處，只用蔞藤。廣州又加丁香、桂花、三賴子諸香藥，謂之香藥檳榔。唯廣州爲甚，不以貧富、長幼、男女，自朝至暮，寧不食飯，唯嗜檳榔。富者以銀爲盤置之，貧者以錫爲之。晝則就盤更啖，夜則置盤枕旁，覺即啖之。中下細民，一家日費檳榔錢百餘。有嘲廣人曰：「路上行人口似羊。」言以蔞葉雜咀，終日噍飼也，曲盡啖檳榔之狀矣。每逢人則黑齒朱唇，數人聚會，則朱殷遍地，實可厭惡。客次士夫，常以自隨，製如銀鋌，中分爲三。一以盛蔞，一盛蜆灰，一則檳榔。交阯使者亦食之。詢之於人：「何爲酷嗜如此？」答曰：「辟瘴、下氣，消食。食久，頃刻不可無之，無則口舌無味，氣乃穢濁。」嘗與一醫論其故，曰：「檳榔能降氣，亦能耗氣。肺爲氣府，居膈上，爲華蓋以掩腹中之穢。久食檳榔，則肺縮不能掩，故穢氣升聞于輔頰之間，常欲啖檳榔以降氣。實無益於瘴。彼病瘴紛然，非不食檳榔也。」

施宿等《會稽志》卷一七《草部・鹽》　鹽會稽亭户煎鹽法，以海潮沃沙，暴日中，日將夕，刮鹻聚而苦之。明日又沃而暴之。如是五六日，乃淋鹻取滷，然後試以蓮子。每用竹筒一枚，長二寸，取老硬石蓮五枚，納滷筒中。一二蓮浮或俱不浮，則滷薄不堪用，謂之退滷。蓮子取其浮而直。若三蓮浮，則滷將成。四、五蓮浮，則滷成可用，謂之足蓮滷，或謂之頭滷。然石蓮試以滷，取最後升者爲足蓮，足蓮乃可驗滷有無。足蓮者，必借人已驗蓮滷，較蓮之輕重者爲之，然後爲審。閩中之法，以雞子、桃仁試之，滷味重即正浮在上。滷薄，則二物側浮。與此相類。編竹爲盤，盤中爲百，耳以篾懸之，塗以石灰，纔足受滷。燃烈焰中，滷不漏而盤不焦灼，一盤可煎二十過。淋下滷水，或以他水雜之，但識其舊痕，以飯甑蓋之於中，扤去面水，至舊處，元滷盡，在所去者皆他水。或以甑箄隔之亦可，以他物則不可分矣。孔融論云「弊箄不能救鹽池之滷」，意蓋指此。《練化術》云：「飲食過鹹，以飯箄竹數條炙之，着其中，則汁便淡。」蓋未易以理推也。元豐中，盧秉提點兩浙刑獄。會朝廷議鹽法，秉謂：「自錢塘縣湯村場工流睦歙等州與越州錢清場等，水勢清淡，以六分爲額。湯村下接仁和縣湯村，場爲七分。鹽官場爲八分。並海而東，爲越州餘姚縣石堰場、明州慈溪縣鳴鶴場，皆九分。至岱山、昌國，又東南爲温州雙穗、南天富、北天富，十分。著爲定數。蓋自岱山及二天富，皆取海水煉鹽，《海賦》所謂『熬波出素』者也。自鳴鶴西南及湯村，則刮鹻以淋滷，以分計之十得六七。鹽官、湯村用鐵盤，故鹽色青白，而鹽官鹽色或少黑，由曬灰故也。湯村及錢清場用竹盤，故色少黃。竹勢不及鐵，則黃色爲嫩，青白爲上，色黑則多滷，或有泥石，不宜久停。若石堰以東，雖用竹盤而鹽色尤白，以近海水鹽故爾。」後來法雖少變，公私所陳，大抵不易盧。法鹽之品至多，前史所載夷狄間自有十餘種，中國所出數十種。今公私通行者四種，一者末鹽，海鹽也。河北，京東，淮南，兩浙，江南東、西，荆湖南、北，福建，廣南東、西十一路食之。其次顆鹽，解州鹽澤及晉絳潞澤。所出京畿、南京、京西、陝西、河東、褒劍等處食之。又次井塩，鑿井取之。益、梓、利、夔四路食之。又次崖鹽，生於土崖。階、成、鳳等州食之。惟陝西路顆鹽有定額，歲爲錢二百三十萬緡。自餘盈虛不常，大約歲入二千餘萬緡。唯末鹽歲自抄三百萬供河北邊糴，其他皆給本處經費而已。緣糴買仰給於度支者，河北則海末鹽，河東、陝西則顆鹽及蜀茶爲多。唐越州有蘭亭監官場五，曰會稽東場、會稽西場、餘姚場、懷遠場、地心場，配課鹽四十萬六千七十四石一斗。今爲鹽場四：會稽之三江、曹娥，山陰之錢清，餘姚之石堰是也。

趙汝適《諸蕃志》卷上《大秦國》 大秦國，一名犁靬。西天諸國之都會，大食番商所萃之地也。其王號麻囉弗，理安都城，以帛織出金字纏頭，所坐之物，則織以絲罽。有城市里巷，王所居舍，以水精爲柱，以石灰代瓦，多設簾幃，四圍開七門，置守者各三十。人有他國進貢者，拜於堦屺之下，祝壽而退。其人長大美晳，頗類中國，故謂之大秦。有官曹簿領，而文字習北。人皆髦頭而衣文繡，亦有白蓋小車、旌旗之屬，及十里一亭，三十里一堠。地多獅子，遮害行旅，不百人持兵器偕行，易爲所食。宫室下鑿地道，通禮拜堂一里許。王少出，惟誦經禮佛，遇七日即由地道往禮拜堂拜佛，從者五十餘人。國人罕識王面。若出遊，則騎馬用傘，馬之頭頂皆飾以金玉珠寶。遞年大食國王有號素丹者，遣人進貢。如國内有警，即令大食措置兵甲撫定。所食之物多飯餅肉，不飲酒，用金銀器以匙挑之。食已，即以金盤貯水濯手。土産琉璃、珊瑚、生金、花錦、縵布、紅瑪瑙、真珠。又出駭雞犀，駭雞犀即通天犀也。漢延嘉初，其國主遣使自日南徼外來獻犀、象、瑇瑁，始通中國，所供無他珍異，或疑使人隱之。晉大康中又來貢。或云其國西有弱水、流沙，近西王母所處，幾於日所入也。按杜還《經行記》云：「拂桑國在苫國西，亦名大秦。其人顔色紅白，男子悉著素衣，婦人皆服珠錦。好飲酒，尚乾餅，多工巧，善織絡。地方千里，勝兵萬餘，與大食相禦。西海中有市，客主同和，我往則彼去，彼來則我歸。賣者陳之於前，買者酬之於後，皆以其直置諸物旁，待領直然後收物，名曰『鬼市』。」

趙汝適《諸蕃志》卷上《天竺國》 天竺國隸大秦國，所立國主悉由大秦選擇。俗皆辮髮，垂下兩鬢及項，以帛纏頭。所居以石灰代瓦，有城郭居民。王服錦罽，爲螺髻於頂，餘髮剪之使短。晨出坐毾皮，毾乃獸名。用朱蠟飾之，晝雜物於上，群下皆禮拜祝壽。出則騎馬，鞍轡皆以烏金銀閙裝，從者三百人，執矛劍之屬。妃衣大袖鏤金紅衣，歲一出，多所賑施。國有聖水，能止風濤，番商用琉璃瓶盛貯，猝遇海颺波，以水灑之則止。後魏宣武時，嘗遣使獻駿馬云。其國出獅子、貂、豹、橐、駝、犀、象、瑇瑁、金銅、鐵、鉛、錫金，縷織成金罽，白疊、毾㲪。有石如雲母而色紫，裂之則薄如蟬翼，積之則如紗縠。有金剛石，似紫石英，百鍊不銷，可以切玉。又有旃檀等香，甘蔗，石蜜諸果。歲與大秦、扶南貿易，以齒貝爲貨。俗工幻化，有弓箭、甲稍、飛梯、地道及木牛流馬之法，而怯於戰鬬。善天文算曆之術，皆學悉曇草書。案新、舊《唐書》皆作「悉曇章」。以貝多樹葉爲紙。唐貞觀，天授中，嘗遣使入貢。雍熙間有僧囉護哪航海而至，自言天竺國人，番商以其西僧，競持金繒珍寶以施，僧一不有，買隙地建佛刹於泉之城南，今寶林院是也。

《宋史》卷一八二《食貨志下四》　熙寧以來，杭、秀、温、臺、明五州共領監六、場十有四，然鹽價苦高，私販者衆，轉爲盜賊，課額大失。二年，有萬奇者獻言欲撲兩浙鹽而與民，乃遣奇從發運使薛向詢度利害。神宗以問王安石，對曰：「趙抃言衢州撲鹽，所收課敵兩浙路，抃但見衢、湖可撲，不知衢鹽侵饒、信，湖鹽侵廣德、昇州，故課可增，如蘇、常則難比衢、湖。今宜制置煎鹽亭户及差鹽地人户督捕私販，般運以時，嚴察抨和，則鹽法自舉，毋事改制。」

五年，以盧秉權發遣兩浙提點刑獄，仍專提舉鹽事。秉前與著作佐郎曾默行淮南、兩浙，詢究利害。異時竈户鬻鹽，與官爲市，鹽場不時償其直，竈户益困。秉先請儲發運司錢及雜錢百萬緡以待償，而諸場皆定分數：錢塘縣楊村場上接睦、歙等州，與越州錢清場等，水勢稍淡，以六分爲額；楊村下接仁和之湯村爲七分；鹽官場爲八分；並海而東爲越州餘姚縣石堰場、明州慈溪縣鳴鶴場皆九分；至岱山、昌國，又東南爲温州雙穗、南天富、北天富場爲十分；蓋其分數約得鹽多寡而爲之節。自岱山以及二天富煉以海水，所得爲最多。由鳴鶴西南及湯村則刮鹻淋鹵，十得六七。鹽官、湯村用鐵盤，故鹽色青白；楊村及錢清場織竹爲盤，塗以石灰，故色少黄；石堰以東近海水鹹，故雖用竹盤，而鹽色尤白。秉因定伏火盤數以絶私鬻，自三竈至十竈爲一甲，而鬻鹽地什伍其民，以相幾察；及募酒坊户願占課額，取鹽於官賣之，月以錢輸官，毋得越所酤地；而又嚴捕盜販者，罪不至配，雖杖者皆同妻子遷五百里。仍益開封府界、京東兵各五百人防捕。

時惟杭、越、湖三州格新法不行，發運司劾奏虧課，皆獄治。王安石爲神宗言捕鹽法急，可以止刑。久之，乃詔兩浙提舉鹽事司，諸州虧課者未得遽劾，以增虧及違法輕重分三等以聞。七年，以盧秉鹽課雖增，刑獄實繁，慮無辜即罪者衆，徙其職淮南，以江東漕臣張靚代之，且體量其事。靚言秉在事，越州監催鹽償至有母殺子者，詔劾其罪，然竟免，仍以增課擢太常博士，升一資。歲餘，三司言兩浙漕司寬弛，鹽息大虧，命著作佐郎翁仲通更議措置。元祐初，言者論秉推行浙西鹽法，務誅利以增課，所配流者至一萬二千餘人，秉坐降職。兩浙鹽亭户計丁輸鹽，逋負滋廣，二年，詔蠲之。後更積負無以償，元符初，察訪使以狀聞，有司乃以朝旨不行，右正言鄒浩嘗極疏其害。

《宋史》卷三六六《劉錡傳》　高宗即位，録仲武後，錡得召見，奇之，特授閤門宣贊舍人，差知岷州，爲隴右都護。與夏人戰屢勝，夏人兒啼，輒怖之曰：「劉都護來！」張浚宣撫陝西，一見奇其才，以爲涇原經略使兼知渭州。浚合五路師潰于富平，慕洧以慶陽叛，攻環州。浚命錡救之，留别將守渭，自將救環。未幾，金攻渭，錡留李彦琪捍洧，親率精鋭還救渭，已無及，進退不可，乃走德順軍。彦琪遁歸渭，降金。錡貶秩知綿州兼沿邊安撫。

紹興三年復官，爲宣撫司統制。金人攻拔和尚原，乃分守陝、蜀之地。會使者自蜀歸，以錡名聞。召還，除帶御器械，尋爲江東路副總管。六年，權提舉宿衛親軍。帝駐平江，解潛、王彦兩軍交鬥，俱罷，命錡兼將之。錡因請以前護副軍及馬軍，通爲前、後、左、右、中軍與游奕，凡六軍，每軍千人，爲十二將。前護副軍，即彦八字軍也。於是錡始能成軍，扈從赴金陵。七年，帥合肥；八年，戍京口。九年，擢果州團練使、龍神衛四廂都指揮使，主管侍衛馬軍司。

十年，金人歸三京，充東京副留守，節制軍馬。所部八字軍纔三萬七千人，將發，益殿司三千人，皆攜其孥，將駐于汴，家留順昌。錡自臨安泝江絶淮，凡二千二百里。至渦口，方食，暴風拔坐帳，錡曰：「此賊兆也，主暴兵。」即下令兼程而進，未至，五月，抵順昌三百里，金人果敗盟來侵。【略】

錡慷慨深毅，有儒將風。金主亮之南也，下令有敢言錡姓名者，罪不赦。枚舉南朝諸將，問其下孰敢當者，皆隨姓名其答如響，至錡，莫有應者。金主曰：「吾自當之。」然錡卒以病不能成功。世傳錡通陰陽家，行師所避就，錡在揚州，命盡焚城外居屋，用石灰盡白城壁，書曰：「完顔亮死於此。」金主多忌，見而惡之，遂居龜山，人衆不可容，以致是變云。

《宋史》卷四四九《忠義傳四・史次秦》　史次秦，眉山人。及進士第。吴曦叛，招次秦甚遽，次秦遷延固避，僞知大安軍郭鵬飛迫之行，乃以石灰桐油塗兩目，未生附子傅之，比至目益腫。次秦母年高而賢，聞次秦爲曦所招，即命家人以疾篤馳報，且曰：「恐病不足取信，以訃聞可也。」曦乃聽還。曦誅，蜀帥上其事，改秩爲利路主管文字，仕至合州太守。

《元史》卷六六《河渠志三・蜀堰》　諸堰皆甃以石，範鐵以關其中，取桐實之油，和石灰，雜麻絲，而擣之使熟，以苴罅漏。岸善崩者，密築江石以護之，上植楊柳，旁種蔓荆，櫛比鱗次，賴以爲固，蓋以數百萬計。所至或疏舊渠以導其流，或鑿新渠以殺其勢。遇水之會，則爲石門，以時啓閉而泄蓄之，用以節民力而資民利，凡智力所及，無不爲也。初，郡縣及兵家共掌都江之政，延祐七年，其兵官奏請獨任郡縣，民不堪其役，至是復合焉。常歲獲水之利僅數月，隁輒壞，至是，雖緣渠所置碓磑紡績之處以千萬計，四時流轉而無窮。其始至都江，水深廣莫可測，忽有大洲湧出其西南，方可數里，人得用事其間。入山伐石，崩石已滿，隨取而足。蜀故多雨，自初役至工畢，無雨雪，故力省而功倍，若有相之者。五越月，功告成，而吉當普以監察御史召，省臺上其功，詔揭（揳）〔傒〕斯製文立碑以旌之。

是役也，凡石工、金工皆七百人，木工二百五十人，役徒三千九百人，而蒙古軍居其二千。糧爲石千有奇，石之材取于山者百萬有奇，石之灰以斤計者六萬有奇，油半之，鐵六萬五千斤，麻五千斤。最其工之直、物之價，以緡計者四萬九千有奇，皆出於民之庸，而在官之積者，尚餘二十萬一千八百緡，責灌守以貸于民，歲取其息，以備祭祀及淘灘修隁之費。仍蠲灌之兵民所常徭役，俾專其力於隁事。

胡居仁《胡文敬集》卷二《延賓館記》 潮陽李公齡既新白鹿洞書院，置學田，延師儒，聚英俊，拳拳以德行爲教，揭朱子學規以示學者。書院既興，好古樂義之士，自公卿以至岩穴之賢，來遊是洞者接武聯鑣。公欲立館以延賓客而重用民力，乃謀於憲府及牧伯。同寅恤民旱災，而蠲其糧稅漕運，又撥米以賙其饑困。至戊子冬，歲稔民安，乃於農隙興工。木價、匠工、磚石灰瓦之費，皆公捐己資，未嘗有毫末斂於民。始事於仲冬，畢功於孟春，民不告勞。然所以佐其事者，同知譙公讚、推官沈公瑛、檢校黃公恭。後十三載，居仁來洞，傷李公之亡，惜譙公之去，追述而記之。嗚呼，昔周公握髮延賓者，欲得天下之賢以共成其治也。李公作是館以延賓者，豈非欲得天下之賢以共明斯道乎。入館之賢，以是爲心，昭示道義，以教洞之學者，則是館之作有功於世教不淺矣。後十二年，參政祁公、憲副鍾公、憲僉莊公、太守于公重興書院，星子縣司訓方君文昌復加修葺云。

徐乾學《讀禮通考》卷六一《賜葬》 弘治十年，仍令有司開壙。凡功臣，武官造墳。洪武三年，定功臣守墓人户各以封爵官品之差等給之，其合用石碑、石獸之類，亦令有司俱依品級成造。二十六年，詔自今凡功臣故，不建享堂，其墳塋葬具皆令自備，惟没於戰陣者官給。又定凡武職官員，或没於矢石，或死於任所，先由禮部定奪，應合造墳者，移咨知會，仍審安葬去處。若在京者，與擇墳地，會計工程，照例應撥囚徒、甎灰造墳。中間有公、侯、伯合用硃紅椁、冥器、誌石、甎灰、人工，別無定例，度量支撥。具椁具、冥器，行下寶源、軍器、營繕、鍼工、鞍轡局，所，依例料造應付。若有令許令祖墳或就任所安葬，及造享堂者，臨期定奪施行造椁，并冥器、甎灰。公、侯、伯造椁無冥器。都督同知僉事指揮使，紅漆椁，誌石甎四千五百個，石灰四千五百斤，囚五十名。指揮同知僉事，黑漆椁，誌石甎三千四百五十個，石灰三千四百五十斤，囚二十名。正、副致仕千户衛鎮撫，甎一千五百個，石灰一千五百斤，囚一十二名。百户所鎮撫，甎二百四十個，石灰二百四十斤，囚六名。千百户所鎮撫骨殖安葬，甎、灰、囚減半。寶源局造公、侯、伯、都督冥器内用：小銅釜一面，小銅竈一個，小火箸一雙，小銅火盆一個，椁誌事件鐵束二道，鐵鍋二道，兩尖釘二百個，鈒鐶一副。軍器局錫造水盆一，臺醆一，杓一，壺瓶一，酒甕一，唾盂一，水罐一，香爐一，香合一，燭臺一對，香匙箸連瓶一副，茶鍾一，茶盞一，椀二，橐二，燈臺盞一副，楪十二，油瓶一，匙箸連瓶一副。營繕所木造牙仗二，骨朵三，交椅一，脚踏一，交牀一，馬杌一，誕馬二，倉卓一，香卓一，牀一，拄杖一，箱一，凳一，枕一，揮一，清道一對，樂人八，控士二，門神二，儀仗人十二，女使八，武士四，翣六，五穀倉一，凉漿瓶二，鎗二，斧二，班劍一，紅旂二，金一，鼓一，箭三，弓一，甲一，盔一，弩一，鍋竈一副，火爐。鍼工局造青羅椁罩一，紅紵絲暖帳一，紅綃金紗幮一，茶褐羅傘一，紅絹旗二，枕頭一，紅紵絲綿被一，紅絹夾被一，綿布卧單一，紵絲褥一，布手巾一，衿一，鞶一。鞍轡局造小鞍籠一，小弓箭袋一副。今例，公、侯、伯造墳合用黃麻一百二十斤，白麻一百二十斤，俱丁字庫支。石灰七千五百斤，馬鞍山支。蘆蓆四百領，營繕司支。楸棍三百根，大峪廠支。沙板甎三千個，通積抽分竹木局支。松木長柴一百根，把柴一百五十根，俱蘆溝抽分竹木局支。棺椁一副，通州抽分竹木局支。糯米一石五斗，户部支。夫匠三十二名。内後軍都督府二十名，每名銀一兩。順天府十二名，每名一兩五錢。開壙合葬減半，都督等官同。都督、都督同知僉事造墳合用黃麻一百斤，白麻一百斤，石灰五千斤，蘆蓆三百領，楸棍三百根，沙板甎二千個，松木長柴一百根，棺椁一副，糯米一石，夫匠二十名。内後軍都督府十二名，順天府八名，各銀數如前。凡文官造墳，嘉靖六年奏準，一品、二品、三品未經考滿者，價銀、夫匠減半給領。開壙者不分品級崇卑，止與夫匠五十名。如有一府一州一時造墳數處，在各省者聽本布政司官，在直隸者聽撫按官酌派鄰近府州通融區畫。病故大臣果有功德昭彰、聞望表著，公私無過者，禮部擬奏，差官造葬，以示優崇。

徐乾學《資治通鑑後編》卷五九《宋紀五九》〔慶曆八年六月〕丙午，司空致仕章得象卒。故事，致仕官乘輿不臨奠。帝特往奠之，贈太尉兼侍中，謚「文憲」。民間盜鑄者衆，錢文大亂，物價翔涌，公私患之。於是河東都運使張奎奏：「晉、澤、石三州及威勝軍日鑄小鐵錢，獨留用河東。」鐵錢既行，而盜鑄者獲利十之六，錢輕貨重，言者皆以爲不便。知并州鄭戩請河東鐵錢，且以二當銅錢一。行一年，又以三當一，或以五當一。罷官爐日鑄，但行舊錢。知澤州李昭遘亦言：「河東民燒石灰，家有槖冶之具，盜鑄者莫可詰，而北人亦能鑄鐵錢，以易並邊銅錢而去，所害尤大。」是月，翰林學士張方平、宋祁、御史中丞楊察與三司使葉清臣先上陝西錢議，請以小鐵錢三當銅錢一，既而又請河東小鐵錢亦如之，且罷官所置爐，朝廷皆施用其言。自是姦人稍無利，猶未能絶濫錢也。其後詔商州罷鑄青黄銅錢，又令陝西大銅錢、大鐵錢，皆一當二，盜鑄迺止。然令數變，兵民耗於資用，類多咨怨，久之乃定。秋七月戊戌，以河北水令州縣募飢民爲軍。八月丁丑，右諫議大夫權御史中丞楊察、兵部員外郎兼侍御史知雜事張昇並落職，察知信州，昇知濠州。

靳輔《治河奏績書》卷二　揚河廳各色料價：紅草每束二十五觔，價一分五釐。稻草每束二十五觔，價一分二釐五毫。江柴每束百觔，價八分。黄蔴每觔價一分二釐。白蔴每觔價一分八釐。石灰每石價二錢。糯米每石價一兩。纜柴每擔價一錢。稻草纓每條五觔，價二釐五毫。每砌舊石一丈，工價三錢。每砌磚百塊，工價三分。每灰一石用糯米五升。每磚一塊用石灰二升。每砌石一丈用石灰闕。釘每觔價三分。煤炭一石，價三錢。每磚一塊，價一分三釐。灰篩一面，價二分。灰籮一隻，價五分。木匠每名每日食米一升五合。【略】

山盱廳各減壩：大河磚每塊銀一分六釐。單料面石每丈九錢五分，料半青面石每丈一兩四錢二分五釐。石灰每石一錢四分四釐。石匠鑿錠眼每個五釐，鉤眼每個三釐。石匠鑿光石連砌每面石一丈給銀一錢五分。每石一丈，不論雙、單、料半，牽用石灰一石。每塼一塊用灰升半。油灰每觔一分。釘每觔三分。桐油每觔五分五釐。生鐵錠每觔一分四釐。真火灰每石二錢八分八釐。熟鐵鍋每觔五分。竹篾每觔一分二釐。黄蔴每觔二分。醬每觔一分五釐。碰肘每付八分。煤炭每石二錢五分。

山清外河廳減壩：楊桃籐每觔六釐。做三和土，每方用火灰三十石，黄土一百筐，楊桃籐六十觔。餘料與山盱廳同。宿桃大工料價：做雙料青面石每丈一兩八錢。大磚每塊一分二釐。石灰每石一錢六分。熬汁荒柴每石銀二分。生鐵錠每觔一分四釐。鐵鍋每觔五分。釘每觔三分。抬石鐵繩每條十五觔，價七錢五分。檀木撬楦每根七分。鐵掀每把一錢。木掀每把六分。掃箒每把一分五釐。煤炭每石三錢。捧鑽皮條每條一分。雲礆每架三錢五分。鍋鐵每觔一分五釐。黄蔴每觔二分。黑煤每觔四分。礬紅每觔五分。水膠每觔八分。椿手每工五分。竹笆每片用匠一工，蘆笆每四片用匠一工，籤樁八根用匠一工。

開式：牆高三丈，用一尺二寸寬、一尺二寸厚雙料石二十五層。五層用裏石七路，四層六。又四層五路，四層四路，四層三路，四層二路。

《康熙御制文》第四集卷四《諭大學士等》　光禄寺先前每年需用錢糧六七十萬，陸續節省核減，一年止用四五萬兩，且工部先前每年需用錢糧百萬有餘，亦經陸續節省核減，止用十五萬餘兩，以致琉璃窑、石灰監督、鋪户等各所司之事不能承辦。此雖云節省核減户部錢糧，反多致缺欠。着九卿、詹事、科道，將庫帑作何設法填補，鋪户如何能辦伊等差使之處，一併詳議具奏。康熙五十二年十二月十八日。

張尚瑗《三傳折諸·左傳折諸》卷二五《王使執燧象以奔吴師》　朱愚庵曰：「公子偃竊出蒙皐比，見莊十年。胥臣蒙馬虎皮，見僖二十八年。此馬燧爲戰車冒以狻猊象之祖也。楚子使火燧繫象尾驚却吴師，此田單繫火牛尾以破燕，江逌繫火雞足以破羌之祖也。故兵法之奇，莫備于《左氏》。楊璇爲零陵太守，擊蒼梧、桂陽賊，制馬車數十乘，以排囊盛石灰，繫布索於馬尾，順風鼓灰，賊不得視。因以火燒布，布然，馬驚，奔突賊陣，大破之。

《雍正聖訓》卷三〇　雍正三年八月丙寅，上諭：户部侍郎蔣廷錫、内務府總管來保，今年六七月間，京師雨水較多，聞京城八倉内頗有積水停滯，支領甲米車輛來往甚艱。其城外萬安倉附近城垣，城上瀉水流下，倉内道路亦復泥濘。如何令各倉積水通洩，低窪處加土修墊，俾收放糧米之所高燥潔净，既便於車輛行走，亦不致米糧狼籍。又各倉廒底或應鋪墊石灰，或應支架平板，爾等至各倉詳悉查看具奏。

鄂爾泰等《雍正硃批諭旨》卷七之四　雍正七年十二月初六日江南河道總督臣孔毓珣謹奏【略】同日又奏爲謹籌高堰工程事宜，奏請睿鑒事。竊查高堰加築石工，欽奉聖諭，令將應用物料歲内預備。仰見我皇上念切民依，料物預購，俾大工速得興修告竣之至意，臣籌酌辦理，候撫臣尹繼善到日，再行會商。但撫臣來淮遲速未定，合將臣所擬辦理緣由臚列，先行奏請皇上指示。

石料之應先採也。查河工石料向採覔於徐州山中與盱眙縣澗溪地方，臣擬先行分委幹員前往採辦。又恐石多匠衆，委官未能彈壓，在徐州採石者，今擬添委淮徐道往來查催，在盱眙者，擬令河工學習內閣學士臣西柱督催。

運石之船應打造也。查民船艙深板薄，不能載石，必須另造。臣擬於道庫內先動銀兩給發辦石之員，即令一面打造船隻，僱募水手，以資裝運。統於辦石項內銷算。

裹磚之宜預燒也。查石堤裹石之內例用襯磚，臣擬委員先往備貯。至於石灰一項，恐先燒走性，俟將用之前委員燒運。

葦紫之宜預備也。查石堤之損裂外塌者，勢須拆砌，另釘椿木。但必於湖內捲埽築壩，戽水乾後，方能興工。臣擬先期委員購備柴料。

椿木之宜預購也。臣擬委員於蕪湖、乍浦等處採買椿木。又擬委員於山西等處製造應用鐵錠、釘鋦、汁鍋等項。

石匠之宜預募也。查石料係陸續採取運工，而石工鏨鑿需時，臣擬有石到工，俱先鏨平整堆貯，以便臨時取用。

興工之宜相時也。查堤工需石甚多，一時不能運齊，轉瞬之間即屬桃汛。水發時候築壩修堤，壩身不能穩固，倘石工一經拆動，關係匪輕。臣擬將石物各料預備完整，於明年霜降後一齊動工儹竣，庶汛水可以無虞，而一齊興工，亦免曠日持久。

委官之應擇人也。查此堤工大費多，必得殷實實心任事之員，分董其事，臣已另摺奏請皇上揀發。其效力官中，臣亦現在分別選擇。至凡有經管黃河工程之廳員，本人汛地修防緊要，臣擬一概不行調委。

磚、灰、椿木并雜料之宜委總催也。查辦理石料已擬委員，其椿木、磚、灰雜料等項與招覔夫匠，不可無大員督催。臣擬委淮揚道白鍾山綜理其事。以上各條，臣愚見所擬，是否有當，奏請聖主指示欽遵。至戶部帑銀，諒即可到，但料物應早爲預備。臣擬於河庫內先借支銀十萬兩，分給委員，早爲採辦，俟帑銀到日，即行還庫，合並奏明。臣謹奏。

朕已有旨，命於江南鹽、藩二庫撥銀百萬，交卿等採辦物料矣。庫帑解到時，即分委能員採辦齊備，於來年霜降後興工。覽一齊動工儹竣之議，甚是。至選擇河員一款，將汝另奏之摺抄發該部查議奏覆，降旨其總催之員，照卿所奏，專委白鍾山綜理，甚屬妥協。

鄂爾泰等《雍正硃批諭旨》卷四九 雍正四年七月二十八日，兵部右侍郎監理長蘆鹽政臣莽鵠立謹奏爲欽奉上諭事。竊天津蓋造倉厫之事，雍正元年九月初八日，接准部咨，奉上諭，令臣等會同詳審地形，或另擇高阜地方，或將舊基培墊，交與李維鈞等賠修。欽此。咨行到臣，隨經總督倉場托時會覆，仍於原基改造，應著落李維鈞等賠修等因奏明。奉旨依議欽遵在案。於九月二十八日又准總督托時欽遵諭旨，移會到臣，准此，臣隨令李維鈞、浦文焯遵奉諭旨，如式賠造，於去年十月內將原造厫房盡行拆卸。先將厫內地基用灰土堅築，比舊加高三尺，倉外院地加高二尺。選用原料，內堅固木植，外加添披水、望板、地板、楞木、鹼板、鹼草，及石灰、瓦磚、葦箔、釘麻等料。於本年二月初九日開凍興工起，臣與巡鹽御史臣顧琮，不時到工親身催督，務期堅固。而李維鈞等亦甚畏罪悔過，朝夕不離，努力營造賠修。於五月內倉厫大局已完，於七月十七日各工俱已告成。理合知道了。奏明。今海運米又有五萬餘石到津，督臣李紱委河間知府來津，請暫於厫內收貯。臣等因厫內圍牆尚未乾透，恐滿貯小米薰蒸發漲，厫牆受傷，是以著該委員暫做席囤，於厫內收貯。理合一併奏聞。謹奏。

甚好。如此方可謂實心任事。

鄂爾泰等《雍正硃批諭旨》卷九八 雍正五年八月二十五日，臣馬爾泰、臣汪灤、臣潘之善、謹奏：爲奏聞事，竊臣等奉命辦理城工事務，自五月初一日啓土興工，即派在工員弁分督夫役築基造城，并採辦木石、磚灰等項。緣杜爾伯津地方，土厚質潤，所築城垣甚屬堅固。各員弁俱勤於督工，上緊築造。目今鎮城土垣已經築完，鼓樓亦築成臺基，其餘樓臺、衙署、營房現在陸續建造。惟城垣包磚一項，工程浩大。恐一時天冷土凍，須俟明春和暖之時，方敢動工置立窑座。所燒石灰極其細膩，磚瓦亦甚堅厚，與內地無異，足備城垣之用。臣等凜遵殫心竭力，爲之不可少有疏懈。訓旨，工程務期堅固，可垂久遠。至匠夫等每月給與工價口糧，食用充足，莫不感戴皇恩，踴躍趨事。茲當城垣造完，尚須開濬城壕，夫役數千人齊向臣等口稟：我等蒙皇恩賞給米麪口糧，又給工價，今開壕一事，不過數日工程，我等情願出力，不敢再領工價口糧。臣等雖自應仍行照數賞給。仍照例給發銀糧，但邊土愚民一片感激之心，出於至誠，不敢不爲陳奏。再今年嘉峪關外秋成甚好，安西、沙州等處收獲甚多。合并奏聞。謹奏。

覽奏。秋收情形，朕懷深慰。

鄂爾泰等《雍正硃批諭旨》卷一二六之一九　雍正八年二月二十五日，河東總督臣田文鏡謹奏爲遵旨行文事。雍正八年二月初七日，准内閣移會，内開本年正月十八日，奉上諭：「山東青州府設立滿洲駐防官兵，所有建造城垣營房工程，著御史偏武、候補道員陳豫朋前往，會同地方官監督修造。其一應如何修造之處，著都統拉錫亦往青州，會同相度經畫。定議交與偏武等辦理，拉錫仍回天津地方。拉錫有素知可以辦工之人，准其帶往青州，留於工所，交與偏武等派委辦事。偏武所管倉工，著交與御史趙華、監修再著、内務府總管常明監管稽查。欽此。」欽遵移會到臣，仰見我皇上綏輯海邦，睿謨弘遠，命官分理，鉅細靡遺。臣聞命之下，不勝欣幸。臣查青州建造滿城工程浩大，一切估勘、核算、繪圖、造册、查議、採辦、督理各項，頭緒紛繁，均應先爲酌定，當即專委登萊青道孫蘭芬總理其事，青州府知府廣壽經管察核，其餘佐雜等員揀選預備，分頭委用。惟事屬創始，其衙署營房規式，並無舊例可循。隨移咨直隸督臣衙門，查取天津建造滿城規式，斟酌確估。至青州府城外舊城基址，先據勘報，共計大地一十二頃五十一畝零。今滿城擇建於西南角平坦之處，丈出大地六頃四十六畝，建造衙署營房，並留大街、馬道，止須大地五頃九畝，尚餘一頃三十餘畝，將來滋生人丁，添蓋房屋，均可足用等情。臣因建造滿營關係永遠駐防，基地最宜詳慎，其城内規模，似再須寬大。其需用磚瓦、土坯、石料、石灰等項，有無官地開設窑座，亦令查議明確，招募工匠承攬置辦。惟有木植一項，初議赴南採買，節據孫蘭芬禀稱，需用木植約計十五六萬之多，若盡赴南採辦，必由江南太倉州劉河口出海，運至山東膠州，又自膠州陸運至青州，計程三百六十里，路經高密草場湖地，一遇雨水，泥濘難行，車輛不能輓運，脚價倍費。今查東省民間榆楸槐楊等木，俱皆聖實，(⿱米心)〔悉〕可取材，以資工用。請於附近青郡之各縣，就便選購榆、楸等樹，先令匠人看定，量材取用，照時價平買。其不敷木植，再行赴南採購，既可省運脚之糜費，又可令匠役先興工作等語。續據山東布政司今陞湖北撫臣費金吾詳稱，東省榆、楸、槐、楊等木不堪經久，易於朽蛀，兼之隨伐隨做，滋漿尚存，木性不堅。況青、萊等郡大木，非係道路壇塋蔭木，即係老民老婦留以需用者。今聞各縣採號甚拂民情，無寧少遲時日，赴南採買。其檩椽鋸板小木，應即於青屬附近地方，照依平價採買等情。臣查北省修建衙署及民間富室蓋造房屋，俱用榆、楸、槐、楊等木，並無越省遠購之事，亦未有致被蟲蛀不堪經久者。況南木委員採辦，往返期遠。今附近所買樹木，其百姓先自砍伐者，已將乾燥，其現議買伐者，去皮斲削，待至南木到日，亦已堅燥可用，豈復尚存滋漿。至於道路壇塋一切古木蔭樹，臣已明白飭禁，不許買伐。所云蔭木之外，盡係老民老婦留以需用，更爲不經，必無此理。總緣東省百姓向苦官役詐派，一聞選買樹木，唯恐充作官用，不給價值，即或給價，十不償一，反多運交守候之苦，或不免於疑慮相參。迨臣剴切曉示，破其疑團，飭令先買後伐，預給時價，一切雇車運送之事，毫不累及。小民賣樹獲利，何至甚拂其情。且木料需用甚多，一尋一丈必欲出自南産，需時滋費，豈爲良策。臣知費金吾見聞未確，誤聽人言，當即一一指駁，並令確議，造送估册，尚未據報到兹。蒙我皇上垂念工程緊要，特遣御史偏武等會同地方官監督修造，並命都統臣拉錫來青相度。聖慈遠注，鉅細無遺，俾大工仰藉有人，實深慶幸。臣正繕摺恭奏，間適欽差御史臣偏武抵河南省城，臣將一切原委面與備叙情形。其應如何修造之處，統俟都統拉錫到東經畫定議。臣仍札諭登萊青道孫蘭芬等協心贊理，所有料理滿營事宜，並御史臣偏武到豫日期，合併恭摺奏聞，伏乞睿鑒。謹奏。

鄂爾泰等《雍正硃批諭旨》卷二〇一上　雍正七年十一月初七日，署理山東巡撫印務都察院僉都御史臣岳濬謹奏爲欽奉上諭事。竊臣案查，雍正七年九月二十四日，准户部咨，九月初三日内閣鈔奉上諭：「山東泰安州神廟，奉祀東嶽泰山之神，歷代相傳，靈顯昭著，佑庇萬民，明神之功德，其來久矣。遠近人民感荷默佑之恩，焚香頂禮，罔不處肅。其廟宇重修於康熙十二年，距今五十餘年。兹據署巡撫費金吾奏稱，廟宇盤道有傾圮頹壞之處，應加繕葺，山路亦當修整。著發内帑銀兩，命内務府郎中丁皂保、赫達色前往督工，敬謹修理，務使廟貌輝煌，工程堅固，速行告竣，以副朕爲民報享之至意。特諭。欽此。」欽遵等因在案。臣於九月二十七日自陝回東，繞道至泰安州，面晤欽差郎中丁皂保等，備述親承聖諭緣由。又據署泰安州知州方世壯詳稱，欽差大人於九月二十一日到州，恭宣工諭：「爾等前往泰山修理廟宇盤道，務使廟貌輝煌，工程堅固，不可惜費。取山東布政司庫銀十萬兩支用。欽此。」今各處工程俱經欽差估計，蒙諭所用木植、磚瓦、石灰等項，須先採買，約用銀二萬兩，應向藩庫支取，其餘銀兩俟應用之時再行支取等語。臣查事關欽工，需銀緊急，隨於司庫公項銀内動支二萬兩，委員解交郎中丁皂保等查收訖。但部文内未將應撥東省何項銀兩指明。今臣皆可先撥司庫公項銀二萬兩，此後尚有應用之處，亦在公項銀内支取。理合繕摺奏明，伏祈皇上睿鑒施行。謹奏。

遵照伊等所傳諭旨，一面如數撥發，一面咨明該部。

謝旻等《〔雍正〕江西通志》卷二七《土産・廣信府》 按王宗沐《江西大志》：廣信府紙槽前不可考，自洪武年間創于玉山一縣，至嘉靖以來，始有永豐、鉛山、上饒三縣續告官司，亦各起立槽房。玉山槽坐峽口等處，永豐槽坐柘楊等處，鉛山槽坐石塘、石壠等處，上饒槽坐黄坑、周村、高洲、鐵山等處，皆水土宜槽。窮源石峽，清流湍急，漂料潔白，蒸熟搗細，藥和溶化，澄清如水，簾撈成紙，製作有方。其槽所非一地，故附屬因革，無從稽覈，矧係民屋，姑紀其略耳。

楮之所用，爲構皮，爲竹絲，爲簾，爲百結皮。其構皮出自湖廣。竹絲産于福建。簾産於徽州、浙江，自昔皆屬吉安、徽山二府，商販裝運本府地方貨賣。其百結皮，玉山土産，槽户雇倩人工將前物料浸放清流急水，經數晝夜，足踹去殼，打把撈起，甑火蒸爛。剥去其骨，扯碎成絲，用刀剉斷，攪以石灰存性，月餘，仍入甑蒸。盛以布囊，放於急水，浸數晝夜，踹去灰水，見清，攤放洲上，日曬水淋，毋論日月，以白爲度。木杵舂細，成片摛開，復用桐子殻灰及柴灰和匀，滚水淋泡，陰乾半月，澗水灑透，仍用甑蒸。水漂，暴曬，不計遍數，多手擇去小疵，絶無瑕玷。刀斫如炙，揉碎爲末，布袱包裹，又放急流洗去濁水。然後安放青石板合槽內，决長流水入槽，任其自來自去。藥和溶化，澄清如水。照依紙式大小、高闊，置買絶細竹絲，以黄絲線織成簾床，四面用筐綳緊。大紙六人，小紙二人，扛簾入槽，水中攪轉，浪動撈起，簾上成紙一張，揭下疊榨去水。逐張掀上磚造火焙，兩面粉飾，光匀内中，陰陽火燒，薰乾收下，方始成紙。工難細述論，雖隆冬炎夏，手足不離水火。諺云：「片紙非容易，措手七十二。」

司禮監行造紙名二十八色，曰白榜紙、中夾紙、勘合紙、結實榜紙、小開化紙、呈文紙、結連三紙、綿連三紙、白連七紙、結連四紙、綿連四紙、毛邊中夾紙、玉版紙、大白鹿紙、藤皮紙、大楮皮紙、大開化紙、大户油紙、大綿紙、小綿紙、廣信青紙、青連七紙、鉛山奏本紙、竹連七紙、小白鹿紙、小楮皮紙、小户油紙、方榜紙，以上定例五年題造一次。乙字庫行造紙名一十一色，曰大白榜紙、大中夾紙、大開化紙、大玉版紙、大龍瀝紙、鉛山本紙、大青榜紙、紅榜紙、黄榜紙、緑榜紙、皁榜紙，以上隨缺取用，造解無期。按《府志拾遺》云：「石塘人善作表紙，搗竹絲爲之。竹笋三月發生，四月立夏後五日，剥其殼作篷紙，而竹絲置於池中，浸以石灰漿，上竹楻鍋煮爛，經宿水漂净之，復將稿灰淋溼水上，楻鍋煮爛，復水漂净之。始用黄豆泃注一大桶，楻一層，竹絲則一層，豆泃過三五日，始取爲之。白表紙止用藤紙藥，黄表紙則用姜黄細舂末，稱定分兩。每一槽四人，扶頭一人，舂碓一人，檢料一人，焙乾一人，每日出紙八把。

嵇曾筠等《〔雍正〕浙江通志》卷一〇六《物産六・金華府》 石灰：萬曆《金華府志》：「蘭谿白坑山，石皆白，可燔爲灰。」

邁柱等《〔雍正〕湖廣通志》卷七四《荆州府》 盧山人《酉陽雜俎》荆州人寶曆中常販燒樸石灰往來於洑南草市，時微露奇迹。賈人趙元卿從之遊，言事多奇驗。人争問之，惡其煩，遂避之復州。元卿言盧生狀貌老少不常，亦不見其飲食，所論多奇怪。

范儕《水經注》枝江東南富城洲上有精廬，儕居之。自言巴東人，少遊荆土，多盤桓縣界。惡衣食，蕭散自得，言未來事多驗。人心欲見，歘然對面。尋求之，終弗遇也。雖遥跨諸州，未嘗見其濟涉。

邁柱等《〔雍正〕湖廣通志》卷九一《藝文志》王宗茂《劾嚴嵩疏》 臣聞舜之咨，十有二牧。曰：「食哉惟時，柔遠能邇。惇德允元，而難壬人。」註曰：「凡此五者，處之各得其宜，則中外治安矣。」頃年我皇上勵精圖治，大奮乾綱，而軫念度支，多方夙備，食可足矣。罷息誅求，敦崇節省，遠近懷矣。從諫如流，求賢若渴，德可尚矣。而獨所謂壬人者，或爲陛下之覽察，或爲言官之論列，皇上亦俯念忠讜，察納敢言，一犯清議，輒加咎譴，但豺狼當道，此特狐狸之問耳。澄濁必於其源，芟莠貴去其本，臣敢昧死爲陛下言之。自古宰相之設，所以上佐一人，下率百僚，相道得而萬國理，此調變之機而理亂之本也。故有苗來格，虞歸益贊之功；越裳來享，周賴姬旦之力。其責誠大，而其任誠重，不可不得其人也。故唐之陸贄亦曰：「古先聖哲之垂言立訓，必殷勤切至，以小人爲戒者，豈將有意讐而沮之哉。誠以其蔽主之明，害時之理，致禍之源，溥傷善之釁深，所以有國有家者，不得不去之耳。」自古以來，雖有明君而爲奸臣蒙蔽，以致亂亡者多。是以我太祖深監前轍，罷置丞相，恐滋偏聽獨任之弊也。臣訪得大學士嚴嵩，本以邪媚諂諛之徒，濟以寡廉鮮耻之行。陛下入其詐術之中，進極人臣之位，久持國柄，明掌朝綱。凡有奏請，多資其判决，一應陟降，咸出其用。舍雖三尺之孫，亦霑一命之榮。陛下待之蔑以加矣，宜靖共爾職，用酬殊遇。乃因根蒂盤固，氣焰薰灼，作威作福，無忌無憚，以總貨爲長策，以彌縫爲嘉猷，備縉紳之所惡以爲智巧，冒往昔之所戒以爲行能，賕通萬國，冤含九地，引用奸邪以爲羽翼之助，大小臣工半其門廡之人，使中外唾罵，人神怨恫，雖唐之楊國忠、宋之秦檜，殆有甚焉。如吏部者，銓選之曹，黜陟之司。嵩撓吏部之權，則每選額要二十員名。州判三百兩，通判五百兩，天下名區聽其揀擇。自州判而上以至二司出其門者，每年生旦，不分遠近皆來稱壽，折緞銀皆百兩有餘。該部非不知其柄之顯移也，一不從則禍立至，孰肯犯其怒耶。兵部者，將帥之府，邊陲之管。嵩總兵部之權，則每選亦額要十餘員名。管事指揮三百兩，都指揮七百兩，三邊要地不計匪人。自指揮而上以至總兵感其恩者，至於歲時皆來叩頭，菓價或至千金。該部非不知職之不專也，一不從則禍立至，誰敢當其鋒耶。即二部而諸部皆然。臣獨舉二部者，例其餘耳。此嵩誤負之罪一也。如應天府監生滕應表，借刁琛銀五百兩，充爲饋送，即除廣東德慶州判官，未及到任，物故。此債尚未償完，至今告追不息。臨江府富豪游桂二逃罪來京，潛住吏部考功司員外郎萬寀私宅，一月用銀二千餘兩。寀恃鄉曲伊親，百計求免。寀既由賂而能脱人，則由賂而能官人可知。即今外官之升沉不必稽其器能，察其勞考，但計禮物之豐菲，簡書之疏密，是以方正忠謀之士不得爲陛下用。此嵩誤負之罪二也。如己酉年因人論劾，欲潛搬家屬回籍，其他財物玩好不暇殫述，但聞治裝時，檢金銀器皿以紀入庫之數，前列數十桌，嵩坐於後，愈出愈奇，都無置處。一切發琅金銀美人高數尺者，並金銀溺器狼藉桌下，方物奇珍，京坻叢集。此嵩誤負之罪三也。如袁州府分宜、宜春等縣，其膏腴田產，投獻地宅，不遑悉數。聞相府之後別置庫室五間，下鑿一丈二尺，傍砌大石，上布堅板，室積石灰、煤炭，云内皆珍寶、金銀器物，其成錠金銀並賞賜銀兩猶不在是。此其深藏貽遠，誠竭其心思勞費謀畫，若以此謀國，尚何不臧之有。此嵩誤負之罪四也。如所蓄家人五百餘名，并袁州所屬皆冒伊親名色，絡繹水陸，其供應船隻、馬匹，月無虚日，日無虚時，少有遲緩，即綑打需索，鷄犬不寧。小民無由申控，官司不敢阻當。雖督運糧船亦且讓其先過，至於閘壩，商舟未有免其破碎者。徐淮地方，驛門晝閉，過客有關文者惟在門樓垂繩上下，蓋懼狼僕鄉里之擾害也。此嵩誤負之罪五也。如陛下所食，大官之滋味不過數品，蓋不極玉食以費天下也。嵩除陛下賞賜膳盒之外，凡窮海之錯，極陸之毛，絶域之所産，人間之所無，罔不畢至，以供宴飲。是九州四方之待嵩有甚於待陛下也，其故何哉，以國家之事皆由於彼也。此嵩誤負之罪六也。都人兒童稔聞其黷貨病國之久，亦惟謡曰：「介溪介溪，好不知幾，禍福到頭終有報，只争來早與來遲。」蓋嵩積惡之極，孽貫之盈，負恩之罪尚小，賣國之罪匪輕，不能假手於陛下，而但假手於上天也。爲人臣子，致人怨惡之至無可奈何而求降災於天，此嵩誤負之罪七也。如陛下近因太倉空虚，雖各處王府苟有羨積，亦奉表輸納，以助軍需。蓋以見忠愛之心，且臣子之分所宜爾也。王府於陛下有骨肉之親，嵩於陛下有股肱之託。若存一毫愛國之心，當不知何如爲裕國之謀矣。而乃因陛下不直人言，遂愈縱谿壑，不顧賢否，自爲編修，以迄於今。聚類養惡，凡爲乾兒子三十有餘，其踪跡尚藏。若伊耕梁紹儒之類，則已敗露者也。即其已敗露者，而其未敗露者可知。此皆衣冠之盜，獸心之人，雖非嚴氏之姓，實同一本之親。其狐因城貴，鼠憑社黠，肆毒稔害，不可勝述。夫富貴者，人主之柄，而嵩之能貴人、富人如此，則其柄不由於陛下矣。此嵩誤負之罪八也。嵩之欺天罔人，雖汗南山之竹，不足紀其惡，縱有蘇張之口，不能言其詳，而其尤大彰明較著痛恨太息於天下者，兹其梗概耳。臣惟陛下臨御以來，吏稱其職，民安其業，海内殷富，四海向風，何至邇年百物虚耗，軍民窮困，南征北伐，殆無寧歲乎。蓋天下之所恃以久安長治者，財也、兵也。不才之文官以賂而出其門，則剥民脂膏，去百而求償其千，去千而求償其萬，黎民幾何而不困。其困民如此，又安有撫恤之政哉。不才之武官以賂而出其門，則侵漁剋糧，或支之不及其時，或散之常非其數，軍士安得而不弱。其弱兵如此，又安有折衝之功哉。即今天下之民，竭其出不足以勝其求，殫其入不足以免其禍，征誅之酷，算及鷄豚，嗟怨之聲，徹入蒼旻，以公家之賦税既有常數，而私門之苞苴又無定額也。不然，則臣前所謂數十桌之器皿、五間庫之深藏，豈神輸鬼運哉，官斂之於民而又納之於嵩也。嵩之授受若固有之，視之若不甚惜，而不知箠楚之慘，膏血之盡，一路之哭，向隅之悲。儻陛下聞之，亦不能不愴然而憫矣。臣惟邇者各處地震，由臣下專權之徵也。而所謂專權者，寧有出於嵩之右者乎。陛下用嵩，將以論道經邦，變理陰陽，而至於傷天地之和，招怪異之至，何取於嵩而任信之哉。臣聞陛下之帑藏不足支五年之費，而嵩之積蓄可贍數世之需。是不惟孔子所謂富於周公，而且富於陛下矣。夫陛下以四海爲富，豈果不若嵩哉。蓋陛下積而有施，而嵩獨積於無用，祇見其多而爲害之甚耳。陛下與其爲賣官鬻爵之令，盍去此蠹財惑衆之臣，以全國家之元氣乎。臣又聞，數年來忠諫之士敢怒而不敢言者，由嵩交結以售其姦，陰險以肆其毒，未有朝陽之鳳，即爲立仗之馬，不爲廷杖之鬼，則爲遐徼之卒。苟有身家之念，孰肯犯大難之端，爲此無用之言，以賈必死之慘哉。是以多卷舌而長吁，結氣而有待也。臣爲行人時，每聞臣庶言及，切齒腐心久矣，彼以尚非言責，思懼出位。邇蒙擢用，待罪南臺，幸厠當言之列，遭遇受言之君，既知姦慝復爲緘默，則臣尸位素餐之罪既不可逭，而國家言官之置，不如刻木爲人而列之於朝，且無食禄之費矣。臣非不知嵩日薄西山，豢虐無幾。然一日業乎其官，則一日流毒於民。陛下爲三皇五帝之隆，而容此共工驩兜之屬，以月恒日升之聖，而暱此朝不謀夕之姦，臣不知天下後世將以陛下爲何如主也。臣非不知謝事高蹈，獲勇退之名，隱惡苟全，養壽命之道，何乃自苦如此。蓋既以身許國，則死亦人之所不免耳，而況於毒民以逞，誠非細故可隱忍自全，以貽主上之憂乎。臣非不知儉人無才，不足以動人主。一爲所動，非疏逖之臣未孚之言所能離也。然進言在臣，聽言在君，不敢逆睹其不聽而不進也。臣非不知左右援立，皆有深締之腹心，一言浸潤密啓妄遺刀鋸伏焉。臣亦盡其職焉耳，其他不遑顧也。臣非不知嵩之數十假子待嵩而舉火，一苞或去，諸蘖安附，則所以爲竊符之救井石之下者，不知其凡幾也。臣既爲杌上之肉，其後不遑恤也。臣非不知錢至百萬可以通神，以彼之富爲頤指氣使，臣無死所矣。臣雖握粟，又何計焉。臣父母垂老，妻子俱少，非不知承歡膝下，樂其妻孥之爲快也。臣死之後，父母失養，妻子零丁孤苦，有甚於天下臣民罹嵩之害者。然時事至此，殊非太平之象，將爲戎馬之場。臣且舉家焚燎，自經林木，有甚於失養孤苦者。此時若用微臣之言，猶爲不遠之復，則臣之父母妻子享安寧之福，有甚於臣之生也。臣以一死而易天下之治，父母妻子之安，顧不爲與。夫嵩之血氣既衰，戒之在得，固也。其所以得之不以其道，愈得而愈無厭者，嵩能持之入地下乎。爲後計也。臣一人也，寧無計後之心而犯陛下之怒，欲去必不可去之姦，以死必不可生之辱，雖後亦不遑計者，良以世受恩榮作養之遠，每欲捐軀以報陛下之知遇，復敢畏死而當言不言也哉。臣犬馬之誠，誓不隨綴班行之後，以累平明之治。伏乞俯鑒臣言，將嵩速賜罷黜以謝天下，並究臣不當訐大臣之罪以謝嚴嵩，則臣鄰幸甚，天下幸甚。再照，吏部爲百官之長，四司爲衡鑑之公。衡不平則輕重或得以淆其等，鑑不空則妍媸或容以逃其形，此進退人才之根，而古今理亂之源，尤不可使一壬人厠乎其間者也。萬宷既以奔競而爲中書，復假權勢而入吏部，玩法干紀，肆行無忌，公禮私覿明受不辭，遂使中外唾罵，賢愚共怒。號私宅爲金帛之府，聞京師有小萬之謠。夫以嵩之奸佞欺負，而宷又以邪僻濟之，則其寵賂之彰，國家之敗，臣不知其所終矣。且朝覲在邇，冠裳咸集，以此巧人僞夫，必善潛要詐索，亦不可一日居乎其位，以妨賢哲之路者也。伏乞勅下該部，并將萬宷亟爲罷斥，別選正人以充新任，庶名器不濫，而官箴以肅，奸慝用懲矣。

田文鏡等《(雍正)河南通志》卷一五《河防四・河防考》 康熙三十九年七月，總河張鵬翮奏河工事宜：一堤工之宜堅築也。凡加幇之堤，務將原堤重用夯硪密打數遍，極其堅實，而後於上再加新土。其創築之堤，先將平地夯深數寸，而後於上加土建築，層層如式。夯杵行硪務期堅固，照依估定遠近土方取土。加幇不許近堤，取土亦不許挖傷民間墳墓。該管員弁不時巡查，如有前弊，即將承築官參究。一樁工之宜用整木也。凡遇頂冲刷灣之處，水勢湍激，務用整木簽釘排樁，整柴釘頭鑲壓，以資捍禦。嗣後購木到工，該道廳必躬親圍驗，與原估尺寸相符，勒令承築人員樁用整木，簽釘入地甚深。埽用整柴，鑲壓方能堅固永久。如將木柴截用，修築不堅，旋修旋壞，該道廳不時揭報，以憑參究。一埽工之宜覈實也。嗣後報險呈詳一到，果係險工，即令動料搶修，一面估計申報以憑稽查。如係假捏，即以謊報參處。一挑河之弊宜除也。凡遇挑河之工，將挑出之土盡堆於原估堤上，層層夯硪成堤，不許估計散土以滋堆高假河之弊。如有前弊，不准銷算，仍以侵冒誤工參究。一夫役之宜優恤也。河工夫役，工成之日給與印票，該地方官查驗免其雜項差徭。一石工之修砌宜得法也。嗣後一切石工無論馬牙、梅花等樁，皆用整木深釘，務期極其堅深。無論裏面、釘頭等石，皆照原估置辦，鏨鑿極其平整。石灰須重篩篩過，多用米汁調和搗杵，極其膠粘，滿灌而入，使之無縫不到。又用鐵錠鐵鋦聯絡，上下合爲一體。凡有石工將興，備料到工，該道廳先驗物料，次勘工程。或物料不堪、短少灰米以及修砌草率，立即揭報以憑參究。一黄河淤墊之曲處宜取直也。直則水流暢快，而泥沙不淤。查閲河工頂冲大溜之處，對岸必有沙嘴挺出，此河曲之驗。從此曲處挑挖引河以殺水勢，則對岸險工可平。但挑挖引河需費甚多，若挖後引水，必大溜始可成河。若逢緩水，必至沙淤，例應追賠。是以人心畏懼，挑挖多不如式。倘嗣後虚應故事，理應賠修。若實心任事，偶致淤墊，請免其賠，庶人無畏縮，而河工底績矣。一龍尾埽之宜停也。河工工程堅固者，首在石工，次則密釘馬牙樁以資捍禦。其頂冲大溜之處，用丁頭埽密釘大木，排樁深埋入土亦屬有益。若平常工程，概用龍尾埽稀釘排樁，淺埋浮土，究亦何益，宜行停止。奉旨著九卿詹事科道會同速行確議具奏。議覆，奉旨依議。

金鉷等《(雍正)廣西通志》卷三四《城池・梧州府》 藤縣城在大江之南繡江之東，二水合流，上有平原，創立城垣，不知所始。元至順三年，知州文魁重砌，周三百三十丈，高一丈二尺。明洪武十一年，改州爲縣，城漸頹廢。宣德間，築土城，東北樹栅。天順四年，寇毁。五年，巡撫葉盛委推官吕景融、知縣熊善修築。成化二年，寇陷，都御史韓雍委知縣謝鉉用磚包砌，周三百六十丈，高二丈。闢四門，有樓，東「通津」、西「永安」、北「拱辰」、南「迎恩」。敵樓十八間，串樓三百七十五間。西南以民塘爲濠，東以江爲濠，環植木栅，重以閘門。隆慶五年，署縣主簿卜一佩捐修。萬曆四十一年，大水，西門城樓壞，城圮。四十三年，知縣李廷幹修葺。崇禎六年，北門城樓毁。九年，知縣梁昌重建，易串樓爲陽城，磚砌雉堞，規模壯麗。國朝康熙三十八年，知縣宋旭修北門樓。雍正元年，知縣李文炎修葺各處傾塌。三年，重建東、西、南三門城樓。今城高二丈，濶七尺，周三百六十丈，垛口三百六十。

附五屯千户所城，成化二年都御史韓雍始建，嘉靖八年總督王守仁增拓之。周三百有十丈，串樓二百九十間，東門二，南門、北門各一，皆有樓，濠深一丈，廣如之。【略】

岑溪縣舊城，在今城西五里中鄉新城堡，明洪武三年知縣劉鎮築。成化十年，僉事黄蒞、副使范鏞見城外無水，形勢非建城地，請於都御史韓雍發公帑，屬知縣黄鳳翺卜築於烏峽之陽。負山臨溪，築磚城周一百六十丈，高二丈，開東、北二門。弘治八年，知縣余敦善改陽城爲陰城，架串樓一百七十間，塞東門，闢南門。正德十五年，知縣石希介因城褊小，築土城於外，周三百八十餘丈，上覆以瓦，闢東、西、北三門。嘉靖二十六年，知縣趙稐以外城東、南二門隨水順出非宜，因改建之。隆慶三年，知縣李果又改還北門。自是南北洞開重門，歲久瓦卸，内外城門頽圮，不堪捍衛。萬曆二十四年，傜寇亂，飭兵討之。兵巡副使張文耀爲監督，駐節城中，見城隘陋難守，白於總督陳大科、巡撫戴耀、按院林道楠題請宏拓，屬通判歐爚、知縣曾莘、典史王一道董其事。下瘞盤石爲基，上布鉅磚，甃以石灰，闢東、西、南三門，外加甕門。門上有樓，餘設六敵臺，臺上有樓，各因險易以爲崇卑。城周三百六十丈，高一丈八尺。天啓中，知縣王用霖於城東、南二門間闢東門，建城樓。崇禎間，知縣馬斯才改舊尖垛盡爲方垛，增高一尺五寸。明季四門城樓、敵樓俱毁。

傅澤洪《行水金鑑》卷六三《淮水》　萬曆八年，總河潘季馴題河工善後事宜：一甃石堰以固要衝。先該給事中尹瑾題，該工部覆議，高家堰西當淮泗衝流，東護淮揚沃土，即今築塞已固，要將當中大澗口二十餘里用石包砌，合咨臣等。今歲預行估計幹辦合用石料若干，工費若干，責成徐、潁、海防三道併力分工同心協慮。自萬曆九年興工，酌寬限期，合用錢糧於大工餘剩銀内支用等因，行據司道等官議報前來。該臣等覆查得，本堰自漢陳登創築之後，至我朝平江伯陳瑄復大築之，向不甃石者，非謂石之不堅，亦以采石之難也。去歲堰工告竣即設官夫晝地分守，每歲四月以前，八月以後，水及堤根者不滿二百丈，防守甚易。惟是五月中至八月盡最爲喫緊，如有汕刷浪窩，隨時補修，可保無恙。然歲久月深，官吏更换，首尾不知，疏虞難免，誠不如甃砌山石之爲一勞永逸。科臣所云三利，可謂委曲明盡矣。況内土既已堅厚，廂石亦易爲力。但淮安原不産石，俱於徐州取辦，而節年采伐不歇，勢必窮山遠搜，石巖既遠則出山脚價自倍於昔。水次去工尚餘五百里，糧艘帶運，勢必病軍，民舟搭載，勢必病商，則自備官船專人管運之費不可惜也。採石數萬丈，聚匠必須數千名，非遠募於山東、江南之間不得也。其直不多，誰肯樂就。及卸石工次搬運至堰，遠者將十餘里，近亦五六餘里，泥塗深陷，舉趾艱難，比之伐石出山之苦，又有甚焉。大工甫畢，民勞方休，勢難驟舉，故須濡遲歲月。事難獨任，故須分責三道。該科慮之詳矣。今該臣等公同勘得大澗口極窪去處，自「列」字號至「水」字號止，計長三千丈，合派南河分司三百丈，徐、海、潁三道各九百丈。每堰長一丈，應砌高一丈，内外用石二層，該石二十丈，共該石六萬丈。約計在山採辦工價、出山脚價并鑿砌工食，每丈該銀五錢九分，共該銀三萬五千四百兩。合用船隻，除南河分司查有見在混江龍船免造外，每道該造船九十隻，共船二百七十隻，每隻連篷、桅、什物，該價銀五十兩，共銀一萬三千五百兩。每船雇募水手六名，共募一千六百二十名，每名每年工食銀七兩二錢，大約四年爲期，共該銀四萬六千六百五十六兩。募夫搬石上船、下船及抬石到工，大約每丈費銀三錢，共銀一萬八千兩。每砌石一丈，用石灰二斗，銀八釐，共該銀二百四十兩。堰基三千丈，每丈約截用長杉二十五根，共計七萬五千根，每根價銀一錢三分，共該銀九千七百五十兩。樁手每丈三十工，該銀一兩二錢，共銀三千六百兩。管工官廪糧，比照大工事例。合用府佐二員，每員每日廪給銀一錢，書辦一名，口糧銀四分。州縣佐貳官十二員，每員每日廪給銀六分，書辦一名，口糧銀三分。陰、醫、省祭等官三十員，每員每日銀四分，每年該銀九百七十二兩，共銀三千八百八十八兩。以上通共該銀一十三萬一千三十四兩，應於大工用剩解還户部銀一十二萬奏請留用，尚欠銀一萬一千三十四兩，再於原留用剩銀内動支。除南河分司見有船隻，一面行令采運外，其三道工程今歲時月已促，止可打造船隻、置辦器具、雇募夫匠完備，明歲採運石塊，陸續細鑿備用。萬曆十年方可下樁甃砌，隨砌隨採，定限四年以裏工完。聽總理衙門將各效勞官員，分別勤惰題請覈實賞罰。如司道等官處置得宜，能於限前早竣，工堅費省者破格優處。其原造船隻事畢，量行變價作正支銷，庶料理周悉而隄防永固矣。

岳濬等《〔雍正〕山東通志》卷一八《河防·曹單修防·修砌石工》 湖河隄岸，原因長湖巨浪隄岸單薄，樁埽板工不足以資捍禦，是以估砌石工以爲經久之計，故各估册内有馬牙、梅花等樁，有面裏、丁頭等石，有鐵錠、鐵鋦、汁米、炭柴等料，各匠夫役工食以及祭祀之類，無一不備。若照數辦料，依法修砌，自能堅固永久，安有旋砌旋倒之事。今見修砌石工之處，不惟石塊碎小，不足尺寸，而且鏨鑿草率，參差不平。雖有石灰，而不見過重篩。疊杵堆貯樁木，率皆一木數截。零星之磚，不足原估尺寸，三磚不能抵二磚之用。鐵錠、鐵鋦全未之見，釘樁短小不足以擎數層巨石，石塊碎小不足以符原估丈尺。石灰米汁短少，何以合磚石而聯成一片，鐵錠鐵鋦全無，何以扣石縫而使之合筍。再加以減少匠工，潦草修砌，自必旋砌旋壞，安能經久。凡修石工，無論馬牙、梅花等樁，皆用整木深釘，務期極其堅深。無論面裏、丁頭等石，皆照原估置辦，鏨鑿極其平整。石灰須重篩篩過，多用米汁調和搗杵，極其膠黏，滿灌而入，使之無縫不到。又用鐵錠、鐵鋦聯絡上下，合爲一片，則石堤山立，可資鞏固之益矣。

趙弘恩等《〔乾隆〕江南通志》卷一五〇《人物志·潁州府》 郭昇字騰霄，潁州人，天順庚辰進士。明初潁之登甲第者自昇始。任工部主事，督運徐州。吕梁洪從古險阨，大石百餘伏水中，每歲溺船數百。岸爲水所齧，仄隘不能容足。昇鑿石以殺水勢，甃岸以石板，束以鐵釘，灌以石灰，爲功甚鉅。植柳濬井，以蔭濟行人。值考課，軍民詣闕請留。擢郎中，仍莅洪事。維揚河善淤，運舟膠淺，當事檄昇治之。昇疏淤滯，置儀徵白塔河牐。河溢則洩於江，江漲則引於河，瀦蓄有法。陞陝西參議，未任，卒。今洪上有郭公祠。

《明史》卷三〇二《列女傳二·尤氏》 尤氏，崑山貢生鏞女。嫁諸生趙一鳳，早死，將殉之，顧二子方襁褓，爲彊食。二子復殤，慟曰：「可以從夫矣。」痛夫未葬，即營窀穸。惡少年豔其色，訾其目曰：「彼盼美而流，烏能久也。」婦聞之，夜取石灰手挼目，血出立枯。置棺自隨。夫葬畢，即自縊，或解之，乃觸石裂額，趨臥棺中死。

《清高宗實録》卷三一三 〔乾隆十三年四月下己卯〕户部議准，署廣西巡撫鄂昌疏稱：陽朔縣屬石灰窑廠，出産銅砂，先經開採。去年入秋以來無砂可採，應行封閉，從之。

阿桂等《盛京通志》卷一二九 福陵水法原係高其倬於雍正七年定議建築，兹因衝刷興修，雖派有洪文瀾等數員先後相度，深恐識見參差，未能畫一。今又經原議之高其倬再三斟酌，臣等接准部咨，細繹廷議所有酌量更改之處，自應另行估計。但查洪文瀾等議修各工，臣等料估錢糧三十八萬五千七百餘兩，内因建築決口、頭隄背後，以及石礀岸培墊等處，共長九百一十三丈一尺九寸，在在需土鑲填，共計需用土十八萬五千八百六十方。估計填墊、挑挖、車運價銀三十四萬一千二百十兩六錢，其餘磚、石灰、樁匠、夫雜料僅估銀四萬四千五百六十七兩七錢四分零。因土方十居其九，彼時議將引河開寬六十丈，即以挑挖引河之土運爲各處之需，業經臣等前摺聲明在案。今查應行修建各處，高其倬與洪文瀾等所議俱屬相符。惟將石礀岸比虎皮石墻酌低二尺五寸，引河止開十二丈，雖各有應減物料錢糧，而土方需用尚多。今河開十二丈，則少開河四十八丈，即少得土四十八丈矣。且高其倬議稱，用土培作北面圓唇，又云所培務宜圓净，則前估礀岸必須纖毫妥合，方爲盡善。臣等公同親往，敬謹相度，查得前估石礀岸原比虎皮石墻低二尺，今照高其倬議再低五寸。但查上面培補，一律平高，誠恐中間存積雨水，自應南北略分高低。北頭低二尺五寸者，南頭即應低三尺五寸，則唇固圓而雨水亦不致存積。再洪文瀾原議，西邊露明流水山溝一道，讓在石礀岸外。今照高其倬議，欲圓净則此處不無缺凹，應如砌石幫，上下鋪墁石板作爲暗溝，俾水由内洩，則東西一望整齊，而觀瞻倍肅。惟是，原估需用土十八萬五千八百六十方，除石礀岸内減用土五萬一千一百二十六方七釐，尚需用土十三萬四千七百三十三方九分三釐。今引河十二丈内僅可得土三萬五千四百八十七方八分四釐，實少土九萬九千二百四十六方九釐。查引河南岸儘有土岡，在洪文瀾原議，河心淤積之土可以愈開愈寬，得與大河相通。高其倬則議，中間一砂，内關小灘外攔大河，最爲得力。若馬關橋之土不宜取動，勢必於橋外極西遠處取土，運送到工計程十里内外，運價浩繁。惟有引河南岸所積淤土數處，與中砂相去尚遠，若酌量地勢接聯，分別道路里數，可以均撤平坦，即能得土九萬九千餘方。隨交與郎中那禪等核實料估，計土方填墊、挑挖、車運價銀二十三萬六千五百四十八兩二錢五分二釐，磚、石灰、樁匠、夫雜料銀五萬一千零七兩五錢四分四釐六毫二，共銀二十八萬七千五百五十五兩七錢九分六釐六毫。臣等覆核無異。

永瑢等《歷代職官表》卷三七《內務府上·營造司》 郎中二人，員外郎八人，主事一人，委署主事一人，筆帖式二十六人。

掌膳修工作及薪炭陶冶之事。所屬有六庫三作，曰木庫，司物材；曰鐵庫，司鑄造鐵器；曰器皿庫，司藤竹木器；曰柴庫，司薪柴；曰炭庫，司煤炭石灰；曰房庫，司涼棚席篷檾麻；曰鐵作，司打造鐵器；曰花爆作，司造烟火花爆；曰油漆作，司繪塈。六庫各設庫掌、庫守，三作皆設司匠、領催，皆未入流，惟鐵作司匠給八品虛銜。初名惜薪司，順治十八年改爲內工部，康熙十六年改定爲營造司。初設郎中三人，後裁一人，員外郎六人，後增二人。

永瑢等《歷代職官表》卷五九 《明會典》運河錢糧：通惠河郎中所屬通州、東安等七州縣，椿草銀五百三兩六錢五分，通州左右神武等九衛椿草銀六百十六兩。北河郎中所屬兗州府屬州縣并衛所石灰十三萬八千觔，檾麻九十六觔，椿草、檾麻銀五千五百三十五兩六錢八分，副甎銀二百五十七兩七錢六分，安山、南旺等湖租銀三千三百三十五兩二錢四釐八毫。各州縣裁革折徵。撈淺、淺鋪等夫二千二百八十名，每名歲徵銀十二兩。渡夫二名，每名歲徵八兩。共該銀二萬七千三百七十六兩。萬曆四年議定每名連椿草歲徵銀六兩，著爲例，每歲共該銀一萬三千六百九十二兩。東昌府屬州縣并帶管德州、德州左二衛及清河縣副磚一萬六千九百九十三個，石灰九千二百觔，椿草、檾麻、磚、灰銀二千四百八十兩六錢四分，各州縣裁革折徵。撈淺、淺鋪夫八百六十二名，萬曆四年議定，每名連椿草歲徵銀六兩，每歲共該銀五千一百七十八兩。河間府屬州縣并衛所椿草銀二百五十八兩五錢六分，葦草銀二百三十五兩三錢六分，檾麻、副磚銀各五十三兩四分，石灰銀二十六兩五錢二分。南河郎中所屬淮安府屬天妃閘以北邳州、清、桃、睢、宿五州縣并邳州衛椿。草、磚灰銀四百六十九兩八分。廬、鳳二府并滁、和二州徵解邳州河隄防守夫銀一萬二千九十六兩。徐州并屬縣椿草、磚灰銀八百七十九兩八分。廬、鳳二府并揚州府屬州縣徵解徐州停役夫協助河工銀一千三百九十九兩二錢。徐州庫收支徐州洪稅協濟河工錢糧歲徵無定額，約萬餘兩不等。

乾隆《欽定平定臺灣紀畧》卷六一 乾隆五十三年五月二十一日壬午，上命軍機大臣傳諭福康安、李侍堯、徐嗣曾曰：「磺斤採自山中，如果開採時毫無透漏，則該省民人製造花爆以及打取牲畜，配用火藥又從何而來？即此次賊人鎗砲內用火藥不少，豈盡由搶奪所得。可見開採磺山，雖派員駐劄，仍不能保無透漏。此事惟在該督撫等平日嚴加查察，總期先於軍火無虧。即或民間鋪户之所需，不能悉行禁絶，亦當防其太甚。至臺灣地方，向産磺斤。前據逆犯林爽文供稱，將墻上年久石灰煎煮成硝，在北路生番山裏私換硫磺，配作火藥等語。生番山裏既産硫磺，則奸民不但可以向其私換，或帮同偷採亦未可定。現據福康安奏將臺灣民間私用鳥鎗繳回銷燬，改鑄農器，而私換硫磺及偷採之弊尤應嚴切查禁。着福康安務飭該地方官嚴密稽查，勿任仍前疏縱，並著李侍堯、徐嗣曾各於內外時刻留心查察，不得日久生懈，滋弊生事。」

藝文

陶弼《邕州小集·出嶺題石灰鋪》 馬渡嚴關口，生歸喜復嗟。天文離卷舌，人影背含沙。江勢一再曲，梅梢三四花。登高休問路，雲際是吾家。

韋驤《錢塘集》卷七《和舒信道中丞》 臘月纔飛玉律灰，物情已若在春臺。高懷果動山中興，秀句欻從塵外來。兵釀可應隨日熟，官梅能不爲時開。何當舉白西河上，茗芋須容倒載回。

又和

淺雪初成玉石灰，冒寒擁腋上層臺。那嗟晚景催人老，且喜新春入手來。戢戢庭萱芽始迸，娟娟池柳眼先開。幾回騁望南湖轍，坐想高談腸九回。

鄒浩《道鄉集》卷一三《留别興安唐叟元老推官》 天繪亭邊三載夢，石灰鋪裏一時情。個中不是同參得，胸次崢嶸何日平。

幽居不許穿雲到，寶閣仍忘破曉登。多少從來疑着處，一齊分付打包僧。

風前火烈逢真玉，雪後大寒見老松。携得此心歸北去，與君無處不相逢。

張豫章《御選明詩》卷一〇四于謙《詠石灰》 千槌萬鑿出深山，烈火叢中煉幾番。粉骨粉身都不顧，只留清白在人間。

黄宗羲《明文海》卷三四四陸深《浮山遺竈記》 平定之山以浮名者二，故稱東西浮山云。東浮山在城東五十里餘，即女媧氏補天之處也，其煉石竈尚存。山多産石灰，勝他産，而所産諸色石亦可燒云。予嘗荒唐補天之説，今適其地，睹其跡，於是召其土人問之，土人曰然。又問之土人之耆宿，耆宿曰然。已又問之學士大夫，士大夫又曰然。予曰：「何謂也？」時僉憲白君實之曰：「是遺俗焉，可徵已。凡吾定之人，環而家者以千萬計，而附州者尤密，今州居之家復以百千計。歲上元之夕，無論小大，家家置一爐焉，當户高五六尺許，實以雜石，附以石灰，至夜煉之，達旦火焰焰然，光氣上屬，天爲之赤。至於今不廢也，是之謂補天。」予聞之始悟，而未有以發也。遂過樂平，與太宰白巖先生喬公談浮山及此，予以爲此蓋史氏之微詞也，要之實理，固亦有然。按媧皇之興，繼太昊而誅共工。是時火德中微，生民甚樸，想夫茹毛飲血之外，日出而作爾，日入而息爾，固未能盡火之用也。況洪荒初開，林木鮮少，樵薪之利漸微，而附麗之機猶隱。媧皇乃察物宜，前民用，是故制此，以通昏黑之變，補烹飪之宜，所以開物而成務，蓋曰補天之所不及爾。後世所謂焚膏繼晷，爝火代明，亦斯義也，此誠贊化育之一端。聖人繼作舟車宮室之制，安往而非補天也哉！補助也，贊也，未必盡寓彌縫修綴之義，固因其罅漏而補塞之，讀者不以辭害可也。後世方士家本列子之言，以爲燒丹接氣之術，故神其事，世遂惑焉。公大以爲然，云此可破千古之疑。予許爲作辨，而未有以復也，聊記於此。

雜録

孫思邈《備急千金要方》卷七四《胡臭漏腋第五·石灰散治胡臭方》　石灰一升。楓香一作沉香。薰陸香、丁香、青木香各二兩。礬石四兩。陽起石、橘皮各三兩。右八味治下篩，以綿作篆子，粗如指，長四寸。展取藥，使著篆上，以絹袋盛，著腋下。先以布揩令痛，然後挾之。

釋道世《法苑珠林》卷五一　隋鄭州超化寺塔者，在州西南百餘里密縣界，在縣東南十五里。塔在寺東南角，其北連寺，方十五步許。其寺塔基在淖泥之上，西面有五六泉，南面亦有。皆孔方三尺，騰涌沸出，流溢成川。泉上皆下安柏柱，鋪在泥水，上以炭沙石灰次而重填，最上以大方石可如八尺牀編次鋪之。四面細腰，長一尺五寸，深五寸，生鐵固之。近有人試發一石，下有石灰乃至百團。便抽一團，長三丈，徑四尺。現在。自非輪王表塔神功所爲，何能辦此基搆，終古不見其儔也。今於上架塔二重，塔南大泉涌沸鼓怒，絶無水聲，豈非神化所致也。有幽州僧道嚴者，姓李氏，形極奇偉。本入隋煬四道場，後從俗服，今年一百五歲，獨住深山，每年七日來此塔上盡力供養。嚴怪其泉流涌注無聲，乃遣善水崑崙入泉尋討。但見石柱羅列，不測其際，中有寶塔，可高三尺，獨立空中，四面水圍凝然而住，竟不至塔所。考其原始，莫測其由，時俗所傳育王所立。隋祖已來，寺塔現在。

王燾《外臺秘要方》卷三〇《惡疾大風方一〇首》　又石灰酒主生髮毛、長鬚眉、去大風方：

松脂，成鍊者十斤。黍米，一石。石灰，一石，拌和濕蒸令氣足。上麴。一石二升。

右四味，先於大鐺中炒石灰，以木著灰中，火出爲度，枸杞根剉五斗，以水一石五斗煮，取九斗半，去滓，以淋石灰，三遍，澄清，以石灰汁和釀漬麴，用汁多少一如釀法。訖封四七日，開飲一二升，常令酒氣相及爲度，百無所忌，不得觸風，其米泔水及飯糟，不得使六畜犬鼠食之，皆須令深埋却。此方九月作，至二月止。恐隔上熱，服後進三五口冷飯壓之。婦人不能食飲、黄瘦積年及蓐風，不過一石即差。

李筌《太白陰經》卷五《烽燧臺篇第四六》　經曰：明燧於高山四望險絶處置，無山亦於平地高迴處置。下築羊馬城，高下任便，常以三五爲準。臺五丈，下闊三丈，上闊一丈，形圓。上蓋屋覆之，徑闊一丈六尺，一面挑出三尺，以板爲之，上覆下棧。屋上置突竈三所，臺亦置三所，並以石灰飾其表裏。復置柴籠三所，流大繩三條在臺側。上下用軟梯，上收下垂，四壁開孔，望賊及。安望火筒，置旗一面、鼓一面、弩兩張，砲石、壘(水)〔木〕、停水瓮，生糧、乾糧，麻蘊火鑽、火箭、蒿艾、狼糞、牛糞。每夜，平安舉火一把，聞警舉二把，見煙舉三把，見賊舉燒柴籠。如早夜平安，不舉，節烽子爲賊提。一烽六人，五人烽子，遞(加)〔知〕更刻，觀望動静。一人烽率，知文書符牒傳遞。

段成式《酉陽雜俎》卷二《壺史》　寶曆中，荆州有盧山人，常販橈朴石灰，往來於白湫南草市，時時微露奇跡，人不之測。賈人趙元卿好事，將從之游，乃頻市其所貨，設菓茗，詐訪其息利之術。盧覺，竟謂曰：「觀子意，似不在所市，意有何也？」趙乃言：「竊知長者埋形隱德，洞過著龜，願垂一言。」盧笑曰：「今且驗，君主人午時有非常之禍也，若是吾言當免，君可告之。將午，當有匠餅者負囊而至。囊中有錢二千餘，而必非意相干也。可閉關，戒妻孥勿輕應對，及午必極罵，須盡家臨水避之。若爾，徒費三千四百錢也。」時趙停於百姓張家，即遽歸語之。張亦素神盧生，乃閉門伺(也)〔之〕。欲午，果有人狀如盧所言，叩門求羅，怒其不應，因足其户，張重簀捍之。頃聚人數百，張乃自後門率妻孥迴避。差午，其人乃去，行數百步，忽蹶倒而死。其妻至，衆人具告其所爲，妻痛切，乃號適張所，誣其夫死有(自)〔因〕。官不能評，衆具言張閉户逃避之狀，識者謂張曰：「汝固無罪，可爲辨其死。」張欣然從斷，其妻亦喜。及市槥就轝，正當三千四百文。因是，人赴之如市。盧不耐，竟潛逝。至復州界，維舟於陸奇秀才庄門。或語陸，盧山人非常人也，陸乃謁。陸時將入京投相知，因請決疑。盧曰：「君今年不可動，憂旦夕禍作。君所居堂後有錢一甂，覆以板，非君有也。錢主今始三歲，君慎勿用一錢，用必成禍，能從吾戒乎？」陸矍然謝。之及盧生去，水波未定，陸笑謂妻子曰：「盧生言如是，吾更何求乎。」乃命家童鍬其地，未數尺，果遇板，徹之，有巨瓮，散錢滿焉。陸喜，其妻以裙運紉草貫之。將及一萬，兒女忽暴頭，痛不可忍。陸曰：「豈盧生言將徵乎。」因奔馬追及，且謝違戒。盧生怒曰：「君用之必禍骨肉。骨肉與利，輕重君自度也。」棹舟去之不顧。陸馳歸，醮而瘞焉，兒女豁愈矣。盧生到復州，又嘗與數人閑行，途遇六七人，盛服具帶，酒氣逆鼻，盧生忽叱之曰：「汝等所爲不悛，性命無幾。」其人悉羅拜塵中，曰：「不敢，不敢。」其侶訝之，盧曰：「此輩盡劫江賊也。」其異如此。趙元和言盧生狀貌，老少不常，亦不常見其飲食。嘗語趙生曰：「世間刺客隱形者不少，道者得隱形術，能不試二十年可易形，名曰脱離，後二十年，名籍於地仙矣。」又言刺客之死，屍亦不見。所論多奇怪，蓋神仙之流也。

李昉等《太平廣記》卷四三《盧山人》 唐寶曆中，荆州盧山人，常販燒朴石灰，往來於白洑南草市，時時微露奇跡，人不之測。賈人趙元卿好事，將從之遊，乃頻市其所貨，設果茗，訪其息利之術。盧覺，謂曰：「觀子意，似不在所市，意何也。」趙乃言：「竊知長者理形隱德，洞過著龜，願垂一言。」盧笑曰：「今日且驗，君主人午時有非常之禍，若信吾言當免，子可告之。將午，當有匠者負囊而至，囊中有銀二兩餘，必非意相干也。可閉關，戒妻孥勿輕應對，及午必極罵，須盡家臨水避之。若爾，徒費錢三千四百。」時趙停於百姓張家，即遽歸告之。張亦素神盧生，乃閉門伺之。欲午，果有人狀如盧所言，叩門求糴，怒其不應，因蹴其門，張重簀捍之。少頃，聚人數百，張乃由後門與妻子迴避。纔差午，其人乃去，行數百步，忽蹶倒而死。其妻至，衆人具告其所爲，妻痛哭，乃適張家，誣其夫死有因。官不能評，衆具言張閉户逃避之狀，理者謂張曰：「汝固無罪，可爲辦其送死。」張欣然從斷，其妻亦喜。及市槥僦轝，正當三千四百文。因是，人赴之如市。盧意以爲煩，潛逝至復州界，維舟於陸奇秀才莊門。或語陸，盧山人非常人也，陸乃請之。陸時將入京投相知，因請決疑。盧曰：「君今年不可動，憂旦夕禍作。君所居堂後有錢一瓿，覆以板，非君有也。錢主今始三歲，君其勿用一錢，用必成禍，能從吾戒乎？」陸矍然謝之。及盧生去，水波未定，陸笑謂妻曰：「盧生言如是，吾更何求乎。」乃命家童掘地，未數尺，果遇板，徹之，有巨瓮，散錢滿焉。陸喜甚，妻亦搬運紉草貫之，將及一萬，兒女忽暴頭，痛不可忍。陸曰：「豈盧生言將徵乎。」因奔馬追及，謝違戒。盧生怒曰：「君用之必禍骨肉。骨肉與利輕重，君自度也。」棹舟去之不顧。陸馳歸，醮而瘞焉，兒女乃愈。盧生到復州，又常與數人閑行，途遇六七人，盛服俱帶，酒氣逆鼻，盧生忽叱之曰：「汝等所爲不悛，性命無幾。」其人悉羅拜塵中，曰：「不敢，不敢。」其侶訝之，盧曰：「此輩盡劫賊也。」其異如此。元卿言盧卿狀貌，老少不常，亦不常見其飲食。常語趙生曰：「世間刺客隱形者不少，道者得隱形術，能不試二十年可以化形，名曰脱離，後二十年，名籍於地仙矣。」又言刺客之死，屍亦不見。所論多奇怪，蓋神仙之流也。

徐鉉《稽神録》卷四《蚓瘡》 天祐中，浙西重建慈和寺。晝地既畢，每爲蚯蚓穿穴，執事者患之。有一僧數以石灰覆之，由是得定，而殺蚯蚓無數。頃之，其僧病，舉身皆痒，曰須得長指爪者搔之，以至成瘡。瘡中輒得死蚯蚓一條，殆數百千條，肉盡至骨而死。

樂史《太平寰宇記》卷一三〇《通州刺土成鹽法》 凡取滷煮鹽，以雨晴爲度，亭地乾爽。先用人牛牽扶，刺(乃)〔刀〕取土，經宿鋪草藉地，復牽爬車，聚所刺土于(中)〔草〕上成溜，大者高二尺，方一丈已上。鍬作滷井于溜側，多以婦人、小子執蘆箕，名之黄頭，欲水灌澆，蓋從其輕便。食頃，則滷流入井，取石連十枚，嘗其厚薄，全浮者全收鹽，半浮者半收鹽，三簾已下浮者則滷未堪，却須剩開而別聚溜。滷可用者，始貯于滷漕，載入竈屋，別役人丁駕高車，破皮爲窄連，絡頭皮繩，掛着牛犢，鐵杈鉤搭，于草場取採蘆柴、茒草之屬，旋以石灰封盤角，散皁角，于盤內起火煮滷。一溜之滷，分三盤至五盤，每盤成鹽三石至五石。既成，人户疾著水履上盤，冒熱收取，稍遲則不及收訖。接續添滷，一晝夜可成五盤。住火而別户繼之。上溜已澆者，攤開刺取如前法。若久不爬溜之地，必鋤去蒿草，益人牛自新耕犂，然後刺取。大約刺土至成鹽不過四五日，但近海亭場及晴雨得所，或風色仍便，則所收益多。蓋久晴則地燥，頻雨則滷薄，亭民不避盛寒隆暑，專其生業故也。然而收溜成鹽，故不恒其所也。

江休復《嘉祐雜誌》 吴春卿葬新鄭，掘地深二丈五尺，中更掘坑子，纔足容棺。既下棺于坑口，上布柏，團以遮之，即下土築，不用磚甓。吴氏塋其先亦如此。

錢君倚學士説：江南王公大人墓莫不爲村人所發，取其磚以賣者，是磚爲累也。曰近江南有識之家不用磚葬，唯以石灰和篩土築實，其堅如石，此言甚中理。

李誡《營造法式》卷一三《用泥其名有四：一曰現，二曰墐，三曰塗，四曰泥》 用石灰等泥壁之制：先用粗泥搭絡不平處，候稍乾，次用中泥趁平，又候稍乾，次用細泥爲襯，上施石灰泥畢，候水脈定，收壓五遍，令泥面光澤。乾厚一分三釐，其破灰泥不用中泥。

合紅灰：每石灰一十五斤用土朱五斤，非殿閣者用石灰一十七斤，土朱三斤。赤土一十一斤八兩。

合青灰：用石灰及軟石炭各一半。如無軟石炭，每石灰一十斤，用粗墨一斤，或黑煤一十一兩，膠七錢。

合黄灰：每石灰三斤，用黄土一斤。

合破灰：每石灰一斤，用白篾土四斤八兩。每用石灰十斤，用麥麸九斤，收壓兩遍，令泥面光澤。

細泥：一重作灰□同。方一丈，用麥䴬一十五斤。城壁增一倍，粗泥同。

粗泥：一重方一丈，用麥䴬八斤。搭絡及中泥作襯減半。

粗細泥：施之城壁及散屋内外。先用粗泥，次用細泥，收壓兩遍。

凡和石灰泥，每石灰三十斤，用麻擣二斤。其和紅、黄、青灰等，即通計所用土朱、赤土、黄土、石炭等斤數在石灰之内。如青灰内若用墨煤或粗墨者，不計數。若礦石灰，每八斤可以充十斤之用。每礦石灰三十斤，加麻擣一斤。

李誡《營造法式》卷二六《瓦作》 用純石灰謂礦灰，下同。

結瓦，每一口：

甋瓦，一尺二寸，二斤。即澆灰結瓦用五分之一。每增減一等，各加減八兩，至一尺以下，各減所減之半。下至壘脊條子瓦同。其一尺二寸瓪瓦，準一尺甋瓦法。

仰瓪瓦，一尺四寸，三斤。每增減一等，各加減一斤。

點節甋瓦，一尺二寸，一兩。每增減一等，各加減四錢。

壘脊以一尺四寸瓪瓦結瓦爲率。

大當溝，以甋瓦一口造。每二枚，七斤八兩。每增減一等，各加減四分之一。線道同。

線道，以甋瓦一口造二片。每一尺，兩壁共二斤。

條子瓦，以甋瓦一口造四片。每一尺，兩壁共一斤。每增減一等，各加減五分之一。

泥脊白道，每長一丈，一斤四兩。

用墨煤染脊，每層，長一丈，四錢。

用泥壘脊，九層爲率，每長一丈：

麥麸，一十八斤。每增減二層，各加減四斤。

紫土，八擔。每一擔重六十斤餘，應用土並同，每增減二層，各加減一擔。

小當溝，每瓪瓦一口造，二枚。仍取條子瓦二片。

燕頷或牙子版，每合角處，用鐵葉一段。殿宇，長一尺，廣六寸，餘長六寸，廣四寸。

結瓦，以瓪瓦長，每口攙壓四分，收長六分。其解□剪截，不得過三分。合溜處尖斜瓦者，並計整口。

布瓦隴，每一行，依下項：

甋瓦：以仰瓪瓦爲計。

長一尺六寸，每一尺。

長一尺四寸，每八寸。

長一尺二寸，每七寸。

長一尺，每五寸八分。

長八寸，每五寸。

長六寸，每四寸八分。

瓪瓦：

長一尺(九)[四]寸，每(四)[九]寸，

長一尺二寸，每七寸五分。

結瓦，每方一丈：

中箔，每重，二領半。壓占在內。殿宇樓閣，五間以上，用五重，三間，四重，廳堂，三重，餘並二重。

土，四十擔。係甋、瓪結瓦，以一尺四寸瓪瓦爲率，下麴、麩同。每增一等，加一十擔，每減一等，減五擔，其散瓪瓦，各減半。

麥麸，二十斤。每增一等，加一斤，每減一等，減八兩，散瓪瓦，各減半，如純灰結瓦，不用，其麥麴同。

麥麴，一十斤。每增一等，加八兩，每減一等，減四兩，散瓪瓦，不用。

泥籃，二枚。散瓪瓦，一枚。用徑一寸三分竹一條，織造二枚。

繫箔常使麻，一錢五分。

抹柴棧或版、笆、箔，每方一丈：如純灰於版并笆、箔上結瓦者，不用。

土，十二擔。

麥麴，一十一斤。

安卓：

鴟尾，每一隻：以高三尺爲率，龍尾同。

鐵脚子，四枚，各長五寸。每高增一尺，長加一寸。

鐵束，一枚，長八寸。每高增一尺，長加二寸。其束子大頭廣二寸，小頭廣一寸二分爲定法。

搶鐵，三十二片，長視身三分之一。每高增一尺，加八片，大頭廣二寸，小頭廣一寸爲定法。

拒鵲子，二十四枚，上作五叉子，每高增一尺，加三枚。各長五寸。每高增一尺，加六分。

安拒鵲等石灰，八斤。坐鴟尾及龍尾同，每增減一尺，各加減一斤。

墨煤，四兩。龍尾，三兩，每增減一尺，各加減一兩三錢，龍尾，加減一兩，其瑠璃者，不用。

鞠，六道，各長一尺。曲在内，爲定法，龍尾同，每增一尺，添八道，龍尾，添六道，其高不及三尺者，不用。

柏椿，二條，龍尾同，高不及三尺者，減一條。長視高，徑三寸五分。三尺以下，徑三寸。

龍尾：

鐵索，二條。兩頭各帶獨脚屈膝，其高不及三尺者，不用。

一條長視高一倍，外加三尺。

一條長四尺。每增一尺，加五寸。

火珠，每一坐：以徑二尺爲率。

柏椿，一條，長八尺。每增減一等，各加減六寸。其徑以三寸五分爲定法。

石灰，一十五斤。每增減一等，各加減二斤。

墨煤，三兩。每增減一等，各加減五錢。

獸頭，每一隻：

鐵鉤，一條。高二尺五寸以上，鉤長五尺，高一尺八寸至二尺，鉤長三尺，高一尺四寸至一尺六寸，鉤長二尺五寸，高一尺二寸以下，鉤長二尺。

繫顋鐵索，一條，長七尺。兩頭各帶直脚屈膝，獸高一尺八寸以下，並不用。

滴當子，每一枚，以高五寸爲率。石灰，五兩。每增減一等，各加減一兩。

嬪伽，每一隻，以高一尺四寸爲率。石灰，三斤八兩。每增減一等，各加減八兩，至一尺以下，減四兩。

蹲獸，每一隻，以高六寸爲率。石灰，二斤。每增減一等，各加減八兩。

石灰，每三十斤，用麻擣一斤。

出光瑠璃瓦，每方一丈，用常使麻，八兩。

李誡《營造法式》卷二七《諸作料例二・泥作》 每方一丈：

紅石灰：乾厚一分三釐，下至破灰同。

石灰，三十斤。非殿閣等，加四斤，若用礦灰，減五分之一，下同。

赤土，二十三斤。

土朱，一十斤。非殿閣等，減四斤。

黄石灰：

石灰，四十七斤四兩。

黄土，一十五斤一十二兩。

青石灰：

石灰，三十二斤四兩。

軟石炭，三十二斤四兩。如無軟石炭，即倍加石灰之數，每石灰一十斤，用粗墨一斤或墨煤十一兩。

白石灰：

石灰，六十三斤。

破灰：

石灰，二十斤。

白篾土，一擔半。

麥䴬，一十八斤。

細泥：

麥䴬，一十五斤。作灰襯，同，其施之於城壁者，倍用，下麥䴬準此。

土，三擔。

粗泥中泥同。

麥麴，八斤。搭絡及中泥作襯，並減半。

土，七擔。

沙泥畫壁：

沙土、膠土、白蔑土，各半擔。

麻擣，九斤。栱眼壁同，每斤洗淨者，收一十二兩。

粗麻，一斤。

徑一寸三分竹，三條。

壘石山：

石灰，四十五斤。

粗墨，三斤。

泥假山：

長一尺二寸，廣六寸，厚二寸塼，三十口。

柴，五十斤。曲堰者。

徑一寸七分竹，一條。

常使麻皮，二斤。

中箔，一領。

石灰，九十斤。

粗墨，九斤。

麥䴬，四十斤。

麥麴，二十斤。

膠土，一十擔。

壁隱假山：

石灰，三十斤。

粗墨，三斤。

盆山，每方五尺：

石灰，三十斤。每增減一尺，各加減六斤。

粗墨，二斤。

每坐

立竈：用石灰或泥，並依泥飾料例細計，下至茶爐子準此。

突，每高一丈二尺，方六寸，坯四十口。方加至一尺二寸，倍用。其坯係長一尺二寸，廣六寸，厚二寸，下應用塼坯，並同。

釜竈：以一石爲率。

壘竈身，每一斗，坯八十口。每增一斗，加十口。

突，依立竈法。每增一石，腔口直徑加一寸，至十石止。

壘腔口坑子奄煙，塼五十口。每增一石，加一十口。

坐甑：

生鐵竈門。依大小用，鑊竈同。

生鐵版，二片，各長一尺七寸，每增一石，加一寸。廣二寸，厚五分。

坯，四十八口。每增一石，加四口。

礦石灰，七斤。每增一石，加一斤。

鑊竈：以口徑三尺爲準。

突，依釜竈法。斜高二尺五寸，曲長一丈七尺，駝勢在內。自方一尺五寸，並二壘砌爲定法。

塼，一百口。每徑加一尺，加三十口。

生鐵版，二片，各長二尺，每徑長加一尺，加三寸。廣一寸五分，厚八分。

生鐵柱子，一條，長二尺五寸，徑三寸。仰合□造，若徑不滿五尺，不用。

茶爐子：以高一尺五寸爲率。

燎杖，用生鐵或熟鐵造。八條，各長八寸，方三分。

坯，二十口。每加一寸，加一口。

壘坯牆：

用坯每一千口，徑一寸三分竹，三條。造泥籃在內。

闇柱每一條，長一丈一尺，徑一尺二寸爲率，牆頭在外。中箔，一領。

石灰，每一十五斤，用麻擣一斤。若用礦灰，加八兩，其和紅、黃、青灰，即以所用土朱之類斤數在石灰之內。

泥籃，每六椽屋一間，三枚。以徑一寸三分竹一條織造。

米芾《畫史》　蘇木爲軸，以石灰湯轉色，歲久愈佳，又性輕。角軸引蟲，又開軸多有濕臭氣。檀犀同匣，共發古香，紙素既古，自有古香也。

方勺《泊宅編》卷中　元豐初，盧秉提點刑獄，會朝廷議鹽法。秉謂：「自錢塘縣楊村上流接睦、歙等州與越州錢清場等，水勢稍淡，以六分爲額。楊村下接仁和縣湯村爲七分場。官場爲八分。並海而東爲越州餘姚縣石堰場、明州慈溪縣鳴鶴場，皆九分。至岱山昌國，又東南爲温州雙穗、南天富場、北天富場，十分。著爲定數。蓋自岱山及二大富皆取海水煉鹽，所謂熬波者也。自鳴鶴西南及湯村則刮鹻以淋鹵，以分計之十得八九。而以鹽官湯村及錢清場織竹爲盤，塗以石灰，故色少黄。竹勢不及鐵，則黄色爲嫩，青白爲上。黑即多鹵，或有泥石，不宜久停。若石堰以東，雖用竹盤而色不白，以近海水鹹，故亦佳。後來法雖少變，公私所便大抵不易盧法。且水性以潤下爲鹹，其勢不曲折則終不可成鹽。安邑鹽池以濁河曲折，故因終南山南風以成。若明、越、温、杭、秀、泰、滄等州爲海水，隈奥曲折，故可成鹽，其數亦不等。唯隈奥多處則鹽多，故二浙産鹽尤盛他路。自温州界東南止閩廣，鹽升五錢，比淮浙賤數倍。蓋以東南最逼海，潤下之勢既如此，故可作而爲鹹，不必曲折也。」

晁季一《墨經・蔭》　凡墨蔭用炭灰、石灰、麥糠三種。炭灰爲上，石灰（醋）〔酷〕多（烈）〔裂〕，麥糠慢多曲，惟炭灰爲上。凡用炭灰，精篩弗雜，弗溼其下，惟厚上之。厚薄視墨之大小、時之晴晦。中以薄紙裹之，然置之不平亦曲，見風亦裂。若用石灰蔭，當於新瓦器中置灰，灰上用紙，紙上復加以灰，不可厚。若用麥糠蔭，以椽架葦，縣室中，其上糠底，糠惟平惟均，不可有逆糠。凡蔭室，以静密温小爲貴，晝夜不去火。然火大則病，火暴亦病。其晝夜候火，隨風日晴晦，最爲難。又有不用蔭者，墨成曝於静密室中，聽自乾。又有以衣被覆之使乾者。

莊綽《雞肋編》卷上　二浙造酒，皆用石灰，云無之則不清。嘗在平江常熟縣，見官務有燒灰柴，歷漕司破錢收買。每醅一石，用石灰九兩。以樸木先燒石灰令赤，并木灰皆冷，投醅中。私務用尤多。或用桑柴，云樸木葉類青楊也。李百藥爲杜伏威欲殺，飲以石灰酒，因大痢，瀕死，既而宿病皆愈。今南人飲之無恙，豈服久反得愈病之功乎。【略】

生薑苗鋪藨蓆下去壁虱，椒葉能辟蚤，狗舌草花亦然。此草葉如狗舌，夏秋生細花，始白漸黄，無甚香臭，花莖長出葉上，根已枯而葉不枯，俗又名狗蚤花。剉細，以乾薑滋味和之，作餛飩餅夾食之，已泄痢。葉搗如泥，可煅硫黄。原人裴棐和之云，嘗用之也。

莊綽《雞肋編》卷下　二浙造酒，非用灰則不澄而易敗。故買灰官自破錢。如衢州歲用數千緡。凡僧寺灶灰，民皆斷撲。收買既（又）〔久〕，以柴薪再燒，以驗美惡。以擲地散遠而浮颺者爲佳，以其輕滑煉之熟也。官得之尚再以柴煅方可用。醫方用冬灰，亦以其日加火，久乃堪耳。如平江又用樸木，以煅石灰而并用之，又差異於浙東也。

羅泌《路史》卷三八《五勝相感》　方以類聚，物以羣分，至精交感，應不待召。予求五運譯之，《路史》詳矣。陽燧來火，方諸致水。箕動而風，畢麗而雨。土龍致澤，桐魚鳴鼓。獺膽分杯，十膽鳴釜。冢灰傳漏，啄木愈齲。匽湯引妗，鵙枝速語。堂蜋之氣，□之出火。蚯蚓之塵，背之起霧。結巾投地而免走，箴綴丹帶而虵去。狗舐鬻而疊生，蓬生地而沙不聚。萬應不齊，固亦有其故矣。蟾切玉，橘明珠，油鑽針，薑解茶，葦化牛，盬消瓜。甘草硬角，木賊軟牙。磁錫以茄，畫暈以蘆，洒油以蜜，濯錦以魚。新灰拘駒，然柳煞雞，蓋不得而誣也。今夫魷甌裂毒，硫杯毁熱，薑瓷免爆，礬線不熱，翡翠屑金，神沙碎鐵。雨將至，七絃緩，大風起，痼疾發。癲疾作而匏血動，蠶餌絲而商絃絶。投醪醉士，望梅止渴，既呼出而響隨，亦形休而影滅。以至駝烟殺蛟，犀火照怪，瓷石引針，虎珀拾芥，勃荷醉猫，皂莢宜蟹，桼以蟹散，栗因酒壞。麻得桼而涌，酒得麻而敗。蒲荷憎油，草木忌桂，阿膠止濁，犀株離水，弊篦匡鹹，石灰正醪，戎鹽纍卵，青蚨還錢，麝角續劍，鸞膠集弦。屠狗者狗逐之，屠牛者牛觸之。理固可言，言固可得，而復君子舉其一隅。淮南劉安之術，未必能多，而陀頭小人得其一二，每以之而行惑，固不可不識也。

吕祖謙《宋文鑑》卷一〇八程頤《葬説》　卜其宅兆，卜其地之美惡也，非陰陽家所謂禍福者也。地之美者，則其神靈安，其子孫盛，若培擁其根，而枝葉茂，理固然矣。地之惡者，則反是。然則，曷謂地之美者。土色之光潤，一作澤。草木一作生物。之茂盛，乃其驗也。父祖子孫同氣，彼安則此安，彼危則此危，亦其理也。而拘忌者惑以擇地之方位，决日之吉凶，不亦泥乎。甚者不以奉先爲計，而專以利後爲慮，尤非孝子安厝之用心也。惟五患者不得不慎，須使異日不爲道路，不爲城郭，不爲溝池，不爲貴勢所奪，不爲耕犁所及。一本所謂五患者，溝渠、道路、避村落、遠井、窑。五患既慎，則又鑿地必四五丈，遇石必更穿之，防水潤也。既葬，則以松脂塗棺椁，石灰封墓門，此其大略也。若夫精畫，則又在審思慮矣。

其各葬一作火焚。者，出不得已，後不可遷就同葬一作焚。矣。至於年祀寖遠，曾高不辨，亦在盡誠，各具棺槨葬之，不須假夢寐蓍龜而决也。葬之穴，尊者居中，左昭右穆，而次後則或東或西，亦左右相對而啓穴也。出母不合葬，亦不合祭。棄女還家，以殤穴葬之。

黄榦《勉齋集》卷三一《申制司行以安慶府催包砌城壁事宜》 包砌城壁，全藉磚灰。安慶府寺觀最多，地田山林大半皆屬寺觀，僧道常住優厚，亦皆肯出力爲官司辦事。遂委僧道分頭燒辦青磚，支給柴料、工食、錢米，並與私家價數一同。但僧道別無用心，措置皆有方法，已約定磚三百餘萬片。竊慮其間有鼓倡不肯用心，并苟簡蔑裂，合從本府勒罷住持。其用心最勤者，合從本府陞差上刹。庶幾各知勸戒，早得辦集。

向來商議包砌，自上至下各用磚厚二寸。除女牆外，城高二丈，自下而上磚約百片。每片殺入八分，自下而上共殺八尺。四重之磚，又皆橫直相交，謂之「丁搭」。言其一橫一直，如丁字然。多用石灰澆灌，既乾之後合爲一片，牢不可破。今恐倡爲苟簡之説，減省磚數，并石灰稀少，利于速成，不計久遠。合請同官士友，並照原包砌法以爲無窮之利。

興築包砌城壁，全得池州壕寨官尹椿，并李都統申之薦到壕寨官王先二人之力，而尹椿尤爲精巧，爲諸軍壕寨之所推服。經涉寒暑，勞苦之甚，本府雖增犒設，終未足以酧其勞。令候包砌城壁了日，欲從本府申乞劄下本軍與陞擢差遣，本府亦合數支犒賞酒食，俾之激勸。

本府昨委外四縣燒磚約給百餘萬，只緣水路遥遠，無力撑載。尋常諸州築城，例差軍船載磚，至有往復千餘里者。今四縣水路，遠者不過二三百里。昨申使司乞差池、江兩軍船各二隻，分載四縣之磚。其江州既以無船爲詞，池州雖差到船，僅能載及一次，卻乃遷延日月。又復百般需索，載磚之費與燒磚等。又且有桀驁之狀，難以使令。今來欲乞劄下池州專差兩員軍官部轄，搬運四縣城磚，除本軍月有請受外，本府照例量行支犒，不許過有需索，仍不許遷延歲月。如更似前，乞從本府申舉懲治施行。

右件申述如前，欲乞制置使司劄下本府，並從所述施行，毋致違慢。伏乞照會。

陳淳《北溪大全集》卷二七《答陳伯澡八》 去載承書，痛悼內助之失，并問喪一册，未及奉報。八月初忽陳秋來説變故，甚爲驚駭。且恐風傳之説，今承來書始知曲折，倍增傷痛。雖屬纊不及親侍，爲終天之恨。想是時，得九叔老成，凡事處之周至，必無遺憾。人事變化不常，修短禍福有數，奈何只得以順處之。勉從大事，更不作慰書。東禪林穴想必佳葬地，惟以山勢環抱縝密，藏風聚氣爲上，方可久遠無患。南中土薄水淺，穴內不可鑿太深，其兆域亦不可深。今人多只略淺開兆域，遂依山結塚，其封土大半傍山所起，頂處不甚高，甚爲穩耐，久不崩墜也。《家禮》所處穴中式，在上四州出石灰處可用，在下州不出石灰處難行。蓋緣石灰和細沙、黄土久後結成石片，若蠣房灰，不堪用此式，只得從鄉俗，用磚結壙爲善。或從隧道入，則上純用磚作窿穹，勢如城門樣。或欲直下，則只用厚石版蓋之皆可。如晦翁薄版之制，內蓋乃以承松脂勿汙棺，外蓋以隔石灰勿與松脂混。渠大要在堅，築石灰二三尺之厚，異時化石則爲金石。壙故無用厚板隔，恐板高又反成不實。然在旁便可堅築，終是上面難於堅築，只待輕旋躡實，所用酒灑却最易實。在吾鄉如何拘拘此等制耶。葬者，藏也，要爲耐久之計。如四外用灰一説，在全磚壙能依用之，使裹周匝極佳。蓋灰禦木根，只患貧者無力可辦，則無可奈何爾。明器，《温公儀》及《家禮》已備載之。鄉人或作小土偶，不用木刻，然須是於壙外別坎藏之。世俗用紙作人、爲屋宇等，雖大小不同，亦是明器之遺。但此等無緊要處，合官品與不合官品無足論。若苞筲罌甒等，須依制行禮，豈可用紙糊。《晦翁儀》雖具明器，而答書人云：某家不曾用。某向來治葬亦不用此，只用筲、罌等藏之別室。所處朝祖已得之，所謂告遷祝詞，只直詞言之可也。慰客之禮，鄉俗用酒，不特莆俗爲然，自泉而漳，此風尤甚。舊嘗以正禮語人，人每以爲難行。及某兩遭大變，來慰者一屏俗禮，遠客只以素食餅麵等待之。及至山頭會葬，賓客只用麵飯，與之飽喫而去，始終絶不用酒。於是人始信之，士族多相倣效。亦有不能純用而間以俗者，亦有以山頭祭餘多不敢犯禮，只於親賓麵飯後分與荷葉包去而已。俗禮最爲害義，豈可顧俗論而不忍拂之耶。

陳敬《陳氏香譜》卷三《香灰》 細葉杉木枝燒灰，用火一二塊，養之經宿，羅過裝爐。每秋間採松鬚，曝乾燒灰，用養香餅。未化石灰槌碎，羅過，鍋內炒令〔紅〕，候冷，又研，又羅，爲之作香爐灰，潔白可愛。日夜常以火一塊養之，仍須用蓋，若塵埃則黑矣。礦灰六分，爐灰四錢，和匀，大火，養灰爇性。香蒲燒灰，爐裝如雪。紙灰、石灰、木灰，各等分，以米湯和同煅過，勿令偏頭。青、朱、紅、黑煤、土黄，各等分，雜於紙中，裝爐，名錦灰。紙灰炒通紅，羅過，或稻糠燒灰，皆可用。乾松花燒灰，裝香爐，最潔。茄灰亦可，藏火，火久不熄。蜀葵枯時燒灰，裝爐，大能養火。

徐一夔《明集禮》卷三七下《凶禮三・庶人喪儀・灰隔》　庶人無椁，則用灰隔，其法：穿壙既畢，先布炭末於壙底，築實，厚二三寸，然後布石灰、細沙、黄土拌勻者於其上，灰三分，二者各一可也，築實，厚二三尺。别用薄板爲灰隔，如椁之狀，内以瀝青塗之，厚三寸許。中取容棺墻，高於棺四寸許，置於灰上。乃於四旁旋下四物，亦以薄版隔之，炭末居外，三物居内，如底之厚。築之既實，則旋抽其版，近上復下炭灰等而築之，及墻之平而止。炭禦木根，辟水蟻，石灰得沙而實，得土而黏，歲久結爲全石矣。

陳椿《熬波圖》卷上　起蓋竈舍：既立團列竈，自春至冬，照依三則火伏煎燒，晨夕不住。必須於柈上蓋造舍屋，以庇風雨。雇募人夫工匠，填築基址令高，收買木植、鐵丁等物料。屋在壯而不在麗，故簷楹垂地，梁、柱、椽、桷俱用巨木，縛蘆爲稕鋪其上，以茅苫蓋。後築短墻圍裹，内設出生灰之處，前向容着竈丁執爨煎鹽。夏月多起東南風，故其屋俱朝東南，風順可燒火，竈丁則免烟薰火炙之患。

陶宗儀《説郛》卷九八《蔭》　凡墨蔭用炭灰、石灰、麥糠三種，炭灰爲上，石灰酷多裂，麥糠慢多曲，惟炭灰爲上。凡用炭灰，精篩弗雜，弗濕其下，惟厚上之。厚薄視墨之大小、時之晴晦。中以薄紙裹之，然置之不平亦曲，見風亦裂。若用石灰蔭，當於新瓦器中置灰，灰上用紙，紙上復加以灰，不可厚。若用麥糠蔭，以椽架葦縣室中，其上糠底，糠惟平惟均，不可有逆糠。凡蔭室以静密温小爲貴，晝夜不去火。然火大則病，火暴亦病，其晝夜候火，隨風日晴晦最爲難。又有不用蔭者，墨成曝於静密室中聽自乾。又有以衣被覆之使乾者。

陶宗儀《輟耕録》卷二七《金果》　成都府江瀆廟前，有樹六株，世傳自漢唐以來即有。之其樹高可五六十丈，圍約三四尋。挺直如矢，無他柯幹。頂上纔生枝葉，若椶櫚狀，皮如龍鱗，葉如鳳尾，實如棗而加大。每歲仲冬，有司具牲饌祭畢，然後采摘，金鼓儀衛迎入公廨，差點醫工，以刀逐個剗去青皮，石灰湯焯過，入熬熟。冷蜜浸五七日，漉起控乾，再換熟蜜，如此三四次，却入瓶缶，封貯進獻。不如此修製，則生澁不可食。泉州萬年棗三株，識者謂即四川金果也。番中名爲苦魯麻棗，蓋鳳尾蕉也。

陶宗儀《輟耕録》卷三〇《髹器》　黑光：凡造碗碟盤盂之屬，其胎骨則梓人以脆松劈成薄片，於旋床上膠黏而成，名曰捲。素髹工買來，刀刳膠縫，乾净平正。夏月無膠汎之患，却煬牛皮膠，和生漆，微嵌縫中，名曰梢當。去聲。然後膠漆布之，方加粗灰。灰乃磚瓦搗屑篩過，分粗、中、細是也。膠漆調和，令稀稠得所。如髹工自家造賣低歹之物，不用膠漆，止用猪血厚糊之類，而以麻筋代布，所以易壞也。粗灰過停，令日久堅實，砂皮擦磨，却加中灰，再加細灰，並如前。又停日久，磚石車磨去灰漿潔净，一二日，候乾燥，方漆之，謂之糙漆。再停數月，車磨糙漆，絹帛挑上聲。去漿跡，纔用黑光。黑光者，用漆斤兩若干，煎成膏，再用漆。如上一半，加雞子清打勻，入在内。日中曬翻三五度，如栗殼色，入前項所煎漆中和勻。試簡看緊慢，若緊，再曬，若慢，加生漆。多入觸藥。觸藥即鐵漿沫，用隔年米醋煎此物，乾爲末，入漆中，名曰黑光。用刷蘸漆漆器物上，不要見刷痕。停三五日，待漆内外俱乾，置陰處晾之，然後用揩光石磨去漆中纇雷，上聲。揩光石，雞肝石也，出杭州上柏三橋埠牛頭嶺。再用篘帉，次用布帉，次用菜油，傅却用出光粉揩，方明亮。

朱紅：修治布灰一一如前，不用糙漆，却用䁥朱桐葉色，然後用銀朱，以漆煎成膏子，調朱如朱一兩，則膏子亦一兩，生漆少許，看四時天氣，試簡加減，冬多加生漆顔色闇，春秋色居中，夏四五月、秋七月，此三月顔色正且紅亮。

鰻水：好桐油煎沸，以水試之，看躁也，方入黄丹膩粉無名異。煎一滚，以水試，如蜜之狀，令冷。油水各等分，杖棒攪勻，却取磚灰一分，石灰一分，細麪一分，和勻。以前項油水攪和調黏灰器物上，再加細灰，然後用漆，並如黑光法。或用油，亦可。

楊士奇等《歷代名臣奏議》卷一八五《去邪》　宋寧宗時，衛涇論新除司農少卿張鎡乞賜竄責狀曰：「臣仰惟陛下奮發乾綱，誅鉏元惡，中外慶快，萬口一詞。惟是更化之初，一黜一陟，天下觀瞻所係，不容少有差失。儻使姦人投隙而進，豈不致中外之疑。謹按新除司農少卿張鎡，(很)〔狠〕甚虎狼，毒於蛇虺。立朝則猥賤而無耻，居家則瀆亂而朋淫。其回邪姦慝之迹，雖盡南山之竹不足登載，而前後亦略見於臺臣之章疏矣。若其凶殘著於心本，奴婢厮役之徒少忤其意，必潛置之死地。當蘇師旦用事之時，鎡傾其故弟家財，強抑孤女與師旦子爲婚。其女出嫁之夕，號泣登車，指鎡而慟曰：「叔要做好官，却以我嫁書表司之子。」聞者爲之悲感。有銜不怯，卒殞非命。自此益得罪於公議，不復以人類待之，廢放終身猶爲僥倖。忽傳除目，大駭聽聞，轉相顧語，莫測其端，識者尤爲疑懼。

況張鎡既爲師旦姻家，情好稠密，崇資顯秩，皆自師旦得之。師旦既斥，每懷觖望。近正典刑，當益懷鞅鞅。既爲刑人死黨，豈宜置之卿列而俾近君側乎。臣職在彈劾，若不於幾微之始，亟鉏其姦，設或鎡交結非類，益肆梟張，則爲國蠹賊，將有不可勝言者。用敢冒昧以聞，伏望聖斷，將張鎡削奪官資，重賜竄責，以清朝列，以杜姦萌，中外幸甚。取進止。十一月十五日，三省同奉聖旨，張鎡特降兩官，送廣德軍居住。

涇又論朝議大夫易祓、太常少卿朱質、朝奉大夫林行可乞賜鐫斥狀曰：「臣恭惟陛下奮發英斷，雷萬風行，元惡巨姦，一朝屏殪，兵民欣快，夷夏聳聞，宗社幸甚。然以侂胄自強，秉政日久，中外之士，被其汲引，安於平進，無所阿附者，豈無其人，勢亦難以盡責之。若夫朋姦罔上，長惡怙終爲天下所指目者，安可置而不論乎。臣謹按朝議大夫易祓，器識卑凡，貪躁嗜進。學舍優選，歆艷士林，使之稍加涵養，自可馴致通顯，繇館學而攝詞垣，蓋鄉用矣。一旦侂胄畀蘇師旦以節鉞，猶有憚於物議。祓乃懷章詣師旦之門，極其褒美，有文事武備及智名勇功之語。傳者唾罵，形於譏誚。既而懷不自安，求居諫職，以鉗衆口，士行已掃地矣。遂愈無顧藉，凡可以投合者，靡所不爲。侂胄竊弄威福，怨嫉既多，密圖兵柄以固其位。鄧友龍倡用兵之議，易祓和之，更互表裏，專務詭隨。去年之春，侂胄意雖已決，然未卜人心之從違，祓乃獻説張大敵中之事，使廷臣條具。易祓首言敵人有必敗之勢，中國有必勝之理。又曰敵國如外強中乾之人，僅延喘息。易祓號爲儒生，豈無見於利害之實，徒以意在逢迎，不復體國。侂胄始欲加罪異議，而廷臣言不可者什七八，卒亦無如之何。易祓果得爲諫大夫，復力主兵説。方其遣從臣宣諭荆襄也，止以賑卹流民爲詞，人尚疑信。及易以宣撫，則中外始知其必妄動。同列有力争者，易祓、鄧友龍相繼論奏，遂至貶斥，而師已出境矣。逮友龍以喪師罷黜，祓自知其敗露，佯爲大言，以宣威自任，欲蓋前日之繆妄。且師旦之麻，祓寧不知其不當草，侂胄亦不強其必從。祓諂附師旦，攫金而不見人，慨然援筆。師旦既敗，侂胄每對客鄙笑之。主持用兵本欲附會侂胄，以苟富貴，至誕謾之不可揜，則雖侂胄亦厭惡之矣。未幾而果逐去。易祓知有權要而不恤國計，兵釁一動，貽禍生靈。祓偃然家居，坐享祠廩，其心亦自安乎。朝請郎太常少卿兼權吏部侍郎兼侍講朱質趣操回邪，心術傾險，策名高第，榮進素定。初任回改秩，即授學官，具有舊比。質既欲速，乃於任未滿之前，力求特薦，有審察之命，已不安分義矣。入朝甫閲四載，以著廷權郎，朝廷待遇不薄，不自愛重，日事奔競。至投拜李士謹以結蘇師旦，或謁不得入，則伺候終日趑趄，受命閽人。館閣之彥當如是乎。師旦雖揄揚於侂胄，而未有以中其意也。去歲正旦，北使來廷，偶閤門詔相差誤，致北使舉止周章，未爲甚失禮也。質知侂胄意在尋釁，遽上章乞斬北使。師旦言於侂胄謂質天下之奇才，且訝廷臣不知出此。質由是進見無節，竟得諫官，遂與易祓更相附和。形於章奏，無非迎合。如曰方今指義旗以行天討，弔遺黎而復舊疆，來蘇徯望之久，雲合響應之勢，摧枯拉朽，指日可竢。不知質何所見而云爾耶。丘崈之在督府，斟酌事勢，嘗遣小使往通和議。北使一再回答，指言侂胄不及其他。侂胄怒其不與回護，直以上聞，諷質使言。質即上疏醜詆，務快其意。雖不厭公論，不恤也。質既盤據要地，自謂莫敢孰何，每肆劫持之言，謂可以聾瞽上下，而不知人之視已，如見其肺肝。侂胄亦始覺其非矣，乃移之奉常。質盍自圖去就，乃復乞憐於侂胄，自述其宿昔奉承之謹，求兼吏侍，仍廁經帷。前此卿監郎曹之兼講讀，或出於一時擢用者有之，其罷臺諫而仍兼講讀者，惟陳讜嘗冒處，旋即論去，質居之安焉。且以張栻自況，多見其不知量。又其大可罪者，近日陛下竄斥侂胄，質自以失所依賴，累若喪家之狗，荒廢職事，奔趨他門，止復爲庇身之所，至有拒而不納者。夫子曰：「苟患失之，無所不至矣。」有臣如此，尚可使居獻納之任，侍清閑之燕乎。至若朝奉大夫林行可者，狀類鬼蜮，心同虵虺，褊狹多忌，深峴莫測。兩宰劇邑，確有能稱。而大體不正，貪榮嗜利，背君忘親，其人之賢否可見矣。陳自強冒居政地，即引爲六察以爲已助。一年之間，躐處臺端，凡所論奏，無非奉行權臣風指。暨以憂去，書問交通，殆無虛月。每遇侂胄生日，餽獻之禮，不違時刻。侂胄亦拳拳於行可，率朝至暮報常許還以舊物。夫居喪而通問於人，在禮必有甚不得已者，而行可念弗及此，一意趨媚，事親不孝，其能移忠於君乎。去夏六月，蘇師旦敗，行可未及知，致書師旦，囑浦城宰陳至和轉達，書題稱爲恩府節使相公。至和急封還之，已爲一士夫所見，相與傳笑。行可身爲臺諫，顧稱奴隸爲恩府，其苟賤亡耻抑可知矣。其居鄉也，嘗以舊臺諫自處，縱容親黨，陵轢州縣。福州因買銀事，有親戚占恡富室，無禮縣官。邑宰林洽，稍加懲治，行可大怒。帥憲爲之斷遣數人，猶未快意，必欲作草大臣，上疏論奏，以欺脇愚民，摇撼邑宰，幾至不免。夫臺諫朝廷紀綱之任，豈行可恣睢鄉曲之具乎。服闋被召，處以奉常清選，怏怏不樂，諂佞百出。一日見執政，忽言平章可謂與天同心，衆人以爲當用兵，則從而用兵，衆人以爲議和，亦從而議和。夫兵，陛下之兵也，豈衆人所得可否，而侂胄所得專決。與天同心之語，豈所施於臣下乎。侂胄之擅開兵端，不特士大夫知之，閭閻小民亦知之。不特中國知之，敵人亦莫不知之。方丘崈之遣小使也，書詞未嘗不爲之歸過於鄧友龍、皇甫斌輩。而敵帥貽書，直謂侂胄既爲太師平章軍國，使無意於用兵，則師旦輩豈敢專擅。由是言之，則首謀姦臣，其爲侂胄明矣。夫遠而敵國亦知兵端起於侂胄，而行可獨不知之，不過巧爲諂辭，爲侂胄文過而已。欺君負國，孰甚於斯。卒自奉常晉長諫省，又見外議籍籍謂國事至此，咎將誰歸。推所從來，將不利於自強，侂胄必去異議者，然後可安，遂有一網打盡之謀。夫侂胄專擅日久，自強依阿取容，人畏凶焰，莫敢指言，蒙蔽之禍，將不勝救，而行可又欲盡逐異議，是將使陛下左右皆侂胄自強之人而後已，此其意欲何爲耶。臣前所謂姦險之徒，樂爲之鷹犬者，易祓、朱質、行可其人是矣。夫侂胄之姦惡，易祓導之於前，朱質助之於後，行可成之於終。今侂胄既已竄殛，而三人者使得佚罰，則何以快人心之憤鬱，昭國憲於陛下更化厲精之始乎。臣愚欲乞睿斷，將易祓、朱質、林行可重賜鐫斥，終身不齒，以爲士而不顧行檢，自棄名義，朋姦罔上，長惡怙終者之戒。」

涇又論宫觀鄧友龍乞賜鐫黜狀曰：「臣聞國家之大柄，賞罰而已，昭勸示懲，維昔盛時未嘗廢。一是以公道興行，人心悦服。臣伏見與宫觀鄧友龍，始焉立朝，頗得士譽。慷慨自許，亦足稱尚。朝廷以其勇赴功名之會，未暇詳考才諝之實，畀以重權，不從中御。而友龍疏闊脱略，乏持重之操，阻愎迷闇，無臨敵之算，所以許之便宜，正應斟酌彼已，審量進退。設若未得機便，不厭反覆論議，以圖萬全。而友龍不思委寄之重，無虞心而務輕信。上違指授，督趣師行，遂使績效未睹，憂顧方深。職任宣威，咎將誰執。所幸陛下明見萬里，察其負勝，改授宿望。友龍自宜上章引過，屏息俟命，傳聞道路，尚乃偃然自居，猶覬入臺就職，紀綱風憲之首當如是乎。雖陛下曲示保全，賦以祠禄，然既辜任使，遽得優閑，懲勸不明，公論未塞。欲望聖斷，將鄧友龍特賜鐫黜，以彰國典，天下幸甚。」

涇又論蘇師旦狀曰：「臣仰惟天眷宗社，啓佑聖衷，奮發英斷，斥竄凶惡。一正君臣上下之分，方陛下躬攬萬幾之始，號令之行，當若風雷之震盪，然後可以聳動羣聽，收還主威。臣猥以庸虚，乃於斯時誤膺親擢，濫長憲府。拜命之日，即具二凶罪惡彈劾，繼而諫臣論奏，給舍繳駁，萬目傾注，以觀陛下維新之政。而側聽四日，未蒙施行。臣考其故，乃因臣首章中小貼子論及蘇師旦本侂胄奴隸，因賣鬻將帥，縱使侂胄竊弄兵柄，使侂胄上至誤國，下不保家，師旦未正典刑，輕重失序。師旦既敗，即有三省樞密院人吏史達祖、耿檉、董如璧三名隨即用事，賄賂公行。向來師旦所賣者，軍帥而已，三吏用事以來，監司郡守職事官，亦以貨取。侂胄進退用捨，惟三吏之言是聽，以至調發軍馬，移易兵將，科撥錢糧，同列皆不得與聞。雖三吏視執政，亦蔑如也。恣横如此，其誤侂胄多矣。加以陳自強未第時，又嘗館史達祖家，身至宰輔，止以弟行呼達祖爲兄。士大夫苟賤亡耻者，干求差遣必先登達祖之門，有若市井，論量物價，專以金帛之多寡爲予奪。傳聞四方，有史丞相耿參政董樞密之謡。公吏之用倉法，謂之重禄。贓滿十貫，配廣南，自有成憲，初不以官之崇庳爲間。三吏之贓，蓋不知其紀極也。況侂胄、自強皆已誅竄，侂胄又至家破，師旦乃安處善地，而三吏各擁厚貲，遍求關節。臣所奏文字，已得旨依，徒以三吏之故，稽留勅命，委曲求全。是陛下刑政獨行公卿而不行於胥吏，何以服人心，何以令天下。且臣之章爲三吏而沮格不下，亦何以厲風采，振紀綱，上副陛下大有爲之意乎。是以不避斧鉞，再冒昧以聞。伏望陛下特賜睿斷，行下廣東提刑躬親臨視，將蘇師旦處斬，仍下大理寺將三吏盡情根勘，依法施行，以伸國憲，以快公論。不勝幸甚。」

涇又奏按郭棨乞賜鐫黜狀曰：「臣照對湖南飛虎一軍，自淳熙間帥臣辛棄疾奏請創置，垂四十年，非特彈壓蠻傜，亦足備禦邊境，北敵頗知畏憚，號『虎兒軍』。開禧用兵，蓋嘗調發，緣統御無術，分隸失宜，兵將素不相諳。枉致剉衄，人皆惜之。今盜賊平定，正賴主兵官潔己奉公，撫摩教閲，振刷士氣。苟任非其人，專事貪刻，利害非輕，關繫帥閫，臣安敢避仇怨不爲陛下陳之。臣伏見武翼郎飛虎軍統制郭棨，貪鄙庸繆，全無知識。昨因峒寇竊發，鄂州差棨部領大軍五百人前來防托，擁兵養寇，初乏戰勇，夤緣奏功，進官三等，就陞統率，賞之可謂厚矣。盍思奮勵，上報國恩。自領軍職以來，一意掊斂豐殖囊橐，巧事苞苴，侵盜官錢，虐用士卒，未易縷數。姑摭其害軍政者言之。棨隸籍鄂渚，因遂家焉。比歲遺漏，延燒私室及房廊之屬，輒支破軍中錢物，以修寨屋爲名，買山斫木，結縛簰筏，順流而下，役軍匠修治熟材，製造窗隔，動使不時裝發。至於燒造石灰、木炭，亦載往鄂渚，皆付親戚嚴三官人者變賣，乘時射利，厥直倍增，掩爲已有。其軍兵般運往來之費，則責其自備。至於本軍打造衣甲器械，自臣到任，節次支撥錢會二千餘貫，棨所創置十不二三。多因向來討捕關出器甲，已行銷破，既撤成繳納，不曾收附椿留。軍中初間補緝呈點，稍似從實，已而用吏胥之計，移舊換新，工料鹵莽，妄作支破，錢數轉多，悉贏落以爲利。至爲軍典持曆告論，減剋鐵炭物料，案牘具存。其貪黷猥屑，尤可駭者，如差出戍兵責令回易，深入二廣收買箭簳、牛皮、軍須等物，每遇江鄂荆襄戎司差人計置，或托其收買，即增抬高價，取利歸己。此何異市井販夫，豈管軍所爲乎。其更戍將佐回司，必抑令以回易息錢買納銀兩，盡入私帑，稍不滿意，生事捃拾，或遭毒手。及將佐闕額保明陞差，不較勞能，止以賄賂多寡爲可否。本軍有營田莊，有房賃、有租地錢、有營運錢，本以備器械，修營寨，充激賞，悉肆侵漁，所餘無幾。士卒不堪勞役，重以刻削貪困，多有逸而爲盜。潭州嘗捕獲強劫，乃本軍劉勝爲首，當廳引問，聲言統制掊剋軍人，不容存活。又貽怨於軍中者，本軍舊有漏澤園一所，士卒葬埋之地。榮遽壓闢，創立亭館，種植花木，以備遊樂。及布種粟豆，謀取微利，揮鋤之際，白骨紛如，過者傷心，榮不卹也。古之良將，師入敵境，猶不伐墓，夷父兄之墳壟，使其子弟見之，誰獨無是心乎。稍有識知，寧忍爲此。臣自去冬已見物論騰沸，屢行告戒，仍出榜禁戢。榮懷不自安，嘗欲陳乞離軍差遣。臣冀其猶有悛心，或圖後效，遲遲累月，見其循習故態，溪壑無厭，不復自新之意。不容但已，矧方敵人內訌，所宜練習軍伍警戒不虞。如榮之貪狠刻薄，素失士心，平居暇日，已懷怨憤，脫有征調，孰肯用命。若不亟行斥逐，必致誤事無疑。是敢煩瀆天聽，儻以其山前討捕，曾宣微勞與免根究，亦乞虛斷將榮特賜鐫黜，少懲貪刻。別選公廉材武之將，表率士伍，修明軍政，俾還舊觀，以爲一旦緩急之備。不勝幸甚。

王直《抑菴文後集》卷四《鎮江府重修運河記》 鎮江之通漕舊矣。始於隋，及唐宋，自京口新港壩緣城西而南至常州奔牛壩，一百六十餘里皆無阻。蓋由兩浙運判曾孝蘊、郡守林希史彌堅修京口、奔牛、吕城三閘，以閉泄江水通舟楫。民便之。歲久淤塞，大舟重載不得行，皆從夏港孟瀆出揚子江，涉風濤之險二百餘里，始得達瓜洲，而多被其患。國朝前浙江參政胡清等復請修運河爲便，勑工部尚書周忱、侍郎李敏等議之。不果行。皇上復登大寶，尚寶少卿凌信復奏言：「夏港至瓜洲江水廣闊，軍民運輸、商旅懋遷必由此，而風波盜賊陷溺者衆。乞將鎮江運河疏濬，重修京口、吕城等閘，遇淺則增置，視潮盈縮以時啓閉，則人受其利，而害可以減。」時左副都御史崔恭巡撫南服，亦言凌信等請濬鎮江運河，誠東南經久之利。上命浙江嘉、湖、蘇、松、常、鎮六府起人夫，給官錢，設法勸助，務在成功。仍勑都御史崔恭督同巡按御史鄭佑、郎中沈彬及諸郡守林鶚等勘議，皆謂今修故道深濬，從京口、奔牛接引江潮，修整舊閘四座，增置城南減渡橋新閘一。每二月中旬後，潮高水漲，則開閘放船。九月初旬以後，霜降水落，閉閘車壩。如此則工力減省，事易成。議定以聞，詔可之。命鎮江知府林鶚總督常州，通判劉衢，丹徒知縣劉震、丹陽知縣霍芳等分理其事。凡用人夫七萬餘名，土石等工用舊曠，役者三百餘名，皆出蘇、常、鎮，他弗與。各府措置石灰、樁木等料，價銀九百八十八兩有奇。天順三年正月興工，至三月十八日竣事。河隄隨地勢爲深淺，深者一丈，淺者八尺。壩閘橋岸必完固可以久，諸閘原無官夫者，各添夫二十名，隄岸河洪稍坍塌即修治，勿有壞。而都御史及諸郡守庶僚相與言曰：「運河之修，賴聖天子明斷於上，羣臣百工效忠於下，故能有成功，而恩惠及民。宜有紀，以示後，使知爲之之難，而永保之。」夫大江之險與海相若，自古病其難，而鮮克善濟。今聖主在位，勤恤民隱，聽言容衆，興利遠害，不憚歲月之勞，以建悠遠之利。東南之人饋運轉遷者皆安行利涉，其受惠也博矣。夫既受惠於今，而復加勤於後，朝覽夕視以防其敝，必堅固嚴密如始造時，則惠利之施有窮哉。故爲之記，俾刻之京口閘之石，使凡與其事者，日省而加勉焉無忽。

黄訓《名臣經濟録》卷四八蔣瑤《題欽奉勅諭事》 營繕清吏司案呈：案查先奉本部送准户部咨開，太倉銀庫見在銀二百一十六萬兩有零，不勾支用，要將事故官軍銀兩通行裁減，及行兵部，將外衛已到并在營各項官軍量撥一號，發山陵等處做工。脱或有礙，聞太僕寺馬價見有一百九十餘萬兩，亦可動支接濟等因，題奉聖旨：「是這事故官軍折糧銀兩，着便停止。兵部即查各項見在官軍，分撥各工應用以節省國儲。欽此。」到部送司。該本部議得，停止夫運係該兵部掌行，其雇匠辦料之費應該本部措處，合行總督工程及各該科道等官會議，缺欠銀兩合於何衙門借支，作何處辦，通議停當會題候旨施行等因。奉聖旨：「是國家營建舊規，止是派撥官匠，官軍做工，户部支與糧賞。比緣崇建郊壇，工程重急，權議動支兵部馬價銀兩添雇夫匠，以速告成，原非常例。今各項工程延緩累歲，乃至雇直之費糜耗無紀，況中間侵冒無稽，程督不嚴，奸弊滋深，以至庫藏空虛，工無就緒。各該職掌督理、監視等官，都好生玩法欺蔽，待工完之日，驗閱工程巨細，比量支費多寡，一併追治。即今措處錢糧，掣停夫運，你部裏便會同户、兵二部逐一悉心查議，區畫停當來說。欽此。」備行到司。查得嘉靖十五年五月内，該内官監開稱，啓建兩宮、修飭七陵、預建壽宮，并建行宮合用官軍做工。隨該武定侯郭等議，將團營該補京衛事故官軍内摘造三萬員名，在於兩宮三大營撥四萬員名，在於山陵俱支月糧、行糧、賞米、冬衣、布花，每各折支銀五兩九錢九分，通行户部扣送各該工所應用。節奉聖旨：「依擬，欽此。」續該户部議稱：搜木官軍止支行糧、賞米，並無支給月糧、布花，每名止該銀一兩八錢。又該武定侯郭題稱，兩宫山陵等處做工官軍七萬員名，每名該支月糧、行糧、賞米、冬衣、布花銀五兩九錢九分，共該銀二十萬九千六百五十兩，扣送工所應用，及原題户、兵二部歷年拖欠皇莊子粒銀一十三萬八千九百兩，馬房子粒銀二十二萬七千五百兩，各營草場子粒銀七萬七千三百兩，大約總計四十五萬兩，合令該部將見在太倉糧銀馬價内先行照數借支。户部每年漕運脚價，及抄關鹽引餘銀亦當查出送工部接濟應用等因，題奉聖旨：「是修建諸陵、建造兩宫皆非得已，工程重大，該用銀兩數多，摘造官軍月糧、布衣等項都照前旨扣送，拖欠子粒銀兩着於太倉馬價内借支，漕運脚價等項餘銀即便查出，送工部接濟。户部朦朧覆奏，顯是推托怠慢，堂上官且不查究，該司官罰俸三個月，欽此。」又查得建造廟制，該同知建造事。吏部尚書等官汪鋐等題，爲嚴查點，慎出納，以圖大工完美事。節奉聖旨：「這所奏各項營建，委多奸弊，匠役官軍私行賣放，虚支糧價入己，物料止憑官匠開報，濫無紀極。今後匠役官軍着科并差委官員分派工所，逐一查點物料也。着科道官會同該部委官公同收支，如有仍前勒捎分例銀兩，一應作弊，的指實參奏，其餘都依擬行。欽此。」又查得嘉靖十八年閏七月内，爲急缺大工銀兩，俯從區處以裨聖政事。該本部查得，户部拖欠事故官軍折糧等項銀兩數多，即今工程緊急，合行該部將事故官軍折糧銀三十五萬九千四百兩，并通惠河扣省脚價三十萬兩，即日兑送工所應用，其皇莊子粒并馬房草場子粒共三十四萬一千六十七兩，兵部各營子粒銀七萬七千三百二十六兩七錢二分，合照前旨於太倉銀庫并馬價銀内兑送接濟等因。奉聖旨：「户部看了來説，欽此。」該户部覆題：事故官軍銀兩節差主事彭大有等，并大峪山扣省脚價差主事陳天資運送十萬兩外，及子粒銀兩先儘見在貯庫五千三百三十四兩九錢，其餘移咨總督倉場左侍郎李廷相。查南京户部近解銀内，委官秤兑交納接濟。奉聖旨：「是都依擬行，欽此。」俱經通行欽遵去後，除户部事故官軍折銀先後陸續解過，及扣省脚價内解十萬兩外，其餘扣省銀二十萬兩，各須子粒銀三十四萬一千六十七兩，共銀五十四萬一千六十七兩，并兵部各營子粒銀七萬七千三百二十六兩七錢六分，節催未見解到。又查得，先年工程興作，各色匠役該内官監做工運料，該兵部各撥官匠官軍應，用户部關支賞糧，工部止是辦料，各有職守，故費省而工速成。自四郊之興，兵部權議自支馬價，雇募人夫以補軍數之不足，後令夫匠盡出工部，是以雇直之費支給不敷。又查得，先年内監料計各工錢糧合用之外，不過量寬一分，本部仍以三分爲率，處辦二分送用，其扣留一分，止是節損舊規，原無錢糧存部聽取。近年計料愈增，比時二分之數且或未滿，而工亦告成。如近時神庫神厨原派石灰九百萬斤，止用四百萬斤。城垣木柴原派一千三百餘萬斤，止用一百三十餘萬斤。一號等殿原派紅、黄等銅八萬一千九百斤，後又添派四萬五千餘斤，生漆原派一十三萬三千斤，後又開取一十三萬二千斤。壽宫奉祀房、神宫監，開派木植動以數十萬計。監視科道等官比照長陵式樣間數計算，比之原料不過十之二三，餘可例見。所以曠歲遷延，糜費無紀，致使庫藏空虚。又查得，慈慶、慈寧等宫、崇先、奉先、一號等殿、在外山陵壽宫、行宫及沙河行宫，各處已完、未完工程，前後共用過銀六百三十四萬七千八百九十餘兩，俱係借支户部太倉并太僕、光禄等寺各項銀兩，并本部召納事例。各項料價及事故官軍折糧銀兩支出之數，其西苑仁壽宫、鼓樓六聖碑亭、景皇帝碑，及涇、簡等王、端妃等妃墳所，各項支費不下數十萬兩。又皆本部那支柴、炭等項料銀，從權支給，又不在於前項支過銀内之數。及查得各處司府題派額派柴、炭、葦課、皮料、軍器折銀等項銀兩，歷年拖欠數多，雖有解到者，俱已放支，并前項那借殆盡。其未完者，俱各不行解發，後有前項興作，别無權宜區處。今户部因見慈慶宫完，議將山陵等處事故官軍折糧銀兩通行停止，行令兵部撥軍做工運料，已有明旨無容别議外，但本部應該放支工匠銀，并節慎庫應該放支商人料價二十餘萬兩，見今庫貯不滿五、六萬，應給之數將欠幾倍，將來之費又未可已。逆料失今不處，何以支持。以上俱應計議停，當庶免後艱等因，通查案呈到部。臣等會同太子少保户部尚書臣梁、右侍郎臣王、太子太保兵部尚書臣張等，議照國家營建必資于財力，財力不足則營建何由而成。國家財力莫患於糜費，糜費不除則財力何由而足。今據該司所呈内、外併興工程二十三處，每日雇覔夫匠九萬四千七百餘工，一年則費銀一百八十七萬五千三百餘兩。又每年雇車脚價銀三十四萬五千餘兩，鋪商料價一百餘萬兩。又匠官計料數目過多，即前數項可以類推。此錢糧之不足一也。本部在京工程已極繁重，而承天工程又復一十餘處，扣除本省及河南事例銀七十萬兩，加之江、浙、川、湖南、直隸、貴州各省扣除買辦木料銀五百餘萬兩，蘇州府、臨清州磚廠扣除磚價、運價百萬餘兩，兵部沙河、城池工程借用杉木，及各該撫按借留軍器折色銀共十餘萬兩。且各項事例開納已久，近來上納者稀，每日畸零數人而已。此錢糧之不足二也。本部料價、匠價、葦課及軍器、折色各項事例銀兩，各該司府或借支不還，或扣留不解，甚則轉解侵欺，不行追究。本部屢經催解，視如故紙，卒有緊急，無處那支。此錢糧之不足三也。如此，欲弊之革，利之興得乎。欲財力之足，營建之速成得乎。爲今之計，除已前做過夫匠，本部那借補支外，其餘自命下爲始，兵部查照舊規，分撥官軍酌量前項内外工程廠作，大小做工，及琉璃、黑窰、臺基、山西等廠，般運磚瓦、木植等料，本部食糧民匠、各衛食糧軍匠，通行查出，照前酌量工程廠作，分撥做工。其前雇覔夫匠，遵奉明旨各行停掣。如皇穹宇、慈慶宮、沙河行宫，即今工完，分撥各工併力湊用。若果工程重大，官軍、官匠不敷，兵部自行動支太僕寺馬價，本部動支節慎庫銀兩，各雇覔添補。二部委官，各照職掌會同科道逐一查照。如官匠、官軍不行赴工，各管工人員賣放、影射、及私占等項，着實追問參究。其餘物料及各處載運木石、磚灰等項脚價，本部支給。緣今錢糧缺乏，容本部請勑，就近齎與採辦抽分。郎中等官，會同彼處撫按分投委官，將前項料價、匠價、葦課、軍器折色各項事例銀兩，儘其見在查出，截數解來接濟。有侵欺者追完，問罪發落。干礙職官，一併參究。然目今欠少工食、料價、脚價，大約數十萬兩，翊國公郭等於臺基廠屢次無銀支給，請告紛紛，無以措手。況以後逐月放支，其數尚多，又無從處辦。若待前項催解銀兩，動經歲月，緩不濟事。議將户部原欠前項銀六十一萬兩，兵部七萬兩，作速照數動支解發，以濟前急。該户部尚書臣梁説稱，太倉銀兩，自興工以來本部借過事故旗軍及未到上班官軍，共支過二百九十三萬四千七百餘兩。今太倉止有二百一十萬兩，軍國重事，豈宜再支。扣省脚價俱已用盡，皇莊子粒止有五千餘兩，其餘俱奉詔蠲免。職掌關係，義難緘默。兵部尚書臣張説稱：太僕寺銀兩，自興工以來支過五十萬兩，倘各邊有事用馬，何以措手。草場子粒銀止有一萬兩，似難動支。臣等回稱，太倉糧銀、太僕寺馬價，固軍國重事，然營運亦朝廷重事。既已興工，勢難中輟，況户部今年、明年尚有扣省脚價。又今年漕運間有議徵折銀，兵部馬價及缺官、柴薪銀兩尚多，俱堪動支。且事有經權，時有緩急，均乞聖明裁處。爲照工程重大，物料浩繁，該監監工、收料、委官三百三十餘員，耗費寖廣，樂于遲延，拔本塞源，尤在於此。除總督大臣總其大綱外，若夫仰承德意，督率屬官，嚴速工程，惜財省費，此臣等與内官監掌印官之責也。以朝廷之心爲心，以國家之事爲事，同舟共濟，勿分彼此，此臣等與户、兵二部堂上官之責也。點查軍匠，稽考工程，有弊即言，無益即革，此臣等與科道官之責也。若使内外羣工體國奉公，各任其責，各蠲其私，則大工可完，諸費亦少節矣。再照工興日久，財用已殫，問之府庫，則空虚無計可借，問之生民，則疲憊無處可徵。臣等日切驚憂，不遑寢食，仰惟皇上敬天尊祖，光前裕後之作俱已周全，正堯舜垂拱之日，與民休息之時也。伏望天語戒飭羣工，早畢諸役，以紓聖慮，以迓天休。臣等待罪工曹，荷恩深重，豈敢緘默，依違從事。伏乞聖明亮察，臣等無任恐懼，祈望之至。緣係欽奉勅諭及奉聖旨，是國家營建舊規停當，來説事理等因。嘉靖十九年五月二十四日具題，二十六日奉聖旨：「這各項工程皆朝廷重事，乃祖制未及，舊典或遺，與今日爲民事神之弗獲已者。若所司能竭忠奉公，自能工完費省。今軍匠歇閑，歲費雇直百萬，兼以虚名實數，冒支糧賞，徒手幼孩濫充雇覔，每一放支銀兩，利歸私室，富却奸徒，上下蒙蔽，曾無一人舉正。及有旨督責，方纔説出，糜費又不明白指陳。除掣雇覔夫匠依擬太倉銀兩，今後再不許動支，見今各工合用銀兩、軍匠數目，并應該釐正事宜，你每還遵照前旨，會同盡心議處畫一停當來説，務要共任其責，不許自分彼此。欽此。」

陸容《菽園雜記》卷八 江通理云：金陵一民家被雷，失去二人，遍求之，乃對坐一空櫃中，其髮莖莖相結淩。季行言：褚御史昌胤家人遇雷震死，遍身衣皆裂成絶條，其條闊狹如一。邵文敬言：其鄉雷擊一佛殿，兩鴟尾皆失去。蓋脊筒瓦内石灰泥撤浄如掃，而瓦復不動。張汝弼言：松江一塔被雷，凡七層，每層簷鈴皆失去其舌。夏德乾御史知新淦縣言：本縣一山有雷神，甚靈異。嘗祈雨，雷雨大作，空中有物形聲如鴨，嘴爪如鷹者三，盤旋而飛。廟有大松十數株，每株爪去其皮二道，自根至梢俱深入寸許，無一差爽。瞿世用御史嘗知崇仁縣，一日雷雨中有物墮譙樓，黑色無頭尾，其圓徑丈餘。不久復飛去，疑其爲雷神。此皆平日聞坐客所談，因類記之。

陸容《菽園雜記》卷一二 新昌、嵊縣有冷田不宜早禾，夏至前後始插秧。秧已成科，更不用水，任烈日暴土折裂，不恤也。至七月盡八月初，得雨，則土蘇爛而禾茂長。此時無雨，然後汲水灌之。若日暴未久，而得水太早，則稻科冷瘦，多不叢生。予初不知其故，偶見近水可汲之田如是，怪而問之。農者云云，始知觀風問俗不可後也。山陰會稽有田，灌鹽滷，或壅鹽草灰，不然不茂。寧波、台州近海處，田禾犯鹽潮則死，故作碶堰以拒之。嚴州壅田多用石灰，台州則煅螺蚌蠣蛤之灰，不用人畜糞，云人畜糞壅田，禾草皆茂，蠣灰則草死而禾茂，故用之。【略】

衢之常山、開化等縣，人以造紙爲業。其造法，採楮皮蒸過，擘去粗質，糝石灰，浸漬三宿，蹂之使熟。去灰又浸水七日，復蒸之。濯去泥沙，曝曬經旬，舂爛，水漂，入胡桃藤等藥，以竹絲簾承之。俟其凝結，掀置白上，以火乾之。白者，以磚板制爲案桌狀，圬以石灰，而厝火其下也。

張志淳《南園漫録》卷八《蒟醬》 蒟醬之名見於《史記》注釋亦明矣。因宋周益公偶失記而妄對「蒟醬」之名，顧益顯此物余地所產。《蜀都賦》所謂緣木而生，其子如桑椹，長二三寸。是已生時深緑色，日乾即黑。雲南梹榔以此及濾淨石灰合而嚼之，呼爲「蘆子」，郡人販於雲南，動數十馱也。梹榔，廣西所食，即其心，乃藥中所用也。以三賴及蔞葉共之，乾硬無餘味。雲南所食，採其嫩者分爲四，連皮與心合以蒟醬，浄灰食之，軟而有香味。然此物只下氣、破氣，飽後頗宜。今日食不置，唇齒皆紅，而士夫反從之爲宜，殊不雅也。唯三原公至滇不食焉。

黄訓《名臣經濟録》卷五一楊一清《儀真縣新建攔潮閘記》 弘治辛酉春二月二十四日，儀真縣新建攔潮閘成，便漕也。儀真爲漕河，自前代已然。我國家定都北方，歲漕東南粟以供京師，多由此道，蓋喉襟最要地也。顧漕河之水至是當入江，高卑勢殊，河易洩且涸。宋嘉定間，守臣建白置三閘爲蓄水計，尋廢。再舉，再廢。國朝洪武辛亥，始即其地築而壩之。舟下之上必車壩乃達，不盡剥載則不敢以舉，力稍不齊，舟輒壞。由是儀真之地，舸艦雲接，販鬻喧闐，罔利之徒萍聚而蟻附，居貨食力惟壩是便。閘不復講矣。成化甲午，巡河郎中郭君昇建議置閘四，爲東關、爲響水、爲中閘、爲羅四。閘以通於江，一時稱便。獨妨罔利者煽爲洩水之説，任耳者和之，閘遂不用。弘治戊申，朝廷用言者下工部檄郎中施君恕，相所宜復東關、羅四二閘，廢響水、中閘而新之，舟復通利焉。然江濱無閘，潮無所瀦，上閘啓注不可遏，於是復起洩水之議。漕運總戎郭公鋐嘗欲增置濱江攔潮閘，或謂江濱多浮沙，不果。弘治己未冬，都察院右都御史張公敷華奉勅爲巡撫總漕事，有以攔潮之策獻者，公詢於衆。揚州府同知葉君元進曰：「元嘗承檄董濬河，濬及江濱，深七尺，土黄壤，無沙，閘必可置。」公曰：「然。」遂以聞。即得旨，乃會郭公檄葉君任其事。君受命惟謹，會籍程物，卜以庚申十月八日始事，度地勢，定造閘之規，高一丈八尺，中廣二尺八寸，袤三丈，翼而東西，亘加袤之二。爰琢爰甃，犬牙相入，磨礱劖礎，厓削砥平。疊石數重以固其涯，松樁節比以固其底。凡用物，以段計者石八千七百九十。以株計者，木五千四百七十。以片計者，板四百九十。以斤計者，鐵二千九百八十，蔴一千六百七十，篾六百十，桐油一百。以擔計者，石灰二千一百三十，粳米四百八十，秫米三十三。諸庸售所取直，得先年濬河羨餘銀千兩有奇，不責辦於有司，故工鉅而官不知費。方役之興，監察御史馮君允中行河至，顧瞻稱與，爲之指畫，俾急圖厥成。巡河郎中劉君繼至，偕工部主事鄒君亦胥督勸，羣僚嚮風，百工子來，故事集而人不告勞。距經始之期纔四閲月耳。馮君謂閘啓閉宜有定規，乃會劉君議，視河盈縮及潮之長落啟閉，傳檄有司遵行之。是歲江河會通，舟無留行，揚旗伐鼓，通數十百艘。於飲食談笑之頃，視車壩之勞，固有不待較者。比秋霖潦泱旬，湖水大漲，得以時洩，不横決爲隄堰害，亦惟是閘賴焉。所省漕運之費歲當若何，民船、商舶所省又當若何。以歲繼歲，吁其不可量也。於乎天下無難爲之事，顧爲之何如耳。其始也，存乎志，而其成也，存乎決。《書》曰「功崇惟志，惟克果斷」是也。昔虞文靖公嘗言，善爲政者，當爲其所不可不爲，不敢擅爲其所不得爲與輕爲。其所不必爲，斯可矣。是閘爲漕運計，爲天下計，在公誠不可不爲者，然非志之崇，則曰曷仍舊貫，非力之斷，則曰曷爲斂怨，欲其果於有爲，難矣。不然，自有閘議以來，凡歷數政，終以異議者衆，莫適任責，故亟舉亟罷，迄無成功。公始至而即圖之，謀定而身任之，擇人而委之，雖羣咻衆閧，屹不爲變，其志與斷有過人者，不於是乎徵耶。然吾每見世之仕者，有所舉動輒爲異議所沮，其同事者謂功不己出，從而媒孽之，唯恐費甚焉。況奉行其下，又無良有司，虚文取辦，徒勞無益，以增兹多口者皆是也。坐是以隳厥成者多矣。公興是役，馮君諸賢既贊其決於上，又爲之規議以圖其永，於正未嘗有所沮撓，而奉以周旋。又有若葉君心計目揣，舉無遺力，經營結構，無一弗當意者。暫費而大蠲，百年來所當爲而未及爲者，一旦從容爲之，騰口之徒不敢復出一語。是雖公之忠信所孚，風聲所動，而諸君協謀宣力，其功顧可誣哉。故併書之石以告來者，俾嗣守之，勿復惑於浮言，以隳前人之功也。

王直《抑菴文後集》卷三《常州府重建黄田閘記》 水之有閘，所以時啓閉，謹蓄泄，通舟楫之去來，資田疇之灌溉，其爲利大矣。然惟仁民愛物之君子，斯能因其利而利之。不然，則怠惰縱弛，苟目前之安，忽經久之利，其爲民病豈小哉。予於黄田閘之重建，而知其用心之厚也。常州江陰城北黄田港，引江潮貫城中而出於南門，凡二十里會夏港之蔡涇，以達於運河。實舟楫走集之地，附郭良田數千頃，皆賴其灌溉。港因潮之消長爲淺深。長則溢，消則涸。溢則舟通而足以溉田，涸則田不得受利而舟膠且敗者有矣。唐長慶中，李德裕觀察浙西，始建閘於城北。潮長即啓以行舟，消即閉以蓄水。人賴其利。歷歲滋久，繕治不繼，日就頹毀。自洪武丙子以來，人失利也久矣。前之爲郡縣者數十人，莫有少慨於心者。宣德中，工部郎中桂林莫侯愚被簡拔來爲郡，上賜璽書俾興利除害。侯詢知其事，歎曰：「此亦利害之大者也。今田利漕舟皆賴此，其可後乎。」一然以始至，不暇爲。久之，政通民和，即具奏其事。上命巡撫侍郎周忱經度之。周公廬陵人，忠以奉國，仁以惠民，而侯與之協議重建於舊址南五丈許，以避水之衝。念役重費殷，不忍賦於下。公常廣儲蓄以備災，度可支數十年。欲稍發所儲米，市材僦工，一切不以煩民，計其費以聞。詔可之。乃命通判邵武張侯齡董其役，然諸調度皆出周公。買石洞庭山，礱琢而後致之。凡用石工五十人，木工十人，金工五人，土工十人，役夫二千五百人。石四萬五千尺，木二萬一千一百根，磚三十萬一千箇，石灰四千石，鐵一萬一千斤，食米二千九百石。經始於正統元年八月，而以其年十月成。自是歲獲大穰，舟行無害。耕夫楫徒，商人估客，鼓舞而賛誦焉。郡中父老皆大喜曰：「茲閘之建吾郡，襟抱嚴固，風氣完復，吾民其永有利哉，此巡撫大人之德與郡侯之功也。請刻石以示久遠。」於是張侯來北京求予爲之記。夫興天下之利必用天下之才，然非天子信之篤，任之專，則亦不能有成功。莫侯以賢選任養民之職，且得張侯以助之，而周公之巡撫諸郡也，實能體上之德意，凡可以利民者，莫不盡其誠。民親戴之。其惠信有大者焉，是役蓋其細也，而猶用心勤厚如此，朝廷任人之效可見矣。於乎使臨民者皆如之，則天下豈有遺利哉。而多不能然者，此君子之所歎也。故爲之記，以示後人，使知是役之本末而善繼之，亦因以寄予之所感者焉。

李東陽《懷麓堂集》卷四九《明故鎮國將軍都指揮同知王公墓誌銘》　王氏出鳳陽潁上，爲世族，元山東行省右丞。榮入國朝内附，洪武初授神萊衛百户，遷密雲中衛副千户。子禮嗣從大宗，靖難遷指揮僉事。子宣嗣實生公，諱榮，字士華，五歲而孤。正統改元，嗣指揮僉事。署衛政，分領邊伍，名漸著。天順壬午，用薦承勅鎮密雲、古北口諸路。公申號令，利械器，閲實兵旅，分前後次，日嚴備守。憲廟即阼，賜白彩幣。敵入寇，公出龍王谷，追三百里，俘男婦八人，斬首九級。捷聞，擢署都指揮僉事，所統官軍士，賜官賞有差。成化癸巳，敵甫入，公出大水谷，追四百里，斬首五級，遂拜受都指揮同知。甲午，復追敵古北口三百餘里，斬首十七級，歸所掠牛羊以百類，遷都指揮同知。躬閲要害，置窖窩弓、釘盤諸器，賊近輒受窘以去。其所鎮地西東五百里，長城萬餘丈，皆壘石爲之，水至輒敗，修築無寧歲。公煉爲石灰，填土爲甃重治之，城因不圮。復以地廣難備，請移闕東北姜毛谷諸隘地增城堡，遠斥堠，前後至二十五年，境内寧謐。朝議偉之。會有嫉公者，媒孽其短，遂謝事。居五年，卒。弘治某年月日也。壽六十，葬城東五里原先墓。予聞邊將與大將異才，而所處亦異宜。公所負抱無愧，所謂邊將者，用不競施而滿見沮厄，豈不惜哉。公娶夫人孟氏，繼夫人朱氏，子五人某某，孫三人某。光禄典簿李君廷器爲動請銘，自爲著行狀，并道其終始之概如此。銘曰：「闞城翳翳爲國，東嚴屹屹王公。手扼其隘，寇至輒退，我擊其背。彼既失勢，莫我敢肆，孰能挫公。敵不在外，公不自愧，曰我寧退。官我自取，亦復我棄。孰謂公棄，公澤在世。」

何孟春《何文簡疏議》卷二《地方疏》　奏爲地方緊急，賊情事切。照本職原籍湖廣，郴州所屬五縣，南接廣東樂昌、仁化等名縣界，如地名象牙山、延溪山、石花峒、東坑、西坑等處，俱係傜僮并兩廣、福建、江西流來賊衆巢穴。桂陽縣延壽山、老虎峒，與石花峒、東西坑連，強賊往來於此潛跡。一日之間，出山店，即犯桂陽，出官坑、滁口，即犯興寧，西經赤石，出兩路口，即犯郴州及宜章縣。郴州四十里山亦皆強賊假道託宿之地。賊至興寧、青草，即郴、桂、永、興不得寧居。賊至益將、濠村，即桂陽、桂東皆可行劫。前項地方非無軍堡、巡司，而勢力單薄，視賊猖獗，莫敢誰何。自去冬以至今秋，所在人民不勝塗炭。掌兵戎者，寄喘孤城，僅僅自保，但遇野戰，即敗而還，告亟於朝，今已四疏。方來禍患，不知何所底止。本職父母之邦，丘墳所在，目擊耳聞，痛心疾首。今將處置地方賊情事宜，開坐具本親齎謹具奏聞，伏候勅旨。

計開：

郴州屬縣，接連別省地方，大林窮谷，一目千里，傜僮所居，善良罕至。惟有亡命，乃萃於此，攜帶妻孥，遠逃差税，異類雜處，頑悍成習。時年豐稔，狼飧豺噬，絶無蓄積。稍遇凶荒，聊生無計，或百十成羣，或多至四五百爲黨，及千百以上出劫人財，搶人孳畜，殺人放火，拒敵官軍。此處捍禦加嚴，則流毒於彼，彼處禁防有道，則貽患於此，難以約量盡知其數。然昔人云，匈奴雖衆，不過漢一大縣。彼山峒兇竪，固不衆於匈奴也。今地方被其蹂躪，將士爲之挫衄，賊勢益熾，民患益滋，良由我兵不知分合之道焉耳。此賊先被廣東官軍截遏南路，故爾奔軼及我門庭。今我兵調集，各衛既已衆有數千，剋期進剿，必須先遣乖覺健步去前要害，通賊水頭，密切爪探，并於緊關路徑擺塘架砲，晝夜哨瞭。及將各衛官軍預先選其敢勇，定作頭撥若干，次撥若干，其餘選退之數，專守城池。頭撥、次撥內，或分爲三，或分爲五，擇官管領，聽候各路爪探聲息，回報的確，從宜分布。頭撥某等先出某路，某當按伏某處，次撥某等暫劄某處，某當策應某路。若頭撥與賊對敵，次撥提兵繼至，按伏者得邀其中，策應者又乘其後，飛報四遠，轉戰而前，必有可克之勢。我之門庭既掃，彼之藩籬盡撤，游魂假息，遠竄窮奔，危巢敗穴，亦必自潰，釜魚罝兔，豈能久生。我肯下令從而撫之，募鄉導用間諜而誘之，彼脇從餘黨，當有擒殺首惡，送馘軍前以來求贖罪者矣。

郴州屬縣地方，天順、成化年間嘗爲賊所攻破，賊則苗人，而流民實爲之耳目。弘治四等年及去年、今年，屢爲賊所劫掠，賊則流民，而苗人實爲之肘腋。苗人謂何，前所名傜僮是也。流民謂何，即前名亡命兩廣、福建、江西，先年作耗大軍征勦所餘之種類也。大抵苗人住處，常有流民搆結其黨，流民爲賊，常有苗人附成其惡。村民炙於凶焰，失業無歸，情移勢奪，相與鄉導，亦常十有四五。而大軍之至，事已先聞，彼度力不能抗，必預藏蹤潛跡，我將何所收捕。山凹水曲，跨巖依險，倏聚忽分，萬徑千岐，朝來夕去。茲欲勦之，非調大軍，其勢不可。而用武非地，嵐深瘴作，行役非時，曠日持久，非我利也。彼窮寇懷必死之心，困獸有猶鬬之氣，我其能必勝乎。縱能必勝，勢必難於盡殲，苟務盡殲，冤必及於無辜。夫用兵非得已，而迫脇之衆不免横罹鋒鏑，以虧上天好生之至仁。除惡莫如盡，而迷復之徒仍得負恃巖阻，以貽他年不治之大患。二者皆非善計。然則，今之所以勦之，與所以處之之道如之何其可也。今日之事，渠魁首惡各有主名，其同謀不軌之人，若得陣前俘斬，自無他議。奈彼老山所藏，不可影響，而求玉石，而辯多矣。今當預揭告示，遍曉賊中，使悉朝廷矜宥之德、殺伐之威。順則自新，有可求之路，逆則王法，無可逃之地。利害兩端，待其審擇。彼脇從及窩主并隨來新舊黨衆，告示到日一月以裏，許赴官司自首免罪，若能擒殺同起賊徒來獻，或指引我兵撲捕有功，照例與同平人一體給賞。彼雖狼心狗態，豈無革面而歸化者。前項聽撫人犯，除近屬摘發外，別省流民供報貫址明白，各另造册。有告願復業者，遞回原藉官司收領復業，嚴立條禁，不得重與苗人交通。願報籍者，就行附近縣分報籍，册上開註某人於某里某人地上寄住，或在某家安歇。原荒田土任其墾種，仍免糧差三年，親管里老常要知在，不得爲非，以此防於異日，亦可消其邪志。招撫令下，賊勢自釋，有名首惡其與幾何。我兵然後從而勦之，不慮無辜之盡殲矣。用兵之後，罪人斯得氛祲既除，殘種遺孽方纔出首，此等人犯比聽撫者不同，然視陣前所俘罪終有間，合無貸以不死，各解送湖廣都司轉解巡撫衙門，會官編發本省各邊衛，分永遠充軍，彼此散處，依受管束，但逃置之極典。若兵餘漏網，復有避居林壑、躲住鄉村不首官者，事發從賊問擬謀叛本罪，奏請發落。幼男仍發邊衛，紀録充軍。窩隱之家，取問如律，官軍調發邊衛差操。如此庶幾地方不致激變，善惡早得分雪，軍功易成，民害易息，且使朝廷威德始無濫殺之慘，終無姑息之失，此愚之謂所以勦之與所以處之之道也。

郴州、宜章、桂陽縣三守禦所，俱因洪武等年土寇倡亂之後而設，所轄有笆籬、寒口、新坑、煙竹、黄沙、栗源、鎮安七堡，與諸巡司分置要處，專備不虞。然當賊盜生發緊急之時，不聞官兵少效截遏之力。林箐幽深，山谿逶複，賊所出之路則多，而官所守之地有限，彼此懸絶，誰其肯前。各堡原轄所分相去又遠，聞賊不能合力追勦，有事不能先期傳報，而爲之守備官者，又在桂陽州城居住，相望邈然。致誤地方，實基於此。先年奏設都指揮一員，守備郴、桂二州地方，本擬宜章駐劄。差來官員因見桂陽州城各堡空閑齊整，遂移家小定居彼城，去離興寧、桂陽、桂東動經三四日程，遇警傳報已難，臨期策應何及。宜章縣東距桂陽，桂東，西接藍山、臨武，南連樂昌，北抵郴桂，道里適均。合無今後守備官仍令照依原擬，在於宜章縣城蓋造公廨，居中駐劄，不時往來。前項城堡操練人馬，整搠器械，庶燒眉有救，噬臍無悔。郴州永寧鄉原設石陂巡檢司，守把野牛等峒。弘治年間，該司官以衙門毁塌，申蒙金都御史准移州南兩路口創立更鋪，摘發弓兵防守南路。今春强賊刦害鄉民，正由野牛等峒出入。所據前項官兵，應合掣回原設地方，照舊守把。但兩路口及東路、山河口二處，亦係通賊要害之地，若將前巡司遷復去後，於此各建軍堡一座，就摘見在長沙、瞿塘等衛輪戍官軍二百員名前來防守，使營壘以密，而軍威可振，傳報易聞，而緩急有備，實爲地方便益。兵法所謂「毋恃其不攻，恃吾有所不可攻，毋恃其不來，恃吾有以待之」者也。

郴州其地雖據上游，其城不過三里，城中無一民入居，城外無一軍守視，養兵衛民之道似不宜如此。先年有奏乞分地土者，城小無市，或已嫌其僻冷，地高無水，衆復病於行汲，是以居民戀業重遷而止。不圖去冬强賊突至關廂，放火殺人，比屋罹害。今春以來，戢翼思痛，人皆此心，賃地求容，城無窾室。守備等官所領戍兵亦不肯在關廂劄營，俱各入城就軍營房一同攙住。人烟稠密，穢惡薰蒸，疫癘相染，時時有之。久安長治之道，又豈宜如此。近時有議乞展城池者，舊城工築儘是堅完，一旦就墮，恐難遽復。郡志載：本州原有外郭，周圍八里三百五十餘步，遺址尚在，故老能知。今欲東至蘇仙橋，西至周家塘，南至南關張苑冲，北至北湖社壇嶺，民居盡處，坡岸締聯，築立土城一座。底闊一丈，頂收七尺，上築垜口五尺，連脚共高不過一丈八尺。三川秀水流通其間，城圈用磚石累砌，城門用鐵葉包裹，城垜用石灰塗墍。城角左右各置敵樓，敵樓左右各置冷鋪，冷鋪傍空地，各量置草蓋營房若干。合用夫役，該管道官軍三民七量爲起倩。合用錢糧，該布政司會計見在奏請支給。候賊情稍寧，雨水畢日，定委州衛掌印正官用心監督，併力興工。守巡官員，仍各以時按臨提調，務臻實效，期成永圖。民免轉徙之勞，軍脱征戰之苦，土著者起居無虞，客戍者安插有處。或疑地方擾攘之餘，軍民望蘇之際，乃爲此舉，不無嗟怨。夫民不可與慮始，而可與樂成。本州之興寧縣城築於洪武二十九年，宜章縣築城於成化二年，桂東縣築城於成化六年，桂陽縣城近弘治十二年重展築焉，皆因賊亂甫定而舉其事，今日賴之多矣。夫志遠功者不恤近費，圖久逸者不辭暫勞。語曰「見兔顧犬，亡羊補牢」。此言雖小，可以喻大也。

郴州五縣一年以來，賊盗劫掠之慘，地無遺土，百姓荼毒之苦，月無虚日。膏腴田畝，半入蒿萊，大小鄉村，久絶烟火。死者尸骸臭而未已，生者瘡痍痛而未息。或逃躲山林，無處存住，或去離鄉井，不能自歸。人口散亡，孳畜蕩盡，呼天哭地，控訴無門。今歲春種秋收既皆廢矣，來春之苦抑又可知。本處地薄土瘠，人民素乏蓋藏。虫螭之餘，重丁此難，其間亡賴蓋有竄入賊黨，甘爲賊所脅從之人。而爲之所司者，方且舉浩繁之差税而驅迫之，此賊黨之所以益多而地方之所以益壞也。合無奏行湖省鎮巡衙門，考政得失，問民疾苦，督同都、布、按三司官，酌量本州地方被害事情，一面平治盗賊，一面撫安軍民。何者利所當興，何者害所當革，其有流移未復業者早爲招復，饑寒極難過者即爲賑濟，無牛粡種子爲生理者悉爲措給。户、工二部原派物料及一切徵科并今歲税糧，可寬免者，量爲寬免，可停止者，暫爲停止。務使人人受惠，不致失所。查得本州額徵税糧，不及江南一大縣分之數，近年所派撥者，止勾年中支用。今盗賊未息，進兵伊始，支用日繁，未可涯際。合將明年以後税糧盡數存留本州，上納用，實倉庾，以備軍餉，以免民人之折輸，以省鄰國之乞糴，亦爲便益。《記》稱國無三年之畜爲急，無一年之畜即國非其國。夫意外之虞，貴於潛消事前之慮，誠不可不預定也。正德四年九月初七日。

顧清《東江家藏集》卷三八《龍溪橋記》 湖州府龍溪橋成，太守河間馮侯之所作也。鄉進士王君廷綸狀事之顛末，前按察僉事西溪龍君爲致書屬予記。湖爲浙西名郡，與杭、嘉、蘇壤地聯接，而吾松亦相望焉。其間官政之修明，廢墜之興舉，惠利之及人，譬則同溝共井之人家有善慶，固四鄰所樂聞也。西溪，吾故人，且寓其地而爲之言，則予雖不文，亦烏能以自默耶。按圖狀，龍溪與苕、霅二水同源，由杭之天目而分流以入，於具區皆爲湖之巨川，而溪之勢於今爲尤大。水心所謂鏡波藍、浪舸經舫緯之勝，殆與二水不殊。而以其途之要、流之悍，輿梁徒杠之跡廢而莫考也。風雨晦冥之交，有淪而入於江魚者，鄉人病之。廷綸愍焉，思倡爲義舉，而適會馮君之善政。鄉之父老亦知事之可倚，以有成也，走白於僉憲事兼治水西川熊公，而以屬於君。君聞而慨然曰：「此吾事也。」率郡僚躬往相度，得善地於黄家巷口植表焉，以嘉靖甲申十一月朔首事，越明年八月而訖工。方役之興，或以水深廣難施功，或以爲費鉅而無所於出，流言紛紛，若不可爲者。馮君屹不爲動而以身任之，始以禮勸鄉之鉅室，復擇民之謹良可使者疏募之，誠心既孚，遠邇響應，不踰歲而功以迄。成橋之長總爲尺二百有四，十石錮其兩端，中列柱四架，分五門以通舟，柱趾及顛咸亘以巨石，其上布木承空，施磚石焉。而剡其趾之端以分水面之廣丈有四尺，倍廣之尺而殺其二以爲高木石灰甓之數。夫匠之工以數萬計，費白金千有百兩而贏。既成，視其西三里清塘橋若雙龍飲江，頭角相望，而堅緻有加焉。於是百年之廢興於一朝，而闔郡之民皆免於病涉矣。蓋廷綸之狀述如此。夫難與慮始而可與樂成，人之情自古而然。視官府如傳舍，視民之休戚若秦人之於越人，以己所不爲而憚人之爲，不習其事而妄議其難易，雖士大夫亦有之，又不特鄉里之人爲然也。馮君於是加於人數等矣。然非賢監司之綱紀於上，良士民之效力於下，籲而莫應，倡而莫隨，則亦何以成是功哉。予衰病閑居，無能及於民物，目閭閻之情狀，於當世之賢，蓋深有望焉。引領湖山，不勝瞻跂，非惠利之餘何以及是，故不讓而爲之言。廷綸又謂：君興學以造士，嚴馭吏以卹民，斷科罰以率下，至於徵收之戒刻取，發運之戢官軍，威惠併施而謗讟靡恤，則又今人之所難也。然則，君之談笑而成，此豈偶然哉。庸併書以爲記，庶乎有聞風而起者。侯名曾，字宗孔，正德甲戌進士。與侯同事者，推官李涵，字某。

王世貞《弇山堂别集》卷二三《史乘考誤四》 《西樵野記》言：「李都憲守三

邊，嘗《題石灰》詩，云『千槌萬鑿出名山，烈焰光中走一番。粉骨碎身都不怕，只留青白在人間。』後以邊境猖獗，挺出，因裂其尸焉。今人仰其節義，誠詩讖也。」按他小説載其詩語類于肅愍，特小異耳。國朝無守邊李都憲出戰而死於陣者，惟正德中才襄愍公寬以輕敵陣亡。然不聞有詩，此必因肅愍而誤傳者也。

王世貞《弇山堂別集》卷九八《中官考九》 詔御用監歲徵物料如弘治例。先是工部議上，弘治以前例坐浙江金箔二千貼，河南水膠二千五百斤，黑鉛五百斤，山東椴木五百丈，檀木二十根，山西大甘鍋三千個，廣東白圓藤五百斤，陝西明羊角二百斤，羊毛五百斤，蘇州府白長節猫竹三百根，大名府細銅絲三百斤，礬紅土五百斤，河間府瀛沙三千斤，土硝四百斤，永平府灤州榜紙三千張，爐甘石萬斤，順天府青甘土五百斤，水和炭三十萬斤，工部石灰五萬斤，易州山廠木柴炭各二十萬斤，視正德十省八九。已而該監奏派復有花梨木、花秋木等物，係奉依裁省之數，部臣覆申前議釐革。上從之。

鄭若曾《江南經略》卷二上《分職掌》 設法大户米穀進城，右一項須長、吳二縣掌印官專督之。

設法守城物料進城，稻草、石灰、磚石、鉛鐵、火藥、油燭。

右六項須府佐一員專督之。

鄭若曾《江南經略》卷二上《廣儲蓄》 區處磚石入城：

城夫不閑武藝，須用磚石擊賊。賊警急時，城門已設盤詰矣。軍民人等，每入各城門，須令各帶磚石一塊，置於月城内空地。守城軍搬運上城，每五十垛作一磊，以石灰封識聽用。如不帶磚石者，盤詰人員不許放入。本府仍諭令，湖船裝載西山石片，交與把門人員運貯城上助用，如不移運上城作磊，罪加把門員役。

區處石灰入城：

守城之具甚多急用，惟灰瓶、石塊爲便，必須預備。然灰瓶、毒藥、修砌等項俱資石灰，須預仰各窑户領價依期送運石灰入城，封識沿城寺院以備臨時取用。

高濂《遵生八牋》卷四《五月事宜》 《雜記》曰：「以青蒿草搗汁和石灰作餅子，陰乾收起。遇刀斧傷者，塗之立效，愈後無痕。又一方，採百草頭搗汁和石灰作塊子，鑿大桑樹上一孔，納灰餅在内，待百日後取出，曝乾爲末。傳金瘡神效。」

彭大翼《山堂肆考》卷二二八《馬蟥》 《本草》蛭一名蚑，一名至掌，畏石灰。生水中者名小蛭，亦名馬蟥。生石中者名石蛭。生草中及泥中者名草蛭、泥蛭，並能著人及牛馬身上齧咂其血，甚者入肉中産育爲害。大者長尺餘，人呼爲牛馬蟥。人觸之縮如拳，頃之引伸而縱如蚯蚓也。此物極難死，火炙後經年得水猶能活。

乾隆《御選明臣奏議》卷三一 李頤《條陳禦倭事宜疏萬曆二十年》 臣竊惟倭奴警報業踰半載，經本兵區畫諸臣建言，如選將增兵、造船建臺、畫地分守，一切戰守機宜，不啻詳且盡矣。臣受事兩閱月，終日拮據，奉行不暇，何敢復有陳説。特恨島外狡夷輕視中國，用是蚤夜殫思，圖效一得，直攄臆見，釐爲七條。昔霸國用人不鄙九九之數，聖明兼聽豈厭卑卑之言。伏乞敕下該部酌議，儻可採覆議上請旨施行，臣無任惓惓，祈望之至。一安民心。臣聞民爲邦本，本固邦寧。況自倭警以來，中外紛紜，盡屬備倭之計。臣以拊循爲職，敢置民生于不講乎。臣所屬州縣大半逼近邊海，地多沙磧，物産非饒，時值軍興，粟價頓踴，兼頻災之後，閭閻愁嘆之聲比比而是。如懷柔一縣，土瘠民貧，極目蕭索。臣查該縣錢糧自萬曆十四年至十七年，分所欠柴夫等銀二千六百餘兩。知縣賈濬非不苦心追徵，而彌望草萊，租税安出。舉一邑而其餘可知矣。若非破格蠲免，所謂財竭而斂不休，民窮而令愈急，上虐下離，威尊命賤，竊恐地方之憂，不在肘腋而在腹心也。容臣督行各道查被災州縣積欠錢糧，稍緩者議蠲，難緩者改限，現年盡數完納，毫不許負，庶民困稍甦，邦本漸固，即有外患，不足慮矣。一省議論。臣聞多指亂視，多言亂聽。議論多而成功少，不獨今日爲然也。況言倭情者必先述其可畏之狀，談倭不啻談虎，以致邊氓畏倭不啻畏虎。臣前月入境，經過固安地方，見該縣人心洶洶，至欲挈家南徙。臣雖再四曉諭，恐愚民終莫之信也。且倭奴主謀多係中國亡命之徒，輦轂之下豈無耳目。轉眼春汛，警報漸急，廷論益滋，若盡形諸章疏盡數發抄，狡賊聞之壯氣，軍士讀之寒心，愚民轉相傳告，益重其疑畏而速其離居也。臣謂自今以後，除科道及當事臣工建白外，其餘條陳倭策者，許開具揭帖送内閣，發道科掛號送部酌議，可行者覆，不可者止。異日果以何策決勝，仍查先日建議之人，論功陞賞。其罷閑官吏欲借建言起用，無甚奇謀秘計，通政司不必收受，蓋所以安人心亦所以密兵機也。一簡鎮兵。臣聞兵貴精不貴多。古之善用兵者，每以寡勝衆，固以其有勝算，亦以其有勝兵也。薊、昌、宣、保四鎮，環衛畿輔，屯有重兵，雖挑選精鋭者援遼，而存留在邊者獨不可整理備用乎。養兵以備緩急，邊與海何擇焉。邊報急則以防邊爲重，倭報急則以防倭爲重。除昌鎮兵馬護衛陵寢不敢經議外，合無豫合薊鎮總兵官，無論南北主客，料理精兵二萬，宣、保總兵官各料理精兵一萬，嚴督將領，整飭器械，訓練戰陣。無事之時照常防守汛地，一聞警報，不待徵發。各總兵官星統前來，薊爲正鋒，宣爲左翼，保爲右翼，三枝兵馬逆擊其前，仍令遼東總兵官挑選精兵二萬截殺其後，首尾相應，前後夾擊，此常山蛇勢也。倭奴雖狡，欲返隻輪得乎。今四方精鋭行將直擣望京，倭奴救死不贍，豈能内犯。兵法云「不恃其不來，恃吾有以待之」。今日之謂也。一嚴城守。臣聞王公設險以守其國，城池之謂也。使城而匪高，池而匪深，何足以言險，安可以守國。然濠池淤淺，乘此農隙挑濬爲易。若牆垣增高及村鎮建堡，雖爲保障長策，而工費頗大，旦暮難完，須俟倭警稍息，方可次第舉行。如教習鄉兵、訓練民壯，此守城要務，各屬業已奉行矣。臣巡歷州縣，見城垣雉堞間多聚石塊以便擲擊，然投石于下，賊不以石反擊上乎，是借寇以兵，非計也。間有貯灰瓶者，似矣。然瓶大難遠，質厚難碎，亦非利器也。合無令濱海有司，相地所宜，土可陶者，就近起窑，募匠燒脆薄砂罐，形如小甌，腹廣而口狹，實細石、灰子其中，另置一蓋覆其口。土不宜者，于鄰壤窑户用價收買，如法貯聚。俟賊將臨城，用此擲擊，將見罐裂灰揚，昏天撲地，弓矢且不知避，況敢仰面而攻乎。價極廉而利用，工極省而速成，亦守城之一策也。一取強弩。臣聞弩者，怒也。其機甚速，其力甚猛。故彍弩、伏弩、連牀弩見于兵法，試于古人，不可殫述。臣見邊防多不用弩，怪問其故，僉謂強弩難挽，弩發一矢，弓發三矢。不知論遲速則弩不如弓，論命中則弓不如弩，即不利于戰，獨不利于守乎。近據總兵張邦奇圖説，盡查營路戰車編派緊要海口，使車前留隙，弩發如雨，誰謂非戰勝之具也。臣查沿邊臺路，間或有之，但爲數不多。邊兵用之不熟，遂爲間具。今江、浙、閩、廣、南直隸地方多産山桑檿柘，皆弩材也。人習此技，即鳥雀微物，無不應弦落者。合無下令省直各造強弩一萬，弩箭百萬，分督各府開局集事，非難停解。弓箭、弦條加派可免，馬上差人陸續解運務。汛前完足，再令召募善射弩手，厚給安家路費，使人樂從。多則百名，少則數十名，各令廣帶弩藥。蓋弩藥最毒，俗謂見血封喉。猛虎中之不數武而死，倭雖悍厲，未必人人如虎也。到日分發沿海州縣，教習鄉兵守城。海上有警，遍發行間禦敵，倭患既平，或發邊鎮，或留京營，以一教十，以十教百，俟有成功，發回原籍，願留者聽。此一舉也，防邊禦、倭均有實用矣。一備神器。臣聞器械不利，以卒予敵。薊鎮向知防邊不如防倭。邊營銃炮神火器具雖頗足用，但置設臺路，各有正數，原無多餘。即舊有庫貯一二，類皆朽敝不堪，無裨于用。自倭警以來，各道鳩工聚材，並手偕作，計至汛期種種不啻足矣。顧臣所屬地方，二千里邊防，八百里海岸，況防倭之時，又當防邊。火器爲中國長技，所謂多多益善者。近者閣臣題議戎器要略，中間制作俱戰守利器，已經督臣郝杰分行鎮道督造外，臣思倭奴最可畏者，不過鳥銃耳。然鳥銃止于百步之内，若魚眷竹牌，用布褥裹其外，以水濕之，即數十步，鉛子不能入也。中國大將軍炮遠可六七里，三眼銃及火箭遠可數百步，以我之長，攻被之短，彼敢當我哉。臣于遵化另開廠局，躬自料理，選委中軍參將陶世臣等，調集匠役，星夜打造炮一百五十位，炮車五十輛，三眼銃一千杆，火箭二萬枝，火藥二萬斤，魚脊竹牌三千面，併隨銃、炮、鉛子什物，刻期正月内盡數完報。再于豐潤縣局委官陳雲鴻等，現造大將軍炮續完者借留五十位，載炮滚車五十輛，俱聽分發沿海要害，以資防禦，仍補發價銀，勒限作速造完。前炮併滚車解還京營，不敢違誤。計合用工料大約該銀八千餘兩，俱應于備倭馬價銀兩動支。今查前銀，該薊、密、永三道分發兵餉及安家、犒賞等項，猶且不敷。欲濟大事，豈惜大費。合再乞請照數發銀，以便接補支用，事完聽該道核實册報，臣覆核具册奏繳所造銃、炮等件，平倭之後可用禦邊，固不朽器也。一重根本。臣聞帝王之治天下，每詳内而略外，非外爲可輕，蓋内爲尤重也。薊鎮爲畿輔肘腋，内拱陵京，外環山海，豈不稱根本重地哉。故敵臺烽墩，星羅棋布，利兵精卒，蟻聚蜂屯，所以爲防衛計者至詳矣。自倭警以來，客班、河間等五營留防天津，南、北步騎數營調援遼，同計前後徵發共二萬七千有奇，無論邊長勢分製襟露肘，而延袤海岸設備爲難。先設遊擊吴惟忠募南兵二千餘名東駐樂亭，專爲防海，今且併調出關。近雖題議增兵一萬五千，而南、北召募，未必旦夕可集。邇者經略部臣議量留兵馬于薊、保以資防守，兵部覆議仍簡精騎赴遼，聽候相機調遣，總之爲安内計也。竊思進勦有期，則兵宜厚集，萬一事機未輳，按兵待時。乞將薊兵一萬一千暫且撤回，或以南兵習倭，不妨留用。臣議豫簡鎮兵者，蓋恐倭奴分道入犯，援遼精鋭勢難急歸，故欲各鎮再爲料理，以備不虞。其實邊卒非十分緊急，豈容輕調。若以出關士馬分派内地海口，倭急則防倭，邊急則防邊，兵不加募，防亦可周。不然攘外以安内，虛内以實外，非計之得也。伏乞聖裁施行，謹疏。疏入，帝從之。

張介賓《景岳全書》卷四九《水石草部·檳榔》 味辛澁，微苦微甘，氣微温。味厚氣薄，降中有升，陰中陽也。能消宿食，解酒毒，除痰癖，宜壅滯，温中快氣。

治腹脹積聚，心腹疼痛喘急，通關節，利九竅，逐五鬲、奔豚、膀胱諸氣，殺三蟲，除脚氣，療諸瘧，瘴癘，濕邪。《本草》言其治後重如馬奔，此亦因其性温行滯而然。若氣虚下陷者，乃非所宜。又言其破氣極速，較枳殼、青皮尤甚。若然，則廣南之人朝夕笑噬而無傷，又豈破氣極速者。總之，此物性温而辛，故能醒脾利氣，味甘兼澁，故能固脾壯氣，是誠行中有留之劑。觀《鶴林玉露》云：「飢能使之飽，飽能使之飢，醉能使之醒，醒能使之醉。」於此四句詳之，可得其性矣。其服食之法：小者氣烈，俱以入藥。廣中人惟用其大而扁者，以米泔水浸而待用，每一枚切四片，每服一片。外用細石灰以水調如稀糊，亦預制待用。用時以蔞葉一片，抹石灰一二分，入檳榔一片，裹而嚼。服蓋檳榔得石灰則滑而不澁，石灰蔞葉得檳榔則甘而不辣。服後必身面俱暖，微汗微醉，而胸腹豁然。善解吞酸，消宿食，辟嵐瘴，化痰醒酒，下氣健脾，開胃潤腸，殺蟲消脹，固大便，止瀉痢。又服法：如無蔞葉，即以肉桂，或大茴香，或陳皮，俱可代用，少抹石灰，夾而食之。然此三味之功，多在石灰、蔞葉，以其能燥脾温胃也，然必得檳榔爲助，其功始見。此物理相成之妙，若有不可意測者。一，大約此物與烟性略同，但烟性峻勇，用以散表逐寒，則烟勝於此。檳榔稍緩，用以和中暖胃，則此勝於烟。二者皆壯氣辟邪之要藥，故滇、廣中人一日不可少也。又習俗之異，在廣西用老檳榔，滇中人用清嫩檳榔，廣東人多用連殻醃檳榔，亦各得其宜耳。

葛昕《集玉山房稿》卷一《壽宫營建事宜疏》　題爲欽奉聖諭事，准禮部咨該本部題萬曆十二年九月二十一日司禮監太監張宏等傳奉聖旨，朕奉兩宫聖母閲定大峪山吉地，兹仰奉慈命，遵皇祖故事，預作壽宫，一應營建事宜禮、工二部會同擇吉日來行。欽此。欽遵恭捧到部。臣等查得，嘉靖十五年我世宗肅皇帝預擇壽宫，既得吉兆，隨即命官營建。規制盡善，福祚無疆。今我皇上虔謀遠識，親卜大峪山吉地，復恭奉兩宫聖母閲定爲萬萬年壽域，隨勅臣等會議預建事宜。仰見大聖人之作爲同符皇祖，超越百王，乃卜世卜年之洪基，而非尋常營作所可擬也。臣等祇承綸命，敢不殫心經畫，仰贊巨典，謹遵照嘉靖年間事例，參以今所應行，逐一議擬開列，上請恭候聖明裁定，節奉聖旨。是伐木祭告，遣公徐文璧。興工告九陵，遣公徐文璧、朱應禎，侯吴繼爵、郭大誠、蔣建元，伯王學禮、劉應元、衛國本、王偉。天壽山駙馬侯拱宸，后土等神尚書楊兆各行禮，欽此。該本部擬奏差官處辦木植、磚石物料，及工匠、夫役等項，徑自題請施行。臣等卷查，嘉靖十五年預建壽宫經費浩繁，規制物料俱候内外重臣親詣天壽山規畫會計，議處具奏，所據處辦錢糧工匠等項，及本部應委司官合行事宜，相應急爲議處。仰惟皇上神謨宏遠，虔思精詳，法皇祖之弘規，承兩宫之慈諭，特勅臣等預建壽域，誠足以培億萬載靈長之慶。一切營建事宜，該臣等遵奉成命，已會同禮臣恭照嘉靖十五年事例將開山興工吉期，并應差内外大臣已經具奏題，恭候聖諭欽定職名，其科道、兵部司屬、錦衣衛、内官監等官，移文各該衙門聽其徑自題請。至於各項物料數目合遵先年事例，候欽命内外重臣會同科道等官，親詣大峪山督令官匠人等踏勘，從實會計前來，另行具題外，所有臣部總理工程、提督工程，并催儹物料兼督大石窩等處堂上官亦均候聖明裁定，其應差司屬官員及議處錢糧、木石、磚瓦等料，并工匠夫役應行事宜，議擬列款上請，合候命下臣等欽遵施行。其有未盡事宜，仍聽臣等内外大臣會同酌議具題。

計開

議分職掌。照得大工工役重大，司官須委任分理，各有專責，庶便考成。所有本部司屬，合無一一分派職掌。除本司掌印官臣昕管理錢糧，不時往來工所調度一應工役，其常川在工驗收木植、磚灰、石料，催儹夫匠、管理工程似應差委司官四員，山、臺兩廠管造粗料司官二員，神木等廠收發木植司官一員，大石窩、馬鞍山、白虎澗開取石料及燒造石灰司官三員，瑠璃、黑窑燒造磚瓦司官二員，大通橋查發磚料司官一員，其臨清燒造城磚，通州查發磚木，即劄委本處註選司官各行管理，不必另行差委，以滋煩費。

議處錢糧。照得工程重大，支用錢糧自當浩繁。今查本部節慎庫、見貯、屯田等司，堪動料價事例爲數不多，合無先盡見貯銀兩支用。其各省直拖欠本部各項解京錢糧，應照先年差委司屬官分投守催。但恐於各地方未免騷動，今次合只嚴行各省直撫按官勒限，將各該司府節年拖欠匠價、料價，并見開事例銀兩，除蠲免奏留外，上緊盡數催徵，按季作速解部接濟。臣等多方撙節，務期有濟。如再不敷，仍查照嘉靖年舊例，具題勅下户部、兵部查發協濟，庶錢糧不致缺乏，而工程可爲永賴。

議查處木料。爲照工作肇興，首莫要於聚材。本部各廠舊存木植，近因鼎建慈寧宫殿及添修龍蹕殿等處，將收貯楠杉鷹平，取用數多，見存數少。即今大工需用桅、散等木，除照例派行各商買辦外，楠、杉等大木，合先將各廠見存者委該司官會同内監酌量取用，一面仍移文川、廣等處撫按官，查照先題數目，陸續催解前來接濟。再照，在廠木植徑運大峪山工所，道路窵遠，爲費不貲。合無行内官監差掌尺寸官作在於各廠查照原估棟柱等項，照數截成粗料，方行運行赴該工出細，遺下頑頭木屑即盡發瑠璃兩窑燒造瓦片，庶於工作兩濟。

議採石。恭照壽宫興建，惟用石料數多，而開山鑿取拽運更艱。查得嘉靖十五年，各項石料俱在大石山窩、馬鞍山、牛欄山等處開取，即今應用石料，仍應照舊在於各山取用。合無先差監部官帶領匠作前赴各山勘驗，分別青、白石及白玉等石，某塘堪充某料，預爲會計，多召匠作，分塘照數開取。先盡地工所需，刻期開出聽運，務要堅細合式，期濟實用。

議燒造磚瓦。照得瑠璃等窑，并蘇州、臨清等廠燒造磚瓦，往年率有粗惡不堪應用。雖節經移文嚴督如法燒造，猶自玩習如故。今鼎建壽宫，非尋常工程可比，前項各料合行内監并各廠委官查照先年式樣，務要澄漿得法，火力俱足，體質堅細，各記窑户姓名，以便查考。其大通橋、張家灣磚廠，本部即行該管司官，將見積各項磚料查明呈報，聽候運用。不足數目，仍照先題事理，行催蘇州、臨清等廠照數派運，立限解赴前來應用。又查得昌平州迤東地方，先年原有窑座，俱曾燒運上用磚瓦，其道路去陵頗近。合無多招窑户，即於該州地方採取細土，如法燒造，務期精堅合式，仍聽各窑户自運工所驗收，與臨清黑窑各磚相兼應用，尤爲省便。

議燒運石灰。照得磚石所需，全賴石灰，爲數頗鉅。若驗收無別，則弊竇易生。查得馬鞍山燒運灰色潔白，軍莊灰性稍次，且道路有遠近，價值有多寡。合無以十分爲率，軍莊止准燒三分，嚴行該管司官，各另給號票運送監工官處，對票驗收原馱，不得卸地堆積，以滋守候等弊。仍不許將軍莊灰充馬鞍山白灰，及將沙石插和，希冒價值。違者管工官從重究治，庶宿弊可釐，而灰皆實用。

議均買辦。照得物料有貴賤，價值有盈縮。本部雖有會估，尚有開載未盡者。一遇派僉，買辦各商遇有利者鑽刺承攬，無利者殿轉推避。今值大工興建，預支銀兩，動以萬計。若不議擬畫一，不惟錢糧難完，抑且有妨工務。合無查照先年及今惜薪司柴炭事例，將本部鋪户分作四把，中間審其家道殷實及有行止者一二名爲首，衆各連名保結。每遇關預支眼同赴領，敢有侵費而同把不舉首者，坐令均賠。庶苦樂相當，永杜規避，錢糧可濟實用。

議取車輛。照得裝運木石等料，車輛在灣廠，責令通惠河郎中差派，在内廠分撥見役車户承運。但本部及灣廠原額官車數目不多，分運石木不敷應用。查得嘉靖十五年舊例，原額派取直隸各府車户裝運。合無仍行各該巡撫衙門，轉行順天、真、保定等府附近州縣，僉派車户報部，仍候本部明文至日，方酌量解部應用，亦不得一概濫行派擾。其運過脚價照估散給，完日先期發回，庶輸運有濟，工作無誤。

議處匠役。照得大工興作，木石瓦搭等匠合用數多，遽難召集。查照嘉靖年間事例，隨工匠役，行戎政衙門及五城兵馬司、宛、大二縣拘集。其開山石匠，行順天、真、保定等府州縣僉解。合無將前項各匠俱各照例，在内仍行戎政等衙門多方拘集，在外應取開山石匠仍行各該巡撫催取解部，俱要精壯藝熟者方准收用。本部照估給與工食，各匠夥内，令推有身家行止者，准作頭役，便於約束衆匠。其承領工價，見工分給，仍嚴禁頭役侵尅，俾各匠趨利赴工，方爲有濟。其大工興建之日，民間私工不許占悋匠役，有礙拘僉，仍行各城巡視，御史出示曉諭。

熊三拔《泰西水法》卷一《龍尾車記》 二曰墻

軸上之因各螺旋之繩而立之墻。墻之法，或編之，或累之，皆塗之。墻之兩端不至於軸之兩端，其至也無定度，惟所爲之以樞之短長稱之。八分其軸長，以其一爲墻之高，可減也不可加也。墻其累之也，欲堅而無墮也。其編之也，欲密而平也。其塗之也，欲均而無罅也。兩墻之間謂之溝。溝，水道也。水行溝中，而墻制之使無下行也。故曰：墻者，所以束水也，水所由上也。

注曰：編墻之法，削竹爲柱，依螺旋之線而立之。每立一柱，即與軸面之八平分長線爲直角。如立柱於本篇一圖之午，即柱爲垂線，與庚、丙長線爲直角也。而又與軸兩端之丙、丁爲一直線也，若本篇二圖之癸、丙是也。削柱欲均，安柱欲正，列柱欲順，立柱欲齊。既畢，則以繩編之，略如織箔之勢，繩以麻、或紵、或管、或布、或篾，惟所爲之。既畢，以瀝青和蠟或和熟桐油融而塗之，或以生桐油和石灰、瓦灰塗之，或以生漆和石灰、瓦灰塗之。凡瀝青加蠟與桐油，取和澤而止，石灰瓦灰相半。桐油或漆和之，取燥濕得宜而止。累墻之法，取柔木之皮如桑槿之屬，剥取皮，裁令廣狹相等，以瀝青和蠟，依螺旋之線層層塗而積之。累畢，如前法塗之。既畢，而兩墻之間成螺旋之溝。水從溝行，而墻不漏者，是墻之善也。八分之一者，如軸長八尺則墻高一尺，此亦略言高之所至也。一以下任意作之，故曰可減不可增。一法若欲爲長軸，則墻之高與軸之徑等。

劉若愚《明宮史》卷二《寶鈔司》 掌印太監一員，管理僉書十餘員，掌司監工數十員。每年工部商人辦納稻草、石灰、木柴若干萬斤。又香油四十五斤，以爲膏車軸之用。抄造草紙，竪不足二尺，闊不足三尺，各用簾。成一張，即以獨輪小車運赴平地，類總入庫。每歲進宮中，備宮人使用。至于皇上所用草紙，則係内官監紙房抄造。淡黄色，綿軟細厚，裁方可三寸餘。進交官凈近侍收，非此司造也。神廟至天啟，惟市買杭州好草紙用之。祖宗時，造鈔印板及紅印，聞其在庫中貯埋。其衙門左臨河，後倚河，有泡稻草池，而每年池中濾出石灰草渣。三百餘年，陸續堆積，竟成一卧象之形，名曰「象山」。有作房七十二間，各具一竈突朝天，名曰「七十二凶神」。凡空闊地土，最宜種蔬。今畦圃綿亘，桔槔相聞，若田家清野之象云。

方以智《物理小識》卷六《飲食類・造白糖法》 煮甘蔗汁，以石灰少許投調成赤沙糖，再以竹器盛白土，以赤糖淋，下鍋煉成白沙糖。劈鴨卵攪之，使渣滓上浮。老學庵曰：「聞茂德言，中國無沙糖。唐太宗時外國貢至，問之甘蔗汁煎用，其法遂精。茂盛乃宋勅局勘定官，余耙人。」

方以智《物理小識》卷七《金石類・藏鐵不銹法》 藏刀甲庫，地埋水銀則鐵不生銹。丙戌年，聞取延平庫中盔甲，蓋二百餘年物，光芒如新。物理所曰：「鐵器塗香油，置燒過石灰中不銹，若百煉之折鐵，自然不銹。」中通曰折鐵者，硾鋼條而入銀，曲折硾之，如此百次。中履曰煤製鐵器，以煤復爐炭，製炭復爐。

方以智《物理小識》卷九《果品類・橘》 沙橘大即福橘，衢皮薄琭，橘最美。又有蜜橘、小橘、穿橘、太湖朱橘，小於福橘而甘。同之又有緑橘、匾橘，小爲金橘，又小爲金豆。柑有香柑、甜柑、蜜曇柑、牛乳柑、波斯柑、青柑、廣柑、酒柑，若佛手柑則香櫞、香橘一類也。皆以四月前接，接宜枸橘。畏乾喜冢通，而易生蠹。蠹化蝶，蝶胎子還育於樹爲孩蟲，必探去之，浸鼠溺瓨中，浮者埋橘下則茂。《涅槃經》：如橘得鼠是也。臨江買蟻養於樹下，蟻自能食其蠹。柑初生如豆，亦多落下，收煮其苦水，糖蒸作果頗佳。橘餅則旋去外皮，裂去其核，煮去其苦，石灰水浸之，復以糖煮成。凡柑、柚、橙之青時皆可爲青皮，化食下氣。中履曰橘蟲，青色，口吐紅刺，歧頭入醋中，亦可抽絲。張荀仲曰：接四次則橘無核。盧頤曰：橘種子者，不結實，實亦長，俗呼柚子。廣柚則圈大。

吴綺《嶺南風物記》 紗葉出廣州府光孝寺，即菩提葉，肇慶天寧寺皆有之，光孝者尤大而佳。六七月間取其葉，以少石灰水浸之二十日，則膚去觔存，竟如紗縠。土人以之作燈，併爲婦人釵鉺之屬，如金絲然也。

徐乾學《讀禮通考》卷八二《葬法》 《朱子家禮》：穿壙既畢，先布炭末於壙底，築實，厚二三寸，然後布石灰、細沙、黄土拌勻者於其上。灰三分，二者各一可也。築實，厚二三尺。別用薄板爲灰隔，如椁之狀，内以瀝青塗之，厚三寸許。中取容棺墻，高於棺四寸許，置於灰上，乃於四旁旋下四物，亦以薄板隔之，炭末居外，三物居内，如底之厚。築之既實，則旋抽其板近上，復下炭灰築之，及墻之平而止。蓋既不用椁則無以容瀝青，故爲此制。又炭禦木根，辟水蟻，石灰得沙而實，得土而黏，歲久結而爲金石，螻蟻盜賊皆不得進也。

徐乾學《讀禮通考》卷九三《葬考一一》 清朝定鼎，特遣工部復將崇禎先帝陵寢修建香殿三間，羣墻一週，使大明故主不致淪没於荒郊。君后升遐，猶享血食於後世，雖三代開國，不逾是也。計開劉汝朴錢五十千，白紳錢三十千，徐魁錢三十千，李失名錢五十千，鄧科錢五十千，趙永健錢二十千，劉應元錢二十千，楊道錢二十千，王政行錢二十千。思陵碑亭，南北四丈八尺，東西如之。宫門三，距亭十一步，階三，惟中門有棟宇，廣二丈四尺，修三丈。饗殿距門十三步，階三，無臺殿，三楹，廣七丈二尺，修四丈二尺。内香案一，青琉璃五器全，設一神牌，高二尺五寸，石青地，雕龍邊，以金泥之，題曰「大明欽天守道敏毅敦儉弘文襄武體仁致孝莊烈愍皇帝」。中楹爲暖閣，長槅六扇，中供木主三：中則莊烈愍皇帝，左則周后，右則田妃，外俱用櫝冒之。周后神主題曰「大明孝敬貞烈慈惠莊敏承天配聖端皇后」，田妃神主僅存「恭懿」二字，餘被人磨去矣。配殿三楹，俱黑瓦。殿前大杏樹一株。陵寢門三，距殿址四步，穴墻爲門，中廣二丈四尺，修一丈二尺，旁則户矣。明樓距門十一步，不起樓，階四，中開一門，左右夾窗二。碑石廣一丈六尺，修六尺，雕龍方座，高丈許，題曰「莊烈愍皇帝之陵」。石凡距樓十步，長五尺，博二尺。几前石器五，俱高八尺，方式，雕龍。中一方鼎，與諸陵異，皆列在地。寶城距几甚近，無城，周廻用墻，高六尺，中以石灰起冢，高四尺，繚以短墻，左松八株，右松七株。

徐乾學《讀禮通考》卷九七《灰隔》 《朱子語類》：先生葬長子，其壙用石，上蓋厚一寸許，六段，横湊之，兩旁及底五寸許，内外皆用石灰，雜炭末、細沙、黄泥築之。問：椁外可用炭灰雜沙土否？曰：只純用炭末，置之椁外，椁内實以和沙石灰。或曰：可純用灰否？曰：純灰恐不實，須雜以篩過沙，久之，灰沙相乳入，其堅如石。椁外四圍上下，一切實以炭末，約厚七八寸許。既辟濕氣，免水患，又截樹根不入，樹根遇炭皆生轉去，以此見炭灰之妙。蓋炭是死物，無情，故樹根不入也。《抱朴子》曰：炭入地千年不變。問：范家用黄泥拌石灰實椁外，如何？曰：不可。黄泥久之亦能引樹根。又問：古人用瀝青，恐地氣蒸熱，瀝青溶化，棺有偏限，却不便。曰：不曾親見用瀝青利害，但《書》、《傳》間多言用者，不知如何。

《義門鄭氏家儀》：開穴深淺或五尺、七尺，縣棺而窆之。太深有水。考妣共穴，但用磚甃，以石灰砌定，中間隔爲兩穴，上用石板蓋之。如不用磚石者，但用秫米糊調石灰粥，以石子、沙土一層，灰粥一層，以滿爲度。棺上亦以石子、沙土、灰粥，厚尺餘。至年月久遠，堅固似石，此爲便法。

王文禄《葬度》：鋪棺底，今用竈間柴灰。柴灰帶火性，且鹹濕，甚不可也。或用石灰和陳壁土，或用炭細末和石灰，或用燈心草，或用山黄土。《家禮》用糯稻殼燒灰，今云班糠，但一時不易得也。予思之石灰、炭細末及寺觀中燒過紙灰，三和之，厚鋪棺底，再覆白紙、紅絹。梓木板寸餘，厚與棺底一樣，厭之方入。襯席與尸四旁布帛與紙塞實，不使有空隙可也。木扰裏布，庶首不仰垂。二親因俗用紙枕，今尚憾也，惟外母先姊得用木枕云。

吕坤《四（體）〔禮〕疑》：土有燥濕，灰隔禦濕也，宜於江南。堅重脂膏之木，南北皆宜矣。萬物生於土，死者以即土爲安，亦藉土以爲生氣。灰死物，經火煨燼之餘，無生氣矣。江南下濕，水易浸棺，故作灰隔，假其燥以禦濕也。若地高土燥，恐灰隔益燥而滲油。余葬先人時，棺之外有椁，棺椁之間灌瀝青，厚寸許，兩椁之外包以堅木，似足以當濕氣，未曾用灰隔，未知堅久何如。然柏之堅，松杉之油，皆能久遠。北方崖柏，不在油杉之下。《家禮》重油杉，謂江南之濕也，桑、棗、槐、檀皆堅實，不知入土久近，宜向達於物理者咨焉。此孝子之博慮也。

靳輔《靳文襄奏疏》卷二《題明經理河工第三疏》 內未盡事宜事。竊照臣先因高家堰、高良澗等處一帶，臨湖堤岸殘缺單薄，危險異常。臣往來相度，必須將殘堤逐一加幫高厚，然後次第堵塞，庶免已塞復衝之患等因，於《敬陳經理河工事宜第三疏》內題估在案。查此等堤岸，原高六七尺不等。臣估一概加高三尺，共高一丈，并外築坦坡，內築陡坡。今高家堰石工五千餘丈，已經一律加高。其高良澗板工五千餘丈，亦經改爲小埽椿工，見在督夫挑土，尚未修竣。惟是武家墩決口一處，高家堰石工決口七處，雖經堵完，而高良澗板工決口二十六處，止堵完十六處，尚有大小口十處未經堵塞，并翟家壩成河九道之處全未動工。計淮水之下清口者不過十分之五耳，而已成一派汪洋清波萬頃之勢。目今運河內湍流直瀉，急溜非常，幸賴今春將挑河之土幫築寬，堤僅免意外之虞。然掃灣之處塌卸甚多，見檄該管道廳，印河官分頭搶救。至黄河自清江浦以下出漕四漫，亦委監理各官，或用鐵掃帚揭沙之法乘流疏浚，或督催夫役搶築堤工。至於高家堰一帶石工五千五百餘丈，原高七尺者今水與堤平，將臣原疏所稱可築坦坡之三千八百餘丈俱被水占堤根。其所恃以捍此滔天之水者，惟新加之三尺土堤耳。淮水僅來一半而其勢之洶湧已至於此，若今歲秋冬、來年春月再將高良澗未完決口十處，并翟家壩成河九道之處盡行堵築，則來歲伏秋，湖水益漲，大爲可虞。臣反覆籌維，但坦坡既不能速築，必須將高家堰石工加高三尺，與新加土堤相平，然後另加土堤三尺，共高一丈三尺。至於堤裏原止估築陡坡一丈者，所恃外有坦坡耳。今坦坡既不能施工，而堤身單薄，必需加築戧堤一道，面寬一丈，底寬二丈，高一丈。又高良澗一帶亦應幫戧堤，面寬一丈，底寬二丈，高八尺，方爲萬全之計。其需用土方，止須將原估坦坡之土移爲戧堤加高之用，所少無多。惟加高石工三尺，除各決口內衝卸舊石磚擊盡行撈取濟用外，計其添買磚、石、灰、米、匠役之費，約需銀五萬餘兩，亦於臣原題《敬陳經理河工事宜》各疏內通融節省應用，不復更請錢糧。除見在檄督該管各官飛星辦料興舉外，臣謹具疏題明，伏乞皇上睿鑒施行。

王士禎《池北偶談》卷二四《張道人》 商邱高辛鎮有道人，嘗周游歸德屬邑，貌類少壯，雖長老自童幼見之，形容不改，莫知其年。自云張姓，鹿邑人，居少林若干年，武當若干年，勞山若干年，屈指百數十年矣。一日，募修某祠廟需石灰千斤，人問所出，曰：「自有之。」忽至一寡婦姑媳門求布施，以孀且貧辭。道人曰：「門前槐樹旁有灰三千斤，何云無也？」如其言掘之，果然。或問，曰：「渠先祖建樓所餘，我常見之，其家不知也。」頗能前知，有問之者則曰：「我是顛子，我是顛子。」日可行三百里。崇禎末，袁賊亂梁宋間，致道人，縛置地上，驅所掠婦女裸體淫之，遂敗其道，日行僅百五六十里，亦穀食矣。語人曰：「譬桶子已破，再箍便難。」

張英等《淵鑑類函》卷四四四《鱗介部八・牡蠣二》 增《嶺表録異》曰：「盧循既敗，餘黨奔于海島野居，惟食蠔蠣，壘殼爲墻壁。」《泊宅編》曰：「蔡襄造泉州石橋，因閩中無石灰，燒蠣殼爲灰。橋成，多取蠣房散置石基上，歲久，延蔓相粘，基益膠固矣。」元豐初，王祖道知州奏，立法取蠣者，徒二年。

增詩。宋梅堯臣《食蠔》詩曰：「薄宦遊海鄉，雅聞静康蠔。宿昔思一飽，鑽灼苦未高。傳聞巨浪中，碨礧如六鼇。亦復有細民，並海施竹牢。採掇種其間，衝激恣風濤。鹹鹵與日滋，蕃息依江皋。中厨烈焰炭，燎以菜與蒿。委質已就烹，鍵閉猶遁逃。稍稍窺其户，青襴流玉膏。人言噉小魚，所得不償勞。況此鐵石頑，解剥煩錐刀。戮力效一割，功烈纔牛毛。若論攻取難，飽食未爲饕。」楊萬里《食蠣房》詩曰：「蓬山側畔屹蠔山，懷玉深藏萬壑間。也被酒徒勾引著，薦他尊俎解他顔。」劉子翬《食蠣房》詩曰：「蠣房生海壖，堅頑宛如石。其中儲可欲，雖固必生隙。嵌巖各包藏，磈磓相附積。中逢霹靂手，妙若啟扃鐍。鑚灼諒難堪，曷不吐餘瀝。」

倪濤《六藝之一録》卷三〇七《歷代書論三七·器用之一·筆譜》 王羲之《筆經》曰：《廣志會獻》云，諸郡獻兔毫，出鴻都門，唯有趙國毫中用。世人咸云，兔毫無優劣，筆手有巧拙。意謂趙國平原廣澤，無雜草木，惟有細草，是以兔肥，肥則毫長而鋭，此則良筆出。凡作筆，須用秋兔。秋兔者，仲秋取毫也。所以然者，孟秋去夏近，其毫焦而嫩，季秋去冬近，則其毫脆而秃。惟八月寒暑調和，毫乃中用。其夾脊上有兩行毛，此毫尤佳，其脇際扶疏乃其次。再，採毫竟，以紙裹石灰汁，微火上煮，令薄沸，所以去其膩也。先用人髮抄數十莖，雜青羊毛并兔毳，凡兔毛長而勁者曰毫，短而弱者曰毳。惟令齊平，以麻紙裹柱根令治。用以麻紙者，欲其體實，得水不漲。次取上毫，薄薄布柱上，令柱不見，然後安之。惟須精擇，去其倒毛，毛杪合鋒令長九分，管修二握須圓正方。可後世人或爲削管，故筆輕重不同。所以筆多偏掘者，以一邊偏重故也。自不留心加意，無以詳其至此。筆成，合蒸之令熟，三斛米飰須以繩穿管，縣之水器上，一宿然後可用。世傳鍾繇、張芝皆用鼠鬚，筆鋒端勁，强有鋒铓。余亦未之信。夫秋兔爲用，從心任手，鼠鬚甚難得，且爲用未必能佳，蓋好事者之説耳。昔人或以琉璃象牙爲筆管麗飾則有之，然筆須輕便，重則躓矣。近有人以緑沉漆管及鏤管見遺，録之多年，斯亦可愛玩，詎必金寶雕琢，然後爲貴也。余嘗自爲筆，甚可用。謝安石、庾稚恭每就我求之，靳而不與。

汪灝等《佩文齋廣羣芳譜》卷一二《桑麻譜·苧麻》 漚麻：縛作小束，搭房上，夜露晝曬，五七日，自然潔白。若值陰雨，於屋底風道搭晾，經雨即黑。一云績既成，纆作繆子，於水盆内浸一宿，紡訖，用桑柴灰淋水浸一宿，撈出。每纑五兩，用一净水盞細石灰拌勻，停一宿。至來日，擇去石灰，却用黍稭灰淋水煮過，自然白軟。曬乾，再用清水煮一度，別用水擺極净，曬乾，逗成(纆)〔纑〕，鋪經〔緯〕脱。織造，與常法同。一云紡成纑，用乾石灰拌和，夏三冬五，春秋酌中，抖去，別用石灰煮熟，待冷，於清水中濯净，然後用蘆簾平鋪水面，攤纑於上，半浸半曬，遇夜收起，瀝乾，次日如前，候纑極白，方可織布。此池漚之法，須假水浴日曝而成。善績者，麻皮一斤得績一斤，織布一疋，次者斤半，又次二斤三斤。其布柔韌潔白，比常布價高一二倍。又曰，漚麻者但如法漚訖，方績作纑，經緯成布，非先績後漚也。亦有用本色績纑者，夜露晝曬，數日便績成纑，待成布後方練白，若如治葛者，刈後即蒸熟剥之，不復練矣。用此作布更柔，而且韌。收種：收子作種須頭苧者佳，九月霜降後，收子曬乾，以濕沙土拌勻，盛筐内，以草蓋覆，若凍損則不生。二苧、三苧子皆不成，不堪作種。種時以水試之，取沉者用。

汪灝等《佩文齋廣羣芳譜》卷一七《蔬譜·菜瓜》 原：菜瓜，北方名苦瓜。蔓葉俱如甜瓜，生時色青，質脆，可生食，間有苦者。亦可作豉醃菹，故名菜瓜。熟亦微甜。生秋月，大小不一，止可醃，以備冬月之用。

彙考：增：《詩·豳風》：七月食瓜。《小雅》：疆場有瓜，是剥是菹。《傳》：剥瓜爲菹也。《夏小正》八月剥瓜。注：畜瓜之時也。《別録》：原：製用：十香菜：黄豆一斗，煮爛，去湯撈起，用麪四斤拌勻，醬二寸厚，用乾蘆蓆上蒲包，蓋窨二七，候冷取出，曬乾聽用。菜瓜出時，用廿一斤，切丁，鹽二斤，醃一宿，取出晾乾。加薑絲二三斤，陳皮絲半斤，去皮杏仁三升，每黄豉一升，醃瓜水三椀，加好酒一瓶，拌勻。再加花椒四兩，大小茴香各二兩，甘松、三奈、白芷、蒔蘿各半兩拌勻，以净罈盛滿，箬扎口，泥封。外寫東、西、南、北四字，每日曬一面，三七後可用。十香瓜：切棋子塊，每斤用鹽八錢，諸料物同瓜拌勻，缸醃一二日，控乾，日曬，晚復入滷，如此三次，勿令太乾，裝罈。醬瓜：醬黄一斤，鹽四兩，先將青瓜剖開去子，用石灰、白礬，不拘多少，爲末，和取清水，將瓜泡一日一夜，取出洗净量用。鹽醃一日，滾湯一掠，晾乾，不可日曬。每瓜一斤，醬麪一斤，鹽四兩，拌入甕中，一月後醬透，取瓜少帶醬入罈收貯，用甚青脆甘美。其醬或食，或再醬蔬菜。糖醋瓜：生菜瓜一片，切小塊，鹽一兩五錢，醃一宿撈起，以汁煎滾，候冷入瓜，拌透，又曬，再用糖四兩，醋一椀，瓷器浸入，小茴香、砂仁、花椒、紫蘇、薑少許。香瓜：將瓜用鹽滷浸一宿漉起，用滷煎滾過，曬乾，用好醋煎滾，候冷，調砂糖、薑絲、紫蘇、時蘿、茴香拌勻，用瓷器貯用。糟瓜菜：瓜以石灰、白礬煎滾，冷浸一伏時，用煮酒泡糟、鹽，入銅錢百餘文拌勻，醃十日取出，控乾，別用好糟，入鹽適中，煮酒泡，再拌入罈收貯，箬扎口，泥封。瓜虀：揀未熟瓜，每斤隨瓣切開，去瓤不用，就百沸湯焯過，以鹽五兩勻擦翻轉，豆豉半斤，釅醋半升，麪醬斤半，馬芹、川椒、乾薑、陳皮、甘草、茴香各半兩，蕪荑二兩，並爲細末，同瓜一處拌匀，入瓷甕内，醃壓于冷處，頓之經半月後則熟。瓜色明透，絶類琥珀，味甚香美。

又取生瓜，用竹簽穿透，每瓜十枚，用鹽四兩，醃一宿，瀝去瓜水，令乾，用醬十兩拌匀，烈日曬，翻轉又曬，乾入新瓷器内收用。

汪灝等《佩文齋廣群芳譜》卷八九《藍》　《别録》：原：種植。《四民月令》：榆莢落時可種藍，五月可刈藍，六月可種冬藍、大藍。大藍宜平地耕熟種之，爬匀土，用荻簾蓋之，每早用水灑，至生苗去簾，長四寸移栽，熟肥畦三四莖作一窠，行離五寸，雨後併力栽，勿令地燥。白背即急鋤，恐土堅也，須鋤五遍，日灌之，如瘦，用清糞水澆一二次，至七月間收刈作靛。今南北所種，除大藍、小藍、槐藍之外，又有蓼靛，花、葉、梗、莖皆似蓼，種法各土農皆能之。種小藍宜於舊年秋及臘月，臨種時，俱各耕地一次，爬平，撒種後横直復爬三四次，僅生五葉即鋤，有草再鋤。五月收割，留根，候長再割一次。打靛：《便民圖纂》：夏至前後，看葉上有鄒紋，方可收割。每五十斤用石灰一斤，於大缸内水浸，次日變黄色，去梗，用木杷打轉，粉青色變過，至紫花色，然後去清水成靛。染藍：小藍每擔用水一擔，將葉莖細切，鍋内煮數百沸，去渣，盛汁於缸，每熟藍三停，用生藍一停，摘葉於瓦盆内，手揉三次，用熟汁澆，挼濾相合，以浄缸盛用。以染衣，或緑或藍，或沙緑沙藍，染工俱於生熟藍汁内斟酌。割後，仍留藍根七月割，候八月開花結子，收來春三月種之。

姚之駰《元明事類鈔》卷二二《文學門二・詩賦》　要留清白《于肅愍公行狀》：景泰初，公監修京城，時見石灰，因口占一絶。云：「千鎚萬鑿出深山，烈火坑中鍊爾顔。粉骨碎身皆不顧，要留清白在人間。」此詩讖也。

謝旻等《〔雍正〕江西通志》卷一一七《藝文・奏疏三》張翀《建定南縣疏》

奏爲懇乞聖明俯賜建縣，以圖永安事。竊以江西龍南、高砂、下歷三保，界連廣東和平岑岡，離縣遥遠，政教鮮及，以致人民頑梗有年。近該前提督都御史吴百朋撫勦之後，題奉欽依於下歷築城建館，移置捕盗通判主簿統兵五百名，專一駐劄防守，其下歷巡司移於高砂，蓮塘亦築土垣一座，添兵協守，以遏岑岡來路。又於二處各建社學一所，選擇生儒，訓其子弟，已經通行欽遵查照外，續據龍南、下歷、高砂等保新民鍾仕任等連名具狀，告稱祖父良善，禍因兩省交界，僻居山谷，每由小忿逞兇報復，倚山傍險，遂成巢穴。去年大兵勦滅，渠魁隨蒙設官鎮守，萬無反側。但廣東上、下陵等處，俱係發賊之源。本府信豐之南坊、上里員魚、逕腦之大石、小石、伯洪三保，亦是多賊之區。懇乞比照南安府桶岡峒改建崇義縣，至今太平，乞除鎮守、巡司等官，弔割各坊丁糧，共建縣治，地方有賴等因。臣于隆慶二年六月莅任，據守巡嶺北道右參政殷從儉、副使董時彦會呈，依蒙轉委贛州府知府黄扆親詣龍南、下歷等處，將應割地方逐一踏勘。隨據本官備將民情土俗一一詢訪，勘得龍南縣應割下歷、高砂、横江三保人丁四百五十九丁，田塘地糧五百六十五石九斗零。安遠縣應割大、小石、伯洪三保人丁一百二十一丁，田塘地糧五十六石零。信豐縣應割南坊、上里、員魚、逕腦，及潭慶、上保、龍頭嶺、内坑居民郭信賜等告，願割人丁四十四丁，田塘地糧五十六石二斗零。三縣通計人丁六百二十四丁，秋糧六百六十七石零。人丁每四丁折糧一石，共折一百五十六石。丁糧二項，通共八百二十三石零。編派里長四十名，每名糧二十石，每年輪當。現年四名，就於蓮塘建立。裁減縣分，知縣、典史、教諭各設一員，官吏俸薪、馬丁，門皁工食，每年共該銀二百七十九兩零，查於贛、興等縣裁減冗員之數以充之。生儒廩糧、齋膳，并祭祀、鄉飲、答應、使客等項公費，每年共該銀五百二十六兩零，將没官田租税以供之。斗級、禁子、鋪司、弓兵等役工食，每年共該銀二百零七兩六錢，以分割丁糧人户編銀，募充民壯一百五十名，就於龍南、信豐二縣裁革機兵名數内協濟。龍南縣一百名，信豐縣五十名，每名該工食銀五兩二錢，共銀七百八十兩，行令二縣，遞年照數解發新縣轉給。分割丁糧只照在册輸納秋夏二税，凡一應加派，姑不責備。如此則新民賦役頗輕，從善亦易。原額巡司官兵，仍於下歷駐劄防守，鎮守、通判仍舊管理巡捕。又查得蓮塘原議築土垣、城樓、窩舖等項工料銀二千兩，先解發千兩，除已支用過外，尚存銀一百三十一兩零；及下歷新城公館原議工料支到銀一千一百六十一兩零，二處共存銀一千二百九十三兩零，見貯縣庫。其蓮塘新役，先該同知李多祚查估，建築城垣，啓造縣堂、儒學、分司、官吏衙宇各處，合用杉木二萬二千一百五十根。及查分割立縣界内，杉木甚不足用，未免取之不割之地，價值難以估數。其餘包砌城樓、窩舖，并築土垣、應竪公廨，合用磚瓦、石灰、鐵釘、木泥、土工、油漆等項，共工料銀六千三百一十三兩零，除已築城心土垣，并先燒成磚瓦等項共支銀八百六十八兩零，應該準作前估銀内之數，今除龍南庫貯下歷、蓮塘二處支存銀一千三百九十三兩零外，尚少銀四千二百五十一兩零，合於原議未解紙贖銀一千兩，并本府原額抽船穀税銀内湊給應用。各該公廨杉木未估價值，候興工之日另行申請等因到臣。該臣看得三巢地方，勸之於先既足以畏其邪心，無之於後又足以興其善念。且又見今兵政大振，推誠嚮化之心可保不變。今據高砂保新民懇求建縣，意在真心嚮化。臣等重復委官查勘，參之輿論，酌以時宜，詢諸黨正父老，俱各歡呼，似應俯從。伏望皇仁軫念羣生，乞勅下該部，再加查議。如果臣等所言不謬，將蓮塘建立裁減小縣，銓選知縣、典史各一員，再照分割丁糧，除廣東不議外，止割龍南、安遠、信豐三縣共八百三十一石零，編派四十遞年里長，輪流充當，共建一縣，隸贛州府管轄，縣名恭候欽定。合用本縣印信、儒學印信，仍候該部請鑄降發。其前項官吏俸糧、柴薪、馬丁，及門皁、庫禁、斗子、齋膳夫、機兵等役工食，悉如該道所議。其城垣修築，并學校及各衙門公廨，一切應用錢糧，取之船税，誠不足用，合無嚴示没官租税銀兩酌量動支。俱候命下之日，行臣等督發該道，就委知縣陳瀾等總理工程，次第舉行。尚有未盡事宜，照時斟酌，務得一一完備。庶幾縣立而民賴以安，政行而俗因以化矣。

程川《朱子五經語類》卷七一《禮一二・小戴禮記二》 人家墓壙棺槨，切不可太大，當使壙僅能容槨，槨僅能容棺，乃善。去年此間陳家墳墓遭發掘者，皆緣壙中太闊，其不能發者，皆是壙中狹小，無著脚手處，此不可不知也。又，此間墳墓，山脚低卸，故盜易入。問：「墳與墓何别？」曰：「暮想是塋域，墳即土封隆起者。」《光武紀》云：「爲墳但取其稍高，四邊能走水，足矣。」古人墳極高大，壙中容得人行，也没意思。法令，一品已上墳得一丈二尺，亦自盡高矣。守納云：「墳墓所以遭發掘者，亦陰陽家之説有以啓之。蓋凡發掘者，皆以葬淺之故。若深一二丈，自無此患。古禮葬亦許深。」曰：「不然，深葬有水。嘗見興化、漳、泉間墳墓甚高，問之則曰，棺只浮在土上，深者僅有一半入地，半在地上，所以不得不高其封。後來見福州人舉移舊墳，稍深者無不有水，方知興化、漳、泉淺葬者蓋防水爾。北方地上深厚，深葬不妨，豈可同也。」問：「槨外可用炭灰雜沙土否？」曰：「只純用炭末置之槨外，槨内實以和沙石灰。」或曰：「可純用灰否？」曰：「純灰恐不實，須雜以篩過沙，久之灰沙相乳入，其堅如石。槨外四圍上下，一切實以炭末，納厚七八寸許。既辟濕氣，免水患，又截樹根不入。樹根遇炭，皆生轉去，以此見炭灰之妙。蓋炭是死物，無情，故樹根不入也。《抱朴子》曰：「炭入地，千年不變。」問：「范家用黄泥拌石炭實槨外，如何？」曰：「不可。黄泥久之亦能引樹根。」又問：「古人用瀝青，恐地氣蒸熱，瀝青溶化，棺有偏陷，却不便。」曰：「不曾親見用瀝青利害。但書傳間多言用者，不知如何。」

嵇曾筠等《〔雍正〕浙江通志》卷一八〇《菽園雜記》：新昌嵊縣有冷田，不宜早禾。夏至前後始插秧，秋已成科，更不用水，任烈日暴土不恤也。至七月盡，八月初得雨，則土蘇爛而禾茂長。此時無雨，然後汲水灌之。若日暴未久而得水太早，則稻科冷瘦多不叢生。山陰、會稽有田灌鹽滷，或壅鹽草灰，不然不茂。寧波、台州近海處，田禾犯鹽潮則死，故作碶堰以拒之。嚴州壅田多用石灰。台州則煅螺、蚌、蠣蛤之灰，不用人畜糞。云人畜糞壅田禾草皆茂，蠣灰則草死而禾茂，故用之。

覺羅石麟等《〔雍正〕山西通志》卷四七《物産・石灰》 山谷有碎青石胥可用。土人砌窑下爲爐，以炭與青石相間實之，泥土上封如煉磚瓦狀，縱火焚之，炭灼而石自灰矣。

覺羅石麟等《〔雍正〕山西通志》卷一八六《藝文志》龐尚鵬《清理大同屯田疏》 照得各邊皆與外爲鄰，而盤據門庭惟大同爲近，故邊人失業，屯政不修，至今日極矣。前後建議興復者無慮千萬言，其間時異勢殊，有難概論。自今觀之，惟清查隱占，均平糧額，開墾抛荒最爲目前急務。三者既行，則其餘皆不勞而治矣。但憂時慷慨者，或病於勢力之難，厭事苟安者，常溺於因循之弊，此所以日就廢弛而不能振也。臣督同各官隨事劑量，參以一得之見，非敢浪爲迂談。其間應行事宜，或有與宣府相同者，彼此互載，不嫌同辭。一嚴督責，以塞弊源。查得該鎮屯田糧額之輕重不均，豪強之欺隱滋甚，丈量誠不可已也。必須委官沿坵履畝，隨地處分，已經巡按周御史題奉欽依，業有成算，無容議矣。但恐委官難得其人或聽屬於勢豪，或受欺於左右，綜理無術，百弊叢生，以致伸縮那移，飛詭隱占，其爲害可勝言哉。且軍民離處，地畝相連，加以王府牧馬草場、將官養廉田地及隨侍官校免買民屯，互相參錯，若犬牙然。苟非一體丈量，則指甲爲乙，各相影射，而軍民之弊不可窮詰矣。合通行各衛所、州縣督同各該人户，不論軍民隨侍、養廉、草場等地，每五頃爲一大坵，上插牌榜，明開四至，孰爲民田，何人管業，孰爲屯田，何人見種，孰爲養廉，何人撥給，孰爲隨侍，何人承買。各依畝數，填註姓名、坵内四至，各滲石灰以防移易增減。仍令分别屯田若干，見種成熟若干，抛荒堪種若干，水衝沙壓若干，各該種草若干。其地畝「洪洲」、「寄莊」等項，亦皆倣此。委官查照開款，從實丈勘。成熟者照舊承耕，抛荒者設法開墾，水衝沙壓者明白開除。仍令置立坵單，每坵二幅，前半面圖畫地形，後半面照前牌槪填寫姓氏及軍民田地各項名色，併成熟拋荒數目。一送各該掌印官印鈐收照，(每)一送見委丈量官臨時磨對，有無異同。坵中擇地多而謹畏老成者，一爲坵長，二爲坵副，責令先將坵内地數丈算明白，互相覺察，填單立槪，聽候委官親臨，公同丈量。仍將地力分別上、中、下三等九則，以便派徵錢糧。一明賞罰以勸開墾。查得各路荒田何啻萬頃，承佃者疑畏相尋，豈獨困於工力哉。歲事之豐歉無常也，敵騎之出没不測也，差役之徵科難禁也，利不能十一而害已七八矣。召種雖勤，誰其就之。今惟責成將官撥軍開墾，務令通力合作，牛具、種子取給於官，每歲秋收，除將子粒補還牛種外，其餘悉計畝均分，直待五年之後果有成業，然後酌議從輕則徵糧。蓋大同地方，切近邊境，耕稼之業，利鈍難齊，故寧損上益下，以示存恤勸導之意。然此非責成將官，其勢必不能也。一議新增以蘇疲困。照得該鎮屯田除原額已足外，復浪加新增名色。或據册有數而納糧無人，或地本荒蕪而糧多賠累，人甚苦之。今查各衛每屯田一分，其間畝數多寡不同，甚有彼此較量，大相懸絶者，則於正額之外復有新增，此亦未爲無據也。但地本接壤，糧有定額，而水衝沙壓，鹹薄不堪者亦多有之。合無今次丈量明白，即以新增之地均攤舊管之糧。疆界既明，則欺隱盡革；税歛既薄，則輸納易完。寬一分，則民受一分之賜。況連年逋負，督責煩苛，徒有新增之名，全無徵收之實，何必駕虚名而滋勞擾哉。至于屯田之外，有所謂地畝「洪洲」等項名色，皆屯田餘地，糧額甚輕，當爲裒多益寡之法。今據分巡道呈稱，審得地畝等户韓玉、吴春等各願帶種拋荒屯田，辦納折色，此亦官民兩利也。一酌支放以圖實用。照得該鎮屯糧以給主兵欽買，召買以給客兵。邇來客兵之糧常有餘，主兵之糧常不足，以故糴買在倉者，有五六年不及支放。倉場之安置未必如法，官攢之監守不免侵欺。歲經查盤，日多虧耗，守支之累，有老死他鄉不能歸骨者。且糧既浥爛，委棄成塵，豈可無變通之法。合將收貯年久者改給主兵，將應給折色存貯。如有不堪，亦要因時酌量，將屯糧彼此搭配，通融關領，即時補還。此固出陳易新通變權宜之法，而官攢之守支亦不至枵腹待盡矣。一革偏累以廣報中。查得該鎮召中鹽糧俱係每年九月中查取，時估定爲一歲常規。至於春夏之時，青黄不接，市價高騰，並不酌量寬減，以致商人坐困，力不能支。且據各商糴買糧料，每銀一兩該斗行牙行銀二分。每米一石，自市送倉，脚夫要脚價米一升，進倉應該耗米二升。又每米一石，搬運倉臺并曬晾工食銀六釐，抬斛上灑工食銀五釐，入廒扛脚銀七釐，飯食三釐，墊廒席價銀六釐。大率每米一石，雜項使用寶銀八分六釐。料豆之費，與米相等。而草束雜用，視官價倍之。又積貯年久，倉場之滲漏，糧料之虧損，查盤問罪，照數追賠，甚有逮繫妻孥，瘐死獄中者。即土商且不能堪命，況遠商乎。據各商執告，上草一萬束自願加納一千束，以備虧折聽官攢守支，則其情可槪見矣。至于給銀糴買僉報，商人受禍尤酷。如李世臣、丁漢臣等控愬無門，飲藥自盡，皆近日事可爲痛哭流涕者也。民爲邦本，乃歲歲驅逼而荼毒之，彼何辜而死於非命，一至是耶。合無自今以後，各路時估俱每年分爲四季，城堡有遠近，歲時有豐歉，物價有低昂。先從各該守巡兵備道督同軍衛有司，隨地劑量，按季詳定，然後關白户部管糧郎中，彼此參酌，給示通行。仍著立限期，如春夏時估，即限春夏上倉，若延至秋成，即改從秋季時估，以革遷延觀望之弊。其應用斗脚、工食等費，皆常規決不能免者，公同會估即議入數内，無令虧額包賠。其糧料納完，即隔别委官查盤明白，付官攢守支，並不得與諸商復相關涉，而後禍端可絶也。一禁囑託以絶巨姦。照得該鎮專利之徒，所至有之。凡遇開派鹽糧，輒請託鑽求，先設認狀，此賣窩故智也。升斗之粟不入倉庾，而坐收千金之利。商人受其抑勒，耗費愈多，虧折邊儲，阻壞鹽法，莫此爲甚。合通行各路守巡兵備及本鎮管糧郎中，先期禁絶。凡鹽糧開中，俱于各該地方張掛告示，明開淮鹽若干，蘆鹽若干，時估、斗頭若干，聽各商人先赴各倉上納完足。監督、通判等官即出給實收齎投赴部，以憑填給勘合。其糧未入倉，先告認狀者，不得徇情准受，以滋前弊。

覺羅石麟等《(雍正)山西通志》卷二〇八《藝文志》王崇右《重修黄河石堤記》 粵稽《禹貢》，禹導河積石，四曲下壺口東流，直衝蒲城西岸。城依河爲塹，歷城南流，經雷首復東流，遶蒲南境，迴視蒲城，在河中央，歷代表蒲爲河中郡。建河瀆西海廟，祭於委禮也。蒲城河西爲大慶關，夾河對岸，每夏水漲，歲多衝陷。唐開元中，東、西修石岸，鑄鐵牛繫鐵纜維浮橋。歷代河患頻仍，河西石岸、鐵牛俱崩没，大慶關基地洗刷殆盡，東岸勢迫蒲城僅數丈。明初，河崩城北。前守臣常建河堤，外樹椿木，内填土石，頗稱堅壯，阻河西移。遺近河膏腴灘地數千頃，民藉耕牧。逮正德中，復東崩，將及城隩。時陝三原故端裕王公季子諱承祥，以少參分守河東，沿城創修石堤。下釘栢樁，上壘條石，中貫鐵錠。五十餘年，城恃爲固，士民誦之。嘉靖癸丑，雨水内浸，堤間傾壞。前守道東海杜公重事修砌，僅完三載。歲乙卯，地道違經，夾河東西大震，城復於隍，堤廟盡崩壞。河流直與岸平，每漲輒入城門。歲壬戌，河侵城南古鶴雀樓址，城岌岌待傾。時郡守峿崍張公，募民急運雜石數萬，下填湍激，逼水西旋，城免陷没。隆慶庚午夏，河大漲，高丈餘，環浸蒲城。近城居民隙地、田園皆湧泥沙數尺許，惟瀆海廟基近河地卑，水環注敗墉外獨未入。民咸趨内避水，説者謂河瀆有靈。時故襄毅楊公家居，議創修隄防。顧州鮮積貯，檢前甃磚城故牘，括富民銀數千兩，募夫沿河築土堤三百餘丈衛城垣。越五六載，水衝浸堤半就圮。萬曆庚辰夏，河自迤北南流，直衝蒲城。西岸古七里渡日崩數十武，迫古護岸，勢將直抵峨嵋原，遶出蒲城東南矣。士民震恐罔措。時守道王公方奉檄入賀萬壽，率郡守何公肅祀瀆海廟，倣張峿崍故事，運石填湍瀨，稍殺内侵。王公行，即以事狀白撫臺高公，請建石堤。時當寧方務節省，戒興作，高公重難之。王公執議拯溺，恐緩則莫救。蒲郡萬室宗戚士民咸懼胥溺，隄當急建，費誠難恤。高勉王公行。俟徐圖之時，武林宋公署守道事何守復其狀告急。宋公軫念民殃，親按視河勢，如痌瘝在躬，撰文責己，虔禱瀆廟。未幾，水漸緩，即鳩工估費。先河衝激起七里渡，至古越城，計五百三十四丈，中分東、西二段。東高十二尺，西高十尺，底闊四尺，頂三尺，計用工料銀六千七百有奇。費頗鉅，民恐復嚴搜括，咸思逃避。予聞切殷憂，力白臺司請議發官銀易木石，率民力事工作，庶公私兼利。宋公目擊民艱，執議固請。軍門金台鄭公洎、高撫公、按臺新安黄公、鹽臺德清房公皆報可，乃檄平陽郡守南陽王公盡發府貯歲收各屬大户餘名銀如數充工用定。委先通府今州守遼陽鄭君至州，率州判延安王君珣專督工作，何守司出納，募民領價，覓柏椿石匠，採石河津之乾柴溝，督縣尹閻君監打造，臨晉尹劉君集窑户即條山燒石灰。自冬徂春，木石稍備，復募沿河船户，順流運發，刻期興作。適守道王公丁内艱歸東海，胡公㠯大參代任。至蒲遍閲河滸，相度水勢，恐堤薄不足捍激流，議石堤内加頑石三尺，雜築灰土以固内基，仍用米汁和灰砌石，鐵錠貫注以固外，凡三月而東工完。夏水稍退，免内侵。又中秋後，河水漸淺，石運稍滯。鄭、何二君每禱瀆廟，水輒增數尺。至壬申春，工始竣。北及城角而止，沿城西面，南至瀆廟，故岸雖存，率卑薄浸潰，莫禦漲漫。士民咸乞接修長堤，庶保城廟。宋公會胡公命鄭、何二君估工費，南北長七百八十五丈，應用銀一萬三千九百餘。中分三段，高厚如西，工期三年可續完。二公復白軍門鄭公、新撫臺安丘辛公、按臺華州劉公、鹽臺臨邑邢公，咸允從事，仍檄府王公續發銀如數，督鄭、何，及諸委官刻期續修。適胡公移鎮岢嵐，隴右栗公以少參代任。至蒲首事督建，率遵成議，選委文武各屬，分趨任事。先完二工，乃何守、王判先後轉官去，未幾，鄭君擢守蒲，畢力經營，越三載而先後工竣。高出河數尺，上列女牆，間設渡口，屹然如建重城。王公起復至都，適栗公晉臬司巡河東，王公復以原官補守道，既至而後工未竣，仍督各官急催完工。清查支費得餘銀若干，定議修葺城垣、門堞之崩缺，文廟、學宫、舜禹廟之破壞，重建首陽夷齊祠。凡蒲境應祀故廟，胥修飾維新，率緣堤工撙節，王公經略焉。通計新堤，自北徂南長一千三百一十九丈，先後工費銀二萬六百有奇。肇工於萬曆庚辰，歷辛巳、壬午、癸未，越四載。經始於王、宋二公，執議度費，繼督於胡、栗二公，選委運料。大工底績，前守何力任難虞，心力俱竭，今守鄭始終督建，四載勞瘁。今堤成，河遠城安民賴，諸公之德施蒲民孔厚。惟子不文，世家河中，與聞二議，樂觀厥成。常期表實河滸，彰諸公具美。翻思蒲古舜都，當堯之時，洪水方割，河中先受河患。禹平水土，既載壺口，即今河津禹門，斧鑿痕尚在。歷世既遠，陵谷變遷，地道違經，岸土易傾，河流轉激，東灘西没，遠率數十里，非禹跡之故矣。官民隨勢堤防，動至衝城没壘，民載胥溺。然非心大禹溺由己溺之心，袛勤儉不自滿假之德，何克格神孚，上下永弭水患。今覩諸先後同心上下，協衷克建大工，永障河患，令覩河洛者思禹功，蒲士民萬室奠安，百世永賴。目覩河堤，當思諸公功德如思禹云。宜勒貞銘，俾傳百世。王公諱基，號對滄。宋公諱應昌，號桐岡。胡公諱來貢，號順庵。栗公諱彤庭，號瑞軒。王公諱如魯，號確齋。何守諱允升，號晉吾。鄭守諱文彬，號三橋。王判諱珣，號鳳池。繼州判嚴汝聘始終監造石運，守禦千户所千户劉增榮繼統，增以死勤事没於工。分委鎮撫段金、百户李斌榮、河丞趙以莊、猗氏典史朱文林，咸效勞績，例得備書。銘曰：瞻彼大河，源泄自天。禹導積石，流蕩中原。龍門既闢，東迫舜阡。崩溺靡常，陵谷變遷。爰恃隄障，遏彼狂瀾。河瀆有神，監我民艱。至誠可格，濟危扶顛。有斐羣公，一德後先。四歷寒燠，六易臬藩。視民猶己，拯溺保安。協衷集思，創建隄垣。屹如山立，蜿如龍蟠。危城永保，萬世生全。澤流大河，德並條山。禹功可繼，舜坻永延。功垂不朽，名勒青編。受天篤祜，君子萬年。後有作者，尚監銘言。

許容等《（雍正）甘肅通志》卷四八《藝文・書》 皇清王全臣《上巡撫言渠務書》：唐、漢兩渠，寧夏民命攸關。康熙四十八年正月内，蒙飭水利都司王應龍盡力春工而令職全贊理其事，幸覩成效，玆蒙以各渠情形及修濬利弊下詢，謹詳陳之。寧夏，古朔方也。黄河遶於東，賀蘭峙於西，相距或四五十里，遠者亦不過百餘里。南至唐壩堡之分守嶺，北至威鎮堡之邊墻，僅二百七十五里，延袤不甚寬廣，而所屬寧夏衛并左右二衛及平羅所共轄五十二堡，約計田地九千八百二十九頃有餘。其正供除麥饌等項納銀二千六百五十兩有零外，田土之賦計納糧九萬八千三百八十餘石，納七斤穀草，并年例秋青草共三十八萬三百餘束零，納壩草六十一萬零，納地畝銀八百六十餘兩，其湖灘又納潮鹻銀一千五百九十兩，賦亦綦重矣。況地大半盡屬沙鹻，必得河水乃潤，必得濁泥乃沃。古人於黃河西岸開濬唐、漢兩渠，誠萬世利也。四十七年春職全蒞任之時，值春工方興，隨本道鞠宸咨親詣各渠細勘。竊查黃河自南而北，其入寧夏之處，兩岸俱係石山，名曰硤口。河初向東北流，入硤微折，注於西北，不一二里即仍向東北出硤。硤之盡處有一觀音堂，古人於此傍石山之麓開唐渠一道，渠口寬十八丈，深七尺。至明代寧夏道汪文輝於右衛之唐壩堡，距渠口二十里建石正閘一座，閘之外建石退水閘四座。正閘下入渠之水，以五寸爲一分，止以十分爲率，水小則閉塞。退水各閘使水入渠，水大則開，退水以洩其勢。其正閘係六空，西四空爲唐渠，東兩空爲貼渠，每空各寬一丈。唐渠自閘以下西北至玉泉橋，名曰上上段，寬八丈，深三、五尺，長五十里。自玉泉橋向東北流，復微轉西至良田渠口，名曰上段，寬七丈，深五、六尺，長七十里。自良田渠口西北至西門橋，名曰上中段，寬六丈，深七尺，長四十里。自西門橋西北至站馬橋，名曰下中段，寬六丈，深七尺，長六十里。自站馬橋北至威鎮堡稍止，名曰下段，寬三丈，深三、四尺，長一百三里。合計共長三百二十三里。其貼渠一道，寬三丈五尺，深六尺，至郭家寺地方分爲兩稍。一至漢壩堡稍止，長四十里，名曰舊貼渠，一至蔣鼎堡稍止，長五十里，名曰新貼渠。此因唐渠正閘之東岸地土甚高，故引此渠，雖閘分兩派而實與唐渠同口，蓋唐渠之附庸也。渠兩岸之堤及堵水之壩，俱名曰湃。沿湃居民挖小渠以引水入田，名曰枝渠。大者或百餘里，小者或數十里及七、八里不一，各於湃上建小木閘以便蓄洩，名曰陡口。唐渠東西兩岸，共陡口四百三十六道。舊例，百姓有田一分者歲出夫一名，計力役三十日，又納草一分，計四十八束，每束重十六斤，又納柳椿十五根，每根長三尺，此輸將定額也。其或需用紅柳、白茨、席萁，則於草内折收。每草一分折紅柳四十八束，或折白茨，或折席萁，亦各四十八束，每束重七斤，總名曰顔料。或石灰亦於草内折銀燒造，每草一束折銀一分。其草曰壩草，以備於險要處，和土築湃及啓、閉各閘，堵疊渠口也。椿曰沙椿，或釘閘底，或釘湃岸，使土堅固也。渠内水衝之處，必用土草築一墩以逼水，而外用紅柳、白茨護之，更釘以沙椿，名曰馬頭。席萁則繩纜之具也，或修理閘底，亦必用紅柳、白茨鋪墊，而以沙椿釘之，乃蓋以石條，使無冲動之患也。每歲河凍之時，將渠口用草閉塞，名曰捲埽。至清明日，派撥夫役赴渠挑濬，各官分段督催，以一月爲期，名曰春工。至立夏日，掣去所捲之埽，放水入渠，名曰開水。開水之後，田地澆灌。其法先委官閉塞上流各陡口，以逼水至稍，其名曰封。封之之際，各陡口仍酌量留水一、二分，其名曰俵。俗作淲。迨水已至稍，乃開上流各陡口，任其澆灌，既足，又逼令至稍。封與俵周而復始，上流下稍皆澆灌及時也。唐渠、貼渠原灌寧左右三衛及平羅所共三十四堡，田地六千二頃有餘。衛所各官分段封俵，一歲須輪灌數次乃獲豐收。至於漢渠在唐渠之下，左衛陳俊堡四道河口地方，距唐渠口三十里，地形低窪，直迎河流，水勢易入。其渠口寬三十一丈，深七尺五寸。明汪文輝於漢壩堡距渠口十二里建石正閘一座，計四空，每空寬一丈，閘外建石退水閘三座。自正閘北至唐鐸橋，名曰上段，寬五丈，深六、七尺，長六十五里。自唐鐸橋西北至張政橋，名曰中段，寬四丈五尺，深六、七尺，長七十五里。自張政橋北至殷家夾道稍止，名曰下段，寬三丈，深五、六尺，稍末寬一丈，長九十八里。共長二百三十八里。渠之東西兩岸，共陡口三百六十九道。原灌溉寧左右三衛所屬十八堡田地，共三千八百二十七頃有餘。後因開導西河水勢變遷，何忠堡竟隔在河中，各自開引小渠，灌田三十餘頃。今漢渠止灌溉十七堡田地，共三千七百九十七頃有餘。其挑挖、封、俵，與唐渠一例。此渠得水甚易而又稍短田少，所以通利如故。比年以來，唯唐渠淤塞過甚，濱於廢棄。居民雖紛紛借助於漢渠，不過稍分餘瀝，地之高者竟屢年荒蕪，而漢渠亦因以受困。職全細按，唐渠之大病有三：一苦於渠口之不能受水也。相傳先年唐渠口下河中有一石子沙灘，障水之勢以入渠，厥後灘漸消没，河流偏注於東，而渠口竟與河相背，其入渠者不過旁溢之水耳。水之入渠也無力，遂往往有澄淤之患。一苦於地渠之不能通水也。唐壩以下自杜家嘴至玉泉營，盡係淤沙，每大風起，輒行堆積。唐渠經由於此，實爲咽喉。向者以風沙不時旋去旋積，遂相與名曰地渠，蓋因兩岸無湃，與平地等故名之也。此處自來不在挑濬之列，因循既久竟致渠底與兩岸田地齊平，甚有渠底高於兩岸田地者，較唐壩閘底約高三四尺。河水汎漲時，入渠之水非不有餘，乃自入閘以來至此阻梗，由是旁灌月牙、倒沙兩湖，迨兩湖既滿，然後溢於渠内，徐徐前行，不知費幾許水力，經幾許時日乃得過玉泉橋也。況有此阻梗，水勢紆廻，水未前行而挾入之濁泥已淤積閘底數尺矣。一苦於渠身之過遠也。水之入口者原自無多，而又苦於咽喉之不利，以有限之水流三百餘里，供數百陡口之分洩，其勢自難以遍給。若遇河水減落，則束手無策矣。唐渠有此三大病，而又加以年年挑濬之法積弊多端。如渠夫、渠草除紳衿優免外，豪衿地棍及奸胥猾吏肆意侵蝕，每將百姓應納草束、沙樁折收銀錢，代爲買備輸納，名曰包納。草則多係朽爛，樁則盡屬短小。又巧立名色，隱射規避。若橋梁、若陡口，倘有損壞俱屬官修，乃藉稱須人看守，每處免夫草一、二分，名曰看丁，又曰坐免。甚至徒杠亦有坐免。有力盡爲看丁，即曰陡口須人啓閉。未聞天下橋梁俱須人看守也。是渠夫、渠草祇爲奸積之利窟，而渠工已受病實多矣。每年興工之時，並不查明某處淤塞，某處阻梗，量度工程之輕重，酌用夫役之多寡。唐渠自口至稍止，分三工五段。漢渠自口至稍止，分兩工三段。如某工舊例用夫五百名，年年撥給五百，某段舊例用夫三百名，年年撥給三百。工輕之處，夫多怠玩，工重之處，夫實短少。且催納顏料之役，必故爲遲延，及時至工廹，各段督工者即令挑渠之夫役採取顏料，兩岸園林莊柳任其砍伐。微論止半供渠工半充私橐，額徵顏料盡被乾没，而所撥三百五百之夫亦止虚有其數而已。渠道灣曲之處，東岸高者西必低，西岸厚者東必薄，以高厚者力逼水勢刷洗對岸也。每年挑濬之法，如夫一百名，止有三、四十名在渠内取土，餘五、六十名俱排列高厚岸上遞相轉運，一鍬之土經七八人之手，而對面低薄之岸必不肯加幫尺寸，謂低薄岸底必有刷洗深溝，恐因加幫撤土填塞，以致高厚者愈增，低薄者愈減，是以每年有冲崩之虞。或水田湃底鑽俗作汆。潰，或水由湃上漫俗作坌。倒，皆不肯加幫低薄所致也。至渠夫則止由衞所經承派撥，名曰安渠。賄囑者派之路近而工輕，貧窮者派之路遠而工重。且將一段之夫雜派數十堡之人，聽其自赴工所，管工者莫知誰何，中有逃者報官查册拘提，往返動至半月，而一堡之夫又分派數處，必遠至百里或二百里以外，使之奔走不遑。更將撥夫單内故意填寫錯亂，使之赴各工段自行查問，總欲令民不得不致遲誤，以便定取罰工。又各工段設立委管、渠長等役，各五、六人或七、八人，每人免渠一、二分。彼俱係用賄鑽營充當者，一到工所，每人包折夫役一二十名不等。更有豪衿地棍，指稱旁枝小渠請討人夫，多至五、六十名，少亦二、三十名。官必如數撥給，實無一名赴彼所請之處，伊等竟折錢分肥。是以額夫雖一萬一千有零，而在渠挑濬者僅可得半，又率以老弱充數。官司查渠，止走大路，沿途問夫在何處就彼查點。委管、渠長人等探知，即雇附近莊農應名，點後即散。甚且預知官司到來，令人夫於渠内挖土堆積如塔形，以堆土之高詐爲挑挖之深，使高低莫辨。官司一見便誇稱工好，並不問及上段如何，下段如何。官司去後，夫役仍將所堆之土攤平渠内，其運上高岸者不過數十鍬。八段之内官司必由之處，或挑挖數里，其僻遠不到之處，亦夫役足跡之所不到也。總因兩渠分爲八段，每段必遠至數十里，無一定之責成，無一定之程式，而奸棍折去夫役因循，延至一月遂相率而散。其未經挑挖者，雖有十之六七，祇謂工多夫少，付之無可如何。渠道之淤塞，實由於此。職全於莅任之初巡視渠工，見漢渠口之上有一小渠，名曰貨蘭。渠寬數尺，長十餘里，乃前任寧夏道管竭忠據居民所請開濬者，别引黄河之水，灌田數頃。職全上下相度，見河水直冲渠口，而第苦於口低身小，導引不得其方，莫能遠達。乃謀諸司水王應龍，請於本道，欲借此渠形勢另開一渠，以助漢、唐水力之所不逮。本道謂此渠曾奉前撫憲據士民呈請，飭委惠安堡鹽捕通判王惠民勘驗形勢甚有裨益。後以工程浩大，約計用夫萬餘，一月尚不能竣，又慮修理閘壩，需費不貲，遂爾中止。吾有志久矣，汝第力行之。職全謂用夫不得其法，雖數里亦覺艱鉅，若量土以計工，量工以計夫，此數十里之渠，計日可成。渠若告成，閘壩自易易也。本道乃令職全與都司役用額夫，距舊賀蘭渠口之上三里許，直迎水勢另開一口，至馬家莊地方引入舊渠，而擴之使寬。行三、四里至陳俊、漢壩兩堡之交，即棄舊渠而西，引水由高處行，以達於唐渠。雖遠至數十里，而莊園墳墓皆繞以避之，毫無所傷，其所損田畝盡爲除厥差徭，居民莫不歡忻樂役。於四十七年九月初七日興工，至十三日渠成。十五日本道親詣渠口開水，不崇朝而遍注田間。自來高亢之地，一旦水盈阡陌，婦女孩童咸出聚觀，驚喜之狀，若有意外之獲。其渠口上距唐渠口二十五里，下距漢渠口五里，乃右衞唐壩堡所屬剛家嘴地方。口寬八丈，深五尺，渠身長七十五里二分。上三十里寬四丈，深六、七尺，下三十里寬三丈五尺，深五、六尺。稍末十五里二分，寬一丈六尺，深五尺。東西共陡口一百六十七道。灌溉陳俊、蔣鼎、漢壩、林臯、瞿靖、邵剛、玉泉、李俊、宋澄九堡田地，共一千二百二十三頃有餘，至宋澄堡地方仍滙入唐渠。本道以此渠閲十數年聚議止爲道旁之築者，今告成於七日，且相度形勢，較王惠民向所勘驗引水更易，不覺喜形於色，謂移此用夫之法以修唐、漢兩渠，不難坐令各渠疏通也。於是於四十八年竟以此渠聞之憲臺，當蒙倡捐俸資於陳俊堡地方建石正閘一座，計兩空，每空寬一丈，閘外建石退水閘三座。

岳濬等《（雍正）山東通志》卷三五之一九上《藝文志》李惟明《改作東大閘記》

泗別於滋陽，兗道之汶，支於奉符之堽城。洸引之西南，會於任城，會通河受之。昔汶不通洸，國初歲丁巳，（濟倅）奉符畢輔國請於嚴東平，始於汶水之陰，堽城之左，作一斗門，堨汶水入洸，益泗漕以餉宿蘄戍邊之衆。且以溉濟兗間田，汶由是有南入泗淮之派。至元二十年，朝議以轉漕弗便，乃自任城開河，分汶水西北流至須城之安民山，以入清濟故瀆，通江淮漕至東阿，由東阿陸轉僅二百里抵臨清，下漳御輸京師。二十六年，又自安民山穿渠，北至臨清，引汶絶濟，直屬漳御。於是汶之利被南北矣。始輔國直堽城西北隅作石斗門一，後都水少監馬之貞又於其東作雙虹懸門，閘虹相連屬，分受汶水。既又以虹石水易圮，乃改西虹爲今閘制，通謂之東閘，謂輔國所作斗門爲西閘。後改作，址高水不能入，獨東閘受水。汶水盈縮不常，歲常以秋分役丁夫採薪積沙於二閘左，絶汶作堰。約汶水三之二入洸，至春全堨餘波以入。霖潦時至，慮其衝突，則堅閉二閘，不聽其入。水至，徑壞堰而西循故道入海，故汶之堰歲修。延祐五年，改作石堰。五月堰成，六月爲水所壞。水退，亂石齟齬壅沙，河底增高，自是水歲溢爲害。至元四年秋七月，大水潰東閘，突入洸河，兩閘被其害。而洸亦爲沙所塞，非復舊河矣。初之貞爲沙堰也，有言作石堰可歲省勞民。之貞曰：「汶，魯大川。底沙深闊，若修石堰，須高平水五尺方可，行水沙漲淤平，與無堰同，河底填高，必溢爲害。況河上廣，石材不勝用，縱竭力作成，漲濤懸注，傾敗可待。晉杜預作沙堰於苑陽，堨白水溉田，缺則補之，雖屢勞民，終無水害，固知川不可塞也。」且曰：「後人弗聽浮議，妄興石堰，重困民，壅遏漲水，大爲民害。」重修堽城閘，因自作記，勒其言於石。至是，果如其言。閘壞岸崩，碑沉於水，爲土石所壓。是年九月，都水監馬元公來治會通河，行視至堽城，謂衆曰：「堽城洸汶之交，會通之喉襟，閘壞河塞，上源要害，役有先於此者乎。」於是用前監丞沈温公闢爲一大閘之議，命濠寨官梁仲祥、李讓計徒庸，度材用，量工程，乃以狀上。從其請。明年二月，命工入山取石，陶甓煅灰，以濠寨官王守恭董之，市物於有司。謀將以五月經始，衆議以爲茲役實大，非朝夕可成，暑雨方行，必妨興事，曷以來年。公曰：「霖雨天道，豈可預必，安能優游度日待來年，以己事諉後人乎。」乃親爲經營揆度。以舊址敝于屢作，改卜地於其東，掘地及泉，降汶河底四尺，順水性也。袤其南北爲尺百，廣其東西爲尺八十，下於平地爲尺二十有二。土木之工又入其下八尺，上爲石基以承閘，閘之崇於地平。自基以上縮掘地之深一尺，兩壁直南北爲身，皆長五十尺。其南張兩翼爲雁翅，皆長四十五尺。其北短折，以東西各附於旁，亦長四十五尺，不爲兩翼斂其前隘漲水也。前盡基肩岸受水，欲其前也，後遜基八之一，壘石爲崖承之。出基之南五尺，長爲尺二十有五。五分基之廣闊其中之一以爲明，入明三分身之一爲金口，廣尺深咫。板十有三方，盈金口之廣長亘明，入金口兩端各盡其身，上下以啓閉者十二，其一不動閾。以大石爲兩臬，夾制其前。却始議，參用新舊石。舊石皆薄小，而新石少。公因爲度材所堪，差別其用，無尺寸之枉，新遂以贏。又皆大石自基至顛凡十一疊，舊不一用。馬石相疊比，則以鐵沙磨其際，必吻合無間，故其締構之工，釦砌之密，會通諸閘所未有。凡用石大小以段計，二千六十有奇。自方以尺計，三萬三千六百五十。甓以萬計，一千有六。石灰以斤計，四十六萬三千。瓦礫以擔計，二萬四千。木大小以株計，一萬三百一十。鐵剛柔以斤計，三萬九百一十五。麻、炭、諸物稱是。縻錢一萬七千餘緡，徒役千人，木石之工二百八十人。始事於五月七日，畢役於九月十日。閘既成，衆請識其事於石，屬筆於予。予曰：「汶古名川，昔畢公、馬公用之，則爲轉漕之益，爲灌溉之利，後人用之，則有橫潰之憂，有墊溺之患。水性非異，蓋用之善不善也。馬公既善用之，又碑其言以示來者，其爲慮深矣。不有茲役，曷彰馬公之識，其言已驗。碑付於水，而改作石堰之碑尚存，豈天忌馬公之言，先發其機耶。將使後人獨受其害，而不蒙其利耶。惟是雨暘時若，漕運無愆，天其或者悔禍於人，俾思馬公之言乎。既不獲辭，遂爲叙其始末，以見堽城閘水利喉襟，且表馬公之言爲鑒。」

硫磺部

綜述

宋應星《天工開物》卷中《硫黃》 凡硫黃乃燒石承液而結就。著書者誤以焚石爲礬石，遂有礬液之説。然燒取硫黃石，半出特生白石，半出煤礦燒礬石，此礬液之説所由混也。又言中國有温泉處必有硫黃，今東海、廣南産硫黃處又無温泉，此因温泉水氣似硫黃，故意度言之也。凡燒硫黃石，與煤礦石同形。掘取其石，用煤炭餅包裹叢架，外築土作爐。炭與石皆載千斤于内，爐上用燒硫舊滓罨蓋，中頂隆起，透一圓孔其中。火力到時，孔内透出黄焰金光。先教陶家燒一鉢盂，其盂當中隆起，邊弦捲成魚袋樣，覆于孔上。石精感受火神，化出黄光飛走，遇盂掩住，不能上飛，則化成汁液靠著盂底，其液流入弦袋之中。其弦又透小眼，流入冷道灰槽小池，則凝結而成硫黄矣。其炭煤礦石燒取皂礬者，當其黄光上走時，仍用此法掩蓋，以取硫黄。得硫一斤，則減去皂礬三十餘斤。其礬精華已結硫黄，則枯滓遂爲棄物。凡火藥，硫爲純陽，硝爲純陰，兩精逼合，成聲成變，此乾坤幻出神物也。硫黄不産比狄，或産而不知煉取亦不可知。至奇砲出于西洋與紅夷，則東徂西數萬里，皆産硫黄之地也。其琉球土硫黄、廣南水硫黄，皆誤紀也。

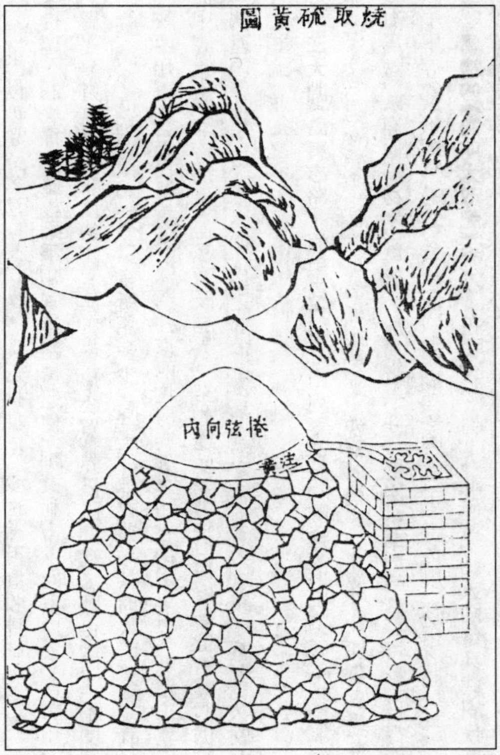

紀事

李燾《續資治通鑑長編》卷二一六 〔熙寧三年十月〕甲戌，提點陝西路刑獄高賦徙河東路，罷轉運判官李師錫，令赴闕，提點河東路刑獄。屯田郎中韓鐸、京西路轉運判官太常博士李南公並徙陝西路。光禄寺丞吕大鈞爲宣撫司，書寫機宜文字，皆從宣撫使韓絳所請。絳言賦非明幹之才，師錫昏懦不職，故從罷之。大鈞大防弟也，先是絳欲就用鐸爲河東轉運使，王安石不可，既而上亦欲用之，曰鐸檢點城壁器械，事甚仔細。安石曰：「朝廷遣鐸往點檢，仔細乃其職分，鐸處置常平事極乖，見方被劾，豈可復遷擢。」上曰：「須以諸軍通計，豈可專爲常平一事黜陟人。」安石曰：「臣但見鐸處置常平事乖方可黜，即未見鐸措諸它事可陟。陛下似未察臣用意，臣豈以議立常平法，遂欲耑以常平事黜陟人。常平法于天下事特萬分之一，臣所以事陛下，非以議立常平一法爲事業也，陛下似未察臣用意」。安石嘗進所著《洪範傳》，上手詔答之，及奏事罷，因留身謝，上曰：「曾公亮年老且去，朕方以天下事倚卿，卿不得謂朕不知卿。」九月十三日公亮已罷。安石復爲上言鐸事曰：「今内外同爲苟且，慢法玩令，其法之不可不急。若方以慢法玩令，被劾即遷擢，人何所忌憚。爲天下如醫方，若寒時雖純服烏頭、附子、硫磺，不爲過熱。熱時雖純服大黄、朴硝，不爲過寒。陛下當察時病所在而勸沮其緩急，不可以不應病也。」上乃不用鐸，于是絳出使陝西，因請徙鐸，上既從絳請，又以手札促鐸赴任。促鐸赴任，按御集在三年十一月十二日，鐸初以權知曹州，除河東憲在二年八月初八日，今并書《洪範傳》或于此，附見一二九月壬子亦可附。知桂州潘夙言主管邕州溪峒文字蔣聖俞，近到任即建白欲取交趾，恐致生事，乞改授聖俞廣南東路差遣，從之。

李燾《續資治通鑑長編》卷二一六 〔熙寧三年十月〕庚辰，信豐縣尉鞫經爲大理評事，賞捕盜功也。知慶州王廣淵言河東礬鹽爲利源之最，乞于河東、京東、河北、陝西別立礬法，置官提舉，罷巡捉使臣，委巡檢縣尉收捕朝臣一員，往來提舉。詔光禄寺丞楊蟠乘馹同逐路轉運使，相度利害以聞，後蟠等言坊州宜君縣平臺鄉其地自來産礬，官司雖嘗置場收買，然以民間私礬數多，商人不願就官算，請今欲招置鑊户，令量官所用多少，限定户數收買。其商人所算請，許令于陝西州軍北至黄河，東至潼關，并京西均房襄鄧金州光化軍爲界，以鑊户立爲保甲，遞相覺察告捕，不得私賣及越界。至如違並，依私白礬條斷遺給賞。仍乞令轉運司舉官一員監當，如官司敢以捉獲私礬，妄名夾雜，故減斤重者，以故出入人罪論，並從之。

汪大淵《島夷志略·假里馬打》 山列翠屏，闤闠臨溪，田下穀不收，氣候熱，俗澆薄，男女髠頭，以竹布爲桶樣穿之，仍繫以梢。罔知廉恥，採蕉實爲食，煮海爲鹽，以適他國易米，每鹽一斤易米一斗。地産番羊，高大者可騎，日行五六十里，及紫玳瑁貿易之，貨用硫磺、珊瑚、珠闍、婆布、青色燒、闞布之屬。

雷禮等《皇明大政紀》卷九 壬寅，哈密遣人進硫黄，勅大同總兵武安侯鄭亨、宣府總兵都督譚廣慎防之。

上曰：「從前不聞哈密進此物，先帝時亦不曾有進，虜中既有硫黄，則製造火器不患無人，猝遇戰鬥，亦須有備。」

南懷仁《坤輿圖説》卷下《阿爾母斯》 阿爾母斯，其地悉是鹽及硫磺，草木不生，鳥獸絶迹，人著皮履，遇雨過履底，一日輒敗。多地震，氣候極熱，須坐卧水中没至口方解。絶無淡水，勺水皆從海外載至，因居三大州之中，富商大賈多聚此地，百貨駢集，人烟輻輳，凡海内珍奇難致之物，輒往取之。

鄂爾泰等《雍正硃批諭旨》卷一二六之一八 〔雍正七年九月三日河南總督田文鏡奏〕同日又奏：爲奏明存貯入官硫磺，仰請發給各營以資火藥需用事。竊查豫省界連晉省，硫磺係山西澤州陽城縣所産。陽城百姓及豫省接壤之懷慶府濟源、河内、孟縣等縣之民，每有違禁私販，經地方官查拏詳報，因各人販磺不多，而律載私自販賣硫磺者問罪、硫磺入官等語，隨將販磺之犯照違制律杖責，案由外結，所以入官之磺俱解貯開封府庫。自康熙五十九年起至雍正五年，陸續獲報各案共積存硫磺一萬一千六百六十八觔。臣業已移咨山西撫臣，嚴禁私磺，不許出境在案。但臣思所貯硫磺乃係禁物，民間不得貨賣，難以變價，其性又易引火，恐有他虞。現在各營操練兵丁，演放鳥鎗炮位，製備火藥，均須購買硫磺，而此項獨委積無用，〔硃批〕料理甚是，但不知此項硫磺部中曾否有案，或應具本題明，或應咨部分發，斟酌合例爲之。未免可惜，臣請將前項入官硫磺酌量分發臣標及城守營并南北兩鎮各營，合成火藥，以爲演放鳥鎗炮位之用，則各營製造火藥，即不必另行購買硫磺，而存貯之磺亦不致積於無用，實於營伍有裨。臣再查河東兩省各鎮標營演放鎗炮所需火藥，或扣留空名兵糧製備，或鎗炮手兵丁自行製備，不獨兵丁有賠墊之累，而用少扣多，兵非實用，是以臣標俱係臣動支養廉銀兩捐給。今約計河東兩省各鎮標營所需一切火藥火繩鉛彈等項，每年需費不及四千金，盡足敷用，仰請〔硃批〕此乃各省相沿，向來舊例，仍令營伍中自行製備爲是，暫時幫助則可，若竟動用公項代辦，他省相形之下殊多未便也。皇上天恩，動用存司公項銀兩，給發製備，則營伍無侵扣之弊，兵丁無賠墊之累，實爲恩便。臣謹繕摺一併奏請，伏乞聖裁，謹奏覽。

鄂爾泰等《雍正硃批諭旨》卷一三三 雍正十一年五月二十八日江蘇巡撫臣喬世臣謹奏：【略】

同日又奏爲謹陳採買匠硝舖磺之弊以杜把持以嚴夾帶事。竊照硝磺軍需攸關，原係應禁之物，但民間傾鎔銀兩必藉焰硝燒鍊，銀硃及藥料等項必用硫磺，未便概行禁止，全在採買之法慎重得宜，庶免滋弊。前署督臣史貽直議，將營伍硝磺委員採買，而各府州所需匠硝舖磺亦核定每年應用數目，歸令文職承辦，經部議覆在案。今查各營硝磺現係委員分路購買，其匠硝舖磺據從前藩司議詳，令銀匠舖户查照應買數目，備齊資本，由司各自具批送掛，隨同委員往購，緣一切詳報。匠舖姓名、掛批迴銷等事俱係督臣管理，臣衙門無從察核，及臣昨審虧空顔料、解員邱秉衡等一案，内有包攬侵蝕之牙户裴元英，究其財産行業，據供有承辦舖户，磺批可以獲利歸補，隨查該犯起批姓名，係舖户王元興，實即裴元英更名承充。批内報買雍正九年硫磺三百擔，當經檄行吴縣，將硫磺封貯變價，并嚴追已賣價銀，抵還侵蝕帑項。臣思匠硝舖磺從前因係無職役之人，自行採買，未免滋弊，議令委員承辦，令各匠舖仍係另自起批請咨，則程期勢必先後不齊，委員從何逐一稽察，雖有隨同往購之名，終無一體承辦之實，各匠舖紛紛持批在途，固難保其不夾帶營私也。至裴元英現以侵蝕顔料銀兩，監追尚爾更名承辦舖磺。查各營買磺定價，每百斤連水脚通計不過五兩上下，歷查裴元英發給衆舖，每百斤俱至二三十兩不等，是採買匠硝舖磺二項，顯係地方積棍串通胥役，借批頭名色占踞壟斷，因得高價網利，即裴元英已屬把持之明徵矣。且硝磺不便於民間囤留，若批頭運回仍然整數堆貯家中，聽其隨時自發，揆之理法，均未合宜。臣愚以爲匠硝舖磺既令照每歲應買數目，備齊資本，隨同委員往購，不如竟飭各匠舖呈明該地方官核定歲需之數，悉照現買營硝營磺價值，先期彙湊銀兩，具報造册，解貯司庫，俟詳委辦員之日，同營伍所需硝磺一并派交採購運回，將實用數目報明藩司查核，飭知轉發各該府州，酌量陸續給與原報買之匠舖，分領濟用。其匠舖另自請批隨買之處，永行革除，則責成專一而把持夾帶之弊可杜矣。再臣查浙省各府匠硝經督臣衙門核定歲需數目，向係統委杭協副將管理，先動公銀同營硝一并遴員採購運回。行令各府銀匠照繳原價，分給領用，稽察既專，價無高昂，民亦稱便。茲江省採辦匠硝舖磺可否亦仿浙省，核定應用數目，先動公銀委員購回，各匠舖照價繳銀分領。其設局收發之處，令藩司專委妥員管理，合并陳明，統祈睿鑒訓示遵行。謹奏採買硝磺一事，俟發兵部議覆有旨。

《明史》卷三二五《外國傳六・蘇門答剌》 蘇門答剌，在滿剌加之西。順風九晝夜可至。或言即漢條枝，唐波斯、大食二國地，西洋要會也。

成祖初，遣使以即位詔諭其國。永樂二年遣副使聞良輔、行人寧善賜其酋織金文綺、絨錦、紗羅，招徠之。中官尹慶使爪哇，便道復使其國。三年，鄭和下西洋，復有賜。和未至，其酋宰奴里阿必丁已遣使隨慶入朝，貢方物。詔封爲蘇門答剌國王，賜印誥、綵幣、襲衣。遂比年入貢，終成祖世不絶。鄭和凡三使其國。

先是，其王之父與鄰國花面王戰，中矢死。王子年幼，王妻號於衆曰：「孰能爲我報讐者，我以爲夫，與共國事。」有漁翁聞之，率國人往擊，馘其王而還。王妻遂與之合，稱爲老王。既而王子年長，潛與部領謀，殺老王而襲其位。老王弟蘇幹剌逃山中，連年率衆侵擾。十三年，和復至其國，蘇幹剌以頒賜不及己，怒，統數萬人邀擊。和勒部卒及國人禦之，大破賊衆，追至南渤利國，俘以歸。其王遣使入謝。

宣德元年遣使入賀。五年，帝以外蕃貢使多不至，遣和及王景弘遍歷諸國，頒詔曰：「朕恭膺天命，祗承太祖高皇帝、太宗文皇帝、仁宗昭皇帝大統，君臨萬邦，體祖宗之至仁，普輯寧於庶類。已大赦天下，紀元宣德。爾諸蕃國，遠在海外，未有聞知。茲遣太監鄭和、王景弘等齎詔往諭，其各敬天道，撫人民，共享太平之福。」凡歷二十餘國，蘇門答剌與焉。明年遣使入貢者再。八年貢麒麟。

九年，王弟哈利之漢來朝，卒於京。帝憫之，贈鴻臚少卿，賜誥，有司治喪葬，置守塚户。時景弘再使其國，王遣弟哈尼者罕隨入朝。明年至，言王老不能治事，請傳位於子。乃封其子阿卜賽亦的爲國王，自是貢使漸稀。

成化二十二年，其使者至廣東，有司驗無印信勘合，乃藏其表於庫，却還其使。別遣番人輸貢物京師，稍有給賜。自後貢使不至。

迨萬曆間，國兩易姓。其時爲王者，人奴也。奴之主爲國大臣，握兵柄。奴桀黠，主使牧象，象肥。俾監魚税，日以大魚奉其主。主大喜，俾給事左右。一日隨主入朝，見王尊嚴若神，主鞠躬惟謹，出謂主曰：「主何恭之甚？」主曰：「彼王也，焉敢抗。」曰：「主第不欲王爾，欲之，主即王矣。」主詫，叱退之。他日又進曰：「王左右侍衛少，主擁重兵出鎮，必入辭，請以奴從。主言有機事，乞屏左右，王必不疑。奴乘間刺殺之，奉主爲王，猶反掌耳。」主從之，奴果殺王，大呼曰：「王不道，吾殺之。吾主即王矣。敢異議者，齒此刃！」衆懾服不敢動，其主遂篡位，任奴爲心腹，委以兵柄。未幾，奴復殺主而代之。乃大爲防衛，拓其宫建六門，不得闌入，雖勳貴不得帶刀上殿。出乘象，象駕亭而帷其外，如是者百餘，俾人莫測王所在。

其國俗頗淳，出言柔媚，惟王好殺。歲殺十餘人，取其血浴身，謂可除疾。貢物有寶石、瑪瑙、水晶、石青、回回青、善馬、犀牛、龍涎香、沉香、速香、木香、丁香、降真香、刀、弓、錫、鎖服、胡椒、蘇木、硫黄之屬。貨舶至，貿易稱平。地本瘠，無麥有禾，禾一歲二稔。四方商賈輻輳。華人往者，以地遠價高，獲利倍他國。其氣候朝如夏，暮如秋，夏有瘴氣。婦人裸體，惟腰圍一布。其他風俗類滿剌加。篡弑後，易國名曰啞齊。

郝玉麟等《(雍正)福建通志》卷六四《外島》 詔曰：帝王祇德，應治協于上下，靈承于天時，則薄海通道，罔不率俾爲藩屏臣。朕懋纘鴻緒，奄有中夏，聲教所綏，無間遐邇。雖炎方荒略，亦不忍遺，故遣使招徠，欲俾仁風，暨於海澨。爾琉球國越在南徼，世子尚質，達時識勢，祇奉明綸，即令王舅馬宗毅等稟正朔，獻方物，抒誠進表，上舊詔勅印。朕甚嘉之，故特遣正使兵科副理事官張學禮、行人司行人王垓齎捧詔印，封爾爲琉球國中山王，加賜文幣等物。爾國官僚及爾氓庶尚輔乃王，飭乃侯度，攄乃忠藎，守乃真誠，慎人厥職，以凝休祉，綿于弈世，故茲詔示，咸使聞知。賜王印一，緞幣三十，妃緞幣二十。四年遣使入貢貢物被風漂没，五年補進貢物，奉旨：琉球國所進瑪瑙、烏木、降香、木香、象牙、錫、速香、丁香、檀香、黄熟香等十件，俱非本國土産，免其進貢。其硫磺着留福建督撫收貯，餘所貢方物令督撫差人解送，來京即給賞遣回。六年仍令貢使齎表入覲，七年尚質卒，世子尚貞，攝國事，按期入貢。十九年奉旨：琉球國進貢方物，以後止令貢硫磺、海螺殼、紅銅，其餘不必進貢。貢物舊有金銀罐、金銀粉匣、金銀酒、海泥金綵畫屏、風泥金扇、泥銀扇、畫扇、蕉布、苧布、紅花、胡椒、蘇木、腰刀、大刀、鎗盔甲、馬鞍、絲綿、螺盤等物，後俱免進。外有加貢物無定額，熟硫磺一萬二千六百觔，海螺殼三千個，紅銅三千觔，二十年遣使入貢。

阿桂等《平定兩金川方略》卷四八 〔乾隆三十八年正月〕庚戌上諭軍機大臣曰：「前以兩金川賊衆恃險拒守，其鎗砲火藥鉛丸等項產於何地、或購自他處抑由內地偷漏各情節，曾諭文綬查辦，其覆奏亦未明晰，而軍營所訊俘獲番衆供詞，人言各殊，終不知究竟。茲澤旺解送到京，據稱小金川素不產硫磺，其鉛斤向有礦在美諾僧格宗相近之勒傳地方，因開採後年歲不好，遂即封閉，後來所用係購自木坪三雜谷等處。至金川向有磺廠，其鉛子聞於綽斯甲布等處購買等語。因思木坪三雜谷綽斯甲布俱係內地土司，兩金川火藥即使未用兵以前，陸續所購亦不能預備數年之用，其中自不無番夷偷賣情事，今雖無從確詢，而小金川既全境蕩平，如勒博地境果產有鉛斤硫磺等項，當即就近採辦，以供軍營製配，可省內地解運之煩，更屬便益。著溫福、劉秉恬即速查明妥辦，據實具奏。至金川所用鉛子，既有買自綽斯甲布之供，尤宜設法嚴禁。況現由此路進兵，軍火所需更關緊要，恐綽斯甲布等隨征土練，將所給備用火藥鉛丸私行省減，貪利轉售，則與藉寇兵而齎盜糧何異。著並諭豐昇額舒常密爲查訪，或有其事，即當盡法懲治，以昭炯戒。並著劉秉恬於附近金川賊境，飭屬實力嚴查申禁，不可稍有疏懈。」

覺羅石麟等《〔雍正〕山西通志》卷四七《物產・硫黄》 出陽曲西名村，居人入山，取礦，置砂礶中，以火煉之，融注瓷盆一餅，約重十斤，工部歲採買，亦無定額。古志：塞表之地有硝而無磺，東倭之國有磺而無硝，兩廣川貴之地亦間有其一而不得兼。故皆不得火器之妙，惟汾晉兼而有之，故用之以爲長技。邱瓊山火藥議宋太祖時有火箭，真宗時始有火毬之名，然或假木箭以發，未知是今之火藥否。今之火藥用硝焰、硫黄、柳炭爲之，硝之名見於《本草》，漢張仲景《方論》中已用爲劑，則是漢時已有矣。硫黄自海舶上來，唐以前無此也。

金鉷等《〔雍正〕廣西通志》卷三一《鎮安府》 硫磺出黄泥坡，巡撫金鉷奏明開採，足備通省各營所需，并可接濟鄰省。

米出鎮安者，粒大，味勝於常。

大麥，各州及各土州俱出。

薏苡米，猺人多種之，以爲糧。

咘巴出湖潤寨，歲歉則土民食之。

雞骨菜即枸杞芽。

油菜各州俱出。

桃出歸順州、都康土州。

柑子歸順出。

波斯橄欖，各州俱出。

李出上映土州。

緂，各土州出。案《虞衡志》云：如綫羅，上有遍地小方勝紋。

練子，各州及各土州俱出，略似苧布，其有花紋者謂之花練，土人亦自貴重。

桐油子，各土州俱出。

方竹出歸順、奉議二州，體如削成勁節，直上用以作拄杖，甚佳。

青皮竹即蒲竹，奉議出。

簕竹，各土州俱出。

鐵力木，各土州俱出。

綫木，下雷土州出。

甘蔗花，一名紅蘭花，如石榴，日拆一兩葉，自春及秋，鮮緑可愛。

吐綬雞，奉議出，綬常時不見，每春夏晴明則向日擺之，故名。案《禽經》謂之避株，《古今注》謂之錦囊，《述異記》謂之錦帶功曹，皆是。

緑鳩，出下雷土州湖潤寨。

野鳥，各土州出。

肉翅虎，出谿峝最深處，案《赤雅》云出石抱山，晨伏宵出，比凡虎差小，翅如蝙蝠，眼閃閃如陰燐，渾身斑紋飾，其皮可辟百鬼。

猫上映，土州出，皆柔毛利齒、尾長腰短者。

蟹出歸順、奉議二州。

錦地羅，歸順出，案《本草綱目》云：根似萆薢及括樓狀，人頗重之，以充方物。

附黄金茄，各州及各土州俱出，狀若檳榔闕而色黄，人誤食之立死。案《廣州志》：蝦醬可解。

稽璜等《續通典》卷一四七《邊防一・琉球》　琉球在東南海中，與漳、泉、興、福四州界相值，舟行數日可至。每歲稻再熟，花常開，燕以七月來，不巢人屋，鷹以白露日至，物産硫磺、胡椒等物。其王每視朝，羣臣搓手膜拜，移時方起。其俗凡有宴會餚饌，各盤貯而不相共，飲酒則止以一杯相傳。宋孝宗淳熙時，其王舜天依日本書制字母四十七，名依魯花，略仿切音三十六字母意。元世祖至元二十八年，海船副萬户楊祥請以六千軍往降之，給金符賫詔以行，出海洋遽掠一山，軍小挫，未至琉球，引還。成宗元貞三年，福建省平章政事高興上言琉球可圖狀，遣省都鎮撫張浩等襲之，擒生口百三十餘人，抗命如故。其國至元未分爲三，曰中山，曰山南，曰山北，其王皆以尚爲姓，而中山最强。明太祖洪武五年，命行人楊載詔諭之，中山王察度，遂遣使入貢，賜賚有加，許陪臣子弟入國學肄業，於是山南王承察度、山北王帕尼芝，亦相繼臣服。成祖永樂中，琉球中山、山南、山北三王屢入貢，子弟俱入國學肄業，其嗣王立，俱遣使册封之。十三年以後，山北王不復遣使，宣宗宣德四年後，山南王亦不復至，云爲中山王所併，中山王屢世朝貢不絶。

稽璜等《續文獻通考》卷二九《土貢二》　愍帝崇禎朝番夷入貢甚稀，自元年至十六年，烏斯藏、土魯番、哈密各一，安南三，暹羅四，琉球五，餘俱不至。

歷年貢獻事例：

凡貢獻金銀器皿、珍珠、緞匹，先日具奏，次日照進，内府俱付長隨内使收受蘇木、胡椒、香蠟、藥材等，則所在布都按三司檢視物貨，呈報數目，差解至京。

臣等謹按《食貨志》明内府凡十庫，一曰承運，收貯緞疋、金銀、寶玉、齒角、羽毛。二曰廣積，收貯絲紵、綾羅、硫黄、硝石。三曰甲字，收貯布疋并各顔料。四曰乙字，收貯胖襖、戰鞵、軍士裘帽。五曰丙字，收貯棉花、絲纊。六曰丁字，收貯銅、鐵、獸皮。七曰戊字，收貯軍仗。八曰贓罰，收貯没官物。九曰廣惠，收貯錢鈔。十曰廣盈，收貯紵絲、紗羅、錦、紬、絹。又有天財庫，收貯各衙門管鑰，亦貯錢鈔。供用庫收貯秔稻、熟米及上供物，皆謂之内庫。其會歸門、寶善門迤東及南城瓷器諸庫，皆謂之外庫。至内府諸監司局，又各以所掌收貯應用諸物，更可見當時貢物之大概矣。

稽璜等《續文獻通考》卷三〇《國用一》　明太祖洪武十三年二月，詔發丹符驗天下金穀之數。成祖永樂十九年十一月，遣官覈兩京及天下庫藏出納之數。內府凡十庫，承運庫貯緞匹、金銀、寶玉、齒角、羽毛，廣積庫貯硫黄、硝石，甲字庫貯布匹顔料，乙字庫貯胖襖、戰鞋、軍士裘帽，丙字庫貯棉花、絲纊，丁字庫貯銅鐵、戰皮、蘇木，戊字庫貯甲仗，贓罰庫貯没官物，廣惠庫貯錢鈔，廣盈庫貯紵絲、紗羅、綾錦、紬、絹。六庫皆屬户部，惟乙字庫屬兵部，戊字、廣積、廣盈庫屬工部。又有天財庫亦名司鑰庫，貯各衙門管鑰，亦貯錢鈔。供用庫貯秔稻、熟米及上供物，以上通謂之内庫。其在宫内者，又有内東裕庫、寶藏庫謂之裏庫。凡裏庫不關於有司，其會歸門、寶善門迤東及南城瓷器諸庫，則謂之外庫。若内府諸監司局，神樂堂犧牲所、太常光禄寺、國子監，皆各以所掌收貯應用諸物，太僕則馬價銀歸之。其在外諸布政司、都司、直省州府縣、衛所皆有庫，以貯金銀、錢鈔、絲帛、贓罰諸物。各運司皆有庫，貯銀。又凡府州縣税課司局、河泊所歲課商税魚課引由契本諸課程，令所司解州縣府司以至於部，是時分遣中官楊實、御史戴誠等查勘其出納之數。

稽璜等《清朝通志》卷九〇《食貨略十》　〔乾隆〕三十四年諭：「自來硫磺出入海口，俱有例禁，原因磺斤係火藥所需，不便令其私販，但海外硫磺運至内地，並無干礙。嗣後於海船出口時，切實禁止，不許偷帶磺斤，其各省洋船入口，禁止夾帶硫磺之例，概行停止，著爲令。」

稽璜等《清朝文獻通考》卷二七《征榷二》　〔乾隆〕三十四年奉諭：自來硫磺出入海口，俱有例禁，原因磺觔係火藥所需，自不便令其私販，若奸商以内地硫磺偷載出洋，或外來洋船私買内地硫磺載歸者，必當實力盤詰治罪。乃定例于洋船進口時，亦不許其私帶，殊屬無謂。海外硫磺運至内地，並無干礙，遇有壓艙所帶，自可隨時買備，於軍資亦屬有益，何必於洋舶初來，多此一番詰禁乎。嗣後於海船出口時切實稽查，不許仍帶磺觔，以防偷漏之弊，違者究治。其各省洋船入口，禁止壓帶硫磺之例，概行停止，著爲令。

臣等謹按軍資火藥，最重磺觔，慮奸民私販徼利，自不得不嚴加譏察，故凡商船出口及番船歸洋，與絲粟銅鐵同一例禁。其由海外運至内地者，向亦爲之嚴詰，不許其攜載入口，於市舶情形殊多未便。我皇上聖謨深遠，准其壓帶，禁令則弗使煩苛，商販則咸資利益，法良意美，斟酌盡善，防奸之道無不至，柔遠之政蔑以加矣。

稽璜等《清朝文獻通考》卷三〇《征榷五》　〔乾隆〕二十六年，准甘省暫開騷狐泉磺礦，大學士公傅恒等議覆陝甘總督楊應琚奏請開採硫磺以資儲用。查磺觔爲營伍所必需，遇有缺乏，例得給批，赴産磺地方購買備用。若以本地開採之磺供支各營操防之用，較之購自遠處，實多節省。兹訪得騷狐泉磺礦自封閉後，礦砂旺盛，請照前例責成蘭州府招商開採，自屬籌備營伍之要，應如所請辦理。至稱口外不産硫磺處，所應需火藥現今行文咨調一節，查現今回部庫車等處，俱有磺礦，從用兵時曾經採取，配用充裕，即伊犂及烏魯木齊一帶，當日準噶爾亦用鎗炮，又從何處購辦。可見口外原自不乏磺觔，應請交與各該處辦事大臣，留心體訪向來産磺處所，一體查明採購。或附近地方産有磺觔，亦可採取配藥運往，並可省内地辦運之煩，更爲便益。其現議騷狐泉開採事宜，應請交與該督委員妥辦，毋令滋事，從之。

嵇璜等《清朝文獻通考》卷三二《市糴一》　〔乾隆〕十年，令肅州開採硫磺，并禁私販。大學士、伯督巡陝甘經略軍務鄂爾泰言：武備軍威，火器最重，火藥宜精，惟是揀材置料，硝易而磺難，硝賤而磺貴，必赴外省採買，運費工價未免浩繁。肅州極邊，每磺一斤，價值一錢至二錢不等，軍需要地接濟維艱，查肅州嘉峪關金佛寺堡之所管汛地内南山隘口抵朱魯郭迤邐而西，有硫磺山一座，周圍四五十里遍産硫磺，環山遠近並無番夷住牧。若委員開採，依法煎熬，合算人工運費，每浄磺一斤值不過五分，而出産甚多，用之不竭，不獨便利軍需，亦足接濟陝甘兩省標營需用。事關邊陲武備，現與劉於義面商，委員經理，一面先支銀數百兩，交總兵沈力學作本開工，理合奏聞，得旨：「開採硫磺固於軍需有益，但行之日久，不無私販盜賣之弊，著署督劉於義飭令總兵沈力學，派兵防護，實力稽查，俟開採足用後奏聞請旨。」【略】

又禁私販硝磺。

諭旨：「硝磺爲軍器火藥之用，例禁甚嚴，聞河南地方有出産焰硝之處，小販經紀往往以雜物零星易换，赴鄰省售賣，現據湖北各屬盤獲甚多。朕思河南之硝既私行於楚北，則其私行於附近各省，更不待言，著該督等飭令各屬，實力查禁，不得仍蹈前轍。」

傅恒等《平定準噶爾方略前編》卷三三　雍正十年冬十一月庚子，大學士伯經略鄂爾泰奏開採硫磺山事宜。鄂爾泰疏言：軍中火器最重，若火器不精，三軍難恃以爲勇。臣經歷邊郡，見各標營堡施放鎗炮，火烟不直且半濃黑，知其製藥不中法度。曾嚴飭所司，指示大略，惟是揀材置料，硝易而磺難，硝賤而磺貴。陝甘兩省號稱地不産磺，必赴他省購買，軍需所在，接濟維艱。查肅州嘉峪關金佛寺堡所轄汛地内南山隘口抵朱魯郭迤邐而西有硫磺山，周圍四五十里，遍山産磺，若遣官開採，煎熬如法，用之不竭，不獨便利軍需，即陝甘兩省標營所用，亦足接濟。現與劉於義面商，遣官經理，一面先支銀兩，令總兵官沈力學開工。奏入，得旨：「開採硫磺固於軍需有益，但行之日久，不無私販盜賣之弊，著署督劉於義飭令總兵沈力學派兵防護，實力稽查，俟開採足用後奏聞請旨。」

傅恒等《平定準噶爾方略正編》卷八三　乾隆二十四年十二月癸未　諭參贊大臣舒赫德等會議伊犂屯田事宜。

上諭軍機大臣曰：同德等奏大功告成，巴里坤所駐緑旗兵二千二百餘名，應酌量裁減九百餘名，經軍機處議，以伊犂現議屯田，與其撤回，不若候議定就近發往，即伊犂辦理需時，亦可先往昌吉羅克倫等處，以漸遷移等語。業經允行，可傳諭舒赫德、楊應琚等，此時曾否會議伊犂屯田定在何時，即先往昌吉等處，而農具籽種亦須豫備，若來年可以增墾，當令兵丁在巴里坤守候，其或不能，則駐兵守候。與撤回後再行派往，孰爲便益，即往酌議奏聞。至屯田以足軍食，自當籌其實濟。以内地農民計之，一人可食數人，而生穀祇有此數，終未見匱乏，若行之邊方，即僅敷屯兵口食，無所留餘，便屬有名無實矣。今已耕之土收獲無多，其故安在，併傳諭舒赫德、楊應琚等，與屯田大臣熟計覆奏。

諭陝甘總督楊應琚等毋禁回人私採硫磺。

上諭軍機大臣曰：楊應琚奏庫車附近採買硫磺，宜立法官辦，回人不得擅取私藏等語。所見殊失大體，此在緑旗陋習，以爲如此立法，足見其區處精詳，殊不知回部新隸版圖，以土著之人取土著之物，或即向官兵轉售以圖微利，亦情理之常，安能盡行禁絶。若謂不許私藏便可防患，其事與撫納降人，先收兵器之見等耳。且現在官兵進勦回人，戰則勝，攻則取，前此何嘗不産硝磺，又何嘗禁其採取耶。所謂民可使由不可使知，非惟事有難行，抑亦理所不必也，著傳諭該督知之。

傅恒等《平定準噶爾方略正編》卷八四　乾隆二十五年正月庚午　參贊大臣舒赫德等疏奏採辦駐防火藥。

舒赫德等奏言：查阿克蘇出産硝磺，臣曾派回人十户採取交納，又行文阿桂酌量增派數户，以供阿克蘇烏什駐防兵丁之用。至葉爾羌所用火藥，於沙爾呼勒托郭斯謙採取硫磺，以葉爾羌所産之硝配造，其鉛子於和什喇卜製造。和闐所用火藥，於克勒底雅取硝，於塔克取磺配造，其鉛子於阿克蘇葉爾羌採買製造。喀什噶爾附近産硝，亦由沙爾呼勒取磺配造火藥，於特勒克製造鉛子。現在各城駐防兵丁共五千三百名，内鎗炮手三百餘名，一年所需火藥約八九千觔，即分派各城回人採辦。其如何定價抵補，伊等應交糧石，俟次年辦交時酌議具奏。嗣後需用火藥鉛子，停止内地運送，奏入報聞。

阿桂等《蘭州紀略》卷一六 同日阿桂李侍堯又奏言：臣等屢奉諭旨，籌辦善後事宜，除添設兵數、改繕城垣專摺具奏外，謹將應行事宜酌議數條恭呈御覽。

蘭州省城舊存子母砲十六尊，僅與鳥鎗無異，施放不能及遠。又威遠砲八尊，子重十六兩至二十兩，轟擊稍遠，而施放時易于跳動，難得準頭，俱不甚得力，况年久亦多損壞。此次攻勦賊匪，照四川劈山砲式樣製成二十尊，並于凉州調到食子六十兩大砲四尊，轟擊頗爲應用。又查凉州鎮屬各營舊貯大砲一百六十六位，係前明萬曆年間製造，歷年久遠，多有脱落炸壞，各營視同廢鐵。其存貯凉州城内不過二十餘尊，餘俱散貯各營堡，容臣李侍堯特派熟悉砲位專員，逐一勘驗，將無用廢砲盡行銷燬，試演堪用好砲，分貯督撫提鎮駐劄各城。如尚不敷，揀選凉州匠役鑄造大神砲位，酌定數目分貯，至劈山砲亦應多爲鑄造，督撫提鎮大標約計兵丁二百名，即給一尊，並飭各營時常摻演試放，以期有准，其陝西各標營亦如此照辦。

回教相沿已久，而新教則自馬明心口外回家，妄謂西域得有真傳，愚回厭故喜新，俱爲煽惑，以致蘇四十三等肆逆不法。今經此一番懲創之後，各處回民感懼愧悔，出于至誠，凡已習新教者，俱仍改從舊教。現已嚴飭各屬將新教禮拜寺概行拆燬，如查有私行傳習，陽奉陰違者，照邪教律從重辦理，並曉諭回民不許稱阿渾名目，於回民内揀選老成之人，令其充當鄉約，隨時稽查，互相勸誡。其舊俗相沿，念經禮拜，仍聽其便，不准添建禮拜寺及收留外來回人居住。日後如有復倡異教者，即行首告指拏，如該處實無新教，每年令鄉約等聯名具結一次，彙齊咨部查核。仍先遍行出示曉諭，如此立法，則新教自然净盡。

撒拉爾回人散處十二工，環遶循化廳地方，每年納糧八十三石，各工回人至循化廳河州、蘭州等處，或貿易羢褐、販賣牛羊，本不禁止，並有在循化河州充當衙役者，以致新教黨羽漸熾，與舊教互相仇殺，起釁滋事，此皆平日地方官不稽查拏究，遂爾養癰貽患。應請嗣後撒拉爾回人不准復充循化河州衙役及營伍兵丁，亦不准其任意至内地行走，其有往各州縣村鎮貿易者，由循化同知給與照票，定以限期，事畢即令回巢，將票繳銷，不許在各處逗遛，並責成保安起臺堡老鴉關駐守弁兵，嚴切盤查，稽其出入，仍隨時訪察，毋令内地遊匪潛往該處煽惑滋事，亦不得借此勒措需索，違者皆重治其罪。凡甘省各屬與番地土司境壤毗連者，均應一體仿照辦理。

鳥鎗爲閭閻自衛之資，從前曾奉諭旨，不必概行收禁，况番回山居野處，平日打牲爲業，勢難禁用鳥鎗。至硫磺爲配製火藥所必需，甘省、河東各年配造火藥，取資于蘭州庫貯駱狐泉採獲之磺，河西各營取資于肅州玉門庫貯牛尾山採獲之磺，如果開採時並無透漏，封閉後不敢私挖，番回何從私行偷買，實皆地方官查禁不力所致，嗣後飭令該管文武員弁于封閉磺洞選派妥役，嚴行稽察，届開採時多派兵役嚴查。又聞秦州等處採磺亦有零星偷挖販賣者，應通行嚴查封禁，不許絲毫透漏。至律載内地私販硫磺五十斤、焰硝一百斤以上者，杖一百，徒三年，窩藏囤販知情者，俱照私販律治罪。應飭各地方官嚴查内地舖户，如有將前項磺斤聽番回潛行購買，貪得重價，或不法商民在番回土司地方私賣硫磺並私熬焰硝者，均照私販及偷買律加等治罪。仍令該管文武大員嚴飭所屬，實力奉行，並令將有無私販私賣情弊按季結報，如敢虛應故事，致滋弊竇，一經發覺，將文武各官及失察各上司一併嚴加參處。

新疆各城回衆以墨克地方爲回教之宗主，而内地回民又以新疆等處經典多而流傳爲較真，前奉諭旨，俟將來事竣後傳諭新疆各路辦事大臣，嚴密查訪，毋許内地回民在彼習學回經，致生事端，實爲杜漸防微之至計。臣等尚恐各城將緣事，回民發至内地，此等大概皆不安本分之徒，與内地回民皆係同教，倘因其自西而來，以爲得有真傳，或又相煽誘，均未可定。應請勅下新疆各路大臣，此後各城回民有犯發遣等罪者，或於各城互相安插，不必改發内地，於杜絶新教根株之法，更爲周備。

循化地方已於添兵案内改駐參將一員，設兵八百名，足資彈壓。至循化同知係乾隆二十六年移駐該處，原定疲難二項中缺，應歸部選，惟是該處番回錯雜，一切撫綏控馭必得幹練之員方可勝任，實非部選人員所能經理，應請嗣後改爲疲繁難三項相兼，要缺在外揀員題補。又河州太子寺距州一百二十里，向設州判一員，嗣於乾隆四十一年裁汰。查該州地方遠闊，漢回雜處，其東隅之景古城離州城二百四十餘里，附近之崦隴關即係番地，又正東之黑石山南之三渡水等處，俱離州城一百八九十里及二百餘里不等，均係習俗黠悍之區，一切稽查匪類，撫馭番回，該州鞭長莫及，應請復舊制，于適中之太子寺地方設立州判一員，分防稽察，其衙門及分駐事件各循其舊。又該管之蘭州道原係驛傳，兼巡蘭州，向爲衝繁難兼三要缺，嗣因驛傳改歸臬司管理，定爲中缺，歸部銓選。伏查蘭州道雖止一府，然地居省會，爲兩河扼要，應仍舊改爲衝繁，難兼三要缺，請旨簡放庶人地相宜，於體制亦屬允協。奏入，上命軍機大臣會同該部議奏，旋經軍機大臣等議言，均應如所奏辦理。至私販硫磺及私熬焰硝，若在番回土司地方售賣，即非内地私販可比，查例載附近苗疆，五百里以内民人煎挖、窩囤、興販硝磺，事發計斤定罪，以次遞加五十斤以上者，杖一百，流二千里，至百斤以上者，照合成火藥賣與鹽徒例，發近邊充軍。又例載凡商漁船内夾帶違禁硝磺等物接濟外洋者，船户以通賊論斬，舵工水手知情者同罪各等語，是私販硝磺定例，内地與邊疆各有專條，而境内私販與出境偷賣，輕重迥異。今該省境接番回，其私賣硝磺關係尤重，應請嗣後該省秦州等處産磺地方，如偷挖熬煎番回土司地方，私賣係在内地者，不得僅照尋常内地之例問擬，應比照附近苗疆五百里以内私販之例，計斤定擬，分别軍流，從重科罪。若偷賣出境與外地番回交易，應比照商船夾帶出洋論斬，知情同罪之例，審擬庶足以示懲創而嚴關守。奏入，得旨「如所議行」。

乾隆《欽定平定臺灣紀略》卷二三 〔乾隆五十二年六月二十五日〕同日李侍堯奏言：笨港爲諸羅通海要口，自府城海道北至鹿仔港必由笨港經過，向來府城諸羅鹿仔港陸路已不通，惟恃沿海用小船往來。今笨港已失，該處船隻必多爲賊所得，又將在海口攔截滋擾，則不惟府城鹿仔港信息益不能通，而内地糧餉火藥等項由廈門解至府城，由蚶江解至鹿仔港，雖係横海徑渡，不從笨港口經過，然賊或探伺駕船在海面邀截，亦不可不防。是以臣酌撥繒船二隻，每隻安砲六位，水師鎗兵一百名，令營員帶往，一駐鹿耳門口，一駐鹿仔港口，彈壓防護，庶免疏失。至從前原擬浙粤等兵一至臺郡，即可席捲而北。今常青甫經出城已爲賊阻，而水陸兩路信息又且中斷，則欲待常青由南而北正需時日，是目下只可南北各自爲戰，庶羣賊不至盡萃于一處。然臣閲藍元枚摺稿尚須待聯絡熟番，始行舉動，伊雖未奏請添兵，然至挑選難民協同守禦，亦似有賊多兵少之慮。今常青方請添兵，若又須接濟藍元枚，則需兵更多，徵調更廣，臣查漳州鎮兵四千，上年因林爽文黨羽皆係漳人，故獨未調撥，若派往藍元枚處，以漳人統漳兵，或可得力之處。業經具奏，仍一面札詢藍元枚，如伊自量可以帶領得用，俟覆到日，擬將此内選派有眷屬之兵二千前往接濟。再藍元枚投文兵丁王德到泉詢以賊中情形，據稱賊匪甚多，兼有鎗砲，臺灣亦出硫磺，賊匪在大里杙自行製造，並不仰給外來等語。隨檢查臺灣府誌有硫磺山出産硫磺，在淡水廳北一百八十里焉，知非賊匪即由該處私挖，製用。副將徐鼎士現駐艋舺，與硫磺山相近，臣已札藍元枚速飭該將前往察看，如有賊匪私挖，即行擒殺，勿使透漏。又鳳山縣有硫磺溪，或係因該處産磺而名，亦札會常青，令其于南路進兵時一併體察防範。

乾隆《欽定平定臺灣紀略》卷二九 〔乾隆五十二年八月〕初四日己亥，李侍堯奏言：漳州一帶竟有私販硫磺之人，並有出産之處。兩月以來，節據漳州鎮遊擊馬應璧于郡城外拏獲挑磺之何四、何十二名，磺八十斤。南靖縣知縣長瞻于峰蒼嶺地方盤獲販磺之杜强、吴若林二名，磺四百餘斤。龍岩州知州包承祚于合溪地方盤獲挑磺人巫彩鳴等八名，磺四百四十斤。又據烽火門參將李威光于牛鼻頭洋面追獲匪船一隻，内搜出私磺一百七十餘斤等情，經臣歷次飭府嚴訊，該犯等多係寧化縣人，内間有江西人一二名，或稱係他人僱挑，或稱係買自上杭縣郭車地方，挑往漳州府城賣與劉姓、江姓、吴姓銀硃店内，旋據飭拏舖户劉長等到案。據供每年製造銀硃官磺，偶不敷用，或向不識姓名，挑夫零買湊用等情，均未訊有確供。而上杭縣知縣恩古達禀稱該縣郭車鄉大岩背山内有土磺，該地居民王世良等私挖煎賣，當即拏獲該犯等三名，並搜出煎就硫磺及鐵鑿、鐵槌等物。是閩省匪徒私販硫磺處處俱有，或海洋盜賊買製火藥以供劫掠，或奸民輾轉販賣透入賊中，俱須嚴加根究，現將各起人犯親提來廈嚴訊，務期水落石出。查閩省向來並未查出使營中額用者，反向遠省採買，而本省向來之磺轉爲賊人私挖煎販，臣現在一面提訊並飭拏在逃各犯，務獲解究，并飭勘明該山繪圖詳報。又本月十九日有外委陳廷標賫柴大紀奏摺送到廈門發遞，查該提臣傳單係六月初八日所發，而七月十九日始至廈門，益覺遲擱。隨傳該外委面訊，據稱提督摺子因諸羅城外道路梗塞，雇熟番覓小路送出，于本月初一日始到鹿仔草。該外委係在鹿仔草接到，又由小路行至鹽水港，雇小船于初三日到臺灣府城出鹿耳門，初九日因風收泊澎湖，十五日由澎湖放洋，是以於十九日到廈等語，合并陳明奏入。上命軍機大臣傳諭留京辦事王大臣、李侍堯、雅德富綱曰：「硫磺一項爲軍火要需，該犯等膽敢私行煎挖販賣，或被海洋盜賊買製火藥以供劫掠，或奸民輾轉販售透入賊中，皆所必有，不可不從重治罪。所有拏獲之地方官，亦當記功陞用。至該省既有産磺地方，自應開採煎用，乃歷任督撫並未查辦，而營中額用硝磺轉向湖南遠省採買，其本地土磺一任奸民私行煎挖，輾轉售賣以供盜賊劫掠之用。雅德富綱、富勒渾俱任浙閩督撫，于此等地方事務關係軍營火藥者，既未能查出，就近採辦，而于奸民挖煎售賣又漫無覺察，以致私販紛紛，所司何事。除富勒渾業經革職治罪，令留京辦事王大臣就近傳諭詢問，令其自行登答。至雅德富綱前在閩省時，地方事務廢弛若此，均令其自行議罪，並即據實明白回奏。」

乾隆《欽定平定臺灣紀略》卷六一 乾隆五十三年五月二十一日，壬午 上命軍機大臣傳諭福康安、李侍堯、徐嗣曾曰：「磺斤採自山中，如果開採時毫無透漏，則該省民人製造花爆以及打取牲畜，配用火藥，又從何而來，即此次賊人鎗砲内用火藥不少，豈盡由搶奪所得，可見開採磺山雖派員駐劄，仍不能保無透漏。此事惟在該督撫等平日嚴加查察，總期先於軍火無虧，即或民間鋪户之所需不能悉行禁絶，亦當防其太甚。至臺灣地方向産磺斤，前據逆犯林爽文供稱，將墻上年久石灰煎煮成硝，在北路生番山裏私換硫磺，配作火藥等語。生番山裏既産硫磺，則奸民不但可以向其私換，或幫同偷採，亦未可定。現據福康安奏將臺灣民間私用鳥鎗繳回銷燬，改鑄農器，而私換硫磺及偷採之弊，尤應嚴切查禁。着福康安務飭該地方官嚴密稽查，勿任仍前疏縱，並著李侍堯、徐嗣曾各於内外時刻留心查察，不得日久生懈，滋弊生事。」

文煜等《工部則例》卷二五《軍需一・硝磺禁止出口》 乾隆八年欽奉上諭：「硝磺爲邊關嚴禁之物，久有定例。聞各省沿邊口隘奸民嗜利，往往勾通守口兵役，夾帶出口，以圖重利。又聞準噶爾境内不産硝磺，每令内地往來之番夷喇嘛私偷夾帶，出重價購買。各省督撫提鎮當時刻留心，嚴飭文武員弁，一體實力搜查，以防偷漏，再遣妥員於口隘之外細行訪察，如有出産硝磺之處，作何設法防範，毋得稍有疏忽，欽此。」

乾隆三十四年欽奉上諭：「向來硫磺出入海口，俱有例禁，原因磺斤係火藥所需，自不便令其私販。若奸商以内地硫磺偷載出洋，或外來洋船私買内地硫磺載歸者，必當實力盤詰治罪，乃定例於洋船進口時，亦不許其私帶，殊屬無謂。海外硫磺運至内地並無干礙，遇有壓艙所帶，自可隨時收買備用，於軍資亦屬有益，何必於洋船來時多此一番詰禁乎。嗣後惟於海船出口時切實稽查，不許仍帶磺斤，以防偷漏之弊，違者照例究治，其各省洋船入口禁止壓帶硫磺之例，概行停止，著爲例。欽此。」

文煜等《工部則例》卷二五《軍需一・各省採辦硝磺》 一各省營用硝磺，直隸、山西、河南、甘肅、湖南、湖北、廣東、雲南、貴州、四川十省硝磺，均各在本省採辦，江蘇、安徽二省硝在本省採辦，磺赴山西採辦。浙江省硝赴河南採辦，磺赴山西採辦。福建省硝赴山東採辦，磺赴湖南採辦。江西省硝赴河南採辦，磺赴廣東採辦。山東省硝在本省採辦，磺赴河南、山西採辦。陝西省硝在本省採辦，磺赴四川、山西採辦。廣西省硝在本省採辦，磺赴湖南採辦。均各派委妥員經理，按照程途勒限完竣，仍先將委員起程月日并辦硝各州縣接批日期報部，以便查覈，所需價值各遵照硝磺價值則例，所開造册報部覈銷。至各省匠鋪需用硝磺，由各鋪户將所需數目據實報明地方官，即令於各鋪户中自行公舉一二人，由府詳報藩司填入印票給發。該府轉給領票人自赴産地購買，或彼縣需用甚少，情願囑託此縣領票人代買，令一併填入印票，准其攜帶，運到日按數散給各鋪户應用。該督撫仍於年終將給發過匠鋪印票，赴某省購買硝磺若干造册報部，其出産硝磺省督撫，亦於年終各將發售過某省營用并匠鋪用各硝磺數目，分晰報部查覈。所有給發各匠鋪印票，并按程途勒限辦畢繳銷，仍取具並無多賣私販夾帶及書吏勒索刁難，印甘各結，送部備查。

文煜等《工部則例》卷二五《軍需一・解部硝磺》 一直隸、山東、河南三省解部硝斤均由工部按年行取兩批，每批均各採辦毛硝貳拾萬斤，煎成十足馬牙淨硝拾肆萬斤，定限肆個月解部查收。正硝之外，另帶餘硝備煎煉折色添秤之用，每批不得逾叁千斤，所帶餘硝准於咨文内聲敘，正批内無庸註寫，所有委員職名及起程日期，先行報部查覈。

部用磺斤行取山西省，每年辦解一批，計淨磺拾萬斤，委員定限肆個月解部查收，所有委員職名及起程日期先行報部查覈。

文煜等《工部則例》卷二五《軍需一・雲南採辦硝磺》 雲南省各州縣採煎硝磺，每次採硝肆拾萬斤，磺拾伍萬斤，採足後即行封閉，俟將届用完再行開採，并嚴飭該管官慎密稽查，毋許偷漏私售，仍於歲底將採獲解局發售，各數目分晰造册送部查覈，并取具印甘，各結送部備查。

文煜等《工部則例》卷二五《軍需一・江蘇採辦硝磺》 一江蘇省各營所用磺斤，委員赴山西採買，限伍個月運回，其硝斤發交徐州府屬各州縣辦理，限肆個月交營，均於前一年分別委交採辦，如有遲逾，即照運送銅鉛之例，按其違限月日分別議處。

文煜等《工部則例》卷二五《軍需一・河南等處官設硝店暨河南開廠煉磺》

一河南省硝斤照官鹽店之式設立硝店，按照定價公平交易，遇有採辦官匠硝斤，驗明印批發售，如無官給印批，不許絲毫擅賣。州縣仍不時親身稽查，於年底將各店户收發數目分晰造册，并出具並無偷漏情弊印甘，各結送部備查。如有商販潛行售賣，除將該犯嚴行究治外，並將失察之地方官交部議處。一吉林打牲烏拉地方准仿照河南省專設官硝店一座，擇商承充，民間買硝之人須查明來歷，取具鋪户保結，方准買用，仍不得逾拾斤之數。至産硝處所埽土煎熬，責成地方官嚴行訪察，遇有私販由該地方官懲辦，並令該將軍於每歲年終，將呈繳過官硝及售買匠鋪人等硝斤各數目，分晰開明，暨取具並無私買私售印甘册結，報部查覈。

河南省燒煉硫磺，官爲設廠，安爐於河内縣李封等村六窑内，先開二窑燒煉，俟銅核微細，即行封閉。再開二窑採取，嚴飭員弁實力巡查，毋致偷漏，仍將開閉日期及採獲磺斤銷售數目，報部查覈。

文煜等《工部則例》卷二五《軍需一・福建帶買餘硝》 一福建省每年採辦額硝，每百斤准其帶買餘硝伍斤，以備沿途折耗，俟運回交局時，正額短少即將餘硝抵數，若正額無虧或抵補外仍有盈餘，概由官秤收給價。

文煜等《工部則例》卷二五《軍需一・貴州採辦硝磺》 一貴州省各營衛所需硝斤，叁年採辦一次，每次採辦硝貳拾捌萬伍千捌百餘斤，煎熬運局辦足即行封閉，俟各營衛領買將完，再照叁年之數開採。仍嚴飭該地方官加意防範，無許私挖盜賣，年底取具並無私採偷漏印甘，各結送部備查。

貴州省所用硫磺於修文縣屬平山磺廠熬造，每次熬造伍萬斤，俟將屆用完奏明開採辦足，即行封閉，按年將採獲及支發各數目造册送部查覈，仍取具該地方官並無私挖偷熬印甘，各結送部備查。

文煜等《工部則例》卷二五《軍需一・陝西官價收硝》 一陝西省西安、鳳翔二府屬州縣所産硝斤，責成該處地方官於産硝時就地設局，公平收買運交省庫備用，仍於歲底報部查覈，並取具該地方官並無偷漏私售印甘，各結送部備查。

文煜等《工部則例》卷二五《軍需一・湖南採辦硝斤》 湖南省永順等七縣開採硝斤，每年可得拾萬伍千有餘，足敷本省一年之用，准其常年開採，地方官督率辦理盡收盡報，按年將採獲及銷售存剩各數目造册送部查覈，仍取具該管官弁並無偷漏私售印甘，各結送部備查。

文煜等《工部則例》卷二五《軍需一・廣東採辦磺斤》 一廣東通省各營及鋪匠需用硫磺，於英德縣屬貓耳峽等處招商開採解局支應，每次採辦玖拾萬斤，足數即行封閉，用完奏明開採，嚴飭地方官實力稽查銷售數目，年底造册取具並無偷漏私售印甘，各結送部備查。

文煜等《工部則例》卷二五《軍需一・福建採辦磺斤》 一福建省硫磺於上杭縣屬之郭車鄉大巖背山採用，每歲約得伍萬斤，開採兩年獲足拾萬之數即行封禁，俟用完再行採辦，派委文武員弁實力稽查，年終將收支數目造册送部查覈，並取具並無偷漏滋事印結送部備查。

文煜等《工部則例》卷二五《軍需一・山西採辦磺斤》 一山西省陽曲、陽城二縣採煎硫磺，責成該處同知親至廠所，嚴密稽覈，仍按季派委營員帶兵巡查，遇有私燒私販嚴拏究治，於歲底將採獲發售各數目造册送部查覈，仍取具該營官弁並無偷漏私售印甘，各結送部備查。

文煜等《工部則例》卷二五《軍需一・甘肅採辦磺斤并分別存儲》 一甘肅省騷狐泉、牛尾山兩處磺廠採取磺斤分存肅州肆拾萬斤，玉門縣貳拾萬斤，以備口内口外各營撥用，運存蘭州府叁拾萬斤，豫備各營領用。於歲底將採獲發售及收存各數目造册送部查覈，仍取具該管官並無偷賣情弊印甘，各結送部備查。

文煜等《工部則例》卷二六《軍需二・濯靈廠分別碾造火藥》 火藥局設濯靈廠委官製造火藥，特命大臣督理廠，設石碾貳百盤，每盤置藥叁拾斤爲壹臺，每臺碾叁日者以備軍需之用，碾壹日者以備演放之用。凡局儲軍需火藥以叁拾萬斤爲率，隨用隨備，製成奏請欽派大臣驗收，儲庫備用，按年覈實奏銷。

庫存軍需火藥存儲已過拾年者，許改作演放火藥陸續取用，其庫存原數即行補造如額。雍正二年奏准。

文煜等《工部則例》卷二六《軍需二・火藥局隨時稽查並分存火藥》 道光二十二年欽奉上諭：「前因御史韓椿奏請防範京城火藥局一摺，當交賽尚阿等會議。兹據查勘情形並籌議分存火藥章程具奏，所有該御史奏請疏通溝渠、改移橋座之處，著勿庸議。至牆垣以資防衛，如有圮壞，隨時繕修完整，毋庸另議加高。該班弁兵責成監督稽查，不足以昭慎重，嗣後著派八旗漢軍都統、副都統二員隨時稽查，如有濫竽充數或定額不敷，一經查出，即行參奏。其值宿官員兵丁應添軍械，著漢軍各旗每旗備辦一分，交該官兵等備用，至外圍牆以外即係街道，自應嚴加防護，著即責成該汛該坊不時親查，仍由該管員該城御史巡查，儻有無業游民近局窺探，即行查拏究辦。嗣後如有疏失，但由局外查出該汛該坊，一併參處。至本年製造火藥較多，現在籌議分存，除左右翼、前鋒營、八旗新營房等三處額領斤數無多，毋庸加撥外，其餘圓明園八旗官兵處、健鋭營内火器營外火器營、八旗漢軍槍營、八旗漢軍炮營、内務府新陳槍營等七處，著照所議如數分别加撥火藥，各該旗自行籌備乾潔地方，嚴密分存，俟届十年後照例出東易新，作爲演放火藥抵用，届時覈計數目，分别辦理。此次應撥火藥，著各旗營等處迅即備文支領。欽此。」

是年又欽奉上諭：「嗣後火藥局八旗漢軍該班弁兵，著派八旗漢軍都統副都統二員，隨時稽查，由值年旗奏請簡派，兩年更換。欽此。」

文煜等《工部則例》卷二六《軍需二・火藥局製造火藥領用硝磺等項》 一火藥局每歲製造銅輪火藥、演放火藥、夯藥、烘藥應需硝磺，由硝磺庫支領，工價錢並銅輪火藥、酒價由寶源局支領，各項物料銀並廣膠夯藥酒價錢文，由户部支領，均由該局先期奏明，知照工部，由工部按款分别覈明，行知各處發給，俟領到之日，仍由該局報部查覈。

文煜等《工部則例》卷二七《軍需三・盛京製造火藥》 盛京等處每年製造加工火藥，每百斤除磺價銀壹兩柒錢玖分壹釐柒毫陸絲伍忽，舊例除磺價壹兩壹錢玖分肆釐。不開銷外，准用工料銀柒兩玖錢捌分叁釐叁毫捌絲伍忽。舊例准用工料銀肆兩壹錢貳分伍釐。烘藥每百斤除磺價銀壹兩肆錢伍分玖釐玖毫叁絲壹忽不開銷外，准用工料銀柒兩伍錢陸釐伍毫柒絲，該將軍等按年造册題銷。

文煜等《工部則例》卷二七《軍需三・吉林製造火藥》 一吉林等處每年製造火藥，每百斤准用工料銀拾叁兩陸錢叁分捌釐捌毫玖絲叁忽伍微，舊例准用工料銀捌兩玖錢伍分捌釐。烘藥每百斤准用工料銀貳拾肆兩壹分肆釐玖毫壹絲貳忽伍微，該將軍按年造册題銷。

文煜等《工部則例》卷二七《軍需三・熱河等處暨察哈爾領用藥鉛》 一熱河密雲縣山海關獨石口、古北口、綏遠城、右衛各等處駐防兵丁，每年操演槍炮所需火藥、鉛丸、火繩等項，俱由該處派委妥員赴部領用，其所需裝盛油簍等項一併辦給，驛車門票及沿途派撥兵丁護送，行文兵部辦理。各處請領之時，將需用藥鉛等項細數造册送部，查覈俟用，竣後仍照例咨銷，以歸覈實。

一察哈爾八旗春秋二季操演所需火藥、鉛丸、火繩，每年分季由該處派員赴部領用，并張家口春秋二季操演所需火藥、鉛丸、火繩，均由該都統委員按年赴部請領壹次，其所需裝盛油簍并驛車門票等項，均照熱河等處辦理。

文煜等《工部則例》卷二七《軍需三・各省留防營製造軍械》 一各省留防各營製造一切軍械及採買硝磺等項，均查照本省例價據實造報，毋許按照時價暨仿照别省價值造銷，以符定制。

文煜等《工部則例》卷二七《軍需三・各省製備火器》 一各省火器需用銃炮、火磚、火箭、噴筒、火毬、鐵彈、鉛子等項，由該督撫覈明奏請，准其造備，將用過工料銀兩照例分晰造册，送部查覈。

文煜等《工部則例》卷二九《軍需・硝磺禁止出口》 乾隆八年欽奉上諭：「硝磺爲邊關嚴禁之物，久有定例，聞各省沿邊口隘奸民嗜利，往往勾通守口兵役夾帶出口，以圖重利。又聞準噶爾境内不産硝磺，每令内地往來之番夷喇嘛私偷夾帶，出重價購買。各省督撫提鎮當時刻留心，嚴飭文武員弁一體實力搜查，以防偷漏。再遣妥員於口隘之外細行訪察，如有出産硝磺之處，作何設法防範，毋得稍有疏忽。該部即行文各督撫提鎮等知之。欽此。」又乾隆三十四年欽奉上諭：「向來硫磺出入海口俱有例禁，原因磺觔係火藥所需，自不便令其私販，若奸商以内地硫磺偷載出洋，或外來洋船私買内地硫磺載歸者，必當實力盤詰治罪。乃定例於洋船進口時，亦不許其私帶，殊屬無謂。海外硫磺運至内地並無干礙，遇有壓艙所帶，自可隨時收買備用，於軍資亦屬有益，何必於洋船來時多此一番詰禁乎。嗣後惟於海船出口時切實稽查，不許仍帶磺觔，以防偷漏之弊，違者照例究治。其各省洋船入口禁止壓帶硫磺之例，概行停止，著爲例。欽此。」

文煜等《工部則例》卷二九《軍需・採辦硝磺》 一各省應用硝磺，除直隸、山西、河南、甘肅、湖南、湖北、廣東、雲貴、四川十省硝磺均係在本省採辦外，其餘福建、廣西、山東、陝西、江蘇、安徽等省有硝係本省出産而磺由他省採買者，有磺係本省出産而硝由他省採買者，浙江、江西則均係分赴晉、豫二省採購，所有營用硝磺派員前赴産地採辦，俱各按程途遠近勒定限期，如有遲逾，照運送銅鉛之例核其違限日期，分别議處。其各省匠舖需用硝磺，由各舖户將所需數目多寡據實報明地方官，即令於各舖户中自行公舉一二人，由府詳報藩司填入印票給發。該府轉給領票之人自赴産地購買，或鄰近州縣需用甚少，情願囑託領票之人代買，亦令併入印票，准其攜帶，俟運回之日按數散給各舖户應用。各該督撫仍於年終將給發過匠舖印票赴某省購買硝磺若干，及出産硝磺省分亦將發售過各省匠舖并營用硝磺數目一體分晰報部查核，所有給發各匠舖印票并按程途遠近勒定限期，辦回即將印票繳銷，仍取具並無多賣私販夾帶及書吏勒索刁難印甘，各結送部備查。

文煜等《工部則例》卷二九《軍需・硝磺採辦額數》　一雲南各州縣採煎硝磺，每次採硝四十萬觔、磺十五萬觔，採足後即行封閉，俟將届用完再行開採，并嚴飭該管官慎密稽查，毋許偷漏私售，仍於歲底將採獲解局發售，各數目分晰造册送部查核，并取具印甘，各結送部備查。

文煜等《工部則例》卷二九《軍需・硝磺採辦例限》　一江省各營所用磺觔委員赴山西採買，限五個月運回，其硝觔發交徐州府屬各州縣辦理，限四個月交營，均於前一年分別委交採辦，如有遲逾，即照運送銅鉛之例，按其違限月日分别議處，其各省營用硝磺均按照定例一律辦理，以重軍火而慎儲備，仍將委員起程月日并辦硝各州縣接批日期報部，以便查核。

文煜等《工部則例》卷二九《軍需・解部磺觔》　一部用磺觔，令山西省每次辦解净磺十萬觔，委員定限四個月解部查收，所有委員職名及起程日期先行報部查核。

文煜等《工部則例》卷三〇《軍需・官設硝店》　一豫省硝觔照官鹽店之式設立，硝店按照定價公平交易，遇有採辦官匠硝觔，驗明印批發售，如無官給印批，不許絲毫擅賣。州縣仍不時親身稽查，於年底將各店户收發數目分晰造册，并出具並無偷漏情弊印甘，各結送部備查。如有商販潛行售賣，除將該犯嚴行究治外，並將失察地方官交部議處。

文煜等《工部則例》卷三〇《軍需・福建帶買餘硝》　一福建省每年採辦額硝，每百觔准其帶買餘硝五觔，以備沿途折耗，俟運回交局時如正額短少，即將餘硝抵數，若有盈餘，官爲秤收給價。

文煜等《工部則例》卷三〇《軍需・硝觔酌辦年分》　一黔省各營衛所需硝觔三年採辦一次，每次採辦硝二十八萬五千八百餘觔煎熬運局，辦足即行封閉，俟各營衛領買將完再照三年之數開採，仍嚴飭該地方官加意防範，無許私挖盗賣，年底取具並無私採偷漏印甘，各結送部備查。

文煜等《工部則例》卷三〇《軍需・硝觔官價收買》　一陝西西安、鳳翔二府屬州縣所産硝觔，責成鳳翔府清軍廳於産硝時就地設局，公平收買運交省庫備用，仍於歲底報部查核，并取具該地方官並無偷漏私售印甘，各結送部備查。

文煜等《工部則例》卷三〇《軍需・硝觔酌籌採辦》　一湖南省永順等七縣開採硝觔，每年可得十萬五千有餘，足敷本省一年之用，准其常年開採，地方官督率辦理，盡收盡報，按年將採獲及銷售存剩各數目造册送部查核，仍取具該管官弁並無偷漏私售印甘，各結送部備查。

文煜等《工部則例》卷三〇《軍需・解部硝觔》　一部用硝觔，令直隸、山東、河南三省凡遇行取時，每次每省各辦毛硝二十萬觔，煎成十足馬牙浄硝十四萬觔，定限四個月解部查收，所有委員職名及起程日期先行報部查核。

文煜等《工部則例》卷三一《軍需・硫磺召商採辦》　一廣東通省各營及舖匠需用硫磺，於英德縣屬猫耳峽等處召商挖採，解局支應，每次採辦九十萬觔，足數即行封閉，用完奏明開採。嚴飭地方官實力稽查，銷售數目年底造册送部，取具並無偷漏私售印結備查。

文煜等《工部則例》卷三一《軍需・硫磺循例籌辦》　一貴州省所用硫磺於修文縣屬平山磺廠熬造，每次熬造五萬觔，俟將届用完奏明開採，辦足即行封閉，按年將採獲及支發各數目造册送部查核，仍取具該地方官並無私挖偷熬印甘，各結送部備查。

文煜等《工部則例》卷三一《軍需・官辦硫磺》　一河南省燒煉硫磺官爲設廠安爐，於河内縣李封等村六窑内先開二窟燒煉，俟銅核微細即行封閉，再開二窑採取。嚴飭員弁實力巡查，毋致偷漏，仍將開閉日期及採獲磺觔銷售數目報部查核。

文煜等《工部則例》卷三一《軍需・硫磺本省採辦》　一閩省硫磺於上杭縣屬之郭車鄉大巖背山採用，每歲約得五萬觔，開採兩年獲足十萬之數即行封禁，俟用完再行採辦。派委文武員弁實力稽查，年終將收支數目造册送部查核，並取具並無偷漏滋事印結送部備查。

文煜等《工部則例》卷三一《軍需・硫磺調員監採》　一晉省陽曲、陽城二縣採煎硫磺，責成該處同知親至廠所，嚴密稽核，仍按季派委營員帶兵巡查，遇有私燒私販嚴拏究治，於歲底將採獲發售各數目造册送部查核，仍取具該管官弁並無偷漏私售印甘，各結送部備查。

文煜等《工部則例》卷三一《軍需・硫磺分别採貯》　一甘肅省騷狐泉牛尾山兩處磺廠採取磺觔，分貯肅州四十萬觔，玉門縣二十萬觔，以備口内口外各營撥用。撥運蘭州府三十萬觔預備各營領用，省會邊疆均屬充裕，於歲底將採獲發售及存貯各數目造册送部查核，仍取具該管官並無偷賣情弊印甘，各結備查。

文煜等《工部則例》卷三一《軍需·盛京製造火藥》 一盛京等處每年製造火藥，每百觔除礦價銀一兩一錢九分四釐不開銷外，准用工料銀四兩一錢二分五釐，該將軍等按年造册題銷。

文煜等《工部則例》卷三一《軍需·吉林製造火藥》 一吉林等處每年製造火藥，每百觔准用工料銀八兩九錢五分八釐，該將軍等按年造册題銷。

不著撰者《百寶總珍集》卷三《玻璃》 南番酒色紫玻璃，碗碟杯盤人眼稀。土燒氣眼皆不好，價例不比往前時。

玻璃出南番國，有酒色、紫色、青色、白色者，性若水晶相類。勸盞、杯、盤器，背上多碾雨點花兒，是真者。土燒者輕，有如瑠璃燈相似。

藝文

乾隆《御制詩五集》卷四六《温泉》 地下硫磺釜底薪，一般能熱用殊陳。湯常熟物泉則否，假借由來不及真。温泉雖熱如湯，然不能熟物，假不及真，事理可悟矣。

雜録

張君房《雲笈七籤》卷六八《金丹法》 硫黄一斤，通明者細研如粉。山池石鹽二兩，亦細研如麵。伏火北亭汁三兩。

右三味藥並同相和令匀，便取鐵合，用米醋研上好香墨濃塗鐵合內三遍，候乾，便入此三味藥於合內，以文火逼合令熱，候藥化爲汁，出盡北亭陰氣，住火候凝冷，便用硝石四兩，細研如粉，入於合足內，實按了，以粘紙封定合足，候乾方入于鼎內，用法泥固濟。其法泥用雁門代赭，如雞冠色，左顧牡蠣赤石脂等三味，各細擣如粉入伏火，北亭汁匀和入臼內，杵一千以來方用，固濟相合并足周迴，唯務緊密爲妙。合鼎上用鐵鬭鬭定，切在緊密，候陰乾便取鉛三斤，於銚子內鉛化作汁，用小鐵杓子抄于合足四面，候匀遍，又更消鎔。鎔鉛汁漸漸灌于鼎內，直至鼎滿，合上二寸以來便選成合，日夜半子時起火，初六兩日加一兩，至六十日滿足。後藥鼎冷定，用小鐵鑿子鑿去黑鉛，開合取藥，真如金色，便入於乳鉢內，研細如粉。

張君房《雲笈七籤》卷六八《伏火北亭法》 北亭沙三兩，明白者以黄蠟一分，半鎔作汁，拌北亭令匀。作一團子，以紙裹炒。風化石灰一斗，用一瓷罐，先將一半風化灰入於罐內實築，內剜一坑子放北亭於內，上又將一半風化灰蓋准前實築。初用火三斤，以來漸漸加火至五七斤，三復時足，乃起一弄十斤火煅，令通赤火盡，候冷取出，用生絹袋子盛。又用一地坑子，可受五七升，滿添火候泣盡水，安一細瓷碗於坑子內，上横一杖子，懸釣北亭袋子於碗上，更用一盆子合蓋周回，用濕土壅盆子，勿透氣。三復時並化爲水，取此水拌調前件二味藥。

龐安時《傷寒總病論》卷三《陰毒證·治陰毒反陰丹》 硫黄，五兩，研末。太陰玄精石，味鹹者研末。硝石。研末，各二兩。

用鐵銚子先鋪玄精石一半，次鋪硝石一半，中間下硫黄。又以硝石蓋硫黄，都以玄精石蓋之。用盞子合定，令三斤炭火燒，令得所，勿以烟出，多急取出，以瓦盆合定，地下四面灰擁，勿令烟出。直候冷取細研，蒸餅心丸豌豆大，艾湯下十五丸，病重加至二三十丸，此法甚驗，喘促吐逆者入口便安。服此藥三五服，覺不退，便於臍下一寸半灸之，須是大炷百壯，未愈可至二百壯。若手足極冷，小便澀，小腹鞕，疞痛囊縮，即須更於臍下四寸，如前灸之，乃與當歸四逆并反陰丹頻頻與服，內外通，遂方可解。若稍緩，即死矣。當歸四逆乃加吴茱萸、生薑者，是慎勿與，尋常利小便藥，此是陰毒氣結在小腹所致也。有見小便不通，便用炒鹽及裹熱藥熨臍下，欲望小便通利，其冷氣在小腹之間被熱物所熨，無處通出，即奔上衝心，其死速矣。

又治陰毒硫黄丸：硫黄，二兩。水銀，一兩。同研入銚，洒少醋，慢火炒，欲似烟出再出火，洒醋，如此三四遍。地上放冷，研之，蒸餅丸梧桐子大。每服二十三十丸，艾湯吞下，日三服，食前。

王洋《東牟集》卷二《偶得上饒芡實頗佳分薦同邑以詩送》 明珠寶簿藏貝宫，姮娥取置空明中。神仙法施仗秘呪，一粒變化傳無窮。水府仙人通妙訣，擘破寒泉弄明月。左庚右甲養素胎，珠勝醍醐色如雪。錬丹水底含太陽，世人錯比煎硫磺。丹成不合戀凡殼，雄鷄冠碎鴻頭傷。紫苞裂處呈芳髓，火候温温闇香起。青荷猶著舊衣裳，玉質可憐供軟美。我家舊住長淮湄，花開十丈芙蓉旗。年年割鮮喚同社，徑醉忘却還家時。何人縮地有幻巧，容我短棹追馮夷。

朱橚《普濟方》卷三四九 破癥丸，出《聖惠方》。治産後積聚癥塊疼痛。

硇砂，一兩半。硫黃，一兩。水銀一錢。

右以不着油銚子，先下硫磺，次下硇砂，以火筯攪之令匀。次入水銀，又攪炒，令稍黑，不絶煙便傾出，候冷細研，以醋浸蒸餅，和爲丸如菉豆大，每服食前，以當歸酒化下三丸。

焦玉《火龍神器陣法・火攻藥法》 火攻之藥，硝黃爲之君，木灰爲之臣，諸毒藥爲之佐，諸氣藥爲之使，然必知藥性之宜，斯得火攻之妙。硝性主直，直發者以硝爲主。硫黃性横，横發者以黃爲主。灰主爲火，火各不同，以灰爲主，有箬灰、柳灰、杉灰、樺灰、葫蘆灰、蜀葵根灰、老茅竹根灰、麻骨茄稭灰之類，性直者主遠擊，硝九而黃一。性横者主爆開，硝七而硫三。青楊爲灰，其性最鋭。枯杉爲灰，其性尤緩。箬葉爲灰，其性尤燥。麻稭爲灰，其發無聲。雄黃氣高而火焰，神火以雄爲君。石黃氣猛而火烈，法火以石黃爲君。砒黃氣臭，而火毒，毒火以砒黃爲君。金汁銀銹硇砂炒製，鐵子瓷鋒，著人則爛，見骨爛。火藥内用之，牙皂姜霜□末配合，飛砂神霧，著人則立瞎眼睛飛。火藥内用之，草烏巴豆霜雷籐，少加水焉，虎藥中人，飲冷水即解，加水焉，見水愈急。熬煎藥矢，□槍著人則見血封喉，賊著立斃，火箭火槍火弩等器用之。江子常山半夏略和川黃製造噴筒藥礶，著人則噤唇不語，噴火藥内用之。桐油豆末松香用，利焚糧劫寨偷營，劫火藥内用之。人精鐵汁巴油，用破草車皮帳，攻城用此，鎔化燒沸，傾注城下，洞透重草。狼屎煙晝黑夜紅，遞傳警報。江豕灰逆風愈勁，立顯奇功。凡火藥順風則發，逆風則不可用，加江豕灰配合諸藥，風愈逆而火愈熾矣。他如猛火油出占城國，得水愈熾，可燒濕物。九尾魚脂出波羅國，見風滂爆，無可遮攔，固皆難得之物，而爲將者亦不可不知也。

焦玉《火龍神器陣法・火磚》 用紙板爲匣，紙糊四五層，與方磚一樣，長一尺，闊四寸厚二寸，開一頭，用熬化松香盪在藥内，摻硝黃末在上，入火藥一觔四兩，飛燕、火鼠各二十，鐵蒺藜三十，仍用油紙糊好，臨敵燃信，抛入敵船敵陣。飛燕、火鼠、蒺藜四散燒擊，豆亂敵心，此亦舊制，取其輕便録之。

焦玉《火龍神器陣法・火攻製藥法》 硝 十觔，用白蘿蔔十觔，打碎入鍋熬爛，濾清入硝，于汁中煮化取起，冷待結芽，去水淨，慢火焙乾研末。又用火酒十觔浸曬爲度，再研之以壜，貯之聽用。

硫 十觔，用麻油十五觔入鍋熬化，油沉硫浮，以杓盛起入水，分胎厺油而硫自結，取起曬乾研末，壜盛聽用。

焦玉《火龍神器陣法・煮箭砂》 用篩過生鐵砂如菜子大，每觔用石灰、炭灰各一斗築實，于無底桶内用滚湯淋水十碗，加入硇砂二兩，銀銹頭四兩，巴豆肉一兩，皂角末四兩。將砂共入罐煮，乹炒半日，再用好滴醋洗炒净，又以火酒浸净，仍煮乹焙炒通紅燥聽用。

焦玉《火龍神器陣法・神火藥方》 石黃三斤，用巴油麻油炒，蘆花二斤，用桐油拌。黑砒三斤，巴油浸曬。巴霜一斤四兩。雄黃一斤。雌黃一斤，用巴油浸。艾朒二斤半。鉤吻三斤。川黃一斤四兩。松香三斤。豆末一斤六兩。乹屎十三兩。銀杏葉一斤半。甘遂一斤，已油浸。草烏二斤。蝰蛇一斤，江子油浸。鐵甲蓮十四兩。與前火藥三七配用。

焦玉《火龍神器陣法・毒火詩破陣用之。賊聞其氣，昏迷跌倒，著肉腐爛》 黑砒先搗巴油浸，毒氣衝人嘔見心。乹漆細研乹屎炒，松香艾朒要匀停。雄黃一味爲君主，透出光明用一斤。石黃諸品各四兩，四六火藥配分明。裝入砲中衝打厺，破陣開鋒便殺人。

焦玉《火龍神器陣法・毒火藥方》 黑砒三斤，巴油浸曬極乹。乾漆三斤半。乾屎一斤。松香三斤十兩。石黃一斤三兩。艾朒一斤半。方勝蛇二斤十二兩。南星十二兩，巴油浸。蝦麻三斤。銀銹一斤。鐵砂、硇砂、瓷砂各一斤。雄黃二斤。與前火藥四六配用。

焦玉《火龍神器陣法・烈火詩燒營寨焚糧馬用》 銀杏松香各一斤，二斤硫，火要匀停，石黃雄信各三兩，提過明硝要七斤，每斤四兩，灰爲使，劫寨燒營最有名。

焦玉《火龍神器陣法・法火詩此詩最利害，即一物不見，寸步難行，用之擒賊》 姜末爲君豆十斤，二椒一蓼細羅成。白砒須用巴油拌，礦灰火酒製須精。六味各加斤半豆，烏梅净末一斤匀。諸味攢成和一處，便將紙砲巧裝盛。周圍却把松香蘸，霹靂小砲在中心。砲響一聲如吐霧，迷人鼻竅瞎人睛。眩暈昏花無可奈，噴涕連天不絶聲。一物不見不可走，滿營撩亂自縱横。揮兵一湧前追殺，個個生擒與活擒。

焦玉《火龍神器陣法・逆風火藥方》 飛毒神三火各用一斤，加硝一斤，硫六兩，箬葫柳三，灰各三兩，斑貓一兩，硃砂三錢，水銀三錢，研令極細，如遇風逆諸火不利，用此獨神。

焦玉《火龍神器陣法・火龍神器諸藥方・噴火藥》 浄硝二百兩。硫黃四十五兩。細砂七十五兩。巴油灰三十五兩。如法製配得宜。

焦玉《火龍神器陣法·火龍神器諸藥方·地雷藥》 淨硝一百兩。硫黄四十兩。蜜陀僧四十兩。柳木灰二十兩，要橫紋者。如法製配得宜。

焦玉《火龍神器陣法·火龍神器諸藥方·砲藥》 硝二百兩。硫四十五兩。斑貓四兩。一方不用□，灰三十兩。如法製配得宜。

焦玉《火龍神器陣法·火龍神器諸藥方·鳥銃藥》 硝十斤。硫一斤。柳灰青直者二斤。藥水製舂幾萬下，用手試。

焦玉《火龍神器陣法·火龍神器諸藥方·火彈藥》 硝十兩。硫六兩。雄一兩五錢。砒三兩。灰五錢。隨大小做之。

焦玉《火龍神器陣法·火龍神器諸藥方·劣火藥》 硝一斤。硫四兩。灰四兩。砒一兩六錢。細鐵粉一兩。配勻隨用。

焦玉《火龍神器陣法·火龍神器諸藥方·常銃藥》 硝一斤。硫二兩。灰四兩。如法研舂製度。

焦玉《火龍神器陣法·火龍神器諸藥方·送藥》 硝六斤。硫五兩。灰二十七兩。研羅如法。

焦玉《火龍神器陣法·火龍神器諸藥方·藥信》 淨硝一斤。硫三兩三錢。灰三兩三錢。一方再，硝十斤，用黄五兩。灰三兩。斑貓四兩。法以黄多，研水臼舂幾萬下，勿容成塊，入銃月餘且不濘口，全在舂碾之切也。

焦玉《火龍神器陣法·火龍神器諸藥方·鎗上毒火法》 硝、巴、斑各一兩。砒、瓷屑各五錢。硫一兩五錢。灰三兩。小鐵子二兩。

焦玉《火龍神器陣法·火龍神器諸藥方·製瓷屑法》 每屑一斤如米粒大者，用砒硫各四兩，巴霜一兩，慢火共炒過任用。

孫承澤《春明夢餘録》卷四二《兵部一》 給事中傅元初《論開洋禁疏》：臣竊見中國之財天産地毛，悉以供西北邊之用，出不復返。兼今軍需孔棘，徒求之田畝加派編户，此亦計之無如何也。然利害有宜剖晰時勢，有宜變通，有閉之乃釀隱禍，而開之足杜姦萌者。則如閩中洋禁曾奉明旨，然臣閩人也，謹查先臣何喬遠曾有疏議謹詳，其概則又有未始不可採行者，臣請得按論之。萬曆年間開洋市于漳州府海澄縣之月港，一年得税二萬有餘兩，以充閩中兵餉。至于末年海上久安，武備廢弛，遂致盜賊劫掠，兼以紅毛番時來介奪船貨，官府以聞朝廷，遂絶開洋之税。然語云海者，閩人之田，海濱民衆生理無路，兼以飢饉薦臻，窮民往往入海從盜，嘯聚亡命。海禁一嚴，無所得食，則轉掠海濱。海濱男婦束手受刃，子女銀物盡爲所有，爲害尤酷。近雖鄭芝龍就撫之後，屢立戰功，保護地方，海上頗見寧静。而歷稽往事，自王直作亂以至于今，海上故不能一日無盜，特有甚不甚耳。海濱之民惟利是視，走死地如鶩，往往至島外區脱之地。曰臺灣者與紅毛番爲市，紅毛業據之以爲窟穴，自臺灣兩日夜可至漳泉内港。而吕宋佛郎機之夷見我禁海，亦時時私至雞籠淡水之地，與奸民闌出者市貨，其地一日可至臺灣，官府即知之而不能禁，禁之而不能絶，徒使沿海將領奸民坐享洋利。有禁洋之名，未能盡禁洋之實，此皆臣鄉之大可憂者。即當事者譚海上事，亦未能詳悉，以生利彌害之計告于我皇上。臣知而不言，誼所不敢出也。蓋海外之夷，有大西洋，有東洋，大西洋則暹羅、柬埔諸國，道其國産蘇木、胡椒、犀角，象牙諸貨物，是皆中國所需。而東洋則吕宋，其夷佛郎機也，其國有銀山，夷人鑄作銀錢獨盛。中國人若往販大西洋，則以其産物相抵，若販吕宋，則單得其銀錢，是兩夷者皆好中國綾緞雜繒。其土不蠶，惟藉中國之絲，到彼能織精好段疋，服之以爲華好，是以中國湖絲百斤值銀百兩，若至彼得價二倍。而江西瓷器，福建糖品、果品諸物，皆所嗜好。佛郎機之夷則我人百工技藝有挾一技以往者，雖徒手無不得食，民爭趨之。永樂間先後招徠東西二洋入貢之夷，恭謹信順，與北人狡悍不同。至若紅毛番一種，其夷名加留巴，與佛郎機爭利不相得，曩雖經撫臣大創，初未嘗我怨，一心通市，據在臺灣，自明禁絶之而利乃盡歸于姦民矣。夫利歸于姦民，而使公家歲失二萬餘金之餉，猶可言也。利歸于姦民而使沿海將領不肖有司，因以爲奇貨，掩耳盜鈴，利權在下，將來且有不可言者。竊謂洋税不開則有此害，若洋税一開，除軍器、硫磺、焰硝違禁之物不許販賣外，聽閩人以其土物往他，如浙直絲客、江南陶人各趨之者，當莫可勝計。即可復萬曆初年二萬餘金之餉以餉兵，或有云可至五六萬，而即可省原額之兵餉，以解部助邊，一利也。沿海貧民多資以爲生計，不至飢寒困窮，聚而爲盜，二利也。沿海將領等官不得因緣爲奸利，而接濟勾引之禍可杜，三利也。倘以此言可採，則今日開洋之議洋税給引，或仍于海澄縣之月港，或開于同安縣之中左，所出有定引，歸有定澳，不許竄匿他泊，即使漳、泉兩府海防官監督稽查，而該道爲之考覈歲報。其餉于撫臣有出二萬餘之外者，具册報部以憑支用。臣鄉弁鄭芝龍屢立奇功，既受延世之賞，仍責以海上捕盜賊、詰奸細，使人與船無恙，計年量加陞賞。其麾下士卒向閑係芝龍散金以養之，故所向有功，今其麾下之餉或可就此酌給，無責令久出財力，爲公家幹事之理，是又一利也。竊考有宋之季市舶司實置在泉州，載在舊制可考。其時郡守諸臣有爲海舶祈風之詩，此亦前事之可據者。廣東香山澳亦見有稅額，閩廣一體耳。此非臣一人之言，實閩省之公言也，伏乞勅下閩省撫按查洋禁果否盡閉，開洋果否無害有利，廣詢漳、泉士民，著爲一定之規，庶奸利可杜，兵餉可裕矣。

方以智《物理小識》卷二《風雷雨暘類》　暖谷温泉，地中陽氣所結，分砂、硫、礬、礜未確也。《山海經》：道州有暖谷。《江浦志》：秦少游述天下温泉十三處。陸友仁言：匡廬、汝水尉氏、駱谷、驪山、和州之惠濟。渝州之陳氏，山居爲最，《述征記》曰：東萊郡出温泉，恒沸，鳥墜輒爛。《安成紀》云：宜陽鄉出温泉，耒陽縣出温泉。《博物志》云：不周雲川之水，温如湯。《梁州記》云：漢水南有温泉，周圍數千步，冬夏常沸，可熟雞子。未至二十里，便望見白氣衝天。袁山松《宜都山川記》曰：銀山縣温泉，夏纔暖，冬大熱，上常有霧氣，浴病即愈。《零陵縣記》云：温泉中有伏石，分流其陰寒，其陽沸。劉義慶《幽明録》曰：艾縣輔山有温冷二泉，熱煮雞豚，冷若冰雪，流數丈而合。又汜水北合婁山，鄠水之温泉至冬則暖。瀧水合雲水處有湯泉投腥即熟。有細赤魚游之，即始興記之，温泉赤魚也。沮陽城大翮、小翮山有温湯，下足便爛，不得言，言則愈熱。南陽宛縣有紫山湯谷，魯陽縣大和川，合温泉水湯，側有石銘曰：皇女湯武周縣有黃水，合火山水，有火井、火鼠，火井之旁有温井。《魏土地記》曰：代桑乾城水北有温湯療疾。下洛城橋，山下有温泉，湨水逕新城，會温水熱，可燖雞魚。腹之鹽水與温泉對注。汝寧商山有温泉。《南康郡志》遠公《硃砂泉》詩曰：一峰高拂白雲邊，下有硃砂如火燃。已是氣蒸千里暖，如何潤石溜温泉。即周景式所云主簿山之温也。在黃龍山北麓有二池，張渤《吴録》曰：丹陽江乘縣湯泉六處，禽魚立爛，而煮豆穀終日不熟。《筆乘》亦載之。升庵言：雲南温泉甚多，而安寧無硫磺氣。後周王有銘曰：白礬上徹，丹砂下沉，可知温泉以丹砂爲上。胡仔《漁隱叢話》：取黃山硃砂泉，春微紅可茗。驪山是礜泉。郭青螺《豫章詩話》言：福州之温泉，以温田膏稻。廬陵太興、新田二温泉，分寧最熱，毛竹山泉則温。臨川、銅山二泉，一沸一寒。五峰山下者能潤人顔。今北京西山畫眉温泉大小湯，凡三而。遵化縣北之温，即古稱徐無城東之温。戚繼光甃之薊，馬蘭峪温泉最甘馨。天寧四温此其一耳。和州二温，一無硫氣，智按即陸友仁所云惠濟泉也。敝鄉温泉出于石穴，天下處處有之，不能悉記。先儒曰：地中陽氣遇濕而結爲硫，雷火亦有硫氣，陽氣也。唐子西取硫置水，水不温，以此駁之。熊三拔謂别無硃砂、礜礬之别。金尼閣曰：西國有七十餘湯，各標主治。布那姑山皆硫，不聞泉湯也。蓋陰質陽氣爲湯，陽質陰氣爲餤、爲涼。湯泉以貯器還涼。湯泉冷泉各煮沸，必同時晉長明燈，色青不熱，質存氣易，此其徵矣。暄曰：

温泉療冷，與硫同治，其不作硫氣者，有所隔别，如重湯煮物也。然陽遇水而死，爲硫，水遇陽而死。爲礬，水火相切，互有所變。故礬可收硫毒。《中通》曰：陽氣聚而過，或出温泉，或結硫，或爲火井，非硫來温泉也。凡硫礜礬皆陽氣爲。溼閼于土者，礜砒與銅，丱相因礦則最烈于爛物，惟硫專顯其熱耳。硃砂與温泉無與。

《康熙御制文集》第三集卷二二《水性記》　朕察各處水性之根原，或根於土，或根於沙，或根於鹽，或根於鹹，或根於火焇，或根於硫磺。人之五臟六腑，雖有六沴之所，侵人且知之者，多却不防，因水性而成其患者，愈難明也。南北地殊，川源藪澤，輕清混濁之不同偶耳。霧露雪霜山水暴漲，即非水之本性，人所難略也，所以朕南北各處，最防水之輕重。關於飲食，故試之水，二斤盛於銀器中，坐於滚水之上，將水耗乾，或土或沙，或鹽或鹹，歷歷無不分明，終無奈何。惟取氣酒之法，用甑取其氣，成水而後用之，治水之法，莫過於此，不分南北，不論藪澤，即海水臭泥，皆可以成甘露。養生之要，最爲所關，故援筆以記之。

允禄等《雍正上諭内閣》卷一〇三　〔雍正九年二月二日大學士等〕又奉上諭：「從來硫磺一項，禁例甚嚴，不容私開私販。聞山西一省有山之州縣遍産硫磺，姦民違禁取利者甚多，地方官員平日不實力稽查，遇有發覺，恐干失察之咎，往往私自完結，隱匿不報。如平定州地方上年則有聚集愚民二三百人私開之事，又平陸縣亦曾拏獲私煎之人，有司皆含糊完結。又有江南人趙加爲在省城買硫磺數百斤，私行販賣，路經遼州，爲巡役捕獲，而該州亦不具詳。朕所聞如此，該撫等身在地方，豈無聞見。著嚴飭文武官員，嗣後實心稽查，嚴加盤詰，不得虛應故事，苟且結案。倘再有私開私販之弊而該管之文武官弁寬縱姑容，隱匿不報者，定行從重議處，將失察之上司一併察議。」

鄂爾泰等《雍正硃批諭旨》卷九八　雍正六年六月二十九日，臣馬爾泰、臣汪漋、臣潘之善謹奏：爲奏聞事，竊臣等奉命辦理安西城工事務，自雍正五年五月初一日興工築土建造，於八月内已築成城垣，其包磚一項，於雍正六年六月内亦已全完，堅固整齊，足垂久遠。再黃墩踏實，雙塔百齊惠回五處堡城先後俱於六月内築完。臣等伏思皇上軫念邊陲，特發帑金，新建城堡大工，今當鎮城包磚全完，各堡城築造齊備，理合繕摺奏聞。至於各項營造，如城樓、廟宇、衙署、兵房、倉廒、墩臺，一切工務，合鎮城與沙州五堡，總計其工程已有十分之七，約九月内大工可以告竣。臣等謹先將鎮城包磚全完、五堡城垣已建緣由奏聞，仰祈皇上睿鑒。謹奏。

各項工程總期堅實完好，倘少不如法，寧可拆改重修，切勿草率苟且，務圖垂久，爲一勞永逸之計。今日此奏非異時無據之事也，慎爲之。

雍正六年八月二十四日，陝西安西總兵官臣潘之善謹奏：爲恭謝天恩並繳硃批事，【略】同日又奏：爲奏聞事，竊臣查得達麻林色布騰住牧之蘇賴地方出産硫磺，離臣屬靖逆營約五百餘里，聞得夷人向來取用，臣隨差人採獲，現在燒成數千斤，甚屬精細。又鎮城迤北二百餘里地名白芨，芨南面有鉛山一座，向日有人開採，臣亦差人燒成鉛斤，其色頗白，似有銀汁，但邊人技拙，不能爐分，無從辨認。再石包城以南去鎮城六百餘里之一肯薩喇哈爾金山内，每年四月間冰消地解，有無籍民人潛往彼處，刨掘黄沙，臣恐姦民雜處，滋生事端，是以選差弁目入山驅逐。第南山一帶地方遼闊，雖勞兵憊馬，終難禁絶。臣思金分三品，皆天地寶物，或因皇上廣開疆宇，洩發各礦，以助國帑，亦未可知。臣智識短淺，未能灼見，仰請皇上遣一幹員前來認試，倘可採用，似應任人開挖，計牀抽税，所有鉛斤命人分燒。如果山川效靈，不惟國賦有增，亦與新設巖疆，不無小補矣。今臣虔封硫磺鉛斤並購買新金，恭呈御覽，是否可採，伏祈皇上睿鑒施行。謹奏。

此事，與督臣岳鍾琪商酌奏聞。

雍正六年九月二十五日，臣馬爾泰、臣汪漋、臣潘之善謹奏：爲城工告成事，竊臣等奉命辦理安西各處城堡工務，前因鎮城包磚全固，各堡城垣築成，業經繕摺具奏，今鎮城及沙州五堡各處城樓、廟宇、衙署、兵房、倉廒，并原題新設沿邊一十三處墩臺、院牆、兵房大小共一萬二千四百餘間，一切工程於九月内俱已全完，理合恭摺奏聞。伏查臣等原先會同估計，共約需銀二十八萬餘兩，自興工後於燒造石灰磚瓦，採取木植石條等物，隨時籌算，不使曠工糜費，較原估工數少用四十餘萬人工，即少用銀四萬餘兩。其輓運各項物料應用脚價，又多方節慎，亦少用銀數萬餘兩。通計鎮城沙州五堡墩臺一切工程，共用銀止在二十萬兩以内。現今安西及涼、甘二府存貯餘銀并用剩物料變價銀兩，合計共有九萬兩零，再預備支給匠夫所買口糧米麵，剩有五千餘石，亦實值銀一萬餘兩。臣馬爾泰、臣汪漋現在清查各工用過銀兩細數，繪畫城堡圖樣，繕造進呈用過錢糧物料清册，并將所剩銀兩移交臣潘之善，同經管收發城工錢糧肅州道齊式暨涼、甘二府知府等解交蘭州司庫，所剩米麵已交明安西沙州地方廳衛等官存倉，變價還項。臣馬爾泰、臣汪漋俟各項料理清楚，即起程赴京，爲此具摺奏聞。謹奏。

安西各項城堡工務，汝等辦理甚屬可嘉，不待此奏，朕於他處業俱聞之。

鄂爾泰等《雍正硃批諭旨》卷二一五之一 雍正九年七月十五日，廣東巡撫臣鄂彌達謹奏：爲奏聞事，竊查硫磺一項，乃配造火藥所必需，前據洋行商人陳崇義赴布政司呈報，大西洋部多牙國夷商榮貽觀來廣東澳門生理住家，發夾板船往呂宋國貿易，順便帶買硫磺約八百擔裝回澳門。今知例禁向商人求議，每擔價銀四兩伍錢，情願易换水硍等，情經司議詳准，其照價易换前來。臣查硫磺係違禁之物，不便聽夷商自行變賣，再查貴州運粵水硍原係變售抵帑之項，今易磺變價，事出兩便，且本省旗標各營現需製造，常存火藥，所需磺斤已經督臣郝玉麟具題，委員在於仁化地方設爐煎熬。今既有此項磺斤，自應留用，將仁化縣設爐煎熬之處停止，如此一轉移間，不特無採辦之煩，亦免匪類潛藏，致生事端之慮。臣即批司准行在案。又恐該夷商將磺斤販賣外國，隨與布政司商酌，即面詢該夷商呂宋每年所出磺斤之多寡。據稱約略不下有數萬餘斤，當即諭令將所出硫磺切勿賣與外國，年年運至粵省内地，通知洋商具稟藩司，動支司庫公項銀兩收買。或爾等需用他物，照爾等所用給發，該夷商歡忻踴躍而去。嗣後每年所買磺斤，除粵東應用外，餘磺存貯行内，知會鄰近各省，令委員赴粵採買，將價歸還原項，以免販賣外國之弊，事關夷商帶運違禁之物理。合具摺奏聞，伏乞皇上睿鑒。謹奏。

如此權宜通變，甚是。

蔡世遠《二希堂文集》卷三《送黄侍御巡按臺灣序》 臺灣居海外，在南紀之曲，東倚層巒，西界漳州，南鄰粵北之雞籠城，與福州對峙，地近河沙磯小琉球，周衰三千餘里。孤嶼環瀛，土壤沃衍，禾稻不糞而長，物産蕃滋，果樸、蠃蛤、硫磺、水籐、糖蔗，無所不有，固東南一大聚落也。自鷺門、金門迤邐以達澎湖，可六百餘里，又東至臺之鹿耳門旁，夾以七鯤，身北線尾，水淺沙膠，紆折難入。明嘉靖末，海寇林道乾據之，道乾後顔思齊勾倭人屯聚，鄭芝龍附之，未久荷蘭誘倭奪之，鄭氏破荷蘭爲巢穴，傳三世。今天子聲教四訖，鄭氏擒滅，設官置吏，休養孕育，垂四十年。去歲羣不逞之徒煽惑莠民，撞搪嘯號，賴天子威靈，將帥用命，舟師直入，七日奏克。

天子特注意臺灣簡監察御史中有敦實廉能、嫻猷略知治體，可任以股肱耳目者二人，往按其地，黃君偕吳君膺新命以行，余與黃君同門友也，夙知君家學素履。君兄弟五人皆有聲績，長公次公以督學清正，晉秩爲卿，君年最少，由吏部陟臺，中能直己，行道不矯，激沽名爲，聖主所倚信。以夏四月至閩，余一見即爲臺灣慶得人。君自童子試至登進士第，未嘗出都門，兹將出波濤、航大海，奉天子命以綏輯羣黎，神志肅定，忠慎恢郭，古所謂大丈夫者，君其人矣。夫臺灣鮮土著之民，耕鑿流落多閩粵無賴子弟，土廣而民雜，至難治也。爲司牧者不知所以教之，甚或不愛之而因以爲利。夫雜而不教，則日至於侈靡蕩逸而不自禁。不愛而利之，則下與上無相維繫之。情爲將校者，所屬之兵平居不能訓練而又驕之，夫不能訓練，則萬一有事不能以備禦。驕之則恣睢，侵軼於百姓。夫聚數十萬無父母妻子之人，使之侈靡蕩逸，無相維繫之情，又視彼不能備禦之兵，而有恣睢侵軼之舉，欲其帖然無事也，難矣。今海氛已靖，臺地又安，監司守令皆慎簡之員，則所以教而愛之者，必周總戎藍。君又平臺，著績人也，所以練而輯之者，必至君與吳君。從容經理其間，慎簡乃僚，罔不同心。臺灣之人，行將數百世賴之，豈徒南粵之奉，伏波峴山之傳，叔子已哉。余淺人也，烏知事宜，然地近桑梓，不能不關心於勝算。君之至，自能不擾而核，不肅而威也。

吴謙等《御纂醫宗金鑑》卷六〇《禁忌》 種痘之家，房中最要潔净，切忌冲犯，最喜明亮，不可幽暗。擇老成耐事之人，經過小兒出痘者，令其調護，不離左右，一切禁忌，俱當謹遵，勿詈駡呼怒，勿言語驚慌，勿對梳頭，勿對搔癢，勿嗜酒，勿歌樂。凡房中淫液氣，婦人經候氣，腋下狐臭氣，行遠勞汗氣，誤燒頭髮氣，誤燒魚骨氣，吹滅燈燭氣，硫磺柴烟氣，葱蒜醉酒氣，溝渠污濁氣，悉宜避之。更當預囑其左右之人，倘值迅雷烈風暴雨之變，大宜安定，勿使兒驚。其幃帳宜謹蓋覆，宜密切，勿暴動生風。常燒辟穢香以避偶爾不正之氣，再令人謹伺其門，不許生人往來，不許僧道師巫孝服之人入室。以上禁忌一一遵守則吉，稍有疏忽，每至敗事，種痘者切宜諄諄告誡之。

礬石部

題解

李昉等《太平御覽》卷九八八《藥部五·石藥下·礬石》 《本草經》曰：礬石，一名羽涅，泥結切。味鹹酸，寒，生山谷，治寒熱泄痢，惡瘡目痛，堅骨煉餌，久服，輕身不死，生河西。盛弘之《荆州記》曰：建平出礬石。

《范子計然》曰：礬石出武都。

《吴氏本草》曰：礬石，一名羽涅，一名羽澤，神農、岐伯酸，扁鵲鹹，雷公酸，無毒，生河西，或隴西，或武都，石門採無時，岐伯久服，傷人骨。

綜述

李衎《竹譜》卷一《畫竹譜》 文湖州授東坡訣云：「竹之始生，一寸之萌耳，而節葉具焉。自蜩蝮蛇蚹，至於劍拔十尋者，生而有之也。今畫竹者乃節節而爲之，葉葉而累之，豈復有竹乎？故畫竹必先得成竹於胸中，執筆熟視，乃見其所欲畫者，急起從之，振筆直遂，以追其所見，如兔起鶻落，少縱則逝矣。」坡云：「與可之教予如此，予不能然也。夫既心識所以然而不能然者，内外不一心，手不相應，不學之過也。」且坡公尚以爲不能然者，不學之過，况後之人乎？人徒知畫竹者不在節節而爲，葉葉而累，抑不思胸中成竹，從何而來。慕遠貪高，踰級躐等，放弛情性，東抹西塗，便爲脱去翰墨蹊徑，得乎自然。故當一節一葉，措意於法度之中，時習不倦，真積力久，至於無學，自信胸中真有成竹，而後可以振筆直遂，以追其所見也。不然徒執筆熟視，將何所見而追之耶？苟能就規矩繩墨，則自無瑕纇，何患乎不至哉！縱失於拘，久之猶可達於規矩繩墨之外，若遽放失，則恐不復可入於規矩繩墨，而無所成矣。故學者必自法度中來始得之。畫竹之法：一位置，二描墨，三承染，四設色，五籠套。五事殫備而後成竹。粘幀、礬絹，本非畫事，苟不得法，雖筆精墨妙，將無所施，故併見附于此。

粘幀：先須將幀幹放漫，靠墻壁頓立平穩，熟煮稠麵糊，用椶刷刷上。看照絹邊絲縷正當，先貼上邊，再看右邊絲縷正當，然後貼上，次左邊，亦如之。仍勿動，直待乾徹，用木楔楔緊，將下一邊用針線密縫箭桿許一杖子，次用麻索綳羅綳緊，然後上礬畢，仍再緊之。

礬絹：不可用明膠，其性太緊，絹素不能當，久則破裂，須紫色膠爲妙。春秋隔宿用温水浸膠，封蓋，勿令塵土得入，明日再入沸湯調開，勿使見火，見火則膠光出於絹上矣。夏月則不須隔宿，冬月則浸二日方開。別用净瓷器注水，將明净白礬研水中，嘗之舌上，微澁便可，太過則絹澁難落墨。仍看絹素多少，斟酌前項，浸開膠、礬水相對合得如淡蜜水，微温黄色爲度。若夏月，膠性差慢，頗多亦不妨。再用稀絹濾過，用刷上絹，陰乾後落墨。近年有一種油絲絹，并藥粉絹，先須用熱皂莢水刷過，候乾，依前上礬。

宋應星《天工開物》卷中《礬石·白礬》 凡礬燔石而成。白礬一種亦所在有之，最盛者山西晉南直無爲等州。值價低賤，與寒水石相彷。然煎水極沸，投礬化之，以之染物，則固結膚膜之間，外水永不入。故製糖餞與染畫紙紅紙者需之。其末乾撒，又能治浸淫惡水，故濕創家亦急需之也。凡白礬，掘土取磊塊石，層叠煤炭餅鍜煉，如燒石灰樣。火候已足，冷定入水。煎水極沸時，盤中有濺溢，如物飛出，俗名蝴蝶礬者，則礬成矣。煎濃之後，入水缸内澄。其上隆結曰弔礬，絜白異常。其沉下者曰缸礬，輕虚如棉絮者曰柳絮礬。燒汁至盡，白如雪者謂之巴石。方藥家煆過用者曰枯礬云。

宋應星《天工開物》卷中《青礬、紅礬、黄礬、膽礬》 〔青礬〕凡皂、紅、黄礬，皆出一種而成，變化其質。取煤炭外礦石俗名銅炭。子，每五百斤入爐，爐内用煤炭餅自來風，不用鼓鞴者。千餘斤，周圍包果此石。爐外砌築土墻圈圍，爐顛空一圓孔，如茶碗口大，透炎直上，孔傍以礬滓厚罨。此滓不知起自何世，欲作新爐者，非舊滓罨蓋則不成。然後從底發火，此火度經十日方熄。其孔眼時有金色光直上。取硫詳後款。〔紅礬〕煆經十日後，冷定取出。半酥雜碎者另揀出，名曰時礬，爲煎礬紅用。其中精粹如礦灰形者，取入缸中浸三個時，漉入釜中煎煉。每水十石，煎至一石，火候方足。煎乾之後，上結者皆佳好皂礬，下者爲礬滓，後爐用此蓋。此皂礬染家必需用，中國煎者亦惟五、六所。原石五五百斤，成皂礬二百斤，〔此〕其大端也。其揀出時礬俗又名雞屎礬。每斤入黄土四兩，入罐熬煉，則成礬紅，圬墁及油漆家用之。〔黄礬〕其黄礬所出又奇甚。乃即煉皂礬爐側土墻，春夏經受火石精氣，至霜降、立冬之交，冷静之時，其墻上自然爆出此種，如淮北磚墻生焰硝樣。刮取下來，名曰黄礬，染家用之。金色淡者塗炙，立成紫赤也。其黄礬自外國來，打破中有金絲者名，曰波斯礬，别是一種。〔膽礬〕又山陜，燒取硫黄山上，其滓棄地二、三年後，雨水浸淋，精液流入溝麓之中，自然結成皂礬。取而貨用，不假煎煉。其中色佳者，人取以混石膽云。石膽一名膽礬者，亦出晉、隰等州，乃山石穴中自結成者，故緑色帶寶光。燒鐵器淬于膽礬水中，即成銅色也。《本草》載礬雖五種，並未分别原委。其崑崙礬狀如黑泥，鐵礬狀如赤石脂者，皆西域産也。

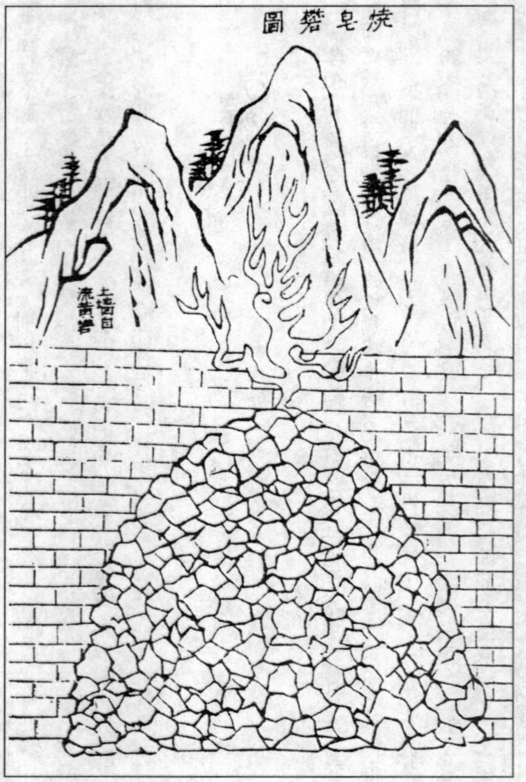

燒皂礬圖

張玉書等《御定佩文韻府》卷一三之六　礬附袁切，礬石。韻藻：山礬。《韻語陽秋》：江南野中有小白花木，高數尺，春間極香，土人呼爲瑒花、瑒玉，名取其白也。魯直云：荆公欲作(傳)〔詩〕而陋其名，予謂名曰山礬，野人取其葉以染黄，不借礬而成色，故以名耳。嘗有絶句云「高節亭邊竹已空，山礬獨自倚春風」，是也。黄庭堅《題高節亭邊山礬花》詩：「北嶺山礬取次開，清風正用此時來。」又《水仙花》詩：「含香體素欲傾城，山礬是弟梅是兄。」楊萬里《李花》詩：「露酣月(色)〔蕊〕蒼茫外，梅與山礬伯仲間。」又《梔子花》詩：「如何山谷老，只爲賦山礬。」

增：黄礬。《唐書·地理志》：沙州、瓜州皆貢黄礬。《本草》：黄礬，丹竈家所須。蒼礬。《唐書·地理志》：房州貢黄礬。榷礬。《宋史·劉希古傳》：建隆二年，受詔制置晉州榷礬，增課八十餘萬緡。鍊礬。《宋史·薛顔傳》：坊州募人鍊礬，歲久課重，顔奏罷坊礬，則晉礬當大售。白礬。《唐本草》：礬石有五種，白礬入藥用。又有礬精、礬蝴蝶、柳絮礬，皆白礬也。又白礬方士謂之白君，潔白者爲雪礬，光明者爲明礬。雪礬。見上。明礬。見上。青礬。《唐本草》：青黑二礬療疳。黑礬。見上。又黑礬惟出西戎，亦謂之皂礬，染鬚髮用之，亦染皮。又黑礬，鉛礬。皂礬。見上。鉛礬。見上。紫礬。《本草》：狀如紫石英，火引之成金線，畫刀上即紫金色者，爲波斯紫礬，丹竈用之。鐵礬。《本草》：狀如赤石脂，有金星者爲鐵礬。絳礬。《本草》：絳礬，燒之則赤，今亦稀見。膽礬。《本草》：石膽一名膽礬。《夢溪筆談》：信州鉛山縣有苦泉，流以爲澗，挹其水熬之，則成膽礬，烹膽礬則成銅，熬膽礬鐵釜久之亦化爲銅。水能爲銅，物之變化固不可測。石礬。《本草》：石斑魚，一名石礬魚。五礬。《雲笈七籤·丹論訣》：損去五礬，不用八石。訣云：不用藥，用五行，理之要也。

金星礬。《五代史·四夷傳》：瓜州所貢，硇砂、羚羊角、波斯錦、安西白氎、金星礬、胡桐律、大鵬砂、毦褐、玉團。又《本草》：黄礬，波斯出者，打破，中有金絲文，謂之金線礬。磨刀劍顯花文，多入燒煉用。温泉礬。《宋史·杜純傳》：隰州商尹奇貿温泉礬有羡數，云官潤之，寺欲解訊河東。純曰：若傅致其罪，恐自是民無復敢貨礬，請姑没其羡而釋其人。馬齒礬。《名醫别録》：礬石生益州北部西川，從河西來，色青白，生者名馬齒礬。柳絮礬。《本草》：礬石之輕白者名柳絮礬。崑崙礬。《本草》：(攀)〔礬〕出晉地狀如黑泥者，爲崑崙礬。波斯礬。《海藥本草》：波斯、大秦所出白礬，色白而瑩浄，内有束針文，入丹竈家，功力逾于河西石門者。

陳元龍《格致鏡原》卷五〇《日用器物類二·礬》　《事物紺珠》：礬石，又名羽涅、羽澤，産數處，晉州者良。初出皆石，煎鍊成礬。有五色，惟白礬入藥。黄礬一名雞屎礬，黑礬即皂礬。又緑礬、紫礬、絳礬，又柳絮礬，皆雜用。《物類相感志》：崑崙礬，味香辣，色如青黛者，但以火燒，試用銅筯點揩，置水中不沉，似石在水上浮。又黄礬，一名金絲礬，燒鐵焠之，可以引之如金線。《實録》：天聖六年，用齊宗矩言，巡捉私礬，如私茶、鹽法。《丹鉛總録》：榷礬者，唐于晉州開成三年罷之。《宋律》：白礬出晉汾州、坊州，緑礬出瓷州、隰州，各置官典護〔鑊〕户，有馱錢。陳止齋曰：私礬之禁，爲契丹、北漢設也，本朝不設礬官，亦無礬禁。《大明律》「私礬」一條，當時修者失於删除耳。

紀事

《新唐書》卷四〇《地理志四》 沙州燉煌郡，下都督府。本瓜州，武德五年曰西沙州，貞觀七年曰沙州。土貢：棋子、黃礬、石膏。户四千二百六十五，口萬六千二百五十。縣二。有府三，曰龍勒、效穀、懸泉。有豆盧軍，神龍元年置。燉煌，下。東四十七里有鹽池。有三危山。壽昌。下。武德二年析燉煌置，永徽元年省，乾封二年復置，開元二十六年又省，後復置，治漢龍勒城。西有陽關，西北有玉門關。有雲雨山。

瓜州晉昌郡，下都督府。武德五年析沙州之常樂置。土貢：野馬革、緊鞓、草豉、黃礬、絳礬、胡桐律。户四百七十七，口四千九百八十七。縣二。有府一，曰大黃。西北千里有墨離軍。晉昌，中下。本常樂，武德四年更名。東北有合河鎮，又百二十里有百帳守捉，又東百五十里有豹文山守捉，又七里至寧寇軍，與甘州路合。常樂。中下。武德五年別置。有拔河帝山。

趙汝适《諸蕃志》卷上《闍婆國》 闍婆國，又名莆家龍，於泉州爲丙巳方。率以冬月發船，蓋藉北風之便，順風晝夜行，月餘可到。東至海，水勢漸低，女人國在焉。愈東則尾閭之所泄，非復人世。泛海半月至崑崙國。南至海三日程，泛海五日至大食國。西至海四十五日程，北至海四日程，西北泛海十五日，至渤泥國。又十日，至三佛齊國，又七日至古邏國，又七日至柴歷亭，抵交趾，達廣州。國有寺二，一名聖佛，一名捨身。有山出鸚鵡，名鸚鵡山。其王椎髻，戴金鈴，衣錦袍，躡革履，坐方牀。官吏日謁，三拜而退。出入乘象或腰輿，壯士五七百輩執兵以從。國人見王皆坐，俟其過乃起。以王子三人爲副王。官有司馬傑、落佶連，共治國事，如中國宰相，無月俸，隨時量給土産諸物。次有文吏三百餘員，分主城池、帑廪及軍卒。其領兵者歲給金二十兩。勝兵三萬，歲亦給金有差。土俗婚聘無媒妁，案：「聘」字原脱，今依《宋史》補入。但納黃金於女家以取之。不設刑禁，犯罪者隨輕重出黃金以贖，惟寇盜則置諸死。五月遊船，十月遊山，或跨山馬，或乘軟兜。樂有横笛、鼓板，亦能舞。山中多猴，不畏人，呼以霄霄之聲即出，投以果實，則有大猴先至，土人謂之猴王，先食畢，群猴食其餘。國中有竹園，有鬬雞、鬬猪之戲。屋宇壯麗，飾以金碧。賈人至者，館之賓舍。飲食豐潔。土人被髮，其衣裝纏胸，下至於膝。疾病不服藥，但禱求神佛。民有名而無姓。尚氣好鬬，與三佛齊有讐，互相攻擊。宋元嘉十二年嘗通中國，後絶。皇朝淳化三年復修朝貢之禮。其地坦平，宜種植，産稻、麻、粟、豆，無麥，耕田用牛。民輸十一之租。案：「十一」二字，原本誤作「土」，今依《宋史》改正。煮海爲鹽。多魚鼈、雞鴨、山羊，兼椎馬牛以食。果實有大瓜、椰子、蕉子、甘蔗、芋。出象牙、犀角、真珠、龍腦、瑇瑁、檀香、茴香、丁香、荳蔻、蓽澄茄、降真香、花簟、番劍、胡椒、檳榔、硫黃、紅花、蘇木、白鸚鵡。亦務蠶織，有雜色綉絲、吉貝、綾布。地不産茶，酒，出於椰子及蝦猱丹樹之中，此樹華人未曾見，或以桄榔、檳榔釀成，亦自清香。蔗糖其色紅白，味極甘美。以銅、銀、鍮、錫雜鑄爲錢，錢六十準金一兩，三十二準金半兩。番商興販，用夾雜金銀，及金銀器皿、五色纈絹、皂綾、川芎、白芷、硃砂、緑礬、白礬、鵬砂、砒霜、漆器、鐵鼎、青白瓷器交易。此番胡椒萃聚，商舶利倍蓰之獲，往往冒禁，潛載銅錢博换，朝廷屢行禁止，興販番商詭計易其名曰「蘇吉丹」。

馬端臨《文獻通考》卷一五《征榷二・茶鹽》 榷礬者，唐於晉州置平陽院以收其利，開成三年，度支奏罷之，以礬山歸州縣。五代以來，創務置官吏。宋朝之制，白礬出晉、慈、坊州，無爲軍，汾州之靈石縣，無爲軍場，曰崑山，自大中祥符元年後，以停積頗多，權罷煮造。靈石場，至道初廢，景德元年復置，大中祥符八年又廢，其礬徙就晉州。慈州場，曰芥泉。緑礬出慈、隰州，池州之銅陵縣。隰州場，太祖時以地接河東僞境，罷之。太平興國八年，本州牙吏卜美請募工造鑊煮礬，輸官課，詔從其請。銅陵場，雍熙二年廢，天禧五年復置。又汾州靈石亦有緑礬。各置官典領，有鑊户煮造入官市晉、汾、慈州礬，以一百四十斤爲一馱，給錢六十。給見錢三之二，餘準以茶、絲。隰州礬，馱減三十斤，給錢八百。賣博白、緑礬，汾州每馱二十四貫五百，慈州又增五百，隰州每馱四貫六百，皆博賣於人。又有散賣者，白礬，坊州斤八十錢，汾州百九十二錢，無爲軍六十錢，緑礬，斤七十錢。至道中，白礬歲課九十七萬六千斤，緑礬四十萬五千餘斤，賣錢十七萬餘貫。貞宗末，白礬增二十萬一千餘斤，緑礬增二萬三千餘斤，賣錢增六萬九千餘貫。建隆三年，詔禁商人私販幽州礬，官司嚴捕没入之。其後定令，私販河東、幽州礬一兩以上，私煮礬三斤及盜官礬至十斤者，棄市。開寶三年二月，增私販至十斤，私煮及盜滿五十斤者死，餘論罪有差。太平興國初，以歲鬻不充，有司請嚴禁法，詔私販化外礬一兩以上及私煮至十斤，並如律論決，而再犯者悉配流遠，復犯者死。淳化元年，有司言：「慈州官礬滯積，蓋小民多就山谷僻奥處私煮，以侵其利，而緑礬價錢，不可以晉州礬均法。」詔如犯私茶論罪。

建隆時，命晉州制置礬務，許商人輸金帛絲綿茶及緡錢，官以礬償，凡歲增課八十萬貫。淳化初，有司言：「國家以見錢酬礬直，商客以陳茶入博，有利豪商，無資國用，請今後惟以金銀見錢入博。」從之。

止齋陳氏曰：太祖礬禁爲契丹、北漢設也，其後并鹽、酒皆榷之，非本意也。

汪大淵《島夷誌略·八都馬》 闤市廣場，山茂田少，民力齊，常足食。氣候暖。俗尚朴，男女椎髻，纏青布縵，繫甘理布。酋長守土安，民樂其生。親没，必沐浴齋戒，號泣半月而葬之，日奉桑香佛唯謹。有犯奸盜者，梟之以示戒，有遵鑾法者，賞之以示勸，俗稍稍近理。地産象牙，重者百餘斤，輕者七十八十斤。胡椒亞於闍婆。貿易之貨用南北絲、花銀、赤金、銅鐵鼎、絲布、草金緞、丹山錦、山紅絹、白礬之屬。

《宋史》卷一八五《食貨志下七》 礬 唐於晉州置平陽院以收其利，開成三年，度支奏罷之，乃以礬山歸之州縣。五代以來，復創務置官吏，宋因之。

白礬出晉慈坊州、無爲軍及汾州之靈石縣，緑礬出慈、隰州及池州之銅陵縣，皆設官典領，有鑊户鬻造入官市。晉、汾、慈州礬，以一百四十斤爲一䭾，給錢六千。隰州礬䭾減三十斤，給錢八百。博賣白礬價：晉州每䭾二十一貫五百，慈州又增一貫五百；緑礬：汾州每䭾二十四貫五百，慈州又增五百；隰州每䭾四貫六百。散賣白礬：坊州斤八十錢，汾州百九十二錢，無爲軍六十錢；緑礬，斤七十錢。

建隆中，詔：「商人私販幽州礬，官司嚴捕没入之。」繼定私販河東幽州礬一兩以上，私鬻礬三斤，及盜官礬至十斤者，棄市。開寶三年，增私販至十斤，私鬻及盜滿五十斤者死，餘論罪有差。太平興國初，以歲鬻不充，迺詔私販化外礬一兩以上，及私鬻至十斤，並如律論決，再犯者悉配流，還復犯者死。淳化元年，有司言：「慈礬滯積，小民多於山谷僻奥之地私鬻侵利，而緑礬價賤，不宜與晉礬均法。」詔同犯私茶罪賞。

先是，建隆二年，命左諫議大夫劉熙古詣晉州制置礬，許商人輸金銀、布帛、絲綿、茶及緡錢，官償以礬，凡歲增課八十萬貫。太平興國初，歲博緡錢、金銀計一十二萬餘貫，茶計三萬餘貫。端拱初，銀、絹帛二萬餘貫，茶計十四萬貫。至是，言者謂：「礬直酬以見錢，商人以陳茶入博，有利豪商，無資國用。」詔今後惟聽金銀、見錢入博。

至道中，白礬歲課九十七萬六千斤，緑礬四十萬五千餘斤，鬻錢一十七萬餘貫。真宗末，白礬增二十萬一千餘斤，緑礬增二萬三千餘斤，鬻錢增六萬九千餘貫。天聖以來，晉、慈二州礬募民鬻之，季鬻礬一盆，多者千五六百斤，少者六七百斤，四分輸一入官，餘則官市之。無爲軍亦置務鬻礬，後聽民自鬻，官置場售之，私售礬禁如私售茶法。六年，詔弛兩蜀榷礬之禁。

時河東礬積益多，復聽入金帛、芻粟。芻粟虚估高，商人利於入中。麟州粟斗實直錢百，虚估增至三百六十，礬之出官爲錢二萬一千五百，纔易粟六石，計粟實直錢纔六千，而礬一䭾已費本錢六千。縣官徒有榷礬之名，其實無利。嘉祐六年，罷入芻粟，復令入緡錢。礬以百四斤爲一䭾，入錢京師榷貨務者，爲錢十萬七千；入錢麟、府州者，又減三千。自是商賈不得專其利矣。皇祐中，晉、慈入礬二百二十七萬三千八百斤，以易芻粟之類，爲緡錢十三萬六千六百；無爲軍礬售緡錢三萬三千一百。治平中，晉、慈礬損一百九萬六千五百四斤；無爲軍礬售錢歲有常課，發運使領之，視皇祐數無增損；隰州礬至是入三十九萬六千斤，亦以易緡錢助河東歲糴。

熙寧元年，命河東轉運司經畫礬、鹽遺利。李師中言：「官積礬三百斤，走鹵消耗，恐後爲棄物。」詔令商人入中糧草，即以償之。三年，罷潞州交子務，以妨中納糧草，算請礬鹽故也。知慶州王廣淵言：「河東礬爲利源之最，請河東、京東、河北、陝西別立礬法，專置提舉官。」詔遣光禄丞楊蟠會議以聞。蟠言：「坊州産礬，官雖置場，而商多私售。請置鑊户，定其數，許於陝西北界黄河，東限潼關，南及京西均房襄鄧金州、光化軍，令鑊户遞相保察。或私賣越界，禁如私白礬法，仍增官獲私礬輒以夾雜減斤重之法。」從之。

元豐元年，定畿内及京東、西五路許賣晉、隰礬；陝西自潼關以西、黄河以南，達于京西均、房、襄、鄧、金州則售坊州礬；礬之出於西山、保霸州者，售於成都、梓州路；出無爲軍者，餘路售之。私鬻與越界者，如私礬法。

自熙寧初，礬法始變。歲課所入，元年爲錢三萬六千四百緡有奇，并增者五年，乃取熙寧六年中數，定以十八萬三千一百緡有奇爲新額；至元豐六年，課增至三十三萬七千九百緡，而無爲軍礬歲課一百五十萬斤，用本錢萬八千緡；自治平至元豐，數無增損。

元祐元年，户部言：「商旅販礬，舊聽其便，迺者發運司請用河東例，令染肆鋪户連保豫買，頗致抑擾。」詔如舊制。元符三年，崇儀使林像奏：「禁河北土礬非便。若即河北産礬地置場官買，增價出之，罷運晉礬，則官獲浄利，無運載之勞，民資地産，省犯法之弊。」詔下户部。

初，熙、豐間，東南九路官自賣礬，發運司總之。元祐初通商，紹聖復熙、豐之制。大觀元年，定河北、河東礬額各二十四萬緡，淮南九萬緡，罷官賣，從商販，而河東、河北、淮南各置提舉官。政和初，復官鬻，罷商販如舊制。淮南礬事司罷歸發運司，上供礬錢責以三萬三千一百緡爲額。三年，有司奏減河北、河東并淮南礬額，計十六萬緡。四年，礬額復循大觀之制。五年，河北、河東緑礬聽客販於東南九路，民間見用者，依通商地籍之，聽買新引帶賣，大率循倣鹽法。宣和中，舉比較增虧賞罰，未幾，以擾民罷。

建炎三年，措置財用黄潛厚奏許商人販淮南礬入東南諸路，聽輸錢行在，而持引據赴場支礬。

紹興十一年，以鑄錢司韓球言，撫州青膽礬斤錢一百二十文，土礬斤三十文省，鉛山場所産品高於撫，青膽礬斤作一百五十文，黄礬斤作八十文。二十九年，以淮西提舉司言，取紹興二十四年至二十八年所收礬錢一年中數四萬一千五百八十五緡爲定額。其他産礬之所，若潭州瀏陽之永興場、韶州之岑水場，皆置場給引，歲有常輸。惟漳州之東，去海甚邇，大山深阻，雖有采礬之利，而潮、梅、汀、贛四州之姦民聚焉，其魁傑者號大洞主、小洞主，土著與負販者，皆盜賊也。

覺羅石麟等《(雍正)山西通志》卷四七《礬》 有白礬、黄礬、緑礬、黑礬、絳礬、柳絮礬、自流礬。《本草》云：白礬出晉州、慈州，緑礬出隰州。《統志》云：太原交城、平定、臨汾、大同俱出。李時珍曰：礬者，燔也。燔石而成者也。唐常貢太原郡，歲貢礬石三十斤，於晉州置平陽院，以收其利。開成三年，度支奏罷之，以礬山歸州縣五州創務置官吏。宋制白礬出晉慈州、汾州靈石縣，靈石場至道初廢，景德元年復置。大中祥符八年，又廢真礬，徙就晉州、慈州場曰芥泉。緑礬出隰州隰州場，太祖時以地接河東境，罷之。太平興國三年，邳州牙吏卜美請募工追馥煮礬，輸官課詔從其請。各置官典領有鑊户煮造入官市，晉、汾、慈州，礬以一百四十斤爲一馱，給錢六十。給見錢三之二，餘準以茶絲。隰州礬減三十斤給錢八百，汾州每馱三十四貫五百，又增五百。隰州每馱四貫六百，白礬汾州斤百九十二錢，緑礬斤七十錢，晉州折博務額錢一十六萬貫，許商人入中芻，請生礬上京煎煉，賣與通商路分客人。建隆三年，禁私販幽州礬，其後定令私販河東。幽州礬一兩以上私煮，礬盜官販者，胥重律。後又命晉州制置礬，務許商人輸金、帛、絲、綿、茶及緡錢，官以礬償，凡歲增課八十萬貫。淳化初，有司言國家以見錢償礬直商，客以陳茶入博，有利豪商，無資國用，請今後惟以金銀見錢入博，從之。淳化元年，有司言慈州官礬滯積，蓋小民多就山谷僻奥處私煮，以侵其利，而緑礬價賤不可，與晉州礬均法，詔如私茶例。至道中，白礬歲課九十七萬六千斤，緑礬四十萬五千餘斤，賣錢十七萬餘貫。慶曆元年河東都轉運使於晉州置煉礬務官，置鍋鑊自煉熟礬，招客而六户年額如故。河東轉運使薛顔請晉慈礬一切入緡錢，久之礬積益多，復聽入金帛芻粟。嘉祐六年，復入緡錢，礬以百四斤爲一馱，入錢京師，榷貨務爲錢十萬七千，入錢麟州又減三千。熙寧七年，知彭州呂陶言：晉州有礬，山民間煉者乃是私礬，今川蜀茶園乃百姓已開物，與晉礬事體不同。神宗時，隰州商尹奇貿，温泉礬有羨數云：「官潤之守欲械訊。」河東大理正杜純曰：「奇情止爾，若傅致其罪，恐民無敢復貨礬，則數百萬之儲皆爲土石，請没其羨而釋其人。」元冀寧産礬。

劉於義等《(雍正)陝西通志》卷四三 白礬：礬石生河西山谷及武都，能使鐵爲銅。《名醫别録》。宜君有礬場。《宋史·地理志》。礬石，秦人名爲羽涅。《本草綱目》。白礬取之蔡鄧。蒲城縣。

皂礬：緑礬，一名皂礬，西安出，狀如焰消，其中揀出深青瑩浄者，即爲青礬。《本草綱目》。

黄礬：出陝西者爲上，黄色，狀如梧桐淚。人或于緑礬中揀出黄色者充之。《本草綱目》。

礬紅：西安出，緑礬煅過變赤，則爲絳礬。入圬墁及漆，匠家多用之。《本草綱目》。礬紅出澄城縣西長閏里。《馮志》。取之蔡鄧，《蒲城縣志》。出瑶頭鎮。《澄城縣志》。同官亦有礬紅，人賴以治生。《耀州志》。

謝旻等《(雍正)江西通志》卷三四《關津·贛關》 上水税則：湖絲、紬絹、綾緞、紗羅、人參、馬尾、絹包、麝香、顔色、絲線，每百觔九錢一分零。褐子每百件，馬尾帽每百頂，硃砂每百觔，俱六錢五分零。銀硃每百觔，氈條每百條，徽金扇每十簍，俱五錢二分零。黄絲石、黄豆油、牛皮，每百觔，線韈、羊皮韈每百雙，俱四錢五分零。水銀、硇砂、白蠟、雄黄，每百觔，豆豉、黄黑豆、麥子、蒜頭、毛緞、石灰、魚鮍、牛骨，每船三錢九分零。

葛布，每百件三錢二分零。羢鞋，每百雙三錢一分零。書紙、順昌紙、單雙紙每百簍，油牌紙每百刀，絲綿、金線每百觔，首帕每百連，菉豆酒、醬油酒、蟹金酒每百罈，褐子襪每百雙，棓子每百簍，火紙每百擔，粗油紙扇每十簍，俱二錢六分零。舊水絮，每一船一錢九分零。紅花、紫草、黃蠟每百觔，上梭布每百件，氈襪每百雙，俱一錢五分零。蒲鞋面每一簍，吉安檯椅每百張，三白酒每百包，麻姑酒每百埕，被面每百床，履鞋每百雙，海粉每百觔，煤炭每百石，泰酒每百埕，絲鞋、蒲鞋各滿簍，俱一錢三分零。樟腦、棉帶每百觔，建酒每百埕，廢錢每百觔，紅綿繩每百觔，一錢零。羊皮襖每百件，線單每百條，銅錫器、銅綠每百觔，細瓷器每百石，俱九分零。青銅鎖每百把，暑韈每百雙，紅粗茶每十簍，俱七分零。白銅、川芎、金腿、雜皮、不成器銅錫、粗細藥材、各色細果每百觔，氈膝每百雙，氈背身每十件，毛毯每百條，皮箱每十隻，大瓷罈每十個，俱六分零。净花、川蜜每百觔，生布、土布每百件，俱五分零。自五分至一分，自一分至三釐，綿縷、瓷器、蘇蓆、尤墩、梭布、脚帶、白礬、青豆之類，不細載。

嵇璜等《續文獻通考》卷一九《徵榷二·礬》 臣等謹案：南宋榷礬之法，高宗建炎三年，黃潛厚奏許商人販淮南礬入東南諸路，聽輸錢行在，持引赴場支礬。紹興十一年，以韓球言，撫州青膽礬斤錢一百二十文，土礬斤三十文省，鉛山場所產品高於撫，青膽礬斤一百五十文，黃礬斤八十文。二十九年，以淮西提舉司言，取紹興二十四年至二十八年所收礬錢一年中數四萬一千五百八十五緡爲定額。其他產礬之所，若潭州瀏陽永興場、韶州岑水場，皆置場給引，歲有常輸。惟漳州之東，去海甚邇，大山深阻，雖有采礬之利，而潮、梅、汀、贛四州之奸民聚焉，其魁傑者號大洞主、小洞主，土著與負販者，皆盜賊也。嘉定後，礬事無可考。又案：馬端臨考礬與鹽俱參載，今考自宋寧宗以後，礬事甚略，故以歷朝所有，各附載於鹽事之末。【略】

臣等謹案：《金史·食貨志》不載榷礬之法，惟見於章宗承安四年五月，造私茶者比煎私礬例，罪徒二年。泰和四年十月，定私鹻法，賞亦同私礬例。【略】

元產礬之所在：腹裏曰廣平、冀寧，江浙省曰鉛山、邵武，湖廣省曰潭州，河南省曰廬州、河南。在廣平者，世祖至元二十八年，路鵬舉獻瓷州武安縣礬窑一十所，週歲辦白礬三千斤。在潭州者，至元十八年，李日新自具工本，於瀏陽永興礬場煎烹，每十斤官抽其二。在河南者，立礬課所於無爲路，每礬一引重三十斤，價鈔五兩。文宗天曆元年，歲課腹裏三十二錠二十五兩八錢，江浙省額外四十二兩五錢，河南省額外二千四百一十四錠三十三兩一錢。

凡礬貨賣訖，限十日將引赴所在官司繳納批抹，如違限不繳納者，笞四十。凡貨賣之處，辦課官司隨時批驗引目，依例收税，許令發賣，違者杖六十，斷没一半。其北礬犯界侵奪南礬者，罪亦如之。凡提點正官禁治不嚴，致有私礬生發，取招斷罪。凡官吏權勢之家，詭名攙買，虧官損民，依鹽法科斷。

臣等謹按：《成宗本紀》：大德元年十二月，中書省同河南平章孛羅歡等言：無爲礬課，初歲入爲鈔止一百六十錠，續增至二千四百錠，大率斂富民、尅吏俸、停竈户工本以足之，宜減其數。帝令遣人覈實。今以《食貨志》天曆元年歲課之數考之，仍二千四百有奇，當時無爲礬課，究未嘗減也。

嵇璜等《續文獻通考》卷二〇《徵榷三·礬》 太祖洪武三年十月，定徵礬法，時户部言：廬州府黃墩崑山及安慶府桐城縣皆產礬，歲入官者二十二萬七百斤，每三十斤爲一引，其七千三百五十八引，每引官給工本錢一百五十文，其私煎者論如私鹽。從之。十八年，令膽礬與金銀、硃砂等俱起解本色，礬則與魚、茶、酒、醋等俱折收金銀錢鈔。永樂九年三月，温州府民言：歲輸白礬數十斤赴京，阻隔山路，負運實難，乞附海運舟輸納爲便。帝問工部，礬欲何用。對曰：以染色布。帝曰：特染布耳，而勞民于數千里之外，可罷其歲徵。自今製布衣，不必染色。宣德元年三月，錦衣衛力士寧直言：山西中條山產膽礬，乞令有司採以進。帝曰：膽礬何切於用，使民耕則有粟充饑，桑則有帛禦寒，礬如山積何益乎？小人之言，不足聽也。古之人君，惟欲民富，凡山澤之利，皆弛其禁。若礬可利民，聽其自採。景泰二年，定收税則例，皂、白礬每斤税鈔牙錢鈔、塌房鈔各六十五文。萬曆時，陝西礬窠四所額辦課銀四兩六錢五分有奇，礬課鈔河南一千五百七十貫，陝西一千一百六十貫一百一十文，山西六百六十六貫。

藝文

洪邁《萬首唐人絶句》卷六一 曹唐《小遊仙詩九八首·八三》 石洞沙溪二十年，向明杭日夜朝天。白礬煙盡水銀冷，不覺小龍牀下眠。

陳廷敬等《皇清文穎》卷四一 徐乾學《湯泉賦有序》 古者辭賦之作，所以鋪揚鴻業，詠歌盛治。然竊怪司馬相如、揚雄之徒，矜夸車馬，侈陳羽獵，組織雖工，於主德奚裨焉。夫帝王之至德要道，無逾於孝，曾子曰：「孝者，置之而塞乎天地，施之而橫乎四海」，大哉其言之也。臣備員史館，伏見我皇上奉事兩宮，先意承志，聽微察渺，可與虞舜、姬文比烈矣。湯泉之幸，親承懿旨，鑾輿所過，宜有紀載。私怨後世不察，以《上林》、《長楊》之製相爲比擬，殊失厥旨。柳宗元云：「思報國恩，惟有文章」，不揣弇陋，敬攄蕪詞，雖未足測高深於萬一，庶幾矢報答於涓埃云爾。賦曰：

皇帝御極，十有一載。庶徵協應，羣生畢遂。鴻雁來賓之候，律中南吕之月。霜清東野，斗指北闕。雲既凈而天高，潦將收而水潔。天子於是坐總章，戒臣工，宣長樂之懿旨，問温井於無終。乃駕鸞輅，載龍旗，千乘雷動，萬騎雲馳。石鎧犀衣之士，連七萃而霧卷，珠旃日羽之兵，亘五營以星移。其時旭日霽野，慶雲靄天。飛廉雨師，灑道馳烟。宓妃嬴女，奔走後先。玉帳開而秋野生春，寶炬列而暮川增曙。香生槍壘之間，綵繞枌榆之樹。聖心維則，意切承歡。慈宫在路，出入盤桓。遇險道則親扶雕輦，奉甘旨則手進珠盤。見玉色之愈和，必柔色而問安。欲坤貞之永固，假炎液以除煩。誠孝思之不匱，非往代之遊觀。故吉行而徐進，爰駐蹕於温泉。夫温泉者，爲域中之珍瑞，亦天地之神靈。白礬上徹，丹砂下沉。非神鼎而長沸，異龍池而獨深。五雲之漿比潤，三危之露同清。控湯谷於瀛洲，濯日月於中營。谷神不老，川德彌盈。湔灑腸胃，澡雪精神。醴泉消疾，聞乎建武之世；神水蠲痾，不數咸康之辰。誠一沐而再浴，延永算於千齡。於焉停仙蹕，設行宫。樓枕嶺而倒影，殿當川而抱虹，長墉跨於障塞，列岫插於鴻濛。閟邃而寒暑隔，岧嶤而雲霧通，繡帷四幕，層城九重。水澹澹而岸花紫，烟微微而野樹紅。鳴文鷁於波面，奏龍吟於水中。玉女乘車而進悦，神人灼水而擎鐘。已温和之悦體，自茀禄之在躬。慈聖既安，皇情愉悦，乃講蒐苗，飭羽獵。張竟野之罘，設垂天之(畢)〔罼〕。虎落三巙，崇山作碣，圍經百里，羽林羅列。馳朱汗之馬，校黄金之埒。紫燕晨風，紅陽飛鵲，凡有名駒，無不畢集。爲之擢倚天之劍，彎落月之弓。金甲霜鳴於曠野，虹旗電掣於長空。羽毛揚兮九天絳，獵火然兮千山紅。乃有參伐之精，負隅林莽，喑嗚哮嚪，摩牙甜掌。川谷嘯而風生，林巒聞而振蕩。

天子爲之抽金戈，揮玉矢。刃若星流，簇如電駛。南山白額，應弦而斃。谷振千羣，山呼萬歲。謂聖武如我皇，豈往代所能擬。然後登九霄之臺，宴八紘之圃。管鳴而嬌鳥不飛，簟拂而輕花自舞。五蹄仁獸以扶輪，九翼威禽以節鼓。是皆聖孝之禎祥，宜受昊蒼之福祜。乘輿旋返，傾都聚觀，歡聲振地，紅塵障天。散貔貅之萬騎，聚鴛鷺之千官。皇上方且心存得一，學務函三。問寢龍樓，聽政未央。弘孝思之錫類，謀寰寓之乂安。以河海爲衽席，脯麟鳳爲瀡甘。合萬國之歡心，極尊養之多端。彼夫漢帝之遊灞滻，唐家之幸醴泉，豈足以比隆聖世，齊歷大年也哉！

雜録

孫思邈《備急千金要方》卷一二《少小嬰孺方・咳嗽第六方》 又方：半夏二斤，去皮，河水洗六七度完用。白礬一斤，爲末。丁香　甘草　草豆蔻　川升麻　縮砂各四兩，粗擣。

右七味，以好酒一斗，與半夏拌和勻同浸，春冬三七日，夏秋七日，密封口。日足取出，用冷水急洗，風吹乾。每服一粒，嚼破，用薑湯下，或乾喫。候六十日乾，方得服。疑非孫思邈方。

孫思邈《備急千金要方》卷六六《丁腫方・癰疽第二・食惡肉散方》 硫黄　丹砂　麝香　榛頭　蕳茹　馬齒礬　雄黄　雌黄　白礬各二分。

右八味，治下篩，以粉之，吮食惡肉。《千金翼・薄帖篇》：無白礬、雌黄，有藜蘆。云：亦膏和傳之。又《處療癰疽篇》：無丹砂。《廣濟方》：療癰腫膿潰，瘡中有紫肉，破消，以此散兑，或内蝕之。

又方：蕳茹　礬石　雄黄　硫黄各二分。

右四味，治下篩，内瘡中惡肉盡即止，不得過好肉也。

王燾《外臺秘要方》卷二五《廣濟》 療久患疳痢不差，兀子礬散方：

兀子礬八分，燒。麝香二分，研。吴白礬六分，燒。雲母粉五分。桂心二分。龍骨六分。無食子七顆，燒。黄連八分。

右八味，擣篩爲散，空腹以生薑汁和三錢匕服，日再，煮薑湯下。

又療積年疳痢羸瘦，面色痿黄方：

石硫黄研。黄連各二兩。艾一兩。蜜一升。

右四味，以水二升，先煮黄連、艾，取半升，後内石硫黄末，更煮三五沸，即絞去滓，又内蜜，更煎三五沸，下分爲三服。並出第四卷中。

段成式《酉陽雜俎續集》卷八《壁鏡》 一日江楓亭會，衆説單方，成式記治壁鏡用白礬。重訪許君，用桑柴灰汁，三度沸，取汁，白礬爲膏，塗瘡口即差，兼治蛇毒。自商、鄧、襄州多壁鏡，毒人必死。坐客或云已年不宜殺蛇。

李昉等《太平廣記》卷二八八《袄妄一・李恒》 陳留男子李恒，家事巫祝，邑中之人往往吉凶爲驗。陳留縣尉陳增妻張氏，召李恒。恒素於大盆中置水，以白紙一張，沉於水中，使增妻視之。增妻正見紙上有一婦人，被鬼把頭髻拽，又一鬼，後把棒驅之。增妻惶懼涕泗，取錢十千，并沿身衣服與恒，令作法禳之。增至，其妻具其事告增。增明召恒，還以大盆盛水，沉一張紙，使恒觀之。正見紙上有十鬼拽頭，把棒驅之，題名云「此李恒也」。恒漸走，遂却還昨得錢十千及衣服物，便潛竄出境。衆異而問，增曰：但以白礬畫紙上，沉水中，與水同色而白礬乾。驗之亦然。出《辨疑志》。

許洞《虎鈐經》卷一〇《治馬雜病第一一三》 灌馬方：春夏用白礬，秋冬用鬱金、芎藭、當歸、大黄、升麻、黄連、細辛、乾姜，已上各一兩。右爲末，入湯中，以酒調灌之。啗馬方：鬱金、大黄、甘草、山梔子、貝母、白芍藥、黄藥、秦膠、一作花。黄柏、黄連、款冬花、知母、桔梗、膏本等分，爲末。右用油并蜜和，啗之，每服二兩。治馬温方：右以獺肝肚肉，去糞煮汁灌之。治馬肚熱結寒顫不食方：黄連末二兩，白蘚皮末一兩，油五合，以臈猪脂四兩，白水一升半調下，牽行，抛糞立效。治馬卒熱肚脹欲死方：以藍汁二升，并水二升同灌之，立效。治馬怠起方：又取壁上多年石灰，細研羅出，用油調二兩灌之，立效。治馬黑方：忽卧不起，汗流如珠，肉顫氣喘者，嘗汗淡即死，汗鹹不死。以人脚下汗襪，以水二升洗，取汁灌之，立瘥。治馬不進水草方：芒硝一兩，馲駱半升，已上和鬱金散灌之，并刺帶血出一升。治馬傷水方：又以葱鹽、油相和，搓成團子，内鼻中以捉馬鼻，令不通氣，又待眼中淚出，即止。治馬傷食方：右以生蘿蔔三五個，切作片子啗之，立效。治馬喉中腫方：軟物裹刀子，露一刺咽喉，令便瘥。又方：以乾馬糞置瓶中，將頭髮蓋之，以火燒烟出，薰馬鼻中，立瘥。又方：以猪脊邊脂伴髮燒薰鼻中，立效。治馬草結方：以白礬末分爲二兩服，每服和水，飲後即啗之，神效。又方：以手捻令銷，如不銷，火燒掃箒柄築之，效。點馬眼方：青鹽、黄蕤仁、馬牙硝，已上各等分，細研，用蜜煎，以瓷瓶盛水，浸點之。治馬疥瘡黄臭方：臈月猪脂，煎髮令銷，及熟塗之，立效。治馬瘡方：以齒莧、石灰，同擣令勻，擣作餅子，候曬乾，復擣爲末，先以口含水洗浄，用藥貼之。治駒兒肚瀉方：以藁本爲末，將大麻子研汁，調三錢灌下，便效。次將黄連末、麻子解之。

腸藥方：莨菪子、烏頭、芫花、茱萸、扣眷、蒼術、木鼈子、葶藶子。右等分，爲末，每相用半兩，以醋、麵、椒、蒜煎爲膏治之。

張君房《雲笈七籤》卷六七《金丹部・九光丹法》 九光丹與九轉丹法大都相似，作之法，當以諸藥合火之，以轉五石。五石者，丹砂、雄黄、白礬、鲁青、瓷石也。一石輒五轉，而各成五色，五色爲二十五色，色各有一兩，而異器盛之。欲起死人未滿三日者，取青丹一刀圭，發其口，内之，死人立生也。欲致行厨，取黑丹和水，以塗左手，其所求如口，所道皆至，可召天下萬物也。欲隱形及先知未然方來之事，及駐年不老，服黄丹一刀圭，即便長生，坐見萬里之外，吉凶所知，皆如在目前。人生宿命，盛衰壽夭，貴賤貧富，皆知之也。其法俱在《太清經》卷中。

張君房《雲笈七籤》卷六七《金丹部・五靈丹法》 《五靈丹》一卷，凡有五法。用丹砂、雄黄、雌黄、硫黄、鲁青、礬石、瓷石、戎鹽、太一、餘糧，亦用六一泥及神室祭醮之合之，三十六日成。又用五帝符以五色書之，亦令人不死，但不及太清及九鼎丹耳。

張君房《雲笈七籤》卷七一《金丹部・造艮雪丹法》 汞一斤，以錬成十三兩錫，破以次計之，即時合者八兩汞、六兩半錫，其中雜藥，謹録如左：吴白礬六兩，於鐺中鎔，以火熬沸，盡使乾訖，即擣篩爲末。用此錬白礬，今時錬六兩稱得五兩。黄礬四兩，爲末，於鐺中熬使乾，更擣篩爲末。太陰玄精二兩，擣篩爲末。朴硝二兩，擣碎熬，使水氣盡，爲末。伏龍肝四兩，爲末，取一兩和鹽及諸藥。增鹽六兩，擣篩爲末，於鐺中熬取乾。初錬錫三遍訖，更鎔，投好醋中殺錫毒。更於鐺中鎔訖，以水銀投錫中，以鐵杖攪，使相和置薄。掘地作淺坑子，以一張紙藉下，取瀉勿流於地上，紙上流者，水銀和錫是也。仍以好醋噴之使濕，即急蓋其上。次熬鹽使乾訖，取黄礬、白礬、伏龍肝二兩總和擣，勿留於臼中，擣之爲末，以粗篩度之，入少許醋拌，勿使濕。取二兩伏龍肝藉釜下，鐵匙按之，使平實。次以鹽燥末二匙，按使平實。次朴硝，還以匙撥使平實。即内藥，但平撥，不須實，以匙多少抿使平整。即以盆子覆上，固濟使密，著火三日兩夜，開藥收取。如恐不盡，所有惡者并鐺中藥滓，總和於一小盆中，取少醋噴之，使纔潤，細研之訖，以一匙内底，蓋鹽，依初飛法固濟訖，著火兩日一夜，即開看，所有水銀並皆盡矣，取藥即休。此藥主鎮心安藏，除邪瘴惡氣、疰忤、風癲、風癎等疾。飛藥三兩轉已後，可研令極細，以棗穰和爲丸，丸如麻子大，每日服四丸。若不覺有異者，漸加至六七丸。每旦服之，不過二三丸。其藥性微冷，若先患冷疾，不宜服之。治傳尸、瘧瘴、癘時氣，一切熱病，入口立愈，神效。若用入面脂，治皯黯。太陰玄精出河東解縣界鹽池中，水採之，其色理如玉質無異，其形似龜甲。以殊黑重者不堪，黄明者上也。

張君房《雲笈七籤》卷七六《四壁櫃硃砂法》 四壁櫃硃砂，其法能除風冷，温暖骨體，悦澤顔色，久服無疾，延年益壽。

針砂一斤，硫黄四兩，硃砂三兩，白礬四兩，鹽二兩。

右以濃醋一斗五升，煮針砂、硫黄二味，令乾，以火煅之，待鬼焰出盡後，放冷，研。别入硫黄(二)兩，又用醋一斗五升，更煮，候乾，依前煅之，鬼焰盡即止。放冷，以水淘取紫汁，去其針砂，澄紫汁極清，去其水盡，陰乾。即入白礬、鹽同研，内瓷瓶中，四面下火煅之，候瓶内沸定即止。待冷出之，細研，以醋拌爲櫃，先用藥一半，入鉛桶中，築實，即以金箔兩重，硃砂入櫃上，又以餘櫃蓋之，築實，以四兩火養三七日，即换入銅桶中，密固濟，用六兩火養三七日足，即用十斤火煅之，任火自消。寒爐出藥，硃砂已伏。於潤濕地薄攤，盆合一復時，出火毒了，細研，以棗肉和丸，如麻子大。每日空腹，以温水下五丸。以鉛作桶，可重二斤，以銅作桶，可重三斤。忌羊血。

朱熹《二程遺書》卷一五 醫者不詣理，則處方論藥不盡其性，只知逐物所治，不知和合之，後其性又如何。假如訶子黄，白礬白，合之而成黑，黑見則黄白皆亡。又如一二合而爲三，三見則一二亡，離而爲一二，則三亡。既成三，又求一與二，既成黑，又求黄與白，則是不知物性。一作理。古之人窮盡物理，則食其味，嗅其臭，辨其色，知其某物合某則成何性。天有五氣，故凡生物莫不具有五性，居其一而有其四。至如草木也，其黄者得土之性多，其白者得金之性多。

龐安時《傷寒總病論》卷三《治喉咽痛塞硼砂散》 硼砂、殭蠶、牙硝、白礬、甘草、雄黄，各一分。硇砂，半分。草烏頭尖。四個。

細末，米飲調一錢，細細呷之。

莊綽《雞肋編》卷上《初虞世必用方》 載：官片大臘茶與白礬二物，解百毒，以爲奇。考之《本草》，茶、茗、荈、⿰木茶，皆一種，俱無治毒之功。後見劍川僧志堅云：向遊閩中，至建州坤口，見土人競採鹽麩木葉，蒸搗置模中爲大方片，問之，云作郊祀官中支賜茶也，更無茶與他木。然後知此茶乃五倍子葉耳，以之治毒，固宜有效。五倍子生鹽麩木下葉，故一名鹽麩桃。衢州開化又名仙人膽。陳藏器云：蜀人謂之酸⿰木𤰇，又名醋⿰木𤰇，吴人呼烏鹽。按《玉篇》：⿰木𤰇字，皮秘切。云木名，出蜀中，八月中吐穗如鹽，可食，味酸美。《本草》云：出吴蜀山谷。余疑五倍子乃吴⿰木𤰇子聲訛而然耳。

李心傳等《建炎以來朝野雜記甲集》卷一四《礬白礬、青膽、黄(膽)(礬)》 礬，國朝舊制，晉相礬行河北、京畿，淮南礬行於東南九路，今獨無爲軍、崑山場爲盛，歲額白礬六十萬觔。租額一百二十萬觔，紹興十四年始有此額。韶州岑水場十萬斤，信州鉛山場青膽、黄礬無定額。其法，自榷貨務給引赴場，許客人算請，每百爲一大引，輸引錢十二千，頭子、市利、雇人、工墨錢二百七十六。又許二十觔勿算，以優之。五十觔爲中引，三十觔爲小引，錢及加貨以是爲差。三十年，以商販利薄，減爲十千，六月戊午。十四年，又增一千。十一月丙寅。崑山礬則民間自煮，官置場買納，紹興初，每觔本錢十三文至二十文，十四年十一月，增爲三十文。歲收息錢四萬緡有奇。二十九年閏六月，以四萬二千五百八十五文爲額。鉛山礬則官自煎，以十分爲率，四分充工本，六分赴榷貨務焉。

陳敬《陳氏香譜》卷四《龍涎香珠》 大黄一兩半，甘松一兩三錢，川芎一兩半，牡丹皮一兩三錢，藿香一兩三錢，三柰子一兩三錢，以上六味，並用酒發，留一宿，次五更以後，藥一處拌匀，於露天安，待日出曬乾用。白芷二兩，零陵香一兩半，丁香皮一兩三錢，檀香三兩，滑石一兩三錢，别研。白芨六兩，煮糊。均香二兩，炒乾。白礬一兩三錢，二味另研。好棧香二兩，秦皮一兩三錢，樟腦一兩，麝香半字。

右圓，曬如前法，旋入龍涎腦麝。

齊德之《外科精義》卷下《十香膏》 治五發惡瘡，結核、瘰癧，疳瘻、疽痔。

沉香、麝香，已上各一錢。木香、丁香、乳香、甘松、白芷、安息香、藿香、零陵香，各五錢，同爲細末。當歸、川芎、黄芪、木通、芍藥、細辛、升麻、白蘞、獨活、川椒、藁本、菖蒲、厚朴、木鱉子、官桂、商陸根，各二兩，剉碎。桃仁、杏仁、柏子仁、松子仁，各五錢。槐枝、桑枝、柳枝、松枝，各二兩，剉。没藥、輕粉、雄黄、硃砂、雲母石、生犀角、亂髮灰、白礬灰，各一兩，另研如粉。真酥、猪脂、羊腎脂，各二兩。黄丹，一斤。清芝麻油。三斤。

右先於木炭火煉油香熟，下一十六味剉碎藥，并四枝、四仁，熬至紫黑色出火，濾去柤，入脂酥，煎十餘沸。再以新綿濾過，油澄清，拭鐺令浄，再入火上，煎油沸，下丹，用濕柳枝作箄子，不住攪熬一日，滴在水中成珠不散，則成也。離火，入十味藥末，攪匀，再上火，入雲母等粉八味，輕煎令沸，出火，不住攪一食時，於瓷盒內密封收。每用，量瘡口大小，緋帛上攤貼之。腸胃癰疽，可作丸如梧桐子大，每服七丸，空心温酒送下。

朱橚《普濟方》卷一六一《咳嗽短氣類》 蛤蚧散，出《三因方》。治元氣虛寒，上氣咳嗽，久年不瘥。

蛤蚧一對，炙。成煉鍾乳、肉桂、款冬花、白礬飛過，别研。甘草。炙，各半兩。

右爲末，每服五分，用蘆管吸之，或覺咽乾，即用米飲調下，空心，食前服之。

宋詡《竹嶼山房雜部》卷三《烹猪》 宜首宜蹄，烹糜爛，去骨，以布苴壓餅。冷宜醬鹽，熱肉宜花椒油、花椒鹽、蒜醋、蒜水。凡烹時，其汁中冬月加鹽少許及白酒，夏月别加白礬少許，須日挹去其油并滓而用其清，再續以水，是謂原汁，愈久愈美，烹肉益佳。蘇東坡云：浄洗鐺，少著水，柴頭罨煙焰不起，待他自熟莫催他，火候足時他自美。

宋詡《竹嶼山房雜部》卷五《煮》二十制 紅棗子，水煮。蓮菂，水煮。

鷄頭，鮮者，和石灰加厲石，擦洗入鍋，煮熟取起，以冷水少釋之，再入鍋炒，乾入罐，熱用。乾者，用錐挑破其眼，水浸一宿，煮。慈菰宜鐵鍋水煮，用鹽。

地栗宜鐵鍋水煮，輪去皮。菱老者，風戾者，水煮。

藕實、白糯米、赤豆，於竅水煮，用宜蜜。

璚枝洗甚潔，用水煮調化膠，加退皮、胡桃仁或赤砂餹和內，盛盆器，冷定切用，又名石花菜。

大豆，鮮者，煮大熟，去殼，宜五辛、醋。乾者，淅之，入鍋鋪平，中爲一窩，置鹽在內，用水遶鍋瀉下，平豆爲度，煬火，水乾豆熟，其鹽自散入四向豆上，並不粘鍋。欲不見鹽，未乾時常抄動之。如欲色紅，加蘇木、白礬少許。

杏仁，去皮尖，煮去苦味，入鹽煮燥。

老刀豆，去内外殼，宜鹽。龍爪豆，去内外殼，宜鹽。

藊豆，去内外殼，宜鹽。

大豌豆，鮮者，和殼煮，乾者，以河水入灰浸一宿，洗潔煮熟，用熟油、鹽、花椒、葱炒。小豌豆，鮮者，和殼煮。

竹筍，帶籜煮大熟，脱之，宜五辛、醋、熟油、醬。

茄：覆椀於鍋，入水少許，置茄於上煮，大熟，去皮，宜薑、鹽、醋，宜熟油、蒸醬加罌粟米。煮茄熟，壓去水，熱油中染起，宜蒜、醋。以茄半剖界稜，覆鍋上，熟油澆之，鹽洒之，俟熟。胡蘿蔔，煮大熟，宜胡椒、鹽、醋。

白蘿蔔，煮過熟，壓去水，宜熟油、鹽、醋。

茭白，煮大熟，宜五辛、醋。韭，微芼，宜薑、鹽、醋。

菾菜，煮大熟，泲去水，宜蒜、醬、醋。

冬瓜，用堅肉，切大塊，煮熟爛界稜，澆熟油、薑、醋。

瓠同冬瓜。生瓜，華之去瓤，煮過熟，切小條葅，曬乾。

莧，煮太熟，泲去水，宜蒜、醋。

宋詡《竹嶼山房雜部》卷七《紙》 紙有楮皮所成，經水則朽，有竹皮所成，勝水。雖色牋，膠礬多者脆而易點，高麗白硾紙與倭牋鮮得，南唐澄心堂紙絶無，若宋牋最厚，元牋頗薄，亦漸罕矣。今之龍牋，出自内府，平厚滑膩，幅重一斤。優於他箋也。

造五色牋法：每官印紙一幅，用煮漿及顔色水調雲母石碓粉，水澄絶細，先刷表面上桁，俟乾後，刷裏面上桁，俟乾，槌過熿色，隨灑以金，或以顔色水拖染眼乾，加熿色，篩雲母石粉金，槌平。一用白禄紙百幅，牛膠，半斤。明礬，八錢。湯化醒之，春夏微醲，秋冬甚薄。調顔色，正面拖過，眼乾，槌平爲牋，正可蠟印花。一用白禄紙，礬膠拖過，眼乾，研上等定粉，加顔色膠調刷紙，砑滑膩爲牋，惟可點以金。

煎顔色水法：肉紅，用蘇木加紫草，少許。同水煎汁。紅，用蘇木，八兩。槌碎，沸湯八碗。浸三二時，煎濃加白礬。濾黄，用槐花半升。炒，令焦黄色，同水三碗。煎數沸，候色濃加白礬。半兩。濾粉青，用靛花，一斤。淘潔研細。其餘顔色，惟此三色濃淡輕重調合。若沉香色，煎栗殼水，染大紅，用紅花水膏刷於膠礬紙也。

煮漿法：糯米五升。浸一宿，研糜爛，用水二升。調攪，濾潔，入菉豆粉，一斤。攪勻下釜，慢火煎，頻攪，候漿滚，入黄蠟，半兩。攪勻，熟入白礬，一兩。急攪之。如漿濃，旋入水攪，量稀稠收。

熿紙法：計紙百幅，白礬，二兩。黄明膠，一兩。滚湯頓化，醒成稀水收。

槌紙法：每乾紙一幅，則以灑濕一幅，疊之百幅爲一垛，置平板上，用大石重壓，經一伏時，俾上下乾濕皆勻，於平石上勻槌二三百下，務着實，於百副内將五十幅曬乾，却與濕者五十幅，乾濕相間，再勻槌三二百下，依上再曬一半，候乾，又乾濕相疊槌之，以無一幅占粘爲度。

宋詡《竹嶼山房雜部》卷七《表背書畫法》 秋冬爲上時，春爲中時，夏爲下時，暑溽音辱。之月爲不時。凡表背，必使厚薄適均、潤潔平穩爲精藝也。訣曰：春宜滑石白礬多，皂角川椒等分和，黄蠟水油須大用，麵稱十兩要重羅。滑石、一兩。白礬、一兩。皂角、一梃。川椒、一兩。黄蠟、一兩。油。

夏用芫信巴茇椒，艾水烏頭蠟更高，皂角白礬油一兩，金精木鱉與秦艽。黄蠟、一兩。白礬、一兩。艾、一兩。金精石、木鱉子、秦艽、白芨、芫花、各半兩。烏頭、信、巴荳、各少許。皂角。一梃。秋用皂角好油宜，黄蠟金精艾水微。木鱉不多石燕少，休教風透濕時吹。黄蠟、金精石、木鱉子、艾、各半兩。石燕、少許。皂角。一梃。冬月最好成書畫，木鱉金精都總罷。硇女交切。砂茯油鹽蠟礬，鑒者相看贈高價。黄蠟、一兩。白礬、五錢。硇砂、二錢。茯苓、三兩。鹽、三錢。麵。一斤，發透毒氣。

宋詡《竹嶼山房雜部》卷一五《賽蒲萄酒》 麴裏米汁，酒也。皂衫兒，曬乾磨碎去皮用，約二斗許，黑豆也。白礬，些少。甜兒，些少，蜜也。烏梅。數個。右用砂鍋或銀器，先將衫兒、梅、礬一處入熬色黑，濾去渣，方入甜兒和勾，再和麴汁，調停得所，盛瓶中，密封一宿，飲之，與真者無異。

宋詡《竹嶼山房雜部》卷二二《藏青梅法》 青梅、時梅一百個，用白礬半兩泡湯，停冷去脚，調炒鹽半兩。每瓶底用當十大銅錢五六枚，入梅八分，却入礬鹽湯浸過半寸以上，再摻銅青末少許在面上，以篾籃盛瓶，放在井底。

陸深《儼山集》卷七六《清女權厝誌》 女清，年十三病痞，死於京師。痞凡歲餘，更數醫，竟莫能治。最先治者陳寵，寵醫，京師有名也。當其時夏，腸中有聲，乍寒乍熱。寵診之，以爲氣虚有積，以阿魏丸餌之。既微有形在左脇下，以爲痞也。有胡某者，都人也，以治痞名榜于通衢，曰半日取效。亟使視之，曰：「痞良是。是名女得男疾，法當下下之。」與之藥，即阿魏丸。自是常服阿魏丸，而病愈甚，吻渴減食，膚黄變幾殆。是時也，産醫者李珪曰：「吾子齊傳秘方，能治。」齊來，按曰：「脈數甚，内有積熱，服阿魏丸，是謂熱濟熱也，渴固宜。法當健脾清中，才得服參朮麯蘖等劑，以正勝也。」或曰：「是在膜外，藥餌不及，攻若以補，助祇邪王耳，何從勝？嘗見一治法，用朴硝填患處，火熨之，令微熱，若是數數，爲之愈矣。乃依其方，果獲效。在《内經》有之，鹹以軟之者，是也。」遂以朴硝治外，而以齊藥治内。有間，硝力遂頑，而齊藥亦無大效也。然日羸弱，自後來治者争言補脾胃矣。或曰：「是必針灸，不然不止。」江西有秀才蔡登，以針名，登貢來，致之，登曰：「非痞曷針，我有成藥，治之當起。」登謂痞男必左，女必右，今左耳。醫者蜀王坤以爲登大不省耳，遂受其成藥不用，而登猶以相貌云必無他。坤遂治之，專主於脾胃，而以雄黄白礬膏貼之，然效愈遠矣。晚又治於蕭正齋，正齋名某，杭人也，其説李、王之間，而加黄蓍爲劑者。彌月，卒不起。嗚呼！女果死於病耶？抑失醫然也？京師之醫盡之矣，所未及者針灸。然言針灸者十一，故常不可耳。或曰：「是疾成於水滯，北方多有之，若南還，啖河中水，迺有瘳。」訪諸人，人曰非便。女偶聞之，遂日夜促其母歸，未及歸而女死。嗚呼！女果死於客耶？於是乎有遺憾矣！自女患是疾，見余日夜憂，嘗進曰：「大人無徒苦，兒有吉兆，自當無恙。」其母扣其狀，曰：「常夢之帝所，隨一行人乞壽，帝與我脂傅唇。覺而唇猶冷，然唇者，辰也，是益我以辰矣。又夢人索病與他人，兒乃捧腹向曰：若是寶貨，便當與之，此我腹中疾，那得與人。」余聞曰：「仁哉！果然當如女言無恙。」乃相與破顔，而女亦囅然。每晨興常如何之，女應聲曰：「今勝於昨。」實不勝也。察其意，蓋見余頻年哭其弟妹，姑謾慰之爾。至於死，猶云無恙，言語無少亂者。此病中，夜嘗讀《列女傳》、《國風》、《小學》、《雜女記》，讀之間有未通，即以意屬，讀即不爽。余竊怪其如此。病既加，從余乞帖學書，余曰：「兒女郎也，何用爲此。」遂不復事。然見書即曉點畫，大都與弟妹輩講説之。未死前兩日，猶坐誦詩。時祖母吴夫人衣紫花半臂，適來視兒，褰幃曰：「漊漊年時衣單，夏月得寒疾，今當更衣之。」夫人背而泣曰：「兒何暇憂老身耶！」其死，夫人尤痛悼之不已。女巧慧工藝，不欲書，聊叙病醫時事，以識余之痛云。俟他日返葬，銘而藏之。女諱清，姓陸，上海人。父深，母梅氏，爲初舉女。許配鄉進士董君懌之仲子。以丙辰臘月望前一日生，以戊辰五月望後一日死。余挈之走四方，居南都者三載，居京師者四載云。

楊慎《丹鉛總録》卷二《温泉》 東坡詩紀所經温泉，天下七處，以驪山爲最。予在南中所見，又不止七處也。寧州、白崖、德勝關、浪穹、宜良、鄧川、三泊，凡數十處，而安寧爲最。凡温湯所在，下必有硫黄，其水猶有其味，獨安寧清徹見底，垢自浮去不積，且無硫氣，不知何理也。舊有人見其竅出丹砂數粒，乃知其下有丹砂。傳聞徽州黄山温泉亦類此。後周王褒《温湯銘》曰：「白礬上徹，丹砂下沉。華清駐老，飛流瑩心。」乃知温泉所在，必白礬、丹砂、硫黄三物爲之根，乃蒸爲暖流耳。

楊慎《丹鉛總録》卷八《私礬》 榷礬者，唐于晉州，開成三年罷之。《宋律》：白礬出晉、汾州、坊州，緑礬出瓷州、隰州，各置官曲(護)〔鑊〕户，有馱錢。

陳止齋曰：私礬之禁，爲契丹、北漢設也。本朝不設礬官，亦無礬禁。《大明律》「私礬」一條，當時修者失于刪除且。

田汝成《炎徼紀聞》卷四《蠻夷》 僮人，五嶺以南皆有之，與傜雜處，風俗略同，而生理一切陋簡。冬編鵝毛雜木葉爲衣，摶飯掬水而食，居室茅緝而不塗，衡板爲閣，上以棲止，下畜牛羊猪犬，謂之麻欄。善爲毒矢，射人物，中者焦沸若炙，肌骨立盡，雖傜人亦重畏之，不敢忤視。又善爲蠱毒，五月五日，聚百蟲於一器，令自啖食，存者留之，持以中人，無不死者。又爲飛蠱，一曰挑生，一曰金蠶，皆鬼屬而毒人，事之可以驟富，害人者類于飲食，內之令人心腹絞痛，面目青黃，吐水而脈沉，含黑豆脹而皮脫，嚼之不腥，易以白礬，其甘若飴。治之以歸魂散、雄硃丸。在胸鬲則服升麻吐之，在腹則服鬱金下之。聚而成村者爲峝，推其酋長曰峝。官峝官之家，婚姻以豪汰相尚，壻來就親，女家於五里外結草屋與居，謂之入寮，兩家各以鼓樂迎男女至寮，盛兵爲備，小有言則兵刃相接。成婚後，妻之媵婢迮意，壻即手殺之，自入寮，能多殺媵婢，則妻黨畏之，否則謂之懦。半年而後歸，夫家人遠出，而歸者止於三十里外，家遣巫提竹籃迓，脫歸人帖身衣貯之籃，以前導還家，言爲行人收魂歸也。親始死，被髮持瓶甕，慟哭水濱，擲銅錢、紙錢于水，汲歸浴屍，謂之買水，否則鄰里以爲不孝。僚人，古稱天竺、咳首、焦僥、跛踵、穿胸、儋耳、狗軹、旁脊，謂之八蠻。其支而尤異者，則有飛頭、鑿齒、鼻飲、花面、白衫、赤裩之屬。今嶺表左右及海外諸國，在在有之，而儋耳、交趾遂以名郡。其俗各以其黨，沿習不一，好依深山，積木以居，名曰干欄，以射生爲活，雜食蟲豸，以鼠子未毳者，啖以厓蜜，嚼之跳躍，唧唧有聲，號曰蜜唧，以爲珍具。無版籍部勒，每村推其長有智者役屬之，號曰郎火，父死子繼，餘稱提陀，提陀者，猶華言百姓也。歲首則郎火以土杯十二貯水，隨辰位布而禱焉，經夕集衆往觀，若寅有水而卯涸，則知正月雨而二月旱，餘俗大略與傜、僮同，而好殺尤甚。父子有隙，手刃者先之，若殺其父走避於外，得一狗以謝母，然後敢歸，母得狗謝，不復嫌恨，報讐相擊，必食其肉而卧其皮。所殺之人美鬚髯者，剶其面而籠之竹木，鼓噪而祭之，以徼福利。

唐順之《武編前集》卷六《舟》 製篷索藥：每白礬十斤、皮硝五斤、梔子四斤，爲末，入水五斗，熬三五沸，刷在篷索上，以防雨火也。鴛鴦槳，即鶯船，此槳用二舟并合一處，形如艦船，不用篷檣，各長三丈五尺，闊九尺。倉上用生牛皮張裹，棹槳人併槳把俱在倉內，槳尾自內入水，每一邊八把，倉上前後兩旁俱留箭眼、鎗眼，以便放火藥神器。如赴敵，則兩邊飛棹，與敵相近則放神器，分爲兩邊夾攻，使彼左右難救。賊亂，既中我藥箭、神器等具，其人必傷，其船必焚。此輕舟近敵之法，如捕巨魚之法也，待彼勢弱敗，我則近而擒之矣。

高濂《遵生八牋》卷一二《蒜瓜》 秋間小黃瓜一斤，石灰、白礬湯焯過，控乾，鹽半兩，醃一宿。又鹽半兩，剥大蒜瓣三兩，搗爲泥，與瓜拌勻，傾入醃下水中，熬好酒醋浸，着涼處頓放。冬瓜、茄子同法。

高濂《遵生八牋》卷一二《蒜冬瓜》 揀大者去皮穰，切如一指闊。以白礬、石灰煎湯焯過，漉出控乾。每斤用鹽二兩，蒜瓣三兩，搗碎，同冬瓜裝入瓷器，添以熬過好醋浸之。

高濂《遵生八牋》卷一二《紅鹽荳》 先將鹽霜梅一個，安在鍋底下，淘淨大粒青豆蓋梅。又將豆中作一窩，下鹽在內。用蘇木煎水，入白礬些少，沿鍋四邊澆下，平豆爲度。用火燒乾，豆熟，鹽又不泛而紅。

高濂《遵生八牋》卷一五《印色方》 麻油，二斤。牙皂角，三個。草麻仁，半斤去殼，取仁搗爛。花椒，四十粒，取色不變。膡黃，一錢，取不落色。明礬，五分，取其發亮。黃柏，五分，助色。黃蠟，五分。白蠟，五分。胡椒，三十五粒。辰砂，二兩。二紅，二兩。花硃。四兩。

右件先將麻油同麻子熬數滾，再下皂角、花椒，熬至滴水成珠，方下蠟、礬等物，取起去渣，用蘄艾爲骨，加三朱拌紅爲度。

高濂《遵生八牋》卷一五《雅尚齋印色方》 京師草麻油，較菜油價賤，取回罈裝，埋土內三二年用，色白如冰。每用斤數，大日內翻曬至熟，次下黃蠟一錢，白礬末一錢，白芨末二錢，金箔沙細五十片，入瓶聽用。將舊坑豆瓣硃砂研至極細，用水飛過三五次，去黃標與末後砂脚，只用中間水飛細者，入粗碗中，用燒酒傾入，微火煮一炷香。隨其色變，曬乾取起，將硃又研如麪，方和前油，拌艾入匣，愈久愈紅，不變黑色。油取曬熟，至久不乾。其胚用真正蘄艾，搓揉百次，仍煮數遍，務去黑星，一點不存，如綿絮然方用。此至妙秘法，刻同鑒家共之。

高濂《遵生八牋》卷一五《法糊方》 白麪一斤，浸三五日，候發臭作過，入白芨麪五錢、黃蠟三錢、白芸香三錢、石灰末一錢、官粉一錢、明礬二錢，用花椒一二兩煎湯，去椒先投蠟礬、芸香、石灰、官粉，熬化入麪作糊，粘背不脱。又法：飛麪一斤，入白芨末四兩，楮樹汁調亦妙。

高濂《遵生八牋》卷一七《丹藥・陰煉法》 將前積取二水，置瓷缸三四口，或五六口，於静通溝去處，每缸止放五分龍虎水，加井水五分，下明礬二兩，白术二兩，松柏葉各二兩，取楊柳棍三四莖一扎，順攪千餘下，蓋之勿動。勤看，待水澄清，去蓋，慢慢漏去清水。又加井水滿缸，以絹羅濾去渣滓，又攪三二百轉，蓋之，澄清，又盡漏去清水。仍加井水，又濾，又攪，又漏，如此十餘次，直待水香爲止。候水盡，用米篩二三個，内鋪薄綿紙，將渾龍虎石取入篩紙上，待水乾，移在日色處，以竹刀畫成骨牌路，曬乾，如粉之白，即是陰煉龍虎石。用瓷盒收貯，合藥。用此石能補心生精，養血之至藥也。

又一方

將積下的龍虎水，照前安半缸，加井水半缸，令九分滿。另用皁角一斤，煎水一桶，加白礬四兩在内，聽用。取南桑、北榆、東槐、西柳、中松各一枝，共紮成一握，攪前缸龍虎水千餘轉，點皂角白礬水二三碗，勿動，待他澄清，漏去清水。再加井水令滿，仍入皂角白礬水二三碗，再攪四五百轉，待澄清，漏去清水。再加井水令滿，攪渾，用空缸一口，以瓢連忙淘入空缸内，剩泥脚二三碗不用。復攪百十轉，澄清水，仍加清水，攪渾，乘渾連忙又淘入空缸内，又剩泥脚不用。又澄，又漏去清水，又加井水，又攪渾，又淘過，又剩脚。如此十餘次，方漏水盡，用净灰半缸，按實，上鋪絹一方，絹上鋪紙，將渾秋石傾在紙上，陰乾。亦將刀竹畫成骨牌路，曬乾，即是陰煉，收用。

高濂《遵生八牋》卷一八《治痰症方・半夏麯法》 每用齊半夏，選極大者一斤，水浸二三日，以透心去灰爲度。用生薑自然汁一茶盞，同煅白礬四兩煎化，將半夏爲粗末，拌匀，曬乾聽用。

治風痰，用猪牙皂角半斤，〔水〕四碗，煎二碗。

治脾胃濕痰及火痰，用竹瀝或荆瀝拌。

治老痰、膠痰，諸藥不效者，用霞天膏一碗，先拌半夏曬乾，後入竹瀝爲麯。

霞天膏方具後幅。

右俱用楮葉紙封，如造酒麯法，置簷風處。

徐應秋《玉芝堂談薈》卷二四《丹砂泉》 東坡詩記所經温泉，天下七處，以驪山爲最。南中若寧州、白崖、德勝關、浪穹、宜良、鄧川、三泊，凡數十處，而安寧爲最。江南黄山、拓州亦有之，閩中尤多，然皆作硫黄氣。人有疥者，浴之輒愈，竹木浸一宿則不蠹，蓋硫黄能殺蟲故也。安寧清徹見底，垢膩浮去不積，且無硫黄氣，有人見其竅出丹砂數粒。黄山者上有石屋，底皆白沙，沙熱，足不能久住，亦無硫黄氣，有人見泉水赤如血，砂片若桃花者浮滿水面，翌日往視之，則無見矣。乃知温湯所在，必白礬、丹砂、硫黄三物爲之根，乃蒸爲暖流耳。將樂有甘乳洞，一石突出如蓮花，泉自石中迸出，滴巨石上，味甚甘洌，或以穢器盛之，泉即不流。

今按温泉可考者，《廣志》：一在新豐，一在廣平。《吴郡録》：一在始興山，一在零陵縣。《水經注》載：一在漁陽郡北。《臨川記》載：一在臨川縣。《安成記》載：一在宜陽南鄉。《荆州記》載：一在耒陽縣。《博物志》載：一在不周雲川。《名勝志》載：一在灤州。《一統志》載：一在宣府西南，一在赤城堡，一在大同府蔚州，一在懷慶府孟縣城北，一在商城縣南，一在汝州，武后常臨幸裕州，一在歷山，一在七峰山。《雲南志》載：一在宜良縣，一在新化州徹崇山下，一在鶴慶府城東南。《梁州記》載：一在漢水南。《郡國志》載：一在宜春縣南。《丹陽記》載：一在江乘之湯山。《九域志》載：一在遵化縣之福泉山下。《宜都記》載：一在銀山縣，又一在溧水西南，昭明太子曾浴此。《續征記》載：一在東萊郡，一在武功縣太乙山，一在录水源，一在沔池縣。

徐應秋《玉芝堂談薈》卷三五《金翠蛇》 《北户録》：公路至雷州，對岸倚船候風勢，見羣小兒簇二巨蛇，各丈餘，一如孔雀毛，金翠奪目，一真紅色，鮮明若血，又有十餘白蛇前後相隨，若導從，俱入一榕藤巊内。《搜神記》：千年蛇則斷復續。《淮南子》：神蛇自斷其身而自相續。隋煬帝遣人於嶺南求此蛇，至雒下，長可三尺，色黄黑，其頭錦文，全似金色，不能毒，人解食肉。若欲令斷身，先觸之怒，則自斷爲三四。其斷處如刀截，亦微有血。久之怒定，則三四段稍稍自相就，而連續如故。著作郎鄉隆曰：「此靈蛇，身斷自續，不必千歲也。」又按：蛇有四足者，有高尾者如柁形者，有杵形者，見《本草》，有冠者，見《抱朴子》，有飛者，見《荀鄉子》，有獸首者，見《大荒經》，有人面者，見《江湖紀聞》，有岐尾者，見《廣志》，有一身兩首者，名肥遺，西華山中有之，見則大旱，見《山海經》及《管子》。又《嶺南異物志》：兩頭蛇，長不過三尺，或云蚯蚓所化。《續博物志》：兩頭蛇，馬鱉食牛血所化。《南史》紀：僧真遵母喪開塚，得五色兩頭蛇。南方有冷蛇，長數尺，色白，不螫人，執之冷如握冰，見《酉陽雜俎》。藍蛇，首有大毒，尾能解毒，出梧州陳家洞。南人以首合藥，謂之藍藥。《山海經注》：永昌縣有鈎蛇，長數丈，尾岐，在水中鈎取(岍)〔岸〕上人牛馬啖之，又呼馬絆蛇。矛蛇，蛇頭鱉身，入水緣樹木，嶺南人謂之矛。膏銅瓦器貯，浸出，惟雞殼盛之不漏，主腫毒。唐貞觀間，外國獻理耨蛇，形類鼠而色青，身長八九寸，能入穴取鼠。顧渚山頳石洞有緑蛇，長可三尺餘，大類小指，好棲樹杪，視之若鞶帶，無毒螫，見人則空中飛。會稽山有雞冠蛇，頭如雄雞有冠，長尺餘，圍可數寸，中人必死。爆身蛇，長一二尺，形如緋色，聞人行聲，林中飛出，狀若枯枝，横來擊人，中者皆死。四明山有黄頷蛇，長一二尺，黄如金色，居石縫中，欲雨，作牛吼聲，中人亦死。壁鏡蛇，身扁，五色，螫人必死。用桑柴灰汁，三沸，調白礬爲膏，塗之即愈。《寰宇記》：滇池、黄津江有大蛇名曰青葱，好食人。黄喉蛇，好在舍上，無毒，不害人，惟善食毒蛇。食飽垂頭直下，滴沫於地，墳起，變爲沙虱，中人爲疾。頭上有大王字爲衆蛇之長。《朝野僉載》：報冤蛇，人觸之，即三五里，隨身即至，若打死一蛇，則百蛇皆集，嶺南有之。蚺蛇，身斑文如錦纈，能吞鹿，自尾而吞，惟頭角見於口外。其膽大如鴨子，五月五日，擊蛇以杖，扣腹下，膽即聚，以刀封取，藥封放之，不死。其脂著人骨軟，能萎陽。《稽神録》：舒州有人入灊山，見大蛇，擊殺之，視之有足，因負出，將以示人，遇縣吏數人，因告之，曰：「我殺此蛇，而有四足。」吏皆不見，曰：「爾何在？」曰：「在爾前，何故不見？」即棄蛇於地，乃見之。於是負此蛇者皆不見，人以爲怪，乃棄之。此蛇獨有靈異，他書所不載。

徐光啓《農政全書》卷四五《荒政》 吕坤《積貯條件》曰：穀積在倉，第一怕地濕房漏，第二怕雀入鼠穿，此其防禦，不在人力乎？大凡建倉，擇於城中最高處所，院中地基，務須鏉背，院墻水道，務須多留。凡鄰倉庾居民，不許挑坑聚水，違者罰修倉廒。一、倉屋根基須掘地實築，有石者石爲根脚，無石者用熟透大磚，磨邊對縫，務極嚴匝，厚須三尺，丁横俱用交磚做成一家，以防地震。房須寬，寬則積不蒸，須高，高則氣得洩。仰覆尾須用白礬水浸，雖連陰彌月，亦不滲漏。梁棟椽柱，務極粗大，應費十金者，費十五、二十金，一時無處搆利於苟完，數年即更，實貽之倍費。故善事者一勞永逸，一費永省，究竟較多寡，一費之所省爲多也。以室家視倉廒者，當細思之。一、風窗本爲積熱壞穀，而不知雀之爲害也，既耗我穀，而又遺之糞，食者甚不宜人。今擬風窗之内，障以竹篾，編孔僅可容指，則雀不能入。倉墻成後，洞開風窗，過秋始得乾透。其地先鋪煤灰五寸，加鋪麥糠五寸，上墁大磚一重，糯米雜信浸和石灰稠黏，對合磚縫。如木有餘，再加木板一週，缺木處所，釘席一週可也。一、假如倉廒五間，東西稍間各用板隔斷，與門楣齊，穀止積於四間，留板隔東一間，如常閑空。值六七月，久陰氣濕，或新收穀石，生性未除，倘不發洩，必生内熱。州縣官責令管倉人役，將穀自東第三間起，倒入東一間閑空之處，二間倒一間，是滿倉翻轉一遍，熱氣盡洩，本味自全，何紅腐之有。一、大倉禁用燈火，今各倉積柴安竈，全無禁約，萬一火起，何以救之，以後不許。仍用官吏以下飯食，外面喫來，不得已者送飯，冬月但用湯壺，如違重治。一、倉斛有洪武年間鐵樣，用木，邊角以鐵葉裹之，以防開縫，仍用印烙其四裏，以防剜挖。但有不係官烙，自作矮身闊口及小出大入者，坐贓重究。

文震亨《長物志》卷五《法糊》 用瓦盆盛水，以麵一斤滲水上，任其浮沉，夏五日，冬十日，以臭爲度。後用清水蘸白芨半兩，白礬三分，去滓，和元浸麪打成，就鍋内打成團，另換水煮熟，去水，傾置一器，候冷，日換水浸，臨用以湯調開，忌用濃糊及敝帚。

張溥《漢魏六朝百三家集》卷一一三王褒《温湯碑》 原夫二儀開闢，雷風以之通響，五材運行，水火因而並用。炎上作苦，既麗純陽之德，潤下作鹹，且協凝陰之度。至於還陵熱谿，沉魚涌浪，炎洲燒地，穴鼠含煙。火井飛泉，垂天遠扇，焦源沸水，衝流迸集。甘州浴日，跳波邁椒丘之野；湯谷揚濤，激水疾龍門之箭。故以地伏流黄，神泉愈疾云云。其銘曰：挺此温谷，驪岳之陰。白礬上徹，丹砂下沉。華清駐老，飛流瑩心。谷神不死，川德愈深。

方以智《物理小識》卷二《風雷雨暘類・澄水》 贊寧云：阿膠澄濁，不獨補血也。東阿井，濟水所瀵，煎黑衛子皮成，以色緑易碎者爲佳。凡水污濁不堪投少許于中即清。尋常定水白礬、赤豆、杏仁、雄黄、石膏皆可。若池水渾濁，以瓶入糞，札之以箬，投水即清。又池中置牛骨，則水不涸。

方以智《物理小識》卷五《醫藥類・治雞眼方》 烏梅肉，擣糜爛，和少醋，貼患處自消，不痛。一曰黄脚癥鷄眼，用河豚目，又雀腦，擣荸薺，又曰研硇砂，化牛膠，調貼之，其根盡出。一曰地錦，一名血見愁，治雞眼。或云以黑白二蝨，髪縛，置雞眼上，自消。《移門廣牘》曰：蜈蚣、硇砂各一錢，白礬少許，麻油浸，埋土中。一月取出，點雞眼，自落，後再不發。

方以智《物理小識》卷六《飲食類・治蠱毒》 《黄氏日抄》云：李壽〔翁〕侍郎爲雷州推官，鞫獄得治桃主毒方云：毒在胸，則服升麻吐之，在腹，服鬱金下之。虛舟曰：當白礬末不澁，而覺其甘，食黑豆不腥，乃中金蠶蠱毒也。即濃煎石榴皮根飲，立吐出一蟲。李晦之曰：冷水飲白礬牙茶，解中毒。又曰：宜用蜎皮。中履曰：刺蜎能制金蠶蠱。暄曰：廣西、雲貴以元旦及二月二、三月三，計月造蠱，蠱有五種，皆以馬兜鈴三兩，每煎一兩，空心服，不吐再服。

方以智《物理小識》卷七《金石類·炸爐法》 多以硇砂入爐，則爐炸火飛，提手用之嚇迋。汞成銀硃輕粉法：胡演《秘訣》：用石亭脂二斤，新鍋鎔化，以汞一斤，炒作青砂頭，不見星，研末，罐盛，石板蓋之，鐵線縛之，鹽泥固濟，大火煅之，取出，貼罐爲銀硃，貼口爲丹砂。又見一法，用白鉛二兩，汞五兩，硫黄二兩，火硝兩半，伏龍肝三錢，共研細末，入罐封固，升五炷香，冷定取出，擂碎，即水花硃。其用汞、鹽、白礬，礬倍之者，升爲輕粉。今法以皂礬四兩、鹽一兩、焰硝五錢爲麴，復以麴倍汞，加礬十之一，升之，銀硃還原。法不拘，舊硃漆器皆可還，但入罐升之，自然飛如粉，以羽拂下，即成水銀。于湖銀硃用汞升，樟樹銀硃乃碌碎丹砂近赭黑者所爲也。升以聶公廟前水，則多四兩。又碾蚌蛤粉，而以蘇木屢染之，曰裹度珠，其入鐵沙以重之，曰鐵沙珠。

孫承澤《春明夢餘録》卷二六《尚寶司·西垣筆記》 《周官》有典瑞、掌節二官，掌瑞節之事。秦漢有符節令丞，領符璽郎，文帝時與郡守有銅虎符、竹使符之制，皆屬焉。隋有符璽局，屬門下省，唐稱符寶郎，掌天子之八寶及國之符節，並納于宮中，駕出幸則二人以騎從寶行。

明之各寶皆内尚寶監，女官掌之，遇用寶則尚寶司以揭帖赴尚寶監，尚寶監請旨，然後赴内司領取，歲用寶三萬餘顆，歲終尚寶司奏進數目。

官職入朝皆佩牙牌，其官職鐫牌上。拜官則於尚寶領出，出京及遷轉則繳還。唐人百官隨身魚符，一右一左，左者進内，右者隨身，皆盛以袋。宋賜金帶者，例不佩魚，惟兩府賜佩，謂之重金。

煎熬寶色法：

大麻子油十八斤，一次下皂角四十五兩，二次下金毛狗脊九個，三次下白芨十八兩，四次下白礬九兩，蜜陀僧一兩八錢，黄丹一兩八錢，無名異九錢，茆香二兩，五次下藿香二兩，地蓮衣二兩，甘松二兩，山奈二兩，苓陵香二兩，麝香五個。

孫廷銓《顔山雜記》卷四《物産·白礬》 白礬者，夾炭石屑也，取以爲礬，晶晶者冰，皚皚者雪也。當其爲石，墨墨者鐵也，取而變之，存乎冶也。凡燒礬，必即嶔巖之半，削其高以爲壁，斥其平以爲臺，壁斬斬，臺板板也。于其旁也，塹土而堲周之，以爲池。闕地及泉，幹爲井，底爲釜，築之污之，旁通火焉，以爲竈。布甕以爲盎，編荆而塗之，以爲廪。其行火也，移石就臺，負壁而築之，若連床之方焉。陂陀其脚而微網之，烈火而焚之，由内以攻外。火盡，取屑傅之，又盡又傅之，每盡傅之。斬斬之壁，則易以爲高也，板板之臺，則易以爲廣也。陂陀微網，以行水潦，則行火者易以爲養也。故燒礬者久與巖齊，雖雨三日而不浸，火三月而不滅也。乃取其燒以納于塹，擊之汰之，得其滋焉。乃取其汰，以納于竈，熬之煎之，流其液焉。乃取其液，以納于甕，澄之凝之，泛其屑焉。體魄既成，精魂未盈，非硝不爲功。取而漉之，復納于竈，火氣竭矣，其精乃生。取而漉之，以納于廪，水氣竭矣。沉緊浮鬆，外强中空，鑿其瓏瓏，冰雪冲冲，此礬之終也。

綠礬、紅土：綠礬者，炭中銅磧也。法如白礬，減其工半，精爲綠礬，滓爲紅土。按：礬之初，皆黑質而辛螫也，及其變也，或白或碧，其滓則皆紅，以染則碧復爲黑，其醮水又爲黄，蓋具五焉。夫天下之臭味過差，而善變者固若斯之亟也。君子之用物也，亦善其變哉。

陳元龍《格致鏡原》卷六三《蔬類二·毒菌》 《菌譜》：杜菌，生土中，俗言毒蠚氣所成，食之殺人。凡中其毒者，必笑，解之宜以苦茗雜白礬，勺新水咽之，立愈。《避暑録》：楓樹菌，食之笑不止，俗名笑菌。《清異録》：菌有一種食之令人乾笑者，士人戲呼爲「笑矣乎」。《陳氏拾遺》：南夷懸尸於樹，汁滴入地，生菌子，收之名菌藥，毒人至酷。《北夢瑣言》：江夏漢陽縣出毒菌，號茹閭，非茅蒐也。每歲供進。縣司常令人於田野間候之，苟有此菌，即立表示人，不敢從下風而過，避其氣也。採之日，以竹竿芟倒，遽捨竿於地，毒氣入竹，一時爆裂，直候毒歇，仍以櫸柳皮蒙手以取，用氊包之，亦櫸柳皮重裹，縣宰封印而進。其齎致役夫，倍給其直，爲其道路多爲毒薰，以致頭痛也。張康隨侍其父宰漢陽，備言之。人有爲野菌所毒而笑者，煎魚椹汁，服之即愈。僧光遠説也。《五雜俎》：凡菌爲羹，照人無影者不可食。《夷堅志》載：金溪田僕食蕈，嘔血死，唯丘岑幸以痛飲而免。蓋酒能解毒也。

汪灝等《佩文齋廣群芳譜》卷一三《蔬譜一》 《吴下田家志》：種薑宜甲子、乙丑、辛未、壬申、壬午。製用：生熟醋醬、糟鹽、蜜煎，皆宜早行，山中含之，不犯霜霧、蒸濕及山嵐之瘴氣。法製伏薑：薑四斤，刮去粗皮，洗净曬乾，放瓷盆入白糖一斤，醬油二斤，官桂、大茴香、陳皮、紫蘇葉各二兩，切細拌勻。初伏曬起，至三伏終收貯。曬時用紗或夏布罩住，勿令蠅蟲飛入。此薑神妙，能治百病。伏月以老薑切片，秤一斤重爲率，曬乾。先用官桂、茴香、丁香、川椒各一兩爲末，浸鏡面牽燒酒二斤，俟藥氣化溶，閉罐蒸，待冷，將曬乾生薑浸酒內，曬乾，又浸又曬，以酒盡爲度，瓷罐收貯。如冬月大寒，侵晨噙薑一片，通身和暖。蜜煎薑：秋社前取嫩芽二斤，洗淨控乾，不用鹽醃，以沸湯，瀝乾，用白礬一兩半，湯泡化一宿，澄清，浸薑十餘日，方以蜜煎，瓷罐貯留，經年須常换蜜。脆薑：以嫩者去皮，甘草、白芷、零陵香少許，同煮熟，切片食。法製薑煎：沸湯八升，入鹽三斤，打勻，次早別取清水，以白梅半斤，搥碎和浸，同前鹽水和合貯頓。逐日採牽牛花，去白蔕，投水中，候水深濃，去花，取嫩薑十斤，拭去紅衣，隨意切片，用白鹽五兩，白礬五兩，沸湯五椀，化開，澄清，浸薑。微向日影中曬二日，撈出晾乾，再入少鹽拌勻，曬烈日中，待薑上白鹽凝燥爲度，入器收貯。醋薑：嫩薑不拘多少，炒鹽醃一宿取出，滷同米醋煮數沸，候冷，入薑及沙糖隨多少，箬扎，泥封固。糟薑：嫩薑，天晴時收，陰乾五日，以麻布拭去紅皮，每一斤用鹽二兩，糟三斤，醃七日，取出，拭淨，別用鹽二兩，法糟五斤，拌勻，入新瓷罐。先以核桃二枚，搥碎，安罐底，則薑不辣。然後入薑，平糟面，以小熟栗末摻上，則薑無渣，如常法泥封固，如要色紅，入釅牛花拌糟。糟薑：取嫩薑，用酒拌糟，勻入瓷罈，上用沙糖一塊，箬扎口，泥封，七日可食。醋薑：沙鹽醃一宿，以原滷入釅醋同煎。五味薑：嫩薑一斤，切薄片，用白梅半斤，打碎去仁，入炒鹽二兩，拌勻，曬三日，取出，用甘草半兩、檀香二錢，爲末，拌勻，曬三日，瓷器收貯。九月二十八日食薑損目。

汪灝等《佩文齋廣羣芳譜》卷一六《蔬譜四》《別録》：原：種植：春社日，取宿根多毛有白瘤者，竹刀截作二寸長塊。先將地開作二尺寬溝，深三四尺，長短任意。先填亂糞柴一半，上實以土，將截斷山藥竪埋於中土，仍以糞土覆與溝平，時澆灌之。苗生，以竹或樹枝架作援，高三四尺。當年可食，三四年者根大尤美。夏月宜頻澆，最宜肥地，每年易人而種宜牛糞麻粈，忌人糞。修治：以布裹手，竹刀刮去皮，竹篩盛，置簷風處，不得見日，至夕乾五分，候全乾收，或微火烘乾亦可。又法：去皮，以水浸之，糝白礬末少許，入水中經宿，洗淨，則涎自去。

汪灝等《佩文齋廣羣芳譜》卷九七《半夏》　原：半夏，一名水玉，一名守田，一名地文。《本草綱目》云：《禮記·月令》：五月半夏生。蓋當夏之半也，故名。守田，會意，水玉，象形也。一名和姑。在處有之，齊州者爲良。二月生苗一莖，莖端三葉，淺緑色，頗似竹葉，三三相偶而生。江南者似芍藥，白花圓上，生平澤者甚小，名羊眼。半夏圓白爲勝。五月採則虛小，八月乃實大，陳久更佳。氣味辛平，有毒，生微寒，令人吐，熟温，令人下。射干、柴胡爲之使，忌羊血、海藻、飴糖，惡皂角，畏雄黄、秦皮、龜甲，反烏頭。消痰熱滿結，咳嗽上氣，心下急痛，時氣嘔逆，除腹脹目不得瞑。

集藻：五言古詩：增：宋孔平仲《常父寄半夏》：齊州多半夏，採自鵲山陽。累累圓且白，千里遠寄將。新婦初解包，諸子喜若狂。皆云已法製，無滑可以嘗。大兒强占據，端坐斥四旁。次女出其腋，一攫已半亡。小兒作蟹行，乳媪代與攘。分頭各咀嚼，方愛有所忘。須臾被辛螫，棄餘不復藏。競以手捫舌，啼噪滿中堂。父至笑且驚，亟使啖以薑。中宵方稍定，久此燈燭光。大鈞播萬物，不擇窳與良。虎掌出深谷，鳶頭蔽高岡。春草善殺魚，野葛挽人腸。各以類自著，敢問孰主張。水玉名雖佳，神農録之方。其外則皎潔，其中慕堅剛。奈何蘊毒性，入口有所傷。老兄好服食，似此亦可防。急難我輩事，感惕成此章。

七言絶句：增：唐王建《寄劉蕡問疾》：年少病多應爲酒，誰家將息過今春。賒來半夏重薰盡，投著山中舊主人。

別録：原：修治：洗去皮垢，以湯泡浸七日，逐日换湯，眼乾切片，薑汁拌，焙入藥。或研爲末，以薑汁入湯浸，澄三日，瀝去涎水，曬乾用，謂之半夏粉。或研末，以薑汁和作餅子，日乾用，謂之半夏餅。或研末，以薑汁、白礬湯和作餅，楮葉包，置籃中，待生黄衣，日乾用，謂之半夏麯。《白飛霞醫通》云：痰分之病，半夏爲主，造而爲麯尤佳。治濕痰，以薑汁、白礬湯和之，治風痰，以薑汁及皂莢煮汁和之，治火痰，以薑汁、竹瀝或荆瀝和之，治寒痰，以薑汁、礬湯入白芥子末和之。此皆造麯妙法也。辨訛：江南半夏，大乃徑寸，葉似芍藥，根下相重，上大下小，皮黄肉白，南人特重之，用之始知其異。此乃由跋，類半夏，而苗不同，誤以爲半夏也。白傍𦰡子絶似半夏，但咀之微酸，不堪入藥。

嵇曾筠等《〔雍正〕浙江通志》卷一〇七《物産志·礬》《温州府志》：平陽宋洋山有之，取石細擣淘湅，清者爲明礬，濁者爲白礬。【略】

瓷器：孝鄉之瓷，出于山頭務店者，碗鉢爲多，出于邀光者，罐爲多，出于八陡者，瓶罍爲多，出于西河者，魚缸醯㼜爲多，然皆疏土也。夫物無美惡，乘時爲貴，器無雕樸，適用爲宜。故雲靁之鼎，以之適野，不若瓦缶之便也，犧象之尊，以之饟飾，不若陶匏之給也。且物之美好者，生民之大累也。孝鄉之瓷，疏土也，其用農眠也，而不爲貴也廢者，亦幸不爲賤者累也。今夫天之生物，其爲奇麗者一，其爲朴野者常百，則不以一廢百也。先民制器，其爲淫巧者一，其爲拙簌者且萬，則不以一廢萬也。何也？生人之道，始於飲食，飲食，天下之大欲也，則飲食之器，天下之大用也。今夫農甿之爲食，脱粟麥飯也，及其歡然一飽，則脱粟麥飯固無以異于脯脩饘鬻也。農甿之食之爲器，瓦缶陶匏也，而及其屬饜，則瓦缶陶匏固無以異于犧尊靁鼎也。且農甿之食，有其脱粟麥飯焉，則間有其酒漿醯醬焉，夫酒漿醯醬，則非獨農甿之食也，既富之家共此矣。農甿之器，有其瓦缶陶匏焉，則又有其壺尊罋瓿焉，夫壺尊罋瓿，則非獨農甿之器也，大貴之家又共此矣。今舉富貴之家而進之以農甿之食，如所謂脱粟麥飯者，不屑也，而至于酒漿醯醬，不能絶也，此固嚮者農甿之食也。今舉富貴之家而奉之以農甿之器，如所謂瓦缶陶匏者，不屑也，而至于壺尊罋瓿，不能舍也，此固嚮者農甿之器也。孝鄉之瓷，疏土也，貧且賤者用之，而富且貴者不能違，聖人不貴異物賤用物，以此也。

黄丹：炒鉛爲之，丹重則鉛爲丹，鉛急則丹復爲鉛。炒多鉛氣，中人令人中垂而死，臨丹竈者必塞其鼻，實其腹，令中氣常勝鉛氣，不能入也，然後可久。

鄒一桂《小山畫譜》卷下《礬絹》 膠礬不得法，雖筆墨精妙，亦無所施。置一棚架，直挺二根，約長八尺，寬二寸半見方，多鑿筍穴。横幹二根，或二、三、四、五尺寬不等，以絹有寬窄也。穿入穴内，用木楔楔緊。然後著漿。漿糊不可太熟，熟則無力。先粘上邊横幹，次左右兩直梃。粘絹時看照絲縷正直，空下一邊，懸幹數寸。漿乾之後，以小竹竿縛定絹邊，而以麻索綳於下幹之上，然後上膠礬。以排筆順下，不宜逆帚。礬遍，拔出木楔，自内楔出綳緊，麻索亦抽緊。中腰反面用木幹撑直，乾後背面亦礬。凡膠礬絹，須天氣晴明，俟其陰乾揭下，則潔白而光潤。

鄒一桂《小山畫譜》卷下《用膠礬》 廣膠以明亮有節者爲上。膠一兩，礬三錢，謂之外加三。隔宿先將水浸膠，明旦火上略熬，即化明白礬，研末，冲以温水烘化，用大碗二，膠、礬各盛半碗，俟温後冲和，合爲一碗。若滚熱即冲，則成塊矣。

鄒一桂《小山畫譜》卷下《礬紙》 膠、礬分兩如前，而紙性沁入，膠一兩，礬三錢，水須一碗半，止礬一面足矣。礬時，須下有襯紙，則不破壞。如畫山水，則用風礬，以紙浮貼墻上，一兩月即可用，愈久愈佳。

俞森《荒政叢書》卷八 吕坤《積貯條件》曰：穀積在倉，第一怕地濕房漏，第二怕雀入鼠穿，此其防禦，不在人力乎？大凡建倉，擇于城中最高處所，院中地基，務須鐓背，院牆水道，務須多留。凡鄰倉庾居民，不許挑坑聚水，違者罰修倉廒。一、倉屋根基，須掘地實築，有石者石爲根脚，無石者用熟透大磚，磨邊對縫，務極嚴匝，厚須三尺，丁横俱用交磚做成一家，以防地震。房須寬，寬則積不蒸，須高，高則氣得洩。仰覆瓦須用白礬水浸，雖連陰彌月，亦不滲漏。梁棟椽柱，務極粗大，應費十金者費十五、二十金，一時無處固利苟完，數年即更，實貽之倍費。故善事者一勞永逸，一費永省，究竟較多寡，一費之所省爲多也。以室家視倉廒者，當細思之。一、風窗本爲積熱壞穀，而不知雀之爲害也，既耗我穀，又遺之糞，食之甚不宜人。今擬風窗之内，障以竹篾，編孔僅可容指，則雀不能入。倉牆成後，洞開風窗，過秋始得乾透。其地先鋪煤灰五寸，加鋪麥糠五寸，上墁大磚一重，糯米雜信浸和石灰稠黏，對合磚縫。如木有餘再加木板一週，缺木處所釘蓆一週可也。一、假如倉廒五間，東西稍間各用板隔斷，與門楣齊，穀止積于四間，留板隔東一間，如常閑空。值六七月，久陰氣濕，或新收穀石，生性未除，倘不發洩，必生内熱。州縣官責令管倉人役，將穀自東第二間起，倒入東一間閑空之處，一間倒一間，是滿倉翻轉一遍，熱氣盡洩，本味自全，何紅腐之有。陳龍正曰：米力難久，積必用穀。北地高燥可窖，東南必藏之秭中，築基高，圍草厚，十餘年後，味彌佳。一、倉斛依洪武年間鐵樣，用木造成，邊角以鐵葉固之，以防開縫，仍用印烙其四裏，以防剜挖。但有不係官烙，自作矮身闊口及小出大入者，坐贜重究。一、太倉禁用燈火，不許積柴安竈，官吏以下飯食，外面喫來，不得已者送飯，如違重治。

硝石部

綜述

李昉等《太平御覽》九八八《藥部五・石藥下》禽獸藥部

硝石

《吳氏本草經》曰：硝石，神農苦，扁鵲甘。

《范子計然》曰：硝石，出瀧道。

芒硝

《本草經》曰：硝石，一名芒硝，味酸苦，寒，生山谷，治五臟積熱，生益州。

朴硝

《本草經》曰：朴硝味苦，寒，生山谷，治百病，寒熱邪氣除，六府積聚，結癖生山谷之陰，有鹹苦之水，狀如芒硝而粗，能化七十二種石，鍊餌服之，輕身神仙，生益州。

《吳氏本草》曰：朴硝石，神農、岐伯、雷公，無毒，生益州，或山陰入土，千年不變，煉之不成，不可服。

張君房等《雲笈七籤》卷六八《金丹部・修金合藥品第三》 石硫黃本出波斯，南明之境，稟純陽火之精，精氣結而成質，質性通流，含其猛毒，藥品之中號爲將軍，功能破邪歸正，反濁還清，挺立陽精，消陰化魂，元真運轉，偏假其功，鉶金遇之精消魂敗。色稍青光者力大，凝黃色者力次，赤黃色者力小，合和大丹，伏鍊消化，須其力大者用之。察元氣，辨高下，當合七篇，化金生砂，砂漸澄清，明威乃證于九丹也。

張君房等《雲笈七籤》卷六八《金丹部・四黃制伏品第五》 四黃者：雄、雌、砒、硫，其質皆屬於中宮戊土之位。性各含陽火之毒，能敗五藏之金，若別制伏，去其火毒，則能成易變轉五金之質，若能制伏，拒火色而不易本元，有汗流通，即其功能變銅銀而化成黃金之質，若伏火，色變白，如輕粉泮液，流利者化五金，盡成白銀，而四黃功力各稟本氣變化。其五金雄黃功能變鐵雌黃功能，變錫砒黃功能，變銅硫黃功能，變銀化汞且四黃功能。反鐵爲銅，反銅爲銀，反銀爲金，轉轉變化，其硫黃功力最高，能添陽益精，反濁歸清，此乃是七十二石之將也。其四黃遇于赤鹽、大朋砂、石膽，則伏質歸本，不易其色。若遇石鹽、馬牙、硝石膽，亦伏于火，則變質反而爲白色，如輕粉，是以《大洞寶經》鄭君《修真內傳》論其七十二石制伏訣，皆須含元胞胎，以黃土等分，和鉛粉及石腦作鼎，伏之緣土，與四黃類鉛，又能消火之毒，石腦伏石毒。其《修真傳》中諸石變通之訣，文理稍煩，不能具載。姑略陳四黃五金伏制之弘規，列之於品第耳。

張君房《雲笈七籤》卷七〇《內丹訣法・黑鉛水虎論》 夫黑鉛水虎者，是天地妙化之根，無質而有氣也。乃玄妙真一之精，爲天地之母，陰陽之根，日月之宗，水火之本，五行之祖，三才之元，萬物賴之以生成，千靈稟之以舒慘。至于高天厚地，洞府仙山，玄象靈官，神仙聖衆，風雨晦朔，春夏秋冬，未有一物，不因鉛氣産出而成變化也。故《經》云：「天得一以清，地得一以寧，神得一以靈，谷得一以盈，萬物得一以生。」又云：「無名天地之始，有名萬物之母。」即是真一之精，聖人異號爲「真鉛」。則天地之根，萬物之母是也。豈可以嘉州諸鉛、硫黃、硇砂、青鹽、白雪、雄黃、雌黃、硝石、銅、鐵、金、銀、水垢、水精、卂砂、卂汞、桑霜、楮汁、松子、柏脂，穢污之物，白石、硝石、夜霜、朝露、雪水、冰漿，其諸礬土雜類之。屬草木衆名之類，已上皆誤用，不可備載也。或問曰：「其真鉛如何乞爲指的，將示未明。」答曰：「黑鉛者，非是常物，是玄天神水生於天地之先，作衆物之母，此真一之精元，是天地之根，能於此精氣中藏生天地，五行萬物若將天地之後所生之雜物呼爲真鉛，即誤之甚也。緣此精上爲星辰，下爲真鉛之精，常與太陽和合，生養萬物，所隨太陽，極遠不過二十六度，故我先真聖師，採此陰精，設其法象，誘會太陽之氣，結爲神丹。故《經》云：太陽流珠，其性猛烈，急而難當，若不以方便，法象留連，取其至精，安肯等閑住於雜物之上，非我北方正氣，純粹之精鑄成鼎器，運養周生，安能龍虎相吞，夫婦合體而成神物哉。

宋應星《天工開物》卷下《硝石・火藥料》 火藥火器：今時妄想進身博官者，人人張目而道，著書以獻，未必盡由試驗，然亦粗載數葉，附于卷內。凡火藥以硝石、硫黃爲主，草木灰爲輔。硝性至陰，硫性至陽，陰陽兩神物相遇于無隙可容之中，其出也，人物膺之，魂散驚而魄齏粉。凡硝性主直，直擊者硝九而硫一。硫性主橫，爆擊者硝七而硫三。其佐使之灰，則青楊、枯杉、樺根、箬葉、蜀葵、毛竹根、茄楷之類燒使存性，而其中箬葉爲最燥也。凡火攻有毒火、神火、法火、爛火、噴火，毒火以白砒、碙砂爲君，金汁、銀銹、人糞和製。神火以硃砂、雄黃、雌黃爲君，爛火以硼砂、瓷末、牙皂、秦椒配合，飛火以硃砂、石黃、輕粉、草烏、巴豆配合，劫營火則用桐油、松香，此其大略。其狼糞烟晝黑夜紅，迎風直上，與江豚灰能逆風而熾，皆須試見而後詳之。

凡硝華夷皆生中國，則專産西北，若東南販者不給官引，則以爲私貨而罪之。硝質與鹽同母，大地之下潮氣蒸成現于地面，近水而土薄者成鹽，近山而土厚者成硝，以其入水即硝鎔，故名曰硝。長淮以北節過中秋，即居室之中隔日掃地，可取少許，以供煎鍊。凡硝三所最多，出蜀中者曰川硝，生山西者俗呼鹽硝，生山東者俗呼土硝。凡硝刮掃取時，墻中亦或迸出。入缸內水浸一宿，穢雜之物浮于面上掠取去時，然後入釜注水煎鍊。硝化水乾，傾于器內，經過一宿，即結成硝。其上浮者曰芒硝，芒長者曰馬牙硝，皆從方産，本質幻出。其下猥雜者曰朴硝。欲去雜還純，再入水煎鍊，入萊菔數枚，同煮熟傾入盆中，經宿結成白雪，則呼盆硝。凡製火藥，牙硝、盆硝，功用皆同。凡取硝製藥少者用新瓦焙，多者用土釜焙，潮氣一乾，即取研末。凡研消不以鐵碾，入石臼相激火生，則禍不可測。凡硝配定何藥，分兩入黃同研，木灰則從後增入。凡硝既焙之後，經久潮性復生，使用巨砲多從臨期裝載也。

董斯張《廣博物志》卷四一　雲母有五種，而人多不能分別也，法當舉以向日看其色，詳占視之，乃可知耳正爾。於陰地視之，不見其雜色也。五色並具而多青者名雲英，宜以春服之，五色並具而多赤者，名雲珠，宜以夏服之。五色並具而多白者，名雲液，宜以秋服之。五色並具而多黑者，名雲母，宜以冬服之。但有青黃二色者，名雲沙，宜以季夏服之。晶晶純白，名磷石，可以四時長服之也。五雲之法，或以桂葱水玉化之以爲水，或以露於鐵器中以玄水熬之爲水，或以硝石合於筒中埋之爲水，或以蜜搜酪，或以秋露漬之百日，韋囊挻以爲粉，或以無巔、草檮血合餌之，服之一年，則百病愈，三年，老翁反成童子，五年，則役使鬼神入火不燒，入水不濡，踐棘不傷。

雄黃當得武都山所出者，純而無雜，其赤如雞冠，光明燁燁者，乃可用耳。餌服之法：或以蒸煮之，或以酒餌，或先以硝石化爲水，乃凝之。或以玄銅錫裹蒸之於赤土下，或以松脂和之，或以三物鍊之，引之如布，白如冰，服之皆令長生。

陳元龍《格致鏡原》卷二六《丹》　《神仙傳》：仙方凡有九品。一名太和自然龍胎之醴，二名玉胎瓊液之膏，三名飛丹紫華流精，四名朱光雲碧之腴，五名九種紅華神丹，六名太清金液之華，七名九轉霜雪之丹，八名九鼎雲英，九名雲光石流飛丹，此皆九轉之次第也。《漢武內傳》：漢武煉丹以赤者爲風實，白者爲雲子。《列仙傳》：王仲都遇太白真人，授以虹丹，能禦寒暑，漢元帝時人，後仙去。《黃庭經》：九轉八瓊丹，注八者：朱砂、雄黃、空青、硫黃、雲母、戎鹽、硝石、雌黃也。

《韻府》：七返丹，從寅至申爲七返。《抱朴子》：和安丹，法以兔血和丹，與蜜蒸之，百日服之，有神女來侍，可役使也。《太平御覽》：金華和丹，其光上與日月相連，丹金爲盤椀，以承月，得神精如方諸。《南史》：陶弘景以神丹可成，而苦無藥物，帝給黃金、朱砂、曾青、雄黃等，後合飛丹，色如霜雪，服之體輕，帝服之有驗，益敬重之。大通初，弘景獻二丹，一名善勝，一名成勝，並爲佳寶。《韻府》：絳雪丹，仙藥也，服之死者能再生。碧霞丹，亦仙藥也。王暐《道山清話》：山谷有宜州，服紫霞丹。《韻府》：魏伯陽丹成，飼犬，犬死，伯陽服之亦死，弟子服之亦死。伯陽即起，再以丹納犬及弟子口中，皆起仙去，有第二弟子不服者始懊恨。

陳元龍《格致鏡原》卷三三《雲母》　《事物原始》：雲母出土石間，作片成層，可析開之，明滑光白爲上，江南生者多青黑色。《格古要論》：雲母石，出兖州、江州、石州、青黃色，揭薄片留火上燒，香最佳。《事物》：紺珠雲母石，瑯琊廬山，杭越俱有，色有五，白澤爲貴。

《荆南志》：華容方臺山出雲母，土人採之，先候雲所出之處，於其下掘取，無不大獲者。往往有長五六尺，可爲屏風。當掘時忌有聲，不則所得粗惡矣。《抱朴子》：雲母有五種，而人多不能分別法。當舉以向日，看其色，詳占視之，乃可知耳。正爾於陰地視之，不見其雜色也。五色並具而多青者，名雲英，宜以春服之。五色並具而多赤者，名雲珠，宜以夏服之。五色並具而多白者，名雲液，宜以秋服之。五色並具而多黑者，名雲母，宜以冬服之。但有青黃二色者，名雲沙，宜以季夏服之。晶晶純白，名磷石，可以四時長服之也。五雲之法，或以桂葱水玉，化之以爲水，或以露於鐵器中，以玄水熬之爲水，或以硝石合於筒中埋之爲水，或以蜜搜酪，或以秋露漬之百日。韋囊挻以爲粉，或以無巔、草檮血合餌之服之，一年則百病愈，三年老翁反成童子，五年則役使鬼神入火不燒，入水不濡，踐棘不傷。《雜記》：雲母有黯黯純黑，有文斑斑如鐵者，名雲膽。色雜黑而强肥者，名地涿，此二種並不可服。《許彥周詩話》：葛洪丹經用雲子，碎雲母也，今蜀中有碎礫狀如米粒，圓白，雲子石也。

傳記

劉向《列仙傳》卷下《赤斧》　赤斧者，巴戎人也，爲碧雞祠主簿，能作水澒，鍊丹與硝石服之，三十年反如童子，毛髮生，皆赤。後數十年，上華山，取禹餘糧餌，賣之於蒼梧、湘江間，累世傳見之，手掌中有赤斧焉。

赤斧頤真，發秀戎巴。寓跡神祠，澒鍊丹砂。髮雖朱蕤，顔暐丹葩。采藥靈山，觀化南遐。

紀事

樂史《太平寰宇記》卷二三《河南道·沂州土産》　新泰縣西北二百六十三里，舊一鄉，今三鄉，春秋時魯平陽邑也。宣八年，城平陽。杜註曰：「今太山有平陽，漢爲東平陽縣，屬太山郡，按河東有平陽縣，故此爲東也。」後漢省，魏復立，平陽晉武帝太始中，改爲新泰縣，屬太山郡。後屬東安郡，記曰，舊名平陽，太始中，鎮南將軍羊祜，此縣人也，表改爲新泰縣，屬太山郡，晉惠帝割屬東安。宋因之。後魏屬東太山郡，周齊不改。隋開皇四年，屬莒州，大業二年，廢莒州，以縣屬沂州。唐武德五年，又屬莒州，貞觀八年，省莒州縣，屬沂州。蒙山在縣東南八十八里，《書》曰「蒙羽其藝」，《詩》曰：「奄有龜蒙」，皆謂此山也，已具費縣。具山在縣東三十八里。敖山在縣東十一里。《左傳》曰：「桓公六年九月丁卯，子同生，公問名于申，繻對曰：『名有五，不以山川先君獻武，廢二山，註具敖也。』獻公名具，武公名敖，更以其鄉名山是也。」艾山一名臨樂山，在縣東北三十里，沂水之所出也。障山在縣東八十里，山上之東側有巨坑焉，東西十丈，南北五十丈，其中出硝石、石腦、炬火等石，居人常採爲貨。青沙峴在縣北十里，伍緝之從征，記青沙峴，玄圃城十里，木皆櫨杏，草多微紩。委粟山，伏琛《齊地記》云：「委粟山，孤立如聚粟也。」

趙汝適《諸蕃志》卷下《琉璃》　琉璃出大食諸國，燒煉之法與中國同。其法用鉛硝石膏燒成，大食則添入南鵬砂，故滋潤不烈，最耐寒暑，宿水不壞，以此貴重於中國。

《宋史》卷一八一《食貨志下三》　先是，五代時鹽法太峻。建隆二年，始定官鹽闌入法，禁地貿易至十斤、鬻鹻鹽至三斤者乃坐死，民所受蠶鹽以入城市三十斤以上者，上請。三年，增闌入至三十斤、鬻鹻至十斤坐死，蠶鹽入城市百斤以上，奏裁。自乾德四年後，每詔優寬。太平興國二年，乃詔闌入至二百斤以上，鬻鹻及主吏盜販至百斤以上，蠶鹽入城市五百斤以上，並黥面送闕下。至淳化五年，改前所犯者止配本州牢城。代州寶興軍之民私市契丹骨堆渡及桃山鹽，雍熙四年，詔犯者自一斤論罪有差，五十斤加役流，百斤以上部送闕下。

天聖以來，兩池畦户總三百八十，以本州及旁州之民爲之，户歲出夫二人，人給米日二升，歲給户錢四萬。爲鹽歲百五十二萬六千四百二十九石，石五十斤，以席計，爲六十五萬五千一百二十席，席百一十六斤。禁榷之地，皆官役鄉户衙前及民夫，謂之帖頭，水陸漕運。而通商州軍並邊秦、延、環、慶、渭、原、保安、鎮戎、德順，又募人入中芻粟，以鹽償之。

凡通商州軍，在京西者爲南鹽，在陝西者爲西鹽，若禁鹽地則爲東鹽，各有經界，以防侵越。天聖初，計置司議茶鹽利害，因言：「兩池舊募商人售南鹽者，入錢京師榷貨務。乾興元年，歲入纔二十三萬緡，視天禧三年數損十四萬。請一切罷之，專令入中並邊芻粟，及爲之增約束、申防禁，以絶私販之弊。」久之，復詔入錢京師，從商人所便。

三京、二十八州軍，官自輦鹽，百姓困於轉輸。天聖八年，上書者言：「縣官禁鹽，得利微而爲害博，兩池積鹽爲阜，其上生木合抱，數莫可較。宜聽通商，平估以售，可以寬民力。」詔翰林學士盛度、御史中丞王隨議更其制度。因畫通商五利上之曰：「方禁商時，伐木造船輦運，兵民不勝疲勞，今去其弊，一利也；陸運既差帖頭，又役車户，貧人懼役，連歲逋逃，今悉罷之，二利也；船運有沉溺之患，綱吏侵盜，雜以泥沙硝石，其味苦惡，疾生重腿，今皆得食真鹽，三利也；錢幣國之貨泉，欲使通流，富家多藏鏹不出，民用益蹙，今歲得商人出緡錢六十餘萬助經費，四利也；歲減鹽官、兵卒、畦夫傭作之給，五利也。」十月，詔罷三京、二十八州軍榷法，聽商人入錢若金銀，京師榷貨務，受鹽兩池。行之一年，視天聖七年，增緡錢十五萬。其後歲課減耗，命翰林學士宋庠等以天聖九年至寶元二年新法較之，視乾興至天聖八年舊法，歲課損二百三十六萬緡。康定元年，詔京師、南京及京東州軍、淮南宿、亳州，皆禁如舊。未幾，復弛京師榷法，并詔三司議通淮南鹽給京東等八州，於是兗、鄆、宿、亳皆食淮南鹽矣。

楊士奇《歷代名臣奏議》卷二六三 仁宗天聖八年上書者言：縣官禁鹽得利微而爲害博，兩池積鹽爲阜，其上生木合抱，數莫可較。宜聽通商平估以售，可以寬民力。詔翰林學士盛度，御史中丞王隨議，更其制度，因畫通商五利，上之曰：「方禁商時，伐木造船輂，運兵民，不勝疲勞，今去其弊，一利也。陸運既差帖頭，又役車户，貧人懼役，連歲逋逃，今悉罷之，二利也。船運有沉溺之患，綱吏侵盜，雜以泥沙、硝石，其味苦，惡疾生，重膇，今皆得食真鹽，三利也。錢幣，國之貨泉，欲使通流，富家多藏鏹不出，民用益蹙，今歲得商人出緡錢六十餘萬助經費，四利也。歲減監官、兵卒、畦夫傭作之給，五利也。」

《明史》卷七九《食貨志三》 兩京庫藏，先後建設，其制大略相同。内府凡十庫。内承運庫，貯緞匹、金銀、寶玉、齒角、羽毛，而金花銀最大，歲進百萬兩有奇。廣積庫，貯硫黄、硝石。甲字庫，貯布匹、顔料。乙字庫，貯胖襖、戰鞋、軍士裘帽。丙字庫，貯棉花、絲纊。丁字庫，貯銅鐵、獸皮、蘇木。戊字庫，貯甲仗。贓罰庫，貯没官物。廣惠庫，貯錢鈔。廣盈庫，貯紵絲、紗羅、綾錦、紬絹。六庫皆屬户部。惟乙字庫屬兵部。戊字、廣積、廣盈庫屬工部。又有天財庫，亦名司鑰庫，貯各衙門管鑰，亦貯錢鈔。供用庫，貯秔稻、熟米及上供物。以上通謂之内庫。其在宫内者，又有内東裕庫、寶藏庫，謂之裏庫。凡裏庫不關於有司。其會歸門、寶善門迤東及南城瓷器諸庫，則謂之外庫。若内府諸監司局，神樂堂，犧牲所，太常、光禄寺，國子監，皆各以所掌，收貯應用諸物。太僕則馬價銀歸之。明初，嘗置行用庫於京城及諸府州縣，以收易昏爛之鈔。仁宗時罷。

覺羅石麟等《（雍正）山西通志》卷四七《物産・硝》 鹽以供賦税，雖得微末利，然艱苦亦已甚矣。取鹽之渣滓，再加煎煉，遂成硝。工部歲採買無定額，太原硝皆出人力，貧民借以自活。唐常貢，歲貢硝石五十斤。

邁柱等《（雍正）湖廣通志》卷一〇〇《藝文志・傳》顧景星《李時珍傳》 李時珍，字東璧，蘄州人。父言聞孝友，以醫爲業，王侯重之。時珍生，白鹿入室，紫芝産庭。幼以神仙自命，年十四補諸生有聲，三舉於鄉不售，發憤讀書，十年不出户閾。經、傳、子、史、聲律、農圃、星卜、佛老、稗説，莫不備究。待詔瞿九思以師事之，尤善醫，遂以醫自名，嘗投單方愈病，多不取值。遠或千里就藥於門，富順王嬖庶孽適子疾，王因密諷時珍，時珍以良藥進題曰：「附子和氣湯。」王感悟，適子卒得襲位，楚王聞其賢，聘爲奉祠，掌良醫，所事世子暴厥，時珍立活之，王妃自負金帛以謝，不受。薦於朝，授太醫院院判，數歲告歸，著《本草綱目》，以太倉王世貞海内博學，攜書就正，世貞序其書，稱爲「北斗以南一人」。生平多陰，行善不令人知，年七十餘，預定死期爲遺表，授其子建元，令上之。其略曰：「臣幼羸疾，長成椎鈍。惟耽嗜典籍，奮切編摩纂述，諸家殫心釐定。伏念《本草》一書關係頗重，謬誤實多，乃加訂正，歷歲三十功始成。就自炎皇辨百穀，嘗百草，分氣味之良毒，軒轅師岐伯，遵伯高，剖經絡之本標，遂有《神農本草》三卷，梁陶弘景益以注釋，爲藥三百六十五種。唐高宗命李勣重修，長史蘇恭表請增藥一百一十四種。宋太祖命劉翰詳校，仁宗再詔補注，增一百種。唐慎微合爲證類修補，衆本自是，指爲全書，考其間疵瑕不少。有當析而混者，萎蕤、女萎二物，並入一條。有當併而析者，虎掌、南星一物，分爲二種。生薑、薯蕷，菜也，而列草品。檳榔、龍眼，菓也，而列木部。八穀，生民之天，不能辨其種類。三菘，日用之蔬，罔克灼其質名。黑荳、赤菽大小同條。硝石、芒硝，水火混注。蘭花草、卷丹爲百合，寇氏《衍義》之舛謬。黄精即鉤吻，勾紊、旋花即山薑，陶氏《別録》之義譌。歐漿、苦膽草、萊重出，掌氏之不審。天花、栝樓兩處圖形，蘇氏之欠明。五倍子、構蟲窠也，而認爲木實。大蘋草，田字草也，而指爲浮萍，似茲之類，不可枚舉。臣不揣愚陋，僭肆删述，復者芟之，缺者補之。如磨刀水、潦水、桑柴火、艾火、鎖陽、山奈、土茯苓、番木、鱉金、枯樟、腦蠍虎、狗蠅、白蠟、水蛇、狗寶、秋蟲，今方所用而古本則無。三七、地羅、九仙子、蜘蛛、香猪腰子、勾金皮之類，方物土苴而稗官不載。舊藥一千五百一十八種，增藥五百七十四種，分一十六部，五十二卷，正名爲綱，附釋爲目，次以集解，辨疑正誤，詳其出産。次以氣味、主治附方，著其體用，上自墳典，下至傳奇，凡有攸關，靡不收掇。雖命醫書，實該物理，伏願陛下特詔學臣補著成昭代之典，書當與日月争光，臣不與草木同朽。」萬曆中，勑中外獻書，建元以遺表進命禮部謄寫，兩京各省布政刊行，海内珍之。時珍晚年學尤篤，晝夜不輟，自號瀕湖山人，著《醫案》二十卷，《邁所館》詩十卷，《集唐律》六卷，《脉訣》一卷，《五臟圖論》三集，《客難命門考蘄艾傳》、《白花蛇傳》行世，又著天文、地理、奇門遁甲諸書。以子建中貴封文林郎。崇祀鄉賢顧景星曰：余兒時於里中聞知先生軼事，孝友豁達，饒隱德晚，與余大父交，悟濂洛之旨，讀書以日出入爲期，夜即端坐，蓋有道者也。其以神仙自命，不然歟。詩文他集兵火多不傳，惟《本草綱目》行世，考釋性理格物，可裨《爾雅》、《詩》、疏，舊本附方二千九百三十五，增千一百六十一，皆獨得云。贊曰：「李公份份，樂道遺榮。下學上達，以師古人。既智且仁，道藝以成。遐以媲之，景純通明。」

藝文

方回《桐江續集》卷一八《贈醫士清溪居士丘通甫》震亨乃父、吕兩府文德客，通甫爲吕壻，吴兵部日起客 乃翁挾藝專淮鄉，使死者生危不亡。遠如扁鵲師長桑，又如近世龐安常。所交者誰？龍虎驤真李，臨淮郭汾陽。軍門出入一藥囊，精兵十萬無金瘡。參苓硝石雄附薑，補瀉虚實調炎涼。晚擇所從遨真揚，郄家太尉王東床。有子有子跨竈郎，半夜衣傳肘後方。清溪居士清名香，心欲識面形參商。邇來邂逅古餘杭，其言亹亹慨以慷。七表八裏誰能詳，三部九候吾獨臧。八十一難聲琅琅，素問靈樞腹爲箱。望形察色起仆僵，鍼俘二豎完膏肓。傷寒足脉根膀胱，過經七日妖災禳。度彼没溺君爲航，淺學不識空望洋。若有人兮雲錦裳，飲君一劑壽而康。徐容齋真州服君一劑末，疾愈。贈君詩篇金玉相，貫月夜虹光焰長。乾坤六合何茫茫，生民性命孰翕張。惟將惟相惟醫良，良將無人戰卒戕。良相無人賢士藏，良醫無人彭作殤。焉得萬筆千縑緗，屈君著書肩岐黄。

高棅《唐詩品彙》卷六八《早發故山作》 雲門夾硝石，石路蔭長松。谷響猿相應，山深水復重。飡霞人不見，采藥客猶逢。獨宿靈潭側，時聞岳頂鐘。

沈季友《檇李詩繫》卷二五王庭《王師行》 王師何桓桓，控弦十萬餘。鼓角鳴其前，大纛當中居。輜車擁後來，弩戟夾道趨。甃甲耀黄金，其間錯明珠。下有紅靺鞈，上有青錦褕。一伍自成行，十伍自成旗。旗繡盡龍文，馬飾仍金羈。寶刀百萬裝，碎花雜璠璵。延袤逾百里，照耀滿三衢。壺漿遠方民，嘆頌神武殊。仲春漸三月，氣暖雨澤滋。室家願獲民，耕稼將及時。過師袵席上，雞犬初不疑。小邑各萬家，大寨多百圍。見幾蚤自效，樂業得所歸。兹來闢土地，實爲瘳瘡痍。負固誰獨夫，守困支一隅。問何恃無恐，不獨城與池。前海爲波瀾，後山爲藩籬。其地産鹵硝，石硫來番峡。其人習烹煉，造藥傳交黎。採鐵在旁邑，鑄冶惟近畿。神砲名西洋，大者爲紅衣。女牆遍羅列，懸樓憑設施。乘高擊我營，向夕守彼陴。果然雲梯爛，兼使地隧紆。以此務休息，慎密觀機宜。九月暑既徂，十月寒尚微。閑佚久思奮，疾疫先已稀。仲冬大饗士，朔日卜佳期。用大云彼長，何獨非我資。謀先事乃備，器具藥有司。其時夜月黑，措置人不窺。砲後掘土坑，砲前開木扉。一面陳水甖，兩旁團濕茨。西城隔濠口，排列千餘區。千聲應一發，霹靂驚電飛。十發催城頭，百發崩城基。天地隨反覆，日星俱虺頹。連攻積晝夜，先登遂須臾。縱横滿流血，漂溺兼浮屍。赫然示天討，用以彰國威。京觀于焉封，巉崖爲之碑。成功紀東南，洋溢千春輝。

雜録

葛洪《抱朴子内篇》卷三《治作雄黄水法》 治雄黄，内生竹筩中，一斤取加硝石二兩，覆薦上下，封以漆骨丸，内醇大醋或作醇苦酒。中，埋之，深三尺，二十日即化爲水也，作曾青水方及礬石水同法，但各異筩中耳。

葛洪《抱朴子内篇》卷三《小兒作黄金法》 作大鐵桶成，中一尺二寸，高一尺二寸。作小鐵桶成，中六寸，瑩磨之，赤石脂一斤、硝石一斤、雲母一斤、代赭一斤、硫黄半斤、空青四兩、凝水石一斤，皆合擣細，篩以醯，和塗之小桶中，厚二寸分，汞一斤，丹砂半斤，良非半斤，取「良非法」，用鉛十斤，内鐵盆中居爐上露灼之，鉛銷内汞三兩，早出者以鐵匙抄取之，名曰「良非」也。攪令相得，以汞不見爲候，置小桶中，雲母覆其上，鐵蓋鎮之，取桶居爐上，銷鉛注大桶中，没小桶中，去上半寸，取銷鉛爲候，猛火炊之三日三夜成，名曰「紫粉」。取鉛十斤，於鐵器中銷之，二十日上下更内，銅器中須鉛銷，内紫粉也，方寸匕攪之，即成黄金也。欲作白銀者，取汞置鐵器中，内紫粉三寸以上，火令相得，注水中即成銀也。務成子法：作鐵桶長九寸，徑五寸，擣雄黄三斤，蚓、螻、蠰等分作合以爲泥，塗桶中，使徑三寸，匱口四寸，可加丹砂、水二合，覆馬通火，上令極乾，内銅桶中，塞以銅合蓋，堅以黄砂，築上覆以蚓、蠰，重泥，上無令泄，置爐炭中，令有三寸炭，桶口赤口寒發之雄黄，皆入著銅桶，復出入如前法。三斤雄黄精，皆下入著桶中，下提取與黄沙等分，合作以爲爐，爐大小自在也。欲用之，置爐於炭火中，爐赤，内水銀，銀動，則内鉛其中，黄從旁起，交中央注之，於地即成。金凡作一千五百斤，爐力即盡矣。此金取牡荆、赤黍、酒漬之百日，即柔可和也，如小豆服；一丸日三服，盡一斤，三蟲伏尸，百病皆去。盲者視，聾者聞，老者即還年如三十時。入火不灼，百邪衆毒、冷風、暑濕，不能浸人，盡三斤，則步行水上，山川百神皆來侍衛，壽與天地相畢。以杍血朱草煮一丸，杍一作樗。以拭目，皆即見鬼及地中物。能夜書以白羊血，塗一丸，投水中，魚龍立出，可以取也。以青羊血塗一丸，丹雞血塗一丸，懸都門上，一里不疫。以塗牛羊六畜，額上皆不疫病，虎豹不犯也。以虎膽蛇肪塗一丸，從月建上，以擲敵人之軍，軍即便無，故自亂相傷殺而走矣。以牛血塗一丸，以投井中，井中即沸，以投流水，流水則逆流。以兔百步以白犬血塗一丸，置六陰之地，投社廟舍中，其鬼神即見，可以役使。以兔血塗一丸，置六陰之地，行厨玉女立至，可俟六七十人也。以鯉魚膽塗一丸，持入水，水爲之開，一丈可得氣息，水中以行，冒雨衣不濡也。以紫莧煮一丸，含咽其汁，可百日不饑。以慈石煮一丸，內髻中以擊賊，白刃流矢不中之。有射之者，矢皆自向也。以六丁六壬上土并一丸，以蔽人中，則隱形。含一丸北面向，以噴火，火則滅。以庚辛日申酉時，向西地以一丸擲樹，樹木即日便枯。又以一丸禹步擲，虎、狼、蛇、蝮皆即死。研一丸以書石，即入石。書金，即入金。書木，入木所書皆徹其肌理，削不可去也。卒死未經宿，以月建上水下一丸，令入咽喉，并含水噴死人面，即活。以狐血鶴血塗一丸，內爪中，以指萬物，隨口變化，即山行木徙，人皆見之。然而實不動也。凡作黃白，皆立太乙玄女老子醮祭。如作九丹法，常燒五香，香不絕，又金成先以三斤投深水中，一十斤投市中，然後方得恣其意用之耳。

王燾《外臺秘要方》卷二《又高堂丸療傷寒苦渴煩滿欲死令極飲水法方》

大黃、二分　硝石、三分熬。釜底墨、一分。竈突中墨、一分。黃芩、一分。梁上塵、一分。竈中黃土、一分。麻黃。二分，去節。

胡洽用芒硝無黃土。

右八味篩末，蜜和如彈丸大，取一丸著一盞水中，盡用服之，即自極飲水，汗出，得熱除矣。一名黑奴丸，一名駐車丸，并療溫瘧神良。並出第二卷中，此方第一卷用小麥、黑奴名黑奴丸。

張君房《雲笈七籤》卷七一《造鉛丹法治一切熱及鬼炁、癲癇病及瘧疾》

鉛四斤，煉熟使。水銀一斤。鹽研令淨。

右取黍穀二斗蒸之，令破，蒸熟以醋漿水投穀中，密蓋五六日，令爲醋。次用車轍中土，篩安拌中，攪和以煎餅麵，取鉛銷之投泥中拌，半即於好鐺，中更烊鉛，令銷暖汞，投一斤鉛中，待瀉凝以繩子繫之，懸於鐺中二七日，其精自下醋中，收淘洗令淨，和朴硝、硝石各一兩，如飛丹法，三遍飛之，每轉三日，收取精以飯和爲丸，丸如麻子大，每有諸熱病者皆治之。

龐安時《傷寒總病論》卷三《陰毒證》 初得病一二日便成陰毒，或服藥六七日以上至十日。變成陰毒，其病身重，背強，腹中絞痛，咽喉不利，毒氣攻心，心堅强氣不得息，嘔逆，唇青，面黑，四支厥冷，其脉沉細而緊，仲景云陰毒之候如被杖，喉咽痛五六日可治，七日不可治，甘草湯主之。不可作煮散。

甘草、鼈甲、升麻、當歸、桂枝、各二分。蜀椒、一分。雄黃。一個。

㕮咀水三升，煎取一升，去滓溫溫，每飲一盞，食頃再服，溫覆中毒，當汗吐之，汗吐則愈，不吐再服之。

治陰毒反陰丹

硫黃、五兩研末。太陰玄精石、味鹹者研末。硝石。研末，各二兩。

用鐵銚子先鋪玄精石一半，次鋪硝石一半，中間下硫黃，又以硝石蓋硫黃，都以玄精石蓋之，用盞子合定，令三斤炭火燒令得所，勿以烟出多急取出，以瓦盆合定，地下四面灰擁，勿令烟出，直候冷取，細研蒸餅心丸，豌豆大艾湯，下十五丸，病重加至二三十丸，此法甚驗，喘促吐逆者入口便安。服此藥三五服，覺不退，便於臍下一寸半灸之，須是大炷，百壯未愈，可至二百壯，若手足極冷，小便澀，小腹鞕疞痛，囊縮，即須更於臍下四寸，如前灸之，乃與當歸四逆，并反陰丹，頻頻與服，內外通遂，方可解。若稍緩，即死矣。當歸四逆乃加吴茱萸、生薑者是，慎勿與尋常利小便藥，此是陰毒氣結在小腹所致也。有見小便不通，便用炒鹽及裹熱藥熨臍下，欲望小便通利，其冷氣在小腹之間被熱物所熨，無處通出，即奔上衝心，其死速矣。

又治陰毒硫黃丸

硫黃、二兩。水銀。一兩。

同研入銚，洒少醋，慢火炒，欲似烟出，再出火，灑醋，如此三四遍，地上放冷，研之，蒸餅丸，梧桐子大，每服二十三十丸，艾湯吞下，日三服，食前。

陰毒脉沉微欲絶，四支逆冷，大躁，而渴不止，附子飲。子附子一枚半兩以上者，泡去皮尖四破。

以水九升煎至三升，去附子入瓶，油單緊封，沉井底，候極冷，取飲之，仍下硫黃丸，甚妙。

陰毒之爲病因，汗下，藥性冷，所變多在四五日也。或素來陽氣虚冷，始得病，便成陰毒，或始因傷風傷冷物，便成陰毒，其病六日內可治，過六日不可治。

洪芻《香譜》卷下《又牙香法》 黄熟香、馢香、沉香、各五兩。檀香、零陵香、藿香、甘松、丁香皮、各三兩。麝香、甲香、三兩。黄泥漿煮一日，後用酒煮一日。硝石、龍腦、各三分。乳香。半兩。

右件除硝石、龍腦、乳麝同研細外，將諸香擣羅爲散，先用蘇合油一茶脚許，更入煉過蜜二斤，攪和令勻，以瓷合貯之，埋地中一月，取出用之。

洪邁《容齋四筆》卷三《雷公炮炙論》 《雷公炮炙論》載：一藥而能治重疾者，今醫家罕用之，聊志於此。其說云：髮眉墮落，塗半夏而立生。目辟眼䁾，有五花而自正。脚生肉枕，裩繫菪根。囊皺漩多，夜煎竹木。體寒腹大，全賴鸕鷀。血泛經過，飲調瓜子。咳逆數數，酒服熟雄。遍體癮風，冷調生側。腸虛泄痢，須假草零。久渴心煩，宜投竹瀝。除癥去塊，全仗硝硇。益食加觴，須煎蘆朴。强筋健骨，須是蓯鱓。駐色延年，精蒸神錦。知瘡所在，口點陰膠。産後肌浮，甘皮酒服。腦痛，鼻投硝末。心痛，速覓延胡。凡十八項，謂眉髮墮落者，煉生半夏，莖取涎塗髮落處，立生。五花者，五加皮也，葉有雄雌，三葉爲雄，五葉爲雌，須使五葉者作末，酒浸用之，日䁾者正。脚有肉枕者，取莨菪根，繫裩帶上，永痊。多小便者，煎萆薢服之，永不夜起。若患腹大如鼓，米飲調鸕鷀末，服立枯如故。血泛行者，搗甜瓜子仁作末，去油，飲調服之，立絶。咳逆者，天雄炮過，以酒調一錢，匕服。癮風者，側子附子傍生者。作末，冷酒服。虛泄者，搗五倍子末，熟水下之。癥塊者，以硇砂、硝石二味，乳鉢中研作粉，同煅了酒服，神效。不飲者并飲酒少者，煎逆水蘆根并厚朴二味，湯服之。蓯蓉并鱓魚作末，以黄精汁圓服之，可力倍常日也。黄精自然汁拌細，研神錦於柳木甑中，蒸七日，了以蜜圓服，顔貌可如幼女之容色。陰膠即是甑中氣垢，點少許於口中，即知臟腑所起，直徹至住處，知痛足可醫也。産後肌浮，酒服甘皮立枯。頭痛者，以硝石作末，內鼻中，立止。心痛者，以延胡索作散，酒服之。

李心傳《建炎以來朝野雜記乙集》卷一七《四川石脚井》 眉之彭山、丹稜，嘉定之洪雅等縣皆有石脚井，筒其實硝也，在多悦者謂之山門，彭山者謂之瑞應，此二井尤盛，然必得隆榮諸井之鹵，對煉而後可成鹽。隆榮諸井煎鹽既成，其水之尤苦冽者，棄之不用，煉而成餅。食之者得泄痢之疾，官未榷鹽時，小民或私煎求利，元豐三年立法禁止，崇寧初張天覺爲尚書右丞，建遣成都府路常平司，勾當公事乃居體兼措，置兩川俾之鹽榷，天覺罷尚書省，言丹稜、洪雅等縣多有石脚，若鹽不堪食用，乞依元豐法，禁人開煉併罷，居體從之，三年十一月戊寅也。紹興中，瑞應鄉民户始有盜販鹵餅，拌和硝石，煎成小鹽，低價以售者，有司因爲拘榷凡三十六井，歲輸官錢萬七千餘緡，既而總領，所以爲不便言於朝，復行棧閉。而以其課額均於鄰近嘉、榮、隆、簡四州之井户，謂之石脚錢。紹熙二十四年也，及嘉定五年多悦之。民有犯法私煉者，州既抵罪。制置大使聞之，即遣秉義郎，新夔州路兵馬都監，楊仲端往山門措置，其年九月也，自後月得小鹽一萬五千斤，皆不用。引鈔徑行發賣，歲費息錢一萬九千二百緡，然鹽既苦惡不可食，率以抑售市居之人，盜煎私販者，因亦肆行，官不敢問。議者謂元豐立法者，參知政事蔡確也。崇寧禁止，右僕射蔡京也，財用流通可以大有爲，而京、確所不爲，則失之矣。

何大任《太醫局諸科程文格》卷一《第二道》 問假令傷寒悸候目，即節氣當得何脉本因，是何臟腑受病，發何形候，即今宜用是何方藥調理，設有變動，又當隨脉，如何救療，各須引《本經》爲證，及《本草》逐藥主療，所出州土，性味畏惡，正輔佐使，重輕奇偶，及修製之法，處方對答。

對逆府藏而受邪因名傷寒之病，昧汗下而停飲，遂成悸動之疾。蓋傷寒則其經有六悸動，則其源有二，或因攻發氣虛，而不制於水飲，或因陽病熱少，而不消於水漿，引飲過多，停於胸臆之內，與水無厭，留於膺膈之間。殊不知心屬火而惡水，裏因虛而畏寒，水乘於心，使神氣之妄動，水積於裏，致正氣之弗寧。故築築然、惕惕然而不安，必怔怔然、忪忪然而無定。夫如是，傷寒之悸，豈不爲氣虛停飲之所致者哉。目即三春，屆候萬物發陳，陽氣方升，故脉有軟弱之象，品彙始育。故診有寬虛之形。是以軟而弱，寬而虛，乃爲應時之弦脉，苟或切之。而脉如轉索，持之而診若切繩，斯爲緊脉之形，乃應傷寒之悸也。仲景曰：「假令咳者坐飲冷水，故令脉緊也。」則緊爲停飲者是矣，不特此也。仲景又曰：「緊爲寒脉。」《經》亦曰：「趺陽脉浮，少陽脉緊，心下必悸。」此緊爲傷寒悸者明矣。本因冬感殺厲之氣，病爲傷寒之名，或汗下後而引飲不化，或太陽病而飲水過多，其候水停心下，而築築悸動者是矣。巢氏曰：「悸者，動也。」謂心下悸動也。此由傷寒病發汗已後，因又下之，內有虛熱則渴，渴則飲水，水氣乘心必振寒，而心下悸也。太陽病，小便不利者多飲水，心下必悸，小便少者必苦裏急，夫脉浮數法，當汗之而愈下之身。體重心悸，不可發汗，當自汗出而解。所以然者，尺中微裏虛表實，津液自和，便自汗出，愈。詳此之病，邪氣雖傷而未致於傳變，水飲雖停而未致於深重，惟奇方之可療也，宜用正一輔二奇方。茯苓湯以茯苓一味爲主病之正，以半夏生薑二味爲佐正之輔，三味合而服之，使水飲之消散，俾正氣之安寧，則悸動之證何復而有矣。設若治不求本，水飲無自而除；療不窮源，正氣無由而定。殊不知水性流散，病變多端，浸於肺而爲喘、爲咳，停於胃而爲噦、爲噎，溢於皮膚則病生腫滿，漬於腸間則疾成泄痢。夫若是者，此皆病成而必變也。始則氣虛停飲而爲悸，今則飲盛肺浮而爲喘，復切其脉，既彰洪大之形，再詳其診，仍兼盛滿之象，故知其病必變，傷寒喘促之候也。《經》曰：「大則病進。」又曰：「上盛則氣高。」巢氏曰：「傷寒，太陽病下之微，喘者，表未解故也。」夫發汗後飲水者，必喘，以水停心下，腎氣乘心，故喘也。以水灌之，亦令喘也。復審變病之候，治非前證之比，奇方不能及也。當用偶方治之，《經》曰：「奇之不去，則偶之宜用，正二輔四偶方，厚朴杏核仁湯，以厚朴、杏核仁二味爲正，以半夏、茯苓、桂、乾薑四味爲輔，六味合而服之，使傳變之邪豁然而散，致稽留之飲釋然而消。肺臟安和於中，正氣調順於内，呼吸有常而喘息自定，此其施治之效矣。大抵病分輕重，方别奇偶，前證病輕而用以奇，後證勢重而制以偶。故爲治病之要法，立方之妙論也。故《經》有曰：「君一臣二，奇之制也。君二臣四，偶之制也。」正此之謂。謹按《本草》逐藥主療及修製之法，處奇偶二方，列之於右。

治假令傷寒悸候，正一輔二，奇方茯苓湯，茯苓爲正味，甘平無毒，主恐悸及膈中痰，水生太山山谷大松下，馬藺爲之使，惡白蘞，畏牡蒙，地榆、雄黄、秦艽、龜甲去皮，用一兩剉。半夏爲輔，味辛，平生微寒，熟温有毒，主傷寒及消心腹，胸膈，痰熱生槐里，川谷射干爲之使，惡皂莢，畏雄黄，生薑、秦皮、龜甲湯浸七次去滑，曝乾用半兩剉。生薑爲輔，味辛，微温，主傷寒，上氣生犍爲川谷，及荆州揚州秦椒爲之，使殺半夏毒惡，黄芩、黄連、天鼠糞，用半兩切右二味，㕮咀入生薑片和匀，每服三錢，水一盞，半煎至八分，去柤温服，不拘時候。

治假令變證傷寒喘候，正二輔四偶方，厚朴、杏核仁湯。厚朴爲正味，苦，大温無毒，消痰下氣，生交趾、宛句，乾薑爲之使，惡澤瀉寒，水石硝石去粗皮，塗薑汁，炙乾，用二兩剉。杏核仁爲正味，苦甘平，無毒，主咳逆上氣。湯浸去皮，尖用二兩炒剉。半夏爲輔，味辛，平生微寒熟，温有毒，主上氣，生槐里、川谷，射干爲之使，惡皂莢，畏雄黄、生薑。秦皮龜甲，湯浸七次，去滑，曝乾，用一兩剉。茯苓爲輔，味甘平，無毒，主胸脇逆氣，膈中痰水，生太山山谷大松下。馬藺爲之使，惡白蘞，畏牡蒙。地榆、雄黄、秦艽、龜甲去皮，用一兩剉。桂爲輔，味甘辛，大熱，有小毒，利肝肺氣，生桂陽，去粗皮，用一兩剉。乾薑爲輔，味辛温，大熱無毒，主胸滿，咳逆上氣。生犍爲川谷及荆州、揚州。秦椒爲之使，惡黄芩、黄連、天鼠糞，泡微裂，用一兩剉，右六味㕮咀，每服五錢，水二盞煎至一盞，去滓温服，不拘時候，謹對。

俞琰《席上腐談》卷下 東坡先生年二十有六，初仕岐下，有異僧强授之以《化金方》，既得其術，自是緘封，之後以授潁濱先生。潁濱亦藏之。逮居武昌有親故知之，因扣其術，潁濱曰：「自先兄見授，秘之有年矣。暇日當求之巾笥間。」久之，呼求者至，出書示之，東坡岐下緘之宛然。潁濱乃啟封披其書曰：「此其是乎。」求者欣然曰：「是矣。」潁濱即焚于爐中，語求者曰：「貧可忍也，此寧可爲乎。」求者愧赧若無所容，倉皇狼狽而去。

姑蘇查先生得煅硝石法，章申公與之爲莫逆交，而法不傳。嘗遇一病僧而憫之，取硝作盂，令日煎水飲之，服之月餘，病良已有周旋，過而問其由，以飲煎水爲言，是僧素知查術，曰：「此伏硝所成。」當取汞置盂中，就火試之，果至汞死。僧更以爲希世之遇，即往禮謝再三，且語其盂之，異復懇求其法，查曰：「法固未易傳，而前盂用力將竭，可攜來爲公加藥爲之。」僧取盂，授查，則碎盂别鎔。門臨大河，俟硝成汁，即鉗投水中曰：「我初但欲起師之疾，不意無厭至此也。」

僧乃懊恨而歸。

張從正《儒門事親》卷一《瘧非脾寒及鬼神辨》四 夫瘧猶酷瘧之瘧也，以夏傷酷暑而成痎瘧也，又有瘖瘧連歲不已，此肝經肥氣之積也，多在左脇之下，狀如覆杯，是爲瘖瘧，猶瘖也。久而不已，令人瘦也。内傷既以夏傷于暑而爲瘧，何後世之醫者皆以脾寒治之。世醫既不知邪熱畜積之深爲寒戰，遂爲寒戰所感，又不悟邪熱入而後出于表，發爲燥渴，遂爲交争所感，相傳以薑、附、硫黄平胃，異攻散交解飲子治之，百千之中幸其一效，執以爲是，至使父子弟兄相傳。及其瘧之甚者，則歸之祟怪，豈可不大笑耶。《内經》歸于鬼神者，不可與言至德，何世俗之愚而難化也。又或因夏日飲冷過常，傷食生硬瓜菓梨棗之屬，指爲食瘧，此又非也。豈知《内經》之論則不然，夏傷于暑，遇秋之風因勞而汗，玄府受風傷，遇悽愴之水，風閉而不出，舍于腸胃之外，與榮衛並行，晝行于陽，夜行于陰，邪熱淺則連日而作，邪熱深則間日而作，併入于裏則熱，併入于表則寒，若此而論，了不干于脾。後世論藥如此之差誤也。以時言之，治平之時常瘧病少，擾攘之時常瘧病多。治平之時雖用砒石、辰砂有毒之藥治之，亦能取效。緣治平之時，其民夷静，故雖以熱攻熱，亦少後患。至于擾攘之時，其民勞苦，不可遽用大毒大熱之藥。若以熱攻其熱，甚則轉爲吐血、泄血、癰疽、瘡瘍、嘔吐之疾。蓋擾攘之時，政令煩亂，徭役紛冗，朝戈暮戟，略無少暇，内火與外火俱動，在侯伯官吏尤甚，豈可與夷静之人同法而治哉。余親見泰和六年丙寅，征南師旅大舉，至明年軍迴，是歲瘴癘殺人莫知其數，昏瞀懊憹，十死八九，皆火之化也。次歲瘧病大作，侯王官吏，上下皆病，輕者旬月，甚者彌年。夫富貴之人勞心役智，不可驟用砒石大毒之藥，止宜先以白虎湯加人參、小柴胡湯、五苓散之類，頓服立解。或不愈者，可服神祐丸，減用神芎等，甚者可大小承氣湯下之，五七行或十餘行，峻泄夏月積熱暑毒之氣。此藥雖泄而無損于臟腑，乃所以安臟腑也。次以桂苓、甘露、散石膏、知母湯、大小柴胡湯、人參、柴胡、飲子量虛實加減而用之。此藥皆能治寒熱往來，日晡發作，與治傷寒其法頗同。更不愈者，以常山散吐之，無不愈者。余嘗用張長沙汗下吐三法，愈瘧極多。大忌錯作脾寒，用暴熱之藥治之，縱有愈者，後必發瘡疽，下血之病，不死亦危。余自先世授以醫方，至于今日五十餘年，苟不諳練，豈敢如是決也。又嘗觀《刺瘧論》五十九刺，一刺則衰，再刺則去，三刺則已。會陳下有病瘧二年不愈者，止服温熱之劑，漸至衰羸，命予藥之，余見其羸，亦不敢便投寒凉之劑，乃取《内經・刺瘧論》詳之曰：諸瘧不已，刺十指間出血，正當發時，余刺其十指，出血，血止而寒熱立止。咸駭其神，余非衒術，竊見晚學之人，不考誥典，謬説鬼疾，妄求符籙，祈禱辟匿法外旁尋，以致病人遷延危殆。瘧病除嵐瘴一二，發必死。其餘五臟六腑瘧皆不死，如有死者，皆方士誤殺之也。或曰：「汝言瘧因于暑者，春發之瘧，亦傷暑乎？」余曰：「此瘧最深。」何哉，暑伏于秋冬而不發，至春始發，此瘧之深者。《内經》氣交變大論，歲火大過，炎暑流行，金肺受邪。啓玄子云：火不以德邪，害于肺金也，故金肺先病，以金氣不及，故爲病。又《經》曰：歲火太過，大熱先發，故民病瘧，少氣咳喘，血溢血注，下嗌燥耳。聾中熱，肩背熱，上應熒惑星，見則山澤燔燎，雨乃不降，爍石消金，涸泉焦草，火星大而明見。注曰：火無德，令縱熱害，金水復制心，故心火自病，熒惑見則酷法大，故瘧常與酷吏之政並行，或酷政行于先而瘧氣應于後，或瘧氣行于先而酷政應于後。昔人有詩云：「大暑去酷吏。」此言雖不爲醫設，亦于醫巫之旨有以暗相符者也。以前人論瘧者未嘗及于此，故子發之，及知聖人立瘧之名，必有所謂云。

張從正《儒門事親》卷二《凡在下者皆可下式十六》 下之攻病，人亦所惡聞也。然積聚陳莝于中，留結寒熱于内，留之則是耶，逐之則是耶。《内經》一書，惟以氣血通流爲貴。世俗庸工，惟以閉塞爲貴，又止知下之爲瀉，又豈知《内經》之所謂下者，乃所謂補也。陳莝去而腸胃潔，癥瘕盡而榮衛昌。不補之中有真補者存焉，然俗不信下之爲補者，蓋庸工妄投下藥，當寒反熱，當熱反寒，未見微功，轉成大害，使聰明之士亦復不信者，此也。所以謂寒藥下者，調胃承氣湯，泄熱之上藥也。大小桃仁承氣，次也。陷胸湯又其次也，大柴胡又其次也。以凉藥下者，八正散，泄熱兼利小溲。洗心散，抽熱兼治頭目。黄連解毒散，治内外上下畜熱而不泄者。四物湯，凉血而行經者也。神芎丸，解上下畜熱而泄者也。以温藥而下者，無憂散，下諸積之上藥也。十棗湯，下諸水之上藥也。以熱藥下者，煮黄丸、纏金丸之類也。急則用湯，緩則用丸，或以湯送丸。量病之微甚，中病即止，不必盡劑過而生愆。仲景曰：「大法秋宜瀉，謂秋則陽氣在下，人氣與邪氣亦在下，故宜下此。」仲景言其大概耳，設若春夏有可下之疾，當不下乎。此世之庸工，跼蹐遷延，誤人大病者也。皆曰夏月豈敢用過藥瀉脱胃氣，嗚呼，何不達造化之甚也。《内經》稱土火之鬱發四時之氣，以五月先取化源，瀉土補水。又曰：土鬱則奪之王。太僕注云：奪謂下之，令無壅礙也。然則于五月先防土壅之發，令人下奪，《素問》之言非歟。然隨證不必下奪，在良工消息之也。予所以言此者，矯世俗，期不誤大病暴病者耳。故土鬱之爲奪雖大，承氣湯亦無害也。試舉大承氣之藥，論大黄苦寒，通九竅，利大小便，除五臟六腑積熱，芒硝鹹寒破痰散，熱潤腸胃。枳實苦寒，爲佐使散，滯氣消痞，滿除腹脹。厚朴辛温和脾胃，寬中通氣。此四味雖爲下藥，有泄有補，卓然有奇功。劉河間又加甘草，以爲三一承氣，以甘和其中，最得仲景之秘也。予嘗以大承氣改作調中湯，加以薑棗煎之，俗見薑棗，以爲補脾胃而喜服，不知其中有大黄芒硝也。惡寒喜暖，取補。故自古及今，天下皆然。此《内經》之法，抑屈而不伸者也。此藥治中滿、痞氣、不大便者，下五七行，殊不困乏。次日必神清氣快，膈空食進。《内經》曰：脾爲之使，胃爲之市。人之食飲，酸、鹹、甘、苦，百種之味，雜凑于此。壅而不行，蕩其舊而新之，亦脾胃之所望也。況中州之人，食雜而不勞者乎，中州土也，兼載四象，木、金、水、火皆聚此中，故脾胃之病，奈何中州之醫不善掃除，倉廩使陳莝積而不能去也，猶曰「我善補」，大罪也。此藥有奇功，皆謂服之便成傷敗，乃好丹而非素者也。或言男子不可久瀉，婦人不可久吐，何妄論之甚也。可吐則吐，可下則下，豈問男女乎。大人小兒，一切所傷之物，在胃脘，如兩手脈遲而滑者，内實也，宜下之。何以别乎，蓋傷宿食者惡食，傷風者惡風，傷寒者惡寒，傷酒者惡酒，至易辨也。故凡宿食在胃脘，皆可下之。則三部脈平，若心下按之而硬，滿者猶宜再下之，如傷寒大汗之後，重復勞發而爲病者，蓋下之，後熱氣不盡，故也。當再下之，若雜病腹中，滿痛不止者，此爲内實也。《金匱要略》曰：痛而腹滿，按之不痛，爲虚痛者，爲實難。《經》曰：痛者爲實，腹中滿痛，裏壅爲實，故可下之，不計雜病傷寒，皆宜急下之，宜大承氣湯，或導水丸，或泄水丸等藥。過十餘行，如痛不已，亦可再服。痛已則止。至如傷寒大汗之後發熱，脈沉實及寒熱往來，時時有涎嗽者，宜大柴胡湯加當歸煎服之，下三五行立愈。産後慎不可作，諸虚不足，治之，必變作骨蒸寒熱，飲食不入，肌膚瘦削，經水不行。《經》曰：寒則衰飲食，熱則消肌肉，人病瘦削，皆粗工以藥消爍之故也。嗚呼，人之死者，豈爲命乎？《難經》曰：實實虚虚，損不足而益有餘，如此死者，醫殺之耳。至如目黄九疸，食勞皆屬脾，土可下之，宜茵陳蒿湯，或用導水丸，禹攻散瀉十餘行。次以五苓散、桂苓甘露散、白朮丸等藥，服之則愈矣。或腰脚胯痛，可用甘遂粉二三錢，以豶猪腰子，薄批七八片，摻藥在内，以濕紙包數重，文武火燒熟，至臨卧細嚼，以温酒或米飲湯調下，至平明見一二十行，勿訝意，欲止瀉，則飲水。或新水頓服之，瀉立止。次服通經和氣定痛烏金丸、蹁馬丹之類，則愈矣。《内經》有不因氣動而病，生于外者，太僕以爲瘴氣、賊魅、蟲毒、蜚尸鬼、擊衝薄、墜墮、風寒、暑濕、斫射、剥割、撞撲之類，至如諸落馬、墮井、打撲、閃肭、損折、湯沃、火燒、車碾、犬傷、腫發焮痛，日夜號泣不止者，予尋常談笑之間立獲大效，可峻瀉三四十行，痛止腫消，乃以通經散下，導水丸等藥。如瀉水少，則可再加湯劑瀉之，後服和血消腫散毒之藥，病去如掃，此法得之。睢陽高大，明侯德和，使外傷者不致癃殘跛躄之患，予非敢掩人之善，意在救人耳。曾有鄰人杖瘡發作，腫痛焮及上下，語言錯亂，時時嘔吐，數日不食，皆曰不救。予以通經散三四錢下，神祐丸百餘丸相併而下，間有嘔出者，大半已下膈矣。良久大瀉數行，穢不可近，膿血涎沫瘀毒約一二斗，其病人困睡不省一日一夜，鄰問子，予曰：「喘息匀停，腫消痛減，故得睡也。」來旦語清食進，不數日痊。救杖瘡欲死者，四十年間二三百餘，追思舉世杖瘡死者，皆枉死也。自後凡見寃人被責者，急以導水丸、禹功散，大作劑料，瀉驚涎一兩盆，更無發腫痛焮之難，如導水丸、禹功散，泄瀉不動，更加之通經散、神祐丸瀉之，瀉訖，須忌熱物，止可喫新汲水一二頓，瀉止立愈。至如沉積多年，羸劣者不可便服，陡攻之，藥可服纏積丹、三稜丸之類。《内經》曰：重者因而減之，若人年老衰弱有虚中積聚者，止可五日一服萬病無憂散，故凡積年之患，豈可一藥而痛，即可減而去之。以《本草》考之，下之寒者有戎鹽之鹹，犀角之酸鹹，滄鹽澤瀉之甘鹹，枳實之苦酸，膩粉之辛澤，漆之苦辛，杏仁之苦甘。下之之微寒者，有猪膽之苦。下之大寒者，有牙硝之甘。大黄、瓜蔕、牽牛、苦瓠子、藍汁、牛膽、羊蹄、根苗之苦，大戟、甘遂之苦甘，朴硝、芒硝之苦辛。下之温者，有檳榔之辛，芫花之苦辛，石密之甘，皂角之辛鹹。下之熱者，有巴豆之辛。下之辛涼者，有猪羊血之鹹。下之平者，有郁李仁之酸，桃花萼之苦。右三十味，惟牽牛、大戟、芫花、皂角、羊蹄根、苦瓠子、瓜蔕有小毒，巴豆、甘遂、膩粉、杏仁之有大毒，餘皆無毒。設若疫氣、冒風、中酒、小兒瘡疹及産後潮熱，中滿敗血，勿用銀粉，杏仁大毒之藥，下之必死，不死即危。且如檳榔、犀角、皂角皆温平，可以殺蟲，透關節，除腸中風火燥結。大黄、芒硝、朴硝等鹹寒，可以治傷寒熱病，時氣瘟毒，發斑瀉血，燥熱發狂，大作蕩劑，以蕩滌積熱。澤瀉、羊蹄、根苗、牛膽、藍葉汁、苦瓠子亦苦寒，可以治水腫遍身，腹大如鼓，大小便不利及目黄、濕毒、九疸。食勞疳蟲，食土生米等物，分利水濕，通利大小便，蕩滌腸胃間宿穀相搏，又若備急丸，以巴豆、乾薑、大黄三味，蜜和丸之，亦是下藥，然止可施于辛苦勞力、貧食粗辣之輩。或心腹脹滿、脇肋刺痛，暴痛不住，服五七丸或十丸，瀉五七行以救急。若施之富貴城郭之人則非矣。此藥用砒石治瘧相類，止可施之于貧食之人，若備急丸，治傷寒、風温、中酒、冒風及小兒瘡疹，産後滿悶用之下膈，不死則危。及夫城郭之人、富貴之家用此下藥，亦不死則危矣。奈何庸人畏大黄而不畏巴豆，粗工喜巴豆而不喜大黄？蓋庸人以巴豆惟熱而不畏，以大黄性寒而畏。粗工以巴豆劑小而喜，以大黄劑大而不喜，皆不知理而至是也。豈知諸毒中惟巴豆爲甚，去油匱之蠟猶能下，後使人津液涸竭，留毒不去，胸熱口燥，他病轉生，故下藥以巴豆爲禁。予嘗用前十餘藥，如身之使臂，臂之使手，然諸洞泄寒中者不可下，俗謂休息痢也。傷寒脈浮者不可下，表裏俱虚者不宜下。《内經》中五痞心證不宜下，厥而唇青、手足冷、内熱深者宜下。寒者不宜下，以脈别之。小兒内瀉，轉生慢驚，及兩目直視，魚出氣者亦不宜下。若十二經敗甚亦不宜下，止宜調養，温以和之，如不則必誤人病耳。若其餘大積、大聚、大病、大秘、大涸、大堅，下藥乃補藥也。予嘗曰「瀉法兼補法」，良以此夫。

張從正《儒門事親》卷六《痎厥二八》　一夫病痎厥，不知人，牙關緊急，諸藥不能下，候死而已。戴人見之，問侍病者口中魯有涎否。曰「有」，戴人先以防風、藜蘆煎湯，調苽蒂末灌之口中，不能下，乃取長蛤甲磨去刃，以紙裹其尖，灌於右鼻竅中，嘓然下咽有聲，復灌其左竅，亦然。戴人曰「可治矣」。良久涎不出，遂以砒石一錢又投之鼻中，忽偃然仰面，似覺有痛，斯須吐噦吐膠涎數升，頗腥。砒石尋常勿用，以其病大，非如此莫能動。然無苽蒂亦不可使用，宜消息之。大凡中風涎塞，往往止斷爲風，專求風藥，靈寶至寶，誤人多矣。劉河間治風，捨風不論，先論二火，故令將此法實於火形中。

陶宗儀《説郛》卷九八《供佛濕香法》　檀香、二兩。零陵香、馢香、藿香、白芷、丁香皮、甜參、各一兩。甘松、乳香、各半兩。硝石。一分。

右件依常法事治，碎剉、焙乾、擣爲細末，別用白茅香八兩，碎擘去泥焙乾，用火燒，候火焰欲絶，急以盆蓋。手巾圍盆口，勿令通氣，放冷，取茅香灰擣爲末，與前香一處逐旋入。經煉好蜜相和，重入藥臼擣，令軟硬得所，貯不津器中，旋取燒之。

陶宗儀《説郛》卷九八《又牙香法》　黄熟香、馢香、沉香、各五兩。檀香、零陵香、藿香、甘松、丁香皮、各三兩。麝香、甲香、三兩，黄泥漿煮一日，後用酒煮一日。硝石、龍腦、各三兩。乳香。半兩。

右件除硝石、龍腦、乳麝同研細外，將諸香擣羅爲散，先用蘇合油一茶脚許，更入煉過蜜二斤攪和令匀，以瓷合貯之，埋地中一月，取出用之。

朱橚《救荒本草》卷一《款冬花》　一名橐音托。石一名顆，凍一名虎，鬚一名菟，奚一名氐，冬生常山山谷及上黨水傍。關中蜀北宕音蕩。昌秦州、雄州皆有，今鈞州密縣山谷間亦有之。莖青微帶紫色，葉似葵葉，甚大而叢生，又似石葫蘆葉，頗團。開黄花，根紫色。《圖經》云：葉如荷而斗直，大者容一升，小者容數合，俗呼爲蜂斗葉，又名水斗葉。此物不避冰雪，最先春前生，雪中出花，世謂之鑽凍。又云有葉似萆薢，開黄花，青紫萼，去土一二寸，初出如菊花萼，通直而

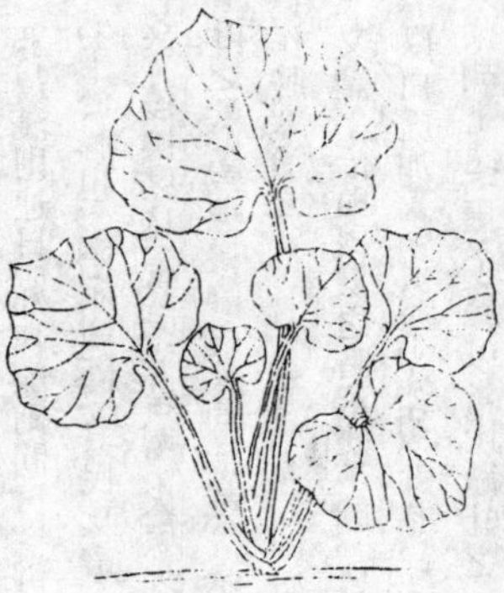
款冬花

肥實，無子。陶隱居所謂出高麗百濟者，近此類也。其葉味苦，花味辛甘，性温，無毒。杏仁爲之，使得紫菀，良惡，皂莢、硝石、元參，畏貝母、辛夷、麻黄、黄芩、黄連、青箱。

救飢採嫩葉，煠熟水浸淘，去苦味，油鹽調食，治病文具本草部條下。

朱橚《普濟方》卷一八《治失心方》　黄丹、硝石。各二兩。

右煅硝石成汁，以皂角逐小段子投其中，直候無火方止，去皂角，以黄狗肝一具，用竹刀切作片，子糝藥末數錢於中，同煮食之。張德明傳秦太師以治徐履之疾。

朱橚《普濟方》卷二八《硝石半夏丸》　治肺熱胸中，痰實咽喉，不利化痰。

硝石、半夏。湯浸七次，去滑焙，各半兩。

右先搗半夏爲末，次入硝石同研，令細，再入白麵一兩，三味拌匀，更羅過，滴水丸如菉豆大，老人風痰逆上，大腑熱，不識人，薑湯下二十丸，常喫三丸。

肺臟傷風冷多涕附論。

夫肺臟虚弱，氣血不足，則風冷之氣傷於肺也。肺主氣，氣之取行，循環經絡，若氣虚，則外邪易入，肺氣與邪氣相搏，故令咳逆寒惡，語聲散失，目眩頭旋，鼻多涕也。

朱橚《普濟方》卷一七〇《治痞疾》　信砒、二兩，別研如粉。寒水石。三兩，別搗爲末。

右用生鐵銚子，先鋪石末，後堆砒末，在上以石末蓋頭，然後盛蓋之用麵、醋、紙條子密封約十重，以炭火一斤，以來銚子在候紙條子黑取出，置冷地上，候冷，取開之，揀淨刮取砒石末一處，入乳鉢内細研，以軟粟米飯和丸，如梧桐子大，更別搓小丸一等，以備小兒服。以飛過辰砂爲衣，候乾，瓷瓦合收，每日服，時於發日，早以茶清下一丸，一日内不得喫熱物，合時先掃灑一淨室中合之，不得令婦人、猫、犬、雞、鼠等見，收得時亦然，若婦人患，則男著在口中，男子亦然。方見本方。

徐用誠等《玉機微義》卷六《治暑之劑》　局方來復丹，治伏暑泄瀉如水。

《易簡》云：硝石性寒，佐以陳皮，其性疏快。硫黄且能利人，若作暖藥，以止瀉誤矣。蓋由啖食生冷，或冒暑熱之氣，中脘閉結，揮霍變亂，此藥通利三焦，分理陰陽，服之甚驗。

按此出厥陰硫黄例藥也。

徐用誠等《玉機微義》卷七《瘧非脾寒及鬼食辨後添論斷》 子和云：《內經》既以夏傷於暑而爲瘧，何世醫皆以脾寒治之，用薑、附、硫黄之類，甚者歸之祟怪，良可笑耶。又或因夏月飲食生冷之類，指爲食瘧，此又非也。豈知《內經》之論則不然，皆夏傷於暑，遇秋風寒而後作也。邪熱淺則連日，邪熱深則間日。併入於裏則寒，併入於表則熱，若此論，則了不相干於脾也。治平之時，其民夷静，雖用砒石、辰砂有毒之藥，以熱治熱，亦能取效。擾攘之時，其民勞苦，內火與外火俱動，以熱攻熱，轉爲吐血、瀉血、瘡瘍、嘔吐之疾，豈與夷静之人同治哉。余嘗用張長沙汗吐下三法，愈瘧病極多，大忌錯作脾寒治之。

按此云：無脾寒及鬼瘧，皆是得之於暑，又謂平治與擾攘之時治瘧不同，皆確論也。然食瘧則世亦有之者，然觀其用藥，以白虎加人參湯、小柴胡、五苓、桂苓、甘露之類，則調之也甚者。臟用承氣、大柴胡下之，更不愈，以常山散吐之，悉是寒藥降火之劑，蓋以瘧從火之化也。又有謂治芻蕘貧賤之人，與富貴膏粱不同之論，固是。然仍用温脾散、辰砂丹劫藥，貧賤之人豈與治平時人同歟。貧賤者脾胃虚寒，其可用劫劑歟，此恐非出於子和之筆也，學者試思之。

或問俗以瘧爲脾寒，何也。曰此亦有理，天地之間惟吴、楚、閩、廣人患此至多，爲陽氣之所盛處，其地卑濕，長夏之時，人多患暍瘧、霍亂、瀉痢，傷濕熱也。本暑盛陽極，人伏陰在內，脾困體倦，腠理開發，或因納凉於水閣木陰，及泉水澡浴而微寒，客於肌肉之間，《經》所謂「遇夏氣，凄愴之小寒迫之」是也。或勞役飢飽，內傷而即病作，故指肌肉屬脾，發則多惡寒戰慄，乃謂之脾寒爾。實由風寒濕暍之邪鬱於腠理，夏時毛竅疏通而不爲病，至秋氣斂之際，表邪不能發越，故進退不已，往來寒熱，病勢如凌虐人之狀，所以名瘧即四時之傷寒，故十二經皆能爲病。古方治法多兼於理內傷，取效脾胃和而精氣疏通，陰陽和解，諸邪悉散，此實非脾病也。但病氣隨經升降，其發早暮，日次不等。《內經》具病例已詳，季世以發表解肌、温經散寒等法，亦未嘗執於燥脾劫劑也。又曰：既瘧本夏傷於暑爲病，世有不服藥餌或人與符呪，厭之亦止，何也。曰：此夏時天地氣交，百物生發，濕熱熏蒸，禽蟲吐毒之際，人因暑熱汗出，神氣虚耗，感得時間乖戾之氣爲病，故與厭之亦止，若移精變氣之謂也。然古人稱瘧不得爲脾寒者，正恐人專於温脾之説，不明造化之源，而失病機氣宜之要故也。

丘濬《大學衍義補》卷一二二《器械之利下》 宋太祖開寶二年，馮義昇、岳義方上火箭法，試之，賜束帛。真宗咸平元年，馬軍都頭石歸宋進木羽弩箭，以木爲簳，爲翎，長尺餘，入鎧甲則簳去而箭留，牢不可拔，五年石普言能發火毬火箭。

臣按古所謂火攻者，因風縱火也，而無有今世所謂火藥者。宋太祖時始有火箭，真宗時始有「火毬」之名，然或假木箭以發，未知是今之火藥否也。今之火藥用硝石、硫黄、柳炭爲之，硝之名見于《本草》，漢張仲景《方論》中已用爲劑，則是漢時已有矣。然陶隱居、日華子及宋《圖經衍義》等註，未嘗言其可爲兵用也。硫黄自舶上來唐以前，海島諸夷未通中國，則唐以前無此也。自古中國所謂炮者，機石也。用機運石而飛之致遠爾，近世以火藥實銅鐵器，中亦謂之炮，又謂之銃，銃字韻書無之，蓋俗字也。其以紙爲之者，俗謂之爆，爆者如以火燒竹而有聲，如竹爆然也。今炮之製，用銅或鐵爲具，如筒狀中實以藥而以石子塞其口，旁通一線，用火發之，其石子之所及者，無問人物，皆糜爛然。惟用之攻與守也，戰則資其聲以爲號令焉。近有神機火鎗者，用鐵爲矢鏃，以火發之，可至百步之外，捷妙如神，聲聞而矢即至矣。永樂中，平南交，交人所製者尤巧，命內臣如其法監造。在內命大將總神機營，在邊命內官監神機鎗，蓋慎之也。歷考史册皆所不載，不知此藥始於何時，昉於何人，意者在隋唐以後，始自西域，與俗所謂煙火者同至中國歟？天祚國家，錫以自古所無之兵器。五兵而加以一，五行而用其三，可以代矢石之施，可以作鼓角之號，可以通斥堠之信，一物而三用具焉。嗚呼，神矣哉，自有此器以來，中國所以得志於四夷者，往往藉此。然用久而人玩，敵人習知其故，或出其巧智以爲之避就者，亦不能無也。何也，蓋士卒執此鎗而用之也，人持一具，臨時自實以藥，一發之後，倉卒無以繼之，敵知其然，凡臨戰陣，必伏其身，俟我火發聲聞之後，即衝突而來，請自今以後，凡火鎗手必五人爲伍，就其中擇一人或二人，心定而手捷目疾者，專司持放，其三四人者，互爲實藥，番遞以進，專俾一人司放，或高、或下、或左、或右，應機還就，則發無不中者矣。其視一發即退，心志不定而高下無準者有間矣。又宜用紙爲爆其聲，與火鎗等者，每發一鎗，必連放三五紙爆，或前或後，以混亂之，使敵不知所避，如此則其用不測，而無敵於天下矣。書生不經戰陣，以意消息而爲此説，乞下曾經戰陣者議其可否以聞。

汪機《外科理例》卷七《癰癤一四八》 些小癰癤方結未成，不可貼膏藥，取生鹿角尖，於砂盆內同老米醋濃磨，以鵝翎塗拂癤之四圍，當中留一口，遇乾再塗，一二日即內消。

又方　用吴茱萸微炒爲細末，鷄子清調，塗病處，神效。些小癰瘡，疼痛發熱時用生粉草節，不炙不焙，只日曬乾，無日於焙籠蓋上，微火焙乾，研爲細末，熱酒調服一二錢，連追數服，痛熱皆止。微覺惡寒，似欲發背，或已生瘡腫癮疹，以硝石三兩、暖水一升和令消，待冷，取故青布沓三重於赤處，方圓濕布搨之，熱則頻易，立差。

李時珍《本草綱目》卷首《進本草綱目疏》　湖廣黄州府儒學增廣生員李建元謹奏：爲遵奉明例訪書進獻《本草》以備采擇事：「臣伏讀禮部儀制司勘合一款，恭請聖明勑儒臣開書局纂修正史，移文中外，凡名家著述有關國家典章及紀君臣事跡，他如天文、樂律、醫術、方技諸書，但成一家、名言可以垂於方來者，即訪求解送，以備采入《藝文志》。如已刻行者，即刷印一部送部，或其家自欲進獻者，聽奉此。臣故父李時珍原任楚府奉祠，奉勑進封文林郎、四川蓬溪知縣。生平篤學，刻意纂修，曾著《本草》一部。甫及刻成，忽值數盡，撰有遺表，令臣代獻。臣切思之，父有遺命而子不遵，何以承先志？父有遺書而子不獻，何以應朝命？矧今修史之時，又值取書之會，臣不揣譾陋，不避斧鉞，謹述故父遺表。臣父時珍，幼多羸疾，長成鈍椎，耽嗜典籍，若啖蔗飴，考古證今，奮發編摩，苦志辯疑訂誤，留心纂述諸書。伏念《本草》一書，關係頗重，註解羣氏，謬誤亦多。行年三十，力肆校讐。歷歲七旬，功始成就。野人炙背食芹尚欲獻之，天子微臣，採珠聚玉，敢不上之明君。昔炎皇辯百穀，嘗百草，而分別氣味之良毒。軒轅、師岐、伯遵、伯高，而剖析經絡之本標。遂有《神農本草》三卷，《藝文録》爲醫家一經，及漢末，而李當之始加校修。至梁末，而陶弘景益以註釋。古藥三百六十五種，以應重卦。唐高宗命司空李勣重修，長史蘇恭表請伏定，增藥一百一十四種。宋太祖命醫官劉翰詳校，宋仁宗再詔補註，增藥一百種。召醫唐慎微合爲證類，修補衆本草五百種。自是人皆指爲全書，醫則目爲奥典。夷考其間，玼瑕不少。有當析而混者，如葳蕤、女萎二物，而併入一條。有當併而析者，如南星、虎掌一物，而分爲二種。生薑、薯蕷，菜也，而列草品。檳榔、龍眼，菓也，而列木部。八穀，生民之天也，不能明辨其種類。三菘，日用之蔬也，罔克的別其名稱。黑豆、赤菽大小同條，硝石、芒硝水火混注。以蘭花爲蘭草，卷丹爲百合，此寇氏《衍義》之舛謬；謂黄精即鉤吻，旋花即山薑，乃陶氏《别録》之差譌。歐漿、苦膽草菜重出，掌氏之不審；天花、栝樓兩處圖形，蘇氏之欠明。五倍子，構蟲窠也，而認爲木實。大蘋草，田字草也，而指爲浮萍。似兹之類，不可枚陳，略摘一二，以見錯誤。若不類分品列，何以印定羣疑。臣不揣猥愚，僭肆删述，重伏者芟之，遺缺者補之。如磨刀水、潦水、桑柴火、艾火、鎖陽、山奈、土茯苓、番木、鼈金、枯樟、腦蝎虎、狗蠅、白蠟、水蛇、狗寶、秋蟲之類，並今方所用而古本則無。三七、地羅、九仙子、蜘蛛、香猪腰子、勾金皮之類，皆方物土苴而禆官不載。今增新藥凡三百七十四種，類析舊本，分爲一十六部，雖非集成，實亦粗備。有數名或散見各部，總標正名爲綱，餘各附釋爲目，正始也，次以集解辨疑正誤，詳其出産，形狀也。次以氣味，主治附方，著其體用也，上自墳典，下至傳奇，凡有相關，靡不收采，雖命醫書，實該物理。我太祖高皇帝首設醫院，重設醫學，沛仁心仁術於九有之中，世宗肅皇帝既刻《醫方選要》，又刻《衛生易簡》，藹仁政仁聲於率土之遠，伏願皇帝陛下體道守成，遵祖繼志，當離明之正位，司考文之大權，留情民瘼，再修司命之書。特詔良臣著成昭代之典，治身以治天下書。當與日月争光，壽國以壽萬民。臣不與草木同朽，臣不勝冀望屏營之至，臣建元爲此一得之愚，上干九重之覽，或准行禮部轉發史館采擇，或行醫院重修，父子銜恩，存殁均戴，臣無任瞻天仰聖之至。

章潢《圖書編》卷三六《解鹽利弊議》　夫解之有鹽池舊矣，歷代之張弛沿革，愚未暇悉也。昔所稱爲瑩潔如玉，甘美如穀，亦宇内之所共喻也。愚不暇論也。祖宗時額僅十萬耳。至嘉靖中，始增至十九萬有奇，全晉關、洛、梁、鄧之間，皆其轉輸之所也。二百年來公私俱足，在商人未嘗以山徑巇嶮稱難，在三省未嘗以解鹽苦惡爲病，何也，法一而志定也。有隆慶辛未，雨決池防，池水四溢，鹽不結聚者，謂國計不可負，始爲澆曬之術，蓋以人力勝天時也，然硝與鹽淆，不能一一而析之也。有奸商者出焉，乘間營私，沙礫雜和，故色愈變，味愈惡，而解鹽於是乎不可食矣。民日夕翹首以俟商之至，而商之所貨乃如此，則其不樂售者，豈情也哉。於是商人坐官肆，終歲不能銷，引目所在，長吏又從而代之，斂散以取其值焉。此不獨商困而民亦困矣。是以民視商若贅疣，而視解之産爲棄物，無不利於食，私販者民利於食，私販而販者適至，是謂兩相求，兩相求則事密。官卒緝捕，惟賄是饜，販者餌之，是謂兩相利。兩相利則防疏如是，而淮蘆、花馬之産，紛紛四至，勢惡得而禁之哉。間嘗銷退引矣，皆僞目也。鹽儈肆市而得之者也，亦嘗獲私販矣，皆貧負也，法所謂「易米度日」者也。夫私販盛則商利薄，商利薄則國稅病，此而不爲之計，將何所取。盈哉所謂計者，非必分地改額，以滋聚訟也。亦非必盡易其舊而創爲之法也。愚所謂在酌其宜而變通之耳。

其一曰慎採取之。時夫解鹽池産也，與浙、淮、齊、閩殊而反稿事，浙、淮、齊、閩鬻海法也，其利在地不在天，其袪弊之法在有餘，不在不足，乃解池則異是矣。穡事憂旱而池利旱，且利南風，古所稱「阜財解愠」者是已。夫天能使之常旱，且南風乎。恒雨則結者融，恒北風則升者下，此其時爲難，鹽丁散處，諸邑既難遽集，竢其集而圖之，則已解矣。非預以待之不可也。春夏届期此凝之，候也，羣各丁而聚諸池，毋失其會，暇則驅之，採草以資。蓋藏固未嘗虚其力矣，矧若輩皆正役，豈故淹之哉。是採辨之所宜講也。二曰廣召募之。役池跨解安邑地近百里矣，勢甚遼闊，鹽丁僅二萬，採取奚遍，採之不遍，地之所以有遺利也。嘉靖丙午，鹽嘗盛生矣，募近民雜採之，官取其七而以三充賞，其利厚也，競趨之，因而與之可也。奈何存其鹽不給以值，又不以時，於是召之不應矣。夫民之潰手足，裂肌膚而不憚者，逐利也，顧賞若是，是督之遠也。愚以爲宜厚之也，試令近地之民毋論千萬，置之長貳，而集其民於官，則朝結而夕可集也。民之趨利猶水也，利則來，不則去，往有定令矣，而自食之，是上不信也。今宜逮其報成而給以二，仍朝驗而夕惠之，毋令胥吏持簿書而肆，爲呵索民，其有不樂於赴者哉。赴益衆則採益時，採益時則入益富，一歲而不獲數歲之利者，不然也。此足以待凶年之額，胡爲較錙銖而遺遠慮乎。三曰貴採取之。精夫各丁，募夫羣然並集，不憂其入之不厚矣。在官司或急成科以希功，在丁夫或急採取以充數。寧無雜硝石而並進者乎，則分區畫地以程其工，驗料計直以定其等，屏惡存美以待夫商，皆不可不爲之慮也。四曰别遠近之地。夫曬鹽非惡也，稍帶硝性試灼以火，則騰越而上，無異池鹽。此法河東諳之，而遠人未諳也。今曬亦無幾矣。請以待近之求而減其價，以爲耗遠征之商，非池鹽不給，則轉輸者皆飴鹽，而商無不售之，值民無境外之求矣。五曰清支給之法。夫所謂超支者，非旋中旋支以勸商者乎。商人中納次第掣支例也，往以池鹽未結，曬鹽未充，無以給商而責之入，乃隨募小販，給以澆曬而籍，其貲萬不得已之計耳。而商人之停支者，迄今遂不可復。夫商傾貲以入公，家以恒産在池也，乃其視生而不得支，何以異於農之耕耨而不得獲者哉。今池平而花漸結矣，採以時，則蓄且倍也。請絶小販之招，以優舊商之困可乎。六曰均商民之惠。夫商人經年守支國課取足，人情之所當優者也，然而此輩則無厭矣。藉口曬鹽，肆爲插和，以恣壟斷之計。是故所在居民棄官鹽而樂私販，爲官司者又從而强所不樂，民之無告甚矣。今宜遍榜諸司，凡諸無樣鹽，即係飾僞樣鹽，非官記即是。私封没其貲而置之法，一懲而百警矣。則商安所售其術，而民有不樂於商之至者乎。七曰禁太汾之票。何者？二郡固全晉之半也，地多斥鹵，採而煎之，轉相輸販，已非正法，頃從其便給販者，以券而歲徵其入，此票之所由名也。彼皆自食其有矣。解鹽入其境，終歲束閣，竟莫能售。夫二郡去河東纔數舍耳，法已莫可詰彼遠者，奚讓焉。矧二郡之民，動以一田兩税爲口實，正謂業已供邊儲，而又以輸鹽課，且并其所謂私販者，而忘之矣。此非當禁之一耶。夫惟慎天時也，廣召募也，精採辨也，則盡人之力者。盡地之利，所謂生之貴、裕其源者，此也。惟辨遠近也，循舊例也，均商民也，革煎販也，則商無滯貨者，民無艱食。所謂「救之貴通其變」者，此也。此則不必分地而流布者，自廣不必改，額而壅滯者自行，民亦何所爲而顧食私販以博罪哉。雖然此特自鹽之已生者，計之也。萬一事勢如昔，當奈何。嗚呼，池之利在天不在人，前已陳之矣。夫鹽，公課也，鹽務，公務也。王者有分土無分民，故以河東視三省，誠難撓越。若自國家統觀之，則安可執一而論也。拓存穡之淮蘆，充有餘之花馬，以寬不足之河東。竢其生結而各還其舊，奚不可者，夫據時宜而談利害，環池之人，類能言之。至問上不病國，中不病民，下不病法，則鉅公大人謇謇不欲語者，何者？狃于法之故也。

王肯堂《證治準繩》卷一八　喉痺不惡寒者，及寸脉大滑，實於關尺者，皆屬下證。宜硝石、青黛等寒藥降之，或白礬等酸劑收之也。韓祇和云：「寸脉大於關尺者，宜消陽助陰。」東垣云：「兩寸脉實，爲陰盛陽虚，下之則愈。」故予每用此法治急喉痺，如鼓應桴，或三部俱實，亦可用其法也。外臺療喉痺神驗，朴硝壹兩，細細含，嚥汁立愈。或含黄蘗片，或咽萊腹汁，或吹蠡魚膽，或噙李實根，及玉鑰匙、玉屑、無憂散、清心利膈湯、碧玉散、防風散、追風散，皆寒降之劑也。白礬末或用烏鷄子清調灌，或枯而吹之，用燈盞底油脚灌下，或同馬屁勃等分爲細末，以鵝翎吹入喉中，或用一握金燒灰拌炒，青色爲度，吹入患處，或用牙皂和霜梅爲末噙之，或用鴨觜膽礬末，以筋蘸藥點患處，及開關散、七寶散，皆酸收之劑也。丹溪治風熱痰喉痺，先以千緡湯，次以四物湯，加黄蘗、知母養陰，則火降矣。

徐應秋《玉芝堂談會》卷一二《腹中有金字經》　獪園萬曆丁未，吴縣石湖民陳妻許氏産夜叉白魚。後又妊，過期不産。一日，請治平寺僧在家轉經祈祐，忽産下一胞，破視之，乃一秤，銀銅法馬子也。舉家大駭，權其重可十兩，背有鑄成「萬曆二十六年置」七字，跡甚分明。又徐州吴瑞妻初生子，歷五十四日，忽嘔出水數合，有銅青氣，及旦，遂嘔出三角物數十，其家怪而洗之，乃成二錢，分爲四塊，五六日連下數升，合之得大錢七十五文，皆有年號，輪廓周正，其兒後產，無他異。驟閱之似誕而不經。然考《晉書》及《述異記》，漢末時有一人腹内痛，晝夜不眠，敕其子曰：「吾氣絶後，可剖視之。」死後其子果剖之，得一銅鎗，後華陀聞之，便往，出巾箱内藥投之鎗，即化爲清酒。正與前事相類。張玉蘭天師之孫不茹葷血，十七歲見赤光自天而下，光中金字篆文繚繞數十尺，隨光入其口中，遂有孕。一夕謂侍婢曰：「吾不能忍耻而生，死而剖腹，以明我心。」其夕無疾而卒，忽有物如蓮華，自齲其腹而出，開其中得《素傘書本際經》十卷。又懷帝永嘉元年，吴郡吴縣萬詳婢生子，鳥頭，兩足，馬蹄，一手無，尾黄色，大如枕。五年五月，抱罕令嚴根妓產一龍、一女、一鵝。大業四年雁門宋谷村，有婦人生一肉卵，大如斗，埋之後數日，雲霧合而雷震，失卵所在。《録異記》：合州趙燕奴，其母初孕數月，產一虎，棄江中。復孕數月，產一巨黿，又棄之。又孕數月，產一夜叉，長尺餘，又棄之。復孕數月而產燕奴，眉目口鼻皆具，而自頂以下，其身如斷瓠，兩手足各長數寸，無肘臂腕掌，于圓肉上各生六指，及長，只尺二寸。神功元年，來俊臣婢產肉塊如二升器，剖之有赤蟲，須臾化爲蜂，螫人而去。開元中有醫紀明者，嘗授秘訣于隱士周廣。有黄門奉使自交廣至，周顧謂曰：「此人腹中有蛟龍。」上驚，問故，因大熱，路傍飲水，遂腹堅如石，以硝石硫黄飲之，立下物如指大，以器覆之，明日器中已生一龍矣。

周嘉胄《香乘》卷一四《衙香二》 黄熟香、五兩。棧香、五兩。沉香、五兩。檀香、三兩。藿香、三兩。零陵香、三兩。甘松、二兩。丁皮、三兩。丁香。一兩半。甲香、三兩製。乳香、半兩。硝石、三分。龍腦、三錢。麝香。一兩。

右除硝石、龍腦、乳麝同研細外，將諸香擣羅爲散，先量用蘇合香油并煉過好蜜二觔，和勻貯垍器埋地中，一月取爇。

鄺露《赤雅》卷一《天姬破蠱》 凡中蠱者，顔色還美于常，天姬望之而笑，必須叩頭乞藥。出一丸，啖之立吐，奇怪，或人頭蛇身，或八足六翼，如蝌蚪子。斬之不斷，焚之不燃，用白礬澆之立死，否則對時復還其家。予久客其中，習知其方：用三七末、荸薺爲丸，又用白礬及細茶分爲末，每服五錢，泉水調下，得吐，則止。按古方取白蘘荷，服其汁，併卧其根，呼蠱者姓名，則其功緩也。

方以智《通雅》卷四八 太陰玄精，鹽根也。天下所用玄精，乃絳州山中絳石耳。《水經注》曰：魚腹縣有鹽石，即鹽陽石，即盛弘以爲廩君射鹽神，化神女處也。《蜀志》云：鹽母謂鹽石。《緯略》曰：河東有鹽田，玄精乃池中鹽。根生解池，大滷中溝渠，土内得之，大者如杏葉，小者如魚鱗，悉皆尖角，端止如龜甲。其裙襴小，撱其前則不剡，正如穿山甲，相掩之處全是龜甲，更無異也。色緑而瑩徹，叩之則直理而折，火燒過則悉解折。薄如柳葉，片片相離，白潔可愛。沈括曰：「此乃稟積陰之氣凝結，故皆六角也。」淮安鹽城古鹽倉下，土中又有一物，六稜如馬牙，硝彼方，亦名大陰玄精。然喜暴潤如鹻。熊公云：蜀鹽井煎鹽處亦有玄英石，成六角文，正是玄精石。又戎鹽部中有鹽藥似芒消，崔昉《爐火書》言：鹹鹵煎成鹺消石，據此則與烏場青消石、今用之朴硝，凡三種矣。

涅石，礬也。《山海經》曰：女牀之山，其陰多涅石。孟門之山，多金、玉、黄堊、涅石。景純曰：礬石也，升庵以涅石爲石墨，曰玄丹，非矣。楚人名涅石，秦人名羽涅，陶隱居以爲羽澤，枯者曰巴石，有五色能使鐵爲銅，有雲母、波斯、崑崙之號，蕃硝、緑礬，鹽留窑器内，水和火煎，刷金而燒之，即爲詐藥。鹽、礬、硝、皂合，丹砂可升靈藥，皆不離礬，無爲有礬山，出明礬，有束鍼文者，有煉沸飛出成花者，倘所謂「礬胡蝶」乎？

膽礬，膽上石緑，皆銅英也。周輝曰：信州鉛山，膽水自山下注勢若瀑布，用以浸銅鑄冶，是賴盛于春夏，微于秋冬。古傳一人至水，賓遺匙鑰，翼旦得之，已成銅矣。近年水流斷續，浸銅費工，卂古坑有水處曰膽水，無水處曰膽上。膽水浸銅，工省利多。膽上煎銅，工費利薄。水有盡，上無窮。今上林三官，提封九路，檢踏無遺矣。本經曰膽礬，一曰畢石，當之曰君石，吴普曰銅勒，又曰立制石，出蒲州山穴，鴨嘴色者爲上。出羌里者，色少黑，次之。信州又次之。頌曰：信州者煎煉而成，其曰立制石，則礬石也。《異苑》載：王粲隨孟德討烏桓，掘一棺礬石，則山無草木。按曹討烏桓，粲尚在荆，此説非矣。容垒言：劉表問粲，杜綰《雲林石譜》云：「信州鉛山產石緑。」又一種融結如山，其石青，則惟滇中者佳。貨石青者，有天青、大青、西域回回青、佛頭青，而回青尤貴。其如碧者曰碧青，謂之白青，又曰目青，畫家不用。計然曰：白青出弘農豫章，新淦青色者，善淮南。畢萬《術法》云：白青得鐵，即化爲銅。或曰石緑，銅之苗。大青，金之苗。今之膽礬、死汞、大青，煉之則成鈎金，或亦一理也。

石流黄今作硫黄，猶朴消之爲硝也，或作石流丹。硝石能消化物，世訛爲「消」。姚寬：《仁和縣圖經》載：鹽消煉成朴硝，透光，曰霜花，亦名劍脊消，可證也。前説舛謬，今分水硝、火硝二種，水硝煎練結芒，曰芒硝。如馬牙，曰牙硝。凝底成塊，通名朴硝。其氣味鹹寒，神農硝石，火硝也。煎錬亦有芒牙。其凝底成塊者，通爲硝石。其氣味辛苦而温。姚寬云：「仁和縣鹽消煉成朴硝，透光，曰霜花劍脊，蓋水硝也。」「硫黄」古作「流黄」，機上流黄亦取流黄之色也。《説文》莨可以染留黄，蓋言染色即流黄色也，資榮州硐中秋潦已收，里人布茅水上，流沫擁聚，取而熬之，復投于水，則成硫黄，或言多年厠木煎淋得硫。留、磂、流、硫並通。唐馮贄《雲仙雜記》言：「元載飲食，冷物用硫黄碗。」《緯略》引《仙傳》曰：「許由、巢父服箕山石流丹。」《抱朴子》曰：「石流丹，山之赤精，蓋石流黄之類也。」太玄[illegible]黄乃雄黄，丹粟、丹干，皆丹砂也。王會卜人以丹砂補注曰：「卜」即「濮」，《爾雅》：「南至濮鉛。」永昌郡傳多夷濮。《禹貢·荆州貢》：丹職方氏荆州，其利丹銀。《山海經》：「柜山多丹粟」，注：「細丹砂如粟。」《荀子》：南海有丹干本草，丹砂生符陵山谷，今出辰宜階州，而辰最勝，多出錦州界諸僚峒。錦州即今麻陽。范至能言：「宜山出砂，與湖北犬牙山，北爲辰砂，南爲宜砂。宜山乃今之慶遠府，去湖北辰州遠甚。其今之靖州黎平皆宋之辰州邪，又言宜砂老者，白色，有墻壁如鏡，生白石，牀上紅質。嫩者多上坑砂。邕州亦有砂，《圖經》云：「融州有砂。」今無，當是「邕」誤耳。色鮮明，成長紋者曰芙蓉砂，曰箭頭砂。不實曰肺砂，碎則有趖趖砂，有砂牀犵狫，以火攻取，亦有外國來者，生則可服，炒則有毒，殺人。然升煉丹砂服食者，何邪辟邪，定心神，去穢惡，日以砂牀盂水視之，最能養神。段成式曰：「紅沬煉丹砂爲黄金，碎以染筆，入石中削去愈明。」然不言「紅沬」何物，智按龜溺研丹砂作字入石。

方以智《物理小識》卷四《丹汁》　神隱云：「丹砂一斤，石膽二兩，硝石四兩，以小口瓷罐漆固其口，埋地七七日，出視成水，味苦可食。若未化，再埋，用竹筒盛之亦可。取曾青水，亦同丹砂，不用石膽而用湏二兩。」

方以智《物理小識》卷七《金石類·養砂》　以銀爲鼎，置丹粟其中，温養之，則漸黑，其氣相入，猶鉛汞之相食也。丹砂中本虚，即湏體所含也。乾之則寶，氣入其中矣。得老翁鬚則力倍，其取神火者十銖，能乾十銖之湏，或取鉛精配之，軒轅述寶藏，論云：二十種金，十七種銀，自有其理，特世傳者少耳。其變形轉造，則見人爲之，世人不明其理，每爲此術所欺，往年謂之提手，近日謂之臺扛。約其理，曰「五金八石，皆互相爲用」。鉛以丹砂爲子，汞以丹砂爲母，金好汞而汞蝕之，銀合砂而砂食之，鐵近銀如赤銅，炙石流如鐵。《抱朴》曰：武都雄黄伏火，可點銅爲金，膽礬汞泥入大青爲金，但輕耳。土宿真君曰硃砂，伏于鉛而死于硫，硫戀于鉛而伏于礦，鐵戀于瓷而死于鉛，雄戀于鉛而死于五加硇，最受伏于羊酮而鐵柔于蜎脂。要皆制氣于鉛，傳胎于汞，消于消石，剥于石鹽土，宿真君萬，畢術岣嶁，神書嘗云：石茵蔯能伏礦、鉤芙，即苦芙、地膽草入爐火，用紫背、天葵煮，八石拒火。烏頭、奚毒、伏丹砂，砒石、紫蝴蝶，煮雄黄，雌黄伏丹砂能拒火，羊躑躅、伏丹砂、硇雌黄、五毒草，即赤地利、伏丹砂、羊蹄菜、蓄秃菜也，葉可擦鍮子，制鉛汞，金星草即石葦，紫背金盤，海芋射干，皆能制伏。陸游曰：「劉均國草塞汞篋而成金。」又征澤潞時鎌取馬草遂成白金，又有臨安僧法堅亦言此。殆所謂透山根乎，吴普曰：「石龍芮言其子水堇其苗也。」水堇俗稱蝴蝶菜，金英草類，蘇轍《龍川志略》：治平末還蜀，遇仙都道士，曰精氣内也，肢骸外也，謂養精氣内丹乃成，惟外丹成，乃可以點瓦礫、化皮骨，飛行無礙，然内丹未成，無以交之，則服外丹者死。後見張公安道曰：「抱朴言手握如泥出指間者，藥真成也。予爲道，仙都所聞。」公笑曰：「姑俟之。」愚者曰：「龍川亦姑言之爾。」楊偕、竇舜卿、范仲淹、胡宿皆遇異人，授化金方而不爲者也，知其理而已。中履曰：「戴無忝從張癡癡遊，與崔默庵言：外丹老人哂之，時宜别路，不礙談仙。」

喻昌《醫門法律》卷八《碧雪》　治一切積熱咽喉，口舌生瘡，心中煩躁，咽物妨悶，致咽閉壅塞，及天行時熱發强昏憒。

芒硝、朴硝、硝石、馬牙硝、青黛、石膏、寒水石、水研飛。甘草。各等分。

右將甘草煎湯二升去渣，卻入諸藥再煎，用柳木棍不住手攪，令消溶得所，卻入青黛和匀，傾入砂盆内，候冷結凝成霜，研爲細末，每用少許含化津咽，不拘時候。如覺喉壅閉塞，不能吞物者，即以小竹筒吹藥入喉中即愈。

按此方倣紫雪之制，而不用黄金、犀羚等貴重之藥，亦爲簡便。

砒石部

綜述

宋應星《天工開物》卷中《砒石》 凡燒砒霜質料，似土而堅，似石而碎，穴土數尺而取之。江西信郡、河南信陽州皆有砒井，故名信石。近則出産獨盛衡陽，一厰有造至萬鈞者。凡砒石井中，其上常有濁緑水，先絞水盡，然後下鑿。砒有紅白兩種，各因所出原石色燒成。凡燒砒，下鞠土窑，納石其上，上砌曲突，以鐵釜倒懸覆突口。其下灼炭舉火，其烟氣從曲突内熏貼釜上。度其已貼一層，厚結寸許，下復息火。待前烟冷定，又舉次火，熏貼如前。一釜之内數層已滿，然後提下，毁釜而取砒。故今砒底有鐵沙，即破釜滓也。凡白砒止此一法。紅砒則分金爐内銀銅惱氣有閃成者。凡燒砒時，立者必于上風十餘丈外。下風所近，草木皆死。燒砒之人經兩載即改徙，否則鬚髮盡落。此物生人食過分釐立死。然每歲千萬金錢速售不滯者，以晉地菽麥必用伴種，且驅田中黄鼠害。寧、紹郡稻田必用蘸秧根，則豐收也。不然，火藥與染銅需用能幾何哉。

雜録

薛己《薛氏醫案》卷五九《天麻丸》 治未滿百晬咳嗽不止。

天麻、蟬蜕、白殭蠶、炒。人參、川芎、甘草、辰砂、天竺黄、各二錢。牛膽南星、砒、白附子、雄黄、各一錢。金箔、五片。鵬砂。五分。

右爲末蜜丸，芡實、大金箔爲衣，每服一丸，用薄湯下。愚按：前方乃金石大毒之劑，不可輕用。況百晬小兒，多是乳母飲食厚味，或母有肺病傳兒。昔一婦人服「截瘧丹」，内有砒者，兒飲其乳，良久，子母昏憒，遍身發赤，翌日方甦。又一婦人，亦服前藥，其子吐瀉大作，大人尚不能勝，況小兒乎。凡服砒石之藥中毒，遍身發赤，昏瞶或吐瀉者，急灌醋碗許即甦，小兒數滴足矣。

李時珍《本草綱目》卷二《序例下・右石之三》 砒石。畏冷水、緑豆、醋、青鹽、蒜、消石、水蓼、常山益母、獨帚菖蒲、木律波、蔆萵、苣鶴、項草、三角、酸鵝，不食草。

李時珍《本草綱目》卷一〇《金石之四・砒石》 釋名 信石，人言綱目。生者名砒黄，鍊者名砒霜。時珍曰砒，性猛如貔，故名。惟出信州，故人呼爲信石，而又隱信字爲人言。

集解 頌曰：砒霜不著所出郡縣，今近銅山處亦有之，惟信州者佳，其塊有甚大者，色如鵝子黄，明徹不雜。此類本處，自是難得之物。一兩大塊，真者人競珍之，不啻千金。古服食方中亦載用之，必得此類，乃可入藥。其市肆所畜，片如細屑，亦夾土後入藥服之，爲害不淺。承曰：信州玉山有砒井，官中封禁甚嚴。生不夾石者，色赤甚于雄黄，以冷水磨，解熱毒，近火即殺人。所謂不啻金價者此也。今市貨者，取山中夾砂石者燒，烟飛作白霜，乃碎屑而芒刺。其傷火多者，塊大而微黄，所謂如鵝子，色明徹者，此也。古方並不入藥，惟燒煉丹石家用之。近人多以治瘧，但以瘧本傷暑，而此物生者能解熱毒也。今俗醫不究其理，即以所燒霜服之，必大吐下，因此幸有安者，遂爲所損極多，不可不慎。初燒霜時，人在上風十餘丈外立，下風所近，草木皆死。又以和飯，毒鼠死，鼠猫犬食之亦死。毒過于朱罔遠矣。衡山所出一種，力差，劣于信州者。宗奭曰：「今信鑿坑井下取之，其坑常封鎖。坑中有濁緑水，先絞水盡，然後下鑿取生砒，謂之砒黄。色如牛肉或有淡白路，謂石非石，謂土非土，磨酒飲，治積氣，有火便有毒，不可造次服也。取法將生砒就置火上，以器覆之，令烟上飛，着器凝結，累然下垂如乳尖者入藥爲勝，平短者次之，大塊乃是下等，片如細屑者極下也。」時珍曰：「此乃錫之苗，故新錫器盛酒，日久能殺人者，爲有砒毒也。」生砒黄以赤色者爲良，熟砒霜以白色者爲良。

修治　斅曰：「凡使用，以小瓷瓶盛，後入紫背、天葵、石龍芮二味火煅，從巳至申，便用甘草水浸，從申至子出，拭乾入瓶，再煅别研三萬下用。」時珍曰：「草家皆言生砒輕，見火則毒甚，而雷氏治法，用火煅，今所用多是飛鍊者，蓋皆欲求速效，不惜其毒也，曷若用生者爲愈乎。」

氣味苦酸，暖有毒。　時珍曰：「辛酸，大熱有大毒。」大明曰：「畏绿豆、冷水，如入藥酸煮，殺毒用。」土宿真君曰：「砒石用草制錬出，金花成汁，化銅乾汞，青鹽、鶴項草、硝石、蒜水蓼，常山益母、獨帚水律、菖蒲、三角酸、鵝不食草、波稜、萵苣，皆能伏砒。」

主治：砒黃治瘧疾，腎氣，帶之辟蚤虱。大明。　冷水磨服，解熱毒，治痰壅。陳承。　磨服，治癖積氣。宗奭。　除齁喘、積痢、爛肉、蝕瘀腐、瘰癧。時珍。　砒霜療諸瘧，風痰在胸膈，可作吐藥，不可久服，傷人。開寶。　治婦人血氣衝，心痛落胎。大明。　蝕癰疽、敗肉、枯痔，殺蟲，殺人及禽獸。時珍。

發明　宗奭曰：砒霜瘧家用，或過劑則吐瀉兼作，須煎绿豆汁，兼冷水飲之。徐純曰：瘧丹多用砒霜，大毒之藥，《本草》謂主諸瘧，風疾在胸膈，可作吐藥，蓋以性之至烈，大能燥痰也。雖有燥痰之功，大傷胸氣，脾胃虚者切宜戒之。時珍曰：砒乃大熱大毒之藥，而砒霜之毒尤烈，鼠雀食少許即死，猫犬食鼠雀亦殆，人服至一錢許亦死，雖鉤吻射罔之力，不過如此。而宋人著《本草》不甚言其毒，何哉，此亦古者礜石之一種也，若得酒及燒酒，則腐爛腸胃，頃刻殺人，雖绿豆冷水亦難解矣。今之收瓶酒者，往往以砒烟熏瓶，則酒不壞，其亦嗜利不仁者哉。飲酒潛受其毒者，徒歸咎于酒耳，此物不入湯飲，惟入丹丸，凡痰瘧及齁喘用此，真有劫病立地之效，但須冷水吞之，不可飲食杯勺之物，静卧一日或一夜亦不作吐，少物引發即作吐也。其燥烈純熱之性與燒酒焰硝同氣，寒疾濕痰被其劫而怫鬱頓開故也。今烟火家用少許，則爆聲更大，急烈之性可知矣。此藥亦止宜于山野藜藿之人，若嗜酒膏粱者，非其所宜，疾亦再作。不慎口慾，故爾凡頭瘡及諸瘡見血者不可用此，其毒入經必殺人。李樓奇方云：一婦病心痛，數年不愈，一醫用人言半分，茶末一分，白湯調下，吐瘀血一塊而愈，得曰華子，治婦人血氣心痛之旨乎。

附方　舊五，新十。　中風痰壅，四肢不收，昏憒若醉，砒霜如绿豆大研，新汲水調下少許，以熱水投之，大吐即愈。未吐再服。聖忠方。　寒熱痁疾，孫真宗秘寶方，用信砒二兩研粉，寒水石三兩别搗末，用生鐵銚一個鋪石末後，鋪砒在上，又以石末蓋之，厚盞覆定，醋糊紙條，密封十餘重，炭火一斤煅之，待紙條黑時取出，候冷，刮盞上砒末，乳細粟米飯丸，绿豆火辰砂爲衣，每用三四丸，小兒一二丸，發日早以臘茶清下，一日不得食熱物，男人患女人着藥入口中，女人患男人着藥入口中。本事方。　用人言一錢，绿豆末一兩爲末，無根井水丸，绿豆大，黄丹爲衣，陰乾。發日五更，冷水下五七丸。衛生寶鑑：一剪金用人言、醋煮硫黄、绿豆，等分爲末，每一豆許，用紅絹包之，采絲扎定，每剪下一粒，新汲水空心吞下，治瘧聖藥也。醫累元戎九轉靈砂丹，用砒霜、黄丹、紫河車各一錢爲末，雄黑豆一百粒，水浸一夜，研泥和丸，梧子、绿豆、黍米三樣大，每服一二十丸，發日五更，向東無根水下。紫河車、绿豆、黑豆皆解砒毒也。《本草》權度不二，散用砒一錢，麪二兩和勻，香油一斤，煎黄色，以草紙壓去油，入茶三兩爲末，每服一錢，發日早冷茶下。　一切積利砒霜、黄丹等分，蠟和收旋丸，绿豆大，每米飲下三丸。普濟方。　休息下痢，經一二年不瘥，羸瘦衰弱，砒霜成塊者爲末，黄丹各半兩，化蠟入砒，以柳條覺焦，則换至七條，取起收之，每旋丸，梧子大，冷水送下，小兒黍米大。和劑局方。　脾疼腰痛，即上方用冷水下。　婦人血氣，心痛方見發明下。　走馬牙疳，惡瘡，砒石、銅绿等分爲末，攤紙上貼之，其效如神。　又方：砒霜半兩，醋調如糊盌内盛，待乾刮下，用粟米大綿裹安齒縫，來日取出，有蟲自死，久患者不過三日即愈。普濟方。　項上瘰癧，梁州砒黄研末，濃墨汁丸梧子大，銚内炒乾，竹筒盛之，每用針破，將藥半丸貼之自落，蝕盡爲度。靈苑方。　痰喘齁鮯方見糓部豉下。　一切漏瘡。有孔用信石新瓦火煅研末，以津調少許，於紙撚上，插入蝕去，惡管漏多，勿齊上最妙。急救易方。

張介賓《景岳全書》卷五八《扶陽助胃湯》　羅謙甫治崔運，使長男雲卿年二十五，體肥養厚，常食凉物寒藥以致。秋間瘧發，復用水吞砒石等藥，反增吐瀉，中氣愈虚，延至次年四月，復因勞怒，前證大作，診其脉，得兹細而微，手足稍冷，面色青黄，食少痞悶，嘔酸，氣促，汗出。予思《内經》云：中氣不足，溲便爲之變，腸爲之苦鳴，下氣不足，則爲痿厥。心悦又曰：陽氣客于腸胃之間，則卒然而痛，非大熱之劑不能愈，遂制此方。

方以智《通雅》卷四一　透山根，黄冶之草也。土宿真君萬畢術《峋嶁神書》多言黄冶。嘗云：石茵蔯能伏硇鉤芺，即苦芺。地膽草入爐火，用紫背天葵煮八石，拒火。烏頭奚毒伏丹砂，砒石、紫蝴蝶煮雄黄，雌黄伏丹砂，能拒火。羊躑躅伏丹砂，硇雌黄。觀音蓮一名海芋，一名隔河仙，可變金煅砂。五毒草即赤地利，伏丹砂。羊蹄菜、蓄秃菜也。葉可擦鍮其子，可制鉛汞，金星草即石葦，紫背金盤亦制汞，至透山根，則《峋嶁神書》所稱「點鐵成金」者也。吴普言：《唐本草》「菜部」水堇，言其苗也。本經石龍芮，言其子也。水堇俗稱蝴蝶菜，金英草之類。透山根潛山出之，生長于此，未見識者，與爲劉子政欒得爲范文正。

陳鼎《東林列傳》卷一三《吴弘濟列傳》　吴弘濟，字春陽，秀水人。萬曆十四年進士，授蒲圻知縣，二十年，行取選湖廣道御史。二十一年，吏部侍郎趙用賢爲吴鎮所訐去位，都御史李世達，户部侍郎李禎等，皆罷户部郎中。楊應宿、鄭材復論用賢等，以媚執政，行人高攀龍斥材、應宿爲讒説。且以喜同惡異，斥輔臣。詔切責攀龍、弘濟，乃上疏言：應宿疏訐，吏部攀龍責望輔臣，陛下皆令部院參看。臣一喜一懼，喜者喜應宿之有所懲，而小人有去國之日；懼者懼攀龍之蒙詰責，而忠臣被進言之辜。夫攀龍責備閣臣亦無他意，誠以進賢退不肖之權握於皇上，而斡旋其間者惟在閣臣，今大小臣工之賢者，比比而去，其所奉以去者，皇上之明旨，而票擬實出閣臣。此閣臣所以不白於天下，而攀龍所以有言也。若應宿之言，上無朝廷，下無公論，臣竊意其妄有所挾而出此。疏入，帝怒，弘濟黨救攀龍，命降二級，調外。閣臣疏救不聽，給事中吳文梓等交章救之，帝愈怒，斥弘濟爲民。文梓等俱奪俸，弘濟歸不及俟，起用而卒。後逆璫亦以黨人禁錮，崇禎立，復官，贈光禄寺少卿。孫統持字，巨手有文名，以志節顯。

外史氏曰：當東林初起，時政府鑒江陵之轍，輒以爲黨，每言於帝，而帝誤聽之，凡有申救東林者，亦即以爲黨。嗟乎，東林黨禍始於神宗末，一二宰輔先種其毒根，至崔魏而毒大發也。若純父、海舟兩先生已稍露其萌蘖矣。至崇禎朝，既不能用參苓芪朮以調劑，而益攻以巴黄砒石，毒愈甚，而命隨之悲哉。

《康熙御制文》第四集卷二八《熬水》 泉水所發，其源流清遠及色味少異者，下必有金石之物，而温泉尤顯而易見者也。然古人往往不能辨。如《泉志》所載云：新安黄山是硃砂泉，春時水即微紅故也。或云硃砂雖紅而不熱，當是雄黄。臨潼驪山是礜石泉，或云礜石不香，應是硃砂。《本草》云：温泉下有硫黄，氣味雖惡，而可愈疾。然有一種砒石者，與硫黄相似，浴之有毒，不可不慎。夫以一二有名之温湯，千百年來尚不能確指爲何泉，若遇荒山窮谷之中，又何以辨乎是。蓋未得熬水徵驗之法也。朕每遇温泉，即以銀椀盛水，隔湯用文火收煉，俟椀水乾，觀水脚所積，或爲礜石，或爲鹻鹵，或爲硫黄等，皆判然分曉，且視所積之輕重，而水性之清濁，及浴人之損益，皆可知矣。較之昔人懸虚擬議，辨之於色香味，而究無捉摸者，不實可據而足憑乎？

汪灝等《佩文齋廣群芳譜》卷九八《酢漿草》 增《本草綱目》：酢漿草一名酸漿，一名三葉酸，一名三角酸，一名酸母，一名醋母，一名酸箕，一名鳩酸，一名雀兒酸，一名雀林草，一名小酸茅，一名赤孫施。此小草三葉，酸也，其味如醋。與燈籠草之酸漿名同。物異：鄭樵《通志》言，福人謂之孫施。李時珍曰：「苗高一二寸，叢生，布地極易繁衍，一枝三葉，一葉兩片，至晚自合，帖整整如一。四月開小黄花，結小角，長一二分，内有細子，冬亦不凋，方士采制砂、汞、硇、礬、砒石，氣味酸寒無毒，殺諸小蟲，治惡瘡瘑瘻，諸淋赤白帶，塗湯火、蛇蝎傷。

鄂爾泰等《授時通考》卷六二《野蒝荽》附 野蒝荽一名天胡荽、一名石胡荽、一名鵝不食草、一名雞腸草，小草也，生石縫及陰濕處，高二三寸，冬月生苗，細莖小葉，形狀宛如嫩胡荽，氣辛薰，不堪食。夏開細花，黄色細子，極易繁衍，僻地則鋪滿，辛寒無毒，通臭氣，利九竅，吐風痰，解毒，明目，散翳，消瘇汁，制砒石雄黄。

魏之琇《續名醫類集》卷五 張子和治一人痰厥不知，人牙關緊急，諸藥不能下，候死而已。張見之，問侍病者曰：「口中曾有涎否？」曰：「有。」遂先以防風、藜蘆煎湯，調瓜蒂末灌之口中，不能下，乃取長蛤甲磨去刃，以紙裹其尖，灌于右鼻竅中，噣然下咽有聲，後灌其左竅，亦然。曰：「可治矣。」良久涎不出，遂以砒石一錢又投之鼻中，忽偃然仰面，似覺有痛，斯須，吐穢吐膠涎數升，頗腥。砒石尋常勿用，以其病大，非如此莫能動，然無瓜蒂亦不可便用，宜消息之。大凡中風痰塞，往往止斷爲風，專求風藥，靈寶至寶，誤人多矣，故劉河間治風，捨風不論，先論二火也。

常仲明之妻每遇冬寒，兩手熱痛。張曰：「四肢者，諸陽之本也，當夏時，散越而不痛及乎，秋冬收斂則痛。」以三花神佑丸大下之，熱遂去。此熱氣厥也。

中華大典·工業典

陶瓷與其他燒製品工業分典 引用書目

說　明

一、各書著録順序依次爲書名、作者、作者時代、版本。

二、各書著録通行善本、新整理本或較具影響之版本。本分典有些書籍實際使用的版本並不限于本書目所列，爲避免繁冗，本書目不一一開列。

三、爲便于查閲，本書目按筆畫排序。

《一切經音義》	釋慧琳	唐	上海古籍出版社一九八六年本
《二希堂文集》	蔡世遠	清	上海古籍出版社《四庫全書》影印本
《二程遺書》	程顥	宋	上海古籍出版社二〇〇〇年潘富恩導讀本
《十三經義疑》	吴浩	清	上海古籍出版社《四庫全書》影印本
《十國春秋》	吴任臣	清	中華書局二〇〇八年本
《七修續稿》	郎瑛	明	中華書局一九五九年本
《七頌堂識小録》	劉體仁	清	上海古籍出版社《四庫全書》影印本
《八旬萬壽盛典》	阿桂等編	清	上海古籍出版社《四庫全書》影印本
《九家集注杜詩》	郭知達	宋	上海古籍出版社《四庫全書》影印本
《九梅村詩集》	魏燮均	清	上海古籍出版社《續修四庫全書》影印本
《九煙先生遺集》	周星	清	上海古籍出版社《續修四庫全書》影印本
《三十六灣草廬稿》	黄本騏	清	上海古籍出版社《續修四庫全書》影印本
《三才圖會》	王圻等輯	明	齊魯書社《四庫全書存目叢書》影印本
《三州日記》	張蔭桓	清	上海古籍出版社《續修四庫全書》影印本
《三華集》	錢公善	明	上海古籍出版社《四庫全書》影印本
《三借廬贅譚》	鄒弢	清	上海古籍出版社《續修四庫全書》影印本
《三國志》	陳壽	晉	中華書局一九五九年本
《工部則例三種》	文煜等編	清	海南出版社二〇〇一年《故宫珍本叢刊》本
《工部廠庫須知》	何士晉	明	上海古籍出版社《續修四庫全書》影印本
《工程做法》	欠禮等	清	上海古籍出版社《續修四庫全書》影印本
《大明律》	劉惟謙等	明	上海古籍出版社《續修四庫全書》影印本

《大金集禮》	佚名	金	上海古籍出版社《四庫全書》影印本
《大唐六典》	唐玄宗	唐	三秦出版社一九九一年本
《大唐西域記》	釋玄奘	唐	中華書局二〇〇〇年季羡林點校本
《〔乾隆〕大清一統志》	和珅等編	清	上海古籍出版社《四庫全書》影印本
《大清通禮》	來寶等	清	上海古籍出版社《四庫全書》影印本
《大清會典則例》	清高宗	清	上海古籍出版社《四庫全書》影印本
《大學衍義補》	丘濬	明	吉林出版集團二〇〇五年本
《大觀茶論》	宋徽宗	宋	上海古籍出版一九八八年《説郛三種》本
《小山畫譜》	鄒一桂	清	上海古籍出版社《四庫全書》影印本
《小木子詩三刻》	朱休度	清	上海古籍出版社《續修四庫全書》影印本
《小倉山房文集》	袁枚	清	上海古籍出版社《續修四庫全書》影印本
《〔雍正〕山西通志》	覺羅石麟等	清	上海古籍出版社《四庫全書》影印本
《〔雍正〕山東通志》	岳濬	清	上海古籍出版社《四庫全書》影印本
《山房集》	周南	宋	上海古籍出版社《四庫全書》影印本
《山堂肆考》	彭大翼	明	上海古籍出版社《四庫全書》影印本
《千一録》	方弘静	明	上海古籍出版社《續修四庫全書》影印本
《千甓亭磚録》	陸心源	清	上海古籍出版社《續修四庫全書》影印本
《千甓亭磚續録》	陸心源	清	上海古籍出版社《續修四庫全書》影印本
《子良詩存》	馮詢	清	上海古籍出版社《續修四庫全書》影印本
《王舍人詩集》	王紱	明	上海古籍出版社《四庫全書》影印本
《王端毅奏議》	王恕	明	上海古籍出版社《四庫全書》影印本
《天工開物》	宋應星	明	巴蜀書社一九八九年潘吉星點校本
《天下郡國利病書》	顧炎武	清	上海書店一九八五年本
《天中記》	陳耀文	明	上海古籍出版社《四庫全書》影印本
《天咫偶聞》	震鈞	清	上海古籍出版社《續修四庫全書》影印本
《天真閣集》	孫原湘	清	上海古籍出版社《續修四庫全書》影印本
《元氏長慶集》	元稹	唐	上海古籍出版社《四庫全書》影印本
《元史》	宋濂	明	中華書局一九七六年本
《元明事類鈔》	姚之駰	清	上海古籍出版社《四庫全書》影印本
《元典章》		元	中國書店一九九〇年本

《廿二史劄記》 清 趙翼 中華書局一九八四年王樹民校證本
《木厓集》 清 潘江 北京出版社《四庫禁燬書叢刊》影印本
《五代詩話》 清 鄭方坤 上海古籍出版社《四庫全書》影印本
《五研齋詩鈔》 清 沈赤然 上海古籍出版社《續修四庫全書》影印本
《五峰集》 清 陳正璆 北京出版社《四庫禁燬書叢刊》影印本
《五禮通考》 清 秦蕙田 上海古籍出版社《四庫全書》影印本
《五雜俎》 明 謝肇淛 中華書局《元明史料筆記叢刊》本
《太平御覽》 宋 李昉等編 中華書局一九六〇年本
《太平廣記》 宋 李昉等編 中華書局一九六一年本
《太平寰宇記》 宋 樂史 上海古籍出版社《四庫全書》影印本
《太白陰經》 唐 李筌 上海古籍出版社《四庫全書》影印本
《太保費文憲公摘稿》 明 費宏 上海古籍出版社《續修四庫全書》影印本
《太醫局諸科程文格》 宋 何大任 上海古籍出版社《四庫全書》影印本
《友聲集》 清 王相 上海古籍出版社《續修四庫全書》影印本
《日下舊聞考》 清 于敏中等 北京古籍出版社一九八一年本
《日知録》 清 顧炎武 安徽大學出版社二〇〇七年陳垣校注本
《日知録之餘》 清 顧炎武 上海古籍出版社《續修四庫全書》影印本
《日涉園集》 宋 李彭 上海古籍出版社《四庫全書》影印本
《中西經星同異考跋》 清 梅文鼎 上海古籍出版社《四庫全書》影印本
《中州雜俎》 清 汪價 齊魯書社《四庫全書存目叢書》影印本
《中國陶瓷古籍集成》 熊廖等集 上海文化出版社二〇〇六年本
《中興小紀》 宋 熊克 上海古籍出版社《四庫全書》影印本
《水經注》 北魏 酈道元 上海古籍出版社一九九〇年本
《毛詩注疏》 唐 孔穎達 上海古籍出版社《四庫全書》影印本
《升菴集》 明 楊慎 上海古籍出版社《四庫全書》影印本
《分門集注杜工部詩》 唐 杜甫 上海商務印書館一九五六年《四部叢刊初編》本
《公是集》 宋 劉敞 上海古籍出版社《四庫全書》影印本
《丹陽集》 宋 葛勝仲 上海古籍出版社《四庫全書》影印本
《丹淵集》 宋 文同 上海古籍出版社《四庫全書》影印本
《丹鉛總録》 明 楊慎 上海古籍出版社《四庫全書》影印本

《六必酒經》　清　楊萬樹　上海古籍出版社《續修四庫全書》影印本
《六典通考》　清　閻鎮珩　上海古籍出版社《續修四庫全書》影印本
《六研齋筆記三筆》　明　李日華　上海古籍出版社《四庫全書》影印本
《六家詩名物疏》　明　馮復京　上海古籍出版社《四庫全書》影印本
《六書故》　宋　戴侗　上海古籍出版社《四庫全書》影印本
《六朝事迹編類》　宋　張敦頤　上海古籍出版社《四庫全書》影印本
《六藝之一録》　清　倪濤　上海古籍出版社《四庫全書》影印本
《文忠集》　宋　周必大　上海古籍出版社《四庫全書》影印本
《文房四譜》　宋　蘇易簡　甘肅人民出版社二〇〇八年黃純艷等點校《宋代經濟譜録》本
《文房肆考圖説》　清　唐秉鈞　上海古籍出版社《續修四庫全書》影印本
《文端集》　清　張英　上海古籍出版社《四庫全書》影印本
《文選》　梁　蕭統　中華書局一九七七年李善注本
《文選箋證》　清　胡紹煐　上海古籍出版社《續修四庫全書》影印本
《文獻通考》　宋　馬端臨　商務印書館一九五五年本
《方言箋疏》　清　錢繹　上海古籍出版社一九八九年本
《方輿勝覽》　宋　祝穆　中華書局二〇〇三年本
《火龍神器陣法》　明　焦玉　上海古籍出版社《續修四庫全書》影印本
《斗杯堂詩集》　清　寂園叟　上海文化出版社二〇〇六年《中國陶瓷古籍集成》本
《玉山文鈔》　清　項樟　北京出版社《四庫未收書輯刊》影印本
《玉芝堂談薈》　明　徐應秋　上海古籍出版社一九九三年本
《玉海》　宋　王應麟　廣陵書社二〇〇三年本
《玉笥集》　元　張憲　上海古籍出版社《四庫全書》影印本
《玉機微義》　明　徐用誠　上海古籍出版社《四庫全書》影印本
《(雍正)甘肅通志》　清　許容等　上海古籍出版社《四庫全書》影印本
《古夫子亭雜録》　清　王士禛　上海古籍出版社《四庫全書》影印本
《古今合璧事類備要外集》　宋　謝維新　上海古籍出版社《四庫全書》影印本
《古今事文類聚》　宋　祝穆　上海古籍出版社一九九二年本
《古今事文類聚新集》　元　富大用　上海古籍出版社《四庫全書》影印本
《古今事文類聚續集》　宋　祝穆　上海古籍出版社《四庫全書》影印本
《古今窑器考》　清　梁同書　神州國光社一九一一年初版，一九四七年四版增訂《美術叢書》本

《古今説海》 陸楫 明 巴蜀書社一九九六年本
《古謡諺》 杜文瀾 清 中華書局一九八五年周紹良點校本
《古歡堂歌》 田雯 清 上海古籍出版社《四庫全書》影印本
《本草綱目》 李時珍 明 人民衛生出版社一九八二年本
《左傳析諸》 張尚瑗 清 上海古籍出版社《四庫全書》影印本
《左傳紀事本末》 高士奇 清 中華書局一九九〇年本
《石田文集》 馬祖常 元 上海古籍出版社《四庫全書》影印本
《石屏詩集》 戴復古 宋 上海書店一九八五年本
《石倉歷代詩選》 曹學佺 明 上海古籍出版社《四庫全書》影印本
《石渠寶笈》 張照等 清 上海古籍出版社《四庫全書》影印本
《石湖詩集》 范成大 宋 中華書局一九八五年本
《石匱書》 張岱 清 上海古籍出版社二〇〇八年本
《平定兩金川方略》 阿桂等 清 上海古籍出版社《四庫全書》影印本
《平定準噶爾方略正編》 傅恒等編 清 上海古籍出版社《四庫全書》影印本
《平定準噶爾方略前編》 傅恒等編 清 上海古籍出版社《四庫全書》影印本
《平定準噶爾方略續編》 傅恒等編 清 上海古籍出版社《四庫全書》影印本
《北山酒經》 朱翼中 宋 甘肅人民出版社二〇〇八年黄純艷等點校《宋代經濟譜録》本
《北史》 李延壽 唐 中華書局一九七五年本
《北湖集》 吴則禮 宋 上海古籍出版社《四庫全書》影印本
《北溪大全集》 陳淳等 宋 上海古籍出版社《四庫全書》影印本
《北齊書》 李百藥 唐 中華書局一九七二年本
《北磵集》 釋居簡 宋 上海古籍出版社《四庫全書》影印本
《史記》 司馬遷 漢 中華書局一九五九年本
《四六法海》 王志堅 明 上海古籍出版社《四庫全書》影印本
《四六纂組》 胡吉豫 清 北京出版社《四庫未收書輯刊》影印本
《四庫全書總目》 永瑢等 清 中華書局一九六五年本
《白氏長慶集》 白居易 唐 上海書店一九八九年本
《白孔六貼》 白居易、孔傳 唐、宋 上海古籍出版社《四庫全書》影印本
《白茅堂集》 顧景星 清 齊魯書社《四庫全書存目叢書》影印本
《白華前稿》 吴省欽 清 上海古籍出版社《續修四庫全書》影印本

《白蘇齋慺集》	袁宗道	明	上海古籍出版社《續修四庫全書》影印本
《外科理例》	汪機	明	中國中醫藥出版社二〇一〇年本
《外臺秘要方》	王燾	唐	華夏出版社一九九三年高文鑄校注本
《冬夜煎茶》	清高宗	清	上海古籍出版社《四庫全書》影印本
《〔嘉靖〕汀州府志》	何雲等	明	上海書店一九九〇年《天一閣藏明代方志選刊續編》本
《幼學堂詩稿》	沈欽韓	清	上海古籍出版社《續修四庫全書》影印本
《考工記解》	林希逸	宋	上海古籍出版社《四庫全書》影印本
《老老恆言》	曹庭棟	清	齊魯書社《四庫全書存目叢書》影印本
《老學庵筆記》	陸游	宋	中華書局一九七九年本
《〔康熙〕西江志》	查慎行	清	臺灣成文出版有限公司一九七五年《中國方志叢書》本
《西陂類稿》	宋犖	清	上海古籍出版社《四庫全書》影印本
《西京雜記》	劉歆	漢	上海古籍出版社一九九一年向新陽等校注本
《西河集》	毛奇齡	清	上海古籍出版社《四庫全書》影印本
《西莊始存稿》	王鳴盛	清	上海古籍出版社《續修四庫全書》影印本
《西清硯譜》	于敏中等	清	上海古籍出版社《四庫全書》影印本
《西湖志纂》	梁詩正等	清	上海古籍出版社《四庫全書》影印本
《西湖遊覽志》	田汝成	明	上海古籍出版社一九九八年本
《西塘集》	鄭俠	宋	上海古籍出版社《四庫全書》影印本
《西巘集》	張之翰	元	上海古籍出版社《四庫全書》影印本
《在園雜志》	劉廷璣	清	上海古籍出版社二〇〇七年吴法源點校本
《百名家詞鈔》	聶先等編	清	上海古籍出版社《續修四庫全書》影印本
《百名家詩選》	魏憲	清	上海古籍出版社《續修四庫全書》影印本
《百寶總珍集》	佚名	清	齊魯書社《四庫全書存目叢書》影印本
《列仙傳》	劉向	漢	中國社會科學出版社二〇〇四年邱鶴亭注譯本
《列朝詩集》	錢謙益	清	中華書局二〇〇七年許逸民等點校本
《夷堅志》	洪邁	宋	中華書局一九八一年何卓點校本
《吕氏春秋》	吕不韋	先秦	學林出版社一九八四年陳奇猷校釋本
《朱子五經語類》	程川	清	上海古籍出版社《四庫全書》影印本
《朱子語類》	朱熹	宋	中華書局一九八一年王星賢點校本

《長物志》　文震亨　明　重慶出版社二〇〇八年本

《坤輿圖説》　南懷仁　清　上海古籍出版社《續修四庫全書》影印本

《抱中齋詩集》　斌良　清　上海古籍出版社《續修四庫全書》影印本

《抱朴子内篇》　葛洪　晉　中華書局一九八五年王明校釋本

《抱朴子外篇》　葛洪　晉　中華書局一九九一年楊照明校本

《幸魯盛典》　孔毓圻等　清　上海古籍出版社《四庫全書》影印本

《（嘉慶）直隸太倉州志》　王昶等　清　上海古籍出版社《續修四庫全書》影印本

《林蕙堂全集》　吴綺　清　上海古籍出版社《四庫全書》影印本

《板橋集》　鄭燮　清　嶽麓書社二〇〇二吴澤順編注本

《杼山集》　釋皎然　唐　上海古籍出版社《四庫全書》影印本

《東江家藏集》　顧清　明　上海古籍出版社《四庫全書》影印本

《東牟集》　王洋　宋　上海古籍出版社《四庫全書》影印本

《東里別集》　楊士奇　明　上海古籍出版社《四庫全書》影印本

《東坡全集》　蘇軾　宋　上海古籍出版社《四庫全書》影印本

《東坡志林》　蘇軾　宋　華東師範大學出版社一九八三年本

《東林列傳》　陳鼎　清　上海古籍出版社《四庫全書》影印本

《東京夢華録》　孟元老　宋　中華書局一九八二年鄧之誠點校本

《東堂集》　毛滂　宋　上海古籍出版社《四庫全書》影印本

《事物考》　王三聘　明　上海書店一九八七年本

《事物紀原》　高承　宋　中華書局一九八九年金圓等點校本

《事物紺珠》　黄一正　明　齊魯書社《四庫全書存目叢書》影印本

《事物類苑》　江少虞　宋　上海古籍出版社《四庫全書》影印本

《兩般秋雨盦隨筆》　梁紹任　清　上海古籍出版社二〇〇七年莊葳點校本

《兩浙輶軒録》　阮元　清　上海古籍出版社《續修四庫全書》影印本

《兩浙輶軒續録》　潘衍桐　清　上海古籍出版社《續修四庫全書》影印本

《虎鈐經》　許洞　宋　上海古籍出版社《四庫全書》影印本

《味水軒日記》　李日華　明　上海遠東出版社一九九六年屠友祥校注本

《昌谷集》　李賀　唐　上海古籍出版社《四庫全書》影印本

《明一統志》　李賢等　明　上海古籍出版社《四庫全書》影印本

《明太祖實録》　臺灣歷史語言研究所校印本

《明文海》 清 黃宗羲 中華書局一九八七年本
《明世宗實録》 臺灣歷史語言研究所校印本
《明史》 清 張廷玉 中華書局一九七四年本
《明孝宗實録》 臺灣歷史語言研究所校印本
《明武宗實録》 臺灣歷史語言研究所校印本
《明英宗實録》 臺灣歷史語言研究所校印本
《明宣宗實録》 臺灣歷史語言研究所校印本
《明宫史》 明 劉若愚 北京古籍出版社一九八〇年本
《明神宗實録》 臺灣歷史語言研究所校印本
《明書》 清 傅維鱗 齊魯書社《四庫全書存目叢書》影印本
《明集禮》 明 徐一夔 上海古籍出版社《四庫全書》影印本
《明詩紀事》 清 陳田 上海古籍出版社一九九三年本
《明詩綜》 清 朱彝尊 中華書局二〇〇七年本
《明經世文編》 明 陳子龍 中華書局一九六二年本
《明熹宗實録》 臺灣歷史語言研究所校印本
《明憲宗實録》 臺灣歷史語言研究所校印本
《易經蒙引》 明 蔡清 上海古籍出版社《四庫全書》影印本
《知止齋詩集》 清 翁心存 上海古籍出版社《續修四庫全書》影印本
《牧庵集》 元 姚燧 上海古籍出版社《四庫全書》影印本
《物理小識》 明 方以智 上海古籍出版社《四庫全書》影印本
《使金録》 宋 程卓 上海古籍出版社《續修四庫全書》影印本
《佩文齊廣群芳譜》 清 王灝等 上海古籍出版社《四庫全書》影印本
《佩文韻府》 清 張玉書等編 上海古籍出版社《四庫全書》影印本
《金玉瑣碎》 清 謝堃 神州國光社一九一一年初版，一九四七年四版增訂《美術叢書》本
《金史》 元 脱脱 中華書局一九七七年本
《金樓子》 梁 梁元帝 中華書局二〇一一年許逸民校箋本
《金鼇退食筆記》 清 高士奇 北京古籍出版社一九八〇年本
《採香詞》 清 杜文瀾 上海古籍出版社《續修四庫全書》影印本
《周易集説》 宋 俞琰 上海古籍出版社《四庫全書》影印本
《周官集注》 清 方苞 上海古籍出版社《四庫全書》影印本

《周官集傳》 元 毛應龍 上海古籍出版社《四庫全書》影印本
《周書》 唐 令狐德棻 中華書局一九七一年本
《周禮正義》 清 孫詒讓 中華書局一九八七年王文錦等點校本
《周禮註疏刪翼》 明 王志長 上海古籍出版社《四庫全書》影印本
《匋雅》 清 陳瀏 山東畫報出版社二〇一〇年杜斌校注本
《享金簿》 清 孔尚任 神州國光社一九一一年初版，一九四七年四版增訂《美術叢書》本
《夜航船》 清 張岱 四川文藝出版社一九九六年冉雲飛校點本
《放翁詩選前集》 宋 陸游 上海古籍出版社《四庫全書》影印本
《炎徼紀聞》 明 田汝成 廣西人民出版社二〇〇七年歐薇薇校注本
《河工器具圖説》 清 麟慶 北京出版社《四庫未收書輯刊》影印本
《法苑珠林》 唐 釋道世 上海商務印書館一九五五年《四部叢刊初編》本
《[嘉靖]河州志》 明 吴禎 蘭州大學一九九〇年《中國西北罕見文獻叢書》本
《[雍正]河南通志》 清 田文鏡等 上海古籍出版社《四庫全書》影印本
《[嘉靖]河間府志》 明 樊深 上海書店一九八二年《天一閣藏明代方志選刊》本
《泊宅編》 宋 方勺 中華書局一九八三年許沛藻等點校本
《治河奏績書》 清 靳輔 上海古籍出版社《四庫全書》影印本
《宗伯集》 明 馮琦 北京出版社《四庫禁燬書叢刊》影印本
《定香亭筆談》 清 阮元 上海古籍出版社《續修四庫全書》影印本
《宛陵集》 宋 梅堯臣 上海古籍出版社《四庫全書》影印本
《建炎以來朝野雜記》 宋 李心傳 中華書局二〇〇〇年本
《居竹軒詩集》 元 成廷珪 上海古籍出版社《四庫全書》影印本
《居易録》 清 王士禎 山東畫報出版社二〇〇四年李智勇整理本
《孟子正義》 清 焦循 中華書局一九八七年沈文倬點校本
《姑溪居士前集》 宋 李之儀 上海古籍出版社《四庫全書》影印本
《姑蘇志》 明 王鏊 上海古籍出版社《四庫全書》影印本
《妮古録》 明 陳繼儒 華東師範大學出版社二〇一一年印曉峰點校本
《迦陵詞全集》 清 陳維崧 上海古籍出版社《續修四庫全書》影印本
《契齊集》 宋 袁燮 上海古籍出版社《四庫全書》影印本
《春在堂詩編》 清 俞樾 上海古籍出版社《續修四庫全書》影印本
《春明夢餘録》 清 孫承澤 北京古籍出版社一九九二年本

《春秋左傳》	左丘明	先秦	中華書局一九九〇年楊伯峻注本
《春融堂集》	王昶	清	上海古籍出版社《續修四庫全書》影印本
《珊瑚舌雕談初筆》	許起	清	上海古籍出版社《續修四庫全書》影印本
《珊瑚網》	汪砢玉	明	上海古籍出版社《四庫全書》影印本
《拾遺記》	王嘉	晉	中華書局一九八一年齊治平校注本
《荊州稗編》	唐順之	明	上海古籍出版社《四庫全書》影印本
《茶史》	劉源長	清	浙江攝影出版社一九九九年《中國古代茶葉全書》阮浩耕等點校本
《茶香室叢鈔》	俞樾	清	中華書局一九九五年貞凡等點校本
《茶乘》	高元濬	明	上海古籍出版社《續修四庫全書》影印本
《茶疏》	許次紓	明	齊魯書社《四庫全書存目叢書》影印本
《茶經》	陸羽	唐	中國農業出版社一九八七年吴覺農點校本
《茶餘客話》	阮葵生	清	上海古籍出版社二〇〇七年李保民點校本
《荒政叢書》	俞森	清	上海古籍出版社《四庫全書》影印本
《胡文敬集》	胡居仁	明	上海古籍出版社《四庫全書》影印本
《南史》	李延壽	唐	中華書局一九七五年本
《南江文鈔》	邵晉涵	清	上海古籍出版社《續修四庫全書》影印本
《南村隨筆》	陸廷燦	清	上海古籍出版社《續修四庫全書》影印本
《南村輟耕録》	陶宗儀	明	中華書局一九五九年本
《南宋雜事詩》	沈嘉轍等	清	上海古籍出版社《四庫全書》影印本
《南京都察院志》	施沛	明	齊魯書社《四庫全書存目叢書》影印本
《南屏山房集》	陳昌圖	清	北京出版社《四庫未收書輯刊》影印本
《南耕詞》	曹亮武	清	上海古籍出版社《續修四庫全書》影印本
《南華真經》	佚名	唐	上海商務印書館一九五五年《四部叢刊初編》本
《(同治)南康府志》	盛元等	清	臺灣成文出版有限公司一九七五年《中國方志叢書》本
《南窑筆記》	佚名	清	神州國光社一九一一年初版，一九四七年四版增訂《美術叢書》本
《南湖集》	張鎡	宋	上海古籍出版社《四庫全書》影印本
《南園漫録》	張志淳	明	雲南民族出版社一九九九年校注本
《南齊書》	蕭子顯	南朝齊	中華書局一九七二年本
《(嘉靖)南畿志》	聞人詮等	明	齊魯書社《四庫全書存目叢書》影印本
《柯山集》	張耒	宋	上海古籍出版社《四庫全書》影印本

《柯庭余習》 汪文柏 清 北京出版社《四庫未收書輯刊》影印本
《柯家山館遺詩》 嚴元照 清 上海古籍出版社《續修四庫全書》影印本
《相山集》 王之道 宋 北京圖書館出版社二〇〇六年沈懷玉等點校本
《柳宗元集》 柳宗元 唐 中華書局一九八二年本
《咸淳臨安志》 潛説友 宋 上海古籍出版社《四庫全書》影印本
《省齋集》 廖行之 宋 上海古籍出版社《四庫全書》影印本
《是程堂二集》 屠倬 清 上海古籍出版社《續修四庫全書》影印本
《星槎勝覽》 費信 明 中華書局一九五四年馮承鈞點校本
《毘陵集》 張守 宋 上海古籍出版社《四庫全書》影印本
《思益堂日札》 周壽昌 清 上海古籍出版社《續修四庫全書》影印本
《思辨録輯要》 陸世儀 清 上海古籍出版社《四庫全書》影印本
《香山集》 喻良能 宋 上海古籍出版社《四庫全書》影印本
《香宇集》 田藝衡 明 上海古籍出版社《續修四庫全書》影印本
《香乘》 周嘉冑 明 上海古籍出版社《四庫全書》影印本
《香樹齋詩集》 錢陳群 清 北京出版社《四庫未收書輯刊》影印本
《香譜》 洪芻 宋 上海古籍出版社《四庫全書》影印本
《秋水集》 嚴繩孫 清 北京出版社《四庫禁燬書叢刊》影印本
《秋林琴雅》 厲鶚 清 上海古籍出版社《續修四庫全書》影印本
《秋園雜佩》 陳貞慧 明 光緒盛氏思慧齋刊刻《常州先哲遺書·陳定生先生遺書三種》本
《秋澗集》 王惲 元 上海古籍出版社《四庫全書》影印本
《(光緒)重修天津府志》 沈家本等 清 上海古籍出版社《續修四庫全書》影印本
《(光緒)重修安徽通志》 沈葆楨等 清 上海古籍出版社《續修四庫全書》影印本
《重訂大金國志》 宇文懋昭 宋 上海古籍出版社《四庫全書》影印本
《俗書刊物》 焦竑 明 上海古籍出版社《四庫全書》影印本
《皇明大政紀》 雷禮等 明 齊魯書社《四庫全書存目叢書》影印本
《皇清文穎》 陳廷敬等編 清 上海古籍出版社《四庫全書》影印本
《皇清文穎續編》 董誥等輯 清 上海古籍出版社《續修四庫全書》影印本
《皇清開國方略》 阿桂等 清 上海古籍出版社《四庫全書》影印本
《皇朝禮器圖式》 允祿等編 清 上海古籍出版社《四庫全書》影印本
《皇輿西域圖志》 傅恒等編 清 上海古籍出版社《四庫全書》影印本

《泉南雜誌》	陳懋仁	明	齊魯書社《四庫全書存目叢書》影印本
《禹貢長箋》	朱鶴齡	清	上海古籍出版社《四庫全書》影印本
《侯鯖録》	趙德麟	宋	北京出版社《四庫未收書輯刊》影印本
《後蒙古紀事本末》	韓善徵	清	北京出版社《四庫未收書輯刊》影印本
《後漢書》	范曄	南朝宋	中華書局一九六五年本
《弇山堂別集》	王世貞	明	中華書局一九八五年本
《弇州四部稿》	王世貞	明	上海古籍出版社一九九三年本
《逃莽詩草》	徐豫貞	清	北京出版社《四庫未收書輯刊》影印本
《逃禪詞》	楊無咎	宋	上海古籍出版社《四庫全書》影印本
《負喧雜録》	顧文薦	宋	上海古籍出版社一九八八年《説郛三種》本
《勉行堂詩集》	程晉芳	清	上海古籍出版社《續修四庫全書》影印本
《勉齋集》	黄幹	宋	上海古籍出版社《四庫全書》影印本
《前塵夢影録》	徐康	清	上海古籍出版社《續修四庫全書》影印本
《洛陽伽藍記》	楊衒之	北魏	上海古籍出版社一九七八年范祥雍校本
《宣和奉使高麗圖經》	徐兢	宋	上海古籍出版社《四庫全書》影印本
《宣德鼎彝譜》	吕震等	明	上海古籍出版社《四庫全書》影印本
《宣爐歌注》	冒襄	清	神州國光社一九一一年初版，一九四七年四版增訂《美術叢書》本
《客座贅語》	顧起元	明	中華書局一九九一年本
《〔雍正〕陝西通志》	劉於義等	清	上海古籍出版社《四庫全書》影印本
《癸巳存稿》	俞正燮	清	上海古籍出版社《續修四庫全書》影印本
《癸辛雜識》	周密	宋	中華書局一九八八年
《癸辛雜識別集》	周密	宋	中華書局一九八八年
《癸辛雜識續集》	周密	宋	上海古籍出版社《四庫全書》影印本
《紅櫚書屋詩集》	孔繼涵	清	上海古籍出版社《續修四庫全書》影印本
《約章成案滙覽乙篇》	顔世清	清	上海古籍出版社《續修四庫全書》影印本
《紀文達公遺集》	紀昀	清	上海古籍出版社《續修四庫全書》影印本
《紀硯》	程瑶田	清	神州國光社一九二八年版《美術叢書》本
《紀纂淵海》	潘自牧	宋	上海古籍出版社《四庫全書》影印本
《泰西水法》	熊三拔	明	上海古籍出版社《四庫全書》影印本
《泰雲堂集》	孫爾準	清	上海古籍出版社《續修四庫全書》影印本

《秦漢瓦圖記》　朱楓　清　上海古籍出版社《續修四庫全書》影印本

《馬東田漫稿》　馬中錫　明　齊魯書社《四庫全書存目叢書》影印本

《袁中郎全集》　袁宏道　明　齊魯書社《四庫全書存目叢書》影印本

《都漉堂詩集》　陳恭尹　清　上海古籍出版社《續修四庫全書》影印本

《華夷花木鳥獸珍玩考》　愼懋官　明　上海古籍出版社《續修四庫全書》影印本

《莊子》　莊子　先秦　中華書局一九六一年郭慶藩集釋本

《莊靖集》　李俊民　金　山西古籍出版社二〇〇六年本

《莊簡集》　李光　宋　上海古籍出版社《四庫全書》影印本

《桂馨堂集》　張廷濟　清　上海古籍出版社《續修四庫全書》影印本

《桐江續集》　方回　元　上海古籍出版社《四庫全書》影印本

《格古要論》　曹昭　明　上海古籍出版社《四庫全書》影印本

《格致鏡原》　陳元龍　清　上海古籍出版社《四庫全書》影印本

《原始祕書》　朱權　明　上海古籍出版社《續修四庫全書》影印本

《栗香隨筆》　金武祥　清　齊魯書社《四庫全書存目叢書》影印本

《殊域周咨録》　顏從簡　明　上海古籍出版社《續修四庫全書》影印本

《晉書》　房玄齡　唐　中華書局一九七四年本

《時務通考》　杞廬主人等　清　上海古籍出版社《續修四庫全書》影印本

《笏庵詩》　吴清鵬　清　上海古籍出版社《續修四庫全書》影印本

《倚聲初集》　鄒祗謨等輯　清　上海古籍出版社《續修四庫全書》影印本

《島夷志略》　汪大淵　元　中華書局一九八一年蘇繼廎點校本

《徐氏筆精》　徐𤊹　明　上海古籍出版社《四庫全書》影印本

《翁山詩外》　屈大均　清　北京出版社《四庫禁燬書叢刊》影印本

《留青日劄》　田藝衡　明　上海古籍出版社一九八五年朱碧蓮點校本

《高峰文集》　廖剛　宋　上海古籍出版社《四庫全書》影印本

《席上腐談》　俞琰　宋　上海古籍出版社《四庫全書》影印本

《唐文拾遺》　陸心源　清　上海古籍出版社《續修四庫全書》影印本

《唐百家詩選》　王安石　宋　上海古籍出版社《四庫全書》影印本

《唐音癸籤》　胡震亨　明　上海古籍出版社《四庫全書》影印本

《唐國史補》　李肇　唐　上海古籍出版社《四庫全書》影印本

《唐詩品彙》　高棅　明　上海古籍出版社《四庫全書》影印本

《(雍正)浙江通志》	嵇曾筠等編	清	上海古籍出版社《四庫全書》影印本
《海山存稿》	周煌	清	北京出版社《四庫未收書輯刊》影印本
《浮山文集後編》	方以智	清	上海古籍出版社《續修四庫全書》影印本
《浮梁陶政志》	吴允嘉	清	上海古籍出版社《續修四庫全書》影印本
《(乾隆)浮梁縣誌》	程廷濟總修	清	江西圖書館一九六〇年翻印本
《浪跡續談》	梁章鉅	清	上海古籍出版社《續修四庫全書》影印本
《宸垣識略》	吴長元	清	上海古籍出版社《續修四庫全書》影印本
《容齋隨筆》	洪邁	宋	中華書局二〇〇五年孔繁禮點校本
《容齋續筆》	洪邁	宋	中華書局二〇〇五年孔繁禮點校本
《書畫彙考》	卞永譽	清	上海古籍出版社《四庫全書》影印本
《書畫題跋記》	郁逢慶	明	上海古籍出版社《四庫全書》影印本
《書齋夜話》	俞琰	宋	上海古籍出版社《四庫全書》影印本
《弱水集》	屈復	清	上海古籍出版社《續修四庫全書》影印本
《陸九淵集》	陸九淵	宋	中華書局一九八〇年鍾哲點校本
《陵川集》	郝經	元	山西古籍出版社二〇〇六年本
《陳氏香譜》	陳敬	宋	甘肅人民出版社二〇〇八年黄純艷等點校《宋代經濟譜録》本
《陳眉公考槃餘事》	屠隆	明	上海古籍出版社《續修四庫全書》影印本
《陳恭介公文集》	陳有年	明	上海古籍出版社《續修四庫全書》影印本
《陳剛中詩集》	陳孚	元	上海古籍出版社《四庫全書》影印本
《陳書》	姚思廉	唐	中華書局一九七三年本
《陶人心語》	唐英	清	北京出版社《四庫未收書輯刊》影印本
《陶山集》	陸佃	宋	上海古籍出版社《四庫全書》影印本
《陶山詩録》	唐仲冕	清	上海古籍出版社《續修四庫全書》影印本
《陶菴夢憶》	張岱	明	中華書局二〇〇八年淮茗評注本
《陶説》	朱琰	清	輕工業出版社一九八四年傅振倫點校本
《通志》	鄭樵	宋	商務印書館一九三五年本
《通志堂集》	納蘭性德	清	華東師範大學出版社二〇〇八年黄曙輝等點校本
《通典》	杜佑	唐	中華書局一九八二年王文錦等點校本
《通雅》	方以智	明	上海古籍出版社一九八八年《方以智全書》本
《通鑒釋文辯誤》	胡三省	元	上海古籍出版社《四庫全書》影印本

《邕州小集》　宋　陶弼　上海古籍出版社《四庫全書》影印本
《琉璃誌》　清　孫廷銓　新文豐出版公司印行一九八九年《叢書集成續編》本
《琅邪代醉編》　明　張鼎思　上海古籍出版社《續修四庫全書》影印本
《授時通考》　清　鄂爾泰等編　上海古籍出版社《四庫全書》影印本
《掃紅亭吟稿》　清　馮雲鵬　上海古籍出版社《續修四庫全書》影印本
《菽園雜記》　明　陸容　中華書局一九八五年《元明史料筆記叢刊》本
《乾坤清氣》　明　偶桓　上海古籍出版社《四庫全書》影印本
《乾道稿・淳熙稿》　宋　趙蕃　上海古籍出版社《四庫全書》影印本
《梧溪集》　元　王逢　上海古籍出版社《四庫全書》影印本
《救荒本草》　明　朱橚　中國農業出版社二〇〇八年倪根金校注本
《帶經堂詩話》　清　王士禛　人民文學出版社一九六三年戴鴻森校點本
《盛京通志》　清　阿桂等　上海古籍出版社《四庫全書》影印本
《雪杖山人詩集》　清　鄭炎　北京出版社《四庫未收書輯刊》影印本
《虛白齋存藁》水衡集　清　吴壽昌　北京出版社《四庫未收書輯刊》影印本
《常郡八邑藝文志》　清　盧文昭　上海古籍出版社《續修四庫全書》影印本
《常德府志》　明　陳洪謨　上海書店一九八二年《天一閣藏明代方志選刊》本
《野語》　清　程岱葊　上海古籍出版社《續修四庫全書》影印本
《婁東詩派》　清　汪廷璵　京出版社《四庫未收書輯刊》影印本
《晞髮集》　宋　謝翺　上海古籍出版社《四庫全書》影印本
《異物彙苑》　明　閔文振　齊魯書社《四庫全書存目叢書》影印本
《國子監志》　清　梁國治　上海古籍出版社《四庫全書》影印本
《國朝典彙》　明　徐學聚　齊魯書社《四庫全書存目叢書》影印本
《國朝宫史》　清　鄂爾泰等編　北京古籍出版社一九八七年本
《國朝詞綜》　清　王昶　上海古籍出版社《續修四庫全書》影印本
《國朝詞綜補》　清　丁紹儀　上海古籍出版社《續修四庫全書》影印本
《國朝詞綜續編》　清　黄燮清　上海古籍出版社《續修四庫全書》影印本
《國朝獻徵録》　明　焦竑　上海古籍出版社《四庫全書存目叢書》影印本
《國榷》　明　談遷　中華書局一九五八年本
《崇禎長編》　臺灣中研院歷史語言研究所校印本
《康熙御制文》　清　清聖祖　上海古籍出版社《四庫全書》影印本

《鹿皮子集》 元 陳樵 上海古籍出版社《四庫全書》影印本
《清仁宗實録》 中華書局一九八六年
《清文宗實録》 中華書局一九八六年本
《清世宗實録》 中華書局一九八六年
《清江詩集》 明 貝瓊 上海古籍出版社《四庫全書》影印本
《清波雜志》 宋 周煇 中華書局一九八五年劉永翔校注本
《清律例》 清 徐本等纂，劉統勳等續纂 上海古籍出版社《四庫全書》影印本
《清宣宗實録》 中華書局一九八六年
《清宫金磚檔案》 李國榮等編 紫禁城出版社二〇一〇年本
《清秘藏》 明 張應文 上海古籍出版社《四庫全書》影印本
《清高宗實録》 中華書局一九八六年本
《清凉山志》 清 董誥等 上海古籍出版社《續修四庫全書》影印本
《清朝文獻通考》 清 嵇璜等編 商務印書館一九五五年本
《清朝文獻通考》 清 嵇璜等編 商務印書館一九五五年本
《清朝通志》 清 嵇璜等編 商務印書館一九五五年本
《清朝通典》 清 嵇璜等編 商務印書館一九五五年本
《清聖祖實録》 中華書局一九八六年本
《清聖祖實録》 中華書局一九八六年本
《〔光緒〕清會典》 中華書局一九九一年影印本
《清會典》 中華書局一九九一年影印本
《〔光緒〕清會典事例》 中華書局一九九一年影印本
《清德宗實録》 中華書局一九八六年本
《清穆宗實録》 中華書局一九八六年本
《清權堂集》 明 沈德符 上海古籍出版社《續修四庫全書》影印本
《淮南子》 漢 劉安 中華書局一九九八年何寧集釋本
《淮海英靈集》丙集 清 阮元 上海古籍出版社《續修四庫全書》影印本
《淳熙三山志》 宋 梁克家 四川大學出版社二〇〇七年《宋元珍稀地方志叢刊》甲編王曉波等點校本
《梁書》 唐 姚思廉 中華書局一九七三年本
《梁谿集》 宋 李綱 上海古籍出版社《四庫全書》影印本

《梁谿漫志》　宋　費袞　山西人民出版社一九八六年傅毓鈐校點本
《窑器説》　清　程哲　上海古籍出版社《續修四庫全書》影印本
《強齋集》　明　陳謨　上海古籍出版社《四庫全書》影印本
《隋書》　唐　魏征　中華書局一九七三年本
《陽羨名陶録》　清　吴騫　上海古籍出版社《續修四庫全書》影印本
《陽羡茗壺系》　明　周高起　浙江攝影出版社一九九九年《中國古代茶葉全書》阮浩耕等點校本
《鄉言解頤》　清　李光庭　中華書局一九八二年石繼昌點校本
《鄉園憶舊録》　清　王培荀　齊魯書社一九九三年蒲澤校點本
《巢民文集》　清　冒襄　上海古籍出版社《續修四庫全書》影印本
《巢青閣集》　清　陸進　北京出版社《四庫未收書輯刊》影印本
《揚州畫苑録》　清　汪鋆　上海古籍出版社《續修四庫全書》影印本
《博物要覽》　明　谷泰　上海古籍出版社《續修四庫全書》影印本
《壹齋集》　清　黄鉞　上海古籍出版社《續修四庫全書》影印本
《萬首唐人絶句》　宋　洪邁　上海古籍出版社《四庫全書》影印本
《萬壽盛典初集》　清　王原祁等編　上海古籍出版社《四庫全書》影印本
《萬曆明會典》　明　沈時行等　江蘇廣陵古籍刻印社一九八九年本
《萬曆歸化縣誌》　明　周憲章　中國書店一九九二年《稀見中國地方誌滙刊》本
《敬業堂詩集》　清　查慎行　上海古籍出版社一九八六年周邵標點本
《朝野僉載》　唐　張鷟　中華書局一九七九年《唐宋史料筆記叢刊》本
《棕亭詩鈔》　清　金兆燕　上海古籍出版社《續修四庫全書》影印本
《硯山齋雜記》　清　孫承澤　上海古籍出版社《四庫全書》影印本
《硯史》　宋　米芾　神州國光社一九一一年初版，一九四七年四版增訂《美術叢書》本
《硯箋》　宋　高似孫　時代文藝出版社二〇〇八年本
《硯譜》　宋　佚名　上海古籍出版社《四庫全書》影印本
《雁門集》　元　薩都拉　上海古籍出版社《四庫全書》影印本
《〔乾隆〕雲南通志》　清　鄂爾泰等　上海古籍出版社《四庫全書》影印本
《雲笈七籤》　宋　張君房　中華書局二〇〇三年李永晟點校本
《雲起軒詞鈔》　清　文廷式　上海古籍出版社《續修四庫全書》影印本
《雲溪居士集》　宋　華鎮　上海古籍出版社《四庫全書》影印本
《雲麓漫抄》　宋　趙彦衡　中華書局一九九六年《唐宋史料筆記叢刊》本

《雅餘》	羅曰褧	明	北京出版《四庫未收書輯刊》影印本
《斐然集》	胡寅	宋	上海古籍出版社《四庫全書》影印本
《紫峴山人全集》	張九鉞	清	上海古籍出版社《續修四庫全書》影印本
《閑存堂詩集》	張永銓	清	北京出版社《四庫未收書輯刊》影印本
《閒情偶寄》	李漁	清	上海古籍出版社《續修四庫全書》影印本
《景岳全書》	張介賓	明	中國人民大學出版社二〇一〇年王志坦等譯注
《景德鎮陶録》	藍浦、鄭廷桂	清	江西人民出版社一九九六年歐陽琛等點校本
《貴耳集》	張端義	宋	中州古籍出版社二〇〇五年梁玉瑋校點本
《〔乾隆〕貴州通志》	鄂爾泰等	清	上海古籍出版社《四庫全書》影印本
《鄖溪集》	鄭獬	宋	上海古籍出版社《四庫全書》影印本
《喻林》	徐元太	明	上海古籍出版社《四庫全書》影印本
《無不宜齋未定稿》	翟灝	清	上海古籍出版社《續修四庫全書》影印本
《無錫縣志》	佚名	清	上海古籍出版社《四庫全書》影印本
《瓶花譜》	張謙德	明	神州國光社一九一一年初版，一九四七年四版增訂《美術叢書》本
《剩語》	艾性夫	元	上海古籍出版社《四庫全書》影印本
《備急千金要方》	孫思邈	唐	人民衛生出版社一九九八年李景榮等校釋本
《〔光緒〕順天府志》	周家楣等	清	上海古籍出版社《續修四庫全書》影印本
《集玉山房稿》	葛昕	明	上海古籍出版社《四庫全書》影印本
《粵閩巡視紀略》	杜臻	清	上海古籍出版社《四庫全書》影印本
《御批歷代通鑑輯覽》	傅恒等輯	清	上海古籍出版社《四庫全書》影印本
《御製文集》	于敏中等編	清	上海古籍出版社《四庫全書》影印本
《御製詩集》三集	清高宗	清	上海古籍出版社《四庫全書》影印本
《御製詩集》五集	清高宗	清	上海古籍出版社《四庫全書》影印本
《御製詩集》四集	清高宗	清	上海古籍出版社《四庫全書》影印本
《御製詩集》初集	清高宗	清	上海古籍出版社《四庫全書》影印本
《御選明臣奏議》	清高宗	清	上海古籍出版社《四庫全書》影印本
《御選歷代詩餘》	清聖祖	清	上海古籍出版社《四庫全書》影印本
《御纂醫宗金鑑》	吴謙等	清	上海古籍出版社《四庫全書》影印本
《復莊詩問》	姚燮	清	上海古籍出版社《續修四庫全書》影印本
《復莊駢儷文榷》	姚燮	清	上海古籍出版社《續修四庫全書》影印本

《欽定平定臺灣紀略》 清高宗 清 上海古籍出版社《四庫全書》影印本
《飲流齋説瓷》 許之衡 清 紫禁城出版社二〇〇五年叶喆民譯注本
《觚不觚録》 王世貞 明 上海古籍出版社《四庫全書》影印本
《詞林典故》 鄂爾泰等編 清 上海古籍出版社《續修四庫全書》影印本
《童山文集》 李調元 清 上海古籍出版社《續修四庫全書》影印本
《普濟方》 朱橚 明 人民衛生出版社一九五九年本
《道古堂詩集》 杭世駿 清 上海古籍出版社《續修四庫全書》影印本
《道鄉集》 鄒浩 宋 上海古籍出版社《四庫全書》影印本
《道園遺稿》 虞集 元 上海古籍出版社《四庫全書》影印本
《湛然居士集》 耶律楚材 元 上海古籍出版社《四庫全書》影印本
《湖海集》 孔尚任 清 齊魯書社《四庫全書存目叢書》影印本
《湖海詩傳》 王昶 清 商務印書館一九五八年本
《[雍正]湖廣通志》 邁柱 清 上海古籍出版社《四庫全書》影印本
《湘瑟詞》 錢芳標 清 上海古籍出版社《續修四庫全書》影印本
《淵雅堂全集》 王芑孫 清 上海古籍出版社《續修四庫全書》影印本
《淵穎集》 吴萊 元 上海古籍出版社《四庫全書》影印本
《淵鑑類函》 張英等編 清 上海古籍出版社《四庫全書》影印本
《溉堂續集》 孫枝蔚 清 上海古籍出版社《續修四庫全書》影印本
《寒松堂集》 魏象樞 清 北京出版社《四庫未收書輯刊》影印本
《寒松閣談藝瑣録》 張鳴珂 清 上海古籍出版社《續修四庫全書》影印本
《富山遺稿》 方夔 宋 上海古籍出版社《四庫全書》影印本
《畫史》 米芾 宋 山東畫報出版社二〇〇四年本
《靳文襄奏疏》 靳輔 清 上海古籍出版社《四庫全書》影印本
《夢溪筆談》 沈括 宋 上海古籍出版社一九八七年胡道静校證本
《夢粱録》 吴自牧 宋 浙江人民出版社一九八四年本
《夢廠雜著》 俞蛟 清 上海古籍出版社《續修四庫全書》影印本
《蒼梧詞》 董元愷 清 上海古籍出版社《續修四庫全書》影印本
《蓉槎蠡説》 程哲 清 上海古籍出版社《續修四庫全書》影印本
《楝亭詩鈔》 曹寅 清 上海古籍出版社《續修四庫全書》影印本
《楊公筆録》 楊彦齡 宋 上海古籍出版社《四庫全書》影印本

《槎菴小乘》	來斯行	明	北京出版社《四庫禁燬書叢刊》影印本
《感舊集》	冒襄	清	北京出版社《四庫禁燬書叢刊》影印本
《感舊集》	彭楚伯	清	北京出版社《四庫禁燬書叢刊》影印本
《感舊集》	蔣超	清	北京出版社《四庫禁燬書叢刊》影印本
《揅經室四集》	阮元	清	上海古籍出版社《續修四庫全書》影印本
《雷塘庵主弟子記》	張鑑等	清	上海古籍出版社《續修四庫全書》影印本
《督陶奏摺》	唐英等	清	上海文化出版社二〇〇六年《中國陶瓷古籍集成》本
《虞初新志》	張潮	清	北京出版社《四庫禁燬書叢刊》影印本
《睡虎地秦墓竹簡》	睡虎地秦簡整理小組編		文物出版社一九七八年本
《路史》	羅泌	宋	上海古籍出版社《四庫全書》影印本
《蜕菴集》	張翥	元	上海古籍出版社《四庫全書》影印本
《農政全書》	徐光啓	明	上海古籍出版社一九七九年石聲漢校本
《農桑輯要》	司農司	元	上海古籍出版社二〇〇八年馬宗申譯注本
《蜀中廣記》	曹學佺	明	上海古籍出版社《四庫全書》影印本
《嵩山集》	晁公遡	宋	上海古籍出版社《四庫全書》影印本
《榘庵集》	馬祖常	元	上海古籍出版社《四庫全書》影印本
《傳恭堂詩集》	張廷瓚	清	北京出版社《四庫未收書輯刊》影印本
《傳經堂詩鈔》	韋謙恒	清	上海古籍出版社《續修四庫全書》影印本
《傷寒總病論》	龐安時	宋	人民衛生出版社二〇〇七年本
《鉛丹餘録》	梁佐	明	上海古籍出版社《四庫全書》影印本
《會稽志》	施宿等	宋	上海古籍出版社《四庫全書》影印本
《詩集傳名物鈔》	許謙	元	上海古籍出版社《四庫全書》影印本
《詩補傳》	范處義	宋	上海古籍出版社《四庫全書》影印本
《誠齋集》	楊萬里	宋	上海古籍出版社《四庫全書》影印本
《資治通鑑》	司馬光	宋	中華書局一九五六年本
《資治通鑑後編》	徐乾學	清	上海古籍出版社《四庫全書》影印本
《新五代史》	歐陽修	宋	中華書局一九七六年本
《新法算書》	徐光啓	明	上海古籍出版社《四庫全書》影印本
《新唐書》	歐陽修	宋	中華書局一九七五年本
《新增格古要論》	曹昭、舒敏	明	上海古籍出版社《續修四庫全書》影印本

《新鐫古今事物原始》　徐炬　明　齊魯書社《四庫全書存目叢書》影印本

《新鐫雅俗通用珠璣藪》　西湖散人　明　海南出版社二〇〇一年《故宫珍本叢刊》本

《雍正上諭内閣》　允禄等編　清　上海古籍出版社《四庫全書》影印本

《雍正硃批諭旨》　鄂爾泰等編　清　上海古籍出版社《四庫全書》影印本

《雍正聖訓》　清世宗　清　上海古籍出版社《四庫全書》影印本

《滏水集》　趙秉文　金　上海古籍出版社《四庫全書》影印本

《溪堂集》　謝逸　宋　中山大學二〇一一年上官濤校勘本

《滄州塵缶編》　程公許　宋　上海古籍出版社《四庫全書》影印本

《〔雍正〕福建通志》　郝玉麟等　清　上海古籍出版社《四庫全書》影印本

《群書考索後集》　章如愚　宋　上海古籍出版社《四庫全書》影印本

《群書類編故事》　王瑩　明　海南出版社二〇〇一年《故宫珍本叢刊》本

《彙苑詳注》　王世貞　明　齊魯書社《四庫全書存目叢書》影印本

《静退齋集》　戴文燈　清　北京出版社《四庫未收書輯刊》影印本

《静惕堂詩集》　曹溶　清　齊魯書社《四庫全書存目叢書》影印本

《静齋至正直記》　孔齊　元　上海古籍出版社《續修四庫全書》影印本

《嘉祐雜誌》　江休復　宋　上海古籍出版社《四庫全書》影印本

《壽親養老新書》　陳直　宋　人民衛生出版社二〇〇七年本

《蔡襄集》　蔡襄　宋　上海古籍一九九六年本

《奩史》　王初桐　清　上海古籍出版社《續修四庫全書》影印本

《爾雅義疏》　郝懿行　清　中國書店一九八二年本

《聞見録》　邵伯温　宋　三秦出版社二〇〇五年康震校注本

《閩小記》　周亮工　清　上海古籍出版社一九八五年

《閩書》　何喬遠　明　齊魯書社《四庫全書存目叢書》影印本

《圖書編》　章潢　明　上海古籍出版社《四庫全書》影印本

《銅梁山人詩集》　王汝璧　清　上海古籍出版社《續修四庫全書》影印本

《銅鼓書堂遺槀》　查禮　清　上海古籍出版社《續修四庫全書》影印本

《鄱陽集》　彭汝礪　宋　上海古籍出版社《四庫全書》影印本

《疑耀》　張萱　明　上海古籍出版社《四庫全書》影印本

《鄮峰真隱漫録》　史浩　宋　上海古籍出版社《四庫全書》影印本

《説文解字注》　段玉裁　清　成都古籍書社一九八一年本

《説郛》　陶宗儀　明　上海古籍出版社一九八八年《説郛三種》影印本
《説略》　顧起元　明　上海古籍出版社《四庫全書》影印本
《廣弘明集》　釋道宣　唐　上海古籍出版社《四庫全書》影印本
《〔雍正〕廣西通志》　金鉷　清　上海古籍出版社《四庫全書》影印本
《廣州書跋》　董逌　宋　齊魯書社《四庫全書存目叢書》影印本
《廣志繹》　王士性　明　上海古籍出版社《四庫全書》影印本
《〔雍正〕廣東通志》　郝玉麟等　清　上海古籍出版社《四庫全書》影印本
《〔嘉靖〕廣信府志》　佚名　明　上海書店一九九〇年《天一閣藏明代方志選刊續編》本
《廣博物志》　董斯張　明　上海古籍出版社《四庫全書》影印本
《廣雅疏證》　王念孫　清　上海古籍出版社一九八九年本
《適可軒詩集》　胡文學　清　北京出版社《四庫未收書輯刊》影印本
《齊民要術》　賈思勰　後魏　農業出版社一九八二年石漢聲點校本
《齊東野語》　周密　宋　中華書局一九八三年張茂鵬點校本
《養浩齋詩續稿》　桂超萬　清　上海古籍出版社《續修四庫全書》影印本
《漢甘泉宫瓦記》　林佶　清　齊魯書社《四庫全書存目叢書》影印本
《漢書》　班固　漢　中華書局一九六二年本
《漢魏六朝百三家集》　張溥　明　上海古籍出版社《四庫全書》影印本
《演繁露》　程大昌　宋　上海古籍出版社《四庫全書》影印本
《〔弘治〕寧夏新志》　胡汝礪　明　上海書店一九九〇年《天一閣藏明代方志選刊續編》本
《〔嘉靖〕寧德縣志》　閔文振等　明　上海書店一九九〇年《天一閣藏明代方志選刊續編》本
《〔崇禎〕肇慶府志》　陳鏊等　明　北京圖書館出版社二〇〇三年《日本藏中國罕見地方誌叢刊續編》本
《隨園食單》　袁枚　清　中華書局二〇一〇年陳偉明編著本
《緑漪草堂詩集》　羅汝懷　清　上海古籍出版社《續修四庫全書》影印本
《撫畿奏疏》　汪應蛟　明　上海古籍出版社《續修四庫全書》影印本
《熱河志》　和珅等　清　天津古籍出版社二〇〇三年本
《蕉窗九録》　項元汴　明　上海古籍出版社《續修四庫全書》影印本
《樊山集》　樊增祥　清　上海古籍出版社《續修四庫全書》影印本
《樊榭山房續集》　厲鶚　清　上海古籍出版社《四庫全書》影印本
《輟耕録》　陶宗儀　明　中華書局一九八五年《元明史料筆記叢刊》本

《甌北集》　趙翼　清　上海古籍出版社一九九七年李學穎等點校本
《遼史》　脱脱　元　中華書局一九七七年本
《賞雨茅屋詩集》　曾燠　清　上海古籍出版社《續修四庫全書》影印本
《賜書堂詩鈔》　周長發　清　齊魯書社《四庫全書存目叢書》影印本
《閱世編》　葉夢珠　清　上海古籍出版社一九八一年來新夏點校本
《閱微草堂筆記》　紀昀　清　上海古籍出版社一九八〇年本
《數學》　江永　清　上海古籍出版社《四庫全書》影印本
《墨子》　墨翟　先秦　山西古籍出版社二〇〇三年徐翠蘭等譯注本
《墨法集要》　沈繼孫　明　中華書局一九八五年《叢書集成初編》本
《墨經》　晁季一　宋　上海古籍出版社《四庫全書》影印本
《稽神録》　徐鉉　宋　上海古籍出版社《四庫全書》影印本
《篋中詞》　譚獻　清　上海古籍出版社《續修四庫全書》影印本
《篆刻針度》　陳忠恕　清　上海古籍出版社《續修四庫全書》影印本
《篆學瑣著三十種》　顧湘　清　上海古籍出版社《續修四庫全書》影印本
《篆鏤心得》　孔繼浩　清　上海古籍出版社《續修四庫全書》影印本
《儉重堂詩》　紀邁宜　清　北京出版社《四庫未收書輯刊》影印本
《儀象考成》　允祿等編　清　上海古籍出版社《四庫全書》影印本
《劍南詩稿》　陸游　宋　上海古籍出版社二〇〇五年錢仲聯校注本
《〔嘉靖〕魯山縣誌》　孫鐸　明　上海書店一九八二年《天一閣藏明代方志選刊》本
《劉氏鴻書》　劉仲達　明　齊魯書社《四庫全書存目叢書》影印本
《劉文清公遺集》　劉墉　清　上海古籍出版社《續修四庫全書》影印本
《諸司職掌》　明　上海古籍出版社《續修四庫全書》影印本
《諸蕃志》　趙汝適　宋　中華書局一九五六年馮承鈞校注本
《論衡》　王充　漢　中華書局一九九〇年黃暉校釋本
《毅齋集》　王洪　明　上海古籍出版社《四庫全書》影印本
《遵生八牋》　高濂　明　人民衛生出版社二〇〇七年本
《潛研堂詩集》　錢大昕　清　上海古籍出版社《續修四庫全書》影印本
《潛確居類書》　陳仁錫　明　北京出版社《四庫禁燬書叢刊》影印本
《潘司空奏疏》　潘季馴　明　上海古籍出版社《四庫全書》影印本
《緯略》　高似孫　宋　上海古籍出版社《四庫全書》影印本

《畿輔通志》	唐執玉等	清	上海古籍出版社《四庫全書》影印本
《駢字類編》	吴士玉等編	清	上海古籍出版社《四庫全書》影印本
《燕在閣知新録》	王棠	清	上海古籍出版社《續修四庫全書》影印本
《薛氏醫案》	薛己	明	中國中醫藥出版社一九九七年張慧芳等校注本
《翰苑新書别録》	佚名	宋	上海古籍出版社《四庫全書》影印本
《樸村詩集》	張雲章	清	北京出版社《四庫禁燬書叢刊》影印本
《檇李詩繫》	沈季友	清	上海古籍出版社《四庫全書》影印本
《醒世一斑録》	鄭光祖	清	上海古籍出版社《續修四庫全書》影印本
《歷代刑法考》	沈家本	清	上海古籍出版社《續修四庫全書》影印本
《歷代名臣奏議》	楊士奇	明	上海古籍出版社一九八九年本
《歷代帝王宅京記》	顧炎武	清	上海古籍出版社一九八九年本
《歷代詩話》	吴景旭	清	上海古籍出版社《四庫全書》影印本
《歷代賦彙》	陳元龍	清	齊魯書社《四庫全書薈要》影印本
《歷代賦彙補遺》	陳元龍	清	齊魯書社《四庫全書薈要》影印本
《歷代職官表》	永瑢、紀昀	清	上海古籍出版社《四庫全書》影印本
《曆算全書》	梅文鼎	清	上海古籍出版社《四庫全書》影印本
《頻羅庵遺集》	梁同書	清	上海古籍出版社《續修四庫全書》影印本
《曉亭詩鈔》	塞爾赫	清	北京出版社《四庫未收書輯刊》影印本
《黔類》	郭子章	明	齊魯書社《四庫全書存目叢書》影印本
《穆堂别稿》	李紱	清	上海古籍出版社《續修四庫全書》影印本
《學海類編》	曹溶、陶樾	清	江蘇古籍刻印社一九九四年本
《儒門事親》	張從正	金	人民衛生出版社二〇〇五年本
《錢塘集》	韋驤	宋	上海古籍出版社《四庫全書》影印本
《獨學廬初稿》	石韞玉	清	上海古籍出版社《續修四庫全書》影印本
《龍沙紀略》	方式濟	清	上海古籍出版社《四庫全書》影印本
《〔光緒〕龍泉縣誌》	顧國詔	清	臺灣成文出版有限公司一九七五年《中國方志叢書》本
《糖霜譜》	王灼	宋	上海古籍出版社《四庫全書》影印本
《營造法式》	李誡	宋	人民出版社二〇〇六年鄒其昌點校本
《滄齋集》	李流謙	宋	上海古籍出版社《四庫全書》影印本
《禪月集》	貫休	唐	巴蜀書社二〇〇六年陸永峰校注本

《彊識略》 吴楚材 明 海南出版社二〇〇一年《故宫珍本叢刊》本
《舊五代史》 薛居正 宋 中華書局一九七六年本
《舊唐書》 劉昫 五代 中華書局一九七五年本
《韓非子》 韓非 先秦 上海古籍出版社二〇〇〇年陳奇猷校釋本
《檀園集》 李流芳 明 上海古籍出版社《四庫全書》影印本
《擊壤集》 邵雍 宋 上海古籍出版社《四庫全書》影印本
《嶺外代答》 周去非 宋 中華書局二〇〇〇年楊武泉點校本
《嶺南風物記》 吴綺 清 上海古籍出版社《四庫全書》影印本
《魏書》 魏收 北齊 中華書局一九七四年本
《谿音》 朱仕玠 清 北京出版社《四庫未收書輯刊》影印本
《謙谷集》 汪筠 清 北京出版社《四庫未收書輯刊》影印本
《邃懷堂詩集後編》 袁翼 清 上海古籍出版社《續修四庫全書》影印本
《邃懷堂詩集前編》 袁翼 清 上海古籍出版社《續修四庫全書》影印本
《禮記析疑》 方苞 清 上海古籍出版社《四庫全書》影印本
《禮部志稿》 林堯俞等 明 上海古籍出版社《四庫全書》影印本
《職方外紀》 艾儒略 明 中華書局一九九六年謝方校釋本
《職官分紀》 孫逢吉 宋 上海古籍出版社《四庫全書》影印本
《藝文類聚》 歐陽詢 唐 中華書局一九六五年汪紹楹校本
《藝風堂文集》 繆荃孫 清 上海古籍出版社《續修四庫全書》影印本
《藝菊志》 陸廷燦 清 上海古籍出版社《續修四庫全書》影印本
《醫門法律》 喻昌 清 人民衛生出版社二〇〇六年本
《雙硯齋詩鈔》 鄧廷楨 清 上海古籍出版社《續修四庫全書》影印本
《雙溪類稾》 王炎 宋 上海古籍出版社《四庫全書》影印本
《歸潛志》 劉祁 金 中華書局一九八三年本
《雞肋編》 莊綽 宋 中華書局一九八三年《唐宋史料筆記叢刊》本
《顔山雜記》 孫廷銓 清 上海古籍出版社《四庫全書》影印本
《顔魯公文集》 顔真卿 唐 上海商務印書館一九五五年《四部叢刊初編》本
《繕部紀略》 郭尚友 明 上海古籍出版社《續修四庫全書》影印本
《籜石齋詩集》 錢載 清 上海古籍出版社《續修四庫全書》影印本
《曝書亭集》 朱彝尊 清 上海古籍出版社《四庫全書》影印本

《曝書亭集詞注》 朱彝尊 清 上海古籍出版社《續修四庫全書》影印本
《證治準繩》 王肯堂 明 人民衛生出版社一九九一年彭懷仁點校本
《證俗文》 郝懿行 清 上海古籍出版社《續修四庫全書》影印本
《韻石齋筆談》 姜紹書 明 華東師範大學出版社二〇〇九年印曉峰點校本
《類雋》 鄭若庸 明 齊魯書社《四庫全書存目叢書》影印本
《類説》 曾慥 宋 福建人民出版社一九九六年王汝濤等校注本
《類篇》 司馬光 宋 上海古籍出版社《四庫全書》影印本
《懷麓堂集》 李東陽 明 上海古籍出版社《四庫全書》影印本
《繪事微言》 唐志契 明 上海古籍出版社《四庫全書》影印本
《繪事瑣言》 迮朗 清 上海古籍出版社《續修四庫全書》影印本
《蘭州紀略》 阿桂等 清 上海古籍出版社《四庫全書》影印本
《覺非盦筆記》 顧堃 清 上海古籍出版社《續修四庫全書》影印本
《鎸五侯鯖》 彭儼 明 齊魯書社《四庫全書存目叢書》影印本
《〔同治〕饒州府志》 蕭玉春等 清 臺灣成文出版有限公司一九七五年《中國方志叢書》本
《儼山集》 陸深 明 上海古籍出版社《四庫全書》影印本
《鐵圍山叢談》 蔡絛 宋 中華書局一九八三年本
《鶴林玉露》 羅大經 宋 中華書局一九八三年《唐宋史料筆記叢刊》本
《續文獻通考》 嵇璜等編 清 商務印書館一九五五年本
《續名醫類集》 魏之琇 清 上海古籍出版社《四庫全書》影印本
《續宋編年資治通鑒》 劉時舉 宋 上海古籍出版社《四庫全書》影印本
《續茶經》 陸廷燦 清 蘭州大學二〇〇四年乙力點校本
《續通志》 嵇璜等編 清 商務印書館一九五五年
《續通典》 嵇璜等編 清 商務印書館一九五五年本
《續資治通鑒長編》 李燾 宋 中華書局二〇〇四年本
《續學堂詩鈔》 梅文鼎 清 上海古籍出版社《續修四庫全書》影印本
《讀史方輿紀要》 顧祖禹 清 中華書局二〇〇五年賀次君點校本
《讀書紀數略》 宫夢仁 清 上海古籍出版社《四庫全書》影印本
《讀禮通考》 徐乾學 清 上海古籍出版社《四庫全書》影印本
《灤京雜詠》 楊允孚 元 上海古籍出版社《四庫全書》影印本

圖書在版編目(CIP)數據

中華大典・工業典・陶瓷與其他燒製品工業分典 /《中華大典》工作委員會,《中華大典》編纂委員會編. —上海：上海古籍出版社，2015.12
ISBN 978-7-5325-5707-3

Ⅰ.①中… Ⅱ.①中… ②中… Ⅲ.①百科全書—中國②陶瓷工業—工業史—中國 Ⅳ.①Z227②F426.7

中國版本圖書館 CIP 數據核字(2010)第 190361 號

ISBN 978-7-5325-5707-3

中華大典・工業典・陶瓷與其他燒製品工業分典

編纂：《中華大典》工作委員會
《中華大典》編纂委員會

出版：上海世紀出版股份有限公司
上海古籍出版社
（上海瑞金二路二七二號 郵政編碼 二〇〇〇二〇）
（1）網址：www.guji.com.cn
（2）E-mail：gujil@guji.com.cn
（3）易文網網址：www.ewen.co

印刷：中華商務聯合印刷有限公司

發行：上海世紀出版股份有限公司發行中心
上海古籍出版社

開本：七八七×一〇九二毫米 十六開
印張：七六・二五 字數：二三四〇千字
二〇一五年十二月第一版 二〇一五年十二月第一次印刷

ISBN 978-7-5325-5707-3/Z・413
定價：五八〇圓